吴永章

中国南方民族历史研究文集

1

吴永章 著

民族出版社

吴永章

男，广东梅县人，1936 年 11 月生，1960 年毕业于北京大学历史系（五年制）。任中南民族大学民族学系教授、博士生导师；享受国务院特殊津贴专家。

参与了组织中国民族史学会首届会议，曾应聘为《民族研究》编委，被湖北省评为“学术名家”；曾被国家社科基金评论为“认真负责的评审专家”。

共写作学术著作 17 部，发表学术论文百余篇，获得省级及国家级奖十项。如，《中国南方民族文化源流史》获国家教委首届人文社科著作二等奖；《瑶族史》获国家教育部第二届人文社科著作二等奖；《瑶族史》与《黎族史》先后获国家民委人文社科著作一等奖。

其论著得到专家与读者的认同。如，林耀华先生说：他的“研究非常优秀，特别对中国民族学史志方面作出了难能可贵的贡献”；田余庆先生说：他“在本学科研究领域处于领先地位”。

前　言

我毕生专心致力于中国南方民族史研究。数十年来共出版学术著作17部，发表学术论文百余篇。此次，《吴永章中国南方民族历史研究文集》，共收录9部，其中主要内容如下：

1.《瑶族史》

此书是国内外第一部以丰富的史料全面系统深入论述瑶族历史文化的学术专著，起填补空白的作用，使中国学者在瑶族研究领域中处于国际上的领先地位。

宋蜀华先生说："本书对推动和深化瑶族历史和文化的研究，具有重大意义。此书堪称瑶族史中一部权威性著作。"

2.《中国南方民族史志要籍题解》

我国传统治学方法，是将目录学科作为治史的基础，此书是第一部论述与介绍中国南方民族史志要籍的著作。

周一良恩师说："近读大著民族史目录原书，获益不少，信是别开生面之作也。"

3.《中国土司制度渊源与发展史》

以往学术界论述土司制度，只限于明、清时期，本次首次系统全面论述了土司制度渊源和发展的全过程，为土司制度研究奠定了基础框架。史评称：此书在土司制度的研究中，具有里程碑标志的意义。

周一良恩师写道："谈土司制追溯渊源，使读者得观其汇通，甚有识见，实际为秦代以来南方诸族之通史也。"

4.《黎族史》

此书是首部全面系统深入论述从远古至清代的黎族古代史的学术专著。奠定了黎族古代研究的基本框架，被誉为"空前""力作"。

5.《〈异物志〉辑佚校注》

笔者之所以对《异物志》一书加以辑佚校注的原因是：《异物志》是一部著名历

史文献，对后世产生了深远的影响；而且，该书在岭南文化发展史上具有重要意义。

此书的特点是：校注的篇目远远超出正文部分，总量当在十倍以上。而且，将前后不同时期的古籍有关记载，加以收集贯穿，以丰富书稿内容，开拓读者视野。

6.《中国南方民族文化源流史》

周一良恩师写道："略一翻读获益不少，材料信而有征，诠解足以帮助理解马恩理论，这是一部极为有用的书。"

宋蜀华先生写道："此书不仅资料丰富，体例新颖，而且体现出作者对我国南方民族古代制度和文化的研究造诣极深，颇有见地。此书的出版填补了我国南方民族文化史的空白，且为少数民族的研究开辟了一条新径。"

7.《畲族与瑶苗比较研究》

此书择取畲、瑶、苗文化进行了研究，既有利于扩大族别问题的研究领域，又可以从比较中，更加明晰此三族历史文化的来龙去脉。在我国民族研究中，进行比较研究，实属罕见。因此，此书具有独辟蹊径、别开生面之学术价值。

评论认为：本书主张畲与瑶苗同源异流，并研究考证三族分流的时间、路线和结果等，这本身就是一大贡献。

8.《民族研究文集》

反映了笔者研究我国南方民族史的重要研究成果。结集时，注意拣选不同历史时期的不同古今民族的不同社会侧面的论文，以反映笔者在南方民族历史文化研究中诸多领域的有关成果。

9.《鄂西民族地区发展史》（与田敏合著）

此书是第一部较为全面、系统、深入地研究鄂西民族地区发展史以及鄂西土家族史的学术专著，具有填补学术空白的意义。将地区发展史与民族史相结合，也具有特殊的理论价值。

未收录《文集》的著作8部，分别是：

《湖北民族史》华中理工大学出版社1990年3月版。

《中南民族关系史》（主编）民族出版社1992年6月版。

《客家文化概说》广西教育出版社2000年7月版。

《苗族瑶族与长江文明》（合著）湖北教育出版社2007年4月版。

《多元一体的客家文化》华南理工大学2012年4月版。

《岭南杂事诗钞笺证》广东人民出版社 2014 年 1 月版。

《南方民族史新说》民族出版社 2017 年 3 月版。

《疍民历史文化与资料》广东人民出版社 2019 年版。

值此付梓之际，有几句出自肺腑的感激之言是必须说的：

中南民族大学领导及民族学社会学学院领导对本书的策划与出版给予了鼎力支持。

民族出版社，长期以来对拙书的出版都给予大力支持。编辑部的乔丽、德庆央珍、孙秀梅、陈萱、张亦芃等编辑对本书的校对与修正做了大量的、艰苦的工作，付出了辛勤的劳动；其中乔丽编辑在本书出版的全过程中，在组织、协调诸编辑的工作中，用力尤多。

周一良、张舜徽、邓广铭、费孝通、田余庆诸恩师、前辈，在百忙中抽空为拙书题写书名。特别是周一良恩师、林耀华恩师、田余庆恩师、宋蜀华前辈等对我的亲切教诲、关怀、提携，更是我永志不忘的。

在我的全部研究工作中，特别是在资料的收集、整理、电脑处理诸方面，我的老伴谢开容副研究员做了大量默默无闻的艰辛工作。夏远鸣博士为本书校对做了许多工作。

总　目　录

瑶族史

瑶族史

费孝通 题签

目　录

序　言

瑶族是我国南方人口较多的少数民族之一。

瑶族人口众多。据1982年人口普查，我国计有瑶族140余万人。其中：广西壮族自治区有86万，占总人口的61%；湖南有29万；云南有15万；广东有9万；贵州有2万；江西有500多人。其后，瑶族人口发生了较大变化。据1990年人口普查，全国共达213.4万余人，仅广西一地就有132.5万余人。[①]瑶族还是跨境民族，在国外主要居住在越南、老挝、泰国等地，近年更远及美、欧、澳大利亚。

瑶族分布地域辽阔。居住特点是大分散、小集中。主要聚居在广西的都安、富川、巴马、金秀、防城、龙胜、南丹、全州、灌阳、贺县、荔浦、恭城、田林、凌云等47个县；湖南的江华、宁远、蓝山、新宁、隆回等22个县，其中以江华瑶族自治县最多，达15万人；此外还分布于云南的河口、金平、屏边、易武、勐腊、麻栗坡、广南、富宁等17个县，广东的连南、乳源、连县、曲江、连山、始兴等11个县，贵州的荔波、黎平、从江、榕江等6个县。[②]

瑶族是有悠久历史的民族。瑶族的历史可追溯至先秦时期的“荆蛮”，当时他们居住在江汉流域及其以南的古荆州地区。在两汉、三国、两晋、南北朝时期，瑶族先民是盛极一时的“盘瓠蛮”的组成部分。瑶人称呼，最早源于南北朝时期的“莫徭”，见《梁书•张缵传》。隋唐时期，“莫徭”的活动日趋频繁。自宋而后，史籍大量出现关于瑶族事迹的记载。从宋至明代，瑶族势力得到空前发展，可谓处于鼎盛时期。因此，这一时期的“瑶”，往往成了南方诸族的代名词，有如清代的“苗”是南方诸族的泛称一样。清代特别是中叶以后的瑶族分布，基本上奠定了今日瑶族分布的格局。

---

① 据《中国统计年鉴2021》最新统计数据：全国瑶族人口约330.9万人。广西瑶族人口约213.1万人。

② 参见刘耀荃、胡起望：《1949—1984年我国瑶族研究综述》一文。

瑶族是有灿烂文化的民族。威力无比的“瑶人弩”，色彩缤纷的“斑斓布”，莫徭人的“染斑之法”，“用五色绒，杂绣花卉”的工艺，联手踏地为节的“踏歌”，“远出于民歌之外”的瑶歌，富有浓郁民族特色的芦笙、铜鼓、长鼓诸乐器，珍为秘藏的“榜簿”，治病“多验”的医药，等等，都为祖国绚丽多彩的文化宝库增添了异彩。

瑶族是以吃苦耐劳著称的民族。他们从大江南北至珠江流域，居住重心不断南移，沿途筚路蓝缕，以启山林，终于形成“南岭无山不有瑶”的局面。他们对开发和经营我国南方特别是高寒山区，做出了不可磨灭的贡献。

瑶族是富有反抗精神的勇敢民族。他们曾对历代封建统治者展开了不屈不挠的斗争。宋代的黑风峒瑶民起义，明代的大藤峡瑶民起义和罗旁瑶起义，清代道光年间的瑶民起义等，都在我国各族人民的斗争史上写下了光辉的一页。

费孝通先生独到地指出：在明代以前，瑶族聚居区“和现在相比幅员较广，人口较众”[①]。本书所述历代瑶族分布架构充分证明了这一点。如：唐、宋时，湘北是瑶人重要聚居地，其势力远及于两湖交接处的洞庭湖地区；明代，瑶人遍布广东的九府五十六州，几及全省，特别是肇庆府德庆州上、下江一带的罗旁地区，仍为瑶人聚集之地。但时过境迁，这些昔日瑶人生息繁衍之所，今日已难觅其踪影了。造成清代以后瑶人居地日蹙、人口减少的原因，大致有三：一是融合与同化的结果。随着瑶族社会历史的发展，各民族交往的日增，居平地瑶人的经济文化水准与汉族差距缩小甚及“与民无异”的地步，大批瑶民变成汉民族的成员。加之统治者执行强迫同化政策，如宋代的“开梅山”，清乾隆的变发达瑶区为“编户齐民”，也在客观上加速了这一历史进程。二是历代封建统治者残酷的民族压迫政策。突出的例证是明代对大藤峡瑶区的征战，历时前后达九十七年之久，动员了几十万军队之多，采取“积尸盈野，流血成川”的血腥屠杀，致使瑶区遭到严重摧残，瑶民锐减。三是瑶族的刀耕火种的生产方式本身。传统的“食尽一山，复徙一山”的游耕生活，也削弱了瑶族抵抗自然的能力，并使瑶族社会历史的发展受到了限制。换言之，瑶族在中国历史上所曾起的作用，比后世人们所目睹和所想象的还要重要。这是需要加以

① 费孝通：《〈盘村瑶族〉序》，见胡起望、范宏贵：《盘村瑶族——从游耕到定居的研究》，北京，民族出版社，1983。

说明的。

随着国内外学者对瑶族研究的不断深入，写出一部较系统的瑶族历史著作，已刻不容缓。作者愿为此抛砖引玉。但限于时间和水平，疏忽与谬误之处，在所难免，敬祈指正。

开拓瑶族研究的前辈学者费孝通教授，在百忙中抽空为本书扉页题写了书名，至为感激。

下列专家学者及单位，对书稿进行了认真审订。他们是（以姓氏笔画为序）：华中师范大学历史系王瑞明教授，中南民族学院院长助理韦瑞峰副编审（瑶族），广东省民族研究所名誉所长刘耀荃研究员，中南民族学院历史系匡裕彻教授，湖北省社会科学院张正明研究员，广西民族学院民族研究所张有隽所长（瑶族），中山大学人类学系容观夐教授，广东省民委唐辉主任（瑶族），四川民族出版社。他们对本书的出版给予了大力支持和帮助。谨在此，一并致以衷心的谢意。

1993 年

重版补记：

《瑶族史》一书，1993 年 8 月，四川民族出版社出版后，得到学术界人士和民族界人士好评。如，中国民族学学会原会长宋蜀华教授写道：该书对瑶族历史文化的研究具有重要意义，堪称权威性著作；广东省民委原主任唐辉（瑶族）写道：作者是非常热爱瑶族人民的专家，《瑶族史》出版为瑶族人民做了一件大好事，瑶族人民感谢他。《瑶族史》一书，获得教育部第二届人文社会科学著作二等奖（一等奖空缺）。

此次民族出版社重新出版，得到“瑶学丛书”主编、广西壮族自治区原副主席奉恒高，副主编玉时阶教授及编辑委员会全体委员的大力支持与帮助；并承蒙民族出版社出版发行。谨在此，一并深表谢意。

最后，需加说明的是，此次出版改正了原书个别字、句。

2016 年

第一章　先秦时期的荆蛮

远古时期，居住在江汉流域及其以南的广大地区的众多部落，古籍把它们统称为“蛮”“夷”或“蛮夷”并称，又因其住于华夏族所居的中原地区以南，故又往往称为“南蛮”或“南夷”。如《尚书·舜典》载：

蛮夷率服。

《大戴礼记·明堂》：

南蛮、东夷、北狄、西戎。

《吕氏春秋·恃君》：

尧战于丹水之浦，以服南蛮。

此外，金文中《宗周钟》有“南夷”字样。瑶族先民即属于上述“蛮”族的范围。

当时，在中国的南方，五岭以南的“蛮”族，由于部落林立，经济较为落后，加之交通阻塞，尚不为人们所重视。所以，这时的“蛮”族，主要是指活动在古荆州地区的部族。如《晋元康地记》[①]载：

荆州于古蛮服之地。

《晋书·地理志下》则说：荆，

亦曰警也，言南蛮数为寇逆，其人有道后服，无道先强，常警备也。

它们被称为“荆蛮”或“蛮荆”，因荆、楚同义，故又称为“楚蛮”，或合称为“荆楚”。早在商代，荆蛮就曾与中原王朝存在着或臣或叛的关系。如，《诗经·殷颂·殷武》载：

---

① 引自（宋）李昉、李穆、徐铉：《太平御览·州郡部一三》，卷一六七。

挞彼殷武，奋伐荆楚，深入其阻，裒荆之旅。……维女（汝）荆楚，居国南乡，昔有成汤，自彼氐羌，莫敢不来享，莫敢不来王，曰商是常。

入周，其党更繁，造成对中央王朝的严重威胁。据《诗经·小雅·采芑》载：

蠢尔蛮荆，大邦为雠。……征伐猃狁，蛮荆来威。

瑶族先民即包含在“荆蛮”集团之内。

楚人在“荆蛮”中势力最为强大。据《史记·楚世家》卷四〇载：周“封熊绎于楚蛮”；《汉书·地理志下》卷二八下则说，封于“荆蛮”。又，《国语·晋语》载：“楚为荆蛮。”可见，荆或楚是“荆蛮”或“楚蛮”的一支，当时仅占有“荆（楚）蛮”的一部分地区。随着楚的扩张，“荆蛮”逐渐被归入其范畴。楚征服这一地区“蛮夷”的过程，大致有如下述：

据《史记·楚世家》卷四〇载：当周夷王之时，

熊渠甚得江汉间民和，乃兴兵伐庸（今湖北竹山县）、杨粤，至于鄂（今湖北鄂城县）。熊渠曰：“我蛮夷也，不与中国之号谥。”乃立其长子康为句亶王（今湖北江陵），中子红为鄂王，少子执疵为越章王，皆在江上楚蛮之地。

说明其时长江沿岸都住着蛮人。中经二百年左右，至楚武王时，“蛮夷皆率服”[①]。可见，江汉流域的蛮人，纷纷臣服于楚。

春秋时期，楚境内的蛮族见于史籍者，主要有卢戎、罗、夷越、戎、庸、群蛮等。

卢戎，其族别据《左传》卷六，桓公十三年（前699年）杜预注：“卢戎，南蛮。”《通志·氏族略》《春秋大事表·爵姓存灭》诸籍也袭用此说。其地域，《续汉书·郡国志四》卷二二，南郡中卢侯国条注引《襄阳耆旧传》曰：“古卢戎也。”《读史方舆纪要》卷七九，南漳县条载：在南漳县东北五十里有中庐城，为春秋时卢戎国。乾隆《湖北襄阳府志》卷二，南漳县条下写道：“在古为蛮地，春秋时群蛮分据之。”概言之，春秋以前，以卢戎为代表的一支蛮人，居住在今湖北南漳县一带

① （西汉）司马迁：《史记·楚世家》，卷四〇。

地区。

卢戎，是我国古老民族之一。很早以前，就与中原地区交往。据《尚书·牧誓》卷十一载：武王伐纣时，即有卢人参加。卢也见于金文，据孙诒让考释，《钃侯簋》之“钃”与卢同。[①]多数学者认为，上述西周之卢，即春秋时《左传》中的卢戎。

卢戎与楚发生关系，始见于《左传》卷七，桓公十三年（前699年）：楚师“尽行”伐罗，“罗与卢戎两军之，大败之。莫敖缢于荒谷，群帅囚于冶父以听刑”。在这场战争中，楚师以当时最高军事长官莫敖为统帅（其时，楚尚未设有令尹的记载），并倾全国兵力，结果却以惨败而告终。这表明，其时卢戎的势力还十分强大。又，据《左传》卷二〇，文公十六年（前611年）载：

楚使庐戢黎侵庸。

杜预注：

戢黎，庐大夫。

庐与卢通，楚邑长官称大夫。可证，在此之前，楚已灭卢而为邑。总之，从鲁桓公十三年（前699年）至鲁文公十六年（前611年）以前，在这段八十八年的时间内，卢戎经历了由极盛至为楚所灭的过程。

卢戎为楚灭后，其名已不再见于史籍。但当地蛮夷活动一直延续至隋代以前而未中断。三国时期的“柤中夷”，两晋南北朝时期的“沮”“漳蛮”，当与卢戎存在源流因袭关系。

罗，春秋时的国家。据《通志·氏族略》载：

熊姓；一曰祝融之后，妘姓。

楚子孙以熊为氏，[②]且祝融也是楚的先人，可证罗与楚有同源关系，即同属“南蛮”系统。

---

① 见（清）孙诒让撰：《古籀余论》，卷三。

② 见（汉）宋衷注，（清）茆泮林辑：《世本》。

罗的居地，在今湖北宜城县境。其据有二。其一，据《左传》卷七，桓公十二年（前700年）杜预注：罗，

在宜城县西山中。

其二，楚人伐罗途中所渡之鄢水，后名夷水、蛮水，今名蛮河。源出湖北保康县西南，东流经宜城入汉水。据《水经注》卷二八，沔水条载：

夷水，蛮水也。桓温父名夷，改曰蛮水。夷水导源中庐县界康狼山，山与荆山相邻，其水东南流，历宜城西山，谓之夷溪。又东南迳罗川城，故罗国也，又谓之鄢水，春秋所谓楚人伐罗渡鄢者也。

换言之，从宜城属鄢水流域一事，也可证其为罗国所在地。

罗的事迹，见于《左传》的有两条材料：其一，据《左传》卷七，桓公十二年（前700年）载：

伐绞之役，楚师分涉于彭，罗人欲伐之。使伯嘉谍之，三数巡之。

其二，《左传》卷七，桓公十三年（前699年）载：

春，楚屈瑕伐罗，斗伯比送之。还，谓其御曰："莫敖必败，举趾高，心不固矣。"……莫敖使徇于师曰："谏者有刑。"及鄢，乱次以济。遂无次，且不设备。及罗，罗与卢戎两军之，大败之。莫敖缢于荒谷，群帅囚于冶父以听刑。楚子曰："孤之罪也。"皆免之。

从罗欲主动击楚与大败楚的先后两事中，可见，罗当时势力之盛。

罗、楚关系，除上述交战行为外，还表现为楚灭罗后将其居民大批迁往新地。罗从宜城首徙湖北枝江，故有枝江为"故罗园"之说。[①] 再徙湖南湘阴境，故应劭曰[②]：

① 见（北魏）郦道元：《水经注·江水》，卷三四；（东汉）班固：《汉书·地理志上》卷二八上。

② （东汉）班固：《汉书·地理志下》，卷二八下，长沙国罗县条颜师古注。

楚文王徙罗子自枝江居此。

又，《读史方舆纪要》卷八〇，湘阴县条下也说：

罗县城，县东北六十里，……春秋时罗国也。

从罗的迁徙过程，也可推知楚灭罗的时间。上引《左传》载伐罗之役为桓公十三年，即楚武王四十二年，其时罗尚在宜城西山；楚文王时又徙罗于长沙。则徙枝江的时间当在楚武王末至文王初，故楚灭罗也当在此时，因为其时罗已不能自主而任由楚徙。罗人经几次迁徙后，已与当地居民融为一体而不再见于载籍。

夷越，据《史记·楚世家》卷四〇载：

成王恽元年（前671年），初即位，布德施惠，结旧好于诸侯。使人献天子，天子赐胙，曰："镇尔南方夷越之乱，无侵中国。"于是楚地千里。

从中可见：夷越的地域主要是在楚郢都（今湖北江陵纪南城）之南的范围之内；楚打着周王朝的旗号，向南即向广大夷越之地扩展，从此"楚地千里"，说明开辟夷越之地对楚的历史发展具有十分重要的意义。

戎，据《左传》卷二〇，文公十六年（前611年）载：

楚大饥，戎伐其西南，至于阜山，师于大林。又伐其东南，至于阳邱，以侵訾枝。

关于戎人的族别，杜预注：

戎，山夷也。

孔颖达疏：

戎是山间之民，夷为四方总号，故云戎，山夷也。

据此，可以认为戎人为居于楚南部的山间蛮夷。

庸，其族别，据“庸人帅群蛮以叛楚”[①]的记载：庸为群蛮首领，说明其本身当属蛮族。这也可从鄘（庸）为“南夷国”[②]的说法中得到证实。

庸的居地，为汉的上庸县，今湖北竹山县境。据《左传》卷二〇，文公十六年（前611年）杜预注：

> 庸，今上庸县。

此说为后世所袭用。如，《括地志》载：

> 房州竹山县，本汉上庸县，古之庸国。

《通典》卷一七五载：房州竹山县，

> 古庸国，汉上庸县。

《太平寰宇记》卷一七五载：山南东道房州竹山县，

> 本汉上庸县，古之庸国也，今县古城即是。

商、周时，庸已与中原地区接触联系。据《尚书·牧誓》卷十一载：庸人曾参加殷末的武王伐纣战争。金文中，《邢侯簋》中有“”字样。

西周末，庸与楚始发生关系。当周夷王时，熊渠曾“兴兵伐庸”[③]。在此之后，庸服属于楚，故《左传·文公十六年》有“叛楚”之说。

春秋时，庸人的活动仅见于《左传》卷二〇，文公十六年（前611年）：楚大饥，戎伐其西南与东南之际，

> 庸人帅群蛮以叛楚，麇人率百濮聚于选，将伐楚。于是申、息之北门不启，楚人谋徙于阪高。蔿贾曰：“不可。我能往，寇亦能往。不如伐庸。夫麇与百濮，谓我饥不能师，故伐我也。若我出师，必惧而归。百

① 《左传》，卷二〇，文公十六年（前611年）。

② （东汉）许慎撰：《说文·邑部》。

③ （西汉）司马迁：《史记·楚世家》，卷四〇。

濮离居，将各走其邑，谁暇谋人？”乃出师。旬有五日，百濮乃罢。自庐以往，振廪同食。次于句澨。使庐戢黎侵庸，及庸方城，庸人逐之。囚子扬窻，三宿而逸。曰：“庸师众，群蛮聚焉。不如复大师，且起王卒，合而后进。”师叔曰：“不可。姑又与之，遇以骄之。彼骄我怒，而后可克。先君蚡冒所以服陉隰也。”又与之遇，七遇皆北，唯裨、儵、鱼人实逐之。庸人曰：“楚不足与战矣！”遂不设备。楚子乘驲，会师于临品，分为二队，子越自石溪，子贝自仞，以伐庸。秦人、巴人从楚师，群蛮从楚子盟，遂灭庸。

这段记载表明：第一，庸有“鱼”，杜预释为庸邑，为鱼复县（今重庆奉节县）。就是说，庸以竹山县为活动中心，势力及巴东地区。可见，庸为楚西之国，介乎楚、巴之间。第二，庸人乘楚大饥之机，与群蛮、麇、百濮一道攻楚。在这次战争中，曾对楚造成严重威胁，甚至使楚人拟徙都以避其锋。后来，楚采取诈败骄敌之策，并联合秦人、巴人，拉拢群蛮，才打败并灭亡了庸人。时为楚庄王三年（前 611 年）。第三，庸人被楚灭后，作为民族从此消失，作为地名则至汉仍存。

楚灭庸，在楚的发展史上是一件具有重要意义的大事。故晋人栾武子[①]称：

楚自克庸以来，其君无日不讨之。

从此，稳定了后方，为楚向北、向东发展铺平了道路。

群蛮，据《左传》卷二〇，文公十六年（前 611 年）载：群蛮从庸人叛楚，后因群蛮见楚强大，转而“从楚子盟”，于是楚灭庸。而群蛮也“自后服属于楚”[②]。庸在今竹山县，可见，这些群蛮当集中在鄂西北地区。

战国时，据《后汉书•南蛮西南夷列传》卷八六载：

吴起相悼王，南并蛮越，遂有洞庭、苍梧。

苍梧，指湖南宁远县的九嶷山，山前即五岭之都庞岭、萌渚岭。可见，楚的势力越

① 《左传》，卷二三，宣公十二年（前 597 年）。

② （清）顾栋高：《春秋大事表•四裔》。

过洞庭湖，并占有今湖南极南部。

综观楚、蛮关系，可得出如下结论：

首先，蛮族是楚境内的重要民族，光辉灿烂独具一格的楚文化，是包括蛮族在内的楚国境内诸族共同创造的。

其次，楚对经营和开发蛮族地区起了积极作用。如楚灭他国后，往往采取徙民实边的政策，上述罗国从湖北宜城徙至湖南湘阴县，即是。又，《左传》卷二三宣公十二年（前597年）载：楚攻入郑都，郑襄公肉袒牵羊出降时说道：

> 其俘诸江南，以实海滨，亦唯命。

此长江以南之“海滨”，疑为洞庭湖边，这与春秋时楚势所及相符。说明包括罗国在内的被徙诸族对开拓和充实楚边地，特别是“江南海滨”即楚南部民族聚居地，作出了贡献。

再次，蛮人作为楚的成员，积极参与楚的各种事务。蛮人作为楚军的组成部分，投入重大战役，即为突出事例。在晋、楚鄢陵之战中，晋人郤至在论及楚的六条弱点（“六间”）时指出：“夫南夷与楚来而不与阵，二间也。”[①] 或说是“蛮军而不阵”[②]。显然，“南夷”“蛮”人在这些活动中，加速了民族融合进程。

最后，楚占领广大蛮地后，部分蛮人被迫向南、向西迁徙。从而加速了蛮族重心南移的过程。

总之，据瑶族流行的“渡海”、苗族流行的“洪水泛滥”的故事，据古籍和传说，瑶苗先民有用鱼祭祀的习俗，又认为在此之前曾生活在江边和湖沼地带，即早期曾生活在江汉流域一带。这与上述诸蛮族历史的叙述正相符合。秦汉以后，逐渐由湘、鄂地区迁居于川渝、黔、桂、粤诸地。可见，构成我国南方少数民族重要一支的“盘瓠蛮”及其后裔苗瑶语族之人，追根溯源，始于楚地。《册府元龟·外臣·国邑》卷九五七载：

> 荆蛮，盘瓠之后也。

---

① 《国语·晋语六》，卷十二。

② 《左传》卷二八，成公十六年（前575年）。

明万历《湖广总志·方舆一》载：蛮荆，

种自盘瓠。

清顾炎武《天下郡国利病书·广东》卷一〇三载：广东瑶、壮二种。瑶，“乃荆蛮”。把“盘瓠蛮”、瑶人和荆蛮联系在一起的看法，是颇有见地的。

第二章　两汉时期的盘瓠蛮

瑶族先民属“盘瓠蛮”系统。

“盘瓠蛮”，始见于东汉时的册籍。当时，两湖地区的蛮人，主要有崇奉白虎的“廪君蛮”与崇奉犬的“盘瓠蛮”。前者主要为土家族先民；后者主要为瑶、苗、畲诸族先民。以地域而论，廪君蛮主要为“巴郡南郡蛮”与“江夏蛮”；盘瓠蛮则主要为“武陵蛮”“长沙蛮”与“零陵蛮”“桂阳蛮”。需要指出的是，这两支蛮人往往交错而居，并不能截然分割。如，武陵蛮中包含有“廪君种”，南郡蛮则有“盘瓠种”在其中。但就整个分布格局而言，廪君蛮偏北，盘瓠蛮偏南，这是可以肯定的。

第一节　盘瓠崇拜

盘瓠的神话传说，秦和西汉时期尚未见。自东汉以后，历代正史、志异小说、笔记中多有涉及，而且一直在瑶、畲诸族中广为流传。盘瓠问题的探讨，对瑶族历史文化的研究具有十分重要的意义。

一、盘瓠传说溯源

盘瓠传说，最早载之册籍可追溯到东汉时人应劭。据宋人罗泌《路史·发挥二》称：

> 应劭书遂以高辛氏之犬名曰槃（盘本字）瓠，妻帝之女，乃生六男六女，自相夫妻，是为南蛮。

但应劭书包括其所著的《风俗通》今本，未见此文。如果罗泌此说不虚，则可见：远在东汉以前，盘瓠传说即已出现；后人著作包括《后汉书·南蛮西南夷列传》所记盘瓠传说，应源于应劭书。

继应劭之后，记盘瓠传说者为东晋人郭璞。他在《山海经·海内北经》注中说：

> 昔槃瓠杀戎王，高辛以美女妻之，不可以训，乃浮之会稽东海中，得地三百里封之，生男为狗，生女为美人，是为狗封之国也。

他又在《玄中记》中写道：

昔高辛氏犬戎为乱，帝言曰，有讨之者妻以美女，封三百户。帝之狗名槃瓠，亡三月而杀犬戎以其首来。帝以女妻之于会稽东南，得海中土三百里而封，生男为狗，生女为美人。封为狗民国。

各本所引内容相同，唯文字上稍有变异，此采《太平御览》卷九〇五文。从中可见，两书所载内容无异，其别只在于行文的详约不一。因《山海经》注作为舆地著作的注释，其例要求简明，而《玄中记》作为小说家言，所述需要铺张。

差不多与郭璞同时人干宝也有记述。他在《晋纪》中说：

武陵、长沙、庐江郡夷，槃瓠之后也，杂处五溪之内。槃瓠凭山险阻，常为害。糅杂鱼肉，叩槽而号，以祭槃瓠，俗称“赤髀横裙”，即其子孙。

又在《搜神记》中说：

高辛氏，有老妇人居于王宫，得耳疾历时。医为挑治，出顶虫，大如茧。妇人去后，置以瓠蓠，覆之以盘，俄尔顶虫乃化为犬，其文五色，因名“盘瓠”，遂畜之。时戎吴强盛，数侵边境。遣将征讨，不能擒胜。乃募天下有能得戎吴将军首者，购以千金，封邑万户，又赐以少女。后盘瓠衔得一头，将造王阙。王诊视之，即是戎吴。“为之奈何？”群臣皆曰：“盘瓠是畜，不可官秩，又不可妻。虽有功，无施也。”少女闻之，启王曰：“大王既以我许天下矣。盘瓠衔首而来，为国除害，此天命使然，岂狗之智力哉！王者重言，伯者重信，不可以女子微躯，而负明约于天下，国之祸也。”王惧而从之，令少女从盘瓠。盘瓠将女上南山，草木茂盛，无人行迹。于是女解去衣裳，为仆鉴之结，着独立之衣，随盘瓠升山入谷，止于石室之中。王悲思之，遣往视觅，天辄风雨，岭表云晦，往者莫至。盖经三年，产六男六女。盘瓠死后，自相配偶，因为夫妇。织绩木皮，染以草实，好五色衣服，裁制皆有尾形。后母归，以语王，王遣使迎诸男女，天不复雨。衣服褊裢，言语侏偶，饮食蹲踞，好山恶都。王顺其意，赐以名山广泽，号曰“蛮夷”。蛮夷者，外痴内黠，安土重旧，以其受异气于天命，故待以不常之律。田作贾贩，无关繻符传租税之赋；有邑君长，皆赐印绶；冠用獭皮，取其游食于水，今即梁、汉、巴、蜀、武陵、长沙、庐江郡夷是也。用糁杂鱼肉，叩槽而号，以祭盘瓠，其俗至今。故世称“赤髀横裙，盘瓠子孙”。

此采汪绍楹校注本。可见盘瓠传说作为历史资料记之史乘，首推今已散佚的《晋纪》；早在《后汉书》前的《搜神记》一书，已有盘瓠传说的详尽记载。

南朝宋人范晔的《后汉书·南蛮西南夷列传》所记盘瓠传说，可谓集大成之作。其内容已为众所周知，不再罗列。需要指出的是：范晔集应劭以来诸家所记之盘瓠传说，加以增删、整理，除删去盘瓠之得名一段外，基本上是因袭《搜神记》而成。范书在内容上虽无新添，但却对后世产生深远影响。人们对《山海经注》《玄中记》《搜神记》诸书，还往往因为荒诞不经的神怪小说而不予重视，但一经范晔采用变成正史——载入被后世尊崇为“前四史”之一的《后汉书》，则被历代著家奉为圭臬。从此，关于盘瓠的记载充溢在我国史籍中。

概而言之，盘瓠传说见之记载：始于应劭书，详于《搜神记》，完成于《后汉书·南蛮西南夷列传》，流行于后世。

二、盘瓠传说在东汉至南朝时期才频见记载的原因

这必须联系当时的历史背景加以考察。由于南方“蛮族”本身没有文字记载，要研究他们的起源和历史，只能取材于他们中间世代流传的口头传说，而这取决于必须与他们有比较密切的接触这一条件才能办到。秦朝时，将蛮族地区置于统一的中央王朝管辖之下。从西汉起，中原地区与蛮族地区交往日益频繁。汉武帝平南越、通西南夷，对南方诸族多次用兵，特别是汉光武帝派重兵深入武陵蛮——盛行盘瓠传说的地区，从而使中原人对蛮族的社会及其习俗诸方面，才有了直接的而不是道听途说的、较为深入的而不是肤浅的了解。加之，这一时期南方蛮族作为一支不可忽视的力量活跃在历史舞台上，引起人们的注目。汉光武帝时的名将马援死于征武陵之役，就是其时蛮族强大的一个例证。南北朝时，名目繁多的诸如“荆州蛮”“雍州蛮”“武陵蛮”“巴陵蛮”“湘州蛮”“湘川蛮”以及“豫州蛮”“西阳蛮”等，纷

纷乘机而起，直接威胁南朝的统治。可以说，蛮族的顺逆向背，已成为封建王朝存亡兴衰攸关的问题。蛮族的强大，迫使人们去了解和研究他们。这样，关于盘瓠传说的记载就应运而生了；它不仅为小说家言，且为史家所称道，也就不足为奇了。

三、盘瓠传说并非杜撰

自从盘瓠传说收入《后汉书·南蛮西南夷列传》后，此说得到广泛传播。但历代也有相当一批史家持怀疑或否定的态度，其中影响最大且最富有代表性的要数杜佑。他在《通典》卷一八七说：

晔云高辛氏募能得犬戎之将军头者，赐黄金千镒，邑万家，妻以少女。①

据此，杜佑斥《后汉书·南蛮西南夷列传》“皆怪诞不经”。概括起来，反对范说之人的主要谬误在于：其一，不了解神话传说形成的原因与过程。我们并不否认范晔有“枝叶其说”的成分，但盘瓠传说绝非一人一时凭空制造出来的，它是一定的社会历史的产物，它是经过长期的历史过程和众人之口而“累层”（顾颉刚语）地造成的。不同时代、不同地区、不同民族流传的盘瓠故事所表现出来的差异性，也说明了这一点。由此可见，杜佑所列举的传说中夹杂有不同时期的制度、名称，正好反映传说经历了长期的历史过程这一事实，而不能作为否定传说真实性的根据。

其二，把神话传说与信史混为一谈。我们承认盘瓠传说的真实性，并不等于说明相信狗妻帝女诸事，也不主张用繁琐考证来附会其说，而是要透过这些似乎离奇的故事，来探求其时南方盘瓠系统民族的社会生活、图腾遗习、民族起源等问题，并把它作为研究原始民族和上古史的不可多得的珍贵历史资料。因此，从这一意义说来，盘瓠传说不仅十分可靠，其价值甚至超乎某些被统治者歪曲的“信史”之上。

四、盘瓠与犬图腾崇拜

上引盘瓠传说叙述：高辛氏的畜犬名盘瓠，因攻犬戎有功，妻之以帝女，后代

---

① 黄金，周以前为斤，各以二十两为镒。三代以前分土，自秦汉分人。又，周末始有将军之官。其吴姓宜自周命氏。晔皆以高辛之代，何不详之甚。

繁殖，号曰蛮夷，蛮夷因尊盘瓠为始祖。所以，南朝盛弘之《荆州记》[①]称："槃瓠子孙，狗种也。"

在盘瓠为犬图腾崇拜的问题上，以往的研究中，存在过两种惑乱现象需加澄清。

一是说始祖与狗有联系是否就是侮称的问题。封建统治阶级在南方民族的名字中滥加犬旁，这无疑是民族压迫和民族歧视政策的一种反映，中华人民共和国成立后已明令予以纠正，这是完全必要的。但就所谓"狗种"的最初意义而言，并不像古今一些著作家所常误解的那样包含有贬抑之义。为此，须以科学态度对犬种的由来做一番历史考察。

在原始人中，常以一种动物、植物或无生物作为本氏族的标志，尊为本氏族的始祖，即所谓图腾崇拜。在我国古代社会中，有奉犬、蛇、鸟、虎等动物为图腾的，"而传之最久的，并且很普遍的，是'犬图腾'了"[②]。笔者以为，其因在于犬在原始人的经济生活中占有特殊重要的地位。闻一多在《伏羲考》[③]一文中说：

> 凡图腾都是那一图腾团族的老祖宗，也是他们的监护神和防卫者，它给他们供给食物，驱除灾祸，给他们降示预言以指导他们趋吉避凶。如果它是一种毒虫或猛兽，那更好，因为那样它更能为儿孙们尽防卫之责。

据考古材料证明，早在母系氏族社会时期，我们的祖先就已畜犬。对于以狩猎为重要生活来源的原始人来说，犬既可用猎获物为他们"供给食物"，又可驱赶猛兽成为他们的防卫者。这说明，以具有既温顺又凶猛的双重性格的犬为图腾，并非偶然。据刘介《苗荒小纪》载：

> 苗之所传，瑶之始祖父犬而母人。或曰女为高辛氏公主，生子四，及长，挈犬出猎，犬老惫不能工作，子怒推诸河死焉。及归，其母问犬，子以告，母大恸，以实语子。子亟赴河负犬尸还。

这一传说，正好道破以犬为图腾是因为犬能为人"出猎""工作"这一奥秘。

---

① （宋）李昉、李穆、徐铉：《太平御览》，卷七八五。

② 刘节编著：《中国古代宗族移殖史论》，台北，正中书局，1971。

③ 闻一多：《神话与诗》，27页，天津，天津古籍出版社，2008。

在弄清以犬为图腾的原因之后，就不难理解奉犬为图腾的氏族或民族本身并不以尊狗为祖是一种侮辱，瑶、苗诸族自谓盘瓠子孙，在他们中间流传和保存的评皇券牒[①]、龙犬故事、狗皇歌、族谱等都是有力例证。他们不仅不以狗种为耻辱，反而视狗为主宰人们命运的神圣之物，这已为大量材料所证实。

以动物为图腾，不仅被视为“荒服”的“南蛮”中存在过，就是我国历史上的统治民族又何尝不如是。比如：商的始祖名契，因其母简狄吞玄鸟卵而生。[②]秦之先大业是“玄鸟陨卵，女修吞之生子大业”[③]。元朝皇室鼻祖是一只苍色的狼和一只白色的鹿相交媾而生。商、秦、元的始祖都曾在我国历史上建立过王朝，他们的后裔也并未以禽兽的后裔为耻而从史籍中抹去这段“不经”的记载，相反，还有意加以渲染、炫耀而使自己的统治蒙上天意的神圣光圈。上述事例说明，人兽甚或人禽通婚是人类早期流行的思想。因此，我们必须把神话传说中的盘瓠狗种的本义与其后统治阶级对南方民族的侮辱性称呼严格区分开来。

另一是盘瓠与犬种二者之间相互关系问题。在我国古今图籍中，除盘瓠外，还有众多关于狗国或狗俗的记载。诸如：

《尚书·洪范》载：

西旅献獒。

注家释为西戎远国贡大犬。

《逸周书·王会》：

正西昆仑狗国。

《山海经·海内北经》载：西王母以东，有犬封国，

犬封国曰犬戎国，状如犬。有一女子方跪进柸食。

同书《大荒北经》：

---

① 黄钰辑注：《评皇券牒集编》，南宁，广西人民出版社，1990。

② （南朝梁）沈约附注，（明）吴琯校：《竹书纪年》，卷上。

③ （西汉）司马迁：《史记·秦本纪》，卷五。

大荒之中，有山名曰融父山，顺水入焉。有人名曰犬戎。黄帝生苗龙，苗龙生融吾，融吾生弄明，弄明生白犬，白犬有牝牡，是为犬戎。

《大荒北经》又载：西北海外，

有犬戎国。有神，人面兽身，名曰犬戎。

此外，《南山经》载：

自天虞之山以至南禺之山，凡一十四山，六千五百三十里。其神皆龙身人面。其祠皆一白狗祈，糈用稌。

据清人郝懿行释，天虞山当在交广一带，祈当为衅，即以血涂祭之义。约言之，即在我国西北有犬封国或曰犬戎国，而在南方则有以犬祭祖的习俗。

西汉贾谊《新书•修政语上》：帝尧，

训及大夏渠叟北中幽都及狗国。

三国吴人沈莹《临海水土志》[①]说：安家之民，

父母死亡，杀犬祭之。

这与上述《山海经》所载的“狗祈”相类。

我国东、南方同样存在的这种以犬祭祖的习俗，当系“犬图腾”遗习的一种表现形式。

西晋张华《博物志》卷七：

徐君宫人娠而生卵，以为不祥，弃之水滨。独孤母有犬名鹄苍，猎于水滨，得所弃卵，衔以来归。独孤母以为异。覆暖之，遂烰成儿，生时正偃，故以为名。徐君宫中闻之，乃更录取，长而仁智，袭君徐国。

① （宋）李昉、李穆、徐铉：《太平御览》，卷七八〇。

后鹄苍死，

偃王又葬之徐界中，今见狗垄。

在中外民族中，除了认为某种生物为其始祖外，也有一种传说因某种生物为救助其祖先的恩人而成为该族的图腾崇拜者，徐偃王为犬所救一事，即属此例。

《南史·夷貊列传下》卷七九载：

天监六年，有晋安人渡海，为风所飘至一岛，登岸，有人居止。女则如中国而言语不可晓，男则人身而狗头，其声如吠。

晋安郡，晋置，治今福建闽侯县东北。唐刘恂《岭表录异》载：陵州（治今山东德县）刺史，

自青社之海归间，遭恶风飘五日夜，不知行几千里也。凡历六国，第一狗国，同船有新罗客云是狗国，逡形果如人，裸形抱狗而出，见船惊走。

《新五代史·四夷附录第二》卷七三载：室韦以北，

狗国，人身狗首，长毛不衣，手搏猛兽，语为犬嗥。其妻皆人，能汉语，生男为狗，女为人，自相婚嫁，穴居食生，而妻女人食。

明人顾岎《海槎馀录》载：海南黎人复仇，

饮醉，鼓，众复饮，相与叫号，作狗吠声，辄二三昼夜。自云系狗种，欲使祖先知而庇之也。

清人屈大均《广东新语·人语》卷七载：

猺人者，旧居文昌北百里东猺山，……猺，犬类也。

清李调元《南越笔记》卷七，也有相类记载，当袭此。文昌县在今海南。说明：有海南黎人、猺人为犬种之传说。

近人凌纯声《畲民图腾文化的研究》一文说，台湾高山族的泰耶有以盘瓠为祖先的传说。[①]

由此，可以得出如下结论：

第一，盘瓠是犬种，但犬种并不等于盘瓠。以盘瓠这一特有命名、特定内容为图腾者仅限于我国南方一些地区的民族中，而以犬为图腾者却要广泛得多，以地望而论则遍及我国东南西北各地。北及室韦以北的内蒙古、黑龙江一带，南达海南岛，东包沿海岛屿，西至昆仑山脉。但人们往往把这二者等同起来。如，凌纯声认为：崇奉盘瓠图腾信仰除瑶族外，还有海南岛的黎族，台湾高山族的泰耶等；以盘瓠为图腾的民族范围相当之广，就国内来说，还可包括海南和台湾两个岛屿的少数民族。这种把以犬为图腾的海南岛和台湾的少数民族都划入以盘瓠为图腾的民族范围，显然是不确切的。仅就从逻辑学的角度而言，也有混同大小概念之嫌。我们之所以要指出“盘瓠图腾”与“犬图腾”之间的区别，目的在于避免在瑶族历史与族源问题的研究中带来不必要的混乱。

第二，以犬为图腾，主要是内部原因而不是外部影响造成的。在我国各地曾有不少部族或民族均尊犬为始祖，这种情况的出现，有的学者以为盖源于《山海经》犬封之传说。杨宽说：“《山海经》犬封之传说，后民推演乃如此其繁，大抵在地理方面演成狗民国（《玄中记》《艺文类聚》《太平御览》）或狗国（《逸周书》《淮南子》《五代史》《三才图会》）等。在历史方面乃演成槃瓠（《搜神记》《后汉书》）、槃护或瓠犬”；又说：“槃瓠本为犬戎推原论，后一变而为南蛮推原论故事”。[②]就是说，杨先生是从外部影响方面去阐明我国历史上存在的以犬为图腾这一普遍现象的。按此说，假若没有一部《山海经》，岂不是我国各地以犬为图腾的传说就会销声匿迹了。这种说法，有些夸大其辞了。我们并不否认外部影响的存在，特别是在地域邻近、血缘相类、生活习性相似的部族或民族中，容易出现同一图腾崇拜的历史现象；也不否认诸书关于犬图腾的记载有附会之处；但绝不能把东西南北各地毫不相干的民族中出现的犬图腾，都一概归之于一部《山海经》。笔者以为，这种现象应主要从原始人的社会中，从其各自的内部原因中去寻求答案。就是说，一个

① 周一良等：《历史语言研究所集刊》，第十六本，1947。

② 顾颉刚：《古史辨》，第七册上编，168页，海口，海南出版社，2003。

民族的图腾的产生与其社会历史条件、生活环境有着极其密切的关系，绝不可能简单地由外民族输入。至于盘瓠传说出于犬戎的说法，也是值得商榷的。因为盘瓠说与犬封说，除同以犬为祖外，没有任何因袭的痕迹，不能因同以犬为图腾这一点而得出他们中间存在源流关系的结论。而且，盘瓠传说的全部故事内容无一不是以其对“南蛮”的社会状况为背景编织而成的，可谓与西方犬戎完全无涉。

第二节　盘瓠蛮社会

《后汉书·南蛮西南夷列传》卷八六所载盘瓠传说，反映的主要是秦汉特别是东汉瑶、苗、畲先民——“盘瓠蛮”的社会组织、经济、习俗诸方面的历史事实。

社会组织。政治上，已行君长统治。史称：

名渠帅曰精夫，相呼为姎徒。①

换言之，其首领名“精夫”，成员呼“姎徒”。著名的首领有“精夫相单程”“澧中蛮陈从”“溇中蛮覃儿健”“溇中、澧中蛮潭戎”“武陵蛮詹山”以及“蛮田山、高少”②。可见，相、陈、覃、潭、詹、田、高均是当时有影响的大姓。

经济。已过着定居的农耕生活。即所谓：

安上重旧。……田作贾贩。

早已有染织手工业，即史称：

织绩木皮，染以草实。

总的说来，当时盘瓠蛮的社会经济已得到一定程度的发展，这从东汉顺帝时武陵太守上书中有“以蛮夷率服，可比汉人”之语可证。

---

① 本章以下引文，凡未注明出处者，均引自（南朝宋）范晔：《后汉书·南蛮西南夷列传》，卷八六。

② （东汉）班固：《东观汉记》，卷三。

居住。史载：盘瓠妻帝女后，

> 入南山，止石室中。所处险绝，人迹不至。……好入山壑，不乐平旷。

换言之，生活于险绝的山谷，止于石室之中。据东汉直至清代著家记载：这种恶劣的生活与居住条件，千百年来并没有发生重大变化，这是历代统治阶级的剥削与压迫所致。

服饰。其特点有三。一是好五色服。

> 好五色各服，……衣裳斑斓。

这种喜爱鲜艳服色的民族习俗，历代相沿而不衰。需要指出的是，前人往往认为，由于“盘瓠毛五采”，所以造成南方诸族衣斑斓的习俗。如清屈大均《广东新语·人语》卷七说：“槃瓠毛五采，故今瑶姎徒，衣服斑斓”（《南越笔记》卷七有相同记载，当系袭用此说）。这种说法的失误在于，颠倒了本末与因果关系。事实应该是，当时南方诸族衣斑斓是因，反映在范晔头脑中而据此塑造的“毛五采”的盘瓠倒是果。

一是喜穿裙。上述《晋纪》云：盘瓠之后，

> 俗称“赤髀横裙”，即其子孙。

苗瑶诸族先民下身不穿裤子而穿裙，这也可从长沙马王堆一号、二号汉墓的考古发现中得到证明。[①]

一是跣足。据《东观汉记》载：

> 元和中，荆州刺史上言：臣行部入长沙界，观者皆徒跣。臣问御佐曰：“人无履亦苦之否？”御佐对曰：“十二月盛寒时并多剖裂血出，燃火燎之，春温或脓溃。”

① 容观瓊：《试谈长沙马王堆一号、二号汉墓的族属问题》，见容观瓊：《文化人类学与南方少数民族》，南宁，广西人民出版社，1990。

清人闵叙在《粤述》中，引此文作为“瑶人家不著履，其足皮皴厚，行于棱石丛苇之中，一无所损”的历史依据。

婚姻。据载：

槃瓠得女，负而走入南山。

此中“负”字，古今尚无人深究或加以合理的解释。帝女既请行，为什么不用同行一类字眼，而要用一奇特之“负”字，似颇费解。在受礼教束缚的人们看来，路途之中，男背女已属荒唐之举，狗负妇人更属悖理。但证之史籍所记瑶族择取配偶的做法，问题就迎刃而解了。

据史籍记载：瑶人“踏摇”时，男女联袂而舞，彼此相悦时，男“负所爱而归”“负女而去”[①]。换言之,历史上瑶族社会中存在着男负所爱女而去就算订婚的比较自由的婚俗。需要指出的是，盘瓠子孙“负”女成亲并非始于乃祖；恰恰相反，倒是范晔按当时已流行的南蛮之俗来安排盘瓠的婚姻形式。

《后汉书·南蛮西南夷列传》卷八六又说，盘瓠与帝女，

生子一十二人，六男六女，盘瓠死后，因自相夫妻。

这种兄弟姐妹自相婚配的传说，在苗瑶语族中有过。凌纯声《湘西苗族调查报告》所载两则《洪水神话》中的兄妹互婚的故事，便是例证。这种传说，是原始社会初期存在的摩尔根称之为“血缘家庭”的反映。

在瑶族中，兄妹为婚已不见诸册籍，但同姓为婚的记载则不乏见。如：曲江瑶和板瑶,“婚姻不辨同姓”[②];北江瑶人,同姓“可以结婚”[③]。同姓为婚,是一个部落或民族内部有着血缘关系的同一老祖宗传下来的人们间互为婚姻，从一定意义上说来，也可谓是扩大化了的兄妹为婚。

简言之，范晔所说的盘瓠子女间自相夫妻，若不是汉代“盘瓠蛮”中虽已绝迹但仍残留在人们朦胧记忆中的兄妹为婚的反映，则是同姓通婚的现实生活的写照。

---

① 参见（宋）周去非：《岭外代答·蛮俗》，（明）邝露撰：《赤雅》，（清）闵叙撰：《粤述》等籍。

② 分见（清）屈大均撰：《广东新语·人语》卷七《南越笔记》。

③ 庞新民：《广东北江瑶山杂记》，见《历史语言研究所集刊》，第二本第四分册，1947。

语言。据载：盘瓠诸子，

> 语言侏离。

就是说，他们有不同于汉语的本民族语言，而这种语言为当时的中原人所不了解。至今“盘瓠蛮”后裔仍保有本民族的语言，可证。

宗教信仰。其特点有二。一是尊奉盘瓠为祖。上引干宝《晋纪》云：五溪蛮，

> 糅杂鱼肉，叩槽而号，以祭槃瓠。

一是流行原始宗教。据《后汉书·宋均传》卷四一载：武陵蛮有“信巫鬼”、崇“淫祀”之俗。

第三节　武陵蛮

一、概　况

武陵蛮，始载于南朝宋范晔的《后汉书》。因居于武陵郡而得名。

武陵郡，原为秦之黔中郡。据《史记·秦本纪》卷五载：秦昭襄王三十年（前277年），

> 蜀守（张）若伐楚，取巫郡，及江南为黔中郡。

《后汉书·南蛮西南夷列传》卷八六则载：

> 秦昭王使白起伐楚，略取蛮夷，始置黔中郡。

可见，秦取“荆蛮”地而置黔中郡。

黔中郡治所，据唐魏王李泰《括地志》云：

> 黔中故城在辰州沅陵县（治湖南今县）西二十里。

该郡辖地主要为今湘西及黔东边地。

汉兴，改名武陵郡。西汉时，治义陵（今湖南溆浦县南）；东汉移治临沅（今湖南常德市西）。东汉武陵郡的属县有：汉寿（治今常德东北），孱陵（治今湖北公安西南），零阳（治今湖南慈利东），充（治今湖南桑植），沅陵（治今湖南沅陵西南），辰阳（治今辰溪西南），酉阳（治今湖南永顺南），迁陵（治今湖南保靖东北），镡成（治今湖南靖州县西南），沅南（治今湖南常德西南），作唐（治今湖南安乡北）。以水系言，主要包括澧水流域及沅水流域。大略言之，东汉武陵郡的范围，主要在今湖南西部地区，也包括鄂西南之鹤峰、来凤诸县以及黔东的思南、施秉、铜仁等地。总之，凡居住在这一地区的少数民族，史称为“武陵蛮”。

武陵蛮，又名“五溪蛮”。据北魏郦道元《水经注·沅水》卷三七载：

> 武陵有五溪，谓雄溪、满溪、潕溪、酉溪、辰溪其一焉。夹溪悉是蛮左所居，故谓此蛮五溪蛮也。

梁人沈约《宋书·夷蛮传》卷九七则载：

> 居武陵者有雄溪、樠溪、辰溪、酉溪、舞溪，谓之五溪蛮。

五溪具体何指，历来看法不一。唐、宋以后，歧异尤甚。但以早期（南北朝）的《水经注》与《宋书》而论，则雄、樠、酉、辰四溪相同；相左处只一溪，即《水经注》的“潕溪”，《宋书》为“舞溪”（《南史》改作“武溪”）。但五溪蛮，因居于五溪而得名，这是共识。

据传，武陵之武溪发源地武山，为盘瓠始居地。当地有盘瓠遗迹可寻。如，《后汉书·南蛮西南夷列传》卷八六，李贤注曰：

> 今辰州卢溪县西有武山。黄闵《武陵记》曰：“山高可万仞。山半有槃瓠石室，可容数万人。中有石床，槃瓠行迹。”今案：山窟前有石羊、石兽，古迹奇异尤多。望石窟大如三间屋，遥见一石仍似狗形，蛮俗相传，云是槃瓠像也。

卢溪县，隋置，故城在今湖南泸溪县西南。又，郦道元《水经注·沅水》卷三七载：

水又经沅陵县西，有武溪，源出武山，与酉阳分山，水源石上有槃瓠，迹犹存矣。

换言之，泸溪县西武水之源武山，有石室、石窟、石床、石像诸盘瓠遗迹。笔者以为：遗迹之说，难免有附会之处；沅陵、泸溪一带，为汉代“盘瓠蛮”的重要基地，则是有史可征的。

或别称为“盘瓠蛮”。因其崇拜盘瓠（犬）图腾而得名。史称：武陵郡夷，“盘瓠之后”[①]，“盘瓠之种落”[②]，“盘瓠种”[③]。据此，名之曰“盘瓠蛮”。

也有按武陵郡属的具体地属而命名者。见于史书的计有：“溇中蛮”（因溇水而得名），“澧中蛮”（因澧水而得名），“零阳（治今湖南慈利东）蛮”等。

二、两汉对武陵蛮的治策

其要点有：

设官司。据《后汉书·宋均传》卷四一载：汉光武时，马授平武陵蛮后，在新辟之地，

“为置吏司”，“为置长吏”。

以扩大和巩固其统治地位。与此同时，也利用“精夫”为其效力，采用“有邑君长，皆赐印绶”之法。据《东观汉记》卷三载：东汉时，曾

赐五里、六亭渠帅金帛各有差。

“里”“亭”为汉代地方基层政权组织，其“渠帅”当即“有邑君长”之谓。

征赋役。据《后汉书·南蛮西南夷列传》卷八六载：汉以前，

无关梁符传，租税之赋。

① （晋）干宝：《晋纪》。

② （北魏）郦道元：《水经注·沅水》，卷三七。

③ （唐）杜佑：《通典·边防三》，卷一八七。

李贤注曰：

> 优宠之，故蠲其赋役也。

汉兴，

> 岁令大人输布一匹，小口二丈，是谓賨布。

何谓“賨”，“南蛮赋也”[①]。即由免赋转为轻赋政策。东汉时，剥削加重。一是征徭。如，安帝时澧中蛮以“郡国徭役失平”而反。一是增赋。顺帝时，武陵太守上书要求增加蛮夷租赋，得到普遍赞同，独尚书令虞诩反对说：

> “先帝旧典，贡税多少，所由来久矣。今猥增之，必有怨叛。计其所得，不偿所费，必有后悔。”帝不从。其冬澧中、溇中蛮果争贡布非旧约，遂杀乡吏，举种反叛。

从“旧典”“旧约”之辞，可见此前是一直沿袭成例征收的。而东汉统治者改变赋役政策的结果，引起了武陵蛮的强烈反抗。

屯军戍守，以镇压武陵蛮的反抗。如，肃宗建初年间，平定溇中蛮之后，

> 于是罢武陵屯兵，赏赐各有差。

采用武陵蛮互相攻打之策。对此，史不乏书。肃宗建初元年（76年），“零阳蛮五里精夫为郡击破（澧中蛮陈）从”；建初四年（79年），“募充中五里蛮精夫不叛者四千人，击澧中贼”；安帝元初二年（115年），“州郡募五里蛮夷六亭兵，（蛮田）山等皆降”[②]；元初三年（116年），“州郡募善蛮讨平”溇中、澧中蛮。以上为东汉以武陵蛮的“不叛者”“善蛮”攻击反叛者之例。

兴学校，改旧俗。如，《后汉书·宋均传》卷四一载：宋均为辰阳（今湖南辰溪西南）长，

---

① （东汉）许慎撰：《说文·贝部》，卷六下。

② （汉）刘珍等编撰：《东观汉记》，卷三。

其俗少学者而信巫鬼，均为立学校，禁绝淫祀，人皆安之。

《后汉书·应奉传》卷四八载：桓帝永兴元年（153年），应奉拜武陵太守，

于是兴学校，举仄陋，政称变俗。

这些措施，均促进了当地文化教育事业的发展。

三、武陵蛮的反抗活动

关于武陵蛮的发展过程。西汉时，“虽时为寇盗，而不足为郡国患”。“光武中兴，武陵蛮夷特盛。”不断掀起反对东汉王朝的活动。其中有：

建武二十三年（47年），“武陵蛮精夫相单程等反，遣（武威将军）刘尚发兵万余人溯沅水入武溪（今湖南泸溪县西）击之。尚轻敌深入，蛮乘险邀之，尚一军悉没”①。次年，武陵蛮下攻临沅，遂遣伏波将军马援率中郎将马武、耿舒等，“将十一郡募士及弛刑四万余人征五溪”。军至临乡（为沅南故城，今湖南桃源），破之。次下嶲（今湖南沅陵东北）。进营壶头（壶头，山名，在沅陵东北沅水沿岸），“会暑甚，士卒多疫死”，马援也因此病卒。②时“蛮亦饥困”③。于是，监军宋均与诸将议，决定取招降之策。“乃矫制调伏波司马吕种守沅陵长，命种奉诏书入虏营，告以恩信，因勒兵随其后。蛮夷震怖，即共斩其大帅而降，于是入贼营，散其众，遣归本郡，为置长吏而还。”④从此，中央王朝的统治势力深入五溪蛮地区。

肃宗建初元年（76年），澧中蛮陈从反，入零阳蛮界，其冬被击败而降。

建初三年（78年），溇中蛮覃儿健反，攻烧零阳、作唐、孱陵界中。次年春，发荆州七郡及汝南、颍川弛刑徒吏士五千余人，拒守零阳。建初五年（80年）春，郡进兵与战于宏下，大破降之。

和帝永元四年（92年）冬，溇中、澧中蛮潭戎等反，烧邮亭，杀官吏，郡兵败降之。

---

① （北宋）司马光：《资治通鉴》，卷四四，汉光武帝建武二十三年（47年）。

② （北宋）司马光：《资治通鉴》，卷四四，汉光武帝建武二十四年（48年）。

③ （南朝宋）范晔：《后汉书·马援传》，卷二四。

④ （南朝宋）范晔：《后汉书·宋均传》，卷四一。

安帝元初二年（115 年），澧中蛮以郡县徭税失平，怀怨恨，遂结充中诸种两千余人，攻城杀长吏。为州郡募兵所败降。

顺帝永和元年（136 年），澧中、溇中蛮反对增租赋，

> 遂杀乡吏，举种反叛。明年春，蛮二万人围充城，八千人寇夷道（今湖北宜都西北）。遣武陵太守李进讨破之。

此次反抗的特点有二：一是带有鲜明的反对封建王朝的经济剥削性质；一是参加者极为广泛，“举种”而反，人数竟达近三万人。

桓帝元嘉元年（151 年）秋，武陵蛮詹山反。据《后汉书·应奉传》卷四八载：

> 先是，武陵蛮詹山等四千余人反叛，执县令，屯结连年。诏下公卿议，四府举奉才堪将帅。永兴元年（153 年），拜武陵太守。到官慰纳，山等皆悉降散。

此处的“屯结连年”，《后汉书·南蛮西南夷列传》则作“屯结深山”。此次反抗的主要特点是：凭借“深山”的地利人和，与官府周旋多年。

桓帝延熹三年（160 年），“长沙蛮反，屯益阳（治今湖南益阳东），零陵蛮寇长沙”①。五年②冬十月，武陵蛮六千余人攻江陵（治湖北今地），荆州刺史刘度、谒者马睦、南郡太守李肃皆奔走。主簿胡爽抱马固谏，李肃为逃命竟杀爽而去。从此，“荆南皆没”。朝廷派车骑将军冯绲，将兵十余万讨之。“进击武陵蛮夷，斩首四千余级，受降十余万人，荆州平定。”③这一事件的重要性在于：武陵蛮与长沙蛮、零陵蛮联合反抗，互为支持；参加人数空前，竟达十余万人；给东汉王朝以沉重打击，从“荆南皆没”和动用十余万兵力镇压诸事可证。

灵帝中平三年（186 年），武陵蛮复叛，犯郡界，为州郡所破。

总之，在前后一百四十年中，反抗活动达九次之多。其中，规模与影响较大的

---

① （北宋）司马光：《资治通鉴》，卷五四，汉桓帝延熹三年（160 年）。

② （南朝宋）范晔：《后汉书·南蛮西南夷列传》作三年，《后汉书·桓帝纪》《后汉书·冯绲传》与《资治通鉴》均作五年，当是。

③ 以上引文，均见（南朝宋）范晔：《后汉书·冯绲传》卷三八。

有三次。这就是：建武二十三年（47 年）武陵蛮精夫相单程等反；永和元年澧中、溇中蛮反增租赋；延熹间武陵蛮反。

需要指出的是，其他小规模的反抗活动，尚未计入其中。如，《后汉书·臧宫传》卷十八载：建武十九年（43 年），左中郎将臧宫，

击武溪贼，至江陵，降之。

又，《后汉书·马成传》卷二二载：建武二十四年（48 年），中山太守马成，

南击武溪蛮贼，无功，上太守印绶。

因武溪为武陵蛮居地，故前者“武溪贼”，当即指后者“武溪蛮贼”。

第四节　长沙蛮

一、概　况

西汉的长沙国及东汉的长沙郡，均治临湘（今湖南长沙）。在该国、郡生活的少数民族，史称“长沙蛮”。据《后汉书·郡国志四》载，长沙郡辖十三城：临湘，攸（治今攸县东北），荼陵（治今茶陵东北），安城（治今莲花东北），酃（治今衡阳东），湘南（治今湘潭西南），连道（治今湘乡西），昭陵（治今邵阳），益阳（治今益阳东），下雋（治今湖北通城西北），罗（治今湘阴东北），醴陵（治今县），容陵（治今攸县西南）。

据《后汉书·南蛮西南夷列传》卷八六载：长沙蛮与武陵蛮一样，均为盘瓠之后。故其种属与社会情况，应与武陵蛮类。

汉初，长沙国境内杂有大量少数民族。据《汉书·两粤传》卷九五载：南越王赵伦上书汉文帝称：

西北有长沙，其半蛮夷，亦称王。

颜师古注曰：

言长沙之国半杂蛮夷之人。

“称王”之举，表明西汉王朝尚未对长沙蛮夷实行有效统治。

汉末，王莽改该地名“填蛮”[①]，此中所镇之蛮，当指长沙蛮。

两汉时，均曾先后在长沙国和长沙郡设置连道。[②]又，据出土的马王堆汉墓地图载：汉初长沙国境内还有箭道、龁道。何谓道？史称：

内郡为县，三边为道[③]；
县有蛮夷曰道[④]；
凡县主蛮夷曰道[⑤]；
县管蛮夷曰道[⑥]。

要言之，设在少数民族地区的县就称为道。可见，两汉王朝曾在长沙国、郡设道以治理当地“蛮夷”。

值得一提的是，东汉初，曾徙巴郡渠帅于长沙之地。据《后汉书·吴汉传》卷十八载：建武十八年（42年），蜀郡守将史歆反于成都，并移檄郡县，

而宕渠杨伟、朐䏰徐容等，起兵各数千人以应之。帝以歆昔为岑彭护军，晓习兵事，故遣（吴）汉率刘尚及太中大夫臧宫将万余人讨之。汉入成都，乃发广汉、巴、蜀三郡兵围成都，百余日城破，诛歆等。汉乃乘桴沿江下巴郡，杨伟、徐容等惶恐解散，汉诛其渠帅二百余人，徙其党与数百家于南郡、长沙而还。

巴郡渠帅，属廪君种人。这样就使盘瓠种人居住的长沙郡，也杂有廪君种人。

---

① （东汉）班固：《汉书·地理志下》，卷二八下。

② 分见（东汉）班固：《汉书·地理志下》卷二八下和（南朝宋）范晔：《后汉书·郡国志四》。

③ （东汉）卫宏：《汉旧仪》。

④ 见（西汉）司马迁：《史记·孝文帝本纪》卷十，正义和（东汉）班固：《汉书·高后本纪》，卷三，颜师古注引服虔曰。

⑤ （南朝宋）范晔：《后汉书·百官志五》。

⑥ （南朝宋）范晔：《后汉书·马援传》，卷二四，李贤注。

二、长沙蛮的反抗活动

东汉后期，长沙蛮的活动突然相当频繁。其主要记载有：

《后汉书·桓帝纪》卷七载：永寿三年（157年），

> 长沙蛮叛，寇益阳（故城在今湖南益阳东）。

延熹三年（160年）七月，

> 长沙蛮寇郡界。

十一月，

> 荆州刺史度尚讨长沙蛮，平之。

延熹五年（162年）四月，

> 长沙贼起，寇桂阳（治今湖南郴州）、苍梧（治今广西梧州）。

五月，

> 长沙、零陵贼起，攻桂阳、苍梧、南海（治今广州）、交趾（治今越南北），遣御史中丞盛脩督州郡讨之，不克。

《后汉书·度尚传》卷三八载：

> 延熹五年，长沙、零陵贼合七八千人，自称“将军”，入桂阳、苍梧、南海、交阯，交阯刺史及苍梧太守望风逃奔，二郡皆没。遣御史中丞盛脩募兵讨之，不能克。豫章艾县（治今江西修水东）人六百余人，应募而不得赏直，怨恚，遂反，焚烧长沙郡县，寇益阳，杀县令，众渐盛。又遣谒者马睦，督荆州刺史刘度击之，军败，睦、度奔走。桓帝诏公卿举任代刘度者，尚书朱穆举尚，自右校令擢为荆州刺史。尚躬率部曲，与同劳逸，广募杂种诸蛮夷，明设购赏，进击，大破之，降者数万人。

《东观汉记》则载：

> 时攻没苍梧，取铜虎符，太守甘定、刺史侯辅各奔出城。

此处，需核定度尚出任荆州刺史和平定长沙蛮的时间。上引《后汉书·桓帝纪》记在延熹三年，有误。其实，应为延熹五年。即事在东汉军队一再失利和荆州刺史刘度奔走后，才诏公卿举度尚为荆州刺史的。对此，《后汉书·度尚传》记之颇详。此外，《资治通鉴》《后汉书·南蛮西南夷列传》也作如是观。

概言之，这次长沙蛮反抗活动的特点是：时间长，从永寿三年至延熹五年止，前后延续八年之久；波及地域广，由长沙而零陵而桂阳，并入苍梧、南海、交趾，即席卷湘南与岭南之地；蛮、越、汉诸族人民联合，除长沙、零陵、桂阳蛮相互反应外，还深入岭南越人之地，豫章艾县汉人也卷入其中；给东汉统治者以重创，竟使交趾刺史、苍梧太守、荆州刺史落荒而逃。

第五节　零陵蛮与桂阳蛮

西汉时，零陵、桂阳两郡为蛮夷居地。据《汉书·高帝纪下》卷一下载：高祖五年（前 202 年），

> 其以长沙、豫章、象郡、桂林、南海立番君芮为长沙王。

可见，西汉初，零陵、桂阳两地均属长沙王吴芮的封地。当地居民，

> 其半蛮夷。

东汉时，零陵、桂阳蛮势力转盛。

一、零陵蛮

零陵郡，汉武帝元鼎六年（前 111 年）始置。治零陵，在今广西全县北；后徙治泉陵，故城在今湖南零陵北。该郡属地，跨有今湖南及粤西北两省边地，故其民族成分包括蛮（盘瓠蛮）、越之人。

两汉时，郡内设有专门治理少数民族的县级单位“营道”（故城在今湖南宁远西）与“泠道”（故城在今宁远东）。[①] 又，据《后汉书·冯绲传》卷三八载：

绲军至长沙，贼闻，悉诣营道乞降。[②]

可见，“道”可作镇压少数民族军事据点之用。

东汉时，零陵蛮的反抗活动主要有两次。据《后汉书·南蛮西南夷列传》卷八六载：安帝元初三年（116 年），

零陵蛮羊孙、陈汤等千余人，著赤帻，称将军，烧官寺，抄掠百姓。州郡募善蛮讨平之。

还有一次是上引延熹五年（162 年）与长沙蛮一起攻桂阳、苍梧、南海、交趾诸郡事。据《后汉书·桓帝纪》卷七载：延熹七年（164 年）七月，

荆州刺史度尚击零陵、桂阳盗贼及蛮夷，大破平之。

可见，前后历时三年，此次反抗终被镇压下去。

二、桂阳蛮

桂阳郡，汉高祖时始置。治今湖南郴州。该地除辖有今湖南郴州地区等地外，还包括广东之曲江、英德、连山、连县等地。故桂阳蛮中除蛮（盘瓠蛮）人外，还有不少越人。

桂阳蛮曾于东汉末年举行过反抗活动。据《后汉书·度尚传》卷三八载：延熹五年，荆州刺史度尚击破长沙、零陵蛮后，

桂阳宿贼渠帅卜阳、潘鸿等畏尚威烈，徙入山谷。尚穷追数百里，

---

① 见（东汉）班固：《汉书·地理志八上》卷二八上和（南朝宋）范晔：《后汉书·郡国志四》卷二二。

② （北宋）司马光：《资治通鉴》，卷五四，汉桓帝延熹五年（162 年）则载：“绲军至长沙，贼闻之，悉诣营乞降。”司马光将“营道”误改作“营”，原意尽失，变成至长沙之“营”乞降了。

遂入南海，破其三屯，多获珍宝。而阳、鸿等党众犹盛，尚欲击之，而士卒骄富，莫有斗志。尚计缓之则不战，逼之必逃亡，乃宣言卜阳、潘鸿作贼十年，习于攻守，今兵寡少，未易可进，当须诸郡皆所发悉至，尔乃并力攻之。申令军中，恣听射猎。兵士喜悦，大小相与从禽。尚乃密使所亲客潜焚其营，珍积皆尽。猎者来还，莫不泣涕。尚人人慰劳，深自咎责，因曰："卜阳等财宝足富数世，诸卿但不并力耳。所亡少少，何足介意！"众闻咸愤踊，尚敕令秣马蓐食，明旦，径赴贼屯。阳、鸿等自以深固，不复设备，吏士乘锐，遂大破平之。

尚出兵三年，群寇悉定。……（延熹八年）时荆州兵朱盖等，征戍役久，财赏不赡，忿恚，复作乱，与桂阳贼胡兰等三千余人复攻桂阳，焚烧郡县，太守任胤弃城走，贼众遂至数万。转攻零陵，太守陈球固守拒之。于是以尚为中郎将，将幽、冀、黎阳、乌桓步骑二万六千人救球，又与长沙太守抗徐等发诸郡兵，并执讨击，大破之，斩兰等首三千五百级，余贼走苍梧。

以上记载表明：延熹间桂阳渠帅卜阳、潘鸿以及胡兰之势颇盛；从桂阳蛮渠帅多"珍宝"与"财宝足富数世"看，其社会内部的贫富悬殊是相当突出的。

东汉时，桂阳蛮地区有所开发，经济有所发展，汉文化影响日增。

据《后汉书·循吏卫飒传》卷七六载：建武初，卫飒迁桂阳太守，

先是含洭（治今广东阳山东南）、浈阳（治今广东英德西）、曲江（治今广东韶关东南）三县，越之故地。武帝平之，内属桂阳。民居深山，滨溪谷，习其风土，不出田租。去郡远者，或且千里。吏事往来，辄发民乘船，名曰"传役"。每一吏出，傜及数家，百姓苦之。飒乃凿山通道五百余里，列亭传，置邮驿。于是役省劳息，奸吏杜绝。流民稍还，渐成聚邑，使输租赋，同之平民。又耒阳县（治湖南今县）出铁石，佗郡民庶常依因聚会，私为冶铸，遂招来亡命，多致奸盗。飒乃上起铁官，罢斥私铸，岁所增入五百余万。飒理恤民事，居官如家，其所施政，莫不合于物宜。视事十年，郡内清理。

《后汉书·循吏卫飒传》附传载：

> 南阳茨充代飒为桂阳。亦善其政，教民种殖桑柘麻纻之属，劝令养蚕织屦，民得利益焉。

对此，《东观汉记》则载：

> 建武中，桂阳太守茨充教人种桑蚕，人得其利，至今江南颇知桑蚕织屦，皆充之化也。

概言之，汉以来，重视经营桂阳山区。凿山通道，列亭传，置邮驿，方便交通。重冶铸，种植桑柘麻纻，养蚕织屦，发展生产，改善生活条件。渐成聚邑，生齿日繁。输租赋，同之平民，加速封建化过程。

又，《后汉书·循吏卫飒传》卷七六载：桂阳

> 郡与交州接境，颇染其俗，不知礼则。飒下车，修庠序之教，设婚姻之礼。期年间，邦俗从化。

《后汉书·循吏许荆传》卷七六载：

> 和帝时，稍迁桂阳太守。郡滨南州，风俗脆薄，不识学义。荆为设丧纪婚姻制度，使知礼禁。

《后汉书·栾巴传》卷五七载：顺帝时，栾巴四迁桂阳太守，

> 以郡处南垂，不闲典训，为吏人定婚姻丧纪之礼，兴立学校，以奖进之。

可见，处于“南垂”的桂阳郡地，推行了丧纪、婚姻、学校、礼仪之汉制。

第三章　三国时期的盘瓠蛮

三国时期的盘瓠蛮，含有武陵蛮、湖湘山民以及江西山民等。分述如下。

第一节　武陵蛮

三国时期，武陵郡的归属前后有所变动。建安十三年（208 年）赤壁之战后，吴、蜀分荆州，武陵归蜀[①]；章武三年（223 年），刘备兵败而殁后，武陵复属吴。治临沅（今湖南常德）。

蜀、吴曾对武陵蛮进行激烈争夺。建安二十四年（219 年），孙权袭杀关羽，取荆州。章武元年（221 年），刘备率师伐吴。在这次战争中，蜀策动武陵蛮以攻吴。其主要记载有：《三国志·蜀书·先主传》卷三二载：章武元年七月，刘备伐吴，

> 吴将陆议、李异、刘阿等屯巫（治今四川巫山）、秭归（治湖北今县）；将军吴班、冯习自巫攻破异等，军次秭归，武陵五溪蛮夷遣使请兵。

章武二年（222 年）二月，

> 先主自秭归率诸将进军，缘山截岭，于夷道（治今湖北宜都）猇亭驻营，自佷山（治今湖北长阳西）通武陵，遣侍中马良安慰五溪蛮夷，咸相率响应。

《三国志·蜀书·马良传》卷三九载：马良为侍中，

> 及东征吴，遣良入武陵招纳五溪蛮夷，蛮夷渠帅皆受印号，咸如意指。

---

① 据（唐）房玄龄等：《晋书·地理志下》卷十五载：魏武据荆州，“及败于赤壁，南郡以南属吴，吴后遂与蜀分荆州。于是南郡、零陵、武陵以西为蜀，江夏、桂阳、长沙三郡为吴”。

（北宋）司马光：《资治通鉴》卷六七，汉献帝建安二十年（215 年）载：吴、蜀“遂分荆州，以湘水为界：长沙、江夏、桂阳以东属权，南郡、零陵、武陵以西属备”。

《三国志•吴书•吴主传》卷四七载：黄初二年（221 年），

刘备帅军来伐，至巫山、秭归。使使诱导武陵蛮夷，假与印传，许之封赏。于是诸县及五溪民皆反为蜀。

《三国志•吴书•步骘传》卷五二载：

延康元年（220 年），权遣吕岱代骘，骘将交州义士出长沙。会刘备东下，武陵蛮夷蠢动，权遂命骘上益阳。备既败绩，而零、桂诸郡犹相惊扰，处处阻兵，骘周旋征讨，皆平之。

《水经注•沅水》卷三七载：

沅水又东与序溪（今溆水）合，水出武陵郡义陵县鄜梁山，西北流，迳义陵县（治今湖南溆浦县），……治序溪。其城，刘备之秭归，出五溪，绥抚蛮夷，（马）良率诸蛮所筑也。

《资治通鉴》卷六九，魏文帝黄初三年（222 年）载：

汉人自佷山通武陵，使侍中襄阳马良以金、锦赐五溪诸蛮夷，授以官爵。

从上述记载中，可得出如下结论：

一是由于武陵郡原属蜀地，蜀与武陵蛮关系密切，加之，蜀对五溪蛮政策得当（取“安慰”“招纳”之策，对其渠帅“授予官爵”，“假以印传”，赐以金、锦），因此，在这次蜀、吴之战中，五溪蛮完全站在蜀的一边。

二是秭归、佷山等地，是蜀与武陵蛮联系的通道。

三是益阳是吴兵进攻武陵蛮的重要军事据点。

四是溆浦是三国时期五溪蛮的重要聚居地。这从马良深入其地“绥抚蛮夷”并筑城以抗吴可证。

五是吴国以岭南少数民族镇压武陵蛮夷。步骘以“交州义士万人”征讨武陵、零陵、桂阳诸郡，可证。

吴取荆州后，即以蜀降吏武陵汉寿人潘濬治理武陵蛮。据裴松之注引《江表传》曰：孙权杀关羽，

即以为治中，荆州诸军事一以谘之。武陵部从事樊伷诱导诸夷，图以武陵属刘备，外白差督督万人往讨之。权不听，特召问浚，濬答："以五千兵往，足可以擒伷。"……权大笑而纳其言，即遣浚将五千往，果斩平之。[①]

对此记载，需说明的问题有：一是关于此事发生的时间。《资治通鉴》卷六八，系于建安二十四年（219 年）十月，其时正值孙权攻关羽而占领荆州治所江陵之时，此说可信。一是关于此次潘濬进军武陵夷的集结处。据清顾祖禹《读史方舆纪要·湖广六》载：常德府龙阳县（治今常德市东南）东八十里有军山，三国吴将潘濬攻武陵都尉樊伷时，屯兵于此。此地地望当临近今益阳地。这说明，军山是吴国对付武陵夷的重要军事基地。这与上述步骘从长沙"上益阳"以震慑武陵蛮的记载是一致的。又，据《三国志·吴书·黄盖传》卷五五载：赤壁战后，拜武锋中郎将，

武陵蛮夷反乱，攻守城邑，乃以盖领太守。时郡兵才五百人，自以不敌，因开城门，贼半入，乃击之，斩首数百，余皆奔走，尽归邑落。诛讨魁帅，附从者赦之。自春讫夏，寇乱尽平，诸幽邃巴、醴、由、诞邑侯君长，皆改操易节，奉礼请见，郡境遂清。

此事也当发生在吴据有武陵郡之初，即在刘备伐吴前后。通过这两次事件后，武陵蛮夷的"巴、醴、由、诞邑侯君长"归附，从而逐步巩固了孙吴在武陵地区的统治地位。

其后，武陵蛮也曾不断反抗孙吴政权。其中主要有下述两次。

据《三国志·吴书·吴主传》卷四七载：黄龙三年（231 年）二月，

遣太常潘濬率众五万讨武陵蛮夷。

① 引自（晋）陈寿：《三国志·吴书·潘濬传》，卷六一注。

嘉禾三年（234年）十一月，

太常潘濬平武陵蛮夷，事毕，还武昌。

据《三国志·吴书·吕岱传》卷六〇载：

黄龙三年，以南土清定，召岱还屯长沙沤口。会武陵蛮夷蠢动，岱与太常潘濬共讨定之。

据《三国志·吴书·潘濬传》卷六一载：潘濬迁太常，

五溪蛮夷叛乱盘结，（孙）权假濬节，督诸军讨之。信赏必行，法不可干，斩首获生，盖以万数，自是群蛮衰弱，一方宁静。

此外，《资治通鉴》也将上述材料加以串联，在魏明帝太和四年（230年）、五年（231年）以及青龙二年（234年）条下，加以记载。总之，吴将潘濬与吕岱，通过231年至234年的四年残酷镇压，"斩获数万"①，使武陵蛮的势力受到严重摧残，"自是群蛮衰弱"。

尚需弄清楚的是，这次武陵蛮的反抗活动究竟主要发生在何处。据《水经注·沅水》卷三七载：

酉水又东迳沅陵县（治今沅陵县南）北，又东南迳潘承明（潘濬字承明）垒西，承明讨五溪蛮，营军所筑。其城跨山枕谷。

换言之，潘濬营位于今沅陵县北，酉水之侧，酉水邻近注入沅水之处。

另外一次是事近二十年后的永安六年（263年）。据《三国志·吴书·钟离牧传》卷六〇载：是年，

蜀并于魏，武陵五溪夷与蜀接界，时论惧其叛乱，乃以牧为平魏将军，领武陵太守，往之郡。魏遣汉葭县长郭纯试守武陵太守，率涪陵民入蜀迁陵（今保靖东）界，屯于赤沙，诱致诸夷邑君，或起应纯，又

① 见（北宋）司马光：《资治通鉴》，卷七二，明帝青龙二年条。

进攻酉阳县（今古丈北），郡中震惧。牧问朝吏曰："西蜀倾覆，边境见侵，何以御之？"皆对曰："今二县山险，诸夷阻兵，不可以军惊扰，惊扰则诸夷盘结。宜以渐安，可遣恩信吏宣教慰劳。"牧曰："不然。外境内侵，诳诱人民，当及其根柢未深而扑取之，此救火贵速之势也。"敕外趣严，掾史沮议者便行军法。抚夷将军高尚说牧曰："昔潘太常督兵五万，然后以讨五溪夷耳。是时刘氏连和，诸夷率化，今既无往日之援，而郭纯已据迁陵，而明府以三千兵深入，尚未见其利也。"牧曰："非常之事，何得循旧？"即率所领，晨夜进道，缘山险行，垂二千里，从塞上，斩恶民怀异心者魁帅百余人及其支党凡千余级，纯等散，五溪平。

关于赤沙地望，据《资治通鉴》卷七八，魏元帝景元四年（263 年）载："盖在迁陵、酉阳之间。酉阳县属武陵郡，县在酉溪之阳。"换言之，这次吴、魏围绕武陵蛮的战争，主要在酉水流域的迁阳、酉阳一带进行。这次事件与以往不同之处是：与吴争夺武陵蛮的对手已由蜀变魏；吴国此次出兵五溪已是强弩之末，其气势已无法与潘濬那次相提并论了。

需要指出的是，由于吴势已去，故此次镇压后，武陵地区并未平定。这从次年武陵蛮又欲叛吴附魏一事可证。据《魏书·三少帝纪》卷四载：咸熙元年（264 年）十月，诏曰：

武陵邑侯相严等纠合五县，请为臣妾。

综上所述，可得出如下结论：

三国时，武陵蛮主要活跃在沅水及其支流溆水、酉水地区，即在溆浦、沅陵以至保靖等相连地带。

武陵蛮虽先后归属蜀、吴，实际上却一直处于独立状态。他们有着自己的社会组织，由"渠帅""魁帅""魁渠""邑侯君长""邑君"直接统领。蜀、吴均未干预其内部事务。

蜀、吴对武陵蛮之策是有区别的。前者重在招抚，后者则致力征讨。结果是，蜀与武陵蛮的关系转为和睦，而吴与武陵蛮的关系则始终处于紧张状态。从武陵蛮先后响应蜀、魏以抗吴之事，也可证吴震慑武陵蛮政策之失败。

第二节　湖湘山民

三国时，湖湘间山民，因从事反抗统治者的活动，被污称为“山寇”“山贼”。他们分布于长沙、零陵、桂阳诸郡。从其依山而居的特点及分布地域而论，应属“盘瓠种”人，与瑶族先民关系十分密切。下面按地区分记。

长沙（治今长沙市）山民。据《三国志·吴书·孙坚传》卷四六载：汉灵帝中平三年（186年），

> 时长沙贼区星自称将军，众万余人，攻围城邑，乃以坚为长沙太守。到郡亲率将士，施设方略，旬月之间，克破星等。周朝、郭石亦帅徒众起于零、桂，与星相应。遂越境寻讨，三郡肃然。

《三团志·吴书·黄盖传》载：赤壁之战后，黄盖为武陵郡太守，平定武陵蛮之乱，

> 后长沙益阳（治今地）县为山贼所攻，盖又讨平。

益阳时为长沙郡属县。又，据《三国志·吴书·张昭传》卷五二载：昭子承，孙权时，

> 出为长沙西部都尉。讨平山寇，得精兵万五千人。

东汉之制，“边郡往往置都尉及属国都尉，稍有分县，治民比郡”[①]。可见，长沙西部都尉主要为对付长沙蛮而设。

零陵（治今县）、桂阳（治今郴州）山民。据《后汉书·陈蕃传》卷六六载：东汉桓帝时，

> 零陵、桂阳山贼为害，公卿议遣讨之。

又，据《三国志·陆凯传》卷六一载：五凤二年（255年），

① （南朝宋）范晔：《后汉书·百官志五》。

讨山贼陈毖于零陵，斩毖克捷。

以上记载表明：从东汉末年起，湖湘山民就曾举行反抗活动；孙吴时，利用被征服的山民以补充兵源，并成为其善战的“精兵”。

第三节　江西山民

江西山民族属，似非单一。除越人外，还有盘瓠诸种人。试析如下：

越人。其据有：从考古材料看，江西出土了大量以印纹陶为代表的越文化；江西鄱阳湖南岸的余汗（干）县为先秦干越之地；秦末，“番（鄱）阳令”吴芮曾“率越人举兵以应诸侯”[①]；汉武帝时，“越人欲为变，必先田余干县中”[②]。

盘瓠蛮。其据有：庐江郡为盘瓠蛮的早期居地之一[③]；南朝时，寻阳、豫章、鄱阳一带为属盘瓠蛮系统的傒人居地；吉安等地为宋代瑶人的聚居地。

换言之，江西山民中，除越人外，还有大量盘瓠蛮人。笔者还认为，从东汉以后，盘瓠蛮人的成分所占比重愈来愈大。这就是本书要辟“江西山民”专目的原因。

三国时，属今江西境的诸郡山民活动频繁。分述如下：

鄱阳郡（治今波阳），是山民活动的重要基地。据《三国志·太史慈传》卷四九引《江表传》曰：早在孙策之时，

鄱阳民帅别立宗部，阻兵守界，不受子鱼所遣长吏。

据《三国志·吴书·孙权传》卷四七载：建安八年（203年），孙权西伐黄祖，

山寇复动。还过豫章，使吕范平鄱阳，程普讨乐安（治今德兴东北，时属鄱阳郡）。

---

① （东汉）班固：《汉书·吴芮传》，卷三四。

② （东汉）班固：《汉书·严助传》，卷六四上。

③ （晋）干宝：《搜神记》。

《三国志·吴书·吕蒙传》卷五四载：

曹公遣朱光为庐江太守，屯皖，大开稻田，又令间人招诱鄱阳贼帅，使作内应。

《三国志·吴书·韩当传》卷五五载：

从征刘勋，破黄祖，还讨鄱阳，领乐安长，山越畏服。

《三国志·吴书·董袭传》卷五五载：

鄱阳贼彭虎等数万人，袭与凌统、步骘、蒋钦各别分讨。袭所向辄破，……旬日尽平。

《三国志·吴书·朱桓传》卷五六载：

丹阳、鄱阳山贼蜂起，攻没城郭，杀略长吏，处处屯聚。桓督领诸将，周旋赴讨，应皆平定。

《三国志·吴书·贺齐传》卷六〇载：建安二十一年（216 年），

鄱阳民尤突受曹公印绶，化民为贼，……齐与陆逊讨破突，……料得精兵八千人。[①]

《三国志·吴书·周鲂传》卷六〇载：

黄武中，鄱阳大帅彭绮作乱，攻没属城，乃以鲂为鄱阳太守。与胡综戮力攻讨，遂生禽绮。

被命密求山中旧族名帅，为北敌所闻知者，令谲挑魏大司马扬州牧曹休。

鄱阳之民，……今虽降首，盘节未解，山栖草藏，乱心犹存。

① （晋）陈寿：《三国志·吴书·陆逊传》卷八五则载："鄱阳贼帅尤突作乱，复往讨之。"

对周鲂擒鄱阳大帅彭绮事，《资治通鉴》卷七〇，魏明帝太和元年（227年）追述道：

> 初，绮自言举义兵，为魏讨吴，议者以为因此伐吴，必有所克。帝以问中书令太原孙资，资曰："番阳宗人，前后数有举义者，众弱谋浅，旋辄乖散。……以此推绮，惧未能为权腹心大疾也。"至是，绮果败亡。

《三国志·吴书·钟离牧传》卷六〇载：

> 会建安、鄱阳、新都三郡山民作乱，出牧为监军使者，讨平之。贼帅黄乱、常俱等出其部伍，以充兵役。

《三国志·吴书·孙权传》卷四七载：嘉禾五年（236年）十月，

> 鄱阳贼彭旦为乱。

六年（237年）二月，

> 陆逊讨彭旦等，其年，皆破之。

《三国志·吴书·陆逊传》卷五八载：嘉禾六年（237年），鄱阳郡民吴遽等作乱，

> 攻没诸县。豫章、庐陵宿恶民，并应遽为寇。逊自闻，辄讨即破，遽等相率降，逊料得精兵八千余人，三郡平。

此外，豫章郡（治今南昌）、庐陵郡（治今吉安南）、临川郡（治今南城东南）等地，也有山民活动。据《魏书·刘晔传》卷十四载：时庐江太守刘勋兵强于江、淮之间，孙策以书说勋曰：

> 上缭宗民，数欺下国，忿之有年矣。击之，路不便，愿因大国伐之。上缭甚实，得之可以富国，请出兵为外援。

上缭，今南城县，时为临川郡治所在地。据《三国志·吴书·孙权传》卷四七载：孙策薨，以事授权，

是时惟有会稽、吴郡、丹阳、豫章、庐陵，然深险之地犹未尽从，……分部诸将，镇抚山越，讨不从命。

又载：时“山寇复动”，孙权使

太史慈领海昏。

海昏，治今永修东，时属豫章郡。据《三国志·吴书·潘璋传》卷五五载：

比县建昌起为贼乱，转领建昌，……讨治恶民，旬月尽平，召合遗散，得八百人，将还建业。

建昌，今奉新西，时属豫章郡。据《三国志·吴书·贺齐传》卷六〇载：建安十八年（213年），

豫章东部民彭材、李玉、王海等起为贼乱，众万余人，齐讨平之，诛其首恶，余皆降服。拣其精健为兵，次为县户。

据《三国志·吴书·吕岱传》卷六〇载：黄龙四年（232年），

庐陵贼李桓、路合、会稽东冶贼随春、南海贼罗厉等一时并起。

孙权命吕岱讨击，桓、厉被斩获，权诏岱曰：

元恶既除，大小震慑，其余细类，扫地族矣。自今已去，国家永无南顾之虞，三郡晏然，无怵惕之惊，又得恶民以供赋役，重用叹息。

《三国志·吴书·周鲂传》卷六〇载：

贼帅董嗣负阻劫钞，豫章、临川并受其害。……鲂遣间谍，授以方策，诱狙杀嗣。嗣弟怖惧，诣武昌降于陆逊，乞出平地，自改为善，由是数郡无复忧惕。

《三国志·吴书·孙休传》卷四八载：永安七年（264年），

豫章民张节等为乱，众万余人。

又，《三国志•魏书•三少帝纪》卷四载：咸熙元年（264年）十月诏曰：

豫章、庐陵山民举众叛吴，以助北将军为号。

从上述记载中，可得出如下结论：

（1）鄱阳郡及所属乐安等县，豫章郡及所属海昏、建昌等县，庐陵郡、临川郡及所属上缭的山民，均曾举行反抗吴统治者的活动。

（2）山民按血缘关系组织，聚族而居，故称“宗部”“宗伍”“部伍”。其首领名“大帅”，成员为“宗民”“宗人”。他们拥兵自卫，具有颇大的独立性。如，“上缭壁，有五六千家相结聚作宗伍，惟输租布于郡耳，发召一人遂不可得”[①]。

（3）吴、魏对山民激烈争夺，山民也利用参与其间而提高自身地位。“豫章、庐陵山民举众叛吴”，即属此例。

（4）孙吴掠夺山民，使之成为重要兵力、劳力、财力来源。孙吴不断攻讨山民，不仅稳定了后方，使“无南顾之忧”；而且，“得恶民以供赋役”，“料得精兵八千人”，“以充兵役”，“拣其精健为兵，次为县户”。

（5）孙吴残酷的军事征服政策，使山民遭受空前深重的灾难。但在客观上，却起了促进山民社会经济发展与民族融合的作用。主要表现为：“次为县户”者，成了无异汉人的封建国家的编户齐民；“出平地”者，离开了世代居住的“山险之地”，不再过“山栖草藏”的生活；充兵役者，成了汉文化的接受者与传播者。

总之，三国时期，可谓是江西民族发展史上的一大转折点。这一时期，江西地区得到较大规模开发，而山民对此做出了重要贡献；江西“夷”人及山民，日益与汉民族融合，这对后世江西少数民族分布较少的格局，起了重大影响。

① （晋）陈寿：《三国志•吴书•太史慈传》卷四九，裴注引《江表传》。

第四章　两晋时期的盘瓠蛮

两晋时期，荆州（治今湖北江陵，辖区主要为今两湖地区）蛮人的势力十分活跃。除了西晋初年全国出现过短暂的稳定局面外，长期处于动乱与分裂状态中。这时，两湖蛮族势力也得到迅速发展，并不断向北蔓延开去。《魏书·蛮传》卷一一一在谈到蛮族的发展过程时写道：

> 其于魏氏之时，不甚为患，至晋之末，稍以繁昌，渐为寇暴矣。自刘、石乱后，诸蛮无所忌惮，故其族类，渐得北迁，陆浑（今河南嵩县东北）以南，满于山谷。

这一论断，同样符合瑶族先民的历史实际。在长期动乱中，诸族间的接触与往来也更为频繁和密切，因而加速了民族融合的进程。

第一节　盘瓠蛮的分布

以族属而言，荆州蛮主要有盘瓠蛮与廪君蛮两大类别。据史书记载加以划分，“酉阳蛮”等属廪君蛮系统；“沮、漳蛮”“竟陵蛮”“建平夷”“天门蛮”“武陵蛮”等则属于盘瓠蛮系统。需要强调指出的是，当时这两支蛮人交错而居，是很难截然加以分别的。

“沮、漳蛮”。沮水，源出湖北保康县西南，经南漳，折南经远安、当阳，至两河口，与源出南漳县西南的漳水会合。当时，沮水与漳水流域为少数民族聚居地，即所谓“二水上下皆蛮所居也”[①]。史称为“沮、漳蛮”[②]。又，据《南齐书·州郡志下》卷十五载：晋桓温乎蜀，治江陵，

> 以临沮西界，水陆纡险，行迳裁通，南通巴、巫，东南出州治，道

① （北宋）司马光：《资治通鉴》，晋安帝隆安五年（401年），胡三省注。

② （唐）房玄龄等：《晋书·桓玄传》，卷九九。

带蛮、蜑，田土肥美，立为汶阳郡，以处流民。

而汶阳郡属县有

僮（潼）阳、沮阳、高安。

潼阳、沮阳、高安均处于沮水之滨，在其上游和中游一带，相当于今南漳县西南。说明江北的沮水、漳水一带为“蛮蜑”所居，且“田土肥美”，这为当地民族的发展提供了优越的自然条件。

“竟陵蛮”。据《资治通鉴》卷一一八，晋恭帝元熙元年（419 年）载：

初，司马楚之奉其父荣期之丧归建康，会宋公称诛翦宗室之有才望者，楚之叔父宣期、兄贞之皆死，楚之亡匿竟陵蛮中。

竟陵郡，晋置，治今湖北钟祥。从此地成为晋统治阶级内部纷争的失意者之避难所一事，可见竟陵蛮之势力不弱。

“建平夷”。见《南齐书·蛮传》卷五八。建平郡，治所在今四川巫山县。

“天门蛮”。见《晋书·陈頵传》卷七一。天门郡，辖零阳、澧阳、溇中、充县诸县，东汉以来一直为蛮人重要居地。治所在今湖南澧阳。

“山蛮”。据《资治通鉴》卷一〇四，晋孝武帝太元元年（376 年）载：

秦兵寇南乡，拔之，山蛮三万户降秦。

对此，胡三省注：

襄阳以西，中庐、宜城之西山，皆蛮居之，所谓山蛮也。

“武陵蛮”。详见下述。

第二节　晋王朝治理盘瓠蛮之策

大致可归结如下：

1. 设置诸蛮校尉

南蛮校尉。其设置过程：开始是，“武帝置南蛮校尉于襄阳”。其后有所变化，元康中，“南蛮校尉为荆州刺史”，“及江左初，有南蛮校尉，寻又置于江陵”。①

其主要职能为管辖荆州地区包括盘瓠种在其中的蛮人。

宁蛮校尉。据《晋书·职官志》卷二四载：东晋末，“及安帝初，于襄阳置宁蛮校尉”。具体年代是：晋安帝义熙元年（405年），由鲁宗之以雍州刺史兼领。由于该职在有晋一代设置时间较短，只有十五年左右，故史书对此记述很少。

2. 封夷王

据《南齐书·蛮传》卷五八载：

> 晋大兴三年（320年）建平夷王向弘、向瑶等诣台求拜除，尚书郎张亮议：“夷貊不可假以军号。”元帝诏特以弘为折冲将军、当平乡侯，并亲晋王，赐以朝服。

换言之，晋王朝除不改变归附“夷王”的统治地位外，并赐予王、侯、将军名号。可见，其优宠超过前朝。

3. 委任蛮人为吏

如，五溪夷袁遂曾为天门（治今湖南临澧西）太守扈瑰之“故吏”②。从中也可见，两晋时汉、蛮民族之间的界限观念是比较淡薄的。

4. 租赋从轻定制

据《晋书·食货志》卷二六载：

> 制户调之式：丁男之户，岁输绢三匹、绵三斤、女及次丁男为户者半输。其诸边郡或三分之二，远者三分之一。夷人输賨布，户一匹，远者或一丈。……远夷不课田者输义米，户三斛、远者五斗，极远者输算钱，人二十八文。

换言之，“夷”人只输賨布，“远夷”不缴田税，只输义米及算钱。可见，包括

① （唐）房玄龄：《晋书·职官志》，卷二四。

② （唐）房玄龄：《晋书·王戎传》，附王澄传，卷四三。

瑶族先民在内的民族地区的输纳较汉区为轻。

5. 在军事上，除征讨外，在要地置屯戍兵

据《晋书·杜预传》卷三四载：杜预镇江陵，

> 攻破山夷，错置屯营，分据要害之地，以固维持之势。

可见，屯防之目的在于“维持”在蛮区的统治地位。

6. 从俗而治

据《晋书·陈頵传》卷七一载：太兴初，陈頵以疾征，

> 后拜天门太守，殊俗安之。

可见，晋天门太守陈頵之治策，重在不轻易改变“殊俗”。

7. 采取发展生产的某些措施

晋镇南大将军、都督荆州诸军事杜预的兴修水利，即为突出事例。

据《晋书·杜预传》卷三四载：

> 旧水道唯沔、汉达江陵数百里，北无道路。又巴丘湖，沅、湘之会，表里山川，实为险固，荆蛮之所恃也。预乃开杨口（在今湖北天门西南），起夏水（汉水）达巴陵（今湖南岳阳）千余里，内泻长江之险，外通零（陵）、桂（阳）之漕。南土歌之曰：“后世无叛由杜翁，熟识智名与勇功。”

由于杜预的开凿之功，使包括瑶族先民在内的“荆蛮”得以安居乐业而“无叛”，随着生产与交通的发展，处于平原地区的“荆蛮”也就逐渐和当地汉民融为一体了。

8. 安抚之策

例证有二。其一是，据《晋书·王鉴传》卷七一载：西晋末，杜弢作乱，江湘流弊，王鉴上疏劝司马睿征幸江州，以便

> 南望交广，西抚蛮夷。

311 年杜弢在湘州领导一支流民起义。可见，“西抚蛮夷”，是指安抚江湘之地的

“蛮”族。

其二是，据《晋书•良吏•杜轸传》卷九〇载：杜轸

> 除建宁令，导以德政，风化大行，夷夏悦服。秩满将归，群蛮追送，赂遗甚多，轸一无所受，去如初至。

《晋书•地理志下》卷十五，长沙郡属县有建宁。故此“群蛮”当属长沙蛮。此策，有利于民族地区的稳定。

9. 移民置郡江南

据《晋书•桓玄传》卷九九载：荆州刺史桓玄，

> 移沮、漳蛮二千户于江南，立武宁郡。

又，据《宋书•州郡志三》卷三七载：武宁郡，

> 晋安帝隆安五年（401年），桓玄以沮、漳降蛮立，领县二。户九百五十八，口四千九百一十四。

这些强制迁徙的荆州“蛮”，对开发和经营当时还比较落后的江南“蛮”地作出了贡献。

第三节　武陵蛮的反抗活动

晋咸宁三年（277年），五溪蛮附晋。据《晋书•武帝纪》卷三载：

> 是岁，西北杂虏及鲜卑、匈奴、五溪蛮夷、东夷三国前后十余辈，各帅种人部落内附。

西晋末年，在汉族人民和内迁各族人民大起义中，武陵蛮也起而反抗。

永嘉元年（307年），王澄为荆州都督，假应詹督南平（治今湖北公安西）、天门、武陵三郡军事，

天门、武陵溪蛮并反，詹讨降之。时政令不一，诸蛮怨望，并谋背叛。詹召蛮首，破铜券与盟，由是怀詹，数郡无虞。其后天下大乱，詹境独全[①]。

永嘉五年（311 年），杜弢领导荆、湘地区的巴、蜀流民起义，攻下长沙、零陵、桂阳等地。武陵蛮纷纷响应，掀起反抗高潮。据载：初，王澄

命武陵诸郡同讨杜弢，天门太守扈瑰次于益阳。武陵内史武察为其郡夷所害，瑰以孤军引还。澄怒，以杜曾代瑰。夷袁遂，瑰故吏也，托为瑰报仇。遂举兵逐曾，自称平晋将军。澄使司马毋丘邈讨之，为遂所败[②]。

（杜）弢将王贡精卒三千，出武陵江，诱五溪夷，以舟师断官运，径向武昌。侃使郑攀及伏波将军陶延夜趣巴陵，潜师掩其不备，大破之，斩千余级，降万余口。[③]

又，黄恭《交广记》也载：

湘贼杜弢诱五溪蛮寇武昌。

可见，在杜弢领导的流民起义中，武陵蛮曾起配合或呼应的重要作用。这是两晋时期，武陵蛮最大的一次反抗活动。

东晋成帝咸和四年（329 年）三月，长沙郡公、荆州刺史陶侃，

以江陵偏远，移镇巴陵。遣谘议参军张诞讨五溪夷，降之。

解除了五溪夷对荆州重镇的威胁，巩固了东晋在五溪地区的统治地位。

东晋安帝义熙十一年（415 年），王镇恶为安远护军、武陵内史，

蛮帅向博抵根据阮头，屡为凶暴，镇恶讨平之。……镇恶性贪，……

---

① （唐）房玄龄：《晋书·应詹传》，卷七〇。

② （唐）房玄龄：《晋书·王澄传》，卷四三。

③ （唐）房玄龄：《晋书·陶侃传》，卷六六。

抄掠诸蛮，不时反。

对此，《宋书·自序》卷一〇〇则载：刘裕攻打晋宗室出身的荆州刺史司马休之，司马休之的党羽郭亮之

招集蛮众，屯据武陵，武陵太守王镇恶出奔，林子率军讨之，斩亮之于七里涧，纳镇恶。武陵既平……

可见，武陵蛮还参与了东晋末年统治阶级的内争。

第五章　南北朝时期的盘瓠蛮和傒人

第一节　南北朝时期的盘瓠蛮

一、盘瓠蛮的分布与习俗

南北朝时期，以两湖地区为中心的南方广阔地域内，遍布着“种类繁多”[①]“部落滋蔓”[②]的“蛮”族。

这些蛮族，按族类而分，有廪君蛮与盘瓠蛮，即前者是以白虎、后者则以犬为图腾崇拜的两支不同的民族。

盘瓠蛮主要有：荆、雍州蛮；武陵蛮与天门蛮；湘州蛮与莫徭蛮等。分述如下。

1. 荆、雍州蛮

这支蛮人，因以荆州（治所在今湖北江陵）、雍州（治所在今湖北襄阳）为活动中心而得名。

其族属，《宋书·夷蛮传》卷九七，统归为

> 槃瓠之后也。

沈约的归类，当有所据。但若全归入盘瓠蛮，则有失偏颇。作者认为，荆、雍州蛮的族类比较复杂。应该说，除盘瓠蛮外，也包含有廪君蛮的成分。因为南朝宋人范晔的《后汉书·南蛮西南夷列传》曾把巴郡南郡蛮归入廪君蛮的范畴，至南北朝时期，这支蛮人不可能完全从这一地区消失。

当时，荆、雍州蛮人的聚居地主要有三处：

---

① （南朝梁）萧子显：《南齐书·蛮传》，卷五八。

② （唐）李延寿撰：《北史·蛮传》，卷九五；（北齐）魏收：《魏书·蛮传》，卷一〇二。

一是沿汉水流域居住的雍州蛮。

南朝时，记载颇多。据《宋书·夷蛮传》卷九七载：元嘉时，

> 沔中蛮大动，行旅殆绝。
> 随王诞又遣军讨沔北诸蛮。

《宋书·沈庆之传》卷七七载：元嘉十九年（442年），雍州群蛮大动，

> 庆之专军证讨，大破缘沔诸蛮。

《宋书·宗越传》附传卷八三载：

> 时沔中蛮反，世祖之镇，缘道讨伐。

《南齐书·高帝本纪上》卷一载：

> （元嘉）十九年（442年），文帝遣太祖领偏军讨沔北蛮。……二十三年（446年），雍州刺史萧思话镇襄阳，启太祖自随，戍沔北，讨樊、邓诸山蛮，破其聚落。

《南齐书·张敬儿传》卷二五载：敬儿领宁蛮府行参军，

> 伐襄阳诸山蛮，深入险阻，所向皆破。

《南齐书·王奂传》卷四九载：齐永明十一年（493年），雍州刺史王奂杀宁蛮长史刘兴祖，罪名为

> 扇动山蛮，规生逆谋。

可见，当时沿沔水流域居住的“雍州蛮”人，又称作“沔中蛮”“缘沔蛮”“沔北蛮”。也有因其依山居住，称作“山蛮”者。其势力，以宋、齐两朝为盛，曾使沔水流城“行旅殆绝”“水陆梗碍”。

需要指出的是，雍州蛮人的活动北及河南境的湖阳（治今河南唐河南）、南阳（治今地）以及雉水、滍水诸地。据《南齐书·张敬儿传》卷二五载：张敬儿“击湖

阳蛮”，“南阳蛮动，复以敬儿为南阳太守”。《宋书·夷蛮传》卷九七载：“龙山雉水蛮寇抄湼阳县（治今邓县东北）”，“湍水诸蛮因险为寇”。此外，鄂、豫、陕交界处有“丹、淅二川蛮”①，丹、淅二水在均县入汉水，故此处蛮人也应归入“沔中蛮”。

在西魏和北周时，又称之为“襄阳蛮”。据《周书·晋荡公护传》卷十一载：西魏时，

襄阳蛮帅向天保等万有余落，恃险作梗。及师还，护率军讨平之。

又，《周书·静帝纪》卷八载：襄州总管内“诸蛮”，

各率种落反，焚烧村驿，攻乱郡县。

从“襄阳蛮”故可达“万有余落”，可见其人口之殷与势力之盛。

此外，还有“竟陵蛮”。据《宋书·武二王传》卷六八载：元嘉年间，

时竟陵蛮充斥。

《宋书·赵伦之传》卷四六载：伦之之子伯符为竟陵太守，

时竟陵蛮屡为寇，伯符征讨，悉破之。

《宋书·沈庆之传》卷七七载：

竟陵蛮屡为寇，庆之为设方略，每击破之。

《南齐书·高帝本纪上》卷一载：元嘉十九年（442年），

竟陵蛮动。

从地望上说，竟陵郡虽属郢州建置，但与雍州南部紧紧相连，且其郡治为今湖北钟祥，正处襄阳以南的汉水边上，故“竟陵蛮”应归入“沔中蛮”类。

一是鄂西长江沿岸的“荆州蛮”。其主要记载有：

① （南朝梁）沈约撰：《宋书·张邵传》，卷四六。

“峡中蛮”。此处指川、鄂间沿长江三峡居住的少数民族人。据《宋书·沈攸之传》卷七四载：元徽四年（476年），

巴东（治今四川奉节）、建平（治今四川巫山）为峡中蛮所破，……其年春，攸之遣军入峡讨蛮帅田五郡等。

《宋书·邓琬传》卷八四载：宜都太守何康之，

军至陕（峡）口，为夷帅向子通所破，挺身走还。

《梁书·阴子春传》卷四六载：阴子春为梁秦二州刺史，

太清二年（548年），讨峡中叛蛮，平之。

峡中蛮的活动，直至南北朝的末期，不仅仍未停止，而且其势更炽。如《周书·蛮传》卷四九载：

有冉氏、向氏、田氏者，聚落尤盛。余则大者万家，小者千户。更相崇树，僭称王侯，屯据三峡，断遏水路，荆、蜀行人，至有假道者。

巴东、建平、宜都诸郡“蛮”。分布在现三峡、恩施土家族苗族自治州往东至宜昌、宜都等地。据《宋书·夷蛮传》卷九七载：

宜都（治今湖北宜都）、天门（治今湖南石门）、巴东（治今重庆奉节）、建平（治今重庆巫山）、江北诸郡蛮，所居皆深山重阻，人迹罕至焉。前世以来，屡为民患。

世祖大明中，建平蛮向光侯寇暴峡川，巴东太守王济、荆州刺史朱修之遣军讨之，光侯走清江。清江去巴东千余里。时巴东、建平、宜都、天门四郡蛮为寇，诸郡民户流散，百不存一，太宗、顺帝世尤甚，虽遣攻伐，终不能禁，荆州为之虚敝。

可见，这一带“蛮”人，早已生息活动于此地，从“前世以来，屡为民患”可证。至宋时，其势力更为发展，到宋末明帝（太宗）、顺帝时更无力控制，“终不能

禁”。入齐后，其势仍未衰，如《南齐书·蛮传》卷五八载：

> 宋泰始以来，巴建蛮向宗头反，刺史沈攸之断其盐米，连讨不克。……永明初，向宗头与黔阳蛮田豆渠等五千人为寇。

“信州蛮”。信州，梁置，北周袭之。故治在今重庆奉节县东北。因此，渝鄂边区的“峡中蛮”，至梁、北周时，又称之为“信州蛮”。据《北史·蛮传》卷九五载：“群蛮”附梁叛西魏，“向五子王又攻陷信州；田乌度、田唐等抄断江路”。入周后，其势炽盛，四面出击，摇撼了北周王朝对当地的统治地位。为此，周统治者多次发动大规模的征讨。对此，《周书》的《武帝纪上》《陆腾传》《司马裔传》《田弘传》《蛮传》均有记载，其中尤以《蛮传》记述最为详尽。综述如下：武成三年（561年），“冉令贤、向五子王等又攻陷白帝，杀开府杨长华，遂相率作乱”[①]。天和元年（566年），“信州蛮蜑据江峡反叛，联结二千余里，自称王侯，杀刺史宋令等”[②]。诏开府陆腾督王亮、司马裔等讨之。腾水陆俱进，分道奋击而破之。“腾乃积其骇骨于水逻城（今重庆奉节东）侧，以为京观。后蛮蜑望见，辄大号哭，自此狼戾之心辍矣。”接着，又“擒（向）五子王于石默（今巴东境）”。“又以巫县、信陵（治今湖北巴东）、秭归并是硖中要险，于是筑城置防，以为襟带焉。天和六年（571年）蛮渠冉祖喜、冉龙骧又反，诏大将军赵訚讨平之。自此群蛮慑息，不复为寇矣。”[③]换言之，北周统治者从武成三年（561年）直至天和六年（571年），经十年的战争，采用极其残酷的手段，达到了大大削弱“联结二千余里”的“信州蛮”势力的目的。

一是介于“沔中蛮”与“峡中蛮”之间的“沮漳蛮”。

刘宋时，有“临沮、当阳蛮”。见《宋书·夷蛮传》卷九七。

南齐时，有“南襄城蛮”“北上黄蛮”与汶阳郡“山蛮”。据《南齐书·蛮传》卷五八载：建元二年（480年），

> 南襄城蛮秦远以郡县无备，寇潼阳，县令焦文度战死。……秦远又

① （唐）令狐德棻等撰：《周书·蛮传》，卷四九。

② （唐）令狐德棻等撰：《周书·陆腾传》，卷二八。

③ 以上引文均见（唐）令狐德棻等撰：《周书·蛮传》，卷四九。

出破临沮百方砦，杀略百余人。北上黄蛮文勉德寇汶阳，太守戴元孙孤城力弱，虑不自保，弃戍归江陵。荆州刺史豫章王遣中兵参军刘伾绪领千人讨勉德，至当阳，勉德请降，收其部落，使戍汶阳所治城子，令保持商旅，付其清通，远遂逃窜。

南襄城，南齐时属宁峦都督府的南襄郡（治今湖北南漳县西南），故南襄城也应在其中。潼阳，位于沮水上游的潼水之阳（今湖北保康县南）。上黄，据载：“晋武帝平吴，割临沮之北乡、中庐之南乡立上黄县”[①]；而上黄城则“在（南漳）县东南五十里”[②]。汶阳，故治在今湖北远安北。可见，“襄城蛮”与“北上黄蛮”均居于今南漳县南境，他们沿着沮水沿岸的潼阳、临沮、当阳等地活动，其势力还一度发展到迫使汶阳郡守弃城逃回荆州治所江陵的地步。又，《南齐书·蛮传》卷五八载：汶阳郡，本临沮西界，

西北接梁州新城，东北接南襄城，南接巴、巫二边，并山蛮凶盛，据险为寇贼。

可见，整个汶阳郡内，也是“山蛮凶盛”的。

梁时，有“西沮蛮”。据《梁书·胡僧佑传》卷四六载：胡僧佑为镇西录事参军，

侯景乱，西沮（沮水以西）蛮反，世祖令僧佑讨之，使尽诛其渠帅。

南朝梁、陈与北魏间，汶阳郡高要县“蛮王”以此为活动基地。据《北齐书·陆法和传》卷三二载：陆法和入隐，

荆州汶阳郡高要县之紫石山，无故舍所居山，俄有蛮贼文道期之乱，时人以为预见萌兆。

《隋书·地理志下》卷三一，夷陵郡远安条注：“旧曰高安，置汶阳郡。”换言之，汶阳郡治为高要，故城在今湖北远安北。可见，“蛮”帅文道期以此为活动基地。或

① （北魏）郦道元：《水经注·夷水》，卷十一。

② （清）顾祖禹：《读史方舆纪要》，卷七九。

说，其势力扩及广大汉水以南地区，据《周书·贺拔胜传》卷十四载：北魏孝武帝太昌初（532年），贺拔胜为都督三荆、二郢、南襄、南雍七州诸军事，

> 使人诱动蛮王文道期，率其种落归款。梁雍州刺史萧续击道期不利，汉南大骇。

可证。至陈时，仍活动于荆、雍两州之间。如《陈书·淳于量传》卷十一载：

> 荆、雍之界，蛮左数反，山帅文道期积为边患，中兵王僧辩征之，频战不利，遣量助之。量至，与僧辩合力，大破道期，斩其酋长，俘虏万计。

总之，文道期所率领的汉阳郡的一支“蛮”人，不仅活动时间长，而且人数众多，势力甚盛，曾使梁境“汉南大骇”。

北朝时，汶阳“蛮帅”据沮、漳。据《周书·阳雄传》卷四四载：西魏恭帝元年（544年），

> 蛮帅文子荣窃据荆州之汶阳郡，又侵陷南郡之当阳、临沮等数县。诏遣开府贺若敦、潘招等讨平之。

《周书·贺若敦传》卷二八则载：

> 是岁，荆州蛮帅文子荣自号仁州刺史，拥逼土人，据沮、漳为逆。

总之，“缘沔蛮”“沮、漳蛮”“峡中蛮”，主要聚居于汉水流域、沮漳水流域、江陵以西的长江流域。这些“蛮”人，不仅地域上连成一片，而且，活动上也往往是互相呼应的。他们构成了史称的“荆、雍州蛮”的基本成分。

2. 武陵蛮与天门蛮

史书有三处记述南朝武陵蛮的活动。

据《南齐书·刘悛传》卷三七载：刘宋明帝时，刘悛为安远护军、武陵内史，

> 郡南江古堤，久废不缉。悛修治未毕，而江水忽至，百姓弃役奔走，悛亲率厉之，于是乃立。……蛮王田僮在山中，年垂百余岁，南谯王义

宣为荆州，僮出谒。至是又出谒悛。

据《南齐书·豫章文献王传》卷二二载：宋明帝泰豫元年（472年），豫章文献王嶷为安远护军、武陵内史，

时沈攸之责赕，伐荆州界内诸蛮，遂及五溪，禁断鱼盐。群蛮怒，酉阳蛮王田头拟杀攸之使，攸之责赕千万，头拟输五百万，发气死。其弟娄侯篡立，头拟子田都走入獠中，于是蛮部大乱，抄掠平民，至郡城下。（嶷）遣队主张莫儿率将吏击破之。田都自獠中请立，而娄候惧，亦归附。嶷诛娄侯于郡狱，命田都继其父，蛮众乃安。

所谓赕，何承天《篡文》曰："蛮夷赎罪货也。"[①] 据《南齐书·蛮传》卷五八载：

其武陵酉溪蛮田思飘寇抄，内史王文和讨之，引军深入，蛮自后断其粮。豫孝王遣中兵参军庄明五百人将湘州镇兵合千人救之，思飘与文和拒战，中弩矢死，蛮众以城降。

从上述材料中，可得出如下结论：

一是武陵蛮称"王"，可见其具有相当的独立性与南朝治策之松弛。

二是武陵蛮已建"城"，可见其社会已较为发展。

三是统治者的治策关系武陵蛮社会的治乱。刘俊因修堤而获蛮王拥戴；沈攸之固"责赕"而引起"蛮部"之乱。

四是武陵蛮并未停止反抗活动，尤以酉溪蛮人为活跃。

五是需附及的是，《荆州记》[②] 有"宋元嘉初[③]，武陵蛮人射鹿，逐入石穴"之句。可见，其时狩猎业在"武陵蛮人"中尚占有重要地位。

天门（治今湖南石门）蛮。因天门郡与武陵郡相邻，且自西晋末年以来，天门蛮与武陵蛮相互呼应，故归此类叙述。

---

① （北宋）司马光：《资治通鉴》，卷一三〇，宋明帝泰豫元年胡注。

② （唐）徐坚：《初学记》，卷八。

③ 《周地图记》所记内容无大歧异，但只称"初"，而未言明"宋元嘉初"。

据《宋书·夷蛮传》卷九七载：

天门溇中（治今湖南慈利西）令宗矫之徭赋过重，蛮不堪命。（元嘉）十八年（441 年），蛮田向求等为寇，破溇中，虏略百姓。荆州刺史衡阳王义季遣行参军曹孙念讨破之，获生口五百余人，免矫之官。

又载：大明中，天门郡蛮为寇。

《陈书·欧阳頠传》卷九载：梁时，欧阳頠

除天门太守，伐蛮左有功。

《周书·郭彦传》卷三七载：

孝闵帝践祚，出为澧州刺史。蛮左生梗，未遵朝宪。至于赋税，违命者多。聚散无恒，不营农业。彦劝以耕稼，禁共游猎，民皆务本，家有余粮。亡命之徒，咸从赋役。先是以澧州粮储乏少，每令荆州递送。自彦莅职，仓庾充实，无复转输之劳。

澧州，治今湖南澧县南，该区与天门郡一样，主要在澧水流域一带。

以上记载表明：

天门蛮“所居皆深山重阻，人迹罕至”之地，故直至南朝时，社会经济尚较落后，“聚散无恒，不营农业”，“游猎”业还占有重要地位。周、隋之后，“耕稼”之业才逐渐占据主导地位。

南朝对天门蛮的控制力尚较薄弱，“至于赋税，违命者多”。周、隋以后，则“咸从赋役”。盖言之，从此这一地区的“蛮”人，加速了封建化的过程。

3. 湘州（治今湖南长沙）蛮与莫徭蛮

当时在湘州辖区的少数民族，计有以下几种。

湘州蛮。据《南齐书·柳世隆传》卷二四载：永明间，

湘州蛮动，遣世隆以本官总督伐蛮众军，仍为使持节、都督湘州诸军事、镇南将军、湘州刺史，……世隆至镇，以方略讨平之。

《南齐书·吕安国传》卷二九载：永明四年（486 年），

湘川蛮动，（湘州刺史）安国督州兵讨之。

《南齐书·蛮传》卷五八则载：

（永明）三年，湘川蛮陈双、李答寇掠郡县，刺史吕安国讨之不克。四年，刺史柳世隆督众征讨，乃平。

又，《资治通鉴》卷一三六，齐武帝永明四年四月条载：

湘州蛮反，刺史吕安国有疾不能讨；丁亥，以尚书左仆射柳世隆为湘州刺史，讨平之。

以上材料说明：其一，“湘州蛮”，又称“湘川蛮”，因湘水流经其间而得名。其二，永明四年讨湘州蛮陈双、李答事，柳世隆取代因疾不能克的吕安国而讨平之。

湘州蛮或湘川蛮所居之地，又称“川洞”。据《陈书·华皎传》卷二〇载：陈天嘉年间，以华皎为湘州刺史，

湘川地多所出，所得并入朝廷，粮运竹木，委输甚众；至于油蜜脯菜之属，莫不营办。又征伐川洞，多致铜鼓、生口，并送于京师。

从上下文看，此“川洞”之“川”，指“湘川”即湘水之意甚明。从川洞产铜鼓一事，可见湘州蛮铸造业之发达。

新宁（治今湖南常宁西南）蛮。据《元和郡县图志·江南道五》卷二九载：

宋元徽中，三洞蛮抄掠州县，移就江东，因蛮寇止息，遂号新宁，即今理是，东俯潭水，西枕宜江。天宝元年改名常宁。

新宁县，刘宋时属湘州湘东郡管辖。

桂阳（郡治今湖南郴县）蛮、临贺（郡治今广西贺县东南）蛮。据《宋书·夷蛮传》卷九七载：

大明中，桂阳蛮反，杀荔令晏珍之，临贺蛮反，杀开建（治今广东

怀集西南）令邢伯儿，振武将军萧冲之讨之，获少费多，抵罪。

桂阳郡与临贺郡，刘宋时均属湘州。

始安郡（治今广西桂林）蛮。据《南齐书·州郡下》卷十五载：湘州始安郡的属县有“建陵左县”。

建陵左县，治今广西金秀瑶族自治县北。左县为南朝在“蛮左”之地所设，故可证湘州始安郡有蛮人聚居处。

湘州与衡州（治含洭即今广东英德西北）之界蛮人。据《陈书·欧阳頠传》卷九载：欧阳頠为临贺（治今广西贺县东南）内史，

时湘、衡之界五十余洞不宾，敕令衡州刺史韦粲讨之，粲委頠为都督，悉皆平殄。

衡州蛮。衡州，梁天监六年（507年）分湘、广二州而置，受湘州督领。换言之，衡州之地，多为宋、齐时湘州的属境，故下述梁朝的衡州蛮，归入湘州蛮一并叙述。据《梁书·兰钦传》卷三二载：假兰钦节，都督衡州三郡兵，

讨桂阳（治今湖南郴县）、阳山（治今广东英德西北）、始兴（治今广东韶关南）叛蛮，至即平破之。……又破天漆蛮帅晚时得。会衡州刺史元庆和为桂阳人严容所围，遣使告急，钦往应援，破容罗溪，于是长东诸洞一时平荡。

《陈书·欧阳頠传》卷九载：梁时，欧阳頠为临贺内史，

征讨广（治今广州）、衡二州山贼。

《陈书·孙玚传》卷二五载：梁时，孙玚迁衡州平南府司马，

破黄洞蛮有功。

《陈书·裴忌传》卷二五载：梁普通中，

会衡州部民相聚寇抄，诏以之平为假节、超武将军、都督衡州五郡

征讨诸军事。及之平至，即皆平殄，梁武帝甚嘉赏之。

之平为裴忌之父。可见衡州蛮主要活动于湘南与粤北边地。

此外，还有巴陵（治今湖南岳阳）蛮。巴陵郡在湘州北境，因地域相邻，族属相类，故将巴陵蛮附在湘州蛮后叙述。据《梁书·安成王秀传》卷二二载：梁武帝天监七年（508年），

> 先是，巴陵马营蛮为缘江寇害，后军司马高江产以郢州军伐之，不克，江产死之，蛮遂盛。秀遣防阁文炽率众讨之，燔其林木，绝其蹊径，蛮失其崄，期岁而江路清，于是州境盗贼遂绝。

莫徭蛮。需要强调指出的是，湘州界零陵（治今湖南零陵）、衡阳（治今湖南衡阳东北）郡内山险之地有莫徭蛮。据《梁书·张缅传》附传卷三四载：梁大同九年（543年），张缅之子张缵，改为使持节、都督湘、桂、东宁三州诸军事、湘州刺史，

> 缵至州，停遣十郡慰劳，解放老疾吏役，及关市戍逻先所防人，一皆省并。州界零陵、衡阳等郡，有莫徭蛮者，依山险为居，历政不宾服，因此向化。

这是瑶人见于册籍的首次记载。①

总之，瑶族先人与湘州蛮关系最为密切。其主要理由有二：一是南朝莫徭居于湘州，换言之，莫徭蛮包含于湘州蛮之中。一是据《隋书·地理志下》载，今湖南全境直至粤北之地，均有莫徭居住，这与南朝湘州蛮的分布地域也相吻合。

关于盘瓠蛮的习俗，据《南齐书·蛮传》卷五八载：

> 蛮俗衣布徒跣，或椎髻、或翦发。兵器以金银为饰，虎皮衣楯，便弩射，皆暴悍好寇贼焉。

---

① 朱希祖在《客家研究导论》序言中说，瑶之名，“在唐以前，似未尝见”。该文在引用北宋陈彭年所撰《广韵》中的“莫徭”一词后，断言：“是瑶之名起于唐。”可见，前人对瑶名起源的最早时代，并非都是很清楚的。

又，《魏书·杨大眼传》卷七三载：杨大眼为荆州刺史，

> 常缚蒿为人，衣以青布而射之，召诸蛮渠帅指示之曰："卿等若作贼，吾政如此相杀也。"……自是荆蛮相谓曰："杨公恶人，常作我蛮形以射之，……"

《世说新语·排调》卷六载：

> 郝隆为桓公南蛮参军，三月三日会，作诗不能者，罚酒三斗。隆初以不能受罚，既饮，揽笔便作一句云："娵隅跃清池。"桓问娵隅是何物？答曰："蛮名鱼为娵隅。"桓公曰："作诗何以作蛮语？"隆曰："千里投公，始得蛮府参军，那得不作蛮语也。"

此"南蛮"即指盘瓠蛮而言。

归结起来，盘瓠蛮的习俗特征有：

其一，服饰。衣青布、徒跣；发式分椎髻与剪发两种。

其二，喜以金银、兽皮为饰。

其三，武器中，长于弩射。

其四，有强悍的性格。

其五，有独自的语言，即所谓"蛮语"。

二、南北朝治理盘瓠蛮人的政策

南北朝时期，对蛮族的治理空前重视。主要原因有二：一是蛮族地大人众，其势力不容忽视。以南朝而言，对蛮族的处置是否得当，可谓直接关系到安危存亡的问题，问题更加突出。一是众多蛮族处于南北相交的边地，他们时而北投，时而南附，对南北军事对抗局势的变化，往往起着举足轻重的作用。因此，双方都极为重视争取和利用蛮人，使之投靠自己，用以削弱对方。

南北朝朝廷对盘瓠蛮与廪君蛮奉行同样的治理政策，故对这两支蛮人的治策很难截然分开。归结起来，对盘瓠蛮的主要措施有以下几点。

1. 设置左郡、左县

南朝朝廷在蛮人聚居地，设立特殊政区——左郡、左县。此中“左”字，意指少数族人，其名当源于孔子语：

> 微管仲，吾其被发左衽矣。[①]

“左衽”，即“殊俗”之谓也。至南朝时，则把“蛮”与“左”相连，称“蛮”族为“蛮左”了。如《梁书·臧严传》卷五〇、《陈书·欧阳頠传》卷九、《陈书·淳于量传》卷十一等，均有“蛮左”之称。

南朝先后在南豫州、司州、荆州、郢州、雍州、江州、益州等蛮人居住地设置左郡、左县。其中，《宋书·州郡志》所载，共有左郡三、左县十六（不包括中途省去的左郡三、左县二十在内）；《南齐书·州郡志》所载：共有左郡六十五、左县一百三十八。上述左郡、左县是对整个蛮区而言的，从中也可见盘瓠蛮地区的建置情况。

左郡、左县的划分原则，一般依据原有蛮族部落组织的内部结构而定。故史称：

> 萧子显《齐志》宁蛮府领郡有南襄城、东襄城、北襄城、中襄城郡。盖因群蛮部落分署为郡也。[②]

北朝虽无左郡之名，但有左郡之实。据《资治通鉴》卷一四七，梁武帝天监七年（508年）十一月条载：

> 魏东荆州表“桓晖之弟叔兴前后招抚太阳蛮，归附者万余户，请置郡六十，县五十”。

对此，胡三省注曰：

> 自是之后，蛮左郡县不可胜纪矣。

---

① 《论语·宪问》，卷十四。

② （北宋）司马光：《资治通鉴》，卷一三五，齐高帝建元二年（480年）胡三省注。

可见，北朝对归附蛮人专立了众多的“蛮左郡县”。

2. 设置诸蛮校尉与镇蛮、安远护军

南朝袭晋制，设置诸蛮校尉。设置校尉一职的作用，

> 部领蛮左，故别置蛮府焉。

即为专门司蛮事务而设。其等级为“第四品”，地位高于一般州刺史而相当于“刺史领兵者”[①]，即为地方最高军政长官。在盘瓠居地，设有宁蛮校尉、南蛮校尉、三巴校尉等。

宁蛮校尉。历宋、齐、梁、陈四代，恒置未变。其职高权重。据《宋书·孝武帝本纪》卷六载：孝武帝为皇子时，徙为

> 都督雍、梁、南北秦四州荆州之襄阳、竟陵、南阳、新野、随六郡诸军事、宁蛮校尉、雍州刺史，持节、将军如故。自晋氏江左以来，襄阳未有皇子重镇，时太祖欲经略关、河，故有此授。

可见，宁蛮校尉地位之重要，是由襄阳与北朝相邻，具有重要战略地位，且其地多蛮左所造成。

南蛮校尉。袭晋制，南朝于荆州治所江陵设置此职；但其间，宋孝建和南齐建元、延兴时，曾罢省南蛮校尉，[②]说明其时该职废置不常。

由于荆州蛮势力昌盛，故为此而设的南蛮校尉机构庞大且下辖重兵。据《南齐书·豫章文献王传》卷二二载：南蛮府耗资，

> 岁三百万，布万匹，绵千斤，绢三百匹，米千斛，近代莫比也。

又，据《水经注·江水注》卷三五载：江水又东经公安县（治今湖北公安县东北）北，

> 县有油水，水东有景口，口即武陵郡界。景口东有沧口，沧水南与

---

① （南朝梁）沈约撰：《宋书·百官志下》，卷四〇。

② 参见（南朝梁）沈约撰：《宋书·孝武帝本纪》卷六、（南朝梁）萧子显：《南齐书·王奂槃传》卷四九、（南朝梁）萧子显：《南齐书·百官志》卷十六。

景水合，又南通澧水及诸陂湖，自此渊池相接，悉是南蛮府屯也。

从中可见，南蛮校尉地位之重要。

三巴校尉。治白帝（今四川奉节）。《南齐书·州郡志下》卷十五，详述了其沿革过程：

巴州，三峡险阻，山蛮寇贼，宋泰始三年（467年），设立三巴校尉以镇之。后省，升明二年（478年），复置。建元二年（480年），分荆州、建平、益州巴郡为州。立刺史，而领巴东太守，又割涪陵郡属。永明元年（483年）省，各还本属焉。

可见，三巴校尉是专为震慑“峡中蛮”而设。

镇蛮与安远护军。据《宋书·百官志下》卷四〇载：

魏、晋有杂号护军，如将军，今犹有镇蛮、安远等护军。

南朝曾在武陵蛮聚居地设置内史兼领的护军，加以管辖。豫章文献王嶷“寻为安远护军、武陵内史”①，杜崱“迁宣毅将军，领镇蛮护军、武陵内史”②，均可证。

3. 给蛮酋封官加爵

南北朝时期，不仅因袭秦、汉以来给蛮族首领封官加爵的做法，而且其尊崇超过前期。

南北朝均任命“酋豪”为州刺史、郡守、县令，使其继续保持在蛮族地区的统治地位。

由于诸蛮之部落，既是社会组织，又是军事组织，故南北朝除授蛮酋以州、郡、县文职官衔外，还往往假以各种将军杂号，以便于统摄其部属。

由于蛮酋往往割据一方，自称王侯，故南北朝不得不封以各种爵号，以示安抚。

史籍关于给蛮酋封官加爵的记载虽以豫州蛮为多，但荆、雍州蛮也不乏记载。据《北史·蛮传》卷八三载：

① （南朝梁）萧子显：《南齐书·豫章文献王传》，卷二二。

② （唐）姚察、姚思廉撰：《梁书·杜崱传》，卷四六。

延兴中，大阳蛮首桓诞拥沔水以北，滍、叶以南，八万余落，遣使内属。孝文嘉之，拜诞征南将军、东荆州刺史、襄阳王，听自选郡县。

又，梁有沔东太守田清喜，永宁太守文云生，义州刺史、边城王文僧明等。均是例证。

4. 不同于汉区的租赋徭役

南朝统治者对盘瓠蛮的剥削，主要采用按户“输谷”和“责赕”两种形式。

据《宋书·夷蛮传》卷九七载：荆雍州

蛮民归顺者，一户输谷数斛，其余无杂调，而宋世赋役严苦，贫者不复堪命，多逃亡入蛮。蛮无徭役，强者又不供官税。

这说明：其一，蛮民是要缴纳租赋的。这种租赋不是根据田亩而是以户为单位征收。可见，南朝对蛮族的租赋，也多袭用晋朝“输义米”即按户缴纳定额米谷的办法。其二，蛮民的租赋负担，较汉民为轻。一般说来，除“输义米”外，既“无杂调”，又“无徭役”。故汉民为逃避赋役，往往“逃亡入蛮”。但是，蛮民的赋役负担，有时也是沉重的。正如梁巴东建平二郡太守孙谦说：

蛮夷不宾，盖待之失节耳。①

说明南朝统治阶级中的有识之士，也认识到“蛮”民的反抗斗争是统治者的过度剥削造成的。上引天门蛮反抗是因“徭赋过重”而起，就是突出例证。

至于“责赕”，则已见上述。

北朝对蛮族的征取是比较繁重的。据《魏书·源贺传》源恭附传卷四一载，平定板桥蛮文石活、石忌粗之乱后，

诸蛮款服，咸求输税。

《周书·薛善传》附传卷三五载：保定初，薛慎出为湖州（治今襄樊东北）刺史，“蛮左”翕然从化。“慎感其从善之速，具状以闻。有诏蠲其赋役。”可见，“蠲赋役”

① （唐）姚察、姚思廉撰：《梁书·良吏传》，卷五三。

是北朝统治者恩赐特例。《周书·郭彦传》三七载：澧州蛮左，“咸从赋役”。上述均是例证。

因处于南北交战状态，北朝对蛮族的赋税，又往往采取征收军粮、军马的形式。据《周书·李迁哲传》卷四四载：平定信州蛮后，

> 自此寇抄频息，军粮赡给焉。

《周书·史宁传》卷二八载：

> 值荆蛮骚动，三鸦路绝，宁先驱平之。因抚慰蛮左，翕然降附，遂税得马一十五百匹供军。

需要强调指出的是，就一般而言，南北朝对蛮族征取的赋役较汉区为轻。但对蛮族实行镇压战争时，其掠夺行为则是极为残酷的。

据《宋书·沈庆之传》卷七七载：元嘉年间，雍州群蛮大动，

> 庆之专军进讨，大破缘沔诸蛮，禽生口七千人。进征湖阳，又获万余口。……平定诸山，获七万余口。郧山蛮最强盛，鲁宗之屡讨不能克，庆之剪定之，禽三万余口。

南新郡（治今湖北房县）蛮帅田彦生等反，庆之

> 大破诸山，斩首三千级，虏生蛮二万八千余口，降蛮二万五千口，牛马七百余头，米粟九万余斛。

据《周书·权景宣传》卷二八载：保定年间，

> 罗阳蛮反，景宣回军破之，斩首千级，获生口二千，杂畜千头，送阙。

总之，南北朝对蛮族掠取的人口与牲畜、米粟诸物，其数字是相当惊人的。这一非常做法，对蛮族的生产与社会发展，都是一种严酷摧残。

5. 迁徙蛮民

南北朝统治者当蛮人内附或对蛮人进行征战之后，往往采取移民措施。下面就

迁徙途径、目的、作用诸方面，加以分析。

南北朝的迁徙途径不尽相同。南朝的主要做法有二：一是移于京师。据《宋书·文帝本纪》卷五载：元嘉二十二年（445年），

雍州刺史武陵王骏讨缘沔蛮，移一万四千余口于京师。

可见，移民入京数量之众。这些移民，有的充为营户，如《宋书·沈庆之传》卷七七载：

前后所获蛮并移京邑，以为营户。

有的被作为贱隶使用，如《宋书·文帝袁皇后传》卷四一载：大明五年（461年），世祖诏曰：

外戚尊属，不宜使坟茔芜秽。可各给蛮户三，以供洒扫。

一是引出平土。据《宋书·刘道产传》卷六五载：元嘉八年（431年），刘道产为宁蛮校尉、雍州刺史，

善于临民，在雍部政绩尤著，蛮夷前后叛戾不受化者，并皆顺服，悉出缘沔为居。百姓乐业，民户丰赡，由此有襄阳乐歌，自道产始也。……道产惠泽被于西土，及丧还，诸蛮皆备衰绖，号哭追送，至于沔口。

可见，引雍州山蛮缘沔而居的做法，是受到“诸蛮”欢迎的。

北朝采取了规模更大的徙蛮措施。其主要途径有三：一是实边。据《魏书·尔朱荣传》卷七四载：尔朱荣自言其志，要

出鲁阳，历三荆，悉拥生蛮，以填六镇。

这段话反映了北朝统治者以蛮“填”边的普遍而强烈的愿望。事实上，他们也是这样做的。据《魏书·李崇传》卷六六载：景明三年（502年），

鲁阳（治今河南鲁山）蛮柳北喜、柳北燕等聚众反叛，诸蛮悉应之，

围逼湖阳（治今河南唐河县南）。……诏以崇为使持节、都督征蛮诸军事以讨之。蛮众数万，屯据形要，以拒官军。崇累战破之，斩北燕等，徙万余户于幽、并诸州。

可见北徙蛮户之多。

一是内徙。对归附蛮民，也有安置内地者。如《魏书·蛮传》卷一〇一载：太和十七年（493年），

襄阳酋雷婆思等十一人率户千余内徙，求居大和川，诏给廪食。

一是出山。如《魏书·蛮传》卷一〇一载：

蛮出山至边城（治今河南商城东北）、建安者八九千户。

此出山至边城等地之蛮，应是廪君蛮；但可说明，盘瓠蛮也当有出山者。

南北朝徙蛮的目的，大致有三：一是把蛮族从其世代聚居之地，迁至汉人占多数的或是易于控制的地区（移于京邑即属此例），以削弱其反抗力量。一是开发新区，从而为封建国家提供新的人力与物力来源。一是实边以作北部边疆屏障。这就是北朝大量徙蛮填六镇的原因所在。

在客观上，徙蛮起到了积极的历史作用。表现为：

一是促进了民族融合。迁徙结果，使大部分被迁蛮民，逐渐与当地居民融为一体而成为其组成部分。如，《水经注·漯水》卷五载：漯水经清河县故城北，

后蛮居之，故世称蛮城也。

清河县届东清河郡，隶齐州。可见，北朝齐州有北徙蛮人居住。又，按《金石萃编》卷三〇载：北魏正光时所立兖州鲁郡太守张猛龙碑，碑阴鲁郡列有下属诸县"族望"。其中，最后一县著"新阳县"二十一人的姓名，居多数的是田、梅、雷、樊四姓。这些蛮族大姓的居民，显然是从南方迁徙而来的。换言之，这些北徙蛮民，除了地名或姓名仍带有本民族的痕迹外，人们已无法把他们与当地居民加以区别了。

一是促进了本民族的生产与社会的发展。据《魏书·蛮传》卷一〇一载：襄阳酋雷婆思等率部内徙后，

开南阳，令有沔北之地。蛮人安堵。

又，上述《宋书·刘道产传》卷六五载，从山地迁居沔水沿岸的雍州蛮夷乐业丰赡，也是有力例证。

需要强调指出的是，当时的徙蛮活动，大多带有强制性，因而民族压迫的性质也是十分明显的。比如，在迁徙过程中，曾采用血腥镇压手段以对付不听从者。据《魏书·蛮传》卷一〇一载：鲁阳蛮北徙后，

寻叛南走，所在追讨，比之河，杀之皆尽。

三、盘瓠蛮社会的新发展

南北朝时期，盘瓠蛮经过长时期的激烈动荡，大批迁徙，频繁交流，其社会内部及相互关系，发生了历史性变化。其主要表现为以下几点：

1. 社会经济有了较大发展

首先，表现在农业特别是粮食生产方面。在盘瓠蛮聚居之地，已发展了需要较高栽培技术的水稻生产。“蛮田”[①]的存在，“蛮”民多以米谷为租赋，均是例证。有的民族地区，还颇为富足。如《宋书·沈庆之传》载：汉水流域的雍州蛮，“蛮田大稔，积谷重岩，未有饥弊”；宋军“自冬至春，因粮蛮谷”，并获“米粟八万余斛”。

与此同时，水利灌溉事业也有所发展。据《北齐书·李元忠传》附传卷二二载：太昌初，李愍出为“蛮左”聚居的南荆州刺史。

愍于州内开立陂渠，溉稻千余顷，公私赖之。

即一例。

除粮食生产外，手工纺织业也有相应发展。据《周书·长孙俭传》卷二六载：长孙俭为荆州刺史，使“荆蛮”之地，

务广耕桑，……民安其业。

① （唐）姚察、姚思廉撰：《梁书·武帝本纪》。

这描绘了自给自足的农业社会图景。

畜牧业已相当发达。这从上引北朝一次税“荆蛮”马一千五百匹，一次获“罗阳蛮”杂畜千头的事例中，可以得到证明。

商业交换已经出现。据《南齐书·张敬儿传》卷二五载：

> 建康民汤天获商行入（雍州）蛮。

《南齐书·武十七王传》卷四〇载：荆州刺史侯子响

> 令内人私作锦袍绛袄，欲饷蛮交易器仗。

反映了蛮、汉经济交流的增加。

2. 定居村落大量涌现

随着农业特别是水稻生产的发展，靠近平原地区的民族逐渐扬弃刀耕火种的原始农业的耕作方式，不再过人随地走的不稳定生活。如《宋书·柳元景传》卷七七载：

> 先是，刘道产在雍州有惠化，远蛮悉归怀，皆出缘沔为村落，户口殷盛。

3. 民族杂居局面迅速扩大

其因在于：一方面，盘瓠蛮大规模地徙入汉族地区；另一方面，汉民为逃避战乱与赋役之苦，又大批“逃亡入蛮”。

这种民族关系的新格局，在史书中多有反映，如《魏书·杨大眼传》卷七三载：萧衍遣其前江州刺史王茂先率众数万人于樊、雍，

> 招诱蛮夏。

《资治通鉴》卷一三五，齐高帝建元四年（482 年）载：魏以李崇为荆州刺史，

> 民夷帖然。

《周书·杨俭传》卷二二载：北雍州刺史杨俭，

> 政尚宽惠，夷夏安之。

《周书·阳雄传》卷四四载：阳雄除洵州（治今湖北郧县西）刺史，“夷夏安之”。《周书·崔谦传》卷三五载：荆州，

> 俗兼夷夏。

《周书·扶猛传》卷四四载：贺若敦南讨信州，猛入白帝城，

> 抚慰民夷，莫不悦附。

总之，“蛮夏”“民夷”“夷夏”并称，反映了蛮、汉民族间和睦共处与不可分割的密切关系。

4. 汉文化的影响大为加强

据《周书·薛善传》附传卷三五载：薛慎出为湖州（治今襄樊东北）刺史，州界杂蛮左，

> 一年之间，翕然从化。诸蛮乃相谓曰：“今日始知刺史真民父母也。”莫不欣悦。自是襁负而至者，千有余户。蛮俗，婚娶之后，父母虽在，即与别居。……慎乃亲自诱导，示以孝慈，并遣守令各喻所部。有数户蛮，别居数年，遂还侍养，及行得果膳，归奉父母。……于是风化大行，有同华俗。

《周书·长孙俭传》卷二六载：长孙俭为荆州刺史，

> 荆蛮旧俗，少不敬长。俭殷勤劝导，风俗大革。

总之，从“有同华俗”“风俗大革”的记载，可见汉文化在荆雍州蛮中迅速传播。

第二节　南北朝时期的傒人

傒，又名溪（谿），或省作奚，因居于溪洞之地而得名。据《魏书·司马睿传》卷九六载：

巴、蜀、蛮、僚、谿、俚、楚、越，鸟声禽呼，言语不同，猴、蛇、鱼、鳖，嗜欲皆异。

可见，“谿（溪）”被视为当时南方诸族之一。

傒人之名，来源尚矣。据《淮南子•俶真训》卷二载：

鸟号之弓，谿子之弩，不能无弦而射。

高诱注：

鸟号，柘桑也。谿子，为弩所出国名也。或曰：谿，蛮夷也；以柘桑为弩，因曰谿子之弩也。

又，《史记•苏秦传》卷六九载：

谿子、少府时力、距来者，皆射六百步之外。

关于“谿子”，《集解》引许慎云：

南方谿子蛮夷柘弩，皆善材。

《索隐》按：

许慎注《淮南子》，以为南方谿子蛮出柘弩及竹弩。

“谿子”之“子”为称族人时常用的贬义词。以上记载说明：战国与西汉时，已有“谿子”之名；谿子，为南方善射之少数民族。

及晋、南朝之时，史籍关于傒人的记载较多。其中主要有：

《世说新语•容止》卷五载，温峤劝庾亮往见陶侃曰：

溪狗我所悉，卿但见之，必无忧时。

这里需附及陶侃的籍贯与身世。据载：陶侃，本鄱阳（今江西南昌东北境）人，吴平，徙家庐江之寻阳（今江西九江东北境）。少时，尝钓于钓矶山下水中，“得一织梭，还挂壁上。有顷雷雨，梭变成赤龙，从空而去”[①]。又，“陶公少时作鱼梁吏，尝以坩鲊饷母。母封鲊付使，反书责侃”[②]。由于陶侃是出身捕鱼贱户的傒人，故张华以其“远人”不甚接遇，吏部郎温雅更非之为“小人”。[③]

《资治通鉴》卷一一五，晋安帝义熙六年（410年）载，何无忌参军殷阐曰：卢循所将之众，其中有

始兴（治今广东韶关）溪子，拳捷善斗，未易轻也。

胡三省注：

始兴溪子，谓徐道覆所统始兴兵也。

刘宋《乔道元与天公笺》[④]载：

小婢从成，南方之奚，形如惊麞，言语喽厉。声音骇人，唯堪驱鸡。

此“南方之奚”，即指傒人。

《南史·胡谐之传》卷四七载：胡谐之，豫章南昌（今江西南昌）人。齐高帝建元二年（480年），

为给事中，骁骑将军。上方欲奖以贵族盛姻，以谐之家人语傒音不正，乃遣宫内四五人往谐之家教子女语。二年后，帝问曰：“卿家人语音正未已？”谐之答曰：“宫人少，臣家人多，非唯不能得正音，遂使宫人顿成傒语。”帝大笑，使向朝臣说之。

既居权要，多所征求。就梁州刺史范柏年求佳马，柏年患之，谓使曰：“马非狗子，那可得为应无极之求。”接使人薄，使人致恨归，谓谐之曰：“柏年云，胡谐是何傒狗，无厌之求。”谐之切齿致忿。

---

① （南朝宋）刘敬叔：《异苑》。

② （南朝宋）刘义庆：《世说新语·贤媛》，卷五。

③ （唐）房玄龄等：《晋书·陶侃传》，卷六六。

④ （唐）徐坚：《初学记·人部下》，卷十九。

《梁书·杨公则传》卷十载：和帝时，公则为湘州（治今湖南长沙）刺史，

所领多湘溪人，性怯懦，城内轻之，以为易与。每出荡，辄先犯公则垒。公则奖厉军士，克获渐多。

除上述言明傒人者，尚有虽未言明但可推断为傒人者，计有新吴洞主余孝顷、巴山新建人黄法𣰰、临川人周敷、豫章南昌人熊昙朗、临川南城人周迪。

《陈书·周文育传》卷八载：

广州刺史萧勃举兵逾岭，诏文育督众军讨之。时新吴（在今南昌之西）洞主余孝顷举兵应勃，遣其弟孝劢守郡城，自出豫章，据于石头。……官军船少，孝顷有舴艋三百艘、舰百余乘在上牢，文育遣军主焦僧度、羊柬潜军袭之，悉取而归，仍于豫章立栅。……

及周迪破余孝顷，孝顷子公飏、弟孝劢犹据旧栅，扇动南土，高祖复遣文育及周迪、黄法𣰰等讨之。

《陈书·侯瑱传》卷九载：瑱为江州刺史，

初，余孝顷为豫章（治今江西南昌）太守，及瑱镇豫章，乃于新吴县（治今南昌西）别立城栅，与瑱相拒。……（瑱）悉众以攻孝顷。自夏及冬，弗能克，乃长围守之，尽收其禾稼。

《陈书·黄法𣰰传》卷十一载：黄法𣰰，

巴山新建人也。少劲捷有胆力，步行日三百里，距跃三丈。颇便书疏，闲明簿领，出入郡中，为乡闾所惮。侯景之乱，于乡里合徒众。太守贺诩下江州，法𣰰监知郡事。

巴山郡，梁置，故城在今江西崇仁县西南三十一里；新建县，治今崇仁县西南九十五里。

《陈书·周敷传》卷十三载：周敷

临川（治今江西南城东南）人也。为郡豪族。……

王琳平，授散骑常侍、平西将军、豫章太守。是时南江酋帅并顾恋巢窟，私署令长，不受召，朝廷未遑致讨，但羁縻之，唯敷独先入朝。

《陈书·熊昙朗传》卷三五载：

熊昙朗，豫章南昌（治今地）人也，世为郡著姓。昙朗跅弛不羁，有膂力，容貌甚伟。侯景之乱，稍聚少年，据丰城县（治今江西丰城西南）为栅，桀黠劫盗多附之。梁元帝以为巴山太守。荆州陷，昙朗兵力稍强，劫掠邻县，缚卖居民，山谷之中，最为巨患。

绍泰二年（556 年），昙朗以南川豪帅，随例除游骑将军。

《陈书·周迪传》卷三五载：

周迪，临川南城（治今江西南城东南）人也。少居山谷，有膂力，能挽强弩，以弋猎为事。侯景之乱，迪宗人周续起兵于临川，……续所部渠帅，皆郡中豪族，稍骄横，续颇禁之，渠帅等并怨望，乃相率杀续，推迪为主，迪乃据有临川之地，筑城于工塘。

高祖受禅，王琳东下，迪欲自据南川，乃总召所部八郡守宰结盟，声言入赴，朝廷恐其为变，因厚慰抚之。琳至湓城，新吴洞主余孝顷举兵应琳。琳以为南川诸郡可传檄而定，乃遣其将李孝钦、樊猛等南征粮饷。猛等与余孝顷相合，众且二万，来趋工塘，连八城以逼迪。迪使周敷率众顿临川故郡，……生擒李孝钦、樊猛、余孝顷送于京师，收其军实，器械山积，……

又，《北齐书·王琳传》卷三二载：陈武帝受禅，琳不从命。

江南渠帅熊昙朗、周迪怀贰，琳遣李孝钦、樊猛与余孝顷同讨之。三将军败，并为敌所囚。

需要指出的是，上述黄法氍、熊昙朗、周迪为傒人系陈寅恪先生所揭示[①]；余孝顷为傒人系周一良师所指出[②]，周敷为傒人则系作者所补充[③]。

此外，下述三处记载也可归入傒人史料范围。

据《南齐书·曹虎传》卷三〇载：永明二年（484年），

> 江州（治今江西九江）蛮动，敕虎领兵戍寻阳（郡治也在九江），板辅国将军，伐蛮军主。

傒人陶侃祖籍寻阳，当即属此“江州蛮”的范围。

《陈书·高祖下》卷二载：永定二年（558年），

> 以安成所部广兴六洞置安乐郡。

安成郡，治今江西安福。

《陈书·华皎传》卷三〇载：

> 王琳东下，皎随侯瑱拒之。琳平，镇湓城（治今江西九江），知江州事。时南州守宰多乡里酋豪，不遵朝宪，文帝令皎以法驭之。

综上所述，对南朝傒人的地域、社会、族属，可做出如下结论：

傒人分布于湘州，湘州之始兴郡，江州之寻阳、鄱阳、豫章、临川、安成诸郡，即今湘南、粤北、赣西相连地区。

傒人社会的主要特点有：

（1）重渔、猎的社会经济。因临溪而居，往往以渔为业。陶侃出身渔钓贱户，即为突出事例。又因山居，狩猎业也占重要地位。周迪少时“以弋猎为事”，可证。位于丘陵与平原的较发达地区，则以“禾稼”为业。

---

① 陈寅恪：《魏书司马睿传江东民族条释证及推论》（见《金明馆从稿初编》）写道：“黄法氍、熊昙朗、周迪诸人，若依南史胡谐之传出生地域之关系言，恐与‘傒狗’同类”。

② 周一良：《南朝境内之各种人及政府对待之政策》（见《魏晋南北朝史论集》）写道：依“新吴洞主”之称、地域及善舟三事观之，“余孝顷一族疑即新吴之傒人也”。

③ 作者定周敷为傒人的主要理由是：周敷与周迪诸人一样，同属“南江酋帅”。

（2）特殊的社会组织。以“洞”为单位，故有“新吴洞主”“广兴六洞”之称。按血缘关系，聚族而居，由“豪族”担任首领。史称其首领为“酋帅”“酋豪”“渠帅”。

（3）尚武。故有“拳捷善斗”之誉。陶侃之善于用兵，江州诸渠帅所统傒兵为南朝重要军事力量，也可佐证。

（4）善弩。傒人以弩为重要狩猎与作战工具，史称周迪“能挽强弩”，并非偶然。其源可溯于“傒子之弩”扬名于先世，其流可从瑶人之弩著称于后世中，得到印证。

（5）习以用舟。与以渔为业相联系的，是善于水上生活与舟战之俗的形成。余孝顷“有舴艋三百艘、舰百乘”，可谓盛矣。

（6）以栅为城。从“孝劢犹据旧栅”、孝顷在新吴“别立城栅”、熊昙朗“据丰城县为栅”诸记载：可见以栅为防御工事在傒人地区中普遍流行。

何谓栅，“编树木也”[①]。“编树木为栅。《通俗》文：‘木垣曰栅。’”[②]盖言之，所谓“城栅”，即竖木为城墙也。其因有二：一是南方盛产竹木，就地取材，堪称经济便捷；一是社会经济相对落后，尚未具备以土、石、砖为筑城材料的条件。

需要指出的是，“城栅”之俗，在当时不仅傒人如此，俚人亦然。如，南朝宋人沈怀远《南越志》云：

> 晋康郡夫阮县人夷曰徕，其俗栅居，实惟俚之城落。[③]

此俗，流传未断。后世瑶族与其他南方民族，仍习以竹、木建房。

（7）捷走。黄法氍，少时“步行日三百里，距跃三丈”即突出一例。此俗，与傒人多“居山谷”有关。后世瑶人，也是“上下山险若飞”[④]的。

（8）嗜鱼。陶侃“以坩鲊饷母”，是傒人与中原之人“嗜欲皆异”的一例。有趣的是，瑶人及其先民则有“糅杂鱼肉”或用枯鱼以祭盘瓠之习。以鱼奉母和以鱼

---

① （东汉）许慎：《说文解字》，卷六上。

② （清）朱骏声：《〈说文〉通训定声》。

③ （宋）李昉、李穆、徐铉：《太平御览·四夷部六》，卷七八五。

④ （宋）范成大：《桂海虞衡志》，载《文献通考·四裔考五》，卷三二八。

祭祖之俗，何其相似乃尔。

(9) 有独特语言。所载："鸟声禽呼""言语嵝厉""傒音""傒语"，均说明傒人使用为汉人所不解的本民族的语言。史称盘瓠蛮"言语侏离"，与此相较，可谓辞异而实同。

(10) 犬图腾崇拜。"傒狗""狗子"之诋称，反证傒人崇奉盘瓠图腾。

(11) 形成地方割据势力。从"南江酋帅并顾恋巢窟，私署令长，不受召，朝廷未遑致讨""南州守宰多乡里酋豪，不遵朝宪"的记载，说明傒人酋豪称雄一方，并不完全接受南朝的管辖与节制。

(12) 南朝采取羁縻与笼络之对策。鉴于傒人势力强大，南朝或则"羁縻而已，未能制服其民"①，"但羁縻之"；或则封以高官，以为其用，"陈室之兴起，其所任大将多为南方土豪洞主"②，即明证。

(13) 有较发达的文化。一批傒族上层人士担任晋及南朝的显赫达官。东晋时，陶侃官侍中，太尉，都督荆、江、雍、梁、交、广、益、宁八州军事，荆、江二州刺史，为一代名臣。陈朝时，周迪为江州刺史，周敷为南豫州刺史，黄法氍为高州刺史，熊昙朗为北江州刺史。

(14) 大批傒人融合于汉民族之中。东晋南朝时，随着重心南移，江南不断得到开发，处于平原与交通要道的傒人，与汉民族交往日益频繁，受汉文化影响日深，从而多融合于汉民族之中。突出代表为陶氏家族，若非史家钩稽史迹，谁曾想到，中国历史上最著名的田园诗人陶渊明（陶侃曾孙），竟是傒人嫡系后裔。此地剩下的山居傒人，唐、宋以后则被呼为瑶、畲之人。这就是南朝以后，傒人从册籍中消失之原因所在。

关于傒人族属，作者认为应归于瑶畲系统。主要理由是：

以地域而论，傒人分布区与瑶畲居地完全吻合。汉代，盘瓠蛮聚居于长沙郡、庐江郡，即地跨湘、赣之地。南朝，湘州为莫徭居地。隋代，莫徭除遍布长沙等湖南诸郡外，还及于粤北之地。唐、宋时，江西为瑶人重要居地。唐代，洪、吉、虔、

---

① （北齐）魏收：《魏书·司马睿传》，卷九六。

② 陈寅恪：《魏书·司马睿传江东民族条释证及推论》，见《金明馆丛稿初编》，北京，生活·读书·新知三联书店，2001。

抚、袁五州有莫徭；宋代，“吉、赣四州”均为瑶民反抗基地。对此，本书有关章节均有详述。总之，湖南、粤北及赣西，正是瑶、畲之民的主要居地。

以习俗而论，傒人与瑶畲无别。需要加以强调的是，瑶畲之人崇拜盘瓠图腾，是自认为“盘瓠子孙”的特殊印记。还有，以洞为社会单位，以弩为富代表性的工具与武器等各种习俗，也与瑶、畲之风完全一致。

此外，古人也视“傒人”即“瑶僚”。如，康熙《广东通志·流寓》卷十九，徐度条载：

梁大同中，从始兴内史萧介赴郡，时诸峒瑶僚屡出剽掠，境内大扰。介令度帅师讨之，所向克捷，以勇略闻。

可见，前人是把南朝的“始兴傒人”与“瑶僚”视为一体的。

有的史家，将傒人划属廪君蛮的范畴，此说与史实不尽相合。理由有三：一是地望不同。廪君蛮始分布于巴郡一带，东汉时有一支东徙而成鄂东的“五水蛮”。一般而言，廪君蛮分布稍北，盘瓠蛮分布稍南。故此说与蛮族分布的格局不相吻合。一是图腾崇拜不一。廪君蛮崇奉白虎，无崇拜盘瓠（犬）之习。一是与后世民族分布相抵触。仅以傒人居住的粤北一地而论，从南朝迄今均为盘瓠蛮的后人瑶族聚居之所，这是有史可证的；而廪君蛮的后人土家族则从未驻足当地，这是无须辩证的公论。

第六章　隋唐五代时期的莫徭

第一节　隋代莫徭

隋代瑶族先民，称作“莫徭”。有关隋代莫徭的记载，以《隋书·地理志下》卷三一所记集中而详尽。本节引文，凡未注明出处者，均引自此书。

1. 得名

据载：

> 长沙郡（治今湖南长沙）又杂有夷蜒，名曰莫徭。自云其先祖有功，常免徭役，故以为名。

从中可得出如下结论：从莫徭又称“夷蜒”，即包含在“夷蜒”的泛称中，可见当时“莫徭”尚未形成十分稳固的人们共同体，这段关于莫徭之名来源于不供徭役之说的早期记载，多为后世所本；从莫徭“常免徭役”的记载，可见隋代莫徭的社会组织还相当“散漫”，隋统治者则采用十分松弛的治理政策。

2. 分布

据载：莫徭除以长沙郡为基地外，

> 武陵（治今湖南常德）、巴陵（治今岳阳）、零陵（治今零陵）、桂阳（治今郴县）、澧阳（治今澧县东南）、衡山（治今衡阳）、熙平（治今广东连县）皆同焉。

至于熙平郡的辖地，共统县九。即

> 桂阳（治今广东连县），阳山（治今阳山），连山（治今连山北），宣乐（治今阳山南），游安（治今怀集西），熙平（治今连县西南），武化（治今怀集西），桂岭（治今连山西北），开建（治今怀集西南）。

总之，隋代莫徭除遍布湖南境外，并南及粤北的部分地区。这说明：隋代瑶人分布尚北，集结于湖南境；两粤地区的瑶人，大多是后世才迁入的。

需要指出的是，隋代“衡岭”俚人，当包括莫徭在其中。据载：开皇末，何稠讨桂州俚帅李光仕，

> 师次衡岭，遣使者谕其渠帅洞主莫崇解兵降款。桂州长史王文同锁崇以诣稠所。稠诈宣言曰：“州县不能绥养，致边民扰叛，非崇之罪也。”乃命释之，引崇共坐，并从者四人，为设酒食而遣之。崇大悦，归洞不设备。稠至五更，掩入其洞，悉发俚兵，以临余贼。①

此“衡岭”，当系指五岭山脉之支脉衡山之岭而言。因隋代从岭北发兵讨李光仕，衡州是其必经之地。② 因衡山郡为莫徭居地，故可定“衡岭”诸峒俚人含有莫徭之人。

3. 工具

据载：

> 婚嫁用铁钴䥫为聘财。

莫徭把“铁钴䥫”作为婚嫁聘财一事，表明铁制工具已广泛使用并成为生产和生活中不可或缺之物。

4. 服饰

据载：

> 其男子但著白布裤衫，更无巾袴；其女子青布衫、斑布裙，通无鞋屩。

换言之，莫徭服饰的特点有三：一是以白布为裤衫，后世白裤瑶仍存此风；一是斑布裙，女子穿带彩之裙，此即“衣斑斓”之遗风；一是多跣足，即“通无鞋屩”之谓。

---

① （唐）魏征：《隋书·何稠传》，卷六八。

② （北宋）司马光：《资治通鉴·文帝开皇十七年》，卷一七八。

5. 丧葬

据载：莫徭“丧葬之节，颇同于诸左云”。而关于“蛮左”与“左人”之俗，其中写道：蛮左

其死丧之纪，虽无被发袒踊，亦知号叫哭泣。始死，即出尸于中庭，不留室内。敛毕，送至山中，以十三年为限。先择吉日，改入小棺，谓之拾骨。拾骨必须女婿，蛮重女婿，故以委之。拾骨者，除肉取骨，弃小取大。当葬之夕，女婿或三数十人，集会于宗长之宅，著芒心接篱，名曰茅绥。各执竹竿，长一丈许，上三四足许，犹带枝叶。其行伍前却，皆有节奏，歌吟叫呼，亦有章曲。传云盘瓠初死，置之于树，乃以竹木刺而下之，故相承至今，以为风俗。隐讳其事，谓之刺北斗。既葬设祭，则亲疏咸哭，哭毕，家人既至，但欢饮而归，无复祭哭也。其左人则又不同，无衰服，不复魂。始死，置尸馆舍，邻里少年，各持弓箭，绕尸而歌，以箭扣弓为节。其歌词说平生乐事，以至终卒，大抵亦犹今之挽歌。歌数十阕，乃衣衾棺敛，送往山林，别为庐舍，安置棺柩。亦有于村侧瘗之，待二三十丧，总葬石窟。

总之，“诸左”丧葬之习，主要特点可归结为三：一是实行岩葬。“总葬石窟”即是。一是以歌送葬。“歌吟叫呼”或“绕尸而歌”，均是。歌词内容为“说平生乐事，以至终卒，大抵亦犹今之挽歌”。这与明代瑶族“丧葬则作乐歌唱，谓之暖丧”[①]之俗相类。一是葬祭之后，“无复祭哭也”。这些习俗，还可从后世瑶族的丧葬制度中寻见其迹影。

第二节　唐代莫徭

唐代，史籍称瑶为“莫徭”或“槃瓠子孙”。间或也有始直呼“瑶”名者。这些材料均颇为珍贵，但较为少见。

① （明）郭棐：《广东通志·瑶壮》，卷五七。

其时，史籍单独称南方民族的今名者尚少，而多以“蛮”“僚”“俚”泛称之。大量瑶族材料也包含其中。这样，既使研究材料缺乏，又造成研究者的困难。究竟其中哪部分“蛮”“僚”“俚”为瑶，也不易加以区分。故作者只能依据其居住地域、历史源流诸因素加以推断，这是需要加以说明的。

一、莫徭分布

1. 湖南

湖南是唐代莫徭分布的主要基地。

（1）潭州（治今长沙）。是唐代湖南观察使治所。湖南观察使辖潭州、衡州（治今衡阳）、郴州（治今郴州）、永州（治今零陵）、道州（治今道县西）、邵州（治今邵阳）、连州（治今广东连县）。这一带，为唐代瑶人大片聚居地。据唐李吉甫《元和郡县图志·江南道五》卷二九，潭州条载：

> （晋）怀帝分荆州湘中诸郡置湘州，南以五岭为界，北以洞庭为界，汉、晋以来，亦为重镇。今按其俗杂，有夷人名徭，自言先祖有功，免徭役也。

此书写成于唐宪宗元和八年（813 年）。可见，唐人册籍已明确指出，湖南观察使所辖北达洞庭、南及五岭的七州（含今湖南大部与粤北少部）之地，均杂居有瑶人，故杜甫称“潇湘洞庭”中有“莫徭”之足迹。

唐代潭州瑶人的活动，延至宋初仍十分活跃。据载：宋初，潘美为谭州防御使，其地

> 溪用蛮僚自唐以来，不时侵略，颇为民患。[①]

这可作唐代潭州瑶人势力炽盛的佐证。

（2）朗州（治今常德）。据《新唐书·邓处讷传》卷一八六载：

> 朗州武陵人雷满者，本渔师，有勇力。时武陵诸蛮数叛，荆南节度

① （元）脱脱等撰：《宋史·潘美传》，卷二五八。

使高骈擢满为裨将，将镇蛮军从骈淮南。逃归，与里人区景思猎大泽中。啸亡命少年千人，署伍长，自号“朗团军”，推满为帅，景思为司马。袭州，杀刺史崔翥，诏授朗州兵马留后。岁掠江陵。焚庐落，劫居人。俄进武贞军节度使。

朗州素为“武陵诸蛮”聚居地，故唐人张守节在《史记·苏秦列传》卷六九“正义”中写道：“今朗州，……皆盘瓠后也。”这支属盘瓠族人的“武陵洞蛮”，至五代时，势力仍极盛。

梅山蛮。据《新唐书·邓处讷传》卷一八六载：唐末，石门（治今石门）峒酋向瑰，

召梅山十峒獠断邵州道。

又，《资治通鉴》卷二六〇，唐昭宗乾宁二年（895年）载：

蒋勋求为邵州刺史，刘建锋不许，勋乃与邓继崇起兵，连飞山、梅山蛮寇湘潭，据邵州，使其将申德昌屯定胜镇，以扼潭人。

梅山蛮，又名梅山僚，约居于潭、邵二州间。梅山蛮的主体为瑶人，学术界已取得共识。可见，宋代梅山蛮人的活动，可上溯至唐末。

(3) 邵州（治今邵阳）。据宋人所著《邵州图经》载：

其地接长沙益阳，重岭回旋，形势险阻，蟠居数百里。自唐末溪僚瑶人雄据，时复跳梁。国朝雍熙中，置五寨以扼其冲。

换言之，瑶人世居邵州险阻之地，乘唐末大乱之际，控制其地，并不时举行反抗活动。至宋初，不得不设寨驻军以防。

唐末邵阳“溪僚瑶人”的活动，还可从邵阳峒蛮的记载中得到印证。据《新唐书·关播传》卷一五一载：德宗初，

湖南峒贼王国良惊剽州县，不可制。

对此，《资治通鉴》卷二二六，唐德宗建中元年（780年）七月丙寅条做了详细

记述：

邵州贼帅王国良降。国良本湖南牙将，观察使辛京杲使戍武冈，以扞西原蛮。京杲贪暴。国良家富，京杲以死罪加之；国良惧，据县叛，与西原蛮合，聚众千人，侵掠州县，濒湖千里，咸被其害。诏荆、黔、洪、桂诸道合兵讨之，连年不能克。及曹王皋为湖南观察使，曰："驱疲甿，诛反仄，非策之得者也。"

乃遗书劝降，并以一骑从，亲赴其门，

举军大惊。国良趋出，迎拜请罪。皋执其手，约为兄弟，尽焚攻守之具，散其众，使还农。

显然，邵阳峒蛮王国良的"惊剽州县，不可制"的记载，可作为邵阳"溪僚瑶人雄据，时复跳梁"的注释。

（4）道州（治今道县西）。据《新唐书·邓处讷传》卷一八六载：道州，为"蛮""峒僚"所居。道州为湖南观察使辖地，既然其地有"夷人名瑶"，故可定此州"蛮""峒僚"的族属有瑶人成分。

（5）衡州（治今衡阳）。唐杜佑《通典》边防序，卷一八五，有"潭、衡州人蜑"之名。联系此二州为唐代瑶人重要居地，故此"人蜑"当含瑶人。

此外，唐代黔中观察使所辖属今湖南地的辰州（包括从辰州分立的叙州、锦州），也有盘瓠蛮人居住。

（6）辰州（治今沅陵）。据《元和郡县图志·江南道六》卷三〇载：

谨按：辰州蛮戎所居也，其人皆槃瓠子孙。或曰巴子兄弟立为五溪之长，今酉溪在州西，次南武溪，次南沅溪，次东南熊溪，次东南朗溪。其熊、朗二溪与郦道元《水经注》虽不同，推其次第相当，则五溪尽在今辰州界也。

意为五溪之地为今苗瑶系统的"槃瓠子孙"所居。

（7）叙州。分辰州龙标县而置，曾名巫州，治龙标（今湖南黔阳西南）。当时，此地的少数民族称“巫山僚”[1] 或“叙州蛮”[2]。又，锦州，以辰州麻阳县地及开山洞置，治卢阳（今湖南麻阳西南），此地也有蛮、僚活动。既然辰州为“盘瓠子孙”所居，故从该州分立的叙州、锦州，其“蛮”“僚”的民族成分，当包含盘瓠蛮在其中。

2. 广东

粤北已成为唐瑶的重要居地。其据有三：一是上引材料证明，湖南观察使的辖地连州，杂有瑶人。一是唐人刘禹锡有专门歌咏连州莫傜狩猎的著名诗句。一是方志中有所反映。如，道光《广东通志》卷二三五载：王晙，

> 永徽初，为连州（治今连县）刺史，民瑶安之。

又据方志记载，瑶人除在连州外，还已南下至高要（治今肇庆）诸地。据道光《高要县志·谪官》卷十九载：魏元忠，唐武后长安三年（703 年）贬为高要尉，

> 元忠至官，整戎旅，备峒寇。居期月，民瑶恬谧。

需要指出的是，史书中只有“贬元忠高要尉”[3] 一语，并无其在当地的政绩记载。若联系高要为后世瑶人居地一事来看，也可能唐瑶已至此地。因无更多材料证明，只是录以备考。

3. 江西

据《新唐书·方镇表五》卷六八载：乾元元年（758 年），

> 置洪、吉都防御团练观察处置使，兼莫傜军使，领洪、吉、虔、抚、袁五州，治洪州。

洪州，治今南昌；吉州，治今吉安；虔州，治今赣州；抚州，治今抚州；袁州，治今宜春。今江西境，在唐代大致分七州，即除上述五州外，还有江州、饶州。可见，莫傜在江西分布之广。

洪州高安（治今县）“蛮僚”。据《资治通鉴》卷二五五，唐僖宗中和二年（882

---

① （北宋）宋祁、欧阳修、范镇、吕夏卿等撰：《新唐书·南蛮传下》，卷二二二下。

② （北宋）宋祁、欧阳修、范镇、吕夏卿等撰：《新唐书·严挺之传》，卷一二九。

③ （北宋）宋祁、欧阳修、范镇、吕夏卿等撰：《新唐书·魏元忠传》，卷一二二。

年）五月条载：

先是，王仙芝寇掠江西，高安人钟传聚蛮僚，依山为堡，众至万人。仙芝陷抚州（治今抚州市）而不能守，传入据之，诏即以为刺史。至是，又逐江西观察使高茂卿，据洪州。

联系上述洪州为莫徭居地的记载，故可断此“蛮僚”为莫徭族属。从“众至万人”并据有抚、洪二州的记载，可见江西莫徭势力之盛。又，作者认为：唐代入江西境的为瑶畲族人；后世畲人由此发展而来。

4. 广西

史书未见历代莫徭的直接记载，但疑桂州（治今桂林市）“俚”“僚”与瑶族有关。史载：隋代

开皇末，桂州俚李光杜聚众为乱，诏稠召募讨之[①]。

入唐，此地俚、僚仍有活动。据载：武后时

始安（治今桂林）贼欧阳倩拥徒数万，剽陷州县，授怀古桂州都督，仍充招慰讨击使，才及岭，飞书招诱，示以祸福，贼扶迎降，自陈为吏人侵逼，乃举兵耳。怀古知其诚恳，乃轻骑以赴之。左右曰：“夷僚难亲，未可信也。”怀古曰：“吾仗忠信，可通于神明，况于人耳。”因造其营以慰谕之。群贼喜悦，归其所掠财货，纳于公府。诸洞首长素持两端者，尽来款附，岭外悉定。[②]

大历二年（767 年）桂州山僚叛，陷州，刺史李良遁去。[③]

总之，从隋至唐，桂州俚、僚的活动不断。桂州俚、僚，含有瑶人的理由有二：一是桂州与零陵郡相邻，而从南朝以降，零陵郡均为莫徭聚居之地。地域相连，族属往往相通。一是宋以后，桂州一直是瑶人重要居地。从历史渊源而言，这些瑶

① （唐）魏征：《隋书·何稠传》，卷六八。

② （后晋）刘昫等撰：《旧唐书·良吏裴怀古传》，卷一八五下。

③ （后晋）刘昫等撰：《旧唐书·南蛮传下》，卷二二二下。

人当与隋唐俚、僚有联系。因据文献记载：桂州一带，隋唐时只有俚、僚而无瑶，宋以后则只有瑶而无俚、僚。故此地的俚、僚与瑶，“名”虽不同，而“实”则有一致之处。

此外，据方志载：在广西临桂、古田一带，唐代也有瑶人活动。①

需要指出的是，见诸史籍记载的岭南瑶族分布地较少。其因在于：除了包含在“蛮”“僚”“俚”的称谓中外，也与瑶人南徙活动尚未进入高峰期有关。

二、莫傜社会

1. 社会经济

山居瑶民，仍过着“刀耕火种”的原始生活。唐代诗人对这种刀耕火种的生活，多有生动、具体的描述。如刘禹锡《畬田行》写道：

何处好畬田，团团缦山腹；
钻龟得雨卦，上山烧卧木。
惊麏走且顾，群雉声咿喔；
江焰远成霞，轻煤飞入郭。
风引上高岭，猎猎度青林；
青林望靡靡，赤光低复起。
照潭出老蛟，爆竹惊山鬼；
夜色不见山，孤明星汉间。
如星复如月，俱逐晓风灭；
本从敲石光，遂至烘天热。
下种暖灰中，乘阳拆芽蘖；
苍苍一雨后，苕颖如云发。
巴人拱手吟，耕耨不关心；
由来得地势，径寸有余阴。②

---

① （清 嘉庆）《临桂县志·人物志五》，卷三二。

② （清）彭定求等编：《全唐诗》，卷三五四。

朱余庆《送刘思复赴南海从军》则咏道：

蛮人犹放畲田火，猛兽野游落日坡。

从“巴人”与“蛮人”的畲田，也可反映“莫徭”的“火种开山脊”[①]场面。

邻近汉区的瑶人，有的已从事定居的农耕生活。上述邵阳峒蛮“还农”之事，可证。

狩猎业，在经济生活中也占有重要地位。这以刘禹锡《连州腊日观莫徭猎西山》一诗所记最为典型：

海天杀气薄，蛮军部伍嚣；
林红叶尽变，原黑草初烧。
围合繁钲息，禽兴大旆摇；
张罗依道口，嗾犬上山腰。
猜鹰虑奋迅，惊鹿时踞跳；
瘴云四面起，腊雪半空消。
箭头余鹄血，鞍傍见雉翘；
日暮还城邑，金笳发丽谯。[②]

描绘了集体狩猎的壮观情景。从大规模人力合围一事，反映了当时在狩猎经济中尚保有浓郁的原始生产关系残余。

需要指出的是，不仅山区，就是居住平原地区的瑶族，也往往仍然以渔猎经济为重要生活来源。如，杜甫《岁晏行》吟道：

岁云暮矣多北风，潇湘洞庭白雪中；
渔父天寒网罟冻，莫徭射雁鸣桑弓。[③]

① （唐）刘禹锡：《莫徭歌》，见《全唐诗》，卷三五四。

② （唐）刘禹锡：《刘宾客文集》，卷二五。

③ （唐）杜甫：《杜少陵集》，卷二二。

此即莫徭“射雁唐世”[①]之谓。

莫徭重狩猎业，是与其不发达的农业互为因果关系的。唐常建《空灵山应田叟》咏道：

土俗不尚农，岂暇论肥硗。

莫徭射禽兽，浮客烹鱼鲛。[②]

正是“土俗不尚农”，而致“莫徭射禽兽”的。

铁制刀斧，成为莫徭必不可缺的生活工具。刘禹锡《蛮子歌》写的“腰斧上高山，意行无旧路”的诗句，就是这一历史事实的反映。这些铁制工具，当系由汉区传入。

已有榨油等副业。“山多茶树”[③]，是莫徭能提取植物油的例证。

2. 社会生活

依山傍水而居。上引“重岭回旋，形势险阻”，以及“星居占泉眼”，都是莫徭居住环境的写实。

除了收获物外，还以捕捉和采集动植物为补充食物来源。据《五溪记》载：

民多射生而鼻饮，啖蛇鼠，捕虾蟹，朝营夕用，故无宿给。

《蛮子歌》则载：

熏狸掘沙鼠。

换言之，瑶人由于食物缺乏，也以狸、蛇、鼠、虾、蟹充饥。

衣饰。《蛮子歌》称：

蛮衣斑斓布，

---

① （清 同治）《桂阳直隶州志·洞瑶》，卷二六上。

② （清）彭定求等编：《全唐诗》，卷一四四。

③ （唐）魏王泰：《括地志下》。

即喜着彩色衣衫。

文化教育有所发展。据唐李绰《尚书故实》载：

有黄生者，擢进士第。人问与颇同房否？对曰："别洞。"黄本溪洞豪姓，生故以此对。人虽哈之，亦赏其实也。

中进士科的溪洞黄生，周一良先生归之为"溪人"，[①] 而溪人当属盘瓠蛮族类，从中也可反映唐代莫徭的文化水准有所提高的事实。

语言。使用别于汉语的本民族语言。故《蛮子歌》称：

蛮子钩辀音。

社会组织。以"洞"为基层单位。故有"别洞"之哈。

姓氏。以盘氏为大宗。据唐人林宝《元和姓纂》载：盘姓，

盘瓠之后。

图腾崇拜。对盘瓠行祭祀之礼。《蛮子歌》云：

时节祠盘瓠。

喜歌舞。据唐人魏王泰《括地志下》载：

辰州溆浦县西北三百五十里，有无射山。蛮俗，当吉庆之时，亲族歌舞于山上。

辰州为莫徭聚居地，此"蛮"当包括瑶族在其中。

崇巫。据载：刘禹锡，

贬朗州（治今湖南常德）司马。地居西南夷，土风僻陋，举目殊俗，……蛮俗好巫，每淫辞鼓舞，必歌俚辞。禹锡或从事于其间，乃依

---

① 周一良：《魏晋南北朝史论集》，50页，北京，北京大学出版社，2010。

骚人之作为新辞以教巫祝，故武陵溪洞间夷歌，率多禹锡之辞也[①]。

朗州素为尚盘瓠的武陵蛮居地。此为把歌舞与巫祝融为一体之例，这在后世瑶俗中仍可得到印证。

行岩葬。据载：

潭、衡州人蜑，取死者骨，小函子盛置山岩石间。[②]

五溪蛮，父母死，于村外阁其尸，三年而葬。打鼓路歌，亲属饮宴舞戏，一月余日。尽产为棺，于临江高山半肋凿龛以葬之。自山上悬索下柩，弥高者以为至孝，即终身不复祀祭。初遭丧，三年不食盐。[③]

唐代瑶族行岩葬，与上述隋代“总葬石窟”之风是一致的。

三、唐王朝的治理政策

限于材料，尚难对唐代治瑶之策做全面评述，但有下述几点值得注意。

一是被视作化外之民。《莫徭歌》云：

莫徭自生长，名字无符籍。[④]

可见，唐统治者尚漠视瑶民问题。

一是无赋役或减税输。如上引瑶人“自言先祖有功，免徭役也”。又，据《旧唐书·食货志上》卷四八载：

岭南诸州则税米，上户一石二斗，次户八斗，下户六斗。若夷僚之户，皆从半输。

此“半输”之“夷僚”，当含莫徭在内。这表明，唐统治者对瑶民的控制是较为宽

① （后晋）刘昫等撰：《旧唐书·刘禹锡传》，卷一六〇。

② （唐）杜佑：《通典·边防序》，卷一八五。

③ （唐）张鷟：《朝野佥载》，卷十四。

④ （唐）刘禹锡：《莫徭歌》，见《全唐诗》，卷三五四。

松的。

也有被征从役的事例。如《旧唐书·窦群传》卷一五五载：宪宗元和六年（811年），黔州刺史、黔州观察使窦群，

> 在黔中属大水坏其城郭，复筑其城，征督溪洞诸蛮，程作颇急。于是，辰、锦[①]（治今芷江西北）生蛮乘险作乱，群讨之不能定。

此筑城之役，虽非固定的而是临时性征发，但因其“程作颇急”，负担苛重，而导致辰、锦“生蛮”的反抗。

一是需贡土产。所贡有“黄蜡”“细纻布”“麻布”“斑布”与“辰、锦二州光明砂、水银”[②]诸物，当与瑶区出产有关。

一是署为官吏。唐王朝在使用民族人士方面是较富开放性的，这不仅突出反映在对待北方“胡”人方面，对南方“蛮”族也有所反映。邵州峒蛮王国良曾为湖南牙将；黄巢起义后，由于失控，甚至诏以洪州“蛮僚”钟安为抚州刺史。均是例证。

一是建有“莫徭军”。据宋有“畲军”[③]、元有“爨、僰军”[④]的记载，可证唐之“莫徭军”当是由瑶人组成的一支民族军队。

四、道州瑶民的反抗活动

唐末，藩镇割据，农民起义，使唐王朝处于风雨飘摇之中。当时瑶人聚居的湖南管内七州，除了潭州、邵州属漳州刺史、判湖南军府事马殷管辖外，其余五州分别为五支武装力量所占据。即杨师远据衡州、唐世旻据永州、蔡结据道州、陈彦谦据郴州、鲁景仁据连州。[⑤]

---

① （北宋）司马光：《资治通鉴》，卷二三八，唐宪宗元和六年条下作“辰溆二州蛮”。溆州，即叙州。

② （唐）李林甫等撰：《大唐六典·户部》，卷三和（唐）李吉甫撰修：《元和郡县图志》江南道五、六。

③ （明）王圻撰：《续文献通考·兵考八》。

④ （明）宋濂、王祎：《元史·兵志三》，卷一〇〇。

⑤ （北宋）司马光：《资治通鉴》，卷二六一，唐昭宗光化二年（899年）三月条。

据道州的蔡结、何庚，被称作“蛮酋”“峒僚”①。联系当地素为瑶人聚居地，故可定其族属为瑶人。他们的主要事迹有三：

一是在乱世中，据瑶山“完垒自守”②，起了保境安民的作用。

一是与黄巢起义军相呼应。据《新唐书·邓处讷传》卷一八六载：

宿人鲁景仁从黄巢为盗至广州，病不能去，以千骑留连州。众饥，从蔡结求粮，乃相倚仗。

可见，黄巢部将鲁景仁在从广州回师北上途中，因病率千骑留连州，蔡结与之互为“倚仗”，有力地支援了唐末农民战争。

一是在险隘处伏兵，大败前来镇压的官军。据《资治通鉴》卷二六一，唐昭宗光化二年（899 年）七月条载：

马殷遣其将李唐③攻道州。蔡结聚群蛮，伏兵于隘以击之，大破唐兵。唐曰：“蛮所恃者山林耳，若战平地，安能败我！”乃命因风燔林，火烛天地，群蛮惊遁，遂拔道州，擒结，斩之。

总之，蔡结、何庚领导的道州瑶民反抗活动坚持一年多后失败。

第三节　五代的湖南蛮族

一、湖南诸蛮

五代十国时，马殷在湖南建立了楚国。

五代十国时，由于全国处于分裂状态，故对瑶人的控制随之削弱；加之，当地的割据政权为赢得少数民族首领的支持，也极力加以笼络。故这一时期湖南瑶人势

① （北宋）宋祁、欧阳修、范镇、吕夏卿等撰：《新唐书·邓处讷传》，卷一八六。

② （明）王圻撰：《续文献通考·兵考八》。

③ （清）吴任臣编撰：《十国春秋·楚六·列传》，卷七二也作李唐，（北宋）宋祁、欧阳修、范镇、吕夏卿等撰：《新唐书·邓处讷传》，卷一八六则作李瑭。

力得到迅速发展。对此，《宋史·蛮夷列传一》卷四九三写道：

天福中，马希范承袭父业，据有湖南，时蛮瑶保聚，依山阻江，殆十余万。至周行逢时，数出寇，逼辰、永二州，杀掠民畜，无宁岁。

这表明：宋瑶势力的空前强大，是在五代十国的基础上演变而来的。换言之，五代十国时期，虽只有短暂的五十多年，但对瑶族历史的发展，却起着承前启后的转折作用。

当时，湖南仍是瑶人的主要居地。史籍称楚境的少数民族，均以地名冠“蛮”呼之，故瑶包含在当地诸蛮之中。其中，主要有梅山蛮、江华蛮、辰州蛮、溆州蛮、武陵洞蛮等。分叙如下：

梅山蛮。五代时，梅山为瑶人所居。据宋刘挚《直龙图阁蔡君墓志铭》[①]载：潭、邵间梅山，

马氏以来，瑶人居之，号莫傜。

同治《新化县志·舆地沿革》卷二载：

梅山十峒，为新化、安化二县之总名。

五代时，梅山蛮的活动不断。如后梁贞明四年（918年），

梅山蛮寇邵州，守将樊须击走之。[②]

后汉隐帝乾祐三年（950年），马希萼利用梅山蛮攻打湖南楚王马希广。此外，史有蛮酋彭师暠“与梅山诸蛮皆族类”[③]之句。可见，梅山蛮势力之盛，也可证宋代“开梅山”是有历史原因的。

江华蛮。据《十国春秋·楚九·王仝列传》卷七五载：

---

① （宋）刘挚：《忠肃集》，卷十二。

② （清）吴任臣编撰：《十国春秋·楚世家一》，卷六七。

③ （北宋）司马光：《资治通鉴》，卷二八九，后汉隐帝乾祐三年（950年）十二月条。

王仝，湘乡人。武穆王时为江华指挥使，与蛮将战，死。里人立庙于安化东，号王司徒，至今有司徒岭。

武穆王，即楚王马殷；道州，唐置，或为江华郡，在今道县西。

辰州（治今沅陵）蛮、溆州（治今怀化）蛮。据《十国春秋·楚一·武穆王世家》卷六七载：后梁开平四年（910 年）十二月，

辰州蛮宋邺寇湘乡。溆州蛮潘金盛寇武冈，王命昭州刺史吕师周将衡州兵五千讨之。（先是，宋邺破溆州，潘金盛恃其所居深险，数为边扰，至是俱入寇。）

乾化元年（911 年）春正月，吕师周入飞山洞袭潘金盛，擒送武冈斩之，移兵击宋邺。

乾化二年（912 年）春二月，辰州蛮宋邺、溆州蛮昌师益帅众降，王以邺为辰州刺史、师益为溆州刺史。

《资治通鉴》卷二七一，后梁均王龙德元年（921 年）载：

辰、溆蛮侵楚，楚宁远节度副使姚彦章讨平之。

《资治通鉴》卷二八九，后汉隐帝乾祐三年（950 年）六月条载：

马希萼既败归，乃以书诱辰、溆州及梅山蛮欲与共击湖南。蛮素闻长沙帑藏之富，大喜，争出兵赴之，遂攻益阳。楚王希广遣指挥使陈璠拒之，战于淹溪，璠败死。

对此，《旧五代史·马希范传》卷一三三则载：马希范卒，判官李皋拟拥立马希广，大校张少敌忧之，建议请立希广庶兄武陵帅希萼，

且曰："希萼处长负气，观其所为，必不为都尉之下，加之在武陵，九溪蛮通好，往来甚欢，若不得立，必引蛮军为乱，幸为思之。"

未几，希萼果以武陵反，引洞溪蛮数路齐进，遂之长沙，缢希广于郊外。

辰州、溆州，因地处湘西武陵地区，故《旧五代史》又别称辰州蛮、溆州蛮为“九溪蛮”“洞蛮”。

又，《资治通鉴》卷二九一，后周太祖广顺二年（952年）九月条载：唐主使边镐经略朗州，

诸将欲召溆州首长符彦通为援，行逢曰：“蛮贪而无义，前年从马希萼入潭州，焚掠无遗。吾兵以义举，往无不克，乌用此物，使暴殄百姓哉！”乃止。然亦畏彦通为后患，以蛮酋土团都指挥使刘瑫为群蛮所惮，补西境镇遏使以备之。

《十国春秋·楚十·符彦通传》卷七六载：王逵得湖南，

承制以彦通为黔中节度使。

又载：

显德（954—960年）时，周行逢命钟志存为溆州刺史，及行逢死，志存奔武阳，溆州蛮杨正岩遂以十洞称徽、诚二州，或言即彦通诸部云。

概言之，辰、溆州蛮活动的主要特征有三：

一是时间长。与五代相始终，几十年间活动连绵不断。这期间，其首领有辰州蛮宋邺及溆州蛮潘金盛、昌师益、符彦通诸人。

一是与楚的关系，或臣或叛，或顺或逆。楚或封官以笼络，或派兵以征讨。

一是直接参与楚统治集团内讧事件，对楚国政治生活起着重大影响。

武陵洞蛮。据载：唐末，以武陵洞蛮雷满为澧朗节度使，

及死，子彦恭继之。蛮蜑狡狯，深有父风，烬墟落，榜舟楫，上下于南郡、武昌之间，殆无人矣。又与淮、蜀结连，阻绝王命。[①]

朗州，治今常德；澧州，治今澧县；南郡，治今湖北江陵；武昌，治今湖北

① （宋）薛居正等撰：《旧五代史·梁书·雷满传》，卷十七。

鄂城。从武陵洞蛮雷满父子据有朗、澧二州，并横行南郡、武昌之间，可见其势力之盛。

关于五代湖南瑶人的习俗，从文献记载中也可窥见一斑。如：好铜鼓。据载：王逵得湖南，溆州蛮帅符彦通，

> 献铜鼓数枚于逵。[1]

把铜鼓作为珍贵礼品进献，这是蛮人重铜鼓的表现。从后世瑶族的某些支系仍用铜鼓一事中，也可得到印证。

习水善舟与文身。据《旧五代史·梁书·雷满传》卷十七载：雷满，

> 又尝于府署浚一深潭，构大亭于其上，每邻道使车经由，必召宴于中。且言："此水府也，中有蛟龙，奇怪万态，唯余能游焉。"或酒酣对客，即取筵中宝器乱掷于潭中，因自褫其衣，裸露其文身，遽跃入水底，遍取所掷宝器，戏弄于水面，久之方出，复整衣就座。其诡诞如此。

雷满父子据朗、澧二州，为今澧县、常德一带，其地濒临沅水、洞庭湖及长江间。傍水而居的盘瓠族人，除了具有善泳与"榜舟楫"的本领外，还有文身之俗。而文身，本为崇蛟龙的图腾遗风。唐末、五代时武陵洞蛮的这些习俗之形成，是与其以渔为业的生活环境密切相关的。

二、楚与湖南蛮族的关系

楚在遍布"蛮"人的湖南立国，势必与其存在极为密切的关系。其主要表现为：

一是依靠和重用蛮酋。大量任用蛮酋为官，以获取其支持。辰州蛮宋邺为辰州刺史、溆州蛮昌师益为溆州刺史、溆州蛮符彦通为黔中节度使。可以毫不夸张地说，若无诸"蛮"的支持，楚政权就无法存在下去。"蛮"人在楚国政治生活中起着重要作用，从武陵帅马希萼依仗辰州蛮、溆州蛮、梅山蛮、九溪蛮的武装力量打败楚王马希广而上台一事可证。因此，在楚时期，湖南"蛮"族的力量得到迅速发展和

---

① （清）吴任臣编撰：《十国春秋·楚十列传》，卷七六。

壮大。无疑，宋代湖南瑶族势力的强盛，与此殆有密切关系。

二是经济上，征取苛税，加重对蛮区人民的剥削。据《十国春秋·楚一·武穆王世家》卷六七载：龙德二年（922年），

> 始取永、道、郴诸州民丁钱绢米麦。（李心传《朝野杂记》曰：马氏据湖南，始取永、道、郴州、桂阳军、茶陵县民丁钱绢米麦。）

显然，永、道、郴、桂诸州、军的瑶民有的也需缴纳此赋。

向中原政权纳贡的负担，也转嫁于“属内民”身上。据载：开平二年（908年）七月，

> 王奏梁于汴、荆、襄、唐、郢、复诸州置回图务，运茶河之南北，以易缯纩、战马，仍岁贡茶二十五万斤，梁主诏曰“可”。由是属内民皆得摘山笄茗笄，募户置邸阁以居，茗号曰“八床主人”，岁收数十万，国用遂足。①

长兴三年（932年）十月，

> 湖南马希范、荆南高从诲并进银及茶，乞赐战马，帝还其直，各赐马有差。②

这些被驱使上山摘茶的“属内民”，湖南瑶人当无例外。

值得一提的是，楚向中原政权“贡茶”，具有以茶易马的南北经济交流性质，在客观上，促进了湖南山区（包括瑶区）种茶业的发展。

三是楚是建立在湖南境内的割据政权，而当地为包括瑶族在内的“蛮”族聚居区，这一政权要维持下去，势必十分重视“蛮”区和“蛮”人问题，在客观上，对“蛮”区的经营开发起了积极作用。宋代较大规模地开发瑶山，正是在前代基础上进行的。

---

① （清）吴任臣编撰：《十国春秋·楚一·武穆王世家》，卷六七。

② （宋）薛居正等撰：《旧五代史·唐书·明帝记九》，卷四三。

第七章　宋代瑶族

第一节　瑶族分布

一、瑶族分布的地域与特点

宋代瑶族，仍主要分布在今湖南地区。今湖南省，在宋代划入荆湖北路与荆湖南路两政区。荆湖北路，包含有岳、澧、鼎、辰、沅、靖六州；荆湖南路共分潭、邵、衡、郴、永、道州和桂阳监、武冈军[①]以及含今广西境的全州，这就是史称的“湖南九郡”。具体分述如下：

荆湖北路的辰、沅、靖三州，是宋代瑶族的重要聚居地。如，《宋会要辑稿》蕃夷五之七十载：“辰、沅、靖三州之地”，多接溪峒瑶人。宋陆游《老学庵笔记》卷四载：“辰、沅、靖州蛮”中“有山瑶”。辰州，治今沅陵；沅州，治今芷江；靖州，治今靖县。这三州，地域相连，相当于历史上所称的武陵或五溪之地。因此，这一地区的瑶族包含在五溪蛮之内。如，宋朱辅《溪蛮丛笑》载：

> 五溪之蛮，皆槃瓠种也。聚落区分，名亦随异。沅其故壤，环四封而居者，今有五：曰苗、曰瑶、曰僚、曰仡伶、曰仡佬。

辰州瑶。据《宋史·蛮夷列传一》卷四九三载：宋太祖下荆湖，“擢辰州瑶人秦再雄[②]为辰州刺史，使之自治”，再雄分使诸蛮，莫不从风而靡，以致连袤千里的

---

① 宋制，府、州、军、监并称，即府、军、监也同属州一级地方行政单位。凡属政治、经济重地者设府，军事重地者设军，工业重地（如煮盐、冶铁等）者则设监。

② 据（南宋）李焘：《续资治通鉴长编》卷十六，开宝六年（973年）十一月丁巳条下载：“以辰州都指挥使秦德崇为起复云麾将军权知辰州兼五溪巡检使。后二岁，德崇罢归，除右千牛卫将军。”李焘认为，此秦德崇或即为秦再雄。

“五州”[1]边境无患。可见，宋初辰州瑶人势力达到登峰造极的地步。关于辰州瑶的记载尚有：《宋史·徽宗本纪一》卷十九载：崇宁元年（1102年）十二月，

辰、沅州瑶入寇。

崇宁二年（1103年）正月，

知荆州舒亶平沅州瑶贼。

《宋史·光宗本纪》卷三六载：绍熙五年（1194年）五月，

辰州瑶贼寇边。

《宋史·谢麟传》卷三三〇载：

瑶贼犯辰溪。

《宋史·陈谦传》卷三九六载：中兴之初，陈谦提举湖北常平，

平辰州峒瑶。

《宋史·奸臣·蔡京传》卷四七二载：徽宗时，

辰溪（治今县）瑶叛，杀溆浦（治今县）令。

《续资治通鉴长编》卷八一，大中祥符六年（1013年）十月丁亥条，有辰州卢溪县（治今泸溪县东北）山瑶侵扰城寨之载。宋袁燮《侍御史赠通议大夫汪公（义和）墓志铭》载：

绍熙三年（1192年），辰之溆浦蛮瑶侵边作乱。[2]

① 《宋史·蛮夷列传一》所载秦再雄事，出自北宋末年魏泰所撰《东轩笔录》。该籍所记五州为“武陵、辰阳、澧阳、湘阴、邵阳”。而《宋史·蛮夷列传一》则未具体言明“五州”地名，故易使人产生误解。有的学者称五州为“辰、沅、靖、澧、鼎”，似与原著不尽相符。

② （宋）袁燮：《絜斋集》，卷十八。

宋祝穆《方舆胜览》卷三〇，辰州建置沿革条载：

古蛮荆地，槃瓠之后。

“槃瓠之后”，指苗瑶语族之人。又，清光绪《湖南通志·名宦三》卷九四，吴审礼条下载：宋哲宗时，辰州瑶人数入寇。以上记载表明，辰州及其所属卢溪、辰溪、溆浦诸县，均有瑶人居住。宋代辰州瑶人的活动特别频繁，这与当地位置之重要是密不可分的。据宋田渭《辰州风土记》云：

大抵辰当沅、靖诸蛮咽喉出没之地，内可以控诸蛮，而外为武陵障蔽。诸蛮不由此，则商贩不通；武陵不得此，则诸蛮不通。虽欲高枕而卧，不可得也。[①]

换言之，辰州既是辰、沅、靖州瑶人的交通生命线，也是宋王朝防御瑶人进入内地的一道屏障，这就成了彼此反复争夺的要地。

沅州瑶。据《宋史·蒋之奇传》卷三四三载：蒋之奇知枢密院事时，

沅州蛮扰边。

《续资治通鉴长编》卷二八九，元丰元年（1078 年）五月己丑条下有沅州瑶人之记；同书卷三四五，元丰七年（1084 年）五月己酉条下载：

卢阳（治今芷江）、麻阳（治今麻阳西南）之间，有生莫傜五百余户。

《宋史·孝宗本纪》卷三四载：乾道六年（1170 年）九月，

沅州瑶人相仇杀，守臣孙叔杰出兵击之，失利，瑶人进迫州城，安抚司谕解之。[②]

① （宋）祝穆：《方舆胜览》，卷三〇。

② 据清同治《沅陵县志·兵事》卷十七载：“瑶人格杀省户一人，知沅州孙叔杰，辄出兵，破其十三栅，于是瑶人相结为乱。帝用宰臣虞允文议，命叶行代叔杰开示恩信，谕以祸福，边境悉平。”所载不尽相同，可参看。

宋袁燮《武翼大夫沈君（世显）墓志铭》载：湖南提刑司缉补官，

次沅州大田巡检，密迹蛮瑶。[①]

宋祝穆《方舆胜览》卷三一载：沅州风俗，

槃瓠之后。

又载：辰砂出沅州辰阳县，

在瑶僚窟穴之中。

又，清光绪《湖南通志·名宦三》卷九四，宋人黄彻条下，有沅州瑶酋之记。以上记载说明，宋代沅州及其所属卢阳、麻阳和大田巡检等地，瑶人活动颇为频繁。

靖州瑶。据《宋史·孝宗本纪二》卷三四载：淳熙三年（1176年）四月，

靖州瑶人寇边。

宋祝穆《方舆胜览》卷三一载：靖州，

风俗，槃瓠余种。

又，清光绪《湖南通志·名宦二》卷九三，宋人杨文诩条下有“诚、徽诸州峒瑶”之记。靖州，原为诚州，崇宁二年（1103年）正月，“改诚州为靖州”[②]。可见，诚州瑶，即其后的靖州瑶。需指出的是，宋代靖州瑶人有姚、林两大姓。史有“靖州界瑶人姚明教”[③]和“靖州瑶林赛良”[④]，可证。

此外，荆湖北路的岳州（治今岳阳）、澧州（治今澧县）、鼎州（治今常德）诸

① （宋）袁燮：《絜斋集》，卷十八。

② （元）脱脱等撰：《宋史·徽宗本纪一》，卷十九。

③ （元）脱脱等撰：《宋史·蛮夷列传》，卷四九四。

④ （元）脱脱等撰：《宋史·猛拱传》，卷四一二。

州，也有瑶人居住。

岳州。据宋马子严《岳阳甲志》载：

> 龙窖山在巴陵（治今岳阳）北，山实峻极，山有石洞，有石门之洞，山瑶居之。

可见，宋瑶最北已及两湖交界处的洞庭湖北部地区。

澧州、鼎州。据宋曾公亮《武经总要前集》卷二〇，荆湖北路条下载：

> 溪洞州在辰、鼎、澧三州之界外，皆盘瓠余种。

可见，鼎、澧二州与羁縻州地相接。其间，难免与盘瓠种人错杂而居。又，宋魏泰《东轩笔录》载：鼎州之辰阳（治今汉寿）、澧州之澧阳（治今澧县）等地，

> 各有蛮瑶保聚。

总之，今湖南地，宋时属荆湖北路的辰、沅、靖、岳、澧、鼎诸州，均有瑶人居住，尤以辰、沅、靖州为多。史籍又通称这一地区瑶人为“湖北瑶”。如，《宋史·张颉传》卷三三二载：

> 湖北溪瑶叛。

又，清光绪《湖南通志·武备十》卷八七，引朱子《边防奏札》：宋绍熙四年（1193年），

> 湖北瑶人侵犯邵州界分。

清光绪《湖南通志·名宦四·宋三》卷九五载：潘焘知邵阳，

> 湖北瑶寇犯边，焘处置得宜，民用安堵。

辰、沅州境与邵州相连，上述方志中“湖北瑶”，具体所指当系此二州瑶人。

荆湖南路，为宋代瑶族及其他少数民族重要聚居地。故史称：

（湖南一路），北据重湖，南抚诸峒。[①]

自湖以南，地迩蛮徼。[②]

湖南九郡，皆与溪峒相接。其地阔远，南接二广，北连湖右。[③]

居于湖南九州之地的瑶人，史统称为“湖南瑶”，如《宋史·仁宗本纪三》卷十一载：庆历六年（1046年）十月，

诏发兵讨湖南瑶贼。

《宋史·徽宗本纪二》卷二〇，大观二年（1108年）十二月条下有“湖南瑶”之词。又，《宋史·刘沆传》卷二八四载：

湖南蛮瑶数出寇。

《宋史·杨畋传》卷三〇〇载：

庆历三年（1043年），湖南瑶人唐和等掠州县。

《宋史·周沆传》卷三三一载：

湖南蛮唐、盘二族寇暴。

《宋史·陶弼传》卷三三四载：

庆历中，杨畋讨湖南瑶。

《续资治通鉴长编》卷一四五，庆历三年（1043年）十二月戊申条载：

湖南攻讨蛮瑶，久之不克。

同书卷一五七，庆历五年（1045年）十月戊午条下有“湖南瑶贼余党”之词。又，

① 黄淮、杨士奇等编：《历代名词奏议》，卷一〇九，引朱熹奏。

② （宋）许应龙：《李华直徽猷阁湖南安抚使制》，见《东涧集》，卷五。

③ （元）马端临：《文献通考·四裔考五》，卷三二八。

宋欧阳修《论湖南蛮贼可招不可杀札子》《再论湖南蛮贼宜早招降札子》[①] 中所称“湖南蛮贼”也系指湖南瑶人。可见，史籍中屡有“湖南瑶”之称。

潭州（治长沙，即今长沙市）瑶。长沙，为宋代镇抚湖南瑶人的重镇，故史称：

长沙一都会，控扼湖岭，镇抚蛮瑶。[②]

潭州境也有瑶人居住。如，《宋史·潘美传》卷二五八载：宋初，潘美为潭州防御使，“溪峒蛮僚”侵略，潘美

穷其巢穴，多所杀获，余加慰抚，夷落遂定。

此“溪峒蛮僚”当含瑶人在其中。又，《续资治通鉴长编》卷一四七，庆历四年（1044 年）三月甲戌条下有“潭、郴、全、邵诸寨向化之蛮”之句。此“向化之蛮”，从行文看可断为“莫徭”。

邵州（治今邵阳）瑶。据《续资治通鉴长编》卷二八九，元丰元年（1078 年）三月辛丑条下有“邵州觇知作过瑶人”之句。《续资治通鉴长编》卷二九〇，元丰元年（1078 年）六月癸卯条载：

权知邵州侍其瓘言，扶竹水山瑶梁义等愿附。

清光绪《湖南通志·名宦四》卷九五，宋人蔡咸条载：蔡咸权通判邵州，

邵有瑶人之扰。

刘保条则载：嘉定末，刘保知邵州，

复六亭旧址，别构镇边楼，以示抚摄瑶僚之义。

武冈军（治今武冈）瑶。《宋史·蛮夷列传二》卷四九四，对“武冈军瑶人”有集中记述。其中写道：武冈军溪峒，

① 均见（北宋）欧阳修：《欧阳文忠公集·奏议》，卷一〇五。

② （元）脱脱等撰：《宋史·李椿传》，卷三八九。

风土习俗服食器械，悉同瑶人。

靖康以后，

武冈所属三县，悉为瑶人所有。

所谓“武冈所属三县”，系指武冈（治今县）、绥宁（治今绥宁西南）、临冈（治今通道北）三县。宋洪迈《容斋随笔》卷十六，渠阳蛮俗条，有“荆湖南北路如武冈、桂阳之属瑶民”之句。又，清道光《宝庆府志·政绩录一》卷一〇五载：

赵善谷，绍兴中知武冈军。时武冈军所领武冈、绥宁、临冈三县。……瑶俗犷悍。

可见，瑶人势力极盛时，控制了武冈军全境。

永州（治今零陵）瑶。据《续资治通鉴长编》卷一三九，庆历三年（1043年）正月甲午条载：

先是，荆湖南溪洞蛮瑶侵扰连、贺、衡、永数州。

同书卷二四八，熙宁六年（1073年）十二月庚午条下有“衡、永等州溪峒瑶人”之名。同书卷四六九，元祐七年（1092年）正月甲申条下有“永州蛮瑶”之称。欧阳修《再论湖南蛮贼宜早招降札子》中说：瑶人

所依，在衡州、永州、道州、桂阳监之间。

上述记载表明：史书往往衡、永二州瑶或衡、永、道、桂四州瑶相提并论，这是因为这一地区瑶人连成一片之故。

衡州（治今衡阳）瑶。此州瑶人的分布，已见永州部分。需强调的是，衡州瑶人的活动，尤以与永州相邻的常宁县（治今县）为活跃。据载：蛮瑶居“衡州常宁县”；“衡州常宁县溪峒”[①]；“常宁一县”莫徭，均被迫为“盗”[②]。均是例证。

① （元）脱脱等撰：《宋史·蛮夷列传二》，卷四九四。

② （宋）欧阳修：《再论湖南蛮贼宜早招降札子》，见《欧阳文忠公集·奏议》，卷一〇五。

全州（治今广西全州）瑶。该州介于湘、桂之间，为湘、桂通道，故形势重要。据《宋史·地理志》卷八八载：

全、邵屯兵，以扼蛮僚。

可见，全州为控扼瑶人的重要军事基地。《续资治通鉴长编》卷四七五，元祐七年（1092年）七月癸巳条载：

荆湖南路安抚钤辖司言：全、永、衡、道州瑶贼作过。

道州（治今通道）瑶。史载："道州瑶人叛"[①]；庆历四年（1044年），王贽知道州，"御山瑶有方"；元祐四年（1089年），"道州永明（治今江永县南）瑶贼复叛"。又，《永明县志·山川》载：

天步峰，南宋时，瑶寇秦孟明陷永明，提刑使文天祥授将计平之，即是处。

《永明县志·艺文》则载：

宋末，江、文两相国，驻节古泽，计擒资魁于粤瑶平源下界，其连壤即大源、小古源是也。

这表明，江永县，宋代已成为瑶人活动的重要基地。

桂阳监（治今桂阳）瑶和郴州（治今郴州市）瑶。这一地带，不仅为瑶人聚居地，而且其势力也十分强大。其中最富代表性的记载是，庆历三年（1043年），湖南转运使言：

桂阳监蛮瑶内寇，诏发兵捕击之。蛮僚者，居山谷间，其山自衡州常宁县，属于桂阳、郴、连、贺、韶四州，环行千余里。蛮居其中，不

① （元）脱脱等撰：《宋史·曾孝序传》，卷四五三。

事赋役，谓之瑶人。[①]

此外，有“郴、桂、衡、道诸州溪峒瑶户”[②]的记载。这两郡的瑶民是联为一体的。故宋人真德秀称：

会郴寇（指瑶人的反抗活动）暴作，桂阳其唇齿地。[③]

有意义的是，宋代两次大规模的瑶人起义，即庆历年间唐和领导的桂阳监瑶人起义和嘉定年间郴州黑风峒瑶人起义，发生在这一地带。这绝非偶然。从中可见，桂阳监和郴州瑶人具有何等重要的地位。

此外，关于桂阳瑶的记载尚有宋陈傅良《止斋集》卷十九，《桂阳军乞画状》载：

桂阳虽小垒，实边瑶峒。

又，清同治《桂阳直隶州志·官师》卷八《赵汝儋列传》载：宁宗嘉泰、开禧六七年间，桂阳军属县，

惧瑶寇侵暴。

桂阳军，本桂阳监，绍兴三年（1133年）升军。[④]换言之，桂阳监，即桂阳军，北宋时称监，南宋后改军。

关于郴州瑶的记载则有：宋周必大《参议董君昌裔墓志铭》载：靖康后，

调郴州司户参军，摄永兴（治今县）令。蛮瑶犯省地，君发丁壮，……扞御境土，民以奠枕。[⑤]

---

① 见（元）脱脱等撰:《宋史·蛮夷列传一》卷四九三，《续资治通鉴长编》卷一四三，庆历三年（1043年）九月乙丑条所载，完全相同。

② （清）徐松辑：《宋会要辑稿》，蕃夷五。

③ （宋）真德秀：《提举吏部赵公（崇度）墓志铭》，见《真文忠公文集》。

④ （元）脱脱等撰：《宋史·地理志》，卷八八。

⑤ （宋）周必大：《文忠集》，卷七二。

又，南渡后析郴州桂阳县（治今汝城），立桂东县（治今桂东县南），黄龟鼎为桂东令，

其政宽平无扰，民瑶俱安。①

可见，郴州属县永兴、桂阳、桂东诸县，为民瑶杂居之地。

还有，居潭州与邵州间的梅山瑶人，又称作梅山瑶。关于梅山瑶的居住范围，据《续资治通鉴长编》卷四四〇，北宋熙宁五年（1072 年）十一月庚申条载：

章惇言，招谕梅山蛮瑶令作省目，皆欢喜争开道路，迎所遣招谕人。得其地东起宁乡县（治今县）司徒岭，西抵邵阳（治今邵阳市）白沙寨，北界益阳（治今益阳市）四里河，南止湘乡（治今县）佛子岭。

《宋史·蛮夷列传二》所载四界同，当本此。又，宋人刘挚撰《直龙图阁蔡君墓志铭》载：

潭、邵间，所谓上下梅山，其地千里。②

清同治《益阳县志·武备》卷十一载：

熙宁五年（1072 年），益阳（治今益阳市）梅山蛮瑶乱，屡讨不服，乃遣章惇访察湖南。惇至，遣人谕降之。

益阳，属宋代潭州北境。换言之，梅山蛮居地北至益阳以南，与洞庭湖为邻。

总之，关于今湖南地的宋代瑶人分布，可做如下结论：当时属荆湖北路的辰、沅、靖、岳、澧、鼎六州，属荆湖南路的潭、邵、永、全、道、衡、郴七州及武冈军、桂阳监，均有瑶人居住。而当时的“湖南九郡”及荆湖北路的辰、沅、靖三州，则是瑶人活动频繁之区。

宋代，今广西（宋代全称为广南西路）、广东（宋代全称为广南东路）地也多

① （清 嘉庆）《宁远县志·人物上》，卷六。

② （宋）刘挚：《忠肃集》，卷十二。

有瑶人居住。

广西。据《宋史·蛮夷列传三》卷四九五载：

广西所部二十五郡，三方邻溪峒，与蛮瑶黎蜑杂处。

广西路钤辖沙世坚言："官军与瑶人兵器利钝不同，宜敕沿边军训，多置强弩毒矢，以惧瑶人。"从之。

宋范成大《桂海虞衡志·志器》载：

南州风俗，猱杂蛮瑶。

广西经略安抚使李曾伯疏云：

臣所部广右，远在天南，地虽介于蛮瑶，民不知于兵革。①

这是"广西"及广西"沿边军州""南州""广右"各地有瑶人的例证。

静江府（治今桂林市）瑶。静江府为广南西路的政治、经济、军事、文化中心，也是瑶人的重要聚居地。据《桂海虞衡志》载：

瑶之属桂林者，兴安（治今县）、灵川（治今灵川西南）、临桂（治今桂林市）、义宁（治今临桂县西北）、古县（治今永福县西北）诸邑，皆迫近山。瑶最强者曰罗曼瑶、麻园瑶，其余如黄沙甲、石岭屯、褒江、赠脚、黄村、赤水、蓝思、巾江、竦江、定花、冷石、白面、黄意、大利、小平、滩头、丹江、闪江等瑶，不可胜数。②

宋周去非《岭外代答·外国门下》卷三则载：

静江府五县，与瑶人接境，曰兴安、灵川、临桂、义宁、古县。瑶人聚落不一，最强者曰罗曼瑶人，麻园瑶人，其余曰黄沙、曰甲石、曰岭屯、曰褒江、曰赠脚、曰黄村、曰赤水、曰蓝思、曰巾江、曰竦江、

① （宋）李曾伯：《可斋杂稿》，卷十七，《帅广条陈五事奏》。

② （元）马端临：《文献通考·四裔考五》，卷三二八。

曰定花、曰冷石坑、曰白面、曰黄意、曰大利、曰小平、曰滩头、曰丹江、曰縻江、曰闪江、曰把界。山谷弥远，瑶人弥多，尽隶于义宁县。

上述两籍所载是关于静江府瑶人分布的详尽而珍贵的历史资料。周文所列瑶人聚落与范文基本相同，唯多縻江、把界二处。总之，静江府与湖南邻近的北部五县，均遍布瑶人，故史有“静江属县，半抵瑶峒”[①]之谓。其中，尤以义宁瑶人为盛。

融州（治今融水县）瑶。据宋田渭《靖州图经》载：盘瓠余种，

东通于邵，南通于融，北通于沅。

可见，从湘西南直至桂北的融州，为宋瑶连片居住与活动的场所。

又，《桂海虞衡志·志蛮》载：瑶人

融州之融水（治今县）、怀远县（治今三江县）界皆有之。

《岭外代答》卷一则载：

融州城下江，即牂牁江也。江之上流与王江合，二江之间，群瑶居之。

牂牁江，指融水。所言融水与王江之间，正是融水、怀远县界，故两书所记瑶人居地完全相合。

平州（治今三江）、从州（治今贵州永从镇西）、允州（治今贵州永从镇南）瑶。据《宋史·陈遘传》卷四四七载：陈遘为广西转运判官，

蔡京启蛮瑶地，建平、从、允三州，遘言：“蛮人幸安静，轻扰以兆衅，不可。”

可见，在黔、桂边地间，宋代已有瑶人居住。需要指出的是，平州，即怀远县（治今三江）。据《宋史·地理六》卷九〇载：

平州。崇宁四年（1105年）三月，王江古州蛮户纳土，于王口寨建

① （宋）周去非：《岭外代答·地理门》，卷一，并边条。

军，以怀远为名，……寻改怀远军为平州，仍置倚郭怀远县。……宣和二年（1120年），赐平州郡名曰怀远。绍兴四年（1134年），废平州仍为王口寨，隶融州。十四年（1144年），复以王口寨为怀远县。

这与上述怀远县为瑶人居地的记载也相合。

宜州（治今宜山）瑶。宋人沙世坚《思恩府请盐钱谕碑》记：

宜州去天最远，三方被边，溪峒瑶蛮，种落不一。①

这是宜州有瑶的例证。又，宋许应龙《陈涤知宜州制》②也有相类记载：

宜山去天辽邈，迫近蛮僚。

这“蛮僚”，当是沙世坚所言的“溪峒瑶蛮”。

南丹州（治今南丹）。据《续资治通鉴长编》卷四六八，元祐六年（1091年）十一月己酉条载：

尚书省言：“广南西路经略安抚司奏，南丹州捕到强劫山瑶贼潘美、袁枨等，愿依格请赏，乞依上祖莫彦殊例，降敕告赐紫金鱼袋付刺史莫世忍。”诏可。

从南丹州土官莫氏捕到“强劫山瑶”请赏一事，说明南丹州境内有与壮族土官莫氏不同族类的潘、袁诸姓瑶人居住。

邕州（治南宁市）瑶。据《宋史·李师中传》卷三三二载：邕州萧注，欲以所管蛮峒酋豪往讨交趾而未遂，

会蛮瑶申绍泰入追亡者，害巡检宋士尧，注又张皇为骇奏，仁宗为之旰食。

这是邕州边地有瑶人居住的事例。

① （清）汪森：《粤西文载》，卷四四。

② （宋）许应龙：《东涧集》，卷六。

梧州（治今梧州市）瑶。据《粤西文载·名宦传》卷六三，陈宇条下载：绍兴二十二年（1152 年），陈字知梧州，

建炎盗起，增额且半。宇累疏得仍旧，流徙归来，瑶僚帖然。

又，清同治《梧州府志·宦绩上》卷十四所载同。

郁林州（治今玉林）瑶。据民国《乐昌县志》卷十八载：宋元丰时，白璧仕至郁林太守，

郁林在炎荒万里外，瑶僮杂居，旧隶土官，强梗不驯。

宋曾棨所撰白璧墓志载此内容。此是郁林州有瑶人之证。

贺州（治今贺县）瑶。上述湖南部分已述及。

总之，宋代广西瑶分布在静江府、融州、宜州、南丹州、邕州、梧州、郁林州、贺州等地。换言之，主要居于桂北、桂东地区。

广东瑶人，主要居于连州（治今连县）、韶州（治今韶关市）。已见上述。又，民国《乐昌县志》卷十四载：宋末，骆尧道为乐昌县尹，

莅任六载，颇著循声。时山瑶为乱，蹂躏县境，尧道提所募兵连挫之，瑶遁入深山，不复出扰。

乐昌，治今县，宋属韶州。

英德府（治今英德）瑶。据《宋史·蛮夷列传一》卷四九三载：庆历年间，桂阳瑶，

转寇英、韶州，依山自保。

桂阳瑶之所以取英、韶州山区为基地以“自保”，应系当地为瑶区之故。又，清同治《韶州府志·宦绩录》卷二七载：顾孺履权知英德府，淳祐五年（1245 年），

峒瑶煽乱，远近骚然。

广州（治今广州市）瑶。据宋李昴英《广州新创备安库记》载：

江湖瑶峒错落。[①]

《元老壮猷之堂记》载：广州经略使方大琮，

调虞瑶蛮，治声休，其称最行。[②]

清道光《广东通志·宦绩录八》卷二三八载：宋嘉泰中，留恭知广州，

瑶乱，捕降其豪渠，四十四峒悉平。

又，《古今图书集成·职方典》卷一三四，东莞县条下载：

宋庆元三年（1197 年），盐司峻禁，瑶人遂啸聚为乱。庆元六年（1200 年），减瑶峒之戍，屯官富场，后悉罢之。

东莞县，治今市，宋为广州属县。

德庆府（治今德庆）瑶。据《古今图书集成·职方典》卷一三八，罗定州部纪事载：

帝昺祥兴元年（1278 年）冬十一月，德庆、泷水各山瑶作乱。

德庆府，本为康州，绍兴元年（1131 年）升府；泷水，为德庆府属县，治今罗定县南。

南恩州（治今阳江）瑶。据民国《阳江县志》卷二五载：

陈亚，宋真宗时知南恩州，地多烟瘴，瑶僚杂处。

此外，宋代属广南西路管辖的高州、雷州、化州，也有瑶人。

高州（治今茂名市东北）瑶。据清道光《电白县志·风俗》卷四载：

唐宋以前，僮瑶杂处，语多难辨。

---

① （宋）李昴英：《文溪集》，卷一。

② （宋）李昴英：《文溪集》，卷二。

电白县，属宋代高州辖境。

雷州（治今海康）、化州（治今化州）瑶。据《宋史·仁宗本纪二》卷十载：景祐二年（1035年）五月，

> 瑶、僚寇雷、化州，诏桂、广会兵讨之。

可见，雷州与化州为瑶人活动之域。

总之，宋代广东瑶人由北而南依次分布在韶州、连州、英德府、广州、德庆府、南恩州、高州、化州、雷州等地。由此可见：第一，宋代广东瑶人侧重分布在与湖南相邻的北部及与广西相邻的西部地区。第二，粤北的韶州、连州及相连的英德府，为宋代瑶人的集中居地。第三，瑶人已南徙至我国大陆极南端的雷州半岛。

此外，江西也有瑶人活动。其据有三：

一是有“峒”人居其间。据载：李大训，转吉州（治今吉安市）庐陵县（治今吉安市）丞，

> 有以峒寇系者七十余人，大训鞫得正犯十余人，余皆平民。[①]

此“峒”人，即系居于当地的瑶、畲族人。

一是黑风峒瑶人起义以赣西为重要基地，是最富代表性的证明。史载：这次起义，“祸连江西吉、赣四州”[②]；而且，宋王朝也主要依靠“江西、湖南戍兵”[③]与之作战。显然，与湖南接境的江西吉州等地，也是宋代瑶人出没之地。详见本书宋代瑶人反抗活动部分。

一是黑风峒瑶人起义后，当地瑶人活动并未终止。据载：

> 南安（江西大余县）林峒。自嘉定间罗孟二、李元砺等作过，以至年来（指端平三年）时作时止。[④]

---

① （清）陆心源：《宋史翼·李大训传》，卷二二。

② （宋）叶适：《水心集》，卷二一，《宝谟阁待制知隆兴府徐公（谊）墓志铭》。

③ （元）脱脱等撰：《宋史·曹彦约传》，卷四一〇。

④ （南宋）陈元晋：《渔墅类稿》，卷四，《申措置南安山前事宜状》。

从宋代瑶人分布地域记述中，我们可以得出如下结论：

第一，宋代瑶人主要分布在今湖南省，次为广西及广东。此外，江西西部与湘粤交界地，也有瑶人居住。北至洞庭湖南的益阳，南及雷州半岛，东连吉州地，西达邕州境，分布地域相当辽阔。

第二，宋代瑶人居住和活动地段，大致可分为如下中心：湘北潭、邵间的上、下梅山地区；湘西的辰、沅、靖三州；南岭南北两侧的桂阳、郴、道、连、贺诸州；桂北的静江府以及融州、宜州一带。此四个中心说，与姚舜安同志所见[①]大致相同。笔者在综观宋代瑶族分布史料后，认为姚说大体符合历史实际。

第三，宋代瑶人居住的重心偏北。以全国而论，主要分布在湖南；以今日瑶族聚居区广西而论，主要分布在桂北。可见，瑶族的迁徙路线是从北而南。加之，这时五溪一带的辰、沅、靖州仍是瑶人重要居住区，当地瑶人势力也颇强。这种分布格局，为瑶族源于武陵、长沙蛮之说提供了有力的历史依据。

第四，宋瑶在我国历史上处于鼎盛时期。这从宋瑶分布之广和与之相适应的人口之众，势力之强，均可得到印证。对此，前人已有见及。据清同治《桂阳直隶州志》卷二三，洞瑶条载：宋时，

> 瑶洞轻侮，屡世寇暴，若防敌国，亦莫瑶极盛之时也。元史志夷蛮，遂不及瑶僚。

宋代，随着政治中心南移，为扩大地盘，增加劳力，巩固统治地位，统治阶级加紧经营开发与控制瑶区。开梅山蛮，即突出例证。这样做的结果，迫使大批瑶民或是同化于汉民族中或是南移和向深山处发展，从而使瑶人势力不断削弱，即由巅峰转趋下坡。

二、宋瑶成分辨析

需要言明的是，宋瑶分布之广，还有一个原因，即史籍所载宋代之“瑶”，有时也包含有两湖两粤地区的其他少数民族。对此，本书的处理原则是：一般均按史

① 姚舜安：《瑶族的历史分布与变迁考》，载《广西民族研究》，1987（3）。

籍分类；当有较确凿材料，说明册籍所记非“瑶”时，则不加使用。如：

《宋史·蛮夷列传一》卷四九三载：

> 西南溪峒诸蛮皆盘瓠种。

此处所谓“西南溪峒诸蛮”，主要指两湖地区的少数民族。而这一地区的民族，按其图腾崇拜来分主要可归为两大类，即除了以犬为图腾的“盘瓠种”外，还有以白虎为图腾的“廪君种”。这在《宋书·夷蛮传》与《南史·夷貊传》的记载中，是十分清楚加以区分的。显然，与此相较，《宋史》的说法反而倒退了一步，其弊是失之笼统。

《宋史·陆诜传》卷三三二，有“自侬瑶定后”的记载。此事，系指广源蛮侬志高反宋活动被平事。对今人而言，侬志高出身壮族，这已是常识。显然，此为以“瑶”指壮之例。又，据《文献通考·四裔考八》卷三三一，南丹州蛮条下载：绍兴二十四年（1154 年），以莫公晟之子莫延沈为南丹州刺史等职，

> 上谕辅臣曰：“得南丹州非以广地，但瑶人不作过，百姓安业，可喜。”

南丹州莫氏，宋代始为土官，后为土司，其后裔为壮族。撇开当时南丹州居民成分不论，其首领莫氏则可定为壮族。

清乾隆《湖南通志·名宦二》卷九三引《宋史·张纶传》曰：天圣七年（1029 年），

> 辰州溪峒彭氏入寇，遣张纶为辰、澧、鼎等州沿边巡检使，谕蛮瑶以祸福，购还掠民，遣与盟刻石于境上。

彭氏为五代以后的湘西土家族先民之大姓，故此辰州溪峒彭氏，应归入土家族类。此为以“蛮瑶”指土家族先民之例。据查《宋史·张纶传》卷四二六，“蛮瑶”本作“蛮酋”。可见，把辰州溪峒彭氏称作“蛮瑶”，为后来之事。

《宋史·许应龙传》卷四一九载：许应龙知潮州（治今广东潮州市），

> 距州六七十里曰山斜，峒獠所居，丐耕土田，不输赋。

有的学者认为，瑶人所居之地，均留下有“斜”的地名，故断潮州“山斜”为瑶

族[①]。此说也可通，因为瑶畲本属同一语族，且同行“畲田”之法。但细究起来，应归入畲族范围更为妥切，因为潮州一带，宋、元以来一直为畲族聚居地。

总之，史籍有关宋瑶的记载，有时也含有其他民族在内，其因大致有三：一是泛指。宋代瑶人之称，不像明清时期的专指那样明确。宋代喜以“瑶”泛指，有如清代多以“苗”概称南方民族，是同样的道理。一是误指。因古人对南方诸族的了解不完全确切所致，这在当时的历史条件下是难以避免的，这也是不可苛求于前人的。一是同源。如瑶、畲诸族，居住地域、社会历史状况及习俗，均很相近，故不加细分地叙述，这也是一种可行的办法。

三、瑶人进入两粤路线

关于瑶族迁入两粤的路线，看法不一。有的学者认为，瑶族从湖南入广东，再转广西[②]；有的学者则主张，“瑶由五溪地带先入广西，再由广西转入广东”[③]。这两种看法，均值得商榷。笔者主张，瑶族直接从湖南越过五岭分道进入桂粤两省。因瑶人由桂入粤说，影响较大，故下面侧重加以剖析。

第一，至迟自秦以来，均有由湘南越五岭直接进入桂、粤两地的通道，无需绕道粤西入粤东，或由粤东转粤西。清顾祖禹《读史方舆纪要》写道：入五岭之途有五条。其中，

自江西南安（今大余）入南雄，二也；自湖南之郴入连，三也；自道州之广西入贺，四也；自全州入静江，五也。

可见，上述四途，除了江西一路需由郴州转道南安入韶州外，其余均可由湘南直入两粤。即由郴州进入广东韶关和由道州进入广西贺县，由湘南至广西全州进入桂林。又，由湘南入粤东，同样有水路可通。如，《汉书·南粤传》卷九五载：汉武帝平南越之一途是

① 李默：《广州府古代瑶族分布考》，见乔健等编：《瑶族研究论文集》，北京，民族出版社，1988。

② （民国）刘锡蕃：《岭表纪蛮》。

③ 江应樑：《苗人来源及其迁徙区域》，见江应樑：《西南边疆民族论丛》，广州，广州珠海大学，1938。

卫尉路博德为伏波将军，出桂阳，下湟水。

湟水，又名洭水，源出湖南黄岑山，南流入广东连县、阳山、英德而进入北江。这表明，至少在汉以前是可经水路由湘南入北江而达珠江流域的。可见，江先生《苗人来源及其迁徙区域》文中说“迁徙时用船显见是顺流而下，倘由湖南直至广东，那便过五岭而无舟楫可用”，此说与史实相抵触。

第二，以地缘而言，如上述，瑶人居桂阳、郴、连、贺、韶州环纡千余里山谷中。可见，瑶人居于湘、桂、粤交界的南岭山脉两侧，从湖南翻山越岭，即可分别进入两粤之地。而且，这一地区地界相连，并不受行政区分所限。宋蔡戡说：

郴州宜章县太平、宜章二乡，有莽山诸峒，邻接连、英、韶州之境。①

就是最好说明。

第三，瑶人同时进入两粤的例证。据《续资治通鉴长编》卷一五三，庆历四年（1044 年）十一月辛未条载：湖南瑶人起事后，

杨畋将不曾作蛮贼人户，尽底驱逐，散入广南东、西路，失其巢穴。

可见，宋代湘南瑶族在官军驱迫下，曾就近各自逃入广东、广西两地。这是历史上瑶人曾同时进入两粤的铁证。

第四，瑶人起事时，直接由湘入粤东；官军追赶时，也循此路线。据《续资治通鉴长编》卷一五三，庆历四年（1044 年）十一月壬午条载：瑶人，

先劫掠郴州宜章县（治今县），次入连、韶州。

《宋史·杨畋传》卷三〇〇，则对此写道：庆历三年（1043 年），桂阳监瑶人掠州县，闻荆湖南路兵马钤辖杨畋至，

皆恐畏，逾岭南遁。又诏往韶、连等州招安之。

明年春，瑶人又出连州阳山县，“畋即领众出岭外”平瑶。又，清同治《桂阳

① （宋）蔡戡：《定斋集》，卷一，《割属宜章、临武两县奏状》。

直隶州志·官师》卷八，李守信列传条载：庆历间，采取守信策，大发兵讨瑶，

其众果惧，遁入郴州黄莽山，由赵洞转寇英、韶州，依山自保。

上述为庆历瑶民举行反抗时，瑶民与宋军均由湘南直接“逾岭”入广东连、韶州的事例。无独有偶，乾道瑶民起义时，也循此路线而行。据宋朱熹《观文殿学士刘公（拱）行状》载：郴州宜章民李金为乱，

众万余人，南逾岭徼，分道犯英、韶、连、广、德庆、肇庆、封、梧、贺州之境，旁入道州、桂阳军。[①]

元马端临《文献通考》载：乾道元年（1165年），广东帅臣林安宅言：

近者，湖南凶贼奔冲本路韶、连、南雄、封川、德庆、肇庆府之四会，广州之怀集、清远，皆遭蹂践，或被焚荡。

这是瑶人由湘入广东，并由该省北部而南深入内地的例证。总之，上述所有记载均说明：历史上，瑶人由湖南直入广东而不绕道广西，已成通例。

第五，江先生以为，瑶人由广西入广东的路线是：“从西江转入北江，溯江而上，乃成今日居住现状。”这与广东瑶族分布自北而南的历史不尽相通，瑶族入广东，当无必要舍近就远，绕一个大圈子才转入北江。且如上述，韶、连与郴、桂本身就是不可分割的瑶人居住区，故史称：

昔人谓韶俗类郴、桂，朱墨之近也。浛洸以南茂林叠嶂，瑶贼出没。

当然，这其间并不排除有部分瑶族由西江进入广东西部之事，因为两广地域相连。但是，无论如何，那是后来之事。

需要指出的是，宋代粤北瑶人来自广西说，清代册籍已多见。如，康熙时人李来章的《连阳八排风土记·风俗》卷三写道：

连地自古无瑶。《连志》载：自宋绍兴年间（1131—1162年），州乡

① 见（南宋）朱熹：《朱文公文集》，卷九七。

宦廖姓者为西粤提刑，及旋里，带瑶八人防道，见连地皆深山峻岭，易于耕锄，遂不去，始居州境油岭、横坑各山，刀耕火种，及日久，种繁越居连山境内。

又，清无名氏《平定瑶匪纪略》卷下也有相类记载。连山方志，最早刊于康熙年间。可见，此说来源于明清之际的民间传说，始为方志所录。要指出的是，传说本身就非信史。当然，宋代廖氏由粤西带瑶仆回连州定居一事，并非不可能，但声言“连地自古无瑶”和由此推论说，连州瑶由此发展而来，则显然与史实相左。因为，连州瑶至迟在唐代已有之，刘禹锡《连州腊日观莫瑶猎西山》一诗，即为明证。再以宋代本身而论，如上述，在北宋庆历三年（1043 年）前，即早于绍兴年间上百年时，韶州已是瑶人重要聚居地了。

第六，瑶人取由湘直入粤东路线，前人已有见及。如：

瑶本盘瓠之种，由楚省蔓延粤东之新宁（治今台山）、增城（治今县）、曲江（治今韶关）、乐昌（治今县）、乳源（治今县）、东安（治今云浮）、连州（治今连县）等七州县。[1]

由于瑶族过游耕生活，故逐步顺山势南徙说较为合理。像曲江、乐昌、乳源、连州等地粤北瑶族，由湘南“蔓延”而来，当是可信的。

又，据载：

清远县东北毗连英德、连阳，……久为獠瑶窟穴。……盖因五季之交，湖广溪蛮远逾五岭，由连州入粤，清远逼近，故有瑶峒百余。[2]

此说，瑶人为避战乱，由五岭入粤北，再由粤北向南直逼广州北部清远的记载当是有根据的。

最后，需附及的是，湘南瑶人，也有未跨越南岭进入两粤者。他们由湘南潭、郴诸州向东折入赣西南。郴州黑风峒瑶人起义，活跃于江西吉、赣诸州，即明证。

① （清）傅恒：《皇清职贡图》，卷四。

② （民国）《清远县志·纪年上》，卷二。

这些人由江西西南部进入福建，进入赣、闽、粤边区，形成当地的畲、瑶族人。潘光旦先生说：

进入南岭山脉的那一部分可能是瑶，而从南岭山脉向东，在江西、福建、浙江的山区里和汉族结合的那一部分可能是畲。①

这段论述，笔者认为是很精辟的。虽然笔者并不赞同潘先生认为畲、瑶源于东夷的主张。

第二节　宋王朝治瑶之策

一、设羁縻州制

宋代在南方民族聚居地，设置由少数民族首领担任世袭长官的州、县、洞（相当于县）的政区。这类政区，因宋王朝采取“蛮夷之俗，羁縻而已”的绥抚之策，故称为“羁縻州”。历史事实证明，在瑶区同样推行了羁縻州制。据宋曾公亮《武经总要前集》卷二〇，荆湖北路条载：

溪洞州在辰、鼎、澧三州之界外，皆盘瓠遗种。

“溪洞州”为羁縻州之别名。前者因其居住特点而名，后者则以其统治形式而称，名异而实同。这是宋王朝对辰、鼎、澧三州的周边地区行羁縻州的例证。

宋王朝把瑶人分为两类，加以区别对待。对邻近汉区的经济较发达的瑶人行郡县制，这些瑶民成了封建国家的编户齐民，与汉民无异；对鞭长莫及的偏远地区瑶人行羁縻州制，实行松散统治。据宋曹彦约《湖南军前晓谕峒贼榜》载：

契勘三县（指湖南郴州桂阳、郴县和衡州茶陵县）诸峒，系是朝廷

① 费孝通：《潘光旦先生关于畲族历史问题的设想》，见施联朱主编：《畲族研究论文集》，北京，民族出版社，1987。

省地，百姓与其他羁縻峒瑶不同。[①]

所谓“省地”，即属宋王朝直接统治之地；此地之人，称为“省民”。“省民”（或称“百姓”）编入户籍，需向国家输赋。显然，与“羁縻峒瑶”不同。

羁縻州制与郡县制不同，故有瑶人得名为“不隶州县”之说。如，宋人陈师道写道：

二广，居山谷间不隶州县，谓之瑶人;舟居谓之蜑人，岛上谓之黎人。[②]

羁縻州制的主要特点表现在哪些方面呢？据宋赵升《朝野类要·羁縻》卷一载：

荆、广、川、陕溪峒诸蛮及部落蕃夷，受本朝官封，而时有进贡者，本朝悉制羁縻州，如汉、唐置部、都护之类也。

宋李曾伯《帅广条陈五事奏》则载：

所谓辑约溪峒，则类是捐濡沫之礼物，给借补之资帖，取名字作状曰：“已令措置关险，纠集保守。”其他相与羁縻而已。[③]

前者系针对包括瑶族在内的南方诸族而言，后者则是专指瑶族而论。盖言之，宋王朝任瑶人首领为官，而瑶官则需向朝廷称臣纳贡，并承担保境安民诸义务。

在瑶区行羁縻州制的原因，宋人也有论述。据《续资治通鉴长编》卷三四五，元丰七年（1084年）五月己酉条，载荆湖湘路相度公事左司员外郎孙览言：

蛮瑶散漫山谷，说谕招徕，宜无难者。然地不可赋，人不可使，广无赋之地，籍不可使之民，而大农之费累百巨万，愿畀之郡县羁縻之。

换言之，由于瑶族社会经济比较落后，与汉族存在较大差距，故采取羁縻州制以便于统治。

① （宋）曹彦约：《昌谷集》，卷十一。

② （宋）陈师道：《后山谈丛》，瑶蜑黎人条。

③ （宋）李曾伯：《可斋杂稿》，卷十七。

二、“推其雄长者为首领”

宋朝重用瑶人为官以“自治”瑶区，始于赵匡胤灭荆南甫、湖南（楚）之后。据《续资治通鉴长编》卷十三，开宝五年（972年）十一月丁巳朔条载：

以辰州都指挥使秦德崇为起复云麾将军，权知辰州、兼五溪巡检史。后二岁，德崇罢归，除右千牛卫将军。

注曰：

魏泰《东轩录》[①]云：“武陵、辰阳、澧阳、清湘、邵阳五州，各有蛮瑶保聚，依山阻江，殆十余万。马希范、周行逢时，数出寇边，以至围逼辰、永二州，杀掠民畜，岁岁不宁。太祖既下荆湖，思得蛮情、习险扼而勇智可任者，以镇抚之。有辰州徭人秦再雄者，长七尺，武健多谋。在周行逢时屡以战斗立功，蛮党畏服。太祖召至阙下，察其可用，面以一路事付之，起蛮酋，除辰州刺史，官其一子为殿直，赐予甚厚，仍使自辟吏属，尽予一州租赋。再雄感激异恩，誓死报效。至州日，训练士兵，得三千人，皆能被甲渡水，历山缘堑，捷如猿猱。又选亲校二十八人分使诸蛮，以传朝廷怀徕之意，莫不从风而靡，各得降表以闻。太祖大喜，再召至阙，面加奖激。再雄伏地流涕，呜咽不胜。改辰州团练使，又以其门客王元城为本州推官。再雄尽瘁边围，故终太祖世，无蛮患。五州延袤数千里，不增一兵，不费帑庾，而边境安妥，由神机驾驭，用一再雄而已。”按：泰所录再雄事甚美，然正史、实录无之，又不见于他书。或此秦德崇即秦再雄也。

《宋史·蛮夷列传一》卷四九三有相类记载：当系据宋初魏泰《东轩录》改写而成；秦再雄与秦德崇当系同一人。以上记载说明：

宋太祖行重用瑶人秦再雄之策。政治上，给予优厚待遇，不仅封予知州、团练使（高级武臣官名）、云麾将军（武散官名，从三上）[②]、右千牛卫将军（环卫官，为

---

① 原名应作《东轩笔录》，此书今尚存。

② （元）脱脱等撰：《宋史·职官志九》，卷一六九。

武臣之赠典）[1]等各种名号，且允其“自辟吏属”，即自组政权。经济上，“尽予一州租赋”，即任其财政自主。军事上，许其自建武装，并授予五溪巡检使之衔，掌五溪地区甲兵，以“控制溪峒”[2]。其荣宠可谓无以过矣。

此策，收到了奇效，使武陵、辰阳、澧阳、湘阴、邵阳五州数千里“蛮瑶”之地不战而降，赢得了边境的安宁。

唐末、五代及宋初，荆湖瑶人势力大为发展，“依山阻江，殆十余万”。此策就是在如此历史条件下产生的。从中也可见瑶人势力的空前强大。

从此，以瑶首治瑶之策，历两宋而未改。南宋宁宗嘉泰年间，广为推行湖南安抚赵亮励以瑶首为“总首”之议，即突出例证。据元马端临《文献通考·四裔考五》卷三二八载：嘉泰三年（1203年），湖南安抚赵亮励言，防瑶越界生事，

> “为今日计，莫若先事选择土豪为瑶人所信服者为总首，以任弹压之责，潜以驭之。凡细微争斗，止令总首弹压，开谕劝解，自无浸淫之患。盖总首者，语言嗜好，皆与之同，朝夕相接，婚姻相通，习知其利，审察其情伪，而其力足以惠利之。每遇饥岁，则籴粟以赈其困乏，徭人莫不感悦而听从其言。若先借补名目，使得藉此以荣其身，而见重于乡曲，彼必自爱惜而尽忠于公家，如此则徭民之众，可坐而制之。然亦须五年弹压，委有劳效，然后正补以所借之官。所捐者虚名，所得者实利，安边之策，莫急于此。”诏令本路诸司，相度条具。诸司言，赵亮励所言，谓以蛮瑶治蛮瑶，其策莫良，宜诏本路监司遵守。从之。

对此，《宋史·蛮夷列传二》卷四九四所载意虽相似，文却有异。其中写道：

> 嘉泰三年，前知潭州、湖南安抚赵彦（上述《通考》作“亮”）励上言：“湖南九郡，皆接溪峒，蛮夷叛服不常，深为边患。制驭之方，岂无其说。臣以为，宜择素有知勇为瑶人所信服者，立为酋长，借补小官以镇抚之。况其习俗、嗜欲，悉同瑶人，利害情伪，莫不习知，故可坐而

---

① （元）脱脱等撰：《宋史·职官志六》，卷一六六。

② （元）脱脱等撰：《宋史·职官志七》，卷一六七。

制服之也。五年之间，能立劳效，即与补正。彼既荣显其身，取重乡曲，岂不自爱，尽忠公家哉。所谓捐虚名而收实利，安边之上策也。”帝下其议。既而，诸司复上言：“往时溪峒设首领、峒主、头角官及防遏、指挥等使，皆其长也。比年，往往行贿得之，为害滋甚。今宜一新蛮夷耳目，如赵彦励之请，所谓以蛮夷治蛮夷，策之上也。”帝从之。

以上记载表明：随着宋朝吏治的日益腐败，宋初任用瑶首之策也遭到破坏，即所谓“往往行贿得之”可证。其实，赵彦励的建言，并不是治瑶新策，只是重申和恢复宋初行之有效的做法，即任用瑶民首领并以“劳效”作为补正与升迁的标准。

由于瑶官习瑶情并为瑶民所信服，他是“以蛮瑶治蛮瑶”之良策与上策。

除了上述宋太祖以秦再雄自治辰州及嘉泰间行赵彦励策两著名事例外，有宋一代关于官封瑶人的记载不断。分叙如下：

据《续资治通鉴长编》卷一四七，庆历四年（1044 年）三月甲戌条载，余靖言：

伏乞朝廷特推恩意，抽回九疑之军，其蛮人首领，许以官封，平民各令归业，以示陛下含忍之德。

《续资治通鉴长编》卷一五二，庆历四年（1044 年）十月条载：

（壬子）知潭州刘沆大发兵，以敕榜至桂阳监，招降蛮二千余人，使散居所部。

癸丑，以蛮酋邓文志、黄文晟、黄士元并为三班奉职。

《宋史·仁宗本纪三》卷十一载：庆历七年（1047 年）五月，

补降瑶唐和等为峒主。

《宋史·刘沆传》卷二八四载：刘沆知潭州，招降桂阳蛮瑶二千余人，

使散居所部。而蛮酋降者，皆奏命以官。又募士兵，分捕余党。

清同治《桂阳直隶州志·官师》卷八则载：庆历三年（1043 年），

知潭州刘沆招谕能自归者，第录以官。四年冬，沆大发兵临之，以敕书从事降二千余人，使散居所部，录其首领邓文志、黄文晟、黄士元皆为三班奉职。

（安抚使刘夔）请以诏书招安，就补溪洞首领，诏从之。未几，夔败（唐）和于银江源，指挥辛景贤别招降五十六户二百五十九人，录其酋长。

宋欧阳修《再论湖南蛮贼宜早招降札子》云：

臣亦广询南方来者云，我若推信，彼不难招，邓和尚等大则希一班行，其次不过殿侍足矣，正蛮叛者，得一团主之名亦足矣。①

据《直龙图阁蔡君墓志铭》载：熙宁六年（1073 年），开梅山后，

抚纳邵、徽、诚等州镇蛮族之归附者，皆以补吏。

《续资治通鉴长编》卷二八八，元丰元年（1078 年）三月辛丑条载：

中书拟令（荆湖北路转运判官）马瑊以瑶贼头首依累降指挥施行，其余徒党并听来降，释其罪，仍立赏募人捕杀，及许徒中杀并或收捕赴官。内丁先锋支绢百匹、牛四头，愿就班行与借职，其余头首减半给之，愿就班行并与下班殿侍，榜于要路。

《续资治通鉴长编》卷三四五，元丰七年（1084 年）五月己酉条载：

卢阳、麻阳之间，有生莫傜五百余户，乞招抚补授，令把托道路。

综上所述，可归纳如下结论：

（1）有宋一代，一直奉行任用瑶官之策。

（2）除宋初曾委瑶首以重任（如秦再雄自治辰州）外，其后，则多“借补小官”。庆历瑶民起义首领邓文志三人只得到“三班奉职”之名，即突出例证。究其因，则是瑶人“散漫山谷”，尚未形成强大的联盟所致。这样，瑶首只要能得到“班

① （北宋）欧阳修：《欧阳文忠公集·奏议》，卷一〇五。

行”“殿侍”等一类低级武官职衔，也就意满志得了。

（3）所封瑶官，多为招抚降瑶，用以分化瓦解瑶人的反抗活动，大量录用庆历瑶人起义中归附的大小首领为官即明证。

宋王朝还把封官作为调迁瑶首入内地的一种手段，以便削弱瑶人势力，此可谓“调虎离山”之计。将辰州卢溪县（治今泸溪西南）土丁都头、山瑶首领魏进武[①]，改派淮南任职，即突出例证。据《续资治通鉴长编》卷八三，大中祥符七年（1014年）十一月戊戌条载：

以辰州溪洞都指挥使魏进武补三班借职，监房州（治今湖北房县）税，仍给装钱赴任。进武自言，房州接归峡山路，颇近蛮界，乞移他所，遂改淮南。

此外，对桀骜不驯的瑶首，则采取送“远州羁管”等措施，以示惩戒。据《续资治通鉴长编》卷二八九，元丰元年（1078年）五月己丑条载：

荆湖北路转运判官马瑊言：“至辰州，闻知瑶贼酋帅与其党总六十七人，丁先锋虽已乞降，犹于道路攘夺，乞处置。及辰、沅州见禁瑶人柳踏雪等三人，虽是贼党，缘与瑶人偵事及投火作过，乞送远州羁管。”诏踏雪等并杖脊刺配沂州（治今山东临沂）等处，余令第等具倡率或同谋者以闻。后瑊以四等具罪轻重。诏上两等于辰州，第三等于叙浦县羁留，各支口食，差人监视，候经恩取裁，余发遣依旧。

意为按瑶首罪之轻重发配远近各地，加以羁管监视，并“各支口食”，给予生活出路。

需要指出的是，宋代瑶官与明、清土司在俸禄方面是有差别的。明、清土官，并不按官秩取俸。据载，“凡土司之官九级，自从三品至七品，皆无岁禄”[②]，此即土司诸官皆“食其土”[③]之谓。而宋代瑶官则有所不同。据《续资治通鉴长编》卷

① （南宋）李焘：《续资治通鉴长编》，卷八一，大中祥符六年（1013年）十月丁亥条。

② （清）张廷玉：《明史·职官志一》，卷七二。

③ （清）毛奇龄：《蛮司合志》，卷八。

三四八，元丰七年（1084年）八月戊辰条载：荆湖路，

由王口而上经大溋吉老江口，皆生蛮瑶团族，惟以略峒民板木为生。今虽效顺，各有俸给。

宋代瑶官的“俸给”制在多大范围内推行，尚缺充分材料以定论，但有的确有“俸给”，当无疑。

又，宋代有赐“瑶蛮”钱盐之制。据绍熙三年（1192年）知宜州（治今广西宜山）军事沙世坚所立《思恩府蛮人请盐钱谕碑》记：宜州溪峒瑶蛮，

自祖宗以来，深仁厚泽，与天无穷，并包夷夏，爱均赤子。锡汝钱盐之券，庶几涵濡圣泽，各安巢穴，永为边陲藩维。

历考争端，果由伪券，尽革前弊，与之更新。刻之坚珉，籍其姓名，著斯数。思恩券凡二十八道，钱月计二十贯五十文省，盐月计二十九贯七百二十四文。合思立、镇宁、天河、带溪、河池、安远、德谨、怀远、临冲而计之，券总二千七百五十有七道，钱月总三百四十四贯一文省，盐月总六百一十三贡四百五文足重。各于所隶县支请。[①]

瑶首凭“券”按月向所属县支取固定数目的“盐钱”，这可作为“俸给”的一种形式和宋代瑶首确有“俸给”的佐证。从思恩府一地共发券近三千道一事，可见瑶首享受这一物质待遇人数之众。

此外，宋朝各地政府为笼络瑶长，不时还有实物犒劳之举。如《文献通考·四裔考五》卷三二八，引《桂海虞衡志》云：

诸瑶团长袁台等数十人，诣经略司谒谢，悉紫袍巾、裹横梃。犒以银碗、彩絁、盐、酒，劳遣之。

瑶官从宋朝廷中取得的这些合法收入，也可视作“俸给”的一种补充手段。

宋代官吏的制禄和赏赐之丰，是空前的，故清赵翼评论道“恩逮于百官者，唯

① （清）汪森辑：《粤西文载》，卷四四。

恐其不足”[①]。可以说，对瑶官在“俸给”和赏赐方面的宽厚，就是宋代冗官制的一种延续和变态。此举，对有宋一代安抚瑶首和稳定瑶区局势起到了一定的作用。

三、行“羁縻之道”

宋真宗曾宣称，对“外夷”即国内诸族，重在“羁縻之道”[②]。由于瑶族多处于较为落后的发展阶段，故相对而言，宋王朝对瑶族的统治更为松弛。主要表现为以下几点：

1. 法网稀疏

在法制上，由于瑶族的社会历史发展阶段和习俗均与汉区有别，峒瑶“淳朴近古，畏法少讼”[③]，故其治也有异。如：

法制尤疏。据《桂海虞衡志·志蛮》载：

> 宜州（治今广西宜山）管下亦有羁縻州、县十余所，其法制尤疏，几似化外。

宜州为宋瑶聚居地之一，故此“法制尤疏”的现象，当包含瑶人在其中。所谓“几似化外”，可谓近乎以不治治之。

不纯以宋法绳治。《桂海虞衡志·志蛮》在论及广西羁縻州峒时写道：

> 其人物犷悍，风俗荒怪，不可尽以中国教法绳治，姑羁縻之而已。

这一情况，同样适用于瑶人聚居区。史称：永平（治今湖南靖州）蛮瑶，“日夜相雠杀，汉法不能治”[④]，即例证。换言之，凡瑶人内部纠纷而不危及宋王朝统治者，则取不予干预的态度。

随俗而治。据《续资治通鉴长编》卷三四五，元丰七年（1084年）五月己酉条载：

---

① （清）赵翼：《廿二史札记》，卷二五，宋制禄之厚条。

② （清）徐松辑：《宋会要辑稿》，蕃夷五之四三。

③ （宋）郑伸：《桂阳志》。

④ （宋）周必大：《郴州张使君钢墓志铭》，见《文忠集》，卷七四。

荆湖路相度公事左司员外郎孙览言："沅水已招怀结狼九衙等三百十余峒，乞委本州随其风俗量宜约束，不必置官屯守，自困财力。"

此"随其风俗量宜约束"之法，主要是针对湖湘"蛮瑶"而言。可见，处理瑶族内部事务，主要依据习惯法从事。

重视案件处理。据载：

黑风峒寇。实由官不为决讼所致，宜戒湖广诸司，申明法禁、为贼关防以时，平心决讼，勿令寨官巡尉侵渔。[①]

在封建时代，所谓"平心决讼"，是不易办到的。但从中可见，宋王朝鉴于黑风峒瑶人起义的教训，不得不慎重决讼，以防因此引发动乱。

2."行宽政"

平时，宋王朝注意抚绥，以维护其在瑶区的统治秩序。这以宋李曾伯《帅广条陈五事奏》所述最为典型：

若溪峒，则谕令首领遵守成规，希恩信以示抚绥。[②]

这表明，以"恩信"结瑶首，是宋王朝推行的治瑶要策之一。其他诸籍也多有反映。如：

《宋史·黄罃传》卷四二三载：南宋后期人黄罃，

知卢阳县（治今湖南芷江），五溪僚犷悍，罃为诗谕之，僚感悦，有公事，莫敢违。

此为理谕而使"五溪僚"感悦之例。

宋陆心源《宋史翼·李大训传》卷二二载：

青草、明坑二峒素桀骜，或议剿之。大训曰："独不可理谕乎？"招

① （元）脱脱等撰：《宋史·黄畴若传》，卷四一五。

② （宋）李曾伯：《可斋杂稿》，卷十七。

其酋长十余人至，具劳之，谕以祸福，皆泣谢去。

此为对瑶酋“谕以祸福”而使归顺之例。

清光绪《湖南通志·名宦二》卷九三载：宋人杨文诩

为武冈兵马监押，以勇威恩信结诸蛮，诚、徽诸州峒瑶，至呼之为父。

此为以“恩情”相结，而取信于峒瑶之例。

清光绪《湖南通志·名宦三》卷九四载：宋人吴审礼，

哲宗时，知辰州。瑶人数为寇，审礼至，即解甲撤备，一以诚信结之。瑶人感悦，一境晏然。

此为解除武装而以“诚信”待瑶收到“一境晏然”奇效之例。

清嘉庆《宁远县志·人物上》卷六载：黄龟鼎，

令祁阳时，郴寇甫殄，台阁议度地置县以扼其险，交檄公相度经营之，作新邑，是为桂东县（治今桂东县南）。其政宽平，无扰，民瑶俱安，由是枹鼓不鸣，一方承平。

此为“宽平”之政而使“民瑶俱安”之例。

民国《阳江县志·职官》卷二五，真宗时，陈亚知瑶僚杂处的南恩州（治今广东阳江），

务行宽政，深得民心。

此为“行宽政”而得到瑶僚拥戴之例。

总之，宋王朝以恩信结瑶的抚绥之策，客观上有利于瑶区的安宁，有利于瑶汉诸族的和平共居。

3. 重安抚

当瑶民起而抗争时，宋王朝除动用武力外，经常使用招抚之策。下面分别就正史、文集、方志的有关记载。列举如下：

据《续资治通鉴长编》卷八一，大中祥符六年（1013 年）十月丁亥条载：辰州

山瑶魏进武侵扰，知荆州朱巽派兵掩袭。宋真宗对此说道：

守臣兵官不宜并出，亟谕巽留一员在州。仍遣使赍诏谕进武等令还溪洞，如有所诉，委本州裁酌施行。若无故啸聚，即便宜抚遏，条析以闻。

同书卷一四五，庆历三年（1043年）十二月戊申条载：

湖南攻讨蛮瑶，久之不克。己酉，诏转运使郭辅之等，如未能以兵翦除，即就便招抚之。

同书卷一五七，庆历五年（1045年）十月戊午条载：

诏，如闻湖南瑶贼余党欲降，其令本路罢出兵征讨，及告谕逃匿者复归旧业处，仍令州县存抚之。

同书卷二八八，元丰元年（1078年）三月辛丑条载：

荆湖北路转运判官马瑊言：邵州现知作过瑶人，有意归投，若不乘势招安，窃恐结集浸盛。

据宋袁燮《侍御史赠通议大夫汪公（义和）墓志铭》[①]云：

知武冈军，武冈与辰为邻。绍熙三年（1192年），辰之溆浦蛮瑶侵边作乱。公之官，至邵阳。……溪峒八百余，团结以恩信，良吏之绩班班乎可观矣。

清光绪《湖南省志》卷九三，《名宦三》载：宋人黄彻

以才谞称调沅州军事判官，摄倅事郎将汪长元与瑶酋有隙，酋鼓众数万，声言渡江乘城，人心匈惧。彻备不顾身，入其巢穴，晓以祸福，悉愧慑谢罪，一州赖以全。

① （宋）袁燮：《絜斋集》，卷十八。

同书卷九五,《名宦四》载：宋人蔡咸权通判邵州,

邵有瑶人之扰，咸诣山前督捕，暴露经时，多设方略，钩致蛮僚之情，卒致恐惧纳款。

还有，同治《韶州府志·宦绩录》卷二七载：宋人顾孺履,

淳熙四年（1177年），以朝奉大夫权知英德府。五年，峒瑶煽乱，远近骚然。孺履廉其情，密檄摄瑶卢陵萧宗远开诚招抚，瑶即期来款，孺履悉抚绥之。

民国《罗定县志》卷五载：翟卷石，嘉定后任泷水判薄,

时遇瑶贼作乱，扰及泷水（治今广东罗定县南），卷石不畏险阻，躬任安抚，单骑诣瑶营，宣朝廷德意，招降之，邻郡赖以安堵。

道光《英德县志·列传上》卷十，有相类记载。

总之，宋王朝的招抚政策，意在分化和瓦解瑶人的反抗活动，往往能起到单纯武力镇压所不能起到的作用。但在某种条件下，与血腥屠杀政策还是有所区别的。

宋王朝的羁縻之策，意在维护其统治利益。我们还要看到，与此同时，宋王朝取武力威慑之策。此即宋高宗声言的“恩威”并济法。据《宋史·蛮夷列传二》卷四九四载：绍兴十四年（1144年），武冈军瑶入侵省地，宋高宗对此说：

恩威不可偏废，可怀则示之以恩，否则威之。

反映了宋王朝对瑶人的两面手法。而且，即使在招抚之时，也往往强化剿捕，谢麟的“且捕且招”法，即典型例证。史载：元丰初，谢麟

通判辰州。章惇使湖湘，拓沅州，荐麟为守，由太常博士改西上阁门副使。瑶贼犯辰溪，麟且捕且招，一方以宁。[1]

---

① （元）脱脱等撰：《宋史·谢麟传》，卷三三〇。

需加强调指出的是，宋统治者甚至曾采取恐怖与滥杀之策。这在下面瑶民反抗活动中将详加论述。

概言之，宋代治瑶之策，虽有残酷镇压之一面，但从总体来看，其策较之历代均较为宽松，甚有“弱阘”之讥。因此，相对而言，笔者认为是应予以肯定的。此策，对后世产生了深远的影响。清同治《江华县志·瑶峒》卷十二，在谈及借鉴往世治瑶之策时写道：

以今观之，永（指今江华县）居洞庭之南，苍梧之北，溪峒杂居，其性习与古无异。抚绥制驭之策，亦在乎斟酌古今之宜而已矣。明朝近宋，其制瑶之法，亦仿效于宋。

明治瑶之策袭自宋，此说无疑是正确的。但细析起来，彼此又有所区别。其相同之处是，两朝均行剿抚并施之策。微异之分是，宋策较侧重于抚，明策则较偏重于剿。

四、土地制度

土地问题，是维护瑶区统治秩序稳定的根本问题，故宋王朝极为重视。其中，主要措施有：

1. 计口给田

据《续资治通鉴长编》卷四一八，元祐三年（1088年）十二月庚辰条载：

枢密院言：归明人给田旧条，如堪耕种，田不足，给户绝田。元祐田令，堪耕种，田不足，给常平田。缘常平田止是人户抵当场务折纳等，田土数目不多。诏添入常平田，不足，给户绝田。

可见，宋代对归明人的给田有一套制度。即如田不足，则给常平田，常平田不足，给户绝田。以使归明人安业。此归明人，归附瑶人在其中。

又，据《宋史·蛮夷列传二》卷四九四载：嘉定七年（1214年），臣僚复上言：

辰、沅、靖三州之地，多接溪峒，其居内地者谓之省民，熟户、山瑶、峒丁乃居外为捍蔽。其初，区处详密，立法行事，悉有定制。峒丁等皆计口给田，多寡阔狭，疆畔井井，擅鬻者有禁，私易者有罚。一夫岁输租三斗，无他繇役，故皆乐为之用。边陲有警，众庶云集，争负弩矢前驱，出万死不顾。

简言之，此制的主要内容包括两方面：山瑶等“计口给田”“俾为世业”[①]，使之世代有固定的生活来源。受田后，需承担两项义务，一是“一夫岁输租三斗”，一是负有保卫边陲之责，此制，收到了乐业之奇效。

2. 禁汉、瑶田产贸易

其主要记载有：

《宋会要辑稿》蕃夷五之九九载：乾道八年（1172年）五月八日，

诏衡州常宁县管下溪峒之民，毋得于省地创置产业；王民地著者，亦不许与溪峒以山林陇亩相为贸易。

《宋会要辑稿》蕃夷五之七一载：

夫熟户、山瑶、峒丁有田，不计擅鬻，不问顷亩多寡，山畲阔狭，各有界至，任其耕种。……近年以来，生界瑶僚出没省地，而州县无以禁戢者，皆由不能遵守良法，有以致之。溪峒之专条，山瑶峒丁田地并不计与省民交易，盖虑其穷困而无所顾藉，不为我用。今州郡漫不加意，山瑶峒丁有田者，悉听其与省民交易。

《宋史·蛮夷列传二》卷四九四则载：

比年防禁日弛，山瑶、峒丁得私售田。田之归于民者，常赋外复输税，公家因资之以为利，故漫不加省。而山瑶、峒丁之常租仍虚挂版籍，责其偿益急，往往不能聊生，反寄命瑶人，或导其入寇，为害滋甚。宜敕湖、广监司檄诸郡，俾循旧制毋废，庶边境绥靖而远人获安也。

概言之，据宋朝廷关于溪峒之专条立法规定，瑶民计口受田后，只有使用权而不许擅自买卖，以防瑶民失去土地后，“贫困而无所顾藉”，造成边境不宁。但随着

① （清）徐松：《宋会要辑稿》，蕃夷五之一〇四。

汉族地主经济的深入瑶区与商品经济的有所发展，此制逐渐遭到破坏，致形成“山瑶峒丁有田者，悉听其与省民交易”的新局面。因此，宋王朝重申禁止汉民买卖瑶民土地的“旧制”。与此同时，宋王朝也规定，瑶民“毋得于省地创置产业”，以防滋生民族纠纷。

3. 禁止汉民“寄产瑶人户下”

据《文献通考·四裔考五》卷三二八载：

> 隆兴初，右正言尹穑言：“湖南州县地界与溪峒蛮瑶连接，以故省民与瑶人交结往来，擅易田产，其间豪猾大姓规免税役，多以产寄瑶人户下，内亏国赋，外滋边隙。省地与瑶人相连，旧有界至者，宜诏湖南帅臣遣吏亲诣其处，明立封堠。自今不计省民将田产典卖与瑶人，及私以产业寄隐。若已前卖入瑶户，难以遽行改追，止令置籍。如瑶人愿退还省地田产者，县以官钱代还之。仍委曲榜谕。”从之。

《宋史·蛮夷列传二》卷四九四，也有相类记载。

因瑶区不征田赋，故汉族豪富往往匿产瑶人户下，以避科差，致使国家赋税收入减少和边地事端增多。宋王朝的上述规定，就是在这种情况下制定的。

五、贡赋制

贡制。南方诸族的首领归附后，依例须定期遣使入京进贡土特产品，以示臣服。瑶人也无例外。如，清同治《江华县志·瑶峒》卷十二载：太平兴国八年（983 年），

> 九溪及四州蛮相率诣辰州，愿比内郡民输租税，诏不许。自后，首领入贡不绝，每加赏赐，存恤之。

《宋史·蛮夷列传二》卷四九四载：绍兴十四年（1144 年）十二月，

> 成忠郎充武冈军绥宁县管界都巡检兼溪峒首领杨进京率其族三百人，备黄金、朱砂方物入贡，先遣其子孝友陈请，诏本路帅司阅旧制以闻，给孝友钱三百贯俾还，听进止。十五年（1145 年）杨进颙复求入贡，以武冈军不时敦遣为言，诏本路帅司阅实应袭人姓名来上，并促进颙入

觐。……二十八年（1158年）七月，杨进京等复求入贡，诏以道远慰谕之，优其赐与。

溪峒首领杨进京等人，史籍称其为“武冈军瑶人”。[①]

笔者依据有关史籍统计，荆湖溪峒诸蛮（包括瑶族在其中）的贡物，大致有如下述：

矿物类：黄金、丹砂、水银、石英。

器物类：铜鼓、金炉、酒杯。

兵器类：银装剑槊、兜鍪、彩牌。

布帛、毛皮等类：溪布（白布、斑布、土布）、花幕、花席、虎皮。

药材类：麝脐、黄连。

入贡后，则可得到宋王朝“有差”的回赐。据粗略统计，其赐物计有：袭衣、锦袍、衫、裤、鞋、靴、冠、笏、带（金带、银带）、彩、绢、缯、絮、帛、器、币、鞍勒马、盐等项。

宋王朝利用丰厚的回赐，即所谓“所得亡虑数倍”[②]，作为笼络瑶族首领的一种经济手段。如《宋史·蛮夷列传二》卷四九四载：乾道七年（1171年），前知辰州章才邵上言：

辰之诸蛮与羁縻保静、南渭、永顺三州接壤，其蛮酋岁贡溪布，利于回赐，颇觉驯伏。

“贡”与“赐”，实际上乃是宋王朝与瑶族首领之间的一种变相的官方贸易，利用汉族与瑶族经济上的互补性，以满足彼此的特殊需要。此举，有利于汉族物质文化在瑶区的传播。

赋役制。宋王朝根据瑶区的社会情况，实行三种完全不同的赋役政策。

一是“不事赋役”。据上引《宋史·蛮夷列传一》卷四九三载：居于桂阳及郴、连、贺、韶诸州环行千余里的蛮人，

① （宋）李心传：《建炎以来系年要录》，卷一五二，绍兴十四年（1144年）十二月条。

② （宋）李心传：《建炎以来系年要录》，卷六四，绍兴三年（1133年）四月戊申条。

不事赋役，谓之瑶人。

又，《宋史·蛮夷列传二》卷四九四载：乾道八年（1172年），知贵州陈乂上疏言：

臣前知靖州时，居蛮夷腹心，民不服役，田不输赋，其地似若可弃。

可见，宋时，居于湖南、粤北、桂北诸广阔山地的瑶人，由于社会经济较为落后，宋王朝的统治势力较为薄弱，故行“不事赋役”“民不服役，田不输赋”之策。此山居瑶人，即俗称所谓“生瑶”。因当时“生瑶”占瑶人大多数，故可以说，宋王朝对瑶族多不征调赋役。

一是输“丁口之赋”。据宋周去非《岭外代答·外国门下》卷三，瑶人条载：

瑶人者，言其执徭役于中国也。

可见，史书关于瑶人得名的来由，有“不事赋役”与“执徭役”两种截然不同的说法。其实，它们并不相矛盾。因前者系指“生瑶”而言，后者则针对“熟瑶”而说。

总之，邻近内地的“熟瑶”是需对封建王朝承担岁输义务的，但一般只输“丁口之赋”[①]，而免征田赋诸税。这是对瑶区的一种照顾。宋周必大《乞申严谋入溪洞人法》云：靖州，

民居仅数百家，城外皆是蛮峒。朝廷意在羁縻，止令量纳丁米。[②]

可见，这是宋王朝的羁縻政策在赋税领域的一种体现。

关于宋代对瑶民征取“丁口之赋”的记载颇多。如，《续资治通鉴长编》卷二九〇，元丰元年（1078年），六月癸卯条载：邵州扶竹水山瑶梁义等愿附，

招纳籍为省民，隶邵阳县，输丁身钱米。

“扶竹水山瑶”，有称“扶山竹瑶”者。又，《宋史·蛮夷列传二》卷四九四载：乾道三年（1167年）十月，诏

① （元）脱脱等撰：《宋史·食货志上二》，卷一七四。

② （宋）周必大：《周益国文忠公集·奏议》，卷六。

其瑶人岁输身丁米，务平收，无取羡余及折输钱，违者论罪。

嘉定七年（1214年），臣僚言：辰、沅、靖州居内地之瑶人，计口给田

一夫岁输租三斗，无他繇役。

此外，《宋会要辑稿》蕃夷五载：

绍熙四年（1193年）四月五日，诏郴、桂、衡、道诸州溪峒瑶户，不系良民者，并免随税均纳夏秋免役钱。

以上记载表明：这些瑶人，除了按丁口之数每年交纳少量钱米外，其他各种名目的捐税和徭役是一概免予征调的。

此外，还有“岁输皮、粟”之说。如，《续资治通鉴长编》卷一四七，庆历四年（1044年）三月甲戌条载：谏官欧阳修言

莫瑶之类，使安耕织而岁输皮粟，得为平民，乃彼大幸。

此岁输皮粟之性质，是属“丁口之赋”，还是按田亩征收的田赋呢？史未言明。但，据清同治《常宁县志·新纪》卷十五载：

五洞民瑶，即欧阳修所谓莫瑶。……宋熙宁间，相率纳土输皮、粟。明宣德时，知府余奏：瑶田纳赋比民，常宁瑶田始有定赋，遂称民瑶。

可见，宋瑶缴皮、粟，不是按“瑶田”征收的“定赋”，故仍属赋额较低的丁口之赋。

一是出租赋如汉民者。溪峒之民成了编户齐民后，有的即与汉民一体输赋。如《宋史·蛮夷列传一》卷四九三载：熙宁中，

章惇经制南、北江，湖北提点刑狱李平招纳（下溪州刺史彭）师晏，誓下州峒蛮张景谓、彭德儒、向永胜、覃文猛、覃彦霸尽以其地归版籍，师晏遂降。诏修下溪州城，并置寨于茶滩南岸，赐新城名会溪，新寨名黔安，戍以兵，隶辰州，出租赋如汉民。

此“归版籍”后“出租赋如汉民”者，多为土家族先民。瑶族也无例外。章惇开梅山得大量田亩后“起税租”①，即例证。须指出的是，这部分成了“良民”的瑶人，所遭受的剥削是相当苛酷的。因这些地区的生产水平仍然落后于汉区，而租赋却等同，显然是不公平的。

但是，这类瑶民为数终究不多。对这些瑶民，也有临时减免税收之举。据《续资治通鉴长编》卷二七八，熙宁九年（1076年）十月条载：荆湖北路提点刑狱司言

> 沅州新归明人户实贫乏，乞除放去年倚阁秋税。

而且，有的地区后来又恢复了旧制。如，同治《益阳县志·名宦》卷十二载：宋人黄诰，

> 初为长沙主簿，章惇开梅山，增亩税，诰力请罢之。

总的说来，瑶区的赋入，在宋王朝的经济收入所占比重是微不足道的。如，宋人田渭称：“辰、沅、靖三州，朝廷非有望其赋入也。”②这是符合历史事实的。

当然，这并不排除某一时期某一地区瑶民遭受宋王朝的横征暴敛。如，宋人陈傅良《赴桂阳军拟奏事札子》云：

> 臣闻熙、丰、崇、观以来，用事者纷更祖宗之旧，以致边兵之祸，今天下皆追咎之矣。至于重敛，不唯奉行不以为过，又徒而附益之者。③

宋人刘诜《沅州竹枝词》云：

> 官规难减高布税，县政莫重蛮人徭。

又，瑶壮聚居的梧州，有“建炎盗起，增额且半”④之载。可见，宋统治者对瑶民“重敛”“增额”“重徭”之事，时有发生。

---

① （南宋）李焘：《续资治通鉴长编》，卷二四五，熙宁六年（1073年）六月癸亥条。

② （宋）田渭：《辰州风土记》。

③ （宋）陈传良：《止斋集》，卷十九。

④ （清）吴九龄：《梧州府志·宦绩上》，卷十四。

六、互　市

有宋一代，对与南方诸族之间的贸易，始终采取倡导方针。《宋史·食货志下八》卷一八六，对此做了较为集中的记载：

楚、蜀、南粤之地，与蛮僚溪峒相接者，以及西州沿边羌戎，皆听与民互市。

北宋神宗熙宁六年（1073 年），

湖北路及沅、锦、黔江口，蜀之黎、雅州皆置博易场。

南宋孝宗淳熙二年（1175 年），臣僚言，

溪峒缘边州县置博易场，官主之。

又，《宋史·蛮夷列传二》卷四九四载：乾道元年（1165 年）八月，

诏平溪峒盐米价，听民便，毋相抑配。

以上记载说明：宋代在汉区与包括瑶族在内的南方民族地区相接之处，指定固定地点，专设互市场所。

互市场所，属官办性质。在宋朝官员的主持监督下，进行双边贸易。

因是官办性质，故出现抬压价格及搭配货物的现象，为此，宋王朝曾申明应“听民便”，使之按市场规律进行买卖。

至于史书专门关于瑶人“互市”的记载也不乏见。如，《宋史·蛮夷列传二》卷四九四载：绍兴十五年（1145 年）四月，

广南东路提刑黄应南言：溪峒巡检尉寨官不严守备，纵民与瑶交通，恐启边衅，乞诏有司申严法令，俾帅臣监司常加觉察。宰臣以为，沿边互市恐不宜禁绝。帝曰：往年禁西夏互市，遂至用兵，可令帅司裁决。

宋范成大《桂海虞衡志》载：

又瑶人常以山货、沙板、滑石之属，窃与省民博盐米。

次告谕近瑶，亦视省民相团结，毋得犯法，则通其博易之路，不然绝之。彼见边民已结，形格势禁，不可轻犯，幸得通博买，有盐米之利，皆欣然听命。最后择勇敢吏，将桑江归顺五十二瑶头首，深入生径、罗曼等洞尤狠戾素不宾化者，亦以近瑶利害谕之，悉从。乃为置博易场二，一在义宁，一在融州之荣溪。①

从上述记载可得出如下结论：

瑶人与“省民”之间的贸易，主要是以山货及土产交换其所缺乏的“盐、米”一类生活必需品。

不仅有“近瑶”，就连“素不宾化”的瑶人，即全体瑶人均参与博易活动。从中可见，交换关系已深入至瑶族社会中，以及汉、瑶两种经济之间的互补性。

宋统治者把开放或关闭博易场，作为笼络或惩罚瑶人的一种经济手段。因盐、米为瑶人不可或缺之物，故禁绝互市往往招致动乱。“庆历三年（1043 年），盐司峻禁，瑶人遂聚啸为乱”②，即突出例证。

七、置寨、堡、塞、铺

1. 寨

宋代的寨，是用作防御和镇压的军事据点。据载：

寨置于险扼控御去处，设寨官，招收土军，阅习武艺，以防盗贼。③

这是就全国而言的寨的职能。

在瑶区，也设寨，用以镇遏瑶民。关于宋代在瑶区置寨的记载颇多。据载：太平兴国六年（981 年），

梅山蛮乱，发潭州兵置五寨以控御之。

---

① （元）马端临：《文献通考·四裔考五》，卷三二八。

② （清）陈梦雷：《古今图书集成·职方典·广东瑶壮蛮传汇考》，卷一三九三。

③ （元）脱脱等撰：《宋史·职官志七》，卷一六七。

据《续资治通鉴长编》卷一六〇，庆历七年（1047年）五月乙亥朔条载：

置桂阳监华除寨，以禁军五百人守之。

据《续资治通鉴长编》卷二四五，熙宁六年（1073年）六月癸亥条载：在梅山武冈瑶人区，

修筑武阳、关硖城寨。

关于梅山设寨事，在下面“开梅山”目中还将叙述。据《续资治通鉴长编》卷三四八，元丰七年（1084年）八月戊辰条载：

荆湖路相度公事所言：“王江一带自大溢口以上，接连檀溪诸蛮，与今道路相接，朝旨专委管勾广西经略司机宜文字程节招纳措置，本处地理阔远，蛮已归附，须筑一堡寨以为守备。”诏节相度。节言：“王江上流，地名安口，控扼诸峒，其地宽平，可建城寨。”

清光绪《湖南通志·武备十》卷八一载：绍熙四年（1193年）条引朱子《边防奏札》云：臣于去冬除知潭州，即闻湖北瑶人侵犯邵州界分，今春比及到官，

湖北已进兵攻讨，贼气渐衰，遂就招降，一向宁帖。却据邵州守臣潘焘申到，见到以前边防全无措置，以致小丑放肆侵犯，因条画到移置寨栅，增援戍兵利害数条。臣与漕臣何异、潘焘以所申颇有道理，遂行询究，见得委的合行措置，遂已具奏，乞赐施行。

又，据宋人沙世坚所立镇压苑难莫文察反抗碑载：广西路副总管沙世坚，

申请朝廷就徙寨堡于险要襟喉之地，以备控扼，即黄茅岭叠巨石，创筑城寨，名以富禄，易兵丁戍守，弹压宜山（治广西今地）、天河（治今罗城西）两县界长山、密峒等一带蛮瑶。[①]

---

① 广西民族研究所编：《广西少数民族地区石刻碑文集》，南宁，广西人民出版社，1982。

从上述记载中，可以得出如下结论：

（1）置寨目的，用以“控御”瑶人和“控扼诸峒”。事实证明，寨也确实起了这样的作用。在南安（江西大余县），“自立寨之后，十年之间，寇洞有所惮而不作”①。

（2）寨有屯兵。除戍军外，甚有以禁军驻守者。至于兵力，则不等，“大者屯兵六七百人，小者三五百人”②。

（3）在瑶区，设有五寨，华除寨、武阳寨、关硖寨、安口寨、富禄寨，等等。

因寨既是军事据点，势必要建城池，故册籍往往“城寨”并称。宋张庄《平、允、从州城寨碑》一文，记述了“城寨”的具体过程：

> 明年，甘江、古州、象十七万献夜郎牂牁之地，诏裂其地为平、允、格州，体远、安口、乐古县，百万万安甘江镇安寨神，祖道亲帅师而建城邑焉。明年正月，平、允州寨成，依格州与甘江、镇安，远据要津，经时未立，诏改从州，用所奏如初。又面命臣张庄为转运副使，往司畚筑镲粮之具。是年十月十七日役再集，十一月二十八日州寨之工皆毕。包制诸蛮，无复猖獗，农商行旅，鼓舞三途，于万斯年，均福夷夏。③

置寨之后，往往随之建城。宋王令《西头供奉官王君（怀忠）墓志铭》记：庆历瑶乱时，

> 转运使议于衡、道、永州置寨，奏以君为乐山寨主。君城乐山、堑土为壕，并壕为鹿角四重，城上为乳垣、敌楼、石炮、连弩、钓桥、闸门。所谓防城之具毕备。④

可见，城寨戒备之森严。瑶区建城之役，往往征调瑶人。据载：嘉祐二年（1057年）七月，

---

① （宋）陈元晋：《渔墅类稿》，卷四，《申措置南安山前事宜状》。

② （宋）李焘：《续资治通鉴长编》，卷二四八，熙宁六年（1073年）十二月壬午条。

③ （清）汪森辑：《粤西文载》，卷四四。

④ （宋）王令：《广陵先生文集》，卷二〇。

诏辰州，筑外城山瑶，候功毕，人给盐三斤。

由于置寨的目的在于“弹压”瑶民，故当瑶民反抗时，也首先把寨作为袭击目标。如，《续资治通鉴长编》卷八一，大中祥符六年（1013年）十月丁亥条载：

辰州卢溪县土丁都头魏进武等率山瑶侵扰城寨。①

宋李曾伯《帅广条陈五事奏》载：

稍有实作区画，即生猜疑。如融（州）之步大岭，宜（州）之陇栅，寨屋屡立，蛮瑶即焚。②

需指出的是，寨除作军事据点外，也有的具有行政组织的作用。据宋周去非《岭外代答·外国下》卷三载：静江府

山谷弥远，瑶人弥多，尽隶于义宁县桑江寨。

可见，桑江寨同时集军事与管理功能于一身。

县与寨之间，因情况变化，有相互转变之例。如，临江县改临口寨，又复为县，可证。据《宋史·蛮夷列传二》卷四九四载：

前知武冈军赵善谷言：武冈与湖北、广西邻壤，为极边之地，溪峒七百八十余所，七峒隶绥宁县，五溪峒隶临冈县。绍兴三十年，减冗员，改县为临口寨。然五峒之瑶俗尤犷悍，衅生毫发，则操戈相仇，寨官不能为轻重。况本军巡防寨栅，惟真良、三门、兵溪、香平有土军可备守御，余有官无兵。其关硖、武阳等寨，设巡检二员，徒费廪禄。以臣所知，宜复临口寨为县，则瑶蛮易于制服，汰去冗员，则官廪亦无虚费，实边郡之利也。

寨制，盛于北宋，衰于南宋。据《宋会要辑稿》方域九之一二载：南宋高宗绍

---

① （宋）李焘：《续资治通鉴长编》，卷一八六。

② （宋）李曾伯撰：《可斋杂稿》，卷十七。

兴二十七年（1157年）权发遣邕州四经言：诸寨

财赋匮乏，支遣不继；兵级逃遁，十存二三；城堑倾颓，殆将过半。

可见，其时寨之军力、财力均面临危机。瑶区寨制也如是。

需要指出的是，由于寨是瑶区的政治、军事中心，故在客观上对瑶区城镇的发展也曾起过积极的历史作用。在当地人口日益密集和商品交换日趋发展的基础上，作为经济中心的城镇也就应运而生。

2. 堡

堡乃累土为小城之谓。如《晋书·符登载记》卷一一五载：

徐嵩、胡空各聚众五千，据险筑堡以自固。

而寨则为列木成栅以为防卫之意。故从字的原意而论，堡与寨之别，在于以不同的建筑材料（土、木）筑成。在宋代，均为军事据点，故有"堡寨"[①]并称之说。宋代瑶区亦设堡。如，元丰二年（1079年）正月，

诏辰州叙浦县置龙潭堡[②]。

塞。宋代，曾筑塞以防瑶。据《续资治通鉴长编》卷三四五，元丰七年（1084年）五月己酉条载：

初，朝廷既治五溪，而蛮瑶介荆湘桂管之间，官兵镇守，势不能相属，数困侵掠。（荆湖湘路相度公事、左司员外郎孙）览奉使相视要害，增筑障塞，道荆湘桂管溪峒，使相通达，兵不留行，蛮费大省，而患亦息。

又，清光绪《湖南通志·名宦二》卷九三，引曾巩《陈世卿神道碑》云：陈世卿为荆湖北路转运使，

① （宋）李焘：《续资治通鉴长编》，卷三四八，元丰七年（1084年）八月戊辰条有须筑"堡寨以为守备"之语。

② （元）脱脱等撰：《宋史·神宗本纪二》，卷十五。

诸蛮夺澧旁地耕守，数纵兵入盗，积十余岁，莫能却。世卿至，诸蛮畏悦，皆还就溪峒而归故所掠地。世卿筑武陵、澧州二塞以备蛮。

3. 铺

铺为传递文书及情报之用。为便于控制瑶人和交通往来，宋在瑶区置铺。如《续资治通鉴长编》卷三四八，元丰七年（1084 年）八月戊辰条载：王江一带团峒，

熙宁中尝遣承制刘初领兵丁置寨于安口，诸蛮并力杀伤官军，自此蛮情意见生梗。今遍招纳，例皆效顺，当开道路，置堡寨驿铺，分兵丁防守，乃为久安之计。

可见，铺或驿铺，也有“兵丁防守”，故兼具军事据点性质。

4. 亭楼

宋王朝为了炫耀威力，还建纪念亭楼以示震慑。如，清光绪《湖南通志·名宦四》卷九五载：宋人刘保

嘉定末知邵州，复六亭旧址，别构镇边楼。以示抚慑瑶獠之义。

据《后汉书·南蛮西南夷列传》卷八六载，安帝元初二年（115 年），澧中蛮反，“州郡募五里蛮、六亭兵追击破之，皆破降。赐五里、六亭渠帅金帛各有差”。此“六亭旧址”，系指东汉时参与镇压澧中蛮有功的“六亭”蛮人故居地。

八、设戍兵、飞虎军与土兵等

1. 戍兵

宋代，在瑶区和边镇屯戍重兵，以遏制和镇压瑶人频繁的反抗活动。据《续资治通鉴长编》卷八二，大中祥符七年（1014 年）二月庚申，

荆湖北路转运司言，蛮贼魏进武已招赴卢溪县请罪，诏前所遣兵悉还屯，止留五百人戍县境。

据《宋史·蛮夷列传二》卷四九四载：淳熙三年（1176 年），

靖州界瑶人姚明教等作乱，诏荆鄂驻扎明椿选将卒精锐千人，会屯戍官合击之，能立功者有厚赏。

又，《古今图书集成•职方典》卷一九三，《广东瑶壮蛮僚汇考》载：庆历三年（1043年），平瑶乱后，

经略钱之望与诸司请于朝，岁季拨摧锋水军三百以戍，季更之。然兵戍孤远，久亦生乱。

庆历六年（1046年），复请减瑶峒戍卒之半，屯于官富场，后悉罢之。

像这类事例颇多，不枚举。总之，这些戍兵，平时起一种威慑作用。战时，因戍卒熟悉当地形势，且就地征调易于反应，故是宋王朝镇压瑶民反抗的一支重要力量。

2. 飞虎军

宋李心传《建炎以来朝野杂记》甲集卷十八，言明飞虎军的设置过程：

湖南飞虎军者，潭州土军也。淳熙四年（1177年）春，枢密院言：“江西、湖南多盗，诸郡厢、禁军单弱，乞两路帅司，各选配隶人置一军，并以敢勇为名，以一千人为额。”其后，帅臣王佐、吕企中以为亡命之徒，恐聚集作过，遂不行。七年（1180年），辛幼安为潭帅，始募千八百训练之，其名赐名，遥隶步军司。

这说明：其一，飞虎军为知潭州兼湖南安抚辛弃疾于淳熙年间创建。其二，它是以补充厢、禁军不足的“土军”出现的，即具“乡兵”性质。何谓乡兵？“乡兵者，选自户籍或土民应募，在所团结训练，以为防守之兵也。”①

创置飞虎军的目的，在于镇压瑶族和各族人民的反抗活动。据《宋史•李椿传》卷三八九载：淳熙间，知漳州湖南安抚使，

潭新置飞虎军，或以为非便。椿曰：长沙一都会，控扼湖岭，镇抚蛮瑶，二十年间，大盗三起，何可无一军？且以费县官缗钱四十二万，

① （元）脱脱等撰：《宋史•兵志四》，卷一九〇。

何直废耶？亦在驭之而已。

《宋史·辛弃疾传》卷四〇一在论及创置飞虎军缘起时写道：

以湖南控带二广，与溪峒蛮獠接连，草窃间作，岂风俗顽悍，抑武备空虚所致。

宋朱熹《乞拨飞虎军隶湖南安抚司札子》载：

荆湖南路安抚司飞虎军，元系帅臣辛弃疾创置，所费财力以钜万计，选募既精，器械亦备，经营葺理，用力至多。数年以来，盗贼不起，蛮瑶帖息，一路赖之以安。[①]

从“镇抚蛮瑶”的记载，可见飞虎军的锋芒所向；从“蛮瑶帖息”的记载，可证飞虎军在镇压瑶民反抗中所起的重要作用。

飞虎军既属乡兵，又是如何筹措经费以维系的呢？据宋真德秀《潭州奏复税酒状》载：

及辛弃疾之来，创置飞虎军，欲自行赡养，多方理财，取办酒课，乃始议于朝。悉从官卖。[②]

言明飞虎军的经费来源，属地方自筹资金性质。为筹集兵饷，辛弃疾采取了诸如酒类专卖等措施，从而加重了湖南各族人民的经济负担。

需附及的是，湖南有飞虎军，广东则有摧锋军。如，宋蔡戡《割属宜章、临武两县奏状》载：

连、英、韶、广、潮、惠、循、梅、肇、南雄共二十一处，皆屯摧锋军以备之。[③]

---

① （宋）朱熹：《朱文公文集》，卷二一。

② （宋）真德秀：《西山先生真文忠公文集》，卷九。

③ （宋）蔡戡：《定斋集》，卷一。

广东连、英、韶诸州，多有瑶人居住，故摧锋军是针对瑶人和各族人民而设的。有趣的是，飞虎军，还是依广东摧锋军等例而“别创”的。[①]

宋王朝招募瑶人组成各种名目的武装力量，以为“以蛮制蛮”之用，它属于“乡兵”性质。由瑶人组成的乡兵，计有土兵、土丁、壮丁、峒丁、义保、弓弩手等名。分叙如下：

3. 土兵

据《宋史·蛮夷列传一》卷四九三载：宋太祖擢辰州瑶人秦再雄为辰州刺史，再雄

> 至州日训练土兵。得三千人，皆能披甲渡水，历山飞堑，捷如猿猱。

此为宋最早设瑶人土兵之例。据《宋史·蛮夷列传二》卷四九四载：乾道七年（1171年），前知辰州章才邵上言：

> 靖康前，辰州每岁蒙朝廷赐钱七万贯，紬、绢、布共八千一百匹，绵一万七千两。是时，本州厢禁军一千四百余人，沿边一十六寨，土兵六百余人，皆可赡给。

此为瑶人参加辰州土兵之例。

又，雍正《广东通志·名宦》卷三九载：林概，

> 康定（1040年）中，以大理丞出知连州。时州数被流寇，概选土民为兵，栅要冲，购瑶人使守御，由是贼不敢犯境。

此为选瑶人为连州土兵之例。

4. 土丁

史载：

> 其澧、辰、峡、潭、全、邵、永州，仍募土丁，置寨将。[②]

① （元）脱脱等撰：《宋史·辛弃疾传》，卷四〇一。

② （宋）曾公亮：《武经总要前集》，卷二〇，荆湖两路条。

又，《宋史·蛮夷列传一》卷四九三载：庆历六年（1046年），湖湘骚动，桂阳监宋守信奏：

唐和啸聚千余众为盗，五六年卒未能克者，朝廷不许穷讨故也。今衡州监酒黄士元颇习溪峒事，愿得敢战士二千，引路土丁二百，优给金帛，使之逐捕，必得然后已，并敕亓赟等合力以进。彼既势穷，必将款附。诏用其策，于是大发兵讨之。

此为瑶人参加澧、辰、峡、潭、全、邵、永以及衡州土丁之例。需要指出的是：《宋史·蛮夷列传一》所言"引路土丁二百"，《续资治通鉴长编》卷一六九，庆历六年十月辛未条则作"引路土兵二百"，可见，"土丁"也可称作"土兵"。

5. 壮丁

据《宋史·蛮夷列传二》卷四九四载：乾道元年（1165年），宜章峒贼李金陷郴州，

世忠峒李昂霄者率壮丁御贼。民恃以安。

此为瑶人参加"壮丁"之例。

6. 峒丁

据道光《广东通志·前事略》卷一八五引《文献通考》载：建炎三年（1129年）七月，

诏江西、闽广、荆湖诸路团教峒丁枪杖。

此荆湖路峒丁当包含瑶人在其中。

7. 义保

据《宋史·蛮夷列传二》卷四九四载：绍兴三年（1133年），

臣僚言："武冈军溪峒旧尝集人户为义保，盖其风土、习俗、服食、器械悉同瑶人，故可为疆场捍蔽，虽曰籍之于官，然亦未尝远戍。靖康间，调之以勤王。其后湖南盗起，征敛百出，义保无复旧制，困苦不胜，乃举其世业，客依蛮峒，听其繇役。州县犹验旧籍催科，胥隶及门，则

挈家远徙，官失其税，蛮僚日强。兼武冈所属三县。悉为瑶人所有，远戍之实已无，而乡户弩手之名尚在，岁取其直，人户咨怨。乞择本路监司详议以闻。”诏从之。

可见，武冈军义保为有户籍之瑶人组成。“义保”，也可称作“弩手”。

8. 弓弩手

据《宋会要辑稿》蕃夷五之一〇四载：嘉泰年间，

臣僚上言：辰、沅、靖等州，旧尝募民为弓弩手。给地以耕，俾为世业。边陲获保障之安，州县无转输之费。比年多故，其制寖弛，瑶蛮因之为乱，沿边诸郡，悉受其害。比申朝廷调兵招捕，旷日持久，蛮夷习玩，成其猖獗之势。其如杨晟台、李金、姚明教、罗孟二、李元砺、陈廷佐之徒，皆近事之明验也。为今计者，宜讲旧制，可纾馈饷之劳而得备御之实，其安边息民之长策矣。

此为辰、沅、靖等州有瑶人参与的弓弩手之例。

弓弩手，又名弓箭手。据载：宋徽宗崇宁间，邓洵武知枢密院，

五溪蛮扰边，即仿陕西弓箭手制，募边民习知溪峒险易者，置所司教以战阵，劝以耕牧，得胜兵几万人，以镇抚之[1]。

弓弩手，又名刀弩手。据宋朱熹《右文殿修撰张公神道碑》[2]载：

会有献言于朝，请尽籍客户为义勇者，公虑惑民听，且致流亡，亟取丁籍阅之，命一户而三丁者乃籍其一为义勇副军，别置总首，人给一弩，俾家习之，三岁一遣官就按，它悉无有与。且为奏言所以不可尽取之故，阖境赖焉。辰、沅诸州，自政和间夺民田，募游惰，号刀弩手，盖欲以控制诸蛮而实不可用，中废复修，议者多以为便，诏与诸司平处

① （元）脱脱等撰：《宋史·邓洵武传》，卷三二九。

② （宋）朱熹：《朱文公文集》，卷八九。

列上。公为奏，去其病民罔上者数条，诏皆施行。

此张公为张栻，孝宗时曾任荆湖北路转运副使，[①] 上述朱熹所记即此时之事。总之，辰、沅、靖诸州之弓箭手，又名弓弩手、刀弩手，也有称作“义勇”者。此制，始于徽宗政和间，南宋时或废或修，未能贯彻如一。

从上述记载可得出如下结论：

瑶人组成的土兵，其称谓虽有不同但彼此并无多大差别，甚至可相互通用，只是从不同角度命名而已。土兵、土丁、峒丁，按其居住特点而得名，即“土”为土著之义，“峒”为山洞之意。义保、义勇，取其效忠于宋王朝之谓。弓弩手、弓箭手、刀弩手，则以其所善武器名。

宋王朝给予土兵维持生计的土地，是瑶人土兵赖以生存的经济基础。此即所谓“计口给田”“给地以耕，俾为世业”。有警则征战，平居则务农。但是，随着商品经济的发展与土地买卖的盛行，瑶人土兵制不断遭到破坏并日益瓦解。

瑶土兵的作用主要有二：一是用以“控制诸蛮”；一是守御“流贼”，起保境之作用。概言之，一般不远戍。但在军事形势严峻时，也有戍边之举。北宋靖康间，“调之以勤王”；南宋建炎三年（1129 年），募湖南北弓手，并以辰、沅、鼎、靖诸州峒丁分蕃更戍北边[②]；绍兴元年（1131 年），调辰阳等县峒丁刀弩手戍守北境[③]。均属此例。

宋王朝重用瑶人土兵的原因，主要有三：

其一，土人熟悉山川地形和风土人情，习于瘴疠，能起宋军所不能起的作用。如《宋史·兵志五》卷一九一，荆湖路义军土丁、弩手条下载：

盖溪洞诸蛮，保据岩险，叛服不常，其控制须土人，故置是军。……番戍寨栅，大率安其风土，则罕婴瘴毒，知其区落，则可制狡狯。

又，《宋史·兵志七》一九三载：召土丁致讨山瑶，

① （元）脱脱等撰：《宋史·张栻传》，卷四二九。

② （宋）李心传：《建炎以来系年要录》，卷二七。

③ （宋）李心传：《建炎以来系年要录》，卷四一。

缘瑶贼深在溪洞，险阻不通正军是也。

其二，土兵富有战斗力。上引辰州土兵，“能被甲渡水，历山飞堑，捷如猿猱”为突出例证。

其三，经济上所费甚少。如《武经总要前集》卷九，杂叙战地条载：招募滨塞之民，可以

省县言之费，减输饷之劳，……比用华人（指汉人），其利十倍。

又，宋李曾伯《帅广条陈五事奏》[①]载：

今官司团结其闲散，在瑶峒号召之既难，使之自备器粮资费之岂易，必尽得其首领之心，然后可赖其丁壮之力。

可证，征瑶人丁壮，往往“自备器粮资费”。

宋王朝除了以瑶制瑶外，还用他族防瑶。据载：

数十年前，瑶僚侵占吓蟆行寨，省地土人申请招致靖州仡佬防抚。[②]

宋王朝招仡佬防瑶，借以挑起民族纠纷，坐收渔人之利，以达到分而治之的目的。

九、隔离政策

宋王朝对瑶汉取民族隔离政策。其因，主要是害怕瑶汉两族人民联合反抗。此外，防止因两族往来引起纠纷而导致边境不宁，也是因素之一。其主要措施有：

1. 在汉区与瑶区之间立界

此即“明立封堠”之谓。据载：隆兴初，右正言尹穑言：

省地与瑶人相连，旧有界至者，宜诏湖南帅臣遣吏亲诣其处，明立封堠。[③]

---

① （宋）李曾伯：《可斋杂稿》，卷十七。

② （宋）朱辅：《溪蛮丛笑》，中庄院条。

③ （元）马端临：《文献通考·四裔考五》，卷三二八。

又，史有“两界”之说。据载：庆历间，

诏河东经略司经置澧州一带疆土，毋令西界侵争。先是桂阳蛮瑶唐和等复入寇，与礼宾副使胡元，右侍禁郭正、赵鼎，三班差使正孝先战于蓝山县（治湖南今县），华阴峒隘口，元等死之。[①]

2. 禁侵省地

疆界以内汉民所居地称“省地”。宋王朝治瑶有一条准则：对瑶族内部的彼此纠葛，一般不予干预，但瑶如若进入省地，则取严厉态度，直至出兵。据《宋史·蛮夷列传二》卷四九四载，宋高宗声称：瑶人

不侵省地则已，或有所侵，奈何不举，俾知所畏哉？

可见，宋统治者把“侵省地”权作严重事件加以对待。

3. 禁汉、瑶交通

宋代，规定省地与溪峒地之人，彼此不得随意越界往来，为此有“严密”立法。太平兴国二年（977 年）、元祐五年（1090 年）等，均曾发令施行。如，《宋史·蛮夷列传二》卷四九四载：太平兴国二年，平梅山蛮苞汉阳后，

自是禁不得与汉民交通，其地不得耕牧。

即以封闭、围困的办法迫使抗命瑶人就范。

又，《续资治通鉴长编》卷四四二，元祐五年（1090 年）五月戊寅条载：

枢密院言：“令举人及曾教学人并阴阳卜筮、州县停闲人、会造兵器工匠，并不得入溪峒，与归明蛮人相见。违者以违制论，许人告，每名赏钱二十贯，仍委本地分巡检县尉觉察。”从之。

可见，宋王朝重点防范有知识之人和技术工匠进入溪峒地区。因前者可为瑶民起事出谋划策，后者可为瑶民制造兵器。

---

① （宋）李焘：《续资治通鉴长编》，卷一五七，庆历五年（1045 年）十二月己未条。

4.“堙塞溪峒径路”

宋王朝为阻止瑶、汉往来，甚至采取了堵塞道路的极端做法。据《宋史·孝宗本纪三》卷三五载：淳熙十年（1183年）四月，

命湖南、广西堙塞溪峒径路。

对此次“堙塞”径路之原因、过程与做法，《宋史·蛮夷列传二》卷四九四做了诠释：

全州上言：本州密迩溪峒，边民本非奸恶。其始朝廷禁法非不严密，监司、州郡非不奉行，特以平居失于防闲，故驯致其乱。又兼溪谷山径，非止一途，如静江、兴安之大通虚，武冈军之新宁、盆溪及八十里山，永州之东安，皆可以径达溪峒。其地绵亘郡邑，非一州得专约束。故游民恶少之弃本者、商旅之避征税者、盗贼之亡命者，往往由之以入，萃为渊薮，交相鼓扇，深为边患。如武冈杨再兴、桂阳陈峒相继为乱，实原于此。为今计者，宜徙闲地巡检兵，及分遣士卒屯诸溪谷山径间。俾湖南北、广西帅宪总其役，庶几事权有归，号令可行也。

从中可得出如下两点结论：

一是由于通达瑶区之路，除大道外，更有许多山间小径，可谓防不胜防，故未能完全达到统治者禁绝瑶、汉往来的目的。

二是宋代曾有“堙塞溪峒径路”之举。即使用大量士卒，“屯诸溪谷山径间”，彼此联防，处处设防。由此可见防范之严。

总之，宋王朝的隔离政策，起了阻碍瑶族社会历史发展，妨碍瑶汉人民间经济、文化诸方面交流的消极作用。

此外，宋王朝为使逃入溪峒省民重新归来，采取了一些安抚措施。

如税收优待。《续资治通鉴长编》卷一九四，嘉祐六年（1061年）七月戊戌条载：

诏辰州省地民逃入溪峒，今复归者，一是既往不究，有功受奖。

据《续资治通鉴长编》卷二四一，熙宁五年（1072 年）十二月丙子条载：

诏曰："荆湖溪峒中亡命之人，今日以前，罪无轻重，皆释之。如愿居本处或欲归本乡，各从其便。如能自效，显有劳绩，令章惇等保明等第酬奖。若敢创造事端，扇摇人户，即捕斩以闻。"先是知辰州石鉴言："昨被旨同章惇措置两江蛮事，尝遣侍禁李资等多方以朝廷威德镌谕诸蛮，今资等言，南江蛮人虽各有归化之意，而溪峒多有向时亡命之人阻隔蛮情，虽以晓谕，许与放罪，尚虑怀疑扇惑，别致中变。"故有是诏。

这些安抚措施，实际上也是隔离政策的一种补充手段。显然，宋王朝想通过软硬两手，达到隔离政策的目的。

十、"开梅山"

梅山"蛮瑶"之地，在上述瑶族分布节目中已述。

宋王朝与梅山瑶之间的关系，可追溯至宋太祖之时。开宝八年（975 年），

梅山峒蛮闻江表用兵，乘间寇潭、邵州[①]。

宋太宗太平兴国年间，继续用兵梅山峒蛮。如，《文献通考·四裔考五》卷三二八载：

太平兴国二年（977 年），梅山洞蛮首领率众寇劫商人，诏遣使招谕，犹寇暴不止，乃发潭州兵击平之。

《宋史·石熙载传》卷二六三载：太宗时，

梅山洞蛮屡为寇，以熙载知潭州。

《宋史·翟守素传》卷二七四载：太平兴国三年[②]秋，

① （宋）李焘：《续资治通鉴长编》，卷十六，开宝八年五月甲寅条。

② （宋）李焘：《续资治通鉴长编》，卷十八，作"二年"，当是。"三年"，有误。

梅山洞蛮恃险叛命，诏遣守素率诸州屯兵往击之。……尽平其巢穴。

《宋史·王侁传》卷二七四载：

太平兴国初，（侁）预讨梅山洞蛮。

从此以后，宋王朝命其人不得与汉民交通，其地不得耕牧，使梅山瑶势力遭到严重削弱。

经近百年后，梅山瑶势力逐步得到恢复，至嘉祐末（1063年）正式开始经营开拓此地。据载：

嘉祐末，鼎州人张颉知益阳县，收捕其桀黠者付（符）三等，遂经营开拓。安抚使吴中复以闻，其议中格。及户部判官范予奇权荆湖南路转运副使，复奏，蛮恃险为边患，宜臣属而郡县之。[①]

张颉，

知益阳县。县接梅山溪峒，多蛮獠出没。颉按禁地约束，召瑶人耕垦，上其事，不报。[②]

熙宁中，范子奇

为湖南转运副使，建言梅山蛮阻险为力患，宜拓取之。后章祐开五溪议，自此起。[③]

概言之，知益阳县张颉始“经营开拓”，继而湖南转运副使范子奇议“郡县”其地，这就为其后“开梅山”之举奠定了基础。

宋神宗熙宁间，大规模开拓梅山。对此，史书不乏记载。《宋史·蛮夷列传二》卷四九四所载详明：

---

① （宋）李焘：《续资治通鉴长编》，卷二三八，熙宁五年（1072年）九月丁卯条。

② （元）脱脱等撰：《宋史·张颉传》，卷三三一。

③ （元）脱脱等撰：《宋史·范雍传》附传，卷二八八。

熙宁五年（1072年），乃诏知潭州潘夙、湖南转运副使蔡烨、判官乔执中同经制章惇招纳之。惇遣执中知全州，将行，而大田三寨蛮犯境，又飞山之蛮近在全州之西。执中至全州，大田诸蛮纳款。于是遂檄谕开梅山，蛮瑶争辟道路。……籍其民，得主、客万四千八百九户，万九千八十九丁[①]，田二十六万四百三十六亩，均定其税，使岁一输，乃筑武阳、关硖二城。诏以山地置新化县（治今湖南新化），并二城隶邵州。自是鼎、澧可以南至邵。

宋刘挚《直龙图阁蔡君[②]墓志铭》从不同侧面对“开梅山”做了颇具价值的记叙。其中写道：荆湖南路转运副使蔡煜认为，消除瑶患的办法是：

开其酋以祸福，使为土民，口授其田，略为贷助，使业其生，建邑置吏，使知有政，如此而已。于是面敷其说，及区画之序，上嘉其策。会今门下侍郎章公惇察访本路，即付其事同君经之。檄入其境，果大欢从。授冠带，画田亩，分保伍，列乡里，筑二邑，隶之籍。其田以亩计者二十四万，增赋数十万。遂招怀邵之武冈峒蛮三百余族，户数万，岁输米以万计，纳斯所畜兵仗，以其地建二寨。（熙宁）六年五月，上遣使者劳君，赐名邑曰新化、安化，寨曰武阳、关硖。[③]

又，晁补之《鸡肋集》卷九，记《开梅山》长诗，叙述了梅山蛮的生活环境、历史和开梅山的过程：

开梅山，梅山开自熙宁之五年。其初连峰上参天，峦崖盘嵚閟群蛮。南北之帝凿混元，此山不圮藏云烟。跻攀鸟道出荟蔚，下视蛇脊相夤缘。相夤缘，穷南山。南山石室大如屋，黄闵之记盘瓠行迹今依然。高辛氏时，北有大戎寇国中，下令购头首，妻以少女金盈斗，遍国无人有畜狗。

---

① （宋）李焘：《续资治通鉴长编》，卷二四五，熙宁六年（1073年）六月癸亥条，作“丁七万九千八十九丁”。

② 蔡君，名蔡奕，或作蔡煜。

③ （宋）刘挚：《忠肃集》，卷十二。

厥初得之病耳妇，以盘覆瓠化而走。堪嗟吴将军，屈死犷犷口。帝皇下令万国同，事成违信道不容。竟以女妻之，盘瓠乃负走逃山中。山崖幽绝，不复人迹通。帝虽悲思深，往求辄遇雨与风。更为独力之衣短后裾，六男六女相婚姻。木皮草实五色文，武溪赤髀皆子孙。侏离其声异言语，情黠貌痴喜安土。自以吾父有功母帝女，凌夷夏商间，稍稍病侵侮。周宣昔中兴，方叔几振旅。春秋绝笔逮战国，一负一胜安可数。迩来梅山恃险阻，黄茅竹箭霪雾雨。南人颠踣鯱溪弩，据关守隘类穴鼠。一夫当其厄，万众莫能武。欲知梅山开，谁施神禹斧。大使身服儒，宾客盈幕府。檄传傜初疑，叩马卒欢舞。坦然无障塞，土石填溪渚。伊川被发祭，一变卒为虏。今虽关梁通，失制后谁御。开梅山，开山易。防猺难，不如昔人闭玉关。

上述记载从史、文、诗三方面较为集中地反映了“开梅山”的全过程。其他记载颇多。如，《宋史·神宗本纪》卷十五载：熙宁五年（1072年）十一月，

章惇开梅山，置安化县。

《宋史·刘元瑜传》卷三〇四载：刘元瑜知潭州，

瑶人数为寇，元瑜使州人杨谓入梅山，说酋长四百余人出听命，因厚犒之，籍以为民，凡千二百户。

《宋史·章惇传》卷四七一载：

辰州布衣张翘亦言，南、北江群蛮归化朝廷。遂以事属。……惇竟以三路兵平懿、洽、鼎州。以蛮方据潭之梅山。

同治《益阳县志·武备》卷十一载：

神宗熙宁六年（1073年），湖南转运副使蔡煜等收复梅山，更置县。《旧志》，熙宁五年益阳梅山蛮瑶乱，屡讨不服，乃遣章惇访察湖南。惇至，遣人谕降之。

《楚志》梅铜随吴芮之国长沙，以益阳县梅林为家，世有其地，自汉至五代皆称梅山。后为蛮王扶氏所据，溪峒环列，负险为寇。宋熙宁六年，章惇开梅山为二，以下梅山置安化县属长沙，以上梅山置新化县属宝庆。

其他记载不一一列举。

从上述记载中，可将宋代开梅山的过程、方式、措施与作用归结如下：

有宋一代，从宋太祖起，即与梅山蛮接触。太平兴国年间平梅山蛮后，将梅山列为禁地，断绝关系。嘉祐后，张颉、范子奇诸人陆续提出经营开拓梅山之议。熙宁五、六年间（1072 年、1073 年），宋王朝任用章惇、蔡奕（煜）等人大规模“开梅山”。

主要采用和平方式解决。从所谓“檄谕”“谕降”“说”“厚犒”诸记载可证。史称，瑶人“争辟道路”“果大欢从”，显系溢美之词，但用以说明此举未遭到瑶人的猛烈反抗，则是可取的。

重要措施有：建邑，以下梅山置安化县（今湖南安化县东），上梅山置新化县（湖南今县名）。置寨，名武阳、关硖，即建立军事据点。设吏。籍民，得万四千八百九户，丁七万九千八十九口。画田亩，得田二十六万四百三十六亩，增赋数十万。分保伍。概言之，郡县其地，使之置于中央王朝的直接管辖下。籍其民，使之成为封建国家的编户齐民。为与汉民相区别，这些新入籍的瑶民，又被称作“新民”[①]。

作用。宋王朝开拓梅山，是熙宁“新政”王安石变法的组成部分，是其“开边”政策的体现。其作用，可分消极与积极两方面。消极作用是：宋王朝不仅采用强制行政命令的办法，迫使瑶民服从改制，并强化对瑶民的政治与军事控驭；加强对瑶民的经济掠夺，“定税”“增赋”使其遭受空前苛重的剥削。这一切，导致瑶民反抗活动的加剧，即所谓“开山易，防僚难”。并使瑶民被迫离开祖居之地，纷纷向南徙去，形成大规模的移民活动。但是，在客观上，也起了一些积极作用。其主要表现有三：一是促进生产发展。章惇在《开梅山歌》中咏道：“给牛贷种使开垦，植桑种稻输缗钱。”曾任安化知县的毛渐作《梅山颂》（刻石于安化县八里潭）：“均赐

① （宋）刘挚：《直龙图阁蔡君墓志铭》，见《忠肃集》，卷十二。

土田，贷牛种粮，教之耕犁，以衣以食，无寒无饥。”[1]使梅山瑶区从游耕经济转变为定居的农耕经济。一是促进向封建化发展。使瑶民从不受约束的化外之民变成为须向封建王朝缴纳赋税的“省民”，使其经济生活纳入封建经济轨道中。一是促进民族融合。梅山瑶民，除了南徙之外，留居的瑶民则逐渐与汉族居民混为一体。这就是后世这一地区不再成为瑶人聚居地之奥秘所在。

需指出的是，宋王朝的开边政策，从时间而言，除神宗熙宁外，徽宗崇宁时也曾再度实行；以地点而论，除梅山外，也曾行之于其他南方民族的一些地区。下面，即崇宁时在其他瑶区设置郡县之例。

据《宋史·徽宗本纪一》卷十九载：崇宁二年（1103年）正月，

知荆南舒亶平辰、沅州瑶贼，复诚、徽州，改诚州为靖州，徽州为莳竹县。

《宋史·蒋之奇传》卷三四三则载：

沅州蛮扰边，之奇请遣将讨之，以其地为徽、靖二州。

莳竹县，故城在今湖南绥宁县西南。靖州，宋初为羁縻州，后置诚州，改渠阳军，寻废州为寨，后复置城州，改靖州。

又，上已引《宋史·陈遘传》卷四四七载：蔡京启蛮瑶地，建平（崇宁开蛮地置怀远军，寻改平州，治今广西三江县北）、从（治今贵州永从镇西）、允（宋置，治今永从镇南）三州。

由于宋徽宗的腐朽统治，崇宁的开边政策已是强弩之末了。显然，它已不能与熙宁开梅山之策相提并论了。

第三节　宋代瑶族社会

宋代瑶族社会生产力得到较大程度的发展，反映在农业、手工业、交通运输业、

① （元）方回：《瀛奎律髓》。

商业诸方面。文化教育事业，有了明显的进步。与此同时，封建化过程有所加快。

一、农业与狩猎业

宋代瑶族农业发展是不平衡的。一些邻近汉区的瑶人，已有较为发达的农业，以使用牛耕、种植水稻为其主要特征。上述“一夫岁输租三斗”和“输丁米钱”的瑶人，即多属此类。至于“开梅山”后的瑶民，其农耕活动则与汉民几无差异了。

至于山区瑶民的生产活动，则仍以刀耕火种的农业为主。如荆湖北路的辰、沅、靖州山瑶，

> 焚山而耕，听种粟豆而已。①

靖州瑶，

> 靖州风物最五溪，畬田岁入人不饥。②

潭、邵间的梅山瑶，

> 人家迤逦见板屋，火耕硗确名畬田。③

沅、湘间山后诸族，

> 沅、湘间多山，农家唯植粟，且多在冈阜。每欲布种时，则先伐其林木，纵火焚之，俟其成灰，即布种于其间。如是，则所收必倍。盖史所谓刀耕火种也。④

桂阳军，

> 上或问桂水利病，将何以告欤。地爱其宝，白金不登，民无农桑，

① （宋）陆游：《老学庵笔记》，卷四。

② （宋）刘宰：《送魏华甫侍郎谪靖州》，见《漫塘集》，卷四。

③ （宋）章惇：《开梅山诗》，见《舆地纪胜》，卷五九，《荆湖北路·宝庆府·诗》。

④ （宋）张淏：《云谷杂记》，卷四。

又变而为两税，刀耕火种，与盘民之族为伍。[①]

静江府桑江寨，

瑶人耕山为生，以粟豆芋魁充粮，其稻田无几。[②]

可见，辰、沅、靖州，梅山，沅、湘间，桂阳军以及广西静江府等地瑶人，均多种“畲田”为生，少有水田。因此，所种多为粟、豆及杂粮等各种旱作物。即范成大《桂海虞衡志》所谓“种禾、黍、粟、豆、山芋，杂以为粮”[③]。

由于原始农业产量较低，故以狩猎业作为一种补充经济。据《太平寰宇记・四夷七・南蛮三》卷一七八载：居长沙西南黔中五溪之地的盘瓠种人，

其民皆射生而食用。

据宋陆游《老学庵笔记》卷四载：辰、沅、靖州瑶，

食不足则猎野兽，至烧龟蛇啖之。

此外，据宋周去非《岭外代答・禽兽门》卷九人熊条载：在融州，

尝有人熊日坐于瑶人之门，瑶人每投以饭，因起机心，以大木两片紧合之，中栎一杙，令两木中间。次日，人熊至，见杙而怒，跨坐，拔去杙而两木合，正害其势，乃死。

从融州瑶人能设机关捕杀人熊这类大型动物一事，可见其狩猎业的发展程度。

家畜饲养业，也相应得到发展。据宋洪迈《容斋四笔》卷十六，渠阳蛮俗[④]条

① （宋）曹彦约：《送桂阳洪守序》，见《昌谷集》，卷十四。

② （宋）周去非：《岭外代答・外国门下》，卷三。

③ （元）马端临：《文献通考・四裔》，卷三二八。

④ 本章引用渠阳蛮俗条的不少材料。因为：一是渠阳，宋置县，属今湖南靖县；而靖州为宋瑶居地，故瑶族包含在“渠阳蛮”中。二是渠阳蛮俗条最后说：“荆湖南北路如武冈、桂阳之属瑶民大略如此。”可见，洪迈认为渠阳蛮俗与瑶俗“大略”相同。

载：祭祀时，杀牛“多至十百头”。此为突出事例。

此外，已有较为简单的捕鱼业。据宋朱辅《溪蛮丛笑》痨鱼条载：

山瑶无鱼具，上下断其水，揉蓼叶困鱼，鱼以辣出，名痨鱼。

可见，瑶人已会利用有毒性植物痨鱼。但因山区条件所限，捕鱼业远比狩措业落后，从“无鱼具”一事可证。

二、山区副业

以开发山区土特产为其副业。其主要记载有：

1. 竹木

瑶区多竹林。据《舆地纪胜》卷五六，永州条载：

白水场，在祁阳县（今祁阳县西）西四十里，掌竹征。霸国时税竹四十余万竿，以备战船缆索。国朝黄河桥索亦出于此。

从宋代黄河桥索来自湖南瑶山，可见其竹质地之优良。

瑶区也是木材重要产地。据同治《桂阳直隶州志》卷二三，洞瑶条载：

及神宗时，工部郎中徐的复讨平华阴水头诸洞蛮，自后瑶地入官矣。故徽宗时度湖南瑶地材木供营运。

可见，宋统治者采伐瑶地木材供营造用。又，据《岭外代答》卷八载：

沙木与杉同类，尤高大，叶尖成丛穗，小与杉异。瑶峒中尤多。劈作大板，背负以出，与省民博易，舟下广东，得息倍称。

沙木为优良的建筑和制造器物的材料，故为内地人所重。

2. 滑石

据《桂海虞衡志·志金石》滑石条载：

桂林属邑及瑶峒中皆出。有白、黑两种，功用相似。初出如烂泥，见风则坚。又谓之冷石。土人以石灰污壁，及未干时以滑石末拂拭之，光莹如玉。

又，《岭外代答·金石门》卷七载：

静江瑶峒中出滑石，今《本草》所谓桂州滑石是也。滑石在土，其烂如泥，出土遇风则坚。白者如玉，黑如苍玉。或琢为器用，而润之以油，似与玉无辨者。他路、军颇爱重之。桂人视之如土，织布粉壁皆用，在桂一斤直七八文而已。

可见，静江瑶峒中出滑石，可作饰器、织布、粉壁之用，为外地所爱重。甚至，成为向宋王朝进献的贡品。[①]

3. 辰砂

宋祝穆《方舆胜览》卷三〇对辰砂产地之来龙去脉及炼取之法均做了说明：

辰砂不出于辰。辰砂本出麻阳县（治今麻阳西南），及开山洞为锦州（治所在当时的麻阳），今隶沅州，不属辰也。其地产丹砂，而砂井之名有九，皆在瑶僚窟穴之中。而锦之旧城，犹在焉。遇岁寒，僚以薪竹燔火爆石以取之，时出与土人贸易。不知者，以辰砂为辰所出也。

又，《溪蛮丛笑》辰砂条也有“辰锦砂最良，麻阳即古锦州”之载。换言之，辰砂原来并不出自辰州，而出自麻阳县；该县，唐割属锦州，宋则隶于沅州。产丹砂之地，则“皆在瑶僚窟穴之中”。

4. 金

据《溪蛮丛笑》丝金条载：

沙中拣金。又出于石，碎石而取者，色视沙金为胜。金有苗路夫匠识之，名丝金。

又，宋吴潜《应诏上封事条陈国家大体治道要务凡九事》云：

---

① （元）马端临：《文献通考·土贡》，卷二二。

金砂材木之产，皆自此（指五溪蛮瑶地）出。[1]

可见，五溪蛮瑶之人已能取金与识金。

5. 零陵香

因产于永州零陵（治今湖南零陵）而得名。据《岭外代答》卷七载，当地居民将零陵香“薰以烟火而阴干”，以加工出售。

6. 其他山货

据《桂海虞衡志》载：

瑶人常以山货、沙板、滑石之属，窃与省民博盐米。[2]

据《岭外代答》卷三载：瑶区，

地皆高山，……土产杉板、滑石、蜜蜡、零陵香、燕脂木。

总之，瑶区有沙木、滑石、辰砂、金、山货、零陵香、蜜蜡、燕脂木等丰富土产与矿产。瑶人以此与“省民”“土民”相博弈，以增加收入。

三、手工业

手工业有所发展，种类有所增加。其中主要有：

1. 工具制造业

满足瑶人生活、生产与战争诸方面的需要，尤以兵器制造业为发达。

(1) 瑶刀。始记此事者为宋人范成大。据《文献通考》卷三二八引《桂海虞衡志》曰：瑶，

儿始生，称之以铁，如其重，渍之毒水。儿长大，煅其钢以制刀，终身用之。试刀必斩牛，仰刀牛项下，以肩负刀，一负即殊者，良刀也。

明、清以后的相关记载，皆本此。可见，瑶刀制作之工与锋芒之锐。周去非则

---

① （宋）吴潜：《许国公奏议》，卷一。

② （元）马端临：《文献通考·四裔》，卷三二八。

对瑶族与其他南方诸族之刀形制的异同，做了较为详细的描述。据《岭外代答》卷六，蛮刀条载：

瑶人刀及黎刀，略相类，皆短刃而长靶。黎刀之刃尤短，以斑织花缠束其靶，以白角片尺许如鷁尾饰靶之首。瑶刀虽无文饰，然亦铦甚。左右江峒与界外诸蛮，刀相类，刃长四尺而靶二尺，一鞘而中藏二刃，盖一大一小焉，鞘之端，为双圆而相并。峒刀以黑皮为鞘，黑漆饰靶，黑皮为带。蛮刀以褐皮为鞘，全银丝饰靶，朱皮为带。峒刀以冻州所作为佳。蛮刀以大理所出为佳。瑶刀、黎刀带之于腰，峒刀、蛮刀佩之于肩。峒人、蛮人宁以大刀赠人，其小刀必不与人，盖其日用须臾不可阙。忽遇药箭，急以刀剜去其肉，乃不死，以故不以与人。

这说明：南方诸族均重刀，其特色各异。瑶刀以短刃长把、无纹饰、锋利见长，佩之于腰。瑶人终身不离刀，不仅用以防身，且为日常生活所必需。

（2）弩。瑶弩以劲大著称，为瑶人重要狩猎与作战工具。以《桂海虞衡志·志器》载：

蛮弩，诸峒瑶及西南诸蕃，其造作略同。以硬木为弓，桩甚短，似中国猎人射生弩，但差大耳。

瑶人弩，又名编架弩。无箭槽，编架而射之。

《文献通考·四裔考五》卷三二八引《桂海虞衡志》载：瑶，

弩名偏架弩，随跳跃中，以一足蹶张，背手傅矢，往往命中。

《岭外代答·器用》卷六载：

蛮弩。凡蛮瑶之弩，状如中都之吃笪弩，盖不能弯弓，而皆能踏弩也。以燕脂木为之，长六尺余，厚二寸，博四寸许。其长三尺余，厚止半寸，不划箭槽，编架其箭于栝，故名曰编架弩。其箭，剡竹为之，或用小圆竹，而皆有弩之箭户，镞如凿，或如凫茨叶，以软皮为羽。利于射高，而不可以俯射，则弓易软，矢易钩，非良材也。宜州、南丹等及邕州左右江之诸峒西南旧弩，其制作略同，其弓材则良矣。唯南丹弩，弓材为绝佳。盖南丹弩弓，其材有五。加木，上也；石木，次也；黄速檽，又其次也；燕脂木为下矣。射愈近而激矢愈远，无末约之弊，故名曰加。石木，肤理沉黑、坚类铁石。黄速檽，发矢，声铿然也，视燕脂木则力同，而矢远倍之矣。余尝闻吃笪小弩之利，材之良，与夫抹弦、掇，攊矢撅矢之技，颇臻乎巧。及闻静江瑶人弩劲甚，夫无空发，古县之民，一闻虚弦之声，率皆奔溃。因见蛮弩即吃笪之大者耳。

《岭外代答·器用》卷六，黎弓条又载：

诸瑶皆以弩为长技，唯南黎人以弓为长技。

宋洪迈《容斋四笔》卷十六，渠阳蛮俗条载：

弩则傅矢于弦而偏架之，谓之偏架弩。其利侔中土神劈弓，虽暑湿亦可用。

宋朱辅《溪蛮丛笑》载：

山瑶潜出省地，茅苇中射弩夺物，机不许虚发，名坐草。

综上所述，可见诸瑶善制弩与用弩。瑶弩又名编（偏）架弩，其突出特点是：编架置弩；形制较大；使用以足踏弓之法；射力猛而远，杀伤力强；适于南方暑湿环境使用；便于伏击。

（3）药箭。为增强弩的杀伤力，往往涂毒汁以矢。故《岭外代答·器用》卷六，药箭条载：

溪峒弩箭皆有药。

史籍关于瑶民用药箭以抗官军事，不乏记载。如：曾孝序知潭州，道州瑶人叛，乘高恃险，机毒矢下石，官军不得前。[①]

又，陈峒起事时，

作箭簇甚盛，遣人入谿峒买毒药之可为药箭者。[②]

可见，瑶民取溪峒所产之毒药，制成药箭。药箭为瑶民富有特色的作战武器。

(4) 枪。有掉枪、标枪之名。据《文献通考·四裔考五》卷三二八引《桂海虞衡志》载：瑶，

枪名掉枪。长二丈余，徒以护弩，不恃以取胜。战则一弩一枪，相将而前。执枪者前，却不常以卫弩。执弩者只衔刀而手射之。敌或冒刃逼之，枪无所施，弩人释弩，取口中刀，奋击以救。度险，整其行列；退去，必有伏弩。

可见，枪与弩一样，是瑶人的重要武器。出于弩笨枪灵，弩为远程武器，枪宜近战，故作战时两组配合使用以求胜。又，《续文献通考》载：宋代出于蛮瑶溪峒之丁，

多可于战斗，如药箭，如标枪。皆其所长。

可见，溪峒瑶人也以标枪为所长。

(5) 铤、盾。史载，湖南蛮唐、盘二族反，以周沆为转运使。沆言：

蛮骤胜方骄，未易斗力，宜须秋冬进兵；且其地险气毒，人骁悍，善用铤、盾，北军不能确。[③]

对此，《续资治通鉴长编》卷一五八，庆历六年（1046年）二月癸亥条有相类记载。又，宋袁燮《武功大夫阁门宣赞舍人鄂州江陵府驻扎御前诸军副都统制冯公

---

① （元）脱脱等撰：《宋史·曾孝序传》，卷四五三。

② （宋）旋宿：《嘉泰会稽志·王佐传》，卷十五。

③ （元）脱脱等撰：《宋史·周沆传》，卷三三一。

（湛）行状》载：淳熙六年（1179 年），“山贼”陈峒在郴州起事，连败桂阳军临武、蓝山二县，

据崇山深谷，多施偏驾（架）弩、礌石、手炮，又有小盾，皆其长技，大军屡战不能克，湖南骚动。[①]

可见，瑶人因“善用铤、盾”，以小盾为“长技”，从而使“北军不能确”，并屡败官军。何谓“铤”，据《说文·金部》卷十四上载：“小矛也”；又，《匈奴列传》卷一一〇载：“短兵则刀铤”，《集解》释：“铤，形似矛，铁柄。”简言之，铤，即铁把短矛。至于“盾”，由藤或金属等各种材料制成。联系南方诸族的“蛮牌”为藤制品，故此处之盾当系以藤为之。

（6）甲、胄。据《容斋四笔》卷十六，记湖甫渠阳（今湖南靖县）瑶苗诸族习俗时写道：

兵器有甲、胄、标、牌、弓、弩。

标枪、牌（盾）、弓、弩，已见上述。“甲，铠；胄，兜鍪也。”[②] 即作战时所穿戴之衣帽。瑶族之甲胄，当系用皮革制成，《岭外代答》卷六称，瑶人以熊皮制甲胄即属此例。又，史实也证明，宋代瑶人在战争中确已用“甲”一类兵器。如，宋王令《西头供奉官王君（怀忠）墓志铭》载：王怀忠为潭、桂二州巡辖马递辅，攻瑶人领袖黄捉鬼等，

所夺甲、弩、枪、盾过当。[③]

可见，甲与弩、枪、盾一样，为瑶人常见兵器。

（7）马鞍。据《岭外代答·器用》卷六，蛮鞍条载：

蛮人马鞍，与中国鞍不相远。但不用鞯，唯有桥、镫、贴腿耳。桥，

---

① （宋）袁燮：《絜斋集》，卷十五。

② 《尚书·说命》传。

③ （宋）王令：《广陵先生文集》，卷二〇。

朱黑相漆如犀毗纹。镫，如半靴，藏足指其中。盖瑶人路险，马行荆棘，惧伤足也。贴腿以皮包，下亦用毡以傅马脊，后鞦镟木，为大钱数十枚珠贯而系之，如骡驴然。鞍皆大，宜于马脊，但前桥差低耳。

可见瑶人制成适于山区路险、荆棘丛生之地的具有本民族特色的“桥、镫、贴腿”。

总之，从上述瑶刀、弩、药箭、枪、铤、盾、甲、胄、马鞍的记载中可见，瑶人兵器制造业之发达。从此也可理解，史称“盘瓠余种”“其兵器与中国等”[①]的原因所在。因兵器制造业是一门综合手工业，故从中可见金属、木、竹、皮革、漆等制造业的发展水平。其中，兵器制造业与金属冶炼锻造业关系最为密切。据载：

麻溪（今湖南新化县境）峒民业铸兵鬻盐者，官穷治群捕，因相聚为逆，多杀伤官军。[②]

刀之铁尤良。[③]

锻造钢以制刀[④]。

从瑶峒民“铸兵”为业者聚众反抗官军一事，说明金属工匠阶层人数之多；从良铁、锻钢两事，说明瑶人冶炼锻造水平之高。

2. 纺织业

从湘粤瑶人聚居地所贡的不同丝、麻、棉制品，可见其纺织业发展之一斑。如：靖州“贡白绢”，道州“贡白纻”，郴州“贡纻”，永州、全州“贡葛”[⑤]，[③]韶州“贡绢”，连州贡“苎布”[⑥]。又，从“不阑带”的记载，可见包括瑶人在内的五溪蛮的织品具有浓郁的民族特点。据宋朱辅《溪蛮丛笑》不阑带条载：

蛮女以织带束发，状如经带。不阑者，斑也，盖反切语。

---

① （宋）方穆：《方舆胜览》，卷三一，靖州条引《图经》。

② （宋）叶适：《徐文渊墓志铭》，见《水心集》，卷二一。

③ （宋）洪迈：《容斋随笔》，卷十六，渠阳蛮俗条。

④ 同③。

⑤ （元）脱脱等撰：《宋史·地理志四》，卷八八。

⑥ （元）脱脱等撰：《宋史·地理志六》，卷九〇。

3. 印染业

与纺织业的发展相适应，瑶人的印染技术，尤其是蜡染工艺已得到高度发展。据《岭外代答·服用》瑶斑布条载：

> 瑶人以蓝染布为斑，其纹极细。其法以木板二片，镂成细花，用以夹布，而镕蜡灌于镂中，而后乃释板取布，投诸蓝中。布既受蓝，则煮布以去其蜡，故能成极细斑花，炳然可观。故夫染斑之法，莫瑶人若也。

又，《溪蛮丛笑》点蜡幔条载：

> 溪峒爱铜鼓，甚至金玉，模取鼓文，以蜡刻板印布，入靛缸渍染，名点蜡幔。

从中可见：其一，“染斑之法”与“点蜡幔”的具体过程与图案大致做法是，用蜡在白布上画花纹，浸入靛缸染色，煮布后，脱去蜡现出蓝底白花。其二，瑶人的蜡染法，在宋代已达到很高水平，故有“夫染斑之法，莫瑶人若也”之誉。需指出的是，后世瑶族及苗、布依、仡佬诸族闻名中外的蜡染法，即由此发展而来。

四、交通运输业

为适应山居特点，陆上运物多采用背负之法。这不失为瑶族及其他山居民族的一种创造。其负物工具名“背笼”。此法，早在宋人陆游的《老学庵笔记》卷四中，就有记述：辰、沅、靖州蛮，

> 其负物则少者轻，老者重，率皆束于背，妇人负者尤多。

最早言明瑶人此俗者为宋人范成大。据《文献通考·四裔考五》卷三二八引《桂海虞衡志》载：瑶人

> 岭蹬险厄，负载者悉著背上，绳系于额，偻而趋之。

续记瑶人此俗者为宋人周去非。据《岭外代答》卷三载：

地皆高山，而所产乃辎重，欲运致之，不可肩荷，则为大囊贮物，以皮为大带，挽之于额，而负之于背。虽大木石，亦负于背。

最早记“背笼”之名者，则为宋人朱辅。据《溪蛮丛笑》背笼条载：五溪蛮，

负物不以肩，用木为半枷之状，箝其项，以布带或皮系之额上，名背笼。

概言之，宋代瑶人的运物法是：头上套绳，下用背架负物，即所谓“挽之于额，而负之于背”是也。

瑶人还就地取材，广泛使用独木舟，作为水上交通运输的主要工具。如，《溪蛮丛笑》：五溪蛮，

蛮地多楠，有木皮大围者，刳为舟，名独木舟。

此为宋代包括瑶族在内的五溪蛮使用独木舟之例。

五、商　业

宋代瑶族社会，虽然自然经济占据统治地位，但某些生活必需品也较为紧缺；同时，山货为汉区所需，两者经济带有互补性。因此，贸易有所发展。宋郑伸《辰州风土记》云：

大抵辰当沅、靖诸蛮咽喉出没之地。内可以控诸蛮，而外为武陵障蔽。诸蛮不由此，则商贩不通；武陵不得此，则诸蛮不通。虽欲高枕而卧，不可得也。[①]

由此可见，通“商贩”对瑶区的重要性。瑶区最缺的食品为盐，故诗人有“何物爽口盐为先”[②]之说。由于缺盐而引起大脖子病，此即宋吴师厚《梅山十绝句》中所谓“溪水供餐瘿项粗”，可证瑶人对盐需求之殷。因贩盐获利甚丰，故有的瑶民

① （宋）祝穆编撰：《方舆胜览》，卷三〇，《辰州》。

② （宋）王象之：《舆地纪胜》，卷五九，《荆湖南路·宝庆府·诗》。

打破官府垄断、以偷贩盐为业，所谓“盗贩盐”、业“鬻盐者”即是。又由于生产力低下造成粮食不足，故史有“瑶人与省民博盐米”之说。概言之，瑶汉交易的主要货物为以土特产换取盐、米。

值得注意的是，上述宋代设在瑶区的城寨等军事据点，逐渐形成发展为商业市镇，成为商贾往来、生意兴隆之地。据载：靖州渠阳寨，

兵民屯聚，商贾出入，金钱盐币，贸易不绝。夷人由此致富。[①]

这是渠阳寨的瑶苗各族“夷人”因从事商品生产和交换而“致富”的突出例证。这表明，宋代有的瑶区也并非人们想象的那么闭塞。

六、阶级关系

随着生产力的不断发展，封建王朝势力的日益深入瑶区与汉瑶之间的频繁接触，加速了瑶族社会的封建化过程与阶级对立关系的发展。

1. 土官统治

宋王朝任用瑶人首领为官。如上述，计有首领、峒主、头角官、团长；土丁都头、防遏使、指挥使、都指挥使、巡检使、团练使、云麾将军、右千牛卫将军；州推官、州刺史；三班借职、三班奉职、殿直等各种名号。他们凭借宋王朝所赋予的权势，对内统治瑶族人民。

瑶官握有对瑶民的生杀予夺之权。据宋洪迈《容斋四笔》卷十六载：靖州、武冈、桂阳之属瑶民，

蛮首自称曰官，谓其所部之长曰都幞，邦人称之曰土官。……男丁受田于酋长，不输租而服其役。有罪则听其所裁，谓之草断。

可见，瑶民对土官，无论在经济方面抑或在人身方面都存在着依附关系。

2. 土地私有制的出现

邻近汉区瑶人，有的甚至质典或购买汉区土地。据载：乾道八年（1172年），

① （宋）苏辙：《栾城集》，卷四四，《论渠阳蛮事札子》。

“臣僚言：溪峒之民，往往于洞外买省地之田以为己业，役省地之民以为耕夫，而岁以租赋输之于官。……遂致其田多为溪峒所有，其民多为溪峒所役”。为此，宋廷曾先后规定：瑶人等溪峒之民，“毋得于省地创置产业”[①]，“自今不许省氏将田产典卖与瑶人”[②]。可见，“熟瑶”地区的地主经济已有了一定程度的发展。

3. 贫富分化

如上引《文献通考·四裔考五》卷三二八载：

每遇饥岁，则籴粟以赈其困乏，瑶人莫不感悦而听其言。

可见，瑶人中的土豪因富有而取得使多数瑶人服从自己的特殊地位。

4. 雇佣与借贷关系

这以《溪蛮丛笑》骨债条所载富有代表性：

或以佣而亡，或以债而死，约牛牲若干偿还，其名曰骨债。

5. 劳役关系

上述受田于酋长而“服其役”，是劳役地租的典型表现。又，据《宋史·蛮夷列传二》卷四九四载：武冈军溪峒义保，因征敛百出，

困苦不胜，乃举其世业，客依蛮峒，听其繇役。

这也是劳役地租的一种表现形式。为补充瑶人劳动力之不足，瑶首甚至招募汉人为之服役。如：梅山瑶人，

国朝有厉禁，制其耕垦出入，然岁久公然冒法，又稍招萃流浪。

6. 阶级对立加剧

如上述《宋史·李师中传》卷三三二载，瑶首因追捕逃亡者（“蛮瑶申绍泰入

① 均见（清）徐松辑：《宋会要辑稿》，蕃夷五之九九。

② （元）马端临：《文献通考·四裔考五》，卷三二八。

追亡者”）而不惜酿成使仁宗为之震动的入侵事件。可见瑶人内部矛盾对立的尖锐。

与封建关系相适应的是对私有财产贪婪欲望的增长，这样，就产生了瑶族内部的财产纠纷，乃至各峒之间的掠夺战争。对此，《容斋随笔》卷十六有代表性的记述。

凡贸易之逋，甲不能偿则掠乙以取其直，谓之“准拏”。长少相犯，则少者出物，谓之“出面”。言语相诬，则虚者出物，谓之“裹口”。田丁之居峭岩重阜，大率无十家之聚。遇雠杀则立栅，布棘以受之。各有门款，门款者谓言伍藉也。借牛綵于邻洞者，谓之泄门款。方争时，以首博首，获首一二则溃去，明日复来，必相当乃止。欲解仇，则备财物以和，谓之“陪头暖心”。战之日，观者立其傍，和劝之官虽居其中，不敢犯也。败则走，谓之上坡，志在于掠而不在于杀，则震以金鼓而挺其一隅，纵之逸，谓之“趖”。败者屈而归之，掠其财而还其地，谓之“入地”。

此中“准拏”，《溪蛮丛笑》作“准把”。其中云：

互市逾约，价偿未足，则劫去省民，或甲以乙代，名曰准把。

以上记载表明：其一，人与人之间的关系，即所谓“准拏（准把）”“出面”“裹口”，均用财物关系来替代与解决。其二，峒与峒之间的关系，不纯是原始的血族复仇制，而是深深地打上了财产关系的印记。所谓“陪头暖心”“趖”“入地”，其要害均“在于掠而不在于杀”。

瑶首不仅对瑶民本身，而且还扩及汉区掠夺财富。宋王朝与瑶人之间的战争，除了大量瑶民反抗活动外，毋庸讳言，也有少量是瑶首为掠夺而引起的。如宣和中，张运调任职县丞，摄县令，

县与诸僚接壤，因俗为治，吏民安之。临武寇，与诸僚合，大剽掠，远亲率兵擒之。①

① （元）脱脱等撰：《宋史·张运传》，卷四〇四。

据宋李埴《皇宋十朝纲要·高宗纪》卷二四载：绍兴十五年（1145年）十月，武冈军洞瑶人杨再兴父子，

归省地民田六千四百余亩。

宋李心传《建炎以来系年要录》卷一五四，则作“还省地及民田共六十余亩”。又，宋曾巩《陈世卿神道碑》载：陈世卿为荆湖北路转运使，

诸蛮夺澧旁边耕守，数纵兵入盗，积十余岁，莫能却。公（世卿）至，诸蛮畏悦，皆还就溪峒，而归故所掠地与人。[①]

上述记载表明，瑶首曾驱使瑶民入扰汉区，掠夺土地、劳力与财富。需要附及的是，商人积累有大量财富，故瑶首的攻击目标又往往集中指向汉商。据《续资治通鉴长编》卷十八，太平兴国二年（977年）闰七月甲寅条载：

梅山峒蛮左甲首领苞汉阳、右甲首领汉陵等率众劫掠商人。上屡遣使指谕，寇暴讫不止，乃命客省使翟守素发潭州兵往击之。

清同治《江华县志·瑶峒》卷十二，有相类内容的记载当袭自此。概言之，上述诸种掠夺行为，正是瑶族社会封建化过程中所伴随的一种必然现象。

瑶首还与汉族官吏、豪富相勾结。由于两者均为剥削阶级，为了某种共同的阶级利益，彼此相互串通。据《续资治通鉴长编》卷十八，太平兴国二年（977年）八月癸亥条载：苞汉阳、汉陵拒命，翟守素进兵平之。

先是潭、邵等州大吏、富人多与汉阳交通，既而得其书讯数百封，守素尽焚之，反侧以安。

从梅山蛮首苞汉阳与汉族大吏富人“交通”一事，可见瑶首之政治与经济实力。

从瑶官的特殊政治地位与拥有广泛权力，从瑶区的土地私有、贫富分化、雇佣与借贷关系、劳役关系、阶级对立、人身依附关系，从瑶首对瑶民乃至汉民的掠夺

① （宋）曾巩：《元丰类稿》，卷四七。

行为诸方面，均可证，宋代瑶族社会已确立了封建生产关系。

需要指出的是，上述社会状况主要是指邻近汉区的“熟瑶”区而言。就处于偏僻之地的广大“生瑶”区而论，则尚处于原始社会的解体阶段，还保存着较为浓郁的原始社会遗迹。这是瑶族社会历史发展不平衡的体现。

七、社会组织与姓氏

宋代瑶人的社会基层组织主要为峒。瑶人聚族姓而居，在族姓的基础上而形成峒。峒的大小不一，有的“一峒所聚已二千余人”①。但一般尚未形成较为强大的联盟,“蛮瑶散漫山谷,不能群聚”②,“不能君长”“各为酋长”③,反映了这一历史事实。瑶人的“散漫”状态，没有统一的领导，不能统辖，正是导致瑶人反抗活动失败的重要内在原因。兹将载诸册籍的宋代瑶族姓氏，列表如下：

表 7–1　载诸册籍的瑶族姓氏表

姓　名	出　处
“湖南瑶杨再光”	《宋史·徽宗本纪二》卷二〇
武冈瑶人杨再兴及其子杨正修、杨正拱	《宋史·高宗本纪八》卷三一
“靖州瑶人姚明教”	《宋史·孝宗本纪二》卷三四
“蛮瑶申绍泰”	《宋史·李师中传》卷三三二
“辰州瑶人秦再雄”	《宋史·蛮夷列传一》卷四九三
桂阳监蛮瑶首领邓文志、黄文晟、黄士元	《宋史·蛮夷列传二》卷四九四
桂阳监蛮瑶首领唐和、盘知谅、房承映、承泰、文运	同上
瑶蛮梁牟等	同上
“梅山峒蛮左甲首领苞汉阳，右甲首领汉陵”	《续资治通鉴长编》卷十八，太平兴国二年（977 年）闰七月甲寅条

① （宋）李焘：《续资治通鉴长编》，卷一四七，庆历四年三月甲戌条。

② （宋）李焘：《续资治通鉴长编》，卷三四五，元丰七年五月己酉条。

③ （宋）祝穆：《方舆胜览》，卷三〇、卷三一。

续表

姓　名	出　处
山瑶魏进武	《续资治通鉴长编》卷八一，大中祥符六年（1013年）十月丁亥条
“梅山蛮桀黠者付三等”	《续资治通鉴长编》卷二三八。熙宁五年（1072年）九月丁卯条
“瑶人柳踏雪等三人”	《续资治通鉴长编》卷二八九，元丰元年（1078年）五月己丑条
邵州“扶竹水山瑶梁义”	《续资治通鉴长编》卷二九〇，元丰元年（1078年）六月癸卯条
“南丹州瑶潘美、袁枨”	《续资治通鉴长编》卷四六八，元祐六年（1091年）十月己酉条
“郴州黑风峒瑶人罗世传”	《宋会要辑稿》蕃夷五之六八
永平蛮瑶首杨正道、杨率	《郴州张使君钢墓志铭》载《文忠集》卷七四
瑶人徐绍夔	《古今图书集成》卷一三九四，广东瑶壮蛮僚汇考
宜章峒民骆科、欧幼四、李金、陈洞	参见同治《桂阳直隶州志》卷二三，洞瑶条

可见，宋代瑶人姓氏有杨、姚、申、秦、邓、黄、唐、盘、房、苞、魏、付、柳、梁、潘、袁、罗、徐、骆、欧、李、陈诸姓。从史有“湖南蛮唐、盘二族冠暴”[①]，“正蛮黄、邓”[②]，“莫瑶诸唐据湖南山溪”[③]之说，可证唐、盘、黄、邓为当时瑶族大姓。

八、日常生活

宋瑶多山居。史称：莫瑶，“山林险恶，巢穴深远”[④]。瑶人，“生深山重溪中”[⑤]。

① （元）脱脱等撰：《宋史·周沆传》，卷三三一。

② （宋）李焘：《续资治通鉴长编》，卷一四七，庆历四年（1044年）三月甲戌条。

③ （宋）黄庭坚：《陶君（弼）墓志铭》，见《豫章文集》，卷二二。

④ （宋）欧阳修：《再论湖南蛮贼宜早招降札子》，见《欧阳文忠公文集》，卷一〇五。

⑤ （宋）范成大：《桂海虞衡志·志蛮》。

蛮瑶，“挟山阻谷，依林积木以为之居，人迹罕至”①。

宋瑶社会处于封闭性的自给自足的自然经济。“自耕而食，自织而衣”②，是较富代表性的“山瑶”社会。因社会生产还较落后，若遇上自然灾害，则难于维持最低生活水平，往往以树皮草根充饥。据《溪蛮丛笑》沤榔条载：

牛榔木多浆，苗瑶岁饥阙食，则先以火窖地，掘根置窖中，压以石头，用火沤热，捣作饼饵，名沤榔。

此为荒年用窖沤熟牛榔木根捣作饼食之例。甚至出犯省地，以求生存。如：《续资治通鉴长编》卷四六九，元祐七年（1092年）春正月甲申朔条载：

永州蛮瑶因乏食，出没剽劫。

《文献通考·四裔考五》卷三二八，引《桂海虞衡志》：

山谷间，稻田无几。天少雨，稑种不收，无所得食，则四出犯省地，求斗升以免死。

《岭外代答·外国》载：瑶人

年丰则安居巢穴。一或饥馑，则四出扰攘。

这均表明，宋代瑶人过着颇为困苦的生活。

居住条件简易。据《溪蛮丛笑》载：

山瑶穴居野处，虽有屋以庇风雨，不过剪茅叉木而已，名打寮。

又，宋吴师厚《梅山十绝句》咏道：“板屋依岩不论时。”总之，“打寮”或“板屋”，均只聊蔽风雨而已，这与游耕生产的不稳定性是相适应的。

日常用器较原始。表现为：一是缺乏床上用品。如，《溪蛮丛笑》载：

---

① （宋）祝穆：《方舆胜览》，卷三〇，辰州条。

② （宋）马子严：《岳阳甲志》。

瑶佬睡不以床，冬不覆被。用三叉木支阔板，旁然骨柮火炙背，终夜不绝。火透则易板，盖以板之易得也。以展转之意，名骨浪。

又，宋吴师厚《梅山十绝句》中有“木皮作席三冬暖”之句。均可见卧具之简陋。

一是食具就地取材。据《桂海虞衡志·志器》载：

竹釜。瑶人所用。截大竹筒以当铛鼎，食物熟而竹不熠，盖物理自尔，非异也。

这也是瑶人多用竹制品之一突出事例。

衣饰。宋代瑶人已有别具一格的服饰，册籍对此多有记载。如，《容斋随笔》卷十六载：渠阳蛮俗，

酋官入郭则加冠巾，余皆椎髻，能者则以白练缠之。……人徒跣，不识鞋履。以银、锡或竹为钗，其长有咫。通以班细布为之裳。

《老学庵笔记》卷四载：辰、沅、靖州蛮，

男未娶者，以金雉羽插髻；女未嫁者，以海螺为数球挂领上。

《文献通考·四裔考五》卷三二八，引《桂海虞衡志》载：介于巴蜀、湖广间瑶人，“衣斑斓布褐”。

《岭外代答·外国》卷三载：

桑江寨瑶人，椎髻临额，跣足带械，或袒裸，或鹑结，或斑布袍裤，或白布巾。其酋则青巾紫袍，妇人上杉下裙，斑斓勃窣。惟其上衣斑文极细，俗所尚也。

宋郑伸《桂阳志》：“峒瑶斑斓其衣。”《方舆胜览》卷二六载：“峒瑶斑斓其衣。”同籍卷三〇载：盘瓠裔，“衣服斑斓”。同籍卷四一载：融州瑶人，预圣节锡宴，“皆椎髻阘衣，以青红染纻，织成花缦为服”。

概言之，瑶人的民族服饰在宋代已形成，并一直影响后世。其主要特点是：椎髻，跣足。男子喜以鸡羽为髻饰。喜盛装，以银、锡、海螺诸物为饰。服色习“斑

斓”，此衣彩衣之俗与发达的印染业有关；也尚白，可见后世白裤瑶的出现是有其历史根源的。此外，瑶官进城“则加冠巾”，这是受汉服影响的突出表现。

需附加说明的是，有的学者认为：宋代已出现以箭杆为头饰的一种特有的瑶族文化现象。我国台湾学者李荣村《宋元以来湖南东南的瑶区》[①]一文写道：

> 《宋会要辑稿》食货七〇之一六七载：“（宋仁宗嘉祐四年）十月，赦书：湖南郴、道、永州，桂阳监及衡阳茶陵县夏、秋二税外，每丁别纳钱、绢、米、豆、药物。箭杆者、无业者，予尽除；有业者，予减半。自今进丁，更不添纳。”
>
> 荣村按：宋会要稿里所指的“箭杆者”，应是指箭杆瑶即箭瑶；因由此一箭杆等头饰所构成的文化丛，为今瑶族妇女头饰上的一套最重要的特征。

笔者以为：“箭杆者”是以箭杆为饰的箭瑶之说，因无确证，未能完全定论，但不失为一合理的假设与推断。录以备考。

九、教育事业

宋代瑶族教育事业有了较大的发展。同治《桂阳直隶州志》卷二六，《洞瑶》赞曰：“射雁唐世，就学宋朝。”概括地反映了宋代瑶族社会的重大变化。需加强调的是，峒瑶“遣子入学”[②]，这是值得称颂的一种进步历史现象。

宋代瑶民子弟入学增多，是瑶族社会历史发展，瑶、汉交往日增的必然结果。此外，与宋王朝注重民族教育也不无关系。对此，可谓史不绝书。其中主要记载有：

熙宁八年（1075年）三月，沅州奏：

> 比建州学，今听读者已多。乞赐国子监书，庶一变旧俗，皆为礼义之民。[③]

---

① 李荣村：《宋元以来湖南东南的瑶区》，见台湾宋史座谈会编：《宋史研究集》，第八辑，台北，中华业书编审委员会，1976。

② （宋）祝穆编撰：《方舆胜览》，卷二六，桂阳军条。

③ （宋）李焘：《续资治通鉴长编》，卷二六一。

淳熙元年（1174 年）四月，

许桂阳军溪峒子弟入州学听读。[①]

淳熙八年（1181 年）四月，

立郴州宜章、桂阳军临武县学，以教养峒民子弟。[②]

朱熹知潭州，

会洞僚扰属郡，熹遣人谕以祸福，皆降之。申敕令，严武备，戢奸吏，抑豪民，所在兴学校，明教化，四方学者毕至。[③]

知桂阳军赵崇度说：郴、桂诸峒瑶人，

赋性悍彪，在位者无以化服其心，故易为乱。奏请命郡教授选士之有学行者二人，以《孝经》《论》《孟》授峒子弟。每三岁，上其能通习者，郡以礼延召旌异之。如此三十年，诸峒皆将化为衣冠之俗，谁肯自弃子贼。[④]

陈傅良云：

臣伏见前后臣僚屡言，郴、桂之间宜兴学校以柔人心，寻准淳熙八年（1181 年）八月二十一日敕命文三省同奉圣旨依体户部勘会事理施行，行于本路于郴之宜章、本军临武二县创建县学，所以劝奖风厉，条目甚备。仰见睿明旁烛幽照，欲使边氓同被文化。……诱进义社豪民或边峒子弟孙侄入学听读。[⑤]

---

① （元）脱脱等撰：《宋史·孝宗本纪二》，卷三四。

② （元）脱脱等撰：《宋史·孝宗本纪三》，卷三五。对此，《宋大诏令集》卷一五七则载：“辅臣进呈湖南安抚转运司申：郴州宜章县、桂阳军临武县，虽与溪峒接境，实国家省民，欲重恢乡村，招诱溪峒子弟入学训导。”北京，中华书局，1962。

③ （元）脱脱等撰：《宋史·朱熹传》，卷四二九。

④ （宋）真德秀：《提举吏部赵公（崇度）墓志铭》，见《真文忠公文集》，卷四三。

⑤ （宋）陈傅良：《桂阳军乞画一状》，见《止斋集》，卷十九。

新化县儒学，在县治东。自宋熙宁开梅山，建学于邑之西南。[①]

宋元丰时，白壁仕瑶壮居地的郁林太守

曾请当道建学育才，郡人始渐进文化。[②]

翟卷石，宋嘉定后任瑶人居地泷水判官，

泷俗初不知书，石尽捐俸延师立塾，教以孝弟文章，督课殆无虚日，俗为之丕变焉。[③]

上述史、集、志材料表明：宋代重视在瑶区兴办州、县诸学，“以教养峒民子弟”“诱近边峒子弟孙侄入学听读”。但需指明两点：一是宋王朝兴学的目的，在于维护其在民族地区的统治地位。所谓“以化服其心”“以柔人心”，使之弃乱从治可证。一是对宋王朝兴学的成效不能估计过高。上引陈傅良《桂阳军乞画一状》就曾指出：

今来两县（指宜章、临武）虽各有学，然而无训导之官，无供亿文具，名存实亡。……所在县学，多是文具。

但无论如何，在客观上则有利于瑶区人才的培养、汉文化的传播和“旧俗”的改变。

十、文化生活

无文字，刻木为契。以《岭外代答·蛮俗》卷十所载最富代表性：

瑶人无文字，其要约以木契。合二板而刻之，人执其一，守之甚信。若其投牒于州县，亦用木契。余尝摄静江府灵川县，有瑶人私争，赴县投木契，乃一片之板。长尺余，左边刻一大痕及数十小痕于其下，又刻

① （清）黄宅中、张镇南修，邓显鹤编纂：《宝庆府志·学校》，卷三。

② （民国）《乐昌县志》，卷十八。

③ （民国）《罗定县志》，卷五。

一大痕于其上，而于右边刻一大痕，牵一线道合于右大痕，又于正面刻为箭形，及以火烧为痕，而钻板为十余小窍，各穿以短稻穰而对结绉焉。殊不晓所谓。译者曰："左下一大痕及数十小痕，指所论傩人，将带徒党数十人以攻我也；左上一大痕，词主也；右一大痕，县官也；牵一线道者，词主遂投县官也；刻为箭形，言傩人以箭射我也；火烧为痕，乞官司火急施行也；板十余窍而穿草结绉，欲傩人以牛十余头备偿我也，结绉以喻牛角云。"

这是我国详述刻木为契方法的最早记载，从而使人们对古代文献关于这一问题的记述有了具体了解，因而是相当珍贵的历史资料。

其他记载尚有：溪蛮，

刻木为符契，长短大小不等，冗其傍，多至十数，各志其事，持以出验，名木契。[①]

盘瓠余种，

其要约以木铁为契。[②]

渠阳蛮俗，

要约以木铁为契。[③]

辰州盘瓠之后，

刻木为契。[④]

融州瑶人，

① （宋）朱辅：《溪蛮丛笑》。

② （宋）田渭：《靖州图经》。

③ （宋）洪迈：《容斋四笔》，卷十六。

④ （宋）祝穆：《方舆胜览》，卷三〇。

刻木为契约，字画如梵书，不可晓。[①]

总之，上述记载表明：宋代湘、桂的靖州、辰州、静江、融州等地瑶人，均广泛通行刻木为契法。刻木为契，与瑶民处于较为原始的社会历史发展阶段是相一致的。瑶族的“木契”，已发展至相当完备的程度，可用各种不同的符号表述较为繁杂的事件（包括记事、要约、诉讼诸方面），以至外人“殊不晓所谓”。瑶族的刻木为契，在我国古代民族中是十分典型的。

计时，采用天干地支法。据宋田渭《靖州图经》载：盘瓠余种，

其计岁月，率以甲子。

这是汉瑶文化交流在历法方面的一种反映。

乐器，具有浓重的民族特色。计有芦笙、葫芦笙、竹笛、铳鼓、铜鼓等。主要记载如下：

《岭外代答·乐器》卷七，瑶乐器条所载较为集中而详尽：

瑶人之乐，有卢沙、铳鼓、胡卢笙、竹笛。卢沙之制，状如古箫，编竹为之，纵一横八，以一吹八，伊嘎其声。铳鼓，乃长大腰鼓也，长六尺，以燕脂木为腔，熊皮为面。鼓不响鸣，以泥水涂面，即复响矣。胡卢笙，攒竹于瓢，吹之呜呜然。笛，韵如常笛，差短。

又，《桂海虞衡志·志器》载：

卢沙。瑶人乐。状类箫，纵八管，横一管贯之。

胡卢笙。两江峒中乐。

铳鼓。瑶人乐。状如腰鼓，腔长倍之，上锐下侈。亦以皮鞔，植于地，坐拊之。

铜鼓。古蛮人所用。南边土中时有掘得者。相传为马伏波所遗。其制如坐墩而空其下，满鼓皆细花纹，极工致，四角有小蟾蜍。两人舁行，

① （宋）祝穆：《方舆胜览》，卷四一。

以手拊之，声全拟鞞鼓。

《溪蛮丛笑》载：

葫芦笙，潘安仁《笙赋》曲沃悬匏，汶阳孤篠，皆笙之材。蛮所吹葫芦笙，亦匏、篠余意，但列管六，与《说文》十三簧不同耳，名葫芦笙。

铜鼓。蛮地多古铜。……麻阳有铜鼓，盖江水中掘得，如大钟，长箭三十六乳，重百余斤，今入天庆观。……鼓尤多，其文环以甲士，中空无底，名铜鼓。

宋田渭《靖州图经》载：盘瓠余种，

其乐器有愁笛、壶笙。

宋沈辽《踏盘曲》载：

湘水东西踏盘去，青烟白雾将军树。社中饮酒不要钱，乐神打起长腰鼓。女儿带环着缦布，欢笑作郎神作主。明年二月近社时，载酒牵牛看父母。

此为以长腰鼓娱神之例。宋吴帅厚《梅山十绝句》咏道：

迎神欲击穿堂鼓。

此“穿堂鼓”，即高脚堂鼓。

换言之，卢沙，即芦笙，用六管竹管制成，此即“列管六”之谓。葫芦笙，别作“壶笙”，其与芦笙的主要区别在于：增添葫芦（所谓“瓢”）作共振器，以加强共鸣的音响效果。竹笛，别称“愁笛”，应是因其声悠扬哀怨而得名，瑶族至今仍流行此乐。铳鼓，即今长鼓。因以泥水涂鼓面，使其皮绷紧，便于打击，又名黄泥鼓。其制：腔长，两头粗中间细。瑶族至今仍盛行此特殊制法之鼓。铜鼓，范成大称“古蛮人所用”，朱辅称出此“蛮地”，联系今瑶区仍嗜此乐，可证“古蛮人”也包含瑶族先民在其中。

其演奏方法，除各种乐器独奏外，还可合奏，即所谓“团乐”“合乐”。据《文献通考·四裔考五》卷三二八载：

> 乐有卢沙、铳鼓、葫芦笙、竹笛之属。其合乐时，众音竞闻，击竹筒以为节，团栾跳跃，叫咏以相之。

《岭外代答·乐器》卷七，瑶乐器条则载：

> 大合乐之时，众声杂作，殊无翕然之声，而多系竹箫以相团乐，跳跃以相之。

可见，瑶乐合奏更显雄浑（“众音竞闻”“众声杂作”）而和谐（“殊无翕然之声”）。配之以击竹为节，人群呼喊跳跃，其热闹欢乐气氛可谓别有洞天。

歌舞。瑶人喜在民族乐器伴奏下联袂起舞。中国传统舞蹈，主要依靠手、足动作。《孟子·离娄》说：“则不知足之蹈之，手之舞之。”此即“手舞足蹈”之来由。瑶族歌舞侧重“足蹈”，所谓“以足顿地为节”即是。“踏歌”“踏摇”之名，大概是因此而来。踏歌之作用主要有：

一是用以重大庆典。据《方舆胜览》卷四一载：范成大帅桂林时，

> 每岁令瑶人预圣节赐宴，除属县寨堡外，州厅几至千人列坐两庑下。……吹匏笙为乐，听之如聚蚊声，十数连袂眩转而舞，以足顿地为节。

这是在“圣节”宴会上，起舞示贺之例。

一是用以丧葬仪礼。据《溪蛮丛笑》载：

> 习俗，死亡，群聚歌舞。舞辄联手踏地为节。丧家椎牛多酿以待，名踏歌。

以歌舞送终，这是为受儒家文化熏陶的中原人士视作奇风异俗的一种表现形式。

一是用以农闲欢娱。据《老学庵笔记》卷四载：辰、沅、靖州蛮，

> 醉则男女聚而踏歌。农隙时至一二百人为曹，手相握而歌，数人吹笙在前导之。

显然，这类歌舞主要起调节生活的作用，以增添生活情趣。从其人数多达一二百人一事，可见规模之宏。

一是用以男女青年定情。据《文献通考·四裔考五》卷三二八载：瑶人，

> 十月朔日，各以聚落祭都贝大王。男女各成列，连袂相携而舞，谓之“踏摇”。意相得，则男咿鸣跃之女群，负所爱去，遂为夫妇。

此歌舞虽是在祭祀场合举行，但其参与者仅限于男女未婚青年，即所谓“于其庙前会男女之无夫家者”[①]。可见，其目的非用以祭祀，而是用以订婚。

总之，宋瑶歌舞的功能是多方面的，有庄重肃穆的，有欢快娱乐的，也有哀悼伤悲的。至于舞蹈动作，除顿足外，则辅之拉手（所谓“连袂”“联手”“手相握”均是），还带点旋（“眩转而舞”即是）。

此外，瑶舞中，尚有借助于生产工具者。据《溪蛮丛笑》“舞杴”等载：瑶佬，

> 舞杴。醉后以长柄木杴跳舞，亦有音节也。

据《玉篇》称，杴，锹属。这独具一格的“舞杴”，是舞蹈源于生产劳动的有力例证，也是宋瑶舞蹈原始性的一种表现。

歌谣。富有浓郁的生活气息，而且文辞雅致，为瑶歌主要特色。据宋陆游《老学庵笔记》卷四载：辰、沅、靖州蛮，

> 其歌有曰：“小娘子，叶底花，无事出来吃盏茶。”盖竹枝之类也。

可见，瑶人歌谣之美，自宋而然。

傩戏。据《文献通考·四裔考五》卷三二八载：

> 石湖范氏《桂海虞衡志》：“瑶……岁暮，群操乐入省地州县，扣人门乞钱、米、酒、炙，如傩然。”

“傩”，本是我国古代腊月驱除疫鬼的一种宗教仪式。据《周礼》卷二五，占梦

---

① （宋）周去非：《岭外代答·蛮俗》，卷十。

篇载：季冬，王

遂令招难（傩）驱疫。

据郑玄注：

方蒙氏蒙熊皮，黄金四目，玄衣朱裳，执戈扬盾，帅百隶为之驱疫厉鬼也。

又，《论语·乡党》卷十载：

乡人傩，朝服而立于阼阶。

可见，周代王室及民间已流行此俗。唐、宋以后，在南方民族地区出现了傩戏。此戏是在巫师“跳神”基础上发展而来的。扮演者戴假面具，伴之以歌舞演出。宋代瑶人“群操乐”，至内地向人们拜年，其形式“如傩然”，当是具有傩戏的萌芽性质。后世瑶族巫师举行仪式时，使用长鼓（铳鼓）、竹木雕或纸绘的神鬼假面具等法具，当可溯源于此。

十一、习俗与宗教信仰

1. 婚姻

（1）保留较多的原始遗俗。其主要表现有：

节日择配。如上所述，十月祭都贝大王时，瑶族未婚青年通过“踏摇”而订婚。“不由父母。其无配者，俟来岁再会。”[①] 又，《溪蛮丛笑》拕亲条载：

山瑶婚娶，聘物以铜与盐，至端午约于山上，相携而归，名拕亲。

“拕亲”与“踏摇”定情相似，婚姻是由男女青年自由做主，且均选择节日进行。需要指出的是：端午节是从汉区传入的，而祭都贝大王则为瑶族传统节日，故“拕亲”应晚于“踏摇”订婚。

---

① （元）马端临：《文献通考·四裔考五》，卷三二八。

（2）兄死弟继婚与姑舅表婚。据《容斋四笔》卷十六载：渠阳蛮俗，

凡婚姻，兄死弟继，姑舅之婚，他人取之，必贿男家，否，则争，甚则仇杀。

族外群婚制，意味着通婚集团之间的兄弟姐妹相互为夫妻；故兄弟死则妻其妻的做法，溯其源，仍可归入这一遗习的一种表现形式。至于姑家之女，舅家有优先娶取的做法，则属于舅权制遗俗的范畴。

（3）抢婚。据《老学庵笔记》卷四载：辰、沅、靖州蛮，

嫁娶先密约，乃伺女于路，劫缚以归。亦忿争叫号求救，其实皆伪也。生子乃持牛酒拜女父母。初亦阳怒却之，邻里共劝，乃受。

在世界各民族中，较为普遍地存在抢婚习俗。恩格斯《家庭、私有制和国家的起源》第四版序言写道：

这个习俗，应当是较早的一种习俗的遗迹，那时一个部落的男子确实是用暴力到外边从别的部落为自己抢劫妻子。①

瑶族的抢婚，只保存了本来意义的抢婚的外表形式。所谓“劫缚”，乃事先“密约”的戏剧性行动而已，“其实皆伪也”。它作为一种遗习，演变成了别具风格的婚俗。

与“挖亲”相联系的是“出面”婚俗。据《溪蛮丛笑》载：

挖亲之后，年生子，引妻携子归见妇家，名出面。

这是从婚后直至生子前，男女双方一直不“归见妇家”的一种奇特婚礼。此俗应含有抢婚制的遗意，殆为男方将女方“抢”来后长期“藏匿”不“出面”之故。

---

① ［德］恩格斯著，中共中央马恩列斯著作编译局译：《家庭、私有制和国家的起源》，序言，北京，人民出版社，1981。

2. 血族复仇制

恩格斯在《家庭、私有制和国家的起源》一书的“易洛魁氏族”章目中写道：

> 同氏族人必须相互援助、保护，特别是在受到外族人伤害时，要帮助报仇。个人依靠氏族来保护自己的安全，而且也能做到这一点；凡伤害个人的，便是伤害了整个氏族。因而，从氏族的血族关系中便产生了那为易洛魁人所绝对承认的血族复仇的义务。假使一个氏族成员被外族人杀害了，那么被害者的全氏族就有义务实行血族复仇。

至于宋瑶的血族复仇制，可谓史不乏书。主要有

> 瑶人仇杀，乃其常情。①

渠阳蛮俗，

> 凡仇杀虽微隙必发，虽昔衅必报，父子兄弟之亲不避也。子弟为士人者，隶于学，仇杀则归，罢则复来。②

溪蛮，

> 彼此歃血誓约，缓急相援，名门款。
> 夷性好杀，一语不合，便刺以刃，百十年必报乃已，名曰仇杀。③

蛮瑶，

> 复仇报怨，视死如归。④

桂阳军，

---

① （元）脱脱等撰：《宋史·赵希怿传》，卷二四七。

② （宋）洪迈：《容斋随笔》，卷十六。

③ （宋）朱辅：《溪蛮丛笑》。

④ （宋）祝穆：《方舆胜览》，卷三〇，辰州条。

境内二瑶，相从仇杀。[①]

南安（江西大余县）林峒，

互相仇杀，澒洞未已。[②]

总之，从瑶人仇杀，“乃其常性”，其仇“百十年必报乃已”的记载，可见瑶人的血族复仇制是相当典型的。从入学的瑶人子弟也参加仇杀一事，可见此俗之根深蒂固。

需要指出的是，此俗不仅对瑶族社会具有很大的破坏性，而且往往被统治者利用酿成自相残杀的悲剧。如，清光绪《湖南通志·名宦》载：宋人赵彦倓为湖南通判，

瑶人罗孟传反，累岁不能平。彦倓谓帅臣曰：“瑶人仇杀，乃其常情，况主断不平，是激之使叛也。能遣谍者离其党与，俾还自相雠，破之易矣。”帅从其计，遂降孟传。

对统治者存猜疑心理。据宋李曾伯《帅广条陈五事奏》云：

所谓辑约溪峒，……其实相与羁縻而已。稍有实作区画，即生猜疑。……蛮瑶环境，动生猜疑，举动稍轻，大系观听，兹不容不谨如此。[③]

可见，“动生猜疑”，主要表现为对汉族统治者的戒备心理与不信任感。其因，从根本上说来，是历代统治者长期执行民族压迫与民族歧视政策所致。

丧葬。据《溪蛮丛笑》葬堂条载：

死者诸子，照水内，一人背尸以箭射地，箭落处定穴。穴中籍以木。贫则已，富者不问岁月，酿酒屠牛，呼团洞，发骨而出，易以小函。或

① （宋）刘克庄：《后村先生大全集》，卷一六〇，《英德赵使君（必键）墓志铭》。

② （宋）陈元晋：《渔墅类稿》，卷四，《申措置南安山前事宜状》。

③ （宋）李曾伯：《可斋杂稿》，卷十七。

枷崖屋，或挂大木，风霜剥落，皆置不问，名葬堂。

此为宋瑶有葬后发骨易以小函的二次葬与将小函“伽崖屋”的岩洞葬之例。

又，调查材料载，广西南丹瑶乡发现白裤瑶岩洞葬。该葬式，少则二三副，多则三十副。骨骸较粗大。一棺有的多达七八个颅骨。传说，瑶人一家一棺，后死者揭棺放尸；或说，全家骨骼集中在一起。据文献记载，宋元以往，湘瑶大量入桂。据此推断，岩洞葬时代约在宋代。这一材料，与上述《溪蛮丛笑》所记“葬堂”大致相符。

3. 宗教信仰

宋瑶的宗教信仰是多元的据史籍记载主要有：

（1）图腾崇拜。据《文献通考·四裔考五》卷三二八载：

石湖范氏《桂海虞衡志》：“瑶……岁首祭盘瓠，杂揉鱼肉酒饭于木槽，扣槽群号为礼。”

宋郑伸《桂阳志》载：

峒瑶斑斓其衣，侏离其言，称盘王子孙。

由此可归结宋瑶崇拜盘瓠或盘王的表现有二：一是尊盘王为祖，自认为其子孙；一是每年年初均祭盘瓠，对其顶礼膜拜。

（2）英雄崇拜。如上所述，《桂海虞衡志》及《岭外代答》均有瑶人于十月聚族“祭都贝大王”的记载。在此之前，尚未见有此记载；在此之后，所载多本范、周之文。都贝大王，当是对瑶族历史的发展起过重大作用的传说人物，故瑶人将其作为英雄神祇加以供奉。

（3）祖先崇拜。据宋周必大《郴州张使君钢墓志铭》云：淳熙十五午（1188年），张钢知静州永平县（治今湖南靖县），永平蛮瑶，

俗病，屠牛祭鬼，召教以医药。[①]

《容斋随笔》卷十六，记渠阳蛮俗，

① （宋）周必大：《文忠集》，卷七四。

病不谒医，但杀牛祭鬼。

《方舆胜览》卷三〇，辰州风俗条载：瑶俗，

畏鬼神，喜淫祀。

可见，宋瑶对“鬼神”是十分敬畏的。瑶人遇上疾疫及其他灾难时，杀牛以祭，祈求鬼神保佑自己。这里所指的“鬼神”，包括祖先及其他神灵在内。

4. 巫

作为神与人之间的沟通者。史籍关于瑶族有巫的记载，宋已有之。据《续资治通鉴长编》卷一四三，庆历三年（1403 年）九月乙丑条载：桂阳监蛮瑶内寇，

初，有吉州巫黄捉鬼与其兄弟数人皆习蛮法，往来常宁，出入溪洞，访蛮众数百人，盗贩盐，杀官军，逃匿峒中。既招，出而杀之。又徙山下民他处。至是，其党遂合五千人，出……

关于“黄捉鬼”的民族成分，待考。因史籍记载中，只言明其为“吉州巫”。有的学者认为，黄捉鬼是“瑶族巫师”。笔者认为：从黄捉鬼“习蛮法”“出入溪峒”“诱蛮众”诸事，似可定黄捉鬼是瑶化的汉人。当然，也不排除是汉化的瑶人。以上记载表明：其一，巫在宋代瑶区已广为流行。瑶人利用巫的宗教形式，组织了达五千人的反抗队伍，可证。其二，巫在瑶区的盛行，与宋代道教的传入有密切关系。“捉鬼”的绰号，即带有明显的道教色彩。也可见，宋代瑶区之巫，已不纯是原始时代的巫了。

5. 卜

巫术花样繁多，占卜即其中一种。人们通过占卜以定吉凶、以决难疑。据《容斋四笔》卷十六载：渠阳蛮俗，杀牛祭鬼，

率以刀断其咽，视死所向以卜，多至十百头。

《溪蛮丛笑》例牛条载：

牛客多行桃源路，洞中占军事胜负及疾病祈禳，皆以牛用，名例牛。

可见，宋瑶流行牛卜。

6. 佛教

据《续资治通鉴长编》卷一四七，庆历四年（1044年）三月甲戌条载：谏官欧阳修言：

> 今正蛮已为邓和尚、黄捉鬼兄弟所诱，其余山民莫瑶之类，亦皆自起而为盗。

又，欧阳修《再论湖南蛮贼宜早招降札子》中也有“邓和尚”之名。“邓和尚”，当系邓文志；唐和，又称“唐和尚”[①]。邓和尚、唐和尚，为庆历瑶民起义领袖。如果说，黄捉鬼之名意味着道教已进入瑶区的话，那么，邓和尚、唐和尚之号，则说明佛教也已进入瑶区。又，据同治《安化县志·疆域》卷三载：沩山密印禅寺和尚阇黎，

> 自夸其师祖（指宋人颖诠）降瑶之功。

显然，颖诠降瑶是利用瑶人信仰佛教的关系而取信于瑶人的。总之。宋代佛教虽不像巫、道一类在瑶区盛行，但已有所传播当无疑。

可以说，见诸册籍，道、佛两教最早传入瑶区为宋代。

第四节　宋代瑶民的反抗活动

一、反抗活动的主要过程

瑶民的反抗活动，最早始于宋太祖开宝年间。据《续资治通鉴长编》卷十六，开宝八年（975年）五月甲申条载：

> 梅山峒蛮闻江表用兵，乘间寇潭、邵州。乙酉，诏潭州长沙等七县

① （宋）杨仲良：《通鉴长编纪事本末》，卷四八。

民为蛮贼掳劫者，蠲去本年赋租，仍给复一年。寻诏邵州武冈等七县亦如之。上初遣供奉官李继隆，以雄武三百人戍邵州，止给刀盾。至潭州之南，蛮数千遮截其道，继隆力战，蛮乃遁去，手足俱中毒矢，兵伤者百余。

换言之，当宋太祖用兵江表之际，梅山瑶数千乘虚袭击宋军李继隆部，其活动范围波及潭、邵两州的长沙、武冈等十四县。

其后，瑶人反抗不断。如，仁宗天圣时，潘夙提点广西、湖北刑狱，

邵州蛮叛，湖南骚动，迁转运使，专制蛮事，亲督兵破其团峒九十。[①]

所谓“邵州蛮”，当包含瑶人在其中，因邵州为瑶人居地。从“湖南骚动”一事，可见此次反抗活动之规模与影响均不小。

岭南瑶人的反抗活动，早期记载则见于《宋史·仁宗本纪二》卷十所载：景祐二年（1035年）五月，

瑶僚寇雷、化州，诏桂广会讨之。

首次较大规模的瑶民反抗活动，爆发于庆历三年（1043年）九月。由于宋代食盐由朝廷专卖机构出售，造成瑶区食盐困难。瑶民为改变官府垄断造成食盐价昂的状况，便结伴赴岭南贩运私盐，为此经常与当地驻屯官军冲突。当时，有吉州（治今江西吉安）巫黄捉鬼与其兄弟数人，往来常宁，与瑶众数百人

盗贩盐，杀官军。[②]

官府不仅杀害出峒听招的黄捉鬼诸人，且徙山下民他处。于是，五千瑶众在桂阳蓝山县（治湖南今县）华阴峒揭旗起义，杀死了巡检李延祚、潭州都监张克明。宋王朝闻讯后，擢杨畋为殿中丞、提点刑狱、督清理事，十二月，

① （元）脱脱等撰：《宋史·潘夙传》，卷三三三。

② （元）脱脱等撰：《宋史·蛮夷列传一》，卷四九三。

乃募才勇，深入峒讨击。然南方久不识兵，士卒多畏慑。及战孤浆峒，前军衄，大兵悉溃。畋踣岩下，藉浅草，得不死。[①]

官军受挫。宋王朝在发兵镇压同时，又行招抚之策，以分化瓦解义军。庆历五年（1045 年）二月，唐和复起，是冬在华阴峒隘口之战中，杀死杨畋部将胡元，杨畋因此被撤职。庆历六年（1046 年），湖南安抚使刘夔败唐和于银江源。其后，宋朝大举发兵，唐和率众

遁入郴州黄莽山，由赵峒转寇英（治今广东英德）、韶（治今韶关）州，依山自保。[②]

时杨畋复起为湖南钤辖，

领众出岭外，涉夏、秋，凡十五战。[③]

庆历七年（1047 年），宋王朝授义军首领唐和、盘知谅、房承映、房承泰、文运诸人为峒主等职，此次反抗活动终因力量悬殊而失败。[④]

绍兴年间，武冈军（治今湖南）瑶人杨再兴及其子杨正修、正拱举行反抗活动。起初，杨正修侍其父再兴入觐，归还省民疆土，宋王朝封之于官。建炎后，杨正修与弟正拱率九个团峒瑶人出武冈军反。绍兴间，屡抗官军，其主要记载有：绍兴四年（1134 年）十月，

初，武冈军瑶贼杨再兴连年作乱，湖南安抚使（席益）遣统制官、拱卫大夫、泰州刺史吴锡以所部讨之，至是大破贼徒，获再兴之二孙，

---

① （元）脱脱等撰：《宋史·杨畋传》，卷三〇〇。

② （元）脱脱等撰：《宋史·蛮夷列传一》，卷四九三。

③ （元）脱脱等撰：《宋史·杨畋传》，卷三〇〇。

④ 庆历年间瑶民反抗事，除上引《宋史》蛮夷列传、杨畋传外，还可参见《宋史》仁宗本纪、刘沆传、刘夔传、周沆传、陶弼传，《续资治通鉴长编》《通鉴长编纪事本末》《宋会要辑稿》，宋陈均《九朝编年备要·仁宗纪》卷十三，宋李埴《皇宋十朝纲要·仁宗纪》卷五、卷六。

得良民被掠者甚众。[①]

吴锡，

瑶人杨再兴反，围武冈军，出没八年，为锡所破，穷追数百里，焚其庐落甚众。[②]

方畴，

绍兴初，判武冈，峒酋杨正修乱，发兵讨之。[③]

武冈瑶人的反抗活动于绍兴四年受挫后，于十五年（1145 年）十月出降[④]。其后，复反。据载：绍兴二十四年（1154 年）三月，

杨再兴复寇边，前军统制李道讨平之，擒再兴及其子正修、正拱，槛送行在。

七月，“脔瑶人杨正修、正拱于市”。

总之，武冈瑶人从建炎元年（1127 年）起事[⑤]，直至绍兴二十四年（1154 年）失败，前后历经二十八年之久。其间，或臣或反，主要战事则在绍兴四年与绍兴十二年。最后，杨再兴被俘，其子杨正修、正拱则被酷刑杀害。

绍兴年间，宜章（治湖南今县）峒民骆科领导的瑶族和各族人民的反抗活动。李心传《建炎以来系年要录》卷一三八、一四一、一四三，做了较为系统的记载：

---

① （宋）李心传：《建炎以来系年要录》，卷八一。

② （宋）薛季宣：《浪语集》，卷三三，《先大夫（薛徽言）行状笺》。

③ （清 光绪）《湖南通志·名宦三·方畴传》，卷九四。

④ （元）脱脱等撰：《宋史·高宗本纪七》，卷三〇；（宋）李埴：《皇宋十朝纲要·高宗纪》，卷二四。

⑤ 据上引薛季宣文称，杨再兴“出没八年”，从绍兴四年，上溯八年则为建炎元年，这与杨氏于“建炎后”为乱（见《宋史·蛮夷列传二》，卷四九四）的记载正相合。故可断杨氏反抗活动始于建炎元年。

绍兴十年（1140年）十一月[①]，

宜章峒民骆科、文遂犯桂阳、郴、道、连、贺州诸县，诏发大军往讨之。

初，宜章盗骆科既为官军所破，其党邓宁、李定、邝郃等复群聚为寇，诏广西经略使胡舜陟节制湖广三路之兵讨之。

（绍兴十一年十月）江西兵马都监程师回引兵至桂阳监之临武峒，讨贼徒欧幼四等，破之。先是，宜章峒民骆科反，朝廷命统制官郝政以所部讨科，降之。其徒欧幼四复率余党数千人，据蓝山县，掠连、道二州，枢密行府遣参议官史愿将师回往捕，至是始平。

又，宋人岳珂《金佗续编》卷十二，《令差一项军兵前去郴州讨捕骆科省札》载：

伏为本路见有郴州元授招安贼首骆科等约七八千人，侵犯道州锦田等处，倚恃山险，扎立硬寨，接连广南连、贺州界，出没猖獗。

简言之，宜章峒民骆科、文遂及其党邓宁、李定、邝郃等率部七八千人，进攻桂阳、郴、道、连、贺州诸县。"依恃山险"，其势甚盛。朝廷命广西经略使胡舜陟节制湖广三路兵，破之。骆章余部欧幼四所部数千人，继续抗争，为江西兵马都监程师回所败。

乾道元年（1165年），李金领导的郴州瑶族和各族人民的反抗活动。其直接原因是：时值湖南旱饥，官吏不仅不加抚恤，反而强行摊派百姓购置乳香，且限期急迫，终于导致民变。故史称：

乾道间，因官司敷卖乳香，激成郴、桂之变。[②]

所谓乳香者，户部常以分数，下诸路鬻之。郴州当湖湘穷处，程限颇急，宜章吏黄谷、射士李金，数以此事受笞，不堪命。乾道元年春，

---

① （元）脱脱等撰：《宋史·蛮夷列传》，卷四九四作"九年"，而《建炎以来系年要录》及《宋史·高宗本纪》均作"十年十一月"，当以此为是。

② （宋）真德秀：《真文忠公文集》，卷九，《潭州奏复税酒状》。

因啸聚峒民作乱。[①]

需说明的是，所谓“敷卖乳香”，属宋代“和籴”法的弊政。官府低价抑买、高价抑卖，为百姓所深恶。宋人曾正确指出：

闻之道路，往岁郴寇之作，亦守臣和籴之不善所致也。民所最病者，与官之市，始乎为市，终于抑配。[②]

有以贱价抑买、贵价抑卖百姓之物，使之破荡家业，自缢而死者。[③]

可见，“抑配”之制是宋朝官府对人民实行经济掠夺的一种手段。

其过程，据《宋史·蛮夷列传二》卷四九四载：

乾道元年，宜章峒贼李金陷郴州，焚桂阳军，州将弃城遁。衡州调常宁县兵救之，弗克。世忠峒李昂霄者率壮丁御贼，民恃以安。湖南提举常平郑丙请发鄂渚军讨贼，平之。

宋朱熹《观文殿学士刘公（拱）行状》则载：

有李金者，乘众怒奋起为乱，众万余人南逾岭，分道犯英、韶、连、广、德庆、肇庆、封、梧、贺州之境，旁入道州、桂阳军，杀掠万计。州县不知所为，至敛民间金帛赂之以免。由是贼势日盛，而帅守监司更共蔽匿不以实闻。贼遂犯宜章，陷桂阳，声震远近，朝廷忧之。[④]

其后，叛徒执李金及黄谷降。上述两段记载，较详细反映了此次事件的始末。总之，这次反抗活动，人数达万人以上，波及湘、粤、桂十余州地，并使朝廷震动，

① （宋）李心传：《建炎以来朝野杂记》，甲集卷十五，《市舶司本息》。

② （宋）杨万里：《诚斋集》，卷八九，千虑策，民政上。

③ （宋）辛弃疾：《稼轩诗文钞存》，《淳熙己亥（六年）论盗贼札子》。

④ （宋）朱熹：《朱文公文集》，卷九七。

“声摇四邻”[1]，“声震湖、广”[2]。

李金起义，得到各地瑶人的广泛响应。如，清道光《广东通志》卷三〇三载：廖容知化州（治今化州），

时郴寇李金啸聚万人，围州城月余，漓水瑶乘时为乱。大帅陈辉从容领总管职，统诸将讨之，金惧宵遁。复传檄召瑶长，开谕逆顺，而瑶人降。

可见，瑶人的支持，是李金之所以能纵横岭南的重要原因之一。

淳熙三年（1176年）三月，靖州（治今湖南靖县）瑶人姚明教等反。宋王朝派荆鄂驻扎明椿，会同屯戍官一起攻打。八月被镇压。

淳熙六年（1179年），郴州山民陈峒领导的瑶族和各族人民的反抗活动。对此，宋袁燮《冯湛行状》有较详细的叙述：

（淳熙）六年，山贼陈峒起郴，犯道之江华（治今湖南江华东北），连破桂阳军临武（治今县）、蓝山（治今县）二县。剽悍善战，颇有策画。据崇山深谷，……大军屡战不能克，湖南骚动。[3]

其后，

斩峒英州（治今广东英德）境上，获三千余人，贼将大惧，杀副首领李念九，降余党，悉平。

又，《宋会要辑稿》、宋施宿《嘉泰会稽志·王佐传》卷十五诸籍，均有较具体的记述。

至于陈峒事件的规模与影响，时人蔡戡曾加以评论：

近者陈峒之变，止是（宜章县）太平一乡之人耳，曾未及李金三分

① （宋）周必大：《文忠集》，卷七七，《朝散大夫知新州李君守柔墓碣》。

② （宋）杨万里：《诚斋集》，卷一一九，《赵公（像之）行状》。

③ （宋）袁燮：《絜斋集》，卷十五。

之一。而湖南调发潭、鄂、衡、金之兵为未足，又招敢死一军及郴、桂等州弓兵、土豪、诸溪峒瑶人，总计几二万人，方能讨捕。[①]

近年则有李金，有陈峒，皆猖獗之甚者。[②]

总之，郴州宜章山民陈峒、李念九的反抗活动，曾活跃于湘、粤间的道州、桂阳军及英州等地。据“崇山深谷”的有利地势，屡败官军。其势“猖獗之甚”，致使“湖南骚动”。宋王朝调集近二万兵力，才使事态平息。

嘉定年间，罗世传领导的黑风峒瑶人起义。黑风峒的地望，大致在今湖南郴州东部山区，桂东县以北，酃县以南，江西遂川以西一带地区。故史称：

黑风峒者，在郴、吉之间，而地属桂阳县（治今湖南汝城）[③]；
峒近吉之龙泉（治今江西遂川县）[④]；
黑风峒，在桂东县西北十五里[⑤]。

从史有“黑风峒瑶人”“黑风瑶”之称，可见这是一次以瑶人为主的各族人民起义。

早在开禧二年（1206年），与郴州黑风峒相连的衡州茶陵（治湖南今县）爆发了苏政领导的反抗活动。据宋卫泾《故中大夫提举武夷山冲佑观祥符县开国男赵公（善恭）墓志铭》载：赵善恭帅谭州，

苏政辈啸聚茶陵，人情摇摇，公密遣吏入贼，晓以逆顺。政感悟，率其众来，假以官秩，籍其尤剽悍者隶诸军，城邑晏然。岁饥，诸峒出寇掠，公周恤调娱，而监司有异己者，公去，而李元砺之变起矣。[⑥]

这表明，当时郴、衡一带瑶人聚居的山区，潜藏着深刻的社会危机。以苏政反

① （宋）蔡戡撰：《定斋集》，卷一，《割属宜章、临武两县奏状》。

② （宋）蔡戡撰：《定斋集》，卷二，《论备盗札子》。

③ （宋）佚名：《两朝纲目备要·宁宗纪》，卷十一。

④ （宋）真德秀：《赵正惠公（希怿）墓志铭》，见《真文忠公集》，卷四五。

⑤ （清 嘉庆）《一统志》卷三七七，郴州直隶州山川门条。

⑥ （宋）卫泾：《后乐集》，卷十八。

抗为先导，黑风峒瑶人起义继之飙起。

直接导火线是官府处理瑶首内部纠纷不公。据宋叶适《宝谟阁待制知隆兴府徐公（谊）墓志铭》载：徐谊

> 移知隆兴府。黑风瑶罗孟（世）传与其叔罗时忿争仇杀，湖南抑孟传而右时。孟传怒，杀飞虎亲兵以叛。祸连江西吉（治今吉安市）、赣（治今赣州市）四州，劳于戍守。[①]

嘉定元年（1208年），黑风峒瑶人罗世传首义，“使江西、湖南惊扰”。因缺食，伪降，积蓄力量以再起。据《宋会要辑稿》蕃夷五之六八载：

> 嘉定元年，郴州黑风峒瑶人罗世传寇边，飞虎统制边宁战役，江西、湖南惊扰，知隆兴赵希怿、知潭州史弥坚共招降之。

又，据《宋史·王居安传》卷四〇五载：

> 初，盗起郴黑风峒，罗世传为之倡，势张甚。湖南所在发兵扼要冲，义丁表里应援，贼乏食，少懈，主兵者稍坚持之，则就禽矣。会江西帅欲以买降为功，遣人间道说贼。餽盐与粮，贼喜，谋益逞。……贼阴治械，外送款，身受官峒中，不至公府。

嘉定二年（1209年）。李元砺继起，与复起的罗世传一起使起义推向高潮。李元砺，本为郴州举人，桂阳县曾口人，以武断乡曲，留参与攻打罗世传。“世传受招。论功行赏，而元砺不及，遂去为盗。盗推为帅。”[②]后官军诱杀曾口某峒首领李珀虎，遂于是年秋起事。据《宋会要辑稿》蕃夷五之六八载：

> 二年，李元砺、罗孟二寇江西，攻破龙泉县（治今江西遂川），李再兴战败死之，江州驻扎都统制赵侁亦战死。初，吉州获贼长七人系狱，土豪王从龙为贼画策，赂吉守李絪，得纵还，贼遂无所忌。有侯押队者领

---

① （宋）叶适：《水心集》，卷二一。

② （宋）佚名：《两朝纲目备要·宁宗纪》，卷十一。

兵戍龙泉境上，元砺复用从龙计，椎牛酾酒以犒官军，贼至，官军皆醉，狼狈败走。寇之初起甚微，贼伺知议论不一，故玩侮官军。方江西力战，则求降湖南，湖南战，刚求降江西。牵制王师，使不得相应援。

罗孟二即罗世传，因排行而得名。据《宋史·宁宗本纪二》卷三九：嘉定二年（1209年）十一月，

郴州黑风峒寇李元砺作乱，众数万，连破吉、郴诸县。诏遣荆、鄂、江、池四州军讨之。

三年（1210年）四月，

李无砺犯南雄州，官军大败。

三年六月，

池州副都统许俊、江州副都统刘元鼎与李元砺战于江西，皆不利。知潭州曹彦约又与贼战，亦为所败，贼势愈炽。

又，《宋史·王居安传》卷四〇五则写道：继罗世传之后，李元砺、陈廷佐之徒并起，

掀永新（治江西今县），撇龙泉，江西列城皆震。朝廷调江、鄂之兵屯衡、赣，而他兵驻龙泉者命吉守节制焉。吉守率师往，几为贼困，池兵来援失利，朝廷忧之。

总之，从嘉定二年十一月至嘉定三年六月，起义军利用江西、湖南两地的矛盾，“玩侮官军”，穿梭转战于两省之间并及于岭南南雄之地，屡挫官军，“朝廷忧之”，“势愈炽”。其势盛时，“东践吉、南安（治今江西大庾）；西逼郴、衡；南蹂韶、石；北抵攸（治今湖南攸县）。环数千里盗区”。[①]

从此，反抗活动逐渐削弱。宋王朝命工部侍郎王居安为帅，节制官军，再败义

① （宋）魏了翁：《鹤山集》，卷八七，《曹公（彦约）墓志铭》。

军。据《宋史·王居安传》卷四〇五载：

居安督战于黄山，胜之，贼始惧。走韶州，为摧锋军所败。势日蹙。

由于反抗活动未能形成统一领导，各支队伍之间未能协调一致，在宋王朝的离间、分化下，罗、李两部发生内讧。三年十二月，罗擒李以献官军，李部败亡。据《宋史·王居安传》卷四〇五载：居安采用“破贼”之策，

会元励执练木桥贼首李才全至，居安厚待才全而赏元励，众皆感。罗世传果疑元励之贰己，遂交恶。元励率众攻世传。居安语俊曰：“两虎斗于穴，吾可成卞庄子之功。”世传嗾练木桥贼党袭元励，俘其孥，禽元励以献。时青草峒贼亦就禽，并磔于吉之南门。

据《宋史·曹彦约传》卷四一〇载：曹彦约知潭州、湖南安抚，

世传素与元砺有隙。至是密请图元砺以自效。彦约录赏格报之，且告于朝，又予万缗钱犒其师，世传遂禽元砺。……余党悉平。

两虎相斗，宋王朝坐收渔人之利。所谓“唇亡齿寒”，这是极浅显的道理。但罗世传反而居功自傲，终不觉悟。李元砺亡，意味着罗世传也将亡。据《宋史·王居安传》卷四〇五载：

元励既诛，世传以功负恃益骄蹇，名效顺而实自保。……居亡何，世传果与兄世禄俱叛。居安奏乞朝廷毋忧，今落其角距，可一战禽也。乃密为方略，遣官民兵合围之，世传自经死，斩其首以徇。群盗次第平。

《宋史·曹彦约传》卷四一〇则载：

世传终桀骜不肯出峒，彦约密遣罗九迁为间，诱胡友睦，许以重赏，友睦遂杀世传。

嘉定四年（1211年）九月，罗世传被杀，意味着此次反抗活动的告终。

绍定年间，衡、郴州爆发了包括瑶族在内的“诸峒”反抗活动。绍定二年

(1229年)，“时诸峒反侧”[①]，衡州酃县沙甫峒、郴州桂东县高垓峒起事。破酃县（治今茶陵南），犯茶陵（治今县），复破资兴（治今资兴南），“郴六邑残其半矣”[②]。知潭州、荆南路安抚使余嵘奏调鄂兵，于次年（1230年）春讨平。

史籍所载，宋瑶反抗活动的次数与规模是空前的。有宋一代，反抗活动从未中止。其中，尤以庆历年间唐和、盘知谅等人领导的桂阳蓝山县华阴峒瑶民起义，嘉定年间罗世传、李元砺诸人领导的瑶民起义，规模大、时间长、影响远。

最后，需附带论及的是，瑶民反抗活动之发展，还因依恃山险地利，以及运用灵活、机动之战略战术，即“地形兵势”之长，得以劣势兵力屡挫装备精良、人数众多的官军。对此，朱熹有透辟见解：

> 盖此辈初无行陈部伍，凭恃险阻，跳踉山谷之间，正得用其长技。而官军乃以堂堂陈当之，地形兵势，凡彼之所长者，皆我之所短，是以每战而每不胜也。近年茶寇形势，正亦如此，所以江西官兵，屡为所败，而卒以摧锋、敢死之兵围之，此往事之明验也。窃计今日湖广之寇（指李金），正亦类此。[③]

这也正是宋瑶反抗活动持久不衰的重要原因之一。

二、宋统治者的对策

宋统治者通常采用镇压手段，以图扼杀瑶民的反抗活动。

但是，此策并不是都能奏效的。反抗活动初起时，多是人少势单。而屠杀政策，往往使越来越多的各族群众卷入其中，使之成燎原之势。对此，时人已有见及。如，欧阳修言：

> 今湖南捕贼者，杀一人头，赏钱十千。官军利赏，见平人尽杀。平人惊惧，尽起为盗，除邓和尚、李花脚等数十头项外，其余随大小成火

① （宋）刘克庄：《后村先生大全集》，卷一四五，《龙学余尚书（嵘）神道碑》。

② （宋）刘克庄：《后村先生大全集》，卷一五二，《刑部赵郎中（汝鐩）墓志铭》。

③ （宋）朱熹：《朱子大全》，卷二六，《与皇甫帅书》。

者，不可胜数。今（杨）畋所击只一洞，所聚已二千余人。于二千人中杀七八十人，是二十分之一。其余，时暂鸟散，必须复集。

今湖南贼数虽多，然首恶与本贼绝少，其余尽是枉遭杀戮逼胁为盗之徒。在于人情，岂忍尽杀。[①]

今盘氏正蛮，已为邓和尚、黄捉鬼兄弟所诱，其余山民莫瑶之类，亦皆自起而为盗。窃闻常宁一县，殆无平民，大小之盗，一二百火。推其致此之因，……正蛮。黄、邓初起之时，捕盗官吏急于讨击，逢蛮便杀，屡杀平人，遂致莫瑶惊惶致此。以此而言，则本无为盗之心，因有可招之理。

莫瑶之类，使安耕织而岁输皮粟，得为平民，乃彼大幸，不徒足志而已。今若击之不已，则其为害愈深。……仍恐迫之太急，则潭、郴、全、邵诸寨向化之蛮，皆诱胁而起，则湖南一路可为国家之忧。[②]

余靖则言：

“贼之初起，往来山中百人耳。自官吏举兵驱逐，而近山之民皆杀之。其不杀而幸存者，又禁其耕，千里之民，皆失其业，若不归贼，将何所归？故半年之中，聚至三四千。”

又言：“访闻湖南，初以钱绢购斩蛮贼首级，军人利于厚赏，道上逢人即以为贼而杀之，至有头插标识，以免官军之害者。由是，标识者贼人杀之，无标识者则官军杀之。其中等以上民，犹能携家属入城郭以避害；中民以下，入城郭则食尽，故亡入贼中。又今顿兵九疑，以尽杀为期，则一方之民永陷涂炭矣。”

又言：“风闻湖南蛮贼攻烧城郭为害不止者。窃以贼本山僚，居在岩险，啸聚亡命，出行钞掠。数年以来，未甚为害。去冬今春，气焰渐盛。其故何也？盖缘官军枉杀良民以贪厚赏，近山百姓，皆入贼中。”[③]

“臣访闻荆湖南路，本因蛮贼出就民家居停，其提点刑狱邵饰等尽

---

① （宋）欧阳修：《论湖南蛮贼可招不可杀札子》，见《欧阳文忠公集》，卷一〇五。

② （宋）欧阳修：《再论湖南蛮贼宜早招降札子》，见《欧阳文忠公集》，卷一〇五。

③ （宋）李焘：《续资治通鉴长编》，卷一四七，庆历四年（1044年）三月甲戌条。

致近山人户不得耕种，及烧折屋宇，起遣入城居住，遂令近山人户失业，亡入贼中。及杨畋将不曾作蛮贼人户，尽底驱逐，散入广南东西路，失其巢穴。”①

总之，从“杀一人头，赏钱十千”“逢蛮便杀，屡杀平人”的记载，可见屠杀之惨酷；从“禁耕”“烧折屋宇”而使民“失业”的记载，可见经济制裁之极端。其结果致使无法生存和生活的“山民莫瑶”纷纷“亡入贼中”，反而促成了反抗活动的迅猛发展。此策可谓起到了“为渊驱鱼”的作用。

此外，其他诸籍中也不乏宋统治者对瑶民反抗活动大肆杀戮的记载。如《宋史·刘夔传》卷二九八载：刘夔为湖南安抚使，击败瑶首唐和于银江源后，

蛮逃遁远去。前将以帛购蛮首，至是有持首取购者。按问，乃辄杀平民，诛之，而罢购，州境获安。

宋范仲淹《权三司盐铁判官尚书兵部员外郎王君（丝）墓表》载：庆历瑶乱，

前之主者，立重赏以诛蛮人，一级万钱，士卒贪之，往往害樵饷之人以为功。②

宋袁燮《武翼大夫沈君（世显）墓志铭》记：沈世显，

初调湖南提刑司缉补官，次沅州大田巡检，密迹蛮瑶有克日欲侵扰者，君督厉士卒，俘十余人，为首者罪焉。群瑶固以为请，君不许，俾从至境上断头以示之，皆怖而走，自是无敢犯者。③

《宋史·奸臣·蔡京传》卷四七二载：宋徽宗时，

辰溪瑶叛，杀溆浦令，（蔡）京重为赏，募杀一首领者赐之绢三百，

① （宋）李焘：《续资治通鉴长编》，卷一五三，庆历四年（1044年）十一月辛未条。

② （宋）范仲淹：《范文正公集》，卷十四。

③ （宋）袁燮：《絜斋集》，卷十九。

官以班行，且不令质究本末。荆南守马珹言："有生瑶，有省地瑶，今未知叛者为何种族，若计级行赏，惧不能无枉滥。"……京罢珹，命舒亶代之，以剿绝群瑶为期。

宋周必大《宋故连州彭史君尧辅墓志铭》载：淳熙元年（1174年），彭尧辅移赣州录事参军，

官军捕茶（陵）寇，间俘平民道夫，悉平反之。[1]

清道光《广东通志·宦绩录七》卷二三七载：陈均出为广东提刑，

瑶寇犯边，漕帅邀功，纵杀囚数十平民于狱，均审核尽释之。

这表明：宋统治者曾使用"以帛购蛮首"、以"人一级万钱""募杀一首领者赐之绢三百"等计级行赏法和"以剿绝群瑶为期"的滥杀，来对待瑶民的反抗活动。

与此相反，也有对瑶民起事之初不闻不问、装聋作哑态度者。这一截然不同的做法，在客观上同样起了助长瑶民反抗活动的作用。如《宋史·蛮夷列传二》卷四九四载：淳熙十年（1183年）四月，

儒林郎李大性上言：比年瑶蛮为乱，边吏虑妨赏格，往往匿不以闻，遂致猖獗，使一方民命，寄于瑶人之手，诚可哀悯。近如梁牟等寇沅州，劫圩市，杀戮齐民，州县告急于两月之后。比调官军讨捕，俘降其贼，而人之被害已酷矣。宜戒州县，或遇瑶人窃发，画时以闻，违者论罪。仍命监司、帅臣常加觉察，庶几先事备御。

换言之，地方当局为保乌纱、求赏格，"往往匿不以闻"，从而使事态扩大。总之，血腥镇压与隐匿不报两种不同的做法，都曾导致反抗活动迅速蔓延的同一结果。前者为宋王朝的阶级本质所决定，后者则系其腐败吏治所致。

招安。这以欧阳修《论湖南蛮贼可招不可杀札子》所言对庆历瑶民事变且行"招降"的主张最富代表性。他断言：

---

① （宋）周必大：《文忠集》，卷七一。

臣见自古蛮蜑为害者，不闻尽杀，须是招降。①

事实上，宋王朝也不断施行“讨除”与“招安”两手政策，归降的庆历瑶民义军首领唐和等五人被授予银青光禄大夫、检校国子祭酒，兼监察御史、武骑尉诸种官职，即是其中典型的一例。怪异的是，为达到诱降目的，宋统治者甚至不借使用女色，一时传为笑柄。据载：

往年黑风峒诈降，朝廷以通直郎镇南佥幕招之，不出，使其弟来吉州谒帅。帅以角妓奉之。丰宅之云：“遗下种类，奈何？”

离间。宋廷许以官爵、缗钱、物资等重赏，引诱与挑唆义军首领自相残杀。王居安利用罗世传擒李元砺，曹彦约派遣间谍罗九迁诱使胡友睦杀害罗世传，从而使黑风峒瑶民起义失利。

“以蛮攻蛮”。在重大瑶民反抗活动中，宋王朝往往调集本族或外族少数民族之人参与镇压。这样，可以达到一箭双雕的目的，即既可利用少数民族之人的英勇善战，又可挑起本族内讧或民族间纠纷。据《续资治通鉴长编》卷一五九，庆历六年（1046 年）十月辛未条载：宋朝廷以“颇谙溪洞事”的衡州监酒黄士元（瑶人），以“土兵”配合宋军攻打唐和领导的瑶人义军。又，《宋史·周沆传》卷三三一载：

湖南蛮唐、盘二族寇暴，杀居民，官军数不利，以沆为转运使。沆言：“蛮骤胜方骄，未易斗力，宜须秋冬进兵。且其地险气毒，人骁悍，善用铤盾，北军不能确。请选邕、宜、融三州卒三千人习知山川技艺者，径捣其巢，布余兵络山足，出则猎取之。俟其势穷力屈，乃可顺抚。”朝廷用其策，二族皆降。

上述记载，分别为以瑶兵和他族之兵攻打庆历瑶民起义之例。

三、湘瑶转战岭南探源

从地域范围而言，宋代瑶民反抗活动有两大特点，一是重大瑶民反抗事

① （宋）欧阳修：《欧阳文忠公集》，卷一〇五。

件，均起源于湖湘，可谓概莫能外。这表明，宋代瑶人居住与活动的重心与大本营，确仍在湘南。二是事虽发于湖南，却往往转战于岭南。以岭南为依托，正是宋瑶反抗活动得以蓬勃发展并持久的又一重要原因。庆历瑶民起义，绍兴宜章峒民骆科起义，乾道郴州李金起义，淳熙郴州陈峒起义，嘉定黑风峒瑶人起义，均如是。

湖湘瑶民起义，多逾岭而南以求发展的原因，大致有三：一是地域相邻，彼此来往频繁；一是族属相类；一是岭南守备薄弱。对此，宋人包拯在《论蛮贼事一》中有较全面的剖析：

> 蛮贼等三千余人，商量入连州打劫。……缘广南英、韶、连、贺四州，并与湖南郴、衡、道、永等州相接，自蛮贼骚动以来，此处稍有备拟，卤略无得，贼计必谓岭南无备，有侵轶之意。……况广南州郡，并无城壁及攻守之具，加之兵力绵薄，无堪用者。若不速以措置，使此贼得便乘虚深入，曷以御之。[①]

又，宋蔡戡在《割属宜章、临武两县奏状》[②]也有言及：湖南宜章、临武与广东连州，

> 邻里相接，婚姻相通。
>
> 连州桂阳县奉化乡与宜章、临武邻接，……奉化乡又有漓水等峒瑶人数百家，蛮皆凶悍，每遇宜章、临武窃发，或相连结。其漓水等处人，亦声言为盗。

前者为两地相连、后者为同类相应之例。

总之，宋代瑶人起义，主要活跃于湘南以及两粤之北、赣西一带。也可证，这一片为宋瑶的连片居住之地。

---

① （宋）包拯：《包孝肃奏议》，卷六。

② （宋）蔡戡：《定斋集》，卷一。

四、反抗活动的原因

瑶民起而抗争，并非偶然，是由当时的社会历史条件引起的。故前人也称“变不自生”①。

其基本原因，大致有三：

一是统治者的压迫与征取掠夺。对此宋人也已见及。宋辛弃疾《淳熙己亥（六年）论盗贼札子》②载：李金、姚明教、陈峒之变，皆能攘臂一呼，聚众千百，乃是居官亡状，贪赃枉法，“暴征苛敛，不可胜数”所致。《宋史·李燔传》卷四三〇则载：黑风峒瑶民事起，李燔为江西运司干办公事。燔曰：

> 寇非吾民耶？岂必皆恶。然其如是，诚以吾有司贪刻者激之，及将校之邀功者逼成之耳。反是而行之，则皆民矣。

又，民国《东莞县志》卷五三载：徐德明，任广南东路总管都监，

> 景祐二年（1035年）五月瑶僚作乱，寇雷、化等州，奉诏督兵征讨。……时广南岭外，声教稍后于中华，湖广之瑶，溪峒之僚，实迫处此。闾阎疾苦，既无由上闻，而官斯土者复贪墨饕餮，诛求不已，民困弗堪，往往转徙不常，因而激变。德明在粤久，洞悉其弊。

上述记载均表明：官逼民反，民不得不反耳。

至于经济上的克剥，更是名目繁多。从上述宋王朝发布平溪峒互市盐米价、平收瑶人岁输身丁米诏，可见对瑶民巧取豪夺事层出不穷；从宋王朝声言要对“违者论罪”一事，可见事情已严重到难以收拾的地步。需要指出的是，当时盐米互市对瑶民生活影响至巨，若处理不当，往往引发瑶民反抗。庆历桂阳瑶民起于“盗贩盐”；庆历三年（1043年），“盐司峻禁，瑶人遂啸聚为乱”。③均是有力例证。

一是土地问题。从上述宋王朝发布“禁毋质瑶人田，以夺其业”诸诏，可见土

① （清 同治）《桂阳直隶州志》，卷八，宋守信列传条。

② （宋）辛弃疾：《稼轩诗文钞存》。

③ （清）陈梦雷：《古今图书集成·职方典》，卷一三九三，广东瑶壮蛮僚汇考条。

地问题的严重性。其实，所谓“边衅”，往往是失“业”和“乏食”瑶民为生计为生存而起。

一是宋王朝处理民族问题（包括民族内部矛盾与民族之间纠纷两方面）不当。黑风峒瑶人之起事，就是湖南地方当局处理罗世传侄叔忿争有所偏袒所致。又，乾道间，

> 瑶人与省户交争，杀二人死。（知沅州）孙叔杰辄出兵破其十三栅，夺还所侵地，于是瑶人相结为乱。

归结起来，多是宋王朝的政治压迫、经济剥削与民族压迫所致。

五、反抗活动的意义与作用

宋代瑶族起义的重要意义在于：

见诸史籍记载的“瑶”人，举行了空前规模的连绵不断的反抗活动。这些反抗活动，“贻朝廷扰患”，“为国家之忧”，“声震远近，朝廷忧之”，有力地打击了宋朝封建统治。这意味着，瑶族首次作为一种独立而不依附他族的政治力量登上了中国封建社会的历史舞台。从此，封建统治者对瑶民问题的处理不得不谨慎从事而不敢掉以轻心。

瑶民的反抗活动，不是孤立的，它往往是全国各地反抗活动的一个组成部分。如，北宋仁宗庆历年间，在山东、山西、河北、河南、陕西、四川、湖北、湖南、江西等地都爆发了农民起义，而唐和领导的桂阳监瑶民起义也发生于此时。这些事件，都是当时社会危机的产物。

瑶民的反抗活动，迫使宋朝统治者做出某些让步，并对民族关系做某种调整。宋王朝表示对参与者“官司释其罪愆，宽其租税”[①]的宽容，发表的禁夺瑶民田、平收瑶人赋税、加强互市价格管理等一系列诏令，都是在这一特定历史条件下产生的。

瑶民的反抗活动，往往包含有汉族与其他各族人民参加。以汉族为例，参与者甚多。如宋包拯《弹王逵（一）》载：

> 按王逵先任荆湖南路使转运日，非理配率人户、钱物上供，以图进

---

① （宋）曹彦约：《湖南军前晓谕峒贼榜》，见《昌谷集》，卷十六。

用。山下居民，苦于诛求，逃入蛮洞，结集凶党，致此大患，于今未息。[①]

宋周必大《乞申严谋入溪洞入法》载：

臣少尝至辰州，凡辰、沅、靖三州之蛮，粗知曲折。大抵散居诸洞，莫相统摄，初无背叛之意，只缘沿边州县作过之吏，与夫奸猾小人，因事逃入洞中，多方扇诱，遂致侵扰省地。[②]

《续资治通鉴长编》卷二四一，熙宁五年（1072年）十二月丙子条载：

诏曰："荆湖溪洞中亡命之人，今日以前，罪无轻重皆释之。如愿居本处，或欲归本乡，各从其便；如能自效，显有劳绩，令章惇等保明等第酬奖；若敢创造事端，扇摇人户，即捕斩以闻。"先是，知辰州石鉴言："昨被旨同章惇措置两江蛮事，尝遣侍禁李资等多方以朝廷威德镌谕诸蛮。今资等言，南江蛮人虽各有归化之意，而溪洞多有向时亡命之人阻隔蛮情，虽以晓谕，许以赦罪，尚虑怀疑扇惑，别致生变。"故有是诏。

《宋史·蛮夷列传二》卷四九四载，南宋时，全州上言：溪洞

绵亘郡邑，非一州得专约束，故游民恶少之弃本者，商旅之避征税者，盗贼之亡命者，往往由之以入，筚为渊薮，交相鼓扇，深为边患。如武冈杨再兴、桂阳陈峒相继为乱，实原于此。

可见，失去产业之人，苦于赋役的居民，逃避苛税之商人，触犯封建王朝法律之人等，均纷纷逃入溪洞地区。这些"亡命之人"在瑶民起义中起了重要作用。需着重指出的是，当起义爆发之后，由于统治者的残酷烧杀政策，又迫使"近山之民""平民"纷纷卷入队伍中。这些人，除"省地瑶"（熟瑶）外，包含有邻近瑶区的大批汉族劳动人民。

由于湘、粤、桂、赣地区为瑶、苗、畲、侗、壮等诸多民族聚居之地，故反抗

① （宋）包拯：《包孝肃奏议》，卷六。

② （宋）周必大：《周益国文忠公集》，奏议卷六。

活动多是各族共同参加。

总之，正是这种瑶族和其他各族人民共同参加的反抗活动，密切了历史上的民族关系。

第五节　宋代瑶族的民族关系

宋代瑶族与其他民族特别是汉族之间的关系，有了新的发展、变化。其主要表现有：

一、杂居局面的扩大

由于瑶、汉各族之间往来日益频繁而成此居住格局。对此，史籍多有记载：

> 广西所部二十五郡，三方邻溪峒，与蛮瑶黎蜑杂处。①
> 臣所部广右，远在天南，地虽介于蛮瑶，民不知于兵革。②
> 靖江属县，半抵瑶洞。③
> （融州）民瑶杂居。④
> 荆湘之地，瑶峒杂居。⑤
> 若自湖以北，号为五溪，蛮瑶错居。⑥
> 公谓郴、桂诸峒，虽名瑶人，实与省民杂处。⑦
> （桂阳之民）刀耕火种，与盘民之族为伍。⑧

---

① （元）脱脱等撰：《宋史·蛮夷列传三》，卷四九五。

② （宋）李曾伯：《帅广条陈五事奏》，见《可斋杂稿》，卷十七。

③ （宋）周去非：《岭外代答·地理门》，卷一，并边条。

④ （宋）祝穆：《方舆胜览》，卷四一。

⑤ （宋）真德秀：《潭州奏复税酒状》，见《真文忠公文集》，卷九。

⑥ （宋）吴潜：《许国公奏议》，卷一，《应诏上封事陈国家大道治道要务凡九事》。

⑦ （宋）真德秀：《提举吏部赵公墓志铭》，见《真文忠公文集》，卷四三。

⑧ （宋）曹彦约：《送桂阳洪守序》，见《昌谷集》，卷四一。

（靖州）与蛮壤相犬牙。①

永平（治今湖南靖县）杂蛮瑶。②

（辰州）颇杂瑶俗。③

此外，方志中也多有宋代“民瑶杂居”④、“壮瑶杂处”⑤、“瑶僚杂处”⑥、“瑶壮杂居”⑦诸记载。可见，湖南、两粤等地瑶族与汉、壮诸族，均是错杂而居。

这种“杂处”“杂居”即犬牙相错的状态，有利于民族间的往来，有利于消除民族间的隔阂与偏见，有利于增进民族间的凝聚力，使彼此从生产至习俗诸方面，相互影响、相互渗透、相互融合。

二、大开发

两宋时期，在北方有契丹人建立的辽政权和其后取代辽的女真族建立的金政权，在西北方则有党项人建立的西夏政权。在这种情况下，宋王朝在我国北部地区的统治范围日益缩小，特别是宋统治者偏安临安（今浙江杭州）后，南宋的疆域又比北宋缩小了三分之一，其直接统治地区则主要是我国南部地区了。因此，宋王朝对“西南溪峒诸蛮”即南方诸族的经营与开拓，与以往历代王朝相较，都更为重视与着力。

可以毫不夸张地说，包括瑶族在内的南方民族地区的开发史上，宋代翻开了新的一页。这一时期，鄂西民族地区，“生聚日繁”“纷华日盛”，民风“由朴而华”，⑧故笔者曾论定：“有宋一代，在鄂西民族地区的开发史上占有特别重要的地位。”⑨

① （宋）祝穆：《方舆胜览》，卷三一。

② （宋）周必大：《郴州张使君钢墓志铭》，见《文忠集》，卷七四。

③ （宋）祝穆：《方舆胜览》，卷三〇。

④ （清 道光）《宝庆府志·政绩录一》，卷一〇五。

⑤ （清 道光）《电白县志·风俗》，卷四。

⑥ （民国）《阳江县志·职官》，卷二五。

⑦ （民国）《乐昌县志》，卷十八。

⑧ （清 同治）《恩施县志》，卷七。

⑨ 吴永章：《湖北民族史》，137 页，武汉，华中理工大学出版社，1990。

谭其骧先生则断言："近代湘西开拓的先河是在宋代"[①]。换言之，瑶族聚居的湘西南民族地区的开发，也始于此时。岭南民族地区也无例外。据《古今图书集成·职方典》卷一三八〇，《广州府部风俗考》载：宋瑶居地东莞县，

> 邑本晋郡，永嘉之际中州人士避地岭表，多止兹土，衣冠礼义之俗，实由于此，迨宋，而人物寖盛。

可见，岭南人文之盛，发于东晋而剧变于有宋。至于瑶族本身集中居地，梅山蛮地由刀耕火种一变为牛耕经济，可谓最富代表性。

总之，宋代瑶族经济、文化发展变化较大，瑶区得到较为迅速的开发。这是长期历史发展与瑶族人民艰辛创造的结果，与宋朝的开拓经营政策也是有密切关系的。

三、大迁徙

如前所述，宋代瑶人分布范围空前辽阔，包括湘、桂、粤、赣诸省均有瑶人居住，其足迹南已及雷州半岛，西达邕州之境。显然，正是历代特别是宋代瑶人的大规模南徙活动，促成了这种大面积的分布格局。其因主要有三：

一是瑶人传统的生产方式，即"食尽一山，复徙一山"的游耕经济所需。须加强调的是，宋代瑶区经济的较快发展，生齿日繁，更加速了人口向南流动的过程。

一是宋代"开边"政策的驱迫。宋王朝除了著名的"开梅山"之举外，对其他瑶区也曾行"拓取"之策。如，《宋史·忠义·陈遘传》卷四四七载：陈遘，历广西转运判官，

> 蔡京启蛮瑶地，建平、从、允三州。遘言："蛮人幸安静，轻扰以兆衅，不可。"京恶之，以他事罢归。

开边政策意味着：在瑶区设官屯兵，创置堡寨，征收贡赋，开辟道路。不仅强化了民族压迫，而且打破了瑶民的传统"安静"生活。这就造成"侵逼洞穴，致生

① 谭其骧：《中国内地移民史——湖南篇》，载《史学年报》，1933（1），4。

疑惧”[1]的结果。换言之，受“扰”而“疑惧”的瑶民，往往被迫弃“洞穴”，即离开本土而逃徙。

一是瑶民大规模反抗活动的促成。宋代瑶民的反抗活动，具有颇大游动性。庆历桂阳唐和起义，曾进入英、韶等岭外诸州。乾道宜章瑶民起义，曾逾岭入英、韶、连、广、德庆、肇庆、封、梧、贺州等两粤地。嘉定黑风峒瑶民起义，长年转战湘、赣边界，活动范围及于郴、桂阳、永、邵、衡、潭、连、韶、南雄、吉、赣、汀、南安等十三州、军，反抗活动的游动性本身，实际上就是一场迁徙活动。另一方面，反抗活动使僻处一隅的瑶民，熟悉了所经山川形势，为外徙提供了有利条件。事败后，为避免统治者的迫害而散居各地。

同时，宋王朝在镇压反抗活动过程中，往往采取驱赶政策，以图釜底抽薪。所谓“不杀而幸存者又禁其耕，千里之民皆失其业”，“尽令近山人户不得耕种及烧折屋宇”，可证。这些失去“巢穴”与“理生之具”[2]的流离失业的瑶民，被迫纷纷寻找新的安身之地。

总之，宋代瑶民的大迁徙活动，既有瑶民本身的内在因素，也与外在的即宋王朝的民族压迫政策有关。

这里还需弄清瑶民的迁徙路线，为什么朝南而不往北呢？其因有二：一是南方尚多未开垦之地，可供栖身。显然，早已开发的北方平原沃土，当地居民是难于允许外来之人争夺其田土的。一是岭南历来为经济力量较为薄弱之地。据民国《东莞县志》卷五三，宋人徐德时条下载：

> 时广南岭外，声教稍后于中华，湖广之瑶，溪峒之僚，实迫处此。

可谓一语道破了湖广之瑶迫处岭外的真实历史原因。而且，为大民族主义思想支配的封建统治者，也不允许不同“族类”之人徙居其中原腹心之地的。

四、大融合

邻近汉区的瑶民，有不少已与汉民无别，有的甚至与汉民一样成了封建国家的

---

① （元）脱脱等撰：《宋史·蛮夷列传一》，卷四九三。

② （宋）李焘：《续资治通鉴长编》，卷一五三，庆历四年（1044 年）十一月壬午条。

编户齐民。对此，史籍多有记载：

（梅山瑶人）籍以为民。[①]

有生瑶，有省地瑶。[②]

武冈军溪峒旧尝集人户为义保，盖其风土、习俗、服食、器械悉同瑶人。[③]

宋代的民族融合，除了表现在与汉民一样成为封建国家的编户齐民外，更重要的是反映在文化特征上，其习俗也与汉俗日渐趋为一体。如，宋祝穆《方舆胜览》卷三一，引汪彦章《靖州营造记》云：

初，夷人散居溪谷间，各为酋长。及上版图，职方氏为珉，与彼之山川壤比疆连犬牙相入也。岁久，声教所覃，去椎髻之俗而饰冠巾，转侏离之音而通字画，奉官吏约束，一如中州。

又，宋朱辅《溪蛮丛笑》客语条载：

能省民之言者名客语。

语言是思想交流的工具，瑶民能讲汉话，正是民族封闭有所突破的必然结果。此外，清道光《宝庆府志·政绩录一》卷一〇五载，杨巽，景定五年（1264年）以大府寺丞知武冈军，上疏言：

郡风土虽民瑶杂居，而好礼尚义尊朝廷则一。

可见，这部分瑶人的服饰、语言、伦理道德都逐渐与汉人无别。

衡、永等州溪峒瑶人因招谕纳土，乞并为良民。从之。[④]

---

① （元）脱脱等撰：《宋史·刘元瑜传》，卷三〇四。

② （元）脱脱等撰：《宋史·奸臣蔡京传》，卷四七二。

③ （元）脱脱等撰：《宋史·蛮夷列传二》，卷四九四。

④ （宋）李焘：《续资治通鉴长编》，卷二四八，熙宁六年（1073年）十二月庚午条。

扶竹水山瑶梁义等愿附招纳，籍为省民。[1]

归明人给田旧条。[2]

潭、郴、全、邵诸寨向化之蛮。[3]

此中所谓“民”“省地瑶”“义保”“良民”“省民”“归明人”“向化之蛮”，系指受汉文化影响较深或已等同汉人的瑶民。

需要强调的是，民族间渗透与融合是双向的，不可否认瑶人汉化是大量的，但也同样存在汉人瑶化的事例。“南州风俗，猱杂蛮瑶”[4]，即是粤西民俗深受“蛮瑶”之风影响的明证。上述辰州风俗“颇杂瑶俗”，又有桂阳军“地连五岭杂蛮风”[5]之称，这都是湖湘民风包含有瑶俗的例证。这也可说明，后世南方汉族地区的习俗，也并非纯粹汉风，而往往夹杂有南方诸族习俗的因素在其中，这应是我国各民族间“你中有我，我中有你”关系在习俗领域的表现。

宋代，民族融合的速度加快，并非偶然。其主要原因，不外有三：

一是各族之间互相往来的结果。有宋一代，汉、瑶之间关系日益密切。“省民往往交通瑶人”[6]，甚至连大吏富人也无例外。特别是经济往来日趋密切。

一是汉文化影响日益加深的结果。民族之分，往往表现为文化差异。随着瑶区文化教育事业的发展，诸峒日益“化为衣冠之俗”。

一是汉民不断涌入瑶区的结果。从“省地民选逃入溪峒”[7]一事，已成为宋统治者严重关注的问题，可见其人数之多。又，北宋王朝设置沅州后，“全、永、道、邵州人户往请射”[8]，前往其地垦荒种地。上述为汉民因避赋役和谋生计而徙居瑶地的典型事例。

一是瑶民徙入汉区的结果。这与汉民进入瑶区一样，是平行的和互为补充的。

---

① （宋）李焘：《续资治通鉴长编》，卷二九〇，元丰元年（1078年）六月癸卯条。

② （宋）李焘：《续资治通鉴长编》，卷四一八，元祐三年（1088年）十二月庚辰条。

③ （宋）欧阳修：《再论湖南蛮贼宜早招降札子》，见《欧阳文忠公集》，卷一〇五。

④ （宋）范成大：《桂海虞衡志·志器》。

⑤ （宋）祝穆：《方舆胜览》，卷二七。

⑥ （元）脱脱等撰：《宋史·蛮夷列传》，卷四九四。

⑦ （宋）李焘：《续资治通鉴长编》，卷一九四，嘉祐六年（1061年）七月戊戌条。

⑧ （宋）李焘：《续资治通鉴长编》，卷二七四，熙宁九年（1076年）四月庚寅条。

据载：宋开梅山，

峒瑶拒险多被屠戮，其投诚者又或随部分编伍而去。[1]

这些随军而入汉区的瑶人，当融入汉民族之中，从此可以窥见瑶人进入汉区之一斑。

一是宋王朝开拓经营的结果。宋王朝曾在梅山等瑶区建郡县，将瑶人编籍。这些新入籍的瑶民，被称作“新民”，从此构成了汉族的组成部分。正是瑶族与其他少数民族的人口不断加入汉族，促使汉族以滚雪球的方式日益扩大和发展。这是中国历史上首次出现大规模的“变瑶为汉”[2]的浪潮。

总之，有宋一代，在瑶族发展史上占有十分重要的地位。

① （清）黄宅中、张镇南修，邓显鹤编纂：《宝庆府志·摭谈一》，末卷上。

② （宋）刘挚：《直龙图阁蔡君墓志铭》，载《忠肃集》，卷十二。

第八章　元代瑶族

元代，瑶族之名，除通作“瑶”外，尚有多种称谓。如：

“莫瑶”。如《元史·余阙传》卷一四三载：元统时，

会莫瑶蛮反。

莫瑶之名，由来最古，早在《梁书·张缵传》中已有之。

“山瑶”。如元人阳恪《平蛮记》载：黔中郡辰、澧二州蛮反，元当政者

起集山瑶、仡佬以为向导。[①]

《元史·郭昂传》卷一六五载：郭昂为沅州安抚司同知，

山瑶、木苗、土僚诸洞尽降。

山瑶之名，宋已有之，上述陆游《老学庵笔记》卷四即有此称。

“峒瑶”。史有“永明县峒瑶”[②]、“广西峒瑶”[③]、“会峒瑶寇边”[④]之载。所谓“峒瑶”，当系据溪峒瑶人而得名。

“瑶僚”或“僚”。据《元史·顺帝本纪四》卷四一载：

广西宣慰使章伯颜讨瑶僚有功。

又，道光《高州县志》卷二五载：

时僚寇蒋丙突境。

---

① （元）苏天爵：《元文类》，卷二七。

② （明）宋濂等：《元史·良吏二·林兴祖传》，卷一九二。

③ （明）宋濂等：《元史·良吏二·周自强传》，卷一九二。

④ （明）宋濂等：《元史·忠义三·聂炳传》，卷一九五。

蒋丙本为湖广道州瑶人，故此“僚”指瑶之义甚明。可见，“僚”虽泛作南方民族之称，但有时也可用作瑶族的专名。

第一节 瑶族的分布与活动地域

元代瑶族居于今湖南、广西、广东以及贵州、云南诸省。下面拟据散见的史料，勾画一幅元代瑶民分布图。

一、湖 南

岳州（治今岳阳）、潭州（治今长沙）。据《元史·顺帝本纪五》卷四二载：至正十二年（1352年），参知政事卜颜不花等人讨瑶，

> 复湖南潭、岳等处有功。

这是元代瑶人势力极盛时所及的湘东最北之地。

辰州（治今沅陵）。据《元史·顺帝本纪五》卷四二载：至正九年（1349年），瑶人

> 吴天保陷辰州。

这是元代瑶人活动所达的湘西最北之地。

沅州（治今芷江）。据元无名氏《招捕总录》载：皇庆二年（1313年），

> 沅州胡老鼠瑶贼作乱。

又，《元史·顺帝本纪四》卷四一载：至正六年（1346年），

> 靖州瑶贼吴天保陷黔阳。

黔阳，治今黔阳西南，为元沅州路属县。此可作沅州为瑶人居地的佐证。

靖州（治今靖县）。如上述，至正瑶人起义领袖吴天保为靖州人，说明靖州为元代瑶人基地。

武冈（治今地）。据《元史·顺帝本纪四》卷四一载：至正六年（1346年），

思、靖瑶寇犯武冈。

《元史·忠义三·聂炳传》卷一九五载：

会峒瑶寇边，湖广行省右丞秃赤统兵讨之，屯于武冈。

又，黄溍《黄顺翁墓志铭》记有“武冈新宁县瑶”[①]，新宁县，治今县东北。可见，武冈不仅是瑶人居地，而且是瑶人与元军争夺之要地。

邵阳（治今地）。据光绪《湖南通志·苗防三》卷八三引《宝庆府志》云：泰定元年（1324年），

峒瑶寇邵边。

衡阳（治今地）。据《元史·文宗本纪三》卷三四载：至顺元年（1330年），

衡阳瑶为寇，劫掠湘乡州。

耒阳（治今地）。据光绪《湖南通志·苗防三》卷八三载：至正十三年（1353年），

瑶自耒阳寇衡阳。

郴州（治今地）。据元无名氏《招捕总录》载：大德二年（1298年），湖南瑶

郴州可大老叛。

又，《大明一统志》卷六六，郴州名宦元代王都中条载：王都中为郴州路总管，

溪洞瑶僚往来州境者，煦之以恩，摄之以威，莫不悦服。

桂阳（治今地）。据元王逢《陆县尹时俊席上赠郭府判》[②]载：

① （元）黄溍：《黄金华文集》，卷三二。

② （元）王逢：《梧溪集》，卷五。

临武（治今县）、宜章（治今县）二县瑶蛮作耗，官兵进讨不克。

临武，属桂阳路；宜章，属郴州路。这是桂阳、郴州均有瑶人居住的事例。

道州（治今道县）。据《元史·泰定帝本纪二》卷三〇，有泰定三年（1326 年）道州路瑶为寇的记载。同书又载：泰定三年，“乞住招谕永明县五峒瑶来降”；泰定四年（1327 年），“道州永明县瑶为寇”。据元虞集《平瑶记》[1] 载：贺州瑶起事后，曾进入永明、江华等县。水明县（治今江水）、江华县（治今江华西北），均为元代道州路属县。又，光绪《道州志·兵防》卷六载：

元统元年（1333 年）冬十月，广西瑶寇道州，千户郭震战死。

可证道州为元代瑶人重要聚居地。

上述说明：元代瑶人确仍居于湖南沅州、靖州、武冈、邵阳、衡阳、耒阳、郴州、桂阳、道州一带；其势力所及，则有岳州、潭州、辰州等地。

二、广　西

全州（治今地）。据《元史·世祖本纪七》卷十载：至元十五年（1278 年），

全州西延溪洞瑶蛮二十所内附。

对此，《招捕总录》有相类记载：“至元十五年，全州教授唐子定奉檄招下清湘县（治今全州）西延溪蛮”，共二十余团。

贺州（治今贺州市八步区）。据《平瑶记》载：元统二年（1334 年），

瑶寇以其众起贺州富川县之境。

富川县，治今钟山县。又，《元史·顺帝本纪一》卷三八载：元统二年（1334 年），

瑶贼陷贺州。

① （元）虞集：《道园学古录》，卷三八。

《元史·顺帝本纪三》卷四〇载：至正元年（1341年），

临贺县（贺州治所）民被瑶寇钞掠，发义仓粮赈之。

此外，《元史·顺帝本纪四》卷四一，则有“贺州瑶”之称。可见，瑶人活跃于贺州及其属县富川、临贺等地。

静江（治今桂林）。据《招捕总录》载：延祐二年（1315年），静江古县（治今桂林西南）瑶反。据《元史·泰定帝本纪一》卷二九载：泰定元年（1324年），

招谕船领、义宁、灵川等处瑶。

义宁县，治今桂林西北；灵川县，治今县。《元史·泰定帝本纪一》卷二九载：泰定二年（1325年），

静江义宁县……蛮瑶为寇。

《元史·泰定帝本纪二》卷三〇载：致和元年（1328年），

静江瑶寇灵川、临桂二县。

临桂县，治今桂林。《元史·文宗本纪三》卷三四载：至顺元年（1330年），

广西瑶于国安率千五百人寇修仁、荔浦等县。

修仁，治今荔浦西南；荔浦，治今荔浦西。《粤西文载·人物》卷六八载：元人秦仲礼，

授义宁县尉，威摄边瑶。

又，据《平瑶记》载：瑶人起义地区曾及阳朔（治今阳朔）、灵川、临桂诸县。从史籍不断记载瑶人在静江路及其所属灵川、临桂、古县、义宁、修仁、荔浦、阳朔诸县活动一事，可证此地已成为瑶人的集中居地。

融州（治今融水）。《元史·泰定帝本纪一》卷二九有“融州瑶”的记载。又，

元胡明允《平瑶记》[1]称：融州为

群瑶之渊薮。

可见，元代融州瑶人之盛。

平乐（治今平乐）。据《元史·泰定帝本纪二》卷三〇载：泰定四年（1327年），

平乐府瑶为寇。

柳州（治今柳城南）。据《元史·泰定帝本纪一》卷二九载：泰定二年（1325年），

柳州瑶为寇；
柳州马平县瑶为寇；
广西瑶潘宝陷柳城县。

马平县，治今柳州；柳城，为元代柳州路治所。

庆远南丹安抚司（治今宜山）。《元史·泰定帝本纪一》卷二九有关于“庆远府瑶”的记载。又，《元史·泰定帝本纪一》载：泰定二年（1325年），

庆远安抚司蛮瑶为寇。

《元史·顺帝本纪一》卷三八载：

广西庆远瑶贼寇全州。

藤州（治今藤县）。《元史·世祖本纪七》卷十，有至元十六年（1279年）藤州瑶蛮为乱的记载。《元史·泰定帝本纪一》卷二九载：泰定二年（1325年），瑶蛮潘宝寇镡津（治今藤县西北）诸县。此外，《平瑶记》中有“岑溪县（瑶）酋”之句。岑溪，治今岑溪西南。可见，藤州及其所属镡津、岑溪诸县为瑶人活动之域。

浔州（治今桂平）。据《元史·泰定帝本纪一》卷二九载：泰定二年（1325年），

① （清）汪森：《粤西文载》，卷四五。

浔州平南县瑶为寇。

平南县，治今平南西。

《元史·顺帝本纪四》卷四一载：至正四年（1344年），

瑶贼寇浔州。

此外，《平瑶记》中有："浔、贺等处（瑶）酋"之句。

宾州（治今宾阳东北）。据《元史·仁宗本纪二》卷二五载：延祐三年（1316年），

融、宾、柳州瑶蛮叛。

《粤西文载》卷四五，载元胡明允《平瑶碑》云：

静江、柳、庆、宾、融瑶寇为甚。

横州（治今横县）。据《粤西丛载》记：延祐元年（1314年）秋，

八寨瑶寇横州。

《元史·仁宗本纪二》卷二五载：延祐三年（1316年），

横州瑶蛮为寇。

《元史·文宗本纪三》卷二四载：至顺元年（1330年），

广西瑶贼寇横州及永淳县。

永淳县，治今横县西，为横州属县。

钦州（治今地）。据《元史·泰定帝本纪二》卷三〇载：致和元年（1328年），

钦州瑶黄焱等为寇。

廉州（治今合浦）。据《元史·文宗本纪三》卷三四载：

瑶贼八百余人寇石康县。

石康县，治今合浦东北。这是元代瑶人在廉州属县活动的例证。

两江。据《元史·泰定帝本纪二》卷三〇载：泰定四年（1327年），

广西两江瑶为寇。

两江，指当时广西两江道宣慰司所辖地区。

梧州（治今地）。据《元史·泰定帝本纪二》载："梧州瑶为寇。"

田州（治今田东西北）。据《元史·泰定帝本纪二》卷三〇载：泰定四年（1327年），

田州洞瑶为寇。

全茗州（治今天等南）。据《元史·泰定帝本纪二》载：

广西全茗州土官许文杰率诸瑶以叛，寇茗盈州。

茗盈州，与全盈州相连，同是许姓土官辖地，故为元代瑶族出没之地。

上思州（治今上思东南）。据《元史·英宗本纪一》卷二七载：延祐七年（1320年），

上思州瑶结交趾寇忠州。

综上所述，可见元代广西全州、贺州、静江、融州、平乐、柳州、庆远、藤州、浔州、宾州、横州、钦州、廉州、梧州、田州、全茗州、上思州及两江地区等，均有瑶人居住。换言之，元代瑶族遍布广西东部与部分西部地区。

三、广　东

雷州（治今海康）。据道光《广东通志》卷一八六载：延祐中，

广西瑶贼掠雷州。

又，清光绪《化州志·职官表》卷七载：顺帝至元间，雷奇任雷州路同知，

奉檄讨瑶寇。

高州（治今地）。据《元史·泰定帝本纪二》载：泰定四年（1327年），

高州瑶寇电白县。

电白，治今高州东北。需要指出的是：雷州与高州，在元代属湖广行省的广西两江道宣慰司辖地，今属广东境。

德庆路（治今德庆）。《元史·世祖本纪六》卷九有“德庆府泷水瑶蛮为乱”的记载。泷水，治今罗定。又《招捕总录》载：延祐三年（1316年），

德庆路瑶蛮叛。

《元史·泰定帝本纪一》卷二九载：至治三年（1323年），

德庆路泷水县瑶刘寅等降。

《天下郡国利病书·广东下》载：

泷水县瑶人刘第三者，自元末为害，已非一日。

可见，有元一代，德庆路瑶活动未断。

南恩州（治今阳江）。据《元史·仁宗本纪三》卷二六载：延祐六年（1319年），

广东南恩、新州瑶贼龙郎庚等为寇。

《元史·泰定帝本纪一》卷二九载：

海北瑶首盘吉祥寇阳春县。

海北，指当时的钦州、廉州、雷州诸路；阳春县，治今县，当时属南思州辖县。道光《电白县志·列传》卷十八载：泰定间，

高凉瑶寇电城，贼势猖獗。

高凉，故城在今阳江县西，元代属南恩州境。

新州（治今新兴）。除上述《元史·仁宗本纪三》卷二六所记“新州瑶”事外，乾隆《新兴县志》卷六载：大德八年（1304年），

瑶贼李宗起寇新州。

肇庆路（治今肇庆市）。据道光《肇庆府志》卷二二载：泰定元年（1324 年），

肇庆瑶黄宝才等降。

广州路（治今广州）。据《招捕总录》载：至治二年（1322 年），

瑶贼冯岳护犯新会县。

又，据清顾祖禹《读史方舆纪要》卷一〇一载：

广东新宁县，自元季以来，诸瑶煽乱。

新会，治今县，元为广州路属县；新宁县，今台山县，明置，元时属广州路辖地。

循州（治今龙川西南）。据《元史·泰定帝本纪一》卷二九载：

循州瑶寇长乐县。

长乐县，治今兴宁西南。

连州（治今连县）。据《元史·顺帝本纪四》卷四一载：至正三年（1343 年）。道州、贺州瑶，

攻破连、桂二州。

道州、贺州、连州、桂阳州四地瑶人连成一片。

总之，元代广东瑶族主要聚居于与广西接壤的西南部的德庆路、雷州、高州、南恩州、新州、肇庆路、广州路等地，粤北的连州和粤东的循州等地也有瑶人居住。

四、贵　州

贵州省地的瑶人，始见于元代。

八番、顺元诸路。史有“八番、顺元诸路瑶兵”[①]之谓。八番、顺元宣慰司，治今贵阳。

新添安抚司。史有“新添安抚司蠻河寨主诉他部瑶僚践其禾”[②]的记载。新添葛蛮安抚司，治今贵定。

思州。如上述，史有“思、靖瑶”的记载。思州宣抚司，治今务川。

总之，元代贵州瑶族，分布于八番、顺元、新添、思州等地。

五、云　南

云南“瑶”名，始载于元代。据《元史·泰定帝本纪一》卷二九载：至治三年（1323年），

> 大理、威楚诸路瑶兵为寇。

大理，治今大理。威楚路，治今楚雄，辖地包括今镇沅、景东在内。这支瑶人，当系从贵州、广西境逐渐迁入。元代云南有瑶人居住，还可从下述史实中得到证实。泰定元年（1324年），

> 云南瑶阿吾及歪闹为寇。[③]

需要附及的是，据《招捕总录》载：元代江西地区也有少数民族之人从事反抗活动。其间，应多是畲、瑶诸族人。但因不易确定瑶人材料，故阙疑。

六、元代瑶族分布的特点

从上述记载，可归结如下：

（1）今日我国瑶族，主要聚居于湖南、广西、云南、广东等地，即南岭山脉一带。笔者的意见是：这一分布格局，在宋代已基本形成，至元代则继续沿着这一趋

---

① （明）宋濂等：《元史·泰定帝本纪一》，卷二九。

② （明）宋濂等：《元史·文宗本纪四》，卷三五。

③ （明）宋濂等：《元史·泰定帝本纪一》。

势发展，经明、清而完成。

（2）分布地域较今日要宽广得多。费孝通先生说：明代以前，瑶族聚居地，“和现在相比，幅员较广”[①]。这是确论。只要把根据史实列出的上述元代湘、桂、粤瑶族分布地与今日做一比较，就可发现，今日瑶族活动范围是大为缩小了。如，元代广东瑶族的重要基地，与岭右相连的德庆路、雷州、高州、南恩州、肇庆路、广州路等地的瑶族，今日已难觅其踪影了。其因主要有二：一是大批与当地汉族居民融合；一是被封建统治者所驱赶。

（3）与宋代相比，居住重心南移。如，宋太祖以“瑶人秦再雄”为辰州刺史，并允其“自治”[②]；但元代，仅见瑶人曾陷辰州的个别记载。显然，此时的辰州已不再是瑶人的重要居住地了。再如，位于今湖南新化与安化一带的梅山，经宋代“开梅山”后，元代册籍则乏有梅山蛮的记载。以上事例均说明湘北瑶族已逐渐南徙了。

（4）仍可见瑶族源于盘瓠种的“长沙、武陵蛮”[③]之痕迹。元代瑶族虽已不断南移，但与今日瑶族相比，其居住地域仍偏北。在湘东，元代瑶人曾活动于衡州、潭州、岳州等地，而这一地带正属汉代长沙郡的辖区；在湘西，元代瑶族则出现或活动于靖州、沅州、辰州等地，而这一地带则属汉代武陵郡的范围。笔者认为，元代瑶族的这种分布态势，是探讨瑶族族源不可忽略的一种历史根据。

第二节　元代瑶族社会

一、社会组织

姓氏。瑶族按血缘亲属关系构成继嗣群，而姓氏则是继嗣群的一种标志。笔者据所见载籍，将元代瑶人姓名列表如下：

---

① 费孝通：《〈盘村瑶族〉序》，见胡起望、范宏贵：《盘村瑶族——从游耕到定居的研究》，北京，民族出版社，1983。

② （元）脱脱等撰：《宋史·蛮夷列传一》，卷四九三。

③ （南朝宋）范晔：《后汉书·南蛮西南夷列传》，卷八六。

表 8-1　元代瑶人姓名表

省名	人　名	出　处
广西	蓝赖	《元史·成宗本纪三》卷二〇
广西	潘宝、何童、盘吉祥	《元史·泰定帝本纪一》卷三〇
广西	许文杰、黄焱	《元史·泰定帝本纪二》卷三〇
广西	于国安	《元史·文宗本纪三》卷三四
广西	赵仆十七、潘仆、侯重用	《招捕总录》
广西	唐七十二、潘光叔、陆秀琳、潘三十一、俸传四、沈明、李百七、梁四、卢权、卢闹、唐公猛、唐游、谭公显、韦千四、古杳、潘千五、梁七	《平瑶记》
广西	潘父绢	《续文献通考》卷二四五
广东	龙郎庚	《元史·仁宗本纪三》卷二六
广东	刘寅	《元史·泰定帝本纪一》卷二九
广东	盘郎梗、盘古缀、王穷肠、何穷肠、陀穷肠、冯岳护、王世禄、李伯达	《招捕总录》
广东	李宗起	乾隆《新兴县志》卷六
广东	刘文远	道光《广东通志》卷一八六
广东	黄宝才	道光《肇庆府志》卷二二
湖南	唐大二、蒋仁王、蒋丙	《元史·顺帝本纪四》卷四一
湖南	吴天保	《元史·顺帝本纪四》卷四一
湖南	可大老、刘尊长、王寨司、黄公爹、胡老鼠、蒲狗、尚金朝、李部凯	《招捕总录》
湖南	李威赛、沈南强	陆文圭《墙东类稿》卷十二
云南	阿吾、歪闹	《元史·泰定帝本纪一》卷二九

总计：五十五姓。其中：潘六，唐四，李五，黄三，刘三，盘三，王三，蒋二，梁二，何二，卢二，沈二，蓝、许、赵、侯、陆、谭、韦、冯、胡、吴、古、龙、于、尚、可、蒲、陀、俸各一。此外，无姓二。从中可说明：

其一，元代，瑶族大姓已基本形成。如果说，同姓有同祖同源关系的话，则有的姓氏可谓源远流长。其中有的姓氏至今仍广为流行，如盘（潘）、唐、黄、李、蒋、赵、冯、蓝、刘、胡、卢、侯、谭、沈、龙诸姓即是。

其二，姓名带有一定的原始性。如，有的尚无姓（阿吾、歪闹即是）。名字，更是五花八门。有的以数字为名（七十二即是），有的称外号（胡老鼠即是），有的称职司（王寨司即是），等等。

瑶人聚族而居，按世系群构成社会基层单位。据《平瑶记》载：元代广西诸族，

若所谓曰生瑶、曰熟瑶、曰僮人、曰款人之目，皆强犷之标也。曰溪、曰洞、曰源、曰寨、曰团、曰隘之属，皆负固自保，因以肆暴之所也。

换言之，瑶、壮诸族按所居地域构成名为溪、洞、源、寨、隘称谓的社会组织。这一组织，起着对内团聚族人对外共同行动的协调指挥作用，故史称其为“负固自保”之所。据笔者所查，元代瑶族社会基层组织的称谓与此大致相符。计有：

溪。如《招捕总录》有“清湘县西延溪蛮”之句。此“蛮”为瑶人。

洞。《元史·泰定帝本纪一》卷二九有“融州否泉洞、吉龙洞”诸瑶的记载。《元史·泰定帝本纪二》卷三〇有“永明县五峒瑶人”之称。《招捕总录》有“罗蛮洞瑶”之名。又，《平瑶记》述瑶人居地有“边山慈洞”“田岩洞”“唐妙隐洞”等。溪、洞之得名，系因“瑶僚”处于“溪洞险阻”[①]之地所致。

源。史有“道州路栎所源瑶”[②]及“凉泾源”“大厚、黄辛等二十一源”[③]之称。

寨。《平瑶记》所载广西瑶人寨名有：“秀峰、桃源、新田、野猪等寨”，“小溪、瑶源等寨”，“石上、上锦、黄峡、水确、滑石等寨”。又，嘉庆《广西通志·前事九》卷一八七，有关于元代“八寨瑶”的记载。

团。史载的团名较多。如，《元史·泰定帝本纪一》卷二九载：

招谕融州瑶般领，大、小木龙等七十五团。

《元史·泰定帝本纪二》卷三〇载：

广西透江团瑶为寇，宣慰使买奴谕降之。

---

① （明）宋濂等：《元史·达识帖睦迩传》，卷一四〇。

② （明）宋濂等：《元史·泰定帝本纪二》，卷三〇。

③ （元）虞集：《平瑶记》，见《道园学古录》，卷三八。

元无名氏《招捕总录》载：降全州清湘县瑶人，

沽油团、屋孙耶捧水团、门客耶师哥骂耶车田团、唉无米耶喉社勾耶龙堂团、近师耶壬哥罗勾狰猛口团、客多耶小池团、祖女耶穿弟伞匠耶等共二十余团。

此团名，似是据瑶语译音。该书续载：又有

石仓团……头团、白团、提江团、淋背团、岭豚团。

元陆文圭《墙东类稿》卷十二载：

武冈路瑶蛮依绥宁县（治今县西南）青城，为一十五团。

还有《粤西文载》卷四五，载元胡明允《平瑶碑》写道：元军直抵柳州“大塘、枫木林、绞峒等团”，继至融州，“败获者墨江等凡六团”，宜融之瑶“凡大搔来降者二十八团”。可见，元代瑶族洞寨，广泛使用“团”的称谓。团，本为宋代“团结”瑶人之制。据宋人黄震《慈溪黄氏分类日钞》卷六七载：范成大，

是年，静江管下溪洞瑶人，结成五十五团，置桑江寨以统属之。

元代瑶族之“团”，当袭自宋制。

山。《元史·泰定帝本纪一》卷二九记有“洞村山”瑶；《招捕总录》则有“园麻山瑶人”之载。当系瑶人占山为居而得名。

这些按“溪”“洞”“源”“寨”“团”“山”组织起来的瑶人的首领，被称作“酋”①“瑶酋”②“瑶首”③“山主”等。这些瑶酋、瑶首、山主，约相当于后世的“瑶老”。

需要指出的是，瑶族的这类组织，并未发展成强大的政治、经济、军事联盟。

① （元）卢让、胡明允：《平瑶记》。

② （明）宋濂等：《元史·周自强传》，卷一九二。

③ （明）宋濂等：《元史·泰定帝本纪一》，卷二九。

史称“无领袖”[1],即指此。从历史原因而言,这是隋代南蛮“俱无君长”[2]状态的延续。从社会原因而言，这是游耕经济的分散、流动性质决定的。这也是瑶族反抗不断而不能持久并被各个击破的原因所在。

二、社会经济与文化

瑶族社会历史发展不平衡，有“生瑶”“熟瑶”之分。

生瑶山居。据《平瑶记》载：瑶众起贺州富川县境，

> 据其山险，连引数百里。

据《招捕总录》载：湖南瑶人，

> 居深山穷谷巢穴中。

广西瑶人，

> 生于深山穷谷者，谓之生瑶。

这说明，元代瑶民仍沿袭历史上“依山险而居”的局面。

靠近汉区的瑶民，已多与汉民杂居。如，元梁遗《重修桂林府学记》载：桂郡，

> 所部多山，民瑶杂处。[3]

《元一统志》卷九载：

> 清远地方，与莫瑶犬牙相错。

清道光《广东通志》卷二一五载：元之德庆，

> 民瑶杂处。

---

① （元）无名氏：《招捕总录》。

② （唐）魏征等：《隋书·南蛮传》，卷八二。

③ （清）汪森辑：《粤西文载》，卷二六。

显然，这种居住格局，有利于民族间往来。

从事游耕与采集、狩猎并举的生产活动。据《招捕总录》载：瑶人

刀耕火种，采山射兽，以资口腹。

耕山地，种豆、薯、蓣，产楮皮、厚朴。

《元一统志》卷九载：广东清远莫瑶，

刀耕火种。

换言之，元瑶民沿袭宋制，主要种旱地作物，辅以山货为业。落后的“耕山”生活，是促成瑶人不断南徙的要因之一。

也有过定居的农业生活者，此多为人们通称的“熟瑶”。据元王逢《陆县尹时俊席上赠郭府判》记额森布哈（也先不花）事写道：临武、宜章二县瑶乱，

公单骑入，谕福祸，瑶悉归农。[①]

这是元代瑶民以农为主业的例证。据《招捕总录》载：

其杂处近民曰熟瑶，稍知生理，亦不出赋。又有僮瑶，则号为兵官宁隘通道，于官有用。自宋象州王太守始募熟瑶，官供田、牛，以供此役，至今因之。

又，据《元史·兵志三》卷一〇〇，广西两江道宣慰司都元帅撞（壮）兵屯田条载：

成宗大德二年（1298 年），黄圣许叛，逃之交趾，遗弃水田五百四十七顷七亩。部民有吕瑛者，言募牧兰等处及融庆溪洞瑶、僮民丁，于上浪、忠州诸处开屯耕种。十年（1306 年），平大任洞贼黄德宁等，以其地所遗田土，续置藤州屯田。为户上浪屯一千二百八十二户，忠州屯六百一十四户，那扶屯一千九户，雷留屯一百八十七户，水口屯

① （元）王逢：《梧溪集》，卷五。

一千五百九十九户。续增藤州屯，二百八顷一十九亩。

据统计，上述诸处瑶、壮民丁屯户在四千以上。概言之，元代利用熟瑶屯田之举，袭自宋代对瑶民“籍户授田”“计口给田”之制。元屯田制，有利于瑶族地区土地的开发与生产的发展，并促进了当地的民族融合。

手工业，以药弩著称。据《粤西文载》卷六三，《名宦传》载：宋元之际，元兵至静江，广西经略司参议刘子荐

提瑶兵药弩手守城东门。

《招捕总录》载：广西瑶人，善用

标枪药弩。

又，《平瑶记》载：元军深入瑶洞后，

发其巢，得伪钞板、印、旗、甲、戈、弩。

简言之，瑶人除能制兵器，尤精工于药弩外，还能印制纸钞。可见，手工业已有了一定程度发展。

商业，与汉民互通有无。据元胡明允《平瑶碑》载：宜、融瑶人来降后，

有与民交易之乐。

在阶级关系方面，已发生分化。所谓“山主”，当是山地占有者之谓。瑶首还利用对外攻战掠取货物与劳力，以满足其增殖财富的贪欲。如，《元史·泰定帝本纪二》卷三〇载：

德庆路瑶来降，归所掠男女，悉给其亲。

《元史·文宗本纪二》卷三三载：瑶

入灌阳县，劫民财。

《平瑶记》载：

得所掠男女六十九人，还其家。

又，清道光《高要县志》卷五二载：道州、贸州瑶蒋丙，以

掠卖为事。

上述记载，若除去史籍夹杂的民族偏见不论外，在某种程度上仍反映了瑶酋对外作战的目的。

由于生产力水平较低下，故生活相当艰难。据《招捕总录》载：生瑶，

野处巢居。

不巾不裳，赤脚露胫，衣用牛羊血点白布作青花，逐幅相体凑成。

此可谓是典型事例。

无文字，刻木为契。据《招捕总录》载：全州清湘县西延溪瑶，

皆持木状赴府中降。

孤立来看，此处“木状”一词颇费解。但若证之宋周去非《岭外代答·风俗》木契条，关于瑶人私争赴县所投木契乃“一片之板”的记载，则问题迎刃而解。即“木状”为瑶人交官府之牒；该牒为一片刻木记事之板。

有岩葬之俗。据元周致中《异域志》卷下载：五溪蛮

即峒蛮。遇父母死，行鼓踏歌，饮宴一月。尽产为椁，临江高山，凿龛以葬。三年不食盐。

五溪蛮属崇奉盘瓠的苗瑶系统民族。此记载，系袭自唐张鷟《朝野佥载》，但可说明此俗在元代仍存。此记载，文字虽不多，但却较全面叙述了“峒蛮”的葬俗。

重巫术。如《招捕总录》载：清江古县罗蛮洞瑶人侯重用，

能祭雷雨，通阴阳。

所谓“通阴阳”，即指巫师能沟通人与神鬼之意。所谓“能祭雷雨”，则指巫师驾驭自然力量的法术，即超自然之功。这从后世瑶族巫师的经典中有“关风门”“求雨”之部中得到证实。[①]

总之，当时瑶族的社会历史发展尚处于较为落后的阶段。

第三节 元王朝治瑶政策

一、署瑶首为土官

政治上，以瑶酋为官。据《元史·成宗本纪三》卷二〇载：大德五年（1301年），

> 瑶人蓝赖率丹阳三十六洞来降，以赖等为融州怀远县簿、尉。

《续文献通考·四裔考九》卷二四五，广西土司庆远条载：

> 泰定帝泰定元年（1324年），庆远瑶首潘父绢等率众来降，署为簿、尉有官有差。

又，上述《元史·泰定帝本纪二》卷三〇有广西全茗州土官许文杰率诸瑶的记载。此制，直接袭自宋代。据《宋史·蛮夷列传二》卷四九四载：

> 素有知勇为瑶人所信服者，立为酋长，借补小官以镇抚之。

简言之，元用宋制拣选瑶酋为簿、尉一类“小官”，用以“镇抚”瑶人。

瑶酋归附后，需纳贡称臣，为维护宋王朝在瑶区的统治而听命。如《元史·周自强传》卷一九二载：

> 泰定间，广西洞瑶反，自强往见瑶酋，说以祸福，中其要害，瑶首立为罢兵，贡方物，纳款请命。

---

① 张有隽：《瑶族宗教信仰史略（一）》，载《广西民族学院学报》（哲学社会科学版），1981（3）；张有隽：《瑶族宗教信仰史略（二）》，载《广西民族学院学报》（哲学社会科学版），1981（4）。

委任瑶酉为土官及瑶酋纳贡称臣一事说明：元代土司制度已在瑶族地区推行。它在客观上起了密切瑶族地区与内地联系的积极作用。

二、不出赋或定轻赋

经济上，不仅生瑶，即使熟瑶，一般“亦不出赋”。即使出赋，也较轻。如，《元史·阿里海牙传》卷一二八载：至元十八年（1281年），

> 所定荆南、淮西、江西、海南、广西之地，凡得州五十八，峒夷山僚不可胜计。……又其取民悉定从轻赋。

《元史·泰定帝本纪一》卷二九载：至治三年（1323年），免

> 八番、思、播、两广洞寨差税一年。

《平瑶记》载：(后）至元元年（1335年），谕灵川县瑶酋来归，

> 得户百二十六，大小九百八口，岁愿输租三十余石。

此中所记“峒夷”“山僚”“洞寨”，包含瑶族在内。这是元代对瑶族征赋的例证。这一做法，与元代对全国民族地区实行“皆赋役之”[①]的政策是一致的。

元统治者有时也采取一些救济措施，以维护其在瑶族地区统治的稳定性。如，《元史·泰定帝本纪一》卷二九载：泰定二年（1325年），

> 庆远溪洞民饥，发米二万五百石，平价粜之。

又，《元史·文宗本纪四》卷三五载：至顺二年（1331年），

> 新添安抚司蹇河寨主诉他部瑶僚蹂其禾，民饥，命湖广行省发钞二千锭，市米赈之。

① （明）宋濂：《元史·地理志一》，卷五八。

三、武力镇遏

军事上，主要以“戍兵”防范和镇压瑶民的反抗活动。据《元史·达识帖睦迩传》卷一四〇载：因广西“瑶僚”窃发，达识帖睦迩主张，

罢靖州路总管府，改立靖州军民安抚司，设万户府，益以戍兵。朝廷皆如其言，已而，诸瑶僚悉降。

《元史·王克敬传》卷一八四载：元统初，

岭海瑶贼窃发，朝廷调戍兵之在行省者往讨之。

《平瑶记》载：庆远之地，

欲置官府，连营于其间以戍之，使之不得动作。

虽然，戍兵是瑶族地区的重要震慑力量，以图达到“使之不得动作”之目的；但因其不熟悉当地山川形势与风土人情，并未能完全奏效。故辅之以瑶制瑶之策。征募瑶兵即为突出事例，其中有：“八番、顺元及静江、大理、威楚诸路瑶兵”[①]与“静江路瑶兵”[②]。此“瑶兵”，为元朝乡兵的组成部分。元统治者还采取以他族制瑶之策。据元梁遗《重修桂林府学记》载：

时阃帅咬住怯烈章伯颜以瑶怙恶靡悛，简义兵、僮卒犬牙互制，戍遏之。

又，《招捕总录》载：招募“熟瑶与壮瑶”为民户，“分地遏贼为便”。上述为以壮制瑶之例。以此制造民族矛盾，使之互相牵制。

为保证戍兵的给养，行屯田制，名之曰屯戍。《元史·刘国杰传》卷一六二，对有元一代屯戍制度的建立过程、内容与作用做了集中记述：元贞元年（1295年），刘国杰为湖广省平章政事，

---

① （明）宋濂：《元史·泰定帝本纪一》，卷二九。

② （明）宋濂：《元史·泰定帝本纪二》，卷三〇。

辰、澧地接溪洞，宋尝选民立屯，免其徭役，使御之，在澧者曰隘丁，在辰者寨兵，宋亡，皆废，国杰悉复其制，班师。继又经画茶陵、衡、郴、道、桂阳，凡广东、江西盗所出入之地，南北三千里，置戍三十有八，分屯将士以守之，由是东尽交、广，西亘黔中，地周湖广，四境皆有屯戍，制度周密，诸蛮不能复寇，盗贼遂息。

可见，此制沿袭宋制，始用于防范瑶族聚居的湖南诸州，继而在广大南方民族地区推广，成为一代定制。主要做法，是在民族地区周围重兵“置戍”，实行寓兵于农、且耕且守，并有一套“周密”制度。在镇压包括瑶族在内的南方诸族中，此制起过重要作用，“诸蛮不能复寇”可证。

修城以镇守。据清道光《肇庆府志·宦迹》卷十六载：至正二十三年（1363年），迭里迷失为新州（治今广东新兴）达鲁花赤，

瑶贼李广、刘天海作乱，民无所避。迭失至即修城。后南恩州吴之良之寇，民赖城以免。

立巡检司，以作为“镇遏”瑶人的军事据点。如《元史·顺帝本纪一》卷三八载：元统二年（1334年），

立道州永明县白面圩、江华县涛圩巡检司各一，以镇遏瑶贼。

总之，元代对瑶区的军事控制是相当严密的。

四、兴学校，教儒学

在瑶人地区兴学，以新州为例。据道光《广东通志》卷二八一载：延祐辛酉（1321年），仓振知新州，

时瑶贼蜂起，振深入贼所，谕以祸福，示以恩信，群瑶帖然向化。暇日诣学，召诸生讲解经义。

清道光《广东通志》卷二四一载：元统三年（1335年），薛里吉思守新州，

作兴学校，填鱼塘以广学宫。

再以湖南郴州为例。据《大明一统志》卷六六，郴州名宦元代王都中条载：

因郴民染于蛮俗，喜斗争，乃大治学舍，延宿儒教授其中，以义理开晓之，俗为之大变。

此处所指之“蛮”，文中已言明为“瑶僚”。

元统治者这样做的目的，在于强化文化统治，但在客观上，有利于瑶区文化的发展，有利于改变旧俗。

总之，元代通过上述政治、经济、军事、文化诸措施，使中央王朝的统治势力日益深入瑶族地区。

第四节　元代瑶民的反抗活动

一、主要反抗事例

有元一代，瑶民反抗事件不断。元朝统治初期，遭到包括瑶人在内的僚人的强烈反抗。据《元史·刘国杰传》卷一六二载：至元二十四年（1287年），

广东盗起，寇肇庆（治今肇庆市），其魁邓太僚居前寨，刘太僚居后寨，相依以为固。国杰趋捣后寨，破之，遂拔前寨，擒斩二人，捕民结盗者，皆杖杀之。

（二十五年）有诏讨江西诸盗，国杰趋赴之。十一月，破萧太僚于陈古水，斩数百人，进平怀集诸寨贼。二十六年春，东入肇庆，攻闫太僚于清远（治今清远），还攻萧太僚于怀集（治今怀集），擒之，复攻走严太僚。四月，攻曾太僚于金林，又破走之。贼深入保险，国杰凿山而入，贼众五千人，掩杀略尽。……广东盗陈太僚寇道州，国杰讨擒之，遂攻拔赤水贼寨。

这表明：元代在瑶族地区的统治地位，是在残酷镇压的基础上建立起来的。

元代在瑶族地区的统治地位确立之后，瑶民的反抗并未停止，故有“自泰定帝至文宗时，瑶寇州县二百八十余城”[1]之说，可见瑶民反抗之烈。作者以为，其反抗，大致可归结为泰定、元统、至正年间三个高潮时期。

泰定间（1324—1328年），广西各地瑶民起义此起彼伏。故《元史·泰定帝本纪二》卷三〇载，泰定帝也自称：自即位以来，“惟广西瑶屡叛”。如融州瑶、静江瑶、柳州瑶、浔州平南县瑶、庆远安抚司瑶、田州瑶、两江瑶均先后反。其中，以广西瑶潘宝领导的反抗活动最为著名。泰定二年（1325年）二月，潘宝攻陷柳城县。七月，又攻打镡津、义宁、来宾诸县。十一月，潘宝被捕后，其弟潘见继续领导这场斗争，并采取进攻柳州的行动，至次年初失败。

元统二年（1334年）十月，瑶众起贺州富川县境，并进入永明、江华等县。其后，活动地区曾及广西之平乐府、阳朔、灵川县、临桂县、荔浦县、岑溪县、宾州、贵州（治今贵县）、迁江等府、州、县。至至元元年（1335年），这次起义为广西宣慰使兼都元帅章巴颜镇压下去。虞集还专门为此事写了《平瑶记》一文，可见此事对元统治者震动之大。

至正年间，先后爆发了湖南瑶人蒋丙与吴天保领导的反元战争。至正元年（1341年）四月，道州瑶首领唐大二及其部将蒋丙占领江华县，攻打明远县和临贺县。至正三年（1343年），唐大二被害后，蒋丙“自号顺天王，攻破连、桂二州”[2]。这次起义，卷入溪洞堡寨曾达二百余处，[3]波及湘南与两广北部地区。至正六年（1346年）至九年（1349年），湖南瑶民领袖吴天保领导了元末规模最大的少数民族起义。至正六年闰十月，靖州瑶吴天保陷黔阳。七年（1347年）五月，陷武冈路，十月再攻沅州，十一月陷靖州。八年（1348年）三月，夏攻沅州，十一月掠全州。九年（1349年）十二月，陷辰州。这次起义，不仅占领了湘西，而且南及广西全州，在颇为广阔的范围内，给元统治者以重创。

---

① （清 同治）《桂阳直隶州志·洞瑶》，卷二三。

② （明）宋濂：《元史·顺帝本纪四》，卷四一。

③ （明）宋濂：《元史·顺帝本纪三》，卷四〇。

二、元统治者之对策

在镇压瑶民反抗事件中，元统治者采用两种重要手法：

一是剿抚并济。这以《元史·泰定帝本纪二》卷三〇所载泰定帝的自白最富代表性。他说：

> 今闻迎降者甚众，宜更以恩抚之。若果不悛，严兵追捕。

元王朝在采用严厉的军事行动同时，往往辅之以“抚”“谕”之策。如，泰定元年（1324 年），

> 招谕融州蛮。[①]

泰定二年（1325 年），

> 遣使奉诏分谕诸瑶蛮。[②]

至正八年（1348 年），

> 永明县洞瑶屡窃发为民害，（道州路总管）兴祖以手榜谕之，皆曰：“林总管廉而爱民，不可犯也。”三年不入境。[③]

至正十五年（1355 年），

> 招许溪洞蛮瑶自新。[④]

需要指出的是，元人文集中所载黄顺翁、扬珠布哈等人以恩信招谕瑶人事更为详明。

至元二十一年（1284 年），以黄顺翁为从仕郎武冈路新宁县尹，湖广行省右丞

① （清 嘉庆）《广西通志·前事志十》，卷一八八。

② （明）宋濂：《元史·泰定帝本纪一》，卷二九。

③ （明）宋濂：《元史·良吏二·林兴祖传》，卷一九二。

④ （明）宋濂：《元史·顺帝本纪五》，卷四二。

刘国杰讨瑶乱，黄顺翁儒服上谒曰：

> “上乐、下乐两峒，皆在所治境内，请往谕之。谕而不降，讨之未晚。”……肩舆从一老兵，携《孝经》一千卷，直抵峒中，分遗其人，且为讲说大义，……皆涕泣叩头请罪曰：“蛮俗无知，今乃得出蒙蔽，见日月，明公之赐也，不敢复为乱矣。”事平，瑶人家立公祠。①

至元二十七年（1290年），授扬珠布哈为朝散大夫岭北湖南道提刑按察司副使。时武冈路瑶蛮依绥宁县青城，

> 据险不下，靖州军官欲以讨捕为功，越境挑之，贼首李威赛不从，鸣鼓相格。湖南行省刘右丞命万户孙定远自宝庆会兵，约武冈集义军千余人迎敌剿杀。公持不可，且曰：‘愚民无知，立以恩信诱之，可使向化，若草刈而禽狝之，所伤必多。且蛮亦一气所生，不宜以多杀邀赏。’乃驻军武冈，遣人赍榜入贼中抚谕之，晓以祸福，蛮众皆喜。有沈南强者，以议事为名，帅众出降，输甲兵入官，余众散入靖州等处，以次受招，蛮事迄息。②

以上事例均表明：抚纳之法，往往可以起到武力镇压所不能起的作用。

一是“以夷制夷”。如，《元史·秃忽鲁传》卷一三四载：

> 至元二十九年（1292年），辰州蛮叛。副枢刘国杰、佥院唆木兰往讨之，不利，移文索辰、澧、沅民间弩士三千。哈喇哈孙以民弗习战，强之，徒伤吾民，弗许。秃忽鲁曰：“兵贵训练，乃可用也。汉军不习弩，因蛮攻蛮，古所利。”遂与之，果以此获胜。

此为以辰、澧、沅蛮中弩士以攻辰州蛮之例。

又，《招捕总录》载：广西宣慰使燕奉建言，制瑶之法，

---

① （元）黄溍：《黄金华文集》，卷三二，《黄顺翁墓志铭》。

② （元）陆文圭：《墙东类稿》，卷十二，《广东宣慰使都元帅（扬珠布哈）墓志铭》。

莫若置熟瑶与僮瑶，并为僮户，分地遏贼，为便。

《平瑶记》则云：

以蛮夷攻蛮夷，古之道也。藉撞（僮）人以制瑶，撞（僮）强而败，假融款以制撞（僮），款盛则又助叛者，此方略之所以存乎其人也。

此二例，为元统治者采用壮、瑶或瑶族本身相制之法，以坐收渔人之利。

三、反抗活动的主要特点

可归结如下：

（1）次数频繁。据笔者统计，从延祐（1314年）以后，直至元朝灭亡，几乎无岁无瑶反。

（2）范围广。上述广西、湖南、广东及贵州、云南的分布地，主要是从史籍记载当地瑶民反抗的材料中梳理出来的。一言以蔽之，反抗活动遍布瑶族各省居地。

（3）规模大。这从下述三方面均可得到证实。其一，参加人数众多。如，至正八年（1348年），全州之役时，瑶首吴天保曾率众六万人之多。[①]这一事实，也可印证：与今日相较，元代瑶族“人口较众”的结论。[②]其二，投入兵力多。元统治者用兵辄以万计。如，《元史·泰定帝本纪一》卷二九载：泰定二年（1325年），遣湖广行省臣乞住，将兵二万二千人讨广西瑶。《元史·顺帝本纪一》卷三八载：元统二年（1334年），广西庆远府攻全州，

诏平章政事探马赤统兵共二万人击之。

为了搜罗大量兵力，元统治者除征发本省戍军外，还向全国各地调兵遣将。如，元统二年（1334年），瑶陷贺州，

① （明）宋濂：《元史·顺帝本纪四》，卷四一。

② 费孝通：《〈盘村瑶族〉序》，见胡起望、范宏贵：《盘村瑶族——从游耕到定居的研究》，北京，民族出版社，1983。

发河南、江浙、江西、湖广诸军及八番义从军，命广西宣慰使、都元帅伯颜将以击之。

其三，使元军震恐。在起义军的强大攻势面前，元军一再畏缩不前。据《元史·文宗本纪三》卷三四载：至顺元年（1330年），

广西廉访司言："今讨叛瑶，各行省官将兵二万人，皆屯驻静江，迁延不进，旷日持久，恐失事机。"诏遣使趣之。

《元史·顺帝本纪二》卷三九又载：（后）至元二年（1336年），

诸军讨广西瑶，久无功，敕行省、行台、廉访司官共督之。

元军的逗留观望，从相反方面证实了反抗活动的队伍之众，力量之盛，声势之大。

（4）斗争矛头直指元封建政权。据《招捕总录》载：延祐二年（1315年），靖江古县罗洞瑶，

烧架阁库文卷，纵狱囚。

《元史·泰定帝本纪一》卷二九载：泰定二年（1325年），

广西诸瑶寇城邑。

《元史·顺帝本纪一》卷三八载：元统二年（1334年），

广西瑶寇边，杀官吏。

从攻城邑、杀官吏、烧公文、纵狱囚诸项，可见，瑶民起事的主要锋芒是针对元朝国家机器的。不仅如此，有的反抗者甚至"僭越"称王，蒋丙"自号顺天王"，即一例，公开与封建朝廷分庭抗礼。

（5）各民族联合。随着社会历史的发展，民族间往来日益频繁。如《平瑶记》载：

庆远深入南丹，荒阻而延袤。有罪亡命之徒，溃散夭绝之寇，日增

月益，萃为渊薮。

汉族和其他民族之人不断徙入瑶族地区，共同进行反抗元王朝的斗争。据《元史·世祖本纪七》卷十载：至元十六年（1279年），

梧州妖民吴法受煽惑藤州德庆府泷水瑶蛮为乱。

这表明，至元藤州、泷水瑶之乱，与梧州汉民吴法受的影响是密不可分的。又，据《平瑶记》载：元军至来宾县，

得世为瑶乡导者潘寿、撞（僮）人从贼者韦明等三十六人，皆枭之。

柳州皂岭李全甫子侄僭称王号，执我万户哈喇不花，杀千户乃蛮歹，流劫乡村，烧毁仓库，累降复叛，投充屯撞（僮），窥伺兵机。

这是汉、壮诸族之人参加元统瑶民起义的有力例证。此外，邹鲁《也儿吉尼公德政碑》载：广西大墟汉民苏德智等与瑶人一起“谋犯城邑”①。

四、瑶民反抗的原因

有元一代，瑶民反抗活动频仍，是有其深刻的社会历史原因的。《平瑶记》在论及元统瑶众起事之因时写道：瑶人，

皆有血气之亲，口体之欲，苟得所养而安其所利，其情状可知也。抚字以其方，责厉以其义，号令以其信，坚甲利兵以临之，则悍然不顾，勃然不逊者，或寡矣。或者欺其远弱而无告，掊克残忍之不厌，是非不明而举措颠倒，以害其生，以拂其性。虽善良懦弱，尤不免动作，况素不知教令者乎？

又，据元危素《翰林学士承旨欧阳公（玄）行状》写道：泰定元年（1324年），欧阳玄改承直郎武冈县尹，

① （明）解缙等：《永乐大典》，卷二三四三。

> 县控制溪洞，蛮僚杂居。倘尚勇好斗，抚字少乖，事衅不测。公视事月余，赤水、大清两洞聚众相攻杀，邻境告变，官曹忞睢失色，计无从出。公曰："彼亦人耳，欲弭其变，惟以德化感之。吾将躬行抚谕"。即日，单骑从二人径抵其地，至则死伤盈道，战斗未已。瑶人素知公德望，及至，皆愕然相视，弃兵杖，罗拜马首请罪曰："我曹非不畏法而擅兴兵，缘诉其事于县，县不为直，而吏更需求无已，繇役横敛，掊克百端，使终岁劳苦，无以为生，情有不堪，发愤就死耳。不意烦我清官自来，罪不可逃。"公乃宣布德威，明示信义，归理其讼，其人感激，遂安。[①]

《元史·欧阳玄传》卷一八二、清道光《宝庆府志·政绩录》卷一〇五，有相类记载，均源此。上述材料表明：就连元统治集团中的有识之士也承认，政治上的欺凌与经济上的压榨，是瑶民被逼上梁山的根源所在。

---

① （元）危素：《危太朴续集》，卷七。

第九章　明代瑶族

第一节　明代瑶族分布

一、广　东

关于广东瑶人分布地域，史料记载较为纷乱繁杂。为便于理出头绪和使统计较为准确、可信，本书拟以《明实录》为基础，然后以顾炎武《天下郡国利病书》《明史》以及舆地诸籍作为补充材料。

《明实录》关于广东抚瑶人员与瑶首朝贡的记载：共有三州二十一县。这就是化州、德庆州、钦州三州，信宜、新兴、电白、泷水、封川、高要、阳春、增城、博罗、新会、东莞、兴宁、阳江、茂名、清远、河源、海丰、归善、英德、龙川、翁源二十一县。详见本章《明代广东抚瑶人员与瑶首朝贡表》一目。

《明实录》所载广东州、县有瑶人活动的，尚有：

遂溪县。据《英宗实录》卷一九八，景泰元年（1450 年）十一月壬戌条载：

> 广东雷州府奏：遂溪县逼近瑶贼，数被侵扰。

灵山县。据《明宪宗实录》卷二二九，成化十八年（1482 年）七月戊子条载：

> 广东灵山县瑶贼入杨苗等四村，大肆杀掠，村民告急于守备官都指挥杜洪。

连山县。据《孝宗实录》卷三〇，弘治二年（1489 年）九月戊午条载：

> 连山瑶、僮掠残县治，度多胁从，招使来归。

南海县。据《孝宗实录》卷七六，弘治六年（1493 年）闰五月乙巳条载：

> 广东招发广州等府南海等县砍山流食瑶人。

四会县、番禺县。据《武宗实录》卷十二，正德元年（1506年）四月庚午条载：

> 初，广东南海县之丰湖、乐塘堡诸村盗魁禤玄祖等及清远县之池水乡、黄华峒，四会县之马山都，番禺县之石马村诸瑶尽结聚肆掠，稔恶弗悛。

新宁县（今台山县）、新会县、恩平县。据《世宗实录》卷四四一，嘉靖三十五年（1556年）十一月丁丑条载：

> 初，广东新宁、新会、新兴、恩平之间，皆高山丛菁，径道险歹，奸民亡命者辄窜入诸瑶中。

总之，上述《明实录》所载广东有瑶人活动之地为九县。即遂溪、灵山、连山、南海、四会、番禺、新宁、新会、恩平。

顾炎武《天下郡国利病书·广东下》所载广东瑶山州县，尚有一州五县。即连州和从化、曲江、怀集、石康、开建。

见于《明史》的有罗定州及东安、西宁二县。据《明史·陈璘传》卷二四七载：万历间，陈璘徙高州参将，

> 总督凌云翼将大征罗旁，先下令雕剿。璘所破凡九十巢。已，分十道大征。璘从信宜入，会诸军，覆灭之，以其地置罗定州及东安、西宁二县。

可见，罗定州及东安、西宁二县，是在罗旁瑶的聚居地建置的。

见于舆地册籍的尚有：

香山县、龙门县、阳山县。据《天下郡国利病书·广东》引《阳山县志》：瑶壮二种，

> 自新会、香山、从化、龙门、清远迄阳山、连山，皆有之。

饶平县。据康熙《广东通志》卷十四载：杨昱，成化间擢饶平，时饶始分县，昱以严治之，

> 建城署，辟田野，驱畲瑶。

合浦县。据道光《广东通志》卷二四四载：林锦，景泰初授合浦训导，时

瑶寇充斥，内外无备。

新安县，据康熙《新安县志》卷三裁：

柑坑山，在七都，周四十余里，瑶人居之。

清初康熙成书的县志所记瑶人，当含明代。

乳源县。据康熙《乳源县志》卷十一载：

正德庚午，知县李溥来专提调，时瑶民倡乱，王师征讨。

乐昌县。据民国《乐昌县志》卷十四载：正德十年（1515年），李增宰乐昌，

时乐西山为瑶人三窟，势张甚。增至，训兵缉击，患始息。

海康县。嘉庆《雷州府志》卷十四有“天顺中瑶贼侵（海康）境”之句；嘉靖《广东通志》卷三七则有成化十四年（1478年）海康县儒学“为瑶寇所残”之辞。可见，海康县附近当为瑶人出没之地。

广宁县。据清道光《高要县志》载：

景泰四年（1453年），高要、四会、广宁、德庆诸山瑶反叛，（谢）守信抚定三百六十八户。

长乐县（今五华县）。据清《长乐县志》卷六载：

瑶本盘瓠种，其姓盘、雷、蓝、钟、苟，自明初以苟姓者为抚瑶官领之。

程乡县（今梅县）。据清光绪《嘉庆州志》卷三二载：

畲瑶，昔时程乡有此种瑶人。

据史载，元明时程乡多有畲瑶活动，故此“昔时”含明代在内。

石城县。据《石城所山海图说》载：

石城所，隶石城县治。洪武间，以邑在山洞间，瑶僚编氓，错壤杂居。

海阳县。据《明太宗实录》卷七三，永乐五年（1407年）十一月辛酉条载：

广东畬蛮雷纹用等来朝。

明嘉靖《广东通志》卷六七，全文抄《明实录》此条，但“纹”写作“文”，且把“畬蛮”归入瑶类。

高明县。此外，据明末清初人顾祖禹所撰《读史方舆纪要》卷一〇一载：广东高明县老香山，

县西北六十里，多产香木，瑶人结巢其上。

水安县。据明末清初人屈大均所撰《广东新语》卷二，永安三都条载：

围子囗、李郊、苦竹、车岗间，皆有徭。

又《广东新语·人语》卷七载：

澄海山中有畲户。……赋以刀为准者曰瑶。

李调元《南越笔记》卷七有相类记载：当本此。

综上舆地册籍所记，广东瑶人（包括畬瑶）居地有十七县。即香山、龙门、阳山、饶平、合浦、新安、乳源、乐昌、海康、广宁、长乐、澄海、程乡、石城、海阳、高明、永安。

根据上述列举，明代广东瑶人的分布情况可归结如下：

广州府：连州、南海、番禺、东莞、新安、增城、龙门、香山、新会、新宁、从化、清远、阳山、连山。共一州十三县。

肇庆府：德庆州、高要、高明、四会、新兴、阳春、阳江、恩平、广宁、封川、开建。共一州十县。

韶州府：曲江、乐昌、英德、乳源、翁源。共五县。

惠州府：归善、博罗、水安、海丰、龙川、长乐、兴宁、河源。共八县。

潮洲府：海阳、程乡、饶平、澄海。共四县。

高州府：化州、茂名、电白、信宜、石城。共一州四县。

雷州府：海康、遂溪。共二县。

廉州府：钦州、合浦、灵山、石康①。共一州三县。

罗定州（直隶州）：罗定州、东安、西宁。共一州二县。

总之，通过上述统计材料，可以得出如下结论：

（1）明代广东全省（今海南省除外），共有十府七十二州县，而史籍载明有瑶人居住之地则为九府五十六州县（只有南雄府及其所属二县未见记载）。可见，瑶人足迹几遍全省。因此，可以毫不夸张地说，明代广东瑶人居住地域之广，不仅空前而且绝后。

（2）需加说明的是，上述明代广东瑶人，也包括今畲族之人在内。因明代瑶畲之分并不明显，史籍往往统称为“畲瑶”或“瑶”。因此，本统计中，凡史籍称为“瑶”“畲瑶”者均归入其中（只有明确称“畲”的材料，才不加引用）。事实上，史籍所载广东东部的瑶人，包含不少畲族成分。除潮州府及其所属海阳、程乡、饶平、澄海诸县的“畲瑶”，与畲人关系密切外，像惠州府所属的兴宁、长乐等地“瑶”人，似也包含畲人在其中。因此，更确切地说，上述统计，实为广东瑶畲族人的分布地域表。

（3）李默《明代广东瑶族的分布》②一文，首次对明代广东瑶族的分布做了相当完整的统计，是一篇很有价值的文章。李文通过方志材料，统计出明代广东瑶族分布的州县为五十六。笔者则通过实录、明史、方志等材料，统计所得出的数字也为五十六州县，可谓殊途而同归。其中小异有三点：一是李文把琼州府文昌县统计在内，而笔者因其属今海南省而加以剔除；而且，文昌县是否有瑶人居其中，尚有斟酌之处（详见下述）。一是笔者增加了顾炎武所列举的石康县。当然，因成化年间此县已省，不列入也无不可。一是李文把怀集县当成四会县的异名，这是值得商榷的。把怀集县瑶人归入广东省，是顾炎武在《天下郡国利病书》中提出的，故李

① 石康县，在合浦县北，成化八年省，此载诸《明史·地理志》，卷四五。

② 载《民族研究》，1983（4）。

文沿袭顾说。李文把怀集归入四会，大概是此县在汉代曾属四会县所致。其实，明代怀集县属广西梧州府地而与广东无涉是毫无问题的，这在《明史·地理志六》卷四五所记是十分清楚的：广西梧州府，

怀集，府东北。元属贺州。洪武初，属平乐府，十年五月来属。

其实，沿及清和民国初年，该县仍属广西建置。

二、广　西

是明代瑶族最重要的居住地。故史称：

广西瑶、僮居多，盘万岭之中，当三江之险，六十三山倚为巢穴，三十六源踞其腹心，其散布于桂林、柳州、庆远、平乐诸郡县者，所在蔓衍。而田州、泗城之属，尤称强悍。种类滋繁，莫可枚举。蛮势之众，与滇为埒。[①]

换言之，明代广西地区的居民多为瑶、壮，甚至有“瑶、壮多于汉人十倍”[②]之说。其势力之众，和当时云南民族相等。

明代广西瑶人的分布，按府州县的建置，从北而南，从东而西加以分述：

全州（治今全州）、灌阳（治今灌阳）。据《明太祖实录》卷二三三，洪武二十七年（1394年）元月甲申条载：

全州及灌阳等县平川诸原瑶民聚众为乱，命湖广、广西二都司发兵讨之，擒杀千四百余人，诸獠遂奔窜遁去。

临桂（治今桂林市）。据载：正德年间，张祐镇守广西，

古田诸瑶、僮乱。……督都指挥沈希仪等讨临桂、灌阳诸瑶，斩首

① （清）张廷玉等：《明史·广西土司列传一》，卷三一七。

② （民国）赵尔巽：《清史稿·广西土司传》，卷五一六。

五百余级，玺书奖劳[1]。

兴安（治今兴安）。据《明武宗实录》卷八七，正德七年（1512 年）五月辛酉条载：

初，广西兴安、全州瑶贼为乱。

灵川（治今灵川县东北）。据《明宪宗实录》卷六六，成化五年（1469 年）四月丁巳条载：

古田、灵川等县瑶、僮作乱。

阳朔（治今阳朔）瑶[2]。

永宁州（治今永福西北）或古田县。元朝古县，明洪武十四年（1381 年）改为古田县。隆庆五年（1571 年）升为永宁州。如：

广西义宁、古田等县，在万山盘礴中，民苦瑶、僮久矣。[3]

永宁州梳瑶人，

明景泰时，始出与州民贸易。[4]

前者所载为“古田瑶”，后者所记为“永宁州瑶”。称谓不同，只是地名改易之故，其实皆一。

义宁（治今桂林西北）。据《明英宗实录》卷二六五，景泰七年（1456 年）四月庚申条载：

广西义宁县中江等寨瑶贼聚三十余徒，劫烧县癣儒学官仓。

---

① （清）张廷玉等：《明史·张祐传》，卷一六六。

② （清）张廷玉等：《明史·郭应聘传》，卷二二一。

③ （明）张居正：《明世宗实录》，卷一七五，嘉靖十四年（1535 年）五月戊子条。

④ （清）傅恒：《皇清职贡图》，卷四。

永福（治今永福）。据载：永乐五年（1407年）韩观

由柳州攻马平、来宾、迁江、宾州、上林、罗城、融县，皆破之。会兵象州，复进武宣、东乡、桂林、贵平、永福。斩首万余级，擒万三千余人，群蛮复定。[①]

明嘉靖九年（1530年）左参将张经破浔州断藤峡，

副总兵李璋破永福、灵川七都、板塘等巢，……于是瑶僮稍平[②]。

以上全州、灌阳、临桂、兴安、灵川、阳朔、永宁州（古田）、义宁、永福等州县均属桂林府。换言之，桂林府所属全境二州七县，均有明瑶居住。

洛容（治今柳城东北）。据载：

永乐三年（1405年），黄田等瑶累行劫掠。二月，遣兵部尚书徐子良等谕武宣、洛容二县民黄田等及荔浦民廖均用等各复原业，永为良民。[③]

此为洛容有瑶之例证。又，据《明宪宗实录》卷三〇，成化二年（1466年）五月癸未条载：时总兵官赵辅等

已平大藤峡及高、廉、博白、洛容诸贼党。

洛容“贼党”与大藤峡瑶等并提，当属瑶人。

柳城（治今柳城东南）。据《明英宗实录》卷二八二，天顺元年（1457年）九月癸未条载：先是广西屡奏，

瑶贼自今年三月以来，大肆猖獗，攻劫柳州府之柳城、南宁府之武缘等县。

① （清）张廷玉等：《明史·韩观传》，卷一六六。

② （明）张居正：《明世宗实录》，卷一一三，明嘉靖九年（1530年）五月甲寅条。

③ （民国）《武宣县志·前事》，第五编。

宾州（治今宾阳）。据《明宪宗实录》卷一〇九，成化八年（1472年）十月丁丑条载：

宾州瑶寇经行要地。

上林（治今上林）。据《明英宗实录》卷二七五，天顺元年（1457年）二月戊申条载：

柳、庆等府，宾州、上林、武缘等处，蛮贼猖獗。

《明宪宗实录》卷一〇〇，成化八年（1472年）正月戊午条载：

瑶僮贼首黄公刚等千百余人，劫宾州及上林等村峒。

《明宪宗实录》卷一一五，成化九年（1473年）四月癸酉条载：

广西忻城平田、风火等峒瑶贼，纠众流劫宾州、上林等处。

上述为上林县有瑶之证。

马平（治今柳江）。据《明孝宗实录》卷七八，弘治六年（1493年）闰五月乙巳条载：

广西桂林府古田县、柳州府马平县，皆山势相连，瑶、僮恃以为恶。

象州（治今象州）、武宣（治今武宣）、融县（治今融水苗族自治县）。据《明史·沈希仪传》卷二一一载：嘉靖间，沈希仪为柳、庆参将，驻柳州，

象州、武宣、融县瑶反，讨破之。

来宾（治今来宾西北）。据载：景泰中，瑶酋侯大苟等作乱，

郁林、博白、新会、信宜、兴安、马平、来宾，鲸鲵风起，所至兵

墟，两广三司皆戴罪，守官莫保朝夕。[1]

这是来宾等地两广瑶人纷起响应瑶酋侯大苟之例证。

罗城（治今罗城）。据载：柳州所属州县，

宾、象、融、罗（城）诸瑶蛮蟠结为寇，城外五里即贼巢，军民至无地可田[2]。

又洪武十一年（1378 年），罗城县

黄坭、浪溪、宝江等寨佷、瑶作乱，千户徐兴忠讨平之。[3]

怀远（治今三江侗族自治县）。据载：

柳州怀远，瑶、僮、伶、侗环居之，瑶尤犷悍。[4]

万历元年（1573 年）诏，

增兵进剿广西怀远县瑶贼。[5]

迁江（治今宾阳东北）。据载：

浔、贵、宾、迁间八寨三里之地，瑶贼纵横，两江为梗。[6]

可见，柳州府所属宾州、象州、洛容、柳城、上林、马平、武宣、融县、来宾、罗城、怀远、迁江等全境十二州、县，均有瑶人居住。

忻城（治今忻城）、荔波（治今荔波）、天河（治今宜山北之天河）、永顺长官

① （明）田汝城：《炎徼纪闻·断藤峡》，卷二。

② （清）张廷玉等：《明史·广西土司传一》，卷三一七。

③ （民国）《罗城县志·前事》。

④ （清）张廷玉等：《明史·李锡传》，卷二一二。

⑤ （明）《明神宗实录》，卷十二，万历元年（1573 年）四月丁巳条。

⑥ （明）《明神宗实录》，卷五七四，万历四十六年（1618 年）九月己酉条。

司（治今宜山西南）、永定长官司（治今宜山南）。据清初毛奇龄《蛮司合志·两广一》载：

> 在忻城、荔波及天河南北西三乡，永顺、永定二长官司，……元夕祭盘瓠，十月朔日祭都贝大王。

此祭盘瓠与都贝大王者，可断为瑶人。

思恩（治今环江）。据载：永乐十一年（1413年），

> 宜山、思恩、河池瑶叛，征蛮将军顾兴祖击平之。[①]

又，据《明宣宗实录》卷二一，宣德元年（1426年）九月庚戌条载：

> 罢广西思恩、忻城二县儒学。

因当地“多是瑶壮”不愿入学所致。

河池州（治今河池西）。关于“河池”一地瑶人，《明史》中有两处记载，即

> 六年（万历）夏，与巡抚吴文华讨平河池、咘咳、北三诸瑶。[②]
>
> 偕总督凌云翼征河池、咘咳、北三瑶。三瑶未为逆，云翼喜事，杀戮甚惨。[③]

两处所载，文虽微异，但“河池”一地为瑶区则无疑。此“河池”，应为河池州或其辖地。

宜山（治今宜山）。据载：

> 广西庆远、柳州等府，郁林、天河、柳城、洛容、马平、宜山等州县，良民数少，瑶僮数多。[④]

---

① （民国）《思恩县志·政治》，第三编。

② （清）张廷玉等：《明史·凌云冀传》，卷二二二。

③ （清）张廷玉：《明史·吴文华传》，卷二二一。

④ （明）《明英宗实录》，卷一九四，景泰元年（1450年）七月己巳条。

此为宜山等县“瑶壮数多”之例。

以上忻城、荔波、天河、思恩、河池、宜山诸州县及永顺、永定二长官司，均属庆远府。需要指出的是，庆远与柳州两府地域相连，为明代瑶人重要的连片居地，故史书往往柳、庆瑶人并提。如，《明世宗实录》卷九四，嘉靖七年（1528年）闰十月戊戌条载：

兵部覆新建伯王守仁议处八寨（在今忻城县境）瑶贼便宜二事：“其一谓八寨之贼，每寨有众数千，首尾联络，为柳、庆诸贼渊薮。”

富川（治今富川）、恭城（治今恭城）、贺县（治今贺州市八步区东南）。据《明太祖实录》卷一九〇，洪武二十一年（1388年）四月丙辰条载：

广西都指挥使言：“平乐府富川县灵亭山、破纸山等洞瑶二千余人，占耕内地，啸聚劫夺，居民被烧。其恭城，贺县……等县之民逼近瑶洞，亦被其害。”

又，据载：景泰间，富川县

瑶贼盘性子等作乱，听其余党据巢告抚，遂致滋蔓。

平乐（治今平乐）。据《明史·孝宗本纪》卷十五载：弘治八年（1495年）七月，

广西副总兵欧磐击破平乐叛瑶。

昭平（治今昭平）、荔浦（治今荔浦）、永安州（治今蒙山）。据《明史·郭应聘传》卷二二一载：

府江瑶反。府江，上起阳朔，下达昭平，亘三百余里。诸瑶夹江居，怙险剽劫。成化、正德间，都御史韩雍、陈金讨平之。至是攻围荔浦、永安，劫知州杨惟执、指挥胡翰。

换言之，府江两岸及其相邻的荔浦、永安州等地，均为瑶人居住与活动之区。府江，又名漓江，从桂林府阳朔县至平乐府昭平县的府江，属西江上游的桂江。如

明人王士性所言：

> 府江者，漓江也。漓水源兴安之海阳山，一水相离，北入楚为湘江，南入桂为漓江。漓江南下，秦始皇命史禄凿为灵渠，取桂林、象郡。……经广右省城（指桂林），亦名桂江，下平乐而至梧，由肇庆、广州二郡而后出海，几八百里。①

修仁（治今修仁南）。据《明宪宗实录》卷二二，成化元年（1465 年），十月辛丑条载：

> 广西山峒，大藤峡最险，为蛮贼巢穴，而以修仁、荔浦为之羽翼。

换言之，修仁、荔浦为仅次于大藤峡的广西瑶人集结之地，又，《明宪宗实录》卷一五三，成化十二年（1476 年）五月己酉条有“平乐府并修仁县等处，瑶贼聚众千余，四散劫掠”之语。

以上富川、恭城、贺县、平乐、昭平、荔浦、永安州、修仁等州县为平乐府地。

苍梧（治今梧州市，为明代梧州府治所）、藤县（治今藤县）。据《明代宗实录》卷二一六，景泰三年（1452 年）五月丁巳条载：

> 广西浔、梧等府，苍、藤等县，与大藤峡肆雷、朋化、大黎、杨源等处瑶僮相离不远。

据《明英宗实录》卷二八七，天顺二年（1458 年）二月庚寅条载，巡按广西监察御史王常奏：

> 梧州府藤县，累被大藤峡等山蛮贼，不时出没，攻劫县治……若不早为扑灭，诚恐滋蔓日久，构成大患。

以上记载表明：梧州府所在地苍梧及其相邻的藤县，因邻近大藤峡地区，故瑶人势力颇盛。突出表现是，天顺年间前后，不时“攻劫”藤县。这在《明史》中也

① （明）王士性：《广志绎·西南诸省》，卷五。

可得到证实。如：天顺六年（1462年），陈泾镇广西，

明年九月，瑶贼作乱，泾将数千人驻梧州。是冬，大藤贼数百人夜入城，杀掠甚众。泾拥兵不救。[①]

岑溪（治今岑溪）。据载：万历年间，

岑溪西北为上、下七山，介苍、藤间，有平田、黎峒、白板、九密等三十七巢。东南为十三山，有孔亮、陀田、桑园、古揽、鱼修等百余巢，与广东罗旁接。山险菁深，环数百里无日色。贼首潘积善等据之，久为民患。及罗旁平，积善惧，乞降。……会岁饥，粤东亡命流贼数百人潜入七山，诱诸瑶为乱。[②]

可见，岑溪与藤县、苍梧的瑶族分布，其共同点是地域相连，为瑶族成片聚居区。其相异之处是，藤县与苍梧主要为大藤峡瑶出没之地，岑溪则多受广东罗旁瑶之影响。

郁林州（治今玉林）、容县（治今容县）、博白（治今博白）。据《明宪宗实录》卷二八，成化二年（1466年）闰三月戊戌条载：

广西瑶贼，攻临洛容县治，越入博白县城，杀虏官民人口，劫掠印信，烧毁公廨民居。

《明宪宗实录》卷二九，成化二年（1466年）四月乙丑条载：

都指挥夏鉴等至郁林等州博白等县，攻破五村大帽山、铜鼓、白马堡、十二砚、陈坡等寨。

又，据道光《广东通志》卷三〇〇载：罗绅，景泰时为“郁林知府”，

瑶贼攻城，绅率民备御，复招抚瑶老胡公威党三千余人，分置各县，

① （清）张廷玉等：《明史·陈珪传》，附传，卷一四六。

② （清）张廷玉等：《明史·童元镇传》，卷二四七。

瑶贼平。

以上材料，需说明两点：一是关于瑶人“攻陷洛容县治，越入博白县城”的记载，“洛容县”，似为容县之误。因洛容县在柳州府，离博白县有数百里之遥，中间还隔着不少府、州、县，而容县与博白县同属梧州府，攻陷容县后，接着“越入”博白县城，才顺理成章。而且，顾炎武《天下郡国利病书·广西》条下有“容县瑶壮”之辞，方志有余存谅于永乐间知容县“抚瑶壮”[①]之载，均可证容县确为瑶人居地。一是景泰年间罗绅为“郁林知府”的记载，知府应为知州之误。因明代郁林为州的建置，属梧州府辖地。

怀集（治今怀集）。据《明武宗实录》卷七九，正德六年（1511年）九月己酉条载：

广西怀（集）、贺等县瑶贼平。

北流（治今北流）。史称：明代

苍、藤、岑、怀、北（流）等山多瑶僮，郁、博、陆（川）、兴（业）多土俍[②]。

这段记载除说明北流为瑶人居地外，也勾画了明代梧州府的民族分布图。其大致情况是：北部多“瑶壮”；南部则多为壮人的一支“土俍”所居。当然，这一划分，也不截然，俍人居住的博白县有瑶人居住，[③]就是突出例证。

以上苍梧、藤县、岑溪、郁林州、容县、博白、怀集、北流等州县为梧州府地。

桂平（浔州府治所在地，治今桂平）。据《明宣宗实录》卷八，洪熙元年（1425年）八月丙戌条载：

南宁宣化、浔州桂平两县瑶贼，多者二千人，少者三五十人，往往杀虏人畜，劫掠资财。

---

① （清 乾隆）《梧州府志·宦绩上》，卷十四。

② （清）顾炎武：《天下郡国利病书·广西》。

③ （清）顾炎武：《天下郡国利病书·广西》，本身就有“博白县瑶”之语。

平南（治今平南）。据《明英宗实录》卷三五，正统二年（1437 年）十月丁巳条载：广西总兵官山云奏：

浔州府平南等县耆民赴臣处言，浔州切近大藤峡等，山瑶寇不时出没，劫掠居民，阻截行旅。

贵县（治今贵县）。据《明英宗实录》卷三四〇，天顺六年（1462 年）五月庚子条载：征进两广总兵官都督佥事颜彪等奏：

臣率领大军驻扎大藤峡，进剿龙山等处瑶人，直抵浔、梧、廉、潮等处。

又，《明英宗实录》卷三四四，天顺六年九月乙卯条也有关于龙山瑶的记载。龙山圩，位于今贵县北，故龙山瑶即贵县瑶。又，史有大藤峡“地连贵县”[①]之载。这均表明，位于大藤峡区的贵县，为瑶人重要居地。

武靖州（治今桂平北）。据明田汝成《炎徼纪闻·大藤峡》卷二载：大藤峡南稍平，而峡以北迭起，武靖州瑶人，

其首侯胜海居弩滩为乱。

以上桂平、平南、贵县、武靖州属浔州府。

横州（治今横县）。据明人王济《君子堂日询手镜》载：

有一种人，名曰山子，即夷僚之属。初为乱，守御本州（指横州）驯象卫邓指挥者招抚居之各山，听其树艺，官无所扰，今皆安其土矣。

此“山子”，即为瑶人。

宣化（南宁府治所在地，治今南宁市）。史有“南宁宣化瑶”[②]之载。又，史载：

① （明）《明宣宗实录》，卷四，洪熙元年（1452 年）七月辛卯条。

② （明）《明宣宗实录》，卷八，洪熙元年（1452 年）八月丙戌条。

广西瑶所居大藤峡，“右接邕、贵”[①]。此“邕”为邕宁，可作南宁府有瑶之佐证。

以上横州、宣化属南宁府。

综上所述，可将明代广西瑶族分布的府、州、县地，开列如下：

桂林府：全州、灌阳、古田、灵川、兴安、临桂、阳朔、永宁州。共二州六县。

柳州府：宾州、象州、柳城、洛容、上林、马平、武宣、融县、来宾、罗城、怀远。共二州九县。

庆远府：河池州、忻城、荔波、天河、思恩、永顺长官司、永定长官司。共一州四县、二长官司。

平乐府：永安州、富川、恭城、贺县、平乐、昭平、荔浦、修仁。共一州七县。

梧州府：郁林州、苍梧、藤县、岑溪、容县、博白、怀集、北流。共一州七县。

浔州府：武靖州、桂平、平南、贵县。共一州三县。

南宁府：横州、宣化。共一州一县。

从中，我们可以得出如下结论：

（1）明代广西瑶族，共分布在七府四十八州县（长官司）。其范围之广是空前的，其势力也达到鼎盛时代。

（2）明代广西瑶族分布，侧重在东部。其因大致有二：一是广西瑶族是从东北部（即相邻的湖南、粤北地区）进入，然后才逐渐扩展开来的。一是西部特别是在左右江一带，素来主要为俍人（壮人的一支）所占据，而且明统治者往往调遣“广西左右两江土官衙门”[②]征瑶，故瑶人进入该区较少。

（3）明代广西瑶族以大藤峡为中心。这在史籍中记载十分明确。如：

> 广西浔州府桂平县大藤峡，地连贵县、平南、武宣及柳州、庆远。山势陡峻，江滩峻急，蛮寇据为巢穴，每每于此去劫杀人掠财。[③]
>
> 盖广西瑶寇，处处有之，惟浔州大藤峡为大。大者既困，则小者不足平矣。峡前临河道，后抵柳、庆，左界昭、梧，右接邕、贵，中皆峻

① （明）《明宪宗实录》，卷十三，成化元年（1465 年）正月甲戌条。

② （明）《明宪宗实录》，卷十三，成化元年（1465 年）正月甲戌条。

③ （明）《明宣宗实录》，卷四，洪熙元年（1425 年）七月辛卯条。

岭高山。[1]

所谓大藤峡为“巢穴”“大者”，即“中心”之谓也。以浔州大藤峡为中心，北连柳州、庆远，东抵平乐、梧州，西及思恩、南宁，互为声援，可见大藤峡瑶的重要地位。

大藤峡，究竟何时成为广西瑶族的重要集结区呢？据《明太祖实录》卷九八，洪武八年（1375 年）三月戊辰条载：

浔州大藤峡瑶贼窃发，柳州卫官军擒捕之。

这条记载可透露这样的信息：至迟在元末明初，大藤峡瑶区已开始出现和形成。

与宋代广西瑶区相比较，明代瑶区分布的格局已发生明显变化。如果说，宋代瑶区的重点偏在北部的静江府与融州一带的话，明代瑶区的重点则南移至广西腹地的大藤峡地区，而元代则处于这一变化的过程中。

三、湖　南

明代湖南瑶族的活动，以郴州（直隶州，治今郴县）、衡州府（治今衡阳）、永州府（治今零陵）及桂阳州（治今桂阳）两府两州为最盛。史载：嘉靖间，张岳为兵部右侍郎，

连山贼李金与贺县贼倪仲亮等，出没衡、永、郴、桂，积三十年不能平，岳大合兵讨擒之。[2]

“衡、永、郴、桂”相提并论，反映了明代湖南瑶族分布的总格局。

分述如下：

郴州。据《明武宗实录》卷一四九，正德十二年（1517 年）五月丁亥条载：

湖广郴、桂瑶峒贼龚福全等叛，巡抚、都御史秦金等奏调兵征剿。

---

① （明）《明宪宗实录》，卷十三，成化元年（1465 年）正月甲戌条。

② （清）张廷玉等：《明史·张岳传》，卷二〇〇。

郴州属县。据明人李永敷《永兴建城记》载：

> 郴属邑有五，永兴（治今永兴）其一也。他邑皆密迩瑶洞蛮溪，永独相距稍远。[①]

明代郴州属县有五。即永兴，宜章（治今宜章），兴宁（治今资兴），桂阳（治今汝城），桂东（治今桂东）。可见，据此文，除永兴距瑶区稍远外，其他四县均有瑶人居住。其实不然，据方志载，就连永兴山区也为瑶人所居。如清光绪《兴宁县志·疆域·瑶峒》卷三载：明代，瑶人

> 在湖南者则郴州、永兴、宜章、兴宁、桂阳、桂东、酃县之山皆其所居。

只不过，郴州所属宜章、桂阳、兴宁、桂东四县瑶人活动更为频繁而已。以宜章为例，

> 宜章界于广东阳山县松柏、蓉家二峒，民瑶杂处。[②]

以桂阳县为例，洪武年间，“因连岁为瑶蛮劫掠”，

> 置广安千户所于桂阳县土桥。[③]

正德年间，

> 郴州桂阳瑶龚福全称王，（秦）金先后破寨八十余，斩首二千级，擒福全及其党刘福兴等。[④]

以兴宁为例，据光绪《兴宁县志·疆域·瑶峒》卷三载：

① （清）蒋廷锡等：《古今图书集成·职方典·郴州部》，卷一二九三。

② （明）《明宪宗实录》，卷九八，成化七年（1471年）十一月乙卯条。

③ （明）《明太祖实录》，卷二四五，洪武二十九年（1396年）三月乙酉条。

④ （清）张廷玉等：《明史·秦金传》，卷一九四。

隆庆间，贼入县境。瑶人谢福通、李子学等杀贼有功，招抚引见，义不受赏，愿给官山四十八处。

再以桂东县为例，

县境层峦叠嶂，与江、广诸峒密迩。……明正德间匹袍蛮与西莽、牛头诸峒勾结粤寇攻县，合三省兵歼之。[①]

上述为直隶州郴州及桂阳、宜章、桂东、兴宁、永兴五县有瑶人居住之例。换言之，郴州全境均有瑶人，而且势颇盛。故史称：

郴当楚之僻也，邃洞深谷，瑶苗杂处。且地界吉、赣、南、韶诸郡，险阻啸聚，无赖者从而和之，动辄难制。[②]

桂阳州、蓝山县（治今蓝山）。据《明太祖实录》卷二四五，洪武二十九年（1396 年）三月癸酉条载：

郴、桂二州，数被瑶贼剽掠，其蓝山等县芭篱、召慕等处，山谷深邃，乃贼出入之地。

“芭篱”又作“笆篱”，在宜章县南七十里，正统间，为镇压瑶人在当地设堡。[③] 关于蓝山县瑶人活动，更是频繁。据载：洪熙元年（1425 年），

土贼潘康生倡乱，扇惑瑶峒流劫，广西总兵顾兴祖讨平之。

嘉靖二十三年（1544 年），蓝山县

荆竹源瑶首赵朝胜引广西苗劫大桥，官兵来讨。[④]

---

① （清 光绪）《湖南通志·苗防五·诸瑶附》，卷五。

② （明 万历）《郴州志·兵戎》，卷十四。

③ （民国）《宜章县志·疆域·关隘表》，卷三。

④ 引文均见（民国）《宜章县志·疆域·关隘表》，卷三。

又，蓝山县

大水源瑶在明代屡不靖。[①]

临武县（治今临武）。据《明宪宗实录》卷十三载：成化元年（1465 年），在临武擒斩瑶人二千余级。

常宁县（治今常宁），据方志载：洪武朝与隆庆间，均曾在该县设抚瑶官以管理瑶人[②]；明正德万历间常设兵防守常宁县瑶峒[③]。

酃县（治今酃县）。见上引光绪《兴宁县志·疆域·瑶峒》卷三。又，据载：酃县无苗而有瑶，

高山瑶，系盘瓠之后，来酃年久，无凭稽考。[④]

（酃县）高山瑶，踞县东南大山中，明末寇掠多系此种。[⑤]

这些记载都是酃县在明代已有瑶人的明证。

可见，衡州府瑶人主要居于该府南部的常宁、桂阳州、蓝山、临武等四州县以及东部与江西相邻的酃县。

道州（治今道县）。据光绪《道州志·职官》卷四载：洪武十年（1377 年），萧舆任道州同知，

以山瑶作乱，奏改千户所为宁远卫，贼畏民安。

又，《明太祖实录》卷二三，洪武二十七年（1394 年）正月戊辰条载：

道州瑶蛮盘大等五百余人作乱，湖广都指挥使司遣兵追捕，获其党周子昌等二十七人，诛之，余皆溃散。

---

① （清 光绪）《湖南通志·苗防五·诸瑶附》，卷八五，桂阳州瑶峒条。

② （清 同治）《常宁县志·新纪》，卷十五。

③ （清 光绪）《湖南通志·苗防五·诸瑶附》，卷八五，衡州府瑶峒条。

④ （清 同治）《酃县志·户口·瑶俗附》，卷七。

⑤ （清 光绪）《湖南省志·苗防五·诸瑶附》，卷八五。

宁远（治今宁远）。据载：

洪式初，宁远、江华瑶寇起，通判张原混以计禽其魁，余众皆降。[①]

又，据明徐弘祖《徐霞客游记·楚游日记》载：

高梁原为宁远南界、蓝山西界，而地属于蓝，亦高山瑶也，为盗贼渊薮。二月间出永州，杀东安县捕官及杀掠冷水湾博野桥诸处，皆此辈也。

可见，聚居宁远、蓝山两县间的高山瑶，其势力所及已至东安县境。

东安（治今东安南）。据光绪《东安县志·建置》卷四载：

里洞溪者，距城四十五里，旧瑶洞也。明洪武初，因乱尽灭瑶人。

又，宣德六年（1341 年）、景泰元年（1450 年）、正德十四年（1519 年），瑶人均曾攻县城或扰县境。[②]

零陵（治今零陵）。据光绪《零陵县志·墟里》卷一载：

国朝顺治四年（1647 年），恭顺王孔有德兵入永州，因明旧名编民瑶居户二十五里。

可见，清初零陵划里，是依据明朝民、瑶居住情况而定。

永明（治今江永）。史有“湖广道州、永明、江华等县之民逼近瑶洞”[③]之载。又，据光绪《道州志·职官》卷四载：嘉靖十一年（1532 年），符钟知道州，

适永明界瑶贼越境为寇。故事，岁犒牛酒，赏格久废，钟复举行，谕以恩威，诸瑶解散。

① （民国）《宁远县志·事纪》，卷四。

② （清 光绪）《东安县志·事记》，卷二。

③ （明）《明太祖实录》，卷一九〇，洪武二十一年（1388 年）四月丙辰条。

江华（治今江华西北）。据载：江华瑶曾先后在宣德七年（1432 年）、隆庆元年（1567 年）、隆庆二年（1568 年）、崇祯十年（1637 年）均举行过反抗活动。① 又，据光绪《湖南省志·苗防五·诸瑶附》卷八五载：江华县

县境高山瑶，明嘉靖中恃险不靖，遣兵攻之。隆庆初勾结广西大罗山苗攻劫乡村。万历初，知县蔡光招抚向化。

此外，属江华县境的九嶷山和锦田等地也为瑶居。据《徐霞客游记·楚游日记》载：徐霞客坐九嶷山之玉琯中，

久之，因求土人导往三分石者。土人言："去此甚远，俱瑶窟中，须得瑶人为导。"

同书《粤游日记一》又有"九疑瑶峒"之语。九嶷山，宁远县南六十里。可见，此地全为瑶人所居。又，史有"锦田贼结两广瑶、壮为寇"② 的记载。锦田在江华县东南，明代在此设千户所以镇瑶。

新田（治今新田）。此县为明末新增，故不见诸《明史·地理志》。据载：

崇祯十二年（1639 年），兵备副使李嵩、同知张恂平临武、蓝山寇，始析县西北乡地置新田县，以抚定瑶民。③

换言之，新田县专为"抚定瑶民"而设。

可见，永州府瑶人多居道州、宁远、东安、永明、江华及明末增设的新田等州县。

邵阳（治今邵阳）。据载：万历四十八年（1620 年），

城步、邵阳瑶作乱。④

康熙五年（1666 年），

① （清 同治）《江华县志·兵防》，卷七。

② （清）张廷玉等：《明史·樊莹传》，卷一八六。

③ （民国）《宁远县志·事纪》，卷四。

④ （清 道光）《宝庆府志·大政纪四》，卷四。

武冈州白茅陇瑶、邵阳麻塘山瑶作乱。[①]

可见，邵阳瑶的活动，从明延至清初而未断。

武冈州（治今武冈）。据隆庆《宝庆府志·形胜》卷三载：武冈州，

襟带湘岭，山川阻深，民瑶杂处。

可证，明代武冈州仍为瑶人重要居地。

城步（治今城步苗族自治县）。史载：

（天顺）五年（1461年）春，剿城步瑶僮，攻横水、城溪、莫宜、中平诸寨，皆破之。[②]

又，《明英宗实录》卷三二六，天顺五年三月丙寅条，对此有较详记载。此外，在方志中也有反映。如：明代

剿瑶、僮悉破之。[③]

新宁（治今新宁）。据载：

明及国初，峒瑶蠢动者屡，苗人猖獗则与出城（步）、绥（宁）以为之援，邑里居民不得安堵，官斯土者亦视是岩疆。然嘉靖中，古田蛮陷城步，郡檄麻林瑶与官军首尾邀击歼之，稍一羁縻，转资捍御。[④]

麻林瑶，因居新宁县西五十里的麻林峒[⑤]而得名。可见，有明一代，新宁瑶人的活动未断。

可见，宝庆府所属武冈州、邵阳、城步、新宁等四州县有瑶人活动。

---

① （清 道光）《宝庆府志·大政纪五》，卷五。

② （清）张廷玉等：《明史·李震传》，卷一六六。

③ （清 同治）《城步县志·武功》，卷五。

④ （清 光绪）《新宁县志·形胜》，卷一。

⑤ （清 光绪）《新宁县志·疆里表》，卷三。

溆浦（治今溆浦）。据同治《溆浦县志·兵防》卷十一载：

嘉靖三十八年（1559 年），溆瑶沈亚当叛，杀龙谭巡检刘纲及生员唐元宗。事闻，总督石勇檄总兵石邦宪，擒亚当，平之。

天启元年（1621 年），城步瑶入寇，邵瑶奉云山、溆瑶卜前溪等乘间，命将军林某讨之。

崇祯十七年（1644 年），溆瑶刘南山、连山，邵瑶奉明还等劫两丫乡大竹、小溪二峒，烧其庐舍。[①]

可见，溆浦瑶人势力颇盛。

黔阳（治今黔阳西南）。据载：康熙五年（1666 年）五月，

黔阳罗翁山瑶掠武冈。[②]

康熙五年，离前明只二十余年，可证明代此地当有瑶人活动。

辰溪（治今辰溪）。据道光《辰溪县志·武功》卷十九载：

按，邑自唐武德初析溆浦、麻阳二县，境内惟东山一隅尚有瑶民，此外并无蛮苗杂处。

可见，此地瑶区虽不大，但还是有瑶人活动。

沅陵（治今沅陵）。据明人所撰《郡邑志》载：

居城市者，衣服言语皆华人，山谷间颇杂瑶俗。

上述溆浦、黔阳、辰溪、沅陵四县属辰州府。该府除溆浦外，瑶人势力均较微弱。

绥宁（治今绥宁西南）。据清人严如煜《苗防备览·风俗》瑶民风俗条载：

① 上述天启元年与崇祯十七年，（清 道光）《宝庆府志·大政纪》，卷四、卷五，则分别作万历四十八年（1620 年）和崇祯十六年（1643 年），与《溆浦县志》微异。

② （清 道光）《宝庆府志·大政纪五》，卷五。

其在辰溪之七者、溆浦之麻塘山、黔阳之罗翁山、绥宁之樣木冈、邵阳之东山、城步之石灰寨、武冈之白茅冈，绕八面山之居地，皆为瑶人。

此所载，虽言清代之瑶，但联系文中所列辰溪、溆浦、黔阳、邵阳、城步、武冈等地在明代均有瑶人居住，故可推论明代绥宁之地也有瑶人。

上述绥宁，属直隶州靖州。

安化（治今安化东南）、宁乡（治今宁乡）。据载：瑶人

其在湖南者，聚处安化、宁乡、武冈、溆浦山谷间，环纡千余里，与苗分类。历代反覆无常，本朝（指清）以来，咸知向化。[①]

上述安化、宁乡属长沙府属县。这是明代湖南瑶人分布最北之地。

综上所述，可见明代瑶人主要分布在五府二直隶州及其所属的二十七州县。这就是：

郴州直隶州：永兴、宜章、兴宁、桂阳、桂东五县；

衡州府：桂阳州、常宁、蓝山、临武、酃县五州县；

永州府：道州、宁远、东安、永明、江华及新田六州县；

宝庆府：武冈州、邵阳、城步、新宁四州县；

辰州府：溆浦、黔阳、辰溪、沅陵四县；

靖州直隶州：绥宁一县；

长沙府：安化、宁乡二县。

从中可得出如下结论：

宋代瑶人遍布湖南全省。经宋、元两朝的逐步南移，至明代，湘北瑶人势力大为削弱，湘南成了瑶人的主要居地。这就是明代湖南瑶人分布的显著变化。

四、其他地区

江西。明代江西吉安府（治今吉安）与南安府（治今大余）等赣南地区，东与湖南衡州、郴州瑶区相连，南与粤北瑶区相接，形成大片瑶畲聚居之域。赣南的少

---

① （清）傅恒：《皇清职贡图》，卷三。

数民族，史称为“瑶”，或叫作“畲”。作者以为，瑶、畲本是同源，均出自盘瓠蛮。其后，盘瓠蛮由湘越过五岭进入两粤者多为瑶，进入赣南者多为畲。故可定赣南的少数民族以畲为主，也包含有瑶。因其中很难截然区分，且在明代彼此分化也还不是甚明显，故下面一并叙述。

吉安府的龙泉（治今遂川）、水新等县。据载：洪武十六年（1383年）八月癸亥，

> 命申国公邓镇为征南副将军，……率兵讨江西龙泉等县山寇。时广东瑶贼作乱，剽掠旁近，由是江西永新、龙泉山民互相扇动，结聚徒党，自称“顺天王”，势甚猖獗。江西都指挥同知戴宗率兵剿捕，不克。至是，命镇等将兵往讨之。①

这些乘旁“广东瑶贼作乱”而互相煽动的“永新、龙泉山民”，当属瑶、畲之人无疑。

南安府的崇义（治今崇义）、上犹等县。正德年间，在江西爆发了以崇义县为中心的横水、左溪、桶冈等地的畲、瑶、汉诸族人民起义。史籍多有记载。如：

> 正德丁丑（十二年，1517年），瑶寇大起，江广闽郴之间骚然，且四三年，于是上命三省会征。乃十月辛亥，予督江西之兵，自南康入。甲寅，破横水、左溪诸巢，贼败奔。庚申，复连战，贼奔桶冈，大战西山界。甲戌，又战，贼大溃。丁亥，与湖兵合于上章，尽殪之，凡破巢大小八十有四，擒斩三千，俘三千六百有奇。②

正德十三年（1518年）二月，

> 巡抚湖广都御史秦金……以瑶贼龚福全等，请以俘献。……初，福全等据江西上犹、广东乐昌等县山峒，出没剽掠，毒流三省，而湖广郴、

① （明）《明太祖实录》，卷一五六。

② （明）王守仁：《平茶寮碑》，见（清 光绪）《崇义县志·艺文·碑》，卷五。

桂之间，受害尤甚。[①]

正德十三年七月，

江西峰贼、广东三浰头诸贼悉平。先是江西、广东、湖广之交，溪峒阻深，江西上犹等县峰贼谢志山等据横水、桶冈诸巢；广东龙川县贼池仲容等据三浰头诸巢，与瑶贼龚福全等联络，亘千百里，时出攻剽，势甚猖獗。[②]

从上述“瑶寇大起”，“瑶贼龚福全”据江西上犹并活跃于湘、赣、粤三省边地瑶区诸记载中，可证江西崇义、上犹一带山区为畲瑶之人所居。

赣南瑶人与湘南瑶人关系极为密切。据载：

汝城（即明之桂阳）毗连江、广，元明之际寇叠乘边山，户散田荒，几无人迹。弘治以还，江西万杨山、桶江峒等处僮瑶伺虚流入，渐蔓延于东南边境，时滋扰害。至正德间，屡经剿抚，患始稍缉。其慑于大兵征讨遁险自固者曰高山瑶，……其受抚而各安生业者曰平地瑶。[③]

换言之，明代桂阳瑶，是从弘治以后从赣南迁来，并形成和发展为高山瑶与平地瑶两支。这是明代赣南不仅有瑶人而且其势力还颇为强盛的有力佐证。

贵州与云南。明代贵州瑶族主要分布在黔南地区，云南瑶族则主要分布在今文山壮族苗族自治州一带。由于册籍多记载清代云贵瑶人活动，故关于这两省瑶人的具体分布状况，留待清代部分一并叙述。

此外，关于福建、海南两省瑶人问题，也需附及分辨。

福建。史籍载有当地瑶人。如：成化时，吴文度

寻迁汀州知府（治今长汀）。瑶弗靖，设方略绥抚，瑶承赋如居民。[④]

---

① （明）《明武宗实录》卷一九五，正德十三年（1518年）二月乙亥条。

② （明）《明武宗实录》，卷一六四，正德十三年（1518年）七月己酉条。

③ （民国）《汝城县志·疆域·瑶峒》，卷三。

④ （清）张廷玉：《明史·吴文度传》，卷一八六。

因福建主要为畲族聚居地，位于闽粤赣边区的汀州府，历史上也素为畲人活动范围，因此，明显地此汀州瑶应归入畲类。故本书关于闽瑶活动，不加论列。

海南。明代海南文昌“猺人”，是不是瑶人？这是一个值得商榷的问题。据清初屈大均《广东新语·人语》卷七，瑶人条载：

猺人者，旧居文昌东北百里东猺山，其人如猿，故云“猺”。《诗》：“遭我乎猺之间。”注谓猺，山名，非也。猺，犬类也。猺人一作“狙人”，庄生所谓“狙公”也。与狑人皆高髻雕题，状若猩狒，散居林莽，饥拾橡栗，故庄生有赋芧朝三暮四之言。皆所谓生蛮也。

在屈大均笔下，猺人是如猿猴一样，过着采集生活的原始人。他虽在“瑶人”条下最后载及猺人，但并未言明猺人即瑶人，而只是归入“生蛮”类。

至清代，阮元主修《广东通志》袭郝玉麟《广东通志》之说，则径直呼猺人为“猺人”。其中写道：

南为东猺山，旧多猺人盘踞其上。①

可见，此处把“猺人”改称“猺人”，并未列出任何理由与论证。笔者以为，大约是“猺”与“猺”形近而讹所致吧。猺、猺，均为当时的蔑称。今人说海南文昌有瑶人，即袭自此。

其实，关于“猺人”的记载，其源久矣。如宋人王象之写道：

东猺山，在文昌县，其乡民如猿猺然。或为猺，或侬。猺妇纺织布缕吉贝，细密莹白，谓之“希笼”。②

可见，关于“猺人”记载的早期著作中，也毫无瑶人的踪影可觅。

海南文昌“猺人”为瑶人说法，是很值得怀疑的。因为：其一，早期著作无“猺人”为“瑶人”的说法。其二，在宋代，瑶人已过海至文昌，这与瑶族的迁

① （清 道光）《广东通志》，卷一一二。

② （宋）王象之：《舆地纪胜·广南西路·琼州》，卷一二四。

徙规律并不完全吻合。其三，文献所载猺人，与属百越民族系统的伶人一样，“皆高髻雕题”。“雕题”，即纹面。此俗，与苗瑶不类而为百越民族所习见。故笔者倾向于认为“猺人”为百越民族之一支。其四，后世海南文昌一带，也无瑶人迹象可征。

结论是：明代瑶族分布情况，基本上奠定了清以后瑶族分布的格局。宋代瑶族，尚主要分布在湖南地区。而明代，瑶族分布的重心已南移至湘南及两粤了。三省瑶人势力最盛者是：湖南衡、永、郴、桂诸瑶；广东为占据泷水流城的罗旁瑶；广西则为浔州大藤峡瑶。这三片瑶人，居住集中，实力雄厚，曾不断掀起声势浩大的反抗活动，给明王朝造成严重威胁。

第二节　明王朝治瑶政策

一、明代治瑶政策的变化与评价

有明一代的治瑶政策，有阶段性，即前后有些变化。

洪武年间，明统治者的主要目的是攻占瑶区，平定瑶人的反抗，以建立和巩固其在瑶区的统治地位。故这一时期，采取了大规模的军事行动。突出事例有：洪武二十四年（1391 年）花茂为广东都指挥同知，

> 捕斩连、郴、广右瑶贼三万余人。[①]

洪武二十八年（1395 年），

> 征南将军左都督杨文等以平蛮捷闻，凡禽戮瑶蛮二万八千余人，获马五十匹，牛二千五百八十六头，……遂诏文班师。[②]

对于瑶民的反抗，甚至不惜采用血腥的镇压手段。洪武七年（1374 年），湖南东安

① （清 道光）《广东通志》，卷十四。

② （明）《明太祖实录》，卷二四三，洪武二十八年（1395 年）十二月戊申条。

县里溪峒蛮瑶地四十余里，因乱“皆墟之”①，“尽灭瑶人”②。

需要强调指出的是，作为开国之君的朱元璋，在处理民族问题上是颇有识见的。即在施用武力的同时，辅之以安抚之策。据载：洪武元年（1368年），征南将军廖永忠下广西，朱元璋针对下属要对蛮瑶取“临之以兵”以使之畏服的主张时，说道：

> 蛮瑶性习虽殊，然其好生恶死之心，未尝不同。若抚之以安靖，待之以诚，谕之以理，彼岂有不从化者哉。③

洪武二年（1369年），朱元璋又针对中书省臣要迁广西诸峒之人入内地以息边患的主张，说道：

> 溪峒瑶僚杂处，其人不知礼仪，顺之则服，逆之则变，未可轻动。今惟以兵分守要害以镇服之，俾之日渐教化，则自不为非。数年之后，皆为良民，何必迁也。④

可见，朱元璋主张“待之以诚，谕之以理”，尽量不干扰瑶民，使之“安靖”，以便成为“从化”的“良民”。这一见解，与采取单纯武力震慑和强制迁徙的看法相比较，显然高出一筹，有其历史进步性。

朱元璋还以较为审慎的办法，处理具体问题。据《明太祖实录》卷一六六，洪武十七年（1384年）十月壬申条载：

> 广东都指挥使司械送蛮寇余党九十余人至京，法司请治其罪。上曰：“蛮夷之人，相煽为非，一时诖误，若悉治其罪，情有可矜，然既戮其首恶者，胁从之人，不必穷治，其宥之。”又曰：“南人不耐寒，命悉给冬衣而遣之。”

又，《明太祖实录》卷一七三，洪武十八年（1385年）六月甲午条载：

---

① （清 光绪）《东安县志》，卷二事纪。

② （清 光绪）《东安县志》，卷四建置。

③ （清）张廷玉等：《明史·广西土司传二》，卷三一八。

④ （明）《明太祖实录》，卷四三，洪武二年（1369年）六月丁未条。

广西都指挥使司言："频年瑶寇窃发，皆因居近溪洞之民，与之相通，诱引为患，请先捕戮此辈，庶绝其党。"上曰："溪洞之民，诱引瑶獠为寇，此诚有之。然其间岂无良善，若一概捕戮，恐及无辜。大抵驭蛮夷之道，惟当安近以来远，不可因恶以累善。非实有左验，不宜捕戮。"

换言之，朱元璋对待瑶乱，并未不分青红皂白地"一概捕戮"，而是把所谓的主从善恶加以区分。这些做法，显然可缩小打击面，从而减少对瑶区的破坏。

总之，明洪武年间，虽处于急风暴雨式的征服时期，但由于治瑶政策较为稳妥，故在瑶区建立了较为稳定的统治秩序。

朱元璋治理南方诸族的"威德并施"[①]的治策，对有明一代产生了深远影响。

明永乐年间，在承袭朱元璋治瑶政策的基础上，又有所变化，即突出怀柔一面。明成祖朱棣对征南将军的下述"敕谕"最能说明问题：

广西蛮民易叛难服，杀之愈多而愈不治。太祖高皇帝灼见其情，故以德抚之，至必不得已而后用兵，所以蛮民悦服，边境晏然。今朕嗣位，谨遵成宪，卿往镇之，宜务德为本，毋专务杀戮，庶副朕法祖柔远之意。[②]

永乐朝的"务德""柔远"政策，主要体现为大批任用瑶人为官。此策实行的结果，使中央王朝与瑶人保持了相当融洽的政治关系。一方面，瑶首不断送京朝贡，仅广东一地，从永乐四年（1406年）至十八年（1420年）共朝贡十次，另一方面，无重大征讨与反抗活动，维护了瑶区相对稳定的局面。

这一政策的变化是有其历史背景的。由于洪武年间已确立和巩固了明王朝在瑶区的统治地位，为适应形势的变化，永乐朝的治瑶政策有必要做适当调整，即由征讨为主转向重在安抚。这样，就出现了"今九夷八蛮自昔未归附者，皆来朝贡"[③]的新局面，使中央王朝的势力日益向瑶区深入发展。

① （明）《明太祖实录》，卷三六，洪武元年（1368年）十二月丙午条。

② （明）《明太祖实录》，卷十二下，洪武三十一年（1398年）九月乙未条。

③ （明）《明太宗实录》，卷三〇，永乐二年（1404年）四月甲午条。

这一政策，一直延续至洪熙、宣德、正统年间。如，明宣宗朱瞻基即重申“开示恩情”之策。据《明史·广西土司列传一》载：

宣德初，蛮寇草公旺作乱，据思恩县大小富龙三十余峒，固守险阻，以拒官军。总兵官顾兴祖等督兵分道攻之，斩公旺并其党千五十余人。捷至，帝曰：“蛮民亦朕赤子，杀至千数，岂无胁从非辜者。以后宜开示恩信，抚慰而降之，如贾琮戍交州可也。”

此策的成效，有两事可作明证。一是瑶首朝贡不断。据笔者统计，从宣德五年（1430年）至正统十二年（1447年）的十八年间，广东瑶首的朝贡次数竟达三十三次之多。一是瑶区无事。如明末清初人顾炎武所指出的那样，

宣德间，赐诸瑶敕谕。数十年间，稍得休息。

总之，明代前期之所以能执行较为开明的治瑶政策，并非偶然。这是当时国力强盛，吏治较为廉明，经济得到恢复和发展所致。

明中叶以后，明朝统治开始走上衰败道路，各种社会矛盾急剧尖锐，农民起义此起彼伏。在这种情况下，瑶民的反抗与明王朝的征讨剿杀不断，明王朝与瑶民处于严重对抗状态。这一时期，明王朝的治瑶政策，突出“威”“剿”一面。

这一转变，以正统十一年（1446年）广西大藤峡瑶民和广东泷水、德庆瑶民爆发大规模起义为标志。故史称：

其（指瑶人）作乱，则始自正统间。镇守内臣阮能，因其朝贡，多索方物。知其畏惟达舍俍兵，乃与兵部尚书陈汝言交通，凡土官领俍家者，百端剥削，袭荫必须厚赂。又奏将达官尽数收回，既而科道诸臣议以为烦扰不便，乃止。于是寇贼四起。十一年泷水瑶贼赵音旺与德庆瑶凤广山作乱。①

正统十一年（1446年）九月，广西瑶叛，

① （清）顾炎武：《天下郡国利病书·广东下》。

虽先后讨大藤峡及柳州叛蛮，颇有斩获，而瑶、僮相煽为乱，讫不能靖。[①]

瑶人，

正统以后，屡次作乱。本朝初年，复肆行劫掠，先后讨平。[②]

宋嘉泰中，湖南安抚使赵亮励陈制瑶之策，当时行之，借以粗安。明景泰以后，大藤峡瑶数倡乱，韩襄毅、王文成先后平定。至我朝康熙四十二年，亦啸聚为寇宄不止。[③]

归结起来：明初，由于治策得当，瑶民借以粗安。自正统末及景泰以后，因明朝日益腐败，故瑶乱不止，直延至明朝灭亡而未绝。这是前人的共识，也是对有明一代治瑶政策的公允评价。

正统以后直至明末，统治者不断采取大规模的军事行动，残酷镇压瑶民反抗。对此，史不绝书。其中较著者有：成化和嘉靖年间，

侯大苟、丁公作乱，煽动修、荔、象、宾各蛮峒集据大藤峡。逮韩襄毅、王文成诸公剪灭之，几无遗类，余瑶匿居深峒。[④]

成化间，潘蕃总督两广，

丰湖十三瑶寇，及惠州古三仔、唐大鬓恃犷戾，阻兵肆乱，蕃督率部兵左右掩击，歼古、唐二渠，而余党尽散。凡五年间，计前后斩获共一万三千有奇。[⑤]

正德后，杨旦历官总督两广军务兼理巡抚，

① （清）夏燮：《明通鉴》，卷二三。

② （清）傅恒：《皇清职贡图》，卷四，广东新宁县瑶人条。

③ （清）陈徽言：《南越笔记》，卷三。

④ （民国）《桂平县志·风俗》，卷三。

⑤ （清 道光）《广东通志》，卷二四二。

> 会苏冈十八山、滴水岩、青龙冈、帽子峰等寨瑶僮负固稔恶，大肆焚掠，乃调集官军分道进击，斩级一万一千有奇，俘获四千一百有奇。[①]

万历年间，凌云翼征罗旁瑶，

> 四阅月，克巢五百六十，俘斩招降四万二千八百余人。岑溪六十三山、七山、那留、连城诸处邻境瑶、僮皆惧。[②]

从动辄斩俘以万计，直至“几无遗类”，可见瑶民被摧残之惨酷。显然，明朝中后期统治者采取的血腥屠杀之策，正是造成瑶民日益减少瑶区不断缩小的重要原因。

需要指出的是，正统末年以后明王朝治瑶重剿杀，并不意味着完全扬弃了安抚，他们也还使用恩威并施的两手政策。从景泰二年（1451 年）至成化十二年（1476 年）的二十六年间，广东瑶首朝贡仍有二十四次，即是例证。但从成化十二年后，《明实录》中未再见广东瑶首的记载。这也表明，随着明王朝的走向衰弱而自顾不暇，其在瑶区的影响日渐削弱，其驭瑶之方也日为乏力了。

综上所述，可以得出如下结论：明代治瑶之策，袭自宋代。明初，治理较有成效。明中叶以后，失在剿之过严，而乱子则愈剿愈多，愈剿愈烈，愈剿愈大。与此同时，抚之则不得其法，即所谓“不能守成法，过于宽弛”[③]。这就导致瑶乱终明之世而未已。可以说，明世对瑶用兵最频，而收效则颇微。

二、抚瑶官与瑶官

明代瑶官之设，洪武年间已有之。据载：

> 明洪武初，命将讨平溪洞，立瑶首以领之，朝贡方物赐有颁。[④]
>
> （洪武）三十一年（1398 年）西山瑶人盘穷肠为暴，官兵捣其巢穴，

① （清）毛奇龄：《蛮司合志》。

② （清）张廷玉等：《明史·凌云翼传》，卷二二二。

③ （清）夏燮：《明通鉴》，卷二三。

④ （清）屈大均：《广东新语·人语》，卷七。

设立瑶首，统领抚瑶甲总，每岁来朝，赐之钞币，自是四面向化。①

洪武、永乐时瑶首盘贵等相继来朝，始立土司。②

此外，据同治《常宁县志·新纪》卷十五载：洪武二十八年（1395年）在该县设抚瑶官；道光《开建县志·瑶山》卷一则载：洪武间，置专管瑶人的土巡检萧震，土典史梁闰、陈天元。

上述记载，需注意之处有二：一是《明实录》中关于瑶首的记载始于永乐四年（1406年）三月甲午信宜瑶首盘贵来朝。从此，开始了明初频繁的瑶首朝贡活动。一是《皇清职贡图》所载瑶首盘贵始朝事早在洪武时。因此，可以说，瑶官之设或始于洪武年间，至迟不晚于永乐四年。

明代瑶官，大体可分为两类，即由汉人充任的抚瑶官与瑶人首领担任的瑶官。分叙如下。

明抚瑶官有充任州判、知县、县丞、主簿、典史、巡检诸职者；此外尚有称作抚瑶头目、抚瑶生员、抚瑶人等名目。他们多由与瑶人有密切关系的下级官吏及当地汉人充任。如：

州判官。据《天下郡国利病书·广东下》载：永乐十年（1412年）六月，

升泷水县丞冯原泰为德庆州判官，以其善抚诸瑶也。

知县。据《明太宗实录》卷五一，永乐四年（1406年）二月辛未条载：

命荔波县民单敬信为本县知县。敬信先奉命招谕梅村等七十三人。洞瑶首藩父长等，至是籍其父，同父长等来朝，遂授敬信知县，赐冠带袭衣钞币，命专抚瑶民。

县丞、主簿。据《明太宗实录》卷五五，永乐四年六月甲戌条载：

高州、肇庆二府属县天黄、大帽、曹连、茶峒、石枭诸山瑶首赵第

① （清）顾炎武：《天下郡国利病书·广东下》。

② （清）傅恒：《皇清职贡图》，卷四，广东新宁县瑶人条。

二、监贵等率众来朝。先是，化州吏冯原奏（泰）、陈志宽言，天黄诸山瑶人素未归顺，今有向化之心。遂遣人赍敕同原泰等往抚谕之。至是，第二等籍其属二千五百余人凡七十五百余户来朝。赐钞币、袭衣。命原泰为泷水县丞、志宽为信宜县主簿，专抚诸瑶。

这在方志中也有反映。据载：永乐元年（1403年），阳江县

县民黄福铭率瑶人入贡，授福铭抚瑶主簿。[①]

典史。据《明太宗实录》卷一三九，永乐十一年（1413年）四月庚午条载：

肇庆府学增广生廖谦招诱新兴县山洞瑶首梁福寿等来朝，凡招瑶人五十余户。命谦为新兴县典吏（史）以抚之。

又，《明宣宗实录》卷一一三，宣德九年（1434年）十月甲寅条载：

以广东广州府吏董珧为广西怀集县典史。珧尝招抚西家等瑶首二百一十五户出傅版籍，故授是职，俾专抚瑶民，不预县事。

巡检。据载：

宣德初，生员廖毅宣布天子抚怀远人之意，先后招抚瑶人一百一十九户二百六十二口，乞就委毅抚治。上以毅能使远人向化，其命为试巡检，仍抚诸瑶。[②]

上述抚瑶的州县官员，本身属流官州县机构的组成人员，其职权范围很明确，完全不参与或干预州县的民政事务，只专一抚瑶。

抚瑶官既是州县政权机关增设的人员，因此，当瑶人不为患或抚瑶官的抚瑶作用减弱时，明朝廷为节省开支，往往把抚瑶官当作冗员加以裁革。如：弘治十三年（1500年），刘大夏迁总督两广军务。奏言：

① （清 道光）《阳江县志》，卷三七。

② （明）《明英宗实录》，卷五二，正统四年（1439年）闰二月乙酉条。

“广东增置官员，不为不多矣。员冗费烦，于民奚益？”因奏革肇庆抚瑶参政、高肇捕盗通判数员，民其便之。[①]

除州县抚瑶官员，尚有无职衔的抚瑶头目、抚瑶生员、抚瑶人等。如，《明英宗实录》卷六四，正统五年（1440年）二月癸未条载：

广东增城等县抚瑶头目胡亮率瑶首廖文政等……来朝。

《明英宗实录》卷六八，正统五年六月戊戌条载：

广东新会县北峰等山瑶首李总成等随抚瑶生员邓越……来朝。

《明英宗实录》卷二八三，天顺元年（1457年）十月己未条载：

广东惠州府海丰县九龙山等处抚瑶人林有通等来朝。

固抚瑶生员有见识与文化，且为当地人士而为瑶人所信任，故当局加以起用。因其尚在读书阶段，故后来明令禁止。据《明英宗实录》卷一二九，正统十年（1445年）五月乙未条载：

广东高要县学生伍章等六人偕所招瑶首贡香烛至京。上谕礼部臣曰：“生员当居学肄业，顾舍所学而趋干办，其志陋矣。”礼部因请罪之。上曰：“不必罪，姑戒谕遣之。”

需要指出的是，在这类抚瑶官中，也可能夹杂有少量瑶族上层人士在其中。如，上述担任新兴县典史的廖谦就很可能出身瑶族。其理由有三：一是瑶族中有不少廖姓；一是廖谦为增广生员，即属照顾的生员名额；一是其后廖谦被称作“抚瑶土官”[②]这更是有力证明。又，上述抚瑶生员邓越，在后来再次朝贡时被改称作“新会县瑶首邓越”[③]，当属瑶族无疑。笔者以为，在抚瑶生员中，殆不少为瑶人。因其已

---

① （清 雍正）《广东通志》，卷四〇。

② （明）《明英宗实录》，卷七〇，正统五年（1440年）八月己卯条。

③ （明）《明英宗实录》，卷二五六，景泰六年（1455年）七月壬午条。

从瑶人中“脱籍”而跻身士林，故不再以瑶人身份出现。又因其为瑶族中的知识分子，容易取得本民族的信任，较易收到招抚之效，故为地方官所乐用。

凡由瑶人管理瑶人之官，称作“瑶官”。但是，也有例外，在瑶、壮杂居之地，即有以壮人任瑶官者。如，罗旁瑶，

> 虽设有瑶官，佷目以主之。①

这是明统治者使用以壮制瑶的手法所造成的。

在基层，管理瑶人的瑶人首领，则有瑶首、瑶头、瑶老之名。如：

瑶首。《明实录》中，称“瑶首”者最多最普遍，如瑶首盘贵、盘永、骆第二、陆仲八等均是。

瑶头。如《明英宗实录》卷四六，正统三年（1438 年）九月甲辰条载：

> 广东高要县瑶头田坐保等各遣头目来朝。

瑶目。如,《天下郡国利病书·广东下》:

> 嘉靖三年（1524 年）四月，参政罗侨榜示祸福，招出瑶目梁乌皮等三百余家复业。

《明神宗实录》卷一一七,万历九年（1581 年）十月辛丑条载：

> 设宜善巡检司于广东连山县。以瑶目莫京彪等愿附编氓故也。

瑶长。据载：

> 广东招发广州等府南海等县砍山流食瑶人，俱无籍产，止有瑶长管率。②

瑶老。据载：

---

① （清）屈大均：《广东新语·人语》，卷七。

② （明）《明孝宗实录》，卷六七，弘治六年（1493 年）闰五月乙巳条。

景泰三年（1452年），左都御史盐山王翱总督两广军务，威望素重，瑶贼闻其至，大惧，听抚。奏用招抚瑶老僮老人等，令其归峒生理。[1]

景泰时，罗绅为郁林知府，

瑶贼攻城，绅率民备御，复招抚瑶老胡公威党三千余人，分置各县，瑶贼平。[2]

还有瑶总、瑶甲和抚瑶把总和抚瑶甲总之名。如《天下郡国利病书·广东下》载：

高州府所属州县山瑶，依栖山菁，有听招、有背招、有险恶。每山有总有甲，领其兵目。

《广东新语·人语》卷七载：

有山官约束之，号瑶总，岁时一谒县令。

同治《桂阳直隶州志·洞瑶》卷二三载：明正德时，招广西盘姓瑶人为蓝山县“瑶总”。又，史有“山总、山老”之称，此即瑶总、瑶老之别名。以上为明设瑶总、瑶甲之例。

据《连山县志》卷五载：洪武三十一年（1398年），

大木山瑶陈猛颜，白弓山瑶马以亮，黄莲山瑶齐有善俱就抚，设立瑶首统领抚瑶总甲以绥之，为绥瑶之始。

据《明英宗实录》卷二八二，天顺元年（1457年）九月壬戌条载：

广东广州等府清远等县抚瑶把总袁琳等来朝，贡马及方物。

据《明宪宗实录》卷一五七，成化十二年（1476年）九月戊申条载：

---

① （清）顾炎武：《天下郡国利病书·广东下》。

② （清 道光）《广东通志》，卷三〇〇。

广东惠州府归善县抚瑶把总陆士通等各来朝，贡马及方物。

据清光绪《兴宁县志·武备·抚瑶》卷十一载：

抚瑶把总，旧驻永安堡，隆庆三年（1569年）设，时姓氏无考，亦无专属。

又，《明英宗实录》卷三一四，天顺四年（1460年）四月辛末条载：

广东韶州府陈村等山抚瑶总甲杨福成等来朝，贡马及方物。

以上为明设抚瑶把总、抚瑶总甲之例。

总之，这些在瑶区设立的总甲，主要职责为“领其兵目”以镇瑶。其隶属关系，一说属“瑶首统领”。笔者以为：这些总甲，多瑶人担任；但在“抚瑶把总”和“抚瑶总甲”中，疑间或有汉人者。

正统十三年（1448年），朝廷正式任用有功瑶首为副巡检、典交、主簿等职，从此，始改变由汉人坦任抚瑶的州、县官员状况。据载：

广东清军监察御史刘训言：“高州、肇庆两府归化瑶人，往往被信宜、泷水瑶贼诱引，四出攻劫，累遣人招抚，虽一时从化，终非经久之计。乞如琼州府例，拘集瑶首，推保有能抚管五百户以上者授以副巡检，一千户以上者授以典史，二千户以上者授以主簿，就于流官衙门到任，专抚瑶人。或有别项瑶贼出没，悉听总兵官调遣，同官军剿杀。”上谓兵部臣曰：“训所言，即行巡抚御史同广东三司从长计议，奏来处置，务在经久可行，毋得轻忽，贻害地方。或能擒捕蛮贼，依例升赏。”①

这一规定，当时是否全面推行，尚不得而知。但明代确曾授瑶人以州县属官名目则是有据可查的。据载：

巡抚戴景议欲择招主，旧时阳江、阳春等县，俱有巡抚主簿、巡检，

① （明）《明英宗实录》，卷一六七，正统十三年（1448年）六月壬戌条。

乃用土人。[①]

此为以瑶人为主簿、巡检之例。天顺三年（1459 年），

广东兴宁县土官巡检彭伯龄……等各来朝，贡马及方物。[②]

又，成化间大藤峡后，韩雍上言：

诸流官巡检不谙瑶俗，往来迁转，难以责成，请授诸有功土人李晟等为土官巡检，因请移周冲巡检司于勒马，移靖宁巡检司于献俘，移思隆巡检司于碧滩，而添设东乡、龙山巡检司各一。[③]

此均为以瑶人为“土官巡检”之例。又，成化时，朱英为两广总督，招抚瑶壮，

而荔波贼李公主有众数万，久负固，亦遣子纳款。为置永安州处之，俾其子孙世吏目。[④]

此为以瑶人为州吏目之例。

至于土巡检一职，万历十年（1582 年），更明文规定作为制度在广西瑶壮地区广为推行。据载：

兵部覆广西督抚右侍郎郭应聘、刘尧诲题：贺县里松、八峒与樊屯、努江等瑶僮，往盘据万山中，时肆流动。顷年就抚输粮，愿为编户。樊屯、努江，俱已建立土司住守，迄今宁谧，惟里松、八峒延袤百里，界联三省，奸徒逋逃于中，招主吓骗于外，里排利其膏腴，往往告兵征剿，诸夷身虽向化，心尚怀疑。乞照樊屯例，于适中处所建立土司，即以各色把总黎邦伯移家住守，管束僮民。三年之后，果地方安靖，各准于副土巡检

① （清）蒋廷锡等：《古今图书集成·职方典》，卷一三九四。

② （明）《明英宗实录》，卷三一〇，天顺三年（1459 年）十二月辛酉条。

③ （清）毛奇龄：《蛮司合志·两广一》。

④ （清）张廷玉等：《明史·朱英传》，卷一七八。

职衔，世守其土。若失策误事，据法处治，……上然其言。[1]

长官司长官。正统六年（1441 年），明王朝决定，在广西瑶壮聚居地设长官司，选土人为长官。据载：监察御史韦广建言：

“臣，广西庆远人也。窃见广西自永乐二十年以来，宜山、思恩、忻城县瑶僮黄公檀、韦万广等，伪称王侯都督，入寇我境，大肆焚掠。时镇远侯顾兴祖，率兵往征，贼皆奔入巢穴。俟官军既退，仍复入寇不已。后都督山云兴师进剿，斩获无算。忻城残贼，则委土人英贤抚化，至今听服。惟宜山县之莫往、清潭、南乡、述昆、皮罗、夷江等村峒，思恩县之川山、广南、中州、茆滩等里，犹复不悛。招抚则朝降暮叛，守备则出没不常，军民累世被其荼毒，无有宁息。盖此贼实顽，难以德化，可以威服。乞敕总兵官安远侯柳溥会同布按二司及巡按御史，大集官军，攻其巢穴，殄戮其渠魁。置长官司以抚安其余众，选土人之有智识兵力如莫贤者，俾为长官，从府管辖，则瑶僮畏服，地方宁谧，实为军民永远之利。不然则贼患日深，将有不可测者矣。”上嘉纳之。[2]

长官司也有设于瑶区者，上述永顺、永定二长官所选用的“土人”，除主要为壮人外，也可能含有瑶人。

瑶官，多因招抚瑶人或有军功而授予。但可异的是，竟有纳银而购得之例。据载：瑶人，

有力者从藩司纳银若干，给札为瑶官。[3]

这是明中叶以后，吏治日趋腐败的产物。景泰年间，土官有“纳米”升授[4]之事。

---

① （明）《明神宗实录》，卷一二三，万历十年（1582 年）四月戊戌条。

② （明）《明英宗实录》，卷七六，正统六年（1441 年）二月庚寅条。

③ （明）王临亨：《粤剑篇·志土风》，卷二。

④ （明）《土官底薄》，贵州都司普安卫军民指挥使司安顺州同知条。

成化以后，则有令土官“纳粟备振”[①]的规定。瑶人“有力者”纳银为瑶官，就是在这一历史背景下发生的。

瑶官的隶属关系。由州县直接管辖。瑶官并无独立机关，而是附属于流官衙门，成为其组成部分。上述拟授予典史、主簿的瑶人，也明确规定“就于流官衙门到任，专抚瑶人”。至于基层瑶首，则不言而喻了。这是瑶官势力微弱的直接表现，也是瑶官与土司的重大不同之处。

需要指出的是，明王朝为加强控制，也曾将瑶官管理的某些局部瑶区，由流官直属改拨给土司代管。因广西土司多为壮族，故此举是以壮制瑶的一种手段。据《明英宗实录》卷一一五，正统九年（1444 年）四月丁亥载：

> 广西庆远府宜山县奏：“本县大安定地方，因瑶僮作耗，拨与思恩府土官岑瑛管治，至今不敢为恶。今小安定等处，复作耗弗靖，亦宜拨付瑛带管，其税粮仍属本县为便。”奏下，户部行总兵巡按等官核实。从之。

可见，土司代管瑶区，也只有治安权；至于“税粮”等经济权益，则仍归流官县衙掌握。至万历初年，沈希仪曾建议广泛实行土司管理近旁瑶区之策而未遂。据载：

> 希仪尝上书于朝，言俍兵亦瑶、僮耳。瑶、僮所在为贼，而俍兵死不敢为非，非俍兵顺而瑶、僮逆也。俍兵隶土官，瑶、僮隶流官。土官令严足以制俍兵，流官势轻不能制瑶、僮。若割瑶、僮分隶之旁近土官，土官世世富贵，不敢有他望。以国家之力制土官，以土官之力制瑶、僮，皆为俍兵，两广世世无患矣。时不能用。[②]

把瑶区划归土官管辖的必然结果，是土司势力的迅猛膨胀；因此，明统治者不采纳此策，是显而易见的。

瑶官，和其他土官一样，也行世袭制。据载：高要县人谢永安，正统年间，

---

① （清）张廷玉等：《明史·土司列传序》，卷三〇〇。

② （清）张廷玉等：《明史·沈希仪传》，卷二一一。

> 时瑶民犷悍，永安抚以义，俾知归化。朝命抚高要、四会瑶民世袭瑶官。《谢氏家谱》，十一年（1446年）卒，子守信嗣。景泰四年（1453年），高要、四会、广宁、德庆诸山瑶复叛，守信抚定三百六十八户。明年，瑶入贡方物，命守信以原官辖四县瑶僮。[①]

正德时，湖南蓝山县设瑶总，

> 其子孙世世充之，无职衔，辟瑶甚严敬二总，号为官，至今循其制。[②]

嘉靖时，钟、成二氏为蓝山县瑶官，

> 钟、成因世袭为东、西瑶官，至今不替。[③]

可见，瑶官的承袭，不仅在明代，甚至沿至清代而未断。

抚瑶官和瑶官的主要职责和作用大致有四：一是朝贡。这意味着成为封建王朝的臣民。一是约束瑶民。所谓“督瑶官召谕赏赉，申明约束，诸瑶听命”[④]，“立瑶老为之约束”[⑤],“诸瑶听其约束”[⑥],均是。一是“纳粮当差”[⑦]。一是“调之攻守”[⑧]。如“化州听调瑶五十一山，抚瑶三名，领兵约五百二十四名”[⑨]，此为抚瑶官拥有兵力之例。

三、广东抚瑶人员与瑶首的朝贡

明代，中央王朝的统治势力日益深入瑶区，瑶首与中央王朝之间的关系较前密

---

① （清 道光）《高要县志》，卷十八。

② （清 同治）《桂阳直隶州志·洞瑶》，卷二三。

③ （民国）《蓝山县图志·风俗》，卷十四。

④ （清 道光）《广东通志》，卷二四八。

⑤ （清 同治）《江华县志·杂记》，卷十二。

⑥ （明）王临亨：《粤剑篇·志土风》，卷二。

⑦ 见（清）顾炎武：《天下郡国利病书·广东下》。

⑧ 见（清）顾炎武：《天下郡国利病书·广东下》。

⑨ 见（清）顾炎武：《天下郡国利病书·广东下》。

切，瑶区与汉区接触更为频繁。因而，瑶首朝贡之多，创造了空前的历史纪录。

下面，择取最富代表性的广东瑶首朝贡，以说明之。

表 9–1　明代广东抚瑶人员与瑶首朝贡表

	时　间	朝贡者
永乐	四年（1406 年）三月甲午	信宜县瑶首盘贵等朝
	六年（1408 年）四月甲申	德庆州瑶首盘永等朝
	八年（1410 年）二月壬子	德庆州瑶首骆第二等朝
	十年（1412 年）二月乙亥	信宜县瑶首陆仲八等朝
	十一年（1413 年）四月庚午	新兴县瑶首梁福寿等朝
	十二年（1414 年）五月乙卯	化州瑶首蓝盛宗等朝
	十三年（1415 年）九月甲寅	德庆州瑶首周八十等朝
	十五年（1417 年）四月壬午	信宜县瑶首盘福龙等朝
	十六年（1418 年）十月丁亥	化州瑶首黄应广等朝
	十八年（1420 年）六月辛酉	电白县瑶首黄满山等朝
宣德	五年（1430 年）八月庚辰	德庆州瑶人盘奴受等朝
	七年（1432 年）九月庚辰	新兴县瑶僚庞有清等朝
	八年（1433 年）一月戊寅	泷水、封川二县山瑶黄缘忠等朝
	八月丁亥	德庆州瑶人陈宗锡等朝
正统	二年（1437 年）十月甲申	泷水驿抚瑶判官冯原泰遣其男暹各朝
	三年（1438 年）九月甲辰	高要县瑶头田坐保等各遣头目朝
	四年（1439 年）闰二月乙酉	阳春、高要二县瑶首贡
	三月壬申	钦州瑶民侯秀忠等朝
	五月庚戌	化州瑶头蓝茂春等朝
	七月壬申	德庆州瑶头陈用领瑶壮何应山等朝
	五年（1440 年）二月癸未	增城等县抚瑶头目胡亮率瑶首廖文政等朝
	六月丙戌	博罗等县瑶长李应山等朝

续表

	时　间	朝贡者
正统	六月戊戌	新会县瑶首李总成随抚瑶生员邓越（或作“钺”）朝
	八月己卯	新会县抚瑶土官廖谦遣男继祖同瑶人李有住朝
	十一月壬戌	高要县瑶首黎福深等朝
	七年（1442 年）一月辛卯	新兴县山瑶首林树广等贡
	八年（1443 年）七月丁酉	东莞县瑶首阮善活等贡
	九月己未	阳春县增城等山瑶首张月云等朝
	九年（1444 年）六月壬午	兴宁县瑶首蓝子聪等朝
	六月癸巳	东莞县瑶头欧寿山贡
	闰七月壬午	阳江县瑶头黄信富、新兴县瑶首黄守宥等朝
	十二月壬子	化州瑶首彭彦清遣入贡
	十年（1445 年）四月辛酉	茂名县瑶首林以成等朝
	九月丁酉	阳春县瑶首黄政新、新兴县抚瑶瑶首张志高等朝
	十一年（1446 年）一月壬辰	新兴县瑶首侯满山等朝
	六月丁未	清远县瑶首周保、新兴县瑶首何凯明等贡
	七月壬申	清远县瑶头张成山等贡
	七月壬辰	电白县瑶头陈池贡
	九月癸酉	河源县瑶首陈起高等贡
	十二年（1447 年）四月癸巳	新兴县故土官典史廖谦男继祖等朝
	五月癸卯	阳江等县瑶民甄保等朝
	六月庚午	清远县瑶首黄庆名朝
	十一月乙亥	茂名县瑶首李杏芳等朝
景泰	二年（1451 年）八月乙未	海丰县瑶头李总成等贡
	四年（1453 年）八月壬子	博罗县瑶头李满清等贡
	五年（1454 年）七月丁巳	清远县瑶头李应清等朝
	八月庚寅	归善县瑶首蒙仕等朝
	六年（1455 年）六月癸未	归善县抚瑶人林原贵等朝

续表

	时　间	朝贡者
景泰	闰六月辛亥	高要、新会二县抚瑶人谢守信、朱亚回等朝
	七月壬午	新会县瑶首邓钺等朝
	七年（1456 年）五月癸巳	英德县瑶头何福海等朝
	六月丁未	清远县瑶人周保等朝
	六月甲子	河源县抚瑶人李广通等朝
	七月壬申	英德县瑶首黎志满等朝
	十月癸丑	阳江县瑶首陈树信等朝
天顺	元年（1457 年）九月壬戌	清远县抚瑶把总袁珎等朝
	十月己未	海丰县抚瑶人林有通等朝
	二年（1458 年）五月甲辰	阳江县瑶首彭震等朝
	七月戊子	龙川县瑶首陈万通等、阳江县瑶首黄胜富等朝
	七月乙巳	高要县瑶首邓钺朝
	三年（1459 年）二月辛酉	新会县抚瑶人梁谦等朝
	七月戊申	英德县瑶首夏永安等朝
	八月壬申	翁源县瑶首金善清等朝
	九月乙巳	翁源县抚瑶总全善清等朝
	十二月辛酉	兴宁县土官巡检彭伯龄等朝
	四年（1460 年）四月辛未	韶州府抚瑶总甲杨福成等朝
	九月壬寅	韶州府抚瑶头卢振成朝
成化	七年（1471 年）九月辛巳	翁源县抚瑶总人龙海亮等朝
	十年（1474 年）十月壬午	龙川县抚瑶人黄潮忠等朝
	十二年（1476 年）九月戊申	归善县抚瑶把总陆士通等朝

从上表可见：

第一，从永乐四年（1406 年）至成化十二年（1476 年）七十年间，广东瑶人共朝贡六十五次。永乐、宣德、正统、景泰、天顺、成化年间，瑶人朝贡不绝。其中，英宗正统年间朝贡最勤，达二十九次之多。换言之，明初在全国的统治地位巩固之后，从永乐年间开始，着重奉行抚瑶政策，这就使朝贡活动不断；而在明后期，随着明统治的日益腐败，民族关系的日趋紧张，致使朝贡活动不再见诸册籍。

第二，化州、德庆州、钦州、韶州府等四府州信宜、新兴、电白、泷水、封川、高要、阳春、增城、博罗、新会、东莞、兴宁、阳江、茂名、清远、河源、海丰、归善、英德、龙川、翁源等二十一县瑶人均曾朝贡。可见，朝贡地区的覆盖面是十分宽广的。

第三，有的瑶首不止一次朝贡。如，新会瑶首邓钺于正统五年、景泰六年两次朝贡。反映了这些瑶首与中央王朝间保持着颇为良好的政治关系。

此外，与明朝广东瑶首朝贡的有关问题尚有：

沿途所需口粮，由有关部门供给。如，《明英宗实录》卷六〇，正统四年（1439年）十月甲申条载：

> 广东肇庆府德庆州雷乡诸山僮瑶何庆山等顺化隶籍，率类朝贡。及还，上命沿途所司应付口粮。

贡赐物品。贡物有马、马驼、象、降香、香蜡、金银器皿、佛像以及其他方物。回赐物有衣、衣服、袭衣、绢、纱、绢布、纻丝、彩缎、钞、钞锭、币、彩币等。回赐有典，“如例赐劳”[①]可证。

朝贡后，有的还颁发免赋役、禁军民扰害一类的敕令，以示恩宠。如，《明太宗实录》卷五二，永乐四年（1406年）三月甲午条载：

> 广东高州府信宜县陆亳、云峒、下水三山瑶首盘贵等来朝。上嘉其向化，赐赉遣还，仍敕有司免其赋役。自令凡黎、僮、苗傣来朝皆如之。

《明宣宗实录》卷九八，宣德八年（1433年）一月戊寅条载：

> 广东肇庆府德庆州泷水、封川二县山瑶黄缘忠等从化来朝。赉之遣还，仍敕所在军民官司毋加扰害。

---

① （明）《明太宗实录》，卷二，永乐十二年（1414年）五月乙卯条。

像这类敕令的颁布，显然有利瑶区的稳定与发展。

四、强化对瑶民统治的行政措施

明代通过行政组织和施政措施，对瑶民的控制大为加强。其主要表现为：

1. 编户具籍

瑶民一经归附，即籍其户口，成为明王朝的编民。此举，早在洪武年间即行之。如，洪武中，侯礼判连州，

> 瑶变，廖广秀据高良乡，礼再招徕之，悉为编氓。①

至永乐时，广为推行。如，永乐二年（1404年），广西庆远府荔波县民单真保言：

> 县自洪武初至今三十余年，人民安业，惟八十二洞瑶民未隶编籍。今闻朝廷加恩抚绥，咸愿为民。②

由于洪武年间着重确立和巩固明王朝在全国的统治地位，故对瑶民编籍一事并未引起重视。永乐时，在明政权日益强大的基础上，着意推行抚瑶政策，放大批瑶民编籍，荔波县八十二洞瑶人“咸愿为民”，即突出例证。又，从《明实录》不断记载永乐朝瑶民具体户口入籍一事，也可见当时对此事之重视。如：八年（1410年），德庆州新落山瑶首骆第二籍户百六十口五百余；十四年（1416年），高要县瑶首周四哥籍其属十七户，男女二百二十四口。均属此例。

其后，瑶民入籍不断。如：

正统四年（1439年），

> 广东肇庆府德庆州雷乡诸山僮、瑶何应山等顺化隶籍。③

成化十二年（1476年），总督两广军务朱英奏：广西瑶壮“有愿去逆效顺者，

---

① （清 道光）《广东通志》，卷十四。

② （明）《明太宗实录》，卷三三，永乐二年（1404年）八月己丑条。又，可参见《明史·韩观传》卷一六六。

③ （明）《明太宗实录》，卷六〇，正统四年（1439年）十月甲申条。

即定为编户”。时有荔波县李公主有众数万，俱愿归顺；参议谢绶招出苍梧县瑶壮六里一千七百九十人；按察副使范镛等亦招出阳朔等县瑶壮，陆续报官。“俟其成效之日，编户具籍。”[①]从一次入籍数万人，可见其数量之多，规模之大。

万历六年（1578年），抚定梧州府

> 九山二十八都六便山、横山、那留山等处瑶僮，悉附编民。[②]

总之，明代对瑶民广为采取“编户具籍”之策，与宋代瑶民“籍之不可使之民”的情况相比，是大不相同了。

2. 编里甲

据明制，

> 洪武十四年（1381年）诏天下编赋役黄册，以一百十户为一里，推丁粮多者十户为长，余百户为十甲，甲凡十人。岁役里长一人，甲首一人，董一里一甲之事。[③]

因归附瑶民已入版籍，故行里甲之制。据载：湖南江华县，

> 编里，（明永乐间）归并四里，后嘉靖间又增二里，共旧编民瑶之里六。[④]

湖南零陵县，清代

> 顺治四年（1647年），恭顺王孔有德兵入永州，因明旧名编民瑶居户二十五里。[⑤]

上述为明代瑶区设里甲之制的例证。

---

① （明）《明宪宗实录》，卷一五八，成化十二年（1476年）十月庚辰条。

② （清）顾炎武：《天下郡国利病书·广西》。

③ （清）张廷玉：《明史·食货志一》，卷七七。

④ （清 同治）《江华县志·赋役》，卷三。

⑤ （清 光绪）《零陵县志·瑶俗》，卷五。

里设里长，听命于流官县衙。据载：

嘉靖年布政司徐乾檄行保甲法，令抚瑶里长旬朔一至县庭受事。[①]

这些抚瑶里长，定期至县庭接受指令，使其自相约束，维护基层地方的统治秩序。

里甲属乡都。明代瑶区也有乡的建制。如，

万历初，知县赵文正招白芒、老鸦、稍陀、三坑瑶人入籍，置永化乡。[②]

3. 添置州县

明王朝不仅在瑶区设置基层组织，而且，在平定或招抚瑶人后，甚至专门分置州县，以强化对瑶区的统治。这一做法，也是前代所未有的。如：

广东的罗定州与东安、西宁二县。据载：万历五年（1577 年），

命升泷水县为罗定州。[③]

万历时，陈璘为高州参将，

总督凌云翼将大征罗旁，先下令雕剿。璘所破凡九十巢。已，分十道大征。璘从信宜入，会诸军，覆灭之，以其地置罗定州及东安、西宁二县。[④]

如果说前条《明实录》所载语焉不详的话，那么，后条《明史》所记则明确指出，该州县是针对罗旁瑶而立的。

广西水安州。成化时，朱英为两广总督，主张镇以宁静，招抚瑶、壮，

于是马平、阳朔、苍梧诸县玄蛮悉望风附。而荔波贼李公主有众数万，久负固，亦遣子纳款。为置永安州处之，俾其子孙世吏目。自是归

① （清）蒋廷锡等：《古今图书集成·职方典》，卷一三九三。

② （民国）《阳山县志》，卷十五。

③ （明）《明神宗实录》，卷六二，万历五年（1577 年）五月丙午条。

④ （清）张廷玉等：《明史·陈璘传》，卷二四七。

附日众，凡为户四万三千有奇，口十五万有奇。[①]

可见，水安州是为安置十五万荔波瑶人等而设的。

湖南新田县。据载：

崇祯十二年（1639年），兵备副使李嵩、同知张恂平临武、蓝山寇，始析县南北乡地置新田县，以抚定瑶民。[②]

可见，新田县是因“抚定瑶民”而拆置的。

总之，广东的罗定州及东安、西宁二县，广西的水安州，湖南的新田县，都是明王朝为镇抚瑶人而新置的州县。

4. 公布法令禁令

明代对瑶区加强控制，除注重政权组织的建制外，还公布了许多法令与禁令。保甲之法、通山之禁、军器之禁，均属其中的重要措施。

(1) 保甲法。嘉靖二十一年（1542年），兵部议复广西巡按御史何赞奏：

桂、柳、平、梧所属诸州县，瑶僮盘据，屡闻警变。宜亟命两广抚镇选将征兵，渐与剿除。……其余党听抚者，则檄有司编置保甲拊循之。[③]

这是归附瑶区广泛“编置保甲”的明证。瑶区的保甲之法，是使瑶民互为约束，以防止瑶变的一种方法。

(2) 禁通山。据载：嘉靖二十七年（1548年），

提督军务都御史欧阳必进严山禁。照得国家通山之禁，法制甚严。今查各处报到贼情，皆系乡村奸民，为之倡率响导。又各贼盔甲器械，俱各齐备，究其所自，皆由营堡官军与地方人等纵容奸民，与之往来，通同分利，如上年肇庆府蘇祥之事是也。又有招主相信，隐匿官廪，透引奸商，为之影射。又有守土掌印巡捕守备等官，假以馈送上司名色，

① （清）张廷玉等：《明史·朱英传》，卷一七八。

② （民国）《宁远县志·事纪》，卷四。

③ （明）《明世宗实录》，卷二六六，嘉靖二十一年（1542年）九月甲戌条。

取讨货物。或以修理衙门为由，滥派竹木。如此，则山禁安得不疏，瑶人安得不肆。若使守土巡捕官知严禁地方，哨守巡司官知严禁军兵，无一奸民敢与相通。鱼盐布货之利，非听抚者不得相济。则导率无人，凶器无备，鱼盐布货之利又足以制其生命，又安有猖獗之患耶？①

换言之，禁山的内容，主要是严格限制汉人进山采伐、贸易与往来，以隔断汉瑶之间的联系。一句话，企图通过围困瑶山的手段达到防止瑶民反抗的目的。这政策，无疑是消极和反动的。它既不利于瑶族社会的前进，又妨碍了汉瑶民族关系的发展。但是，这一禁令并未完全得到贯彻和施行。这是因为：汉、瑶间的经济与社会关系的联系与互通，是无法用一纸禁令加以制止的；更何况，统治阶级特别是当地军政掌权者本身，为了掠夺瑶区货物与获取丰厚的经济利益，就破坏了这一禁令的执行。

(3) 禁止私藏、私贩、私造军器。弘治十一年（1498年），南京浙江道监察御史万祥奏：两广瑶壮之地，

仍须严禁军器，抚过村分，有收长枪、腰刀、盔甲、药弩并私造、私贩、私用军器者，俱治以重罪。②

就是说，明王朝企图用“治以重罪”的严禁军器之法，以剥夺瑶人用以反抗的武器。

五、赋役、劝农桑、互市与经济掠夺

明王朝治瑶的经济政策，主要表现为：

1. 一经入籍，即供赋税

这是明王朝对瑶民的一项较为普遍的经济政策。对此，史不乏书。如：洪武二十九年（1396年），湖南句蓝诸熟瑶，

隶户籍，供租赋。③

① （清）顾炎武：《天下郡国利病书·广东下》。

② （明）《明孝宗实录》，卷一三九，弘治十一年（1498年）七月壬戌条。

③ （清 光绪）《湖南省志·苗防五·诸瑶附》，卷八五。

永乐十四年（1416年），广东肇庆府高要县瑶首周四哥等来朝，

> 愿入版籍，供赋税。[①]

景泰间，曹谦迁高州郡守，时瑶、壮出没。

> 谦绥御合宜，郡夷帖服，至有迎拜道左，乞田输税者。[②]

嘉靖间，钦州白衣山子，

> 迩来亦垦田输税于官，愿入编户者，盖王化渐被也。[③]

万历五年（1577年），广西岑溪与罗旁接壤，瑶、壮啸聚，

> 至是，贼首潘积善等畏威求抚，愿归田输粮。[④]

上述为瑶民成明王朝“编户”后，即需“供赋税”“输田税”“输粮”之例。

因所输为田税，为确定赋额，故有“丈田定税”之举。如，万历间，陈国龙征阳山县三坑瑶，乘瑶败北之际，

> 因乘势入山，谕以祸福，今丈田定税，名其地曰永化乡。[⑤]

需要强调指出的是，瑶民所负担的田赋是颇为繁重的。史称：

> 永乐中，……肇庆瑶人内附，输赋比内地。[⑥]
> 曲江瑶，……耕亩者编户与庶民同。[⑦]

---

① （明）《明太宗实录》，卷一八二，永乐十四年（1416年）十一月癸巳条。

② （清 光绪）《高州府志》，卷二五。

③ （明）《明神宗实录》，卷七〇，万历五年（1577年）十二月壬辰条。

④ （清）顾炎武：《天下郡国利病书》，卷一〇四。

⑤ （民国）《阳山县志》，卷十一。

⑥ （清）张廷玉等：《明史·食货志二》，卷七八。

⑦ （清）屈大均：《广东新语·人语》，卷七。

在瑶区生产较为落后的条件下，“其输赋比内地”，即与汉民等同，显然是不合理的。

山赋。除田赋外，还征收瑶山区土产。其负担轻重不一。如，增城瑶，

明初，设抚瑶土官领之，俾略输山赋，赋论刀为准，羁縻而已。[①]

此为取轻之例。又，嘉靖三十八年（1559年），

提督都御史郑絅巡按御史潘季驯用肇通判刘用章议，税德庆瑶山楠、漆等物，以补虚粮，民以为便。德庆州南山田地，多被瑶人侵占，粮累民赔。用章掌州事，询民疾苦，查得瑶山产有楠、漆，每年纳数万担，官不抽税，俱属奸民妄冒经纪，每担抽银五分，每价银一两，又税银三分。今拟每漆一石，税银五分，以俾槩州虚粮之额。出示晓谕，不许奸民仍冒经纪名色，重复索骗。晋康乡田土向被瑶占受业，除已奏请蠲粮，并准纳轻赍外，尚有瑶占失业荒粮四百三十二石三斗零，……随据厢乡呈称，瑶山出产，不止楠、漆，此外尚有砂仁、黄蜡、蜂糖、皮张、黄藤、竹木等项花利，呈乞申请并抽，以补荒粮。[②]

此为重征之例。明统治者借口补偿瑶占民田造成汉民田赋加重的损失，征收山税。举凡山中出产之物均课以税，瑶民负担之沉重可想而知。

但是，明王朝对归附瑶民的赋税，在某些方面还是有所照顾的。其主要表现有如下几种形式：

（1）从宽减定额。由于瑶区生产较汉区相对落后，且明王朝意在羁縻，故定额较低。如，洪武二十九年（1396年），广西布政司言：

新设南丹等三卫及富川千户所，岁用军饷二十余万石，有司所征，不足以给。[③]

从南丹、富川等瑶壮之地的征赋尚不足卫所军用一事，可证征不多。又，据屈

① （民国）《增城县志》，卷一。

② （清）顾炎武：《天下郡国利病书·广东下》。

③ （清）张廷玉：《明史·广西土司列传一》，卷三一七。

大均《广东新语·人语》卷七载：明代对罗旁瑶，“薄税轻徭，示以羁縻而已”。

（2）来朝免赋。永乐四年（1406年），

广东高州府信宜县陆亳、云峒、下水三山瑶首盘贵等来朝。上嘉其向化，赐赉遣还，仍敕有司免其赋役。自今凡黎、僮、苗、僚来朝皆如之。[①]

由于永乐采取来朝“免赋役”之策，而出现了瑶首朝京师的高潮。

（3）无田业者免输。据载：嘉靖时，蓝山县荆竹源瑶酋赵朝胜被平定后，规定

其荆竹诸源，以山为业，不输税。[②]

又，

耕山者花麻而不赋。[③]

在明代，瑶人不事田产而尚“以山为业”的人数当不少，故对瑶民是有实际好处的。

（4）受抚复业而定期免粮差。天顺八年（1464年），正月诏：广东等处贼寇生发，

有能悔过自散者，悉宥其罪，听从复业，所司加意忧恤，免其户下税粮差役三年。[④]

成化元年（1465年）十一月诏：两广盗贼生发，

许令自新，免其粮差二年，官司善加抚恤。[⑤]

可见明王朝把“免粮差”作为分化瓦解瑶民反抗的一种手段。

① （明）《明太宗实录》，卷五二，永乐四年（1406年）三月甲午条。

② （民国）《蓝山县图志·事纪上》，卷六。

③ （清）屈大均：《广东新语·人语》，卷七。

④ （清 道光）《肇庆府志》，卷二二。

⑤ （清 道光）《肇庆府志》，卷二二。

（5）因瑶乱受损而免减。据载：永乐十年（1412年），

除广西浔、贵等府县粮三千六百名有奇，盖以瑶蛮作乱，民被骚扰故也。[①]

这里所免粮之人，当包含入籍瑶民在其中。又，景泰元年（1450年）八月，

语两广等处，先因苗蛮作耗，经贼处明年租税之半，未平者，全免，以苏民困。[②]

此处所谓“苗蛮作耗”，指的是当时两广的瑶民反抗活动。

总之，上述所举从宽减定赋额、无田业者免输、受抚复业而免、因瑶乱受损而免减，均属赋税优惠之例。

由于瑶民赋役较汉民为轻，故出现了汉人“冒籍瑶户”的异常现象。如，洪武时尽灭湖南东安县里洞溪瑶人，

其后，西华流人唐氏、廖氏垦山田，冒瑶户，永乐中遂立为二长[③]。岁输粮一石三斗。[④]

又如，

嘉靖三十三年（1554年），民人成贵端、户丁成志元等，冒籍瑶户成卯生。占田三百四十亩。[⑤]

2. 入籍供役

这是明王朝对瑶民的又一项较为普遍的经济政策。如，洪武十八年（1385年），柳州府马平县主簿孔性善言：

---

① （明）《明太宗实录》，卷一三二，永乐十年（1412年）九月乙未条。

② （清 道光）《广东通志》，卷一八七。

③ （清 光绪）《东安县志·建置》，卷四。

④ （清 光绪）《东安县志·事纪》，卷二。

⑤ （民国）《蓝山县图志·事纪上》，卷六。

昔者陈景文为知县时，瑶僮皆应差役。厥后长吏抚字乖方，始复反侧。诚使守令得人，示以恩信，谕以祸福，彼虽凶顽，岂不革心向化为良民乎？[①]

正统五年（1440年），广东阳山县邓亚贰奏：

臣邻境黄莲、大罗诸山，瑶民二百户有奇，素未驯服，时为民患。请遣官同臣等招之，俾附籍供役。则顽狠向化，良民得安。[②]

可见，瑶民附籍即供役，供役则为“向化”的表现。

供役的主要形式，为保境安民。如，弘治十七年（1504年），湖南城步

瑶民归化者全为款丁，在城步大水峒六百一十名，岁纳秋粮不编均，瑶惟当里役，遇地方有警，调以防守城池，把截要路。

可见，瑶人服役一般在本地而不远调。

编籍之初，有暂免徭役之举。如，永乐二年（1404年），广西荔波县八十二洞瑶民愿为民，上命遣人抚谕，

其愿为民者。官量给赐赉，仍复其瑶役三年。[③]

成化时，朱英为两广总督，

招抚瑶、僮效顺者，定为编户，给复三年。

复为免除之意，后段所谓“给复三年”，当是包括徭役和赋税在其中。可见，初附时，一般免除徭役的期限均为三年，以示恩宠。

也有长期免役者。如，嘉靖时，蓝山县瑶乱，用县人成世仁、钟富光谕德，

① （明）《明太祖实录》，卷一七二，洪武十八年（1385年）三月丙辰条。

② （明）《明英宗实录》，卷六九，正统五年（1440年）七月壬子条。

③ （明）《明太宗实录》，卷三三，永乐二年（1404年）八月己丑条。

瑶寇平，因奏以世仁、富光为抚瑶官世袭，免大侨诸源徭役，惟纳田税。[①]

此为瑶人只输税而不供役之例。

3. 不服租庸

需要强调的是，输赋供役的仅限于编户瑶人。凡明王朝势力所不及的偏远瑶区，或不服从明王朝管辖的瑶民，是不承担赋役义务的。据载，景泰中，广西瑶酋侯大苟，聚万人于大藤峡，

万山之中，瑶蛮盘据，各有宗党，而蓝胡侯盘四姓为之渠魁。山多缦土，沃而敏树，诸瑶皆侧耕危获，不服租庸。[②]

此为瑶民不服赋税的典型例证。

4. 劝农桑

明王朝注意发展瑶区生产。如，成化时，林锦专备钦、廉群盗，治廉、钦，

劝农桑。……瑶蛮莫不爱信。[③]

成化时，杨昱擢饶平，

辟田野、劝农桑。[④]

成化五年（1469 年），苏铧知韶州府，三年间，

垦田增六千顷，户增三千八百。
士民瑶僚，莫不悦服。[⑤]

万历间，侯应爵知罗定州，开州之始，

---

① （民国）《蓝山县图志·事纪上》，卷六。

② （清）查继佐：《罪惟录·大藤侯氏》，卷三四。

③ （清）张廷玉等：《明史·林锦传》，卷一六五。

④ （清 康熙）《广东通志》，卷十四。

⑤ （清 雍正）《广东通志》，卷四〇。

清田里，辟封疆，……规模宏远，州人赖之。[①]

上述为明地方官员，在瑶区开垦田亩，提倡农业，人口随之增长，从而取得瑶民“爱信”之例。

需要附及的是，即使在镇压瑶民反抗之后，明王朝也注意招抚“复业”，以尽快恢复生产，其目的在于维护明王朝在瑶区的统治秩序。如，洪武三十五年（1402年），广西总兵官韩观言：

“今桂林诸郡蛮民五千九百余家，已复业，惟思恩县叛蛮千五百余户，尚未向化。……”上命，复业者善加抚恤，梗化者发兵诛之。[②]

天顺七年（1463年），兵部奏，先是，镇守广西等官陈泾言，

瑶贼剿杀之余，已招抚陆续复业，又分调官军据守要害，以扼其出入之路，今两广地方稍宁，夷人各安生业。[③]

嘉靖七年（1528年），

分巡佥事李香临县，招出投瑶二千余人，还新兴、阳江、新会各处复业，邑赖以安。[④]

可见，明王朝采取对复业者“抚恤”、对“梗化者”征讨的两面治瑶政策。

5. 互市

明王朝把“互市”作为制瑶的一种经济手段。对反叛者，则如上述禁“鱼盐布货之利”以示惩；对归顺者则予互市以示劝。

如，嘉靖四年（1525年），陈琚为德庆州判官，在罗旁瑶居地的江道

南岸罗傍、大历等地设为圩市，使与州人互易，亲往监焉，使其相

① （民国）《罗定志》，卷五。

② （明）《明太宗实录》，卷十五，洪武三十五年（1402年）十二月丁巳条。

③ （明）《明英宗实录》，卷三五八，天顺七年（1463年）十月丁亥条。

④ （清 康熙）《广东通志》，卷二九。

狎，以徐图之。[①]

嘉靖间，田汝成议：

近郊之地，暨于通都，各立墟市，招致诸瑶，贸易货物，一月二举。委官董治，使无贪攘。[②]

嘉靖德庆知州陆舜臣《议地方事略》称：瑶人欲不招，

则无以通我鱼盐器用之利，售彼漆蜡皮张之产。[③]

本来，瑶区与汉区经济有互补性，瑶人需出售"漆蜡皮张"等山货，以换取其短缺的"鱼盐器用"等必需品，故互市是有积极意义的。但明统治者把互市纳入其制瑶的轨道中，则又大为限制和妨碍了汉瑶间的经济往来。凭借经济实力，把经济问题政治化，这是历代统治者在处理民族关系时惯用的一种手法。

总之，上述供赋役、劝农桑、互市等，均是明王朝对瑶的重要经济政策。

此外，还有"牛酒鱼盐"之赏。即经济上施以小惠，以笼络瑶人。这一做法，颇为常见。如：

瑶以山货易民米、盐，而有司亦时有米盐之犒。[④]

（明代广东瑶人）昔曾以鱼、盐之赏，得靖二三年。[⑤]

瑶复贪我牛、酒、鱼盐之利，又欣然而受之（指受招）。

（泷水瑶）鱼盐之赏方罢，而劫掠之警复闻。[⑥]

隆庆间，有流寇劫锦田，势甚猖獗，（瑶人）相率随官兵攻贼败之，

① （清 道光）《广东通志》，卷二四九。

② （明）田汝成：《炎徼纪闻·断藤峡》，卷二。

③ （清 光绪）《德庆州志》，卷九。

④ （清）顾炎武：《天下郡国利病书·湖广下》，见《永州府志》。

⑤ （清）蒋廷锡等：《古今图书集成·职方典》，卷一三九四。

⑥ （清）陆舜臣：《议地方事略》，见（清 光绪）《德庆州志》，卷九。

遂解十八寨之围。由此，县给牛酒花红以犒之。[①]

上述为明王朝除与瑶人互市外，还以牛、酒、鱼盐、米及花红等以安抚或犒赏瑶人之例。

最后，需加强调指出的是，明王朝往往对瑶人进行残酷的经济掠夺。这在平时与战时，又有所不同。在平时的主要表现为：

“科重”。如，万历十年（1582年），户部覆广西巡按郭应聘题，

清丈过该省田粮，除补足国初原额外，多余官民田七百六十八顷八十七亩零，该粮三千八百九十八石零。……其余州县卫所，节年隐占失额田粮，俱清复完足赋役，条编悉照旧额外，有兴安、融江六峒诸瑶，丈复田粮，已加数倍。若复科重，恐有不堪。议照各府每石纳银三钱五分，免其杂差，以安夷心。[②]

换言之，在一些瑶区，明后期较前期，“丈复田粮，已加数倍”。科取之重，可见一斑。

额外索取财物。天顺八年（1464年）正月诏曰：

广东等处贼寇生发，多因官司取办物件，守令不得其人，以致饥寒迫身，不得已而为盗。[③]

同年六月，

广西指挥舒镛哨守荔浦、修仁等县地方，科取瑶僮之归化者财物，遂复为乱。巡抚都御史吴桢等抚平之，以状闻。命逮治镛而追其赃给主。[④]

除正科外，地方官员对瑶人横征暴敛、巧取豪夺之举，可谓在在有之。从瑶人

① （清 同治）《江华县志·杂记》，卷十二。

② （明）《明神宗实录》，卷一二六，万历十年（1582年）七月甲子条。

③ （清 道光）《肇庆府志》，卷二二。

④ （明）《明神宗实录》，卷六，天顺八年（1464年）六月乙酉条。

因此“饥寒迫身”并铤而抗争一事，可见其受掠夺的严重程度。

在对瑶人作战时期，明王朝的经济掠夺更是骇人听闻。其主要表现有：

6. 摧残瑶人村寨

史书关于明王朝对反抗瑶人“倾其巢穴，绝其党类”一类的记载多有。俗谓“覆巢之下，安有完卵”，这种血腥的剿杀政策，使瑶族经济遭到灾难性的洗劫。

7. 收谷粟以绝瑶粮

据载：洪武二十一年（1388年），广西都指挥使司言：广西平乐府诸县及湖广道州、永明、江华等县，逼近瑶峒，

> “比调卫兵收捕，即逃匿岩谷。及兵退，复肆跳梁。臣等欲于秋成之时，统率所部，会永道诸卫官军，屯驻贼境，扼其要害，收其所种谷粟。彼无粮食，势必自穷，乘机擒戮，庶可绝其后患。”从之。[1]

明王朝采用秋征法，收瑶人所种谷粟，这样做，既可使官军占其粮，又可绝瑶人生计，以达到其征服瑶人的目的。又，在攻打大藤峡瑶过程中，深知瑶情的翰林院编修丘濬建言：

> 一向时官军屡征大藤峡，不能成功者，盖由每年霜降以后，方才进兵。此时贼已收获，粮谷充盈，势不能困。今大军须以七月至彼，分兵亟出，蹂其青苗，使之秋成无望。出其不意，先夺其气，然后次第修葺营垒，以为久困之计。[2]

此策，与秋收时收瑶人谷粟微异，而是采用秋收前“蹂其青苗”，使之颗粒无收之法，但其摧残瑶区生产的实质则一。

8. 占瑶田

据《天下郡国利病书·广东下》载：嘉靖十年（1531年），

> 贼首赵林花、黎广雄等一千七百余徒，攻陷高州。提督都御史陶偕

① （明）《明太祖实录》，卷一九〇，洪武二十一年（1388年）四月丙辰条。

② （明）《明宪宗实录》，卷十三，成化元年（1465年）正月甲戌条。

同总兵仇鸾请兵七万，分部督进。……巢穴迅扫，种类无遗，实以良民一千余家，田赋一百三十九顷九十一亩余。

该籍接着下列了“瑶田”税米数量。又，据道光《阳春县志》卷四载：清代阳春县瑶田税米四百三十二石三斗。在明代，

其始为瑶所据，不输粮役，既而数经征剿，瑶渐散亡，乃以其田或招农民或给粮户耕种，而瑶之未殄者，其占田如故也。

上述记载表明：其一，明代在频繁的征瑶战争中，占据了瑶民世代开辟和经营的大批瑶田。这一政策实行的结果，以致清代的一些地区，人们只能从方志记载中知道原来在什么地方有多少瑶田，在现实社会中，则“今并为民业，无复所谓瑶田矣”①，致使瑶田成了历史名词。其二，明代，瑶区的军屯、民屯以及招民耕种的土地，其中不少就属于这些被明王朝侵占的瑶田。其三，应该指出的是，明王朝所侵占的瑶田，除了因征剿而迫使大批瑶民散亡所遗下的土地外，还包括一部分继续留下来的瑶民的土地，有的也被视作乱民而被侵吞。上述“瑶亡未殄者，其占田如故”的说法，是不真实的。

总之，明王朝的繁征苛敛，特别是在征瑶过程中，血洗瑶人村寨，侵占瑶田，抢掠谷粟，使瑶人陷入无以为生的地步，从而使瑶族社会经济和农业生产遭到严重摧残与破坏。无疑，历代封建统治者的这种经济掠夺政策，是造成瑶族社会长期落后的重要原因之一。

六、军事据点、戍兵与“雕剿”法

明王朝为震慑瑶人，在瑶区设置了一系列的军事组织与据点。分叙如下。

1. 卫、所

这是明王朝在瑶区设立的主要的普遍的军事组织。据明制，明军编制于卫所之中，大抵五千六百人为一卫，一千一百二十人为一千户所，一百一十二人为一百户所；卫所设有卫指挥、千户、百户等官。在瑶区，卫所多是在洪武年间瑶乱或平瑶

① （清 道光）《阳春县志》，卷四。

之乱以后而设。

卫。以洪武二十八年（1395 年）所立的湖南的道州宁远卫为例，

> 先是知州徐士铭奏："道州僻在万山，边临两广，东接常宁大小猛洞，南抵九疑山横嶂九十六渡溪源，西邻悬田平洲，北连灌阳永瑶等源。国初遣兵三千守御，后调发二千止存千人。洪武二十一年（1388 年），山贼何女子、逃卒杜回子与瑶蛮劫掠居民，尝调军剿捕，至则溃散，退则复聚，盖守御兵少，不能制敌，乞置军卫屯守，庶几民获安业。"诏从之。至是立卫焉。[①]

可见此卫是为制"瑶蛮"而设。

所。据《明太祖实录》卷一六四，洪武十七年（1384 年）八月己卯条载：在广东都指挥使王臻讨平清远等县瑶乱后，

> 置广东清远守御千户所。

《明太祖实录》卷一九八，洪武二十二年（1389 年）十二月戊午条载，广西都指挥使韩观在平定富川县瑶人盘大孝之乱后，

> 因奏富川县灵亭乡乃瑶蛮出没之地，虽征剿有年，未尽殄灭，恐复有构乱者，宜以桂林等卫赢余军士置千户所镇之。诏从其请。

《明太祖实录》卷二四三，洪武二十八年（1395 年）十一月甲申条载：

> 置灌阳守御千户所。初，灌阳隶湖广，因广西平川等三十六源瑶贼作乱，攻劫县治，诏宝庆卫指挥孙宗总兵讨平之。县丞李原庆因奏灌阳去湖广远，隶广西为近，遂以灌阳隶桂林府，设千户所。命广西都指挥同知陶瑾，领兵筑城守之。

《明太祖实录》卷二四五，洪武二十九年（1396 年）三月癸酉条载：

① （明）《明太祖实录》，卷二四三，洪武二十八年（1395 年）十一月己巳条。

征虏前将军指挥佥事胡冕等言：郴、桂二州，数被瑶贼剽掠，其蓝山等县芭篱、召慕等处山谷深邃，乃贼出入之地，宜设二千户所，分兵守屯，庶田无荒闲，民获安业。从之。

《明太祖实录》卷二四五，洪武二十九年（1396 年）三月乙酉条载：

置广安千户所于桂阳县土桥、宁溪千户所于蓝山县张家坡。时郴、桂二州民，言连岁为瑶蛮劫掠，官军至则遁入山谷，退则复聚，盖因守御兵远故也。乞于各县要害之地，增置戍兵，遂立二千户所守之。

以上为明代在广东清远，广西富川、灌阳，湖南蓝山、桂阳诸县设置千户所的原因与过程。其设置地点，或在县治，如灌阳即是；或在乡镇，如灵亭乡、芭篱、召慕、土桥、张家坡等处即是。

不仅设置而且徙置卫所，也有依瑶区情况而定之例。如：

迁肇庆府双鱼千户所治于阳春县。初置双鱼千户所于阳江县地，至是，阳春知县赵清言县境接连蛮洞，乞移千户所屯守，故有是命。①

此阳春县之“蛮洞”，即指瑶人居住之地。

为镇瑶而设的卫所，理所当然地成了瑶人起事时的重要袭击目标。据载：

肇庆府泷水县瑶蛮李敬宗等作乱，率其党四百余人袭神电卫，指挥郭昂战死，广东都指挥使司发兵讨之。②

需要言明的是，不仅用官兵，也有选用壮人壮丁立卫所之例。如：

广西都指挥使耿良言：“田州府知府岑坚、泗城州知州岑善忠率其士兵讨捕瑶寇，多树功绩。臣欲令其选取壮丁各五千人立为二卫，以善忠之子振坚之子永通为千户，统率其兵，俾之守御，且耕且战，此古人以蛮夷攻蛮夷

① （明）《明太祖实录》，卷二四九，洪武三十年（1397 年）正月壬申条。

② （明）《明太祖实录》，卷二四八，洪武二十九年（1396 年）十二月己酉条。

之策也。如此则官军无远冒瘴疠之患，民免馈送之劳矣。”诏是其言行之。[①]

在人们的心目中，卫所均由明正规军组成，此以岑氏土兵设立二卫，是值得注意的一种特例。因此法，既可利用土兵善战之长处，又可达以壮制瑶之目的。

卫所的作用，可归纳为四。一是防瑶。上述卫所之设，就是备瑶而起。一是征瑶。据载，广西总兵官山云奏：

庆远府郁林等州县蛮贼出没，必用剿除，而兵力不足。遂敕广东都司调附近属卫所精锐士卒一千五百人，委都指挥一员，领赴广西，听云调遣。[②]

换言之，在征剿庆远、郁林等地瑶人时，除使用本地卫所兵力外，还动用邻省附近士卒。

一是抚瑶。如：

上以桂阳谿洞瑶人先为官军剿捕，逃窜山谷，乃命桂阳千户所招抚之。于是复业者，七十余家。[③]

一是管辖附近军事据点。据载：成化七年（1471 年）设湖广守御宜章县后千户所，

洪武末，有贼出没其间，因分调茶陵卫后所官军之半，设黄沙、栗源二堡以守御之。至是，以宜章式备渐弛，而茶陵地非要害，乃并调其所官军之半于宜章，俾之统辖二堡，建治立名，择本卫威望素著指挥一员，往来提督[④]。

此为宜章县后千户所“统辖”黄沙、栗源二堡之例。

卫所虽是镇压瑶人的重要工具，但它并不是万应灵药。由于王朝的残酷镇压而造成瑶民反抗不断，也暴露了卫所的弊失。这表现为：一是“寇多军少”，力不从心。

① （明）《明太祖实录》，卷一五七，洪武十六年（1383 年）十月己亥条。

② （明）《明宣宗实录》，卷一〇九，宣德九年（1434 年）三月戊寅条。

③ （明）《明太祖实录》，卷二四七，洪武二十九年（1396 年）九月丙辰条。

④ （明）《明宪宗实录》，卷九八，成化七年（1471 年）十一月乙卯条。

据《明英宗实录》卷二五〇，景泰六年（1455 年）二月丁酉条载：湖广都司所属平溪、清浪、偏桥、镇远等卫，接连贵州、广西地界，密迩瑶壮苗夷诸种，“峒贼”

出没不常，民被扰害。原其所由，皆因各卫军少无力剿捕所致也。

又，《明宣宗实录》卷五八，宣德四年（1429 年）九月庚戌条载：广西总兵官山云言：

今广西各处瑶僮为寇，拟进兵剿捕。而寇多军少，请令贵州分政官军暂留，并力征剿，候来春更代。

可见，由于卫所力不足，造成或是任从瑶人出没或是只有借补外兵力以为补充的后果。

一是无能为力，徒呼奈何。如：

泷水罗旁一带，乃郡县内地，距德庆州治仅隔一江，去梧州总府不百里，为两广往来咽喉。奈何坐视其暴劫吾民，阻截江面为肘腋之患，而勿恤哉。缘江南岸数百里山林蒙密，不敢毁伤其一草一木。朝廷设重镇置兵卫，果何用哉！[①]

换言之，由于瑶人利用山林的有利地形和灵活机动的作战方式，使明兵卫难以发挥其作用。

2. 巡检司

如果说，瑶区卫所是明王朝镇瑶的主要工具的话，那么，巡检司则是其不可或缺的重要辅助手段。其主要记载有：巡检司，

主缉捕盗贼，盘诘奸伪。凡在外各府州县关津要害处俱设，俾率瑶役弓兵警备不虞。初，洪武二年（1369 年），以广西地接瑶、僮，始于关隘冲要之处设巡检司，以警奸盗，后遂增置各处。[②]

① （清）蒋廷锡等：《古今图书集成·职方典·广西总部》，卷一三九六。

② （清）张廷玉等：《明史·职官图》，卷七五。

洪武二年（1369年），

> 广西行省言："靖江、平乐、南宁等府，象、宾、郁林等州，地接瑶、僮，其关隘冲要之处，宜设巡检司，以警奸盗。"从之。[①]

洪武十二年（1379年），

> 梧州府同知郝修言："两广之间，地多溪洞，瑶僚杂居出没为患，宜于险要之地，增设巡检司。"从之。[②]

成化七年（1471年），

> 复设湖广滑石江巡检司。本司于正统间裁革，至是巡抚都御史吴琛言，系紧要防夷之处，故复设之。[③]
>
> 衡当楚上游，为郴、桂之咽喉，交、广之门户。各属邑联络谿洞，瑶、僮依山为固，不时窃发，其市镇关津设立巡司者业有防御。[④]

总之，明代巡检司的设置时间、地点、人员组成及作用，可归结为：洪武二年（1369年）始建于广西瑶壮之地，继而在全国推行；设于"市镇关津"之处，由"徭役弓兵"即民兵或土民组成；起盘查、缉捕、防备"奸盗"之用，即具有军事检查站的性质。

卫所与巡检司在镇瑶方面起着主导与辅助以及相互配合的作用。但也有区别，主要表现为：前者由正规军组成，后者则使用民兵；前者只设于少数要害之处，后者则作为补充力量深入较为广泛的地区，以形成控制瑶人的网络；前者主要用于征讨，后者则重在防查，即应付"窃发"事件。

3. 设参将、守备诸职

据《明神宗实录》卷一一六，万历九年（1581年）九月癸未条载：

---

① （明）《明太祖实录》，卷四五，洪武二年（1369年）九月壬辰条。

② （明）《明太祖实录》，卷一二六，洪武十二年（1379年）八月乙酉条。

③ （明）《明宪宗实录》，卷九七，成化七年（1471年）十月丁酉条。

④ （清）顾炎武：《天下郡国利病书·湖广下》，见《衡州府志》。

移广西浔、梧参将于岑溪县连城乡，为抚插瑶僮也。

又，据《明神宗实录》卷二二二，万历十八年（1590年）四月乙丑条载：

广东督、抚、按奏言："东安、西宁二县为两山根本，而掘峒为罗定要地。议以东山参将改驻东安县城，西山参将改驻西宁县城；中路守备春夏驻扎州城，秋冬专驻掘峒。"兵部覆奏，从之。

东山参将、西山参将和中路守备是为对付罗旁瑶、泷水瑶而设。此外，据载：嘉靖三十九年（1560年），

用肇庆同知吕天恩议，移广肇参将府于新兴县塘宅堡。先是，平扶罗大贼后，肇庆府通判吕天恩议以塘宅堡地方乃新会、新宁、新兴、恩平各县适中之地，四面崇山峭壁，盗贼渊薮。先年大征，曾建置衙驻扎，便于区处，墙围公廨，尚存规模，宜令宜往守。估计砌砖城一围，建置参将衙门，专坐分守，高、肇、韶、广参将官在彼驻扎，遇有警报，会宁、新、恩各县守土官兵，并地方千百长、排年、乡夫人等，悉听本官训遣杀截。

总之，移广肇参将于新兴县塘宅堡，是因该处为"瑶贼出没之地"[①]。

据明兵制，参将、守备，无品级，无定员，为有事时的领兵之官；参将为次于总兵官的独镇一路的分守，守备则为守一城一堡者。[②] 上述参将、守备，均驻扎于瑶区。

4. 营、堡

史有"两广盗贼瑶壮巢穴，数千百计，军卫有司、营、堡、关隘之兵"[③] 之语。可见，瑶区的营、堡一类，均为明王朝用以镇瑶的军事据点。

关于瑶区立营的记载颇多。如，正统元年（1436年）广西庆远府奏：

本府边临蛮地，瑶僮杂处，贼寇出没，杀虏人民，不能宁息。今总兵

① 均见（明 嘉靖）《广东通志·瑶僮传》，卷六七。

② （清）张廷玉等：《明史·职官志五》，卷七六。

③ （明）《明世宗实录》，卷八八，嘉靖七年（1528年）五月壬午条。

官都督山云调拨广西、贵州、湖广三都司官军，于本府地方分营哨守。[①]

正统十一年（1446年），广东左参议杨信民言：

“广西瑶贼劫掠化州，……窃原此贼皆自广西来劫广东，乞暂将原调广西官军取回，于两广交界之处设立营堡。”事下兵部议，以为广西贼之巢窟，尤宜镇遏，信民言难从。宜行广东三司会议，果应立营，别调旁近卫所官军哨守。从之。[②]

嘉靖间，在平大藤峡之乱后，田汝成有“立营堡，以通江道”[③]之议。
嘉靖四十四年（1565年），德庆罗旁下江瑶乱，提督、侍郎吴桂芳议：

立营堡。[④]

从之。自南江口下至泽水一百二十里间，各辟地深八十里，立营十，营兵各百或二百戍之。[⑤]

万历五年（1577年），罗旁瑶所属东山黄姜峒、西山大峒，

其二峒各筑营城，选委将领屯兵驻扎。[⑥]

崇祯十四年（1641年），

瑶乱，犯怀集黄潭营，知县李盘以俍总兵徐光追瑶于仙人寨，败之，遂立八大营，屡巡边隘。[⑦]

---

① （明）《明英宗实录》，卷二二，正统元年（1436年）九月丙午条。
② （明）《明英宗实录》，卷一四五，正统十一年（1446年）九月辛巳条。
③ （清）查继佐：《罪惟录》，卷三四，大藤俟氏条。
④ （明）《明世宗实录》，卷五四七，嘉靖四十四年（1535年）六月庚辰条。
⑤ （清 道光）《广东通志》，卷一八八。
⑥ （明）《明神宗实录》，卷六二，万历五年（1577年）五月丙申条。
⑦ （民国）《怀集县志》卷八。

总之，营由卫所军驻扎，主要用于“哨守”“巡边隘”之用。

堡，与营的建制、作用相类，故史书往往“营堡”并称。明代瑶区设堡情况，如：宣德间，征蛮将军山云讨平溪峒瑶壮，

> 乃增筑四城九堡，传舍九十余区，以镇要害。自是终云之世十余年间，瑶僮无敢为孽者。[①]

正统四年（1439年），宜章县

> 苗贼谭应员、冒阿孙、杜回子等余党未尽，劫掠十四都，时都耆民曾文景……入都告发，部议调郴州千户长卡尔、百户军柳诏带军兵二百余名来戍，因请旨立笆篱堡。[②]

此宜章县“苗贼”包括瑶人在其中。

堡因用作守御的小城而得名，故有修筑和加固城堡之举。据《明宪宗实录》卷一七五，成化十四年（1478年）二月戊午条载，湖广总兵官都督佥事王信等奏：湖广苗瑶不时窃发，

> 欲于靖州铜鼓、五开、天驻、平溪、清浪、镇远、偏桥等堡增城浚壕，其大坡、浪江、黄茅等寨，原无城堡者，相度增筑，以资守备。

《明神宗实录》卷二八，万历二年（1574年）八月甲子条载，兵部复广西抚按郭应聘等题怀远、雒容二县善后八事，其一曰：

> 缮修城堡。各府州县城池，既皆低薄，营堡率皆木栅，覆以草茅。一闻有警，辄使弃去。今令大加修葺，务堪保障。

可见，瑶区营堡，多非坚固的防御工事，往往由木栅围圈、上覆茅草而成，故不堪一击。这就是明王朝把“缮修城堡”作为一项重大防御措施来抓的原因所在。

---

① （明）《明英宗实录》，卷四八，英宗正统三年（1438年）十一月甲申条。

② （民国）《宜章县志·疆域志·关隘表》，卷三。

5. 城

筑城备瑶，是明王朝一项十分重要的军事措施，故史书对此有大量记载。下面对筑城的地点、筑城的人力与城的结构诸问题，加以分述。

筑城的地点有二：一是府州县治。据《明英宗实录》卷一八九，景泰元年（1450年）二月戊戌条载：

命修广东新兴县城。

《明英宗实录》卷一九八，景泰元年十一月壬戌条载：广东雷州府奏：

“遂溪县逼近瑶贼，数被侵扰，原无城池，恐难保守，乞敕布政司量发附近府县人夫筑浚。”从之。

《明宪宗实录》卷十五，成化元年（1465年）二月庚子条载：巡抚湖广左佥都御史王俭等奏：道州、郴州一带州县，为瑶人经行之地，

其永明等县，旧无城池，或有城而颓圮，不堪备御者，俱欲与建立修葺，以便保障。

以上为在广东新兴、遂溪和湖南永明等县，修筑县城以御瑶之例。又，据《明太祖实录》卷二三五载，洪武二十七年（1394年）十二月癸巳条载：

城富川县，徙梧州守御千户所于城中。时富川典史徐鲁以县治去所甚远，遇瑶蛮窃发，卒难备御，请徙于城中，故有是命。

此为城广西富川县治之例；由于该县治又是梧州守御千户所所在地，故又是城县、所合一的例证。还有，据《明孝宗实录》卷二一九，弘治十七年（1504年）十二月丙子条载，广东连山县何宗奏：

本县旧治为贼残破，新徙县治窄狭，且频岁贼发，乞下总镇等官调兵剿捕，修发旧治。

此为县城为瑶人所破后重新修复之例。总之，由于府州县治是当地政治、经济、军事、

文化中心，又是人口和财富密集之地，明王朝在这些地区修城，是不言而喻之事。

一是卫所等军事据点。如《明世宗实录》卷九四，嘉靖七年（1528 年）闰十月戊戌条载，兵部覆王守仁议处八寨瑶人事中云：

八寨之贼，每寨有众数千，首尾联络，为柳、庆诸贼渊薮。而周安一堡，正当八寨之中，宜筑城置戍，据其腹心，而移设南丹一卫于其间。

惟五屯正当风门、佛子诸夷巢穴，最为要害。旧虽有千户所官兵，见存不满二百，宜设一镇，增筑高城，而设守备衙门，取回五百兵，分调哨守。

前段所记为在南丹卫筑城事，后段则为在大藤峡地区的守备衙门所在的镇增筑城事。

筑城的人力，为征用军民。如，上述筑遂溪城“发附近居府县人夫”，筑广西浔州卫，“乞以附近军民协助”[①]，均可证。由于大量使用民工，为不误农时，往往在“农闲时月”进行。如《明英宗实录》卷一〇七，正统八年（1443 年）八月庚戌条载，广西总兵官安远侯柳溥言：

“广西所属浔、梧、柳、庆等府地方，瑶僮夷人，叛服不时，所赖者城池壕堑耳。近为雨潦所损甚多。故敕广西都布二司堂上官一员，每于农闲时月，往来巡视，督工修筑。庶边鄙有备。”从之。

城的结构，除了用木栅围圈或累土而成的简易城垣外，也有用砖石砌成的坚固建筑。如，宣德八年（1433 年），广西浔州卫奏：

本卫西连大藤峡，北接武宣千户所，与瑶僮杂处，时被侵扰。城垣周围一千二百余丈，多未包砌，今欲悉以砖石修治，庶得坚完。[②]

天顺初，杜宥知英德县，

① （明）《明宣宗实录》，卷一〇四，宣德八年（1433 年）八月戊戌条。

② （明）《明宣宗实录》，卷一〇四，宣德八年（1433 年）八月戊戌条。

时瑶寇猖獗，邑故为城，树木栅为固，宥患之，创为之城。[1]

成化间，尹铎袭清远卫指挥佥事，

都御史韩公以清远西抵怀集，瑶寇流毒，此地独先当之，城池宜治而不宜忽。铎悉心竭力，拱石为门，垒砖为城；东北地险，筑子城以便防守。[2]

正德间，瑶人攻桂东县后，明王朝

易土城为石。[3]

从浔州卫城“悉以砖石治”、英德县改“木栅”而创城、清远县“拱石为门，垒砖为城”并筑子城以卫、桂东县“易土城为石”四事，可见明代备瑶城堡不少为砖石结构，即所谓“陶砖凿石”而成。这类城堡空前坚固，也因此耗费大量人力物力。

总之，有明一代，两粤及湘南不断建城或修城以防瑶。换言之，在追溯这些地区的城建历史时，往往离不开当时瑶人的活动状况。从中也可见，明代瑶人势力之大与影响之广。

6. 开路置驿

明王朝为便于军事征讨和使其统治势力深入瑶区，势必开通道路和保持道路通畅，即所谓“刊山通道”[4]，同时也需置驿道以提供交通工具和传递信息。如，《明孝宗实录》弘治十一年（1498 年）七月壬戌条载，南京浙江道监察御史万样奏：为防广西瑶，

所在营寨，应修理者及时修理；道径应开通者及时开通；险阻应平治者及时平治。

《明神宗实录》万历五年（1577 年）五月丙申条载，兵部覆两广总督凌云翼条旁罗

① （清 道光）《广东通志》，卷二六三。

② 同①。

③ （清 光绪）《湖南省志·苗防五·诸瑶附》，卷八五。

④ （清）张廷玉等：《明史·广西土司列传一》，卷三一七。

旁善后事宜：

一开辟道路。改寿康驿置满沟，西平驿置平豆，立石驿置掘冈，那夏驿置大陵，以通水陆。

上述二段所载：为明王朝把通路、平险、置驿作为制瑶要策之例。又，据《天下郡国利病书·广东下》载：正德十年（1515年），

白饭坑耽坂岭等瑶，截路杀人劫财，知县黄宽率乡夫讨灭之，始通人行。

此为清道使之通行之例。一言以蔽之，解决交通与通信二事，是明王朝的重要治瑶之策。从宣德年间，总兵山云为镇瑶壮而在广西设“铺舍五百”[①]，可见驿铺数量之巨。这在客观上，有利于瑶区的开发及密切与内地的联系。

7. 戍兵

明政府除设卫所等军事据点外，还从外地调集大量兵力驻扎瑶区。据《明武宗实录》卷六六载，正德五年（1510年）八月辛丑条载：

总镇两广太监潘忠等以广西瑶、僮出没，请留湖广轮戍官军万人防御。兵部议从之。

此为以湖广官军轮戍两粤御瑶、壮的突出例证。又，据道光《广东通志》卷二四九载：弘治间，曾直知肇庆府，

督府数问以抚瑶之策，直上数十万言，多见采用。大指谓非用围戍法，自守互市法相诘，瑶不可抚云。

可见，明王朝企图采用在瑶区广为戍军即以大军压境之法，以威慑瑶人。

8. 屯戍

指明制，军士由国家给田，令其屯田自养，以此解决庞大军队的粮饷问题。瑶

---

① （清）张廷玉等：《明史·山云传》，卷一六六。

区驻军也如是。如，《明孝宗实录》弘治十一年（1498年）七月壬戌条载，南京浙江道监察御史万祥奏：在广西瑶壮之地分布官兵，

若贼闻征逃遁，守至次年二月，就将所在贼村谷米、牛只给与随征士兵充饷、耕种，所收准作月粮，额税暂除豁。若田少兵多，将各土官衙门该纳秋粮准与兑支，且耕且守；若兵少田多，拨与土官、熟僮同住耕种。

《明世宗实录》卷五四七，嘉靖四十四年（1565年）六月庚辰条载，提督、侍郎吴桂芳言，对罗旁瑶一劳永逸之计为：

将就近田地给与戍兵耕种，以省给饷诸费，庶可扼其从出之涂，绝其潜伺之计。耕守既定，控制斯严，北岸营兵，以次渐减。此足食足兵，治以不治之上策也。

嘉靖德庆知州陆舜臣《议地方事略》[①]云：为今之计，留兵山峒，

给以牛具种子，资以数目之粮，使其且耕且守，……大招百姓而填实其中，与兵同耕。……我民人耕者，集聚日多，基脚日固，道路日熟，胆气日壮，可以自耕自守。

此所谓“足食足兵”“自耕自守”的屯戍之法。但在瑶区终与在汉区屯戍有别。其一是往往侵占瑶人田地，而不纯是利用丢荒空闲之地。上述记载表明，不仅将造反瑶人的土地，甚至将其谷米、牛只也加以没收而分配给屯兵。这样做势必引起瑶人的再反抗。其二是除士兵屯田外，不仅招收汉人还吸收熟壮“同住耕种”，以挑拨民族间的不和与纷争。其三是据明制，“临边险要，守多于屯”[②]。瑶区属“临边险要”之地，故把更多力量置于防瑶事务。

在瑶区屯田，客观上也有好的一面。这就是：有利于推广汉民族的耕作技术。出于“集聚日多”，也可促进当地的开发，甚或成为新的经济中心区。

① （清 光绪）《德庆州志·宦绩》，卷九。

② （清）张廷玉等：《明史·食货志一》，卷七七。

9. 行“雕剿”法

明代，对瑶民残酷的军事行动，以雕剿法最具代表性。雕，鸷鸟类，鸷之别名。所谓“雕剿”，当是取其迅猛凶悍之意。据载：

> 成化初，瑶贼犯雷州，官军不能御，会佥都御史韩雍至，恩威并著，瑶人畏服，郡县赖之以安。后立秋调法，用俍兵雕剿。肇庆自罗旁渌水至怀庆，高州自西山、茂名、石城至郁林、钦、廉等州，以及广西山贼，皆预先哨探其巢穴及出劫道路，而又移檄严督守、巡及参将、把总、守备等官，时加训练兵快，防守要害。贼或出没，即时雕剿。或捣其巢穴，或截其归路，俾出无所得，入无所归。策至良也。雍去，法废。迄弘治以后，贼益猖獗。①

继韩雍之后，朱英为两广总督，

> 自韩雍大征以来，将帅喜邀功，利俘掠，名为“雕剿”。英至，镇以宁静，约饬将士，毋张贼声势，妄请用师。……于是马平、阳朔、苍梧诸县蛮悉望风附。②

万历二年（1574年），兵部覆广西巡按郭应聘等题怀远、雒容善后八事，其一曰：

> 议行雕剿。瑶、僮为患，乘其初发制之，千百劲卒，一鼓可擒。各将官怠缓失事者，从重究治。上允行之。③

由此，可归结如下结论：

所谓“雕剿”法的主要内容是：平时，驻兵严密防守；遇瑶壮反抗“初反”之时，立即调集“千百劲卒”，实行残酷镇压。

此法为成化间两广总督韩雍在镇压大藤峡地区瑶人起义期间所创。韩雍去位后，其法废。万历间，又重申此法。

明朝统治阶级在治瑶问题上，有两种不同的主张。一派重剿。韩雍即是此派中

---

① （清）顾炎武等：《天下郡国利病书·广东下》。

② （清）张廷玉等：《明史·朱英传》，卷一七八。

③ （明）《明神宗实录》，卷二八，万历二年（1574年）八月甲子条。

的突出代表。一派重抚。朱英继韩雍之后，即反其道而行之，“镇以宁静”，收到瑶民纷纷归附之效。对雕剿法的褒贬不一，实际上反映了对两种不同治瑶方法的不同看法。

七、以土兵制瑶

这是明统治者防御、镇压与分化瓦解瑶人反抗的一种惯用手段。所谓“土兵”，包括瑶兵、土兵、俍兵诸种。

1. 瑶兵

据载：

> 瑶人自天顺间，土贼乱，奉调瑶总黄姓带兵征剿，安插北流。[①]

此为以瑶兵征“土贼”之例。

正德十四年（1519 年），据载：

> 升赏潮州箭灌禾村等处地方获功官军、民壮、乡夫、瑶兵、广州右卫都指挥佥事杨懋等二千四百二十七人有差。[②]

此潮州“瑶兵”，当系用以镇守当地“瑶畲”而设。

正德时，林春泽为肇庆府同知，据载：

> 岛寇掠高州，承檄摄篆，春泽习知瑶兵害民，悉罢遣之，代以土著，部署方略，寇次第就擒。[③]

此记载虽未言及瑶兵用以镇压瑶人之事，但作为瑶人聚居地的肇庆府所组成的瑶兵，其矛头所向是不言自明的。

> 景泰二年（1451 年），知县唐荣招抚城步县瑶人，给田世住，分为瑶八峒，把守各隘瑶路，服王化通声气，号为熟瑶。内择峒丁之能干者，

---

① （明）《明武宗实录》，卷一七五，正德十四年（1519 年）六月丁卯条。

② （清）屠英：《肇庆府志》，卷十六。

③ （清）屠英：《肇庆府志》，卷十六。

给帖命为峒长。……世守边疆，毋令生苗越界作祟。[①]

俍瑶兵之设，始于明成化间。粤西瑶、僮作乱，侵掠州邑，后就抚，随地安插，太守孔镛以恩信结之，拨荒田以俾之耕而蠲其徭役。在化有瑶五十一山，……无事则耕守，有事则按籍调遣。[②]

此两段记载为以瑶兵、瑶丁屯田以防瑶、壮、苗之例。

又，嘉靖时，沈希仪为右江柳、庆参将。据载：

希仪初至，令熟瑶得出入城中，无所禁。因厚赏其黠者，使为谍。后渐令瑶妇入见其妻，赉以酒食缯帛。其夫常以贼情告者，则阴厚之。诸瑶妇利赏，争劝其夫输贼情，或自入府言之。以故，贼益无所匿形。……贼胆落，多易面为熟瑶。[③]

此为以熟瑶制生瑶、以臣服之瑶制为乱之瑶的典型事例。从中，也可印证瑶兵的作用。

2. 土兵

在镇瑶中，明王朝除使用本民族之人外，更多地调其他民族的土兵。据载：景泰元年（1450 年）电白县瑶烧劫县治仓粮，军少不敌，

帝命左副总兵、都督同知董兴，镇守、都指挥同知姚麟等量调官兵、土兵剿杀。[④]

成化元年（1465 年），左佥都御史韩雍进攻大藤峡，为翦其羽翼，“乃以永顺、保靖、两江土兵十六万人分五路进，先破修仁，穷追至力山，大败之”[⑤]。

弘治十二年（1499 年），广西古田瑶壮作乱，据载：

---

④ （清）卞宝第等：《湖南通志·苗防五·诸瑶附》，卷八五。

① （清）彭贻荪：《化州志·兵防》，卷六。

③ （清）张廷玉等：《明史·列传九九·沈希仪传》，卷二一一。

④ （明）《明英宗实录》，卷一八八，景泰元年（1450 年）闰正月乙丑条。

⑤ （清）毛奇龄：《蛮司合志·两广一》，卷十一，西河合集本。

总督都御史邓廷瓒等因请发湖广、四川、贵州、广西汉、土官兵九万，期以明年九月进讨，……事下兵部集议，……今湖广灾荒，军民困弊，贵州苗贼时发，广西土官仇杀未宁，势难调发。且征剿瑶、僮，全藉土兵。彼待秋收方来，贼已先清野，藏于万山，据险以守，我兵益进而彼益远遁。迨至春耕，土兵皆散归，不可禁治。自前至今，皆袭此弊。宜移文守臣，……密调邻近土兵，掩其不备，剿其一二，贼必慑惧；若果不悛，发兵未晚。从之。[①]

嘉靖七年（1528 年）新建伯王守仁奏：思、田既平，而八寨瑶及大藤峡牛场、六寺、磨刀等处瑶乱未已。

所调湖广永、保二司土兵，今将班回，其归途所经，去贼巢不远；又思、田新附土目卢苏、王受，感激生全，愿杀贼自效。乞乘此兵威，令左江道守巡参将等官，监统永、保二司土兵，分剿牛场、六寺、仙台、花相等贼；令留抚思、田布政使及右江分巡兵备等官，监统思、田土兵，分剿八寨贼。[②]

此外广西府江瑶反，右副都御史郭应聘“集土、汉兵六万，令总兵官李锡进讨。……三阅月悉定”[③]。

王阳明平八寨断藤峡瑶乱，曾调用湖广永、保土兵，据载：

宣慰彭明辅，分布官男彭宗舜，头目彭明弼、彭杰，领土兵一千六百名，……头目向永寿，领土兵一千二百名，……头目彭志明，领土兵六百名，彭辅，领土兵六百名，贾英，领土兵六百名。[④]

从上述记载中，可归纳征瑶中调用土兵的数量、地区及其作用。即征调土兵数

---

① （明）《明孝宗实录》，卷一四九，弘治十二年（1499 年）四月戊戌条。

② （明）《明世宗实录》，卷九一，嘉靖七年（1528 年）八月辛亥条。

③ （清）张廷玉等：《明史·列传一〇九·郭应聘传》，卷二二一。

④ （明）王守仁：《王文成公全书·知行录》，卷十五。

量庞大，动辄使用土、汉兵以数万计，甚至有一次动用土兵达十六万之多；土兵来源甚广，除广西外，还包括湖广、四川、贵州诸省，在外省中，更多地动用湖南永、保土兵；土兵起重要作用，“征剿瑶、壮，全藉土兵”即是。需要指出的是，土兵征瑶也有其短处，由于征调土兵受农事限制，往往秋收方来，迨至明年春耕又放回，时间短促。瑶人据此以对策，土兵至时远遁，土兵散归时复出。这从下述记载中，也可做补充证明：

景泰二年（1451 年），广西左副总兵都督佥事武毅奏：

> 柳、庆、浔、梧、桂林等府瑶僮贼徒，因见官军土兵聚集，听从招抚后土兵放回农种，贼徒随复出劫。[①]

在土兵中，主要是采用以壮制瑶之法。如上述，土兵多在农闲短期征用，故外省土兵往往徒劳往返，收效并不理想；加之，卫所兵弱，各省土兵也穷于应付本地事件，不易抽调。而就近征讨既易，且又熟悉当地风土人情，故明王朝把征调的重点置于壮族士兵身上。因壮族最聚集之地在左右江地区，故又称之为两江土兵；又因西部壮人名为俍人，故又名俍兵。据载：天顺元年（1457 年），广西柳州、南宁诸府瑶乱，“调集左右两江土兵诛剿”[②]。正德时，古田诸瑶、壮乱，张祐言：

> 先年征讨，率倚两江土兵。[③]

此为以两江土兵征瑶之例。

又，国子监生封澄奏：广西大藤峡瑶乱，“乞选良将，多调官兵俍兵攻灭之”[④]。右江柳、庆参将沈希仪谓：

> 欲大破之，非俍兵不可。[⑤]

① （明）《明英宗实录》，卷二〇五，景泰二年（1451 年）六月丙子条。

② （明）《明英宗实录》，卷二八二，天顺元年（1457 年）九月甲子条。

③ （清）张廷玉等：《明史·列传五四·张祐传》，卷一六六。

④ （明）《明宪宗实录》，卷四，天顺八年（1464 年）四月乙未条。

⑤ （清）张廷玉等：《明史·列传九九·沈希仪传》，卷二一一。

史称：

瑶蛮不靖，往往仗俍兵，急则借为前驱，缓则檄为守御。[①]

3. 俍兵

其实，两江土兵即俍兵，前者以地域名，后者以特征称，故史书往往两者并称。上述为以俍兵攻瑶之例。所谓“左右两江土官所属俍兵素勇”[②]，即是一例。

俍家、壮丁且耕且戍。明王朝大量使用俍兵、两江土兵及壮丁以制瑶，为解决其给养问题，也像卫所军士一样取且耕且戍之法。此法，早在明初洪武年间即已施行。据《明太祖实录》卷一五七，洪武十六年（1383年）十月己亥条载：广西都指挥使耿良言，以田州府知府岑坚、泗城州知州岑善忠率土兵讨捕瑶人，

“俾之守御，且耕且战。此古人以蛮夷攻蛮夷之策也。如此，则官军无远冒瘴疠之患，民免馈运之劳矣。”诏是其言，行之。

正统年间，在镇压大藤峡瑶反抗的过程中，经广西总兵山云倡议，大力加以推广。据《明英宗实录》卷三五，正统二年（1437年）十月丁巳条载，广西总兵大都督山云奏：

“浔州府平南等耆民赴臣处言：浔州切近大藤峡等山，瑶寇不时出没，劫掠居民，阻截行旅，近山多荒田，为贼占耕。而左右两江土官地方，人多田少，其俍兵素勇，为贼所惮。若选委头目起领前来，屯种一带近山荒田，断贼出没之路，不过数年，贼徒坐困，地方宁静矣。……乞如所言，量拨田州等府族目土兵，分界耕守，就委土官都指挥黄竑部领，遇贼出没，协同官军并力剿杀。”从之。

大量史实证明，此法终明之世而不断。如景泰间，区昌任岑溪典史，据载：

时瑶寇猖獗，地方残破，昌诣浔南召土俍屯连、永二乡，耕守其土，

① （清）张廷玉等：《明史·列传二五〇·广西土司列传一》，卷三一七。

② （清）张廷玉等：《明史·列传五四·山云传》，卷一六六。

为邑保障。[1]

成化七年（1471 年），据载：

招五屯僮垦屯苍梧多贤乡田，从苍梧民黎胜景之请也。[2]

弘治九年（1496 年），总督两广邓廷瓒言：

乞令东兰州土官知州韦祖鋐次子一人领土兵三五千人至古田兰麻等处，拨田耕守。[3]

万历八年（1580 年），梧州府：

筑大峒城，招僮民屯种北科。先是征罗旁六十三山，诸瑶愿受约束，师还仍负固不服。……招僮民百余人耕守。[4]

又，古田六寨：

为内八源门户，瑶贼出入经此焉。明生员招僮丁留驻此地，以备御防，即今黄、姜、韦、莫、覃五姓是也。[5]

俍兵不仅在广西，而且也被招募和征调至广东耕戍以防瑶。如：

设营堡七哨于德庆上下江道与高要、高明、四会、广宁、新兴、恩平、泷水诸州县间，调归顺、下雷、东兰、那地俍兵戍之。而俍兵则择取诸俍提调编保，别给田任种，且耕且戍，谓之俍家。[6]

---

① （清）吴九龄：《梧州府志·杂记》，卷二一。

② （清）边其晋：《藤县志·杂记》，卷二一。

③ （明）《明孝宗实录》，卷一一六，弘治九年（1496 年）八月壬寅条。

④ （清）吴九龄：《梧州府志·兵制》，卷十。

⑤ （清）顾国诰：《富川县志·瑶僮》，卷十二。

⑥ （清）毛奇龄：《蛮司合志·两广一》，卷十二。

弘治时胡富为广东副使，据载：

泷水瑶出没无时，富度其所经地，得荒田三千余顷，招僮户耕牧其中。[①]

弘治时刘廷亮籍阳春，据载：

愤瑶贼披猖，与伍、林、黄姓者，捐资赴广西招俍兵，剿平之。诸里排以瑶所据民间荒田，签与俍兵自耕而食，防守汛地，即以刘、伍、黄、林世为招主，瑶患以息。[②]

从上述关于俍家和壮丁“且耕且战”“且耕且戍”的记载，可归结如下：

俍家出自田州、泗城、归顺、下雷、东兰、那地等广西西部地区。其除在本地耕战外，并募调至广西东部如浔州府及桂林府古田瑶区，直至广东西部的德庆、高要、高明、四会、广宁、新兴、恩平、泷水、阳春等地。

除统治者征募外，也有汉族财主出资招集者；这些“招主”，实际上成了剥削俍兵的地主。俍兵所耕地，除荒地外，还包括瑶人被占土地，这就使瑶区的土地问题更加尖锐。

俍兵在制瑶中，起着重要作用。所谓俍兵为瑶人“所惮”，可见。其因在于，壮人社会发展水平较高，在严密的土司制度统辖下，有严格的组织和军事训练；而瑶人社会发展水平稍低，各自为政，势力分散，未形成较为强大的政治、经济、军事联盟所致。

对土兵的奖惩制度。由于土兵在征瑶中起重要作用，故明统治者对有功者加以奖赏，以使之效力。弘治十年（1497 年），奖赏成为定制。[③]规定了两种奖赏办法，除过去实行的给土兵银两“行赏”外，还加上升官一途。

奖赏制并未完全执行。如《明史•张祐传》卷一六六载，张祐言：由于对两江土兵征讨之功，“赏不酬劳”，故导致正德古田诸瑶、壮乱，“‘今调多失期，乞定议优赉。’从之”。

① （清）张廷玉等：《明史•列传七四•胡富传》，卷一八六。

② （清）陆向荣：《阳春县志》，卷十。

③ （明）《明孝宗实录》，卷一三二，弘治十年（1497 年）十二月己卯条。

可见，由于土兵采取拖延征调日期的对策，迫使明统治者只能答应比前优厚的奖赏条件，以满足土兵的要求。

在征瑶、壮过程中，虽有奖赏条例，但土官多“不肯效力”，故在弘治六年（1493 年）又规定了“赏罚之法”，这样，就确立了明王朝对土兵的奖惩制度。据《明孝宗实录》卷八〇，弘治六年（1493 年）九月庚申条载，湖广按察使陶鲁奏：

> “凡征剿瑶、僮山巢，多用俍兵，而土官多推避不肯效力，请立赏罚之法以励之。”兵部谓：“凡起调土兵，其土官能躬率兵向敌、擒斩首级功多者，如知县，请升流官知州，知州升知府，知府升参政，俱仍旧管事；其应袭舍人有功者先与冠带，候袭时即许管事。若土官不亲督兵，止令族目代领，或兵不及数，或征剿未毕先自潜回者，革去冠带，俟有功方许复职；土舍不亲督兵者，勿与冠带，或总镇量加惩治。庶劝惩并举，而得其实用。”从之。

可见，关于土官土舍的惩罚制度，规定是很具体的。明王朝企图以“劝惩并举”的手段，得到土兵在征讨瑶、壮中卖命的实际用处。

明王朝重用土兵以攻瑶，其因主要有二：一是土兵可以起到官军所不能起的作用。如，永乐元年（1403 年）兵部主事论奏广西瑶壮：

> “今虽革面，终然异心，如理定县首贼韦香等，先皆向化，今复为非，重劳官军，深入剿捕。臣思此贼别无技能，惟倚恃岩险，出没不时，兵至则散匿溪洞，兵退时出劫乡村。官军皆非本处之人，不能深知动静，且触冒岚瘴，多至疾病，难以有功。惟彼土兵熟知道路，谙识贼情，若资其力，可以收效。今后如遇窃发，则命土兵与官兵合势击。凡其有得，就以与之。彼慕利争先，勇于用力，可以倾其巢穴，绝其党类，既免转运供给之劳，又无损失军伍之患。”上从之。[①]

正统八年（1443 年），广西左布政使揭稽等奏：广西流官地方，

① （明）《明太宗实录》，卷二五，永乐元年（1403 年）闰十一月甲辰条。

内多瑶僮伶蛮数种，散居深山不入版图，专事劫杀。虽有官军哨守，严则暂时退伏，缓则辄出攻掠，况兼岚瘴毒疠，戍卒染病死亡无算，军民日渐消耗，蛮贼日加猖獗。究其所由，盖无土官钤束故也。乞遣在廷重臣一员，来同布按二司堂上官遍历取勘，因其地方，择其类所信服者立为世袭土官，开设衙门，庶为长治久安之计。设有顽梗不服土官统理者，就调土兵剿捕，以夷攻夷，万无不克。将见数年之后，尽为良民，军民可以安业，总戎亦可以班师矣。①

上述两段记载可谓是典型材料，其内容大致相同，反映了明统治者在以土制瑶问题上的普遍看法。这就是：瑶人恃险，采取兵至则散、兵退复出的战略战术，致使官军疲于奔命而无功；加之，南方瘴毒，水土不服，致使官军死亡无算。而土军则熟知道路、情形，可收事半功倍之利，既可免转输之劳，又无损兵折将之患。这是统治者一贯运用的“以夷攻夷”策略的集中体现。特别是明中叶后卫所制度逐渐瓦解，更是“全倚土兵”以征瑶。如，弘治九年（1496 年），总督两广右都御史邓廷瓒等言：

广西土官瑶僮数多，流官土民数少。兼各卫军士，十亡八九。凡有征调，全倚土兵。②

一言以蔽之，无论从官军的数量与作战能力而论，均不足以制瑶，这就是明统治者重用土兵的原因所在。

最后，需要附及的是，在征瑶中，明官军除汉人外，“达”即蒙古人起了重要作用。如，成化十六年（1480 年），总督两广军务右都御史朱英等奏：

广西浔、梧、南宁，广东高、廉、肇庆诸府境内，瑶僮不时流劫村寨，……臣等议剿之。今已调两处汉、达官军及两江土兵，分为四路。③

弘治八年（1495 年），

---

① （明）《明英宗实录》，卷一〇八，正统八年（1443 年）九月乙亥条。

② （明）《明孝宗实录》，卷一一六，弘治九年（1496 年）八月壬寅条。

③ （明）《明宪宗实录》，卷二一〇，成化十六年（1480 年）十二月乙丑条。

镇守广西副总兵都指挥同知欧槃等率汉、达、土兵八万，击平乐府永安州西乡等处瑶僮，分道并进。[①]

正德十六年（1521年），封川、开建、贺县瑶乱，提督萧翀等“调集汉达官军土兵一万三百□十员名，……分道讨之”[②]。

嘉靖二十四年（1545年），封川瑶民乱，提督张岳等“调集汉、达官军土兵四万八千六百余名，分为左右二大哨剿之”[③]。

可见，在征瑶的重大战役中，所调官军多由“汉、达”组成。

明王朝重用达军攻瑶的原因有二：

一是明中叶以后，卫所制衰落，达兵成了明王朝的一支重要军事力量。如同王阳明所说：由于“卫所军丁，止存故籍”，“是以每遇盗贼猖獗，辄复会奏请兵，非调土军，即倩俍达”[④]。可见，在征瑶中，达兵起着与俍兵一样的重要作用。

一是以草原民族“骑射”之长，以制山地民族“短兵”之短，如，道光《广东通志·经政略》卷一七三载：

达兵，成化初巡抚韩襄毅公剿广西诸蛮洞及广东高雷等流贼调达官军千余名，专命都督佥事一员领之。瑶僮出入山林，利用镖枪牌刀诸短兵，不能当骑射，故达军所向辄胜，贼畏之。乃奏留调发，月给廪饩，予冬夏衣帽，子孙亦许承袭焉。

八、建学校与兴教化

早在明初，朱元璋就提出：用武力平定南方民族后，要实行政策的转变。即采用“文教以怀远人”[⑤]和重“教化”[⑥]的方针。

---

① （明）《明孝宗实录》，卷一〇二，弘治八年（1495年）七月戊子条。

② （清）顾炎武：《天下郡国利病书·广东下》。

③ （清）顾炎武：《天下郡国利病书·广东下》。

④ （明）王守仁：《王文成公全书·知行录》，《选拣民兵》篇。

④ （明）《明太祖实录》，卷三六，洪武元年（1368年）十一月丙午条。

⑤ （明）《明太祖实录》，卷四三，洪武二年（1369年）七月丁未条。

明代治瑶政策，也是根据这一原则行事的。如，在成化、弘治年间，陶鲁从征大藤峡瑶、荔浦瑶与德庆瑶，但是，“鲁将兵不专尚武，尝言：‘治寇贼，化之为先，不得已始杀之耳。’每平贼，率置县建学以兴教化”[①]。

又，成化时，林锦治廉、钦瑶区，“皆饬学宫，振起文教”[②]。

又，万历间，候应爵知罗定州，也施行“兴学校”[③]之措施。这都是明统治者治瑶区注意建学校、兴教化的例证。

明代在瑶区所设学校，主要有儒学与社学两种。

郡县之学。始立自唐，至明而具备。“迄明，天下府、州、县、卫所，皆建儒学。”[④]明王朝还仿府、州、县学之例，在土司地区立学，故史称：“其后宣慰、安抚等土官，俱设儒学。”[⑤]因此，在瑶区也遍设儒学。

在瑶区办儒学，困难较大，收效不如汉区明显，故有设而复罢之举。如，洪武二十六年（1393 年），

> 罢广西荔波县儒学。时本县言：“自洪武十七年诏置县治其地界于云南，因蛮寇作乱，焚毁学舍。其后大军克复，虽已重建，然生员皆苗蛮瑶僮鴃舌之徒，教养无成，不堪选贡。徒费民供，无益国家。乞罢其学。”从之。[⑥]

宣德元年（1426 年）九月，

> 罢广西思恩、忻城二县儒学。时巡按广西监察御史申春言：“思恩、忻城累因蛮寇攻劫，杀虏人民，生员亦被拘略，今忻城全无一人，思恩止有四人。县民稀少，多是瑶、僮，非但言语不通，不堪训诲，抑且不愿入学，徒存学官，无所施教，宜如洪武中河池县事例革去。”上从之。[⑦]

---

① （清）张廷玉等：《明史·列传五三·陶成传附传》，卷一六五。

② （清）张廷玉等：《明史·列传五三·林锦传》，卷一六五。

③ （民国）周学仕：《罗定县志》，卷五。

④ （清）张廷玉等：《明史·选举志一》，卷六九。

⑤ （清）张廷玉等：《明史·职官志四》，卷七五。

⑥ （明）《明太祖实录》，卷二二四，洪武二十六年（1393 年）正月戊辰条。

⑦ （明）《明宣宗实录》，卷二一，宣德元年（1426 年）九月庚戌条。

概言之，因在瑶壮诸族地区新设学，难免出现生员少、言语不通、基础较差诸困难，为节省地方财政开支而罢去荔波、河池、思恩、忻城诸县学。

也有合并县学之例。如，成化五年（1469年）巡抚广西张鹏奏：

浔州府桂平县地逼断藤峡贼巢，居人连年被害，事简官多。乞将本县儒学教谕训道裁减，生员并入府学肄业。俟事平之日，复设。①

这种把县学并入府学的临时性做法，属正常现象。原因有二：一是由于地方不宁，故暂时合并，待事定之后再重设。一是桂平县治为浔州府所在地，故县学并于府学，并不影响生员入学。

免充贡。据载：洪武二十二年（1389年），广西庆远府忻城县儒学教谕骆基奏：

“忻城山洞瑶蛮，衣冠不具，言语不通，自古以来，宾兴所不及。今虽建学立师，而生员方事启蒙，难以充贡。”上曰：“边夷设学，姑以导其向善耳。”免其贡。②

据明制，府州县学员进入国家最高学府——国子监，主要有岁贡与选贡两条道路。“按年充贡之法”，此即所谓“岁贡”。于岁贡外，通行考选，累试优等者，乃以充贡，此曰“选贡”。上述荔波县生员“不堪选贡”，即指此。由于瑶生重在启蒙，为学业程度所限，故文中称“难以充贡”。其中所谓“免贡”，当是指免去岁贡与选贡。

社学。当时，在瑶区除官办正规府州县儒学外，尚有为民间子弟所办的普及性进行启蒙教育的社学。据载：

社学，自洪武八年（1375年），延师以教民间子弟，兼读《御制大诰》及本朝律令。正统时，许补儒学生员。弘治十七年（1504年）令各府、州、县建立社学，选择明师，民间幼童十五以下者送入读书，讲习冠、婚、丧、祭之礼。然其法久废，浸不举行。③

① （明）《明宪宗实录》，卷六四，成化五年（1469年）闰二月壬申条。

② （明）《明太祖实录》，卷一九七，洪武二十二年（1389年）十月癸卯条。

③ （清）张廷玉等：《明史·选举志一》，卷六九。

从中可见：社学的创建过程、入学对象、入学年龄、教学内容及出路（指许补儒学生员）。

在瑶区，据此也普遍设立社学。这从下列诸记载中，可以得到明证。正统四年（1439 年），广西庆远府南丹州知州莫祯建议，在宜山等六县流官所治瑶壮之地，宜“各村寨皆置社学，使渐入风化”①。

湖南郴州社学有：

> 延寿峒社学，龙虎峒社学，城溪峒社学，俱嘉靖十九年（1540 年）刘缙立。②

嘉靖间，高大节为广东佥事，分巡肇庆府属之岭西，

> 瑶、僮为梗。大节开谕大义，选其子弟聚城，令社师教之。于是，江道始平。③

万历十年（1582 年），广东阳山县永化都，为三坑瑶人地，招安后，“立社学”④。

万历十六年（1588 年），巡抚广西右合都御史刘继文，条奏制驭粤西土夷切要四事，其一事为：

> 立社学以教僮竖。谓瑶僮俗固鸷悍，然性亦犹人，间有良者，颇知向学。往岁社学虽设，而督率尚无责成。宜行提学道，查建申饬，庶渐磨之久，夷风可永革也。⑤

从上述材料中，可得出如下四条结论：

一是明代，特别是弘治以后，广泛在瑶人居住的村、寨、峒、都等基层设置社学，可见社学之普遍性。

---

① （明）《明英宗实录》，卷五七，正统四年（1439 年）七月癸酉条。

② （明）胡汉：《郴州志·儒学》，卷十三。

③ （清）屠英：《肇庆府志》，卷十六。

④ （清）顾炎武：《天下郡国利病书·广东下》，卷九八。

⑤ （明）《明神宗实录》，卷二〇五，万历十六年（1588 年）十一月庚申条。

二是采取立社学的具体措施与步骤。如，选“社师”，即其中重要一环。

三是社学虽设，但成效尚不十分理想，所谓“督率尚无责成”即指此。

四是设社学目的在于：革除“夷风”并“渐入风化”。即使瑶民纳入封建统治秩序与封建伦理道德的轨迹中。

明代，在瑶区兴学校的主要作用，表现为：

(1) 扩大了汉文化的影响。据明人邝露称：

> 予游诸夷中，有摛文而宗淮南者，有称诗而薄少陵者，有黜元白而诮长吉者，有谈古今而凿凿者。于戏！礼失而求诸野矣。[①]

邝露游广西时，遍历蓝、胡、侯、盘诸瑶族大姓居地，并为瑶女云亸娘留为掌书记。他所描述的明末粤西“诸夷”中出现的文士济济盛况，当含瑶人在其中。无疑，这正是明王朝在广西瑶壮之地兴学校的直接而必然的结果。

(2) 开创了瑶童向学之风。如，嘉靖二十五年（1546 年），欧阳烈任高州知府，

> 拔俊秀于在硐州，令游胶序，约瑶僮以祝圣，俾识礼义，一时士类争自濯磨焉。[②]

从“士类争自濯磨”的记载，可见瑶族知识分子群体的出现与彼此研讨礼仪的新气象。又，万历初，岑溪瑶首潘积善愿归降输赋，“且以其子入学”[③]，此为瑶首率先以子弟入学之例。

(3) 使瑶民“向化”。史载：嘉靖初，唐胄

> 迁广西提学佥事。令土官及瑶、蛮悉遣子入学。……屡迁广西左布政使。官军讨古田贼，久无功，胄遣使抚之，其魁曰：“是前唐使君令吾子入学者。”即解甲。[④]

---

① （明）邝露：《赤雅》，卷下。

② （清 康熙）《广东通志》，卷十四下。

③ （清）张廷玉等：《明史·广西土司传一》，卷三一七。

④ （清）张廷玉等：《明史·唐胄传》，卷二〇三。

从使瑶人子弟入学，使古田瑶壮首领放下武器而归附一事，可见明王朝收到了“教化”以使瑶民成为“良民”之效。与此相类的事例尚有：嘉靖间，黄佐为广西提学，

择土民及瑶、僮之子弟教之，风化大行。①

明代瑶学在中国历史上的地位。前人对此已有论及，如：

王湘绮《州志》，以清设瑶学，盖沿宋制，或曰非实。……或曰明嘉靖二十三年（1544 年）、蓝山荆竹源瑶赵朝胜勾引广苗劫大桥，事久不靖。县之舜一都人钟富光、成世仁，入峒譬顺逆，杀朝胜等，乃得平定。朝廷因以钟、成二人为东西抚瑶官，又移巡检司于大桥，增兵戍之，瑶学之立或在此时，然亦无明文。《旧志·瑶峒记》云：万历二十一年（1593 年），本县申请院道于大桥下山瑶内，拔其驯扰者，列之黉序，以为羁縻之术，瑶学殆设于其时欤。②

这是方志作者对蓝山县一地学校始设的考证。该作者认为，清代蓝山县瑶学的来源有三种说法：一是沿袭于宋，此说“非实”；一是立于明嘉靖二十一年（1542 年），此说“无明文”；一是始设于万历二十一年（1593 年），此说记载明确，当是。从此一县瑶学之议，我们可以推及全国。应该说，宋代已置州县之学，这在宋代一章中已论及；但大多则起于明代。可见，明代瑶学对清代瑶学具有十分重要的意义。

概言之，对明代在瑶区兴学的总评价是：宋元在诸路州置学官。明代则在袭宋元之制的基础上，大为恢拓，使瑶区的府州县学与社学有了突破性的发展。换言之，明代瑶区学校数量空前，普及率大为提高，可谓起到开风气之先的作用，这是应当得到充分肯定的。其不足之处是：办学有流于形式的倾向。表现为：有的生员不足；有的制度不全；有的设而复罢；有的形同虚设。这与明王朝各级官员的重视不足与瑶区办学历史不长均有密切关系。

---

① （清）汪森：《粤西文载》。

② 邓以权等：《蓝山县图志·教育篇第六上》，卷十五。

第三节　明代瑶族社会

一、山居与瑶山

明代瑶人多山居。故史称：瑶人“祖居深山”①，“所居深山”②。至于较为落后的“生瑶”，更是“在穷谷中”③。

因据山而居，生活条件艰苦，故造成居住不能密集的特点。故史有瑶人“随山散处”④之说。

因山居，故其居民点被污为“山巢”。如：

> 山巢瑶、僮散入高、廉、雷、肇、浔、梧等处。⑤
>
> 广西瑶、僮匿高州山巢。⑥
>
> 岑溪西北为上、下七山，介苍、藤间，有平田、黎峒、白板、九密等三十七巢。⑦

因山居，瑶人首领被别称为“山老”“山总”；⑧瑶人又通称为“山民”。⑨

瑶人所居之山。被称作“瑶山”。下面将专门加以叙述。

瑶人所居之山，多为国家所有，故有“官山”之名。如：

---

① （明）《明英宗实录》，卷五二，正统四年（1439年）闰二月乙酉条。

② （清）屈大均：《广东新语·人语·瑶人》，卷七。

③ （清）闵叙：《粤述》。

④ （清）顾炎武：《天下郡国利病书·广东》。

⑤ （明）《明宪宗实录》，卷一〇四，成化八年（1472年）五月癸丑条。

⑥ （明）《明孝宗实录》，卷一三二，弘治十年（1497年）十二月壬申条。

⑦ （清）张廷玉等：《明史·列传一三五·童元镇传》，卷二四七。

⑧ （明）《明武宗实录》，卷六五，正德五年（1510年）七月癸未条。

⑨ （清）顾炎武：《天下郡国利病书·广东》。

隆庆间贼入县（指兴宁）境，瑶人谢福通、李子学等杀贼有功，招抚引见，义不受赏，愿给官山四十八处。三院奏设永安堡于浓溪峒，并设瑶官抚顺。①

瑶人山居，多择傍水之处以利生活，故史称：

随溪谷群处。②

可见，瑶人散处山谷与溪谷群处之说，并不相悖。

两广瑶人与壮人在居住地点方面有不同特点。一般而言，瑶人靠山，壮人则近稍平之地。如《天下郡国利病书·广东下》载：

山居者为瑶，峒居者为僮。

明代瑶山极多。仅以《天下郡国利病书·广东下》所载瑶山分列如下：

广州府，共有瑶山一百五十四。其中：

清远县瑶山一百有六；

从化县瑶山三十五；

新会县瑶山一；

连州瑶山十二。

韶州府，共有瑶山六。其中：

曲江县瑶山四；

英德县瑶山二。

肇庆府，共有瑶山一百八十八。其中：

高要县瑶山九；

四会县瑶山十五；

新兴县瑶山五十；

阳春县瑶山九十四；

① （清）郭树馨等：《兴宁县志·疆域·瑶峒》，卷三。

② （清）顾炎武：《天下郡国利病书·广东下》。

阳江县瑶山十三；

恩平县瑶山七。

德庆州（直隶州），共有瑶山一百四十九。其中：

德庆州所在地有瑶山一百一十二；

封川县瑶山二；

开建县瑶山三十五。

罗定州（直隶州），有泷水县瑶山一百一十八。[①]

高州府，共有瑶山二百四十二。其中：

化州瑶山五十一；

茂名县瑶山四十四；

信宜县瑶山一百二十六；

电白县瑶山二十一。

此外，廉州府灵山县，尚有瑶村二十六。

总计，明代广东全省共二十州县有瑶山八百五十七。这二十州县是：清远、从化、新会、连州、曲江、英德、高要、四会、新兴、阳春、阳江、恩平、德庆州、封川、开建、泷水、化州、茂名、信宜、电白。此外，灵山县尚有瑶村二十六。

需说明之处有三：一是广东瑶山实际上远不止此数，但从顾炎武的统计数中，可见明代瑶山之众。一是顾氏把怀集县瑶山四十三计在广东省内，若加上此数则瑶山数应为九百。但怀集县，明代属广西梧州府，故本统计数中并未列入。一是明代广东瑶山数，往往为清代册籍所抄袭，因此，我们绝不要把清代册籍所载的瑶山数就当成清代瑶山实际数字。如，清道光《广东通志》卷三三〇所列瑶山数，即转引顾氏之书，故并不反映道光年间瑶山的实际情况。

总之，史籍所载瑶山，以明代最常见与数量最多。瑶山数，可视作明代瑶人居住地的分布范围与密集程度的一种标志；从中也可见，明代瑶人的数量与势力已达到空前的地步。

① 罗定州，是在泷水县等地置建的。故泷水县瑶山划入此州。

二、明代瑶族分类

较前代多而细。除了沿袭宋元时代的生、熟之分外，尚有：

按居住地域划分的高山瑶与平地瑶。这在明人徐宏祖的游记中叙述湘南瑶人时，已普遍使用。如：在九嶷山中，

> 重购得一人，乃平地瑶刘姓者，期以明日晴爽乃行。
>
> 命导者从间道趋韭菜原，盖以此处有高山瑶居上。
>
> 高梁原为宁远南界，……亦高山瑶也。①

其实，此种按地域划分方法，也是据社会发展程度不同而加以区分的。一般而言，平地瑶的社会、经济与文化，均较高山瑶为先进。

在明代，出现这种区分方法，并非偶然，它是瑶族社会历史实际的一种反映。随着瑶族社会的前进和人口的增加，祖居高山的瑶人为求生计求发展，纷纷迁下山来，或在山下佃种土地，这在明代的史籍中，多有记载。如：弘治十一年（1498 年），

> 两广地自景泰初年调广西官军从征广东，各山洞贼乘机窃发，高山之瑶日下平地，深洞之僮时出近村。天顺、成化以来，大肆猖獗。今古田、通县尽为贼有，以次蚕食义宁、永福、洛容等县村落，时于深定、理定等处江路行劫，又与始龙江贼交通。修仁旧县西乡亦为贼据，新县东乡仅存良民数十余家。②

上述记载为明代“高山之瑶日下平地”的典型材料。这说明，明代高山瑶向平川发展，已成为一种历史趋势。高山瑶与平地瑶之分，正是在这一历史背景下产生的。

按服饰分，又可以发式即装饰形式与服装颜色分两种。

以发式分的有板瑶（又称带板瑶）与箭瑶。据载：

> （连山县）王南水，又于五排之外，为另一瑶。男妇以蜡胶发，顶板

---

① 均见（明）徐宏祖：《徐霞客游记·楚游日记》。

② （明）《明孝宗实录》，卷一三九，弘治十一年（1498 年）七月壬戌条。

于其上，数日一梳，故又谓之带板瑶云。[1]

（连山八排瑶）凡女已字，顶一方板长尺余，其状如扇，以发平缠其上，斜覆花帕，胶以蜡膏，缀以琉璃珠，是曰板瑶。未字，则戴一箭杆，发分数绺，左右盘结，箭上亦覆绣帕，自织麦秆帽戴之，出入丛箐，首频侧而不碍，是曰箭瑶。[2]

其（指曲江瑶）戴板者曰板瑶。以油蜡胶发，裹于板上，光闪似蜻蜓羽，月整一次，夜以高物度首而卧。[3]

以服色分的则名目较多。据《天下郡国利病书·广东下》称：廉州府东北路抵郁林州，有两种瑶人，其中之一曰“白花瑶”。据《粤述》载：瑶有数种，有“白瑶、黑瑶”。据《广东新语·人语》称：有一种瑶人曰“花肚”。此外，又有“斑衣山子”[4]、“白衣山子”[5]之名。

按瑶人对封建王朝的顺逆态度，划分为“听招瑶”“背招瑶”“险恶瑶”等。据《天下郡国利病书·广东下》载：

高州府所属州县山瑶，依栖山箐，有听招，有背招，有险恶。……听招者，调之攻守，纳粮当差，与民为一，谓之良瑶；背招者，势穷则降，稍利则攫；险恶者，贼不可与化。

根据这一标准，顾炎武将各地瑶人加以具体分类。以信宜县为例，计有“听招瑶”十五山、“背招瑶”十二山、“险恶瑶”五十八山。

需附及的是，也有把“听招瑶”称作“听调瑶”“向化瑶”“良瑶”“民瑶”者。虽叫法不一，但以对封建王朝的向背为划分标准则无异。

这种以对封建王朝态度作为敌我画线依据，是毫无道理的。但从侧面也可看出这些瑶人的不同发展程度。如，听招瑶“纳粮当差，与民为一”，表明其经济发展

---

① （清）顾炎武：《天下郡国利病书·广东》。

② （清）屈大均：《广东新语·人语·瑶人》，卷七。此书所记为明代之事，故加以引用。

③ 同②。

④ （明）邝露：《赤雅》。

⑤ （清）屈大均：《广东新语·食语·谷》，卷十四。

已接近汉人。

总之，上述对瑶人的分类，既非瑶人自身划分的，也并不完全符合科学原则。但说明，明人对瑶人的认识与了解大为增加，则是无疑的。这也是汉瑶关系日益频繁与密切的一种副产品。

三、刀耕火种与定居农业生活

明代瑶民，大多仍过着刀耕火种的生活。对此，史籍多有记载。如：广东阳春、高要二县瑶人，“刀耕火种”①。

广西横州震龙、六磨诸山之斑衣山子，“斫山烧畲”②。

莫瑶，“斫山为业”③；

山子蛮人，“斫山种畲”④。

永安瑶人，“伐山而畬，爇草而播”⑤。

可见，瑶人“刀耕火种”，又名“斫山烧畲”“斫山为业”“斫山种畲”“伐山而畬，爇草而播”。一句话，其特点为烧山而种。

至于刀耕火种即畲田的具体做法与过程，屈大均有较为详细的记述。他写道：

> （山禾）藉火之养，雨露之滋……当四五月时，天气晴霁，有白衣山子者于斜崖陡壁之际，劖杀阳木，自上而下悉燔烧，无遗根株。俟土脂热透，徐转积灰，以种禾及古贝绵。不加灌溉，自然秀实。连岁三四收，地瘠乃弃，更择新者。所谓畲田也。⑥

广东澄海、海丰、兴宁诸畲户：

> 其人耕无犁锄，率以刀治土，种五谷曰刀耕。燔林木使灰入土，土

---

① （明）《明英宗实录》，卷五二，正统四年（1439年）闰二月乙酉条。

② （明）邝露：《赤雅》。

③ （清）顾炎武：《天下郡国利病书·广东下》。

④ （清）闵叙：《粤述》。

⑤ （清）屈大均：《广东新语·地语》，卷二，永安三都条。

⑥ （清）屈大均：《广东新语·食语·谷》，卷十四。

暖而蛇虫死以为肥，曰火耨。是为畲蛮之类。①

澄海、海丰、兴宁诸畲户，明人多称为“畲瑶”，其畲田法与瑶人同，故采用此材料。简言之，刀耕火种法，用火烧山辟土并积肥，然后用简单工具播种，不加管理，待自然长成而获。

主要农产品为旱地作物。如：

瑶民处深山之中……以芒为命，芒似芋，遍山种之。②

又有畲禾，乃旱地可种者，彼人无田之家并瑶僮人，皆从山岭上种此禾。亦不施多工，亦惟薅草而已，获亦不减水田。③

（瑶人）种芋、菽为粮。④

（生瑶）种芋而食，种豆易布。⑤

（永安县瑶）所种山旱及薯、芋、菽、苴、麻、姜、油茶诸物。⑥

可见，山瑶除山禾外，还杂以芋、豆、薯为主粮。经济作物，则有苴、麻、油茶一类。

由于收获量低，故瑶人除种农作物外，还采集果实作为食物的补充来源。如《天下郡国利病书·广东下》称瑶人“采实猎皮毛”，《广东新语·食语·谷》卷十四言永安县瑶人“采实猎皮毛”。此中所载“采实”，即采集果实之谓也。也就是说，瑶人还采集植物的根、茎、叶、果为食。

在生产力低下的条件下，“惟藉刀耕火种，蓄积有限”⑦。如果说，正常年景还可维持低水准生活需要的话；碰上灾荒之年，只能忍饥挨饿，有的甚至不得不入汉区求生。史载：

① （清）屈大均：《广东新语·人语·畲人》，卷七。

② （明）王临亨：《粤剑篇·志土风》，卷二。

③ （明）王济：《君子堂日询手镜》。

④ （清）毛奇龄：《蛮司合志·两广一》，卷十一。

⑤ （清）闵叙：《粤述》。

⑥ （清）屈大均：《广东新语·食语·谷》，卷十四。

⑦ （明）《明宪宗实录》，卷十三，成化元年（1465年）正月甲戌条。

山田瘠埆，十岁五饥。急则犷突汉界。[①]

刀耕火种的落后生产方式，势必造成地力贫瘠，这样，迁徙逐食就成为司空见惯之事了。据王临亨《粤剑篇·志土风》卷二载：瑶民，

食一山尽，复往一山，与北虏之逐水草驻牧者相类。

《天下郡国利病书·广东下》：瑶，

刀耕火种，食尽一山，则移一山。

闵叙《粤述》：生瑶，

今岁此山，明年又别岭矣。

此即人们所熟知的"食尽一山，复徙一山"不同措辞。王临亨将这种游耕生活与北方民族的游牧生活相提并论，既很生动，又很有见地。其不同处是：前者逐山而生；后者则为逐水草而生。

这种游耕经济，就造成了"无版籍定居"[②]、"居无常，住无所"的生活状况。换言之，正是生产的游动性，使瑶人无法定居，当然也不能成为封建国家的正式编户了。

需要强调指出的是，就连居深山、与世隔绝地过着刀耕火种生活的瑶人，明统治者也不轻易放过。据《明英宗实录》卷五二，正统四年（1439年）闰二月乙酉条载：

广东阳春、高要二县瑶首进贡至京，言祖居深山，刀耕火种，累被过往军马侵扰恐吓，各瑶星散，不安生理。

《广东新语·地语·水安三都》卷二载：永安瑶人，依凭崖谷，刀耕火种，"患吾扰，彼不为患"。

从这些瑶人仍遭遇"侵扰恐吓"而"不安生理"，可证明统治者对瑶人的欺凌与压榨，可谓已达无孔不入的地步。

---

① （明）田汝成：《炎徼纪闻·蛮夷》，卷四。

② 参见（明）邝露：《赤雅》及（清）闵叙：《粤述》。

除刀耕火种者外，也有部分瑶民过着定居的较为发达的农业生活。这主要是平地瑶人。他们住在山下，或置有田产，或为汉民佃耕，有的还过着较为富裕的生活。他们与汉民无异，服役纳租，成了封建国家的编户齐民。

四、狩猎业

狩猎业，是以原始农业为生的瑶人的一种重要经济类型。故史称：

> 不足以山伐猎兽而续之。[①]
>
> 不足猎山兽续食。[②]

换言之，"猎兽""猎山兽"在瑶人经济中占有仅次于粮食生产的地位。

此外，从史籍关于瑶人"山猎夜归樵"[③]、"射生"[④]、"猎毛"[⑤]、"射兽逐食"[⑥]、"猪皮毛"[⑦]诸多描述中，也可充分显示狩猎经济的重要性。

飞禽走兽，均为瑶人的猎物。走兽中，以巨型猛兽——熊最富代表性。据《赤雅》卷下，子路条载：熊，

> 间有绿者，土司、瑶、僮取为骏马障泥，尘不敢扬，威慑虎豹，一只百金。

《广东新语·兽语·熊》卷二一，有相类记载，当本此。

至于飞禽，当以鸟中之王——凤最为典型。据《赤雅》卷下，绿含凤条载：

> 博白远村，号绿含，高山大树，人迹罕至，斗米一二钱。其山多凤，有高三尺者，冠彩与白州同。……又有大如鹅者，五色金冠，尾甚

---

① （明）田汝成：《炎徼纪闻·蛮夷》，卷四。

② （清）毛奇龄：《蛮司合志·两广一》，卷十一。

③ （明）区大相：《入罗滂水》，见（民国）《西宁县志》，卷四。

④ （明）邝露：《赤雅》。

⑤ （清）顾炎武：《天下郡国利病书·广东下》。

⑥ （清）闵叙：《粤述》。

⑦ （清）屈大均：《广东新语·食语·谷》，卷十四。

长，……俗名“大头凤”。间为瑶、僮所射，献于其主，肉备众美，缉毛为裘，涅而弗缁。紫凤之袍，不必皆沃民之国也。

又，《广东新语·禽语·凤》卷二〇，在引《赤雅》文之后写道：

獞、狼握兵者多以其毛为裘，或以鸖鹈代之，色久愈鲜，涅而弗滓。有句云：“蛮女鸖鹈裘，庖烹凤大头。”

由于禽兽野味既肉质鲜美（“肉备众美”即是），又营养丰富，实为改善瑶人生活与增强体质的重要食品。这是作为主食的杂粮无法比拟的。而皮毛则为珍贵的衣饰用品，既有御寒之实用价值，又是瑶人首领显示等级身份的奢侈用品。从绿熊“一只百金”一事，也可见狩猎收入之丰厚，并成了瑶人的重要财富来源。

随着狩猎业的发展，畜牧业在瑶民经济生活中也占据一定地位，田汝成称：瑶人“树蓄粟、豆、羊、牛，杂以为饷”。这是明人把羊、牛畜产品与粟、豆农产品作为瑶人食品的两大来源的有力例证。

五、山货等副业

因瑶人多住山区，故以山货经济为其重要副业。所谓靠山吃山之谓也。这是瑶区经济的一大特点。瑶区土特产颇多，据载：

山中多杉板、滑石、胆矾、茴香、草果、槟榔诸药物。[①]

德庆州西南有大山，

山多产竹木、赤藤、南漆。

广东高明县老香山，

多产香木，瑶人结巢其上。

① （明）田汝成：《炎徼纪闻·蛮夷》，卷四。

通利山，

以山多嘉木美竹，为民利云。

广宁县春水山，

多材木，春水出焉。[①]

正德间，广西郁林州陆闲山盘瓠子孙韦观敬赴京奏：

先年采办土产、降香、蜂蜜进贡。[②]

明嘉靖间，

瑶山出产，不止楠漆，此外尚有砂仁、黄蜡、蜂糖、皮张、黄藤、竹、木等项花利。呈乞申请并抽，以补荒粮。[③]

永安瑶区，

永安罗坑一带多峯物，其茶尤善，茶又以洪峯所种为善。往时贵宝峒峯，积五六十年而变，今最贵洪峯茶云。[④⑤]

归结起来，瑶人山区的主要特产有两大类：一是竹木，这是大宗而普遍的。所谓“山伐”[⑥]、“春伐木”[⑦]即指此。一是其他山货。如滑石、胆矾、茴香、苹果、槟榔、漆、藤、降香、砂仁、黄蜡、蜂蜜、皮张、茶等。在这些山货中，又可细分为矿物、食品、用品三项。此外，从明王朝对瑶区土特产征税一事，也从侧面证明了它在瑶

① 均见（清）顾祖禹：《读史方舆纪要》，卷一〇一。

② 《明武宗实录》，卷六五，正德五年（1510 年）七月癸未条。

③ （明）郭棐等纂修：《万历广东通志》，卷二九。

④ （清）屈大均：《广东新语·食语·峯物》，卷十四。

⑤ “峯”，繁体字为“輋”，同“畲”，下同，不再作注，编辑注。

⑥ （明）田汝成：《炎徼纪闻·蛮夷》，卷四。

⑦ （明）区大相：《入罗滂水》，见（民国）《西宁县志》卷四。

区经济中所占的分量与比重，是不可忽视的。

这些瑶区的土产，主要用途有三：一是满足瑶区本身的生活需要。衣、食、住、行都离不开它们。这是最基本的功能。

一是用作与汉区贸易，以换取必需物品。据载：

> 访得各处等有奸徒，不务本业营生，专一收买鱼盐，指以通山为名。往来瑶山，交结接济，收买楠、漆、黄蜡、皮张等物。
>
> 计伊（指瑶人）将漆、蜜出山贸易。①

一是用作特殊需要。突出事例是：

> 又有竻竹，大如钓丝，自根至梢，皆密节，节有刺，长寸许。山野间。每数十家成一村，共植此竹环之，以为屏翰，则蛇鼠不能入，足可为备御计。闻瑶贼亦皆恃此为金汤，官军亦无可奈何。后见《续竹谱》，云南人呼刺为竻，音勒。邕州旧以为城，蛮蜑来侵不能入。今郁林州种此城外，呼为护城。②

这种用当地竻竹用作防御工事的就地取材之法，是广西瑶、壮诸族人民的一种创造，这对外地之人说来，是难以想象的。其后，为明地方官府所袭用，演变成植竹作城或护城之用。

六、手工业

明代瑶人手工业有较大发展。主要表现为：

瑶人的制弩业相当发达。其因在于：弩是瑶人具有特色的和重要的作战武器和狩猎工具。

用于作战。如，洪武二十六年（1393年），广西浔州府知府沈信建言：“桂平、平南二县旧附瑶民，皆使弓弩，惯历险阻”③，故可用其平定广西瑶乱。可见，“使弓

---

① （清）蒋廷锡等：《古今图书集成·职方典》，卷一三九四。

② （明）王济：《君子堂日询手镜》，卷上。

③ （明）《明太祖实录》，卷二二八，洪武二十六年（1393年）六月己卯。

弩”，是瑶人作战的长处，也是为官军所不及的。弩属较笨重的重武器，故在作战中，其使用特点有四。一是弩枪并用，互相配合。田汝成说：瑶人

> 拒敌则比耦而前。执枪者，前却不常以卫弩；执弩者，口衔刀而手射人。矢尽便投弩挟刀与枪俱奋。①

顾炎武《天下郡国利病书·广东下》和屈大均《广东新语·人语》卷七也有相类记载。此法，最早载于宋范成大《桂海虞衡志》。可见，从宋至明清之际，瑶人一直使用弩枪并用之法。一是用以伏击，更具杀伤力。故史称：瑶人“遁去，必有伏弩”②。一是从高险处发射，威力更猛。如，岑溪孔亮山瑶人抵御明军进攻，“凭高，弩矢雨下”③。一是有以脚启动者。《粤述》记：“弩名偏架，弩以一足蹶张。”即属此例。

用以狩猎。闵叙《粤述》称：瑶僚，不能张弓，弩射而已。

> 山中多射鸟兽，江边或射鱼鳖。

弩的制作材料与形状。如《广东新语·人语·瑶人》卷七载罗旁瑶：

> 持铁刀木弩。弩长二尺，重百斤，头作双槽，钉以燋铜锴铁。

闵叙《粤述》则载：

> 其弩多以紫榆为之。

可见，弩器极重，威力颇大，以木、铜、铁等制成。与弩制造业兴盛的同时，冶铜炼铁业也势必得到相应发展。

总之，弩是瑶人日常生活和军事生活中须臾不可或缺之物。明人汪广洋在《吉贝》诗中咏山溪瑶壮道：

---

① （明）田汝成：《炎徼纪闻·蛮夷》，卷四。

② （清）屈大均：《广东新语·人语·瑶人》，卷七。

③ （清）张廷玉等：《明史·列传一三五·童元镇传》，卷二四七。

试问年年事何事，强弓劲弩旧生涯。

正是这种客观需要，促进瑶人制弩业的发展。

刀，也是瑶人随身的生产、生活及作战工具。据《炎徼纪闻·蛮夷》卷四载：瑶人，

儿始生，秤之以铁如其重，渍以毒水。及长，锻而为刀，终身用之。试刀必斩牛，仰刀牛项，以肩负刀，一负而殊者，良刀也。

闵叙《粤述》也有相类记载。此记载袭自《桂海虞衡志》。这表明，从宋至明，瑶人重刀之俗未变。又，《赤雅》卷上，也有相类记载：

炼刀，儿时选精铁如儿重，渍以药水。及长，咒时炼日，刺熊冲坚，服以终老。

此外，《广东新语·人语》卷七则载：罗旁瑶人，“带三短刀”。可见，瑶刀，锋刃锐利，制作精工。以刀“斩牛”，为刀用以生活之例；以刀“刺熊”，为刀用以狩猎之例；“挟刀”以奋，为刀用以作战之例。

槊。据《赤雅》卷上载：

毒槊无刃，状如朽铁，著人，无血而死，意列子所称“宵练”者耶？

槊，同矟。据《正字通》释：“矛长丈八谓之槊。”换言之，槊，即矛也，或确切地说，属长矛类。瑶人之槊的特点在于“状同朽铁”，故其致人死命非靠刃利，而是以其毒烈。

枪、镖枪。据载：正统十四年（1449 年），“德庆州泷水县瑶贼各执旗号、枪刀、药弩，烧毁房屋，杀伤居民”[①]。成化二年（1466 年），明军攻打大藤峡，瑶人“乃于山南各寨立栅自固，用辊木、礌石、镖枪、药弩凭险抵拒”。其后，瑶人退至桂州横石塘等穷高极险之处，“立栅数重，复用木石、枪弩拒守”[②]。

① （明）《明英宗实录》，卷一七四，正统十四年（1449 年）一月辛卯条。

② （明）《明宪宗实录》，卷二七，成化二年（1466 年）三月壬戌条。

可见，枪、镖枪与刀、弩一样，是瑶人最常用的武器。

戟。据载：嘉靖初，大藤峡瑶侯公丁反，“伏机弩、毒镖、戟莽中，触者应声而毙”[①]。戟，据《说文解字》段玉裁注：“戟为有枝之兵，则非若戈之平头，而亦非直刃。”换言之，戟为长杆头上附有月牙状利刃的一种兵器。从大藤峡瑶以戟抗明军，可见瑶人制造与使用的兵器之多样化。

吕公车。据载：

> 正德中，瑶寇大作，奄至城下，造吕公车攻城，楼堞皆碎。琼随方捍御，凡七昼夜，城几陷[②]。

吕公车为瑶人所造的一种战车。从“奄至城（指郴州所属兴宁县）”，吕公车攻城则“楼堞皆碎”的记载，可见此车制造技术之高超与先进。

药箭。瑶人的武器最富特色的为弩；而弩所使用的箭头，又往往注以毒药，这又是瑶弩所独具的特点。如：

> 溪洞瑶僮，恃险窃发，……及官军讨捕，则退入深谷，操强弓，注毒矢，潜守隘口，卒不能获。[③]

隆庆六年（1572年），蒋彬守高州，据载：

> 彬知夷利药弩，侦得其法。[④]

又据载：

> 其（瑶）药箭甚毒，中人有至死者。[⑤]

罗旁瑶，

---

① （明）查继佐：《罪惟录》，传卷三四，大藤侯氏条。

② （明）胡汉：《郴州志·兵戎》，卷十四。

③ （明）《明太祖实录》，卷一七二，洪武十八年（1385年）三月丙辰条。

④ （清 光绪）《高州府志》，卷二五。

⑤ （清）闵叙：《粤述》。

药箭长仅尺许。[①]

上述为瑶人普遍使用药箭之例。

瑶人除使用药箭外，也广泛把毒汁涂于其他各种武器上。上述毒槊、毒镖、毒戟等，均是例证。

需要附及的是，瑶人既发明了药箭，也掌握了除毒之法以解救。如：正统九年(1444年)，

广西思明府土官知府黄玥遣人贡解毒药味。[②]

这是广西瑶壮之人制造了“解毒药味”之证。

总之，从上述弩、刀、槊、枪、镖枪、戟、㫒公车等记载，可见明代瑶人的工具与兵器制造业之发达。此外，毒药大量应用于兵器上，也促进制药业得到相应发展。

木工业。瑶人利用木材之优势，就便制作木质日用品，以换取一些生活必需品。如，明王济《君子堂日询手镜》载：广西横州山子，

就山伐巨木，璇为盆、碗、锅盖、鼓鞋之属，入城贸易。

又，《广东新语·人语·瑶人》卷七载：曲江瑶，

性亦工巧，或制器以易盐米。

可见，明瑶巧制木器。

皮制业。因瑶人重狩猎，故随之而来的是皮制业的发达。上引《赤雅》卷下载：瑶人取熊皮为“骏马障泥”。又，《粤述》载：瑶僚，“刀刃鞞，制亦颇精”。鞞，“刀宝也”[③]，用以藏刀。关于瑶人皮制业，史料虽无详细记载，但从上述二例，也可窥见一斑。

---

① （清）屈大均：《广东新语·人语·瑶人》，卷七。

② （明）《明英宗实录》，卷一一七，正统九年（1444年）六月壬午条。

③ （汉）许慎：《说文解字》，卷三下。

织造业。《君子堂日询手镜》称：瑶人“以耕织为生”。可见“耕”与“织”是瑶人经济中的两大部类。耕为食，织为衣。耕织并作，故瑶人自然经济居统治地位。

织造业的发达，从瑶人贵族服饰的上品中可以得到充分说明。下面择取瑶女云鬋娘的“凤裘蝶绡”，盘、蓝、侯、胡四姓土官的诸锦，八排瑶领袖的“瑶锦”三则事例：

> 凤裘，白州绿含凤毛所织，色久愈鲜，服之辟寒。蝶绡，冰蚕所珥，织作蝶纹，轻逾火烷，服之辟暑。谚言：“凤裘无冬，蝶绡无夏，……”①
>
> （四姓）锦有鹅头锦、花蕊锦、蛇濡锦，以蛇膏泽之，辟毒雾，入水不濡，亦名龙油锦。簇蝶锦，以熟金为之。古诗：“惆怅金泥簇蝶裙，春来犹得伴行云。”②
>
> （八排瑶）领袖，皆刺五色花绒，……衣用布，或青或红，堆花叠草，名瑶锦。③

从“凤裘无冬，蝶绡无夏”、以金为锦，可见瑶衣质地之纯良与做工之考究；从“刺五色花绒”“堆花叠草”，可见瑶衣刺绣之华美。

此外，瑶人家置瑶式织机，也可见织造技术之普及。据载：

> 瑶人不用高机，无箸无梭，以布刀兼之。④

即属突出事例。

七、交通业

瑶人缺乏交通工具，多为徒步行走，但由于长期山区生活的锻炼，故瑶人特别擅长行走，行山险如履平地。故瑶人素有“矫捷”⑤之誉。

---

① （明）邝露：《赤雅》，卷上。

② （明）邝露：《赤雅》，卷下。

③ （清）屈大均：《广东新语·人语·瑶人》，卷七。

④ （清）屈大均：《广东新语·诗语·粤歌》，卷十二。

⑤ （清）屈大均：《广东新语·人语·瑶人》，卷七。

瑶人“素不著履，其足皮皴厚，行于棱石丛苇之中，一无所损”的原因何在？据《天下郡国利病书·广东下》载：瑶，

儿始能行，烧铁石，烙其跟蹠，使顽木不仁，故能履棘茨而不伤。

《炎徼纪闻·蛮夷》《罪惟录》《赤雅》《蛮司合志·两广一》《粤述》诸籍均有相类记载。此说最早出于宋范成大《桂海虞衡志》，其后代代相传。据调查，瑶区确有“烙跟蹠”其事。

由于善走，故传递、轿夫等交通，也多使用瑶人，甚至由妇女充任。如湖南永州夷僚之俗，据载：

一路铺进、皂快、舆夫、马卒之徒，皆以妇代男为之。[①]

陆上运载货物，适于山区特点，多用背负。如《粤述》载：瑶人，

岭登险扼。负戴者悉著背上，绳系于额，偻而趋。

此段记载完全照录《桂海虞衡志》。这也表明，背负之法自宋至明清之际而未变。

傍溪峒而居的瑶人，善于水上生活。罗旁瑶的竹筏颇富代表性。据《广东新语·人语·瑶人》卷七载：

万历初，两广寇之剧者曰罗旁瑶。瑶每出劫人，挟单行三竿，炙以桐油，涉江则编合为筏，所向轻疾，号为五花贼。

竹本空心可浮于水，而炙以桐油，则更添浮力，故罗旁瑶之筏，“所向轻疾”。总之，其特点为机动与快捷。

又，明代近江瑶人，经常出没江河两岸，钩劫官商船货，这是瑶人习于舟船生活的明证。如，瑶人

藏伏各处河埠，窥伺客商船只来往，到，撑驾桐槽船只，拦江勾劫财物。[②]

① （明）王士性：《广志绎·江南诸省》，卷四。

② （清）蒋廷锡等：《古今图书集成·职方典》，卷一三九四。

此处所谓“桐槽船只”，即为瑶人自制的别具一格的木船。

八、贸易业

瑶区经济一般为封闭性的自然经济，故商品经济不发达；但瑶区经济又多为山区型经济，难于完全自给自足，需换取一些生活用品，故需与汉区有贸易关系。

交换商品种类。瑶人多输出山区土特产，购入“鱼盐”等一类物品。所谓“时时窃出，市博鱼盐”[①]即指此。这种贸易，对瑶人山区经济与汉区平原经济都是有益的。因此，明统治者以“禁山”作为制裁瑶人的一种手段，是阻碍瑶区经济与瑶汉贸易发展的反动措施。

交换的方式，有两种。一是如上述，瑶人挑货下山，“入城贸易”，名之曰“出山贸易”；另一种是汉族商人入山贷卖鱼盐，而收买山货，名为“通山”[②]。这些中间人，被称作“与瑶通贩贸易者”[③]。

瑶区与汉区贸易关系的松紧，视瑶区的不同发展程度而定。一般说来，经济愈发达的瑶区，与汉区贸易往来愈频繁、愈密切。而僻远山区，则较为疏远，所谓“生瑶在穷谷中，不与华通”[④]，即属此意。

九、社会组织与姓氏

瑶人居住之所，除称瑶山外，也有村、寨、溪、峒、团、源、排、隘、坑诸名。如明人王翱《边情疏》中写道，广西瑶壮诸族，

> 名曰溪、曰寨、曰团、曰隘，咸负固之保之所。既无城郭可居，亦无沟池可守，不过依山傍险，为自全计。[⑤]

可见，瑶人聚居之地，并无特别设施，“不过依山傍险”。这也是南方诸族尚未

---

① （明）田汝成：《炎徼纪闻·蛮夷》，卷四。

② （清）蒋廷锡等：《古今图书集成·职方典》，卷一三九四。

③ （清）张廷玉等：《明史·沈希仪传》，卷二一一。

④ （清）闵叙：《粤述》。

⑤ （清）蒋廷锡等：《古今图书集成·职方典》，卷一三九三。

形成统一联盟的明证。

瑶人首领，除明王朝封以瑶官者有各种名号外，其内部还保留着原始而独特的称呼。“精夫”之称，即为一例。据《广东新语·人语·瑶人》卷七载：连山八排瑶，

> 又善设伏，白昼匿林莽中，以炭涂面，黑衣黑，为山魈木魅之状，见商旅则披发而出。见者惊走，弃财物，呼曰：“精夫赦我！”乃已。精夫者，瑶之渠帅也。

“精夫”之名，源于《后汉书·南蛮西南夷列传》卷八六。其中写道：盘瓠蛮后裔长沙武陵蛮，“名渠帅曰精夫，相呼为姎徒”。如屈大均所记不谬，则此称呼从汉代一直沿用至明清之际。

瑶人按宗族聚居，以姓别宗族。故毛奇龄写道：罗旁瑶，

> 出入跳跃，间亦自迷所归，但以峒姓为别号。[①]

可见，瑶人内部，以“峒姓”相区分。

瑶有不同姓氏。史册还称，有所谓“真”“伪”之分。如《天下郡国利病书·广东下》载：

> 有真赝主客之分，不可不辨。大率盘姓为真瑶，它姓为赝姓。……真瑶循，赝瑶诈。……往时瑶僮表里拘乱，随服随叛，皆诈而贫者导之也。

《广东新语·人语·瑶人》卷七则载：

> 曲江瑶，惟盘姓八十余户为真瑶，其别姓赵、冯、邓、唐十余户皆伪瑶。

其实，瑶族作为一个整体，并无真、假之分。以此中所称的伪瑶邓、唐二氏为例，早在宋代就已与盘氏一样，同为瑶族大姓，可见其源远流长。

出现真赝之说的原因，大致有二：一是伪瑶中，确含有汉人的成分。有的汉人

---

① （清）毛奇龄：《蛮司合志·两广四》，卷十五。

为避赋役等原因而进入瑶区，他们世代与瑶人生活在一起，已完全“瑶化”，成了瑶族的成员。历史上像这类“从蛮俗”之例，可谓不胜枚举。其实，这正如汉族中也含有瑶人因素一样，是长期民族融合的必然结果。一是伪瑶与汉族接触较多，受汉族的影响较深。史书称他们“诈”而喜“导”瑶人反叛，原因就在这里。

至于所谓真瑶，则一般住于较为偏僻之地，与世接触往来较少，故而保持着本民族浓郁特色和纯朴的社会风尚。史书所赞的“循”，即是此意。

有趣的是，明官员竟有与瑶人同宗者。如：正统十三年（1448 年），

> 广东按察司佥事韦广先奏参议杨信民进表如京，私持未颁历千余本为馈资，及所捕瑶贼十七人俱非正犯。至是，信民亦称，广当考满，不即行。……又与瑶贼韦公广同宗，妄为掩饰。事下，都察院请逮于狱。①

广东按察司佥事韦广与瑶人韦公广同宗，其因不外有二：一是韦广本为汉化瑶人，当官后，不忘其本。一是两人虽姓氏相同，但本为汉、瑶各族。联系两广韦姓多为瑶壮之人，故似以前者为是。这表明，瑶人“同宗”观念根深蒂固。

十、封建生产关系的发展

在平地居住的瑶民，大量垦田，种植水稻。如，嘉靖间，明军在镇压高州瑶人反抗后，一次就侵占“瑶田一百三十九顷九十三亩零，招良民一千余家耕作其间”②。

可见，明代瑶族稻作农业已颇具规模。在瑶族本身生产发展基础上，加之在汉区影响日益加深条件下，明代瑶族社会加速了封建化的进程。

瑶族土官，成了瑶族人民的统治者。瑶人首领归附后，明王朝封以各种名号。从瑶首、瑶头、瑶目、瑶长、瑶老、瑶总、瑶甲之称，直至巡检、典史、主簿等职。明王朝通过他们“统辖”瑶民。在经济上，他们利用征收来的瑶区物品向明王朝进贡，换取大量衣物、钞锭回赐，以增值财富，满足其奢欲。像土官中的瑶女云骈娘一类，

> 握兵符者，得冠偏髻之玉，披紫凤之裘，曳蝶绡之裙，佩文犀之印，

---

① （明）《明英宗实录》，卷一六三，正统十三年（1448 年）二月戊辰条。

② （清）顾炎武：《天下郡国利病书·广东下》。

望之若神人矣。[①]

显然，是瑶族中拥有权势与财富的统治阶级人物。

自耕农。有的瑶民，下山买田置产业。如，江华竹子尾宿等三宿，

> 俱在上五堡，乃平地瑶也。洪武初年，瑶老李东幼等共十七户约三百余名，原系县令周于德同百户招抚下山，准买大同乡民田秋粮壹百四十壹石三斗零为业，编户四十有伍。[②]

这些瑶民成为拥有私有土地的向封建国家缴纳赋税的“编户”。

佃农。在瑶民中，除一些瑶民拥有田业外，还出现了向汉族地主承佃耕种，成了封建生产关系下的大量佃农。如：

> 万历二年（1574年），赵文祯亲往招抚。就据各瑶目告称：（阳山县）三坑田土，俱系各租承佃。自天顺年间下山，陆续开垦，批耕往种。后因各山田主，倍收租利，加派粮差，以致各瑶不得安生。今愿立为十排，照肇庆府广宁县则例，只纳正派粮科，并免杂差。
>
> 县境内皆深山大壑，崎岖峣确，曰堎、曰峒，各以耕锄名之。瑶与民半杂而居，……洪、永以来，各自承佃，券契公据，伪募赝籍，皆百余年，窜置他人业于中。子孙袭故智，以起聚讼，有司莫辨真赝。第讯所受物业。卒亦不能遁情。[③]
>
> 灌（阳）之富人，又引占僮、夹板瑶，散布田间。名则藉力耕种，实阴通群寇，为害不细。

这些瑶人从汉族“田主”“富人”中“承佃”田地，或名“藉力耕种”。他们不仅需交“租利”，且需承担“粮差”，受着汉族地主与封建国家的双重剥削。

富有田业者。在瑶族中，也有富裕阶层，他们占有大量土地，当数瑶族地主阶

---

① （明）邝露：《赤雅》，卷上。

② （清）邓华邦：《江华县志·杂记》，卷十二。

③ 均见（清）顾炎武：《天下郡国利病书·广东下》。

级。据载：正统三年（1438 年），

广西桂林中卫总旗唐肆见瑶人潘才贤等家富田饶，意图之。因随都指挥胡成征进，伪报才贤等隐贼当剿，成令百户章膑、叶马廉之。膑等从肆伪言，率军杀虏其人，分有其产。①

从潘才贤等“家富田饶”，且为明武官觊觎及“分有其产”的记载，可见其田地之多、家产之丰；可见富有者并非一人，而是一批。

“占耕”田土。随着封建生产关系的发展，作为财富象征的土地，相关矛盾日益突出。据载：洪武二十一年（1388 年）富川深山二千余瑶人，“占耕内地”②。正统二年（1437 年），广西总兵官山云奏，大藤峡山瑶占耕“近山荒田”③。正统六年（1441 年）敕曰：大藤峡瑶“强占田土”④。上述关于瑶人“占耕”的记载，除不少为瑶人收回失地者外，也有瑶首占有更多土地以从事封建剥削之例。

掠夺活动加剧。瑶人富有者，以占有大量私有财产为荣。据《广东新语·人语》卷七载：连山八排瑶，“诸瑶至庙为会阆，悉悬所有金帛衣饰相夸耀”。

瑶首为满足扩大私有财产的欲望，除加紧剥削瑶民外，也进行对外掠夺。史书有关于瑶首傍去“男妇”⑤与“牛马”⑥等记载。前者，用作劳动力；后者，即是财富的化身。又，由于商人聚集大量财富，所以货船更成了瑶首攻击的对象，他们常出没于“府江东西两岸”⑦。

瑶老与汉族豪强相勾结。瑶首为扩大权势与影响，通过汉族豪强，再与官府左右相沟通，形成三位一体的势力网。据载：

瑶老暗结城中豪杰，号曰“招主”，自称曰“耕丁”，招主复结府官

① （明）《明英宗实录》，卷四七，正统三年（1438 年）十月己巳条。

② （清）顾炎武：《天下郡国利病书·广西》。

③ （明）《明英宗实录》，卷三五，正统二年（1437 年）十月丁巳条。

④ （明）《明英宗实录》，卷八一，正统六年（1441 年）六月己酉条。

⑤ （明）《明英宗实录》，卷八一，正统六年（1441 年）七月己酉条。

⑥ （明）《明英宗实录》，卷二九四，天顺二年（1458 年）八月丁丑条。

⑦ （明）《明孝宗实录》，卷一〇七，弘治八年（1415 年）十二月丙子条。

左右为耳目，透漏缓急，朝发夕闻。[①]

由于瑶首在城中与官府有了耳目与保护人，故使其“愈骄蹇”[②]，从中可见，瑶首势之盛。

总之，明代瑶族社会有了明显变化。在河谷丘陵地的瑶区，一些有权势的瑶族土官成了封建剥削者，他们占有大量土地与财富，与明朝统治者、汉族剥削者相勾结，对内压迫瑶族人民；瑶民有的成了自耕农，但大量沦为佃农。封建生产关系有了进一步发展。

十一、法　制

明瑶在处理彼此关系与纠纷时，多袭用较为原始的传统的解决办法，而不讼之于法。其突出之处有二：

一是设誓。他们把誓词视为不可违反的结律条文加以遵守。这与崇信鬼神的宗教观有关，在他们心目中，若背盟将受到鬼神的严惩。如，《赤雅》卷上载：

凡有仇斗，杀牛聚众。对神盟誓，其法令人忘死。先期刻木，插于山椒，以示不诡。

这是以“盟誓”团结内部以对外之例。又，隆庆间：

怀远自诸瑶占据，沦没已数十年，（知县）希武锐恢复，瑶民欢呼歃誓，愿筑城请官保安地方。[③]

此为以“歃誓”对外即与明地方当局定约之例。还有，据《粤述》载：

瑶僮交易文书内云：若有翻悔，与龙角一对，或云凤毛明珠等。常笑其妄。偶读《汉书》板楯蛮传……盟曰：秦犯蛮输黄龙一双；蛮犯秦，

① （明）邝露：《赤雅》，卷上。

② （明）查继佐：《罪惟录》，传卷三四，大藤侯氏条。

③ （明）《明神宗实录》，卷六，隆庆六年（1572年）十月庚申条。

输清酒一钟。此盖有所本也。

此为以盟辞用以交易文书之例。

一是推年高有行之人，加以调解与裁决。据《蛮司合志·湖广》载：

争讼则推一人断曲直，曰行头。曲者绁以筹，计所绁多则掷筹三，曰天减一，地减一，行头又减一。然后，责赎其余者。

《粤述》则载：

寨老者，即本地年高有行之人。凡里中是非曲直，俱向此老论说，此老一一评之。如甲乙俱服，即如决断；不服，然后讼之于官。当其论说之时，其法颇古（刻契结绳遗意）。甲指乙云，某事如何，赛老即置一草于乙前；乙指甲云，某事如何，赛老又置一草于甲前。论说既毕，寨老乃计算而分胜负。

寨老、行头处理准则，当是依据习惯法加以决断。

总之，从法的原始性，也可见瑶族社会还保留浓厚的原始社会遗迹。

十二、居　住

竹木结构，覆以青茅，为明代瑶人的普遍居住形式。对此，史籍记载大体相同。如：

采竹木为屋，绸缪而不断，绳枢荜窦，覆以青茅。①

绸缪竹木为屋，覆以青茅。②

竹木为屋，覆以青茅。③

值得注意的是，顾炎武认为："畬"之得名是源于瑶人的居住形式。《天下郡国利病书·广东下》写道：

① （明）田汝成：《炎徼纪闻·蛮夷》，卷四。

② （明）查继佐：《罪惟录·两广蛮瑶传》，卷三四。

③ （清）闵叙：《粤述》。

粤人以山林中结竹木障覆居息为峯，故称瑶止曰峯。

此外，明代瑶人也有住上人下畜的干栏式建筑。据《粤述》载：

瑶人住屋，似楼而非楼。盖茅作两层，内架以竹或版。人居其上，则猪圈牛栏，皆在卧榻之下矣。

这种住屋，与瑶人传统的居住形式有别，当系受邻近壮人的影响所致。

总之，明代瑶人住屋，与宋代剪茅叉木的“打寮”相较，已有所改进。

瑶人卧具一般较简陋。据载：

男女终身不卧床，亦不知制被，惟于室内造一火炉，四周铺板，中为炊爨具。夏夜投槁草以燎蚊，男妇长幼俱集其上，新客对卧，亦不避嫌也。[①]

即围炉而卧铺板，此俗仍可在后世得到印证。

瑶人日用器物，多以竹、木制品为主。

以竹器为例。据载：瑶人“截筒而炊”[②]。此即《桂海虞衡志》中所记的“竹釜”。可见，以竹筒为炊具之法，由宋沿袭至明。

至于木器，瑶人善以木制盆碗之属，这在上述手工业一目已言及。

十三、食　物

瑶人以山禾杂芋、豆一类为主食，这在农业部分已述。这里着重介绍瑶族几种具有特殊风味的食品。

“青精饭”。主要记载有：

青精饭，用南天烛染饭作黑色，谓之乌饭。……今粤人以社日相馈

---

① （明）王士性：《桂海志续》。

② （清）毛奇龄：《蛮司合志·两广一》，卷十一。

送。然，又染有作青、黄、赤以相杂，谓之五色饭者。[①]

瑶人社日，以南天烛染饭作黑色，谓之乌饭。……今粤人以社日相馈送。然，又染有作青、黄、赤以相杂，谓之五色饭者。[②]

南烛，生罗山高处。……叶似茗而圆厚，冬夏常青，枝茎微紫。大者高四五丈，肥脆易折。子如茱萸，九月熟，酸美可食。昔朱灵芝真人以其叶兼白粳米，九蒸暴之，为青精饭，常服，人称青精先生。今苏罗瑶人，每以社日为青精饭相饷。师其法也。苏罗，乃罗浮最深处。予诗："社日家家南烛饭，青精遗法在苏罗。"[③]

南天烛，又名南烛。一说枫树类。把其叶揉碎泡水，染饭为黑色，名"青精饭""乌饭"。杂有多色者，名"五色饭"。每逢社日，互相以此饭相馈送，以祈报五谷丰登之意。此俗，盛行于明代瑶族地区，两广壮、汉之人也间行之。据传，早在唐代，诗人杜甫就曾以其色佳而咏诗赞誉，可见其历史悠久。

"蒟酱"。据《赤雅》卷下，蒟酱不为异条载：

蒟酱，瑶峒中家家有之，以荜茇为主，杂以香草，味虽佳，不足为异耳。《史记》唐蒙风晓南越，蒙食蒟酱，问所从来，道西北牂牁。故《蜀都赋》云：蒟酱流味于番禺之乡。今问之番禺，无有知者，惟出自牂牁，故云流味也。荜茇，吾家蛤蒌也。师古注、本草注、杨用修、张孟奇，辩之皆误。

需附及的是，明清时黔地苗人也食蒟酱。清人贝青乔据其在"苗寨"所亲见写道：

汉武帝因唐蒙言蒟酱而用兵西南夷，梁武帝啖之而美曰："与肉何异！"予以为必异味也。抵黔后，遍访之不可得，久乃予苗寨见之。花如流藤，叶如荜茇，子如桑椹，沥其油醢为酱，味亦辛香而不可口。[④]

① （明）魏濬：《西事珥》。

② （明）邝露：《赤雅》，卷下。

③ （清）屈大均：《广东新语·木语》，卷二五。

④ （清）贝青乔：《苗俗记》。

所谓“蒟酱”，始见于《史记·西南夷列传》。汉武帝臣唐蒙使南越食蒟酱，而引起汉通西南夷的重大历史事件。可见，被视作异味的蒟酱，在明清间的“瑶峒”“苗寨”乃平常食品，早已有之。因瑶、苗均属盘瓠蛮子孙，可见，早在汉以前的苗瑶先人盘瓠蛮就已流行这一为中原人艳羡的美食佳品。由此可断定，蒟酱的发明权应归盘瓠种人。

“贾鬼”与“牛酱”。据《粤述》载：粤西瑶壮，

性不食盐，日惟淋灰汁埽碱土及将牛骨渍水食，《丹铅录》所载，贵州之贾鬼，即是物也。又以牛肚埋地窟内，候客至食之，以为上品，谓之牛酱。

瑶壮诸族在以牛为主为主要食品上，产生了对牛骨、牛肚的特殊烹调法。这并非偶然。因早在唐代岭南诸族就已有了“不乃羹”[①]一类对肉与内脏的特殊吃法。

此外，瑶人喜酒而“多酿酒”。据《炎徼纪闻·蛮夷》卷四载：瑶人“惟多酿酒，时时沉醉为乐耳，且不知世有珍馐之和，黼黻之华也”。

《广东新语·人语·瑶人》卷七则载：曲江瑶“以膏粱酿酒”。

酿酒成风，是与当时瑶族社会商品经济不发达相关联的。因无珍肴华服之追求，故把酿酒作为处理当年余粮的一种重要手段。

十四、服　饰

黥面文身。据《炎徼纪闻·蛮夷》卷四载：瑶人，“妇人黥面为花卉、蜻蜓、蝴蝶之状”。明汪广洋《古贝》吟道：山溪瑶壮，“垢面文身到处家”[②]。

前段记载，说明黥面仅限于瑶妇；后段文身之说，则主要应指瑶男。可见明瑶妇男分别有黥面与文身之俗。但考虑此俗多为百越民族所有，而瑶族的有关记载并不多，故可判定：有黥面文身之俗者，仅限于某些瑶人；且很可能是受百越民族影响所致。

“椎髻跣足”。这在《天下郡国利病书·广东下》《蛮司合志·两广一》卷十一

① （唐）刘恂：《岭表录异》。

② （明）黄佐：《广东通志》，卷十三。

诸籍均有记载。

何谓“椎髻”？《粤述》释道：

> 瑶僮男妇，率皆蓬首，男虽剔发，止于四旁。妇人则以高髻置于顶之前畔，上覆大笠，即《史记》所谓尉佗魋结者也。

意为将发髻盘于头顶之意。

“跣足”，又称“徒跣”，见于《君子堂日询手镜》《粤述》诸籍，即赤足不穿鞋之意，故《粤述》称：“瑶人素不著履。”

短衣裙。《君子堂日询手镜》称：山子，“男妇各徒跣短裳”。《赤雅》载：种女与山子同类，“短裙及膝”。可见，瑶人男女皆衣短衣，妇女之裙仅及膝或在膝上。

奇异的是，明人王士性称，永州瑶俗有男子衣长裙之说。其中写道：

> 永近粤，乡村间稍杂以夷僚之俗，男子衣裙曳地，妇女裙裤反至膝止，露骭跣足，不避秽污，著草履者其上也。[1]

瑶人短衣之俗，与自然及社会环境有关。一是适于南方炎热天气；一是便于山区劳作。

喜衣彩。《炎徼纪闻·蛮夷》卷四载：瑶人“斑衣”。

《天下郡国利病书·广东下》载：瑶“衣斑斓布褐”。

《广东新语·人语·瑶人》卷七载：

> 盘瓠毛五采，故今瑶妭徒衣服斑斓。

总之，“斑衣”“衣斑斓”，均是衣多彩之意。此俗，从汉代盘瓠蛮沿用下来而未断。

头饰。据《君子堂日询手镜》载：横州山子，

> 妇人以他发杂己发，盘髻作大堆，重可数斤，上覆青布，簪大头银剜耳至百余，耳缀数环。男子花青布裹头。

① （明）王士性：《广志绎·江南诸省》，卷四。

《广志绎·江南诸省》卷四载：永州瑶人，

首则饰以高髻，耳垂大环，铸锡成花，满头插戴。

《广东新语·人语》卷七载：曲江瑶，

其男子穿耳，饰银环，……首裹花帕。

简言之，高髻、覆帕，满头银锡花插戴，耳缀环，是瑶女的典型盛装，至于带板、带箭者，在瑶人种类中已述。此外，有的地方的瑶人男子如曲江瑶，则也有饰银环、裹花帕之饰。

此外，瑶族贵族妇女对发式更是讲究，花样繁杂，令今人也会叹为观止。据《赤雅》卷上载：四姓，

髻有芙蓉、有望仙、有怀人、有双龙、有孤凤、有浓春、有散夏、有懊侬、有万叠愁、有急手妆；其下者有椎髻、有垂鞭、有盘蛇、有鹿角。豪家髻鬟稍不称者，群笑之，目为丁妆。

衣饰。以《广东新语·人语》卷七所记为集中。其中写道：罗旁瑶“妇人皆著黑裙，裙脚以白粉绘画作花卉水波纹”；曲江瑶男子，“衣服采绣花边”；四姓土官及八排瑶领袖衣“瑶锦”，已在手工业目中叙述，则更为华贵。总之，瑶衣饰特点有二：一是喜刺、绘花纹；一是喜饰花边。

佩饰。身上佩饰较多，其中较为特殊有：

绣袋。据《广东新语·人语》卷七载：连山八排瑶，

女初嫁，垂一绣袋，以祖妣高辛氏女初配盘瓠，著独力衣，以囊盛盘瓠之足与合。故至今仍其制云。

所谓袭“祖制”，纯系无稽之谈。其因不外有二：一是用以装饰及盛随身小物。这从当代女子喜带精致小包之举，也可反证。一是刺绣为女子基本技能，初嫁重挂绣袋，以夸其女工之巧。

生香麝子。据《广东新语·兽语·香狸》卷二一载：

有香獐，味甘性温，食之不畏蛇毒，脐名麝香，非獐也，狸之似獐者也。瑶女当春时，多采生麝子以为佩，动则香风远闻。山歌云，生麝香吹瑶女风。

生香麝子，为“当春”瑶女所佩，用以吸引异性，不言自明。从“香气远闻”的描绘看来，其功效似不在摩登社会的香水之下。

铃钱。据《广东新语•人语》卷七载：八排瑶首领，“垂铃钱数串”。此“铃钱”。称之为“祖制”，倒是恰当的。它具有较原始的意义，当是一种权力的象征，大概相当于神杖一类的功能。

十五、文化生活

明瑶仍袭宋之刻木为契法。据《蛮司合志•湖广》载：瑶人，

要约无文书，刻木为契。

《粤述》载：

《易•系辞》，后代圣人易之以书契。《说文》，契，木约也。赵凡夫云，古契字作丰，刻其齿而为券。按，瑶人刻木为齿，与人交易，谓之打本格。

此外，上述《粤述》还载，赛老以草作筹论说胜负。

从中可说明：其一，刻木为契法的用途，已行于贸易、要约、诉讼等社会生活方面。其二，具体方法，有以木刻齿的券作凭证用，有以草为筹作计数用，有以刻木为符作记事用。

音乐。据《赤雅》卷上载：瑶乐有“铙鼓、胡卢笙、忽雷、响瓠、云阳”。铙鼓，即铳鼓，为鼓之一种，属瑶人乐，宋代已有之；忽雷，即琵琶，此当是从汉区传入；云阳，有“击云阳为节”之载，似系打击乐。又《蛮司合志•两广一》载：粤西瑶人“每祭必合乐，杂进卢沙、铳鼓、胡卢、竹笛”。《粤述》载：瑶人“乐有铙鼓、胡芦笙、竹笛之属”。

概言之，瑶人使用的乐器有葫芦笙、芦笙、铳鼓、竹笛、云阳、忽雷等。

此外，据《广东新语·人语》卷七载：罗旁瑶，

其峯有九星岩。一石窍深二尺许，瑶辄吹之以号众。又有石，其底空洞，撞之渊渊作鼓声，瑶亦以为号。其瑶曰："撞石鼓，万家为我虏；吹石角，我兵齐宰剥。"

有事则鸣小铛，举众蜂起。

铛为釜类。似是金属炊具。此石鼓、石角、小铛，均非作奏乐用，故非乐器类，而是利用其声音宏大的特点，用以号众和鼓舞士气，故也可视作一种特殊的战争乐器。又，从瑶人利用自然之石，作"渊渊之声"，也可寻见乐器起源的一些痕迹。

歌。瑶人尚歌。无论祭祀、丧葬、婚嫁、欢娱诸场合，均歌唱以达情。

刘三妹为歌仙。刘三妹，即今所称之刘三姐，不仅为壮人也为瑶人所推崇。据传：

新兴女子有刘三妹者，相传为始造歌之人。生唐中宗年间。……尝往来两粤溪峒间，诸蛮种类最繁，所过之处，咸解其言语。遇某种人，即依某种声音作歌，与之倡和，某种人奉之为式。尝与白鹤乡一少年登山而歌，粤民及瑶、僮诸种人围而观之，男女数十百层，咸以为仙。七日夜歌声不绝，俱化为石，土人因祀之于阳春锦石岩。……三妹今称歌仙，凡作歌者，毋论齐民与俍、瑶、僮人、山子等类，歌成、必先供一本祝者藏之。求歌者就而录焉，不得携出，渐积遂至数箧。兵后，今荡然矣。①

可见，传说人物刘三妹，被瑶人视为歌之化身。

瑶歌辞。重比兴，含思宛转，堪与竹杖词相媲美。据载：

赵龙文云："瑶俗最尚歌，男女杂遝，一唱百和。其歌与民歌，皆七言而不用韵，或三句，或十余句，专以比兴为重，而布格命意，有迥出于民歌之外者。如云：'黄蜂细小螫人痛，油麻细小炒仁香。'又云：'行路思娘留半路，睡也思娘留半床。'又云：'与娘同行江边路，却滴江水上娘身。滴水一身娘未怪，要凭江水作媒人。'瑶语不能尽晓，为笺译之

① （清）屈大均：《广东新语·女语》，卷八，刘三妹条。

如此。”①

可见，称瑶歌“有远出于（汉族）民歌之外者”，并非过誉之辞。

“布刀写歌”。据《广东新语·诗语》卷十二载：

瑶则以布刀写歌。布刀者，织具也。……刃用山木，形如刀，长于布之阔，锐其两端，背厚而揹，如弓之弧，刃如弦而薄，刳其背之腹以纳纬，而窻其锐，而吐之以当梭，纬既吐，则两手攀其两端以当箸也。歌每书于刀上，间以五彩花卉，明漆沐之，以赠所欢。

织为女红。故将女子劳动工具——织具布刀，绘制成艺术品，书歌其上，以赠女方作定情之物。从中也可见。瑶歌的起源与劳动生活之间的密切关系。

舞。瑶人善舞，且歌舞融为一体。瑶人最富特色的舞蹈为“踏歌”②，或曰“蹋摇”③。踏歌，当为脚步踩着歌的节拍而舞之意；蹋摇，当系指舞姿而言。

十六、婚姻与丧葬

明瑶婚俗颇多，主要可归结如下：

同姓为婚。据《广东新语·人语》卷七载：曲江瑶，

婚姻不辨同姓。

兄妹为婚。兄妹为婚曾见诸《后汉书·南蛮西南夷列传》盘瓠之六男配六女的传说，但其后的册籍已无此记载。同姓为婚，是有着血缘关系的同一老祖宗传下来的人们相互为婚，因此，从某种意义说来，也还留下兄妹为婚的影子。

自由择偶。明瑶青年男女婚姻，一般由他们自己做主，父母并不横加干预。其定情的场合，多在节日盛会。如《赤雅》卷上载：

① （清）屈大均：《广东新语·诗语》，卷十二，粤歌条。

② 见（明）田汝成《炎徼纪闻·蛮夷》卷四、（清）闵叙《粤述》等。

③ （明）邝露：《赤雅》，卷上。

十月祭多贝大王，男女联袂而舞，谓之踏摇，相悦则男腾跃跳踊，负女而去。

《蛮司合志·两广一》载：

十月朔日，祭都贝大王。每祭必合乐……令男负女去，沓淫以为乐。或有剩女，必杀之，谓为人所弃也。

《粤述》载：

十月朔，祭都贝大王，男女连袂，相携而舞，谓之踏歌。意相得则负去。

《广东新语·人语》卷七载：

邝露谓瑶人以十月祭都贝大王，男女连裾而舞，谓之踏摇。相悦则男腾跃跳踊，背女而去。此西粤之瑶俗也。

此俗宋已有之。上述记载，与周去非《岭外代答·蛮俗》踏摇条所记，无大差异。

值得注意的是，祭都贝大王的节日，安排在十月，当是利用秋收后农闲之余，让适龄青年男女狂欢定终身大事。据此，用今日流行语言来说，可谓是瑶人“情人节”一类。至于毛奇龄说，这一天找不到对象之女，“必杀之，谓为人所弃也”，当系传闻失实。其实，按南方民族的普遍习俗，都是“姑俟来年”，即等待明年重来。于情于理，瑶族也当如是。

十月都贝大王节日择偶为“西粤瑶俗”，至于东粤则为仲冬庙会之时，据《广东新语·人语》卷七载：连山八排瑶，

岁仲冬十六日，诸瑶至庙为会阆。……瑶目视其男女可婚娶者，悉遣入庙。男女分曹地坐，唱歌达旦，以淫辞相和。男当意不得就女坐，女当意则就男坐。既就男坐，媒氏乃将男女衣带度量长短，相若矣，则使之挟女还家。越三日，女之父母送牲酒使成亲。

除节日相配外，也有在生产场合如入山樵采中求爱者。据《广东新语·人语》卷七载：罗旁瑶，

瑶欲娶妇，入山见樵采女，辄夺其杉带以归，度己之杉带长短相等，乃往寻求其女负之，女父母乃往婿家使成亲。否则，女仍处子，不敢犯也。西宁、东安诸生瑶亦然。

上述诸例表明，男女相悦则婚，媒氏只走走过场，父母不过认可既成事实而已。这种比较自由的婚姻，带有原始社会残习的色彩。

媒妁订婚。也要看到，有的瑶区婚姻，受汉族影响，不完全由男女青年做主。如《君子堂日询手镜》写道：横州山子，

结婚时，男家浼媒氏至女家，立门外不敢辄入，伺主人出以期告，主人不诺，即辞去，不敢言。明日复往，伺如初，主人诺，则延媒氏入饮。

这近乎有“父母之命，媒妁之言”的味道了。

嫁仪简朴。据《君子堂日询手镜》载：横州山子，

若婚嫁则又可笑。有女之家，初不计财，惟槟榔数棵为聘。

及期，婿偕媒氏携果盒往。将及女家，婿止近舍，媒氏及门。女蹑新草履，负袱挟伞，伞上仍系双草履，随媒氏往婿所。解履授婿，婿穿履引之而去。媒与父母送者毕反不顾。

《炎缴纪闻·蛮夷》卷四则载：瑶人，

嫁则荷伞悬草履一双从入夫家，示行色也。

《罪惟录·两广蛮瑶传》载同《炎缴纪闻》。总之，无论只以槟榔作聘礼，抑或嫁女带伞挂鞋以示离开娘家之举，都可见其婚礼之古朴，毫无封建买卖婚姻的“计财”和摆阔的陋习。这种婚嫁，何“可笑”之有。

“插柳”。据《炎徼纪闻·蛮夷》卷四载：瑶人

踏歌而偶奔者，入岩洞插柳避人。

《赤雅》所载微异：

夫妇交媾，插青路衢，以断行迹。

可见，“插柳”，或名“插青”，均为标记之意。这是明瑶婚姻相当自由的一种反映。从“瑶贞”的说法，可证瑶女之拘谨。至于说“夫妇”如此，则似非通例。

有子方归。据《君子堂日询手镜》记：横州山子，“有子方偕婿归宁”。瑶妇待产子后方偕夫君回娘家探亲之俗，宋已有之，当时名之曰“出面”。奇异的是，此俗，与“不落夫家”习俗正相反。

已婚标志。如同许多民族一样，瑶女婚后在装饰打扮上也是有变化的。这表现为：一是发式。如上引屈大均所说：八排瑶，女已字，则带板；未字，则戴一箭杆。又，据纪明事的《罗浮书》云：苏罗瑶村，

女子未嫁则髻一叠，中妇二叠，大妇三叠。[①]

一是耳饰。据《广东新语·人语》卷七载：曲江瑶，

女子饰耳环，妇则屏之。

舅表婚与妻兄弟婚。据载：瑶人

婚姻必妹姊之女，谓之还头。兄死弟妻其嫂，弟死兄亦如之。[②]

“婚姻必妹姊之女”，是族外群婚制原始婚俗遗迹的一种表现形式。此俗，在瑶族中曾长期流行。至于妻兄弟婚，古代彝族中较为流行，瑶族中似不多见。

丧葬。其俗，与汉族有别。主要表现为：

一是仪式较为简单。没有汉族的繁琐礼仪。据明王士性《桂海志续》载：瑶人，

葬不用浮屠，宰牲饮酒而已。

一是有“暖丧”之名。据《天下郡国利病书·广东下》引《阳山县志》载：瑶

① （民国）《增城县志·瑶人》，卷二。

② （明）王士性：《桂海志续》。

作祭，则乐歌唱，谓之暖丧。

又在总论中评说道：

丧葬，则作乐歌唱，谓之暖丧。其情乖戾可知矣。

其实，人死了号哭只是悲悼的一种表现形式。“作乐歌唱”，作挽歌诉说死者生前业绩和寄托哀思，又何尝不是一种纪念的方式。顾炎武指为“其情乖戾”，是因文化传统差异而造成的民族偏见所致。

十七、宗教信仰

祀盘瓠。瑶人尊盘瓠为始祖，祭礼最为隆重。明人邝露目睹瑶人礼盘瓠之俗，记述最为详尽，故既可信又富史料价值。据《赤雅》卷上载：联名畬客，

皆高辛狗王之后。以犬戎奇功，尚帝少女，封于南山，种落繁衍，时节祀之。刘禹锡诗，“时节祀盘瓠”是也。其乐五合，其旗五方，其衣五彩，是为五参。奏乐则男左女右，铙鼓、胡卢笙、忽雷、响瓠、云阳。祭毕，合乐，男女跳跃，击云阳为节，以定婚媾。侧具大木槽，扣槽群号。先献人头一枚，名吴将首级。予观察时，以桄榔面为之，时无罪人故耳。设首，群乐毕作，然后用熊、罴、虎、豹、呦鹿、飞鸟、溪毛，各为九坛，分为七献。七九六十三，取奇数也。七献既陈，焚燎节乐，择其女之姱丽娴巧者劝客，极其绸缪而后已。

从“五合”“五方”“五彩”“五参”“九坛”“七献”诸仪礼，可见其场面之肃穆壮观；其间，男女跳跃以定婚媾，人们吃喝“绸缪而后已”，可见其情景之热烈欢腾。因此，可以毫不夸张地说，盘瓠节是明瑶最为盛大的节日。

其他记载尚有：《天下郡国利病书·广东下》载：瑶人，

自信为狗王后，家有画像，犬首人服，岁时祝祭。

《蛮司合志·两广一》载：在忻城、荔波等地瑶人，

元夕祭盘瓠。

《粤述》载：

桂林等府，俱有盘王庙，瑶僮祀为始祖。

岁首祭先，杂糅鱼、肉、酒、饭于木槽，扣槽群号以为礼。

《广东新语·人语》卷七载：曲江瑶，

七月望日，祀其先祖狗头王，以小男女穿花衫歌舞为侑。

上述诸记载说明：膜拜对象，或设盘王庙，或画犬身人首的盘王像；纪念方式，或举族合祭，或分散家祭；祭祀时间，有“岁时”“元夕”“岁首”“七月望日”之说，大概因地而异。

祭都贝大王。如上述婚姻一目所引《赤雅》《蛮司合志》《粤述》诸籍所载：祭祀时间，为“十月”“十月朔”；内容，则挂祭祀之名，行“踏歌”之实，为男女青年定情之日。至于“都贝大王”其人，人们反倒忘记了或是疏于考证了。

祭社。据载：

东安、西宁与罗定州三接壤之间，群山盘郁，瑶僮屯聚。前朝（指明代）陈伦进兵开复，即于其地设立圩场。圩上建一社坛，坛前小河，汇而为潭，潭广亩许，水深窅不可测，名大甑湾。环圩二十余村，每岁二八月，丁后一日，各村长幼咸集，约二百余人赴社。其将祭也，潭内必有大锅浮出水面，取以炊米烹肉，不溢不漏。祭毕合饮，则人人足给。仍以其锅还潭，锅自沉潭底。有届祭期，锅复浮出，岁岁皆然。[①]

社为土地之神。社有春社、秋社之分。祭社神为春祈秋报农业丰收之意，即此中“人人足给”之谓也。祭社神，是定居的农业民族的祭礼活动。瑶族欣有此俗，当是晚起之事；且其春、秋社日的时间也与汉族相当，故瑶族社祭，有受汉族影响的因素在其中，也象征着瑶族农业的发展。

① （清）钮秀：《觚剩续编》，卷四。

巫。瑶地盛行巫。据载：丁积，成化十四年（1478 年）进士，授新会知县，“俗信巫鬼，为痛毁淫祠”[①]。

嘉靖三年（1524 年），吕天恩通判韶州，“抵任，毁淫祠”[②]。

又载：

> 永安俗尚师巫。人有病，辄以八字问巫。巫始至，破一鸡卵，视其中黄白若何，以知其病之轻重。轻则以酒馔禳之，重则画神像于堂。巫作姣好女子，吹牛角鸣锣而舞，以花竿荷一鸡而歌。其舞曰赎魂之舞，曰破胎之舞。歌曰鸡歌，曰暖花歌。暖花者，凡男婴儿有病，巫则以五彩团结群花环之，使亲串各指一花以祝，祝已而歌，是曰暖花。巫自刳其臂血以涂符，是曰显阳。七月七夕，则童子过关；十四夕，则迎先祖。男子或结场度水，受白牒黄诰；妇人或请仙姐，施舍钗钿。仙姐与女巫不同，女巫以男子为之，仙姐以替人之妇为之。山深谷邃，淫昏之鬼或凭藉以为祸福，未可知。县令尝厉禁止之，然其根株深固，未能剪除二三也。[③]

新会、韶州、水安，均为明瑶居住之地。这些地区特别是其“山深谷邃”之处，信巫鬼，显然，与瑶俗有密切关系。

瑶人崇巫之虔，还可从两广瑶人谨事冯“都长”一事中得到明证。据载：

> 邻壤贵县有冯姓之家，世以神异显。有称“都长”者，……立召风雨鬼神虎豺，言人祸福无不验。自苍梧上至南宁，皆敬信不可言。两广瑶贼事之尤谨，皆以祖公呼之。山峒间有跋扈者，总帅委之抚安，其魁率徒众顶香盆牛酒拜迎于道云：“吾祖公来矣。”即听约束，帖然而还。冯氏之居，去大龙山不远，其中皆熟猖所居，每月朔望，各赍香钱至其家纳焉，甚有牛羊猪畜者。故累年不敢为乱，盖冯力也。
>
> ……又有木山峒瑶贼猖獗，视官军蔑如，总帅委都长招抚。受命即单引

① （清）张廷玉等：《明史·循吏传·丁积》，卷二八一。

② （清 道光）《广东通志》，卷二四八。

③ （清）屈大均：《广东新语·事语》，卷九，永安崇巫条。

数卒直至巢穴，徒众见之皆罗拜，椎牛击羊，设湑迎款不暇，唯命是从。[①]

冯都长，被形容有呼风唤雨法术的“祖公”，颇带有道教色彩。从其世居于贵县大龙山“熟瑶”之地，可说明：冯都长或为汉化瑶人，或是瑶化汉人，采用了瑶人民间盛传的“妖术”。正因为如此，瑶人才把冯都长奉若神明。简言之，冯都长的一套，是在瑶族环境中形成的。

妖术。据载：正德年间，捕获的海丰瑶渠魁林满山，“有妖术”[②]。

又，据《广东新语·人语》卷七载：

罗旁水口有竦石，状若兜鍪，高百仞。瑶每夜隔江呼石将军，石应，则出劫无患，不应则否。将军陈璘以此石为贼响哨妖甚，烧夷石顶，有鲜血迸流，其怪遂绝。盖鬼物之所凭焉。瑶故多妖术。

可见，瑶人重“妖术”。所谓“妖术”，即巫术，当属巫这一原始宗教的范畴，人们幻想用超自然的力量来制约社会。至于此中所谓“妖石”，则纯系瑶人为对付官军而号众的一种产物；明将陈璘的所谓绝石怪之举，也只是从心理上制服瑶人的一种手法。

“厌胜”。据载：万历年间，柳州怀远瑶退回基地，为重栅拒官军，

妇人裸体扬箕，掷牛羊犬首为厌胜。诸军大呼直上，四面举火，贼尽歼。[③]

瑶人试图以“掷牛羊犬首为厌胜”的奇特之法打败明军，但并未收到预期效果。“厌胜”之术，当属巫术的一种表现形式。需要指出的是，此术始见于汉代岭南越人。据载：汉武帝时，柏梁宫灾，越人勇之乃曰：

越俗有火灾，复起屋必以大，用胜服之。[④]

---

① （明）王济：《君子堂日询手镜》，卷上。

② （清）刘溎年：《惠州府志·郡事上》，卷十七。

③ （清）张廷玉等：《明史·列传一〇〇·李锡传》，卷二一二。

④ （汉）司马迁：《史记·孝武本纪》，卷十二。

于是作建章宫。可见，南方诸族多行“厌胜”之术。

人祭。据载：

旧时，瑶俗祭祀用人，每掠小儿为牲，屠人甚惨。明隆庆间，瑶中大疫，县令蔡光使巫谕之。云：“神怒尔等祭祀有人，不可食，故降尔等以灾。今后当用可食之物以祭，神必福汝。”瑶人冀福，遂不用人而用猪，其俗以变。[①]

南方有的民族，如乌浒、僚和土家族土司等用人祭，是人们所熟知的。而瑶族用人祭的材料，则是罕见的。不过，也似是可信的。上述明末邝露亲见以桄榔面做成吴将军首级以祭盘祀一事，也可作瑶人曾有过人祭的佐证。总之，无论用猪代人或用假人头代真人头作为祭祀供品，都是一种历史的进步，而人祭终成历史的陈迹。

佛教。如果说宋代是佛教传入瑶区的初期，那么明代则是有了较大发展的时期。这以徐宏祖所记较富代表性。据载：湖南蓝山高梁原的高山瑶，曾杀东安捕官。

其党约七八十人，有马二三十匹，创锐罗帜甚备。内有才蓄发者数人。僧两三人（即冷水坳岭上庙中僧），又有做木方客亦在焉。[②]

在这支高山瑶的仅数十人的反明队伍中，“才蓄发者”与僧人竟占多人，可证瑶山区寺庙与僧人已占一定数量。又载：

上有竖石如观音，有伏石如虾蟆，土人呼为“蟆拐拜观音”（拐，即蛙之土名也。自九疑瑶峒，俱以取拐为务）。[③]

观音，即观世音，菩萨名。从瑶人以观音形象命名石景，可见佛教神像在瑶区已家喻户晓、妇孺皆知了。这是佛教在瑶区影响日深的极好说明。

---

① （清）邓华邦：《江华县志·杂记》，卷十二。

② （明）徐宏祖：《徐霞客游记·楚游日记十一》。

③ （明）徐宏祖：《徐霞客游记·粤西游日记七》。

第四节　明代瑶民的反抗活动

一、大藤峡瑶民大起义

大藤峡，在广西浔江上游的黔江上，处于武宣和桂平之间，因“峡中有大藤如斗，延亘两岸”①而得名。大藤峡地区是泛指浔、柳二府间，即今金秀瑶族自治县，以及武宣、象州、蒙山、桂平、贵县、平南等县方圆六百多里的山区。这里是明代瑶族最重要的集结地，这在瑶族分布一节中已经叙及。

早在明初，大藤峡瑶民就进行了反抗明王朝的活动。洪武八年（1375 年），浔州大藤峡瑶反；洪武十九年（1386 年），梧、藤等州罗碌山瑶民杀广西布政司参议杨敬汤。

永乐年间，明朝统治得到了巩固。朱棣主抚而不用兵，瑶区保持了相对平静。

宣德三年（1428 年）至九年（1434 年），浔州、柳州及桂平等县瑶民的反抗活动不断。广西总兵山云实行残酷镇压，据称：“云在镇，先后大战十余，斩首二万二千二百六十。”②就连朱瞻基也不得不说：“杀之过多，亦所不忍。”③

正统七年（1442 年）二月，浔州瑶民蓝受贰领导反抗活动。据载：

> 恃所居大藤峡石门山险，纠集大信等山山老、山丁，或五六百人，或三四百人，递年作耗……累烦官军，抚捕辄拒避不服。④

明军在剿抚两手均失效的情况下，采取引诱、欺骗手段，利用千户潘智执杀蓝受贰等十人，反抗活动被平息下去。

正统十一年（1446 年）三月，大藤峡瑶复起。共有“五十余宗，或三四十人，

① （清）谷应泰：《明史纪事本末·平藤峡盗》，卷三九。

② （清）张廷玉：《明史·列传五四·山云传》，卷一六六。

③ （清）张廷玉：《明史·列传二五〇·广西土司列传一》，卷三一七。

④ （明）《明英宗实录》，卷八九，正统七年（1442 年）丙午条。

或五六十人，流劫乡村，侵犯诸县”①。义军出击邻近州县，邻近各族人民纷纷响应。从此，反抗活动此起彼伏，连绵不断。

这次反抗活动的特点是：始发于广西大藤峡；蔓延于广东西部瑶区。其主要原因在于：明统治者把主要军事力量置于广西防瑶壮，故广东的守御相当薄弱，因此，大藤峡瑶避开强敌，乘虚而入；广东瑶人也伺机而起，互相配合。

从正统十一年（1446年），至景泰初年，起义瑶人活跃于广东肇、高、雷、廉诸州，尤以德庆州、化州、钦州、泷水、阳春、封川、电白、信宜、石城、茂名、遂溪诸州县瑶人的反抗活动尤烈。故明官员惊呼：

> 近年广东州县，多被寇掠。②

其中主要事件有：正统十一年（1446年）九月，攻下化州，“执其知州茅自得，……杀死千户汪义等官，焚劫致仕御史陈贞豫等家”③。十三年（1448年）三月，瑶三千余人攻占泷水县，击败哨守指挥同知王昱。④十三年（1448年）四月，瑶人复攻泷水县，百户阎广诸人战死。⑤景泰二年（1451年），瑶攻入封川县，杀指挥周智其等。⑥

这期间，广东瑶人频繁的反抗活动，是正统十一年大藤峡瑶人起义的组成部分与余波。故史称：

> 广西瑶贼劫掠化州。⑦
> 广西蛮贼劫掠广东廉州。⑧

---

① （明）《明英宗实录》，卷一三九，正统十一年（1446年）三月甲申条。

② （明）《明英宗实录》，卷一七一，正统十三年（1448年）十月丙子条。

③ （明）《明英宗实录》，卷一四七，正统十一年（1446年）十一月甲戌条。

④ （明）《明英宗实录》，卷一六四，正统十三年（1448年）三月乙巳条。

⑤ （明）《明英宗实录》，卷一六五，正统十三年（1448年）四月辛未条。

⑥ （明）《明英宗实录》，卷二〇一，景泰二年（1457年）二月戊寅条。

⑦ （明）《明英宗实录》，卷一四五，正统十一年（1446年）九月辛巳条。

⑧ （明）《明英宗实录》，卷一六四，正统十三年（1448年）三月丙午条。

（泷水县瑶）贼退纠广西蛮贼，又聚瑶山。[①]

（广东瑶乱）以地接广西之所致。[②]

广西瑶贼肆掠广东高州府电白县诸村堡。[③]

广西瑶贼入本府（指高州府）地方流劫。[④]

可见，广东瑶区反抗活动的爆发，或是大藤峡瑶人直入境内所致，或是广东瑶人与大藤峡瑶人互相配合，或是受大藤峡瑶人起义的影响。

除广东外，广西本土瑶人的反抗活动，则主要集中在大藤峡周围的浔州府、梧州府及所属藤县、苍梧等县。[⑤]

总之，正统十一年（1446 年）爆发的大藤峡瑶民的反抗活动，成了景泰、天顺、成化年间侯大苟领导的瑶民大起义的前奏，为之做了充分准备和奠定了基础。

景泰七年（1456 年），大藤峡瑶侯大苟联合荔浦等处首领韦公海等“劫掠县治”[⑥]，点燃了这次起义的烈火。这期间，起义军得到迅速发展，明朝守臣束手无策，惶惶不可终日。据《炎徼纪闻·断藤峡》卷二载：

景泰中，瑶首侯大苟等作乱，啸聚万人，攻坠郡县，戕执吏民。而修仁、荔浦、平乐、力山诸瑶为之响应，其势益张。守臣惶恐。

天顺年间，起义军得到进一步发展，势力遍及两广各州县。这从下述记载中，可以得到充分证明。据载：

天顺五年，镇守广东中官阮随奏：“大藤峡瑶贼出没两广，为恶累年，迩来愈甚。”[⑦]

---

① （明）《明英宗实录》，卷一六五，正统十三年（1448 年）四月辛未条。

② （明）《明英宗实录》，卷一七一，正统十三年（1448 年）十月丙子条。

③ （明）《明英宗实录》，卷一八六，正统十四年（1449 年）十二月辛未条。

④ （明）《明英宗实录》，卷二一八，景泰三年（1452 年）七月丙午条。

⑤ （明）《明英宗实录》，卷二一六，景泰三年（1457 年）五月丁巳条。

⑥ （明）《明英宗实录》，卷二六三，景泰七年（1456 年）二月丁卯条。

⑦ （清）张廷玉等：《明史·列传二五〇·广西土司列传一》，卷三一七。

天顺中，诏召捕得大苟者，赐千金，爵一级，竟不可得。久之，郁林、博白、新会、信宜、兴安、马平、来宾鲸鲵风起，……两广三司皆戴罪。守官莫保朝夕。[1]

特别值得大书的是义军巧计夜袭梧州城之举。梧州素为岭南重镇，又是明王朝镇压两粤瑶人的重要军事据点，故被义军选为打击对象。天顺七年（1463 年）十一月十三日夜三更，义军架梯上城，明军毫不知觉。“入府治，劫官库，放罪囚”，杀死明军无数。执按察司副使周琇为人质，杀死训导任瑶。身为总兵官的陈泾等人竟拥兵保命，不敢发一矢。随军器械和银货悉为义军所有。当时，进城义军只七百余人，而守城官军却达数千之众，可见义军军力之强盛，明军之不堪一击。此事，使明王朝大为震动，致使英宗朱祁镇惊叹：

梧州蕞尔小城，总兵守镇巡按三司，俱拥重兵驻城中，乃为小贼所蔑视，况遇大敌乎尔。[2]

成化元年（1465 年）五月。大藤峡义军三千余陷平南县，杀典史周诚。十月，“夜入藤县城，掠官库，劫官印”[3]。可见，天顺、成化之际，大藤峡瑶势力发展至鼎盛阶段。

面对义军的强大攻势，明统治者在惊恐之余，调兵遣将进行镇压。天顺五年（1461 年），命都督佥事颜彪佩征夷将军印，统领两广军马，专事征瑶，并调南京、江西及直隶九江等卫官军一万人归其指挥。天顺六年（1462 年）正月，进抵大藤峡等处。攻破七百二十一寨，杀三千二百余人。五月，颜彪奏称：

驻扎大藤峡，进剿龙山等处瑶人，直抵浔、梧、廉、潮等处。所向无不摧折，积尸盈野，流血成川。[4]

① （明）田汝成：《炎徼纪闻•断藤峡》，卷二。

② （明）《明宪宗实录》，卷一，天顺八年（1464 年）正月壬午条。

③ （明）《明宪宗实录》，卷二二，成化元年（1465 年）十月庚辰条。

④ （明）《明英宗实录》，卷三四〇，天顺六年（1462 年）五月庚子条。

实行血腥屠杀。

成化元年，宪宗朱见深即位，召集御前会议，专议用兵两广瑶人机宜。廷臣以为："非流血挞之"，"非大创大止"。于是决计"大发兵"，即进行大规模军事镇压，以韩雍为佥都御史，统领十六万人。九月至桂林，采用除腹心之患前先剪羽翼之法，进攻修仁、荔浦义军，追至力山，擒杀八千五百余人。十一月至浔州，然后进兵大藤峡。其兵力之部署；以右军自象州、武宣分五道攻其北；以左军自桂平、平南分八道攻其南；分兵二道从水路入；以兵分守诸山隘口。采取所谓"水陆并进，腹背夹攻"①之法。义军退而集结于桂州横石塘及九层楼等山深极险处，立栅数重，"多置滚木、礌石、镖枪、药弩以拒官军"②。义军经连日鏖战至百数十合，进行殊死抗战，终因寡不敌众而败。明军实行血洗，破寨三百二十四所，杀害三千二百余人，俘七百余人，获妇女二千七百余人，战伤溺水死者不可胜计。侯大苟被捕牺牲。韩雍斩断大藤，改大藤峡为断藤峡，并"勒石纪功而还"。

需要指出的是，韩雍对待义军手段极为残忍。

韩雍在记叙诗中也不讳言：

积尸如山血如川，诛锄只许留襁褓。

韩雍的所作所为，是秉承封建王朝统治者意旨的。明宪宗在给韩雍的《谕韩雍征剿两广贼寇事宜敕》中就有言明：

相机剿捕，务尽根除，毋遗种类。

大藤峡瑶区遭受了空前的摧残和浩劫。

成化年间，侯大苟余部坚持斗争。成化二年（1466年）闰三月，广西瑶攻陷洛容县治，越入博白县城。同年十二月，大藤峡余部侯郑昂七百余人"架梯夜入浔州府城，焚军营房屋一百六十二间，城楼一座，夺百户所印三颗"③。

次年，侯郑昂、王牛儿又率部陷容县县治，焚毁军营城楼，擒典史谭安、巡抚

① （明）《明宪宗实录》，卷二七，成化二年（1466年）三月壬戌条。

② （清）张廷玉等：《明史·列传六六·韩雍传》，卷一七八。

③ （明）《明宪宗实录》，卷三七，成化二年（1466年）十二月庚申条。

谢秀坚。成化五年（1469年），

浔、梧等府，瑶、僮千百成群，攻劫州县，……势甚猖獗。[①]

可见，其数之众，其势之盛。成化六年（1470年），大藤峡余部二百多人，“夜入神电卫城，烧毁电白县治”[②]。面对侯大苟余部的频繁活动，韩雍称：

侯郑昂、王牛儿等，数十年间，纠众为恶，流劫三广，荼毒生灵。[③]

正德间，大藤峡瑶势复盛。故《炎徼纪闻·断藤峡》污之为“遗孽渐蔓”。峡南瑶人更横断江面。正德十一年（1516年），总督陈金企图以“鱼盐之利”安抚笼络瑶民，达到维护其反动统治的目的。史载：

金谓诸蛮利鱼盐耳，乃与约，商船入峡者，计船大小，给之鱼盐。蛮就水滨受去，如榷税然，不得为梗。蛮初获利听约，道颇通。金以此法可久，易峡名永通。

换言之，官府与瑶民订约，凡过峡船只均需交纳一定数量的鱼盐，而瑶民则需放行，以保持水路通畅。为此，还在黔江弩滩和直迹滩的江岸岩壁上镌刻“敕赐永通峡”字样。但此法行之未久，瑶民继起反抗。史称“因循猖獗，江路为断”[④]。当地民间流行一首歌谣讥讽道：

昔永通，今求通；求不获，葬江中。谁其和首？噫！陈公。[⑤]

嘉靖初，大藤峡瑶人不仅阻隔江路，而且与八寨壮、瑶相连络，不断掀起反抗活动。史称：

---

① （明）《明宪宗实录》，卷六四，成化五年（1469年）闰二月庚申条。

② （明）《明宪宗实录》，卷八四，成化六年（1470年）十月丁未条。

③ （明）韩雍：《奏缴平侯郑昂、王牛儿等捷音疏》。

④ （清）张廷玉等：《明史·列传二五〇·广西土司列传一》，卷三一七。

⑤ 参见（明）田汝成：《炎徼纪闻·断藤峡》，卷二。

断藤峡瑶贼，上连八寨，下通仙台、花相诸洞蛮，盘亘三百余里，郡邑罹害者数十年。[①]

嘉靖七年（1528年），总督两广兼巡抚王守仁，既降思、田土司，乘势突袭大藤峡，破牛肠、六寺等十余寨。再循横石江而下，占仁台、花相诸处。最后，直抵八寨，破石门。其间，义军进行顽强抵抗，致使王守仁也承认：

我兵自下仰攻，战势不便，贼从巅崖发石滚木，多为所伤。[②]

激战二月余，反抗活动终被镇压下去。

嘉靖十六年（1537年），武靖州土目黄贵、韦香夺瑶首侯胜海田庐，在市中诱杀胜海并夺其田庐，激起瑶人义愤。其弟侯公丁，"遂啸聚二千余人，乘夜陷堡城，杀戍兵二百人，贵、香走免"。其时朝议欲征安南，无暇顾及，反抗活动得到迅猛发展。

明王朝命蔡经督兵征讨，以翁万达为副使，田汝成为参议。田汝成设计诱杀田公丁后，"谓首恶既诛，宜乘势进兵讨贼"[③]。嘉靖十八年（1539年）二月，两军并进。左军三万五千人分六道；右军万六千人分四道。义军在群龙无首的条件下被击败。是役，

凡斩首一千三百五十余级，俘其众四百五十余人，抚瑶僮二千九百有奇。[④]

从此，大藤峡瑶民反抗活动转入低潮时期。

大藤峡瑶民大起义，若从正统七年（1442年）算起，至嘉靖十八年（1539年）为止，前后长达九十七年。其中规模最大的是景泰、天顺、成化年间的一次；次为嘉靖年间的一次。形成了两次起义高潮。它不仅是瑶族历史上历时最长、规模最大、

① （清）张廷玉等：《明史·列传八三·王守仁传》，卷一九五。

② （明）王守仁：《王文成公全书》，卷十五。

③ 均引自（清）张廷玉等：《明史·列传二五〇·广西土司列传一》，卷三一七。

④ （明）《明世宗实录》，卷二二七，嘉靖十八年（1539年）闰七月甲寅条。

影响最深远的一次起义，而且在我国各民族人民的斗争史上也占有极其重要的地位。

大藤峡地区，是嘉靖以前全国各地瑶族人民反抗明王朝统治的主要据点、斗争中心和一面旗帜。它有力地影响和推动了广西、广东、湖南等地瑶区的反抗斗争。因此，从这一意义上说来，没有大藤峡瑶区，就没有明代各地瑶人波澜壮阔的反抗封建统治的壮举。

这次起义震撼了全国，牵制了明王朝数十万兵力，并耗费其大量财力，使各种社会矛盾激化，严重地打击了明王朝的封建统治。早在成化初，广东按察使夏壎就忧心忡忡奏言：

> 瑶、僮弗靖，……用兵不已，供敛日增，以易摇之人心，责无穷之军费。恐外患未除，内变先作。[①]

此外，从阳朔至昭平，绵亘三百余里的府江瑶区[②]，梧州境内的六十三山、六山、七山诸瑶区[③]，等等，都是明代广西瑶人反抗的重要据点。

二、罗旁瑶起义

广东罗旁山区，是明代又一瑶族重要居地。东与新兴相接，西达郁林、岑溪，北濒西江并与梧州、封川、肇庆为邻，南及阳春，历来为两广交通要道。故史称：

> 乃两广交界，山深路险，瑶贼负固为恶。[④]
> 系两广咽喉，瑶贼渊薮。[⑤]
> 罗旁在德庆州上、下江界，东西两山间，延袤七百里。[⑥]
> 广东肇庆府德庆州上下江一带地名罗旁、渌水，介东西二山之间，

① （清）张廷玉等：《明史·列传四七·夏壎传》，卷一五九。

② 见本章明代瑶人分布部分。

③ （清）张廷玉等：《明史·列传二五〇·广西土司列传一》，卷三一七。

④ （明）《明宪宗实录》，卷二七九，成化二十二年（1486 年）六月乙亥条。

⑤ （明）《明神宗实录》，卷四五，万历三年（1575 年）十二月癸酉条。

⑥ （清）张廷玉等：《明史·列传一一〇·凌云翼传》，卷二二二。

竹林丛翳，素为瑶贼渊薮。[①]

可见，罗旁瑶区之广、之大、之重要。

早在洪武十二年（1379年），泷水瑶人刘第三即聚众反抗。其后，较大规模的反抗有两次：

一次发生在正统、景泰、天顺年间。与大藤峡瑶民起义遥相呼应，可视作大藤峡瑶民起义的组成部分。

正统十一年（1446年），泷水瑶赵音旺与凤广山分别率众反。都御史马昂调广西俍兵镇压。[②]

景泰四年（1453年），瑶首赵音旺复反。次年三月，“总督两广副都御史马昂破泷水瑶”[③]。

天顺三年（1459年）[④]四月，泷水县逍遥山瑶凤弟吉（一作佶）反。弟吉，为凤广山子，广山死后，袭父志，称凤二将军，招集各山瑶人，编为旗手、杀手，攻陷县治，敌杀官军，杀死指挥陈广聚等人。可见，目标明确，组织严密。巡抚都御史叶盛，“会调大军，水陆并进”，直抵瑶人反抗基地，杀三百四十五人，余众多饿死，将凤弟吉等十五名首领献俘于京。[⑤]

天顺三年（1459年）六月，泷水瑶凤光山等人自称总管，焚毁衙门，被擒至京处死。[⑥]

天顺以后，反抗活动并未停止。其中，较重要的事件有：

成化十年（1474年），泷水瑶在大塘村之战中，击毙指挥复晟。[⑦]成化二十二年（1486年），瑶势日盛，纷纷自称“元帅”“将军”“总管”“游击”之名[⑧]，公开与

① （明）《明世宗实录》，卷五四七，嘉靖四十四年（1565年）六月庚辰条。

② （清 康熙）《广东通志》，卷二九。（清）顾炎武：《天下郡国利病书·广东下》。

③ （清）张廷玉等：《明史·本纪十一·景帝纪》，卷十一。

④ 有作元年、三年两说。

⑤ （清 康熙）《广东通志》，卷二九，《天下郡国利病书·广东下》。

⑥ （明）《明英宗实录》，卷三〇四，天顺三年（1459年）六月甲戌条。

⑦ （明）《明宪宗实录》，卷一二六，成化十年（1474年）三月乙亥条。

⑧ （明）《明宪宗实录》，卷二七九，成化二十二年（1486年）六月乙亥条。

明王朝分庭抗礼。

弘治四年（1491年），广东德庆州等处瑶人邓饭主等自成化间聚众二千余人，流攻州县；是年，总督都御史秦纮分兵五哨前往镇压，经“鏖战”后，杀五百余人。[①]弘治六年（1493年），泷水县瑶人三千余人攻占古城寨，杀指挥蒋绎等人。[②]

正德元年（1506年），德庆瑶攻郡城，杀千户林熙、高谦及巡检牟智。[③]正德十四年（1519年），德庆瑶反，称大王，杀官军，反抗活动延至嘉靖二年（1523年），达四年之久。据载：

> 正德以来，寇贼弥炽。都城瑶郑公厚、韦公丙自称通天、通地大王，封川归仁乡僮蒙公高自称铲平王。……指挥张鼐死之，杀千户王谦、达官马驥等，贼众至三千，杀掳千余人。[④]

嘉靖三十八年（1559年），肇庆府泷水、阳春等州县“瑶贼盘永贤、刘世正等恃险啸聚，流劫多年，官兵屡征不克”[⑤]。提督两广调用征倭之兵，突袭“雕剿”才平定反抗活动。

嘉靖末至万历初，罗旁瑶掀起了又一次反抗高潮。

嘉靖四十四年（1565年），罗旁下江瑶反，行旅阻塞。提督两广军务吴桂芳建议：

> 以为瑶所恃者两江茂林，潜伏伺劫。今为督兵沿岸开山伐木，且耕且守，制其不治之治也。[⑥]

据此，自南江口下至泽水一百二十里间，各辟地深八十里立营十，营兵各百人或二百人戍之。此号称“一劳永逸之计”[⑦]，使瑶区平静了数年。但是罗旁瑶强劲的

---

① （明）《明孝宗实录》，卷五二，弘治四年（1491年）六月戊申条。

② （明）《明孝宗实录》，卷八三，弘治六年（1493年）十二月丁亥条。

③ （清）屠英：《肇庆府志》，卷二二。

④ （清）朱一新等：《德庆州志》，卷十五。

② （明）《明世宗实录》，卷四七七，嘉靖三十八年（1559年）十月戊午条。

⑥ （清 康熙）《广东通志》，卷一八八。

⑦ （明）《明世宗实录》，卷五四七，嘉靖四十四年（1565年）六月庚辰条。

反击活动，冲破了明军的包围封锁，使营兵无法支撑。这种立营镇守之法破产后，明统治者酝酿“大征”，准备进行大规模的军事镇压。

万历三年（1575年），两广总督凌云翼集兵二十万，令两广总兵张元勋、李锡将领，于十二月二十日进兵。罗旁瑶“险阻聚众以拒”，抵抗历时四月而败。据载：

> 破贼巢五百六十有四，擒斩贼级万六千一百有奇，渠魁尽戮，其冻馁焚死者不计，投降四百九十有三，俘男妇二万三千一百五十有一，器仗马牛称之。[①]

罗旁瑶遭到空前的屠杀与洗劫。从此，明王朝强化对罗旁瑶政治控制与军事统治。即其地立东安、西宁二县，升泷水县罗定州以统属。立封门、南乡、富霖、函口四所，移德庆守备于罗定，改广、韶、高、肇陆路二参将分驻东西二山，并设官加以总督。

罗旁瑶虽惨遭摧折，但余部仍坚持反抗。万历七年（1579年）九月，据载：

> 罗旁两山等余孽突行杀掠，副总兵陈璘、罗定兵备道侯应爵及东安县知县萧元冈等均当法论。[②]

明王朝大为震惊，以致归罪于当地明军头目。直至万历八年（1580年）四月，明王朝发兵万余人，历时三月，杀俘三百六十余人，才最后平息了罗旁瑶大起义的余波。

总之，罗旁山区是明代瑶人反抗明王朝的又一重要基地。两次大规模起义均有重要意义。正统、景泰、天顺年间的起义，有力地支援了大藤峡瑶人大起义，使明王朝顾此失彼，疲于奔命，形成全国性的瑶民起义高潮；嘉靖末至万历初年的起义，则使罗旁山区成了大藤峡起义失败以后瑶族人民的斗争中心。两次起义耗费了明王朝的巨额“财力”[③]，打击了明王朝的腐朽统治。

---

① （清 康熙）《广东通志》，卷二九。

② （明）《明神宗实录》，卷九一，万历七年（1579年）九月癸亥条。

③ （明）《明神宗实录》，卷五七，万历四年（1576年）十二月丙寅条。

三、粤北瑶民起义

粤北地区，是明代广东瑶人的又一聚居地。这一地区较大规模的反抗活动有三个时期。

一是正德年间。正德五年（1510 年），连山瑶首李公旺以“僚兵攻州城”。十二年（1517 年），桂阳瑶首龚福全进军连州、连山、乐昌等地，与当地瑶人联合反抗，“杀官劫县”。十三年（1518 年），连州峒瑶罗富喜反。十六年（1521 年）六月，连山瑶吴万山反，活跃乡村。[①] 可见，这一时期，粤北瑶人的反抗活动十分频繁。

一是嘉靖年间。进入嘉靖后，瑶人活动不断。嘉靖三年（1524 年），连山苏政、苏晚等来往反抗于三省相邻之境。十四年（1535 年），连州莫廷举、文兴隆先后反。二十七年（1548 年）二月，连山等县瑶首苏德贵等反。其中，尤以连山瑶首李金等人领导的反抗活动为最著，时间长达三十余年，活动地域及三省韶、郴、桂、衡、永各州县。据载：

> 初，广西贺县贼首倪仲亮、连山县贼首李金等各盘据弓山、黄南诸巢，抄掠郴、桂、衡、永各州县，三十余年，官军数出讨之，不克。至是，提督两广侍郎张岳、总兵平江伯陈圭议调广西土兵及两广汉达官军、民兵七万余人，分哨进剿，檄湖广会兵夹攻，大破平之，擒斩三千一十九级，俘获二百八十六人。[②]

使粤北瑶区遭到严重破坏。从此，粤北瑶区在七八十年间，反抗活动相对沉寂。

一是明末天启、崇祯年间。天启元年（1621 年），“军寮排瑶倡乱，各排附之”[③]。次年才被镇压下去。四年（1624 年），八排瑶联合密谋“顺流攻广州”[④]，闲事泄而败。七年（1627 年），阳山瑶谢龙崖反。

崇祯八年（1635 年），八排瑶，杀死大批明朝军政官员。据载：

---

① （清）顾炎武：《天下郡国利病书·广东下》。

② （明）《明世宗实录》，卷三三八，嘉靖二十七年（1548 年）七月辛巳条。

③ （民国）凌锡华：《连山县志》，卷一。

④ （民国）周赞元：《怀集县志》，卷八。

八排瑶寇连山，劫印，杀连州吏目黄中选、广西参将刘唐卫、连州守备梁陈转、阳山守备陈邦对、乳源把总许上操、刘国安，阳山巡检赵应冬等。[①]

鉴于八排瑶反抗之势日炽，明王朝从崇祯十二年（1639年）起，实行大征，调粤、桂、楚、豫、闽五省之兵四万余，命两广总督沈犹龙统领。八排瑶在其首领苏凤宇、王斗明[②]等人领导下，进行顽强抵抗，转战于连州、连山、怀集、乳源、英德及浛光等地，并先后杀死把总林肇芳、哨官莫延辉和广州副总兵陈鹏、守备黎树绩诸人。直至崇祯十五年（1642年），历时三载，明军“搜岩剔穴”[③]，“焚烧殆尽”[④]，才将起义镇压下去。接着，将八排瑶编入图籍，实行直接统治。

需要强调之处有二：

其一，八排瑶的早期反抗活动，主要见诸天启、崇祯间。从此，八排瑶成了粤北瑶人的重要代表与象征。

其二，崇祯年间，八排瑶的反抗活动时间较长，力量较强，牵制了大量明兵，对支援明末农民战争、加速明王朝的覆灭起了积极的历史作用。

四、湘南瑶民起义

有明一代，湘南瑶民反抗活动不断，这在本章湖南瑶人分布部分中可见。其中，规模最大的为正德年间郴、桂瑶民起义。正德十二年（1517年）五月，湖广郴、桂瑶峒龚福全等反，明王朝派遣巡抚、都御史秦金率兵征讨，并命两广总督、南赣巡抚等官陈金期以九月会衡州，合兵齐进。以陈金总督军务，调兵策应。[⑤]龚福全以郴、桂为基地，活跃于湘、粤、赣三省间。据载：

初，福全等据江西上犹、广东乐昌等县山峒，出没剽掠，毒流三省，

① （民国）周赞元：《怀集县志》，卷八。

② （清）林述训：《韶州府志·武备》，卷二四。

③ （清）袁永锡：《连州志》，卷二。

④ （民国）周赞元：《怀集县志》，卷八。

⑤ （明）《明武宗实录》，卷一四九，正德十二年（1517年）五月丁亥条。

而湖广郴、桂之间受害尤甚，屡招复叛。[①]

至正德十三年（1518年）二月，起义被湖广、两广、南赣诸军联合镇压下去。史称：

郴州、桂阳瑶龚福全称王，（秦）金先后破寨八十余，斩首二千级，擒福全及其党刘福兴等。[②]

需要指出的是，这次郴、桂瑶起义的一大特点，是与畲族相联合，形成犄角之势，在广阔地域内，给明王朝造成严重威胁。而且，龚福全失败后，其余部还入赣与畲氏联台，打算东山再起，直至同年七月间，才最终失败。据《明武宗实录》卷一六四，正德十三年（1518年）七月己酉条载：

江西畚贼、广东三浰头诸贼悉平。先是，江西、广东、湖广之交，溪峒阻深，江西上犹等县畚贼谢志山等据横水、桶冈诸巢，广东龙川县贼池仲容据三浰头诸巢，与瑶贼龚福全等联络，亘千百里，时出攻剽，势甚猖獗，将连兵乘虚入广。

明王朝命王守仁提督军务。王守仁率兵万余人，在攻下横水后，移师桶冈，破巢穴八十余，斩获二千八百有奇。会湖广兵逐福全残党，千余人突至，复邀之，擒斩且尽。

五、明统治者的对策

明统治者在镇压瑶民反抗活动后，除杀戮外，对所降、获瑶民，也极力摧残。其主要做法有：

调离本土。据载：成化间，孔镛为校察副使，分巡高、雷二府，“益招剧贼梁定、侯大六、邓辛酉等，给田产，分处内地为官，备他盗”[③]。因为这些瑶首是受招抚者，

① （明）《明武宗实录》，卷一五九，正德十三年（1518年）二月乙亥条。

② （清）张廷玉等：《明史·列传八二·秦金传》，卷一九四。

③ （清）阮元：《广东通志》，卷二五一。

故算给予较好待遇。因惧怕他们在本土复起，故调迁内地，取调虎离山之法。

送京师发落。据载：洪武三十年（1397年），

> 广东都指挥佥事袁遇春讨瑶蛮李敬宗等，平之，获敬宗及天荒罗云山寨贼首邓汉、赵榔等，并其党与三百八十余人，斩之。生擒二百五十余人，送至京师。[①]

这些送至京师的被俘瑶人，或转谪他处，或留京师从事贱役。

谪戍边地。据载：洪武二十三年（1390年），

> 广东都司以所捕蛮獠一百二十九人，械送至京，有司论当宫刑。上曰："此辈非首恶，为人迫胁至此，宥之。"谪戍辽东。[②]

洪武二十八年（1395年），

> 徙靖州会同县蛮洞民常通贼者往戍大同，计男女一千二百五十二人，各赐衣三件。[③]

万历四年（1576年），明军进兵罗旁瑶。兵部言：

> 进兵计出万全，荡平固可指日。惟是万山联络，贼易潜藏，务严搜捕，毋滋孽。其投降残喘，押发沿海卫所。既待以不死之仁，当兼为事后之虑。[④]

此为将大批被俘瑶人男女发戍辽东、大同、沿海边地之例。此举，既可"为事后之虑""毋滋孽"，即防止和削弱瑶人的反抗势力；又可收实边之效。可谓一箭双雕。

发他地屯田。据载：洪武十六年（1383年），

---

① （明）《明太祖实录》，卷二五一，洪武三十年（1397年）三月癸亥条。

② （明）《明太祖实录》，卷二〇一，洪武二十三年（1390年）闰四月乙丑条。

③ （明）《明太祖实录》，卷二四二，洪武二十八年（1395年）闰九月壬午条。

④ （明）《明神宗实录》，卷五七，万历四年（1576年）十二月丙寅条。

广东清远县瑶贼作乱，都指挥使王臻率兵讨之，降贼众一千三百七人送京师。命给衣粮，发泗州屯田。[①]

需要附及的是，一次就将清远一地瑶民一千三百余人迁往内地；接着，在次年又杀了当地继续抵抗的瑶众七百一十九人，[②] 共计超过两千人。这在当时人口稀疏的山区，此数量是颇为庞大的。无疑，这类做法正是促成今日清远无瑶的重要原因之一。

“家口给赐有功之家”。据载：广西浔州瑶人蓝受等或五百人或三四百人分支抗拒官军。之后，诱执其十人，

上命即彼斩之，枭首示众，家口给赐有功之家[③]。

此为将参与反抗活动瑶人的妻儿老小没入为奴以从事贱役之例。这是统治者的通常做法，故有明一代这类瑶人的总数字当是相当惊人的。这也是历代统治者的一贯做法，远在南朝就已是这样对待瑶族先人“盘瓠蛮”了。

幼男净身。据载：宣德十年（1435 年），

广西总兵官右都督山云奏：“已将所俘思恩州蛮贼幼男净身，欲行进用。”上敕云曰：“今后再有俘获者给与功臣之家，毋得滥刑以伤和气。”[④]

此记载，也可作将俘获瑶人家口没入为奴为惯例的佐证。又，明人魏浚也写道：

汪直，藤峡瑶。藤峡平后以俘入。初，正统间，尝令南方征剿诸峒，幼童十岁以下者，勿杀，割去其势。不死，则养之，以备净身之役。此真所谓刑余也。[⑤]

---

① （明）《明太祖实录》，卷一五六，洪武十六年（1383 年）八月戊午条。

② （明）《明太祖实录》，卷一五九，洪武十七年（1384 年）正月辛酉条。

③ （明）《明英宗实录》，卷八九，正统七年（1442 年）二月丙午条。

④ （明）《明英宗实录》，卷六，宣德十年（1435 年）六月丁未条。

⑤ （明）魏浚：《峤南琐记》，卷下。

以上记载说明：

其一，南方瑶壮诸族成了明朝小太监的重要来源。宣德间，宣宗朱瞻基敕总兵官山云今后不要再循例“进用”净身幼男。但，继其位的明英宗朱祁镇又“令”这样做了。可见，这在明代是通则。

其二，明王朝对瑶族反抗采用斩草除根之法。阉割十岁以下幼童，即妄图以此绝其后。

其三，这是一种极其残酷的肉刑制度。连朱瞻基也说，这是“伤和气”的“滥刑”。明王朝不仅施之于瑶族幼童，对成年反抗者也曾行此酷刑。上述，洪武间广东械送京师的瑶人，“有司论当宫刑”，只是朱元璋宽宥才改判谪成的。可见，宫刑是对待各族反抗者的一条法律规定。

六、瑶民起义的原因

明瑶起而抗争，并非瑶人嗜乱，而是逼上梁山，不得已而为之。这是当时的公论，就连明统治集团中的有识之士也持如是观。景泰时官两广总督的王翱在《边情事》中写道：

> 欺其远方无告，掊剋残忍使不得安其身；谓其蠢尔无知，生倒是非，俾不得顺其性。[①]
>
> 既害其生，又拂其性，虽良善懦弱之人，犹不免于动作。[②]

这表明，瑶人“动作”，是因为无法继续生活下去的结果。

概括起来，使瑶人不能安其生，又不得顺其性的原因有三：

明朝统治者实行残酷的政治压迫与经济掠夺，这是最根本的原因。《明史》作者在韩观、山云诸人列传后总论瑶苗之乱因时写道：

> 滥杀邀功，含货贿，兴事端，控驭乖方，绥怀无策，则镇将之过也。[③]

① （明）陈子龙等：《皇明经事文编》，卷二二。

② （清）蒋廷锡等：《古今图书集成·职方典》，卷一三九三。

③ （清）张廷玉：《明史·列传五四》，卷一六六。

这些见解，无疑是相当精辟的。但《明史》作者也和于谦、王翱诸人一样，都未触及明朝封建专制制度的本质，而只归罪于“不得其人”的地方军政官员。这是我们和前人在这一问题认识上的主要差别。

次为汉族地主豪强的欺侮压榨。

此外，某些少数民族上层分子的不法行为，也不能辞其咎。

下面，再逐一具体加以剖析。

其一，“抚字乖方”。前人多持此见。如：洪武十八年（1385年），柳州府马平县主簿孔性善言：

> “昔者陈景文为知县时，瑶僮皆应差役。厥后，长吏抚字乖方，始复反侧。诚使守令得人，示以恩信，谕以祸福，彼虽凶顽，岂不革心向化为良民乎？”上嘉纳其言，命吏部凡临溪峒郡县，择贤守令，以抚辑之。①

正统九年（1444年），广西总兵官柳溥奏：广西溪洞地方，

> 今有司不能抚恤夷民，以致从贼为非。②

正统十三年（1448年），巡按广东监察御史杨刚等言：

> 近年广东州县多被寇掠，虽以地接广西之所致，亦由有司抚字之失宜故。③

成化初，广东按察使夏壎奏：

> 瑶、僮弗靖，用兵无功，由有司抚字乖方，贼因得诱良民为徒党。剧寇数百，胁从万千。④

《明宪宗实录》卷二〇，成化元年（1465年）八月乙酉条有相类记载。

成化十一年（1475年），

---

① （明）《明太祖实录》，卷一七二，洪武十八年（1385年）四月丙辰条。

② （明）《明英宗实录》，卷一一八，正统九年（1444年）七月丁巳条。

③ （明）《明英宗实录》，卷一七一，正统十三年（1448年）十月丙子条。

④ （清）张廷玉等：《明史·列传四七·夏壎传》，卷一五九。

湖广、贵州等处苗蛮多因所司失于抚字及贫穷所迫，不得已相聚为盗。诏书到日，许令改过自新，各归本土，安生乐业。①

此处“苗蛮”为泛指，包括瑶人在其中。总之，所谓“抚字乖方”，是一个包含内容很广泛的字眼，举凡违反抚绥、抚恤、晓谕、恩信之策，均可归入此类。

其二，赋税苛重。据《明英宗实录》卷一一八，正统九年（1444 年）七月丁巳条载：广西溪峒之地，

近年秋粮折银输京，边民粜米易银，不无艰窘。

此为因赋税折交银两增加中间盘剥，而造成边民度日艰难之例。又，正统十四年（1449 年），诏天下曰：广东等省苗蛮，

为因官吏、里老逼迫需索财物，或取私债；或因征收钱粮官府比较紧急，不得已相聚为盗，劫掠乡村，势不容已，遂至拒敌官军。②

弘治间，南京监察史万祥曾言：两广瑶、壮之地，

守令非人，重科厚敛，小民无所控告，间亦有逃亡贼巢导使为乱者。③

像上述“秋粮折银”、征收钱粮紧急、“重科厚敛”诸记载，均属官府田赋杂税超过了瑶民、边民的承受能力之例。在这种情况下，往往造成不得已“遂至拒敌官军”的局面。

其三，“督设过重”。据载：万历年间，广西怀远县土瑶作梗，

大征古田之后，瑶颇悔祸。知县马希武亲诣招抚，各瑶俱喜，愿比编民。希武因建议筑城，督役过峻，作者怨望。近城瑶入贸易者，匠役呵喝之，俟筑城毕，剿若曹耳。遂复纠聚为乱。④

---

① （明）《明宪宗实录》，卷一四七，成化十一年（1475 年）十一月癸丑条。

② （明）《明英宗实录》，卷一八六，正统十四年（1449 年）十二月丙辰条。

③ （明）《明孝宗实录》，卷九三，弘治七年（1494 年）十月辛巳条。

④ （明）《明神宗实录》，卷三四，万历三年（1575 年）正月己巳条。

此外，明王朝曾下令：

> 边民徭役，宜从宽恤。[①]

也反映了徭役过重已成为导致瑶民反抗的严重社会问题。

其四，“贪货贿”。明有司镇将为中饱私囊而向瑶民需索财物与受贿。据载：成化间，范信“守浔、梧，为瑶贼所畏。乃受其赂遗，阴纵越他境，惟约不得犯其所守之境”[②]。此为明官贪瑶赂遗之一例。又，上述官吏需索财物和取私债而迫苗瑶反的记载，可见明官“贪货贿”已成风。

其五，“虏掠”。弘治间，雷、廉、高、肇守备指挥范忠，“纵其下虏掠，以致瑶人为乱”[③]。这些公然抢劫的官兵，简直形同强盗了。

其六，“刑罚过当”。据载：隆庆间，怀远县知县马希武，

> 失信寡恩，刑罚过当，诸瑶不胜苦楚，加以兵匠等役张扬恐吓，遂致成变。

换言之，滥用刑罚，致瑶民“不服苦楚”而反。

其七，贪残滥杀。据载：宣德间，

> 广西全州千户所百户黄玉，往象州哨了，遇瑶人二，执送千户朱宁；玉又遇僮人，执其一。因激变瑶僮，射伤官军十数人。玉遂还其所执。宁乃杀前执二人，诬其为寇，临阵杀之，以掩己罪。[④]

这是因滥捕滥杀瑶、壮之民而致变的典型例证。又，万历间，兵部覆广西巡按御史马呈图疏言：

> 粤西土司瑶僮，各保界宇，并无侵犯。中有彼此仇杀，多系地方官

① （明）《明英宗实录》，卷一一八，正统九年（1444 年）七月丁巳条。

② （明）《明宪宗实录》，卷二九，成化二年（1466 年）四月戊申条。

③ （明）《明孝宗实录》，卷三九，弘治三年（1490 年）六月甲申条。

④ （明）《明宣宗实录》，卷八一，宣德六年（1431 年）七月庚寅条。

贪残喜功所致也。今户口虚耗，生理未复，宜休兵息民，培养元气，不宜更言大征。[1]

此为地方官挑起瑶壮内部矛盾，然后借机征杀，以邀官受赏之例。

其八，“激变”。所谓“激变”，当为“夷本无事，而激之为乱”[2]之意。据《明英宗实录》卷一六七，正统十三年（1448年）六月辛酉条载，明英宗针对广东瑶乱谓兵部臣曰：仍令风宪官

巡视抚恤，禁约诸人，毋得需索其财物，生事激变。

又，《明英宗实录》卷一七一，正统十三年（1448年）十月丙子条载：

化州知州，泷水、新会二县知县，皆尝激变失机。虽已坐罪去官，亦何补于生民？

由于明王朝的腐朽统治，瑶区社会矛盾重重，就像一堆干柴，随时都可能燃起熊熊烈火。而“激变”，就是在表面平静的条件下，某种似乎偶然的突发事件点燃了瑶民反抗的烈火。至于“激变”的具体原因，则是很广泛的。

其九，占耕。随着瑶族农业经济的发展，土地问题愈益重要。明统治者为了防瑶，往往招募大批汉、壮以及“良瑶”等在瑶区四周屯田，这就势必要占用瑶人土地。瑶人反抗被镇压后，更是明令大量没收所谓逆产。瑶人为了生存不断举行反抗；而每一次反抗之后，土地更加减少。如此就造成恶性循环。所以，明统治者侵占瑶人土地，是造成瑶区不宁的重要根源。

其十，汉族地主、城市豪强刻剥侵渔。田汝成论曰：

卫所之官，世掌其土，与厢市大家、倚法豪举，丁剥而户渔之。食祖衣税，视为私人。危言千方，不使一控公门，陈情白事。得其利则为之掩匿埋奸，诱引剽掠。一不当意，则宣露宿恶，传以丑词，耸动官府。

① （明）《明神宗实录》，卷一四〇，万历十一年（1583年）八月乙亥条。

② （明）《明宣宗实录》，卷八一，宣德六年（1431年）七月庚寅条。

稍不加察，或单军轻举，失重损威，酿成大祸。此则两江通弊也。[①]

《两广总镇事宜》论及瑶乱时写道：

诸卫所之臣贪纵者多却虑者少，而官府豪猾又多倚势法为奸利。得其贿则漏泄机事，教诱凌掠而启其侮。不遂所求，则讦发阴私，诬谮构衅以激其怒。守臣瓜代无常，率非久任。一任其言，或畏事而容奸纵慝，或贪功而轻率寡谋。一开凶残莫制，中止则损威，遂事则黩武而兵连祸结而无宁时。[②]

可见，“厢市大家”“倚法豪举”以及“招主”一类地主豪强与卫所之官沆瀣一气、狼狈为奸。他们左右瑶人命运。或包揽词讼，上下其手；或丁剥户渔，奸利得贿。为一己私利，煽风点火，挑起和扩大事端，以致瑶区兵连祸结而无宁时。显然，这些地头蛇，是酿成瑶民反抗活动的一条祸根。

其十一，土目刻剥。如上述，王守仁平大藤峡后，“以土官岑猛子邦佐为武靖知州，使靖遗孽”。其下属土目黄贵、韦香夺瑶首侯胜海田庐。“于是诸瑶俱恚，邦佐又阴党之”[③]，遂引起嘉靖十六年（1537年）的瑶人反抗活动。这是少数民族上层分子欺压瑶民而致变的典型事例。

其十二，“饥寒所迫”。由于人祸与天灾等社会与自然诸因素，使瑶民无法维持生计。据载：成化十一年（1475年），

赦两广盗贼。十一月诏：两广盗贼生发，去处军民，饥寒所迫，流移他处，不得已相聚为盗。[④]

这是两广瑶族和各族人民为求生存而被迫反抗之明证。

① （明）田汝成：《炎徼纪闻•断藤峡》，卷二。其中“两江”指漓江、柳江，一提到广西“两江”，人们往往以为即左江、右江，其实不然。这处“两江”，乃指漓江、柳江。《徐霞客游记•粤西游日记二》载：“大藤峡东抵府约三百余里，乃漓、柳二江之夹中也。两江瑶贼甚猖獗，屡征之后，今两江晏然。”可证。

② （清）蒋廷锡等：《古今图书集成•职方典》，卷一二九六，广东总部总论。

③ （清）张廷玉等：《明史•列传二五〇•广西土司列传一》，卷三一七。

④ （清）屠英：《肇庆府志》，卷二二。

从上述所举诸项，可见引发明瑶起事之大端。

此外，事起后，当局又往往不采取妥善措施加以解决，而是相反，或则隐匿不报，或则观望不前，或则虚报战功，从而，使矛盾激化。这也是造成事态扩大的一个重要原因。据载：

（韩）雍坐视瑶贼出没，隐匿不报，以致断藤峡贼复啸聚滋蔓，流劫郡县。……副使范镛、佥事叶琪督调军马不能防御，互相隐匿。①

时广西瑶蛮越广东境，纵横猖肆。前此巡抚者，匿不以闻。②

时两广地方连年用兵，……瑶、僮千百成群，如入无人之境，而守土官军动以捷奏，虚张名数。升赏日加，而盗贼纵横如故云。③

两广瑶贼蜂起，……将吏率缩朒观望。④

盖由将非其人，兵失其驭。是以人各偷安，莫肯赴斗。寇至则却，走以避其锋；寇退，则张皇以邀其功。⑤

上述明官军诸种痼疾，是明王朝吏治腐败的必然结果。

七、反抗活动的主要特点

明代瑶民反抗活动的主要特点，可归纳如下：

其一，以时间言，明后期较前期的反抗活动不仅数量多，而且势力也强。有明一代大规模的反抗活动，广西大藤峡瑶区从正统末至嘉靖年间，广东罗旁瑶区则在嘉靖末至万历初，湖南郴、桂瑶人起义则发生在正德年间。一句话，正统末年或景泰初年是一个分水岭。前人也已见及此。如清人陈徽言写道：

明景泰以后，大藤峡瑶数倡乱。⑥

① （明）《明宪宗实录》，卷一二六，成化十年（1474年）三月丙戌条。

② （明）《明宪宗实录》，卷二〇五，成化十六年（1480年）七月乙巳条。

③ （明）《明宪宗实录》，卷六七，成化五年（1469年）五月丁酉条。

④ （清）张廷玉等：《明史·列传五三·叶祯传》，卷一六五。

⑤ （明）《明宪宗实录》，卷五，天顺八年（1464年）四月庚午条。

⑥ （清）陈徽言：《南越游记》，卷三。

也就是这层意思。

其因何在？其一，是因为从明英宗朱祁镇以后，明朝的统治即开始走向衰败。正统十四年（1449 年）的“土木之变”，蒙古诸部的首领也先率瓦剌部全歼明军五十万，英宗沦为阶下囚，国力日削；英宗复辟，统治阶级内争日烈；宦官专权，国事日非；社会矛盾尖锐化，农民起义不断。与此相适应，瑶族的反抗活动也从此走向高潮。可见，瑶民的反抗活动，与全国农民起义是同步的，是互相支持的。

其二，以族别言，参加者往往包含多种民族成分。如汉、壮、俍（壮族的一支）、畲、苗诸族之人。

汉人。史籍多把参与瑶民反抗活动的汉人污为“亡命”“奸徒”“土寇”“无赖子”诸名，不一而足。据载：

> 四方亡命，若避徭赋者，此为逋薮。淆杂夷中，为之通行，囊橐内导，分受卤获。……故广之东西，岁苦兵事。[①]
>
> 初，广东新宁、新会、新兴、恩平之间，皆高山丛箐，径道险仄，奸民亡命者辄窜入诸瑶中，吏不得问。久之，众至万余人，推以明为王，号‘承天霸王’，流劫高要、高明、阳江、德庆等处。[②]
>
> 四方亡命者，又为之通行囊橐，或为内导，分受卤获。[③]
>
> 我未及动，而细人奸徒，先已泄露消息。[④]
>
> 广西瑶流劫高、廉、惠、肇诸府，破城杀吏无虚月。香山、顺德间，土寇蜂起，新会无赖子之群聚应之。[⑤]

由于参加者绝大多数为普通老百姓，史籍也不能回避这一基本事实，故也有称作“民”“居民”甚至“良民”者。如：

---

① （明）田汝成：《炎徼纪闻·蛮夷》，卷四。

② （明）《明世宗实录》，卷四四一，嘉靖三十五年（1556 年）十一月丁丑条。

③ （清）屈大均：《广东新语·人语》，八排瑶条。

④ （清）朱一新等：《德庆州志》，卷九。

⑤ （清）张廷玉等：《明史·列传五三·陶成传附传》，卷一六五。

藤县民胡赵成构瑶陷县治。[①]

及其（指溪峒诸蛮）出没，调军剿捕，而各县居民与诸蛮结交者，又先泄漏军情，致贼潜逃。[②]

广东、广西近因蛮寇生发，已遣大军剿捕，其中多有良民被贼驱胁为恶，因而惧罪不敢复业者。[③]

此外，也有明朝官吏与士卒参加者。如：

富川县逃吏首赐纠合贼人盘大孝等为乱，杀知县徐原善等。[④]

洪武二十一年（1388年），山贼何女子、逃卒杜回子与瑶蛮劫掠居民。[⑤]

从上述记载中，我们可以得出如下结论：

汉人参加者，包括颇为广泛的阶层。除大多为农民外，还有城市居民、剥削阶级人物及下层吏卒。至于被冠以各种恶名之人，实际上也多为劳动者。如所谓“四方亡命”，即是大批逃避明王朝赋役压榨或已破产或触犯“王法”而进入瑶区的农民。当然，也不排除个别社会渣滓混入，因为任何巨大的社会运动都会泥沙俱下的。

汉人在瑶民反抗活动中，占有一定的地位。他们中的一些人，或通风报信，或买卖军火物资，或出谋划策。这是为统治者所既恨又怕的人物。“禁山”之举，其目的也在于此。

壮人，在瑶人反抗活动中起着重要作用。明代的广西，瑶、壮居多，汉人较少，这是史有明文的。如：

刑部主事冯俊亦言，生长广西，深识夷情。盖广西境内瑶、僮数多居民鲜少。[⑥]

---

① （清）张廷玉等：《明史·列传四七·雷复传》，卷一五九。

② （明）《明英宗实录》，卷五七，正统四年（1439年）七月壬申条。

③ （明）《明英宗实录》，卷三三〇，天顺五年(1461年)七月庚戌条。

④ （明）《明太祖实录》，卷一九八，洪武二十二年（1389年）十二月戊午条。

⑤ （明）《明太祖实录》，卷二四三，洪武二十八年（1396年）十一月己巳条。

⑥ （明）《明宪宗实录》，卷十三，成化元年（1465年）正月辛未条。

兵部以为，广西岭徼荒服，大率一省，俍人半之，瑶、僮三之，居民二之。①

这些出自明高层领导集团的对广西民族成分构成的估算，当是大体可信的。为此，明统治者竭力在瑶、壮中间人为制造矛盾，以图实现其“以夷制夷”的目的，可谓居心叵测。但是，由于瑶、壮人民间本来没有根本利害冲突，而且，同样都是被压迫民族，这就使他们经常联合起来，进行反对明王朝的共同斗争。因此，笔者以为：既不要忽视明王朝挑起民族间纠纷的一面，但也要重视瑶、壮携手并进的一面。

壮人加入瑶人反抗队伍行列的记载，可谓不胜枚举。如：

嘉靖年间，八寨“洞蛮”与大藤峡瑶相呼应，为王守仁所镇压。八寨，在忻城县境。据载：旧称八寨，即思吉、周安、古卯、古蓬、古钵、都者、罗墨、剥丁。②为明代壮族反明斗争的重要基地。此为壮人参与大藤峡瑶人起义之例。

正德七年（1512年）罗旁瑶反，据载：

分巡岭西道佥事汪滋督兵进讨，以石渌僮子为向导。僮潜与瑶谋，引入深险，被伤甚众，始知为其所卖。自是不敢言用兵矣。③

又，正德间，德庆瑶郑公厚反，据载：

或谓瑶贼多遁于归仁（封川县境），僮匿之。有司檄抚瑶官吏迹捕，株连索贿，僮目蒙公高、陈公镜等怒叛。④

于是，与瑶人郑公厚等汇合，攻杀官军。从上述“僮潜与瑶谋”、“僮匿”瑶人事，可见壮人对罗旁瑶起义的大力支持。

弘治间，樊莹为巡抚湖广，据载：

① （明）《明世宗实录》，卷三一二，嘉靖二十五年（1546年）六月丁亥条。

② （清）汪森：《粤西丛载》，卷二九。

③ （清）顾炎武：《天下郡国利病书·广东下》。

④ （清）朱一新等：《德庆州志》，卷十五。

锦田贼结两广瑶、僮为寇，莹谕散余党，戮首恶十八人。[①]

此为两广壮人与湖南江华之锦田瑶共同行动之例。

俍人。属壮人的一支。广东俍人多与瑶人一起反明。如：嘉靖初，王大用为广东兵备副使，据载：

新兴瑶、俍诸贼，歼灭殆尽。[②]

万历初，据载：

广东罗旁平。计克瑶、浪（俍）贼巢五百六十四处，擒斩、俘获、投降、夺回共四万二十八百有奇。[③]

广东俍人，多由明王朝从广西征调或招募而来，在当地定居屯耕，以为防瑶之用。但是，事与统治者的初衷相违，他们反而与瑶人联合起来反明。这在瑶、壮关系史上，具有特殊重要的意义。

畲人。上述，正德间江西畲首谢志山与郴、桂瑶龚福全"联络"，为畲人参加瑶民起义的典型事例。

苗人和侗人等。史籍关于湘南诸"蛮"反抗活动的记载，有的就含有瑶、苗、侗等族之人。

其三，以瑶族内部而言，参加者往往包含全国各地瑶民。明统治者分省而治，但各地瑶族却不分畛域，作为一个整体而共同行动。换言之，瑶民的反抗活动并不都是局限于一地的狭小范围，而不时在全国范围内实行较大规模的联合。

广西是明瑶活动的中心，故广西瑶民起事后，多扩及广东、湖南、江西等省瑶区。如景泰七年（1456年），据载：

广西瑶贼流劫广东，攻陷钦州及石城千户所。[④]

---

① （清）张廷玉等：《明史·列传七四·樊莹传》，卷一八六。

② （清）屠英：《肇庆府志》，卷十六。

③ （明）《明神宗实录》，卷六二，万历五年（1577年）五月癸巳条。

④ （明）《明英宗实录》，卷二七三，景泰七年（1456年）十二月丁卯条。

天顺八年（1464 年），兵部臣奏：

独广西蛮贼作耗，流及广东。[①]

同年，据载：

广西瑶渡浈逼境（指粤北翁源县内）。[②]

成化元年（1465 年），据载：

广西瑶贼夜入广东廉州、高州二府城。[③]

成化四年（1468 年），据载：

广西瑶贼林裕肇等劫宾州、柳城等县，越过广东化、钦二州，两广会兵追剿。[④]

成化五年（1469 年），巡抚广东陈濂等奏：

高、廉、雷、肇四府及连州，密迩广西，流贼出没。[⑤]

由于广西瑶动辄流入广东，故阻止广西瑶越境成了广东防务的严重问题。天顺末，广东于水陆两路派重兵驻粤、桂边地，以使“广西之贼，不敢过广东之界”[⑥] 即是一例。除广东外，广西瑶还进入湖南、江西等地。据载：成化年间，“广西瑶贼过境流劫桂阳等州县”[⑦]。

又，《明武宗实录》卷六五，正德五年（1510 年）七月己巳条载：

---

① （明）《明宪宗实录》，卷五，天顺八年（1464 年）五月己巳条。

② （清）林述训：《韶州府志》，卷三四。

③ （明）《明宪宗实录》，卷二三，成化元年（1465 年）十一月辛亥条。

④ （明）《明宪宗实录》，卷五二，成化四年（1468 年）三月辛巳条。

⑤ （明）《明宪宗实录》，卷七三，成化五年（1469 年）十一月甲申条。

⑥ （明）《明宪宗实录》，卷十一，天顺八年（1464 年）十一月丙辰条。

⑦ （明）《明宪宗实录》，卷四〇，成化三年（1467 年）三月庚寅条。

先是广西瑶贼流劫郴、永日久。

此外，《明宪宗实录》卷一二六，成化十年（1474年）三月丙戌条载：在韩雍未督军之前，大藤峡等地之瑶，“贼势不独毒岭南，且越江西、湖南界”。

广东瑶也有进入广西、湖南瑶区者。如，洪武五年（1372年），据载：

化州石龙县余寇结连黄泥山寨等瑶蛮作乱，焚掠陆川、北流二县。[1]

正统十三年（1448年），泷水、电白等处瑶反，“地邻广西，贼徒互相往来”[2]。上述为广东瑶与广西瑶相互配合之例。

又，正德六年（1511年），据载：

广东瑶贼破湖广酃县。[3]

此为广东瑶进入湘南瑶区之例。

湘南瑶人，也进入岭南瑶区。郴、桂瑶龚福全据广东乐昌瑶区，即一例。

总之，明瑶的反抗活动，桂、粤、湘、赣往往联片活动，彼此串联流动，互相配合。这样，不仅便于保存和扩大自己的队伍，也使明统治者有顾此失彼、疲于奔命之虞。

其四，斗争矛头直指明统治阶级。义军“攻围府城县治”[4]，“攻陷城邑”[5]，“公堕城堡，劫官府”[6]，“劫库放囚”[7]，“烧毁廨宇、仓粮”[8]，“夺印杀吏”[9]，“劫去守珠池内

① （明）《明太祖实录》，卷七六，洪武五年（1372年）十一月癸亥条。

② （明）《明英宗实录》，卷一六五，正统十三年（1448年）四月癸酉条。

③ （明）《明武宗实录》，卷七九，正德六年（1511年）九月庚午条。

④ （明）《明宪宗实录》，卷十一，天顺八年（1464年）十一月丙辰条。

⑤ （明）《明宪宗实录》，卷五，天顺八年（1464年）五月己巳条。

⑥ （明）田汝成：《炎徼纪闻·断藤峡》，卷二。

⑦ （清）张廷玉等：《明史·列传二五〇·广西土司传一》，卷三一七。

⑧ （明）《明英宗实录》，卷一六四，正统十三年（1448年）三月乙巳条。

⑨ （明）《明神宗实录》，卷一〇八，万历九年（1581年）一月辛卯条。

官敕书并府印、库物”[①]。可见，他们把明封建政权作为主要攻击目标。

与此同时，义军独树一帜。如上述，他们“张旗帜”“执旗号”，“自称通天、通地大王”，“自称元帅、将军、总管、游击等名”，蔑视明政权的存在，公开向明统治者宣战。

其五，自制武器，有效抗拒明军。没有武器，便没有起义。面对明军较为先进的武器和“禁山”封锁，义军因地制宜，土法上马，制造形形色色的武器。主要记载有：瑶人，

以木挂于藤，垒石其上。官军至，辍断藤，木石交下，无敢近者。[②]

于山南各寨立栅自固，用辊木、礌石、镖枪、药弩凭险抵拒。[③]

刊大木塞道，布蒺藜、菰签，悬石树杪，急则绝之，走坂如丸。伏机弩毒镖戟莽中，触者应声而毙。[④]

刊巨木塞隘口，布蒺藜、菰签，伏机弩、毒镖。悬石树杪，急则撼其树，石皆坠。[⑤]

伐木大塞道，环布菰签。[⑥]

可见，瑶人制成机弩毒镖戟一类有特色的武器，甚至使用木、石、蒺藜、菰签一类原始作战工具，与明军进行顽强战斗。

其六，凭恃山险，利用有利地形。鉴于明军不谙地势和短于山地作战的特点，瑶人则发挥所长与敌周旋。故瑶人歌谣曰：

官有万兵，我有万山；兵来我去，兵去我还。[⑦]

---

① （明）《明宪宗实录》，卷二三，成化元年（1465年）十一月丁亥条。

② （明）《明英宗实录》，卷四八，正统三年（1438年）十一月甲申条。

③ （明）《明宪宗实录》，卷七二，成化二年（1466年）三月壬戌条。

④ （明）查继佐：《罪惟录·大藤侯氏》，卷三四。

⑤ （明）《明史·列传九三·张经传》，卷二〇五。

⑥ （明）《明史·列传一三五·童元镇传》，卷二四七。

⑦ （清）屈大均：《广东新语·人语》，卷七，罗旁瑶条。

十分形象地反映了这一历史事实。可以说，瑶人能坚持长期的和不断的反抗活动，善于利用“万山”的地理环境是重要因素之一。

其七，灵活多变的战术。面对人数与装备都占优势的官军，义军多不正面对垒作战，而是成功地使用了灵活多变的战术。主要表现为：兵进则散，兵还复出。如：道州瑶人，

调军剿捕，至则溃散，退则复聚。①

广西桂林诸郡瑶壮，

依恃岩险，出没不时。兵至则散匿溪峒，兵退时出劫乡村。官军皆非本处之人，不能深知动静，且触冒岚瘴，多至疾病，难以有功。②

盖两广之瑶，大抵散处无常。……遇警则鸟惊鱼散，兵退则蜂屯如故。③

泷水瑶，

负固为恶，兵进则潜退，兵还则复出。④

广西桂林府古田县、柳州府马平县，皆山势相连，瑶、僮恃以为恶。我军北进，贼即南却；西进，即东走；军退，复即巢穴。如石投萍，随散随集。故兵屡进，贼转多，民困日深，资粮浪费。⑤

在大军压境下，利用山势，化整为零，以保存实力；待明军一退，又卷土重来，这是瑶人常用的聚散无常的战术，致使明军经常扑空，既消耗大量财力，又“难以有功”。

击其惰归。据《广东新语·人语》卷七载：八排瑶，“官兵至，尽室而去。退，则击我惰归。踉跄丛薄中，不可纵迹”。明军撤退之时，往往思想上麻痹松懈，体

① （明）《明太祖实录》，卷二三四，洪武二十八年（1395年）十一月己巳条。

② （明）《明太祖实录》，卷二五，永乐元年（1403年）闰十一月甲辰条。

③ （清）陆舜臣：《议地方事略》，见（清 光绪）《德庆州志》卷九。

④ （明）《明宪宗实录》，卷二七九，成化二十二年（1486年）六月乙亥条。

⑤ （明）《明孝宗实录》，卷七六，弘治六年（1493年）闰五月己巳条。

力上疲惫不堪。当其时，瑶人发动突袭而给明军重创。

“善设伏”。并利用弩作为伏击战的重要武器，故史有“遁去必有伏弩”[①]之载。

夜袭。如上述，天顺七年（1463年）夜入梧州府城，成化元年（1465年）夜入藤县城，成化二年（1466年）夜入浔州府城，成化六年（1470年）夜入神电卫城等，都取得了重大胜利。这都是瑶人善于夜战的有力例证。

以少击众。据载：

> 瑶女云雜娘，相思寨兵也，能以少击众，诸瑶尽服。[②]

此法的产生，与下述条件密不可分：一是面临敌强我弱的力量对比。二是瑶人尚武善战，如《广东新语·人语》卷七载：瑶人“性凶悍好斗，一成童可敌官军数人”。

其八，参加人数之众，持续时间之长，规模之大，在瑶族史上都是空前的，甚至可说是绝后的。所谓“比年小征，三年大征”，恰好从相反方面集中反映了这一历史事实。

八、瑶民反抗与镇瑶遗迹

它是瑶民英勇反抗明封建王朝的明证与明统治者残酷镇压瑶民起义的罪恶印记。因而，值得后人重视。史册对此记载颇多，下面仅举广西方志所记数例以见之。

营垒与屯兵处。据载：武宣县，

> 营防遗迹……背禄新区之复旦贺龙等村侧各处皆有遗址。大约系前明征柳、浔瑶贼遗迹。[③]
>
> 在（武宣）县西二十五里……现今两营故址仍岿然尚在。系明成化间韩襄毅公征大藤峡贼屯兵处。

在武宣县南四十里有营垒一座，据载：

---

① 均见（清）屈大均：《广东新语·人语》，卷七。

② （清）檀萃：《说蛮》。

③ （民国）朱昌奎：《武宣县志·政治下》，第三编。

系明成化间韩襄毅公征大藤峡屯兵之用，今日旧址犹存。

武宣县北河区勒马埠有营垒二，据载：

相传系明王守仁征大藤峡所建。①

武宣县地处大藤峡瑶区，至民国时在该县仍存明驻军营垒遗址多处，可反证当年大藤峡瑶反抗之烈。

刻石。据载：

镇粤楼在（马平县）北门外。明嘉靖间总督张岳平马平瑶，筑柳北郭城，后人即祀襄惠公于其上。骆日升有记刻石，今圮，遗址犹存。②

刻石纪功，是历代统治者常用手法。需要强调的是，明代因征瑶而大批修筑和改建广西城郭。其中一些牢固的砖石城楼，倒成了今日重要历史古迹，这是当时人们所始料未及的。

第五节　明代瑶族的民族关系

明代瑶人与其他民族，特别是汉族之间的关系，有了进一步发展，下面分述其主要表现。

一、瑶与他族“杂处”

瑶人多与汉人错杂而居。据载：

宜章界于广东阳山县松柏、蓉家二峒，民瑶杂处。③

① 均见（民国）朱昌奎：《武宣县志·古绩》，第六编。

② （清）舒启：《马平县志·古绩》，卷二。

③ （明）《明宪宗实录》，卷九八，成化七年（1471年）十一月乙卯条。

（武冈州）襟带湘岭，山川阻深，民瑶杂处。①

瑶与民半杂而居，故藏疾匿奸，易与为盗。②

此为整个州县之地即次大范围内，民瑶“杂处”“半杂而居”之例。

也有在村寨范围内，瑶、汉共居者。据载：

井邑新安集，闾闫杂汉、瑶。③

此为汉、瑶杂居在小范围“闾闫”之内的事例。

除杂居外，也有瑶在外，汉在内，形成“环处”局面者。所谓“阳春（县）瑶僚环处”④，即属此例。

由于瑶、汉共居，故史书往往“民”“瑶”并提。所谓“民、瑶慑服”⑤，是为例证。

瑶、壮杂居。瑶人也与汉人以外的其他民族杂居。在明代的岭南，由于瑶、壮人数众多，故瑶、壮杂居成了普遍现象。据载：

广西瑶、僮居多，盘万岭之中，当三江之险，六十三山倚为巢穴，三十六源踞其腹心，其散布于桂林、柳州、庆远、平乐诸郡县者，所在蔓衍。而田州、泗城之属，尤称强悍。

宣（德）、正（统）后，（忻城）瑶、僮狂悖。⑥

景泰时，王翱为两广总督，

剿抚得宜，瑶僮帖服，民获安堵。⑦

① （清）黄宅中：《宝庆府志·形胜》，卷三。

② （清）顾炎武：《天下郡国利病书·广东》。

③ （明）区大相：《入罗滂水》，见（民国）《西宁县志》，卷四。

④ （清）金光祖：《广东通志》，卷十四。

⑤ （清）陈德华等：《大清一统志·广东肇庆府》，卷三四六。

⑥ （清）张廷玉等：《明史·列传二五〇·广西土司传一》，卷三一七。

⑦ （清）郝玉麟：《广东通志》，卷四〇。

成化间，孔镛除广西，

瑶、僮闻镛至，悉远遁。[①]

成化间，范镖授封川知县，

地与瑶僮杂居，桴鼓数警，编户单孑。[②]

嘉靖时，胡尧时知新兴县，

在任四年，瑶僮归服，顽民向化。[③]

上述“瑶、壮”并提，且将广西瑶、壮分布状况统一叙述，均可见瑶、壮已形成共居而无法截然分开的局面。

此外，作为壮人一支的俍人也同样与瑶人共处。故史有“岭西瑶、浪（俍）渊薮”[④]之说。

瑶与壮、苗、汉等多民族杂居。据载：

两广蛮夷杂处。[⑤]

两广去中州险远，民夷杂居。[⑥]

此为广西为瑶、壮等众多“蛮夷”与汉民杂居之例。

又，据隆庆《宝庆府志》引《城步志》云：县民有三，一曰居民，二曰瑶民，三曰苗民。此为湘南之县有汉、瑶、苗三族共居的局面。

面对州县瑶人与汉人共处的现实，明王朝采取统一建立基层单位的办法。据载：

---

① （清）阮元：《广东通志》，卷二五一。

② （清）阮元：《广东通志》，卷二四九。

③ （清）郝玉麟：《广东通志》，卷四一。

④ （明）《明神宗实录》，卷四七，万历四年（1576年）二月癸酉条。

⑤ （清）张廷玉等：《明史·列传六六·秦纮传》，卷一七八。

⑥ （明）《明世宗实录》，卷二六，嘉靖二年（1523年）闰四月庚申条。

顺治四年（1647年），恭顺王孔有德兵入永州，因明旧名编民、瑶居户二十五里。[①]

明永乐年间，江华县“编里，归并四里；后嘉靖间，又增二里。共旧编民、瑶之里六”[②]。此为明朝州县政权把瑶民、汉民划一编入“里”的建制之例。

总之，明代瑶与汉、壮、苗等民族共处治局，是在长期历史发展过程中逐步形成和扩大的。

二、瑶与他族的融合

明代瑶人与汉族等民族融合者，日益增多。表现为：

成为“垦田输税”并“与齐民无异”的封建国家的“编户”。如，道光《广东通志》卷二五一载：永乐间，姚原立为信宜令，“民瑶多归化之”。

道光《广东通志》卷二四四载：成化间，王俊迁广东参政，“抚化壮、瑶，广人深戴之”。

《天下郡国利病书·广东下》载：

岭西海北人呼为白衣山子，钦、廉迩来亦有垦田输税于官，愿为编户者，盖教化之渐被也。

《广东新语·人语》卷七载：

罗旁瑶，其稍驯者，听约束，与齐民无异，从不入城。

瑶人变编户的重要因素，是汉文化影响日益加深的结果。所谓“教化之渐被”，即指此。

这些明代始入籍的瑶民，被称作“新民”。如，《天下郡国利病书·广东》载：阳山县三坑瑶人，

① （清）嵇有庆：《零陵县志·墟里》，卷一。

② （清）邓华邦：《江华县志·赋税》，卷三。

其成公、木陇、朵坑、鸾旋、官陵等田瑶人，编为四户，附入稍陀甲下，册报人丁一百二十七丁，妇女一百一十二口，共计六十五户，名曰新民。

可见，这些成了编户的瑶民与汉民之间，仅存在入籍的先后、新旧这一形式上的差别，实质上则已无异。随着时间的推移，当他们不再被称作“新民”时，他们原本瑶族成分的最后一点痕迹，也完全从人们的记忆中消失了。

生产上，逐渐达到汉族发展水平。如：广东永安县，

乌禽、天字二嶂及下黄沙、罗坑一带，乃嶜崒，所种山旱及薯、芋、菽、苴、麻、姜、油茶诸物，与白衣山子同风。其初，或是瑶人采实猎皮毛，山濯乃徙，今悉化为齐民矣。[①]

应该说，瑶、汉之间的重要差别，在于经济发展的程度不一。当瑶民脱离刀耕火种生活转而从事种植旱作物与经济作物时，其与山区汉民则处于同一发展水平，此乃“今悉化为齐民”之意。至于日益增多的瑶民从事犁耕稻作农业，其发展水平则赶上了平川汉民，明代瑶民占有大量的“田”，即证明。

文化上，受教育人数增多。据雍正《广东通志》卷四六载：嘉靖间，翟宗鲁迁融县令，

宗鲁知瑶可化，乃推选其子弟稍慧者，被以青衿，钲鼓导归。诸瑶以为宠，相率归化。

文化发展程度的不同，是瑶、汉之间的又一重要差异。上述记载表明：瑶族的“归化”，是与其受教育程度成正比的。

民族畛域意识的削弱。据《粤述》载：

生瑶在穷谷中，不与华通；熟瑶与土民错处，或通婚姻。

瑶人素来为族内通婚。在明代熟瑶中，出现与汉人“或通婚姻”的现象，这是

① （清）屈大均：《广东新语·食语·谷》，卷十四。

历史的进步，这是两族人民间彼此信任感加强的一种集中体现。两族人民间的通婚，意味着二者从血统上融为一体。这是两族接触日益频繁的必然结果，所谓“杂处”，即含此意。

需要指出的是，瑶、汉融合，除了瑶人融合于汉人外，也含汉人融合于瑶人的意思。特别是在瑶族居多数的地区，汉人从瑶俗或成为瑶族一员的事例，在在有之。所谓“赝瑶”[①]，其中往往含有汉人因素。“永近粤，乡村间稍杂以夷僚之俗”[②]，则是永州地区风俗夹瑶俗的例证。又，“平乐民蛮杂居，俗亦蛮夏参焉”[③]，则是瑶汉杂居地两族风俗互相影响与渗透的例证。

三、瑶与他族的相向迁徙

明代的民族融合，和瑶与汉、壮诸族间彼此相向频繁迁徙有密切关系。

明代瑶人大批迁入汉区。其基本形式有五：

一是迁入平川地区。这是瑶人生产发展的必然结果。“高山之瑶日下平地”[④]，就是这一历史趋势的真实记录。从“全州、灌阳等县平川诸原瑶民聚众为乱”[⑤]的记载，则可见瑶人下平川人数之众。

一是为生计而流散各地。所谓“山巢瑶、壮散入高、廉、雷、肇、浔、梧等处”[⑥]，即属此例。

一是反抗活动的流动。如上述，明代反抗活动流动性极大，大面积甚至跨省的迁移乃是常事。这些瑶民，当有不少滞留外地而定居。

一是反抗活动被镇压后，被强制迁至京师或其他地区。

一是“大征”后避难。如：

明刘明征《志》麻贝、两江瑶多以盘为姓，原因广西大征逃来避此，

① （清）顾炎武：《天下郡国利病书·广东下》。

② （明）王士性：《广志绎·江南诸省》，卷四。

③ （清）全文炳：《平乐县志·风俗》，卷一，引（明）郑圭：《纪略》。

④ （明）《明孝宗实录》，卷一三九，弘治十一年（1498年）七月壬戌条。

⑤ （明）《明太祖实录》，卷二三三，洪武二十七年（1394年）六月甲午条。

⑥ （明）《明宪宗实录》，卷一〇四，成化八年（1472年）五月癸丑条。

占据税山，居住佃种。[①]

遇大征，瑶人为避免明王朝的屠杀与迫害而大批逃亡，除逃往更深山处外，也有流入汉区者。

总之，上述诸种瑶族移民，其后大多与汉族融合。

汉人迁入瑶区的主要形式有两种：

一是失业及逃避赋役的大批农民。见上述。

一是为防瑶而招募的农民。如，《明武宗实录》卷一〇一，正德八年（1513年）六月辛酉条载，户部覆广东左布政使罗荣所奏地方军民利病事，有言：

> 高、肇、雷、廉所属州县地方抛荒，流民、土瑶易为啸聚，请募民开垦，劝课农桑。

虽然，汉民进入瑶区的目的与形式不尽相同，但在客观上均有利于汉族经济文化在瑶区的传播。

壮人进入瑶区。为防瑶而征募俍兵或俍人在瑶区屯种，形成“瑶主而客俍”的特殊布局。如，《广东新语·人语》卷七载：

> 瑶、俍以语音相别，瑶主而俍客，俍稍驯。初，大征罗旁，调广西俍兵为前哨，今居山以西者有二百余丁，其后裔也。

如前述，由于瑶、俍间无根本利害冲突，故有不少联合反明之举。

① （清）邓华邦：《江华县志·杂记》，卷十二。

第十章　清代瑶族

第一节　清代瑶族分布

一、湖　南

清代，湖南仍为瑶人重要居地，故史称：

湖南界连黔、粤，苗、瑶杂处。①

按府分述如下：

长沙府（治今长沙）。

安化（治今安化东南）、宁乡（治今宁乡）。据载：

安化、宁乡等处瑶人，……本朝以来，咸知向化。②

宝庆府（治今邵阳）。

邵阳（治今邵阳）：清邵阳瑶峒建置，

各乡瑶不编都。峒十有六。③

城步（治今城步）：

大水图，其乡七。寨头、杨柳冲、大洲、石灰寨、水头、羊石田、下洞绥宁瑶民，以上共辖七里。

城邑东南边鄙更有地方不列峒寨者，……外则环接广西兴安、全州

① （明）《清圣祖实录》，卷一八九，康熙三十七年（1698年）八月辛未条。

② （清）傅恒：《皇清职贡图》，卷三，安化宁乡等处瑶人条。

③ （清）黄文琛：《邵阳县志·建置下瑶峒》，卷三，光绪二年刻本。

界居者，皆瑶民。[①]

武冈州（治今武冈）：道光十六年（1836年），

湖南武冈州匪蓝正樽等作乱，命吴荣光会同讷尔经额剿之。[②]

此武冈蓝正樽为瑶人。又，《湖南省志·苗防五·诸瑶附》卷八五，也把武冈州列为有“瑶峒”之地。

新宁（治今新宁）：

邑分二十八村，领瑶峒八，于郡中地为最窄，里居相近。[③]

清代新宁县八瑶峒是：罗绕峒、黄卜峒、深冲峒、麻林峒、大绢峒、圳源峒、黄崖峒、桃盆峒。

衡州府（治今衡阳）。

常宁（治今常宁）：道光十二年（1832年），“官军平逆瑶赵金龙于此”[④]。可见，常宁县为赵金龙领导的瑶民起义基地。

酃县（治今炎陵县）：

酃无苗，惟有瑶二种，共为四团，居东南七都龙楂、南岸、毛坪等处，距城九十里百余里不等。

户口，二百九十户，大小男妇共一千九百一十二名口。[⑤]

其中“瑶二种”指高山瑶与平地瑶。

永州府（治今零陵）。

零陵（治今零陵）：

① （清）盛镒源等：《城步县志·都图》，卷一，民国十九年（1930年）重印本。

② （民国）赵尔巽：《清史稿·宣宗本纪二》，卷十八。

③ （清）张葆连：《新宁县志·疆里志》，卷三，光绪十九年（1893年）刻本。

④ （清）卞宝第等：《湖南通志·苗防五·诸瑶附》，卷八五，光绪二十一年（1895年）刻本。

⑤ （清）唐荣邦：《酃县志·户口·瑶俗附》，卷七，同治十二年（1873年）刻本。

瑶峒，上辛乐峒，下辛乐峒，麻江源，马鞍岭。[①]

祁阳（治今祁阳）：光绪《湖南通志·苗防五·诸瑶附》卷八五、道光《永州府志·风俗·瑶俗附》卷五，均载有清代零陵县“瑶峒”。

东安（治今东安）：

里洞溪者，距城四十五里，旧瑶峒也。……今有五百二十户。[②]

道州（治今道县）：

州南曰马江瑶、横岭瑶、乱石瑶、深海瑶、石源瑶、韭菜瑶，共六村，设瑶官一员领之。曰顾村瑶、鸭头寨、鬼子山、龙门坳、龙洞源、东河源、茄子寨、南竹坪，共八村，瑶官一员领之。

州西曰大江源、坦螺源，共二村，设瑶总二名统之。

州西北曰白岭瑶，瑶人分居栗木村、坝头村、老村、分水村，设瑶总四名统之。[③]

宁远（治今宁远县）：

宁远之为县，南、北、西三面皆有瑶人聚处。[④]

（春水）注入东春大腹源，有瑶民二三十户之。[⑤]

永明（治今江永）：

瑶山在县西。[⑥]

① （清）嵇有庆：《零陵县志·风俗·瑶峒》，卷五，光绪二年（1876年）刻本。

② （清）黄新菊等：《东安县志·建置》，卷四，光绪二年（1876年）刻本。

③ （清）李镜蓉等：《道州志·杂撰》，卷十二，洞瑶条，光绪三年（1877）刻本。

④ （民国）李毓九：《宁远县志·风俗》，卷十八，石印本，1942。

⑤ （民国）李毓九：《宁远县志·山水》，卷二，石印本，1942。

⑥ （民国）赵尔巽：《清史稿·地理志》，卷六八。

江华（治今江华西北）：

三宿瑶在县西南上五保。[1]

江华县距湖南省城一千余里，为楚粤边界，崇山峻岭，多烟瘴，人口稀少，本系中缺；今则生齿日繁，民瑶杂处，抚驭非易，应改边疆要缺。[2]

江华为瑶人重要居地，故史有“江华半系瑶人”[3]之说。

新田（治今新田）：

东有瑶山。[4]

新田土瑶，本已受赵金龙勾结，然亦未肯公然从贼。[5]

从上述永州府所属一州七县均有瑶人一事，可见永州府为清瑶密集居地。故史有“永州界接三苗，古称百粤，民瑶揉杂，冈岭回旋”[6]之说。

桂阳直隶州（治今桂阳）。

临武（治今临武）：

西山距县治二十余里，西界蓝山、九疑之麓，四面险绝，周回百余里，溪峒深窅，瑶僚杂处，而桃油坪、鸭公田等地，僚居差稠，自谓盘古之后，多以盘为姓。华阴峒距县治三十余里，高数百丈，亘数百里，连接西山，通粤之连州界。[7]

蓝山（治今蓝山）：据《平定瑶匪述略》卷上载，永州府属之江华、宁远、新田，“及桂阳属之蓝山县，毗连粤界，亦属瑶户众多”。

---

① （清）卞宝第等：《湖南通志·苗防五·诸瑶附》，卷八五，光绪二十一年（1895年）刻本。

② （清）周存义：《平定瑶匪述略》，上卷（手抄本）。

③ （清）邓华邦：《江华县志·风土》，卷十，同治九年（1870年）刻本。

④ （民国）赵尔巽：《清史稿·地理志》，卷六八。

⑤ （清）张锡谦：《平瑶日记》，卷上，爱村堂藏稿本。

⑥ （清）周存义：《平定瑶匪述略》，道光将沄序。

⑦ （清）卞宝第等：《湖南通志·苗防五·诸瑶附》，卷八五，光绪二十一年（1895年）刻本。

嘉禾（治今嘉禾）：

桂阳、新田、嘉禾三州县，地界毗连，犬牙相错，瑶匪往来游奕。[①]

可见，桂阳州所领临武、蓝山、嘉禾三县，均有瑶人居住。

郴州直隶州（治今郴州）。

永兴（治今永兴）：

永素无苗，无瑶峒，亦无瑶民，惟两桂及兴宁三县最多，瑶众因渐延住于延道乡。乾隆十年（1745年）奉文议设瑶总，知县吕宣曾始于是年详情牌委给领承充，共管辖瑶民一十五户，瑶总盘子玉；后瑶民多迁居常宁、兴宁，子玉故，委牌已缴。乾隆二十三年（1758年），复有赵、邓二户，来自兴宁。今十八都天狮岩后靛山里天香滩，有赵姓二户。[②]

此材料记述了有清一代永兴县瑶民的变迁。这表明，该县只有散居瑶人，而且多来自邻近的桂东、桂阳、兴宁三县。

宜章（治今宜章）：

县境四峒，界广东乳源县。国朝乾隆初，改称新民。其顶板瑶，一名过山瑶，与永州府永明瑶略同。[③]

兴宁（治今资兴）：

衡湘以南，苗、瑶与汉民杂处，而宁实有瑶而无苗。

查高山瑶民，现已薙发，与平地瑶俱各安分守法。[④]

桂阳（治今汝城）：弘治以后，瑶、壮从江西流入，并向东南边境发展，

① （清）周存义：《平定瑶匪述略》，上卷。

② （清）吕凤藻：《永兴县志·苗瑶》，卷二四，光绪九年（1883年）行本。

③ （清）卞宝第等：《湖南通志·苗防五·诸瑶附》，卷八五。

④ （清）郭树馨等：《兴宁县志·疆域·瑶峒》，卷三。

至正德间，屡经剿抚，患始稍戢。其慑于大兵征讨遁险自固者曰高山瑶，亦曰生瑶，在九龙江（约七十余户）、南洞江（即猿坑，约四十余户）等处。……其受抚而各安生业者曰平地瑶，亦曰熟瑶，在大山（约百十余户）、大源（约三十余户）、城溪（约百五十余户）、大麻溪（约二百三十余户）、姜阳（约百十余户）等处。[①]

从中可见，桂阳瑶的演变、种类及分布、户口之大较。

桂东（治今桂东）：

县境层峦叠嶂，与江广诸峒密迩。[②]

平地瑶，其先居江宁七室上，分支湖南郴州之桂阳、桂东等县。[③]

可见，郴州所属永兴、宜章、兴宁、桂阳、桂东，即全州各县均有瑶人居住。需要指出的是，郴州为瑶人聚居区，故史有“郴州有瑶无苗”[④]之说。

辰州府（治今沅陵）。

泸溪（治今泸溪）：

旧有峒头、鸾团二十五寨，今为熟户。[⑤]

辰溪（治今辰溪）：光绪《湖南省志•苗防五•诸瑶附》卷八五载：辰溪县有“瑶峒”。

溆浦（治今溆浦）：据载，雷打峒，共瑶九十八户；白水峒，共瑶二十户；梁家峒，共瑶十八户；蒲家峒，共瑶一百四十六户。“以上四峒，俱在县南龙潭乡与武冈连界。”又，九溪峒，共瑶二十五户；金竹峒，共瑶九十四户；对马峒，共瑶一百八十二户；累打峒，共瑶三十九户；大竹峒，共瑶一百二十六户；小溪峒，共

① （民国）陈必闻、宛方舟：《汝城县志•舆地志•乡区》，卷三，华文斋刊印本，1932。

② （清）卞宝第等：《湖南通志•苗防五•诸瑶附》，卷八五，桂东县条。

③ （清）唐荣邦：《酃县志•户口•瑶俗附》，卷七。

④ （清）金蓉镜：《靖州乡土志•志人类》，卷二，光绪二十四年（1908年）刻本。

⑤ （清）卞宝第等：《湖南通志•苗防五•诸瑶附》，卷八五，光绪二十一年（1895年）刻本。

瑶二百五十一户。“以上六峒，俱在县东南两丫乡与邵阳、武冈连界。”[①]总之，溆浦瑶人十峒，共九百九十九户。

沅州府（治今芷江）。

黔阳（治今洪江市黔城镇西南）：

罗翁山去县百八十里。其山八面，七面向楚，一面向黔，各有峒寨，以时盛衰。[②]

芷江（治今芷江）：

芷江西溪，土民称之曰瑶，实为峒苗。[③]

可见，芷江之“瑶”，实为今侗族，故不应列入瑶族之列。这是需加辨明的。

靖州直隶州（治今靖州）。

绥宁（治今绥宁西南）：乾隆元年（1736年），高其倬为湖南巡抚，“讨平城步、绥宁二县瑶乱”[④]；乾隆五年（1740年）二月，“谕冯光裕及湖广提督杜恺剿捕城步、绥宁瑶匪”[⑤]。同年十二月，“张广泗进剿湖南城步、绥宁，广西义宁苗、瑶，悉平之”[⑥]。

从中可见，绥宁瑶人的居地及活动情况。需附及的是，绥宁为“苗、瑶杂处”之区。[⑦]

澧州直隶州（治今澧州）。

永定（治今张家界）：据光绪《湖南通志·苗防五·诸瑶附》卷八六记永定县有“瑶峒”。

综上所述，清瑶在湘境的分布状况是：

① （清）齐德五：《溆浦县志·疆域·瑶峒》，卷五，同治十二年（1873年）刻本。

② （清）卞宝第等：《湖南通志·苗防五·诸瑶附》，卷八五，光绪二十一年（1895年）刻本。

③ （清）严如熤：《苗防备览·风俗下》，嘉庆二十五年（1820年）刻本。

④ （民国）赵尔巽：《清史稿·列传七九·高其倬传》，卷二九二。

⑤ （民国）赵尔巽：《清史稿·高宗本纪一》，卷十。

⑥ 同⑤。

⑦ （清）金蓉镜：《靖州乡土志·志人类》，卷二，光绪三十四年（1908年）刻本。

长沙府：安化、宁乡。

宝庆府：邵阳、城步、武冈州、新宁。

衡州府：常宁、酃县。

永州府：零陵、祁阳、东安、道州、宁远、永明、江华、新田。

桂阳直隶州：临武、蓝山、嘉禾。

郴州直隶州：永兴、宜章、兴宁、桂阳、桂东。

辰州府：泸溪、辰溪、溆浦。

沅州府：黔阳。

靖州直隶州：绥宁。

澧州直隶州：永定。

共分布在十个府、直隶州的三十个州、县。其中，尤以湘南衡、永、郴、桂州为瑶人连片稠密居住区。故史称：

> 衡、永间，瑶山络绎，皆其平日藏身窜迹之所。
>
> 衡、永、郴、桂，界连两粤，民瑶杂处，菁密林深，羊肠一线纡折于悬岩峭壁中。①

湘南四州为清代瑶人重要聚居地的因素有三：一是历史条件；一是“界连两粤”的地理条件；一是“菁密林深”的自然条件。故此地瑶人从宋至清绵延不衰。

二、广　西

清代，广西是瑶人主要居地的地位更加突出。史称：

> 粤西接壤苗、瑶土司，诚属要地。②
>
> 广西土旷人稀，……山溪险峻，瑶、僮杂处。③
>
> 粤西（蛮类）……合其类而十分之，则僮居四，瑶居三，俍居二，

① （清）周存义：《平定瑶匪述略》，上卷。

② （清）《清圣祖实录》，卷二，顺治十八年（1661年）四月乙酉条。

③ （民国）赵尔巽：《清史稿·列传八六·韩良辅传》，卷二九九。

余仅得一焉。[①]

换言之，汉、壮、瑶诸族为清代广西地区的主要民族。

下面依《清史稿·地理志》卷七四所记载的广西府州县次序，分列瑶人分布：

桂林府（治今桂林）。

临桂（治今桂林）：

临桂皆熟瑶，居三乡。……有平地、大良、高山、过山之别。[②]

临桂县大良瑶，多居深谷间。[③]

具体居地为：东乡里的东三十七图，西乡里的西二十九图、西三十三图、西三十七图、西四十九图，均为“兼瑶”区；西乡里的西五十三图、西五十四图、西五十五图，则为“瑶里”。[④]

兴安（治今兴安）：

兴安瑶，居五排、七地、六峒及融江、穿江、黄柏江，与民杂处。[⑤]

又，《皇清职贡图》卷四，列有兴安县平地瑶人条。

灵川（治今灵川）：

灵川六都多瑶，自谓盘古之裔。[⑥]

阳朔（治今阳朔）：至民国时，

瑶族约占十分之一而弱。[⑦]

① （清）周诚之：《龙胜厅志·风俗》，道光二十六年（1846年）刻本。

② （清）谢启昆：《广西通志·列传二十三》，卷二七八。

③ （清）傅恒：《皇清职贡图》，卷四，临桂县大良瑶人条。

④ （清）蔡呈韶、金毓奇：《临桂县志·舆地志·疆域》，卷七，光绪三十一年（1905年）重刻本。

⑤ （清）谢启昆：《广西通志·列传二十三》，卷二七八，嘉庆五年（1800年）辑本。

⑥ （清）谢启昆：《广西通志·列传二十三》，卷二七八，嘉庆五年（1800年）辑本。

⑦ （民国）张岳灵等：《阳朔县志·社会·民族》，第二编，石印本，1943。

至于清代瑶人在该县人口中所占比例，肯定要比此数字为高。清代阳朔瑶人，多居于县东北崇富里一带。

永宁州（治今桂林西）：

永宁梳瑶，居山谷最僻处。①

民国时期，曾将该州改名古化县。

永福（治今永福）：嘉庆《广西通志·列传二三》卷二七八列有永福瑶条。

义宁（治今桂林西北）：

县属西北边徼，幅员辽阔，峒寨三百三十有四，苗、瑶、伶、僮、苟瑶五种，杂居错处。②

又，义宁瑶人还可分为盘古瑶、平地瑶、苟瑶三种。③

全州（治今全州）：

其瑶族聚处多在深山，……均为瑶族生聚之所，瑶族约有尖头瑶、顶板瑶等之名称。④

又，嘉庆《广西通志·列传二三》卷二七八也列有全州瑶条。

灌阳（治今灌阳）：

至广西富川、贺县、灌阳、全州一带，与湖南接壤，现经提督苏兆熊等驻彼督办，务饬一并严密巡防，实力堵缉。⑤

道光间瑶乱，证之史有“灌阳民七瑶三”之说，也可见灌阳瑶人势力之盛。

龙胜厅（治今龙胜各族自治县）：据载，清代龙胜厅瑶人名目繁多，有平地瑶、

① （清）傅恒：《皇清职贡图》，卷四，永宁州梳瑶条。
② （清）谢沄：《义宁县志·武职》，道光元年（1821年）刻本。
③ 参见（清）周诚之：《龙胜厅志·风俗》，道光二十六年（1846年）刻本。
④ （民国）《全县志·社会·民族》，铅印本，1942。
⑤ （清）《清宣宗实录》，卷二〇八，道光十二年（1832年）三月戊辰条。

狗铃瑶、梳瑶、顶板瑶、箭杆瑶、燕尾瑶、过山瑶等之分。[①] 又，史有“粤省桑江（今属龙胜各族自治县）狗瑶，被惑作梗”[②] 之载。

柳州府。

马平（治今柳州）：

> 由江而南，厥都凡六，瑶、僮居多。[③]
>
> 县城外十里有僮，百里外则有瑶。[④]

该县瑶又有山瑶、生瑶、熟瑶、白瑶、黑瑶、大良瑶之名。

罗城（治今罗城）：

> 罗城居万山中，盛瘴疠，瑶、僮犷悍，初隶版籍，方兵后，遍地榛莽，县中居民仅六家，无城郭廨舍。[⑤]
>
> 罗城县瑶人，居县属之通道镇。[⑥]

民国时，县属人口，汉人占百分之七十；苗、瑶、侗、壮占百分之三十，主要居于当时的三防区。[⑦]

上述记载表明：清初时，该县人口以瑶、壮居多；至民国时，各少数民族仍占颇大比重。

怀远（治今三江侗族自治县南）：

> 怀远瑶有二种。有住瑶、有流瑶。住瑶有田地，耕田纳税，如上下瑶龙是也。流瑶则盘瓠种也，或去或来，其居无常，女人头上顶一木板，

---

① （清）周诚之：《龙胜厅志·风俗》。

② （清）《清高宗实录》，卷一一九，乾隆五年（1740 年）六月戊戌条。

③ （清）舒启：《马平县志·序》，光绪二十一年（1895 年）刻本。

④ （清）舒启：《马平县志·瑶壮》，卷二，光绪二十一年（1895 年）刻本。

⑤ （民国）赵尔巽：《清史稿·列传六四·于成龙传》，卷二七七。

⑥ （清）傅恒：《皇清职贡图》，卷四，罗城县瑶人条。

⑦ （民国）江碧秋：《罗城县志·民族》，铅印本，1935。

俗名为顶板瑶，如大贵山是也。[①]

据载，怀远、融县、义宁等地瑶人连成一片，气息相通。[②]

融县（治今融水苗族自治县）：

融县瑶，居背江村，各成村落，有红、黑、白三种，自谓诸葛武侯征孟获流入背江居者。[③]

至民国时期，苗、瑶仍有户四千，人口一万有余，且保持其固有之俗。[④]

象州（治今象州）：史有“广西象州瑶山地方”[⑤]，“瑶与山子仍居外地，不与内接”[⑥]之载。

庆远府。

天河（治今宜山北）：

瑶僮杂居。[⑦]

天河瑶百余户，有顶板、赤髆、过山诸种。居阿练里之山峒、念峒。[⑧]

可见，清末天河瑶种类虽有数样，但户口已不多。

河池州（治今河池西）：嘉庆《广西通志·列传二三》卷二七八，载有“河池瑶”条，记其“不落夫家”、祀神、“打木格”“坐男使女”之俗。

思恩（治今环江毛南族自治县）：

---

① （民国）覃卓吾等：《三江县志·社会·瑶侗》，卷二。

② （清）《清高宗实录》，卷一二〇，乾隆五年（1740年）闰六月甲辰条。

③ （清）谢启昆：《广西通志·列传二十三》，卷二七八。

④ （民国）黄志勋：《融县志·社会》，第二编，铅印本，1936。

⑤ （清）《清高宗实录》，卷六九四，乾隆二十八年（1763年）九月丙寅条。

⑥ （清）李世椿：《象州志·纪人》，卷下，同治九年（1870年）刻本。

⑦ （清）林光棣：《天河县志》，卷上，道光六年（1826年）抄本。

⑧ （清）林光棣：《天河县志》，卷下，道光六年（1826年）抄本。

思恩瑶，居五十二峒及仪凤、茅滩上中下曈之间。[①]

东兰州（治今东兰）：

东兰四埲十三哨皆瑶人。[②]

史有“东兰州瑶人纠众劫杀、拒捕伤人一案”[③],“东兰州属瑶人蒙蓬等纠众劫杀一事”[④]之载。其时，瑶人主要居于该州的磨洋三洞。

南丹土州（治今南丹）：

南丹瑶，男女皆蓄发挽髻。男青衣白裤，女花衣花裙，长仅及膝。负戴以额。不与他类通姻。[⑤]

东兰土州（治今凤山）：

非汉族，即盘瓠氏遗裔，本县最古之民族，有苗瑶、僮徕、仡僚、㑩倮之别。其与汉族毗邻而居者，语言衣着，已渐与汉族同化，惟婚丧事，则仍保持其古习。[⑥]

本县客人、土、苗、瑶杂处。[⑦]

凤山县，清代为东兰土州，民国时改今名。瑶人属“本县最古之民族”，早已在当地定居；至民国时，多还保持着本民族的风俗习惯。

忻城土县（治今忻城）：据嘉庆《广西通志·列传二三》卷二七八载：

忻城土县瑶，俗贫而陋。

① （清）谢启昆：《广西通志·列传二三》，卷二七八。

② （清）谢启昆：《广西通志·列传二三》，卷二七八。

③ （清）《清高宗实录》，卷七〇〇，乾隆二十八年（1763年）十二月己丑条。

④ （清）《清高宗实录》，卷七〇二，乾隆二十九年（1764年）正月甲子条。

⑤ （清）谢启昆：《广西通志·列传二三》，卷二七八。

⑥ （清）谢次颜：《凤山县志·人口》，第二编，油印本，1936。

⑦ （清）谢次颜：《凤山县志·风俗》，第三编，油印本，1936。

思恩府（治今武缘北）。

武缘（治今武鸣）：

武缘瑶人居大鸣、黄道二山下。

宾州（治今宾阳）：方志称当地瑶人为“宾瑶”。

迁江（治今上林东北）：乾隆时，设迁江县平阳圩为理瑶巡检。①

迁江瑶……其在下里属者，地平性淳；其在上里属者，地险性悍。

清代在迁江设官治瑶，说明其地仍为瑶人聚居区。至民国时，县内苗瑶人口存四十余名，居于大里乡深山中，但仍保持本民族习俗。

自为村落，其相沿自信为盘古后裔之意识犹强，至今语言与汉人相通，自沿习尚，则仍如故也。②

上林（治今上林）：乾隆时，两广总督杨景京等奏称，

上林县地方辽阔，瑶、僮错居，请改为繁难苗疆调缺。③

可见，上林县为清代民族聚居区（即所谓“苗疆”），其主要居地为东北乡顺业里。

田州（治今田阳）：

田州瑶人居恩城深山中。④

嘉庆《广西通志·列传二十三》卷二七八载有“兴隆瑶”“定罗瑶”“那马瑶”诸条，记其习俗。

百色直隶厅（治今百色）：

---

① （清）《清高宗实录》，卷一八五，乾隆八年（1743年）二月辛亥条。

② （民国）黎祥品等：《迁江县志·社会》，第二编，铅印本，1935。

③ （清）《清高宗实录》，卷一〇五三，乾隆四十三年（1778年）三月庚寅条。

④ 上引思恩府所属州县引文，未注明出处者，均出自（清 嘉庆）《广西通志·列传二十三》，卷二七八。

依瑶旧习，悉操土音，妇女短衣长裙，其色皂，男子衣亦尚黑。[①]

这是百色直隶厅所属地区有瑶人之例证。

恩隆（治今百色东南）：

盘古庙二，在紫桑村、那桑村。[②]

盘古为盘瓠之音讹。盘瓠为瑶人所祀始祖。当地盘古庙二，可证曾有瑶人居其间。

泗城府（治今凌云）。

凌云（治今凌云）：

土瑶则有蓝靛瑶，红头瑶，长头瑶，盘古瑶。[③]

民国时，凌云县瑶人种类较多，且保持较浓郁的民族习俗，由此可反证清代当地也是瑶人重要居地。因凌云为清代泗城府治所在地，故清人也有称凌云瑶为“泗城府瑶”者。

西林（治今西林东）：嘉庆《广西通志·列传二三》卷二七八详记其习俗：

西林瑶，散处林谷。所种山稻、�子、野芋，待雨而耕，旱则移就泉源，疏沟架槽，引以灌溉，终年一收。捕禽兽为食。男女衣裈色青，领袖皆锦。男结发摇扇，女裹花帕，露胸跣足，习于背负。

平乐府（治今平乐）。

平乐（治今平乐）：康熙时，张克嶷出为广西平乐知府，

瑶、僮杂居，盗不可诘。克嶷至浃月，以信义服苗酋。[④]

其居地与人口，史有“四冲瑶，近年生齿日繁”之载。[⑤]

① （清）陈如今：《百色厅志·风俗》，卷三，光绪十七年（1891年）刻本。

② （清）陈如今：《百色厅志·坊庙》，卷四，光绪十七年（1891年）刻本。

③ （民国）蒙启光：《凌云县志·社会》，第三编，石印本，1942。

④ （民国）赵尔巽：《清史稿·循吏传一·张克嶷传》，卷四七六。

⑤ （清）全文炳：《平乐县志·瑶学》，卷五，光绪十年（1885年）刻本。

恭城（治今恭城瑶族自治县）：康熙时，广西总督屈尽美疏报，

> 剿平恭城县瑶贼，生擒逆酋黄天贵，斩首余党无算。其附近唐王等瑶寨（属今恭城县境），相率归降。[①]

其种类有七，“曰背髻、曰蝶板、曰高山、曰平地、曰胡北、曰大梁、曰抚贼。”其居地，“散居各乡”。东北两乡诸瑶，“咸编户受约束，委顺服从”；西乡之大源、小源、高界三瑶，“虽经编户，而花衣短裙，俗未变”。[②]

富川（治今富川）：雍正时，云贵广西总督鄂尔泰言：

> 广西富川、贺县僻处边隅，瑶蛮盘踞，应添设官兵防守。[③]

据光绪《富川县志·瑶僮》卷十二载：富川瑶居于七都（东五源）、六一都、内八源、抵源、上下二排、六峒等地，散处三十六源。有较为富庶的经济和较发达的文化，势力也相当强盛。

贺县（治今贺州市八步区东南）：

> 明代以威力相临，三江诸蛮遂桀骜不可制，而环贺之富、昭、苍、怀，辄有群起响应者。贺治东逼连山排瑶，北则江华僮寇。二百余年中，六里受其扰害，兵戈不已，境内瑶、僮不闻有一人窃附且仇敌之。迄今秀者争诵弦，顽者每耕凿。贺之瑶风，不诚冠粤右诸蛮之上哉。
>
> 瑶僮之在贺者，素称和辑。[④]

可见，清代贺县瑶过着较为安定的生活，民族关系也较融洽，故被赞誉为当地瑶风“冠粤右诸蛮之上”。至民国时，当地瑶人已日益减少，“瑶之人口不及汉族百分之三，苗峒均属于瑶，然已少见”[⑤]。

① （清）《清圣祖实录》，卷十三，康熙三年（1664年）九月乙卯条。

② 以上引文，均见（清）陶墫：《恭城县志·瑶壮》，卷四。

③ （清）《清世宗实录》，卷九五，雍正八年（1730年）六月庚子条。

④ （民国）梁培煐、龙先钰：《贺县志·社会·风俗》，卷二，铅印本，1934。

⑤ （民国）梁培煐、龙先钰：《贺县志·社会·民族》，卷二，铅印本，1934。

信都厅（治今贺州市信都镇）：

信都民族以汉族为最盛，瑶次之……瑶居大桂山。……（习俗）惟瑶族仍旧，今文明日启，知识增进，亦知向学。①

民国时，瑶族在信都仍为仅次于汉族的重要民族。其居住年代，无疑可上溯至清代以前。

荔浦（治今荔浦）：康熙时，广西总督屈尽美疏报：

官兵剿平富（川）、恭（城）、修（仁）、荔（浦）四县瑶贼。②

可见，清代平乐府上述四县瑶区连成一片，且势力颇盛。又，嘉庆《广西通志·列传二十三》卷二七八记当地瑶俗：

荔浦瑶，居山谷中。疾病惟事巫觋，吹牛角。丧葬用长鼓，以手击之。截竹筒而炊，猎山兽以食。

修仁（治今荔浦西南）：

顶板瑶居修仁县之山麓间。……男女短衣花领，皆以黄蜡胶红板于首。女则缀以琉璃珠，累累若璎珞然。与湖南之顶板瑶同，但以绳结领下者略异其俗。③

有顶板瑶人，居县境之东自晓村而南；又有秀里、金峒诸瑶。

昭平（治今昭平）：

县东北有南峒瑶，西北有古皂瑶、岭阻瑶、立龙瑶，而西南有花州

① （民国）罗春芳：《信都县志·民族》，卷二，铅印本，1936。

② （清）《清圣祖实录》，卷十六，康熙四年（1665 年）七月壬寅条。

③ （清）傅恒：《皇清职贡图》，卷四，修仁县顶板瑶人条。

瑶[1]，皆以山寨命名。耕山采樵为业，地多险隘，各置瑶丁守之。[2]

昭平瑶僮杂处，在明末清初时代，瑶人梗化，僮人争田，数十年纷扰不休。现已革面洗心，相安无事矣。[3]

永安州（治今蒙山）：

永安瑶有剃头、长发、过山三种。剃头瑶赋而不役。长发瑶不赋不役，妇人椎髻，跣足斑衣，交手为礼，不识跪拜。过山瑶迁徙无定。[4]

梧州府（治今梧州）：康熙八年（1669 年），马雄镇为广西巡抚，

时群盗猬起，构瑶、僮掠梧州、平乐二府，不数月讨平之。[5]

梧州、平乐地域毗邻，同为清代瑶区，故瑶人活动也相互关联。

苍梧（治今梧州）：

苍梧瑶，居大山中，居止无常，伐木为业，性淳朴。

藤县（治今藤县）：

藤县瑶，居永顺、永化二乡，耕作采樵，性悍嗜利。

容县（治今容县）：

容县瑶，椎髻短襦，穿耳炙蹠。性好迁徙，家无盖藏，人死则焚其骸，收烬置瓮中瘗之，谓之火葬。

岑溪（治今岑溪）：

---

① （清 嘉庆）《广西通志》把花州瑶也说成位于县西北，显系误抄乾隆县志，当以本书所说县西南为是。

② （民国）李树柟：《昭平县志·瑶壮》，卷七，铅印本，1934。

③ （民国）李树柟：《昭平县志·瑶壮》，卷七，按语，铅印本，1934。

④ （清）谢启昆：《广西通志·列传二三》，卷二七八。

⑤ （民国）赵尔巽：《清史稿·列传三九·马雄镇传》，卷二五二。

岑有民、僮、瑶三者。[①]

这是清代岑溪县的民族构成格局。

怀集（治今怀集）：

怀集瑶，皆盘姓。……居说山、白带、大凹、鸡头、哆罗及开建界金口诸处。居高山者，其生不蓄而性稍淳。居中栏、古城、铜铲、金鹅、湖必诸山者，其性悍，无礼而易乱。[②]

郁林直隶州（治今玉林）。

博白（治今博白）：

山高谷深，林茂箐密，瑶、俍杂处于编氓之中。……方今天下晏安，四民乐业，沐浴治化，为日已久，瑶、俍之属与编氓卒伍，未始有分也。[③]

可见，清初博白瑶已与汉人差异不大。又，有博白山子，与瑶同类，习尚也无别。

北流（治今北流）：

瑶人自天顺间土贼乱奉调，瑶总黄姓带兵征剿，安插北流。前《通志》内载，北邑瑶僮有鸡儿坡、南禄、茅田、那留、沙峒、龙塘、大罗、安乐、黄稍、志宇、相思、古架，俱在县治南。今考北流有瑶无僮，鸡儿坡各村久属民居，惟那留、黄稍、志宁三处，别立瑶甲，原有瑶总统率。从前不善治田，茅屋居山，伐木以耕，耕尽则徙；今悉佃食民田，向化纳税。[④]

---

① （清 乾隆）《岑溪县志·风俗》。

② 上述梧州府所属诸县引文，凡未注明出处者，均见（清）谢启昆：《广西通志·列传二三》，卷二七八。

③ （清 道光）《博白县志·经政·兵防》，卷七，引康熙程镳《序》。

④ （清）徐作梅等：《北流县志·风俗》，卷九。

从中可见，北流瑶的来源、变迁及社会经济的变化。

陆川（治今陆川）：有“山子瑶”“类过山瑶”[①]。

兴业（治今玉林西北）：乾隆时，两广总督班第奏：

> 广东合浦县永年司巡检所辖地方，……与广西横州、贵县、兴业、郁林、博白等州、县壤界相接，为僮、瑶出没之所。[②]

这表明，清代前期的兴业县及其邻近州县，均为瑶人活动之区。又，据载：“洪武二年（1369 年），瑶寇王龙关造反，主簿颜珍捕平之”[③]。这是明初兴业县有瑶的明证。

总之，清代郁林州所领全部四县，均有瑶人居住。可见，清末本州方志称：“郁林，向无苗、瑶、佷、壮之户”[④]，是与史实相违背的。此说的产生，是与当地瑶人与汉人差异日益缩小所致。

浔州府（治今桂平）。

桂平（治今桂平）：

> 桂平瑶语言鴃舌，衣青蓝短衣，蓬头跣足，妇人则以红绿两截作裙，男女喜歌唱，好戏谑。[⑤]
>
> 瑶人种类，有生瑶，有熟瑶。熟瑶与平民错处，通婚姻，并耕田纳粮，故又名粮瑶。生瑶名蛮瑶，蛮瑶有板瑶、箭瑶、花蓝瑶、山子各种。[⑥]

可见，从清代至民国，桂平县均有瑶人居住。这也表明，清魏笃《浔州府志·疆域志·风俗》中“瑶人桂平无之”之载是缺乏根据的。

平南（治今平南）：

> 瑶人桂平无之，惟平南鹏化、大同二里瑶村居多。大抵高峰叠嶂，

① （清）傅恒：《皇清职贡图》，卷四，陆川县山子瑶人条。

② （清）《清高宗实录》，卷四五七，乾隆十九年（1754 年）二月庚戌条。

③ （清）读修：《兴业县志·记事》，卷十。

④ （清）冯德材：《郁林州志·风俗》，卷四。

⑤ （清）张祥河：《粤西笔述》。

⑥ （民国）黄占梅：《桂平县志·风俗》，卷三一。

密箐深林，寒冱阴森，卓午始见日色。所聚村落有平林、龙军、白牛、绿竹、大仁、公也、罗运、李良、茶油、枫木根等名，与修仁、永象州诸瑶村接壤。

贵县（治今贵县）：

贵县则郭西有之。

至民国时，贵县瑶人已不载之册籍。[①]

武宣（治今武宣）：

武宣则东乡之峡江、花灵、花周、花樊等村有之。[②]

至民国时，"苗、瑶、侗族，悉窜入瑶山内"[③]。

南宁府（治今南宁）。

宣化（治今南宁）：

宣化瑶，一名拳客，有盘、蓝、雷、钟四姓。[④]

至民国时，当地瑶族或已融合，或已他徙，故方志称：

前《志》载：南宁各属，有瑶有僮，有苗有俍。……查我县在昔，有瑶有僮，今则瑶已他徙，惟有僮族。[⑤]

《省志》载：我县土蛮，有瑶、僮二种，瑶今则无之。[⑥]

隆安（治今隆安）：

---

① （民国）欧仰义：《贵县志·社会》，卷二。

② 以上引文均见（清）魏笃：《浔州府志·疆域志·风俗》，卷四。

③ （民国）朱昌奎：《武宣县志·社会·民族》，第二编。

④ （清）谢启昆：《广西通志·列传二三》，卷二七八。

⑤ （民国）谢祖萃：《邕宁县志·社会一》。

⑥ （民国）谢祖萃：《邕宁县志·兵事》。

隆安瑶，无版籍，穴处岩窦。耕樵猎兽而食，性愿谨，风俗与民无大异。

横州（治今横县）：横州瑶，名斑衣山子，或名莫瑶，“散处横州震龙、六磨诸山，无定居，斫山种畲，射生为活”[1]。

土忠州（治今上思西北）：

忠州剥唏、渌燕、郝章、郝佐诸村多瑶，习俗与果化同。

归德土州（治今平果东北）：

归德有陇版瑶，耕山种畲，男女喜歌唱，无乐器，以巾帕翩跹起舞。

果化土州（治今平果西北）：

果化瑶，架木为屋，曰栏房。裹头跣足，短衣长裙，男耕女樵，言语不可辨。

上思州（治今上思）：

上思那懒圩及那标上下洒三村，大半皆瑶。[2]

太平府（治今崇左）。

崇善（治今崇左）：

苗、瑶、僮、伒，杂处其间。……若苗、若瑶、若伒俱不传，惟僮散居县之各乡，因沐化日深，渐变其旧习。[3]

可见，瑶曾居崇善县，至民国时已消失。

---

① （清）陆次云：《峒溪纤志》。

② 以上南宁府属州县引文，凡未注明出处者，均见（清）谢启昆：《广西通志·列传二三》，卷二七八。

③ （民国）《崇善县志·社会》，第二编。

宁明州（治今宁明）：

宁明瑶，男子初婚，别栏另爨，习俗朴鄙。

土江州（治今崇左南）：

江州瑶，与民杂处。男力耕，女反逐末。

土思州（治今宁明东）：

思州瑶，以踏青为媒。葬则歌舞而送。[①]

镇安府（治今德保）。

据载，乾隆时广西巡抚杨超曾疏报：

浔州等五府州属桂平等五州、县，并镇安、郁林二府州，首报垦熟民瑶地六顷三十九亩有奇，田四百八十九坵。[②]

可证，镇安府与浔州、郁林等府州一样，均有瑶人居住。

天保（治今德保）：

管外厢五色十一甲四峒瑶庄山子，共领二十七圩，五百七十八村。……瑶庄，城北六十里。领村二十七。[③]

此为天保瑶的居地。

天保瑶聚居瑶庄，距城八十里，语与民同，男女衣青衣，妇女裹头以花布，性最驯，畏见官长。……居山者曰瑶人，业竹木种畲。[④]

---

① 以上引文，均见（清）谢启昆：《广西通志·列传二三》，卷二七八。

② （清）《清高宗实录》，卷七四，乾隆三年（1738年）八月丙戌条。

③ （清）羊复礼：《镇安府志·墟村》，卷十一。

④ （清）羊复礼：《镇安府志·风俗》，卷八。

此为天保瑶俗之大略。

奉议州（治今田阳）：

奉议瑶，居州属之山老坡，俗俭朴，言语衣服与齐民无异。……男薙发留辫，女挽椎髻，衣皆青布。①

向武土州（治今天等西北）：嘉庆《广西通志·列传二三》卷二七八记“向武瑶”俗云：

男妇草履竹笠，短衣长裙。元旦互携酒肉至亲邻家，讴歌十日乃已。冬日焚山，昼夜不息，谓之火耕。稻田无几，种水芋、山薯以佐食。

归顺直隶州（治今靖西）：

归顺瑶村十二处，妇女短衣大领宽袖。②

归结起来，清代广西所属府、厅、州、县（包括土州、土县）及土司等地区，有瑶人居住者为：

桂林府：临桂、兴安、灵川、阳朔、永宁州、永福、义宁、全州、灌阳、龙肚厅。共厅一，州二，县七。

柳州府：马平、罗城、怀远、融县、象州。共州一，县四。

庆远府：天河、河边州、思恩、东兰州、南丹土州、东兰土州、忻城土县。共州二，县二，土州二，土县一。

思恩府：武缘、宾州、迁江、上林、田州、兴隆土司、定罗土司、那马土司。共州二，县三，土司三。

百色直隶厅：恩隆。共县一。

泗城府：凌云、西林。共县二。

平乐府：恭城、富川、贺县、信都厅、荔浦、修仁、昭平、永安州。共厅一，

① （清）羊复礼：《镇安府志·风俗》，卷八。

② （清）谢启昆：《广西通志·列传二三》，卷二七八。

州一，县六。

梧州府：苍悟、藤县、容县、岑溪、怀集。共县五。

郁林直隶州：博白、北流、陆川、兴业。共县四。

浔州府：桂平、平南、贵县、武宣。共县四。

南宁府：宣化、隆安、横州、土忠州、归德土州、果化土州、上思州。共州二，土州三，县二。

太平府：崇善、宁明州、土江州、土思州。共州一，土州二，县一。

镇安府：天保、奉议州、向武土州。共州一，土州一，县一。

归顺直隶州。

总计为：十一府、一直隶厅、二直隶州，即瑶人散布于全省所有的府、直隶厅与直隶州；六十五厅、州、县（包括土州土县）及三土司，即瑶人居于广西大多州县。

需要强调指出的是，史籍关于广西特别是西部瑶族分布的记载，有时存在瑶、壮不分之失。如，从上述所记宁明州瑶、土江州瑶的习俗来看，似与壮族较接近。本书只是将有关文献记载，录以备考。

最后，需附及的是，瑶人除分布于清代广西州、县外，还及于民国时新析置的县。其中主要有：

钟山县：旧为富川县境，民国六年（1917 年）正式建县。其县“西北之花山及西南之桔芬，南区之义安，皆层峦叠嶂，林箐幽阻”[①]，素为瑶区。

榴江县：位雒容县东，本永福县地，民国十四年（1925 年）析置。

> 榴江县属瑶、僮杂处。据民国二十二年（1933 年）调查，共有五万七千八百七十余丁口，……瑶人则仅八百九十五丁口而已。……瑶人则深居于穷山大谷中，鲜有与汉族往来。虽间有来市贸易者，亦仅数十人。其衣服言语，尚与汉族迥异也。
>
> 瑶人多居黄冕附近，古云、平山村处及修（仁）、荔（浦）分界高山杂错间，有尖顶、平顶瑶族。[②]

① （民国）潘宝疆等：《钟山县志·瑶僮》，卷十六。

② 以上引文见吴国经等：《榴江县志·社会·风俗》，第二编。

三江县：位于浔、溶、融三江间，故名。民国时，以怀远县地置。

本县人民，汉居十之四强，苗、瑶、侗、僮十之六弱。……瑶人分盘瑶、红瑶两种。盘瑶居县东境与龙胜交界之九坪山及上下两苗儿村。

瑶族人数最少，尤以红瑶为甚（不过数十户）。据二十三年（1934年）调查，仅三四千人，占本县人口三十分之一而已。①

值得注意的是，从某种意义上说来，三江县在瑶、苗分布格局中，起着分水岭的作用。由此而东，龙胜、义宁、灵川、兴安、灌阳，直至广西边地，多为瑶人；自此而西，黎平、从江而至贵州境内，则为苗人。

宜北县：位于思恩东北，原为河池、思恩二县地，光绪时置安化厅，民国时改名宜北县，意为宜山之北。邑境，“昔乃苗、瑶、壮三族混居。……近唯有治安乡达科村仙桃洞赵姓数户苗后裔而已”②。

可见，宜北境内为瑶人聚居区；至民国时，才逐渐消失。

田西县：位于西林县东北，本西林、凌云、西隆三县所属地，民国二十五年（1936年）析置。民国时，当地苗、瑶占全县人口百分之十一。瑶人的服饰、婚姻、丧祭诸俗，仍保持本民族特色。③

总之，民国时新置的钟山、榴江、三江、宜北诸县，均在不同程度上有瑶人居其间。

三、广　东

清代，广东为仅次于广西、湖南的瑶人重要居地。史称：

瑶本盘瓠之种。由楚省蔓延粤东之新宁、增城、曲江、乐昌、乳源、东安、连州等七州县。洪武、永乐时，瑶首盘贵等相继来朝，始立土司。正统以后，屡次作乱。本朝初年，复肆行劫掠，先后讨平。至康

① （民国）覃卓吾等：《三江县志·社会·民族》，第二编。

② （民国）李志：《宜北县志·社会·民族》，第二编。

③ 参见（民国）黄旭初修，岑启沃纂：《田西县志》，第三编，种族之组成条与瑶人礼俗条。

熙四十二年（1703年）招抚归顺，分隶各州县。[①]

这段记载，集中反映了清代广东瑶族的历史与分布的概貌。从中可见：其一，明代封建中央王朝设土官加强对瑶族的统治；至清康熙时，采用“分隶各州县”的方式，将瑶族置于封建王朝的统一管辖之下。从而，密切了瑶族与内地的联系，加速了瑶族的封建化进程。其二，清代广东瑶人的主要聚居地在与湖南邻近的粤北地区，从此，奠定了今日广东瑶族分布的基本格局。

下面依广东府州县次序，分列瑶人分布：

广州府（治今广州）。

东莞（治今东莞）：

邑至六七都，无物产，土瘠人穷，岁一种稻即止。田事之余，搏鹿射虎，捕逐鹧鸪、狐狸。与艾瑶杂居。[②]

从化（治今从化）：

东关在县东二里，南关在县南二里，上塘营防十八山、苦菜塘、松子寨等处瑶峒，皆深山绵亘，林木翳茂。[③]

新宁（治今台山）：居县属之大隆岗。乾隆时，已“与民无异”[④]。

增城（治今增城）：

瑶之在增城者，居县属边境山岩间。刀耕火种，善用弩箭射兽。其服饰与齐民相似，瑶妇总发为髻，系以红绳，衣衫裙袴，亦仿佛民间。”[⑤]

又，增城县东的罗浮山，至清末仍有瑶人居其中，过着世外桃源式生活。史称：

---

① （清）傅恒：《皇清职贡图》卷四，新宁县瑶人条。

② （清）彭人杰等：《东莞县志》，卷九。

③ （清）戴肇辰：《广州府志》，卷六九，光绪五年（1879年）刻本。

④ （清）傅恒：《皇清职贡图》，卷四，新宁县瑶人条。

⑤ （清）傅恒：《皇清职贡图》，卷四，增城县瑶人条。

酥醪院西，峻岭崇山，有瑶户二十余家。山下垦田，人住山腰，犬豕同牢，地甚逼仄。分盘、蓝、雷三姓，自相婚姻。土人虽邻近，不通往来。①

香山（治今中山）：长期以来，香山县三灶沿山之地为瑶人所据。明时，东澳人周高扬为瑶众所悦，授瑶官。入清，其子孙仍袭职，至乾隆四年（1739年）才予裁革。从此，其地瑶人势力日益式微。②

新会（治今新会）：

明代以前，新会西界多有山瑶。近则悉从迁并，留居苒簪、尖绿、护屏诸山者，寥寥数落而已。③

清远（治今清远）：清远县北连英德、连山，西界怀集，崇山绵亘数百里，素为瑶人重要居地。但至清光绪间，由于民族间的频繁往来，瑶峒池水上中下三峒等乡村的瑶人，已"渐染日深，变为衣冠文物之俗"④，与当地居民融为一体。

肇庆府。

四会（治今四会）：清袭旧制，在四会等地设瑶目管辖。乾隆年间裁革。⑤

新兴（治今新兴）；明初设瑶官四人，清顺治间归附。

今国家升平日久，瑶人欣欣向化，衣食动作，俱与齐民无异。然居处山间，自食其力，山村族属，仍旧志而厘正之，庶不为强暴侵凌。⑥

可见，清中叶后，当地瑶人，除居山间和保留瑶姓外，已成了当地汉人的组成部分。

鹤山（治今高鹤西南）：清代官田北有昆仑山，群峰环寺，山之西连新兴翁峒、里峒二十四山，山之南为新宁古兜、百峰、上下川诸岛，绵亘五六百里，林壑邃深。

据载：

---

① （清）陈铭珪：《浮山志》，卷一，村落条。

② （清　光绪）《香山县志·纪事》，卷二二。

③ （清　光绪）《四会县志·瑶蜑》。

④ （民国）吴凤声等：《清远县志》，卷四。

⑤ （清）林星章：《新会县乡·瑶蜑》。

⑥ （清）刘芳：《新兴县志》，卷二六。

自前明成化迄今，瑶蛮土寇踞巢煽虐历二百年。[①]

故于雍正九年（1731 年）置鹤山县，以便控制。这表明：明、清时，此地均为瑶人居地。

德庆州（治今德庆）：瑶人

所居巢穴，万山联络，小有激变，辄复为乱。

一种居近山洞中，及金、悦二乡山峒者，曰“平瑶”。[②]

封川（治今封开南）：

封川县瑶：石砚山，盘古地种类。[③]

开建（治今封开北）：

地广人稀，瑶僚杂居。[④]

地邻粤西四都忠说、象无，以及一都小玉等山，高峰峻岭，深菁篁，旧多瑶僮杂处，采山伐木为生。自乾隆年间，象无等山瑶人犹有负瑶布、木器，出长安、金装两圩交易。至嘉庆二十四年（1819 年），绝迹不见。大抵瑶人来往无常，每以山水盛衰为去往。[⑤]

可见，该县素为瑶人居地，至清后期，该县瑶人或因迁徙，或因与汉族融合，已逐渐消失。

罗定直隶州（治今罗定）。

东安（治今云浮）：

东安县瑶人，居县属之云廉、云容二峒，距城百五十里。其服食耕

① （清）徐香祖：《鹤山县志》，卷二六。

② （清）杨文骏：《德庆州志》，卷十五引陆《志》。

③ （清 道光）《广东通志·列传六三》，卷三三〇。

④ （清）蒋廷锡等：《古今图书集成·职方典·肇庆府部》，卷一三四九。

⑤ （清）余瀚：《开建县志·风俗》，卷七。

种，大概与齐民无异。惟椎髻、用花帕缠头是其俗习，而言语侏离，殊不可通。瑶妇亦用花帕缠头，短裙跣足，能耕耘纺织。[①]

可见，清代东安瑶人，除保留本民族言语外，其习俗与汉族已大同小异。

西宁（治今郁南之南）：有明一代，西江瑶势极盛。万历初年，征平罗旁瑶后，其势渐衰。清前期，西宁县境仍有民瑶居住，封门、夜护、丁罗等地，为瑶壮“出没要隘”[②]，清末以后，也有瑶人遗迹可寻，“今西江以南，所在陬麓，多盘古庙，其庙塑神像，有与盘瓠形相类者，殆即瑶人祖祠”[③]。

韶州府（治今韶关）。

北与郴、桂相连，浛洸以南，茂林叠嶂，素为瑶人生聚出没之所。

曲江（治今韶关）：曲江县瑶人，居距城百二十里之西山。其类别，有真、伪瑶之分。盘姓为真瑶，别姓赵、冯、邓、唐为伪瑶。[④]乾隆元年（1736 年），杨水斌兼署两广总督，“收曲江、乳源诸峒瑶归化”[⑤]。道光年间，该县“大料坑瑶叛，群出为害，经巡道杨殿邦督兵平之，始复其旧，今则相安无事矣”[⑥]。可见，有清一代，曲江瑶始终未停止其活动。

乐昌（治今乐昌）：

乐昌县瑶人居县属之大岭及龙岭脚二处，距城五六十里。其服饰与曲江箭瑶仿佛，或时用花帕缠头。瑶妇亦盘髻贯箭、短衣短裙，能跣足登山，亦常负物入市。[⑦]

至民国时，居九峰西坑者曰熟瑶，与汉族已无差异；居西南各乡山岭中者为生瑶，仍保持本族习俗。所居瑶峒有

---

① （清）傅恒：《皇清职贡图》，卷四，东安县瑶人条。

② （清）蒋廷锡等：《古今图书集成·职方典·罗定州部》，卷一三八七。

③ （民国）《西宁县志》，卷三三。

④ （清）李调元：《南越笔记·瑶人》，卷七。

⑤ （民国）赵尔巽：《清史稿·列传七九·杨永斌传》，卷二九二。

⑥ （清）张希京：《曲江县志·风俗》，卷三。

⑦ （清）傅恒：《皇清职贡图》，卷四，乐昌县瑶人条。

磜面、坳背坑、黄茶坑、大坑、蕉坑、清石、大圳口、路岭脚。[①]

乳源（治今乳源瑶族自治县）：地处湘、粤咽喉，多长山邃谷，素为瑶人重要居地。清代，据载：

山谷瑶僮，逡巡惧法，往来贸易，赋役无虚，盖知安生而乐业矣。[②]

乳源县瑶人，居深山中，耕山为业，距城百五十里。有生熟二种。生瑶不与华通，熟瑶常出贸易[③]。

据调查，民国时，仍有瑶村四十一，瑶户四百九十五，设瑶目一人管理瑶人。

英德（治今英德）：英德县瑶人，居杉木角、黄茶山。黄茶山瑶，盘姓者三十余家，别姓者百余人。[④]

南雄直隶厅（治今南雄）。

始兴（治今始兴）：

本境僻处偏隅，惟南境深山中，旧有来自连山瑶人，结庐佃种杂粮。然近来游匪出没无常，瑶人佃山者闻风远徙，数年前几绝瑶人足迹。[⑤]

连州直隶州（指今连县）。

连州，清初沿明制。雍正五年（1727 年），升为直隶州。据载：

连州瑶人，蓄发为髻，红布缠头，喜插鸡翎。性凶悍不驯，亦间有识字者，或时以山果入市。瑶妇衣尚刺绣，皆自为之。青帕蒙头，饰以簪珥。常着芒鞋，登山樵采。婚姻以唱歌相谐。所居距州城四十里。[⑥]

---

① （民国）刘远铎：《乐昌县志》，卷三。

② （清）蒋廷锡等：《古今图书集成·职方典·韶州府部》，卷一三一八。

③ （清）傅恒：《皇清职贡图》，卷四，乳源县瑶人条。

④ （清 道光）《广东通志·列传六三》，卷三三〇。

⑤ （清）张报和：《始兴县乡土志·人类》。

⑥ （清）傅恒：《皇清职贡图》，卷四，连州瑶人条。

康熙中，赵廷标调广东广、肇、南韶道副使，两粤八排诸山寇闻廷标来，望风解散。连州乱，至，立就抚[①]。继康熙之后，道光、光绪间，清王朝曾多次重兵征讨。入民国后，汉、瑶相安无事。综上可见，清代连州瑶的居地、习俗及反抗活动概貌。

阳山（治今阳山）：

> 阳邑瑶僮，太平、南木、芦田、大塝、麦冲、东冈、抚瑶大山峒、火册峒等处皆有之。然悉安居乐业，饮食服饰与编氓无异。[②]

可见，民国时，阳山瑶习已与“编氓无异”。

连山直隶厅（治今连南瑶族自治县）。

本连山县，隶广州府。雍正五年（1727年），改隶连州。嘉庆二十一年（1816年），升为绥瑶厅。

连山与贺县、怀集为邻，地无平旷，“山瑶野壮，逼处为患”[③]。高山有瑶，深峒为壮，从清至民国以后，连山仍是瑶人聚居地。需要强调指出的是，连州与连山，同为八排瑶人的基地。其中，连州有三排，连山有五排。其分布情况是：

> 属连州者曰油岭排、行祥排、横坑排；属连山者曰军察排、马箭排、里八峒排、火烧坪排、大掌岭排。连山之瑶以万数，五排最大；连州之瑶以万数，三排最大。其小者名为冲。在三江之东，自龙尾寨以东南为冲四十三；西自龙水尾以西南为冲九十三；中自犁头塘以西为冲四。皆八排之分也。[④]

换言之，连州、连山的瑶人，以八排瑶最大。共分八排一百四十冲。早在清初，八排瑶即举行了反抗清王朝的反抗活功。康熙年间，杨宗仁知蓝山，“八排苗为乱，巡抚赵申乔遣兵讨之，将不恤兵，兵将为变，宗仁单骑抚定之”[⑤]。

其后，八排瑶未停止反抗活动。

---

① （民国）赵尔巽：《清史稿·列传三四·赵廷标传》，卷二四七。

② （民国）《阳山县志·舆地下》，卷二。

③ （民国）《连山县志》，卷五。

④ （清）姚柬之：《连山绥瑶厅志·风俗》，卷四。

⑤ （民国）赵尔巽：《清史稿·列传七九·杨宗仁传》，卷二九二。

惠州府（治今惠州）。

归善（治今博罗东南）：顺治七年（1650 年），陆振芬与总兵郭虎

率师赴惠州，剿抚归善、海丰诸寨。将至，诸寨窥兵寡，出拒。振芬选精锐数百人绕出其旁击之，获一队，诸寨皆惧。于是谕以祸福，降者踵至。①

此“归善、海丰诸寨”，系指当地瑶、畲之人无疑。这是清初归善县有瑶人的例证。

永安（治今紫金）：据屈大均《广东新语·地语》卷二载：明末清初有“永安县三都瑶”。

海丰（治今海丰）：瑶人

在海丰者，皆来自别境。椎髻跣足，刀耕火种，采实猎毛，食尽一山，复徙一山。家供画像，犬首人服，岁时祀之。厥姓有五：盘、蓝、雷、钟、苟，自为婚姻，土人不与通婚。②

龙川（治今龙川）：

龙川县山瑶，居深山之中。听征调，纳贡献，有官长为之抚领。③

潮州府（治今潮州）。

饶平（治今饶平西北）：

男女皆椎髻跣足，依山结茅为居，迁徙无常，言语侏儒不可辨，刀耕火种，不供赋役，善射猎，以毒药涂弩弓，中兽立毙。居于本县深山中，白沙潭、杨梅山、凤凰山、平溪、拓林、葵塘等处。④

嘉应直隶州（治今梅州）。

---

①（民国）赵尔巽：《清史稿·列传三四·陆振芬传》，卷二四七。

②（清）于卜熊：《海丰县志·杂志》，卷下。

③（清 道光）《广东通志·列传六三》，卷三三〇。

④（清）刘抃：《饶平县志·户口》，卷四。

长乐（治今五华）：

信为狗王后，家有画像，犬首人服，岁时祝祭。其姓为盘、蓝、雷、钟、苟，自相婚姻，土人与邻居者，亦不与通婚。[①]

兴宁（治今兴宁）：瑶人，

大抵依聚山林，砍树为荦，刀耕火种，采实猎毛，嗜欲，言语不同土人与之邻者，亦不为婚姻。随山散处，岁输山粮，事同羁縻而已。[②]

高州府（治今茂名）。

电白（治今电白东）：明清之际，该县

瑶民俍目，嗜欲习尚朴野鄙俚[③]。

信宜（治今信宜南）：

岭底堡，在县北稍东六十里（黄寮地堡），有官军防怀德乡圣峒、六豪等瑶。

忠堂堡，在县北稍东九十里（云堂甲地），有官军防陂头、竹云等瑶。[④]

雷州府（治今海康）。

遂溪（治今遂溪）：

县西北瑶人杂处。[⑤]

阳江直隶州（治今阳江）。

阳江（治今阳江）：阳春为广东洞穴最多之地，且介于东西两山之间，丛山穴

① （清）李焕春：《长乐县志》，卷六。

② （清）仲振履：《兴宁县志》，卷十二。

③ （清）蒋廷锡等：《古今图书集成•职方典•高州府部》，卷一三五七。

④ （清 光绪）《信宜县志•兵防》，卷四。

⑤ （清）蒋廷锡等：《古今图书集成•职方典•雷州府部》，卷一三七一。

谷鸟道，素为瑶、壮杂居之地。境内有瑶山十三座。明设抚瑶主簿，清代则以瑶目承袭。清代，有瑶户五百五十九，与齐民一体耕输。其后，瑶族渐与“齐民混合”①。

恩平（治今恩平）：南邻阳江，北连新兴，东接新会，处于水陆险地。县有瑶山九。乾隆年间，瑶目裁革。②

廉州府（治今合浦）。

合浦（治今合浦）：

> 合浦县山民，一名獏瑶。自荆南五溪而来，本瑶僮之类，而不属于峒长，故名獏瑶。随溪谷群处，斫山为业，有采捕而无赋役，服饰略同齐民，惟以青布缠头。所居在大山中，闻人民语辄趋避，畏入城市，俗呼“山仔老”。其山妇俗呼“山仔婆”，喜以绣帛束胸，短裙跣足，常负藤囊至圩贸易。③

钦州直隶州（治今钦州）。

钦州本属廉州府，光绪十四年（1888 年）始升为直隶州。廉州府，壮多瑶少。钦州十万大山有瑶人。史称：

> 山子无版籍定居，散处合浦、钦州诸大谷间。男女黎黑，徒跣，砍山种畲，视地利尽辄徙去，善刺虎，涂毒药镞中，射虎立毙。④

综上所述，清代广东瑶族分布可归结如下：

广州府：东莞、从化、新宁、增城、香山、新会、清远。共七县。

肇庆府：四会、新兴、鹤山、德庆州、封川、开建。共一州五县。

罗定直隶州：东安、西宁。共二县。

韶州府：曲江、乐昌、乳源、英德。共四县。

南雄直隶州：始兴。共一县。

---

① （民国）《阳江县志》，卷七。

② （民国）《恩平县志·风俗》，卷四。

③ （清）傅恒：《皇清职贡图》，卷四，合浦县山民条。

④ （清 道光）《廉州府志》，卷四。

连州直隶州：阳山。共一县。

连山直隶厅。

惠州府：归善、永安、海丰、龙川。共四县。

潮州府：饶平。共一县。

嘉应直隶州：长乐、兴宁。共二县。

高州府：电白、信宜。共二县。

雷州府：遂溪。共一县。

阳江直隶州：阳江、恩平。共二县。

廉州府：合浦。共一县。

钦州直隶州。

合计，广东瑶人分布于八府、六直隶州、一直隶厅及所属三十三州县。

需附及的是，上述广东瑶区，也包含某些畲区在其中。像粤东的潮州府、嘉应州等地的瑶人，即属此例。因为从某些地区和某种意义上说来，瑶、畲是很难截然加以区分的。

清代广东瑶人分布与明代相较，不同之处主要为：

（1）瑶人居住的府州县地和总人口，均较明代为少。有清一代，广东瑶人发展一直呈下滑趋势。

（2）即使列入上述瑶居的一些府州县，在乾隆以后，瑶人也已日益减少或消失，新宁、香山、新会、清远、四会、新兴、开建、阳江、恩平等地瑶人，即属此例。

（3）广东瑶人的集中居地，与粤西相连的罗旁瑶及其相邻地的瑶人势力已日渐式微，只剩下连州、连山、乐昌、乳源等粤北地区了。这就基本奠定了今日瑶人分布的格局。

造成清代广东瑶人急剧地大量减少的主要原因为：

（1）明统治者的摧残。有明一代，多次对大藤峡瑶区和罗旁瑶区的残酷镇压，造成了罗旁地区不再成为清代瑶人聚居地的直接严重恶果。这也是与广西相邻的广东西部瑶区瑶人大幅度减少的重要原因。

（2）广东社会经济的迅速发展。有清一代，广东社会与海外接触日益频繁，商品经济迅猛发展，民族间的往来日趋频繁，民族隔阂与偏见也大为减弱。因此，大批瑶人加入汉民族行列中，所谓与“齐民混合”，即属此例。这在珠江三角洲地区尤为明显。这样，原本几遍全省的瑶民，至清末只剩下山区州县瑶民保留了本民族的特色。从中也可见，发展经济，是缩小民族间差别的根本途径。

（3）统治者的同化政策。雍正改土归流后，特别是乾隆年间，大量裁革广东地区瑶目，使瑶民编入保甲，“与齐民一体稽查”，从而纳入封建王朝的直接管理轨道中。在当地瑶人的经济、文化与习俗渐进至与汉人“无异”的基础上，清王朝这一把瑶人与当地汉人同等对待的政策，加速了瑶人成为“编户齐民”的过程。

（4）由于统治者的压迫与广东地区的不断开发，加速了“今岁此山，明年又别岭”的瑶人西徙过程。

据广东省民族研究所1982年出版的《广东少数民族》载，广东瑶族有7.68万多人，主要分布在粤北山区。其中，连南瑶族自治县有5万多人；乳源瑶族自治县有1.3万多人；连山壮族瑶族自治县有2030多人。此外，散居在连县、始兴、曲江、阳山、英德、翁源、仁化、乐昌、怀集、阳春等县的还有1万多人。①

四、贵　州

贵阳府（治今贵阳）。

贵定（治今贵定）：

> 瑶人，黔省原无。自雍正二年（1724年），有自粤西迁至贵定之平伐。居无常处，必择溪边。近水者，以大树皮持续渡水至家，不用桶瓮出汲。男女衣尚青，长不过膝。所祀之神曰盘瓠。②
>
> 瑶人，其种类与楚、粤诸瑶同。雍正二年，自粤西迁至，归贵定县之平伐土司管辖。居元常所，多择溪水边。男女衣尚青，长不过膝。岁时祀盘瓠为祖。③

这两段记载内容大体相同。乾隆《贵州通志》为雍正时鄂尔泰任云、贵、桂三省总督时所修。而《皇清职贡图》则是乾隆时告成。故当是后者袭自前者。但后者的长

① 广东省民族研究所：《广东少数民族》，43页，广州，广东人民出版社，1982。

② （清）鄂尔泰：《贵州通志·苗蛮》，卷七。

③ （清）傅恒：《皇清职贡图》，卷八，贵定县瑶人条。

处在于：明确指出贵定瑶人归平伐土司（治今贵阳南）管辖。

都匀府（治今都匀）。

独山州（治今独山）、清平（治今凯里西北）：清道光间李宗昉记：

> 瑶人，黔旧无之，清雍正时自广西迁来清平、贵定、独山等处。[①]

清人陈浩绘作《黔苗图说》《苗蛮图》也有相类记载。

荔波（治今荔波）：

> 荔波县夷人有水、佯、伶、侗、瑶、僮六种杂居，并为一体。元时，同属南丹安抚司。明初，改土归流，置荔波县，隶广西省。本朝雍正十年改隶黔省。其衣服、言语、嗜好相同。岁时祀盘瓠，杂鱼肉酒饭，男女连袂而舞。相悦者负之而去，遂婚媾焉。[②]
>
> 苗有水、佯、侗、僮、瑶、仲六种。……黑瑶，住瑶庆里之瑶六寨，户口不多。男子蓄发挽髻，青布长衣。妇人发挽偏髻，青布短衣，裙长不及膝。婚嫁通媒妁，羊酒为聘。人死殓以棺，置洞不葬。性淳朴，少争讼。花瑶，在董界里。男子蓄发，挽髻垂后，覆以花布，青布短衣，以红白线缘其边。妇人挽髻垂前，饰耳以大银环。婚嫁通媒妁，性驯谨，不敢为非。[③]

可见，荔波县之地，元、明时一直属广西建制，清雍正时才划归贵州。其地为多民族杂居一体之地。瑶族为其重要民族，有黑瑶、花瑶两种。

安顺府（治今镇宁布依族苗族自治县）。

永宁州（治今关岭布依族苗族自治县）：

> 苗有仲家、蔡家、花苗、倮佬、倮㑩、瑶人六种。……瑶人来自粤西，居上下六马江外。衣尚青，长不过膝。祀盘瓠为始祖。勤于耕凿，不通汉语。婚以猪牛为聘，视女姿色以定多寡，亦用媒妁。丧则立鬼竿

---

① （清）李宗昉：《黔记》，卷三。

② （清）傅恒：《皇清职贡图》，卷八，荔波县水佯侗瑶壮条。

③ （清）爱必达：《黔南识略》，卷十一，荔波县条。

屠牛会饮，吹笙跳舞，独丧主不食肉。[①]

黎平府（治今黎平）。

湖贵黎（平）、靖（州）接郴州北境之怀远，瑶、僮、伶、侗盘踞最繁，而号黑瑶者尤犷悍。[②]

可见，广西怀远境的包括瑶族在内的诸多民族，早在明代以前其分支就已蔓延入黎平府。当地瑶人特别是黑瑶势力，颇为强盛。

永从（治今黎平南）：乾隆六年（1741 年）谕军机大臣等，

昨据署贵州总督张允随奏报："黔界苗、瑶焚劫抢掠，扰害永从等处地方，现在调拨官兵前往擒剿等语。"[③]

这表明清代黔地有瑶，官方文件已有"黔界苗、瑶"之说；黔瑶之势并非无足轻重，清王朝已把其视作一种威胁力量；黔瑶活跃于与广西临界的永从等地。

古州厅（治今榕江）：爱必达记，

苗有洞苗、山苗、水西苗、瑶苗、僮苗五种。……僮瑶皆自粤迁来者。统计洞苗、山苗十之七，水西苗、僮、瑶十之一二。[④]

林溥则称：

古州苗人，种类不一。黑洞苗、山苗最多；白洞苗、水西苗参错其间；瑶苗绝少，间有一二十户。[⑤]

爱必达《黔南识略》成书于乾隆十四年（1749 年），林溥《古州杂记》则写于嘉庆

① （清）爱必达：《黔南识略》，卷五，永宁州条。

② （明）瞿九思：《万历武功录》。

③ （清）《清高宗实录》，卷一四〇，乾隆六年（1741 年）四月戊戌条。

④ （清）爱必达：《黔南识略》，卷二二，古州同知条。

⑤ （清）林溥：《古州杂记》。

四年（1799年）。前者尚把瑶人列入古州厅五种苗之一，其数当不至“绝少”；后者则称，其时瑶人只剩一二十户。可见，五十年间当地瑶人呈递减态势。

总之，清代贵州瑶族分布地区为四府及所属七厅、州、县。即：

贵阳府：贵定，一县；

都匀府：独山州、清平、荔波，一州二县；

安顺府：永宁州，一州；

黎平府：永从、古州厅，一厅一县。

由此，可得出如下结论：

（1）元代瑶区至清代已发生较大变化。如前述，元代贵州瑶人分布于八番、顺元宣慰司（治今贵阳）、新添安抚司（治贵定）、思州（治务川仡佬族苗族自治县）。至清代，位于黔北的思州瑶已不复存在。而八番、顺元及新添瑶，虽与清代贵定等地瑶地域相邻近，但乾隆时撰的《贵州通志》《皇清职贡图》均认定贵定瑶是雍正二年（1724年）从广西迁来的。因作者时代相距甚近，故其说当可信。据此，似可定清代黔瑶与元代之间并无渊源因袭关系。

（2）清代黔瑶来源。黔省旧无瑶，来自粤西。这是《贵州通志》《皇清职贡图》《黔记》《黔南识略》《黔苗图说》《黔苗图》诸籍的共同看法。这可以从清代瑶人全部分布在与广西接壤的贵州南部中，得到证实。

（3）清代黔瑶迁入时间一般均较晚。如上述：贵定、清平、独山等处瑶人自雍正时迁入。黎平瑶，明代后期已繁多，其迁入时间相对为早。据此推断，清代瑶人的迁入时间不会早于元代以前。调查材料也与此相符。相传，黔瑶为五六百年前先后由广西迁入。

（4）黔瑶迁入时间较晚、人数也较少，这与我国南方民族的流向与分布格局不无关系。苗人向西徙入黔；瑶人逾岭入两粤；畲人向东南入赣、粤、闽边区。由于贵州是高寒贫瘠山区，在生产力低下条件下，其人口容量与生存空间有限；而当地早已成了苗族聚居之所。如史称：

> 通计湖南各郡，半与苗、瑶接壤；而贵州一省，则苗人十居六七。①

① （清）严如熤：《苗防备览·杂识》，卷二二。

这势必限制瑶人向黔地的发展。

(5) 清代黔瑶分布，与今日瑶族分布大体一致。今日贵州省瑶族，分布在黔东南苗族侗族自治州和黔南布依族苗族自治州，主要是与广西相接的荔波、从江、榕江、黎平等二十余县。

五、云　南

如上述，云南瑶族在元朝时已载诸册籍。明朝时，对滇瑶的记载却阙如。显然，这并不意味着当时瑶族在云南已消失，应是册籍遗漏所致。清代，滇瑶又复见诸记录。其主要分布地是：

开化府（治今文山）。

> 瑶人性犷悍，自谓盘瓠之后。自耕而食，少入城市。男女皆知书。多处深山，喜猎，善搏虎豹。衣服近汉，女人长衫拖裙。婚用媒。死者骸骨不落地，火化收藏。不争讼，不喜淫。所居之处不四、五年即迁。[①]

又，据民国《新编麻栗坡特别区地志资料》中卷载：

> 明末清初之时，仅有土著人那几、瑶人，于兹水土平坦之地，陆续开挖成田。

麻栗坡，今为县名。清时，属开化府地。此材料是清代开化府有瑶人居住的佐证。

广南府（治今广南）。

道光续修《广南府志·风俗》有关瑶人的记载与上述乾隆《开化府志》内容全同，这不仅表明清代广南府有瑶人，而且其习俗也与开化府瑶人全同，当系两府相连（在今日大体均属文山壮族苗族自治州境）所致。

普洱府（治今普洱）。

他郎厅（治今墨江哈尼族自治县）：据道光《他郎厅志》载：

> 瑶人，自粤迁来，居无定处。每至深山，开垦耕种，俟田稍熟，又

---

① （清）汤大宝等：《开化府志·风俗》，卷九，乾隆二十四年（1736年）刻本。

迁别所，开垦如前，不惮劳瘁。亲死则以火化。耕种之外，亦勤捕猎。服饰嗜好与倮罗同。[①]

总之，清代云南瑶族分布于开化府、广南府、普洱府所属他郎厅等地。

元代云南瑶族分布情况，至清代已发生变化。居于大理路的瑶人，已不见踪影，这是“所居之处不四五年即迁”之故。居于威楚路（辖境相当于楚雄、镇沅、景东诸府）的瑶人，则似可与其南邻的他郎厅瑶人联系起来。

今日云南省瑶族，人数之多，仅次广西、湖南居第三位。主要居住于广南、富宁、麻栗坡、马关、屏边、河口、元阳、金平、红河、勐腊、景东、江城等县。即主要分布在文山州，沿国境边缘，由东至西，直达西双版纳傣族自治州的版纳易武。[②] 这也可证，云南瑶旅多由广西迁入。

云南瑶族，在历史上记载较少，进入的时间也较晚。为何从清代至现代，日居重要地位？其因大致有二：一是瑶族迁徙路线与方向日益向西南山区乃至边境移动；一是云南地处边陲，开发稍晚，故融合于汉族的较少，而保留本民族的特色则较多，这与广东瑶族的发展趋势恰好相反对。

第二节　清代治瑶政策

一、清代治瑶政策的阶段性与评价

清代治瑶政策，有其一贯性，但前后也有差异性。大致可分为三个发展阶段。

一是清初顺治、康熙时期。此期政策的重点，是逐步确立和巩固清王朝在瑶区的统治地位。从而，奠定了治瑶政策的基础。

清兵入关后，于顺治三年（1646 年），向湖南、广东、广西等地大举进攻。在使用武力的同时，十分注意安抚南方诸族。如：顺治五年（1648 年），

① （清）李恒谦：《他郎厅志》，见佚名：《墨江县志稿》，民国抄本。

② 尤中：《中国西南民族史》，697 页，昆明，云南人民出版社，1985。

广西全州、兴安县、关阳县苗、瑶共三十一处，洞二百六十处，俱各归顺。[①]

顺治十七年（1660 年），敕驻广西的靖南王耿继茂：

苗、蛮、瑶、僮，加意抚驭。[②]

康熙时，强调“从来控制苗蛮，惟在绥以恩德”[③]。康熙后期，确立了在瑶区的统治地位。故史称：瑶人，

至康熙四十二年（1703 年）招抚归顺，分隶各州县。[④]

需要指出的是，清初之所以能够较为顺利地确立在瑶区的统治地位，这和清王朝尽量利用和维持明朝原有的治瑶机构与制度而不予以打乱是有密切关系的。如顺治四年（1647 年），肇庆府原明所设萧、陈、梁三姓抚瑶土官率所属投诚归顺，据载：

顺治八年（1651 年），行查各路瑶丁瑶官册籍，准复原职世袭。[⑤]

一是雍正、乾隆时期。此期政策的重点，是使清王朝的统治势力日益深入瑶区。治瑶政策，也日臻完备。

随着南方民族社会的不断发展，清王朝在南方民族地区的统治地位日益牢固，清王朝的治理南方民族政策也发生了重大变化，这就是从雍正四年（1726 年）起实行的大规模改土归流。与此同时，治瑶政策也发生了相应变化。这主要表现为：在某些较为发达的瑶区，裁革瑶目，推行保甲制，实行直接统治；经济上，增加瑶民入籍供赋役的比重；文化上，推广封建“礼法”教育，强化同化政策。

① （清）《清世祖实录》，卷三八，顺治五年（1648 年）四月壬午条。

② （清）《清世祖实录》，卷一三七，顺治十七年（1660 年）六月庚子条。

③ （清）《清圣祖实录》，卷一二四，康熙二十五年（1686 年）二月庚子条。

④ （清）傅恒：《皇清职贡图》，卷四，新宁县瑶人条。

⑤ （清 光绪）《肇庆府志·舆地·瑶山》，卷二。

一是清朝后期。这个时期治瑶政策的重点是力图维护和挽救清王朝在瑶区行将崩溃的统治地位。其政策，也愈带有消极和反动性质。

嘉庆以后，清王朝日益腐朽没落，对瑶区的压迫和剥削日益加强，瑶民反抗不断。其中，道光年间湖南永州锦田瑶赵金龙与常宁瑶赵福才，广西贺县瑶盘均华，广东连州八排瑶的反抗活动最富代表性。

清代治瑶政策，与明代相较，有一致之处，也有所不同。主要表现有二：

一是，清代治瑶政策袭自明代。清代的瑶族土官制、赋役制、军事镇戍制、严山禁制、兴学校制等治瑶基本政策，均与明代有着密切的联系。

但是，清代制驭瑶人之策，较前朝更为周密。如：清代在瑶区推行的保甲制，实行来往人口登记，“稽汉奸及外来苗、瑶在寨居住，一人容隐，九家连坐”[①]。瑶人简直失去了任何行动自由，其控制之严可谓史无前例了。故史称：

> 防瑶之法，肇自前明，至今而大备。[②]

二是，明清统治者对瑶人都行镇压与安抚并施之策。上述朱元璋宣扬的“威德并施”和顺治声称的“宣威布德”[③]，并无二致。明清两代统治者都是据此原则处理瑶务的。但相对而言，明代重征剿，清代重抚绥。

明代重征剿的结果，造成严重的社会后果。一方面激起瑶民空前反抗。故史称：明代瑶人“叛服无常”，“正统以后，屡次作乱”，“明代以威力相临，三江诸蛮遂桀骜不可制”。简言之，有明一代的二百七十六年中，瑶区有二百年的时间是在动乱中度过的。另一方面，使瑶区社会经济受到严重破坏，使人口急剧减少与大批迁徙流亡。

清代，在加紧控制瑶区的同时，则反复强调“德化”，特别注重推行同化政策。有清一代，瑶区保持相对稳定，经济文化得到相应发展。只是到了清末，清王朝统治面临风雨飘摇之际，大规模的瑶民起义才此起彼伏。总之，可以说，清代治瑶政策与明代相比，是较有成效的。

---

① （清）《清高宗实录》，卷一三九，乾隆六年（1741年）三月丙戌条。

② （清）姚柬之：《连山绥瑶厅志·瑶防》。

③ （清）《清世祖实录》，卷一三七，顺治十七年（1660年）六月庚子条。

二、设立“专理瑶事”职官

清王朝在各级地方政权中，专门设立“理瑶”的官员与机构。

1. 理瑶同知

这是最普遍的治瑶专职。如：

驻连州理瑶同知。康熙四十二年（1703 年），总督石琳奏请建三江城，拨兵驻守，调广州府海防督捕同知刘有成为“理瑶同知，驻扎连州，瑶峒悉平”[①]。该同知兼管连州、连山、阳山三州瑶务。

宝庆府理瑶同知。雍正八年（1730 年），

> 移宝庆府同知改为理瑶，凡靖州之绥宁与宝庆武冈、城步隶辖，驻扎城内。
>
> 理瑶同知，署在城北，乾隆七年（1742 年）建。[②]

换言之，宝庆府理瑶同知，设于城步，管辖宝庆府南部与靖州直隶州相邻的诸县瑶人。

驻江华理瑶同知。据载：永州府属之宁远、新田二县及接连桂阳属之蓝山县，

> 毗连粤界，亦属瑶户众多，相距江华驻扎之理瑶同知，均在二百里外，势难兼顾。[③]

江华，为永州府属县。

总之，同知，为府属员，正五品，其职仅次知府。设“同知”一级治瑶，以重兵权，也反映了清王朝对瑶人问题的重视。上述记载表明：理瑶同知，设“署”机构；主要驻扎瑶区，并不一定设在府治所在地；管辖范围，也不限于本府之地，主要为周围瑶区，故可跨府而治。

此外，还有随着所在机构的升级而跟着改为理瑶军民直隶同知、绥瑶同知者。

理瑶军民直隶同知。雍正五年（1727 年），改连州为直隶州；随后，改理瑶同

---

① （民国）《连山县志》，卷一。

② （清）盛镒源等：《城步县志·公署》，卷二。

③ （清）周存义：《平定瑶匪述略》。

知为理瑶军民直隶同知，专理八排瑶务。[①]

需指出的是，该驻连州的理瑶同知所辖事务，其间有所变化。

据雍正九年（1731 年）广东巡抚鄂弥达疏奏：

粤东理瑶同知（指驻连州理瑶同知），向系兼管连州、连山、阳山三州县捕务。后因改为理瑶军民同知，专理瑶事，所有三州事务，停其兼管。迩年以来，瑶人驯服，事理不繁，请将三州县捕务，仍归理瑶同知，一体查察。[②]

绥瑶同知。嘉庆二十一年（1816 年），升连山县为绥瑶厅，“以旧驻三江口之理瑶同知为绥瑶同知，移驻于此”[③]。显然，绥瑶同知，系因驻地为连山绥瑶直隶厅而得名。

又，从道光年间，“连山厅理瑶同知郭际清”曾赴瑶山处理善后事宜一事，[④]也可见理瑶同知的职掌。

2. 理瑶通判

如，钟山县向为瑶壮所依据，“道光十四年（1834 年），移平乐理判于钟山，专司治理”[⑤]。“理判”，当是理瑶通判的简写。通判，府属官，正六品，此为将理瑶通判从平乐府迁至县下属的钟山镇之地的事例。这样做的目的，在于便利就近管理瑶区。

3. 理瑶巡检

据载：乾隆八年（1743 年），吏部议准广西巡抚杨锡绂疏请，

改议裁之阳朔县伏荔市巡检，设迁江县平阳圩（今来宾县境）为理

---

① 笔者据《清史稿·地理志》、（清 同治）《连州志》等籍考订，改连州为直隶州的时间和改理瑶同知为理瑶军民直隶同知的时间不一。前者为雍正五年（1727 年），后者为雍正七年（1729 年）。

② （清）《清世宗实录》，卷一一〇，雍正九年（1731 年）九月戊寅条。

③ （清）蒋廷锡等：《大清一统志》，卷三五二，连山直隶厅条。

④ （清）陈徽言：《南越游记》，卷三，见（清）周存义：《平定瑶匪述略》，下卷。

⑤ （民国）《钟山县志·瑶僮》，卷十六。

瑶巡检，置攒典兵役如额。从之。[①]

巡检司巡检，从九品，“掌捕盗贼，诘奸宄。凡州县关律险要则置”。可见，理瑶巡检，为置于瑶人出没要地以制瑶。

4. 通事

在贵州等地瑶人区，设有此职。如：古州瑶、壮、苗、侗、彝诸族，“向无土司管辖，设通事二十二名，分管各寨”[②]。通事，本为译员。因少数民族语言不通，故官府经过通事以沟通。此通事，指清王朝管理少数民族基层村寨的低级吏员。

此外，尚有理瑶把总、理瑶外委把总等武职。如：康熙四十三年（1704 年），建三江城，有东南西三门，“署西为理瑶把总”。东门外有武庙，“庙右为理瑶外委把总署”。[③] 把总，正七品。清代仅广东一省驻军中即有把总三百二十四人。除把总外，又设外委把总若干人。此理瑶把总、理瑶外委把总，显系为镇瑶而设。

因瑶族地处边疆要地，故清王朝除任地方行政官员外，也委军职人员以治瑶。上述理瑶把总、理瑶外委把总，即属此例。

三、设瑶土官

清袭明制，在瑶区实行瑶族土官制。清代瑶族土官，主要担任峒、寨、村等基层政权单位的职务。常见的称谓有瑶官、瑶管、瑶总、团总、瑶老、瑶长、瑶目、峒长、瑶练、瑶甲、头人之名。如：

瑶官。如，清代道州，州南马江瑶等六村及顾村瑶等八村，均设“瑶官一员领之”[④]。又，清张锡谦《平瑶日记》卷上有“瑶官蒋维世、郑景贤”之名。瑶官是瑶人为官的泛称而非专指。“山官者，瑶总也”[⑤]，即是瑶总也称为瑶官之例。

瑶管。

---

① （清）《清高宗实录》，卷一八五，乾隆八年（1743 年）二月辛亥条。

② （清）爱必达：《黔南识略》，卷二二，古州同知条。

③ （民国）《连山县志》，卷二。

④ （清）李镜蓉等：《道州志・杂撰》，卷十二，洞瑶条。

⑤ （清）魏祝亭：《两粤瑶俗记》。

> 瑶之长，曰瑶官，今日瑶管。[①]

可见，瑶管即瑶官的别称；因其管理瑶民而得名；瑶管之名，主要行于清代后期。

瑶总。如，道州诸村，均设瑶总“统之”[②]。

团总，有的瑶区，在村峒设瑶总的基础上，设团总以统之。如，湖南溆浦县，在县南龙潭乡与武冈连界的雷打峒等四峒，每峒设瑶总一名，四峒共立团总一人；县东南两个乡与邵阳、武冈连界的九溪峒等六峒，每峒设瑶总一名，六峒共立团总一人。[③]

瑶老、瑶长与瑶目。据载，道光年间，在连山厅，

> 西路五大排、东路三大排及一百三十一冲，查明户口，给门牌，按户张挂。大排设立瑶老、瑶长，小冲设立瑶目。[④]

瑶老、瑶长与瑶总一样，均为最常见的瑶人官名，且三者地位也相当。大的瑶人村寨立瑶总、瑶老、瑶长，“小冲”一类则为瑶目。瑶目地位低于瑶总、瑶老、瑶长。有的瑶目则为瑶总的属员，故史有“总之下，有瑶目”[⑤]之载。

峒长。如，九嶷山“其屯村一定者曰平地瑶，……地有峒长”[⑥]。峒长为管理村峒的瑶人长官。

瑶练。如，曲江县“瑶山下向设瑶练约束之，然非所能控制也”[⑦]。

瑶甲。如，乐昌县，“有头目曰瑶甲”[⑧]。

头人。据载：乾隆时，署广西按察使钟昭奏：粤西“苗、瑶各种”，

① （清）唐荣邦：《酃县志·户口·瑶俗附》，卷七。

② （清）李镜蓉等：《道州志·杂撰》，卷十二，洞瑶条。

③ （清）齐德五：《溆浦县志·疆域》，卷五。

④ （清）周存义：《平定瑶匪述略》，下卷。

⑤ （清）魏祝亭：《两粤瑶俗记》。

⑥ （清 嘉庆）《九疑山志》，卷二，瑶峒条。

⑦ （清）张希京：《曲江县志·风俗·附瑶俗》，卷三。

⑧ （清）魏祝亭：《两粤瑶俗记》。

……惟听该头人指挥。如头人奉公守法，即可宁谧；若头人欺诈，多生事端。现饬各州、县将玩法头人逐一革除，另选委充。[1]

清代，除了上述常见瑶人长官之名外，还有两种特例。

一是沿袭明代抚瑶官之名。由于清初为争取瑶人的支持，故对归附瑶首一般均允其袭明抚瑶官名，而不予更改。这类抚瑶官，在清代瑶官中占有相当的比例。如：明洪武间所设肇庆府境的抚瑶土巡检萧震。土典史梁润、陈天元，

顺治八年（1651 年），行查各路瑶丁瑶官册籍，准复原职世袭。[2]

湖南兴宁县境抚瑶把总，

旧驻永安堡，隆庆三年（1569 年）设，时姓氏无考，亦无专属。国初时废。顺治十八年（1661 年）招安复设，则皆住瑶峒人承顶。[3]

又，湖南常宁县，洪武二十八年（1395 年），“国朝道光间邓端化袭职”。隆庆三年（1569 年）设抚瑶官，“国朝道光间邓镇常袭职”。

上述诸例表明，明代所设土巡检、典史、抚瑶把总、抚瑶官诸名，入清后，仍沿袭下来。

一是清初所设土弁瑶官。在清初战争时期，常以绿营弁衔授予归附或立功土酋，瑶人也无例外。如：

清世祖顺治四年（1647 年），恭顺王孔有德入永州平瑶寇。明、清鼎革之际，瑶寇沈希先乘乱四出劫掠，远近咸被其害。至是，有德檄县人石佐善平之，予参将札，使辖诸溪峒瑶。佐善请予瑶民邓从宽、张从辅等都司印札，分镇之。[4]

顺治年间，招抚归化，额设土弁瑶官。上六峒瑶官庞凤翔，下六峒

① （清）《清高宗实录》，卷二九七，乾隆十二年（1747 年）八月丁亥条。

② （清）余瀚：《开建县志·瑶山》，卷一。

③ （清）郭树馨等：《兴宁县志·武备·抚瑶》，卷十。

④ （民国）李毓九：《宁远县志·事记》，卷四。

瑶官庞良皓，二官均系该峒瑶籍。十二峒设千长二名、保正十二名，稽查匪类，俱以三年交替，逐年编造烟册，瑶民共六千三百五十户。[①]

这表明：清初有“额设土弁瑶官”之制；都司、千长一类均属土弁瑶官之名。

总之，清代瑶官，由于夹有明代抚瑶官和清初土弁瑶官之名，这就使其名目繁多。

清代瑶官之名，并不划一，往往因地而异。据载：

各瑶所居上冲、山寨、某峒、某源，内有头目管摄。如，道州、蓝山有瑶总，宁远、永明、江华有瑶目、户长、瑶老之名。[②]

清代瑶官来源，除承袭，即“子孙世世充之”外，尚有二途。一是由瑶人“公举”。如：

其地有邓、盘、赵等姓，责成瑶官约束。或易置，由瑶民公同举报，赴县详请给委。[③]

雷连下六峒瑶总。乾隆十一年（1746年），详奉布政司批查雷连等峒，应设瑶总，公举详情，给委牌。[④]

上述为瑶民共同推举所信赖瑶人经报批而出任瑶官之例。一是由清王朝直接择选委充。如：连山厅设立瑶老、瑶长、瑶目，“皆择谨愿者为之”[⑤]。上述被革头人，“另选委充”，也属此例。

瑶官，多给“委牌”，以作凭证，以重其权。当瑶官被废止后，则需收回委牌。如，湖南永兴县延道乡，从外县迁入瑶众后，

乾隆十年，奉文议设瑶总，知县吕宣曾始于是年详请委牌，给领承

---

① （清）郭树馨等：《兴宁县志·疆域·瑶峒》，卷三。

② （清）周存义：《平定瑶匪述略》，卷上。

③ （清）唐荣邦：《鄘县志·户口·瑶俗附》，卷七。

④ （清）郭树馨等：《兴宁县志·武备·抚瑶》，卷十。

⑤ （清）陈徽言：《南越游记》，卷三。

充。共管辖瑶民一十五户，瑶总盘子玉。后瑶民多迁居常宁、兴宁，子玉故，委牌已缴。[①]

瑶官的经济待遇不一。有的瑶官领取“工食银”“口粮银”。据《连山绥瑶厅志》载：

道光十三年，尚书禧恩参准，今八排瑶人举老成知事者立为瑶老、千长，赏给顶戴。办事瑶目，立为瑶长、瑶练，瑶长每月口粮银三两，瑶练每月一两五钱。凡瑶长十八人，瑶练六十四人，隶绥瑶把总。

又，广东东安县，

现年南路上下二股及西路瑶目三名，云廉、云容瑶总各一名。岁给工食。[②]

瑶官的职能与作用，大致有如下述：

一是管束瑶众。如：

又有一等，由此迁彼种山佣趁，往来无定，名曰过山瑶，漫无约束。应视其现居处，即归各寨瑶总、瑶目等管束。[③]

瑶首即瑶目也，盖以之管辖瑶民者。

各地立有瑶总巡司查峒。[④]

瑶官易为瑶民信服，故能起到清朝官吏所不能起到的作用。如：广东增城，

有抚瑶官，黎姓者为之，家增城，片纸传语，山峯诸瑶无不奉命。[⑤]

一是调解与处理民事纠纷。如，湖南酃县，

① （清）吕凤藻：《永兴县志》，卷二四。

② （清 道光）《东安县志·外纪》，卷四。

③ （清）周存义：《平定瑶匪述略》，卷上。

④ （清 同治）《城步县志》。

⑤ （清 嘉庆）《增城县志·舆地·瑶人》，卷一。

瑶小争，则瑶管为之解剖，大争乃讼于官。[①]

九嶷山瑶，

小争则峒长分解，大事难决乃讼于官，然亦罕有至者。[②]

瑶首负责解决瑶族民间“小争”，有利于问题的解决。因为：瑶性淳朴，“畏见官长”[③]，对流官有不信任感；而且，瑶首据瑶族习惯法处理，易为争执双方的瑶民所接受。

一为催征粮赋。清代熟瑶需“纳粮”“输赋”，清王朝通过瑶官以便征收。

一为制止瑶民反抗。道光赵金龙瑶民起义时，清军利用瑶族生员吴日新等人，“督同瑶总，并往韭源等处招集逃散，团聚乡勇，以资守御”[④]。此为利用瑶首的地位与威信，“团聚乡勇”，以防备瑶民反抗之例。

瑶族土官制的变化。随着瑶、汉间的往来日益频繁，随着瑶族社会历史的不断发展，在较发达的瑶族地区，其发展水平已日益接近汉族地区。在这种历史条件下，清王朝为加强对瑶区的控制，自雍正以后特别是乾隆年间，采取大量裁革瑶族土官的措施，把瑶民编入保甲，实行直接统治。从此，瑶族土官制走向衰落。如：广东四会等地，清初设抚瑶土官，而后裁革，据载：

（瑶官）子孙承袭纷争，骚乱滋事，且瑶民向化日久，各安耕凿，与齐民无异，瑶目可以不设。高宗乾隆二十一年（1756年），详请裁革，瑶民编入各村寨保甲，与齐民一体稽查。[⑤]

又如广东恩平县的瑶官裁革，据载：

康熙二十七年（1688年），上水上峒有抚瑶梁荣璋、冯尔雅，上水

---

① （清 同治）《酃县志·户口·瑶俗附》，卷七。

② （清 嘉庆）《九疑山志》，卷二，瑶峒条。

③ （清 光绪）《镇安府志·风俗》，卷八。

④ （清）张锡谦：《平瑶日记》，卷下。

⑤ （清）刘德桓：《四会县志·舆地志·瑶蜑》。

下峒有抚瑶吴业，高官陂抚瑶有谢道灼，皆良瑶也。乾隆二十一年（1756年），以瑶民向化日久，瑶目可以不设，详请裁革，编入保甲，与齐民一体稽查。[①]

这一措施的直接结果，使大批瑶民成了封建国家的编户齐民，成了当地汉民族的一个组成部分，这是清代以后广东瑶山、瑶区和瑶民大量消失的重要原因之一。

乾隆裁革瑶官之举，可视作清王朝大规模改土归流政策在瑶区的体现与继续，因而是改土归流的组成部分。这一措施，在当时的历史条件下，有利于当地经济文化发展与消除民族歧见，因而，在客观上起了积极的历史作用。

同时，需要强调指出的是，这是清王朝大民族主义政策的一种反映，并加重了对瑶区人民的压迫与剥削。

清代与明代瑶族土官制之间存在着密切的关系，它是在承袭明制的基础上发展而来的，但其间也有明显的变化与差异。其主要表现有四：

一是除承认前明归附的瑶族土官外，清代瑶族土官数量大为增加。有清一代，在基层广为推行瑶族土官制度。

一是职衔偏低。如上述，明代抚瑶官有担任州判、知县、县丞、主簿、典史、巡检诸职者；而清代，则除初期袭明制授予瑶官较高头衔外，当清王朝统治地位稳定后，一般均限授予瑶总、瑶长等一类名目，以治理村、寨、峒的瑶人。更有甚者，对明代瑶官头衔也予以更改。如：

江邑自明永乐年间，瑶人黄福明率众归化，授抚瑶主簿，职衔世袭，国朝则以瑶目承袭。[②]

此为将承袭人由明代县级抚瑶主簿的职衔降为不入流的“瑶目”之例。

一是明代抚瑶官有由汉族出身的下级官吏、军官与豪强充任者，而清代则“皆住瑶峒人承顶”[③]。虽然，清代继续承认的前明抚瑶官有的原本属于汉族，但至有清

① （民国）《恩平县志·舆地志·风俗》，卷四。

② （民国）《阳江县志》，卷七。

③ （清）郭树馨等：《兴宁县志·武备·抚瑶》，卷十。

一代，他们的子孙也已经瑶化而成了当地瑶族的成员与首领了。

一是所辖兵丁的数量与作用不同。明代抚瑶官多统领一定数量的瑶兵。如，成化年间，高州府，每寨设一瑶目以辖瑶兵。其中，电白县二十一瑶山，有瑶兵八百九十八名；化州五十一瑶山，有瑶兵五百二十四名。可见，瑶目所统瑶兵之众。而清代瑶官则多不领兵，即使领有兵丁，其数量也有限。如：广西北流县，

世袭瑶总二名，管下瑶丁递年自十月初一日起，拨瑶丁五名，赴县看守后衙仓廒支更值宿。今俱无。①

又，湖南道州设瑶总多名，

原额瑶丁一十二人，例不派差。②

可见，明代瑶官统瑶兵，以备征调，清代瑶官辖瑶丁，则用以供差役，其性质与作用也不同。

总之，清代瑶官的地位与实力，远比明代瑶官要低要弱。

明清时期的瑶族土官制与西南土司制之间具有同异之处。

相同之处在于除明代少数抚瑶官例外，均是任用少数民族首领为土官；其职均为世袭。

不同之处有四：

一是瑶族土官制度不完备。没有如土司制从宣慰司或土府以下的一套从上至下的完整官制、机构与属员，往往只在基层设孤立的瑶总、瑶长、瑶目一类土官；也没有如土司制一套完整的包括诸如承袭、贡赋、征调诸方面的严密制度。

一是辖区范围有别。瑶官多限于管理某些瑶人的“山”“峒”范围，且所领户数也不多。而大土司之地，则有跨府、州、县地之辽阔。

一是隶属关系不同。土司从上至下，有层层隶属与等级关系；而瑶族土官，即使是明代州、县抚瑶官，也直隶流官衙门管理。

一是瑶族土官势力微弱。一般瑶首主要起上传下达与约束瑶众的作用，他们与

① （清）徐作梅等：《北流县志·武备》，卷十。

② （清）李镜蓉等：《道州志·杂撰》，卷十二，洞瑶条。

瑶众之间，往往还带有较为浓重的平等色彩的遗存。而土司对土民，则握有生杀予夺之权，“其虐使土民，非常法所有”[①]。土民唯命是听。强大土司还拥兵自卫，俨如国中之国，土民往往称之为“土司王”。显然，两者之间的权势是无法比拟的。

四、编保甲，约束稽查

早在明代，在实行保甲制的同时，也加强对瑶民的控制。据载：嘉靖年间，广东布政司徐乾“檄行保甲法，令抚瑶里长旬朔一至县庭受事”[②]。

清顺治年间，在汉区全面推行保甲制度。据载：

> 世祖入关，有编置户口牌甲之令。其法：州县城乡十户立一牌长，十牌立一甲长，十甲立一保长；户给印牌，书其姓名，丁口出则注所往，入则稽所来。[③]

雍正大规模改土归流后，把保甲制推广至包括瑶族在内的某些南方民族地区。如，《清史稿·食货志一》卷一二〇载：

> 自雍正十三年（1735年）户部题准，福建台湾府生番百九十九名，汇入彰化籍，广西庆远府归流土民百七十九名，汇入宜山籍，嗣后台湾生番、四川生番、岭夷归化者甚众，定例令专管官编立保甲，查缉匪类，逢望日宣讲上谕，以兴教化。

乾隆以后，在广东、湖南等地接受汉文化影响较深的瑶区，往往以保甲制代替瑶官制，从而使瑶官的势力日益衰弱。据载：乾隆六年（1741年），

> 编立城步瑶峒甲长。楚粤苗瑶多能汉语，粗识字，宜编立保甲。寨大者十户立一牌头，十牌立一甲长，每寨择小心知事者佥立寨长一人，寨小者不必限定，牌甲亦必佥立一寨长。责其稽查，按户给发门牌，将

---

① （清）赵翼：《簷曝杂记》，卷四。

② （清）蒋廷锡等：《古今图书集成·职方典·广东瑶壮蛮僚汇考》，卷一三九三。

③ （民国）赵尔巽：《清史稿·食货志一》，卷一二〇。

大小丁口逐一备载，不许容留汉人及面生可疑之苗瑶居住。所藏军器，悉缴官，不许私行打造。其从前捏造篆字，即行销毁，永禁学习。如有敢故违不行首报，牌内一家有犯，连坐九家，治寨长失察之罪。①

乾隆二十一年（1756 年），裁革广东四会、恩平等县瑶目，“瑶民编入各村寨保甲”。乾隆二十二年（1757 年），规定“苗人”（包括瑶人），

寄籍内地，久经编入民甲者，照民人一例编查。②

广东乐昌县属亚公岭安插湖南迁来瑶民六十六丁口，铁钉山安插瑶民一百二十丁口，设立瑶甲三名稽查。翁源县属陂尾、南坑、毛屋三山，安插瑶民二百二十八丁口，官子岭安插瑶民五十六丁口，设立瑶甲四名稽查。俱毋庸编入民籍。所设瑶甲，俱毋庸支给工食。③

查定例，保甲编排，不许容留面生可疑之人，熟苗熟僮一体编排保甲。④

从上述记载，可归结为：保甲制主要行于“熟瑶”区；其责在于稽查约束，监督瑶民不得违反禁令；实行连坐法；在设保甲地区，瑶目裁革。

在不行保甲制瑶区，仍由原有头人管束，但采用保甲制的“稽查之法”。这在广西瑶区尤为突出。据载：乾隆七年（1742 年），广东巡抚杨锡绂奏：

“粤西瑶、僮，近来时有煽惑为匪，多由不行保甲所致。查苗、瑶聚处各村寨，原有头人等管束，惟有以彼管束之例，用我稽察之法。现饬各州、县官于城厢内外及汉人村寨，仍按成法编立。其苗、瑶地方，止就本地情形变通处理。”得旨：“所见甚是，所办亦妥。”⑤

---

① （清）黄宅中：《宝庆府志·大政纪六》，卷六。

② （民国）赵尔巽：《清史稿·食货志一》，卷一二〇。

③ （清 同治）《钦定户部则例》，卷四，安插瑶民章程条。

④ （清 光绪）《钦定吏部处分则例·兵例·边裔》，卷三七。

⑤ （清）《清高宗实录》，卷一六五，乾隆七年（1742 年）四月戊午条。

或载：杨锡绂奏言：

广西未行保甲。苗僮虽殊种，多聚族而居，原有头人，略谙事体。请因其旧制，寓以稽核。苗、瑶、伶、僮各就其俗为变通。诏嘉之。[①]

概言之，清雍正特别是乾隆以后，在瑶区，或行保甲制；或虽保留瑶族土官制，但也行“稽查之法”。从而，强化了对瑶族基层村寨的统治。

入民国以后，在瑶区续行保甲制。如：广西榴江县瑶人，“近渐编瑶族入团甲，而瑶族习惯亦难骤改革也”[②]。

五、供赋役、赋而不役、无赋役的多种赋役制

清王朝对不同地区与不同社会经济状况的瑶族，制定了三种不同的赋役政策。

其一，“供赋役”。主要对象为与汉民的发展程度相似的瑶民，即所谓“与民无异”者。如：湖南江华县，

近年以来，熟瑶纳粮当差，令行禁止，与民无异。[③]

零陵县，

瑶峒，上辛乐峒，下辛乐峒。二峒皆熟瑶也，在二十五里之内，听本县纳粮当差。[④]

清王朝对某些瑶民采取与汉民一体“纳粮当差”的做法，主要是在改土归流之后。故史称：

庆远府属瑶人向隶土司。雍正七年（1729年），改土归流，遂入版

① （民国）赵尔巽：《清史稿·列传九五·杨锡绂传》，卷三〇八。

② （民国）《榴江县志·社会·风俗》，第二编。

③ （清）邓华邦：《江华县志·杂记》，卷十二。

④ （清）嵇有庆：《零陵县志·风俗》，卷五。

籍，供赋役。①

其二，“赋而不役”。又称纳赋而不任差遣。主要对象为“熟瑶”。这些瑶民，过着定居的农业生活，并定期向封建国家缴纳赋税。如：清末湖南桂东县瑶人，

今皆安垦纳赋。②

广西马平县，

县城外十里有僮，百里外则有瑶。耕田输赋皆熟瑶、熟僮也。③

富川县，

抚巢，半瑶、僮，半梧州流民。其编籍输赋者十之一；余则自种自食，听凭招主，大抵轻生好杀，易于窜徙。④

因耕田而输之赋，称为“正供”。如《皇清职贡图》卷四，广西临桂县大良瑶人条称：

本朝定鼎以来，怀德畏威，耕凿相安，纳正供，与良民等矣。

在这部分耕田输赋的瑶民中，除了上述还承担瑶役义务者外，其余则多不供役。据载：广西临桂平地瑶，

佃田纳赋，惟不任差遣。⑤

由于瑶人不服役者众，故清代史籍仍称瑶人之得名与此有关。如，《皇清职贡图》卷三，湖南宁远等处箭杆瑶人条载：

---

① （清）傅恒：《皇清职贡图》，卷四，庆远府过山瑶人条。

② （清）卞宝第等：《湖南通志·苗防五·诸瑶附》，卷八五。

③ （清）舒启：《马平县志·瑶壮》，卷二。

④ （清）顾国诰：《富川县志·瑶僮》，卷十二。

⑤ （清）谢启昆：《广西通志·列传二三》，卷二七八。

瑶人裔出于苗，因其不事徭役，故别称曰瑶，亦名莫瑶。

这也可作瑶人耕田输赋者多“不事徭役”的佐证。

无论供赋役者或赋而不役者，都有一个前提，即他们隶“版籍”，成了封建国家的“编户”。如《皇清职贡图》卷四，广东新宁县瑶人条载：

言语服饰，渐与内地习染，同齐民一体编户输粮。

换言之，输赋是与编户联系在一起的。凡入籍瑶民，均需纳粮。

其三，“无赋役”。又叫“不赋不役”“不供赋役”。主要对象为“生瑶”。如：广西永宁梳瑶，

居山谷，最僻处，男妇以耕织为生，无赋税。①

永安县，

长发瑶不赋不役。②

宣化瑶，

男女皆椎髻跣足，结茅而居，刀耕火种，不供赋役。③

广西瑶，

更有一种号山子，不赋不役，砍山而食。④

湖南江华县，

---

① （清）傅恒：《皇清职贡图》，卷四，永宁州梳瑶条。

② （清）谢启昆：《广西通志·列传二十三》，卷二七八。

③ （清）谢启昆：《广西通志·列传二十三》，卷二七八。

④ （清）陆祚蕃：《粤西偶记》。

生瑶杂处山谷，自食其力，不为民害。[1]

无赋役之策，主要行于刀耕火种、食尽一山复徙一山的瑶民。由于他们行踪不定，难以管理与征收；而且收获量也很低，他们也无力缴纳赋税。由于封建国家不予干预，故史称其“自种自食”“自食其力”。此外，对耕种贫瘠之地的瑶民，也有免除赋税之举。如《皇清职贡图》卷四，广西修仁县顶板瑶人条载：

顶板瑶居修仁县之山麓间，以所耕硗瘠，免赋税，颇安业，不为非。

总之，若按瑶族分支而言，前两种瑶人，主要为“住瑶”“平地瑶”；第三种瑶人，则为“流瑶”“过山瑶”“高山瑶”。前者一般从事定居的农耕生产；后者多处于不定的游耕阶段。故史称：

怀远瑶有二种，居上下陇。耕田输赋，谓之住瑶；种山而食，去来无常，谓之流瑶。[2]

总的说来，瑶民的赋役负担较汉民为轻。据嘉庆《广西通志·列传二三》卷二七八载：广西富川瑶，

田皆沃饶，每田四亩输民一亩之税，赋而不役。

其目的在于：维护清王朝在瑶区的统治秩序。

需要明确指出的是，瑶民除负担定额赋役外，往往还承受种额种外征派需索之苦。据《宝庆府志·大政纪六》卷六载，清王朝重申：治理楚粤苗瑶，应善为抚绥，

不可扰累以滋衅。嗣后，应饬文武各官，一切需用人夫公事，则照给官价，私事则自行雇募，不许擅派苗夫及私役苗瑶。凡遇公差，无论兵役人等，不许索诈鸡酒。即各该文武衙署所需一切食物，不许差遣兵役持银入寨强买。……倘违纵滋扰者，或经上司访闻，或被瑶人首告，

① （清）邓华邦：《江华县志·杂记》，卷十二。

② （清）谢启昆：《广西通志·列传二三》，卷二七八。

官弁严行参处，兵役立即拿治。

又，据民国《连山县志》卷五载：

瑶山田少土瘠，赋税本轻，惟向由胥吏催收，不免任意抑勒。嗣后应征瑶粮，统令瑶长率令瑶户自行赴厅交纳，不准绥瑶厅胥吏经手催科，以免需索，违者许瑶长禀官重惩。

从中可见，清王朝各级文武官员假借名目征派之多，瑶人所受刻剥之重。

结论：有清一代，特别是经雍、乾改土归流后，与前代相较，输赋役的瑶民日曾，无赋役的瑶民则大量减少。这既说明清王朝对瑶民剥削与压迫的加强，也反映了瑶民社会日益发展的历史事实。

六、以土地问题为中心的经济政策

清代瑶族，以农业为主要经济部门。因此，如何妥善处理土地问题，成了保持瑶区统治秩序稳定的根本问题。为此，清王朝十分重视。其主要措施有：

“立界”。即划定瑶民居住和耕种的土地范围。其目的在于：防止瑶、汉土地纠纷；限制瑶民势力向外发展。因此，清统治者曾把“分疆界”作为“驭夷”之策的重要一环。[①]

据载：从湖南迁来在广东乐昌、翁源等地安插的瑶民，

其居住各山，各立界址。不许越占私迁，准于界内官荒地耕种，免其升科。倘将来生齿繁多，由瑶甲禀请查勘添给山场，量为区处。如或不行禀报，即将瑶甲惩警[②]。

广西宣里之紫荆、罗宜诸山，接近桂平南邑，

① （民国）赵尔巽：《清史稿·列传一六三·吴杰传》，卷三七六。

② （清 同治）《钦定户部则例·户口》，卷四，安插瑶民章程条。

瑶人时有往来，批山种植，诚实不欺，但不能久，居三四年即去。[①]

上述记载表明：瑶民所居山区，要经官府批准，名曰“批山”。《评皇券牒》中所载：“准令王瑶子孙，居住山林，刀耕火种”[②]，即指此。瑶民可在划定界内开荒种地。如人口增殖，需向外发展，需先行“禀报”，不得任意扩大山地。

维护瑶民土地所有制，瑶民占有维持最低生计的少量土地，是避免瑶区出现动乱的基本条件。为此，清王朝做出了禁止汉族地主阶级“侵占瑶业”的规定。如，道光十二年（1832 年）谕内阁：

卢坤等奏防剿事竣，酌议善后章程一折。广西贺县瑶匪滋事，剿捕完竣，善后事宜自应随时变通，以期永臻绥靖。兹据该督等奏称，瑶人生计艰难，每被地棍游民欺压。着责成各该县，每于季首轻骑赴山，传谕各瑶目，……民人侵占瑶业者，查明退还，瑶人在山外承佃民业者，照旧耕种纳租。[③]

禁止汉、瑶土地买卖与交换田产。汉族地主阶级往往利用借贷关系典质瑶民山田，“往往重利准折，以致瑶田日少，生计益难”[④]。为抑制汉族地主对瑶民的土地兼并，道光年间清王朝禁令：“瑶人产业，只准各瑶户互相买卖，不准与民人交产，以杜准折之弊。”[⑤] 如有违犯，一经控发，即将田产断归瑶人执业，不准追还原价，并将买主照违令例责惩。

规定优先照顾瑶民的佃种条例。据清代《钦定户部则例·户口》卷四载：

客民所招佃户，本系苗民者，仍令照旧承佃，不准另招流民耕种。其租谷均照原契数目，不得额外加收。随田陆地，如系未耕平土，先尽苗佃开垦，所出租谷照苗寨旧规酌分。至荒山菁林，仍听苗民樵收栖止，

① （民国）黄占梅：《桂平县志·风俗》，卷三一。

② 黄钰：《评皇券牒集编》，南宁，广西人民出版社，1990。

③ （清）《清宣宗实录》，卷二二六，道光十二年（1832 年）十一月辛丑条。

④ （清）周存义：《平定瑶匪述略》。

⑤ （民国）《连山县志》，卷五。

耕种杂粮，业主不得征收颗粒。如有加租、逐佃等事，一经查出，立予重惩，所招新佃，概行递籍。

（客民）有置当苗民全庄田土者，所招佃户，多系汉人。遇有退佃，先尽原庄苗人承佃。如苗人不愿耕种，仍准汉人佃种。

这些规定，虽针对苗民而言，但对瑶民同样适用。此中所谓“客民”，系指进入民族地区的汉人。其内容可概括为：佃种先苗瑶后汉人，并不许加租逐佃。由于瑶苗之人佃耕汉族地主土地者颇多，为维持他们最低限度的生活要求，故作此规定，以防止民族矛盾与阶级矛盾的激化。

禁汉民重利盘剥。为防止苗瑶之人因受重利盘剥而出卖田产，以致陷入破产的困境，故对高利贷剥削做了严格限制。据清代《钦定户部则例·户口》卷四载：

苗寨内外及肩挑贸易开店客民，将钱米货物借给苗民，止许取利三分。如有重利盘剥，准折田土子女者，将田土子女还给苗民，钱债追给入官，放债之客民仍照盘剥准折例加等治罪，家口驱逐出境。

设常平仓、社仓。据载：

连山绥瑶同知常平仓贮仓一万四千二百五十七石六斗五升。……捐积社仓谷六千三百六十四石二斗五升一合五勺，嘉庆二十一年（1816 年）将连山县社谷归并该同知管理。①

常平仓，连山皆贮，……城仓贮谷七千六百九十一石五斗五升，宜善仓贮谷六千八百六十五石二斗六升五合三勺，三江则贮谷二千零一石九斗九升七合二勺，皆备借民瑶籽种，春借冬还，民取息，瑶则否，民今无借者，瑶人每岁三四月间其券借每户不得过一石，有不还及还不足数，官亦优容不亟征，但不能复借。社仓亦贮，总城仓宜善仓共贮谷六千三百六十四石八斗九升一合六勺，有借者出息谷。②

① （清 道光）《广东通志·经政略十二》，卷一六九。

② （民国）《连山县志》，卷三。

常平仓，始建于汉宣帝时；社仓，首立于隋文帝时。此二仓性质相类，贮谷以备不时之需。如遇饥馑时，用仓谷赈给，以保持社会稳定。上述记载表明，清代已将常平仓与义仓行之于瑶区。

施赈恤。在生产和生活方面，采取一些安抚措施。如，道光十三年（1833 年）三月，贷“湖南新田县民瑶籽种”①，以维持瑶区农业的简单再生产。又如，对田禾未能及时耕种及逃亡外出回归者，筹款给予口粮，以给生活出路。

保护瑶、汉间的圩市贸易。瑶民需将农副产品与汉民交换生活必需品。为维护正常的经济生活，清王朝规定：瑶民“若赴圩市贸易，不得任听奸徒欺诈”。苗瑶“凡有售卖薪米牲畜等物，俱按期赴场公平交易。于设场之始，仍派文武员弁前往弹压，不许兵役人等抑买强取”②。

上述诸农业政策的核心，是维护和稳定瑶民土地所有制，以达到防止瑶民反抗的目的。

需强调指出的是，清王朝在采取稳定瑶民土地所有制的同时，又大规模地对此加以破坏。这就是，以“清叛产”之名，行疯狂掠夺瑶民田产之实。这种极为矛盾的现象，是清王朝反动阶级本质所派生的。早在乾隆年间，清廷议定湖南、广西两省苗瑶地区善后事宜之一为“清叛产”。道光年间，在镇压瑶民起义后，也袭用此策。如，《平瑶日记》卷下载：

> 宜清查叛产以资公费也。逆瑶首从既已骈诛，所有田产户业照例应入官，请逐一清查，就近分拨，照苗疆均田之例，编额召耕，归公充用。

《平定瑶匪述略》也载：将起义瑶人之田产户业，“照例入官，召变充公”。

清王朝本拟用“清叛产”的“大棒”政策，从土地问题入手消除瑶民起义，然而事与愿违。由于瑶民起义往往带有全民性，故这一做法导致大批瑶民失业，使土地问题更加严重，使瑶区社会危机日益加剧。这些失去田产户业的瑶民，或则流离迁徙，或则铤而反抗。因此，在每次瑶民起义被镇压以后，又深深埋下再次起义的根源。

---

① （民国）赵尔巽：《清史稿·宣宗本纪》，卷十八。

② （清）黄宅中：《宝庆府志·大政纪六》，卷六。

七、防范和镇压瑶人的军事措施

清王朝在军事上采取了一系列防范和镇压瑶人反抗的措施。其中主要有：

设营汛。在瑶人出入要地，分营设汛，派驻军队。下面分省以例举之。

广西。雍正八年（1730年），云贵广西总督鄂尔泰疏言：

> 广西富川、贺县僻处边隅，瑶蛮盘踞，应添设官兵防守。请于富川、贺县适中之麦岭地方……添设守备一员，千总一员，兵一百五十名同驻麦岭。再牛岩、小水峡应每汛添设把总一员，兵五十名。……贺县属之开山峒，应添设一汛，以外委把总一员，领兵二十名防守。联络会哨，总归平乐府协统辖。①

广东。在西部的廉州府，其合浦县之水平司属地，“为瑶壮出没之所”，有地名九义河，“为诸山扼要之所”。乾隆十九年（1754年）在当地“添设一汛，派拨外委一员，带兵十六名。驻扎防守”。②

在粤北瑶人居地，则设绥瑶营。康熙四十二年（1703年），于三江口设“绥瑶营”，有兵一百名，“不时入排巡察”。③其后，乾隆、雍正、嘉庆、道光年间，其兵员有所裁减。

西南诸省边地。据载：雍正五年（1727年）谕于云南、贵州、四川、广西四省接壤之地，

> 凡瑶、僮贩棍往来要路，设立营汛，派拨游、守等官，带领弁兵驻防稽察。④

总之，清王朝在瑶区设兵“防守”“巡察”“稽察”，起了镇压瑶民的作用。如上述鄂尔泰奏请：

---

① （清）《清世宗实录》，卷九五，雍正八年（1730年）六月庚子条。

② （清）《清高宗实录》，卷四六四，乾隆十九年（1754年）五月辛巳条。

③ （民国）《连山县志》，卷三。

④ （清）《清世宗实录》，卷五三，雍正五年（1727年）二月庚申条。

于六寨适中之麦岭地方设立专营，添弁兵塘汛，与湘省营汛联络会哨，又设同知一员，司督捕。自是瑶、僮敛迹，今江民己不知有粤蛮之患矣。①

但是，清朝的驻军震慑政策，并非都能奏效。瑶民往往利用山区险要地形，采用流动战术，致使“官军屯防不易”②。

团练乡勇。清王朝除使用绿营、防军等军队外，还利用汉族地主阶级武装——乡兵，以防备和镇压瑶人。这样做的目的有三：补充清王朝兵力之不足；挑拨瑶、汉民族关系，以便坐收其利；乡兵熟悉当地地形与瑶俗，可起到官军所不能起的作用。如，连山县当局，

遵照除团练乡勇各自获保乡村外，更为相度地方形势，冲途隘口，莫如茂古洞及近县之元武营、鳌鱼水及长峒岭、大小眼、宜善司、高乡，此六处者，悉属瑶僮出入，至为紧要。今议招募练总六名，练兵六十名，分别安置，日夜防察，专司缉奸捕盗，然后竭力堵御。③

乡勇在镇压瑶民反抗过程中扮演着重要角色。如：道光江华瑶赵金龙起义时，永州府知府张锡谦，“清保甲，督团练，危城获安，累军功”④。

道光新宁瑶雷再浩起义时，清王朝饬地方当局，“举行团练”⑤。

清王朝为增强守军力量，还挑选乡勇入伍。如：

于连阳乡勇中，考验人力强壮技艺娴熟者顶补。因乡勇即系该居民，素识排内情形，平时各守村庄防范瑶人，若募之入伍，是使益加奋厉，而汛守备严矣。⑥

---

① （清）邓华邦：《江华县志·杂记》，卷十二。

② （清）舒启：《马平县志·瑶壮》，卷二。

③ （民国）《连山县志》，卷六。

④ （清 光绪）《贵州府志·宦绩下》，卷二一。

⑤ 《清宣宗实录》，卷四四九，道光二十七年（1847 年）十一月庚子条。

⑥ （民国）《连山县志》，卷五。

修城垣。清继明之策，在驻军之处建城以防瑶。如：康熙时，“于附近瑶排适中地方之三江口，建立寨城，安设官兵，统率控驭”[①]。乾隆时，议政大臣等议，“建城垣。楚省长安、粤西龙胜，既驻副将同知，应筑城以资保障”[②]。道光时，张锡谦提出“劝谕捐城垣以资保障”[③]作为治瑶的一项重要政策。

除筑城外，还修壕堑等军事工程。据载：康熙时差往广东剿抚瑶人嵩祝，

> 抵廉州府，勘视瑶人所居山寨，即于要地设立营垒，挑筑濠堑，将三省官兵分营罗布。[④]

禁军火。清朝廷三令五申，禁止瑶人私造和私藏军器，并进行收缴。据载：

> 瑶人私藏鸟枪，着遍行晓谕，缴官领价。[⑤]
> 所藏军器，悉缴官，不许私行打造。[⑥]
> 收火器。[⑦]

除火器外，甚至连“凶器”也在收缴之列。据载：乾隆三十一年（1767年），据广西按察使袁守侗奏：

> 粤西边隅，土、苗、瑶、僮杂居，每因小事争斗，动辄以刃相加。更有一种凶器，名曰梭标，最为锋利，致伤身死者甚多。请饬地方官晓谕：除土勇民壮，有捕盗之责者，许其报官编凿字号、照常习用外，其余汉、土居民，一概勒限销毁。[⑧]

① （民国）《连山县志》，卷五。
② （清）《清高宗实录》，卷一三九，乾隆六年（1741年）三月丙戌条。
③ （清）张锡谦：《平瑶日记》。
④ （清）《清圣祖实录》，卷二〇八，康熙四十一年（1702年）五月壬寅条。
⑤ （清）《清宣宗实录》，卷二二六，道光十二年（1832年）十一月辛丑条。
⑥ （清）黄宅中：《宝庆府志·大政纪六》，卷六。
⑦ （清）周存义：《平定瑶匪述略》。
⑧ （清）《清高宗实录》，卷七七五，乾隆三十一年（1767年）十二月乙丑条。

可见，清王朝对武器防范之广、限制之严。

为切断瑶区军器来源，又禁汉民私贩军火及违例制造铁器。《清宣宗实录》卷二二六，道光十二年（1832年）十一月辛丑条又载：

铁匠铺户，受贿违例铸造，严拿治罪。民人卖给火药，照私贩硝磺例究治。

民国《连山县志》卷五也载：

严禁奸民入寨私贩火药，并传谕铁器铺匠不得违例制造，查出严拿治罪。

因鸟枪为瑶族广为使用的狩猎和防身工具，故也有免缴鸟枪的特殊规定，以缓和瑶民对收缴火器的不满。据载：乾隆四十七年（1782年）广东巡抚尚安奏：

鸟枪例应查禁。惟合浦县所属之归德图，设有俍兵分守隘口，连山县所属瑶人，素以射猎为生，所用鸟枪，请免查缴。

广西巡抚朱椿奏：

民间鸟枪，应照例分别查禁。惟粤西各属境内瑶、僮人等，类多山居，时有虎狼出没，必需鸟枪防御，应请毋庸收缴。①

收缴鸟枪、凶器之策，对南方诸族带有普遍性。如湖广总督迈柱疏言：

“收缴六里镇筸土司所藏鸟枪，完整者俾兵充用，余改造农具，给土苗耕作。土苗所用环刀、标枪，亦令给价收缴。”上谕曰：“所奏深得卖刀买犊之意，环刀、标枪，自当收缴，可顺其原，不宜强迫。”②

此为苗区收缴鸟枪、环刀、标枪之例。

---

① （清）《清高宗实录》，卷一一六五，乾隆四十七年（1782年）九月癸亥条。

② （民国）赵尔巽：《清史稿·列传七六·迈柱传》，卷二八九。

但是，此策并未完全得到执行，通过收缴军器以制止瑶民反抗的目的也无法实现。据载，道光十二年（1832年）谕：

湖南逆瑶赵金龙滋事，制办器械，铸造枪炮，地方官毫无觉察，皆平日苟且因循，养痈贻患。[①]

从秦始皇以来，妄图收缴民间武器以防民变的做法，无一不遭到破产。

以俍兵、瑶兵制瑶。对此，史籍有详尽记载。乾隆十六年（1751年），廉州府知府周硕勋奏：明成化间，都御史韩雍平大藤峡瑶乱后，

凡各郡紧要隘口，调遣广西俍、瑶，分布防守，以靖余孽，即拨彼地荒田，以俾之耕，而蠲其徭役，此俍兵、瑶兵所自来也。第阅巡检司土兵册，载永平、归德图、三冬、信立俍，俍总一名，俍目四名，俍兵一百名；八冬、永丰俍，俍总一名，俍目五名，俍兵一百名；八冬、山仔户，瑶总一名，瑶兵三十名。以上俍、瑶土兵，通共二百四十二名。历今数百年。犹系昔日俍、瑶后人，承此一百四十三顷三十一亩有零之田，以充土兵，以为世业。盖彼先人当日荷戈御寇，故后裔犹得世食其土。今俍、瑶各户，服先畴者，固不乏人；而典当失业者，亦复不少。缘田本膏腴，粮赋又轻，遂有豪强兼并之事。硕勋愚以为田存则兵存，田没而兵又没。朝廷每年养兵，以千百万计，原以保卫地方。今此俍兵瑶兵，不动丝毫公帑，止将其现有之田而经理之。无事则耕，有事则调，甚于地方有益。请嗣复俍田、瑶田。如俍、瑶内有贫乏不能守业者，准令本族承买；如本族无力，准令俍田仍归俍户，瑶田仍归瑶户，不许民间私相典买。[②]

乾隆十九年（1754年），两广总督班第奏：

广东合浦县永年司巡检所辖地方，……周围亦三百余里，与广西横

① （清）《清宣宗实录》，卷二一三，道光十二年（1832年）六月甲申条。

② （清 道光）《廉州府志》，卷二三。

州、贵县、兴业、郁林、博白等州县壤界相接，为僮、瑶出没之所。明成化年间，令俍、瑶兵丁分守要隘，拨田耕种，蠲徭薄赋，名曰“俍田”“瑶田”。各兵后人承田充兵，粮饷不费，足资捍御。本朝初年，尚存俍、瑶田一百四十四顷一十八亩零，存兵二百四十二名。阅年久远，稽查有疏，致田亩多被土人诱骗典当，兵数渐缺。现在核对赋役全书，清出田亩丘段并查出私典数目，授受姓名，勒限分别定价取赎，并酌议章程。自本年为始，如有民人向俍、瑶私典授受，照盗买、盗卖官田例治罪。倘俍、瑶内有贫不能守业者，田归本族、本地之俍、瑶承买，务令按田当兵，不得外售与民。仍饬地方官不时考验技艺，操演训练。①

乾隆二十二年（1757 年），两广总督杨应琚奏：

“粤西瑶、僮错居，土司环绕。向来汉、土各属，于额设营汛外，又设土兵暨俍兵、堡卒、隘卒等项。每属自百名至数百名不等，给有军田，轻其粮赋，平居则耕凿巡防，有事则征发调遣。近来土兵额少，田亩销售。窃以兵额固不便虚悬，而军田尤应严禁私卖。臣拟饬有土兵之汉、土各属，查照兵卒旧额补足，将现存田数、坐落、土名，清查造册，查照各兵承耕田数，给予应照管业。如有事故开收，缴还其应纳钱粮，并另设军田户名，以免混淆。如各兵有贫乏不能守业者，田归本族本地、之俍、瑶，即令承田充兵。如民人有私典买者，授受俱如律治罪。并责各头目，于农隙实力操演，地方汉、土各官，会同营弁每岁训练一次。如无营弁地方，即专责该土司自行训练，该管道、府岁底通报查核。”得旨：“好”。②

两广总督班第奏是在廉州知府周硕勋奏的基础上写成的，故内容大同小异。从上述记载，可将俍兵、瑶兵制瑶之制归结如下：

起源。此制主要始于明成化间镇压大藤峡瑶民起义之后。清袭明制而续行。

主要内容。俍、瑶兵制以俍兵为主，令俍、瑶兵丁分守要隘，拨给田土，经赋

① （清）《清高宗实录》，卷四五七，乾隆十九年（1754 年）二月庚戌条。

② （清）《清高宗实录》，卷五三一，乾隆二十二年（1757 年）正月壬戌条。

免徭，平日耕种巡防，有事则征发调遣。子孙世袭，承田充兵。

变化与衰落。由于汉族地主豪强的土地兼并，故使田亩多被典当，兵额日缺。雍正、乾隆时力图恢复与维护此制，发令严禁汉民典买军田。但是，土地兼并趋势已不可逆转。至清末，俍田、瑶田名存实亡，“今并为民业，无所谓瑶田矣”①。

以土司制瑶，由于瑶族多在其他民族的土司统治之下，故清王朝又往往利用土司兵以控扼瑶人。据载：御史薛韫条奏广西团练乡勇，对此，鄂弥达于乾隆二年（1737年）奏曰：

> 团练乡勇，不若训练土司兵，于边疆有益。②

乾隆二十九年（1764年）谕：

> 据冯钤奏：田州土知州岑宜栋，于东兰州瑶人蒙总迤等纠众劫杀一案，能相机设法，搜获多犯，甚属勇往出力等语。岑宜栋着文部议叙，其协同缉拿之在事文武各员，俱着该抚查明，分别奖赏，以示鼓励。③

总之，清王朝除动用营汛兵力及团练乡勇外，又调遣瑶兵、俍兵、土司兵等，多管齐下，以强化对瑶民的镇压活动。

八、“文教为先”的怀柔政策

清王朝对瑶民除使用武力震慑外，也辅之以“文教为先”的怀柔政策。有清一代，对瑶区教育颇为重视。其主要措施有：

兴义学。据载：

> 义学，初由京师五城各立一所，后各省府州县多设立。教孤寒生童或苗蛮黎瑶子弟秀异者。规制简陋。④

---

① （清）陆向荣：《阳春县志·经政》，卷四。

② （民国）赵尔巽：《清史稿·列传一一〇·鄂弥达传》，卷三二三。

③ （清）《清高宗实录》，卷七〇五，乾隆二十九年（1764年）二月甲辰条。

④ （民国）赵尔巽：《清史稿·选举志一》，卷一〇六。

即对贫家及南方民族子弟实行初级义务教育。有清一代，由官方出资在瑶区办学不断。康熙三十三年（1694年），道州地方人士议复明代义学二馆，

经知州李泓转请上宪，准如旧例，至今永为定式。[①]

雍正年间，广东瑶区义学有了突破性发展。雍正十三年（1735年）议准，粤东凡有黎、瑶之州县，

悉照连州，一体多设官学……听黎、瑶俊秀子弟入学读书。[②]

乾隆年间，广西、湖南瑶区推广粤东瑶区经验，义学如雨后春笋般发展。乾隆元年（1736年），御史薛韫奏请设瑶童义学，次年议准，

瑶童义学，韶、连等属已有成效，应如韫所奏。[③]

乾隆三年（1738年），广西岑溪县，

知县何梦瑶奉旨设瑶、僮义学三处。[④]

湖南宝庆府地区，

瑶学者，乾隆五年（1740年）平城步瑶以后，议准增设者也，凡瑶疆皆有之。[⑤]

乾隆七年（1742年），各峒设立义学，聘师授新童读书，共五处。每年馆金一十六两，赴司请领支销。[⑥]

乾隆九年（1744年），

---

① （清）吕恩湛等：《永州府志·学校》，卷四。

② （清）何朝彦等：《学政全书》，卷六四。

③ （民国）赵尔巽：《清史稿·列传一一〇·鄂弥达传》，卷二二三。

④ （清）吴九龄：《梧州府志·学校》，卷六。

⑤ （清）黄宅中：《宝庆府志·礼志》，卷九三。

⑥ （清）盛镒源等：《城步县志·学校下》，卷三。

饬于瑶地适中之处设立义馆，延师训课，每年廪饩银各十六两，均由县赴司领照。①

道光十二年（1832 年），在镇压贺县瑶起义后，谕内阁：

着就各冲设立义塾，于附近绅衿中择延品端学正之士，以四子等书训课瑶童。各该县随时亲临查察，其颖秀可教者，优为奖励。并恭宣圣谕广训，俾瑶众渐知礼法，勉为驯良。数年之后，果能读书向义，酌量奏明，设立瑶童学额。②

总之，上述记载表明，清代官办瑶区义学，已有了相当规模的发展。这些义学，从建学至老师薪金给诸经费，均归官府负责筹办。

至于私人集资的义学，由于瑶区经济尚不发达，极为罕见。因此，较富庶的平原地区瑶人创办义学的特例，一时传为美谈。如蓝山县九姓义学，“为平地瑶九姓所建者也，其创制，胥同平民”③。

社学，其性质与义学相类。据载：

社学，乡置一区。择文行优者充社师，免其差徭，量给廪饩。凡近乡子弟，十二岁以上令入学。④

在瑶区也有兴办。如，顺治十四年（1657 年）夏，“设广东雷、连各瑶峒社学一所，教读一名”⑤。

总之，由于义学、社学的设立较普遍，数量较多，故在瑶区教育中占有重要地位。它不仅起了普及教育的作用，而且为府州县学中的瑶族生员即所谓“瑶童学额”提供了来源。

---

① （清）邓华邦：《江华县志·杂记》，卷十二。

② （清）《清宣宗实录》，卷二二六，道光十二年（1832 年）十一月辛丑条。

③ （民国）邓以权等：《蓝山县图志·教育》，卷十五。

④ （民国）赵尔巽：《清史稿·选举志一》，卷一〇六。

⑤ （清 乾隆）《清朝文献通考·学校考七》，卷六九（二），万有文库本

在府州县学中专门设立瑶族生员名额。由于考虑瑶族与汉族之间在文化程度方面的差异，若按同等分数考取，则瑶族童生往往落选，故设立专门名额，从瑶族中考取。对此，史籍多有记载。如，顺治十六年（1659 年），

设湖南辰州五寨学。巡抚袁廓宇疏言：五寨界接苗瑶，向事诗书，今更归化输诚，应请设学，考取童生七名，廪生六名，增广生八名。出贡年分，俱照各县事例，两年一贡。从之。[①④]

这是清代最早关于苗瑶地区生员的规定。

康熙时，对瑶人子弟入学始规定定额。康熙五十四年（1715 年），

定湖南衡、永、宝、辰、郴、靖六府、州属苗瑶入学额数，别编字号于正额外，量取一二名。[②]

据方志记载，康熙时的规定是得到贯彻执行的。如：汝城县瑶，“康熙五十五年奉例科、岁各取一名”[③]。酃县，“瑶自康熙间奉例与考岁科取进文生一名，谓之新籍”[④]。新宁县，“八峒瑶人子弟人学，谓之瑶生，应试额取二名，康熙中增广一名”[⑤]。郴州之宜章、桂阳等县，均于康熙五十五年，“奉例，岁、科考，取进一名”[⑥]。

雍正时，随着瑶区文化教育事业的发展，生员名额在康熙时所定的基础上又有所增加。据载：

雍正三年（1725 年），部覆准湖南衡、永、宝、郴、桂、靖六府州属苗瑶，向例取一、二名。陶淑既久，额少人多。嗣后，岁、科考试，增取三名，永为定例。[⑦]

---

① （清 乾隆）《清朝文献通考·学校考七》，卷六九（二），万有文库本

② （清）张廷玉等：《清朝文献通考·学校考七》，卷六九（四）。

③ （民国）陈必闻、宛方舟：《汝城县志·疆域》，卷三，瑶峒条。

④ （清）唐荣邦：《酃县志·户口》，卷七，瑶俗附条。

⑤ （清）张葆连：《新宁县志·学校》，卷十五。

⑥ （清）朱偓：《郴州总志·苗瑶》，卷二二。

⑦ （清）吴起凤等：《靖州直隶州志·建置》，卷二。

其后，上述地区据此增取瑶生。如汝城县瑶生，“雍正三年，各加二名，每案三名”[①]。郴州兴宁，“雍正三年，又增一名，每岁、科考各取二名”[②]。雍正十二年（1734 年），武冈州“瑶童应试，例取三名”[③]。

其后，有清一代，考取瑶生定额不断有所增加，这是瑶区教育事业日益发展的反映。如：

乾隆三十六年（1771 年）学使褚公廷璋奏准，部覆将东安、永明二县瑶学附生额各拨一名入宁（远）瑶学，宁（远）旧额三名，今增五矣，编入《学政全书》。[④]

我朝声教所宏，瑶童准其应试。新宁八峒岁考取庠生二名，嘉庆间加额一名。[⑤]

广西平乐县，

瑶学之设始于咸丰五年（1855 年），……因四冲瑶民御寇有功，各准添设瑶学二名，以资鼓励。[⑥]

设书院。据《清史稿·选举志一》卷一〇六载：

各省书院之设，辅学校所不及。

此类书院包括瑶族地区在内的南方民族地区也有所建立。如，据清代广西五十一府、州、县统计，书院即达八十五处以上。

开科举之门。在办学的基础上，瑶人也与汉人一体应试。早在康熙时，就提倡与鼓励南方诸族子弟应试。据《清朝文献通考》卷六九载：康熙四十二年

① （民国）陈必闻、宛方舟：《汝城县志·疆域》，卷三，瑶峒条。

② （清）郭树馨等：《兴宁县志·武备》，卷十二。

③ （清）黄维瓒：《武冈州志·峒蛮》，卷五三。

④ （清）曾钰：《宁远县志·瑶峒》，卷十。

⑤ （清）张葆连：《新宁县志·疆里志》，卷三。

⑥ （清）全文炳：《平乐县志·瑶学》，卷五。

(1703 年)，

> 令湖广各州县熟苗中有通晓文义者，准与汉人一体应试，广西土司之民人子弟及贵州苗民并照此例。

瑶族生员也积极参加乡试。如，新宁八峒瑶童，岁考取庠生三名，“所取新生与各学生监一体乡试”[①]。

湖南民瑶，与“汉人无异，每岁科试，瑶童亦得与考。所取瑶生，亦例与生监一体乡试”[②]。

也有捐监之举。据《清朝续文献通考》卷六九载：嘉庆九年（1804 年），奏准湖广之苗、瑶，广西之土官土目子弟等，“捐监准其一体报捐”。又，光绪恭城东北两乡诸瑶，“多有读书明理援例报捐者”[③]。

总之，清王朝在瑶区的办学目的有二：一是粉饰太平，宣扬怀来盛德。歌颂瑶区“渐摩圣化”[④]，“以彰圣天子之文教遐宣中外一体”，“久道化成，声教广被，抚绥怀柔，使之日新月异”[⑤]，“我朝文教昌明，苗瑶皆知读书向学”[⑥]。一是灌输封建“礼法”，培养“驯良”之民，以消除反抗活动。故史称：

> 学校为风化之原。况日处蛮徼之中，全赖一二诵诗说礼之人为之提倡，俾得观摩兴趣，潜消暴戾。[⑦]
>
> 以弦诵柔其桀骜之性，以衣冠化其榛狉之风。[⑧]

一言以蔽之，其目的在于美化和维护清王朝在瑶区的封建统治秩序。需要指出

---

① （清）张葆连：《新宁县志·疆里志》，卷三。

② （清）吴省阑：《楚峒志略》。

③ （清）陶墫：《恭城县志·瑶僮》，卷四。

④ （清）吴起凤等：《靖州直隶州志·建置》，卷二。

⑤ （清）唐荣邦：《酃县志·户口·瑶俗附》，卷七。

⑥ （清）全文炳：《平乐县志·瑶学》，卷五。

⑦ （清）张锡谦：《平瑶日记》，卷下。

⑧ （清）黄维瓒：《武冈州志·峒蛮》，卷五三。

的是，与统治者的主观愿望相反，教育的发展也起了促进瑶族知识分子觉醒的作用。嘉庆十六年（1811 年），“新宁瑶生兰正樽习教拒捕，犯武冈城”①，即属此例。

有清一代，瑶区的教育事业有了相当规模的发展。据载：

> 连山绥瑶厅学八名，廪生二十名，增生二十名，二年一贡。②
>
> 今且义学家熟，诸峒所在有之。③
>
> （平乐县四冲瑶）近年生齿日繁，颇多延师训课按阅。④
>
> （粤北瑶人）有延村师教读书者。⑤

可见，瑶区儒学生员之多，义学与家塾之普遍，官学与私学并行发展。在某些经济发达瑶区，甚至达到与汉区相类的教育发展水平。“平地瑶杂居州邑，耕读与民无异”⑥，即是例证。

教育的发展，使瑶区面貌发生两大变化：一是人才日盛。如：

> 平地瑶则多读书能文之士。近年应童试者多至百余，易瑶籍为新籍。生员考列一二等岁、科试，每不乏人。雍正壬子（1732 年）、乾隆丙午（1786 年）两科先后中乡试额，实自楚省瑶籍所未有。⑦
>
> 见有麻林峒之诸生陈嘉谟捐赀入仕籍，为湖北麻城县知县，风化所蒸，则又夷然列在搢绅矣。⑧

从应童试人数以百计、岁科考试不少人名列前茅，甚有士人官至知县诸事例，称誉清代瑶族人才济济，可谓是并不过分的。

---

① （民国）赵尔巽：《清史稿·列传一三五·薛大烈传附传》，卷三四八。

② （清 道光）《广东通志·经政制十四·学制一》，卷一七一。

③ （清）张葆连：《新宁县志·疆里志》，卷三。

④ （清）吴起凤：《靖州直隶州志·建置》，卷二。

⑤ （清）张希京：《曲江县志·风俗》，卷三。

⑥ （清）傅恒：《皇清职贡图》，卷三。

⑦ （清 嘉庆）《常远县志·瑶峒》，卷十。

⑧ （清）张葆连：《新宁县志·疆里志》，卷三。

一是向学成风。如，同治《鄘县志·户口·瑶俗附》卷七载：

近亦多习诗书，其地有观化社学之设，喁喁然向风慕义。

光绪《新宁县志·疆里志》卷三载：诸瑶峒

子弟之秀良，皆得入学以冠带为荣，而以椎髻白衫为耻。

民国《蓝山县图志·礼俗》卷十四载：清代蓝山县诸族，

不靳重资，敦聘老师儒宿，训迪子弟。有援例纳资通籍出仕者，迄兴学堂，建立学校，留学衡、湘者，颇不乏人。

清人魏笃《浔州府志·纪人·风俗》载：

瑶、僮子弟亦知慕学，骎骎乎易固陋为彬雅矣。

民国《贺县志·风俗》引光绪《旧志》载：乡村之瑶，

今亦知向学应童子试者矣。即居山冲间，有延识字汉人为师课子弟，风亦日变。

清人檀萃更以其亲历盛誉瑶童之学有所成：

今太平日久，其人向化深。仆旧在新兴阅试卷，瑶童有盘经盘纬，文字颇法，字亦娟秀，则知时移俗易。[①]

一是密切了民族关系。瑶区教育文化的发展，缩短了瑶、汉民之间的文化程度差异，有助于彼此的往来与感情的沟通。如，常宁县山瑶

昔与夏人言语不通，相见一笑，作手势而已；近颇识字，兼习算法，

① （清）檀萃：《说蛮》。

有能效夏语者。[①]

当然，也不能对清代瑶区教育成就做过高的估计。只能说，与前代相较，发展的速度与规模都有了可喜的变化。如果从整体发展水平，或与汉族甚至某些南方民族相较而言，都还是较为后进的。这表现为：

入学率较低。据载：

瑶人就学者少，间有一二应试，举止朴鲁，文亦如之。司衡者宽取以鼓舞之。[②]

该瑶民受遭兵燹，户口凋零，应试寥寥，取进不能如额。自光绪三年（1877年）至九年（1883年），三届岁试，尚悬学额三名。[③]

广东连、韶等处官办瑶学，

每年动支公费给馆师修脯。今查各处因无瑶童从学，久废。惟韶郡之乳源一处尚存，就学者亦无瑶人子弟。[④]

可见，在一些瑶区，由于瑶人子弟入学者少，以致出现学额虚悬和瑶学裁废的现象。

一是发展不平衡。据《平瑶日记》卷下载：

各属瑶生，多系新籍，名曰赝瑶，与真瑶气类悬殊，不相联属。似应先令各属教官于小考时严查赝瑶新籍，以便训化真瑶。

此中所谓“赝瑶”，除少数汉人冒充者外，多系指发展程度较高、受汉文化影响较深的“熟瑶”；所谓“真瑶”，系指僻处山区的保持本民族习俗较纯粹的“生瑶”。换言之，受教育程度较高的多为“平地瑶”人，而“过山瑶”人则仍停留在文化落后的阶段。

① （清）玉山：《常宁县志·新记》，卷十五。

② （清）严如煜：《苗防备览·风俗下》，卷九。

③ （清）全文炳：《平乐县志·瑶学》，卷五。

④ （清）《清高宗实录》，卷三四九，乾隆十四年（1749年）九月乙亥条。

需附及的是，由于瑶区文化教育落后于汉区，加之，清王朝在录取瑶族生员方面又放宽条件予以照顾，因此，确有汉人冒籍瑶人报考的现象出现。如：

近民人以瑶田利腴，瑶学易入，往往顶冒瑶板。①

内地黠民往往冒瑶籍入学。②

从汉民“冒瑶籍入学”一事，也可窥见清代瑶民教育尚不发达的一面。

入民国后，瑶族子弟进学者虽有所增加，但从总体上来说，仍属少数。以广西为例，信都瑶人，“今文明日启，知识增进，亦知向学”③。贺县瑶人，“今亦知向学识字，高初级小学及中学已有学生入校肄业，但尚属少数”④。

以上记载，大体反映了民国时期瑶族教育情况。直至中华人民共和国成立后，瑶区教育面貌才发生了根本变化。

第三节　清代瑶族社会

一、瑶人居地名称

清代瑶人居住的村落，多以峒、寨、村、团、排、冲为名。如：

峒。清代湖南方志，凡有瑶人居地者多命以“瑶峒”之名，如光绪《邵阳县志·建置下·瑶峒》条款：康熙时，“各乡瑶不编都，峒十有六”。又，嘉庆《广西通志·列传二三》卷二七八载：广西天河瑶“居阿练里之山峒、念峒”。

寨。如，嘉庆《广西通志·列传二三》卷二七八载：昭平瑶“皆以山寨命名”。

村。如，清人魏笃《浔州府志·纪人·风俗》载：

瑶人桂平无之，惟平南鹏化、大同二里，瑶村居多。

① （清）嵇有庆：《零陵县志·风俗》，卷八二。

② （清）黄宅中：《宝庆府志·礼书》，卷八九。

③ （民国）罗春芳：《信都县志·民族》，卷二。

④ （民国）梁培煐、龙先钰：《贺县志·民族》，卷二。

又，嘉庆《广西通志·列传二三》卷二七八载：

岑溪连城乡，上里为平河等二十村，中里为大峒等四乡，下里为佛子等五村，皆瑶所居。

团。据同治《鄘县志·户口·瑶俗》卷七载：鄘瑶二种，“共为四团”。此“团”之名含有社会组织之义。

排、冲。据《连山绥瑶厅志·总志》载：广东八排瑶，

其属连州者，曰油岭排、行祥排、横坑排。属连山者，曰军寮排、马箭排、里八峒排、火烧坪排、大掌岭排。连山之瑶以万数，五排最大。连州之瑶以万数，三排最大。其小者，各为冲。在三江之东，自龙尾寨以东南，为冲四十三。而，自龙水尾以西南，为冲九十三。中，自犁头塘以西，为冲四。皆八排之所分也。

从中可见“排”范围之广、人口之众，“冲”的数目之多。排、冲为粤北瑶人村落之名，大为排、小为冲。胡耐安以为：八排瑶，“聚居半山间，鳞次栉比，作附梯状，‘排’的称号，可说是恰当其称”。

应该说，“排”也含有宗法社会组织之义。

此外，尚有堡、源、里等之名。

堡。如，光绪《兴宁县志·疆城·瑶峒》卷三有“永安堡瑶李云、庞良辅”之载。嘉庆《广西通志·列传二三》卷二七八载：博白瑶“散居各堡，有瑶总领之”。

源。据嘉庆《广西通志·列传二三》卷二七八载：富川瑶“皆来自黔中五溪，散处三十六源”。又，湖南零陵县瑶峒“麻江源”[①]之名。

里。如，竹箭瑶，“散处灌阳县之归化上下二里”[②]。

清代瑶人居住，大体有三种形式：

① （清）嵇有庆：《零陵县志·风俗·瑶峒》，卷五。

② （清）傅恒：《皇清职贡图》，卷四，灌阳县竹箭瑶人条。

一是聚居。这是主要形式。史载：瑶人“各成村落”[①]，“自为村落”[②]。均是瑶人自组村落之例。

一是散居。如，广西龙津县瑶人“居处零星三五家一村”[③]。

一是散入他族村落，如嘉庆《广西通志·列传二三》卷二七八载：大良瑶，“且为见侵于僮，散居村落，以耕樵为食”。

像这种离族而零星散居汉人村落者，当属为数很少。这些瑶人很难长期保留本民族的特点而极易融入他族。

瑶人聚居，多是依据血缘亲属关系。故史称：

> 瑶家伍籍，以瑶版为凭，盖先朝所定，上画盘瓠，旁纪其派系。[④]
>
> 瑶居山冲。亦聚族而居。[⑤]

此外，还出现按地域划分和按地域组织起来的现象。如：

> 瑶居处皆依山凭险，各自以远近为伍。[⑥]
>
> 临桂县大良瑶，多居深谷间，以远近为伍。[⑦]

这种“以远近为伍”的组织，显然比单纯“聚族而居”关系跨进了一大步，这是在血缘亲属关系基础上出现的地域联合，是一种进步的历史现象。

二、瑶人分类的称谓

随着民族间的交往日益频繁，人们对瑶族的了解日增，清代瑶族分类之细，名目之多，都是空前的。除了沿用前代旧称外，还增加了不少新名。这些称谓，一般

① （清）谢启昆：《广西通志·列传二三》，卷二七八。

② （民国）黎祥品等：《迁江县志·社会·民族》，第二编。

③ （民国）李文雄：《龙津县志·民族》，第四编。

④ （清）嵇有庆：《零陵县志·风俗·瑶峒》，卷五。

⑤ （民国）梁培煐、龙先钰：《贺县志·社会·风俗》，卷二，见（清 光绪）《旧志》。

⑥ （清）邓华邦：《江华县志·杂记·瑶峒》，卷十二。

⑦ （清）傅恒：《皇清职贡图》，卷四，临桂县大良瑶人条。

均为他称，而非自称，故其中也含有污称的成分。概括起来，有如下述：

(1) 莫瑶。瑶人“因其不事徭役”的别称。

(2) 山子瑶。见《皇清职贡图》卷四，陆川县山子瑶人条。需指出的，山子之称有时也指畲族。

(3) 生瑶。

(4) 熟瑶。生、熟之分，反映了瑶族中社会发展程度的不同。

(5) 良瑶。当系纳粮的良民之意。如，富川县“六一都旧称良瑶”[①]。

(6) 大良瑶。“有户口版籍，较民淳朴，租赋犹易办，其俗敦厚”[②]。当系较良民犹淳之意。

(7) 抚贼瑶。见于光绪《恭城县志·瑶壮》卷四。此为统治者的污称。当系沿用旧称，取瑶人举行反抗活动后受招抚之意，与明代的“听招瑶”类。

(8) 粮瑶。系取“耕田纳粮”[③]之意。

(9) 平地瑶。因杂居州邑平地而得名。

(10) 高山瑶。因“阻山凭险”而得名。

(11) 过山瑶。取食尽一山复徙一山、居无定处之意。过山瑶，又称作砍山瑶。据载：“砍山瑶，重峦绝山巘，负阻巢山，迁徙无定。”[④]

(12) 住瑶。据载：怀远瑶之一种，“居山下陇，耕田纳赋，谓之住瑶”[⑤]。取其定居农业之意。

还有，将流入瑶区的汉人称作“流瑶”的特例。如：岑溪县“禁令，保甲不入瑶山，凡逃逋亡命入山为流瑶，即免钩摄”[⑥]。

(13) 流瑶。“种山而食。去来无常，谓之流瑶。”[⑦]

---

① （清）顾国诰：《富川县志·瑶僮》，卷十二。

② （清）舒启：《马平县志·瑶壮》，卷二。

③ （民国）黄占梅:《桂平县志·纪政·风俗》,卷三一。因民国方志多袭用清朝方志对瑶人的称呼，故加以引用，下同。

④ （清）卞宝第等：《湖南通志·苗防五·诸瑶附》，卷八五。

⑤ （清）周诚之：《龙胜厅志·风俗》。

⑥ （清 乾隆）《岑溪县志·风俗》。

⑦ （清）周诚之：《龙胜厅志·风俗》。

（14）外瑶。平南县“外瑶，俗与民间”①。当系指居瑶山之外与汉区相邻的瑶人而言。

（15）蓝靛瑶。“以种蓝靛为业，故名。”②

（16）木皮瑶。据嘉庆《广西通志·列传二三》卷二七八载：白瑶亦称木皮瑶。因常出市麖鹿皮及木菌、零陵香、降香之类而得名。

（17）剃头瑶。据嘉庆《广西通志·列传二三》卷二七八载：永安县“剃头瑶赋而不役”。此似系从清朝令而剃发的较发达的瑶人。

（18）红头瑶。“以头发呈红色故名。”③

（19）长头瑶。“以头留满发故名。”④⑧

（20）长发瑶。嘉庆《广西通志·列传二三》卷二七八，载永安县有“长发瑶”。当与凌云长头瑶类似。

（21）箭瑶。“箭瑶，女人横箭于顶”⑤而得名。

（22）箭杆瑶。“因其用竹箭为簪，长尺余，或七枝五枝三枝不等，插于髻，故以名。”⑥

（23）竹箭瑶。“类湖南之箭杆瑶。……男女俱挽髻，簪竹簪三枝，有似于箭。”⑦箭瑶、箭杆瑶、竹箭瑶，均相类，以横箭于髻而得名。

（24）蝶板瑶。见于光绪《恭城县志·瑶壮》卷四。箭瑶，“穿林入莽，频侧其首，翩翩若蝶”，故蝶板瑶之得名似与此有关。

（25）顶板瑶。“横顶木板一片，两端缀珠，系以红绳结于颔下。”⑧但也因地而

① （清）谢启昆：《广西通志·列传二三》，卷二七八。

② （民国）蒙启光：《凌云县志·社会》，第三编。

③ 同②。

④ 同②。

⑤ （民国）黄占梅：《桂平县志·风俗》，卷三一。

⑥ （清）傅恒：《皇清职贡图》，卷三，宁远等处箭杆瑶人条。

⑦ （清）傅恒：《皇清职贡图》，卷三，灌阳县竹箭瑶人条。

⑧ （清）傅恒：《皇清职贡图》，卷三，道州永明等处顶板瑶人条。

有别，如广西修仁县瑶人，“以绳结颔下者略异”①。顶板瑶，又别名“戴板瑶”②。

(26) 板瑶。见民国《桂平县志·风俗》卷三一载。据其状，当系顶板瑶之别称。

(27) 尖顶瑶。“妇束黑布，形如角黍。”③

(28) 平顶瑶。“妇髻罩钗盘形圆而刺，或以银结或以竹结识之。”④⑧

(29) 尖头瑶。见民国《全县志·社会·风俗》。当与尖顶瑶类。

(30)(31) 隘瑶与令勾瑶。据嘉庆《广西通志·列传二三》卷二七八载：“全州西延洞皆瑶人居。以布缭头，红布者曰隘瑶，青布者曰令勾瑶。”

(32) 背髻瑶。见光绪《恭城县志·瑶壮》卷四。当系因结髻于脑后而得名。

(33) 狗铃瑶。“髻挂银丝，直垂至项，名狗铃瑶。”⑤⑨

(34) 狗头瑶。“红瑶又名狗头瑶。”⑥ 当系据头巾的形状而得名。

(35) 狗瑶。据嘉庆《广西通志·列传二三》卷二七八，全州条载：“织木皮为铠为狗瑶。”又，道光《龙胜厅志·风俗》也有关于“狗瑶”服饰的详细记载。近人刘锡蕃《岭表纪蛮》中说：“髻绾银丝，垂直至顶，花布包头，结成种种角度者，是为‘狗瑶’。”换言之，狗瑶之得名，也与其头巾形状有关。

(36) 梳瑶。“以髻中绾木梳，故概名梳瑶。”⑦

(37) 黑瑶。贵州黑瑶，住荔波县“隆庆里之瑶六寨……男子蓄发挽髻，青布长衫；妇人发挽偏髻，青布短衣”⑧⑨。据此，可见此黑瑶因衣“青布”而得名。

(38) 花瑶。贵州花瑶，住荔波县“董界里。男子蓄发挽髻垂后，覆以花布”④。可见此花瑶因“花布”包头而得名。

---

① (清) 傅恒：《皇清职贡图》，卷四，修仁县顶板瑶人条。

② (清) 谢启昆：《广西通志·列传二三》，卷二七八，阳朔瑶人条。

③ (民国)《榴江县志·社会·风俗》，第二编。

④ 同③。

⑤ (清) 周诚之：《龙胜厅志·风俗》。

⑥ (民国) 覃卓吾等：《三江县志·社会·民族》，卷二。

⑦ (清) 傅恒：《皇清职贡图》，卷四，永宁州梳瑶条。

⑧ (清) 爱必达：《黔南识略》，卷十一。

⑨ 同⑧。

（39）红瑶。道光《龙胜厅志•风俗》、民国《三江县志•社会•民族》诸籍，均有关于“红瑶”的记载，其得名因服饰所致。

（40）白瑶。永福县，“有白瑶，居毛峒、里定二里，衣缟素，以锡饰笠顶，望之皆白，故名。”① 可见，此“白瑶”因笠饰白色之锡而得名。又，南丹之白裤瑶则是因“男青衣白裤”② 而得名。

（41）花蓝瑶。见民国《桂平县志•风俗》卷三一。当系因服色而得名。有的册籍又作“花篮瑶”。

（42）燕尾瑶。“以豪猪鬃为簪加以竹片，双分鬓后，剪剪若燕尾者名曰燕尾瑶。”③

（43）赤膊瑶。见道光《天河县志》卷下，瑶壮条。显系因光膀子而得名。

（44）斑衣山子。“散处震龙、六磨诸山，无定居，斫山种畬，射生为活。”④ 系因衣斑衣而得名。

（45）白衣山子。当系衣白色而得名。

（46）盘古瑶。“盘古”，系“盘瓠”的音讹。广西凌云、龙胜等处有此瑶⑤。又称“盘瑶”，见民国《三江县志•社会•民族》卷二。盘古瑶、盘瑶“岁时祭赛盘古庙，因名盘瑶”⑥。即因其图腾崇拜而得名。盘瑶保持原始的“伐山火食”之俗，故又称作“自在瑶”。

此外，尚有不少以地名命名者。如：广西昭平县，“县东北有南峒瑶；西北有古皂瑶、岭阻瑶、立龙瑶；而西南有花州瑶。皆以山寨命名”⑦。龙山县有“东峄瑶、西峄瑶二种”⑧。

需要指出的是：

---

① （清）谢启昆：《广西通志•列传二三》，卷二七八，永福瑶条。

② （清）谢启昆：《广西通志•列传二三》，卷二七八，南丹瑶条。

③ （清）周诚之：《龙胜厅志•风俗》。

④ （清）陆次云：《峒溪纤志》

⑤ 分见（民国）蒙启光《凌云县志•社会》第三编、（清）周诚之《龙胜厅志•风俗》。

⑥ （清）傅恒：《皇清职贡图》，卷四，罗城县盘瑶条。

⑦ （民国）李树楠：《昭平县志•夷民部》，卷七，引（清）陆焞：《昭平县志》。

⑧ （民国）《龙山县志•人口》，第二编。

清代瑶族名称虽多，但其分类原则大致可归结如下：以社会发展程度、经济生活及对中央王朝态度而分，上述（1）—（16）的莫瑶至木皮瑶属此类；以服饰（包括髻式、服装、饰物等）而分，上述（17）—（45）的剃头瑶至白衣山子属此类；以信仰分，上述（46）盘古瑶属此类。

这些名称中，有不少是交错与重复的。如，良瑶、粮瑶、平地瑶、住瑶大体相类，其别只在于：良瑶和粮瑶因臣服封建王朝而言，平地瑶以其居地及经济生活而言；住瑶，以其居住形式而言。又如，广西三江的盘瑶，又分别从不同角度称作粮瑶、顶板瑶、住瑶。像这类事例，不胜枚举。

三、姓 氏

清代瑶族已出现强宗大姓和大姓渠帅统治制。其中较著者有：

> 瑶之在粤西者，多胡、侯、蓝、盘四姓，其在楚粤之交者，多赵、李、唐、沈诸姓。此数大姓，在诸瑶中独强悍，余姓推之渠魁，各雄长一区焉。①

具体而言，各地姓氏不仅繁多且千差万别，呈现复杂性与多样性。如：湖南溆浦县，

> 溆浦惟卜、奉、回、阳、蒲、刘、沈七姓，其余酆、丁、严、蓝、贺、覃、吴号七姓多自外至，而以贺、覃、吴三姓为之招主。②

湖南靖州，

> 今瑶有盘、赵、吕、黄、杨、蒲为望姓。③

广东北部连山、连州八排瑶，

① （清）陈徽言：《南越游记》，卷三。

② （清）卞宝第等：《湖南通志·苗防五·诸瑶附》，卷八五。

③ （清）金蓉镜：《靖州乡土志·志人类》，卷八五。

一曰盘、一曰房、一曰唐、一曰沈、一曰李、一曰莫、一曰冯、一曰黄、一曰邓、一曰何，大略不过此十姓。①

广东东部的瑶姓则大体相似。如，博罗浮山瑶外“盘、蓝、雷三姓”②；饶平瑶“有四姓，盘、蓝、雷、钟”③；海丰瑶“厥姓有五，盘、蓝、雷、钟、苟”④。这些粤东诸县瑶姓，与畲族关系十分密切。而在广东西部的开建县，

瑶多住小玉山，然今亦无几，惟何、廖、韦、李、莫、覃、卢、倪数姓，犹属其裔，所称“八甲”是也。⑤

从上述湖南、广东一些地区的瑶姓记载，可见其间的共同性与差异性。

瑶姓有所谓“真赝主客”之分。据载：江华瑶，

大约盘、李、周、赵、沈、郑、邓、唐为真瑶，他姓为赝瑶。土居为主瑶，瓦合为客瑶。真瑶自归化以来，奉公守分，虽贫穷亦不逋欠，不似三宿富瑶狡狯而多事也。⑥

所谓“真瑶”，系指保持本民族浓郁而纯朴习俗的瑶人。“赝瑶”，系指接受汉文化影响较深的瑶人，也包含一些瑶化汉人在其中。可见，从特定意义说来，透过瑶姓，也可曲折反映瑶族社会发展水平。

瑶姓也与来源有关。广西阳朔瑶，

居深山之中。盘、蓝二姓，不知是何朝代来居瑶内，《汉书》已有盘瓠。其人来居甚古。若瑶人之姓赵姓李姓邓者，询之由明代来自湖南、广东。⑦

---

① （清）李来章：《连阳八排风土记·风俗》，卷三。

② （清）陈铭珪：《浮山志》，卷一，村落条。

③ （清）刘抃：《饶平县志·户口》，卷四。

④ （清）于卜熊：《海丰县志·杂志》，卷下。

⑤ （清）余瀚：《开建县志·风俗》，卷七。

⑥ （清）邓华邦：《江华县志·杂记》，卷十二。

⑦ （民国）张岳灵等：《阳朔县志·社会·民族》，第二编。

阳朔地属桂林府。桂林地区，宋以前已有瑶人居住。有的瑶姓之人，来自明朝以前；有的则从明朝以后才迁入。这种说法，并非空穴来风。当然，这只是一般而言，而不能加以绝对化。可见，某一地区的瑶姓，也往往与其迁徙时代不无关系。

由于瑶族与其他民族杂居，故除汉族外，也与壮、苗、畲诸族的姓氏交互影响。

瑶族的名，除与南方诸族的共性外，也带有自身的某些特点。其主要表现为：

一是以行次为名。如，一郎、二郎、三郎之称。[①]这种称呼，在唐代的汉人中就曾盛行一时。如孟浩然《秋登兰山寄张五》《夏日南亭怀辛大》诗中的“张五”“辛大”，即属此例。

一是以别号名。如，连阳八排瑶，

> 间有呼其别号者，如青菜、烂酒、戆狗、蚂蝗、鸡臀、尖中、山镇、老虎、擦黑、毛尖之类，必排中之豪者也。[②]

这种以常见的生物或人们的形象、行为取的别号，反映了其名字的原始性。当然，汉人给予污称者另当别论。在汉族民间中，也同样存在形形色色的取别号的现象。

四、农业经济的类型与农作物

清代瑶人，从总的说来，社会经济发展仍相对落后，但与明代相比，已有明显进步，主要表现为过定居生活与在平地生活的瑶人有较大的增加。其农业经济类型，大致可分为四类：

一是仍然过着游耕生活。这以“过山瑶”人最富代表性。据载：

> 僻处山巅，以焚山种植为业，地力渐薄，辄他徙，故以过山为名。[③]

“过山瑶”又称山子，

> 山子瑶，居深山中耕山为业，迁徙无常，类过山瑶，故别其名曰山子。

---

① （民国）《连山县志·瑶俗》，卷五。

② （清）李来章：《连阳八排风土记·风俗》，卷三。

③ （清）傅恒：《皇清职贡图》，卷四，庆远府过山瑶条。

又有山子蛮人，无版籍定居，专斫山种畲，镞木盘镝射兽而食之，食尽又移一方。[①]

这类瑶人迁徙性和流动性大。

究竟清代过山瑶游耕生活的不稳定性如何？我们从道光瑶人起义首领盘均华一例可见一斑。据《平定瑶匪述略》下卷载：

盘均华者，湖南宁远县过山瑶人。嘉庆二十年（1815 年）移居江华县上五堡，二十三年（1818 年）复迁居广西贺县，道光五年（1825 年）搬至苍梧县旱塘种山度日。

盘均华一代三迁，由宁远而江华而贺县而苍梧，竟达数百里之遥，可见迁徙范围之广；或三年一迁，或七年一徙，可见迁徙次数之频仍。

一是在相对固定范围内“游耕”。如湘西一带瑶农，

刀耕火种，三四年后辄弃而别种。数年后，地力复，则仍垦之。[②]

这与过山瑶相类的是，仍从事“刀耕火种”生产。不同之处是，已过着相对定居的生活。这是生产力有所提高的结果。

一是定居平地的瑶人。这以“平地瑶”为代表。如湖南兴宁县永安堡瑶，

一名平地瑶，即系熟瑶。布居一十二峒之内，于今又有民人寄处其地。平地瑶，自本朝定鼎，投诚向化，耕读是务。冠婚丧祭，悉遵王制，贡税一与汉同。[③]

一是与汉民杂居的瑶人。在平地瑶中，有的与汉人杂居，其发展水平已与汉人相当。如史称：

① （清）诸匡鼎：《瑶僮传》。

② （清）严如熤：《苗防备览·风俗下》。

③ （清）郭树馨等：《兴宁县志·疆域·瑶峒》，卷三。

其杂居民间者，居处多与民同。[①]

在上述后两种过定居农业生活的瑶人中，有的还过着较富足的生活，达到较高的发展水平。如广西富川瑶人，

田占沃饶。

上下二排瑶人，莲花村最大，居住平原，余皆烟火相望，其田甚沃。[②]

像这种居于平地富庶之区“烟火相望”的瑶人，与某些汉区相较，也是有过之而无不及的。当然，这种情况并不多见。

由于瑶人多山居，故多种杂粮一类作物。如：

瑶人素本穷苦，所居之地，类皆山多田少，平日惟种包谷、杂粮，以资口食。[③]

瑶农所植芝麻、粟米、麦、豆、包谷、高粱、荞、薏苡诸杂粮。[④]

此外，尚有野芋、水芋、薯，[⑤]等等。

可见，瑶区旱作物的种类是繁多的。但其推广和传播有一个过程。如，湖南宁远县，

乾隆间，知县陈丹心教种番薯备荒。初仅瑶山种之，后乃遍植。[⑥]

换言之，乾隆前，宁远县是不种植红薯的，后经外地传入瑶山，再扩及汉区。

至于禾稻，除居平原地区者外，较少种植。故史籍经常出现“稻田无几”[⑦]的记载。

---

① （清）严如熤：《苗防备览·风俗下》。

② （清）顾国诰：《富川县志·瑶僮》，卷十二。

③ （清）周存义：《平定瑶匪述略》，上卷。

④ （清）严如熤：《苗防备览·风俗下》，卷九。

⑤ 参见（清）谢启昆：《广西通志·列传二三》，卷二七八，西林瑶条、向武瑶条。

⑥ （民国）李毓九：《宁远县志·食货》，卷十七。

⑦ （清）邓华邦：《江华县志·杂记·瑶峒》，卷十二。

禾稻中，以旱稻为多。这是山区瑶人因地制宜的结果。如湖南邵阳县，

有陆稻，种不需水，瑶人多种之。①

需指出的是，农作物的生产过程，还直接影响瑶区习俗的形成。如，灵川六都多瑶，

择土而耕，迁徙无定，以六月六日为小年，盖所种粘禾六月六日则获也。祭田祖，召同类相庆贺。剧饮，穷日夜而散。②

这是瑶人节日、祭祀与农作物生产有关的例证。

五、狩猎业

狩猎业，随着农业的发展，其地位较明代有所下降，但在山区瑶族经济中仍具有重要地位。如：瑶人，

无事射猎为生。③

暇则猎山兽以续食。④

像这种记载，至今仍多见。

瑶人善猎，为世所称。其例有二：

一是能射杀猛兽。据载：瑶人，

喜猎，伏弩搏虎。⑤

善射猎，伏弩搏虎，得虎则输之官。⑥

① （清）黄文琛：《邵阳县志·建置下·瑶峒》，卷三。

② （清）谢启昆：《广西通志·列传二三》，卷二七八，灵川六都多瑶条。

③ （清）李调元：《南越笔记》，卷七。

④ （清）诸匡鼎：《瑶僮传》。

⑤ （清）陆祚蕃：《粤西偶记》。

⑥ （清）谢启昆：《广西通志·列传二三》，卷二七八，贵县瑶条。

虎是伤害人畜并令人"色变"的兽中之王。瑶人"搏虎"并"输之官"，是其勇武得到官府承认的明证。

一是为他族所认同。据载，桂平县宣里诸山，瑶人批山种植离去后，

近岁多野兽践食岭禾芋薯，各种土著僮人欲招致瑶人来山，藉其弩箭炮火驱除恶物。[①]

六、副　业

瑶区副业，以山货为主。归结起来，大致有如下种种：

竹、木。据《平定瑶匪述略》上卷载：瑶人，

伐竹、木以易谷。

竹木为瑶区大宗出产，在瑶人副业中占有重要地位。

茶、漆、桐。据《苗防备览·风俗下》载：瑶农，

兼种茶种漆……岁入……漆一杯、茶一二斤以为常。

《皇清职贡图》卷四，增城县瑶人条载：

或携瓠贮茶以售于市。

又，民国《三江县志·社会·民族》卷二载：当地瑶人素多"垦植茶、桐"。

蓝靛。据光绪《广州府志》卷十一载：

瑶人多种蓝为业。

蓝靛瑶即因此而得名。

药材。据清桂馥《黔南苗蛮图说》载：花瑶，

① （民国）黄占梅：《桂平县志·风俗》，卷三一。

勤耕种，暇则入山采药。

据同治《城步县志·民俗》卷四载：瑶人

采药无分四时。

木炭。这是盛产木材的副产品。据嘉庆《广西通志·列传二三》卷二七八载：富川瑶，

烧木炭以市利。

山蔬果。据民国《贺县志·风俗》卷二引光绪旧志云：瑶人

采山蔬市钱。

道光《广东通志》卷三三〇载：瑶人

或时以山果入市。

毛皮及木菌、零陵香、降香之类[①]，及香菰、岑香草、桂皮等物，“而桂皮最良”[②]，还有砂仁、皮藤[③]。

此外，尚有棉花、苎麻一类，以供手工纺织之用，以应自然经济的需要。如，富川瑶种棉花、苎麻[④]，江华瑶间种木棉[⑤]。

总之，有竹、木、茶、漆、桐、蓝靛、药材、木炭、山蔬、山果、毛皮、木菌、零陵香、降香、香菰、岑香草、桂皮、砂仁、藤皮等丰富山货。这些山货多用以交易，“以供日用”，即换取日用必需品。

---

① （清）谢启昆：《广西通志·列传二三》，卷二七八，永福瑶条。

② （民国）黄占梅：《桂平县志·风俗》，卷三一，引旧志。

③ 参见（清）吴震方：《岭南杂记》。

④ （清）顾国诰：《富川县志·瑶僮》，卷十二。

⑤ （清）邓华邦：《江华县志·风土》，卷十。

七、手工业

在明代部分已详述，清代无重大变化，故下面只在某些方面做些补充。

武器制造业。传统的刀、弩、药箭仍广泛应用。但在清代，瑶人已重制造和使用鸟枪炮火一类较为先进火器。据载：

> 今其烙足炼刀用桿与往时无异。至其争胜者，则在鸟枪不恃弩也。间有用弩，则合百虫毒傅其矢头，中人亦必立毙。弩迟而鸟枪捷，弩或伏张小路旁以守，不取以斗也。①

至民国时期，枪炮愈益占据重要地位。如：广西桂平县，

> 近日瑶人已易刀剑为枪炮矣。枪炮亦俱自制，发则必中。尚武之习，久而未改也。②

木、铁制造业。传统木器制造业仍很发达。如，曲江瑶

> 能作竹木器，舁负趁圩以易盐米。③

可见，瑶区木器行销汉区。民国时，罗城县瑶民技能，“习铁工木工”④。“习铁业”，即善于铁器制造业，是瑶区经济生活中一件大事。这一“技能”，当袭自清代。

纺织刺绣业。耕织并重，是自然经济的一大特点。瑶人也无例外。据《皇清职贡图》载：新宁县瑶人，“能助耕作及纺织刺绣之事”；东安县瑶人，“能耕耘纺织”，均属此例。在清代，纺织刺绣业得到普遍发展（详见于述“服饰”部分），这与瑶人多“衣采”是相辅相成的。瑶人纺织业，历来闻名于世。这既充分反映了瑶族人民的智慧，又极大地丰富和美化了瑶族人民的生活。

---

① （清）严如熤：《苗防备览·风俗上》，卷六。

② （民国）黄占梅：《桂平县志·风俗》，卷三一。

③ （清）傅恒：《皇清职贡图》，卷四，曲江县瑶人条。

④ （民国）江碧秋：《罗城县志·民族》。

八、交换与贸易

清代瑶区，自然经济仍占据统治地位，但商品经济较前代有了较大发展，这是瑶族经济长期发展的必然结果，也反映了瑶、汉经济的联系日益密切而不可分。

瑶人主要以山货换取汉区的盐米诸物。如：民国《桂平县志·风俗》卷三一引旧志载：瑶人，“食用皆能自给，所外需者惟盐。出山市归，以竹筒悬之梁间，问其富，数以盐对”。《皇清职贡图》载：安化宁乡等地瑶，“或伐竹树易谷而食”；乳源县瑶人，“时采山果哆啰密等物鬻于圩”。这种记载，史不绝书，充分反映了贸易交换之频繁。

瑶人交易，两大特点：

一是不讨价还价。据《苗防备览·风俗下》载：

瑶民入市，惟将畜牛马豕鸡犬之属，售以获利获，口不二价。

换言之，瑶人仍保持农业社会的淳朴之风，没有市侩气息。

一是讲礼义。据民国《桂平县志·风俗》卷三一引旧志云：

瑶性颇悍。客欲有采买桂皮者，必馈以所嗜好之物。喜则延待甚恭，所购之桂必佳，而其价亦廉；若犯所忌讳而瑶恚，则挫辱随之矣。

瑶人不是完全按商品价值本身，而是根据对方的善恶好坏态度而定价格的高低。这不仅不符合市场交易原则，而且使瑶人往往因此被奸商蒙骗而遭受经济损失。

造成瑶人上述交易特点，是因其“但知耕种，不谙贸迁”[①]所致。由于瑶民长期封闭在自然经济状态中，故造成贸迁不发达并随之而不了解和熟悉商品交换的规律。

值得重视的是，清代瑶区还出现少数有势力的专门从事贩卖活动的“贩棍”。据载：乾隆十一年（1746年），

兵部议准贵州总督张广泗疏称：贵州一省，与滇、川、楚、粤四省

---

① （民国）李树楠：《昭平县志·夷民部》，卷七引（清 乾隆）陆焞：《昭平县志》。

> 交界处所，多系瑶、猓贩棍往来要路，应添设汛塘弁兵，以资防范事宜。[①]

像这种引起清王朝重视并着力加以“防范”的瑶族“贩棍”，似系指瑶化的汉人或汉化的瑶人而言。

清代瑶区商品交换虽有了较大程度的发展，但具有不平衡性。据载：合浦县山民，

> 常负藤卖至圩市场。[②]

浔州府瑶人，

> 生瑶不与华通；熟瑶常与平民交易，穿短衣裤负口袋入圩。[③]

榴江县瑶人，

> 深居于穷山大谷，鲜与汉族往来，虽间有来市贸易者，亦仅数十人。间有能操汉音者，乃常赴市场买卖。[④]

换言之，经常赴市场买卖者，主要为离城市较近的瑶区瑶人和受汉文化影响较深的瑶人。至于僻处山区的瑶民，则还是罕入城市和很少从事买卖活动的。

九、封建生产关系的进一步发展

清代瑶族特别是平原地区瑶族的农业生产有了较大发展，平川瑶人占有良田，居富川县瑶人，“田占沃饶”“田皆膏腴”。[⑤] 大量土地被垦辟，如，乾隆三年（1738年）广西巡抚杨超疏报：“浔州等五府、州属桂平等五州、县并镇安、郁林二府、州报垦熟民瑶地六顷亩三十九亩有奇，田四百八十九坵。”[⑥] 正是在这一生产基础上，

---

① （清）《清高宗实录》，卷二六一，乾隆十一年（1746年）三月甲午条。

② （清）傅恒：《皇清职贡图》，卷四，合浦县山民条。

③ （清）魏笃：《浔州府志·纪人·风俗》。

④ （民国）《榴江县志·社会·风俗》，第二编。

⑤ （清）顾国诰：《富川县志·瑶僮》，卷十二。

⑥ （清）《清高宗实录》，卷七四，乾隆三年（1738年）八月丙戌条。

封建生产关系得到进一步发展。

清王朝大批委任瑶人首领为瑶管、瑶总、团总、瑶练等种种名目的瑶族土官，以“管摄”“约束”瑶民。而这些瑶人首领利用政治上的特权，强占田土、山林、河流，成了瑶族地主阶级的主要组成部分。瑶族地主阶级主要用地租形式剥削瑶民。如：光绪二十三年（1897年）所立“两瑶大团石牌”规定：“山丁耕种山主之地，租钱粮纳山主收”。连南内田的租佃契约规定：租山种地，每年要向山主交纳铜钱二百文，办酒席一桌。[①] 此外，他们还采用种种残酷手段，欺压和盘剥瑶民。如“团总、招主强夺其土地，污辱其妇女”[②]。连南内田的借贷契约规定：借银一元，每月利息五十文，且需房屋、田地抵押。[③②]

出现了大量无地的佃农与小量占有小块土地的自耕农。如：湖南兴宁平地瑶，“其招佃种营生，后渐置产”[④④③]汝城熟瑶，“与民杂处”，佃种营生，嗣后自置产。他们占瑶民的绝大多数，遭受瑶族或汉族地主阶级的剥削。

贫富分化加剧。据《平瑶日记》载：“土瑶贫富不均。”光绪《富川县志·瑶僮》卷十二载：“贫者偷牛为沽，其富者黠匿异境，无赖尊为讼师。”这种“贫富不均”，引起阶级对抗，甚至导致瑶民走上反抗之路。

土地问题日益突出。清王朝以“清查叛产”之名规定“所有田产户业例应入官”，汉族和瑶族地主阶级则加紧土地兼并，使瑶民失其“恒业”。瑶民为求生存，只得起而抗争，盘均华起事为“占夺瑶山田地”[⑤④]即明证。土地问题的尖锐化，是封建生产关系发展的必然趋势。

脑力劳动与体力劳动的分离。瑶族有产者，在解决温饱问题之后，“兼及诗书”，于是出现了一定数量的瑶族知识分子。这些瑶族知识分子，成了脱离农业劳动的独立阶层，如史称：“士彬雅，农兢业，与汉民无异。”[⑥]“士”从“农”分离出来，这是

---

①② 参见《广东省连南瑶族自治县南岗、大掌、内田瑶族社会调查》，全国人民代表大会民族委员会广东省少数民族社会历史情况调查组编印，1958。

③ （清）严如熤：《苗防备览·风俗下》，卷九。

④ （清）郭树馨等：《兴宁县志·武备·抚瑶》，卷十。

⑤ （清）《清宣宗实录》，卷二二〇，道光十二年（1832年）九月己未条。

⑥ （清）盛镒源等：《城步县志·增民俗》，卷四。

瑶族历史上有意义的一件大事。

随着封建生产关系的发展，反映在作为上层建筑组成部分的法制则竭力维护私有制。据载："夫瑶既群居，不能无喜怒交争之情，乃亦有轻重刑罚之制。……犯奸者则鞭扑。犯窃者遇事主获之，以竹圈箍其首代之，名曰下头箍，房族获之，则率其众而生瘗焉。盖宽于奸而严于盗。"① 对侵犯私有财产的"窃者"，做出甚及活埋的严厉处置，这是维护封建生产关系的典型表现。

但是，瑶族的封建生产关系远不及汉族发达。主要表现为：一是封建地主经济发育不完全。如近代云南河口瑶族自治县的瑶山梁子乡，共有地主六户。其中，汉族地主四户，占地近百分之六十；壮族地主一户，占地百分之三十五；瑶族地主一户，占地仅为百分之四。② 一是原始社会经济影响仍存。据载，集体所有制仍占土地面积百分之十左右，这些土地归集体享有并平均分配。又，瑶区长期流行互助生产与集体劳动之俗。据载：瑶人

> 垦地互相换工，每集男女数十人，新衣美服，混杂排列，以领工者唱歌敲锣前导，大众同时动作，男女互唱情歌，藉联情会，其家人亦不加干涉，故多劳于忘倦，开垦甚速。③

这是一幅原始社会集体劳动遗习的真实图景。

十、居　住

清瑶仍多"居深山中"④,"高山杂错间"⑤,或"依林而居"⑥。人们通称,瑶壮居住的不同特点在于"山居为瑶，峒居为僮"。简陋者，为结茅或搭木棚而居。史称：瑶人，

---

① （清）姚柬之：《连山绥瑶厅志·风俗》，卷四。

② 参见云南大学历史研究所民族组：《云南省金平屏边瑶族苗族社会调查》，内部资料，1976。

③ （民国）覃卓吾等：《三江县志·社会·民族》，第二编。

④ （清）傅恒：《皇清职贡图》，卷四，陆川县山子瑶人条。

⑤ （民国）《榴江县志·风俗》，第二编。

⑥ （清）吴震方：《岭南杂记》。

依山结茅而居；[1]

依林积木以居；[2]

负山阻谷，依木为居。[3]

简言之，即“所居皆茅舍板屋”[4]。

条件稍好者为楼居，即干栏式建筑。桂平县，

昔年瑶俗，依山架木，覆以青茅，人栖其上，下顿牛畜。[5]

罗城县三防区瑶民，

结木为楼，上覆以民，楼上居人，楼下蓄畜。[6]

像这种木楼瓦顶式，当是瑶区较好的住房。

卧具也相当缺乏，以至冬日往往靠烤火过夜。据载：

瑶僚睡无床褥，冬夜以三叉木支阔板，然火炙背，板焦则易，名曰骨浪。[7]

冬无卧具，群聚蒸火。[8]

竟夕围炉蹲坐，倦则蜷卧一巨树，无床席帱帐之具。[9]

总之，直至中华人民共和国成立前，千百年来瑶人的居住条件并未有显著改善。

---

① （清）刘抃：《饶平县志·户口》，卷四。

② （清 乾隆）《新兴县志》，卷二六。

③ （清）杨文骏：《德庆州志》，卷十五。

④ （清）陈徽言：《南越游记》，卷三。

⑤ （民国）黄占梅：《桂平县志·风俗》，卷三一，引旧浔州府志。

⑥ （民国）江碧秋：《罗城县志·民族》。

⑦ （清）陆次云：《峒溪纤志》。

⑧ （清）吴震方：《岭南杂记》。

⑨ （清 道光）《东安县志》，卷四。

十一、饮 食

食物，除邻近汉区产稻米外，山区多“种禾黍粟豆山芋，杂以为粮”[①]，即以杂粮为主。

下面介绍较富特色的瑶族食物与饮食习惯：

喜食糯米。如，融县瑶，

> 出产宜糯米，故食以糯米为主。[②]

罗城瑶，

> 以糯米为主，以手捻食。[③]

龙津县瑶，

> 饮食以包粟及糯米为主。[④]

可见，瑶人也和南方苗、侗诸族一样，嗜食糯米。

青精饭。明代瑶人社日已流行制作青精饭，此俗至清代以后仍盛行。如：

> 武宣，四月初八日为佛生日，取枫叶扫门，捣叶浸米炊乌饭。[⑤]

宣化、武缘之俗，

> 三月三日，各村以乌米饭祀真武。[⑥]

苍梧之俗，

---

① （清）诸匡鼎：《瑶僮传》。

② （民国）黄志勋：《融县志·社会·风俗》，第二编。

③ （民国）江碧秋：《罗城县志·民族》。

④ （民国）李文雄：《龙津县志·民族》，第四编。

⑤ （清）魏笃：《浔州府志·纪人·风俗》。

⑥ （清）沈自修：《西粤记》。

三月三日，取枫叶渍米炊乌饭相饷。

四月八日，炊乌饭。[①]

藤县之俗，

清明插柳门楣，前后一日取枫木叶渍米炊乌饭，具牲醴扫墓。少长集饮于墓所。三月三日上巳，亦作乌米饭相饷。[②]

荔波之俗，四月初八日，

是日也，以枫叶揉碎渍水染糯米为饭，曰黑饭，古名青精饭。土人以饭和肉饲牛，俗谓报牛之力，使得脱化，理或然欤。[③]

总之，三月三日和四月八日，人们取枫叶揉碎泡水，染糯米饭为黑色，古名青精饭，俗名乌饭、黑饭。此本为瑶、壮之俗。上述浔州、梧州及藤县、荔波县均为历史上瑶人聚居之地，至清代，这些地区的汉人也染此俗，当是受瑶壮传统文化影响。

善饮酒。瑶人以善饮著称，故有“沉湎酒食”[④]之载。瑶酒，多以杂粮制成。除高粱外，也“以粟米酿酒”[⑤]。瑶人好客，以酒款客，“务期客醉为欢”[⑥]。汉族统治者，利用瑶人好酒特点，以酒肉一类小恩小惠安抚与收买瑶人。“约以岁犒酒肉，曰‘和瑶’。”[⑦]汉族商人也以此进行不等价交换。“喜饮酒，多货来市，土人以酒笼络之。”[⑧]

十二、服　饰

清瑶服饰，不同支系与不同地域差异较大。归结起来，有如下特点：

---

① （清）吴九龄：《梧州府志·风俗》，卷三。

② （清）边其晋：《藤县志·舆地·风俗》，卷五。

③ （清）苏忠廷：《荔波县志·风上》，卷十一。

④ （清）杨文骏：《德庆州志》，卷十五。

⑤ （清）林述训：《韶州府志·舆地·风俗》，卷十一。

⑥ （清）余瀚：《开建县志·风俗》，卷七。

⑦ 同④。

⑥ （民国）刘远铎：《乐昌县志·风俗》，卷三。

发式与头式。多蓄发，盘结头顶，史称“椎髻”。妇女喜以花布、青布、红布或锦蒙头，饰以簪铒[①]。缀以珠玉[②]，项饰银圈。瑶人支系不同，因其头部装饰不一，分别名为箭瑶、板瑶、尖顶瑶、平顶瑶诸多名目，足证其头饰之考究与多彩。

服式。多衣“短衣”。妇女喜衣裙，故有“重裙无裤”[③]之说。裙的形式异彩纷呈。多为“短裙”[④]，用今日的标准而言，可名之曰超短裙，“裙不蔽膝”[⑤]、“女花衣花裙，长仅及膝”[⑥]，可证。但也有裙长及地的例外，如“妇女则小袂长裙，绣刺花纹，其长曳地”[⑦]。至于裙的裁制与花色，则更多变化，如“女花领绣裙”[⑧]，“妇人加折裙，织花为饰”[⑨]，“妇人则以红绿两截作裙”[⑩]，“女裙前用青布一幅，印白花，名曰裙摆”[⑪]。当然，瑶妇也非清一色的衣裙，也有衣裤的例外，“男妇皆青布短衣裤”[⑫]即是。此外，还有以带系腰[⑬]、以布束小腿[⑭]、系绣袋[⑮]诸习。

足部。瑶人多赤足，史称：“跣足”。但也有穿“芒鞋”[⑯]、“草履”[⑰]、“布履”[⑱]者。

下面着重对瑶人的文面、绣衣、饰物加以分析。

---

① 参见（清）傅恒：《皇清职贡图》卷四载：临桂县大良瑶人，“以银簪遍插髻间，耳缀大银环”。

② 参见（清）傅恒：《皇清职贡图》卷四载：修仁县顶板瑶，“缀以琉璃珠，累累若璎珞然”。

③（清）傅恒：《皇清职贡图》，卷四，曲江县瑶人条。

④（清）傅恒：《皇清职贡图》，卷四，乐昌县瑶人条。

⑤（清）傅恒：《皇清职贡图》，卷四，乳源县瑶人条。

⑥（清）谢启昆：《广西通志》，卷二七八，南丹瑶条。

⑦（清）谢启昆：《广西通志》，卷二七八，思恩瑶条。

⑧（清）傅恒：《皇清职贡图》，卷四，灌阳县竹箭瑶人条。

⑨（清）谢启昆：《广西通志》，卷二七八，武缘瑶条。

⑩（清）谢启昆：《广西通志》，卷二七八，桂平瑶条。

⑪（清）李来章：《连阳八排风土记·风俗》，卷三。

⑫（清）谢启昆：《广西通志》，卷二七八，天河瑶条。

⑬ 参见（清）谢启昆：《广西通志》卷二七八载：昭平东北的南峒瑶，女“束花带”。

⑭（清）傅恒：《皇清职贡图》卷四载：曲江县瑶人“膝以下束布至胫”。

⑮ 参见（清）李调元：《南越笔记》卷七载：瑶“以女初嫁，垂一绣袋”。

⑯（清 道光）《广东通志》，卷三三〇，连州瑶人条。

⑰（清）谢启昆：《广西通志》，卷二七八，平南瑶条。

⑱（清）谢启昆：《广西通志》，卷二七八，贵县瑶条。

文面。据清代文献记载：瑶妇尚遗此俗。据载：瑶人，

妇女黥面成花[①]。

丁妇绣面[②]。

椎髻文身[③]。

瑶人“黥面”“绣面”甚及“文身”之说，史籍并不多见，近世瑶人也未见有，当是个别现象。

绣衣。瑶妇爱美，且心灵手巧，喜以刺绣为各种服饰，史称：“瑶妇衣尚刺绣，皆自为之。”[④]据载：瑶人

领缘尚绣[⑤]。

斜领立下，绣花为饰[⑥]。

外穿丝绒织成花布长褂，五色线边[⑦]。

山妇喜以绣帛束胸[⑧]。

其妇女衣对襟，绣以五色[⑨]。

裤脚以五色绒横绣之[⑩]。

换言之，无论衣领、襟、边以及胸带、裤脚等，都绣上花色，这是瑶服的一大特色。

饰物。瑶妇喜盛饰，已不待言，需指出的是，瑶男也不逊色。突出例证是：

---

① （清）陆次云：《峒溪纤志》。

② （清）檀萃：《说蛮》。

③ （清）谢启昆：《广西通志》，卷二七八，岑溪连城乡瑶人条。

④ （清 道光）《广东通志》，卷三三〇，连州瑶条。

⑤ （清）傅恒：《皇清职贡图》，卷四，曲江县瑶人条。

⑥ （清）严如煜：《苗防备览·风俗下》。

⑦ （清）周诚之：《龙胜厅志·风俗》。

⑧ （清）傅恒：《皇清职贡图》，卷四，合浦县山民条。

⑨ （民国）覃卓吾等：《三江县志·民族》，第二编。

⑩ （清）李来章：《连阳八排风土记·风俗》，卷三。

瑶无冠礼，少年男子以五色绿珠及绵花作条饰髻上，插鸡尾以为美观。男二十余岁不剃发，以红巾缠头，兼用网巾，穿耳带环。[①]

男子编白雉插首，银环穿耳，银箍匝额，银环饰项，腕带银钏，多至二三双。[②]

可见，粤瑶有鸡毛饰髻和以银饰耳、额、项、腕诸习。

瑶人饰物，多以银打制而成，这是众所周知的。需要指出的是，瑶人还有佩古钱的殊风。

（瑶女）亦缀钱，复结制钱为佩，系之当胸，行走则玱然有声。[③]

系钱于边幅，行则有声。衣腹背俱系唐、宋铜钱为饰。[④]

其服饰，用青布，以五色绒刺绣背后，缀以古钱，谓之斑衣。[⑤]

可见，瑶人以古钱系之于胸、背或边幅，行走时则发生响声，此俗，最迟至明代已有之。不同的是，明代，多为瑶首所佩；清代，则行于一般瑶人甚及妇女，此时则多用于装饰品了。

十三、“瑶书”“篆文”与“刻木为契”

清代瑶区流行“瑶书”与自造“篆文”。如：

粤北瑶区。据清连山知县李来章在康熙四十三年（1704 年）发布的“焚瑶书”告示中写道：

五排十一冲瑶人，于五经、四书、孝经、小学一字不肯读。平日排师所教者，皆瑶书也。瑶书有数种，如阎罗科、上桥书、扶道降神等名。皆鄙俚、诞妄不经。而扶道降神，崇邪诲叛，尤为无忌惮之甚者。阎罗

① （清）李来章：《连阳八排风土记·风俗》，卷三。

② （清）黄钧宰：《金壶七墨》，卷五。

③ （清）傅恒：《皇清职贡图》，卷四，罗城县盘瑶人条。

④ （清）黄钧宰：《金壶七墨》，卷五。

⑤ （清）周存义：《平定瑶匪述略》。

科述破岳超度、上桥书言禳厄祈福，犹为道家之常，至扶道降神，则侈谈纠凶犯正……排师多系楚中黄冠，贪瑶财贿，潜身入排，喜其有事，为之谋主，瑶人顽梗抗拒，多由渠辈指挥。而邪书数种，酿毒于童稚之年，沧骨浃髓，尤为难医之症。子深恶之。巡历诸排，搜其书，尽焚烧之；拘其师，差押驱逐出境。[①]

可见，这种瑶书，有阎罗科诸名，主要为来自两湖地区的道士（“楚中黄冠”）所编，用于宣扬道家主张与瑶童教育。

贵州瑶区。有一种瑶书，叫“榜簿”。据鄂尔泰撰《贵州通志·苗蛮》卷七载：自粤西迁来的贵定等处瑶人，“有书名榜簿，皆圆印篆文，其义不解，珍为秘藏”。又，《皇清职贡图》贵定县瑶人条、《黔苗图说》瑶人条、《黔南苗蛮图说》花瑶条也有关于“榜簿”的记载。而《苗蛮图》作“旁礴”，当系“榜簿”之误。也有称作“旁甎”音。据清李宗昉《黔记》卷三载：自广西迁来的黔瑶，“所藏之书，名曰旁甎，圆印篆文，义不可解，且珍秘之”。“甎”即“砖”之俗字。李宗昉写作“旁甎”，不知何据。

总之，从“榜簿”的名称来看，当即瑶人广为流传的“过山榜”。而且，书中有义不可解的“圆印篆文”，也与今存过山榜形制相符。

湖南瑶区。流行“捏造篆字”。据道光《宝庆府志·大政纪》卷六载：

从前捏造篆字，查出销毁，永禁学习。如有故违，同牌不行首报，一家有犯，九家连坐，寨长治以失察之罪。

综上所述，我们可以得出两条结论：

一是清代瑶区，流行各种瑶书。其中有宣扬道家教义的“阎罗科”一类“教科书”，也有记载瑶族社会历史的过山榜文书。

一是有“从前捏造”的“义不可解”的“篆文”“篆字”。可见，此字清代以前已有之。由于清统治者实行销毁的政策，致使这种篆字受到严重摧残。近年在湖南江永县上江圩乡发现的一种奇特文字——“女书”，与这种“篆字”有无承袭关系，

① （清）李来章：《连阳八排风土记·约束》，卷七。

值得深入研究。

清瑶续行宋元明以来的刻木为契法。据载：

> 瑶人刻木为齿，与人交易，谓之打木格。[①]
>
> 瑶人入市，惟将畜牛、马、豕、鸡、犬之属，售以获利，口不二价。不立契券，以圆斜削两头而中分之，曰木口，各藏半以为信。有事投人，亦用木口，声明急，则束炭及鸡翎于上，诸峒毕至。[②]
>
> 凡交易不立券。以圆木斜削两头而中分之，各藏半以为信。若有事投人，亦用木口声明。有事一以木口传闻诸峒，急则束炭及鸡翎于上亦迅速。[③]

这表明，湘、粤等地清瑶，仍以“打木格”“木口”等方法应用于社会诸方面。

又，有割衣带为信以代替刻木为契者。如：阳朔瑶，

> 无书契，各以衣带均长短而割之，半付所约，半自执，谓之立脉。盖犹结绳之遗风。[④]

还有，以石块诸物为筹以纪时纪事者。如：

> 苗瑶生年记法。山瑶侗僮，不识汉字，生人登记年岁之法，每人备一竹筒，每年至十二月三十日夜，检一小块，投入筒内，以记年岁。名曰筒记。欲知年龄，将筒倒出数之。儿小由父母登记，长大自身管理，自与汉族杂处后，就汉人代登记，始有日时。[⑤]

总之，瑶族人民在长期实践中，创造了诸多记事方法，并在生活中起过重要作用。

---

① 参见（清）闵叙《粤述》与（清）诸匡鼎《瑶僮传》。后者袭自前者。

② （清）严如熤：《苗防备览·风俗下》，卷九。

③ （民国）《溆浦县志·风俗》，附瑶俗，卷九，引旧志。

④ （清）谢启昆：《广西通志·列传二三》，卷二七八。

⑤ （民国）谢次颜：《凤山县志·社会·风俗》，第三编。

十四、医药医术

瑶人地处山区，当地盛产药材。瑶族人民在长期实践中，谙悉各种药材属性，以采药为重要副业。如史称：瑶人“采药无分四时”①。

瑶人采用药物治病，医术高明，疗效显著，他们走村串户，游走各地，深受各族人民的欢迎。如鄂尔泰《贵州通志·苗蛮》卷七载：瑶人，

> 勤耕种，暇则入山采药，沿村寨行医。

《皇清职贡图》《黔记》《黔苗图说》《黔南苗蛮图说》《苗蛮图》诸籍都有相类记载。又，光绪《富川县志·瑶僮》卷十二载：六一都良瑶，

> 近或学习星卜，卖草药，远游他方。

光绪《新宁县志·疆里志》卷三更赞誉道：瑶人，

> 间负都笼于附近乡村小市间卖药，治风疠等病多验。

总之，瑶人较为发达的医学医术丰富了祖国的医学宝库。

十五、乐器与歌舞

清代瑶族乐器，无多大变化。计有：

长鼓，是瑶族独特的且是最常使用的乐器。

> 元宵击锣，挝长鼓，跳跃作态。②
>
> 击长鼓，歌舞以为乐。③

长鼓，因涂以黄泥，故又称作土鼓。据称：贺县瑶，

① （清）盛镒源等：《城步县志·民俗》，卷四。

② （清）李来章：《连阳八排风土记》，卷三。

③ （民国）《阳江县志》，卷七，引道光志。

迎春入城市，妇女操瑶音，男击土鼓以和之，官府犒鱼盐以归[①]。

至于鼓的制作方法与形状，也有明确记述：

其鼓以木为之，两端圆径如一，中细如腰，不与诸鼓同，上下皆蒙羊皮，以组络之，悬诸项。[②]

芦笙，也是瑶族传统的歌舞必备的乐器。如，湖南安化宁乡等处瑶人，

每稼穑登场后，治酒延宾，击长鼓，吹芦笙，男女跳舞而歌，名曰跳歌。[③]

牛角，吹之悠壮悠扬，是瑶族的古老乐器。[④]

先击米箕，后击锣鼓，放铳吹牛角。

上元日，吹牛角。[⑤]

铜鼓，是包括瑶族在内的南方诸族广为流传的乐器。清代思恩瑶，

岁首祀先祖，击铜鼓跳跃为乐。[⑥]

至今，南丹白裤瑶仍以擅长铜鼓著称。

锣，为汉族所传入。击锣，以助长热闹气氛。溆浦瑶，婚礼时，

治酒，主客酬酢皆立饮，两旁鸣锣，谓之娱客。

十一月，蒸酒窖于土中，家家鸣锣曰闹年。[⑦]

---

① （清）谢启昆：《广西通志·列传二三》，卷二七八。

② （民国）《连山县志·瑶俗》，卷五，引旧志。

③ （清）傅恒：《皇清职贡图》，卷四，安化宁乡等处瑶人条。

④ 参见（清）李来章：《连阳八排风土记》。

⑤ （民国）《连山县志·瑶俗》，卷五，引旧志。

⑥ （清）谢启昆：《广西通志》，卷二七八。

⑦ （民国）《溆浦县志·风俗》，引旧志。

铙和竹笛。据载：

> 祭则有铙歌、葫芦笙、竹笛之属。[①]

铙为钹的俗称，从汉区传入；竹笛则为瑶族古老乐器。

竹筒，用作打击乐。如，瑶人祭，

> 其合乐时，众音竞哄，击竹筒为节。[②]

此即宋瑶“击竹为节”法的流传。

木杵。据载：定罗瑶，

> 上元节，以木杵各桩成声为乐。

那马瑶，

> 元旦，以舂臼覆地，以木杵交击成声之乐[③]。

击竹筒和以木杵舂桩，均属瑶族的原始音乐。

总之，瑶族乐器除保留本民族的浓重特色外，也吸收了汉族和南方诸族乐器之长，既增添了瑶民的生活情趣，又丰富了祖国的音乐宝库。

明清瑶歌盛行。明代瑶歌，主要载诸上述清初屈大均《广东新语·诗语》；至于清代瑶歌，则多载诸清李调元《粤风》与吴冉渠《粤风续》。

《粤风》《粤风续》诸籍所收瑶歌，大量是反映人民大众日常生活特别是爱情生活的抒情诗。如：“邓娘同行江边路，却滴江水上娘身；滴水上身娘未怪，表凭江水作媒人。”注：“邓，是同。”也有涉及揭露朝廷黑暗统治的政治诗。如：“不奈命，不奈朝廷陷共村，不奈朝廷陷共巷，十分共巷隔重篱，陷隔重篱十二檐，十分卖话也难通。”注：“陷，是不；卖是有。”又：“如今世界恶，乌鸦日夜摇声惯，陷此表

---

① （清）诸匡鼎：《瑶僮传》。

② （清）诸匡鼎：《瑶僮传》。

③ （清）谢启昆：《广西通志·列传二三》，卷二七八。

世是表生。”注："摇声者，乱鸣也；陷此，是不知；世，是死。”

总之，明清瑶歌，反映了其时瑶族社会的生活与民风民俗，也为我国多民族的文化宝库增添了异彩。

舞。清瑶仍流行传统的歌舞，名曰“踏歌”[1]。流行于祭祀与男女青年欢聚等公共场合。如：

七月望日祀狗王，以小男女穿花衫歌舞为侑。[2]

婚姻多赛于祠，踏歌相招，听其自合。[3]

十六、婚　姻

清代瑶族婚姻制度，保留着较浓郁的原始朴素色彩。主要表现为：

（1）自相婚配。对此，史籍广为记载。如：八排瑶

少年男女唱歌山坳，其歌男炫以富，女夸以巧，相悦订婚，宿于荒野。或会度衫带长短相同，遂为婚。次日告父母，方请媒行定。[4]

思恩瑶，

仲春，男女成列入山谷中，相悦者负之而去，遂婚媾焉。

宾瑶，

春秋二社，男女毕集，未婚嫁者和歌择配，两意即洽，各以所执扇帕相博为戏，谓之博扇，归而父母与之成礼。[5]

荔波瑶，岁时祀盘瓠，

① （清）傅恒：《皇清职贡图》，卷四，罗城县盘瑶人条。

② （清）檀萃：《说蛮》。

③ （清）吴震方：《岭南杂记》。

④ （清）李来章：《连阳八排风土记·风俗》，卷三。

⑤ （清）谢启昆：《广西通志·列传二三》，卷二七八。

男女成列，连袂而舞，相悦者负之而去，遂成婚姻[①]。

可见，瑶族青年男女的婚恋相当自由。往往在节日活动中，通过歌舞形式，选择相悦的配偶，赠物订婚，然后再告诉父母。

（2）同姓为婚。据载：瑶人，

婚姻不避同姓。[②]

同姓婚姻，亦所不拘。[③]

婚则无论同异姓。[④]

婚不论同姓。[⑤]

随着历史的进步，这种同姓为婚的做法受到附加的限制。在民国时期，

瑶人同姓虽可以结婚，惟至亲者不能结婚。[⑥]

需要指出的是，与此同时，瑶族则限制与他族通婚。如：南丹瑶，

不与他类通婚。[⑦]

开建瑶，

嫁娶必同类，不与人通婚姻。[⑧]

广东浮山瑶户，

---

① （清）罗绕典：《黔南职方纪略》，卷九。

② （清）谢启昆：《广西通志·列传二三》，卷二七八，武缘瑶人条。

③ （清）邓华邦：《江华县志·杂记》，卷十二。

④ （清）郭树馨等：《兴宁县志·疆域·瑶峒》，卷三。

⑤ 见（民国）《昭平县志·夷民部》卷七引乾隆旧志，（民国）《钟山县志·瑶壮》卷十六。

⑥ 庞新民：《广东北江瑶山杂记》，见《历史语言研究所集刊》，第二本第四册。

⑦ （清）谢启昆：《广西通志·列传二三》，卷二七八。

⑧ （清）余瀚：《开建县志·风俗》，卷七。

分盘、蓝、雷三姓，自相婚姻，土人虽邻近，不通往来。[①]

造成这种不与他族通婚的历史原因，主要有二：一是封闭的自然经济；一是汉族统治者长期执行民族歧视政策所产生的民族隔阂心理。由于瑶族多散杂而居，因此，不与他族通婚的结果，使得婚配只能在较狭窄的范围内进行。这样，又促成同姓为婚得以长期流传。

（3）姑舅表婚。在清瑶中，存在舅家之子有权优先娶姑家之女的习俗。如：溆浦瑶俗，

嫁娶亦用媒妁。或郎舅结婚，男家备聘金七两，鸡六只，又鸡一只，名曰押礼。如舅氏无子，以女嫁他姓，则女家备银三两送外家，曰回娘礼。[②]

至民国时，此俗仍存。近人刘锡蕃写道：

凌云（旧泗城府）一带之红瑶，又有一种奇俗，即女子结婚之权，完全操于舅父之子。舅父允诺，婿家即以铜钱十吊或五十吊，送至舅家，舅家亦备相当礼物，赠女出嫁。否则此女无论如何美慧，终身不得嫁人。又该族中表为婚，十居八九。其表兄弟于其表姐妹之占据，实具有优先之权力。[③]

这种姑舅表婚，是原始婚制的一种残迹表现。在族外群婚制下，形成彼此通婚的集团。据此，姐妹的女儿，一定是兄弟的儿子的妻子。我国史籍把这种情况称之为“生女还之母家，曰一女来一女去”或曰“酬婚”，十分确切地反映了通婚集团之间的关系。这就是我国南方诸族中存在的“姑家之女，必字舅氏”的来由。

（4）“不落夫家”。指女子结婚后即返母家居住较长一段时间，一般多在生子后，始归夫家。据载：溆浦瑶，

① （清）陈铭珪：《浮山志》，卷一，村落条。

② （民国）《溆浦县志·风俗》，卷八，引旧志。

③ （民国）刘锡蕃：《岭表纪蛮》。

女于初嫁仍居母家，岁余及生育后，则于腊月二十五六日归夫家。[①]

河池瑶，

嫁时不制衣被，女过宿即返，有越数年始回夫家者。[②]

凤山瑶，

迎接之日，男家亦遣媒往迎，女家则以女之外家一人为送，至男家火铺边，即行回去。数十日，始由新郎往接新妇，并肩偕回，然往来无定，亦不肯落夫家。[③]

隆安瑶，婚后，

每逢大节季或种玉米时期则回夫家一二日耳，直至生有子女正式归夫家，今此风犹未尽改革也。[④]

罗城县三防区瑶民，

惟三朝归宁，不落夫家之陋习，迨兹不改。[⑤]

可见，清与民国时期，瑶区仍有“不落夫家”之风，它仍保留某些母系氏族婚姻的残缺形式。

（5）招婿入赘。在母系氏族婚姻制下，因本氏族的男子都“出嫁”于外氏族，而本氏族女子则“招赘”于外氏族。清至民国时期，瑶族崇尚赘婿，即此族外群婚制残习的表现。如：乐昌九峰西坑熟瑶，

---

① （民国）《溆浦县志·风俗》，卷八，引旧志。

② （清）谢启昆：《广西通志·列传二三》，卷二七八。

③ （民国）谢次颜：《凤山县志·社会·风俗》，第三编。

④ （民国）刘振西：《隆安县志·社会》，卷二。

⑤ （民国）江碧秋：《罗城县志·民族》。

惟女不适人，招婿入赘，不限于其族。①

榴江县瑶人，

多喜入赘。②

赘婿的地位，一般比较低下。近人刘锡蕃写道：大藤瑶中寨瑶，

“女夫”对“男妻”，需给予三十元之聘金；同时并致槟榔、酒米等物。与男子聘于女子之办法，殆无少异，不过略减其额之数量而已。

有时，妇并得以单方意见，向赘夫宣告脱离，其夫虽负屈，顾亦甘心忍受，而莫敢谁何。其事态，与从前男子黜妻无异。③

“女夫”用聘礼的形式，将“男妻”作为货物一样购买过来，因此他在家庭中处于受她支配的无权状态。但是，随着夫权制的发展，赘婿的地位也有所改变。有的瑶区入赘者得继嗣及继产，则反映了这一历史变化。桂平瑶俗，

男从女赘婿，以乘产业。④

继产，则反映了这一历史变化。隆安瑶俗，

凡遗产继承一项则又异，凡无子而有女则招婿入赘，或其子不幸而亡，遗媳年少则招一异姓之人入赘，入赘者得继承其嗣，并得享受其遗产。⑤

至于清瑶的婚仪，也较为简朴。史称：

嫁则荷伞，悬草履，归于夫室。⑥

---

① （民国）刘远铎：《乐昌县志·风俗》，卷三。

② （民国）吴国经等：《榴江县志·社会·风俗》，第二编。

③ （民国）刘锡蕃：《岭表纪蛮》。

④ （民国）黄占梅：《桂平县志·风俗》，卷三一，引（清 光绪）《浔州府志》。

⑤ （民国）刘振西：《隆安县志·社会》，卷三。

⑥ （清）陆次云：《峒溪纤志》。

俗多陋朴，婚礼不尚品物，订以酒肉，车轿俱废，步行而归。[①]

相悦则答歌，纳红巾以为采，寻请期于归，婿使人致迎。新妇彩衣花裳，执雨具徒行，父母兄弟饯于道。妇至婿门，主人鸣鼓击金，燃花爆相欢迎，屠牛豕，设酒以醉宾。凡嫁女娶妇，聘财无过钱五千，聘礼不外鸡牛酒肉，奁具杂以锹锄。[②]

新妇徒步行，昂然直入夫家之室，无何种结婚仪式。[③]

但是，随着瑶区封建化程度的加深与商品经济的发展，也出现买卖婚姻、索取财礼和奢侈浪费的现象。如：

近岁间用年庚行定及娶办银二两四钱，贫者或一两二钱，猪肉四十斤，富者或六十斤，酒一埕，鸡一对，用糯米作圆糍大如月饼为聘，女家用一十四人送之，男家各酬牛肉一十二斤。[④]

民国时期，有的所用猪肉甚至要费千余斤、少则数百斤之多。这就使结婚的负担大为加重了。

十七、丧　葬

清代及民国时期，瑶人以土葬为主。据载：

凡丧亲族，送楮钱一束焚之，白布一幅盖骸，修斋一夜，次早抬尸至山，方用棺木，择日而葬，丧家穿白衣。［祭］凡遇丧，亲族用楮钱一束、酒一埕为祭，婿用草纸三百张、米一斗、酒一埕。[⑤]

亲始死，先相地掘坎，市棺置坎侧，以尸僵坐秤之，有倚者绳缚之，邻里为之舁。子妇服丧服，披麻，辟踊哭泣，哀而送之。至坎，延瑶道面

① （民国）李树楠：《昭平县志·夷民部》，卷七，引乾隆旧志。

② （民国）《连山县志·瑶俗》，卷五

③ （民国）刘锡蕃：《岭表纪蛮》。

④ （清）李来章：《连阳八排风土记·风俗》，卷三。

⑤ （清）李来章：《连阳八排风土记·风俗》，卷三。

尸诵章咒乃殓，殓毕而窆，封毕而归。其服也，无斩、齐、功、缌之分，竹桐杖屦之制也。朝死而昼葬，不俟二日三日也。服三年丧者，嫁娶宴乐不禁也。练、期、祥、禫，不知也。既葬而卒哭，免丧而除服，如是焉而已。[①]

自古无庆吊，人死仍以棺敛，不以鼓乐，不穿凶服，祭以酒肉，肉不用盐，瑶巫谓之招亡，焚楮既葬，坟树忌翦伐，不祭扫。国朝以后，间有行之者，然不登墓，必远隔里许，或隔溪山以祭，畏鬼故也。[②]

诸瑶不重丧服。中资之户，惟男子稍披白巾，不设斋食，亲谊或以鸡、豕、酒、米、香、帛之属助丧事，延觋诵咒超度，宰猪、羊款待来宾，即日或二三日送殡。贫者以笪代棺。其择葬惟凭法咒，有以鸡子一枚，先卜告灵前，携往幽僻深山，随处抛掷，应手而破，即为佳城，若亡者不乐其处，虽触石弗碎，则更觅他所以定葬穴，诸多迷信。葬后次日，亦延众科新坟。砍柴为生之瑶，祖若夫邱垄所在，终其身，不向此山樵采。[③]

总之，瑶族的丧葬之礼有两大特征：一是保留了浓郁的民族特点，与汉族之制有明显不同。虽渗入某些儒家思想的色彩，如披麻戴孝、服三年之丧等，但影响不深。一是丧葬过程与巫、道宗教仪式结合在一起。

除土葬外，还保留传统的火葬、岩洞葬等葬式。据载：容县瑶，

性好迁徙，家无盖藏。人死则焚其骸，收烬置瓮中瘗之，谓之火葬。[④]

其他记载尚有：龙胜瑶“葬用火化”[⑤]，昭平瑶“则用火化”[⑥]，湖南兴宁瑶“多

① （清）姚柬之：《连山绥瑶厅志·风俗》，卷四。

② （民国）《溆浦县志·习俗》，卷八，引旧志。

③ （民国）蒙启光：《凌云县志·社会》，第三编。

④ （清）谢启昆：《广西通志》，卷二七八。

⑤ （清）周诚之：《龙胜厅志·风俗》。

⑥ （民国）李树楠：《昭平县志·瑶壮》，卷七，引旧志。

有焚化”[①]等。笔者认为，火葬似与其“好迁徙”的不定生活有关，收烬置瓮中，也便于迁徙时携至新居安葬。又，荔波县黑瑶，“人死，殓以棺，置洞不葬”[②]。岩洞葬，显然与山居生活有密切关系。

十八、其他习俗

清代瑶俗，袭自明代，故此处一并叙述。其较富特色者有：

好客。瑶人素以好客著称，大良瑶更为突出。始记此事者为明人邝露：大良瑶，

> 与僮同类，而性稍异。有户口版籍。较民更淳，喜输租税。人至其家，不问识否，辄具牲醴饮啟，久敬不衰。同类有无相资，一无所吝[③]。

清代大良瑶仍保持此风。对此，清人檀萃《说蛮》、清人诸匡鼎《瑶僮传》以及嘉庆《广西通志》卷二七八、乾隆《柳州县志·瑶壮》卷二、道光《龙胜县志·风俗》、道光《廉州府志》卷四，均有相类记载。

大良瑶人待客，不仅倾其所有，“大嚼剧饮”，且“久敬不衰”，这是很难得的。其他瑶人也如是。如：永宁州梳瑶人，

> 人至其家，即非素识，必具牲醴相款洽[④]。

又，明人徐宏祖所记身受瑶人盛情款待的经历，也颇感人。他写道：在九疑山瑶区，

> 有茅寮一二重，呼之，一人辄秉炬出，迎归托宿焉。……问其姓为邓，其人年及二十，谈山中事甚熟。余感其深夜迎宿，始知瑶人犹存古人之厚也。亟烧枝炙衣，炊粥就枕焉。[⑤]

---

① （清）郭树馨等：《兴宁县志·疆城·瑶峒》，卷三。

② （清）爱必达：《黔南识略》，卷十一。

③ （明）邝露：《赤雅》，卷上。

④ （清）傅恒：《皇清职贡图》，卷四。

⑤ （明）徐宏祖：《徐霞客游记·楚游日记》。

进入粤西鬼岩村，

主人韦姓，……而少者颇贤，出醇醪醉客，以糟芹为案，山家清供，不意诸蛮中得之，亦一奇也。[①]

此一韦姓的粤西“蛮”人，当属今壮瑶之人。总之，从“深夜迎宿”至“醇醪醉客”，可见徐宏祖盛赞“瑶人犹存古人之厚”之言不谬。

上述瑶人好客材料说明：此俗的流行，与朴素的平等观念有关，此为“古风犹存”之谓也；瑶族与汉族和其他民族人民间，存在着友好关系。

讲礼。据明邝露《赤雅》卷上载：斑衣种女与山子同类，

坐则双膝齐跪，执礼甚恭，有盘古风。

又，清檀萃《说蛮》有相同记载。可见“执礼甚恭”是瑶人的又一良好风尚。

敬老。老人，在瑶族中受到普遍尊重，并具有崇高的地位。如：八排瑶，

凡相聚议事，必设凳以延老者。无凳，则以银酬之，名曰坐凳银。此礼犹为近古。[②]

大源瑶，

有所争不决，则推其乡高年众所严事者往直之，谓之叫老。老人以为不宜，则罚酒食分飧谢罢，故瑶人讼，鲜至官府。[③]

瑶人，不仅尊敬本族长者，并推及他族，这在当时尤为难得。据载：海丰县瑶，

颇驯伏，下山见耆老士人皆俯首拜。[④]

① （明）徐宏祖：《徐霞客游记·粤西游日记四》。

② （清）李来章：《连阳八排风土记·风俗》，卷三。

③ （清）谢启昆：《广西通志》，卷二七八。

④ （清）于卜熊：《海丰县志·杂志》，卷下。

重信用。据载：乐昌瑶人，

尚有诚信，常以药茶材木运之市肆，交易无欺；或以人约，虽风雨而不爽期；若与冲突，则以死抗。[①]

可见瑶人坦诚、豪爽性格之一斑。

淳朴。清人如煜写道：

瑶性淳朴，与人约必践，鲜争讼，无仇杀攫人盗窃牛马诸恶习。[②]

由于瑶人有好客、讲礼、敬老、守信、少争讼诸美德，故有“性淳朴”之誉。

尚武。隆庆《宝庆府志》曾把境内瑶、汉、苗人的不同性格加以比较。其中写道：城步、大水，

瑶民，性尚剽悍，好武少文。

明邝露《赤雅》则载：斑衣山子，

射生轻死。

清吴震方《岭南杂记》则载：粤瑶，

剽悍轻生。能忍饥行斗，登险如平地。

显然，瑶人剽悍尚武轻生的性格，是在其所处生产、生活、地理诸环境中历史地形成的。

血族复仇。宋代，已多有“瑶人仇杀”之事。明、清仍有此俗。明人王士性做了专门叙述：

瑶僮之俗，祖宗有仇，子孙至九世犹兴杀伐，但以强弱为起灭，谓之打冤。欲怒甲而不正害甲也，乃移祸于乙，而令乙来害甲，谓之著

① （民国）刘远铎：《乐昌县志·风俗》，卷三。

② （清）严如煜：《苗防备览·风俗下》，卷九。

事。……两村相杀，命毙不偿，毙者以头计，每头赔百两或几十两，以积数之多寡为贵。实无两也，而以件代之，如豕一为一两，而一鸡一布亦为一两也。抚安僮老为其和毕，则截刀为誓，始不报冤，谓之赔头。谚云："瑶杀瑶，不动朝；僮杀僮，不告状。"①

清代以后，此风仍未衰。据载：

瑶性最喜械斗，一有事故，凡十二代以上之外家，悉攘臂来助。……未易了也。②

上述所记突出之处有二：一是复仇之风颇炽，直至"子孙至九世犹兴杀伐"，参加者竟达"十二代以上之女外家"；一是瑶人把仇杀当作纯属内部事务处理，与外人无涉，所谓"瑶杀瑶，不动朝"，极为形象地反映了这一现实。

浴川。明人王临亨写道：

端州深山中，妇人裸体浴溪中。见人仅掩其乳，了不为异。不知者见而哂之，则诟骂相随矣。大抵皆瑶人也。③

清人吴震方所记略同：

自肇至梧，路届粤西，即有蛮夷之习。妇人四月即入水浴，至九月方止。不避客舟，男女亦相杂，古所谓男女同浴于川也。若中土人籍彼地者，其妇女则否。④

女子浴于川，这是南方民族较为流行的一种习俗，早在汉代就已见诸记载：

越地多妇人，男女同川，淫女为主。⑤

---

① （明）王士性：《广志铎·西南诸省》，卷五。

② （民国）《连山县志·瑶俗》。

③ （明）王临亨：《粤剑篇·志土风》，卷二。

④ （清）吴震方：《岭南杂记》。

⑤ （东汉）班固：《汉书·五行志下之上》，卷二七之上。

故瑶人也不例外。究其因有二：一是南方天气炎热；一是受礼教思想束缚较少。

综上所述，瑶俗的主要特点可归结为二：一是保留较多原始的纯朴的因素。一是相对而言，受汉文化影响较浅。因而，保留着本民族的本色。

十九、宗教信仰

江应樑《西南边疆民族论丛》论述瑶人宗教信仰的重要特点为：已经深度地受到汉人的道教化；道教化的程度虽深，但其信仰的意识及宗教的仪式，仍有一部分保持着原始民族的原始信仰。这一见解，是十分精辟的。清瑶宗教信仰也如是。

瑶族盛行本民族的古老宗教——巫教。故史有瑶人“习尚师巫”[①]之说；或称：“瑶人迷信其特有之巫觋，其供奉祖师，自谓系瑶族古代擅巫觋之原始人。”[②]

道教，自汉区传入，其时间不会晚于宋代。清代，汉人道士仍深入瑶区，故有“排师各系楚中黄冠”之载。

道、巫结合，是瑶族宗教的最突出特点。其主要记载有：

瑶道自教，亦有科仪，其义不可晓。学优者则延诸道为受箓，受箓者服朱衣。凡瑶之有疾病者疙疡者造焉，使其众分而祷禜之。有愈有不愈，其不愈者，则曰神所恶，非祷之不诚也。[③]

丧礼多崇师巫，建醮为务。死未殓建醮曰介饭，殓后建醮曰落枕，死七日建醮曰开路。计死四十九日，每计七日一建醮，虽贫亦然。[④]

瑶甲死前，必以方术授其人，谓之“渡身”。其人预斋三日，至期布七日功果，竖刀鸣角，略如巫觋，用费颇巨，此人即号为瑶甲。以后瑶族事无大小，听其公断，有疾病瘫疽，乞其符水治之。每年拜王，有三日功课，意在祈丰驱厉。[⑤]

其作法，不用文字，但画符道教，或以口手足三部势。时而口吟手

① （民国）李树楠：《昭平县志·夷民部》，卷七，引（乾隆）《旧志》。

② （民国）谢次颜：《凤山县志·社会·风俗》，第三编。

③ （清）姚柬之：《连山绥瑶厅志·风俗》，卷四。

④ （民国）李树楠：《昭平县志·夷民部》，卷七，引旧志。

⑤ （民国）刘远铎：《乐昌县志·风俗》，卷三。

画，时而吞气瞠目，时而扼腕踯足而已，或画符于水，使病人饮之。①

根据上述记载，巫师的职能与作用可归结如下：

政教合一。瑶甲既是巫师，又是村寨头人，握有极大权力，“瑶族事无大小，听其公断”。

宗教祭祀者。祭祀，是古代重大庆典。巫师沟通人神，故主持“拜王”即祭祖活动。

祈福消灾驱鬼。即“祈丰驱疠”之谓。

为死者举行丧葬仪式。

从事疗疾的巫医活动。疾病是人类重大威胁。而在早期，人们往往以为生病为鬼神作祟所致，这就是巫、医合一的原因所在。

佛教。清代瑶区也有佛教传入。据载：乾隆八年（1743 年）二月己亥，礼部议复：

署理广西按察使李锡秦奏称：“粤西苗、瑶易惑，其处僧道祈禳，镌有木、铜、锡诸印，往往结党营私，为害地方。”应如所请，敕下抚臣，除有部札僧道外，其余钤记，概行饬禁。违者重惩。②

从清王朝决定对瑶区僧人加强管理一事，可见佛教在当地的影响。个别地区，佛教盛行。北流瑶“丧葬尚浮屠”③可证。又，据近人研究，瑶人经书里也有“释迦”“观音”“十道轮回”等佛教用语的出现。但是，佛教在瑶区的影响终究不大，故史有瑶区“无僧”之载。④

袭旧制，以祀盘瓠为大典。对此，《昭平县志》有典型记载：

瑶人祀盘古，三年一醮会。招族类，设道场，行七献之礼。男女歌舞，称盛一时，数日而后散。三年内所畜鸡犬，尽于此会。⑤

---

① （民国）谢次颜：《凤山县志·社会·风俗》，第三编。

② （清）《清高宗实录》，卷一八四，乾隆八年（1743 年）二月己亥条。

③ （清）谢启昆：《广西通志》，卷二七八。

④ （清）姚柬之：《连山绥瑶厅志·风俗》，卷四。

⑤ （民国）刘锡蕃：《岭表纪蛮》。

除方志外，清代册籍也多有记载。瑶人，“每岁首祀盘瓠”[①]，“祀其先祖狗头王”[②]，“时节祀狗王”[③]，均属祀盘瓠之例。

祭都贝大王。据载：

> 岁以十月朔祭都贝大王，男女杂踏连袂歌舞。[④]
>
> 十月祭多贝王，连袂而舞，其定婚姻，多于此时。[⑤]

可见，十月祭都贝大王节也是男女青年歌舞订婚狂欢之日。

祖先崇拜。八排瑶的祭典颇为隆重。据《连山绥瑶厅志·风俗》卷八载：

> 瑶岁有墓祭，无庙祭。庙立于野，几隶排者皆祭之，如群姓之大社也。无木主，刻木为像，约高二尺，或一尺许，或四五像，一二像，不必肖其人，亦不能辨为谁氏之祖祢也，统呼之曰“阿公”。其谒庙也，燃木炭如上香然。其人有贸易者，输钱六十为祭费，积三岁或五岁乃一祭。先期卜日，告其侪。祭之日，男妇诸吾皆盛服集于庙，具香烛纸钱猪牛羊酒而祭焉。曰“拜祭阿公”。其拜也，两手据地，顿首无数。既拜而食，既饱而歌，鼓角齐鸣，男女杂坐，拂衣而起，奋袂低昂，顿足起舞，乐莫极于斯也。费多者醵三日，名曰“耍歌堂”。

换言之，排瑶每隔三五年举行一次大型的祭祖活动，名曰“拜祭阿公”。这种祭典，又与大规模的娱乐活动相结合，名曰“耍歌堂”。

瑶人一般的祭祖活动，则较为简朴。据载：

> 瑶族之祭先祖，无神位，香火堂上，横架一板，板上置小方竹簏，系弓弩其上，内贮茅蓍若干段节，即其先亡人之数。[⑥]

---

① （清）傅恒：《皇清职贡图》，卷四，兴安县平地瑶人条。

② （清）李调元：《南越笔记》，卷七。

③ （清）檀萃：《说蛮》。

④ （清）檀萃：《说蛮》。

⑤ （清）黄钧宰：《金壶七墨》，卷五。

⑥ （民国）蒙启光：《凌云县志·社会》，第三编。

瑶人祭祖规模，取决于其宗族的大小兴衰。瑶俗，

清明前十日祭祖，大族上坟，人各提铜锣，又有乐官鼓手；小族否。[①]

自然崇拜。认为自然万物都有精灵，它们能主宰人类的吉凶祸福，必须对之膜拜。据载：

苗、瑶迷信甚笃，片石尺木或以为神，即相戒不敢侵犯。[②]

第四节　清代瑶民的反抗活动

清代瑶民的反抗活动，与前朝相较，规模相对为小。其因有二：一是明王朝重“剿”，结果愈“剿”则反抗愈烈；清王朝重抚，因而保持了瑶区的相对稳定。一是经过有明一代的大规模血腥镇压之后，瑶人的势力受到严重削弱。就有清一代本身而言，则是前期及康熙、雍正、乾隆年间瑶区较为平静，故史有“承平百余年，从未滋事”[③]之说。后期即从嘉庆特别是道光年间起，不断爆发声势浩大的瑶民起义。其因在于：随着清王朝的腐败与衰落，它对瑶区的剥削不断加强而统治与控制力量则日益削弱所致。

一、清前期的反抗活动

顺治年间，清兵在占领南方各地的过程中，曾遭到瑶人的激烈反抗。顺治十二年（1655年），“瑶、僮为乱”，“声援”李定国领导的农民军的抗清斗争，在清兵的进攻下，“诸瑶、壮百九十二寨皆下”。[④]

康熙初年，为巩固清王朝的统治地位，不断派兵镇压瑶人的反清活动。康熙三

① （民国）刘远铎：《乐昌县志·风俗》，卷三。

② （民国）李文雄：《龙津县志·民族》，第四编。

③ （清）周存义：《平定瑶匪述略》。

④ （民国）赵尔巽：《清史稿·列传一三七·孔有德传》，卷二三四。

年（1664年）至四年（1665年），清兵“剿平”广西富川、恭城、修仁、荔浦诸县瑶人。[①]康熙五年（1666年），湖南武冈州白茅陇瑶、邵阳麻塘山瑶、黔阳罗翁山瑶先后反。[②]康熙八年（1669年），马雄镇为广西巡抚，平梧州、平乐二府的瑶、壮之乱。

康熙后期，以广东八排瑶的反抗活动最为频繁。康熙三十八年（1699年）三月，“征连阳八排瑶，平之”[③]。康熙四十年（1701年）十一月，八排瑶反，提督殷化行率师征讨，瑶人杀韶州副将林芳，“官兵亦被伤残”[④]。康熙四十一年（1702年）正月，康熙命都统嵩祝[⑤]率广东、广西、湖广三省兵水陆并进。二月，军次三汉口。三月，瑶首沈立王、李贵、邓二等被杀，反抗活动遭镇压。清王朝建三江城，拨营驻守。从此，清王朝对八排瑶的控御大为加强。

乾隆初年，湖南、广西、贵州边区即城步、绥宁、怀远、融县、义宁、黎平、永从等地瑶、苗不断举行反抗活动。乾隆二年（1737年）八月和五年（1740年）五月，先后两次派大兵镇压城步、绥宁二县“瑶乱”。乾隆五年（1740年），“粤西怀远（今三江侗族自治县）、融县（今融水苗族自治县）、义宁（今龙胜各族自治县南）之狗瑶聚集千人，欲搬往城步。知县、县丞、巡检、把总等前往抚谕，凶瑶竟不受抚，伙众将知县倪国正等五员提回巢穴，有巡检鲁器受伤深重”[⑥]。七月二十八日，贵州总督张广泗抵绥宁，“驻营竹林寨，统五省官军一万三千名，指授方略，连破其峒寨十余处，贼众溃散，搜集根株”[⑦]。至同年底，湖南城步、绥宁、广西义宁苗、瑶反抗活动均遭失败。乾隆六年（1741年），“黔界苗瑶……扰害永从等地方”[⑧]，“贵州黑苗复纠粤瑶为乱”[⑨]，也失败。这次反抗活动的主要苗、瑶首领是：城步横岭峒以粟贤宇为首，广南（今属龙胜境）以吴金银为首，楚南之莫宜峒以杨青保、杨

① （清）《清圣祖实录》，卷十六，康熙四年（1665年）七月壬寅条等。

② （清）黄宅中：《宝庆府志·大政纪》，卷五。

③ （清 道光）《广东通志》，卷三三〇。

④ （清）《清圣祖实录》，卷二〇六，康熙四十年（1701年）十二月壬申条。

⑤ “嵩祝”之名，见《清实录》，《广东通志》则作“松柱”。

⑥ （清）《清高宗实录》，卷一二〇，乾隆五年（1740年）闰六月甲辰条。

⑦ （清）吴起凤等：《靖州直隶州志·事纪》，卷十二。

⑧ （清）《清高宗实录》，卷一四〇，乾隆六年（1741年）四月戊戌条。

⑨ （民国）赵尔巽：《清史稿·列传八四·张广泗传》，卷二九七。

元保为首，粤西之张家寨（今属龙胜境）以张老金、杨胜聪为首。[①]这次反抗活动的最大特点是：瑶，苗诸族不分地域、民族界限，团结一致，共同对敌。故史称："粤、楚苗、瑶，向系声势相通"[②]，"楚、粤苗、瑶共为犄角，楚省攻捕甚急，则潜入于粤"[③]。正是这种"犄角"之势，造成对清王朝的严重威胁，并使之动用"大兵"经数年之久才镇压下去。

其后，瑶人的反抗活动仍不断。乾隆二十八年（1763年）至二十九年（1764年）间，东兰州（今东兰县）的瑶人蒙二、蒙蓬等反。[④]

二、道光年间的瑶民起义

1. 赵金龙、赵子青领导的瑶民起义

赵金龙，湖南过山瑶人。先居新田蓝山，后迁居江华锦田之大陇，再迁至长塘坪，"种山度日"[⑤]。早在道光十年（1830年），常宁县瑶人赵福（或作幅）才利用巫医治病的机会，声言赵金龙要当"大瑶王"，进行起义的宣传与组织的准备工作。时值汉族地主商人"屡强劫瑶寨牛谷，党联官役，瑶无所诉"[⑥]。于是，赵金龙使赵福才联合广东唐八（唐发林）、唐三、唐四领导的散瑶三百六十余人，连同赵金龙领导湖南九冲瑶共六七百人，以红布裹头为号，于道光十一年（1831年）十二月二十九日在两河口起义。义军发布文告，制红蓝等旗帜，定年号为金陇元年，公开向清王朝挑战。事发后，"锦田所巡检冯思浚率弓兵往捕多被杀伤，县令林先良（或作梁）率差役丁勇剿擒，亦互有杀伤甚多"[⑦]。次年正月二十三日，义军入蓝山之五水瑶山，众至二三千人，图以九嶷山为根据地抗清。击败拦截清军，遂乘势进袭宁远。义军的胜利，使清廷震惊，急忙调兵遣将，前往镇压，并下令"其广东、广西

---

① （清）《清高宗实录》，卷一二九，乾隆五年（1740年）十月丁卯条。

② （清）《清高宗实录》，卷一一七，乾隆五年（1740年）五月戊辰条。

③ （清）《清高宗实录》，卷一二〇，乾隆五年（1740年）闰六月甲辰条。

④ （清）《清高宗实录》，卷七〇〇，乾隆二十八年（1763年）十二月己丑条；卷七〇二，乾隆二十九年（1764年）正月甲子条。

⑤ （清）周存义：《平定瑶匪述略》。

⑥ （清）魏源：《圣武记·道光湖粤平瑶记》。

⑦ （清）张锡谦：《平瑶日记》。

毗连处所，现又飞饬该督、抚、提、镇于交界地方，一律防堵。其各府、州、县，凡有瑶民杂处地方，一律严密防范，妥为抚绥。俾免煽惑勾连，别生枝节，以致滋蔓”①。二月十四日，“（湖南提督）海凌阿率宝庆协副将马韬，以兵五百余由宁远之下灌进剿。蓝山路险，且逼贼巢。海凌阿不侦探地势，遽由小路冒雨深入，又不为备。贼伪充夫役为官兵舁枪械，行至池塘圩，山沟陡狭，伏贼四起，乘高下突，枪械反为贼用，海陵阿等皆死”②。换言之，义军利用熟悉的有利的险要地形，巧妙伪装夫役为内应，采用设伏的突然袭击战术，使来犯之敌遭到毁灭性打击，并檄获大量枪械以武装自己。

这时，义军声威更盛，“势益炽”③，发展至上万人，并主动分兵出击，“赵金龙率八排散瑶及江华、锦田各寨瑶为一路，赵福才率常宁、桂阳瑶为一路，又赵文凤率新田、宁远、蓝山谷瑶为一路，每路各二三千，犄角出没”。义军活跃于湖南的蓝山、新田、常远、嘉禾、常宁、桂阳、武冈、江华，广东的乳源、连南，广西的富川、贺县等地。面对义军的凌厉攻势，清廷除已命湖广总督卢坤、湖北提督罗思举统兵督办外，至是又移贵州提督余步云于湖南，全力镇压。清军吸取失利教训，重新部署。其要点是：罢去“不习山战”的常德水师及荆州满骑，改调镇筸苗疆之兵；增兵扼守水陆咽喉及要冲之地，“分屯要隘，坚壁清野”④；利用地主武装（团练乡勇）及土瑶自守，以牵制和消耗义军力量，并改变战略，变山战为平原对垒战，“诏以瑶皆山贼，跃捷负险，恐蔓延两粤，或盘踞山峒，致稽搜捕，敕诸将诱至山外平野之地聚而歼之”⑤。三月十日，清兵分路夹击，并控扼要隘，驱迫三路义军出山，东入常宁洋泉镇。经反复争夺与激战，终因清军利用大炮等优势装备，寡不敌众，于四月二十二日失败，赵金龙突围中枪身亡。

赵金龙起义后，连山瑶纷纷响应。赵子青率部前来会合，闻讯赵金龙失败后，自称瑶王，封赵文兴、赵仔隆、赵文贵为总兵，于四月初六日在连州黄茅冲江田堡

① （清）《清高宗实录》，卷二〇五，道光十二年（1832年）二月戊寅条。

② （清）魏源：《圣武记·道光湖粤平瑶记》。

③ （民国）赵尔巽：《清史稿·列传一三四·罗思举传》，卷三四七。

④ （民国）赵尔巽：《清史稿·列传一六六·卢坤传》，卷三七九。

⑤ 以上引文均见（清）魏源：《圣武记·道光湖粤平瑶记》。

起事。“纠众数千入楚界，声言为金龙复仇。”[①] 进入湖南蓝山的界头山烂泥坳及江华的濠江冲，有众二千余人。后为清军罗思举、余步云所败。

赵金龙、赵子青领导的反清斗争，具有如下突出特点：

一是湖南、广东、广西各地瑶人团结一致，联合对敌。据载：

> 现在湖南瑶匪，回绕新田、宁远、嘉禾、常宁、桂阳等处，与广东之德庆、封川、乐昌、乳源，及广西怀集、富、贺、灌阳等州县，皆系毗连，在需加意防堵。[②]
>
> 粤省瑶匪，实与赵金龙声势相倚。[③]

可见，三省瑶区不仅地域毗连、族类相同，且“声势相倚”，彼此支援，从而迫使清军处于分散兵力处处防堵的被动局面。连州瑶赵子青响应赵金龙部即是有力例证。

一是以巫教、道教相号召。如，赵金龙“能仗作法，喷水为火，结草为牛，其妹嫁广东瑶人，妖法更为凶恶”[④]。赵福才“以巫鬼神其众”[⑤]，“扬言通仙术，能知过去未来”[⑥]。赵子青“向习巫师”[⑦]。显然，宗教在宣传和组织群众中，曾起过积极作用。但是，随着起义的发展，其消极作用也日益突出，妨碍了反抗活动的深化和斗争水准的提高。

一是与反清组织会党相呼应。道光瑶人反抗活动受到会党的鼓励与影响，这是不容置疑的。史载：

> 道光壬辰（1832 年）两广、湖南各山之瑶人叛，传言三合会所煽惑。会匪与瑶人勾结在先，伺衅而动。

---

① （民国）赵尔巽：《清史稿·列传一六六·卢坤传》，卷三七九。

② 《清宣宗实录》，卷二〇九，道光十二年（1832 年）四月庚寅条。

③ 《清宣宗实录》，卷二一〇，道光十二年（1832 年）五月癸丑条。

④ （清）张锡谦：《平瑶日记》。

⑤ （清）魏源：《圣武记·道光湖粤平瑶记》。

⑥ （清）周存义：《平定瑶匪述略》。

⑦ （清）张锡谦：《平瑶日记》。

但是，瑶人也与会党组织发生矛盾，妨碍了各种反清力量的联合，使清王朝得以各个击破，这是值得注意的历史教训。据载：

初，楚、粤边郡奸民为天地会，缔党歃约，横行乡曲，小剽掠、大擅杀，各有名号，兵役皆其耳目羽翼，一呼百诺，吏不敢问。赵金龙起事，即戕杀会匪，故会匪不附。[①]

一是全民作战。瑶人英勇善战，且为了以弱抗强、以寡敌众，故实行男女老少齐动员之策。据载：瑶人

占据三处山头，战手在前两山，妇女幼稚新胁瑶人在后一山，助势吹号催战。[②]

三路瑶四五千人及妇女二三千。[③]

这种全民族同仇敌忾的精神与行动，是值得赞扬的。但是，在军事上也有不利之处，老弱妇孺随军行动，往往变成一种负担，使之失去机动灵活的作战特点而易受攻击。

2. 道光年间的其他瑶民起义

继赵金龙、赵子青之后举起义旗者为盘均华。他本是宁远县过山瑶人，在湘南、粤西间游动，“种山度日”。在湖南时，曾与赵金龙相识。赵金龙揭竿而起后，“盘均华起意纠约众瑶闯卡同过湖南，帮助赵金龙”[④]。道光十二年（1832年）六月十六七日，盘均华前赴贺县所属的白竹、磨刀、古瓢各冲，邀集瑶人男女千余人，声言为赵金龙报仇，辗转汇合共有二千余人。由于人数日多，于是推举盘均华为瑶王，用红布制成旗帜。后被广西参将满承绪打败于芳林渡。七月初四日，盘均华转入江华县被俘而败。

同时，还有房大第六、沈烧酒、盘麻三、李成意等人领导连州八排瑶的反抗活

① （清）魏源：《圣武记·道光湖粤平瑶记》。

② （清）周存义：《平定瑶匪纪略》。

③ （清）魏源：《圣武记·道光湖粤平瑶记》。

④ （清）周存义：《平定瑶匪述略》。

动。道光十二年（1832 年）正月，八排瑶黄瓜寨遭刁民官役掳掠而反。两广总督李鸿宾、提督刘荣庆以二千兵堵御。起初，刘荣庆认为瑶人并无反状，且寨险难攻，主张招抚。但至四月赵金龙失败后，形势急转，清军企图寻衅邀赏。五月十三日，李鸿宾率兵六千，分三路发起进攻。瑶首八人申诉，并缚黄瓜寨瑶人来见，李鸿宾则收斩并妄报战功。于是瑶人誓死负险抗拒，大败清兵。据《圣武记·道光湖粤平瑶记》载：

瑶山周围四百余里，岗险箐密，军无侦探，瑶铲要路，伏隘狼突，官兵惊溃，自相挤坠，三路皆败，游击、都司以下死者数十，士卒死者千计。

李鸿宾因“剿连山瑶阅半年，军屡挫”[①]而被革职查办。清廷以禧恩代职，并调集湖南、贵州兵加紧进攻。禧恩以洋银、盐、布重利招降。在清王朝的软硬兼施下，反抗活动终于失败。

道光瑶人大起义给风雨飘摇的清王朝重大打击，消耗了大量人力物力。如，《平瑶日记》载：

业已请动帑项五十万两。其州县因军需甚急挪用垫发，必待事竣而后能汇选报销请领归款者，又不下数十万两。

起义失败后，清王朝在强化对瑶人统治的同时，也不得不做出某些让步，制定了暂时缓和社会矛盾的“善后”措施，如减轻赋税、招集流亡、严禁巧夺山场诸项，对恢复和发展瑶区生产起了促进作用。

三、清末的反抗活动

从乾隆时起，湘南、桂北与粤北等地成了天地会的重要活动基地。鸦片战争后，这一地区天地会领导的反清斗争更是此起彼伏。这对瑶民起义起了推动作用。故史称：

---

① （民国）赵尔巽：《清史稿·列传一五二·宗室禧恩传》，卷三六五。

湖南、广西、贵州交界及苗、瑶杂处地方，向有会匪出没，结党滋扰。[①]

道光十六年（1836 年）二月初五日，新宁县麻林峒、圳源洞、九龙山等地瑶民起事。首领为蓝正樽，又名蓝沅（元）旷。初六日，聚众“二三千人。骤至武冈扑城”[②]。清廷命吴荣光会同讷尔经额前往镇压，[③]四月底，起义失败。

道光二十七年（1847 年），湖南新宁县属与广西全州交界的黄坡峒，有瑶人雷再浩，汉人李辉、陈名机等“纠党结会”，并有居住全州五排、海溪口等处瑶人萧立山等“纠人入伙情事”，进行起义的宣传与组织工作。清兵在汉族地主配合下，前往缉捕。雷再浩率众举行反抗，并击毙击伤敌方多人。[④]义军迅速发展至一千多人，活动于城步、兴安、全州三处瑶区间，在梅溪口与清兵激战，击毙守备李廷扬、把总马端春等人。清廷派大兵“堵缉”“堵拿”。最终，因力量悬殊，雷再浩、李辉等被俘而败。这次起义有两大特点：一是与汉民联手，新宁瑶人“与民人勾结肆扰，蔓延广西”[⑤]。一是与会党结合，“结会滋扰，界连两省”[⑥]。

道光二十九年（1849 年）十月，雷再浩余部新宁瑶人李沅发，提出“与雷再浩报仇”[⑦]的口号，前注广西全州，邀集数百人，攻占新宁县城。“拥进县城，戕害知县”，“打毁衙署监狱”，[⑧]斗争锋芒直指清朝封建政权。据城“抗拒官兵，相持四十余日”[⑨]。活动于城步、全州、兴安、灵川、龙胜、融安、荔浦、阳朔、金秀等瑶区[⑩]。龙胜之役，曾击毙清军参将玛隆阿。起义在清王朝大军堵截追击下失败。这次起义的特点是：与会党联合；声势浩大。史称：

---

① （清）《清文宗实录》，卷十一，道光三十年（1850 年）六月壬戌条。

② （清）《清宣宗实录》，卷二七九，道光十六年（1836 年）二月丙子条。

③ （民国）赵尔巽：《清史稿·宣宗本纪二》，卷十八。

④ （清）《清宣宗实录》，卷四四八，道光二十七年（1847 年）十月辛酉条。

⑤ （清）《清宣宗实录》，卷四四九，道光二十七年（1847 年）十一月乙未条。

⑥ （清）《清宣宗实录》，卷四四九，道光二十七年（1847 年）十一月己卯条。

⑦ （清）《清宣宗实录》，卷四七四，道光二十九年（1849 年）十一月丁未条。

⑧ （清）《清宣宗实录》，卷四七四，道光二十九年（1849 年）十一月甲午条。

⑨ （清）《清宣宗实录》，卷四七五，道光二十九年（1849 年）十二月丁丑条。

⑩ （清）赵长佑：《平桂纪略》，卷一。

并往广西勾结匪党。[①]

湖南余匪窜入楚、粤之交，丛山峻岭，东突西冲，势甚猖獗。[②]

自上年冬间结会纠党，戕官踞城，窜扰三省，蔓延愈甚。[③]

可见，从道光二十九年十月至次年五月初，历时半年之久的李沅发领导的瑶民起义，有力地打击了清王朝。

太平天国革命（1851—1864 年），爆发于瑶、壮聚居地的广西。从金田起义始，瑶族人民就积极投身这一革命运动。在战争中，瑶族战士英勇善战。如：忠王李秀成的五千人卫队，“在上海之役以前，他们从未打过败仗，或背对敌人逃跑。他们全都来自忠王的故乡广西省，大多是山区的苗（瑶）族”[④]。“贼素有女兵，皆伪王亲属，瑶、壮……生长洞穴，赤足裹头、攀援岩谷，勇过于男子，临阵皆持械接仗，官兵或受其衄。”[⑤] 可见，瑶族男女均曾对太平天国革命做过贡献。

咸丰、同治、光绪间，瑶人反抗活动从未停止。咸丰十一年（1861 年），广州以西的高要诸县瑶人举行反抗。是年冬，恩平、开平、新兴、鹤山瑶人聚集于高要、高明地方。清政府肇罗道“设局剿瑶”，攻破瑶寨二十余处。瑶人据守高明城以对抗。十二月，瑶首李天参在外招集惠州府、嘉应州、潮州府瑶人数千，船数十艘，打着清兵旗帜，由金洲、三洲两海口分道而入，欲援助高明城内义军，经激战而败。[⑥]

光绪初，湖南江华瑶的反抗活动遭镇压。[⑦]

光绪十五年（1889 年），粤北八排瑶反。连山军、火烧诸排瑶，与汉民发生冲突，清统治者党民欺瑶，派兵弹压。粤督张之洞檄南韶连道林贺同率兵二千余，先焚火烧排，继而深入瑶区，“剿抚兼施”，瑶首皮肉十等被俘而败。[⑧]

---

① （清）《清宣宗实录》，卷四七四，道光二十九年（1849 年）十一月丁未条。

② （清）《清文宗实录》，卷一，道光三十年（1856 年）正月戊申条。

③ （清）《清文宗实录》，卷九，道光三十年（1856 年）五月丁酉条。

④ ［英］呤唎著，王维周译：《太平天国革命亲历记》，北京，中华书局，1961。

⑤ （清）汪堃：《盾鼻随闻录》，见《太平天国》，第四册。

⑥ （清 宣统）《高要县志》，卷二五。

⑦ （民国）赵尔巽：《清史稿·列传二四六·苏元春传》，卷四五九。

⑧ （民国）《连山县志》，卷一。

四、瑶人反抗活动的原因

清代瑶人反抗活动不断，有着深刻的社会历史原因。主要是：

（1）清统治者的黩货掠夺与邀功受赏。据载："苗蛮"之地，

> 所产金帛异物颇多，不肖之人，苛求剥削；苟不遂所欲，辄以抗拒反叛，请兵征剿。在地方官则杀少报多，希冒军功。①
>
> 近见云南、贵州、广西、四川、湖广等处督、抚、提、镇各官，不惟不善加抚绥，更尔恣行苛虐，利其土产珍奇，货藏饶裕，辄图入己，悉索未遂，因之起衅，职为厉阶。……激成抗拒。……始黩货以生端，既邀功而逞志。②

可见，连康熙也承认，正是各级官吏层层刻剥与启衅，才迫使瑶人反抗。我们与康熙之间看法不同之处在于：正是包括封建皇帝在内的最高统治集团负有不可推卸的责任。

（2）汉族地主阶级的盘剥欺凌。对此前人多已见及。如：

> 华民……夺壤侵侮，官吏辄右奸民以朘瑶。积怨则变，昔今一辙。③
>
> 瑶性淳朴，……或偶然蠢动，非团总招主强夺其土地，污辱其妇女，奸民间诳之以利，迫以饥寒，怨怒积于中，必不敢也。④
>
> 汉奸往往潜入其（指永、桂各属土著瑶人）地，利其田产户业，并有盘踞其妻女者，以宝庆人为最多，使该瑶等居无恒业。一有潜煽之徒，安得不铤而走险。⑤
>
> 汉奸又以其可欺，盘剥欺凌，缔仇结怨。⑥

可见，正是汉族地主阶级对瑶民的土地兼并，使之贫困破产，加上其依仗封建

---

① （清）《清圣祖实录》，卷一二四，康熙二十五年（1686 年）二月庚子条。

② （清）《清圣祖实录》，卷一二四，康熙二十五年（1686 年）二月丁未条。

③ （清）魏源：《圣武记·道光湖粤平瑶记》。

④ （清）严如熤：《苗防备览·风俗下》，卷九。

⑤ （清）周存义：《平定瑶匪述略》。

⑥ 同⑤。

政权欺凌瑶人，使之“怨怒积于中”而反。

（3）瑶人本身的贫富分化。据《平瑶日记》载：

土瑶贫富不均，富者安居，贫者思乱。贼至新、常，附从甚众，即其明证。

换言之，正是瑶族内部的阶级压迫，使贫苦瑶民为求生存而反。

第五节　清代瑶族民族关系的新发展

清代瑶族的民族关系有了空前发展。

一、和睦共居

清代，瑶族与汉族及其他南方民族，大量存在犬牙相错的杂居格局。据载：

衡、永、郴、桂，杂处民瑶。①

永州……民瑶揉杂，冈岭回旋。②

江华半系瑶人，半系土著，亦有外来人入籍耕凿为业者。③

广西地接外夷，民、瑶杂处，颇不易治。④

这表明湘南、广西及全国各地瑶人，多与汉人“杂处”“揉杂”而无法加以分割开来。这也可说是瑶人与苗人等其他民族的不同居住特点，史称：

民瑶杂处之地过多，与苗疆情形稍异。⑤

① （清）张锡谦：《平瑶日记》，卷下。

② （清）周存义：《平定瑶匪述略》序。

③ （清）邓华邦：《江华县志·风上》，卷十。

④ （清）《清仁宗实录》，卷五二，嘉庆四年（1799年）九月乙酉条。

⑤ （清）张锡谦：《平瑶日记》。

除汉人外，瑶人还与其他少数民族杂居。在湖南，主要为苗人。如：

湖南界连黔、粤，苗、瑶杂处。①

在广西，主要为壮人。如：

广西地方瑶、僮杂处。②

粤西境处极边，……兼各州邑类皆瑶、僮杂居，种类繁多。③

（广西平乐府）瑶、僮杂居，盗不可诘。④

也有瑶、壮、苗三族共居者。广西宜北县，

昔乃苗、瑶、僮三族混居。⑤

这种杂居局面，造成了良好的社会效果。其一，彼此融洽，成鱼水关系。据载：广西白州，

山高谷深，林茂箐密，瑶、僮杂处于编氓之中。……方今天下晏安，四民乐业，沐浴治化、为日已久，瑶、俍之属与编氓卒伍，未始有分也。⑥

本县（凤山县）客人、土、苗、瑶杂处，以言语习惯风俗不同，界限划若鸿沟，往来交际甚少。适杂居已久，朝夕见面，变为相亲相爱。⑦

换言之，民族杂居，由于民族差别，起初难免有所隔阂。但随着长期朝夕相处，了解日增，感情弥笃，而形成“相亲相爱”“未始有分”的密切民族关系。

其二，与汉民“比屋”，便于按近较为先进的汉文化。据载：

---

① （清）《清圣祖实录》，卷一八九，康熙三十七年（1698 年）八月辛未条。

② （清）《清世宗实录》，卷二六，雍正二年（1724 年）十一月壬子条。

③ （清）《清高宗实录》，卷四七九，乾隆十九年（1755 年）十二月甲戌条。

④ （民国）赵尔巽：《清史稿·循吏传一·张克嶷传》，卷四七六。

⑤ （民国）李志：《宜北县志·社会·民族》，第二编。

⑥ （清 道光）任士谦：《博白县志·经政·兵防》，卷七，引康熙程志之序。

⑦ （民国）谢次颜：《凤山县志·社会·风俗》，第三编。

瑶依山而居。……其杂居民间者，居处多与民仝。[①]

其就居乡村之瑶，与汉民比屋，则服饰无或异。[②]

其与汉族比邻而居者，语言衣着，已渐与汉族同化，惟婚丧事，则仍保持其古习。[③]

这种杂居局面，是长期相向民族迁徙的结果。一是瑶人涌入汉区。据载：瑶民，

易于窜徙。按明景泰间瑶贼盘性子等作乱，听其余党据巢告抚，遂致滋蔓。[④]

汝城毗连江广，元明之际寇叠乘边山，户散田荒，几无人迹。弘治以还，江西万杨山、桶江峒等处僮瑶伺虚流入，渐蔓延于东南边境。[⑤]

换言之，瑶民往往向汉族势力相对薄弱的地区流动，随着土地的开发与人口的增长，而蔓延开去。也可见瑶人对开拓新区荒地起了不可磨灭的历史作用。

一是汉人流入瑶区。如：雍正元年（1723 年），

督粮道陶正中以恩、平、新诸邑荒地安插客民，客民从惠、湖、嘉诸郡挈家来迁，与诸瑶开垦，遂著籍焉。[⑥]

汉人为谋生计，则从人多田少之域流入瑶区，与瑶民并肩开发山区。

二、民族间通婚

长期以来，瑶人为保护本民族的内聚力，往往自相婚姻。但随着民族间往来增加，自清而后，民族间通婚现象显著增加。据载：

---

① （清）严如熤：《苗防备览·风俗下》。

② （民国）梁培煐、龙先钰：《贺县志·社会部·风俗》，卷二，引光绪旧志。

③ （民国）谢次颜：《凤山县志·人口》，第二编。

④ （清）顾国诰：《富川县志·瑶僮》。

⑤ （民国）陈必闻、宛方舟：《汝城县志·疆域·瑶峒》，卷三。

⑥ （民国）余丕成：《恩平县志·纪事一》，卷十三。

熟瑶与州民犬牙，或通婚姻。[①]

（瑶、汉）近相互为婚媾。[②]

熟瑶与汉民错处，或通婚姻。[③]

若夫婚姻。虽不能外娶汉人，间亦有嫁汉人者。是皆县之建置傍近瑶峒，瑶人时到县城观感之所致。[④]

显然，瑶族与他族通婚，是不可逆转的历史发展趋势，是一种进步的历史现象，有助于民族间的沟通与相互学习。

三、语言交流

瑶人除了保持本民族语言外，也说汉话，以利于民族间的往来。

（苟瑶）说汉话，亦另有瑶语。[⑤]

瑶人言语，稍与人通。[⑥]

至于瑶人，多能操汉语正音，且知入校求学，以与汉人为伍。[⑦]

不言而喻，那些与瑶人关系密切的汉人，主要指入瑶区居住与入瑶山经商的汉人，会瑶语者也不断增加，这是经济文化生活交流的必然结果。

四、习俗变化

随着汉文化影响的日益扩大与深入，瑶民的传统习俗也有所改变。据载：

---

① （清）舒启：《马平县志·瑶僮》，卷二。

② （清）郭树馨等：《兴宁县志·武备·抚瑶》，卷十。

③ （清）诸匡鼎：《瑶僮传》。

④ （民国）《龙山县志·人口》，第三编。

⑤ （清）周诚之：《龙胜厅志·风俗》。

⑥ （民国）黄占梅：《桂平县志·风俗》，卷三。

⑦ （民国）《龙山县志·人口》，第三编。

（富川六峒瑶）今亦有渐遵约束，风俗庶几一变矣。[①]

民瑶则与汉民杂处，服食婚嫁丧祭之礼，其间略有参同。[②]

瑶尚未尽变旧俗，第能食力服勤，……迩来亦渐知就学读书，熏陶渐染。[③]

苗瑶之族，衣冠习尚，其在于今犹有固守其旧者，然向学慕义之风，近廿余年渐有蒸蒸日上之势。[④]

总之，随着瑶民所受教育量的增加与质的提高，其习俗也相应地发生了变化。

五、同之“齐民”

在瑶人的经济文化发展水平赶上或接近汉人的基础上，清廷采取“同齐民一体编户输粮”的政策，使瑶人正式地直接地纳入封建统治的轨道中。据载：

其在新宁者居县属之大隆峒，言语服饰，渐与内地习染，同齐民一体编户输粮。妇人髻环衣饰，亦与民无异。[⑤]

瑶多住小玉山，然今亦无几，惟何、廖、韦、李、莫、覃、卢数姓，犹属其裔，所称“八甲”是也。其余多隶齐民，盖我国家声教四讫，海澨山陬，翕然归化。[⑥]

平地瑶，自本朝定鼎投诚向化，耕读是务，冠婚丧祭，悉遵王制，贡税一与汉同。[⑦]

乾隆十一年（1746年），以高要、德庆、四会、广宁瑶目谢守信子孙争

① （清）顾国诰：《富川县志·瑶僮》，卷十二。

② （清）张葆连：《新宁县志·疆里志》，卷三。

③ （民国）李树楠：《昭平县志·夷民部》，卷七。

④ （民国）黄志勋：《融县志·社会·民族》，第二编。

⑤ （清）傅恒：《皇清职贡图》，卷四，新宁县瑶人条。

⑥ （清）余瀚：《开建县志·风俗》，卷七。

⑦ （清）郭树馨等：《兴宁县志·疆域·瑶峒》，卷三。

袭，因此一律裁撤，而瑶民编入各村寨保甲。自是，瑶族遂与齐民浑合。[①]

查该府（指广西思恩府）事简民淳，所辖瑶、僮，与齐民无异。请删去苗疆字样。[②]

这些成了封建王朝的编户齐民的瑶人，逐渐与汉族融为一体。

六、“新民”与“新童”

“新民”之称，宋已有之，至清代始以法律形式固定下来并广泛使用。入籍的平地瑶，多改称“新民”。此事，尤以清雍正、乾隆年间为多。据载：

（桂阳县）平地瑶居城溪等峒，多系粤省亡命冒托，今称新民。[③]

我朝沛恩，招抚流亡窜入，号曰新民，即平地瑶也。[④]

清乾隆二十一年（1756 年），奉文瑶人改称新民。[⑤]

平地瑶自乾隆二十一年改称新民，与民杂处，仰沐抚绥作育深仁，凡耕读赋役丧祭服食居处，俱与民同。[⑥]

昔为新民杂处，久经同化，与土著良民不大相径庭矣。[⑦]

这些生产、生活、文化、习俗与汉人同的新民，后来成了汉族的组成部分。需要指出的是，这是长期历史发展与民族间交往的必然结果。虽然统治政策也起促进作用，但绝不是决定因素。把这一过程，归功于清王朝“抚绥作育深仁”的政策，显然是夸大了统治者的作用。

与“新民”的称谓相适应，瑶童入学则改称“新童”。如：

---

① （民国）张以诚等：《阳江县志》，卷三七。

② （清）《清高宗实录》，卷一一二一，乾隆四十五年（1781 年）十二月乙卯条。

③ （清）《清高宗实录》，卷一一二一，乾隆四十五年（1781 年）十二月乙卯条。

④ （清）郭树馨等：《兴宁县志·武备·抚瑶》，卷十。

⑤ （民国）曹家铭：《宜章县志·新民峒表》，卷三。

⑥ （民国）陈必闻、宛方舟：《汝城县志·社会习尚》，卷二一，引旧志。

⑦ （民国）陈必闻、宛方舟：《汝城县志·疆域·瑶峒》，卷三。

国朝雍正三年（1725 年），准永属瑶童岁科考试增取三名；十年（1732 年），改瑶童曰新童。[①]

总之，“新民”“新童”之称，带有区别对待之意，但无侮辱与歧视之义。清朝的“新童”之策，也有利于瑶区文化教育的发展。因而，都是值得肯定的。

七、汉变瑶与“杂瑶俗”

瑶、汉之间的影响是双向的。除了瑶变汉之外，也有汉人入瑶籍变为瑶人，即融合于瑶族之中的。如：乐安瑶二十二峒，即万历年间被征讨，

自后渐染民俗，生齿日繁，至有事读诵而列子衿者。然往往有奸民窜入瑶籍[②]。

又如：

近民人以瑶田利腴，瑶学易入，往往顶冒瑶版，联为族属。[③]

土著无赖复窜入寄籍，鼓煽规利。[④]

这些加入瑶版瑶籍的汉人，即“赝瑶”“假瑶”之属。

除瑶人接受汉文化外，也有汉人受瑶俗影响者。

宁远之为县，南北西三面皆有瑶人聚处，故间染瑶山旧习。[⑤]

居城市者，衣服言语皆华人，山谷间颇杂瑶俗。[⑥]

① （清）嵇有庆：《零陵县志·瑶俗》，卷五。

② （清）黄新菊等：《东安县志·外纪》，卷四。

③ （清）嵇有庆：《零陵县志·风俗·瑶峒》，卷五。

④ （民国）潘宝疆等：《钟山县志·瑶峒》，卷十六，引旧志。

⑤ （民国）李毓九：《宁远县志·风俗》，卷十八，又该籍卷十九，艺文志引清人汪辉祖文，也有相类记载。

⑥ （清）守忠：《沅陵县志》。

参考文献

［1］诗经 . 十三经注疏本 .

［2］尚书 . 十三经注疏本 .

［3］左传 . 十三经注疏本 .

［4］吕氏春秋 . 诸子集成本 .

［5］国语 . 上海古籍出版社点校本 .

［6］竹书纪年 . 上海古籍出版社辑证本 .

［7］大戴礼记 . 四部丛刊本 .

［8］逸周书 . 四部备要本 .

［9］山海经 . 上海古籍出版社校注本 .

［10］世本 . 商务印书馆世本八种本 .

［11］（汉）司马迁 . 史记 . 中华书局标点本 .

［12］（汉）班固 . 汉书 . 中华书局标点本 .

［13］（南朝宋）范晔 . 后汉书 . 中华书局标点本 .

［14］（晋）陈寿 . 三国志 . 中华书局标点本 .

［15］（唐）房玄龄等 . 晋书 . 中华书局标点本 .

［16］（南朝梁）沈约 . 宋书 . 中华书局标点本 .

［17］（南朝梁）萧子显 . 南齐书 . 中华书局标点本 .

［18］（唐）姚思廉等 . 梁书 . 中华书局标点本 .

［19］（唐）姚思廉等 . 陈书 . 中华书局标点本 .

［20］（北齐）魏收 . 魏书 . 中华书局标点本 .

［21］（唐）李百药 . 北齐书 . 中华书局标点本 .

［22］（唐）令狐德棻等 . 周书 . 中华书局标点本 .

［23］（唐）李延寿 . 南史 . 中华书局标点本 .

［24］（唐）李延寿 . 北史 . 中华书局标点本 .

［25］（唐）魏征等 . 隋书 . 中华书局标点本 .

［26］（后晋）刘昫等 . 旧唐书 . 中华书局标点本 .

[27]（宋）欧阳修．新唐书．中华书局标点本．
[28]（宋）薛居正．旧五代史．中华书局标点本．
[29]（宋）欧阳修．新五代史．中华书局标点本．
[30]（元）脱脱等．宋史．中华书局标点本．
[31]（明）宋濂等．元史．中华书局标点本．
[32]（清）张廷玉等．明史．中华书局标点本．
[33]（民国）赵尔巽等．清史稿．中华书局标点本．
[34]（宋）司马光．资治通鉴．中华书局标点本．
[35]（宋）李焘．续资治通鉴长编．上海古籍书店影印本．
[36]（唐）杜佑．通典．万有文库本．
[37]（宋）郑樵．通志．万有文库本．
[38]（元）马端临．文献通考．万有文库本．
[39]（清）乾隆敕撰．续文献通考．万有文库本．
[40]（清）乾隆敕撰．清朝文献通考．万有文库本．
[41] 明实录．台湾“中央研究院”历史语言研究所校印本．
[42] 清实录．中华书局影印本．
[43]（清）吴任臣．十国春秋．中华书局标点本．
[44]（汉）贾谊．新书．抱经堂丛书本．
[45]（汉）刘安．淮南子．诸子集成本．
[46]（汉）班固．东观汉记．丛书集成初编本．
[47]（汉）卫宏．汉旧仪．四部备要本．
[48]（汉）许慎．说文解字．中华书局影印本．
[49]（吴）沈莹．临海水土异物志．农业出版社辑校本．
[50]（晋）张华．博物志．中华书局校证本．
[51]（晋）干宝．搜神记．中华书局校证本．
[52]（晋）干宝．晋纪．丛书集成初编本．
[53]（晋）郭璞．玄中记．说郛本．
[54]（南朝宋）刘敬叔．异苑．津逮秘书本．
[55]（南朝宋）刘义庆．世说新语．诸子集成本．

[56]（南朝宋）盛弘之．荆州记．麓山精舍丛书本．

[57]（唐）李林甫等．大唐六典．日本近卫本．

[58]（唐）李吉甫．元和郡县志．中华书局点校本．

[59]（唐）李泰．括地志．中华书局辑校本．

[60]（唐）李绰．尚书故实．丛书集成初编本．

[61]（唐）林宝．元和姓纂．四库全书本．

[62]（唐）张鷟．朝野佥载．宝颜堂秘笈本．

[63]（唐）刘恂．岭表录异．武英殿聚珍版本．

[64]（清）彭定求．全唐诗．中华书局本．

[65]（唐）杜甫．杜少陵集．商务印书馆影印本．

[66]（唐）刘禹锡．刘宾客文集．四部备要本．

[67]（宋）佚名．宋大昭令集．中华书局校点本．

[68]（宋）李埴．皇宋十朝纲领．东方学会排印本．

[69]（宋）陈均．九朝编年备要．四库全书本．

[70]（元）佚名．两朝纲目备要．四库全书本．

[71]（宋）李心传．建炎以来系年要录．四库全书本．

[72]（宋）陆心源．宋史翼．十万卷楼刻本．

[73]（宋）杨仲良．通鉴长编纪事本末．光绪广雅书局本．

[74]（宋）曾公亮．武经总要前集．四库全书本．

[75]（宋）赵升．朝野类要．武英殿聚珍版本．

[76]（清）徐松．宋会要辑稿．中华书局影印本．

[77]（宋）李昉．太平御览．中华书局影印本．

[78]（宋）王钦若等．册府元龟．中华书局影印本．

[79]（宋）乐史．太平寰宇记．光绪八年金陵书局刊本．

[80]（宋）王象之．舆地纪胜．咸丰五年粤雅堂伍氏刊本．

[81]（宋）祝穆．方舆胜览．四部备要本．

[82]（宋）罗泌．路史．四部备要本．

[83]（宋）田渭．辰州风土记．麓山精舍辑本．

[84]（宋）田渭．靖州图经．麓山精舍辑本．

[85]（宋）马子严．岳阳甲志．麓山精舍辑本．
[86]（宋）郑伸．桂阳志．麓山精舍辑本．
[87]（宋）施宿．嘉泰会稽志．四库全书本．
[88]（宋）魏泰．东轩笔录．四库全书本．
[89]（宋）欧阳修．欧阳文忠公集．四库全书本．
[90]（宋）朱辅．溪蛮丛笑．学海类编本．
[91]（宋）袁燮．絜斋集．四库全书本．
[92]（宋）许应龙．东涧集．四库全书本．
[93]（宋）洪迈．容斋随笔．四库全书本．
[94]（宋）真德秀．真文忠公文集．四部丛刊本．
[95]（宋）陈傅良．止斋集．四库全书本．
[96]（宋）周必大．文忠集．四库全书本．
[97]（宋）刘挚．忠肃集．四库全书本．
[98]（宋）范成大．桂海虞衡志．四川民族出版社校注本．
[99]（宋）周去非．岭外代答．四库全书本．
[100]（宋）李曾伯．可斋杂稿．四库全书本．
[101]（宋）李昴英．文溪集．四库全书本．
[102]（宋）叶适．水心集．四库全书本．
[103]（宋）陈元晋．渔墅类稿．四库全书本．
[104]（宋）蔡戡．定斋集．四库全书本．
[105]（宋）朱熹．朱文公文集．四部丛刊本．
[106]（宋）曹彦约．昌谷集．四库全书本．
[107]（宋）陈师道．后山谈丛．宋元笔记丛书本．
[108]（宋）陆游．老学庵笔记．中华书局唐宋史料笔记丛刊本．
[109]（宋）刘宰．漫塘集．四库全书本．
[110]（宋）张淏．云谷杂记．四库全书本．
[111]（宋）吴潜．许国公奏议．清刊本．
[112]（宋）王令．广陵先生文集．嘉业堂校刻本．
[113]（宋）苏辙．栾城集．四部丛刊本．

[114]（宋）曾巩．元丰类稿．四库全书本．
[115]（宋）黄庭坚．豫章文集．四库全书本．
[116]（宋）刘克庄．后村先生大全集．四库全书本．
[117]（宋）薛季宣．浪语集．四库全书本．
[118]（宋）岳珂．金佗读编．四库全书本．
[119]（宋）杨万里．诚斋集．四库全书本．
[120]（宋）辛弃疾．稼轩诗文钞存．四库全书本．
[121]（宋）卫泾．后乐集．四库全书本．
[122]（宋）魏了翁．鹤山集．四库全书本．
[123]（宋）范仲淹．范文正公集．四库全书本．
[124]（宋）包拯．包孝肃奏议．四库全书本．
[125]（宋）晁补之．鸡肋集．四库全书本．
[126]（宋）方回．瀛凡奎律髓．四库全书本．
[127]（元）苏天爵．元文类．四库全书本．
[128]（元）无名氏．招捕总录．宛委别藏本．
[129]（元）札马刺丁等．元一统志．中华书局点校本．
[130]（元）黄缙．黄金华文集．四部丛刊初编本．
[131]（元）王逢．梧溪集．四库全书本．
[132]（元）虞集．道园学古录．四库全书本．
[133]（元）陆文圭．墙东类稿．四库全书本．
[134]（元）周致中．异域志．丛书集成初编本．
[135]（明）危素．危太朴文集．嘉业堂刻本．
[136]（明）解缙等．永乐大典．中华书局影印本．
[137]（清）夏燮．明通鉴．中华书局标点本．
[138]（明）李贤等．明一统志．明归仁斋杨氏刻本．
[139]（明）黄淮、杨士奇等．历代名臣奏议．明经厂本．
[140]（明）瞿九思．万历武功录．中华书局影印本．
[141]（清）顾炎武．天下郡国利病书．四部丛刊书．
[142]（明）查继佐．罪惟录．四部丛刊三编影印本．

[143]（明）王士性．广志绎．中华书局元明史料笔记丛刊本．

[144]（明）王守仁．王文成公全书．道光六年重刊本．

[145]（明）王济．君子堂日询手镜．纪录汇编本．

[146]（明）田汝成．炎徼纪闻．历代小史本．

[147]（明）魏浚．峤南琐记．丛书集成初编本．

[148]（明）王临亨．粤剑篇．丛书集成初编本．

[149]（明）邝露．赤雅．知不足斋丛书本．

[150]（明）徐宏祖．徐霞客游记．上海古籍出版社标点本．

[151]（明）陶晋英．楚书．学海类编本．

[152]（清）陈德华等．清一统志．四部丛刊续编本．

[153]（清）戴铃．户部则例．同治十三年刊本．

[154] 吏部处分则例．嘉庆二十五年刊本．

[155]（清）何朝彦等．学政全书．清嘉庆刊本．

[156]（清）蒋廷锡等．古今图书集成．中华书局影印本．

[157]（清）顾祖禹．读史方舆纪要．中华书局重印本．

[158]（清）傅恒．皇清职贡图．四库全书本．

[159]（清）毛奇龄．蛮司合志．西河合集本．

[160]（清）闵叙．粤述．龙威秘书本．

[161]（清）屈大均．广东新语．中华书局清代史料笔记丛刊本．

[162]（清）陆祚蕃．粤西偶记．丛书集成初编本．

[163]（清）李来章．连阳八排风土记．礼山园全集本．

[164]（清）吴震方．岭南杂记．说铃本．

[165]（清）汪森．粤西通载．四库全书本．

[166]（清）陆次云．峒溪纤志．问影楼舆地丛书本．

[167]（清）爱必达．黔南识略．道光二十七年刊本．

[168]（清）李调元．南越笔记．函海本．

[169]（清）李调元．粤风．函海本．

[170]（清）檀萃．说蛮．小方壶斋舆地丛钞本．

[171]（清）吴省兰．楚峒志略．艺海珠尘本．

［172］（清）严如熤．苗防备览．嘉庆二十五年刻本．
［173］（清）李宗昉．黔记．问影楼舆地丛书本．
［174］（清）张锡谦．平瑶日记．爱村堂藏稿本．
［175］（清）周存义．平瑶述略．道光十三年刻本．
［176］（清）佚名．平定瑶匪记略．中南民院馆藏油印本．
［177］（清）张祥河．粤西笔述．道光二十五年刊本．
［178］（清）姚柬之．连山绥瑶厅志．道光十七年刊本．
［179］（清）罗绕典．黔南职方纪略．道光二十七年罗氏家刻本．
［180］（清）魏源．圣武记．中华书局点校本．
［181］（清）张心泰．粤游小志．光绪庚子梦梅仙馆刊本．
［182］（清）陈徽言．南越游记．云南丛书初编本．
［183］（清）钮琇．觚剩续编．笔记小说大观本．
［184］（清）魏祝亭．两粤瑶俗记．小方壶斋舆地丛钞再补编本．
［185］（清）黄钧宰．金壶七墨．清代笔记丛刊本．
［186］（清）诸匡鼎．瑶僮传．小方壶斋舆地丛钞本．
［187］（清）桂馥．黔南苗蛮图说．光绪七年手绘本．
［188］（清）卞宝第等．光绪湖南通志．光绪二十一年刻本．
［189］（明）陆柬．隆庆宝庆府志．隆庆元年刻本．
［190］（清）黄宅中．道光宝庆府志．道光二十九年刻本．
［191］（清）黄文琛．光绪邵阳县志．光绪二年刻本．
［192］（清）盛镒源等．同治城步县志．民国十九年重印本．
［193］（清）黄维瓒．同治武冈州志．同治十二年刻本．
［194］（清）张葆连．光绪新宁县志．光绪十九年刻本．
［195］（清）玉山．同治常宁县志．同治九年古文局刻本．
［196］（清）唐荣邦．同治酃县志．同治十二年刻本．
［197］（清）吕恩湛等．道光永州府志．同治六年重校本．
［198］（清）嵇有庆．光绪零陵县志．光绪二年刻本．
［199］（清）黄新菊等．光绪东安县志．光绪二年刻本．
［200］（清）李镜蓉等．光绪道州志．光绪三年刻本．

[201]（清）曾钰．嘉庆宁远县志．嘉庆十六年刻本．
[202]（民国）李毓九．民国宁远县志．民国三十一年石印本．
[203]（清）万发元．光绪永明县志．光绪三十三年刻本．
[204]（清）邓华邦．同治江华县志．同治九年刻本．
[205]（清）汪敦灏．同治桂阳直隶州志．同治七年刻本．
[206]（民国）邓以权等．民国蓝山县图志．民国二十一年刻本．
[207]（明）胡汉．万历郴州志．万历四年刻本．
[208]（清）朱偓．嘉庆郴州总志．嘉庆二十五年刻本．
[209]（清）吕凤藻．光绪永兴县志．光绪九年刊本．
[210]（民国）曹家铭．国宜章县志．民国三十年铅印本．
[211]（清）郭树馨等．光绪兴宁县志．光绪元年刻本．
[212]（民国）陈必闻等．民国汝城县志．民国二十一年刻本．
[213]（清）徐会云等．道光辰溪县志．道光元年刻本．
[214]（清）齐德五．同治溆浦县志．同治十二年刻本．
[215]（清）守忠．同治沅陵县志．同治十二年刻本．
[216]（清）吴起风．光绪靖州直隶州志．光绪五年刻本．
[217]（清）金蓉镜．光绪靖州乡土志．光绪三十四年刻本．
[218]（清）姚念杨．同治益阳县志．同治十二年刻本．
[219]（清）吴绳祖．嘉庆九疑山志．嘉庆六年刻本．
[220]（清）谢启昆．嘉庆广西通志．光绪十七年桂垣书局补刻本．
[221]（清）蔡呈韶．嘉庆临桂县志．光绪六年补刻本．
[222]（清）吴敬．光绪临桂县志．光绪三十一年重刻本．
[223]（民国）张岳灵等．民国阳朔县志．民国三十二年石印本．
[224]（清）谢沄．道光义宁县志．道光元年刻本．
[225]（清）周诚之．道光龙胜厅志．道光二十六年刻本．
[226]（民国）黄昆山．民国全县志．民国三十一年铅印本．
[227]（民国）江碧秋．民国罗城县志．民国二十四年铅印本．
[228]（清）舒启．乾隆马平县志．光绪二十一年刻本．
[229]（民国）覃卓吾等．民国三江县志．民国三十五年铅印本．

[230]（民国）黄志勋．民国融县志．民国二十五年铅印本．

[231]（清）李世椿．同治象州志．同治九年刻本．

[232]（清）林光棣．道光天河县志．道光六年抄本．

[233]（民国）梁杓．民国思恩县志．民国二十四年铅印本．

[234]（民国）黎祥品等．民国迁江县志．民国二十四年铅印本．

[235]（清）陈如金．光绪百色厅志．光绪十七年刻本．

[236]（民国）蒙启光．民国凌云县志．民国三十一年石印本．

[237]（清）陶壿．光绪恭城县志．光绪十五年刻本．

[238]（清）顾国诰等．光绪富川县志．光绪十六年刻本．

[239]（民国）韦冠英．民国贺县志．民国二十三年铅印本．

[240]（民国）罗春芳．民国信都县志．民国二十五年铅印本．

[241]（民国）李树楠．民国昭平县志．民国二十三年铅印本．

[242]（清）吴九龄．乾隆梧州府志．同治十二年刻本．

[243]（清）边其晋．同治藤县志．光绪三十四年铅印本．

[244]（清）冯德材．光绪郁林州志．光绪二十年刻本．

[245]（清）任士谦．道光博白县志．道光十二年刻本．

[246]（清）徐作梅等．光绪北流县志．光绪六年刻本．

[247]（清）苏勒通阿．嘉庆兴业县志．台湾成文出版社影印抄本．

[248]（清）魏笃．同治浔州府志．1963 年南宁油印本．

[249]（民国）郑湘畴．民国平南县志．民国二十九年铅印本．

[250]（民国）欧仰义．民国贵县志．民国二十三年铅印本．

[251]（民国）朱昌奎．民国武宣县志．民国二十三年铅印本．

[252]（民国）谢祖萃．民国邕宁县志．民国二十六年铅印本．

[253]（民国）刘振西．民国隆安县志．民国二十三年铅印本．

[254]（民国）吴龙辉．民国崇善县志．民国二十六年抄本．

[255]（民国）曾瓶山等．民国同正县志．民国二十二年铅印本．

[256]（清）羊复礼．光绪镇安府志．光绪十八年刻本．

[257]（民国）潘宝疆等．民国钟山县志．民国二十二年铅印本．

[258]（民国）吴国经等．民国榴江县志．民国二十六年铅印本．

[259]（民国）李志．民国宜北县志．民国二十六年铅印本．

[260]（民国）叶鸣平等．民国田西县志．民国二十七年铅印本．

[261]（清）全文炳．光绪平乐县志．光绪十年刻本．

[262]（民国）蒋庚蕃．民国平乐县志．民国二十六年铅印本．

[263]（民国）谢次颜．民国凤山县志．民国三十五年油印本．

[264]（民国）李文雄．民国龙津县志．民国三十五年油印本．

[265]（民国）黄占梅等．民国桂平县志．民国九年铅印本．

[266]（清）苏忠廷．光绪荔波县志．光绪元年本．

[267]（明）黄佐．嘉靖广东通志．嘉靖四十三年刻本．

[268]（清）金光祖．康熙广东通志．康熙三十六年刻本．

[269]（清）郝玉麟．雍正广东通志．雍正九年刻本．

[270]（清）阮元．道光广东通志．上海商务印书馆影印本．

[271]（清）戴肇辰．光绪广州府志．光绪五年刻本．

[272]（清）彭人杰等．嘉庆东莞县志．嘉庆三年刻本．

[273]（民国）陈伯陶等．民国东莞县志．民国十六年铅印本．

[274]（清）赵俊等．嘉庆增城县志．嘉庆二十五年刻本．

[275]（清）王思章．宣统增城县志．民国十年刻本．

[276]（清）田明曜．光绪香山县志．光绪五年刻本．

[277]（清）林星章．光绪新会县志．道光二十一年刻本．

[278]（清）何福海等．光绪新宁县志．光绪十九年刻本．

[279]（民国）吴凤声等．民国清远县志．民国二十六年刻本．

[280]（清）屠英．道光肇庆府志．光绪二年重刻本．

[281]（清）刘德桓．光绪四会县志．光绪二十二年刻本．

[282]（清）刘芳．乾隆新兴县志．乾隆二十三年刻本．

[283]（清）徐香祖．道光鹤山县志．道光十六年刻本．

[284]（清）杨文骏．光绪德庆州志．光绪二十五年刻本．

[285]（清）余瀚．道光开建县志．抄本．

[286]（民国）周学仕．民国罗定县志．民国二十四年铅印本．

[287]（民国）何天瑞．民国西宁县志．民国二十六年铅印本．

［288］（清）汪兆柯 . 道光乐安县志 . 道光四年刻本 .
［289］（清）林述训 . 同治韶州府志 . 同治二年刻本 .
［290］（清）裘秉钫 . 康熙乳源县志 . 康熙二年刻本 .
［291］（民国）刘远铎 . 民国乐昌县志 . 民国二十三年铅印本 .
［292］（清）黄培嵘 . 道光英德县志 . 道光二十三年刻本 .
［293］（清）袁永锡 . 同治连州志 . 同治十年刻本 .
［294］（民国）凌锡华 . 民国连山县志 . 民国十七年铅印本 .
［295］（清）刘溎年 . 光绪惠州府志 . 光绪七年刻本 .
［296］（清）于卜熊 . 乾隆海丰县志 . 乾隆十五年刻本 .
［297］（清）惠登甲 . 光绪饶平县志 . 光绪九年刻本 .
［298］（清）吴宗焯 . 光绪嘉应州志 . 光绪二十四年刻本 .
［299］（清）侯坤元 . 道光长乐县志 . 道光二十五年刻本 .
［300］（清）韩际飞 . 道光高要县志 . 道光六年刻本 .
［301］（民国）马呈图等 . 宣统高要县志 . 民国二十七年铅印本 .
［302］（清）杨霁 . 光绪高州府志 . 光绪十五年刻本 .
［303］（清）章鸿 . 道光电白县志 . 道光六年刻本 .
［304］（清）陆向荣 . 道光阳春县志 . 道光元年刻本 .
［305］（清）李沄 . 道光阳江县志 . 道光二年刻本 .
［306］（清）彭贻孙 . 光绪化州志 . 光绪十四年重修本 .
［307］（民国）张以诚等 . 光绪阳江县志 . 民国二十二年刻本 .
［308］（民国）余丕成 . 民国恩平县志 . 民国二十三年铅印本 .
［309］（清）雷学海 . 嘉庆雷州府志 . 嘉庆十六年刻本 .
［310］（民国）周赞元 . 民国怀集县志 . 民国五年铅印本 .
［311］（清）陈友珊 . 光绪浮山志 . 光绪七年刻本 .
［312］（清）鄂尔泰 . 乾隆贵州通志 . 乾隆六年刊本 .
［313］（清）桂馥 . 黔南苗蛮图论 . 光绪七年手绘本 .
［314］（清）佚名 . 黔苗图说 . 北京民族研究所馆藏本 .
［315］（清）汤大宝 . 乾隆开化府志 . 乾隆二十四年刻本 .
［316］（清）李熙龄 . 道光广南府志 . 道光二十八年刻本 .

［317］（民国）佚名 . 民国墨江县志稿 . 民国间抄本 .

［318］(清) 徐学谟 . 万历湖广总志 . 万历十九年刻本 .

［319］(清) 陈锷 . 乾隆湖北襄阳府志 . 乾隆二十五年刻本 .

［320］(清) 廖鼎璋 . 光绪崇义县志 . 光绪二十一年刻本 .

［321］刘耀荃编，练铭志校补 .《明实录》广东少数民族资料摘编 . 广州 ：广东人民出版社，1988.

［322］广西壮族自治区民族研究所编 .《明实录》广西史料摘录 . 南宁 ：广西人民出版社，1990.

［323］广西壮族自治区通志馆图书馆编 .《清实录》广西资料辑录 . 南宁 ：广西人民出版社，1988.

［324］黄朝中、刘耀荃主编，李默校 . 广东瑶族历史资料 . 南宁 ：广西民族出版社，1987.

中国南方民族史志要籍题解

中國南方民族史志要籍題解

张舜徽 题签

目　录

前　言

目前流行的中国历史要籍介绍一类的书籍，均较少涉及有关中国南方民族史志的册籍；间有涉及，也并非从民族学的角度加以论述。故编辑此书，以供广大读者使用。

此书着重介绍历代有关杂史、笔记、地理等类需要参考的书籍，因为其中保留有十分丰富的关于南方民族史志的材料，且较为分散和为人所不太了解。至于虽属重要但为人们所熟知的有关正史、类书及地理等著述，则一般从略，不再赘述。

本书既可供民族研究工作者查检，也可作一般读者学习民族史志知识入门之用。

在某些条目的撰写中，参考了有关研究者的成果，谨致谢忱。

《世本》

关于《世本》的作者与成书时代，历来说法不一。主要记载有：

刘向《别录》：“《世本》，古史官明于古事者之所记也。录黄帝以来帝王诸侯及卿大夫系谥名号，凡十五篇也。”①

班固《汉书·艺文志》：“《世本》，十五篇。古史官记黄帝以来迄春秋时诸侯大夫。”

颜之推《颜氏家训·书证》引《帝王世纪》说：“《世本》，左丘明所书，而有燕王喜、汉高祖，由后人所羼，非本文也。”

可见，《世本》应为先秦史官所作；所记止于春秋，秦、汉间事为后之好事者续补。

需加说明的是，《史记》《汉书》注所引《系本》《代本》，即《世本》，这是唐人避唐太宗讳而改。

《世本》的古本有：刘向校的《世本》为两卷，东汉初宋均注的《帝谱世本》为七卷，三国魏人宋衷注的《世本》为四卷。至宋代，均已散失。

清人所辑的为今本。1957年商务印书馆出版《世本八种》，收入清人王谟、孙冯翼、陈其荣、秦嘉谟、张澍、雷学淇、茆泮林、王梓材诸本。此书使用称便：诸本集在一起，便于比较研究；诸本引文，经逐条核对，并改正了舛误之处。

在这八种辑本中，引书之谨严，以茆泮林本为上，雷学淇本次之。秦嘉谟本虽称完备，但往往把非《世本》原文收入，失之于滥。王梓材本意在创作，未刊正文。张澍本多以意改引文，故价值较低。②

此书主要内容：记述帝王诸侯及卿大夫世系，兼及其居处、制作及谥法等。今本所辑的篇目，多寡不一，排列次序也不尽相同。大致有：《帝系篇》，记黄帝、少皞、颛顼、帝喾、帝尧、帝舜、夏、殷、周等世系；《王侯谱》，记鲁、齐、晋、秦、楚、宋、卫、陈、蔡、曹、郑、燕、吴、杞、滕、韩、赵、魏、莒、郳等国世系；《大夫

① 引自（汉）司马迁：《史记·集解序》，索隐。

② 参见（汉）宋衷注、（清）秦嘉谟等辑：《世本八种》，“出版说明”，北京，商务印书馆，1957。

谱》，记诸侯国之大夫，如鲁国之叔孙氏、季孙氏、仲孙氏等世系；《姓氏篇》，记姜姓、姬姓、子姓及巴氏、罗氏等众多姓与氏；《居篇》，记帝、王、侯居地；《作篇》，记农、工、商、交通、礼乐、兵、刑、衣、食、文化艺术等之发明创造；《谥法篇》等。

此书是先秦重要史籍之一，对后世产生了深远影响。其表现为：第一，它突破了古史记事记言的旧规，采用分专题记述的新体例。《史记》就是在仿效《世本》的基础上创立纪传体的。第二，《史记》大量采摭了《世本》资料，如《汉书·司马迁传》载："司马迁据左氏《国语》，采《世本》"，《后汉书·班彪传》载："司马迁删据《世本》等书作《史记》"。又，两汉学者如班固、刘向、王充、郑玄等人，后世著作如《国语》韦昭注、《左传》杜预注、《史记》索隐与正义等书，均广为征引《世本》。

《世本》记述了先秦时期众多的民族与丰富多彩的神话传说，是研究中国民族史志极为珍贵的资料。如：

> 巴郡南郡蛮，本有五姓：巴氏，樊氏，瞫氏，相氏，郑氏。皆出于武落钟离山。其山有赤黑二穴，巴氏之子生于赤穴，四姓之子皆生黑穴。未有君长，俱事鬼神，乃共掷剑于石穴，约能中者，奉以为君。巴氏子务相乃独中之，众皆叹。又令各乘土船，约能浮者，当以为君。余姓悉沉，唯务相独浮。因共立之，是为廪君。乃乘土船，从夷水至盐阳。盐水有神女，谓廪君曰："此地广大，鱼盐所出，愿留共居。"廪君不许。盐神暮辄来取宿，旦即化为虫，与诸虫群飞，掩蔽日光，天地晦冥。积十余日，廪君伺其便，因射杀之，天乃开明。廪君于是君乎夷城，四姓皆臣之。

这段记载被范晔收入《后汉书·南蛮西南夷列传》中，并为《后汉书》注、《北堂书钞》《太平御览》《太平寰宇记》诸籍所广泛称引。它是研究巴人的起源、迁徙及早期历史与社会面貌的最重要史料。

"廪君之先，故出巫诞。"[①]"诞"即"蜑"，《太平寰宇记》引作"巫蜑"。这是蜑人见诸史籍的最早材料。其价值在于：第一，关于峡中蜑人的记载，大量出现在南

① 引自（南朝宋）范晔：《后汉书·南蛮西南夷列传》注。

朝时期，而巫蜑的记载，则使蜑人的历史大为提前。第二，廪君源于巫蜑之说，有助于蜑人起源的研究。

“越，为芈姓，与楚同祖。”[①]越、楚同姓、同祖说，尚难判定，但这条材料的价值在于证明了越、楚关系的密切。

此外，关于楚、蜀等历史的记载，均颇有价值。

① 引自（汉）班固：《汉书·地理志下》臣瓒曰。

《山海经》

《山海经》十八卷。今本，是据西汉刘秀（歆）校书时所定。关于本书作者，刘秀《上〈山海经〉表》中称伯益所作：唐虞之际，“禹别九州，任土作贡；而益等类物善恶，著《山海经》”。后世流行此说，但不可信。据《四库全书总目提要》考订：“观书中载夏后启、周文王及秦汉长沙、象郡、余暨、下嶲诸地名，断不作于三代以上，殆周、秦间人所述，而后来好异者又附益之欤。”此说有据。换言之，此书应为周、秦之间的人所作，非出于一时也非出于一人之手。

古来为《山海经》作注者，有晋郭璞，明王崇庆，清吴任臣、汪绂、毕沅、郝懿行诸家。《四部丛刊》用郭璞注本，《四部备要》则用郝懿行注本。1980年上海古籍出版社出版袁珂《山海经校注》，博引诸注，并加以考释，堪称好本。

《山海经》分《山经》五卷和《海经》十三卷两大门类。其中，《山经》有《南山经》《西山经》《北山经》《东山经》《中山经》；《海经》有《海外南经》《海外西经》《海外北经》《海外东经》《海内南经》《海内西经》《海内北经》《海内东经》《大荒东经》《大荒南经》《大荒西经》《大荒北经》《海内经》。

书名《山海经》的“经”，是“经历”的“经”，意为山、海之所经，而不包含“经典”的含义。全书共三万一千多字，记载了约一百个邦国、五百五十座山、三百条水道；并叙述了这些邦国和山、水地区的风土人情、物产、神话传说中人物的活动与世系。概言之，此书内容包括古代地理、历史、神话、民族、宗教和自然科学诸方面，是研究我国远古社会的重要文献。因为此书内容包罗万象，故历来归类不一。其中主要分法有二：一为因其叙述山水，而列为“地理书之冠”；二为因其所记多参以神怪，又称之为“小说之最古者尔”（《四库全书总目提要》）。

《山海经》素称奇书。因其中所载神话怪异为人们所不理解而被斥为不经之说。就连我国古代最著名的历史学家司马迁也说：“至《禹本纪》《山海经》所有怪物，余不敢言也。”（《史记·大宛传》）其实，在这些似乎荒诞的神话传说中，包含有十分丰富的反映原始民族的原始材料，见下文例。

三苗。《海外南经》：“三苗国在赤水东，其为人相随。一曰三毛国。”《海内经》：“有人曰苗民。有神焉，人首蛇身，长如辕，左右有首，衣紫衣，冠旃冠，名日延维，人主得而飨用之，伯天下。”这是有关当时南方强大民族——三苗的珍贵记载。

凿齿。《海外南经》：“羿与凿齿战于寿华之野，羿射杀之。在昆仑虚东。羿持弓矢，凿齿持盾。”《大荒南经》：“有人曰凿齿，羿杀之。”所谓“凿齿”，高诱在《淮南子·坠形》中注说：“吐一齿出口下，长三尺云。”郭璞则释为：“凿齿亦人也，齿如凿，长五六尺，因以名云。”纯属穿凿附会之说。其实，凿齿，又称打牙，即敲掉某一部位的牙齿若干枚，在我国一些南方民族中长期流传此习。上述记载，反映了古代南方民族的一支——凿齿之民的势力曾一度极为强大的历史事实。

女子国。《海外西经》：“女子国在巫咸北，两女子居，水周之。一曰居一门中。”《大荒西经》也有“女子之国”的说法。其实，“女子国”应即母系制社会的曲折反映，后人却附会为其国“纯女无男”。这从南方一些民族中曾有过相当浓厚的母权制遗风中，可以得到说明。

黑齿国。《海外东经》：“黑齿国在其北，为人黑，食稻啖蛇，一赤一青，在其旁。”《大荒东经》：“有黑齿之国。帝俊生黑齿，姜姓，黍食，使四鸟。”所谓“黑齿”，后世史书释为“以草染齿，染白作黑”是正确的，此俗在南方民族地区中也有遗习。

雕题国。《海内南经》：“伯虑国、离耳国、雕题国、北朐国皆在郁水南。郁水出湘陵南海。”雕题即绣面或文面，此俗在黎族、高山族及西南某些民族中均有。

崇犬。《海内北经》：“犬封国曰犬戎国，状如犬。有一女子，方跪进柸食。”《大荒北经》：“大荒之中，有山名曰融父山，顺水入焉。有人名曰犬戎。黄帝生苗龙，苗龙生融吾，融吾生弄明，弄明生白犬，白犬有牝牡，是为犬戎，肉食。”“犬封国”，指以狗为图腾崇拜的原始民族。历史上，我国东、南、西、北各地民族中都曾有过以犬为图腾者。在南方民族中，则体现为《后汉书·南蛮西南夷列传》中所记载的“盘瓠”传说。

崇蛇。《大荒南经》：“南海渚中，有神，人面，珥两青蛇，践两赤蛇，曰不廷胡余。”像这类以蛇为饰或人面蛇身的记载，此书中多有。古代越人以蛇为图腾，其后裔的一支——蜑人也供蛇为神，与这些记载相类似。

女娲。《大荒西经》：“有神十人，名曰女娲之肠，化为神，处栗广之野，横道而处。”女娲始祖说，一直在南方不少民族中广为流行。

巴人来源。《海内经》："西南有巴国。大皞生咸鸟，咸鸟生乘釐，乘釐生后照，后照是始为巴人。"关于这段巴人世系说，未见他书，可备一说。

总之，人们不仅可从《山海经》中吸取不少有益材料；反过来，民族学的材料，又可证实《山海经》是言之有据的。把《山海经》称之为一部极有价值的古代民族学著作，是不过分的。需要指出的是，《山海经》中的丰富内容，还有待广大民族研究工作者用科学的方法进一步加以研究和阐发。

《越绝书》

《越绝书》十五卷。收入《古今逸史》《汉魏丛书》《小万卷楼丛书》《龙谿精舍丛书》《四部丛刊》《四部备要》《丛书集成初编》等丛书。1956 年商务印书馆版《越绝书》校注本，使用称便。

关于此书作者，著家说法不一。《隋书·经籍志二》题为“子贡撰”，有误。据《四库全书总目提要》考订，应为东汉会稽郡（治今浙江绍兴）袁康撰、吴平属定。它写道：“书中称勾践徙琅琊，到建武二十八年（52 年），凡五百六十七年，则后汉初人也。书末《叙外传说》以庾词隐其姓名。其云以去为姓，得衣乃成，是袁字也，厥名有米，覆之以庚，是康字也。禹来东征，死葬其疆，是会稽人也。又云文词属定，自于邦贤。以口为姓，承之以天，是吴字也，楚相屈原，与之同姓，是平字也。然则此书为会稽袁康所作，同郡吴平所定也。”作者生平无考。

“越绝”命名的来由：首篇《外传本事》写道：“越者，国之氏也。绝者，绝也，谓勾践时也。”据清人俞樾解释，《春秋》绝命于获麟之绝，作者意在记吴、越之事以续补《春秋》，而更着意于越，故名“越绝”。

此书卷名：第一卷《越绝外传本事》（序）、《越绝荆平王内传》；第二卷《越绝外传记吴地传》；第三卷《越绝吴人内传》；第四卷《越绝计倪内经》；第五卷《越绝请籴内传》；第六卷《越绝外传纪策考》；第七卷《越绝外传计范伯》《越绝内传陈成恒》；第八卷《越绝外传记越地传》；第九卷《越绝外传计倪》；第十卷《越绝外传记吴王占梦》；第十一卷《越绝外传记宝剑》；第十二卷《越绝内经九术》《越绝外传记军气》；第十三卷《越绝外传枕中》；第十四卷《越绝外传春申君》《越绝德序外传记》；第十五卷《越绝篇叙外传记》。其中有四卷内分两篇，故共计十五卷十九篇。从篇名看，有《内经》《内传》《外传》之分，并无定例。首篇为序，说明编著大意，末篇为跋，带有史书作者自叙性质。中间十七篇，记述春秋时吴、越两国史事。

此书与《吴越春秋》相并列，但文章博奥伟丽则过之。书中保留的大量吴、越史料，可以和《左传》《国语》《史记》诸书彼此参证，互为补充。

百越系统民族是南方民族的重要组成部分，而越国则为百越系统的于越人所建立，故《越绝书》对研究南方民族史颇有参考作用。

此书记述了越世系。《外传记越地传》载："越王夫镡以上至无余，久远，世不可纪也。夫镡子允常。允常子勾践，大霸称王，徙琅琊都也。勾践子与夷时霸。与夷子子翁时霸。不扬子无强时霸，伐楚，楚王灭无强。无强子之侯，窃自立为君长。之侯子尊时君长。尊子亲失众，楚伐之，走南山。亲以上至勾践，凡八君，都琅琊，二百二十四岁。无强以上霸，称王，之侯以下微弱，称君长。"这与《史记》所载越世系不完全相同，可以参见。

记越习性。据《外传记地传》载："勾践喟然叹曰，夫越性脆而愚，水行而山处，以船为车，以楫为马，往若飘风，去则难从，锐兵任死，越之常性也。"这段关于越人习性的准确描述，一直为人们所称引。

记秦徙越民。《外传记吴地传》："乌程、余杭、黝、歙、无湖、石城县以南，皆故大越徙民也，秦始皇帝刻石徙之。"《外传记越地传》："是时，徙大越民置余杭、伊攻□故障。"这些仅见的秦徙越民的材料，对研究越后裔的分布变迁，颇具史料价值。

记越鸟田。《外传记越地传》载：无余时，"大越海滨之民，独以鸟田，小大有差，进退有行，莫将自使"。关于"鸟田"之释，目前尚无定论，应为越人独特的原始耕作方法，则属无疑。

记越官。《外传记越地传》："朱余者，越盐官也。越人谓盐曰余。"这条用越语记越官的罕见材料，不仅有助于对越官制的研究，更为越人使用倒装句提供了宝贵的例证。

记越俗。书中反复出现的关于"神巫""巫葬""巫里""巫山"的记载，为越俗信巫之说提供了有力佐证。

记木客。《外传记越地传》："木客大冢者，勾践父允常冢也，初徙琅琊，使楼船卒二千八百人，伐松柏以为桴，故曰木客，去县十五里。一曰勾践伐善材，文刻献于吴，故曰木客。"在后世的著作中，也有不少记述山伐为业的"木客"，像这种南方古代民族，还有待探索。

从上述诸例中，可见此书对研究古代越人社会历史的价值。

《吴越春秋》

《吴越春秋》十卷，汉赵晔撰。《古今逸史》《汉魏丛书》《秘书二十一种》《四部丛刊》《四部备要》《丛书集成初编》等丛书均收有此书。元徐天祐曾作注，考订书中一些记事失实之处，可资参考。

关于《吴越春秋》的版本。此书首载于《隋书·经籍志》与《唐书·经籍志》，皆云十二卷。而今本只有十卷。据徐天祐考订；《史记》注、《文选》注、《吴地记》及《水经注》所引《吴越春秋》，有的内容已不见于今本，故今本“殆非全书”（见《吴越春秋》序）。又，《汉魏丛书》所收本书，合十卷为六卷，也有失本意，不可取。

赵晔生平事迹，见《后汉书·儒林列传》。其中写道：“赵晔字长君，会稽山阴（今浙江绍兴）人也。少尝为县吏，奉檄迎督邮，晔耻于厮役，遂弃车马去。到犍为资中，诣杜抚受《韩诗》，究竟其术。积二十年，绝问不还，家为发丧制服。晔卒乃归。州召补从事，不就。举有道。卒于家。”约为东汉明帝、章帝期间人。著有《吴越春秋》《韩诗谱》《诗细历神渊》《诗道微》。今只存《吴越春秋》一种。

此书目次：卷一《吴太伯传》；卷二《吴王寿梦传》；卷三《王僚使公子光传》；卷四《阖闾内传》；卷五《夫差内传》；卷六《越王无余外传》；卷七《勾践入臣外传》；卷八《勾践归国外传》；卷九《勾践阴谋外传》；卷十《勾践伐吴外传》。

此书体例，“自是汉晋间稗官杂记之体”，属于“小说家言”（见《四库全书总目提要》）。主要内容为记载春秋末年吴越两国争霸的历史。

此书内容大抵本之《左传》《国语》《史记》诸书，而附益以传闻而成。其史料价值逊于《越绝书》，甚有把传说当作信史之误。但由于作者所处的时代离春秋时期尚近，又是故越地山阴人，故其记述吴、越二国事较他书为详，这是这本书的史料价值所在。

因为吴、越均为古代南方“蛮夷”之国，故此书对南方民族史的研究也有其参考价值。比如：

记述吴地的“蛮夷”之俗。据《吴太伯传》载：太伯、仲雍二人，“遂之荆蛮，断发文身，为夷狄之服，示不可用”。《吴王寿梦传》载：寿梦“朝周适楚观诸侯礼乐，鲁成公会于钟离，深问周公礼乐，成公悉为陈前王之礼乐，因为咏歌三代之风。寿梦曰，孤在夷蛮，徒以椎髻为俗，岂有斯之服哉”。说明吴人也行“断发文身”“椎髻”及“夷狄之服”。

记越史实。此书关于越世系、越鸟田之利、越山行水处之习性、木客等内容，也与《越绝书》一样有所记载，但其中有些内容却不尽相同。如，关于越世系，《越王元余外传》写道：禹“封其庶子于越，号曰无余，余始受封”，传十余世，“自后稍有君臣之义，号曰无壬。壬生无皞，皞专心守国，不失上天之命。无皞卒，或为夫谭。夫谭生元常（元当作允），常立当吴王寿梦、诸樊、阖闾之时，越之兴霸自元常矣”。关于木客，《勾践阴谋外传》写道：勾践献木材给吴王起宫室，“乃使木工千余人，入山伐木一年，师无所幸，作士思归，皆有怨望之心，而歌木客之歌”。可见，此书记越事，虽多取自《越绝书》，但也有差异，可供互证和补充之用。

《异物志》

《异物志》一卷，汉杨孚撰。原书已佚，清道光年间曾钊有辑本，收入《岭南遗书》《丛书集成初编》中。主要辑自《艺文类聚》《初学记》《太平御览》《太平寰宇记》《太平广记》《文选》注、《后汉书》注等籍。

关于此书的流传与称谓。据曾钊识："《隋书·经籍志》：'《异物志》一卷后汉议郎杨孚撰，《交州异物志》一卷杨孚撰。'新、旧《唐书》志：'《交州异物志》一卷。'宋以后史志不著录，殆亡于宋时欤？"又，《水经注》引杨氏《南裔异物志》，《艺文类聚》引杨孚《交趾异物志》，而《太平御览》也以"南裔"作"交趾"。总而言之，《异物志》，又名《交州异物志》《交趾异物志》《南裔异物志》，宋以后已散佚。

杨孚，字孝元，南海（今广州）人。章帝时议郎。和帝初，曾上奏毋轻用兵匈奴，和帝永元十二年（100 年）荒旱，曾廷议政令得失。著《异物志》。[①]

《异物志》成书原因，据黄佐《广州先贤传》称：时南海属交趾部，刺史夏则巡行封部，冬则还天府奏表，举刺不法，共后竞事珍献。孚乃枚举物性灵悟，指为异品或为韵语，使士民识之，遂著《南裔异物志》。曾钊称："粤人著作见于史志，以议郎为始。"

此书是我国古人写地志以"异物志"为书名的创始。书的内容记述岭南地区的物产和人民。其中所载关于儋耳夷、穿胸人、西屠人、狼牖国、瓮人、雕题国、乌浒、合浦民等传说，对研究原始民族颇具史料价值。比如，其中载："儋耳，南方夷，生则镂其颊皮连耳匡，分为数支，状如鸡肠，累累下垂至肩。""雕题国，画其面皮，身刻其肌而青之。或若锦衣，或若鱼鳞。"这反映了古代越人及其后裔的文身习俗及其形状、方法。又如："穿胸人，其衣则缝布二尺，幅合两头，开中央，以头贯穿，胸不突穿。"这既反映了某些南方民族穿"贯头衣"的习俗，又确切地解释了"穿胸人"的含义。再如："西屠国，在海水。以草漆齿，用白作黑，一染

① 参见（清）阮元修、陈昌齐等纂：《广东通志·列传一》。

则历年不复变，一号黑齿。”这反映了南方某些民族的染齿习俗，而这一习俗大概又与最早的凿齿习俗有关。

需要指出的是，人们往往把东汉杨孚记岭南的《异物志》与三国吴沈莹记临海的《临海水土异物志》两书的作者与内容混为一谈，而这是必须加以区别的。

《临海水土异物志》

《临海水土异物志》一卷，三国吴沈莹撰。宋以后已佚。《说郛》《台州丛书后集》等丛书中收有辑本。1981 年，农业出版社出版了张崇根《临海水土异物志辑校》本，此本辑录较全，并加考订，堪称佳本。

沈莹，从《三国志•吴书•孙皓传》及裴注引《晋纪》《襄阳记》的记载中仅见：曾任丹阳太守，并统领青巾军，“屡陷坚陈”；天纪四年（280 年），殁于吴亡之役。至于学者疑为吴兴武康人，且曾为临海太守，则均无确据。

此书最早著录于《隋书•经籍志》，其后《旧唐书•经籍志》与《新唐书•艺文志》也有记载。宋代散佚后，异名歧出，诸籍征引称作《临海水土异物志》《临海水土志》《临海异物志》《临海风土记》《临海志》《异物志》等，计达十余种之多。

所谓“临海”，即指吴国临海郡（其地相当于今浙南与闽北沿海一带）。全书内容分为两部分：一是记夷州（今中国台湾）民、安家民、毛民等古代民族的社会状况与风土人情；一是记当地所产鳞介、虫鸟、竹木、果藤等动植物。

关于民族情况的主要记载，分述如下：

第一，夷州民，即今中国台湾高山族先民。

社会组织。据载：离临海郡二千里的夷州，为众山夷所居。“此夷各号为王，分画土地，人民各自别异。”“呼民人为‘弥麟’。如有所召，取大空材，材十余丈，以着中庭。又以大杵旁舂之，闻四五里如鼓。民人闻之，皆往驰赴会。”可见，夷州民尚处于较为落后的各自为政的氏族社会阶段。

社会经济。“土地饶沃，既生五谷，又多鱼肉。”“能作细布，亦作斑文布。”“其地亦出铜铁，唯用鹿觡为矛，以战斗耳。磨砺青石以作矢镞刃斧。”说明生产力较低，尚以磨制石器及骨器为生产工具与作战武器。

婚姻。“甲家有女，乙家有男，仍委父母，往就之居，与作夫妻，同牢而食。”此为从妻住的对偶婚制。

习俗。“人皆髡头穿耳，女人不穿耳。”“女以嫁，皆缺去前上一齿。”“得人头，斫去脑，驳其面肉，留置骨，取犬毛染之以作鬓眉发编，具齿以作口，自临战斗时用之，如假面状。此是夷王所服。战，得头，着首还。于中庭建一大材，高十余丈，以所得头差次挂之，历年不下，彰示其功。”此为髡头穿耳、凿齿与落后的猎首之风。

第二，安家民，即今浙南、闽北沿海一带的古越人。

书中综述：“安家之民，悉依深山，架立屋舍于栈格上，似楼状。居处、饮食、衣服、被饰，与夷州民相似。父母死亡，杀犬祭之，作四方函以盛尸。饮酒歌舞毕，仍悬着高山岩石之间，不埋土中作塚墩也。”描绘了这支越人生前住干栏式建筑，死后行悬棺葬，和其他与夷州民相似的习俗。

总之，《临海水土异物志》是一部著名著作。记载翔实，内容丰富，极富史料价值。它是第一部比较系统地记述我国台湾高山族的历史文献，是研究高山族与古越族历史、文化的必读参考材料。

《博物志》

《博物志》十卷，晋张华撰。收入《古今逸史》《秘书二十一种》《格致丛书》《稗海》《说郛》《汉魏丛书》《士礼居丛书》《指海》诸丛书本。中华书局1980年出版范宁校证本，并附逸文。

张华，字茂先，范阳方城（今河北涿州）人。生于魏明帝太和六年（232年），卒于晋惠帝永康元年（300年）。晋武帝时，拜中书令。伐吴，为度支尚书；吴灭，封广武县侯。惠帝时，为太子少傅，进右光禄大夫、侍中、中书监，代为司空。后为赵王伦所害。史称其"博物洽闻，世无与比"。事迹具见《晋书》本传。

张华博览群书，史称"图讳方技之书，莫不详览"，这与《博物志》的写成有密切关系。成书年代，史无明文。据《四库全书总目提要》考："王嘉《拾遗记》称：'华好观秘异图纬之部，捃采天下遗逸，自书契之始，考验神怪及世间闾里所说，造《博物志》四百卷，奏于武帝。帝诏诘问：卿才综万代，博识无伦，然记事采言，亦多浮妄，可更芟截浮疑，分为十卷云云。是其书作于武帝时。今第四卷物性类中称武帝泰始中武库火，则武帝以后语矣。"即是书完成于晋武帝或其后稍迟的年代。

晁公武《郡斋读书志》称《博物志》："载历代四方奇物异事。"其内容广杂，计有山川地理、人物考记、神话传说、草木虫鱼鸟兽以及神仙方技等。

书中涉及古代南方民族的材料颇多，其中又以卷一五方人民条，卷二外国、异人、异俗诸条关系尤为密切。比如：

关于越人的居住、饮食特点。据卷一五方人民条载："南越巢居，北朔穴居，避寒暑也。"这可说是有关越人居住干栏式建筑的最早记载。卷一五方人民条又载："东南之人食水产，西北之人食陆畜。食水产者，龟蛤螺蚌以为珍味，不觉其腥臊也。食陆畜者，狸兔鼠雀以为珍味，不觉其膻也。"这段关于古代南方人（包括越人）与北方之人的吃食习惯不同的确切描述，从民族学的角度来看，是颇具史料价值的。

关于"僚人"的习俗。据卷二异俗条载："荆州极西南界至蜀，诸民曰獠子，妇人妊娠七月而产。临水生儿，便置水中。浮则取养之，沉便弃之，然千百多浮。

既长，皆拔去上齿牙各一，以为身饰。”这段关于“僚人”打牙等习俗的较早记载，是并不多见的材料。

关于南方民族图腾崇拜的遗习。据卷二异人条载：“江陵有猛人，能化为虎，俗又曰虎化为人，好著紫葛人[①]，足无踵。”这些关于江汉地区古代居民崇虎遗迹的记载，对研究原始民族的图腾崇拜，也有参考价值。

① “人”为“衣”之物。

《南方草木状》

《南方草木状》三卷。晋嵇含撰。收入《百川学海》《广汉魏丛书》《格致丛书》《说郛》《龙威秘书》《湖北先正遗书》《丛书集成初编》等丛书中。

嵇含，字君道，居于河南巩县亳丘，自号亳丘子。生于魏景元四年（263 年），卒于晋光熙元年（306 年）。史载，西晋永兴年（304—305 年）中，累官振威将军、襄城太守。其后，镇南将军刘弘表含为平越中郎将、广州刺史、假节。未发，为刘弘部将所害。事迹附载《晋书·嵇绍传》。

作者事迹与成书关系。据《四库全书总目提要》考订：宋本题振威将军、襄阳太守嵇含撰，《文献通考》云晋襄阳太守嵇含撰，但《隋书》称广州太守嵇含。“考书中所载，皆岭表之物，则疑襄阳或误题也。”王汝以为：“按《晋书·葛洪传》，洪参广州刺史嵇含军事，及含遇害，遂停南土；又含字悦道，亦见洪所著《抱朴子》，则含实卒官广州。”

成书目的。据作者自序说：“南越、交趾植物，有四裔最为奇。周、秦以前无称焉。自汉武帝开拓封疆，搜求珍异，取其尤者充贡。中州之人，或昧其状。乃以所闻诠叙，有裨子弟云尔。”

此书内容。卷上为草类；卷中为木类；卷下果类、竹类。共三卷四类八十种。

后世推崇此书，《四库全书总目提要》赞为“叙述典雅”。该书不仅是我国现存最早的一部植物学文献，而且，对南方民族问题的研究也颇具史料价值。这主要表现为：第一，详细记述岭南的草木果种，便于人们了解岭南诸族所处的具体自然环境及在这种自然环境下形成的特殊生活资料。第二，间亦涉及岭南民族史及地方史的材料。如，卷上吉利草条载：“交广俚俗，多蓄蛊毒，惟此草解之极验。”此条关于交广俚人的记载，即属珍贵资料。第三，为其后历代记述南方民族地区的游记和舆地志开创了先河，后人多仿此体例记述当地草木。

《搜神记》

《搜神记》二十卷，晋干宝撰。原书有三十卷，至宋代已散失。今本二十卷，据考，为胡元瑞从《法苑珠林》及诸类书中辑录而成。后来，收入《秘册汇函》《津逮秘书》《学津讨原》诸丛书本。1979 年，中华书局出版了汪绍楹校注本。校注本以《学津讨原》本为底本，重在考源钩沉，并订正文字脱误。校注本共录正文四百六十四条，另收佚文三十四条。

干宝，字令升，新蔡（今河南新蔡）人。以才器召为著作郎。东晋元帝（317—323 年）时，领国史。以家贫求补山阴令，历位始安太守、朝骑常侍。主要著作有《晋纪》《搜神记》，又尝为《春秋左氏义外传》，注《周易》《周官》数十篇。事迹见《晋书》本传。

成书原因，据《晋书·干宝传》载：干宝有感于父婢及兄再生事，“遂撰集古今神祇灵异人物变化，名为《搜神记》”。

此书为我国志怪小说的代表作。据《搜神记》自序称，作者本意在于“发明神道之不诬”，故书中不乏宣扬鬼神迷信的成分。但书中搜集的许多优美动人的神话故事和民间传说，却成了我国优秀文化遗产的组成部分。如《二华之山》《董永》《三王墓》《韩凭妻》《李寄》等篇，不仅在民间广为流传，而且为后代的文学创作提供了素材和依据。

透过神人糅杂的传说与神话，也给南方民族学与民族史提供了不少难得的有价值的原始材料。比如：

盘瓠条记盘瓠传说，其基本内容被范晔收入《后汉书·南蛮西南夷列传》，是研究南方蛮族长期流传的“盘瓠”图腾崇拜及该族在汉晋时期社会历史状况的极为重要而珍贵的资料。

落头民条载：“秦时，南方有落头民，其头能飞。其种人部有祭祀，号曰‘虫落’，故因取名焉。”此为后代杂史转相抄录、演绎的飞头僚传说的雏形。

犬蛊条和蛇蛊条，与历代广泛流传于南方民族地区的诸蛊故事有密切关系。

丹砂井条记述了南方蛮族聚居的武陵地区的特产丹砂。对此，后代也不断有所记载。

需要指出的是，此书为辑录性质。因此，与《博物志》等时代相距不远的相类书籍可互为参证和补充。如鹄苍衔卵条载："古徐国宫人，娠而生卵，以为不祥，弃之水滨。有犬名'鹄苍'，衔卵以归，遂生儿，为徐嗣君。后鹄苍临死，生角而九尾，实黄龙也。葬之徐里中。见有狗垄在焉。"这与《博物志》卷七异闻条所辑大致相同。又如，貙虎化人条载："江汉之域，有貙人。其先，廪君之苗裔也。能化为虎。"这与《博物志》卷二异人条中所记相较，则内容更为明确，它说明了以虎为图腾的貙人族属为廪君后人。

《华阳国志》

《华阳国志》十二卷，东晋常璩撰。收入《古今逸史》《广汉魏丛书》《函海》《四部丛刊》等丛书。1984年巴蜀书社出版了刘琳校注本。

常璩，字道将，东晋蜀郡江原县（今四川崇庆县）人。在成汉李势时，曾任散骑常侍，掌著作。晋穆帝永和三年（347年），桓温伐蜀，常璩劝李势投降晋朝，随至建康，任晋之参军。在成汉时，撰写过《汉之书》（又称《蜀李书》）十卷，记述成汉李氏兴灭史。入晋后，写成《华阳国志》，成书年代约在永和十一年（355年）之前。

此书得名。《尚书·禹贡》："华阳黑水惟梁州"，意为梁州在华山之阳（山南曰阳）。因此书所记地区属古代九州的梁州，故名之曰"华阳"。

此书十二卷的卷名为：《巴志》《汉中志》《蜀志努》《南中志》《公孙述·刘二牧志》《刘先主志》《刘后主志》《大同志》（记汉晋平蜀以后事）、《李特、雄、期、寿、势志》《先贤士女总赞》《后贤志》《序志并士女目录》。以内容而论，主要包含三个方面：一至四卷主要记载巴、汉中、蜀、南中的历史与地理，以地理为主；五至九卷以编年体的形式记述公孙述、刘焉与刘璋父子、蜀汉、成汉及至西晋统一时期的历史；十至十二卷记述蜀、巴、广汉、犍为、汉中、梓潼地区自西汉至东晋初年的"贤士列女"。以时间而论，上起巴、蜀两国传说时代，下止晋穆帝永和三年，蜀李王朝的灭亡。以地区而论，所叙包括晋朝的梁、益、宁、荆四州，相当于现在的四川、云南、贵州以及湖北、陕西、甘肃的部分地区。

此书是我国现存的一部最早的、比较完整的地方志书，是一部具有颇高史料价值的重要史籍。它以风土人物为中心，记载当地的历史、地理沿革、城镇山川、交通道路、物产土俗、大姓豪族、名宦政绩、民族种类。是研究西南地区古代地理、政治、经济和民族历史的一部不可缺少的参考书籍。

关于西南民族史，一至四卷保存了许多珍贵史料，甚至是独有的史料。它不仅记述了三十多个古代西南民族的称谓与分布，且对其中一些重要民族的传说、历史、习俗，与封建中央王朝关系诸方面作了较详的介绍。比如：

《巴志》详细叙述了巴人的传说和历史。其中写道："周武王伐纣，实得巴、蜀之师，著乎《尚书》。巴师勇锐，歌舞以凌，殷人倒戈，故世称之曰‘武王伐纣，前歌后舞’也”；“阆中有渝水，賨民多居水左右。天性劲勇，初为汉前锋，陷阵，锐气喜舞。帝善之，曰：‘此武王伐纣之歌也。’乃令乐人习学之，今所谓‘巴渝舞’也。”上述材料，不仅说明巴人是我国历史上英勇善战的古老民族，而且也可从后世西南民族的能歌善舞中得到有力的印证。

《蜀志》历述了蜀王世系与蜀国历史。据载：“周失纲纪，蜀先称王。有蜀侯蚕丛，其目纵，始称王。”“次王曰柏濩。次王曰鱼凫。”“后有王曰杜宇，教民务农。”“开明立，号曰丛帝。丛帝生盧帝。”“九世有开明帝，始立宗庙。”并直叙至周慎王五年，秦大夫张仪、司马错灭蜀。此中关于蜀的种种传说，是值得民族史家加以研究的。

《南中志》列述了“僚人”在南中地区的分布。据载：南中有“恶僚刚夷”；建宁郡“谈稾县，有濮僚”，“伶丘县，主僚”；永昌郡、兴古郡则有“鸠僚”。还需指出的是，上述“伶丘县，主僚”的记载还别有价值。所谓“伶丘”，意为伶人之区；所谓“主僚”，意为主管“僚人”，可证“伶”为“僚人”之属。“伶”为今仫佬族先民，史学界多认为“伶”的称谓源于唐宋以后。而此书关于“伶人”的记载，还可上溯至晋代。

此书中已不断出现蜑民的记载。如《巴志》载：“其属有濮、賨、苴、共、奴、獽、夷蜑之蛮。”“有奴、獽、夷蜑之蛮民”等。而一般史书关于三峡地区蜑人的记载，其大量出现是在稍后的南北朝时期。其中最为人们熟知的《北史·蛮僚传》所载以蜑人骸骨筑为京观的材料，则是发生在北周时期的事情。至于岭南蜑人，则是一般迟至唐、宋以后才大量出现在史籍中。

保存了不少统治者组织和征发少数民族武装的材料。据《巴志》载，涪陵郡，多獽、蜑之民，“汉时赤甲军常取其民，蜀丞相亮亦发其劲卒三千人为连弩士”；《南中志》载，蜀汉“移南中劲卒青羌万余家于蜀为五部”；《蜀志》载：“邛之初，有七部，后为七部营军，又有四部斯儿”；《大同志》载，太安元年“南夷校尉李毅遣叟兵助（罗）尚”等。均是。

《广州记》

《广州记》，晋、宋间裴渊撰。原书已佚。清代王谟收入《汉唐地理书钞》辑本。

关于此书的作者、书名及辑本所据，王谟在后记中写道："案，隋唐志俱不载裴（渊）、顾（微）二《广州记》，二人时代爵里亦皆无考，大要系晋、宋间人，而裴氏在前，诸书称引亦裴氏为多，或又引作《南海记》，实即此一书也。今并抄出《史记》正义三条，《前汉书》注一条，《后汉书》注四条，《通鉴》注一条，《水经注》三条，《类聚》八条，《初学记》四条，《书钞》三条，《白帖》一条，《御览》三十四条，《寰宇记》七条，《太平广记》注二条，《事类赋》注一条，《北户录》一条，《齐民要术》六条，《本草纲目》三条，又附录《广州山水记》一条。"又，清道光《广东通志·艺文略五》考订："郦道元《水经注·浪水》已引之，则渊盖晋人也。"另外，顾微撰《广州记》，有清王仁俊辑本，收入《玉函山房辑佚书补编》。

从辑本看，其主要内容包括岭南历史、古迹、山川形势、逸事传闻、物产、蛮夷等项。

此书是研究岭南民族问题的一部年代较早的有参考价值的著作。其中主要材料有：

楚越关系。"州厅事梁上画五羊像，又作五谷囊随像悬之，云昔高固为楚相，五羊衔谷萃于楚庭，故图共像为瑞，六国时广州属楚。"关于楚与岭南越人已发生密切关系一事，已为大量考古材料所证实。

越人后裔俚僚。"俚僚铸铜为鼓，唯高大为贵，面阔丈余。初成，悬于庭，剋晨置酒，招致同类，来者盈门，豪富子女以金银为大钗，执以叩鼓，叩竟，留遗主人。""名为铜鼓钗。风俗好杀，多搆仇怨，欲相攻击，鸣此禁鼓，众到者如云。有是为鼓者，极为豪雄。"这段记载时代甚早，是研究岭南铜鼓和俚僚的社会组织、社会历史发展阶段的珍贵资料。

瓯骆。"交趾有骆田，仰潮水上下，人食共田，名为骆侯。诸县自名为骆将，铜印青绶，即今之令。后蜀王子将兵讨骆侯，自称为安阳王，治封溪县。后南越王尉佗攻破安阳王，令二使典主交趾九真一郡，即瓯骆也。"这是关于瓯骆历史、经济、社会的稀有材料。

南越王赵佗臣服汉代中央王朝。"尉佗所都处筑高台以朝汉室，园基千步，直峭百丈，螺道登进顶上三亩，朔望升拜，号为朝台。”“傍江构越华馆，以送陆贾，因称朝亭。”这对研究汉代南越国与中央王朝之间的关系也是有用的材料。

其他关于蛮夷的分布、经济、习俗的材料，尚有“蛮夷不蚕，采木棉为絮，皮园当竹，剥古绿藤绩以为布。”“蛮夷取谷皮熟搥之以为褐，裹罽布铺以拟毡。”“晋兴有乌浒人，以鼻饮水，口中进噉如故。”“永兴郡西南一千五百里，有缴濮国”等。

《始兴记》

《始兴记》一卷，南朝刘宋王韶之撰。目前流行的本子有三：一是曾钊辑本，收入《岭南遗书》《丛书集成初编》本；一是王仁俊辑本，收入《玉函山房辑佚书补编》；一是《说郛》本。

王韶之，琅琊临沂（今山东临沂）人，字休泰。生于晋孝武帝太元五年（380年）。东晋末，曾私撰《晋安帝春秋》，及成，时人谓宜居史职，即除著作佐郎，使续后事。史家誉为“后代佳史”。入刘宋时，为骁骑将军、黄门侍郎。宋少帝（423—424年）时，出为吴兴太守。宋文帝时，征为祠部尚书，加给事中，因事免官，元嘉十二年（435年），又出为吴兴太守，其年卒。著有《孝传》《文集》。《宋书》具传。

王韶之《始兴记》，隋、唐、宋史志及诸家书目，均不著录。《隋志》载《王韶之集》十九卷，《唐志》载二十卷，此记或在其中。书佚已久。清人曾钊剌取《初学记》《水经注》《元丰九域志》《艺文类聚》《太平寰宇记》《太平御览》《太平广记》、李善《文选》注诸籍而成。因原书卷数体例无从考索，故以类相从，于道光元年（1821年）刊刻。

始兴郡，三国时吴国所设立，属广州。晋成帝度荆州。宋元嘉二十九年（452年），又度广州；次年，度湘州。王韶之卒于元嘉十二年（435年），其时该郡尚属荆州，领曲江、桂阳、阳山、浈阳、含洭、始兴、中宿七县。该书内容则记述始兴郡所属七县的山川、故事。

成书经过，曾钊认为：“元嘉初，徐豁为始兴太守，有政声。韶之未尝至始兴，或即从徐豁讨问政事，笔为此记欤。”

此书为时人所重。郦道元《水经注》，不仅直接引用《始兴记》二条目，而且尚多采用书中材料，即证明。

始兴位于五岭两侧，即大部为今粤北地与小部为今湘南地，该地历史上素为“蛮”人聚居地。据《宋书》记载，元嘉时期，始兴地区俚、僚活动频繁。由此可见，此书对南方民族史研究的价值。可惜原书已佚，无从了解全貌，但从辑本中，仍可窥见与南方民族问题有关的记载。比如：

含洭县有尧山，尧巡狩于此，立行台也。（引自《初学记》卷二四）

尧山下有平陵，陵上有基，云是尧故亭。父老相传尧南巡狩时，登此。（引自《太平寰宇记》卷一五七）

尧故亭，父老相传，尧南巡登此山，故亭即其行宫。（引自《太平御览》卷一九四）

上述材料说明，传说时代的尧首领与古代南方蛮族存在着密切关系。

任将军城，秦南海尉任嚣城也。（引自《太平御览》卷一九二）

汉将灭越，越王筑城，伐木，将运之，一夜木数千件顿亡，越亡之征。（引自《太平御览》卷九五三）

上述记载，对南越王国史的研究提供了有益材料。

宿县有观峡，横峦交枕，绝崖峷嵝。（引自《太平御览》卷五三）

这段记载，提供了中宿县俚民生活环境的历史背景。

《南越志》

《南越志》，南朝刘宋沈怀远撰。原书已佚。《唐书·艺文志》作五卷，《直斋书录解题》与《文献通考》作七卷。今本有《说郛》《五朝小说》《玉函山房辑佚书补编》本。

沈怀远，吴兴武康（今浙江德清县）人，为沈怀文之弟。刘宋世祖（454—464年）时，曾为始兴王濬征北长流参军，后因事坐徙广州。至宋前废帝（465年）时，始听归，官至武康令。《宋书》具传。

此书内容，据宋王应麟《玉海》载：此志载三代至晋疆事迹。由于作者长期流徙广州，故对南越之事颇为谙熟。

据陈振孙《直斋书录解题》称：本书是五岭诸书之最前者也。由于年代既早，内容又达数卷之多，故对研究古越人聚居地岭南的历史与民族，极富史料价值。可惜原书已佚，而《说郛》辑本，缺陷有二：一是所辑条目太少；一是辑文不注明出处。《五朝小说》本，又完全抄自《说郛》本。因此，要较全面了解此书内容，有待我们从诸古籍中收集。

《说郛》本共辑有十四条，包括记南越地望、南海尉任嚣、衡阳潮乡县石鱼山、广州石门水、懒妇睡机化为奇兽、番禺得名、潮阳南水、高安石室、端溪俚人、珠、越王鸟、纶木、苏摩峤、马援凿九真山诸事。其中所记与民族问题有关者如：

"端溪俚人岑班，入山遇一宝珠，径五寸，取还，夜光明照烛，俚人甚惧，以火烧之，虽小损，犹照一室。"记述虽简，但对南朝俚人的研究，仍不失为珍贵资料。

"秦二世，五星会于南斗牛，南海尉任嚣知其偏霸之气，遂有志焉。病且死，召真定人赵佗行南海尉事，故今呼为尉佗。"这段记载，有助于说明南越王建立的过程。

"军安县女子赵妪，尝在山中聚结群党，攻掠郡县，着金箱齿屐恒及象头斗战。"

从中反映了汉代九真地的民族问题。

《说郛》本漏辑的重要内容颇多。《太平御览·四夷部六》卷七八五引"沈怀远《南越志》曰：'晋康郡夫阮县人夷曰徲，其俗栅居，实惟俚之城落。'"即一例。

《荆楚岁时记》

《荆楚岁时记》一卷，梁宗懔撰。收入《广汉魏丛书》《宝颜堂秘籍》《说郛》《湖北先正遗书》《四部备要》等丛书。

宗懔，字元懔，南阳涅阳（故城在今河南镇平县南）人，居江陵。梁元帝萧绎镇荆州，令兼记室。其后，累迁吏部郎中、五兵尚书、吏部尚书，并封信安县侯。入周，拜车骑大将军、仪同三司。明帝时，参与麟趾殿勘定群书。卒于北周保定（561—565年）年间，终年六十四岁。除著有《荆楚岁时记》外，尚有文集行于世，今已佚。《梁书》与《周书》均有传。

关于作者时代，过去曾误为晋人，至今仍有因袭此说。对此，《四库全书总目提要》曾有过缜密考订：旧本题晋宗懔撰。《书录解题》作梁人。考《梁书》元帝本纪载：承圣三年（554年）秋七月甲辰，以都官尚书宗懔为吏部尚书；又《南史》元帝本纪载："武陵之平，议者欲因其舟舰迁都建邺，宗懔、黄罗汉皆楚人，不愿移，此书皆纪楚俗，当即其人。旧本题晋人，误也。"

此书内容。据宗懔自序："傅元之《朝会》，杜笃之《上巳》，安仁《秋兴》之叙，君道《娱蜡》之述，其属辞则已洽，其比事则未宏，率为小说，以录荆楚岁时风物故事，自元旦至除日，凡二（'三'之误）十余事。"此书记三十六事。但周密《癸辛杂识》引张骞乘槎至天河见织女得支机石事，说出自《荆楚岁时记》，但今本无此内容，说明所记三十六事并非完本。其所记岁时有：正月一日、正月七日、立春之日、正月十五日、正月夜、正月未日、元日至于月晦、春分日、社日、去冬节一百五日、三月三日、四月、五月、五月五日、夏至节日、六月伏日、七月七日、七月十五日、八月十四日、九月九日、十月朔日、仲冬之月、十二月八日、岁前、岁暮诸条。

因为楚与南方民族关系密切，故楚俗至今仍广泛流传于南方民族地区。换言之，南方少数民族习俗，可从《荆楚岁时记》中找到历史根据。比如：

崇奉山鬼。"正月一日是三元之日也，《春秋》谓之端月，鸡鸣而起，先于庭前爆竹以辟山臊恶鬼。"清田雯《黔书》说：广顺、新贵、新添之土人"岁首则迎山魈逐村屯以为傩，男子装饰为社夥，击鼓以唱神歌，所至之家，皆饮食之"。其间，渊源因袭关系至为明显。

正月十五日。“其夕迎紫姑以卜将来蚕桑，并占众事。”据张澍《黔中杂记》载：今黔郡“玉屏独于元宵，小儿女用帕巾蒙筲箕簪以花朵，两手托之，问众事，盖犹是楚之遗风也”。

社日掷教占卜，社日“掷教于社神，以占来岁丰俭，或折竹以卜”。教为筊之通假。此俗在湘西苗族地区也可见，据《苗防备览·风俗上》载：“苗中，其水旱疾疫，亦知卜筮。曰抛木卦，剖木为二，掷之于地，视其仰覆向背”，其不同处为其“筊”改竹制为木制而已。

三月三节日。“三月三日士民并出江渚池沼间为流杯曲水之饮。”“三月三”作为盛大节日，在汉族地区早已消失，但在南方许多民族中至今仍流行不衰。

五月五日。“是日竞渡采杂药。”在南方不少民族中，长期把“竞渡”作为隆重庆典。如明魏濬《峤南琐记》卷上载：“梧江竞渡，龙舟长十余丈，坐可五十余人，有衣白数人，分立舟上，每櫂动则右手麾小白旂，左手麾袖，袖甚长，如所谓郎当舞袖者。”明王济《君子堂日询手镜》也载粤右横州端阳节竞渡盛况。

以上材料说明，《荆楚岁时记》不仅是了解楚俗，而且也是研究南方民族习俗的一部极有价值的著作。

《蛮书》

《蛮书》十卷。唐樊绰撰。明中叶以后，此书已罕见，清初四库馆臣从《永乐大典》中的《云南史记》辑出，易名《蛮书》。始有《武英殿聚珍版丛书》本、文津阁《四库全书》本、《知不足斋丛书》本。其后，又有《琳琅秘室丛书》《渐西村舍丛书》等多种版本，则都是以上述三本为依据的。其中，琳琅秘室本博采众书之长，较为完善。1962 年中华书局出版的向达《蛮书校注》，堪称精审。

樊绰，生平不详。仅知其大略事迹。唐懿宗咸通三年（862 年）二三月间，蔡袭为安南经略使，樊绰任其幕僚为安南从事。咸通四年（863 年）初，南诏陷交趾，樊绰长子樊韬及家属十四人同时陷没。樊绰携带印信浮水渡富良江走免，羁留郡州待命。同年六月，南诏攻郡州，樊绰转入藤州。后奉唐朝命回归长安。咸通五年（864 年），左授夔州都督府长史。

成书经过。据樊绰《奏疏》云："臣去年正月二十九日"撰录成十卷之书，于安南郡州江口进献。此"去年"，即咸通四年。可见，是书为樊绰从咸通三年春至四年初，居留安南时所作。至于正文外的附录，如樊绰所辑贞元十年（794 年）《誓文》、赵昌《奏状》及他本人的《奏疏》，则是其后陆续进献的；而有关"蛮夷巴、夔四邑"的材料，则是在夔州长史任内补辑的。1985 年出版的赵吕甫《云南志校释》本，将这两类资料加以区分，并归入《附录》中，颇为得当。

《蛮书》，又名《云南志》《云南记》《云南史记》《南夷志》《南蛮志》《南蛮记》，一书异名，切不可误为不同之书。此书是樊绰在安南任内根据访问和收集所得的云南资料，并参阅前人有关图籍而写成。卷名为：《云南界内途程第一》《山川江源第二》《六诏第三》《名类第四》《六赕第五》《云南城镇第六》《云南管内物产第七》《蛮夷风俗第八》《南蛮条教第九》《南蛮疆界接连诸夷国名第十》，凡十卷。书的内容："对于自唐朝进入云南的交通程途、云南的重要山脉河流、重要的城镇、六诏和其他民族的概略、物产以及当时农业生产的概况、各族特别是南诏的生活习惯、南诏的一些特殊制度和军事训练，以及和南诏毗连各外国的大概情形，都有系统的纪录，而尤详于南诏。"（向达《蛮书校注》序）

此书极有价值。它是仅存于世的唐人记述云南史地专著，也是考究南诏历史的最重要典籍。宋以后研究云南与西南历史者素重此书。如《新唐书·南蛮传》主要取材于《蛮书》，司马光《通鉴考异》采用的也不少。李昉等在《太平御览》里所收的《南夷志》，即《蛮书》的别名。宋如愚所撰《剑南须知》十卷，其中“第三、第四、第五、第六凡四卷，尽出唐樊绰《蛮书》”。（见《文献通考》卷二〇五）可见，此书多为他书所采纳与抄袭。

具体而言，《蛮书》与南方民族史志研究关系密切者，主要反映在如下方面：

一是记述了唐代云南诸族的社会历史状况。在《名类》卷中，列有西爨白蛮、东爨乌蛮，独锦蛮，弄栋蛮，青蛉蛮，裳人，长裈蛮，河蛮，施蛮，顺蛮，磨些蛮，扑子蛮，寻传蛮，裸形蛮，望苴子蛮，望蛮外喻部落，黑齿蛮、金齿蛮、银齿蛮、绣脚蛮、绣面蛮，穿鼻蛮、长鬃蛮、栋峰蛮、茫蛮部落、栗粟两姓蛮、雷蛮、梦蛮、丰巴蛮、崇魔蛮、桃花人等二十二条目。需加强调的是，不仅这些材料，为研究者不可或阙，甚至这些民族的名称，也多为后世所袭用。

二是为南方民族的文化与习俗史的研究提供了丰富的素材。如，其中记载：

干栏。裸形蛮，“作檝栏舍屋。”其夫“尽日持弓，不下檝栏。有外来侵暴者，则射杀之。”茫蛮部落，“楼居，无城郭”。（均见卷四）

啖生。寻传蛮，“持弓挟矢，射豪猪，生食其肉”。裸形蛮，“其妻入山林，采拾虫、鱼、菜、螺、蚬等，归啖食之”。（均见卷四）蛮夷风俗，“取生鹅治如脍法，方寸切之，和生胡瓜及椒榝啖之，谓之‘鹅阙’。土俗以为上味”。（卷八）

饰齿文身。“黑齿蛮、金齿蛮、银齿蛮、绣脚蛮、绣面蛮，并在永昌、开南，杂类种也。黑齿蛮以漆漆其齿，金齿蛮以金镂片裹其齿，银齿蛮以银。有事出见之，则以此为饰，寝食则去之。……绣脚蛮则于踝上腓下周匝刻其肤为文彩。……绣面蛮初生后出月，以针刺面上，以青黛傅之如绣状。僧耆、雕题悉属安西城。”茫蛮部落，“或漆齿，或金齿”。（均见卷四）

原始婚姻遗风。南诏“俗法：处子、孀妇出入不禁。少年子弟暮夜游行闾巷，吹壶芦笙，或吹树叶，声韵之中，皆寄情言，用相呼召。嫁娶之夕，私夫悉来相送。既嫁有犯，男子格杀无罪，妇人亦死。”

像这类住干栏式建筑、生吃动植物、饰齿文身、婚前性自由等习俗，在南方不少民族中曾经均较为普遍地存在。

三是所录“蛮夷巴、夔四邑根源”资料，对研究川、鄂、黔、湘间的盘瓠蛮、廪君蛮及其后裔也有所帮助。如，其中“黔、涪、巴、夔四邑苗众”之句，有人认为，今日苗族族名最早载之史籍者，即此中之“苗”。又如，所录盘瓠蛮的文字与《后汉书·南蛮西南夷列传》有异，其中，“帝赐以南山，仍起高栏为居止之。其后滋蔓，自为一国”之句，可证。

向达《蛮书校注》一书，校注周详，引书繁富，索隐穷源，注释文字往往多于原文数倍。向达还勘正了通行本《蛮书》中的误字、错简和原著书的传闻致误。而且，书后有《附录》，搜集和整理了有关本书的参考资料。校注一书，不仅对阅读《蛮书》本身，而且对研究唐代南诏历史地理，都是有所裨益的。

《北户录》

《北户录》三卷。唐段公路撰。诸本中以《十万卷楼丛书》所收清光绪陆心源校勘本为佳。理由有二：一是该本依宋本校刊；二是经“以群书旁参互校”（清陆心源《重刻北户录叙》）。《湖北先正遗书》《丛书集成初编》本均据此排印。另有《四库全书》本。此外，《古今说海》《说郛》《学海类编》《古今说部丛书》《说库》等所辑为一卷本。

段公路，据《四库全书总目提要》考订：临淄（今山东省临淄县）人，主要活动在唐懿宗（860—874 年）年间，官京兆万年县（今西安市境）尉。

书名之来由。据陆心源《重刻北户录叙》称：“《史记》秦纪，南尽北户。颜师古注《汉书》日南郡：在日之南，所谓开北户以向日者。所记皆粤南事，故以北户名书。”

此书卷目：卷一，通犀、孔雀媒、鹧鸪、鹦鹉瘴、赤白吉了、绯猨、蚺蛇牙、红蛇、蛤蚧、红蟹壳、蛺蝶枝、红蝙蝠、金龟子、乳穴鱼、鱼种、水母；卷二，蚊母扇、鹅毛被、红蝦盃、鸡毛笔、鸡卵卜、鸡骨卜、象鼻炙、鹅毛脡、桄榔炙、红盐、米䴵、食目、睡菜、水韭、蕹菜、斑皮竹笋；卷三，无核荔枝、变柑、山橘子、橄榄子、山胡桃、白杨梅、偏核桃、红梅、五色藤筌蹄、香皮纸、枹木屧、红藤簟、方竹杖、山花燕支、鹤子草、越王竹、无名花、指甲花、相思子蔓、睡莲。

成书时间。书中载：“公路咸通十年（869 年），往高凉（治今广东茂名市东北）程。”“公路咸通辛卯（十二年，171 年）。从茂名归南海（治今广州）”。可证，是书为作者于唐懿宗年间南游岭南时所作。

是书专记岭南风土人情，尤详于草木果蔬虫鱼羽毛等物产。

书中所记地域极广。计有：广州、雷州、罗州、新州、勤州、春州、廉州、端州、潮州、潘州、循州、恩州、韶州、琼州、窦州、越州、邕州、梧州、澄州等，即今两广地区。

前人对此书评价颇高。《北户录》陆希声序：“非徒止于所闻见而已，又能连类引证，与奇书异说相参验，真所谓博而且信者矣。”《四库全书总目提要》：“载岭南风土，颇为赅备，而于物产为尤详。其征求亦极博洽。如，淮南万毕术、广志、南越志、南裔异物志、枝园记、陈藏器本草、唐韵、郭缘生述征记、临海异物志、陶朱公养鱼经、名苑、毛诗义、船神记、字林、广州记、扶南使诸书，今皆散佚，藉此得以略见一二。即所引张华博物志，多今本所无，藉此得以考证真伪。”换言之，其主要价值有二：一是作者不仅记亲身见闻，而且旁征博引以求证，故内容详备、博洽而可信；一是征引诸籍，多已散佚或为今本所无，故起到了保留古籍的作用。

岭南向为百越民族及其后裔聚居地。由于作者时代较早，且侧重采集异于中原地产的民风土俗与特产，故对研究岭南民族史志，同样具有颇高的史料价值。

卷一，鹅毛被条载：“邕之南有酋豪，多熟鹅毛为被，如稻畦衲之，其温软不下绵絮也。”可见邕州（治今广西邕宁县）之南少数民族首领的特殊生活方式之一斑。

卷二，鸡卵卜条载：“邕州之南有善行禁咒者，取鸡卵墨画，祝而煮之，剖为二片，以验其黄，然后决嫌疑，定祸福，言如响答。据此，乃古法也。”鸡骨卜条则载：“南方逐除夜及将发船，皆杀鸡择骨为卜，传古法也。”可见，古代越人的鸡卵卜、鸡骨卜之习俗，在唐代岭南民族地区仍流传不衰。

此书题龟图或崔龟图作注。《四库全书总目提要》称誉：“条下注文，颇为典赡。”注文对研究岭南民族史志也具有参考价值。为鸡骨卜条的注文：“《汉书·郊祀志》云，越祠鸡卜如鼠也。今南人凭之，颇有神验。每取雄鸡一只，以香米祝之，后即生折其腿，削去皮肉，或烹取之。卜男左，卜女右，看之，其骨有二窍或七八窍，左为人，右为鬼，取阴阳之理也。乃以竹簪刺于窍中而审其兆，如人在上鬼在下为吉，人在下鬼在上为凶，如人鬼头相背事迟缓，相就事疾速。”可见，注文对正文作了很好的解释与补充。

《桂林风土记》

《桂林风土记》一卷，唐莫休符撰。《学海类编》《丛书集成初编》收入此书。今本已非完本，据《四库全书总目提要》称："此记，《新唐书·艺文志》作三卷，今存者一卷。卷中目录四十六条，今阙火山、采木二条。盖残阙之余，非完书矣。"

莫休符，开建（今广东封开县）人。（见《粤西文载·人物志》）曾以检校散骑常侍守融州（今广西融县）刺史、春州（今广东阳春）刺史等职。作此记时在唐昭宗光化二年（899年）。

写书原因。据作者在序中写道："前贤撰述，有事必书，故有《三国志》《荆楚岁时记》《湘中记》《奉天记》，惟桂林事迹，阙然无闻。休符因退居，粗录见闻，曰《桂林风土记》。"

此书可资考证，中载唐代轶篇，尤为后人所重。据清人朱彝尊跋是书说："今观诸诗外，尚有杨尚书、陆宏林二首，亦唐代轶篇，为他书所未载，今《全唐诗》采录诸篇，即据此本。可资考证者，又不止于谱民风、记土产矣。"（见《四库全书总目提要》）

此书共有四十四条目。内容为记述桂林山水、寺庙、里宅、城亭、古迹、人物诸方面。其中，舜祠与尧山庙目，反映了传说人物尧、舜与南方民族地区的密切关系；灵渠目，评议有关沟通中原与粤西的灵渠的传说。因桂林为古代越人及其后裔的聚居地，而且该地又是中原与岭南交通要道，故对该地的记述，无疑有益于古代南方民族史的研究。而且，这种"谱民风、记土产"的"风土记"体裁，也对后世记述南方民族地区的各种杂记，有着积极影响。

此书是研究广西地方史及壮族史的早期重要文献材料。

《岭表录异》

《岭表录异》三卷，唐刘恂撰。收入武英殿聚珍版，《丛书集成初编》本据此排印。

刘恂，唐昭宗（889—904 年）时出为广州司马，官满，上京扰攘，遂居南海而作是书。

《唐书·艺文志》作三卷，已佚。关于今本《岭表录异》的由来，据《四库全书总目提要》载："《百川学海》及《说郛》所载，寥寥数页，首尾不完，盖仅从类书抄撮数条，以备一种，而恂之原本，则已久佚。宋代《太平寰宇记》《太平广记》《太平御览》诸书，征引颇夥，然尚多挂漏。惟散见《永乐大典》者，条理较详，尚可编次。谨逐卷裒辑，而佐以旁见诸书者，排此其文，仍成三卷。以复唐志之间。虽《永乐大典》缺卷数函，无从考验，或不免一二之遗，而证以诸书，似已十得其八九。唐人著述，传世者稀，断简残编，已足珍惜，此更于放失之余，复成完帙，使三四百年博物君子所未睹者，一旦顿还其旧观，弥足宝矣。"意为：《百川学海》《说郛》本所载，仅从类书中辑佚而成，极不完全。今本《四库全书》本，则以《永乐大典》为底本，再征引其他各书而成，原书体例虽已不可知，但按类排比，基本上恢复了原书面貌。

今本书名的依据。据《四库全书总目提要》载："诸书所引，或称《岭表录》，或称《岭表记》，或称《岭表录异》，或称《岭表录异记》，或称《岭南录异》。核其文句，实皆此书。殆以旧本不存，转相稗贩，故流传讹异，致有数名。惟《永乐大典》所题，与唐志合，今特从之，以存其真焉。"

后世对此书评价极高，尤赞其广博与精确。《四库全书总目提要》写道："其中记博赡，而文章古雅，于虫鱼草木，所录尤繁，训诂名义，率多精核。叶廷珪《海录碎事》释《尔雅》魁陆，引此书瓦陇以证之。张世南《游宦纪闻》，引郭璞《尔雅》注犀有三角之文，据此书称犀二角以辨之。历来考据之家，皆资引证。盖不特图经之圭臬，抑亦苍雅之支流，有裨小学，非浅尠也。"

全书卷上四十一条，卷中四十一条，卷下四十二条。书中不少内容与南方民族史有直接关系。如：铜柱条反映了中央王朝与岭南地区关系的历史；僚市、庐亭条记述了岭南有关民族；铜鼓条描述了"南蛮酋首"的特殊社会地位；鹅毛被、不乃羹、蚁卵酱诸项记述了岭南民族的奇风异俗；所载龙母事反映了南方民族崇拜蛇图腾的遗习；所载狗国事则反映狗图腾遗习。

该书对后世颇有影响。主要为：第一，就形式而言，宋以后记载南方民族地区的舆地著作，多仿其体例，记述“虫鱼草木”之类。第二，就内容而言，书中所记“瘴母”“不乃羹”“蚁卵酱”诸条，或为后世著作所本，或据此以演绎。

需附及的是，该籍最早使用“夷黎”之名，以称海南少数民族。

《容斋随笔》

《容斋随笔》五集七十四卷，宋洪迈撰。上海古籍出版社于1978年出版了校点本，该本所据的是光绪元年重校同治年间洪氏刊本。

洪迈，鄱阳（今江西波阳）人，字景庐，别号野处。生于宋徽宗宣和五年（1123年），卒于宋宁宗嘉泰二年（1202年）。绍兴十五年（1145年）进士。先后官左司员外郎、起居舍人、泉州知州、吉州知州、起居郎、中书舍人兼侍读、直学士院、赣州知州、婺州知州、绍兴府知府等官职，最后以端明殿学士致仕卒，年八十，谥文敏。曾使金，监修过国史。著述颇多，有《容斋随笔》《夷坚志》行于世。事迹俱见《宋史》本传。

成书经过。据明李翰《容斋随笔》序称："搜悉异闻，考核经史，捃拾典故，值言之最者必札之，遇事之奇者必摘之，虽诗词、文翰、历谶、卜医，钩纂不遗，从而评之。"历时近四十年而成。全书共有五"笔"，即《随笔》《续笔》《三笔》《四笔》《五笔》。原计划每笔分十六卷，因未完而死，故《五笔》只有十卷。

此书是关于历史、文学、哲学、艺术诸方面的笔记。书中考证了宋代以前的一些史实；详细记载了宋代掌故；记叙了颇多辞章典故；评介了某些历史人物与事件。前人对此书评价颇高。《四库全书总目提要》说：是书"辩证考据，颇为精确。""自为精博。""南宋说部，终当以此为首焉。"

此书对南方少数民族也有所记述。其中《四笔》十六卷渠阳蛮俗条，是研究宋代靖州（今湖南靖县）等地苗族社会历史的极为珍贵的历史资料。其中所载有：

蛮酋自称曰官，谓其所部之长曰都幙，邦人称之曰土官。

即政治上实行土官统治。

各有门款。门款者，犹言伍籍也。

此即称作"门款"的社会组织。

男丁受田于酋长，不输租而服其役。

反映了田丁耕种领主土地，不纳租赋而提供无偿劳役的剥削制度。

长少相犯，则少者出物，谓之出面。言语相诬，则虚者出物，谓之裹口。

描绘了按习惯法处理民间纠纷的法制。

凡婚姻，兄死弟继。姑舅之婚，他人取之，必贿舅家，否则争，甚则仇杀。

这是亡夫兄弟娶寡嫂和舅家优先娶外甥女的婚姻制度的反映。

妇女徒跣，不识鞋履，以银、锡或竹为钗，其长尺有咫。通以班细布为之裳。

记述了妇女服饰。

病不谒医，但杀牛祭鬼，率以刀断其咽，视死所向以卜，多至十百头。

从椎牛祭鬼（后世所谓的“吃牯脏”）活动中，可见当时牲畜饲养业的发达。

兵器有甲胄、标牌、弓弩，而刀之铁尤良。弩则傅矢于弦而偏架之，谓之偏架弩，以利侔中土神臂弓，虽暑湿亦可用。

从兵器之精良，说明其冶炼及工匠制造业的发展程度。

总之，渠阳蛮俗条，全面反映了宋代苗族的社会面貌。这些记载，均可从后世苗族社会中得到印证，因而是可信的。

此外，《随笔》卷一唐平蛮碑条，《随笔》卷四南夷服诸葛条、李宓伐南诏条，《三笔》卷一朱崖迁客条等，其中所载均与南方民族史有关。

《老学庵笔记》

《老学庵笔记》十卷，宋陆游撰。宋代有绍定年间的陆氏家刻本。其后，收入《稗海》《说郛》(节编)、《津逮秘书》《学津讨原》《丛书集成初编》等丛书。1979年中华书局出版了李剑雄等点校本，收入《唐宋史料笔记丛刊》。

陆游（1125—1209年），是南宋著名爱国诗人，也是见识广博的学者。字务观，号放翁，山阴（今浙江绍兴）人。宋孝宗时，赐进士出身，为枢密院编修官。后通判夔州。王炎宣抚川、陕，辟为幹办公事。范成大帅蜀，以为参议。嘉泰间，诏修实录与国史，书成，进宝章阁待制致仕。著有《剑南诗稿》《渭南文集》《放翁词》《入蜀记》《南唐书》《老学庵笔记》等。事迹俱见《宋史》本传。

此书的得名与写成年代。大约在宋淳熙之末（1189年），陆游致仕退居山阴镜湖后，命名所居茅舍为“老学庵”，自叙其意是“取师旷老而学如秉烛夜行”之语(见《剑南诗稿》,《老学庵》诗自注)。《老学庵笔记》当是这一时期写就。这与其幼子陆子遹所说：“《老学庵笔记》，先太史淳熙、绍熙间所著也。”正相符。

此书所记多是作者亲历、亲见、亲闻之事，可谓内容丰富，治学严谨，资料性强。陈振孙《直斋书录解题》说：陆游“生识前辈，年及耄期，所记所闻，殊可观也。”《四库全书总目提要》说：该书“轶闻旧典，往往足备考证。”李慈铭《越缦堂读书记》称：是书“杂述掌故，间考旧文，俱为严谨，所论时事人物，亦多平允。”

此书对宋代南方民族问题也有记述，因其时代较早，更具参考价值。比如：

卷二记叙所亲见西南夷铜鼓的形状、声音与作用。其中云：“此鼓南蛮至今用之于战阵、祭享。”所载，有益于我国铜鼓历史研究。

卷三记述了目睹蜀中徼外诸蛮事：著称于世的“筇竹杖”形状；“折竹为筹，以记胜负”的记事方法；“剧呼大笑”“其意甚乐”的豪放性格；“椎髻”“被毡毳”的发式、服饰等。

卷四记载了仡伶、仡僚、仡榄、仡偻、山瑶等“辰、沅、靖州蛮”的状况。其中包括：“焚山而耕”的生产水平；“食不足则猎野兽，至烧龟蛇啖之”的生活情况；“嫁娶先密约，乃伺女于路，劫缚以归。亦忿争叫号求救，其实皆伪也”的原始劫婚制遗习；“踏歌”的具体歌舞形式；“小娘子，叶底花，无事出来吃盏茶”一类的竹枝辞；“颇强习战斗”的强悍性格。

《续笔记》还对苏东坡描写海南黎村的“倦看涩勒暗蛮村”诗句中的“涩勒”一词作了诠释。

《路史》

《路史》四十七卷，南宋罗泌撰。收入《四库备要》。《历代小史》《丛书集成初编》收有一卷本。

罗泌，字长源，庐陵（今江西吉安县境）人。据清光绪《吉安府志·人物志》卷三二载：罗泌“学博才宏，侈游坟典，乃搜集百家成《路史》”。

成书于宋乾道六年（1170年）。全书卷目分为：《前纪》九卷，记三皇至阴康、无怀之事；《后纪》十四卷，记太昊至夏之事；《国名纪》八卷，记上古至三代诸国姓氏、地理，下及两汉之末；《发挥》六卷、《余论》十卷，均为辩难考证之文。

此书之得名，据《路史·余论》第一卷释：“《尔雅》，路之训大，路寝、路朝、路门、路鼓、路车、路服，皆以大为之”，“故《路史》者亦大史之云尔”。

书中之注，标明罗泌之子罗苹所撰。但《四库全书总目提要》认为：“核其词义，与泌书详略相补，似出一手，殆自注而嫁名于子欤。”

前人对此书多有肯定评价。如《四库全书总目提要》写道：书中所记多采纬书及道家依托之言，不免“庞杂”，“然引据浩博，文采瑰丽”，足为行文之助；“至其《国名纪》《发挥》《余论》，考证辨难，语多精核。”

《国名纪》部分，与中国南方民族史、志关系密切。它记载了众多的古代南方民族的族名与国名。其中主要条目有：荆、楚、句亶、越章、濮、罗、夔、賨、滇、越常、骆越、瓯越、西瓯、苍吾、桂国、损子、产里、九菌、巴、蛮人、三苗国、麇、蜀、庸、髳、彭、僰，等等。比如：

濮，

熊姓。《书》彭、濮。彭、濮人皆峡外，为楚害，楚灭之。预云，建宁郡南濮夷地，建建（宁之误）故县，今为镇，隶石首，以多曰百濮。

巴，

《海内南经》有巴国，所谓巴、賨、彭、濮者，伏羲后，生巴人。郭璞云，三巴国，今巴县是也。

蛮人，

龙苗之裔。今湖南北、桂林等处皆是，辰、澧、沅、湘之间尤盛。

三苗国，

周景式云，柴桑、彭泽之间，古三苗国，左洞庭、右彭蠡，负固而亡者。今衡、岳、潭之境而南海，亦有三苗国。

从中可见，《国名纪》中所记这些古代南方民族的族源、姓氏、居地、传说、历史等内容，对研究古代南方民族史、志具有参考价值。

此外，作者的评论，也不失为一家之言。如，越“芊姓，古南越。盟会图疏云：南越，广州。按，南越，桂林、象郡皆是，非姒姓之越，东南之越，诸儒皆一之，疏矣。”像这类东南之越并非同类的看法，可备一说。

需要指出的是，《国名纪》采诸家有关南方诸族之言，也有庞杂之弊；引用时，尚须加辨正。

《桂海虞衡志》

《桂海虞衡志》一卷，宋范成大撰。收入《说郛》《百川学海》《古今逸史》《唐宋丛书》《学海类编》《知不足斋丛书》《古今说海》《秘书二十一种》《说库》诸丛书中。

需要指出的是，原本远较今本为详，但已散佚。《四库全书总目提要》写道："检《文献通考·四裔考》中引《桂海虞衡志》几盈一卷，皆志蛮之文，而此本（指今本）悉不载。其余诸门，检《永乐大典》所引，亦多在此本之外。盖原书本三卷，而此本并为一卷，已刊削其大半，则诸物之或有或无亦非尽原书之故矣。"可见，在阅读今本《桂海虞衡志》的有关民族问题（即《志蛮》）篇时，必须参见《文献通考·四裔考》，以补其不足。

范成大（1126—1193 年），字致（或作"至"）能，号石湖居士，南宋吴县（今苏州）人，绍兴二十四年（1154 年）进士。官礼部员外郎，兼崇政殿说书，假资政殿大学士，充国信使使金，不辱命而还，除中书舍人。乾道九年（1173 年）任知静江府广西经略安抚使，在桂林任职两年。淳熙二年（1175 年），除敷文阁待制四川制置使知成都府。绍熙中卒。谥文穆。素有文名，尤工于诗。著有《石湖集》《揽辔录》《骖鸾录》《桂海虞衡志》《吴船录》《吴郡志》等。事迹俱见《宋史》本传。

写作经过。此书所记均广西事，范成大"自桂移蜀道中追忆昔游"而作（《文献通考》卷二〇五）。故可定成书于淳熙二年 (1175 年)。

此书内容。作者在序中写道："凡所登临之处与风物土宜，方志所未载者，萃为一书。蛮陬绝徼，可闻可纪者，亦附著之。"共十三篇。其篇名为：《志岩洞》《志金石》《志香》《志酒》《志器》《志禽》《志兽》《志虫鱼》《志花》《志果》《志草木》《杂志》《志蛮》。

《志蛮》篇，专记宋代广西诸族。其记述内容："广西经略使所领二十五郡，其外则西南诸蛮。蛮之区落，不可殚记，姑记其声问相接，帅司常有事于其地者数种，曰羁縻洞、曰瑶、曰僚、曰黎、曰蜑，通谓之蛮。"

《志蛮》篇所记"诸蛮"分述如下：

羁縻州洞条，是后人研究宋代羁縻州制经常引用的极为重要材料。其中写道：

羁縻州洞，隶邕州左右江者为多，……自唐以来内附，分析其种落，大者为州，小者为县，又小者为洞。国朝开拓寝广，州县洞五十余所，推其雄长者为首领，籍其民为壮丁。其人物犷悍，风俗荒怪，不可尽以中国教法绳治，姑羁縻之而已。有知州、权州、监州、知县、知洞，其次有同发遣、权发遣之属，谓之主户，余户皆称提陀，犹言百姓也。其田计口给民，不得典卖，惟自开荒者由己，谓之祖业口分田，知州别得养印田，犹圭田也，权州以下无印记者，得荫免田。既各服属其民，以攻剽山僚及博买嫁娶，所得生口，男女相配，给田使耕，教以武技，世世隶属，谓之家奴，亦曰家丁。民户强壮可教劝者，谓之田子甲，亦曰马前牌，总谓之洞丁。

这是涉及宋代广西壮族社会的政治制度、土地制度、阶级关系诸根本问题的全面记载。

还有，瑶条记述桂林西部瑶族；僚条记述右江一带僚族；蛮条记述广西化外之民；黎条记述雷州一带黎族；蜑条记述海上居民。其文字虽简略，而史料价值却极珍贵。

除《志蛮》篇外，其他各篇也在不同程度上与民族学有直接或间接的关系。如《杂志》篇，卷伴条载：

南州法度疏略，婚姻多不正，村落强暴窃人妻女以逃，转移他所，安居自若，谓之卷伴，言卷以为伴侣也。已而，复为他人卷去，至有历数卷未已者。其舅姑若前夫访知所在，诣官自陈，官为追究，往往所谓前夫，亦是卷伴得之，复为后人所卷。惟其亲父母兄弟及初娶者所诉，即归始初被卷之家。

这种“峤南风土之异”的“卷伴”奇风，对研究原始民族的抢婚制度，具有可谓难以匹比的史料参考价值。

历代记述民族地区风土人情的册籍，往往伴有离奇与附会之说，范成大著此书则不同，取材严谨、记事可信。《四库全书总目提要》赞道：“诸篇皆叙述简雅，无夸饰土风，附会古事之习。”

《岭外代答》

《岭外代答》十卷，宋周去非撰。马端临《文献通考》作十卷，明《永乐大典》并为二卷，清《四库全书》仍釐为十卷。收入《知不足斋丛书》《笔记小说大观》《丛书集成初编》等丛书本中。

周去非，字直夫，永嘉（今浙江温州）人。隆兴元年（1163 年）进士。淳熙（1174—1189 年）中通判桂林。

成书经过。据作者在《岭外代答》序中说：从桂林归来后，本范成大《桂海虞衡志》，而益以耳目所治，有问岭外事者，倦于应酬，书此示之，故曰“代答”。成书于淳熙五年（1178 年）。

此书内容“所记皆广西事”（《直斋书录解题》）。书分十卷二十门：卷一《地理》《边帅》；卷二《外国上》；卷三《外国下》，一门原脱标题，所言为军制、户籍制；卷四《风土》《法制》；卷五《财计》；卷六《器用》《服用》《食用》；卷七《香》《乐器》《宝货》《金石》；卷八《花木》；卷九《禽兽》；卷十《虫鱼》《古迹》《蛮俗》《志异》。共分二百九十四条。

书中所记与宋代岭南民族关系极为密切。其中黎母山条、海外黎蛮条、瑶人条、蜑蛮条记载宋代黎族、瑶族、蜑人的社会状况，沿边兵、土丁戍边、峒丁戍边、田子甲、峒丁、寨丁、土丁保丁诸条反映了宋代壮族武装力量与社会阶级关系的情况；西南夷条记载了西南五蕃的进贡制度；铜鼓条叙述了当时广西出土铜鼓的形状和文式。此外,《风土》门、《蛮俗》门、《志异》门保留了当时岭外诸族的居住、婚姻、记事、巫卜诸方面反映社会生活和习俗的珍贵历史资料。

《四库全书总目提要》对此书作了颇高评价：“其书条分缕析，视嵇含、刘恂诸书，叙述为详。所记西南诸夷，多据当时译者之词，音字未免舛讹。而边帅、法制、财计诸门，实足补正史所未备，不但纪土风物产，徒为谈助已也。”

范成大与周去非为同时代人,《岭外代答》即仿《桂海虞衡志》而作。因此，在研究宋代岭南民族问题时，可同时参看这两本书。

《岭外代答》与《桂海虞衡志》是研究宋代岭南民族所必须参考的极为重要的著作。这两部书，不仅较前人的《南方草木状》《岭表录异》诸书内容丰富，而且给明、清两代记述南方诸族的大批著作以深刻影响。

《溪蛮丛笑》

《溪蛮丛笑》一卷，宋朱辅撰。收入《续百川学说》《古今说海》《格致丛书》《说郛》《学海类编》《古今说部》《说库》等丛书中。

朱辅，字季公。关于作者的籍贯和时代，据《四库全书总目提要》称："桐乡人。不详其世履。唯《虎邱志》载所作《咏虎邱》诗一首，知为南宋末人耳。"近人已指出，此说有误。其实：第一，应是桐城（今安徽桐城）人。我国历来只有一个今浙江省的桐乡县，但此县始置于明代宣德五年（1430年），宋时的朱辅不可能有此属籍。而朱辅的祖父朱载上及父辈为"舒州桐城人"（见洪迈《容斋随笔四》二朱诗词条），因此，其孙朱辅当然是舒州桐城人。作者之所以在书前自署"桐乡朱辅"，这是因为朱氏家族自诩为西汉著名循吏"桐乡啬夫"朱邑的后裔所致。因此，题署桐乡，如同题郡望一样，只是显示荣耀，并非表示籍贯。第二，生于南宋初年。据楼钥《攻媿集》卷十的《送朱季公守封川》诗断定，朱辅生于绍兴壬戌年（即十二年，为1142年），上距南宋建国只十六年，其时为南宋初年。按《四库全书总目提要》定作者时代为"南宋末人"的原因在于：《虎邱志》一书一般是按作者年代先后编排诗作次序的，而朱辅的《咏虎邱》一诗恰好排在南宋末年诸人的诗作之间。但《虎邱志》一书编排错乱的事例颇多，因此，四库馆臣完全按此书的排列位置来确定朱辅生活的时代，这就得出了失实的结论。①

关于朱辅"仕履"的记载，虽颇为零星，但事迹也有可考者。据载，朱辅于淳熙丙午年（即十三年，为1186年）举进士，时年四十岁。其后，历仕沅州（治所在今湖南芷江）通判、严州通判、封州知州。

此书专记"溪蛮"。"溪蛮"，即"五溪蛮"，或称"武陵蛮"，指在辰州一带的"蛮人"。换言之，是书主要记述宋代湘西少数民族。因作者曾为沅州通判，因此，《四库全书总目提要》称："辅盖尝服官其地，故据所见闻，作为是书。"

全书共分七十九条。每条记事简要，从数字至数十字不等。所记可分为两大类：一为习俗；一为物产。主要内容有：左右押衙条、专事条、队小条反映其时

---

① 参见杨武泉：《〈溪蛮丛笑〉作者朱辅的籍贯与时代考》，载《中南民族学院学报》，1985（8）。

“溪蛮”的社会组织；骨债条、狗奴条反映“溪蛮”的阶级关系；辰砂条、粉红水银条记当地特产；仡佬裙条、不蓝带条、娘子布条、点蜡幔条、圈布条记织物及服饰；椎结条记发式；葫芦笙条、踏歌条、舞杴条记音乐舞蹈形式；固项条、筒环条记装饰物；门款条、仇杀条、洗面条记复仇遗习；木契条记刻木记事俗；钓藤酒条、不乃羹条记其特殊食品；羊棲条、打寮条记其居住形式；例牛条记占卜形式；铜鼓条记述铜鼓的文式与形状；爬船条反映了五溪蛮与楚俗的关系。

该书极富史料价值。它较早记述五溪蛮的具体习俗，不仅无荒诞不经之说，而且可征之于后世民族习俗，故颇具真实性。《四库全书总目提要》说：是书“所记诸蛮风土物产颇备，如兰干布之传于汉代，三脊茅之出于包茅山，数典亦为详赡。至其俗尚之异，种类之别，曲折纤悉，胪列明晰，事虽鄙而词颇雅，可谓工于叙述，用资考证，多益见闻，固不容以琐屑废焉。”

此书是研究今苗、瑶、仡佬诸族历史的一部参考书。叶钱序是书时写道：“五溪蛮皆槃瓠种也。聚落区分，名亦随异，沅其故壤，环四封而居者，今有五：曰苗、曰瑶、曰僚、曰仡伶、曰仡佬，风俗气习，大抵相似。”可证此书所记包括苗、瑶诸族。如书中所载“溪蛮”的门款制度、点蜡幔（蜡染）、六管芦笙、刻木记事、杀牛祭祖等习俗，都与后世苗族实际情况相符。

需要指出的是，作者的民族偏见较深。以《溪蛮丛笑》书名本身，就包含有对五溪地区少数民族讪笑之意。这是阅读此书时，要加以注意的。

《南海百咏》

《南海百咏》一卷，宋方信孺撰。《琳琅秘室丛书》《岭南丛书》《丛书集成初编》等丛书中收入。

方信孺，字孚若，兴化军（今福建莆田）人。南宋孝宗淳熙四年（1177年）生，宁宗嘉庆十五年（1222年）卒。以父荫补番禺县尉。开禧中假朝奉郎使金。嘉定年间，曾先后官肇庆通判、知韶州、迁广西提刑兼判漕。事迹俱见《宋史》本传。

是编为官番禺尉时所作，始刻于元大德年间。此书内容如叶孝锡序所说："访秦汉以来，数百年莽苍之迹可考者百，而缀以诗。"即，取南海古迹，每一事为七言绝句一首，每题之下，各注其始末。

此书的主要价值表现为：第一，在文学上，"宫羽协谐，经纬丽密"（宋刘后村序言），以韵藻著称。第二，是考证诸书关于南海史实之误。清吴蓝修跋云："每题各就缘始，时有考证。如辨任嚣城非子城，卢循故居非刘王廪，石门非韩千秋覆军处，皆足以正《岭表异录》(《岭表录异》之别名)、《番禺杂志》诸书之失。"第三，保留了已佚古籍有关岭南事迹的材料。如《四库全书总目提要》称：是书"所引沈怀远《南越志》、郑熊《番禺杂志》，近多不传。"第四，记载了宋代有价值的史料。如，记广州南海神庙中的铜鼓，自唐以来"凡春秋享祀，必杂众乐击之以侑神"，并咏道："石鼓嵯峨尚有文，旧题铜鼓更无人；宝钗寂寞蛮花老，空和楚歌迎送神。"这段关于当时广州地区铜鼓赛神盛况的记咏，有益于铜鼓史的研究。

此书对研究岭南地方史及民族史均有参考价值。注中多记五代南汉刘氏事。间有涉及秦、汉南越国历史及岭南越人事，如任嚣城、任嚣墓、越井岗、越井台、胡汉台、石门、赵陀疑冢、马鞍山、铜鼓诸记及诗，均属此例。石门记，考订诸籍关于积石和石门为韩千秋覆军处之说的错误，更对南越国史的研究有所裨益。书中写道："石门，在州西南二十里，或谓十五里。《郡国志》及《图经》云，吕嘉拒汉，积石江心为门。《岭表录异》云，汉将军韩千秋征南越，全军覆没之地也。按，《汉书》云，韩千秋兵之入也，未至番禺四十里，越以兵击千秋等，灭之；又，元鼎六年冬，楼船将军将精卒先陷寻狭，破石门。以此考之，则石门非千秋覆军之处，乃楼船破越之地也。而两山盖自宇宙以来之物，积石之说，其谬可知。”

该书对后世的影响。后世舆地和笔记一类书籍所记述的南越王时事的传说，有的即源于作者所记，或出自作者所征引的已佚《南越志》《番禺杂志》。如，明黄佐《广东通志》多征引此书，即一例。

《漳州谕畲》

《漳州谕畲》，南宋刘克庄撰。收入《后村先生大全集》卷九三。

刘克庄（1187—1269 年），莆田（福建今县名）人，字潜夫，号后村。宋嘉定二年（1209 年）以郊恩官建阳县（福建今县名），其后，通判吉州（今江西吉安）。端平二年（1235 年）除枢密院编修官。淳祐六年（1246 年），特赐同进士出身，除秘书少监，兼中书舍人。劾罢，知漳州（治所在今福建漳州市），《漳州谕畲》即作于此时。累官权工部尚书、龙图阁学士。成淳五年（1269 年），卒，谥文定。著作收入《后村先生大全集》，载《四部丛刊初编·集部》（据赐砚堂抄本缩印）。清乾隆《莆田县志·人物志》卷二二，称誉刘克庄“学问充积，甚有文名”，“学贯古今，文追骚雅”。

此书记述了宋代福建漳州一带的畲族社会状况。主要内容有：

最早出现“畲”的族称。“凡溪洞种类不一，曰蛮、曰瑶、曰黎、曰蜑，在漳者曰畲。”

漳州畲民分布。“西畲隶龙溪（今漳州市），犹是龙溪人也；南畲隶漳浦（今漳浦）。”

宋代畲民的生产、生活情况。西畲、南畲，“二畲皆刀耕火耘，崖栖谷汲”。

畲民与封建王朝关系。“有国者以不治治之，畲民不悦（役），畲田不税，其来久矣。”

阶级关系。内部出现了阶级分化，畲民归“酋长”一类的统治阶级管辖，“南畲三十余所，酋长各籍户口三十余家，愿为版籍民”。外部受汉族地主和封建官吏的盘剥，“贵家辟产，稍侵其疆；豪幹诛货，稍笼共利；官吏又征求土物蜜蜡、虎革、猿皮之类”。

反抗活动。正确分析了畲民起义的原因：“夫致盗必有由，余前所谓贵家辟产诛货，官吏征求土地是也。”“畲人弗堪，诉于郡弗省，遂怙众据险，剽掠省地。”记述了起义的规模与过程：起义军攻打漳州府城，“距城仅二十里，郡岌岌甚矣。”“一城红巾满野，久戍不解。”由于宋王朝采用“且捕且招”的政策，反抗活动终被平息。

盘瓠图腾崇拜。“余读诸畲款状，有自称盘护（瓠）孙者。”这是畲族崇奉盘瓠为祖先的首次可靠纪录。

总之，此书记述了宋代畲族的称谓、分布地区、社会经济生活和阶级关系、畲民与封建王朝的关系、反抗活动、图腾崇拜等内容。它是最早记载畲族的珍贵历史文献，对研究畲族的历史和社会具有重要价值。

《诸蕃志》

《诸蕃志》二卷，宋赵汝适撰。《函海》《学津讨原》《丛书集成初编》等丛书，均收有此书。1956年中华书局版冯承钧《诸蕃志校注》，该本以《函海》《学津讨原》等本互校，又据《通典》《岭外代答》《文献通考》诸书正误补缺，极有价值。

赵汝适，据《宋史》宗室世系表，得知其为赵宋皇族，上距宋太宗已有五世。其他事迹无考。此书是他提举福建路市舶时所作。

此书有南宋理宗宝庆元年（1225年）自序。序中在谈及成书经过时写道：访问外商，知其国名、风土、道里、物产，然后“删其秽渫，存其事实”而成是书。当时，宋已南渡，与外国交往主要依靠海上交通，“故所言皆海国之事”。

此书是研究中西交通史的一部重要参考书。卷上，记载交趾、占城、真腊、三佛齐、大秦、天竺、大食、新罗、倭等诸“国”共四十五条。卷下，“志物”，即记载海外输入的货物，计有脑子、乳香、没药、安息香、栀子花、沉香、檀香、丁香、波罗蜜、槟榔、椰子、胡椒、琉璃、象牙、犀象、鹦鹉、瑇瑁等四十七种。

此书为后世所推崇。据《四库全书总目提要》评：“是书所记，皆得诸见闻，亲为询访，宜其叙述详核，为史家之所依据矣。”其所记多为《文献通考》与《宋史》所征引。而且此书体例属“杂志”类，其叙述方法与“史传”不同。《宋史·外国传》详事迹而略于风土物产；《诸蕃志》则详风土物产而略于事迹。故两书可互为补充。但限于时人对海外知之尚浅，作者又未亲历其境，故所记难免有穿凿错失之处。

此书也是研究宋代海南黎族的一部必具古籍。卷下有“海南”一条，附于卷尾，其中分海南、琼州、昌化、黎蛮四部分。其主要价值如下：

保留了海南黎族与内地经济往来的珍贵史料。据载：黎峒出产的沉香、蓬莱香、笺香、槟榔、椰子、吉贝、翠羽、黄蜡、赤白藤和青桂及花梨等贵重木材，通过汉商转运至大陆销售。

描绘了宋代黎族社会面貌。“去省地远者为生黎，近者为熟黎，各以所迩，隶于四军州。黎之峒落，日以繁滋，不知其几千百也，咸无统属，峒自为雄长。止于王、符、张、李数姓，同姓为婚。省民之负罪者，多逋逃归之。其人椎髻跣足，插银铜锡钗，妇人加铜环，耳坠垂肩。女及笄，即黥颊为细花纹，谓之绣面。女既黥，集亲客相贺庆，惟婢获则不绣面。女工纺织，得中土绮綵，拆取色丝，如木棉挑织为单幕，又纯织木棉吉贝为布。祭神以牛犬鸡彘，多至百牲。无盐铁鱼虾，以沉香缦布木棉麻皮等就省地博易，得钱无所用也。屋宇以竹为棚，下居牧畜，人处其上。男子常带长靶刀，长弰刀弓，跬步不离。……议婚姻，折箭为质。聚会，椎鼓舞歌。死必杀牛以祭。”从中可见宋代黎族的社会组织、装饰、经济生活、居住、婚葬诸习俗。

记述了黎洞首臣服宋王朝的事实。“淳熙元年，五指山生黎洞首王仲期，率其旁八十洞，丁口千八百二十归化。仲期与诸洞首王仲文等八十一人诣琼管公参，就显应庙研石歃血，约誓改过，不复抄掠，犒赐遣归。琼守图其形状衣裘上经略司，髻露者，以绛帛约髻根，或以彩帛包髻，或戴小花笠，皆簪二银篦，亦有着短织花裙者，惟王仲期青巾红锦袍束带，自云，祖父宣和中尝纳土补官，赐锦袍云。”

《云南志略》

《云南志略》，元李京撰。原书已佚，现存本是从《永乐大典》中辑出，《说郛》和《云南备征志》收入此书。江应樑《百夷传校注》一书据《说郛》本，附录于后。

李京，字景山，河间（今河北河间）人。元成宗大德五年（1301 年），由枢密宣慰乌蛮等地，寻升乌撒乌蒙道宣慰副使，佩虎符，兼管军万户府。①

成书经过。据李元阳《云南通志・艺文志》所载李京《云南志略》序云："盖尝览乐史《寰宇记》、樊绰《云南志》及郭松年《南诏纪行》，穷疑多载怪诞不经之说。大德五年，奉命宣慰乌蛮，比到任，值缅事无成，诸蛮拒命，屡被省檄办军储事，乌蛮、六诏、金齿、百夷，二年之间，奔走几遍。于是山川、地理、土产、风俗，颇得其详，始悟前人记载之失，盖道听途说，非身所经历故也。自以所见，参考众说，编集《云南志略》四卷。"又，据《道园学古录》卷五载虞集《云南志略》序说：李景山"周履云南，悉其见闻，为《志略》四卷，因报政上之。"可见，其成书约于大德七八年（1303—1304 年）间。由于此书为作者所记亲身见闻，故堪称翔实。

此书原有四卷，但今本仅存《云南总叙》与《诸夷风俗》两篇，尚不足一卷。《云南总叙》又分云南通中国史、爨人之名始初、云南建国称王始此三条，系统而简要地叙述了从秦至元代的云南历史。《诸夷风俗》则分述"白人"（爨人）、"罗罗"（乌蛮）、"金齿百夷""末些蛮""土獠蛮""野蛮""斡泥蛮""蒲蛮"诸族的社会生活。

《云南志略》是元代有关云南诸族情况的唯一较为详尽的册籍，也是云南最早的志书。由于此书所采用的大理图籍及元初政书，后已散佚；加之，其记述诸族事多为作者周历云南的见闻所得，故极具史料价值。比如，其中所记金齿百夷事，虽只是书中一条目，但却是难得的原始材料。

《云南志略》为后世记述云南事略所本。明人钱古训、李思聪撰《百夷传》，即曾参用此书。《百夷传》中，有的直抄《云南志略》文，有的则受其影响，有的还标明事见《云南志略》。又如，景泰《云南志》中关于元代及元代以前之事，也多出自《云南志略》。均可证。

---

① 参见（清）师范：《滇系》，卷五，《职官》。

《平瑶记》

《平瑶记》(全称《广西都元帅章公平猺记》),元虞集撰。收入《道园学古录》卷三八。《四库全书》《四部备要》《四本丛刊》等均收有《道园学古录》一书。

虞集,字伯生,号道园,随父居崇仁(江西今县名)。元大德(1297—1307年)初,荐授大都路儒学教授。延祐六年(1319年),除翰林待制,兼国史院编修官。泰定(1324—1328年)初,除国子司业,迁秘书少监。元文宗时,除奎章阁侍业学士。任《经世大典》总裁,一时大典册,咸出其手。至正八年(1348年)卒,年七十七,谥文靖。早年曾在书舍书邵尧夫诗,题曰邵庵,故世称邵庵先生。平生为文万篇,有《道园学古录》《道园类稿》《平瑶记》。事迹俱见《元史》本传。

此书成书于至正元年(1341年)五月。记元统治者镇压广西瑶民反抗之事。据《四库全书总目提要》载:"元统二年(1334年)冬,瑶寇贺州(故治在今广西贺县)、富州(治今广西昭平县)。至元元年(1335年),广西宣慰使章巴颜讨平之。集为记其始末。"

首记元代广西的民族概况与统治者的治策。"桂林之所统,蹁绝高险,外薄海岛,幅员数千里,山川郁结,瘴疠时起。朝廷宽其徭役,简其法令,吏乎其地者秩优而俸厚,盖所以哀其远而安其生者也。而其俗之难制则固有之。若所谓曰生瑶曰熟瑶曰僮人曰款人之目,皆强犷之标也。曰溪曰洞曰源曰寨曰团曰隘之属,皆负固自保因以肆暴之所也。"

继而探求瑶民起事之因。瑶人"皆有血气之亲,口体之欲,苟得所养而安其所利,其情状可知也。抚字以其方,责厉以其义,号令以其信,坚甲利兵以临之,则悍然不顾,勃然不逊者,或寡矣。或者欺其而无告,掊克残忍之不厌,是非不明而举措颠倒,以害其生,以拂其性。虽善良懦弱,尤不免动作,况素不知教令者乎?"作者指出,政治上的欺凌与经济上的掊克,是造成瑶民反抗的根源。可见,在当时的历史条件下,虞集的民族观是有其积极意义的。

全书着重叙述了镇压瑶民起义的全过程。据该书载:元统二年十月,瑶众起贺州富川县境,"据其山险,连引数百里"。并进入湖南永明、江华等县。其后,活动地区曾及广西之平乐府、阳朔、灵川县、临桂县、荔浦县、岑溪县、宾州、贵州

(治今贵县)、迁江县等府州县。广西宣慰使兼都元帅章巴颜用武力与招抚并施的办法，于至元元年平息了这一事件。从中可见，这次瑶民起义范围之广与势力之盛。

提供了瑶、壮、汉诸族共同反元的历史资料。文中写道：章巴颜引兵至来宾县，“得世为瑶乡导者潘寿、撞（僮）人从贼者韦明等三十六人，皆枭之”。“柳州儿岭李全甫子侄僭称王号，执我万户哈剌不花，杀千户万蛮歹，流劫乡村，烧毁仓库，累降累叛，投充屯撞（僮），窥伺兵机。”

阐述了元统治者袭用的“以蛮制蛮”的政策。即所谓“以蛮夷攻蛮夷，古之道也。藉撞（僮）人以制瑶，撞（僮）强而败，假融款以制撞（僮），款盛则又助叛者，此方略之所以存乎其人也”。

总之，此书是研究元代瑶民起义的重要资料，对研究元代广西诸族及元统治者的治策，也有所帮助。

《南村辍耕录》

《南村辍耕录》三十卷，元陶宗仪撰。有元刻本及明刻本多种。收入《津逮秘书》等丛书本中。1923 年武进陶氏影印元刻本，1959 年中华书局以陶氏本为底本，断句重刊，收入《元明史料笔记丛书》中。

陶宗仪，字九成，号南村，元末明初浙江黄岩人，后居松江。元末举进士，不中，即绝仕途。隐居松江乡村，教授自给。洪武初，累征不就。晚岁，有司聘为教官。精古学、工诗文，无所不窥，著述不断。编著有《国风尊经》《南村诗集》《沧浪櫂歌》《说郛》《书史会要》《四书备遗》《草莽私乘》《古刻丛钞》《南村辍耕录》。事迹俱见《明史》本传。

成书经过与书名来由。据《南村辍耕录》孙作序：陶宗仪“家于松南，作劳之暇，每以笔墨自随，时时辍耕，休于树阴，抱膝而叹，鼓腹而歌，遇事肯綮，摘叶书之，贮之破盎，去则埋于树根，人莫测焉。如是者十载，遂累盎至十数。一日，尽发其藏，俾门人小子，萃而录之，得凡若干条，合三十卷，题曰《南村辍耕录》”。

成书年代。据《四库全书总目提要》考：“前有至正丙午孙作序，书中称明兵曰集庆军或曰江南游军。盖丙午为至正二十七年（1368 年），犹未入明时所作也。”

此书是一部享有盛名的笔记，全书共记事五百八十五条。内容包罗万象，编次漫无条理。举凡天文历算、地理气候，典章制度、掌故文物、神仙鬼怪、民间琐事，以及小说戏剧、诗词歌谣、书法绘画，都有载及。其主要价值有二：一是大部分条目均抄录前人或同时代人著作，而这些著作不少已佚失，故此书颇具保存资料价值；二是书中载其亲身闻见，对研究元末社会有较高史料价值。

该书也涉及元代南方民族的某些问题。其中较为突出的有：

卷八志苗条、卷十越民考条，详细记载了元末武冈苗帅杨完者的事迹，并由此铺叙了“溪洞蛮人”的种类、服饰、称谓、军制诸项。这对了解元代统治者如何利用南方少数民族的首领镇压农民起义一事，对了解元代溪洞蛮社会，都提供了具体材料。

卷十乌蜑户条写道：“广海采珠之人，悬絙于腰，沉入海中，良久得珠，撼其絙，舶上人絜出之。葬于鼋鼍蛟龙之腹者，比比有焉。”使人们对古代越人后裔、元代蜑户的采珠生活有了具体了解。

卷二四黄道婆条载黄道婆从崖州来松江乌泥泾推广黎族先进棉纺技术和工具的事迹："国初时，有一妪名黄道婆者，自崖州来，乃教以做造捍弹纺织之具，至于错纱配色，综线挈花，各有其法。以故织成被褥带帨，其上折枝团凤棋局字样，粲然若洁。"这是关于黎、汉人民间经济交流的重要史料。

《异域志》

《异域志》上、下两卷，元末周致中撰辑。收入《夷门广牍》《丛书集成初编》本等丛书中。

周致中，生平不详。关于此书作者，《四库全书总目提要》写道：是书，“不著撰人名氏。篇首胡惟庸序曰：《羸虫录》者，予自吴元年丁未出镇江陵，有处士周致中者，前元之知院也，持是录献于军门。则此书初名《羸虫录》，为周致中所作。又，开济跋曰：是书吾兄得之于青宫，乃国初之故物，今吾兄重编，更其名曰《异域志》。则此书名《异域志》乃开济之兄所更定。然考明太祖于元至正二十四年（1364 年）甲辰，建国号曰吴，丁未当称吴三年（实为吴四年，即 1367 年），不得称元年。又，济跋题壬午长至，为惠帝建文四年（1402 年），其时济被诛已久，不应作跋。疑皆出于依托也。”此说可供参考。

此书上卷六八条，下卷一〇二四条，总共一百九十二条。每条分列一国或一族类，除记国内民族外，还记众多外国。关于南方民族条目主要有：焚人、西南夷、散毛、僚、木直夷、潦查（俗呼老抓）、盘瓠、敢人国、啰啰、阿丹、蜒蛮、五溪蛮、生黎、熟黎、苗、洞蛮、缴濮国。

这是按族类记述南方民族的时代稍早的著作，集中除去夹杂的一些荒诞记载外，对南方民族史的研究颇具史料价值。比如：

记打牙僑僚的地域和名称。僚条载：僚在牂牁，“有打牙者，谓打牙僑僚，种类最多，……张犷难服”。此打牙僑僚，即后世的打牙仡佬。

记元代三种蜒户。蜒蛮条载：蜒蛮，“今广取珠之蜒户是也。蜒有三：一为鱼蜒，善举纲垂纶；二为蠔蜒，善没海取蠔；三为木蜒，善伐木取林。蜒极贫，皆鹑衣，得物米妻子共之”。

记悬棺葬。五溪蛮条载：洞蛮，“临江高山，凿龛以葬”。

记原始婚姻制遗习。苗条载：“娶妻答歌相合，遂为夫妇。”

记元代土官。洞蛮条载：广西洞蛮“有土官掌之。”

《招捕总录》

清嘉庆阮元《宛委别藏》与清道光钱熙祚《守山阁丛书》本，均收有《招捕总录》一卷，并不著撰人名氏。其实，此书出自苏天爵《元文类》中所载《经世大典序录》之《招捕》篇的传抄本，名异而实同。但是，《宛委别藏》《守山阁丛书》所收《招捕总录》与《元文类》的《招捕》篇相较，文字略有差异，可互相参看参校。

此书当源于官府档册之文。所记多为元统治者招捕南方诸族事，起于元世祖至元，止于英宗至治年间。共载有二十九条目，其中主要有：云南，大理金齿，罗罗斯，车里，乌撒、乌蒙、东川、茫部，八百媳妇，八番、顺元诸蛮，宋隆济，广西两江，黄圣许，海北、海南，广东，江西，福建，浙东，湖北，湖南，四川，西番等。

此书的不少内容未见于正史，故可补史传之不足。而且，“虽篇帙无多而叙述典雅，弥足为信”。[①]

此书对南方民族研究具有十分重要的价值。这是因为：

第一，此书相当广泛地记述了整个南方地区（云、贵、川、两湖、两广、海南、赣、闽、浙）的众多民族的重大历史事件。由于元代关于南方民族的史料较少，更使是书弥为珍贵。

第二，由于《元史》本身未列蛮夷传卷目，而柯绍忞《新元史》新增《云南湖广四川等处蛮夷传》又多抄袭《招捕总录》而成，只是文字有所改动而已。因此，引用《新元史》的有关材料，还不如径直采用此书内容。可以说，此书实际上可起《元史》蛮夷传的作用。

此书之失，在于编次有些错乱。如，广西两江条下载：“至大二年，常豊洞蛮大弟什用纠集洗王不鬼散毛等洞蛮劫掠永宁之阿那禾寨。”此为把两湖蛮人错归入广西两江地区之例。像这种归类不当的事例，文中时有所见。这是在阅读此书时需要加以辨别的。

① （清）阮元：《揅研堂外集·四库未收书提要》，卷五。

《百夷传》

《百夷传》一卷。

关于《百夷传》作者，向来聚讼纷纭。最早全文转载《百夷传》者，为明景泰时陈文等纂修的《云南图经志书》，署名为李思聪撰；万历时张萱撰《西园闻见录》中收入的《百夷传》，则署名为钱古训作，《四库全书总目提要》也断为钱古训所作。

钱古训、李思聪均是明洪武时进士。钱古训号坚斋，浙江余姚（今地名同）人，吴越王钱镠的十六世孙；李思聪是湖广桂阳（今湖南零陵）人。两人同官行人司行人。时因百夷即麓川平缅宣慰司与缅国连岁构兵，他们一起奉诏往谕。回朝复命后，上所著《百夷传》，为朱元璋所重，李思聪升任江西参政，钱古训升任湖广参政。

关于此书的作者、写作及流传经过，不同本子的内容异同，据江应樑先生考证：钱、李奉使归来后，著《百夷传》以献，朱元璋阅后，即命史官付存史馆。此为《百夷传》的进呈本，藏之内府。事后，钱、李两人据此进呈本，各自加工整理写成两种《百夷传》，流传出来。于是，后人看到李著本，就认为《百夷传》为李思聪作，看到钱著本，又认为是钱古训所著。李著本，首见于景泰《云南图经志书》，以后所有地方志或私家著作中所转载摘录者，均为李著。而钱著又有两种不同本子，《西园闻见录》所载为初稿本；1929年江苏国学图书馆影印的丁氏所藏明抄本及其他各家手抄本，则是经作者补充修改后的完整本。对比钱、李两书，最大的相同处是章节结构完全一致，主要内容大体相同。不同处是字句差异很大，记载详略不同，内容也有若干差异。钱书内容比李书丰富，多了朱元璋的两道谕旨，钱古训给思仑的书函。[①]

钱古训《百夷传》一书，有1980年云南人民出版社出版的江应樑校注本。校注本以丁氏所藏明抄本为底本，其释文则旁征博引有关文献，加以排比评说，字数大大超过原文。故校注本不仅使用称便，且可视为对于百夷史研究具有重要价值的学术著作。书后附有李思聪撰《百夷传》及有关文献。

《百夷传》记载了五百多年前居住在今天云南德宏傣族景颇族自治州境内的傣

① 见《百夷传校注》，序言。

族及其他少数民族的历史、山川、人物、风俗、道路等各方面的情况。该书是作者亲历其境而记其见闻，故可征信。著家历来重视此书，成为地方史志及私家著作中广为抄录引用的第一手材料。该书不仅是研究麓川百夷的古代历史和社会的最重要史料，而且还可补史书之不足。

《南夷书》

《南夷书》一卷，明张洪撰。有北京图书馆（今国家图书馆）藏《四库全书》存目进呈本。江应樑《百夷传校注》一书作附录收入。

张洪，字宗海，常熟人。洪熙初，召入翰林，官修撰。永乐元年（1403 年），预修永乐大典。曾使日本和缅甸。著有《四书解义》《周易会通》《尚书补传》《诗经正义》《春秋说约》《礼记总类》《历代诗选》《史记要语》《琴川新志》《日本补遗》等。

成书经过。据《四库全书总目提要》称："是编乃永乐四年缅甸宣慰使那罗塔劫杀孟养宣慰使刁查及思欒发而据其地，洪时为行齎人敕往谕，因采摭见闻，记其梗概。"当时，张洪除写《南夷书》外，又著《使规》，惜已失传。

此书内容。开头简述元兵入云南、置行省、赛典赤治滇"夷"政绩事。主要按年代次序记载明代洪武四年（1371 年）至永乐四年（1406 年）事。其中主要事件有：明军征取云南、设立布政司与诸卫事；明初平定麓川、东川、宜良、越州、永宁诸土司事；木邦与麓川之争及缅甸与孟养之争的经过及处理事。

作者据纪录及见闻而编辑是书。其内容与史籍相较，互有详略，各有异同，有些细节还不见于他书，可相参证。记明代事迹，多可取。是研究明代云南民族问题的有价值的原始资料。

《王文成公全书》

《王文成公全书》三十八卷，明王守仁撰。有隆庆本，同治、光绪本，并收入《四部丛刊》《四部备要》丛书中。

王守仁，字伯安，浙江余姚人。弘治十二年（1499年）进士。正德元年（1506年），以论救言官戴铣等忤刘瑾，谪贵州龙场驿（在修文县治）丞。瑾诛，量移庐陵（今江西吉安）知县。十一年（1516年），累擢右佥都御史，巡抚南赣。镇压当地人民的反抗，平定宸濠之乱。嘉靖六年（1527年），总督两广兼巡抚。平思恩（治今武鸣县）、田州（治今百色县东）土酋卢苏、王受之乱，镇压八寨、断藤峡瑶民的反抗活动。卒年五十七岁，谥文成。其学主良知良能，世称“姚江派”。尝筑室阳明洞中，学者称阳明先生，世有“阳明学”。著有《王文成公全书》。《四库全书总目提要》称其“为文博大昌达，诗亦秀逸有致”，文章足以传世也。事迹俱见《明史》本传。

此书卷目：卷一至卷三，语录，传习录。卷四，文录，书（正德己巳至庚辰）。卷五，文录，书（始正德辛巳至嘉靖乙酉）。卷六，文录，书（始嘉靖丙戌至戊子）。卷七，文录，序、论、说。卷八，文录，杂著。卷九至卷十五，别录，奏疏。卷十六，别录，公移（提督南赣军务，征横水、桶冈、三浰）。卷十七，别录，公移（巡抚江西，征宁藩）。卷十八，公移（总督两广，平定思、田，征剿八寨）。卷十九至卷二五，外集。卷二六至二九续编。卷三〇，续编，三征公移逸稿（南赣公移凡三十三条，思、田公移凡四十九条）。卷三一，续编，征藩公移。卷三二至卷三四，附录，年谱。卷三五至卷三六，年谱附录。卷三七，附录，世德纪。卷三八，世德纪附录。其中，传习录，为王守仁在时其门人徐爱所辑，钱德洪所删定；其余卷目，为王守仁死后，德洪所编次；附录，则为德洪与王畿所纂集。

此书保存了明代中期畲民起义，思、田土司之乱，大藤峡瑶民起义的大量资料。有关畲民起义的资料，书中主要集中于王守仁巡抚南赣期间的奏疏与公移中；有关思、田土司之乱与大藤峡瑶民起义的材料，则大多集中于王守仁总督两广的奏疏与公移中。

正德十一年（1516年），爆发了谢志珊、蓝天凤等领导的江西赣州等地畲、汉诸族人民起义。这次起义，为南赣巡抚王守仁所镇压。书中的攻治盗贼二策疏（卷九），疏通盐法疏（卷九），立崇义县治疏（卷十），横水、桶冈捷音疏（卷十），添设和平县治疏（卷十一），征剿横水、桶冈分委统哨牌（卷十六）等众多条目，对此均有反映。

嘉靖六年（1527年），广西思恩、田州土酋卢苏、王受反。总督姚镆不能定，乃诏王守仁总督两广兼巡抚。书中记录了平思、田土司之乱的全过程。如：赴任谢恩遂陈肤见疏（卷十四），力陈用兵之非与改土归流之不可行，阐明了王守仁处理这一事件的基本方针。奏报田州、思恩平复记（卷十四），叙述了平定此次反叛的始末。处置平复地方以图久安疏（卷十四），则提出了系统的善后处理办法；其要点是“特设流官以制土官之势”，“仍立土官知州以顺土夷之情”，“分设土官巡检以散各夷之党”。应该说，王守仁这三份奏疏，是研究平定思、恩土司之乱的极为重要的资料。《明史·王守仁传》的有关段落，也主要据此写成。

嘉靖六年，大藤峡地区爆发了瑶民的反抗斗争。大藤峡，在广西桂平县西北六十里，因峡中有大藤横卧江面而得名。该地区，以今金秀瑶族自治县为中心，包括武宣、象州、蒙山、贵县、桂平、藤县之间的广大山区。成化间，明将韩雍砍断大藤而易名“断藤峡”。书中关于王守仁镇压大藤峡瑶民与八寨瑶、壮民反抗活动的主要条目有：征剿稔恶瑶贼疏，八寨、断藤峡捷音疏，处置八寨、断藤峡以图永安疏等。

此外，书中还有颇为详细的涉及明代土官制与土兵制的材料。

在对待土官宜存宜废的问题上，明统治阶级内部意见不一。王守仁主张流官之不可设，陈言：“臣又闻诸两省士民之言，皆谓流官之设徒有虚名，而反受实祸。诘其所以，皆云：思恩未设流官之前，土人岁出土兵三千，以听官府之调遣；既设流官之后，官府岁发民兵数千，以防土人之反复。……且思恩自设流官以来，十八九年间反者五六起，前后征剿，曾无休息。”“田州切邻交趾，其间深山绝谷，皆瑶僮之所盘据，动以千百，必须仍存土官，则可藉其兵力，以为中土屏蔽。若尽杀其人，改土为流，则边鄙之患，我自当之。自撤藩篱，非久安之计。”这是明代反对废除土官的富有代表性的意见。

要研究明代土兵制，必须参阅此书的有关条目。如：卷十六之选拣民兵；卷十八之犒谕都康等州官男彭一等、劄付永顺宣慰司官舍彭宗舜冠带听调、犒送湖兵、调发土兵、戒谕土目、牌行委官林应骢督谕土目、犒劳从征土目；卷三〇之给思明州官孙黄永宁冠带劄付牌，省发土官罗廷凤等牌，给迁隆寨巡检黄添贵冠带牌，委土目蔡德政统率各土目牌，调发土官岑瓛牌，分调土官韦虎林进剿事宜牌，行左江道犒赏湖兵牌，土舍彭荩臣军前冠带劄付，奖劳永保二司官舍土目牌，行右江道犒赏卢苏、王受牌，给土目行粮牌等。从中可见，明代土兵规模之大与地位之重要。

总之，此书对研究明代畲、瑶、壮诸族的社会、反抗活动、统治阶级的治策、民族关系，对研究明代的土官制度、土兵制度等内容，均具有参考价值。

《滇载记》

《滇载记》一卷，明杨慎撰。收入《历代小史》《广百川学海》《纪录汇编》《古今说海》《函海》《艺海珠尘》《学海类编》《云南备徵志》等丛书中。

杨慎，字用修，号升菴，四川新都人。弘治元年（1488年）生。正德六年（1511年）廷试第一，时年二十四虚岁，授翰林院修撰。嘉靖三年（1524年），召为翰林学士。大礼议起，疏力谏，削籍，遣戍云南永昌卫（今保山）。据乾隆《贵州通志》卷三二载：在此期间，"尝往来黔中"。嘉靖三十八年（1559年），年七十二卒于云南。居滇三十五年，名望甚高。杨慎在滇多暇，书无所不览。史誉："明世记诵之博，著作之富，惟慎为第一。"除诗文外，杂著至一百多种，有《升菴集》八十一卷。事迹俱见《明史》本传。

《滇载记》约成书于嘉靖初年。是书为史部载记类，《明史・艺文志》则归入杂史类。属编撰之书，其资料来源，有出自已译成汉文的白文《白古通记》《玄峰年运志》（均已佚），有录自汉文史籍。记滇域史迹，起于汉迄于明初。按先后掌政的张氏、蒙氏、郑氏、赵氏、杨氏、段氏诸大姓的次序，下系这期间发生大事的方式加以叙述。《四库全书总目提要》说："是书乃其（指杨慎）谪戍云南时所作。统记滇域原始，及各部姓种类。旧本与《滇程记》合为一篇，今以一为行记，一为地志，析之各著录焉。"

《滇载记》是研究云南地区民族史及其与历代中央王朝关系的重要参考资料。

《君子堂日询手镜》

《君子堂日询手镜》一卷，明王济撰。收入《纪录汇编》《说库》《丛书集成初编》等丛书中。

王济，吴兴人。正德十六年（1521 年）判横州（治今广西横县）。① 故本书叙述，多采用横州与江浙作比较的方法。

成书经过与书名题解。据作者于嘉靖元年（1522 年）为此书作序说："广西横州乃旧合浦郡也，余窃禄于兹，见其风气绝与吴浙不同，故每遇事，必细询之不倦，是以郡内山川物产、民情土俗，颇得一二。"在官二百五十天，因母病归家，"居常与宾客樽俎间，每有谈及治内事者，余性疏懒，又拙于应对，故暇时忆一事则书一事于故楮，积久成帙，录而入梓，或有问及，则以一帙呈焉，以代口舌。题其首为《君子堂日询手镜》，君子堂者，郡廨侧燕息所也。"意为：作者于广西横州为官大半年，返乡后，忆录"郡内山川出产、民情土俗"等事以备答问，又因其官横州时所居名为"君子堂"，故以此名书。

此书共三十六条，记述龙骨树、种人山子、土俗婚嫁、竹、竹鼠、兰、铁树、古钵山、室华山、奇花异卉、果蓏、妇女荷担贸易、食槟榔、乌蛮滩、牛皮滩、墟市、黎人、徭人、巫鬼、铁栗木、寿佛禅寺、珍异之鱼、岩洞、耕作、鱼塘、节日、畜产、菌、土司岑氏专横、猿、蚺蛇诸内容。

因明代横州为壮族聚居地，故此书所记与民族问题关系密切。其中主要记载有：婚嫁之俗，"土俗婚嫁有期，女家于近村请能歌男妇一二十人或三四十者，至期同男舁轿至，众集女门，女登轿，夹而歌之，互相应答，欢笑而行，声闻数里，望及男家室庐，各皆散去，男家携酒道饲之"；妇女承担荷担贸易、负柴米入市等繁重劳动之俗；食槟榔之俗，"岭南好食槟榔，横人尤甚。宾至不设茶，但呼槟榔，于聘物尤所重，士夫生儒衣冠俨然，谒见上官长者，亦不辍咀嚼，舆

① （清 嘉庆）《广西通志·艺文志下二》，艺二一一。

台皂隶囚徒厮养伺候于官府之前者，皆然”；“横人专信巫鬼”之俗；畜牛之俗，“其地人家多畜牛，巨家有数百头有至千头者，虽数口之家，亦不下数十”；诸土官“饮食烹饪与华人不类”之俗；田州土太守岑猛“跋扈不恭”之状况及当道“姑事姑息之典”。

《土官底簿》

《土官底簿》二卷，不著撰人姓名，常见本有涵芬楼影印《四库全书珍本》初集，收文渊阁本。

关于此书作者、体裁与断限，据《四库全书总目提要》载："原本不题撰人姓名。朱彝尊跋但云抄之海盐郑氏，亦不言作者为何人。凡明正德以前云贵诸省土司爵氏因袭皆载焉。观其命名与缮写之式，疑当时案牍之文而好事者录存之也。"此书为土官世袭的文书，记授职、承袭、削除等简历，为官府档案文册，以备查考，故名为"底簿"。又，据明制，凡宣慰以下诸土司武官，隶于兵部武选司，而府州县等文职土官，则隶于吏部验封司。此书只载土官而不载土司，可证原出自吏部验封司案牍之文。需要指出的是，《四库全书总目提要》说，是书载"明正德以前"事，有误。查书内记事，年份最迟者可断至嘉靖十九年 (1540 年)，可证此书编成于此年。

全书内容。书中所载明代土官，计有：云南土司百五十一家；广西土司百六十七家；四川二十家，贵州一十五家；湖广五家；广东一家。总共三百五十九家。编写体例，以各家土官的职名分列条目，其下包括土官姓名、籍贯、职官始授时间、世系因袭等项。此籍，关于明代土官来源、土官承袭办法、土官赴阙受职制、土官的升迁途径与办法、土官的惩处办法、土司地区的贡赋制、土兵的征调及其作用、明代的改土归流等方面，都有生动、具体的记录。

此书编写格式，以广西部分上林县知县条为例，全文抄录如下：

> 黄自诚，本县世袭土官知县。父黄京，前元病故。自诚年幼，缺官，委令叔黄廓署事。汉自诚习练老成，洪武十年实授袭职。二十八年患病，男黄嵩告替。三十二年准袭，故。男黄庆，永乐十六年正月奉圣旨，准他袭，钦此。故，男黄澄署印。故，总兵官等照敕事理，将次男黄济勘明，准令就彼冠带承袭，天顺三年七月奉圣旨是，钦此。故，男黄琮，成化十三年题准，就彼冠带，到任管事。

以此可见全书一斑。

《土官底簿》对研究明代的土司制度有十分重要的历史价值，提供了难得的原始材料。它不仅可用以印证正史的记载，且可补充其不足之处。《四库全书总目提要》是这样评价《土官底簿》一书的："《明史·土司列传》只记其征伐刑政之大端，而于支派本末未能具晰。是编词虽俚浅，而建置源委一一可征。存之，亦有足资考证者焉。"这一评语，是堪称中肯的。

《海槎余录》

《海槎余录》一卷，明顾岕撰。收入《广百川学海》《宝颜堂秘籍》《纪录汇编》《说郛续》《说库》等丛书。

顾岕，字汇堂，吴县（今江苏苏州）人。嘉靖初，官海南儋州（属今儋县境），后转官至南安府知府。《海槎余录》为其官儋州时所作。

此书是记述明代黎族的一部重要著作。条目有：载酒堂（苏轼寓儋耳时游宴地），波罗蜜，黎俗藏置诸物法，佛桑花，刀耕火种，蚺蛇，榕树，橄榄，黎俗装饰，花梨木、鸡翅木、土苏木，深黎，番车鱼，海鳅，马，黎俗出猎，新场海，气候，相思子，槟榔，海螺，田，石蟹，劳将军庙，茨竹，江鱼，玳瑁，茉莉花，酸笋，桄榔木，阳桃，郡县，荔枝，贸易，芭蕉，椰子树，婚姻，飘来船，复仇，翡翠，历法，黎峒，千里石塘、万里长堤、鬼哭滩。共四十二条。所记内容包括海南文物、物产、郡县、山海、田土、险要及黎人状况。其记黎俗包括生产、装饰、狩猎、贸易、婚姻、血族报仇、历法、黎峒诸方面。计要者有：

经济。既有黎族地区使用铁制农具和使用“天车”灌田的反映生产进步的材料，也有用刀耕火种的落后生产方法的详细记载。

> 黎俗四五月晴霁，必集众斫山木，大小相错，更需五七日皓洌，则纵火自上而下，大小烧尽成灰，不但根幹无遗，土下尺余亦且熟透矣，徐徐锄转种棉花，又曰贝花，又种旱稻曰山禾，米粒大而香可食，连收三四熟，地瘦弃置之，另择他所，用前法别治。

这反映了黎族刀耕火种的全过程。

文身与装饰。

> 黎俗男女周岁即文其身，自云，不然则上世祖宗不认其为子孙也。身穿花厚布衣，露腿赤足，头戴漆帽，傍赘尺许雉毛二茎，披肩领间，可耻也。男子家富者，两耳复赘盏口大银圈十数，为富侈。

至于深黎，“习俗又相违，居常以椰瓢蔽体”。

狩猎。

黎俗二月、十月则出猎。当其时，各峒首会遣一二人赴官告知。会但出，每数十村会留壮兵一二十辈守舍，男妇齐行，有司官兵及商贾并不得入。……猎时，土舍峒首为主，聚会千余兵，携网百数，番带犬几百只，遇一高大山岭，随遣人周遭伐木开道，遇野兽通行熟路，施之以网，更添置弓箭熟闲之人，与犬共守之。摆列既成，人犬齐奋叫闹，山谷应声，兽惊怖向深岭藏伏，俟其定时，持铁砲一二百，犬几百只，密向大岭举砲发喊，纵火搜捕，山岳震动，兽惊走下山，无不着网中箭。肉则归于众，皮则归土官。上者为麖，次者为鹿皮，再次为山马皮，山猪食肉而已，文豹则间得之也。

再现了原始狩猎具体而生动的景象。

贸易。

黎村贸易处，近城则曰市场，在乡曰墟场，又曰集场。每三日，早晚二次会集物货，四境妇女担负接踵于路，男子则不出也。其地殷实之家，畜妻多至四五辈，每日与物本，令出门贸易，俟回收息，或五分三分不等，获利多者为好妾，异待之，此黎獠风俗之难变也。

这是明代黎族地区的集市与墟场贸易得到发展的真实记录。

婚姻。

凡深黎村，男女众多，必伐长木，两头搭屋各数间，上覆以草，中剖竹下横上直，平铺如楼板，其下则虚焉，登陟必用梯，其俗呼曰栏房。遇晚，村中幼男女尽驱而上，听其自相谐偶。若婚姻仍用讲求，不以此也。

直至解放前，在黎族地区仍有相类习俗，可说明此记载的可靠性。

血族复仇。

黎人善射好斗，积世之仇必报。每会聚亲朋，各席地而坐，饮酣，顾梁上弓矢，遂奋报仇之志，而众记称焉。其弓矢，盖其祖先有几次斗败之耻，则刻箭几次，射于梁上以记之。故云，饮醉鼓众复饮，相与号叫，作狗吠声，辄二三昼夜，……欲使祖先知而庇之也。以次则宰羊窝肉，裱散就近村落，无不踊跃接受，尅日起兵。仇家斗之，亦如此间法募兵应敌。临阵遇有州县公差人役，乐请观战。两家妇女，亦各集本营，当退食之际，妇女出营认箭，两不拘忌。其俗云，男子仇只结于男子面上，若及妇女，则于其父母家更添仇怨矣。其胜败追奔，亦各有程度，不少踰之，数中罹锋镝死者，密以瘗之，父母妻讳不悲泣，恐敌人知为其不武也。

这是反映原始血族复仇遗习的极可宝贵的详细记载。

儋耳七坊黎峒条，记述弘治末至嘉靖初黎民困于征求而举行的反抗活动。对此节记载，《四库全书总目提要》给予下述肯定评价。“叙述颇详，为《蛮司合志》所未及云。”

《炎徼纪闻》

《炎徼纪闻》四卷，明田汝成撰。《历代小史纪录汇编》《借月山房汇钞》《泽古斋重钞》《指海》诸丛书都收有此书。其中，《指海》本校勘较精，《丛书集成初编》本据此排印。又，《行边纪闻》一卷本，则是据《炎徼纪闻》初稿刊行。

田汝成，字叔禾，钱塘（今浙江杭州）人。明嘉靖五年（1526年）进士。授南京刑部主事，寻召改礼部。曾迁广东佥事。后任贵州佥事，改广西右参议。在分守右江期间，曾参与镇压大藤峡瑶族人民的反抗活动。迁福建提学副使。史誉："论著甚多，时推其博洽。"其中《炎徼纪闻》《西湖游览志》，并见称于时。事迹俱见《明史·文苑传》本传。

关于此书的写作原因，作者在嘉靖三十七年（1558年）序是书说："余承乏管藩臬者，十余年；而宦履所经，半涉炎徼。……自余涉炎徼，而所闻若干事，皆起于抚绥阙状，赏罚无章。不肖者，以墨守败绩；贤者，以避嫌儆名。二事殊辙而同敝。卒致干戈相寻，蔓延荼毒，下竭生民之膏血，上贻廷议之轸忧，良可叹也。间述所闻，著为此书。"史称其博学工古文，尤善叙述，"历官西南，谙晓先朝遗事，撰《炎徼纪闻》"。[①]

书凡十四篇，依次为《岑猛》《岑璋》《赵楷、李寰》《黄玹》《断藤峡》《奢香》《安贵荣》《田琛》《杨辉》《阿溪》《阿向》《云南》《孟密、孟养》《蛮夷》。此书所及，全是明代南方民族事。《岑猛》《岑璋》《赵楷、李寰》《黄玹》等四篇记述明代广西土司事；《断藤峡》篇记述作者亲历的攻打大藤峡事；《奢香》《安贵荣》《田琛》《杨辉》《阿溪》等五篇记述明代贵州土司与土酋事；《云南》篇记述云南诸夷事；《孟密、孟养》篇记述明代云南土司事；《蛮夷》篇记述明代苗、罗罗、仡佬、佯僙、仲家、龙家、冉家、僰人、瑶人、僮人、黎人、蜑人、马人等南方民族事。由于作者长期居官广东、贵州、广西，所著又多见亲历与见闻，故提高了此书的史料价值。此书所记明代土司事，往往为清人所本。

《四库全书总目提要》给此书作了较高评价。"每篇各系以论，所载较史为详。

① 见《明史》，本传。

前有汝成自序，称自涉炎徼，所闻诸事，皆起于抚绥缺状，赏罚无章，切中明代之弊。其论田州之事，归咎于王守仁之姑息，论黄竑之事，归咎于于谦之隐忍，亦持平之议，不蹈门户之见。史称汝成分守右江时，龙州土酋赵楷、凭祥土酋李寰各杀主自立，与副使翁万达密讨诛之。努滩贼侯公丁为乱，断藤峡群贼与相应，汝成复偕万达设策诱擒公丁，而进兵讨峡贼，大破之，又与万达建善后七事，一方遂靖云云。则汝成于边地情形，得诸身历。是书据所见闻而记之，固与讲学迂儒，贸贸而谈兵事者，迥乎殊矣。”概言之，若除去作者维护明王朝统治的立场与民族偏见而论，该书为研究明代对南方诸族的治理史提供了重要资料。

陈第《东番记》与周婴《东番记》

《东番记》，明陈第撰。收入沈有容《闽海赠言》中。

陈第，福建连江人，字季立，号一斋。明嘉靖二十年（1541 年）生。万历时诸生。从军后，官至蓟镇游击将军，在镇十年，致仕归。其后，挟书游两粤、吴、浙、齐、晋、楚、宋间，登五岳，浮洞庭、彭蠡。万历四十五年（1617 年）卒。清代学者钱谦益称其“学通五经而尤长易、诗”。著书十余种，主要有《伏羲先天图赞》《尚书疏衍》《毛诗古音考》《屈宋古音义》《蓟门兵事》《塞曲》《两粤游草》《五岳游草》《寄心集》《意言》《谬言》《松轩讲义》《书札烬存》《考终录》《二戴粹纂》《防海事宜》《东番记》。[①]

写作经过。此书是陈第辞官归家、游兴正浓之时所作。据作者在《东番记》后记“野史事曰”中写道：万历三十年（1602 年）冬，大批倭寇复据台湾，危害当地“夷人”（指高山族）及内地去的商人、渔民，当时沈有容奉命往东番剿倭，“余适有观海之兴，与俱。倭破，收泊大员（指今台南），夷目大弥勒辈数十人叩谒，献鹿馈酒，喜为除害也。予亲睹其人与事，归语温陵陈志斋先生，谓不可无记，故掇其大略。”可见，此篇为作者亲入台湾，经调查了解，回归后写成。

此篇是有关我国台湾的第一篇游记，是记述台湾的最为确实的早期地理文献，也是研究明代高山族的极为重要的参考著作。需要强调的是：此书首次使用“东番”一词，以称呼台湾世居居民；首次使用“大员”一词，以名台湾的地理；首次使用“番社”一词，以描绘高山族的社会基层组织，并一直沿用至今。全文虽只一千四百余字，但包含十分丰富的材料。主要内容：记述台湾西南部高山族的分布、番社组织、历法、结绳、耕种、饮宴、装饰、屋室、婚姻、丧葬、忌讳、器物、食物、家畜、动物、狩猎、山居历史、贸易及作者评论。

番社组织。其居“断续凡千余里，种类甚蕃，别为社。社或千人，或五六百。无酋长，子女多者，众雄之，听其号令。”

生产发展水平。据载，谷有大小豆、胡麻、薏仁，蔬有葱、姜、番薯等，畜有

① 参见（清 康熙）《连江县志》，儒林传和艺文志。

猫、狗、豕、鸡。耕作，“无水田，治畬种禾，山花开则耕，禾熟拔其穗”。已使用外来铁制工具，“人精用镖，镖竹棅铁镞，长五尺有咫，铦甚，出入携自随，试鹿鹿毙，试虎虎毙”。反映其农、牧、猎业已得到一定程度的发展。

婚姻形式及女方继承制。“娶则视女子可室者，遣人遗玛瑙珠双，女子不受，则已。受，夜造其家，不呼门，弹口琴挑之。口琴薄铁所制，啮而鼓之，铮铮有声。女闻纳宿，未明径去，不见女父母。自是宵来晨去必以星，累岁月不改。迨产子女，妇始往婿家。迎婿如亲迎，婿始见女父母，遂家其家，养父母终身，其本父母不得子也。故生女喜倍男，为女可继嗣，男不足著代故也。”保留了某些原始婚姻和母权制的遗习。

其他原始文化的特点。记时记事法：“无历日文字，计月圆为一月，十月为一年”；“交易结绳以识”。穿耳断齿俗：“男子穿耳，女子断齿，以为饰也（女子年十五六，断去唇两旁二齿）。”居住法：“族又共屋，一区稍大，曰公廨，少壮未娶者曹居之，议事必于公廨。”这些民族习俗，有的还保留至后代高山族社会生活中。

山居原因。“始皆聚居滨海。嘉靖末，遭倭焚掠，乃避山居。倭鸟铳长技，东番独恃镖，故弗格。”反映了外来势力的侵略和压迫的历史。

总之，此书是继吴沈莹《临海水土异物志》之后，又一篇记述我国台湾高山族社会历史的重要著作。它还对后世产生颇大影响，明张燮《东西洋考》中所列《东番考》条目，其中有些内容即出自此书。

明代有两种《东番记》，除上述陈第《东番记》外，还有周婴《东番记》。周婴《东番记》，收入其所著《远游篇》中，此书有明末刊本，现藏北京图书馆（今国家图书馆）。

周婴，“字方叔，莆田（福建今县名）人，崇祯庚辰（十三年，1640年）特用上犹知县”。①

周婴《东番记》的内容，主要可分为三部分。

第一，记“古裸国”即“东番”的地理位置及主要地名。

第二，记高山族先民状况。其中包括：“无君长之治”“类聚为社”的社会组

① （明）见黄虞稷：《千顷堂书目》，卷二八。

织；“其禾畲种，而水耨事寡”的生产；“女子谓之胤嗣，生则倍欢”的母系氏族制遗迹，以及衣、食、住、行、婚嫁、丧葬、时节、宴客、战斗、狩猎等情。

第三，记“泉、漳间民”与世居居民之间的关系。

此书内容，虽多袭自陈第《东番记》、张燮《东西洋考》文，但仍有相异之处。可与陈第《东番记》参照阅读。

《广志绎》

《广志绎》五卷，明王士性撰。杨体元初刻于清顺治元年，再刻于康熙十五年(1676年)。嘉庆二十二年（1817年）宋世荦据杨刻丙辰本参酌传抄本重梓，收入《台州丛书》。1981年中华书局出版吕景琳据《台州丛书》本的点校本。又,《广志绎》卷五江南诸省中贵州部分，曹溶将其全文摘出，题名王士性撰《黔志》一卷，收入《学海类编》中;《丛书集成初编》也曾据此重版。这是需加辨明而不可混淆的。

王士性，字恒叔，号太初，又号元白道人，浙江临海人。生于嘉靖二十五年(1546年)，卒于万历二十六年（1598年)。万历五年（1577年）进士。他在北京、南京、河南、四川、广西、贵州、云南、山东等地都做过官，且性好游，足迹几遍全国。官至南京鸿胪寺卿而卒。著有《五岳游草》十二卷、《广游志》两卷、《广志绎》六卷。事迹附见《明史·王宗沐传》。

《广志绎》是王士性晚年的一部关于地理的笔记。其成书年代，据自序写于万历二十五年（1597年)。该书追绎旧闻，以补《五岳游草》与《广游志》之未及者。篇目有：卷一，方舆崖略；卷二，两都；卷三，江北四省（河南、陕西、山东、山西)；卷四，江南诸省（浙江、江西、湖广、广东)；卷五，西南诸省（四川、广西、云南、贵州)；卷六,四夷辑，有目无书。故实为五卷。该书记述了各地的山川名胜、关塞险要、物产民俗，以及赋役漕运、农民起义、西南少数民族的情况。作者在序中写道：他人所述“每每藉耳为口，假笔于书。余言否否，皆身所见闻也，不则，宁阙如焉”。这就提高了此书的可信程度。据《四库全书总目提要》载：其叙述方法为“巨细兼载，亦间附以论断”，但因“随手记录，以资谈助，故其体盖全类说部，未可尽据为考证也”。

此书是研究明代西南民族的一部重要参考书。卷四江南诸省的湖广、广东和卷五西南诸省之四川、广西、云南、贵州部分集中保存了这些地区当时的土官、土兵、刑罚、经济、赋役、习俗等有关南方诸族的丰富史料。其中主要内容有：湖广部分，记述了永州的“夷獠之俗”，施州、保靖、永顺“槃瓠种类”的生活与习俗以及统治者对其采取的羁縻之策；广东部分记述了俚人、蜑人、黎人状况；广西部分记述了当地的土官与习俗；贵州部分记述了宣慰使霭翠之妻奢香事迹、民族种类与生活、彝法、安氏土司专横不法状等。其间有些材料还为他书所未见。

《百越先贤志》

《百越先贤志》四卷，明区大任撰。此书最早于万历二十年（1592年）由同乡人刊印，岁久散佚，至编撰《四库全书》时仅有抄本。收入《岭南遗书》《丛书集成初编》丛书中。

区大任，字桢伯，别号崙山，广东顺德人。明隆庆四年（1570年），以岁贡除江都训导，转光州学正，迁邵武教授，万历三年（1575年）又迁国子监博士，官至南京工部郎中。年八十而终。他是黄佐的著名弟子。事迹俱见《明史·文艺》黄佐传的附传，并见清道光《广东通志·列传十三》。

成书说明。作者于嘉靖三十三年（1554年）是书自序中写道：

> 余闻太史公曰，越虽蛮夷，其先岂有大功德于民哉。夫勾践在《春秋》书于越入吴，夷之也。其时越之人，盖有为苦身勠力，深谋秘计，以报羁栖之耻，号令中国而尊周室者。即秦汉以来，驺氏之为无诸为摇，赵氏之为佗为光，越人左右毗赞之者不少。至刘氏东西二京，功业文章之臣，出于越之南北七八千里，薄海至交州益多矣。于是综史牒，捘遗佚，自周迄汉百二十人，荒逖辽邈，大贤小贤，故备录焉。

换言之，作者综合史册遗籍，为上起越王勾践以来，下止东汉时期，越地之人有突出业绩者一百二十人，分别列传。

此书编写有如下特点：

第一，以地域而言，凡属百越范围者均入选。所谓百越，指作者在序中解释：“今自南越北届姑胥尽会稽之境，故大越也；东自无诸都东冶至漳泉，故闽越也；东海王摇都于永嘉，故瓯越也；译吁宋旧址，湘漓西南，故西越也，牂牁西下邕容绥建，故骆越也。”即凡在南越、大越、闽越、瓯越、西越、骆越地区的贤者，均包括在内。但是，“惟秦会稽郡跨有吴地者不载，以非越之旧也”。（《四库全书总目提要》）需要指出的是，在越王勾践时对越国有过重大贡献的越臣，虽本非越人也列入其中。如范蠡、陈音为楚人，计倪为晋国的公子，其先葵邱濮上人，也给列传。

第二，人物均出自史传而不收录杂书。《四库全书总目提要》说：

书中所载，如赵煜以著述见收，而作《越纽录》之袁康、吴平，事出王充《论衡》，而不见载。方技收徐登、赵炳、童奉、介象，而作《参同契》之魏伯阳亦上虞人，名见葛洪《神仙传》，复不见载。盖大任多凭史传，而不甚采录杂书，其间有遗漏在此，其体例谨严，胜于地志之冗蔓，亦即在此。

第三，凡人物，除功业文章之臣外，隐逸方技之士也兼收。是书凡例说："志内人物，如隐逸方技，俱依世代，并与功业文章之士，皆曰先贤。孔门且谓贤者识大，不贤者识小，皆为可师。"力求做到"今小善必录，不泯其名"。这种重视为有一技之长的人物立传的做法，是十分可取的。

第四，每传的末尾，必写明所据某书参修，便于查阅。如，欧冶子条，注明"据《吴越春秋》《越绝书》参修"；畴无余、欧冶条，注明"据《左传》《史记》参修"。因此，《四库全书总目提要》赞为："一句一字，必有所本，尤胜于他家之杜撰。"

该书因写作谨严，故为世人所重。如黄佐修《广东通志》，汉以前的人物小传，都采用他的学生所著此书，"盖亦深知纂修之不苟矣"。

由于此书收集东汉以前的越地人物较全，把散见于诸史传的内容加以收集，而治学又谨严，因此，不仅对百越史、岭南地方史的研究提供了方便，而且对其他领域的研究也有史料价值。

《西南夷风土记》

《西南夷风土记》一卷。关于作者，此书附载于朱孟震《游宦余谈》中，《学海类编》单刊为一卷，题朱孟震撰，还有《学海类编》《丛书集成初编》本。方国瑜先生以为：“孟震未至云南，《西南夷风土记》为亲历目睹者所作，已不可考作者姓氏，唯不能题为朱孟震撰也。”①

朱孟震，字秉器，江西新淦人。明代隆庆二年（1568 年）进士。官至右副都御史、巡抚山西。著有《河上楮谈》《汾上续谈》《朱秉器集》《玉笥诗谈》《游宦余谈》诸籍。

据作者自序说，西南夷“各夷分境而治，风土既殊，气习颇异，而勇怯情伪，不能无差别焉，草木禽兽，尤互有异同也。咸据见闻而载记之，以备事经略务该博者考云”。可见，此书是“咸据见闻”而写成。

此书记缅甸、木邦、孟养、孟密、蛮莫诸境事。主要条目有：天度、风气、地理、山川、草木、鸟兽、鱼虫、五谷、种类、饮食、所居、婚姻、治理、治生、俗尚、交易、城郭、器用、岁时、礼节、邪术、土产、战斗、形胜等项。

此书是研究明代云南傣族的重要参考著作。书中记作者所见闻，故均真实不虚，极富史料价值。《四库全书总目提要》说：“《游宦余谈》末附《西南夷风土记》二十六条，颇为详明。然孟震序中，自云未至滇云，则据传闻书之，恐亦未尽确实矣。”应该指出，所谓“未尽确实”之说，是不确实的。

需要提及的是，书中保留了国内各民族间经济、文化交流的珍贵材料。如，治理条载：“江头城外有大明街，闽、广、江、蜀居货游艺者数万，而三宣六慰被携者亦数万”；器用条载：“器用陶、瓦、铜、铁，尤善采漆、画金，其工匠皆汉人，与中国侔，……江海舢舻，与中国同”。均属此例。

---

① 方国瑜：《云南史料目录概说》，403 页，北京，中华书局，1984。

《平播全书》

《平播全书》十五卷，明李化龙撰。是书收入《畿辅丛书》本,《丛书集成初编》本据此排印。

李化龙，字于田，长垣（今河南长垣县）人。万历二年（1574 年）进士。历官南京工部主事，右通政使，辽东巡抚，总督湖广、川、贵军务兼巡抚四川，工部右侍郎、兵部尚书等职。谥襄毅。事迹俱见《明史》本传。

此书收集李化龙平定播州之役期间的文牍。播州（今贵州遵义）杨氏，自唐乾符中据有其地，历二十九世，八百余年。至万历年间，时属四川管辖的播州宣慰使杨应龙桀骜不驯，恃险叛乱。万历二十七年（1599 年）明朝廷委任李化龙总督湖广、川、贵军务兼巡抚四川。李化龙驻重庆，于次年二月分兵八道发动进攻，其中川师四路、黔师三路、楚师一路。每路兵三万，其中官兵三之，土司七之。自出师至平定，计一百一十四日。即以其地置遵义、平越（今贵州黄平）二府，分属川、贵二省，改用流官统治。平播始末，可参看《明史》四川土司传和李化龙传。

此书目录。卷一至卷五为进军时“奏议”，卷六为善后事宜“奏议”；卷七“咨文”；卷八至卷十一为“牌票”，卷十二至卷十四为“书札”，卷十五为“批详”与“祭文”。

此书主要价值：第一，具体了解平播之役的全过程。据《四库全书总目提要》称：

> 其出师次第，虽载其大纲，而情形曲折，则不及此书之详具。……末有万历辛丑四川布政使参议王嘉谟后序，称身在军中，备见行事，盖所言尤为实录云。

本书虽载文而不纪事，然其文全为平定播州而作，实具斯一事之始末，其载文即纪事也。

第二，是研究明代西南民族特别是贵州地区土司制度的重要参考资料。仅以明代土兵制度而论，有大量关于征调西南土兵（其中包括“天全兵”“施州兵”“永宁兵”“永顺保靖兵”“水西兵”“石砫兵”等）参与平播之役的记载，这为研究明代土兵的人数、征调、作战供应与指挥、作用诸问题，都提供了有价值的材料。

《黔记》

《黔记》六十卷，明郭子章撰。明刻本，今仅存于北京图书馆（现国家图书馆）和上海图书馆，均残缺不全。1966年贵州省图书馆汇集此二本，加以校勘，复制成册，仍缺二五及二六两卷。此本附有校勘记，使用称便。

郭子章，字相奎，号青螺，自号蠙衣生。江西泰和人。隆庆五年（1571年）进士。万历二十七年（1599年）官贵州巡抚，前后历十年。他在贵州的主要事迹：是时，播州杨应龙反，“播州平，始经理播州为平越等郡县。未几，复有皮林之役，功与播等”。[①] 以兵部尚书卒。为学广博，著述颇富。仅著录于《明史·艺文志》的即有：《易解》十五卷（经类）；《诗传书例》四卷（诗类）；《黔中止榷记》一卷，《西南三征记》一卷，《黔中平播始末》三卷。（杂史类）；《官释》十卷（职官类）；《郡县释名》十六卷，《古今郡国名类》三卷，《注豫章古今记》一卷，《豫章杂记》八卷，《广豫章灾祥记》六卷，《吉志补》二十卷，《潮州杂记》十二卷，《黔记》六十卷，《黔小志》一卷（地理类）；《枝幹释》五卷（历数类）；《校定天玉经七注》七卷（五行类），《黔类》十八卷（类书类）；《粤草》《蜀草》《楚草》《闽草》《浙草》《晋草》《留草》共五十五卷（别集类）。

成书于万历三十一年（1603年）。关于成书情况，据民国《贵州通志·艺文志六》载：“是时播州初平，子章于戎马拮据间辑此，雅有法度，为世所称。”

此书卷目：卷一至卷二，大事记；卷三，星野志；卷四至卷七，舆图志；卷八至卷十，山水志；卷十一，灾祥志；卷十二，群祀志；卷十三，止榷志；卷十四至卷十六，学校志；卷十八，职官志；卷十九至卷二〇，贡赋志；卷二一，兵戎志；卷二二，邮传志；卷二三至卷二四，公署志；卷二五至卷二六，阙；卷二七，公侯伯总兵参将都司守备表；卷二八，总督抚按藩臬表；卷二九，守令表；卷三〇，文武科第表；卷三一，貤恩表；卷三二，帝王世纪；卷三三，宦贤列传（楚、汉、蜀、晋）；卷三四，宦贤列传（唐、宋、元）；卷三五至卷四一，宦贤列传大明公侯伯都督、总督巡抚、巡按御史附部属行人，本朝藩臬、知府府佐、知州知县佐贰校官；

① （清 乾隆）《贵州通志·秩官》，卷十九。

卷四二，迁客列传；卷四三，寓贤列传；卷四四至卷四九，乡贤列传；卷五〇，忠臣列传；卷五一，孝子列传；卷五二，淑媛列传；卷五四，方外列传一；卷五五，方外列传二（附寺观）；卷五六，宣慰列传，卷五七，故宣慰列传；卷五八，土司土官世传；卷五九，诸夷；卷六十，古今西南夷总论。所缺二五至二六卷，“据《贵州通志》转引《郭青螺年谱》，此两卷当系《讨逆志》”。①

该书属方志体裁，包含政治、经济、军事、文教、舆地、人物、民族、习俗及大事记诸方面的内容，为研究明代地方史提供了十分珍贵的资料。

该书是研究贵州民族史的不可缺少的资料。明代贵州是众多少数民族集中居住之地，所谓“汉夷错居，而夷倍蓰焉”。② 故此书各卷无一不与贵州民族问题有关。其中，以卷五六至卷六〇，关系尤为直接。如：卷五六宣慰列传，记宣慰安氏、宣慰宋氏的世系与历史；卷五七故宣慰列传，记思南田氏、播州杨氏的世系与历史；卷五八土司土官世传，列有宣慰司属土司、贵阳军民府属土司、定番州属土司、新贵县土官、思南府属土司，石阡府属土司、黎平府属土司、思州府属土司、镇远府属土官土司、铜仁府属土官土司、都匀府属土官土司、普安府属土官土司、永宁州属土司、镇宁州属土司、安顺州属土司、龙里卫属土司、新添卫属土司、平越卫属土司、靖平卫属土司诸目，即分叙明代贵州各地的土司土官状况；卷五九诸夷，列有苗人、罗罗、仡佬、羊广、仲家、宋家、龙家、四龙家、土人、蛮人、峒人、杨保、僰人诸目，即分记这些民族的社会与习俗。概言之，此书对研究明代贵州土司制度与境内诸族，都具有重要价值。

需要指出的是，此书卷五九所记“诸夷”风俗，有的抄自明田汝成《炎徼纪闻》一书，故凡两书内容相同者，最好直接引用《炎徼纪闻》一书。

① 见贵州省图书馆复制说明。

② （清）丘禾实：《黔记序》。

《咸宾录》

《咸宾录》八卷，明罗曰褧撰。现存最早刻本为北京图书馆藏明刻本。后收入《豫章丛书》本。1983年中华书局出版余思黎点校本。又，明万历十三年（1585年）程百二《方舆胜略》附外夷六卷，其内容与《咸宾录》大体相同，应是据《咸宾录》抄录而成。

罗曰褧，字尚之，江西南昌人，明万历十三年举人，其他事迹不详。

成书年代。据《四库全书总目提要》称："是编刊于万历中"，这从北京图书馆藏明刊本前有刘一焜于万历十九年（1591年）作序一事中得到证明。

书之得名。作者以明王朝为主，以"四夷"为宾，取其纳贡者入录而称此名。正如《四库全书总目提要》所说：该书"分列诸国之事，以东西南北为分，欲夸明代声教之远，故曰咸宾"。

全书共分八卷，卷一为北虏志，卷二为东夷志，卷三、四、五为西夷志，卷六、七、八为南夷志。书中所谓"虏""夷"，指的是对明王朝朝贡的东亚、东南亚、中亚、南亚地区的一些国家或地方和我国边疆地区的少数民族。此书以综合历代记载，博采野史逸闻见长。书中所收资料丰富，据原书开列的《引用诸书目录》共达三百四十五种，其中包括今已失逸的一些书。此书对中外关系史和我国少数民族史的研究，都具有参考价值。由于时代所限，在记述外国时，有不少错失之处。

南夷志部分除卷六以外，卷七、卷八两卷对我国南方诸族作了比较系统的综述。卷七的标目有：南中诸夷、鹤庆、木邦、播州、建昌、曲靖、金齿、八百、黎州、松潘及缅甸、老挝；卷八的标目有：贵南诸夷、仡狫、仲家、龙家、三江诸夷[①]、蜑人、伶人、侬人、罗罗、佯僙、宋家、蔡家、五溪诸夷、黎人、马人、獠人、僮人。即或以地域名或以民族名作为标题。内容包括南方民族地区的建置沿革、历史、山川古迹、物产、习俗及社会状况等项，并附有作者见解的"论"。由于这一部分辑录了大量明代关于云南、四川、贵州、广西、广东民族地区的历史资料，故对研究南方民族地区的傣族、白族、彝族、苗族、瑶族、壮族、仡佬、仲家、土家族、黎族等的历史、社会与习俗，颇具参考价值。

---

① 其地在今广西，主要记述壮、瑶诸族。

《蜀中广记》

《蜀中广记》一〇八卷，明曹学佺撰。中华人民共和国成立前商务印书馆据《四库全书》文渊阁本影印出版。

曹学佺，字能始，号石仓，福建侯官（今闽侯）人。明隆庆五年（1571年）生。万历二十三年（1595年）进士，授户部主事。后任四川右参政，万历三十九年（1611年）因政绩升四川按察使，被诬罢官。天启二年（1622年），复被起为广西右参议，因“私撰国史”罪名削籍。崇祯初，起广西副使，辞不就。南明唐王时，官至礼部尚书。顺治三年（1646年），南明亡，自缢身死。著述宏富，计有《五经可说》《五经困学》《诗经质疑》《书传会衷》《礼记明训》《春秋阐义》《春秋义略》《西峰字说》《石仓诗稿》《石仓诗文集》《曹能始先生小品》《舆地名胜记》《蜀中广记》《闽中名胜志》等。

《蜀中广记》写作时代。是书当成于万历后期曹学佺官四川右参政与按察使或罢官归乡隐居时。

此书目录：一至三〇卷，“名胜记”；三一至四十卷，“边防记”；四一至四六卷，“人物记”；四七至五〇卷，“宦游记”；五一至五四卷：“蜀郡县古今通释”；五五至五八卷，“风俗记”；五九至七〇卷，“方物记”；七一至八〇卷，“神仙记”（附录鬼怪）；八一至九〇卷，“高僧记”（附录经验果报等）；九一至一百卷，“著作记”；一〇一卷，“诗话记”；一〇四至一〇八卷，“画苑记”。概言之，该书内容广泛，包括四川的历史、地理、文物考古、物产、民族、风土人情、宗教等诸方面。

后人对此书给予极高评价。《四库全书总目提要》称是书：“搜采宏富，颇不愧‘广记’之名”；“谈蜀中掌故者，终以《全蜀艺文志》及是书为取材之渊薮也”。换言之，此书可说是研究四川地方史志的最重要的参考书目之一。当然，此书也存在编次偶疏、讹舛间出的缺陷。这是在所难免的，其因正如《四库全书总目提要》指出的那样：“盖援据既博，则精粗毕括，同异兼陈，亦事势之所必至。”

此书对研究四川民族史志同样极富史料价值。其中以“名胜记”“边防记”“风俗记”关系尤为密切。“边防记”中载有明代四川土司与民族的全面材料，如其间列有“天全六番招讨使司”“乌蒙军民府”“乌撒军民府”“镇雄军民府”“永宁宣抚司”“酉阳宣抚司”“石柱宣抚司”“板楯蛮”等专目，即属此例。“风俗记”按地域分为“川西道属”“上下川南道属”“上下川东道属”“川北道属”四卷，其中记有从古代至明代四川各地民族社会与风俗的大量资料。

下面专门叙及《蜀中名胜记》一书。

《蜀中广记》中的《蜀中名胜记》三十卷，于万历四十六年（1618年）单独刊行。收入《粤雅堂丛书》《丛书集成初编》本中。1984年重庆出版社出版了刘知渐点校本。

《蜀中名胜记》记述了当时四川一百三十州县的名胜。在介绍当地名胜时，涉及其历史地理沿革、山川形势、古迹碑刻、神话传说、历代诗文等内容。此书对四川民族史志的研究也颇富史料价值。比如，卷十九彭水县条下引《旧经》云：“地近荆楚，候如巴蜀，五溪襟束，蛮蜒聚落。”这是研究当地民族与古代峡中蜑人之间关系的不可多得的一条史料。又如，同卷忠州条下载：白居易《郡中春宴因赠诸客》诗中有“薰草席铺座，藤枝酒注尊。中庭无平地，高下随所陈。蛮鼓声坎坎，巴女舞蹲蹲”。说明古代西南民族中就已存在流传至今的“吃咂酒”之俗，这在民族学上也有其价值。

《峤南琐记》

《峤南琐记》上、下两卷，明魏濬撰。收入《砚云甲乙编》《古今说部丛书》《丛书集成初编》等丛书中。

魏濬，字禹卿，号苍水，福建松溪人。万历三十二年（1604年）进士。初授户部主事，升郎中。转广西提学佥事。累官江西按察副使、山东布政司参议、湖广按察使、江西布政使。擢右佥都御史，巡抚湖广卒，时年七十三。著有《易义古象通》《世略》《武略》《西事珥》《峤南琐记》《东粤事摘文摘》《纬谈》《太乙括元》《方言据》《陕云阁前后集》等。[①]

成书经过与作者。此书不著撰人姓名，卷首有万历四十年（1612年）湛卢山中人题词说："汇箧中所录西事。见《大荒经》所载神人多珥蛇者，珥，耳饰也，一曰瑱，又蚕弄丝于口，亦曰珥。因以珥名录。竟尚有碎事及续闻者百余种，因复理而存之，命曰《峤南琐记》。"《四库全书总目提要》据此写道：考魏濬曾作《西事珥》八卷，记述粤西风土。以题词证之，则《峤南琐记》也是魏濬所作。不过这两种书体裁不一，《西事珥》为地志之属，《峤南琐记》则多记杂事，属小说家流。

写作方法，除记所闻见外，还辑录前人文献。全书共有一百三十一条，记载岭南山川、物产、习俗、民族、典故、治乱诸内容。

据上引康熙《松溪县志》载：魏濬在任广西提学佥事期间，"创造思恩等州学校，较士之暇，抚绥瑶僮"。《峤南琐记》当为此时所作，又由于他留意民族地区事务，故此书为研究明代粤西民族问题提供了有益资料。

记述土司材料多条。如记土司法制写道："土司法极严酷，鞭笞杀戮其人，死不敢有二心，所谓怯于私斗勇于公战者。商贩入其境则输税，以二枪交植境上，曰关。未税而越关者辄射之。输税后，虽露处野宿，物货狼藉道路，夜行无敢窥者。"

记述俍兵材料多条，赞"粤右俍兵鸷悍，天下称最"。并较为详细记述了东兰、那地、南丹三州俍兵能以少击众的兵法。"岑氏家法，七人为伍，每伍自相为命。"

① 参见（清 康熙）《松溪县志·人物·名臣》。

作战时，每伍中“四人专主击刺，三人专主割首”。冲锋时，“一人赴敌，则左右大呼夹击，一伍争救之。……一伍赴敌，则左右伍呼而夹击，一队争救之”。并且军法甚严，赏罚分明，规定“不如令者斩，退缩者斩，走者斩，言恐众者斩，敌人冲而乱者斩，敌佯以金帛遗地，或争取，不追蹑者斩”。这是研究明代俍兵名震天下的重要资料。

记述壮俗。“僮人远归，则止于三十里外，其家遣巫持篮往迎之，脱妇人中袒贮篮中前导，曰为行人收魂归也。”这可用于印证屈原《楚辞》中的招魂之俗。

对乌浒蛮、僚人、藤峡瑶、马人、龙户、巴人等少数民族也有记载。关于巴人，“怀远有石垒临溪，相传诸葛武侯营于此，人不敢作室其地。又，六洞有一种云是巴人，从丞相到此，夜令云，枕石者去，枕草者留。中夜撤营，枕草者方熟寐，晨醒始觉，遂留不去，迄今犹作巴音云”。清人也多袭用此说。

《东西洋考》

《东西洋考》十二卷，明张燮撰。收入《惜阴轩丛书》《丛书集成初编》等丛书本中。

张燮，字诏和，福建龙溪（今漳州市）人。万历二十二年（1594年）举人，博学多通，此书写成于万历四十五年（1617年）。

此书目次。卷一至卷四为西洋列考，记交趾等十五国或地区；卷五为东洋列国考，记吕宋等七国或地区；卷六外纪考，记日本与红毛番；卷七税饷考；卷八舟师考；卷九税珰考；卷十、卷十一为艺文考；卷十二逸事考。

叙事方法。首为各国或各地列传，如史体；其次附载形胜古迹，如一统志体；最后记述交易事。

此书是记述明代中西交通的一部重要著作。《四库全书总目提要》对此书评价说：列各国沿革事迹，多与诸史相出入，颇有改正辨误；列海船交易之利，则均采自海员、商人之口，可作传记之补充；税珰篇，言利弊最详；舟师篇，则切于实用。

卷五《东洋列国考》篇，附鸡笼淡水条，记“东番”的地理位置、社、性格、发饰与服饰、断齿文身、婚姻、丧葬、耕种、战斗、居住、会议、宴会、武器、狩猎、与内地往来、形胜、物产、交易、倭犯诸内容。

此书对研究明代高山族社会颇富史料价值。比如：

社会组织。

> 深山大泽，聚落星散，凡十五社（注，《名山记》云“社或千人或五六百”）。无君长徭赋，以子女多者为雄，听其号令。

贫富分化现象。

> 手足则刺纹为华美，众社毕贺，费亦不资。贫者不任受贺，则不敢更言刺纹。

婿佣女家的婚姻形式。

或云，既留为婿，则投以一帚、一锄，佣作女家，有子然后归。

氏族民主议事制。

有大事，集而议之，位置如横阶陛，长者居上，以次递下，无位者，乃列两旁。

民族关系。

商人（汉族）上山，诸所尝识面者，辄踊跃延致彼家，以酒食待我，绝岛好客。

《益部谈资》

《益部谈资》三卷，明何宇度撰。收入《学海类编》《湖北先正遗书》《丛书集成初编》等丛书中。

何宇度，字仁仲，湖北安陆人。补詹事主簿。万历中转夔州府通判。著有《二园记》《卮言堂集》。①

此书名称。“益部”为四川别称，“谈资”谦为仅供谈话资料之用。属史部地理类。如同《四库全书总目提要》所说：“以体例不似图经，故署曰‘谈资’，实亦地志之支流也。”内容为记述四川山川物产、人物古迹、遗闻佚事。由于蜀地素为少数民族聚居地，故其中有些内容涉及南方民族史、志，如书中记述四川民族分布地区、西番贡赋与习俗、铜鼓、建昌夷的火浣布、蚕丛祠、竹枝词等均有关系。

此书评价。《四库全书总目提要》极为推崇：

> 是书掇拾搜罗，尚未能一一赅备，然诠解不苟，去取颇严。其后，曹学佺作《蜀中广记》，征引较博，不免稍涉泛滥，不若此本之雅洁。在明人杂说之中，尚可称简而有要者。原本有李维桢跋，亦极推为善本，盖不诬矣。

① 参见（清 道光）《安陆县志》，《人物志》《艺文志》。

《西园闻见录》

《西园闻见录》一〇七卷，明张萱辑。见《千顷堂书目》史部别史与《明史》艺文志史部杂史。世罕传本。1936年燕京大学根据明抄本及清光绪传抄本校订出版。除一〇七卷本外，"萱自序云一百卷，明志作一百卷，今存本则一百八卷。盖辗转传抄，析卷互异耳"。①

张萱，字孟奇，别号西园，广东博罗人。万历十年（1582年）举人。官内阁制敕房中书，纂修正史，侍经筵，得发秘阁所藏书读之，故能成《西园闻见录》一书。官至户部主事、贵州平越知府。②

编辑过程。据作者自序，他将历朝实录与诸史家的读书札记相对照，"考之往往不合"，故"苦心二十余年"，辑录而成。

内容大抵上起洪武，下迄万历。全书分三编。"内编以表德行，专重行谊；外编纪政事，依官为次，始内阁、翰林、六部、台谏以及外官，然后分众事以隶之；其方伎之属，无所归者，则为杂编。"编辑体例，主要按事、人与言、行分类，即所谓"意在因事存人，因人见事，复各分言与行为二"。③

此书价值有二：一是可与沈德符《万历野获编》相媲美。其考辨之精，虽有所不及；但采摭浩博则远在《万历野获编》之上。二是颇富史料价值。此书节录了不少明人奏议，有的现已不易见到，或原书已亡，均赖此书而保留下来。"信为考明事者所必参稽。"④

此书辑录南方民族问题的材料，也颇丰富，其中又以下述数卷最为集中。

第一，卷六六兵部十八，分《以夷攻夷》《属夷前》两部分。

《以夷攻夷》篇，叙述了统治者对少数民族惯用的"以夷制夷"的策略。

《属夷前》篇的《前言》，记有胡世宁、任福、何祺、田汝成等人治理西南民族

① （清 道光）《广东通志·艺文略二》。

② （清 道光）《广东通志·列传二十四》。

③ 见《校印〈西园闻见录〉》，缘起。

④ 《校印〈西园闻见录〉》，缘起。

之策。

《属夷前》篇的《往行》，记有王骥、钱古训等人镇压或安抚西南民族的活动。

第二，卷六七、兵部十九，《属夷后》篇《往行》，记有贵州、思州、播州、清平、都匀、芒部、苗人、仲家、龙家、邛筰、僰人、峒人、瑶人、仡佬、木佬、宋家蔡家、黎人、蛋人、马人、断藤峡、云南诸条。或以地名名目，或以族名名目，均记南方少数民族的社会、历史、习俗诸内容。

第三，卷七九、兵部二八，分《土官》《土兵》两部分。

《土官》篇的《前言》，记王恕、王守仁、胡世宁、田汝成、乔世宁、沈希仪关于土官问题的言论。

《土官》篇的《往行》，记有岑猛、赵楷、李寰、黄玹、孟密、孟养、杨应龙诸土官的事迹。

《土兵》篇，记明代土兵之制。

可见，此书确是研究明代土司制度与西南民族问题的必读参考资料。

《万历野获编》

《万历野获编》三十卷，补遗四卷，明沈德符撰。沈德符原撰《万历野获编》二十卷、《续编》十二卷。清代钱枋“苦其事多猥杂，难以查考，因割裂排缵，都为三十卷，分四十八门”[①]。补遗为清康熙间沈德符后代沈振搜辑，原为八卷，后仍按钱氏例重排，分成四卷。收入1959年中华书局版《元明史料笔记丛刊》中，该本以清道光姚氏荔山房刻本为底本，由谢兴尧校补，使用称便。

沈德符（1578—1642年），字景倩，一字虎臣，又字景伯，秀水（今浙江嘉兴）人，万历四十六年（1618年）举人。著有《万历野获编》《秦玺始末》《飞凫语略》《顾曲杂言》《敝帚轩剩语》。

成书经过。据作者在《万历野获编》序中写道：

余生长京邸，孩提即闻朝家事，家庭间又窃聆父祖绪言，因喜诵说之。比成童，适先人弃养。复从乡邦先达，剽窃一二雅谈；或与陇亩老农，谈说前辈典型，及琐言剩语。

中年南返后，根据上述材料，加上“其闻见偶新者”，仿照欧阳修《归田录》体例，随录成篇。

此书内容丰富。所谓

上自宗庙百官、礼文度数、人才用舍、治乱得失，下及经史子集、山川风物、释老方技、神仙梦幻、闾闬琐语、齐谐小说[②]，

都加以搜罗。该书对史学与文学研究均有参考价值。

此书保留有不少关于明代南方民族及其土司制度的材料。其中比较集中反映在卷三〇《土司》门下列的土司职名、夷姓、夷酋好佛致祸、夷妇宣淫叛弑、流官属土府、土官之异、永顺彭宣慰、樊哙祠、岳凤投缅、叛酋岳凤、大候州、土酋名号、

① （清）钱枋：《万历野获编分类凡例》。

② （清）钱枋：《万历野获编分类凡例》。

滇南宝井条；补遗中《土司》门下的人化异类、夷兵、土司文职、缅甸盛衰始末、六慰、大古喇、老挝之始、老挝反覆、夷酋三公、土教官、土官承袭条等。

值得指出的是，此书在记述明代土司时，特别注意特殊现象。如流官属土府条载：

> 西南土府知府，仅得统土知州土知县而已。惟广西思明府之上石西州，云南丽江府之通安、巨津二州，其知府俱土，而州守则为流官，不知堂属体统亦如内地否。又如广西泗城州，其属程县为流官，正德中，土知州岑豹亡状，逼逐流官知县，而自领其事，朝廷遂不除吏，以至于今。

土官之异条载：

> 中国人出为土官者，近年思城知州赵天锡，皆奇事也。……赵本江南女优，游粤西见嬖于土酋，因得袭职，尤奇之奇也。……赵善笔札，曾与旧知书，婉媚纤弱，全是黛奁本色。乃闻其得官之故，则酖所天及正室，而赵氏无他子，遂以夷法，妇袭夫官。其人至今在。

像这类土府、土州统流官，汉人女优按夷法袭土官的记载，既是当时作者“闻见”，又属罕有之事，故是研究明代土司制度十分可贵的材料。

《徐霞客游记》

《徐霞客游记》十卷。明徐弘祖撰。此书起初只有手抄本。乾隆四十一年（1776年），作者族孙徐镇首次刊刻。嘉庆十三年（1808年）叶廷甲再行雠勘梓行，并增作者友朋间赠答诗文辑为补编。1928年，丁文江标点叶本，正文前自编《徐霞客先生年谱》一篇，编绘游记附图一册，且编入作者的家祠丛刻。丛书中有《扫叶山房》《万有文库》等本。1982年上海古籍出版社出版了褚绍唐、吴应寿整理的标点本。该本参考较早的抄本——季会明抄本和徐廷枚抄本，据此补入一些内容；附编则收入全部有关诗文和家祠丛刻，包括新发现的作者《赠鸡足山僧妙行七律二首》。故标点本是目前较为完备的本子。

徐霞客，原名徐弘祖，字振之，霞客为其别号，南直隶江阴（今江苏江阴）人。生于明万历十五年（1587年），卒于崇祯十四年（1641年）。早年应试失败后，决心“问奇于名山大川”。他从二十二岁（1608年）出游邻近家乡江阴的太湖开始，三十多年间游迹遍及今江苏、浙江、山东、河北、山西、陕西、河南、安徽、江西、福建、广东、湖南、湖北、广西、贵州、云南等十六省和北京、天津、上海等地。1640年，因身患重病从云南返乡，次年即病逝，时年五十四岁。其生平事迹可参见吴国华、陈函辉撰《墓志铭》，丁文江编《年谱》。

此书以日记形式详细记录其行迹所至的所见所闻，并加上观感与分析，可谓是日记式游记。除散佚者外，保存下来的达六十多万字。前期游记保留在第一卷十七篇中。从五十一岁起，开始了四年的西南之行，这是他一生中外出时间最长，行程最远，也是最为重要的一次旅行。这方面的内容保留在卷二上的浙游、江右（江西）游日记，卷二下的楚（湖南）游日记，卷三上下、卷四上的粤西游日记，卷四下的黔游日记，卷五上下、卷六上下、卷七上下、卷八上下、卷九上下、卷十上的滇游日记中。此外，卷十下为附编。《徐霞客游记》本文止于崇祯十二年九月十四日止，时徐霞客在滇南鸡足山。

徐霞客毕生旅游，是我国古代著名的旅行家和地理学家。我国的地理古籍，历来以疆域沿革、郡县建置、山川物产、风土人情为主要内容，而对地貌、岩石、水文、植物、气候诸方面的记载则往往忽略。徐霞客冲破传统体例风格的束缚，开创了实地考察自然、系统描述自然的新方向与新方法，从而为中国地理学、地貌学、岩洞学等方面的研究作出了重大贡献。此外，此书也是一部颇有价值的文学游记。

书中还记载了大量生动而具体的当时西南民族状况。因其材料为实地调查所得，并据实书明，弥为可贵。因此，从这一意义上说来，它又是我国古代民族学的一部重要著作。以地区而论，包括湖南、广西、贵州、云南四省区，特别是广西、云南两省区的材料更为丰富。以民族成分而论，包括瑶、俍（壮人的一支）、仲、苗、僰僰、僰彝、麽些、阿瓦、“野人”，等等。以内容而论，包括少数民族的风土人情、经济生活、土司制度等各个方面。其中如：

干栏建筑。据《粤西游日记三》载：

> 土人俱架竹为栏，下畜牛豕，上爨与卧处之所讬焉。架高五六尺，以巨竹搥开，径尺余，架与壁落俱用之。爨以方板三四尺铺竹架之中，置灰爇火，以块石支锅，而炊锅之上三四尺，悬一竹筐，日炙稻而舂。

关于啖生之习。据《粤西游日记》载：都结州主农姓，命诸峒丁捕鱼，“取巨鱼细切为脍，置大碗中，以葱及姜丝与盐醋拌而食之，以为至味。”《滇游日记十一》则载：龙川土官“出火酒糟生肉以供。余但饮酒而已，不能啖生也”。这些材料，有助于了解当时南方民族的住、食生活习俗。

苗佃之困苦。据《黔游日记一》载：

> 又西得一堡，强入其中，茅茨陋甚，而卧处与猪畜同秽。盖此地皆苗熟者，虽为佃丁（指‘汤吏部之佃苗’），而习甚鄙，令人反忆土蛮竹栏为上乘耳。

像这类南方民族遭受阶级压迫的材料，尤为有价值。

关于土司，记述最为详尽。这是因为作者进入西南民族地区后，安排向导及食宿等事均需与土司打交道所致。其中有些材料，还可补史书之缺。如，据《黔游日记一》载：独山州，“其州无城，一土知州，一明知州。土官蒙姓，所居皆土人（指苗仲）。明官多缺，以经历署篆，所属皆客户”。像这种一州中以土、流两官分治土、客属民的情况，在史书中是罕见有此记载的。作者更以大量笔墨描述和谴责土司残民以逞的罪恶。“临安府为滇中首都，而今为普氏所残，凋敝未复，人民虽多，居聚虽远，而光景止与广西府同也。”（《滇游日记二》）

> 迤东之县，通海为最盛；迤东之州，石屏为最盛；迤东之堡寨，宝秀为最盛。皆以免于普祸也。县以江川为最凋，州以师宗为最敝，堡聚以南庄诸处为最惨。皆为普所蹂躏也。若步雄之龙、侬争代，青草坝之被哄于龙、沙，安隆土司之纷争于岑、侬，土司糜烂人民，乃其本性，而紊及朝廷之封疆，不可长也。诸彝种之苦于土司糜烂，真是痛心疾首。第势为所压，生死惟命耳，非真有恋主思旧之心牢不可破也。（《滇游日记二》）

作者还对“上官惟加衔饵，不敢一问”（《黔游日记一》），致使土官“不知有中国”（《粤西游日记三》）的现象极为愤慨。这些均是研究明代后期土司制度的珍贵材料。

《赤雅》

《赤雅》上中下三卷。明邝露撰。《知不足斋丛书》《龙威秘书》《说库》《丛书集成初编》等丛书中收有此书。

邝露，字湛若，南海（今广州）人。生于明万历三十二年（1604年），卒于清顺治七年（1650年）。为诸生。王世禛称其为“负才不羁，常敝衣趿履，行歌市上，旁若无人”的狂生（见《池北偶谈》卷十一）。历游粤西、吴越间。明末，积极参与抗清活动。唐王在福州，仕为中书舍人。永历帝时，奉使还广州。清兵入粤，义不改节，抱平生所藏古宝，绝食而死，其志节因此为世所称。著有《峤雅》《赤雅》。

成书经过。据《四库全书总目提要》载：此书是邝露“游广西之时，遍历岑、蓝、胡、侯、槃五姓土司，因为瑶女云亸孃留掌书记，归而述所见闻”。

全书共记二百零六条。其中卷上七十条，卷中五十六条，卷下八十条。该书是明人记述粤西少数民族聚居地的山川物产、民族成分、土司制度、饮食服饰、风俗习惯等内容的一部重要著作。由于作者纵游其地，所记为所睹所闻，故有珍贵的史料价值。世人对此书评价极高。古人认为，此书可与《山海经》《西京杂记》相媲美。《四库全书总目提要》称誉说：是书所记“辞藻简雅，序次典核，不在《桂海虞衡志》下，可称佳本”。就是说，此书可视为宋代《桂海虞衡志》一书的继续和补充。但作者囿于文士积习，也不免有附会失误之处。如猩猩条，记猩猩能与人言，殊不可信。

该书保留了有关粤西民族地区的丰富史料。列举如下：

伶人、仡人、大良、飞头獠、鼻夷、白棍、水人、侗人、斑衣山子、斑衣种女、乌蛮国、西原蛮、广源蛮、苗、巴人、蜑人、马人、印孃、木客等条，记述粤西诸族及其支系的分布和习俗诸内容。

土司世胄、形势、法制、布伯、岑家兵略、狼兵、云亸君兵法、结纳、僮官婚嫁、攻掠、郎火提陀诸条，记述了粤西土官制度下的政治、阶级、军事、生活等有关情况。

浪花歌条记述壮族三月三的盛况。有关壮族三月三的最早记载即此。

僮丁条记述干栏式的居住形式。

丁妇条反映了“不落夫家制”的习俗。

诸夷有学条记述了一些民族地区诗文并盛的文化发展情况。

伏波铜鼓条记述了铜鼓的形状文式。

鸡匠、卵卜条记述了古代越人鸡卜、卵卜的遗习。

瑶人祀典条描绘了祭祀盘瓠的盛况，是研究盘瓠图腾崇拜的生动史料。

青蛇使者条反映了古代越人的崇蛇遗习。

该书对后世颇具影响。后世记粤西民族的著作，有的内容即袭自此书。如，此书所记大良好客事：“与僮同类而性稍异，有户口版籍，较民更淳，喜输租税，人至其家，不问识否，辄具牲醴饮啵，久敬不衰，同类有无相资，一无所吝。”清檀萃《说蛮》全文抄袭，清诸匡鼎《瑶僮传》除改动个别字句外，也与此相同。

《楚书》

《楚书》一卷，明陶晋英撰。收入《学海类编》丛书本。

陶晋英，字若英，秀水（今浙江嘉兴）人。

写作过程。据作者在崇祯十四年（1641 年）在此书序中写道：

> 曩年在楚，虽侍亲官署，尝得步灖郊野间，奉严命衹役湖南北诸郡，寻山问水，兴会殊佳，追忆旧游，寻成斯帙，漫无编次。其曰《楚书》者，乃书所见闻之书，非冒古《楚书》名也。

换言之，崇祯间作者曾侍亲官楚，因追记两湖所见所闻，而成杂记性质的此书。

此书内容包括楚地，三湘、九江、楚楼、武当山、黄鹤楼、洞庭水、襄阳形胜、耆旧古迹，蕲黄人文、蕲竹器诸土产，赤壁山、衡山、九疑山、永州僚俗、长沙卑湿、辰州、郧地、黎平府、施州、采木、枬木、水产诸条。即记述楚地的山川、形势、古迹、人文、物产、民族等。

关于两湖民族，作了集中记载：

> 施州、保靖、永顺，正当海内山川土宇之中，反为盘瓠种类盘踞。……其俗，男不裹头，女衣花布。亲丧打葬就日而埋，疾病则击铜鼓、沙锣以祀鬼神，居常则渔猎腥羶，刀耕火种而食。不识文字，刻木为契。短裙椎髻，常带刀弩为威。其人杂彝僚，不可施以汉法，故历代止羁縻之。本朝笼以卫所土司，有事调之则从征，逮之则不至。南去为辰川，又南为宝庆，族皆其种，俗亦近之，秦汉所称黔中之地。然辰以南屡经征伐，其人遂分彝汉，彝者统以土司，汉者治以有司，不若施、永之一概羁縻也。然虽汉人汉法之处，其城市者衣服言语皆华人，而山谷间亦颇杂以瑶俗，不尽纯也。

像这类记载，有助于了解两湖地区的民族情况。

需加指出的是，此书虽自称“书所见闻”，其实并不尽然。如，关于永州僚俗的记载：

永近粤，乡村间稍杂以夷僚之俗。男子衣裙曳地，妇女裙裤反至膝止，露骭跣足，不避秽污，著草履者其上也。首则饰以高髻，耳垂大环，铸锡成花，满头插戴。一路铺递、皂快、舆夫、马卒之徒，皆以妇代男为之，致男女混杂戏剧，官不能禁。

则是全文抄录明万历年间王士性所撰《广志绎》一书。这是需要加以辨明的。

《天下郡国利病书》

《天下郡国利病书》不分卷，清顾炎武撰。收入《四部丛刊三编·史部》。

顾炎武，明末清初的著名爱国学者。昆山（江苏今县名）人。生于明万历四十一年（1613 年），卒于清康熙二十一年（1682 年）。初名绛，字宁人，自署蒋山傭，居亭林镇，学者称为亭林先生。鲁王时，起兵勤王，官兵部司务。唐王以兵部职方郎召，母丧未赴，遂周游四方。康熙十七年（1678 年），诏举博学鸿儒科，又荐修明史，均不就。卜居华阴以终。其学主博学有耻，欲华就实。凡国家典制、郡邑掌故、天文仪象、河漕兵农之属，莫不穷究原委，考证得失。开清代朴学之风。故《清史稿·儒林传二·顾炎武传》赞道："清初学有根柢者，以炎武为最。"著有《日知录》《天下郡国利病书》《肇域志》《左传杜解补正》《音论》《亭林诗文集》等数十种。生平事迹俱见《清史稿》本传。

关于此书的取材与成书经过，顾炎武在序中写道："崇祯已卯（十二年　1639 年），秋闱被摈，退而读书。感四国之多虞，耻经生之寡术，于是历览二十一史，以及天下郡县志书、一代名公文集，间及奏章文册之类，有得即录，共成四十余帙，一为舆地之记，一为利病之书。比遭兵火，多有散佚，亦有增补。"至康熙壬寅（元年 1662 年），编定初稿。前后历时二十三年。

此书原不分卷，分订为三十四册，其中第十四册已佚。原稿存昆山图书馆，《四部丛刊三编》本即据此影印出版。原编册数目录：一至三册，北直隶；四至五册，苏；六册，苏松；七册，常镇；八册，江宁庐安；九册，凤宁徽；十册，淮安；十一册，淮徐；十二册，扬州；十三册，河南；十四册，原阙；十五至十六册，山东；十七册，山西；十八册，陕西上；十九册，陕西下，四川；二十册，四川；二十一至二十二册，浙江；二十三册，江西；二十四至二十五册，湖广；二十六册，福建；二十七至二十九册，广东；三十册，广西；三十一册，云贵；三十二册，云贵交趾；三十三册，交趾西南夷；三十四册，九边四夷。另，流传的坊刻本则分为一百二十卷。

此书记述全国各地的建置沿革、形势险要、物产资源、户口民壮、矿冶盐法、土田赋法、水利河防、交通驿传、兵防营汛、风土人情、边防民族等方面的内容，并探究其间的得失利弊。因此，它是研究明代地理和社会的一部有价值的著作。不足之处，则如《四库全书总目提要》所说："其中采掇旧文，同异兼收，间有矛盾之处，编次亦绝无体例，盖未成之稿本也。"

此书是研究明代南方少数民族问题的重要参考书。

在南方各省的分册中，有相当多的篇幅记述当地民族。如：四川分册，列有天全六番招讨使司，建武千户所，马湖府，东川军民府，乌撒军民府，镇雄军民府，永宁宣抚司，酉阳宣抚司，平茶长官司，邑梅长官司，石砫宣抚司，板循蛮诸目；湖广分册，列有永、保总说，苗徼，民苗哨寨，边防条议，筹边录，议添募兵筑边墙，酌议四卫兵饷详诸目；广东分册，列有瑶僮，峒獠，俚户，歧户，杂蛮诸目；广西分册，列有瑶峒（土俍附）等目；云贵分册，云南列有土官姓氏，属夷，贡道诸目，贵州列有议处铜苗疏略，议处乌撒疏诸目。像这一类条目，都是研究该省少数民族社会历史时，需加以阅读的。

至于记述南方诸族条目的内容，以广东"杂蛮"目为例，其中写道：

> 莫徭者，自荆南五溪而来，居岭海间，号曰山民，盖槃瓠之遗种，本瑶僮之类，而无酋长，随溪谷群处，斫山为业，有采捕而无赋役，自为生理，不属于官，亦不属于峒首，故名莫徭也。
>
> 蜑户者，以舟楫为宅，捕鱼为业。或编蓬濒水而居，谓之水栏。见水色则知有龙，故又曰龙户。齐民则目为蜑家。晋时，广州南岸周旋六十余里，不宾服者五万余家，皆蛮蜑杂居。自唐以来，计丁输课于官。洪武初，编户，立里长，属河泊所，岁收渔课。然同姓婚配，无冠履礼貌，愚蠢不谙文字，不自记年岁，此其异也。东莞、增城、新会、香山以至惠、潮尤多，至雷、琼则少。广中近年亦渐知书，或登陆附籍与良民同编，亦有取科第者矣。
>
> 畲蛮，岭海随在皆有之，以刀耕火种为名者也，衣服、言语，渐同齐民。

可见，其内容包括瑶、畲及蜑民的族称、族源、居地、历史、社会、习俗等。这是研究这些民族所需要掌握的基本材料。

《蛮司合志》

《蛮司合志》十五卷，清毛奇龄撰。载《西河全集》文集，《绍兴先正遗书》也收入此书。

毛奇龄，字大可，一字齐于，本名甡，字初晴，又以郡望为西河，故学者称西河先生，浙江萧山人。生于明天启三年（1623年）。明季诸生。明亡后，窜身山谷，读书土室中。清康熙十八年（1679年），荐试博学鸿儒科，授翰林院检讨，充明史纂修官。康熙二十四年（1685年），以疾归。康熙五十二年（1713年）卒，时年九十一。他淹贯群书，尤长经学，著述宏富。所著《西河全集》分经集、文集，经籍凡五十种，文集合诗赋杂著，凡二百三十四卷。《四库全书》收其所著书目多至四十余部。事迹俱见《清史稿儒林二》本传。

成书经过。朱彝尊在《土官底簿》跋中写道："予在史馆，劝立土司传，以补前史所未有，毛检讨大可（毛奇龄）是予言，撰《蛮司合志》，因以是编（指《土官底簿》）资其采择焉。"《四库全书总目提要》也说："是编皆纪明代土司始末，亦其修史所余之稿也。"可见，此书是毛奇龄于康熙年间在明史馆编撰土司传时所作。

全书卷目。卷一为《湖广》，前有土司总论；卷二、卷三为《贵州》；卷四、卷五、卷六、卷七为《四川》；卷八、卷九、卷十、卷十一为《云南》，卷十二至卷十五为《两广》。

此书起止时间与内容。作者在卷一总论中写道：

> 自洪武暨崇祯一十六朝二百七十余年之间，凡沿革向背，大征大役，或得或失，稍见史乘者，略辑其大凡，汇为一编，名曰《合志》，考古者览焉。

具体而言，湖广、贵州、四川、云南、两广诸省内容包括：明代各省土司的建立、数目、分布，主要土司的世系与历史，境内诸族的种类与习俗，明朝廷对土司的治理特别是征讨过程等方面。

此书资料主要来源于《明实录》《四夷馆考》《土官底簿》诸籍。作者时为明史纂修官，所辑录有关明代土司资料，堪称完备。因此，此书为研讨明代南方民族政治制度史、土司制度史必读的参考书籍。但是，此书带有资料汇编性质，不免有凌乱之处。

《苗俗纪闻》

《苗俗纪闻》，清方亨咸撰。收入《檀几丛书》《小方壶斋舆地丛钞》等丛书本中。

方亨咸，拱乾子，字吉偶，号邵村，安徽桐城人。清顺治四年（1647 年）进士，由县令擢刑部，历谳湖广、广西两省，旋授陕西道御史。以江南科场案坐流宁古塔，后释归。善书法，兼长画山水。著有《楚粤使草》《班马笔记》《怡亭杂记》等书。[①]

此书所指“苗”为泛指。关于其种类与地区，书中写道：

> 自沅州以西，即多苗民，至滇、黔更繁，种类甚夥。曰黑脚苗、曰花苗、曰仡佬、曰仲家、曰蔡家、曰龙家、曰僰儿子、曰倮罗、曰摆夷、曰罗鬼，皆苗裔也。

内容主要记述黔地历史、民族与习俗。其中可注意者，有关于群婚制遗习、舅权制、不落夫家制、刻木为信制的描述。

群婚制遗习。

> 其婚也，无媒妁，男子壮而无室者，以每年六月六日午将蹉，悉登山四望，吹树叶作呦呦声，则知为马郎至矣。来字之女，群往从之，任自相择配，先合而后议婚。

舅权制。

> 聘无币帛，唯牛若干猪鸡若干，父母不受聘，聘归舅氏，云还娘钱。如女多，以一婚舅家，舅则不复取聘矣。

不落夫家制。

> 婚后不同寝处，唯私媾，俟孕而乳，始同焉。

① 参见（清 道光）《桐城续修县志》。

刻木为信制。

俗无文契，凡称贷交易，刻木为信，未尝有渝者。木即常木，或一刻或数刻，以多寡远近不同，剖而为二，各执一，如约时合之，若符节也。

上述记载，为研究古代社会提供了民族学方面的生动而翔实的材料。

《粤述》

《粤述》一卷，清闵叙撰。《说铃》《龙威秘书》《小方壶斋舆地丛钞》《丛书集成初编》本等丛书中收入。

闵叙，号鹤瞿，安徽歙县人。清顺治十二年（1655年）进士，官至监察御史。

此书为作者督学广西时所作。据嘉庆《广西通志·职官二十六》载：康熙二年（1663年），闵叙官广西学道。可证此书写成于康熙初年。内容为叙述粤西地理沿革、山川古迹、物产气候、“瑶僮诸蛮”。在叙及南方民族问题时，除袭用《桂海虞衡志》《赤雅》诸籍外，也不乏作者见解及所见闻首次记录者。写作方法为夹叙夹议，不单纯记述奇风异俗。此书有如下一些主要特点：

第一，喜用实证材料以印证或解释古籍。如释瑶：

> 《说文》，侥，五聊切，南方有焦侥人，长三尺，短之极，从人尧声。《风俗通》云，蛮类有八，一曰侥蛮，戎类有六，一曰侥戎。若然，则今瑶人，盖蛮戎之种类也。又，《小韵》作古了切，为侥悻求利不止之貌。按，《说文》著其形，《风俗通》辨其族，而《小韵》则言其姓也。诸书无瑶字，当以此补侥义，则《说文》不阙矣。

释蓝姓：

> 南巢地方，系永顺宜山所属，内有生瑶一种，甚为邻封之害，皆姓蓝氏。按，《竹书纪年》，仲丁即位，征于蓝彝，得无其苗裔乎。

释覃姓：

> 蛮多姓覃，汉肃宗时，溇中蛮有覃儿健。溇中，今澧州之慈利县是也，河池北境，可通楚之绥宁，是其苗裔无疑。

释契：

《易·系词》，后代圣人易之以书契。《说文》，契，木约也，赵凡夫云，古契字作丰，刻其齿而为券。按，瑶人刻木为齿，与人交易，谓之打木格。

释魋结：

瑶僮男妇，率皆蓬首，男虽鬜发止于四旁，妇人则以高髻置于顶之前畔，上覆大笠，即《史记》所谓尉佗魋结者也。

释交易文书：

瑶僮交易文书，内云如有翻悔，与龙角一对，或云凤毛明珠等。常笑其妄。偶读《汉书·板楯蛮传》中有盟曰，秦犯蛮，输黄龙一双，蛮犯秦，输清酒一钟。此盖有所本也。

释寨老：

寨老者，即本地年高有行之人，凡里中是非曲直，俱向此老论说，此老一一评之，如甲乙俱服，即如决断，不服，然后讼之于官。……按，此寨老，即《广州记》称到老、都老者是也。

其说，虽不一定都能成立，但立意求新，可开拓人们的思路。

第二，以实证材料证古籍记载之失。如，然火溃脓”辨误：

瑶人素不著履，其足皮皴厚，行于稜石丛苇之中，一无所损，其事想自开辟皆然。《东观记》曰，元和中，荆州刺史上言，行部入长沙界，观者皆徒跣，臣问御佐曰，人无履，亦苦之否？御佐对曰，十二月盛寒时，并多剖裂血出，然火燎之，春温或脓溃。按，今不独瑶人，百姓大半如此，无所谓然火溃脓也。

第三，以古籍或史实辨传说之伪。如“诸葛鼓”辨：

《广州记》曰，俚僚铸铜为鼓，鼓以高大为贵，面阔丈余，初成，悬于庭，尅晨置酒，招致同类，来者盈门，豪富子女，以金银为大钗，执以叩鼓，叩竟，留遗主人。《后汉书》马援于交趾，得骆越铜鼓，即是物也。又，《隋书·地理志》，诸蛮铸大铜鼓，俗好相杀，多构仇怨，欲相攻则鸣此鼓，到者如云，有鼓者号为都老，其制高可三四尺，有上面而无下底，其声亦不甚大，名曰诸葛鼓。瑶人谓是孔明所造。今观东汉时已有，岂得云诸葛乎？想诸葛行军鼓，自是别制，而此妄附尔。但花纹缕细，似非近时可能，闻有值一二百金者，云击之以除灾疠，亦是伪说。

辨韦氏为韩信后之误：粤西瑶僮

土官多韦姓，乃韩信子孙也，云方吕后擒信时，舍人负其幼子，求救于萧何，何泣下，谓中土不可居，乃作书属南粤尉佗抚之，子孙因以韦为姓，其所书尚存土司。余见张和仲燧所辑《千百年眼》一书，曾载此说，而钟竟陵亦附之鉴末。第汉法踵秦之惨酷，彼高祖时萧何敢与佗通书耶？存此以质博雅者。

上述见解，无疑都是正确的。

第四，以亲身考察，订正史书失误。如载：

昆仑关，距宾州八十里。康熙四年，余校士赴南宁，发宾州，宿思龙驿，日行仅四十里，次日晡时至关，因陟其巅，惟雉堞数十，岑楼数楹，无甚险峻，特隘口之足据者耳。然由宾至关，则山径逼仄，上下崎岖，安得三更宴客，五更度关，如此其神速耶？及修府志，乃云一昼夜绝昆仑关至归仁铺。智高始拒敌，武襄喜曰，贼不知守此，不足虑。乃信史也，当时序事失实如此，抑好事者附会耶？

对此，《四库全书总目提要》赞道：

其辨狄青取昆仑关一事，核以地理，足订宋史之误。

总之，此书最突出的特点是：在清初，就已采用实证材料与古籍相互辩证的方法，并注重把实证材料运用到古史研究中去，这是很有见地的。

《滇考》

《滇考》二卷，清冯甦撰。有道光元年临海宋氏重刻本。收入《台州丛书》《昭代丛书》《云南备征志》中。

冯甦，字再来，号蒿庵，浙江临海人。崇祯元年（1628 年）生，顺治十五年（1658 年）进士。官至刑部右侍郎。康熙三十一年（1692 年）卒。有《粤东奏议》《滇考》《劫灭录》《见闻随笔》《三台文献鳥吟》《南中集》《蒿庵集》《诏石园》《知还堂稿》等书。

此书于康熙元年（1662 年）为永昌府推官时所作。此书起止："自战国迄明，其间治乱之数，釐然备陈。"[①]"惟自庄蹻通滇，至明末、国初，撮其沿革之旧迹，治乱之大端。"（《四库全书总目提要》）全书共四十六条。

体裁为纪事本末体。记事连贯，条理分明。故《四库全书总目提要》称赞说："每事皆首尾完具，端绪分明，非采缀琐闻，条理不相统贯者比。"

内容详略取舍。据作者自序，此书写作目的，在于观前代之事迹，而求治滇之本。

> 若夫山川之融结，人物之生聚，仙真佛子之出灭，则向者乘与稗备之，非予所能尽收也。予所考者，为仕而学者也，又曰在端其本源。

因此，书中凡山川、人物、宗教、物产均削而不载。

评价。书中关于元代以前事，多录自史书方志，又未详加稽考，故颇疏略。记明代事，则多可取，因作者为当代人，有档册可供查考，加上亲所闻见，故可补史传之不足。《四库全书总目提要》对是书颇为推重：

> 至其《征麓川》《三宣六慰》《镇守太监》《议开金沙江》诸篇，皆视史传为详。且著书之时，时又仅百余年，所言形势，往往足资考证，愈于标题名胜，徒供登临吟咏者多矣。

此书对研究明代云南诸族历史，颇具史料价值。

---

① 见（清）冯甦：《滇考》自序。

《广东新语》

《广东新语》二十八卷，清屈大均撰。中华书局1985年4月出版了该书的点校本。

屈大均，广东番禺人，初名绍隆，字翁山，又字介子，号菜圃。明崇祯三年（1630年）生，清康熙三十五年（1696年）卒。清军占广州，削发为僧，行游南北，结交遗民。中年返初服，更今名。“三藩之乱”时，曾一度从吴三桂军于湖南，不久即以不合辞归。从此，隐居著述。工诗，高浑兀奡，与陈恭尹、梁佩兰称岭南三大家。今人张舜徽赞道：“大均诗文，在当时有盛名。所为文简古雅洁，浸淫秦汉，自是清初岭南一大家。”（《清人文集别录》）。著有《翁山诗文集》等。事迹见《清史稿·列传·文苑一》陈恭尹列传的附传。

此书得名。据自序载：“吾于《广东通志》，略其旧而新是详，旧十三而新十七，故曰《新语》。……是书则广东之外志也。”而其所补者，不仅“考方舆，披志乘”，且“验之以身经，徵之以目睹”，故“其察物也精以核，其谈义也博而辨。”（见潘耒序）可见，此书写作目的在于用经过检验的新材料，以补《广东通志》之不足。

此书是一部有价值的清代笔记。内容为记述广东之天文地理、经济物产、人物风俗。

全书分二十八卷，每卷记一类事物。卷目是：《天语》《地语》《山语》《水语》《石语》《神语》《人语》《女语》《事语》《学语》《文语》《诗语》《艺语》《食语》《货语》《器语》《宫语》《舟语》《坟语》《禽语》《兽语》《鳞语》《介语》《虫语》《木语》《香语》《草语》《怪语》。专记广东人、事和物。

此书记述了明末清初广东少数民族状况。以黎族为例，其中写道：农业生产，由于仍普遍采用刀耕火种的“畬田”法，因此“上田每亩不过五斗”（卷十四《食语》）；手工纺织，“以吴绫越锦拆取色丝，间以鹅毳之绵，织成人物、花鸟、诗词，名曰黎锦，浓丽可爱”，“机杼精工，百卉千华”（卷十五《货语》）；土舍，黎人名为以粮纳于土舍而输之于官，实则“征徭任其科算，尽入私囊”；村寨，随着黎族地区的日益开发，出现“峒有数十村，土沃烟稠，与在外民乡无异”（卷七《人语》）的现象。比较全面地反映了当时的黎族社会。

此书卷七《人语》辟有专门记述广东诸族的条目。除黎人条外，瑶人条记罗旁瑶、曲江瑶和连山八排瑶。峯人条详记畲族社会。真越人条，记秦汉中原徙民与古代越人的关系。梅铜条，记秦代越人首领梅铜事。其他诸卷也散见有关于广东民族问题的记载。如：卷一《地语》，其中的越条记越地的变迁。开拓黎地条记郡县黎地之议；铜柱条记中央王朝与岭南越人的关系；梅村条（还有卷三《山语》的梅岭条）记梅铜事。卷八《女语》中的黎母条记黎族始祖的神话传说。卷九《事语》中的南越初起条和四路下南越条记南越王国事始末。卷十二《诗语》中的粤歌条，记蛋歌、峒歌、瑶歌、俍歌。卷十四《食语》中的峯物条记著名的洪峯茶。卷十六《器语》中的铜鼓条记南越铜鼓。卷十七《宫语》中的楚庭条记越史。卷十八《舟语》中的疍家船条记水上民族疍人生活。卷二二鳞语记述了古时南海崇龙习俗。

概言之，《广东新语》一书是研究古代越人及其后裔、广东少数民族及岭南历史的一部重要参考著作。

《滇黔土司婚礼记》

《滇黔土司婚礼记》，清陈鼎撰。收入《知不足斋丛书》《昭代丛书》《通学斋丛书》《小方壶斋舆地丛钞》《丛书集成初编》诸丛书本中。

陈鼎，字定九，或字子重，江苏江阴人。“喜任侠，长乃折节读书，出与四方士大夫交。”“倦游归隐，以耆寿终。”[①] 著有《东林列传》《留溪外传》《滇黔游记》《黄山志概》《竹谱》《荔谱》《蛇谱》等。

此书成书于康熙年间。顺治末年，陈鼎幼时随叔父入滇，后与滇黔龙氏土司嫡女为婚。此书自叙身历的奢侈繁琐婚礼，末记处家琐事。但书中未言明土司所在地。方国瑜认为：“唯文中述宋、蔡、罗、龙四家苗，则龙土司即龙家苗。据清人记录，龙家苗散居于贵州之安顺、大定、镇宁、普安、普定，其地并与云南近。鼎所记应在贵州西北部，而不能确说耳。”[②]

此书对了解滇黔龙土司的历史社会情况，对了解中原文化给宋、蔡、罗、龙四家的影响，对了解“嫡长妇必一媵八女”的原始婚姻制遗习，对了解处于奴隶社会时期龙氏土司等级森严的情况，对了解“亲子弟奸僮仆妇女必杀不宥”的男女有别制度等问题，均有所帮助。

① 见(清 光绪)《江阴县志·人物·文苑》卷十七。

② 方国瑜：《云南史料目录概说》，63页。

《滇黔纪游》

《滇黔纪游》二卷，又名《滇黔游记》，清陈鼎撰。收入《说铃》《龙威秘书》等丛书中。又有把此书分为《滇游记》《黔游记》各独立成册者。如：《学海类编》《小方壶斋舆地丛钞》收有《滇游记》；《学海类编》《丛书集成初编》中收有《黔游记》。

作者陈鼎，见滇黔土司婚礼记条。

《四库全书总目提要》对此书评价："是篇为其客游滇黔时所记。上卷记黔，下卷记滇。于山川佳胜，叙述颇为有致。但考证失疏。"这是确评。

《黔游记》记述贵州舆地、山川、岩洞、寺祠、物产、古迹诸内容。其中，有些条目与南方民族问题有密切关系。比如：竹王祠条，记述"群蛮"崇奉的竹王传说；黔省苗蛮条，记述贵州地区少数民族的种类与特点。

《滇游记》对大理府的叙述特详。除记山川草木之胜外，也涉及云南民族问题。其中包括：金沙江条的"狗头国"；腾越彝人习俗；丽江府土官；楚雄、姚安、开化三郡"蛮貊之乡"的诸生；滇中苗倮僰爨么些之属戴木枷以负重之俗。需指出的是，该卷不少内容系节录自释同揆的《洱海丛谈》一书。

值得称道的是，作者反对以讹传讹。如：

> 滇中苗倮僰爨么些之属，担负货物项戴半木枷徒行，亦不暂脱，相传武侯定南蛮设此号令群彝，使其不敢与汉人为伍以别贵贱。殊不知非也，戴木枷者，殆可负重以便工作耳。

作者不同意滇中民族"戴木枷"负物是诸葛亮定计的传统说法，指出这是便于工作所形成的习俗，是颇有见地的。

《南中杂说》

《南中杂说》一卷，清刘崑撰。收入《豫章丛书》《续云南备征志》《丛书集成初编》。

刘崑，字西来，江西吉安人。清顺治十六年（1659年）进士。康熙十一年（1672年），以山东东鹿县知事擢云南府同知。次年，吴三桂反清，崑不肯时，被戍往腾冲卫。康熙二十年（1681年），清兵围昆明，刘崑诣军前投效，清兵定滇后，擢湖广常德府知府。[①]

成书经过。据作者书端自序：

> 殉难腾冲，流落十载。滇中山川跋涉者十六七，彝汉人情阅历颇熟，故据其身经目击著为杂说，使数十年后中原士大夫有事滇中者略为一助云。

全书分六诏、山川、郡县、卫所、钱谷、兵制、土司、四封、彝情、边报、马、盐、金、险阻、沅江蛊、缅甸蛊、和合、萧歪嘴、保头钱、安南市钱、红珠、花木、大理石、永昌棋子。共二十四条。

此书颇留心时事，且有远见卓识。如，作者在郡县条下，力主改土为流，这一主张是雍正年间大规模改土归流的先声。他写道：只要采取坚决措施，“不出百年，可使土府尽属流官矣”。他在边报条下，谴责武将的生事邀功：“其实土司又何敢为逆，不过武弁塘报妆点成文耳。张皇入告，动众兴师，破千年之酋豪利其金马，侈一时之勋伐上邀军功。此将臣之利，非朝廷之利也。”这些都是颇有见地的。

此书还保留了不少有价值的材料。如兵制条载：云南

> 十八郡中，各有土官。今仅能自存者独姚安、北胜、蒙化、沅江数土府耳。余皆势微而地小，贫弱已甚，往往乞贷于汉人，山庄彝民尽为准折，名为土官，实一齐民耳。

这反映了平定三藩之乱后云南土司势力遭到极大削弱的历史事实。土司条载：

---

① 参见（民国）《云南通志》卷八〇。

三百年来，渐染华风。土司之居城郭者，亦与汉人无异，而姚安、蒙化二土府且以诗文自命，附籍螺江矣。

这反映了土司汉化的状况。此外，钱谷、马、盐、金、红珠、大理石、永昌棋子诸条，也多有参考价值。

此书的不足之处：六诏条，记事疏陋；和合，萧歪嘴等条则为怪异不经之说。

《台湾纪略》

《台湾纪略》一卷，清林谦光撰。收入《说铃》《龙威秘书》《小方壶斋舆地丛钞》《丛书集成初编》诸丛书中。

林谦光，字道牧，又字芝眉，福建长乐人。清康熙十一年（1672 年）副贡生。官政和教谕，延平、台湾两府教授，擢桐乡县、分宜县知县。所至“兴利除弊，绰有循声”。著有《台湾纪略》《台湾府志》等。[①]

此篇为康熙二十二年（1683 年）平定郑克塽以后所作。全文约四千五百字，分三十一条目，其中包括地理位置、历史、建置、山水、城镇、户口、钱粮、文教、兵员、气候、民族、禽兽、花果、海产、矿、盐诸内容。

对“番人”的家族、服饰、婚姻、生死、居住、饮食、行走、社会经济与组织均作了概括的记载。其中写道：

> 弹丸外区为逋逃渊薮，近地多漳、泉人，外多系土番。其人……无姓氏，无祖先祭祀，自父母而外，无伯叔甥舅之称。不知历日，亦不知其庚甲。……男女皆跣足，不穿下衣，上著短衫，以幅布围其下。番妇用青布裹胫，多带花草。男子约十四五岁时，编藤围腰束之使小，故射飞逐走速于奔马。发少长，即断去其半以草缚之。齿用生刍染黑。人各穿耳孔，其大可容象子，以木环贯其中。身有记刺，好事者遍刺，其文则红毛字也。手戴镯头，或金银或铜锡，多者至数十双。且有以鸟翅垂肩，以贝悬项，而相夸为美观者。俗重生女，不重生男，男则出赘于人，女则纳婿于家。婚嫁时，女入廨中，男在外吹口琴，女出与合，当意者告于父母，置酒席邀饮同社之人，即为配偶。凡耕作皆妇人，夫反在家待哺。夫妇不合，不论有无生育，往往互相交易。暑月，男女皆裸体对坐。淫欲之事，长则避幼，若弟妹子女略不羞避，妇甫生产，同婴儿以冷水浴之。疾病不知医，辄浴于河，言大士置药水中济度诸番云。冬

① 参见（民国）《长乐县志·列传四》。

月，亦入水澡浴以为快。人死结彩于门，所有器皿衣服与生人均分，死者应得之分，同其尸埋于床下，三日后会集同社将死者取出灌以酒，然后深葬，葬不用棺椁，移居，仍取出再埋。番屋高地四五尺，深狭如舟形，前后无所间，梁柱皆画五彩，时刻洒扫，地无点尘。屋后多植椰树修竹，暑气不能入。家无被褥，以衣覆体。无厨灶，以三足架架锅于地，粥则环向锅前，用椰瓢汲食，饭则各以手团之而食，米随用随捣。凡谷粟衣服，皆贮于葫芦瓢中。人好饮，取米置口中嚼烂，藏于竹筒，不数日而酒熟。客至，出以相致，必先尝而后进。出入皆乘牛车。遇山路陡绝，则循藤而过，遇溪路深阔则跳石而过，凡传递文书，两手系铃摇之，其走如飞。所用标枪长五尺许，取物于百步之内，发无不中。弓则用竹为之，以麻为弦，矢则长锐无翎毛。其耕田以草生为准，秋成日谓之一年。（更深入山中，其人状如猿猱，长不满三尺，见人则升树杪，人欲擒之，则张弩相向。亦有凿穴而居，类太古之民者。）土官有正有副，大社至六七人，小社三四人，随其支派，各分公廨，有事咸集于廨以听议，小番皆宿外供役。

这些记载，对研究清代高山族历史，对研究早期发展阶段的人类历史，均有参考价值。

《洱海丛谈》

《洱海丛谈》一卷，清释同揆撰。收入《昭代丛书》《小方壶斋舆地丛钞》。

同揆，字轮菴，俗名文果，又号园公，长州（今江苏吴县）人。随云南提督桑格赴云南，为大理府寺僧。按桑格任云南提督时间为康熙十八年（1679 年）至二十五年，同揆在滇时间也大致相同。

成书年代。据书后题有“康熙戊辰同揆识”，可定于是年成书。康熙戊辰年即二十七年（1688 年）。即作于大理时，成于离云南之后。

此书条目有：南诏历史、点苍山、青华洞、观音七化事迹、感通寺、崇圣寺、宏圣寺、无为寺、街子（墟集）、大理风花雪月、洱海、樱桃树、狗头国、土司、文殊寺、鸡足山、番僧、迦叶殿、瘴气、金沙江、巢居、太和城、花、饮食、蛮俗。概言之，其主要内容有三：一为记述南诏历史；一为记述当地寺庙；一为记述当地地理及风土人情等。

此书记云南古事，多录自《滇载记》《南诏野史》等书。记佛教及怪异事，则杂谬说，如《四库全书总目提要》说：

> 所载观音大士结茅郡中，及唐永徽后现身七化之语，皆近荒诞，以缁徒为地志，自张其教，固所不免耳。

由于作者在滇多年，其所记耳闻目睹的实事，又多可参考。如，书中写道：“白子多姓李、姓杨，谓之民家。流寓者谓之军家。”所论完全符合历史真实。因为明制设卫所，分立军籍、民籍；“民家”多为本地人，“军家”则自外省入戍。故流传至今，“白子”（白族）仍称“民家”人，即本此。

此书对后世有所影响。陈鼎《滇游记》中不少采录《洱海丛谈》，即一例。

《黔书》

《黔书》四卷，清田雯撰。收入《粤雅堂丛书》《丛书集成初编》等丛书中。

田雯，字纶霞，又字紫纶，自号山姜，晚号蒙斋，山东德州（今山东德县）人。生于崇祯八年（1635年），卒于康熙四十三年（1704年）。康熙三年（1664年）进士。累迁工部郎中，督江南学政，授湖广督粮道，迁光禄寺卿，巡抚江宁、贵州。据《贵州通志·名宦总部》载：在黔任期有德政，“民思之不置”。官至刑部侍郎、户部侍郎。史誉他“天姿高逸，记诵亦博”。著有《古欢堂集》，其中附《黔书》《长河志籍论》。事迹见《清史稿·列传·文苑一》本传。

此书是他任贵州巡抚时所作。据民国《贵州通志·宦迹四》载，田雯曾在康熙二十六年（1687年）四月开始任贵州巡抚，至三十年（1691年）因丁母忧去，在职四年。其写作目的：“盖专为治黔者法也。”（见徐嘉炎为本书所作序）

此书共有八十八条目。“大抵采《贵州通志》之要事而附以逸闻以成书。”（民国《贵州通志·艺文志九》）记述贵州的历史、草木、山川、人才、土物、民族、风俗以及治乱得失等内容。其中：创建条、改隶条、定黔条记载贵州的历史与建置沿革；设科条记载贵州开科考试之始；苗蛮种类部落条记载贵州民族的成分与分布；苗俗条记载花苗、东苗、西苗、牯羊苗、青苗、白苗、谷蔺苗、平伐司苗、九股黑苗、紫姜苗、短裙苗、夭苗、生苗、红苗、阳洞罗汉苗、黑罗罗、八番、白罗罗、打牙仡佬、翦头仡佬、木老、仲家、狗耳龙家、马镫龙家、宋家、蔡家、土人、狎犷、蛮人、杨保、僰人、峒人诸种属的居地与习俗；土官条记载隆庆中高拱相安抚贵州土司安国亨事；治苗条记载明弘治间巡抚孔公镛设计捉拿清平卫苗酋阿溪事，平乱条评论明李化龙平播之事与王三善死水西之变的得失；牂牁江条稽考牂牁江的地望，竹王条载流传西南地区的竹王传说；济火条追溯水西土司历史；武乡侯祠条论诸葛亮南征事；奢香条载明代贵州宣慰使奢香事迹；阳明书院条评王守仁迁谪龙场驿丞时事。

书中不乏关于民族问题的可取资料。如：“白苗，转徙不恒，多为人雇役垦佃，往往负租而逃”，反映了苗族因受阶级压迫而迁徙的历史事实；花苗，住房“如鸟巢”，住处“人畜不分”，“所食多以麦稗杂野蔬，……旧有终身不谷食者”，则反映了苗族人民因受阶级剥削而过着贫困生活。总之，此书是研究贵州诸族的一部重要参考书。

《粤西偶记》

《粤西偶记》一卷，清陆祚蕃撰。《说铃》《龙威秘书》《小方壶斋舆地丛钞》《丛书集成初编》等丛书均有收入。

陆祚蕃，字武园，浙江平湖人。清康熙十二年（1673年）进士，授翰林院庶吉士，升云南道御史，后官贵州贵东道。著有《涫意斋草》《粤西偶记》。[①]

此编是作者记述其督学广西时道路险阻之苦，及为守土有司所不礼事。其内容包括所见所闻的山川、气候、物产、人情、怪异、民族等项。虽所谓“大抵皆琐屑细故”，但由于所记多为作者亲身经历，因此也保留了不少一手材料。其中，尤以记述瑶、壮等族民俗的内容，更可称道。比如：

记述了清初广西民族地区经济文化落后的历史情况：“学使者出巡诸郡，旅客只茅亭一间”，“陆行竟百里无人烟，出入于茂草丛篁中，路止一线”，“边徼文教不兴，人材朴陋”。

越地的蛇图腾崇拜遗习。

> 冯真君庙，灵爽颇著。小青蛇十余，金色烂然，长尺许，盘结栋宇及侍从腰领间，竟日不动，去来莫知其踪，士夫经此，必祷祠下。或云神能遣蛇相护，遇险滩疾风可无恙。此余所目睹者，齐谐所志，曷足云怪哉。

像这种目击粤西人把活蛇当神顶礼膜拜的材料，是为一般史传所不载的，弥足珍贵。

板瑶俗。

> 妇人黄蜡泥发，木板为髻，形似今之扇面，平置顶上，覆以绣帕，缀以琉璃珠，累累若缨络然。

---

① 参见（清 光绪）《嘉兴府志·平湖列传》。

箭瑶俗。

妇人横箭于顶，黄蜡泥发，分作数绺，左右盘结箭上，亦以绣帕覆之，出入丛林间，频侧其首，如穿花蛱蝶，翩翩可怜。头一月一梳，宵寐无反侧。”

瑶歌。

有民歌，有瑶歌，俱七言，颇相类。其不同者，民歌有韵，瑶歌不用韵，民歌体绝句，瑶歌或三句至十余句，民歌意多双关，瑶歌专意比兴。其布格命意，有出于民歌之外者，虽文人捉笔不能过也。

俍人婚俗与俍歌。武靖俍人

其俗自幼即习歌，男女皆倚歌自择配。女及笄则纵野，少年从者且数十，次第歌，俟女歌意所答而一人留。男遗女以扁担一条，镌歌数首，字仅如蝇头，间以金彩作花卉于上，沐于漆，盖其俗女子力作所必需也。女赠男以绣囊、锦带诸物，皆女所自制者。约为夫妇，各告其父母，乃请媒以苏木汁染槟榔，并蒌叶、石灰定之。婚之日迎亲送女，络绎于道，歌声振林木。女至夫家合卺，其夫用拳击女背者三，女乃用夫所赠担汲水至瓮中，旋回母家，不与丈夫相见。另招男子同婚，名曰野郎，与之共居母家，待有妊，则弃野夫而归夫家偕老焉，故野郎亦曰苦郎。当其在野郎也，本夫至其家，反以奸论；及其归夫家也，野郎至其家，或至其母家，及他所相会，亦以奸论。俍之为歌，五言八句，唱时叠作十二句，多用古韵，平仄互押，或隔越跳叶，曲折宛转，喃喃呢呢，间有一二佳语，颇类六朝情艳。但其中土字土语十常八九，不译而翻之，不能晓也。

像上述瑶、壮、俍习俗，也多见于其他清人著作，但此书所载相类内容的价值在于其时代较早。

但书中夹志怪异鬼神事，则或袭用荒诞旧说或传闻失实。如：“肉翅虎，产峒溪中，肋有双翅，下山食人，食已飞去，人莫能捕”；“志载泗州城出水银，取之之法以人，……活埋之，露其首，三日其人痒不可忍，号呼彻天，乃以锹铲去其首，仍埋之，取出则满腹肠胃指甲骨髓中皆水银矣”。

《连阳八排风土记》

《连阳八排风土记》八卷，清李来章撰。收入《礼山园全集》。另，《小方壶斋舆地丛钞》收有《八排风土记》一卷本，《丛书集成初编》本据此排印。一卷本主要录自《风俗》卷。

李来章，本名灼然，以字行，号礼山，河南襄城人。生于清顺治十一年（1654年）。康熙十四年（1675年）举人。曾讲学嵩阳，主南阳书院、紫云书院。官广东连山县知县，后授兵部主事。康熙六十年（1721年）卒，时年六十七。著书四十余种，行世者收入《礼山园全集》。事迹见《清史稿·儒林一》本传。

成书背景。据《清史稿·李来章传》载：

> 谒选广东连山县。连山民仅七村，丁只二千。外瑶户大排居五，小排一十有七，数且盈万人。重山复岭，瘦石巉削，田居十分之一。瑶或负险跳梁。来章慨然曰：“瑶异类，亦有人性，当推诚以待之。”乃仿明王守仁遗意，日延耆老问民疾苦，招流亡，劝之开垦，薄其赋。复深入瑶穴，为之置约延师，以至诚相感。创连山书院，著学规，日进县人申教之。而瑶民之秀者，亦知乡学，诵读声彻岩谷。学使者交奖曰：“忠信笃敬，蛮貊信可行矣。”

从中可见当时连山瑶民概况及李来章的民族观。“是书即其康熙戊子（四十七年，1708年）时所作。”（《四库全书总目提要》）

全书分为八卷。卷一“图绘”；卷二“形势”，记连山大排五（马箭、军寮、里八岗、火烧坪、大掌岭）、小排十一、连州大排三（油岭、横坑、行祥）；卷三“风俗，丁口、户名赋税附”，下分“瑶种、瑶俗、气候、姓名、衣服、冠、婚、丧、祭、贺寿、敬老、祀神、丁口、户名、赋税”诸目；卷四“言语”：以汉语译瑶语；卷五“剿抚”，记明天顺、正德、嘉靖、天启、崇祯及清顺治、康熙期间瑶民反抗与统治者镇压之事；卷六“建置”，分记寨城，理瑶同知，把总，防瑶三江协副将、都司、守备、千总、把总，分防连阳营参将、守备、千总、把总诸项；卷七“约束”，主要记录作者知连山时所发布的关于“教、养、兵、刑”诸方面的告示；卷八“向化”，“附录治连实政弁言”，主要为宣扬作者治连政绩。

此书保存了许多连阳八排瑶的材料。如：

连阳八排瑶的来源。据卷三《风俗》瑶种条载：

连地自古无瑶。《连志》载，自宋绍兴年间，州乡官廖姓者为西粤提刑，及旋里，带瑶八人防道，见连地皆深山峻岭易于耕锄，遂不去。始居州境油岭、横坑各山，刀耕火种。及日久种繁，越居连山境内，又分五排曰大掌岭、火烧坪、军寮、马箭、里八岗，其小排十七冲或二十冲。散处不常，皆居峻岭邃壑之中，历年以来衍息不可胜数。

社会面貌。瑶人

居高山，刀耕火种，椎髻跣足。近有入城市者，颇习揖拜，渐次向华风矣。(卷三《风俗》，瑶俗条)

姓与名。瑶姓

一曰盘，一曰房，一曰唐，一曰沈，一曰李，一曰莫，一曰冯，一曰黄，一曰邓，一曰何，大略不过此十姓。以行次为名，间有呼其别号者。(卷三《风俗》，姓名条)

敬老。

凡相聚议事，必设凳以延老者。无凳则以银酬之，名曰坐凳银。此礼犹为近古者。(卷三《风俗》敬老条)

婚姻。

少年男女唱歌山坳，其歌男炫以富，女夸以巧，相悦订婚，宿于荒野。(卷三《风俗》，婚条)

祭祀。

祀神，前用人数队，戴革兜，穿皮革，持枪链，相逐。次以一人抱木像旋转而行，口作鬼啸。又次老瑶数人穿红袍或绣衣，皆持白扇拱手遮面，

口中亦作鬼啸。每数武聚舞喧哗，焚楮放炮。真此予所目睹者。（卷三《风俗》，祀神条）

瑶书。

五排十一冲瑶人于《五经》《四书》《孝经》《小学》一字不肯读，平日瑶师之所教书皆瑶书也。瑶书有数种，如《阎罗科》《上桥书》《扶道降神》等名。……排师多系楚之黄冠，贪瑶财贿，潜身入排，喜其有事，为主谋主。（卷七《约束》，焚瑶书宣讲圣谕一则条）

概言之，此书记述了清初连阳八排瑶的地理、形势、历史、建置、经济、风俗、语言等内容，是研究瑶族问题的一部重要参考书。由于此书是一部较早而又较为系统地记述八排瑶的著作，加之作者亲历其境并“访问父老”（自序）而编成，故更具史料价值。

《黔中杂记》

《黔中杂记》一卷，清黄元治撰。有清刻本，《檀几丛书》《小方壶斋舆地丛钞》等丛书收有此书的节录本。

黄元治，字涵斋，安徽歙县人。曾官大理府通判（《滇系·艺文四》）。

关于此书的写作缘起，作者自叙：

> 康熙二十有二年癸亥（1683年），余奉除书判平远，冬十月抵任，越明年甲子春正月府改为州，余与太守孙兹庵先生遂皆以二月去。计余受事仅百日，于兹土无毫发补益，而诸苗父老反以余两人速去相叹惜，于此见荒徼人心犹足与为善。余冀官斯土者仁渐义摩，导苗民于为善之路，爰取风土略记之以告后之君子。

全书分为：《平远府风土记》《游城南龙潭记》《游城东龙潭记》《游飞云岩记》诸篇。《小方壶斋舆地丛钞》等丛书收录的为《平远府风土记》篇，因其他篇均为风景游记性质，故下面也只介绍此篇。

《平远府风土记》篇，专记清代黔西平远州（治今贵州织金）的情况。当时平远州地位颇为重要，作者写道：

> 平远为水西安氏比喇地。自康熙某年吴三桂破水西，安坤诛灭，奄有其地，遂建置府治，与大定、黔西、威宁并称新疆。而平远实为三府冠。

此篇内容分为四大类。一为概况，记述平远府的建置、四邻、城郭官廨、学校、粮额、城中居民。二为“群苗”，记述其种类、服饰、居住、饮食、丧葬及婚姻诸俗。三为自然环境，记述山川险要等。四为记述清廷治理及作者议论治理之策。

因记述多为作者亲所见闻，故尚可信。

此篇对了解清初黔西新疆情况，极有帮助。其中写道：

“城中皆兵，东南二门外流氓落落十数家。”从中可知当时当地极为荒凉，为“群苗”聚居地，汉民极少。

其城土墙，厚尺许，高不能丈，遇霖雨即颓塌，修筑无虚岁，虎豹麋鹿亦时时游城中。府厅皆草舍，背负石山，崭岩峭拔如剑竖戟张。卫衙之墙以竹，罅隙珊珊，内可窥而尽川堂。而外梁柱倾欹，门壁空洞，兵家鸡鸭犬豕悉杂入而卧于堂上。其往来街市者或惮纡途则往往径此以取捷，莫能禁止。其城郭官廨乃如此。

从城郭官廨之简陋，可见当时当地落后面貌之一斑。

《采硫日记》

《采硫日记》分上中下三卷，清郁永和撰。收入《粤雅堂从书》《丛书集成初编》。

郁永和，仁和（今浙江杭州）诸生，字沧浪。性好游，遍历闽中山水，又入台湾。所著《采硫日记》《番境补遗》《海上纪略》均是研究我国台湾史志的有价值的资料。

写作经过。据作者自序：

余性耽远游，不避阻险，常谓台湾已入版图，乃未得一览其概，以不未慊。会丙子（康熙三十五年）冬，榕城药库灾毁，硝磺火药五十余万无纤遗。有旨责偿典守者，而台湾之鸡笼、淡水，实产石硫磺，将往采之。余欣然应曰，吾事济矣。丁丑（康熙三十六年，1697年）春王，遂戒装行。

换言之，此书为作者于清初赴台湾采办硫磺时所记。

此书又名《裨海纪游》，或名《渡海舆记》，是有关我国台湾的最重要行役记，也是继明陈第《东番记》之后，记述我国台湾高山族的社会和习俗的又一部极有价值的著作。此书采用日记形式，由康熙三十六年正月二十四日起，断续记录至同年十月十二日止。记录高山族的番社名称、位置、体貌、语言、居室、饮食、赋徭、经济生活、土官、文教、装饰、文身、婚姻等。卷下则集中详细记述了“野番”与“平地土番”情况。

土官。据载：

社有大小，户口有众寡，皆推一二人为土官。其居室饮食力作皆与众等，无一毫加以众番。不似滇广土官，征赋税，操杀夺，拥兵自卫者比。

描述了台湾土官的特点，不与西南土司相同，犹带有原始社会时期的平等色彩。这不仅是研究中国土司制度的可贵资料，而且也可见作者对此是颇有见地的。

社会经济。书中记载，“熟番”已懂得初步的冶铁技术，“得铁，则取涧中两石夹捶之，久亦成器，未偿不利于用”。其较发达地区，已日益接近汉区水平。“新港，〔目〕加瑠湾、欧王（即萧垅）、麻豆，……四社番亦知勤稼穑，务蓄积，比户殷富。”甚至出现了“嘉木阴森，屋宇完洁，不减内地村落”的繁荣景象。

记述了高山族所受剥削。据载，

内附输饷的“熟番”，每年要向清廷交缴赋税，其间还要遭受“通事”（翻译）和社商等人的剥削。

郡县有财力者，认办社课，名曰社商；社商又委通事伙长辈，使居社中，凡番人一粒一毫，皆有籍稽之。射得麋鹿，尽取其肉为脯，并收其皮。

二者输赋有余。然此辈欺番人愚，朘削无厌，视所有不异己物；平时事无巨细，悉呼番人男妇孩稚，供役其室无虚日。且皆纳番妇为妻妾，有求必与，有过必挞。

婚姻。

婚姻无媒妁，女已长，父母使居别室中。少年求偶者，皆来吹鼻箫，弹口琴，得女子和之，即入与乱，乱毕自去。久之，女择所爱者，乃与挽手。挽手者，以明私许之意也。明日，女告其父母，召挽手少年至，凿上腭门牙旁二齿受女，女亦凿二齿付男，期某日就妇室婚，终身依妇以处。盖皆以门楣绍瓜瓞，父母不得有其子，故一再世，而孙且不识其祖矣，番人皆无姓氏，有以也。

这生动地反映了当时高山族保有较为浓厚色彩的母权制下的婚姻与继承关系。

“野番”。书中还记载了当时尚处于原始发展阶段的“野番”状况。据载，他们过着“巢居穴处，血饮毛茹”的生活，

其升高陟巅，越箐度莽之捷，可以追惊猿，逐骇兽，平地诸番恒畏之，无敢入其境者。

此书除反映了清初台湾高山族的社会面貌外，还记述了可供探索的族源传说。

> 相传元人灭金，金人有浮海避元者，为飓风飘至，各择所居。

需附及的是，此书有一突出特点，即仿“土番”竹枝词加以描述。如，关于赘婿俗，书中咏道：“男儿待字早离娘，有子成童任远飏，不重生男重生女，家园原不与儿郎。”这既能增加读者的兴趣，也有助于对书中内容的理解和记忆。

此外，书中还反映了作者在当时具有积极意义的民族观。

> 苟能化以礼义，风以诗书，教以蓄有备无之道，制以衣服、饮食、冠婚、丧祭之礼，使咸知爱亲、敬长、尊君、亲上、启发、乐生之心，潜消顽戆之性，远则百年，近则三十年，将见风俗改观，率循礼教，宁与中国之民有以异乎。古称荆蛮断发文身之俗，乃在吴越近地，今且蔚为人文渊薮。

这一主张，虽然不可避免地仍带有大民族主义的色彩，但认为经过若干年后，少数民族可以达到与汉族同等发展水平，可以成为人才荟萃之地的看法，则是可取的。

《番境补遗》

《番境补遗》一卷，清郁永和撰。收入《舟车所至》《小方壶斋舆地丛钞》等丛书中。

郁永和，详见《〈采硫日记〉题解》篇。

全文约一千九百字，共十三条。除记“番人”外，主要记“番境物产”，为银、硫、蛇、鹿、熊、山猪、乌木紫檀花梨铁栗诸木等。

所记“番人”，主要为“水沙廉番”与“斗尾龙岸番”。作者在前言中写道：深山广远，平地辽阔，土番种类繁多，不能尽悉，唯记所知者。由于作者采取求实态度，这就避免了传闻失实之误。其中写道：

> 水沙廉虽在山中，实输贡赋。……其番善织罽毯，染五色狗毛杂树皮为之，陆离如错锦，质亦细密，四方人多欲购之，常不可得。番妇亦白皙妍好，能勤稼穑，人皆饶裕。
>
> 斗尾龙岸番，皆伟岸多力，既尽文身，复尽文面，穷奇怪状同魔鬼，常出外焚掠杀人，土番闻其出者皆号哭远避。郑经亲统三千众往剿，既深入，不见一人。时亭午酷暑，将士皆渴，竟收所植甘蔗啖之。刘国轩守半线，率数百人后至，见郑经马上啖蔗，大呼曰：“谁使主君至此，令后军速退。”既而曰：“事急矣！退亦莫及，令三军速刈草为营。乱动者斩。”言未毕，四面火发，文面五六百人奋勇跳战，互有杀伤，余皆窜匿深山，竟不能灭，仅毁其巢而归。至今崩山、大甲、半线诸社虑其出扰，犹甚患之。
>
> 值得指出的是，上述关于水沙廉诸社用狗毛和树皮纤维混合织成类似毡毯的五彩半毛名贵织物，关于斗尾龙岸番勇猛善战截击郑经的记载，都是可贵的史料。

连横认为：郁永和所著《采硫日记》《番境补遗》诸书，“志台湾者足取资焉。”[1]

① 连横：《台湾通史》，卷三四。

《容美纪游》

《容美纪游》，清顾彩撰。收入《小方壶斋舆地丛钞》《舟车所至》等丛书，但均为选本。1942年出版铅印本，该本据北京图书馆（今国家图书馆）藏手抄本全文刊印。

顾彩，字天石，号补斋，又号梦鹤居士。清梁溪（今江苏无锡）人。曾旅居曲阜。官至内阁中书，仕途不得志。与孔尚任交谊颇深。精于音律，工于词曲，著传奇数十种，其中有《后琵琶记》《离骚谱》《南桃花扇》等，均已佚之唯与孔尚任合撰的《小忽雷》尚存。

顾彩于康熙十二年（1703年）作容美之游，二月初四日从湖北枝江启程，至七月初八日返抵枝江，前后历时五月零四天。容美即容美宣慰司（今湖北鹤峰县）的简称，清初田氏势力甚盛，其时土司田舜年，号称“礼贤下士”。据作者自述；闻“容美山水之秀，主人之贤，固已心向往之；然无便往游”。后因事过枝江县，有《桃花扇》作者孔尚任给田舜年的介绍信，加上枝江县令的劝说，在得到田舜年答书并遣使迎接后，决计前行。

此书为游记体裁，按日作记，中间插有诗文点缀。内容为：记述容美的政、刑、兵、礼、乐制度，经济生活、山川形势、物产、古迹，以及其他轶文琐记。由于所记均出自作者亲历，故对研究土司制度特别是清代湖广土司状况，提供了难得的具体生动的材料，并可补正史之不足。

官制。

环署，有安抚司衙门四：一、水浕，二、椒山，三、五峰，四、石梁，皆容美属邑也。向俱外姓，今君使其子婿遥领，虽有地方，不之本任。……其官属旗鼓最尊，以诸田之贤者领之。国有征伐，则为大将，生杀在掌。……其五营中军，则以应袭长子领之，官如副将。左右前后四营，同姓之尊行领之，如参游。下列四十八旗长官，如都司。又有领纛，主客兵，以客将为之。旗长下各有守备、千总、百户，名虽官任，趋走如仆隶。其随司主近身捍卫者，曰亲将，皆悍勇之士。另有主文字及京省走差者，曰干办舍人。其余族人概称舍把。国中属员，皆讲君臣礼。

刑法。

其刑法重者，径斩。当斩者列公旂于公座后，君先告天，反背以手掣之。掣得他色者，皆可保救，唯黑色则无救。次宫刑，次断一指，次割耳。盖奸者宫；盗者斩；慢客及失期会者，割耳；窃物者，断指。皆亲决。余罪则发管事人棍责，亦有死杖下者。是以境内凛凛。无敢犯法。

每旦必割数人耳。

君性严厉，果于刑杀。

可见土司之残忍。

兵法。

其兵皆素练习，闻角声则聚，无事则各保关寨。盔重十六斤，衬以厚絮，如斗大；甲重三十斤，利箭不能入。火枪打百步。一人博虎，二十人助之，以必毙为度。纵虎者，重罚。猎他兽亦如之。得禽则倍赏当先者。桑植、东乡合兵来寇，容美以四十八骑破其千骑。红、黑诸苗闻容美兵至，辄丧胆。诸司兵不及也。其追敌缘崖踰壁，务必擒之。其田，任自开垦，官给牛具，不收租税，民皆兵也，战则自持粮糗，无事则轮番赴司听役。每季役止一旬，亦自持粮不给工食。在役者，免出战，故人人便之。

描写了容美土司兵的装备、兵法、寓兵于农及其勇猛善战状。

乐制。

女优皆十七八好女郎，声色皆佳，初学吴腔，略带楚调。男优皆秦腔，反可听。丙如（其长子）自教一部，乃苏腔，装饰华美，胜于父优，即在全楚亦称上驷，然秘之不使父知，恐被夺去也。

反映了土司的淫逸生活。

经济。

司中地土瘠薄，三寸以下皆石，耕种止可三熟，则又废而别垦，故民无常业，官不税租。有大麦、无小麦，间有之面色如灰，不可食，种荞与豆则宜。稻米甚香粒少，与江淮无异。诸山产茶，利最薄，统名峒茶。

反映了土司地区比较落后的生产发展水平。

土、汉民族关系。

客司中者，江、浙、秦、鲁人俱有，或以贸易至，或以技艺来，皆仰膳官厨。有岁久不愿去者，即分田授室愿为之臣，不敢复居客位。

本地产茶，“上品者，每觔钱一贯，中品者，楚省之所通用，亦曰湘潭茶，故茶客往来无虚日。（自注：茶客至，官给衣食，以客礼待，去则给引。）”从中也可见，容美土司对外来技艺以及与外界贸易取引进与鼓励之策。

如上述所记，均颇富史料价值。

《岭南杂记》

《岭南杂记》上下两卷，清吴震方撰。收入《说铃》《龙威秘书》《丛书集成初编》等丛书中，但《龙威秘书》《丛书集成初编》所收为一卷本。

吴震方，浙江石门人，字右邵，号青坛。康熙十五年（1676年）进士，由翰林改官陕西道监察御史。撰有《晚树楼诗稿》《读书正音》《岭南杂记》《述异记》《朱子论定文抄》。①

此书为作者记客游广东时的见闻。上卷记山川（如庾岭条、罗浮山条、七星岩条、鳄溪条）、城郭（如韶州府城条、佛山镇条、肇庆城条）、寺庙（如中峡飞来寺条、韩文公庙条、海口天妃条、崖州大忠祠条）、习俗（如赛神迎会条、岭南妇女多不缠足条、男女同浴于川条、人死买水条、潮州灯节条、潮州蛇神条、东莞崇蛇条、高州民俗条、琼俗条）、时政（如粤中弊政条、花田立县议条、盐政条、清远卫屯田条、倭犯条）、民族等内容。下卷则专记物产（如槟榔条、波罗蜜条、玳瑁条、沉香条、龙涎条、蚺蛇条、锡条）。

《四库全书总目提要》评价说，是编多记山川、风土、物产，兼及时事，“所载番禺唐化鹏夫务条议、花田立县议、广西巡抚彭鹏禁官贩私盐示诸条，亦颇留心时弊”。

此书所载民族学方面的主要内容有二：

一记广东诸少数民族，即瑶、壮、僚、蜑、畲等族。

僚条载：“肇庆下甲集鱼跳寨有僚。”这一记载是值得研究探讨的。

峯条载：

潮之西北山中，有峯户者，男女椎髻箕踞跣足而行，依山而处，出常挟弓矢，以射猎为生，矢傅毒药，中猛兽，无不立毙。日常设官以治之，曰峯官，或调其弩手以击贼亦至。然其俗易迁徙，畏疾病，刀耕火种，不供赋也。

① （清 乾隆）《浙江通志·人物六·文苑三》，（清 光绪）《石门县志》，《人物志》《艺文志》。

概括地反映了清代畲族生活。

黎人条记载了康熙年间黎族人民的反抗以及清朝镇压的活动。在叙及这次起义的原因时，作者写道：

（康熙）三十八年，琼州文武官属役黎采香、藤、花梨、紫檀等物，又令开金沟，日索其金而又苦辱之，于是黎人王镇邦倡乱。

这反映了清代黎族地区阶级矛盾日趋尖锐的历史事实。琼俗条，记黎汉通婚事，是清代黎汉人民往来日益频繁的证据。

二记越人遗风。由于岭南为古代越人聚居地，随着时间的推移，越人已在粤东地区日趋消失，但其遗风则依然存在。这在此书中也多有反映，其中较著者有：

同浴于川之习。

自肇至梧，路届粤西，即有蛮夷之习。妇人四月即入水浴，至九月方止，不避客舟，男女时亦相杂，古所谓男女同浴于川也。

人死买水以殓的蛮风。

惠州人死未殓，亲人至江浒望水号哭，投钱于水，汲而归浴以殓，此亦蛮风也。

越人的椎髻发式遗习。

高州妇女，多椎髻跣足。

蛇图腾崇拜的遗迹。书中详细记述了潮州、东莞两地的“蛇神”。其中写道：

潮州有蛇神，其像冠冕南面，尊曰游天大帝，龛中皆蛇也。欲见之庙祝，必致辞而后出。盘旋鼎俎间，或倒悬梁椽上，或以竹竿承之，蜿蜒纠结，不怖人亦不螫人，长三尺许，苍翠可爱，闻此自梧州而来，长年三老尤敬之。凡祀神者，蛇尝游憩其家，甚有问神借贷者。

概言之，此书对研究清代广东民族问题颇具价值。

《台海使槎录》

《台海使槎录》八卷，清黄叔璥撰。有乾隆年间刻本。收入《畿辅丛书》《丛书集成初编》。

黄叔璥，字玉圃，晚号笃斋，顺天大兴人。生于康熙五年（1666 年），卒于乾隆七年（1742 年）。康熙四十八年（1709 年）进士。累官江南常镇道。康熙六十一年（1722 年），始设巡视台湾御史，黄叔璥即任是职。既至，安集流亡，博采舆论，多所建设。撰有《近思录集注》《慎终约编》《既倦录》《广字义》。事迹见《清史稿》本传。

此书成书于雍正二年（1742 年）。作者自称

> 余之订是编也，凡禽鱼草木之细，必验其形焉，别其色焉，辨其族焉，察其性焉，询之耆老，诘之医师，毫厘之疑，靡所不耀，而后即安。

由于作者取材较为严谨，这就提高了此书的可信程度。

是书对我国台湾作了全面叙述，与《采硫日记》一书同是研究清初台湾高山族的重要著作。由于此书内容详细而丰富，故为后世所重，其中材料，为世人大量征引。

此书内容。卷一为赤嵌笔谈，列目有原始、星野、形势、洋、潮、风信、气候、水程、海船、城堡、赋饷。卷二为赤嵌笔谈，列目有武备、习俗、祠庙、商贩、进贡。卷三为赤嵌笔谈，列目有泉井园石，物产。卷四为杂著、纪异，伪郑附略、朱逆附略。卷五、卷六、卷七为番俗考，记述北路与南路诸番社的居处、饮食、衣饰、婚嫁、丧葬、器用的习俗，并附番歌和附载。卷八为番俗杂记，列目有生番、熟番、社商、社饷、捕鹿、番役、土官馈献、番界、吞霄澹水之乱、驭番。后有附题咏：裸人丛笑篇十五首，孙元衡作；秋日杂诗三首，孙元衡作；土番竹枝词二十四首，郁永和作；台湾近咏上黄巡使，蓝鼎元作；题同年黄玉圃番社图，吕谦恒作；题黄侍御番社图，陆荣秬作；番社杂咏二十四首，黄叔璥作。此书对我国台湾高山族研究的史料价值，主要表现如下几个方面。

第一，记述了高山族居室、渔、猎、农业及手工业、日常器用、贸易、阶级状

况等社会经济生活。其中，对“生番”的生产和分配的记载尤富代表性。据载：

“鹿场多荒草，高丈馀，一望不知其极。逐鹿因风所向，三面纵火焚烧，前留一面；各番负弓矢，持镖槊，俟其奔逸，围绕擒杀。”“番妇或十余、或数十，于溪中用竹笼套于右胯，众番持竹竿从上流殴鱼，番妇齐起齐落，扣鱼笼内，以手取之。”崇爻、阿里山等社，使用木制掘土棒等工具，“种时男妇老幼皆往”，“屈足伏地而锄”。“收竽时，穴为窑，积薪烧炭，置竽灰中，仍覆以土，聚一社之众发而噉焉；甲尽则乙，不分彼此。”这些材料，为研究原始民族的围猎、集体捕鱼、初期农业、平均分配状况，提供了具体例证。

第二，记述了高山族的各种家族形态。“生番”中较为普遍存在母系氏族的族外婚家族。以琅琊各社为例：不问叔伯之子，自相配偶。”婚前“男女于山间弹咀琴，歌唱相和，意投则野合。”婚后“反目，男再娶”，女别嫁。“其俗重母不重父，同母异父，俱为同胞，同父异母，直如陌路。概言之，在这里，实行除嫡兄弟姐妹之间的血族群婚制，婚前婚后性生活都比较自由，采用以女子为中心的世系。

在“熟番”中，婚姻、家庭形态则有所不同。如：在目加溜湾诸社中，“男离妇”“女离男”，都要“罚酒一瓮、番银三饼”。在崩山、后垅诸社中，若婚后私通，“强者将其妇及奸夫立杀死”。总之，在这里，夫妇离异已受限制，婚后性自由已被禁止。

第三，记述了土官制。设土官、副土官制。“大社五六人，小社三四人，各分公廨（管事头目亦称公廨)。”

土官等级。“正土官刺人形，副土官、公廨，只刺墨花而已，女土官肩臂手掌亦刺墨花。此即尊卑之别。”

土官特权。在傀儡山诸社中，“小番栽种黍米薯芋，土官抽取十分之二；至射猎獐鹿与猪等兽，土官得后一蹄”。凡嫁娶，“则以鼎珠刀布为聘，土官取其半”。

第四，记述了劳役制。据载：“凡长吏将弁远出，番为肩舆；行笥袱被，皆其所任；疲于奔命久矣。”在大武郡社山内取造船木料，

> 至重料悉派番运；内中如龙骨一根，须牛五十余头方能拖载，而梁头木舵亦复如之。一经兴工，番民男妇，日夜不宁。计自山至府，若遇晴明，半月方至，此为番民之苦。

此外，关于文化及文身、贯耳、黑齿、束腹诸俗等的记载，也具有参考价值。

《粤西通载》

《粤西通载》，包括《粤西诗载》二十五卷，《粤西文载》七十五卷，附《粤西丛载》三十卷。清汪森编。收入《四库全书·集部·总集类》。

汪森，字晋贤，号碧巢。浙江桐乡人。康熙拔贡，授桂林通判，移判太平，擢知郑州，旋升户部郎中。除此书外，还著有《小方壶诗文集》。①

成书过程。据《四库全书总目提要》载："森在粤西，以舆志阙略殊甚，考据难资，因取历代诗文有关斯地者，详搜博采，记录成帙。归田后，复借朱彝尊家藏书，荟萃订补"而成。

《粤西诗载》按诗的体裁分为二十四卷，共三千一百二十九首。编次为：四言古诗；五言古诗；七言古诗；五言律诗；七言律诗；五言排律；七言排律；五言绝句；六言绝句；七言绝句。附词一卷，四十四首。在每种体裁中，又按作者时代的先后序列。这种编排方法，便于翻检。所收作者，从汉至明，尤以宋、明时人为多。所收诗歌，其中不乏记载古代广西民族状况的材料，唐刘禹锡的《蛮子歌》：

> 蛮语钩辀音，蛮衣斑斓布，熏狸掘沙鼠，时节祠盘瓠。忽逢乘马客，恍若惊麇顾，腰斧上高山，意行无旧路。

即属一例。

《粤西文载》按文体分卷，依次为：赋，制敕，奏表，奏状，奏疏，郡县志，土司志，山川志，藩封志，内臣志，军官志，盐法志，田粮赋役志，蛮志，安南志，山川记，城郭公署记，学校记，书院记，宫室记，桥梁记，军功记，杂事记，祠庙碑文，寺观碑文，题名碑文，政绩碑文，平蛮碑文，赠行序，杂事序，书，启，议，论，考，说，辨，解，题跋，赞，颂，铭，露布，牒，谕，移文，青词，上梁文，杂著，名宦小传，迁客小传，人物小传，墓志铭，祭文。由于编者广泛搜集了诸种文体中反映历代广西政治、经济、军事、文化、民族各个领域的材料，特别是其中有些内容又可补史书、志书之所缺。因此，诸籍是研究广西地方史、民族史者所必

① （清）朱彝尊：《曝书亭集》。

备的参考书。书中的《土司志》《平蛮碑文》对研究广西民族史尤具有宝贵的史料价值。

《四库全书总目提要》给此书作了颇高的评价：

> 其体例明整，所录碑版题咏，多采诸金石遗刻，如宋何麟、会元、曹师孔、鲁师道、石天岳诸作，皆志乘所未备。其《文载》中所分山川、城郭、官署、学校、书院、宫室、桥梁、祠庙、军功、平蛮诸子目，皆取其有关政体者，故于形势扼塞、控置得失、兴废利弊诸大端，记录尤详。以视《全蜀艺文志》，虽博赡不及，而体要殆为胜之。

在辑录过程中，出现一些失漏。《粤西诗载》卷二五言古诗中列有南齐谢朓的诗，编者误其为晋人，即一例。

《粤西丛载》，据编者自序：《粤西文载》只录其大者，至纤小诸类，有不获入文者，更辑《粤西丛载》。其内容虽颇近冗碎，而遗文轶事，有益见闻，并可供考证，也不无意义。

《峒谿纤志》

《峒谿纤志》三卷，清陆次云撰。《说郛》《说铃》《龙威秘书》《问影楼舆地丛书》《小方壶斋舆地丛钞》《丛书集成初编》等均收有此书，但《说郛》《龙威秘书》所载非完本。

陆次云，钱塘（今浙江杭州）人，字云士。清康熙十八年（1679 年）召试鸿儒博学科，未遇。先后官郏县知县、江阴知县。工诗，杂著甚富。[①] 除《峒谿纤志》外，尚撰有《八纮绎史》《绎史纪余》《荒史》《湖壖杂记》《北墅绪言》《澄江集》《玉山词》等。

作者在《峒谿纤志》序中阐述了写作此书的指导思想与意图：

> 或云：峒谿，可不志也，生居荒服，宜以不治治之。余谓礼失而求诸野，太古之风，犹然在彼。其若宋若蔡若天三族，尚子尚丑，依然三代之遗意。昔汉阳诸姬，楚实尽之，遂逼处此乎？是负固之区，未尝不可以干羽化也。两粤、滇、蜀、黔、楚之间，苗蛮之类多矣。余之所志，有见而知者，有闻而知者，缕辑其说，以为宦于此土者告。非若朱季公《丛笑》一编徒姗其陋也。有以变之，何陋之有。故为志。

从中可见，陆次云有较为进步的民族观。一是认为较发达民族的昔日习俗，往往仍保留在今日较为原始的民族中，即所谓“礼失而求诸野，太古之风，犹然在彼”。二是用历史上的事例说明少数民族同样是可以接受汉族先进文化的，即所谓“负固之区，未尝不可以干羽化也。”三是对待少数民族的习俗，不可以采取讥笑的态度，而是要用发展的眼光加以看待，即所谓“有以变之，何陋之有”。上述观点，即使用今天的尺度来衡量，仍是很有见地的。

全书分上、中、下三卷。上卷记《峒谿种类》，计有苗人、九股、仲家、宋家蔡家、天家、紫姜苗、卖爷苗、克孟牯羊、西苗、东苗、龙家、四龙家、土人、里人、蛮人、峒人、八番、仡兜、木老、佯僙、僰人、猓、仡佬、竖眼仡佬、播州苗、

① （清 宣统）《杭州府志·文苑二》，卷一四五。

黎州蛮、建昌蛮、松潘苗、麦坌、僰僰、白倮倮、僳苏、僰僪、金齿、八百媳妇、木邦、老挝、瑶人、僮人、僚人、蜑人、马人、俍人、侬人、班衣山子、伶人、黎人、遐黎共四十八条。又，附谿峒异闻四则。中卷为采风记事，作者称“余于蛮僚，志其类矣，因采其风，并及其事”。计有，木契、插牌、仇杀、讲歹、剁谕、捞油、门款、鸬鹚号、固项、火把节、把忌、做鬼、羊栖、麻阑、跳月、插青、浪花歌、鬼竿、奉堂、鸡卵卜、报草、孔明天子、闹尸、踹堂、椎堂、舞杴，收魂、买水、水曲、葫芦笙、卢沙、铜鼓、琵琶、竹筒、鸡毛笔、苗锦、黎锦、鹅毛被、苗刀、偏架、掉枪、过山鸟、独木船、竹釜、骨浪、蚁卵酱、畜醅、咂酒、不乃羹、上坐、精夫、火郎、提陀、媚娘、同年、马郎、客语、乡公、汉奸、专事、队小、奴狗、一拳一金、背笼、坐草、木靴、晒月晒霜、瘴母、蛊毒等六十九条。下卷为物产，作者称“余于诸苗，志其事矣，并志其物”。其中又分滇中峒谿所产、黔中峒谿所产、蜀中峒谿所产、粤西峒谿所产、粤东峒谿所产共七十三条。

此书带有汇集群书性质，为读者提供集中翻检之便。作者自称：“峒谿种类多矣。诸书所载，同异攸殊，余汇集群言，详为考正，措辞虽简，征事弥该。”由于《蛮司合志》也为汇集之作，而且所记均比较详细，故有人把此二书视为记述南方民族问题的代表作。据清人胡思敬在《峒谿纤志》跋中称：“近世纪苗蛮者，以此书及毛西河《蛮司合志》为精，毛氏述兵事，此述种族、风俗、物产，用笔繁简不同，义各有当。”但是，此书汇集群言，不乏传闻失实之处。

《硃批谕旨》

《硃批谕旨》(全称《世宗皇帝硃批谕旨》)，三百六十卷，载《四库全书·史部·诏令奏议类》卷五五。清雍正十年（1732年）奉敕编纂，乾隆三年（1738年）告成。

此书是一部大型的档案资料汇编。书中收录了雍正朝二百二十三名总督以下、道员以上，以及提督、总兵等地方大臣所上的奏折，共约七千件，按奏折人分类，多者以一人分数册，少者以数人合一册。原奏用黑字，雍正帝批语用朱红色，为突出雍正帝旨意，故名为《硃批谕旨》。每折均收录雍正帝朱批谕旨，批语“或在简端，或在句旁，或在余幅”。(《四库全书总目提要》) 少者数十言，多者每至数百言，且有千言者。此书朱批，均出自雍正帝之手。据称：“此等奏折，皆本人封达朕前，朕亲自览阅，亲笔批发，一字一句，皆出朕之心思，无一件假手于人，亦无一人赞襄于侧，非如外廷宣布之谕旨，尚有阁臣等之撰拟也。”(《硃批谕旨·御笔》)

此书为研究雍正朝的政治斗争、社会状况以及民族关系等方面，均提供了宝贵的资料。但是，由于雍正帝及选编者在编纂过程中作了一些修改，因而影响了该书的史料价值。

为便于了解此书的内容与体例，下面抄录一则雍正君臣关于湘西永顺土司改流后如何安置的奏章与朱批。

雍正九年四月初一日，湖广总督臣迈柱谨奏，窃照原永顺土司彭肇槐之弟彭肇模等并家口应令回江西原籍，臣咨两江督臣饬催肇槐即速遣人迎接，并行湖南布政司查催去。后因肇模等以变卖房产为词，托故延挨。今据布政使杨永斌详明估价八百八十二两七钱，于公项内垫给肇模等，俟召买有人，收价还库。臣并于公项内给赏盘费银一百两缮给，咨牌委官，将彭肇模、彭肇楷、彭肇极并妻室子女仆婢及肇模等生母麦氏、鲁氏、向氏等，护送前往江西，抚臣转行安插，去讫。止有肇槐之母樊氏，据称年老不能起程，又经咨催两江督臣勒令肇槐作速遣人迎养外，所有彭肇模等家口起押回籍缘由，伏祈睿鉴，谨奏。

朱批：

起押回籍固是，但不可严迫。宜再三训饬属员，恐奉行不善，将朕从前之恩施暨肇槐归向之忠诚，俱付之流水矣。[①]

此书对研究清代改土归流事件，具有特殊重要的意义。因雍正四年（1726 年）至九年（1731 年），实行大规模的改土归流，而此书则记录了云南、贵州、广西、四川、湖北、湖南等地改土归流的全过程。比如，研究湖北地区改土归流事，则需查阅这一时期湖北总督迈柱、四川总督黄廷桂、湖北按察使王柔等人的奏章与雍正帝朱批。

① 均见《硃批谕旨》，卷二一三之四。

《论边省苗蛮事宜书》

《论边省苗蛮事宜书》，清蓝鼎元撰。收入《小方壶斋舆地丛钞》等丛书中。

蓝鼎元，字玉霖，号鹿洲，福建漳浦人。生于康熙十九年（1680年），卒于雍正十一年（1733年）。康熙六十年（1721年），曾从兄南澳镇总兵蓝廷珍镇压台湾朱一贵的反抗活动。雍正元年（1723年）以选拔入京师，分修一统志。代授广东普宁知县。权调潮阳县事。曾建棉阳书院。后署广州知府，抵官一月卒。事迹俱见《清史稿·列传》。所著收入《鹿洲全集》，其中包括《鹿洲初集》《平台纪略》《东征集》《鹿洲公案》《修史试笔》《棉阳学准》《女学》《鹿洲奏疏》。《论边省苗蛮事宜书》即出自《鹿洲初集》卷一。

此篇是康雍之际主张改土归流的代表作之一，对研究清代的改土归流颇有意义。其中心内容有二：

一是揭露土司罪恶，以说明改土归流势在必行。

土司多冥顽不法，坐纵其（指土民）行凶杀夺而因以为利。即使事迹败露，大吏督责，无参罚处分之加乎其身，是以无所忌惮而敢于无所不为也。苗民受土司荼毒，更极可怜。无官民之礼，而有万世奴仆之势。子女财帛，总非本人所自有。愚闻黔省土司，一年四小派，三年一大派，小派计钱，大派计两，土民岁输土徭，较汉民丁粮，加多十倍。土司一日为子娶妇，则土民三载不敢婚姻。土民一人犯罪，土司缚而杀之。其被杀者之族，尚当敛银以奉土司，六十两、四十两不等，最下亦二十四两，名曰玷刀银。种种朘削，无可告诉。闻昔年有阖村离散，呈请地方大吏改土籍归流官管辖，遂有更生之庆。曾未几时，而土司辇赂关说，又复改还土属，丁壮举家屠戮，妻子没卖为奴。其他土部，不得不吞声饮泣，忍受摧残。

二是主张分别采用削土分势法与改土归流法，以削弱直至消除土司势力。

倘土司暴虐太甚，或其民有行凶杀夺，俱将该土司照汉官事例参罚处分。第汉宫有罚俸降级革职，而土司无俸可罚，无级可降，革职则子孙承袭，仍旧为太土司，得以暴虐其民。愚以为唯有削土之一法，可令土司畏惧。请题定削土则例，照所犯重轻，削夺村落里数以当罚俸降级。所犯重大至革职者，相其远近强弱，可以改土为流，即将土地人民归州县官管辖，勿许承袭。并土民有不甘受土司毒虐愿呈改土籍为汉民者，亦顺民情，改归州县。其深山穷谷，流官威法所不及之处，则将所削之土分立本人子弟为众土司，使其地小势分，事权不一，而不能为害，将来教化日深，皆可渐为汉民。

他认为，如此数年之间，土司之地可“悉为衣冠礼义户口贡赋之区”。

总之，我国土司制度的研究者，都十分重视篇中的立论与材料，并在论著中多加征引。

《永昌土司论》

《永昌土司论》一卷，清刘彬撰。收入《小方壶斋舆地丛钞》等丛书中。

刘彬，字玉章，安徽霍邱人，流寓云南，为永北人。著有《铁园呓语集》。

刘彬力主改土归流，在文中阐明了改土归流的必要性及具体的办法与步骤。全篇中心内容如下：

第一，陈述土司世有其官世有其民的弊政。

彼之官世官也，彼之民世民也。田产子女唯其所欲，苦乐安危唯其所主，草菅人命若儿戏，然莫敢有咨嗟叹息于其侧者。以其世官世民，不得于父必得于子于孙，其数倍蓰，故死则死耳，无敢与较者。嗟此夷民何辜，而罹此惨耶？汉人苦于所司，动辄鸣于上官，此则不敢鸣，即鸣之矣，彼固有所恃而不恐。岁时馈献不过差目具文，一有提调则闭匿深藏，负嵎以待，其洋洋然山头望廷尉，良以平日无事，宽容太过，及其有事，虽有谴罚之名曾无惩创之实，彼固视为故事。自谓土官世职，莫可如何，以致骄纵滋蔓，尾大不掉，所由肆屠虐而不悛，玩法纪若罔闻者。故曰，其为恶最深也。

第二，把土司加以分类，并主张采用不同的解决办法。文中分土司为内地之夷，沿边之夷，或虽在沿边而实同于内地之夷。认为

在内地之土司可裁也，虽在沿边而实同于内地之土司亦可裁也。

若沿边之土司，则宜存也。彼既不在我腹里之地，与我土地不相错杂，城郭不相逼近，无事则藉为藩篱之用。设或有事，犹可一面御之，非若内地者，一有不虞即在心腹之间也。

提出改土归流的渐进步骤与各种措施。

若一旦尽去之，势又不能必有道焉。参处降调，一依流官之例。倘

罪应斥革，即以汉官代之，停其承袭。善哉！令狐绹所以处宦官者，曰有罪不赦，有缺不补，则以渐而去耳，毋务为姑息养痈之计，而兼不失乎躁急。然后，录其人民，籍其田地，减赋役以苏其力，给牛、种以裕其源，选用循良，善加抚恤。不出百年，内地可以肃清，肘腋可以无虞。

使数千万“穷夷”，均能“隶编氓，出汤火而见天日。其于固边境安夷倮，岂曰小补之哉”。

此文不仅对土司统治时弊的论述透辟，而且，提出了在改土归流过程中要采取区别对待的政策与稳妥的措施的正确主张，因而为世人所重。此文与蓝鼎元的《边省苗蛮事宜书》一样，也可视为清代主张改土归流的有价值有代表性的著作。

《改土归流说》

《改土归流说》一卷，清王履阶撰。《小方壶斋舆地丛钞》收有此书。

王履阶，江苏南汇人。

此篇内容分三段：首为假设反对改土归流说，次为阐发改土归流的理由，最后论述不改流的害处。全篇紧紧把住苗疆必须改土归流这一中心议题。

关于改土归流的主要根据，作者阐发颇详：

> 苗疆犬牙相错于数省中，唯与四川云贵毗连者独多膏肥之地。四隅准测，幅员几及二千里，籍户口、区土地、扼险要、建城池，踞其险彼失所恃，驻以兵使有所惮。以地形言，宜改者一。峻岭矗层霄，箐深穷百里，轮囷大木生自鸿荒，竹箭琅玕一望苍碧，此中土美利也。彼第视为薪蒸之物，不甚爱惜。苟能节取则材木不可胜用，宜改者二。天地精英所聚，久则必宣；山川清淑之华，积而必发。苗铁固推重一时，铜银备国用，药饵资养生。他省珍宝视之，彼民泥沙贱之。征其物产，亦少助库藏于微芒，宜改者三。至信可格豚鱼，盛德可感异物。苗虽顽，同是人耳。人同此心，心同此理。父兄亦知亲，长上亦知戴。悉意抚绥，忍自甘化外哉，宜改者四。苗俗虽悍，苗情则直，官吏于正供外不取丝毫，亦知感戴之不能忘。昔赵翼知镇远府，贷谷出入如一，即满路讴歌有成效也。能数年潜移默化，讵天良之不发于中哉，宜改者五也。

概言之，他认为：从地形言，扼险驻兵可加控御，宜改；从物产言，木材矿藏等丰富，可助国用，宜改；从治理言，悉意抚绥，即能潜移默化，宜改。

此篇对改土归流的必要性，论述透辟，是了解清代统治者采取大规模改土归流政策的背景的一份极好参考资料。

《平苗纪略》

《平苗纪略》一卷，清方显撰。有清同治十二年（1873 年）武昌郡廨刊本。

方显，巴陵（今湖南岳阳市）人，字周谟。始由贡生授湘乡县教谕。雍正二年（1724 年），迁广西恭城县知县。雍正四年（1726 年），超擢贵州镇远府（治今镇远县）知府。雍正七年（1729 年），补授贵东兵备道。雍正九年（1731 年），晋升贵州按察使。乾隆三年（1738 年），授四川布政使，次年署巡抚。在四川任职时，议者欲乘大小金川土司相仇杀而改土归流，方显力陈不可而止。乾隆五年（1740 年），授广西巡抚。乾隆六年（1741 年），病卒。事迹俱见《清史稿·方显列传》。

此书成书于雍正十一年（1733 年）。书中记雍正年间“开辟”苗疆事。全书主要内容可分为三部分：

第一，方显答云贵总督鄂尔泰问。他力主“开辟”苗疆，并为此提出了一套策略与措施。他认为：剿抚“二者不宜偏废。但须先抚后剿，剿平之后，仍归于抚耳”。他条列了“平苗事宜”十六事：“别良顽”（分别“良顽”，或化导或临以兵威），“审先后”（路近者、强者先抚，路远者、弱者后抚），“禁骚扰”“耐烦难”（毋惮口舌之劳，毋惮跋涉之苦），“防邀截”（防伏兵）“戒姑息”“宥胁从”“除汉奸”“缴军器”“编户口”“完钱粮”“定条约”“设重兵”“建城垣”“安塘汛”“疏河道”。

第二，“平苗”过程。首记雍正六年（1728 年）三月至雍正九年（1731 年）三月招抚清水江苗事；次记雍正十年（1732 年）三月至十二月平定九股苗事。清人傅为詝在《平苗纪略》序中总结这次“平苗”事件时写道：

> 计其地则归款九十余寨，辟疆三千余里；计其官则文武协力勤事五十余员；计其军则汉、土官兵二万余人；计其战则大小二十余次，官之阵亡者三十余人，兵则十之一二。

第三，最后，附有雍正六年四月至十年九月，对苗疆事务的朱批多则。如，其中写道：

> 凡新定地方，利之一字万不可与较，钱粮二字万不可惜，勿因小而

误大。

以重兵弹压为要，不可惜费省事。

顽苗经此一番惩创，必有数十年之安静。

从中可见：当时的最高封建统治者对“开辟”苗疆的态度与作用、清王朝残酷的民族压迫政策。

此书的主要作用：

第一，是研究清雍正年间“开辟”苗疆和镇压苗民反抗的参考资料。据《清史稿·方显传》载：

自鄂尔泰议开贵州苗疆，事发于广泗，而策决于显，卒终始其事，崎岖前后七年而事集。

（贵州）按察使张广泗招抚古州、丹江、九寨诸苗，而以九股、清水江诸苗属显。

换言之，方显不仅与张广泗一起亲自参与了“平苗”的全过程，而且在决策过程中起过重要作用。这更增加了此书的重要性。

第二，对清代前期的苗族社会，也有所涉及。如：

宰款合榔者，苗俗也，即汉人歃血盟誓之意，亦曰诂话。其会盟处曰款场，其首事曰头人，头人中之，头人曰榔头，悔盟者有罚，曰赔榔。皆苗语也。

这是关于苗俗的记载。

雍正七年六月，方显

遣弁役装米试舟直抵施秉，又雇苗船一百四十五只往湖南黔阳县属之红江购盐米杂粮，且查探水路，七月回营。据称，沿江水面较镇远更宽，深不特麻阳，鳅船通行无碍，即小舥艄船亦可来往。经过大小苗寨，老少男妇聚立江岸，无不惊喜，争来交易，以为货船衔尾连樯，洵属见所未见。

这在一定程度上反映了改土归流后黔东南少数民族地区的交通与贸易状况。

但是，由于作者站在清统治者的立场上，并为宣扬和美化自己而写成此书，故使用时需加去伪存真。

《清史稿·方显传》记黔事，主要取材《平苗纪略》一书，故二者可同时参照阅读。

《滇南杂记》

《滇南杂记》一卷，清吴应枚撰。收入《小方壶斋舆地丛钞》中。

吴应枚，字颖菴，号小颖，浙江乌程人。官至大理寺卿。工诗，有《滇南杂诗》三十首，收入道光《云南通志·杂著三》，多咏风土。

雍正十一年（1733年），吴应枚官提督云南学院至滇。清科举制，三年一科考取秀才，届时提督学院需周历各府，分行院试，故吴应枚遍历云南各地。此书为这一时期所作。

全文一千五百字左右，共分三十三条。记述滇南岁时、习俗、物产、山水、古迹等，随手拾来，多为琐碎事。但因事出见闻，有些条目对南方民族史的研究也有参考价值。如：

> 山多杂木，今岁烧荒，明年始可种艺，所谓火种也。
>
> 鸡卜，用鸡骨为卜，夷俗也。
>
> 鲁魁山在普洱境内，旧为夷倮出没之区，今已成通衢矣。

上述记载，有助于了解清代云南民族地区的生产、习俗与开发。

《滇南新语》

《滇南新语》，清张泓撰。收入《艺海珠尘》《古今游记丛钞》《小方壶斋舆地丛钞》《续云南备征志》《丛书集成初编》等丛书中。

张泓，号西潭，汉军镶蓝旗人，监生。乾隆六年（1741 年）至云南，曾先后官新兴州知州、剑川州知州、黑盐井提举等。著有《买桐轩集》,《艺海珠尘》首将该集中的卷六《滇南新语》分出而单独成本。

全书分上行水、龙会亲、神品兰、土主神、通海山茶、蓝杜鹃、都拉、氤氲使者、九鼎香附、苴蓝城、龙薮、起旱蛟、蛱蝶会、碧鸡关、仙人骨、淮阴后、鱼金带、琵琶猪、生啖鱻、黑盐井、滴水箐、象羊厂、风土异、瓜果异、夷异、口琴、溜渡、眠龙洞、舍身崖、苍壁玉、地震、挖河、水溢、汤池、稻两刈、毒溪、卖六月雪、玉龙雪、佛手参、螺珠、地气之异、宝井、软玉、盐政、盐井、蚂蝗箐、罗汉、鸡足山、唐梅、龙女花、迁学纪应、秃鹫、夜市、潭赤、凤凰蛋、剑川运粮记、滇茶、大头倮罗、蔬异、蛊、黄连，共六十一条。概言之，此书记载滇地的花草、物产、气候、山水、名胜、古迹、风俗、怪异、民族、传说及施政诸内容。

此书为作者于乾隆初年官云南时据见闻而作的随笔杂记，事不分巨细，编不分次序，且杂附会之说。其中：记象羊厂采矿以及盐政、地震、水利等条关于当地经济生活或重大事件，且出自亲见，颇有价值；所述神异，为上行水、龙会亲诸条，透过迷离传说，仍可觅见当地古老民族对龙蛇图腾崇拜的痕迹；夷异、剑川运粮记、大头倮罗记述当地民族问题，可供参考；特别是剑川运粮记条，记述作者亲历的镇压“秤戛野人”的事件，在南方民族史的研究中更具独有的史料价值。

《番社采风图考》

《番社采风图考》一卷，清六十七撰。有乾隆十一年（1746 年）刻本。收入《艺海珠尘》《昭代丛书》《小方壶斋舆地丛钞》《丛书集成初编》。

六十七，字居鲁，满洲人。官至吏科给事中。著作有《台海采风图考》《游外诗草》《台阳杂咏》等。

据范咸所作《序》中说：乾隆九年（1744 年），六十七巡视台湾，“留意于绝俗殊风”而成是篇。

此篇共四十八条。其中，涉及政治和社会生活的有归化、瞭望、完饷、公廨、巡社条；反映经济生活的有开圳、耕田、插秧、刈禾、收仓、舂米、织布、制酒、筑基、乘屋、射鱼、种芋、斫木、抽藤、猎禽、服牛、采实、艋舺、淘金条；涉及教育的有社师条；涉及婚姻形态的有送花、议昏条；涉及音乐娱乐的有口琴、戏球、鼻箫、会饮、番戏、游车、鞦韆、浴川条；反映其他风俗习惯的有沐儿、布床、穿耳、文身、凿齿、藤桥、让路条，等等。

此篇是清代继《采硫日记》《台海使槎录》之后，记述我国台湾高山族的一部比较为世人所重的著作。它虽篇幅不长，但较全面和简明扼要地介绍了乾隆初年“番社”的政治、社会、经济、教育、婚姻、风土人情状况，特别是着重描写了“番社”的经济生活，而且，内容多出作者亲历。

此篇不少记载具有史料价值。比如，关于处于原始发展阶段的“野番”的记载：“上树如猿猕”“食息皆在树间，非种植不下平地”。关于学习汉族引进灌溉技术的记载：“有虑其旱涝者，亦学汉人筑圳，从内山开掘，疏引溪流，以资灌溉。片隅寸土，尽成膏腴。”关于主要由妇女承担农耕的记载：“番妇耕稼，备尝辛苦，或襁褓负子扶犁，男则仅供馌饷。”关于手工纺织的记载：“番女机杼以木，大如栲栳，凿空其中，横穿以竹使可转。缠经于上，刓木为轴系于腰，穿梭阖而织之。”关于汉文化日益扩大影响的记载：社学番童“其后岁科，与童子试，亦知文理，有背诵《诗》《易》经无讹者，作字亦有楷法。”此外，送花条反映了具有原始色彩的较为自由的婚姻形态；赘婿条反映了以女子“承接宗支”的母权制余风；巡社条记载了清统治者以北社制南社的“以夷攻夷”策略；穿耳、文身、凿齿诸条对研究我国远古时期南方一些民族的习俗，提供了民族学的旁证。

清徐珂《清稗类钞》一书中有关“台番”的记载，其中不少内容即录自此书。可见，此书为世人所重。

《黔南识略》

《黔南识略》三十二卷，清爱必达撰。道光二十七年（1847 年）罗绕典得其抄本刊行。

爱必达，满洲镶黄旗人，姓钮祜禄氏。乾隆初，官吏部郎中。九年（1744 年），署江苏布政使。十年（1745 年），授贵州布政使。十一年（1746 年），擢山西巡抚。十三年（1748 年），授浙江巡抚，旋调贵州巡抚。十五年（1750 年），调云南巡抚。二十二年（1757 年），擢云贵总督。其后，任湖广总督。谪戍伊犁。事迹俱见《清史稿·列传》。

成书时间。据作者自序说：乾隆九年（1744 年）自江苏来此官布政使，不久迁去，再过三年，又任贵州巡抚。是书为乾隆十四年（1749 年）所作。

成书经过。据罗绕典序中说：爱必达“巡抚贵州时，条列十八事下所属亲民吏，令各舰缕陈之，以备掌故，属贵阳经历华亭张凤孙芟摘是书”。至于书中杂有嘉庆、道光年间事，有说是滇中李复斋所插入。

编书目的。作者自称：

> 自昔郭青螺著《黔记》，田山姜著《黔书》，并称一代文献。兹之所辑，略古而详今。虽博雅不及前人，然考其土宇之广狭，城郭之圮治，关梁道路之险夷，斥堠邮亭武备之修废，则思所以固疆圉。察其民性之淳顽，婚丧之奢约，人文之盛衰，盗贼狱讼异端之微炽，则思所以善风俗。相其田土之上下，农功之勤惰，五谷百产仓廪市集之盈虚，赋税之厚薄，户口之登耗，则思所以厚民生。辨其种夷之生熟，则思所以布威信。视其穷民无告之多寡，则思所以广慈惠。由是长吏执此以棵功，群有司精思职业，持此以报绩。

可见，此书主要是为维护清王朝在贵州的统治而作。但其编写原则为“略古而详今”，不求博雅而务实用，故对了解清代前期贵州的政治、经济、军事、民族及风土人情等，均有所裨益。

目录：卷一，总叙，贵阳府，长寨同知。卷二，贵筑县，龙里县，贵定县，修文县。卷三，开州，定番州，大塘州判，罗斛州判，广顺州。卷四，安顺府，郎岱同知，归化通判。卷五，普定县，镇宁州，永宁州。卷六……以下也是按府、州、县及土司名列目。

此书特点：

第一，详略取舍，独具章法。据此书凡例：

> 是书专纪风土，以备服官者之采择，故于郡邑之建置，疆域之远近，山之起伏，水之分合，其中田亩肥瘠，财赋转输以及关隘驿传之设，稼穑树艺之宜，皆从其详。而于人物艺文及星野占候之说，则概不登。

第二，此书不分门别类，而以府厅州县为纲，详记沿革疆域山川形势风俗土田财赋关隘营汛驿递，并各系以论。关于形势风俗，又统为“原叙”一篇，置于书首，以挈其纲并便于读者省览。

第三，均以当今为主，记述水道也用今名。

第四，详细记述土司建置沿革及各地少数民族的种类习俗。

《皇清职贡图》

《皇清职贡图》九卷，清傅恒等撰。收入《四库全书·史部·地理类》，摛藻堂《四库全书荟要》。

傅恒，满洲镶黄旗人，姓富察氏，字春和。乾隆时，定两金川，征缅甸。官至大学士，封一等忠勇公。值军机处二十三年，乾隆倚为重臣。乾隆三十四年（1769年）卒，时年未及五十。谥文忠。事迹俱见《清史稿·列传》。

成书经过。乾隆十六年（1751 年），大学士傅恒

> 奉上谕，我朝统一区宇，内外苗夷输诚向化，其衣冠状貌各有不同。著沿边各督抚于所属苗、瑶、黎、僮以及外夷番众，仿其服饰，绘图送军机处汇齐。以昭王会之盛。（《皇清职贡图·谕旨》）

乾隆二十三年（1758 年）告成。二十八年（1763 年），补续图一卷。

编撰目的。在于宣扬乾隆时，疆域之广，怀来之盛。即所谓

> 以纪盛德昭宣，无远弗届，为亘古之所未有。（《四库全书总目提要》）

卷目。关于国内南方诸族的有：卷三，福建省（包括台湾）诸族，湖南省诸族；卷四，广东省（包括海南岛）诸族；卷六，四川省诸族；卷七，云南省诸族；卷八，贵州省诸族；卷九，云南景欠、景海诸头目。

内容与体例。此书所载，包括国内诸族与“外夷番众”两部分；编排次序，“以朝鲜以下诸外藩为首，其余诸藩、诸蛮各以所隶之省为次”。采用以文配图的表达方式，

> 每图各绘其男女之状，及其部长属众衣冠之别，凡性情习俗服食好尚，罔不具载。（均见《四库全书总目提要》）

下面列举二例，以具体了解其记述内容。

卷三，罗源县畲民条：

福州府罗源等县畲民，即粤之瑶人。《福建通志》云，汀瑶人与虔、漳、潮、浔接壤，以槃、蓝、雷为姓。又，《连江志》，畲民，……《桂海虞衡志》谓之瑶，今居罗源者只蓝、雷二姓，相为婚姻；或云，海南民蓝奇、雷声随王审知入闽，因居罗源村中，然不可考。其习俗诚朴，与土著无异，无酋长统辖，多在荒僻山巅结茅为屋，男女相协力作，采薪捕鱼以供食用。男椎髻短衣，荷笠携锄，妇挽髻，蒙以花布，间有戴小冠者，贯绿石，如数珠垂两鬓间，围裙著履，其服多以青蓝布。

卷三，永顺、保靖等处土人条：

土人先，本苗裔，自唐以蛮中大姓彭氏、冉氏分土管辖，始有土人之名。历代反覆不常，时勤剿抚。明时，始授永、保等土司为宣慰使。国初，一如明制，嗣因土官贪暴，雍正二年改土归流，添设永顺府治，土人咸登衽命矣。其地山多田少，刀耕火种。男花布裹头，足著草履。女椎髻向后，衣裙俱短。婚礼一以牛馈女之外家，谓之骨种钱。妇勤于纺织土绫、土布，民间亦多资之。赋税，各邑折征秋粮，自数十两至数百两不等。

可见，所记内容颇广。计有：族源，居地，历史，封建王朝的治理政策，社会阶级关系，生产活动，日常生活，以及姓氏、婚姻、服饰、发式诸风俗习惯，等等。

此书是研究清代前期我国诸族的重要文献。其主要特点有：

第一，内容丰富。南朝梁元帝有《职贡图》，状其形而识其俗，凡三十余国，其所绘图数，不及此书的十分之一。

第二，记述精确。据《四库全书总目提要》称：

《山海经》所载诸国，多出虚撰，不足为凭。《汉书·西域传》以下，史家所述多出传闻，核以道里山川，亦往往失实。又不及今之所绘，或奉赞贡篚，亲觐其人。

或仗钺实经其地。

这就使此书的真实性与可信性，较前大为增强。

第三，分类极细。此书对国内诸族，不仅记述具体，而且详加分类。如，卷四所记广西瑶人有：梳瑶人、平地瑶人、竹箭瑶人、盘瑶人、顶板瑶人、过山瑶人、山子瑶人；卷八所记贵州苗人有：花苗、黑苗、白苗、青苗、东苗、西苗、侬苗、蔡家苗、宋家苗、九股苗、龙家苗、马镫龙家苗、平伐苗、补笼苗、仲家苗、谷蔺苗、罗汉苗、杨保苗、狎犷苗、牯羊苗等。

总之，《皇清职贡图》不仅集历代对我国诸族认识之大成，而且对后世发生了深远影响。对上述苗瑶的分类，一直使用到中华人民共和国成立前，即例证。

当然，为时代与阶级所限，此书也有不足之处。由于不能作深入的调查与了解，故有疏失。如，对苗族的划分缺乏科学性，把其他的一些民族也归入其中了。

《黎岐纪闻》

《黎岐纪闻》一卷，清张庆长撰。收入《昭代丛书》《岭海异闻录》《小方壶斋舆地丛钞》诸丛书中。

张庆长，字谷贻，号寿山，河北南皮县人。乾隆十六年（1751 年）进士。曾任广东海丰、定安、高要、南海知县。民国《南皮县志·儒林》卷九称：

> 能驯生黎，而使之服教。总督巡边，黎众伏道，喃喃称好县官。……以亲老北归。其为人精强敏干而笃于行。

此书条目有：琼属建置，文昌无黎，五指山，黎地峒村弓制，黎种来源，黎之种类，李德裕后人为黎说，纳粮，黎头，土地典卖，黎米，耕种法，舂食，借贷，织布，以牛计产，铜锣，居室，妇主，体质，黎男头饰，富人头饰，幼年耳环，衣饰，大小厂黎之得名，吉凶事时衣制，黎妇发饰，文面，黎桶，御寒，器用，生黎食法，历法，婚姻的议婚，卜择吉日，礼物，礼仪，哭嫁，野合，鬼婆，丧葬，丧服，病辄祭祖，尚跳鬼，解病法，禁婆，鸡骨占，鸡卵卜，弓刀，善射，石精，草药，过渡，传箭，争斗，贸易，黎酒，黎茶，种烟，藤，沈水香，花梨木，楠木，万年青，鸡心凤眼等木，桄榔，总管木，蛇。可见，其主要内容包括黎族来源与分类，黎地的政治制度、经济生活、阶级分化、习俗、物产诸方面。

该书是研究清代黎族的一部重要参考著作。内容广泛而详细，其中有不少珍贵材料，或为他书所未见者。

黎族族源问题。

> 黎之种，旧无所考。或云黎母山有女自卵中诞生，适外来番男与之配，遂为黎种所自出，故名其山曰黎母。或云有女航海而来，入山中……生长子孙名曰狗尾王，遂为黎祖，其子孙即以王为姓，故凡生黎皆王姓。

此中所录黎人来源，为近人主黎族外来说者的一种根据。

经济生活。

生黎不识耕种法，亦无外间农具。春耕时，用群牛践地，中践成泥，撒种其上，即可有收。近时，颇有学耕种法如外人者。

像这种比较原始的耕作方法，一直保留至解放前。

阶级关系。阶级分化不明显。

黎中无墟市，从无鬻米者，贫人乏食则有米者贷之，不计息，偿不偿亦不深较，近日颇有奸贪之徒，春借秋偿倍息取利，心不古矣。

黎人类自食其力，从无为买卖生理者。

但已发生了阶级分化。如偶然性的土地买卖，

生黎地不属官，亦各有主，间有典卖授受者以竹片为券，盖黎内无文字，用竹批为三，计邱段价值划文其上，两家及中人各执之以为信，无敢欺者。近日狡黠辈颇纷纷以诈伪生争矣。

已有贫富之分，

黎人以牛之有无多寡计贫富，大抵有牛家即为殷实，有养至数十头及数百头者，黎内谓之大家当。

俗好铜锣，小者为钲，亦锣类也。有馀家购而藏之以为世珍，大抵旧藏者佳，新制不及其值，或抵一牛或数牛，或有抵数十牛者，则益宝贵之，藏铜锣多而佳者为大家。

富人头前多插银条为饰，或一条或二三条不等。

政治制度。

黎头辖一峒者为总管，辖一村或数村者为哨官。大抵父死子代世世相传，间有无子而妻代之及弟代之者，为众心所归而公立之也。凡小事听哨官处断，大事则报诸总管，总管不能处，始出而控告州县。近日多不听处断而出告者，缘外奸教唆，其中渐生机智，亦风会然也。

与中央王朝关系。

熟黎多纳官粮，然其中颇荒阔，不可以弓丈计，唯岁纳粮若干而已。生黎则各食其土，不入版籍，止设有黎练、峒长之类统辖之，遇有事，峒长、黎练以竹箭传唤，无不至者，其信而畏法如此。

黎汉关系。

近日惠（州）潮（州）人杂处其中，多以沽酒为业，外贩赍绒线盐布等物入而易之。……惠潮人入黎者，多于坡地种烟，黎人颇用之。

除了上述有关黎族历史传说与社会状况的重要资料外，其他如婚姻、鸡骨卜与鸡卵卜、文身诸条所记黎族习俗，也颇有参考价值。

《檐曝杂记》

《檐曝杂记》六卷，又续一卷。清赵翼撰。收入湛贻堂《瓯北全集》。中华书局《清代史料笔记丛刊》1982年版也收有此书。中华书局本经李解民点校，并编置目录于卷首，便于翻检。

赵翼，生于清雍正五年（1727年），卒于嘉庆十九年（1814年）。字云崧，一作耘松，号瓯北，常州府阳湖县（今江苏省常州市武进区）人。是清代中期著名的史学家、文学家。乾隆十五年（1750年）中举人。二十年（1755年）任内阁中书。二十一年（1756年）任军机章京。二十六年（1761年）成进士，授翰林院编修，充方略馆纂修官。三十一年（1766年）冬，出任外官。历任广西镇安府知府、广东广州府知府、贵州贵西兵备道，并在云南参与过缅甸之役的军务。三十七年（1772年）因广州谳狱旧案被劾降级，赵翼以母年高乞归乡里。此后，除以五十二年（1787年）应闽浙总督李侍尧之邀充任李侍尧幕僚参与镇压台湾林爽文起义外，长期居家撰述。赵翼著述甚丰，收入自编《瓯北全书》中的计有：《廿二史劄记》《陔余丛考》《檐曝杂记》《皇朝武功纪盛》《瓯北诗抄》《瓯北诗话》《瓯北文集》。其事略俱见《清史稿·列传》。

此书卷一、卷二记述作者在京城的经历。卷五、卷六属读书笔记性质。续一卷则是补附。卷三、卷四主要是作者出仕广西、云南、广东、贵州期间的经历见闻。对这一带民族地区的气候水土、风光胜景、特产珍奇、土司制度、经济生活、婚姻习俗诸方面，均有具体的记录。其中所记耳闻目睹，为他书所未见，对研究南方民族问题，具有颇高的史料价值。

黔中倮俗条，记述了土官对土民的残暴统治。其中写道：

> 粤西田州土官岑宜栋，即岑猛之后，其虐使土民非常法所有。土民虽读书，不许应试，恐其出仕而脱籍也。田州与镇安之奉议州一江相对，每奉议州试日，田民闻炮声但遥望太息而已。
>
> 贵州之水西倮人更甚，本朝初年已改流矣，而其四十八支子孙为头目如故。凡有征徭，必使头目签派，辄顷刻集事。流官号令，不如头目

之传呼也。倮人见头目，答语必跪，进食必跪，甚至捧盥水亦跪。头目或有事，但杀一鸡，沥血于酒，使各饮之，则生死唯命。余在贵西，尝讯安氏头目争田事。左证皆其所属倮人，群奉头目所约，虽加以三木，无改语。至刑讯头目已吐实，诸倮犹目相视不敢言，转令头目谕之，乃定谳。

前段，是土官实行文化愚昧政策的稀有材料；后段，则是改土归流后土官继续支配土民的生动记载。

边郡风俗条等记述了广西镇安等地的“不落夫家”制；苗倮陋俗、甘省陋俗条等记述了西南、西北地区的群婚制残余——“兄死妻嫂”制。这些材料都有助于南方民族地区的原始婚姻制遗习的研究。

三界庙条记述了粤西之梧、浔、南宁三府祭青蛇的民俗，这可作为古代越人曾奉行“蛇图腾”崇拜的历史见证。

《南越笔记》

《南越笔记》十六卷，清李调元撰。《函海》《丛书集成初编》本均收入此书。1917年重刊版名此书为《粤东笔记》。

李调元，字羹堂，号雨村，绵州（治今四川绵阳）人。乾隆二十八年（1763年）进士。由庶常授吏部主事，迁考功司员外郎，官至直隶通永道。罢官后，以著述终。藏书达万卷，爱才若渴。著述近四十种，其中有《使琉球记》《童山诗文集》《雨村诗话》等。曾辑《函海》一书，多至二百余种。

《南越笔记》的成书经过与内容。据作者序是书说：乾隆四十二年（1777年）的冬天，“复来（粤东）视学，此古太史輶轩采访之职也，遂得遍历全省诸郡县。可以测北极之出地，以占时变，可以乘破风之长风，以穷海隅，可以审扶荔之不宜于北土，可以征灵羽之独钟于丹穴，幽缈而至五行符瑞所不及载，载而莫阐其理者，亦可以征信而核实。畴见昔人著述诧为怪怪奇奇，惊心眩目者，至是又不觉知其或失或诬，或当于理，而因为之弃取焉，且因为之上下草木鸟兽各纵其类焉。书成计一十有六卷，敢曰《尔雅》注鱼虫，壮夫不为也，亦聊以广箧中之见闻耳”。换言之，作者利用“视学”的机会，历遍广东全省各地，在实地考察的基础上，再参之昔人著述而成。此书体例仿《南方草木状》《岭表录异》《桂海虞衡志》诸籍。后人誉此书为：“件举条索，述录既殚乎奇异，考据极其精详，询为粤东一方面最有价值之记载。”(1917年重刊序)

此书是研究清代岭南民族问题的必要参考书籍。卷一粤俗好歌条；卷二梅岭条、五岭条；卷三石羊石条；卷四伏波神条；南越人好巫条、冼夫人庙条；卷五棉布条、葛布条；卷六铜鼓条等，均与岭南古代越人与其后裔的历史、习俗有密切关系。卷七则集中记述了清代广东诸族的情况，分别列了马人条、瑶人条、黎人条、峯人条、蛋家条，对这些民族作了较为详细的介绍。

《粤风》

《粤风》四卷，清李调元辑解。收入《函海》丛书，《丛书集成初编》本据此排印。

李调元，生平事迹见前文《南越笔记》篇。

此书汇集了两广汉族与少数民族的民歌。主要卷目有：卷一，“粤歌”“蛋歌”；卷二，“瑶歌”；卷三，“俍歌”“俍人扇歌”“俍人担歌”；卷四，“僮歌”。

此书内容分两部分：

一是对各族各种歌谣的起源与特点等加以介绍。如蛋歌条载：

> 蛋有三，蠔蛋、木蛋、鱼蛋，寓浔江者乃鱼蛋，未详何始。或曰蛇种，故祀于神宫也。歌与民相类，第其人浮家泛宅，所赋不离江上耳。广东、广西皆有之。

瑶人布刀歌条载：

布刀者，峒人织具也。……峒人书歌于刀上，闲以五彩花卉明漆沐之，以赠相知云。

俍人扇歌条载：

> 扇歌，书于扇，赠所私者。白扇，一面花鸟一面歌，字如绳头，其词借扇及扇面花鸟，寓意，相连百十首。前后起止，皆有章法。有创作，有套本。

俍人担歌条载：

> 杜少陵曰，夔俗坐男使女。今粤俗亦然。故峒人多用木担聘女，或以赠所私者，式如常，以五彩龂作方段，龂处文如鼎彝。然歌与花鸟相间，字亦如绳头。文多。

僮歌条载：

> 僮歌与俍歌相类，然俍歌如律诗，少一句不得，僮歌可长可短。

这样，人们对蛋、瑶、俍（壮之一种）、壮的诗歌体裁就有了基本的了解。

二是用汉文记录作者认为富有代表性的粤歌（两广汉族民歌）、瑶歌、俍歌、僮歌，并加以注译和解说。其中除多为反映人民大众的日常生活特别是爱情生活的抒情诗外，也有涉及揭露时弊的政治诗。如，“蜑歌”：

蛋船起离三江口，只为无风浪来迟。月明今网船头撒，情水人面结相思。

“瑶歌”：

不奈命，不奈朝廷陷共邹，不奈朝廷陷共巷，十分共巷隔重篱，陷隔重篱十二檐，十分卖话也难通。

注：

陷是不；卖是有。

又：

如今世界恶，乌鸦日夜摇声惯，陷比表世是表生。

注：

摇声者，乱鸣也；陷比，是不知；世，是死。

“僮歌”：

口三六四里，踏得耳花桃。花脉淋淋好，花桃淋了密。淋了细丝丝，淋淋离乙乙（音亚）。养勒佛排摇，养勒花排菲。里样对鸳鸯，里样梁山伯。山伯祝英台。

注：

此进山踏歌之词也。口，是进；三，不是数目，犹言这里；耳，是枝。言进得这里有六四里之远，方寻得桃花枝。脉，是瓣；淋，是看得分明；花桃，又指花朵而言。言花瓣这样好，花朵这么密。后二句，细丝丝，承花瓣好；离乙乙，应花朵密。此六句写景，赋而比也。以下五句，专赋踏歌之人。勒，是儿；拂，是列；捶，是整齐；菲，是标致；里，是好；样，是像。这些踏歌的，是谁屋生得好男勒，这样齐整，就如活佛；是谁屋生得好女勒，这样标致，就如桃花，排列得十分好看。若各配成双，比之于鸟，好像鸳鸯；比之于人，好像梁山伯祝英台也。

由于少数民族歌谣汉人多不懂，经作者注释并串讲，优美诗句，即跃然纸上。

此书的主要价值在于：诗中大量描绘的清代两广诸族的社会生活与民风民俗，是研究岭南民族史志的生动资料；书中所录丰富多彩的民族歌谣，则为我国多民族的文化宝库增添了异彩。

《维西见闻记》

《维西见闻记》一卷，清余庆远撰。收入《艺海珠尘》《昭代丛书》《古今游记丛抄》《小方壶斋舆地丛钞》《丛书集成初编》等丛书本。

余庆远，字璟度，庆长弟，湖北安陆县人。以诸生举孝廉方正。清道光《安陆县志·人物志》中称其“精申韩之术，历居大僚幕府，才能明敏，学问淹通”。

成书经过与主要内容。作者于乾隆三十五年（1770 年）七月在《维西见闻记》自序中写道：乾隆三十四年（1769 年）随兄庆长官丽江府通判而至维西廨；

> 维西地境辽绝，天时迥别，殊方异俗，甚多不经。予得之目击者十三四，访之父老得六七，为并记之，列为气候、道路、夷人、物器四门，别为例言，而并述其建设之由于卷首焉。

据《湖北通志·艺文志》载：

> 案《安陆志》载是书无卷数。吴省兰刊入《艺海珠尘》作一卷，凡四十条。

此书特点。无论气候、道路、夷人、物器各门，作者均采用省一般而重特殊的记事方法。如：记道路，地境之险，

> 所在皆是，牍不胜书，今乃择其尤险而非人境所有者。

记夷人，

> 维西夷人六种，省志种人中皆已志之，然语多附会，事不确实。而奇绝之极者，则皆缺焉。余目击博访，备得详细，不袭不饰，不略不遗，历纪之，以知人类之繁，而所性竟有与人殊者。

记物器，

> 今于草木禽兽器用之类，或为滇不常有，或为他省所无，而并非滇

> 地共有者，纪之。以见天地异而人异，人异而物亦异之有如此者也。(以上引文，见各门《例言》)

因此，此书有下列长处：一是所记不少为他书所未载；一是与事实较为相符。

夷人门直接与南方民族问题有关。所记“维西夷人六种”为“么些”“古宗”“那马”“巴苴”“栗粟”“怒子”，叙其历史、习俗，与清王朝关系等内容。还分叙黄教喇嘛、红教喇嘛、谟勒孤喇嘛、善知识喇嘛，可供了解当地民族的宗教信仰。本门保留极有价值的民族史、志材料。以婚姻制为例，记中记述了兄弟共妻制。古宗（吐蕃之民）“兄弟三四人共娶一妻，由兄及弟，指各有玦，入房，则系之门以为志，不紊不争，共生子三四人，仍其妻；至六七人，始二妻；或欲独妻，则群谓之不友，而女家不许”。还记述了同堂兄弟子女的互配制。那马（僰人）“人与其女通，父母不之禁，而不敢令其兄知，知则杀其通者，同堂兄弟之子女，即互配”。这些习俗中，有些反映了较为原始的群婚制遗习。

作者还有值得称道的民族观。如夷人怒子条下载：

> 自入贡以来，受约束，知法度，《省志》乃谓其刚狠好杀，过矣。

这既纠正了《省志》错误，也批驳了民族偏见。

此书夷人门的记载，为后世所重。

《楚庭稗珠录》

《楚庭稗珠录》六卷，清檀萃撰。此书例世刻本极罕见。其中，《九曜山房丛书》本较完整。1982年广东人民出版社出版了杨伟群点校本。

檀萃，字岂田，号默斋，安徽望江人。雍正三年（1725年）生。乾隆二十六年（1761年）进士，选为贵州青谿县知县。乾隆四十三年（1778年）至滇官禄劝知县，后掌会垣育才书院。嘉庆六年（1801年）卒。著述甚多，主要有《楚庭稗珠录》《农部琐录》《滇海虞衡志》《滇南文集》《滇南诗话》《大戴礼注疏》《穆天子传注》《逸周诗注》《番禺县志》等。事迹见《清史稿·列传·文苑三》。

书名由来。据作者在乾隆三十八年（1773年）自序中说：

> 旅黔、粤垂四年，惟粤差久。黔，故楚也，而粤为楚庭大长，霸南徼，西役夜郎，则黔亦粤之所曾属，录所见闻，总曰“楚庭”。粤故为珠海，游者多艳心焉。珠有九品，而稗珠为下，其量也以升斗计，易粟而已矣。

换言之，“楚庭”指粤、黔之地；“稗珠”则自谦在“珠海”所得为下品之珠。

此书标目。卷一，黔囊（六十一则）；卷二，粤囊上（五十七则）：卷三，粤囊下（五十八则）；卷四，粤琲上（三十五则）；卷五，粤琲下（二十二则）；卷六，说蛮（粤产附）。何以用“囊”“琲”名卷，据作者序中自称，入粤得“稗珠”以后，“至胪其目，凡足迹所经而以目纂者，辄投之古锦曰‘囊’；或客曹聚语憖置于耳者，联贯排比曰‘琲’”。意为将所获之珠，装满囊，串成琲；或说是黔粤见闻记。

此书内容。一至五卷，记述黔、粤的山川、名胜、古迹、掌敀、轶事、传说、志士、名贤、物产、文化、宗教、风俗、外地名人入粤活动、明代与清初粤中诗坛盛况等。其中，间涉有南方民族问题事。如：辛女岩、万卷书岩条记悬棺葬事；田仙洞、尹骑龙条记黔巫事；相见坡条记苗、僰善山歌事；牂牁江考牂牁地望；奢香驿记水西土司妻奢香事迹；绣铠台记溪峒女子秦良玉事；五溪考记五溪“蛮”事；越城、越王台、任嚣墓、孝光寺记南越王时事。

最为世人所注目者，是卷六说蛮部分。有将此卷单刻收入丛书中，名曰《说蛮》一卷，而不注明出处者。《昭代丛书》《小方壶斋舆地丛钞》本所收，即属此例。

《说蛮》卷记述“苗蛮”种类及其习俗。其中包括花苗、东苗、西苗、牯羊苗、青苗、白苗、谷蔺苗、平伐司苗、九股黑苗、紫姜苗、短裙苗、夭苗、生苗”“红苗、阳峒罗汉苗、罗罗、八番、白罗罗、阿和、打牙仡佬、花仡佬、翦头仡佬、猪矢仡佬、木老、仲家、狗耳龙家、马灯龙家、大头龙家、宋家、蔡家、土人、狑犷、蛮人、僰人、峒人、瑶、僮人、俍人、大良、仡人、僚、鼻夷僚、白棍僚子、水人、侗人、巴人、马人、蛮人、斑衣山子、斑衣种女、印孃、飞头僚、黎人、岐人、峚人、蜑人、狘僚、卢亭、鸡笼番”等。

此卷多辑自他书，发明不多，但收集在一起，便于翻检之用，故为世人所重。

《滇海虞衡志》

《滇海虞衡志》十三卷，清檀萃撰，成书于嘉庆四年（1799 年）。收入《二余堂集丛书》《问影楼舆地丛书》《丛书集成初编》等丛书中。

檀萃，事迹见前文《楚庭稗珠录》。

关于书名来由及成书经过。据作者自序：

> 虞衡志者，盖合山虞、泽虞、林虞、川衡以为名，土训之书也。范石湖帅广右，居桂林，为《桂海虞衡志》。夫桂奚有海，其去大海尚隔安南、广东，而以海名者，矜其陆海耳。滇则内有滇池、洱河，皆周数百里，俱称海。滇之称海，比桂尤宜。老夫居滇数十年，为《农部琐录》《华竹新编》，及腾越、蒙自、浪穹、顺宁、广南凡七志，其于滇之土训、诵训，颇为略知，屡语当事续修通志而卒不能。然念居滇久，不获勒成一书，以慰滇人士之情，此心终有默默不自得者，故于归途为此。

书的体例与篇目。作者自称，仿范成大《桂海虞衡志》而作，篇目也一仍其旧，意为该书的继续与推广。篇目：《志岩洞》《志金石》《志香》《志酒》《志器》《志禽》《志兽》《志虫鱼》《志花》《志果》《志草木》《杂志》《志蛮》，共十三志。志为一篇，篇长短不齐，各为一卷，凡十三卷。志前均有前言，写明本志与桂志的异同，便于读者比较，一目了然。如《志器》前言："凡铜器、玉器，滇为美，故特先之，余以类纪，视范志差详，而漏者多矣。"《志禽》前言："范志谓南方多珍禽，非君子所问，仅志十三禽，而滇禽不能以十三限也，故比范为加详。"

《志蛮》篇与南方民族史、志至为密切。此书把滇地"百蛮"分爨、僰两大类，"爨盛于东，僰盛于西"。故首叙爨人的历史及其后裔罗罗的种类与习俗。次叙僰人的历史与习俗。此外，还言及僰黑、㩧喇、普特、窝泥、黑铺、拇鸡、么些、力些、土人、土僚、怒人、扯苏、山苏、侬人、沙人、蒲人、古宗、阿昌、骠人、哈喇、吐杜、缅人、结些、遮些、羯些子、地羊鬼、喇鲁、苗人、黑乾夷、仲人、苦葱、喇乌、罗缅、卡惰、黑濮、嫚且、戛喇、卡瓦、小列密、利米、俅人、大倮罗、野人等。

檀萃宏览博物，勤于著述，时人师范誉说：在滇地“有公而杨用修氏可以不孤”。把檀萃与杨慎相提并论，故此书为世人所重。而且，其中也间有冲破陈说的见解。如书中写道：“铜鼓，粤人以为伏波，滇人以为诸葛，而实蛮之自铸也。”这是作者在民族地区长期生活所得出的真知灼见。但其记述，多录自方志及前人之言，故其价值不及《桂海虞衡志》一书，其考校滇事也有疏略之处。

《金川琐记》

《金川琐记》六卷，清李心衡撰。《艺海珠尘》《丛书集成初编》等丛书本收入。

李心衡，字巽廷，号湘帆，清代江苏上海人。附监生。官四川西昌县丞、湖北枣阳知县等。

此书写作经过。据作者乾隆年间序是书说：

> 予从弱冠后，随任楚南，继又官游西蜀苗瑶五谿及邛僰儴蟾弜头汉发之区。十余年来，游历不鲜，尝欲出所闻见，珥笔记之，未遑也。甲辰（乾隆四十九年，1784年）秋，承乏绥靖，至己酉（乾隆五十四年）春始得交替，历徼外者五年。地本西夷部落，新入版图，习俗多异中土。积久，夷情渐稔习而安焉。事日益简，暇时因得兼及笔墨，凡耳闻目睹，得辄志之，渐积成帙。

可见，是书为作者记述官金川民族地区时的见闻。

在写作过程中，作者自谓“是编词皆纪实，不同传奇家架虚立论”；对因载籍少而难于考其源流的名物象数，则不附会而阙疑。这就增加了此书的可信程度。

全书共有一百六十三条目，专记金川风物。主要内容包括：土官（官寨、袭职、品秩、女千总等条），历史（金川往事十三则等条）、社会（夷例、徭役、屯户等条），地理（促浸儹拉、入金川路、玉笴峰等条），气候（气候、风穴、夏雪等条）、物产（金、百谷、燕麦、延寿果、雪莲、山羊、牦牛等条），民族（黑帐房生番等条），交通（皮船、篾索桥等条），语言文化（夷语、夷字、夷画、数学、奕棋等条），军事（龙登碉、火弹、碉楼、左插子、兵器等条），衣饰（蛮裙、首饰、披毯、女子不穿裙衫等条），饮食（馇粑、酥油、熬茶、小曲酒等条），婚葬（婚配、租妇、丧葬等条），节庆（节令、跳锅装等条），宗教信仰（广法寺、转经楼、藏经、俗重藏经、异僧、飞僧、信鬼等条），习俗（咂酒、俗尚等条）诸项。可见，其内容十分广泛。

作者是在清乾隆年间对金川地区实行改土归流后即赴任的，故此书对这一时期当地的藏族社会作了具体而生动的记述，并保留了一些有价值的材料。比如，书中写道：

各土司部落，俱数千百年来父子传袭，未尝有变更。其闻亦有贪纵淫虐者，百姓至死不敢贰，夷俗上下之分极严也。无论土司，即以头人论，百姓莫不敬之如神明，无一言敢稍拂。(卷二袭职条)

夷俗，称土司署所谓官寨，民居曰寨子。每一户中，必有一两座碉房，为守望之所。头人土目家，并有经楼及转经楼，俱华赡精致。(卷二官寨条)

夷俗，最重窃盗，事发辄捆缚犯人，投大江中。杀人者，罚牛马银物，入土司赎罪。至奸淫一事，不足为异，未见有告讦者，即或事败，不过私自罚柴数百觔而已。其有规避徭役，不遵土司饬遣者，例最严酷，籍没其家，将其人并家属，分卖各部落为奴。(卷二夷例条)

夷俗多力役之征，一家中更番出应，终岁几无虚日。唯喇嘛及土僧得从优免。(卷三徭役条)

上述记载，真实地反映了清代金川藏族等级森严的农奴制度。

此书的不足之处有二：

一是编次不以类分，显得杂乱无章。

一是有疏失之处。如，卷二品秩条载：

土司中，有袭宣抚司衔者，秩三品，安抚司、宣慰司，秩四品。

清制，宣慰使为从三品，宣抚使为从四品，安抚使为从五品。显然，书中所记土司的等级与品秩均有误。该条又载：

汉官银章、铜章，土官铁章。

据《清史稿·舆服志》载，宣慰使以下诸土官均为铜印，此云“土官铁章”，不知何据。

《楚峒志略》

《楚峒志略》一卷，清吴省兰撰。收入《艺海珠尘》《丛书集成初编》等丛书中。

吴省兰，原名省懋，字泉之，又字稷堂，省钦弟。江苏南汇人。乾隆举人，四十三年（1778年）赐进士，授编修，官至工部左侍郎。此后，曾“视学湖南”[①]。自幼博闻强记，与省钦齐名。辑刊《艺海珠尘》甲乙丙丁戊己庚辛八集壬癸二集，则是其婿钱熙祚所续成。“著有《奏御存稿》”（见《词林辑略》）。

此书当系其视学湖南时所作。主要记述楚地“苗”（广义）人的习俗和语言。记述颇简，全文不及二千字。但其中也有可取资料。如，其中写道：楚地“民瑶”，与“汉人无异，每岁科试，瑶童亦得与考。所取瑶生，亦例与生监一体乡试”。这条反映乾隆时期瑶族教育事业有所发展的材料，是颇有意义的。

① （清 光绪）《南汇县志·人物志三》。

《钦定平苗纪略》

《钦定平苗纪略》五十六卷，清鄂辉等奉敕撰。有嘉庆年间内府刻本。

清代有官修方略之制。康熙以后，凡重大军事行动之后，为昭示武功，都要下诏设馆（乾隆十四年，将方略馆作为定制），对这一事件中有关奏折与上谕，精心进行挑选、删改、加工，按照时间的先后次序，分年系月，“纪其始末，纂辑成书”[①]，叫做“纪略”或“方略”。因是一事一书，故归入史部纪事本末类。清代所编纂的“方略”，多达二十余种。其中，《平定金川方略》《平定两金川方略》《平苗纪略》《平定云南回匪方略》《平定贵州苗匪纪略》等，均属此例。

此书专记清朝廷镇压乾、嘉苗民起义事。雍正改土归流后，清廷对湘西、黔东北苗疆加强军事统治；同时，涌入苗区的满、汉官吏、地主和商人，欺压苗族人民，通过高利贷巧取豪夺，大量兼并土地。因此，广大苗民被迫走上反抗的道路。乾隆六十年（1795年）正月，贵州松桃苗民石柳邓于大寨寅操练时，遭清军袭击，遂乘机起事，包围县城。二月，湖南永绥苗民石三保，凤凰厅苗民吴天半（吴半生）、吴陇登，乾州（今吉首）苗民吴八月纷纷响应，攻打永绥县城，击毙清总兵明安图。继而占乾州，围镇筸（今凤凰），队伍扩大至七八万人。义军以“逐客民，复故土”为口号。清廷急派云贵总督福康安、四川总督和琳、湖广总督福宁和近卫军统领额勒登保等人，以福康安为统帅，领兵数万，分路进行镇压。在强敌压境下，义军撤除了对松桃、永绥、凤凰诸城的包围，主力转移湘西。八月，各路义军以乾州平陇吴八月所在地为基地，推举吴八月为“吴王”。嘉庆元年（1796年），在清廷“剿抚兼施”之策下，吴陇登降清，并诱擒吴八月。此后，清军统帅福康安、和琳相继病死军中，由额勒登保继任。义军在石柳邓与吴八月之子吴廷贵领导下，坚守平陇，抗击额勒登保的围攻达三月之久。嘉庆二年（1797年）初，石柳邓在石隆决战中阵亡，为时两年的大规模苗民起义以失败告终。

全书共二十四册，五十六卷。卷首，一至四为“御制诗”，收录乾隆咏平苗诗篇。正式记载，为五十二卷，故《清史稿·艺文志二》称“《平苗匪纪略》五十二

① （清）梁章钜：《枢垣纪略》，卷十四。

卷”。卷一，始于“乾隆六十年二月初四日（丙辰）湖广提督刘君辅奏言”；卷五二，终于“嘉庆三年三月二十三日（丁亥）鄂辉、冯光熊奏言”。其内容包括总督、巡抚、提督、总兵等军政要员向皇帝报告军情动态的“奏折”，和由军机大臣承旨撰拟经皇帝确定的“上谕”两部分。书中收有刘君辅、福宁、姜晟、惠龄、福康安、毕沅、张廷彦、孙士毅、和琳、冯光熊、穆克登阿、德楞泰、观成、兴肇、勒保、朱珪、阿桂、额勒登保、明亮、鄂辉、珠隆阿、江兰、吉庆等人的奏折。

此书是关于乾嘉苗民起义专题的官方文件汇编。由于奏折与上谕，在当时均属绝密文件的范畴，只有极少数上层核心人物才能获知其内容；为便于最高统治集团了解实际情况并据此作出决策，故其粉饰之词较少，能相对真实地反映事态发展的全过程。比如，卷三〇，和琳在言及此次事件起因时写道：湘黔苗族地区

> 户口日滋，地界有限，未免生计日绌。兼自乾隆二十九年弛苗、民结亲之禁，客土民得与苗民互为姻娅，因之奸民出入，逐渐设计盘剥，将苗疆地亩侵占错处，是以苗众转致失业，贫难度日者日多。经石三保、石柳邓等假托疯癫、倡言焚杀客民，夺回田地，穷苗风闻，无不振臂相从。起衅之端，实由于此。

应该说，这一分析是大体与历史实际相符的。因此，它是研究乾嘉时期苗族社会历史与反抗活动的重要参考资料。

其弊端在于：清统治者编纂此书的目的是宣扬国威与恐吓人民。故编纂者不仅将他们认为不宜公之于世的有关重要奏折与上谕，舍而不录，且将已录者多处加以篡改与删节。为了弥补这些缺陷，一是需要对照原来档案材料，一是以私家著述加以参证。

《苗防备览》

《苗防备览》廿二卷，清严如煜撰。有嘉庆二十五年刻本，道光二十三年重刊本。

严如煜，字炳父，号乐园，湖南溆浦人。生于乾隆二十四年（1759年）。乾隆六十年（1795年），贵州苗民反抗，湖南巡抚姜晟驻节辰州，招至幕府赞戎议。嘉庆五年（1800年），试孝廉方正科第一。累官陕西地方知县、知州、知府等官，加按察使衔。道光六年（1826年）卒。著述颇多。佐那彦成筹海寇，有《洋防备览》；佐姜晟筹苗疆，有《苗防备览》；佐傅鼐筹屯田，有《屯防书》。又有《三省边防备览》《汉中府志》《乐园诗文》等。事迹俱见《清史稿·列传》。

写作目的和成书经过。据《苗防备览》引自述：嘉庆三年（1798年）苗疆底定，姜晟语煜曰：

> 前事者后事之师。五溪深阻，山川险要、道路风俗、兵谋营制，向无载籍可稽。前岁事起仓卒，一应防剿，茫然无措。

故“当辑苗防一书，以备稽览”。依据作者在苗疆四年的亲身经历，再参考档案、川黔各志，裒辑而成是书。

目录与内容如下：

卷一《舆图说》，有苗疆总图，湖南乾州厅、凤凰厅、永绥厅、永顺县、保靖县、麻阳县、泸溪县、沅陵县、辰溪县，贵州铜仁府、松桃厅，四川秀山县图，共十三幅。

卷二、三《村寨考》上下。卷二记苗寨名，标明其距城里数，并注明为“生苗”或“熟苗”。卷三记民村名，标明其距城里数，“当苗冲者分注冲字”。写此考的目的在于使“数百里遥村孤落，披籍可知矣”。

卷四、五《险要考》上下。记山川险要之方位、形势与驻防情况；并在每条下，注明民险、民要或苗险、苗要。以便“后之有事苗疆者可按籍而稽矣”。

卷六、七《道路考》上下。卷六记诸厅县道路。卷七记苗疆水道与各厅县苗路。此考详载各汛相通的营路、居民往来的民路、转输军实的台站，以使“苗疆数百里鸟道羊肠，视若康庄矣”。

卷八、九《风俗考》上下。记诸苗、土人（今土家族）、仡佬、瑶民之习俗。其中包括：酋长土官、贫富贵贱、耕作农具、纺织贸易、狩猎争战、语言文化、衣服装饰、居住饮食、鬼神祭祀、时节禁忌等“蛮情夷俗”。此考与南方民族问题关系至为密切。

卷十《师旅考》。按年月日次序，记乾隆六十年正月至嘉庆二年二月镇压石柳邓等人领导的苗民起义事；并记嘉庆四年、七年、十一年苗民反抗被镇压事。

卷十一《营汛考》。记苗疆营汛、苗弁，新增衙署、营房，并附载黔省新增铜仁协、川省新增绥宁营。

卷十二《城堡考》。厅县治所建城以卫民，地当扼要民众之所团聚者则建堡，地虽冲要而狭隘不能建堡者则作囤以栖壮丁。麻、泸、乾三处则民堡为多，凤凰一厅则民囤尤众。作此考以重凭恃。

卷十三《屯防》。收入苗疆屯防资料。其中有：巡抚祖之望《会筹开屯防边疏》，附筹办未尽事宜《八条》《训练说》《训练条规》。

卷十四至一六《述往录》上中下。写作意图：

> 语曰：“前事者，后事之师。”爰编辑旧乘，依类以分，曰事略，曰经制，曰前哲。作述往事略。

卷十四《事略》，首记虞舜征三苗事，中述商、周、汉、晋、南朝、唐、宋、元、明、清事，终于乾隆五十三年讨平勾补苗石满宜事。全卷专记平苗史实。

卷十五《经制》，起“后晋天福五年庚子楚王马希范立铜柱以镇蛮”，终“（乾隆）十八年癸酉镇筸镇前营游击改为都司”。全卷专记历代王朝治苗之策。

卷十六《前哲》，首记五溪首领田强抗拒王莽、效忠汉朝事，中记马援、宋均、钟离牧、马希范、秦再雄、刘国杰等人事，末记永顺宣慰司彭肇槐献土事。全卷专记与苗疆有关的文武功臣及忠于中央王朝之土官事迹。总之，《述往录》三卷虽属辑录旧史料性质，无所发明，但也可为研究者提供翻检之便。

卷十七《要略》。

> 俞提督益谟征苗屡立奇功，各略俱行军时所用，有可仿行者。

此部分始于“哨探略”，终于“受降备兵略”。后部分，则收严如熤所作治苗之议、策、书等。

卷十八《传略》。记“军兴以来”，清军阵亡、病故之有功人员，以及“乡勇、义民、绅士、妇女”，分类编次，“备异时国史之采作传略”。

卷十九《艺文志》上。载郭琇《请调沅州镇移驻镇筸疏》，赵申乔《苗边九款疏》《题明六里民归镇溪所乾州同知管抚疏》，赵宏恩《六里善后事宜疏》，毕沅《奏抚辑乾州、永、保苗人疏》，鄂辉、姜晟《苗疆修筑城堡驻兵疏》诸奏疏。

卷二〇《艺文志》中。载李宏皋《复溪州铜柱记》，蔡复一《抚治苗疆议》，游震得《边防议》，王士琦《苗地屯粮议》，侯加地《边哨疆域考》，朱瓒《细柳营记》，田英产《平苗议上督师杨嗣昌阁部》诸文。

卷二一《艺文志》下。载刘应中《平苗记》《边墙议》，佚名《麻阳关隘说》，俞益谟《晓谕苗人告示》《戒苗条约》诸文。

卷二二《杂识》。凡有关苗疆事，而未能附诸各门者，均辑入此卷。卷中内容，有的仍有史料价值，五溪蛮所祀白帝天王条，即一例。

此书的主要价值有三：

一是研究清代中叶湘、黔、川边民族地区的社会，清朝廷治苗之策，苗民反抗的一部重要参考书。

二是辑录了大量有关史料、官方文件、私人著述，为研究者提供了方便。

三是保留了一些珍贵资料。如卷三所记“仡佬村寨”，卷九所记泸溪仡佬风俗，卷十七所记“大小章仡佬始末”等，是研究清代湘西仡佬族（今在当地已无）不可多得的材料。

《古州杂记》

《古州杂记》一卷，清林溥撰。收入《花近楼丛书》《小方壶斋舆地丛钞》《黔南丛书》诸丛书中。

林溥，河南汲县人，嘉庆间曾官古州厅同知。[①]

成书经过。据作者自叙：嘉庆四年（1799年），

> 来权厅事，就所闻见，公余笔之座右，以备采考。

此书记述清代古州厅（属今贵州黔东南苗族侗族自治州境，治所在今贵州榕江）杂事。包括古州建置、厅署、城垣、守军、屯田、气候、物产、苗人诸条。

> 叙述均甚详晰。取与《黎平府志》及《古州厅志》校对，两志均多缺载。虽寥寥短篇，足与方志并重。[②]

此书保留了清代古州少数民族的治理、种类、耕种、文化、歌舞、服饰、民族关系等方面，有参考价值的材料。其中写道：

治理。古州幅员一千余里，

> 统计苗民四百五十四寨，户二万七千有奇，以十六土弁舍分隶其众，设理苗同知一员。

种类。

> 古州苗人，种类不一。黑洞苗、山苗最多，白洞苗、水西苗参错其间，瑶苗绝少，间有一二十户。

耕种。

---

① （清 光绪）《古州厅志》，卷八，《秩官志》。

② （民国）《贵州通志·艺文志九》。

苗民俱食糯米，收获较迟，九、十月方始登场。屯军均种粘谷。

文化。

苗人素不识字，无文券，即货买田产，唯锯一木，刻，各执其半，以为符信。今则附郭苗民，悉敦纮诵，数年来入郡庠者接踵而起，且有举孝廉者一人。

服饰。“苗女以银作项圈，层约颈下，富者多至十余层，以为容饰”；“苗人妇女皆铣足，裙百摺，以布为之，长不盈咫，围脐下。”
民族关系。

境内除镇标兵丁及屯军外，悉系苗人，流寓汉民绝少。自（开辟）设盐阜以来，广东、广西、湖南、江西贸迁成市，各省俱建会馆，文物日渐饶庶。今则上下河街俨然，货布流通，不减内地。

《滇系》

《滇系》四十册，清师范纂修。流行本为清光绪十三年（1887 年）云南通志局刻本。

师范，字端人，号荔扉，云南赵州（今凤仪县）人。乾隆举人。官安徽望江知县。著有《金华山樵集》。

据作者在自序中言：成书于嘉庆丁卯（十二年，1807 年），参阅诸籍达四百余种。可证征引之繁富。前有清代名家姚鼐、洪亮吉等人为之序，推崇是书。

全书四十册，分十二系。编次是：第一、二册，《疆域》；第三册，《职官》，载历代官云南人物传；第四册，《事略》，为从轩辕氏至清代云南之大事记；第五册，《赋产》；第六、七册，《山川》；第八册，《人物》，载从汉至清之云南人物，附选举考、学校考等；第九册至十六册，《典故》，辑历代与云南史志有关之著作；第十七册至三十四册，《艺文》；第三十五、三十六册，《土司》；第三十七册，《属夷》；第三十八、三十九册，《旅途》；第四十册，《杂载》。

此书的主要作用有二：

一是对研究云南地方史志有参考价值。如洪亮吉在序中称："《滇系》一书为补《云南通志》而作也。"近人方国瑜则说："今之言滇事者，亦莫不称其书，于滇南史地之学，其功不可没。"①

一是对研究云南民族史志也有参考价值。其中，《土司》《属夷》二系专记云南民族问题。《土司》系的内容，按云南府、大理府、临安府等地域编次，并附有倪蜕《土官说》、刘彬《永昌土司论》等文。《属夷》系则分两部分内容，前为按车里宣慰司、孟定府、南甸宣抚司、威远州、路江安抚司等土司与土官编次；后为按民族编次，列有"爨蛮、白倮倮、僰夷、白人、普特、窝泥、㹀鸡、朴喇、么些、力些、西番、古宗、怒人、扯苏、土人、土僚、蒲人、侬人、沙人、羯些子、峩昌、哈喇、缅人、结些、遮些、地羊鬼、野人"等目。此外，《疆域》系，附载十八土司；《杂载》系，载有火把节、女蔽面、蛊、女土官等众多条目。像这类记载，也

---

① 见《云南史料目录概说》，第二册。

与云南少数民族土司和社会习俗等有直接关系。

在使用此书时需加注意的是：书中收录之文，有的不注明出处，致使读者不明其来源；有的虽标明出处，但多加臆改（作者自称“间有未协，少为更正”），故征引时，需核对原文。

《黔记》

《黔记》四卷，清李宗昉撰。收入《问影楼舆地丛书》《黔南丛书》《丛书集成初编》本等丛书中。

李宗昉，山阳（今江苏淮安县）人，字静远，号芝龄。生于乾隆四十四年（1779年），卒于道光二十六年（1846年）。嘉庆七年（1802年）进士，十八年（1813年）督学黔中。道光年间，官至礼部尚书兼署兵部尚书①。编著有《闻妙香室文集》《黔记》《致用丛书》等。

成书经过。据道光十四年（1834年）梅曾亮序是书称：

> “公初至黔，时以黔中文献隐失，府县志多缺不修”，“乃檄各学校官，访乡士大夫藏金石图史歌谣志乘涉黔事者最上学使，抄录发还”，“唯网罗放失旧闻，将编为《黔记》，补田侍郎《黔书》之缺而已”。

说明此书是作者在搜集大量贵州地方史、志资料的基础上编撰而成。是书写成于嘉庆十九年（1814年）。

《黔记》体例仿田雯《黔书》，可视作其续编。梅曾亮序中说：“若夫巨细悉备，裨益雅俗，有《华阳志》《风土记》之遗风。”此书对南方民族问题研究最有价值者，为卷三记贵州诸族属的居地与习俗，其中有倮罗、白倮罗、宋家苗、蔡家苗、卡尤仲家、簸笼仲家、青仲家、曾竹龙家、狗耳龙家、马蹬龙家、大头龙家、花苗、红苗、白苗、青苗、黑苗、翦发仡佬、东苗、西苗、夭苗、侬苗、打牙仡佬、猪屎仡佬、红仡佬、花仡佬、水仡佬、锅圈仡佬、土人、披袍仡佬、木佬苗、仡僮苗、僰人、蛮人、洞人、瑶人、杨保苗、犵狁苗、九股苗、八番苗、紫姜苗、谷蔺苗、阳洞罗汉苗、克孟牯羊苗、洞苗、箐苗、伶家苗、侗家苗、水家苗、六额子、白额子、冉家蛮、九名九姓苗、爷头苗、洞崽苗、八寨黑苗、清江黑苗、楼居黑苗、黑山苗、黑生苗、高坡苗、平伐苗、黑仲家、清江仲家、里民子、白儿子、白龙家、白仲家、土仡佬、鸦雀苗、葫芦苗、洪州苗、西溪苗、车寨苗、生苗、黑脚苗、黑楼苗、短

① 参见梅曾亮：《柏枧山房文续集》。

裙苗、尖顶苗、郎慈苗、罗汉苗、六洞夷人等。书中把贵州各民族及其支系加以细微区分，并记载他们各自的分布地区与特点，这对深入研究清代当地民族问题是颇为有益的。从其记载的详细程度超过《黔书》一事，也说明至清末人们对贵州民族问题的了解已日益深入。

还需指出的是，书中还不乏有价值的材料。比如，书中写道：古州、都江和永从一带，大寨统领着小寨，大寨称为“爷头苗”，小寨称为“洞崽苗”，小寨必须为大寨服劳役，无条件听从使唤，相互间不能通婚，如小寨男的与大寨女的通婚，大寨的人就聚众把男的杀死。像这类记述大族姓统治小族姓的记载，是并不多见的。

《续黔书》

《续黔书》八卷，清张澍撰。收入《粤雅堂丛书》《黔南丛书》《丛书集成初编》等丛书中。

张澍，字时霖，一字伯沦，号介侯，又号介白，甘肃武威人。清乾隆四十六年（1781 年）生，道光二十七年（1847 年）卒。嘉庆四年（1799 年）进士，张澍时年仅十八岁。官贵州玉屏知县。后改江西永新县，署临江通判，又补泸溪知县，皆有治绩。博览经史，除《续黔书外》，有《姓氏五书》《养素堂集》，又辑刊《二酉堂丛书》。今人张舜徽誉其“学问淹洽，而文辞渊雅，自是凉士之魁杰。”[①] 事迹俱见《清史稿・列传・文苑二》。

该书命名来由。据作者嘉庆九年（1804 年）序中自述：“今采缀方俗，为黔中纪闻，以田霞纶先生著《黔书》，改曰《续黔书》。”换言之，从体例至内容，均可视作田雯《黔书》的续作。此书也是研究贵州民族问题的一部必读参考书。

全书共分一百条。其中不少内容与南方民族史有关。如：黔中条、废牂牁郡条、铜仁条、豚水条记黔中舆地；庄豪条记黔史；罗甸条、八番条记土司历史；竹王条、盘瓠条记西南民族历史传说；女酒条、洞锦条、铁苗布条、苗刀条记少数民族地区特产；毒蛊条、诅盟条、万卷书岩条记少数民族习俗。

---

① 张舜徽：《清人文集别录》，北京，中华书局，1963。

《平瑶日记》

《平瑶日记》二卷，清张锡谦撰。收入《爱村堂藏稿》本。

张锡谦，字乙舟，号侍桥。湖北黄安（今红安）县人。自署“邾城”人，因汉、晋邾城治清黄州府黄冈县，故有此称。嘉庆十年（1805年）进士，选庶吉士，改官户部主事。

> 荐授辰州府（治所在今湖南沅陵县）知府。调长沙，清结案数百起，时称神明。……会瑶匪赵金龙倡乱，调署永州（治所在今湖南零陵县），清保甲，督团练，危城获安，累军功，以道员即选。引疾归，卒。①

著有《金曹奏议》《平瑶日记》。

此书主要内容有二：

一是以日记形式，按时间次序记录清代瑶族赵金龙起义被镇压的经过。首记赵金龙起事之日期：

> 道光十一年（1831年）十二月二十九日江华县九冲瑶人赵金龙结连八排散瑶，滋事劫杀锦田村市。十二年（1832年）正月初十日报到。十九日吴和坞中丞奏明带本标兵四百名前往弹压。

如此法，记至赵金龙之失败。从此，人们可具体了解赵金龙事件的全过程。

一是列举作者在事平后的治瑶主张。其中主要条款有：“镇道宜轮年一巡边境也”；“汉奸入瑶宜严加查禁也”；“宜选充瑶总瑶目以资约束也”；“宜劝谕捐城垣以资保障也”；“宜清查叛产以资公费也”；“取进瑶生宜加奖劝也”；“宣严查保甲以绝奸宄也”等。

从中可见清王朝强化对瑶族地区统治的主要措施。

此书保留了一些有参考价值的材料。其中有：

---

① （清 光绪）《黄州府志·宦绩下》，卷二一。

关于起事原因。

“土瑶贫富不均，富者安居，贫者思乱。贼至新常，附从甚众，即其明征。”“汉奸往往潜入其（指永、桂各属土著瑶人）地，利其田产户业，并有盘踞其妻女者，以宝庆人为最多，使该瑶等居无恒业。一有潜煽之徒，安得不铤而走险。”

从中可见，阶级矛盾与事变之间的直接关系。

利用以瑶制瑶的策略。据载：张锡谦

接见教谕李隆萼、九疑巡检谢德庆，询知韭菜、母江、大小紫金山瑶人设有瑶总。生员吴日新、曾家恕、熊际飞，均已进见，询知该生等于瑶匪过境之对，曾随官兵督聚义勇。谦当示谕并纹银二百四十两交给两学教官，传吴日新等督同瑶总并往韭源等处，招集逃散，团聚乡勇，以资守御。并令谢德庆带银一百二十两，前往招募熟习路径能跳高跋坡瑶人，不拘多寡，唯须拣选矫捷精壮、火器娴熟，以备罗军门追剿应用。

这说明，瑶人本身的分化是促成这次起义失败的因素之一。

清朝廷所费甚巨。

进剿瑶匪以来，业已请动帑项五十万两。其州县因军需甚急挪用垫发必待事竣而后能汇选报销请领归款者，又不下数十万两。

从人力物力大量消耗一事，可证这次起义对清王朝打击之沉重。

居住特点。

“永、桂各属与两粤，犬牙相错，民瑶杂处”；“衡、永、郴、桂，杂处民瑶”；“民瑶杂处之地过多，与苗疆情形稍异”。

换言之，至清代后期瑶、汉杂居的局面已相当普遍。

在研究1823年湘南瑶民起义时，需要使用此书。这是因为：张锡谦于道光十二年二月初十日署永州知府，亲身参与镇压活动，是书所记均为其所闻。由于是书属私人笔记性质，如作者所说：“一切申文奏摺廷寄谕旨，自有官司记载，不敢摭叙。仅将谦所经历禀办事宜按时叙事，以志颠末。”故阅读时，可参见有关档册材料，以相对比印证。由于作者的地位与立场关系，使用此书材料时需加辨析，这是不言而喻的。

《平瑶述略》

《平瑶述略》二卷，清周存义撰。有清道光十三年（1833年）刻本。

周存义，字宜亭。其事迹据唐权拟在此书序中云：周存义“官中州久，熟谙河防。洎移官楚，于江汉水利尤能讲求而力行之。摄江夏、钟祥二邑，有惠政。以通判从军晋同知衔”。参与镇压道光瑶民起义。道光间官黄州府通判[①]。

此书分上下两卷。上卷的主要内容有二：

一是记述了湖南江华瑶族赵金龙起义与被镇压的经过。其中一些材料是有参考价值的。如，本卷在谈及这次起义的原因时写道：“我朝定鼎以来，熟瑶纳粮当差，令行禁止。生瑶虽处山谷，自食其力，不为民害。承平百余年，从未滋事。……夫瑶性固反复无常，汉奸又以其可欺，盘剥侵凌，缔仇结怨，又或交关勾引，酿成事端。”说明汉族地主、商人的“盘剥侵凌”是酿成此次事端的重要原因。

二是详列了“妥筹善后事宜”九条。“一曰筹抚恤。”“二曰重官守。”“三曰勤巡哨。”“四曰清叛产”，即将参与起义的瑶首之田产户业，“照例入官，召变充公”；并规定，嗣后瑶人产业“只准各瑶户互相买卖，不准与民人交产，以杜准折之弊，亦不准民人与瑶寨贸易，如违例，分别治罪”。“五曰严保甲”，“衡、永一带，民瑶杂处，尤易藏奸”，应“按户挨查，实力奉行”。“六曰察瑶俗”，责成各寨瑶总、瑶目，加强对瑶民的“管摄”。“七曰惩奸棍”，即严防“奸民”欺压良瑶，以免滋生事端。“八曰收火器”，“将现有鸟枪，概行缴官”。“九曰奖义烈”。概括起来为：加强对瑶区的控制与统治；限制瑶、汉之间的往来。从中可见清朝后期治瑶政策的要点。

下卷的主要内容如下：

一是记述继赵金龙之后，广东连州过山瑶赵子青，湖南宁远县过山瑶盘均华，广东连州八大排瑶房大第六、沈烧酒、盘麻三、李成意等的起义全过程。

二是记述八排瑶习俗及清廷强化对八排瑶统治的措施。本卷写道：

① （清 光绪）《黄州府志·文秩官表上》，卷十一。

其俗，每年三月三日名曰赛饭食，六月六日名曰赛土神，十月十日名曰耍歌堂，宰猪杀羊，男女会食，击鼓唱瑶歌，自行择配，犹是跳月之旧。其服饰用青布，以五色绒刺绣，背后缀以古钱，谓之斑衣。男女蓄发透须，俱戴大耳环、银项圈。成丁者，以红布裹头，髻插白鸡翎三条。嬬人用白布摺成三角帽，上天下园，如孝巾样。刀耕火耨，自食其力，游惰者专行劫掠为民害。康熙四十二年调集三省官兵征剿之后，设立地池，抚绥镇压，续添三十六城汛，周环镇守，棋布星罗，自是瑶人无敢滋扰。

此次平瑶之后，地方官

分赴瑶山，遍历西路五大排、东路三大排及一百三十一冲，查明丁口，填给门牌，按户张挂，设立瑶老、瑶长，小冲设立瑶目。

从中可见八排瑶的节日、服饰、头饰、生产之俗；康熙时采取的设城驻兵、道光时实行的以瑶治瑶等镇压措施。

总之，是书可作研究清代湖南、广东的瑶族社会、瑶民起义以及清统治者治瑶政策的参考资料。

此书与《平瑶日记》从不同侧面记述同一事件，故两书可互相参证。

《东槎纪略》

《东槎纪略》五卷，清姚莹撰。收入《中复堂全集》及《申报馆丛书续集》。

姚莹，字石甫，一字明叔，晚号展和，安徽桐城人。生于清乾隆五十年（1785年）。嘉庆十三年（1808年）进士，出宰福建，嗣任职于台湾县。道光元年（1821年），署噶玛兰厅通判。丁艰，时议开埔里社，陈八事，为当道所难而事寝。服阕，升同知，擢台湾兵备道。道光十九年（1839年），悉心抵御英军入侵，因遭诬陷而褫职。旋起用，分发四川，调两淮，整饬盐务。咸丰元年（1851年）升湖北盐法道，嗣任广西按察使。咸丰二年（1852年）卒。工诗文，留心经世学。著有《中复堂全集》，收入《东溟文集》《后湘诗集》《东溟奏稿》《识小录》《东槎纪略》《康輶纪行》《姚氏先德传》《中复堂遗稿》诸作。

此书的写作过程及内容。作者在道光九年（1829年）自序中写道：嘉庆二十三年及二十四年，

> “余从政台邑，兼摄南路同知，今上（指道光）元年判噶玛兰，稍识全台大邑”。“乃采其要略于篇，附及平素论著，而以陈周全之事终焉。”

全书共分五卷，二十六目。第一卷，平定许杨二逆，复建凤山县城，改设台北营制，改配台北班兵，筹给艋舺营兵米，筹议商运台谷，筹议台谷留遗，议建鹿耳门炮台，埔里社纪略。第二卷，筹议噶玛兰定制。第三卷，噶玛兰原始，噶玛兰入籍，西势二十社，东势十六社，沿边各隘，施八坑，噶玛兰台异记，噶玛兰厉坛祭文，台北道里记。第四卷，台湾班兵议上，台湾班兵议下，台湾兵事第一书，台湾兵事第二书，与李信斋论治台书，与鹿春如论料匠书。第五卷，陈周全纪事。

此书是研究台湾地方史与民族史的重要参考著作。其中，埔里社纪略、噶玛兰原始、噶玛兰入籍、西势二十社、东势十六社诸目与台湾世居民族关系极为密切。《小方壶斋舆地丛钞》将这些篇目收入，分别名为《埔里社纪略》《噶玛兰纪略》《东西势社番记》。这些篇目记述了当地番社的位置、社数、人数，开社经过，设官治理前后变化，以及番社的社会状况。比如，关于西势社番，作者写道：

西势社番者在浊水大溪之北，自溪北至乌石港凡二十社。未入版图之先，茹毛饮血，蓬发露体，男女莫别，婚姻无时，野合择配，听人自便，不识五伦，不谙岁序，以花开纪四时，打牲为恒业。间有汉人教之耕种稻谷以为宝贵，以短刀代犁锄，并无牛只，间织树皮，仅蔽下体，其富者唯知蓄积虾米花布。又俗重金鲤鱼，以铜线编成，形如新月，佩之出入，群以为艳羡矣。不重银钱，与人无犯。各社自立头人，不相统属。嘉庆元年汉人吴沙率众入兰占垦，西势各社菑被侵夺殆尽。十九年归沐王化，始赴官控理，已为民人先报升科，不能给还。知府杨廷理乃举汉人为各社总理，设立通事、土目约束社众，造报丁册，教以人事，薙发著衣，始知置备耕牛农具，渐通汉人语言，亦知爱重银钱、烹调饮食矣，唯伦常、祭丧、婚姻尚沿旧习。

像这类材料，对研究清代番社社会极有价值。

《蠡测汇钞》

《蠡测汇钞》，清邓传安撰。收入《豫章丛书》《丛书集成初编》等丛书中。

邓传安，字鹿耕，号盱原，江西浮梁人。清嘉庆十年（1805年）进士。[①] 历权罗源、武平、闽县，官至建宁知府，改仕卒。撰有《蠡测汇钞》。

写作经过。据作者自序：

> 传安官海外近十年，效拙者之为政，恒恐岁月计之皆不足，敢不勉乎？初为北路理番同知，戴星于役，尝东至彰化界外之水沙连各社，北至淡水之艋舺八里坌，望鸡笼山甚近。迨治郡由假而真，又尝南至凤山之埤头。延袤千里，皆览其山川形势，稽其民风土俗，间有所得辄笔于书。公余之暇，手披卷轴既，因见见闻闻以参考志乘及文集杂记之异同得失，而成是书。

换言之，此书是作者长期官台湾北路期间，四出走访，视察山川形势，考查民风土俗，然后参考文献记载所写成。

书名来由。“蠡测”一词，源于《汉书·东方朔传》：“以蠡测海。”蠡即瓠瓢。意为用瓠瓢测海之深。后人用作见识浅陋的比喻。作者自称：“非敢谓蠡测可以知海，亦欲来者知区区滥觞，非无本之学云尔。”意为对台海的记述，虽然很不充分，但却是言之有据的。

所汇内容有：《台湾番社纪略》《水沙连纪程》《番俗近古说》《海外寓贤考》《明鲁王渡台辨》《文开书院从祀议示鹿仔港绅士》《附黄南郇广文记后》《平傀儡山贼党记后叙》《书三生琐谈后》《书彰化县忠烈祠碑记后》《游水裹里社记》《台湾府公建同善堂记》《重修螺青书院碑记》《重修海东书院碑记》《新建鹿仔港文开书院记》《附周琢堂大令书后》《新建淡水厅城碑记》《彰化县界外狮头社潭中涌现小山记》《澄台观海记》。

---

① 见《明清进士题名碑录索引》，但该书作邓傅安，有误。

其中，《台湾番社纪略》《水沙连纪程》《番俗近古说》《平傀儡山贼党记后叙》等均与台湾“番”族有关。如，记述嘉庆时女酋长宝珠，“治事有法，或奉官长文书，遵行惟谨，不杀人，不抗官”。描绘了当时“归化”清王朝的“熟番”酋长的一个代表人物。像这类记载当代事件的材料，是颇有史料价值的。

《粤西笔述》

《粤西笔述》一卷，清张祥河辑。有道光二十五年（1845 年）刊本，光绪二十二年（1896 年）重刊本，并收入《小重山房丛书》中。

张祥河，字诗舲，清娄县（今江苏松江）人。乾隆五十年（1785 年）生，同治元年（1862 年）卒。嘉庆二十五年（1820 年）进士[①]。道光间由内阁中书迁陕西巡抚等职，官至工部尚书。卒谥温和。工诗词。善画山水花卉。有《小重山房集》。

成书经过。作者自序在广西任布政使期间，“暇日翻撷各志，仿日下旧闻体例，择其足供浏览者录之”。成书于道光二十五年。

此书虽属辑录性质，但作者自序：“去取之间，颇征实事，不尚子虚。如铜鼓为苗寨赛神之用，非伏波、武侯所遗。”可见，其取材的主张与看法，均有可取之处。

此书所辑古籍，断自明代而止。其内容包括：论政之得失、历史、人物、民族、风俗、物产、山水、岩洞、名胜古迹等。征引古籍达七十余种，包括正史、政书、舆地、方志、笔记、小说、文集、碑记诸书。

此书便于检索，可供研究广西地方史、民族史（包括壮、瑶诸族）参考之用。

---

① 见《明清进士题名碑录索引》。

《黔语》

《黔语》二卷，清吴振棫撰。收入《黔南丛书》第二集、《灵峰草堂丛书》中。

吴振棫，浙江钱塘（治今杭州）人，字仲云，号毅甫，晚号再翁。生于清乾隆五十七年（1792 年）。嘉庆十九年（1814 年）进士。道光二年（1822 年），出为云南大理知府。历山东登州、沂州、济南，安徽凤阳知府；山东登莱青道；贵州粮储道；贵州按察使；山西、四川布政使。咸丰二年（1852 年），擢云南巡抚。五年（1855 年）抵任陕西巡抚。未几，擢四川总督。七年（1857 年），调云贵总督。八年（1858 年）以病乞归。卒于同治九年（1870 年），《清史稿》作十年，此取《清代碑传文通检》说。事迹俱见《清史稿·列传》。

《黔语·序》言及成书经过与年代：余于滇黔皆再至，而居黔日尤久，“暇日尝录所闻见。或两说相连而无书可以征信，则姑置之。间有意中欲书，为事所夺，寝久而遗忘者亦十之二三焉。琐屑枝蔓，无有条理，随手放散，零乱箧中，复六七年矣。甲寅（咸丰四年，1854 年）长夏退食无事，偶尔检阅其中，亦有可资考证者，因次第之，析为二卷。以所语之囿于黔也，命之曰《黔语》”。

全书分上下两卷，共有七十五个条目。记贵州地理山川、名胜古迹、人物事件、土田赋税、物产交通、风土人情以及奇闻逸事等。

书中保留了不少贵州苗疆地区的资料。如：

改土归流条记述清王朝对黔地改土归流的策略与过程。

黔不增赋条载：

> 明末先后三增赋，凡五百二十万有奇，而贵州独不与，见《李汝华传》。盖地瘠民贫，且苗夷错居，丈量不可，增赋尤不可。后之抚黔者，当知此意。

这反映了明清统治者对“苗夷错居”的黔地所采取的特殊赋税政策。

花麻布蜑条载：

> 黔苗新隶版籍者，免粮赋。旧征粮赋者，纳银谷与齐民同。永从苗

赋额征五百三两有奇。独六洞苗则以花麻布蕃抵钱为正供，初意盖便苗也。今苗往往以钱市物纳之官，市物之值或反浮于纳钱之数。

这反映了黔苗受赋税剥削情况。

田不论亩条载：

苗疆田无弓口亩数，古州、永从诸处皆然。计禾一把，上田值一二金，下者以是为差。不书契约，以木刻为凭，近则亦有用契者。一夫力耕，岁可获禾百把。

这反映了苗疆的土地买卖与计算方法。

夺亲条载：

贵筑宋家苗新婚之夕，婿往迎女家，率亲属箠之，谓之夺亲。

此为古代抢亲制之遗风。

坐家条载：

花苗女嫁数日，即至母家。生子，然后归。谓之坐家。

此为我国南方诸族中广泛存在的“不落夫家”制。

鬼竿换带条载：

镇宁之苗，春时立木于野曰鬼竿，男女旋跃而择配。镇远黑苗男女，唱歌换带而后聘娶。此与他书所记芦笙跳月之俗，不甚异也。

此为较自由的婚制。

外甥钱条载：

黑苗必以姑之女为舅妇。若舅无子，必重献于舅，谓之外甥钱，又曰还种。否则终身不能嫁。

此为姑舅表婚制。

总之，上述诸条均说明苗疆地区保留了较为浓郁的原始婚姻制的遗习。

咂酒条载：

咂酒，苗俗也，古谓之竿儿酒。其法蒸野稗如面，实之甖而涂其口。卜日，召客则设罂堂中，撤涂，注水与口平，浅则复注，逡巡酿成。以细竹筒插罂腹，众客环而咂之，以次轮转，水味淡则酒力竭矣。近汉民亦多仿此法酿酒者。

此详细解释了存在于川、鄂、湘、黔等民族地区的“咂酒”之俗。

王卡苗条载：

居者千百户，耕而食，织而衣，皆足以自给，以粟布之余出上市盐，他无所资于外。岁无逋赋，纳官有定日，虽雨雷不稍愆。山中人无故不出山，外人亦不得入，数十年未有一讼谍嬲官吏。

此描绘了偏僻民族地区“世外桃源”式的社会与民风。

吴振棫按语：

苗人向化已久，如宋家、蔡家之类皆通汉语，知文字，习礼法，勤耕织，彬彬然有华风，唯服饰俗尚未尽变耳。

此反映了清后期苗疆社会的变化与民族关系的新发展。

总之，此书为研究清后期贵州诸族社会提供了颇有价值的材料。

《连山绥瑶厅志》

《连山绥瑶厅志》，清姚柬之辑。有清道光十七年（1837 年）刊本，并收入《岭海异闻录》。

姚柬之，字伯山，安徽桐城人。道光二年（1822 年）进士，授河南临漳知县。道光十二年（1832 年）改知广东揭阳县，颇有治绩，旋擢连山（治所在今连山壮族瑶族自治县）绥瑶同知。十七年（1837 年）署广东肇庆府。十九年（1839 年）擢贵州大定知府。著有《连山绥瑶厅志》《漳水图经》及诗、文集。事迹俱见《清史稿•列传•循史二》。

此书共二万余言，分为八目。“总志第一”记建置沿革、历史与地理山川。“食货第二”，列有：“田制”，记民瑶田瑶总数；“户口”，记康熙与道光年间的户口数；“赋税”；“积贮”。“物产第三”。“风俗第四”，记节日、婚礼、祭祀、丧葬等。“瑶防第五”，记瑶人的统属关系，主预防之说。“名宦第六”，记唐、宋、明、清历代官连山者。“人物第七”，记唐以来本地著名人物。“杂记第八”，分记排瑶之道里、户口以及瑶语。最后，附舆图，除总图一张外，还有排图八张。

《连山绥瑶厅志》与《连山八排风土记》一样，均是研究清代广东连山瑶族社会历史的重要参考书。但两书的成书时代不同，前者为清后期，后者为清初，故前者对后者有所补充。在使用时，两书不可偏废。

此书保留了清代连山瑶族的一些有价值的材料。比如：

记述了连山瑶族反抗封建统治者的历史。

> 自南宋迄元之世二百三十余年，种甚微，伏处草莽，史册不可得而稽也。至明洪武中，瑶始强大，乃出寇。

《总志第一》接着详细记录了洪武十五年以来当地瑶人反抗与明清王朝镇压的史实。

记瑶老、千长、瑶长、瑶练的设置与作用。据《瑶防第五》载：

> 防瑶之法，肇自前明，至今而大备。……瑶人无统属，攘窃民物者辄伏匿不出，莫知谁何，有司不得而索也。道光十三年（1833 年）尚书

禧恩奏准，令八排瑶人各举老成知事者立为瑶老、千长，赏给顶戴，办事瑶目立为瑶练，瑶长每月口粮银三两，瑶练每月一两五钱，凡瑶长十八人，瑶练六十四人，隶绥瑶把总，月朔日赴绥瑶营领饷，具结状，排瑶有滋事者责之。自是瑶有讦民者，先达于其长，其长达之官；民有讦瑶者，官下其长，逃者十可得八九，视前加密矣。

说明，清王朝采用以瑶治瑶的措施，强化了对瑶区的统治。

记瑶法。据《风俗第四》载：

夫瑶既群居，不能无喜怒交争之情，乃亦有轻重刑罚之制。事有交争，则延邻里责让之，名曰放酒；其不直者，罚输放酒钱。犯奸者，则鞭扑。犯窃者，遇事主获之，以竹圈箍其首栈椓之，名曰下头箍；房族获之，则率其众而生瘗焉。盖宽于奸而严于盗。

换言之，瑶法，既保留了氏族社会的遗习，又突出了维护私有制的实质。

记民族关系。据《总志第一》载：连阳州县境内瑶人，

种自流移，族无统属，驯扰不常，伏莽藏林，好行窃劫。而州县人民，亦多散居山谷，与各瑶村落相望，田土错连，喜则狎昵往来，怒则狰狞斗杀。盖历来如此也。

这段记载，若除去民族偏见的言词不论外，它反映了汉、瑶两族人民友好相处与往来的关系。

此外，若将此书与《连阳八排风土记》对照阅读，可发现其中一些变化。如，《连阳八排风土记》卷三，丁口条载：

连山大小二十排，共一千二百三十八家，男妇人丁共五千二百七十五名口。

而《连山绥瑶厅志·食货第二》户口条载：

今（指道光年间）瑶户凡五千一百三十八，丁口二万五千八百一十四。

这说明，清后期的连山人口较前期有所增加。

《黔南职方纪略》

《黔南职方纪略》九卷，清罗绕典辑。有道光二十七年（1847年）罗氏家刻本。

罗绕典，字兰陔，号苏溪，湖南安化人。乾隆五十八年（1793年）生，咸丰四年（1854年）卒。道光九年（1829年）举进士。由编修擢湖北巡抚。咸丰三年（1853年）升任云贵总督，次年十一月在镇压桐梓杨隆喜起义中，卒于军。有诗文集。此书为官贵州布政使时所辑。事迹见《清史稿·列传》。

目录：卷一，贵阳府、安顺府；卷二，兴义府、普安直隶厅；卷三，大定府；卷四，遵义府、仁怀直隶厅；卷五，都匀府，平越直隶州；卷六，黎平府、镇远府、思州府、石阡思南二府、铜仁府、松桃直隶厅；卷七，土司上；卷八，土司下；卷九，苗蛮。

写作经过。据作者自叙：道光初年，中丞嵩曼士"奏请编簮通省客户，备有成籍，余承宣于斯盖三年矣。一日，出故府所藏得而读之，见其考据往古钩稽见在，具有本末，因芟削为是书。唯遵义、思州仁怀为未备，盖吏失其册也，又求府厅诸志为补遗佚。末傅之以土司、苗蛮。书虽无多，而十二府三厅一州之土地人民咸有其梗概。官斯土者常披览而赅存之，未必不有补于吏治也。书成因述其巅末如此"。

此书为继乾隆朝爱必达《黔南识略》以后，又一部较全面记述贵州全省府厅州县情况的志书。其中，集中记载土司、苗蛮的七、八、九三卷，更是研究贵州土司制度与民族问题的不可或缺的参考资料。

土司卷记贵州各地土司的沿革与世系。此卷对研究土司制度史颇具价值。如其中写道："明代土官皆生杀自恣，……今则宣慰、土府皆裁。其小者又以所部租税与汉人相买卖如田业然，至有贫不能举火者。"从中可见清末土司与明代土司的极大差别。

苗蛮卷内容：

太抵贵州所有苗种凡五十有二：曰白苗，曰花苗，曰青苗，曰黑苗，曰红苗，曰山苗，曰高坡苗，曰青头苗，曰红头苗，曰喇巴苗，曰仲家

苗，曰蔡家苗，曰宋家苗，曰侬家苗，曰狗耳侬家，曰马轞苗，曰�

《圣武记》

《圣武记》十四卷，清魏源撰。有道光二十二年（1842年）、二十四年、二十六年刊本。以二十六年本为优，因其增加了内容，修改了文字。1984年中华书局出版了韩锡铎、孙文良点校本。

魏源，字默深，湖南邵阳人。生于乾隆五十九年（1794年），卒于咸丰七年（1857年）。道光二十四年（1844年）进士。官至高邮州知州。他仕途不得志，大部分时间是做地方督抚的幕僚并从事著述。熟于掌故，尤精舆地文学。撰有《诗古微》《书古微》《圣武记》《海国图志》《元史新编》《古微堂诗集》《古微堂文集》等。事迹详见《清史稿·列传·文苑三》。

此书目录。卷一，《开创》；卷二，《藩镇》；卷三、卷四、卷五、卷六，均为《外藩》；卷七，《土司苗瑶回民》；卷八，《海寇民变兵变》；卷九、卷十，均为《教匪》；卷十一，《武事余记，兵制兵饷》；卷十二，《武事余记，掌故考证》；卷十三，《武事余记，事功杂述》；卷十四，《武事余记，议武五篇》。

魏源是清代著名思想家、史学家。《圣武记》取材非常广博，有经书、正史、实录、方略、方志、私家著述、故老传说。成书于道光二十二年（1842年）。此书系统而简明地叙述了上起清太宗、下止宣宗的武功。全书可分为两大部分：前十卷，是用纪事本末体历叙爱新觉罗氏的崛起、统一东北、进攻明朝、入关，直至道光年间的战事。人或推为记事本末中之善本。由于武功是清朝兴起和长期进行统治的重要内容，故通过这些叙述，可以了解鸦片战争前清朝历史的概貌。后四卷，为武功余记，是魏源对有关军事问题的论述。

《圣武记》在鸦片战争炮火中急促成书，记述中难免有些失误。但，此书史料价值丰富，后人许多关于清史的撰述都利用书中资料，是研究清史的一部值得参考的著作。

卷七《土司苗瑶回民》，直接记述了清代南方民族史中的若干重要问题。其中：

《雍正西南夷改流记》上下，记述雍正年间对云南、贵州、四川、广西、湖广土司地区实行大规模改土归流的原因、经过及作用。

《乾隆初定金川土司记》《乾隆再定金川土司记》记述乾隆时征服大小金川的战

役。大小金川在四川西北部，是藏族聚居地。乾隆十二年（1747 年），大金川土司莎罗奔称兵反，三十一年（1766 年）大小金川联合抗清，四十一年（1776 年）清朝廷才平定大小金川之变。此二篇记其始末。

《乾隆湖贵征苗记》记清廷镇压乾、嘉之际石柳邓等人领导的湖南、贵州地区的苗民起义事。

《嘉庆湖广征苗记》记清廷镇压嘉庆四年（1799 年）至十一年（1806 年）的湖南、贵州的苗民反抗事；并记傅鼐屯田与修边御苗之举。

《道光湖广平瑶记》记道光年间镇压湖南永州锦田瑶赵金龙与常宁瑶赵福才，广西贺县瑶盘均华，广东连州八排瑶之反抗事。

总之，上述诸篇是研究清代土司制度、改土归流与苗瑶诸族反抗斗争的必不可缺的参考著作。今人的通史或民族史著作，在涉及这些问题时，也多征引其中资料。

《南越五主传》

《南越五主传》三卷，清梁廷楠撰。收入《自明诚楼丛书》等。

梁廷楠，字章冉，广东顺德人。清道光十四年（1834 年）副贡，澄海县教谕。历充越华、越秀书院监院，学海堂学长，广东海防书局总纂，粤海关志局总纂。学问渊博，著述甚多，对岭南地方史研究尤精，著有《南越五主传》《南汉书》《南汉考异》《南汉文字》《南汉丛录》等。[①]

成书经过。据作者自序说：尉佗王南越几百年，地域辽阔，称雄当世。

> 然当时别无记载，传后陆贾《南越行纪》，今固不可得见。由汉而来，《南越》《虞衡》二志，及《录异》《代答》《草木状》诸编，不过偶具一二轶事。传广州先贤者，陆、刘两家，又仅见《唐志》。黄氏书及欧氏《百越先贤志》，虽并断自汉，而于南越旧事尤属寥寥。故佗之立国，反以《史记》《汉书》犹为粗具始末。

在这不多的史料中，又“杂简错陈，互有牴牾，流览所及，每反复不能释诸怀。”有见及此，生长是邦的作者，决意“摭拾残缺，辑为成书，折衷归于一是”。

此书内容。通过南越五主即先主南越武王赵佗、佗孙，二主赵胡、胡子，三主明王婴齐、婴齐次子，四主兴、婴齐长子，五主建德的载记，叙述秦汉之际岭南地区出现的南越政权的近百年史。写作方法是边叙边注，注释征引诸籍以证正文之所据；在五主之后，分别有作者论断。即所谓“略有证明，附之夹注”。

本书特点。一是把有关史料“贯串”起来，使人们便于了解和研究南越史的全貌。二是征引史料，以《史记》《汉书》为主，再证之于其他有关史籍，做到言之有据，提高了该书的可信程度。三是论断中有作者见解，可供研究南越史者参考。

总之，此书是研究古代百越史、南越王国史的一本必要的参考书籍。

---

① 见（民国）《顺德县志·列传》。

《苗疆屯防实录》

《苗疆屯防实录》三十六卷。编者佚名。有中华人民共和国成立后扬州古旧书店油印本。

此书是清嘉庆（1796—1820年）、道光（1821—1850年）年间在湘西即凤凰、乾州（治所在今吉首县西南乾州镇）、永绥、古丈坪、保靖、麻阳、泸溪等苗族地区实行屯田制度的资料汇编。卷目有：卷一至卷二，屯防纪略；卷三，禀呈；卷四至卷七，条奏；卷八，奏详；卷九至卷十，建置沿革；卷十一至卷十二，移驻永绥厅营汛；卷十三，营汛；卷十四至卷十六，碉卡；卷十七至卷十八，剿办苗匪；卷十九至卷二〇，会剿石砚寨苗匪；卷二一至卷二五，均田；卷二六至卷二七，屯苗备弁；卷二八，储备商息；卷二九至卷三一，学校祭祀；卷三二至卷三三，旱歉蠲缓；卷三四至卷三五，杂稿随录；卷三六，报销各案。

此书主要记述改土归流特别是乾、嘉苗民起义后，清廷的治苗政策。其主要内容有：

政治上，以改土归流以来采用的“以汉治苗”之策改行“以苗治苗”的土弁制。关于土弁制的建制及其设置原因与作用，据卷四《屯防条奏事宜》载湖广总督和琳奏：

> 查川、黔、楚三省，如酉阳、铜仁、镇箄、永顺、保靖等处，从前均系土司。嗣后，各土司等陆续呈请归流，改设州县营分，统归文武管辖。其苗寨内止改百户、寨长，如内地之里正、保甲而已。三厅百户原额三十六人。设立之初，原因苗人惧见长官，如偶犯细故，即令百户为之处分，如必须勾摄到官，亦必令百户传唤。但该百户等人微权轻，苗众既不甚听约束，且向例，汉人亦准承充，更无非奸蠹无籍之徒，无事则专意欺凌，有事则全无控驭，甚属无益。近来百户之数渐滥渐多，无所考其为谁点放。臣揣时度势，虽不便仍立土司名目，但此次各降苗内节经随同官兵打仗出力，蒙恩赏给翎顶者，颇不乏人。应于此等降苗内，择其明白晓事众所推服者，照各省土司之例，每一营分酌设一二人为土守备，土守备之下酌设土千把外委等，俾令管束苗民。

当时，在永绥、凤凰、乾州、保靖、古丈五厅县，共设“苗备弁四百八十六名”。①

经济上，采用凤凰厅同知傅鼐的建议，强夺农民田土，设立屯田，名为“均田”。嘉庆年间，

凤凰、乾州、永绥、古丈坪、保靖、麻阳七厅县，原均田十万零六千五百亩零六分七厘九丝三忽；土四万五千六百五十六亩四分二厘二毫零七忽。共均田土十五万二千一百五十七亩一分。

除去屯堡占地、军屯田亩以外，“共存田土十万另一千七百另一亩二分另九毫六丝七忽”，招佃农领耕收租，“收租籽十万五千四百八十八石三斗九升”。② 这就沉重地剥削了领耕的苗、汉族佃农。致使“苗疆租数过重，征收难于足额”。为了缓和矛盾，清朝廷决定：“苗疆租赋，应从轻减。”经嘉庆十九年、道光元年清查减租，“实征租谷七万九千余石”。均田的目的在于“以资兵勇养赡”③，即强化对苗族地区的统治。

军事上，广建营汛碉卡。

湖南苗疆沿边环计七百余里，包苗寨二千余所，共建汛堡一百三十五座，屯卡一百五十一座，碉楼七百二十九座，哨台九十九座，关厢十座，关门一十八座，总共汛堡、屯卡、碉楼、哨台、炮台、关厢、关门一千一百七十二座。

并大量驻守各种武装人员，计有营汛官兵一万零四百七十名，屯丁七千名，练勇一千名，苗兵五千名。④ 以镇压苗族人民的反抗。

文化上，兴学校，以使苗民“慕化”。在凤凰、乾州、永绥、古丈坪、保靖四厅一县，设“书院六所，苗义学一百二十馆”⑤。由于“苗疆士子鲁朴者多，与通省

① 《屯防纪略》，卷一。

② 《屯防纪略》，卷一。

③ 《屯务条奏事宜》，卷六。

④ 《屯防纪略》，卷一。

⑤ 《屯防纪略》，卷一。

诸生较艺，难于获隽”，故对参加乡试的苗疆士子及苗生，在名额上加以照顾。以保靖地区的教育为例，该县苗民

> 与乾州、凤凰、永绥三厅苗童一律设立书院。每科乡试苗生数在十五名以上，编田字号，取中一名。该县苗众益知向善，现在赴馆诵读者共有二百余名，将来应试之人自当日渐加增。[①]

可见，这一时期苗疆的教育事业得到了较快的发展。

在民族关系上，对苗、汉人民的往来加以限制。如：规定“民苗买卖应于交界处所设立场市，定期交易，官为弹压”。并“毋许再有客民潜至苗疆住居，一经查出，从重治罪”。[②]显然，这类措施，既不利于各民族之间的融合，又阻碍了苗族社会的发展。

总之，此书是研究清代后期的苗族社会状况与清廷“屯田养勇，设卡防苗”政策不可缺少的参考资料。

---

① 《学校祭享》，卷二九。

② 《屯防条奏事宜》，卷四。

《苗俗记》

《苗俗记》，清贝青乔撰。《小方壶斋舆地丛钞》收有此书。

贝青乔，字子木，江苏吴县人。壮年曾佐戎幕，无成。乃往游京师、浙江、贵州、云南、四川，“足迹半天下”。“称诗吴下。”清咸丰十年（1860 年），当太平军李秀成占领苏杭地区不久后，卒。[①]

此书当系据本人游西南民族地区时的所见所闻而写成。

关于写作体例。作者在书中前言写道：

> 前明就三苗地设府、县、卫，支派遂分。花、白、青、黑、红以色名，龙、仲、韦、谢以姓名，马灯、狗耳、锅圈以饰名，又有佯僙、木老、紫姜、郎慈、八番、九股、六额子、僰、侬、瑶、侗、伶、水之属，种类虽繁，风俗略同，故杂引诸书，不尽区别之。

书中内容。记折齿、蒟酱、瘴、语言、造蛊、药茑、马郎房、跳月、瓜球、鬼竿、发式、音律、踹堂之舞、喫牯脏、瓜大嫂、殉夫、醡菜、蜡染、咀槟榔、服饰、耳饰、照水顾影、赶场、婚姻、葬式、花木、反叛、节孝诸条目。可供了解南方诸族习俗之用。

需要附及的是，与《苗俗记》相类的《苗民考》一书。

《苗民考》，清龚柴撰。《小方壶斋舆地丛钞》收有此书。

龚柴，浙江宁波人。

书名所谓“苗民”，泛指广义“苗”而言。书中写道：

> 中国湖南、四川、广西、云南、贵州五省境内，皆有苗民杂处。……其称名不一，曰夷、曰罗罗、曰蛮、曰苗、曰瑶、曰僚、曰仲家、曰仡佬、曰龙家、曰仡伶、曰仡僚、曰仡僮、曰仡偻、曰莫瑶。

① 参见民国《吴县志·列传四》。

视此书内容，则多记贵州苗族。记其装饰、饮食、丧葬、婚姻、作物与耕作、纺织、战斗、信仰诸内容。

此书可作了解贵州苗民习俗参考之用。

《苗疆闻见录》

《苗疆闻见录》三卷，清徐家幹撰。有中华人民共和国成立后上海古籍书店复印本，《黔南丛书》也收有此书。

徐家幹，字稚荪，义宁（今江西修水）人。同治十年（1871 年）赴黔，任苏元春部幕僚，帮办营务，参与镇压苗民反抗活动。据其在苗疆的耳闻目睹，于光绪四年（1878 年）写成此书。

此书记述清代贵州镇远府、施秉县、黄平州、台拱厅、清江厅、都匀府、麻哈州、独山州、八寨厅、丹江厅、都江厅、黎平府、古州厅、永从县等地的地理形势、建置沿革、社会经济以及苗族的民族分布、语言、习俗、反抗活动等内容。“其于黔东南之山川形势、苗民风俗，足资考证。”[①] 需要指出的是，书中所称之“苗”，乃是广义而言，除指今苗族外，还含布依、侗、水等族。

此书保存了一些有价值的资料，其中主要有：

称谓众多的苗族。书中记有：清江苗、施秉苗、凯里苗、九股苗、横披苗、黑苗、桃濑苗、南省苗、青苗、羊皇苗、紫姜苗、短裙苗、仲家苗、九寨苗、千家苗、九门苗、大丹江苗、小丹江苗、高坡苗、顶板苗、鸡沟苗、水家苗、梅得苗、斧头苗、八万古州苗、侗苗、台拱苗、瓮板苗、南江苗、四脚牛苗等。这些苗族，或以地名，如清江苗；或以族名，如水家苗；或以服饰名，如青苗；或以发饰名，如顶板苗；等等。从中可见，清代后期贵州东部、南部苗族分布的大致情况。

形势险要。因作者在镇压苗民反抗中，“靡役不从”（自序），故对苗疆地理不仅极为熟悉，而且记之颇详。如镇远府条载：

> 周瑛曰：“欲通云贵，先守镇远。”可以知控扼之要矣。

施秉县条载：

> 《方舆纪要》：“苗夷有警，必急扼偏桥。”形势最为重要。

---

① 见（民国）《贵州通志·艺文志九》。

像这类事例不胜枚举。

社会经济。书中反映了苗族生产状况。如，卷下载：苗人聚处苗疆，产业有限，耕种所入，仅只此多，岁久齿繁，谋生日拙。”苗寨，“依山傍涧，火种刀耕。

书中还记述了清代苗族社会向前发展的另一面。据卷上台拱厅条载：

西南平衍，烟火万家。南冬、南省、南兑、南尧、腮陇、桃濑等苗寨，形如棋布。

可见村落繁盛景象。据卷下载：

“苗疆产米最白。”“苗妇多事纺织，其最密致者曰斜纹布。又有曰洞锦者，出于永从洞苗者为最佳，以五色绒为之，土人呼为诸葛锦。曰洞被，则以苎布用彩线挑刺而成也。”

可见农业、手工纺织业的进步。据卷上施秉条载：

施秉旧县地胜秉，“为苗夷互市处”，每月逢三、七日集市，每岁七十二市。可见交易频繁。

这就较全面地反映了当时的苗疆社会经济状况。

民族关系。据卷下载：

“其地有汉民变苗者，大约多江楚之人，懋迁熟习，渐结亲串，日久相沿浸成异俗，清江南北岸皆有之，所称熟苗，半多此类。”“家不祀神，只取所宰牛角悬诸厅壁。其有天地君亲师神位者，则皆汉民变苗之属。”

从大批“汉民变苗”的可靠记载中，既可见历史上各族人民间的友好往来，又可证我国民族关系确是互为依存的。

社会组织。据卷下载：

地名四脚牛，初不知其何义。既执苗人，问之，凡地方有事，须合众会议者，则屠牛分四脚传之，以为之约，因即以四脚牛名。曰水口、曰南江、曰古邦、曰高岩，号称四脚首寨，余各随所近者附之。主其寨者皆称曰头公，而首寨头公尤见尊大。牛传毕至，相应如响，故一旦狡启，数千之众随时可集。其称伪王、将军、元帅、先锋、总理者，皆即所谓头公也。

从中可见当时苗族独特的社会组织与议事方式。

苗民反抗的原因。据卷下载：

> 六厅之地，本无钱粮，而衙门公私等用，则皆以差徭、采买为例，常有产业已入汉奸，而陋规仍出于苗户，秋冬催比，家无所出，至有掘祖坟银饰以应之者。此咸丰间往事，亦致乱之一端也。”“苗疆向有汉奸，往往乘机盘剥。凡遇青黄不接之时，则以已所有者贷之，如借谷一石，议限秋收归还则二石三石不等，名曰断头谷。借钱借米，亦皆准此折算。甚有一酒一肉，积至多时，变抵田产数十百金者。日久恨深，则引群盗仇之，而乱机遂因之而起。

作者把官府以“差徭、采买”为名的搜刮与汉族剥削者的盘剥，作为“致乱”即引起咸丰、同治苗民起义的重要因素，这是中肯的分析。

总之，此书为研究咸丰（1851—1861 年）同治（1862—1874 年）年间的苗民起义与苗族社会提供了参考材料。

《湖南苗防屯政考》

《湖南苗防屯政考》十五卷，清但湘良编纂。有光绪九年（1883年）刊本。

但湘良，字少村，湖北蒲圻人。以军功补湖南粮储道。曾两署辰沅道，首于光绪五年（1879年）冬赴任，数年后去职，次于光绪十五年（1889年）再任。清光绪《古丈坪厅志•艺文上》卷十五，称其任辰沅道期间，“兴义学，讲武备，民苗翕然”。

成书经过。据卷首自序中说：但湘良首署辰沅道后，亟欲访求治苗成法，得《屯防备览》抄本二十余卷，不著辑者姓氏。

> “其书专载嘉庆间开建屯防与善后事宜章疏文移，巨细咸备。唯编次无法，年月件系，前后杂糅。”“爰即原书博征详校，厘定次第，以类相从，删其繁乱，订其脱讹。自嘉庆以前、道光以后，凡有关苗防屯政而为是篇所无者，则旁考他书案据以增补之。”

换言之，作者在无名氏《屯防备览》一书的基础上，重加整理编排，并增加嘉庆以前、道光以后的有关资料而成是书。

全书分十门十五卷。卷首，有“记事”，记顺治四年（1647年）永顺宣慰使彭宏澍内附至光绪六年平苗民反抗事。卷一，《地理考》。卷二，《建置考》。卷三至卷四，《征服考》，记康熙、雍正、嘉庆、光绪年间平苗事。卷五至卷九，《均屯考》，记嘉庆、道光、光绪年间均屯事，收入嘉庆五年（1800年）至光绪六年的有关资料。卷十，《营汛考》。卷十一，《碉堡考》。卷十二，《弁勇考》《土弁苗兵附》。卷十三，《储备考》《经费附》。卷十四，《学校考》。卷十五，《勋绩考》。

此书有《补编》。作者在《补编•小序》中写道：《湖南苗防屯政考》一书刊行后，常想绘图补刊，以用于边防之需。故光绪十五年重任辰沅道后，

> 增加碉卡图，而屯堡、关门、哨台附焉。并搜集前刻遗漏奏疏详禀诸篇。

补编资料，收录至光绪十六年（1890年）止。

此书是关于清代湖南苗防屯政的资料汇编。所收资料，堪称齐备。以《均屯

考》为例，收有前后任的湖广总督、湖南巡抚、湖广提督、凤凰同知、辰沅道、湖南布政使、按察使、镇筸总兵诸人的奏疏禀详。再如，嘉庆五年凤凰同知傅鼐《禀办均田屯守酌议章程三十四条并清折》，嘉庆十年湖南巡抚阿林保、湖南总督瑚图礼、湖南提督仙鹤林《会奏苗疆均屯告蒇会筹经久章程八条折》，嘉庆十二年湖南总督汪志伊、湖南巡抚景安《会奏筹议均屯未尽事宜章程七条折》等关于苗疆均田屯守的重要资料，均可在此书中查阅，堪称方便。

《湖南苗防屯政考》与《苗疆屯防实录》属于性质、内容相类的书。两相比较，前者的优点在于按年代编次，出处分明，以类相从。后者的长处，则在于编纂在前。故可参照使用。

《粤游小志》

《粤游小志》七卷，清张心泰撰。有光绪甲申（十年，1884年）铅字排印本，光绪庚子（二十六年，1900年）梦梅仙馆刊本。流行的有《小方壶斋舆地丛钞》节录本。

张心泰，江苏江都县人。其事迹，

> 光绪丁亥（十三年，1887年）谒选，遂登仕版。一判平阳（治所在今山西临汾县），再迁丰镇（治所在内蒙古今县名），三知归化（今内蒙古呼和浩特市），迄癸巳（十九年，1893年）放归，才七年耳。

光绪三十二年（1906年）间官汝南（河南今县名）。[①] 著作有《唐释湛然辅行记》四十卷[②]、《粤游小志》八卷，《宦海浮沉录》二卷[③]。

全书的卷目是：卷一，山川；卷二，古迹；卷三，风俗；卷四，物产；卷五，金石；卷六，交游；卷七，杂志。《贩书偶记》作八卷，有误。

此书所说的“粤”，是指“两粤”而言，即包括广东、广西两省。《小方壶斋舆地丛钞》本共收有三十一条。所记为两广的气候、山水、名胜古迹、物产、语言、民族与习俗等。

书中内容与民族学有关者，主要有二：

一是记两粤民族。所记有瑶、黎、蛋诸族。篇中保留了某些有价值的材料。

如，记作者在贺县任内亲见的当地瑶族的装饰与习俗。

> 贺县瑶有二：曰东峒，曰西峒。西峒女妆以斜纹花布缠头，东峒以鹅毛织帽，里衬红绡。两峒皆短襟窄袖，露半胸焉，男装则蓄发赤脚，皆挂瓠瓢肘悬椰碗以为佩。每岁迎春，甲年东，乙年西，更休差遣。迎

---

① 均见《宦海浮沉录·叙》。

② 见《贩书偶记》，卷四。

③ 均见《贩书偶记》，卷七。

春时瑶头率男妇暨童子数十人，前一夕至，伺官青旗华盖出，逐舆台队，东度浮桥，遇食品玩物，则攫之，以多获为年丰兆，沿途贾竖每留有余以待。迎春事峻反署，随春牛至县公堂，瑶头执短颈渔鼓，瑶妇提圆小锣，相跳跃，一歌诧，一歌讹，诸童男女左右互歌以应，虽不辨所歌何词，而音节抑扬可听。先是有彩麒麟舞堂上，瑶头俟彩麒麟下，乃叩赏欢呼而散。志称贺县瑶皆委顺服从，盖指此也。辛未冬，余随任贺邑亲睹其事，亦异闻矣。

这是可贵的第一手材料。

又，所记广西土司材料，也极生动。

西省别有土司，彼中虽有降罚处分，例不革职，其废弛不法者，奏革后，子仍袭之，故俗谓土司曰铁纱帽。土官娶妻，以五色璎珞盛印为聘，过门时乃悬项下，谓之挂印夫人。娶后，印即掌于其妻，呼为护印夫人。筑高楼以居之，曰印楼。民间税契者例价千钱外，另折钱一百五十文，名印色，即护印夫人花粉钱也。

上述把土司称为“铁纱帽”及反映土司妻子权势的材料，也是并不多见的。

二是记“蛮风”。从后世民族中保留的古代民族遗风，对研究原始民族的社会和习俗是很有帮助的。书中所记如：

人死买水以殓俗。

广州人殁未殓，亲属至江浒望水号哭，投钱汲取水归，浴之以殓，谓之买水。

在岭南各地各有“买水”“夷”风，此中所记为“广州人”之俗。

寻仇逞凶俗。“潮俗”，

又有锣鼓会，乘赛神时寻仇逞凶，与械斗无异，直不知何日脱此蛮风也。

此俗，显系从原始民族的血族复仇制演变而来。

崇蛇俗。

潮州青龙庙，跨城南大堤，当韩江之冲，神素灵应，常有灵物蜿蜒凭龛次香案间，其色青，过潮者咸祀之，然不可必见也。潮人睹青龙来，辄谓神降，奉益虔，至不敢以暖昧质祠下。

此俗，在岭南多有，但各书所记内容并不雷同，故对研究古代民族的图腾崇拜，均有参考价值。

《粤西琐记》

《粤西琐记》，清沈日霖撰。收入《昭代丛书》《小方壶斋舆地丛钞》丛书中。

沈日霖，吴江（在今江苏吴县南）人，字骥展，号纽芳。布衣出身。“长于骈体，惊才绝艳，无语不新。又工填词，铿锵幽渺。”[①] 撰有《晋人麈》《粤游词》《粤西琐记》《小潇湘诗草》。

此篇共分六十五条。因为“琐记”性质，故所记并无完整结构。其内容，包括广西地区的气候、动物、花木、矿藏、山岩、古迹、物产、文化、姓氏、住室、习俗、宗教信仰诸方面。

此篇有助于了解清代广西民族地区简况。其中所记闻名当世的壮族纺织品，更属珍贵材料。篇中写道：壮妇

> 手艺颇工，染丝织锦，五彩烂然，与刻丝无异，可为裀褥，凡贵官富商莫不争购之。又有僮人布，亦以青白缕相间成文，极坚韧耐久，用为手巾，每一幅可三四年不敝。

所织花巾，

> 以白布画花卉人物于上织成极工。

从中可见：清代壮族妇女从事的手工纺织业的发达、纺织技术的精湛、纺织品的畅销内地。

---

① 参见（清 光绪）《苏州府志·人物三十三》，卷一六〇。

《台湾番社考》

《台湾番社考》一卷，清邝其照撰。收入《小方壶斋舆地丛钞》。

邝其照，新宁（今广东台山县）人。

此篇首先记述“生番”人数在台地所占比重及其分布地。台地“熟番与华人所居十之三，生番所居十之七。第生番俱在台湾之东，俗名山后，亦曰内山，地多山林，绝少平壤”。

次为分叙两种“生番”。一为“平埔生番”，居濒海较平之地，地极腴美。

> 多以捕鱼为业，亦知煮海为盐，尤擅驾驶船只，以居常近海也，然亦有纺织耕耨为业者。其人躯长且伟，孔武有力，而衣服则效熟番。”“一为岩穴生番，貌陋黑，人亦矮矬。以畋猎为业。男女俱无衣服，但以兽皮树叶蒙下体，而以五彩文身作花草形。男子八岁即将左右车牙锲去一二枚，丑状可骇。既长，则以轻健捷走者为能。所猎以麋鹿为多。常喜佩长刀。喜以兽骨铜贝珠玑为玩好。喜用竹本铁枪，亦有弓弩，有箭镞，镞恒以铁为之。喜杀人，以杀人多者为勇，不嗜杀人者为怯，有杀得熟番及华人者，即截其辫发饰刀鞘以示勇。喜夜间结队篝火深林，以侦兽迹。喜设机弩陷阱以伺虎熊。食其肉寝其皮，亦尝以皮与熟番易盐米铜布诸货物，而皮角则麋鹿居多。喜食生兽，亦间有燔熟始食者。其屋则立木为架，盖以茅，垫以草，高者为床榻，下者为几。人死则植立埋之，而以其平日常用之物为殉。有杀共同社番人者，则寻仇报复辗转不已。

描述了“生番”的不同体质与不同社会发展阶段。

然后详细记载了彰化境中偏西的九社：一曰大肚社，二曰感恩社（旧名牛骂），三曰迁善社（旧名沙辘），四曰猫雾束社，五曰岸里社，六曰阿史社，七曰朴仔篱社，八曰埽束社，九曰乌牛栏社。与山后崇爻八社：曰筠椰椰，曰斗难，曰竹脚宣，曰薄薄，为上四社；曰芝武蓝，曰机密，曰牡丹，曰丹朗，为下四社。这些地区的经济生活、装饰、居住、饮食、婚姻、丧葬、交易、输饷等情况。

此篇的特点，不是笼统地叙述整个台湾番社，而是按其不同地区、不同历史发展状况，加以区别地叙述。对研究清代高山族，具有史料参考价值。

《黔南苗蛮图说》

《黔南苗蛮图说》两册，清桂馥撰。现藏中央民族大学图书馆。

桂馥，江西临川人。

明代以来，特别是清代，大量出现反映边疆少数民族的大型手绘本画册。这些画册，多附以长短不一的文字说明，称为“图说”。文字说明，主要记载少数民族的族属、历史、分布、生产、生活与习俗等内容；画面则以写生为主，生动形象地再现了当时各民族的社会生活。这些画册在研究清代民族史志中，具有一定的价值与地位。

这些画册，以描绘南方民族者居多。

《黔南苗蛮图说》成书于光绪七年（1881年）。成书经过，据作者在自序中言：

> 余自咸丰戊午（八年，1858年）从事黔军营，十有余年，历遍上、下游。所至苗疆，察看山川形势，采访苗民风俗，以及性情之顺逆，好尚之美恶，服饰、饮食、屋宇，一一笔之于册。

其后，“乃出而与《黔志》《黔书》及《黔南识略》等书校对，大都相符，共得八十六种”。换言之，作者通过亲身经历与采访，并证之于册籍而写成。这就提高了是书的真实性与可靠性。

全书共绘八十六种“苗蛮”图。其中，缺四十一图，实为八十五图。编次为：一、黑倮㑩（倮㑩女官附）。二、白倮㑩。三、青苗。四、红苗。五、花苗。六、白苗。七、黑苗。八、克孟牯羊苗。九、阳洞罗汉苗。十、谷蔺苗。十一、紫姜苗。十二、八寨苗。十三、九名九姓苗。十四、洞苗。十五、高坡苗。十六、黑生苗。十七、鸦雀苗。十八、黑山苗。十九、水西苗。二十、清江黑苗。二一、黑脚苗。二二、黑楼苗。二三、生苗。二四、九股苗。二五、车赛苗。二六、洪舟苗。二七、短裙苗。二八、姑卢苗。二九、摆榜苗。三十、西溪苗。三一、班苗。三二、鸭崽苗。三三、宗地苗。三四、东苗。三五、西苗。三六、平伐苗。三七、杨保苗。三八、杨黄苗。三九、宋家。四十、蔡家。四一、（缺）。四二、卡尤仲家。四三、青仲家。四四、黑仲家。四五、白仲家。四六、八番仲家。四七、水家。四八、伶家、四九、佯家。五十、僮家。五一、黑瑶。五二、花瑶。五三、侗家。五四、红僸佬。五五、花僸佬。

五六、披袍僮佬。五七、猪豕僮佬。五八、剪发僮佬。五九、挞牙僮佬。六十、锅圈僮佬。六一、水僮佬。六二、土僮佬。六三、木僮佬。六四、郎慈僮佬。六五、僮侣。六六、僮兜。六七、僮僮。六八、白龙家。六九、曾竹龙家。七十、马镫龙家。七一、大头龙家。七二、狗耳龙家。七三、侬家。七四、夭家。七五、蛮家。七六、冉家蛮。七七、楼居苗。七八、僰人。七九、侗人。八十、土人。八一、六洞夷人。八二、黑民子。八三、六额子。八四、白额子。八五、羿子。八六、白儿子。

此书的说明文字，其特点有二：

一是内容较为详备。如，花瑶条载：

> 花瑶，男子蓄发挽髻垂后，或覆以花布，或顶布笠，周围以料珠缀旒，青布短衣，以红白线缘其边。妇人挽髻垂前。饰耳以大银环。居必傍涧溪，以大树皮接续渡水至家，不用桶瓮以汲。勤耕种，暇则入山采药，沿村寨行医。所祀之神名曰槃瓠。所藏之书名曰榜簿，皆园印篆文，义不可解，珍为秘藏。婚姻通媒妁。俗长厚，见遗不拾。雍正二年，有自广西迁至贵定之平伐者，今已绝矣，现唯荔波县有住董家里。

可见，举凡该族的头饰、服饰、生活、生产、信仰、文字、婚姻、风尚、历史、族源、分布等内容均加以记载。

一是对诸种属的历史与建置详加考述。如，在红苗条的按语中写道：

> 红苗唯松桃为多，向以厅境为巢穴，界连黔、楚、蜀三省，谓之三不管地，叛服不常，由来久矣。康熙四十二年、雍正八年、乾隆初年屡讨之，十七年则白玉保、二十四年则白老求、四十七年则勾布凉水苗匪等踵起，为逆频繁，师旅六十年。逆苗石柳邓纠结楚苗为乱，嘉庆元年乃讨平之。二年，于东坡西地方增设苗守备苗千总把总外委共一百七十九名，土百户二十八名，土寨长四十四名，互相控制。六年三月，逆苗白老寅等叛于石岘，巡抚伊赴铜剿办，布政使常黎平府程督兵破之，余党就巡于石岘，设屯军百户卫千总一员，拨驻营千总一员兵一百名。

像这种以大量篇幅述说“古今之叛服”的写法，在图说一类册籍中，是较为罕见的。这对于封建王朝治理政策与各族人民反抗斗争史的研究，是有所补益的。

总之，这是一部内容较为齐全、考订较为严密的清代苗族图册。

在清代苗图中，《黔苗图说》也属较为完整的一部。该书为彩绘本，作者佚名，现藏中国社会科学院民族研究所图书馆。

该书分贵州苗族为八十二种。编目为：一、黑倮俫。二、女官。三、白倮俫。四、宋家。五、蔡家。六、卡尤仲家。七、补笼仲家。八、青仲家。九、曾竹笼家。十、狗耳笼家。十一、马镫龙家。十二、大头龙家。十三、花苗。十四、红苗。十五、白苗。十六、青苗、十七、黑苗。十八、东苗。十九、西苗。二十、夭苗。二一、侬苗。二二、打牙仡佬。二三、剪头仡佬。二四、猪屎仡佬。二五、红仡佬。二六、花仡佬。二七、水仡佬。二八、锅圈仡佬。二九、披袍仡佬。三十、水佬。三一、仡僮。三二、僰人。三三、土人。三四、蛮人。三五、峒人。三六、瑶人。三七、杨保苗、三八、佯犷苗。三九、九股苗。四十、八番苗。四一、紫姜苗。四二、谷蔺苗。四三、阳洞罗汉苗。四四、克孟牯羊苗。四五、洞苗。四六、箐苗。四七、伶家苗。四八、洞家苗。四九、水家苗。五十、六额子。五一、白额子。五二、冉家苗。五三、九名九姓苗。五四、爷头苗。五五、洞崽苗。五六、八寨黑苗。五七、清江黑苗。五八、白仲家。五九、黑山苗。六十、黑生苗。六一、高坡苗。六二、平伐苗。六三、黑仲家。六四、清江仲家。六五、里民子。六六、白儿子。六七、白龙家。六八、楼居黑苗。六九、土仡佬。七十、鸦雀苗。七一、葫芦苗。七二、洪州苗。七三、西溪苗。七四、车寨苗。七五、生苗。七六、黑脚苗。七七、黑楼苗。七八、短裙苗。七九、尖顶苗。八十、郎慈苗。八一、罗汉苗。八二、六洞夷人。

《黔南苗蛮图说》与《黔苗图说》两书相校，其异同之处有：

第一，两书的条目大多相同，但又有差别，可谓大同小异。

第二，前者内容较详，后者稍略。

第三，前者分类较后者为当。如，倮俫女官不列为单独一种，而作为黑倮俫的附录。

总的说来，《黔南苗蛮图说》优于《黔苗图说》，但也有异趣之处，故可互相参证。

此外，还有各种名目的苗图。如《贵州苗图》《苗蛮图》《苗族图》《贵州少数民族图》等，均属此类。

《御制外苗图》与《云南民族图与》

《御制外苗图》两册，册中盖有《乾隆御览之宝》等印章，无名氏作，现藏中央民族大学图书馆。

这是一部专画云南少数民族的大型画册，共收彩绘图谱一百零四张。所列标题是：僰夷、罗婺、剌毛、缅人、磨些、古宗、傈僳、俅人、遮些、蒲人、戛喇、羯些、野人、花苗、峩昌、卡瓦、大倮黑、蒙化彝、倮黑、利米、小列密、嫚且、洒摩、蒲蛮、扯苏、西番、野西番、妙倮㑩、苦葱、阿卡、艮子、莽子、三作、黑濮、龙人、黑窝泥、缅和尚、花百彝、弋罗、老挝、长头发、绷子、鲁屋倮㑩、撒桓倮怒、窝泥、麦岔、仆喇、土僚、白窝泥、野古宗、倮㑩、傒卜、喇嘛、怒人、罗缅、土人、海倮㑩、甘倮㑩、苗子、爨蛮、黑甘彝、僮人、白倮㑩、黑倮㑩、阿西、沙人、普拉、拇鸡、阿者倮㑩、阿蝎倮㑩、葛保㑩、鲁兀、聂素、舍武、阿系、阿成、山车、白喇鸡、普列、阿戛、阿倮㑩、花土僚、水百彝、黑土僚、旱百彝、普剽、交人、白仆喇、阿度、腊歌、孟乌、普岔、腊欲、腊兔、侬人、乾人、披沙倮㑩、喇鲁、羿子、摩察、子间、普特、卡隋、黑铺蛮。

每幅图上方，都配有言简意赅的说明文字。列举如下。

僮人。

俗俭朴，男妇皆事犁锄，好楼居，食犬鼠，其性与侬人相同，曲靖府属平彝有之。

羿子。

一名沙兔，语多难晓，善织，择沃土耕，布粟恒有余也，与诸夷通婚姻，又号仲家苗。昭通府属有之。

花苗。

性耿直，与红苗皆同种，流入滇境，其数以衣为别，勤业守法，昭通府属鲁甸永善有之。

可见，说明文字的内容，包括云南境内诸族的来源、生产、生活、习俗及分布地域等项。

与《御制外苗图》相类的图册，还有《云南民族图考》。介绍如下：

《云南民族图考》，原书无题签，现藏中央民族大学图书馆。

该书将云南民族分为四十种，每种分画男、妇各一图，故共有八十幅图。该书为彩绢画，画风古朴，字体工整。

所记四十种是：一、土僚。二、罗婺。三、蒲人。四、仲人。五、阿度。六、僰夷。七、卡瓦。八、傈僳。九、怒人。十、苗子。十一、野傈僳。十二、老挝。十三、瑶人。十四、乾㑩㑩。十五、白人。十六、黑㑩㑩。十七、白㑩㑩。十八、莽子。十九、西番。二十、侬人。二十一、撒弥。二十二、窝泥。二十三、摩察。二十四、拇鸡。二十五、古宗。二十六、剌鸡。二十七、麽些。二十八、和泥。二十九、交人。三十、黄喇嘛，红喇嘛。三十一、羯些。三十二、倈人。三十三、沙人。三十四、苦葱。三十五、白剌鸡。三十七、利米。三十八、缥人。三十九、缅目。四十、普岔。

每幅画均有文字说明。下举“苗子”“瑶人”为例：

> “苗子，曲靖、东川、昭通等三府所属有此种男子。青布包头，身穿蓝布，短衣麻布，短裤跣足，性狡而懦，勤于耕作。”“苗子妇女，束发，头戴五色绒线挑花高冠，耳穿大银环，身著紫布短衣，腰系彩线挑花布裙，跣足，手携竹筐入市贸易。”
>
> “瑶人，性情平和，刀耕火种，多住高山险箐，男子束发挽髻，青布缠头，蓝衣青裤，裹腿跣足，常执药弩，善逐虎豹。唯广南、开化二府有之。”“瑶人妇女，青布挞头，穿蓝衣桶裙，裹腿跣足，常入市卖布。”

总之，从上述材料中可见，《御制外苗图》和《云南民族图考》都是反映云南民族风土人情的图说，但却各有特色。其不同之处主要表现为：

第一，前者说明文字较短，但涉及内容却较广泛；后者说明文字稍长，且着力描绘民族服饰。

第二，前者所绘种人极多，达一百零四种；后者为四十种，虽数量不及前者一半，但其仿《皇清职贡图》例，在每一种人中，男、妇各有图说。

第三，在相同的种人条目中，内容也不尽相同。以侬人为例，《御制外苗图》载：

侬人，深山楼居，无几案，脱履而后登楼，不席坐，食犬鼠。广西州属有之。

《云南民族图考》则载：

侬人，临安、广西、广南、开化等四府所属有此种男子。以青蓝布缠头，身穿青蓝布短衣裤，白布缠腿穿鞋。其性狡而凶狠好斗，出则携镖弩，丧则以牛革裹尸焚之。又名弄人，其类与沙人相似。

可见，两书可互为补充。

像《御览外苗图》《云南民族图考》一类图说之册籍，是研究清代云南民族宝贵的资料。其缺陷是，分类并不科学（把喇嘛归为一种，即一例），且有民族偏见。

《睡虎地秦墓竹简》

《睡虎地秦墓竹简》，睡虎地秦墓竹简整理小组整理，文物出版社 1978 年版。

1975 年，在云梦睡虎地发掘了十二座战国末至秦代的墓葬，其中十一号墓出土大量秦代竹简。这是第一次发现秦简。这批秦简经整理，总计有一千一百五十五片，内容有十种，即《编年记》《语书》《秦律十八种》《效律》《秦律杂抄》《法律答问》《封诊式》《为吏之道》《日书》甲种，《日书》乙种。这批简文，为研究战国晚期至秦始皇时期的政治、经济、文化、军事、民族诸方面，提供了前所未见的丰富材料；同时，由于秦律基本上久已佚失故秦简的法律条文对我国古代法制史的研究也有十分重要的价值。

这中间尚有若干关于专门处理少数民族问题的法律条文，颇为罕见。这些材料，对我国古代民族问题的研究，具有难得的历史价值。

有关民族问题的材料，计有：《语书》中有关内容；见于《秦律十八种》之一的《属邦》律一条；见于《法律答问》中关于处理少数民族事务的律文四条，按其内容判断，也应属于属邦律的范畴。具体内容如下：

《语书》：

二十年四月丙戌朔丁亥，南郡守腾谓县、道啬夫。

《属邦》：

道官相输隶臣妾、收人，必署其已禀年日月，受衣未受，有妻毋（无）有。受者以律续食衣之。属邦。

《法律答问》：

“擅杀、刑、髡其后子，潚之。”可（何）谓，“后子”？官其男为爵后，及臣邦君长所置为后大（太）子，皆为“后子”；可（何）谓“赎鬼薪鋈足”？可（何）谓“赎宫”？臣邦真戎君长，爵当上造以上，有罪当赎者，其为群盗，令赎鬼薪鋈足；其有府（腐）罪，〔赎〕宫。其他罪比群盗者亦如此；“臣邦人不安其主而欲去夏者，勿许。”可（何）谓“夏”？欲去秦属是谓“夏”。“真臣邦君公有罪，致耐罪以上，令赎。”可（何）谓“真”？臣邦父母产子及产他邦而是谓“真”。可（何）谓“夏子”？臣邦父，秦母谓殹（也）。

以上材料是极为珍贵的，可印证或补充文献材料之不足：

第一，秦简中有“属邦”“臣邦”字样。臣邦与属邦当为同义。所谓属邦，即史籍中的属国或典属国。据《汉书·百官表》载：“典国，秦官，掌诸归义蛮夷”；“典属国，秦官，掌蛮夷降者”。汉代因避汉高祖刘邦讳，才把“邦”改为“国”。可见，秦简与《汉书》均证明，秦始置掌“蛮夷”的属邦之官。

第二，秦简中有“道啬夫”“道官”之谓，说明秦代确已在民族地区设置了道的政权机关及包括啬夫一类的官吏。由于文献材料的阙如和不足，史学界形成了道起源于西汉的传统看法；云梦秦简提供已有道的确凿证据，从而消除了这一长期流行的误解。

第三，秦简中，有“臣邦君长”“臣邦君公”的称号。这说明，秦在民族地区虽设置郡、县，委派守、令，但“蛮夷邑君侯王”并未废除，仍采用委任少数民族首领治理民族地区的民族政策。

第四，秦简规定，臣邦人是不允许离开其“主长”而逃亡到“夏”即秦地去的。就是说，少数民族人民是必须服服帖帖接受少数民族上层分子的奴役和统治的。可见，秦律是维护臣邦君长的统治地位的。

第五，秦律规定：臣邦君长犯了罪可以赎罪。爵位相当于上造者，假若犯了“群盗”罪，可按“鬼薪鋈足”刑赎；假若犯了“腐罪”、可按“宫”刑赎；假若犯了“比（相当）群盗”罪，也按此规定办理。概言之，少数民族首领犯了罪，不仅可赎免，而且量刑时还可从轻判处。这说明，秦政权对少数民族地区，在法律上采取轻于汉区的某些措施。

第六，秦简中有“臣邦父，秦母”的提法，可印证《后汉书·南蛮西南夷列传》中“及秦惠王并巴中，以巴氏为蛮夷君长，世尚秦女”的记载。这表明，秦政权确曾采用嫁女与“蛮夷”君长的婚姻形式，对属邦加以笼络和控制。

吴永章

中国南方民族历史研究文集

2

吴永章　著

民族出版社

中国土司制度渊源与发展史

中國土司制度淵源与發展史

周一良 题签

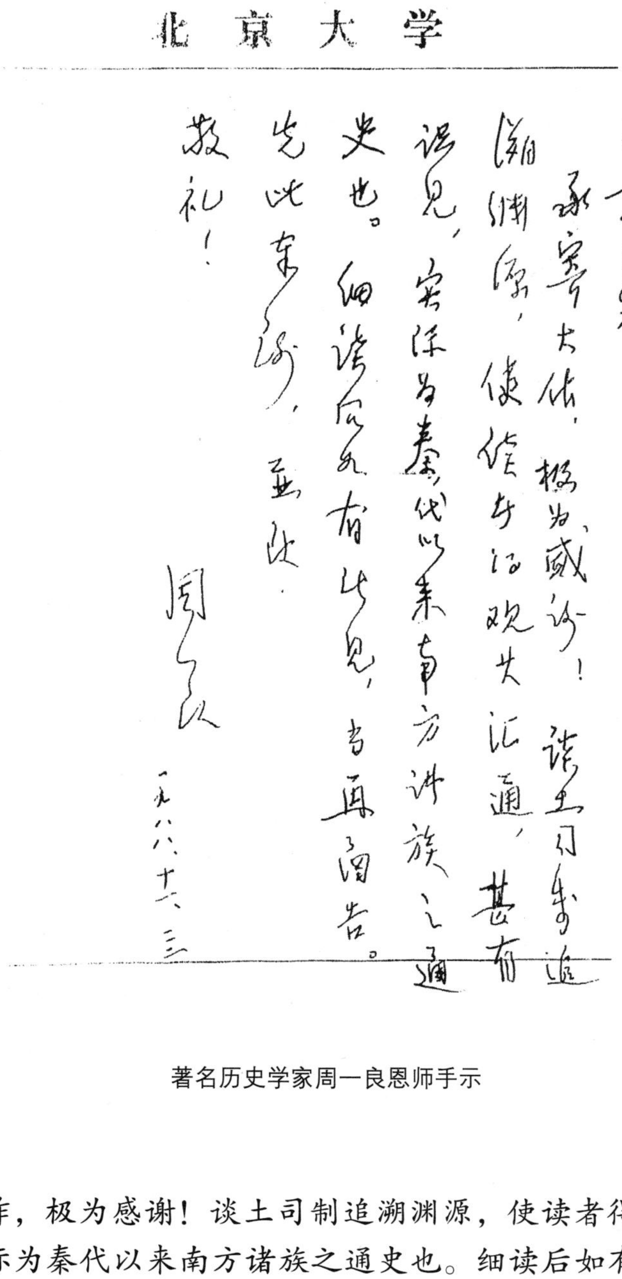

著名历史学家周一良恩师手示

永章同志：

承寄大作，极为感谢！谈土司制追溯渊源，使读者得观其汇通，甚有识见，实际为秦代以来南方诸族之通史也。细读后如有所见，当再商告。先此表谢，并致

敬礼！

周一良

1988.11.22

五代十国时期，楚王马希范和溪州首领彭士然所立界标——溪州铜柱（刑敏健　供稿）

云南临沧耿马

土司衙门（李子泉　摄）

车里宣慰使（西双版纳召片领）议事庭（云明　供稿）

车里宣慰使（西双版纳召片领）官邸（云明　供稿）

云南思茅孟连宣抚司衙门（李子泉　摄）

云南思茅孟连宣抚司议事厅（李子泉　摄）

云南临沧孟定土司衙门旧址（李子泉　供稿）

湘西永顺土司衙门（刑敏健　供稿）

傣族土司象牙印（辉抗　供稿）

西双版纳傣族土司议事厅（宋兆麟　供稿）

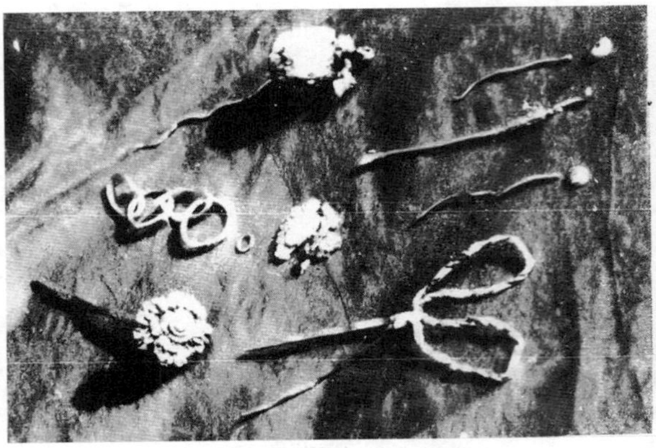

出土的明代保靖土司金器

（康伯永　供稿）

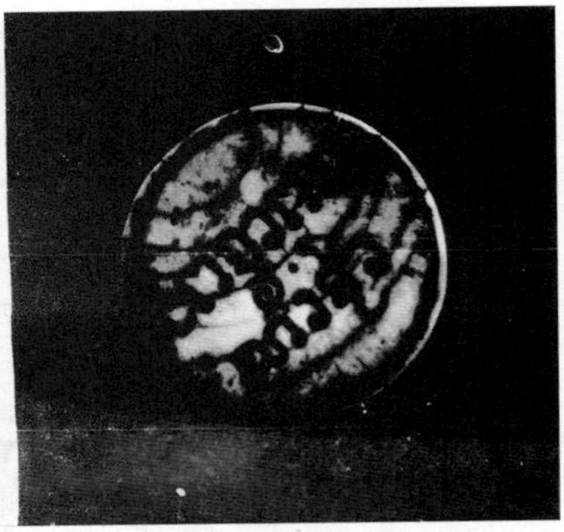

傣族土司傣文象牙印

（宋兆麟　供稿）

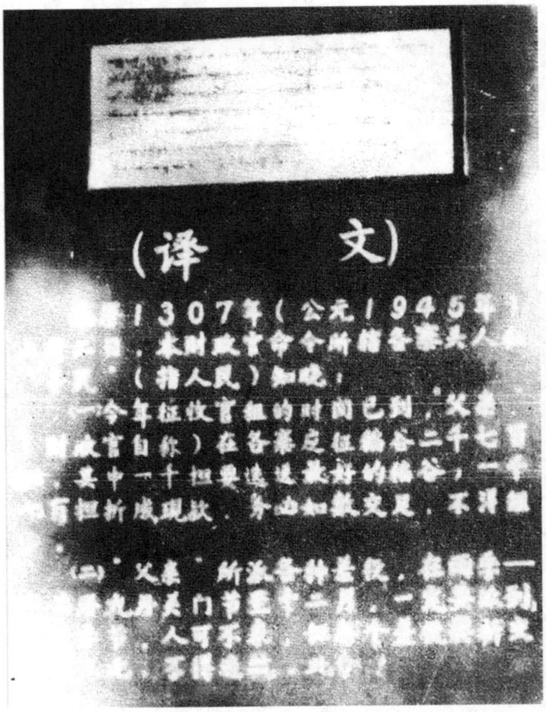

车里宣慰使（西双版纳召片领）的财政官征租派差的命令（云明　供稿）

唐崖长官司印（湖北咸丰县文管会藏）

金峝安抚司印（湖北鄂西土家族苗族自治州博物馆藏）

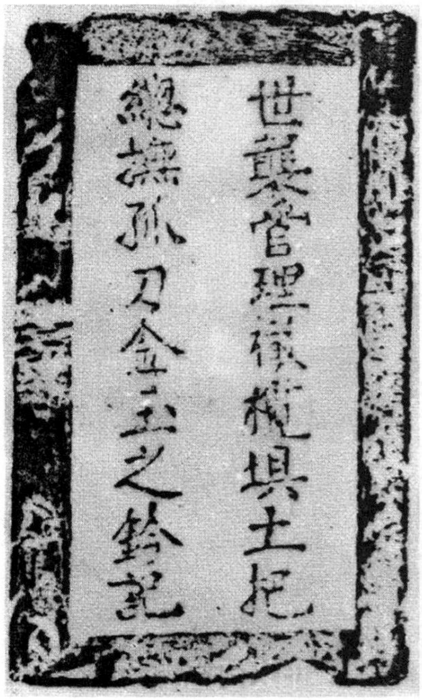

橄榄坝土把总钤记（云南）

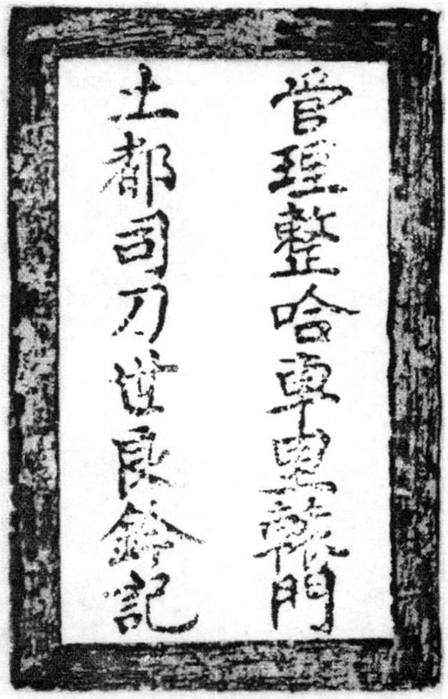

整哈土都司钤记

鄂西咸丰唐崖土司城内的石人石马（邓 辉　供稿）

明万历年间鄂西咸丰唐崖土崖的“荆南雄镇”牌坊

（邓辉　供稿）

鄂西咸丰唐崖土司坟（黄永昌　供稿）

靖西壮族土司墓（宋兆麟　供稿）

重孙田舜年立于清康熙二十八年（1689 年）明诰封宣武将军田楚产恭人向氏石匾

（危祖华　供稿）

目录

导 言

土司制度，是我国封建王朝在统一的领土内的某些地区，即主要是南方少数民族聚居和杂居处，采取一些有别于汉族地区的措施进行统治的一种制度。其主要内容可以归结为两个方面：一方面是，中央王朝对归附的各少数民族或部族首领假以爵禄，宠之名号，使之仍按旧俗管理其原辖地区，即通过当地首领对民族地区实行间接统治；另一方面是，各民族或部族首领须服从中央王朝的领导和听从驱调，并须按期上交数量不等的贡纳，即承担一定的政治、经济、军事等义务。概言之，其治理的总原则是："其道在于羁縻"（《明史·土司列传序》）。中央王朝这套治理少数民族的做法，人们统称之为土司制度。

土司制度作为一种较为完备的制度，出现于明、清时期。但究其雏型，可谓由来已久。据《明史·土司列传序》说："西南诸蛮，有虞氏之苗，商之鬼方，西汉之夜郎、靡莫、邛、筰、僰、爨之属皆是也。自巴、夔以东及湖、湘、岭峤，盘踞数千里，种类殊别。历代以来，自相君长。原其为王朝役使，自周武王时孟津大会，而庸、蜀、羌、髳、微、卢、彭、濮诸蛮皆与焉。及楚庄跻王滇，而秦开五尺道，置吏，沿及汉武，置都尉县属，仍令自保，此即土官土吏之所始欤。"这段话说明：早在夏、商、周三代时期，就已存在中央王朝如何治理南方诸族的问题，但作为对南方民族地区大规模的开发与经营，还是从秦王朝——我国统一的多民族国家形成时期才开始的。这也是本书所要叙述的族别、地区、起始之范围。至于西北某些地区某些民族实行的土司制，本书则一般从略。

在我国历史上，土司制度是逐步形成和发展起来的。其过程大致是：渊源于秦、汉代；中经魏、晋、南北朝、隋、唐、宋时期，不断得到充实；正式形成于元代；完备于明和清初；清雍正改土归流后，则逐渐衰微。下面，按照历史朝代，分别依次叙述。

第一章　秦代对南方诸族的治理

秦王朝一贯注意民族问题，这是由当时的历史条件决定的。秦建国之初，地处西陲，与夷狄杂处，中原各国也把它排除在华夏民族之外，这就是所谓秦“僻在雍州，不与中国诸侯之会盟，夷翟遇之”。但由于秦国能较好地处理民族关系，从而得到境内诸族的拥护和支持，这就使秦国的势力得以逐步扩大。史载，秦“西霸戎狄，广地千里”（以上引文均见《史记•秦本纪》），说明秦正是依靠戎狄的力量而发迹的。

秦统一全国后，在其统治的辽阔疆域内，包含有众多的民族，而且这些少数民族内部的政治、经济、文化等状况与汉族之间又存在着千差万别。因此，作为中央集权的秦朝，面临着复杂、纷繁的国内民族问题。为此，它采取了一系列的措施。可以说，秦代的民族政策，对后世有着极其深远的影响，元、明、清时期的土司制度就是在这一基础上发展而来的。

秦王朝解决民族问题的主要做法，可以归结为如下诸方面。

一、王朝中央设置专门处理民族事务的机构

据《汉书•百官表》载：“典客，秦官，掌诸归义蛮夷”“典属国，秦官，掌蛮夷降者”。可见，秦时少数民族事务是归典客或典属国管理的。这也为地下出土文物所证实。在云梦秦简中（以下凡引简文，均出自《云梦睡虎地秦墓竹简》一书），有“属邦”“臣邦”字样。臣邦与属邦应为同义。属邦一词，在秦兵器铭文中，也有出现，如五年吕不韦戈和八年吕不韦戈等[①]。所谓“属邦”，即《汉书》中的属国或典属国，汉代因避汉高祖刘邦讳，才改“邦”为“国”的。而云梦秦简中“属邦”律的条文内容，都是关于如何处理“道”和“臣邦君长”事务的。这和文献材料所载“掌蛮夷”的说法，是完全一致的。

汉代，此官有所变化。据《汉书•百官表》载：典国，汉景帝中六年改名大行令，武帝太初元年更名大鸿胪；典属国，武帝元狩三年昆邪王降，复增属国，

① 李学勤：《北京拣选青铜器的几件珍品》，载《文物》，1982（9）。

成帝河平元年省并大鸿胪。东汉时，设置大鸿胪，据《后汉书·百官志二》载，其职为“掌诸侯及四方归义蛮夷”。可见，两汉与秦相较，其称谓虽不一，其职掌则无异。

秦设置专职，代表中央王朝集中处理民族事务一事，表明随着我国统一的多民族国家的形成和发展，民族问题愈益占据重要地位。而且，它还为汉以后的历代王朝开创了先河。

二、在少数民族聚居地设置名为“道”的地方政权机关

秦代，首次在民族地区开设“道”这一特殊的地方行政单位。

何谓“道”？“内郡为县，三边为道”（见东汉卫宏《汉旧仪》）；“县有蛮夷曰道”（见《史记·孝文帝本纪》正义和《汉书·高后本纪》颜师古注引服虔曰）；或说“凡县主蛮夷曰道”（见《后汉书·百官志五》）；又说：“县管蛮夷曰道”（《后汉书·马援列传》李贤注）。要言之，设在少数民族地区的县就称为道。

关于我国历史上始设道的朝代，长期以来人们一直误以为起源于西汉。北魏时的著名地理学家郦道元在《水经注·沫水》卷三六中说：“灵道县，一名灵关道。汉制，夷狄曰道。”宋胡三省袭此说，称“西汉之制，县有蛮夷曰道”（见《资治通鉴》秦始皇帝三年注）。其后，以讹传讹。以近代为例，如新中国成立前版《辞海》在“道”的词条下写道：“汉制，县有蛮夷曰道”；又如，对历代官制深有研究的专家聂崇岐先生在《中国历代官制简述》一文中，也误把“道”的出现，作为“汉代的县制虽多沿于秦，但也有变动”的一例[①]。

其实，道为“秦制”是史有明文的。《后汉书·百官志五》载：“凡县主蛮夷曰道。公主所食汤沐曰邑，县万户以上为令，不满为长，侯国为相。皆秦制也。”《通典·职官十五》也言明：“汉制，列侯所食县曰国，皇太后所食曰邑，有蛮夷曰道。凡县万户以上为令，减万户为长，侯国为相，秩次亦如之。皆秦制也，汉因之。”但由于人们囿于郦道元诸人之说，而忽视了上述记载。

如果说，文献尚不足征的话，那么云梦秦简则为道源于秦提供了铁证。云梦秦简中有下列两处提到“道”：

① 聂崇岐：《宋史丛考》，222 页，北京，中华书局，1980。

“廿年四月丙戌朔丁亥，南郡守腾谓县，道啬夫”（《语书》）；“属邦”律中有“道官”一词。

从以上简文中可得出如下结论：“道啬夫”“道官”之谓，说明秦代确已在民族地区设置了道这一政权机关及啬夫一类的官吏；“南郡守谓县，道啬夫”一语，证实道与县是同属郡下的平行组织；南郡是秦在原楚人统治中心地区设置的，其地经济、文化比较发达，民族差异较少，这里尚且设道，更遑论边远落后之地，可见秦道之数应相当可观。概言之，云梦秦简关于道的记载，澄清了学术界在道制起源问题上混淆不清的见解。

道的设置，在我国历代王朝对民族地区的治理史中占有重要地位。它意味着秦王朝已意识到需要建立与内地有别的政权形式来处理少数民族地区的特殊事务。它对民族地区的治理、经营与开发，对密切内地与民族边区的联系，均起了积极的历史作用。

三、通过“臣邦君长”对少数民族地区进行统治

云梦秦简中，有“臣邦君长”“臣邦君公”的称号。这说明，秦在民族地区虽设置郡、县，委派守、令，但“蛮夷邑君侯王”并未废除，可谓实行与汉区不同的郡、县守令与臣邦君长并存的双轨制。清人钱大昕说，秦“初虽有郡名，仍令其君长治之”（《潜研堂文集·三十六郡考》），这一见解，是符合历史实际的。

简文中的臣邦君长、君公，相当于文献材料中的蛮夷邑君侯王。根据历史记载，秦在其势力达到少数民族地区以后，并不急于改变当地首领的称号和统治地位。这从秦在统一前、后对南方越人、西南巴郡“蛮”人和蜀人的事例中，可以得到证明。

越。《汉书·两粤传》：“闽粤（引者注，粤与越同）王无诸及粤东海王摇，其先皆粤王勾践之后也……秦并天下，废为君长，以其地为闽中郡。及诸侯叛秦，无诸、摇率粤……从诸侯灭秦。”可见，秦在设置闽中郡后，闽越王及越东海王虽废去王号，但仍保留了君长的称号；而且，从他们后来仍能率领所属越人叛秦一事，也说明其在越人中的统治地位并未改变。

巴郡“蛮人”。据《后汉书·南蛮西南夷列传》载，秦曾与“巴郡、阆中夷人”订盟，规定了“秦犯夷输黄龙一双，夷犯秦，输清酒一钟。夷人安之。”可见，秦

政权并不打乱属郡“夷人”的内部结构，并不干预其内部事务。该列传在廪君条下又载：“及秦惠王并巴中，以巴氏为蛮夷君长。”意即廪君蛮仍由巴氏君长统辖。

蜀。《史记·张仪列传》载：秦“定蜀，贬蜀王更号为侯，而使陈庄相蜀”；《战国策·秦策》也说：“蜀王更号为侯。”史载，秦灭蜀后，曾三封蜀侯，三个蜀侯又都因反秦被杀。据蒙文通先生在《巴蜀古史论述》一书的考证，这三个蜀侯，都不是秦的公子，而是蜀王的后裔。从秦惠王后元九年（前 316 年）灭蜀，到秦昭王二十二年（前 285 年）第三次杀蜀侯，即经三十年之久，蜀侯才被废止。

概言之，秦代利用当地首领对民族地区进行统治，并使其隶属于秦王朝。而这些被分封的“臣邦君长”“臣邦君公”和“蛮夷邑君侯王”，就成了后代土司制度中“土官土吏”的前身。

四、维护“臣邦君长”的统治地位

既然秦王朝通过利用臣邦君长对民族地区进行统治，无疑它要维护这些当地首领的势力和地位，以求得统治秩序的相对稳定。为此，秦王朝需要制定一定的法律，以对付来自本民族下层和上层内部的威胁。关于这两方面的材料，在秦简中均有反映。

秦简《法律答问》中有一条规定：“‘臣邦人不安其主长而欲去夏者，勿许。’可（何）谓‘夏’？欲去秦属是谓‘夏’”。意为臣邦人是不允许离开“主长”而逃亡到秦地去的。就是说，少数民族人民是必须“服服帖帖”接受少数民族上层分子的奴役和统治的。应该说，后代扶植少数民族大姓的政策，与此也是有密切关系的。

秦属邦律则规定：“道官相输隶臣妾、收人，必署其已廪年月，受衣未受，有妻毋（无）有。受者以律续食之。”其意为，道官对所输送的隶臣妾及没入为奴者，须写明其已领粮的日期，有无领受衣服，有无妻室。已领受者，按律继续供给食粮。按，这条属邦律，同秦简《金布律》《司空律》中关于隶臣廪衣标准相参照执行。这说明少数民族中和汉民中的被统治阶级的犯人是被同等对待的。换言之，秦律对少数民族中的被统治阶级并未给予特殊照顾。由此也可见，秦律保护少数民族上层分子的阶级实质。

此外，秦律对防止少数民族的某些上层分子的破坏统治秩序的活动，也作了规定。

秦简《法律答问》又说："擅杀、刑、髡其后子，潚之，可（何）谓'后子'，官其男为爵后，及臣邦君长所置后为大（太）子，皆为后子。"说明秦律对"后子"包括臣邦君长的"太子"，加以特别的法律保护，不允许随意对他们加以杀害或刑罚。为什么秦律中专设有保护臣邦君长太子这一条规定，过去未曾有人加以解释。作者认为，这从后代土司制度中可以得到答案。历代少数民族的统治集团，往往因继承人（简文中的"太子"）问题引起争夺残杀，甚至因此酿成大乱。其结果，势必削弱和动摇封建王朝在民族地区的统治地位。为防止或减少这一现象的出现，明清两代对土司承袭法作了专门规定。据此，可以认为秦律保护臣邦君长太子，就是保护臣邦君长的法定继承人，以免太子受到伤害，造成以幼代长、以庶代嫡的纷争事件。因此，以明清土司承袭法，可以说明保护臣邦君长太子这条秦律的来由；反之，这条秦律又可视作土司承袭法的最原始形态。

五、在法律和租赋方面，采取轻于内地的某些措施

秦政权对少数民族地区，是有所照顾的。

在法律上加以宽容。据《后汉书·南蛮西南夷列传》载，秦统一全国之前，曾规定"其（指廪君蛮）民爵比不更，有罪得以爵除"；且曾与板楯蛮刻石盟约，"伤人者死，杀人者以倓钱赎死"，章怀太子注引何承天《篡文》曰："倓，蛮夷赎罪货也。"这就是说，少数民族之人犯法是要加以惩处的。但有罪可用爵位抵消，即使因杀人犯了死罪，也可用货、钱赎免。秦统一全国以后，继续执行这一政策。这从云梦秦简中可以得到证实。《法律答问》中有两处分别写道："真臣邦君公有罪，致耐罪以上，令赎"；"可（何）谓'赎鬼薪鋈足？'可（何）谓'赎宫？'臣邦戎君长，爵当上造以上，有罪当赎者，其为群盗，令赎鬼薪鋈足；其有府（腐）罪，[赎]宫。其他罪比群盗亦如此。"意为：臣邦君长犯了罪可以赎罪。爵位相当于上造者，假若犯了"群盗"罪，可按"鬼薪鋈足"刑赎；假若犯了"腐罪"，可按"宫"刑赎；假若犯了"比（相当）群盗"罪，也按此规定办理。按：群盗罪，秦律规定要斩左趾、黥面，还要服城旦劳役；鋈足鬼薪罪，鋈足为刖足，鬼薪为轻于城旦的一种劳役。这表明，鬼薪鋈足罪要比群盗罪为轻。要言之，少数民族首领犯了罪，不仅可赎免，而且量刑时还可从轻判处。这对于"置天下于法令刑罚"

（贾谊语，见《汉书》本传）的秦王朝说来，不能不说是一种特殊恩遇。而且，秦王朝对臣邦君长的宽贷之举，也为其后历代王朝对南方诸族在法制上的不同治理提供了先例。

与此同时，秦王朝还在租赋上加以区别征收。据《后汉书·南蛮西南夷列传》记载：秦时，廪君蛮“君长岁出赋二千一十六钱，三岁一出义赋八百钱。其民户出幏布八丈二尺，鸡羽三十鍭”，又“复夷人（指板楯蛮）顷田不租，十妻不算”。后一句意为，一户可免交一顷田的租税，虽有十个妻子也不输口算钱。可见，秦对西南夷人征收租赋的特色有二：一是数额较为轻微；二是除交钱、粮外，多数纳幏布、鸡羽一类方物。后世土司制度的赋制，也大体类此。

六、“蛮夷君长”世尚秦女的婚姻关系

据《后汉书·南蛮西南夷列传》载：“及秦惠王并巴中，以巴氏为蛮夷君长，世尚秦女。”

又据云梦秦简《法律答问》载：“‘真臣邦君公有罪，致耐罪以上，令赎。’可（何）谓‘真’？臣邦父母产子及产他邦而是谓真。可（何）谓‘夏子’？臣邦父、秦母谓殹（也）。”意为：只有臣邦父母所生的儿子当了“君公”，才能享受少数民族首领在法律上的优待，若“臣邦父、秦母”所生的儿子当了君公，则作为夏子即秦人后裔对待而不能加以优待了。

可见，从文献记载和出土材料均证明，秦与臣邦君长之间是确实存在婚姻关系的。

这里需要辨明的是，为什么蛮夷君长尚秦女所生的儿子，不能定为少数民族成分呢？有的同志认为“这是因为秦的人口少，作出这样的规定是为了争取人力的缘故”（见于豪亮《秦王朝关于少数民族法律及其历史作用》一文，载《云梦秦简研究》一书）。单纯从人口的角度来解释这条秦律，是说不通的。因为：其一，这条秦律讲的是具有什么样血统的蛮夷君长，才可以享受法律优待的问题，其所涉及的主要不是秦的人口政策，而是民族政策，这是一个基本点，研究这条秦律应从这一前提出发。其二，在“臣邦君公”中，“臣邦父、秦母”（文献所称的蛮夷君长尚秦女）所生的后裔，其数量是极其有限的，这对增加秦国人口可说是无济于事的。其三，臣邦人欲去秦属，本来可以大量增加秦的户口和人力。但上引秦简证明，对此，秦王朝是加以禁止的。可见，增加人口说与秦简记载本身就是互为抵牾的。作者以

为，还是应从秦代的民族政策中寻找答案。这就是：当秦女所生的儿子继位蛮夷君长时，表明经历了相当一段时间之后，秦与臣邦的往来日益密切，秦的影响已逐步扩大；或者说，秦政权要取消蛮夷君长特殊地位的条件已日趋成熟。据此，秦律关于具有秦血统的蛮夷君长，不得享有特殊待遇，当犯罪时应一体惩处的规定，应是秦王朝把通婚用作削弱和控制蛮夷君长的一种手段。

总之，秦政权曾采用嫁女与蛮夷君长的婚姻形式，以达到对属邦加以笼络和控制的目的。这种做法，客观上有利于民族间的往来与融合。其后，汉、唐的“和亲”政策，也可溯源于此。

七、开凿通道

由于社会的和历史的原因，南方诸族多僻处“险绝”的“山壑”之地（《后汉书·南蛮西南夷列传》）。要把这些地区有效地置于中央王朝的管辖、统治之下，就必须开辟道路。

秦时，曾在西南夷开“五尺道”，在越地开“新道”。

《史记·西南夷列传》：“秦时常頞略通五尺道，诸此国颇置吏焉。”何谓“五尺道”，意为其地险扼，故道才广五尺。

《汉书·两粤传》载，通往“南海”有“新道”。所谓“新道”，师古曰：“秦所开越道也。”

汉继秦后，致力于治西南夷道。

《汉书·西南夷传》载，唐蒙通夜郎，置犍为郡后，“发巴蜀卒治道，自僰道指牂柯江”。

《汉书·司马相如传》载，司马相如使西夷邛、筰诸地，置一郡尉、十余县后，曾“通灵山道，桥孙水”，或谓“镂灵山，梁孙原”。所谓“通”“镂”灵山，注引张揖曰：“凿开灵山道”，师古曰：“镂，谓疏通以开道也”；所谓“桥”“梁”孙水，师古曰：“于孙水上作桥也。”即在当地治道、设桥之意。

又，《水经注·江水》卷三三载：“汉武帝感相如之言，使县令南通僰道，费功无成。唐蒙南入，斩之，乃凿山开阁，以通南中，迄于建宁，二千余里，山道广丈余，深三、四丈。其錾凿之迹犹存。”

秦和汉代在越地和西南夷地治道，对加强中央王朝对南方民族地区的治理，对促进当地社会经济的发展，对沟通中原地区与当地的联系，都起了积极作用。而且，也为后代土司制度的建立提供了有利条件。

也应指出，在封建制度下，开凿工程浩大的通道，各族人民是付出了极其昂贵代价的。如《汉书·司马相如传》："唐蒙已略通夜郎，因通西南夷道，发巴蜀广汉卒，作者数万人。治道二岁，道不成，士卒多物故，费以亿万计"；《汉书·食货志下》："唐蒙、司马相如始开西南夷，凿山通道千余里，以广巴蜀，巴蜀之民疲焉。"均是例证。

第二章　汉代对南方诸族的治理

汉承秦制，在治理南方诸族的问题上，同样有许多相类之处。但是，两汉时期所管辖的民族地区大为扩大，所统治的时间又前后长达四百多年，随着统治经验的不断积累，治理南方诸族的政策，又在秦的基础上有所发展。

一、设置“道”“属国都尉”两级地方行政单位

西汉在平定南越之乱后，以南越、西瓯及其相邻之地立为儋耳、珠崖、南海、苍梧、郁林、合浦、交趾、九真、日南等九郡。

汉武帝时，通西南夷，在其地先后置郡。在巴蜀之南置犍为郡（治今四川宜宾），以且兰为牂柯郡（治今贵州黄平西），以邛都为越嶲郡（治今四川西昌东南），筰都为沈黎郡（治今四川雅安南），冉駹为汶山郡（治今四川茂汶县北），白马为武都郡（治今甘肃成县），滇为益州郡（治今云南晋宁）。东汉明帝时，在内附的哀牢夷地区设置永昌郡（治今云南保山），汶山以西（今四川阿坝藏族自治州西部、甘孜藏族自治州和昌都地区）的白狼、槃木、唐菆等部落，也于此时归附于汉。

两汉在民族地区，除置郡、县之外，也独辟有不同的地方行政单位。两汉与秦的不同之处在于：除了继续设置相当于县级的“道”之外，还在中国历史上首次设置了相当于郡一级的“属国都尉”。

“道”。据《汉书》地理志载，西汉平帝时全国共有“道三十二”，分别隶属于南郡、零陵郡、广汉郡、蜀郡、犍为郡、越嶲郡、武都郡、陇西郡、天水郡、北地郡、上郡、长沙国等郡、国。东汉时，在此基础上又有所损益，如蜀道的汶江道、绵虒道均为新置之道（见《后汉书·郡国志五》）。《后汉书·马援列传》中有“檄到亟下县、道”之语，也是东汉续行道制的有力佐证。两汉以后，不复设道，因道与县级原本平行，故往往称道为县，《水经注·江水》卷三三载：“水出绵虒道，亦曰绵虒县之玉垒山”，这是道、县相通的例证。

汉代设道，也可从考古材料中得到印证。如马王堆汉墓地图中，载汉初长沙国境内有箭道、龁道，即是。

“属国都尉”。据《后汉书·百官志五》载，汉武帝时，“置属国都尉，主蛮夷

降者”；汉光武帝时，有诸郡都尉，“唯边郡往往置都尉及属国都尉，稍有分县，治民比郡”。又，据《后汉书·南蛮西南夷列传》载，东汉安帝时，旄牛夷之乱被平定后，“分置蜀郡属国都尉，领四县如太守”。以上记载说明：属国都尉是专门管理少数民族地区而设立的一种地方行政单位；其地位，相当于郡，同样领有属县。其与郡的不同之处，则如同聂崇岐先生在《中国历代官制简述》一文中指出的，属国都尉“在新发展的少数民族地方有之，具有半独立的地位”[①]。关于东汉属国都尉设置的时间和数目，仅西南益州一地，计有永初元年设的犍为属国都尉，永初二年设的广汉属国都尉，延光三年设的蜀郡属国都尉等（见《后汉书·安帝纪》）。

二、保留“蛮夷君长”的统治地位

两汉时，在民族地区更为广泛地推行“蛮夷君长”的统治制度。其中主要记载，如《汉书·西南夷传》载：

> 汉武帝时，“南粤已灭，还诛反者，夜郎入朝，上以为夜郎王”；汉武帝时，以兵临滇，“滇举国降，请置吏入朝，于是以为益州郡，赐滇王王印，复长其民”，师古注“为之长帅”；“西南夷君长以百数，独夜郎、滇受王印，滇，小邑也，最宠焉”。

《汉书·明帝纪》载，始元六年，立西南夷钩町侯毋波为钩町王；王莽时，钩町王虽遭贬，但仍给予侯的称号（见《汉书·王莽传》）。

《汉书·哀帝纪》载，建平三年“立广德夷王弟广汉为广平王”。

《后汉书·光武帝纪下》：“九真徼外蛮夷张游率种人内属，封为归汉里君。”

《后汉书·岑彭列传》载，岑彭“自引兵还屯津乡，当荆州要会，喻告诸蛮夷，降者奏封共君长。”

《后汉书·马援列传》：“成都氐人背公孙述来降者，援皆上复其侯王君长，赐印绶，帝悉从之。”

《后汉书·天文志中》：章帝元和十二年“蜀郡旄牛徼外夷白狼楼薄种王唐缯等

① 聂崇岐：《宋史丛考》，221页。

率种人口十七万归义内属，赐金印紫绶钱帛。”

《后汉书·南蛮西南夷列传》：安帝时“青衣道夷邑长令田与徼外三种夷，三十一万口，赍黄金、旄牛毦，举土内属，安帝增令田爵号为奉通邑君”。

汉代委以“蛮夷君长”统辖其原有部民的权力，还可从出土文物中得到证实。如，1933年云南昭通出土刻有“汉叟君长”的铜印，1958年云南晋宁石寨山出土刻有“滇王之印”的金印，均可说明。

以上材料说明：在广阔的“南蛮”和“西南夷”居地有着为数众多的君长，其得宠者甚至有获得封王之称号者，汉王朝给他们以印绶等信物，假予威权，此即为“有邑君长，皆赐印绶”之意，以示其存在的合法性，这可说是“以方寸之印，丈二之组，填抚方外”（见《汉书·严助传》）之法。汉王朝还允许“蛮夷君长”“复长其民”，即维持其原有的统治而不加干预。在物质上，则给予大量钱币、缯帛、食物等“厚赐”，使其有利可图，夜郎旁小邑就是“贪汉缯帛”、邛筰之君长则欲“得赏赐多”而愿置吏的。

当中央王朝承认“蛮夷君长”的统治地位以后，这些“蛮夷君长”则须承担入朝、效贡纳的义务。如《汉书·淮南王列传》载，文帝时“南海王上书献璧帛皇帝”；《汉书·伍被传》载，“羌、僰贡献，东瓯入朝”；《汉书·司马相如传》载，“南夷之君，西僰之长，常效贡职，不敢惰怠”；《汉书·宣帝纪》载，宣帝神爵元年诏曰，军旅暴露，转输烦劳，其令“蛮夷王侯君长当朝二年者，皆毋朝”；《后汉书·明帝纪》载，永平十七年“西南夷哀牢、儋耳、僬侥、槃木、白狼、动粘诸种，前后慕义贡献”。这意味着：“蛮夷君长”的统治地区纳入中央王朝的版图之内，其与中央王朝存在着君臣隶属关系。

由于汉王朝采用郡守县令与蛮夷君长并行，且用前者钳制后者的统治办法，这两者之间势必发生矛盾，有的还因此引起反叛事件。《后汉书·南蛮西南夷列传》载，汉章帝“建初元年，哀牢王类牢与守令忿争，遂杀守令而反叛”，就是其中一例。

这里尚需指出的是，两汉的“蛮夷君长”可以兼任郡守县令，而明、清的土司制度则是不允许的，这是其与后世的区别。

据《汉书·南蛮西南夷传》载，唐蒙“见夜郎侯多同。厚赐，谕以威德，约为置吏，以其子为令”，师古注：“比之于汉县也”。

《后汉书·南蛮西南夷列传》载，更始二年，邛人长贵率种人攻杀郡守，“自立为邛谷王，领太守事”“光武封长贵为邛谷王，建武十四年，长贵遣使上三年计，天子即授越嶲太守印绶”。

以夜郎王子为县令，以邛谷王兼领越嶲太守情况之产生，其主要原因在于：前者为西汉势力其时尚未及夜郎地，后者为东汉政权建立之初尚无力控制邛地，两者均是临时采取的权宜之计。但就中央集权的制度而言，守、令是随时可予撤换的流官，而少数民族或部落的王侯君长则是世袭的当地酋长，这两者在性质上是不能相混的。后世土司制度均采取流土分治、以流制土的方针。因此，从这一角度来分析，也可说是当时治理民族问题的制度尚不完备所致。

三、加官晋爵，以示恩宠

秦代虽保留“蛮夷君长”“臣邦君公”的称号，但给他们加官晋爵的记载尚不多见。两汉时，则出现对效忠中央王朝的南方诸族的上层分子颁爵封官的大量记载。故史称：“汉氏之后，中国之于夷狄”“申之封拜之宠”（《册府元龟》卷九六三），这是不无道理的。

在汉武帝平南越时，越人归义而被封为侯与将军者二人。据《汉书·南粤传》载：“故归义侯二人为戈船、下濑将军（师古注：从粤来归义而汉封之）”，而《百越先贤志》卷一郑严田甲条更具体指出：“郑严为戈船将军，田甲为下濑将军”“武帝伐南越，二人首以越人归义”。

在汉武帝平南越时，越将或越官降汉被封侯者七人。据《汉书·南粤传》载，“使驰义侯因巴蜀罪人，发夜郎兵，下牂柯江，咸会番禺”，而《百越先贤志》卷一、何遗条则说：“何遗，越人归汉者也”，封为“驰义侯”。《汉书·南粤传》又载，俘获南越相吕嘉的粤郎都稽为“临蔡侯”，降汉的粤揭阳令史定为“安道侯”，以军降的粤将毕取为“膫侯”，谕告瓯骆四十余万口降的桂林监居翁为“湘城侯”，而据嘉靖《广东通志》说，上列四人“皆粤人”。还有，《汉书·景武昭宣元成功臣表》载，南越王兄建德为“术阳侯”，与越王同姓的苍梧王赵光降汉为“随桃顷侯”。

在汉武帝平越王余善之乱时，越王勾践之后裔封侯者五人。据《汉书·东粤传》载，故东越衍侯吴阳反攻越军，为“印石侯”，故东越侯敖参与谋斩余善，为“开陵侯”；故东越繇王居股斩余善，为“东成侯”；东越将多军降汉，为“无锡侯”；故瓯骆将左黄同斩西于王，为“下鄌侯”。

可见，仅汉武帝一朝先后封越人为侯者就达十四人之多。

这些封侯者，也同样有封地。以下鄜侯左将黄同为例，据《汉书·景武昭宣元成功臣表》载，其封地在“南阳”;《水经注·湍水》卷二九则说：湍水“迳南阳郦县故城东,《史记》所谓下郦析也，汉武帝元朔元年，封左将黄同为侯国”，也证实了此说。

这里需要指出的是，汉王朝对南越、东越的降臣降将的分封和蛮夷君长的分封是有区别的。前者，列侯封邑已不在本土，且“惟得衣食税租，不与政事”(《汉书·诸侯王表》)，即只是享受优厚的物质待遇而已；后者，则仍长其民，王侯的封号，则只是表示恩宠的荣誉虚衔。

两汉时，除封爵外，也有加官的。

据《汉书·景武昭宣元成功臣表》载，汉宣帝五凤年间湘城侯居翁之子益昌嗣侯位后，曾为“九真太守”;《后汉书·南蛮西南夷列传》载，汉桓帝时，“生于荒裔”的牂柯人尹珍，曾“官至荆州刺史”。“荒裔”之人，可官至最高地方行政长官，说明两汉时尚能起用有才干的南方诸族出身的上层人物。

除授予实职外，也有委以虚衔的。安帝时，曾封掸国王“雍由调为汉大都尉，赐印绶金银彩缯各有差”(《后汉书·南蛮西南夷列传》)，即属此例。

两汉这种用官爵来笼络南方诸族的领袖人物的做法，从三国时的蜀汉一直至清代均加以沿用。其中，明代可谓发展到顶峰。

四、采用租赋上“优宠”，法制上按“故俗”治的政策

两汉王朝，也依秦旧例，在租赋上加以“优宠”(见《后汉书·南蛮西南夷列传》章怀太子注语)。下面依次以廪君蛮、板楯蛮、武陵蛮、哀牢夷为例，以说明之。

廪君蛮。据载，对其赋税征收法，“汉兴，南郡太守靳强，请一依秦时故事”(《后汉书·南蛮西南夷列传》)。

板楯蛮。因曾为汉先锋，遣还巴中后，“复其渠帅罗、朴、督、鄂、度、夕、龚七姓，不输租赋，余户乃岁出賨钱，口四十”(《后汉书·南蛮西南夷列传》)，或说，“但岁出宝钱每口四十”(《华阳国志·巴志》)。

武陵蛮。据载，秦之黔中郡，“汉兴，改为武陵，岁令大人输布一匹，小口二丈，是谓賨布”(注引《说文》曰：“南蛮赋也”)。又，顺帝永和元年，武陵太守上

书，“以蛮夷率服，可比汉人，增其租赋”；尚书令虞诩反对说，蛮夷“难率以礼，是故羁縻而绥抚之”，且“先帝旧典，贡税多少，所由来久矣”；增赋结果，澧中、溇中蛮“争贡布非旧约”而举种反叛（以上引文均见《后汉书·南蛮西南夷列传》）。

哀牢夷。东汉初，永昌太守郑纯“与哀牢人约，邑豪岁输布贯头衣二领，盐一斛，以为常赋，夷俗安之”（《后汉书·南蛮西南夷列传》）。

据此，可以归结出两汉王朝对南方诸族赋税政策的如下要点：

一是赋税或予免交优待或负担相对为轻。以汉高帝刘邦时的税额为例，规定编户之人，要缴纳十五税一的田赋和成人每人每年一百二十钱的口赋；与此同时，板楯蛮只需每人每年交纳四十钱即可。以此可证其赋额确是不“比汉人”的。

二是征收物，除有的交钱以外，多输方物。从巴氐蛮出“幏布”“鸡羽”，武陵蛮出“賨布”，哀牢夷出“贯头衣”的事例中，可见普遍按当地所产交税。这就是后世所谓的“土贡”。此法，可防止地方官吏利用换算折合的机会造成的上下其手的弊端。这对纳税人说来，也是有利的。

三是税额，一定长期不变。对廪君蛮，甚至采用了后朝完全不改前朝“故事”的做法。对武陵蛮，从西汉王朝建立（前206年）直至东汉顺帝永和元年（136年），中经三百四十多年而税额不变，可见“旧典”“旧约”，“所由来久矣”之言不虚。对哀牢夷，也是定为“常赋”而不变。而稳定税额的目的，在于使“夷俗安之”，以防止统治秩序的破坏；武陵蛮因增赋而反抗一事，也从相反方面揭开了两汉王朝所以采用税额一定长期不变的奥秘所在。

四是赋税优惠政策，是两汉王朝对南方诸族“羁縻而绥抚之”的一种手段，是为其统治目的服务的。

这里还需指出两点：其一，汉代统治阶级从南方诸族的贡赋中还是获得了好处的。如哀牢夷，“汉置永昌郡以统理之，乃收其盐布毡罽之税，以利中土。其国西通大秦，南通交趾，奇珍异宝，进贡岁时不阙”（见《旧唐书·张柬之传》）可证。其二，封建王朝的赋税优惠政策本身，也是不能贯彻始终的。它或是遭到王朝中央本身或是为地方官吏的朘削所破坏。归根结底，这是由封建王朝歧视少数民族的剥削阶级本质所决定的。据《后汉书·南蛮西南夷列传》载，板楯蛮历世忠功，本无恶心，但“长吏乡亭，更赋至重。仆役箠楚，过于奴虏。亦有嫁妻卖子，或乃至自颈割。虽陈冤州郡，而牧守不为通理，阙庭悠远，不能自闻。含怨呼天，叩心穷谷，愁苦赋役，困罹酷刑。故邑落相聚，以致叛戾”。这段话，虽是指板楯蛮而言，却带有普遍性。它一针见血指出，赋税负担的加重，是引起少数民族反抗活动的重要因素之一。

在法制上，两汉时则采取不把汉律强加于民族地区的做法。在未置郡县前，其治以所谓“不用天子法度”（见《汉书·严助传》）或“正朔不及其俗”（见《汉书·终军传》）。即使在设置郡县之后，也仍以其俗治。如《汉书·食货志下》载：“汉连出兵三岁，诛羌，灭南粤，番禺以西至蜀南者置初郡十七，且以其故俗治”，据晋灼释，十七郡为越地之南海、苍梧、郁林、合浦、交趾、九真、日南、珠厓、儋耳，西南夷地之武都、牂柯、越嶲、沈黎、汶山、犍为、零陵、益州。又，据《后汉书·马援列传》载，汉光武时，马援平峤南后，“条奏越律与汉律驳者十余事，与越人申明旧制以约束之”。就是说，在民族地区，往往仍按“故俗”“旧制”即当地的习惯法从事。

五、征发“夷兵”

当少数民族首领归附后，汉王朝把“夷兵”作为一支重要的军事力量加以征发，以为其统治利益服务。这在史籍中有大量记载，其中主要有：楚、汉相争时，汉王刘邦用“夷人（指板楯蛮）还伐三秦，秦地既定，乃遣还巴中”；因有所谓“天性劲勇，初，为汉前锋”（《后汉书·南蛮西南夷列传》）之誉。

汉武帝时，南越反，“上使驰义侯因犍为发南夷兵”（《汉书·西南夷传》）。

汉昭帝时，攻破益州蛮夷反者后，诏曰：“钩町侯毋波，率其邑君长人民击反者，斩首捕虏有功，其立毋波为钩町王”；元凤年间，“度辽将军朋友以羌骑校尉将羌王侯君长以下击益州反虏，后复率击武都反氐”（均见《汉书·昭帝纪》）。

汉安帝元初二年，澧中蛮反，“州郡募五里蛮夷、六亭兵进击”，皆降，“赐五里、六亭渠帅金帛各有差”（《东观汉记》卷三）；元初三年，溇中澧中蛮和零陵蛮分别反后，“州郡募善蛮讨平之”（《后汉书·南蛮西南夷列传》）。

汉桓帝延熹五年，刘尚“广募杂种诸蛮夷”，大破“长沙、零陵贼”（《后汉书·度尚列传》）。

汉灵帝时，板楯蛮反。汉中上计程包对灵帝陈述板楯蛮历世战功时说：“板楯七姓，射杀白虎，立功先世，复为义人，其人勇猛，善于兵战。昔永初中，羌入汉川，郡县破坏，得板楯救之，羌死败殆尽，故号为神兵。羌人畏忌，传语种辈，勿复南行。至建和二年，羌复大入，实赖板楯连摧破之。前车骑将军冯绲，南征武陵，虽受丹阳精兵之锐，亦倚板楯以成其功。近益州郡乱，太守李颙，亦以板楯讨而平之。忠功如此，本无恶心”（《后汉书•南蛮西南夷列传》）。

从以上记载，可得出如下结论：

汉王朝采用“发”“募”的方式，可直接征集和调遣“夷兵”。

（夷兵）“天性劲勇”“善于兵战”，甚有获得“神兵”称号者，因此，它已成为汉王朝须加利用的一支不可缺少的军事力量。

中央王朝调用“夷兵”时，并不打乱其原有的民族或部落组织，仍由其“君长”“渠帅”“精夫”率领其“种人”，以利其战斗力的发挥。

征用“夷兵”的用途有三：一是“为汉前锋”，在西汉王朝的建立过程中，立了汗马功劳，起了积极作用；二是用这一部分种人去镇压另一部分种人的抗命活动，如钩町王的攻破益州蛮夷，昆明夷的击破哀牢夷，板楯蛮的先后战胜羌人、武陵蛮、益州蛮等均属此例；三是利用种人内部自相残杀，最突出的表现是在武陵蛮内部利用“不叛者”“善蛮”去攻打反抗者。这后二者是汉代及其后各朝代利用“夷兵”的主要目的，即历代统治者采用的所谓“以夷制夷”策略的体现。

两汉以后，历代王朝均十分重视组织少数民族武装。由于秦代尚未见有征调“夷兵”的历史记载，两汉“夷兵”，似可说是后代“土兵”的先驱。

六、徙“百越”“巴郡蛮”“南郡蛮”人于内地

秦、汉王朝为了削弱和破坏“蛮夷君长”的势力和统治基础，为了加强对民族地区的控制，采取了徙民于内地的措施。

秦曾徙越人于江东。《史记•越王勾践世家》说，越散后，“诸族子争立，或为王，或为君，滨于江南海上”。这说明越国虽不复存在，但越人首领或称王或为君仍长其民，其势力还是盘根错节不可轻视的。为了改变这种局面，秦始皇对越人实行大规模的迁徙。据《越绝书•越绝外传记吴地传》载：“乌程、余杭、黝、歙、无（同芜）湖、石城县以南，皆故大越徙民也。秦始皇帝刻石徙之”；同书《越绝外传记地传》又载：“是时，徙大越民置余杭、伊攻□，故障。”

两汉王朝，对某些南方民族或部族同样实行强制迁徙的政策。其中，计有西汉时的骆越、瓯越、东越、闽越、南越，东汉时的巴郡蛮、南郡蛮、山越等。

骆越。据《太平寰宇记·山南东道四》引《州郡志》曰："襄阳本汉中庐县地，汉初徙骆越人居之。"《通典·州郡七》也载：襄阳，"汉中庐县也，盖骆越人徙于此。"《后汉书·臧宫列传》载："（建武）十一年，将兵至中庐，屯骆越（李贤注：'中庐，县名，属南郡，故城在今襄州襄阳县南。盖骆越人徙于此，因以为名'。）是时公孙述将田戎、任满与征南大将军岑彭相拒于荆门，彭等战数不利，越人谋叛从蜀。宫兵少，力不能制。会属县送委输车数百乘至，宫夜使锯断城门限，令车声回转出入至旦。越人候伺者闻车声不绝，而门限断，相告以汉兵大至。其渠帅乃奉牛酒以劳军营。宫陈兵大会，击牛酾酒，飨赐慰纳之，越人由是遂安。"可见，西汉初，我国最南端的骆越之人竟远徙至今湖北襄阳一带，且以族称名地；至东汉初，这支越人不仅部族未散仍由其"渠帅"统领，而且子孙繁衍，势力颇大，以致东汉大将也不得不极力加以安抚。

瓯越。《汉书·两粤传》载，汉武帝时，闽越击东瓯，东瓯"请举国徙中国，乃悉与众处江淮之间"。又，《史记·汉兴以来将相名臣年表》载：武帝建元三年"东瓯王广武侯望，率其众四万余人来降，处庐江郡"。汉庐江郡，约当今安徽西部江淮地区。

东越与闽越。《汉书·两粤传》载，汉武帝时，"天子曰，东粤狭多阻，闽粤悍，数反覆，诏军吏皆将其民，徙处江淮之间，东粤地遂虚"。又据《汉书·严助传》载，对于闽越，淮南王曾对汉武帝建言："陛下若欲来内，处之中国，使重臣临存，施德重赏以招致之，此必携幼扶老以归圣德。"

南越。《汉书·严助传》载，汉武帝时，南海王反，派兵击之，"以其军降，处之上淦"。上淦位于鄱阳湖西南，属汉豫章郡，今江西清江县。《汉书·淮南王传》载：汉文帝时，"南海民处庐江界中者反，淮南吏卒击之"。说明豫章、庐江两郡，均有南越徙民。又，《华阳国志·南中志》永昌郡条下载，"孝武时通博南山，度澜沧水、濬溪，置嶲唐、不韦二县，徙南越相吕嘉子孙宗族实之，因名不韦，以彰其先人恶。"关于不韦县之得名，史家说法不一，但曾徙越人于此地之说，则似可信。

越人。据《史记·河渠书》载，汉武帝时，河东有"越人"。此越人属于何支，史无明文。至于其迁徙时间，据"时越人有徙者"（注引如淳曰）之语来判断，应系当时事。

巴郡蛮。据《资治通鉴·汉光武十八年》载，蜀郡守将史歆反，宕渠杨伟等起兵应之，吴汉拔成都、斩史歆后，“乃乘桴沿江下巴郡，杨伟等惶恐解散。后诛其渠帅，徙其党与数百家于南郡、长沙而还。”又，《后汉书·吴汉列传》所载略同。这是蜀中巴郡蛮于东汉初被徙至两湖地区的记载。

南郡蛮。据《后汉书·南蛮西南夷列传》载，汉光武帝时，南郡潳山（今湖北长阳一带）蛮雷迁等反叛，讨破后，“徙其种人七千余口置江夏（今武昌）界中”；和帝时，南郡巫蛮许圣等反，“圣等依凭阻隘”，攻破后，“复悉徙置江夏”；至灵帝时，江夏蛮的势力已发展到数以十万计，且“攻没四县，寇患累年”。可见，其迁至鄂东后，势力日益壮大。

山越。《后汉书·度尚列传》，载，抗徐“初试守宣城长，悉移深林远薮椎髻鸟语之人置于县下”。这是将山居越人移于平地的例证。

从上述记载中，可以得出如下结论：一是迁徙办法：除了部分迁徙外，甚有采用举族全迁者（所谓“举国徙”，“虚”其地即是），除少数自请迁徙外，多取强制手段（所谓“军吏皆将其民”即是）。二是迁徙原因：因其地“狭多阻”，为防止“依凭阻隘”，故徙入“中国”即内地，以削其“悍”，即达到防止少数民族反抗活动的目的。三是地域：其迁徙的范围相当广泛，以越人为例，北至山西（河东），西至四川（不韦县），中至汉水流域（襄阳一带）与江淮流域。

这一徙民措施，收效究竟如何？

东部越人，其地不仅没有“尽虚”，且成了三国时越人斗争的重要区域。据《通典·州郡十二》载，闽越被徙后，其地“后有遁逃山谷者颇出，立为冶县”；又据张勃《吴地理志》载，东瓯虽举国徙江淮之间，但其后“遗人往往渐出，乃以东瓯地为回浦县”（见王谟辑《汉唐地理书钞》）。可见，由于越人采用“逃遁”之法，其后“遗人”渐出，随着生齿日繁，汉王朝又分别在当地设置冶县和回浦县，以管理逃徙的越人及其后裔。而且，到三国时，这些地区又重新成为越人反抗斗争的基地。据《三国志·蒋钦传》载：“会稽冶贼吕合、秦狼等为乱”，波及五县；《三国志·贺齐传》则载，侯官“贼帅张雅，詹强”反，“雅称无上将军，强称会稽太守”，颜师古注《汉书》说，冶“即侯官县也”。可见，三国时，冶（侯官）县山越的力量是相当强大的。至于汉之回浦县地，三国时则属吴的临海郡，而该地也是当时山越活动十分活跃的地区。

南郡蛮徙江夏后，则发展成“北接淮、汝，南极江、汉，地方数千里”（《宋书·夷蛮传》）的、直接威胁南朝统治的一支重要力量。

总之，这一迁徙政策并没有达到统治者的预期目的。既未能消弭留居当地者的宿怨，又引起移居新地者的反抗活动，故其效甚微。

但在客观上，却起到了促进各民族间的交流与融合的作用。应该指出的是，各民族间的影响是相互的。如《史记·河渠书》载："河东渠田废，予越人"；索隐："其田既薄，越人徙居者习水利，故与之"。无疑，当时内徙越人具有的较高的种植水稻与灌溉技术，会在当地加以传播。从中也可见，内徙的南方诸族人对建设内地的贡献。

其后，历代王朝也如秦、汉一样，继续实行迁徙少数民族之人于内地或平地的做法。

第三章　三国时期对南方诸族的治理

三国时期，蜀汉地处西南夷聚居之地，东吴的腹心地带为山越所居，曹魏在与蜀汉、东吴相邻地区也有不少南方民族。而且，三方的统治集团为了在彼此争斗中加强自身力量，都极力争取少数民族首领的支持。因此，民族问题占有特殊的地位。

由于蜀国的民族问题特别复杂，以诸葛亮为代表的统治集团，采取了“西和诸戎，南抚夷越”（《隆中对》）的总方针，用较为审慎和妥善的办法，较好地处理了民族问题，从而对后世土司制度的形成发生了重要影响。故下面叙述三国时期关于南方诸族的治理，以蜀汉为主，东吴、曹魏为辅。

一、“即其渠帅而用之”

蜀汉统治集团，袭用秦、汉分封“蛮夷邑君侯王”之策。其中主要记载有：

五溪蛮夷渠帅受印号。据《三国志·吴书·吴主传》（以下凡引此书，均省去书名《三国志》三字）载：魏黄初二年，“刘备帅军来伐，至巫山、秭归，使之诱导武陵蛮夷，假与印传，许之封赏。于是诸县及五溪民皆反为蜀。”《蜀书·先主传》则载：蜀章武二年二月，“先主自秭归率诸将进军，缘以截岭，于道夷猇亭驻营，自佷山通武陵，遣侍中马良安慰五溪蛮夷，咸相率响应。”《蜀书·马良传》也写道：刘备征东吴时，遣侍中马良“入武陵招纳五溪蛮夷，蛮夷渠帅皆受印号，咸如意指。”

拜叟夷、捉马帅为邑侯。《蜀书·张嶷传》载，叟夷数反，越嶲太守张嶷“将所领往之郡，诱以恩信，蛮夷皆服，颇来降附。北徼捉马最骁劲，不承节度，嶷乃往讨，生缚其帅魏狼，又解纵告喻，使招怀余类。表拜狼为邑侯，种落三千余户皆安土供职。诸种闻之，多渐降服”。

封旄牛夷率为旄牛㽛毗王。据《蜀书·张嶷传》载，汉嘉郡界旄牛夷种类四千余户之率狼路，经张嶷用各种安抚办法争取后，“路乃率兄弟妻子悉诣嶷，嶷与盟誓，开通旧道，千里肃清，复古亭驿。奏封路为旄牛㽛毗王，遣使将路朝贡。”

可见，少数民族首领归附后，蜀汉政权分别给予邑君侯王的称号，“假与印传，许之封赏”。而这些蛮夷君长对蜀汉政权，则“安土供职”“朝贡”称臣、“咸如意指”。其收效是至为显明的。

这种任用原有蛮夷君长统治其民的做法，除上述诸例外，最值得称道的是，诸葛亮平定南中诸郡后采取的“皆即其渠帅而用之”著名之策。当时，一些人对这一做法并不理解，诸葛亮为此作了透辟的分析。据《蜀书·诸葛亮传》注引《汉晋春秋》载，诸葛亮曰：“若留外人，则当留兵，兵留则无所食，一不易也；加夷新伤破，父兄死丧，留外人而无兵者，必成祸患，二不易也；又夷累有废杀之罪，自嫌衅重，若留外人，终不相信，三不易也；今吾欲使不留兵，不运粮，而纲纪粗定，夷、汉粗安故耳。”意思是说：只有不派遣官吏而仍委其渠帅统治南中，才可以不派兵驻扎，不增加经济负担，不造成民族隔阂；这样才能做到，维护蜀汉政权对当地的统治，并使“夷、汉”之间相安无事。这一政策实行的结果，不仅巩固了蜀汉的后方，并为其提供了充足的人力物力资源，使之“国以富饶”（《蜀书·诸葛亮传》）。概言之，诸葛亮的“即其渠帅而用之”之策，就是在秦代的“臣邦君长”制、汉代的“蛮夷君长”制的基础上发展而来的。后世统治阶级中的有识之士，奉此策为治理南方诸族的圭臬。如唐代蜀州刺史张柬之赞叹说：诸葛亮“使其渠率自相统属，不置汉官，亦不留兵镇守”，可谓“妙得羁縻蛮夷之术”（《旧唐书·张柬之传》）。清代贵州巡抚田雯也称誉道：“既平之后，即其渠帅而用之，示以信义，布以德威，俾之分守其土，各部其民，纲纪粗定，而蛮汉相安，此道得也。”（《黔书》卷三，武乡侯词条）

蜀汉政权，除利用蛮夷君长对当地进行统治外，还注意吸收少数民族上层分子参加地方及中央的政权机关，给予较高的政治待遇。

这些参政的少数民族上层分子，大多是效忠蜀汉政权的。其中，较为著名的人物有建宁太守李恢、云南太守吕凯、永昌太守王伉等人。据《蜀书·李恢传》载，李恢，建宁郡人，为“方士大姓”爨习的内侄。刘备入蜀后，即主动投靠，故深得其信任。因他是当地人出身，故委以总摄南中诸郡的庲降都督重任。后带兵跟随诸葛亮南征，“南土平定，恢军功居多，封汉兴亭侯，加安汉将军”。他在任庲降都督期间，为蜀汉政权源源不断地输送军资费用。从李恢取得的战功及政绩本身，也可见蜀汉政权在起用少数民族上层分子之策上是卓有成效的。

而且，诸葛亮在平南中后，还把原来与蜀汉政权有距离的降将也吸收进来，以便取得少数民族上层分子的广泛支持。这方面的代表人物有：建宁（郡治味县，今云南曲靖县南）爨习官至领军将军，朱提（今云南昭通县）孟琰官至辅汉将军，孟获官至御史中丞。孟获，益州大姓，南中之乱被诸葛亮七擒七纵后，表示“南人不复反矣”（《蜀志·诸葛亮传》裴注引《汉晋春秋》）；其后，诸葛亮“收其俊杰”，孟获任“御史中丞”（见《华阳国志·南中志》，杨慎《滇载记》）。据《晋书·职官志》载，“（御史）中丞，外督部刺史，内领侍御史，受公卿奏事，举劾案章。”可证其职至重。这都说明：史誉诸葛亮平南中后，“悉收豪杰以为官属”（元人李京《云南志略》）之言之不虚。

至于东吴政权，也同样采用大批分封少数民族首领的做法。如：

封山越魁帅以各种名号。据《吴书·周鲂传》载：“今举大事，自非爵号无以劝之，乞请将军、侯印各五十纽，郎将印百纽，校尉、都尉印各二百纽，得以假授诸魁帅，奖励其志，并乞请幢麾数十，以为表帜，使山兵吏民，目瞻见之，知去就之分已决，承引所救画定。”这段话，虽是吴将周鲂在假降信中为取得魏大司马曹休信任的建言，但从中可说明，吴、魏为争夺山越是不惜大批颁给其魁帅以将军、侯、郎将、校尉、都尉等印纽信物的。

假宜都蛮夷君长以印。《吴书·陆逊传》载，建安二十四年十一月，孙权“使逊与吕蒙为前部，至即克公安、南郡。逊径进，领宜都太守，……（刘）备宜都太守樊友委郡走，诸城长吏及蛮夷君长皆降。逊请金银铜印，以假授初附。”

保留归附的武陵蛮夷邑侯君长的称号。《吴书·黄盖传》载：“武陵蛮夷反乱，攻守城邑，乃以盖领太守”；盖“诛讨魁帅，附从者赦之”；“诸幽邃巴、醴、由、诞邑侯君长，皆改操易节，奏礼请见，郡境遂清”。

安抚蛮水与汉水间山谷中的夷王。据《吴书·吴主传》载：建安二十五年秋，“魏将梅敷使张俭求见抚纳。南阳阴，酂、筑阳、山都、中庐五县民五千家来附”。此“魏将梅敷”，乃曾为魏将的梅氏夷王之一。《吴书·陆逊传》载，嘉禾五年，孙权使陆逊与诸葛瑾攻襄阳，“夷王梅颐等，并帅支党来附逊，逊倾财帛，周赡经恤”。关于夷王梅氏活动的具体地望，据《吴书·朱然传》裴注引《襄阳记》说：柤中，“魏时夷王梅敷兄弟三人，部曲万余家屯此，分布在中庐、宜城西山鄢、沔二谷中，土地平敞，宜桑麻，有水陆良田，沔南之膏腴沃壤，谓之柤中。”文中所谓鄢、沔二谷，鄢水即今蛮水，沔水为汉水，即夷人处于蛮水与汉水之间的山谷。上述记载表明：东吴政权对归附的柤中夷王，加以“抚纳”，不仅不取消其王号，而且还尽力以财帛周济。

曹魏政权也任用巴夷、賨民等西南夷人为官。据《魏书·武帝纪》载，建安二十年九月“巴七姓夷王朴胡、賨邑侯杜濩举巴夷、賨民来附，于是分巴郡，以胡为巴东太守，濩为巴西太守，皆封列侯”。企图以此扩大曹魏的势力范围，并利用少数民族的力量来扰乱和破坏蜀汉的后方。

二、“供出官赋”

三国时期，魏、蜀、吴各据一方，连年征战，国库空虚，对少数民族的经济剥削，也随之加强，如蜀汉对南中蛮夷、东吴对山越都科以重赋。

关于蜀汉对西南诸族征收赋税的主要记载有：

《蜀书·诸葛亮传》：诸葛亮平南中之乱后，“军资所出，国以富饶，乃治戎讲武，以俟大举”。

《蜀书·李恢传》：南中归附后，“赋出叟、濮耕牛战马金银犀革，充继军资，于时费用不乏”。

《蜀书·张嶷传》：越巂郡属“定筰、台登、卑水三县去郡三百余里，旧出盐铁及漆，而夷徼久自固食。”太守张嶷率所部夺取，署长吏后，重申恩信，“遂获盐铁，器用周赡”。

《华阳国志·南中志》：南中“出其金、银、丹、漆、耕牛、战马，给军国之用”。

《蜀书·谯周传》：南方远夷之地，本来无所供为，自诸葛亮南征后，从此“供出官赋，取以给兵，以为愁怨，此患国之人也”。

《蜀书·杨戏传》载：杨戏著《季汉辅臣赞》，其中有“广迁蛮、濮，国用用强”之语。

《蜀书·张嶷传》裴注引《益部耆旧杂记》载：牙门将张嶷随讨汶山郡羌人，使译告晓之曰“汝等若稽颡过军，资给粮费，福禄永隆，其报百倍”“耆帅得命，即出诣嶷，给粮过军”。

《蜀书·杨戏传》裴注引《益部耆旧杂记》载：王嗣为汶山太守，绥集羌、胡，大将军姜维每出北征，“羌、胡出马牛羊毡毦及义谷裨军粮，国赖其资”。

以上记载说明：蜀国对西南诸族制定了专门的赋税制度即“官赋”。

赋的征收物为土产，其中包括金、银、盐、铁、丹、漆、犀革、马、牛、羊、毡及粮食诸项。

向西南诸族征收的赋税收入，对蜀国的经济、军事起着重大作用。这从“费用不乏”“器用周赡”“国用用强”“国赖其资”“军资所出，国以富饶”的用词造句中可见。

西南诸族的赋税负担是沉重的。由于蜀汉政权极力搜刮，引起西南诸族的“愁怨”，以致成了“患国之人”。

东吴对山越的征赋，也是苛重的。

东吴立国之前，地处深远险阻之山越则历代均未曾交赋，如《吴书·诸葛恪传》载，丹阳“地势险阻”“周旋数千里，山谷万重”“逋亡宿恶，咸共逃窜，……自前世以来，不能羁也”。即使靠近内地之山越，也只按历代统治者征收的惯例交纳一些土产而已，如《吴书·太史慈传》裴注引《江表传》载：“海昏（今江西永修县）有上缭壁，有五六千家相结聚作宗伍，唯输租布于郡耳。”

东吴政权建立后，山越的赋税负担剧增。东吴统治集团在每一次镇压山越的反抗以后，就大量掳掠人口，使之置于封建国家的控制之下。据载：陆逊在部伍三郡后，以“羸者补户”（《吴书·陆逊传》）；贺齐在平豫章东部“贼乱”后，拣其“次为县户”（《吴书·贺齐传》）。所谓为“户”，意指在地方户籍上登记落籍，从此按籍交赋服役，即孙权诏书中所谓的“得恶民以供赋税”（《吴书·吕岱传》）之意。

概言之，东吴政权在使用武力征服山越后，把他们编入户籍。从此，作为“编户齐民”，与内地汉民承担无任何差异的赋税负担。

东吴对岭南夷人，也行“科实户口”，以致引起当地兵民的反抗。如《吴书·三嗣主传》载：天纪三年“郭马反。马本合浦太守脩允部曲督。允转桂林太守，疾病，住广州，先遣马将五百兵至郡安抚诸夷。允死，兵当分给，马等累世旧军，不乐离别。皓时又科实广州户口，马与部曲将何典、王族、吴述、殷兴等因此恐动兵民，合聚人众，攻杀广州督虞授”。又，交州（治番禺，今广州）之民，除供租赋外，还需交纳宝玩异物。如《吴书·薛综传》载，薛综上书曰：交州“土广人众，阻险毒害，易以为乱，难使从治。县官羁縻，示令威服，田户之租赋，裁取供办，贵致远珍名珠、香药、象牙、犀角、玳瑁、珊瑚、琉璃、鹦鹉、翡翠、孔雀、奇物，充备宝玩，不必仰其赋入，以益中国也。”

此外，须附及的是，曹魏对内迁的少数民族之人，也是“家使出谷”（《魏书·郭淮传》)、“输租调”(《魏书·牵招传》)、“服事供职，同于编户”(《魏书·梁习传》)。

三、兵役与杂役

三国时期，由于人口锐减，而频繁的征战又需要大量兵力，因此，各国统治者都把刚猛的少数民族作为重要兵源，有的还专门组成精锐的民族军队。

蜀汉，早在刘备入蜀以前，蜀中已有由当地少数民族组成的军队。据载：董卓策动益州校尉，使引兵还击益州牧刘焉，“焉出青羌与战，故能破杀”(《蜀书·刘焉传》裴注引《英雄记》)；刘焉的继位者刘璋，“曾遣别驾从事蜀郡张肃送叟兵三百人”给曹操（见《蜀书·刘璋传》)；刘璋时，汉昌“县有賨人，种类刚猛，……巴西太守庞羲以天下扰乱，郡宜有武卫，颇招合部曲”(《蜀书·杨戏传》)，或说庞羲“召汉昌賨民为兵”(《华阳国志·刘二牧志》)。这些记载表明，早在刘焉刘璋父子治蜀时，蜀中已有由賨、叟、青羌诸族组成的以能“破杀”著称的劲旅。

蜀汉立国后，对少数民族军队的组织更为重视。如《魏书·胡昭传》载，“建安二十三年，陆浑长张固被书调丁夫，当给汉中。百姓恶惮远役，并怀扰扰”，陆浑民孙狼等因兴兵攻，“遂南附关羽，羽授印给兵”，还扰曹魏；《吴书·陆逊传》：“秭归大姓文布、邓凯等合夷兵数千人，首尾西方，逊复部旌讨破布、凯。布、凯脱走，蜀以为将”；《华阳国志·南中志》载，蜀汉“移南中劲卒青羌万余家于蜀，为五部”；《华阳国志·巴志》载：“延熙十三年，大姓徐巨反，车骑将军邓芝讨平之，……乃移其豪徐、蔺、谢、范五千家于蜀为猎射官”，又称“(涪陵郡）多獽蜑之民，……蜀丞相亮亦发其劲卒三千人为连弩士”。以上记载说明，蜀汉曾以陆浑、夷、青羌、巴、獽、蜑诸族人为兵。特别需要指出的是，诸葛亮在《后出师表》中说：“賨、叟、青、羌散骑、武骑一千余人，此皆数十年之内所纠合四方之精锐，非一州所有，若复数年，则损三分之二也，当何以图敌？”他把賨、叟、青羌精锐尚在，作为需及时出师伐曹的六个因素之一，并指出这支劲卒是经数十年苦心经营才组织训练而成的；从中可见，少数族兵在蜀汉军队中占有极其重要的地位。

东吴，利用山越为兵，可谓史不绝书。《吴书·贺齐传》载：贺齐讨建安山越，“料出兵万人”；讨鄱阳山越“料得精兵八千人”；平豫章东部山越，“拣其精健为兵”。《吴书·陆逊传》载，陆逊“部伍东三郡，强者为兵，……得精卒数万人”；破鄱阳山越，“料得精兵八千余人”。《吴书·诸葛恪传》载，诸葛恪以为，若征役丹阳山越，“三年，可得甲士四万”，结果如其所料。《吴书·凌统传》载，凌统讨浙东山民，“得精兵万余人”。《吴书·钟离牧传》载，钟离牧平建安、鄱阳、新都山越后，“出其部伍，以充兵役”。《吴书·张昭传》载，张昭子张承平长沙西部山越，“得精兵万五千人”。《吴书·周鲂传》载，吴主拟“大合新兵，并使潘濬发夷民，人数甚多”以攻石阳。综合上述记载，得知山越为兵的数字当在十万人以上，其数是相当惊人的。而且这些山越兵，又被誉为“虎士”（见《吴书·诸葛恪传》），富有战斗精神。因此，可以毫不夸张地说，山越精兵已构成孙吴的基本军事力量。

东吴还利用岭南兵。据《吴书·步骘传》载：“延康元年，权遣吕岱代骘，骘将交州义士万人出长沙。会刘备东下，武陵蛮夷蠢动，权遂命骘上益阳。备既败绩，而零、桂诸郡犹相惊扰，处处阻兵，骘周旋征讨，皆平之。”此为以“交州义士”攻武陵蛮夷之例。又，《吴书·陆凯传》附传载，陆胤为安南将军“复讨苍梧建陵贼，破之，前后出兵八千余人，以充军用。”

需要指出的是，在东吴的由少数民族组成的军队中，也有的因训练不足而缺乏战斗力，都督信陵、西陵、夷道、乐乡、公安诸军事陆抗所统“夷兵”即一例。据《吴书·陆逊传》附传载，陆抗率三军与晋荆州刺史杨肇相抗于西陵，时陆抗部将营都督俞赞亡诣肇，“抗曰：‘赞军中旧吏，知吾虚实者，吾常虑夷兵素不简练，若敌攻围，必先此处。’即夜易夷民，皆以旧将充之。明日，肇果攻故夷兵处”。

曹魏，也有由少数民族人组成的军队。据《昭明文选》卷四四载，陈琳为曹操檄吴将校部曲文中说，曹军中包括有“羌”“僰”“武都氐、羌”诸族。

三国时期少数民族之人除应征募服兵役外，尚需从事其他如筑城、转输诸项的力役。《蜀书·张嶷传》载：越嶲太守张嶷“以郡郛宇颓坏，更筑小坞。在官三年，徙还故郡，缮治城郭，夷种男女莫不致力”；《魏书·曹爽传》载，正始五年，曹爽西至长安，大发卒六七万人，从骆谷入，伐蜀，“是时，关中及氐、羌转输不能供，牛马骡驴多死，民夷号泣道路”。这反映了当时少数民族之人的力役负担也是繁重的。

四、徙边民于内地，出山民于平川

三国时期，对少数民族实行大批徙民。

蜀汉。据《蜀志·李恢传》载：诸葛亮南征军还后，南夷复叛，李恢率军往讨，“徙其豪帅于成都”。《蜀书·张嶷传》裴注引《益部耆旧传》载：平南事讫，牂牁兴古僚种复反，张嶷往讨，“内招降得二千人，悉传诣汉中”。《蜀书·后主传》载：建兴十四年，“徙武都氐王苻健及氐民四百余户于广都”；延熙十年，“凉州胡王白虎文、治元戴等率众降，卫将军姜维迎逆安抚居之于繁县”；延熙十七年，姜维出陇西，“冬，拔狄道、河关、临洮三县民，居于绵竹、繁县”，当时陇西一带满布羌人，故徙狄道三县民中当有不少羌人。此外，《滇载记》诸籍还记载诸葛亮鼓励游牧部落出山务农，即所谓“渐去山林，徙居平地，建城邑，务农桑”。

东吴。在征服各地山越后，多强迫其迁于平原，编入户籍，加以控制。《吴书·张温传》载，骆统疏云：“宿恶之民，放逸山险，则为劲寇；将置平土，则为健兵”。《吴书·诸葛恪传》载，诸葛恪敕下曰：“山民去恶从化，皆当抚慰，徙出外县，不得嫌疑，有所执拘”；山民因此“知官惟欲出之而已，于是老幼相携而去”。《吴书·周鲂传》载，豫章、临川等郡山越帅董嗣被杀，其弟降，“乞出平地，自改为善。由是数郡元复忧惕”。

曹魏。东汉时，今鄂西、川东的廪君蛮与板楯蛮，汉末纷纷北入汉中，并逐渐融合，称为巴人或賨人。曹操把他们迁入略阳，与氐人杂处，故又被称为巴氐。关于此事，史籍多有记载。如《华阳国志·李特志》：“魏武定汉中，（李特）祖父虎与杜濩、朴胡、袁约、李黑等，移于略阳，北土复号日巴氐”；《华阳国志·汉中志》：“魏武以巴夷王杜濩、朴胡、袁约为三巴太守，留征西将军夏侯渊及张郃、益州刺史赵颙等守汉中，迁其民于关陇”，《晋书·李特载记》：“魏武帝克汉中，特祖将五百余家归之，魏武帝拜为将军，迁于略阳，北土复号之为巴氐”；《太平御览》卷三二三引《十六国春秋》：“及魏武克汉中，特祖父虎归魏，魏武嘉之，迁略阳，内徙者亦万余家。散居陇右诸郡，及三辅、宏农，所在号为巴人”。又，魏齐王曹芳时，“柤中夷”曾大批迁至汉水北岸。据《晋书·宣帝纪》载：正始七年春正月，“吴寇柤中，夷夏万余家避寇北渡沔。帝以沔南近贼，若百姓奔还，必复致寇，宜权留之，曹爽曰：‘今不能守沔南而留百姓，非长策也。’”

三国时期，大规模地把少数民族人徙向内地或平川，除了消弭他们的反抗斗争（所谓“去恶从化”）之外，还有其特殊重要的社会历史原因。由于东汉末年，农民大量破产流亡，加之征战频仍，导致人口急剧下降，生产遭到严重破坏。在这种情况下，各国统治者十分需要利用各族人民作为补充兵力（所谓变“劲寇”为“健兵”），补充农业劳力（所谓“务农桑”）的重要来源，故纷纷把他们徙入内地，使之成为封建国家的编户齐民。可见，三国时期，对少数民族人的内徙与供官赋、充兵役是互为联系的，是统治阶级加强对少数民族剥削和奴役的重要表现。但在客观上，这也促进了内徙的少数民族社会经济发展和各民族间的融合。

第四章　晋代对南方诸族的治理

西晋短期统一后，全国较长时期陷入分裂状态。秦汉时期，由于中央集权政府的严密控制，国内民族间的差异和矛盾，往往在某种程度上被掩盖下来；一旦这种控制松弛下来，民族问题就更突出了。这时，不仅内徙的西北边疆各族，构成了对晋王朝的严重威胁，而且原来定居内地的南方诸族，也或者突然涌现出来，或者努力蔓延开去。这一时期，南方民族种类繁多，按大的类别而言，计有越、蛮、僚、巴、爨等族。在长期动乱中，由于民族斗争十分激烈，由于各族间的相互往来更为频繁和密切，因而大大加速了民族融合的进程。因此，晋代的南方民族问题，在中国民族发展史上，占有重要地位。

晋王朝为了处理南方诸族的问题，设置了专门治理“蛮夷”的机构，并采取了一系列措施。

一、设置诸“蛮夷”校尉、“平越中郎将”“镇蛮护军”等治理“蛮夷”的职官

晋代，设立了诸“蛮夷”校尉、“平越中郎将”“镇蛮护军”等专门治理“蛮夷”的职官和机构。下面拟就其设置的地点、经过、原因、职能、属官诸方面，分别加以概述。

（一）南蛮校尉

其始是“武帝置南蛮校尉于襄阳”。其后有所变化，惠帝元康中“南蛮校尉为荆州刺史”；“及江左初，省南蛮校尉，寻又置于江陵”（见《晋书·职官志》）此为有晋一代南蛮校尉一职的始末。

首次设此职的具体年代。据西晋末年的傅畅《晋诸公赞》中说，王戎在泰始九年（273 年）的职衔为“荆州刺史、扬烈将军，领南蛮校尉”（见《太平御览》卷二四二），这是南蛮校尉一职最早见诸史籍的记载。故可断定，此职的始设不晚于晋泰始九年。

晋代南蛮校尉多由荆州刺史兼领。据《晋书》记载，刘弘、周颤、桓豁、桓冲、

王舒、王廙、魏詠之、桓温、桓玄、桓伟、司马休之、陶侃、石崇等人均属此例。

也有由郡守兼领者。如《晋书·陶侃传》附传载：陶称为“南平太守、南蛮校尉”；《晋书·庾亮传》附传载：庾翼“迁南蛮校尉，假南郡太守”；《资治通鉴》晋安帝义熙十四年载：太尉刘裕“以南郡太守到彦之为南蛮校尉”。

也有不由刺史、太守兼领而另委人担任者。如：“又进（庾）翼征西将军，领南蛮校尉”（《晋书·庾翼传》）；隆安中，诏曰：“故南蛮校尉殷颛忠绩未融，奄焉陨丧，可赠冠军将军”（《晋书·殷颛》传）；桓伟为“辅国将军、南蛮校尉”（《晋书·桓玄传》）；“诏以宁朔将军、领南蛮校尉刘弘镇宛”（《晋书·张昌传》）；王敦构难，“遣南蛮校尉魏义、将军李恒、田嵩等甲卒二万”以攻之（《晋书·宗室传》）。上述诸例，即“晋宋之际，刺史多不领南蛮，别以重人居之”（见《南齐书·豫章文献王传》）之谓。

更可异者，有二人同时并领南蛮校尉者。据《晋书·哀帝纪》载：兴宁三年二月“以右将军桓豁监荆州扬州之义城雍州之京兆诸军事、领南蛮校尉、荆州刺史；桓冲监江州荆州之江夏随郡豫州之汝南西阳新蔡颍川六郡诸军事、南中郎将、江州刺史，领南蛮校尉，并假节”。即南蛮校尉分别由荆州刺史和江州刺史二人兼领。荆州刺史领南蛮校尉，这是通例，问题在于为何江州刺史桓冲同时也领此职。可作如下解释：这是由于桓冲被委以监荆州之江夏随郡诸军事之任，而这些地区恰好正是“西阳蛮”出没之地，为重其震慑蛮人之权，故有此授。

诸蛮夷校尉，均准予立府，故“各有长史、司马”（见《资治通鉴·晋惠帝永康元年》胡三省注）。南蛮校尉也有此类属官。其中主要记载有：南蛮校尉刘弘“遣南蛮长史陶侃为大都护”（《晋书·刘弘传》）；杜曾官“至南蛮司马”（《晋书·杜曾传》）；“南蛮参军庾彬”（《晋书·桓玄传》）；“郗僧施为南蛮校尉后军司马”（《资治通鉴·晋安帝义熙八年》）；太尉刘裕任命南蛮府官属，以“张邵为司马、领南郡相，冠军功曹王昙首为长史”（《资治通鉴·晋安帝义熙十四年》）。关于南蛮校尉府属官的地位。据载：南蛮校尉庾翼疾笃，以“司马朱焘为南蛮校尉”（《晋书·庾亮传》附传）；刘毅为荆州刺史，“毅谓左卫将军刘敬宣曰：‘吾忝西任，欲屈卿为长史南蛮，岂有见辅意乎’”（《资治通鉴·晋安帝义熙八年》）。从司马升任校尉，以高级武官职左卫将军为长史的事例中，可见其地位之重要。

宁蛮校尉。其设置较晚，据《晋书·职官志》载，东晋末，“及安帝初，于襄阳置宁蛮校尉”。大致过程是：东晋孝武帝年间，完全控制了襄阳地区，并在该地侨置雍州；安帝义熙元年（405年），在雍州（治襄阳）设置宁蛮校尉，由鲁宗之以雍州刺史兼领。由于此职在有晋一代设置，时间只有十五年左右，故史书对此记述甚少。

西夷校尉。其建制概况，据《华阳国志·大同志》载：“以蜀多羌夷，置西夷府，以平吴司张牧为校尉，持节统兵，州别立治，西夷置蜀，各置长史司马。”

治所。除上引“西夷治蜀”的记载外，胡三省则说：“晋置西夷校尉于汶山”（《资治通鉴·晋惠帝永康元年》注）。

此职为对付益州北部的羌人而设。其时羌人势力甚盛，据《资治通鉴·晋武帝泰始八年》载：“汶山白马胡侵掠诸种”，《资治通鉴·晋惠帝永宁元年》载：“汶山羌反”，均可证。这和“蜀多羌夷”之说是可以互相印证的。

曾任西夷校尉者。如《晋书·惠帝纪》载，永康元年有“西夷校尉陈总”，此为专领。《晋书·毛晋传》载，安帝时，文处茂为“辅国将军、西夷校尉、巴西梓潼二郡太守”，《宋书·沈演之传》载，东晋时，演之父叔任“平蜀之功，亚于元帅，即本号为西夷校尉、巴西梓潼郡太守，戍涪城”，此为郡太守兼领。《晋书·朱序传》载，朱序父焘“以才干历西蛮（夷）校尉、益州刺史”，此为州刺史兼领。

南夷校尉。据《华阳国志·大同志》载，晋武帝太康五年“罢宁州诸郡，还益州。置南夷校尉，持节如西夷，皆举秀才廉良。”关于始设时间，说法不一。《晋书·地理志上》记为太康三年，而《资治通鉴》也作太康五年，据胡三省注引《考异》曰：“今从《华阳国志》”。又，据载李毅（见《华阳国志·大同志》）、吕祥（见《蜀书·吕凯传》裴注引《蜀世谱》）均曾为南蛮校尉。

治所。胡三省说：“南夷校尉于宁州”（《资治通鉴·晋惠帝永康元年》注）。

职能。管理辖区内蛮夷事务。据《晋书·惠帝纪》载，永平元年南夷二十四部“诣校尉内附”，便是例证。

演变。设置之初，由于废宁州入益州，故“南蛮校尉统南中诸郡”。至惠帝太安元年十一月，“复置宁州”（均见《资治通鉴·晋惠帝太安元年》）。从此，该职往往为宁州刺史兼领，如惠帝末以王逊为“南夷校尉、宁州刺史”（《晋书·王逊传》）。及江左初“改南夷校尉曰镇蛮校尉”（《晋书·职官志》），故又有“宁州置镇蛮校尉”（《隋书·百官志上》）之称。

尚需指出的是，由于蛮夷校尉往往由将军、所在治所刺史兼领，故合称为“三府”。如《资治通鉴·晋怀帝永嘉四年》载：“三府官属表巴东监军南阳韩松为益州刺史”，胡注：“三府，平西将军府、益州刺史府、西戎校尉府，皆罗尚兼领也。”又如，王逊兼领安南将军府、南夷校尉府、宁州刺史府（见《晋书·王逊传》）。

总而言之，晋代首次在南方少数民族地区设置了诸“蛮夷”校尉，其后为南朝所承袭。设置校尉一职的作用，据《南齐书·州郡志下》载，为“部领蛮左，故别置蛮府焉”，即为专司“蛮夷”事务而设。其等级“为第四品”，地位高于一般州刺史而相当于“刺史领兵者”（《宋书·百官志下》），即为地方最高行政、军事长官。这些机构的设立，既表明晋与南朝的统治者对南方民族问题的重视，也反映了这一时期南方诸族在中国历史上起着日益重要作用的历史事实。

（二）平越中郎将

据《晋书·职官志》载：“武帝又置平越中郎将，居广州，主护南越。”此职，史籍归为“杂中郎将”（见《通典·职官十一》卷二九等）之属。多兼领广州刺史并持节为之，以重其权。如，阮孚“除都督交广宁三州军事、镇南将军、领平越中郎将、广州刺史、假节”（见《晋书·阮籍传》附传）。又，孔汪（见《晋书·孔愉传》附传）、邓岳及其弟邓逸（见《晋书·邓岳传》）、嵇含（见《晋书·忠义传》）等，也属此例。

平越中郎将虽一律兼领广州刺史，但却有不持节的例外。如，《晋书·明帝纪》载，太宁三年，以“湘州刺史刘颢为平越中郎将、都督广州诸军事、广州刺史”，《晋书·卢循传》载，晋朝廷曾假卢循“征虏将军、广州刺史、平越中郎将”。

其职能为镇抚“南越”（《晋书·王机传》）即南岭越人。如，孔汪“假节、都督交广二州诸军事、征虏将军、平越中郎将、广州刺史，甚有政绩，为岭表所称”。此即“主护南越”之谓也。

（三）镇蛮护军

据《宋书·百官志下》载：“魏、晋有杂号护军，如将军，今犹有镇蛮、安远等护军。镇蛮以加庐江、晋熙、西阳太守”。

镇蛮护军，史籍最早见之于东晋。而且，东晋桓云、刘敬宣等人都是以持节都督的职位兼领镇蛮护军的（分见《晋书·桓彝传》附传、《宋书·刘敬宣传》）。持节都督官品为二品，而属杂号护军的镇蛮护军则仅为六品；以二品持节都督兼领六品护军，可证镇蛮护军具有特殊重要的地位。

晋代也有镇蛮护军以加西阳太守之例，桓玄、桓石秀等人即是（均见《晋书·桓彝传》附传）。除此之外，还有以加谯、安丰、淮南、汝阴郡太守和梁国内史的。如：桓冲“领镇蛮护军、西阳、谯二郡太守”（《晋书·桓彝传》附传）；义熙五年，刘敬宣为“镇蛮护军、淮南、安丰二郡太守、梁国内史”（《宋书·刘敬宣传》）；义熙八年，向靖为“镇蛮护军、汝阴二郡太守、梁国内史”（《宋书·向靖传》）。上述诸郡国均在西阳郡以东的今豫南、皖西地区。由此可以得出结论说：晋代镇蛮护军一职，正是专门对付以西阳蛮为中心的东部蛮人而设的。

晋代还有宁蛮护军。如《宋书·朱龄石传》载：东晋义熙年间，卢循平，以为宁远将军、宁蛮护军、西阳太守；《宋书·虞丘进传》载：义熙八年，虞丘进，除宁蛮护军、寻阳太守。西阳与寻阳二郡均为当时西阳蛮出没之地。可见，宁蛮护军一职，也是专为镇抚西阳蛮而设。

二、晋王朝对南方诸族的主要措施

晋王朝对南方诸族所采取的措施，其要点可归纳如下。

以“蛮酋”为长。以“蛮夷”聚居的南中之地为例，主要记载有：

元代李京《云南志略》载，“晋武帝时，以爨深为兴古太守，今曲靖也，今有庙在晋宁州。”

《新唐书·南蛮传下》两爨蛮条载，西爨“七世祖晋南宁太守”。

《资治通鉴·晋愍帝建兴四年》载，“宁州刺史王逊，严猛喜诛杀。五月，平夷太守雷炤、平乐太守董霸帅三千余家叛”，此带领其部族为叛的平夷和平乐太守，当为本地土酋。

《华阳国志·南中志》载，东晋元帝时，建宁郡大姓孟才曾被派往牂牁郡担任太守。

《资治通鉴·晋明帝太宁三年》载，尹奉代王逊为宁州刺史。“先是，王逊在宁州，蛮酋梁水太守爨量、益州太守李逷皆叛附于成，逊讨不能克。奉至州，重募徼外夷刺爨量，杀之，谕降李逷，州境遂安。”胡三省注引沈约曰：梁水太守“盖先以授蛮酋，杀爨量之后，始用王官也。……惠帝太安二年，分建宁以西七县别立益州郡，怀帝永嘉二年更名晋宁郡。此复有益州太守，盖亦以为位号，授蛮酋也。”

除授“蛮酋”为南中本土官一事，也可从考古材料中得到证实。如《晋爨宝子碑》记：晋安帝时，爨宝子曾袭官振威将军、建宁太守。[①]

晋王朝在其他民族地区奉行此策的事例，也不乏见。如晋王朝即曾封鄂、川边区“夷”人为官。据《南齐书·蛮传》载：“晋太兴三年，建平夷王向弘、向瓂等诣台求拜除，尚书郎张亮议：‘夷貊不可假以军号。’元帝诏特以弘为折冲将军、尚平乡侯，并亲晋王，赐以朝服。”

以上材料说明：晋王朝为了笼络少数民族首领，往往不用“王官”，而由“蛮酋”担任少数民族聚居地的行政长官；赐予“夷王”以王、侯、将军名号；甚至新增徒有虚名的州郡“位号”，以“授蛮酋也”，这就出现了在不同地域中有相同的“益州郡”的奇特现象。

此外，晋王朝对接受汉文化影响较深且实际上已加入晋统治集团行列的少数民族上层分子，更是委以重任。据载，蜀汉时出身于南中大姓的云南太守吕凯死后，其子吕祥嗣。“吕祥后为晋南夷校尉，祥子及孙世为永昌太守。李雄破宁州，诸吕不肯附，举郡固守。”（《蜀书·吕凯传》裴注引《蜀世谱》）吕氏世代为晋官，即属此例，而“诸吕”效忠晋王朝，则可证此策的收效。

在法制上，晋法往往不能行之于“蛮酋”统治的地区。这样，出现了大批犯法的汉民逃入民族地区的现象。如《晋书·周访传》附传载，王敦败，其党徒周抚、邓岳同亡，“共入西阳蛮中，蛮酋向蚕纳之。初，岳为西阳，欲伐诸蛮，及是诸蛮皆怨，将杀之。蚕不听，曰：‘邓府君穷来归我，我何忍杀之！’由是俱得免”（《晋书·邓岳传》也有相类记载）；《资治通鉴·晋恭帝元熙元年》：晋宗室司马楚之，因统治阶级内争，为避杀身之祸而“亡匿竟陵蛮中”；《华阳国志·南中志》：“世乱犯法，辄依之藏匿。或曰，有为官所法，夷或为报仇，与夷至厚者，谓百世遑耶，恩若骨肉，为其逋逃之薮。故南人轻为祸变，恃此也”。可见，亡匿者，不仅有受统治者迫害的劳动人民，而且也有因统治集团内部互相倾轧而失利的上层人物。这些人进入民族地区后，促进了民族间的相互了解，甚至结成了“恩若骨肉”的深厚之情。

① 见孙太初：《云南古代石刻丛考》，北京，文物出版社，1983。

晋王朝对民族地区征取租调是有定制的。据《晋书·食货志》载："制户调之式：丁男之户，岁输绢三匹，緜三斤，女及欢丁男为户者半输。其诸边郡或三分之二，远者三分之一。夷人输賨布，户一匹，远者或一丈""远夷不课田者输义米，户三斛，远者五斗，极远者输算钱，人二十八文"。从中可见：夷人的户调不及汉区的三分之一；远夷不交田税，只输义米或算钱。这体现了晋王朝对民族地区的照顾。遇天灾，还有免征边郡户调之例。如，《晋书·武帝纪》载，泰始七年，大雩，"诏交趾三郡、南中诸郡，无出今年户调。"对无有田农者，则征收土产。合浦越人（后世蜑民）输珠，即是一例。据《晋书·陶璜传》载，陶璜上言："合浦郡土地硗确，无有田农，百姓唯以采珠为业""又所谓猥多，限每不充。今请上珠三分输二，次者输一，粗者蠲除。"

民族地区的徭役也较少。如《晋书·陶璜传》载："广州南岸，周旋六千余里，不宾属者乃五万余户，及桂林不羁之辈，复当万户。至于服从官役，才五千余家。"可见，广州、桂林等"蛮越"之地，服役者只占极少数。

因此，时人往往把是否输赋服役作为区别汉民与南方少数民族之人的标志。如《晋书·刘毅传》有刘毅"经涉蛮、晋"一语；胡三省对此释道："西阳上下群蛮所居之地，谓之蛮；其为王民应租税征役者，谓之晋"（《资治通鉴·晋安帝义熙六年》胡注）。换言之，未成为晋王朝的编户齐民者即为蛮夷之人。这也可说明，晋王朝对南方诸族的控制是较为松弛的，并不强求其交租服役，仅是羁縻而已。

由于民族地区赋役轻于汉区，甚至可不输赋供役，故苦于"侵扰不已"的汉民，纷纷"逃逸"而入。如《晋书·张昌传》载：义阳蛮张昌"于安陆县石岩山屯聚，去郡八十里，诸流人及避戍役者多往从之"；《晋书·庾亮传》附《庾翼传》载："时东土多赋役，百姓乃从海道入广州，刺史邓岳大开鼓铸，诸夷因此知造兵器。翼表陈东境国家所资，侵扰不已，逃逸渐多，夷人常伺隙，若知造铸之利，将不可禁"。均是例证。这些因避赋役而进入民族地区的汉族劳动人民，给当地带来了先进的生产技术，广州"诸夷"因东土流民而"知造兵器""知铸造之利"，就是最好的说明。

土酋需纳土贡。据《隋书·食货志》载，东晋时，"诸蛮陬俚洞霑沐王化者，各随轻重收其赕物，以裨国用。又岭外酋帅因生口翡翠明珠犀象之饶雄于乡曲者，朝廷多因而署之，收其利。历宋、齐、梁、陈，皆因而不改”。又据《华阳国志·南中志》载，太康三年置南夷校尉，统五十八部夷族，“每夷供贡南夷府，入牛金旃马，动以万计。”以上则为任土作赋的例证。

总的说来，南方诸族的赋役负担虽较轻，但由于晋王朝的敌视少数民族的阶级本质，加之地方官吏的盘剥，故也有受苛重剥削的记载。据《晋书·宣五王传》载，都督荆州诸军事、镇南大将军新野庄王歆“为政严刻，蛮夷并怨”。《晋书·陶侃传》则载：陶侃反对分兵镇守武昌北岸的邾城。理由是：“夷中利深，晋人贪利，夷不堪命，必引寇虏，乃致祸之由，非御寇也”。又据《晋书·贾充传》载，晋帝诏书中在谈及秦凉二境“异类扇动，害及中州”的原因时，曾指出：“诚由所任不足以内抚夷、夏，外镇丑逆，轻用其众而不能尽其力”所致，这虽是针对北方民族而言，但同样适用于南方诸族的一些情况。

晋统治者还采取了某些有利于南方民族社会发展的措施。其中以兴修水利、移民和“立夷市”三事较为突出。据《晋书·杜预传》载：镇南大将军、都督荆州诸军事杜预，曾“攻破山夷，错置屯营，分据要害之地，以固维持之势。又修邵信臣遗迹，激用滍淯诸水以浸原田万余顷，分疆刊石，使有定分，公私同利。众庶赖之，号曰‘杜父’。”滍、淯二水流域，确为当时蛮人聚居地，这还可从下列材料中得到佐证。据载：“滍水诸蛮因险为寇”(《宋书·夷蛮传》)；淯水则流经襄阳而南入于汉水，而襄阳一带素为“山蛮”出没之地（见《资治通鉴·晋孝武帝太元元年》胡注、《南齐书》高帝本纪下和张敬儿传)。这说明：因“激用滍淯诸水”而受益者，主要是指汉水流域的“山夷”。同书《杜预传》还载：“旧水道唯沔、汉达江陵千数百里，北无通路。又巴丘湖，沅、湘之会，表里山川，实为险固，荆蛮之所恃也。预乃开杨口，起夏水达巴陵千余里，内泻长江之险，外通零、桂之漕。南土歌之曰：‘后世无叛由杜翁，孰识智名与勇功’。”总之，上述记载表明：由于杜预的开凿之功，使荆州蛮人得以安居乐业。关于移民事，据《晋书·桓玄传》载：荆州刺史“移沮、漳蛮二千户于江南，立武宁郡”。《宋书·州郡志三》则载：武宁郡，“晋安帝隆安五年，桓玄以沮、漳降蛮立，领县二，户九百五十八，口四千九百一十四”。这些被强制迁徙的“蛮人”，对开发和经营江南并使之成为富庶之地作出了自己的贡献。至于“立夷市”事，据《晋书·陶侃传》载：武昌太守陶侃，“立夷市于郡东，大收其利。”这种官市，虽带有不等价交换性质，但对促进汉、“夷”物资交流，还是有积极意义的。

利用“蛮兵”。主要表现有二：一为组织少数民族武装。如《华阳国志·蜀志》载：“邛都县，郡治，因邛邑名也。邛之初，有七部，后为七部营军，又有四部斯儿。”一为以少数民族之兵供战阵。据《华阳国志·大同志》载：太安元年八月，“（李）骧并众攻（罗）尚军，尚失利，丧其器甲，南夷校尉李毅遣叟兵助尚”，此为晋以南夷校尉部领的叟兵用作攻打賨民反抗斗争之例。又据《资治通鉴·晋孝武帝宁康元年》载，秦王坚遣将分出汉川和剑门，入梁、益，“梁州刺史杨亮帅巴、獠万余拒之，战于青谷”，此为晋以巴、僚兵对抗前秦入侵之例。

不能忘记的是，晋王朝除采取上述“羁縻”政策外，也曾对南方诸族进行大规模的诛杀与掠夺。如，南夷校尉、宁州刺史王逊“征伐诸夷，俘馘千计，获马及牛羊数万余，于是莫不振服，威行宁土。”（《晋书·王逊传》）

总之，经过两晋（265—420年）一百五十余年的时间，邻近汉区的少数民族人越来越多地与汉人一样成了封建国家的编户齐民。《北史·獠传》载：晋代僚人“与夏人参居者，颇输租赋；在深山者，仍不为编户”可证。在经历了两晋、南北朝的历史发展以后，到了隋朝，南方诸族则所谓“皆列为郡县，同之齐人”了（《隋书·南蛮列传》序）。

第五章　南朝对南方诸族的治理

南朝时，在南北政权的对峙和争夺中，南方诸族的势力得到了较大的发展。当时，南方诸族种类繁多、部落滋蔓；其中以地处我国中部的蛮族，西南部的僚族、南部的俚族（主要指岭南越人）势力最为强大。以蛮族为例，可分为两大类。一是“荆、雍州蛮”。据称是“盘瓠之后”（《宋书·夷蛮传》与《南史·夷貊传下》），即崇奉犬图腾的民族，别称为“盘瓠蛮”或蛮族中的“盘瓠种”。东汉时，他们主要居住于武陵地区，故又叫做“武陵蛮”。《魏书·蛮传》在谈到蛮人的迁徙活动时写道：“至晋之末，稍以繁昌，渐为寇暴矣。自刘、石乱后，诸蛮无所忌惮，故其族类，渐得北迁”。在南朝时期，“北迁”至于荆州（治所在今江陵）、雍州（治所在今襄阳）为活动中心，故史以荆、雍州蛮称之。一是“豫州蛮”。据称是廪君后人（见《宋书·夷蛮传》与《南史·夷貊传下》），即以白虎为图腾崇拜的民族。它是由东汉时的江夏蛮演变而来的。主要基地在当时的西阳郡（治所在今黄冈），故“西阳蛮”是其核心部分。由于西阳郡包括在东晋侨置的豫州范围之内，故史称为豫州蛮。但其分布范围，并不限于五水流域的大别山南麓地区，它向四周扩展，“北接淮、汝，南极江、汉，地方数千里”（《宋书·夷蛮传》）。上述事例表明：当时南朝境内的南方诸族地广势众，如何处理民族问题，可说是关系到南朝政权能否存在下去的一个重大问题。因此，南朝政权从维护其统治利益出发，把民族问题提到了十分重要的地位。

至于北朝，也同样存在着如何对待南方某些民族的问题。这里主要是指蛮、僚二族。这是因为：汉水流域的蛮族，处于南北交争之地，时而隶属南朝，时而又归附北朝；而“陆浑以南满于山谷”的蛮人（《魏书·蛮传》），更曾构成对北朝政权的一种威胁。僚族，据《魏书·僚传》载，自汉中达于邛笮川洞之间，所在皆有；“正始中夏侯道迁举汉中内附。世宗遣尚书刑峦为梁益二州刺史以镇之”“其后朝廷以梁益二州控摄险远，乃立巴州以统诸僚。后以巴酋严始欣为刺史。又立隆城镇，所绾僚二十万户”。虽然如此，但北朝政权面临的主要问题是处理境内大量的北方民族问题。因此，关于北朝与南方诸族关系的问题，在此不拟单独论列。这是需加说明的。

南朝政权对于南方诸族的治理，其要点可归纳如下几个方面。

一、设置左郡、左县和僚郡、俚郡

南朝廷在蛮人聚居之地，设置特殊政区——“左郡”“左县”。而左郡、左县之得名，当系来自“蛮左”。《梁书·臧严传》载：“（臧严）历监义阳、武宁郡，累压皆蛮左”；《陈书·淳于量传》载：“荆雍之界，蛮左数反”；《陈书·欧阳頠传》载：欧阳頠曾除“天门太守，伐蛮左有功”。说明，左郡、左县意为在蛮左之地所设置的郡县。

关于左郡、左县的设置情况，《宋书·州郡志》和《南齐书·州郡志》有详细的记载，据此，下面依当时的州制加以分述。

（一）南豫州

庐江郡：《宋书·州郡志二》有始新左县；《南齐书·州郡志上》有吕亭左县。晋熙郡：宋时，有太湖左县。南陈左郡：宋时，下领赤官左县和蓼城左县；齐时，省郡为县，名为陈左县，属南汝阴郡。边城左郡（今固始东南）：宋时，领雩娄、开化、史水、边城四县；光城左郡（今光山）：宋时，领乐安、茹由光城三县。

（二）司　州

据《宋书·州郡志二》载，计有：义阳郡（今信阳），曾统有东随二左郡，大明八年省；安陆郡（今安陆），曾领有安蛮县，秦始初立为左郡，宋末又省。

据《南齐书·州郡志下》载，计有：宋安左郡（今应山东北），领县三；安蛮左郡（黄陂北），领县六；永宁左郡，领县四，东义阳左郡，领县四；东新安左郡，领县九；新城左郡，领县四；围山左郡，领县六；建宁左郡（今麻城西），领县二；北淮安左郡（今桐柏东），领县一；南淮安左郡，领县二；北随安左郡，领县二；东随安左郡（今大悟北），领县三。

（三）荆　州

据《宋书·州郡志三》载，文帝世，立宋安左郡，领拓边、绥慕、乐宁、慕化、仰泽、革音、归德七县，后省改。

（四）郢　州

据《宋书·州郡志三》载，西阳郡，领有蕲水、东安、建宁、希水、阳城五县；又载“元嘉二十五年，以豫部蛮民立建昌、南川、长风、赤亭、鲁亭、阳城、彭波、迁溪、东丘、东安、西安、南安、房田、希水、高坡、直水、蕲水、清石十八县，属西阳。孝武大明八年，赤亭、彭波并阳城，其余不详何时省”。

据《南齐书·州郡志下》载，西阳郡，领有义安、希水、东安、蕲水四左县。此外，其时还设有下列诸左郡县：方城左郡，领县二；义安左郡，领县一；南新阳左郡，领县五；北遂安左郡，领县五；新平左郡，领县三；建安左郡，领县一。

（五）雍　州

据《南齐书·州郡志下》载，宁蛮府所领蛮左郡县如下：西新安郡，领县四，义安郡，领县五；南襄郡（今南漳）领县四；北建武郡，领县六；蔡阳郡（今枣阳西），领县六；永安郡，领县四；安定郡（今南漳西），领县六；怀化郡，领县七；武宁郡，领县五；新阳郡，领县八；义安郡，领县九；高安郡，领县二；另有左义阳郡等十二郡没入北朝。共计为二十四郡六十六县。

（六）湘　州

《宋书·州郡志三》有始安郡（今桂林）。

《南齐书·州郡志下》有建陵左县。

（七）江　州

《南齐书·州郡志上》载，南新蔡郡领有阳唐左县。

（八）益　州

《南齐书·州郡志下》有齐开左郡和齐通左郡。

从上述记载中，可以归纳出如下几个特点：

其一，分布地域广，数量多。据粗略统计，南朝先后在南豫州、司州、荆州、郢州、雍州、湘州、江州、益州等八州“蛮人”居住地设置过左郡、左县。其中，《宋书·州郡志》所载，共有左郡三、左县十六（不包括中途省去的左郡三、左县二十在内）；《南齐书·州郡志》所载共有左郡六十五、左县一百三十八。

其二，规模一般较小。表现之一是，左郡领县不多，甚至有一郡只领一县者，虽有领县九者，但只是个别现象。表现之二是，郡县规模之大小，当以所领户口多寡而转移，而左郡、左县的人口均较少。据《宋书·州郡志二》载，边城左郡“领县四。户四百一十七，口二千四百七十九”，则一左县平均只有百户人家，六百多口人而已。又据《北史·蛮传》载，“梁沔东太守田清喜拥七郡三十一县，户万九千”，则一左县平均也只有六百户左右。规模小的原因在于：划分的标准，不同于一般郡县；它不是依据户口和区域大小，而是按蛮族部落组织的内部结构来划分的。由于规模较小，加上蛮族的经济文化较为落后，故左郡、左县的地位不及内地郡县重要。因此，大多数左郡、左县很难确定其地望。如，南豫州所属左郡左县，尚多可指出其具体所在地，而宁蛮府所领二十四郡六十四县，则今地多不可知。

其三，保持“蛮族”旧有的统治方式。所谓左郡、左县，有两层意思。一是冠以郡县之名，意味着“蛮族”地区已非“化外”之域，需要直接服从南朝中央的领导和征调，这是共性。一是郡县之前加上“左”字这一定语，意味着与内地郡县不同，有它的特殊性。这表现为南朝仍利用“蛮酋”对其地区实行统治，如：宋初“以蛮户立宋安、光城二郡”，以西阳蛮田益之为宋安太守、以田光兴为光城太守（见《宋书·夷蛮传》）；南齐时郢州蛮首领田驷路、田驴五、田何代也被授予当地左郡太守的称号（见《南齐书·蛮传》）。而且，南朝廷并不打乱“蛮族”原有的组织形式，不干预其内部事务。这说明，左郡、左县的设立，只是起“羁縻”的作用而已。

南朝除在蛮族地区设置左郡、左县外，还在僚族和俚族聚居地分别设置僚郡和俚郡。据《南齐书·州郡志》载，计有宕渠僚郡（领宕渠、平州、汉初三县）、越巂僚郡、沈黎僚郡（领蚕陵一县）、甘松僚郡、始平僚郡，还有吴春俚郡。这说明，左郡、左县和僚郡、俚郡，是南朝廷在民族地区普遍设置的由本族首领自治的特殊政权。

左郡、左县和僚郡、俚郡的设立，在中国历代王朝对南方少数民族的治理史中，有着重要的意义和作用。它上承秦汉时期的“道”,下启唐宋时期的“羁縻州（县）”，最后演变成明清时期的“土府”“土州”“土县”。

二、在民族地区设置校尉、护军、中郎将、督护等职

南朝承袭晋制，普遍设立诸“蛮夷”校尉。计有宁蛮校尉、南蛮校尉、安蛮校尉、平蛮校尉、镇蛮校尉和三巴校尉等。

宁蛮校尉。袭晋制，仍在襄阳置宁蛮校尉。历宋、齐、梁、陈四代，恒置未废。该职虽一般由雍州刺史兼领，但也有例外情况，如巴陵哀王休若和张缅以都督雍州等地诸军的身份兼领（分见《宋书·文九王传》和《梁书·张缅传》），晋安王以平西将军兼领（见《陈书·徐陵传》），均是。

宁蛮校尉职高权重，故有不少由皇子充任。如：宋孝武帝为皇子时（见《宋书·孝武帝本纪》）、始安王休仁、巴陵哀王休若（见《宋书·文九王传》）、永嘉王子仁（见《宋书·孝武十四王传》）、武昌王障、海陵王休茂（见《宋书·文五王传》）、文惠太子（《南齐书·文惠太子传》）、南平元襄王伟（《梁书·太祖五王传》）、庐歧威王续（见《梁书·高祖三王传》）等均曾任此职。宁蛮校尉具有特殊地位的原因有二：首先，这是由于襄阳地区是南北政权必争之地，具有重要战略地位。《宋书·孝武帝本纪》载，孝武帝为皇子时，徙为“都督雍、梁、南北秦四州荆州之襄阳、竟陵、南阳、顺阳、新野、随六郡诸军事、宁蛮校尉、雍州刺史，持节、将军如故。自晋氏江左以来，襄阳未有皇子重镇，时太祖欲经略关、河，故有此授”；《南齐书·文惠太子传》：“升明三年，太祖将受禅，世祖还京师，以襄阳兵马重镇，不欲处他族，出太子为持节，都督雍梁二州郢州之竟陵司州之随郡军事、左中郎将、宁蛮校尉、雍州刺史”。均是例证。其次，与沔水（汉水）两岸的雍州蛮极盛有关。如《宋书·沈庆之传》：“时蛮寇大甚，水陆梗碍”，沈庆之“大破缘沔诸蛮”；《宋书·夷蛮传》：“随王诞又遣军讨沔北诸蛮”；《宋书·武二王传》：元嘉时“竟陵（今汉水边的钟祥）群蛮充斥”；《南齐书·高帝本纪下》：元嘉十九年“文帝遣太祖领偏军讨沔北蛮”，二十三年“戍沔北，讨樊、邓诸山蛮”；《南齐书·张敬儿传》：“伐襄阳诸山蛮，深入险阻；所向皆破”。可见，从竟陵直至襄阳的沔水流域，特别是沔北地区为当时雍州蛮的聚居和活动地。这支蛮人，已成为南朝统治者的劲敌。因此，宁蛮校尉所在地的襄阳，作为南朝政权的“兵马重镇”，就担负着对付北方政权和镇压当地蛮族的双重作用。

宁蛮校尉置佐吏，见于史籍的有护军、长史、参军、主簿、功曹等。如：虞丘进“除宁蛮府护军”（《宋书·虞丘进传》）；“宁蛮长史刘兴祖”（《南齐书·王奂传》），“以摛兼宁蛮府长史”（《梁书·徐摛传》）；“鲁方平为宁蛮参军”（《宋书·张敬儿传》）；“转宗慤宁蛮府主簿”（《南齐书·刘悛传》）；傅琰为“宁蛮功曹”（《南齐书·良政传》）。可见，宁蛮府与州府一样有一套较完整的机构。

南蛮校尉。袭晋制，南朝于荆州治所江陵设南蛮校尉，但其间，宋孝建和南齐建元、延兴时，曾罢省南蛮校尉（分见《宋书·孝武帝本纪》和《南齐书·王奂传》《南齐书·百官志》），说明其时该职废置不常。

南朝初，南蛮校尉并不一定由荆州刺史兼领。如：南郡王义宣“进位司空，改侍中，领南蛮校尉”（《宋书·武二王传》）；“江夏王义恭镇江陵，以（张）邵为抚军长史、持节、南蛮校尉”（《宋书·张邵传》）。这些都是“别以重人”领南蛮的有力证据。这反映了其时对荆州地区蛮人的治理是极为重视的。到了南齐时，荆州刺史兼领南蛮校尉则成为通例了。

南蛮佐吏，见诸史籍的有长史、司马、参军。如：何承天曾为“南蛮参军”，还曾“请为南蛮长史”（《宋书·何承天传》）；周超曾为南蛮司马。（见《宋书·谢晦传》）还需指出，南蛮佐吏资历曾发生变化，据《南齐书·崔慧景传》载，升明时，崔慧景“转平西府司马、南郡内史。仍迁为南蛮长史，加辅国将军，内史如故。先是蛮府置佐，资用甚轻，至是至重其选”。

南蛮府资费甚大。《南齐书·豫章文献王传》载，计需“岁三百万，布万匹，绵千斤，绢三百匹，米千斛，近代莫比也”。从该府开支情况，可见其机构是相当庞大的。

南蛮府有“兵籍”，归司马统率（见《宋书·谢晦传》）。具体兵额虽不确，但据《水经注·江水》卷三五载：在公安县东北，“沦水南与景水合，又南通澧水及诸陂湖，自此渊潭相接，悉是南蛮府屯也”。说明南蛮校尉府是拥有重兵的。

南蛮校尉的兴衰与蛮族势力的消长变化紧密相关。南朝宋、齐间荆州“蛮人”的势力尚为活跃。如：《宋书·夷蛮传》载宜都及“江北诸郡蛮所居”，还载“南郡临沮（今远安南）当阳蛮”反；《南齐书·蛮传》：“汶阳（今远安西北）本临沮西界，……西北接梁州新城，东北接南襄城，南接巴、巫二边，并山蛮凶盛，据险为寇贼”。可见，大江及江北的沮水、漳水之间，是当时“蛮人”出没之地。因此，这一时期南蛮校尉尚处于重要地位。但随着汉水流域的雍州蛮势力日盛，荆州已不复是“蛮族”活动的中心，至南齐延兴元年（494 年），南蛮校尉终于被废。

安蛮校尉。据《宋书·文九王传》载，元嘉时，“太祖方事外略，乃罢南豫并寿阳，即以（南平穆王）铄为豫州刺史，寻领安蛮校尉”，说明安蛮校尉治豫州。又，史有“安蛮司马刘康祖”（《宋书·文九王传》）、“安蛮参军刘雍之”（《宋书·沈庆之传》）的记载，表明安蛮府也置有佐吏。安蛮校尉，当是为震慑豫州蛮而设。

平蛮校尉。据《南齐书·百官志》载："永明三年置，隶益州"。

镇蛮校尉。据《南齐书·百官志》载，"隶宁州"。此即晋武帝所置的南夷校尉，及东晋初改名为镇蛮校尉。据《宋爨龙颜碑》记：爨龙颜曾官宋之镇蛮校尉、宁州刺史。碑阴职官题名，计有镇蛮校尉属官爨世明以下凡十七人。其属官名称有长史、司马、参军（包括录事参军、功曹参军、仓曹参军、户曹参军、中兵参军）、蛮府功曹、主簿、门下、录事、西曹、户曹、省事、书佐、干等职[①]。从中可见，诸蛮校尉的机构与属官是较为完备的。

三巴校尉，治白帝。据《宋书·明帝本纪》载，泰始五年"分荆、益州五郡置三巴校尉"；《南齐书·百官志》："护三巴校尉。宋置。建元二年，改为刺史"；《南齐书·州郡志下》："巴州，三峡险隘，山蛮寇贼，宋泰始三年，议立三巴校尉以镇之。后省，升明三年，复置。建元二年，分荆州巴东、建平，益州巴郡为州，立刺史，而领巴东太守，又割涪陵郡属"。这说明：其一，三巴校尉，是为"镇"三峡"山蛮"而设的。又，据《宋书·沈攸之传》："巴东（今奉节东）、建平（今巫山）为峡中蛮所破"，其后沈攸之"遣军入峡讨蛮帅田五郡等"。这段关于"峡中蛮"活动的记载，也为三巴校尉设立的原因，提供了历史背景。其二：三巴校尉始设于宋泰始五年（《南齐书·州郡志下》所载为三年，疑为五年之误，或是三年只是议而未立），分荆、益州五郡地置。建元时，因改州立刺史而罢。

除校尉外，南朝也设有护军一职。据《宋书·百官志下》载，"今犹有镇蛮、安远等护军。镇蛮以加庐江、晋熙、西阳太守。安远以加武陵内史"；《隋书·百官志上》在谈到梁朝官制时写道："西阳、南新蔡、晋熙、庐江等郡，置镇蛮护军，武陵郡置安远将军"。意即由庐江、晋熙、西阳、南新蔡、庐江太守兼领镇蛮护军，武陵内史兼领安远护军。如豫章文献王嶷曾为"安远护军、武陵内史"（《南齐书·豫章文献王传》），即属此例。但也不尽然，据《梁书·杜崱传》载，太清时，杜崱"迁宣毅将军，领镇蛮护军、武陵内史"，则是镇蛮护军似又可加以武陵内史。这是史书记载中的矛盾之处。总之，南朝在西阳蛮和武陵蛮聚居地设置专门由郡守或内史兼领的护军，加以管辖，这是没有疑义的。

① 孙太初：《云南古代石刻丛考》。

平越中郎将。袭晋制，南朝也设此职。据《宋书·百官志下》载："平越中郎将，治广州，主护南越。"

南朝宋齐梁陈四代均置平越中郎将一职，且毫无例外地兼领广州刺史，权重者还"持节"为之。曾任此职之人见诸史籍者甚多。计《宋书》所载有：张茂度、刘湛、徐豁、竟陵王征诞、陆徽、庐江王祎、临海王子顼、始安王子真；《南齐书》有：陈显达、王琨；《梁书》有：萧景、元法僧；《陈书》有沈恪、昙朗之子方泰、欧阳頠、长沙王叔坚等人。

设置平越中郎将的作用。据载："绥静百越，岭外安之"(《宋书·张茂度传》)；"恪绥怀安辑，被以恩惠，岭表赖之"(《陈书·沈恪传》)。即维护南朝对"岭外""百越"的统治地位。

督护。据《南齐书·州郡志上》载："广州，镇南海。滨际海隅，委输交部，虽民户不多，而俚僚猥杂，皆楼居山险，不肯宾服。西南二江，川源深远，别置督护，专征讨之。"就是说，其主要职能为对"不肯宾服"的"俚僚"，"专征讨之"。关于俚僚活动的情况，《宋书·夷蛮传》作了集中叙述："广州诸山并俚僚种类繁炽，前后屡为侵暴，历世患苦之"；此外，《宋书·羊希传》《南齐书·张融传》《梁书·周文育传》《陈书》之杜僧明传、欧阳頠传、始兴王叔陵传、胡颖传、徐度传、萧引传等也有记载。这为南朝督护一职的作用，提供了有力的佐证。

督护之设，始见于宋。《南齐书·州郡志上》载有"宋泰始中，西江督护陈伯绍猎北地"之句，可证此职至迟不晚于宋明帝泰始年间设立。

关于西南二江督护的主要记载有：

《陈书·高祖本记上》：西江督护。梁大同元年，陈霸先"监西江督护、高要郡守"；至大清元年，又"除振远将军、西江督护、高要太守、督七郡诸军事"。

《陈书·周文育传》：南江督护。"梁大同中，卢安兴为广州南江督护，僧明与兄天合及周文育并为安兴所启，请与俱行。频征俚僚有功，为新州助防"(《陈书·杜僧明传》)；"会卢安兴为南江督护，启文育同行。累征俚僚，所在有功，除南海令"。

以上材料说明：梁末以后，岭南俚獠反抗频繁，故西江、南江督护的记载，频见于史。其为郡（如高要）太守兼领，故可见其地位与护军相当。

此外，梁时，还曾设有东江督护。如《陈书·胡颖传》载：胡铄“随章昭达南平欧阳纥，为广州东江督护”。这是南朝势力在岭南深入发展的结果。

三、任命“酋豪”为州刺史、郡守、县令

南朝时期，因袭秦、汉以来的做法，给“酋豪”“酋帅”封官加爵。除任命他们为当地的刺史、郡守、县令外，还颁与王、侯爵位和给予虚衔。

南齐初年，曾发生过一场是否要解除西阳蛮首领侯位问题的争论。当时，保留派以“戎夷疏爵，理章前代；酋豪世袭，事炳前叶”为理由，主张“宜存名以训殊俗”。最后齐太祖同意了这一意见。这说明，南朝统治者已经认识到，在发展水平上少数民族与汉族是有区别的（所谓“殊俗”），因此对其首领要作为特殊问题加以照顾。但是，南朝采取大批任用蛮酋为吏的做法，与当时的历史条件也是密不可分的。其主要原因有：

其一，当时全国处于分裂状态，南朝朝廷对民族地区的控制有所削弱，往往力不能及，故封以官爵以笼络之。据《陈书·周敷传》载，周敷，临川人，为郡豪族，“授散骑常侍、平西将军、豫章太守。是时南江酋帅并顾恋巢窟，私署令长，不受召，朝廷未遑致讨，但羁縻之，唯敷独先入朝”。就是说，朝廷一方面对“独先入朝”的周敷封以太守之职以示褒奖；另一方面，对南江酋帅的“私署令长”也只能默予承认，“但羁縻之”。又，《陈书·华皎传》载，华皎“知江州事。时南州守宰多乡里酋豪”，说明民族地区的“守宰”，多由“酋豪”担任。还有，据《新唐书·南蛮传下》载，南平獠“有宁氏，世为南平渠帅。陈末，以其帅猛力为宁越太守”，这则是南朝势力未及但遥授官名之例。

其二，在南北争战中，为了赢得处于南北接壤地区少数民族首领的支持，故封以官爵，以为“北境捍蔽”。如：西阳蛮田益之、田义之、成邪财、田光兴和晋熙蛮梅式生都是“起义”（见《宋书·夷蛮传》）即反叛北朝后，授予各种名号官爵的。南朝利用这些归附“蛮酋”进攻和骚扰北朝边地。《魏书·韦阆传》附传载：“萧衍遣其郢州刺史田粗憘率众来寇”。《魏书·张普惠传》载：“（萧）衍又遣定州刺史田超秀、田僧达等窃陷石头戍，径据安陂城。”上述为萧梁派遣田氏“蛮酋”“寇”北

魏之例。这一做法，虽收到了成效，但其作用是有限度的。据《北史·蛮传》载：北魏正始二年，梁沔东太守田清喜“遣使内附”；正光中“梁义州（今麻城东北）刺史边城王文僧明、铁骑将军边城太守田官德等率户万余，举州内属”；西魏恭帝二年“蛮酋宜人王、田兴彦、北荆州刺史梅季昌等相继款附”。梁朝的沔东太守、义州刺史、边城太守、北荆州刺史先后叛附北朝这一事实，说明用官爵拉拢酋豪，并不是都能达到预期目的的。而酋豪利用南、北政权的争夺、拉拢这一有利时机以提高地位和发展实力，显然也是造成南朝酋豪势力始终不衰的一个重要原因。但也应看到，南朝任用酋豪为吏的做法，对民族地区的安定，在历史上也是起了积极作用的。

四、“输谷（米）”“责租赕”“课银”等租赋形式

南朝统治者对南方诸族的剥削，主要采用“输谷（米）”“责租赕”“课银”等租赋形式。

输谷米。据《宋书·夷蛮传》载，荆雍州“蛮民归顺者，一户输谷数斛，其余无杂调，而宋民赋役严苦，贫者不复堪命，多逃亡入蛮。蛮无徭役，强者又不供官税”；《梁书·张齐传》：“于益州西置南梁州，……（张）齐上夷僚义租，得米二十万斛”。这说明：第一，“蛮民”“夷僚”需交纳谷米。这种租赋不是根据田亩而是以户为单位征收的。《晋书·食货志》载：“远夷不课田者输义米，户三斛，远者五斗”。可见，南朝对民族地区的租赋，也多袭用前朝“输义米”即按户交纳定额谷米的办法。第二，蛮、僚的租赋负担，较汉民为轻。一般说来，除“输义米”外，既“无杂调”，又“无徭役”。故汉民为逃避赋役，往往“逃亡入蛮”。据《宋书·良吏传》载，元嘉初，始兴太守徐豁表陈曰：“郡大田，武吏年满十六，便课米六十斛，十五以下至十三，皆课米三十斛，一户内随丁多少，悉皆输米。且十三岁儿，未堪田作，或是单迥，无相兼通，年及应输，便自逃逸，既遏接蛮俚，去就益易”，这是汉民“逃逸”至民族地区的例证。但是，蛮、僚的赋役负担，有时也是沉重的。如：《宋书·自序传》载，沈亮为南阳太守“边蛮畏服，皆纳赋调”；《南史·蛮传》载，宋元嘉时，“天门溇中令宋矫之徭赋过重，蛮不堪命。”因此，梁巴东建平二郡太守孙谦说：“蛮夷不宾、盖待之失节耳。”（《梁书·良吏传》）说明南朝统治阶级中的有识之士，也认识到少数民族的反抗斗争往往是统治者的过度剥削造

成的。

责租赕。据《南齐书·豫章文献王传》载："沈攸之责赕，伐荆州界内诸蛮，遂及五溪，禁断鱼盐。群蛮怒，酉溪蛮王田头拟杀攸之使，攸之责赕千万，头拟赎五百万，发气死。其弟娄侯篡立，头拟子田都走入僚中，于是蛮部大乱，抄掠平民，至郡城下"；《南齐书·陈显达传》："益部山险，多不宾服。大度村僚，前后刺史不能制，显达遣使责其租赕，僚帅曰：'两眼刺史尚不敢调我！'遂杀其使，显达分部将吏，声将出猎，夜往袭之，男女无少长皆斩之。自此山夷震服"。所谓"赕"，据《资治通鉴·宋明帝泰豫元年》胡注引何承天《纂文》释为"蛮夷赎罪货也"。从中可见：责赕是南朝对当时少数民族普遍采取的一种剥削形式；统治者甚至动用武力用残酷镇压的办法加以掠取。上述文献提供了南方民族之人因责赕而被迫走上反抗道路的例证。

课银。据《宋书·良吏传》载，始兴太守徐豁云："中宿县（今广东清远）俚民课银，一子丁输南称半两。寻此县自不出银，又俚民皆巢居鸟语，不闲货易之宜，每至买银，为损已甚。又称两受入，易生奸巧，山俚愚怯，不辨自申，官所课甚轻，民以所输为剧。今若听计丁课米，公私兼利"。可见，官课银虽轻，但俚民因买银受损，其负担还是颇重的。故徐豁建言改计丁课米。

除上述平时的剥削外，当对南方诸族进行镇压战争时，其掠夺更为残酷。据《宋书·沈庆之传》载，攻破南新郡蛮后，虏"牛马七百余头，米粟九万余斛"。更甚的是，除掠取财富外，还有及于劳动力的。《沈庆之传》又载："大破缘沔诸蛮，擒生口七千人。进征湖阳，又获万余口""平定诸山，获七万余口"，剪定郧山蛮"擒三万余口"，攻打五水蛮"获生口数万人"；《宋书·臧质传》：伐汝南蛮"获万余口"；《陈书·欧阳頠传》载欧阳頠兄弟分别为广州、交州、衡州刺史，"多致铜鼓、生口、献奉珍异，前后委职，颇有助于军国焉"。可见，其时虏获蛮和俚僚的财富和"生口"，其数字是极为惊人的。这些生口，有的获得释放。如《梁书·良吏传》载，孙谦为巴东、建平二郡太守，"及掠得生口，皆放还家"。大量的则被当做奴仆使用。《北史·僚传》载，北周用兵巴蜀"获其生口，以充贱隶"。僚人如此，蛮人也无例外。《宋书·文帝袁皇后传》载，大明五年诏，外戚尊属"可各给蛮户三，以供洒扫"，就是蛮人生口充当贱隶的明证。毫无疑问，南朝统治者这种掠夺南方诸族物力、人力的做法，是对其社会生产发展的一种严重摧残。

五、使用“蛮军”

南朝曾利用蛮酋统率蛮兵。《宋书·夷蛮传》有田益之为辅国将军（后转冠军将军）、龙光兴为龙骧将军、成婆思为辅国将军；《南齐书·蛮传》有田治生为辅国将军；考之《北史》《魏书》，齐有直阁将军田益宗、梁有龙骧将军樊石廉、铁骑将军田官德等。均属此例。而蛮兵的用途有三：

一是用蛮兵攻打北朝。如《北史·蛮传》：“梁遣将围广陵，楚城诸蛮，并为前驱”。《北齐书·李元忠传》附传载：“梁遣其南司州刺史任思祖，隋郡太守桓和等率马步三万，兼发边蛮，围下溠戍。”可见，在南北之战中，南朝往往发“边蛮”以为“前驱”。

一是用蛮兵参与统治阶级的内争。《南齐书·刘怀珍传》载，沈攸之反，“攸之围郢城，怀珍遣建宁太守张谟游击将军裴仲穆统蛮汉军万人出西阳，破贼前锋公孙方平军数千人，收其器甲”。说明“蛮军”在镇压沈攸之的反叛活动中，起了重要作用。

一是“以蛮攻蛮”。据《南齐书·蛮传》载，建元二年，南襄城蛮秦远，“出破临沮百方砦，杀掠百余人。北上黄蛮文勉德寇汶阳”，经讨伐后，“勉德请降，收其部落，使戍汶阳所治城子，令保持商旅，付其清通，远遂逃窜。”利用北上黄蛮文勉德驱逐南襄城蛮秦远，这是历代统治者惯用的以归顺“蛮人”攻打抗命“蛮人”的一种策略。而所谓“令保持商旅，付其清通”，则与后世土兵所起的“保境安民”作用相类。

六、“移于京师”和“出缘沔为居”

南朝统治者在对南方诸族进行征伐或当其归附之后，往往采取徙民措施。迁徙途径大致有两种。

一是移于京师。这是指在战争中作为“生口”俘获的蛮和俚僚人而言。据《宋书·文帝本纪》载：元嘉二十二年“雍州刺史武陵王骏讨缘沔蛮，移一万四千余口于京师”；《宋书·沈庆之传》：“前后所获蛮并移京邑，以为营户”；《陈书·华皎传》载，华皎为湘州刺史，“征伐川洞，多致铜鼓、生口，并送于京师”。一次移民竟达“一万四千余口”，而沈庆之“所获蛮”（如上述）更是远过此数。可见，其数量是相当庞大的。南朝统治者这样做的目的，是将蛮和俚僚人迁入统治中心，便于控制，并以此削弱当地蛮和俚僚人的力量；同时，又可提供为其服役的劳力和兵力。这些内迁的蛮和俚僚人，由于生活在较为发达的汉族中间，也就逐渐失去了本民族的特点。

一是引出平土。据《宋书·刘道产传》载：元嘉八年，刘道产为宁蛮校尉、雍州刺史，“善于临民，在雍部政绩尤著，蛮夷前后叛戾不受化者，并皆顺服，悉出缘沔为居。百姓乐业，民户丰赡，由此有《襄阳乐歌》，自道产始也”“道产惠泽被于西土，及丧还，诸蛮皆备衰绖，号哭追送，至于沔口”。对此事，其他各传也有记述，如《宋书·柳元景传》载：“先是，刘道产在雍州有惠化，远蛮悉归怀，皆出缘沔为村落，户口殷盛。”由于社会历史原因，蛮族多山居。把他们引出平土，就是由山区迁到较为富庶的地方，并由此出现了“缘沔为村落，户口殷盛”的繁荣景象。因此，这一做法是值得称颂的。这也说明，蛮族在开拓和经营沔水流域中，是作过历史贡献的。

以上所说的，就是南朝统治者对南方诸族采用的以“抚纳”（《宋书·朱脩之传》）、“抚喻怀纳”（《梁书·太祖五王传》）为主的羁縻政策。这一政策，有利于南方诸族社会历史的发展，有利于各民族之间的融合，是应该得到肯定的。与此同时，南朝统治者也曾经对南方诸族实行过大规模镇压，他们出动大军，“搜山荡谷”“系颈囚俘”（《宋书·夷蛮传》），给民族地区带来了深重的灾难，所有这些也是不容忽视的。

结论：南北朝时期，南方诸族经过长期的剧烈动荡、大批迁徙、频繁往来，其社会内部及相互关系，发生了历史性变化。其主要表现有：

社会经济有了长足发展。这一时期，岭南俚人，巴蜀獠人，江、汉、淮水间蛮人，已普遍发展了需要较高栽培技术的水稻生产。这从俚、僚、蛮租赋大多交纳米谷一事中，可以得到印证。有的民族地区，还颇为富足。如汉水沿岸的雍州蛮，出现了“蛮田大稔，积谷重岩，未有饥弊”（《宋书·沈攸之传》）的景气。与此同时，民族地区的水利灌溉事业也有新的发展。据《北齐书·李元忠传》附传载：大昌初，李愍出为“蛮左”聚居的南荆州刺史，“愍于州内开立陂渠，溉稻千余顷”即一例。

定居村落的大量涌现。随着农业特别是水稻生产的发展，靠近平原地区的南方少数民族逐渐扬弃刀耕火种的原始农业，不再过人随地走的不安定生活。这一时期，像“雍州蛮”一类平居的民族，已过着“缘沔为村落，户口殷盛”的生活。

内部阶级分化的加剧。这是社会经济发展的必然结果；而南北朝政权奉行的对"蛮酋"的高价收买政策，也加速了这一进程。以"西阳蛮"田益宗为例，他"食蛮邑一千户""聚敛无厌，兵民患其侵扰，诸子及孙竞规贿货，部内苦之，咸言欲叛。"(《魏书·田益宗传》)可见，"蛮酋"对财富的无厌聚敛与掠夺，不仅加速"部内"两极分化，而且已引起公开的阶级对抗。

杂居局面的不断扩大。其因在于：一方面，南方诸族大规模涌入汉族地区。这种涌入，往往带有整"部"举迁的特点。据《北史·蛮传》载：齐襄阳首雷婆思十一人率户千余内徙，魏"令有沔北之地，蛮人安堵"。《魏书·蛮传》载：梁时，"蛮帅田午生率户二千内徙扬州"。均是例证。另一方面，大批汉族流民"逃亡入蛮"，据《南齐书·州郡志下》载：荆州，"以临沮西界，水陆纡险，行迳裁通，南通巴、巫，东南出州治，道带蛮、蜑，田土肥美，立为汶阳郡，以处流民。"这样，就出现了"蛮、夏"并居的局面。这一时期，史书大量出现"招诱蛮、夏"(《魏书·杨大眼传》)、"夷、夏安之"(《周书·阳雄传》)、"化洽夷、华"(《周书·辛庆之传》附传)、"俗兼夷、夏"(《周书·崔谦传》)的记载，就是杂居局面的真实反映。

民族融合进程的加速。南北朝时期，出现了民族大融合的局面。民族间，互相影响、互相渗透，有的甚至民族界线也趋于泯灭。如，《通典·边防三》载：僚人，"及后周平梁、益，自尔遂同华人矣。"《周书·薛慎传》载：保定初，薛慎出为湖州刺史，"蛮左""翕然从化"，"风化大行，有同华俗。"以致到隋统一时，荆州"蛮左"，"其与夏人杂居者，则与诸华不别。"(《隋书·地理志下》)南蛮杂类，则"皆列为郡县，同之齐人"(《隋书·南蛮传序》)了。

上述变化，是长期历史发展的必然结果。同时，在某种程度上也可以说，是南北朝的治理南方诸族政策的产物。

第六章　唐代对南方诸族的治理

隋代，结束了魏晋南北朝时期的长期分裂局面，重新统一了全国，但由于隋朝的统治时间很短，故其对少数民族的治理制度，对后世影响较小。唐代，疆域空前扩大，唐之盛时“东至安东，西至安西，南至日南，北至单于府，盖南北如汉之盛，东不及而西过之。”（《新唐书•地理志一》）在这广阔的国土内，不仅强大的北方民族不时给唐王朝带来严重威胁，而且被称为“南蛮”“西南蛮”的南方诸族，也是种类极多，势力颇盛的。史载，当时较为活跃的南方诸族有：东谢蛮、西赵蛮、牂牁蛮、南平僚、东女国、西爨蛮、昆明蛮、西原蛮以及南诏蛮，等等。因此，唐王朝面临着重大而复杂的国内民族问题。唐代中央王朝在经济繁荣、国力强盛的基础上，对国内少数民族的治理制度，也有新的发展。其最主要的特点是：广泛实行“羁縻州”制以及与之相适应的“羁縻”政策。下面主要叙述唐代对南方诸族的治理，对其前的隋朝和其后的五代十国，也间或兼及。

一、设置羁縻府、州、县

唐代的羁縻州制，可说是南朝的左郡、僚郡、俚郡制的发展和演变。

唐代在南方民族地区设置以当地酋长为州刺史之制，始于唐高祖李渊建国之初。其中主要记载有：

牂牁蛮。据《册府元龟》卷九六四载：武德“三年三月牂州蛮首谢龙羽遣使朝贡，授龙羽群州刺史，封夜郎郡公”。

岭南俚人。《旧唐书•冯盎传》载：武德四年，俚帅冯盎以南越之众降，高祖以其地为罗、春、白、崖、儋、林等八州，仍授盎高罗总管，拜其子智戴为春州刺史、智彧为东合州刺史。

南平僚。《新唐书•南蛮传下》载：有宁氏，世为南平渠帅。武德初，宁长真以宁越、郁林之地降，“高祖授长真钦州都督。宁宣亦遣使请降，未报而卒，以其子纯为廉州刺史，族人道明为南越州刺史”。

西爨蛮。《资治通鉴•唐高祖武德七年》载：高祖即位，西爨首领爨弘达帅西南夷内附，并以其为昆州刺史。但由于唐朝地方官吏贪纵，致使西南夷有叛者，唐高祖命韦仁寿为检校南宁州都督，加以慰抚。“蛮夷豪帅皆望风归附，来见仁寿。仁寿承制置七州、十五县[①]，各以其豪帅为刺史、县令”。

以上为唐代在南方民族地区设置以土酋为刺史的最早记载。这可视作唐代在南方民族地区设置羁縻州制的起源。但那是属于“天下初定，权置州郡”（《新唐书·地理志一》）的性质，尚未成为一代定制。

唐代羁縻州制正式确定为治理民族地区的一种地方行政制度，并广为推行，则是在唐贞观年间。如同《新唐书·地理志七下》所说：“唐兴，初未暇于四夷，自太宗平突厥，西北诸蕃及蛮夷稍稍内属，即其部落列置州县，其大者为都督府。以其首领为都督、刺史，皆得世袭。虽贡赋版籍，多不上户部，然声教所暨，皆边州都督、都护所领，著于令式。”这是羁縻州制的形成过程及主要内容的集中概括。

从此，全国各地少数民族首领不断归附。由于有唐一代羁縻州建制的不断扩大，这就建立起了我国历史上空前统一和强大的多民族国家。

关于南方民族地区羁縻府、州、县的设置及分布情况，见表一。

羁縻州有下述三个特点：

一是州的数目甚多。据《唐会要》卷七〇载：“凡天下三百六十州，迄于天宝，凡三百三十一州存焉，而羁縻之州八百。”此“羁縻之州八百”为大略言之，据《新唐书·地理志七下》载，羁縻府州数为“八百五十六”。换言之，当时人口稠密的内地所设“正州”数，尚不及地广人稀的边地所设羁縻州数的一半，甚至还不及南方民族地区设置的四百零二羁縻州数。

二是州的规模较小。这表现为：其一，州的领县数少。当时南方羁縻州数为四百零二，而领县则只有四百一十三。而且，羁縻县数只为内地“县千五百七十一”（见《新唐书·地理志一》）的四分之一左右。虽然，戎州都督府所属筠州、泸州都督府所属纳州都宁郡，邕州都督府所属根州领县有八个之多，但仅此三处而已，其余领县均在此数之下，甚至大多羁縻州并无领县。其二，州所属的户数少。由于羁縻州“版籍”，多不上户部，故《唐书》地理志是只载州名，而无户口记载的。但从零星记载中，仍可窥见羁縻州县所辖户数之一斑。据《资治通鉴·唐太宗贞观二十二年》载，唐在平定松外蛮后，因遣使诣西洱河，其帅杨盛请降，“其地有杨、李、

① （后晋）刘昫等撰：《旧唐书·韦仁寿传》作八州、十七县。

赵、董等数十姓，各据一州，大者六百，小者二三百户”；《文献通考·四裔五》卷三二八载，“咸亨三年，昆明十四姓率户二万内附，析其地为殷州、总州、敦州以安辑之。……其后置盘、麻等四十一州，皆以首领为刺史。”据此则每州平均户数不及五百；《旧唐书·南蛮西南蛮传》载，贞元九年，东女国诸部落内附，“其部落，大者不过三二千户，各置县令十数人理之”，则每县也只有二三百户。以上所载，都是属于羁縻州县只有几百户者。当然，也有部分州辖数千户者。如《新唐书·南蛮传下》载，昆明蛮七千户内附后，总章三年以其地置禄州、汤望二州，此则每州有三千多户。而按唐代标准计算，“户不满二万，为下州也”（《旧唐书·职官志三》）。可见，按户数而言，羁縻州尚远不及内地的下州。

表 6–1　南方民族地区羁縻府、州、县的设置及分布情况[①]

道名	族类名	都督（护）府名	隶州数	领县数	附注
剑南道	羌州	松州都督府	4	5	
		茂州都督府	39	23	
		嶲州都督府	16		
		雅州都督府	57		
		黎州都督府	52		共计剑南道羌州都督府 5，州 168，县 28
	蛮州	戎州都督府	63	145	
		姚州都督府	13		
		泸州都督府	14	56	
江南道	蛮州	黔州都督府	51	51	共计剑南道蛮州都督府 3，州 90，县 201
岭南道	蛮州	桂州都督府	7	21	共计江南道蛮州都督府 1，州 51，县 51
		邕州都督府	26	9	
		安南都护府	41	53	
		峰州都督府	18		
					共计岭南道蛮州都督（护）府 4，州 92，县 83

① 此表据《新唐书·地理志七下》所载而作。但该书的总数有的与具体数字不符。如，总数中作剑南为州 261，另一处又作 260。但按其所列具体州名统计，实际为 259。此表一律以该志所列具体州名统计而得出的数字为准。

续表

道名	族类名	都督（护）府名	隶州数	领县数	附注
总计		13	401	363	总计全国羌、蛮州都督（护）府 13，州 401，县 363

其三，州的治所简陋。据《旧唐书·良吏上·韦仁寿传》载：唐高祖武德七年，以仁寿为检校南宁州都督，寄治越巂，使之岁一至其地慰抚之。仁寿承制在当地设置羁縻州县后，“将还，酋长号泣曰：‘天子遣公镇抚南宁，何得便去？’仁寿以城池未立为解。诸酋长乃相与筑城，立廨舍，旬日而就。”从中可见，当时在民族地区设置的州县，往往是徒有虚名，而无城池廨舍的。因此，《旧唐书·地理志三》载，天宝元年，改黔州为黔中郡领羁縻州五十，皆“寄治山谷”，便是极好理解的了。由于羁縻州的规模小，故后人对有的羁縻州不易确定其具体地望，甚或连州名也有遗佚者。据《新唐书·地理志七下》载，岭南道峰州都督府“蜀爨蛮州十八”。自注曰：“贞元七年领州名逸。”即属此例。

羁縻州之所以数目多、规模小，根本原因在于：其设置是“即其部落列置州县”所致。唐王朝在少数民族首领归附后，即“皆以首领为刺史”，并令其照旧统领本部部众而不打乱其旧有组织。如《资治通鉴·唐则天后永昌元年》载：“浪穹州蛮酋傍时昔等二十五部，先附吐蕃，至是来降；以傍时昔为浪穹州刺史，令统其众。”可证。这样就造成羁縻州与普通州即“正州”的划分标准不同。即前者是按“部落”置州的，而后者则是依据地理、人口等因素而设置的。

尚需指出的是，羁縻州与正州之间并无绝对不可逾越的界限。在一定情况下是可相互转化的。一般说来，当唐王朝对当地民族地区的统治力量增强时，会出现改羁縻州为正州的情况，以便于直接控制，而当唐王朝在当地的统治力量削弱时，又可将正州改为羁縻州，以示安抚。据《旧唐书·地理志四》载：茂州都督府所属维州，武德元年因白苟羌降而置。贞观元年，羌叛，州县俱罢。贞观二年“生羌首领董屈占者，请吏复立维州，移治于姜维城东，始属茂州，为羁縻州。麟德二年：进为正州。寻叛，羌降，为羁縻州。垂拱三年，又为正州。”即突出一例。

唐代羁縻州制，虽收到了羁縻之效，但有的州则是空有其名的。如：唐德宗“贞元中，狼蛮亦请内附，补首领浪沙为刺史，然卒不出”（《新唐书·南蛮传下》）；唐文宗开成初，安南都护、御史中丞、安南招讨使马植奏：“当管羁縻州首领，或居巢穴自固，或为南蛮所诱，不可招谕，事有可虞”（《旧唐书·马植传》）。从有的首领为羁縻州刺史后，或“卒不出”或“居巢穴自固”的事例中，可见唐对羁縻州的控制是松弛的。

二、授予“豪帅”各种职官名号

隋代，把任用渠帅为州县官作为对岭南越人整个政策的基础。据载：隋朝建立之初，俚帅王仲宣逼广州，裴矩奉诏巡抚岭南，击溃之，“矩所绥集者二十余州，又承制署其渠帅为刺令、县令。”（《隋书·裴矩传》）“上以岭南夷越数为反乱，征拜令狐熙为桂州总管十七州诸军事，许以便宜从事，刺史以下官得承制补授。”（《隋书·令狐熙传》）开皇末，桂州俚帅李光仕为乱，何稠讨平之，“承制署首领为州县官而还，众皆悦服。”（《隋书·何稠传》）这均证明：隋朝廷任命岭南酋长为刺史、县令官是通例。其所任命的主要代表人物：如冼夫人孙冯盎为高州刺史、孙冯暄为罗州刺史；南平獠长真为宁越太守，并以其族人宁宣为合浦太守（见《新唐书·南蛮传下》）。为保持岭南统治秩序的稳定性与连续性，隋朝廷并不打乱原有的部落组织，只是加署官号而已，如《隋书·列女·谯国夫人》载：“裴矩巡抚诸州，其苍梧首领陈坦、冈州冯岑翁、梁化邓马头、藤州李光略、罗州庞靖等皆来参谒。还令统其部落，岭表遂定。”这些得到封号的岭南酋长，在其辖区内行使职权，对恭顺豪帅甚至授予包括任命官属、调动兵马在内的广泛权力，朝廷只是羁縻而已。《隋书·谯国夫人传》载：“开谯国夫人幕府，置长史以下官属，给印章，听发部落六州兵马，若有机急，便宜行事。”即属此例。除实授外，还给予各种虚封，“以酬勤劳”（《隋书·百官志下》）。以高凉冼夫人为例，先后册夫人为宋康郡夫人、谯国夫人，死后谥为诚敬夫人；追赠其夫为广州总管、谯国公；表其孙冯魂为仪同三司；赠其子冯仆为崖州总管、平原郡公。可谓荣宠至极。隋王朝这种任其豪酋为己用之策，达到不烦兵力而“烦集百越”的目的。如《隋书·裴矩传》载，由于裴矩任用越人首领，岭南迅速平定。隋文帝感叹道：“韦洸将二万兵，不能早度岭。朕每忧其兵少。裴矩以三千敝卒，径至南康。有臣若此，朕亦何忧。”可证。又，据《隋书·谯国夫人传》载：时番州总管赵讷贪虐，诸俚僚多有亡叛，文帝“降敕委夫人招慰亡叛。夫人亲载诏书，自称使者，历十余州，宣述上意，谕诸俚獠，所至皆降。”可见，这些被委任的俚僚渠帅还起到了汉族官员所不能起的作用。

唐之官制大多沿袭隋朝，以豪帅为牧宰亦属此例。唐高祖时，即以归附首领为当地都督、刺史（见前）。唐太宗时设立羁縻府、州、县，皆以其首领为都督、刺史、县令。现将见诸史籍的豪帅担任羁縻府、州、县长官的情况，列一简表如下：

表 6–2　诸史籍的豪帅所担任羁縻府、州、县长官

族属	姓名	职官名	授予时间
西赵蛮	赵　磨	明州刺史	贞观三年
东谢蛮	谢元深	应州刺史	贞观三年
南谢蛮	谢　强	南寿州（后改庄州）刺史	贞观三年
松外蛮	蒙　和	县　令	贞观中
西爨蛮	爨归王	南宁州都督	永徽以后
西爨蛮	爨守义	南宁州都督	永徽以后
南诏蛮	傍时昔	浪穹州刺史	永昌元年
牂牁蛮	赵国珍	黔中都督	天宝间
东女国羌	汤立悉	归化州刺史	贞元九年
东谢蛮	宋　鼎	蛮州刺史	贞元十三年前
东谢蛮	宋　万	蛮州巴江县令	贞元十三年前
西原蛮	黄少卿	归顺州刺史	元和间
西原蛮	黄少高	有州刺史	元和间

唐王朝除任命豪帅为羁縻府、州、县官属外，还赐予名目繁多的甚至是品级极高的虚衔。其中计有：云南王、归昌王、宾义王等正一品官；怀化郡王、顺政郡王、和义郡王、归义郡王、恭化郡王、怀安郡王、吴国公、耿国公等从一品官；特进、夜郎郡公、长川郡公、资阳郡开国公、上柱国等正二品官；左金吾卫大将军、左羽林大将军、工部尚书、太常卿、太子詹事等正三品官；银青光禄大夫、卫尉卿、太仆卿、鸿胪卿等从三品官；正议大夫等正四品上阶官；少府少监等从四品下阶官；御史中丞等正五品上阶官；朝议大夫等正五品下阶官；如此等等。这些名号，或属散官，或属勋官，或属封爵，或虽是职事官而非实授，故均与具体职务无关，只是表示一种荣宠而已，但从中可见：唐王朝对南方诸族首领是极力拉拢的，对南方民族问题是极为重视的。

五代十国时继续任用当地酋长为官。据《新五代史·楚世家》载：及希范降溪州，南宁州酋长率其本部十八州，都云酋长率昆明等十二部，牂牁酋长率其七州，皆附于希范。又据《宋会要辑稿》蕃夷五载：宋乾德三年五溪团练使洽州刺史田处崇上言："湖南节度马希范建叙州潭阳县为懿州，署臣叔父万盈为刺史。希范卒，其弟希萼袭位，改为洽州。愿复旧名。"这都表明：五代十国时，这些酋长仍继续保持州刺史的称号和地位。

唐王朝为防止滥用土人首领为官，曾为此专门作过一些规定。据《唐会要》卷七五载："上元三年八月七日敕，桂广交黔等州都督府，比来所奏拟土人首领，任官简择，未甚得所。自今已后，宜准旧制。四年一度，差强明清正五品以上官，充使选补，仍会御史同往注拟。其有应任五品以上官者，委使人共所管督府，相知具条景行艺能政术堪称所职之状奏闻。"

唐王朝授予土酋官职后，均予以册命。据载：开元二十六年九月封西南大酋帅蒙归义为云南王后，曾"赐紫袍金钿带"，并"遣中使李思敬赍书往册焉"（《册府元龟》卷九六四）；天宝七年"阁罗凤立，朝廷册袭云南王"（《蛮书·六诏》）；贞元四年东爨蛮首领内附来朝，"特封为郡王，且衣以冠带，仍给两林、勿邓等部落印而遣之"（《册府元龟》卷九六五）；贞元九年东女国诸部落"相率献款，兼赍天宝中国家所赐官诰共三十九通以进"（《旧唐书·南蛮西南蛮传》）；贞元十年"以祠部郎中袁滋为册南诏使，赐银窠金印"（《资治通鉴·唐德宗贞元十年》）；贞元时东谢蛮首领宋鼎、谢汕、宋万传均曾被"赐紫金鱼袋"；元和四年牂牁蛮首领遣使来朝，唐王朝"遣中使魏德和领其使，并赍国信物，降玺书赐其王焉"（均见《旧唐书·南蛮西南蛮传》）；天成二年牂牁等郡刺史宋朝化等人入朝，各赐"等第官告"（《册府元龟》卷九七六）。可见，封官后，即给予土酋印章、官诰和相应官品的冠、袍、带一类服饰等信物，以此作为统治本族的合法权利的象征。只有经朝廷册封认可后，才能取得合法地位。如《资治通鉴·唐宣宗大中三年》载：时南诏丰祐卒，子酋龙立，"上以酋龙不遣使来告哀，又名近玄皇帝，遂不行册礼。"其后，杜悰上言：应遣便晓谕南诏"以新王名犯庙讳，故未行册命，待其更名谢恩，然后遣使册命，庶全大体。"上从之。可证。又据《新唐书·南蛮传下》载：丰琶部落大鬼主骠傍，受封后，数出兵攻吐蕃，吐蕃间道焚其居住、部落，遂致"亡所赐印章"。为此，经呈请，朝廷再次授予印章。此例说明，这些作为朝廷命官的南方诸族首领，对王朝中央颁发的信物是至为重视的。

羁縻府、州、县的官员，“皆得世袭”。这从史籍中，可以得到证明。如《武经总要前集》卷十九，载：“保州雪山郡，本维州定廉县，南至吐蕃，为夷落之极塞，唐开元以来，董氏世袭刺史。霸州静戎郡，唐天宝中，招慰生羌置郡，亦许世袭”“乌蛮，姚州戎泸州界，唐武德后，开拓山洞，置四十八州，安辑夷僚，迄今许世袭”。又《旧唐书·南蛮西南蛮传》载：两面羌“其部落代袭刺史等官。”当然，这种世袭仍需经唐中央王朝的批准。如《册府元龟》卷九六四载：开元十年五月“牂州刺史夜郎郡公谢元齐死，诏立其嫡孙嘉艺袭官封。”

五代十国时，地方割据政权为取得“溪洞”支持，封归附“蛮酋”为当地刺史，几乎成了通例。如，《十国春秋·楚世家》载：“乾化二年春二月，辰州蛮宋邺、溆州蛮昌师益帅众降，王以邺为辰州刺史，师益为溆州刺史。”即其中突出一例。

三、唐王朝在贡赋、军事、法制、文化、民族关系诸方面推行的“怀柔之道”

据《册府元龟》卷九六三载:“中国”（中央王朝）之于“夷狄”，“推怀柔之道，开抚纳之意，优其礼遇，厚其赐予，以笃其好，而厌其心焉。”唐王朝也如是。它除了在政治上使用南方诸族首领治理羁縻府州县外，还在贡赋、军事、法制、文化、民族关系诸方面，推行“怀柔之道”，以求达到“抚纳”的目的。

贡赋制。南方诸族首领归附后，需在经济上承担交纳贡赋的义务。

贡品为方物。关于南方民族地区的贡物种类，《大唐六典》和唐李吉甫《元和郡县志》中，已有详述。此处仅指出两点：一是史籍标明“羁縻州”的主要贡物有：戎州都督府所属昆州，“土贡牛黄”；桂州都督府所属温泉州温泉郡“土贡金”，述昆州“土贡桂心”；安南都护府所属郡州“土贡白镴”（见《新唐书·地理志七下》）。二是贡物中，包括具有民族特色的当地人民制造的产品。以布匹为例，就有“连头獠布”“獠麻布”“兰干布”“斑布”“筒布”等类（分见《大唐六典·户部》卷三和《元和郡县志》江南道、剑南道、岭南道部分）。从这些称谓繁多的纺织物受到唐统治者青睐一事，也可见当时南方少数民族的人民具有颇高的工艺水平。因京城遥远，也有贡献与受赏于封疆大臣者。如《新唐书·南蛮传下》载：“有奉国、苴伽十一部落，春秋受赏于巂州”“每节度使至，诸部献马”“既见，请匹锦”“及还，褁锦植马上而去”。

需指出的是，除献物外，甚有贡人者。据《唐会要》卷八六载，大历十四年（779年）五月诏曰：“邕府岁贡奴婢，使其离父母之乡，绝骨肉之恋，非仁也。宜罢之。”可见，这种残酷的贡奴制度，直至八世纪后期，唐朝廷才明令予以废除。

贡期。据《旧唐书·南蛮西南蛮传》载：东谢蛮首领宋鼎等人“建中三年一度朝贡，自是更不许随例入朝。今年恳诉称州接牂牁两州，同被声教，独此排摈，窃自惭耻，谨遗随牂牁等朝贺。……其牂牁两州，户口殷盛，人力强大，邻侧诸蕃，悉皆敬惮。请比两州每三年一度朝贡，仍依牂牁轮环差定，并以才干位望为众推者充”；牂牁蛮，元和“四年正月，遣使来朝。……七年、九年、十一年凡三遣使来。其年十二月，又遣使来贺正。长庆中，亦朝贡不绝。宝历元年十二月，遣使谢良震来朝。大和五年（831年）至会昌二年（842年），凡七遣使来”。从中说明：朝贡有定“例”，需“随例”而行；入朝需经朝廷允准，若朝廷“不许”则遭“排摈”；贡期有“每三年一度朝贡”，也有不及三年的。

贡使规模。唐代由于国力强盛，故贡使人数甚众。据《资治通鉴·唐太宗贞观二十二年》载：“是时四夷大小君长争遣使入献见，道路不绝，每元正朝贺，常数百千人。”又据《册府元龟》卷九七六载：后唐明宗天成二年八月“昆明大鬼主罗殿王普露静王九部落各差使若土等随牂牁清江八郡刺史宋朝化等一百五十二人来朝”，这是南方诸族首领中入朝较大的一次。

朝廷根据土酋对朝贡的不同态度，而分别予以奖、惩。褒奖朝贡不绝者。如《旧唐书·南蛮西南蛮传》载：贞元七年二月“授其（指牂牁蛮）酋长赵主俗官，以其岁初朝贡不绝，褒之也。”若无故停止进贡，则被视作是对朝廷怀有二心甚至是背叛朝廷而加以讨伐。据《资治通鉴·唐太宗贞观元年》载：“岭南酋长冯盎、谈殿等迭相攻击，久未入朝，诸州奏称盎及，前后以十数；上命将军蔺暮等发江、岭数十州兵讨兵。”后因魏征劝阻，改派使者持节慰谕之，“盎遣其子智戴随使者入朝”，这样才平息了这场风波。从这一事件中，可见朝与不朝被视作顺与逆的重要标志。因入朝意味着当地居民成为唐王朝的臣民，故对招抚酋长入朝的唐官吏，也予论功行赏。如《旧唐书·韦皋传》载：韦皋“招抚西山羌女、诃陵、白狗、逋租、弱水、南水等八国酋长，入贡阙庭。（贞元）十一年九月，加统押近界诸蛮、西山八国兼云南安抚等使”。

朝贡时，接待规格极高，以示隆遇。这表现为：使臣尚在郊外时就受到慰劳；回归时，也同样给予欢送。据载："故事，戎夷朝贡，将至都，中官驿劳于郊，既及馆，恩礼尤渥"（《新唐书·南蛮传下》）；"将归，亦送之，以怀远人"（《唐会要》卷九九）。而且，朝贡后，甚可得到唐皇赐宴的荣宠。据载：玄宗"开元二十九年十二月，其（指东女国）王赵曳夫遣子献方物。天宝元年，命有司宴于曲江，令宰臣已下同宴"（《旧唐书·南蛮西南蛮传》）；德宗"贞元四年五月赐宴东蛮鬼主骠傍、苴梦冲、苴乌星等于麟德殿宴赐有差"；穆宗长庆七年正月，"麟德殿对牂牁刺史宗七方等四人，……于内亭子赐食赐物有差"（《旧唐书·南蛮西南蛮传》）。由于接待贡使耗费繁多，而给唐王朝带来颇重的经济负担。如《旧唐书·魏征传》载，时高昌王麴文泰将入朝，西域诸国咸欲因文泰遣使贡献，为此魏征谏曰："往年文泰入朝，所经州县，扰不能供，况加此辈。"这虽是针对北方民族而言，而南方诸族也无例外。

赐予财帛甚丰。朝廷对南方使者"颁赐各有差"（《册府元龟》卷九七六）。如：高后时，逻盛入朝，"赐锦袍金带，缯彩数百匹"（《蛮书·六诏》）；玄宗开元二十年，西南蛮蒙崇先来朝，"赐帛三十匹"（《册府元龟》卷九七五）；玄宗天宝元年，西羌别部诸酋长来朝，"各赐帛八十匹"（《册府元龟》卷九六五）；德宗贞元九年，东女国王汤立悉等"并赴明年元会讫，赐以金帛"（《旧唐书·南蛮西南蛮传》）；宪宗元和十年，牂牁使者十六人，"赐以银彩"；文宗开成三年，对南诏、牂牁等使"各赐锦彩银器有差"；后唐明宗天成二年，昆明、牂牁等酋长入朝，各赐"缯帛锦衣银器"（均见《册府元龟》卷九七六）。可见，赐物有金银、织物（缯帛锦彩之属）、器物、服饰等项。

由于回赐甚丰，故诸族首领争相派遣大批使者入朝。如《资治通鉴·唐宣宗大中十三年》载："蛮使入贡，利于赐与，所从傔人浸多，杜悰为四川节度使，奏请节减其数，诏从之。"至五代时，也袭唐旧例。据《旧五代史·外国列传》，党项大姓之强者各自来朝贡马，后唐明宗"招怀远人，马来无驽壮皆集，而所售过常直，往来馆给，道路倍费。其每至京师，明宗为御殿见之，劳以酒食，既醉，连袂歌呼，道其土风，以为乐，去又厚以赐赉，岁耗百万计。唐大臣皆患之，数以为言，乃诏吏就边场售马给直，止其来朝，而党项利其所得，来不可止。"朝廷"止其来朝"仍"来不可止"，这是五代时内附诸族首领乐于从朝贡中获利的一典型事例。唐代南方诸族首领乐于朝贡的原因也在这里。

唐王朝还将全国各地少数民族首领的朝贡之举，作为远德归款的太平盛世德政加以夸耀和颂扬。据《旧唐书•南蛮西南蛮传》载："贞观三年，元深（东谢蛮首领）入朝，冠乌熊皮冠，若今之髦头，以金银络额，身披毛帔，韦皮行縢而著履。中书侍郎颜师古奏言：'昔周武王时，天下太平，远国归款，周史乃书共事为《王会篇》。今万国来朝，至于此辈章服，实可图写，今请撰为《王会图》。'从之"；《资治通鉴•唐太宗贞观二十二年》载，四夷大小君长入朝，唐太宗引见时，得意地谓侍臣曰："汉武帝穷兵三十余年，疲弊中国，所获无几；岂如今日绥之以德，使穷发之地尽为编户乎"。从"万国"君长争相称臣朝贡一事，确可反映唐代民族政策的卓效。

赋役。史称，羁縻州"贡赋版籍，多不上户部"，意为当地的贡赋和户籍，并不上缴或上报唐朝中央。可见，唐王朝对民族地区的租赋、徭役诸方面的负担是有所照顾的。

唐代对南方民族地区征取赋税之策，约有如下几种：

无赋役。据《资治通鉴•唐则天后圣历元年》载，蜀州刺史张柬之上言："姚州本哀牢之国，荒外绝域，山高水深，国家开以为州，未尝得其盐布之税，甲兵之用，丽空竭府库"（《旧唐书•张柬之传》对此事的记载则称"今减耗国储，费用日广，……于国家无丝发之利"，其意一）；《资治通鉴•唐德宗贞元三年》载，吐蕃役使云南，赋敛重数，云南苦之。唐使说其首领异牟寻曰："中国尚礼义，有惠泽，无赋役"。这说明："无赋役"是唐王朝对边远民族地区的一项基本改策。

由无赋税转为纳赋税。据《文献通考•四裔七》卷三三〇载：文宗大和中"经略使董昌龄遣子兰讨平（西原蛮）峒穴，夷其种党，诸蛮畏服，有违命者，必严罚之，十八州岁输贡赋，道路清平"；《旧唐书•马植传》载，文宗开成初，安南都护、御史中丞、安南招讨使马植奏：当管羁縻州首领"不可招谕，事有可虞。臣自到镇，约之以信诚，晓之于逆顺。今诸首领，总发忠言，愿纳赋税"。上述二例说明：此前，由于唐王朝在当地的统治力量薄弱，故当地首领均不交贡赋；其后，或是以武力镇服或是经晓谕抚纳，才输贡赋的。

半输或轻赋。据《大唐六典•户部》卷三载："凡岭南诸州税米者，上户一石二斗，次户八斗，下户六斗。若夷獠之户，皆从半赋"（《旧唐书•食货志上》所载略同）;《资治通鉴·唐则天后垂拱三年》:“岭南俚户旧输半课，交趾都护刘延祐使之全输，俚户不从，延祐诛其魁首”，说明：岭南俚僚按户征税，税额仅为汉民的一半；由于半课已成制度，故地方官吏欲改“旧”例而全输，理所当然地遭到俚民的反抗。另，据《旧唐书·韩思复传》载：“诏置五管都监，计所费尽一境地征，不足饱其意，佽特用俭约处之，遂为定制，君子以为难。”从岭南地区的整个收入，尚不足五管都监的支出费用一事，可证当地民族地区的征额是较低的。

重征。据《旧唐书·徐坚传》载：睿宗时“监察御史李知古请兵以击姚州西贰河蛮，既降附，又请筑城，重征税之，坚以蛮夷生梗，可以羁縻属之，未得同华夏之制”，睿宗不从。引起“蛮众恐惧”，乃杀知古而反，“姚、嶲路由是历年不通。”换言之，唐王朝在对民族地区用兵后，随之采用“同华夏之制”的征税制，从而迫使当地居民走上反抗的道路。又据《唐会要》卷七三载：开成四年，安南都护马植奏，当管经略押衙兼都兵马使杜存诚，自祖父以来，相承管辖所属僚户，“其丁口税赋，与一郡不殊”。这也可见，有些民族地区的税赋负担，已达到与汉区无异的程度。

唐统治者还采用其他的经济掠夺办法，“强市”即属其中一例。据《新唐书·南蛮传下》载：戎、泸间有葛僚，“大中末，昌、泸二州刺史贪沓，以弱缯及羊强獠市，米麦一斛，得直不及半”;《资治通鉴·唐宣宗大中十二年》则说：“初，安南都护李涿为改贪暴，强市蛮中马牛，一头止与盐一斗”。这是唐朝官吏利用手中权力通过强制性的不等价交换的办法，以达到搜括财富的目的。

除赋税外，也征发民族地区人民从事筑城、造船等杂役。据载：“诸边远州，有夷獠杂类之所应输课役者，随事斟酌，不必同之华夏”（《通典·食货六》卷六）；“太宗再伐高丽，为船剑南，诸獠皆半役，雅、邛、眉三州獠不堪其扰，相率反”（《文献通考·四裔五》卷三二八）；宪宗时，窦群为黔州刺史、黔中观察使，“在黔中属大水坏其城郭，复筑其城，征督谿洞诸蛮，程作颇急，于是，辰、锦生蛮乘险作乱，群讨之不能定”（《旧唐书·窦群传》）。上述材料表明：第一，民族地区的徭役可变通，所谓“随事斟酌”或“半役”即是。第二，“獠”“蛮”也有因役“不堪其扰”或“程作颇急”而被迫反之例。

除征取赋役外，更有残酷掠夺人口者。隋统治者掠取僚人，以供其驱使。据《隋书·王仁基传》载：文帝时，“山獠作乱，蜀王命仁基讨破之，赐奴婢三百口”。

《隋书·郭荣传》："仁寿初，西南夷、獠多叛，诏崇领八州诸军事行军总管，率兵讨之，岁余悉平，赐奴婢三百余口。"此两次所赐的三百口"奴婢"，当是从所获"生口"中拨给。"獠口"除充当奴婢外，更有甚者，有的还沦为阉宦之人。如《隋书·元岩传》载：文帝时，"蜀王性好奢侈，尝欲取獠口以为阉人"；蜀王"又共妃出猎，以弹弹人，多捕山獠，以充宦者"。把僚人当猎物捕取，可见其对僚人摧残之惨烈。隋统治者还掠取爨人，据《隋书·史万岁传》载：史万岁"破其（指爨氏）三十余部，虏获男女二万余口"；《资治通鉴》唐高祖武德三年载：隋末，诛爨玩，"诸子没为官奴"。

入唐，掠夺人口之风仍然盛行。其内容包括两个方面：一是掠卖人口。这从唐王朝一再颁布禁断掠卖人口的敕令中，可见此风在南方民族地区的严重性。据《唐会要》卷八六载："元和四年闰三月敕，岭南、黔中、福建等道百姓，虽处遐俗，莫非吾民，多罹掠夺之虞，岂无亲爱之恋，缘公私掠卖奴婢，宜令所在长吏切加捉搦""元和八年九月诏，自岭南诸道，辄不得以良口饷遗贩易，及将诸处博易"；太和二年十月敕，岭南、福建、桂管、邕管、安南等道"禁断掠买饷遗良口"。关于官府把"蛮"人当做财富加以掠卖之事，也可从史籍中得到印证。如《资治通鉴·唐懿宗咸通六年》载："嶲州刺史喻士珍贪狯，掠两林蛮以易金"，即是。一是没为官奴。如《旧唐书·李景传》附传载："先时西原叛乱，前后经略使征讨反者，获其子皆没为官奴婢，配作坊重役"，即是。

兵制。隋代，曾利用南方少数民族武装。表现之一是，隋在灭陈之战中，使用了蛮人。据《隋书·杨素传》载：隋以杨素为信州（治今奉节）总管，居永安，引舟师趋三峡。"陈南康内史吕仲肃屯岐亭，正据江峡"，败之。"仲肃复据荆门之延洲。素遣巴蜑卒千人，乘五牙四艘，以柏樯碎贼十余舰，遂大破之，俘甲士二千余人，仲肃仅以身免。"换言之，隋将正是依靠蜑人水师来攻破陈利用三峡天堑的设防的。表现之二是，曾"发俚兵"以俚攻俚。如《隋书·何稠传》载："开皇末，桂州俚帅李光仕为乱，渠帅洞主莫崇解兵降款，""稠至五更，掩入其洞，悉发俚兵，以临余贼。象州逆帅杜条辽、罗州逆帅庞靖等相继降款。"

唐王朝在军事上更为重视使用南方诸族之人，以为其统治利益服务。其主要表现如下：

任用少数民族首领为军中将领。主要记载有：宪宗元和年间，裴行立为安南经略使，时“英策及范廷芝者，皆溪洞豪也，隶于军，它经略使多假借，暴恣于治。行立阴把其罪，贷之，许自效，故能得英策死力”（《新唐书·裴守真传》）；元和十四年，安南都护李象古使牙将蛮酋杨清“讨黄洞蛮”（《资治通鉴·唐宪宗元和十四年》）；懿宗咸通二年，爱州蛮首领杜存诚“子弟继总军旅，皆输忠勇，军府倚赖方甚”（《资治通鉴·唐懿宗咸通二年》注引《补国史》）；咸通时，郑从谠为广州刺史、岭南节度使，“五管为南诏蛮所扰，天下征兵，时有宠勋之乱，不暇边事。从谠在镇，北方寡弱，夷獠棼然，乃择其土豪，授之右职，御侮扞城，皆得其效”。可见，任用“溪洞豪”为将，不仅起到了“御侮扞城”的作用，甚至有的还成了“军府倚赖”的重要力量。据《资治通鉴·唐懿宗成通二年》载：“秋，七月，南诏攻邕州，陷之。先是，广、桂、容三道共发兵三千人戍邕州，三年一代。经略使段文楚请以三道衣粮自募土军以代之，朝廷许之，所募才得五百许人。文楚入为金吾将军，经略使李蒙利其阙额衣粮以自入，悉罢遣三道戍卒，止以所募兵守左、右江，比旧什减七八，故蛮人乘虚入寇。”上述记载表明：有募土军取代戍卒事；这些土军由官府供给。唐代除以土军代戍外，还用以战阵。如：咸通元年杜存诚之党诱导南诏陷交阯，次年六月安南都护李鄠“召土军收复城邑”（《资治通鉴·唐懿宗成通二年》胡注引《实录》）；岭南西道节度使蔡京为政苛惨，“遂为邕州军士所逐，奔藤州，诈为敕书及攻讨使印，募乡丁及旁侧土军以攻邕州”（《资治通鉴·唐懿宗咸通三年》）。在土军中，任用土人为将领以统帅之。蛮首杜存诚曾为“爱州刺史兼土军兵马使”（《资治通鉴·唐懿宗咸通二年》注引《考异》所载《实录》），即其例。

征调少数民族首领统领族人作战。关于这方面的记载，可谓史不绝书。归纳起来，其中主要作用有三：其一，对外作战。据《新唐书·南蛮传下》载，南平僚宁长真为宁越刺史，“及讨林邑，长真出兵攻其后，又率部落数千从征辽东。炀帝召为鸿胪卿，授安抚大使，遣还。”这是隋代用僚人远征之例。其二，为唐王朝的建立效力。据《册府元龟》卷九七三载：武德四年“巴东蛮帅冉安昌率兵与大军平萧铣，安昌者，盘瓠之苗裔，代为蛮帅。”此为唐王朝利用蛮帅参与消灭江南割据势力之例。其三“以蛮攻蛮”。据《资治通鉴·唐太宗贞观五年》载，“罗窦诸洞獠反，敕（高州总管冯）盎帅部落二万，为诸军前锋。獠数万人，屯据险要，诸军不得进。盎持弩谓左右曰：‘尽吾此矢，足知胜负矣。’连发七矢，中七人。獠皆走，因纵兵乘之，斩首千余级。上美其功，前后赏赐，不可胜数。”此为以僚攻僚之例。《文献通考·四裔五》卷三二八载，天宝中兖州刺史“赵珍裔有战功，阁罗凤叛，宰相杨国忠授珍裔黔中都督，屡败南诏，护五溪十余年，天下方乱，其部独宁。”此为以牂牁蛮败南诏蛮之例。《旧唐书·韦皋传》载：贞元五年“皋遣大将王有道简习精卒以入蕃界，与东蛮于故嶲州台登北谷大败吐蕃青海、腊城二节度”，此为用东爨蛮大破吐蕃之例。

五代十国时，在军事上注意争取南方诸族的支持。这从后唐加封“蛮酋”将军名号一事中得到证明。据《旧五代史·唐书·明帝本纪三》载：天成元年十月，“以嶲州山后两林、百蛮都鬼主李卑晚为宁远将军，大渡河山前邛川六姓都鬼主、怀安郡王勿邓摽莎为定远将军。”至于南方割据政权，更是把“蛮兵”作为维护其统治地位的重要支柱。在楚国统治阶级的内讧中，依靠“蛮酋彭师暠”支持的马希广与拥有“杂以蛮兵”的马希萼之战（见《资治通鉴》后汉隐帝乾祐三年），则是极好的说明。

在法制上，依本俗法治理。据《唐律疏义·刑名》卷六载：“化外人同类自相犯者，各依本俗法；异类相犯者，以法律论。”意为：各族内部的犯法事件，按各族的习惯法从事；只有各族间的纠纷，才按国家法律处理。可证唐王朝并不要求在南方民族地区一律实施唐律。

在文化上，隋代，注意开设学校。如《隋书·令狐熙传》载：令狐熙治理岭南，“为建城邑，开设学校，华夷感激，称化。”并称，“虽未能顿革夷风，颇亦渐识皇化。”唐代取“教之礼义”（见《资治通鉴》唐太宗贞观四年）之策。其中，以韦皋治西川民族地区的教育业绩最为突出。据《资治通鉴·唐宣宗大中十三年》载：“初，韦皋在西川……选群蛮子弟聚之成都，教以书数，欲以慰悦羁縻之，业成则去，复以他子弟继之。如是五十年，群蛮子弟学于成都者殆以千数，军府颇厌于禀给。”就是说，“群蛮”子弟入学期间，由官府“禀给”，以使他们专志于学；仅西川一地，“群蛮”子弟习学者，竟以千数，可见收效之卓著。又，据《太平广记》卷一八四引《尚书故实》载：唐时“有黄生者，擢进士第。人问与颇同房否，对曰，别洞。黄本溪洞豪姓，生故以此对”；对唐代溪洞黄生举进士之事，清人檀萃赞叹曰：“峒家未尝无俊才也”（《说蛮》）。还有，据同治《恩施县志·学校志》载：“恩施自唐、宋以来，历千余年，皆有学，人材炳蔚，已代有传人矣。”恩施为今湖北省土家族聚居地。上述三例说明：唐代对民族地区的文教政策，客观上有利于人才的培养和民族教育事业的发展。其后，宋代也承袭了发展“溪洞”地区教育的做法。宋郑伸《桂阳志》：“峒甿遣子入学”，即例证。

至于民族关系，在处理南方诸族之间相攻问题上，隋唐王朝采取晓谕、调解的做法，以求得统治秩序的稳定。据《隋书·梁毗传》载：隋文帝时，毗为西宁州刺史，解喻当地蛮夷因金而引起的争夺，“于是蛮夷感悟，遂不相攻击。”唐朝仍沿袭此策。据《新唐书·宋庆礼传》载：武后时，宋庆礼为岭南采访使。“时崖、振五州首领更相掠，民苦于兵。使者至，辄苦瘴疠，莫敢往。庆礼身到其境，谕首领大谊，皆释仇相亲，州土以安，罢戍卒五千。”又，据《新唐书·南蛮传下》载：“员州又有首领侬金澄、侬仲武与金勒袭黄洞首领黄伯善，伯善伏兵瀼水，鸡鸣，候其半济，击杀金澄、仲武，唯金勒遁免。后欲兴兵报仇，（邕管节度使）辛谠遣人持牛酒音乐解和，并遗其母衣服。母，贤者也，让其子曰：‘节度使持物与獠母，非结好也，以汝为吾子。前日兵败瀼水，士卒略尽，不自悔，复欲动众，兵忿者必败，吾将囚为官老婢矣。’金勒感寤，为罢兵”。由于民族地区当时尚处于比较落后的社会历史发展阶段，故彼此经常攻击杀伐。对这种事件加以“解和”，避免由此造成的对民族地区的破坏，并使之“州土以安”。这无疑是有积极意义的。

唐代羁縻州制的建立与羁縻政策的实行，是应该得到肯定的。它对促进民族地区经济文化的发展，对加深中原地区与民族地区的联系，对巩固和发展南北朝以来的民族大融合，都起了积极的历史作用。但是，也应看到唐朝统治阶级残酷剥削和压迫少数民族的事件不断发生，其羁縻政策也不能不受到破坏。因此，有唐一代的反抗斗争时有发生。据载：太宗时，冯立拜为广州都督，“前后作牧者，多以黩货为蛮夷所患，由是数怨叛”（《旧唐书·忠义上·冯立传》）；武则天长安三年“时始安贼（《资治通鉴》作‘始安獠’）欧阳倩拥徒数万，剽陷州县，授（裴）怀古桂州都督，仍充招慰讨击使。才及岭，飞书招诱，示以祸福，贼徒迎降，自陈为吏人侵迫，乃举兵耳”（《旧唐书·良吏下·裴怀古传》）；武则天时，张柬之表曰：今姚府所置之官，“唯知托谋狡算，恣情割剥，贪叨劫掠，积以为常”（《旧唐书·张柬之传》）；宪宗“元和中，辰、溆蛮酋张伯靖嫉本道督敛苛刻，聚众反”（《旧唐书·南蛮传下》）。由于唐吏“黩货”“侵逼”“恣情割剥”“督敛苛刻”，致使南方民族地区人民怨叛。更有甚者，有的官吏不惜采用妄报或骚动“蛮夷”反的手法以邀功和肆其凶暴，造成民族地区不得安宁。武德初年“行台仆射窦轨多行杀戮，又妄奏獠反，冀得集兵，因此作威，肆其凶暴”（《旧唐书·韦云起传》）；元和年间“时桂管经略使杨旻、桂帅武裴行立等骚动生蛮，以求功伐，遂至岭表累岁用兵”（《旧唐书·孔巢父传》孔戣附传）。均是例证。

第七章　宋代对南方诸族的治理

两宋时期，在北方有契丹族建立的辽政权和其后取代辽的女真族建立的金政权，在西北方则有党项族建立的西夏政权；在这种情况下，宋王朝在我国北部地区的统治范围日益缩小。特别是宋统治集团偏安临安（今浙江杭州）后，南宋朝廷直接统治地区，则主要是我国南部地区了。因此，对宋王朝说来，如何对待南方诸族即当时所谓“西南溪洞诸蛮”和“西南诸夷”的问题，便占有迫切的和重要的地位。

有宋一代，南方诸族社会有了较快的发展和变化。鄂西民族地区就是较富代表性的一例。在社会经济文化发展的基础上，习尚也发生了极大变化。据同治《恩施县志》卷七载：邑之风俗，“汉、晋以前无稽矣。隋、唐始设州县，地旷人稀，民风率安质实，故杜少陵《赠郑典设自施州归》诗有：‘其俗则醇朴，不知有主客，乃闻风土质，又重田畴辟’之句，其为实录可知。五代迄宋生聚日繁，纷华亦遂日盛，旧志载宋儒之语有：‘施州风土，大类长沙，论文学则骎骎大国风，论人情则渐多浇漓，少醇厚’。其与少陵所咏，已不侔矣。由朴而华，固亦势所必至欤，是为风俗之一变。”鄂西民族地区这种“生聚日繁”“纷华日盛”，民风“由朴而华”的变化，可说是这一时期南方诸族社会状况的一种反映。这种局面的出现，原因是多方面的。应该指出的是：这与宋代政治中心南移并重视南方民族地区的开发与治理，是有直接关系的。

宋王朝对南方诸族的治理，其主要特征是袭用和发展唐代的“羁縻州”制与“羁縻”政策。大致可包括下述几个方面的内容。

一、设置羁縻州、县、洞

宋代在南方民族聚居地，设置由少数民族首领担任世袭长官的州、县、洞（相当于县）的政区。这类政区，因宋王朝采取“蛮夷之俗，羁縻而已”的绥抚之策，故称为“羁縻州”；或因其归附臣服宋王朝，而称为“归明州”。此外，也有因其居于溪洞的地域特征，而称之为“溪洞州”的。

宋代的羁縻州制，是在唐代的基础上发展而来的。据宋人范成大说：宋时，广南西路（今广西）“羁縻州洞，隶邕州左右江者为多”；当地侬氏、莫氏等民“自唐以来内附，分析其种落，大者为州，小者为县，又小者为洞。国朝开始寖广，州县洞五十余所，推其雄长者为首领，籍其民为壮丁。其人物犷悍，风俗荒怪，不可尽以中国教法绳治，姑羁縻之而已。有知州、权州、监州、知县、知洞，其余有同发遣、权发遣之属”（《桂海虞衡志·志蛮》）。其他南方民族地区情况也相类似。

羁縻州主要集中于当时的荆湖路、夔州路、成都府路、潼川府路、广南西路，即多分布在今湘鄂西、四川、贵州、广西一带。其数十分可观。据宋人王存《元丰九域志》卷十载，荆湖路南北江共有羁縻州三十八；据《宋史·地理志五》载，在成都府路中，黎州“领羁縻州五十四”，雅州“领羁縻州四十四”，茂州“领羁縻州十”，威州“领羁縻州十二”；据《宋史·地理志六》载，以壮族主要居住地而言，仅左、右江一带，邕州所领就有“羁縻州四十四，县五，洞十一”。从上述列举的建置数量之多，说明宋王朝在南方民族地区是普遍推行羁縻州制的。

羁縻州县洞，阔狭不一，但总的说来，其规模均较小。据《武经总要前集》卷十九，益州路条下载，茂州共辖羁縻州十七，其户数均甚少，少则如当州、向州，居州均“管部落五十户”，最多者为“静州管部落四百户”；据《宋史·蛮夷列传一》载，湘西“南江诸蛮虽有十六州之地，惟富、峡、叙仅有千户，余不满百”；据《宋史·蛮夷列传四》载，川西北羌人居地的“茂州诸部落，盖、涂、静、当、直、时、飞、宕、恭等九州蛮地。蛮自推一人为州将，治其众，而常诣茂州受约束。茂州居群蛮之中，地不过数十里，宋初无城隍，惟植鹿角自固”。据清人罗绕典《黔南职方纪略·土司上》卷七载：至道元年西南蕃主龙汉瑭遣龙光进率诸州蛮长入贡，贡使答帝询中曾道及，其地“每一二百户为一州”。这说明：其一，宋依唐制，凡二万户以下者均划入下等之州，而羁縻州的户数竟有“五十户”或“不满百”或“一二百户”者，可见户数是无法与内地州郡相提并论的。其二，“居群蛮之中”的茂州，“地不过数十里”；因此，像“九州蛮”一类的羁縻州地域，也应是相当狭窄的。其三，管理“群蛮”的茂州，尚以植鹿角为“城”的标记，至于“九州蛮”一类的羁縻州所在地，当是更为简陋的。换言之，从上述诸州的人口、面积、治所三方面，可证宋代有的羁縻州是徒具空名的，只不过冠以“州”的虚名，以求达到“羁縻”的实效而已。

北宋时期，随着对南方诸族统治的加强，曾于神宗熙宁、徽宗崇宁年间两度试图废除羁縻州制，即所谓：“昔所入贡者，今必城为郡县；昔所羁縻者，今尽纳其土疆”(《宋史·毛注列传》)。但终因条件尚未成熟而作罢。《宋史·蛮夷列传三》概括地叙述了这一过程:“唐末,诸酋分据其地,自为刺史。宋兴,始通中国,奉正朔,修职贡。间有桀黠贪利或疆吏失于抚御,往往聚而为寇,抄掠边户。朝廷……务在羁縻,不深治也。熙宁间,以章惇察访经制蛮事,诸溪洞相继纳土,愿为王民,始创城寨,比之内地。元祐初,诸蛮复叛,朝廷方务休息,乃招谕湖南、北及广西路并免追讨,废堡寨,弃五溪诸郡县。崇宁间,复议开边,于是安化上三州及思广诸洞蛮夷,皆愿纳土输贡赋,及令广西招纳左、右江四百五十余洞。寻以议者言,以为招致熟番非便,乃诏悉废所置州郡,复祖宗之旧焉。”熙宁、崇宁改制之未遂,主要因素有二:其一,就朝廷而言,设置新郡后,须设官屯兵,费用巨大,得不偿失。据时人傅尧俞、王岩叟言:“沅、诚州创建以来,设官屯兵,布列寨县,募役人,调戍兵,费巨万,公私骚然,荆湖两路为之空竭。又自广西融州创开道路达诚州,增置浔江等堡,其地无所有,湖、广移赋以给一方”,可证。其二,就溪洞而言,纳土后,须“出租赋如汉民”,负担加重;由于创置堡寨,开辟道路,以致“侵逼洞穴,致生疑惧”;加之,“边吏失于抚遏,遂尔扇摇”。从而造成“西南夷獠交寇,而溪洞子蛮亦复跳梁”的严重后果。在溪洞地区反抗活动日益加剧的情况下,宋王朝只好下令“悉废所置初郡”(以上引文均见《宋史·蛮夷列传一》)。

二、“推其雄长者为首领”

宋王朝建立后,对南方诸族的归附首领,即以原官授之。以湖湘地区为例,“建隆四年,知溪州彭允林,前溪州刺史田洪赟等列状归顺,诏以允林为溪州刺史,洪赟为万州刺史”,乾德三年“珍州刺史田景迁内附”,仍授原职(见《宋史·蛮夷列传一》);以西川地区为例,“乾德三年,平孟昶。五年,知西南夷南宁州番落使龙彦瑶等遂来贡,诏授彦瑫归德将军、南宁州刺史、番落使”(《宋史·蛮夷列传四》);以广西地区为例,南丹州蛮“开宝七年,酋帅莫洪曹遣使陈绍规奉表求内附。九年,复来贡,求赐牌印,诏刻印以给之”(《宋史·蛮夷列传二》),明代那地州土知州罗氏,其先“宋熙宁初,土人罗士念来降,因授官世袭”(《右江土司志》,载《粤西文载》卷十二)。而且,宋王朝是不惜以大量官爵来笼络内附当地首领的。《宋史·程德玄列传》载,太平兴国年间,程德玄移知环州,“时西鄙酋豪相继内附,诏以空名告敕百道付德玄,得便宜补授。”即一例。这里尚须指出的是,随着宋代吏治的日益腐败，这种委任当地首领为溪洞长官的做法，也不能不受其影响。据《宋史·蛮夷列传二》载，南宋宁宗时期，就连上层统治集团也承认："往时溪洞设首领、洞主、头角官及防遏、指挥等使，皆其长也。比年往往行贿得之，为害滋甚"。不任命有实力有影响的溪洞之长，而使用行贿之徒，这对土官制度本身无疑是一种破坏。

宋朝廷虽委用土官，但又加以限制，以防其势力膨胀。措施之一是，调离本土。据《宋史·蛮夷列传一》载：乾德五年"以溪州团练使彭允足为濮州牢城都指挥使，溪州义军都指挥使彭允贤为卫州牢城都指挥使，珍州录事参军田思晓为博州牢城都指挥使。允足等溪洞酋豪据山险，恃两端，故因其入朝而置之内地。"即对于梗化不服的酋豪，则往往给以虚衔，调离本土，置之内地，使之失去依恃。措施之二是，不许自置职名，《宋史·蛮夷列传一》载，真宗景德二年"夔州路降蛮首领皆自置职名，请因而命之，上不许，第令次补牙校。"《宋会要辑稿》番夷五之七五则载：真宗咸平五年，夔州路转运使丁谓言：施州蛮人向者侵扰边鄙，委逐族首领会兵讨除，已获宁静，其招到先叛者蛮人头首谭仲通等三十余人，乞补职名。帝曰："蛮人亦不可姑息太过，当谕转运使给帖补充寨将。"所谓："不可姑息太过"，意在防其桀骜难驯。此乃宋王朝以"威柄"驾驭之法。措施之三是，"条制甚多"。据《武经总要前集》载："咸平中，转运使丁谓招抚蛮人，每有城谕，并歃血为盟，置铁柱以志共事，条制甚多"。即通过盟誓订约形式，对土官行为加以约束。

时人充分肯定土酋规制之得。概而言之，一是可以收到驻兵少而耗资省的实效。宋人曾公亮指出：荆湖北路，"惟设溪洞诸州，羁縻不绝，故屯戍之兵差减前世。"（《武经总要前集》卷二〇）二是对有宋一代稳定南方民族地区的统治秩序起了极大作用。宋人周去非写道：峒中黎酋王二娘"家饶于财，善用其众，力能制服群黎，朝廷赐封宜人。琼管有令于黎峒，必下王宜人，无不帖然。"（《岭外代答》卷二，海外黎蛮条），曾公亮也写道：汉牂牁郡地，今皆以黔州控扼之，"其领郡者或以土豪，或补以牙职，而一方帖然，此本朝规制之得也。"（《武经总要前集》卷十九）此说并非言过其实。

后人也有称赞此制者。如同治《咸丰县志·杂志》针对宋代任用豪酋为知州一事写道："观此，则咸（丰）、来（凤）二邑设州分治，由来已久，而官斯土者，并领朝廷清要重职，文化早开，人才辈出，殆可想见。"换言之，宋王朝在鄂西民族地区设州分治与委任土官之举，对当地的开发，对人才的成长，都起过积极的历史作用。

羁縻州、县、洞诸长官均为世袭。宋王朝为了防止或减少因承袭问题引起争端和祸乱，并由此危及其在民族地区的统治，对于土官承袭问题极为重视。为此，专门作了一些具体规定。

据《宋史·蛮夷列传四》载："（开宝）四年，其国人诣涪州，言南宁州番落使龙彦瑫卒，归德将军武平及八刺史状请彦瑫子汉瑭为嗣，诏授汉瑭南宁州刺史兼番落使。"可见，宋太祖时，西南夷的刺史死后，只需国人上报，并由部将及所属部落首领（八刺史）联名状请子嗣，然后由朝廷发诏批准即可。这种承袭法，实际上是由拥有实力的诸首领拥戴，朝廷不过是承认既成事实而已。

据《宋史·蛮夷列传一》载，湘西酉水流域的北江蛮酋，以彭氏为最大，"总二十州，皆置刺史。而以下溪州刺史兼都誓主，十九州皆隶焉，谓之誓下。州将承袭，都誓主率群酋合议，子孙若弟、侄、亲党之当立者，具州名移辰州为保证，申钤辖司以闻，乃赐敕告、印符，受命者隔江北望拜谢。"从中可见，土官承袭人的范围和承袭过程，都有一定的规定，即首先由都誓主召集群酋（二十州刺史）会议，从子孙及弟、侄、亲党中确定当立者，然后联名具保，经有关部门上报，朝廷赐敕告、印符作为信物，承袭人北望天阙谢恩。经过这一番手续，承袭才算完成。按上述记载，系于北宋真宗天禧年间。这表明，此前，朝廷已制定了一套较为完整的承袭之法。

据《宋会要辑稿》番夷五之九五载，绍兴四年"诏应荆湖南北路，溪洞头首土人内有子孙依条合行承袭职名差遣之人，及主管年满之人，合得恩赐之类，并仰逐路帅司疾取会诣实保明奏闻"。这说明：其一，关于溪洞头首土人的承袭人问题，宋朝廷是有明文规定的，必须"依条"而行；其二，地方官必须把承袭人的名册，事前核实上报。南宋朝廷这些规定，对预防因承袭人问题而引起的内讧，是有积极意义的。

据《宋会要辑稿》番夷五之五〇载，嘉定九年"诏宜人王氏女吴氏承袭充三十六洞统领职事。以广西经略琼管司言，据澄迈县谭官村父老谢汝贤等称，大宁寨与权承袭宜人吴氏并邻。于嘉泰二年，宜人王氏年老，乞将邑号及三十六洞统领职事与嫡女吴氏承袭，弹压经管一十余年，管干边面肃静，黎民安居。吴氏缴到母亲王氏告命及保官委保，实系故王氏嫡女，向上别无合行承袭之人，系在条限之内，故有是命”。这段材料，可说是对以上土官承袭法的记载作了具体的补充。从中可见，对承袭人确须调查核实、“保官委保”，这可印证上述“诣实保明”的记载；承袭人确有“条限”规定，这与上述“依条合行承袭”的记载是相符的；承袭是有次序的，从只有“向上别无合行承袭之人”时，嫡女才能承袭一事，说明承袭确是按上述“子孙若弟、侄、亲党”的排列进行的，不得随意僭越。

综上所述，可以得出结论说：宋代是有一套土官承袭法的，它对承袭人的范围、次序和承袭手续等方面都有所规定。而且，有宋一代这一制度是日臻完备的。由此也可得解释，明清时期土官承袭法之所以如此严密，是有其历史根源的。

三、法治上行“羁縻之道”

由于当时南方诸族的社会历史情况，与内地存在着极大差别，因此，宋王朝在法治上也采取区别对待的政策。这就是范成大所说的“不可尽以中国教法绳治”（《桂海虞衡志·志蛮》）之意。

据《宋史·蛮夷列传一》载，太宗淳化二年，“荆湖转运使言，富州向万通杀皮师胜父子七人，取五脏及首以祀魔鬼。朝廷以其远俗，令勿问”；《宋会要辑稿》番夷五之四三载，真宗大中祥符二年，“诏曰，朕常戒边臣，无得侵扰，外夷若自相杀伤，有本土之法，苟以国法绳之，则必致生事，羁縻之道正在于此”；《宋史·张运列传》载，徽宗宣和间，傣人聚居地的桂阳监兰山县县丞张运，“因俗为治，夷民安之”；《宋会要辑稿》蕃夷五之九六、九七载：南宋孝宗乾道三年五月，“泸南沿边安抚司言：泸州江安县南北两岸夷人有犯，断罪不一。自今江安县南岸一带夷人，有犯罪及杀伤人罪至死者，悉依汉法，余仍旧法施行。刑部契勘，续降绍兴三十一年十月敕旨，夔州路所部州、军，自今熟夷同类自相杀伤罪至死者，于死罪上减等。泸州夷人与夔州夷人一同，欲依绍兴三十一年十月夔州路已得旨于死罪上减等从流罪不至死，并依本俗专法，余沿边溪峒有熟夷人亦乞仿此施行。从之”。《桂海虞衡志·志蛮》载，广西“宜州管下亦有羁縻州县十余所，其法制尤疏，几似化外”。从上述材料中，说明宋王朝对民族地区在法律上的照顾，包含三个方面的内容：治罪可减等量刑，不强制推行汉法（所谓不以“国法绳之”就是），允许按“俗”法即习惯法从事（所谓“有本土之法”“因俗为治”“依本俗专法”就是）。而其目的，是避免因此引起民族地区的抗争（“生事”之谓），这就是宋真宗说的“羁縻之道”的本意所在。概言之，正如同治《来凤县志·武备志》所说：宋代控制土酋之策，“常屈法伸恩”，以图“俯从约束”。

与此同时，宋王朝对擅杀蛮人的汉官则加以惩处。据《宋史·蛮夷列传一》载：“元祐初，诸蛮复叛，朝廷方务休息，痛惩邀功生事，广西张整、融州温嵩坐擅杀蛮人，皆置之罪。”此事，其意仍在安抚。但是，应该说，这是我国南方诸族的势力不断发展及其地位得到提高的一种反映。

对溪洞首领的宽宥与对任意杀害蛮人者的问罪，这是宋王朝在法治上实行羁縻之道的两个互相关联的不同侧面。如果说，前者只是历代王朝统治者一贯政策的延续，后者则不能不说是一种历史的进步。

四、在处理南方民族内部之间关系上，取“和断”之策

宋朝廷对“蛮夷”之间的争执、相攻、仇杀，不仅加以劝谕、调解，而且不直接卷入冲突双方，以使事态平息。这在史籍中是不乏记载的。下面仅以宋朝廷处理“西南溪洞诸蛮”“黎洞”的内部纠纷为例以说明之。

据《宋史·蛮夷列传一》载：“乾德二年四月，溪、叙、奖等州民相攻劫，遣殿直牛允赍诏谕之，乃定”“大中祥符元年，夔州路言，五团蛮啸聚，谋劫高州，欲令暗利寨援之。上以蛮夷自相攻，不许发兵”“（大中祥符）三年，澧州言，慈利县蛮相雠劫，知州刘仁霸请率兵定之。上恐深入蛮境，使其疑惧，止令仁霸谕诏旨，遂皆感服”。又，《宋会要辑稿》番夷五之七七载，大中祥符元年“高顺州贡奉蛮人入辞，帝谕曰，各安部族，勿相侵扰。有自陈，亲族为邻洞所杀，求往复雠。帝曰，事往矣，勿复论。咸拜而退”。

《宋会要辑稿》番夷五之四三载：真宗大中祥符二年“琼崖等州同巡检王钊言，黎母山蛮遞相雠劫，准前条约，不敢擅领军马直入掩袭，即委首领捕捉到为恶恋（应为蛮，误）人，悉还剽夺赀货及偿命之物。……悉已平静”。

《武经总要前集》卷二〇，广南西路条载：“祥符中万安州言，黎洞人相杀仇，巡检使臣深入诛捕，王卒有战伤者。真宗曰：朕累有宣谕，蛮夷相攻，止令和断，不得擅发兵甲，致其不宁，当令禁止之。”

可见，宋王朝不仅继承了前述唐王朝对蛮夷相攻所采取的“解和”之策，或是

由宋帝亲自对其使臣加以晓谕，或是遣使“赍诏谕之”“宣谕诏旨”，以求得“各安部族，勿相侵扰”；而且，进一步用“条约”限制，不准动用军队加以干预，以免扩大事端。由于宋王朝三令五申，“不许发兵”、不许“掩袭”、不许“擅发兵甲”，故收到了蛮夷“感服”、溪洞“平静”之效。总之，在对待南方民族之间纠纷方面，宋王朝采取的上述处理准则与措施，有利于避免或减少由此带来的南方诸族社会经济的严重破坏，是应该得到充分肯定的。

五、维护原有的土地制度

南方诸族内属后，宋王朝对其原有的土地制度，不仅不予变更，而且予以维护，以谋求其社会政治、经济的稳定。其主要措施有如下三个方面：

保护豪酋的土地占有制。据《桂海虞衡志·志蛮》载，广西羁縻州洞的各级土官，“谓之主户”，“知州别得养印田，犹圭田也，权州以下无印记者，得荫免田”。就是说，溪洞土官以“养印田”“荫免田”之类的名义，占有大量土地。宋王朝对此加以保护，目的在于加强其统治民族地区的社会基础。但对于作乱豪酋，则可将其土地没收，即采用经济制裁的手段以迫使抗命者就范。如《宋会要辑稿》番夷五之四五载，绍兴年间琼州临高黎人王文满作乱，知琼州邓酢“遣官部土丁”攻杀，“将文满田尽给阵前有功之人，分耕种讫”，可证。

禁止汉民夺占溪洞田业。其中主要记载有：北宋神宗元丰三年，“琼管体量安抚朱初平言，海北之民占请黎人田，黎人无所耕种，恐致生事，乞禁止”，从之（《宋会要辑稿》番夷五之四三至四四）；南宋乾道十一年，诏“禁民毋质徭人田，以夺其业，俾能自养，以息边衅”；嘉定七年，臣僚上言，“辰、沅、靖三州之地，多接溪洞，其居内地者谓之省民，熟户、山徭、峒丁乃居外为捍蔽。其初，区处详密，立法行事，悉有定制。峒丁等皆计口给田，多寡阔狭，疆畔井井，擅鬻者有禁，私易者有罚。一夫岁输租三斗，无他繇役，故皆乐为之用。边陲有警，众庶云集，争负弩矢前驱，出万死不顾。比年防禁日弛，山徭、峒丁得私售田。田之归于民者，常赋外复输税，公家因资之以为利，故漫不加省。而山徭、峒丁之常租仍虚挂版籍，责其偿益急，往往不能聊生，反寄命徭人，或导其入寇，为害滋甚。宜敕湖广监司檄诸郡，俾循旧制毋废，庶边境绥靖而远人获安也”（以上均引自《宋史·蛮夷列传二》）；又，广西羁縻州洞“其田计口给民，不得典卖，谓之祖业口分田”（《桂海虞衡志·志蛮》)。以上记载说明：当时溪洞地区多是“计口给田”，洞民只有使用权而不能典卖。宋朝廷作出了“擅鬻者有禁，私易者有罚”的规定，并禁止省民（汉人）占请、质典、私买溪洞之民的土地。史籍也表明，宋代确曾实行“边民冒法买夷人田，依法尽拘入官”(《宋史·兵志五》)，即凡违法私卖“夷人田”者，均予充公。这些措施的目的，在于使当地居民能有“自养之业”，免于陷入“无所耕种”的困境，以求达到“息边畔”“边境绥靖”。当“定制”“旧制”未遭破坏时，曾出现过“边陲有警，众庶云集，争负弩矢前驱，出万死不顾”的景象，就是有力证据。

禁止汉民质田和诈匿其产于溪洞之民。据《宋史·蛮夷列传二》载：“隆兴初，右正言尹穑言：‘湖南州县多邻溪洞，省民往往交通徭人，擅自易田，豪猾大姓或诈匿其产徭人，以避科差。内亏国赋，外滋边患。宜诏湖南安抚司表正经界，禁民毋质田徭人。诈匿其产徭人者论如法，仍没入其田，以赏告奸者。……’帝从其言。”这些规定，在于防止“内亏国赋，外滋边患”，意即以保证国家赋税收入，并避免因质田于溪洞之民而引起边地事端。

六、以“荒服不征”和只输“丁口之赋”为主要内容的赋税制

宋王朝对南方诸族的赋税，采用加以区别对待之策。所谓区别对待，包含着两方面的意思：一是把汉区和民族地区区别开来，一般说来，民族地区的赋税负担是较汉区为轻的；一是就民族地区本身而言，征税情况也因其发展程度不同而异。因此，总的说来，民族地区的赋入，在宋王朝的经济收入所占比重是微不足道的。如宋、田渭称：“辰、沅、靖三州，朝廷非有望其赋入也。”(《辰州风土记》)宋王朝对民族地区的赋税制，大体可分为如下三类。

（一）荒服不征

据载，北宋庆历三年“桂阳监蛮徭内寇，诏发兵捕击之。蛮徭者，居山谷间，其山自衡州常宁县属于桂阳、郴、连、贺、韶四州，环纡千余里，蛮居其中，不事赋役，谓之徭人”(《宋史·蛮夷列传一》)；南宋乾道八年，知贵州陈乂上疏言：“臣前知靖州时，居蛮夷腹心，民不服役，田不输赋，其地似若可弃”(《宋史·蛮夷列传二》)；理宗时，“距州（指潮州）六七十里山斜，峒獠所聚，丐耕土田不输赋”(《宋史·许应龙列传》)；广西地区“今郡县之外羁縻州洞，虽故皆蛮地，犹近省民，

供税役，故不以蛮命之。过羁縻，则谓之化外真蛮矣”（《桂海虞衡志·志蛮》）；广西宜州龙水郡，管羁縻州十八，“即其土人建立郡县，有时贡无地租。”（《武经总要前集》卷二〇，广南西路条）；海南黎母山“内为生黎，去州县远，不供赋役”。（《岭外代答》卷二，海外黎蛮条）说明远离省民的僻处深山之中的溪洞之民，即所谓“蛮夷腹心”或“化外真蛮”者，是“不事赋役”“民不服役，田不输赋”“无地租”“不供赋役”的。

关于不征租赋的理由，史书记载也十分清楚。据《宋会要辑稿》番夷五之七五载，咸平元年，富州刺史向通汉请定租赋，真宗不许，“诏曰：‘汝远遵朝阙，继上封章。欲于陬落之田，重定赋舆之数。虽忠勤之备睹，谅播种之异宜，前典甚明，难遵什一。乃诚可尚，有烦再三，当体绥怀，更加安抚。所请宜不允。’通汉累表请定税，帝以荒服不征，且虑奸谋扰叛，故拒之。”就是说，“荒服不征”是“前典甚明”的。这绥抚政策，由来已久。统治者害怕因更改赋税政策激起少数民族人民的反抗斗争（“奸谋扰叛”），这是长期不征的根本原因。

（二）赋额较低

在邻近内地的溪洞之民，虽须交纳岁输，但一般只输“丁口之赋”（见《宋史·食货志上二》），而免征田赋诸税。据《宋史·蛮夷列传二》载，乾道三年，诏溪洞“徭人岁输身丁米，务平收，无取羡余及折输钱，违者论罪”，“以称绥远之意”；又，上引与省民为邻的“熟户、山徭、洞丁”，“一夫岁输租三斗，无他徭役，故皆乐为之用”。由于免收除去丁口之赋外的其他一切赋税，故收到了洞民“乐为之用”的“绥远”效果；又由于免征田赋，故出现了前面提到的省民为避科差纷纷匿田产于徭人的现象，这也是洞民的赋额确较省民为低的极好例证。

可以说，“荒服不征”和只输“丁口之赋”是宋王朝对南方诸族地区所采用的主要赋税政策。

（三）也有出租赋如汉民者

溪洞之民成了编户齐民后，则其所输租赋往往与汉民无异。据《宋史·蛮夷列传一》载，熙宁中“章惇经制南、北江，湖北提点刑狱李平招纳（下溪州刺史彭氏）师晏，誓下州峒蛮张景谓、彭德儒、向永胜、覃文猛、覃彦霸各以其地归版籍，师晏遂降。诏修下溪州城，并置寨于茶滩南岸，赐新城名会溪，新寨名黔安，戍以兵，隶辰州，出租赋如汉民”,《宋史·蛮夷列传四》渝州蛮条下载，熙宁三年，宋王朝“进兵，复宾化寨，平荡三族，以其地赋民，凡得租三万五千石，丝绵一万六千两。以宾化寨为隆化县，隶涪州；建荣懿、扶欢两寨”。可见，当溪洞“纳土”“归版籍”，即宋王朝在当地设置直接统治的州县堡寨以后，这些编入国家户籍的“良民”，其纳赋待遇就如同汉民了。须指出的是，这部分居民所遭受的剥削是相当苛酷的。因为：这些地区的生产水平仍然落后于汉区，而租赋却等同；这些地区是在用武力胁迫或被平荡后，采用强制的手段进行搜括的。虽然，这类地区在整个南方民族地区中为数较少，而且其中不少改制地区后来又恢复了旧制，但从中仍可窥见宋王朝民族压迫政策的性质。

此外，有的地区还须输粮给驻兵食用。据《宋史·蛮夷列传一》载，咸平五年，夔州路转运使丁谓言：“溪蛮入粟实缘边寨栅，顿息施、万诸州馈饷之弊。臣观自昔和戎安边，未有境外转粮给我戍兵者”。这种情况的出现，据说是因朝廷供给食盐后，“群蛮感悦”，“且曰：‘天子济我以食盐，我愿输与兵食。’自是边谷有三年之积”。此为“输兵食”之一例。

还须附及的是“互市”一事。据《宋史·食货志下八》载：“楚、蜀、南粤之地，与蛮獠溪峒相接者，以及西州沿边羌戎，皆听与民互市”。北宋神宗熙宁六年，“湖北路及沅、锦、黔江口，蜀之黎、雅州皆置博易场，”南宋孝宗淳熙二年，臣僚言：“溪峒缘边州县置博易场，官主之。”又,《宋史·袁抗列传》载：“黎州岁售蛮马，诏择不任战者郤之。抗奏：‘朝廷与蛮夷互市，非所以取利也。今山前后五部落仰此为衣食，一旦失利侵侮，不知费直几马也。臣念蜀久安，不敢奉诏。’寻如旧制。”可见，有宋一代，对与南方诸族之间的贸易，是始终采取倡导方针的。互市是朝廷与民族地区间互通物资有无而设，它是有利于民族地区经济生活的。但有的地方官吏却借端勒索，以致成了一种经济负担。如《宋史·游仲鸿列传》载：淳熙时，“叙州董蛮犯犍为境，宪将合兵讨之，仲鸿请行，诘其衅端，以州负马直也。”此可谓是最好的说明。

七、贡物和入贡办法

南方诸族的首领归附后，依例须定期遣使入京进贡土特产品。宋王朝对此极为重视，并规定了一套较为完整的制度。下面就贡物的种类、数量、入贡人数、入贡办法诸项分别加以叙述。

宋代南方诸族首领所贡方物，品种繁多。从中也可反映，南方民族地区物产之丰富及工艺之精巧。笔者根据有关史籍作了初步统计。其中：

荆湖溪洞诸蛮的贡物，主要有矿物类：黄金、丹砂、水银、石英；器物类：铜鼓、金炉、酒杯；兵器类：银装剑槊、兜鍪、彩牌；布帛、毛皮等类：溪布（白布、斑布、土布）、花幕、花蓆、虎皮；药材类：麝脐、黄连。

广西南丹州蛮，主要贡物为白银，此外尚有银碗、铜鼓、铜印、绣珍珠红罗襦等。

西南诸夷，主要有畜兽及其产品类：马匹、牦牛、羱羊、大角羊、文犀、象牙、虎豹皮、麝脐；器物类：合金银饰蛮刀、金饰马鞍勒；布帛、毛织品类：布帛、毡、莎罗毯（包括素地红花娑罗毯）；其他：丹砂、药物等。

所贡数量，也是颇为可观的。列举贡物丹砂、白银、马匹、溪布，以见一斑。如：太祖开宝八年，三十九部顺化王子若废等贡“丹砂千两”（《文献通考·四裔六》卷三二九）；太平兴国五年，南丹州刺史莫洪曹始贡后，“领州十余年，岁输白银百两”（《宋史·蛮夷列传二》）；咸平元年，古州刺史向通展以“水银千两来献”（《宋史·蛮夷列传一》）；端拱二年，邛部川蛮都鬼主诺驱遣使“贡御马十四匹，马二百八十匹”（《宋史·蛮夷列传四》）；大中祥符五年“洛浦峒刺史田仕琼来贡溪布三百匹，磨嵯洞主张万钱贡溪布二百匹”（《宋会要辑稿》番夷五之七八）。

进贡队伍，堪称庞大。人数以百计者常见，更有达千人以上者，其中尤以西南夷的进贡人数为最多。五溪蛮，大中祥符五年“张文裔等八百人来朝”（《宋会要辑稿》蕃夷五之七八）。夔蛮，大中祥符五年“千五百人乞朝贡，上虑其劳费，不许”（《宋史·蛮夷列传一》）。西南夷，太平兴国五年，夷王龙琼琚遣子并诸州蛮七百四十四人来贡；至道元年，夷王龙汉琏遣使率西南牂牁诸蛮来贡，“其使十数辈，从者千余人”，咸平五年，汉琏又遣使率部蛮千六百人来贡；庆历五年，夷王龙以特率七百十九人来贡（均见《宋史·蛮夷列传四》）。西南五姓蕃部，自昔许上京入贡，“或三年或四五年，计五姓人徒，凡九百六十人”（《岭外代答》卷三）。入贡人数之所以如此之多，这和可借此进京观光并得到大量赏赐是有密切关系的。

对于入贡办法，也有一套具体制度。其入贡的全过程，大致有如下述：

注籍。据《宋史·蛮夷列传四》载，元丰七年，西南程蕃乞贡方物，请予“注籍”。意即入贡首先须履行登记造册的手续。

入贡须按年限和人员定额办理。由于要求入贡的次数频繁和人数众多，宋王朝为减少劳民伤财，即所谓“息公私之扰”，对此作了严格限制。以西南的龙蕃、方蕃、石蕃、罗蕃、张蕃即五姓蕃为例，可得到说明。据《宋史·蛮夷列传四》载：熙宁六年“诏五姓蕃五岁听一贡，人有定数，无辄增加”；元丰五年“张蕃仍添贡奉人至三百，诏故事以七十人为额，不许”；元祐二年石蕃欲入贡，礼部言已“著令以五年一贡为限，今年限未及。诏特令方可。”又，据《岭外代答》卷三载：西南夷“宜州管下安化三州一镇，旧许三年一上京进奉，额二百九十三人”。可见，入贡年限与人数均有定例，要增加入贡的次数和人数，须有皇帝诏令特许方可。

进京需持驿券。据《宋史·职官志十二》给券条下载，诸州及四夷贡奉使“亦有给焉”，以便“往来备饔饩”。据《宋史·蛮夷列传一》载，“故事，南江诸蛮亦隶辰州，贡进则给以驿券，（南江诸蛮首领舒氏）光银援以请，诏以券九道给之”；《宋史·蛮夷列传二》载，宣和四年，南丹州刺史莫公晟“乞以州事付其侄延丰，愿与其子归朝，诏从之，仍乘驿给券”。可见，宋朝廷确曾给南方诸族的朝贡使予“驿券”，以解决沿途的食宿交通问题。

入贡人员的沿途待遇。因为入贡意味着南方诸族首领对宋朝廷的“慕义”、效忠，故贡使沿途受到优厚招待。据《宋会要辑稿》蕃夷五之四四载，徽宗政和七年诏“黎人久为琼管边患，今其入贡，颇有慕义之心，沿途券马请给。可令所部监司守臣，加等给赐。所到州犒设，务令丰备。授衣月近，特赐钱五百贯，令置寒服。候到畿甸，先具数申尚书省于榷货务支幞头、帽子、公服、腰带给赐”。从中可见，使臣入贡沿途均得到“给赐”和享受“犒设”。虽然，这次黎人入贡，带有特殊恩宠性质，但其不同处，只是“加等”和“务令丰备”罢了。另一方面，入贡人员在途中又往往受到监视。据《宋会要辑稿》蕃夷五之七八载，大中祥符五年，夔蛮朝贡，朝议令使臣一人沿途押伴，钤辖齐肃，无致扰人，“因诏蛮人有来贡者，选使臣一人部押，先使搜索兵刃器械，每程与驿官同给驿料，如抚遏蛮人不致违越，理为劳绩”。由专使对入贡人员加以搜查、管理、监督之举，虽和某些入贡首领有扰民行为有关，但从根本上说来，却反映了宋王朝敌视少数民族的阶级本性。入贡人员沿途受到盛遇或歧视的似乎截然相反的对待，其实质却是一致的，它是宋王朝的“抚”与“遏”的两面政策的反映。

皇帝接见。据《宋史·蛮夷列传四》载："故事，蛮夷入贡，虽交阯、于阗之属皆御前殿见之，独此诸蕃（指西南龙蕃等）见于后殿，盖卑之也"。可见，对入贡首领的接见，虽有前殿、后殿之别，但一般均由皇帝出面，以示恩宠。

赐物。入贡后，则可得到"有差"的回赐。据粗略统计，其赐物主要有：袭衣、锦袍、衫、裤、鞋、靴、冠、笏、带（金带、银带）、綵、绢、缯、絮、帛、器、币、鞍勒马、盐等项。有的因朝奉遣回者，也可得到赐物。如《宋会要辑稿》蕃夷五之七九载，大中祥符八年"诏溪洞蛮人因朝奉遣回者，并令夔州路转运使勘会贡方物者，人赐綵三匹，盐二十斤；无方物者，人綵二匹，盐半斤；其近上首领，即加赐二两银碗一。"贡使得到赐物后，意味着入贡过程的结束。

把贡赐作为笼络和驾驭土官的重要经济手段。由于入贡可以得到大量回赐，故土酋均望能得到入贡机会，如《宋史·蛮夷列传四》载："绍圣四年，龙蕃皆贡方物。龙氏于诸姓为最大，其贡奉尤频数。使者但衣布袍，至假伶人之衣入见。盖实贫陋，所冀者恩赏而已。"宋朝廷则因其利，"竭金帛、缯絮以啗其欲"，即以厚赐达到控制的目的，如《宋史·蛮夷列传二》载，乾道七年，前知辰州章才邵上言："辰之诸蛮与羁縻保靖、南渭、永顺三州接壤，其蛮酋岁贡溪布，利于回赐，颇觉驯服"。因此，回赐成了宋王朝的一项经济负担。如《岭外代答》卷三载，西南五姓蕃部，"所贡氈马丹砂，朝廷支赐锦衫银带与其他费，凡二万四千四百余缗，回答之物不与焉。"对于有罪或有反叛行为的土酋，宋朝廷则用停止或减损供奉的办法，以示惩罚或迫其降服。据《宋史·蛮夷列传一》载，下溪州刺史彭仕义有子师宝，"景祐中知忠顺州，庆历四年，以罪绝其奉贡。盖自咸平以来，始听二十州纳贡，岁有常赐，蛮人以为利。有罪则绝之。其后，师宝数自诉，请知上溪州，皇祐二年，始从其请，朝贡如故"；又载，这一时期，北江蛮"数人寇钞，边吏不能制。朝廷姑欲无事，间遣使谕旨，许以改过自归，裁损五七州贡奉岁赐"。说明只有认错或改过后，才能朝贡不绝。

八、组织"土兵""土丁""洞丁"等民族武装

宋王朝招募南方诸族组成各种形式的武装力量。

土兵。据《宋史·蛮夷列传一》载，宋太祖擢辰州瑶人秦再雄为辰州刺史，再雄"至州日训练土兵，得三千人，皆能被甲渡水，历山飞堑，捷如猿猱"；《宋史·

蛮夷列传二》载，乾道七年。前知辰州章才邵上言："靖康前，辰州每岁蒙朝廷赐钱七万贯，䌷、绢、布共八千一百匹，绵一万三千两。是时，本州厢禁军一千四百余人，沿边一十六寨，土兵六百余人，皆可赡给"；《宋会要辑稿》蕃夷五之七七载，景德四年，以"高州土军都指挥使田思钦为安化郎将"。以上材料说明：土兵首领由溪洞豪酋担任；土兵能吃苦耐劳，英勇善战；土兵与宋代地方军"厢兵"一样。由官府赡给，归诸州统辖。总之，这些土兵均具有厢兵性质。又，据《宋史·曹克宝列传》载：曹克明"奏阅广南西路土军为忠敢军"；《宋史·王尧臣列传》载："益募澄海，忠敢土军分屯"。像"澄海""忠敢"这类土军，更成了厢兵的正式组成部分（见《宋史·兵志三》）。

当时南方诸族之人除应募为土兵外，尚有参加属"乡兵"性质的邕、钦溪洞壮丁，荆湖路义军土丁、弩手，夔州路义军土丁、壮丁，川峡土丁等。

广西邕、钦溪洞壮丁。据《宋史·兵志五》载："治平二年，广南西路安抚司集左、右两江四十五溪洞知州、洞将，各占邻迭为救应，仍籍壮丁，补校长，给以旗号。洞以三十人为一甲，置节级，五甲置都头，十甲置指挥使"，说明洞丁由各溪洞首领率领，并有较为严密的组织。该志又载，治平二年，左右江"总四万四千五百人，以为定额"，"大观二年，诏熙宁团集左、右江洞丁十余万众，……今又二十万众来归"，说明洞丁数量相当庞大。洞丁除主要分布在广西一地外，它省也间或有之。据《宋史·兵志五》载，熙宁中，"苏缄请训练二广洞丁"，可见洞丁扩及广东。《宋史·兵志六》在建炎后乡兵的洞丁条下说："建炎三年，命江西、福建诸处总领官籍定枪杖手、洞丁人数，以备调遣"，这是江西、福建也曾有洞丁的明证。

荆湖路义军土丁、弩手。据《宋史·兵志五》载，该军"皆选自户籍"。这些出自有"户籍"者，有的属于少数民族中的"熟户"。如《宋史·蛮夷列传二》载，"武冈军溪洞旧尝集人户为义保，盖其风土、习俗、服食、器械悉同徭人"，此即接近汉区的熟瑶是也。又，《武经总要前集》卷二〇，荆湖两路条下载："其、澧、辰、峡、泽、全、邵、永州仍募土丁、置寨将"。可见，荆湖路义军土丁、弩手有不少两湖地区的苗、瑶、土诸族人参加。

夔州路义军土丁、壮丁。据《宋史·兵志五》载，其中一部分"或自溪洞归投"，而且"嘉祐中，补涪州宾化县夷人为义军正都头、副都头、把截将、十将、小节级”。可见，夔州路土丁包含有川东、黔中、鄂西北地区的少数民族之人，他们中有的还担任各级首领。

川峡土丁。据《宋史·兵志五》载，川峡土丁主要指成都府路的茂州，潼川路的泸州。而茂州、泸州均领有大量羁縻州，故其中当有相当数量的四川境内的少数民族之人参加。

这些土兵、土丁和洞丁，一般不远戍（据《宋史·蛮夷列传二》载，义冈溪洞弩手，“靖康间，调之以勤王”；宋周去非《岭外代答》田子甲也载，“靖康之变，峒兵亦有勤王者”。可谓属远戍的记录，但这是个别的例子）主要起“镇守”本地的作用。如《宋史·蛮夷列传一》载，桂阳监蛮瑶余党唐和啸聚千余众起事，湖湘骚动，桂阳监宋守信奏：“今衡州监酒黄士元（‘蛮’人）颇习溪峒事，愿得敢战士二千，引路土丁二百”，“使之逐捕”，并敕土酋“亓斌等合力以进”，诏从之；《宋史·蛮夷列传二》载，“乾道元年，宜章峒贼李金陷郴州”，“世忠峒李昂霄者率壮丁御贼，民恃以安”；《宋会要辑稿》蕃夷五之六七载：元丰二年，顺州蛮叛，“知归化州文思副使侬智会率丁壮二百余人应援”，将其平定；宋朱辅《溪蛮丛笑》中庄院条载：“数十年前，徭僚侵占虾蟆行寨，省地土人申请招致靖州仡佬防托。”这类利用土丁镇压少数民族反抗活动的事例，是史不乏书的。为什么宋王朝要取用这种“以夷攻夷”的策略呢？史书记载也是颇为分明的。据《宋史·兵志五》荆湖路义军土丁、弩手条下载，“盖溪洞诸蛮，保据岩险，叛服不常，其控制土人、故置是军”；该志又说，土丁“习山川道路”，便于“袭讨”；《宋史·兵志七》载，召土丁致讨山瑶，“缘徭贼深在溪洞，险阻不通正军故也”。就是说，土人熟悉山川道路，风土人情，能够深入险阻的溪洞地区，起到官军所无法起到的作用。正因为如此，故甚有以峒丁代替禁军为戍者。如《宋史·张田列传》载，张田移桂州，“京师禁兵来戍，不习风土，往往病于瘴疠，田以兵法训峒丁而奏罢戍。”《岭外代答》峒丁戍边条也载，钦州不用官军，“独有峒丁之戍。”宋王朝起用土兵、土丁，收到了极大效果。如《宋史·牟子才列传》载，理宗时，牟子才言“宜抚慰田、杨二家[①]，使岁以兵来助”，以“保”蜀；《宋史·兵志五》载左右江峒丁“自广以西赖以防守”，或说“施之西南，实代王师，有御侮之备，而无馈饷之劳”；《武经总要前集》卷九、杂叙战

① 指当地少数民族大姓。

地条载，招募滨塞之民，可以“省县官之费，减输饷之劳，……比用华人[①]，其利十倍”。均可证。

概言之，宋代的羁縻州制与羁縻政策，其本质是维护宋王朝在民族地区的统治地位，但在当时的历史条件下，也起到了一定的积极作用。

① 指汉人。

第八章　元代土司制度

元朝时期，我国统一的多民族国家得到空前发展。其疆域，“北踰阴山，西极流沙，东尽辽左，南越海表”，“唐所谓羁縻之州，往往在是，今皆赋役之，比于内地”（《元史·地理志一》），即不仅较汉唐还要广阔的领土之内包含有更多的民族，而且中央王朝的统治势力日益深入辖区内的民族地区，使之与内地的联系更为密切和牢固。

元朝对南方民族的治理制度，在总结历代王朝特别是唐宋以来的统治经验的基础上，又有了新的发展。鉴于羁縻州制，虽命以郡县之名，实形同一独立王国；为加强中央王朝对少数民族豪酋的驾驭与控制，有元一代创立蒙夷参治之法，而官有流土之分，于是始有土司之名。元代土司制度的形成，对后世产生深远影响，明代“踵元故事，大为恢拓”（《明史·土司列传》序），而清代又在明制的基础上稍加损益。可见，元代土司制度，在中国历代王朝对南方民族的治理史上，占有十分重要的地位。

元代土司制度的主要内容，大致可归结如下：

一、始设各级土司官职

土司制度的官职，计有宣慰、宣抚、安抚、招讨、长官诸司。这些职名，在元代均已齐备。

宣慰司，“掌军民之务，分道以总郡县，行省有政令则布于下，郡县有请则为达于省”（《元史·百官志七》），即该司本为行省与郡县之间的上传下达的行政机构。这是由于元代疆域甚广，其间只设十一行省，难于管理，故设道以补其不足所致。而在“边陲”之地即民族地区，宣慰司则兼都元帅府。如，至元二十八年，在广西僮族聚居地设置“左右两江宣慰司都元帅府”（《元史·世祖本纪十三》）；其设置的原因，以云南为例：“以蛮夷未附者尚多，命宣慰司兼行元帅府事”（《元史·世祖本纪五》）。此外，在边地还有宣慰司兼管军万户府，如至元二十五年“改云南乌撒宣抚司为宣慰司，兼管军万户府”（《元史·世祖本纪十二》）。这都说明，宣慰司兼都元帅府或管军万户府，同是为镇抚“蛮夷”而设的，换言之，它们都具有了土司的性质，可视为明代宣慰司的前身。宣慰之下，“其在远服，又有招讨、安抚、宣抚等使”，又“西南夷诸溪洞各置长官司”（《元史·百官志七》）。可见，宣抚、安抚、招讨、长官诸司，则是专门在民族地区设置的机构，均属土司职名。

除土司外，元代在民族地区如同在内地一样，也有路、府、州、县的建制。例如《元史·成宗本纪二》载，元贞二年“云南省臣也先不花征乞兰，拔瓦农、开阳两寨，其党答剌率诸蛮来降。乞兰悉平，以其地为云远路军民总管府”；《元史·顺帝本纪一》载，元统二年四川大盘洞蛮谋谷什用遣使来贡方物，“即其地立盘顺府”；《元史·地理志六》载，“至元二十年，四川行省讨平九溪十八洞，以其酋长赴阙，定其地之可以设官者与其人之可以入官者，大处为州，小处为县”（又，《元史·世祖本纪九》有相类记载）。这说明，元代在溪洞蛮酋归附之后，即按其地之大小与其人之多寡，分别建立各级地方政权。

由于元代在民族地区的郡县政权，任用当地酋长为官，故史家又往往冠以“土”字之名，如天历元年所置顺宁府，《续文献通考·四裔考六》即称之为“顺宁土府”。可见，明、清时期的土府、土州、土县，就是由此发展而来的。

元代各级土司官职，在南方民族地区已普遍建立。这从贵州一地的事例中，可以得到充分证明。据清罗绕典《黔南职方纪略·土司上》卷七载：“元代土官有总管、宣抚司、安抚司、长官司、土府、土州、土县凡七等。其在顺元，宣慰司者有总管一、安抚使十三、土府六、土州三十七、土县十二、长官司二百七十二；又有乌撒乌蒙宣慰及播州沿边溪洞宣慰，皆在今贵州境。”

二、“参用土酋为官”

土司之名，元已有之，这是没有异议的。但对元代土司是否都曾用土人为吏，则历来看法不一。比如，近人佘贻泽在《清代之土司制度》一文中写道：“元代官制中直接为土官者，为各溪洞之长官司”，或说“元代土司只各蛮夷洞长官参用土人”；宣抚、安抚、招讨诸司等官，则“本皆为流官”，只是到了明代“以之授投降之大小土酋”，才“列为土官名称”[①]。此说有何根据呢？原来，在整篇《元史·百官志》中，只在“诸蛮夷长官司”条下载有“参用其土人为之”的字样，而其他诸司

① 佘贻泽：《清代之土司制度》，载《禹贡》，1936，5（5）。

条下则史无明文，故由此引申而来。其实，只要认真翻检一下《元史》，就不难明白这是一种误解。下面，征引大量记载，以说明元代在民族地区的各级政权，已普遍实行参用土官的用人原则。

宣慰使或宣慰使都元帅。《元史·杨赛因不花传》：至元十三年，杨邦宪内附“授绍庆珍州南平等处沿边宣慰使”，后其子杨赛因不花袭职；《元史·信苴日传》：“至元十八年，进信苴日为大理威楚金齿等处宣慰使”；《元史·文宗本纪四》：至顺二年，“置八百等处宣慰司都元帅府，以土官昭练为宣慰使都元帅”；《元史·泰定帝本纪二》：泰定四年八百媳妇蛮请官守，置蒙庆宣慰司都元帅府，以“土官招南通并为宣慰司都元帅”，同年，又“以思州土官田仁为思州宣慰使”。

宣抚使。《元史·李德辉传》：至元十七年，“改鬼国为顺元路，以其酋为宣抚使”；《元史·成宗本纪四》：大德七年“以叙州宣慰司为叙南等处诸部蛮夷宣抚司”，按《元史》中，因任命土人为官者均称蛮夷官，故蛮夷宣抚司即以蛮夷为宣抚司官属；《元史·顺帝本纪一》：至元元年，平伐、都云、定云酋长来降，“即其地复立宣抚司，参用其土酋为官”。

安抚使。《元史·世祖本纪七》：至元十五年，西川“都掌蛮夷及其属百一十人内附，以其长阿永为西南番蛮安抚使，得兰纽为都掌蛮安抚使”，并有“思州安抚使田景贤、播州安抚使杨邦宪”的记载；《元史·地理志六》：至元十六年，西南诸番受招降后，“以龙方零为小龙番静蛮军安抚使，龙文求卧龙番南宁州安抚使，龙延三大龙番应天府安抚使，程延随程番武盛军安抚使，洪延畅洪番永盛军安抚使，韦昌盛方番河中府安抚使，石延异石番太平军安抚使，卢延陵卢番静海军安抚使，罗阿资（《元史·世祖本纪七》中作阿榨）罗甸国遏蛮军安抚使”；《元史·泰定帝本纪一》：泰定元年，左右江的岑世兴和黄胜许，分别“遥授沿边溪洞军民安抚使”。

蛮夷长官司长官。《元史·世祖本纪十四》：至元二十九年，中书省臣言：“茆蔫、十围、安化等新附洞蛮凡八万，宜设管军民司，以其土人蒙意、蒙世、莫仲文为长官”；《元史·地理志六》：管番民总管辖有小程番等“蛮夷军民长官”；《元史·成宗本纪二》：大德元年“朝洞蛮内附，立长官司二，命杨汉英领之”，大德二年“立平珠、六洞蛮夷长官司二，设土官四十四员”；《元史·文宗本纪四》：至顺二年，“四川行省招谕怀德府驴谷什用等四洞及生蛮十二洞，皆内附，……诸洞各设长官司及巡检司”；《新元史·云南湖广四川等处蛮夷传》：元贞二年“实招到平林独山州摇和洞唐开珠罗等处八百四十四寨民五万余，朝廷立长官司以统之，而以蛮妇阿初充长官”;《土官底簿》载，僰人张宗“前元任都都万户府长官司长官”（见云南“英武关巡检司巡检”条）。以上所载管军民司、蛮夷军民司、长官司均是蛮夷长官司的别称。

路总管府或军民总管府土官。《元史·世祖本纪九》：至元二十年“立亦奚不薛总管府，命（罗鬼酋长）阿里为总管”;《元史·成宗本纪一》：至元三十一年“以金齿归附官阿鲁为孟定路总管”;《元史·仁宗本纪三》：延祐六年“来安路总管岑世兴叛”;《元史·文宗本纪四》：至顺二年“立云南省芦传路军民总管府，以土官为之”;《元史·泰定帝本纪一》：泰定二年“置车里军民总管府，以土人寒赛为总管”;《元史·泰定帝本纪三》：泰定三年“元江路总管普双叛”;《土官底簿》载，僰人高政之祖父，元代曾授威楚、开南等路军民总管（见云南“楚雄府同知”条），土官忽都，元代曾授思明路军民总管（见广西“思明府知府”条）。

府土官。《元史·地理志四》：至元二十九年，置木来军民府，“用其土人马列知府事”;《元史·武宗本纪二》：四川容米洞田墨来附，以“田思远为怀德府判官”;《元史·泰定帝本纪二》：“（土官）南通之子招三斤知木安府，侄混盆知孟杰府”;《元史·文宗本纪四》：至顺二年，云南威楚路之蒲蛮猛吾来朝贡，“诏为置散府一及土官三十三所”;《元史·顺帝本纪一》：元统二年，在四川大盘洞蛮地“立盘顺府，命（蛮）谋谷什用为知府”;《土官底簿》广西“太平州知州”条：“李以忠，本州土官籍，前（指元代）太平府知府”。

州土官。《元史·泰定帝本纪一》：沿边溪洞军民安抚使黄胜许致仕，“其子志熟袭为上思州知州”;《元史·刘国杰传》：成宗时，升洎崖洞为施溶州，“以田万顷知州事”；据《土官底簿》载，云南董赐、罗罗人安崇、罗罗人子与、僰人高义均曾任元代“土官知州”（分见云南府安宁州知州、马龙州知州、顺州同知、姚州同知条），僰人段良“前元任本州土同知”（见镇南州同知条）广西韦钱保系元代“世袭土官知州”（见东兰州知州条）。

县土官。《元史·世祖本纪十三》：至元二十七年，金竹府知府招降竹古弄、古鲁花等三十余寨后上言：“乞立县，设长官、总把，参用土人”；据《土官底簿》载：云南小百夷人阿鲁曾任元代“定边县土县尹”（见定边县县丞条），景东府百夷人阿吾曾袭元代“土官知县”（见和曲州元谋县知县条）、僰人杨益曾任元代“威楚路广通县主簿”（见楚雄府楚左县县丞条），广西赵元佐系元代“本县世袭土官知县”（见崇善县知县条），四川土居头目陈隐“前元授思州安夷县知县”（见县丞条）。

可见，元代在云南、湖广、四川诸行省的广阔地域内，从宣慰都元帅、宣抚、安抚、长官诸司与路、府、州、县诸官，都毫无例外地大批地引用土人为官。据元人周致中《异域志》卷下洞蛮条载：“有土官掌之，其人皆与广西人同”，这是湖广地区设土官掌管“洞蛮”的明证，明人李思聪的《百夷传》说，元世祖平云南、招降其酋长后，“皆设土官管辖”，这一说法虽是针对云南地区而言，但也完全符合当时南方诸省的历史实际。

需要指出的是，据查阅史料，只缺任命土人为招讨使的记载。其因在于：元代只在个别地区设置招讨使一职，这种情况一直延续至明代，如同沈德符所说：“今海内惟四川天全六番招讨使一衙门，他方更无此官”（《万历野获编》卷三〇）。正是招讨使的这种特殊性，造成记载的阙如。

总之，上述材料雄辩地证明：史学界曾经存在的“元之影响于后代土司制度者”，只局限于“其职官的名称”[①]的说法，是与历史事实不相符合的；恰恰相反，元代设立土官确已形成了“一代之制”（见清人永瑢纂《历代职官表》卷七二）。

三、土官的任命、承袭、升迁、惩罚

元朝廷任命土官后，均赐予诰敕、印章、虎符、驿传玺书、金银符作为信物。其作用在于：“俾得以王官旌节，统摄其部落。”（《元史类编》四二卷）

诰敕。据《元史·世祖本纪七》载，至元十五年，都掌蛮夷内附，以其长阿永为西南番安抚史，得兰纽为都掌蛮夷安抚使，“授宣敕”；《元史·顺帝本纪四》载：至正六年，招降散毛洞蛮覃全在以为散毛誓厓等处军民宣抚使，“给宣敕”；《明史·湖广土司列传》载，洪武五年，忠建元帅墨池遣其子驴吾等来归附，纳元所授“诰敕”。又据《土官底簿》载，元代元江府总管、百夷人那直曾赍“文凭”归附明朝（见云南“元江府军民知府”条），文凭当属诰敕一类。总之，诰敕、文凭均应视作元朝廷的土官任命书。

印章。据《元史·世祖本纪十三》载：至元二十八年“赐师壁洞安抚司、师壁

① 佘贻泽：《清代之土司制度》。

镇抚所、师罗千户所印”。印章是威权的象征，故元朝廷极为重视。当土酋归附后，必须交出前朝所授印章，以示臣服，如《元史·忽辛传》载：“广南酋沙奴素强悍，宋时尝赐以金印，云南诸部悉平，独此梗化。忽辛遣使诱致，待之以礼，留数月不遣，酋请还，忽辛曰：‘汝欲还，可纳印来。’酋不得已，赍印以纳，忽辛置酒宴劳，讽令偕印入觐，帝大悦。”就是例证。

虎符。据《元史·世祖本纪七》载，至元十五年，罗氏鬼国主阿榨、西南番主韦昌盛内附为安抚使，“佩虎符”；《元史·世祖本纪十四》：至元二十九年以行播州军民安抚使杨汉英为绍庆、珍州、南平等处沿边宣慰使，“仍佩虎符”；《明史·湖广土司列传》：洪武四年“容美洞元施南道宣慰使覃大胜弟大旺、副宣慰覃大兴、光宝子答谷等皆来朝，纳元所授金虎符”。元代授予虎符者，有严格的限制，据《元史·顺帝本纪一》载，至元元年诏：“诸官非节制军马者，不得佩金虎符”。因土司均设于边陲之地，往往兼统部落兵马，故有此授。从土司可以用虎符“节制军马”一事，可见元代对南方少数民族首领的使用，是颇为放手的。

驿传玺书与金或银字圆符。据《元史·世祖本纪六》载：至元十四年，播州安抚使乞“降玺书”；《元史·世祖本纪十四》：至元三十年，“光州蛮人光龙等一十二人及邦崖王文显等二十八人，金竹府马麟等一十六人，大龙番秃卢忽等五十四人，永顺路彭世强等九十人，安化州吴再荣等一十三人，师壁散毛洞勾答什王等四人，各授蛮夷官，赐以玺书遣归”，同年“云南威楚路之蒲蛮地设散府一及土官三十三所，皆赐金银符”；《元史·文宗本纪五》：至顺三年，“云南行省言：‘本省旧降给驿玺书六十九，金字圆符四，伯忽之乱，散失殆尽，乞更赐为宜。’敕更赐玺书三十二、圆符四，仍究诘所失者”。关于驿传玺书与金（银）字圆符的作用，《元史·兵志四》站赤条中有详细说明：“其给驿传玺书，谓之铺马圣旨。遇军务之急，则又以金字圆符为信，银字者次之”。换言之，可谓是土司赴阙朝贡或上达边情的通行证，持有此证，则可解决沿途食宿交通问题。从而，起到了密切中央王朝与土司地区联系的作用。

土官一经授职，即为世袭。据《元史·世祖本纪五》载：至元十二年十二月，“佥书四川行枢密院事昝顺言：‘绍庆府、施州、南平及诸蛮吕告、马蒙、阿永等，有向化之心。又播州安抚杨邦宪、思州安抚田景贤，未知逆顺，乞降诏使之自新，并许世绍封爵，从之”；《元史·文宗本纪五》载：“禄余言于四川行省：‘自父祖世为乌撒土官宣慰使，……素无异心”；《元史类编·大理》：“段氏自兴智后，皆效忠于元，世为大理总管”。而土官子孙世代相继的结果，形成了元代的“世袭土官籍”（见《土官底簿》广西“龙英州知州”诸条）。土官既是世袭，当然就需要规定承袭次序。据《元史·仁宗本纪三》载，延祐六年“中书省臣言：‘云南土官病故，子侄兄弟袭之，无则妻承夫职，远方蛮夷，顽犷难制，必任土人，可以集事。今或阙员，宜从本俗，权职以行。’制曰‘可’”。可见，元代土官的承袭之法，主要还是“从本俗”行事，即按照“子侄兄弟”及“妻”的次序袭替，这反映了土司制度草创时期的特点。

有功升迁。据《元史·刑法志二》职制下载：“诸土官有能爱抚军民，境内宁谧者，三年一次，保勘升官。其有勋劳，及应升赏承袭，文字至帅府，辄非理疏驳，故为难阻者，罢之。”可见，元代对土官升迁之法（包括升迁的原因、时间、手续诸项），均作了专门规定；并对非理难阻土官升赏者，给予惩处。土官有功进秩有如下多种办法。

按土官品级升转。据《元史·成宗本纪二》载，元贞二年“以蛮洞将领彭安国父子讨田知州有功，赐安国金符，子为蛮夷官”；《元史·文宗本纪三》：至顺元年“邛部州土官马伯向导征云南军有功，以为征进招讨，知本州事”；《元史类编·大理》载，顺元土官宋隆济反，其兄子顺元路同知阿重缚之来献，升为宣抚使。以上均为土酋因有军功被授予土官或按土官品级由低级升高级之例。

有加以流官官衔者。以云南大理段氏为例，据《元史类编·大理》载：元初，段实为云南“行省参政”（段实，即《元史》中的信苴日），其子庆“授云南参政”；至元末，段功因败明玉珍的红巾军有功，梁王“主奏授云南平章”，后又奏升其子宝继为“云南右丞”。此外，至顺元年“录讨云南秃坚、伯忽之功，云南宣慰使土官举宗、禄余并遥授云南行省参知政事”（《元史·成宗本纪三》）；僰人高寿，“前元任云南省左丞”（见《土官底簿》，云南“姚安府土官”条）；至正十六年，因苗帅杨完者统“洞蛮”入浙江以御张士诚，升本省参知政事。又“拜添设左丞”（见元陶宗仪《南村辍耕录》，志苗、越民考条）。可见，土官因有功于元王朝，可以被授予各级政权机关直至行省的参知政事、平章、左右丞等地方长官的高级职衔。对土官中至“忠勤”者，甚至委以保卫宫廷之职的荣宠。至元十八年，信苴日与子阿庆入觐，“留阿庆宿卫东宫”（《元史·信苴日传》），至元二十五年，杨赛因不花入觐，

“升侍卫亲军都指挥使”（《元史·杨赛因不花传》），均是例证。

多封以各种虚衔。其中包括勋阶、文散官、武散官。勋阶有：至大四年，授予杨赛因不花为正二品勋阶的“上护军”（见《元史·杨赛因不花传》）。文散官有：大德八年，杨赛因不花，因平西南夷功，进正二品的“资德大夫”（《元史·杨赛因不花传》）。武散官有：信苴日之子阿庆袭爵，累授从二品的“镇国上将军”（见《元史·信苴日传》）；至元十七年，程番、韦番、方番、洪番、龙番、金番、罗番、卢番八渠长并授从三品的“怀远大将军”（《元史类编·大理》），泰定元年“以岑世兴为怀远大将军”（《元史·泰定帝本纪一》），夷民金龙“任前元普安路军民总管府怀远大将军”（《土官底簿》，四川“普安州判官”条）；另据《土官底簿》载，土居头目田惟厚“前元授（正五品）武德将军”（见四川“婺州县知县”条），土官黄忽都与岑恕木罕前元均曾授从五品之“武畧将军”（分见广西“思明府知府”“泗城州知州”条），土官杨从礼及男杨忠顺元代曾授正七品之“忠翊校慰（尉）”和“忠勇校慰（尉）”（见四川“镇远府通判”条）。对于有特殊功绩的土官，元朝廷更有追赠之隆遇。据载，杨赛因不花因率兵讨播南卢崩蛮而疾卒于军，“赠推诚秉义功臣、银青荣禄大夫、平章政事、柱国、追封播国公”（《元史·杨赛因不花传》）。依元例，银青荣禄大夫为正一品文散官、平章政事为从一品官、柱国为从一品勋阶、国公为正二品爵，故可谓死后给予了位极人臣的荣誉。

总之，元代土官之议叙，除按土官品级以次升授外，尚有授予高至行省左右丞的流官职称者，授予高至勋爵上护车、文散官资德大夫、武散官镇国上将军等虚衔者，甚有破例给予追赠享受功臣待遇者。这都表明，元朝土官享有较高的政治地位。从而，使元朝廷赢得了土司的支持，并因此使其在南方民族地区的统治地位得到加强。

有罪议处。据《元史·刑法志二》职制下载：“诸内郡官仕云南者，有罪依常律；土官有罪，罚而不废。诸左右两江所部土官，辄兴兵相仇杀者，坐以叛逆之罪。共有妄相告言者，以其罪罪之”。从中可见：一是元朝廷拟有关于处理土官犯罪的专门法律规定，而这些规定与惩治流官犯罪的“常律”是有区别的。二是土官有罪，虽须惩罚，但较流官为轻，采用“罚而不废”的办法，即不轻易废除其世袭的土司官职。这样做，显然有利于保持土司地区的稳定。三是对土官的惩处是严厉的。例如，以宋、明两代而论，土官兴兵互相仇杀，只要不杀官军、不侵省地，一般均不予理会，而元朝廷则以“叛逆之罪”重治之。但是，总的说来对土官还是有所宽宥的。如：至元二十四年“木龙蛮奴他谋告阿勒村阿加之子杀凹村头目剌些，行省下丽江路军民宣抚司，命出见云南王，免其罪”（《新元史·云南溪洞诸蛮传》）；延祐七年诏“湖广、云南边境诸蛮，互相仇杀，掳掠人民，如能悔过自新，即与免罪”（《元典章·圣政二》）；泰定四年“元江路总管普双坐赃免，遂结蛮兵作乱，敕复其旧职”（《元史·泰定帝本纪二》）；天历二年“云南八番为囊加台所诖误，反侧未安者，并贳其罪”（《元史·文宗本纪二》）。这些都说明，元朝廷对土官犯罪，虽绳之以法，但还是着意安抚的。而土官称兵作乱以求复职一例，还反映了元朝对土官的容忍与姑息。

总之，元代对土官的任命、承袭、升迁、惩罚的规定，虽未做到如同明、清两代一样严密，但确已初步形成了一套制度。

四、土司须承担的朝贡与纳赋义务

元代假予土司名号、爵禄以后，土司须对中央王朝承担贡赋之责。故清人有“南荒旧有散毛洞，元朝天子早纳贡”的诗句（王煜《邓卫公愈振武岩》，见同治《来风县志·艺文志》）。土司贡赋，仅就经济价值而言，在元王朝的收入中所占比重是微不足道的。但是，它却具有重要的政治意义。朝贡，象征着土司对中央王朝的臣服；纳赋，意味着土司地区归属中央王朝的版籍。因此。贡赋制是构成土司制度的一项重要内容。

元代，土司从归附起即须朝贡。朝贡时间，均有定数。据载，至元十八年“命播州每岁亲贡方物”，大德元年“蒙阳甸酋长遣其弟献方物，且请岁贡银千两”（《续文献通考·土贡一》）；至元二十八年中书省言，洞蛮进方物“率二岁一上”（《元史·世祖本纪三》）；至元四年置邦牙等处宣慰使司都元帅府，其地“处云南极边”“令三年一贡方物”（见《元史·百官志七》）。这说明，土司朝贡有一年二年或三年一次者，各不相同，因地而异。除上述常贡外，遇有重大喜庆节日，尚有另加贡献者。据《续文献通考·土贡一》载，至元三十一年成宗即位，“云南金齿路进驯象”；成宗至大四年仁宗即位，“金齿诸国献驯象”“大德二年九月圣诞节，金齿国贡方物”。这些都是新帝即位或元帝生日贡献的例证。

朝贡人数不等。据载，至大四年，思州军民宣抚司“洞蛮杨正畏等五人来朝”(《元史·仁宗本纪一》)；至元二十九年“桑州生猫、罗甸国、古州等峒酋长三十一，……诣阙贡献”(《元史·世祖本纪十四》)；泰定二年，平伐苗酋“土官三百六十人请朝”，准“四十六人入觐”(《元史·泰定帝本纪一》)；皇庆时，“大彻里哀用亦遣贡使七十五人诣阙”(《元史类编·八百媳妇》)。可见，元朝对朝贡人数是加以限制的，每次少则数人，多则数十人。

贡品均为方物。由于各地所产不同，故贡物品类繁多。西南诸蛮入贡，史不绝书，但往往以“来献方物”一言以蔽之。其中，写明入贡名称者，包括供财货用的金，供作战与交通用的马，供观赏用的象、虎、豹，供物用的毡、雨毡，刀，供药用的丹砂、雄黄等物。在这些贡物中，有的数量很少，只是表示一种进献的意思而已。有的则数量相当可观，如至元二十七年“播州安抚使杨汉英进雨毡千”(《元史·世祖本纪十三》)，大德九年“东川路蛮官阿葵以马二百五十匹、金二百五十两及方物来献”(《元史·成宗本纪四》)，这就成了一种经济负担。

所贡方物的品种、数量，均有定额。据载，至元十九年“乌蒙宣抚司进马，逾岁献之额”，时太子真金领中书省事，即谕之曰：“去年尝俾勿多进马，恐道路所经，数劳吾民也，自今其勿复然”(《元史·裕宗肖》)；至元二十九年，从金竹酋长之请“减所部贡马”(《元史·世祖本纪十四》)；大德元年“罢亦奚不薛岁贡马及毡衣”(《续文献通考·土贡一》)。从朝廷发令不许超过献额、罢免或减少贡物一事，可见贡物已有定数，非经朝廷允准，是必须如数交纳的。除此以外，朝廷还有额外命贡，据《元史·世祖本纪十四》载，“命（金竹酋长）进所产朱砂、雄黄之精善者，无则止”，可证。

土司朝贡以后，元朝廷照例给予优厚的赐予作为酬答。归结起来，赐物主要有两大类。一是金、银等物，以增殖土官财富。一是衣服、帽、靴、袜、帛以及鞍勒、兵器等物；土官穿戴或使用这些赐物，既显示朝廷给予之荣宠，又可借以提高其在部众中的威权。入贡者除受到元朝廷的物质赏赐外，还有因此升官者。如《元史·成宗本纪一》载：至元三十一年，“四川散毛洞主覃顺等来贡方物，升其洞为府。”总之，元朝用增加土司财富与权势作为诱饵，使其就范臣服。

元朝在定蛮地之后，即立赋法，征租赋。据《元史类编·大理》载，元灭大理后“(段）兴智入觐，献云南舆图，并条治民立赋法”(《元史·信苴日传》也载此事)；《元史·爱鲁传》载，至元六年，征金齿诸部后，“定其租赋”；《元史·纳速刺丁传》载，至元十六年，纳速剌丁以军抵金齿、蒲、骠、曲蜡、缅国，招安夷寨三百，“定租赋”（《元史·世祖本纪七》有相类记载）；《元史·按摊传》载，海岛生黎“帖服”后，“生黎王高等二十余洞，皆愿输贡税”。这些都是例证。

要征赋税，首先要建立户籍。即清查民户和民田数，登之于册，然后据以征发。由于唐、宋实行羁縻州制，对民族地区实行松散的统治，故对当地户数、田数均无确切统计。为此，元初在土司地区进行了大规模的“阅户”工作。据《续文献通考·户口二》载，至元十九年九月“籍云南新附民。自乌梁海镇云南，凡八籍民户，四籍民田，民以为病。至是，令已籍者弗动，新附者籍之”；据《元史·地理志六》载，“至元二十八年，播州杨赛因不花言：‘洞民近因籍户，怀疑窜匿，乞降诏招集’”，于是诏曰：“爰自前宋归附，十五余年，阅实户数，乃有司当知之事，诸郡皆然，非独尔播。自今以往，成奠厥居，流移失所者，招谕复业，有司常加存恤，毋致烦扰，重困吾民”（《元史·世祖本纪十四》也有相似记载）；《元史·张立道传》载，至元二十二年，临安广西道宣抚使张立道“又籍两江浓士贵、岑从毅、李维屏所部户二十五万有奇”。这些材料说明：元朝曾在云、黔、桂等民族地区普遍实行阅户籍民；在阅户过程中，曾引起土民的强烈反抗，以致发生“怀疑窜匿”“惊逃”（见《续文献通考·户口二》），“流移失所”，而弃其旧业的现象。总之，通过这一工作，使中央王朝对土司地区的控制大为加强。

对原有自报户口重新核实后，产生了两种情况。一是剔除了虚报户数。据《元史·成宗本纪一》载，至元三十一年“减八番等处所设官二百一十六员。八番称新附九十万户，设官四百二十四员，及遣官核实，止十六万五千余户，故减之”。可见，虚报户数比实有户数竟达六倍之多。其因在于：土酋借此虚张声势，以提高自身的地位，并谋求多设土官以扩大其实力。二是查出了隐瞒户数。据《元史·爱鲁传》载，至元十一年“阅十庆版籍，得隐户万余”。隐户的目的，在于土酋规避赋役，这是不言自明的。通过中国历史上对民族地区的首次较为广泛的户口、田地的调查统计，使之能有较为确切的估量，从这一角度而言，是有其积极意义的。

赋有常赋与增赋之分。据《元史·世祖本纪十四》载，至元三十年“斡罗思请以八番见户合思、播之民兼管，徙宣慰司治辰、沅、靖州，常赋外，岁输钞三千锭，不允”；《续文献通考·土贡一》载，至顺二年云南景甸蛮官乞升甸为景东军民府，“常赋外岁增输金五千两、银七百两，许之”。可见，增输的原因，主要是土官欲扩大势力范围，或是要求政区升级，为取悦于朝廷作为交换条件而提出的；至于朝廷允准与否，则以其是否答应土司要求为转移的。

赋税的表现形式，主要有金银钞、粮、布三大类。输金银钞，除上述记载外，尚有《元史·刘正传》载："云南民岁输金银"。输粮，据《元史·世祖本纪十四》载："敕以海南新附四州洞寨五百一十九，民二万余户，……免其田租二年"；"田租"当是"税粮"（见《元史·食货志一》）。输布，据《续文献通考·土贡一》载，泰定三年"八番岩霞洞蛮来降，愿岁输布二千五百匹"；《元史·泰定帝本纪二》：致和元年，云南安隆寨土官岑世忠"籍其民三万二千户来附，岁输布三千匹"。此外，云南尚有纳则的特殊现象。据《新元史·云南蛮夷传》大理金齿条载，廷祐六年，永昌南窝蒲"枯柯甸等皆降，愿岁纳则八千索"；又，《续文献通考·钱币考》也有纳则一类记载。"则"为海贝，元代云南民族地区仍作货币使用，这说明纳则与输金银钞相同，即都是作为钱币来交赋的。

元代赋役，又称作"差发"，此词对云南边地尤习用之。如，《新元史·云南蛮夷传》大理金齿条载，至元二十四年林场蒲人阿礼、雄黑降于行省，"阿礼岁承差发铁锄六百，雄黑布三百尺"；《元史·武宗本纪一》载，武宗即位诏曰："云南，八番、田杨地面，免差发一年"。"差发"一词的称谓，始于元代；至明代以后，则广为使用。如《明史》《天下郡国利病书》《蛮司合志》等籍，在述及明代云南土司的赋税时，均以"差发"一词代称。换言之，从土司赋役的称谓中，也可见元、明、清三代之间的因袭关系。

就一般而言，赋额较低。据明张洪《南夷书》载："元世祖时，赛典赤为云南行省平章。""乃告其民曰：'吾欲分尔耕，贷尔牛种、耒耜、蓑笠之具，度亩收若干？'夷曰：'可得稻二石。'公曰：'输官几何？'夷曰：'半之。'公曰：'太重，后将不堪。其牛种、耒耜之具，不复再给，牛死买牛，具弊修具，一家衣食所须，半岂能给？'夷曰：'然则三分之一'。赛公曰：'尔虽克供，惧尔子孙弗继也。后之代我者，必欲盈其数，则上下相恶矣。吾与尔约，毋我违！亩输米二斗，其勿逋。'夷大悦"。像这种什一之税，夷人称为："租甚轻。"这是例证之一。

赋役的征收，往往采取发兵强索的办法。据《元史·刘正传》载，大德元年，刘正为云南行中书省左丞时："甸寨远者，季秋则遣官领兵往征，人马刍粮，往返之费，岁以万计；所差官必重赂省臣，乃得遣，征收金银之数，必十加二，而拆阅之数又如之；其送迎馈赆，亦如纳官之数，所遣者又以铜杂银中纳官。正首疏其弊，给官秤，俾土官身诣官输纳，其弊始革。始至官，储贝八二百七十万索、白银百锭，比四年，得贝八一千七十万索、金百锭、银三千锭”；《元史·忽辛传》：大德时，“乌蛮等租赋，岁发军征索乃集，忽辛以利害榜谕诸蛮，不遣一卒，而租赋咸足”。由于土司地区的赋税多行“遣官领兵往征”的强制性办法，存在贪贿之弊，层层盘剥，故不仅加重对民族地区的剥削，而且也使国库收入减少。大德年间，始革此弊，改而采用“榜谕”的说服办法，由“土官身诣官输纳”，从而，收到了“不遣一卒，而租赋咸足”之效。

对拒绝纳赋的土酋，则往往发兵征讨。据《元史纪事本末》卷六载，大德五年“遣薛超儿等兵伐金齿诸蛮。时征缅师还，为金齿所遮，士多战死，金齿地连八百媳妇，诸蛮相效，不输税赋，贼杀官吏，故皆征之”。由于纳赋是土酋臣服的重要标志，故元统治者对此十分重视，对“不输税赋”者视作不臣而“征之”，以维护其在民族地区的统治地位。

尚需辨明的是，当时并非所有民族地区均已供赋。据《新元史·广西上下江诸蛮传》载，广西宣慰使燕牢言：广西不仅生瑶，就是“稍知生理”的熟瑶，“亦不出赋”；《新元史·八番顺元诸蛮传》又载，大德五年“八番宣慰使言，党兀自降至今八年，不供赋役”。可见，姑不论与汉区接触甚少的僻远之地，就是已归附的民族地区，也仍有“不供赋役”的情况，这是由于元朝统治势力尚未能深入该地所致。表明了元朝对民族地区的统治，虽已较唐、宋时大为加强，但仍存在有薄弱环节。

除平常交纳赋税外，征战时还须供输。据《新元史·云南湖广四川等处蛮夷传》载，至元十九年“发都掌阿永等民为兵征，答马剌都掌等上言，宋时，未尝佥军，乞以马牛取军需，从之”；《元史·地理志四》：至元二十九年，云南省言：“新附金齿适当忙兀秃儿迷失出征军马之冲，资其刍粮”；《元史纪事本末》卷六载，大德五年，元朝派刘深等取道顺元攻八百媳妇，乃“胁求水西土官之妻蛇节金三千两，马三千匹”，次年“乌撒、乌蒙、东川、芒部及武定、威楚、普安诸蛮，因蛇节之乱，皆以供输烦劳为辞，乘衅起兵”（此事，《元史·哈剌哈孙传》《新元史·宋隆济》均有记载）；《元史·文宗本纪三》载，至顺元年，云南芒部路九村夷人阿斡、阿里诣四川行自陈：“本路旧隶四川，今土官撒加伯与云南连叛，愿备粮四百石、民丁千人，助大军进征”。可见，凡元军出征经过或与之毗连的民族地区，均需出金银、粮草、牛马、民丁以供军需；供输之数甚伙，所谓“金三千两”“马三千匹”“粮四百石”“民丁千人”即是；土民负担十分沉重，致使“民疲于，餽饷”“民不堪”(《元史·哈剌哈孙传》语)，并酿成了一次震撼西南地区的反抗活动。

概言之，元代土司的贡赋制，已较唐、宋羁縻州制时进了一步，采取了“皆赋役之”的做法，这就为明代对土司“额以赋役”之策开了先河。

五、组织寸白军、畲军、黎兵、傜兵、撞（僮）兵和爨、僰军等土兵

元朝从维护其在广阔的西南土司地区的统治地位出发，采取“以蛮攻蛮”的策略，建立了庞大的由少数民族成分组成的武装队伍——土兵。

依据民族称谓组成的土兵，计有寸白军、畲军、黎兵、傜兵、撞（僮）兵、爨、僰军等。

寸白军。《元史·兵志一》载有“云南之寸白军”。这从《新元史·云南溪洞诸蛮传》中有至元二十四年调“寸白军一千”的记载中，可以得到印证。寸白军系由白族先人所组成。

畲军。《元史·兵志一》载有“福建之畲军”。又据《续文献通考·兵考八》载，寸白军与畲军“本宋时军名而元招收之者也”，这一说法，是有史可微的。如，《元史·世祖本纪十》载，至元二十二年“令福建黄华畲军有恒产者为民，无恒产与妻子者编为守城军”，《元史·世祖本纪十一》又载，至元二十四年“以宋、畲军将校授管民官，散之郡邑”，把畲军与宋军相提并论，这证明，元代畲军确是在宋代畲军的基础上改编而成的。

黎兵。据《元史·世祖本纪十一》载，至元二十四年，诏发“海外四州黎兵”等，“分道以讨交趾”；《元史·世祖本纪十四》有“黎兵百户邓志愿”之语。这是元初不仅有了黎兵且已用之战阵的证明。又，史载，元朝曾成立黎兵万户府，并曾经置而罢、罢而复置的过程。如，大德二年，“罢海南黎兵万户府”(《元史·成宗本纪二》)，至元统二年，又以“海南僻在极边，南接占城，西邻交趾，环海四千余里，中盘百洞，黎、僚杂居，宜立万户府镇之”为理由，置“黎兵万户府”。而黎兵当归黎兵万户府统辖，这是没有疑义的。

傜兵。据《元史·泰定帝本纪一》载：至治三年“八番顺元及静江、大理、威

楚诸路徭兵为寇”；《元史·泰定帝本纪二》又载，泰定四年“静江路徭兵为寇”。此为寇之徭兵，当本是元朝乡兵的组成部分。

僮兵。《元史·兵志三》有“撞（僮）兵”的记载。因僮（壮）族聚居的左右江为溪洞之地，故又别称为洞兵。《新元史·岑毅传》载：“大德十一年，左江来安路总管洞兵岑雄万户作乱”，《土官底簿》广西“下石西州知州”条载，土官闭贤“前元授洞兵千户”，此中“洞兵”，即僮兵。

爨、僰军。《元史·兵志三》载有“爨、僰军”。又据《元史·信苴日传》载，中统二年，世祖诏信苴日“领大理、善阐、威楚、统失、会川、建昌、腾越等城，自各万户以下皆受其节制”，此效忠元朝廷的僰人首领信苴日所节制的“各万户”，为爨、僰军之属无疑。

依据地域命名的土兵，则有广西左右江土军，贵州的八番军和思、播土兵，云南的金齿土军等。

左右江土军。《续文献通考·兵考八》载，“大德元年七月，招收亡宋左右两江土军千人”，这说明该军也是在“招收”宋代土军的基础上发展起来的。

八番军。《元史·文宗本纪四》有至顺二年“八番军从征云南者俱屯贵州，枢密院臣请遣使发粟给之”的记载。

思、播土兵。《元史·武宗本纪二》有“思、播土兵”的记载；《元史纪事本末》卷六则载，至元二十一年“忽都铁木儿征缅之师为贼冲溃，诏复思、播田、杨二家军助之”，这说明思、播土兵为田、杨二家土酋所统领。

金齿土军。《土官底簿》云南“大和县神摩洞巡检司巡检”条有洪武十五年“招谕金齿土军”的记载。

尚需指出的是，以族别和地域命名的土兵之间有着密切的关系。从上述左右江土军即僮兵、金齿土军属于爨、僰军之属的例证中，说明它们往往是名异而实同的。

此外，也有以“蛮军”（见《续文献通考·四裔考五》）、“蛮兵”（见《元史·文宗本纪三》），作为土兵的代称者。

元朝土兵，虽袭自宋朝，但元朝统治者以少数民族入主中原，兵力奇缺，故对土兵更为重视，在整个西南地区广泛推行土兵制度，以作为维护元朝在当地统治的重要支柱。为解决庞大的土兵给养问题，故普遍实行土兵屯田的办法。据《元史·兵志三》载：“世祖至元二十七年，以云南戍军粮饷不足，于和曲、禄劝二州爨僰军内，签一百八十七户，立屯耕种”；可见，“戍军粮饷不足”确是土兵屯田的症结所在。而当时少数民族地区地旷人稀，又具备了屯田的客观条件。据《元史·世祖本纪十四》载，至元三十年“湖广行省臣言海南、海北多旷土，可立屯田，诏设镇守黎蛮海北海南屯田万户府以董之”。黎地“多旷土”，他族也如是。总之，元统治者用寓兵于农的手段，以求达到“屯田备蛮”（见《元史·泰定帝本纪二》）之目的。

土兵屯田，计有黎兵、徭僮兵、畲军、爨、僰军。下面依族别分述其屯田情况。

黎。据《元史·顺帝本纪一》载，元统二年“立湖广黎兵屯田万户府，统千户一十三所，每所兵千人，屯户五百，皆土人为之”，则其时屯田黎兵共达一万三千人。

徭和僮。据《元史·兵志三》广西两江道宣慰司都元帅僮兵屯田条下载，大德二年“部民有吕瑛者，言募牧兰等处及融、庆溪洞徭、僮民丁，于上浪、忠州等处开屯耕种”；十年“续置藤州屯田”。据统计，上述诸处徭、僮民丁屯户在四千以上。

畲。据《元史·兵志三》载，成宗元贞三年，命立畲屯田，“摘拨见戍军人”，“为户汀州屯一千五百二十五名，漳州屯一千五百一十三名”；《元史·仁宗本纪一》载，皇庆元年“调汀、漳畲军代亳州等翼汉军于本处屯田”。可见，元贞、皇庆年间，均曾调拨畲军在福建汀州、漳州屯田，元贞时屯田户曾达三千多名。

爨、僰。《元史·兵志三》载有关于爨、僰军屯的详细材料。据该志载，至元时，曾先后在大理金齿等处宣慰司都元帅府、鹤庆路、武定路、威楚路、中庆路、曲靖等处宣慰司兼管军万户府、乌撒宣慰司、临安宣慰司兼管军万户府、罗罗斯宣慰司兼管军万户府等九处“立爨、僰军屯”，其分布地域几及云南全境，总屯户据粗略统计达三万户以上。可见，在全国土兵屯田中，爨、僰军屯最具规模，它带有分布地域广阔和人数众多的特点。

这样众多的土兵屯田，又是怎样解决土地问题的呢？其来源有二，一是官田。如《元史·顺帝本纪一》载，元统二年立湖广黎兵屯田万户府，“官给田土、牛、种、农器”。二是己业田。如《元史·兵志三》载，云南爨、僰军屯田，多有“自备己业田”。至于官田，又有多种来源。其中包括没收叛酋田地，如《元史·兵志三》载：广西两江道宣慰司都元帅府僮兵屯田，是“成宗大德二年，黄圣许叛，逃之交趾，遗弃水田五百四十五顷七亩”“十年，平大任洞贼黄德宁等，以其地所遗田土”而置；《元史·刘国杰传》也有“尽取贼巢地为屯田，募庆远诸撞人耕之”的记载。另一为利用荒田，如《元典章·户部五》载：“开荒田土无主的做屯田”，这还可从威楚路爨、僰军屯“内一十五户官给荒田六十双”（《元史·兵志三》）的记载中，得到证明。

上述记载表明，屯田是有元一代之所以能始终保有一支强大的土兵武装的经济因素。

元代土兵曾起过广泛而重大的作用。其主要表现有如下述：

其一，徇宋。宪宗时，曾遣使谕旨，约会军长沙，兀良合台“乃率四王骑兵三千，蛮僰万人，破横山寨，辟老苍关，徇宋内地”（《元史·兀良合台传》）。这是蒙古贵族在占领西南之后，即利用土兵略取宋地的例证。就是说，土兵对于元朝的建立，是立了汗马功劳的。

其二，对外作战。据《元史·信苴日传》载，宪宗时，大理僰人段兴智“率僰、爨军二万为前锋，导大将兀良合台讨平诸郡之未降者，攻降交趾”；至元十三年，“缅国拥象骑数万，掠金齿南甸，欲袭大理”，行省遣段兴智之弟、大理总管信苴日“领骑兵千人御之”。至于元朝重用西南土兵与西南邻国作战的原因，史书有一段极为明白的叙述。据《元史·张立道传》载，至元二十七年，元使张立道曾对安南王说：“云南与岭南之人，习俗同而技力等，今发而用之，继以北方之劲卒，汝复能抗哉”，即用熟悉当地形势、习俗和作战方法的土兵为先锋，再以元朝正规军继其后，两军协同作战，可所向披靡。

其三，镇压统治阶级内部的反叛活动。据《元史类编·大理》载，至顺时，诸王秃坚反，朝廷曾遣“邛部知州马伯所部蛮兵”加以进讨，这是“蛮兵”参与统治阶级内争的例证。

其四，镇压农民起义。据《元史类编·大理》载，元末，明玉珍亲率红巾军三万人入滇，为大理总管段功“大破”。元统治者甚至驱调土兵入内地，《元史类编·大理》又载，至正十六年，苗帅杨完者“统领僚瑶僮等众以御张士诚”。说明，元统治者曾利用土兵作为镇压农民起义的工具。

其五，以“蛮”攻“蛮”。土兵为“乡兵”，一般“不出戍他乡”，主要用以对付本地“蛮”人的抗命活动，即起所谓“保境安民”的作用，这是土兵的根本职责。

史书不乏利用各地土兵以蛮攻蛮的记载。按地区列举如下：云南，至元时，“爨蛮舍利畏倡乱滇海”，为大理总管段实讨平（见《元史类编·大理》）；至元时“云南行省调蒙古、爨、僰诸军征白衣和泥一百九寨”“又攻金齿落落广甸及斜乌秃老蛮高州筠连等州”（《新元史·云南溪洞诸蛮传》）；行省命脱力世官以蒙古、爨、僰军攻降蛮子童等（见《元史·脱力世官传》）。贵州，用杨赛因不花讨平宋隆济，使“西南夷悉平”（见《元史·杨赛因不花传》）；至大三年，湖广省乖西带蛮阿马等联结万人入寇，“调思、播土兵并力讨捕”（《元史·武宗本纪二》）。湖南，至元二十九年，使用属于蛮人族属的“辰、沅民间弩士三千”，以攻辰州蛮（见《元史·秃忽鲁传》）；延祐七年“常澧州洞蛮贞公合诸洞为寇，命土官追捕之”（《元史·英宗本纪一》）。广西，至元二十九年，曾调左江土兵三千人，讨伐土酋黄胜许的反叛活动（见《元史·世祖本纪十四》）。四川，《续文献通考·四裔考五》载，至元二十二年“乌蒙叛节，四川行院伊苏岱尔将兵讨之，马湖路总管汝作以蛮军三百为助”。海南，《元史·世祖本纪十三》载，至元二十八年，以海北海南道宣慰使都元帅陈仲达“将二千二百人以征黎蛮”，因史称陈仲达所将为“黎兵”（《元史·世祖本纪十一》），故可证此是以“黎兵”征“黎蛮”。总之，元朝在云南、湖广（包括贵州、湖南、广西、海南等地）、四川等西南行省的民族地区的统治，主要是靠土兵来维系的，其中尤以云南段氏、贵州杨氏等忠于元朝的大土酋所辖土兵效力最著。

元朝土兵，一般不调出境，多就当地使用的原因大体有三。其一，土兵是因边远之地，蒙古兵少，当地土人熟悉本地情况而征集的。据《续文献通考·兵考八》载，至元十五年“云南行省请云南诸军止于本地战守。云南行省言，云南旧屯蒙古军甚少，遂取渐成丁齐呼勒图军以征出阵，云南阔远，多未降之地，必须用兵，乃佥爨僰人一万为军，续取新降拉拉和宁等人，亦令充军。然其人与中原不同，若赴别地出征，必致逃匿，宜令就各所居一方而用之”，说明佥发之初，就已规定其任务“止于本地战守”。其二，“因蛮攻蛮”，为蒙古、汉军所不能代替。据《元史·秃忽鲁传》载，当征调辰、澧、沅民间弩士以攻辰州蛮时，秃忽鲁说：“汉军不习弩，因蛮攻蛮，古所利”。这段话，是颇富代表性的。说明元代统治者袭用历代的治“蛮”之策。其三，由于元统治集团的偏见，他们对进入内地的土军采取歧视性对策。据《元史·余阙传》载，至正年间，赵普胜等人起事后，“广西猫军五万从元帅阿思兰沿江下抵庐州，（淮西都元帅余）阙移文谓苗蛮不当使之窥中国，诏阿思兰还军。猫军有暴于境者，即收杀之，凛凛莫敢犯”；又，《元史类编·大理》载，苗帅杨完者奉命统领苗僚瑶僮等众以御张士诚后，当时的浙江行省丞相反而“阴与士诚合谋除之”，致使陷入重围。可见，土军即使有调入内地者，却往往落得或被召还或惨遭杀害的结局。

元代的土兵制，对后世影响是深远的。至明代，甚至发展为“凡议大征者，元不藉俍兵土兵”（见《蛮司合志》序）的地步。

归纳起来，通过上述对元代土官制、土司地区的贡赋制、土兵制的剖析，我们可以得出结论说：元代土司制度（包括政治、经济、军事诸方面）确已形成。因此，对元代土司制度在我国土司制度发展史上的地位和作用，必须给予应有的重视和肯定。

第九章　明代土司制度

我国历史上的土司制度，大致可分为三个发展阶段：元代为正式形成时期，明代进入了全盛时期，清代以后则为延续时期。故有明一代的土司制度，颇具有典型意义。

一、明代土司制度的建立

明王朝在建立过程中，为扩大自身力量并夺取全国统治权，不断录用元朝归附土官。其后，在这一基础上，逐步扩大和完善而成一代定制。史载："洪武初，西南夷来归者，即用原官授之"（《明史·土司列传》序）；"国朝兵平六诏，诸夷纳土，乃各因其酋长，立为宣慰、安抚等官"（明朱孟震《西南夷风土记》序）；"谿洞深阻，易于寇盗，元末滋甚。陈友谅据湖、湘间，啖以利，资其兵为用。诸苗亦为尽力，有乞兵旁寨为之驱使者，友谅以此益肆。及太祖歼友谅于鄱阳，进克武昌，湖南诸郡望风归附，元时所置宣慰、安抚、长官司之属，皆先后迎降，太祖以原官授之"（《明史·湖广土司列传》），从此"田州岑氏、龙州赵氏、播州杨氏、贵州安氏，其杂处两广、川、云诸大姓，畏威怀德，以次服属。有明三百年，抚有西南诸土司，实自此始"（清毛奇龄《蛮司合志》卷一）。可见，明代土司制度的建立，是从朱元璋大败陈友谅后，原来追随陈友谅的湖湘诸土司转而纷纷归附启其端，继而西南边疆地区诸大姓以次服属总其成的。

明代之所以要实行土司制度，是有其社会历史原因的。对此，《明史·土司列传》序写道："其（指土司制）道在于羁縻。彼大姓相擅，世积威约，而必假我爵禄，宠之名号，乃易为统摄，故奔走惟命。"就是说，由于少数民族地区社会历史发展较为落后，仍实行豪酋统治。他们有着长久的统治历史，世代据有其地，势力根深蒂固。故史称"谚云：思播田杨，两广岑黄，言大姓也。"（《炎徼纪闻》卷三，田琛条）试以贵州安氏、杨氏，湖南彭氏，广西岑氏与黄氏为例。据载：水西宣慰司安氏，其祖为火济"从诸葛武侯征孟获有功，封罗甸国王。历唐、宋皆不失爵。洪武初元，宣慰史霭翠与其同知宋钦归附，高皇帝仍官之，为贵州宣慰使司"（明、王士性《黔志》）；王守仁也以为，安氏"自汉、唐以来，千几百年，土地人民，未之或改”（《炎徼纪闻》卷三，安贵荣条）；元至元十四年播州安抚使杨邦宪言：“本族自唐至宋，世守此土，将五百年”（《元史·世祖本纪六》）；“彭氏自五代从湖南马氏起，有上溪州刺史彭士□著节马氏，遂世袭……而传世之久，与播州杨氏略同”（明沈德符《万历野获编》卷三〇）；广西两江“自唐宋以来，黄、岑二氏代居其间，世乱则保境土，世治则修职贡”（《明史·广西土司列传二》），为此，朱元璋“敕旨岑、黄二姓五百年忠孝之家，礼部好生看他”（《王阳明全书》卷十四，《处置平复地方以图久安疏》）。这说明，西南豪酋世领其地有达千年以上者，几百年者更不在少数，可证其源远流长。对于拥有如此雄厚实力的豪酋，明王朝为防止“急而生变”，只有采用赐予爵禄名号的办法加以笼络，通过他们对少数民族地区实行统治。正如同《明史·广西土司列传一》所载，洪武二年行省臣言：庆远府所辖南丹、宜山等处，“宋、元皆用其土酋安抚使统之。天兵下广西，安抚使莫天护首来款附，宜如宋、元制，录用以统其民，则蛮情易服，守兵可减”，这道出了明代之所以袭元故事采用土司制的原因所在。

二、土司的职衔、隶属关系、俸禄和信物

明代土司职衔分文职与武职两种。

武职职衔有：

宣慰使司：宣慰使一人（从三品），同知一人（正四品），副使一人（从四品），佥事一人（正五品）；经历司，经历一人（从七品），都事一人（正八品）。

宣抚司：宣抚使一人（从四品），同知一人（正五品），副使一人（从五品），佥事一人（正六品）；经历司，经历一人（从八品），知事一人（正九品），照磨一人（从九品）。

安抚司：安抚使一人（从五品），同知一人（正六品），副使一人（从六品），佥事一人（正七品）；其属，吏目一人（从九品）。

招讨司：招讨使一人（从五品），副招讨一人（正六品）；其属，吏目一人（从九品）。

长官司：长官一人（正六品），副长官一人（从七品）；其属，吏目一人（未入流）。

蛮夷长官司：长官、副长官各一人（品同上）。“又有蛮夷官、苗民官及千夫长、

副千夫长等官。”（见《明史·职官志五》）；又，万历《明会典·兵部一》卷一一八，所载也一致。

长官司与蛮夷长官司的官属品级虽相同，但其建制是有区别的。据《明史·湖广土司列传》载：宣德二年规定“以四百户以上者设长官司，四百户以下者设蛮夷长官司。”

文职职衔有：

土府、土州、土县：“设官如府州县”（《明史·职官志五》）。而且，“其品秩一如流官”（《万历野获编》卷四，土司文职条）。故依《明史·职官志四》开列的府、州、县制，可推知土官文职的称谓与品级。

土府：土知府（正四品），土同知（正五品），土通判（正六品），土推官（正七品），土经历（正八品），土知事（正九品）。

土州：土知州（从五品），土同知（从六品），土通判（从七品），土吏目（从九品）。

土县：土知县（正七品），土县丞（正八品），土主簿（正九品），土典史（无品级）。

明代土司品级普遍低于元代。如，元代宣慰使秩从二品，宣抚、安抚、招讨诸使均为正三品，长官为从五品，而明代则宣慰使为从三品，宣抚使为从四品，安抚使、招讨使为从五品，长官为正六品。

明代土司职名的因袭与职掌的变化。据《万历野获编》卷三〇，土官职名条载：“本朝土官之名，多仍元旧。如宣慰使于唐，不过一时因事而设，初非兵官，亦非守土吏，事定即罢。又如宣慰使则始于宋，其事权最重，文武大臣至两府始得拜，而安抚少次之，尚得专戮大将；今去使字，为从四品从五品官，且属都司或府钤辖，而卑极矣。至若招讨使一官，在唐为制将，遇外夷不廷，及藩镇违命，始暂设遣征，吐突承璀以宦官得之，白居易力谏而改命，其重可知，今秩与安抚同”；又据《续通志》卷一三〇载：“宋设有安抚司、宣抚司，及元之宣慰司，皆大半以朝廷大臣领任，统理军民，总辖郡县。尤以宋之宣抚司，为督视军旅，事毕即撤；但元则置之边境，专为抚绥。安抚使始于唐、宋，唐为‘奉诏巡省’，宋为‘统制军旅’，元亦置于边境，职掌与宣抚使同。宣慰使为元官，‘掌军民之务以统郡县’，明则为土官武职。而安抚、宣抚等使，明亦授诸土官。招讨使在宋时亦以大臣充之，有征讨则置，元则多置于边境要地，明亦授诸土官”。以上材料说明：宣慰、宣抚、安抚、招讨之名，唐、宋时已先后有之，明代只是袭元旧称而已，但称谓虽同，其职掌已起了变化。其主要区别在于：这些官职始设之时，多以朝廷大臣领任，事权至重。至元、明两代时，才逐步成了土官职衔。

明因袭元制，其变化之处有二：一是明代宣慰司，已由元代设于全国各地的省与郡县之间的一级行政组织变为专在民族地区设立的土职。二是明代的品级略低于元代。

土官虽有品级，但与流官不同，并不按官秩取俸。《明史·职官志一》载：“凡土司之官九级，自从三品至从七品，皆无岁禄”，此即土司诸长皆“食其土”（《蛮司合志》卷八）之谓。故遇有犯罪行为，还需输米赎罪。如《明会典·刑部二》卷一六〇载：“云贵军职及文职五品以上官，及各处大小土官，犯该笞杖罪名不必奏提，有俸者照俸罚俸，无俸者罚米”；此“无俸者罚米”，即针对“各处大小土官”而言的。

明代土官的隶属关系，是有变化的。据载：“土官承袭，原俱属验封司掌行。洪武末年，以宣慰、宣抚、安抚、长官，皆领土兵，改隶兵部；其余守土者，仍隶验封司”（《明会典·吏部五》卷六）；宣慰等诸土司“旧属吏部文选司；洪武三十年，改属兵部”（《明会典·兵部一》卷一一八）；土官“初皆隶吏部验封，后以土兵相制，半隶武选”（《蛮司合志》序）。隶验封者，布政司领之，隶武选者，都指挥领之。这就是“文武相维”之制。此制，有利于统一的中央集权，有利于明王朝对土官的控御。故毛奇龄赞道：“文武相维，机权所寓，细大相关，股掌易运”（《蛮司合志》序）。

土官一经除授，朝廷即赐予印章、冠带及诰敕等信物，作为朝廷命官的凭证。据《明史·职官志一》礼部条载，正三品以上官员为银印，从三品以下则为铜印。土官最高一级的宣慰使为从三品，故所有土官均只赐予铜印；铜印的大小、厚薄则按其品级不同而有所区别。据《明会典·吏部五》卷六载：“凡诰敕等级，洪武二十六年定，一品至五品，皆授予诰命，六品至九品皆授予敕命”。土官中的宣慰使及其同知、副使、佥事，宣抚使及其同知、副使，安抚使，招讨使，土知府及其土同知，土知州均为五品以上官，故皆授予诰命，其余入流土官则为敕命。据《明史·舆服志三》载，明官员按品级不同而授予规格不一的冠带，土官也如是。从正史及册籍的记载说明，上述制度是实行了的。如《明史·湖广土司列传》载，永乐五年，设东乡五路安抚、石梁下峒等三长官司，并设忠路等三安抚司，“各赐印章冠带”;《蛮司合志》卷八载，洪武初，云南武定府土官商胜献印，“锡之诰命，并赉朝服及织金罗衣、纱帽、金带”;《土官底簿》卷上，云南“孟艮府知府”条载，永乐三年，命那刀哀为孟艮府知府，“与他纱帽、素金带、诰命去”（又，云南“湾甸州知州”“腾冲驿驿丞”等条有相类记载）。此外，值得提及的是，明廷还在诰敕中附录有土司所属民族的文字。如，澜沧卫西番人卜撒升做土知府，永乐帝发令“写与他知府的诰命，就将西番字译在诰里面”（见云南“永宁府知府”条）。这样做，不仅使土司便于辨识诰敕内容，也是对该民族尊重的一种表示。

土官只有在上缴前朝信物后，明廷才准予其因袭旧职。据载：徐弘祖曾观看下雷州门楼万历十九年辛卯土官许应珪所铸钟，其文曰：“下雷乃宋、元古州，国初为妬府（指镇安也）。匿印不缴，未蒙钦赐，沦于土峒者二百年。应珪之父宗荫奉檄征讨，屡建厥勋，应珪乃上疏复请立为州治，始知此州开于万历间，宜统志之不载也。”（《粤西游日记三》）可见，凡匿印不缴者，则予降置。

此外，明王朝还发给边疆地区土司以符牌，作为彼此联系的信物。据载，“永乐二年，制信符、金字细牌给云南诸蛮”（《明史·舆服志四》）；其具体做法是：“制铜铸信符五面，内阴文者一面，上有文行忠信四字，与四面合编某字一号至一百号批文、勘合、底簿。……阴文信符、勘合，俱付土官，底簿付云南布政司，其阳文信符四面及批文一百道，藏之内府。凡朝廷遣使，则赍阳文信符，及批文各一，至布政司比同底簿，方遣人送使者以往，土官比同阴文信符及勘合，即如命奉行。……又置红牌镂金字，敕书谕之。凡有调发，及当办诸事，须得信符乃行。如越次及比字号不同，或有信符而无批文，有批文而无信符者，即是诈伪，许擒之赴京，治以死罪。”（《明会典·礼部六十六》卷一八〇）可见，此法极为详密。这样做，有助于加强中央政权对西南边疆民族地区的控制。

三、全国土司数目及分布情况

关于明代全国宣慰等诸土司的总数，笔者依据《明史·地理志》《大明会典》《蛮司合志》《古今图书集成》及有关省方志，作表统计如下：

表 9-1　武职土官统计表　（单位：人）

	宣慰司	宣抚司	安抚司	招讨司	长官司	蛮夷长官司	御夷长官司	合计
广西					4			4
贵州	1				55	21		77
云南	8	4	5		33		2	52
四川	2	1	7	1	38			49
湖广	2	4	9		21	5		41
合计	13	9	21	1	151	26	2	223

关于各省土府、州、县等所属土官人数：

广西。据《蛮司合志》卷十二载，设知府四人，知州三十二人，同知一人，知县六人，县丞一人，主簿一人，典史二人，巡检十三人，副巡检九十七人；其后，降知府二人，增知州一人、吏目一人、巡检二十六人，改流知州三十二人、流知县二人。以上土官共一百九十三人。又，据《古今图书集成》方舆汇编职方典，第一三九六卷载，广西土官总数与此相符。

贵州。据《土官底簿》卷下贵州部分载，有土官十五人。其中：镇远府同知一、通判一、推官一、司狱一，安顺州同知一，普安州判官一，婺川县知县一、县丞一，曹沙渡、瓮城河、盘江、谷龙、的澄、覃韩偏刀水、都儒五堡三坑巡检七。

云南。据《蛮司合志》卷八载，设知府十人，知州十七人，知县六人，同知二人，知事一人，经历一人，州同知八人，州判官三人，县丞六人，主簿六人，吏目一人，盐井副使二人，驿丞十二人，巡检三十六人；改流二十五人；增设知府三人，知州四人，知县二人，同知一人，照磨一人，典史一人，盐井副使一人，驿丞五人，巡检十二人。以上土官为一百六十六人。

四川。据《蛮司合志》卷四载，设知府四人，同知一人，判官一人，知事一人，把事一人，巡检八人，驿丞七人，改流知府一人。以上土官为二十四人。（《古今图书集成》方舆汇编职方典，第五八〇卷所载四川土官数，与此相同）

湖广。无土府、州、县等土官建制。

表 9–2　宣慰以下及土府以下诸土官人数　　（单位：人）

	广西	贵州	云南	四川	湖广	合计
宣慰以下诸土司人数	4	77	52	49	41	223
土府以下诸土官人数	193	15	166	24		398
合计	197	92	218	73	41	621

概言之，明代共有土司官员 223 人，土官官员 398 人；文、武土官总数为 621 人。需加说明的是，由于有明一代土官废置、分合、升降不常，故统计数字往往因人因书而异，但从中可见明代土司设置和分布的基本情况。

设置土官等差的准则。据《明史·土司列传》序载，土官“以劳绩之多寡，分尊卑之等差。”这从湖广与贵州土官设置的对比中，可以得到说明。湖广土司，由于率先归附，其后对明朝廷又极忠勤，故其土官数量虽不多，而其品级则较高。贵州一地，虽土司林立，但由于“叛服不常”，明王朝常加征讨，故原有的贵州、思南、思州三宣慰司和金筑、普安、都匀三安抚司，除效忠明王朝的贵州宣慰司得以保留外，其他诸司均或被改为流官管理的府、州、县，或被分割为众多的品级低下的长官司。可见，土司对明王朝的态度如何，被视作分其尊卑的重要依据。除此之外，其设官标准，也与明王朝对土司地区的控制能力有极大关系。大凡边疆地区，明王朝鞭长莫及，故往往授予高位，以便于羁縻。以云南而论，共有土司武职级别最高的宣慰司 9 个、土司文职级别最高的土知府 13 个，均居全国之冠，其因就在于此。

四、土司地区任吏采用“夷”汉参用、流土共治的方针

据《明史·湖广土司列传》载：“洪武四年，宣宁侯曹良臣帅兵取桑植，容美洞元施南道宣抚使覃大胜弟大旺、副宣慰覃大兴、光宝子答谷等皆来朝，纳元所授金虎符。命以施州宣慰司为从三品，东乡诸长官为正六品，以流官参用。”可见，明代土司制度创建之初，即已行流土并用之法。

任吏多以土官为正、以流官为佐贰。如同《明史·职官志五》所载：“大率宣慰等司经历皆流官，府州县佐贰多流官。”下面试举广西土司的任吏情况为例以说

明之。据明人丘濬说：“其府州正官皆以土人为之，而佐贰幕职参用流官。”（《广西众建土官议》，见《粤西文载》卷五六）。据明人苏濬说，土司的归德州、果化州、太平州、恩城州、安平州、万承州、上下练州、镇远州、都结州、全茗州、茗盈州、思同州、龙英州，结安州、结伦州、罗阳县、陀陵县、思明府、下石西州、江州、利州、龙州、思陵州诸土府州县，均以土人为世袭知府、知州或知县，而以流官吏目佐之（见《左江土司志》，见《粤西文载》卷十二）。这均可说明，明代土司地区任吏确以土人为主。

其后，出现有流土两令同时并存的情况。但两令的权力并不相侔，其中有两种完全相反的现象。一是土官握实权。据《明史·广西土司列传一》载，洪武初，庆远府忻城罢土官莫氏，改设流官知县，“宣、正后，瑶僮狂悖，知县苏宽不任职。瑶老韦公泰等举莫保之孙诚敬为土官，宽为请于上官，具奏，得世袭知县。由是邑有二令，权不相统，流官握空印，僦居府城而已。”这是因改土未遂而出现的流土并存。由于土司势力强大，流官只徒拥虚名而已。二是土官处于从属地位。据《明史·云南土司列传一》载：“嘉靖元年复设宁州流官知州，掌州事，土知州禄氏专职巡捕。宁州旧设流官，正德初，土官禄俸阴贿刘瑾罢之。遂交通弥勒州十八寨强贼为乱，为官军捕诛，其子禄世爵复以罪论死。抚按请仍设流官，从之”；《土官底簿》卷上，云南蒙自县知县条载：“弘治元年四月，文选司报，蒙自县添设流官知县掌印，土官知县专一管束夷民、巡捕盗贼。嘉靖二年九月，巡抚王启奏，禄赐户绝，流官知县管理县事，土官公座裁革”。明徐宏祖《徐霞客遊记·滇遂日记十二》载：“蒙化土知府左姓，世代循良，不似景东桀骜，其居在西山北坞三十里。蒙化有流官同知一人，居城中，反有专城之重”。以上材料说明：这些土官权力极微，有的仅限于协助流官维护辖地治安而已，这是当地土司势力遭到削弱后日趋衰落的结果，实际上是改土归流的一种过渡形式，待时机成熟时，土官即以“裁革”。

总之，明王朝在土司中参用流官的目的，主要在于通过流官来拑制和监督土官。这是“以汉制夷”政策的一种反映。但在客观上，它却为其后的改土归流创造了有利条件。

五、土官来源和土官承袭法

明代土官来源，大致有三种途径：

一是采用世袭方式。明代土司制度是在录用元代归附土官的基础上建立起来的。土官一经除授，即可世及，故有“既是土官，准他袭”（见《土官底簿》卷下，云南“通安州同知”等条）之语。这是明代土官的主要来源。

一是新增土官。这以土官巡检最为突出，据《明史·职官志四》载：“洪武二年，以广西地接瑶、僮，始于关隘冲要之处设巡检司，以警奸盗，后遂增置各处。”以贵州为例，据《土官底簿》卷下，贵州部分记载：明代该地文职土官十五人，其中巡检七人，全系新授。他们之中有的原本是“土民”，或是“头目”“把事”“办事人”之类，因效忠于明王朝被先后除授土官巡检的。

一是举保。据《土官底簿》卷下，贵州“镇远府同知”条载，本州知州戴子美病故，“户无应袭之人”，思南宣慰使司宣慰田大雅将思江长官司正长官何济“举保”，建文帝圣旨“这长官准他保做知州。”可见，所谓“保做”，即因原土官绝无嗣，由职衔较高的土官保举，经朝廷批准而充任。据《明史·选举志三》载：“保举者，……自洪武十七年命天下朝觐官举廉能属吏始。永乐元年命京官文职七品以上，外官至县令，各举所知一人，量才擢用。”故明代土官的“保做”，当源于此。

土官虽行承袭制，但在承袭形式上却有两种不同做法。

一是不曾开世袭字样。明代对大部分土司，并无世袭之文，但经呈报后，照样袭替，“以是示驾驭之权”（《四库全书·土官底簿提要》）。此例，在《土官底簿》中不胜枚举。如：正德十二年“查得祖来不曾开有世袭字样，奉圣旨是，王臣著做县丞，不世袭”（云南“昆阳州易门县县丞”条）；李宗，“永乐三年十二月奉圣旨著他去永平驿做驿丞，只不世袭，他若不志诚，犯了法度时，拿来问，别著人做”（云南“永平驿驿丞”条），这样，明廷在必要时就可以“不志诚”“犯了法度”或“不系世袭官员”为借口，即行改土归流。

一是明文规定世袭。据《四库全书·土官底簿提要》说：“其官世及，而请袭之时，必以并无世袭之文上请，所奉进止，亦必以姑准任事，仍不世袭为词。”这一说法，只适用于“祖来不曾开有世袭字样”的土司而言，故有以偏概全之失。其实，明代对首先归附的强大土司，均曾明确宣布予其世袭，以示绥抚。据《明史·贵州土司列传》载，洪武五年“贵州宣慰霭翠与宋蒙古歹及普定府女总管适尔等先后来归，皆予原官世袭”；《土官底簿》卷下，贵州“普安州判官”条载，隆礼的“始祖母适恭率部夷民首先归附。洪武十六年，授普安军民府知府世袭”。而且，对这类土司，案牍中也未见“并无世袭之文上请”之语。

明初曾规定，土官承袭时，须赴京受命，以示朝廷“威柄”，但此制并未能贯彻到底。

据《明史·土司列传》序载，洪武初，“袭替必奉朝命，虽在万里外，皆赴阙受职”。征之《土官底簿》，可证洪武、永乐年间确曾严格实行此制。仅以广西土司为例。如：洪武二十六年，“长男岑祥备方物马匹赴京朝觐告替”田州府知府（见田州府知府条）；洪武二十六年，镇远州知州故，男赵胜昌“署事备马赴京告袭”（镇远州知州条）；永乐二年土官巡检李升升做凭祥县知县掌印，“本年五月赴京谢恩，中途病故”（凭祥县知县条）。永乐年间，虽有例外，但也只限于“年幼”才“免他来”（全名州知州条），且同时还规定“等出幼时来朝”（镇远州知州条）。故史称，明初土司“请命最谨”（《古今图书集成》方舆汇编职方典，第五八〇卷），并非虚语。

据《明会典·兵部四》载：“天顺八年，令土官告袭，勘明会奏，就彼冠带”。但据《土官底簿》记载，早在天顺八年以前就已出现了不少“就彼冠带”的记载。以四川为例：“宣德六年二月奉圣旨准他就那里冠带”（乌蒙军民府知府条）；阿得故后，“保堂弟普得就府冠带，正统三年正月，奉圣旨既有三司委官保结，且准他袭”（东川军民府知府条）；兵部尚书王骥题：“令奢贵冠带管事，正统七年五月奉圣旨准他，后不为例”（芒部军民府知府条）；“弟安洪，景泰三年二月奏准行令就彼冠带袭职”（马湖府知府条）。再以广西为例：正统九年，出现“极边关隘缺人管束，准他就那里替职管事，不为例”的记载（见镇安府知府条）；景泰时，则有“准就彼袭职”多例（见田州府知府等条）。以上材料说明，《明史·土司列传》序关于“天顺末，许土官缴呈勘奏，则威柄渐弛”的说法，是并不十分确切的。实际上，自从永乐之后，在宣德、正统、景泰年间，赴阙受职制已形同虚设（虽然，间或有“后不为例”的掩饰之词）；而天顺八年的有关规定，只是对既成事实的一种文字上的认可而已。可见，“威柄”之弛由来已久。

据《明史·土司列传》序载：“成化中，令纳粟备振，则规取日陋”；《明会典·兵部四》卷一二一载：“嘉靖二年，令土官衙门，设在荒远，兼因争竞仇杀等项，不能赴京者，抚按等官勘实代奏，就彼袭替，仍依先年户部原拟等级，令其纳谷备赈”。从《土官底簿》的记述中，可证成化中始创、嘉靖初重申的“纳粟备振”法在土司地区曾广为施行。如：成化间，禄载应袭知府，但称该府“地方与芒部犬牙相搀，难于摘离，行令本舍照例纳谷三百万，就彼冠带管事，嘉靖三年七月奉圣旨是，这土舍准照例纳谷，完日，就彼袭替”（四川“乌蒙军民府知府”条）；“嘉靖五年奏保禄庆承袭，本月奏（应为‘奉’之误）圣旨是，禄庆准照例纳谷，完日，就彼袭替”（四川“东川军民府知府”条）。又，据《蛮司合志》卷五载，车匀袭四川静州长官司土舍，“照例纳谷五千石，免其赴京”。也有以银代谷者，如：海潮袭县丞，“正德十三年奉例纳银八十两，就彼冠带。”从照例纳谷三百石、五千石，纳银八十两的事例中，可见征取之苛重。但，也并非土官均需纳谷袭替，“（弘治）十五年五月，男杨德震承袭，免其纳谷”（云南“沙桥驿驿丞”条），便是一例。

据《明会典·吏部五》卷六载：弘治“十八年，罢土官纳粟职例，令照归保勘，起送赴京袭职。”证之《土官底簿》，此制并未认真实行。如：弘治时，岑鎏袭镇安府知府，就曾有过以“本府地方设在极边”（见广西“镇安府知府”条）为理由，免予赴京的明文规定。而且，后朝还沿此先例，表现为正德年间相继出现“合照岑鎏事例，免其赴京”（见广西“思明府知府”等条）的诸多记载。可见，史称“孝宗（年号为弘治）虽发愤釐，革，而因袭未改”（《明史·土司列传》序）之言之可信。

其后历朝也无变化。如：嘉靖二十八年、三十三年，隆庆四年，万历九年均曾发令允准土官就彼袭替（参见《明会典》卷六和卷一二一）。

概言之，有明一代，除明初外，并未真正实行“赴阙受职”制。在研究明代土司制度时，这是不能不加以辨明的。

明代土司常因嫡庶或承袭人不明而引起纷争、仇杀，甚至酿成祸乱。正如明人王士性所说：“土官争界、争袭，无日不寻干戈”（《广志绎·西南诸省》卷五）。为预防争袭事件的发生，明朝对土司承袭人的范围与承袭手续作了一些具体规定。

关于承袭人范围。据《明史·职官志一》载：土司之官，“其子弟、族属、妻女、若婿及甥之袭替，胥从其俗。”据此，明代土司确有各种亲属承袭之例。

父死子继。由于当时土司地区一般均已确定了父系家长制，故父死子继是其普遍形式，而且多由嫡子继袭。如：成化时播州宣尉使杨辉，虽溺爱庶子，欲令承袭；但依“杨氏家法，立嗣以嫡”而作罢（见《明史·四川土司列传二》）。也有子不得立而孙立的例外。如，成化年间李广宁知凭祥州事，有十子“广宁死，诸子争立不决，凡三四年；而竟以其孙珠嗣。”（《蛮司合志》卷十三）

兄终弟及。据《明会典·兵部四》卷一二一载："洪武十七年，令土官无子，许弟袭。"此例甚多，如土知县黄海通"故，绝，弟黄广海，宣德八年三月奉圣旨，准他袭"（《土官底簿》卷下，广西"太平府罗阳县知县"条）。并及于堂兄弟，如阿得故，"堂兄普得就府冠带。"（四川"东川军民府知府"条）还有，兄死妹立事，如阿弟故"（永乐）十二年，妹香珮袭。"（四川"芒部军民府知府"条）

叔侄相立。据载，龙州土官赵帖坚卒无子，"其侄宗寿袭土官知州"（《蛮司合志》卷十二）；五传至赵源，卒无子，"州人推源兄溥子名相者当立"（《蛮司合志》卷十二）。也有反过来，侄死叔袭者。如土官巡检马英故，"无嗣，奏保马英亲叔马骢应袭。"（《土官底簿》卷上，云南"赤水鹏巡检司土官巡检"条）

族属袭替。据《土官底簿》载：土知县禄胜故，"族弟禄政，（洪武）三十五年袭"（见云南"蒙自县知县"条）；土知府尼禄故，堂叔公善茂于正统四年袭职（见四川"乌撒军民府土官知府"条）。族弟、堂叔公继位事，即属土官宗族袭替之例。这说明，土官故而无嗣，确可"择其近族承袭"（见云南"北胜州副同知"条）。

妻、妾袭。据《明会典·兵部四》卷一二一载："（洪武）三十年，令土官无子弟，而其妻或婿为夷民信服者，许令一人袭。"由于土司地区母权制残余较严重，故夫死妻袭者颇多，著名的水西宣慰使奢香，就是代袭其夫之位的；当时亲身到过云南民族地区的张洪，即曾闻见："酋死无子，而妻得以临其民"（《南夷书》）。还有及于妾袭之例。如，《土官底簿》载：禄昭告要故，"无子，正妻杨普亦故，止有次妾撒姑应袭"（四川"乌撒军民府土官知府"条）；而沙护则是以"第三妻"身份准袭的（云南"临安府嶍峨县知县"条）。甚有汉妾袭应者，如《万历野获编》卷三〇，土官之异条载，思域知州赵天锡，本江南女优，游粤西见嬖于土酋，后酖土酋及正室，而土酋无他子，遂以夷法，妇袭夫官。但是，后来明朝廷对妻、妾袭职一事曾作过某些限制。据《明史·刘丙列传》载，刘丙为云南巡抚御史，曾请"土官无后者，请录其弟侄，勿令妻妾冒冠服，俱著为例。"史实说明，这一规定是发生过作用的。《蛮司合志》卷十二载："泗城州女土官卢氏袭职知州事，既而卢氏以其侄岑豹年长，乃致仕，请豹承袭"，可证。

女、媳立。如：永乐时，杨观信故，"观寿系亲女，告袭"（《土官底簿》卷上，云南"大和县神摩洞巡检司巡检"条）；土官妾适璧袭职，故，天顺时"保勘适仲系适璧童养媳妇，应袭姑职"（云南"霑益州知州"条）。

子死母袭。此以《蛮司合志》卷十二下列记载最为典型："宣德四年，上隆州土官知州岑琼卒，无子，有侄岑松尚幼。土人诉于朝，言琼氏母陈氏有才识，可理州事，愿得陈氏袭职，诏从之。土官之子死而母袭者，自陈氏始。"

总之，上述子、孙、兄弟、叔侄、族人、妻妾、女、媳、母之承袭事例说明，明代土司的亲属承袭次序，确是从"俗"而定的。它并不像后来清代规定那么严格，须要"依次进行，不得越序"。

关于承袭手续。在袭替过程中，为防止作伪冒充，明朝廷制定了较为详密的办法。据《明会典·吏部五》卷六载："洪武二十六年定，湖广、四川、云南、广西土官承袭，务要验封司委官体勘，别无争袭之人，明自取具宗支图本，并官吏人等结状，呈部具奏，照例承袭""天顺二年奏准，土官病故，该管衙门委堂上官体勘应袭之人，取其结状宗图，连人保送赴部，奏请定夺"。这些条例，遂成了有明一代的定制。其主要内容可以归纳如下：土官承袭时，需履行两套手续。一是要官员查核和作保。纵观《土官底簿》全册，明代土官承袭时是照此办理的，其中多有"查勘""体勘""审勘""复勘"和"府州都保结明白"等记载，可证。二是要有"宗支图本"，据此承袭。关于这一点，当时全国各地土司的实行情况不一。如同明人沈德符所说：土官承袭"全凭宗支一图为据，今惟云南布政司贮有各牒司宗支，以故袭替最便，而贵州、广西诸土官，竟自以所藏谱土上请，以致彼此纷争，累年不决，称兵构难而不言，监司又借以取渔人之利，此最大弊事。"（《万历野获编补遗》卷四）

为了弥补宗支图本的不足和防止贪官从中渔利，明朝又制定了"土官册报应袭法"，即预先规定承袭人的制度。据《明会典·吏部五》卷六载："正统元年奏准，土官在任，先具应袭子侄姓名，开报合干上司。候亡故，照名起送承袭。六年奏准，预取应袭儿男姓名，造册四本，都布按三司各存一本，一本年终类送吏部备查。以后，每三年一次造缴""嘉靖九年题准，土官衙门造册，将见在子孙，尽数开报。某人年若干岁，系某氏生，应该承袭；某人年若干岁，某氏生，系以次土舍；未生子者，候有子造报，愿报弟侄若女者，听。布政司依期缴送吏兵二部查照"。可见，其规定日臻详密。此制，在全国各土司地区均已采用，不过其表现形式不尽相同罢了。在云南，据《明史·云南土司列传一》载，正统二年，曲靖军民知府晏毅建言："土官承袭，或子孙、或兄弟、或妻继夫，或妾继嫡，皆无豫定次序，致临袭争夺，仇杀连年。乞敕该部移文所司，豫为定序造册，土官有故，如序袭职”，事下所司议行。此可谓“预定次序”法。在广西，据《明会要·职官十四》载：“广西土官承袭，长吏率要贿不时奏，以致诸酋怨叛。太平知府胡世宁令：生子即闻府；应世及者，年十岁以上，朔望谒府；父兄有故，按籍请官于朝。土官大悦。”此可谓是预先面见法。在贵州，据《蛮司合志》卷三载：嘉靖元年贵州巡抚汤沐上治苗策中提出：“预定土籍。夫土籍不明，则争夺所由起也。今土舍传接如军职贴黄例，各于岁终上其世系履历及有无嗣子于布政司，司又上其籍于部。而起送袭替，可按籍定矣。”此可谓“预定土籍”法。

为了强化对土司的控制，明朝作出了“土司袭替禁例”。据《明会典·兵部四》卷一二一载：“（嘉靖）十四年议准，云南、四川两省土官，各照旧分管地方，如有不遵断案，互相仇杀及借兵助恶，残害军民，并经断未久，辄复奏扰变乱者，土官子孙不许承袭”；“（嘉靖）三十三年题准，土官土舍嫁娶，止许本境本类，不许越省，并与外夷交结往来，遗害地方”，如有故违，“或削夺官阶，或革职闲住，子孙永不许承袭”。换言之，明朝对土官中，不仅有变乱行为者，就连婚姻和往来违反规定者，也剥夺其子孙承袭权，从中可见限制之严格。

总之，明代有关土司承袭办法的规定是颇为完备的。它对防止或减少土司因承袭而引起的纠纷，对限制土司势力，均起了积极的历史作用。

但是，承袭之乱，不仅源于内争，而且明代吏治的弊端也起着推波助澜的作用。据《明史·贵州土司列传》载，正统时，水西宣慰安万钟为左右所杀，“无子，其从弟万镒宜袭，镒以贼未获辞。（土目）乌挂等遂以疏族幼子普者冒万钟之弟曰万钧告袭，承袭官入其贿，遂暂委钟妻奢播摄事。万镒悔不立，而恨乌挂之主其谋也，遂以兵袭乌挂，乌挂亦发兵相仇杀。”这是承袭问题，因明官纳贿而造成土司内部混战一场的富有代表性的事例。

最后，尚需指出的是，土司除袭职外，尚有“借职”“代职”之谓。

借职。据《土官底簿》卷上，云南“大理府洱西驿驿丞”条载，永乐时，土官驿丞张山故，“长男张福年幼，不能袭职，亲弟张海告借。十二年正月，奉圣旨，不做世袭，且著他借职，权管著，不做例”，后张福长成袭职。又，云南“陆凉州知州”、贵州“镇远州通判”诸条，也有此记载。此“借职”，又称之为“摄事”或“视事”。如《蛮司合志》卷二载，水西土司安万镒死，“子阿写幼，嘉靖七年提督尚书伍文定请其弟万铨摄事，候阿写长承袭。久之，阿写袭，铨去位。而阿写又死，阿写子国亨幼，夷民仍请铨视事，候亨长承袭，至嘉靖四十一年，亨承袭，铨又去位。”此类事，均因应袭人年幼（按当时规定为不满十五岁），由明朝或夷民，指定或请求其亲属暂理，俟应袭人成长后再正式继位。此时，则免去借袭者职务，故有“那借职的革了冠带，闲住”（《土官底簿》卷上，云南“姚安府土官”条）之语。

代职。与借职相反。代职则因原土官老疾，而委任承袭人理事。据《明史·湖广土司列传》载：洪武二十二年“命忠建宣抚田思进之予忠孝代父职。时思进年八十余，乞致仕，故有是命”；天顺元年“容美宣抚田潮美老疾，请子保富代职，从之”；成化七年保靖宣尉彭显宗“老不任事，命其子仕珑代”。均属此例。

六、土官升迁的途径与办法

土官有功升迁。所谓有功，主要包括两方面的内容。一是“积有年老”，忠于职守。据《土官底簿》载，左禾授任蒙化州判官二十余年，“夷民信服”“不犯法度，好生志诚”，永乐三年因此升做知府（见云南“蒙化州知州”条）；宣德八年，土官巡检李保因“署事公勤，钱粮不欠，逃民复业，著做南安州判官”（见云南“南安州判官”条）。二是有军功。如，阿窝原充龙家寨长，洪武时除授本州判官，其侄阿宇袭职升本州同知，“均因军功升授”（见贵州“贵州都司普安卫军民指挥使司安顺州同知”条）。在因功升授的这两种人中，前者较少见，后者则是大量的。

土官升迁，多缘功劳，但也不尽然，尚有它途。其中主要有：

纳米升授。据《土官底簿》载，安顺州同知阿宠，“景泰二年，遇例纳米升知州”（见贵州“贵州都司普安卫军民指挥使司安顺州同知”条）；陆凉州知州资曹，“景泰六年遇例纳粟升宣慰司副使”（见云南“陆凉州知州”条）。又，云南“赵州蔓神寨巡检司巡检”“楚雄府楚左县县丞”诸条，也有此类事记载。从已有成文规定（所谓“例”）看来，此法已在土官中广为推行。从正统年间“总兵等官榜示，有能纳米二百石量升一级”（见云南“黑盐井巡检司巡检”条）的记载中，更可证此法在土司地区之滥用。

进献论赏。如，嘉靖四十二年，“以献大木功再论赏”，加永顺致仕宣慰彭明辅为都指挥使，其子彭翼南为右布政使（《明史·湖广土司列传》）；万历十四年播州宣慰杨应龙“献大木七十，材美，……帝命以都指挥使衔授应龙”（《明史·四川土司列传二》）。此大木当为营建之用，说明进献赏官一举纯为满足明统治集团的贪欲而设。总之，无论纳米或进献升授，都是始于景泰年间在内地实行的输纳授官办法应用到土司地区的结果，这也是明代土官制“规取日陋”的一种反映。

还有，因土司机构升级而升官。据《土官底簿》卷上，云南“湾甸州知州”条载，湾甸地方原为长官司，“如今升做州，长官刀景发升做知州”；又，云南镇康、大候两地也是照湾甸例办理的（分见镇康州知州、大候州知州条）。

土官升迁办法有数种：

一是按土官序列依次加衔。这是土官升迁的主要途径。据《土官底簿》卷上，云南县知县条载，杨宗袭土官县丞，“正统三年，杨宗调征麓川等处有功，正月升任州判，仍管县事。本年八月复征麓川有功，七年二月升本县土官知县”，即由正八品的县丞，升任从七品的通判，再升正七品的知县。这类事例，不胜枚举。

二是授流官职衔。早在明王朝正式建立之前，朱元璋为了获取土司支持以推翻元王朝，就曾采用此法。据《明通鉴·前编》卷三载，元至正二十六年初，容美峒宣抚使田光宝以元所授敕印来归。吴王朱元璋“以光宝为四川行省参政，兼容美峒等处军民宣抚使”，这就开创了明代授土司以流官头衔的先例。

从此，有明一代广为推行此制。据载，正统中，思明府土酋黄𤥭“积捍御功授丘温卫指挥，累迁广西都指挥使守浔州者八年”（《蛮司合志》卷十二）。又如，思恩府知府岑瑛，“时两广用兵多所调发，总兵官董兴檄瑛讨贼帅黄萧养破之，瑛守柳、庆又败贼韦公点于宾州，瑛上首功四百五十余。天顺元年升广西参政，改都指挥同知，擢骠骑将军都指挥使”（苏濬《广西郡县志》），此人，“年且八十，尚在军中”（《明史·广西土司列传二》）；再如，永顺致仕宣慰彭明辅之子彭翼南“先以倭功加右参政，至是又加云南右布政使，遂跻藩极品。若正德间，加播州宣慰使杨域为四川按察使，是以纲纪大臣，下领夷酋”（《万历野获编补遗》卷四，土司文职条）。明制，都指挥使与布政使、按察使，并称三司，为封疆大吏，位极地方军、政、监督之职。而土官出身之人，均有荣任此三职者。也有仕宦中朝者。据载，土官杨大用“（洪武）二十三年九月，升除户部郎中”（《土官底簿》卷上，云南“罗次县知县”条）；“洪武，土官宣慰使郑彦文升工部左侍郎，建昌府知府同彦翊，演州府同知黎思凯为刑部左侍郎”“景泰时，广西都指挥同知黄𤥭为前军都督府同知”（均见《明会要·职官十四》），“进都督诰命，极其褒奖，气焰薰灼，人多趋其门”(《蛮司合志》卷十二)。明制，诸部郎中、侍郎为府部官员、大臣，前军都督属中央最高军事指挥机关（五军都督府之一），而文、武土官有担任是职者。还有参与中朝机密者，如思恩府知府岑濬从弟岑业，弘治间“以山东布政司参议在内阁制敕房办事”，进入“禁密之地”(《明史·广西土司列传二》)。从土官可以担任从地方至中央机关的高级职务一事，说明明代土官是受重用的。

土官所授流官职衔，子孙不能世袭。据《土官底簿》卷上载，杨大用曾先后除授通政司知事经历、户部郎中、云南参议，因“系是流官”“别无世袭事例”，故其子杨正“不当袭”(见云南“罗次县知县”条)。但其世袭土缺，则可由子孙出任。如，安宁州世袭知州董赐，“实授流官”鹤庆府知府后，“有男董节见袭知州职事”(见云南“府安宁州知州”条)。

三是加授散阶、勋级虚衔。据《明史·湖广土司列传》载，弘治七年，永顺宣慰彭世麒因平苗功，进昭勇将军；《明史·云南土司列传二》：正统五年，授丽江知府木森“大中大夫、资治少尹，以征麓川功也”，嘉靖四十年又授丽江知府木高进亚中大夫；《万历野获编》卷三一，大候州条载，正统七年“顺宁知府猛盖勋加大中大夫、资治尹”；《土官底簿》卷上，云南“景东府知府”条载，该知府陶瓒“正统五年，杀贼有功，升大中大夫、资治少尹”，云南“蒙化府知府”条又载，正统五年，该府知府左伽有功升亚中大夫。明制，昭勇将军为武官散官正三品；大中大夫、亚中大夫为文官散阶从三品；资治少尹为文官勋级从三品，资治尹则为正三品(见《明史·职官志一》)。

总之，明代土官升迁，几同流官待遇，并未滥加歧视性限制。明代这种对土官的议叙办法，直接袭自元代。据元制，土官除授予高至勋爵上护军、文散官资德大夫、武散官镇国上将军等虚衔外，也有授予高至行省左、右丞的流官职称者。如果说其间还有差别的话，只是明代给予土官更为优厚的政治待遇罢了。但是，此制至清代发生一大变化。清代土司之升迁，只能循土官品级最高至指挥使、宣慰使为止。换言之，土司无论有多大功劳，终身也只是一土司而已。

无疑，明代实行土官可以擢拔为流官之法，是有积极的历史意义的。它有利于少数民族人才的选拔，有利于民族隔阂的消除，有利于民族间交往联系的加强。

七、土官的惩处与宽宥

土官有罪，也与流官一样要受到惩治，而且其措施往往是严厉的。据《土官底簿》载：侬即金，因违抗朝命，永乐六年“赴京自首”，虽予宽大处理，仍“发去辽东住坐”（见广西“广南府同知”条）；冯郎黄，本应承袭，“缘伊父存日曾告本人有悖逆夺印情况”，不仅不准承袭，且以“无礼”罪名，“发去辽东都司安置”（见广西“结伦州知州”条）；安白，“（洪武）十七年九月，与普安仇杀，典刑”（见云南“亦佐县知县”条）；安鳌，弘治八年“为事问拟凌迟处死，家口迁徙”（见四川“马湖府知府”条）。又，《蛮司合志》卷十二载：上陆州土知州岑铎，“先因祖母奏其盗嫂谋兄，乃五年之间，推鞫在禁，竟无佐证。”它表明，作为中央集权的明朝廷，决心使用法律手段对违法土司加以制裁，以便强化对土司地区的统治。

但由于当地少数民族社会的政治、经济状况，与汉族社会还存在着千差万别，故明王朝也意识到在处理土司问题时，不能完全袭用明律，这就是“不可尽绳以法”（《明史·广西土司列传一》）、“不可施以汉法”（《广志绎》卷四，湖广条）、“不重绳以汉法”（万历《湖广总志·兵防三》）之谓。明王朝在法律上给予土司的殊遇，主要反映在宽宥与赎罪两个方面。

宽宥。以贵州、湖广、广西三省为例。贵州：洪武二十九年“清水江之乱既平，守臣以贼首匿宣慰家，宜并罪。帝曰：‘蛮人鸱张鼠伏，自其常态，勿复问’”（《明史·贵州土司列传》）。湖广：正德四年，容美宣抚遣使赴京进贡，沿途驿传多需索，“部臣以闻，帝以远蛮宥之”；正德十一年容美宣抚田秀之子白俚俾，贼杀其父及其弟，磔死，“土官唐胜富、张世英等为白俚俾奏辨，罪亦当坐。诏以蛮僚异类，难尽绳以法，免其并坐”（《明史·湖广·土司列传》）。广西，洪武初，龙州土官因承袭之事而引起内争，本拟议罪，“既而以蛮夷远人，并释之”（《蛮司合志》卷十二），洪武二十五年，思明府知府黄广平杀了思明州知州后，“乃以病死闻于朝，所言不实。诏逮广平鞫之。既至，帝谓刑部曰：‘蛮寇相杀，性习固然，独广平不以实言，故绳以法。今姑宥之，使其改过’”；洪武二十八年，思恩州知州岑永昌不奉朝命，“命左都督杨文相机讨之，既以荒远不问”（均见《明史·广西土司列传二》）。可见，大量事实证明，明朝对土司犯法是从轻处理的。

赎罪。主要用于处理土司之间的纠纷。由于当时南方少数民族社会尚处于较为落后的阶段，故土司内部彼此构祸、仇杀之事常有发生，若都绳之以明律，则不仅会造成滥用刑法，且会激起土司的不满和反抗。因此，明朝袭用宋代实行的蛮夷纠纷以“俗法”从事的原则加以处理。据载，天顺十年“安顺土知州张承祖与所属宁谷寨长官顾钟争地仇杀。下巡抚究治，命各贡马赎罪”（《明史·贵州土司列传》）；嘉靖时，水西土司安国亨、安信相仇杀，遣官议罪，安国亨“对簿，伏杀信状当死”“于是以三万五千金自赎”，而以六千金赎其他主谋之罪（《蛮司合志》卷三）；乌撒与永宁、乌蒙、霑益、水西诸土司，境土相连，争端迭起，“当事者颇厌苦之，万历六年乃令照蛮俗罚牛例处分，务悔祸息争，以保境安民”（《明史·四川土司列传一》）。此法，推而广之，甚至用于处理朝廷与土司之间的关系。如：正统时，水东宋然贪淫，激苗民变，水西贵荣诱其众作乱，然坐斩，“然奏世受爵土，负国厚恩。但变起于荣，而身陷重辟，乞分释，因从末减。依土俗纳粟赎罪”（《明史·贵州土司列传》）；“正统二年，泥溪土官医学正科田玑盗马藏丝钞，援永、宣时例，边夷有犯，听以马赎，许之”（《明史·贵州土司列传》）。总之，土官犯了罪，明朝许其“照蛮俗”“土俗”，以马、牛、粟、金赎罪，以示恩宠。

明朝对土司犯罪，虽有所宽贷，但其原则是：“轻者可轻，重者难宥。”如：景泰二年“礼部奏：‘散毛宣抚司副使黄缙瑄谋杀亲兄，律应斩。其妻谭氏遣子忠等贡马赎罪，然缙瑄罪重，法不可宥。宜给钞以酬马直。’从之”；天顺五年“礼部奏：‘施州木册长官司土舍谭文寿凶暴，并造不法诽谤之言，罪当刑。今其母进马以赎，恐不可从。’帝命给钞百锭以慰其母，其子仍禁锢之”（均见《明史·湖广土司列传》），可见，对严重触犯明律的土司，则不许赎罪，严惩不贷。以示朝廷威力。

以上材料说明，在法制上明王朝采取的是恩威并济的手段，以图使土司就范。

八、土司地区贡、赋制度的主要内容

明王朝除把交纳贡赋作为对土司地区进行掠夺的一种经济手段外，更重要的是在政治上把它作为土司是否修臣职即是否忠于中央王朝的重要标志，故对此十分重视。

明代朝贡制度的主要内容如下：

贡物有典。所贡为方物。全国的“土官贡物”主要有：“马、象、犀角、孔雀尾、象牙、象钩、象鞍、象脚盘、蚺蛇胆、金银器皿、青红宝石、玉石、围帐、金绒索、各色绒绵、各色布手巾、花藤席、降香、黄蜡、槟榔”（《明会典·礼部六十六》卷一八〇）。各省各地的贡物也有专门规定，以广西而论，主要贡物有马、银器、香、解毒药、葛布诸项（见《续文献通考》卷二九、嘉靖《广西通志》卷一六四）。所贡如不合典，则须却贡。如，弘治九年“金峒安抚覃彦龙奏：‘境内产杉木，尝鬻金三千贮库。今彦龙年老，子惟一人，恐身后土人争夺，乞解部。’工部议非贡典，却之”（《明史·湖广土司列传》）。

贡期，一般为三年。明朝发令“湖广、广西、四川、云南、贵州腹里土官，遇三年朝觐，差人进贡一次。俱本布政司给文起送，限本年十二月终到京庆贺。”（《明会典·礼部六十六》卷一八〇）从史籍看来，明代自始至终均行此制。据载，洪武九年“永顺宣慰彭添保遣其弟义保等贡马及方物，赐衣币有差。自是，每三年一入贡。”可见，早在洪武初年就已形成三年一贡制。其后，也依此“故事”而行。因此，宣德二年兵部议，元土官子孙量授以职，“令三年一朝如故事。”（均见《明史·湖广土司列传》）

入贡人数有定制。以湖广地区为例，“嘉靖七年，容美宣抚司、龙潭安抚司每朝贡率领千人，所过扰害，凤阳巡抚唐龙以闻。礼部按旧制，进贡不过百人，赴京不过二十人，命所司申饬”（《明史·湖广土司列传》）；故当年议准，“湖广土官袭授宣慰、宣抚、安抚职事者，差人庆贺，每司不许过三人。其三年朝觐，每司止许二人，大约各司共不过百人，起送到京者，不过二十人，余俱存留本布政司听赏。”（《明会典·礼部六十六》卷一八〇）

回赐。朝廷对贡使给予大量回赐。据《明会典·礼部七十一》卷一一三载，湖广、广西、四川、云南、贵州腹里土官朝贡，“其赐各不同。凡三品、四品回赐，钞一百锭，彩段三表里（惟播州、贵州二宣慰使，赐锦二段，彩段六表里）；五品，钞八十锭，彩段三表里；六品、七品钞六十锭，彩段二表里；八品、九品钞五十锭，彩段一表里；杂职衙门并头目人等，自进马匹、方物，钞四锭，彩段三表里。”对恭顺土司，其赐予更为优厚。以贵州水西宣慰为例，据《明史·贵州土司列传》载：洪武十七年，奢香率所属来朝，“帝悦，赐香锦绮、珠翠、如意冠、金环、袭衣”；二十五年，安的来朝，“赐三品服并袭衣金带、白金三百两、钞五十锭”，同年又“赐（奢）香银四百两、锦绮钞币有差。自是每岁贡献不绝。”可见，明王朝对土官是不惜以回赐形式用重金加以笼络的。上述贡使竟有大大超过“旧制”而达千人者，其主要原因就在于他们贪图获得朝廷的物质犒赏。

入贡后期、贡物不及数或违例人员，则有罚。其处置办法有半赏、停赏和问罪。半赏：“凡到京后期，减半给赏”（《明会典·礼部七十一》卷一一三）；弘治八年“容美宣抚贡马及香，礼部以香不及数，马多道毙，又无文验，命予半赏”。停赏：成化五年礼部奏，“容美宣抚司田保富等，遣人进贡方物不及数，恐使者侵盗，宜停其赏，仍移知所司。”问罪：宣德元年“礼部以永顺宣慰彭仲子英朝正后期，请罪之。帝以远人不无风涛疾病之阻，仍赐予如例”，此算是皇帝开恩宥后期之罪；嘉靖二十六年“腊壁峒等长官司入贡，礼部验印文诈讹，诏革其赏，并下按臣勘问。”（均见《明史·湖广土司列传》）

除进贡外，土司地区尚需交纳额定赋税。据《土官底簿》卷下，广西“南武州知州”条载，洪武三十五年十一月，奉圣旨“似这几个土官，他每自知过，出来认纳粮差，又抚安土人好，合当便著用他”；同籍“都康州知州”“南丹州知州”等条，也有相类记载。说明，明王朝是把“认纳粮差”与安抚土人一样并列为土司的两大任务的。

明代土司赋税制的建立，是有一个过程的。洪武初，“时方北伐中原，未遑经理荒徼”，故尚无定额。如《明通鉴》卷四，洪武五年条下载：贵州思南宣慰使田仁智等来归，岁修职贡，“赋税听自输纳”；《明史·四川土司列传二》载，洪武十年“中书省奏：‘播州土地入版图，当收其贡赋，岁纳粮二千五百石为军储。’帝以其率先来归，田赋随所入，不必以额”。待明政权巩固后，才逐步规定了各地赋税定额。如：水西宣慰使霭翠在洪武初已归附，二十年其妻奢香袭职后，才“每岁定输赋三万石”（《明史·贵州土司列传》）；乌撒、乌蒙、东川、芒部四军民府，洪武十五年已归附，当时只“令土酋谕其民，各输粮一石以给军”，至十七年才定税额，“乌撒岁输粮二万石，毡衫一千五百领；乌蒙、东川、芒部皆岁输八千石，毡衫八百领。又定茶盐布匹易马之数”（《明太祖实录》卷一六二，洪武十七年五月辛丑）。

征额较低。如：洪武二十一年，朱元璋说：贵州租赋“自今定其数以为常，从宽减焉”（《明史·贵州土司列传》），故有明一代，整个贵州地区“赋不敌东南小郡焉”（清田雯《黔书》卷一）；洪武二十九年，广西布政司言：“新设南丹等三卫及富川千户所，岁用军饷二十余万石，有司所征，不足以给”（《明史·广西土司列传一》），即这些地区的征赋，尚不足卫所军用；云南诸土司“岁各量出差发银，多不过二千五百两，少者四十两或十五两”（《蛮司合志》卷八）。以上事例，都表明民族地区的税额是较汉区为低的。

定了税额之后，也有蠲免之例。这有多种情况：一是因灾蠲免。据《明史·贵州土司列传》载：洪武二十一年，部臣以贵州逋赋请，帝曰：“蛮方僻远，来纳租赋，是能遵声教矣。逋负之故，必由水旱之灾，宜行蠲免。”二是有功受奖。《明史·湖广土司列传》载：成化五年“免保靖宣慰诸土司成化二年税粮八百五十三石，以屡调征广西及荆、襄、贵州有功也。”三是因反抗活动迫使统治者让步。据《蛮司合志》卷二载，宣德时，水西宣慰头目阿闭妨宜与普定卫堡长官蛮民阿骨阿哈共为乱，“朝议主抚，谓蛮夷僻远，不宜与争，第宽以抚之，使之自来，因尽蠲其户丁银粮诸赋税”；《蛮司合志》卷四又载，亚坚等十一寨生苗经抚谕后，“已认输黑铅筒布，上以苗人叛服不常，命悉隶酉阳宣抚管辖，而免其赋税”。总之，虽然上述三种蠲免租赋的原因不一，但都是为明统治者安抚“蛮方”的目的服务的。

交纳物准予折纳。据《明史·云南土司列传》载，洪武二十六年“西平侯沐春奏，丽江土民每岁输白金七百六十两，皆么些洞所产，民以马易金，不谙真伪，请令以马代输，从之”，明朝允准以方物（马）代输本地不产的白金，这可免除中间盘剥。又，《明史·广西土司列传二》载，洪武二十七年镇安知府岑添保上言：往者令郡民岁输米三千石，运云南普安卫。镇安“陆行二十五日始到普安，道远而险，一夫负米三斗，给食余所存无几，往往以耕牛及他物至其地易米输纳。而普安荒远，米不易得，民甚病之。又岁输本卫米四百石，尤极艰难。旧以白金一两，折纳一石，今愿依前例，以苏民困。”从之。由于民族地区：多僻处溪洞之地，交通不便，明政府准以折纳白金，予以变通，这可免除米粮转输之苦。以上所述的代输办法，对减轻土司地区居民的负担，还是有作用的。

有明一代，土司地区的赋税负担是有变化的。一般说来，前期较轻。故《明史》作者在叙及朱元璋从宽减定贵州赋额时赞道：“明初御蛮之道，其后世之龟鉴也夫！”（《明史·贵州土司列传》）但到后期，随着明统治阶级的日益腐朽，其对民族地区的剥削也愈益加强。如，万历朝，贵阳苗寨“酋长老顶宋已归附，输租赋有年，顾贫甚，岁比逋负不得偿。”有的甚至因此被逼反。如，嘉靖时“铜仁苗久逋赋，知府按逋籍责见户，见户且亡命，知府乃责其土官偿之。于是平头长官者怀印与所部诸苗奔逃至蜡尔”，并“称兵反”（均见《蛮司合志》卷三）。清人冯甦也认为，明代云南地区反叛，“推其由来，多因黩货”（《滇考》卷下）。

最后，尚需指出，输赋地区主要限于邻近汉区的编户之民。据载：广西土司“其杂处谿峒，顽冥不驯，即隶版籍，输赋谓之熟僮；否，谓之生僮”（《蛮司合志》卷十二）；永乐时“遣都指挥朱辉谕降宜山、忻域诸山寨。荔波瑶震恐，乞为编户”（《明史·韩观列传》）；山都掌蛮，“国初诸蛮皆出降，入籍输赋”（《蛮司合志·四川》）；“初，臻、剖六洞苗侵熟苗田，不输赋，又不供驿马，有司莫敢问，伦遣人谕之，顿首请如制”（《明史·彭伦列传》）。可见，未经招抚者，可“不输赋”，一经入籍为“编户”，即需“输赋”；而且，是否编籍输赋，被时人作为划分“蛮夷”之“生”“熟”界限。

概言之，明代土司地区的编户之民是需交赋的，但从其税额、蠲免和输物准予折纳的事例看来，明朝对民族地区还是有所照顾的。

九、土兵的地位、规模与作用

据《明史·兵志三》载：“西南边服有各土司兵。”

关于明代土兵的起源及其地位的变化。据《蛮司合志》序载：“溪峒之间，窃发时起，则彼我征调，颇易为力，因之设土兵相制之法。而其后展转假借，凡议大征者，无不借狼兵土兵，远为调遣。”可见，土兵原本因“以蛮攻蛮”而设，其后才发展成供远征驱调之用。这一变化的原因在于：明中叶以后，卫所徒具虚名，而土兵则富有战斗力，故日益成为明王朝的一支不可缺少的重要军事力量。试以广西、贵州、四川为例。据载，弘治九年广西总督邓廷瓒言：“广西瑶僮数多，土民数少，兼各卫军士十亡八九，凡有征调，全倚土兵”（《明史·广西土司列传一》）；正德中王守仁也说：由于“卫所军丁，止存放籍”；“是以每遇盗贼猖獗，辄覆会奏请兵，非调土军，即倩狼、达”（《王阳明全书》卷十六，《选拣民兵》）；明人田汝成说：“贵州武备单弱，征剿必赖水西”（《炎徼纪闻》卷三，安贵荣条）；清人孙承泽说，明代贵州民族地区，“每一梗阻”“朝廷遗将征讨，多借土司之力”（《春明梦余录》卷四二）；隆庆、万历间，“川兵弱，每征调只调土司”（《蛮司合志》卷七）。这都反映了当时的历史事实。而随着土司军事实力的增长，土司的势力也相应膨胀。据载，弘治九年邓廷瓒言：“镇安府之归顺峒，旧为州治，洪武初裁革。今其峒主岑瑛每效劳于官，乞设州治，授予土官知州。凡出兵令备土兵五千，仍岁领土兵二千赴梧州听调”（《明史·广西土司列传三》），这是因朝廷需要土兵而使“峒”扩大为“州”一级建置之例。又，由于“一有警急，必倚调土官狼兵”“故此辈得以凭恃兵力日增其桀骜”（《王阳明全书》卷十四，《赴任谢恩遂陈虑见疏》），这是土司拥兵自重的极好说明。到了明末，由于王朝衰败，土司更往往抗命。崇祯年间，容美土司借故拒不出兵参与镇压张献忠的活动，即是例证。对此，《明史》作者感叹道：当是时，“时事日非，即土司征调不至，亦不能问矣”（见《明史·湖广土司列传》）。由此可以得出结论说：有明一代，土司势力始终强大不衰，这与其拥有实力雄厚的土兵是有密切关系的。

土兵数量甚多。史籍虽未载明全国土兵总数，但从有关贵州、广西土兵的分散记载中，可见一斑。贵州，“贵州宣慰水西所辖长官司四十八司，每司锐卒数千”（引自《古今图书集成》第一五二二卷，贵州总部杂录之二），说明仅水西宣慰司所辖土兵总数当以十万计。广西，“两江地方二三千里，其所辖狼兵无虑十数万”（《广西众建土官议》，载《粤西文载》卷五六）。而且朝廷征调数也甚大，如洪武二十八年奉议、南丹等处“蛮人梗化”，都督杨文“发广西都司及护卫官等二万人，调田州、泗城等土兵三万八千九百人从征”（《明史·广西土司列传三》），即一次调用部分地区土兵竟数以万计，其数几多官军一倍；万历二十七年平播州土司杨应龙反叛时，兵分八路，川师四路，黔师三路，楚师一路，“每路兵三万，官兵三之，土司七之”（《明史·李化龙传》），则调集全国土兵，数达十余万。以上数字，均可见明代土兵规模之大。又，据明李化龙《平播全书》载：在征讨杨应龙时，曾调集“天全兵”“施州兵”“永宁兵”“永顺保靖兵”“水西兵”“天柱兵”等全国各地土兵，从中可见明朝征调土兵范围之广。

土兵中，以广西俍兵，湖南永、保土兵最富战斗力。史载：“左右两江土官所属狼兵素勇”“东南有急，辄调用狼兵”（《明史·山云列传》）；右江柳庆参将沈希仪谓：“欲大破贼，非狼兵不可”（《明史·沈希仪列传》）；“古田诸瑶僮乱。祐言：‘先年征讨，率倚两江土兵’”（《明史·张祐列传》）；“瑶蛮不靖，往往仗狼兵，急则借为前驱，缓则檄为守御”（《明史·广西土司列传一》）；“土司兵，故精劲，每遇警辄征召行之”（引自嘉庆《广西通志》卷一六七）。明人魏濬也曾赞说：“粤右狼兵鸷悍，天下称最”（《峤南琐记》卷下）。又载：“永、保诸宣慰，世席富强，每遇征伐辄愿荷戈前驱，国家亦赖以挞伐，故永、保兵号为虓雄。嘉、隆以还，征符四出，而湖广土司均备臂指矣。”（《明史·湖广土司列传》）可见，号为“素勇”“鸷悍”的俍兵与“虓雄”的永、保兵，在明王朝的对内对外作战中，可谓够得上急先锋之称。故史书誉他们对明王朝“宣力最多”（《明史·兵志三》），确是名实相符的。需附及的是，延至清代广西俍兵仍以善战著称。如康熙时人陆次云写道：“狼人多在南丹三州，鸷悍称最，用兵能以少击多，军令最严，故能胜敌。”（《峒溪纤志》）

土兵作用。主要可归结为保境、轮戍、征讨三个方面。分述，如下：

其一，保境。平时，土兵主要担负维护本地统治秩序之责，即史书宣扬的所谓“保境安民”。如，《土官底薄》载：弘治九年委任龙彪为土官巡检，“带领土兵，乘坐哨船专一巡哨”（见四川“平乐府照平堡巡检司巡检”条）；土巡检职事为带领土兵“专一捕盗”（贵州“永宁州盘江巡检司巡检”条）、“巡捕盗贼”（贵州“的澄河巡检司巡检”条）。

其二，轮戍。由于明王朝兵力不足，往往征调土兵镇守重地，以备防御。如，《明会典·兵部十四》卷一三一，广西条载：“万历二年题准，镇安府湖润寨共一年，思恩各土司一年，田州一年，江州并上映下雷二洞共一年，每年共出兵三千名，四年一次，轮戍省城。泗城州一年，归顺都康二州共一年，向武奉议二州并上林县共一年，思明府思明州迁隆峒共一年，龙英忠州共一年，每年出兵四千名，五年一次，轮戍梧镇”，又，“（万历）四年议准，东兰南丹那地三州，每州出兵五百名，专戍柳州”。以上为广西土官率领土兵镇戍省城、梧镇、柳州之例证。

其三，征讨。明王朝凡有重大作战活动，包括剿倭、援辽“征贼”“征蛮”诸役，均征调土兵参加。

剿倭。永、保兵与广西俍兵在嘉靖年间的抗倭斗争中，均起了重要作用。

据《明史·湖广土司列传》载：“（嘉靖）三十三年冬，调永顺土兵协剿倭贼于苏、松。明年，永顺宣慰彭翼南统兵三千，致仕宣慰彭明辅统兵二千，俱会于松江。时保靖兵败贼于石塘湾。永顺兵邀击，贼奔王江泾，大溃。保靖兵最，永顺次之”；又说，在王江泾之战中，“保靖掎之，永顺角之，斩获一千九百余级，倭为夺气，东南战功第一云”。

据《明会要·兵二》载：“嘉靖三十三年七月，总督张经调两广俍、土兵御倭。明年，田州瓦氏兵先至，东兰诸兵继至。经以瓦氏兵隶总兵俞大猷，屯金山卫；以东兰、那地、南丹兵隶游击郑继芳，屯闵港；以归顺及思恩、东莞兵隶参将汤克宽，屯台浦。令相机进守”；《蛮司合志》卷十三则说，田州土官瓦氏兵“颇有纪律”，与俞大猷兵“奋击”败倭。

对于土、俍兵“奋击”倭寇，使“倭为夺气”的卓著战功，是应给予高度评价的。

援辽。湖广土兵和四川土兵均曾参加抗击后金犯明的辽东之战。

据《明史·湖广土司列传》载，万历四十九年保靖宣慰彭象乾奉调由其子侄率土兵五千出关援辽，“战于浑河，全军皆殁”；天启二年给彭象乾等进、赠官衔，“以浑河之役一门殉战，义烈为诸土司冠云”。

据《明史·四川土司列传二》载，万历四十七年酉阳宣抚冉跃龙奉调由其子天胤及文光等领土兵四千援辽，“赴辽阳，驻虎皮、黄山等处三载，解奉集之围。再援沈阳，以浑河失利，冉见龙战没，死者千余人。撤守辽阳，又以降敌纵火，冉文焕等战没，死者七百余人。”

这说明，在辽东之战中，不仅投入了大量土兵兵力，而且土兵还作出了重大牺牲。

“征贼”。即利用土兵以镇压农民起义。其中以湖广永顺、保靖土兵和四川石硅土兵较为突出。据《明史·项忠传》载：成化六年，李原聚集流民百万，活动于南漳、房、南乡、渭南诸县，明政府命项忠总督军务，“忠乃调永顺、保靖土兵”，合明军二十万，攻破了这次流民起义。据《明史·湖广土司列传》载，至德六年“四川贼兰廷瑞、邓本恕等及其党二十八人倡乱两川，乌合十余万人，……流毒黔楚。……世麟伏兵擒之，余党溃渡河，官兵追围之，斩擒及溺死者七百余人。……论者以是役世麟为首功云。七年，贼刘三等自遂平趋东皋，宣慰彭明辅及都指挥曹鹏等以土军追击之，贼仓卒渡河，溺死者二千余人，斩首八十余级。……命永顺宣慰格外加赏。”又，据《蛮司合志》卷七载，“崇祯七年，自成破夔州（石硅女土官秦）良玉统土兵出战，却其众，使自成无西志”；其后，张献忠入川，秦良玉又以数万土兵相抗。

“征蛮”。即利用土兵以镇压少数民族的反抗斗争。据《明史·广西土司列传一》载，至统四年，南丹土官莫祯奏请使宜山等县之土民受其统治，“三五十里设一堡，使土兵守备，凡有寇乱，即率众剿杀。”“帝览其奏，即敕总兵官柳薄日：‘以蛮攻蛮’，古有成说。今莫祯所奏，意甚可嘉，彼果能效力，省我边费，朝廷岂惜一官。”（《明史·广西土司列传一》）。“以蛮攻蛮”为历代统治阶级所惯用手法，也为土兵的主要职能。这中间，又有两种不同情况。一为以本族攻本族。这种情况多见，不列举。一为以一少数族攻另一少数族。据《蛮司合志》卷三载，“都匀部苗王阿向反”，令土官安万铨“攀崖援木以上”“遂斩阿向及贼党十余人，凯口尽平”，此为以彝攻苗之例。据《明史·邹文盛传》载：正德年间，贵州“清平苗阿旁、阿阶、阿革称王，巡抚曹祥调永顺、保靖土兵讨之”，此为以土家攻苗之例。据《蛮司合志》卷十四载，嘉靖时，王守仁平断藤峡，使用“永顺土兵”和“保靖土兵”“计前后擒斩凡三千人，两江底定”，此为以土家攻瑶之例。这样做，明王朝可在不需支付大量兵费的条件下，坐获渔人之利。故清人刘昆曾评说：“明末之沐氏，犹且迤东有事檄西以讨之，武定有事檄可弥以讨之，以彝攻彝，正治彝之上策，不费中原一刍一粟也。”（《南中杂说》兵制条）

总之，土兵为历史条件所限，既有过为中华民族对倭作战的光荣历史，也有为封建王朝所利用起过镇压农民起义或内部自相残杀的消极作用。

土兵采用且耕且戍法。对于如此庞大的土兵队伍，明王朝是如何解决给养问题的呢？试以广西一地为例举之。据载，洪武三年置南宁、柳州二卫，时广西省臣言：“乞令边境郡县辑民丁之壮者，置衣甲器械，籍之有司，有事则捕贼，无事则务农。”诏从之（《明史·广西土司列传一》）；洪武十七年都指挥使耿良奏：“田州知府岑坚、泗州知州岑善忠率共土兵，讨捕瑶寇有功，多树功绩。臣欲令选取壮丁各五千人，立二卫，以善忠之子振，坚之子永通为千户，统众守御，且耕且战，此古人以蛮攻蛮之术也。”诏行其言（《明史·广西土司列传二》）；正统二年山云奏：“臣已会同巡按诸司计议，量拨田州等府族目土兵，分界耕守，即委土官都指挥黄竑领之”（《明史·广西土司列传一》）；毛奇龄也说：“狼兵则择取诸狼提调编保，别给田任种，且耕且戍，谓之狼家”（《蛮司合志》卷十二）。可见，土兵采用给田耕种，有事则征战，无事则务农之法，这可谓是古代“寓兵于农”之遗意。这样，朝廷既有土兵可供驱调，又无需负担平日养兵之巨大耗费。

甚至征调时，还有由土兵自备粮饷之举。据《明史·云南土司列传一》载：“景东每调兵二千，必有自效千余，饷士之费，未尝仰给公家，土司中最称恭顺”，《王阳明全书》卷十八，《特劳从征土司》条载：“照得思田二府头目苏琇等率领部下兵夫自备衣粮，征剿八寨瑶贼”；《明史·湖广土司列传》：崇祯十二年容美宣抚田元疏言：“六月间，谷贼复叛，抚治两臣调用土兵。臣即捐行粮战马，立遣土兵七千，令副长官陈一圣等将之前行”；《蛮司合志》卷七载，张献忠入川，石砫女土官秦良玉对川抚邵捷春建言："尽出吾溪峒兵，不减二万，我自廪其半，而以其半给之官"。可见，云南、广西、湖广、四川诸土兵均有此例。

综上，明代土兵，无论在地位、规模与作用上，都是以往任何历史时代无法比拟的。其因主要有二：一是经过长期的历史发展，明代"驱调"土司之法已臻完备。二是与明代的军事制度本身即卫所制的逐渐瓦解也有密切联系。

十、土司地区的教育与科举制度

明统治者认为，用武力平定民族地区以后，需用文德怀柔远人，故提出了重"教化"的方针。据载，洪武元年，征南将军廖永忠下广西，平章杨璟还，答朱元璋问时说：蛮、僚"'难以文治。当临之以兵，彼始畏服。'上曰：'蛮夷之人性习虽殊，然其好生恶死之心未尝不同。若抚之以安靖，待之以诚，谕之以道理，彼岂有不乐从化者哉！'"（《明太祖实录》卷三四，洪武元年八月戊寅）同年"上遣中书照磨兰以权赍诏往谕广西左、右两江溪洞官民曰：'朕惟武功以定天下，文德以怀远人，此古先哲王成德并施，遐迩咸服者也。'"（《明太祖实录》卷三六，洪武元年十二月丙午）又，洪武二年，"中书省臣言：'广西诸峒虽平，宜迁其人入内地，可无边患。'帝曰：'溪洞蛮僚杂处，其人不知礼义，顺之则服，逆之则变，未可轻动。今惟以兵分守要害，以镇服之，俾之日渐教化，则自不为非。数年后，可为良民，何必迁也。'"（《明太祖实录》卷四三，洪武二年七月丁未）虽然，这一政策的目的，在于使民族地区的人民成为明王朝压迫、剥削的恭顺"良民"，但较之采用单纯以武力威逼和强制迁徙的主张来，还是有其历史进步性的。

为此，明王朝采取了相应的教化措施。

（一）土司子弟可享受进入当时的最高学府国子监的优待

入学办法，大致有特恩、岁贡、选贡三途。

特恩。明初，为了笼络归附土司，给予其派遣子弟入国学的特殊照顾。如：洪武十五年，普定府知府者额来朝，帝"命谕其部众，有子弟皆令人国学"（《明史·贵州土司列传》），其后，者额遣其子吉隆及其营长之子阿黑子等十六人入太学（见《明太祖实录》一六二卷，洪武十五年五月乙亥）；洪武二十三年，四川建昌卫土官安配等遣其子僧保等四十二人入国子监读书：（《明太祖实录》二〇一卷，洪武二十三年闰四月）；同年，“乌撒土知府阿能，乌蒙、芒部土官，各遣子弟入监读书”；永乐二年，天全六番招讨使高敬让来朝，“且遣其子虎入国子学”（均见《明史·四川土司列传一》）。可见，当时土司派遣子弟入监读书人数之众。

岁贡。据《明会典·礼部三十五》卷七七载：成化四年，令“土司学，照州学例，三年贡二人”；弘治十三年，又重申此例。

选贡。《明会典·礼部三十五》卷七七载：洪武十八年、永乐元年和十八年，先后令云南、广西、湖广、四川、贵州土官衙门，“生员有成材者，不拘常例，以便选贡。”

这些入学的土司子弟，除享有当时最好的学习条件外，还可因此“观光上国”（《蛮司合志》卷二），直接受到京城先进文化的熏陶。在校期间，明朝廷对他们的学习是予以关照的。《明太祖实录》二〇二卷，洪武二十三年五月己酉载：朱元璋敕国子监：“今西南夷土官各遣子弟来朝，求入太学，因其慕义，特允其请，尔等善为训教，俾有成就，庶不负远人慕学之心”，可证。学成以后，有的承袭土司职务，如《土官底簿》卷下，贵州“都儒五堡三坑等处巡检司巡检”条载：“正统七年，保男监生申祐袭职”。又据万历《云南通志》十一卷，人物载：云南北胜州高策，太学学成后袭职，“莅政之日，即禁止私人不得擅置田宅”，使辖境内，“民乃安业”。可见，这些经过明朝廷精心培养出来的土司，能更好地为维护明王朝的统治利益服务。

（二）在土司地区设立儒学

由于国学能收纳的土司子弟终究有限，故明朝廷仿府州县学之例，在土司地区立学。据《明太祖实录》二三九卷，洪武二十八年六月壬申，谕礼部：“其云南、四川边夷土官，皆设儒学，选其子孙弟侄之俊秀者以教之。”故《明史·职官志四》载“其后宣慰、安抚等土官，俱设儒学”。

为克服生员的语言障碍，明朝廷允准起用本族人为教职。据《万历野获编补遗》卷四，土教官条载：“宣德间，有选贡李源，为四川永宁宣抚司人，入监，宣抚苏奏，本司生员俱土僚朝家，所授语言不通，乞如云南鹤庆府事例，授源教职，上允之，命源为本司训导。盖是时滇蜀皆有之，然皆夷方也。”（《明史，四川土司列传二》所载略同）可见，当时云南、四川等民族地区均有土教官之例。

这里还需要着重指出的是，有的受汉文化影响较深的土司，也主动倡议发展土司地区的教育事业。如，思恩军民府知府岑瑛“请置学校，立师儒，增广生徒，比诸内郡焉”（《广西郡县志》，载《粤西文载》卷十一）；其结果是，正统十二年该府“设儒学，置教授一员，训导四员，俱从瑛请也”（《明史·广西土司列传二》）。但也有顽固土司采取抵制态度。如思南宣慰使田宗鼎“禁其民，不得从华风瓦屋，树秔秫，子弟不得读书，民大疾苦。”（《炎徼纪闻》卷三，田琛条）

（三）强制土司应袭子弟入学

明朝廷特别重视土司继承人的教育，甚至作出了不入学不准承袭的强制性规定。据《明史·湖广土司列传》载，弘治十六年规定：“以后土官应袭子弟，悉令入学，渐染风化，以格顽冥。如不入学者，不准承袭。”

（四）对土人入学取奖励之策

据《蛮司合志》卷二载，成化十七年“贵州程番知府邓廷瓒奏，本府学校中有土人子弟在学者，宜分别处置，以示奖励。上曰，蛮夷向化，其意可嘉，既已建置生徒，有同内地，则一体相视，原无分别”“弘治初，提学毛科以文试土生，仿廷瓒意，多奖励”；《蛮司合志》卷三载，嘉靖元年，贵州巡抚汤沐上治苗之策中提出，土人入学“凡一切补廪科贡与军民武生一体”。可见，明朝廷从中央至地方对土人入学均持积极态度，其待遇与“军民武生一体”，一视同仁。

在土司地区兴办教育，其积极作用主要有二：一是促进民族地区文化事业的发展。如《蛮司合志》卷二载，由于贵州程番知府邓廷瓒等人采取奖励土生的措施，“其后，蛮民亦稍稍有向学者”；明末，粤西地区甚至出现了文士济济的盛况，据《赤雅》卷下载，“予游诸夷中，有摛文而宗淮南者，有称诗而薄少陵者，有黜元白而诮长吉者，有谈古今而凿凿者。于戏！礼失而求诸野矣”；至明末清初，滇东地区也“礼乐颇盛”。据顺治时人陈鼎《滇黔土司婚礼》载：滇东地区称文物者以龙氏为最，“其族通汉书汉语者十九，而一秉周制，翩然风雅，浸浸乎礼乐之乡矣”。二是利于冲破土司对土民的愚民政策和改变当地一些落后习俗。据《万历野获编》卷三〇载，土司彭元锦“禁部中夷人不许读书识字，犯者罪至族，此其蓄谋不小。因思各宣慰司亦有设学者，何不仿以偏行，使袭冠带称儒生，或少革其犷戾，免至他日为播州之续也”；《蛮司合志》卷三载，贵州巡抚汤沐以为“严饬土学”以后，则“礼教可行，夷俗可变”；《明史·四川土司列传一》载，宣德十年，乌蒙土府通判黄甫越“乞除教官，选俊秀子弟入学读书，以广文治”。

“科举必由学校”(《明史·选举志一》)，南方民族聚居地区，也在兴办学校的基础上，开科举之门。据《明通鉴》卷十五载，永乐六年云南巡抚御史陈敏言：“云南自洪武中已设学校，请如各布政司三年一试”，从此，云南举行乡试；清、田雯《黔书》卷一载：“贵州设科，前此未有也，明洪熙六年，始令贵州生儒就试湖广。宣德元年，诏云贵合试。至嘉靖十四年，乃从巡按王杏、给事中田秋之请，开科于贵州”。至于云贵乡试额数，据《明会典·礼部三十五》卷七七载，嘉靖十四年，定“云南四十名，贵州二十五名”；嘉靖二十五年，“令增贵州乡数解额五名”。云、贵开科取士，给西南土司地区予直接影响。有的土司因此被选取。明朝廷对登第土司予以奖励或擢拔。如，万历时“有土舍杨载清者，应袭推官，尝中贵州乡试，命于本卫加俸级优异之”(《明史·贵州土司列传》)；“宋儒为麻哈州世袭土同知，胃北直隶定州籍登第，为隆庆辛未进士，人为京朝近吏，任礼部主事”(《万历野获编》卷三〇，土官之异条)。土司地区登第的士子，由于接受汉族先进文化，从而对改变土司的残暴统治起了积极作用。如，“万历乙未进士喻政，贵州铜仁长官司人，登第后，奏长官李氏虐用其民”(《万历野获编》卷三〇，樊哙词条)，可证。总之，从有的土司或土民中试一事，说明明代在土司地区推行的学校与科举之制，取得了良好效果。

十一、裂土众建与改土归流

中央王朝设置土司制的终极目的，是为了创造必要条件，以便能做到逐步废除土司制本身。因此，明王朝在政权渐趋巩固，对土司的控制得到加强的条件下，采取了削弱土司之策。共主要措施有二：裂土众建；改土归流。

裂土众建，据《明史·朱燮元列传》载，崇祯间，平定水西安氏、永宁奢氏之乱后，水西宣慰安住死，无嗣，族属争位，朝议欲乘共弊郡县之，时贵州巡抚朱燮元上书谏乃止。“燮元乃裂疆域，众建诸蛮。”复上疏曰：“夫西南之境，皆荒服也，杨氏反播，奢氏反蔺，安氏反水西。滇之定番，小州耳，为长官司者十有七，数百年来未有反者。非他苗好叛逆而定番性忠顺也。地大者跋扈之资，势弱者保世之策。”就是说，明统治阶级鉴于土司地大势强易为反叛的事实，采取历史上“众建诸侯而少其力”的故伎，试图通过和平手段使土司力分易制而就范。这一做法，后人给予极高评价：“识者皆诵其言”（《蛮司合志》卷三），“西南由兹永宁”（《明史·朱燮元列传》）。此策，因晚明时才提出，故明代未及广泛实行，但对后世却发生重大影响。清雍正帝时，推行分袭之法，他说：“从来统驭外藩，以众建诸侯而分其势为善策，……苟可缓缓设法谕令听从逐渐分裂，似亦潜运默化之一道。其强弱欺凌之虞，何以为之远虑耶？”（见《硃批谕旨》卷二）有的学者把分袭之法，称之为“这是雍正帝的主意”，这一说法，似不妥切。因为此前朱燮元不仅理论上阐明了此法，且在实践上也已在贵州等地施行。很显然，清分袭之法是沿用明王朝裂土众建之法而成。

改土归流。明代土司的改土归流，主要是在下列几种情况下进行的。一是对桀骜不驯的土司采取的制裁措施。如贵州：以永乐时对待思州、思南两土司事最为典型，当时在严惩为乱土司后，郡县其地为八府四州。成化时，黄珂为御史，出按贵州。金达长官何碖谋不轨，计擒之，改设流官。（《明史·黄珂传》）又如广西：“嘉靖二年，岑猛（土府同知）叛逆，诛剿，改田州府设流官”（《土官底簿》卷下，广西“田州府知州”条）；养利州，土官侵掠邻境，“万历三年，始平之，因改流”；永康州，成化八年土官入邻县劫掳，“总兵官赵辅等擒诛之，因改流”（均见《广西郡县志》，载《粤西文载》卷十一）。再如云南：“隆庆初，以武定凤氏屡叛讨平之，改设武定府流官知府”；万历二十五年“平顺宁知府猛廷瑞乱，改设顺宁府流官知府”；万历四十二年“以云龙州知州段进忠杀土官段嘉龙，受诛，改云龙州土知州为流官知州”（均见《蛮司合志》卷八）。二是土司绝嗣无人承袭而乘机改流。上石西州知州故，“无嗣，本宗别无以次儿男”“成化十五年正月题准选除流官知州彭侃讫”（《土官底簿》卷下，广西“上石西州知州”条），即属此例。三以不系世袭为理由改流。据《土官底簿》卷下，贵州“都儒五堡三坑等处巡检司巡检”条载，前任大万山长官司长官申世隆之孙申俊，该宣慰使田文雅举保到部，永乐元年除授都儒五堡三坑等处巡检司巡检之职，“景泰四年，三是司又保嫡孙申秩承袭，本部仍参不系世袭，三月二十九日，奏准发回为民。文选司缺册内查得成化十年七月除流官朱光”；又，同书贵州“婺州县知县”条载，田任信“不系世袭官员，患疾，本县见有流官知县孙骑管事，难以准袭，具奏，将本人送顺天府，给引照回原籍讫”（县丞条，也有相类记载）。可见，明王朝对这些“并无世袭之文”的土司，当取消其承袭权以后，一般均采用“发回为民”的坚决措施。四是以自请为理由改流。据《明史·贵州土司列传》载，万历时“吏部覆巡抚胡桂芳奏：‘金筑安抚土舍金大章乞改土为流，设官建治，钦定州名，铸给印信，改州判为流官。授大章土知州，予四品服色，不许管事。子孙承袭，隶州于贵阳府。’遂改金筑安抚司为广顺州。”可见，明王朝对自请改流的土司，除剥夺其治理权外，仍保留相当的职衔，予以优待。总之，明王朝为使改流工作顺利进展，根据严与宽的不同办法处理。改流后，明王朝对原土司及其后裔的生活也或有所照顾。如云南大侯州万历改流后，原土司俸氏之后，“犹有奉祀子孙，岁给八十五金之饩焉。”（《徐霞客游记·滇游日记十二》）

改流遭到土酋的猛烈抵抗。据《炎徼纪闻》卷一载，嘉靖时，都御史姚镆讨田州府土官岑猛，岑猛死，“姚镆见岑氏单弱，计田州可遂灭，乃陈状，疏请流官治田州，上从之。未几，田州土目卢苏纠思恩土目王受等，挟邦相（岑猛之子）反，两江皆震。”他们甚至以这种反叛方式，迫使明王朝复设土官。据《明史·广西土司列传一》载：“洪武初，（上思州）土官黄中荣内附，授知州，子孙畔服不常。弘治十八年改流官，属南宁府。正统六年，土目黄镏聚众攻城，都御使林廷选捕之，下狱。已，越狱复叛，官军御之，诈降，攻破州城，复捕获之，伏诛。嘉靖元年，都御史张嵿言：‘上思州本土官，改流后，遂致土人称乱。宜仍其旧，择土吏之良者任之。’议以为然，仍以土官袭。”《明史·王軏传》：“初，軏之平陇政也，以陇氏无后，请改设流官，兵部尚书李钺等然之。遂改芒部为镇雄府，分置四长官司，授陇氏疏属阿济等为长官，而擢重庆通判程洸为试知府。陇氏旧部沙保等攻执洸，夺其印，欲复立陇氏后。巡抚王廷相等破保，洸得还。保子普奴复连乌撒、水西苗攻剽毕节诸卫，帝命伍文定图之。以朝议不合，召还。御史戴金因言：‘芒部改流之议，诸司咸执不可，軏徇洸邪说，违众独行，致疆场不靖。’遂罢軏官。”上述三例，说明改土归流充满着极其复杂、尖锐的斗争。

当时，明统治阶级内部也有不少人反对。其中，王守仁以广西地区说明流官之不可设的议论为最富代表性。他说：“臣又闻诸两省士民之言，皆谓流官之设亦徒有虚名，而反受实祸。诘其所以云：皆云思恩未设流官之前，土人岁出兵三千，以听官府之调遣；既设流官之后，官府岁发兵数千，以防土人之反复。……且思恩自设流官以来，十八九年间反者五六起，前后征剿，曾无休息”，并由此得出结论说：“明朝曾不能得其分寸之益”（《王阳明全书》卷十四，《赴任谢恩遂陈虑见疏》）。明人沈德符也说："今云州与顺宁府俱改流官，且岁岁发兵戍守，其土所出，无一丝入府库，且岁饷数万，至今滇人，言之切齿"(《万历野获编》卷三〇，大候州条)。明人魏濬则指责改土归流为："治夷之失"，他认为：改流"徒益茧丝，我自为圉，事端愈众，棼而拢之，乱可日俟"(《峤南琐记》卷上)。反对论的主要理由，可以概括为：改土归流后，不仅不能调遣土兵，反需发兵戍守，耗费既巨，又引起反抗活动的增加，致使朝廷曾无休息，可谓得不偿失。这些议论，是不无道理的。它说明明代尚未具备全面实行改土归流的条件。

明代关于改土归流的政策，只是局限在个别州县的小范围内进行；其间，甚至还出现过改流复土的反复现象。其因在于：其一，明中叶以后，朝廷势力逐渐衰落，而土司势力则有增无已。土司渐多专横骄纵，甚至为乱不绝。对此，明王朝已乏驾驭之力。其二，当时，南方诸族的社会经济发展与汉族相较，悬殊太大，改土归流的物质基础还未完全形成。虽然，明代的改土归流和清代实行的大规模的改土归流，不能同日而语，但是，它却为清代的改土归流，开辟了道路，积累了经验，奠定了基础。这是不可抹杀的历史功绩。

第十章　清代土司制度

一、清代土司制度的建立

清代土司制度是清王朝占领南方民族地区以后，在“因明制”的基础上建立起来的。

清兵入关后，于顺治三年（1646 年）向西南发动进攻。当时，明末农民军余部和南明政权以西南为基地继续和清军对抗，有的土司也参与抗清。据《清史稿·魏裔介传》载：“可望恃峒蛮为助”；《清史稿·洪承畴传》：“定国等觊自景东、元江复入广西，要结诸土司，私授札印，歃血为盟”；《清史稿·吴三桂传》：清将吴三桂“以马乃土司龙吉兆称兵应定国，遣宝启隆及游击赵良栋等讨之，攻七十余日，破其寨，斩吉兆，以其地为普安县”“又虑蛮暮、猛密二土司助定国阻我师后，留总兵张国柱将三千人屯南甸为备”。这些都是土司与农民军余部将领李定国、孙可望共同抗清的明证。

清朝统治者在镇压农民军余部和消灭南明政权的过程中，认识到土司问题的重要性，因此，着意加以招抚。顺治五年，清廷决定：“各处土司，原应世守地方，不得轻听叛逆招诱，自外王化。凡未经归顺，今来投诚者，开具原管地方部落，准与照旧袭封；有擒执叛逆来献者，仍厚加升赏；已归顺土司官，曾立功绩及未经授职者，该督抚按官通察具奏，论功升授。”（《清世祖实录》卷四一，顺治五年十一月辛未）顺治十五年，平西王吴三桂率军南征时，顺治帝又多次发布敕谕，要特意关照土司，“其中有能效力建功者，不靳高爵厚禄，以示鼓励。”（《清世祖实录》卷一二二，顺治十五年十二月己丑）清臣魏裔介也献策说：对各地土司“宜命在事诸臣加意招徕，予以新敕印，归者毋即收缴，则归我者必多。”（《清史稿·魏裔介传》）清廷这种对土司归附则袭封、有功则厚赏的政策，收到了“归我者必多”的预期效果。这一时期，大批土司纷纷先后归附。据载：顺治五年“旁取贵州黎平府、广西全州，招降铜仁、全州、兴安、灌阳苗峒二百九十有奇”（《清史稿·孔有德传》）；顺治九年“招降水西土司”（《清史稿·李国翰传》）；顺治十三年“广西故明永安王朱华堧及土司等来降”“广西都康等府土官来附”“容美土司田吉麟降”（《清史稿·

世祖本纪二》）；顺治十五年“招南丹、那地、抚宁诸土司”（《清史稿·洪承畴传》）。而且，还有土司协助清军作战。如：顺治十五年，清将洪承畴南征时，贵州“诸土司募夫役，具工糈，以赴军兴”（《清史稿·洪承畴传》）；顺治十五年“时定国军盘江，泗城土官岑继禄导大兵入，定国回军拒战，败绩”（清李宗昉《黔记》卷四），故史称岑继禄“从征滇、黔有功”（嘉庆《广西通志》卷六〇）。

顺治十六年，清军攻下云南府城。云南平定后，清廷把“抚土司”作为一项重要的善后措施（见《清史稿·王弘祥传》）。顺治十八年，清军最后灭亡了盘踞西南的南明政权。这时，又有大批土司迎降。仅广西一地，顺治十六年以后就有太平州、安平州、万承州、茗盈州、全茗州、龙英州、佶伦州、结安州、镇远州、都结州、思陵州、江州、思州、上下冻州、凭祥州、罗白县、罗阳县、思明州、恩城州、兴隆司等廿家土司归附。在云南，据《清史稿·吴三桂传》载，顺治十七年“三桂请拊循南甸、陇川、干崖、盏达、车里诸土司”，说明清势力也已及于西部边地土司。随着清王朝对西南地区统治的建立，当地土司也基本上已置于其管辖之下。这时，清廷对辖内土司奉行“化导安辑”的政策，据载，顺治二十五年二月诏曰：“国家削平逆孽，戡定遐荒，惟宜宣布德意，动其畏怀。近见云、贵、川、广大吏，不善抚绥，颇行苛虐，贪黩生事，假借邀功。朕思土司苗蛮，既归王化，有何机陧，格斗靡宁。其务推示诚信，化导安辑，以副朕抚驭遐荒至意。”（《清史稿·世祖本纪二》）

但是，清王朝对全国的统治尚未巩固。康熙十二年（1673年），统治云贵的吴三桂起兵反清。他施用乱授职衔、滥加品秩的办法以拉拢土司，致使一些土司卷入其中，故史称“三藩之乱，重啗土司兵为助”（《圣武记·雍正西南夷改流记上》卷七）。据此，清廷也采取尽力争取土司的对策。如，康熙十八年给松潘土司的敕谕中说：“尔等俱系世守疆土之臣，尤当鼓励忠义，报效朝廷。自吴三桂叛乱以来，吴之茂盘踞松潘，荼毒肆虐，蹂躏地方，困苦已极。念尔等皆系国家赤子，今被其迫胁，虽素怀忠荩，莫能自伸，朕心甚为悯恻。兹湖南、广西、汉中、兴安诸处俱经底定，各路兵马奋力齐进，贼势摧败，立见荡平，正尔等出离水火之日，不宜坐失机会。今特降专敕，详加开谕，尔等果能感戴国恩，倡义联络，执擒吴之茂以献，建功树绩，朕即优加叙录，宠以封爵，撰给敕命，以酬尔勋庸。大兵到日，尔等若相机策应，协同剿寇，亦尔等之功。尔等宜速乘时会，早奏朕功。”

（《清圣祖实录》卷八七，康熙十八年十二月庚辰）在“三藩之乱”中，由于清廷对土司的措施得当，因此，有的土司协助清军平乱。如：傅弘烈在柳州，“阳受三桂伪职，入思州、泗城、广南、富川诸土司，历交阯界，募义军得五千人，遂移檄讨贼”（《清史稿·傅弘烈传》）；云南提督桑额下贵阳，“三桂兵焚铁索桥走，桑额督（永宁）土司莎起龙等筑浮桥济师。旋从大将军贝子彰泰攻下云南省城”（《清史稿·李国翰传》）。

康熙二十年（1681年），平定三藩之乱，清王朝对全国的统治日趋巩固。关于如何对待土司制度问题，也被正式提到议事日程上来。当时清朝统治阶级内部“或云土司系外彝，即令土官管理，易于行事，不可遂取其地；或云土司予以大职，令其管理事务，恐有权柄，不为我节制；或云我所取之地，何复令被管理，仍取之为便；或云设流官管理，可多得钱粮。”（《清圣祖实录》卷一〇八，康熙二十二年三月己巳）“或云宜补流官，或云宜补土官，或云可令管兵，或云不可管地，种种陈奏不一。”（《清圣祖实录》卷一〇八，康熙二十二年三月戊午）经过一番议论和实地调查，终于决定：应袭明旧制，土司准予承袭任职。这样，清代土司制度才最终确定下来。

尚需言及的是，此后，随着清王朝在南方民族地区的势力日益深入和伸展，还不断有新的土酋归附。对这些来归者，也同样授予土司职衔。如：康熙三十九年，贝和诺疏言：“打箭炉、木鸦等处番民一万九千余户归顺，请增设安抚使五、副使五、土百户四十五，以专管辖”（《清史稿·贝和诺传》）；同年，“雅陇江滨瞻对、喇衮、革布什咱、绰斯甲布诸土目各率所属户口投诚。奏请授五品安抚司，其副为六品土百户。从之”（《清史稿·费扬古传》附传）；雍正初，年羹尧疏“松潘边外诸番，阿树为最要，给长官司职衔；大金川土目莎罗奔从征羊峒有功。给安抚司职衔；乌蒙蛮目达木等凶暴，土舍禄鼎等请擒献，俟其至，给土职，分辖其地”（《清史稿·年羹尧传》），等等。由于这类边地土目的陆续归附，使清代土司制度的基础得以不断扩大。

二、土司的职衔和印信号纸

清代土司分文职与武职。文职隶吏部，武职隶兵部。

文职职衔有：

土府六等：土知府（从四品）；土同知（正五品）；土通判（正六品）；土推官（正七品）；土经历（正八品）；土知事（正九品）。

土州四等：土知州（从五品）；土州同（从六品）；土州判（从七品）；土吏目（从九品）。

土县四等：土知县（正七品）；土县丞（正八品）；土主簿（正九品）；土典史（无品级）。

此外，还有土巡检、土驿丞和土官之名。

土巡检、土驿丞。据光绪《大清会典》（下引此典，则省去“光绪”二字）卷四五载：土巡检、土驿丞为土官支庶，降授所不及，不列于等。

土官。据光绪《大清会典事例·吏部一百二十九》（下引此典，则省去“光绪”二字）载，乾隆五十年覆准：“各省土官向无地方村寨管辖者，将原袭文职改授土官。如，土通判改授正六品土官，土推官改授正七品土官，土县丞改授正八品土官，土主簿改授正九品土官，土巡检改授从九品土官。遇袭替时，止准换给号纸，按照品级填写几品土官，不必仍书通判、推官、县丞、主簿、巡检等字样。向有给予印信者，将印信送礼部销毁。其有管理地方之土官，仍照旧制，毋庸改职衔。”这样，各地就出现了一批不管理土峒土寨的不同品级土官。这种情况是和明代有所不同的。关于西南诸省土官数目：广西，“其不管理土峒者，正六品土官二人，从六品、正八品、正九品土官各一人，从九品土官一人，未入流土官二人”；云南，“其不管理苗裔村寨者，土通判二人，正八品土官一人”；贵州，“其不管理土峒者，正六品、正七品土官各一人，正八品土官三人，正九品、从九品土官各二人”（《清史稿·职官志四》）。

武职职衔有：

指挥使司七等：指挥使（正三品）；指挥同知（从三品）；指挥佥事（正四品）；土千户（正五品）；副土千户（从五品）；土百户（正六品）；百长，无品级。

宣慰使司四等：宣慰使（从三品）；宣慰同知（正四品）；宣慰副使（从四品）；宣慰佥事（正五品）。

宣抚使司四等：宣抚使（从四品）；宣抚同知（正五品）；宣抚副使（从五品）；宣抚佥事（正六品）。

安抚使司四等：安抚使（从五品）；安抚同知（正六品）；安抚副使（从六品）；

安抚佥事（正七品）。

招讨使司二等：招讨使（从五品）；招讨副使（正六品）。

长官司二等：长官（正六品）；副长官（正七品）。

土弁五种：土游击（从三品）；土都司（正四品）；土守备（正五品）；土千总（正六品）；土把总（正七品）。

此外，还有土舍、土目之称。据《大清会典》卷四七载：土司支庶分地管理者，准降等给予职衔，至无等可降，则为土舍、土目，不给职衔。可见，土舍、土目无职衔品级。

清代土司职衔品级，多沿明制，其变化有三：

一是清代始把指挥使司列入土司。明代设都司卫所，内外诸卫均置指挥使等官。据《明史·兵志二》载，边外远夷归附者，设羁縻都司卫所，“官其长为都督、都指挥、指挥、千百户、镇抚等官。”又在近边或腹地，未设州县的地方，建立军民卫所，军民兼辖，称实土卫所。指挥使等官本为世职，实土卫所之官夷汉参用，所辖蛮夷又军民不分，故其作用已类似土司。清初，卫所世职明官归附，仍授予原官，从此指挥使司正式定为土司职衔。

二是清代始有土弁。清代，常以绿营弁衔授予内附的或立功的土酋。据《大清会典事例》卷五五七载：“国初定，遐陬僻壤，率属向化。承袭土司，分别授以指挥使、指挥同知、千总、把总、千户、百户职衔”；清余庆远《维西见闻记》载，雍正七年维西地区“建城设兵，于旧头目七人，给土千总衔三、把总衔四，分治其地”；《清朝文献通考·职官二》载：乾隆三十年云贵总督杨应琚奏“土目倾心，相继输诚。景海头目召罕彪、六本头目召猛斋，均给土守备衔；猛撤头目喇鲜细利给土千总。均照例准令承袭”；清李心衡《金川琐记》卷三载，乾隆时“大兵围金川甚急，逆酋之小头人等率先归顺者，俱赏给顶戴有差。如生格塔尔给土都司职，合尔甲给土守备职，最著功力”；《清史稿·德宗本纪一》载：光绪十七年云南“土目罕荣高管理猛角、猛董，予土千总准世袭”。以上记载说明：土弁同于武职土司，官得世袭，其别只是职名不同而已。

值得注意的是，土弁虽属军队职务，但仍有妇女为之者，只是需服男子顶戴而已。据《金川琐记》卷六，女千总条载：“崇化属之独角寨屯千总肯朋死，子幼，其妻板登尔跻摄职，抚治番民。岁时各随屯弁参谒，服男子顶戴，略无怍色。”

三是清代袭明的宣慰司、宣抚司、安抚司、招讨司、长官司诸司与土府、土州、土县诸官，职衔完全相同，品级也相类。只有个别品级稍有差别，如土知府，明代为正四品，清代则为从四品。

印信号纸是朝廷颁给土司“名号”的凭证，是土司“统摄”其部属的权力象征，故朝廷和土司对此都极为重视。据《大清会典》卷十二载：“凡土官之职，皆给以号纸，土府厅州县则加以印。”检查史籍，清代土司均“颁给印信号纸”，或“颁给号纸，无印信”。只对某些地位低微的土司，如土舍、寨首一类，才有不颁给印信号纸者。如《清史稿·土司列传二》载，西番种类的中羊峒隆广寨首与下羊峒黑角郎寨首，“雍正二年，归附，委以寨首”“皆无印信号纸”；永宁道提标辖千万贯土首安保和黄螂土舍国保，雍正朝归附，均“无印信号纸”。

清廷给土司新的信物时，随将旧的信物收缴。这里又包括两种情况：一是归附时，需将前朝信物呈缴。如，四川大姓寨土百户和小姓寨土百户归附后，清廷颁给号纸，它们则分别“将唐时印信呈缴”和“将明时印信号纸呈缴”。一是升职时，换给印信号纸。如，四川梭磨宣慰使司，“雍正元年，征剿郭克贼番有功，颁给副长官司印信号纸。乾隆十五年，换给安抚司印。三十六年，进剿大小金川，土司随征，经将军阿桂奏赏宣慰司职衔并花翎，换给印信号纸”（均见《清史稿·土司列传二》）。可见，梭磨土司由副长官升为安抚再升宣慰，每升一次则换给印信号纸一次。

当土司丢失信物时，往往受到降职的处分。如，云南临安府落恐甸长官司，“清顺治十六年，明授副长官司陈玉归附，因号纸无存，给便委土舍，仍准世袭。”（《清史稿·土司列传三》）

由于印信号纸为土司享有威权之根本，故土司间也常为夺印而争战。乾隆十二年，“大金川土司侵革布什咱土司，诱夺小金川土司泽旺印信”（《清史稿·高宗本纪二》），嘉庆六年，“里塘正土司索诺木根登杀副土司，夺其印”（《清史稿·方积传》），均是例证。

此外，清廷还颁给土司诰敕。据《大清会典·吏部》卷十二载：“五品以上官授诰命，六品以上品授敕命。”土官如是。据《大清会典·兵部》卷四七载，土职“给千总、把总职衔，均颁给敕书”，即属此例。

三、全国土司数目和分布情况

清初，凡明代土司归附者，均授原职世袭。其后各朝有所损益，至雍正改土归流后，变动稍大。《大清会典》《大清会典事例》《清史稿》《大清一统志》《清朝文献通考》《历代职官表》所载，略有差异。为对有清一代土司数目和分布情况有一大致了解，现将雍正改流后乾隆年间的土司数字，列表如下：

表 10-1 文职土官统计表 （单位：人）

	土知府	土同知	土通判	土推官	土知事	土经历	土知州	土州同	土州判	土吏目	土知县	土县丞	土主簿	土巡检	土副巡检	土典史	土驿丞	合计
云南	4	1	2		1	1	4	4	2			5	2	19		1	3	49
贵州		2		1						1	4	5	2	2				17
广西							26	1	1					12				40
四川			2		1									2	1			6
合计	4	3	4	1	2	1	30	5	3	1	4	10	4	35	1	1	3	112

表 10-2 武职土官统计表 （单位：人）

	宣慰使	宣慰副使	宣抚使	宣抚副使	安抚使	安抚副使	招讨使	招讨副使	长官	副长官	指挥使	指挥同知	指挥佥事	土千户	土百户	百长	土守备	土千总	土把总	合计
云南	1		5	2	3				3	3	2					26	4	28	55	132
贵州									66	21										87
广西									2	1										3
四川	5	1	5	3	20	3			37	3				40	163			2		282
甘肃											8	7	8	9	9					41
青海														1	24					25
西藏															16	10				26
合计	6	1	10	5	23	3			108	28	10	7	8	50	212	36	4	30	55	596

上述两表说明：清代文职土官为112人，武职土官为596人，文武土官共为708人；土司分布的主要地域为云南、贵州、广西、四川及甘肃，此外，青海、西藏也有少量土千户、土百户、百长。

尚需指出的是：湖广地区本为土司重要分布地之一，但经雍正年间改土归流后，原土司地区分设施南、永顺两府，“两府既设，合境无土司名目”（《清史稿·土司列传一》）。

清初，广东潮州地也曾有过土官。据《清史稿·陆振芬传》载，顺治八年，陆振芬“抵潮州，上官，联结诸镇，检制土官”。可证。按，潮州为清代畲族聚居地，此土官应是为管理畲民而设。

清代，在我国台湾高山族聚居地也曾设土官治理“番社”。其记载有：据清郁永和《采硫日记》卷下载：台湾高山族普遍存在“社”的组织，“社有小大，户口有众寡，皆推一二人为土官。其居室饮食力作皆与众等，无一毫加以众番。不似滇广土官，征赋税，操杀夺，拥兵自卫者比。”清黄叔璥《台海使槎录》卷七载：设正、副土官制，“大社五六人，小社三四人，各分公廨（管事头目亦称公廨）。”土官等级尊卑，“正土官刺人形，副土官、公廨，只刺墨花而已，女土官肩臂手掌墨花。此即尊卑之别”。土官特权，在傀儡山诸社中，“小番栽种黍米薯芋，土官抽取十分之二；至射猎獐、鹿、山猪等兽，土官得一后蹄。”清姚莹《东槎纪略》载：知府设“土目，约束社众”。在海南岛黎族地区，则设立各种名目的土官以治黎。如，清张庆长《黎岐纪闻》载：“黎头辖一峒者为总管，辖一村者为哨官，大抵父死子代世世相传，间有无子而妻代之及弟代之者，为众心所归而公立之也。凡小事听哨官处断，大事则报诸总管，总管不能处始出控告州县。”“生黎则各食其土，不入版籍，止设有黎练、峒长之类统辖之。遇有事，峒长、黎练以竹箭传唤，无不至者，其信而畏法如此。”综上所述，可以看出台湾、海南岛与西南地区相比，其土官组织有着不同特点与重大区别。表现为：一是土官制度不完备。没有从宣慰司或土府以下的一套从上至下的完整官制与机构，往往只在基层设立简单的土官组织。也没有一套完整的包括诸如贡赋、征调诸方面的严密制度。一是土官势力微弱。有的土官，“居室饮食力作皆与众等，无一毫加以众番”，犹带有原始社会时期的浓厚平等色彩；有的土官，虽也征取属众的一些劳动产品，但绝非“征赋役、操杀夺、拥兵自卫”的西南土司具有的无限权力可比拟的。这是研究中国土司制度时，需要加以注意的。究其原因，不外有二。一是就其内部社会而言，当时，高山族、黎族地区尚处于比较落后的社会发展阶段，其中不少地区还停留在原始社会末期。“社”“峒”之间，各自为政，君长林立。尚未形成地域广阔的强大的政治、经济、军事联盟。因而，未能出现像西南地区一样的割据一方的土司势力。一是就中央王朝而言，台湾、海南岛孤悬海外，中央王朝是不允许出现俨如独立王国一样的土司势力的。故中央王朝采取委派军、政长官实行直接统治的方式，只是在基层设置土官作为实行直接统治方式的补充手段而已。

四、土官承袭法

清代土司承袭法，较明代更为完备。

关于承袭人的宗支嫡庶次序。清代规定：土官病故，或年老有疾请代，“准以嫡子嫡孙承袭；无嫡子嫡孙，则以庶子庶孙承袭；无子孙，则以弟或其族人承袭；其土官之妻及婿，有为土民所服者，亦准承袭”（《大清会典·吏部》卷十二）；顺治初年定“嫡庶不得越序”，乾隆三十三年奏准“土官袭替定例，必分嫡次长庶，不得以亲爱过继为词”（《大清会典事例·吏部》卷一二九）。对于破坏宗支嫡庶次序袭替者，则严加惩处，据《大清会典事例·兵部》卷五八九载：“如宗派冒混，查出参究”“承袭之人，有宗派不清、顶冒、凌夺各弊，查出革职，具结之邻封土官照例议处”。虽有例外，但也作了明确规定和限制，据《大清会典事例·吏部》卷一二九载，乾隆三十三年奏准“如实系土官身故乏嗣，除笃疾残废及身有过犯，与苗民不肯悦服之人，例不准请袭外，其承继之子，仍论其本身支派。如非挨次承袭者，不准承袭”。上述诸记载均表明，清代关于宗支嫡庶承袭次序的规定，远比明代严格和具体，故争袭事件也较明代有所减少。

区别宗支嫡庶，虽有助于防止争袭，但并不能避免作假冒混。为此，规定预定袭嗣办法。据《东华录》顺治十六年载，贵州巡抚赵廷臣疏言：“莫如豫制土官。夫土舍私相传接，支系不明，争夺由起，遂致酿成变乱。今后每遇岁终，各官各上其世履历，及有无嗣子，开报布政司。三年当入觐，则豫上其籍于部。其起送袭替时，有争论奏扰者，按籍立办。斯方策既明，而衅端预杜。”并下部议行。应该指出的是，清代的“豫制土官”制，甚至可说是明代治黔苗策的翻版。但是，近人佘贻泽却视之为清代独创，并誉之为“此为清代土司较明进步之处”[1]，显然，这与历史事实是不尽相符的。

但这种呆板的按照宗支嫡庶的承袭办法，不分承袭人的逆顺与贤愚，显然不便于清王朝对土司的控制，也不能适应变化了的形势。因此，清末曾提出改革土司承袭制度的主张。据《清朝续文献通考》卷一三六载，光绪三十二年广西巡抚张鸣岐奏：“整顿土属，必先造就土官。拟饬各该管府州厅督同承审州县，就土官兄弟子侄中，择其年龄资质略合高等小学程度者，按年选送四人或六人来省就学，并饬提学司特立一学堂，专教土族，小学毕业升入中学，中学毕业授以法政一科，后取列最优等者，优等者分别承袭。”这种从土官兄弟子侄中按其所受教育程度择优承袭的办法，当然远比旧法为优。由于当时清王朝已面临覆灭命运，故未暇也无力实施；然而，这种择优承袭的主张，却预示着土司按照宗支嫡庶承袭的制度，已难于继续维持下去了。

承袭人的年龄。据载：“康熙十一年题准，土官子弟，年至十五，方准承袭。未满十五岁者，督抚报部，将土官印信事务，令本族土舍护理；俟承袭之人，年满十五，督抚题请承袭”（《大清会典事例·兵部》卷五八九）；又载：“如有子而幼者，或其族或其母能抚孤治事，由督抚拣委，至其子年及十五岁再令承袭”（《大清会典事例·吏部》卷十二）。证之史籍，这一规定是实行了的。如《清史稿·列女传四》载：“明正土司坚参达结妻喇章，无子，次妻夭夭生二子。坚参达结死，喇章、夭夭同护土司印，抚二子成立。”

承袭手续。每遇承袭，需将土官顶辈宗图、亲供、地方官并，邻封土司印甘各结，以及原领号纸，详报督抚，由督抚具题请袭。

号纸为土司袭替的根据。据载：顺治初年定，土官承袭“由部给牒，书其职衔、世系及承袭年月于上，名曰号纸”（《大清会典事例·吏部》卷一二九）；“凡土官之职，皆给予号纸。号纸书土官之职，并载世系及袭职年月。土官袭职者，先缴其原领号纸，改给新号纸”（《大清会典·吏部》卷十二）；“每承袭世职之人，给予钤印号纸一张，将功次宗派及职守事，宜填注于后。后退子孙袭替，本省掌印都司验明起文，或由布政司起文，并号纸送部查覆无异，即与题请袭替，将袭替年月顶

---

① 佘贻泽：《清代土司制度》。

辈填注于后，填满换给，如遇有水火、盗贼损失者，于所在官司告给执给，赴部查明补给。如有犯罪革职、故绝等事，都司、布政使司开具所由，将号纸缴部注销”（《大清会典事例·兵部》卷五八九）。这说明：关于号纸的颁发、填写规格与内容、换给、补给、注销都有专门规定；在袭替过程中，呈报号纸是必不可少的重要一环。至于邻封土司甘结，为防止土司因此串通一气，则曾有过免除的例外。据载：“乾隆二十七年谕，开泰等奏金川清袭土司莎罗奔之缺，毋庸取具土舍头人暨邻封土司甘结一摺，在该督等如此办理，意在直截简便，且不令土司等复因此通同附和，所见固是。”（《大清会典事例·吏部》卷一二九）即属此例。

亲身赴部。顺治初年定，土官袭职需“亲身赴部”。亲身赴部制是明赴阙受职制的沿用，但有明一代，此制也未能贯彻始终。故清代不久就正式取消了这一决定。康熙十一年题准“土官袭职，停其亲身赴京”（均见《大清会典事例·兵部》卷五八九）。

土司具题承袭期限。雍正三年，川陕总督岳锺琪疏言：“土司承袭，文武吏往往索费，封其印数年不与，致番目专恣仇杀。请定限半年，仍令应袭者先行署理”（《清史稿·岳锺琪传》）。据此，当年规定：“土官病故，该督抚于题报时，即覆明应袭之人，取具宗图、邻封甘结并原领号纸，定限六个月内具题承袭。其未经具题之先，即令承袭人照署印官例署印任事，地方官不得将印信封固，致滋事端。有勒索留难者，将该管土司照违限例议处。”（《大清会典事例·兵部》卷五八九）概言之，由于地方官吏乘土司承袭之机，借端勒索，若索费不遂则封印不予承袭，以致引起土司骚乱。这就是规定土司具题承袭期限的原因所存。此外，为避免反复查驳，延误承袭日期，雍正即位之初云贵总督高其倬疏言：“土司承袭，向有陋规，已严行禁革。咨部文册，如无大舛错，请免驳换。得旨嘉奖。”（《清史稿·高其倬传》）其后，对请袭期限又作了某些变通，乾隆七年补充规定：“如有事故稽迟，不能请袭者，于半年内咨部存案，日久亦准承袭。”（《大清会典事例·兵部》卷五八九）

土司袭替禁例。清廷根据土司犯罪程度，规定不准亲子承袭或需另择族众拥戴之人。据《大清会典事例·吏部》卷一二九载：顺治初年定：“土官受贿、隐匿凶犯逃入者，革职提问，不准亲子承袭，择本支伯叔兄弟之子继之。若有大罪被戮，即立夷众素所推服者，以继其职。”（嘉庆《吏部处分则例·兵例》卷三七，土司受贿匿犯条有相类记载）其后，康熙二十一年、雍正八年等又重申此令。据《清史稿·

阮元传》载：道光十二年，“车里土司刁绳武与叔太康争斗，胁官求助，檄镇道击走之，另择承袭乃安。”此为土司因犯法革职后另择承袭之例一证。

从表面上、文字上看来，清代承袭制度确实较为严密，实际上，却往往遭到清王朝本身的吏治弊端所破坏。在承袭过程中，贪官污吏利用各种手段进行搜刮，而承袭人被迫以重金行贿之事，时有发生。如，雍正元年九月云贵总督奏云：“窃闻云、贵两省土司承袭之事，皆有规礼，上下各衙门，往往借文结之舛错，假驳查之名，为需索之地，故事多迟滞；而土司亦习为故常，每遣头人，串通棍喜蠹，行贿营求，经年住居省城，名为打干，所费银钱，皆二倍三倍；派之夷民”（见《硃批谕旨》第四十五册）。

五、土官的奖、惩、恤

据《大清会典·吏部》卷十二载：凡土官，有功则叙，有罪则处，覃恩则封，死亡则恤，“治之，皆如流官焉。”

土官的职责为“抚夷民”“完钱粮”“擒盗贼”、备征调诸项，或统称为“催办钱粮，抚戢夷众”（清曹树翘《滇南杂志》）。凡忠于职守者，有功则叙。其具体办法是：“经征钱粮，一年内全完者，督抚奖以银牌花红；能严行钤束擒剿盗贼，一应案件于一年内全完者，加一级，完结过半者，督抚嘉奖；军功保列出众者，加衔一等，头等者加一级，二等者纪录二次，三等者纪录一次；凶犯盗首逃匿土官境内，一年内查解五名以上者纪录一次，十名以上者纪录二次，十五名以上者加职一级，三十名以上者加职二级。如不足五名者，准并次年查解之数积算。”（《大清会典·吏部》卷十二）当然，上述规定，并非一成不变。据《大清会典·兵部》载，有清各朝的规定，稍有差别，这是需要加以说明的。清代奖励土司条例，是付诸实施的。如《清史稿·路振扬传》载，康熙末四川提督路振扬疏言：“松潘迤南杂谷土司种繁俗悍，土司良尔吉子班第尔吉，臣密令防隘，颇称勤顺，请袭职，并予赏赉。又加温瓦寺安抚土司桑郎温恺募众运粮，漳腊营辖命上下包坐司土兵习战斗，谙边情，臣令备兵候调，咸知踊跃，亦请予赏赉。”皆如所请。又如，据嘉庆《广西通志》卷五九载，田州土知州岑宜栋“以讨上林递陆李能，功加四品衔”；土知州本为从五品官，升为相当于土知府的四品衔，这是因功晋升品衔之例。

但清代土司议叙，不论功劳多大，终是一个土司。“土官有军功者，各就原品级以次递加。指挥使以下，由百长以次递加，至指挥使而止。宣慰使等三司，各由佥事递加至该司使，副招讨使加招讨使，副长官加长官。其加至长官者，准加安抚使或招讨使，安抚使招讨使准加宣抚使，递加至宣慰使而止。”（《大清会典·兵部》卷四七）“如有余功，准其随带，仍令以本职管事。及袭替时，亦止于原世职承袭。”（《大清会典事例·兵部》卷五八九）但有军功者，也有恩准子袭父顶戴的例外。如，乾隆五十年，鄂克什土司“斯丹增甲木楚袭职后，自应按照土司品级顶戴。第念伊父前在军营著有劳绩，伊子亦曾经出力，著加恩准其戴用伊父二品顶戴，以示奖励。”（《大清会典事例·吏部》卷一二九）

清廷为安抚土司，还赏给土司虚衔、官品顶戴、名号等。

清初，土司虚衔甚有高至将军、总兵者。如，“康熙十年，吴三桂叛踞辰龙关，授永顺宣慰使彭廷椿伪印，廷椿缴之。奉旨赏其子宏海总兵衔，令率土兵协剿，有功，授宣慰司印”（《清史稿·土司列传一》）；康熙二十一年，蔡毓荣调云南总督后，曾疏言：“前此土目世职，不过宣慰，三桂滥加至将军、总兵。初投诚权用伪衔给札，今当改给土职”（《清史稿·蔡毓荣传》）。说明，平定吴三桂乱后不久，即已取消土司以将军、总兵一类虚衔。

授予官品顶戴。据《大清会典事例·吏部》卷一二九载，乾隆五十年谕中云，鄂克什土司达拉“前在金川军营带领土兵打一仗出力，曾经赏戴花翎，并赏给二品顶戴。”

还授予土司名号。如《清史稿·高宗本纪四》载，乾隆三十七年八月，“赏布拉克底土司安多尔‘恭顺’名号，巴旺土妇伽让，‘恭懿’名号。”

土司考核办法，原与流官一样有三年大计之例。据《大清会典事例·吏部》卷一二九载：雍正四年谕，“各省所属土司，有奉法称职，裨益地方者，该督抚不必拘三年大计之例，随时荐举”；康熙五十九年议准“广西巡抚所属土司，遇三年大计之期，其中果有清廉爱民，并无掳杀及贪残不职恣意侵害之员，行令该管官据实确查，具题举劾，其升赏降革之处分，别轻重，仍照土司定例遵行”。可见，清初对土官不仅行三年大计之期，且可随时荐举。但由于土官为世职，故与流官考成又有区别。《大清会典事例·户部》卷二六五载：“康熙五年覆准，四川、广西、云南、贵州各土司，系边方世职，其钱粮完欠，不必照流官例考成”，可证。其后，因考绩而生流弊，乾隆三年议准停止，据嘉庆《吏部处分则例·考绩》卷四载：“三年举行大计，凡流官优劣有卓异八法，以激浊扬清，儆励官方。至土司皆系世袭之职，定例所载，必遇贪酷不法等罪始行革职，其余处分，俱与流官不同，既无考核，亦无优升，由来已久。原以设立土司等官，本令其控制苗僮，禁止仇杀，既予以世袭之恩，宜竭抚绥之力，是练兵劝农，并无杀掳贪残，原其职所应为。再土司卓异，皆由道府申报，或因徇情请托，不遂所请，以致结嫌起衅，生事地方。嗣后，每逢大计之期，将土司等官卓异，永行停止。”

清代土司这种议叙办法，与明代不同。明代土司有功迁升，一如流官，甚至有入侍中朝者，故其时土司人才稍众。清代规定土司不能升任流官，绝其上进仕途，埋没人才。直至清末，此禁稍弛，在西南土司中才出现一些出众的人物。

土官，有罪则处。其惩处是相当严厉的。据《大清会典事例·兵部》卷五八九，土司议处条载：野苗掳掠百姓、该管土官隐讳不报者，土官吓诈部民、恣意侵害者，失察逃人者，土官管辖之熟苗为盗、该土官明知故纵者，养盗殃民者，苗众聚众行劫、侵犯城池失察者，黔楚顽苗生事、凶苗捉人勒赎、土苗夷倮有犯命盗抄抢掳掠争讼等案、夷人有抢掳杀伤之案，而土司对此或无获、或徇隐、或庇匿者；则分别予土司“杖责”“罚俸”“降调”“革职”“枷”“治罪”等处理。以广西为例，据笔者统计，嘉庆前广西土司被革职者十三起，其中安定巡检司土巡检，被革职者即达三人之多，而茗盈州土知州李天裔则“以罪死”（嘉庆《广西通志》卷五九）。从中可见上述条例实施之一斑。但土官惩处与流官相较，还是有所不同。这表现为：一是处分相对为轻。如《大清会典·事例》卷十二载，土官处分“应降调三级以内者，皆降一级留任；五级以内者，皆降二级留任；革职者，降四级留任。”二是不轻易剥夺其世袭官职。据清人张心泰《粤游小志》载：“西省别有土司，彼中虽有降罚处分，例不革职。”即使因严重不法奏革后，“子仍袭之。故俗谓土司曰铁纱帽。”

这里需加说明的是，土官不食俸，其罚俸办法与流官不同。据载：康熙十四年曾规定“土官不食俸，有罚俸降俸之案，皆免共处分”（《大清会典事例·兵部》卷五八九）；康熙三十年云南巡抚伊阚疏言“土司奏销迟误，例无处分，请比照流官计俸罚米，移贮附近常平仓，备荒，赈。”（《清史稿·伊阚传》）。康熙三十五年决定“土官不食俸。如有罚俸降职等事，俱按其品级计俸罚米。每俸银一两，罚米一石”（《大清会典事例·吏部》卷一二九）。说明：起初，土官有罪，并不罚俸；其后，才采取经济制裁手段，实行按品级计俸罚米。

清廷征调土司、土兵，伤亡者加以抚恤。“康熙十七年题准，土兵助战阵亡者，照步兵例减半给赏；阵前受伤者，照各等第减半给赏。”此规定存在两个问题：一是土兵阵亡受伤者，只照绿营兵丁减半给赏；二是土司伤亡并无议恤之条。

上述问题，至乾隆年间均加以解决。乾隆三十六年征剿金川以后，派调随征土司，起了重要作用。为使土司更好地为清王朝效命，故“优加渥泽，以示鼓励”。乾隆三十七年议定“土司土职阵亡伤亡者，三品土官赏银二百五十两，四品土官赏银二百两，五品土官赏银一百五十两，六品土官赏银一百两，七品土官赏银五十两。俱加衔一等，令伊子承袭一次，仍以本身应得土职照旧管事。俟再承袭时，将所加之衔注销。空衔顶戴，照八品土官例赏赉，毋庸给与加衔。”但差别依然存在。因为，向来绿营阵亡官弁，俱给予世职，俟袭次完时，给予恩骑尉世袭罔替。而土司阵亡，向只给予赏恤银两，分别加衔，并未一体议给世职。土司“与绿营同一效命疆场，而恤典各殊”，显见不是一视同仁。因此，乾隆五十八年议定：“嗣后阵亡屯土员弁，均照绿营副将以下、经制外委以上之例，给予云骑尉世职。袭次完时，给予恩骑尉世袭罔替。一体办给敕书。遇有该处屯土员弁缺出，先尽此项人员酌量拨补。”以使土司“倍加感激，尽力戎行。”

进征廓尔喀期间，土兵登山涉险，劳苦功著。但向例出征阵亡兵丁，绿营步兵赏恤银五十两，屯练降番只赏银二十五两。故乾隆五十八年谕：“所有阵亡之屯练降番，俱著加恩改照绿营步兵之例，赏恤银五十两，以示体恤。兵丁舍命阵亡，岂可分别厚薄，此后永以为例。”（以上引文均见《大清会典事例·兵部》卷五八九）

六、土司承担的贡、赋、兵义务

土司义务，如明人田汝成所说：“其所以图报于国家者，惟贡，惟赋、惟兵。”（引自《西园闻见录·土官》卷七九）换言之，土司需对封建王朝承担交纳贡、赋和供征调的义务。分述如下：

（一）贡　制

据魏源《圣武记·雍正西南夷改流记上》卷七载：“凡土司贡赋，或比年一贡，或三年一贡，各因其土产、谷米、牛、马、皮、布，皆折以银，而会计于户部。”这段记载集中说明了清代土司贡赋的时间、产品和主管部门。由于交纳物均已折成银两，故清代土司的贡与赋已无多大区别。

所贡土产因地而异。甘肃，贡马。如《清史稿·土司列传六》载：甘肃大通川土千户“每年应纳贡马二十四匹”。贵州，贡马与黄蜡。据同治《户部则例·田赋》回番贡额条载：“贵州原额三年一次纳马叁匹”“每年额征黄蜡肆百染拾肆斤”。四川，贡马、贝母、牛、狐皮、黄蜡。据同治《户部则例·田赋》回番贡额条载：“打箭炉同知所属安抚司，每三年一次纳马三匹”“四川省松潘厅所属番民，轮年贡纳贝母”“四川省平番营岁征番民贝母”；上下临卡等“土司千百户共岁纳马、牛、狐皮”“龙安府属岁征拗盘等寨青片生番黄蜡”。广西，贡马。据《大清会典事例》卷二六五，土司贡赋条载：“广西土司，每三年贡马一次”。《粤述》载：粤西两江谿洞“每三年贡马纳价”。云南，贡鹿皮、山驴皮、麻布、黄蜡等物。据《户部则例·田赋》回番贡额条载：“云南省维西边外夷民傈子岁纳鹿皮贰拾张、山驴皮拾张、麻布叁拾掌，黄蜡捌拾斤。”

所有贡品均折成银两。以马匹为例，按驿马价例，折价也不算高。据《大清会典事例》卷二六五，土司贡赋条载：雍正十年议奏“四川王舒纳克书南城巴喀等各番，纳马一匹，以十两折征。奉旨，十两尚多，再减二两”；乾隆四年谕“向来四川土司，旧有贡马之例，其不贡本色而交折价者，则每匹纳银十二两。朕因四川驿马之例，每匹止给银八两，独土司折价较多，蛮民未免烦费。比降谕旨，将土司贡马折价，照驿马之数，裁减四两，定为八两，以示优恤。至广西土司，每三年贡马一次，亦系折价十二两，所当一体加恩，使土司均沾惠泽，著照四川折价之例，每马一匹，减银四两，定为八两。永著为令”。记载表明，清廷是按此“令”行事的，如《大清会典事例·兵部》卷五八七载，四川懋功厅所属绰斯甲安抚司“每一年纳贡马一匹，每匹折二银八两”。

由于贡品变价折银，故不需像明代一样专门派遣贡使入京朝贡，徒劳往返，而改成就地交纳。如《大清会典事例》卷二六五，土司贡赋条载：四川建昌所属木里土司地方“每年所纳贡马，照例折银，……赴会盐营上纳，供支兵饷”；四川松潘厅属番民贡纳贝母“照例令共纳营，交纳折给兵米”。因不入贡，也不回赐，只有个别特殊恩赐例外。如《清史稿·鄂尔泰传》载：“鹤庆边外傈子请贡土物，上以边外野夷向化”“犒以盐三百斤”。这种情形与明代有很大不同。其一，中央朝廷免去了大量回赐的开支；其二，不再有土司希冀回赐而大批贡使涌入京城的现象。

少量稀有贡品，仍需入京贡献。如：乾隆五十二年“车里土司入贡驯象二只，解京交銮仪卫收养”（《清朝续文献通考》卷六二）；乾隆五十八年“以安南等国进象已多，谕云贵、两广督抚檄却象贡”（《清史稿·高宗本纪六》）。这是云贵、两广有贡象的例证。

由于有的土司地区尚停留在奴隶制时代，故有过把人当物品进贡之事，但清廷对此曾加以拒绝。如《清史稿·高宗本纪二》载，乾隆十二年，大金川土司莎罗奔“进番童番女各十人，诏却之。”

当土司被废止后，贡献也随之取消。据《大清会典事例》卷二六五，土司贡赋条载：雍正九年奏准“土司故绝及以罪削除者，开除岁贡马匹”，可证。

由于贡品折成银两就地交纳，贡制不再具有以往朝代那样重要的政治意义，而变成主要属于经济剥削范畴之事了，这样朝与贡明确地加以区分开来。因此，清代土司，只有重大节日时受到特殊恩宠的土司才能入京朝觐了。如，《清史稿·高宗本纪五》载：乾隆四十一年十二月“库车阿奇木伯克、哈萨克使人，及四川明正土司等瞻觐，各赐冠服有差”；次年正月丙子“上御阅武楼阅兵，命诸王、大臣、外藩蒙古及回部、库车、哈萨克使臣、金川土司等从观”。

（二）赋税制

土司地区，不丈量土地，也不编丁。其交纳赋税定额大致有两种：一是土司归附时自报认纳或清廷参照明代赋额而定，这是主要形式。二是邻近汉区的内地“蛮夷”，也有按自报田亩而定赋额的，如《大清会典事例》卷二六五，土司贡赋条载：乾隆三年谕“湖北所属忠峒等土司田地应征粮银，著照原额秋粮银数，按田均输，作为定额，毋庸别立科则。”其赋额，遇润还需加征。如《大清会典事例·兵部》卷五八八载：广西庆远府所属永定长官司，岁征米折银五十五两零，“遇润加征银四两零”；湖广永顺长官司，岁征米折银八十三两零，“遇润加征粮六两”。

纳赋品种，因其所产而定。计有：米（如《大清会典事例·兵部》卷五八八载，广西南宁府所属迁隆峒长官司“岁征米”），青稞、杂粮（同治《户部则例·田赋》载，四川上下临卡等土司千百户纳“青稞、杂粮”），黄豆（《大清会典事例·兵部》

卷五八七载，茂州所属陇木长官司“每岁认纳黄豆三十六石”），荞粮（嘉庆《四川通志·武备志》卷九七载，四川木里安抚司“年纳荞粮一百二十石”），等等。实际上，均折以银。

土官辖户多寡与赋额轻重之间，并无固定联系。据《大清会典事例·兵部》卷五八七载：茂州所属陇木长官司，“辖番民一百一十七户，每岁认纳黄豆三十六石，黄蜡三十六斤”；而岳希长官司“辖番民一千零十户，每岁认纳米一十四石”。从陇木长官司所辖户数只及岳希长官司的十分之一，而其赋额却高两倍以上一事说明：土司税额并无严格定制。

除粮税外，尚有各种杂课。云南有差发银，如耿马宣抚司“岁征米折银二十五两零，又差发银三十两”（《大清会典事例·兵部》卷五八八）。厂课，雍正八年“永昌边外孟连土司请岁纳厂课六百”（《清史稿·鄂尔泰传》）。盐课，云南临安府所属纳楼茶甸副长官及亏容甸副长官，岁征“户口食盐银二十三两零”（《大清会典事例·兵部》卷五八八）；乾隆四年“免湖南永顺、永绥新辟苗疆盐课”（《清史稿·高宗本纪一》）。

土司地区赋税，总的说来，较流官统治地区的丁粮为轻。如嘉庆《四川通志》卷九七载：四川木里安抚司“辖地四至共二千二百里，所管夷民三千二百八十三户，年纳荞粮一百二十石，折米六十石。每石折银一两二钱四分，共折银七十四两四钱”。可见，辖地如此广袤的大土司，其交纳数量则是颇为有限的。又据《大清会典事例》卷二六五，土司贡赋条载：“湖广永顺等处土苗田地，较之内地科则，粮额轻减”，以至出现改土归流后，“内地百姓，利其粮轻产贱，陆继前往，争相购买”的现象。

赋税的蠲免。主要原因有二：一为征战关系。如乾隆三十八年，以小金川平，“番民赋贡，一体缓之”（《清史稿·高宗本纪四》）。一为天灾之故。如，顺治十七年，“免贵阳等六府及土司上年灾赋”（《清史稿·世宗本纪二》）；光绪二十六年，“免云南各厅州县暨土司被灾逋赋”（《清史稿·德宗本纪二》）。

也有部分土司，在政治上接受清廷的印信，而在经济上却享受免征优待的。据《大清会典事例·兵部》卷五八七载，四川龙安府所属阳地隘口长官司，辖番民三百八十四户，“并无认纳税银粮马”。至于清廷势力未及的僻远之地，则例不交税。据清张泓《滇南新语》大头倮罗条载：云南元江之新平、嶍峨两县境，有山曰鲁魁，

“夷人久踞成巢，不纳税赋”，此类事例，更是史不乏书。

但是，实际上土司地区的赋税负担，并不限于额定数字。据《大清会典事例·吏部》卷一二九载：康熙二十五年议准“督抚提镇等官，如有需索土司以致启衅者”，则“革职从重治罪”；《大清会典事例》卷二六五，土司贡赋条载：雍正四年覆准“征收土赋，不许额外科派，私行需索”。从清廷为防止反抗事件的发生，一再发令禁止各级地方官吏任意科派需索一事，可见额外土赋负担的严重程度。更有甚者，就连差遣的通事也借端扰累。如嘉庆《吏部处分则例·兵例》卷三七载：“古州、都江、八寨、丹江、台拱、清江各厅员所用通事，务宜慎选承充，止许奉差传译苗语，不得私至苗寨需索扰累。”尤为恶劣的是，有的因需索不遂，便奏请出兵攻打。据《清圣祖实录》卷一二四，康熙二十五年二月庚子条载，康熙帝曾严斥云贵总督蔡毓荣：“今览蔡毓荣奏疏，已稔悉其情由。盖因土司地方所产金帛异物颇多，不肖之人，苛求剥削，苟不遂所欲，辄以为抗拒反叛，请兵征剿，……身为督抚，不思安静抚绥，惟诛求无已，是何理也？”清人刘崑在《南中杂说》中也说：武职之生事邀功者，辄以讹言入报，“动众兴师，破千年之酋豪，利其金马，侈一时之勋伐，上邀军功，此将臣之利，非朝廷之利也。”

当然，这些负担一并落在土司治理地区人民的身上。如《清史稿·高其倬传》载：贵州土司“田赋令属苗代纳”。有的地区土司更因此向它地征取。如《清史稿·蔡廷桂传》载：雍正七年“复奏容美土司田雯如在四川界征花丝银，咨湖北察究。上谕曰：‘楚、蜀诸土司容美最富强，越分僭礼。应晓以大义，渐令革除。’”关于土司狂征滥取的记载，更是史不乏书。据载：“雍正三年谕，各处土官，鲜知法纪，所属土民，每年科敛，较之有司征取正供，不啻倍蓰。甚至取其马牛，夺其子女，生杀任情，土民敢怒而不敢言”，并因此发令说，地方官必须“严饬所属土官，爱惜土民。如申饬之后，不改前非，一有犯事，土官参革从重究拟，……切勿姑容宽纵”（《大清会典事例》卷五八九，议处条）；“是其（指土司）征之私橐者不啻百倍、数十倍，而输之仓库者，十不及一、二，百不及二、三”（《硃批谕旨》第四十九册，雍正四年九月十九日云贵总督鄂尔泰奏）；雍正八年谕：“永顺府向属永顺、保靖、桑植三土司，每年秋粮共二百八十两，永顺一百六十两，保靖九十六两，桑植二十四两，皆由土司交纳。虽有秋粮之名，实不从田亩征收。永顺则名火坑钱，民间炊爨，每一坑征钱二钱二分。保靖则名锄头钱，每一锄入山纳银三五钱不等。桑植则名烟火钱，与火坑相等。所交秋粮，即于此内量行拨解。至于成熟之田，土官多择其肥饶者，自行收种，或为舍把头人分占，民间止有零星硗确之地。每年杂派数次，任意轻重，此土司征民之陋规也”（《清朝文献通考》卷三）。就是说，土司假借贡赋之名，杂派频仍，科敛远比正供为重。由此可见，土司地区人民在清统治者与土司的双重压榨下，生活于水深火热之中。

（三）土兵制

清廷在两广、湖南、云南、贵州、四川、甘肃等民族地区设土兵。其隶属关系，则或隶土司，或属土弁，或归营汛。

土兵民族成分众多，数量庞大。以两广土兵为例，史籍标明民族成分的就有：“瑶兵”“俍兵”“僮兵”“侗兵”等；仅广西一地，土兵数“盖万三千八百有奇”（均见《清史稿•兵志五》）。

清廷十分重视土兵的作用。由于土兵“习战斗、谙边情”，故凡有重大战事，清廷均加以征调。如，康熙年间平三藩之乱，乾隆年间征廓尔喀、征金川、镇压西北回民起义与黔东湘西苗民起义，咸丰、同治年间攻打贵州、四川太平军，均是。具体说来，土兵的作用包含有四个方面：一是用以各族间攻杀。如，陆祚蕃《粤西偶记》载：“浔州诸狼，自明弘治间因大藤诸峡乱，从黔中调来征剿，峡平，遂戍焉。”这是以俍（僮族一支）攻瑶之例。清严如煜《苗防备览》卷九载：“苗虽犷悍，于土家不敢轻犯，有事苗疆，土官无役不从，搜山焚箐，辄用土兵当先。”这是以土家攻苗之例。又《清史稿•严如煜传》载：“大小章者，故土司遗民，名曰仡佬，骁健，与苗世仇。如煜募能仡佬语者往，开示利害，挟其酋六人出，推诚与同卧起，乃送质，率其族阳投乾州为内应，约一举破贼，因黔师牵制未果。次年，卒赖其众，救两镇兵于河溪。后复平陇，战花园，皆为军锋。”这是利用民族间矛盾，以仡佬攻苗之例。二是用以本族间攻杀。据《清史稿•方显传》冯光裕附传载，雍正十三年“古州苗叛，都江、清江、八寨、台拱诸新附苗皆应”，贵州布政使冯光裕“募熟苗为助，畀以木符，戒官兵无妄杀，皆踊跃应募”；据《清史稿•傅鼐传》载：“是役因贼戕良苗，故得用苗兵深入，战月余，破寨十六，余皆乞降，永绥苗遂平”。以上为以“熟苗”攻“生苗”、以“良苗”攻“逆苗”之例。又，《清史稿•高宗本纪四》载，乾隆三十七年六月“谕阿桂督上中下杂谷脑及绰斯甲布各土司进剿金川”，这是以四川某地藏族土司攻打别地藏族土司之例。三是用以镇压农民起义。《清史稿•瞿腾龙传》载，咸丰二年，永绥协副将瞿腾龙，尾追太平军“入湖南，迭战于宁远、耒阳、永兴、安仁。贼围攻长沙，腾龙率苗兵千人赴援”，这是以苗兵攻打太平军之例。四是用以“保境安民”。据同治《户部则例》卷八二载：“四川打箭炉口外理塘地方，令崇喜土司东路添派土兵伍拾名，毛丫土司于西路添派士兵伍拾名。倘有遇报夹坝之事，即派此项土兵前往擒拿。遇有西藏粮饷差务，令东路土兵接至河口护送里塘，西路土兵由里塘送至巴塘交界处所，并添派头人贰名管理，即交驻防里塘守备随时调用。倘该土司日久疏懈，或东西两路仍有夹坝滋事，惟该土司头人是问。”这是以土兵分段负责地方治安事务之例。又，据同治《户部则例•户口》卷四载，对于苗寨，“地方官勾摄公事，责令苗弁传唤，毋许差役滋扰，违者严参究办。”这是专责苗弁负责苗寨事务之例。

七、清王朝对民族地区的土地政策

清王朝采取维护土司地区原有土地制度的政策。其主要表现如下：

保护官庄田亩。清代除土弁有俸饷外，土司土官均无俸给，一切开支均靠官庄田亩补给。所以，官庄又称随印田。它是土司统治土民的经济基础，故清廷颁布一系列律令，禁止私相典卖。如：乾隆十三年，禁“近苗客户典售苗产”；乾隆四十三年议准“广西省庆远等五府属土司，各有官庄田亩，收取租息，以资养赡，原不许私行典卖。其属下土目土民，一切词讼钱粮，皆听土官经理查办，尤不许互相交易，致滋弊端。若不明立科条，严行查究，不免日久玩生。现在已经典卖田亩，查明有力土司，速即勒令回赎，其中或有不能回赎者听。惟严禁各土司，嗣后不许私相典卖。如再有违禁不遵者，立即追价入官，田还原主。并将承买之人比照盗卖官田律，田一亩笞五十，每五亩加一等，罪止杖八十，徒二年。其违例典卖之土司，议以降一级留任。若该土司有倚势仰勒情事，即将勒卖之土司，降一级调用”（《大清会典事例》卷五八九）；“贵州省汉苗呈控典卖田土事件，该地方官查其卖业年份远近，是否盘剥折责，秉公定断，仍查禁汉苗不许交易田产。倘有汉民再行引诱侵欺，一经告发，田地给还苗人，追价入官，并诏以应得之罪，查禁不力之地方官，严参究办”“清查以后，凡系黔省汉民，无论居黔年份久暂，相距苗寨远近，及从前曾否置有苗产，此次曾否承领门牌，一概不准再有买当苗产之事。倘敢违禁私置苗产，许乡约禀究，地方官查明，立时驱逐，田产给还苗民，追价入官，仍照违制律治罪。其所置苗产，系土目管辖，私相接受者，应将土目一并严惩。如有客民迁移回籍，其所遗产，苗民无力收买，方准售与有业汉民，共所当苗产，许苗民呈明收赎，地方官秉公查勘，如系客民垦荒成熟，酌断工本。倘有苗民诬告，及当主勒措情弊，照例究治。其营卫兵丁违禁射利及邻省汉民越境私置苗产，责成地方官会同邻省该管官及营卫各弁稽查惩办”（均见同治《户部则例·户口》卷四）。可见，规定是很具体的。从对违例承买者有遭驱逐甚有罪至二年徒刑和对查禁不力之地方官也予查办的处置看来，其禁令是颇为严厉的。

禁汉民重利盘剥。为防止土司或土民因受重利盘剥而出卖田产，以致陷入破产的困境，故对高利贷剥削作了严格限制。据载：“苗寨内外及肩挑贸易开店客民，将米贷物借给苗民，止许取利三分。如有重利盘剥，准折田土子女者，将田土子女还给苗民，钱债追给入官，放债之客民仍照盘剥准折例，加等治罪，家、口驱逐出境。土目乡约，不行举首查出，一并严惩”（同治《户部则例·户口》卷四）；“广西土司四十有六，生计日绌，贷于客民，辄以田产准折。启昆请禁重利盘剥，违者治罪。田产给还土司，其无力回赎者，俟收田租满一本一利，田归原主，五年为断”（《清史稿·谢启昆传》）。

但是，随着汉族地区封建地主经济影响的加强，深入土司地区的汉商利用高利盘剥的加剧，致使官庄田亩制日益瓦解。这样，清王朝也不得不放松禁令，承认土地私有的现实。据《清朝续文献通考》卷一三六载：“嘉庆四年谕，台布复奏，广西土司典出地亩，未便即令备价回赎，以济土司缓急，并土境客民另编客籍一摺，所奏殊属非是。前因成林条奏，开垦广西空闲地亩，招徕客民一事，将原摺发交台布阅看。台布接谕旨后，原不妨据实复奏。今既查明汉民占种土司田亩，为日已久。如概令备价回赎，则土司疲惫无力。若欲分别查办，悉数追还，则汉民资本全亏，必致失所。……且汉土相安已久，即土司疲无力，亦只可听其自为生计，又何必官为过问乎？”从“汉民占种土司田亩，为日已久”一语看来，清廷禁止私相典卖的土地政策，并未完全奏效。而以所谓“汉土相安已久”为理由，决定官府不再“过问”一事，表明清廷对土司官庄田亩的政策，已发生了重要变化。由于接近内地之土司地区的土司典卖土地的情况日益严重，从而使土司失去凭借，这就是清代易于消灭邻近内地的土司势力的重要原因。

规定“番界苗疆”的佃种条例。这包含两个方面的内容。一是对土民佃种客民田土，加以优先照顾。据同治《户部则例·户口》卷四载：“客民所招佃户，本系苗民者，仍令照旧承佃，不准另招流民耕种。其租谷均照原契数目，不得额外加收。随田陆地，如系未耕平土，先尽苗佃开垦，所出租谷，照苗寨旧规酌分。至荒山菁林，仍听苗民樵收棲止，栽种杂粮，业主不得征收颗粒。如有加租逐佃等事，一经查出，立予重惩，所招新佃，概行递籍”“其兴义、普安一带客民，有置当苗民全庄田土者，所招佃户，多系汉人。遇有退佃，先尽原庄苗人承佃。如苗人不愿佃种，仍准汉人佃种”。这样做的目的，在于使苗民能维持生计，以防止阶级矛盾和民族矛盾的激化。二是禁止土民招佃。据《清史稿·常明传》载：“四川民、夷杂处，控制不易”“宁远府属夷地，多募汉人充佃，自教匪之乱，川民避入者增至数十万人，争端渐起。（嘉庆）十七年，常明疏请：‘汉民移居夷地及佃种者，编查入册，不追既往。此后严禁夷人招佃与汉民转佃’”。这样做的目的，在于加强对民族地区的控制，以维护清王朝在当地的统治秩序。

八、清王朝对民族地区的文教政策

清廷对土司地区，向来采取“文教为先”之策。

提倡甚至强制土司子弟入学习礼。顺治十五年贵州巡抚赵廷臣疏言：“臣以为教化无不可施之地。请自后应袭土官年十三以上者，令入学习礼，由儒学起送承袭。其族属子弟愿入学读书者，亦许其仕进。”下部议行（《清史稿·赵廷臣传》）；顺治十八年“令滇省土官子弟就近各学，立课教诲”（《清朝文献通考》卷六九）；康熙四十四年“令贵州各府州县设立义学，土司承袭子弟送学肄业，以俟袭替。其族属子弟并苗民子弟愿入学者，亦令送学”（《清朝文献通考》卷五九）。这样做的目的在于：使“儒教日兴，而悍俗渐变”（《清史稿·赵廷臣传》）。意即使土司受到封建文化的熏陶后，能成为封建王朝的驯顺工具。其结果，不仅使一些土司熟读经史，有的甚至还有所著述。其中较为突出的有湖广沙溪安抚使黄楚昌、容美宣慰使田甘霖及其子田舜年。据《清史稿·土司列传一》载：“初，楚昌入施州卫学为诸生。时诸司争并，民鲜知礼，楚昌折节力学，有时名。及袭职，设官学，公余与多士讲肄，多所成就”；容美宣慰使田甘霖，字特云，“著《合浦集》”，其子田舜年“颇招名流习文史，刻有《廿一史纂》。日自课，某日读某经，阅某史至某处，刻于书之空处，用小印志之，有《白鹿堂集》《容阳世述录》”。还有，据《南中杂说》土司条载：“姚安蒙化二土府，且以诗文自命”；檀萃《滇海虞衡志·志蛮》载：黑罗罗土司“富者多聘汉儒为师，习文艺，补博士弟子”。可见，有的土司具有相当高的文化素质。至清末，甚至有的土司出国，吸收国外先进文化。《清史稿·锡良传》载：滇西“宣慰使刁安仁曾游东洋”，就是一例。

广立义学社学。《清史稿·选举一》载，各省府州县多设立义学，以“教寒生童，或苗、蛮、黎、瑶子弟秀异者。”有清一代，关于民族地区设学的情况，有如下主要记载：康熙时，于准为贵州巡抚，“饬州县立义学，令土司子弟及苗民俊秀者悉入肄一业，送督学考试”（《清史稿·于成龙传》附传）；康熙五十九年“令广西土属设立义学，土属十五处各立义学一所。令该抚择本省举人贡生学品兼优者，每属发往一员教读。土属子弟有文艺精通者，就近流官州县附考取进”（《清朝文献通考》卷六九）；雍正“三年议准云南威远地方，五年议准云南东川土人，八年议准四川番夷、湖南永绥、六里等处，并建立义学”（《清朝文献通考》卷七〇）；乾隆初，陈德荣署布政使，“设义学二十四于苗疆”（《清史稿·循吏二·陈德荣传》）；乾隆初，御史薛韫条奏，广西“设瑶童义学”（《清史稿·郭弥达传》）；乾隆二十八年，陈宏谋为吏部尚书，在云南“立义学七百余所，令苗民得就学，教之书”（《清史稿·陈宏谋传》）。上述事例说明，在南方诸族地区是普遍设立了义学的。至于办学的具体做法，据《清朝文献通考》卷七〇载：雍正朝曾规定“先令熟番子弟来学，日与汉童相处，宣讲圣谕广训，俟熟习后，再令诵习诗一书。以六年为期，如果教导有成，熟师准作贡生，三年无成，该生发回，别择文行兼优之士。应需经书日用，该督抚照例办给。俟熟番学业有成，令往教诲生番子弟，再俟熟习通晓之后，准其报名应试”；又《清史稿·陈宏谋传》在谈及云南义学时写道：“刻孝经、小学及所辑纲鉴、大学衍义，分布各属”。可见，其时对土属义学的学习内容、期限、学成后出路等均有规定。通过设义学，“其后边人及苗民多能读书取科第”（《清史稿·陈宏谋传》）；并使苗疆“风气丕变”（《清史稿·循吏二·陈德荣传》）。说明义学的设立，对民族地区文化的普及起了不容忽视的作用。此外，还有仿汉区乡一级的社学。据《清朝文献通考》卷六九载，顺治十四年“设广东雷连各瑶峒社学一所”，即属此例。设书院。《清史稿·选举志一》载：“各省书院之设，辅学校所不及。”这类书院在民族地区也有所建立。如：《清史稿·贺长龄传》载，“长龄治黔九载，振兴文教，贵阳、铜仁、安顺、石阡四府，普安、八寨、郎岱、松桃四厅，黄平、普定、天柱、永从、甕安、清平、兴义、普安诸州县，皆建书院义学”；《清史稿·夏毓秀传》载，光绪七年“松潘番蠢动，数扰边，命（夏毓秀）署总兵治之。既至，擒首恶，抚良懦，番民以安。其地围荒服，设学额百余年，多为他邑人所占，讴诵益寂寥。毓秀方夷大难，即选聪颖子弟入署读书，斥私财建书院，广延名宿，崇化励贤，至是始闻弦歌声”；据清代广西五十一个府、州、县统计，书院设立达八十五处以上。在贵州、四川、广西等省的“番”或“荒服”之地设书院，对育才造士具有积极作用。

设立土府土州土县学，并定贡生名额。据载：顺治十六年“设湖南辰州五寨学。巡抚袁廓宇疏言，五寨界接苗瑶，向事诗书，今更归化输诚，应请设学，考收童生七名，廪生六名，增广生八名。出贡年分，俱照各县事例。从之”；顺治十七年“定贵州苗民入学及廪增额数。巡抚卞三元疏言，贵州苗民中有文理稍通者，准送学道考试，择其优者，取入附近府州县卫学肄业，仍酌补廪增。事下部议，寻定新进苗生大学五名、中学三名、小学二名，均就附近各学肄业，苗籍廪增大学各三名，中小学各一名”（均见《清朝文献通考》卷六九）；雍正元年“设立广西太平土州学额，取文武童生各四名。以养利州教导一员移驻土属，就近教督，至十年定廪增额各四名”（《清朝文献通考》卷六九）；雍正十二年“定广西太平府属之太平土州学，泗城府西林县学贡例。俟十年后，四年贡一人”（《清朝文献通考》卷六五）。从上述湖南、贵州、广西事例说明，清王朝对民族地区子弟入学是加以优待的。其初，当土府州县学未及建立时，则从文理稍通者择优选送附近府州县卫学肄业。其后，设法筹办土府州县学，并按内地府州县学例定学额。而且，从中选拔贡生进京深造，以进一步接受清朝正统的教育。

开科举之门。据载：康熙四十二年“令湖广各州县熟苗中有通晓文义者，准与汉人一体应试，广西土司之民人子弟及贵州苗民并照此例”；康熙四十四年云南巡抚佟毓秀言：“其滇省土人有愿考者，准以民籍应试，得旨允行”（均见《清朝文献通考》卷六九）；康熙四十四年“兵部议覆两广总督于成龙疏言，土司子弟中有读书能文者，准入民籍，一体考试。从之”（《清朝文献通考》卷四八）；雍正十三年六月“准土司由生员出身者一体应试”（《清史稿·世宗本纪》）；“每岁科试，瑶童亦得与考，所取瑶生，亦例与生监一体乡试，盖圣朝声教，四讫有如此”云（《楚峒志略》)。这表明对土司和土民子弟应试，是一视同仁的。而且，由于民族地区地处僻远，清廷还给予应试者在经费方面的支持，《清史稿·宣宗本纪一》载，道光元年贵州巡抚陈若霖奏请“给苗疆会试举人川费”，允之。即一例。

此外尚有捐监之举。据《清朝续文献通考》卷九六载：嘉庆九年，奏准湖广之苗瑶、广东之黎峒、广西之土官土目子弟、云南威远之彝人、四川之番民羌民等，“捐监准其一体报捐”；至嘉庆十八年，取消土司捐监的规定，其理由是“土司既经承袭，即系职官，不得再捐监生”。

清廷提倡读书应举的做法，虽得到如上述湖广沙溪安抚使黄楚昌，容美宣慰使田甘霖、田舜年一类接受汉文化影响较深的土司的支持，但也为某些暴虐土司所反对。据清人赵翼《簷曝杂记·黔中倮俗》卷四载：“粤西田州土官岑宜栋，即岑猛之后，其虐使土民非常法所有。土民虽读书，不许应试，恐其出仕而脱籍也。田州与镇安之奉议州一江相对，每奉议州试日，田民闻炮声，但遥望叹息而已”，即典型例子。像田州土司一类之所以要采取限制土民读书应试的愚民改策，在于使土民世世代代服服帖帖受其统治下去。

清王朝在民族地区还采取施“礼义”的措施。

劝以礼义。如，《清史稿·王叶滋传》载，雍正初，王叶滋授辰沅靖道副使，“时苗疆初辟，清林箐，增汛堠，规模肃然。所属绥宁、城步与黔疆犬牙错。尝率数骑，持酒肉盐菸，循行苗寨。群苗迎拜，谓‘上官亲我。’召诸头人集校场，赐花红银牌，宣上德意，劝以礼义。因偕总兵阅兵耀军容，群苗帖服。”可见，清廷对南方诸族地区，在使用武力的同时，辅之以“礼义”感化之策。

许与内地兵、民联姻。清初，曾严禁内地与民族地区人民之间的婚姻。如《清史稿·郭世隆传》载，康熙四十六年郭世隆起湖广总督，疏陈防守红苗之策中主张“禁内地民与苗往来，并勿与为婚姻。”但是，各族人民间的婚姻往来是无法用一纸禁令加以制止的。随着各族人民间互为婚姻之事日益增多，清朝的禁令也时有松动或变改。如《清史稿·韩良辅传》载，雍正十三年古州总兵韩勋疏言：“古州苗寨接壤郡县，请视湖广例，得与内地兵、民联姻。庶彼此感喻，习知礼义，可底善良。”从之。通婚的结果，增进了各族人民间感情的融洽。

改变旧俗。由于汉族文化影响的日益加深，民族地区的一些旧俗也有所改变。据《清史稿·列女传四》载，仲民罗朝彦妻刘阿全，“朝彦死，其弟欲妻嫂，引强暴迫刘，自杀。”兄死弟妻嫂，是原始群婚制遗习的一种表现，这在清代南方一些民族中仍然存在。由于清廷在民族地区灌输封建文化，封建伦理道德观念也随之而入。仲民罗朝彦妇死不为弟妻一事，可谓例证。

清王朝在土司地区实行兴文教、习礼义之策，目的是维护和加强其在民族地区的统治地位。但在客观上，这些做法，有利于当地文化教育事业的发展，有利于土民摆脱土司的愚昧统治，有利于改变一些落后的习俗，有利于各民族间的交流和了解。

九、清王朝对土司的限制政策

清王朝对土司严加防范，以防事端，其主要措施有：

其一，划定疆界。以使土司势力不能越雷池一步，并有利于清廷的管理和控制。清统治者曾把“分疆界”作为“驭夷”之策的重要一环（见《清史稿·吴杰传》）。多采用“立石”（见《清史稿·李殿图传》）办法。也有筑“边墙”者（如《清史稿·傅鼐传》载，在湘西凤凰厅曾筑“边墙相接百余里”）。甚至有沿边种竹的主张。据《清史稿·苏昌传》载：乾隆十六年“广西巡抚舒辂清于思陵土州沿边种竻竹，杜私越”，后因两广总督苏昌认为“镇安、太平、南宁等沿边二千余里，无论种竹难偏。料理稍疏，事端转启”而作罢。疆界既明，若土司“无故侵扰内地居民者，该督抚等一面题明情由，一面发兵剿灭。”（《大清会典事例·吏部》卷一二九）

其二，限制土官权力。土司受流官节制。如《清圣祖实录》卷八，康熙二年正月丙申条载：“凡镇臣所驻地方，境内土司应属其统辖”；嘉庆《吏部处分则例·兵例》卷三七载：湘西“镇筸既设同知通判耑专苗务，其五寨司土官土民应听该厅管辖。遇有逃盗等事，照例将土官一并处分”。有些土司，实权归下属流官掌握，形同虚设。如陈鼎《滇黔记游》载：云南“丽江府土府，也有同知掌印。知府则木氏世袭，见同知甚恭，称公祖，自呼曰治晚生。景东、蒙化、永宁三郡皆然。”有些土司“宜专责成”，除负责“催征、捕盗”外，无权治理地方事务。司法权，也往往只限于治理轻罪。如《吏部处分则例·兵例》卷三七载：“红苗归诚纳粮，特设土司管辖。除苗有犯轻罪者，仍听土司自行发落。若有犯杀死人命、强盗、掳掠人口、抢夺财物及捉拿人口索银勒赎等情，责令土官将犯罪之苗，查拿解送厅治罪。”通过上述诸措施，土官权力受到削减。

其三，严格查验土官幕僚。土官往往雇用汉人幕僚为之出谋划策，这些人又常常教唆土司犯禁与中央王朝为敌，故清廷对土官延幕作了专门规定。据《大清会典事例·兵部》卷五八九载，“乾隆三年题准。凡土官延幕，将姓名年龄通知专辖州县，确加查验，人果端谨，实非流棍，加结通报，方准延入。倘文武土官私聘土幕，不通知州县查验，照违令私罪律，罚俸一年。若知系犯罪之人，私聘入幕，并延请复纵令犯法者，照职官窝匿罪人例，革职。土幕私就，饬令专辖州县严加驱逐。如有教诱犯法，视其所犯之轻重，俱照匪徒教诱犯法加等例治罪。”

其四，不准土司土民擅自离境。据《大清会典事例·兵部》卷五八九载，雍正十三年议准：“土官土人，因公远赴外省，许呈该管官转报督抚给咨知会到地方之督抚查覆，于事竣日，给咨知会本省督抚。均计程立限，毋许逗留，有不行申报，擅自出境者，土官革职，土人照无引私渡关律杖八十。若潜往外省生事为匪，别经发觉者，除实犯死罪外，徒罪以上，皆照军人私出外境掳掠，不分首从，发边远充军律治罪。”又据《清史稿·食货志一》载，乾隆二十四年“定番界、苗疆禁例”，对土司外出事宜，也以“禁例”形式加以限制。为此，清朝采取了严密的防范措施。如湖广总督《大司马张公檄》：“令各关堡防守，官兵俱需在扼要之处，严加盘诘，昼夜巡缉，勿致土人出入滋害”（引自同治《宜昌府志》）。这样，土司被剥夺了随意出境权利，即使因公外出，也被严密监视而失去行动自由。与此相适应，清廷还规定“民人”包括商人也不得随意进入民族地区。据同治《户部则例·户口》卷四载：“民人无故擅入苗地，及苗人无故擅入民地，均照越渡沿关边寨律治罪，失察各官议处。民人有往苗地贸易者，令开明所置货物，并运往某司某寨贸易，行户姓名，自限何日回籍，取具行户邻佑保结，报官给照，令塘汛验放，逾期不出，报明文武官弁严查究拟”。这样做的目的，据《清史稿·吴杰传》称，这是为了防止“游手无业之徒，潜居夷地，为之谋主”，以免土司“如虎傅翼”，故“必应名捕，尽法惩治”。清代这种禁止土汉往来之策，袭自明代。据明施州卫指挥佥事童昶称：“国朝设立关隘，把截甚严，至入尚传蛮不出境，汉不入洞之语”（同治《来凤县志·武备志》）。上述措施，虽有着防备土司私自串联的作用，但也充分暴露了清朝统治者害怕各族人民群众的阶级本质。

其五，分袭法。这是汉代以来“众建诸侯而少其力”的削藩政策，在处理土司问题上的具体运用。雍正三年川陕总督岳锺琪奏请，为“使势力相维、情相安”，可行土司分袭法（见《清史稿·岳锺琪传》）。据此，同年覆准：“土官之许其承袭者，原因其祖父向化归诚，著有劳绩，故世其官以昭激励，今土官嫡长子孙，虽得承袭本职，此外支庶，更无它途可以进身”（《大清会典事例·兵部》卷五八九）；因此，“其支庶子弟中，有驯谨能办事者，俱许本土官申请督抚题给职衔，令其分管地方事务。其所授职衔，视本土官降二等，如土官系知府，则所分者给通判衔，土官系通判，则所分者给县丞衔。其分管疆土，视本土官或三分之一，或五分之一。再有子孙可分者，分者如前例，授职再降一等”（《大清会典事例·吏部》卷一二九）。此法，曾加以推行。以广西为例，“乾隆七年，田州岑应祺请以第三子岑结分治阳万，部议，视知州职降二等，给通判世袭”（嘉庆《广西通志》卷五九），即是完全遵照上述条例办理。关于分袭目的，雍正帝说得十分清楚：“其势既分，心即离异，日后纵欲鸱张，其中必互相掣肘，或畏惧相诫，则其邪谋自息矣”（见《硃批谕旨》卷二）。清廷利用分袭办法，使分袭土司感恩戴德，在不遭到反抗的情况下，收到了削弱土司的显著效果。

其六，省并或缩小土司管辖的地方。由于土司辖区甚广，致使土司势力难制。故清廷除采用分袭法外，还采用变动行政区划的强制办法，以分割土司地区。以广西为例：陀陵县黄氏，“明洪武初土官黄富来归，授知县世袭，国朝康熙二十八年省入永康州”（嘉庆《广西通志》卷六〇）；这是把原有土司地方归入流官治理之政区。永顺正司邓朝辅“以土蛮乱革，以白土二十四村归流，余仍旧”（嘉庆《广西通志》卷五九），思州土官黄观珠“雍正十一年，以罪革，降府（指思明府）为州，以安马洞郎五十村割隶宁明州，寻改思明州为思州”；这都是利用土司犯罪的机会，把土司管辖的部分村寨分割出去。龙州土官赵殿灯“雍正三年，以贪残革，析其土为上下龙司”（以上均见嘉庆《广西通志》卷六〇）；这是用土州降级为巡检司的办法，将土司地一分为二。

总之，清王朝通过上述诸种办法，使土司势力不致恶性膨胀，使其抗命中央王朝的行为有所节制和收敛，叛乱事件也较有明一代为少。但是，应该指出，其中有些规定也起了妨碍各族人民间互相往来的消极作用。

十、改土归流

改土归流的背景。由于土司世官其土，世有其民，故对境内人民实行政治压迫、经济掠夺。更有一些土司专横不法，为所欲为。其主要表现如下：

暴虐淫纵、作威作福。刘彬在谈到云南永昌土司时写道：“彼之官世官也，彼之民世民也。田产子女，唯其所欲，苦乐安危，唯其所主。草菅人命若儿戏，莫敢有咨嗟叹息于其侧者！以其世官世民，不得于父，必得于子于孙，且数倍蓰。故死则死耳，莫敢与较者”（《永昌土司记》，载《皇朝经世文编·兵政》）。蓝鼎元在谈到贵州苗民时写道：“苗民受土司荼毒，更极可怜，无官民之礼，而有万世奴仆之势，子女财帛，总非本人所自有。……土民一人犯罪，土司缚而杀之，其被杀者之族，尚当歛敛银以奉土司，六十两四十两不等，最下亦二十四两，名曰玷刀银。……闻昔年阖村离散，呈请地方大吏改土籍为流官；……曾未几时而土司辇赂关税，又复改土属，丁壮举家屠戮。妻子没卖为奴。其他土部不得不啼声饮泣”（《论边省苗疆事宜书》，载《鹿洲初集》卷一），《清史稿》作者也说：贵州“威宁界滇、蜀，诸土司虐使其众”（见该书《杨永斌传》）；李心衡在谈到四川土司时写道：“其有规避徭役，不遵土司饬遣者，例最严酷，籍没其家，将其人并家属分卖各部落为奴”（《金川琐记》），赵翼在谈到广西田州土司时写道：“其虐使土民，非常法所有。……生女有姿色，本官辄唤入，不听嫁，不敢字人也。有事控于本官，本官或判不公，负冤者惟私向老土官墓上痛哭，虽有流官辖土司，不敢上诉也”（《簷曝杂记》卷四）；顾彩在叙及其亲见的湖广容美土司的严刑酷法时写道：“其刑法重者，径斩，当斩者列五旗于公（指容美宣慰使田舜年）座后，君先告天，反背以手掣之，掣得他色者，皆可保救，惟黑色则无救。次宫刑，次断一指，次割耳。盖奸者宫；盗者斩；慢客及失期会者，割耳；窃物者，断指。皆亲决。余罪则发管事人棍责，亦有死杖下者。是以境内凛凛”（《容美纪游》）。可见，土司视土民如牛马任其宰割，任意占有民女供其践踏，而土民无从申诉，土司统治地区俨然成了独立王国。

私占横征，肆意苛索。鄂尔泰奏，四川土府东川、乌蒙、镇雄，“共钱粮不过三百余两，而取于下者百倍。一年四小派，三年一大派。小派计钱，大派计两。土司一取子妇，则土民三载不敢婚”（《圣武记·雍正西南夷改流记上》卷七）；雍正三年云贵总督高其倬奏，云南姚安府“于康熙四十七年以进京费用为名，派苴却十马银五千两。民不能措。遂捏写卖契，令土目带众持械压民照写！……乃于各村安设土巡检一员，名曰经管地方，实系暗察各民财产子女，任意取携，派累百端。尤堪发指者，流官即为钤盖印信，土司遂尔称为血产”（《硃批谕旨》第四十五册）。可见，土司不仅派累多端，而且还借机霸占民田民产。

扩充武力，专事劫杀。据鄂尔泰奏：广西“思陵州邓横等寨强暴恣横，积恶多年。通计不过一百九十余户，丁壮不满千人。聚集凶徒，专事劫杀。左有雷蓬，右有那练，暗为党羽，互相勾结。密竹层栅，阳当外卫；深濠险坎，阴设内坑。筑土如城，建台安炮，枪箭能出不能入，兵役敢近不敢前”；四川酉阳土司“擅敢设立五营，副将五人，守备五人，千总二十人，把总四十人。衙门大旗书崇文振武四大字，地分十二里，恣意征派。邻司受其压制，土民被其苛虐。间有赴省控诉者，即遣土弁半路截杀”（均见《硃批谕旨》第二十八册）。可见，土司凭借武力，为非作歹，并与官兵相抗。

土司内部与土司间争战不已。土司内部之争多因承袭之事而起。如，“土田州岑氏母子相争，土目陆师等拘之以为利，杀人千余”（《清史稿·循吏一·贾朴传》）。至于土司之间，则为争地等事经常发生仇杀事件。如：康熙时，“乌蒙，威宁两土司相仇杀”（《清史稿·刘荫枢传》）；雍正时，“四川杂谷、金川、沃日诸土司争界，羹尧令金川割美同等寨畀沃日，致仇杀不已”（《清史稿·岳锺琪传》）。致使生产受到严重破坏，人民遭殃。

抗命朝廷。鄂尔泰说，四川乌蒙土府“自康熙五十三年土官禄鼎乾不法，钦差、督、抚会审毕节，以流官交质始出，益无忌惮”（《圣武记·雍正西南夷改流记上》卷七）。可见，土司随着其势力的膨胀，竟与中央政权分庭抗礼。至于土司为乱之事，更是史不绝书。这是为清廷所不能忍允的。

以上事实说明，随着社会历史的发展，土司制度已日益落后和腐朽。因此，废除土司制度已成了一种历史的必然。

清王朝为了加强对民族地区的控制，决定改间接统治为直接统治。同时，在长期的历史发展过程中，由于南方诸族人民的辛勤劳动以及与各族人民间的往来、融合，加上历代王朝的治理、经营，民族地区的经济文化已得到一定程度的发展，其与外界隔绝的闭塞局面也已被打破。所以，至清代，改土归流的客观条件也已基本成熟。

改土归流的过程贯穿于清朝始终。早在清朝建立之初，就曾实行过。以贵州永西宣慰司为例，“康熙三年，吴三桂灭安坤，改设四府。二十一年十二月，谕大学士曰：‘吴三桂未叛时，征讨水西，曾灭土司安坤，其妻禄氏奔于乌蒙，后生子安世宗。朕观平越、黔西、威宁、大定四府原属苗蛮，以土司专辖，方为至便。大兵进取云南，禄氏曾前接济，著有勤劳，仍复设宣慰使，令世宗承袭。’四十年，总督王继文以土司安世宗为吏民之害，仍请停袭，地方归流官管辖。”（《清史稿·土司列传四》）可见，水西宣慰司，康熙初年就曾设府，但因全国局势并未完全稳定，中间又复土。当清廷的统治逐步巩固后，康熙后期又重新改流。这也说明，雍正年间改土归流的实施，是势在必行。

雍正四年（1726年），清王朝实行全国性的大规模的改土归流。清廷委任鄂尔泰为云、贵、广西三省总督，负责改土归流事宜。鄂尔泰通过对土司招抚和镇压并用的办法，用了五六年时间，到雍正九年（1731年）基本完成了三省的改土归流任务。其时，先后招降贵州苗瑶各族两千多寨，缴纳广西土司的敕印和军器两千余件，并在云南设置了普洱府，以便于对西南各族的镇压。故史称“自四年至九年，蛮悉改流，苗亦归化。间有叛逆，旋即平定。”（《清史稿·土司列传一》）乾隆元年，清廷又借平定大、小金川土司之乱的机会，于当地设美诺厅（后改懋功县）、阿尔古厅，直接归四川省管辖。这样，四川西北部的土司也逐渐废除。直至清末光绪、宣统年间，改土归流仍在进行。

关于有清一代改土归流的进程、次序和概况，史籍记载十分详尽而分明，据载：“明代土司，淫昏暴戾、播州、水西、蔺州、麓川，边患如栉。清鉴前辙，迭议归流。曩昔土司隶外藩二，隶行省七。康、雍之盛，湘北散毛、施南、容美，湘南永顺、保靖、桑植及永绥、乾州、凤凰营，并以生苗归附，列为郡县。四川建昌、松潘、天全、打箭炉，广西镇安、泗城，云南开化、昭通、丽江、镇沅、蒙化、威远，贵州威宁、郎岱、归化、永丰，因时损益，遍置流官。乾隆以降，大小金川重烦兵力。酉阳、石柱，狉獉全革，猛、缅炎荒，翕然内向。滇南边微，闻风震聋。嘉、道之世，贵州守备、千总、把总，裁损尤多。光、宣之际，云南富州、镇康、四川巴塘、里瑭、德尔格忒、高日、春科、赡对，察木多，置吏一依古事。广西忠州、南丹、万承、茗盈、全茗、结安、镇远、江州、下石西、上下冻、下雷、那地各州、罗白一县，古零、定罗、安定、下旺诸巡司、永定长官司、永顺副司，迁隆峒土官、停其袭职。向武、都康、安平、凭祥、思州诸州，上林、忻城、罗阳诸县，东兰、凤山州同，上龙、白山、兴隆诸巡司，代以汉官，核衡厥实，陇沿旧制，湘、楚廓清，滇、蜀改流十之三四，黔、桂长官、州、县，以今况往弱半仅存”（《清史稿·职官志四》）；又，宣统三年民政部奏各省土司拟请改设流官称：“西南各省土府州县及宣慰宣抚安抚长官诸司之制，大都沿自前明，远承唐宋，因仍旧俗，官其酋长，俾之世守，用示羁縻。要皆封建之规，实殊牧令之治。康熙雍正年间，川楚滇桂各省，迭议改土归流。如湖北之施南，湖南之永顺、四川之甯远，广西之泗城，云南之东川，贵州之古州、威宁等府厅州县，先后建置，渐成内地。乾隆以后，大小金川，重烦兵力，迨改设民官以后，永远底定。比值筹备宪政，尤宜扩充民治。近年各省，如云南之富州、镇康，四川之巴安等处，均经各该疆臣，先后奏请改土归流。而广西一省改革尤多，所有土州县均因事奏请停袭，及撤任调省，另派委员弹压代办。此外，则四川之瞻对、察木多等处尚未实行，德尔格忒、高日、春科等处甫经核准。伏维川滇等省，僻处边陲，自非一律更张，不足以巩固疆圉。惟各省情形不同，办法亦难一致，除湖北湖南已全改流官外，广西土州县，贵州长官司等，名虽土官，实已渐同郡县，经画改置，当不甚难。四川则未改流者尚十之六七，云南土司多接外服，甘肃土司从未变革，似须审慎办理，乃可徐就范围”（《清朝续文献通考》卷一三六）。上引两段材料，其叙述方式不完全相同，其所论列内容则一，即均可视为关于有清一代改土归流的工作总结。两相参见，对清代改土归流的全过程，则可一目了然。

清廷对土司的改土归流，一般是在如下几种借口下进行的。一是“为乱”而改流。乌蒙土知府万钟改流即属此例（见《清史稿·岳锺琪传》）。二是以“谋杀”“贪劣”“不法”等各种罪名改流。如广西的泗城土知府岑映宸、思明州土知州何佐祚、恩城州土知州赵康祚、小镇安土巡检岑绳武、下龙司土巡检赵墉等人。三是土司间“互争不息”而改流。如广西上林长官司长官等人（以上引文均见嘉庆《广西通志》卷六〇）。四是土民“请愿”而改流。据载，光绪时云贵总督刘长祐奏：田州“土知州岑乃青病故，无子，族众支分争袭，分党仇杀，土民流离转徙，日不聊生，来营泣诉苦状，均愿归流官管辖，不愿复为岑氏土民。应请将土田州革去世职，其地改设苗疆知县一员”（《清朝续文献通考》卷一三六），即是。五是“自请”改流。如湖广的忠峒安抚司“雍正十二年，田光祖纠十五土司呈请纳土归流，以其地入宣恩县”（《清史稿·土司列传一》）。

改土归流的策略。清廷对不同地区、不同情况和不同表现的土司，按照轻重缓急的次序，加以区别对待，改流工作不采取一刀切的做法。具体而言，有如下分别。

内地与沿边之别。刘彬说：“窃以为在内地之土司可裁也，虽在沿边而实同于内地之土司亦可裁也。……顾使侏儒异类，深根固蒂，分踞郡县中，岂国家久安长治之善策乎？……若沿边之土司，则宜存也，彼既不在我腹里之地，与我土地不相错杂，城廓不相逼近，无事则藩篱之用，设或有事，犹可一面御之，非若内地者一有不虞，即在心腹之间也。”（《永昌土司论》）倪蜕也主张：内地土官宜“改流”，“独是相邻交缅各司，仍须羁縻系属，不宜轻有改更，亦非谓其尾大不掉而虞之也。特以地居荒远，瘴疠特甚，设流官不谙风土，防兵难免瘴病，运粮米又恐劳民，即其渠帅而用之，此固诸葛武侯经营简易之宏谟也。”（《土官论》，引自《滇系》土司一册上）就是说，内地土司因受汉区影响较深，故改土较易；且处腹心之地，若为患会直接威胁清王朝的统治。故需首先加以解决。至若边远土司，清廷鞭长莫及，暂时仍示羁縻，还可起藩篱屏障的作用。根据这一原则实行的结果：湖广全改流官，广西、贵州所剩土司较少，且其中又多徒具虚名，而甘肃、四川、云南一带土司多存，势力仍颇强大。

江外与江内之别。据鄂尔泰奏：“滇边西南以澜沧江，江外为卓里、缅甸、老挝诸土司。其江内之镇沅、威远、元江、新平、普洱、茶山诸夷，巢穴深邃，出没鲁魁、哀牢间，无事近患腹心，有事远通外国，自元迨明，代为边害。论者谓江外宜土不宜流，江内宜流不宜土。此云南宜治之边夷也。”（《清史稿·土司列传一》）就是说，在对待云南边地土司本身，也有区别；即其流土之分，以澜沧江为界。实行的结果是，雍正六年“江内地全改流”（《清史稿·土司列传三》），其外如木邦、景东、景迈诸土司则仍予保留。

奉公守法与专横不法之别。据载，雍正六年谕曰：“湖广土司甚多，各司其地，供职输将，与流官无异。其不守法者该督抚题参议处，改土为流，以安地方。若能循分奉法，抚绥其民，即与州县之循良相同，朕深嘉悦，何必改土为流，使失其世业。前据湖南巡抚王国栋奏称，下峒长官司向鼎晟恳请改土为流，甚为诚切，朕未准行。今又奏称土民有控告该土司之案，正在查审。朕思以前该土司改土为流之请，大抵出于土民之怂恿，及土司所请未曾准行，而土民复又列款控告，冀朕严治土司之罪而尽改为流，其所控必非实情，著该督抚留心详察。凡属土民，必不敢控告土司，皆由汉奸唆使播弄，冀生事端，以便从中逞奸滋弊耳。若各处土司等，因他处已改为流，不得已而仿效呈请者，朕皆不准。若被汉奸唆使控告，俾土司获罪而改土为流者，朕更不忍。该督抚等当以朕内外一体之怀，通行晓谕，俾土司等守土奉法，共受国恩，不必改土为流，始为向化。至于土司实在不法，恶迹确著者，该督抚据实参劾治罪”（《东华录•雍正十三年》）。就是说，清朝采取首先从劣迹昭著或违抗朝命的土司开刀，然后迫使恭顺弱小的土司就范的分化瓦解策略。这样，广西、贵州等地的一些奉法的弱小土司，也就得以长期保留下来。

对改流土司的安置。根据土司的表现和态度，除就地安置外，还实行按指定地点迁徙的政策。如《清史稿•刑法志二》载：“惟条例于土蛮、瑶、僮、苗人仇杀劫掳及改土为流之土司有犯，将家口实行迁徙。然各有定地，亦不限千里也。”关于迁徙外省原因，史书记载极为明白。据载：“云南镇沅地方，改土为流，应将刁瀚家口迁往省城。奉旨，疏内所称刁瀚家口迁往省城之处，朕思伊之家口，若留本省，管束太严，则伊等不得其所。若令疏放，恐复生事犯法。刁瀚之家口著迁江宁省城。令该督酌量安顿，务令得所”（《大清会典事例》卷一四五）；鄂尔泰奏“威远土州刁光焕等既经改流，反居省会，夷人情恋故主，消息时通，往来不绝。四方杂处之区，何从稽察？臣每念及此，辄中夜坐起，窃有殷忧。故情可从宽，不妨给还原主；事应执法，必须流徙他方。臣拟于审结土司各案后，具疏题请将刁光焕、高德厚、刁瀚、安于藩等，及从前监禁各土目，尽迁置内省，除云、贵、川、粤、湖南外，余皆可安插”（《硃批谕旨》第二十六册）。就是说，清统治者深恐改流土司东山再起，又复“生事”，故有“流徙他方”之举。迁徙外省时，除土司本人外，如无特殊情况，家口也一并迁徙。其具体办法是：“各该督抚于土司应迁之家口，据实确查其妻妾子女与应迁之父母兄弟照例迁徙外，如该犯只有妻妾无子嗣，及子嗣幼小无应迁之父母兄弟，即将伊妻妾幼子免其迁徙，安插于本省省城，令地方官稽查管束，勿许生事。至犯军流罪，改土归流之土司家口，无论有子无子照例随同本犯迁徙外，如本犯未迁之先，身故，并无子嗣及子嗣幼小者，亦将伊妻妾幼子免其迁徙，安插省城，俱令地方官稽查管束，勿许生事”（《吏部处分则例》卷三七，捏报土司并无子嗣条）。土司及家口迁至外省后，加以严密监视。据载：“土司并家口分别罪犯迁于远近省安插者，饬令该地方官不时稽查，毋许生事扰民出境，如疏纵土司本犯，将该地方官照军流罪犯取保逃跑例议处”（《吏部处分则例》卷三七，疏纵安插土司家口条）。

关于迁徙地点，一般有二。一是远近省。湖广土司，如保靖宣慰使彭御彬徙辽阳，桑植宣慰使向国栋徙河南（见《清史稿•土司列传一》）；云南土司，如孟拱土司迁关外，邓川土知州㓂远、阿迷土知州李纯均迁江西，姚安府土同知李厚德迁江南（见《清史稿·土司列传三》），镇沅土官刁瀚迁至江宁省城（《大清会典事例》卷一四五）；云、贵、广西改流土司，有的安置在安庆（《清史稿·徐本传》）。可见，计有安置辽阳、河南、关外、江西、江南、安徽等地。二是遣还原籍。如《清史稿·鄂尔泰传》载：雍正五年泗城土知府岑映宸纵其众出掠，“鄂尔泰疏劾，令诸道兵候檄进讨，映宸乞免死存祀，改土归流。鄂尔泰奏请映宸送浙江原籍，留其弟震翰奉祀”；因据传“泗城军民府岑氏，其先岑仲淑，浙江余姚人，善医”，宋时因从狄青南征有功而留为土司（见嘉庆《广西通志》卷六〇），故有“送浙江原籍”之举。对被迁土司，生活上仍给予出路。据载：“凡有改土为流之土司，其迁移何处，及如何酌给房屋，俾得存养之处，著九卿酌量土司所犯罪案，分别详慎具奏”（《大清会典事例·吏部》卷一二九）；雍正十一年安庆巡抚徐本疏言：“云、贵、广西改流土司安置内地，例十人给官房五楹，地五十亩”（《清史稿·徐本传》）。清廷通过把改流土司调离本土的措施，收到了使其势力逐渐消泯的效果。

对恭顺土司的改流，一般都给予优厚待遇，以减少阻力。这在鄂尔泰的奏折中，已拟议得十分明确。他说：对于投献者，“但收其田赋，稽其户口，仍量予养赡，授以职衔冠带终身，以示鼓励。”（见《硃批谕旨》第四十九册，雍正四年九月十九日鄂尔泰奏）即，政治上，仍保留原有品衔顶戴或给予相应的虚衔，只是剥夺其管理民事的实权。如：乾隆二十五年“设石柱直隶厅，改土宣慰使为土通判世职，不理民事”（《清史稿·土司列传二》）；光绪二年督办川滇边务大臣赵尔丰奏，高日土司改土归流应予职衔承袭，“略称查高日土司乃系长官司之职，较之土千户品级尤崇，应恳予以世袭守备职衔，准其永远承袭”；光绪三十四年“云贵总督锡良奏，请将云南镇康土知州改土归流，至该土州授官分土相沿已数百年，应请留原衔作为承祀官，择其稍近之支族准予世袭，不理民事”；宣统元年赵尔丰又奏，德格土舍输诚，“其原有二品顶戴花翎，据该土舍禀称，向例年班朝贡均系袭戴等因，应恳恩准照旧戴用”（均见《清朝续文献通考》卷一三六）。在经济上则给予田产或款项以资养赡。如：雍正六年永顺宣慰使彭肇槐纳土，“赐银一万两，听其在江西祖籍立产安插”（《清史稿·土司列传一》）；光绪二年高日土司改流，“给予赡地”；光绪四年规定，赏给改流的田州“土官子弟顶戴田产存留奉祀者，准该后裔承袭”；光绪三十四年南镇康土知州改土归流，“仍酌量拨给庄田，俾资养赡”；光绪三十四年四川总督赵尔丰奏请四川改流土司“拟仿照广西州县土佐杂世袭之例，量改归县统辖，每岁仍筹给款项，以示体恤”（均见《清朝续文献通考》卷一三六）。通过这些善后措施，起到了减少土司反抗的作用，使改流工作顺利进行。

清廷对改流后原土司地区的政策。政治上和军事上，采取设流官、戍兵、建城、编户籍、立保甲等措施。如：雍正五年“十一月，招降长寨后路苗百八十四寨，编户口，定额赋”，十二月“攻破云南倮窝泥种，取六茶山地千余里，划界建城，置官吏”（《清史稿·鄂尔泰传》）；雍正十三年户部题准，广西、四川等归流土民，“定例令专管官编立保甲，查缉匪类，逢望日宣讲上谕，以兴教化”（《清史稿·食货志一》）；雍正时“苗疆辟地二三千里，几当贵州全省之半，增营设汛，凡腹内郡县防兵大半移新疆”，并在当地“立保甲，稽田户”（《清史稿·土司列传四》）；乾隆二十二年规定“四川改土归流各番寨，令乡约甲长等稽查”（《清史稿·食货志一》）。通过这些措施，加强对民族地区的统治。经济上实行丈量土地、编丁纳赋等如同内地的措施。如：雍正四年“鄂尔泰奏剿办仲苗就抚者二十一寨，查出熟地荒地三万余亩”（《清史稿·世宗本纪》）；雍正十三年题准“广西庆远府属之宜山县龙门司接界索潭等六村，改流土民一百七十九口，归入宜山县版籍。熟田七十四亩，额征银二两六钱二分二毫，遇润征银二两七钱七厘有奇。升科征本色米三石一斗六升七合二勺，归入宜山县管辖，造入地丁奏销”；嘉庆十六年谕四川“岭夷”改流后，“所有户口册籍，及升科粮数，著该督核明分别题咨办理”（均见《大清会典事例·户部》卷二五八）；嘉庆年间苗酋石崇四等“阻丈田”（《清史稿·傅鼐传》）。按亩征赋制的实行，所谓有产之家“官给执照，永远为业，按田肥瘠，分别升科”，意味着清廷对原土司地区的地主经济所有制的承认。无疑，封建地主所有制取代土司土地所有制，这是一种历史的进步。其负担也较前为轻。如湘西永顺、保靖、桑植三土司地区，改流后，只需“完秋粮二百八十两之数，较之土司陋规，十不及一，民皆欢欣乐输”（《清朝文献通考》卷三）。在租赋方面，清廷采取了一些变通的照顾措施。如：雍正二年元江一带改流后，规定“旱田十年后、水田六年后升科”（《清史稿·高其倬传》）；乾隆元年平定苗疆后“诏尽豁新疆钱粮，永不征收，以杜官胥之扰”（《清史稿·土司列传四》）。此外，清廷还取鼓励开荒垦田之策，从而发展了生产。“湘、黔苗地，垦辟汙莱，焚烈山林，久荒之土，亩收数倍”（《圣武记·雍正西南夷改流记上》卷七），即例证。文化教育上，也作了相应规定。如：雍正二年元江地区改流后，“议义塾，教夷人子弟。元江府学额外增额二名，待其应试”（《清史稿·高其倬传》）；雍正八年“礼部议准四川巡抚宪德疏言，新设建昌府，蛮夷杂处，请于汉境内择大村堡义学例，建设学舍，选取本省文行兼优之士延为塾师，俟学业有成，俾往教生番子弟”（《清朝文献通考》卷七〇）；雍正十一年云南巡抚张允随“疏以镇沅、思乐府县皆新改土为流，请立学，设教职，定学额”（《清史稿·张允随传》）；雍正十一年“定广西改土归流各学教职生童例。镇安府改土归流，立府学，设教授，取进文武童生各十二名。泗城府学旧无定款，令照镇安例。其新改流之东兰、归顺二州各设学正一员，取进童生各四名。思明土府新改为土州，归并宁明州，照州学例，设学正，取文武童生各十五名”（《清朝文献通考》卷七〇）。上述在改流地区立学、设教职、定学额的措施，使当地人民“亦有读书应考者”（《清史稿·食货志一》）。以鄂西民族地区为例，至清代后期，出现了“文治日新，人知向学”、以“诵读为重”（同治《恩施县志·风俗志》）的现象。可见，改流后南方民族地区的文化教育事业出现兴盛局面。

改土归流后，土司势力遭到严重打击，其在政治上、经济上的地位都显著下降。这从道光年间的贵州土司状况中可得到说明。据（《黔南职方纪略·土司上》卷七）载：“明代土官皆生杀自恣，其小者犹能以虐政害其所部苗民。今则宣慰、土府诸大土司皆裁，其小者又以所部租税与汉人相买卖如田业然，至有贫不能举火者，有大狱讼皆决于流官，见流官与乡保无异，苗民亦且轻之，往时虐政，减除殆尽。”

总之，改土归流的结果，使我国南方民族地区基本上消除了土司的割据状态，加强了中央政权对西南边疆的统治，一定程度上废除了土司欺压土民的制度，改善了一些少数民族地区落后闭塞的状况，有利于国内各民族间经济文化的交流，有利于少数民族地区的社会经济发展。因此，这是符合社会历史发展的具有重大历史意义的事件。

参考文献

［1］（汉）司马迁．史记．中华书局标点本．

［2］睡虎地秦墓竹简．文物出版社版．

［3］（北魏）郦道元．水经注．武英殿聚珍版丛书本．

［4］（汉）刘向．战国策．士礼居丛书本．

［5］（清）钱大昕．潜研堂文集．皇清经解本．

［6］（汉）班固．汉书．中华书局标点本．

［7］（南朝宋）范晔．后汉书．中华书局标点本．

［8］（汉）班固等．东观汉记．武英殿聚珍版丛书本．

［9］（明）欧大任．百越先贤志．岭南遗书本．

［10］湖南省博物馆．马王堆汉墓研究．湖南人民出版社版．

［11］（明）黄佐．广东通志．嘉靖三十七年刊本．

［12］（汉）袁康、吴平．越绝书．丛书集成初编本．

［13］（晋）常璩．华阳国志．四部丛刊本．

［14］（宋）司马光．资治通鉴．中华书局标点本．

［15］（唐）杜佑．通典．万有文库本．

［16］（晋）张勃．吴地志．汉唐地理书钞辑本．

［17］（晋）陈寿．三国志．中华书局标点本．

［18］（南朝梁）萧统．文选．中华书局影印本．

［19］（宋）乐史．太平寰宇记．乾隆刊本．

［20］（宋）李昉等．太平御览．中华书局影印本．

［21］（宋）王存．元丰九域志．光绪八年金陵节局刊本．

［22］（宋）范成大．桂海虞衡志．学海类编本．

［23］（宋）周去非．岭外代答．知不足斋丛书本．

［24］（宋）曾公亮．武经总要．四库全书本．

［25］（宋）田渭．辰州风土记．麓山精舍辑本．

［26］（宋）朱辅．溪蛮丛笑．学海类编本．

[27]（清）闵叙．粤述．说铃本．

[28]（清）严如煜．苗防备览．嘉庆二十五年刊本．

[29]（清）罗绕典．黔南职方纪略．道光二十七年罗氏家刻本．

[30]（明）宋濂等．元史．中华书局标点本．

[31]（清）柯绍忞．新元史．退耕堂刊本．

[32] 元典章．中国书店本．

[33]（清）邵远平．元史类编．乾隆二十四年刊本．

[34]（明）陈邦瞻．元史纪事本末．中华书局本．

[35]（清）乾隆敕撰．续文献通考．万有文库本．

[36]（元）陶宗仪．南村辍耕录．中华书局元明史料笔记丛刊本．

[37]（明）沈德符．万历野获编．中华书局元明史料笔记丛刊本．

[38]（明）张洪．南夷书．江应樑《百夷传校注》附录本．

[39]（明）田汝成．炎徼纪闻．历代小史本．

[40]（明）李思聪．百夷传．云南图经志书本．

[41]（清）永瑢等．历代职官表．丛书集成初编本．

[42]（清）刘崑．南中杂说．豫章丛书本．

[43]（清）张廷玉等．明史．中华书局标点本．

[44]（明）申时行等．大明会典．明司礼监刻本．

[45]（清）夏燮．明通鉴．中华书局本．

[46]（清）龙文彬．明会要．中华书局本．

[47] 土官底簿．文渊阁四库全书珍本．

[48]（清）蒋廷锡等．古今图书集成．上海中华书局影印本．

[49]（明）朱孟震．西南夷风土记．学海类编本．

[50]（清）毛奇龄．蛮司合志．西河合集本．

[51]（明）丘濬．广西众建土官议．粤西文载本．

[52]（明）苏濬．左江土司志．粤西文载本．

[53]（清）永瑢等．四库全书总目．中华书局影印本．

[54]（明）徐宏祖．徐霞客游记．中华书局本．

[55]（明）王士性．广志绎．台州丛书本．

[56]（明）王守仁．王文成公全书．道光六年重刊本．

[57]（明）魏濬．峤南琐记．研云重刻本．

[58]（明）邝露．赤雅．知不足斋丛书本．

[59]（清）田雯．黔书．粤雅堂丛书本．

[60]（清）孙承泽．春明梦余录．古香斋袖珍十种本．

[61]（清）冯甦．滇考．台州丛书本．

[62]（清）陆次云．峒谿纤志．小方壶斋舆地丛钞本．

[63]（明）苏濬．广西郡县志．粤西文载本．

[64]（清）胡虔等．广西通志．嘉庆六年刊本．

[65]（民国）赵尔巽等．清史稿．中华书局标点本．

[66]大清历朝实录．伪满影印本．

[67]（清）蒋良骥．东华录．中华书局本．

[68]（清）昆冈等．大清会典．光绪三十四年商务石印本．

[69]（清）李鸿章等．清会典事例．光绪三十四年商务石印本．

[70]吏部处分则例．嘉庆二十五年刊本．

[71]（清）戴龄．户部则例．同治十三年刊本．

[72]（清）乾隆敕撰．清朝文献通考．万有文库本．

[73]（清）刘锦藻．清朝续文献通考．万有文库本．

[74]（清）雍正敕编．硃批谕旨．乾隆内府本．

[75]（明）张萱．西园闻见录．哈佛燕京学社本．

[76]（清）陈鼎．滇黔记游．说铃本．

[77]（清）李宗昉．黔记．问影楼舆地丛书本．

[78]（清）曹树翘．滇南杂志．小方壶斋舆地丛钞本．

[79]（清）赵翼．詹曝杂记．中华书局清代史料笔记丛刊本．

[80]（清）郁永和．采硫日记．丛书集成初编本．

[81]（清）魏源．圣武记．道光二十二年刊本．

[82]（清）张泓．滇南新语．艺海珠尘本．

[83]（清）余庆远．维西见闻纪．艺海珠尘本．

[84]（清）吴省兰．楚峒志略．艺海珠尘本．

［85］（清）常明等．四川通志．嘉庆二十一年刊本．

［86］（清）陆祚蕃．粤西偶记．说铃本．

［87］（清）张心泰．粤游小志．小方壶斋舆地丛钞本．

［88］（清）师范．滇系．云南丛书本．

［89］（清）蓝鼎元．边省苗蛮事宜书．小方壶斋舆地丛钞本．

［90］（清）李心衡．金川琐记．艺海珠尘本．

［91］（清）刘彬．永昌土司论．小方壶斋舆地丛钞本．

黎族史

目　录

源远流长的黎族

——序《黎族史》

王学萍

黎族是一个历史悠久、勤劳勇敢和富有光荣革命传统的民族。黎族族源问题是黎族研究的一个重要问题，也是一个难题。近年来在繁忙公务活动之余，偶读史书，引发了自己对黎族历史的兴趣。中南民族学院（现中南民族大学）教授吴永章约我为他的大作《黎族史》作序。借此机会，谈谈自己对黎族族源的一点认识，算是抛砖引玉，希望有更多的同志关心和研究这个问题，并能够在不久的将来对黎族族源问题形成共识。

从20世纪50年代中期到80年代，考古学界在海南发现含有石器的古遗址洞穴、岗丘、沙丘、贝丘有200多处，这些遗址广泛分布于海南岛各地。从发现的石器和陶器分析，在距今六七千年到三四千年间，海南不少地方已有人类的活动。特别是“三亚人”的发现，又把海南的人类活动的历史提前到距今1万年左右。1992—1993年中国科学院古脊椎动物和古人类研究所及海南省博物馆的考古专家，在三亚市东北郊落笔洞洞穴遗址发现了1万年前的人类牙齿化石及伴生的石制品、骨制品和角制品等大批文化遗物。遗址中灰色胶结层堆积物经碳14年代测定为10642±207年。由此可见，从距今1万年前到距今3000年前，海南岛各地一直有人类的活动。那么，这个时期的人类是否就是黎族的先民呢？就我个人的观点，“三亚人”及后来在海南岛活动的人类应是黎族的先民。根据有两点：其一，在海南发现的新石器时代的石器、陶器文化遗物基本上属于百越中一支骆越人的文化遗存。在石器方面，以磨光、有肩、有段式的斧、锛比较普遍，大型石铲较多；陶器则包括夹砂粗陶、泥质细陶和印纹硬陶三种陶系。常见于粤中地区的夔纹硬陶则少见。在广西东兴临海河口、南宁邕江及其上游，左右江流域扶绥、邕宁、横县等14

处贝丘遗址都发现了与海南岛型相似的石器工具、网坠等，说明海南岛新石器文化与两广地区的骆越同属一个文化系统；其二，骆越当是黎族先民。关于第一点理由，学术成果较多，意见较为一致，此处不再多证。现重点讨论一下骆越为黎族先民之说。

从历史地理学上看。骆越又作“雒越”，《史记·南越列传》但称为骆，“秦已破灭。佗即击并桂林象郡，自立为南越武王。……佗因此以兵威边，财物赂遗闽越、西瓯、骆役属焉。……南越已平矣，遂为九郡”。以今日地理范围，赵佗所据的南海、桂林、象三郡，当为广东、广西、越南等地。汉武帝平定南越，在越人故地开置九郡，儋耳、珠崖二郡在海南岛，自然是越地一部分。那么，海南岛居民究竟是越人之中的哪一支呢？《汉书·贾捐之传》有明确记载。汉元帝初元年间（前 49—前 45 年），珠崖“反叛”，朝廷议征讨之事，贾捐之说：“骆越之人，父子同川而浴，相习以鼻饮，……本不足郡县置也。颛颛居一海之中，雾露气湿。……又非独珠崖有珠犀玳瑁也，弃之不足惜。”上文骆越之名，是在文献中首次出现，在这里是指海南岛世居民族。《资治通鉴·汉纪二十》胡三省注曰：“余谓今安南地，古之骆越也。珠崖，盖亦骆越也。”又据《史记·南越列传》索引引《广州记》，也说骆越在交趾。因而，从地理上判断，骆越分布约相当于现在的越南北部及粤桂与越南交界地区以及雷州半岛、海南岛等地。

自东汉以后骆越地带居民名称有较大变化。《后汉书·南蛮西南夷列传》载：“建武十二年（36 年），九真徼外蛮里张游，率其种人，慕化内属，封为归汉里君。”李贤注曰：“里，蛮之别号，今呼为俚。”这是关于俚人或里人最早的文献记载。从里人（俚人）居于九真徼外观之，应属西汉骆越遗裔。另据万震《南州异物志》《旧唐书·地理志》等书记载，在广东西江，广西浔江、郁江以南至越南北部的广大地区，其世居民族自东汉以至南北朝，皆称为“俚人”或“俚子”。这一地区，西汉以前为骆越地带，不是因居民迁徙变化，而是因为东汉以后已由骆越改称“俚”的缘故。黎人是由俚人演变而来，学术界没有异议，无需进一步论证。

从以上论述可知，海南岛西汉以前为骆越一部分，而东汉以后，骆越故地世居民族改称“俚”，海南岛又为俚人的一部分，后来居住本岛的俚人再改称为“黎”。

从语言学上看。黎语与古越语在语法结构上有许多共同特点，如修饰语放在中心词之后的结构方式。东汉袁康《越绝书》载：“朱余者，越盐官也，越人谓盐曰余。”“朱余”是由两个名词结合而成的合成词，后者修饰前者。这正是黎语语法的主要特点，“虚上而实下，如鸡肉曰肉鸡，县前曰前县”。黎语在系属上属于汉藏语系壮侗语族中的黎语支，与同一语族的壮语、布依语、傣语、侗语、水语等有较密切的亲属关系。表现在语音、语法、词汇等方面都有共同的特征。在语音方面，声母比较简单，韵母比较复杂，每一个音节都有一个辅音起头的声母，没有真正元音起头的音节；现在壮侗语族分四个调类，八个声调，并与声母的关系比较密切。在语法方面，语序基本与汉语相同，但定语一般位于中心词之后，如“白马”说成“马白”，“桃树”说成“树桃”等。在壮傣、侗水、黎三个语支的基本词汇中有不少是同源词，如水、火、子女、鸡、臂、来、狗、猪等，其声母、元音、韵尾都对应，调类除个别例外基本相同。不过黎语从“原始壮侗语”分出来要早些。共同语言是民族的重要特征之一，与民族的形成和发展关系密切。黎语既然与壮侗语族各民族语言的关系如此密切，因此可以推定黎族与壮、布依、傣、侗、水等民族有着共同的族源；而目前学术界绝大多数都认为这些民族起源于古代的越族，那么黎族源于古越族的一支也是顺理成章的。

从地名学上看。地名在最初命名时跟地理环境和历史条件有关，而且地名的历史比文字的历史还要久远。因此通过华南地区某些地区分析研究，也可以帮助我们阐明古代黎族的分布情况以及黎族与其他民族的历史渊源。清代屈大均《广东新语》说：“自阳春至高雷廉琼，地多曰那某、罗某、多某、扶某、牙某、峨某、陀某、打某……”，在同一条目中又提到黎岐人“地名多曰那某、南某、婆某、可某、曹某、爹某、落某、番某”。以近人研究，这些地名都是根据壮侗语族语言读音，用汉字音译而成。如壮语称稻田为“那”，壮语、黎语均称水为“南”（或作“湳”），黎语称村庄为“抱”“包”“番”，称稻田为“打”等，语言的相近，反映了民族的亲缘关系。据统计，这些地名以“那”字最多，分布集中，广西有1200多处，越南有60多处，云南有170多处，广东有150多处。可见，海南岛许多黎语地名与广西、广东高雷等地不少地名在语音和语义方面非常接近或者相同，完全属于壮侗语言系统。

从民族学上看。古越人在生活上、习俗上的主要特点是：断发文身，契臂为盟，多食海产，善使舟及水战，善铸铜器等。这些习俗黎族基本上都有。《水经注》转引晋代王范的《交广春秋》，就曾提到当时海南岛上的世居民族有“披发文身”

的习俗。宋代《桂海虞衡志》《岭外代答》对黎族妇女文身有更详细的记载。直到新中国成立前夕，黎族妇女中仍保留着这种习俗。巢居，是指干栏式建筑，宋《太平寰宇记》中就有黎人“巢居”的记载。这类房子解放前在白沙县南开一带还有保存。在壮、傣等民族中干栏式建筑也很普遍。在婚俗方面，黎族和壮、侗等民族都有“不落夫家”的习俗，黎族青年男女的恋爱活动和壮族的“玩公房”、侗族的“坐妹”也有近似的地方。此外，《汉书》等都有关于越人“鸡卜”的记载，而该习俗直到解放前在黎族群众中还完整地保留着。

综上所述，黎族与各壮侗语族各民族在族源方面有着密切的关系，其先民与古代生活在两广地区的古越人，以至后来的俚人有密切的关系。而根据考古资料判断，黎族先民——骆越人大约在旧石器时代和新石器时代之交便在海南岛居住，距今至少已有上万年的历史。黎族既是海南岛上的最早居民，也是中国境内最古老的民族之一。

前　言

黎族是我国民族大家庭的一员，是海南岛的世居民族。从远古以来，他们就生息繁衍在这美丽富饶的宝岛上。据 1990 年统计，黎族人口共有 110 多万人，主要聚居在今海南省的三亚市、通什市、琼中黎族苗族自治县、保亭黎族苗族自治县、陵水黎族自治县、乐东黎族自治县、东方市、白沙黎族自治县、昌江黎族自治县，此外在北部的万宁市、儋州市、屯昌县、琼海市、澄迈县等地也有黎族分布。黎语，属于汉藏语系壮侗语族的黎语支。

黎族是有悠久历史的民族。据考古材料推知，早在 1 万年前，海南岛已有人类活动。约在 3000 年前的商周之际，黎族先民就已定居在海南岛。中华人民共和国成立以来，在当地发现新石器时代中、晚期的文化遗址达 130 多处。这些遗址，大多分布在靠近河流的山岗和台地上。出土的器物有：石斧、石锛、石铲、石凿、石戈、石矛、石犁等生产工具，石制和陶制的纺轮，大量陶制的生活用具，以及各种石、陶制成的装饰物等。大量黎族远古祖先遗物的出土，为研究黎族原始社会历史提供了可靠的考古学依据。在周、秦时期，我国古籍就有关于黎族先民的种种记载，称作“雕题”“儋耳”或“离耳”，“穿胸国”或“贯胸国”等。这些传说的、历史的材料表明，黎族先民早已与祖国大陆发生了密切联系。秦始皇三十三年（前 214 年），统一岭南广大地区。从此，汉族移民开始陆续入岛，黎、汉人民一道，筚路蓝缕，以启山林，辛勤地开发和经营海南。

汉武帝元封元年（前 110 年），正式在岛上设置珠崖、儋耳两郡。郡县制在海南的建立，巩固了祖国的统一，是一重大历史事件。从此，黎族原始社会逐步瓦解，封建化过程开始出现；海南与内地的联系，黎汉人民间的经济文化交流，则日益增强。其后，封建王朝在海南的建置，时并时废，管辖范围也有所扩大或缩小。梁大同年间（540—541 年），儋耳黎族先民 1000 多峒“归附”冼夫人，由她“请命于朝”而重置崖州。冼夫人是杰出的“南越首领”，当时她管辖的地区包括广东的西南部、雷州半岛以及海南岛。从此以后，历代中央王朝都有效地统辖着海南，海南与内地连为一体。冼夫人在海南地区和黎族发展史上，具有崇高的历史地位。唐代，最具历史意义的事件有二：一是唐贞元五年(789 年)以后，在海南设置琼、崖、万安、儋、振五州二十二县，为后代的行政建制奠定了基础；二是琼管诸州六十二峒均已归附，标志着中央王朝势力日益深入黎区。这一时期，黎族地区已出现“以富为雄”“豪富兼并，役属贫弱”的阶级关系。宋代，黎区社会经济有了长足发展，封建化程度也有所加深。宋代，在黎族发展史上占有特殊重要地位；相比较而言，如果说，唐以前长期处于缓慢发展阶段，入宋后则进入迅速发展时期。元代，最突出的历史现象是，黎族土官势力发展至登峰造极的地步。明、清两代，黎族社会进入一个新的发展阶段。除远离汉区的山区腹地还保留着原始公社制生产方式的残余外，在靠近汉族的黎族地区，生产发展水平已与当地汉族趋于一致，封建社会的生产方式已占据统治地位。

黎族是有璀璨而独特文化的民族。黎族手工纺织品，早在宋代，已以其制作精良、细密莹白、色彩鲜美、图案新颖、品种繁多而闻名于世。计有：用纯棉织成的“黎布”与“黎毯”；取内地所产色丝加棉纱织成的“黎幕”；用青红色丝间棉纱制成的卧单名“黎单”；有五彩纹图并联幅为幕者称“黎饰”，此即后世之“黎锦”；五色的短块装饰品为“鞍搭”；上织细字花卉被称作“最上品”的白氎布，以及“花被”“缦布”等。黎族的纺织工具与技艺，在宋元之际已居于全国领先水平。其时，杰出的女纺织家黄道婆对此加以总结、改进、推广，促进了江南地区棉纺业的飞速发展。长靶短刃、织细藤缠靶的黎刀，在林林总总的南方诸族刀类中独具一格。无羽、弓短、矢重的黎弓，被誉为黎人之“长技”。用特殊材料和方法酿成的美酒，别具清醇之味。为宋代中原名士乐道的有：“味美香”的安石榴花酒，“醍醐白”的椰酒和“琥珀红”的银皮酒。黎族人民世代培育的优良农作物品种，如“粒大色白，味颇香美”的黎米，“体重盈钧，质皎若霜”的薯实山药，为人们提供了精美食粮。乐器中，铜鼓、铜锣为世所珍。铜鼓，黎族曾在历史上广为使用，其纹饰遗存至今在器物中仍处处可见。铜锣以蛤锣“最贵”，可谓价值连城。黎歌、黎舞，以其特有风韵，为世人所推崇。这一切，都为祖国绚丽多彩的文化宝库增添了异彩。

黎族是不畏强暴、有英勇斗争历史的民族。汉武帝末年（前 87 年），黎族先民为反抗珠崖太守强征广幅布而进攻郡城，开创了海南人民对历代封建统治者展开不屈不挠斗争的先河。唐乾封初年（666—667 年），黎族人民攻陷琼州。有宋一代，黎人反抗活动共达 14 次之多，其中尤以政和八年（1118 年）黎人王居想、绍定四年（1231 年）琼山黎人王居起，端平元年（1234 年）黎人的反抗斗争，规模最大、范围最广、影响最巨。元代，至顺元年（1330 年）至元统二年（1334 年）爆发了以王官福、王六具、王吾、王马、王周、王奴罗诸人为领袖的历时 5 年之久的黎民大起义。明代，黎民反抗斗争，空前繁多。其中较大规模的有 5 次：弘治十四年（1501 年）儋州七方峒黎符南蛇起义；嘉靖十八年至二十年（1539—1541 年），万州和陵水峒黎那黄、陈那任起义；嘉靖二十八年（1549 年）崖州峒黎那燕、那牵、符门钦起义；万历二十五年至二十七年（1597—1599 年），以琼山县峒黎为据点，以定安县马矢为首的起义；万历四十一年（1613 年），崖州黎那阳、那牙、那定起义。需要指出的是，符南蛇起义，因“官役频繁”而发，事起后“三州十县诸黎峒”纷纷响应，“众号十万”，“撼动海外三千里”，给明王朝在海南的统治予重创，在黎族反抗斗争史上写下光辉一页。清代前期，以康熙三十八年至三十九年（1699—1700 年）琼山县指马峒首王振邦领导的反对统治者穷征暴敛的反抗斗争较富代表性；清代后期，较著名的有：道光九年（1829 年）黎亚鸡和张红顶、张亚基先后领导的崖州黎民起义，道光十三年（1833 年）黎亚义领导的儋州黎民起义，特别是光绪十一年（1885 年）爆发的临高和儋县黎、汉人民大起义。鸦片战争后，黎族人民在坚持反封建斗争的同时，又掀起了反帝斗争高潮。光绪二十三年（1897 年），吕那改等人领导 4000 多黎族农民进行了声势浩大的反帝反封建斗争。这一切，都构成了我国人民革命斗争史的一部分。

近代以来，黎族研究取得了显著成绩，江应樑、岑家梧、刘咸、王兴瑞、容观夐、刘耀荃诸先生是其中佼佼者。本书的撰写，参考了已有的研究成果，谨致谢忱。

中共中央委员、海南省委常委、海南省人民政府副省长王学萍同志①，百忙中抽空为本书作序，以示对黎族研究的支持和鼓励，至为感谢。

本书在写作过程中，得到海南省民族宗教厅的大力支持和帮助。1996 年本书稿送请有关领导和专家审订，并在海口召开了专门讨论书稿的会议。他们对书稿进

① 本书成于 20 世纪 90 年代，为之作序的王学萍先生时任中共中央委员、海南省委常委、海南省副省长等职。为保留原序样貌，故此只作注说明，不再根据现情况改动。——编者注

行了认真审订，并提出了宝贵的修改意见。这期间，参与审订的领导和专家有[①]：王亚保（海南省民族宗教事务厅厅长）、陈国轩（海南省民族宗教事务厅副厅长）、符泽辉（海南省民族宗教事务厅副厅长）、卓其德（海南省民政厅副厅长）、卓连存（海南省人民政府办公厅助理巡视员）、黄桂兰（海南省妇女联合会副主席）、邢关英（原海南省社会发展研究中心社会文化处处长、副研究员）、王国全（海南省民族博物馆馆长、副研究馆员）、洪兴文（海南省民族宗教事务厅政法处处长）、蒋妹芳（海南省民族宗教事务厅宗教处处长）、王建成（海南省民族宗教事务厅政策研究室主任）。在此，表示衷心的感谢。

本书下限断至清代。附录了《解放前黎族“合亩”制地区的社会形态》一文，以为补充。该文曾发表于1985年《民族学研究》第六辑。此次收入作了一些删改。

吴永章

1996年12月

于武汉中南民族学院民族研究所

① 此处提及的领导专家情况亦同，为成书期间（20世纪90年代）时任情况。为保留原序样貌，不作改动。——编者注

第一章　黎族族名的由来与嬗变

黎族的称谓，有一个发展演变的过程。在周、秦时期，我国古籍就有关于黎族先民的零星记载，称作“雕题”“儋耳”或“离耳”，其地称“穿胸国”或“贯胸国”等。汉代以后，也有将黎族先民名为“骆越”“蛮”或“蛮夷”“俚”“僚”，以及“俚僚”并称者。唐代，始正式出现“黎”的专用族名；宋代，才普遍使用这一称谓。从此袭用至今。

一、雕　题

“雕题”，据《礼记·王制》卷十二载：

> 南方曰蛮，雕题交趾。

《礼记》，又名《小戴礼记》，传西汉戴圣编，多取材周、秦古书。又，《山海经·海内南经》卷五，也有“雕题国”之载。《山海经》此书，世人定为周、秦间人所作，已无歧见。此外，题为战国楚人屈原之《楚辞·招魂》，有南方“雕题黑齿”之句。上述诸记载表明：在先秦时，最迟不晚于战国，已有南方“蛮”人的一支名“雕题”之说。雕题，也有写作“雕踶”者。见于汉班固《白虎通·礼乐》卷一。

所谓雕题，意为用丹青刻画其“额”。但是，所谓“额”，决不能望文生义，仅仅按字面理解为额头，而应扩及面颊及身肌。其理由有二：一是历代注家已有见及此。如，上引《礼记·王制）汉郑玄注：

> 雕文，谓刻其肌。

唐孔颖达疏：

> 非惟雕额，亦文身也。故仲雍居吴、越，《左传》云：“断发文身”。

可见，雕题，包括刻肌、文身之意。二是从后世黎人“绣面”的部位来看，多是在脸面。

关于雕题的记载，最为明确的当数东汉杨孚《异物志》[①]，其词云：

雕题国，画其面及身，刻其肌而青之。或若锦衣，或若鱼鳞。[②]

这就指明了雕题的部位（面与身）与文式（如锦衣、鱼鳞的形状）。杨孚，南海（今广州）人，汉章帝时，曾官议郎。粤人记岭南事，耳闻目睹，最为切实可信。

至此，我们可以得出结论说：雕题，确系海南黎族先民。理由有二：一是从地望言，与交趾相提并论，且属“交州”“南裔”。尚古时代的交趾，系指岭南一带地；汉代的交州，也辖岭南境。故与海南地域相符。二是从习俗言，黎族长期流行绣面、文身。从唐、宋以后，记载不断，所谓唐代崖州（治今海南省琼山县东南）“人皆彫（雕）蹄（题）凿齿，绣面鼻饮，是其异也”[③]可证。至今仍可见此俗的遗存。

二、儋耳或离耳

“离耳”，据《山海经·海内南经》卷五载：

伯虑国、离耳国、雕题国、北朐国皆在郁水南。郁水出湘陵南海。

晋郭璞注：离耳国，“锼离其耳，分令下垂以为饰，即儋耳也。在朱崖海渚中”。郁水，即今广东之西江，流入南海，故郭璞称：离耳，“在朱崖海渚中”。是言之有据的。可见，《海内南经》之离耳即儋耳；离耳之名，先于儋耳；离耳，为海南地区的早期居民。

周秦时期，传说中的雕题、离耳之民，尚过着较为原始的生活。其表现有三：一是“不火食”[④]。尚不知烹饪之法，有生食之习，这从清代有的偏僻地区黎人仍有“鲜食”[⑤]遗习可证；二是“常食蠃蜂”[⑥]。早期，沿海居民以水产为重要食物来源。岭南地区，大量发现新石器时代的贝丘遗址，就是其时其地居民生活的真实反映；三

① （汉）杨孚：《异物志》，又名《南裔异物志》《交趾异物志》《交州异物志》。
② （宋）李昉、李穆、徐铉：《太平御览·四夷》，卷七九〇。
③ ［日］真人元开：《唐大和上东征传》。
④ （汉）戴圣：《礼记·王制》，卷十二。
⑤ （清 道光）明谊、张岳崧：《琼州府志·海黎志》，卷二〇。
⑥ （汉）王逸：《楚辞·招魂》。

是“不食五谷，但啖蚌及薯蓣也”[①]。农业尚不发达，以薯芋一类杂粮为主食。这从宋代黎人仍过着“日啖薯芋”[②]的生活中可以得到证明。

“儋耳”，史有南儋耳与北儋耳之分。《山海经·大荒北经》卷十二载：儋耳之国，在北海之渚中。此为北儋耳，非本书论列范围。至于南儋耳，详记其事者当推汉人杨孚《异物志》。其中写道：

> 儋耳，南方夷，生则镂其头皮尾相连，并镂其耳匡，为数行，与颊相连，状如鸡腹，下垂肩上。

又，《汉书·武帝纪》师古注，《后汉书·明帝纪》李贤注，所引《异物志》文，与《太平御览·四夷》卷七九〇所载大意相同，但“鸡腹”均作“鸡肠”，可证“腹”乃“肠”之讹。

关于儋耳之得名，有两说。一是认为与文面俗有关。上述《异物志》即持是说。其意见是：从面颊连至耳匡再垂肩上，均刻画上数行如鸡肠状弯曲的花纹，故名儋耳。二是认为与耳饰有关。如，《后汉书·南蛮西南夷列传》卷七六载：

> 珠崖、儋耳二郡在海洲上，东西千里，南北五百里。其渠帅贵长耳，皆穿而缒之，垂肩三寸。

意为：儋耳的渠帅，以耳长为贵，均在耳下端穿洞，饰上坠物，使之下垂近肩，故名“儋耳”。

作者以为，上述两说均言之有据，均可通。因为：黎俗的绣面文式，有两颊连耳匡下垂至颈项及肩胸者；乐东等地有的黎族妇女，有戴又大又重的多个耳环以致把耳朵拉长者。可见，此两说，均与后世黎俗合之若符节，故无需分其轩轾。

儋耳，又有写作“耽耳”[③]、“瞻耳”[④]、“擔耳”[⑤]者。

---

① （晋）郭璞：《山海经·海内南经》，卷五。

② （宋）苏轼：《追和陶渊明诗引子由作》，见《东坡诗集注》，卷三〇。

③ 据西汉刘安《淮南子·坠形》卷四载：“夸父耽耳在其北方。”

④ 据东汉许慎《说文解字·耳部》卷十二上载：“瞻，垂耳也，从耳詹声，南方瞻耳之国。”

⑤ （晋）张华：《博物志·异人》，卷二，远夷中有“擔耳”。

儋耳，系指海南黎族先民无疑。儋耳，本为“夷”名，汉武帝始置儋耳郡，则演变成地名。

三、贯胸国与穿胸民

据《山海经·海外南经》卷五载：

> 贯匈国在其东，其为人匈有窍。

《淮南子·坠形》卷四有“穿胸民”。高诱注：“胸前穿孔达背。”晋张华《博物志》卷二，外国条，更详载了“穿胸民”的来历，而且绘声绘色：

> 穿胸国。昔禹平天下，会诸侯会稽之野，防风氏后至，杀之。夏德之盛，二龙降之。禹使范成光御之，行域外，既周而还。至南海，经防风，防风之神以涂山之戮，见禹使，怒而射之，迅风雷雨，二龙升去。二臣恐，以刃自贯其心而死。禹哀之，乃拔其刃，疗以不死之草，是为穿胸民。

《艺文类聚·鳞介部上》卷九六引《括地图》所载略同：

> 禹诛防风氏。夏后德盛，二龙降之。禹使范氏御之以行，经南方，防风神见禹，怒射之。有迅雷，二龙升去。神惧，以刃自贯其心而死。禹哀之，瘗以不死草，皆生，是名穿胸国。

元周致中《异域志》更演绎得天花乱坠：

> 穿胸国，在盛海东。胸有窍，尊者去衣，令卑者以竹木贯胸抬之。

以上记载，把“穿胸民”说成是胸有孔，甚至可用竹木穿胸而达背，当属无稽之谈；把“穿胸民”说成是房风氏之二臣以刀刃自贯其心而死，经不死之草疗后复活，繁衍成“穿胸民”，也是附会之说。但其共同之处在于：都承认当时南方确有穿胸之民。究其实，所谓穿胸之民，当系因其服制而得名。汉人杨孚最早将此二事联系起来，并作了极为精辟的记述。据《太平御览》卷七九〇引《异物志》：

> 穿胸人，其衣则缝布二尺，幅合二头，开中央，以头贯穿胸不突穿。

原来，所谓“穿胸人”，只是指穿衣服时“以头贯穿胸不突穿”之人。这么简单的民族学常识，竟被带有民族偏见又喜猎奇的中原士人搅得玄乎其玄了！

“贯头”衣之说，始于汉人。除上述杨孚称穿衣“以头贯”外，班固则言明“穿中央为贯头”。据《汉书·地理志下》卷二八下载：儋耳、珠崖郡，“民皆服布如单被，穿中央为贯头”。所谓“贯头”，颜师古释为：“著时从头而贯之。”可见，史籍最早记穿贯头衣者为今海南岛先民。

至后世，这种“贯头”衣，又有称作“桶裙”者。黎人所穿，则称作“黎裙”“黎桶”。如，《古今图书集成·方舆汇编·职方典》卷一三九一载：黎人“贝布为衣，两幅前后为裙，……用贝绵纺线，以色彩网成圈券，从头穿下，至腰结住为裙，名曰黎充”。清屈大均《广东新语·人语》卷七则载：黎人“妇女率著黎桶，以布全幅，上与下紧连，自项至胫不接续，四围合缝”。

总之，所谓“穿胸人”，系指穿贯头衣、桶裙之族群。此服幅合二头，开中央，“以头贯穿胸不突穿”。居于儋耳、珠崖郡的汉代黎族先民，即属此类。

需要附及的是，从广义而言，百越系统民族多穿此服，故均可归入“穿胸民”之属。如《后汉书·南蛮西南夷列传》卷七六载：哀牢夷“邑豪岁输布贯头衣二领”。又，《旧唐书·南蛮西南蛮传》卷一九七载：南平僚“妇人横布两幅穿中而贯其首，名曰通（桶）裙”。可见，包括黎族在内的百越民族，均行此俗。

四、骆　越

最早将黎族先民名为“骆越”者，当推汉人贾捐之。他直呼珠崖居民为“骆越之人”①。

需指出的是，骆越的范围较广。如《水经注·叶榆水》卷三七引《交州外域记》：

> 交趾昔未有郡县之时，土地有雒田，民垦食其田，因名为雒民。

“雒”与“骆”通。又，《史记·南越列传》卷一一三载：

> 越桂林监居翁谕瓯骆属汉。

① （汉）班固：《汉书·贾捐之传》，卷六四。

总之，“骆越”“骆民”“瓯骆”，属西越的一支，分布在今广东西部、海南岛、广西及越南北部一带。

后人也把黎族先民归入“骆越”的范畴。如明丘浚《南溟奇甸赋》[①] 写道：三代以前，“兹地在荒服之外，而为骆越之域”。

五、“蛮”或“蛮夷”

“蛮”或“蛮夷”，本是南方民族的泛称，但也可用作黎族先民的专指。《后汉书·南蛮西南夷列传》卷二七有“朱崖蛮”之载。唐代，仍袭此称，如《新唐书·宋庆礼传》卷一三〇载：武则天长寿三年（694 年），“岭南采访使洛州永平人宋庆礼谕崖州五州蛮皆降”。也有“蛮夷”并称者。如《新唐书·王义方传》卷一一二载：王义方，贬吉安丞，“吉安介蛮夷，梗悍不驯”。由于黎族先民居于山峒中，并以“峒”为社会基层单位，故又有名之为“峒蛮”或“蛮峒”者。如清道光《琼州府志·沿革表》卷一载：

> 乾封后，琼州没山峒蛮。

又，清道光《琼州府志·沿革表》卷首载：

> 乾封后，琼州陷蛮峒。

六、俚、僚或俚僚并称

“俚”，黎族先民，属俚、僚的一支。史籍关于俚人活动的记载，最早可追溯至东汉初年。据《后汉书·南蛮西南夷列传》卷七六载：

> 建武十二年（36 年），九真徼外蛮里张游，率种人慕化内属，封为归汉里君。

李贤注：

① （明）丘浚：《南冥奇甸赋》，见《重编琼台稿·赋》，卷二二。

> 里，蛮之别号，今呼为俚人。

但是，《后汉书》为南朝宋人范晔所作，若论最早载“俚”入册籍者，应为三国吴人万震的《南州异物志》。该籍写道：俚人“在广州之南，苍梧、郁林、合浦、宁浦、高凉五郡，中央地方数千里”[①]。广州南五郡，其地与海南相邻，故族属也相类。后世，也有直指黎族先人为“俚”者。如清道光《广东通志》载：唐宪宗元和二年（807 年）四月，“岭南节度使赵昌降辑陬荒，琼管儋、崖、振、万安州峒俚来归。”

“僚”，首次明确记载“僚”人活动者，当推晋人郭义恭的《广志》。该籍载：

> 僚在牂牁、兴古、郁林、苍梧、交趾，皆以朱漆皮为兜鍪。[②]

郁林、苍梧以及交趾三郡，均在岭南之地。后世也有把“僚”作为黎族先民专指者。如，《旧唐书·李复传》卷一一二有“琼州久陷于蛮僚中”之载。

“俚”“僚”并称，最早见于晋、宋间人裴渊的《广州记》。隋代，明确将黎族先民归入“俚僚”[③]中。

七、黎

“黎”，作为专有族称，最早见于唐后期刘恂所作的《岭表录异》一书。该书有“儋（州）、振（州）夷黎海畔采（紫贝）以为货”的记载。刘恂，唐昭宗（889—904 年）时出为广州司马，官满，上京扰攘，遂居南海而作是书。又，《新唐书·杜佑传》卷一六六，记唐德宗年间（780—805 年），杜佑讨平“朱崖黎民”事。就所记事的时代而言，虽较昭宗为早，但《新唐书》一书为宋人欧阳修所作，故就著作本身而言，则晚于《岭表录异》一书。

宋代关于黎族的记载，与唐代相较，可谓迥然有别。主要表现有二：一是唐代只偶尔记及，宋代则普遍载诸册籍。二是唐代只顺便提及，故语焉不详；宋代则辟专论，故使人们对黎人的社会生活有全面了解。

---

① （宋）李昉、李穆、徐铉：《太平御览·四夷部六》，卷七八五。

② （宋）李昉、李穆、徐铉：《太平御览·兵部八七》，卷三五六。

③ （唐）魏征等：《隋书·谯国夫人传》，卷八〇。

尚存册籍堪称开创专记黎族先河者，当推宋乐史《太平寰宇记》。该书卷一六九《岭南道十三》，叙述了儋州、琼州“生黎”风俗。乐史（930—1007年），系北宋初人，《太平寰宇记》一书，始撰于太平兴国四年（979年），成书不晚于雍熙三年（986年）。

宋人著作记述黎族社会生活最为详赡且影响至巨者，当推范成大之《桂海虞衡志》一书。范成大（1126—1193年），南宋时人，曾官知静江府广西经略安抚使，《桂海虞衡志》成书于淳熙二年（1175年）。是书《志蛮》篇，辟有“黎”专目。但需指出的是，今本该条目内容，只保留近200字。庆幸的是，其佚文可从元马端临《文献通考·四裔考八》卷三三一，窥见全豹。宋人关于黎族记载较翔实的著作，还有周去非的《岭外代答》与赵汝适的《诸蕃志》。此二书有关内容，多本之范书。差异之处有三：一是结构有所变动；二是行文不尽雷同；三是内容有所损益。故均可作研究黎族的重要文献。总之，范书不仅为同时代的周、赵诸书所采用，且为明、清方志大量摘录征引，故堪称记载黎族的经典之作。

黎族作为单一民族在正史列传，也始于《宋史》。《宋史·蛮夷列传三》卷四九五，列有“黎洞”专目。这一体裁，为后世所承袭。如，《明史·广西土司列传三》卷三一九，列有“琼州”一目，专记有明一代黎人活动。此外，《新元史·云南湖广四川等处蛮夷列传》也把“海南”黎人作为其内容之一部分。

宋代普遍使用“黎”的族称和记述黎人社会的繁富内容，都具有里程碑的意义。后世黎族研究，就是在这一基础上发展而来的。

从黎族族名的由来与嬗变的叙述，可以得出如下结论：黎族是一个有悠久历史的民族。早在先秦时期，黎族先民就已生息繁衍在海南土地上，并和内地发生了密切联系。

第二章　黎族远古祖先的文化遗址与遗物

考古材料证明：从远古以来，勤劳勇敢的黎族人民就已居住在海南岛，并创造了光辉灿烂的文化。

1992—1993 年，在三亚市荔枝沟镇落笔峒先后两次发现旧石器时代的人类化石，命名为“三亚人”遗址。该遗址发现的意义在于：一是早在 1 万年以前海南岛已有人类居住与活动；二是伴随出土的石制品与华南沿海地区同时代的文化遗存颇为相似，也表明其时海南岛与内地已有文化联系。①

1954 年，为了解黎族先民的文化发展状况，中南民族学院（现中南民族大学）与广东省各级有关部门曾组织队伍在海南岛进行调查研究工作，先后收集了 87 件新石器。这些石器，当地群众称之为“雷公斧”“雷公凿”，他们认为是行雷下雨时从天而降埋入地下的。这些石器，多为今黎族聚居的东方黎族自治县、乐东黎族自治县、白沙黎族自治县、琼中黎族苗族自治县、保亭黎族苗族自治县等 5 县所出土。以昌化江流域为最多，次为南溪河、万全河、望楼溪等地。87 件石器中，以有肩石斧（51 件）、阔刃石斧（21 件）数量最多；还有粗制石斧、石铲、石锛、石锤、石凿、石锄、穿孔石纺轮等。大型小型、粗制磨制均有。系坚硬的微晶闪长岩石质制成，绝大部分是就地取材的。由于发现的地点都是靠近五指山黎族聚居的中心地区，故可推断使用这些新石器的人类当属黎族先民。②

1957 年，广东省文化局文物工作队与中山大学历史系合作，赴海南地区进行文物普查，发现新石器时代中、晚期文化遗址 135 处，其中在今黎族聚居的琼中黎族苗族自治县、白沙黎族自治县、东方黎族自治县、乐东黎族自治县、保亭黎族苗族自治县、通什市等地有 57 处。这些遗址，大多坐落于河流两旁的山岗或台地上，一部分在沿海港湾的沙丘上。出土的器物有石器和陶器。石器共 498 件，计有斧、锛、凿、铲、矛、犁、戈、网坠、纺轮、敲砸器、环、珠、砺石等类。其中以双肩石斧、石锛、有段石锛为普遍，石网坠也较多。制法多为磨光，也有少数打制或仅磨刃部

① 李始文：《海南三亚市荔枝沟落笔峒发现了旧石器时代晚期人类化石》，载《中国文物报》，1992-12-19；郝思德：《海南发掘一万年前三亚人遗址》，载《中国文物报》，1993-03-07。

② 容观夐：《海南岛黎族地区发现的新石器》，载《考古通讯》，1956（2）。

及器身稍加磨制的。陶器，种类有罐、瓮、缶、豆、鼎、碗、纺轮、网坠、管、饼、耳坠、珠等。其中，夹砂粗陶，以红色为主，也有少数灰色或黑色的，火候一般比广东大陆的要稍高；泥质软陶，泥质红色，火候较砂陶为高，表面多素面抹平，少数饰有方格纹；几何印纹硬陶，多为灰色，也有少数红色的，火候较高，纹饰有方格纹、米字纹、水波纹、条纹、菱形纹、篦纹等。这些陶器，除部分印纹硬陶轮制外，其余全为手制。

从上述考古发现中，可得出如下结论：上述出土器物，可以初步肯定是黎族远古祖先的遗物。

海南岛地区的原始文化遗址，与广东及东南沿海地区是属同一文化系统的，与祖国内陆地区的文化传播是息息相关的。

海南岛地区的原始文化，与广东等地虽属同一文化系统，但却有较大的区别。“特别表现在陶器上面，这里的夹砂粗陶发现比较普遍，几乎每一处遗址中均有，不像广东有的遗址就未出夹砂粗陶。这里的几何印纹软陶和硬陶俱不发达，花纹也比较简单，那种夔纹、雷纹和几种花纹组合的陶片，都未曾发现。这些情况，也许说明了海南岛地区的原始文化，由于交通、交换受到一些限制，故其发展较慢，而原始社会的解体，也比内陆地区要迟缓。”

关于海南岛原始文化的相对年代。单纯出土磨制石器和夹砂粗陶的文化遗址，应属于较早的类型，相当于新石器时代中期，但其年代比广东地区为晚，约相当于中原殷周之际或者稍晚一些。至于已见印纹陶的地方，则还要晚一些。有的遗址中，发现有汉代的五铢钱，其年代会晚到两汉或者更后。

从出土文化遗物所表现的特征来看当时黎族先民的经济、文化生活。出土石器中的斧、锛、铲、犁等，都是农业生产的工具，说明与广东地区相同，当时人们的经济活动主要是农业。大批形式多样的石制和陶制的网坠的发现，说明居于沿海和河滨的居民，渔业是其重要生活资料来源。石矛、石戈的遗存，是早期人类从事狩猎业的明证。从出土大量陶器和石制、陶制纺轮一事，说明妇女已掌握了制陶方法，广泛制造陶器，并从事纺织手工业生产。石环、石珠、陶珠、陶耳坠等物的发现，表明人们能制作各种形式的装饰品，且已形成时人的爱美、审美观念。一言以蔽之，其时社会生产力已得到一定程度的发展。①

---

① 广东省博物馆：《广东海南岛原始文化遗址》，载《考古学报》，1960（2）。

第三章　两汉至南北朝时期的黎族先民

第一节　建置沿革

秦始皇三十三年（前 214 年），统一岭南广大地区，始置南海郡、桂林郡、象郡。秦始皇把中原几十万人迁徙其地，“戍五岭与越杂处”。其时，海南岛为象郡之徼外。

秦汉之交，秦龙川令赵佗行南海尉事，占据岭南，自立为南越王，并控制闽越、西瓯，使南越成为“东西万余里”的大国。赵佗治理南越，“甚有文理，中县人以故不耗减,粤（越）人相攻击之俗益止”[①]。对南越社会的发展起了积极的历史作用。这一时期，南越王国的势力与影响，当及于海南岛，故史称：

> 赵佗起番禺，怀服百越之君，珠官之南是也。[②]

汉武帝元鼎五年（前 112 年），以路博德为伏波将军、杨仆为楼船将军，往平南越之乱，南越丞相吕嘉及太子赵建德“亡入海”。六年春，追入海得吕嘉首，遂定越地。元封元年（前 110 年），正式在海南岛设置郡县。据《汉书·地理志》卷二八下载：

> 自合浦（治今合浦东北）、徐闻（治今徐闻）南入海，得大州，东西南北方千里，武帝元封元年（前 110 年）略以为儋耳（治今儋州市东北）、珠崖（治今海口东南）郡。

属交趾刺史部。

设郡之初，两郡下辖 16 县，户 23000 余[③]。今可考者仅 8 县，具体建置如下：

---

① （汉）班固：《汉书·高帝纪下》，卷一下。

② （晋）陈寿：《三国志·吴书·薛综传》，卷五三。

③ （汉）班固：《汉书·贾捐之传》，卷六四下。

珠崖郡领县五[①]：瞫都（郡治所在地）；苟中（治今澄迈县东）；紫贝（治今文昌市）；临振（治今三亚市）；玳瑁（治今琼山县）。

儋耳郡领县三：儋耳（郡治所在地）；至来（治今昌江黎族自治县西）；九龙（治今东方市南）。

这些郡县位于海南岛北部、西部和南部地区。可见，汉王朝在海南的开疆拓土，是从沿海地区开始的。

关于汉武帝始开海南并在当地置郡的过程，正史中略而不记。但从传说中，仍可窥见其痕迹。据传，楼船将军杨仆在定越地过程中，曾亲自率部渡海。如清道光《广东通志·山川略十三》卷一一二，琼州府文昌县条载：

> 焚艘山，在城西北一百三十里，近天海，汉楼船将军杨仆征黎，至此焚船，登岸，故名。

入琼后，曾筑城驻军。据清顾祖禹《读史方舆纪要·广东六》卷一〇五载：儋州旧城，在州西北三十里，“相传汉楼船将军杨仆所筑，亦谓之儋耳城”。关于楼船将军杨仆入琼的种种传奇故事的真实性，已难考定。但它所透露的信息：汉武帝在海南设置郡县制的过程中，曾采取重大军事行动。这是毋庸置疑的。

汉昭帝始元五年（前 82 年），省儋耳入珠崖郡。

汉元帝初元三年（前 46 年）春，下诏放弃珠崖郡，置朱卢县，属合浦郡，以便安置愿意归附汉王朝的原海南岛居民。总之，海南岛在西汉一朝，从汉武帝元封元年置郡县，至汉元帝初元三年罢弃，前后历时 65 年，是在中央王朝的直接管辖之下的。

东汉王朝建立后，中央王朝势力重新进入，设立据点，以便经营管理海南地区。故诗人有“建武中兴后，来享复来王”[②]之颂。

建武十九年（43 年），伏波将军马援平交趾，“往来南海，抚定珠崖”[③]。复置珠崖县，属合浦郡，而省朱卢县。需辨明的是，马援平交趾而其部曾入海南之事，虽未见诸正史；但笔者认为，方志这段记载，是可信的。理由有三：其一，马援平交

① （汉）班固：《汉书·武帝纪》，卷六，臣瓒注引《茂陵书》。

② （清）王懋曾：《古珠崖》，见《松豀小草·诗》。

③ （明 嘉靖）黄佐：《广东通志·列传一》，卷四四，马援条。

趾，从海上发动进攻是其战略的重要组成部分。所谓“缘海南进”，“援将楼船大小二千余艘”[①]，均可证。由于海南岛与交趾相邻，且当时的朱卢县本身就隶属交州刺史部。所以，马援部以海南岛为进军与补给基地，是符合军事需要的。这也可从后世历史中得到印证。如，元至元二十四年（1287年），攻讨交趾时，就曾动用黎兵及其私船从海南岛出发助战的。其二，就在这一年，东汉王朝省朱卢县而“复置珠崖县”之举，这决不是单纯的行政区域的称谓变更，而是马援部入琼而使“珠崖慕义来归”[②]的直接结果。其三，在海南岛各地，普遍存在“两汉伏波将军开琼”的种种传说和立祠纪念，并非偶然。如，清屈大均《广东新语·神话》卷六，伏波神条载：

> 伏波神，为汉新息侯马援。侯有大功德于越，越人祀之于海康、徐闻，以侯治琼海也。

清雍正《广东通志·名宦》卷三八，马援传则载：

> 后雷、琼二郡多祀路博德及（马）援为伏波将军祠，迄今不废。

又，今东方市十所村的汉伏波井、儋县白马井镇的马口井，相传均为东汉马援将军所开凿。这均可作马援“治琼海”的佐证。

明帝永平十年（67年），“儋耳归附”[③]，加强了东汉中央王朝与黎族先民的联系。

三国吴时，复置朱崖郡以治理海南。赤乌五年（242年）七月，孙权“遣将军聂友、校尉陆凯以兵三万讨珠崖、儋耳”[④]。这是孙吴继东汉政权之后，对海南采取的又一次重大军事行动。是役，遭到黎族先民的顽强抵抗，吴军损失惨重。据《三国志·吴书·全琮传》卷六〇载：

> 军行经岁，士众疾役死者十有八九。

其后，复置珠崖郡，治徐闻，领县三：徐闻，朱（珠）卢，珠官，属交州。史称，

---

① （南朝宋）范晔：《后汉书·马援传》，卷二四。

② （清 道光）明谊、张岳崧：《琼州府志·沿革表》，卷首。

③ （南朝宋）范晔：《后汉书·张纯传附张奋传》，卷三五。

④ （晋）陈寿：《三国志·吴书·吴主传》，卷四七。

朱卢、珠官二县设在海南境内，“在今琼山县之东境，古迹犹存”①。

晋武帝太康元年（280年），省珠崖郡，并入合浦郡，朱卢改为玳瑁。合浦郡领县六：合浦，南平，荡昌，徐闻，玳瑁，珠官。属交州。②

南朝宋文帝元嘉八年（431年）正月，“于交州复立珠崖郡”③，治徐闻。不久罢去，以朱卢、珠官二县属越州。按：越州，治今广西合浦东北。南朝宋为“威服俚僚”④而新辟的州郡。朱卢、珠官二县划归越州，说明其为俚僚聚居之地。新置越州，是封建王朝重视经营开发俚僚地区的反映。

齐，袭宋制，仍以朱卢、珠官二县属越州。

梁大同年间（535—545年），就废儋耳郡地置崖州，统于广州。时儋耳归附俚僚首领冼夫人者千余峒，冼夫人请命于朝，故置崖州。此事，具有重大意义。如清道光《琼州府志·沿革表》卷首载：

> 《通志》云，孙吴刘宋置珠崖郡，祇在徐闻遥统之耳。至是置崖州于儋耳，而琼、崖、儋、万入焉。

换言之，从汉元帝罢弃珠崖郡之后，历代州郡治所均设在内陆地区，对海南地区只是“遥统”而已。至南朝梁时，始在海南本土设置崖州，有效地管辖海南全境。

陈，仍梁制，崖州属广州都督。

综上所述，这一时期，海南的建置沿革，可归结为如下发展阶段：

秦统一岭南，南越政权“怀服百越之君”，都为海南郡县制的设立奠定了坚实基础。

汉武帝元封元年，始在海南设置郡县。在当时，郡县制的建立，虽然不可避免地是通过残酷的暴力手段来实现的，但却是一种历史的进步。它对发展和巩固国家的统一事业，对密切海南与中原地区的联系，对海南的经营与开发，对促进黎、汉各族的经济文化交流，对推动黎族社会的发展，都具有重大的历史意义与作用。故诗人有“二郡（指珠崖、儋耳）舆图兴自汉”⑤之赞。

---

① （清 道光）明谊、张岳崧：《琼州府志·沿革表》，卷首，琼山县条。

② （唐）房玄龄等：《晋书·地理志下》，卷十五。

③ （南朝梁）沈约：《宋书·文帝纪》，卷五。

④ （南朝梁）萧子显：《南齐书·州郡志上》，卷十四。

⑤ （明）邢宥：《海南风景》，见《湄丘集·诗》，卷二。

郡县制的实施，是有一个历史过程的。汉元帝初元三年，即罢弃建立不久的珠崖郡。对此举，我们无需着意加以褒贬，而是要探究其历史底蕴。废郡之因主要有四：一是地理远隔，自然条件恶劣。故史称："隔绝瘴海，水土气毒"①，"阻险毒害"②，"雾露气湿，多毒草虫蛇水土之害，人未见虏，战士自死"③。面对与中原地区迥异的地域，要加以经营管辖，不仅困难重重，而且代价至高。二是不能获得人力物力资源。封建统治者开疆拓土的目的，往往意在掠夺；而尚处于原始状态的海南，无法满足其意欲。因此，封建统治阶级中的上层人物普遍认为："得其民不足济事，无其兵不足亏众"④，"弃之不足惜，不击不损威。……何足贪也"⑤。三是文化差异悬殊，形成隔阂，影响沟通。语言上，"重译乃通"；习俗上，"殊方异域"；观念形态上，非"礼义"。当然，这种文化差异性，是由其时社会发展相去甚远且接触尚稀所造成的。四是黎族先民频繁而剧烈的反抗所致。所谓"易以为乱，难使从治"⑥，即指此。基于上述种种缘由，便当时上层决策集团中"本不足郡县置也"的意见占了上风。

其后，内地政权力图重新直接统治海南。其中，最突出的行动有两次：一是东汉马援"抚定珠崖"；二是孙吴将领聂友、陆凯的率兵征讨。但均未能恢复原状。

直至南朝梁时，在"儋耳"归附南越首领冼夫人达千余峒的基础上，才重新在海南设置崖州。需要附带指出的是，此"儋耳"即后世势力极盛的"儋州黎"前身。正如清康熙《琼州府志·诸黎村峒》卷八所说：

> 儋州黎，视诸处最蕃，昔梁、陈间儋耳归附者千余峒，指此。

从此以后，历代中央王朝都有效地统辖着海南，海南与大陆内地连为一体。可见，冼夫人在海南地区和黎族发展史上具有崇高的地位，其历史功迹应予以充分肯定。正因如此，后世黎、汉人民一直尊崇和纪念她。如，"诚敬夫人庙，在儋州治南，

---

① （晋）陈寿：《三国志·吴书·全琮传》，卷六〇。

② （晋）陈寿：《三国志·吴书·薛综传》，卷五三。

③ （汉）班固：《汉书·贾捐之传》，卷六四下。

④ （晋）陈寿：《三国志·吴书·陆逊传》，卷五八。

⑤ （汉）班固：《汉书·贾捐之传》，卷六四下。

⑥ （晋）陈寿：《三国志·吴书·薛综传》，卷五三。

夫人冼氏高凉人”[①]，就是证明。

第二节　治理政策

从两汉至南北朝时期，中央王朝与海南关系尚处于初期阶段。其治理黎族先民政策，也尚缺系统性与完整性，尚未形成制度化，可谓临时应急措施多，总体构思少。从散见记载中，可归结如下：

一、设置郡县

郡县的设置情况，已见上述。建置初期的特点：时置时废时并，辖区则或扩大或缩小，反映不稳定性。至南朝梁以后，才日臻完善。

二、重在“羁縻”

建置初期，事属草创。虽设官治理，但未建整套官僚机构。其治理政策的总原则是：意在“羁縻”，实行松散统治。对此，《三国志·吴书·薛综传》卷五三载，薛综言：“长吏之设，虽有若无”，“县官羁縻，示令威服”。这十六字，充分概括了初期治理政策的特点。

三、由单纯流官统治转向委任土官统治

整个两汉时期，封建中央王朝均采用委派汉族官员直接统治黎族先民的政策。由于当地的社会历史发展及民族特点与内地存在着极大差异，这种撇开世居民族首领的统治方式，虽可凭藉强大武力行之一时，但要建立比较稳定的统治秩序，那是难以实现的。两汉时期，由于吏卒“侵陵”，而导致黎族先民反抗不断。由于动乱，造成南海“大洲”政区建置变动不定。这种局面的形成，虽说初期统治难于避免，但也与汉代统治者单纯采用流官统治的重大失策有直接关联。

---

① （明）李贤等：《明一统志·琼州府》，卷八二。

从南朝的梁朝开始，封建王朝治理黎族先民的政策发生了重大变化。梁大同间，任用“南越首领”高凉（治今广东阳江西）冼夫人治理儋耳。据《北史·谯国夫人冼氏传》卷九一载：

越人俗好相攻击，夫人兄南梁州刺史挺恃其富强，侵掠旁郡，岭表苦之。夫人多所规谏，由是怨隙止息，海南儋耳归附者千余洞。

根据冼夫人的请命，在儋耳地置郡治理。这标志着历史上黎族土官制的正式建立。因为：其一，冼夫人与黎族先民一样，同属“越”“俚僚”族类；其二，冼夫人对儋耳的管辖，是通过归附的千余峒首领来实现的。实行土官制的结果，使海南地区局势日趋稳定，从而有利于黎族社会发展。

四、驻　兵

西汉，在海南置郡设吏，就需驻兵设防，以维护其统治。据清道光《琼州府志·兵制》卷十七上载：

汉，置合浦郡，治朱卢，始设兵防。后遣舟师数万，以黎僚难谕，尽焚楼船而去。

据传，汉将杨仆征黎，焚船登岸之处，仍有胜迹可寻。可见，中央王朝驻兵防黎，可上溯至汉武帝开郡海南之初。

五、开　路

黎族先民处于隔绝阻险之地，要使中央王朝势力深入其地，当务之急便是开通道路。据清道光《广东通志·前事略二》卷一八二载：南朝宋孝武帝大明四年（460年），“遣前朱提太守贾沈、龙骧将军武期率众南伐，并通朱崖道，并无功”。此次朱崖道虽未开通，却为后世在黎区开十字通道开创了先河。

六、建城置邑

郡县治所，多是当地政治、经济、军事中心，故统治者需建城以护卫。如明嘉靖《广东通志·列传一》卷四四载：马援破交趾，峤南悉平，因抚定珠崖，“调立城郭，置井邑，立珠崖县”。这是中央王朝开始比较认真经营海南的例证。

七、租赋征收

这一时期，统治者对海南地区的赋税政策，有两大特点：一是生产尚不发展，故正赋所取有限。二是海南地处炎徼，又四面环海，故所产中原罕见的珍宝异物极丰，统治者竞相掠取，以满足其贪欲。对此，三国时人薛综有集中叙述：

> 田户之租赋，裁取供办。贵致远珍名珠、香药、象牙、犀角、玳瑁、珊瑚、琉璃、鹦鹉、翡翠、孔雀、奇物，充备宝玩。[①]

八、“贡献”

中央王朝要拓展和巩固其在海南地区的统治地位与影响，必须取得黎族先民首领的支持；而黎族先民首领也倾慕中原地区较为先进的经济与文化。因此，这二者之间，早在汉代就建立了直接联系，而“贡献”就是彼此沟通的重要渠道。据《后汉书·南蛮西南夷列传》卷八六载：西汉武帝末，孙豹为珠崖太守，“威政大行，献命岁至”。《后汉书·明帝纪》卷二载：永平十七年（74年）二月，儋耳诸种“慕义贡献”。“贡献”一事表明：儋耳渠帅入朝称臣和中央王朝正式承认他们在当地的合法统治地位。因此，从某种意义说来，这也可视作黎族土官制的前驱。

九、徙民入岛，杂居其间

从秦汉以来，中央王朝不断迁汉人入岛，与黎族先民杂错而居。秦始皇时，曾

① （晋）陈寿：《三国志·吴书·薛综传》，卷五三。

派遣50万人戍守岭南。史称：

秦徙中县之民南方三郡，使与百粤杂处。[①]

这些汉人中间，其后当有流入作为象郡“徼外”的海南地区。故可视作汉人入岛之先声。至汉武帝在海南置郡后，兴起了第一次徙民入岛的高潮。史称：

自斯以来，颇徙中国罪人杂居其间，稍使学书，粗知言语，使驿往来，观见礼化。[②]

其间，尤以西汉末年为多。史称：逮王莽辅政，“颇徙中国罪人，使杂居其间，乃稍知言语，渐见礼化”[③]。

总之，徙民入岛的积极历史作用有二：一是与黎族先民一道，披荆斩棘，开发海疆。二是带来了较为先进的技术与文化，使之“渐见礼化”，促进了初期的民族融合。

十、“内属”

与此同时，也鼓励黎族先民迁入内陆。当中央王朝放弃在海南设郡后，更将此作为一种特殊措施。据《汉书·贾捐之传》卷六四下载：元帝时，置朱卢县，属合浦郡，“民有慕义者，欲内属，便处之；不欲，勿强”。可见，当时徙民是双向的。这些“慕义”徙入内地的黎族先民逐渐成了汉族的组成部分。但是，在黎、汉民族交流的初期阶段，黎人尚心存疑虑，故此策收效不著。如：

（吴）赤乌二年（239年）于徐闻县立珠崖郡，于其地上立珠官一县，招抚其人，竟不从化。[④]

① （汉）班固：《汉书·高帝纪下》，卷一下。

② （晋）陈寿：《三国志·吴书·薛综传》，卷五三。

③ （南朝宋）范晔：《后汉书·南蛮西南夷列传》，卷八六。

④ （唐）李吉甫：《元和郡县志》，缪荃孙辑阙卷逸文。

十一、“匡俗”

对某些被中原地区之人视为奇风异俗者加以改变，劝谕变文面习即为突出一例。东汉明帝永平十八年（75年），僮尹擢为交州刺史，还至珠崖，“劝谕其民毋镂面颊，以自别于峒俚，雕题之习，自是日变”[①]。显然，这些愿变“雕题之习”之“民”，仅限于城廓附近之区，而非僻处的“峒俚”。

十二、传播汉文化

在耕作、文教、习俗诸领域，“华风”日益扩展。如《三国志·吴书·薛综传》卷五三：东汉时，锡光为交趾太守，“乃教其耕犁，使之冠履；为设媒官，始知聘娶；建立学校，导之经义。由此已降，四百余年，颇有似类”。东汉时，海南属交州统领，故锡光等人的治策，其影响当及此地。

第三节　黎族先民社会

秦汉在岭南开郡以后，汉族封建经济文化影响日益扩大，促进了黎族先民社会生产力的发展，从而加快了当地原始社会解体与封建制度出现的过程。

西汉至南朝时期黎族先民社会概貌，从简略零星的记述中，可勾勒如下：

一、经济生活

《汉书·地理志下》卷二八下对汉代儋耳、珠崖郡社会经济状况，作了概括的叙述：

> 男子耕农，种禾稻纻麻，女子桑蚕织绩。亡马与虎，民有五畜，山多麈麖。兵则矛、盾、刀，木弓弩，竹矢，或骨为镞。

换言之，已出现了稻作农业。人们过着以农业为主，以畜牧业和狩猎业为补充

① （明 嘉靖）黄佐：《广东通志·列传一·名宦一》，卷四四。

的经济生活。已出现家庭手工业和武器制造业。实行男耕女织的社会分工。其工具尚较原始，多为木制、竹制或骨制，当已开始使用从内地输入的铁器。概言之，社会经济已得到一定程度的发展。

二、物产与贸易

岭南地区包括海南在内，出产闻名全国的奇珍异宝。如，《汉书·地理志下》卷二八载：粤地“处近海，多犀、象、毒冒、珠玑、银、铜、果、布之凑，中国往商贾者多取富焉”。《后汉书·循吏·孟尝传）卷七六载：合浦郡“不产谷实，而海出珠宝，与交趾比境，常通商贩，贸籴粮食”，“南海多珍，财产易积”。海南地处粤地，东汉时属合浦郡，故上述记载同样适用于海南。进而言之，专记海南物产者，也与此相类。如，《汉书·贾捐之传》卷六四下载：

> 珠崖有珠、犀、玳瑁也。

清道光《琼州府志·人物十三》卷三七有“珠崖多珠”之载。

总之，秦汉以来，岭南包括海南与内地的物产常互通有无，互为补充。

三、习　俗

服饰特点有三：一是文面。前述“雕题”即是。二是挽髻、赤足。史称“椎结徒跣”“项髻徒跣”即是。所谓“椎结”，系指将发盘于头顶或脑后成“椎”形发式；至于“徒跣”，即赤足而行，这与炎热天气有关。三是穿贯头衣。

保持了较为原始的婚姻制度。据《三国志·吴书·薛综传》卷五三载：

> 自臣昔客始至之时，珠崖除州县嫁娶，皆须八月引户，人民集会之时，男女自相可适，乃为夫妻，父母不能止。

此俗，属节日择偶形式。即选择一定日期（八月集会之时），使不同村寨不同氏族的青年男女，进行寻求意中人的集体活动。其婚配是自由的和自主的，父母不加干预。

使用独立的语言。所谓“言语同异，重译乃通”，“言语各异，重译乃通”，即指此。这表明：语言尚未统一，甚至需经多次翻译，彼此才能沟通。这是当时黎族先民社会交往尚不发达的一种反映。

有别于汉民族的习俗。如《汉书•贾捐之传》卷六四下载：

> 骆越之人，父子同川而浴。

《后汉书•南蛮西南夷列传》卷八六则载：

> 《礼记》称“南方曰蛮，雕题交趾”。其俗男女同川而浴，故曰交趾。

其实，南方天气炎热、河川众多，在河中洗澡是顺应自然之事；至于父子、男女同在河中洗澡，在不受封建伦理观念束缚的人们看来，也是无需大惊小怪的。只在当时的中原人眼中，才成了奇风异俗而已。

四、黎、汉民族交往

自秦开五岭以来，已有不少汉族逐利的商人和谋生的劳动者纷至沓来。据《后汉书•南蛮西南夷列传》卷八六载：汉武帝末，珠崖蛮反，珠崖太守之子孙豹，“合率善人还复破之”。据此，方志多加发挥与诠解。如明王佐《琼台外纪》载：

> 武帝置郡之初，已有（善人）三万之数。

何谓“善人”？

> 此皆远近商贾兴贩贷利有积业者，及世居民族受井受廛者。[①]

这些善人，对海南城市的兴起，对促进黎、汉经济文化交流，均起了积极的历史作用。

自西晋末年“永嘉之乱”以后，中原之民掀起了南迁高潮。从此，也加速了海南黎、汉民族的融合进程。对此，明丘浚《南溟奇甸赋》写道：

---

① （民国）彭元藻等：《儋县志》，卷一。

魏晋以后，中原多故，衣冠之族，或官或商，或迁或戍，纷纷日来，聚庐托处，薰染过化，岁异而月不同，世变风移，久假而客反为主，劘犷悍以仁柔，易介鳞而布缕，今则礼义之俗日新矣，弦诵之声相闻矣，衣冠礼乐彬彬然盛矣。[①]

第四节 黎族反抗活动

西汉一朝，在海南设郡至罢郡的65年中，黎族先民竟掀起了10余次有史可查的规模较大的反抗活动。这一时期，统治一方，从社会发展阶段而言，早已步入封建社会；在思想文化领域，儒术作为完整的封建伦理道德观已占据统治地位。而被统治一方，则尚处于原始社会解体阶段，且保持着较为浓郁的原始文化。可以说，两种不同社会、制度、文化的早期交汇与碰撞，是造成这一时期反抗活动极为频繁与剧烈的重要因素。其主要反抗事件有：

汉武帝末年，珠崖“蛮”起而攻郡城，杀死太守孙幸。后为孙幸之子孙豹攻破，“讨击余党，连年乃平”[②]。

自汉武帝元封元年（前110年）至昭帝始元元年（前86年），“二十余年间，凡六反叛”。宣帝神爵三年（前59年），“珠崖三县复反”。宣帝甘露元年（前53年），“九县反，辄发兵击定之”。次年四月，“遣护军都尉（张）禄击珠崖”[③]。元帝初元元年（前48年），“珠崖又反，发兵击之。诸县更叛，连年不定”[④]。元帝初元三年（前46年）春，“珠崖郡山南县反，博谋群臣。待诏贾捐之以为宜弃珠崖，救民饥馑。乃罢珠崖”[⑤]。

总之，在黎族先民反抗活动的连续打击下，至西汉后期，陷于困境的汉元帝，只得接受待诏贾捐之罢弃珠崖的建议，以集中全力维护其在内地摇摇欲坠的统治地位。

---

① （明）丘濬：《南冥奇甸赋》，见《重编琼台稿·赋》，卷二二。

② （南朝宋）范晔：《后汉书·南蛮西南夷列传》，卷八六。

③ （汉）班固：《汉书·宣帝纪》，卷八。

④ 以上引文未注出处者，均见（汉）班固：《汉书·贾捐之传》，卷六四下。

⑤ （汉）班固：《汉书·元帝纪》，卷九。

引发这些反抗活动的直接原因，是黎族先民不堪忍受封建压迫剥削所致。主要表现为：

一是统治者的贪赂与侵侮。据《后汉书·南蛮西南夷列传》卷八六载：

中国贪其珍赂，渐相侵侮，故率数岁一反。

二是赋役苛重。《后汉书·南蛮西南夷列传》卷八六又载：

武帝末，珠崖太守会稽孙幸调广幅布献之，蛮不堪役，遂攻郡杀幸。

总之，西汉前期，海疆初辟，各种奇珍异物，刺激了封建统治者所派官员的贪欲，给他们提供了为官发财的绝好的新场所。他们以为有机可乘，横征暴敛，大捞一把。最终酿成废郡之祸端。故前人论及“抚驭珠崖”之得失时正确指出：

汉之失郡，由于任用非人当守边之寄。[①]

① （明）王佐：《进〈珠崖录〉奏》，见《鸡肋集》，卷一。

第四章　隋唐五代时期的黎族

隋袭梁、陈之制，继续对海南地区实行有效统治。由于隋朝恢复了强大的统一的中央集权的统治，故力图把海南地区真正纳入中央王朝控制的轨迹中。大业年间，隋炀帝调遣陇西太守韩洪率兵入岛镇压王万昌兄弟的反抗活动，即是突出例证。这与梁、陈之时对岛内地方事务全不干预的情形，显然有别。有唐一代，中央王朝开始积极经营与开发海南，黎区的经济与封建化过程有所发展。这一时期，最具历史意义的事件有二：一是唐代在海南设置 5 州 22 县，为后代的行政建制奠定了基础。二是元和二年（807 年），琼管儋、振、万安 6 州 62 峒均已归附，标志着中央王朝势力日益深入黎区。

第一节　建置沿革

隋文帝开皇九年（589 年），隋灭陈，并陆续平定了南方全部州县。是年，对海南建置未作更动，仍为崖州。

随着隋朝对海南岛统治地位的巩固，其建置也重作调整。隋炀帝大业三年（607 年），改崖州为珠崖郡，领县五：义伦（治今儋州市西北），感恩（治今东方黎族自治县南），颜卢（治今海口市东），毗善（治今临高县），吉安（治今东方黎族自治县北）；又析西南地置临振郡，领县五：宁远（治今三亚市），延德（治今乐东黎族自治县西南），澄迈（治今澄迈县东北），昌化（治今昌江黎族自治县西），武德（治今文昌市北）。属扬州司隶刺史。

唐代在海南岛的建置，据《新唐书·地理志》卷四三上载，共分为 5 州 22 县。这就是：

崖州（治今琼山县东南），领县三：舍城（治今琼山县东南），澄迈（治今澄迈县东北），文昌（治今文昌市西北）。

琼州（治今琼山县地），领县五：琼山（治今琼山县地），临高（治今临高县东北），曾口（治今澄迈县东南），乐会（治今琼海市东北），颜罗（治今琼山县东）。

振州（治今三亚市西北），领县五：宁远（治今三亚市西北），延德（治今乐东黎族自治县西南），吉阳（治今三亚市东北），临川（治今三亚市），落屯（治今乐东黎族自治县东南）。

儋州（治今儋州市西北），领县五：义伦（治今儋州市西北），昌化（治今昌江黎族自治县西），感恩（治今东方市南部地区），洛场（治今儋州市西北），富罗（治今临高县）。

万安州（治今陵水黎族自治县东北），领县四：万安（治今万宁市北），陵水（治今陵水黎族自治县东北），富云（治今万宁市），博辽（治今万宁市境）。

需要指出的是，有唐一代的海南建置并非一成不变，而是各朝多有变动，不断发展演变而来的。其具体的建置过程，有如下述：

唐高祖武德五年（622年），改珠崖郡为崖州，改临振郡为振州，析置儋州，改武德为平昌，改颜卢为颜城，改毗善为富罗，并吉安入昌化，增置临机、临川、陵水三县。岸州领县四：颜城，澄迈，临机，平昌；儋州领县四：义伦，昌化，感恩，富罗；振州领县四：宁远，延德，临川，陵水。

太宗贞观元年（627年），海南属岭南道；又改颜城为舍城，改平昌为文昌，析昌化置吉安，析舍城置琼山，析延德置吉阳。同年，在崖州设都督府，以督率崖、儋、振三州军事。

贞观五年（631年），析文昌置万安、富云、博辽。又以崖州之琼山置琼州，领县五：琼山，临机，万安，富云，博辽；崖州领县三：舍城，澄迈，文昌；儋州领县五：义伦，昌化，感恩，富罗，吉安；振州领县五：宁远，延德，临川，陵水，吉阳。

贞观十三年（639年），析琼山、澄迈置曾口、颜罗、容琼三县，以属琼州；以原属琼州之万安、富云、博辽三县改隶崖州。

高宗显庆五年（660年），析容琼县置乐会县，以属琼州。

高宗龙朔二年（662年），析置万安州，领县四：万安，富云，博辽，陵水。

高宗乾封二年（667年），琼州陷“蛮峒”，以临机县改属崖州。

玄宗开元元年（713年），改临机县为临高县，省舍城县。

玄宗天宝元年（742年），改琼州为琼山郡，置落屯县，以属振州。

肃宗乾元元年（758年），复琼山郡为琼州；废吉安县；置洛场县，属儋州。

贞元五年（789年），岭南节度使克服琼州，升琼州为都督府。

贞元七年（791 年），省容琼县。

懿宗咸通三年（862 年），属岭南西道。

咸通五年（864 年），于琼山南境黎峒（今定安西南峒中），置忠州，不久废去。

五代时，海南岛归南汉（917—971 年）统治。省琼州之曾口、颜罗二县，儋州之富罗一县，万安州之富云、博辽二县，振州之延德、临川、落屯三县。是时，全岛共 5 州 15 县。即，琼州领县三：琼山，容琼，乐会；崖州领县四：舍城，澄迈，文昌，临高；儋州领县四：义伦，昌化，感恩，洛场；万安州领县二：万安，陵水；振州领县二：宁远，吉阳。①

综上所述，可归结如下：

第一，这一时期的行政建置，对后世产生深远影响。如：当时设立的琼山、澄迈、文昌、临高、陵水等县，一直沿用至今；后世简称海南岛为“琼崖”，则是因此时设置了琼州、崖州所致。

第二，州县建制的增加，是与海南岛的经营开发同步的，是适应社会经济发展需要的。

第三，州县建置，不仅限于与大陆邻近的开发较早的岛北沿海地区，而是扩及东、南、西沿海地域，即囊括整个环海地带。如东南部的万安州，就是龙朔二年才设置的，从而使黎、汉分布状态，从早期的“汉在北，黎在南”变为“汉在外围，黎在腹地”的新格局。这种局面，长期延续下来，直至中华人民共和国成立以后才逐步得到改变。

第四，在黎族先民聚居的山区，始置州县。忠州、洛场县、落屯县即属此例。据载：

> 废忠州（唐置），在县南黎峒中。②
>
> 洛场废县，县在黎峒心，……黎中落窑峒，古洛场县地。③
>
> 故落屯县，在万州东五十里，……即今落屯村，熟黎杂居之。④

---

① （清）吴任臣：《十国春秋·十国春秋表下》，卷一一二。

② （清 道光）阮元等：《广东通志·古迹略二·城址二》，卷二一七，琼州府定安县条。

③ （清 道光）阮元等：《广东通志·古迹略二·城址二》，卷二一七，琼州府崖州条。

④ （明 嘉靖）戴璟：《广东通志初稿·古迹》，卷五，琼州府条。

这标志着中央王朝势力开始向黎区腹地伸展。至于忠州不久废去，洛场、落屯二县也有名无实，则意味着中央王朝对黎区的控制尚处于不稳定的松弛状态。

第二节　治理政策

从隋、唐始，中央王朝逐步完善治黎政策。其要点有：

一、任用当地首领

隋代，袭南朝梁、陈之策，任用越人首领冼夫人治理包括海南在内的岭南地区。陈亡后，隋遣使谕冼夫人归化。冼夫人派兵迎隋将，并平定番禺人王仲宣率领的俚僚之乱，“岭表遂定”。隋王朝授予冼氏军政大权，冼氏“仍开谯国夫人幕府，置长史以下官属，给印章，听发部落六州兵马，若有机急，便宜行事”①。有隋一代，冼夫人在抚谕俚僚、稳定岭南局势中起了决定性作用。据《隋书·列女·谯国夫人传》卷八〇载：隋文帝时，因番州总管赵讷贪虐，“诸俚僚多有亡叛”，岭表骚动，“降敕委夫人招慰亡叛。夫人亲载诏书，自称使者历十余州，宣述上意，谕诸俚僚，所至皆降。高祖嘉之，赐夫人临振县（治今三亚市西）汤沐邑，一千五百户。赠仆（其子）为崖州总管”。从隋赐冼氏及其家属以今海南地为其汤沐邑和封号一事，可见冼夫人在黎族先民中的威望与影响之巨。

隋末唐初，海内震骚，岭南无所系属。其时，冼夫人之孙冯盎占有番禺、苍梧、朱崖地，自号总管。有人劝其乘机割据为王，但冯盎矢志继承先业，忠于中原政权，断然加以拒绝。据《新唐书·诸夷蕃将·冯盎传）卷一一〇载：

> 武德五年（622 年）②，始以地降高祖，析为高、罗、春、白、崖、儋、林、振八州，授盎上柱国高州总管，封越国公。

① （唐）魏征等：《隋书·列女·谯国夫人传》，卷八〇。

② （后晋）刘昫等：《旧唐书·冯盎传》，卷一〇九，作“武德四年”。

可见，从隋至唐初，中央王朝通过委用俚僚首领统治的办法，维护了其在海南民族地区的统治地位。

总之，冼夫人及其孙冯盎在海南地方史和黎族史中具有重要地位与作用。

有唐一代，大批“峒蛮”归附。对此，唐王朝继续保持其原有的统治方式。据《旧唐书·宪宗本纪上》卷十四载：元和二年（807年）四月，“岭南节度使赵昌进琼管儋、振、万安六州六十二洞归降图”。这是史书关于中央王朝势力向海南全境黎族地区纵深发展的首次确切记载。从而，为宋代大批委任黎族土官的制度，奠定了坚实基础。

二、重“绥抚”

西汉时，漠视海南问题，边吏贪赂暴虐，以致失郡。有鉴及此，唐代政策转以抚谕为上。其表现有二：

一是劝谕归附，以恢复和扩大在黎区的统治地域。据《旧唐书·李皓附传》卷一一二载：贞元间，李复迁岭南节度观察使，“琼州久陷于蛮僚中，复累遣使喻之，因奏置琼州都督府以绥抚之”。又《新唐书·赵昌传》卷一七〇载：宪宗初立，赵昌迁岭南节度使，“降辑陬荒”。此举，方志诠释较为详明：“往来鲸海，抚安备至，夷寇无复侵掠，琼人尤德之。”①

有唐一代，海南局势较汉代稳定得多，行“抚安”之策，应是其中因素之一。

二是对内部相掠，劝谕释仇。如《新唐书·宋庆礼传》卷一三〇载：武则天时，宋庆礼为岭南采访使，“时崖、振五州首领更相掠，民苦于兵。使者至，辄苦瘴疠，莫敢往。庆礼身到其境，谕首领大谊，皆释仇相亲，州土以安”。因其时黎族内部部落林立，彼此相攻乃常事。唐政府不介入其内部纠纷，而取谕以祸福、因俗而治之策。这样，不仅减少了因仇杀而导致生产破坏的社会后果，也有利于“安堵”的统治秩序之形成。宋代“抚谕”“和断”的治黎之策，就是在这一基础上发展而来的。

---

① （清 道光）明谊、张岳崧：《琼州府志·官师志》，卷二九。

三、筑城屯军

唐王朝在海南设置的州县，为其统治中心。为防止当地居民的反抗，筑城屯军以御。如清道光《广东通志·宦绩录四》卷二三四，李复传中云：贞元间收复琼州后，“便令降人权立城厢，开剪荆榛，建立城栅，屯集官军”。

唐代海南城堡，环山绕水，极为坚固。唐李德裕《登崖州城作》咏道：

> 青山似欲留人住，
> 百匝千遭绕郡城。①

在贬谪官员的压抑心中，森严的郡城是难于逾越的。

唐代海南城垣，尚为土筑，其规模也较后世为小。如清道光《琼州府志·建置志一》载：琼州府城，“贞观五年（631年），析崖之琼山置琼州，在白石都筑土城，其广三里”。

唐代驻海南官军，史称“戍卒”②或“镇兵”③。州郡所在地，驻有重兵。据清顾祖禹《读史方舆纪要·广东六·琼山县》卷一〇五载：

> 舍城废县，……唐为崖州治，其西南有勤连镇兵。

关于唐代海南驻军分布、规模及隶属关系，清道光《琼州府志·经政志十三》卷十七上有集中叙述：唐兵制，“五州各有戍兵（武后时五州首领相掠，岭南采访使宋庆礼罢五州戍兵各一千），后控兵十万，以四将统之，……置都督府及五州招讨使以领之”。这表明，唐代海南军队人数极多且制度严密，主要用于镇压黎人反抗活动。

此外，唐代还在我国历史上始设黎兵之制。据正德《琼台志·兵防下》卷二〇载：“民壮，即唐宋元黎兵”；“唐，黎兵无额”。

---

① （唐）李德裕：《登崖州城作》，见《全唐诗》，卷四七五，李德裕条。

② （宋）欧阳修等：《新唐书·宋庆礼传》，卷一三〇。

③ （后晋）刘昫等：《旧唐书·良吏·宋庆礼传》，卷一八五下。

四、贡 赋

海南各地需进贡土特产，以满足统治者贪欲。据载：崖州“土贡金、银、珠、玳瑁、高良姜”[①]；振州“土贡金、五色藤、盘斑布、食单”；儋州“土贡金、糖、香”[②]等。即包括金、银、珠、玳瑁、高良姜、糖、香、盘斑布、食单等物。

海南赋税，尤以五代时为繁重。其时，海南为南汉政权所统治，刘鋹大宝六年(963年)，“琼州斗米税五钱”[③]。

五、设学讲经

唐统治者注意在黎区传播儒学。据《旧唐书·忠义·王义方传》卷一八七上载：贞观年间，王义方贬为儋州吉安丞，“吉安，蛮俗荒梗。义方召诸首领，集生徒，亲为讲经，行释奠之礼，清歌吹籥，登降有序，蛮酋大喜”。在一定意义上，这可称作见诸史籍的第一间黎族子弟学校，在黎族教育史上具有重要意义。

从整体而言，唐王朝并未在海南实行正式的教育制度。对此，明钟芳《琼州府学科目题名记》[④]写道：

> 自唐以前，学校之政未立，造士之方多阙。

第三节 黎族社会

一、农 业

唐代海南农业经济有了较大发展。首先，表现为双熟或三熟的粮食生产。据道光《琼州府志·舆地》卷二引唐徐坚《初学记》：

---

① 据清光绪《澄迈县志·舆地·物产》卷一载：“良姜，叶似姜而大，高，花红紫，出黎峒。”

② (宋)欧阳修等：《新唐书·地理志》，卷四三上。

③ (清)吴任臣：《十国春秋·南汉三·后主本纪》，卷六〇。

④ (明)钟芳：《徐州府学科园题名记》，见《钟筠溪集·记》。

> 《广志》曰："南方地气暑热，一岁田三熟，冬种春熟，春种夏熟，秋种冬熟。"今惟琼郡则然。

日本真人元开所著《唐大和上东征传》[①]记：天宝年间，鉴真和尚漂流至崖州（治今琼山县东南）时，曾目睹当地"十月作田，正月收粟；养蚕八度，收稻再度"[②]。

由于粮食生产增加，富裕人家过着自给有余的生活。道光《琼州府志·杂志四》卷四四载：

> 海南村户，在唐时已称极盛，故李赞皇诗云："鱼盐家给无墟市，禾黍年登有酒尊。"可以想其物产之饶富矣。

唐代黎区农业发展是不平衡的。沿海黎、汉杂居区虽已推行稻作农业，但偏远黎区却仍处于刀耕火种阶段。唐人李德裕"五月畬田收火米"[③]的诗句反映了当时崖州地区的生产状况。

二、手工业

海南地区的各种手工业竞相发展。如，德宗年间（780—805年），琼山郡守韦公干家从事手工业劳动的奴仆达数百人，"有织花缣文纱者，有伸角为器者；有熔锻金银者，有攻珍木为什具者，其家如市"；又奴役木工砍伐乌文、呿陁"奇木"，选大船两只饰以金银，远航广州[④]。

建筑业已颇具规模，鉴真在振州和崖州滞留时，曾主持重修大云寺和开元寺，

---

① 《唐大和上东征传》一书，系日本人淡海三船（721—784年）根据唐朝鉴真大和上（同尚）弟子思托的书用汉文写成，署名真人元开，叙述鉴真东渡日本事迹，此书收于日本《群书类丛》等籍。需辨明的是有的书把《群书类丛》当作中国古籍，有误；有的书称《唐大和上东征传》作者名为"淡海真人元开"，也可酌。

② 从《唐大和上东征传》的上下文来看，此处景象是鉴真在崖州（治今琼山县东南）所见，《黎族简史》一书作"振州"（治今三亚市西北），非也。

③ （唐）李德裕：《谪岭南道中作》，见《全唐诗》，卷四七五，李德裕条。

④ （宋）李昉：《太平广记》，卷二六九，韦公干条。

可见建筑工艺已达到相当水平[①]。

黎族民间的手工编织业，也相应发展。《唐大和上东征传》载："男着木笠，女着布絮。"唐段公路《北户录》卷兰载："琼州出五色藤，合子书囊之类，花多织走兽飞禽，细于绵绮"，"出红箪……椰子坐席、蒲褥、笋席"等。均是例证。

三、商　业

商业日益发达。海南岛历来是中国与南海海上的交通中点。汉商逐利，大批涌向海南。《隋书·地理志下》卷三一在论及海南都会时写道：

> 所处近海，多犀象玳瑁珠玑，奇异珍玮，故商贾至者，多取富焉。

这一描述，同样适用于隋唐五代时期的海南岛沿海城市。通过商人的贩运，使海南岛与内地的经济联系日益密切。

四、阶级关系

在经济发展的基础上，在内地封建经济日益强烈影响下，海南地区的阶级分化进程日剧。唐人杜佑在论及岭南风俗时写道：

> 五岭之南，人杂夷僚，……豪富兼并，役属贫弱，俘掠不忌。[②]

此时，在海南同样出现了一批从事兼并、奴役、俘掠活动的豪强。如：琼山郡守韦公干，"掠良家子为臧获，如驱犬豕"，使之从事奴役性的农业和手工业劳动，"残人以得货，竭夷僚之膏血以自肥"[③]，而使自己成为巨富。万安州大首领冯若芳之家，名贵染料苏木堆积如山，燃烧从国外输入的珍贵乳香一次多达百余斤；其奴婢不可胜数，"南北三日行，东西五日行，村村相次，总是若芳奴婢之住处"。鉴真和尚在

---

① 据《唐大和上东征传》载：鉴真至振州后，"入州大云寺安置。其寺佛殿坏废，众僧各舍衣物造佛殿，住一年造了"；至崖州，住开元寺，"彼州遭火，寺被烧，和上受大使请造寺。"

② （唐）杜佑：《通典·州郡十四》，卷一八四。

③ （宋）李昉：《太平广记》，卷二六九，韦公干条。

崖州重建开元寺时，振州别驾冯崇债“即遣诸奴，各令进一椽”，三日之内便强征巨木完毕[①]。振州富豪陈武振，“家累万金，为海中大豪，犀、象、玳瑁仓库数百”[②]势震官府。与此同时，黎族上层首领也“更相侵掠”，以致“荒俗不安”[③]，即通过兼并与战争以满足增殖财富的贪欲。

五、黎、汉民族关系

海南岛与大陆的联系日趋密切，黎、汉往来日益频繁。这从海南岛汉族人口的不断增加一事，可以得到充分说明。如：隋代，珠崖郡（统县十）19500户，较邻近的陆地高凉郡9917户为多[④]；唐代开元间，仅海南五州之一的崖州，即有6646户，比邻近的陆地雷州4300户、廉州3012户要多[⑤]，故有海南“五州编户盛于唐”[⑥]之说。这些编户人口，除汉人外，还包括发展程度与汉人相当的黎人，即汉代所称的“善人”。入岛的汉人，以农民与商人为主。值得注意的是，从唐代开始，海南岛被定为贬谪之所，因此陆续有贬官到来。对此，史籍记载不断。仅以跻身最高统治集团行列宰相与大臣为例：

> 自唐以来，宰相谪琼者，（高宗）显庆二年（657年）八月贬韩瑗振州刺史[⑦]；（武则天）天授元年（690年）春一月贬韦方质儋州司马；延载元年（694年）九月贬李昭德陵水令；（中宗）神龙二年（706年）六月贬敬晖，（德宗）建中二年（781年）贬杨炎，俱为崖州司马；（顺宗）永贞元年（805年）贬韦执谊，（宪宗）元和十五年（820年）闰正月贬皇甫镈，（宣宗）大中元年（847年）再贬李德裕，俱为崖州司户；（懿宗）咸通十四年（873年）九月再贬韦保衡澄迈令；（昭宗）光化三年（900年）六

① ［日］真人元开：《唐大和上东征传》。

② （宋）李昉：《太平广记》，卷二八六，陈武振条。

③ （后晋）刘昫等：《旧唐书·良吏·宋庆礼传》，卷一八五下。

④ （唐）魏征等：《隋书·地理志下》，卷三一。

⑤ （宋）乐史：《太平寰宇记·岭南道十三》。

⑥ （明）邢宥：《海南风景》，见《湄丘集·诗》，卷二。

⑦ 此事，清道光《琼州府志·事纪》，卷四二，系于高宗麟德二年（665年）八月条下，有误。因据《旧唐书·高宗纪》，卷五，也作高宗显庆二年八月。

月贬王博，天祐二年（905年）五月贬独孤损，皆为崖州司户。[①]

这些被贬谪的衣冠望族，因居高位，故其对当地的作用与影响不可低估。而且，被贬之时，往往并非孤身一人，有的还举家搬迁，李德裕在崖州家有“百口”[②]之多可证。这些被贬者的后裔，有的还成了当地居民。李德裕后人就有神奇动人的传说：

李赞皇之南迁也，卒于崖州，子孙遂为僚族，数百人，自相婚配。正德（1506—1521年）间，吴人顾朝楚为儋州同知，以事至崖，召见其族，状与苗僚无异，耳缀银环，索垂至地，言语亦不相通，德裕诰敕尚存。[③]

又如：

唐相李德裕贬崖州，其后有遗海外者入居崖黎，遂为黎人，其一村皆李姓，貌颇与别黎殊，唐时旧衣冠，闻尚有藏之者。[④]

李德裕后人，是否演化为黎族，尚难论定。但反映了这一历史事实无疑：历代贬官在黎、汉交流中起了引人注目的作用。他们不仅在黎区传播了汉文化，有的还通过吟咏述作向世人介绍了其时海南与黎人的风貌。入岛中原移民，尤以五代时为盛。据《新五代史·南汉世家》卷六五载：

是时天下已乱，中原人士以岭外最远，可以避地，多游焉。唐世名臣谪死南方者往往有子孙，或当时仕宦遭乱不得还者，皆客岭表。

无疑，在岭外最南部的海岛，当是避乱的好去处。关于入岛汉人的作用，宋人苏东坡作了高度而确切的评价：

---

① （清 道光）明谊、张岳崧：《琼州府志》，卷十三。

② （清 道光）明谊、张岳崧：《琼州府志·遗事》，卷四四，引《宾退录》。

③ （明）王元桢：《漱石闲谈》。

④ （清）张庆长：《黎岐纪闻》。

自汉末至五代，中原避乱者多家于此，今衣冠礼乐盖斑斑然矣。[①]

不过，唐代海南社会虽得到较快发展，但与大陆地区相比，还较为落后。在中原人看来，海南岛仍是“化外之地，瘴疠之区”。唐宰相李德裕被贬崖州时曾叹道：

岭水争分路转迷，桄榔椰叶暗蛮溪。
愁冲毒雾逢蛇草，畏落沙虫避燕泥。[②]

这就是唐王朝将海南作为惩罚谪吏之所的原因所在。

第四节　黎族反抗活动

一、主要反抗事件

隋朝开皇九年（589年）始确立在海南的统治地位，至大业十四年（618年）即亡，前后只有28年的时间。这一时期，载诸史籍的海南地区反抗括动只有一起。这就是：隋炀帝时，韩洪拜陇西太守。大业六年（610年），“朱崖民王万昌作乱，诏洪击平之。……俄而万昌弟仲通复叛，又诏洪讨平之”[③]。

有唐一代，黎民的反抗活动主要有：

高宗乾封二年（667年），“琼东南诸乡没于山峒蛮”[④]。

德宗建中（780—783年），杜佑迁岭南节度使，“朱崖民三世保险不宾，佑讨平之”[⑤]。德宗贞元五年（789年）十月，岭南节度使李复收复琼州。是役，遭到黎人剧

① （宋）苏轼：《伏波庙记》。《东坡全集》未收此文，转引自清道光《琼州府志·艺文》，卷三八。

② （唐）李德裕：《谪岭南道中作》。

③ （唐）魏征等：《隋书·韩擒传》附传，卷五二。明正德《琼台志·平乱》卷二一将此事系于开皇六年（586年），谬误明显，因隋平定南方州县事在开皇九年后，当以《隋书》所记为是。

④ （清 康熙）焦映汉等：《琼州府志·平黎》，卷八。

⑤ （宋）欧阳修等：《新唐书·杜佑传》，卷一六六。

烈反抗。史称：唐军“悉力攻讨，累经苦战，方克旧城”[①]。

懿宗咸通四年（863 年），“辛、傅、李、赵四将进兵，擒捉生黎峒蒋璘等，于其地置忠州十年余，死亡无数，遂领兵还”[②]。

二、基本特点

有唐一代黎人反抗活动的特点可以概括成一句话：次数虽少而影响较强。主要表现在如下三方面：

一是控制地区广且历时长久。从乾封二年（667 年）至贞元五年（789 年），琼州地区竟落入黎人掌握之中达 122 年之久；朱崖黎民则对唐王朝三世不臣服。这表明：唐王朝与黎人的控制与反控制之争相当激烈；唐王朝对黎区的统治颇为松散。

二是阻止唐王朝在黎区扩展统治势力。在定安县黎峒中曾设忠州七年，经黎人不断出击使唐军遭受重大伤亡而撤军后，终于废弃。

三是打击矛头直指军政机关所在地。黎人曾攻陷唐军在海南的最高指挥部——都督府。据载：

> 唐都督府有二：一在县境，后陷于黎峒。[③]

黎人也曾频频攻陷县城，并迫使其不断搬迁。史称：

> 唐《志》云：显庆五年（660 年）置乐会县，隶琼州。《琼管志》云：黎人屡攻破县，迁徙不一，今见治南管村。[④]

可见，黎人发动武装攻击力量之巨。

---

① （清 道光）阮元等：《广东通志·宦绩录四·李复传》，卷一三四。

② （清 道光）阮元等：《广东通志·古迹略二·城址二》，卷二一七，琼州府定安县条。

③ （民国）周文海、卢宗堂等：《感恩县志·建置·古迹》。

④ （宋）王象之：《舆地纪胜》，卷一二四，琼州条。

第五章　宋代黎族

宋代，在黎族发展史上占有特殊重要的地位。相比较而言，可以说，唐以前长期处于缓慢发展阶段，宋代以后则进入迅速发展的新时期。与此相适应，我国宋代史籍关于黎族问题的记载，也急剧增加。

第一节　概　说

一、海南岛建置与宋王朝在黎区统治地位的确立

960年，赵匡胤夺取了后周政权，建立北宋。北宋建立三年后，就开始进行统一全国的战争。开宝四年（971年），宋将潘美克广州，俘刘𬬮，灭了南汉割据政权，遂有岭南地，得州60县240，琼州从此归宋，“以岭南儋、崖、振、万安四州隶琼州，令广州择官分知州事”[①]。开宝五年（972年），废崖州，以其地入琼州，而改振州为崖州。是时，海南岛的建置情况是：

> 琼州（治今琼山县）领县六：琼山（治今琼山县），澄迈（治今琼山县东北），文昌（治今文昌市北），舍城（治今琼山县东南），临高（治今临高县南），乐会（治今琼海市）；儋州（治今儋州市西北）领县三：义伦（治今儋州市西北），昌化（治今昌江黎族自治县西），感恩（治今东方市南部地区）；万安州（治今万宁市）领县二：万宁（治今万宁市），陵水（治今陵水黎族自治县北）；崖州（治今三亚市西北）领县二：宁远（治今三亚市西北），吉阳（治今三亚市东）。[②]

宋太宗至道三年（997年），海南岛改隶广南西路。有宋一代，建置时有变动，且州、军、县之名往往互易。据《宋史·地理志六》卷九〇所作南宋的综合统计，则

① （宋）李焘：《续资治通鉴长编》，卷十二，开宝四年（971年）月壬辰条。

② （清 道光）明谊、张岳崧：《琼州府志·沿革》，卷首。

为“四郡”十二县。这就是：琼州，隶琼山、澄海、文昌、临高、乐会五县；南宁军，隶宜伦、昌化、感恩三县；万安军，隶万宁、陵水二县；朱崖军，隶宁远、吉阳二县。

北宋开宝年间，岭南初平，以周仁浚知琼州。仁浚荐汉旧官骆崇璨等四人，分知儋、崖、振、万安四州。周仁浚采用“因俗而治”[①]的稳妥治理方针，避免了因政权更迭而引起的社会动乱。至宋太宗太平兴国二年（977年）以后，宋臣李崇矩移琼、崖、儋、万安四州都巡检使，“麾下军士咸惮于行，崇矩尽出器皿金帛凡直数百万，悉分给之，众乃感悦”。黎人“扰动，崇矩悉抵其洞穴抚慰。以己财遗其酋长，众皆怀附”[②]。宋王朝以武力为后盾，行“抚慰”之策，使大批黎人归附。从此，宋王朝在黎区的统治地位逐步确立。

二、黎族分布

“黎”作为族称，虽偶见于唐代，但广泛使用却始于宋代。“黎”之得名，宋人多认为与其所居“黎母山”山岭有关。始倡此说者为宋人乐史。据乐史《太平寰宇记·岭南道十三》卷一六九，儋州风俗条载：

> 俗呼山岭为黎，人居其间，号曰生黎。

《宋史·蛮夷列传三》卷四九五载：

> 黎洞，唐故琼管之地，在大海南，距雷州泛海一日而至。其地有黎母山，黎人居焉。……俗呼山岭为“黎”，居其间者号曰“黎人”。

《宋会要辑稿》蕃夷五之四三，也有相类记载。此说，据其生活与生产方式而得名，言之有据。故至今日，仍得到部分学者的赞同。他们认为：“到目前为止，虽然还未发现黎语各方言中有哪一种方言是称山岭为‘黎’的，但是，黎语有称土山为 lui（音与‘垒’近），这与广西壮语的‘土山’叫 doi，海南岛汉语方言称‘黎’为 loi 的读音相近，而古代黎族多在山上从事‘刀耕火种’的原始农业，加上当时他们

① （清 道光）明谊、张岳崧：《琼州府志·宦绩》，卷二九。

② （元）脱脱等：《宋史·李崇矩传》，卷二五七。

把山叫作近似‘黎’（doi 或 loi）的读音，因此把这些人称为 loi（黎人）是很自然的事。”①

宋代黎族居地，以黎母山为基地，并遍及全岛四郡。

黎母山。海南黎族聚居于岛的中南部地区，该区山峰林立，最高峰为海拔 1867 米的五指山，还有黎母岭等众多千米以上的高山。旧说，五指山为黎母山；也有指黎母岭为黎母山者。总之，黎母山居高临下，位极重要，“琼岛四州，此为主山，水源皆从此出”②。早在北宋前期,就有“黎母山蛮”③之载。南宋范成大对黎人聚居的黎母山作了系统记述：

> 黎，海南四郡岛土蛮也。……岛之中有黎母山，诸蛮环居四傍，号黎人。内为生黎，外为熟黎④。山极高，常在雾霭中，黎人自鲜识之。久晴，海氛清廓时，或见翠尖浮半空，下犹洪濛也。山水分流四郡，熟黎所居已阻且深，生黎之巢深邃，外人不复迹。黎母之巅则虽生黎亦不能至。相传其上有人，寿考逸乐，不与世接，虎豹守险，无路可攀，但觉水泉甘美绝异尔。⑤

宋周去非《岭外代答·地理》黎母山条有相类记载，即袭自此。

琼州。宋乐史《太平寰宇记·岭南道十三》卷一六九，琼州风俗条载：该州有夷人，“号曰生黎”。

琼山。《宋史·蛮夷列传三》卷四九五，有绍兴间琼山“诸峒”黎人不从乱的记载。

澄迈、临高。政和间，曾于澄迈与临高县分别设寨，“以阻扼黎人”⑥。

---

① 黎族简史编写组：《黎族简史》，8 页，广州，广东人民出版社，1982。

② （清）陈梦雷、蒋廷锡等：《古今图书集成·方舆汇编·职方典》，卷一三七三，定安县条。

③ （宋）李焘：《续资治通鉴长编》，卷七二，大中祥符二年（1009 年）十一月戊午条。

④ 旧籍，依据黎人的发展程度，与中央王朝关系亲疏，受汉区影响深浅，而划分为“生黎”与“熟黎”。这反映了黎族社会发展的不平衡性。但这一称谓本身，是不科学和不可取的。故本书除引文外，在行文中均用引号以示区别。

⑤ （元）马端临：《文献通考·四裔考八》，卷三三一，引《桂海虞衡志》。

⑥ （清 道光）阮元等：《广东通志·关隘略三》，卷一二二。

乐会。《宋史·蛮夷列传三》卷四九五，有“乐会县白沙洞黎人”之载。

儋州。宋乐史《太平寰宇记·岭南道十三》卷一六九，儋州风俗条详记该州“生黎”之习。又,《宋史·蛮夷列传三》卷四九五载：

今儋、万安皆与黎为境。

昌化军。宋王存《元丰九域志·广南西路》卷九载：

东南至黎峒，一百四十里。

熙宁六年（1073年），降儋州为昌化军。

万安军。宋王存《元丰九域志·广南西路》卷九载：

西至黎夷峒穴，五十里。

吉阳军。宋赵汝适《诸蕃志·海南》卷下有吉阳军“生黎所居”之载。

朱崖军。宋王存《元丰九域志·广南西路》卷九：

北至黎峒，五十里。

唐代振州延德郡，宋开宝五年（972年），改崖州；熙宁六年（1073年），废为朱崖军；绍兴后，改名吉阳军。

以上记载表明：宋代琼州及属县琼山、澄迈、临高、乐会，儋州（昌化军）、万安军、吉阳军（朱崖军），均有黎人居住与活动。

需要特别言明的是，宋代黎族除遍布全岛四郡外，隔海相望的大陆雷州、廉州也是其重要居地。这是为后人所忽视的。

雷州（治今广东海康）。据宋乐史《太平寰宇记·岭南道十三》卷一六八载：雷州风俗，“地滨大海，人杂夷僚，多居栏以避时疫”。宋祝穆《方舆胜览》卷四二引《图经》云：雷州“风俗颇淳，实杂黎俗，故有官语、客语、黎语。夷多栏居”。可见,《太平寰宇记》中所言雷州“夷僚”，即《方舆胜览》中的黎人。黎俗纯朴、栏居，黎语为当地流行的三种语言之一。“官语”，系指官府用语；“客语”，系指外地迁入之人用语；黎语，即黎人用语。这也表明黎人为雷州世居民族，而使用官语、客语者均为后来徙入之人。

廉州（治今广西合浦）。据宋乐史《太平寰宇记·岭南道十三》卷一六八载：太平军，本廉州，“风俗，夷人号越侮，多采珠及甲香为业，亲戚宴会即以瓠笙、铜鼓为乐”。《大清一统志》卷三四八引宋《图经》云：廉州府风俗，“俗以亥日聚市，黎、蜑壮稚以荷叶包饭而往，谓之趁圩。病不求医，惟事巫祝”。该书还引宋《图经》云：廉州府，“俗有四民。一曰客户，居城郭，解汉音，业商贾。一曰东人，杂居乡村，解闽语，业耕种。一曰俚人，泳居远村，不解汉语，惟耕垦为业。一曰蜑户，舟居穴处，亦能汉音，以采海为生”。

可见，廉州之“夷人”“俚人”，即黎人。廉州有四种居民：一为“客户”，即居城郭的汉商；一为“东人”，指使用“闽语”方言之民；一为“蜑户”，指采珠为生的船民；一为“俚人”，即僻居多村、以耕垦为业、使用与汉语不同言语的黎人。前两者，系秦汉以来迁入之人；后两者，即“黎蜑”，则为世居民族。

总之，自古以来，至迟延及宋代，与海南岛相邻的雷、廉等地，曾是黎人聚居地。其后，随着中央王朝对岭南地区统治的加强，汉文化的日益传播，沿海大陆黎人逐渐融入汉民族中。但是，当地黎俗并未完全消失。这从《大清一统志》卷三四九、道光《广东通志·舆地略十一》卷九三，均仍采雷州府“州杂黎俗”之说，即明证。

第二节　宋王朝治黎政策

宋王朝治黎政策的主要特点，突出一个“和”字，采取“一切抚绥之计”①。此策收到了良好的社会效果。

一、强化对黎区的控制

此前，历代中央王朝对黎区的统治较为薄弱，其触角并未真正深入黎族腹地。从宋代起，中央王朝对黎区的控制日益加强。其主要表现有：

① （明）海瑞：《海忠介公集》，卷二，《治黎策》。

一是黎峒归附空前增加。宋周去非《岭外代答》卷二，“海外黎蛮”条载：崇宁中，王祖道经略广西，抚定黎峒970，结丁口64000，开通道路1200余里，“自以为汉唐以来所不臣之地，皆入版图”。《宋史·王祖道传》卷三四八则载：

黎人为患六十年，道路不通，今愿为王民，得地千五百里。……海南一千二十峒皆已团结，所未得者百七十峒；今黎人款化，则未得者才十之一耳。

对此，宋徽宗更洋洋自得地宣称：

凡前世羁縻而弗可隶属者，莫不稽颡蹈蹶，顺附王化，奄有夷峒，殆千余所，怀保丁民，逾十万计。[①]

换言之，大批黎峒已臣服，大量黎人已入籍，深入黎区的要道也已开辟，可称空前之举。

二是在黎区增置州县。据道光《琼州府志·沿革表》卷首载：北宋大观元年（1107年），“置镇州于黎母山峒，以为靖海军节度，置镇宁县，又改延德县为延德军，增置通远县”。此记载，集宋史诸记载写成。从宋王朝直接在“黎僚盘踞其中”[②]的黎母山设置行政机构一事，可见其势力已向黎区的纵深地带发展。

二、给黎族首领授官封爵

在我国历史上，宋代的治黎政策发生了一大转变。宋代统治者，鉴于汉代以来黎人反抗活动不断的历史教训，改而全面推行土官制，通过给黎族峒首“授以官职”[③]和“封爵”[④]的办法，对海南黎族实行间接统治。虽然，从南朝梁代至唐初，也曾利用同属俚僚族系的冼氏家族统治黎族先民；但是，实行委派本岛黎族土官统治黎族的制度，则是从宋代才正式开始的。宋代之所以推行黎族土官制，并非偶然，是有

① （清）徐松：《宋会要辑稿》，大观元年（1107年）十一月二十五日诏。

② （宋）赵汝适：《诸蕃志》，卷下，海南条。

③ （宋）罗曰褧：《咸宾录·南夷志》，卷八，黎人条。

④ （元）脱脱等：《宋史·蛮夷列传三》，卷四九五。

其深刻的社会历史原因的。归结起来：第一，这是从汉代以来，封建中央王朝长期经营、治理的结果，这也是上述宋王朝强化黎族地区控制的重要反映。第二，这是黎族社会不断发展的结果。到了宋代，出现了一批握有政治、经济、军事实力并在广大黎人中具有广泛影响的以王二娘为代表的首领人物。这些人，成了宋王朝统治黎族的社会基础。就是说，黎族豪酋需要宋王朝赐予的名号，以统慑其众；宋王朝则需要他们听从驱调，以为其统治利益服务。

适应这种历史潮流的需要，在理论上出现了一种改变传统治黎政策的主张。其间，宋人苏过的《论海南黎事书》[①]一文，最具代表性。他写道：

> 仆以为以力胜者，兵罢而复塞；以利啖者，贼贪而不叛也。朝廷若捐数官以数人，则贤于用师矣。……使赍金帛入喻诸黎，晓以利害，惧以祸福，若能开复故道，使行旅无壅，则藉其众所畏服者，请诸朝，假以一命，而岁与其禄，不过总十余人，岁捐千缗耳。今朱崖屯师千人，岁不下万缗，若取十一以为黎人之禄，可以罢千师之屯矣。

简言之，只要赐予黎酋爵禄，既可不烦兵力和节省开支，又能达到维护宋王朝在黎族地区统治的目的。

史籍关于宋代黎族土官的最早记载，为北宋仁宗皇祐（1049—1053年）、神宗熙宁（1068—1077年）间。据《宋会要辑稿》蕃夷五之四九载：三十六峒都统领王氏，“祖本化外，昨于皇祐、熙宁间归顺王化，弹压三十六洞黎人”。可见，王氏之祖，虽已为朝廷命官，但所谓“三十六峒都统领”，只是权宜所设而已。又，宋周去非《岭外代答》卷二，黎蛮条载：

> 熙宁中，王祖道抚定黎峒，其酋亦有补官。

但所补何官，并未言明。至于史籍载明何人担任何官的记载，则是神宗元丰年间事。据《续资治通鉴长编》卷三〇九，元丰三年（1080年）载：

> 张颉知桂州，时有献言者谓：海南黎人陈被，盖五洞首领，异时强

---

① （宋）苏过：《论海南黎事书》，见《斜川集》，卷五。

盛，且为中国患，今请出兵自效，宜有以抚纳之，仍乞经略司勿得预事。上命张颉处其事，颉命一摄官过海，呼出陈被等，补以牙校而去。

其后，黎族土官制逐渐成为定制。

关于两宋黎族土官情况，见下表：

表5–1 宋代黎人任官表

年代	姓名	职官名	任职原因	资料来源
北宋皇祐（1049—1053年）、熙宁（1068—1077年）间	琼州王氏祖	三十六峒都统领	归顺	《宋会要辑稿》蕃夷五之四九
熙宁（1068—1077年）中	黎酋	补官（未言官名）	因王祖道抚定黎峒	《岭外代答》卷二
元丰三年（1080年）	（五峒首领）陈被	牙校	受抚纳	《续资治通鉴长编》卷三〇九
宣和（1119—1125年）前	（王日存之神父）居荫	成忠郎	入贡	《宋会要辑稿》蕃夷五之四八
宣和间	符元亨	承信郎	入贡	道光《琼州府志·防黎》卷二二
南宋乾道六年（1170年）	王平、王利学 符安节 符安礼	承信郎 进武校尉 进义副尉	以抚谕黎人之功	《宋会要辑稿》蕃夷五之四六
乾道七年（1171年）	（琼州三十六峒都统领）黄氏	封宜人	因绍兴年间抚谕诸峒不从乱功	《宋会要辑稿》蕃夷五之四九
乾道九年（1173年）	王日存、王承福、陈颜	承节郎	招降复赛有功	《宋史·蛮夷列传三》卷四九五
乾道九年（1173年）	（义兵统制）黄文广	巡检	屡战有功	《文献通考》卷三三一，道光《广东通志》卷三三〇

续表

年代	姓名	职官名	任职原因	资料来源
淳熙元年（1174 年）	王日存子孙	承节郎	袭职	《宋史·蛮夷列传三》卷四九五
淳熙八年（1181 年）	黄氏女王氏	承袭宜人、三十六峒都统领	无男，女依例承袭	《宋会要辑稿》蕃夷五之四九，《文献通考》卷三三一
淳熙八年（1181 年）后	黄间	补守寨官	王氏之侄	《文献通考》卷三三一，道光《广东通志》卷三三〇
淳熙十六年（1189 年）	（大宁寨）黄弼	承信郎	沉鸷有谋，为远近推服	《宋史·蛮夷列传三》
嘉定九年（1216 年）	王氏女吴氏	承袭宜人、三十六峒都统领	承袭	《宋史·蛮夷列传三》，《文献通考》卷三三一

从表中可得出两点结论：

一是南宋时任职者较北宋时为多。有姓名可考者，北宋时只有陈被、居荫、符元亨 3 人；南宋时则有王平、王利学、符安节、符安礼、黄氏、王日存、王承福、陈颜、黄文广、王氏、黄间、黄弼、吴氏等 13 人。可见，北宋后期始任黎人为官，南宋时则已广泛实行。

二是所官多是虚衔，且品阶低下。如：宜人，为县君之封；承信郎、承节郎、进义校尉、进义副尉均为品级低下的散官衔；牙校，则为下级军官官衔。授予黎族土官如此低下的官衔，连宋神宗也为之愕然。据《续资治通鉴》卷三〇九载：当张颉补陈被以牙校后，宋神宗问道："何赏之薄？"张颉答道："荒徼蛮蜑无他觊，得是足矣。"这和宋代授予西南诸族首领以刺史、将军、都指挥使等高级官衔恰成了鲜明对比。究其原因，大致有二：一是黎族峒首的势力相对弱小。二是黎族峒首与内地来往相对为少，故只要授予官职，则易为满足。由于黎族土官并无多大实权，故不能构成对中央王朝的一种威胁力量。

授官后，即赐予诰命、朝服等信物。据《宋会要辑稿》蕃夷五之四九载：琼州三十六峒都统领王氏之祖，在皇祐、熙宁间归附时，即"受朝廷诰命"。《诸蕃志》

卷下，海南条载：淳熙间，五指山“生黎”峒首“王仲期，青巾红锦袍束带。自云：祖父宣和中尝纳土补官，赐锦袍云”。可见，黎族土官对诰敕、朝服等信物极为重视并世代珍存。以此为朝廷命官的凭证，以作“抚遏诸峒”[①]之用。

朝贡与参见当局。黎首归附后，往往需入京朝贡，以示臣服；朝廷则给予赏赐，以示恩宠。如：

宣和间，儋人陈大功招抚符元亨等二十余峒黎入贡，补元亨等承信郎，诏令其子孙各以官名承袭，世为峒首。[②]

淳熙元年，诏承节郎王日存等许子孙承袭。以琼州言，其祖父居荫元系入贡，又自宣和以来，能抚谕诸黎，弹压有劳也。[③]

宋王朝对海外黎人入贡特别重视，为此还专门作了沿途厚加犒设并加等给赐的优遇规定。如：

徽宗政和七年（1117年）八月十六日诏：黎人久为琼管边患，今其入贡，颇有慕义之心，沿途券马请给，可令所部监司守臣加等给赐，所到州犒设务令丰备，授衣月近，特赐钱五百贯，令置寒服，候到畿甸，先具数申尚书省，于榷货务支幞头帽子公服腰带给赐。[④]

但是，由于京师路途遥远，特别是渡海维艰，故也有参见地方当局，并就地领赏者。如：

淳熙元年（1174年），五指山生黎峒首王仲期率其旁八十峒，丁口一千八百二十人归化，诸峒首王仲文等八十一人，诣琼管公参，……琼管犒遣归峒。[⑤]

---

① （清）徐松：《宋会要辑稿》，蕃夷五之四九。

② （清 道光）明谊、张岳崧：《琼州府志·防黎》，卷二二。

③ （元）马端临：《文献通考·四裔考八》，卷三三一。

④ （清）徐松：《宋会要辑稿》，蕃夷五之四四。

⑤ （宋）周去非：《岭外代答》，卷二，海外黎蛮条。

俸给。黎族上层土官，有的虽有俸给之名，但多未领取。据《宋会要辑稿》蕃夷五之四九载：

> 王氏祖父母及母黄氏，自受官爵封号以来，逐月俸给不曾请领。

但是，往往有犒设赏赐之举以为补充。如《续资治通鉴长编》卷三二〇，元丰四年（1081年）十一月辛丑条载：

> 琼管司言：已罢海南经制事，如有生黎归附，乞量支官钱买物犒设。诏：以刘谊奏请招怀经制，朝旨尽录送知桂州张颉，如实有生黎归向，可以相度施行讫奏，其所用犒设赏赐之物，即以经抚库钱物应副。

承袭。如上述，黎族土官被授予官爵封号后，即“许子孙袭职”，且“世为峒首”。宋代黎族土官承袭，已有一套制度。如《宋会要辑稿》蕃夷五之五〇载嘉定九年（1216年）：

> 诏宜人王氏女吴氏承袭三十六洞统领事。以广西经略琼管司言，据澄迈县谭官村父老谢汝贤等称，大宁寨与权承袭宜人吴氏并邻。并嘉泰二年，宜人王氏年老，乞将邑号及三十六洞统领职事与嫡女吴氏承袭，弹压经管一十余年，管干边面肃静，黎民安居。吴氏缴到母亲王氏告命及保官委保，实系故王氏嫡女，向上别无合行承袭之人，系在条限之内，故有是命。

可见，对承袭人须调查核实，“缴到告命”和“保官委保”，证明“系在条限之内”，才能“依例承袭”[①]。需要强调指出的是，由于当时黎族社会中母权制残余比较严重，故往往出现“夫亡妇主”、女继母位的现象。上述“宜人王氏女吴氏承袭三十六洞统领事”，即典型事例。

宋王朝统治黎族的政策措施，均通过黎族土官贯彻执行。如《岭外代答》卷二，海外黎蛮条载：

① （元）马端临：《文献通考·四裔考八》，卷三三一。

琼管有令于黎峒，必下王宜人，无不帖然。

可见，黎族土官是连结宋王朝与黎峒之间的中间环节、纽带，发挥汉族官吏所无法取代的特殊功用。

黎族土官起到了维护边疆安全与宋王朝在黎族地区统治秩序的重要作用。据《文献通考·四裔考八》卷三三一载：皇祐、熙宁间王氏祖归附后，“三世受朝廷告命，至母黄氏承袭弹压，边界用宁”。《续资治通鉴长编》卷三〇九，元丰三年（1080年）条载：黎人陈被补官牙校后，“寻罢兵，海外果无事”。《咸宾录》卷八，黎人条载：乾道九年（1173年），“黎人王用（应作日）存、王存福、陈颜等招降复寨有功，宋授以官职，俾之控制黎人”。可见，宋王朝通过土官“弹压”“控制”黎人，达到“边界用宁”“海外无事”的目的。

总之，宋代推行黎族土官制，使有宋一代“黎乱”大为减少。其有利于黎族社会经济的发展，有利于黎、汉诸族的往来与交流，有利于统一的多民族国家的发展。

三、“从抚为多”

宋朝统治者和历代统治者一样，对黎族和南方各族人民奉行恩威并济的治理方针。如《续资治通鉴长编》卷四二四，元祐四年（1089年）三月乙酉条载：右正言刘安世在言及“控制蛮僚”之策时写道：

祖宗以来，择帅尤重，必有绥怀之德，济以肃服之威，使之统临，乃能镇静。

但相比较而言，宋王朝更重抚绥之策。据《续资治通鉴长编》卷三二八，元丰五年（1082年）七月丙午条载：

（诏）就差知钦州供备库副使李时亮知琼州，冲替刘威，仍扎与李时亮，昨以刘威擅讨黎人，引惹边事，当用心怀抚，早令安帖。

以主抚代替主讨官员一事，可见宋统治者治黎政策的重心所在。明人戴璟曾评说：

宋时，诸峒黎叛服不常，或剿或抚，而卒从抚为多。[①]

堪称不刊之论。

这种“抚谕”政策，多通过黎人、黎酋与黎官进行。如明正德《琼台志》卷二一，平乱条载：

绍兴间，琼山民许益为乱，黎人王日存母抚谕诸峒，无敢从乱者。

《宋会要辑稿》蕃夷五之四六载：乾道六年（1170 年），王平诸人封官，“皆以抚谕招诱水口纲黎人贼王用休功也”。清雍正《广东省志·名宦》卷三九载，淳熙间，周鄘知吉阳军，“常遣熟黎招谕生黎归化者五十余峒”。

总之，这种重抚政策，较之“覆其巢穴，而夷其地”[②]的血腥武力政策而言，是应该受到肯定的。

四、宽贷、“用本土之法”与“和断”

由于黎族的社会与习俗、观念与汉区有所不同，故宋王朝在法治上采取区别对待的政策。主要表现为：

不用宋律，从宽发落。如《续资治通鉴长编》卷三二四，元丰五年（1082 年）三月壬寅条载：

知桂州张颉言，昌化军劾符破结九人犯持杖强盗杀人，罪皆死，缘系捕盗官招诱，令解下弓刀，支与酒食，然后擒缚。若从捕获法，虑致生黎疑惧，将来无以示信。诏释之。

意为：黎人符某诸人持杖强盗杀人，若依宋朝“捕获法”，罪当处死。但因系招诱擒缚，为免“生黎”“疑惧”，特准释放而不予追究。

又，据《斜川集》卷五，《论海南黎事书》载：有人认为，黎人之所以“慢边吏”，在于“法不惩耳。今杀人者止于输牛羊，是何足创哉”。杀人偿命，本是封建

① （明 嘉靖）载璟：《广东通志初稿》，卷三六，生黎条。

② （宋）苏过：《论海南黎事书》，见《斜川集》，卷五。

王朝律令的一般法则，而黎人则可以牛羊赎罪，这是在法制上宽贷的又一例证。

因俗而治。如《续资治通鉴长编》卷七二，大中祥符二年（1009 年）十一月戊午条载：

> 琼崖等州同巡检王钊言，黎母山蛮递相仇劫，臣即移牒委首领捕送为恶者，悉还剽夺赀货及偿命之物，饮血为誓，放归溪洞，皆已平静。上曰，朕常戒边臣无得侵扰，外夷若自杀伤，但用本土之法，苟以国法绳之，则必致生事，羁縻之道正在此尔！

就是说，宋真宗宣称的治黎“羁縻之道”，在法制上包含两方面的内容：一是“用本土之法”，即按黎族习惯法从事；二是不以“国法绳之”，即不在黎区强制推行宋法。其目的，在于求得黎区统治秩序的稳定，即避免因此“生事”。

“解和”。对黎族内部之间的互争和仇杀，不仅加以劝谕、调解，而且避免卷入冲突双方，以免扩大事端，以求事态平息。《武经总要前集》卷二〇，广南西路条载：

> 祥符中，万安州言，黎洞人相杀仇，巡检使臣深入诛捕，王卒有战伤者。真宗曰：朕累有宣谕，蛮夷相攻，止令和断，不得擅发兵甲，致其不宁，当令禁止之。

《续资治通鉴长编》卷二七，大中祥符五年（1012 年）五月辛巳条等均有相类记载。显然，这一措施，有利于避免或减少由此带来的黎区社会经济的严重破坏，是应予肯定的。

五、设寨守隘

在黎区，设寨、栅以镇遏黎民。如，《宋会要辑稿》方域一八之三〇载：

> 绍兴四年（1134 年）九月五日，广南西路经略安抚转运提刑司奏，契勘西峰定南寨及应定寨安两栅，昨来陈韬、吴怀等破荡，人民离散，近方收复，正是控扼去处，难以废罢。外照峰一栅，系在澄迈县界，却不是控扼黎……去处，今欲将照峰栅废罢，更不差置土丁守御。从之。

《宋会要辑稿》方域一九之三三载：绍熙三年（1192年）权发遣万安军杜孝恭言：

> 其琼州万安军所差厢军各一十五人，每三月一替。……其博敖、地烂两村民兵各有总辖，无事则各轮差辖下民兵一二十赴寨添同弹压，三月一替，有警则各带民兵赴寨，听从防遏。

道光《广东通志·关隘略三》卷一二二载：

> （澄迈县）西峰寨在县西五十里，去临高县七里，宋政和间琼管帅乞于澄迈置西峰寨，临高置安定寨，以阻扼黎人，由是道路无梗。

这表明：宋王朝在黎区险要之地设寨，由地方军和“土丁”“民兵”，协同以“控扼”“阻扼”“防遏”黎人，并保持道路畅通。

由于“寨”处黎区腹地，“水土恶弱”，官兵不便驻守，故又有专委黎首担任者。如《宋会要辑稿》蕃夷五之四九载：

> 淳熙十六年（1189年）十一月二十三日诏，琼州澄迈县人黄弼守寨有劳，与补承信郎，差专一弹压本界黎峒。

澄迈县大寨向系黎首王宜人管辖范围，故委任其侄黄弼守寨。又因其“守寨历年”，故加以褒奖。

修寨的劳力，也多利用黎人。如《宋会要辑稿》蕃夷五之四六载：乾道九年（1173年），“琼安抚司言，措置招谕乐昌县黎人峒首等出参，回村协力于旧来基址起复县宇，兴条（修）寨栅”。

总之，宋代的寨，是用作防御和镇压的军事据点。故《宋史·职官志七》卷一六七载：

> 寨置于险扼控御去处，设寨官，招收土军，阅习武艺，以防盗贼。

寨有简易者，由木栅建成；也有坚固者，用土石筑成。故史有“就委乐会县差拨土保丁改本寨木栅，随其地势，筑作城堡”[1]之载。这些城堡形式的寨，逐步发展为黎区军事、政治、经济中心，有利于黎区城市的形成与发展。

宋军在黎区的军事据点，除寨、栅之外，尚有镇名。故史称:“诸镇寨皆有守兵。”[2]

有宋一代，在海南共置八寨、二栅、二镇。列表如下：

表 5–2　八寨、二栅、二镇地点表

地点	名称
琼山	通感栅 英田栅
澄迈	西峰寨
临高	定南寨
乐会	大宁寨 南营寨
昌化	昌化寨
崖州	延德寨 通远寨
陵水	陵水寨
吉阳军	临川镇 藤头镇

此外，在黎人出入的险隘之处，也严加防范。多派黎族土官负责把守。如，《文献通考·四裔考八》卷三三一载：琼州三十六峒统领王二娘之祖，“皇祐、熙宁间归顺，弹压三十六峒，捍御隘口，正系琼管咽喉之地”。

总之，宋王朝防黎的种种军事据点，如网状布满黎区各地，几乎已达无孔不入的地步。

六、设戍卒、黎兵、土丁

宋王朝除派驻正规军外，还有黎兵、土丁以及义兵、弓箭手等“乡兵”，以防范与镇压黎族人民的反抗斗争。

---

① （清）徐松：《宋会要辑稿》，方域一九之二三。

② （清 道光）明谊、张岳崧：《琼州府志·兵制》，卷十七上。

驻军。宋太祖建隆元年至三年间（960—962年），设澄海军以戍海、清化军以戍黎。仁宗天圣（1023—1032年）后，增置清江军。均为诸州戍兵。后三军额通改清化，统以指挥，属广南西路。苏过《论海南黎事书》中的“屯师”“戍卒”，即指此。

“黎兵”。宋承唐制，设黎兵。故史称“宋曰‘黎兵’”[①]“宋，黎兵无额”[②]。又，从元代至元二十四年（1287年），陈仲达、谢有奎先后以黎兵助征交趾和以民兵益官军征黎事，都是宋朝旧有黎兵的明证。

土丁。广南西路乡兵，名土丁[③]。据《续资治通鉴长编》卷一一六，景祐一年（1035年）六月辛酉条载：

> 广西转运司言：儋州获妖獠百余人，其余党方会兵掩捕之。……仍遣内侍史志聪、张德明分赐讨贼军士、土丁缗钱。

又，《宋会要辑稿》蕃夷五之四五载：绍兴年间，琼州临高县黎人王文满复反，“遂遣官部土丁分头攻杀”。以上为宋王朝利用土丁配合军士攻打黎人反抗活动之例。

义兵。据《文献通考·四裔考八》卷三三一载：乾道九年（1173年），“义兵统制黄文广屡战有功，并欲推赏，以澄迈县巡检权移驻扎乐昌县，控制黎人”。此为由黎人组成“义兵”以“控制黎人”之例。

弓箭手。据同治《番禺县志·列传》卷三五载：宋人张书言迁琼管安抚大使，“尝立弓箭社，不论家业高下，户出一人，自相推择家资武艺为众所服者为社头，次为社副，有警即率弓箭手备战，峒俚畏焉”。此为宋统治者组织汉族地主武装以对付黎人之例。

最后，需揭露的是，宋统治者在军事上使用以汉制黎和以黎制黎的手法，藉机挑起黎、汉民族和黎族内部的不和，从而坐收渔人之利。据《续资治通鉴长编》卷三〇〇载，元丰三年（1080年），琼管体量安抚朱初平奏议“拣愿耕少壮之人，籍成保甲，与黎人杂处分耕，各限以顷亩，教以弓矢武艺，足以枝梧边寇”。此为将汉人安插在黎区，以“枝梧”黎人之例。又，《续资治通鉴长编》卷四〇八，元祐

① （民国）彭元藻等：《儋县志·兵制》，卷五。

② （明 正德）唐胄：《琼台志·兵防下》，卷二十。

③ （元）脱脱等：《宋史·兵志五》，卷一九一，广南西路土丁条。

三年（1088 年）正月辛酉条载：广南西路峒黎伤害兵官，“厚赏密募熟黎杀取首级”，以制服之。此为以这一部分黎人对付那一部分黎人即募“熟黎”打“生黎”之例。

宋王朝使用黎、汉“民兵”以制黎，在军事上还可起到正规军所不能起到的作用。宋人苏过说：

> 仆以为戍卒可省，民兵可用。何则？编户之家，家有武备，亲戚坟墓所在，人自为战，而又习其山川险阻，耐其风土瘴疠。吏若拊循其民，岁有以赏之，则吾藩篱不可窥矣。[①]

七、禁侵黎田与“招诱客户”的土地政策

宋代黎族，主要从事农耕经济，土地问题占据十分重要的地位。黎人归附后，宋王朝对其原有土地制度，加以保护，以求黎区的安定局面。故作出了禁止汉族地主、商人兼并峒民田土的规定。据《续资治通鉴长编》卷三一〇载：元丰三年（1080年），琼管体量安抚朱初平奏议“禁止海北之民及商贩等侵占峒民田土。……又议严诫豪富之家高利抽剥，以致贫民抑雇儿女，脱身无期”。《宋会要辑稿》蕃夷五之四三至四四对此事则载：

> 琼管体量安抚朱初平言，海北之民占请黎人田，黎人无所耕种，恐致生事，乞禁止。

但是，与此同时，却又夺占参与反抗活动的黎人田地。据《宋会要辑稿》蕃夷五之四五载：绍兴间，平琼州临高县黎人王文满，“将文满田尽给阵前有功之人，分耕种讫”。对此，清乾隆《琼州府志》则载：

> 初，王文满结西洞黎岐攻破定南寨，复犯省地，琼管安抚邓酢遣官烧荡窠穴，生擒黎……王用宾等，夺其田，以赐有功者，他峒俚望风震慑，海南帖然。

① （宋）苏过：《论海南黎事书》，见《斜川集》，卷五。

宋王朝企图以夺田的办法，惩办反抗者，并威吓广大黎民，以维护其统治秩序。但是，由于黎民的反抗，往往整峒之人卷入其间，带有全民性质。故这种大规模剥夺黎人田土的办法，势必引起严重的社会问题，势必使土地问题更加尖锐化。因此，在暂时的表面“帖然”中，酝酿着新的更大风暴的到来。这也是促成黎人不断反抗的重要原因之一。

此外，宋朝政府还鼓励汉族移民到黎区官荒地上垦种。《续资治通鉴长编》卷三三九，元丰六午（1083 年）九月癸丑条载：

> 知琼州刘威言，朱崖军土脉肥沃，欲乞委本军，除旧系黎人地不许请射外，余许招诱客户，请系官旷土住家耕作，仍立赏格激劝。从之。

这一措施，产生了两种不同的效果。一方面，汉民的移入，对黎区的开发、汉族先进生产技术的传播有着积极的作用；另一方面，却在某种程度上加深了黎区土地问题的矛盾。

总之，宋王朝对黎区的土地政策，存在着极为矛盾的性质。在试图保护黎族原有土地制度的稳定性的同时，却又自身不断破坏它，使土地问题日益激化。这表明：在封建王朝的框架内，是无力解决黎区土地问题的。这是由剥削阶级政权的本质所决定的。

八、赋役、互市与经济掠夺

（一）赋　役

宋王朝对发展程度不同的黎区实行有区别的赋役政策。据《岭外代答·外国》海外黎蛮条载：

> 海南有黎母山，去州县远，不供赋役；外为熟黎，耕省地，供赋役，而各以所迩隶于四军州。

《续资治通鉴长编》卷一七六，至和元年（1054 年）五月丙子条载：

> 其服属州县为熟黎，其居山峒无征徭者为生黎。

意为：归州县管辖的“熟黎”，需“供赋役”；而居山峒不隶属州县的“生黎”，则“不供赋役”“无征徭”。可见，是否供赋役，成了区分“生”“熟”黎的一种标志。需要指出的是，宋王朝不对“生黎”征赋役，不仅显示其政策有区别性；而且，实际上也是其鞭长莫及所致。

宋王朝为鼓励黎人归附，为笼络黎人，对其租赋加以减免。据《宋史·蛮夷列传三》卷四九五载：

> 乾道二年（1166年），从广西经略转运司议，诏：海南诸郡倅守慰抚黎人，示以朝廷恩信，俾归我省地，与之更始。其在乾道元年以前租赋之负逋者，尽赦免之。能来归者，复其租五年。民无产者，官给田以耕，亦复其租五年。

又，宋陈德裕《黎顺亭记略》[①]载：万州买扶诸峒投降纳款，宜输贡赋，当局“以时减租宽役，劝勉农桑”。

“熟黎”除纳赋外，还需供徭役。琼地之人特别是黎妇擅工棉织品，官府长期征役，使之不堪重负，即一例。据载：绍兴时，崔与之官广西提点刑狱，巡朱崖，“琼人以吉贝为衣衾，工作皆妇人，役之有至期年者，弃稚违老，民尤苦之。与之皆为榜免”[②]。

（二）互　市

有宋一代，对于是否允许和鼓励黎、汉贸易，存在着两种截然相反的意见。有的主张“绝其通市，以困其力”的办法以制黎。他们认为：黎人“盐酪谷布斤斧器用，悉资之华人，特以沉香、古（吉）贝易之耳，吾焉用此藉寇兵而资盗粮哉。宜饬边吏谨视商贾之出入，彼自困耳”。但是，居主导的意见认为：经济上制裁黎人，不仅于事无补，反而会引起黎人的强烈反抗，并导致严重的经济后果。故苏过称：

> 濒海郡县，所以能鸠民置吏，养兵聚财者，恃商人耳。商人轻风涛

---

① （清 道光）胡端书等：《万州志》，卷八。

② （元）脱脱等：《宋史·崔与之传》，卷四〇六。

之虞，涉不测万里之险，而岁岁必集者，贪倍蓰之息尔。若绝黎人之欢，商人不来，我自困矣。关市之征，岁入不足，一困也；兵吏廪赐，无所从出，二困也；衣食不足，饥寒从之，三困也。①

总体而言，宋王朝是提倡黎、汉“互市”的。故史称：儋、崖、万安诸地黎人，“时出与郡人互市”②。又载：吉阳军生黎，“时有侵扰之害。周侯遣熟黎峒首谕之，约定寅酉二日为虚市，率皆肩担背负或乘桴而来，与民贸易，黎人和悦，民获安息”③。“互市”之策，有利于黎区的安定与黎族社会经济的发展。对黎、汉人民而言，则是互利的，彼此都可从交易中获取所需物品。

（三）经济掠夺

由于黎区悬在海外，天高皇帝远，在某些方面，经济掠夺更加肆无忌惮。其中主要表现有三：

一是正赋外，巧立名目，横加种种苛捐杂税。如《续资治通鉴长编》卷三一〇，元丰三年（1080年）十二月庚申条载：

琼管体量安抚朱初平奏议，根据海南四州军税赋原额，存其正数，其余欺弊诡伪一皆改正。

可见，赋税除“正数”外，“欺弊诡伪”之事曾层出不穷。

二是对海南特有的种种土产，滥加掠取。如李光《庄简集》卷二《海外谣有序》载：

琼、崖、儋、万四州，限在海外，地理险远，输赋科徭，率不以法。所出沉香、翠羽、怪珍之物，征取无艺，百姓无所赴诉，不胜其忿，则相煽剽剋。

可见，对海南奇珍异物的征取，已达到无以复加的地步，以致迫使黎、汉人民走上

① 以上引文均见（宋）苏过：《论海南黎事书》，见《斜川集》，卷五。

② （宋）李焘：《续资治通鉴长编》，卷一七六，至和元年（1054年）五月丙子条；（元）脱脱等：《宋史·蛮夷列传三》，卷四九五。

③ （宋）赵汝适：《诸蕃志·海南》，卷下。

反抗之途。

三是贪官污吏岁时索取各种“馈献”，以中饱私囊。如嘉靖《广东通志•列传四•名宦四》卷四七载：北宋真宗时，张歧以秘书丞知琼州，“琼俗悍朴，牧守御得其道，则岁时以香、蜡、鱼、果为献，否则群起为盗。（张）歧镇以清静，却馈献，民夷服其廉介”。可见，黎汉人民岁时以土特产献于当道，已成惯例。

九、建学重教

宋代特别是南宋，在海南（包括黎区）教育发展史上具有里程碑的意义。对此，明人多有评说。如，明丘浚《琼山县学记》[①] 载：

> 邑有学，肇于宋。

明邢宥《琼州府学大成殿记》[②]：

> 琼州府学庙，志以为宋庆历间建。

明唐胄《重建万州儒学记》[③]：

> 万州，宋旧有学。

明钟芳《琼州府学科目题名记》[④]：

> 宋兴，始建学校。

明郑廷鹄《临高县儒学记》[⑤]：

> 自宋季，始就其左隅以建学焉。

① （明）丘浚：《琼山县学记》，见《邱文庄公集•记》，卷五。
② （明）刑宥：《琼州府学大成殿记》，见《湄丘集》，卷一。
③ （明）唐胄：《重建万州儒学记》，见《传芳集•记》。
④ （明）钟芳：《琼州府学科目题名记》，见《钟筠溪集•记》。
⑤ （明）郑廷鹄：《临高县儒学记》，见《石湖遗集•记》。

一言以蔽之，海南地区学校之设，始兴于宋。

宋代海南（包括黎区）教育事业之所以获得空前发展，这既是当地社会历史发展的产物，也与宋王朝重文教的治策有密不可分的关系。

创建郡学、社学及新学。据载：北宋庆历（1041—1048 年）间，宋守之知琼州，“教诸生读五经于先圣庙，尊儒学，暇日亲为讲授，置学田以资膏火，由是州人始知好学”①。南宋淳熙九年（1182 年），琼管帅韩璧，“出入阡陌，劳来不倦，期年化成，黎人感慕，愿供田税，尝重修郡学及建知乐亭，朱文公皆为作记”②。南宋庆元元年（1195 年），琼州通判刘汉修崇郡学，创建社学，“诸郡皆闻风来游，虽黎僚犷悍，亦知遣子就学，衣裳其介鳞，踵至者十余人”③。宋王象之《舆地纪胜》卷一二四，琼州景物上载：“新学，在郡学之左庑，黎人遣子弟入学。”

此外，康熙《琼州府志·学校》卷四载：宋代，海南地区曾建“仁政乡学”。

可见，有宋一代，海南地方当局不断兴建郡学、社学及新学，并设法解决办学经费、师资、生员诸问题。从此，出现了“州人始知好学”，黎人也“遣子就学”的新局面。

教诗书。据载：北宋乾兴元年（1022 年），贬宰相丁谓为崖州司户参军，“丁谓在州教民读书著文”④。南宋宝祐四年（1256 年），进士蒋科为琼州教授，“秩满，擢儋之宜伦令，抚辑黎峒，教以诗书”⑤。

总之，以儒家的“五经”“诗书”为基本教材和教学内容。在当时，它对汉文化在黎区的传播、对增强中华民族的凝聚力，都起了积极作用。

需指出的是，宋王朝重文教的目的，在于维护其统治利益。如，北宋绍圣年间，古革调琼州教授，“训迪有方，峒蛮多遣子弟受学。会黎人叛，郡檄入峒布谕，蛮俗素知敬革，遂率服状”⑥。但在客观上，却是有益于黎族知识分子（所谓“士”）的

① （清 雍正）郝玉麟等：《广东通志·名宦》，卷三九。

② （明 嘉靖）黄佐：《广东通志初稿·循吏》，卷十一。

③ （宋）庄方：《琼州通守刘公修小学记》，见（清 道光）明谊、张岳崧：《琼州府志·艺文》，卷四一。

④ （宋）王象之：《舆地纪胜》，卷一二四。

⑤ （清 道光）阮元等：《广东通志》，卷二九八，列传三一。

⑥ （明）黄佐：《广州人物传》。

出现与黎俗变革的。

随着海南教育事业的发展，科举也从此始。据道光《广东通志·列传三十四》卷三〇一载：

> 陈孚，琼山人。从太守建阳宋公贯之学，得官以归，自是琼人始喜习进士业。近岁有数人得进士出身，自孚始也。
>
> ……
>
> 符确，昌化人。沉静好学，博通经史，平居尝以天下事自任。大观二年（1108年），发镇州解。三年，登同进士。官至承议郎，知韶、化二州。琼海从此遂多贤科。

可见，陈孚、符确首开海南进士纪录。从此，本土士子“始习进士业”“多贤科”。这是海南岛（包括黎区）的文化教育事业有了突破性发展的明证。

海南虽孤悬海外，但一直受到大陆文化的强烈辐射与影响，尤以入宋后为甚，故诗人有“沧海何曾断地脉，朱崖从此破天荒”[①]之赞。

第三节　宋代黎族社会

一、农　业

有宋一代，我国南方包括海南地区的社会经济有了长足发展。与此相适应，黎区的经济面貌，也发生了显著变化。

在“熟黎”地区，农业已占据主要地位。大批农田特别是水田得到垦辟。其据颇多。

如：

第一，北宋朱初平的奏议谈及，“黎峒宽敞，极有可为良田处”；并建议迁汉人

① 据洪惠《冷斋夜话》卷一载：“东坡在儋耳，有姜唐佐从，乞诗。唐佐，朱崖人，亦书生。东坡借其手中扇，大书其上曰：‘沧海何曾断地脉，朱崖从此破天荒。’”

“与黎人杂处共耕”①。

第二，南宋朱熹之文写道：

化外黎人闻风感慕，至有愿得供田税比省民者。②

第三，如上述，宋王朝曾先后发布过禁止“占请黎人田”，没收参与反抗的黎人田以“分耕”，黎人无产者“官给田以耕”的种种命令。

第四，宋代文献中，不断出现宋统治者与黎人争夺“省地”的记载，且把“耕省地”作为“熟黎”的一种标志。“省地”农业的发达，是不言而喻的。

出产稻米。宋代，海南从占城输入生长期短的宜于当地气候环境的稻种。据道光《琼州府志·舆地志五·风俗》卷三载：

自宋播占城禾种，夏种秋收。

广种占禾的结果，增加了粮食的产量。从苏东坡“煮得占禾半是薯”③的诗句中，也可见占禾已是人们日常生活的重要食粮。至于黎族聚居区崖州一带所产“峒米”，已为时人所熟知，故史有“朱崖军颇有生、熟黎峒米”④之说。

农业生产工具与技术，已有所改进。宋人苏东坡、苏过父子居儋时所作诗篇中，就有“岂无良田”“利尔锄耜”“好尔邻耦”“南东其亩”“霜降稻实，千箱一轨”⑤诸句以及“田禾”“耕牛”⑥诸词。又，前些年在东方县古州镇，发现大量宋代铁质农具。可见，文献与考古材料均证明：其时海南地区黎、汉农业生产已颇为发达。

水利灌溉事业有所发展。清顾祖禹《读史方舆纪要·广东六》卷一〇五载：

宋开宝八年（975年）知州李易上言，州南五里有峻灵塘，开修渠堰，可溉水田二百余顷即此。或曰：潭盖黎母山水所汇也。

---

① （宋）李焘：《续资治通鉴长编》，卷三一〇，元丰三年（1080年）十二月庚申条。
② （宋）朱熹：《琼州知乐亭记》，见《晦庵集·记》，卷七九。
③ （宋）苏轼：《过黎君郊居》，见《东坡诗集注》，卷二四。
④ （宋）李焘：《续资治通鉴长编》，卷三一〇，元丰三年（1080年）十二月庚申条。
⑤ （宋）苏轼：《和劝农诗六首》，见《东坡诗集注》，卷三〇。
⑥ （宋）苏过：《己卯冬至儋人携具见饮既罢有怀惠许兄弟》，见《斜川集》，卷三。

此外，宋代海南地区修建的重要陂塘还有：琼山县东高山的岩塘坡，“延袤二百余丈，分流为二派，溉田各数百顷”；澄迈县东的祥塘，“乡人筑堤堰水溉田”[①]

关于宋代农业的成就，当然也不应夸大其词。其主要问题有二：一是尚有许多土地未垦辟，如史称“地多荒田”[②]。二是耕作方式，还比较粗放，昌化郡“耕种不粪不耘”[③]，即是例证。

杂粮。黎族人民广种薯芋等杂粮，以补稻米之不足。薯芋在宋黎的日常生活中占据重要地位，表现为：一是在粮食中所占比重颇大；二是杂米煮粥，为其主要食物。这从下列记载中，可以得到反映：

> （黎母山）所种粳稌不足于食，乃以薯芋杂米作粥糜以取饱。[④]

又如：

> 土人顿顿食薯芋。[⑤]

又如：

> 芋魁尚可饱，无肉亦奚伤。[⑥]

又如：

> 日啖薯芋。[⑦]

① 均见（清）周广等辑：《广东考古辑要·堤堰》，卷九。

② （宋）赵汝适：《诸蕃志·海南》，卷下。

③ 同注②。

④ （宋）苏轼：《和劝农诗六首·序》，见《东坡诗集注》，卷三十。《诸蕃志·海南》卷下有完全相同的记载，其不同处在于改海南俗为黎母山俗。

⑤ （宋）苏轼：《闻子由瘦》，见《东坡全集》，卷二四。

⑥ （宋）苏轼：《和陶拟古九首之四》，见《东坡诗集注》，卷三十。

⑦ （宋）苏轼：《追和陶渊明诗引子由作》，见《东坡诗集注》，卷三十。

又如：

海南以薯为粮，几米之十六。[①]

又如：

薯芋人人送，囷庖日日丰。[②]

又如：

上篱薯芋春添蔓。[③]

不仅黎人，就是贬谪在海南的苏轼父子也要吃薯芋度日。其薯芋品种优良，宜于海南的自然条件生长，故时人有“芋魁大盈尺”[④]之誉。

二、渔、猎、畜牧业

黎族的农业尚不发达，为补充生活资料来源，渔、猎、饲养及采集业，仍占有十分重要的地位。

渔、猎业。据《方舆胜览》卷四三载：吉阳军风俗，地狭民稀，“樵、牧、渔、猎”。由于黎人多住山区，故渔业收入所占比重并不大。狩猎业则相当发达，这以宋人苏过所咏《夜猎行》最富代表性。其中写道：

海南多鹿豨，土人捕取率以夜分月出，度其要寝则合围而周阹之，兽无轶者。余寓城南户外，即山林，夜闻猎声，旦有馈肉者，作《夜猎行》以纪之。

霜风肃肃陵寒柯，海月滟滟翻秋河。

空山无人柴径熟，豨肥鹿饱眠长坡。

① （宋）苏轼：《薯说》，见《居儋录》。

② （宋）苏过：《己卯冬至儋人携具见饮既罢有怀惠许兄弟》，见《斜川集》，卷三。

③ （宋）卢多逊：《水南村二首》，引自（清 道光）明谊、张岳崧：《琼州府志·艺文》。

④ （宋）李光：《失题》，见（宋）王象之：《舆地纪胜·广南西路·昌化军》，卷一二五。

山夷野獠喜射猎，腰下长铗森相摩。
平沙仿佛见遗迹，踊跃不待张虞罗。
均呼夜起山谷应，披抉草木穷株窠。
何人得隽喜叫绝，将割未羡青邱多。
今年岁恶不可度，竹间有米田无禾。
耕牛日欲登鼎俎，野兽脱命理则那。
朝来剥啄谁有馈，愧尔父老勤弓戈。
一言愿子不我忽，暴殄天物神所呵。[①]

从中可见黎人狩猎的对象、情景及其在生活中所占有的地位。

因狩猎业的收获不稳定，随之兴起了家畜饲养业。据《诸蕃志》卷下载：黎人“祭神以牛、犬、鸡、彘，多至百牲”。从一次祭神杀牲达百只一事，可见其饲养业已粗具规模。但也不可因此过高估计。在当时的海南，不仅黎区，就是汉区的饲养业与内地相比，也还远为落后，故苏轼有“儋耳至难得肉食”[②]之叹。

有趣的是，宋代黎区多产马，据《方舆胜览》卷四三，记琼州云：

《郡志》今其地无虎而马实繁。

又，《岭外代答》卷二在记及黎区土产时，也列有“小马”之名。此小马，当属“果下马”类，据载，在宋代广东德庆府也有“果下马”[③]。这表明，宋代岭南包括海南岛均有低矮品种的马繁殖其间。由于后代生态平衡的破坏，人们已逐渐忘记了黎区在历史上曾是著名的“小马”产地。

采集业。由于海南黎区饶有物产，故采集业在宋黎经济中占有特殊且重要的地位。这在下述“土产”一目中将加叙述。

---

① （宋）苏过：《斜川集》，卷二。

② （宋）苏轼：《闻子由瘦》，见《东坡全集》，卷二四。

③ （宋）范成大：《桂海虞衡志·志兽》；（宋）王象之：《舆地纪胜》，卷一〇一，广东南路德庆府果下马条。

三、手工业

宋代黎族手工业，以棉纺织业和工具制造业最负盛名。

（一）纺织业

宋代黎族的棉纺织业十分发达，史有“以织贝为业”① 之称。其棉纺技术和棉纺工艺品，已达到颇高的水平，可谓位居当时全国前列。其产品种类繁多，主要有：用纯棉织成的“黎布”与“黎毯”；取内地所产色丝加棉纱织成的“黎幕”；用青红色丝间棉纱制成的卧单名“黎单”；有五彩纹图并联幅为幕者称“黎饰”，此为后世之“黎锦”；五色的短块装饰品为“鞍搭”，以及“花被”“缦布”，等等。其记载有：

> 黎幕。出海南黎峒。黎人得中国锦彩，拆取色丝，间木绵挑织而成，每以四幅联成一幕。
>
> ……
>
> 黎单。亦黎人所织。青红间道，木绵布也。②

又有载：

> 女工纺织，得中国彩帛，拆取色丝，和吉贝织花，所谓黎锦、黎单及鞍搭之类，精粗有差。③

又有载：

> 吉贝。……雷、化、廉州及南海黎峒富有，以代丝纻。……海南所织则多品矣。幅极阔不成端正，联二幅可为卧单者，名曰黎单；间以五采，异纹炳然，联四幅可以为幕者，名曰黎饰；五色鲜明，可以盖文书几案者，名曰鞍搭。其长者，黎人用以缭腰。④

---

① （宋）祝穆：《方舆胜览》，卷四三，万安军条。

② 以上引文均见（宋）范成大：《桂海虞衡志·志器》。

③ （元）马端临：《文献通考·四裔考八》，卷三三一，引《桂海虞衡志》。

④ （宋）周去非：《岭外代答·服用》。

又有载：

黎，海南四郡岛上蛮也。……女工纺织，得中土绮彩，拆取色丝，加木棉挑织为单、幕。又纯织木棉吉贝为布。

……

（万安军）妇媪以织贝为业。

……

（吉阳军）妇人不事蚕桑，惟织吉贝、花被、缦布、黎幕。[①]

还有载：

（琼州生黎）以木棉为毯。[②]

此外，上织细字花卉的被后人誉为“东粤棉布之最精美者”的白氎布，也已出现于北宋时的海南黎区[③]。

总之，关于宋代黎族棉织品，时人已多记载，其中又以范成大、周去非、赵汝适所述为最详。后世著述，即多本此。

宋黎棉织品以其制作精良、细密莹白、彩色鲜明、图案新颖、形式多样而闻名当世。其表现有二：

一是作为“贡品”，为宋统治者所青睐。据《宋会要辑稿》载：绍兴三年（1133年）十二月十七日一次上贡京师的棉织品共9种，其中海南就达5种之多。这就是：“海南氎盘布”“海南吉贝布”“海南青花氎盘布（被）单”“海南白布”“海南白布皮（被）单”。

二是行畅京师及内地，广受欢迎。据《宋会要辑稿》载：绍兴十一年（1141年），闽广一带输入京师杭州24种棉织品中，其中肯定来自海南的有“海南白布”“海南棋盘布”“海南青花布”3种；另外，“吉贝布”“吉贝纱”“吉贝花布”“皮

① 均见（宋）赵汝适：《诸蕃志·海南》，卷下。

② （宋）乐史：《太平寰宇记·岭南道十三》，卷一六九。

③ 据方勺《泊宅编》卷中载：吉贝，“当以花多为胜，横数之得一百二十花，此最上品。海南蛮人织为巾，上作细字杂花卉，尤巧工，古所谓叠布也。”

（被）单”数种，也可推测为产于海南。又，据《桂海虞衡志·志器》载：黎单“桂林人悉买以为卧具”。

除棉织品外，宋黎还编织其他纤维制品。如，《太平寰宇记·岭南道十三》卷一六九载：琼州“生黎”“织木皮为衣”。《宋史·蛮夷列传三》卷四九五有相同记载，当本此。显然，这种木皮织品是比较原始和粗糙的。这表明：由于黎族各部社会发展程度不一，故其织品也是精粗有别的。

又，据《方舆胜览·琼州》卷四三载：

> 岛夷卉服。《郡志》琼无大麻，产苎麻，岁四收采，闽广专用之，常得倍利。南中所出木棉吉布苎蕉麻皮无非卉服。

可见，海南地区盛产苎麻，并行销闽广；而且，当地“夷”人还有以苎蕉麻皮等植物纤维织成“卉服”的传统。

需指出的是，海南黎人与内陆汉人的纺织品的重大差别是：前者以棉纺业闻名海内外，但却不从事丝织品生产，故史称：

> 妇女不事蚕桑，止织吉贝。①

而后者，除生产棉织品外，尤以丝织品著称于世。正是这种多样性，构成了我国各民族在纺织品方面的百花争妍、异彩纷呈的景象。

（二）工具制造业

尤以黎刀、黎弓、黎兜鍪著称于世。因其与黎人的生产、生活与作战活动，息息相关。

黎刀。记载有：

> （儋州黎人）有刀未尝离手。②

① （宋）祝穆：《方舆胜览》，卷四三，吉阳军条。

② （宋）乐史：《太平寰宇记·岭南道十三》，卷一六九，儋州风俗条。

又有载：

海南黎人所作，刀长不过一二尺，靶乃三四寸，织细藤缠束之。靶端插白角片尺许，如鸱鸮尾以为饰。[①]

又有载：

（黎人）执长靶刀。[②]

又有载：

佩黎刀，刀刃长而二柄甚长，以白角片长尺许如鸡尾为靶子饰。[③]

又有载：

（黎人）男子常带长靶刀、长㾗弓，跬步不离。[④]

总之，黎刀的主要特点有二：一是式样为长靶短刃。二是外表精美，织细藤缠靶，靶端插长尺许如鸡毛状饰物。这些附属物，除起美观作用外，前者还有便于使用的实际价值，后者则可增加佩刀人的威严感。黎刀在日常生活中起极大作用，以致黎人“未尝离手”“跬步不离”。

有趣的是，由于南方诸族有相类的社会与生活环境，故都有好刀的共同习俗。但其刀的形制又不尽相同。宋人周去非对此作了细致而中肯的比较描述：

瑶人刀及黎刀，略相类，皆短刃而长靶。黎刀之刃尤短，以斑藤织花缠束其靶，以白角片尺许如鷄尾饰靶之首。瑶刀虽无文饰，然亦銛甚。左右江峒与界外诸蛮刀相类，刃长四尺而靶二尺，一鞘而中藏二刀，盖一大一小焉，靶之端，为双圆而相并。峒刀以黑皮加鞘，黑漆饰靶，黑

① （宋）范成大：《桂海虞衡志·志器》。

② （元）马端临：《文献通考·四裔考八》，卷三三一，引《桂海虞衡志》。

③ （宋）周去非：《岭外代答·外国上》，卷二，海外黎蛮条。

④ （宋）赵汝适：《诸蕃志·海南》，卷下。

皮为带。蛮刀以褐皮为鞘，金银丝饰靶，朱皮为带。峒刀以冻州所作为佳。蛮刀以大理所出为佳。瑶刀、黎刀带之于腰，峒刀、蛮刀佩之于肩。峒人、蛮人宁以大刀赠人，其小刀必不与人，盖其日用须臾不可阙。忽遇药箭，急以刀剜去其肉，乃不死，以故不以与人。①

黎刀与瑶刀、左右江的峒刀、大理的蛮刀的异同之处从中可见；黎刀因是短刀，故不宜佩于肩，而是系于腰。

黎弓。记载有：

（琼州黎人）好弓矢，削竹为箭镞，锐而无羽。②

又载：

（儋州黎人）弓以竹为弦。③

又载：

（吉阳军风俗）出入持弓矢。④

又载：

黎弓。海南黎人所用，长弰木弓也。以藤为弦。箭长三尺，无羽。镞长五寸，如茨菰叶。以无羽，故射不三、四丈，然中者必死。⑤

又载：

诸瑶皆以弩为长技，唯海南黎人以弓为长技。黎弓以木，或亦以竹，而弦之以藤。类中州弹弓。其矢之大其镞也。故虽无羽，亦可施之于射

① （宋）周去非：《岭外代答·器用》，卷六，蛮刀条。
② （宋）乐史：《太平寰宇记·岭南道十三》，卷六九，琼州风俗条。
③ （宋）乐史：《太平寰宇记·岭南道十三》，卷一六九，儋州风俗条。
④ （宋）祝穆：《方舆胜览》，卷四三，吉阳军条。
⑤ （宋）范成大：《桂海虞衡志·志器》。

近。大抵黎弓与倭弓相类，但倭弓长大而黎弓短小耳。倭弓长丈许，据弓下梢于地，平身射之，手空矢长，能以无羽之矢，命中百步之外。黎人弓短矢重。①

又载：

（黎人）弓刀未尝去手，弓以竹为弦。②

综上所述，可概括为：黎人“好弓矢”，故善于制造弓矢。黎弓的特点是：以竹或木为弓，以藤为弦（一说以竹为弦，因藤较富弹性与韧性，故疑多以藤为弦），无羽，弓短矢重，放在近程内颇具杀伤力。黎人与瑶族及南方不少民族的射器不同在于：前者擅于弓而后者则以弩为长技。黎弓与倭弓的不同则为：前者短小而后者长大。

黎人以竹、木为弓是根据当地的出产与气候条件而定的。如《岭外代答·器用》卷六，黎弓条载黎人造反时：

官军以竹弓御之，矢不能毙人，大为黎人所轻，彼特未遇吾劲弓耳。然南方卑湿，角弓易坏，惟竹弓可用，不劲也固宜。若蛮峒之速罍木加木石木，天下之良材也，诚得是木制以为弓，虽角弓之劲，有不能当者，虽用以威天下可也。

周去非认为：中原的角弓虽然威力强劲，但限于南方潮湿天气而容易损坏。南方诸族所制竹木之弓，其势虽稍弱，但宜于当地使用；若用良材，同样可威行天下。这一见解，是公允而中肯的。就同样竹弓相比较而言，海南宋军所使用者，则“大为黎人所轻”，这也说明黎弓之精良。

兜鍪。如果说，弓、刀是黎人的进攻性武器的话，那么，兜鍪则是其主要防御性的武器了。据《桂海虞衡志·志器》载：

① （宋）周去非：《岭外代答·器用》，卷六。

② （元）脱脱等：《宋史·蛮夷列传三》，卷四九五。

黎兜鍪，海南黎人所用，以藤织为之。[①]

兜鍪，古代作战时保护头部之冠，如《说文》卷八下释“兜，兜鍪，首铠也”。原本称“胄”，秦汉以后始名“兜鍪”。胄用以蒙头故谓兜，又以其形似鍪（锅）而名，俗称为“盔”。中原汉族地区，兜鍪始用皮，后改以金属制成。因海南岛盛产藤类，故黎人就地取材，以藤编织而成。这是黎兜鍪的一大特点。藤织品，既轻且富韧性，宜戴在头上以防弓矢诸物伤害，此为黎兜鍪的优点。

造船业。黎人居于山水之间，需以船交通，故宋代已有造船业。上述吉阳军黎人“乘桴”赴圩市贸易，即例证。何谓“桴”？《论语·公冶长》卷五有“乘桴浮于海”之句，对此，汉人马融注曰：“编竹木大者为筏，小者曰桴。”

四、土特产

海南黎区，濒海多山，又处热带气候，故以物产丰饶著称。如，《太平寰宇记》卷一六九，儋州土产条载：

苏木出黎峒。

《文献通考·四裔考八》卷三三一，引《桂海虞衡志》：

（黎峒）土产沉水、蓬莱诸香。漫山悉槟榔、椰子木。亦产小马、翠羽、黄腊之属。

《岭外代答·外国上》卷二，海外黎蛮条所记大同微异：

土产名香、槟榔、椰子、小马、翠羽、黄蜡、苏木、吉贝之属。

《诸蕃志·海南》卷下，所列最为详尽：

土产沉香、蓬莱香、鹧鸪斑香、笺香、生香、丁香、槟榔、椰子、吉贝、苎麻、楮皮、赤白藤花、缦、黎幙、青桂木、花梨木、海梅脂、琼

① （宋）周去非：《岭外代答·外国上》，卷二，海外黎蛮条也载：黎人“兜鍪，织藤为之”。当袭此。

枝菜、海漆、荜拔、高良姜、鱼鳔、黄蜡、石蟹之属。其货多出于黎峒。

在上述种类繁多的土特产中，以沉水香等香料、槟榔最为有名。

沉水香。史籍多有记载，其中以《桂海虞衡志·志香》所载为详：

沉水香。上品出海南黎峒。一名土沉香，少大块。其次如茧栗角，如附子、如芝菌、如茅竹叶者皆佳。至轻薄如纸者，入水亦沉。香之节，因久蛰土中，滋液下流，结而为香。采时，香面悉在下，其背带木性者乃出土上。环岛四郡界皆有之，悉冠诸蕃所出，又以出万安者为最胜。说者谓万安山在岛正东，钟朝阳之气，香尤酝藉丰美。大抵海南香，气皆清淑，如莲花、梅英、鹅梨、蜜脾之类。焚一博设许，氛翳弥室，翻之四面皆香，至煤烬气不焦，此海南香之辨也。北人多不甚识，盖海上亦自难得。……中州人士，但用广州舶上占城、真腊等香。近年又贵登流眉来者。余试之，乃不及海南中下品。[①]

其他记载尚有，《诸蕃志·海南》卷下：

海南土产，诸蕃皆有之，顾有优劣耳。笺、沉等香，味清且长，琼出诸蕃之右，虽占城、真腊亦居其次。

宋李石《续博物志》：

沉香，杂木也。儋崖海道居民，桥梁皆香材。如海桂、桔柚之木沉于水，多年得之，皆为沉水香，然生采之即不香也。

宋刘延世《孙公谈圃》卷下：

琼崖四州在海岛上，中有黎戎国，……多沉香药货。

宋洪刍《香谱》卷下：

① （宋）周去非：《岭外代答·香门》，卷七，沉水香条有相类似记载，当袭此。

琼管之地，黎母山奠之四部境域，皆枕麓，香多出此山，甲于天下。

以上记载说明：沉香，海南各地均有，“上品出自海南黎峒”；或说，香多产黎母山境，“甲于天下”。海南沉香，质地优良，“味清且长”“气皆清淑”，而东南亚等地的舶来品则质劣，“不及海南中下品”，即“琼出诸蕃之右”。一言以蔽之，海南沉香，量多质高，尤以“琼之黎峒南为最”[①]。

除沉水香外，尚有蓬莱香、鹧鸪斑香、笺香、光香诸品。《桂海虞衡志·志香》对其形状与性能均有详述：

蓬莱香。亦出海南，即沉水香结未成者。多成片，如小笠及大菌之状。有径一、二尺者，极坚实。色状皆似沉水香，惟入水则浮。刳去其背带木处，亦多沉水。

……

鹧鸪斑香。亦得之海南沉水、蓬莱及绝好笺香中。槎牙轻松，色褐黑而有白斑点点，如鹧鸪臆上毛。气尤清婉似莲花。

……

笺香。出海南。香如猬皮、笠篷及渔蓑状，盖修治时雕镂费工，去木留香，棘刺森然。香之精钟于刺端，芳气与他处笺香敻别。……海南笺香之下，又有重、漏、生、结等色皆下色。

笺香，又作馢、煎香。其实，蓬莱香、鹧鸪斑香、笺香等，均属沉水香之一种，只不过质量稍差而已。故《诸蕃志·笺香》卷下载：

笺香乃沉香之次者，气味与沉香相类，然带木而不甚坚实，故其品次于沉香。

清人檀萃《滇海虞衡志》也指出：

是则蓬莱香、鹧鸪斑香、笺香、光香，总统于沉水香。

---

① （宋）叶寘：《坦斋笔衡》。

但总之，上述各种植物香料，均以海南黎区所产为丰为佳。故《桂海虞衡志·志香》称：

南方火行，其气炎上，药物所赋，皆味辛而嗅香，如沉、笺之属，世专谓之香者，又美之所钟也。世皆云二广出香，然广东香乃自舶上来，广右香产海北者亦凡品，惟海南最胜。

范成大对香产地的考辨之功在于：纠正了“二广出香”的传统误说；明确指出，广东香多自东南亚进口，广西海北香质地平凡，只有海南才是我国上品香的真正产地。

诸香极为名贵，“所产处价之银等”[①]。其因有二：一是从其性能言，用途广泛。既可入药疗病，又气味馨郁，可作薰室、薰衣用，属高档消费品；且是“奉神明”[②]即祭祀重典的不可或缺之物。二是上品香采取不易，物以稀为贵。所谓“盖海上亦自难得”，即指此。

由于香价昂贵，故采香业在海南黎人的经济生活中，占有颇为重要的地位。主要表现有二：一是出现了少量以采香为生的专业户，即“香户”。如《太平广记》载：

南海郡有香户，香洲在朱崖郡，洲中出诸异香。

二是作为一种副业收入。据宋洪刍《香谱》卷下载：香多出黎母山，“然取之有时，售之有主，盖黎人皆力耕治禁，不以采香专利”。由于黎区的自给自足的自然经济占统治地位，商品价值观念尚较淡薄，故对绝大多数黎人而言，均以“力耕”为业，而“不以采香专利”。

槟榔。是一种棕榈科的常绿乔木。其实可食，又有“御瘴疠、消谷、破胸中气”[③]之药用价值。海南黎区盛产此物。如，《岭外代答·花木门》卷八载：

槟榔生海南黎峒。

《诸蕃志·志物》卷下则载：

---

① （宋）叶寘：《坦斋笔衡》。

② （宋）洪刍：《香谱》，卷下。

③ （明）李时珍：《本草纲目·果之三》，卷三一。

槟榔，产诸番国及海南四州，交趾亦有之。…春取之为软槟榔，俗号槟榔，鲜极可口，夏秋采而干之，为米槟榔，渍之以盐，为盐槟榔，小而尖者为鸡心槟榔，大而扁者为大腹子。惟海南最多，鲜槟榔、盐槟榔皆出海南。

五、贸　易

宋代，随着经济的迅速发展，内地市场对于热带地区“怪珍”[①]之物的特殊需要也急剧增加，从而使黎、汉贸易空前活跃与繁荣。

（一）宋代黎、汉贸易发达

主要表现有三：一是品种繁多。仅上述《诸蕃志·海南》卷下所列，出于“黎峒”并用以与“省民”博易的货物，就达24种之多。

二是槟榔、诸香、吉贝等的交易额，数量相当惊人。据载：

（槟榔）岁过闽、广者，不知其几千百万。[②]

又据载：

（琼州）非槟榔之利，不能为此一州也。[③]

又据载：

（槟榔）海商贩之，琼管以其征，岁计居什之伍，广州税务收槟榔税，岁数万缗。[④]

---

① 苏轼《和劝农六首》之二有“怪珍是殖”之句。

② （宋）王象之：《舆地纪胜·琼州》，卷一二四。

③ 同注②。

④ （宋）周去非：《岭外代答·花木门》，卷八。

又据载：

海南土产……惟槟榔、吉贝独盛，泉（州）商兴（化）贩，大率仰此。[①]

又据载：

（黎峒）俗以贸香为业。[②]

总之，从“以贸香为业”之载，可见出卖香料在黎人日常生活中，占有何等重要的地位。从琼州地方财政收入中槟榔税竟占一半之多的记载，可见琼州当局依赖黎峒特产交易税，已到可谓存亡攸关的地步。

三是大批“熟黎”“生黎”均经常入市贸易。据《文献通考·四裔考八》卷三三一引《桂海虞衡志》：

熟黎能汉语，变服入州县圩市，日晚鸣角，结队而归。

“熟黎”操汉语，穿汉服，成群结队，早出晚归，往来汉区贸易，可谓熙熙攘攘，蔚为壮观。不仅“熟黎”如此，“生黎”也不甘落后。这从苏轼的《和陶拟古九首》[③]第九首的描述中，可以得到印证。其中咏道：

黎山有幽子，形槁神独完。负薪入城市，笑我儒衣冠。……日暮鸟兽散，家在孤云端。问答了不通，叹息指屡弹。……遗我古贝布，海风今岁寒。

从住在“孤云端”山中的未见过儒生衣冠的汉语“了不通”的黎人，也负薪抱布入城贸易一事，可见当时黎、汉交易的普遍性。一言以蔽之，宋黎“时出与郡人互市”[④]，确是事实。

---

① （宋）赵汝适：《诸蕃志·货物》。

② （宋）赵汝适：《诸蕃志·海南》，卷下。

③ （宋）苏轼：《和陶拟古九首》，见《东坡诗集注》，卷三〇。

④ （元）脱脱等：《宋史·蛮夷列传三》，卷四九五。

（二）黎、汉贸易强烈的互补性

黎人用上述土特产和手工业产品，换回盐、米、鱼、牛、铁器等必需的生产工具和生活用品；汉族商人则将黎峒产品输入内地以满足汉人特别是统治者和富裕阶层人士的特殊消费。彼此之间，在经济上的依赖日益加深。如，《岭外代答·外国上》卷三：

> 四州军征商以岁计，商贾多贩牛以易香。

《诸蕃志·海南》卷下：

> （黎人）无盐、铁、鱼、虾，以沉香、缦布、木棉、麻皮等就省地博易，得钱无所用也。

此外，如前述宋苏过《论海南黎事书》载，黎人的盐、酪、谷、帛、斤、斧等器用，多靠交易从汉人中获得。

黎、汉贸易，受黎区商品经济尚不发达所制约，故仍带有较为原始的性质。主要表现为：一是交换形式多用以货易货的办法。如《岭外代答·香门》载：

> 省民以牛博之于黎，一牛博香一担。

一担香换一头牛，进行直接贸易，既不用货币，也不用等价物。而且，论只论担，大而化之，不斤斤计较，不用准确的计量单位。二是在交易过程中，不是以商品价值为唯本定价标准，而是极为重视人际关系，以“信”为先。如《文献通考·四裔考八》卷三三一引《桂海虞衡志》载：

> （黎人）与省地商人博易，甚有信而不受欺绐，商人有信则相与如至亲，借贷有所不吝，岁望其一来，不来则数数念之。

在商业活动中，重交情，是值得称道的，反映了黎、汉人民之间的友谊和黎族人民的纯朴。但是，如果过分轻信，以致感情用事，则容易上当受骗，蒙受某些奸商不等价交换所造成的损失。吃一堑长一智，黎人在交易过程中逐步学会了严惩负约商人的办法，以维护自己的经济利益不受侵犯。《文献通考·四裔考》卷三三一引《桂海虞衡志》续写道：

（商人）或负约不至，自一钱以上，虽数十年后，其同郡人擒之以为质，枷其项，关以横木，俟前负者来偿乃释，负者或远或死，无辜被系，累岁月至死乃已。复伺其同郡人来，亦枷系之，被系家人往负债之家痛诟责偿，或乡党率敛为偿，始解。凡负钱一缗，次年倍责二缗，倍至十年乃止，本负一缗，十年为千缗，以故人不敢负其一钱。客或误杀其鸡，则鸣鼓告众责偿曰：某客杀我一鸡，当偿一斗。一斗者，雌雄各一也。一雄为钱三十，一雌为五十，一斗每生十子，五为雄，五为雌，一岁四产十鸡，并种当为六斗，六斗当生六十鸡，以此倍计，展转十年乃已。误杀其一鸡，虽富商亦偿不足。客其家，无敢损动其一毫。

简言之，黎人采用扣留“人质”的办法，迫使负约者偿还债务；用累进赔偿的办法，使侵犯其财产者蒙受重大经济损失。这些办法，虽较为原始，而且也不值得倡导，但在当时的历史条件下不失为弱者的一种自卫手段。这样做的结果，却收到了奇效，“以故人不敢负其一钱”，“客其家，无敢损动其一毫”，就是明证。

黎、汉交易的地点，称作“圩”或“圩市”，每隔多天集中在此定期举行。前述“入州县圩市”及“约定寅、酉二日为虚市”，都是例证。但需指出的是，由于当时海南地区人口稀少，经济尚未发达，所言“圩市”，多未具备城市的规模，只是指交通要冲地的广阔场所而已。宋人周辉在《清波杂志》中写道：

抵郡（指吉阳军，今三亚市），止茅茨，散处数十家。境内止三百八户，无市井，每遇五七日一区黎峒贸易，顷刻即散。

当时为海南四郡之一的吉阳军所在地，尚“无市井”，就遑论其他了。

始记南方墟（圩）名者，为南朝宋沈怀远《南越志》。其中云：“越之市名为虚。”换言之，“虚（墟、圩）”，最早是南方越人所名。黎族属百越系统民族，故称其交易场所为“圩”，是有历史渊源的。所谓“虚（墟、圩）”，清人屈大均集诸家之说写道：

粤谓野市曰虚。市之所在，有人则满，无人则虚，满时少，虚时多，故曰虚也。虚，即廛也。《周礼》注云："廛，市中空地也。"即虚也。地之虚处为廛，天之虚处为辰，辰亦曰躔，其义一也。叶石洞云："昔者圣人日中之市，聚则盈，散则虚。"今北名集，从聚也；南名虚，从散也。[①]

联系宋黎贸易"顷刻即散"的历史事实，名其交易地为"虚（墟、圩)"，也是名实相符的。

在论述海南黎区墟（圩）市时，必须揭示宋人祝穆擅改苏东坡诗的误失，以澄清人们的误解。据《方舆胜览》卷四三，万安军条载：

题咏，万安无市井。苏东坡《夜卧濯足》诗云云，斗水宽百忧。天低瘴云重，地薄海气浮。

其实，此诗的原文应是：

长安大雪年，束薪抱衾裯。云安市无井，斗水宽百忧。……天低瘴云重，地薄海气浮。……

这从《东坡全集》卷二四、《东坡诗集注》卷八所收《夜卧濯足》诗，均可证明。就连道光《琼州府志·艺文》卷四一，所收此诗也是如此。显然，祝穆将"云安市无井"臆改为"万安无市井"，原意就完全改变了。苏诗的地名"云安"，在今四川云阳县；祝穆改"万安"，将其搬到海南来了。苏诗"市无井"，是指市中无饮水之"井"；祝穆改"无市井"，则变成无城市之意了。祝穆之所以想当然地改动，在于他不懂苏诗此句的意思。据《东坡诗集注》卷八，《夜卧濯足》"云安市无井，斗水宽百忧"句下注：

次公杜《引水》诗：月峡瞿塘雪作顶，乱石峥嵘俗无井。云安酤水奴仆悲，鱼复移居心力省。白帝城西万竹蟠，接筒引水喉不干。人生留滞生理难，斗水何直百忧宽。

可见，苏诗这句话是据之有典的。其意为：云安市中虽无井，但接筒引水可宽百忧。

① （清）屈大均：《广东新语·地语》，卷二。

这一切均表明：祝穆以此诗证明宋代万安军尚无市井是不恰当的。

六、峒与姓

宋代黎人的社会组织称作“峒”。当时的峒，是以血缘关系为纽带建立的氏族制度。每一宗姓，称为一峒。由于宋黎社会经济尚不发达，人口也稀少，故形成诸峒林立而规模较小的局面。据载：

> 四州环一岛，百峒蟠其中。①

又据载：

> 峒落日以繁滋，不知其几千百也。②

越是不发达的地区，峒就越多。故《诸蕃志·海南》卷下称：吉阳军，“生黎所居，不啻数百峒”。有宋一代，黎峒究竟有多少，史无明文。但如上述，崇宁中王祖道抚定黎人就达“九百七峒”，可见宋代黎峒数目之众多。

峒与峒之间，各自为政，互不相属。如《诸蕃志·海南》卷下载：黎人“咸无统属，峒自为雄长”。这是宋黎社会尚停留在较落后阶段的一种反映。

需要强调指出的是，宋黎诸峒之间已开始出现一种松散的政治联盟，并出现拥有一定权威和影响力的本民族首领。其中最著名者有：能“制服”海南诸黎峒的三十六峒都统领王二娘，能“率其傍八十峒”的五指山峒首王仲期。诸峒之间的协调联合以及共同首领的出现，这是黎族社会长期发展的必然结果，这是一种进步的历史现象。

黎人聚族而居。宋代黎人姓名载诸册籍者，计有：

王居想、王居荫、王日存、王平、王利学、王承福、王二娘、王文满、王承闻、王用宾、王仲期、王仲文、王邦佐、王居起、王用休。

符元亨、符安节、符安礼、符护、符破结。

黄氏、黄文广、黄间、黄弼、黄婴。

---

① （宋）苏轼：《戏作》，载《东坡全集》，卷二四。

② （宋）赵汝适：《诸蕃志·海南》，卷下。

吴氏。

陈颜。

林智福。[①]

总计，以姓氏分，王姓15人，符姓5人，黄姓5人，吴姓1人，陈姓1人，林姓1人。可见，宋代黎族实行大姓统治。其时，主要有王、符等大姓。这也可从宋人关于黎人姓氏的记述中，得到印证。如，《桂海虞衡志》载：

> 而今黎人乃多姓王。[②]

《诸蕃志·海南》卷下则载：

> 峒自为雄长，止于王、符、张、李数姓。

七、阶级关系

有宋一代，黎区的农业以及副业、手工业、商业都有了较大程度的发展。随着社会生产力的发展，黎族社会内部的贫富分化与阶级矛盾有所激化，封建化过程有所加快。

（一）土地私有制的确立与发展

最为典型的事例是：前述将反叛的临高县黎人王文满之田，全部给作战有功之人“分耕种讫”，可见，黎首王文满的私有土地数量是相当可观的。据此类推，其他黎首也应拥有一定数量土地。加之，汉族地主与商人大量“占请黎人田”，并“立契买峒民田土”，进行土地买卖，更加速了黎区土地私有化的过程。

---

① 这些人中，见于上述《宋代黎人任官表》者，均已注明资料来源。其他出处尚有：王文满、王承闻、王用宾，见（清）徐松：《宋会要辑稿》，蕃夷五之四四；王居起，见（宋）翁方纲：《粤东金石略·琼州府学大宋平黎颂碑》，卷九；王用休，见（元）马端临：《文献通考·四裔考八》，卷三三一；符护，见（宋）李焘：《续资治通鉴长编》，卷一七六，至和元年五月丙子条；符破结，见（宋）李焘：《续资治通鉴长编》，卷三二四，元丰五年三月壬寅条；黄婴，见（元）脱脱等：《宋史·神宗本纪》，卷十五；林智福，见（元）脱脱等：《宋史·蛮夷列传三》，卷四九五。

② 《方舆胜览》卷四三及《诸蕃志·海南》卷下，有完全相同记载。

（二）少数黎首占有大量财富

如，黎首王二娘，“家饶财”①。又，绍兴年间，定南知寨借黎人王文满银、马、香等不还，王文满因此率部攻破定南寨，迫使琼州当局监禁刘荐，“追出银马香钱交还文满”②。这是黎首拥有较丰家产的明证。另一方面，广大黎众则日趋贫困。对此，中原之人早已闻说。如《宋史·蛮夷列传》卷四九五载：

旧说五岭之南，人杂夷僚，朱崖环海，豪富兼并，役属贫弱。

这种贫富贵贱的区分，甚至在文身之俗中也得到反映。据载：儋州生黎，“豪富文多，贫贱文少，但看文字多少，以别贫贱”③。但是，黎首财富的聚敛与汉区地主相较，终究有限。故史称：

富者不过椎牛飨士，一饱而奋④。

贫富悬殊，并不太大。如《诸蕃志·海南》卷下载：黎母山“虽无富民，而俗尚朴约”。财产私有与追逐财富的价值观念，也不甚浓烈。又如《方舆胜览》卷四三万安军条引《图经》云：

其俗质野而畏法，不喜为盗，牛羊被野，无敢冒认。

《诸蕃志·海南》卷下有完全相同的记载，也当源于《图经》。此事，也可从小说中得到印证。据传：丁谓贬至崖州后，将所乘牛马都纵放于山林间，经数年之后，竟“无遗者”⑤。又，《诸蕃志·海南》卷下载：昌化军“男子不喜营远，家无宿储”。换言之，黎人并不苦心经营家产和随意攫取他人之产为已有。这些都是黎族社会的财产私有制从财产公有制脱胎不久的印记。

---

① （元）马端临：《文献通考·四裔考八》，卷三三一，引《桂海虞衡志》。

② （清）徐松：《宋会要辑稿》，蕃夷五之四四。

③ （宋）乐史：《太平寰宇记·岭南道十三》，卷一六四。

④ （宋）苏过：《论海南黎事书》，见《斜川集》，卷五。

⑤ （宋）刘延世：《孙公谈圃》，卷下。

（三）家有奴隶已出现

至和中，边吏曾获“黎首奴婢十人”，为此，符护犯边，捉巡检慕容允则及军士 56 人为质[①]，并由此导致朱崖军“西北一带道路至今不通”[②]的严重后果。可见，奴婢问题在黎区已构成不可忽视的社会问题。这些奴婢，主要用于从事家务劳动。据《文献通考•四裔考八》卷三三一，引《桂海虞衡志》载：客来后，主人先不出见，“客俨然矜庄，始遣奴布席于地，客即坐”。主仆关系，已是等级森严，不容混淆。据《桂海虞衡志•志蛮》载:黎女绣面，“惟婢获则不绣面”[③]。从中也可见奴婢地位之低下。当然，我们也不宜夸大其时黎区奴婢的作用，因其数量终究有限。如苏过《论海南黎事书》称：

巨室不过从十余隶。

（四）少数土官拥有政治特权与军事力量

宋王朝通过土官对黎族广大人民实行封建统治，而土官则藉重中央王朝的威权，以“制服群黎”。这些土官，是封建王朝在黎区的代理人。

总之，宋代“熟黎”地区确已出现封建生产关系。

需强调指出的是，宋代黎族社会发展是极不平衡的。在广大“生黎”地区，还保留着浓郁的原始社会色彩。在政治上，他们不隶属州县，不供赋役；在生产上，多采用刀耕火种的耕作方式；在土地占有制方面，公有制形式仍占主导地位。据《续资治通鉴长编》卷三一〇，元丰三年（1080 年）十二月庚申条载：

黎峒田土，各峒通同占据，共耕分收。

这种宗族“共耕”的“合亩制”，在五指山黎区，一直延续到中华人民共和国成立以前。在首领与群黎的人与人关系方面，也保留了原始平等关系色彩。总体而言，

---

① （宋）李焘：《续资治通鉴长编》，卷一七六，至和元年（1054 年）五月丙子条。

② （宋）李焘：《续资治通鉴长编》，卷三二四，元丰五年（1082 年）三月壬寅条。

③ 《岭外代答•蛮俗》卷十及《诸蕃志》卷下，也有相类记载。

尚处于原始社会的解体阶段。

八、居 住

“熟黎”多处沿海平原地，“生黎”则“居山峒”。其村落多杂竹林椰林槟榔林，颇具热带风光特色。宋人陆游《老学庵续笔记》称：

> 海南儋、崖诸郡，出勒竹杖，大于涩竹，肤有芒，可以锉爪。东坡云：“倦看涩勒暗蛮村”者是也。[①]

宋人卢多逊《水南村二首》中咏道：

> 绕屋槟榔夏放花。

黎人村落舍宇，为翠绿的竹木所环绕所遮掩，多富诗情画意。人与自然如此平衡与协调的村舍形式，也为后世所沿袭。元人范梈《琼州出郭》诗吟道：

> 重重叶暗桄榔雨，知是黎人第几村。[②]

此中情景，堪称仿佛。

黎人住房的形式有二：

一曰巢居。《太平寰宇记·岭南道十三》卷一六九，记琼州风俗：

> 有夷人，无城廓，殊异居。……号曰生黎，巢居洞深。

《文献通考·四裔考八》卷三三一，引《桂海虞衡志》也说：

> 生黎之巢深邃，外人不复迹。

所谓“巢居”，意为构居室于木、竹之上，形容人似鸟类一样离地而居。可见，巢居为“干栏”式建筑的原始形式，故也可归入干栏式建筑类。宋黎巢居，是从晋代

---

① 苏轼“倦看涩勒暗蛮村”句，出自《题过所画枯木竹石三首》，见《东坡全集》，卷二四。

② （元）范梈：《琼州出郭》，见《范德机诗集·七言绝句》，卷六。

“珠崖人皆巢居”沿袭而来的。

二曰“干栏”式建筑。“干栏”，又称“麻栏（阑）”，是南方诸族特别是百越系统民族较为普遍的一种居住形式。首记“干栏”之名者为北齐时人魏收的《魏书》。据该书《僚传》载：西南僚人，“依树积木，以居其上，名曰干阑”。简言之，干栏式的特点为：上处人，下养畜。宋黎也颇为普遍采用这一居住形式。如《文献通考·四裔考八》卷三三一引《桂海虞衡志》：黎人“居处架木两重，上以自居，下以畜牧”。《诸蕃志》卷下也载：黎人“屋宇以竹为棚，下居牧畜，人处其上”。

这种干栏式建筑，以竹木为“栅”，故又称作“栅屋”。如《岭外代答·外国上》卷二载：黎人“居处皆栅屋”。这种竹木栅居，南朝俚人已行此俗。据南朝宋人沈怀远《南越志》[①]载：

> 晋康郡夫阮县人夷曰徿，其俗栅居，实惟俚之城落。

晋康郡，今广东德庆县；俚人，与黎人一样，同属百越系统。地域相近、族属又相类的俚、黎之人，同有“栅居”之习，这是合乎情理之事。

宋代黎人居住干栏式建筑，与其时两广少数民族的居住形式是一致的。据《岭外代答·风土》卷四载：

> 深广之民，结栅以居，上设茅屋，下豢牛豕。栅上编竹为栈，不施椅桌床榻，唯有一牛皮为裀席，寝食于斯。牛豕之秽，升闻于栈罅之间，不可向迩，彼皆习惯，莫之闻也。考其所以然，盖地多虎狼，不如是，则人畜皆不得安，无乃上古巢居之意欤？

从中，也可见海岛文化与大陆文化的一致性。至于干栏式建筑的起源，除周去非提到的防御虫蛇虎狼伤害外，还有避潮湿、多雨、炎热之用。换言之，正是自然、地理与气候诸因素的相似，造成了黎族与其他南方民族居住形式的共同性。

建筑材料，多用竹、茅。据《方舆胜览》卷十三，万安军条引《图经》云：

① （南朝宋）沈怀远：《南越志》，见（宋）李昉、李穆、徐铉：《太平御览·四夷部六》，卷七八五。

居多茅竹，绝少瓦屋。

茅屋荆扉，亦土风之甚陋。

《诸蕃志·海南》卷下所载略同：万安军“居多茅竹，瓦屋绝少”。砖瓦尚罕用以建屋，是与其社会经济尚不发达相适应的。需指出的是，当时不仅黎人，甚至连贬谪其地的苏东坡居室也同样简陋，“渡海葺茅竹而居之”①，即属此例。

九、饮 食

因稻作农业尚未广为推行，所产粳糯数量不足，故往往仰仗大陆供应，所谓“北船不到米如珠”②，可证。在这种情况下，黎人只得杂以薯芋、青菜，煮粥而食。故史有“以薯菜为粮”“杂菜作粥”③之说。

岛居缺水，多饮“石汁”。如，《方舆胜览·琼州》卷四三载：

无水，人饮惟石汁。

《宋史·蛮夷列传三》卷四九五也载：黎母山黎人，“人饮石汁”。所谓“石汁”，乃山泉之水。

“性好酒”④。富有特色的酒的品种有“安石榴酒”。据《太平寰宇记·岭南道十三》卷一六九，琼州土产条载：

琼、崖州有酒树似安石榴，其著花瓮中，即成美酒，醉人。

《方舆胜览·琼州》卷四三载：

以安石榴酿酒。……以安石榴花着釜中，经旬即成酒，其味香美仍醉人。

---

① （宋）苏轼：《追和陶渊明诗引子由作》，见《东坡诗集注》，卷三〇。

② （宋）苏轼：《纵笔三首》，见《东坡全集》，卷二四。

③ （宋）祝穆：《方舆胜览》，卷四三，琼州条。

④ （宋）乐史：《太平寰宇记·岭南道十三》，卷一六九，琼州生黎条。

《诸蕃志》卷下载：琼州“以安石榴花酝酿为酒”。《续资治通鉴长编》卷一七六，“至和元年（1054年）五月丙子”条载：黎峒“又有椒酒，以安石榴花著瓮中即成酒”①。所谓安石榴，即今称石榴。

此外，还有黎人用特殊方法酿制的“椰酒”“银皮酒”。苏过《己卯冬至儋人携具见饮既罢有怀惠许兄弟》咏道：

> 椰酒醍醐白，银皮琥珀红。②

苏轼《用过韵冬至与诸生饮酒》则吟道：

> 小酒生黎法，乾糟瓦盎中。
> 芳辛知有毒，滴沥取无穷。
> 冻醴寒初泫，春醅暖更馕。
> 华夷两樽合，醉笑一杯同。③

酿酒之法，也与汉族地区不同。不用曲蘖，而用木皮草叶发酵。据《太平寰宇记·岭南道十三》卷一六九，琼州生黎条载：

> 每酝酿，用木皮草叶代曲蘖。

同书儋州土产条又载：

> 酝酒不用曲蘖，有木曰严树，取其皮叶捣后，清水浸之，粳酿之，和数日成酒，香甚，能醉人。

饮酒法，不用杯碗，而“以竹筒吸之”④。

黎人特殊食品颇多，有槟榔与“蛙蛤蚁酱”等。

---

① 《宋史·蛮夷列传三》，卷四九五，有相同记载，当本此。

② （宋）苏过：《己卯冬至儋人携具见饮既罢有怀惠许兄弟》，见《斜川集》，卷三。

③ （宋）苏轼：《用过韵冬至与诸生饮酒》，见《东坡全集》，卷二四。

④ （宋）乐史：《太平寰宇记·岭南道十三》，卷一六九，琼州生黎条。

槟榔。黎人极好此物，故有“以槟榔为命”[①]之说。苏轼也有《食槟榔》之诗。其中咏道：

北客初未谙，劝食俗难阻。
中虚畏泄气，始嚼或半吐。
吸津得微甘，著齿随亦苦。
面目太严冷，滋味绝媚妩。[②]

可见，食槟榔已成俗，并用以待客；连“北客”苏东坡食后也誉其味无穷。此外，苏过《已卯冬至儋人携具见饮既罢有怀惠许兄弟》诗中，则有“槟榔代茗饮”[③]之句，说明槟榔已成为日常生活不可或缺之物。

“食动物”。南方诸族的食物，品类繁多，《楚辞·招魂》称为“食多方些”。《岭外代答》卷六，对这些与中原地区有别的食物，则名之曰“异味”。宋朱彧《萍洲可谈》卷二载：“琼管夷人食动物”，凡草虫之类，“尽捕之”。要强调指出的是，古籍所载宋黎所食动物种类，不免有传闻失实之误；但其吃食范围较广，则是无疑的。

日常生活用具，尚简陋。如，《方舆胜览》卷四三，琼州条载：崖州妇人，“以为土釜，器用匏瓢”；《宋史·蛮夷列传三》巷四九五载：黎峒，“陶土为釜，器用瓠瓢”。宋黎也有使用“竹釜”者。据《萍州可谈》卷二载：琼管夷人捕动物，“入截竹中，炊熟，破竹而食”。此俗与宋瑶俗同。据《桂海虞衡志·志器》竹釜条载：

瑶人所用。截大竹筒以当铛鼎，食物熟而竹不熠，盖物理自尔，非异也。

这也可从后世黎俗中得到印证。据王国全《黎族风情》一书中说：“黎族中有一种不用锅煮饭的方法，这就是用家种的粉竹或山竹的幼竹截成一节竹筒，灌进米和水（一份米二份水）放在火堆里烤，烤沸后，用树枝塞筒口继续慢慢翻烤，烤熟后，破开竹筒就是香喷喷的干饭了。用幼嫩竹筒烤饭，味道特别芳香可口，称为‘香饭’。”

① （宋）祝穆：《方舆胜览》，卷四三，琼州条。
② （宋）苏轼：《食槟榔》，见《东坡诗集注》，卷三〇。
③ （宋）苏过：《已卯冬至儋人携具见饮既罢有怀惠许兄弟》，见《斜川集》，卷三。

十、服　饰

服饰，是识别和区分一个民族的表面标志。黎族服饰的主要特点表现为：

（一）绣　面

即原始民族文身习俗之遗风。黎人文身俗，来源久远，至宋代记载增多与益详。如，《太平寰宇记·岭南道十三》卷一六九，记琼州黎人，“女人文领”[①]；《文献通考·四裔考八》卷三三一引《桂海虞衡志》：黎妇人“绣面乃其吉礼，女年将及笄，置酒会亲属，女伴自施针笔，涅为极细虫蛾花卉，而以淡粟纹编其余地，谓之绣面”。《岭外代答·蛮俗》卷十载：

> 海南黎女，以绣面为饰。盖黎女多美，昔尝为外人所窃，黎女有节者，涅面以砺俗，至今慕而效之。其绣面也，犹中州之笄也。女年及笄，置酒会亲旧，女伴自施针笔，为极细花卉飞蛾之形，绚之以遍地淡粟纹，有皙白而绣文翠青，花纹晓了，工致极佳者。唯其婢不绣。邕州溪峒使女，惧其逃亡，则黥其面，与黎女异矣。

《诸蕃志》卷下，记黎人“女及笄，即黥颊为细花纹，谓之绣面。女既黥，集亲客相庆贺”。

从上述记载中，可得出如下结论：

黎族绣面的对象，仅限于女子。这与西南傣族文身则只及于男子，正好相反。如元代《马可波罗游记》写道：

> （金齿州）男子刺黑线文于臂腿下。刺之法，结五针为一束，刺肉出血，然后用一种黑色颜料涂擦其上，既擦，永不磨灭。此种黑线，为一种装饰，并为一种区别标识。

黎族与傣族，同属百越系统民族，故均有文身之俗，但其表现形式则有别。可见，百越民族文身之俗，是异彩纷呈的。

---

① “领”疑为“颊”之误。

绣面年龄与仪式。黎女成年时所为，其礼仪极隆重。届时，请诸亲友赴宴，为重大“吉礼”。范成大认为，这相当于中原地区的笄礼，这是真知灼见。所谓“笄”，据《国语·郑语》卷十六载：

既笄而孕。

韦昭注：

女十五而笄。

又，《仪礼·士昏礼》载：

女子许嫁，笄而礼之，称字。

换言之，黎族女子的“绣面”与汉族女子的“笄”是性质相同的，即都属女子成年礼。不过形式不同，前者为绣面，后者为挽髻加簪。黎、汉女子不同的成年礼，正反映了中华民族文化的多样性。

关于绣面的起源，范成大提出爱美说和保持贞节说。笔者认为，两说均不可取。显然，“以绣面为饰”，那是后起之事，与原始起因是并不相干的。至于用伦理道德观念来解释绣面起源，则是后人附会之说。而且，绣面毁容以保持节操的说法与其作为装饰说法本身，也是自相矛盾的。

笔者认为，越人是崇拜蛇图腾的，其重要表现为文身，这已是学术界的定论。因此，作为百越后裔黎族的绣面，似也应从其中窥测缘由。笔者曾写道：

关于黎人文身与蛇图腾的关系。史籍虽无黎人文龙蛇之状的明文，但说其文式有“虫蛾花卉”（《桂海虞衡志》），或说有“花卉虫鱼之属”（《广东新语·人语》），而龙蛇之状是可包括在“虫属”之内的。所谓儋耳夷之镂耳面“状如鸡肠”，也可视作龙蛇之文的弯曲盘纡之状。而且，东南地区特别是“南海”一带的越人及其后裔，其文式都作龙蛇形，而地处“南海”的海南岛黎族的文身，也应无例外。据调查了解，在黎族的一个支系“俸”方言中，有以“龙的孩子”为黎姓者。其另一支系“美孚”方言的妇女，在脸上、手上、腿上均刺有蚺蛇状的花纹，因此被名为“蚺蛇美乎”（参见《海南黎族情况调查》）。社会调查证明：黎人文身，确与蛇图腾有着密切关系。①

如上述，黎女绣面已体现了贫贱富贵的等级关系。绣面是有身份妇女的一种装饰，奴婢是不准绣面的。这应是后起之事，是黎族社会出现阶级分化之后出现的。正如周去非所指出，这与“邕州溪峒”俗正相反。在那里，黥面被作为防止女奴逃亡的一种手段。

（二）头 饰

黎人极重头部装饰。据《太平寰宇记·岭南道十三》卷一六九载：琼州黎人，“男子则鬄发，首插梳，……女人……穿耳垂环”。同书又载万安州风俗，“女人以五色布为帽”。②《文献通考·四裔考八》卷三三一引《桂海虞衡志》：“妇人绣面高髻，钗上加铜环，耳坠垂肩。”《岭外代答·外国上》卷二载：黎人“椎髻徒跣，……首饰银钗或铜或锡，首或以绛帛采帛包髻，或带小花笠，或加鸡尾，而皆簪银篦二枝，……其妇人高髻绣面，耳带铜环，垂坠至肩”。《诸蕃志》卷下载：黎人“其人椎髻跣足，插银、铜、锡钗，妇人加铜环，耳坠垂肩”“琼守图其形状衣裘上经略司，髻露者，以绛帛约髻根，或以彩帛包髻，或戴小花笠，皆簪二银篦”。

概而言之，黎人男女的一般头饰为：椎髻，喜带银、铜或锡制成的钗和簪银篦；用红布或五彩布包髻，或带小花笠，或加鸡尾。妇女则喜加带铜环，耳坠垂肩。

需说明之处有四：其一，“椎髻”，指将发盘结于头顶或脑后成“椎”式发型。正如唐人颜师古所释：“一撮之髻，其形如椎。”③ 此发式，为古代百越民族所行，据《史记·陆贾列传》载：南越王“尉他魋结箕踞见陆生”。其二，以鸡毛为饰，黎人此俗延至清代还保留下来。究其因，与狩猎时的伪装活动和爱美心态有关。其三，耳垂过肩，所谓“儋耳”，并非黎人的耳朵特长而垂肩，而是其耳环特大以坠其耳之意。对此，周去非做了科学的解释：

---

① 吴永章：《中国南方民族文化源流史》，330页，南宁，广西教育出版社，1991。

② 《方舆胜览》卷十三，万安军条有相同记载。

③ 《汉书·陆贾传》注。

> 儋耳，今昌化军也。自昔以为其人耳长至肩，故有此号，今昌化曷尝有大耳儿哉！盖南蕃及黎人人慕佛相好，故作大环以坠其耳，俾下垂至肩，实无益于耳之长，其窍乃大寸许。[①]

周去非匡正了古人对“儋耳”得名之误解。但他将大环坠耳之俗，归之于黎人好佛之因，则属鱼龙混杂之说，因为佛教的传入是晚起之事，而黎人带大环之俗则早已有之，其源盖来自人们早期的爱美之心。其四，宋代黎族妇女还有“以白布巾缠头”[②]之俗，这与当时岭南风尚相合，“南人难得乌纱，率用白纻为巾”[③]。

（三）衣　服

据《太平寰宇记·岭南道十三》载：万安州风俗，“女人……以斑布为裙，似袋也，号曰都笼。以斑布为衫，方五尺，当中心开孔，但容头入，名之曰思便”[④]。《续资治通鉴长编》卷一七六，至和元年（1054 年）五月丙子条载：黎人“妇女服缌缏”[⑤]。《文献通考·四裔考八》卷三三一，引《桂海虞衡志》载：黎人妇女“衣裙皆五色吉贝，无袴襦，但系裙数重，制四围合缝，以足穿而系之”。《岭外代答·外国上》卷二：“其妇人……衣裙皆吉贝，五色烂然，无有袴襦，徒系裙数重，裙制四周合缝，以足穿之而系诸腰。”周去非之载，显系抄自范成大书。

简言之，宋黎妇女服装特点有二：一是喜穿色彩鲜艳之衣，所谓“斑布”“五色烂然”，即指此。一是其服装形式，上衣为“思便”，下衣为裙。思便，又写作“缌缏”。当中心开孔，穿着时自头部套入。黎人喜穿此衣，自古已然，此即“贯头”衣。如上引汉人班固言，儋耳，珠崖郡民“穿中央为贯头”。这也可从后世黎人穿着中得到印证，白沙县的“本地黎”即穿“贯首式”上衣。裙，实际为桶裙，用布四周合缝，其形似袋，宋时又名“都笼”。后世名曰“黎充”“黎桶”，延至清代仍盛行，详见下述。

---

① （宋）周去非：《岭外代答·古迹》。

② （宋）周辉：《清波杂志》，卷十，黎峒白布条。

③ （宋）周去非：《岭外代答·乐器》。

④ 《方舆胜览》卷四三有相类记载。

⑤ 《宋史·蛮夷列传三》卷四九五有相似记载，当本此。

（四）土官服饰

黎族土官，喜穿着和保存宋王朝所赐官服，以作朝廷命官的凭证。据《岭外代答·外国上》卷二：

> 熙宁中（1068—1077年），王祖道抚定黎峒，其酋亦有补官，今其孙尚服锦袍银束带。盖先世所受赐而服之云。

《诸蕃志·海南》卷下载：

> 王仲期青巾红锦袍束带。自云，祖父宣和中纳土补官，赐锦袍云。

从中，也可见宋代黎族土官与中央王朝间关系密切、融洽之一斑。

十一、音乐舞蹈

黎乐，以鼓、笙为主。如《太平寰宇记·岭南道十三》记琼州生黎，“打鼓吹笙以为乐”。此“鼓”指铜鼓。又如苏轼《和陶拟古九首》咏冯夫人时写道：

> 铜鼓壶卢笙，歌此送迎诗。[①]

宋时，海南已有铜鼓，还可从地名中得到印证。《方舆胜览》卷四三，琼州条载；

> 铜鼓岭。在文昌县，俗传民得铜鼓，乃诸葛武侯之钲。

所谓“诸葛武侯之钲”，纯属无稽之谈，但在当地发现铜鼓，且以其命名出土地，则是可信的。需要指出的是，后世也不断有铜鼓出土。如：明代永乐中，万州土官王惠挖引溪水得一鼓；天启年间，昌化县人获铜鼓；清代嘉庆年间，感恩县农民垦土得鼓[②]；新中国成立后，陵水、昌江等地也曾出土铜鼓。这都表明，黎族历史上曾流行使用铜鼓。

喜吹牛角为号。如《岭外代答·外国上》卷二载：黎人入圩市，日暮，“或吹

---

① （宋）苏轼：《和陶拟古九首》，见《东坡诗集注》，卷三〇。

② 均见（清 道光）明谊、张岳崧：《琼州府志·金石》，卷四三。

牛角为号”，聚会而归。

有以吹叶为箫者。如苏轼《被酒独行遍至子云威徽先觉四黎之舍》[①]诗云：

总角黎家三小童，口吹葱叶送迎翁。

黎人能歌善舞。据《文献通考·四裔考八》卷三三一，引《桂海虞衡志》：黎人“聚会亦椎鼓舞歌”[②]。

十二、天文历法和语言、文字

人类在早期从事采集、渔猎以及原始农业的生产活动中，为了获得必要的生活资料，逐渐积累了一些天文历法的知识，黎人也不例外。《太平寰宇记·岭南道十三》卷一六九记儋州风俗：“生黎”“观禽兽之产，识春秋之气；占薯芋之熟，纪天文之岁”。可见，黎人有根据动物的生育和植物的收获以定季节年岁者。

语言。因社会发展程度的高低、与汉族地区往来的多寡而有异。“生黎”保留着本民族的纯粹语言。如，《方舆胜览·万安军》卷四三,四六条载：“鸟言夷面，非译语而莫通”;《诸蕃志》卷下则载：黎人“非译语难辨其言”。因此，苏过有“南音行自变，重译不须通”[③]之叹。至于“熟黎”，则又是另一番景象。由于黎、汉杂居，或黎人常至州县贸易，故多能操汉语。如《文献通考·四裔考八》卷三三一，引《桂海虞衡志》:“熟黎能汉语。”

文字。宋黎虽无文字，但已运用结绳纪事、刻木为契的方法，以帮助记忆和交流思想。如苏过《论海南黎事书》载：黎人“无文书符契之用，刻木结绳而已”。此法延至清代，还流行于黎区。

十三、婚　姻

史籍关于宋黎的婚姻制度，所记甚略。其要有二：一是结婚对象，据《诸蕃志》卷下载：黎人行“同姓为婚”。二是婚仪，据《文献通考·四裔考八》卷三三一，引

---

① （宋）苏轼：《被酒独行遍至子云威徽先觉四黎之舍》其二，见《东坡全集·诗》，卷二四。

② 《岭外代答·外国上》卷二及《诸蕃志》卷下均有相类记载，当本此。

③ （宋）苏过：《己卯冬至儋人携具见饮既罢有怀惠许兄弟》，见《斜川集》，卷三。

《桂海虞衡志》：黎人“婚姻折箭为定”[①]。可见，并无繁缛的礼仪。

十四、丧　葬

丧礼，其哀悼之仪为：杀牛祭，不哭不饭，唯食生牛肉。据《文献通考·四裔考八》卷三三一，引《桂海虞衡志》：黎人“亲死不哭，不粥饭，唯食生牛肉以为哀痛之”。《岭外代答·外国上》卷二：海外黎人“其亲死，杀牛以祭，不哭不饭，唯食生牛肉”。《诸蕃志》卷下载：黎人“死必杀牛以祭。”

葬制。较特殊处有三：

一是行以鸡卵卜地择穴而葬俗。据《文献通考·四裔考八》卷三三一，引《桂海虞衡志》：黎人“葬则舁榇而行，令一人前行，以鸡子掷地，鸡子不破处，即为吉穴”[②]。鸡卵卜，属鸡卜范畴，均流行于百越系统民族。最早记载越人鸡卜者为汉人司马迁《史记·封禅书》：汉武帝“乃令越巫立越祝诃，安台无坛，亦祠天神上帝百鬼，而以鸡卜。上信之，越祠鸡卜始用”。至唐代，广西壮族先民行鸡卵卜。唐段公路《北户录》：

> 邕州之南，有善行禁者，取鸡卵墨画，视而煮之。剖为二片，以验其黄，然后决嫌疑定祸福，言如响答。据此，乃古法也。

值得注意的是，黎人与壮人虽同行鸡卵卜，但其法则不同，前者以视蛋完破、后者以剖视蛋黄偏向定吉凶。

二是重阴阳之说，以致有长期不葬者。据《方舆胜览·吉阳军》卷四三，引胡邦衡云：

> 吉阳夷俗多阴阳拘忌，有数十年不葬其亲者。

此俗与岭南地区迷信风水之习相一致，粤东地区也如是。如咸丰《兴宁县志·风俗》卷四载：

---

① 《岭外代答·外国上》卷二则云“折箭为信”;《诸蕃志》卷下则曰“折箭为质”。“定”“信”“质”，词虽有别，其义则一。

② 《岭外代答·外国上》卷二所载大体相同，袭此。

俗信堪舆，延地师，备资斧，越十百里以求吉壤，甚有停棕在家数十年不葬者。

三是丧葬奏乐。据《诸蕃志·海南》卷下载：昌化郡“丧祭亦皆用乐”。丧祭用乐之俗，在岭南也广为流行。故宋人苏东坡对广东惠州民俗有“钟鼓不分哀乐事”之讥。其实，这是由于苏氏不了解汉俗与岭南民族（包括黎族）习俗之间的差异所致。因为，在古代岭南民族看来，丧葬也是人死后进入极乐世界的一桩喜事，故作乐示庆。

十五、宗教信仰

（一）信鬼神，崇巫觋

南方诸族信鬼神、崇巫觋，黎族也不例外。据《太平寰宇记·岭南道十三》卷一六九载：琼州黎人，“病无药饵，但烹羊、犬祀神而已”。《方舆胜览》卷四三载：万安军“信尚巫鬼”。《续资治通鉴长编》卷十六，开宝八年（975年）十一月已巳条载：

琼州言，俗无医，民疾病但求巫祝。诏以方书本草给之。

宋李光《元夕阴雨孤城愁坐适魏十二介然书来言琼台将然万炬因以寄之》[1]诗云：

荒祠鼓坎坎，老巫舞蹁跹。
异域俗尚鬼，殊形耳垂肩。

《诸蕃志》卷下载：万安军“病不服药，信尚巫鬼，杀牲而祭，以祈福祐。黄侯申首创药局，人稍知服药之利”。昌化郡，“俗尚鬼，不事医药，病则宰牲牷动鼓乐以祀，谓之作福，禁人造门”。由于其时生产力不发达，人们的科学知识程度较低，以为疾病是鬼神作祟，故形成信鬼尚巫之俗，并以巫代医。

值得注意的是，宋代黎人有祀神鬼时禁止外人进入的禁忌。据宋周辉《清波杂

① （宋）李光：《元夕阴雨孤城愁坐适魏十二介然书来言琼台将然万炬因以寄之》，见《庄简集·五言古诗》，卷二。

志》卷十二载：广南黎峒“家有祀事，即以青叶标门禁往来”。

（二）纪念儋耳夫人

据《诸蕃志·海南》卷下载：昌化郡“灵济庙在镇安门内，即儋耳夫人祠也。绍兴间，封显应夫人。海外黎峒多窃发，惟儋独全，夫人之力也”。儋耳夫人，系指三十六峒都统领、宜人黄氏。建庙祭祀儋耳夫人，虽出自宋朝统治者的提倡，但黎人也确爱戴她。同书又载：淳熙元年（1174 年）五指山“生黎”峒首王仲期等诸峒首 81 人，“诣琼管公参，就显应庙研石歃血，约誓改过，不复抄掠，犒赐遣归”。从黎人首领去瞻拜显应庙一事，可见儋耳夫人在黎人心目中的分量，也是黎人英雄崇拜的一种表现形式。

（三）佛　教

早在唐代，海南岛已兴建寺庙。如，武则天天授二年（691 年），命天下诸州各立一所大云寺以藏大云经；玄宗开元二十六年（738 年）令天下各州立一所开元寺。海南地方当局均遵旨建寺。天宝七年（748 年），唐僧鉴真等人东渡日本途中，漂流至临振郡，曾在大云寺生活一年。后转至崖州，又主持重建因火灾烧毁的开元寺。鉴真的活动，促进了佛教在海南的传播。五代时，琼山建有乾亨寺。入宋，在琼山县城东南的南桥有开元寺，寺中因有苏东坡所题匾额而闻名于世。生活在如此宗教氛围中的黎人，出现前述宋人周去非“南蕃及黎人人慕佛相好”的景象，就不难理解了。

十六、其他习俗

（一）血族复仇制

恩格斯在《家庭、私有制和国家的起源》一书的《易洛魁人的氏族》章目中写道：

> 同氏族人必须相互援助、保护，特别是在受到外族人伤害时，要帮助报仇。个人依靠民族来保护自己的安全，而且也能做到这一点；凡伤害个人的，便是伤害了整个氏族。因而，从民族的血族关系中便产生了那为易洛魁人所绝对承认的血族复仇的义务。假使一个氏族成员被外族

人杀害了，那么被害者的全氏族必须实行血族复仇。

这段话，透彻地阐明了血族复仇制的内容与范畴。这种血族复仇制，在我国南方民族中广为流行，黎族尤为突出。据《续资治通鉴长编》卷三一〇，元丰三年（1080年）十二月庚申条载：黎峒之间，“递相仇杀”。《文献通考·四裔考八》卷三三一，引《桂海虞衡志》记黎人“捉坳”俗：

性喜仇杀，谓之捉坳。所亲为人所杀，后见仇家人及其洞中种类，皆擒取以荔枝木械之，要牛、酒、银、瓶乃释，谓之赎命。

黎族“捉坳（拗）”之说，首见于此。其袭击对象，不仅仇家人，即使“洞中种类”也包括在内，可见带有明显的血族复仇的性质。同时人周去非的《岭外代答·外国上》卷二，海外黎蛮条也写道：

性好仇杀，谓之作拗。遇亲戚之仇，即械系之，要牛、酒、银瓶，谓之赎命。

其后，《诸蕃志·海南》卷下也载：

（黎人）喜雠杀，谓之捉拗。其亲为人所杀，后见仇家人及其峒中种类，即擒取而械之。械用荔枝木，长六尺许，其状如碓。要牛、酒、银、瓶乃释，谓之赎命。

周去非、赵汝适所记，均袭自范成大之说。值得注意的是，黎族的血族复仇制，已非纯粹的原始形式。以牛、酒、银瓶赎命一事表明，它已深深地打上了财产贪欲和私有制的烙印。

黎族的血族复仇制，已不限于“峒中种类”自相残杀，其对象已扩及汉人。据载：淳熙十二年（1185年），枢密院进呈广西经略安抚司奏：

今年正月乐会县管下白沙洞主黎人王邦佐等聚集黎人五百余贼作过，

及与地烂陈诰雠杀。[1]

此为黎首聚众与汉族地主武装“雠杀”之一例。

黎族血族复仇制，是有历史渊源的。从秦汉以来，越人内部长期内争不已。故史称：“粤（越）人之俗，好相攻击”[2]；“越人相攻击，其常事”[3]。可见，黎人“捉拗”系从越人“好相攻击”发展而来。

（二）盟誓法

黎族重然诺、守信义。故在处理其内外关系中，往往以盟誓的形式进行。他们把誓约视为不可违反的法律而严格加以遵守。对此，宋统治者也加以利用，以维护其在黎区的统治秩序。黎人对誓约遵守不渝，与其鬼神观念有关。因为他们以为：誓约有鬼神为证，若背约则会受到鬼神的严惩。其盟誓法有二：一为“饮血”法。前述琼崖等州巡检与“黎母山蛮”“饮血为誓”，前引五指山“生黎”峒首王仲期等人“就显应庙研石饮血，约誓改过，不复抄掠”，均属此例。二是“俵箭”法。如，《宋会要辑稿》蕃夷五之四九载：

至绍兴二十年（1150年）内，因琼山百姓许益结集作过，却依黎法俵箭逼胁诸生洞入火，母亲黄氏，不敢失坠，亲往诸洞，说谕化外黎人，各皆安静，莫肯同徒。

所谓“黎法俵箭”，即黎族通用的“折箭为信”之法。

（三）黎女“群浴于川”之习

据《文献通考·四裔考八》卷三三一，引《桂海虞衡志》：黎妇人“群浴于川，先去上衣自濯，乃濯足，渐升其裙至顶，以身串入水。浴已，则裙复自顶而下”。《岭外代答·外国上》卷二则载：黎妇人“群浴于川”。宋人周辉《清波杂志》卷十，

① （清）徐松：《宋会要辑稿》，蕃夷五之四九。
② （汉）班固：《汉书·高帝纪下》，卷一下。
③ （汉）班固：《汉书·严肋传》，卷六四上。

更言明广南黎峒有“男女同浴”“川浴女同男”之俗。显然，此俗是汉代珠崖骆越习之传承。

第四节　宋代黎民的反抗活动

一、主要反抗事迹

有宋一代，黎人反抗活动不断。主要事迹有：

北宋仁宗年间，黎人击败犯境的 500 宋军，并俘其将。据宋刘延世《孙公谈圃》卷下载：

> 余靖知桂州，时吴蒙为司户……以卒五百安抚黎戎。（吴）蒙谓此不足以立功，即深入其地，反为掩杀，蒙下马请降。

至和元年（1054 年），黎人符护反，俘虏崖州巡检三班借职慕容允则及军士 56 人。五月，以当局送还所获符护奴婢 10 人交换慕容允则及军士而告终。

熙宁九年（1076 年）七月，朱崖军黎人“黄婴入寇，诏广南西路严兵备之”①。

元祐三年（1088 年）正月，广南东路东门峒黎人“伤害官兵”②。

政和八年（1118 年），黎人王居想等“结集登（澄）迈、临高两县界作过”③。由于反抗规模较大，使当局穷于应付。经宋王朝派将领李忠渡海与知琼州郭晔配合作战，才将反抗活动残酷镇压下去。

南宋绍兴十二年（1142 年），琼州峒黎反。时吴群以员外郎通判琼州，“单骑诣垒，开谕利害，遂戢兵归耕”④。

绍兴三十年（1160 年），琼州临高县黎人王文满反。因定南知寨刘荐借王文洪银、马、得钱不还而起。王文满结连西峒黎首王承闻等攻破定南寨，并乘胜进攻。

---

① （元）脱脱等：《宋史·神宗本纪二》，卷十五。

② （清）徐松：《宋会要辑稿》，蕃夷五之四四。

③ 同注②。

④ （清 康熙）金光祖：《广东通志·名宦》，卷十四。

宋军焚烧杀掠，王文满奔走，部属王用宾被捕。

乾道六年（1170年），万安军水口峒黎人王用休反。权万安军事同主管本路巡检孙滋等人“抚谕招诱”[①]而平。

乾道九年（1173年），乐会县黎人峒首反，攻县治，“焚官舍”[②]，黎人王日用诸人招降之。

淳熙二年（1175年），万安军峒黎王集、结兆、多囊三峒反，为知军赵绛所平。

淳熙四年（1177年）冬，万安军黎人王利学[③]反，杀死派去堵截的保义郎博吉知寨权巡检盖旻进，后为知军汤鷽讨平。

淳熙十二年（1185年）正月，乐会县白沙峒主黎人王邦佐等聚集黎人500余人反，“杀掠官军”[④]，保义郎陈升之俘获林智福，并抚降其众。

绍定四年（1231年），琼山黎人王居起反。据道光《琼州府志·防黎》卷二二载：嘉定初，琼山黎“王居起倡乱，屡抚屡叛。绍定四年（1231年）复大入寇，僭号南王，残害临、澄、昌三邑，琼州，城门昼闭”。宋统治者惊恐，调兵遣将。次年夏，王居起牺牲，起义失败。从宋统治者为此而在当地树立“大宋平黎颂碑”[⑤]以歌功颂德一事，可证此次起义影响之巨。

端平元年（1234年），黎人反，“侵陷临高、澄迈，占据昌江”[⑥]。知万安军刘椿率兵深入，经一月而平。

成淳三年（1267年），汉人陈公发、陈明甫众反，据崖州临川镇，并在沿海潮、惠、广、钦、廉、雷、化诸州活动。黎人积极响应，“咸淳六年春，琼黎犯边，以钦守马成旺征之。成旺与子抚机间关数十战，恢扩省地。乃命抚机专管截黎出入，诸峒始不敢肆”[⑦]。

---

① （清）徐松：《宋会要辑稿》，蕃夷五之四六。

② （元）马端临：《文献通考·四裔考八》，卷三三一。

③ 《宋史·蛮夷列传三》卷四九五作“王利学”，《宋会要辑稿》蕃夷五之四八作“王利孝”，今从前者。

④ （元）脱脱等：《宋史·蛮夷列传三》，卷四九五。

⑤ （清）翁方纲：《粤东金石略·琼州府金石》，卷九，琼州府学大宋平黎颂碑条。

⑥ （清 光绪）聂公辑、桂文炽等：《临高县志·黎岐·黎患》，卷十五。

⑦ （清 道光）明谊、张岳崧：《琼州府志·防黎》，卷二二。

二、宋王朝对策

面对黎民反抗，宋王朝采取不同措施，加以对待。

一是恩威并施。如，当元祐三年东门峒黎人反后，宋王朝诏广南西路经略司：

> 依近旨，革旧弊，开示恩信，令生黎洒然知有所赴诉，能改过自新者，厚抚恤之。若奸狡反复，即密以厚赏募熟黎斩首以来，或诱出傍近，豫报官军擒捕。①

换言之，当反抗初发而尚未蔓延开时，先“开示恩信”，以“抚恤”为饵，以便平息事态。若事态继续发展，则动用武力，加以“擒捕”。

二是血腥镇压。当反抗活动已成燎原之势，并给统治者重创时，宋王朝则露出狰狞面目，血洗黎峒。如，对政和年间的王居想、绍兴年间的王文满反抗事件，均“烧荡巢穴”“斫获头级”，并按首级计功量赏，可谓残忍之至。

三是“说谕”“招诱”，和平解决。对较小规模的反抗活动，多用此法。

需要强调指出的是，宋王朝无论采取武力镇压或政治招降或两者并用之法，都往往利用黎人首领。由于海南孤悬海外，远离统治中心，故驻军数量相对为少，统治力量也较薄弱。在这种情况下，较之内陆南方地区，更重使用“以夷制夷”之法。

三、反抗活动的失败原因

宋代黎人反抗，因敌我力量悬殊而失败。由于宋代黎族社会发展尚较落后，社会经济尚不发达，各个社会组织之间联系较为松弛，未能形成强大的政治、经济、军事联盟。据宋苏过《论海南黎事书》②载：

> 黎人之居，非有重门击柝之固，甲盾剑戟之利，……聚散于山林溪谷之间耳。
>
> ……

① （清）徐松：《宋会要辑稿》，蕃夷五之四四。

② （宋）苏过：《论海南黎事书》，见《斜川集》，卷五。

黎人虽众，不能入寇也。何则？非有君长酋豪为之谋，赏罚号令以一其众也。今聚百人之徒，具十日之粮，始可与边吏遇也。而彼府库发敛之资，十日之粮，岂易办哉。

正是粮食和物资的缺乏，武器比较原始，又缺乏统一的领导与指挥，正是宋黎反抗斗争不能持久的内因所在。

四、反抗活动的主要特点

宋黎反抗活动主要特点，可以归结为：

次数多。据上述不完全统计，有宋一代黎人反抗活动共达 14 次之多；其中尤以政和八年黎人王居想、绍定四年黎人王居起、端平元年黎人的反抗斗争规模最大、范围最广、影响最烈。而且，从北宋至和年间至南宋咸淳年间，有宋一代，反抗活动从未停止；尤以南宋期间更为频繁，计北宋 4 起，而南宋 10 起。

地域广。宋黎的反抗活动，以宋王朝统治海南岛的重镇琼州为中心，遍及琼州所属的琼山、澄迈、临高、文昌、乐会诸县。而且，已蔓延至开发稍迟的岛东南的万安军和朱崖军（吉阳军）等地。

斗争锋芒直指宋朝统治者。攻县治、“焚官舍”“伤害官兵”“杀掠官军”，都证明黎人是以官府作为重点打击对象的。而王居起“僭号南王”，更是独树一帜，走上了与宋王朝公开对抗的道路。

黎、汉人民共同斗争。黎人的反抗活动，不仅有汉人参加，而且汉人还起着推波助澜的作用。如，《文献通考·四裔考八》卷三三一，引《桂海虞衡志》载：

熟黎贪狡，湖广、福建之奸民亡命杂焉，侵轶省界，常为四郡患。

《岭外代答·外国上》卷二：

（生黎）本不为人患。熟黎，多湖广、福建之奸民也，狡悍祸贼，外虽供赋于官，而阴结生黎以侵省地。

黎、汉人民的联合行动，是他们反抗宋王朝的共同阶级利益所决定的。而入境汉人，

“指引黎人攻犯县寨”[1]，则是宋统治者极为害怕的。

另一方面，汉人的反抗活动，黎人也积极响应与配合。咸淳年间汉人陈公发、陈明甫的起事，“琼黎乘乱出峒为盗”，即是典型事例。

五、反抗活动的意义与作用

宋黎反抗的意义与作用在于：

一是打击了宋王朝在黎区的统治地位。王居起的反抗，一度攻占临高、澄迈、文昌诸县，并使“琼州城门昼闭”，统治者惊慌之状，由此可见一斑。又，据《论海南黎事书》[2]载：

> 异时走朱崖者，东西二道，羁旅无虞；今七八百里，悉为贼区。

这是反抗活动削弱了宋王朝在黎区的统治地位之一例。

二是迫使统治者作出让步。在黎、汉人民反抗浪潮的不断冲击下，宋王朝被迫采取一些措施，企图以此缓和激烈的阶级矛盾。如：对黎人，禁止“侵占峒民田土”。对逃亡在黎峒的汉人，则“多出文榜，委曲招诱，令复乡业”，并允诺给予租税优惠[3]。这样做，虽出于消弭反抗活动的目的，但在客观上却有利于生产的恢复与发展。

六、反抗活动的社会原因

宋黎反抗活动不断，是有深刻的社会原因的。主要为：

（一）宋王朝的层层压迫与剥削

据宋苏过《论海南黎事书》载：

> 父老曰：黎人之情，敦愿朴讷，……故华人欺其愚而夺其财，彼不

① （清）徐松：《宋会要辑稿》，食货二八，淳熙六年（1179年）四月二十五日条。

② （宋）苏过：《论海南黎事书》，见《斜川集》，卷五。

③ （清）徐松：《宋会要辑稿》，蕃夷五之四八。

敢诉之于吏。何则？吏不通其语言，而胥吏责其贿赂，忿而无告，惟有质人取偿耳。

……

盖扞掫之吏，皆用武夫，而卒伍之籍，多出无赖。所过聚落，鸡犬一空。来则捶暴其家人，去则坏弃其器具。[①]

宋李光则写道：

嗟尔海南民，遭此赃吏阨，衔冤无所诉，相炽起为贼。[②]

贪官污吏、无赖武夫本是封建制度的副产品，而海南险远，更使这些不法之徒横行无忌，这就使敦厚朴讷的黎人只有挺而抗争。

在对海南黎、汉人民的经济掠夺中，尤以征购沉香、槟榔等土特产为甚。

槟榔。海南及黎峒所产，大量运销内地，宋王朝征取重税，为当地重要财政收入。如上述琼管收其征，“岁计居什之伍”。

沉香。宋王朝征收沉香，给黎族人民带来的沉重负担，更是史不乏书。据载：

每年省司下出香四州军买香，而四州军在海外，官吏并不据时估实直，沉香每两支钱一百三十文，既不可买，即以等料配香户，下至僧道乐人画匠之类，无不及者。官中催买既急，香价遂致踊贵，每两多者一贯，下者七八百。受纳者既多取斤重，又加以息耗，及发纲入桂林交纳，赔费率常用倍，而官吏因缘私买者不在此数。以故民多破产。[③]

又据载：

播厥熏木，腐余是穑；贪夫污吏，鹰挚狼食。[④]

又据载：

① （宋）苏过：《论海南黎事书》，见《斜川集》，卷五。

② （宋）李光：《海外谣》，见《庄简集》，卷二。

③ （宋）李焘：《续资治通鉴长编》，卷三一〇，元丰三年（1080年）十二月庚申条载朱初平奏言。

④ （宋）苏轼：《和劝农诗六首》，见《东坡诗集注》，卷三〇。

朱初平、刘谊欲冠带黎人，以取水沉耳。[1]

可见，宋王朝经营黎区的重要目的之一，在于掠取沉香。官府不仅压价收购，而且广为摊派，加上贪吏剋扣和损耗，以致“民多破产”，甚至“相煽剽剋”。

（二）汉族地主、奸商侵渔黎人

据《续资治通鉴长编》卷三一〇，元丰三年（1080年）十二月庚申条载：海北汉族地主假造“请田文字，查其田土”，致使黎人“无所耕种”；汉族奸商也“以少许物货，令虚增钱数，立契买峒民田土，岁久侵占”。

总之，宋统治者、汉族地主与奸商的三重压迫，是造成宋代黎人反抗活动频繁的根本原因。

第五节　黎、汉民族关系的新发展

有宋一代，黎、汉民族关系有了空前发展。主要表现为：

一、大批汉人的涌入

宋代，出现了汉人进入黎区的移民高潮。其徙入者来自不同地域、不同阶层并有不同的历史背景与原因。主要包含：

（一）劳动者及其他下层之人

这部分人为数最多。其迁入原因又不尽相同。一是由于宋代生齿日繁，土地兼并又日益剧烈，失去土地的农民为求生存，只得向地阔人稀的黎区发展。二是由于封建统治势力在黎区相对薄弱，黎民承担的赋役也相对为轻，“生黎”甚至不供赋役。因此，饱受苛捐杂税及繁重徭役之苦的汉民，纷纷逃入黎区。三是触犯封建法律之人为逃避惩处，也亡匿黎区。故史称“熟黎”中杂有大量“湖广福建之奸民、

---

① 引自（宋）苏轼《和陶拟古九首》“沉香作庭燎”句注，见《东坡诗集注》，卷三〇。

亡命”。

除了大陆两粤及福建等地的汉人外，也有许多早期迁入海岛者深入黎区。据《续资治通鉴长编》卷三〇〇，元丰三年（1080 年）十二月庚申条载：琼崖儋州“民既贫苦，仍出役钱，其人少处，不免依旧轮差，以投雇为名，其间大半贫困，不曾输纳，甚至逃入黎洞”。《宋会要辑稿·食货三十八》淳熙六年（1179 年）四月二十五日条载：淳熙元年（1174 年），琼州摊派食盐的数额由 45 万斤增至 100 万斤，“产盐地方，又无过往客旅，止是籍定人户均买，自添额之后，出卖不曾及额，遂至倍科。自此居民逃移，深入黎峒，结为聚落”。《诸蕃志》卷下则载：海南“省民之负罪者，多逋逃归之（黎峒）”。

（二）商　人

受到宋代商品经济快速发展刺激的商人，为追逐“倍蓰之息”，大批渡海而来，以致商人在当地经济生活中处于举足轻重的地位。故史称海南濒海郡县之财政收入，“恃商人耳”。这些汉商，大多以海岛为临时旅居之所，往来奔波两地间。但也有长期定居黎地者。定居之因，大致有二：一是在当地成家立业、置产安居，不愿再回原籍者；二是因破产而滞留者。对此，史籍也有所反映。据《文献通考·四裔考八》卷三三一，引《桂海虞衡志》载：“闽商值风水荡去其赀，多入黎地耕种不归。”

（三）屯　兵

驻守当地的武卒及其家属，因分有土地耕种，生活尚安定，也有从此不再归去者。

（四）谪　官

宋袭唐制，一直把海南岛作为流放官吏的“蛮邦”[①]之地。下面分述著名人物卢多逊、丁谓、苏轼、赵鼎、李光、胡铨诸人。

1. 卢多逊。官至中书侍郎平章事，加兵部尚书。太平兴国七年（982 年），他被

① （宋）李光：《秀香堂》。

加以“交结藩邸”的罪名，“一家亲属，并配流崖州”①。雍熙二年（985年），卒于流所，年52。在崖州期间，所作《水南村二首——为黎伯亨题》②，反映了当时海南黎、汉村舍人家生活，极富历史价值。其诗云：

其一

珠崖风景水南村，山下人家林下门。
鹦鹉巢时椰结子，鹧鸪啼处竹生孙。
鱼盐家给无墟市，禾黍年登有酒樽。
远客杖藜来往熟，却疑身世在桃源。

其二

一簇晴岚接海霞，水南风景最堪夸。
上篱薯蓣春添蔓，绕屋槟榔夏放花。
狩犬入山多豕鹿，小舟横港足鱼虾。
谁知绝岛穷荒地，犹有幽人学士家。

2. 丁谓。官至宰相。仁宗立，于乾兴元年（1022年）七月，以“语涉妖诞”之名，贬崖州司户参军，“逾三年”③。在崖州任内，有两件事值得提：一是“尝以家财与土人商贩，斶其息”；一是所著诗文颇丰。其中，《到崖州见市井萧条赋诗》一首，勾划了崖州黎、汉地区尚较落后的社会面貌，堪称实录。其诗云：

今到崖州事可嗟，梦中常若在京华。
程途何啻一万里，户口都无三百家。
夜听猿啼孤树远，晓看潮上瘴烟斜。
吏人不见中朝礼，麇鹿时时到县衙。④

---

① （元）脱脱等：《宋史·卢多逊传》，卷二六四。

② （宋）卢多逊：《水南村二首——为黎伯亨题》，见（清 光绪）钟元棣等：《崖州志·艺文志三》，卷二一。

③ 丁谓事迹，见（元）脱脱等：《宋史》，卷二八三本传。在崖州期间，王象之《舆地纪胜》作“凡五年”，此从《宋史》本传。

④ （宋）王象之：《舆地纪胜·广南西路》，卷一二七，吉阳军条。

3. 苏轼。累官礼部尚书兼端明殿翰林侍读学士。哲宗绍圣四年（1097 年）二月，三贬，“责授琼州别驾，移昌化军安置”[①]。徽宗立，于元符三年（1100 年）移廉州。前后居儋达四年之久。其间写了大量诗文，收入《居儋录》中。特别值得称道的是，其中不少诗文与黎族直接有关，成了研究黎族历史文化的珍贵资料。因本书已多所征引，故不再罗列。

苏东坡与当地黎、汉人民建立了深厚感情。据《宋史·苏轼传》卷三三八载：“买地筑室，儋人运甓备土以助之。”宋洪惠《冷斋夜话》卷五载：纯朴的黎民常常送给苏东坡“园蔬”，为此，苏东坡临别北渡时还赠诗戏言“以折菜钱”，以示谢意。苏东坡与黎子云兄弟之情，更传为千古佳话，后人因此有“连床风雨同支枕，满野烟霞共荷锄”[②]之咏。苏东坡本人，也写下了许多热爱黎族人民的诗篇。如：

> 久安儋耳陋，日与雕题亲。[③]

又如：

> 借我三亩地，结茅为子邻。
> 鴃舌倘可学，化为黎母民。[④]

又如：

> 携儿过岭今七年，晚途更着黎衣冠。
> ……
> 不愁故人惊绝倒，但使俚俗相恬安。[⑤]

可见，苏东坡与黎族人民间诚挚融洽、爱慕关心之情，是多么深厚。这样，就不难理解苏东坡发自肺腑的“九死南荒吾不恨，此游奇绝快乎生”的感叹了。

① （元）脱脱等：《宋史·哲宗本纪二》，卷十八。
② （清）许玉彬：《黎子云兄弟》，见（清）张维屏：《学海堂三集》，卷二三。
③ （宋）苏轼：《和陶诗·与殷晋安别》，见《东坡全集》，卷二四。
④ （宋）苏轼：《和癸卯岁始春怀古田舍二首》，见《东坡诗集注》，卷三〇。
⑤ （宋）苏轼：《欧阳晦夫遗接𫅩琴枕作诗谢之》，见《居儋录》。

作为一代文豪的苏轼，还对当地文学的发展，作出了不可磨灭的贡献。如徐智《载酒堂记》称：

有黎、许二氏者，日相亲炙，载酒过从，问奇请益，当时人皆化之，文学至今而盛。

海南黎、汉人民世代崇敬和纪念苏东坡。据道光《琼州府志·古迹》卷十三上载，苏氏在琼的主要遗迹有：琼山县的苏东坡井，因“东坡尝饮息其处故名”；琼山县的东坡台，“宋苏轼寓此，后人建台，今称为东坡寺”；儋州的载酒堂，苏东坡与昌化军知军张中载酒访黎子云宅，“客欲醵钱作屋，公慨然许之，名曰‘载酒堂’”。儋州的桄榔庵，苏东坡贬至昌化军后，固有司不准其租居官地，“乃买地，结茅数椽为偃息所”。

需附及的人物，是侍父苏轼入岛的苏过。在儋期间，他也写了大量有关海南包括黎人在内的诗文，收入《斜川集》中。他与苏轼一样，与黎人相处甚洽。他在《用伯充韵赠孙志举》[①]诗中咏道：

送车反自崖，异僚纷来宾。

蛙蟓与蚳醢，敬我如族姻。

海风吹余舟，夜渡棘闻垠。

送别盛景，可谓感人至深。

4. 赵鼎。高宗时为宰相。绍兴十二年（1142年）贬吉阳军。遭秦桧迫害，“不食而死”，时为绍兴十七年（1147年）。前后居海南达6年。事迹见《宋史》本传卷三六〇。

5. 李光。高宗朝参知政事。绍兴十一年（1141年）冬，因斥秦桧主和议而谪琼州。居8年，移昌化军。史称其在昌化军期间，“论文考史，怡然自适”[②]；“年逾

① （宋）苏过：《用伯充韵赠孙志举》，见《斜川集》卷一。自注曰：“南夷风俗，非姻家不得与蛙蛤蚁酱之会。”

② 《宋史·李光传》，卷三六三。

八十，精力不衰，亭台多所题咏”[①]。

6. 胡铨。绍兴初年，官枢密编修官，因反对宋金媾和，一再遭贬。绍兴十八年(1148 年)，移谪吉阳军。二十五年冬，秦桧死后，量移衡州[②]。其在黎区的主要事迹据载如下：

> 是时，黎酋闻邦衡[③]名遣子就学。其居，去城三十里。尝邀邦衡入山，见军守者荷枷絣西庑下，酋指而语曰：“此人贪虐已甚，吾将杀之，先生以为何如？”邦衡曰：“……此人固无状。要之，为一州主，所谓邦君也。欲诉其状，合以告海南安抚司，次至广西经略司，俟其不行，然后讼于密院。今不应擅杀人也。”酋悟，遽释之，令自书一纸，引咎，乃再拜而去。[④]

又如：

> （胡铨）在崖，日以训传经书为事。黎酋闻之，遣子入学。[⑤]

从黎人首领与胡铨过从甚密并听从胡铨意见一事，可见胡铨已与黎人结成深厚友谊；从黎人子弟从胡铨学一事，可证胡铨对黎区教育事业的尽心尽力。

总之，宋代大批汉人渡海而来，有利于黎区社会经济的发展和汉文化的传播，促进了海南地区的开发，并留下了许多供后人凭吊游赏的名胜古迹。

二、杂居局面的形成

宋代，海南民族分布格局，分“生黎”、“熟黎”、汉人三个层面。史称：

---

① （清 道光）明谊、张岳崧：《琼州府志·谪宦》，卷三二。

② 据《宋史·胡铨传》卷三七四载：“（绍兴）二十六年，桧死，铨量移衡州。”而清乾隆及道光《琼州府志》则均载：“二十五年，桧死，量移衡州。”二者所记，时间有异。据《宋史·高宗本纪》卷三一载：绍兴二十五年十月桧死，十二月乙未“移胡铨衡州”。故可定于二十五年岁残时诏铨量移衡州，而胡铨离岛则当在二十六年初。可见，本文用“二十五年冬”为确。

③ “邦衡”系胡铨字。

④ （宋）洪迈：《容斋三笔》，卷一，朱崖迁客条。

⑤ （清 道光）明谊、张岳崧：《琼州府志·谪宦》，卷三二。

今儋、崖、万安，皆与黎为境。[①]

又史称：

黎，海南四郡岛土蛮也。……岛之中有黎母山，诸蛮环居四傍，号黎人。内为生黎，外为熟黎。[②]

又史称：

去省地远者为生黎，近者为熟黎，……熟黎之外，海南四州军镇。其四隅，地方千里，路如连环。[③]

又史称：

熟黎之外，始是州县。[④]

就是说，倘以黎母山为中心，则依次为“生黎”、“熟黎”、汉人；若以州县为核心，则排列为汉人、“熟黎”、“生黎”。其地势走向是：前者由山区降及沿海；后者由沿海升至山区。这种分布架构的形成，与汉人入岛先在沿海而居以及汉文化的传播逐步辐射有关。

由于汉人大批进入黎区与黎人逐步进入平原地区的双向发展，这样又在“熟黎”地区、“省地”的版块中，出现黎、汉交错而居的局面。据《方舆胜览》卷四三，引宋李宗谔《图经》云：万安军“与黎蜑杂居”。同书又引《郡志》云：吉阳军“与黎、僚错杂”[⑤]。《诸蕃志·海南》卷下也载：昌化郡“与黎、僚错杂”。

值得注意的是，不仅在郡区范围内，而且在城郊及市区，也有黎人居其间。如，

① （宋）李焘：《续资治通鉴长编》，卷一七六，至和元年（1054年）五月丙子条。
② （元）马端临：《文献通考·四裔考八》，卷三三一，引《桂海虞衡志》。
③ （宋）赵汝适：《诸蕃志·海南》，卷下。
④ （宋）王象之：《舆地纪胜·琼州》，卷一二四。
⑤ 《舆地纪胜》卷一二六记万安军风俗及卷一二七记吉阳军风俗有相同记载，当本此。

苏东坡出城东南访黎子云，路遇黎童，“野径行行遇小童，黎音笑语说坡翁”[①]。元符二年（1099年）上元节，他夜游儋州城，“步西城，入僧舍，历小巷，民夷杂糅，屠沽纷然”[②]。显然，黎人向城市发展，有利于摆脱山区经济造成的封闭状态，是一种值得肯定的进步历史现象。

总之，黎、汉共居局面，有利于民族间的往来，增进民族融合。

三、经济往来的频繁

由于宋代海上交通的空前发达，使陆地地区与海南岛经济关系日益密切。

黎人从汉商中购买日用品及生产工具，既满足了日常生活需要，又促进了生产的发展。

大批黎区土特产，则通过闽商运入陆地地区。据《诸蕃志·海南》卷下载：福建泉州的船舶每年来往一次，“岁杪或正月发舟，五、六月间回舶。若载鲜槟榔搀先，则四月至”。就这样，黎区产品被销往大陆各地。

四、黎族首领与中央王朝关系的加强

宋代，特别是宋室南迁后，中央王朝对海南岛的开发与经营日益重视，其统治势力也日益深入黎区。有宋一代，黎族首领与中央王朝保持了较为良好的政治关系，从而有利于国家的统一与中华民族凝聚力的增强。

五、民族间的相互融合

随着黎区经济的发展和汉文化传播的扩展，大批邻近汉区的黎人，和汉人的差异性日益缩小。如《岭外代答》卷二载：不少“熟黎”，“半能汉语，变服入州县墟市，人莫辨焉”。有的黎人，甚至完全和汉人融合。据《桂海虞衡志·志蛮》黎条载：

> 四郡之人多黎姓，盖其裔族。

---

① （宋）苏轼：《访黎子云》。此诗《东坡全集》未收，转引自（民国）彭元藻等：《儋县志·艺文志》卷十。

② （宋）苏轼：《书上元夜游》，见《斜川集》，附录下。

《方舆胜览》卷四三琼州条、《诸蕃志·海南》卷下，也有相同记载。换言之，“郡县之人”，其祖先多为黎人；随着海岛的开发，才逐步成为封建国家的编户齐民即“省民”的。

民族融合往往是双向的。在黎变汉的同时，也存在汉变黎的现象。上述“熟黎多湖广、福建之奸民、亡命”的记载，即是有力例证。

总之，在宋代，黎、汉两族之人民间，存在着大批互相转化的历史现象。

第六章　元代黎族

元代，对海南黎区的统治较前进一步加强。主要表现为：强化和完善了在黎区的统治机构和土官制度；增设了军事据点和扩大了军事力量，实行军政合一，使其统治涂上了浓重的军事色彩；对黎人实行空前规模的征战；封建王朝的统治势力直接深入五指山黎区腹地。

第一节　概　说

一、海南岛建置与元王朝在黎区统治地位的确立

（一）海南岛建置

至元八年（1271 年），元世祖忽必烈定国号为元，建立了元朝。至元十三年（1276 年），元世祖攻占宋都临安（今杭州）。至元十六年（1279 年），南宋亡，全国统一。

与此同时，元朝也将海南地区纳入其统治范围。至元十五年（1278 年），平章政事阿里海牙南征海外四州。据《元史·阿里海牙传》卷一二八载：

> 既而宋二王称制海中，雷、琼、全、永与潭属县之民文才喻、周隆、张虎、罗飞咸起兵应之，舒、黄、蕲相继亦起，大者众数万，小者不下数千。诏命讨之，且略地海外。阿里海牙既定才喻等，至雷州，使人谕琼州安抚赵与珞降，不听。遂自航大海五百里，执与珞、冉安国、黄之纪，皆裂杀之，尽定琼南宁、万安、吉阳地。

而清道光《琼州府志·沿革表》卷首则载：至元十五年，“改（琼州）为琼州路安抚司，隶湖广行中书省”。至元十六年（1279 年）正月，“诏以海南琼、崖、儋、万诸

郡俱平，令阿里海牙入觐”[1]。同年五月，“潭州行省上言：‘琼州宣慰马旺已招降海外四州，寻有土寇黄威远等四人为乱，今已擒获。’诏置之极刑”[2]。以上记载表明：元朝平定海南前后，当地虽曾有过抵抗活动，但因时值宋王朝倾覆之际，均未成气候，故整个过程还是较为短暂和平和的。当琼州安抚赵与珞被执杀后，“由是四州县及外蛮皆附于元”[3]。总之从至元十五年进军，至十六年即已肃清了附宋的反抗势力。

其后，元王朝在海南地区的建制，不断有所充实和变化。至元十七年（1280年），置海北海南道宣慰司于雷州，海南诸郡均归其管辖。至元二十八年（1291年），改琼州路安抚司为琼州路军民安抚司，省吉阳县，其南宁、吉阳、万安三军仍宋制。至元二十九年（1292年）六月，“敕以海南新附四州洞寨五百一十九，民二万余户，置会同、定安二县，隶琼州”[4]。文宗天历二年（1329年）十月，“改琼州军民安抚司为乾宁军民安抚司[5]。升定安县为南康州，隶海北元帅府”[6]。顺帝至正末，海南岛改隶广西中书行省[7]。

总之，有元一代，海南地区的建置情况如下：

乾宁军民安抚司（治今琼山县），户75837，人口128184。领县七：琼山（治今琼山县），澄迈（治今澄迈县东北），临高（治今临高县），文昌（治今文昌市北），乐会（治今琼海市东南），会同（治今琼海市东北），定安[8]（后升南建州，治今定安县）。

南宁军（治今儋州市西北），户9627，人口23652。领县三：宜伦（治今儋州市西北），昌化（治今昌江黎族自治县西），感恩（治今东方市南）。

万安军（治今万宁市），户5341，人口8686。领县二：万安（治今万宁市），陵水（治今陵水黎族自治县东北）。

吉阳军（治今三亚市西北），户1439，人口5735。领县一：宁远（治今三亚市

---

① （明）宋濂等：《元史·世祖本纪七》，卷十。

② 同注①。

③ （清 道光）明谊、张岳崧：《琼州府志·官师志·宦绩上》，赵与珞条。

④ （明）宋濂等：《元史·世祖本纪十四》，卷十七。

⑤ 因文宗为亲王时曾遭英宗流徙琼州，即位后，为纪念龙飞之地而改“潜邸所幸”之地名“乾宁”。

⑥ （明）宋濂等：《元史·文宗本纪二》，卷三三。

⑦ 据《元史·百官志八》卷九二载：至正二十三年（1363年）三月，“置广西行中书省”。因广西行省系从湖广行省分立的，故海南岛也改隶广西行省。从此，在中国历史上广西设省而治成了定例。

⑧ 中华书局标点本《元史·地理志六》卷六三作“安定”，有误，当系误排所致。

西北）。[①]

南海诸郡，统称“海外四州”[②]。

元代与宋代相较，相同之处是：所设郡县大体相同；而且也多设在沿海四周，即以今琼山、万安、三亚、儋州为中心，这是因为当时陆地地区与海岛的交通情况，陆路阻隔，多依靠海运所致。一言以蔽之，可谓元承宋制。其相异之处有二：一是稍作调整、稍加损益，如元代取消舍城、吉阳二县，即一例。二是主要变化表现为，由于元朝统治势力向黎区深入，也随之增设新区，置定安、会同二县即属此例。而要强调指出的是，新的行政区域的成立，对后世黎区的开发起了重要作用。正如明人郑廷鹄《平黎疏》[③]所说：元“立定安、会同二县，至今衣冠文物，称为名邑”。

值得重视的是，元朝的海南人口，较之宋代，有了飞跃性的增长。据《宋史·地理志六》卷九十记载：宋代琼州户 8963，南宁军户 853，万安军户 270，吉阳军户 251，共计为 10337;而元代海南总户口，据前述记载，则为 92244 户，166257 人口。增长达 8 倍之多。如此惊人的增长，除了人口的自然繁殖外，还有一个十分重要的原因，这就是元代在南方民族地区进行了大规模“籍户”“阅实户数”[④]的工作。由于唐、宋实行羁縻州制，对民族地区实行松散的统治，故对当地户数、田数均无确切统计。而元代，则对这些地区实行“皆赋役之”的政策，故对户口加以清查，并登之于册。上述数字表明，元代在海南地区的籍户政策，取得了显著效果，此外，元王朝势力较前深入黎区，也是促成人口剧增的一个不可忽视的因素。上述在新附黎人峒寨地区设立的会同、定安二县，就有 2 万余户。换言之，仅此一项，元代海南户数的净增量就相当可观了。

（二）元王朝在黎区统治地位的确立

如果说，元朝统一海南，是在大兵压境的条件下未遇强大反抗，即主要使用

① 以上记载，参见（明）宋濂等：《元史·地理志六》，卷六三。

② 参见（明）宋濂等：《元史·世祖本纪七》，卷十及《元史·世祖本纪十一》卷十四等。

③ （明）郑廷鹄：《石湖遗集·疏》。

④ （明）宋濂等：《元史·地理志六》，卷六三。

“招降”方式实现的话；那么，其在黎区统治地位的建立与巩固，则是以血与火的洗礼才完成的。其间，有过两次大的战争。一次是至元十六年（1279 年）至十八年（1281 年）。据《元史·朱国宝传》卷一六五载：至元十六年，朱国宝为海北海南道宣慰使，移琼州，“南宁谢有奎负固不服，国宝开示信义，有奎感悟，以其属来归。于是黎民降者三千户，蛮洞降者三十所。十八年，破临高蛮寇五百人，招降居亥、番毫、铜鼓、博吐、桐油等十九洞，遣部将韩旺率兵略大黎、密塘、横山，诛首恶李实，火其巢，生致大钟、小钟诸部长十有八人，加镇国上将军、海北海南道宣慰使都元帅”。另一次是至元二十八年（1291 年）至三十年（1293 年）。据《招捕总录》海北海南条载：

至元二十八年，琼州安抚使陈仲达上言，乞招生、熟二黎，降旨许之，招到本州生黎大踼、小踼、端赵、麻山等四洞王氏平等出降。①

又，据明嘉靖《广东通志》卷六八载：

至元二十八年辛卯，琼州踋安抚使陈仲达诣阙陈平黎策。五月，授海北海南道宣慰司都元帅，命同廉希恕等将蒙古汉军顺化军七千二百人，益以民兵一万四千，收诸黎。仲达病卒。十一月，湖广行省平章阔里吉思以分省督师，命仲达子谦亨等分兵统剿。又明年（指至元二十九年）七月，阔里吉思被诏还朝，乃以余贼付都元帅朱斌，斌统兵深入人迹不到之处，黎巢尽空。明年（指至元三十年）春，刻石五指黎婺而还。是役凡三历年，剿平清水等峒符十九、符察、陈苯、梁六犊、王郎、王嗣、陈子渊、黎福平等渠魁，降附者不可胜数，得峒六百，户口二万三千八百二十七，招收户口一万三千四百九十七。②

总之，在前次战争中，南宁军“黎民降者三千户”，几乎占元代该地总户数 9000 余的三分之一；在后次战争中，“降附”与“招收”的琼州（乾宁）黎人户口共达

① 柯绍忞《新元史·云南湖广四川等处蛮夷列传》有相类记载，当本此。

② 宋元时人邢梦璜的《至元癸巳平黎碑记》（见清道光明谊、张岳崧《琼州府志·艺文·记》卷三八）则载：黎人前后归附者“户口四万七千有余”。

36000多，占元代该地人口12万余的三分之一强。又，在后次征战中，元王朝动用总兵力竟达2万余人。这均可见，黎人反抗规模之大、斗争之烈。概而言之，元朝虽在至元十六年统一了海南，但在黎区统治地位的确立，则是在至元三十年即事隔十多年之后，经过长时间、投入大量兵力，经过残酷镇压黎人反抗活动才实现的。

最后，需要辨明的是，湖广平章阔里吉思征黎的时间。据道光《琼州府志·事纪》卷四二载：

（至元）二十五年阔里吉思讨海南生黎诸洞寨，明年平之。

后人也因此沿用此说，如《历代治黎与开化海南黎苗之研究》[①]写道：元世祖至元二十五年，"元为扩张领土，以阔里吉思为湖广平章将兵入海南讨黎。经年，降生黎诸峒寨"。据此，则阔里吉思平黎事在至元二十五年至二十六年间。有误。作者的主要根据，除了上述明嘉靖《广东通志》的记载以证明外，尚有：

一是明郑廷鹄《平黎疏》[②]载：

元至元辛卯（二十八年）黎叛，十月渡师。又明年七月深入，黎巢尽空。又明年春，刻石五指黎婺山而还。

记载征黎全过程一清二楚。

二是据《元史·世祖本纪十三》卷十六载：至元二十八年五月，以琼州安抚使陈仲达为海北海南道宣慰使都元帅，"将二千二百人以征黎蛮，僚属皆从仲达辟置"。可见，此次征黎始于至元二十八年。而阔里吉思督师攻黎则在陈仲达死后任用其子陈谦亨"统诸道兵"的，可证事在二十八年后。

综合上述三种记载，可归结为：至元二十八年，命陈仲达征黎。仲达病死后，湖广行省平章于同年十月（一说十一月）督师进兵。二十九年七月，阔里吉思还朝。其后，由副都元帅朱斌统兵深入，至三十年旋师。前后历时三年。故根本不存在阔

① 江应樑：《历代治黎与开化海南黎苗之研究》，载《新亚细亚》，卷十三，1937（4）。

② （明）郑廷鹄：《平黎疏》，见《石湖遗集·疏》。

里吉思于至元二十五年至二十六年间平黎事。

那么，上述清道光《琼州府志》之误，缘何而起呢？这是由于《元史·阔里吉思传》卷一三四所记含糊不清所致。该传写道：

> 至元二十五年，擢朝列大夫、司农少卿，赐金束带。迁中议大夫、司农卿。升资善大夫、司农卿、拜荣禄大夫、行湖广平章，将兵讨海南生黎诸峒寨，又明年平之。

可见，《元史》本传将阔里吉思行湖广平章和将兵征黎事都一股脑儿和以前的升迁事一并系于至元二十五年条下，这就难怪后人产生误解。这可谓是事出有因，查有失误了。从此，也可见《元史》记载不精审之一斑。

二、黎族分布

元代黎族，遍布海南诸郡县。下面依次分述。

1．乾宁军民安抚司（琼州）。《元史·仁宗本纪一》卷二〇，有“琼州黎”之载。

琼山。清雍正《广东通志·岭蛮》卷五七，有“天历初琼山黎叛”之载。

澄迈。清道光《琼州府志·防黎》卷二二元的条目下，有“澄迈黎王官福”之载。

临高。《元史·成宗本纪四》卷三五载：大德十年（1306年），临高县那蓬峒主王文河等反。

文昌。清道光《琼州府志·防黎》卷二二：至顺元年（1330年），时黎人“王马等皆反，陷会同、乐会、文昌诸邑”。又，元代在海南设十三翼千百户统领黎兵，其中包括文昌、临高、乐会、会同、澄迈五处，说明琼州七县中有五县驻有黎兵，以防御黎人的要地。这也可证，文昌为元代黎人重要活动之区。

乐会。据清道光《琼州府志·防黎》卷二二载：大德间，“临高县那蓬洞主王文河（何）寇临高、乐会县”。

会同、定安。如前述，至元二十九年（1292年），在新附四州“峒寨”的基础上，置会同、定安二县。且其户口颇盛，以每户4口计，则两县共达10万余人，在当时海外“蛮荒”之地，人口是算相当多的。换言之，此两县，为元代黎人聚居之地。

2．南宁军（儋州）。清雍正《广东通志·岭蛮》卷五七有顺帝时“南宁军招降江花、落基诸峒”黎人的记载。

宜伦。史称，至元间南宁军谢有奎曾依“蛮峒”，“负固不服”。宜伦，为南宁军治所之地，故谢有奎所据“蛮峒”，当在宜伦一带。

昌化。清道光《琼州府志·事记》卷四二：至正十八年（1358 年），“黎首吉天昌反，夺昌化县印自为尹”。

感恩。民国《感恩县志·经政·平黎》卷十三载：洪武二年（1369 年），“讨平会同及感恩抱来等峒”。此事发生在元、明两朝更迭之际，故可反证元代感恩县确有黎峒存在。

3．万安军。史有“万州峒首王丽珠”[①] 之载。

万安。据清道光《广东通志·列传三十四》卷三〇一载：至正间，峒首王丽珠平复万州城，“拟授万宁县主簿”，后又立功，“升县尹，统民兵保障”。万宁县，即其时的万安县。

陵水。《元史·文宗本纪五》有万安军黎“寇陵水县”的记载。可证陵水县为元代黎人的重要活动场所。

4．吉阳军（崖州）及属县宁远。据《元史·英宗本纪一》卷二七载：至治元年（1321 年）四月，“吉阳黎……寇宁远县”。

由此可见：元代海南岛的一安抚司三军及所属十三县，均为黎人居住及活动之域。

最后，需叙及关于元代广西本土有无黎人区的问题。据《招捕总录》海北海南条载：

> 延祐二年（1315 年）十二月二十三日，黎……百余入横州永淳县，杀达鲁花赤，磔死民人，射伤县尉，走宾州古辣村。

对此段记载，可作两种解释：

一是横州虽与海岸有一定距离，但终究与海北海南道相邻，故不排除黎人流入该地的可能性。

---

① （清 道光）明谊、张岳崧：《琼州府志·事纪》，卷四二等。

二是记载有误。因《招捕总录》一书，属抄录性质，故有张冠李戴之误。如该书曾把鄂西的散毛峒“蛮”归入“广西两江”条下。笔者疑惑，此处之“黎”，似以“瑶”为是。因此时此地，多有瑶人活动。如：延祐元年（1314年），“八寨瑶寇横州”[①]；延祐三年（1316年），“横州瑶蛮为寇”[②]；泰定元年（1324年），“广西横州瑶寇永淳县”[③]。与此相反，则尚未见元代横州黎人活动的其他记载，故从慎考虑，本书取后一种说法。

第二节　元王朝的治黎政策

我国历代封建王朝对国内少数民族的治理政策，都是“恩威并济”，或双管齐下，或交替运用，或有所侧重。将宋、元两代治黎政策作一比较，如果说宋代重安抚的话；元代则是更多使用威权与镇压的。元代治理政策要点如下：

一、空前重用黎族土官

由于元朝统治者从北方入主中原，不免对汉人心存戒备，且其人数与兵力均不足。因此，元朝空前广泛重用黎族土官，以维护其在海南的统治地位。

元代黎族土官制的主要内容，可归结如下：

（一）元代黎族土官的形成

其始为适应军事需要，即用以统领黎兵。据《元史·世祖本纪十一》卷十四载：至元二十四年（1287年）正月，诏发“海外四州黎兵”等，“以讨交趾”。又载：同年九月，“湖广省臣言：‘海南琼州路安抚使陈仲达、南宁军总管谢有奎、延栏总管符庇成，以其私船百二十艘、黎兵千七百余人，助征交趾。’诏以仲达仍为安抚使，佩虎符，有奎、庇成亦仍为沿海管军总管，佩金符”。此外，《元史·世祖本纪十一》卷十七，至元二十九年（1292年）七月条下，有“黎兵百户邓志愿”之

① （清）汪森：《粤西文载》。

② （明）宋濂等：《元史·仁宗本纪二》，卷二五。

③ （明）宋濂等：《元史·泰定帝本纪一》，卷二九。

句。当时早在元初，黎族首领即担任黎兵管军总管、百户等职。

（二）黎兵屯田万户府的沿革及其主要内容

元代黎族土官，主要包含在黎兵屯田万户府的系统中。

黎兵屯田万户府经过了设而废，废而复置的过程。元世祖至元三十年（1293年），阔里吉思平黎，乃议佥土人为黎兵，以邓高领其事，设五原、仁政、遵化、义丰、潭揽、文昌、奉化、会同、临高、澄迈、永兴、乐会十二翼千百户所以统领之。大德二年（1298年），置黎兵屯田万户府，“以其事入琼州路军民安抚司”[①]。元统二年（1334年）十月，立湖广黎兵屯田万户府，统千户十三所；原十二翼，增万安翼，共十三所。

黎兵屯田万户府设立原因。据《元史·百官志八》卷九二载：元统二年（1334年），“湖广行省咨：‘海南僻在极边，南接占城，西邻交趾，环海四千余里，中盘百洞，黎僚杂居，宜立万户府以镇之。’中书省奏准，依广西屯田万户府例，置黎兵万户府”。又，据《经世大典序录·政典·屯田》[②]载：

> 海南海北，本非立屯之地，欲因之置军旅于蛮夷腹心，以控扼之也。

可见，黎兵屯田万户府，是为对外加强海防、对内镇慑“黎僚”与控扼蛮夷而设。当时，不仅有设置的需要，也具备了设置的条件。据《元史·世祖本纪十四》卷十四载：湖北行省臣言，“海南、海北多旷土，可立屯田。”换言之，大量荒地的存在，使海南屯田得以推行。

黎兵屯田的具体做法。据《元史·顺帝本纪一》卷三八载：

> 每所兵千人，屯户五百，皆土人为之。官给田土、牛、种、农器，免其差徭。

当时，十三所屯田兵数达13000人，户数为6500;农耕所需诸物，是官府代为置办的。

① （明）宋濂等：《元史·成宗本纪二》，卷十九。

② （元）苏天爵：《元文类》，卷四一。

黎兵屯田万户府与黎族土官制的关系。据清道光《广东通志》卷三三〇，岭蛮条载：元设黎兵万户府，“黎峒千百户，俱以土人为之”。而明嘉靖《广东通志》则载：“又以土人吴斌为万户，自是土官愈炽。”这说明：设立黎兵万户府的结果，使黎族土官制得到迅猛发展。

（三）元代土官制度及其特点

有元一代，黎族土官的设置情况，列表如下：

表 6-1　元代黎族土官设置情况表

年代	姓名	职官名	资料来源
至元二十四年（1287 年）	谢有奎、符庇成	沿海管军总管	《元史·世祖本纪十一》、道光《琼州府志》卷四二
至元二十九年（1292 年）	邓志愿	黎兵百户	《元史·世祖本纪十四》
至元三十年（1293 年）	邓高领其事	设黎蛮海北海南屯田万户府	《元史·世祖本纪十四》
大德十年（1306 年）	王文何	临高县那蓬峒主	《元史·成宗本纪四》
天历二年（1329 年）	（南建峒主）王官	南建州知州	《元史·文宗本纪二》
元统二年（1334 年）	土人吴斌为万户，其官皆土人为之	设黎兵屯田万户府，统千户所 13 处，百户所 204 处	参见《元史·顺帝本纪一》《元史·百官志八》及省、府诸志
至正十八年（1358 年）	（黎酋）吉天章	夺印，自为昌化县尹	道光《琼州府志》卷四二
至正（1341—1368 年）间	（峒首）王丽珠、（土官）郑宽	万宁县主簿，后升县尹。摄知州	参见道光《广东通志》卷三〇一，道光《万州志》卷七

从中，可以归结元代土官制的主要特点如下：与宋相比有实权。如前一章曾述，宋代往往只授予黎族土官虚衔；元代则授予官职，掌握实权。

元代黎族土官不仅握实权，而且官职官阶也高。他们有担任万户、千户、总管、知州、县尹诸职者。以黎兵万户府为例，万户为正三品，千户为正五品[①]。其地位及权力远高于宋代黎族土官。这是宋、元黎族土官制的重大差别。

带有浓重的军事色彩。不仅建立了从万户、千户至百户的一套军事性质的土官组织；而且，州县等地方土官也握军权。据《元史·文宗本纪二》卷三三载：天历二年（1329 年）十月，“以南建洞主王官知州事，佩金符，领军民”。可知，土知州是军民兼领的。

集军政大权于一身。不仅土知州、县，“领军民”；而且，黎兵万户府所统十三翼也是“照管民、兵”[②]，“兼管民、兵”[③]的。换言之，元代黎族文、武土官，均是军政合一、兵民兼管的。

分布范围广，设十三翼千百户所于全岛各地。从而，使土官势力遍布整个黎族地区。

（四）关于土官与“黎乱”之间关系的评论

前人多以元代黎乱不断，作为否定元代黎族土官制的主要依据。他们认为：元设黎兵万户府以土人为之，以致“诱乱终元之世”[④]，“黎乱终元之世”[⑤]，或曰“终元世黎寇不息”[⑥]，“黎患无宁日”[⑦]。这类议论，是与历史事实不尽相符的。

其一，元代黎乱不断的根本原因，是元统治者迷信武力的征剿政策所致。宋代重抚，黎乱较少；元代重征，黎乱较频。有元一代，近百年间，大征不下十次。大军所至，则残酷杀戮。这样，造成了“愈征愈反，愈杀愈乱”[⑧]的恶果。

其二，由土官直接策动的反元活动并不多。史籍关于这方面的记载，主要有两起。一是至元二十九年（1292 年）七月，“黎兵百户邓志愿谋叛，伏诛”[⑨]。二是大德

---

① （明）宋濂等：《元史·百官志八》，卷九二。

② （清）顾炎武：《天下郡国利病书·广东下》。

③ （清 道光）阮元等：《广东通志·岭蛮》，卷三三〇。

④ （明）唐胄：《平黎总论》，见《传芳集·论》。

⑤ （清）顾炎武：《天下郡国利病书·广东下》。

⑥ （清 道光）阮元等：《广东通志·岭蛮》，卷三三〇。

⑦ 王兴瑞：《历代治黎政策检讨》，载《珠海学报》第一集，1945。

⑧ 江应樑：《历代治黎与开化海南黎苗之研究》，载《新亚细亚》十三卷，1937（4）。

⑨ （明）宋濂等：《元史·世祖本纪十四》，卷十四。

十年（1306 年）十二月，“琼州临高县那蓬峒主王文何等作乱伏诛”[①]。可见肇事者只是低级土官，其规模与影响均较小。

其三，恰恰相反，黎族土官是元朝统治的社会基础与统治秩序的维护者。如清道光《广东通志·列传三十四》卷三〇一载：

王丽珠，万州人，世为峒首。元至正间，陈子瑚陷州城，元帅陈安远拟授万宁县主簿。已而，土酋符奴达、陈杰甥等窃发，子瑚弟有庆等复攻城，丽珠又举义兵收捕之，达鲁花赤人都请于元帅分司，升县尹，统民兵保障。

需附及的是，峒首王丽珠在协助元王朝平乱过程中，甚至是“自备鞍马、兵器”[②]的。

可见，把元代黎族土官说成是黎乱的根源，并以此否定黎族土官作用的观点，是站不住脚的。

二、贡、赋、役与劝农、屯田

元代，海南民族地区和全国其他地区一样，需向封建王朝进贡。如明嘉靖《广东通志·外志五》卷六八载：天历二年（1329 年），“生黎王高等二十余洞皆愿输贡”。当地的土贡，计有槟榔与姜等物，据道光《琼州府志·赋役》卷十三下载元之土贡为：

土发踉子[③]，乾良姜。

元朝在平定民族地区后，即立赋法，征租赋。较之唐、宋，掠取为广为多。如《元史·地理志一》卷五八：

唐所谓羁縻之州，往往在是，今皆赋役之，比于内地。

---

① （明）宋濂等：《元史·成宗本纪十四》，卷二一。

② （明 正德）唐胄：《琼台志·平乱》。

③ 《永乐志》作巴豆，《外纪》注为槟榔，谓顺土音怪字也，今城间讹语犹然。

黎人归附后，也无例外需纳税。据《元史·也先不花附传》卷一三四载：也先不花之子按摊为海北海南道宣慰使都元帅，“海岛生黎叛服不常，按摊威望素著，夷人帖服，生黎王高等二十余洞，皆愿输贡税”。

黎人多从事农耕，故需交田租。但，为鼓励黎民臣服，元王朝采取初期优惠免征政策。如至元二十四年（1287 年），在新附黎人峒寨基础上，新增会同、定安二县，“免其田租二年”[①]。

耕官田者，也需交纳租米。据《元史·乌古孙泽传》卷一六三载：至元二十九年（1292 年），乌古孙泽为海北海南廉访使，“故例，圭田至秋乃入租，后遂计月受之，泽视事三月，民输租米计五百石”。“圭田”，为封建官员之祭田。据《孟子·滕文公》载：“卿以下必有圭田。”“圭，洁也。谓洁其粢盛，以奉祭祀之用也。”

战争期间，还需供军饷。据《元史·朱国宝传》卷一六五载：至元十八年（1281 年），朱国宝为海北海南道宣慰使都元帅，“供给占城军饷，事集而民不扰”。占城，属今中南半岛地。因地邻海南，故元统治者就近取粮以支前。

在黎区，除大量征兵役充当黎兵外，还需承担地方种种工程的徭役。如：天历间，吕琉为海北海南道廉访使，曾“修筑城池”[②]，此筑城民工，当系从当地黎、汉人民中征集。又，至顺二年（1331 年）十一月，隆祥司使晃忽儿不花言：

> 海南所建大兴龙普明寺，工费浩穰，黎人不胜其扰，故以为乱。[③]

黎人因工役而反，可见元代徭役之苛重，总之，黎人所承担的兵役、工役之总量，较宋时为甚。当然，这也不排除某些地方官吏，注意“息民”[④]，减轻徭役负担，以使黎人能有休养生息之喘息。

元统治者本以游牧为生，故其开始对农业生产的重要性认识有所不足，但情况逐渐发生了变化。有的地方官员在海南实行“重农”政策，即一例。据清道光《琼州府志·宦绩上》卷二九载：后至元三年（1337 年），马合谟为海北海南道廉访司

---

① （明）宋濂等：《元史·世祖本纪十四》，卷十四。
② （清 道光）明谊、张岳崧：《琼州府志·宦绩上》，卷二九。
③ （明）宋濂等：《元史·文宗本纪四》，卷三五。
④ （明）宋濂等：《元史·朱国宝传》，卷一六五。

副使，“廉介严明，重农劝学”。由于邻近汉区的黎人已进入农耕时代，故此策有利于黎区生产的发展。

在黎民的反抗活动被平息后，安排他们回家，恢复生产。如《招捕总录》载：皇庆三年（1314年），王奴欧等降，“使之归业”。

水利是农业的命脉。注意开溪、设陂、挖沟，兴修水利，以灌溉农田。如清道光《琼州府志·宦绩上》卷三九载：

> 贺贯，万安知军，督开洪口溪，导水东流，设陂三十所，沟十八条，灌田七千余亩，民沾其利。

这是元代海南民族地区水利事业有所发展之一例。

遇水旱天灾及饥荒之年，发粮赈济，以扶植农业生产，以稳定社会秩序。如：元贞二年（1296年）六月，“海南民饥，发粟赈之”[①]。泰定二年（1325年）八月，“南恩州、琼州饥，赈粮一月”；九月，“琼州、南安、德庆诸路饥，赈粮钞有差”[②]。此外，当黎民反抗的风暴过去之后，为缓和民情，也有赈粮之举。如《元史·成宗本纪四》卷二一载：大德九年（1305年）六月，“以琼州屡经叛寇，……给粮一月”。

需要强调指出的是，元代在海南实行空前的、大规模的屯田，虽出于军事目的，但在客观上却对黎区农业生产的发展，起了不可忽视的推动作用。

屯田，除军屯即前述黎兵屯田外，还有民屯。这就使大量黎兵、黎民参与其间。据《元史·兵志三》卷一〇〇载：

> 海北海南道宣慰司都元帅府民屯。世祖至元三十年（1293年），召募民户并发新附士卒，于海南、海北等处置立屯田。成宗元贞元年（1295年），以其地多瘴疠，纵屯田军二千人还各翼，留二千人与召募民之屯种。大德三年（1299年），罢屯田万户府，屯军悉令还役，止令民户八千四百二十八户屯田，琼州路五千一十一户……为田琼州路二百九十二顷九十八亩。

① （明）宋濂等：《元史·文宗本纪二》，卷十九。

② （明）宋濂等：《元史·泰定帝本纪一》，卷二九。

又，据清道光《琼州府志·经政五·屯田》卷十三载：至元间，马氏为海北海南道宣慰使，“到部惠安氓庶，招徕黎僚，置屯田以养军”。总之，从琼州路民屯户 5000 余、田近 300 顷，加上上述屯田黎兵 1300 人来看，黎人屯田数量之多是颇为惊人的。

屯田，除提供军饷外，还对减轻黎民经济负担、大力垦辟黎区“旷土”、广泛推行和传播汉区生产技术，都起了重要作用。

三、军事镇慑

元王朝对海南民族地区的军事统治，较前大为加强。除常驻一定数量戍兵外，还有两方面的大量兵源。一是重用“土人”为兵。如上述，以“土人为黎兵”，设十三翼，控扼全岛要地。此外，还使用黎人峒首统率的“义兵”即“民兵”①，以备不时之需。这里，要附加说明的，黎兵除执行岛内军事任务外，还被用作外出征讨占城、日本和安南的一支重要军事力量。至元二十年（1283 年）正月，琼州安抚使、总管栗金等人以兵 1900 人从水路分攻占城之木城的北、东两面②；这支军队，包含有大量黎兵。同年九月，“调黎兵同征日本”③；这次征日之举，后未付诸实现。至元二十四年（1287 年），发黎兵讨交趾，见上述。这表明，黎兵可补元军海战之不足。二是以陆地地区兵力为后援。因岛上不可能大量驻扎元兵，故一旦出现黎人大规模反抗的紧急情况时，则临时快速调集陆地地区兵力渡海作战。据《元史·文宗本纪四》卷三五载：至顺二年（1331 年）七月，海南黎人“作乱，诏江西、湖广两省合兵捕之”；九月，海南人“王周纠率十九洞黎蛮二万余人作乱，命调广东、福建兵，隶湖广行省左丞移刺四奴统领讨捕之”。《元史·文宗本纪五》卷三六载：三年（1332 年）七月“湖广行省言：‘黎贼势猖獗，乞益兵三千以备调用。’有旨：‘依前诏，促移刺四奴克日进兵’”。这是至顺年间，元王朝调集江西、湖广、福建诸省兵镇压黎人反抗活动之例。

元朝军队在琼州的军事据点，设有靖海营、南蕃营，水军镇，永靖寨、保义寨、八角寨、万全寨，即二营、一镇、四寨。

---

① （清 道光）阮元等：《广东通志·列传三四》，卷三〇一。
② （明）宋濂等：《元史·外夷三·占城传》，卷二一〇。
③ （明）宋濂等：《元史·世祖本纪九》，卷十二。

四、治黎政策之批评

元王朝治黎政策失误之一是重炫耀武力而轻经营，缺乏长远的通盘的计划。对此，前人多有批评。如，明郑廷鹄言：

> 元至元辛卯，曾空其巢穴，勒石五指山矣。其时虽建屯田府，立定安、会同二县，惜其经略未尽，故所得者旋多失之。[①]

明钟芳《平黎碑记》写道：

> 前元虽能戡黎，所至刻石而不能图远，寻辄委弃。[②]

可见，专恃武力是无法征服一个民族的。

五、“劝学”与“立寨学”

元代对海南民族地区的教育，虽不及宋代重视；但总的而言，还是有所发展的。元朝统治者为维护其在海南的统治地位，把“重农劝学”相提并论，作为施政的主要纲领。其在文教方面的主要措施有：

（一）兴学校

其中，治绩较著者有下述诸人：

马成龙。至元间，为海北海南道宣慰使，“修庠序以劝学，政化大行”[③]。

拜都等人。据清道光《琼州府志·宦绩上》卷二九载：

> 延祐二年（1315年），为海北海南廉访使司副使，崇重学校，……三年（1316年），又有赵珍来为廉访佥事，……与照磨范椁改创学宫，政有可述焉。天历初，又有贯焕……为廉访使，爱民厚俗，尝著《勉学篇》以示士子，皆深得宪体，而尤著意于学校作养云。

① （明）《明世宗实录》，卷三五一，嘉靖二十八年八月庚申条。

② （明）钟芳：《平黎碑记》，见（清 道光）明谊、张岳崧：《琼州府志·艺文志》，卷三九上。

③ （元）程钜夫：《海北海南道宣慰使马府君神道碑》，见《雪楼集·碑铭》，卷二〇。

范梈。延祐初，擢任海北海南道廉访司照磨。在任期间，“巡历遐僻，不惮风波瘴疠，所至兴学教民”[①]。需强调指出的是，范梈还有功于海南文风之兴。他以诗文著称于世，与虞集、杨载、揭傒斯一起，被誉为元代四大家。他留下了不少有关海南的诗文。其文如《临高高山毗耶神坛记》《临高龙潭庙记》《东坡祠记》等；他所撰和书写的东坡先生祠记碑，已成传世之作。其写海南诗有十余首，所咏地域涵盖琼州、儋州、崖州、澄迈、文昌、定安等地，均收入《范德机诗集》中。他所作的涉及黎族的诗歌，有《西黎歌》《定安县》《槟榔寨》《琼州出郭》诸篇，颇富历史价值。兹将《西黎歌》抄录如下：

一十三县海之州，四城结带相绸缪。
中有群黎集百峒，耕凿不知尧舜忧。
手扶长弓架钩箭，白马白似雪花片。
此又外黎渐汉习，仇杀从前如旅劝。
春花满山禾满皋，妇馈壶浆夫血战。
曾不如深居不识礼教人，又谁使之郡若县。
黎雾山高裹白云，哀猿惊鹿夜深闻。
下濑戈船今已远，行人犹说路将军。[②]

总之，范梈几次到海南巡历所遗下的文字，不失为海南文化发展史上的一件盛事。

吕琉。天历二年（1329年），为海北海南道廉访佥事，“兴学校，厚风俗，尝按部于琼，以宣化敦俗为先务，有惠政于民”[③]。

总之，从元朝地方当局的“修庠序”“崇重学校”“改创学宫”“著意于学校作养”“兴学校”“兴学教民”诸记载，可见，元代海南地区的学校是有所增加的。

（二）在黎区广为兴建“寨学”

据清道光《琼州府志·海黎八》卷二二，防黎条载：至元间，阔里吉思平黎后，

① （明）宋濂等：《元史·范梈传》，卷一八一。

② （元）范梈：《西黎歌》，见《范德机诗集·歌行曲类》，卷四。

③ （清 道光）阮元等：《广东通志·宦绩录十一》，卷二四一。

“从省幕乌古孙泽议，立寨学训谕诸峒”[①]。这是直接在黎峒设“寨学”，用以专门教育黎人子弟的首次明确记载。此举，对发展黎区教育有重要历史意义。

（三）健全“学田”制，增拨学校经费

办学，以学田为经济基础，为主要的经费来源。但学田往往为官吏豪强所侵占，故需先加清理。据清道光《琼州府志·宦绩上》卷二九载：延祐间，海北海南廉访使副使拜都，“追征欺骗学田钱七千余缗”。天历初，杨汉杰任万安军，“清学田”。此外，也有从他种途径，增拨办学经费者。如《元史·乌古孙泽传》卷一六三载：至元间，海北海南廉访使乌古孙泽，圭田收租五百石，“量食而入，余悉委学官，给诸生以劝业”。封建官员将自己俸禄收入之余捐赠学校，这是一种值得称赞的善举与义举。总之，通过各种具体办法筹集教育经费，这就使“劝学”的构想，得到了落实。

第三节　元代黎族社会

史籍关于元代黎族社会的记载，颇为分散与零星，故很难勾勒全景，只能窥其一斑。

一、经　济

（一）农　业

稻作物的广为栽种，是元代海南农业发展的一种象征。元王仕熙有《稻陇眠鸥》一诗。他还在《水南暮雨》[②]中写道：

稻田流水鸦濡翅。

① （明）瞿九思：《万历武功录·广东》，卷三，黎岐列传条载：“是岁孙译，请立寨学，训谕诸峒。”将“乌古孙泽”其人改作“孙译”，有误。

② （元）王仁熙：《水南暮雨》，见（清 道光）明谊、张岳崧：《琼州府志·艺文志》，卷四一。

从“稻陇”“稻田”栖息着鸥、鸦一类水鸟的描绘，可见当地水田已成丘连片、比比皆是。在黎区，黎人也耕种肥美水田。如元无名氏《平黎建县颂》[①]写道：

岛之中，壤沃而田腴，诸峒之黎宅焉。

大批黎兵黎民屯田，“官给田土、牛、种、农器”，可证元代较发达的黎区稻作农业确已得到推广。

水利事业有所发展，对农业发展起促进作用。据清道光《琼州府志·舆地·水利》卷四下载：元大德二年（1298年），开凿昌化县洪口溪，导水东流，“沿流计设陂十三所，沟十八条”。后至元三年（1337年），修筑琼山县义丰堤闸，经七年努力，“获水利者一十八处，成熟田者千有余顷”。特别值得称道的是，元代黎人首领已认识兴修水利的重要性。如，清周广等辑《广东考古辑要·堤堰》卷九载：

湳州陂，儋州东有水泛流，元末酋长陈荐观通泄于大江。

不过，垦山种杂粮，仍是海南黎、汉农业的重要组成部分。故有“明日买山添薯蓣”[②]之咏。

（二）狩猎业

从“石峒浮烟鹿养茸”[③]之句，可见海南山区仍遍布野生动物，猎取鹿豨仍是山地居民的重要生活来源。

（三）手工业

元代，黎区的棉纺织业最称发达，其纺织品与纺织技术传入内地，对促进我国棉纺织业的发展作出了特殊贡献。据元王祯《农书·农器图谱》卷二一，纩絮门条载：

夫木棉产自海南，诸种艺作之法，骎骎北来，江淮川蜀，既获其利，

① （元）无名氏：《平黎建县颂》，见（清 光绪）吴应廉等：《定安县志·艺文志》，卷七。
② （元）王仕熙：《稻陇眠鸥》。
③ （元）王仕熙：《稻陇眠鸥》。

至南北混一之后，商贩于北，服被渐广，名曰吉布，又曰棉布。其幅匹之制，特为长阔，茸密轻暖，可抵缯帛，又为毳服毯段，足代本物。

可见，元代海南民族地区所产“吉布”，已行销我国北部地区，并以其“茸密轻暖”的优良性能为人们所青睐。

还有，对传播黎族先进纺织技术有贡献的著名人物黄道婆，事迹更为世人称颂。主要记载有元王逢《黄道婆祠诗序》：

黄道婆，松之乌泥泾人。少沦落崖州，元贞间（1295—1297 年）始遇海舶以归。躬纺木棉花，织崖州被自给，教他姓妇，不少倦。未几，更被乌泾，名天下，仰食者千余家。

王逢还在黄母祠上题词咏道：

前闻黄四娘，后称宋五嫂；
道婆异流辈，不肯崖州老。
崖州布被五色缫，组雾紃云粲花草；
片帆鲸海得风归，千柚乌泾夺天造。①

元陶宗仪《南村辍耕录》卷二四，黄道婆条载：

闽广多种木绵，纺织为布，名曰吉贝。松江府东去五十里许，日乌泥泾。其地土田硗瘠，民食不给，因谋树艺，以资生业，遂觅种于彼。初无踏车、椎弓之制，率用手剖去子，线弦竹弧置案间，振掉成剂，厥功甚艰。国初时，有一妪名黄道婆者，自崖州来，乃教以做造捍弹纺织之具，至于错纱配色，综线絜花，各有其法。以故织成被褥带帨，其上折枝团凤，棋局字样，粲然若写。人既受教，竞相作为，转货他郡，家既就殷。未几，妪卒，莫不感恩洒泣而共葬之。又为立祠，岁时享之。

总之，黄道婆在学习和总结崖州黎族妇女纺织技术基础上，对我国棉纺织业的主要

① 以上引文均见（元）王逢：《梧溪集》，卷三。

贡献有：一是对去籽、弹花、纺线和织布的工具，加以改革和创新。此即“做造捍弹纺织之具”之谓。二是运用和推广黎族女工专擅的“错纱、配色、综线、絜花”等技术。以此织成被、褥、带、帨（手巾）诸物，其上则有折枝、团凤、棋局、字样、云雾、花草种种图案花纹，可谓栩栩如生、维妙维肖，故有“粲然若写”“夺天造”之誉。从而，促进了江南地区棉纺业的大发展，并为黎、汉人民的友好往来写下了新篇章。

其他如造船、兵器制造等手工业也有所发展。如前述南宁军总管谢有奎、延栏总管符庇成曾以其“私船”120 艘、黎兵 1700 人出征。据此推算，则每船可载十余人。可见，近海地区的黎族造船业已具有一定规模。又，前述万州峒首王丽珠“自备鞍马兵器”助元出征。清道光《琼州府志·防黎一》卷二二则载：澄迈黎王官福在反元失败时，被俘“辎重不可胜计”。这都证明，为适应战争需要，黎族的兵器制造业也得到了发展。

二、社会组织与阶级关系

（一）社会组织

元代黎族社会的基层组织，袭宋之制称作“峒”，故有“中有群黎集百峒”[①]之咏，也有称作“村峒”者。如清道光《琼州府志·官师·宦绩上》卷二九载：云从龙“初为管辖，佐管仲马抚机平崖贼陈明雨等，有协赞功，诸黎村峒多服之”。

每峒人数不等。据载：“黎民降者三千户，蛮洞降者三十所”[②]，则每峒 100 户；“海南新附四州峒寨五百一十九，民二万余户”[③]，则每峒 40 余户；“王周纠率十九洞黎蛮二万余人作乱”[④]，则每峒光参与作战者就超过 100 人。据上述诸记载推论，则元代每峒户数在几十至上百之间。若以每户 4 口计，则每峒人数以百计。可见，在当时人口稀少情况下，以峒为单位的人口分布是相对密集的。

---

① （元）范梈：《西黎歌》，见《范德机诗集·歌行曲类》，卷四。

② （明）宋濂等：《元史·朱国宝传》，卷一六五。

③ （明）宋濂等：《元史·世祖本纪十四》，卷十九。

④ （明）宋濂等：《元史·文宗本纪四》，卷三五。

每峒所占地域大小不等。其地宽广，如元时琼山黎有九峒，其中居野峒最大，“周回百二十里，草木蒙密不可入”①。

峒的首领，史书的称谓不一，有叫作峒首、峒主或黎酋者。如：“万州峒首王丽珠”②，“南建洞主王官”③，“黎酋吉天章”④等，均是例证。

姓氏。元代黎人的“峒”，是以血缘关系为基础组成的，故峒内居民，多为同姓。其姓氏，除上述黎族土官表中所列的邓志愿、邓高、谢有奎、苻（符）庇成、王文何、王官、吴斌、吉天章、王丽珠、郑宽外，其他记载可确定为黎人身份者，尚有：李实⑤、王周⑥、王奴罗⑦、王氏平、王奴欧⑧、符瘵、陈萃、梁六犊、王郎、王嗣、陈子渊、黎福平⑨、王官福、王马、王六具、王吾、天交（一作高）⑩、王应嘉、王高、符富⑪、符十九、符二十⑫。以上共列举32人，其中王氏15人，符氏5人，陈氏2人，邓氏2人，谢、吴、吉、郑、李、梁、黎、天诸姓各1人。其姓氏与后世大体相符。

需加说明的有二：

一是所谓“土寇”“土贼”“土人”，尚未统计在内。史书所载的反抗者计有：“土寇黄威远”“临高土人吴国宝”“文昌土贼陈子瑚”及其弟陈有庆，“万州土贼符奴达、陈俊甥”“万安军贼吴海期”“崖贼陈明雨”等。因“土人”一词，除指黎人外，早期迁入岛内的汉族居民也可包括在其中，故其成分存疑。

二是《招捕总录》海北海南条载：

---

① （明 嘉靖）黄佐：《广东通志》，卷六八。

② （清 道光）明谊、张岳崧：《琼州府志·事纪》，卷四二。

③ （明）宋濂等：《元史·文宗本纪二》，卷三三。

④ （清 道光）明谊、张岳崧：《琼州府志·海黎八》，卷二二。

⑤ （明）宋濂等：《元史·朱国宝传》，卷一六五。

⑥ （明）宋濂等：《元史·文宗本纪四》，卷三五。

⑦ （明）宋濂等：《元史·文宗本纪五》，卷三六。

⑧ （元）无名氏：《招捕总录》。

⑨ （明 嘉靖）黄佐：《广东通志》。

⑩ （清 道光）明谊、张岳崧：《琼州府志·防黎》，卷二二。

⑪ （清 道光）明谊、张岳崧：《琼州府志·事纪》，卷四二。

⑫ （元）无名氏：《平黎建县颂》，见（清 光绪）吴应廉等：《定安县志·艺文志》，卷七。

延祐二年（1315年）七月黎人王火烧攻劫百姓，捕获其党蒙毡、甘佛龙、彭瘦等。

因在此段前记广西横州黎人活动，疑有窜文，故暂不计入。

（二）阶级关系

最突出的特点是：在元朝统治者的扶植下，黎族土官的政治势力空前膨胀，其经济实力也相应增强。这也意味着黎区的封建生产关系有所发展。据前人《论革土舍峒首》[①]载：

元通用土酋策，环海州县分割兵民，建置黎兵十三翼，翼置官千百户，而设兵屯万户府，统属皆土酋，而世其官，联合州县豪酋峒长，合为一家，争立主势以相逞，而客视州县，威权既夺，政令难行，州县日轻，兵屯日重。

三、文化与宗教信仰

（一）文　化

元统治者在对黎人诉诸武力之后，也往往辅之以文教。这在当时歌颂武功的文章中，也往往有所流露。如，元无名氏《平黎建县颂》中，有“于疆于理”之后“设教崇化”[②]之说；元无名氏《南宁军记》中，有“前乎削平黎僚”“后乎宣劝教化”[③]之语。因此，有元一代，海南的文教事业还是有所发展的。元代曾在琼山县设立珠崖乡校和惠通乡校，就是例证。总之，前人关于海南教育“至元、明而始备”[④]之誉，是符合历史实际的。

① （清　光绪）吴应廉等：《定安县志》，卷九。
② （元）无名氏：《平黎建县颂》，见（清　光绪）吴应廉等：《定安县志·艺文志》，卷七。
③ （元）无名氏：《南宁军亿》，见（清　光绪）李有益：《昌化县志·艺文志》，卷九。
④ （清　康熙）焦映汉等：《琼州府志·学校》，卷四。

元朝袭前朝之策，继续把海南作为重要流放之所。由于大批封建官吏贬谪海南，这就促进了中原文物衣冠的流入。其中，主要人物有：至治元年（1321年）五月，“迁亲王图帖穆尔于海南”①。出居海南三年，直至泰定元年（1324年）五月，才命“还其部”。其后，图帖穆尔即位为文宗，为纪念其龙飞之地，而改“潜邸所幸”之地琼州为“乾宁”。致和元年（1328年），流参知政事王仕熙于吉阳军，侍御史丘士杰于万安军②。天历二年(1329年)八月，“流诸王忽剌出于海南”③。在元代贬官中，以王仕熙对海南文化发展的贡献为著。他所作有《东坡书院》《水南暮雨》《稻陇眠鸥》《牧原荒草》④诸诗，不失为描绘当时黎、汉人民生活和海南风光胜景的名篇佳作。

（二）宗教信仰

据《元史·文宗本纪三》卷三四载：至顺元年（1330年）正月，“赐海南大兴龙普寺钞万锭，市永业地”。可见元代海南民族地区佛教寺院的兴盛。又，元代黎族的盟誓，采用“刻箭”之法，此当是宋代黎人“俵箭”的沿用。如《招捕总录》载：后至元三年（1337年），黎人王奴欧等降，“刻箭誓不复乱”。

第四节　元代黎民的反抗活动

有元一代，近百年间，黎人举行了不断的猛烈的反抗活动；元王朝则进行血腥镇压，大军所至，残酷杀戮。黎人主要反抗事迹有：

1. 至元十六年（1279年）至十八年（1281年），海北海南道宣慰使朱国宝先后平定南宁军黎人和“临高蛮”的反抗活动。并对坚持抗战的临高诸峒加以摧残，“火其巢”。

---

① （明）宋濂等：《元史·英宗本纪一》，卷二七。

② 参见（明）宋濂等:《元史·文宗本纪一》,卷三二;（清 道光）明谊、张岳崧:《琼州府志·事纪》，卷四二。

③ （明）宋濂等：《元史·文宗本纪二》，卷三三。

④ 均见（清 道光）明谊、张岳崧：《琼州府志·艺文志》，卷四一。

2．至元二十八年（1291 年）至至元三十年（1293 年），琼州安抚使陈仲达和湖广行省平章阔里吉思先后督师攻打黎人。在前后三年的征战中，元王朝动用了大批兵力，血洗黎峒，使黎人遭受了空前劫难。如明唐胄《平黎事以备后论》[①]：

是役也，自开郡以来所未有，然计兵仅二万一千二百人，计时虽二十六月，至实用兵才十三阅月，……已无遗穴。

清顾炎武《天下郡国利病书·广东下》则载：元兵“深入人迹不到之处，黎巢尽空”。这是一场亘古未有的伐黎战争。

3．至元二十九年（1292 年）秋，平黎兵百户邓志愿之反。

4．大德十年（1306 年）十二月，临高县那蓬峒主王文何、王应嘉等反，为安抚使奥里天祥所讨平。

5．皇庆元年（1312 年），“琼州黎……啸聚，遣官招谕”[②]。是年，黎首天交攻打会同，又为奥里天祥所败。

6．皇庆二年（1313 年），黎人王奴欧等反，“伪称平章元帅，立国设官”。次年（1314 年）正月，王奴欧的反抗虽被平定，“然罗袄等处兵未散”[③]，仍坚持斗争。

7．至治元年（1321 年）四月，吉阳黎人反，攻打宁远县。

8．天历（1328 年）初，琼山黎以汉族流亡者为向导，不时出击。琼山主簿谭汝楫敛集乡兵 5000 人，又征调近地兵 15000 人，进行镇压。当时，反抗的九峒黎人联合起来，利用草木蒙密的有利地理条件，拒敌兵于外。其后，谭汝楫采用集中兵力进逼黎人势力最大的居野峒，并设栅数十重扼守的办法，加以围困。在敌我力量对比悬殊条件下，琼山黎的反抗终于失败，被俘首领达 61 人之多。

9. 至顺元年（1330 年）至元统二年（1334），发生了元代规模最大的黎民起义。据载：

至顺元年，澄迈黎王官福等寇乾宁西界都元帅关，关军水尾失利，谭汝楫会诸军击败之，加汝楫为总兵都镇抚。既至军曰：“南建州居上流，

① （明）唐胄：《平黎事以备后论》，见《传芳集·论》。

② （明）宋濂等：《元史·仁宗本纪一》，卷二四。

③ 均见（元）无名氏：《招捕总录》。

乾宁居下流，若水退，贼渡江，乾宁危矣。”乃沿江置堠障，与万户刘琪分守之。贼复寇石山等处，汝楫与其子康力战，康遇害，关军不援，遂陷澄迈。时澄迈黎贼王六具遣其徒王吾数千人寇临高，逼南宁军，军判罗伯龙率义兵诛之。王官福复自东入寇，汝楫渡江出救，与守将设计大败贼党。时黎贼王马等皆反，陷会同、乐会、文昌诸邑，王官福据南建州，土贼王周亦纠十九峒黎蛮二万余人，乘间作乱，命调广东、福建兵隶湖广左丞移剌四奴讨之。①

至顺三年（1332 年）正月，据载：

万安军黎……王奴罗等，集众五万人寇陵水县。②

又据载：

元统元年（1333 年），王官福率……五万余由南建寇乾宁，围守将阿剌矱也于东江，谭汝楫帅二千五百人乱流而渡，斩首四十一级，获辎重不可胜计。七月诏行参知政事完泽会诸道兵进讨。自至顺元年（1330 年）以来，东西黎皆乱。（元统）二年（1334 年），复命湖广行省右丞刘耳领江西、湖广兵会移剌四奴所谓广东、福建兵共讨之耳。剌病卒，至是始命完泽督师。汝楫进曰：“黎獠不率教，降而叛者屡矣。今乱已四年，度我厌兵，必出而纳款，其人多诈，不可自遗后患。若乘其懈，奋兵进击，……患乃可止。”完泽壮之。师既出，阻于反间，完泽阴受贼金，留汝楫守城，竟纳降而归。③

又据载：

元统二年（1334 年）夏，汝宁章侯以处州路万户镇抚州，出征黎人

---

① （清 道光）明谊、张岳崧：《琼州府志·防黎》，卷二二。

② （明）宋濂等：《元史·文宗本纪五》，卷三六。

③ （清 道光）明谊、张岳崧：《琼州府志·防黎》，卷二一。

有功，升广西两江道宣慰使司都元帅。①

又据载：

（同年）南宁军招降江花、落基诸峒首符富等一百九十名。诏行参知政事完泽会诸道兵讨琼州叛黎。②

概言之，至顺、元统年间的黎民大起义，此起彼伏，前后历时达5年之久。其主要领袖有王官福、王六具、王吾、王马、王周、王奴罗诸人。把攻击矛头指向元王朝在海南的主要政治军事据点乾宁安抚司（琼州）、万安军、南宁军，占领了澄迈、会同、乐昌、文昌、南建州（定安）等地，攻打了临高、陵水诸县。有时，一支起义队伍就高达2万多至5万人之众。元朝统治者除本岛兵力倾巢而动外，还调集了广东、福建、江西、湖广兵力，经过反复剧烈争战，才将起义镇压下去。

10．至正十八年（1358年），黎族首领吉天章率众驱逐元政府的昌化县尹黄半山，夺印后，自立为县尹。

从以上列举的十次反抗活动中，可归结如下结论：

其一，元统治者对反抗者采用残酷的烧杀政策。所谓“火其巢”“黎巢尽空”“已无遗穴”“绝其根株”，即是其纪录。从而，给黎族社会和人民带来了严重的灾难与摧残。

还需揭露的是，元朝统治者往往招募不务正业的地痞流氓以逞其凶，并将此法广为推行，用以镇压其他南方少数民族。元人危素《送敖巡检序》③写道：

天历、至顺之间，海南黎母山寇作，出师讨之。时主将募勇悍无赖子弟为之前驱，谓之答剌罕军。答剌罕者，纵恣无禁也，于是尽斩刈黎人无遗种。其后主将者官广西，用其法，亦募勇悍无赖子弟，以制莫徭、僮人之为寇者。

---

① （元）危素：《送曾君静从军广西序（乙亥）》，见《危太朴文集》，卷六。

② （清 道光）明谊、张岳崧：《琼州府志·事纪》，卷二一。

③ （元）危素：《送敖巡检序》，见《危太朴文集》，卷八。

当然，元统治者也不单纯诉诸武力，间用安抚之法，以对付黎人的反抗活动。如云从龙为海北海南宣慰使，“抚绥有方，复收乱黎”①。

其二，有元一代，黎民反抗活动空前频繁。故苏天爵《建北时政事五》②称：

> 海南黎蛮为梗，有司视为故常。

特别是元代后期以后，随着元王朝的日益腐败、对黎民剥削压迫的加重、控制能力的削弱，黎民反抗活动日益增加，故史有“自至顺元年以来，东西黎皆乱”“黎峒自是不靖”③的记载。从而，严重动摇了元王朝在海南的统治地位。

其三，元代黎民反抗活动的规模较大，参加者数以万计的已不乏见。在当时海南人口密度尚稀的条件下，其数量是颇为惊人的。而且，其斗争水准也有所提高。起义者不仅把打击的矛头主要指向元朝国家机器的政权、官吏与军队，且另起炉灶，有“立国设官”之举，公开向元王朝宣战。

其四，失败原因，从根本上说来，是敌我力量悬殊所致。但从黎族内部而言，由于当时社会发展尚较落后，不能形成较为牢固而强大的联盟，致被分化瓦解和各个击破，这也是因素之一。明人郑廷鹄《节录平黎事以备后记》④谈及元黎失败时写道：

> 人言琼黎党涣易制，信然。

这并非凭空捏造的。

① （清 道光）明谊、张岳崧：《琼州府志·官师·宦绩上》，卷二九。

② （元）苏天爵：《建北时政事五》，见《滋溪文稿》，卷二六。

③ （清）顾炎武：《天下郡国利病书·广东》。

④ （明）郑廷鹄：《节录平黎事以备后记》，见《石湖遗集·论》。

第七章　明代黎族

第一节　概　说

一、海南岛建置

1368年正月，朱元璋于南京即帝位，建国号为明，年号洪武。二月，命“廖永忠为征南将军，朱亮祖副之，由海道取广东”[①]。四月，廖永忠师至广州，元守臣何真降，广东平，“驰谕九真、日南、朱崖、儋耳三十余城，皆纳印请吏”[②]。六月，海南海北诸道降，“元海南海北道元帅罗福等遣使来降，海南分府元帅陈乾富亦相继归附”[③]。由于元朝大势已去，加之南方守军薄弱，故明军未遇强烈抵抗，悉平广东、海南等地。

海南归附后，其建置不断有所变化。

洪武元年（1368年）十月，改乾宁安抚司为琼州府，南宁军为儋州，万安军为万州，吉阳军为崖州，隶琼州府，仍属广西。又，改南建州为定安县。

洪武二年（1369年）六月，“以广西海南海北府州隶广东省”[④]。从此，有明一代，海南岛均归广东省管辖。

洪武九年（1376年），海南岛属广东布政使司海南道。是时，琼州府领县七：琼山、澄迈、临高、定安、文昌、乐会、会同；儋州领县二：宜伦、昌化；万州领县二：万宁、陵水；崖州领县二：宁远、感恩。共一府三州十三县。

正统四年（1439年）六月，“省广东琼州府儋州附郭宜伦县、崖州附郭宁远县、

① （清）张廷玉等：《明史·太祖本纪二》，卷二。

② （清）张廷玉等：《明史·廖永忠传》，卷一二九。

③ （明）《明太祖实录》，卷三二，洪武元年（1368年）六月甲辰条。

④ （明）《明太祖实录》，卷四三，洪武二年（1369年）六月戊子条。

万州附郭万宁县，俱入本州”[①]。换言之，以州治所在地的县，归并入州，其地改由州直接治理，以免机构重叠。至是琼州府领三州十县，并成了有明一代的定制。其具体设置情况如下：

琼州府（治今琼山县），洪武初有户68500，人口291000余。

琼山（治今琼山县），户14900余，人口82000余。

澄迈（治今澄迈县东北），户8300余，人口33000余。

临高（治今临高县），户7900余，人口34000余。

定安（治今定安县），户4200余，人口12900。

文昌（治今文昌市），户6200余，人口24000余。

会同（治今琼海市东北），户1100余，人口3500。

乐会（治今琼海市东南），户1700余，人口7800余。

儋州（治今儋州市西北），户11000余，人口49000余。领县一。

昌化（治今昌江黎族自治县西），户1900余，人口8300余。

万州（治今万宁市），户4300余，人口14800余。领县一。

陵水（治今陵水黎族自治县），户1100余，人口3400余。

崖州（治今三亚市西北），户2700余，人口10000余。领县一。

感恩（治今东方市南部地区）。户1500余，人口6800余。

总之，全岛总人口较之元代的166000余人，增加40%以上，这是其时社会经济发展的结果。而在海岛内部相比较，人口数量则依次为琼州府直辖区、儋州、万州、崖州，由北而南依次递减，即越近大陆的地区，人口愈多，这也反映了开发程度的不一。

明代海南岛即琼州府属地，总称为“三州十县”[②]，或“琼、万、儋、崖十三州县”[③]。

---

① （明）《明英宗实录》，卷五六，正统四年（1439年）六月庚寅条。

② 参见（明）俞大猷：《黎岐图说》，见（清）陈梦雷、蒋廷锡等：《古今图书集成·职方典》，卷一三九二；（明）王佐：《湛钺平黎记》，见（清 道光）明谊、张岳崧：《琼州府志·艺文》，卷三九上。

③ （清）吴震方：《岭南杂记》。

二、明王朝在海南黎区统治地位的确立

如果说，明王朝以较平和的方式统一海南的话；那么，其在海南黎区统治地位的确立，则是经过反复而激烈的较量，次第将各地黎人的反抗活动镇压下去以后才实现的。嘉靖《广东通志·外志五》卷六十八对这一过程作了概括的叙述：

（洪武二年）永嘉侯朱亮祖师捣雷州，威声所至，民黎首目络绎奔走听谕，惟乐会小踢峒酋长王官泰顿兵不散，亮祖统指挥耿天壁等将大军抵其地，败走其众，招谕诸贼迎降。自归附后，各峒熟黎屡效顺，出官附籍，认供租税，惟深峒生黎尚恃险未归。继而万州阜纽黎苧等峒熟黎王贤保、王贤俊、王琪、王观保、王观禄等复梗化。儋（州）之火村、峨低、七方、新场等峒黎首符均胜、符凤、符方抄等，崖（州）之抱怀、多简、千家等村罗岜、罗跪等，琼山之符进福、王观磨，文昌之王伯琪，澄迈之王四官、王观平，临高之番缦、居苧等村符陈、符九等黎贼，又复不时窃发。广东都司及海南卫官旗节次领军收捕之。①

换言之，在乐会小踢峒黎人反明斗争被打败后，黎人始归附。但不久，各地黎人又纷纷“梗化”。在明军“收捕”万州、儋州、崖州、琼山、文昌、澄迈、临高诸村峒起事黎人后，反抗活动才暂时平息下来。

第二节　明王朝的治黎政策

如何处理黎族问题，在明王朝的治琼政策中占有十分紧迫和重要的地位。故明人称：

本府地方，黎情甚重。②

① 清初顾炎武的《天下郡国利病书·广东下》所载全同，系袭此。

② （明）谢廷瑞：《议黎奏稿》，见（清）陈梦雷、蒋廷锡等：《古今图书集成·职方典》，卷一三九二。

又称：

> 国初至今，言官琼者必以治黎人为一急事。[①]

其因在于：以地域言，黎人遍布琼、万、儋、崖十三州县。以人口言，虽经历代大量汉人徙入与黎人融入汉人之中，但至明代黎人仍在整个海南人口中占有相当的比重，故有“黎居良民五之一”[②]之说。以地域言，黎人所居，“中皆深山箐谷”[③]，形势险阻。加之，历代统治者执行民族压迫与民族歧视政策，这就使黎族问题更加突出和严重。

综观明代治黎政策，洪武、永乐年间最为得法。据《明太祖实录》卷四八，洪武三年（1370年）正月壬寅条载：

> 吏部奏，凡庶官有罪被黜者，宜除广东儋、崖等处。上曰：“前代谓儋、崖为化外，以处罪人。朕今天下一家，何用如此。若其风俗未淳，更宜择吏以化导之，岂宜以有罪人居耶！”

可见，朱元璋的治黎观以“天下一家”为前提，以“化导”为核心。据清咸丰《琼山县志·黎七》卷十二载永乐四年（1406年），复敕谕南歧都黎首陈忠等，谕曰：

> 恁每都是好百姓，比先只为军卫有司官吏不才，苦害恁上头，恁每害怕了，不肯出来，如今听得朝廷差人来招谕，便都一心向化出来朝见，都赏赐了回去。今后恁村峒人民都不要供应差拨从，便安心乐业，享太平的福。但是军卫有司官吏军民人等，非法生事扰害恁的，便将着这敕谕直到京城来说，我将大法度治他，故谕。

可见，朱棣的治黎观，重在安抚不扰民。由于明初统治者具有较开明的民族观，较为审慎地处理民族问题，故明代前期上百年间黎区保持相对稳定。至后期，随着明

① （明）海瑞：《赠养斋蔡太守抚黎序》，见《海忠介公集·序》，卷四。

② （明）吴会期：《奏议》，见（清）陈梦雷、蒋廷锡等：《古今图书集成·职方典》，卷一三九一。

③ （清）吴震方：《岭南杂记》。

王朝日益腐败而不断强化对黎民的压迫与剥削，导致黎民反抗日烈。据《明孝宗实录》卷一九三，弘治十五年（1502年）十一月壬申条载：琼州黎人符南蛇反，讨之不下，户部主事冯颙奏：

国初，民黎安堵。永乐间，军民潜通贸易，始从招抚，置土官知州、知县等，分属节制。寻皆革罢，犹统其属，抚安如故。成化间，黎人作乱，三度征讨，将领贪功妄杀，残及无辜。弘治间，知府张桓贪残私敛，大失黎心，继以知府余浚贪刻尤甚，黎人苦之，相聚为乱，致有今日符南蛇之祸。[①]

明人钟芳《平黎碑记》对嘉靖二十年（1541年）都御史蔡经平崖、万二州黎乱事写道：

惟崖自洪武迨今七十年[②]未经兵革稔祸，乱以至此极而卒平之。[③]

《明世宗实录》卷三五一，嘉靖二十八年（1549年）八月庚申条载：

自开郡以来且千六百余年，而无岁不遭黎害，无如今日甚矣。

换言之，由于明后期治黎政策“大失黎心”，成化、弘治间黎人反抗活动不断，嘉靖间更甚，直至明亡而止。

有明一代，治黎政策的要点有如下述：

一、土官土舍制

黎族土官的发展，明代达到了全盛时期。因此，对其进行剖析，具有特别重要的意义。

（一）明代黎族土官制度的建立

明王朝建立伊始，鉴于元朝“任用土人之弊”，即宣布废除元代黎族土官制度。

① 《明史·广西土司列传三·琼州》卷三一九有相类记载。

② 从洪武至嘉靖间应为170年左右，“七十年”当有误。

③ （明）钟芳：《平黎碑纪》，见《钟筠溪集·记》。

据《天下郡国利病书·广东下》卷一〇四载：洪武初，革元人之弊，州县官“不用土人，兵屯子孙尽革为民，以峒管黎”。

洪武年间，废除土官以后，实行“以峒管黎”之制。此制的核心是，明朝廷委派流官通过各地“峒首”实行直接统治。据清道光《琼州府志·防黎》卷二二载：

> 凡遇差征，有司俱凭峒首催办；官军征捕，亦凭峒首指引。

换言之，峒首的主要职责是：协助当局催办差役和指引征捕。

元代土官制，确实有其弊端。主要表现是：黎兵万户府有一套独立的庞大而完整的军事组织系统，权力既重而又集中。即所谓“统制”付之土人[①]。因此形成“州县日轻，兵屯日重”的局面。这样，势必增强割据性，削弱中央集权制，以致造成元末土官拥兵称雄并互相吞并互相混战的恶果。对此，明初正确的做法应该是：存其制而革其弊，即用土官而削其权。不应该因噎废食，从一个极端走向另一个极端，对元代黎族土官一概革除。

事实证明：在当时的历史条件下，完全废除土官制也是行不通的。因此，至洪武末年又采取恢复土官制的某些措施。据清道光《琼州府志·防黎》卷二二载洪武二十九年（1396年）：

> 大理寺丞彭与民等奏言：“琼州府所属周围俱大海，内包黎峒，民少黎多。其熟黎虽是愿化，上纳秋粮，各项差役，俱系民当。其生黎时常出没，劫掠连年，出镇征剿，为害不息。……如将各处峒首选其能抚服黎人者，授以巡检司职事，其弓兵就于黎人内签点应，当令其镇抚熟黎当差，招抚生黎向化。如此则黎民帖服，军民安息矣。”诏如所请。

从中可得出如下结论：朱元璋同意授峒首以巡检官职事表明，洪武年间行之近30年的革除土官的做法已经失败，并开始部分改变这一做法；琼州地处海外，汉少黎多，只有实行土官制，才能达到“黎民帖服，军民安息”的目的。

朱元璋决定授峒首以巡检之策，是实行了的。据清道光《琼州府志·防黎》卷

① （明）唐胄：《节录平黎事以备后论》，见《传芳集·论》。

二二载洪武三十年（1397 年）：

> 五月十一日，琼州府宁远县藤桥巡检司设副巡检黄旗，通远巡检司设副巡检黎让。十月十一日，万宁县莲塘巡检司添设副巡检王钱，陵水县苗山巡检司添设副巡检符森。

这标志着，明代治黎政策发生了显著变化。

到明成祖时，改而全面推行黎族土官制。据《明太宗实录》卷四四，永乐三年（1405 年）己酉条载巡按广东监察御史汪俊民言：

> 琼州周围皆海，中有大小五指、黎母等，皆生熟黎人所居。比岁军民间有逃入黎洞，甚至诱入黎人，侵扰居民。今朝廷遣使招谕，臣愚以为黎性顽狠，招谕之人非其同类，未易信从；又水山峻恶，风气亦异，中国之人罹其瘴毒，鲜能全活。臣访得宜伦县熟黎峒首王贤佑尝奉命招谕，黎民信从归化者多；况其服习水土，不畏瘴疠，臣请追还使命，仍召贤佑至京，量授与官，俾招谕未服黎人，戒约诸峒，无纳逋逃。……峒首则量所招民数多寡授予职事，如此庶几黎民顺服。

从黎人“未易信从”一事，可见洪武奉行的委派流官之策，因黎人心存疑虑，故成效并不大。明成祖有鉴及此，决定采用大量授予峒首官职之策，以黎治黎，“招谕未服”黎民。

此策收到了诸黎纷纷来归的奇效。据《明史·广西土司列传三·广东琼州府附》卷三一九载永乐四年（1406 年）：

> 琼州属县生黎峒首罗显、许志广、陈忠等三十三人来朝。初以生黎多未向化，遣（通判刘）铭招抚。至是向化者万余户，显等从铭来朝，且乞以铭抚其众。帝遂授铭琼州知府，专职抚黎，仍授显等知县、县丞、巡检等官，赐冠带钞币，遣还。自是诸黎感悦，相继来归。……通计前后所抚诸黎共千六百七十处，户三万有奇。

总之，由于明成祖采取授予向化黎首官职的方针，致使永乐年间黎首朝贡达到高潮，黎人归附人数空前之多。可以说，永乐朝是整个明代治黎政策最成功、收效也最大的一朝。

明代黎族土官制度是比较完备的。这从下述各方面可以得到证明：

各级土官的名称较前齐全。如，州一级有土官同知、判官，县一级有土官知县、县丞、主簿、典史以及土官巡检等。

规定了土官授职的标准。即如前述，按照峒首“所招民数多寡授以职”。这是明代授土官衔号“以劳绩之多寡，分尊卑之等差”[①]的一种表现形式。

土官职责明确。据清道光《琼州府志》卷二二载：土官之职，“专一抚黎，不预他事”“专抚黎人”。即不让土官掌握州、县权力，以削弱其权力，目的在于防止元代土官权力膨胀局面的再现。

土官世袭制。明代土官，一经除授，即行世袭。黎族土官也如是。即使对未明文规定世袭之土官，经申报批准手续，也可世袭。如《明宣宗实录》卷一〇六，宣德八年（1433年）十月乙丑条载：

以符忠得为广东琼山县土官主簿。忠得，故土官主簿符忠顺之弟，尝招抚黎人向化。忠顺卒，黎人奏乞忠得管属。行在吏部以其非世袭土官。上曰：“土人既已信服，其从之。”遂命为主簿。

朝贡制度化。贡期，全国各地土官一般均三年。据《明会典·礼部六十六》卷一〇八载：明政府规定“湖广、广西、四川、云南、贵州腹里土官，遇三年朝觐，差人进贡一次。俱本布政司给文起送，限本年十二月终到京庆贺”。但各地开始实行的时间不一。黎族土官是从永乐十四年（1416年）起，定为三年一贡制的。是年，据载：

广东儋州土官周知王贤祐率生黎峒首王撒、黎佛金等来朝，贡马。赐钞币遣还。上谓行在礼部臣曰：“黎人远处海南，素不沾王化，今慕义来归，而朝贡频繁，殆将困乏，非存恤抚之意。自今生黎土官、峒首俱

① （清）张廷玉等：《明史·土司列传·序》，卷三一〇。

三年一朝，著为令。”[①]

可见，黎族土官三年一朝制，是根据其旅途遥远而交通又不便的情况制定的。明朝廷还规定，对朝贡违期或不朝者，则加以惩罚甚至法办。因为在明统治者看来，这是藐视朝廷之举。但在实际执行中，又往往加以宽宥，以示安抚。如《明宣宗实录》卷六一，宣德五年（1430年）正月戊申条载：

> 行在吏部奏，朝觐官未到者，广东崖州宁远等处土官凡三十余处，法当逮问。上曰：“琼，崖诸州远在海外，但移文审勘，不必追逮。”

又，《明孝宗实录》卷二二一，弘治十八年（1505年）二月癸亥条载：

> 宥广东感恩、昌化二县……诸土官衙门二十四处之朝觐违限者。

就是说，明朝廷以海南土官“远在海外”等理由而不加追究。

贡物有典。明代土官向朝廷贡物，洪武时尚未实行，从永乐初开始而后形成定例的。明代此制，直至革除土官后始废。据正德《琼台志·田赋（税课贡役附）》卷十一载：

> 国初未闻私贡，永乐乙酉（三年）抚黎知府刘铭率各州县土官入贡马匹、黄蜡、麖皮、土香、蚺蛇皮、良姜、益智子。后知府黄重用是为例，三岁一贡，其数无常，剥黎徼功。后革土职，贡亦随废。

黎土官贡物，诸史志均载，多为马与方物。《明太宗实录》卷二〇三，永乐十六年（1418年）八月乙未条载：

> 琼州府感恩县土官知县楼吉福等率生黎峒首来朝，贡马及方物。

即是一例。至于方物，据清道光《琼州府志·土贡》卷十三下载：该府贡物计有“麖皮、杂皮、翎毛、生漆、翠毛、沉香、槟榔、竹木、黄腊、牙茶、叶茶、鱼胶、大腹子、大腹皮、柴榆木、花梨木”。至于马，当地虽产个子矮小的“果下马”，但

① （明）《明太宗实录》，卷一七七，永乐十四年（1416年）五月乙亥条。

不能用于军事上，当不宜作为贡物。故可定，这些马是通过马市交易而得，这更加重了黎族人民的负担。

回赐如例。明朝廷对朝贡的黎族土官，给予大量回赐。如《明宣宗实录》卷一〇四，宣德八年（1433 年）八月戊戌条载：赐“广东感恩县故土官舍人王绍等钞、彩币、绢布及纻丝、袭衣、绢衣有差”。总之，明王朝的回赐有钞、彩币以及布帛、绢、彩、缎、纻、袭衣等物，以满足土官的奢欲。其赐物，依土官的不同等级、身份而有不同定例。如《明孝宗实录》卷一八一，弘治十四年（1501 年）十一月戊戌条载：

广东崖州抱怀等卫村峒黎首罗累等五人来贡。赐绢、钞等物如例。

厚赐的目的，在于从物质上笼络土官，使其努力为明王朝效力。据《明宣宗实录》卷一九，宣德元年（1426 年）七月丁未条载：

赐广东乐会县黎首黎宁及万州黎民张初等钞、布帛、袭衣有差。初，黎宁等至京，上谓尚书胡滢曰：“黎人居海岛，不识礼义，叛服不常，祖宗时专设官抚绥，今来朝，当加赉之。”故有是赐。

即属突出例证。

有明一代，黎族土官朝贡次数极为频繁。兹将其朝贡情况列表如下[①]：

表 7–1　黎族土官朝贡情况表

时间	人员	次数
永乐三年（1405 年）	知县潘隆引土人邢万胜、陈应、符天成、蒲干、符添庆、王歪头等朝	1
永乐四年（1406 年）三月	琼州属县峒首罗显、许志广、陈忠等三十三人朝	1
永乐四年（1406 年）四月	琼山、临高诸县黎首王罚、钟异、王琳等朝	1

① 本表主要据《明实录》《明史》撰成，不再一一注明出处。

续表

时间	人员	次数
永乐六年（1408年）二月	琼州知府刘铭率峒首王贤佑、王惠、王礼等朝	1
永乐七年（1409年）九月	万宁县土官主簿王惠率其峒首王曹等朝	1
永乐八年（1410年）十二月	文昌县斩脚寨黎首周振生等朝	1
永乐九年（1411年）十二月	临高县吏王寄扶与峒首王乃等朝	1
永乐十一年（1413年）十一月	临高县民黄茂率黎首王聚、符喜等朝	1
永乐十二年（1414年）十一月	澄迈县峒首王观监等各遣子贡	1
永乐十三年（1415年）二月	琼州府峒首罗广寿等朝	1
永乐十四年（1416年）五月	儋州土官同知王贤佑率峒首王撒、黎佛金等朝	1
永乐十五年（1417年）八月	感恩县土官知县楼吉福（一作禄）率峒首朝	1
永乐十九年（1421年）正月	宁远县土官县丞邢京率峒首罗淋等朝	1
永乐二十一年（1423年）正月	琼州府土官县丞符添庆等率诸峒黎首朝	1
永乐朝合计		14
洪熙元年（1425年）正月	琼州等县土官知县许志广遣子棠等贡	1
洪熙元年（1425年）正月	定安县土官县丞王观留等贡	1
洪熙元年（1425年）十一月	儋州等衙门土官同知王贤祐遣子芳贡	1
洪熙朝合计		3

续表

时间	人员	次数
宣德元年（1426年）七月	乐会县土官主簿王存礼等遣黎首黎宁及万州黎民张初等朝	1
宣德五年（1430年）十一月	琼山县故土官知县许志广子才、儋州宜伦县故土官知县黄侬苟子庆朝	1
宣德六年（1431年）七月	文昌县故土官知县林丑等朝	1
宣德七年（1432年）五月	感恩县故土官知县楼吉福孙鉴等贡	1
宣德八年（1433年）六月	感恩县故土官舍人王绍等朝	1
宣德八年（1433年）九月	琼山县故土官主簿符通卿子忠得等朝	1
宣德九年（1434年）四月	昌化县黎首赵克宽等朝	1
宣德九年（1434年）六月	昌化县故土官主簿符翰惠子贤儒等朝	1
宣德十年（1435年）十一月	临高县故土官男倪通朝	1
宣德朝合计		9
正统元年（1436年）七月	宁远县土官巡检陈瑛俱遣人朝	1
正统三年（1438年）九月	宜伦县土官黄欢等朝	1
正统三年（1438年）十月	感恩县土官知县楼鉴遣黎首符那康等朝	1
正统五年（1440年）十月	儋州土官同知男王懋等朝	1
正统六年（1441年）二月	陵水县土官舍人王茂、崖州土官舍人黎珉、宁远县藤桥巡检司土官舍人黄政、郎温峒首王陈堡俱来朝	1

续表

时间	人员	次数
正统六年（1441 年）四月	昌化县土官县丞男符应乾等贡	1
正统十一年（1446 年）六月	昌化县土官舍人符应乾等贡	1
正统十二年（1447 年）六月	昌化县黎人峒首赵克勇朝	1
正统十四年（1449 年）三月	崖州藤桥巡检司土官副巡检黄其男同黎首罗幕等朝	1
正统朝合计		9
景泰三年（1452 年）五月	万州土官王篪等朝	1
景泰五年（1454 年）三月	昌化县土官县丞弟符元春等朝	1
景泰六年（1455 年）十二月	崖州藤桥土官巡检黄芳贡	1
景泰朝合计		3
天顺元年（1457 年）七月	临高县土官舍人倪泽等朝	1
天顺二年（1458 年）五月	昌化县故土官县丞符应乾弟元春朝	1
天顺朝合计		2
弘治二年（1489 年）	崖州故土官陈迪孙、冠带舍人陈崇祐朝	1
弘治十四年（1501 年）十一月	崖州抱怀等村峒黎首罗累等贡	1
弘治朝合计		2
全朝总计		42

总之，史籍作为重要事件纪录的明代黎族土官朝贡次数创新纪录，竟达 42 次

之多。这表明：明代中央王朝与土官间的君臣关系空前密切；黎族地区与内地的联系空前加强。

需加说明的是，表中显示：正统以后，朝贡次数逐渐转稀，只有景泰年间 3 次，天顺年间 2 次，成化 23 年间无一次，弘治 18 年间 2 次，从弘治十五年起至明亡，则朝贡完全停止。换言之，表中所列朝贡数字，只限于明代前期。其因有二：一是正统年间采取革除抚黎土官措施的影响所及。二是从成化以后，黎人反抗日益频繁，特别是弘治十五年黎首符南蛇掀起大规模反抗高潮后，黎首朝贡戛然而止。这是根本原因。这也表明：明王朝与黎首之间的关系进入相对紧张状态；明王朝对黎区的控制日益乏力。

永乐年间，在全面实行文职土官制的同时，也建立了武职土舍制。

土舍的数量与分布。永乐初，“琼州府设土舍四十有一”。分布情况为：琼山县土舍三，澄迈县土舍三，临高县土舍四，定安县土舍四，文昌县土舍一，乐会县土舍二，儋州土舍七，昌化县土舍二,万州土舍三，陵水县土舍一，崖州土舍九，感恩县土舍二。[①]

土舍的选任。据明茅一桂《黎兵议》载：

> 往年之土舍即土官也，专督黎兵，彼得借兵威以弹压黎岐，故缓急可用。今不必别设官哨，选近黎民户有身家识黎情少有勇略者二人，立为正副土舍。稍假以冠带，宠异之。
>
> （黎兵）以其素所信之人推为土舍。[②]

就是说，推举富有而有智勇者为土舍并由明朝廷加以正式任命，以统辖黎兵。

职能。明代土舍制度，是在卫所制度下设立的地方民族武装组织。据清光绪《定安县志・宦绩》卷四载：成化年间，汤和知定安县，“设立土舍，调度防御，黎岐患息”。清道光《琼州府志・村峒》卷二〇澄迈县条载：弘治十七年（1504 年），“以黎图仍归土舍，止令防黎”。清道光《琼州府志・兵制》卷十七上载：土舍“遇有调发，随军征进，专为前锋；无事则派守各营，听管营官调度”。可见，土舍的

---

① 均见（清 道光）明谊、张岳崧：《琼州府志・兵制》，卷十七。

② （明）茅一桂：《黎兵议》，见（清 道光）胡端书等：《万州志》，卷九。

主要军事职能在于：平时防黎，战时随时攻黎。此外，由于土舍易与黎人相沟通，故往往用其招抚和分化黎人的反抗活动，以为军事征服的辅助手段。如清咸丰《琼山县志·海黎八》卷十〇载：嘉靖十三年（1534年），琼山县黎人黎佛二反，“知府萧晚谋于兵备游琏，令经历颜吉，县丞高明督土舍许承宣招降”；明参将何斌臣《征黎善后条议》载：万历四十一年（1613年），“令分总薛鸿翱，把总曾忠率兵攻剿，抚黎通判葛经复令土舍符起凤谕抚”。此为土舍起抚黎作用的例证。故时人称“非得土舍诱其峒首，功决不可成也”[①]，并非夸大其词。

除军事外，土舍还具有管理职能。如民国《儋县志·海黎志八》载：太守谢廷瑞奏“初以熟黎为藩篱，有土舍峒首以管束之”；《天下郡国利病书·广东中》载：儋州黎一分为三：“东黎属土舍峒首部领；南黎属州部属；其余自耕食，不属州”。在经济上，土舍负责部属黎民的征粮任务，故史有“以粮纳于土舍而输之于官”。还有一种情况是，土舍所辖与汉区来往较多的黎区，则土舍只管丁壮而不再负责征粮，文昌黎即属此例。

（二）明代黎族土官的演变与衰落

随着黎族土官势力的增长与强大，他们与明王朝的矛盾也日益尖锐。因此，明王朝采取了限制甚至革除土官的措施。早在明成祖推行土官制的同时，就曾削弱桀骜不驯的土官权力。据明正德《琼台志》载：永乐年间，汤衡为昌化尹，“时抚黎土官桀骜抗县，居民深受其害，衡具以事闻，请削其权，俾归统于州县。自后，诸黎敛戢，不敢复肆”。

明宣宗时，革去抚黎流官。据清咸丰《琼山县志·海黎七》卷十二载：宣德四年（1429年），“以峒黎多侵扰，革去抚黎流官”[②]。设立专门招抚少数民族的流官一职，似可说是黎地所独有而未见于其他民族地区。如前述，永乐四年，通判刘铭因招抚生黎有功，授琼州知府职，“专一抚黎，不管府事”。开设之初，因他们熟悉黎情并与黎人关系密切，故在促进“生黎”归附中曾起过积极的历史作用。随着“生黎”大批“向化”，其积极作用日益消失，而弊端则日益突出。明人王佐在论列撤

---

① （明 嘉靖）黄佐：《广东通志·外志五》，卷六八。

② 清光绪《临高县志》所载略同。

销抚黎流官的理由时写道：

> 刘铭因为不管府事，谋分府权。永乐四年（1406年），私计奏讨，本府三州十县附近黎山，版籍称为熟黎者，以招抚生黎为由，就便分落所属，据为本管，诱以不当差役，多增所属部伍，以敌偶州县。小人志在投闲，多背本府，去投抚黎知府部下躲差。永乐十年（1412年）造册，又将熟黎各户未报丁口报作新招归附黎户本年籍册内，暗分去本府州县人民，立作二万余户，四万九千余名，名为梗化黎人，不伏差役。邀恩作奸，永望列土，永远抚黎。①

概言之，其消极作用有三：一是“敌偶州县”，即削弱地方政权机关的权力，并使政出多门。二是与封建中央王朝争劳力，把“熟黎”户变为“生黎”户，使之“不当差役”。三是不利于把黎人变成封建国家的编户齐民。故废去抚黎流官，不仅利多弊少，而且是势在必行的了。

其后，革去抚黎土官。据《天下郡国利病书·广东下》载：正统五年（1440年），“知府程莹奏革抚黎土官，黎人自是总归府辖，民黎称便”。清咸丰《琼山县志》卷十二等有相同记载。清光绪《定安县志》卷九，则引《旧志》载：

> 正统五年，革抚黎土官，子孙不许承袭，自是黎人总归于府。

明正德《琼台志》所载，则稍有不同。其中写道：昌化知县陈瓛，“正统三年（1438年），奏革抚黎土官”。据此，可作如下推论：知府程莹的奏革抚黎土官之举，是由陈瓛在两年前首倡的。

实际上，土官并未完全革除。明代宗时，又重申委任土官之策。据《明英宗实录》卷二一七，景泰三年（1452年）六月己卯条载：

> 敕广东琼州府万州土官判官王琥曰：“朝廷昔以尔祖父能招抚黎人向化，故特授以土官职事。尔能继承其志，荣授官职，亦既有年，兹特降敕付尔赍回，抚谕该管村洞黎人，务各安生理乐业，永享太平之福，不

① （明）王佐：《进〈珠崖录〉奏》，见《鸡肋集》，卷一。

许仿效别洞生黎，恣肆非为，自取罪愆。”

可见，明王朝对守法土官与不法土官是区别对待的。其目的在于：稳定局势，防止激变。

明孝宗时，又曾采用许诺原土官子弟复其祖职的办法，以利用他们参与镇压符南蛇的反抗活动。据《明史•广西土司列传三》卷三一九载：弘治十五年（1502年）黎人符南蛇反，镇兵讨之，不下，户部主事冯颙奏：

臣本土人，颇知事势，乞仍考原应袭土子弟，使各集土兵，可得数万，听镇巡官节制。有能擒首恶符南蛇者，复其祖职。以蛮攻蛮，不数月可奏绩矣。

从被废土官子孙仍可集土兵数万一事表明，他们在黎族地区的号召力与实力是不容低估的。这也是明代黎族土官始终未能完全废止的根本原因所在。

至于土舍，弘治十六年（1503年）琼山县主事韩俊首倡“革去土舍峒首”之说。据韩俊《议黎奏稿略》载：

为今之计，莫若革去土舍峒首，立以州、县、屯、所，量拨在外军民，杂处于中防引。①

换言之，韩俊主张的要点是：废除土舍之后，代之以立州县屯所、量拨军民与黎人杂居的办法，以加强对黎区的控制。至迟在明神宗时，已采取革除土舍的措施。据民国《感恩县志•兵制》卷十一载：

万历四十四年（1616年），革土舍，易以粮长。

革土舍之后，便由明政府直接管理黎民。如《天下郡国利病书•广东中》载：昌化黎，“旧有土职二员，以招黎为名。而既归有司，遂不复领于土舍”。

明朝后期曾行革土舍之策，是因明统治者与土舍的矛盾不断激化的结果。主要

---

①（明）韩俊：《议黎奏稿略》，见（清）陈梦雷、蒋廷锡等：《古今图书集成•职方典》，卷一三九二。

表现为：政治上，土舍利用操纵黎人之机，扩张势力。据时人说：设土舍以后，随着时间的推移，“事久玩愒，反以黎岐为利”①，“假熟黎以生奸”②。这就违背了设土舍用以“管束”黎人的初衷。经济上，土舍或加重或隐瞒代为征收的钱粮，攫为私有，这既加重了黎人的负担，又减少了明朝廷的收入。据《明神宗实录》卷五三四，万历四十三年（1615年）七月乙丑条载总督两广的张鸣冈题：

往时黎、岐不见官，须土舍为通。土舍代将钱粮，侵而不纳，官、黎两病。须令黎自立里长，轮流出见官府，不用土舍。

此为土舍侵吞钱粮之例。又，民国《感恩县志·土田》卷七载：

嘉靖四十一年（1562年），增黎米一十六石。因民陈志讦告土舍楼来凤、王建中等旧招向化黎人黎顺等七村，立为奇零户籍。

此为土舍隐报归化黎人的户口，造成漏交“黎米”以从中谋利之例。军事上，土舍为反抗的黎人通风报信。据明杨理《上卢兵备书略》曰：

土舍为之探听事情消息，有事，官司未举而黎峒先知，而土舍峒首探报尤切，更当严制。③

这就与明朝廷设土舍以统黎兵攻黎的目的正相反对。这一切均表明：废除土舍的议论与举动，是事出有因的。

废土舍之举，并非一帆风顺的。据明韩俊《议黎奏稿略》载：

今土舍峒首皆仗货利肥家，闻欲建立州县屯所，彼愀然不乐，或又妄生异议。④

① （明）谢廷瑞：《奏稿》，见（民国）彭元藻等：《儋县志·海黎志八·黎议》。

② （明）俞大猷：《图说》，见（民国）彭元藻等：《儋县志·海黎志八·黎议》。

③ （明）杨理：《上卢兵备书略》，见（清）陈梦雷、蒋廷锡等：《古今图书集成·职方典》，卷一三九二。

④ （明）韩俊：《议黎奏稿略》，见（清）陈梦雷、蒋廷锡等：《古今图书集成·职方典》，卷一三九二。

由于革土舍直接损害土舍私利，故遭到土舍的抵制与反对。

历史事实证明，直至明代灭亡前，土舍也未彻底废除。如清道光《琼州府志·防黎》卷二二载：崇祯四年（1631年），“昌化落西峒黎符那恩叛，寇感恩、昌化诸邑，土舍王创讨擒之”。土舍之所以终明之时仍存而未“尽弃”，是有其深刻的社会历史原因的。对此，前人曾作过一些剖析。清顾炎武《天下郡国利病书·广东下》：

> 嘉靖甲午（十三年，即1534年）之役，黎福（一作“佛”）二已虏千户杜盛、百户杨荣，非得土舍诱其峒首，功决不可成也。辟则大黄附子汤炮以制之，皆良剂也，可尽弃哉！

清陶元淳《议设土舍之患状》：

> 窃惟土舍之设，自明至今三百余年，其为民患者屡矣，其奉裁革者亦屡矣。然屡革屡复，不能禁绝者，盖以黎产甚多，下之为土舍者，将凭官府之势，以纵溪壑之欲，而上之为官府者，又将彼土台之力，以规物产之利也，上下交徇其欲，交征于利。而其所执而为辞者，不曰黎粮逋欠，无人督催，则曰黎性犷悍，无人弹压。于是乎土舍之任，屡革屡复，而终不能禁绝矣。[①]

在当时的社会发展条件下，明王朝需要土舍以制黎；而土舍则需假明王朝的威权以统慑其众。即彼此存在着压迫与剥削黎族人民的共同阶级利益。

总之，明代黎族土官发展的全过程可以归结为：洪武初，废除土官制；至洪武末年，选授峒首以巡检之职，开始向土官制转变。永乐初，全面推行土官制，从一次授予生黎峒首33人以知县、县丞、巡检等官一事，可见其时土官规模之大；与此同时，还建立了管辖黎兵的土舍制。从永乐至宣德、正统年间，为土官发展的全盛时期。正统间革去土官，景泰、弘治间曾一度拟恢复土官，万历间又革去土舍，从此土官式微。

① （清）陶元淳：《议设土舍之患状》，见（清）贺长龄：《皇清经世文编·兵政》，卷八八。

（三）明代黎族土官情况

明代黎族土官情况如下表：

表 7-2　明代黎族土官情况表

年代	姓名	职官名	资料来源
洪武三十年（1397 年）	黄旗 黎让 王钱 符森	宁远县藤桥巡检司副巡检 通远巡检司副巡检 万宁县莲塘巡检司副巡检 陵水县苗山巡检司副巡检	均见道光《琼州府志》卷二二，《防黎》
永乐二年（1404 年）	（文昌白延寨）林彬	土官典史	道光《琼州府志》卷二二，《防黎》
永乐三年（1405 年）	（昌化峒首）符翰惠 （昌化峒首）符依玉	土官主簿 土官主簿	均见光绪《昌化县志》卷五，《原黎》
永乐四年（1406 年）	罗显、许志广、陈忠等三十三人 （琼山、临高诸县黎首）王罚、钟异、王琳等人	授知县、县丞、巡检等官 命以主簿，巡检	均见《明史·广西土司列传三》
永乐六年（1408 年）	王贤祐、王惠、王存礼	命以儋州同知、万宁县主簿	《明太宗实录》
永乐六年（1408 年）	王朝冠、徐添贵	澄迈县县丞、巡检	光绪《澄迈县志》
永乐九年（1411 年）	（临高县典史）王寄扶	县主簿	《明史·广西土司列传三》
永乐十五年（1417 年）	楼吉福（一作禄）	感恩县土官知县	道光《琼州府志》卷二二，《防黎》
永乐十九年（1421 年）	邢京	宁远县土丞	《明史·广西土司列传三》
永乐二十一年（1423 年）	符添庆	琼州府土官县丞	道光《琼州府志》卷二二
洪熙元年（1425 年）	王观留 王芳	定安县土官县丞 儋州土官舍人	均见《明宣宗实录》

续表

年代	姓名	职官名	资料来源
宣德五年（1430年）	黄依苟	宜伦县故土官知县	《明宣宗实录》
宣德七年（1432年）	楼镒	感恩县故土官舍人	《明宣宗实录》
宣德八年（1433年）	王绍 符通卿 符忠顺（通卿子） 符忠得（忠顺弟）	感恩县故土官舍人 琼山县故土官主簿 琼山县故土官主簿 琼山县土官主簿	均见《明宣宗实录》
宣德九年（1434年）	符贤儒	昌化县土官舍人	《明宣宗实录》
宣德十年（1435年）	缺名，其男倪通	临高县故土官	《明英宗实录》
正统元年（1436年）	陈瑛	宁远县土官巡检	《明英宗实录》
正统三年（1438年）	黄欢	宜伦县土官	《明英宗实录》
正统四年（1439年）	刘健、符显宗、赵原、陈迪、王均	宜伦县县丞、主簿，宁远县土官县丞、典史	《明英宗实录》
正统五年（1440年）	缺名，其男王懋	儋州土官同知	《明英宗实录》
正统六年（1441年）	王茂 黎珉 黄政 缺名，其男符应乾	陵水县土官舍人 崖州土官舍人 宁远县藤桥巡检司土官舍人 昌化县土官县丞	均见《明英宗实录》
正统十一年（1446年）	符应乾	昌化县土官舍人	《明英宗实录》
正统十四年（1449年）	黄其男	崖州藤桥巡检司土官副巡检	《明英宗实录》
景泰三年（1452年）	王琥	万州土官判官	《明英宗实录》 《明史·广西土司列传三》

续表

年代	姓名	职官名	资料来源
景泰五年（1454年）	符元春之兄（即符应乾）	昌化县土官县丞	《明英宗实录》
景泰六年（1455年）	黄芳	崖州藤桥土官巡检	《明英宗实录》
天顺元年（1457年）	倪泽	临高县土官舍人	《明英宗实录》
成化五年（1469年）	王赋（一作贼）	儋州土舍	道光《琼州府志》卷二二，《防黎》
弘治二年（1489年）	陈迪孙 陈崇祐	崖州故土官冠带舍人	《明史·广西土司列传三》
弘治末	符南蛇	（儋耳七坊黎峒）土官	《海槎余录》
嘉靖十三年（1534年）	许丞宣	土舍	道光《琼州府志》卷二二，《防黎》
嘉靖四十一年（1562年）	楼来凤、王建中	土舍	民国《感恩县志》卷七，《土田》
嘉靖四十五年（1566年）	王宇	临高土舍	道光《琼州府志》卷二二，《防黎》
万历四十一年（1613年）	符起凤	土舍	《古今图书集成·职方典》
崇祯四年（1631年）	王创	土舍	民国《感恩县志》

根据上表统计，见于史籍记载的有姓名可考的黎族土官，达60人之多。这表明，明代黎族土官制的规模，确已达到空前绝后的程度。

（四）明代黎族土官的历史作用

笔者不同意把明代黎族土官说成是“祸根”[①]等一类全盘否定的意见，并认为，明代黎族土官曾起过积极的历史作用。其主要表现为：

① （明）唐胄：《节录抚黎土官事以备后论》，见《传芳集·论》。

一是使大批黎人归附中央王朝。如前述，永乐朝授抚黎土官后，前后共抚诸黎1670处，户3万余。《明史·广西土司列传三》赞誉此策为“本朝庙算”。若以人口计，当在10万以上。对于当时人口稀少的黎族地区而言，此数字是相当可观的。大批黎民“向化”，既促进了黎族社会本身的发展，又密切了黎、汉民族之间的关系。

二是对保持黎族地区的安定局面，起了重要作用。

使逃之者复业。据《明史·广西土司列传三》卷三一九载：

> 弘治二年（1489年），崖州故土官陈迪孙、冠带舍人陈崇祐朝贡。以其能抚黎人之逋逃复业者，厚赐之。

无疑，这有利于生产的恢复与发展。

减少社会动乱。如前述，弘治朝的户部主事冯颙曾说过：永乐朝“黎民安堵如故”，是因其置土官州县的结果。冯颙自称是熟悉黎情的土人，故他称颂明成祖任用土官之得的话，当是可信的。

需要附及的是，近人王兴瑞在《历代治黎政策检讨》一文中认为：实行土官制度，“是永乐治黎政策的主要失败”[①]。这一说法，不仅与明史作者、明人冯颙的正确见解相左，而且与史实也是不相吻合的。

（五）明代黎族土官之弊

在肯定黎族土官历史作用的同时，也要指明其弊失。笔者并不否认土官的消极因素，只是不同意因土官之弊而对其横加指责。明代黎族土官的弊端主要表现为：

其一，对黎民的掠夺与征敛。这在下文明代黎族社会一节的阶级关系部分，将加论述。

其二：阻挠黎民附籍州县。据明郑廷鹄《平黎疏》载：

> 黎将附籍州县，百计阻挠。[②]

① 王兴瑞：《历代治黎政策检讨》，载《珠海学报》第一集，1945。

② （明）郑廷鹄：《平黎疏》，见《石湖遗集·疏》。

清光绪《定安县志》卷九，引《旧志》云：

> 党与则阻黎向化。

即，土官为了长期统治和剥削黎民，往往不许黎民成为封建国家的编户齐民。这显然不利于黎族社会的发展。

其三，挟“乱”自重。土官往往参与封建统治者镇压黎民的反抗活动，起鹰犬作用。但有时，又利用战机，从中渔利。据郑廷鹄《平黎疏》载：

> 有司或失黎心，多方煽惑；已成祸变，又走泄时机。若使响导，我军遂道迂回险阻，以致陷没。[①]

土官制造和扩大事端的目的在于：藉机抬高身价和扩展势力。这是明代土官制具有两面性的表现。

二、重“绥抚”

有明一代，虽然对黎族的军事镇压不断，但较之元代，用招谕政策为多。这以永乐朝最为突出。如《明太宗实录》卷三二，永乐二年（1404 年）二月十二日己卯条载：

> 遣知县潘隆本赍敕抚谕广东琼州府黎峒生黎。

《明太宗实录》卷三四，永乐三年（1405 年）四月辛卯条载：

> 广东都司奏，琼州府属县七方等八峒生黎八千五百人，崖州抱有等十八村一千余户俱已向化，惟罗活诸峒生黎尚未归附。上命礼部，已归附者，令有司善绥抚；未归附者，以遣人招谕。礼部遂奏遣通判刘铭赍敕谕之。

永乐朝大批黎人纷纷归附，正是其行抚纳政策的必然结果。

① （明）郑廷鹄：《平黎疏》，见《石湖遗集·疏》。

为维护黎区统治秩序的稳定，明政府多次重申限制军队与官吏扰民的规定。对有犯者，加以惩处。如《明宣宗实录》卷二四，宣德二年（1427 年）正月辛亥条载：在打败反抗黎人后，上谕曰，“若首贼既得，余者但招抚之，仍成纵军扰民”；同年四月甲戌条载：宣宗再次告诫，“宣严戒抚黎官，宽以驭之。若生事激变，国有常刑”。又，《明宣宗实录》卷八四，宣德六月十一月乙酉条载：

> 广东海南卫管屯百户刘得领军入文昌县黎村掠取黎民财物，按察司奏请治之。上谓行在都察院臣曰：“军民各有统属，军官不得无故扰民。况海外黎民，尤当抚恤，前闻黎人作耗，朕固疑其有扰之者，今此辈是已。其令按察司执而罪之。”

《明英宗实录》卷二一七，景泰三年（1452 年）六月己卯条载：

> 仍谕所在军卫、有司官吏、军民人等，不许擅入村洞，扰害激变。如违，悉治以重罪。

《明孝宗实录》卷一九六，弘治十六年（1503 年）二月壬戌条载：

> 命两广总镇等官抚剿叛黎，不许妄杀良民，以贻边患。时以黎人符月南之叛，调两广官军进剿，有妄杀向化黎人以报功者。事闻，命核实坐罪，复有是命。

对违反有关规定者，加以“坐罪”，甚至有治以极刑者。正统九年（1444 年），崖州守御副千户洪瑜，坐“激变律斩”[①]，即为一例。总之，戒“扰民”，是明朝抚黎政策的组成部分，这是害怕黎人掀起反抗活动即所谓“激变”而采取的预防措施。

三、卫所旗兵与巡检司兵、黎兵

明王朝以正规军卫所旗兵为核心，辅之于巡检司兵、黎兵，镇慑黎人。

---

① （清）张廷玉等：《明史·广西土司列传三》，卷三一九。

（一）卫所制度

明代，在军事上建立了卫所制度。史称：

> 自京师达于郡县，皆立卫所。①

又称：

> 天下既定，度要害地，系一郡者设所，连郡者设卫。②

洪武二年（1369年），设海南分司。洪武五年（1372年），改分司为卫。海南卫下辖前、后、中、左、右5所。在整个海南地区，还先后设立有守御千户所6处。故史有琼州“原设海南一卫及在外儋州等六千户所”③之载。这些守御千户所，不隶于海南卫，而自达于广东都司。据《明史·兵志二》卷九〇载：旧千户所有儋州、万州、崖州3处；添设的有清澜（治今文昌市东南）、昌化、南山（治今陵水黎族自治县）3处。而清道光《琼州府志·兵制》卷十七上所载，则无崖州而有水会（治今琼山县西南）守御千户所，其他5处则相同。当系因其前后有所变化之故。这些守御千户所，多在洪武年间已设置。据《明史·广西土司列传三》卷三一九载：洪武六年（1373年），“广东指挥使司奏言：‘近儋州山贼乱，已调兵剿。其儋、万二州，山深地旷宜设兵卫镇之。’诏置儋、万二州守御千户所”。此为海南地区守御千户所设立之始，其目的在于镇压当地黎、汉人民的反抗。洪武十七年（1384年），置崖州守御千户所。洪武二十四年（1391年），置清澜守御千户所和昌化守御千户所。洪武二十八年（1395年），议立南山守御千户所。

由于卫所驻扎军队，防御较完备，故有县治徙于防御千户所地之举。据《明英宗实录》卷三一，正统二年（1437年）六月癸亥条载：

> 广东按察司副使贺敬等奏：“万州陵水县治不利，居者死亡相踵，且负郭田无水源，不足耕，故民皆四散，县与儒学数遭劫掠。臣考元

① （清）张廷玉等：《明史·兵志一》，卷八九。

② （清）张廷玉等：《明史·兵志二》，卷九〇。

③ （明）《明宪宗实录》，卷七七，成化六年（1470年）三月甲申条。

时县治在南山，其地居民颇众，且与南山守御千户所城密迩，请徙治为便。”……上皆从之。

又，《明英宗实录》卷七九，正统六年（1441年）五月甲寅条载：

广东昌化县去昌化守御千户所十里许，运粮者必三渡河然后至所；县有急，所亦不能赴援。至是，徙县治及儒学于所城内，设分司于东门，馆驿于西门。从按察司副使贺敬言也。

上述为陵水县治与南山所、昌化县治与昌化所并在一地之例。此事，是正统以后黎人反抗日剧的反映。同时，县治徙于所地，这就使所地成了当地军事与政治、经济、文化的中心，客观上有利于海南地区城市的形成与发展。

明制，“独镇一路者为分守”①。据此，明代在琼州府设分守。成化六年（1470年），升监察御史涂棐为广东副使，提督军备，分守琼州地方，其主要作用为“防御倭寇”②。至嘉靖十九年（1540年），始设参将一员，驻扎琼州分守，其主要作用转为对内镇压黎人反抗。据《明世宗实录》卷二三八，嘉靖十九年（1540年）六月戊辰条载：

提督两广、都御史蔡经以崖、万等州黎、歧叛乱，攻逼城邑，有司不能支，奏请添设参将一员，驻扎崖、陵，分守琼州地方，……兵部复言：琼州悬居海中，延袤三千里，黎峒盘处，犷险难制，而崖州、陵水去黎尤近，虽有督备指挥，势轻，况今黎贼构乱，难以弹压，诚宜改设参将。

是年，因程君鉴征崖州有功，升左参将，开府，“崖于是有参将府”③。但事隔不久，至嘉靖二十六年，“革添设分守琼州参将”④。接着又复置。嘉靖二十九年（1550年），提督两广欧阳必进言：“琼州孤悬海外，所属十三州县地大且远，蛮黎蟠据其间，

① （清）张廷玉等：《明史·职官志五》，卷七六。

② （明）《明宪宗实录》，卷七七，成化六年（1470年）三月甲申条。

③ （明）钟芳：《平黎碑记》，见《钟筠溪集·记》。

④ （明）《明世宗实录》，卷三二四，嘉靖二十六年（1547年）六月庚寅条。

数持吏短长为变，非一副使所能弹压”，请增设参将一人于崖州；寻命俞大猷充右参将，“往守琼、崖”[①]。此为琼崖参将的设置过程与沿革。

除参将外，还设有守备、把总诸军职以统兵。明制，“各守一城一堡者为守备”[②]。由于崖州的罗活（今乐东境）黎人极富反抗精神，故明朝廷曾议在当地添设守备。据《明神宗实录》卷五三四，万历四十三年（1615 年）七月乙丑条载总督两广的张鸣冈题平黎善后事宜：

> 议添设守备。黎地罗活，崖人号为“黎胆”。今国家既据其穴，拟于罗活改名“乐安营”，添设守备官一员，练兵弹压。即以所裁通判薪俸、工食等项为添设守备之资。

清道光《琼州府志·兵制》卷十七上则载：万历四十三年，“平抱由黎，改乐定营，调兴长兵三百九十六名防守。议设守备一员，以南山所千户龙兆熙为之”。明朝廷还在海南岛要地设营，以把总为管兵之官。据《明神宗实录》卷五三四，万历四十三年（1615 年）七月乙丑条载：

> 议分扎各峒。德霞（地处今乐东盆地）地面平如康庄，……兹议招兵屯种，一如罗活，其德霞拟改名“归德营”，抱䌛拟改名“乐定营”，二峒各用名色堪用把总防守，而皆隶于守备。

以上记载表明：崖州地区之守备、把总，是为镇慑黎人反抗而设的。

卫所组织，大抵 5600 人为一卫，1120 人为一千户所，卫所设有卫指挥、千户、百户等官。所设总旗二，小旗十，50 人为总旗，10 人为小旗，大小联比以成军。如上述，海南共设一卫及内外十一所，“共额设旗军一万五千九百二十七名”[③]。

明代卫所旗兵与元代戍兵有所不同。元代，“戍琼之兵，番休无常，适以长乱”。换言之，三年更替一次，不利于镇压黎人的反抗活动。明代，革元之弊，“将士来

① （明）《明世宗实录》，卷三五八，嘉靖二十九年（1550 年）三月癸酉条。

② （清）张廷玉等：《明史·职官志五》，卷七六。

③ （清 道光）明谊、张岳崧：《琼州府志·兵制》，卷十七上。

自中土，与民杂居”[1]，习于岛上的风土人情，故能较好地维护明王朝的统治利益。

（二）巡检司弓兵

卫所，属征战的军事组织；而巡检司，则属地方治保组织，隶州县。两者性质虽有所不同；但其镇慑黎人反抗的目的则是一致的，且是互为补充的。如果说，前者主要用于黎人反抗已成气候之时，后者则侧重防患于未然。

据《明史·职官志四》卷七五载：

> 巡检司。巡检、副巡检，主缉捕盗贼，盘诘奸伪。凡在外各府州县关津要害处俱设，俾率徭役弓兵警备不虞。初，洪武二年（1369 年），以广西地接瑶、僮，始于关隘冲要之处设巡检司，以警奸盗，后遂增置各处。十三年（1380 年）二月，特赐敕谕之，寻改为杂职。

从中可见，明代巡检司的设置过程及作用。

海南巡检司的设置，始于洪武二十九年（1396 年）。巡检司职事，选“能抚服黎人”的峒首充任。换言之，海南巡检司之制，是与黎族土官制联系在一起的。

有明一代，海南巡检司的废置、增革及隶属关系变化较大。如：洪武三十五年（1402 年），增设“琼州府苗山、莲塘二巡检司”[2]。正统四年（1439 年），改归姜、安海、镇南、白石四巡检司隶儋州；抱岁、藤桥、通远三巡检司隶崖州；莲塘巡检司隶万州[3]。正统八年（1443 年），“革广东琼州等府定安等县所属宁村、定南、铜鼓、兔颖、石山、归姜、白石、思良、九峰九巡检司”[4]。显然，这些巡检司的变化，是受黎人反抗势力的强弱消长制约的。

明代正统以后，海南巡检司的定制，计设有：定安县青宁巡检司，文昌县青蓝、铺前巡检司，临高县川牌、博铺巡检司，澄迈县森山巡检司，陵水县牛岭巡检司，儋州安海、镇南巡检司，崖川通远、藤桥、抱岁巡检司，共十二司。

① 本段引文均见（明）钟芳：《平黎碑记》，见《钟筠溪集·记》。

② （明）《明太宗实录》，卷一一六，洪武三十五年（1402 年）八月丙寅条。

③ （明）《明英宗实录》，卷五六，正统四年（1439 年）六月庚寅条。

④ （明）《明英宗实录》，卷一一〇，正统八年（1443 年）十一月丙子条。

琼州府属原额设弓兵共450名，正统年裁减后，十二司弓兵共133名[①]。弓兵来源，如上述“就于黎人内签点应”。

（三）土舍黎兵

永乐初，琼州府设土舍41所。除崖州土舍9所，因该州黎兵远不调发，故无名数可稽外，其余32所共有黎兵1804名，每舍所辖黎兵多寡不等，平均约56名。兵以粮编，粮4石3斗出兵一名，当募者月支钱750文。

需附及的是，黎兵除“以黎制黎”外，也有用作调入内陆镇压农民反抗之用，故史有“弘治以前，每调儋黎征钦，廉逋寇”[②]之载，以此达到统治者削弱黎人势力和制造黎、汉民族矛盾的双重目的。

四、屯田制

大量驻岛卫所军队，有事则出征，事平则回卫所，屯田耕种以解决给养问题，此即所谓“盖得唐府兵遗意”[③]。

有明一代，卫内外11所，额设屯田22处，共田96顷，该粮约15000石。其具体办法是：每军1名，岁种2石，受田20石，获米18石，除去12石作为本人粮饷外，余6石则纳官。

土地来源，除利用矿土荒地外，还大量侵占黎人田产。如嘉靖十九年（1540年）崖州黎首那燕反，给事郑廷鹄言：

> 隋、唐郡县，舆图可考，今多陷入黎中，荡平后悉宜恢复，并以德霞、千家、罗活等膏腴之地尽还州县，设立屯田，且耕且守。[④]

万历元年（1573年），攻破澄迈黎王佛陈之后，“得所遗荒田五十七顷”[⑤]。万历

① （清 道光）明谊、张岳崧：《琼州府志·兵制》，卷十七上。

② （明）钟芳：《平黎碑记》，见《钟筠溪集·记》。

③ （清）张廷玉等：《明史·兵志一》，卷八九。

④ （清）张廷玉等：《明史·广西土司列传》，卷三一九。

⑤ （清 雍正）郝玉麟等：《广东通志·岭蛮》，卷五七。

二十八年（1600年），平定黎人马矢反抗活动后，“抄没贼田六十三顷九十八亩，计粮一千八百石，配军三百名，自行召佃垦种，租谷充单月粮食”[①]。这是水会千户守御所安靖屯田的土地来源。万历四十三年（1615年），抱由、罗活的黎人反抗活动被镇压后，总督两广的张鸣冈言：

> 其峒田，附兵营者给兵，附黎村者给黎，其余听民承种，就以田赋所入为兵月粮。[②]

可见，明王朝在镇压黎人的反抗活动后，往往疯狂掠夺黎人土地，这就使本已存在的黎区土地问题更加严重，社会矛盾更加尖锐。这也是造成黎民反抗活动不断的重要原因之一。

需要指出的是，这些从黎人手中掠来的土地，又往往以“拨田归民”的名义，落入汉族地主阶级手中。如清道光《琼州府志·屯田》卷十三下载：

> 宣德元年（1426年），拨田归民，照依民粮起科。
>
> ……
>
> （正统）二年（1437年），每所各革一屯还民。

海瑞《上兵部条议》也载：

> 海南卫十一所屯田，正以防御寇也，今其地附近黎登版籍为良民久矣，屯军一无所为，可拨其田为民田，迁军余别营屯田于黎峒中。[③]

随着黎族与汉族的民族融合日益加深，屯军御黎的作用日益缩小，故将部分屯田转为民田，“依民粮起科”，以增加政府的赋税收入。

除卫所屯田外，其他防黎的地方武装组织也有屯田之举。如清道光《琼州府志·屯田》卷十三下，乐安营屯田条载：万历四十二年（1614年），征平罗活峒黎

① （清 道光）明谊、张岳崧：《琼州府志·屯田》，卷十三下。

② （明）《明神宗实录》，卷五三四，万历四十三年（1615年）七月乙丑条。

③ （明）海瑞：《上兵部条仪》，见（清）陈梦雷、蒋廷锡等：《古今图书集成·职方典》，卷一三九二。《海瑞集》作《上兵部图说》。

后，“清丈黎田一百一十九顷四十二亩零，以三十顷给与广西药弩手兵三百名为屯田”。

屯田，在客观上，有利汉族先进生产工具与技术在黎区的推广，有利汉文化的传播，有利黎、汉间的民族融合。故明钟芳《平黎碑记》称：明初“始设沿海卫所，仗兵威以宣政理，而将士来自中土与民杂居，久之，语言习俗诗书礼让之风，渐摩届乎穷绝，而科第与中州等，乃知圣神不言之化，卓冠万古不易测者矣”①。

五、修城堡

明代，大规模地在海南的州县、卫所及重要军事据点修筑城堡。其目的，主要用于镇压日益高涨的黎民反抗斗争。如嘉靖二十八年（1549 年），琼州五指山黎那燕反，明统治阶级人物纷纷主张筑城以御。给事郑廷鹄言：

> 嘉靖庚子（十九年），又尝大渡师徒，攻毁巢冈，无处不至。于是议者谓德霞地势平衍，拟建城立邑，招新民耕守。业已举行，中道而废，旋为贼资，以至复有今日。②

俞大猷则言于总督欧阳必进曰：“‘黎亦人也，率数年一反一征，岂上天生人意。宜建设城市，用汉法杂治之。’必进纳其言。”③由于统治者脱离人民，故企图通过筑城堡以维护其统治地位，“谓万千年不拔之基”④。但高城厚墙是无法阻挡人民反抗浪潮的。洪武六年（1373 年）儋州宜伦县民陈昆六率黎、汉人民“攻陷州治”⑤，即为一例。

明代筑城，又有新建、重建、扩建诸种。洪武十七年（1384 年），“筑海南卫城”⑥。洪武二十八年（1395 年），“安陆侯吴杰筑海口城，拨后所于海口守

① （明）钟芳：《平黎碑记》，见《钟筠溪集·记》。

② （清）张廷玉等：《明史·广西土司列传三》，卷三一九。

③ （清）张廷玉等：《明史·俞大猷传》，卷二一二。

④ （明）王宏诲：《水会所平黎善后碑》，见《天池草》，卷二。

⑤ （明）《明太祖实录》，卷八二，洪武六年（1373 年）五月甲子条。

⑥ （明）《明太祖实录》，卷一六二，洪武十七年（1384 年）六月戊辰条。

御”[①]。万历二十八年（1600），“平黎，按察副使林如楚筑水会所城”[②]。以上为明朝在新置卫、所之地筑城之例。据清道光《琼州府志·古迹》卷十一上，澄迈县条载：

> 澄水迈山，四面环绕，县治宅焉。元毁于寇。洪武三年（1370年），即旧址重建。

此为明代重修毁坏旧城之例。又清道光《琼州府志·古迹》卷十一上，琼山县条载：

> 城内东北隅，有东坡井。旧志云，宋时故在城外，明初广城，始围入城内。

此为旧城已不能适应形势发展需要，明代加以扩展之例。

明代筑城，已成为地方官员任职期间的重要政绩。如，成化间，韦裘知澄迈县，“创筑城垣”[③]。正德间，罗昌任定安县“邑前无城廓，昌鸠工兴筑，身亲其事，阅六年告竣”[④]。嘉靖间，杨子充任琼州府同知，“建文昌、会同、乐会三县城池，皆亲定形势”[⑤]。可见，不少海南城池是在明代修建的。

为适应军事需要，明代筑城往往与建堡、立屯联为一体。如吴会期《奏议》：平黎后，“四路交逵，度中建城，量地置堡，就堡立屯，以攻则取，以守则固矣”[⑥]。又，万历四十六年（1618）平黎后，“筑堡分屯其地”[⑦]。可见，明代城市布局的特点，多以城为中心，拱之以堡，在堡的附近屯田。这样，既便于攻防，又利于军粮的供应。

明代海南城堡建筑的重大变化有二：一是多改土木为砖石结构；二是使城市更具规模。据清道光《琼州府志·建置一·城池》卷六载：澄迈县城，始为土城，周

---

① （清 道光）明谊、张岳崧：《琼州府志·兵制》，卷十七上。
② （清 道光）明谊、张岳崧：《琼州府志·兵制》，卷十七上。
③ （清 康熙）焦映汉等：《琼州府志·秩官》。
④ （清 光绪）吴应廉等：《定安县志·宦绩》，卷四。
⑤ （清 乾隆）郝玉麟等：《福建通志·人物》，卷四三。
⑥ （明）吴会期：《奏议》，见（清）陈梦雷、蒋廷锡等：《古今图书集成·职方典》，卷一三九二。
⑦ （明）《明神宗实录》，卷五六八，万历四十六年（1618年）四月丙申条。

仅百丈，弘治元年（1488年），“拓址甃石，周五百八十丈，高一丈三尺”；定安县城，元代设县时并无城郭，正德五年（1510年），“相继鸠工砌石，周五百九十三丈，高一丈四尺”；文昌县城，隆庆六年（1572年），“督建以石，周三百五十丈，高一丈五尺”；会同县城，隆庆六年（1572年），“垒以砖石，周三百八十丈有奇，高丈五尺”；乐会县城，隆庆六年（1572年），“运石建筑，周三百七十二丈”；临高县城，正统八年（1443年），“始垒石为垣，周六百丈，高一丈”；儋州城，洪武六年（1373年），拓址筑基，“运石鸠工，周四百七十二丈，高二丈五尺”。其结果，不仅使城池更为牢固；而且，使城市的地位日趋重要，城市日益发达。

明代海南城堡，不仅是军事中心，往往还是经济、文化中心。在客观上，对当地经济文化及民族关系的发展，起着重要促进作用。

六、置驿开道

由于社会和历史的原因，南方诸族多僻处“险绝”的“山壑”之地。历代中央王朝为把这些地区置于其有效的管辖、统治之下，都十分重视解决交通问题。秦时，在西南夷开“五尺道”，在越地开“新道”；汉代，致力于治西南夷道，均为突出例证。明代治黎也无例外，广为置驿开道。

明代驿制，据《明史·职官志四》卷七五载：

> 驿。驿丞典邮传迎送之事。凡舟车、夫马、廪粮、庖馔、裯帐，视使客之品秩，仆夫之多寡，而谨供应之。支直于府若州县，而籍其出入。

可见，明驿在保证政令的畅通、军事情报的传递、人员的往来诸方面，起着重要作用。

明代在海南设驿极多，这是明王朝统治势力较前大为深入黎区的一种标志。但正统以后，特别是弘治年间，大量裁革。这是黎人反抗日趋激烈、明王朝控制日益乏力所致。如：正统八年（1443年），裁省琼山县白沙水驿，感恩县甘泉、大南村二马驿[①]；弘治八年（1495年），裁革儋州大员驿[②]；弘治十七年（1504年），裁革琼州府通

① （明）《明英宗实录》，卷一〇一，正统八年（1443年）二月庚寅条。

② （明）《明孝宗实录》，卷九六，弘治八年（1495年）一月乙酉条。

潮、文昌、温泉、永丰、珠崖、潮源、县门、古儋、昌江、万全、顺潮十一马驿[①]；嘉靖六年（1527 年），诏革万州多陈驿、崖州德化驿[②]。嘉靖三十年（1551 年），裁革琼州府乌石、长歧、宾宰三驿[③]。可见，正统、弘治、嘉靖年间，五次裁革海南驿就有 20 处之多。

明朝廷不时将驿迁徙、合并，加以调整。如《明英宗实录》卷三一，正统二年（1437 年）六月癸亥条载广东按察副使贺敬等奏：

万州万宁县多陈驿山水险恶，不可居，请徙于州之莲塘。

《明英宗实录》卷五八，正统四年（1439 年）八月丁酉条载：

移置广东陵水县乌石驿于其故地乌石乡，顺潮驿于南山千户所城边。革去博吉驿，分拨其马驴人夫于乌石、顺潮二驿，以其取道顺直、里数远近适均故也。

以上记载表明，调整驿的原因是多方面的。有的出于安全考虑，将驿徙于千户所处即属此例；有的属于原址选择不当或不尽合理，原址山水险恶不可居及道路弯曲不适中等均属此例。

此外，还有改驿名之举。如《明太祖实录》卷一一六，洪武十年（1377 年）十二月己巳条载：

改广东万全驿为温泉驿，儋州感恩县白沙驿为甘泉驿，琼州府驿为琼台驿。

显然，改驿名之举，纯为满足统治者特殊的心理需要，于事并无补益。但明统治者计较区区驿名并将其载入史册一事，也可见其对海南驿站建设的重视。

开道。随着明王朝势力日益深入黎区腹地，开通道路问题日益迫切。特别是弘治以后，黎人的反抗斗争此起彼伏，为了开拓黎疆，强化对黎人的统治，使

① （明）《明孝宗实录》，卷二二一，弘治十七年（1504 年）闰四月乙亥条。

② （明）《明世宗实录》，卷十九，嘉靖六年（1527 年）八月辛未条。

③ （明）《明世宗实录》，卷三七三，嘉靖三十年（1551 年）五月壬寅条。

之成为封建王朝直接控制的“良民”，明统治阶级中一些具有政治眼光的代表人物，纷纷提出对策，其共同点都把“开通道路”作为重要措施之一。如弘治十六年（1503 年）文昌人韩俊《议黎奏稿略》提出：为今之计，“开辟五指山十字道路，均通四处往来”[①]；正德年间，定安人杨理《上欧阳太守书》平黎四事，“皆以建州县、开十字路为要，论者韪之”[②]；嘉靖十年（1531 年），琼山人唐胄《平黎总论》[③]，也把开路作为平黎之后的措施之一。又，嘉靖十九年（1540 年），工部郎中、琼山人吴会期的《奏议》言：

宜于兵威削平之际，开通十字大路于其间。大约以道里计之，自府至崖千里而遥，自儋至万六百里而遥，此四至之境也。细度之，自府至沙湾三百里，自崖至罗活三百里，俱为坦途矣。其中未开通处．不过四百里耳。官军属武官领之，民兵属有司领之，土兵属乡保长领之，通力合作，相其溪壑，易其险阻，假以数月，而琼崖之路可由黎峒中行矣。[④]

嘉靖二十八年（1549 年），给事中郑廷鹄言：

仍由罗活、磨斩开路，以达定安，由德霞沿溪水以达昌化。道路四达，井邑相望，非徒慑奸销萌，而五略盖开拓矣。[⑤]

嘉靖年间，海瑞在《平黎图说》中说：

故今日莫急于开道路。盖十字之道，昔人筹之审矣。[⑥]

他在《赠养斋蔡太守抚黎序》言及治黎岐之策时还说：

---

① （明）韩俊：《议黎奏稿略》，见（清）陈梦雷、蒋廷锡等：《古今图书集成·职方典》，卷一三九二。

② （明）杨理：《上欧阳太守书》，见（清 道光）明谊、张岳崧：《琼州府志·名贤》，卷三二。

③ （明）唐胄：《平黎总论》，见《传芳集·论》。

④ （明）吴会期：《奏议》，见（清）陈梦雷、蒋廷锡等：《古今图书集成·职方典》，卷一三九二。

⑤ （清）张廷玉等：《明史·广西土司列传三》，卷三一九。

⑥ （明）海瑞：《平黎图说》，见（清 光绪）吴应廉等：《定安县志·黎岐志》，卷九。

小则息争，大则开通十道，地为郡邑，人入版图。[①]

万历二十七年（1599年），平黎首马矢后，巡道林如楚《琼岛图说》称：

昔之画黎者，以征抚为入门，开十字路为实地。今水会城……东通万、陵，西达儋、感，北出琼、定，十字已丁矣。[②]

与此同时，王宏诲《水会所平黎善后碑》记林如楚诸人“伐山开道，东达万，西通儋，渐次疏通”[③]。

总之，有明一代，开辟黎区道路是有成绩的。这从“自崖至罗活三百里，俱为坦途”“东达万，西通儋，渐次疏通”等记载中可以得到证明。这对开发黎区与密切黎汉关系是有积极作用的。但其成绩不能估计过高，远未能达到时人提出的逾五指山，开凿南北通道即“琼崖之路可由黎峒中行”的目标。

七、立里甲　严禁约

明代里甲之制，据《明史·食货志一》卷七七载：

洪武十四年（1381年）诏天下编赋役黄册，以一百十户为一里，推丁粮多者十户为长，余百户为十甲，甲凡十人，岁役里长一人，甲首一人，董一里一甲之事。先后以丁粮多寡为序，凡十年一周，曰排年。

明代后期，“大征”之后，为强化对黎区的基层统治，在一些黎区强制推行里甲制。对此，史籍多加记载。如：

遍立地方更甲。[④]

又如：

① （明）海瑞：《赠养斋蔡太守抚黎序》，见《海忠介公集·序》，卷四。

② （明）林如楚：《琼岛图说》，见（清 道光）明谊、张岳崧：《琼州府志·黎议》，卷二三。

③ （明）王宏诲：《水会所平黎善后碑》，见《天池草》，卷二。

④ （明）韩俊：《议黎奏稿略》，见（清）陈梦雷、蒋廷锡等：《古今图书集成·职方典》，卷一三九二。

渐次制其土舍，行令吏为里长，该管黎人就编属之以为甲首。[①]

又如：

黎岐归化，当编其峒首村首为里长，所属之黎为甲首。[②]

又如：

每峒各立保长里甲。[③]

又如：

抚戢黎岐，编甲立籍。[④]

又如：

土舍革除，令黎自立里长，输纳本色。[⑤]

又如：

藉其名氏，编置十甲办粮，除排年外，每排另立知数协办小甲各二名，又置总甲黎老各二名，共有百余人。[⑥]

可见，在黎区推行里甲制的目的在于：取代土舍制；管束黎民；代为征收钱粮。

与此同时，严禁约。其中，最主要者为禁黎人持弓矢，以剥夺黎人的反抗武器。弘治年间，韩俊《议黎奏稿略》首倡此议。其中写道：

---

① （明）俞大猷：《黎岐图说》，见（清）陈梦雷、蒋廷锡等：《古今图书集成·职方典》，卷一三九二。

② （明）海瑞：《上兵部条议》，见（清）陈梦雷、蒋廷锡等：《古今图书集成·职方典》，卷一三九二。

③ （明）海瑞：《平黎图说》，见（清 道光）明谊、张岳崧：《琼州府志·黎议》，卷二二。

④ （明）《明神宗实录》，卷三六三，万历二十九年（1601年）九月乙未条。

⑤ （清 光绪）钟元棣等：《崖州志·黎防四》，卷十一。

⑥ （明）顾岕：《海槎余录》。

严为法制禁约，除军与余丁外，余人有持弓矢者，就令吏甲擒拿赴官，问边远充军。自然数年之后，老者弃弓不持，少者忘弓不习，武艺自废，礼乐方兴。①

嘉靖时，海瑞《上兵部条议》言：

出入不许仍持弓矢。②

嘉靖时，郑廷鹄言：

严为挟弓矢、兵械之禁，以渐易介鳞而衣冠。③

历史事实证明：禁弓矢之举，不仅不能达到制止黎人反抗的目的；而且也是不利于生产发展和行不通的。由于弓矢是黎人的重要狩猎工具和谋生手段，当然是无法禁绝的。

八、移 民

明制，“朝廷所移民日移徙”④。由朝廷组织的移民有两种：

一是移黎人于汉区。明以前历代统治者视海南为岚瘴荒服之地，用作惩罚性的贬谪之所，故未有过将黎人徙入汉区之举。自明一代，为削弱和防止日益高涨的黎人反抗活动而始行此策。郑廷鹄、唐胄等人的主张，最富代表性。嘉靖二十八年（1549 年）崖州黎那燕聚众反，给事中郑廷鹄言：

其新附之民中犹有异志者，或迁之海北地方屯田，或编入附近卫所戎籍，如汉徙潳山蛮故事。又择仁明慈惠之长，久任而安辑之。⑤

① （明）韩俊：《议黎奏稿略》，见（清）陈梦雷、蒋廷锡等：《古今图书集成·职方典》，卷一三九二。

② （明）海瑞：《上兵部条议》，见（清）陈梦雷、蒋廷锡等：《古今图书集成·职方典》，卷一三九二。

③ （明）《明神宗实录》，卷三五一，嘉靖二十八年（1549 年）八月庚申申条。

④ （清）张廷玉等：《明史·食货志一》，卷七七。

⑤ （明）《明世宗实录》，卷三五一，嘉靖二十八年（1549 年）八月庚申条。

唐胄《平黎总论》[①]则写道：平黎之后，“恐其服也非心服，高、雷嬴田常病于无佃，则分而置之”。可见，徙黎之举，是在镇压黎人反抗活动之后，或徙入军事据点附近，以便于控制；或则远徙至大陆，以完全切断其与原住地的联系。一言以蔽之，即“徙黎于山外”[②]。

也有徙入原住地附近者。如万历四十三年（1615年），总督两广的张鸣冈题平黎善后事宜，“罗、抱既降，余孽安插原峒五里外，计口给田耕种”[③]。这是明王朝残酷屠杀反抗者，并摧毁其所居村峒没收其所耕田地后，将幸免于难的黎人就近安置的一种措施。

明王朝徙黎政策的来源，可追溯至朱元璋徙土酋主郡者入大陆之举。据《天下郡国利病书·广东下》载：

> 洪武初，尽革元人之弊，土酋主郡者元帅陈乾富以降，免罪徙为广西平乐通判。

可见，明统治者一贯对孤悬海外的海岛本土居民是心存戒虑的。

一是移汉族军民于黎区。如俞大猷《黎岐图说》：

> 即今经戮村，分其遗类不甚多，以其遗地移吾兵民杂居之，则其子孙耳濡目染乎吾民之言语习尚，皆可化为百姓矣。[④]

海瑞《上兵部条议》认为黎岐归化，“原耕田地，听从其便。其山林可开垦者并绝黎田地，宜招方外为业民耕作，结为里社，与黎岐错居”[⑤]。他的《平黎图说》称：

> 其客兵外民有愿徙居，使杂居之，久当渐染言语文学，责以换黎服

① （明）唐胄：《平黎总论》，见《传芳集·论》。

② （明）程默：《献征录》。

③ （明）《明神宗实录》，卷五三四，万历四十三年（1615年）七月乙丑条。

④ （明）俞大猷：《黎岐图说》，见（清）陈梦雷、蒋廷锡等：《古今图书集成·职方典》，卷一三九二。

⑤ （明）海瑞：《上兵部条议》，见（清）陈梦雷、蒋廷锡等：《古今图书集成·职方典》，卷一三九二。

而衣冠。……不数年间，皆良民矣。[①]

徙兵民于黎区，使土地问题更加尖锐，其结果正与统治者预期的相反，加剧了反抗活动的发展。在客观上，则起了促进汉文化在黎区传播的作用。

九、赋役制

黎人归附后，将其户口，登之册籍，成为封建国家的臣民。此归附入籍之风，以永乐朝为甚。如，《明太宗实录》卷八七，永乐十一年（1413 年）正月庚子条载：

> 广东琼山县言，东洋都民周孔珠招谕包黎等村黎人王观巧等二百三十户，愿附籍为民。从之。

《明太宗实录》卷九二，永乐十二年（1414 年）四月乙巳条：

> 户部言，广东琼州府宜伦县民王凯、临高县吏王荣安招诱大、小英豪及曹衙南等村黎人二千三十七户，悉愿占籍为民。皇太子从之。

《明太宗实录》卷九五，永乐十三年（1415 年）二月丙戌条载：

> 琼州府生黎峒首罗广寿等来朝，籍其属归附凡三百三十七户，七百九十五口。

可见，明王朝对“化外”黎人转化为封建国家的编户，是极为重视的。不论户口多寡，需报最高统治集团批准。永乐以后，黎人也不断有入籍者。如清道光《广东通志·胡训传》卷二四四载：嘉靖间，平符南蛇后，“生熟黎人乐归者众，州县村峒入版籍者以千计”；清道光《广东通志·宋堃传》卷二五一又载：嘉靖间，宋堃知儋州，“化生黎为编氓，奏立顺黎、附黎二图”。这也表明，当众多黎人归附时，则专立乡里组织，以便管理。

入籍后，即需交税。如顾炎武《天下郡国利病书·广东下》载：洪武初，黎人“自归附后，各峒熟黎屡效顺，出官附籍，认供租税”；清道光《广东通志·胡训

① （明）海瑞：《平黎图说》，见（清 光绪）吴应廉等：《定安县志·黎岐志》，卷九。

传》卷二四四载：正德末，罗活峒黎降，“认粮入籍”。其法是“随产纳税”[①]，即按田产多寡交税。如清道光《广东通志•宦绩录二十三》卷二五三载：万历间，吴俸通判琼州，“招抚黎人，黎出听招者数十峒，输约者数百顷”。其所交纳的田税，称作“黎米”，嘉靖四十一年（1562 年），“增感恩县黎米一十六石”[②]，可证。

要定田税数额，需先定土地数量，故有丈量土地之举。如清道光《琼州府志•宦绩》卷三十载：万历间，罗鹗任文昌县，“均丈田亩”；陈檄知临高县，“奉檄丈田，廉谨均平”。

海南稻田，一年栽种三季，其始，一次输纳，后改为“三获三输”。据《明太宗实录》卷一〇二，永乐十四年（1416 年）七月戊戌条载：永乐初，王伯贞知琼州，“琼田岁三获，其赋以给卫兵，兵率以一时索足，民急不能输，则以货贷而抑减其货之直，民困之。伯贞与卫约，三获三输之，兵不敢违，而民以纾”。显然，这种按收获时节分段交纳的办法，较之“一时索足”，是有利于减轻海南黎、汉农民负担的。

也有免税之举。如《明史•广西土司列传三》卷三一九载：永乐三年（1405 年）规定“其生黎归化者，免税三年”。这是为鼓励黎人归附中央王朝而从赋税政策方面采取的优惠措施。又，据《明太宗实录》卷一一六，永乐十八年（1420 年）三月癸巳条载：

> 行在户部奏：广东崖州言所属宁远县山水暴泛，冲决田稼，漂人民，坏庐舍，已遣官核实，其租税宜蠲免。

此为遇天灾人祸，为保持社会稳定而减免租税之例。

除田赋外，黎民还需交纳名目繁多的苛捐杂税。据载：

> 各官无艺之征，曰丁鹿，曰霜降鹿，曰翠毛，曰沉速香，曰楠板，曰花黎木，曰藤、蜡，曰黎米，曰麖皮，曰蚺蛇胆。黎何堪此重困？是不可不竖牌禁者。[③]

---

① （清）张廷玉等：《明史•广西土司列传三》，卷三一九。

② （清 道光）明谊、张岳崧：《琼州府志•土田》，卷十三下。

③ （清）《明神宗实录》，卷五三四，万历四十三年（1615 年）七月乙丑条。

又据载：

> 万历（1573—1620年）中征黎，设处兵饷，（黄）谦建议以榔榔起税充之，兵食赖济。[①]

可见，黎民赋税负担之沉重。

黎民虽需纳税，但多不供役，且因时因地因情况不同而有别。据《明史·广西土司列传三》卷三一九载：永乐三年（1405年）规定，归化“熟黎”除纳税外，“悉免差役”；清道光《琼州府志·村峒》卷二十载：澄迈县“西南一百二十里，旧系黎峒。明永乐间，抚黎知府刘铭奏以抚黎官王朝冠等招抚生黎，概免徭差。正统间，革归有司。宏（弘）治十七年（1504年），副使王继复援前例，以黎图仍归土舍，止令防黎，纳粮免差，其后，黎地渐归豪民，黎民归化既久，与齐民等”；清光绪《定安县志·宦绩》卷四载：成化年间，汤和知定安县“时四黎图新归版籍，为详免三差”；《明史·沈希仪传》卷二一一载：嘉靖二十六年（1547年），沈希仪为广东副总兵，“琼州五指山熟黎素畏法，供徭赋，知州邵浚虐取之”；俞大猷《黎岐图说》称：在黎区行里甲制，“纳粮之外，不得再加差役”[②]；海瑞《平黎疏》载：“文昌县斩脚峒等黎，琼山县南歧峒等黎，今悉输赋听役”[③]；他的《平黎图说》又载：“编入户口，各食本田，使供赋当差，不数年间，皆良民矣”[④]；明·田汝成《炎徼纪闻》卷四载：“熟黎慕化，服役稍同编民”；清初屈大均《广东新语·人语》卷七载：“熟黎”“与民近者四差黎，征徭稍稍加焉”。从以上记载中，可得出如下结论：明代前期，从永乐至弘治间，黎民多免徭差。其所供役，只限于“防黎”。以示优宠。但在后期，特别是从嘉靖以后，黎民则多需承担程度不一的差役。其因主要有二：一是明代后期，对黎民的压榨加剧；二是黎民归附日久，逐渐“与齐民等”。

至于偏僻地区的黎人，因为明王朝势力所不及，故无需供赋役。如：

---

① （清 嘉庆）陈述芹：《会同县志·人物》，卷八，黄谦条。

② （明）俞大猷：《黎岐图说》，见（清）陈梦雷、蒋廷锡等：《古今图书集成·职方典》，卷一三九二。

③ （明）海瑞：《平黎疏》，见《海忠介公集·奏疏》，卷一。

④ （明）海瑞：《平黎图说》，见（清 光绪）吴应廉等：《定安县志·黎岐志》，卷九。

生黎有名无姓，不受约束。[①]

又如：

生黎所居绝远，外人不能迹，不供税役。[②]

十、重　农

有明一代，海南与黎区的农业生产有了较快发展。仅以农田为例，洪武二十四年（1391 年），全岛官民田，为 190 余万亩，万历四十三年（1615 年），为 410 余万亩[③]，增长一倍多。其间，除去万历年间丈量查出的隐瞒田亩外，其实际增长数仍不可低估。应该说，这些成绩的取得与明代重视海南农业生产是不可分割的。其主要措施有：

提倡和鼓励农业生产。如清道光《广东通志·宦绩录二十三》卷二五三载：洪武二年（1369 年）董俊知昌化县，“勤课农桑，……黎民咸乐其业”；天顺间，吕琳判儋州，“课农桑”；同书卷三〇载：明末，钟麟郊知感恩县，“劝农务本，招集流亡”。显然，在当时农业尚不发达的海南，劝课农桑当是治琼政策之本。

招抚复业。如《明宣宗实录》卷二四，宣德二年（1427 年）正月辛亥条载：广东都司都指挥佥事程瑒奏，黎人被打败后，余众“溃散，奔走入山，招抚复业黎人八百十二户”；清雍正《广东通志·岭蛮》卷五七载：宣德十年（1435 年），琼山知府程莹“抚谕崖州黎首符危归化，招复讨民罗讨等四十八名”；清雍正《广东通志·名宦》卷四一又载：嘉靖间，项邦柱知感恩县，“遭黎人作乱，躬冒艰险，抚谕归农”。当黎人反抗遭镇压或归降之后，对被迫逃散者取安抚招归办法，是有利于恢复黎区生产的。

垦辟田畴。海南地广人稀，多有“旷土”。明代，除军屯辟田外，也鼓励民间垦荒。如清道光《广东通志·宦绩录二十三》卷二五三载：永乐时，王伯贞为琼州

① （明）田汝成：《炎徼纪闻》，卷四。

② （明）罗曰褧：《咸宾录·南夷志》，卷八。

③ 参见（清 道光）明谊、张岳崧：《琼州府志·土田》，卷十三下。

守，“辟田野”；《粤西文载》记：弘治二年（1489 年），钟英守儋州，“垦田亩”。总之，有明一代，黎区大量荒田得到开垦。时人称崖州“垦田尽于荒莱”[①]，虽是溢美之辞，但在某种程度上也反映了这一历史事实。这是明代海南土地剧增的直接因素之一。

兴修水利。水利是农业的命脉，对四面环海而缺淡水的海南而言，更是如此。明代，在海南大兴水利。对此，史籍颇多记载。如：洪武二年（1369 年），王思恭任乐会县，“兴水利”[②]；洪武三十年（1397 年），陈永彰任琼山知县，“修复滨壅污岸及梁陈等陂”[③]；正统间，陈瓛任昌化知县，“本县田地浮沙薄土，苦于干旱，于是教民筑堤蓄水，引以灌田，自是无亢旱之患，民甚便之”[④]；成化间，罗杰守儋州，“疏水利”[⑤]；正德中，陈尧思知崖州，“开马丹中亭诸沟，以疏水利”[⑥]；嘉靖时，林资深知崖州，“相地浚沟，引南北水合注平壤，溉田数千顷”[⑦]；嘉靖间，廖经知文昌县，“疏筑水利，皆可经久”[⑧]；嘉靖间，韦相邦知乐会县，“筑堤灌田，民受其利”[⑨]。又，据清·周广等辑《广东考古辑要·堤堰》卷九载，明代地方当局修建的较为著名的水利工程有：崖州东北的都陂，崖州西南的抱架沟，崖州东南的高村陂，昌化县南的崔公河，等等。总之，由于明代不断进行建陂、筑堤、凿沟、开河诸工程，使海南农田灌溉面积大量增加（有一次受益达数千顷者），有利于缓解干旱之苦，从而促成农业产量明显提高。

十一、兴文教

有明一代，遵照朱元璋提出的在南方民族地区实行“文德以怀远人”[⑩]和重“教

① （明）钟芳：《崖州王公生祠记》，见（清 道光）明谊、张岳崧：《琼州府志·艺文志》，卷四一。
② （清 康熙）焦映汉等：《琼州府志·秩官》。
③ （清 道光）阮元等：《广东通志·宦绩录二十三》，卷二五三。
④ （明 正德）唐胄：《琼台志》。
⑤ （清 道光）阮元等：《广东通志·宦绩录二十三》，卷二五三。
⑥ （清 道光）阮元等：《广东通志·宦绩录二十三》，卷二五三。
⑦ （清 道光）阮元等：《广东通志·宦绩录二十一》，卷二五一。
⑧ （清 道光）阮元等：《广东通志·宦绩录二十三》，卷二五三。
⑨ （清 道光）明谊、张岳崧：《琼州府志·宦绩》，卷三〇。
⑩ （明）《明太祖实录》，卷三六，洪武元年（1368 年）十二月丙午条。

化”[1]的方针，海南地区的学校如雨后春笋般出现，文教事业有了相当规模的发展。以社学为例，成化间琼州府有179间，琼山县有81间[2]。

明代各朝的海南地方官员，多以办学作为重要施政方针。据方志记载，较著者有：洪武间，宋希颜为首任琼州知州和知府，“建学宫，规模宏远”；洪武二年（1369年），董俊知昌化县，“作兴学校”；洪武、永乐间，王伯贞在郡十五年，“兴学校”；永乐间，孙秉彝任澄迈知县，“增建学校”；天顺间，吕琳判儋州，“兴学校”；成化间，广东按察副使涂棐至琼，“始修学舍，崇儒术”；成化间，韦衮知澄迈县，“建学校”；成化九年（1473年），罗杰守儋州，“兴学校，振士风，……儋之民风文物丕变”；成化中，徐琦知崖州，“改建学校，……选民间子弟俊秀者教之读书，俾知礼义”；弘治二年（1489年），钟英守儋州，“修学校”；正德中，陈尧思知崖州，“兴学造士”；正德间，王耕直任文昌县丞，“推重儒术，修学宫，建书院”；嘉靖中，林塈知万州，“重学校”：嘉靖五年（1526年），鄢高授定安令，“至即兴学校”；嘉靖间，张子宏知琼州，“建文庙，立社学”；嘉靖间，徐希朱置崖州事，“捐修学校，造就多士，文风赖以振兴”；万历间，罗鹗任文昌县，“立社学课士”；崇祯十三年（1640年），瞿罕知崖州，“以兴教育才为己任”。总之，有明一代，海南地区的府、州、县学以及书院、社学得到全面发展，造就了本地一批又一批人才，使民风文物发生了显著变化，迅速缩短甚至消除与内陆地区的文化差距，在海南发展史上具有重要意义。明代著名学者、琼山人丘浚骄傲声言：“今日衣冠礼乐之盛，固无以异于中州，其视齐鲁亦未或有过之者。”[3]并非虚饰之辞。

在黎区，乡村教育即社学有了空前发展。明制，社学“自洪武八年（1375年），延师以教民间子弟，兼读《御制大诰》及本朝律令。正统时，许补儒学生员。弘治十七年（1504年），令各府、州、县建立社学，选择明师，民间幼童十五以下者送入读书”[4]。

黎区社学的发展，主要表现有二：

---

① （明）《明太祖实录》，卷四三，洪武二年（1369年）七月丁未条。

② 参见（清 道光）明谊，张岳崧：《琼州府志·建置·书院》，卷七下。

③ （明）丘浚：《琼山县学记》，见《邱文庄公集·记》，卷五。

④ （清）张廷玉等：《明史·选举志一》，卷六九。

一是时人纷纷主张把设社学作为治黎政策的重要内容。如，杨理《上欧阳郡守四事略》中，将在黎区“置学置师”与“立州立县”[①]相提并论；郑廷鹄上疏言：平黎后，“兴学官，置子弟”[②]；俞大猷《黎岐图说》议“各村黎童之幼小者设社学以教之，使其能言识字”[③]；海瑞《平黎图说》云：“仍急立寨学，延师训导，各营及各处村峒皆立社学训诲，……久之当渐染言语文字”[④]；王宏诲《水会所平黎善后碑》言：“竖社学，以训黎庶”[⑤]。可见，在黎区广立社学已是大势所趋。

二是采取实际措施在各地办社学。如，嘉靖初，萧宏鲁知儋州，“修社学，招生黎附籍”[⑥]；嘉靖间，蔡经征黎后，“参政张君已建社学，择师训蒙，易巾服，习书仪，化有渐矣”[⑦]；万历间，林如楚以按察副使分巡海南，“立社学，化黎童”[⑧]；万历间，抚黎通判吴俸“时建设水会所社学，取府学弟子员教黎童习读，黎遂知学”，“延师专训黎童，并置学田”[⑨]。可见，有明一代，各黎区广建社学，请老师，置学田，教书仪，化黎童，“黎人因此知学”。明统治者这样做的目的，在于使黎族人民成为封建国家的温顺臣民，即所谓“兴文教，以变夷俗”。但在客观上却发展了黎族教育事业，推进了汉文化的传播。

此外，明统治者还有在黎区推行汉族婚姻丧葬礼制之举。如，正德间，徐琦知崖州，“教以婚丧礼。在崖九年，俗为之变”[⑩]；陈宗圣，为明代万州吏目，“以山民无嫁娶礼，失夫妇之道。乃编立户口册，注写年岁，使皆以年齿相配，……同时多相娶者，人比之东汉任延”[⑪]。此举的目的，在于把原始黎俗纳入封建文化的轨迹中。

---

① （明）杨理：《上欧阳郡守四事略》，见（清 道光）明谊、张岳崧：《琼州府志·黎议》，卷二二。

② （明）《明世宗实录》，卷三五一，嘉靖二十八年（1549年）八月庚申条。

③ （明）俞大猷：《黎岐图说》，见（清）陈梦雷、蒋廷锡等：《古今图书集成·职方典》，卷一三九二。

④ （明）海瑞：《平黎图说》，见（清 光绪）吴应廉等：《定安县志·黎岐志》，卷九。

⑤ （明）王宏诲：《水会所平黎善后碑》，见《天池草》，卷二。

⑥ （清 道光）阮元等：《广东通志·宦绩录二十三》，卷二五三。

⑦ （明）钟芳：《平黎碑记》，见《钟筠溪集·记》。

⑧ （清 道光）明谊、张岳崧：《琼州府志·官师志二》，卷三〇。

⑨ （清 道光）阮元等：《广东通志·宦绩录二十三》，卷二五三。

⑩ （清）周广：《广东考古辑要·名宦》，卷三七。

⑪ （清 道光）阮元等：《广东通志·宦绩录二十三》，卷二五三。

第三节　明代黎族社会

一、明代黎族分布

明代海南黎族，除会同县因分县时黎峒均隶乐会县而无黎人外，可谓遍布全岛各州县。各地黎人概况有如下述。

琼山黎：东有清水峒，嘉靖间编为东黎都；南有南岐、南椰、南虚、琅环、南坤、居采岭、沙湾、居碌、居林九峒，编为西黎都。早在永乐间，抚黎知府刘铭奏以抚黎官王朝冠等招抚，归附已久。唯沙湾、居林、居碌三峒不时反抗，直至万历间平黎首马矢之后，始“向化当差”。

澄迈黎：南有南黎，明为一都、二都，“水土平善”；西有西黎，明为一都、终都。西黎的自然环境与发展程度，均不如南黎。

临高黎：有坆营、坡头、那律、番吉、略逵、番溪、松柏、重逵八峒。其间，有险要之地。

定安黎：黎人居五指、黎母之间。南有南闾峒，地平衍。县属黎峒，为黎人出入的要冲之地，故为明王朝防黎扼要之所。万历间，定安黎马矢曾发动大规模的反抗活动。

文昌黎：名斩脚峒，“治平已久，田地经丈人有司，特人丁尚属土舍，随军听调而已”[①]。其与汉族已日益融合。

乐会黎：有纵横峒，不时掀起反抗活动。

儋州黎：“视诸处最蕃”。共有抱驿、黎附、顺化、来格、来五五都。其归属不一：东黎属峒首部领；南黎属州县部领；其余自耕食，不归州。弘治间，儋州七方峒黎符南蛇举行了声势浩大的起义。

昌化黎：散处山谷，与汉人杂居，相安无事。始领于土舍，后归有司。

万州黎：有民黎九都，熟黎93村。西南有鹧鸪啼峒，北有龙吟岗，为黎人活跃之地。西北歧峒为“歧人”所居。弘治间，鹧鸪啼峒黎举行过反抗活动。

---

① （清）顾炎武：《天下郡国利病书·广东中》。

陵水黎：北有黎亭（今保亭县），南有岭脚。弘治间，黎亭等峒黎反。嘉靖间，都御史蔡经以十万兵攻黎亭、岭脚。其地为东南诸州县“熟黎”关隘。

崖州黎：黎地多于州境，黎人十倍于汉人，分东西二界。黎人占有膏腴之地。罗活、千家、德霞、抱显诸峒黎人势力最大。嘉靖间，平罗活峒黎后，时人议在此建立州县，并由此开路北达定安。此议虽未实行，但从中可见当地黎人势力之强、形势之扼要。

感恩县黎：编入版籍者已占十分之九，与汉人杂居，和睦相处。

总之，琼州府领县琼山、澄迈、临高、定安、文昌、乐会，儋州及属县昌化，万州及属县陵水，崖州及属县感恩，共3州12县均有黎人居住。

二、农副业

明代黎族经济，以农业为主。稻作农业，有了长足发展。土地大量开辟，并使之成为膏腴良田。如，杨理《上欧阳郡守四事略》载：五指山附近的阳春峒，“以为其地不毛,则所耕何皆膏腴”[①];郑廷鹄言:“其土彼（指黎峒）膏腴而我咸卤”“(乐东盆地）德霞、千家、罗活等膏腴之地”[②]；海瑞《平黎疏》:“黎人居处皆宽广峒场，耕作皆膏腴田地，非其地不可耕而食”[③]，同是他的《上兵部条议》:征黎后，“原耕田地，听从其便”[④]；顾岕《海槎余录》:儋州七方峒黎，“中多可耕之地，额粮八百余石”；顾炎武《天下郡国利病书·广东下》:崖州“膏腴之地，尽为黎有”。这均表明，明代黎区不仅非不可耕之地，而且“耕作皆膏腴”。换言之，黎区有大片良田。

从明王朝出兵攻黎，掠黎粮为兵食之事，也可反证黎区农产品有剩余，黎人已有粮储。据明人钟芳《平黎碑记》载：嘉靖十六年（1537年），蔡经征黎，“斯举也，秋禾蔽野，因粮于敌”[⑤];《明神宗实录》卷五二九,万历四十三年（1615年）二月庚

① （明）杨理：《上欧阳郡守四事略》，见（清 道光）明谊、张岳崧：《琼州府志·黎议》，卷二二。

② （清）张廷玉等：《明史·广西土司列传三》，卷三一九。

③ （明）海瑞：《平黎疏》，见《海忠介公集·奏疏》，卷一。

④ （明）海瑞：《上兵部条议》，见（清）陈梦雷、蒋廷锡等：《古今图书集成·职方典》，卷一三九二。

⑤ （明）钟芳：《平黎碑记》，见《钟筠溪集·记》。

辰条载：明军占据崖州黎区后，皆“资其糗粮”。从成千上万明军仰给于黎粮而不乏食。可见“秋禾蔽野”之言不虚。

正是黎区农业的发展，为黎人不断反抗明王朝奠定了坚实的物质基础。如海瑞《平黎疏》所说：“是以大兵一退，即旋转耕其田，处其地，数年生长积聚，仍前为州县寇害，不少衰止。”[①] 这表明，明代黎区业经济是颇富活力的。

黎区由瘴疠之区变成地美物丰之域，是黎人世世代代辛勤开垦与耕作的结果。据明韩俊《平黎疏》载：

> 各峒地方内若险阻而实平坦，土地之美，物产之丰，各县三分不能及一。国初所以不立州县屯所者，盖其时黎民鲜少，土地荒芜，山岚瘴气犹未消灭故也。方今生齿众多，土地垦辟，山岚瘴气已消灭八九。[②]

海南地处亚热带，气候温和，作物生长很快。水稻收获二季，故史称：“栽稻二熟”[③]；杨理《上卢兵备书》中云，攻黎之时机，最好选择在“五、十月禾熟之际”[④]，也证黎区是栽两季稻的。

稻作农业的发展，是离不开水利事业的。黎人重视筑坝灌田，如清周广等辑《广东考古辑要·堤堰》卷九载：乐会县境的密泽陂，“明时峒首王观泰集众筑坝，又垦荒原数顷，旱则引水灌之”。而且，其时黎区已使用了先进的灌溉方法。如，明顾岕《海槎余录》载：

> 有靠江而以竹桶装成天车，不用人力，日夜自车水灌田。

栽水稻，也是离不开肥料的。从“粪以木叶”[⑤] 的记载，可证是普遍施肥。在山坡地上，则栽种旱作物。据顾岕《海槎余录》载：

> 杂植山萸棉花，获利甚广。

---

① （明）海瑞：《平黎疏》，见《海忠介公集·奏疏》，卷一。

② （民国）林常英等：《文昌县志·艺文志》，卷十五。

③ （明）顾岕：《海槎余录》。

④ （明）杨理：《上卢兵备书》，见（清 道光）明谊、张岳崧：《琼州府志·黎议》，卷二二。

⑤ （清）毛奇龄：《蛮司合志》，卷十五，黎人条。

黎区的粮食作物，除稻谷外，以薯类为要。据称：

> 薯实山药，黎峒者良。体重盈钧，质皎若霜。山氓艰食，杂谷充粮。①

需要指出的是，黎区特别是偏僻黎区与同期汉区相较，农业发展还有差距。其主要表现有二：

一是犁耕农业尚未广为推行。据毛奇龄《蛮司合志》卷十五载：黎人“力田不耕，以牛蹄土”。即保存以牛踏耕的较为原始的农业耕作法。

二是旱地作物尚行“火种”之法。对此，顾岎《海槎余录》作了详细记载：

> 儋耳境，山百倍于田，土多石少，虽绝顶亦可耕植。黎俗四月晴霁时，必集众斫山木，大小相错，更需五七日，浩冽则纵火，自上而下，大小烧尽成灰，不但根干无遗，土下尺余，亦且熟透矣。徐徐锄转。种棉花，又曰贝花。又种早稻，曰山禾，禾粒大而香可食。连收三四熟，地瘦，弃置之，另择地所，用前法别治。

从中可见黎俗火耕的全过程。此“耕山”法，因后期肥力减退，土壤易板结，即所谓“地瘦”，故数年后即丢荒，又另择新地如法炮制。

有丰富的土特产。主要有槟榔、椰子、香、藤、蜡及各种名贵木材等。如，明顾岎《海槎余录》载：

> 槟榔产以海南，惟万、崖、琼山、会同、乐会诸州县为多，他处则少。
> ……
> 花黎木、鸡翅木、土苏木，皆产于黎山中。

明唐胄《藤作并序》②载：

> 万州藤作名天下。

① （清）张维屏：《学海堂》三集，卷十八。

② （明）唐胄：《藤作并序》，见《传芳集·论》。

此外，还产有令明统治者垂涎的各种珍奇异物。如明田汝成《炎徼纪闻•蛮夷》卷四载：黎人“地产水沉、龙涎、犀象、翡翠、珠玑异物”。这都表明，黎区的物产是十分丰富的，故时人称“物产有瑰奇之状”①。

值得称道的是，黎人从实践中深深懂得和遵守共同保护自然资源的重要性。对土特产的获取，摒弃杀鸡取卵之法。

如明李时珍《本草纲目》载：

> 海北窦、化、高、雷皆出香之地，比海南者优劣不侔，既所禀不同，复售者多而取者速，其香不待稍成，乃趋利伐贼之深也。非同琼管黎人非时不妄剪伐，故木无夭折之患，得必异香焉。

换言之，岛北大陆之采香人，由于贪图私利而竞相滥伐，致获劣质香的恶果；而海南黎人则从维护公共利益出发，“非时不妄剪伐”，而得“异香”之善报。可谓成了鲜明对比。

畜牧业，也有所发展。从官军在战争中疯狂掠夺牲畜即“夺谷、畜②”一事，可见，畜牧业在黎人经济生活中占有重要的地位。从大量关于杀牛祭祀的记载中，可证牛在黎族饲养业中具有特殊位置。此外，在干栏式的房屋中，普遍实行“下养羊豕之类”③。

三、狩猎业

狩猎业，在经济生活中仍占有一定的地位，以为农副业的补充。越是在早期，越是在偏僻黎区，即当农耕业不发达之时，狩猎业的地位则越高；反之，则较低。一言以蔽之，农业与狩猎业之间存在着相互消长的关系。故有“曩时黎俗惰耕喜猎”④之载。

明代黎族，仍保存集体“围猎”活动。对此，顾岕《海槎余录》所记最称详尽：

① （明）丘濬：《南溟奇甸赋》，见《重编琼台稿•赋》，卷二二。

② （明）钟芳：《大明平黎碑记》，见《钟筠溪集•记》。

③ （清）顾炎武：《天下郡国利病书•广东下》。

④ （明）《明世宗实录》，卷三五一，嘉靖二十八年（1549 年）八月庚申条。

黎俗，二月十月则出猎。当其时，各峒首会，遣一人二人赴官先知会。但出，每数十村会留壮兵一二十辈守舍，男妇齐行。有司官兵及商贾，并不得入；入者为之犯禁，用大木枷胫及手足，置之死而不顾，何其愚也。猎时，土舍峒首为主，聚会千余兵，携网百数番，带犬数百只。遇一高大山岭，随遣人周遭伐木开道。遇野兽通行熟路，施之以网，更参置弓箭熟闲之人，与犬共守之。摆列既成，人犬齐奋叫闹，山谷应声，兽惊怖，向深岭藏伏。俟其定时，持铁炮一二百，犬几百只，密向大岭举炮发喊，纵犬搜捕，山岳震动，兽惊走下山，无不着网中箭。肉则归于众，皮则归于土官。上者为麖皮，次者为鹿皮，再次者为山马皮，山猪食肉而已，文豹则间得之也。

此中记载，可注意之处有三：一是以村峒为狩猎单位。这是明代黎族保存原始社会的共同生产制残余的表现。二是规模宏大。从“聚会千余兵，携网百数番，带犬数百只”“持铁炮一二百”“山岳震动”的记载中可见。三是仍保留共同劳动所带来的共同消费遗风。虽然“皮则归于土官”，这与原始分配制度不同，已带有剥削性质；但“肉则归于众”，则是平均意识的反映。

需附及的是，猎物中有麖、鹿、山马、山猪与文豹之载，是可信的。正统年间儋州土官同知男王懋贡豹皮一事[①]，可证“间得”的文豹确属上品。

四、手工业

明代黎族手工业，以纺织业与武器制造业最富代表性。

明代黎族纺织业，上承宋元传统，并无重大变化。据明罗曰褧《咸宾录》卷八载：黎人，“女工纺织，得中国彩帛、拆取色丝和吉贝织花，所谓被服及鞍饰之类，精粗有差”。因明代对此记载较少，故待清代一章再详述。

因狩猎与战争的需要，黎族的弓箭、弩、刀刃等制造业较发达。

黎人自幼养成练习和随身携带武器的尚武习惯。如史称：“间习弓矢”[②]；“即亲

① （明）《明英宗实录》，卷七二，正统五年（1440年）十月丙戌条。

② （明）罗曰褧：《咸宾录》，卷八，黎人条。

串交会，不脱兵仗，三爵后请各弛备，然终不离酒所”[①]。

黎人兵器，主要为箭与弩。明郭棐《贺邓元宇将军平黎序》[②]称：黎人抗官军，“所借者弩力箭芒耳”。黎人射艺高强，以神箭手自诩。史称：

> 其驰射最工，诚足自夸耀，……三十步之内，矢无虚发也。居常自谓阿弓、神弓。[③]

黎人弓箭锐利，为官军所惧。如康熙《广东通志·人物》卷十六载：成化间，陈廸判琼州府，“以血沙涂皮，两人共持一张，黎箭不能入”。从明军以多层防护黎箭一事，可反证黎箭之威力。

黎弩更具杀伤力。如道光《广东通志·宦绩二十三》卷二五三载：洪武间，吴德用任琼州府，五指山黎人反，“以兵捕之，则匿于深林密箐间，设伏弩，误蹈其机，辄为其所伤毙”。可见，黎人以伏弩杀死杀伤不少明军。

刀刃也是常用武器。据海瑞《赠养斋蔡太守抚黎序》载：黎人，“动以弓刃相向……盖以弓刃为雪仇之具”[④]。以上诸记载表明，正是黎人对武器的大量需求，刺激了该制造业的不断发展。

五、贸　易

有明一代，海南与内地的商贸活动无论在规模或数量上都有了空前发展。故时人称：“奇香异木文甲毦毳之产，商贾贸迁，北入江淮闽浙之间，岁以千万计，其物饶也。”[⑤]显然，输入大陆的奇香异木诸土产，多源于黎区。与此同时，黎区与海南各地的商业活动，也较前发达。故时人有“贸易通于深谷”[⑥]之颂。

在黎村，已设点定期贸易，据顾岕《海槎余录》载：

---

① （明）田汝成：《炎徼纪闻》，卷四，黎人条。

② （明）郭棐：《贺邓元宇将军平黎序》，见（清）温汝适：《粤东文海》，卷二六。

③ （明）瞿九思：《万历武功录·广东》，卷三，黎岐列传条。

④ （明）海瑞：《赠养斋蔡太守抚黎序》，见《海忠介公集·序》，卷四。

⑤ （明）丘浚：《送琼郡叶知府序》，见《丘文庄公集·序》，卷三。

⑥ （明）钟芳：《王公生祠记》，见《钟筠溪集·记》。

黎村贸易处，近城则曰市场，在乡曰墟场，又曰集场，每三日早晚会集物资。

黎族贸易的一大特点，是从事交换活动者多为妇女。据顾岕《海槎余录》载：

（在墟日）田境妇女担负接踵于路，男子则不出也。其地殷实之家，畜妻多至四五辈，每日与物本令出门贸易，俟回收息或五分三分不等。获利多者为好妾，异待之，此黎僚风俗之难变也。

从贸易者“接踵于路”，可想见市场熙熙攘攘的热闹气氛；从获利三、五分，可衡量贸易有利可图的程度。即反映了交换发达的状况与原因。至于妇人为市的“黎僚风俗”，则是南方民族中存在的“女劳男逸”之习在贸易领域的反映。此风，早在宋代已有之。据周去非《岭外代答·蛮俗》卷十载：

城郭虚市负贩逐利，率妇人也。而钦之小人，皆一夫而数妻，妻各自负贩逐市以赡一夫。

可见，这与宋代邻近海岛的钦州的数妻逐市赡一夫的“蛮俗”，如同出一辙。

黎人不仅内部互相交易，而且与汉人通商，以互通有无。如俞大猷《黎岐图说》：

黎岐居三州十县之中，与吾治地百姓，鱼盐米货相通，鸡鸣犬吠相闻。①

海瑞《平黎疏》：

若琼，则内之黎岐与外州县百姓，鸡犬相闻，鱼盐米货相通，其间虽多峻岭丛林，彼之出入往来，自有坦夷道路。②

换言之，黎、汉人民相邻，有“坦夷道路”相通，黎人以土产从汉人手中换回所缺

① （明）俞大猷：《黎岐图说》，见（清）陈梦雷、蒋廷锡等：《古今图书集成·职方典》，卷一三九二。

② （明）海瑞：《平黎疏》，见《海忠介公集·奏疏》，卷一。

的“鱼盐米货”生活必需品，友好相处。

明统治者为“怀柔熟黎”，取互市之策。据载：万历间在平居碌、居林、沙湾三峒黎人建水会城后，“通商有市，民黎熙熙”①；“立圩市，以通贸易”②。又据《明神宗实录》卷三六三，万历二十九年（1601 年）九月乙未条载：吏部复两广总督奏，为“抚戢黎岐”，在琼州府，“开设虚市”。此策有利于黎区经济发展与黎、汉人民的交往。

在通商过程中，往往产生汉族奸商盘剥黎人之事，即史称“商人贩鬻而绐之”。为此，明王朝对不等价交换加以限制，以免生事。据《明神宗实录》卷五三四，万历四十三年（1615 年）七月乙丑条载：

> 以后，闽、广各商止许于交界互市，有酬价不登或竟不偿值者，许黎人告理。

以此缓和矛盾。

六、明代海南民族分布格局

明代海南地区民族分布格局，若以沿海为起点向内延伸，则可依次划分为汉族、“熟黎”“生黎”三个层面。对此，史籍多有记载。如明谢廷瑞《议黎奏稿》：琼州府处于“海外绝岛，州县卫所等衙门皆沿边海，百里之外为熟黎，熟黎以里为生黎，盘踞黎婺崇山之中”③。明郑廷鹄言：

> 琼州诸黎盘踞山峒中，而州县反环其外。其地彼高而我下，其土彼膏腴而我咸卤，其势彼聚而我散。④

明罗曰褧《咸宾录·南夷志》卷八载：

> 黎，今儋、崖、琼、万州坞上蛮也。坞之中有黎母山，诸蛮环居四

① （明）林如楚：《琼岛图说》，见（清 道光）明谊、张岳崧：《琼州府志·黎议》，卷二二。

② （明）王宏诲：《水会所平黎善后碑》，见《天池草》，卷二。

③ （明）谢廷瑞：《议黎奏稿》，见（清）陈梦雷、蒋廷锡等：《古今图书集成·职方典》，卷一三九二。

④ （明）《明世宗实录》，卷三五一，嘉靖二十八年（1549 年）八月庚申条。

旁，号黎人。内为生黎，外为熟黎。

清初吴震方《岭南杂记》：琼州府地“孤悬海外，中皆深山箐谷，如五指山、小五指山皆黎人所居，其中不过五六百里，而沿海数千里环其外”。《明史·广西土司列传三》卷三一九载：

琼州黎人，居五指山中者为生黎，不与州人交。其外为熟黎，杂耕州地。

换言之，沿海为州县卫所之所在地，汉人多居其中。相邻者为“熟黎”，入五指山中为“生黎”。以地势而论，汉人多居沿海低平之地，黎人则多布于高处山区。

这一外汉内黎的分布格局，是经长期历史发展过程而形成的。对此，顾岎《海槎余录》作了全面论述：

儋耳与琼、崖、万三处鼎峙为郡，参以十县十一守御所。其地孤悬海岛，平旷可耕之地多在周遭，深入则山愈广厚，黎婺岭居其中以为镇。自汉武迄今几千年，外华内夷，卒不可变者，以创置州卫县所，必因平原广陌。故周遭近治之民，渐被日深，风移俗易。然其中则高山大岭，千层万叠，可耕之土少，黎人散则不多，聚则不少，且水土极恶，外人轻入，便染瘴疠，即其地险恶之势，以长黎人奔窜逃匿之习，兵吏焉能制之。此外华内夷之判隔，非人自为之，地势使之然也。

就是说，由于汉武帝以后的历代中央王朝势力进入海岛后，首先在沿海建立州县与军事据点，以控制黎区。从大陆迁来的汉民也多居于其附近平旷之地。以此为中心，汉文化不断向内地辐射。这样，临近汉区的黎民，“渐被日深”，其与汉民的差异不断缩小，而被称作“熟黎”。至于处于中心地带的五指山黎区，则为中央王朝势力所不及，汉文化影响也较弱，加之所处自然环境较为“险恶”，故经济文化发展较为缓慢，保持着浓郁的民族特色，而被名为“生黎”。

需要附带指出的是，上述引文称“自汉武迄今几千年”之说，有误。汉武帝元封元年（前 110 年）在海南置郡县。而《海槎余录》一书，系顾岎在明嘉靖二年（1523 年）官儋州同知时所作，故可断定，其间为 1633 年而非“几千年”。古人疏于年代学，故出现此常识性的误解。

上述海南民族分布格局，是就总体或粗略分类而言。而在局部范围内，则往往是你中有我、我中有你而无法加以分割的。有明一代，黎、汉杂居的局面有了很大的发展。这是明黎分布格局的又一特点。故史称：

> 两广（包括广东琼州府）去中州险远，民夷杂处。①

又史称：

> 五指山峒，黎人杂居。②

又史称：

> （嘉靖时）崖地，黎蛮杂处。③

又史称：

> （万历时感恩县）民黎杂处。④

这种“杂处”“杂居”局面，使黎、汉居民关系十分和睦、融洽。这从彼此“鸡犬相闻”的历史记载中，可以得到印证。

其因主要有三：

一是历史上特别是从明代以后，各色汉人涌入黎区的结果。据载：

> 熟黎相传本南、恩、藤、梧、高、化（州）人，……因徙居长子孙焉。⑤

又据载：

---

① （明）《明世宗实录》，卷二六，嘉靖二年（1523年）闰四月庚申条。

② （清）张廷玉等：《明史·广西土司列传三》，卷三一九。

③ （清 道光）阮元等：《广东通志·宦绩录二十一》，卷二五一，《林资深传》。

④ （清 道光）明谊、张岳崧：《琼州府志·宦绩》，卷三〇，《黄道充传》。

⑤ （清）陈梦雷、蒋廷锡等：《古今图书集成·职方典》，卷一三八九。

以为岚瘴可畏，则久逃军民、老引客商在内娶妻生子，举皆无恙。[①]

长期以来，大批汉人特别是失业农民与图利商人不避“岚瘴”之苦，在黎区安家落户，繁衍后代，与当地黎人共同开发黎区。

二是军屯、民屯之人。明代，在黎区广为推行“设立屯田，且耕且守”之制。其中不少人留下来，成为当地居民。

三是明官府较大规模组织汉人移入黎区。将黎区荒地及“绝黎”田地给移民耕作。这些移民“结为里社，与黎岐错居”。

在广袤的海南岛内，由于自然、地理、历史、社会诸条件不一，各地黎人也有差别，故有“种类繁多”[②]之说。大体而言，可分“生黎”“熟黎”两种。“生”“熟”之分的标准何在呢？据载：

黎有生、熟二种。生黎有名无姓，不受约束；熟黎慕化，服役稍同编民，多符、王二姓。[③]

又据载：

黎有两种，五指山前居者为熟黎，山后为生黎。[④]

又据载：

当额作髻，髻有金银钯或牛骨簪。其纵插者生黎也，横插者熟黎，以此为别。[⑤]

可见，“生”“熟”之分，主要是从明统治者的角度来划分的。凡臣服明王朝、供赋役者为熟黎；而“不受约束”者为生黎。此外，“生”“熟”之分还与其姓名、居住

① （明）杨理：《上欧阳太守书》，见（清）陈梦雷、蒋廷锡等：《古今图书集成·职方典》，卷一三九二。

② （明）黎国耀：《条议》，见（清 道光）明谊、张岳崧：《琼州府志·黎议》，卷二二。

③ （明）田汝成：《炎徼纪闻·蛮夷》，卷四。

④ 均见（清）屈大均：《广东新语·人语》，卷七，黎人条。

⑤ 均见（清）屈大均：《广东新语·人语》，卷七，黎人条。

地域、装饰有关。一言以蔽之，“生”“熟”之分的根本标志，在于社会历史发展程度的不同。作者只是在这一意义上，沿用“生黎”“熟黎”的习惯称呼。

“熟黎”，按其来源分，有两种：一种是受汉文化影响较深的黎人；还有一部分是从黎俗的汉族移民。早期汉族移民，往往融入人数众多的黎族社会中。如，嘉靖《广东通志初稿》卷三六黎人条载：

旧传，其先本南、恩、藤、梧、高、化人、多王、符二姓，言语皆近彼处乡音，因从征至此，利其山水，迫掠土黎，深入荒僻，占食其地，长子育孙，人多从之，凡豪酋皆其种落，外连居民，慕化服役，因名熟黎。今其人家，犹藏昔时文诰。

《明史·广西土司列传三》卷三一九载：

熟黎之产，半为湖广、福建奸民亡命，及南、恩、藤、梧、高、化之征夫，利其土，占居之，各称酋首。

可见，“熟黎”中，包括大陆失业和逃避赋役的农民、逃避封建法律惩处者、征调不归的军人。这一说法，当是可信的。

在“生黎”中，有部分居于五指山中地区者被称作“生歧”。如，明杨理《上卢兵备书》云：黎分为两种，“土舍峒首所管半生不熟常川出没者为黎，五指之中，历代不化者为歧，熟黎所惧者歧也”[①]。明海瑞《平黎图说》生歧条载：

浑沌未剖，刀耕火种，原无他觊。[②]

清初顾炎武《天下郡国利病书·广东下》：

琼州府万州夷獠，名曰歧人，即隋志所谓𧊒也。有二种，远控黎峒不服王化者为生歧，近傍黎图稍知羁縻者为熟歧。

“生歧”，又名“乾脚歧”。据清初屈大均《广东新语·人语》卷七，黎人条载：

---

① （明）杨理：《上卢兵备书》，见（清）陈梦雷、蒋廷锡等：《古今图书集成·职方典》，卷一三九二。

② （明）海瑞：《平黎图说》，见（清 光绪）吴应廉等：《定安县志·黎岐志》，卷九。

其别种，有生歧者尤犷悍，虽生黎亦辄畏之。大抵五指山中多生黎，小五指山中多生歧。歧，隋所谓㐌也。黎，汉所谓俚也，俚亦曰里，《汉书》曰九真蛮里，又曰归汉里君，是也。熟歧稍驯善。其巢居火种者为乾脚歧。……计黎岐疆围凡一千二百余里，绝长补短，可四百有奇，山势盘旋若嬴然，黎举种尽落居其外，歧居其中。

“生歧”，与州县隔远，故又名“遐黎”。据明顾岭《海槎余录》载：

深黎自婺岭以北，有一种曰遐黎，其俗去黎益远，习俗又相违，居常以椰瓢蔽体，更闲习弓矢。

明罗曰褧《咸宾录·南夷志》卷八黎人条所载大体相同：

又一种自婺岭以北日遐黎，间习弓矢，居常以椰瓢蔽体。

顾岭为嘉靖时人，罗曰褧是万历时人，故当是后者袭自前者。

总之，“生歧”“乾脚歧”“遐黎”，是明代黎族群体中社会发展阶段相对落后者。他们居于僻远山区，与外界交往甚少。政治上，尚不沾王化；经济上，尚“刀耕火种”；生活上，尚“巢居”，“以椰瓢蔽体”；性格上，则最为勇悍。因“生歧”与黎人虽属同一族群共同体，但彼此的发展程度差异较大，这就是史书往往把明黎称作“黎歧”的原因所在。

七、村　峒

明黎的基层社会组织为村峒。所谓“村峒”，据明田汝成《炎徼纪闻·蛮夷》卷四载：黎人“其地有五母山，山之中皆黎族盘踞，聚而成村者曰峒”。明黎村峒数量颇多。据清初顾炎武《天下郡国利病书·广东下》列表如下：

表 7-3　明代海南岛州县村峒数目统计表

州县名	村峒数
琼山	126
澄迈	137
临高	239

续表

州县名	村峒数
定安	112
文昌	35
乐会	53
儋州	209
昌化	93
万州	93
陵水	30
崖州	92
感恩	41
合计	1260

可见，明代海南岛12州县中，共有黎族村峒1260个之多。

村峒之间的关系，一般峒下含有多个自然村。据清初屈大均《广东新语·人语》卷七黎人条载：

> 二三十里间辄有一峒，峒有十数村，土沃烟稠，与在外民乡无异。

这表明，明代黎区村峒相连，其人烟稠密已与汉区相似。

村峒规模大小不一。据嘉靖《广东通志》卷三六载：

> 峒之大小不同，大者千余家，小者百余家。

每峒均有峒首主管，峒首行世袭制。故史称：

> 峒各有主管领，岁居人众，父死子继，夫亡妇主。[①]

又如：

① （明 嘉靖）黄佐：《广东通志》，卷三六，生黎条。

峒各有主，父死子继，夫亡妻及。[①]

需指出的是，妻袭夫职制表明，黎族社会中仍保留较为浓郁的母权制残余。此制，是从宋代黎族土官制沿袭下来的。

明统治者惧怕黎人村峒势力强大而危害其统治秩序，曾采取强制划小村峒范围的办法。如道光《琼州府志·官师志》卷三〇载：正德二年（1507年），副使王倬率兵镇压崖州千家村黎人反抗后，“分三大村为小村，以弱其势，奏隶守御千户村，自是黎人不复反”。从此也可反证，村峒作为社会基层单位，在组织黎人反抗活动中起着重要作用。

八、姓　氏

明代黎人姓名见诸史志者，空前增加。这是黎人力量不断增强、黎汉关系日益密切的必然结果。

下面，将载诸册籍的明黎姓名依年代次序加以列表。凡在土官表中已列者，此处从略。这一名单，虽不能说已搜罗穷尽，但可反映明黎姓氏的概貌。

表 7–4　有记载的明代黎人姓名表

年代	姓名	籍贯与身份	资料来源
洪武二年（1369年）	吉天章	昌化黎首	均见嘉靖《广东通志》
	王官泰	乐会小踢峒长	
	王廷金	元南建州知州王官之子	
	王贤保、王贤俊、王琪、王观保、王观禄	万州黎	
	王丽珠	万安峒首	
	莫真成	定安峒首	
	符均胜、符凤、符方抄	儋州黎首	
	罗岂、罗跪	崖州黎首	
	符进、王观磨	琼山黎首	
	王伯琪	文昌黎首	
	王四官、王观平	澄迈黎首	
	符陈、符九	临高黎首	

① （明）田汝成：《炎徼纪闻·蛮夷》，卷四，黎人条。

续表

年代	姓名	籍贯与身份	资料来源
洪武六年（1373年）	符那钦	儋州黎首	道光《琼州府志》卷二二
洪武十七年（1384年）	唐那虎、郑银	儋州宜伦县黎民	《明太祖实录》
洪武二十九年（1396年）	黎公槐 王得隆	昌化黎 万州鹧鸪啼峒黎	均见道光《琼州府志》卷二二
永乐三年（1405年）	邢万胜、陈应、符添成、蒲干、王歪头	琼州府土人	均见道光《琼州府志》卷二二
永乐四年（1406年）	王侬苟	临高峒首	道光《琼州府志》卷二二
永乐七年（1409年）	王曹	万宁县黎峒首	《明太宗实录》
永乐八年（1410年）	周振生	文昌县斩脚寨黎首	《明太宗实录》
永乐九年（1411年）	王乃	临高县黎峒首	《明太宗实录》
永乐十一年（1413年）	王观巧 王聚、符喜	琼山县包黎村黎人 临高县黎峒首	均见《明太宗实录》
永乐十二年（1414年）	王朝祚 徐有铭	澄迈县丞王朝冠之弟 澄迈县丞徐添贵之子	均见光绪《澄迈县志》
永乐十三年（1415年）	罗广寿	琼州府黎峒首	道光《琼州府志》
永乐十四年（1416年）	王撤（一作撒）、黎佛金	儋州黎峒首	《明太宗实录》
永乐十九年（1421年）	罗淋	宁远县黎峒首	《明太宗实录》
洪熙元年（1425年）	许棠 王观苟 王英	琼州属县土知县许志广之子 定安黎 乐会县上郎村	《明宣宗实录》 均见道光《琼州府志》卷二二

续表

年代	姓名	籍贯与身份	资料来源
宣德元年 （1426 年）	黎宁 张初 王观珠 王观政	乐会县黎首 乐会县黎民 澄迈县黎 琼山县黎	均见《明宣宗实录》
宣德五年 （1430 年）	许才 黄广	琼山县故土官 知县许志广子 宜伦县故土官 知县黄侬苟子	均见《明宣宗实录》
宣德六年 （1431 年）	罗任	崖州罗活峒黎	《明宣宗实录》
宣德九年 （1434 年）	赵克宽	昌化县黎首	《明宣宗实录》
正统三年 （1438 年）	符那康	感恩县黎首	《明英宗实录》
正统六年 （1441 年）	王陈堡	崖州郎温峒首	《明英宗实录》
成化五年 （1469 年）	王弼 符那南 符英	儋州土舍王赋之弟 儋州七方峒黎 儋州黎符那南之党	均见道光《琼州府志》卷二二 嘉靖《广东通志》
成化八年 （1472 年）	巴旺、巴岛	乐会鹧鸪啼黎	道光《琼州府志》卷二二
成化十一年 （1475 年）	符那推	儋州落窑峒黎	道光《琼州府志》卷二二
成化十二年 （1476 年）	符那玉	崖州千家村古镇州黎	道光《琼州府志》卷二二
弘治三年 （1490 年）	陈那洋	陵水县黎亭峒黎	道光《琼州府志》卷二二
弘治十四年 （1501 年）	罗累 符那月 符那揽、符那树、王琳、王细保 符定钦	崖州抱怀村峒黎 儋州黎峒首 儋州符南蛇党 符南蛇父族	《明孝宗实录》 均见明王佐《湛钺平黎记》 嘉靖《广东通志》

续表

年代	姓名	籍贯与身份	资料来源
弘治十七年（1504年）	郑那忠	万州鹧鸪峒黎	道光《琼州府志》卷二二
正德元年（1506年）	曹英	定安光螺峒首	道光《琼州府志》卷二二
正德七年（1512年）	王是政、王策、王祐、王那弄、王那边、王那拯	万州黎民	均见嘉靖《广东通志》
嘉靖二年（1523年）	符崇仁、符文龙	儋州黎符南蛇之子	道光《琼州府志》卷二二
嘉靖八年（1529年）	陈瓒、王坅	乐会黎峒长	康熙《乐会县志》
嘉靖十三年（1534年）	黎佛二	琼山沙湾、居林等峒	道光《琼州府志》卷二二
嘉靖十八年（1539年）	那红、那黄	万州黎	道光《琼州府志》卷二二
嘉靖二十年（1541年）	陈那任	崖、陵黎	嘉靖《广东通志》
嘉靖二十七年（1548年）	那牵 符门钦	崖州黎 感恩黎	均见道光《广东通志》
嘉靖二十八年（1549年）	那燕	崖州黎首	《明世宗实录》
嘉靖间	罗常、那刚	琼、崖黎	道光《广东通志·陈茂义传》
隆庆二年（1568年）	王颜	临高县坟横峒首	道光《琼州府志》
隆庆六年（1572年）	王佛陈、王希贤、王枝	澄迈黎	光绪《澄迈县志》
万历十六年（1588年）	符黑三	临高黎	道光《琼州府志》
万历二十五年（1597年）	黎福、黎广 符严	琼山黎 临高峒首	道光《琼州府志》 光绪《临高县志》

续表

年代	姓名	籍贯与身份	资料来源
万历二十六年（1598 年）	黎坤和	琼山居碌峒黎首	咸丰《琼山县志》
万历二十七年（1599 年）	马矢、王盖老、孙恩弟、王乐天	定安黎首	明王宏诲《水会所平黎善后碑记》
万历四十年（1612 年）	张何、那进、那长 那定、那阳、那牙 廖二、那求、那欣	万州黎首 崖州黎岐 陵水黎	均见道光《琼州府志》卷二二
万历四十一年（1613 年）	张邦跄、那臬	崖州黎	《古今图书集成·职方典》
万历四十五年（1617 年）	那献	万州黎	道光《万州志》
崇祯四年（1631 年）	符那恩	昌化落西峒黎首	道光《琼州府志》卷二二
崇祯八年（1635 年）	王亚郁、王亚锦	崖州黎	光绪《崖州志》
崇祯九年（1636 年）	买市	万州黎酋	道光《琼州府志》卷二二
崇祯十七年（1644 年）	符元豪 符万峒	临高黎 临高峒首	光绪《定安县志》 光绪《临高县志》

本表所列为 125 人，加上土官表中所列 58 人，总计有明一代黎人有姓名可考者共 29 姓、183 人。按姓氏人数多寡分列如下：

王姓，63 人；符姓，39 人；那姓，13 人；黎姓，9 人；陈姓，9 人；罗姓，8 人；黄姓，7 人；许姓，4 人；张姓，3 人；楼姓，3 人；邢姓，2 人；郑姓，2 人；徐姓，2 人；赵姓，2 人；倪姓，2 人；巴姓，2 人；唐、吉、莫、蒲、周、马、曹、孙、钟、刘、林、廖、买姓各 1 人。

综上所述，可以归结如下结论：

明代黎族大姓，以王、符二姓为多，上述王姓 63 人、符姓 39 人，分居第一、二位；且王、符二姓共 102 人，占总统计人数 183 人的一半以上。这可印证史籍关于黎人“多符、王二姓”[①]之说。而且，此二姓不仅人数居多，且势力最盛，实行大姓统治；所谓“非此二姓为长，黎则不服”[②]，即指此。

明代黎族的黎姓，仍保留了相当数量。上述黎姓9人，居第四位，可证。故史称：琼州黎人“原姓黎，后多姓王及符”[③]。

明代黎人姓氏，多与黎族村峒之名有密切关系。“那”姓，是突出例证。如万州，其村峒即有那根、那打、那坚、那爹、那班、那斑白、那随、那甫、那喃诸名。再以“买”姓为例，文昌县有买车、买陂，临高县有买凑、买愁、买杰之名。至于黎人名字，也可从黎族村峒之名中得到印证。如符南蛇，琼山黎族村峒有“南蛇”之称，以“南”“喃”名地者更是不胜枚举。此外，黎人村峒名“牙”“榄（揽）”“狗（苟）”“求”等，也与黎人名字一致。[④]这均证明顾炎武《天下郡国利病书·广东》引《旧志》云：歧人“无姓名，但以村为号”之不谬。总之，有不少黎人姓名，是从所居地望发展演变而来的。这是黎人姓名保留浓郁特色和早期轨迹的反映。

在黎族人名中，土官受汉文化影响较深。如添庆、添贵、忠顺、忠得、贤儒诸名，即属此例。至于一般黎人，则其名保留本民族色彩较浓，以地名名人即是。

九、封建生产关系的发展

随着明代黎区社会经济的迅速发展，随着中央王朝统治势力日益深入黎区，黎族社会的封建生产关系有了新的发展。其主要特点为：除五指山腹地外，广大黎区的封建制度已逐步确立。

明代，大批黎民成为封建国家的“编户齐民”“供税役”，被纳入封建剥削制度的轨道中。

汉族封建官吏、地主豪强大量霸占黎民土地，土地兼并日趋严重。一方面，明王朝大量没收反抗者的田地，将所谓“绝黎田土”拨作屯田，其后又将不少屯田在“拨田归民”的名义下，拱手转入豪势之家。与此同时，官僚、地主还直接肆意侵

① （明）田汝成：《炎徼纪闻·蛮夷》，卷四。

② （清）屈大均：《广东新语·人语》，卷七。

③ （清）张廷玉等：《明史·广西土司列传三》，卷三一九。

④ 以上村峒名，可参见（清 道光）明谊、张岳崧：《琼州府志·村峒》，卷二〇。

吞黎民土地。如，明参将黎国耀《条议二事》载：

近因官家置庄田，名日官庄。[①]

明王佐《进〈珠崖录〉奏》载：

豪势军民之家，贪置黎业，百计侵谋。[②]

明瞿九思《万历武功录·广东》卷三，黎岐列传条则载：五指山区“膏田沃土，尽为亡命豪强所窃据”。而失去土地的黎族人民则不断沦为“佃丁”，成为封建生产关系中的被剥削者。

黎族社会内部的阶级分化与阶级矛盾，也日益加剧。明代土官土舍势力相当强大。明王朝委任大批黎族上层首领为同知、知县、县丞、主簿、典史、巡检以及土舍等各种名号。在政治上，他们凭藉明王朝所授予的威权，进行统治。军事上，依仗所掌握的黎兵作为私家武装，横行乡里。他们不仅是黎族人民的压迫者，还是黎族人民的剥削者。他们通过“代收钱粮”而横征暴敛；仗势“混包霸占他人村峒”[③]；对黎民的耕地，“可予夺于土舍”[④]；残酷掠夺族内之人，“各峒首土舍窃欲据黎为利，本峒首乘盛饱餍其欲”[⑤]，“土舍、甲头、里役之辈，多依势科剋”[⑥]。因此，他们与广大黎族人民处于尖锐对立状态，“各土官以贪暴失黎众心”[⑦]。

封建王朝、汉族官吏与豪强地主、黎族土官土舍的残酷压迫与掠夺，正是明代黎族反抗斗争此起彼伏的阶级根源。

① （明）黎国耀：《条议二事》，见（清 道光）明谊、张岳崧：《琼州府志·黎议》，卷二二。

② （明）王佐：《进〈珠崖录〉奏》，见《鸡肋集》，卷一。

③ （明）杨理：《上欧阳郡守四事略》，见（清 道光）明谊、张岳崧：《琼州府志·黎议》，卷二二。

④ （明）甘简：《黎论》，见（清 光绪）吴应廉等：《定安县志》，卷九。

⑤ （明）杨理：《上欧阳郡守四事略》，见（清 道光）明谊、张岳崧：《琼州府志·黎议》，卷二二。

⑥ （明）张鏊：《交黎剿平事略》，卷四，嘉靖二十八年（1549 年）五月十五日欧阳必进奏疏。

⑦ （明）《明世宗实录》，卷三五一，嘉靖二十八年（1549 年）八月庚申条。

十、居 住

明黎，袭宋制，仍行“干栏”式建筑，名“栏房”。这以明顾岎《海槎余录》所记为详为信。其中写道：

凡深黎村男女众多，必伐长木两头搭屋有数间，上覆以草，中剖竹，下横上直，平铺为楼板，其下则虚焉。登陟必用梯，其俗呼曰“栏房”。

这一记载的重要性在于：不像宋代文献所记“架木两重”“以竹为棚”那样含糊笼统，而是具体描述了“栏房”的上中下建筑的办法与形式。这一记载，还可从后世黎族房屋中得到证实。正如刘耀荃先生所说：“所谓‘栏房’即今天称的‘寮房’，属于一种黎族青年男女原始公寓性质的房子。”①

需要附及的是，明罗曰褧《咸宾录·南夷志》卷八也记有黎人栏房。其中写道：

居处架木两重，上铺以草如楼，呼曰栏房。

由于他所记为综合他人之说，且文字过于简略，反而令人费解和容易误解，故不足取。

明黎房屋，有名“水栈”者。据清顾炎武《天下郡国利病书·广东》引《旧志》载：“熟歧”“茅屋檐垂地，开门屋山头内，为水栈居之，离地二三尺，下养羊豕之类”。这是黎族富有民族特色的传统住宅——船形屋。这种船形屋，仍属干栏式建筑的范畴。

明黎还有以亚热带所产植物为材料建房者，“葵屋”即其代表。据清初毛奇龄《蛮司合志·两广四》卷十五载：黎岐，“皆环山起巢寨。……自峒主以下咸采葵叶为屋，有如窝棚”。显然，这属于原始的简陋房屋。它多建于偏僻和贫困山区。

明黎还建有用于储藏的专用房，名日“殷”。据明顾岎《海槎余录》载：

若寻常黎俗，藏置酒米干肉衣布之属，不于其家，必择一高坡之地，离家百步内外，以草树略加缭绕回护，辇置其中，名日“殷”。虽村家丛杂，亦不相混。间有盗之者，每犯辄获，法日“逐跙痕”，即足迹也。余

① 刘耀荃：《海南岛黎族的住宅建筑》，9页，广州，广东省民族研究所，1982。

初不信，因彼自服而后然之。

这表明：明代黎族社会生产有所发展，已有各种剩余物资，故需另辟储藏室；明黎虽已有贫富分化，但对财富的贪欲并不旺盛，并不需对盗贼严加防范，故对储藏室的建筑，极其简易。这就决定了“殷”的出现原因及其特点的形成。

十一、服　饰

明代黎人仍盛行文身。其缘起，与图腾崇拜有关。据明顾岕《海槎余录》载：

黎俗，男女周岁即文其身。自云：不然，则上世祖宗不认其为子孙也。

清陆次云《峒溪纤志》有相类记载，当本此。换言之，黎族的氏族、部落，各有其自己的徽号与标记，世袭勿替。其所属成员，生前均需刻上特殊印记，死后祖宗才认其为子孙，不然则会成为黎人所不齿的野鬼。

男女文身的部位，不尽相同。清顾炎武《天下郡国利病书·广东》引《旧志》记明代“熟歧”俗，男子“文其臂”；妇女则“刺涅口腮为纹”。因黎妇普遍文面，时人又称“涅面”[①]或“绣面”。需指出的是，这一记载，与后世调查结果不尽相符。据刘咸在民国时期的调查证明：“诸黎之中，现在并非全数皆涅面文身，且仅女子行之，而男子不尚焉。”而且，女子不限于绣面，也有文其手臂、手指及脚部者。[②]后世黎族男子文身现象的消失，或许并非记载有误而是发展变化所致。

纹式多样。据明田汝成《炎徼纪闻·蛮夷》卷四载：黎妇人“女伴互施针笔，涅两脸为虫蛾花卉，名曰绣面”。可见，明黎纹式沿宋制，仍为“虫蛾花卉”之属。据说，纹式与身份地位有关。明王临亨《粤剑篇·志外夷》卷三载：黎人“文身以花细者为贵”。这与清人认为黎人文身与贫富贵贱无关小同，以备一说。

文身之法，据明罗曰褧《咸宾录·南夷志》卷八载：黎人文身，“周身画成诸

---

① （明）钟芳：《悯群黎文》，见《钟筠溪集·文》。

② 刘咸：《海南岛黎人文身之研究》，见詹慈：《黎族研究参考资料选辑》，广州，广东省民族研究所，1983。

花及宝式，寻用细针挑刺出血，涂以青靛，候三四日涤去，则花纹宛然”。可见，关于涂青靛文身法，明人著作已言及。

黎人头、脚部“椎髻文身”[①] 或“露腿赤足”[②]；“男子文身椎结”[③]；“魋结”[④]。一说，男女椎髻之式不同。据清顾炎武《天下郡国利病书·广东》称：黎人男子“髻堆额前”；妇女则“髻垂后”。

黎人椎髻用牛骨簪，并喜饰羽毛，据明顾岭《海槎余录》载：“傍赘长许雉毛二茎”；清顾炎武《天下郡国利病书·广东》：“用牛骨为簪拴之，饰以鸡毛”；清毛奇龄《蛮司合志·两广四》卷十五：“蛮服饰以毛羽”。黎人还喜戴帽子，这是抵御烈日所必需。其式，有漆帽、箬笠一类。据明顾岭《海槎余录》：黎俗“头戴漆帽”；明田汝成《炎徼纪闻·蛮夷》卷四：黎族“妇人戴箬笠”。

黎人耳饰为银圈或银环。据明顾岭《海槎余录》：黎俗，“男子家富者，两耳复赘盏口大银圈十数为富侈”；明顾炎武《天下郡国利病书·广东》：黎人男子“缀耳以银环”。可见，银饰品主要为黎人富有者炫耀身份之物，故以大、多为荣。故从饰物中，也可见明黎阶级之分化。

衣服。据明顾岭《海槎余录》：黎俗，“身穿花厚布衣”；明田汝成《炎徼纪闻·蛮夷》卷四：妇人“斓衣，有裙而无袴”；清顾炎武《天下郡国利病书·广东》：“男子著短衫，名为黎桶，腰前后两幅，掩不至膝，两腿俱露。……妇女亦著黎桶，下围花幔”。概言之，明代“黎服”[⑤] 的特点主要为：衣短衣；衣花衣；衣黎桶、幔。但在僻远之地，则有尚停留在直接采天然原料而成者。“遐黎”“居常以椰瓢蔽体”[⑥]，即属此例。总之，明黎服饰仍保留本民族的浓郁特点，故有“无冠履裳衣之制”[⑦] 之说。显然，黎族衣冠并非无“制”，而是其与汉制不同而已。

---

① （明）王临亨：《粤剑篇·志外夷》，卷三；（明）罗曰褧：《咸宾录·南夷志》，卷八。

② （明）顾岭：《海槎余录》。

③ （明）田汝成：《炎徼纪闻·蛮夷》，卷四。

④ （清）毛奇龄：《蛮司合志·两广四》，卷十五。

⑤ （明）海瑞：《平黎图说》，见（清 光绪）吴应廉等：《定安县志·艺文志》，卷九。

⑥ （明）顾岭：《海槎余录》。

⑦ （明）钟芳：《悯群黎文》，见《钟筠溪集·文》。

十二、饮　食

关于明黎饮食，记载不多。大体沿袭宋制。其主要记载有：

吃大锅饭的饮食习惯。据《天下郡国利病书·广东》载："黎岐""每食，以大钵贮饭，男女围聚，用匙瓢食之"。从人们围在一起吃大锅饭之俗，仍可窥见早期人类社会共同消费的某些痕迹。

喜食槟榔，并用作人们之间交际的礼品。史有"每宗朋会合，互相擎送以为礼"[①]之载。

酒，以榴花为材料。据明田汝成《炎徼纪闻·蛮夷》卷四载：黎人"酿酒多杂榴花"。此酒从宋代即沿袭不断。

十三、婚　姻

明代较之宋代文献所记黎族婚姻制度，要详细许多。其要点有：

婚前，青年男女之间关系较为自由，婚姻能自主，父母不加干预。据明田汝成《炎徼纪闻·蛮夷》卷四载：

> 春时，笄女戏秋千以诱散子，携手蹋歌，名曰作剧。

清顾炎武《天下郡国利病书·广东》：

> 男女未配者，随意所适，交唱黎歌即为姻婚。

清毛奇龄《蛮司合志·两广四》卷十五：

> 凡男女出游，歌舞呼答曰作好。设有相窃成婚者，父母勿禁。

总之，这种未受封建束缚的自主的婚姻表明：明黎婚姻受汉族礼制的影响较少。

婚仪。明黎青年男女虽可自找对象，但成婚仍需举行一定的仪式。故史称：黎幼男女虽可"自相谐偶"，"若婚姻仍用讲求，不用此也"[②]。换言之，婚前男女青年

① （明）顾岕：《海槎余录》。

② （明）顾岕：《海槎余录》。

交朋友是一回事，正式婚姻又是另一回事。其界线，可谓泾渭分明，不容混淆的。婚姻，需以聘礼为定。据明顾岕《海槎余录》载：

> 至于婚姻，不用年帖，只送槟榔而已。

清毛奇龄《蛮司合志·两广四》卷十五：黎人“以牛马之多寡为婚礼厚薄”。需要指出之处有二：一是以槟榔订婚之俗，系岭南百越民族之俗，宋已有之。如《太平寰宇记·岭南道十四》卷一七〇，记交州之俗，“索妇之人，未婚前先送槟榔一盘，女食尽则成亲”。可见，黎人此俗，来源有自。二是以牛马财富论“婚礼厚薄”，可见黎婚俗已染有不可抹煞的阶级色彩。

总之，明代黎族婚俗，仍保持相当完整的本民族传统特色。据清道光《琼州府志·宦绩》卷三〇，“陈宗圣传”载：明朝隆庆万州黎俗，“无嫁娶礼，失夫妇之道”。可见，其受汉族封建婚制的影响较少。

十四、丧　葬

明人所记黎人丧葬之制，承袭宋人之说，无所发明。如明田汝成《炎徼纪闻·蛮夷》卷四：黎人“亲死不哭，啖生牛肉以表哀痛。葬则舁榇而行，前以鸡子掷地，不破处即为吉穴也”。明罗曰褧《咸宾录·南夷志》卷八也载：

> 亲死不哭不粥饭，惟食生牛肉以为哀痛之至。葬则舁榇而行，令一人前行，以鸡子掷地，鸡子不破处即为吉穴。

可见，宋黎食生牛肉志哀的丧制与以鸡子卜吉穴的葬制，经几百年后，至明黎仍继续流行。

十五、宗教信仰

明黎信鬼神，以巫代医，椎牛大祭，所费至巨。据清道光《琼州府志·宦绩》卷三〇载：永乐间，吴定实知定安县，“革黎人杀人祀鬼之俗”；清道光《广东通志·宦绩录二十三》卷二五三，引《粤大记》载：黎人“病不服药，惟杀牛祭鬼，至鬻子女为禳祷”。

明黎保留着较为浓厚的原始宗教的自然崇拜和多神信仰。因其与儒家的传统宗教观不尽相同，故被汉文献称之为“淫祠”。据清光绪《定安县志·宦绩》卷四载：永乐间，定安知县吴定实，善抚黎，“淫祀浇风，洗涤殆尽”；清道光《广东通志·宦绩录二十三》卷二五三载：成化间，罗杰守儋州“黜淫祠，正风俗”；清道光《琼州府志·宦绩》卷三〇载，嘉靖间，秦志道任澄迈县，“斥毁淫祠，以其田资诸生膏火”。明代官员在海南毁淫祠之举，虽出于强化明王朝统治之目的，但对破除迷信陋习，还是值得肯定的。

佛教已传入黎区。清道光《广东通志·宦绩二十三》卷二五三载：宣德间，徐镒守琼，为革除黎人杀牛祭鬼之俗，乃倡行佛教以代替之。其中写道：

> 费镒以佛老虽非正，然不害物命，犹善于此，乃许巨室修饰寺观以移积习。自是有病者不杀牛而民用稍纾。

此是明黎已有进寺观崇佛老之明证。

关于黎人行“蛊”的文献记载，其始不晚于明初。据《明史·刘仕貃传》卷一四〇载：洪武十五年（1382年），授广东按察司佥事，分司琼州，“琼俗善蛊。上官至，辄致所产珍货为赞。受则喜，不受则惧，按治，蛊杀之，仕琼者多为所污。仕貃廉且惠，轻徭理枉，大得民和。虽却其贽，夷人不忍害也”。可见，黎区“蛊”人，只对贪官放蛊，至于好官、清官，则“夷人不忍害也”。

蛊，属于制敌、制人即整治敌对者的巫术，故名“制敌巫术”或“凶巫术”。在我国，早在春秋时期已有之。据《左传·昭公元年》卷四一载：

> 近女室，疾如蛊。①

那么，什么叫“蛊”呢？据释：

> 以毒药药人，令人不自知者谓之蛊毒。②

---

① 此段引文，凌纯声、芮逸夫《湘西苗族调查报告》一书，与马学良的《倮族的招魂与放蛊》一文，均引作“皿虫为蛊，疾如蛊”。其实，《左传》原文中，“疾如蛊”与“皿虫为蛊”，是分别在不同的地方叙述的，并非联在一起的。

② 《左传·昭公元年》，卷四一，孔颖达疏。

又有释：

造蛊者以百虫置皿中，俾相啖食，取其存者为蛊。[①]

这里所指的蛊，主要是指以“饮食行之”。其实，蛊的外涵要广泛得多，由接触原理，可演化成种种制敌的手段。

后世，随着社会的进步，在中原地区，蛊逐渐消失，而在黎、苗、彝等民族地区仍广为流行。调查材料表明：在黎区，蛊名“禁”。为蛊者，男曰“禁公”，女曰“禁母”。禁公之法多是：将对方名字写在纸条上，然后把它或置于深山中、或钉在大树上、或压在石头下，并加以诅咒，使之生病甚至致死。禁母则是因其灵魂不安分，凡碰上其游魂者则要生病倒霉[②]。由此也可证明文献记载之不谬。

十六、血族复仇制

此俗，以明顾岕《海槎余录》所记最为详尽：

黎人善射好斗，积世之仇必报。每会聚亲朋，各席地而坐，饮酣，顾梁上弓矢，遂奋报仇之志，而众论称焉。其弓矢，盖其祖先有几次斗败之耻，则克箭几次射于梁上以记之。故云，饮醉鼓众，复饮，相与叫号，……以次，则宰羊脔肉，裱散就近村落，无不踊跃接受，克日起兵。仇家闻之，亦如此间法募兵应敌。遇有州、县公差人役，乐请观战。两家妇女，亦各集本营，当退食之际，妇女争出营认箭，两不拘忌。其俗云：男子仇，只结于男子面上；若及妇女，则于其父母家更添仇怨矣。其胜败追奔，亦各有程度，不少逾之。数中罹锋镝死者，密以瘗之，父母妻讳不悲泣，恐敌人知谓其不武也。

明罗曰褧《咸宾录》卷八：

（黎人）性喜仇杀，谓之作拗，虽称世之仇必报。祖父斗败几则克箭

① （明）李时珍：《本草纲目》，蛊虫条。

② 中南民族学院：《海南岛黎族社会调查》，南宁，广西民族出版社，1992。

几，射于梁上以为识。每会客饮，顾梁上弓矢，则奋报仇之志。……男仇只结于男，若妇人仇则其妇家亦助之报怨矣。中锋镝死，密埋不悲泣，恐敌人知其为不武也。

明王临亨《粤剑篇•志外夷》卷三：琼、崖、儋、万中的黎人，“仇怨必报，时自攻杀。被创而死者，其家得尸则密瘗之，不为悲泣，盖讳其死，恐为敌人笑也”。《咸宾录》与《粤剑篇》此文，主要是据《海槎余录》改写而成。概言之，明黎血族复仇制的主要内容包括：

黎人最重复仇，虽积世之仇必报，名曰“捉拗”。

双方各以亲朋、同里、就近村落之人参战。

冤仇只结于男方，不涉及女方及女方家，以免把纠纷扩大至更多的氏族中去而造成更大的破坏。

战死者，家属密埋而不事声张，以显示武士风度。

对阵有一定的规则，双方均加遵守。如，停战间隙，妇女出营认箭，不加干预；“胜败追奔”，也有界线与限制，不得逾越，不失君子之风。

有明一代，黎人“仇杀”“相攻”之事不断。其中，以永乐、成化、正德年间所发生的三次事件，规模与影响较大。据载：

崖州黎尝私争忿相战斗，卫将利于渔取，欲发兵剿之。（琼州知州）伯贞执不可……遣宁远县丞黄童视之，果仇杀也，获首贼数人罪之，黎人遂安。[①]

又据载：

巡抚广东、右佥都御史吴琛等奏儋州黎人互相仇杀。兵部请行总镇、总督官处置，并抚其胁从余党。从之。[②]

又据载：

① （明）《明太宗实录》，卷一七八，永乐十四年（1416 年）七月戊戌条。

② （明）《明宪宗实录》，卷七六，成化六年（1470 年）二月戊辰条。

初，儋州熟黎符那月管富莪村本天顺间叛黎符那南巢穴，其后那南侄南蛇屡征不得，□□复又为那月及儋州同知陈珉因事科扰之，发忿作乱，与那月相攻，破那月村，杀其家五十余人，遂流劫昌化、澄迈二县村镇，众至数千。以那月逃居儋州，攻围儋州及昌化县城，焚掠无算。及大军平南蛇，那月以乡导有功受赏。①

以上记载表明：

明黎互相仇杀，已不完全是原始血族复仇制的形态。其缘起，不仅限于内部社会条件，也与明统治者的治黎政策有关。明统治者为达到“以黎制黎”和“利于渔取”的目的，往往有意挑起和扩大黎族内部的纷争。正德年间发生的儋州黎符南蛇与符那月相攻事件，就是突出例证。明统治者插手黎族内部事务，正是造成明黎仇杀事件愈演愈烈的重要原因之一。

明统治者为避免黎族仇杀事件影响其统治秩序的稳定，有时也取调解、安抚之策。琼州知州王伯贞处理永乐年间崖州黎仇杀事件，即属此例。所以，明统治者对黎族仇杀事件，往往取助长与平息的两面政策。至于何时采用何策，则无固定程式，一切以明统治利益为转移。

十七、重盟信

长期以来，为与较为恶劣的生存条件作斗争，黎人社会成员间形成了互相帮助和共同行动的习俗。正是在这一历史环境下，产生了诚信的心理与道德观念。这一美德，史家誉之为“慎许可重契约”②。其盟信之法为“刻箭”与“歃血”，如史称：黎人“刻箭结藤为信，斩牛歃血为盟”③。

刻箭。据明钟芳《悯群黎文》称：黎人“重契箭，谨信约，毫发不爽”④。可见，刻箭之法，在维系黎人内部团结方面，起着不可低估的作用。这从史实中，也可得到证实。据嘉靖《广东通志·外志五》卷六八载：成化五年（1469年），土舍王赋

① （明）《明武宗实录》，卷五〇，正德四年（1509年）五月丙申条。

② （明 嘉靖）戴璟：《广东通志初稿》，卷三六，生黎条。

③ （清）顾炎武：《天下郡国利病书·广东》。

④ （明）钟芳：《悯群黎文》，见《钟筠溪集·文》。

欲侵儋州七方黎符那南之地，“诸黎蓄恨，乘赋往临高祭扫，逃回刻箭截杀，赋败走于地名河洛铺驻扎”；明王佐《湛钺平黎记》载：弘治十四年（1501 年）儋州七方峒黎符南蛇反，“刻箭传约，三州十县黎贼各皆领箭”[①]；又，据《明世宗实录》卷三五一，嘉靖二十八年（1549 年）八月庚申条在论及当时黎人反明形势时写道：

传箭邻村，一时响应。

前者为在黎族内部争斗中，以“刻箭截杀”败走对手之例；后二者为在对外抵抗官军中，以“刻箭传约”“传箭邻村”而形成黎人纷纷响应局面之例。

歃血。明黎往往举行隆重的杀牛饮血的仪式，以使联盟牢不可破。如《明世宗实录》卷五三一，嘉靖二十八年（1549 年）八月庚申条载：黎俗“乃令渠魁要胁椎牛歃血，人人保其约结，与官府抗矣”。此为黎人“椎牛歃血”以抗官府之例。又，《明神宗实录》卷五一一，万历四十一年（1613 年）八月己丑条载：

生黎罗活等剽掠儋、崖、琼、定诸郡。熟黎歃血自盟，科合、抱由、多港数十村协力剿之。

此为“熟黎”“歃血自盟”与“生黎”争夺之例。

十八、“历底记”

随着汉文化的不断传播，汉历也在黎区通行。如明钱嵘《悯黎咏》：

虽尔隔华界，犹纪王正岁。[②]

在长期实践中，黎区也形成了独有的历书——“历底记”。黎族是农业民族，农业生产必须讲究季节，适时播种与收获，才能收到预期的效果；否则，会一无所获。因此，黎人具备了一定的天文历法知识。这就是“历底记”产生的历史背景。据明顾岕《海槎余录》载：

---

① （明）王佐：《平黎记》，见《鸡肋集》，卷二。

② （清 道光）明谊、张岳崧：《琼州府志·艺文·诗》，卷四一。

儋耳孤悬海岛，历书家不能备。其黎村各一老习知吉凶避忌之略，与历不爽毫发。大率以六十年已往之迹，征验将来，固亦有机巧不能测处。尝取其本，熟视字画讹谬不可识，询其名则曰“历底记”。

从“历底记”与汉历“不爽毫发”的记载，可证黎历的精确性。

第四节　明代黎民的反抗活动

一、反抗活动的主要阶段与事件

有明一代，广大黎民不断掀起反抗土官土舍特别是封建官府的斗争。

随着元王朝的衰落和崩溃，封建统治势力对黎区的控制日益削弱，黎区获得了相对独立的地位，黎人特别是黎族上层势力也得到迅速发展。至明洪武年间，经过反复的反抗与镇压的较量，明王朝在黎区的威权才逐步被承认，其统治地位才逐步确立。

早在洪武二年（1369 年），朱亮祖征海南之初，乐会小踼峒首王官泰“顿兵不散”，起而抗拒，从而揭开了黎人反抗明王朝的序幕。其后，各地黎人纷纷“梗化”。其中主要有：洪武七年（1374 年）二月，“儋州洞黎人符均胜等作乱”[①]。同年六月，“海南罗屯等洞黎人作乱”[②]。十七年（1384 年）七月，“儋州宜伦县黎民唐那虎等作乱”，海南卫发兵攻打；同年十二月，唐那虎被俘，反抗活动被攻破[③]。二十七年（1394 年），“澄迈多简等村、儋州新深等洞及崖州黎为乱”[④]。二十八年（1395 年），崖州宁远县迁（方志多写作千）家村黎人罗危（一作跪）反[⑤]。二十九年（1396 年），昌化浮鹅峒黎符公魂、万州鹧鸪啼峒王得隆等“同时作

① （明）《明太祖实录》，卷八七，洪武七年（1369 年）二月辛亥条。

② （明）《明太祖实录》，卷九一，洪武七年（1369 年）六月丙戌条。

③ （明）《明太祖实录》，卷一六九，洪武十七年（1384 年）十二月癸丑条。

④ （民国）彭元藻等：《儋县志·海黎·平黎》，卷八。

⑤ （明）《明太祖实录》，卷二四三，洪武二十八年（1395 年）十二月戊申条。

乱”[①]。这些反抗活动相继失败后，黎区保持了相对平寂的一个时期。

永乐年间，由于明成祖朱棣全面推行黎族土官制，致力于抚黎政策，故出现了中央王朝与黎区保持空前融洽关系的局面。这也是文献记载关于这一时期黎人反抗活动罕见的原因所在。在永乐朝的 22 年中，主要反抗活动只有：“永乐四年，罗活峒黎乱，都指挥花茂讨平之”[②]。

洪熙、宣德、正统、景泰、天顺年间，是明王朝由盛转衰的过渡时期。期间，明王朝对黎区的压迫与剥削虽有所加强，矛盾有所激化，还未出现威胁明王朝在黎区统治地位的大规模黎民起义。

洪熙元年（1425 年），定安黎王观苟及乐会黎王英反。王观苟率部攻入定安县城，“焚毁县治”[③]。

宣德元年（1426 年）九月，爆发了澄迈县黎王观珠、琼山县黎王观政领导的黎民起义。他们首先把斗争矛头指向欺压本族人民的黎族土官，杀了琼山土知县许志广。这一事件表明，黎民与土官间的严重对立。随后，广东都指挥佥事程瑒等领兵攻打，慑于黎民起义的威力，官军“逗遛不进”。邻近州县黎民，纷纷响应。起义者，焚毁“定安、会同二县官署”[④]，没收官府财物。次年，于金鸡岭拒敌失败，王观政被俘，余众转移入山。

宣德六年（1431 年），崖州罗活峒罗任所领导的反抗活动，为广东都司官军攻破[⑤]。

正统九年（1444 年），崖州黎被迫走上反抗之路。事情的经过是这样的：琼山县典史姚仲彝因赴崖州，其从人为黎人所杀。崖州千户陈政主观认定此必抱盈、匿村黎人所为，于是发军包围黎村。“黎首出见，政等辄杀之。又令军旗孙得等十五人焚其庐舍，杀其妻孥数人，掳其财物，致各黎激变”[⑥]。当晚，黎人“遮

① （清 雍正）郝玉麟等：《广东通志·岭蛮》，卷五七。

② （清 光绪）钟元棣等：《崖州志·黎防三·平黎》，卷十四。

③ （清 康熙）金光祖：《广东通志·外志·俚户》，卷二八。

④ （明）《明宣宗实录》，卷二三，宣德元年（1426 年）十二月辛巳条。

⑤ （明）《明宣宗实录》，卷八〇，宣德六年（1431 年）六月丁未条。

⑥ （明）《明英宗实录》，卷一一六，正统九年（1444 年）五月壬申条。

截”[1]，杀死陈政及明军上百人。这可谓官逼民反、民不得不反的典型例证。

成化以后，明王朝日益腐败衰落，其与黎民的矛盾也日益激化。从此，全岛各地黎人掀起一次又一次的反抗高潮，直至明王朝灭亡。一言以蔽之，明后期黎民起义的次数与规模均是空前的。

成化五年（1469 年），儋州七方黎符那南反。初，符那南与土舍王赋相仇。其后，王赋侵占符那南之地，并将其逐出，引起“诸黎蓄恨”。当王赋外出临高之际，符那南乘机逃回，率众截杀，王赋败走河洛铺驻扎。符那南势力得到迅速发展，“自号南王”。十一月，都指挥王璲统军攻打，符那南凭险阻屡败明军，彼此相持月余。后明军乘雨夜夹攻，十二月始破上下多那山口寨，符那南败走。次年正月，在落贺峒再战明军，失败后，余部姜花峒符英坚持斗争。三月，符英被俘而败[2]。这一事件，为弘治符南蛇起义埋下了种子。这是明政府插手黎族内部纷争，支一派压一派而引起黎人反抗活动的典型事例。

成化七年（1471 年），儋州黎“攻毁村寨”[3]。

成化十一年（1475 年），儋州落窑峒黎符那推反，“兵备副使涂棐、都指挥李祐统汉、达官军及黎兵进讨”[4]。十一月，儋州黎反抗据点被攻破。次年二月，反抗活动失败。

弘治三年（1490 年），陵水县黎亭、岭脚等峒黎陈那洋等反。十月，明王朝派遣左参将姚英攻打。明军“分汉、达官军及黎民、民壮为三哨：中路由热水、江旦、凡胆等路进；左哨由石塘、对户、南藁等路进；右哨由大坡、变摆、那拜等路进，分击诸村”。十一月，反抗者与官军大战而败。是役，黎人被杀、俘达 1500 人左右。

弘治十四年（1501 年）七月，爆发了规模空前的儋州七方峒（今白沙县境）符南蛇领导的黎民大起义。这次起义，是因明王朝的苛重赋役征求而引发。故史称：

儋耳七方黎峒，……额粮八百余石。弘治末，困于征求，土官符蚺

① （明）《明英宗实录》，卷一五二，正统十二年（1447 年）四月辛酉条。

② 参见（明 嘉靖）黄佐：《广东通志·外志》，卷六八。

③ （明）《明宪宗实录》，卷九四，成化七年（1471 年）八月丁卯条。

④ （明 嘉靖）戴璟：《广东通志初稿》，卷三六，生黎条。

（南）蛇者扇动诸黎，远迩响应。[①]

又称：

以官役频繁，困于征求，……因劫杀作乱，刻箭传递，三州十县诸黎峒各皆领箭，闻风响应。

反抗活动迅速发展。闰七月，拥众万余围儋州。八月，围昌化。九月，分兵攻打临高。时镇、巡二司调动汉、达官军两万余人，会临儋境，分五道进攻义军基地。轻敌而无纪律的明军，被义军打得全线溃逃。明顾岕《海槎余录》对此写道：

第一道首临落窑境，黎首符那楠率轻兵据险迎敌，官民兵死者二千余，而分守重臣亦与难焉。其四道，闻风溃回。

十二月，省军抵儋州，都指挥何靖驻扎于保吉，孤营无备，为义军所劫，参议刘信被杀[②]，“死者不可胜计，自是贼势益炽，郡城为之惊动”[③]。至是，朝廷震动，命两广总兵毛锐统汉、达官军及俍、土兵十万至儋。时义军严阵以待。当时，明军谋士也不得不叹道：符南蛇“拥众七方，众号十万，地险兵锐，势难卒灭，而三州外应，强党以倍”[④]。明军采取集中兵力攻打义军据点的战略，符南蛇独拥精锐出敌，展开了“殊死战”[⑤]。在敌我双方力量对比悬殊条件下，加之，义军援兵未集，符南蛇恃勇轻出，中箭受伤，赴水身亡。明军攻占七方峒后，采取惨无人道的屠杀与掠夺之策。明王佐《平黎记》写道：

擒贼妻孥，焚其庐，沼其官，搜戮其亲族党与，无噍类。

---

① （明）顾岕：《海槎余录》。

② 据《明孝宗实录》，卷一八九，弘治十五年（1502年）七月乙酉条载：广东布政司参议刘信尝讨黎人，“死于锋镝”。参议，其职“分司诸道”，为从四品（见《明史·职官志四》，卷十五）。这是明朝死于黎事的高级官员。

③ （清 康熙）金光祖：《广东通志·外志·俚户》，卷二八。

④ （明）王佐：《平黎记》，见《鸡肋集》，卷二。

⑤ （明）《明孝宗实录》，卷二〇一，弘治十六年（1503年）七月庚午条。

历时一年多的起义，终于弘治十五年（1502年）十二月失败。在这次起义中，黎民惨遭杀害者2560余人，被俘1400余人，被毁居民区1200余所。

需要指出的是，俍兵在此次军事行动中起着重要作用。据《明史·潘蕃传》卷一八六载：潘蕃总督两广，黎首“符南蛇乱海南，聚众数万。蕃令副使胡富调俍土兵讨斩之”。从此，响应儋州符南蛇起义的西至昌化、感恩、崖州；东至临海之澄迈、琼山、定安、万州等地的黎民反抗活动，也先后遭到残酷摧残。

这次起义，声势大、范围广、影响深。明人王佐写道：

> 儋州七方峒黎符南蛇倡乱，环海州县峒黎皆应之，攻儋州临高、昌化县，陷感恩县，抗拒官军，……撼动海外三千里。[①]
>
> ……
>
> 琼州西界一千余里，道路不通，海南几危。[②]

正德元年（1506年），定安光螺图峒首曹英结党反，活动于万州等处。[③]

正德二年（1507年），崖州千家、罗活等村黎反。三月，副使王倬亲率崖州、昌化、儋州官军并土舍黎兵攻打。反抗活动被镇压后，采取分而治之与强化军事统治之法，以削弱和防范反抗势力。

正德七年（1512年）三月，万州鹧鸪、龙吟等峒黎郑那忠等复反。早在弘治十七年（1504年）郑那忠反，杀督备指挥谷泰，其后得到乐会纵横、斩对，陵水黎亭黎的响应，“势日昌炽”。正德初，稍受挫，至此复出。兵备副使詹玺统明军5000攻打。明军采用四路分进而后集的战术。反抗者在得到土舍的情报后，预先埋伏在纵横峒坛口村大连山麓，夜晚攻劫太平营，“杀伤数多”。明军遂散师而归，由是反抗者“势愈炽”。战杀百户李廷杰等24人。自西过巴顿、香根、加小、横岭，北过岭脚、五乡、南里、黎兴数十村，并连驱东南陆连、土兵、横山、亦土陇等村，通行无阻，锐不可当。反抗势力所以能迅速发展壮大的原因在于：取得黎、汉人民的支持。黎民为之潜通消息、饷以酒食、充当向导；“间有军民奴囚逃入，党与通行”。

① （明）王佐：《平黎记》，见《鸡肋集》，卷二。

② （明）王佐：《平黎记》，见《鸡肋集》，卷二。

③ （清 光绪）吴应廉等：《定安县志·黎岐·平黎》，卷九。

由是，“势益大”。[①]

正德十六年（1521 年），崖州抱龙、罗活诸峒黎反。知州陈尧思调熟黎土兵二次征平。继又大乱，按察司副使胡训饬兵于琼，分兵三哨而平。

嘉靖元年（1522 年），“督府雕剿罗活峒”，群黎败走。明武官以穷搜邀功，激起黎人愤怒，起而袭杀明军数十人，并缴获满野的甲胄器械。从此，黎人“知军弱，始无忌惮，自是雕剿遂不足恃”[②]。

所谓“雕剿”，系明王朝采用残酷军事镇压的代名词。雕，鸷鸟类，鹫之别名。“雕剿”之名，当是取其迅猛凶悍之意。此法，为成化间两广总督韩雍在镇压大藤峡地区瑶人起义期间所创。其法，用于黎区。黎人的英勇反抗，遂使“雕剿”法破产。

嘉靖四年（1525 年），临高番溪峒王绮龙、番念峒王三钦、番西峒王诰学等深入提南村王坦家，杀土舍王宇，由是聚众反[③]。这是黎民将斗争矛头指向科敛之土舍的又一例证。

嘉靖八年（1529 年），乐会纵横诸峒黎反。知县漆鲁深入黎峒，招抚而平。[④]

嘉靖十三年（1534 年）三月，琼山县沙湾、居林等峒黎首黎佛二[⑤]反。据载：

> 黎佛二等聚众千余，攻劫营栅，典史李士奇死之，虏千户杜盛、百户杨荣以去，所杀伤官军甚众。[⑥]

兵备副使游琏，采取欺骗手段，利用土舍招降，“俾诱渠首，设伏擒之”，以削弱反抗势力。接着，于七月分哨突袭，并大肆劫掠黎民财产，“焚其聚落，夺其畜谷”[⑦]。九月，事平。

嘉靖十八年至二十年（1539—1541 年），又爆发了万州鹧鸪啼峒（今琼州县境）、

---

① 参见（明 嘉靖）黄佐：《广东通志·外志》，卷六八等。

② （清 康熙）金光祖：《广东通志·外志·俚户》，卷二八。

③ （清 光绪）聂公缉等：《临高县志·黎岐·黎患》，卷十五。

④ （清 康熙）陈秉慥：《乐会县志·黎情》，卷三。

⑤ 《明实录》《明史·陶谐传》卷二〇三均作“黎佛二”；而嘉靖《广东通志》则作“黎福二”。

⑥ （明）《明世宗实录》，卷一六六，嘉靖三年（1524 年）八月丁酉条。

⑦ （清 康熙）金光祖：《广东通志·外志·俚户》，卷二八。

陵水县黎亭、岭脚、郎孟诸峒（今陵水县、保亭县境内）那黄、陈那任领导的大规模黎民起义。

嘉靖十八年（1539 年），万州鹧鸪啼峒大抵村黎首那红、那黄叔侄争田。叔不胜，投奔陵水军堡村庄千户万人杰。为报其私怨，万人杰率兵以捕猎为名，袭大抵村，尽夺那黄妻孥资产而有之，那黄积愤，纠会黎亭、岭脚二峒陈任（又作陈那任）等攻劫陵水县 96 村，屡败官军，其势益盛。副使陈大珊令指挥张世延等进攻，义兵用埋伏战杀死张世延并百户于溥、项桧诸人。为对付义军及强化对黎人的统治，“嘉靖十九年（1540 年），总督蔡经以崖、万二州黎岐叛乱，攻逼城邑，请设参将一员，驻扎琼州分守”[①]。从中，也可见崖州与万州黎人的反抗势力之盛。

嘉靖二十年（1541 年）九月，总督蔡经、总兵柳珣参将程鉴调广西田州、向武等地目兵[②]80000 余合汉、达官军 102000 余征崖、陵郎孟陈那任等反黎。兵分三哨，中哨 45000 余人，由昌化进攻德霞等地；左哨 31000 余人，由万州进攻郎温、椰根；右哨 26000 余人进攻黎亭、岭脚。义军伪败设伏，“官军颇亦伤折”。参战目兵，也伤亡惨重，如嘉庆《广西通志·土司列传》卷二六八载：田州土知州岑芝，“奉调从征，抵琼州督战，杀贼数十人，以外援不至而死，其土兵同时死者，亦数百人”。至十二月，反抗活动终因敌众我寡而败。明王朝采取残酷屠杀政策，“所破峒二百七十有奇，斩五千五百余级，登黎婺山巅而还”。

嘉靖二十八年（1549 年）四月，爆发了崖州止强、石讼（今乐东县境）黎那燕、那牵、古镇州峒（今东方县境），符门钦领导的黎民大起义。其直接原因，是封建官员奸贪科扰黎人而起。史称：

> 判官黄本静奸贪科扰黎人，致纵赵坤文等乘机作局，勒取牛财，激黎大变。[③]

那燕、那牵聚众 4000 人反，在符门钦等支持下，其势甚盛。史称：

> 攻毁县治，几陷崖州，东至陵水，西至昌化，七百余里之路，阻绝

① （清）张廷玉等：《明史·广西土司列传三》，卷三一九。

② “目兵”，又名“俍兵”，系广西壮族土兵。

③ （明）张鏊：《交黎剿平事略》，卷四，嘉靖二十七年（1548 年）十一月二十九日欧阳必进奏疏。

> 不通，……三州十县，竟为所图。[①]

又称：

> 势益狂炽，至攻毁城郭。[②]

同年八月，明王朝调两广汉、达官军及土舍兵9000，攻、抚不下。十二月，总兵官陈圭、总督欧阳必进督广西两江俍僮土官目兵及广东、海南汉、达军兵87000余人分三哨进攻。中哨入自感恩，至千家、多涧、德霞等村；左哨入自陵水，至止强、石讼、否浅等村；右哨入自昌化，抵峨乍、峨浅。定期会集。义军进行了坚决、英勇抵抗。史称：

> （反抗者）于险隘迳路，竖立排栅，开掘濠堑，悬木垒石，预为准备。仍用强弓利矢，皮盔角甲，聚集各山险岭，结阵以待。

又称：

> 凭险拒敌，垒石滚木，乱掷如雨。[③]

二十九年（1550年）三月，起义失败[④]。明统治者实行残酷屠杀与掠夺，给黎区造成严重破坏。先后杀害黎民5380人，俘1049人，夺获牛只器械倍之，招抚男丁3766名[⑤]。

隆庆二年（1568年），临高县黎人袭杀坟横峒首王颜及生员王虞[⑥]。

万历二年（1574年），澄迈黎王佛陈、王希圣、王希贤、王枝等集各峒松林、

---

① （明）张鏊：《交黎剿平事略》，卷四，嘉靖二十八年（1549年）十一月二十三日欧阳必进奏疏。

② （明）《明世宗实录》，卷三五一，嘉靖二十八年（1549年）八月庚午条。

③ （明）张鏊：《交黎剿平事略》，卷四，嘉靖二十九年（1550年）五月二十九日欧阳必进奏疏。

④ （清）张廷玉等：《明史·世宗本纪二》，卷十八。

⑤ （明）《明世宗实录》，卷三六三，嘉靖二十九年（1550年）七月庚子条。《明史·广西土司列传三》卷三一九，招抚人数为“三百七十六人”，当系抄袭有误。因《明史·沈希仪传》卷二一一也作“招降三千七百人”，与《明实录》相符；又，“牛只”二字，《明史·广西土司列传三》写作“牛羊”，当系臆改之误，因黎区主要养牛而未见养羊记载。故两者均当以《明实录》为是。

⑥ （清 光绪）聂公缉等：《临高县志·黎岐·黎患》，卷十五。

岭打、略逶等村黎众反，其势扩及新安地方，攻破百余村。九月，黎众千余攻掠逶营，与明军及乡勇激战。当局在占据反抗者居地后，倒行逆施，严重摧毁黎区与破坏黎区生产，“尽火其居，遗下荒田五十五顷入官”①。

万历四年（1576年），儋州黎首王忠反，知州王克家发本州黎兵收捕。②

万历四年（1576年），万州黎首那一结群黎反。自隆庆以来，其活动一直未终止。至是，始被镇压。③

万历四年（1576年）三月，崖州罗活黎反④。

万历十四年（1586年），万州长田峒黎反。“兵备道遣兵执戮之。草子坡诸黎召众来报复，战于长沙营”⑤。战败后，黄村、田尾诸峒黎均出降。

万历十五年（1587年），万州长田等村黎反，“劫长沙营，杀官军”⑥，副使易可久统兵3000分道进攻。

万历十五年（1587年），定安黎反，副使易可久统官军乡兵，深入月余，伤亡惨重，“时值炎暑，瘴死枕藉，寻班师”⑦。

万历十六年（1588年），临高黎符黑三反，攻打南定、澄迈等地。明当局在派兵平后，建独木营，加强军事控制。

万历十九年（1591年），琼山居林、居碌等峒黎反。“通判刘世懋单骑深入招抚，诸酋悉服，兵巡上其功于抚院，请于朝，特降印一颗，使得便宜经略。督捕厅兼抚黎自懋始”⑧。

万历二十五年（1597年）至二十七年（1599年），爆发了以琼山县居林、居碌、沙湾等峒为基地，以马矢、黎广、王盖老、孙恩等人为领导的琼山、定安、澄迈、临高诸县黎民起义。此次起义，此起彼伏，声势浩大，给明统治者沉重打击。故明

① （清 嘉庆）谢齐韶等：《澄迈县志·海黎志·平黎》，卷八。
② （民国）彭元藻等：《儋县志·海黎志七·平黎》。
③ （清 道光）胡端书等：《万州志·前事略》，卷七。
④ （清 光绪）钟元棣等：《崖州志·黎防三·抚黎》，卷十四。
⑤ （清）张廷玉等：《明史·广西土司列传三》，卷三一九。
⑥ （清 雍正）郝玉麟等：《广东通志·岭蛮》，卷五七。
⑦ （清 光绪）吴应廉等：《定安县志·黎岐·平黎》，卷九。
⑧ （清 咸丰）李文烜等：《琼山县志·海黎七》，卷十二。

王宏诲《水会所平黎善后碑》称：

> 州县震动，数年莫可谁何[①]。

万历二十五年（1597年），琼山黎黎福、黎广反，攻至南黎官口地面[②]。

同年十一月，临高县番溪、番洒等结约琼山、定安诸黎反，出攻提南村，“逼邑城”。副总兵黎国耀督兵征进，于次年正月无功而还。诸黎复出。[③]

同年，定安黎攻打新寨、三龙塘等村。副总兵黎国耀统兵进攻，黎马矢等拒敌，伏杀百户王应雷，复袭营，杀伤颇众，其势“益肆”。太守李多见调大陆高、雷、廉等兵攻打，“未有成绩”[④]。

万历二十六年（1598年），琼山居林、居碌峒黎反。其后，居碌峒首黎坤和被俘而败。同年，澄迈县略远峒反，平定后，招抚十余村，掠夺黎民土地，“时给该峒田赏功”[⑤]。

万历二十七年（1599年），琼山居林等峒复反。定安黎首马矢首倡，联合黎广、王盖老、孙恩第诸黎攻入内地，活跃于江南北，至深山、打铁等市，坡文等村，定安、临高、儋州、崖州黎人纷纷响应，势力甚盛。明王朝震惊，派东山游击将军邓钟率所部，副总兵黎国耀率雷、琼土、客兵8000余人，生员王观海率乡勇、黎兵300余人，由临高、定安、琼山三路长驱而入。义兵骁将牛坡星守要冲孔道峡门，严阵以待。四月初七日，两军展开“殊死战”。义军埋伏两岸，“矢下如雨”。明军用皮牌拥卫，并乱射三眼铳火箭，牛坡星战死。王乐天引小岮义兵7人“号七虎”[⑥]，图为策应。其后，明军分由水蕉、沙湾推进，前后夹击。明军攻入居碌峒，义军首领马矢于五指乾脚歧界被俘。前后经4月而败。明王朝在镇压黎马矢起义后，强化对黎区的统治。筑水会城于黎马矢故居地水蕉村，置守御千户所，调兵把守。始开屯田，黎户安插诸村，改居林、居碌、沙湾等峒为都图，纳粮编差，纳入封建

① （明）王宏诲：《水会所平黎善后碑》，见《天池草》，卷二。

② （清 嘉庆）谢齐韶等：《澄迈县志·海黎志·平黎》，卷八。

③ （清 光绪）聂公缉等：《临高县志·黎岐·黎患》，卷十五。

④ （清 光绪）吴应廉等：《定安县志·黎岐·平黎》，卷九。

⑤ （清 咸丰）李文烜等：《琼山县志·海黎八》，卷十二。

⑥ 以上引文均出自（明）王宏诲：《水会所平黎善后碑》，见《天池草》，卷二。

统治轨道中。

万历三十年（1602年），儋州可森、可誓黎反，杀死督备百户林栋及军兵数十人，后为副总兵邓钟同抚黎通判吴俸督汉兵所败[①]。

万历三十四年（1606年）十一月，万州黎反，攻东澳、水口等村[②]。

万历四十年（1612年）春，万州黎攻乌石、杨梅等村。夏五月，黎首张何、那进、那长等被捕。[③]

万历四十年（1612年）十一月，崖州黎岐那阳、那牙、那定等结罗活、抱由诸峒反，“聚逃民，置器械，……岁无宁日”[④]。次年，明统治者令分总薛鸿翱、把总曾忠率兵攻打。当局本拟挑拨黎族内部关系，以“熟黎”抱由攻打“生黎”罗活。但事与愿违，抱由峒反而与罗活峒结成联盟，射死薛鸿翱。曾忠潜取邀功，被击溃，土舍符起凤也被射伤。是役，“歼杀我兵殆尽”[⑤]，义兵可谓旗开得胜。十一月，明军调南头副总兵张万纪、雷廉副总兵杨应春、参将张守贵等统兵进攻。再遭惨败。“军无纪律，进退不一”，为义军所乘，遂致大败。张万纪及参将张守贵、澄迈哨官蔡国宾、李俊等，均战死，义军“势越炽”。接着，委任赵孟麟提督主客官兵防守。时崖州把总吴业捉“熟黎”张邦跄等解州枷钉，更激起黎人义愤，“黎遂蜂起，攻陷乐平营，围州城，危如累卵”。总之，这一时期，明军节节败退。礼部给事中姚永济指责两广总督张鸣冈，“既而征剿，发客兵、土兵共一万二千四百人，一月之内三战三北，杀伤无算，则有败衄之罪”[⑥]。

明王朝命总兵王鸣鹤督各路官兵并西粤俍兵云集征进。十二月，分七路攻击。“罗活、抱由二峒集党挑战”[⑦]。但在优势明军合兵会攻下，抱由、罗活诸峒被焚毁，反抗活动告败。此时，陵水黎廖二也反，明军乘势推进，黎首那求、那欣等被杀，

① （民国）彭元藻等：《儋县志·海黎·平黎》，卷八。

② 均见（清 道光）胡端书等：《万州志·前事略》，卷七。

③ 均见（清 道光）胡端书等：《万州志·前事略》，卷七。

④ （清 道光）明谊、张岳崧：《琼州府志·防黎》，卷二二。

⑤ （明）《明神宗实录》，卷五三二，万历四十三年（1615年）五月戊午条。

⑥ （明）《明神宗实录》，卷五三二，万历四十三年（1615年）五月戊午条。

⑦ 以上引文，未注明出处者，均见（清 光绪）钟元棣等：《崖州志·黎防三·平黎》，卷十四。

招抚 16 峒。罗活、抱由既定，明统治者“议筑城堡，设守备”[①]，强化崖州的军事统治。

此次反抗活动，给明王朝带来重大人力、物力的损失。故史称：是役，“费金钱，损士马，张万纪……等千人之命不可复苏，此不得偿失者”[②]。

需要附及的是，明王朝在镇压此次反抗活动后，“改乐活为乐安，调广西药弩手三百名屯守，统以把总”[③]。并予所没收的黎田 30 顷作为屯田。从此，明王朝的军事势力深入至今乐东盆地一带。这批药弩手在海南定居下来。清代以后，被称作苗人，保持了本民族的传统习俗。据载：

> 儋州又有苗黎，凡十村，约九十余家，男妇不满千人，所居近冯虚峒，附归该峒黎总兼管，性最恭顺，出调南市贸易，从无滋事。盖前明时，剿平罗活峒叛黎，建乐安城，调广西苗兵防守，号为药弩手，后迁居于此，即其苗裔也。至今，其人善用药弩，兼有邪术，能以符法制人。[④]

又据载：

> 后营汛废，子孙散居山谷，仍以苗名。[⑤]

其后，人口不断繁衍，居住地域不断扩大。据统计，今海南苗族共有 52044 人，主要分布于通什、琼中、保亭、乐东、万宁、陵水等地。

在崖州黎势力遭到明王朝摧残后，黎人反抗活动的重心转移。此后，万州黎频频发动反抗活动。

万历四十五年（1617 年）正月，万州黎攻打竹头堀、南桥等村，与敌战于大丛岭，黎首那献被杀。

---

① 以上引文，未注明出处者，均见（清 光绪）钟元棣等：《崖州志·黎防三·平黎》，卷十四。

② （明）《明神宗实录》，卷五二九，万历四十三年（1615 年）二月戊子条。

③ （清 道光）明谊、张岳崧：《琼州府志·兵制》，卷十七上。

④ （清 道光）明谊、张岳崧：《琼州府志·村峒》，卷二〇。

⑤ （民国）周文海等：《感恩县志》，卷十二。

万历四十六年（1618年）十二月，万州黎攻番凤等村，又攻大堀、石头寮、南礼等村。

万历四十七年（1619年）正月，万州黎攻加摄、乌石、茶根等村；二月，又攻那亮、普礼等村；六月，又攻清明田、那亮等村；七月，又攻草子坡、横岭等地方。

万历四十八年（1620年），万州黎攻巴乐、大堀、牛角窝村。[①]

天启三年（1623年），万州黎四出进攻，活跃乡村，其势甚盛，故史称：自万历四十年（1612年）后，万州黎势"猖獗，蹂躏诸村，殆无虚日，官兵未尝剿捕"。

崇祯二年（1629年），万州黎攻水口、东澳等村[②]。

崇祯四年（1631年），昌化县落洒峒黎符那恩反。昌化逃民王生为西导，感恩逃民苏弘礼为东导，出打害山。后土舍王创"押取各逃民潜居黎峒者"，得王、苏二人，事态始平。[③]汉族逃民与黎民站在一起，而黎族上层土舍则与明统治者沆瀣一气。这一事实表明：民族问题的实质是阶级问题。

崇祯六年（1633年），万州黎攻曲埇、买山、后朗、周村等村，并射伤把总王秉忠[④]。

崇祯八年（1635年），万州黎攻头石、头寮、六连、乐排、黎芎等村，占据五六日，"并无一官兵追捕"，后一度将其势力深入至乐会境[⑤]。

崇祯八年（1635年）六月，崖州侵宇黎王亚锦、王亚郁反。时东黎不臣，王亚锦、王亚郁更甚，被当局视作"崖东大患"。知州朱宏遣粮长黄金率止强黎进讨，先攻抱笼，后抵侵宇。在这种情况下，锦、郁虽表面上受抚，"归，仍跋扈如故"。八月，联合亩感歧及两峒歧黎攻田寮、羊栏、妙山、董笼、敦兜诸村。朱宏急发兵成三亚应变，并请求明王朝调兵。十月，兵备道苏寅宾促参将王道济出兵，屡遣人入侵宇招抚。事平后，明王朝立三亚营，调扬威营左哨官兵防守，加强崖东戒备。[⑥]

① 以上万州黎事，均出自（清 道光）胡端书等：《万州志·前事略》，卷七。

② 以上引文均见（清 道光）胡端书等：《万州志·前事略》，卷七。

③ （民国）周文海：《感恩县志·经政·平黎》，卷十三。

④ （清 道光）胡端书等：《万州志·前事略》，卷七。

⑤ （清 道光）胡端书等：《万州志·前事略》，卷七。

⑥ （清 光绪）钟元棣等：《崖州志·黎防三》，卷十四。

崇祯十三至十四年（1640—1641年），乐会县纵横峒“熟黎”联合“生黎”反，攻打西南一带乡村，后受抚。[①]

崇祯十五年（1642年）八月，万州黎反，攻六连、墩圩、黎苎等村。[②]

崇祯十七年（1644年），澄迈峒黎反，活跃于西南诸村，清初始平。[③]

崇祯十七年（1644年）九月二十八日，临高黎符元豪率3000余人攻定安城；十一月二十四日“复围”[④]，后为当局所平。

崇祯十七年（1644年），“署县府学训导闽人翁吉爋沉湎暴虐，士民解体”，峒首符万岗“攻破县城，焚毁衙署”，杀吉爋而去[⑤]。

总之，明代黎民反抗斗争，空前繁多。特别从成化、弘治年间以后，更是连绵不断。故清初吴震方称：黎人“叛服无常，无有十年不乱者也”[⑥]。至于小规模的“侵突”，更是“无时而息”[⑦]。

在这些反抗活动中，较大规模的有五次：弘治十四年（1501年）儋州七方峒黎符南蛇起义；嘉靖十八年（1539年）至二十年（1541年）万州鹧鸪啼峒、陵水黎亭、岭脚、郎孟诸峒黎那黄、陈那任起义；嘉靖二十八年（1549年）崖州止强、石讼与古镇州峒黎那燕、那牵、符门钦起义；万历二十五年（1597年）至二十七年（1599年）以琼山县居林、居碌、沙湾等峒黎为据点，以马矢、黎广、王盖老、孙恩第等为首的起义；万历四十年（1612年）崖州黎那阳、那牙、那定起义。

二、明王朝的对策

面对连绵不断、愈演愈烈的黎民反抗活动，明王朝采取的主要对策有：

以“剿”“抚”兼施或交替使用的两面手法。以图达到分化、瓦解、镇压黎民反抗活动的目的。

① （清 康熙）陈秉慥：《乐会县志·黎情》，卷三。

② （清 道光）胡端书等：《万州志·前事略》，卷七。

③ （清 嘉庆）谢齐韶等：《澄迈县志·海黎志·平黎》，卷八。

④ （清 光绪）吴应廉等：《定安县志·黎岐·平乱》，卷九。

⑤ （清 光绪）聂公缉等：《临高县志·黎岐·黎患》，卷十五。

⑥ （清）吴震方：《岭南杂记》。

⑦ （清）张廷玉等：《明史·广西土司列传三》，卷三一九。

以黎制黎。制造黎族的内部矛盾，使之互相攻杀和削弱，以坐收渔人之利。如：在儋州黎符那南与王赋的争夺中，采取支一派压一派的做法；以“熟黎”抱由峒攻打“生黎”罗活峒；用土舍王创攻打昌化县落洒峒黎符那恩；经常使用黎兵镇压黎民起义。就是说，利用黎族上层分子镇压本族人民，或以这一部分、这一地区的黎人攻打另一部分、另一地区的黎民，从而起到明军无法起到的作用。需要指出的是，在镇压黎民反抗中，黎兵往往被充当先锋打手作用。据明海瑞《平黎图说》云：“黎兵出众力以开先，官兵养全力以守后。”① 这样，既可引起黎人自相残杀，又可收保存明军实力之效。其用心是极为险恶的。

利用其他少数民族攻打黎民反抗活动。土兵是明王朝经常用以镇压本族或他族反抗活动的一支重要军事力量，这既可弥补明王朝兵力不足与明军战斗力不强的缺陷，又可达到挑拨民族关系的罪恶目的，可谓一箭双雕。对待黎民反抗活动也如是。如利用汉、达官军及俍、土兵攻打符南蛇；征用广西田州、向武等地目兵八万对付崖、陵陈那任；调遣广西药弩手屯守黎区。总之，明王朝在镇压黎民反抗活动中，多次动用广西两江俍僮土官目兵的军事力量，是其突出特征之一，此即“调俍兵以冲险阻”② 之谓。

集中优势兵力，以多打少。综观明代黎民反抗斗争史，人们不难发现这样的事实：当始发之际，明统治者总是漫不经心、轻意玩火；一旦黎民反抗活动成燎原之势并威胁明王朝在黎区的统治地位时，统治者又往往惊惶失措，急忙从各地调集大量兵力，集中时间、集中力量进行镇压。如：以100000兵力攻符南蛇；以10200兵力攻崖、陵陈那任；以87000兵力攻崖州黎那燕等人。其兵力之庞大，可见一斑。在进攻符南蛇之役中，明军之所以能长驱直人而肆无忌惮，就是仰仗投入优势兵力。无疑，黎民反抗活动之所以屡遭失败，敌我力量悬殊是极其重要的因素。

使用较为先进的武器特别是各种“火器”。明军不仅在人数上而且在装备上也优于反抗者。武器在战争中是取胜的重要手段之一。装备上的优劣不等，也是黎民反抗活动为明军所败的一个因素。据明杨理《上卢兵备书》中称：

---

① （明）海瑞：《平黎图说》，见（清 光绪）吴应廉等：《定安县志·黎岐志》，卷九。

② （明）何斌臣：《征黎善后条议》，见（清 道光）明谊、张岳崧：《琼州府志·黎议》，卷二二。

彼僚之性，最怕火器。乘虚遣人抵峒放火，四面炮响，彼必丧胆，黎岐见腹背受敌，敢不望风而归附，破竹之势迎刃而解矣。①

换言之，明军利用黎人怕火器的弱点，用火炮虚声恫吓以壮声威。明参将黎国耀《条议二事》则说：明军“创置火器以为前锋，彼不敢逆，自当引避逃匿”②。就是说，明军利用“火器”开路，用猛烈火力压制义军以取胜。实际上，也不乏明军藉助优良武器打败义军的战例。如在明军与定安黎马矢的对垒中，“两岸矢下如雨，军士用皮牌拥卫，各以三眼铳火箭乱射”③。显然，是役，倘明军没有防御与进攻的精良武器，明军当已葬身黎人马矢的乱箭之下。又，万历四十二年（1614 年）十二月，明军攻崖州黎，“俱用新制竹笆抵箭，又用各色火器冲击，贼始不支，自拆栅出，遇箐即逃”④。

分兵合击。明军依恃人多势众，采取分兵前进，以扫除障碍，最后合围反抗基地，以决战决胜的战略。征崖、陵陈那任，兵分三哨，把矛头最终指向郎温、黎亭、岭脚诸黎人据点；征崖州黎那燕等人，分三哨进攻，定期会集；征罗活、抱由峒，分七路进攻，而意在夺取二峒。可见，明军征黎重大战役，其进军路线，大多雷同。

实行速决战与阵地战。明大兵征黎，其数动辄以万计甚至十万计。显然，当时海岛要保证如此庞大的给养，是极其困难的。虽可“因粮于敌”于一时，但终非长久之计。倘旷日持久，则粮草难继，必将无功而还。以财力而言，中央王朝也难以承担长期巨额耗费。加之，军队多从大陆调入，他们不仅很难适应当地岚瘴、“天暑”之气，且易罹“疾疫”之灾。诸多因素，都决定明军必须速战速决。如：弘治征黎符南蛇，“不再越月而班师奏凯”⑤；嘉靖辛丑征崖、陵，“自进兵至振旅，仅两月”⑥；万历征黎马矢，“甫四阅月，黎悉定”⑦。这表明，明王朝所进行的重大征黎战争，都是在短期内基本结束的。

---

① （明）杨理：《上卢兵备书》，见（清 道光）明谊、张岳崧：《琼州府志·黎议》，卷二一。

② （明）黎耀：《条议二事》，见（清 道光）明谊、张岳崧：《琼州府志·黎议》，卷二一。

③ （明）王宏诲：《水会所平黎善后碑》，见《天池草》，卷二。

④ （明）《明神宗实录》，卷五二九，万历四十三年（1615 年）二月庚辰条。

⑤ （明）王佐：《平黎记》，见《鸡肋集》，卷二。

⑥ （明）钟芳：《平黎碑记》，见《钟筠溪集·记》。

⑦ （明）王宏诲：《水会所平黎善后碑》，见《天池草》，卷二。

明军要进行速决战，就不断寻求主力决战的机遇。依靠兵力与装备的优势，进行阵地战。明军所惧怕的是，反抗者采取避实就虚的战术。事实也证明，反抗者进行埋伏战、袭击战、游动战，往往就占据主动地位，就能将战争持久地坚持下去。相反，反抗者的失败，总是与不愿放弃基地而进行两军对垒的最后决战联系在一起的。

残酷屠杀、摧残与掠夺。此策，使黎区人口锐减、村庄残破、生产破坏，黎民生命财产遭到不可估量的损失。事平后，明王朝对反抗地区采取的这类疯狂的报复性政策，起了延缓、阻碍黎区社会发展的反动作用。

反抗者被大批杀戮。反抗失败后，不仅男子，甚至妇孺也遭厄运，“罪及妻孥”，即其写照。平符南蛇后，“搜戮其亲族党与，无噍类”。征崖、陵陈那任之役，杀害黎民竟达 5500 余人之多。在当时地旷人稀的条件下，这一数字，是令人怵目惊心的。封建统治者妄图用斩尽杀绝的办法来防止反抗的复发，但结果却在黎民中深深埋下了复仇的种子。

起义地区的村庄被焚毁，甚至夷为平地。所谓“攻破巢穴”“焚其庐”“沼其官”“火其居”，即指此。这就造成大批黎民背井离乡、流离失所。

没收土地与掠夺财产。平黎后，黎民的土地与牛只成了明统治者的主要掠夺对象。如：平陈佛二后，“遗下荒田五十七顷入官”；平马矢后，“抄没”田 63 顷 98 亩；平罗活峒后，“清丈”黎田 119 顷 42 亩余。明统治者将这些入官土地，作三种用途：一是给参战有功者赏赐之用。万历平澄迈县略远峒黎后，“时给该峒田赏功”；二是用作屯田。这是屯田的重要来源。如平马矢后，在当地驻军，“始开屯田”；三是“召佃垦耕”，将租谷充军粮。明统治者本打算将田产充公，以达到惩罚、恐吓反抗者的目的。结果恰恰相反，使本已紧张的土地问题更加严重，从而为下一次反抗活动种下了祸根。

强化统治。平黎后，筑城，建营、所，加强军事镇压力量。如：平临高黎符黑三后，建独木营；平马矢后，筑水会城，置守御千户所；平崖州侵宇黎后，立三亚营。与此同时，加强政治控制。有的地方，甚至改峒为都图，纳粮编差，使成为明王朝的臣民，正式纳入封建统治的轨迹中。所有这一切措施，都无法消除深刻的社会矛盾。虽能使黎区表面平静一时，却蕴育着更猛烈的反抗风暴的来临。如此循环不已，直至明王朝的灭亡。

三、反抗活动的主要特点

规模空前。表现为：一是参加人数众多。如，符南蛇起义“众号十万”，在黎民反抗斗争史上创下了新的纪录。又如，崖州黎人反抗一浪高过一浪，“先年为患不过十百为群，遇军兵罔敢拒敌，今则动以千百直前抗敌”[①]；二是时间长，大规模起义，往往历时三四年才暂告平息，故史称，大举征黎，“或三年或四年后止，然竟不能使黎寇詟服”[②]；三是地区广，有明一代的反抗活动，可谓遍及全岛黎族地区，且其斗争重心，从岛北和沿海地带，逐步向岛南内陆山区延伸。如，符南蛇起义的势力及影响所及，包括儋州、昌化、感恩、临高、澄迈、琼山、定安、万州、崖州等地，几达海南大半地区。又如，嘉靖黎人起义，“举海南之境，被其动摇”[③]。

斗争目标集中而明确，直指明朝官府及其帮凶土官土舍。明代黎民起义，攻城廓，毁县治、官署，抗拒官军，攻劫营栅，没收官府财物，为其共同特征。由于明朝地方官员，“贪残苛敛”“贪刻尤甚”，平日骑在黎族人民头上作威作福，因此，广大黎民与封建王朝的矛盾首先表现在其与封建官员之间的关系上。当起义一旦爆发，他们把积怨与愤怒都一股脑儿倾泻在封建官府。故史称：反抗者“虏知县，擒州判倅，杀尉史，几莫敢谁何”[④]，可谓事在必然。

公开与封建王朝分庭抗礼。起义者为了组织和团结内部力量，打击官府，甚至自封名号，别树一帜。嘉靖崖州黎那燕起义，“伪置总兵等官”[⑤]，“彼黎素无统纪，今则各树名号，有总兵、参将、指挥、千百户等官名目，坐轿乘马，张伞执旗，战有纪律，锋莫敢犯”[⑥]，即突出例证。还有，嘉靖给事中郑廷鹄对比明朝与前朝黎人反抗活动不同的言论，颇富代表性。他写道：

自开郡以来且千六百余年，而无岁不遭黎害，无如今日盛矣！曩时

---

① （明）张鏊：《交黎剿平事略》，卷四，嘉靖二十八年（1549年）十一月二十三日欧阳必进奏疏。

② （明）海瑞：《平黎疏》，见《海忠介公集•奏疏》，卷一。

③ （明）张鏊：《交黎剿平事略》，卷四，嘉靖二十九年（1550年）五月二十九日欧阳必进奏疏。

④ （明）瞿九思：《万历武功录•广东》，卷三，黎岐列传条。

⑤ （明）《明世宗实录》卷三六三，嘉靖二十九年（1550年）七月庚子条。

⑥ （明）张鏊：《交黎剿平事略》，卷四，嘉靖二十八年（1549年）十一月二十三日欧阳必进奏疏。

黎俗……以悍力相雄长，不相听命；乃今渠魁要胁椎牛饮血，人人保其约结，与官府抗矣！曩者贼每出战，人挟数矢，勇气甚厉，比矢尽力穷，辄兽奔鸟伏，窜身荆棘中，故见兵辄去；今则鸣钲击鼓，藐视郡县，僭称名号矣！曩者贼见大兵，慑若雷霆，有群缚于旗鼓下以服招者；今则诱之不能携其党，却不能分其势，及致传箭邻村，一时响应，……怙终负固，骄不可招矣！①

换言之，明代黎民起义与以往相比所具有的鲜明特点是：不仅势力愈盛，参加者愈众；而且，从内部纷争走上了与官府、官兵相抗的道路，并公然“藐视郡县，僭称名号”。这表明：明代黎民的反抗斗争，不仅在数量上而且在质量上都有了新的发展，其斗争水准提到了一个新的高度。

如果说，把斗争矛头指向官府是黎民反抗斗争的普遍特点，只不过明代时更为明确的话；那么，在打击官府的同时也不放过土官土舍，则是明代黎民反抗斗争的新特点。宣德元年（1426 年）澄迈县、琼山县黎王观珠、王观政杀琼山县土官知县许志广，嘉靖四年（1525 年）临高黎杀土舍王宇都是例证。这表明：黎民与土官土舍矛盾尖锐化，已进入公开对抗的阶段；黎民起义，不仅具有反对汉族封建统治者的性质，而且包含内部阶级斗争的内容。

黎、汉人民在反抗斗争中紧密联系。这是因为他们有共同的阶级利益所致。大批汉民参加进来，使黎民反抗斗争的力量有所增强，斗争艺术与水平也有所提高。正德七年（1512 年）万州黎郑那忠反，由于得到汉族军民、奴囚的支持而势益大。崇祯四年（1631 年）昌化黎反，明军在“押取各逃民潜居黎峒者”后，才将事态平息。前人是这样评价汉族群众在反抗活动中的作用与地位的：

陵邑有黎，……自明至今，时出为害，实皆闽商荡赀亡命及本省土人贪其香物之利，实为主谋，予以叛敌之力，往往猖獗。②

又如：

① （明）《明世宗实录》，卷三五一，嘉靖二十八年（1549 年）八月庚申条。

② （清 康熙）潘廷侯等：《陵水县志•海黎》，黎情条。

逃军逃囚为之腹心。

……

夫所谓逃亡者，皆我行伍之人，衣冠之类，不能改过自新，而反甘心党恶，为之指示方略。①

可见，汉族群众在反抗队伍中往往起着出谋划策的作用。这是明统治者深为惧怕和伤脑筋之事。因此，明统治者总是把“招亡命以绝敌资”② 作为分化瓦解义军的重要措施。

四、反抗活动的重要意义

（一）给明朝统治者以重创，动摇了其在海南的统治地位

风起云涌的声势浩大的黎民反抗活动，使“州邑震动”“连郡震惊”，“海南几危”。对此，明统治者疲于奔命，穷于应付，惶惶不可终日，即所谓“岁无宁日”。甚至，连封建皇帝也为之震惊，成为其“拊髀之忧”③。

投入兵力，动辄以十万计。如：弘治十四年（1501 年），调动汉、达官军及土兵 100000 镇压符南蛇起义；嘉靖二十年（1541 年），以目兵 80000 余，合汉、达官军 102000 征崖、陵郎盂陈那任起义；嘉靖二十九年（1550 年），以两江俍僮土官目兵及广东、海南汉、达兵 87000 余人镇压崖州黎起义。对此，明海瑞《平黎疏》写道：明朝征黎，凡三大举，“每举调两广，官兵十余万”；他还警告若今后治理不当，“数年后，必一大变，一大变，必用兵十余万”④；明王宏诲《水会所平黎善后碑》则写道：明朝“三勤王师，每大举重兵，无虑十万，云集境上”⑤。

明军死伤惨重。义军虽在数量、装备方面居劣势，但凭藉地利，英勇抗战，给明军予重创。如符南蛇部将符那楠据险迎敌，“官民兵死者二千余”；其后劫营，又使明军“死者不可胜计”。嘉靖十三年（1534 年）黎佛二反，“杀伤官军甚众”。万

① （明）甘简：《黎议》，见（清 光绪）吴应廉等：《定安县志·黎岐志》，卷九。

② （明）何斌臣：《征黎善后条议》，见（清道光）明谊、张岳崧：《琼州府志·黎议》，卷二二。

③ （明）海瑞：《平黎疏》，见《海忠介公集·奏疏》，卷一。

④ （明）海瑞：《平黎疏》，见《海忠介公集·奏疏》，卷一。

⑤ （明）王宏诲：《水会所平黎善后碑》，见《天池草》，卷二。

历四十年（1612年）崖州黎反，“杀伤（明军）无算”。需指出的是，为歼敌，义军采取了一切有效的手段，“驱象”之战，即是一例，据民国《儋县志》卷十五载：宣德元年（1426年），黎人与官军行“殊死”战，突然“驱象大至，阵乱，……官军或死或走”，伤亡惨重。

明王朝不仅损兵，而且折将。有明一代，义军的战果纪录依次有：执杀左参将崔聚；杀崖州千户陈政；杀参将何信；杀督备指挥谷泰、百户李廷杰；杀典史李士奇，虏千户杜盛、百户杨荣；杀死指挥张世延，并百户于溥、项桧，杀田州土知州岑芝；伏杀百户王应雷；杀死督备百户林栋；射死分总薛鸿翱，杀死南头副总兵张万纪、参将张守贵，等等。

除“损士马”，外，还“费金钱”，消耗明王朝大量财力。明王朝投入巨额兵力，进行旷日持久的征黎战争，势必带来难以承受的财政重负，故史有“征黎后，财力耗敝”[①]之载。据明人海瑞计算，每用兵一人，就需“支给三分”[②]。其开销之巨，由此可推知。至于每次大征所费，则史有明文。海瑞《平黎疏》说：征黎三大举，每举“费银数十万两”[③]；俞大猷《黎岐图说》写道：“大征之财数十万”[④]。可见，海瑞哀叹，此为“国家无已之费”[⑤]之言之不虚。

（二）打乱了统治秩序的常规

为了全力以赴对付黎民反抗斗争，致使明朝国家机器的正常运转失灵。免除法定的有关地方官员的朝觐，即是突出例证。如，《明世宗实录》卷三五〇，“嘉靖二十八年（1549年）七月丁亥”条载：因黎人“未靖”之故，“免广东高、琼、雷、廉四府所属儋、崖二州，海康、遂溪、徐闻、合浦、琼山、澄迈、文昌、临高八县及广州府新会县……各正官来朝”。《明世宗实录》卷三五二，嘉靖二十八年（1549年）九月甲戌条载：

以……调兵征崖黎，诏免广西太平、南宁、梧州、思恩各府正官来朝。

① （清 道光）阮元等：《广东通志·宦绩录二十三》，卷二五三，龚汉臣条。
② （明）海瑞：《平黎图说》，见（清 道光）明谊、张岳崧：《琼州府志·黎议》，卷二一。
③ （明）海瑞：《平黎疏》，见《海忠介公集·奏疏》，卷一。
④ （明）俞大猷：《黎岐图说》，见（清 道光）明谊、张岳崧：《琼州府志·黎议》，卷二二。
⑤ （明）海瑞：《平黎疏》，见《海忠介公集·奏疏》，卷一。

《明穆宗实录》卷四九，隆庆四年（1570 年）九月乙酉条载：

以广东寇乱，免惠、潮、琼、高四府……各正官，……及琼州府同知朝觐。

各地官员的朝觐，本属例行的下级请示汇报与领导机关履行监督的一种封建官僚制度，是中央王朝加强对地方的控制、防止中央集权削弱与地方势力膨胀的一种重要措施。但是，由于黎人的反抗活动，迫使海南甚至两广的官员把主要精力置于调动兵力、保证军饷供应及指挥作战的军务中，从而不得不改变常规，压缩或中止影响镇压黎民反抗这一中心任务的一切活动。从暂免有关地方官员朝觐一事，可证黎民反抗活动已严重干扰和破坏了“正常”的封建统治秩序。

（三）迫使明统治者作出让步

明王朝慑于黎民反抗的强大威力，从维护其在黎区的统治地位这一根本目的出发，不得不对封建官吏与军官的贪赃枉法、胡作非为有所约束，甚至加以惩处。为此，明王朝发布了一系列的命令，告诫军政官员，不得“纵军扰民”“妄杀良民”，宜“宽以驭之”；倘“生事激变”，则要严加惩处。而且，在执行中，也曾将违反者加以“坐罪”甚至问斩。虽然，由于明王朝的民族压迫与阶级压迫的本质，加上其吏治的日益腐败，是根本不可能也无法真正解决封建官员虐民行为的。但是，这些禁令的发布与实施，对激烈对抗的社会矛盾，对黎民日趋恶化的处境，在某种程度上还是有缓解作用的。

（四）促使治黎新主张、新政策的提出

由于明代特别是后期黎民反抗斗争日剧，统治者多次发兵大征，造成劳民伤财，社会动荡不安，统治基础严重动摇的局面。有鉴及此，明统治阶级中的有识之士，纷纷检讨治黎政策之失。他们反对单纯凭藉武力镇压和单纯用“禁”的隔离办法，来对付黎民反抗活动；主张采用积极的、开拓的、疏导的治黎政策。其主要代表人物和代表作有：弘治十六年（1503 年）琼山主事韩俊上《议黎奏稿》；正德十年（1515 年）杨理《上卢兵备书》，还有《上欧阳太守书》；正德末，琼州太守谢廷

瑞《奏稿》；嘉靖十年（1531年），唐胄《平黎总论》；嘉靖十九年（1540年），工部郎中吴会期《奏议》；嘉靖二十八年（1549年），吏科给事中郑廷鹄上《治黎疏》；同年，参将俞大猷著《黎岐图说》；嘉靖二十九年（1550年），举人海瑞入都奏《平黎疏》《上兵部条议》，又撰《平黎图说》；万历二十九年（1601年），巡道林如楚作《琼岛图说》。他们的主张要点可以概括为：开通道路；建立州县；移民垦殖；兴学教化。

以海瑞为例。他在《平黎疏》中写道：

（若使兵威震叠之后）从而计长久，开通十字道路，设县所城池，中峙参将府兵备道，则立犄角之形，成蚕食之势矣。日磨月化，今日宁复有黎乎？……故臣尝以为，弘治十四年开道立县，可无嘉靖二十年大征；嘉靖二十年开道立县，可无二十九年大征；一大征后开道立县，可无俟岁岁雕剿，年年守戍。[1]

他在《治黎策》中则说：

愚生以为今日之计，不过坚持开十字道之心，固执立州县之计而已，自此之外，虽议之者尽其力，处之者尽其术，皆下策也。何者？昔之议者，谓尽杀黎类为忍，而究其所以为说，不过曰“禁商人之贸易，则黎无以为矢刃之资”。夫利之所在，人共趋之，虽死有所不顾，而况于铁首其戎者乎？是奸商虽不可不禁，而有不容于尽禁者矣。不过曰“禁军民之逃亡，则黎无以深劫夺之毒”。夫徭役不扰，俯仰足资，固有乐之者，况于州县复为之驱乎？是逃亡虽不可不禁，而有不容于终禁者矣。不过曰“治土酋之刻削，则黎无以为变乱之激”。夫读书知礼义者，浚剥良民，虽廉耻有所不顾，而况于土酋之无知者乎？是贪酋虽不可不惩，而有不容尽惩者矣。……革心宣化，效且迟于百年，官吏之迁陟不常，人性之贪暴不一，以一人之身，而思以一德化之，不可以策黎也。所宜，乘今日大军之势，首恶既平之后，开通十字大路，州县所之可移者移之，屯田之可徙者徙之，迁良民之无田者佃其中，其不宜剿灭者徙之于外，夫

① （明）海瑞：《平黎疏》，见《海忠介公集·奏疏》，卷一。

然后为百年之计，而琼民享无穷之福矣。[①]

可见，海瑞等人认为：要消弭黎民的反抗活动，最根本的措施是要促进黎族社会内部发生变化，这才是治本而非治标之法。为此，必须开拓黎区，打开黎区门户，改变黎区的封闭与孤立状态，使中央王朝势力日益深入黎区腹地，增加黎、汉民族间往来，加速汉文化在黎区的传播。在客观上，这些主张对加快黎族社会的发展，对促进黎、汉之间的经济文化交流，是有积极历史意义的。与此同时，也要指出其阶级局限性。一是从目的而言，是为维护统治者长远的、根本的利益服务的。此即“以绝后患图久安”[②]之谓。二是从内容而言，整个主张都涂上了强迫同化的浓重色彩。

需要指出的是，这些主张，特别是开路立县之说，并未真正得到实行。这是因为：明王朝后期已日益衰败，苟延残喘，无所作为，既不愿意也无力改变积习与弊端，直至天亡为止。

五、反抗活动的社会历史原因

明黎反抗是有深刻的社会历史原因的。其中主要有：

第一，明王朝苛重的赋役。这是明黎反抗的基本原因。嘉靖二十八年（1549年）黎乱，就是由此引发。史称：

琼州五指山熟黎素畏法，供徭赋，知州邵浚虐取之。其酋那燕遂结崖州、感恩、昌化诸黎为乱。[③]

黎民承担的赋税，以田租为主为重。对此，明钱嵘《悯黎咏》作了真实而生动的记述：

黎人多良田，征敛苦倍蓰。诛求尽余粒，尚拳犊与豕。昨当租吏来，宰割充盘几。吏怒反索金，黎民那有此。泣向逻者借，刻箭以为誓。贷一每输百，朘削痛入髓。生当剥肌肉，死则长已矣。薄诉吏转嗔，锁缚

① （明）海瑞：《治黎策》，见《海忠介公集·策》，卷二。

② （明）海瑞：《平黎疏》，见《海忠介公集·奏疏》，卷一。

③ （清）张廷玉等：《明史·沈希仪传》，卷二一一。

不复视。黎儿愤勇决，挺身负戈矢。铨急千人奔，犯顺非得已。[1]

其意为：黎族农民因征敛倍蓰，只得借高利贷以充租，不堪官府严逼，只有挺身而反。现实生活中也如是。弘治末，符南蛇反，就是因儋耳七方黎峒“额粮八百余石”“困于征求”所造成的。

除田租外，黎民还需交纳种种苛捐杂税。其中，最突出的是对异域“绝奇”之物的无限征索，以满足明统治者的贪欲。明钱嶫《悯黎咏》又写道：

海南无猛虎，而有麖与麂。元崖产珍木，种种称绝奇。斯物出异域，颇为中国推。以兹重征索，奔顿令人疲。穷年务采猎，为官共馈仪。苦云近岁尽，无以充携持。直欲诉真宰，铲此苏民脂。

徭役繁重。符南蛇起义的另一重要原因，就是因不堪“官役频繁之苦”所致。

第二，官吏与军官的“贪酷”。如上述，户部主事冯颙曾一针见血地挑明：符南蛇之乱，是因长期以来明朝“将领贪功，杀戮无辜”，地方官“贪残苛敛，大失黎心”所酿成。嘉靖二十八年（1549 年）崖州黎民起义，则是官吏“奸贪科扰黎人，勒取牛财”“外派麖皮、蜂蜡等货”“哨守等官则又凌虐困辱之”而致变。

第三，土司之科敛。嘉靖初，广东按察司副使胡训曾正确指出：

黎人之劫杀，皆由土舍之科敛，土舍之科敛，皆由有司之贪墨。宜端乎清源，则不令自清矣。[2]

换言之，黎人之反，是因土舍之科敛与有司之贪墨所引起。土舍科敛究竟达到何等程度？据明顾岕《海槎余录》自述，他在任儋州同知期间，将“前此土官每石粮征银八九钱”，改按“京价二钱五分征收”。可见，土舍征粮钱较官派竟高出三倍以上。又，清人陶元淳《议设土舍之患状》曾具体描述明清之际土舍私派情形：

窃惟土舍之设，自明世至今三百余年，其为民患屡矣。……官派一而私派十，官取百而私取千，而无不责之于黎。酒浆鸡黍，所至为之一

① （明）钱嶫：《悯黎咏》，见（清 道光）明谊、张岳崧：《琼州府志·艺文·诗》，卷四一。
② （清 道光）明谊、张岳崧：《琼州府志·宦绩》，卷三〇，《胡训传》。

空；花藤皮蜡，所见皆为已有。此其吸黎之骨髓者一也。①

第四，汉族地主、商人的欺压。汉族地主侵占黎民田土；奸商则采用欺骗手段，进行不等价交换。像此类掠夺行为，势必激起黎民反抗。

① （清）陶元淳：《议设土舍之患状》，见（清）贺长龄：《皇朝经世文编·兵政·苗防》。

第八章　清代黎族

第一节　概　说

顺治元年（1644 年），清军攻占北京。顺治二年（1645 年），清军占领南京。顺治四年（1647 年），清兵攻陷广州。是年二月，“定高州、雷州、廉州、琼州四郡，……总兵官阎可义等人琼州，各郡郊迎安堵”[①]。其时，南明的桂王朝廷辗转奔逃两广间，海南的形势也因此有所反复。就在阖郡官吏迎降后的当年四月，定安诸生吴履泰募得“壮勇三千，黎岐之众六千”，于五月分水陆二道进击，斩杀清军以千计，后遭清骑夹击而败[②]。可见，抗清黎人之众。顺治五年（1648 年），广东的明朝降将李成栋等人背叛清朝。海南的前明将吏及黎人也乘机反。顺治六年（1649 年），时琼州初定，“故明官将据郡城，海南州县皆从乱焉”[③]。顺治六、七年间，清军重新占领湖广和广西，全国性的反清斗争转入低潮。在这一背景条件下，顺治九年（1652 年）八月，清兵渡海恢复琼州，这样，清朝在海南的统治，初步建立起来。

清代，于海南设置琼崖道。下属：

琼州府（治今琼山县），领州一县七：琼山（治今琼山县）；澄迈（治今澄迈县东北）；定安（治今定安县）；文昌（治今文昌市）；会同（治今琼海市东北）；乐会（治今琼海市东南）；临高（治今临高县）；儋州（治今儋州市西北）。

崖州直隶州（治今三亚市西北），崖州归隶琼州府，光绪三十一年（1905 年）升为直隶州。领县四：感恩（治今东方市南）；昌化（治今昌江黎族自治县西）；陵水（治今陵水黎族自治县）；万州（治今万宁市），光绪三十一年降州为县。以上四县，均旧隶琼州府，光绪三十一年来属。[④]

---

① （清　雍正）郝玉麟等：《广东通志·编年》，卷六。

② （清）屈大均：《皇明四朝成仁录》，卷十，《定安死事传》。

③ （清　道光）胡端书等：《万州志·前事略》，卷七。

④ （民国）赵尔巽等：《清史稿·地理志十九》，卷七二。

总之，清代在海南设府，辖三州十县，故史称“十三州县”[①]；清末，改设一府，一直隶州，一州，十一县。

第二节　清王朝的治黎政策

一、清代治黎政策的三阶段

清代治黎政策，因国内外及海南黎区形势的变化而有所不同。大致可划分为三个时期：

一是康熙三十八年（1699 年）。在此之后，清朝在黎区的统治地位，才得以巩固下来，据《皇清职贡图》卷四，琼州府黎人条载：黎人“叛服不常，康熙三十八年总兵唐光尧率兵剿抚，始获绥靖”。清兵占领海南后，黎区局势一直动荡不定。南明政府及农民军余部进行抗清斗争。康熙十二至十三年（1673—1674 年）之交，降清的明朝将领吴三桂、耿精忠、尚之信等又先后起兵反清，此即所谓“三藩之乱”。这一时期，郑成功在东南沿海一带进行抗清斗争，至康熙二十二年（1683 年）台湾为清军攻占，郑成功孙郑克塽战败投降。当清王朝铲除了国内各种反抗势力后，就把镇压黎民的反抗活动提到议事日程上来了。这就是黎民从此以后“始获绥靖”的奥秘所在。

二是雍正七年（1729 年）。此后，大批黎人入版图，供赋役，成了封建王朝的“良民”。据载：

> 雍正七年，各峒生黎咸愿入版图，悉为良民。[②]

又据载：

> 雍正七年十月恭届万寿圣节，陵水县生黎数万人焚香叩首连呼万岁。八年正月，崖州黎峒三十九村生黎王那诚、向荣等，定安县潮村等

① （清）蓝鼎元：《琼州记》。

② （清）傅恒：《皇清职贡图》，卷四，琼州府黎人条。

处十四村生黎王天贵等，琼山县番否等处十八村生黎符天福等，陵水县生黎那苹等，共二千九百四十六人[①]输诚向化，愿入版图，每丁纳银二分二釐，以供赋役。……奉旨，生黎诚心向化，愿附版图，朕念其无田可耕，本不忍收其赋税。但既倾心依向，若将丁银全行豁免，恐无以达其输诚纳贡之悃忱，将递年每名输纳丁银二分二釐之数，止收一分，以作徭赋。……恩诏既颁，黎民感泣，自是琼属诸黎悉化为良民矣。[②]

这一时期，黎人入籍者颇众。如“雍正八年（1730 年）至十年（1732 年），黎人归化附入版图，黎丁共四千四百一十丁口”[③]。此策为何在这一时期施行呢？这是因为：雍正四年（1726 年），清王朝实行全国性的大规模的改土归流。清廷委任鄂尔泰为云、贵、广西三省总督，负责改土归流事宜。到雍正九年（1731 年）基本完成了改土归流任务。清廷对改土归流后的民族地区普遍实行“编户口，定额赋”[④]之策。可见，雍正七至八年（1729—1730 年）间变大批“生黎”为“良民”之举，是和当时进行的大规模的改土归流形势密不可分的。“生黎”入籍后，需交纳赋税，从而强化了对黎民的剥削与控制。但此举，对加强中央王朝与黎族地区的联系，对促进黎、汉经济文化的交流，对黎区社会发展，是有积极历史意义的。

三是光绪十三年（1887 年）。是年二月两广总督张之洞拟订《抚黎章程》十二条[⑤]，奏请实行。1840 年鸦片战争后，随着西方资本主义入侵，中国社会发生了急剧变化。至光绪年间，清王朝已面临覆灭的命运。在此期间，清王朝治黎政策也发生了新的变化。这就是《抚黎章程》十二条提出的历史背景。对此，下面将专门加以论述。

① （清 道光）明谊、张岳崧：《琼州府志·防黎》，卷二二，作“共二百四十六人”，当有误。此从省志。

② （清 道光）阮元等：《广东通志·岭蛮》，卷三三〇。

③ （清 道光）明谊、张岳崧：《琼州府志·户口》，卷十三上。

④ （民国）赵尔巽等：《清史稿·鄂尔泰传》，卷二八八。

⑤ （清）朱寿朋：《光绪朝东华录》，光绪十三年（1887）二月二日丙戌条。

二、设土舍、粮长、峒长、黎总、哨管等黎族土官

明万历年间，曾采取革除黎族土舍的措施，使其势日削；但直至崇祯年间，并未完全废除。清初，仍袭用明代土舍制。

清初，利用明朝故土舍在黎族地区的威权与势力，以确立和巩固其统治地位。据光绪《昌化县志·原黎》卷五载：

> 顺治十四年（1657 年），因逃民久潜黎境，导引落洒诸黎侵扰乡村，县令城守觅得故土舍王啓英之母张氏为酋，母着同差役叶志引至黎峒传谕。明年春，张氏带落洒峨茄拐锁可邦蒌王村之黎数百到县投诚，县令城守赏给花红、盐、牛，仍令誓血刻箭如约。众黎额首以归，即搜逐逃民导黎为患者如萧三、蒙大、蒙四、苏民仰、符兆麟等解县，鞭死示众，自是导谋之萌稍息。

这是清政府利用明朝故土舍在黎民中的威信与影响，通过处理逃入黎峒汉民而使黎区局势平静之例。从中可见清初承袭明土舍制的原因所在。

清代曾在黎区设土舍，统黎丁、黎兵防守。如，康熙《陵水县志·兵防》载：国朝设“土舍三名”；同治《文昌县志》载：顺治间，文昌县白延寨土舍林兆初曾辖属“黎丁”;《广东舆图》载：临高县“林司峒在城南八十里，设有土舍，分兵汛守”[①]。

关于清代黎族土舍情况，如下表可见，清初即顺治、康熙年间确曾实行土舍制。

表 8–1　清初黎族土舍情况表

年代	人名	职官名	资料来源
顺治四年（1647 年）	林兆初	土舍	同治《文昌县志》
顺治十四年（1657 年）	王啟英	故土舍	光绪《昌化县志·原黎》卷五
康熙八年（1669 年）	王之铣	定安县大河土舍	《古今图书集成·职方典》

① （清 道光）阮元等：《广东通志·关隘三》。

当清代在黎族地区的统治地位日趋巩固后，即采取撤销土舍的措施。据道光《广东通志·宦绩》卷二六〇载：康熙二十七年（1688 年），陶元淳以进士出宰昌化，“县故与黎为界，旧设土舍制其出入，官吏因缘为奸，至是撤去。揭榜山峒，有冤者得诣县陈诉，黎民乐业”。

撤销土舍之因，陶元淳在《议设土舍之患状》中有详尽叙述：

> 略有四端：其未为土舍也，保举则贿卖黎头，委牌则贿卖官吏，此不赀之费，将何从出也？其既为土舍也，衙门之赂遗，胥役之勒索，此无限之求，将何取偿也？官派一而私派十，官取百而私取千，而无不责之于黎，酒浆鸡黍，所至为之一空，花藤皮蜡，所见皆为已有，此其吸黎之骨髓者一矣。出入乘轿，则索扛抬，营远材木，则索人夫，官府虽曰雇觅，而黎人苦于中饱，黎人正欲耕种，而土舍督令办工，至于时晚务闲，而黎之土亩已荒，俯仰已无所资，钱粮已无所出矣，此其竭黎之筋力者一也。然其害犹未及于民也，自黎人转徙入山，而土舍所辖之地，半为民居，民与土舍等也，非有统辖之权，君临之分也，今乃擅受民词，擅理民事，甚者擅用刑罚，擅行科敛，而其害及于民矣。然犹未及于邻邦也，自符南蛇作乱于前，符梦熊兼并于后，蚕食邻峒，惟力是视，官斯土者，苟常相安于无事，隐忍不言，而朝廷之疆界，不可复清矣。……是四者皆地方岷黎之害，而一设土舍，必不能免，今又从而复之，虎而附之以翼，能禁其不搏噬乎？①

归结起来，土舍之弊害则有四：一是藉征收官派之名，随意敲诈勒索黎民钱财；二是乘“雇觅”人夫之机，竭黎人之筋力；三是擅理辖区内汉民事务，殃及于民，并使清廷控制的户口日减；四是侵占邻区，扩充实力，则使中央王朝的辖区日削。前两者主要为无节制的掠夺黎民的财力、人力，从而造成黎民的愤懑与黎区的动乱；后两者则使土舍势力膨胀，清廷乏控，彼此矛盾与利害冲击日剧。因此，随着中央王朝对黎区的统治力量增强，废除土舍就成了历史的必然。可见，此举是顺应潮流的，是有积极意义的。

---

① （清）陶元淳：《议设土舍之患状》，见（清）贺长龄：《皇朝经世文编·兵政十九》，卷八八。

需加补充的是，清廷废除土舍还有一重要政治与军事原因：土舍拥有武装，在明末清初局势较混乱之际，拥兵自重，为非作歹，甚至发动武装叛乱。如：顺治二年（1645年）七月，清兵未渡海之前，“土舍符顺道署藤桥营，夺取募村黎人榔园，黎人不许，顺道杀之，黎首苏九容遂聚众作乱”[①]。康熙八年（1669年），“定安县大河土舍王之铣[②]等谋变，千总杨廷等统兵大进贼巢与战，杨廷死之，随军遇害者数人，中军游击丁月桂厚赏旁峒黎人，授以方略，俾诱渠魁斩之。是年冬，之铣传首”[③]。像这类事件，是为中央王朝所绝对不能容忍的。

历史事实证明，清廷废除土舍之举是确实实施了的，这与明朝屡革屡复是有别的。如：昌化黎“旧有土职二员名招黎，既归有司，遂不复领于土舍，近立大员、大村二峒”[④]；万州西南的鹧鸪啼峒黎与北边的龙吟峒黎，“不复统于土舍，……近改西峒、北峒、太平峒”[⑤]。可见，土舍废除后，改属有司直接管理。其后，还在当地新立行政区划的村峒。

除了袭明土舍制外，还袭明粮长制。关于清代粮长的地位与职责，据清屈大均《广东新语·人语》卷七，黎人条载：

> 粮长者，若今之里长，其役黎人如臧获，黎人直呼之为官，而粮长当官，亦呼黎人为百姓。凡征徭任其科算，尽入私囊。[⑥]

清陶元淳《请禁崖州营将肆虐状》中则说：黎村设有粮长，“额粮一石，私收数倍，毒加骨髓，祸及鸡豚”[⑦]。可见，粮长为黎族基层单位专门代官府征收赋税之人。地位虽微，但其专横跋扈与苛敛之重则与土舍无异。

需要指出的是，黎区也有设相当于粮长的“甲头”者。据道光《琼州府志·防

---

① （清 光绪）钟元棣等：《崖州志·抚黎》，卷十四。

② 清道光《琼州府志·防黎》卷二二作“王之诜”。

③ （清 光绪）钟元棣等：《崖州志·抚黎》，卷十四。

④ （清 光绪）李有益：《昌化县志·村峒》，卷五。

⑤ （清 道光）明谊、张岳崧：《琼州府志·村峒》，卷二〇。

⑥ 清人李调元《南越笔记》卷七有相同记载，当本此。

⑦ （清）陶元淳：《请禁崖州营将肆虐状》，见（清）贺长龄：《皇朝经世文编·兵政十九》，卷八八。

黎》卷二二载：崖州东“有洋淋岭，地广而饶，中环村峒数十。黎性畏官，其田赋必请民人代纳，称曰‘甲头’。大率劣衿衙蠹包揽，甚或指官索诈，加收至倍蓰者。黎人不堪，谋诱生黎为乱，且杀甲头”。光绪《崖州志·黎防一·村峒》卷十一则载：“各弓置若干甲，设甲头一人，以司输纳赋役”。可见，崖州“甲头”之职与粮长同，也是代纳“田赋”；不同之处在于，此甲头有为汉族奸民或衙役担任者。

清代建立的黎族土官制，主要是在黎族“村峒”设峒长、总管（或名黎总）、哨管、黎甲、黎长、黎首等职。下面以道光《琼州府志》等府、州、县志为底本，以同治《广东图说》、光绪《广东舆地图说》为参本，加以综合列表：

表 8–2　清代各地黎族土官数目统计表

州县名	峒名	峒长	黎总	哨管	黎甲	黎长	黎首	辖黎村数发	说明
琼山		1	5	7				218	
（下属）	军屯外峒		1					78	
	大水上峒		1					42	
	大水下峒		1					36	
	小水上峒		1					35	
	小水下峒		1					27	
定安			6	31				142	
（下属）	加钗峒		1	4				25	
	南蛇峒		1					19	
	十万峒		1	2				21	
	喃唠峒		1					17	
	红毛上峒		1	3				15	
	红毛中峒		1	11				23	
	水满峒			11				22	
乐会		1			7	1		21	
（下属）	北峒				6			6	
	南峒之上峒					1		7	
	南峒之中峒				1			3	
	南峒之下峒	1						5	
临高		2						30	
（下属）	番溪峒	1						14	
	青皋峒	1						16	

续表

州县名	峒名	峒长	黎总	哨管	黎甲	黎长	黎首	辖黎村数发	说明
儋州			4	8				168	
（下属）	冯虚峒		1	2				83	
	七方峒		1	2				26	
	薄纱峒		1	2				33	
	龙头峒		1	2				26	
昌化			2	2				16	同治《广东图说》所记辖黎村数为：大村峒 9，大员峒 8
（下属）	大村峒		1	1				10	
	大员峒		1	1				6	
万州			3				32	37	
（下属）	北峒		1				8	8	
	西峒		1				12	12	
	太平外峒		1				12	17	
陵水								36	志书载陵水黎弓设有“总管”，因其数不详，故从略
崖州		12	9	13				114	同治《广东图说》等记东路诸峒辖黎村数为 74
（下属）	东路诸峒	6	6	13				72	
	西路诸峒	6	3					42	
感恩		3	40					40	
（下属）	楼峒	1	16					16	
	王峒	1	6					6	
	古镇州峒	1	18					18	
总计	43 峒	19	69	61	7	1	32	822	

总计，清代琼山、定安、乐会、临高、儋州、昌化、万州、陵水、崖州、感恩等十州县，属黎族土官管辖的峒数 32，村数 822；各种土官总数为 189，其中峒长 19 人，黎总 69 人，哨管 61 人，黎甲 7 人，黎长 1 人，黎首 32 人。这一统计数字虽时有变化，但可反映清代黎族土官的大致情况。

清代黎族土官人数虽多；但载之册籍有姓名可考者却少见。兹列表如下：

表 8–3 清代土官姓名一览表

年代	地名	职名	人名	资料出处
顺治四年（1647 年）	万州	黎哨	陈朝 曾镳	道光《万州志》
嘉庆二十年（1815 年）	琼州儋州交界番仑村 儋境冯墟峒 琼山林湾	黎总（已革） 黎总 峒长	符克先 符功保 邓魁星	
嘉庆二十一年（1816 年）	儋州薄纱峒	黎总	符再兴	
道光十三年（1833 年）	儋州 儋州	黎首 黎总	符那新 符那密	以上均引自道光《琼州府志·防黎》卷二二
咸丰八年（1858 年）	陵水县属红鞋、红袍等十八村俘黎	黎总	黄有罄	
同治六年（1867 年）	崖州	黎目	刘白皮	见故宫博物院明清档案部材料①

需要指出的是，即是偏僻山区的黎地，同样设有黎族土官。如清张庆长《黎岐纪闻》载：“生黎”“各食其土，不入版籍，止设有黎练、峒长之类统辖之”。这说明，清代的统治势力已深入整个黎族地区。①

清代黎族土官职位较低，主要负责峒、村（弓）的社会基层组织。“峒”下往往设峒长、黎总、哨管等职。如：万州黎分北峒、西峒、太平外峒三峒，“每峒设立峒长一名”；琼山县屯外峒，设“峒长一名，哨管一名，管熟黎村七十有八”；定安县加钗峒，设“黎总一人，哨管四人，管辖本峒熟黎二十有五村”。“村”则设黎甲或黎首。一般一村设黎甲或黎首一人。如：乐会县，“北峒所辖六村，每村设黎甲一人”；万州黎 32 村，“每村立黎首一名”。也有一黎甲或黎首辖数村的例外。如：

---

① 转引自刘耀荃：《黎族历史纪年辑要》，广州，广东省民族研究所，1982。

乐会中峒，“设黎甲一名，管三村”①。

黎族基层土官的职能，可以归结为三：一是行政上管理。如：昌化县黎人二峒，“每峒向设总管一名，哨管一名，约束黎众”②。这是黎族土官平时的主要任务。二是汇缴赋税。如：嘉庆间崖州黎因吏役兵丁盘剥而反。地方当局有鉴于此，“永革包纳钱粮夙弊，照陵水黎粮输法，岁由黎总汇收缴州，以免侵蚀，诸黎悦服，誓不复反”。三是在黎人造反时，承担协助清军作战与招降之责。如：嘉庆间黎人符克先反，“渐扰入儋境，冯墟峒黎总符功保率良黎御之”。嘉庆间崖州黎反，清吏“入峒招抚，晓谕诸黎总将所属乱黎缚送治罪”。

黎族土官，多由大姓中有威望的黎族头人经推举产生。据清屈大均《广东新语·人语》卷七，黎人条载：

> 黎多符、王二姓，非此二姓为长，黎则不服。欲立长，则系一牛射之，矢贯牛腹而出，则得立。黎长不以文字要约。

清李调元《南越笔记》卷七有相同记载，本于此。又，据道光《琼州府志·防黎》卷二二载：嘉庆间，琼、儋黎反被平后，“令诸酋公举诚实公正黎人充大、小水峒总管，约束诸黎，无许滋事”。

土官一经设立，则世代相袭。据光绪《崖州志·村峒》载：峒长、总管、哨管诸职，“子孙相传，世守勿替”。清张庆长《黎岐纪闻》也载：

> 大抵父死子代，世世相传，间有无子妻代及弟代之者，为众心所归而公立之也。

道光《广东通志·岭蛮》卷三三〇则载：“熟黎”“父死子继，夫亡妇继”。可见，清代黎族多行嫡系继承制，而旁系继承则需黎众认可。又，从射牛腹和公立旁系之人为长二事，说明清代黎族仍保留比较完整的原始民主制。

黎族土官为使黎众服从其统治，往往拥有象征威权之物。据载：

---

① 以上引文均见（清 道光）明谊、张岳崧：《琼州府志·村峒》，卷二〇。

② （清 光绪）李有益：《昌化县志·村峒》，卷五。

> 黎长家有古罐，传为祖先所遗，非陶非石，天欲雨则先鸣，官军将入山则大鸣。①

此神秘的古罐是增添黎长超人色彩之一例。

清朝廷对黎族土官采取支持与维护的态度。据光绪《昌化县志》载：知县统兵镇压昌化玉翁村黎人反抗活动，生擒六黎，“要以五事”。其中一事为“毋抗逆土官”。这是因为，黎族土官是维护清王朝在黎区的统治秩序的社会基础。据道光《琼州府志·防黎》卷二二载：道光十三年（1833年），平儋州黎人黎亚义之乱后，“薄纱、龙头二峒始设总管一人为诸村长，众皆悦服，儋州平”。显然，维护了土官在黎众中的威权，也就维护了清王朝的统治利益。

清代土官之间的隶属关系。据载：

> 黎头辖一峒者为总管，辖一村或数村者为哨官。……凡小事听哨官处断，大事则报诸总管；总管不能处，始出而控告州县。

又载：

> 头目有事传呼，截竹缚藤，以次相传，谓之传箭。群黎见而趋赴，若奉符信，无敢后者。

可见，黎族土官间存在着严格的等级分明的上下从属关系。这与西南某些地区大小土官之间无隶属关系的情况，是有所不同的。需要指出的是，愈至后世，随着黎族社会的发展，随着外来影响的加强，黎族内部森严的上下关系也逐渐松弛，以致出现不听处断的现象。如史称：

> 近日多不听处断而出告者，缘外奸教唆其中，渐生机智，亦风会然也。②

土官与黎民间的关系。据道光《琼州府志·防黎》卷二二载：嘉庆二十一年

① （清）王士禛：《香祖笔记》，卷八。

② 以上引文均见（清）张庆长：《黎岐纪闻》。

(1816年)，“儋州薄纱峒生黎符那二因黎总符再兴严刻，遂传狗革村……黎符巴要、黎恶诸村作乱”。这是土官剥削、压迫黎民致反的一典型事例。换言之，土官与黎民间存在着阶级对抗关系。

清代黎族土官的演变。主要表现有二：一是土官势力逐渐有所削弱，有的甚至被革除。如，道光《琼州府志·村峒》卷二〇载：崖州“东路生熟黎村，凡七十有二，向设峒长六人，总管六人，哨管十三人，今革”；“西路生熟黎村，凡四十有二，向设峒长六人，总管三人，今革”；光绪《崖州志·村峒》卷十三则载：崖州东黎境，“向设峒长六人，总管六人，哨管十三人，今革。独总管尚存，而无常额，检有头目者充之。每村自立头目一人”。这说明，清代所建立的峒长、总管、哨管等黎族土官之制，至清末，已趋向衰落。二是土官中渗入有汉人成分。如，道光《琼州府志·村峒》卷二〇载：崖州东西路黎村，“旧设有峒长、哨官等名，由黎人自行充保，后来不肖绅民假名混保，快其所私，以致黎众不服，因而滋事，今已革除”。随着汉族地主阶级的经济势力在黎区的发展，他们在政治上也图谋取地位，以控制黎村。这就是“不肖绅民假名混保”的来由。

总之，全部黎族土官发展史证明：

黎族土官的出现和发展，是有其深刻的社会历史原因的。由于黎族处在较内地远为落后的社会历史发展阶段，这从直至中华人民共和国成立前黎族“合亩”制地区还存在浓厚的原始公社残余中可以得到证明。加之，黎族聚居的海南岛又孤悬海外。这些历史的、民族的、地理的差异，决定了历代中央王朝只有采用土官制，才能实现其对黎族地区的有效统治。历史已经证明了这一点。汉代曾一度废弃海南，这与其单纯采用流官统治的失策是不无关系的。相反，宋代与明永乐时期较好地实行了土官制，就使黎族地区保持了相对稳定的局面。从明代至清初，黎族土官“屡革屡复，不能禁绝”一事，也证明土官的存在是不以人们的主观意志为转移的，是有其历史的必然性与合理性的。可见，明代以来流行的全面抨击和抹煞黎族土官制度的观点，是缺乏历史根据的。

关于黎族土官的历史作用问题。如前所述，黎族土官，对维护国家的统一，对促进黎族地区与内地的经济、文化交流，均曾起过积极的历史作用。但是，黎族土官作为黎族人民的压迫者与剥削者，其消极作用也是十分明显的。随着黎族社会历史的不断发展，随着黎、汉民族往来日益密切，其落后性和腐朽性日益突出。因此，废除黎族土官制度就成了历史的必然。这就是明代中叶特别是清代康熙年间之后，黎族土官逐渐衰落的根本原因。

黎族土官制度，与我国西南土司制度相比，显然有所不同。前人已见及此，故称“（黎人）土舍之先，僭名土官，实与西广云贵羁縻者事体不同”[①]。其主要特点有二：

一是尚未形成一套完整的土官系统与制度。明代以后，西南土司分文职与武职系统，文职土司有土府、土州、土县，武职土司有宣慰司、宣抚司、安抚司、招讨司、蛮夷长官司等，并相应的有一套较为完整的制度。显然，黎族土官制并未达到这一程度。

二是土官权力较小。清人郁永河在谈及台湾高山族与西南诸族土官不同之处时写道：“番”族土官“不似滇广土官，征赋税，操杀夺，拥兵自卫者比”[②]。这一论断，同样适用于黎族土官。

上述特点的形成，原因有二：一是就其内部社会而言，是黎族社会尚处于比较落后的社会发展阶段，故黎族上层“首领”的势力相对弱小，尚未拥有强大的政治、经济、军事实力；二是就中央王朝而言，海南岛远离内地，不允许当地出现俨如独立王国一样的土司势力。故明、清时期中央王朝采取委派军政长官实行直接统治，只是在基层设置土官作为补充手段而已。

三、行“德化”

清代，袭明代镇压与安抚并施的治黎政策，不断变换软硬两手，以迫使黎人臣服。如何澄，顺治十一年（1654年）授琼州府节推，“峒黎窃发，澄领兵进讨，剿抚并行，黎乃受约束”[③]。

但相比较而言，明代重征，清代重抚。主要表现为：

以“德化”。据道光《广东通志·宦绩录三十》卷二六〇载：乾隆五十九年（1794年），李维裕知万州，值黎人滋事，上官欲以威治之，维裕以为不可。他说：

---

① （清 嘉靖）黄佐：《广东通志·外志五》，卷六八。

② （清）郁永河：《采硫日记》。

③ （清 道光）阮元等：《广东通志·宦绩录三十》，卷二六〇。

黎人“天性具有也。胁以兵力，势穷则服；稍一宽假，则反侧矣。若必屡黩军旅，诚非上策。愿假时日，当以德化。比至三月，黎民果服，掳系牛畜胥献纳焉”。换言之，穷兵黩武，虽可压服黎人于一时，但一有变故，则易生“反侧”。只有推行“德政”，才可使黎人心悦诚服。

重“抚集”。据道光《琼州府志·官师志》卷二四载：杨枝华乾隆三十二年（1767 年）署儋州，时值黎人起事之后，“设法抚集，民黎安堵”。又，道光《琼州府志》卷三二载：黄友瓒，清代官广东游击，“奉命抚戢生熟黎瑶，往来岚瘴间”。此策，有利于黎区局势的稳定和生产的恢复。

示以“诚信”。据道光《广东通志·宦绩录二十六》卷二五六载：康熙间，沈澄历官雷琼道，“多善政，凡属有瑶黎者，必谆语其官司，示以诚信，由是皆率俾焉”。换言之，只有以诚恳、老实的态度处事，才能得到回报，取信于黎人。

晓谕。据光绪《崖州志·黎防三·抚黎》卷十四载：康熙八年（1669 年），崖州东西黎乱，知州张擢士诸人，“集兵剿捕。先遣人入谕祸福，一时抱显、抱怀、德霞、止强、罗葵、亩感等三十余峒，赴州就抚，州以赖安”。又，道光《广东通志·宦绩录二六》卷二五六载：康熙间，李华之历任观察粤东，时琼州峒黎反，“华之单骑往谕，更为布置营伍，兵黎相安，至今帖然”。上述为从讲明利害关系入手，以说理的方法，和平解决争端，避免军事对抗之例。又，康熙三十七年（1698 年），姜悼任感恩知县，“晓黎众以礼义，一时向化”①。此为以晓“礼义”之法，使黎人自愿归附之例。

不扰黎。据道光《琼州府志·宦绩》卷三一载：乾隆三十年（1765 年），孟毓蕃任乐会知县，“时值黎乱，弁兵往来，毓蕃经画有条，民不得有扰。黎有被诬冤屈者六家，毓蕃极力保全，黎人感泣”。在阶级社会中，被压迫的民族与阶层，最易遭受各种扰害，蒙受不白之冤。故倘能减轻其受害程度，就能维持社会的相对稳定。

清末张之洞、冯子材诸人的“抚黎”政策，就是在这一基础上发展而来的。

① （清 道光）明谊、张岳崧：《琼州府志·官师志》，卷三一。

四、版籍与赋役

黎人归附后，则入籍，并编入都图里甲的乡村组织。如，道光《琼州府志·黎情》卷二〇载：琼山县的东黎，“今改开文，立里甲编差”；西黎都九峒，“今南歧五峒编差”；崖州“熟黎”，“其户口编入图甲，有司得而治之，故不为人害”。至于“生黎”，则不服“王化”，自食其力，不入籍。故清张庆长《黎岐纪闻》称：“生黎则各食其土，不入版籍”。入籍后，则供赋役；不入籍，则免。因此，人们又往往把是否纳粮当差作为区分“生”“熟”黎的一种标志。如史称：

> 不供赋役者名生黎，其知与民通贸易、供赋役者名熟黎。[①]

又称：

> 慕化服役，因名熟黎。[②]

又称：

> 生黎深处五指山内，向来不纳粮课。[③]

又称：

> 生黎，……不服王化，不供赋役，亦不出为民患。[④]

此外，还有一种介乎二者之间的所谓“可生可熟之黎”，则是“平时耕田纳赋，听官约束，与熟黎同”[⑤]。

在“熟黎”中，也并非全都同时承担赋、役两种义务。史称：

---

① （清）佚名：《黎族风俗图·原黎》。

② （清 道光）阮元等：《广东通志·岭蛮》，卷三三〇。

③ （清）杨廷璋：《黎山善后摺》，见（清 道光）胡端书等：《万州志》，卷九。

④ （清 光绪）钟元棣：《崖州志·黎情》，卷十三。

⑤ （清 道光）明谊、张岳崧：《琼州府志·村峒》，卷二〇。

有纳粮当差之峒，有纳粮不当差之峒。①

又称：

有纳粮当差之处，有纳粮不当差之处。②

清代黎人田赋负担颇重。这从清末黎田赋额折钱超过汉民一事中，可以得到说明。据清胡传《游历琼州黎峒行程日记》载：光绪年间，“崖州田赋额银一两折钱一千八百文，民色米一石折钱四千文。黎赋额银一两折钱二千五百文。色米一石折钱五千五百文”③。因此，有清一代黎人抗粮事件时有发生。如，康熙二十一年（1682年）正月，崖州西黎头塘等十余村“以逋粮反”；康熙三十年（1691年），崖州“嘉合村黎抗粮”④。

赋税又有地税、丁银、榷税等类。

地税。据道光《琼州府志·科则》卷十三下载：乐会县，“民、黎田每亩科民、黎米一斗一升八合八勺零一撮”；万州，“黎田每亩科黎米三升二合一勺”；“民、黎塘每亩科民、黎米五升”；感恩县，“黎田每亩科黎米三升二合一勺”。可见，黎与汉民的田、塘一体征收者，负担较重；黎田单独定额征收者，则有所照顾，负担稍轻。因黎区田地，多未丈量，故地税除计亩征收外，多按定额交纳。据载：

熟黎多纳官粮，然其中颇荒阔，不可以弓丈计，唯岁纳粮若干而已。⑤

丁银。雍正八年（1730年）上谕：“生黎”归化，愿附版图，“将递年每名输纳丁银二分二厘之数，减去一分二厘，止收一分，以作徭赋”⑥。从此，成了有清一代的定制。据同治《户部则例·田赋一下》，回番贡额条载：

广东省琼州府属生黎递年每名输纳丁银壹分。

① （清 光绪）钟元棣：《崖州志·黎情》，卷十三。
② （清 康熙）方岱等：《昌化县志·原黎》，卷三。
③ （清）胡传：《游历琼州黎峒行程日记》，载《禹贡》，第二卷，1934（1）。
④ （清 光绪）钟元棣等：《崖州志·黎防三·平黎》，卷十四。
⑤ （清）张庆长：《黎岐纪闻》。
⑥ （清 道光）明谊、张岳崧：《琼州府志·艺文·敕》，卷三八。

此一征额，与两广汉民相较还是颇低的。因据同书载：

> 广东省人丁每口征银壹厘玖毫至壹两叁钱贰分陆厘有差；
>
> ……
>
> 广西省人丁每口征银壹钱伍分至肆钱伍分贰厘有差。

榷税。据道光《琼州府志·榷税》卷十四下载：清朝在海南各州县征收的榷税有："牛税""椰椰税""花藤税""薪税"等。这些被征税的货物，均多产于黎区。

文司武汛、衙门官吏书役人等，入黎"索扰"繁重。他们假借种种名目，敲诈勒索，令人发指。据载：

> （康熙）三十八年（1699年），琼州文武官属役黎采香、藤、花梨、紫檀等物，又令开金沟，日索其金，而又苦辱之。①

又据载：

> （官兵）一入黎村，辄勒索人夫，肩舆出入，酒浆鸡黍，攘攫罄尽，……花梨不能运出，则令黎人另采赔补。②

又据载：

> 或借官司名色，或借差吏横眉，饬取贡香、珠料、花梨、大枝、渡船木料、豹皮、棉花、黎铜、藤竹、鹿茸、鹿鞭、熊胆、花竹、苏木等货，奔走无期，犹索脚步陋规，膏脂尽竭。③

又据载：

> 贽见汛官一例，作俑于嘉庆年间，然始不过千粟鸡酒，用以奉口；

---

① （清）吴震方：《岭南杂记》。

② （清）陶元淳：《请禁崖州营将肆虐状》，见（清）贺长龄：《皇朝经世文编·兵政十九》，卷八八。

③ 《奉宪□□碑》，清乾隆四十四年（1779年）立，见中国科学院民族研究所广东民族社会历史调查组、广东民族研究所：《黎族古代历史资料》，下册，840页，广州，广东民族研究所，1964。

突至道光初年，专索钱银，变本加厉，或二三十两至七八十两不等，视峒之大小以为分。甚至一官往复数次，威迫再三，前未偿而后又加，富变穷而贫俱散。百般陷害，是为此凶。①

综上所述，可见黎人承受赋役苛税负担之沉重。

随着黎族社会的日益发展与清王朝统治势力不断深入黎区，黎人入籍纳粮当差者愈多。这些黎人成了与汉人一样的封建国家的编户齐民。据道光《琼州府志·村峒》卷二〇载：

感恩黎附版籍者什九，与民杂居无患。

可见，至清末黎民“附版籍者”数量之多。

与黎人归附入籍的潮流相反，也有黎人被迫反抗，重新挣脱封建束缚枷锁而成为“生黎”的例外。如道光《琼州府志·村峒》卷二〇载：道光九年（1829 年），崖州北路洋村黎人反，“至今顽梗，不纳丁粮，遂为生黎”。

五、留意黎区农业生产

农业，在清代黎人的生产部门中已占据主要地位。清王朝为稳定黎区统治秩序，也采取了一些发展农业生产的措施。如：

招集流亡，奖励开荒，劝课农艺，减轻赋税负担。据道光《广东通志·宦绩录三十》卷二六〇载：丁斗柄，康熙九年（1670 年）任澄迈令，“省徭革耗，留心生聚，还民复业，黎瑶向化，行乡约，课农艺”。陶元淳，康熙二十三年（1684 年）为昌化令，“度隙地，立墟市，招流亡，劝开垦，予以牛谷不起征”。通过这些措施，使土地得到充分利用，使农民附着在土地上，安心发展生产。

农业的发展，不能离开水利事业。据道光《琼州府志·宦绩录三一》卷二六一载：张光祖，康熙三十八年（1699 年）知万州，“万州有洪口坡深陂，为利最大，光祖疏浚之，灌田数千顷，旱岁无扰”。修治灌田数千顷的万州洪口坡深陂，使黎、

① 《奉宪永禁扰索示碑》，清道光十四年（1834 年）立，见中国科学院民族研究所广东民族社会历史调查组、广东民族研究所：《黎族古代历史资料》，下册，842 页，广州，广东民族研究所，1964。

汉区大面积农田受益。这是清代注意发展海南水利工程的突出例证。

六、驻 军

清王朝在海南，驻扎有大量军队。在琼州设镇总兵官一员。统辖陆路本标左右两营、万州营、儋州营、崖州协水陆二营、海口水师营等琼州府水陆共七营，守兵共5300多名。营下设汛分防。其中陆路有：镇标左营分防定安、文昌、太平、赤草四汛；镇标右营分防澄迈、会同、水尾三汛；儋州营分防临高、薄纱、南定、昌化、那大、将军六汛；万州营分防宝停、乐会、陵水三汛；崖州协陆路营分防新潾营、下马岭、三亚、小桥、旧营、藤桥、沙埋、酸梅、黄流、感恩、岭头、北黎、潾口、土坛、榕尾、抱兴、乐安、乐平、抱蕴、柚柑坡、新潾21汛。合计陆路共有37汛。清廷在海南设重兵镇守的目的，在于对付沿海的“海盗”和内陆的黎、汉人民。

清朝在海南设陆上五营建制，在清初即已完成。据道光《琼州府志·宦绩》卷三一载：吴啟爵，除琼州总兵，“康熙二十八年（1689年）三月，陵水熟黎王国臣等为乱，……，啟爵统兵入喃唠、陶家坠等峒，擒斩三百八十余人，悉夺回被掠者。八月，生黎母葵、母赞等峒复出犯营汛，啟爵率本部立破母赞，……群情慑服，皆归顺，共抚生黎一十七村，计五百三十五户。啟爵两次深入黎境，具悉形势，遂自请略定黎地，廓清全琼，……因设水尾、太平、薄沙（纱）、宝停，并旧设乐安，共五营，各据要路，分兵驻防，为善后计”。可见，清朝在海南全岛的陆上兵力总部署，是由康熙琼州总兵吴放爵在“深入黎境，具悉形势”的条件下建立起来的。其矛头所向，是一目了然的。

七、黎 兵

清王朝除利用官兵驻防外，清初还曾一度利用土舍统领黎兵把守要地。据载：昌化县，“土舍黎兵。土舍二名，所辖黎兵原无定额。遇警调发防御；平时约束熟黎，把扼峒口要害”①。陵水县，“黎兵，无额”②。临高县，“林司峒在城南八十里，旧

① （清 康熙）方岱等：《昌化县志·兵防》，卷三。

② （清 康熙）潘廷侯等：《陵水县志·兵防》。

设有土舍分兵汛守。今废，亦无林司峒名”[①]。这表明，随着清初废除土舍之举，土舍统领黎兵之制也随之消失。

八、巡检司

清王朝除驻军外，还设巡检司以稽查和管束黎人。如《大清一统志·广东统部琼州府》卷三五〇载：水尾巡司，“在琼山县水尾汛，本朝雍正八年（1730 年）设巡检司”。澄迈巡司，“在澄迈西北十里，明洪武中置巡检司，本朝因之”。永乐巡司，“在崖州永宁乡藤桥市，旧有通远巡检司在州西北一百三十里郎凤岭下，即宋通远县地，本朝乾隆五年（1740 年）改设”。和舍巡司，“在临高县北二十里，明洪武中置博港巡司，本朝雍正十二年（1734 年）改名和舍”。可见，清代巡检司在明制的基础上，或是承袭或是改设或是新设。

巡检司下设巡检。其职掌，据《清史稿·职官志三》卷一一六载：“索捕盗贼、诘奸宄，凡州县关津险要则置”。黎区所设巡司，其职能也如是。如道光《琼州府志·关隘》卷二一载：临高县和舍巡司，“职专稽民黎出入阜青、番溪二峒之中”。所不同之处，只是检查对象主要为出入黎峒之人。需要指出的是，黎区的巡检司除了起“稽查”作用之外，甚至扩大到“管束”黎人的范围。如道光《琼州府志·村峒》卷二〇载：“陵水生黎距县城一百里，熟黎距城三十里，并归巡检、典史管束。”从黎区巡检甚至握有行政上管理黎人的职能一事，可见其权力之滥。

九、关　隘

清王朝在海南黎区险隘之地，设关卡，驻守官兵与乡勇，以防御和镇压黎人的反抗活动。如清顾祖禹《读史方舆纪要·广东六·琼州府》卷一〇五载：万州“蒲苧营在州西北，防鹧鸪啼等村峒黎，最为襟要。又南岭营在州西，其相近有黄坎改林抱打罗透表罗眉无村等村黎为患。特设官兵戍守之云”。陵水“经索营在县西北，有官防挑油信昧山涧打索朝缠凡遐等村黎，又有鸭塘营，防寿山芦岭诸黎最险恶。又合水营在县西，其相近有白水回峰番扒若那龙等村黎为患。特设官兵戍守”。又，

① （清 道光）明谊、张岳崧：《琼州府志·关隘》，卷二一。

道光《琼州府志·关隘》卷二一载：儋州调南市"为入黎之总隘，四峒生熟黎出入贸易亦必由此，道光十三年（1833年）黎贼为乱，官兵由此征进，尝设营屯驻数月。今儋营薄纱汛拨千总一员、兵九十名防守，乃儋州防黎第一要隘"。

就是说，万州的蒲苧营、南岭营和陵水的经索营、鸭塘营、合水营，儋州的调南市，因当地形势襟要、险恶，或为交通要道，且黎人活动频繁，故"特设官兵戍守"。

需要指出的是，有的关隘设防，并非长期的固定的，而带有临时性质。这类关卡，较为简陋，只搭棚居守，故称"棚卡"。往往只在冬季设卡，至明年春天撤去。因冬季农闲季节黎人出入较为频繁，以加强防范之故。如道光《琼州府志·关隘》卷二一载：乐会之俊口"居南北二峒之中，北即猪母营，为入黎隘口，向无汛防。今由县捐雇民壮并拨万州营兵二十名，每年冬季设卡防范，至次年正月撤回"。感恩之南港村，"今设棚卡拨兵勇防堵，此为感恩防黎要害"。万州之坡心汛，"为北峒要隘，向设弁兵防守，故无黎人外出劫掠。近年黎匪滋事，往往由禁岭脚越出，今已于禁岭脚添设棚卡，冬季由地方文武派拨兵勇堵截外来黎匪，最为扼要"。长沙汛，"为西峒要隘，旧有弁兵防守，州属黎人向称驯帖。近有外黎侵扰，每由汛东土名清明田地方潜出，今已定于冬季添设棚卡，拨兵勇防堵"。

清代在黎区设立的军事据点，是有所变化的。特别是到了清末，随着黎族与汉族的日益融合，原来设立的防黎关隘，有的因失去作用而被废止。如澄迈的西峰寨，从宋政和间琼管郭华请设以来，一直用以"阻扼黎人"[①]；"今西峰寨已废，其地熟黎久编图甲"[②]。文昌的白延架营，在县西南，用以"防斩脚峒黎"[③]；"今有白延村，其地已为民居"[④]。

十、振兴文教

清廷对南方少数民族地区，向来采取"文教为先"之策。为此，对黎区作了一些专门规定。如《清史稿·选举一》卷一〇六载：各省府州县多设立义学，"教孤

① （清）潘锡恩等：《大清一统志·广东统部琼州府》，卷三五〇。

② （清 道光）明谊、张岳崧：《琼州府志·关隘》，卷二一，《采访册》。

③ （清）顾祖禹：《读史方舆纪要·广东六·琼州府》，卷一〇五。

④ （清 道光）明谊、张岳崧：《琼州府志·关隘》，卷二一，《采访册》。

寒生童，或苗、蛮、黎、瑶子弟秀异者”。《钦定学政全书》卷六四载，雍正十三年（1735）议准：

> 粤东凡有黎、瑶之州县，悉照连州，一体多设官学，饬令管理厅员督同州县，于内地生员内，选择品行端方，通晓言语者为师，给以廪饩，听黎、瑶子弟之俊秀者入学读书，训以官音，教以礼义，学为文字。

《清史稿·潘思榘传》卷三〇八载，乾隆四年（1739年），按察使潘思榘疏言：

> 惟黎僻处海南崖、儋、万、陵水、昌化、感恩、定安七州县为最多，生黎居深山，熟黎错居民间，相往来，语言相习，请于此七州县视瑶童例，设义学，择师教诲，能通文义者许应试。部议从之。

《清史稿·庆复传》卷二九七载：乾隆五年（1740年），庆复为两广总督，“疏言：‘琼州四面环海，中有五指山，黎人所居。请设义学，俾子弟就学应试，别编‘黎’字，州县额取一名。’……从之”。《清朝续文献通考》卷九六载：嘉庆九年（1804年），奏准湖广之苗瑶、广东之黎峒等，“捐监准其一体报捐”。可见，清代重视黎区教育，为之设学（包括义学和州县学）择师，使俊秀黎人子弟习汉语、汉字及封建文化。对黎人子弟入学与捐监，不加歧视，或是“一体”对待，或是考虑黎区起点不同而另立名额以示照顾。

在清廷的提倡下，有的海南地方官员也采取一些发展海南及黎区教育的措施。如，张凤征，顺治间知陵水县，“抚定流移，兴复学校，政教大行，三十九峒闻风向化”[①]。姜焯任感恩令时，“邑故荒陋，以振兴文教为己任，创义学，士类蒸起，……晓黎众以礼义，一时向化”[②]。显然，这些措施，有利于黎区文教事业的发展和汉文化的传播。

清代特别在后期，黎区的学校与入学人数均有所增加。如：“熟黎”近多遵守

① （清 道光）阮元等：《广东通志·宦绩录三十》，卷二六〇。

② （清 道光）明谊、张岳崧：《琼州府志·宦绩》，卷三一，《姜焯传》。

王化,“并令子弟读书”[①];崖州黎“间有读书识字者”[②];光绪时,“崖州黎村每有学堂,有熟师课孩子读书”[③];“近边熟黎,耳濡目染,渐慕华风,其黎酋有遣子出外就学者,有延师课读者,其富人有欲援例以求顶戴者”[④]。可见,清代黎人子弟入学已较前普遍。

至此,综观历代海南地区学校教育发展的全过程,我们可以得出如下结论:

在汉唐以前,无可稽考。至北宋庆历年间,始建殿堂,置学田,州人始知为学,黎人也遣子弟入学。有宋一代,不断增置。元代,设乡校,教育事业有所发展。明代,海南教育制度日臻完善,因而出现人才辈出的局面。史称:

> 陈俎豆以娱圣贤,设学田以育多士,尊经有阁,明伦有堂,礼乐之兴,彬彬盛矣。[⑤]

至明末,因动乱,学校教育顿衰。入清后,教育事业的发展步伐,较前有所加快。当然,不言而喻,海南包括黎区学校教育落后面貌的改变,是在中华人民共和国成立之后。

十一、清末治黎政策

自1840年鸦片战争后,中国社会发生了急剧变化,逐步沦为半殖民地半封建社会。清王朝在接二连三的国内外重大事件冲击下,朝不保夕,岌岌可危。为挽救行将灭亡的命运,清光绪年间,统治政策不断被迫作一些“换汤不换药”的调整与修正,与此相适应,以当时的两广总督张之洞、统办全琼军务的广西提督冯子材等人为代表,也提出了一套“抚黎”方针与政策。

光绪十三年(1887年),在镇压了黎人大规模反抗活动之后,张之洞、冯子材拟订了《抚黎章程十二条》[⑥]作为治黎的纲领,并据此采取相应的措施。其主要内容

① (民国)彭元藻等:《儋县志·黎情》,卷八,引《萧志》。

② (清 道光)明谊、张岳崧:《琼州府志·村峒》,卷二〇。

③ (清)胡传:《游历琼州黎峒行程日记》,载《禹贡》第二卷,1934(1)。

④ (清)唐丙章《平黎疏》,引自(民国)彭元藻等:《儋县志·艺文志十五》,卷十一下。

⑤ (清 康熙)焦映汉等:《琼州府志·学校》,卷四。

⑥ (清)张之洞:《招抚琼州峒黎示》,见《张文襄公全集·公牍三十四》,卷一一九。

包括：

设抚黎局。冯子材在平黎后，在岭门、南丰、悯安各设立抚黎局一所。于抚黎局之下设黎团总长，统辖县属黎境。黎团总长之下有总管，统辖全峒；峒内黎户十家为排，三排为甲，三甲为保。所有排长、甲长、保长、总管等职均由黎人担任，黎团总长则由黎首或汉族地主充当，抚黎局长则委派清吏充任。这是“以黎治黎”政策的延续与发展。其目的在于：缓和矛盾，加强控制。此制，为民国时期所袭用。

“通其险阻”。征派夫役，伐木凿山，修建从各州县直通五指山的井字形大路12条，并开小路3000余里与大路连接，纵横连网，路宽一丈六尺，险处也不得窄于八尺。随即于险要之冲，设置城寨，派兵把守，弹压黎村，使中央王朝势力深达于黎区内部。对此，史志多有记载：

> 光绪十五年（1889年），总督张之洞始开五指山道为大路十二：东路三，西路三，南路、北路、东南路、东北路、西南路、西北路各一。奥区荒徼，辟为坦途，人以为便。①

又据载：

> （张之洞）奏派冯子材开中路，由岭门以通崖州乐安；方长华开西路，由南丰以通陵水宝停。经费亦数十万元。②

又据载：

> （冯子材）在琼开五指山十字大路，开各县小路三千余里，为后来山脚开县得所凭借。③

开路之举，对沟通黎区与外部世界的联系，打破黎区的封闭性，具有不可忽视的历史作用。但是，由于清王朝的腐败，惜乎未能贯彻始终。此策，早在明代后期由海瑞诸人提出，张之洞、冯子材等人也承认，开通黎峒十字路，“参考前明海瑞、俞

① （民国）赵尔巽等：《清史稿·地理志十九》，卷七二。
② （民国）李淦等：《琼山县志·官师志》，卷二三。
③ （民国）佚名：《钦县卅五年志·人物志》，卷四。

大猷诸人之说，加以变通推广”[①]。换言之，其不同处只在于：加以系统化并开始付诸实施。

发展经济。开发森林资源，在抚黎局内附设招商局，招商伐木，规定“凡由琼州出口木材，三年之内所有关税、厘金暂行宽免”。助商开矿，开采各峒的金、铜、锡矿，如对商人开采昌化县内的铜矿给予税厘优惠。开创电讯，发展现代通讯工具。设场互市，“立圩市以利民黎”[②]。移民开垦，播种五谷。开通沟洫，使水有所蓄。按地掘井，便民汲饮。

上述诸措施，取得了实效，在开发和建设黎区方面起了积极作用。以电讯为例，铺设了琼州至廉州海底电线，在海口、兴隆、陵水、南丰、崖州五处设立了电报局。但要看到，有的措施也损害了黎人利益。以移民垦田为例，据张之洞《招徕商民赴琼州伐木垦田示》[③]载：

> 黎地未开上腴何止数十万亩，无论商民，听其择地认垦，分清经界，报官给照，三年内免其升科。

并规定：个人认垦千亩者，授把总职；万亩以上者授千总职；三万亩以上者从优给予奖叙。由此而引起的垦地之风，其两面性是极为明显的。正面的是，有利于黎区广辟田畴，发展农业生产；负面则是，使汉族地主阶级势力在黎区膨胀发展，使黎区土地问题日趋严重，从而激化了各种社会矛盾。

设学校，开科举，推行同化政策。据《抚黎章程十二条》规定：在黎区开设义学，延聘塾师教以汉语汉文，“渐被冠裳之化”；并“化弊除俗”。事实证明，此策确已加以实施。据《汉黎舆情》[④]卷二载：

> 自化归为民后，雉发穿衣，冠婚丧祭，一切制度事宜，均照汉人行为。当即延师教读，学习武艺，文师二十名，武师五名，分派在崖、感

① （清）冯子材：《冯宫保军牍集要》，卷十二。

② （清）张之洞：《致琼州朱道方道》，见《张文襄公全集·电牍九》，卷一三〇。

③ （清）张之洞：《招徕商民赴琼州伐木垦田示》，见《张文襄公全集·公牍三十四》，卷一一九。

④ 此书为清光绪二十一年（1895年）所刊行，原书题名为《广东琼州汉黎舆情营伍练兵稿钞》，分《汉黎舆情》及《营伍练兵》两部分。

两属民村，设立蒙馆，改其气质，渐染薰陶，俾得咸知圣教大道，孝弟忠信礼义廉耻。所有教师，值日共膳，系各民丁自备，惟修金一项，则由地方官发给，将防黎经费支销，倘有不敷，另行筹款。延师教读，此事大约总于十年，即可以风化尽美矣。

……

延师授教民丁读书，即习艺三载考积，仰恳天恩逾格鸿施，明文通行，着丁民及汉人，一并至州府赴试，其卷皮上写民童二字。查崖州系中学，岁科二试，额准各入学二名，共六名。感恩乃是下学，岁科三试，额准各入学一名，共三名，使知荣显大贵，互相鼓舞振作，愤发有为，以至穷理尽性致命矣。

后世调查材料也证明：光绪二十九年（1903 年），两广总督岑春煊曾为黎人特设学额两名，考取者均为陵水县属的黎人。清末，兴隆黎团总长钟启桢（奇曾）曾在兴隆市创办四黎学校，招收黎苗子弟入学。①

对光绪治黎新策在教育领域所取得的实绩，江应樑先生作过如下评说：

这计划都曾实行到。保亭县境内有小学一间，据说即当日冯宫保所创。保亭黎人之能读书认字皆以此学校为始，故此小学，实可说是五指山腹地黎人文化的发源地。准黎人应考科举，事实上确曾有过。今日保亭境内最有势力与知识的黎人首领王昭夷君，其父亲便是一位黎秀才，而王君今日在黎人中拥有如是雄厚的力量，得其父亲黎秀才的关系却也不少。故冯子材之征黎，对黎人文化上的影响确实不少。②

可以说，张之洞、冯子材诸人所制定的“抚”黎政策，在黎族文教发展史上，具有启蒙与开创性质的意义，并对后世产生了深远影响。其弊在于：强制黎人全盘接受汉族的文化、习俗、道德、观念，从而对黎族人民保持和发扬本民族的优秀文化传统，起了消极的作用。

---

① 陈献荣：《琼崖》，北京，商务印书馆，1934 年。

② 江应樑：《历代治黎与开化海南黎苗之研究》，载《新亚细亚》十三卷，1937（4）。

第三节　清代黎族社会

一、清代黎族的分布与村峒

清代黎人分布，虽袭自明代，但已不尽相同。其主要变化在于：清黎更多地纳入行政区划中，成了编户齐民，甚至加入到汉民族的行列中了。因此，原明黎居住的地方，有的已无黎人居住；有的虽保留了明黎之名，已无黎人之实；有的则更改了地名。作者认为，明代黎族发展至鼎盛时期；至清代，则居地有所缩小，因而人数也有所减少。其因，除了明代大规模的“征讨”所致外，更多的是民族融合的结果。

清黎分布，大致如下：

琼山黎：明代东黎，清代改开文，立里甲编差；明代西黎九峒，清代有南歧五峒编差。

澄迈黎：南黎为一都、二都；西黎为正都、中都。但“虽有黎都之名，实无黎人之实”。只有南黎都之南，接连琼山、定安两县黎峒；西黎都之西，接连临高县黎峒。这些地区黎人，多来县境过耕山生活。

定安黎：县城西南二百里入黎地，有“生黎”峒五、“熟黎”峒三，广袤约五六百里，归黎族土官管辖。

文昌黎：自明代以降，当地黎人已逐渐与汉人融合。其大致过程是：

> 永乐二年（1404 年）白延砦民林彬招服斩脚峒黎三十余村，授彬土官典史，世袭。宣德年间，去土官，称土舍，田地经丈入官，附白延、多寻二都，黎兵五十名属土官管辖，随军征调，自是境内无黎。清顺治四年（1647 年）土舍林兆初亡，黎丁元复辖属，土贼林杰、林眇目、赤须、周奇振负嵎为巢，及贼平而黎亦熠。[①]

乐会黎：南北二峒，均为“熟黎”，设土官管辖。

---

① （民国）林带英、李钟嶽：《文昌县志·海防志》，卷七。

临高黎：道光《琼州府志·村峒》卷二〇载："县属现存熟黎二峒，曰番溪峒、曰阜青峒，广袤百里"。光绪《临高县志·黎岐类·峒村》卷十五则载："番溪峒内黎村有四，而番溪、兰扬二村皆入黎要路，兰扬市为生熟黎与民人互市处，黎人出入必由之路。阜青峒内村十有六，俱系熟黎附近民村，其入黎要路则南丰市为关隘总口。"

儋州黎：州城北190里至黎境，有冯虚（墟）、七坊、薄沙（纱）、龙头四个"生熟黎"峒。

昌化黎：明黎居地，清代立大员、大村二峒。

万州黎：明黎居地，清代改为西峒、北峒、太平峒，共计32村。

陵水黎：据康熙《陵水县志·海黎志》载："县黎，北有黎亭（去县二十里），南有岭脚（去县二十里）。岭脚由葫芦门而出黎亭，由黎罗而出，又有东北峒及大小牛岭，为往来必由之路。"统计，黎境广120余里，袤300余里。西南与崖州黎峒接界，西北与万州乐会黎峒交界。"生熟黎"，并归巡检典史管束。

崖州黎：崖州为黎人聚居地，至清代，"其众多于民人一倍"[①]。居地分东西两界，其势力较强者为："东峒则洋淋、力材、大茅、罗蓬、红花、抱鼻为最，南林、罗葵、大烟、止强次之。西峒近则多港、多涧为最，而角牛、长芒次之，大小抱扛又次之。"[②]

感恩黎：感恩有楼峒、五峒、古镇州峒等三峒，黎地广袤90余里。至民国时期，"县属分三星、美俘、大鬃、夏黎四种"[③]。

总之，清代海南十三州县，除去文昌黎人已与汉人融为一体、会同县因明代分县时黎峒归乐会县而无黎人外，其余十一州县，均有黎人居住，而定安黎占地最广。对此，清张庆长《黎岐纪闻》曾加以概述：

> 琼属儋、万、崖三州，琼山、澄迈、定安、临高、乐会、陵水、昌化、感恩八县均有黎，惟定安属最多。按，琼州一府，四面环海皆州县治，中为黎峒，而定安独属琼属之中，故属黎岐较多也。

---

① （清 道光）明谊、张岳崧：《琼州府志·村峒》，卷二〇。

② （清 光绪）钟元棣等：《崖州志·黎防一·黎情》，卷十三。

③ （民国）周文海等：《感恩县志·经政·黎情》，卷十三。

清代黎人分类，与明代无别。人们主要依据其发展程度不一而分别呼为“熟黎”“生黎”与“生歧”。在明代部分已详加论列。

关于“生歧”，指居于五指山腹地的与外界接触隔绝的黎人。如道光《琼州府志·村峒》卷二〇载：崖州北路洋淋村，“又北，即五指山之阳，生歧居之，人迹罕到”。光绪《崖州志·黎防一·黎情》卷十三载：“生黎中，有附居五指山侧者一种，名曰生歧。鲜食，裸体无衣，仅以椰壳掩乳及下体，性尤勇鸷，即生黎亦少与往来”。可见，“生歧”，指尚处于原始状态的黎人。

清黎的社会基层组织和居地，仍以“村峒”命名，唯陵水名村为“弓”，崖州也有称弓之例。如清张庆长《黎岐纪闻》载：

> 黎地多以峒名，峒由散处各村并附一峒，明所属也。惟崖州曰村，陵水曰弓，其散处各村并附于一村一弓，亦如峒制。

道光《琼州府志·村峒》卷二〇载：

> 琼属黎岐村峒，惟陵水称弓，崖州亦间有称弓者，盖一村即一弓之地。

崖州黎山，“凡数十重。每过一重，稍有平坦之处，黎人即编茅居之。或数十家数百家相聚为一村，亦名一弓”。

黎族村峒，占地甚广。据道光《琼州府志·村峒》卷二〇载：定安县“生熟黎”峒八，“广袤约五六百里”；崖州黎境，“袤长五百余里”；琼山县黎峒六，“广袤共二百余里”；儋州，“峒袤二百余里”；陵水，“黎境广一百二十余里，袤三百余里”；乐会县南北二峒，“东西四十余里，南距二百余里”；万州，“三峒黎广袤共一百余里”；感恩，“黎地广袤九十余里”；昌化黎人二峒，“广袤四十余里”。

可见，清代各州县的黎人居地面积，窄则数十里，宽达五六百里，一般多在百里以上。

村峒的人口多寡不齐。据道光《琼州府志·村峒》卷二〇载：崖州，“有众至千余人者为大村，其小者仅止数家”；崖州东路之黎，“最大者为抱贤、野椰、大毛等峒，皆千余人”；崖州西路，“近城熟黎大峒如官场、头塘、多烂、多涡、抱由、德霞等村，多者千余家，少亦七八百家，皆强悍，势不相下”。可见，黎地虽阔，但黎人居地相对集中；因山区形势所限，也有村峒人口稀少者。其村落大者，达千余人之众。大村峒，人多势众，则“强悍”，纵可以抗王朝，横可以指挥黎区，在黎区中起主导作用。

黎人村峒之间，虽不相统属，但彼此间存在着密切交往关系，所谓各峒“声势联络”[①]即此意。

清黎村峒的分布情况，在黎族土官一目中已述。归结如下：琼山有5峒218村；定安有7峒142村；乐会有4峒21村；临高有2峒30村；儋州有4峒168村；昌化有2峒16村；万州有3峒37村；陵水有36弓；崖州有12峒114村；感恩有3峒40村。总计为42峒、822村（弓）。与明代相比较，其主要变化有二：

一是村峒总数量，较明代1360个，明显减少。大批村峒，划入清朝廷直接管辖，是重要原因。

二是村峒名称，有很大不同。其因是多方面的。其中包括：因黎语有音无字，汉人或未至其地，徒得之传闻，故多参差；有土音相近、字画相似，因而传讹者；有村峒已分合，名已改而地则仍旧者；有名仍旧，而地实非者；有黎人“所居转徙无常”[②]，故地名亦随之迁易者。概而言之，不外有三：一是历史原因：随着时间推移，地名更改；二是民族原因：汉人用黎语记音，结果因人而异，一地多名；三是社会原因：黎人过游耕生活，往往地随人迁。

二、农业与狩猎业、渔业

清代黎族社会生产，从总体而言，农业已占据统治地位；在农业中，已普遍推广高产的稻作生产。据雍正《广东通志·岭蛮志》卷五七载：“熟黎”“地多水田，与居民相依”。民国《儋县志·海黎志四·黎情》卷八载：清代“生熟黎力田，岁皆两熟，并植杂粮”。所谓，“力田”，即以农为业，故诗人有“耕凿安畎亩”[③]之咏。

产量有所提高。因此，富庶地区不仅可保证粮食供给，甚至有余粮出卖。史

---

① （清）张岳崧：《抚御琼黎论》，见《筠心堂文集·论》。

② （清）张岳崧：《抚御琼黎论》，见《筠心堂文集·论》。

③ （清）李聘：《黎峒行》，见（清 道光）明谊、张岳崧：《琼州府志·艺文·诗》，卷四一。

称：水、土条件较好之区，“依山涧为田，所获较外间数倍，其米粒大色白，味颇香美”[1]；“所产稻谷，足敷一年之食”；“崖陵一带，尚有黎米出粜”[2]。光绪年间，胡传还实地记录了崖州黎区米价。他写道：是年崖州“乐安（今乐东黎族自治县）米每升重二十两，计钱十四文，琼州米莫贱于此处”[3]。可证黎人有的已有剩余粮食，黎米已进入市场；且因黎人购买力低，故供过于求，以致价格为海南全区最低。

产量的增加，与良田面积扩大有关。据道光《琼州府志·关隘》卷二一载：定安县番阳、魔鬼两大村，“田土平旷”；光绪《崖州志·黎情》卷十三载：崖州“膏腴田地尽为黎有”；清冯子材《冯宫保军牍集要》卷十二则载：黎山“田土皆属饶腴”。

良田面积的扩大，与水利灌溉业的发展息息关联。如，清张庆长《黎岐纪闻》载：

> 黎内多崇山峻岭，少平夷之地，然依山涧为田，脉厚而水便，所获较外间数倍。

康熙《陵水县志·地理·水利》载：

> 大河水，……发源五指，历岭黎乡安马李村笔处，坝车灌水田数百亩。
>
> 小河水，发源黎山，自南迈历兴调二图、水曲、底边、坡湾、低田等处，塞坝灌田数万亩。
>
> 巡司沟，发源黎山，历南峒北灌田数十亩。

可见，依涧、塞坝、置车以灌田，极大地促进了黎区的水稻生产。

总之，较发达黎区的生产，已接近汉区水平。据《琼黎一览图说·琼崖黎岐风俗》称：“耕种之法，力农之具，均与内地无异。”

随着生产发展，物资增加，人口繁衍。据道光《琼州府志·关隘》卷二一载：崖州洋淋诸村，“中有腴田数十顷，黎人耕之，户口蕃庶，物产丰饶，为西北诸大峒凭依之所”。

---

① （清）张庆长：《黎岐纪闻》。

② （清）佚名：《琼黎一览图说·琼州黎岐风俗》。

③ （清）胡传：《游历琼州黎峒行程日记》。

当然，就整个黎区而言，其生产发展水平也不宜估计过高。不少地区仍保持“刀耕火种”法。据康熙《昌化县志·风土》卷一载：

昌邑东北，近黎地高燥，民以刀耕火种为业，名曰“斫山”。集山木而焚之，播草麻子、吉贝二种于积灰之上。昌民之利，尽于是矣。阅三年即弃去。

光绪《定安县志·舆地·物产》卷一载：

山稻，种于内图及黎山中。燔林成灰，因灰为粪，不需牛力，以锥凿土而播种焉。不加灌溉，自然秀实，连岁有收，地瘠乃弃去之，更择他处。

对于“游耕”生活对居住、村落带来的后果，道光《琼州府志·村峒》卷二〇写道：崖州黎“屋宇迁徙不常，村落聚散无定，所在田于是即居于是，日久地瘠则去而之他。故村峒土名，数年间数迁数易，其地不可考也”。这段记载的价值在于：点明了清代黎族人随地居的特点，即所谓“田于是即居于是”也；又明确指出刀耕火种，正是黎人村峒之名变化无常以致“不可考”的原因所在。

在偏僻黎区，稻作农业仍保持传统的耕作法、收割法和加工法。分述如下：

“群牛践地”耕作法。原始的水稻栽培法，在发明犁耕以前，最初是用牛或人来踏耕的；待松土播种后，不再耕耘，坐待收获。据载：

生黎不识耕种法，亦无外间农具。春耕时用群牛践地，中践成泥，撒种其上，即可有收。近时颇有学耕种法如外人者。[①]

又据载：

（黎岐）不识耕种法，亦无外间农具……不问气候，以得雨沾足为耕种之期……惟于雨足之时，纵牛于田，往来践踏，俟水土交融，随于手

① （清）张庆长：《黎岐纪闻》。

布种粒于上，不耕不耘，亦臻成熟。[1]

又据载：

黎中播种，以得雨为候，雨足纵牛群踏，俟水土交融，即播种粒。[2]

又据载：

黎人耕田不知用犁起土，以水牛四五头多至六七头乱踏田中，使草入泥中，泥涌草上，平之以栽秧。低田常有水者二熟，高田一熟而已。[3]

概言之，清代“生黎”种水稻，当春雨来临时，不用犁耕，而是驱赶群牛至田中践踏，待土成泥后，即撒种其上。这种靠天吃饭的耕作方法，产量当然是较低的。这是一种极为独特的原始稻作农业耕作法。但是，随着黎、汉经济往来的增加，此法也逐渐为犁耕农业所代替，所谓“近时颇有学耕作法如外人者”即指此。

摘割禾穗法。原始收割法，为手摘法，即以手的拇指、食指直接摘收禾穗。因此法容易伤手，且效率又低，故后来发展成小刀割取法。小刀割取法，在清代偏僻黎区仍流行。据清《琼黎一览·琼崖黎岐风俗图说》载：“黎岐”“田禾成熟后，其刈割之法……即以手连茹拔之，或有以切槟榔小刀割取禾穗者”。

当收割之后，粮食加工采用杵臼舂米法。据清张庆长《黎岐纪闻》载：

黎人不贮谷，收获后连禾穗贮之，陆续取而悬之灶上，用灶烟薰透，日计所食之数，摘取舂食，颇以为便。

显然，这种“日计所食之数”，逐日舂米的办法，与汉区有别，当是早期剩余物资不多而养成的习惯所致。此法长期流行于后世。据解放初期调查，乐东黎区乡村，“粮食加工以独木杵臼为主，泥（竹）磨极少见”[4]。在农业生产的分工组

① （清）佚名：《琼黎一览图说·琼州黎岐风俗》。

② （清）佚名：《黎族风俗图》。

③ （清）胡传：《游历琼州黎峒行程日记》，载《禹贡》第二卷，1934（1）。

④ 中南民族学院：《海南岛黎族社会调查》，上卷，南宁，广西民族出版社，1992。

合中，妇女起着重要作用。对此，清范咸赞颂道："水田黎妇尽春耕"[①]；清张庆长《黎岐纪闻》写道："黎妇多在外耕作，男夫看婴儿养牲畜而已，遇有事，妇人主之，男不敢预也"。作者为突出妇女作用，对男子陪衬地位的描述，难免有失实之处。但在黎区，妇女往往对内主理家事，对外承担重要劳动任务，其对男人的人身依附关系较汉区妇女相对为低，其社会地位较之汉区妇女相对为高，则是无疑的。

狩猎业，在偏僻黎区中仍占有重要地位。据康熙《陵水县志·海黎志》载："生黎""以射猎为业"。清张岳崧《抚御琼黎论》："生黎""不甚习耕作，恒操弓矢，以弋猎为生"[②]；清唐丙章《平黎疏》："黎人零星散处，以种地捕猎为生涯"[③]。又，从屈大均目睹黎人"以二人舁一黑猪熊，二人舁一黄鹿"[④]献官一事，可证清黎仍较易得到猎物。

渔业，也仍保留。故有"生计猎与渔"[⑤]之咏。清黎，仍行"射鱼"的古老方法。据清张庆长《黎岐纪闻》载：

> 黎岐无不能射者，射必中，中可立死。每于溪边伺鱼之出入，射而取之，以为食。其获较网罟为尤捷云。

其起源：早期人类用弓箭射击陆上禽兽的方法，应用于猎取水中的游鱼。由于黎人射技高强，其获物甚至不亚于人们用网打鱼，故有"其获较网罟为尤捷"之誉。

总之，清代黎族经济属农业社会，狩猎业仍有一定地位，有的还把渔业作为辅助生计的一种手段。

三、手工纺织业与制造业

黎族手工纺织品，至清代发展至高峰。其中驰名国内的有黎饰、黎单、黎幕、

---

① （清）范咸：《台江杂咏》，卷七，见（清）六十七：《番社采风图考》，耕田条。

② （清）张岳崧：《抚御琼黎论》，见《筠心堂文集·论》。

③ （清）唐丙章：《平黎疏》，见（民国）彭元藻等：《儋县志·艺文志十五》，卷十一下。

④ （清）屈大均：《广东新语·人语》，卷七，黎人条。

⑤ （清）李聘：《黎峒行》，见（清 道光）明谊、张岳崧：《琼州府志·艺文·诗》，卷四一。

黎布以及“儋、崖二帐”、绒毡等。清初屈大均《广东新语·货语》卷十五，绵布条所记最富代表性：

其出于琼者，或以吴绫越锦，折取色丝，间以鹅毳之绵，织成人物、花鸟、诗词，名日黎锦。浓丽可爱。白者为幛，杂色者为被，曰黎单。四幅相连曰黎幕，亦曰黎幔。以金丝者为上。又有花被、假被。

……

布帛则攀枝吉贝，机杼精工，百卉千华，凌乱殷红，疏絺尔暑，密斜弭风，盖谓琼布也。

……

崖州多织绵，儋州多织生丝。崖州组织绵线如布帛状，绣人物花鸟其上，有十金一具者，名曰帐房，俗称儋、崖二帐。

清李调元《南越笔记》卷五，有完全相同的记载，即袭此。需附及的是李书关于清黎的其他记载，也多抄自屈书。此外，清陆次云《峒溪纤志》载：黎女“取中国彩帛，拆取色丝，和吉贝织之成锦”。清张庆长《黎岐纪闻》载：

山岭多木棉树，妇女采实取其棉，用竹弓弹为绒，足纫手引以为线，染红、黑等色，杂以山麻及外贩卖彩绒织而为布，名曰吉贝。或擘山麻，纫线织布，捣树皮汁染为皂色，以五色绒杂绣其上，名曰黎布。买者或用牛或用盐，易而售诸市，海南人颇用之。织布法，复其经之两端，各用小园木一条贯之，长出布阔之外，一端以绳系园木而围于腰间，以双足踏园木两旁而伸之，于是加纬焉，以渐移其园木而成疋，其亦自有匠心也。

张氏详述黎布的编织过程，颇富新意。又，徐珂《清稗类钞》第五册，列有“黎人织布”专目，其内容采自《黎岐纪闻》，可见清代黎织布之闻名当世。光绪《临高县志·黎岐类》卷十五载：“黎岐”“以绒织毡，甚精”。光绪间人程秉钊《琼州杂事诗》则咏道：

东猺妇女娴女工，纺车轧轧山花红；古逻答博往前县[①]，寻个官娘[②]卖布笼[③]。

可见，及至清代，黎纺织工艺品，愈加精美，以“细密莹白”“绣人物花鸟”“浓丽可爱”而行销海南与内地。其精品，价值之昂贵竟达一具十金。

为满足日常生活的大量需要，清黎的弓箭刀戈制造业也颇为发达。对此，清屈大均《广东新语·人语》卷七，黎人条作了详细记述：

男子弓不离手，以藤为之，藤生成如弓，两端有弰可挂弦。弦亦以藤、箭镞以竹，无羽，但三丫为菱角倒钩，入肉必不能出，被射者以身就竹林下，屈垂竹尾，系箭杆于其上，以多人按定被射者，使身不动，徐放竹尾，镞即出，然筋骨俱已散碎，敷以药散，仅不死而已。生黎最凶悍，其弓重二百余斤，戈以标刀，甲以角，盔以香木皮。熟黎弓则以杂木若担竿状。棕竹为弦。筋竹为箭干而不甚直。铁镞锋锐有双钩，一小绳系之，临射始置箭端，遇猛兽，一发即及，兽逸而绳绊于树，乃就获焉。

清张庆长《黎岐纪闻》则载：

深山多恶兽，能伤人，黎人每出门必带弓箭佩小刀，所以防也。其弓屈木为把，剖藤为弦，箭用竹为之，铁镞无羽，弓短而劲，箭利而准。小刀连靶尺许，用木挖空贮之。

又，康熙《琼州府志·黎情·原黎》卷八载：“生黎”“以木为弓，以竹为弦，铁镞无羽，出入不释手，以标刀为戈，以角为甲”。其他方志的记载，均与此康熙府志大同小异。总之，黎人所以刀箭不离身，“所以防也”。黎人以藤或木为弓，以藤或竹为弦，以竹为杆，以竹或铁为镞，无羽。弓短而劲，箭利而准。喜佩小刀，以标

① “古逻”黎语指小帽，“答博”黎语指系腰，“前县”在黎语中即指县前。

② 在琼州方言中，黎上户之男为“官”，女为“娘”。

③ 东猺山，在定安城东一百里，……猺妇纺织吉布缕，细密莹白，谓之布笼。

刀为戈，以兽角为甲。其作极富巧思。如竹箭镞，材料虽较原始，但制成“三丫为菱角倒钩”，可使被射者筋骨散碎，发挥最大威力，反映了黎族人民的智慧。

随着手工制造业的发展，从汉区输入的铁日多。故有黎人“以铁为资”①之说。这表明，黎人对重要手工原料——铁的需求日殷。

随着黎族社会的发展，传统弓矢兵器制造业日衰，改用从汉区输入的火枪，以作狩猎和作战工具。据光绪《崖州志·黎防一·黎情》卷十三载：

> 向时兵器，专尚弓矢，今已久废。改用火枪，家置一杆，有力者或备数杆。每以数牛易一枪，或药一桶。多从岭门、薄沙及海口流入。出必携，弹鸟击兽，习成惯技。发必命中，遂为厉阶。

愈至后世，枪械流入愈多。据称：

> 黎峒小者有枪数十杆至数百杆，大峒则多至千余杆，总计全琼黎峒所存之大噏枪不下万杆。②

四、贸　易

清代前期，在偏僻黎区本身的墟市与以商为业的黎人，均属稀罕。故清张庆长《黎岐纪闻》说：

> 黎中无墟市；
> ……
> 黎人类自食其力，从无为买卖生理者。

至清末以后在黎族聚居区出现了小规模的市集，乐东县的抱由市，感恩的东方市(古镇州峒)，白沙县的牙叉市均是。

黎、汉贸易的墟市，在清代已相当发达。据道光《琼州府志·村峒》卷二〇

---

① （清 光绪）钟元棣等：《崖州志·黎防一·黎情》，卷十三。

② 谢彬：《云南游记》，北京，中华书局，1936。

载：乐会县“三更村与定安县黎峒接界，黎人贸易皆在定安南闾市、岑门墟诸处”；乐会南峒“与定安、万州黎峒相通，水土恶劣，外人罕至，其贸易往来皆在万州之中迈市”；陵水县城西有母感等“生黎”十六弓“其贸易聚集，皆在宝停弓，有万州营汛防巡检，俱驻扎此处”；崖州“熟黎”“日往来城市中，有无相易”；崖州乐安城“城内民黎错处，互相贸易”；道光《琼州府志·关隘》卷二一又载：乐会县三更村，村北即岭门市，乐会、定安二县“黎与民人贸易，皆于此聚集”；临高县“兰扬市为生熟黎与民人互市之处”；儋州的调南市“为入黎之总隘，四峒生熟黎出入贸易，亦必由此”；海头市“与昌化县黎交界为儋、崖、昌、感诸黎及客民贸易之区”；南头市“与冯墟峒接壤，民人与黎岐交易往来，皆由此道”。总之，清代定安县南闾市、岭门墟，万州的迈市，陵水县的宝停弓，崖州的乐安城，临高县的兰扬市，儋州的海头市等，都是黎、汉之间的重要“贸易聚集”处。这些墟市不仅是黎、汉的贸易中心，有的还是政治、军事要区，宝停弓为万州营汛防巡检驻扎地即属此例。这些墟市，对海南近代城市的形成与发展起过不可忽视的历史作用。

黎人以土特产从汉商中换回生活必需品。关于清黎主要土特产的记载有：

> 地产沉水、茄楠诸香。山多槟榔、椰子、翠羽、黄蜡、麖、麂之属。[①]

又：

> 海琼沉香俱产黎峒。[②]

又：

> 槟榔产于海南，惟万、崖、琼山、会同、乐会诸县为，他处则少。
>
> ……
>
> 穿山藤亦黎产也。[③]

从汉区中主要换回盐、铁、绒线针布等生活与生产必需品。据载：

---

① （清 光绪）钟元棣等：《崖州志·黎防一·黎情》，卷十三。

② （清）吴震方：《岭南杂记》。

③ （清）张庆长：《黎岐纪闻》。

凡欲买沉香者，使熟黎土舍为导，至生黎峒，但散与纸花、金胜，及锄头长一尺者，箭镞三角者，或绒线针布等物，生黎则喜。[1]

又据载：

黎中所有外贩，赍绒线盐布等物入而易之，亦通功易事之遗也。[2]

又据载：

其产无盐及线帛之类，外人携此，与之贸易有无。[3]

又据载：

（黎人）深居山谷中，以盐为命，以铁为资，皆心仰给于外。盐乏，不能一朝居。每欲思逞，必先储盐为负嵎计。[4]

总之，至清代，随着黎族社会经济的发展与黎、汉往来的增多，当地黎、汉经济通过商业沟通，互通有无，日益融为一体，形成“通功易事”的密不可分关系。

黎人在交易中，严格按照本民族传统习俗处理商业关系。据康熙《昌化县志·原黎》卷三载：

与人贸易，甚有信。商人信则相与，而至亲借贷不吝。或负约，见其同乡人擒之以为质，枷以横木，必负债者来偿始释。

光绪《崖州志·黎防一·黎情》卷十三所载微异：

与人贸易，不欺，亦不受人欺。相信，则视如至亲，借贷不吝。或负约，见其村人，即擒为质，架以横木。负者来偿，始释。负钱一缗，偿谷一秤。岁加一倍，无有底止。

① （清）屈大均：《广东新语·人语》，卷七，黎人条。

② （清）张庆长：《黎岐纪闻》。

③ （清 光绪）聂公缉等：《临高县志·黎岐类·黎俗》，卷十五。

④ （清 光绪）钟元棣等：《崖州志·黎防一·黎情》，卷十三。

其他府、州、志所载，大同小异。此俗，至民国时期而未变。据《崖县现况》载：

苗黎极重信用，与人交易直截了当。凡欠人钱，言定何时归还，至时卖妻鬻子，亦不足惜。

……

苗黎重义节，如受人之骗，则群起助被骗之人。

概言之，黎人的商业法则有二：一是重信用。没有商业社会的种种欺诈不法行为与市侩习气。二是最恨不守信用之人。对此，采用扣人质与重罚的严厉制裁。由于有的汉商采取欺骗手段，在这种情况下，黎人不得不采取非商业的报复行为，以维护自身的利益。

黎、汉贸易，还有一特点是往往集体行动。据清屈大均《广东新语·人语》卷七载："熟黎""常入州县贸易，暮则鸣角结队而归"。这样做的原因有二：一是防止受汉区不法分子的欺压，便于自卫；二是传统的共同劳动、消费遗风在流通领域的反映。

清朝廷为安抚黎人，对"互市"取扶植之策。据《清史稿·杨廷璋传》卷三二三载，乾隆三十一年（1766年），在镇压崖州安歧黎反抗活动后，杨廷璋奏"黎民市易设墟场"。其具体做法是：

各地方官各于附近州县城外汛防地界，设立墟场一二处或两三处，按一四七、二五八、三六九，定以墟期，俾源源赴墟，彼此交易。黎货既已流通，物价又复公平。每属墟期，责成该汛巡检弓兵督同黎头保甲赴墟弹压稽察。①

此议，经乾隆同意执行。此举，有利于黎区货畅其流，有利于黎人的生产与生活。

在黎、汉贸易中，汉商短缺分量及强行买卖等各种非规范的商业行为时有发生。为此，当局曾发布命令加以制止，以防滋事。据光绪三十四年（1908年）在今琼中

① （清）杨廷璋：《黎山善后摺》，见（清 道光）胡端书等：《万州志》，卷九。

县境所立《奉道宪严禁碑》[1]称：

议客黎买卖货物，斗秤须要公平，彼此交易，有信有从，不得强牵牛马及儿女抵债，违者送官究治。

五、封建生产关系的进一步发展

清代，黎区封建生产关系得到较快发展。

府委任黎族上层分子为峒长、黎总、哨管、黎甲、黎首以及粮长等土官。他们掌管着地方基层实权，是黎族人民政治上的压迫者，经济上的剥削者。

黎族内部贫富与阶级分化日益严重。富有者被称作“大家”。他们拥有作为财富象征的数以十百计的牛与稀世珍宝的铜锣。据载：

黎人以牛之有无多寡计贫富，大抵有牛家即为殷实，养至数十头及数百头者，黎内谓之大家当。

……

俗好铜锣，小者为钲，亦锣类也。有余家购而藏之以为世珍，大抵旧藏者佳，新制不及其值，或抵一牛或数牛，或有抵数十牛者，则益宝贵之，藏铜锣多而佳者为大家。[2]

又据载：

最贵蛤锣[3]，豪强之家，有以十数牛易一锣者。[4]

由于贫富贵贱不同，反映在服饰、婚丧诸制上也有区别。如，清张庆长《黎岐纪闻》载：

富人头前多插银条为饰，或一条或二三条不等。

---

① 《奉道宪严禁碑》，清光绪三十四年（1908年）立，见中国科学院民族研究所民族社会历史调查组、广东民族研究所：《黎族古代历史资料》，下册，844页，广州，广东民族研究所，1964。

② 以上引文均见（清）张庆长：《黎岐纪闻》。

③ 民国周文海等《感恩县志·黎情》作“铃锣”。

④ （清 光绪）钟元棣等：《崖州志·黎防一·黎情》，卷十三。

光绪《崖州志·黎防一·黎情》卷十三则载：

祭鬼，少者，辄鞭挞交加。富者，插以银羽，披以花衫，牵以游村。以酒灌，使极醉。

……

祭必斩牛。贫曰吃茶，富曰作八。

这种贫富悬殊现象，至民国时期发展至顶峰。据《崖县现况》载：

黎人以牛为货财，家之贫富，视牛之多少。一牛可易田二三亩。富者山岭田园相连数里或数十里，贫者为富者耕稼，谓之长工，衣食由田主供给，每年再给工值几元或米谷数斗，或五年给牛一头。

这表明，这一时期的黎区，已存在占地众多的地主阶级与无地少地的贫苦农民。

在农业社会中，决定贫富的关键是对土地占有的多寡。因此，清黎对土地的争夺，已成为日益严重的社会问题。据康熙《陵水县志·海黎志》载：

争田夺地起仇衅，屠牛聚众构生黎以为州县之患。

土地买卖与典当，也随之盛行。据清张庆长《黎岐纪闻》载：

生黎地不属官，亦各有主。间有典卖授受者以竹片为券，盖黎内无文字，用竹批为三，计邱段价值划文其上，两家及中人各执之以为信，无敢欺者。近日狡黠辈颇纷纷以诈伪生争矣。

这段“典卖”土地的记载，可从中南民族学院（现中南民族大学）博物馆馆藏的不少黎人契约俗称“契簪”的文物中得到证实。这批“契簪”，起于嘉庆二十三年(1818 年)，止于民国三十二年（1943 年)。这种出典或断卖土地的契约，写在具有民族特色的木簪上。其正面，用汉字书写契约内容，由汉人代笔，加盖当事人和中人的手模；背面，刻横文数道，以指示典卖的价值。作价物有铜钱、稻谷、牛只等。这表明：清代后期，黎区典卖土地的手续，已基本与汉区相同；区别只在于交换的主要媒介仍以牛只进行而已。“典卖”的结果，加剧了土地兼并的过程。

随着人们对财富贪欲的增长，高利贷也日益流行。《黎岐纪闻》又载：黎中“从无鬻米者，贫人乏食则有米者贷之，不计息，偿不偿亦不深较。近日颇有奸贪之徒，春借秋偿倍息取利，心不古矣”。这表明：古时人与人之间的平等互助关系，而今为金钱货币关系所玷染；昔日对财富淡漠之心，已被逐利观念所取代。这是以破坏人与人之间的纯朴关系为代价，所换来的历史进步与观念更新。

一言以蔽之，清代较为发达的黎族地区的阶级关系，已出现“富豪兼并，役属贫弱”[①]的局面。

黎区的封建化，除内部因素外，还与封建王朝以及汉族的影响，存在着密切关系。

明代本属土舍管辖的黎人，入清后大批加入“版图”，“悉为良民”，从而加速了黎区封建化的过程。

汉族地主阶级采用种种压榨与掠夺手段，大量占有黎区土地。他们通过租佃、雇工等方式，残酷剥削黎族农民，使之陷于十分贫困的境地。据鲍灿《汉黎舆情》卷二载：

> 与汉人雇工耕作，每年得工钱四五千，并汗褂裤一套，贫乏者莫此为甚。

汉族高利贷者，拥有丰厚资财，重利盘剥黎人。据鲍灿《汉黎舆情》卷二载：

> （黎人）如有事故，与汉人借债，一千本，二千利，或借与钱百文，折放谷子一称，亦是一本二利。春借冬还，或遇岁欠，不能全还，将利作本生利，来冬再还。乐安汛属有一寡妇，借钱二千八百文于黎人，陆续共计还钱四万八十余千，尚未能完数。故黎人借汉人债，实为一家之累也。

更可恶者，封建官衙公开参与高利贷活动，竟“习以为常”。据胡传《游历琼州黎峒行程日记》载：光绪初年，在黎族聚居地的崖州，“民间无当铺，而文武大小各

① （清 康熙）金光祖：《广东通志·外志·俚户》，卷二八。

衙门各开当铺，皆可以物质钱，每月六分起息，三月期满，不赎即不准再赎”。这种敲骨吸髓的榨取，使贫困黎民陷于破产境地。为求生存，黎民因此被迫走上反抗之路，咸丰年间发生的崖州黎“杀债主作乱”①事件，即明证。为避免社会动乱，乾隆年间曾颁布客民（指进入黎区的汉人）“禁放债”②的命令，也可见当时高利盘剥的普遍性与严重性。

汉族奸商采用欺骗、卖假货、不等价交换等种种非法手段，牟取暴利。据载：

> 土商与贸易，欺以赝物。③

又据载：

> 近日惠、潮人杂处其中，多以沽酒为业。任其赊取不知数，秋后计算，以米偿之，虽欺之，亦不觉也。④

又据载：

> 黎人于升斗权衡丈尺之制不甚认真，恒欺之。⑤

黎民在汉族地主、高利贷、奸商三位一体的剥削下，纷纷失去土地，只能靠出卖劳动力为生，以维持最低限度的生存条件。除佃耕外，有的还被雇作采藤、采香等艰辛劳动。据《黎岐纪闻》载：

> 黎产唯藤之利为大，外客出租资于山中起寮，雇黎仔采取之，出而运诸海口，运行各省，取值辄数倍其本焉。
>
> ……
>
> 能采香者，谓之香仔。外客以银米安其家，雇入山中，犯雾露，触恶兽，辄经旬累月于其中而偶一得之，不幸者虽历久无获也。

---

① （清 光绪）钟元棣等：《崖州志·黎防三·平黎》，卷十四。
② （民国）谢尔巽等：《清史稿·杨廷璋传》，卷三二三。
③ （清）屈大均：《广东新语·人语》，卷七，黎人条。
④ （清）张庆长：《黎岐纪闻》。
⑤ （清 光绪）吴应廉等：《定安县志·黎岐·黎俗》，卷九。

这些地位低下的“黎仔”，有的甚至被雇作打手，保护汉族地主阶级的生命财产，以生命为代价换取生存，其命运更为悲惨。据载：明末以来，“乡居取认其黎为卫，刻箭为凭，他黎不敢侵扰，二年，偿黎以牛一只，盐、帛若干，名曰年例。外民呼卫我之黎曰郎；黎呼外民之所认者曰仔。邻黎有参越侵扰，彼即拼命厮杀，昌之黎情如此”[①]。

黎区社会的发展是不平衡的。至于山区黎人，则贫富分化与剥削关系尚未明显，保持着平均分配色彩的互助之风。据光绪《临高县志·黎岐·黎俗》卷十五载：“黎岐”“食尽则群赴他村食之，又尽则又赴他村，皆无彼此之别”。

六、居住与交通

清代，黎人居住富有传统特色的房屋为“屋室形似覆舟”的船形屋。清人名之曰“舫屋”[②]。此屋在黎区分布甚广，致有“无处无之”[③]之说。其特点是：平面呈纵长方形，由两端的山墙入口（所谓“前后二穴”），屋盖多呈半圆拱形，整个外观似船，故名。屋内架木为栏，上居人，下养畜。依其架空高低，又有高脚与矮脚之分，故称“有高栏、低栏”之异。室内，陈设简单，在睡床前面，以三块石砌成品字形的炉灶，此即“列三石置釜”之谓。对此，清张庆长《黎岐纪闻》言之最详：

屋室形似覆舟，编茅为之，或被以葵或藤叶，随所便也。门倚脊而开，穴其旁以为牖。屋内架木为栏，横铺竹木，上居男妇，下畜鸡豚。熟黎屋内通用栏，厨灶寝处并在其上；生黎栏在后，前后空地，地下挖窟，列三石置釜，席地炊煮，惟于栏上寝处。黎内有高栏、低栏之名，以去地高下而名，无甚异也。

此外，康熙《陵水县志·海黎》所载，虽稍简略，但其意大体相同：

结茅为屋，如覆舟形。前后二穴，往来出入。次竹木为架，约高二

① （清 康熙）方岱等：《昌化县志·原黎》，卷三。

② （清）蓝鼎元：《琼州府图说》，见《鹿洲初集·说》，卷十二。

③ （清）蓝鼎元：《琼州府图说》，见《鹿洲初集·说》，卷十二。

尺许，名之曰栏。一家男女群卧其上，下则畜犬豕。

炉内常保持“壅火”，用作取暖与炕谷用。据光绪《定安县志·黎岐志》卷九载：

（生黎）屋如覆盆，上为栏以居人，下畜牛豕。……屋内四时聚薪壅火，冬则靠以辟寒，夏则炕其禾谷。

以灶炕物之俗，可从后世调查材料中得到证实：

所有的住房，都还保留着灶的烘物架。平时烘稻谷、包谷、野兽肉等。①

房屋不加间隔，全家男女老少食、寝其中。《黎岐纪闻》写道：

屋止一间，男女不异处。昼同饮食，夜并寝宿。

居住与交通，均为人们生活的必需。黎人水上交通有利用葫芦和束竹为捆的浮力以引渡。这种因地制宜的交通工具，充分体现了黎族人民的智慧。据《黎岐纪闻》载：

黎水盛涨时，势涌流急，最苦难渡。黎人往来山际，多用大葫芦带身间，至溪流涨处，双手抱之，浮水而过。亦有于山中取竹束作一捆，藉其浮势，夹挈而渡者。不可谓非智矣。

奇异的是，无独有偶，清代台湾高山族也有“腰挟葫芦，径渡如驰”②之俗。这是因为他们之间有相似的自然、地理条件所致。

传递信息，重在快捷与可靠。“传箭”，是清代黎人最具民族特色的传讯工具。据清张庆长《黎岐纪闻》载：

黎目有事传呼，截竹缚藤，以次相传，谓之传箭。群黎见而趋赴若

① 中南民族学院：《海南岛黎族社会调查》，上卷，654页，南宁，广西民族出版社，1992。
② （清）六十七：《番社采风图考》。

奉符信，无敢后者。

此外，吹牛角、击鼓、敲锣，也是清代黎人常用以传讯集众的重要手段。此俗，在民国以后仍流传。

七、服　饰

（一）文　身

文献关于明、清两代黎人文身的记载，主要有两点不同：一是文身时间。明代有“周岁即文其身”之说；至清代，均记女子临嫁前绣面。二是性别。明代男女均有文身之俗；至清代，则只有女子绣面之载。调查材料证明，入民国以后，袭清制，即流行女子临嫁文身。

关于清黎文身，以清人屈大均、张庆长所记最富代表性。据《广东新语·人语》卷七，黎人条载：

面涅花卉虫蛾之属，号绣面女。其绣面非以为美，凡黎女将欲字人，各谅己妍媸而择配，心各悦服，男始为女纹面，一如其祖所刺之式，毫不敢讹，自谓死后恐祖宗不识也。又先受聘则绣手，临嫁一夕乃绣面，其花样皆男家所与，以为记号，使之不得再嫁。古所谓雕题者此也。题，额也；雕，绣也。以针笔青丹涅之，有花卉虫鱼之属，或多或少。而世以为黎女以绣面为绝色，又以多绣为贵，良家之女方绣，婢媵不得绣，皆非也。

《黎岐纪闻》也载：

女将嫁，面上刺花纹，涅以靛，其花或直或曲，各随其俗。盖夫家以花样予之，照样刺面上以为记，所以示有配而不二也。

《黎岐纪闻》所记，当是从《广东新语》改写而成。其后所记内容不外两种：一是基本照搬《广东新语》所记。清李调元《南越笔记》卷七、清张心泰《粤游小志》的有关段落即属此例。二是将屈、张二氏著作的有关论述，加以缩写。清檀萃《说蛮》载：黎人“面涅花文，号绣面女，临嫁乃绣其花样，男家与之，古所谓雕题也”。即属此类的典型。

可见，有清一代，关于黎人文身所记内容大同小异，均未脱《广东新语》巢臼。唯一有别的是，有的著作将黎女文身的时间从“临嫁”改成“及笄”。如康熙《广东通志》卷二八载：黎俗“绣面乃其吉礼。女将及笄，置酒会亲属，女伴自施针笔，涅为极细虫蛾花卉，而以淡粟纹编其余地，谓之绣面”。“笄”指簪子。女子15岁盘发插簪称“加笄”，“及笄”同此意。加笄时，要举行礼仪称加笄礼，此即女子成年礼。后改在许嫁时举行。据《仪礼·士昏礼》载：“女子许嫁，笄而礼之，称字。”民间多在临嫁前举行。可见，细究起来，“及笄”与“临嫁”只是文异而义同。

清代黎女文身的意义有二：一是与村峒即族系的徽号与标志有关。女子临嫁即行成年礼之时，按男系所予族属“记号”进行绣面仪式，意味着该女子正式为夫系宗族社会所接纳而成为其成员之一。这种“记号”，具有图腾崇拜的性质，从所谓“一如其祖所刺之式”，以便死后让祖宗辨认的记载中可证。二是与婚姻状态有关。文身花样，均为“男家”“夫家”所与，并作为忠实于爱情示不再嫁之意。这表明，文身作为婚否的象征。需加强调指出的是，族徽关系是主要的，婚姻关系是从属的。据此，可以得出结论说：以绣面为美的说法，与以绣面别贵贱的说法，都与黎人文身起源的本来意义无涉。

（二）服　饰

黎人男女服饰有别，分述如下：

1. 男子

椎髻。男女的椎髻位置有所不同。据《皇清职贡图》卷四，琼州府黎人条载：“男椎髻在前。”因在前头椎髻,故又称作“当额作髻”[①]。此俗一直延续下来。如“大鬃黎’，“男髻发在前，稍大而尖，又称尖鬃黎”[②]；陵水县北光乡男子，从前“结鬃于额前”[③]。但也有个别支系黎人的发式例外。据民国《感恩县志·经政·黎情》载:

① （清）屈大均：《广东新语·人语》，卷七，黎人条。

② （民国）周文海等：《感恩县志·经政·黎情》。

③ 中南民族学院：《海南岛黎族社会调查》下卷，578页，南宁，广西民族出版社，1992。

美俘方言“男女皆髻发在后”。

髻插梳、钯、簪。据《广东新语·人语》卷七，黎人条载：“髻有金银钯或牛骨簪，其纵插者生黎也，横插者熟黎”。光绪《崖州志·黎防一·黎情》则载：黎人男子髻“插以寸梳”。调查材料证明，乐东县头塘村黎人曾有“插木梳一把”[①]于髻之俗；乐东县永益乡老村黎人则有过“鬃上插一枝头尾刻花的骨簪”[②]之习。

缠头。据《皇清职贡图》卷四，琼州府黎人条称黎人“首缠红布”。调查材料证明，黎人确曾有过“裹以红色头巾”[③]之俗。但也有用黑布者。如乐东县头塘村，从前男子头部，“缠上两端绣花的黑色头巾”[④]。

富有者头前插银条，据清张庆长《黎岐纪闻》载：

> 富人头前多插银条为饰，或一条或二三条不等，似鸡尾形，故名鸡尾。

明代黎人有以“雉毛”“鸡毛”为饰之俗。清黎所用似“鸡尾形”的银条，当是由此演变而来。

戴藤帽。据光绪《崖州志·黎防一·黎情》载：“戴藤六角帽”。以藤编为帽既轻便又耐用，深得就地取材之妙。

耳环。清黎男人也有戴耳环者。如《皇清职贡图》卷四，琼州府条载：“耳垂铜环”。也有限于未成年男子者。据清张庆长《黎岐纪闻》载：

> 幼年入耳垂大环，或银或铜，亦随贫富为之，以为观也。未娶亲者多用之，成亲后则已。

从黎人所戴耳环的质地优劣与数量多寡，也可见贫富之差异。需指出的是，男女的耳环也是有所不同的。据民国《感恩县志·经政·黎情》卷十三载：美俘方言男女，“皆穿耳带环。但男环白铜而小圈，女环黄铜而大圈”。从此也可见，在黎人的某些

① 中南民族学院：《海南岛黎族社会调查》下卷，12页，南宁，广西民族出版社，1992。

② 中南民族学院：《海南岛黎族社会调查》下卷，137页，南宁，广西民族出版社，1992。

③ 中南民族学院：《海南岛黎族社会调查》下卷，277页，南宁，广西民族出版社，1992。

④ 中南民族学院：《海南岛黎族社会调查》下卷，12页，南宁，广西民族出版社，1992。

支系中，男人戴耳环之俗延至民国而未断。

男服较简单，多衣短衣，下身则围遮体布，故有“黎不着裤”之说。其主要记载有：

> 短衣及腰，以三角布掩下体。[①]

又：

> 短衣至膝，下体则以布两幅掩其前后而已。[②]

又：

> 熟黎，上衣粗麻短衫。生黎，用布一幅，穴其中以首贯之，无袖，长不掩脐。黎岐，下著犊鼻裤。余黎，并无下衣，仅以四五寸粗布二片，上宽下窄，蔽前后名曰黎厂，或用布一片，通前后包之，名曰黎包；按，《图说》惟岐黎为然，然别黎亦间有之。[③]

又：

> 绩木皮、吉贝为衣，长或过膝，短或逾脐，服仅掩腿。或以片布裹下体，或以两幅掩前后。[④]

诸籍所记，大体相同。唯《黎岐纪闻》二所记最为详尽，其间又按“熟黎”“生黎”“歧黎”“余黎”加以细分。这种穿着，还可从调查材料中得到证实：

> 据说过去下身是穿前后各一块的遮体布，上身则穿粗麻织成的无领对胸开的上衣，后端没有垂絮。[⑤]

---

① （清）屈大均：《广东新语·人语》，卷七，黎人条。

② （清）傅恒：《皇清职贡图》，卷四，琼州府黎人条。

③ （清）张庆长：《黎岐纪闻》。

④ （清 光绪）钟元棣等：《崖州志·黎防一·黎情》，卷十三。

⑤ 中南民族学院：《海南岛黎族社会调查》，下卷，534 页，南宁，广西民族出版社，1992。

2. 女子

椎髻，方向与男子相反。据《皇清职贡图》卷四，琼州府黎人条载：“妇椎髻在后。”

髻上插钗。据清屈大均《广东新语·人语》卷七载：黎人妇女“椎髻大钗，钗上加铜环”。

戴头帕。据《皇清职贡图》卷四，“琼州府黎人”条载：黎妇“首蒙青帕”。

耳饰，环大而垂肩。据载：黎妇“耳坠垂肩”[①]；“耳垂铜环”[②]；“耳垂大环，工作束于顶上”[③]。调查材料证明，这种大耳环在“罗活”黎里颇为流行。据载：

> 妇女从小便开始戴银（或铜、铁）制的大耳环，据说每长一岁就加戴一个，因此到成年时，往往每边都戴上10个、20个，重达三、四市斤，把耳朵坠成长长的，甚至把耳孔弄裂。平日把它覆盖在顶上，好象帽子一样。[④]

项链。据民国《感恩县志·经政·黎情》卷十三载：“美孚黎”女，“颈盘五色粉珠”。

女服的主要特点有二：一是喜绣花；二是多穿富有传统民族特色的“黎裲”。对此，史籍多有记载。据清屈大均《广东新语·人语》卷七载：

> 妇女率着黎裲。以布全幅，上与下紧连，自项及胫不接续，四围合缝，以五色绒花刺其上。裙衩作数百细摺，用布至十余丈。长不能行，则结其半于腰间，累累如带重物。

《皇清职贡图》卷四，琼州府黎人条：

> 服绣吉贝，系花结裲。裲似裙而四周合缝，长仅过膝。

---

① （清）屈大均：《广东新语·人语》，卷七。

② （清）傅恒：《皇清职贡图》，卷四。

③ （清 光绪）钟元棣等：《崖州志·黎防一·黎情》，卷十三。

④ 中南民族学院：《海南岛黎族社会调查》，下卷，12页，南宁，广西民族出版社，1992。

清张庆长《黎岐纪闻》：

黎妇衣短衫。其制用布一幅，中开一长穴，后至背，前至胸下，各留五六寸许不断，唯大厂黎长距膝前后近下各绣一方幅，胸前衬以抹胸，或蓝或青。下衣如竹筒，幅布对缝之，名曰黎桶。黎岐长不蔽膝，别黎长至胫，唯大厂黎长至足，或绣五色花以为锦，名为绣花桶。

光绪《崖州志·黎防一·黎情》卷十三载：

衣裂前幅，领扣一钮。裙则绣花织纹，四围合缝，穿而结之，谓之曰桶。

民国《感恩县志·经政·黎情》卷十三：当地黎女，“着衣穿補。其衣，裂前幅领扣一钮。其桶以红、黄、绿三色柳绒及绣花织纹，四围合缝，穿而结之”。调查材料也证明：东方县罗田乡田头村“妇女的服装，上身多数是自织棉质无领一扣的上衣，下穿一条宽阔的长補，两者的色泽都是黑色的，这种服装基本上与乐东永益乡的黎妇所穿的相同。……上身束上一条细小的腰带。補的布料完全是从汉区买来的，过去穿的有花自织长補，目前已看不到了”①。“黎補”，又写作“黎桶”；绣花以饰者，则名“绣花補”。总之，清代黎族妇女服装，上衣为无领一扣的形式；下衣为桶裙。此制，从民国时期直至解放初期均沿袭下来。后来，補的变化，主要是“有花自织长補”逐步消失，代之用汉区进来的布料而制成。

最后，尚需指出的是，在清代偏僻落后黎区，其服饰还较为原始，甚至有以树皮代衣者。据清张庆长《黎岐纪闻》载：

生黎，隆冬时取树皮捶软，用以蔽体，夜间即以代被，其树名加布皮，黎产也。

八、饮　食

清代，邻近汉区的黎民，饮食方面已与汉人无异。故有崖州“熟黎”“饮食、

① 中南民族学院：《海南岛黎族社会调查》，下卷，175页，南宁，广西民族出版社，1992。

衣服与民人同”[1]之载。但在偏僻地区，黎民的器用、饮食方法与习惯，仍保持传统特色较多。主要表现为：

食器较为简朴。据康熙《陵水县志·海黎志》载：“生黎”“其器用土釜瓠瓢，每食大小罗坐，不用箸，以椰瓢舀食”。清张庆长《黎岐纪闻》称：“器用皆椰壳，或刳木为之，炊煮熟，以木勺就釜取食，或以手捻成团而食之，无外间碗箸。”康熙、道光《琼州府志》等则以“器用土釜瓠瓢”一句概括之。简言之，这些黎人的食具有：以土为釜，刳木为器，以椰壳为瓠瓢。食用时，则往往抟饭而食，不用碗箸。

有的黎人饮食，尚停留在未讲究烹饪之法的早期阶段。据道光《琼州府志·村峒》卷二〇载：崖州“生黎”“穴居鲜食”；清张庆长《黎岐纪闻》载：“生黎”“遇有事，则用牛犬鸡豕等畜，亦不知烹宰法，取牲，用箭射死，不去毛，不剖腹，燎以山柴，就佩刀割食，颇有太古风”。前者，所谓“鲜食”，即生食，保留了古文献所称“南蛮”“雕题”的“不火食”[2]之习。后者，则虽已用火烧烤，但还未晓用烹饪之法对食物进行加工。

作物栽培尚缺乏。据《黎岐纪闻》载：

> 生黎不知种植，无外间菜蔬各种，唯取山中野菜用之。

蔬菜是满足人类生理和增进食欲的必需之物，故是农业社会中仅次于粮食的栽培植物。但当时有些以狩猎为业的黎人，尚未推广蔬菜等种植技术。从中也可见生活的艰苦与单调。

黎区，普遍缺盐，以盐为贵。虽然海南环海，盛产海盐，故有“在在煮盐”之称。但黎区地处五指山内地，不产盐，而盐又为人们日常生活不可或缺之物，故史称黎人“以盐为命”[3]，并非虚饰夸张之辞。曾发生过这样一件事：康熙年间，新设两广盐院，拟在海南设盐商专卖。为此，当时的琼州知府张万言极力反

① （清 道光）明谊、张岳崧：《琼州府志·村峒》，卷二〇。

② （西汉）戴圣：《礼记·王制篇》。

③ （清 光绪）钟元棣等：《崖州志·黎防一·黎情》，卷十三。

对，其所持重要理由之一为，盐户自煎自卖，则便民，“黎人亦资口食”[①]；若设商，则“黎人淡食难堪”[②]。清廷因惧怕设盐商专卖会引起黎、汉人民的强烈反抗而作罢。从此事，也可见盐在黎人生活中的重要性。这就是史称黎人“盐乏，不能一朝居”[③]的原因所在。

黎人的嗜好有槟榔、酒、烟。此俗一直延续下来。据调查：海南解放后，乐东县福汶乡福报村黎人仍“嗜好烟、酒和槟榔”[④]。

槟榔，产海南。黎人既以槟榔作为土特产输出汉区，又为自身日常生活必需之物。据清屈大均《广东新语・木语》卷二五载：

> 槟榔，产琼州。……实未熟者曰槟榔青，青，皮壳也，以槟榔肉兼食之，味厚而芳，琼人最嗜之。

清吴震方《岭南杂记》：

> 槟榔，出海南，遍于两粤。……无花而实，棘针重累其下，皆黎女采摘入市卖之，谓之山子。食时，一枚切为四片，以蒌叶、石灰并嚼之，或加椰肉、核桃之类。人客相见，以此先茶。

清张心泰《粤游小志》：

> 两粤，饮食嗜好不同，食槟榔多同，客至，不设茶礼，以槟榔。其法，以水调蚬灰一铢许，于蒌叶上裹槟榔，咀嚼，先吐赤水，后咴其余，汁少焉，面潮红，诗人有醉槟榔之句，无蚬灰处用石灰，无蒌叶处用蒌藤。

归结起来，黎人食槟榔的要点有：

槟榔因其成熟程度与制法不同，而分成青、熟、干、咸诸种，两广人各有所好，

---

① （清 道光）阮元等：《广东通志・宦绩三十》，卷二六〇。

② （清 道光）明谊、张岳崧：《琼州府志・宦绩》，卷三一。

③ （清 光绪）钟元棣等：《崖州志・黎防一・黎情》，卷十三。

④ 中南民族学院：《海南岛黎族社会调查》，下卷，87页，南宁，广西民族出版社，1992。

而黎人则最嗜青槟榔。

槟榔除自己食用外，还作为待客常品，与汉人饮茶的功能同。此俗，还可从调查材料中得到证实。据《海南岛黎族社会调查》：陵水县北光乡，“不论男女，均嗜吃槟榔，尤以妇女为甚；槟榔在这里还是……招待客人的必须品”。

食法与两粤各地同。此俗一直延续下来，直至解放后，黎人男女嚼槟榔，“配以蒌叶、石灰”[①]。

槟榔属刺激品，与烟一样成为人们的一种嗜好。因其味“香辛”，食后使人“面潮红”，故有“醉槟榔”之说。黎人虽同样喜食槟榔与吸烟，却有不同之处：前者是本土固有的，其源也早；后者是从汉区传入的，其兴也晚。

黎人有“性嗜酒”[②]、“性好酒”[③]之名。

其酒的种类有：

石榴花酒。据清屈大均《广东新语·食语》卷十四载：琼州，“又有酒花，以石榴花著瓮中，经旬而成”。此石榴花酒，即宋代黎人所制的安石榴花酒。据晋张华《博物志》载：

> 张骞使西域，得安石国榴种以归，故名安石榴。

“椒酒”。史有黎人“饮惟椒酒”[④]之载。椒酒，即石榴花酒之异名。这从《宋史·蛮夷列传三》所载：黎峒之椒酒，以安石榴花酿成可证。

“严树酒”。据《广东新语·食语》卷十四载：

> 有酒树，曰严树，产于琼州，捣皮叶浸之，和以香粳，或以石榴叶酝酿数日即成酒，曰严树酒。

可见，严树酒，并非以树皮、树叶制成，而是以香粳为原料，以树皮、树叶为酒曲所制作之酒，实为米酒。此即光绪《崖州志·黎防一·黎情》卷十三所谓黎人“每

---

① 中南民族学院：《海南岛黎族社会调查》，下卷，537 页，南宁，广西民族出版社，1992。

② （清 道光）明谊、张岳崧：《琼州府志·村峒》，卷二〇。

③ （清 光绪）钟元棣等：《崖州志·黎防一·黎情》，卷十三。

④ （清 道光）明谊、张岳崧：《琼州府志·黎情》，卷二〇。

酿用木皮草叶代曲蘖”之意。

“黎酒”。据《黎岐纪闻》载：

以稻米作酒，谓之黎酒，味甚淡。见外间太和烧酒尤好之。

所谓“黎酒”，即自酿的糯米甜酒。所谓“太和烧酒”，即从汉族地区输入的白酒。

后世黎人喝的酒，其品种有所变化：一是多喝粮食酒，用植物的花酿成的椒酒一类已未见。二是在粮食酒中，包括甜酒和白酒。白酒已能自制。这从调查材料中可以证实：陵水县北光乡“所喝的白酒多用番薯酿成，糯米甜酒的普遍酿制一如其他黎区”①。保亭县毛淋村“每家都自蒸有多量的酒，平时吃饭或生产回来都喝酒，晚上串门的男女也有围着喝点酒的习惯。……并且喝的酒也多是白酒而不是甜酒”②。

饮酒之法，也与汉族地区有所不同。据光绪《崖州志·黎防一·黎情》卷十三载：“以竹筒吸饮”。此俗，后世并未消失。据载：中华人民共和国成立以后，“一些地区还有以小竹管吸酒敬客的习惯”③。以管吸酒之法，在南方民族中广为流行，名曰“咂酒”。早在宋代，琼人已行此“蛮俗”，名曰“打甏”。据宋周去非《岭外代答》卷十，蛮俗条载：

溪峒及邕、钦、琼、廉村落，闲不饮酒，以小瓮乾酝为浓糟而贮留之。每觞客，先布席于地，以糟瓮置宾主间，别设水一盂，副之以杓。开瓮，酌水入糟，插一竹管，管长二尺。中有关捩，状如小鱼，以银为之。宾主共管吸饮，管中鱼闭则酒不升，故饮之太缓与太急，皆足以闭鱼，酒不得而饮矣。主饮，鱼闭，取管埋之以授客。客复吸饮，再埋管以授。主饮将竭，再酌水搅糟，更饮，至甚醨而止。其为寿也，不别设酒，主人妻子同寿客。其妻先酌水入瓮，致词，以管授客饮已。男若女迭酌水为寿，客之多饮寿酒也，实多饮水耳。名曰“打甏”。南人谓瓮为甏。

① 中南民族学院：《海南岛黎族社会调查》，下卷，581页，南宁，广西民族出版社，1992。

② 中南民族学院：《海南岛黎族社会调查》，下卷，536页，南宁，广西民族出版社，1992。

③ 黎族简史编写组：《黎族简史》，105页，广州，广东人民出版社，1982。

所谓“打甏”，其要点是：饮酒不用杯碗而以管，众人轮流吸酒，边饮边注水坛中，直至无酒味方休。

综上所述，可得出两个结论：一是清代黎人筒饮法，其源来自宋代“打甏”之俗。二是黎俗与两粤“溪洞”之俗，颇多一致之处。此间所谓“溪洞”，系指今壮侗先民。这是黎族文化属百越文化范畴的又一例证。

烟，从汉族地区传入；吸烟者除男人外，女人也有此嗜好。据《黎岐纪闻》载：

> 惠、潮人入黎者，多于坡地种烟，黎人颇用之，妇女尤酷好，无不食者。

这也是汉人与黎人和睦共处，共同开发黎区之一例。

关于妇女吸烟之俗，后世仍可见。据《海南岛黎族社会调查》下卷536页，记保亭县毛淋村饮食之俗，“年长一点的妇女也有吸烟的习惯”。

九、婚　姻

（一）未婚青年的交往

小孩子成年后，即为其筑一寮房，黎语称“隆闺”，作为未婚青年住宿和恋爱的场所。据光绪《崖州志·黎防一·黎情》卷十三载：

> 女子及笄，父母筑室与处。

此俗长期流传。据《海南岛黎族社会调查》下卷第6页，记乐东县头塘村：

> 村里的风俗，每到家里青年男女发育成熟之后，就不便和他们的父母一起住宿，往往单独或集合几个年纪相当的朋友建筑“隆闺”来住。“隆闺”的建筑地点在村外或村内，甚至有些建在村中来往通道的旁边。“隆闺”有独立建筑的，有附设在谷仓的旁边，大多数都建在父母住屋的附近。集体建造的“隆闺”大小不一，有的可容三、四人，有的可容七、八人，大家一同睡在竹片织成的床铺上。男子也有“隆闺”，但数量不多，平时只供休息坐谈之用，因晚上大多数男子都到女“隆闺”去玩。

青年男女，多通过自由恋爱结合，父母并不干预。据康熙《陵水县志•海黎志》载：

> 春则秋千，会邻峒男妇妆饰来游，携手并肩，互歌相答，名曰作剧，有乘时为婚合者，父母率从无禁。

《黎岐纪闻》：

> 男女未婚者，每于春夏之交，齐集旷野间，男弹嘴琴，女弄鼻箫，交唱黎歌，有情意投合者，男女渐进凑一处，即订偶配，其不合者不敢强也。相订后，各回家告知父母，男家始请媒议婚。

光绪《崖州志•黎防一•黎情》卷十三：

> 远近男女，累百盈千，妆饰来游，携手并肩，欢歌互答。有乘时婚合者。

清人《黎族风俗图》：

> 春晴日暮，男女年至十五六岁，每于村中唱歌嬉戏，彼此互相悦慕，即行配偶，父母率从而勿禁，后始议聘。

换言之，青年男女，节日齐集广场旷野，平日则在“隆闺”，吹鼻箫、口琴，唱黎歌，倾诉彼此爱慕之心。情投意合者，再归秉父母，通过媒人议婚。

（二）婚 仪

婚仪中，有别于汉族地区的主要特色有二：一是以牛和槟榔等物为聘礼。故有“婚聘以牛为重，黎酒、槟榔、吉贝等物佐之”[①]之载。牛，是清黎财富的主要象征。以牛为聘礼，其性质与汉族以金钱为聘礼相当，已在某种程度上涂上了买卖婚姻的色彩。史载：

---

① （清）佚名：《黎族风俗图》。

用牛为聘，或数头或数十头，随贫富议之。[①]

又据载：

婚姻以牛为聘，贫者五六头，富者一百数十头。[②]

又据载：

聘嫁皆用牛。[③]

可见，清代黎人婚姻，除具有古朴的原始性质外，已打上了阶级社会的烙印。至于槟榔，除供食用外，还具有待客和婚聘的交际功能。据《广东新语·木语》卷二五载：

粤人最重槟榔，以为礼果，款客必先擎进，聘妇者施金染绛以充筐实。女子既受槟榔，则终身弗二。而琼俗嫁娶，尤以槟榔之多寡为辞。

《海槎余录》记海南之俗：

每亲朋会合，互相擎送以为礼。至于婚姻，不用年帖，只送槟榔而已。

此俗，一直延续下来。20世纪50年代后，乐东县福报村的聘礼，除钱、物外，一般还要“槟榔三五百个，青篓叶几十张”[④]。二是整个婚姻仪式，较为简便，不像汉族地区那样繁琐。如：

其女家送亲者至，则入屋饮酒，并无礼仪，夫家宰牛猪等畜盛待之。[⑤]

又如：

① （清）张庆长：《黎岐纪闻》。
② （清 光绪）吴应廉等：《定安县志·黎岐·黎俗》，卷九。
③ （清 光绪）聂公缉等：《临高县志·黎岐类》，卷十五。
④ 中南民族学院：《海南岛黎族社会调查》，下卷，81页，南宁，广西民族出版社，1992。
⑤ （清）张庆长：《黎岐纪闻》。

娶不用鼓乐。[①]

换言之，整个婚礼过程，是在既无礼仪又无鼓乐的氛围中完成的。

尚存抢婚遗习。如光绪《定安县志·黎岐》卷九载：黎俗“迎妻之日，令二人画面先行，以防路煞，妻步行以归”。抢婚制，在世界各民族中曾普遍存在。以蒙面人开路和防凶神抢劫之俗，意味着，在很久以前的年代，黎族婚姻曾笼罩着紧张气氛。

（三）婚　姻

“不落夫家”俗。据民国《感恩县志·经政·黎情》卷十三载：当地黎人新婚后，次日即归娘家，候怀孕后，“方返夫家”。这是南方许多少数民族所具有的共同习俗。

婚后，特别是落夫家居住后，男女之禁十分严格。据《黎岐纪闻》载：黎女“至刺面为妇，则终身无二。尝问之黎人，其俗以既婚则不容有私，有则群黎立杀之，故无敢犯者”。显然，这是为巩固夫权制所采取的非常措施。

夫妇感情破裂，离异不受限制。如民国《感恩县志·黎防·黎情》卷十三载：婚后，“或有不谐者，男女自由脱离”。

寡妇再嫁或招赘，均较自由。据《广东新语·人语》七，黎人条载：

黎死无子，则合村共豢其妇。欲再适，则以情告黎长，囊其衣帛，择可配者投于地，男子允则拾其囊，妇乃导归宿所，携挟牲牢往婚焉。

调查材料也证明，寡妇再嫁不受限制。据载：

再嫁时男家请媒说合，寡妇同意后，择定日子由一妇女去亡夫家接她。[②]

又据载：

① （清 光绪）钟元棣等：《崖州志·黎防一·黎情》，卷十三。

② 中南民族学院：《海南岛黎族社会调查》，下卷，10页，南宁，广西民族出版社，1992。

有些寡妇觉得亡夫家田产多，牛只也不少，不愿离开时，可以招男子入赘共同劳动生活，财产多由她掌管。[①]

这表明，黎族婚俗受封建思想束缚较少。但是，据说有的黎人因受迷信思想影响，对娶寡妇是有思想疑虑的。据《黎岐纪闻》载：

妇丧夫，黎人谓之鬼婆，无敢复娶，凡外间人入娶黎婆者，皆此类也。

可谓无独有偶，据说广西壮人也有此俗。清张心泰《粤游小志》：广西“土州寡妇曰鬼妻，土人弗妻也。粤东估客，多往赘焉”。黎、壮同俗，事出有因，因为他们均属百越民族范畴。怕娶寡妇，说到底，是怕其亡夫作祟。这与人们存在人死后是有灵魂的信仰联系在一起的。

通婚范围，值得称道的有二：

一是有近亲血缘关系的已禁止通婚。这从“婚亦避同姓”[②]的记载中，可以得到证明。所谓“同姓”，系指同一祖先传下来的血缘宗族集团。禁止近亲结婚，有利于人类的健康繁殖，这无疑是一种历史的进步。值得注意的是，史籍中，又有“婚姻不避同姓”[③]的矛盾说法，这该如何解释呢？后世调查材料证明：黎族内部分成不同的通婚集团，同一集团的男女不能婚恋，不同集团之间虽同姓也允许婚恋。换言之，这里通婚的“同姓”之人，或已完全不存在血缘关系，或血缘关系已相当疏远。一言以蔽之，黎族同祖血亲间已禁止通婚。

二是允许与汉人通婚。据清吴震方《岭南杂记》卷上载：

外江人客于此，欲谋得妇者，琼人必先问养汉耶？汉养耶？如汉养，女则无外交，而平日亲吊往来馈送，女之饮食衣服，皆取给于男，所费不赀；如养汉，则受聘之后，男子坐食，其衣膳甚丰，往来馈送，诸费皆出于女，而不得禁其外交。生子则携以归，生女则随母留琼，不肯渡海也。

① 中南民族学院：《海南岛黎族社会调查》，下卷，196页，南宁，广西民族出版社，1992。

② （清 光绪）钟元棣等：《崖州志·黎防一·黎情》，卷十三。

③ （清 康熙）潘廷侯等：《陵水县志·海黎志》。

显然，这里所指的与内地迥异的“琼俗”，其源盖来于黎俗。值得注意之处有二：妇女善劳动，有独立经济能力，故有“养汉”之本领；重女，生女则随母。这均表明，黎族妇女较之汉族妇女，具有较高的社会地位。允许黎、汉通婚，不对他族进行排斥，这又是一种历史的进步。

婚姻形式，有兄死弟继之遗俗。据光绪《崖州志·黎防一·黎情》卷十三载：

> 兄死，弟得妻其嫂，而弟妻之分独严。

此俗，完全可从调查材料中得到证实。据载：白沙县南溪乡，兄弟妇婚的形式，过去是常有的，“哥哥死后弟弟还未娶妻，如双方愿意弟弟可以与嫂嫂结婚，不受他人干涉，甚至有的弟弟也不会让嫂嫂去再嫁的。……但哥与弟妇则不能接近，也不能结婚，如兄与弟妇结婚，却怕会受到‘雷公’打”①。存在兄弟婚俗的原因有二：一是从历史原因言，可视作族外群婚制的兄弟共妻之习的残存；二是从经济角度言，可免除后世出现的聘礼的重负。此俗，在我国南方诸族中，曾广为流行。但在黎族中，只允许“兄死妻嫂”而严禁兄妻弟婚之俗，则是非常奇特和罕见的现象。

十、丧　葬

清代黎人丧葬制，继承和发展了宋代以来的传统仪礼。其主要特点有：

报丧。人死后，多鸣枪报丧，远近乡亲闻讯后，均自动赶来帮忙，保持了上古邻里互助遗风。若死者为妇女，则需告知娘家，由其查明死因后，始可安葬。据光绪《崖州志·黎防一·黎情》卷十三载：

> 亲死，戚至，盘诘病由。

此制，可从调查材料中得到证实：

> 人死由家人走报亲友，舅家闻讯后派人携猪到丧家亲视入殓，并了解死者的患病经过或致死原因，否则舅家会怀疑是被人害死的。②

① 中南民族学院：《海南岛黎族社会调查》，下卷，265页，南宁，广西民族出版社，1992。

② 中南民族学院：《海南岛黎族社会调查》，下卷，589页，南宁，广西民族出版社，1992。

对妇女死亡的处理特别慎重的原因有二：一是事关两个通婚集团间的关系，倘处理不当，不仅有碍彼此世为姻好之谊，且易惹起仇杀事端。二是重母权、重舅权遗习的一种反映。

丧服。据清张庆长《黎岐纪闻》载：

亲丧，衣服如常时，止用白布一条围头上，父母三年，伯叔期年，其贫而无赖者不行。

此俗，从宋代黎人“顶白巾”之丧制沿袭而来。

以不哭不饭为志哀之礼。据《皇清职贡图》卷四，琼州府黎人条载：

其俗，亲死不哭，唯啖生肉，即以为哀恸切至。

光绪《崖州志·黎防一·黎情》卷十三：亲死，“举家不食饭，不食糯米，不坐高床。谢宾必匍匐”。这表明：我国各民族之俗，亲死哀痛则一，但表达哀痛之情的方式却不尽相同。

杀牛谢客。史载：

丧葬则斩牛待客。①

又载：

丧葬必解牛款客。②

黎人以上等食物牛肉款客，以答谢亲邻吊丧盛情。上述清代黎人在丧期志哀与谢客之俗，一直流传下来。据《海南黎族社会调查》下卷28页载乐东县头塘乡俗：

人死后，家人照例喝酒吃肉不吃饭（儿童则到别家吃饭）。有钱的连喝九天，一般人家喝三天。丧家的亲友和村中各户派出一人自携一些酒来吊唁，丧家则杀牛煮芭蕉树心招待来客（过去有钱人家杀水牛两头，

① （清 康熙）潘廷侯等：《陵水县志·海黎志》。

② （清 道光）明谊、张岳崧：《琼州府志》，卷二〇。

黄牛一头）。男女分开围饮。

棺葬。这与汉族习俗相类。据康熙《琼州府志·黎情·原黎》卷八载：

凿园木为棺。

对此，其他方志也多有记载，只不过有的改“凿”为“刳”之别。需要指出的是，在制作棺木的过程中，也体现了黎人互助的美德。据《海南岛黎族社会调查》下卷第300页载：白沙县南溪乡邻里闻死讯后，都自动到丧家帮助刳大树作独木棺材。

厚葬。据光绪《崖州志·黎防一·黎情》卷十三载丧葬之制：

贫曰吃茶，富曰作八，诸戚必以牛羊纸灯鼓吹来奠，虽当身鬻子，不悔。

此俗，可从调查材料中得到证实。据《海南岛黎族社会调查》下卷第233页载崖县槟榔乡俗：

据说，这里的“做八”与汉区的“做斋”差不多，但却加进了本民族的内容。“做八”时，除了丧家请来僧、道人等“开坛超度”，大做“法场”外，同时成了一次大规模的群众性集会。本村和附近的人不论与丧家相识与否，各自携带米、酒参加盛会。……“做八”丧家要杀牛，亲戚则要送猪，耗费很大。

显然，“作八”是受汉族丧礼习俗影响所致。但把它又作为人们特别是青年男女相聚的盛会，却又是本民族所独具的。至于因吃喝而导致倾家破产的奢侈之风，则是一种陋习。

以死者遗物殉葬。据《广东新语·人语》卷七载：

父母死，敛所遗财帛，会黎长与众瘗之。以为父母恩深，我无以报，不敢享其遗赀，而旁人亦不敢窃取，惧其鬼能祟人云。

清代檀萃《说蛮》有相类记载，当抄自此。此俗，一直延袭下来。据载：乐东县头塘乡，“至于死者的遗物（男的包括各种农具、渔网、刀囊、水烟筒、竹帽等；女的包括纺纱机、织布机、独木凳等）都毁弃在村旁一处指定的以氏族为单位的地方”[①]。东方县王大乡俗也如此，“死者生前的用具（男子的犁、耙、弓箭，妇女的织布机等）均毁于山上一处指定的地方”[②]。这证明，文献记载完全可靠，微小的差异只是遗物未葬而是毁在一旁，此当以调查材料为准。这说明，在清代黎人的观念里，人死了，只是进入了另一世界里，故死者生前的所有生产、生活用物还要供其继续使用。大批毁弃用具，在生产力较低的社会里，造成了极大浪费。这也是不足取的厚葬的一种表现形式。

以鸡卵卜择葬地。此俗可溯自宋代，至清代以后仍未衰。据光绪《崖州志·黎防一·黎情》卷十三载：

> 葬，则舁榇而行，令一人前导。以鸡卵掷地，卵不破处为吉穴。又有同卜一穴，后埋者挖先埋者出弃之。此系抱由、焕道、散用风俗。

此段文字与宋、明记载相较，新增内容为，倘同卜一穴，则需将先人骸骨抛弃。此俗，可从调查材料证实。据《海南岛黎族社会调查》下卷第555页载陵水县北光乡俗：

> 过去（据说约在1927年以前），坟地指定在一块地方，为了免将先人坟穴掘出，预先孝子用蛋择地。方法是以鸭或鸡蛋一枚掷于地上，如蛋破，表示此地可葬，无先人下葬过。如蛋不破即表示此地不宜，已有先人葬过此地。据村人黄亚黑谈，他父亲曾经历过将蛋掷七次未破，愤而握碎蛋，掘地果有骸骨云云。自1927年以后，因为葬地多掘下有先人骸骨露出，大家开始另寻葬地。

原来，同一宗族、氏族的人有共同的坟地，“各村各有墓山”[③]。年代久远后，坟地密密麻麻排在一起。因黎人坟地无明显标记，为避免将先人骸骨暴露，故采用鸡卵卜择葬地的办法。这与宋、明文献所谓用鸡卵卜“择吉穴”的记载不完全一致。因文献记载难免有道听途说之缺，故应以此调查材料为是。

---

① 中南民族学院：《海南岛黎族社会调查》，下卷，28页，南宁，广西民族出版社，1992。

② 中南民族学院：《海南岛黎族社会调查》，下卷，208页，南宁，广西民族出版社，1992。

③（清 光绪）吴应廉等：《定安县志·黎岐·黎俗》，卷九。

葬后，不起坟、不志葬处、不祭扫。据《黎岐纪闻》载，掩埋死者后，“上不起坟，葬后亦不复志其处，祭扫礼仪，蔑如也”。保持了黎族古朴的葬俗。

十一、宗教信仰

清代黎人崇奉的宗教，主要为固有的根植于本民族的原始巫教。早年道教从汉区传入后，其影响日增，并呈现巫、道杂糅、混一的复杂性与多样性，以致出现对某些宗教活动及仪式，很难截然区分属巫抑或属道的现象。至于佛教的传入与影响，由于统治阶级的提倡，元明两代已载诸册籍。至清代，由于黎、汉往来的密切，佛教的影响也有所扩大，前述“作八”请僧人超度，即是明证。

黎人奉行对各种自然物与精灵等等多神崇拜，即史称所谓“淫祀”。清陈徽言《南越游记》卷二记琼俗尚神盛况：

> 琼州土俗多淫祀，梵宇之外木俑、土偶、雕塑者不可胜计。其神名号亦夥。迎神时，銮舆彩仗耀道周，如上帝、天妃、邓天君、羊元帅等会，动聚万众，男妇喧阗，举国若狂。每会各自为群，大飨于村中月余始罢。耗财荒业，莫此为甚。谚曰：“柳英有银，儿子跳神；洪全有金，阿母卖针。”琼俗赛神之谓也。

从所记神名繁多、迎神跳神喧嚣、耗财费业之甚的“琼州土俗”，可见当地黎、汉百姓宗教信仰之一斑。调查材料证明，海南黎、汉人民确有此俗：

> 据说过去保亭营是有一连三座房子的庙宇，庙里有二三十具木偶神：有骑马的峒主公、村主公和七爷公、二爷公、龙皇公、部司公，还有抱着小孩的三圣娘，据说其中七爷公是专司捉鬼、查禁、治病的神；三圣娘娘是供妇女们求添丁的。
>
> 这所庙宇是当地汉商和附近黎村的人所共同祀奉的。每逢旧历年初六、初七日，保亭营有汉商和附近的汉族人制造的各种纸花灯、灯笼，准备游灯。到了正月十四日，家家户户都张灯结彩，人们也换上新衣服。住在附近的黎族也换上新衣服，青壮年抬公神，小孩们提花灯，把庙里的每个木偶都抬出来各村游行（黎村也过）。所过之处，黎族人也备猪肉、

鸡、茶、酒、饭和各种时果致祭。[1]

这种情景，简直就是文献记载的再现。这也表明：尚淫祀与迎神，是旧时海南黎、汉人民的共同宗教信仰之俗。

由于清代黎人对疾病产生的原因，尚茫然不解，以为是鬼神作祟所致，故流行祭鬼祛病之俗。其记载有：

病则捶牛祀鬼。[2]

又载有：

遇有病辄宰牛告祖先，或于野或于屋，随所便也，不设位。[3]

又载有：

病则杀牲祭鬼。[4]

上述记载，微异之处有二：一是祭品有“牲”与“牛”的不同，因为“牲”的内涵更广；二是祭的对象有“鬼”与“祖先”不同，因为“鬼”的覆盖面要宽。这从调查材料中可以得到解释，其间只是所言角度不同，彼此并不矛盾的。原来，黎人相信，所有的鬼都是恶鬼，并无善鬼，病都是由它们造成的。其中，又分为大鬼、中鬼、小鬼。其凶恶程度，依大、中、小分等。鬼等级的划分，并不是指其地位的高低、权力的大小，而“是以祭品的隆重或厚薄而定”[5]。因此，“做鬼”的形式，取决于病情的轻重。最大最凶恶的鬼是“祖先鬼”，祭礼最重，祭品用牛；祭中鬼，则杀猪宰鸡；祭小鬼，则不用宰牛杀猪，只用鸡、米、饭等物即可。这就是造成文献记载用词有所不同的原因所在。

---

① 中南民族学院：《海南岛黎族社会调查》，下卷，405页，南宁，广西民族出版社，1992。

② （清 康熙）潘廷侯等：《陵水县志·海黎志》；（清 道光）明谊、张岳崧：《琼州府志·黎情》，卷二〇等。

③ （清）张庆长：《黎岐纪闻》。

④ （清 光绪）钟元棣等：《崖州志·黎防一·黎情》，卷十三。

⑤ 中南民族学院：《海南岛黎族社会调查》，下卷，540页，南宁，广西民族出版社，1992。

巫师跳鬼以除病时，杀鸡以祷，故又名“割鸡”。据《黎岐纪闻》载：

病不知医，尚跳鬼，数十人为群，击鼓鸣钲，跳舞号呼，或取雄鸡红色者，割之见血，用以祈祷，谓之割鸡。海南风俗多类此。

“带生魂”。黎人认为：人活着，灵魂可离开肉体而单独行动，倘生魂给人带走了，就会生病死亡。为此，需行招魂之术以解救。据《黎岐纪闻》载：

有不祥之妇，撞即得促疾，可立死，名为“带生魂”。病觉，用鸡卵悬屋上验之，一人在其旁呼其名曰：“是必撞某邪？”非是者鸡卵不动；是则旋转不已。验既，应急用酒肉遥告之，病即解。黎人以为神效云。

祭鬼后，需系钱、骨于病者胸前，以起套住魂魄和镇邪之用。据光绪《崖州志•黎防一•黎情》卷十三载：

病，祭一鬼，则系一钱，或以狗腮骨挂于胸前。

此俗，在调查材料中有所反映。据《海南岛黎族社会调查》上卷第259页载保亭县通什乡之俗：

招魂：人病了，请“娘母”（或“三伯公”）来治病，若“娘母”说病者的灵魂被鬼勾去，则进行“招魂”。当时，“娘母”左手持剑，右手执箭，一面敲打弓箭，一面念咒，然后突然把一个铜钱丢进盛有清酒的碗内，这一铜钱就代表被招回来的灵魂，把铜钱用红线系于病者脖子上，病者即愈。

需要指出的是，据调查材料，挂铜钱于病者脖子上，只限于招魂场合之用；而文献记载，则广泛作为祭鬼去病之俗。似以调查材料为合理。

鸡卜。黎人历来喜以鸡卜预测吉凶祸福，广泛运用于生产、生活及生病诸方面。

故史有黎人“以割鸡为问卜”[①]、“以割鸡为占卜”[②]、“卜以鸡蹠”[③]之载。

鸡卜之法。据《黎岐纪闻》载：

> 以鸡腿骨占人心良歹，名为“插鸡簪”。其法，于两人对食时，取腿骨剥去肉，于有孔处，用竹簪刺入，照亮处，验其体全与否？可识来人之心是否良善。其秘巧，外间人不知也。

这已为调查材料所证明。据《海南岛黎族社会调查》上卷105页综述：

> 鸡卜是把一只小公鸡杀掉，抽出两根股骨，看看股骨上的营养孔多少与部位如何而定吉凶，这种卜卦历史上记载在汉朝时越人已普通使用，现在我们所调查的20多个点中全部都有鸡卜。

同书下卷589页记陵水县北光乡俗：

> 鸡卜的情况亦与其他各地相同，但这里卜兆的表现方法略为特别，即把鸡腿骨取出后，用一硬竹签从骨的顶端插入至尽，然后看鸡腿上有多少营养孔流出血来。左腿骨代表对方，以右腿骨代表我方。若右腿骨有三个孔流出鸡血，而左腿骨没有流血或只有一二个孔流血，这是吉兆；若右腿骨二孔出血，左腿骨一孔出血，或右腿骨一孔出血，左腿骨没有出血，这些都算是吉卜。反之，左腿骨出血的孔多于右腿骨或两骨出血的小孔数目相同，则属于凶兆。

从中可得出如下结论：一是此俗源于西汉越人之俗，直至中华人民共和国成立初期仍在黎区广泛流行，长达2000多年之久。二是基本方法无大差异，均是以鸡腿插竹签，然后据其营养孔状况定吉凶。三是可见黎族文化与古代越人文化存在着一脉相承的不可分割性。

鸡卵卜。据《黎岐纪闻》载：

---

① （清 康熙）潘廷侯等：《陵水县志·海黎志》。

② （清 道光）明谊、张岳崧：《琼州府志·黎情》，卷二〇。

③ （清 光绪）钟元棣等：《崖州志·黎防一·黎情》，卷十三。

起室用鸡卵占验，于黄昏时将鸡卵置十字路口，次早取而煮熟，开验之，视其黄之偏处以定向。

鸡卵卜也属鸡卜的范畴。其卜法不尽相同，上述以掷卵是否破碎而择葬穴，此则以视蛋黄的偏向而定建房的方位。

“蛊”“禁”，明代黎人部分已述。清代，仍相当流行。它是一种原始巫术，人们误以为巫术能使人畜伤亡。凡被认为施行巫术之人，女性俗名“禁母”，男性俗名“禁公”，尤以“禁母”为多。主要记载有：

黎善咒鬼，能作祟。①

又载：

崖陵之间有禁婆，能隐伤人。②

又载：

黎女有禁魇婆，能咒人致死。其术传女不传男，有禁魇婆，无禁魇公。③

又载：

常以蛊毒禁厌杀人。④

需要指出的是，直至中华人民共和国成立初期，“禁”仍具有不可忽视的影响。据《海南岛黎族社会调查》上卷 103 页载：“目前黎胞相信它比相信鬼神还要厉害。‘禁’具有广泛性与群众性。”

① （清）屈大均：《广东新语·人语》，卷七，黎人条。

② （清）刘世馨：《粤屑》，卷二，生熟黎条。

③ （清）张庆长：《黎岐纪闻》。

④ （清 光绪）钟元棣等：《崖州志·黎防一·黎情》，卷十三。

十二、血族复仇制

始载于宋代的黎人血族复仇制，历代相沿而未衰。清代的有关记载，按内容可分为两类：

一是凡亲属或本氏族成员被害之仇必报而后止。这是血族复仇制的一种典型表现。如康熙《陵水县志·海黎志》载：

重报仇，有杀其父祖及乡人者，易世必复。

道光《琼州府志·黎情》卷二〇则载：

俗重复仇，有杀其父祖及乡人者，累世必图报复。

其他记载，无超出此两处内容者，只有个别词句有所更动。

二是血族复仇的全过程。对此，清屈大均《广东新语·人语》卷七黎人条所记最为详细与典型：

其俗最重复仇，名算头债。然不为掩袭计。先期椎牛会众，取竹箭三，刃其干，誓而祭之，遣人赍此矢告雠。辞曰："某日某时相报，幸利刃锻矛以待。"雠者谋于同里，亦椎牛誓众如期约。两阵相当，此一矢来，彼一矢往，必毙其一而后已。或曲在此，曲者之妻于阵前横过，呼曰"吾夫之祖父负汝，勿毙吾夫，宁毙我可也。"其直者妻即呼其夫曰："彼妻贤良如是，可解斗。"亦即释焉，如已报矣。若力微不能敌，则率同里避之。报者至，见无人相抗，即焚其茅苹曰："是惧我也，可以雪吾先人耻矣。"凯还不再出。

屈大均所载，为清人所袭。李调元《南越笔记》卷七"黎人"条一字不差地全文抄录。檀萃《说蛮》据此加以改写。陆次云《峒溪纤志》则据此缩写而成。

总之，历史上关于黎人血族复仇制的记载，以明人顾岕的《海槎余录》与清人屈大均的《广东新语》最为具体详尽。屈文的新颖之处有三：一是复仇名"算头债"，当系指索取对方头颅、性命抵债之意。二是复仇堂堂正正，事前通知对方，不搞突然袭击，颇与西方决斗的骑士风度相类。三是解仇之法，除决战沙场外，也可由曲方之妻求和或逃避以示弱而罢休。关于妇女在仇杀中能起特殊的和解作用一事，还可从其他方志记载中得到印证：“其自仇杀，至不可解，惟两家妇出而劝之，则各倒戈输服，其性然也。”① 这殆与母权制遗习有关。

需要指出的是，除流行于百越系统的古代越人、僚人和后世黎族、高山族诸族外，西南的苗族、瑶族、彝族也有此风。故史有“黎性重仇杀、轻性命，与滇、黔苗、倮同类”② 之说。

十三、结绳记事、刻木与砍箭为契

黎人无文字，为了帮助记忆与交流思想，为了记录人与人之间的关系，发明了多种原始记事方法。

结绳记事法。以《广东新语·人语》卷七所记最为典型：

> 黎人不以文字要约。有所借贷，以绳作一结为左券。或不能偿，虽百十年，子若孙皆可执结绳而问之，负者子孙莫敢诿。力能偿，偿之；否则，为之服役。贸易山田亦如是。

此为结绳用于“借贷”“贸易山田”“交易”诸方面之例，是人与人之间发生社会关系的凭证。其“要约”，具有相当于后世的法律效力，以至传至子孙而不敢赖账。

黎人就地取材，推而广之，有以藤代绳记事者，即所谓“结藤为信”③。这是因为：藤与绳一样，同样具有细长而柔软的性能，便于编排。

结绳（藤）纪事之法，我国先秦史籍中即有记载。据《易·系辞下》卷八载：

> 上古结绳而治；后世圣人易之以书契，百官以治，万民以察。

换言之，在有“书契”即文字记载以前，我国各民族都曾经历过“结绳而治”的阶段。

中华人民共和国成立初期的调查材料也证明：黎人其时还遗存此法以及相当于此法的以草为“筹”的记数法。据《海南岛黎族社会调查》上卷第274页载：保亭

① （清 光绪）聂公辑等：《临高县志·黎岐》，卷十五。

② （清）佚名：《黎族风俗图》。

③ （清）陈梦雷、蒋廷锡等：《古今图书集成》，卷一三九一，引《旧志》记“岐黎”俗。

县通什乡黎人“当需要算数时，除了借助手指和脚指之外，最常见的是以茅草折成小枝，排列在地上来计算20以上的数目。其他尚有结绳计数、刻木计数等”。

随着人们之间的交往日益频繁与复杂，结绳在表达形式与内容上均已不胜用，于是刻木（竹）为契便应运而生。早期记黎人此俗者，为《黎岐纪闻》：黎人间有土地“典卖授受者，以竹片为券。盖黎内无文字，用竹批为三，计邱段价值，划文其上。两家及中人各执之以为信，无敢欺者。近日狡黠辈，颇纷纷以诈伪生争矣”。光绪《定安县志·黎岐》卷九记黎俗，“黎人贸易称贷，截竹有一指之长，千钱刻一痕，剖开各执一为合同”。

以上为刻竹为契，用以典卖土地、贸易、借贷等经济生活方面的例证。但因此法较简陋，故愈至后世，愈现弊端，以致不时发生“诈伪生争”之事。这也表明，用“书契”来代替已成了历史发展的必然。

《海南岛黎族社会调查》，不仅证明《黎岐纪闻》所载完全属实，且可使人们对刻竹（木）为契的全过程了然无遗。据该书第137页载：

> 出卖或出典田地，都要刻竹为契，黎话叫tsom Kiem，直译为“割竹”。即用一节竹筒，将典卖的田地的价值、数量，用刀刻在竹上来表示。如一头牛和五块光洋，可刻成“×1×11111×”的形状，其中“×”表示间隔，仅“1”才表示数量。刻竹以后，将竹筒从当中剖为两片，双方各取一片。以后每交一头牛，一块光洋，便将刀痕逐次削去，等削完了，就将两片竹片对证一下，认为没有问题，就当场烧去，表示手续完结。

此法，最早可溯源于隋代的黎族先人俚人。据《隋书·地理志下》载：岭南二十余郡俚人，“刻木以为符契，言誓则至死不改”。

需要指出的是，黎人将刻木为契之法，推广运用于刻箭为盟信。故史多有“以刻箭为誓”①、“以刻箭为信誓”②之载。这是因为：黎人尚武，故多刻箭以示“至死不改”信誓之志。

在后世，有将刻竹与砍箭同时使用的例证。据载：中华人民共和国成立前，保

① （清 康熙）潘廷侯等：《陵水县志·海黎志》。

② （清 道光）明谊、张岳崧：《琼州府志·黎情》，卷二〇。

亭县通什乡之俗，对偷窃者处以赔罚，“假使偷者一时赔偿不起，则可以言明在五年以内偿清。所应赔罚的牛只和银元均刻竹管作记；上段刻的代表牛数，下段代表银数，一圈表示一头牛或10个银元，然后破竹各执一边，由保、乡长或以前的团董、总管作证，待以后偿清再执竹管烧毁。另拿一箭由证人砍一刀，分成两段，偷者失主各执一段挂在屋梁，这才了结案件”[①]。可见，刻竹主要纪录契约关系的具体内容以为凭证；砍箭则表示决心执行契约的誓辞作用。之所以选择箭作为信誓之物，当系表示倘违约，则以武力相见之意。

十四、尚六数字

黎人的数字以六及六的倍数为基本计算单位。据道光《广东省志•舆地略十》卷九二载：

> 琼州数尚六，禾六束曰一把，钱六百孔曰一贯，物六十斤曰一担。
>
> ……
>
> 万州以禾十二把为一担。

以六为数，可溯源于秦。据道光《琼州府志•风俗》卷三载：

> 海南自秦并天下，始为南越外境，通于中国，秦以水德王，其数用六。今琼人行使铜钱，犹用六数，以六文为一钱，六十文为一两，六百文为一贯。又，田禾以六把为半担，十二把为一担，亦用六数。皆秦旧俗也。

清光绪时人程秉钊《琼州杂事诗》则咏道：

> 六数分明证水德，赢秦遗俗至今从。

数字尚六为秦制，这是史有明文的。据《史记•封禅书》卷二八载：秦始皇既并天下而帝，以秦为水德，“于是秦更命河曰‘德水’，以冬十月为年首，色上黑，

① 中南民族学院：《海南岛黎族社会调查》，上卷，228页，南宁，广西民族出版社，1992。

度以六为名”。正义引张晏云：“水，北方，黑。水终数六，故以方六寸为符，六尺为步。”秦始皇并六国，通岭南，从此统一的多民族国家开始形成。秦的声威，远播海南，使当地黎、汉人民从其遗风。这是黎族文化与内地文化不可分割的又一例证。

中华人民共和国成立以后，在偏僻黎区仍行此法。据《黎族简史》“生活习俗”部分载：

> 黎族人民大都使用了汉族的度量衡，但合亩制地区一直还沿用本民族的计算方法。例如：稻谷以束为最小单位（一束约净谷二市斤），六攒为一对，二对为一律，二律为一拇。田亩以攒为单位，种多少亩田就成种多少攒。

十五、天文历法知识

清代黎人通过长期的生产实践掌握了必要的天文历法知识。据《黎岐纪闻》载：

> 黎内不记年月，无令节，有黎人来者，问其年若干岁，茫如也。然耕作收获与四时节气，不丧毫发云。

可见，黎族劳动者的经验，可以测知季节时令，做到“耕作收获颇与四时节气，不丧毫发”的准确性。

黎人有以观天象计年岁者。据光绪《定安县志·黎岐志》卷九记黎俗，“二月即饮年酒（按生黎以春雷响为新年，老少不识年岁）”。以春雷为新年伊始，也与生产活动相联，即意味着春耕季节的到来。

清代黎区，广为流行“十二兽”计时法。据《黎岐纪闻》载：

> 黎中无时宪，不知甲子，然婚姻亦必择吉日。其法，按十二兽以手推算，所择日与外间选择家无不暗合，亦一奇也。或云，虎、猴、牛，黎人以为恶兽，避之则吉。然此说，恐亦未尽，其巧弗传也。

“十二兽”，相当于十二生肖；以“十二兽”计日，类似汉族地区的“十二地支”计时。张庆长所记，与后世调查材料完全相符。据《海南岛黎族社会调查》上卷第274页载：保亭县“通什乡的黎族有他们自己的一套计算日子的方法，相当于汉族的‘地支’算法。其次序如下：猪日、鼠日、牛日、虫日、兔日、龙日、蛇日、马日、蚊日、猴日、鸡日、狗日。每隔12天，周而复始。群众依照这种历法，安排他们的生产和生活活动（如牛日不犁田耙田，猪日、虫日进新居等等）”。需要指出的是，各地黎区以“十二兽”计时，其排列次序大体相同，动物名称微有差异。如白沙县番响村所名十二种动物，则无蚊、猴而有蜜蜂、虎；乐东县毛或村，则以人代蚊。

十六、乐　器

黎族的传统乐器，主要为男女青年谈情说爱时喜用的口琴与鼻箫。如上述，史有“男弹嘴琴，女弄鼻箫”之载。

中华人民共和国成立以后，口琴、鼻箫仍保留下来，但已处于衰退状态。据在保亭县通什乡的调查，其制作与吹奏方法，有如下述：

> 口琴有两种，一种是竹制的，另一种是铜片造簧。竹制的口琴几乎每个黎族成年男子都懂做，以簧舌较长而富有弹性者为佳。发音轻微幽雅，男女均可吹奏。
>
> 鼻箫的构造很简单，人人均可自制。吹时按着一个鼻孔出气，声音如一般的箫而较轻微，男女均用，据说以妇女吹的较多。[①]

此外，还有鼓与锣。清黎喜打鼓，故方志多有“以击鼓为乐”“以伐鼓为欢”之载；又，如上述有“俗好铜锣”之说。

十七、黎　歌

清代黎人喜唱黎歌。据载：

> 黎妇女皆执漆扁担，上写黎歌数行，字如虫书，不可识。[②]

① 中南民族学院：《海南岛黎族社会调查》，上卷，267页，南宁，广西民族出版社，1992。

② （清）屈大均：《广东新语·人语》，卷七。

又据载：

> 男女未配者随意所适，交唱黎歌，即为婚姻。①

又据载：

> 黎人会集，则使歌郎开场。每唱一句，以两指上下击鼓，听者齐鸣，小锣和之。其鼓，如两节竹而腰小，涂五色漆，描金作杂花，以带系肩上。歌郎毕唱，歌姬乃徐徐唱，击鼓亦如歌郎。其歌大抵言男女之情，以乐神也。②

总之，黎歌，在黎人文化生活中占有重要地位，可谓人人善歌。因以黎调黎语而得名。歌谣按内容分，有劳动歌谣、生活歌谣、爱情歌谣、祭祀歌谣、儿童歌谣等。其中，以情歌所占数量最多，以劳动歌谣中的砍山栏歌谣的调子最高昂。唱法，以独唱和对唱为主。唱歌的场合，主要在集会、婚宴、“隆闺”里以及上山砍柴或砍山栏时。黎歌，有一定的曲调，歌词以五字一句最为普遍，四句为一段，但也有不规则的。遣词造句简明单一，艺术风格纯朴豪放，并有一定的音韵格律。

十八、黎、汉民族关系的空前发展

有清一代，黎、汉民族关系得到前所未有的发展。其主要表现如下：

黎、汉杂居局面日益扩大。据清蓝鼎元《琼州府图说》③载：“大抵十三州县，民黎杂居”；道光《广东通志·舆地略十一》卷九三载：“崖州与黎僚杂错”；道光《琼州府志·村峒》卷二〇则载：感恩黎“与民杂居”。杂居的结果，就形成在居住地域上你中有我、我中有你而不可分的局面。即所谓“黎峒中有民人，民村中亦有黎人，不能分其畛域”④。

黎人归入版籍中日众。据嘉庆《大清一统志》一六九册，黎峒条载：

---

① （清）陈梦雷、蒋廷锡等：《古今图书集成》，卷一三九一，引《旧志》。

② （清）李调元：《南越笔记》，卷一。

③ （清）蓝鼎元：《琼州府图说》，见《鹿洲初集·说》，卷十二。

④ （清 道光）明谊、张岳崧：《琼州府志·村峒》，卷二〇。

雍正八年（1730年），琼山、定安、陵水、崖州诸生黎二千九百四十六人相率愿入版图，……自是诸黎感戢，悉为良民。

道光《琼州府志·村峒》卷二〇载：

黎人归化既久，与齐民等。

换言之，这些成了封建国家编户齐民的黎人，随着时间的推移，就成了汉民族的成员。

黎、汉民族间经济往来日益频繁。如上述，汉族的铁质农具、农业生产技术和生活必需品大批输入，黎区的土特产也不断输出。这种经济上的互补性，使黎、汉经济紧密联系在一起。

汉文化传播日广，彼此文化差异性日益缩小，以至融为一体。据乾隆《琼州府志》载：

其近民居者，直与齐民无异。近多遵守王化，剃发着裤，并令子弟读书。

就连开发较迟的崖州黎，至清代道光年间，也与汉人的习俗大体相同。故史称：崖州熟黎，开化既久，“饮食衣服与民人同。惟束发于顶，其俗未改。日往来城市中，有无相易，言语相通，间有读书识字者”[①]。至于接受汉文化影响较深的黎区，则已黎、汉不分，互为一体，以致出现澄迈县黎峒“虽有黎都之名，实无黎人之实”，而文昌县则出现该县“无黎”[②]之说。

大批汉人黎族化。民族间的影响是双向的。随着黎人加入汉民族行列的增多，迁入黎区的汉人也日益黎族化。据光绪《崖州志·黎防一·黎情》卷十三载：“熟黎”“初皆闽商，荡赀亡命为黎。亦有本省诸郡人，利其土，乐其俗，而为黎者”。换言之，大批汉族失业农民与破产商人进入黎区，安家落户，从黎俗，而成为黎族的组成部分。

① （清 道光）明谊、张岳崧：《琼州府志·村峒》，卷二〇。

② （清 道光）明谊、张岳崧：《琼州府志·村峒》，卷二〇。

第四节　清代黎民的反抗斗争

一、反抗斗争的阶段与事例

有清一代，黎民的反抗斗争，大致可分为三个阶段：

（一）从清初至康熙中叶

这一时期，反抗斗争的主要特点是：因清王朝在海南的统治地位尚未巩固，明末以来的反抗斗争仍在蔓延，明朝的残余势力仍在进行反清活动，各种反清力量汇合在一起，形成了入清后的首次黎民反抗高潮。其中规模较大的有：顺治十六年（1659年），王亚锦领导崖州侵宇诸黎起义；康熙十九年（1680年），韩有献领导的琼山县黎民起义；康熙三十八年（1699年），琼山县黎首王振邦领导的琼州黎民起义。

顺治元年（1644年），临高县峒首符万岗联合汉人黄德华反抗当地官员的暴虐统治，“攻破县城，焚毁衙署”①。

同年九月，临高县黎人符元豪率领3000余人攻打定安城；次年三月，又率众围临高县城，激战后失败而散。

顺治二年（1645年）七月，崖州黎人首领苏九容领导反抗土舍侵占黎人榔园的斗争。据光绪《崖州志·抚黎》载：

> 土舍符顺道署藤桥营，夺取慕村黎人椰园，黎人不许，顺道杀之，黎首苏九容遂聚众作乱。

次年二月，苏九容就抚。

顺治四年（1647年）五月，万州叛将曹君辅联合黎哨陈朝、曾镳等反，“帅众鼓噪入城，知州戴纶死之，吏目朱九饧于临军渡被执亦死焉。……自西门直入，杀吏而据其城”②。由是喃唠诸峒黎人纷纷响应，连年出击。六月，因战失利，义军弃

① （清 光绪）聂公缉等：《临高县志·黎患》，卷十五。
② （清 道光）胡端书等：《万州志·前事略》，卷七。

城，曹君辅也逃入黎峒。次年四月，曹君辅再次联合黎众攻万州而败。

顺治四年（1647 年），崖州汉民彭信古乘崖州前明守将洪廷栋、镇抚胡永清抗清之际，联合罗活、官坊诸峒（今乐东黎族自治县三平地区）黎人反。次年三月，义军与前来镇压的崖州知州于有义，大战抱旺村，击败官军并杀死于有义。

顺治六年（1649 年），崖州抱显黎聚众数百人出击，杀学正袁康侯。

同年，定安黎马蹬跟、李花脸率众攻打琼山、澄迈、定安等县。六月，定安汉族地主王昌言捐资招募乡勇前来镇压，义军巧计杀死王昌言，击溃乡勇。八月二十八日夜，定安城内汉民程九娘、谢九等与义军里应外合，“袭破县城”。十一月，为知府梅南远所败。其时，清兵刚定琼州，前明将吏藉监国遗号复反，据郡城，诸州县黎、汉人民纷纷响应。①

顺治七年（1650 年），抱鼻黎首谈亚皎反。次年十月，为署藤桥营官叶茂芳所败。

顺治九年（1652 年）八月，清兵渡海复琼州。时崖州抱显黎人抗拒。副将马可任遣土弁邢圣纪将兵平抱显。

顺治十年（1653 年），澄迈黎出击水北等处，为总兵高进库所平。

顺治十年（1653 年）十月，崖州抱鼻村黎首谈亚枕反，引罗葵等峒为援，活动于三亚一带地区。十一月，打败前来镇压的副将马可任。

顺治十二年（1655 年）六月，谈亚枕复反，清兵夜袭，杀之，其子侄逃入罗葵黎中。八月，引罗葵、罗蓬、红花、抱鼻诸村黎，初攻田寮，继入番村、三亚街，再占妙山、羊栏诸村，其势大盛。

顺治十二年（1655 年），陵水县“城守王舍害民”，喃唠黎人王进忠闻讯后，率众数千，“逗遛北河一昼夜，城池危急”②，后为琼水师所平。

顺治十三年（1656 年），昌化县玉翁村生黎，屡出攻抱驿都地方，后与地方当局谈和要约。

顺治十六年（1659 年），崖州侵宇诸黎发动了清初以来最大的一次黎民反抗活动。早在明末崇祯八年（1635 年），侵宇诸黎反，招集汉族下层人民，储备各种兵器，即所谓“蓄亡命，储器甲”，多次引导罗葵诸黎攻打东里，势力日盛。是年三

① （清 光绪）吴应廉等：《定安县志・黎岐》，卷九。

② （清 康熙）潘廷侯等：《陵水县志・海黎志》。

月，清军马可任发兵大举进攻。王亚锦、王亚畏率众，“伏险以待”，因寡不敌众而败，退入拖劳岭“结寨自保”。清兵四出搜山，义军遂远走。四月，义军聚集歧黎数千人攻营后，再次撤退。由于清兵“久露于外”，又未能有效击败义军，只得议和撤兵，留下百余人防守。十二月，西黎反，马可任尽撤兵回防州城。王亚锦联合罗葵歧乘虚复反。如此多次反复，最后招抚乃定。此后，清王朝“复立三亚营，防御侵宇黎”①。

顺治十八年（1661 年）六月，临高县生黎首领王忠、吴卿“结连附黎从罗便、亢麻等处歃血造乱”②，攻打加运、摩耶等村，为清王朝派营兵前往镇压所败。

康熙四年（1665 年），昌化县玉翁村黎首符从星率众反，进攻松榧、赤又诸村。

康熙八年（1669 年），定安县大河土舍王之铣（一作诜）等反，千总杨延统兵镇压。黎人奋勇力战，杀死杨延。其后，中军游击丁月桂设计分化瓦解，“厚赏旁峒黎人，授以方略，俾诱渠魁斩之”。是年冬，王之铣因此被害。清王朝残酷镇压，杀害男妇数十人。

同年十二月，崖州东、西黎“因定安县乱黎传箭，纠合作乱”③，抱显、抱怀、德霞、小营、止强、罗葵、亩感等 30 余峒纷纷响应。后在地方当局“剿”抚并施下就抚。

康熙十四年（1675 年），汉人韩文德逃亡至乐会黎区，勾黎人反。其势甚盛，“径长驱至城边，此从来未有之害”④。

康熙十六年（1677 年），琼山县黎首那叉、那嘎等反，“集党围城”⑤，州县通行无阻，其势在县西南境尤盛。次年，为州县乡兵所败，那叉、那嘎就抚。

康熙十九年（1680 年）十二月，在海上从事反抗活动的谢昌、杨二等在琼山、澄迈、文昌沿海一带登陆。那叉、那嘎余部韩有献（又名羊胡子）复起，与之联合，声势浩大。次年二月，攻打海口城，水师守备黄世贤开海口所城门迎之。继而攻打澄迈县，知县逃遁。初五日至定安县，知县携带眷属弃城逃命，韩有献入据定安城，

① （清 光绪）钟元棣等：《崖州志·黎防三·平黎》，卷十四。

② （清 光绪）聂公缉等：《临高县志·黎岐·黎患》，卷十五。

③ （清 光绪）钟元棣等：《崖州志·黎防三·抚黎》，卷十四。

④ （清 康熙）陈秉慥：《乐会县志·黎情》，卷三。

⑤ （清 咸丰）李文烜等：《琼山县志·海黎八》，卷十二。

并分兵占据村庄。岛北沿海各县，几乎都为义军所控制。其后，琼州总兵派重兵攻定安，韩有献在黄竹与敌鏖战而败。三月，清王朝派舟师渡海增援，义军与战而败。杨二、谢昌走海外，其余部茅向荣等随黎首番伦、番献等入黎峒屯据，韩有献也撤回琼山南峒。经多次激战，杀死万州副将董三策。这支黎、汉联合的抗清队伍，历时四年之久，被杀数千人，被摧数十黎峒，于康熙二十三年（1684 年）告败。

康熙二十一年（1682 年）正月，崖州岁荒民饥，西黎头塘等十余村因无法交税，“以逋粮而叛”。千总赖日胜率兵及乡勇前来镇压，时日胜颇有骄气，遂轻进，反为黎人所败，“遇害，伤官兵数十人”[①]，于是黎势益炽，东黎亦动，远近震惊。义军势力之所以得到迅速发展，是因得到黎、汉饥民广泛支持之故。相持年余，为万州营官兵所讨平。

康熙二十二年（1683 年），崖州东黎侵宇峒黎首王亚锦等复反，喃吝、抱笼、亩唎、亩感、指波、指麻等峒黎纷纷响应，崖州游击张安庆发兵进攻被击败。清朝廷派镇标左右营及儋万营官兵联合进攻，王亚锦退入深歧，官兵追入抱诈，黎人“连党出截”。双方相持。至十一月，王亚锦率各峒受抚，东黎始平。但喃吝黎仍坚持斗争至败。

康熙二十五年（1686 年），琼山县喃唠及陶家坠峒诸黎首王乾雄出击定安、乐会二县。后抚平。[②]

康熙二十八年（1689 年）三月，陵水县陶家坠峒黎王国臣、黎圣奇等反，攻打大潜、多艾等村。总镇吴启爵统兵镇压，王国臣遇害。接着，清兵又攻破琼山县喃唠峒、陶家坠峒，杀死黎首王乾雄、王文成诸人。事平后，“乃相度地形，议于黎岐杂处之黄茅峒地方屯兵三百，以游击一员统领弹压”。八月，母葵、母赞等黎村又聚众 300 余人，声言为喃唠、陶家坠复仇，出击营汛。后为总兵吴启爵所败，招抚十七黎峒，黎首那八、那唱、那湿等降。

康熙三十年（1691 年），崖州嘉合村黎因不堪忍受统治者的掠夺而“抗粮”[③]。事发后，把总姜通济奉差带领十余人催逼，除一人逃回外，其余全被愤怒的

① （清 光绪）钟元棣等：《崖州志·黎防三·平黎》，卷十四。

② （清 咸丰）李文烜等：《琼山县志·海黎八》，卷十二。

③ （清 光绪）钟元棣等：《崖州志·黎防三·平黎》，卷十四。

群众杀死。事平后，统治者采取残酷报复措施，黎首亚救、亚九等人被凌迟处死。

康熙三十八年（1699年），又爆发了黎民反对统治者穷征暴敛的事件。由于文武官属苦役黎人，导致琼山县指马峒首王振邦及其弟那言、那佛于十二月倡反，宰牛传箭，杀水尾哨兵，转攻薄纱、宝停、乐安等汛，诸峒黎首王盆东、王思（或作仕）义、王履平等聚众响应。此外，感恩县石头峒黎陈章烈也相呼应。在起义军强大攻势下，当局拟行招抚，而当地某些汉人则“借抚黎之名，出入黎峒，潜通消息，致官兵进退失据”①。康熙三十九年（1700年）十月，总兵唐光尧统兵由定安县新关北路峒口进军，又分三路由儋、万、崖三州夹攻。在强敌镇压下，起义失败，王振邦被俘遇害。此即史称：

> 总兵唐光尧率兵剿抚，始获绥靖。②

（二）从康熙末至雍正、乾隆及嘉庆前期

随着清王朝统治的日趋巩固，集中力量防范与镇压，黎人反抗活动进入低潮时期。这一时期，反抗活动虽断续有所发生，但其规模相对为小。其中较富代表性的有：乾隆三十一年（1766年），先后爆发的定安黎与陵水保停黎起义；乾隆四十六年（1781年），那回领导的崖州黎民起义。

康熙五十三年（1714年），万州黎吴十八率诸峒黎反，被镇压。

康熙五十八年（1719年），崖州知州董桓祚勒索黎人花梨木，监生邢克善率诸峒黎人反，采用“罢耕”以示抗议的特殊斗争方式。史称：

> 纠州西民黎缴犁耙，罢耕散村。③

当局派五营兵征讨受挫，伤兵百余人。直至康熙六十一年（1722年），事始平。

乾隆二十八年（1763年），定安黎反。

乾隆三十年（1765年），万州黎反。

---

① （清 道光）明谊、张岳崧：《琼州府志·防黎》，卷二二。

② （清）傅恒：《皇清职贡图》，卷四。

③ （清 光绪）钟元棣等：《崖州志·黎防三·平黎》，卷十四。

乾隆三十一年（1766年）三月，定安黎首王天成反，从定安攻至崖州，屯聚乐安城。四月，陵水宝停黎也反。总督杨廷璋率大兵驻雷州，遣将分督弁兵进攻诸峒，擒杀百余人，使黎区受到摧残。这是乾隆时期崖州黎较大规模的一次反抗活动。

乾隆四十六年（1781年），崖州乐安所属官坊村黎首那回等反。因反对汉族地主、高利贷的残酷剥削而起。史载：

> 岁饥，汉奸放债盘剥，黎人苦之，出掠乡村。①

起事后，射杀乐安巡检黄彬。三月，总督巴延三亲至琼州督战，益以儋、万兵，海口、海安营兵分赴各要隘堵截。与此同时，出示招抚，并将盘剥激变之人拘禁治罪。软硬兼施，双管齐下，崖州平。

乾隆五十九年（1794年），万州黎起事，"上官欲以威治之，知州李维裕以非上策，愿假时日以德化之"②。不久，事态平息。

嘉庆八年（1803年），崖州抱怀村黎首韦那养及弟那文、那硬等率众数百人，攻打东、西厢诸村。至次年而败。

（三）从嘉庆后期直至清朝灭亡止

随着清王朝的日益腐败，对黎人的剥削压迫加强；又由于清势日衰，驾驭控制能力日削。因此，这一时期，黎人掀起一次又一次的起义高潮。其中著名的有：嘉庆二十二年（1817年），崖州乐安汛东、西抱显等村的黎民起义；道光九年（1829年），黎亚鸡和张红须、张亚基先后领导的崖州黎民起义；道光十三年（1833年），黎亚义领导的儋州黎民起义；同治六年（1867年）至八年（1869年）的崖州黎民起义；光绪元年（1875年）至八年（1882年）间的崖、万等州黎民起义；光绪十一年（1885年）爆发的黎、汉农民大起义，等等。

嘉庆二十年（1815年），琼山儋州交界番仑村已革黎总符克先反，率众数百人深入儋境冯虚（墟）峒。统治者采用以黎攻黎之法，"黎总符功保率良黎御之"，克先中箭死；但余部又聚集攻打琼山县林湾、加禄诸村。当局行"剿"抚并施之计，

---

① （清 道光）明谊、张岳崧：《琼州府志·防黎》，卷二二。

② （清 道光）胡端书等：《万州志》。

“深入黎境抚谕，防堵严密”[1]。反抗者退入深山之中。

嘉庆二十一年（1816年）八月，儋州黎发动了一场反对黎族土官剥削的起义。薄纱峒生黎符那二因黎总符再兴严刻，遂传苟革村黎符巴要、符恶诸村反，冯墟、龙头、七坊诸峒群起响应。官兵入峒招抚，对娥、苟革两村坚持抵抗，“集众拒敌”而败。“兵退，留五十人调南市防隘口”[2]，加强控制黎人。

嘉庆二十二年（1817年），崖州乐安汛东、西抱显等村黎人反。由于汉族地主阶级与官府勾结，以承包交纳钱粮之法，加重对黎人的剥削，吏役兵丁又乘机盘剥索诈，黎人无法生活而反。清王朝为平民愤，以“驭下不严”之名，将署知州俞孜善罢革，并将乐安汛千总文光宗、韩彪等人斥革。与此同时，派兵堵捕。事平后，为安抚黎人，清政府不得不惩办肇事者和革除某些弊政。史称：

> 严究役兵索诈盘剥者，皆坐以律，永革包纳钱粮夙弊。照陵水黎粮输法，岁由黎总收缴州，以免侵蚀。诸黎悦服，誓不复反。[3]

道光九年（1829年）四月，东黎反，攻破妙山村。

道光九年（1829年）十二月，崖州黎人黎亚鸡反。此次起义，带有明显的反封建剥削性质。据载：

> 州东八十里，有洋淋岭，地广而饶，中环村峒数十。黎性畏官，其田赋必请民人代纳，称曰“甲头”。大率劣衿衙蠹为之包揽，甚或指官索诈，加收至倍蓰者。黎人不堪，谋诱生黎为乱，且杀甲头。值岁饥，生黎乏食，洋淋村黎亚鸡等因导生黎出掠，州兵不能御。

后黎亚鸡病死，黎首张红须、张亚基继续领导反抗活动，抱腊等村相继响应，势益炽。总督李鸿宾急命进攻。乃增募乡勇，调镇标及儋、万二营兵，于十二月二十八日进兵，驻扎于大坡田。时役夫多归家过年，募不足，杂以妇女，使搬运行粮军器。义军侦知情报，“先伐木置路旁，并火具，割草覆之”。用义军中的汉人至军营主动

① （清 道光）明谊、张岳崧：《琼州府志·防黎》，卷二二。
② （清 道光）明谊、张岳崧：《琼州府志·防黎》，卷二二。
③ （清 光绪）钟元棣等：《崖州志·黎防三·抚黎》，卷十四。

充当向导，总兵孙得发中计，分东西两路进兵。次日，师至洋淋岭，粮尽，役夫与义军遭遇，多弃辎重逃跑，“师急退，则巨木塞道，火起伏发，官兵溃走，孙得发仅以身免，万州营千总周明清、崖州营记委黄振疆战殁，兵丁死伤三百余人，军溃归营”。清廷震惊，雷琼道以下的总兵、知府、知州等大小官员均被革职。又命两广总督李鸿宾亲赴雷州督战。李鸿宾派提督刘荣庆率劲兵千余至崖州反扑。与此同时，采斧底抽薪的招抚政策，“谕黎人补完九、十两年丁赋，永革甲头包揽诸弊”。此举，收到奇效。因黎人的要求得到某种程度的满足，故多散归。张红濒坚持斗争，终因寡不敌众而败。从此，统治者强化军事力量，更定崖州营制，设兵设卡。直至道光十五年（1835 年），事态才完全平息。这场规模大、持续时间长的反抗斗争，纯因过度掠夺黎民而起，“其祸实自甲头始”。①

道光十三年（1833 年）三月，崖州“大本峒黎以争大赞坡田作乱”，即因土地纠纷事件而引发。义军“攻掠永宁乡及各黎弓，进围藤桥市，势甚披猖”②，后为乡勇所败。

道光十三年（1833 年）七月，儋州黎人黎亚义等反。此次起义，主要反对地主阶级侵占黎田和高利贷者的盘剥。史称：

> 是年大旱，贫黎四出觅食，奸民贷以钱米，期倍蓰偿。至秋复饥，索逋不得，无肯复贷者，熟黎咸怨，思结党尽杀汉奸，然未有以发。初，黎人未知耕凿，土多闲旷，雷、廉、潮、嘉诸郡州民潜入洞中，借垦其地，许偿以粟，或佃耕黎田，因辟其旁隙地，渐至连阡累陌。黎人无券约，亦无界至，岁久所垦田已辗转分售，而黎人不知，以为皆已有也，但得租足食则已。至是饥，黎田皆赤土，而客民有收获者，黎人不平，则仇杀客民，倡众作乱，外峒贫黎群起应之。复传箭龙头、薄纱内峒，煽生黎为乱，高、雷土匪薛凤章等亡命入黎，导之出劫。③

① （清 道光）明谊、张岳崧：《琼州府志·防黎》，卷二二；（清）《清宣宗实录》，卷一八五、一八七。

② （清 光绪）钟元棣等：《崖州志·黎防三·平黎》，卷十四。

③ （民国）彭元藻等：《儋县志·海黎·黎防》，卷八。

换言之，由于汉族地主大量侵占黎田，致使黎民饥年乏食，加之借贷无门，因倡众反。这次起义，不仅得到黎人广泛支持，而且“亡命入黎”的汉族贫民也参加进来。七月，黎亚义、薛凤章率黎人攻田头市，接着攻打王五市。由于这次起义，主要是因饥饿以“救死”为目的，故并无明确的政治目标。清统治者分兵扼诸隘口，重兵守调南要道，切断黎人来往出入。组织汉族地主武装，“督练乡勇，诸村皆集丁壮，置火器，环立木栅以自固”。又取“以黎攻黎”之策，利用“良黎”，“使为前驱，导兵入山”。时黎亚义已死，由符元兴、符老二等人领导。终为官军所败。事平后，采取一些“抚安”措施，以防黎人复反。其中包括：“传其峒长谕令严束村众，并请帑金施赈儋州饥黎两月，薄沙、龙头二峒始设总管各一人为诸村长”。[①]

道光十六年（1836 年）冬，崖州抱由黎杀营兵反。

道光二十二年（1842 年），感恩、崖州各处黎区大乱。

道光三十年（1850 年），崖州大本峒黎首王亚峰反。咸丰三年（1853 年）六月，王亚峰集众攻藤桥市；十月，为乡勇所败。

咸丰元年（1851 年）正月，崖州大烟村黎首林开清率众反，三次攻扑妙山村。

咸丰六年（1856 年），崖州止强黎爆发矛头指向贪官与高利贷者的斗争。史载：

> 止强黎酋张那光因署知州卢凤应勒索，负重债难赔，遂杀债主作乱。凤应协同都司王汝翚率兵剿捕，不克。[②]

次年，被营兵、乡勇、黎兵所败。

咸丰八年（1858 年），陵水县黎首李亚密反，过山、琅瑶、椰根各峒黎响应，攻打永宁里。八月，联合定安黎，集众数千，攻扑藤桥市。九月，汛弁、乡勇攻义军于田湾、大赞坡，义军乘虚集众再袭藤桥市，与回师之敌相遇混战而败，李亚密率部归陵水。咸丰九年（1859 年）夏，诸峒平。十月，抱鼻黎王怕娘因藤桥黎乱，联合十八弓俸黎亚力、有庆等反，诸峒响应。二十二日，攻陷三亚市村。二十六日，攻破羊栏、妙山、林家诸村。署都司王汝熏率兵赴援，遭遇，不战自溃。“外委吴

① 上述诸事及引文参见（清 道光）明谊、张岳崧：《琼州府志·防黎》，卷二二。

② （清 光绪）钟元棣等：《崖州志·黎防三·平黎》，卷十四。

卓强误陷深田，被杀，汝熏仅以身免”[①]。副将林大鹏复率兵驻扎金鸡岭，屡战均告败。咸丰十年（1860年）三月，汉族地主阶级募勇攻黎，以藤桥乡勇为核心，相继攻占抱鼻、崩塘、南丁、半岭、罗蓬、红花、大茅等峒，招抚大烟、抱丑等黎村。经两月，东里平。

同治二年（1863年），崖州多涧峒黎麦秀芳等反。

同治六年（1867年），崖州黎发动了一场反对派遣官役的斗争。据载：

> 六月十五日，崖州官坊村黎刘振欣等因代理乐安汛千总外委洪云章往该村派众出资修理土城，该黎等即借词纠集多人，将洪云章戕毙。

刘振欣与其兄刘那沛等聚众，又于同治七年（1868年）冬突入内地村庄，并联合附近东西两路各村黎围攻乐安汛土城。次年正月，义军以毒箭射杀代理崖州协都司吴成龙。统治者委派署琼州镇总兵三江协副将刘成元抵崖州镇压。刘振欣部署与积聚力量，准备迎击官兵，“在大田地方建栅屯聚，并于左右之办冲岭、昂阔岭分党结营，相为犄角”。同治八年（1869年）十一月，官兵大举进攻，击毁办冲营，连破昂阔岭坚栅九层，烧毁山营十二座。义军并归大田基地固守。同月，官军斩栅攻入大田，起义失败。[②]

光绪元年（1875年），崖州抱寨村黎符亚殿倡反，又联合万州李有章为羽翼，攻打过岭、匿才、抱古、止强等村，诸峒响应，“声势大张”[③]。

光绪四年（1878年），崖州西黎高亚厚、符伯凯起，集结永宋营，邀抱寨村符亚殿、万州李有章进攻生铁、办铳。从此符亚殿纵横西黎，深入大歧，势及感恩县。光绪五年（1879年），义军至洋赖，击溃前来抵御的副将李其昌部，杀死外委卢启明。光绪六年（1880年）二月，署知州李宗光檄藤桥记委陈志泰，募乡勇进攻，千总谢以庄率营兵守险为后应。义军暗中狙击，官军慌忙撤至横岭，谢以庄弃险遁逃，为大烟等村黎截击。义军前后夹击，杀死陈志泰及官兵40余名，“州东大震”。李宗光、李其昌因战败被革职。李亚殿死后，其弟李怕恶率部，怕恶尤勇猛，频频发

---

① （清 光绪）钟元棣等：《崖州志·黎防三·平黎》，卷十四。

② 上述诸事见引文参见故宫博物院明清档案部材料。

③ （民国）周文海等：《感恩县志·经政·平黎》，卷十三。

动进攻。“十二月，攻破东里头铺灶村，继攻西里山脚、庄仔等村，皆破。光绪七年（1881 年）春，又陷抱旺、油柑等村，遍地告急。”光绪八年（1882 年）春，大茅、南林等义军二次出扑洪李村。光绪九月，巡道刘镇楚统领湖南劲勇，遣部营于水脚、抱丑、大烟等村，“开路凿险，进，遇伏，挫锐。十月朔，大风雨，山水暴涨，军溃退，驻妙山村，楚勇病疫者众”。清军用欺骗手段，俘杀李怕恶。十一月，怕恶弟率众千余，攻扑妙山，为官军所败。刘镇楚虚报大捷，并于次年（1883 年）二月撤军。七月，义军复出，攻破羊栏村，“势益炽”。① 其后，崖州黎的反抗斗争不止。

光绪五年（1879 年）五月，陵水黎反，越境进攻大水弓，集结只近村。未及匝月而败。

光绪七年（1881 年）三月，感恩县陀苍七户黎首李亚後、亚获反，招集崖东黎人，活跃于崖属毗连各地。

光绪十一至十二年间（1885—1886 年），感恩县古镇州峒黎群起反抗，后为乡兵所败。

光绪十一年（1885 年）冬，临高、儋州一带遭受大旱灾，饥民为求生存，由客家人黄邹强领导 2000 余人举行起义。以临高县的和舍、兰洋、岭仓、南丰，儋县的抱舍、田表、洛基、那大、四方山、大星为据点，曾一度攻入澄迈县的重镇金江市。万州、乐会、陵水、崖州等地的汉、黎农民纷纷响应，在黎族首领陈忠明、陈忠清、王打文、王高山、胡那肥等率领下，义军曾攻下定安县的南闾、仙沟、雷鸣，澄迈县的新吴市，感恩县的西乡，迫近定安、澄迈两县城。清王朝为之震动，两广总督张之洞急电原广西提督、钦廉防务提督冯子材统兵入海南镇压。义军坚筑营垒，环以深沟，沟外密布鹿角枯签，凭险拒守，以鸟枪、标枪、药箭、藤牌等较原始的武器，在今琼中县的咧仓隘、什密村，陵水县的廖二弓、马岭，崖县的南霖岭等地，与近二十营的清军展开激战。义军各据点，或“分投接仗”，或“出栅拒战，猛鸷异常”②。但是，在敌我力量悬殊条件下，清军重兵分路围剿，而各据点又孤立无援，持续一年多的黎、汉农民联合大起义，终于失败。清王朝为强化对黎区的统治，拟订了所谓《抚黎章程十二条》。

① 上述诸事及引文参见（清 光绪）钟元棣等：《崖州志·黎防三·平黎》，卷十四。

② （清）冯子材：《冯官保军牍集要》，卷十二。

光绪二十年（1894 年）十月，崖州大水弓黎黄观泰、黄那敛等反，以只近为据点，联合陵水黎，攻打椰根峒各弓。匝月，为乡勇所败。

光绪二十二年（1896 年），爆发了反对教民欺压黎民的事件，可谓是清末黎民反抗斗争的新内容。是年八月，美国传教士设教堂于崖州乐罗。教民陈庆昌进入黎区“索债”，被多港峒吕那改开枪打死。知州李怀清害怕洋人洋教，派人将那改之女拘捕，“以图诈索”。二十三年（1897 年）十一月十八日，那改集合多港、多涧黎拥入汛城，劫出其女，汛兵枪伤黎人一名。黎人愤慨，局势大乱，“各峒闻风附从”。十九日，击溃乐平汛。二十一日，出攻州西，攻打烧山脚、庄仔、倒榕十余村。二十七日，进攻九所市，“州西大震”。其后，攻抱旺村、赤楼村、塘上村等，摧毁乐安城及官署，并将攻州城。当局以儋、万两营，合琼军发动大规模进攻，义军于葫芦门挫败敌军。时当局主抚，反抗活动不断，“虽州东稍戢，而州西益骚扰”①。直至二十六年（1900 年）二月，事态才逐步平息。

光绪三十四年（1908 年），崖州小抱扛黎反。大小抱扛阻险，与多港黎互相支持援助。多港黎反抗失败后，小抱扛黎坚持斗争，其首领陈河联、亚花爹、疮面三等，经常出没州西，攻破多能、佛老、茅坡、球尾灶、竹溪等十余村，“全州皆震”②。是年冬，被招抚而止。

辛亥革命前夕，黎族人民又积极参加了“三点会”“三合会”“天地会”等反清斗争。宣统三年（1911 年），琼山县三合会与当地黎民联合举行抗清斗争，攻占岭肚市一带地方。③

二、清王朝的对策

在镇压黎民反抗活动及黎民反抗活动失败后，清王朝采取的主要措施有：

（一）“剿”抚并施

在军事进攻的同时，实行招抚，这是清统治者惯用的手法。这样，可收到单纯

① （清 光绪）钟元棣等：《崖州志·黎防三·抚黎》，卷十四。

② （清 光绪）钟元棣等：《崖州志·黎防三·抚黎》，卷十四。

③ （民国）李淦等：《琼山县志》，卷十二。

镇压所无法达到的效果。

值得注意的是，由于黎族上层人士在黎民中享有威信，容易取得黎民信任，故清统治者常常利用他们，“以黎招黎”[①]，以达到分化瓦解的目的。顺治十四年（1657年），昌化县落洒诸黎反，地方当局利用故土舍之母张氏“至黎峒传谕”，使数百黎人到县“投诚”，达到兵不血刃的和平解决即突出例证。

（二）使用各种军事力量

其中主要包括：

官兵。正规军，是主要镇压工具。一般使用岛上营汛驻军；若遇情况危急，岛上兵力不支时，甚至从大陆调兵渡海支援。如：清初，黎人与前明反清力量联合，群起反抗，“诸州县多从乱”，海南局势失控。在顺治九年（1652年）八月，“省官兵渡海恢复琼州府，参将马正龙带兵五万来定万州，因驻防焉，自此地方复归”[②]。再者，光绪十一年（1885年）岛上掀起了空前规模的黎、汉农民大起义，清廷震恐，急命广西提督冯子材统办全琼军务，统兵入海，驻节陵水。这都表明：为挽救危局，清政府使用的最后一招，就是调重兵入岛，以恢复和维护其在海南的统治地位。

乡勇。这是一支汉族地主阶级的武装。当黎民开展反抗活动时，往往把汉族地主阶级列为打击对象，或袭击其人身，或没收其田园财产。两者的阶级利益是相互对立的。因此，汉族地主阶级对黎民反抗一事多采取敌视态度。对清统治者而言，使用乡勇的好处在于：由汉族地主阶级捐资募勇，可节省国库开支；乡勇熟悉当地的形势险要及风土人情，可起到官兵所不能起的作用；补充官军兵力之不足；反应快速机动；以汉制黎，使当地居民互相牵制，坐收渔人之利。清代乡勇，在镇压黎民反抗中起着特别重要的作用。如咸丰十年（1860年），“三亚廪生王懋赏倾产倡捐，募勇剿办。时嘉应州（今广东梅州）陈悦来寄居东厢之腊尾，应募，招藤桥乡勇驻扎下村”[③]。其后，依靠这支乡勇击败陵水县黎首李亚密领导的黎民反抗活动。在海南乡勇中，以藤桥乡勇最为凶悍，故有“藤桥勇名，威慑诸峒”之说。

---

① （满）蓝鼎元：《琼州府图说》，见《鹿洲初集·说》，卷十二。

② （清 道光）胡端书等：《万州志·前事略》，卷七。

③ （清 光绪）钟元棣等：《崖州志·黎防三·平黎》，卷十四。

黎兵与“良黎”。这是统治者一贯使用的以黎制黎之法。如顺治十年（1653 年），“副将马可任遣土弁邢圣纪将兵攻抱显”[①]。又如，咸丰六年（1856 年），止强黎首张那光反，其后，“多涧黎目吉那厚率黎兵擒之”[②]。上述为以黎兵攻打黎人反抗活动之例。此外，清统治者还利用这一部分黎人去攻打另一部分黎人，即以“良黎”攻叛黎，以达到分化瓦解的目的。如道光《琼州府志·黎防》卷二二载：嘉庆二十年（1815 年），已革黎总符克先反，“黎总符功保率良黎御之”；其后，又“命符功保及林湾峒长邓魁星等各率本峒黎守望相助，更令诸酋公举诚实公正黎人充大、小水峒总管，约束散黎，无许滋事，琼、儋底定”。换言之，由于清统治者采取釜底抽薪之法，使反抗的黎人孤立无援而导致失败。

（三）集中优势兵力，进行攻坚战

由于清统治者在兵力的数量与装备上均占有优势，故采取大兵压境决战决胜之法，以镇压黎民反抗活动。因为迁延时日，或分散作战，对清兵是极为不利的。据民国《感恩县志·经政·平黎》卷十三载：冯子材入琼后，于光绪十三年（1887 年）三月，“遣子候补府相荣、相华、候补道扬玉书率前军抵三亚，连夜进剿。相荣、相华率兵一千从罗蓬入，参将符坚高率兵五百从大茅入，参将冯华、都司陈才业率兵一千从半岭入，知县石佩琼率兵五百从藤桥只让弓入，皆越重山峻岭……大破之，斩首八十余级，分军搜山，大索十昼夜，深入数十里”。

（四）采用血洗政策

其主要表现有四：

一是将大批反抗者加以杀戮。“死者枕藉”“尸横遍地”诸记载，是清军实行大屠杀的罪证。

二是将俘获的反抗领导者处以死刑。在史册中，将首犯“正法”“处决”“传首示众”“悉斩以徇”，甚至“凌迟示众”的记载，比比皆是。总之，历次反抗首领，除了接受安抚者外，可谓无一幸免于难。

---

① （清 光绪）钟元棣等：《崖州志·黎防三·平黎》，卷十四。

② （清 光绪）钟元棣等：《崖州志·黎防三·平黎》，卷十四。

三是将反抗首领的家属没为奴仆。如康熙八年（1669年），平定定安县大河土舍王之铣以后，“其妇女发大臣家为奴”①。

四是将起义基地加以焚毁。反抗失败后，众多黎人村寨，惨遭摧残。“焚巢十余座”“焚巢而归”“概行烧毁”诸记载，即指此。

清统治者采取的残酷镇压政策，使黎族人力、物力受到严重摧残。

（五）平定后，强化军事统治，以防范黎人反抗活动再起

其中，以康熙年间的两次重设或增设军事据点，最为突出。

康熙二十五年（1686年），平琼山县黎首王乾雄之后，“因议复设水会所、新关坡、定乐诸新旧营，设兵屯要隘，以防黎患”②。

康熙二十八年（1689年），在平定生黎母葵、母赞诸村后，总兵吴启爵，乃议于民黎交错处，如琼山设水尾营，定安设太平营，儋州设薄纱营，陵水设宝停营，并旧设崖州乐安营，“共五营，各据要路，分兵驻防，为善后计。”③

三、反抗活动的特点

（一）打破民族畛域，黎、汉携手合作

清代历次较大规模的黎人反抗活动，都有大批汉人参与。所谓“土、客”之人，“转相煽惑”④，即指此。

由于黎、汉人民无根本利害冲突，并有着反对封建统治者压迫剥削的共同目标，这就是他们之间的联合基础。

联合的结果，就能使反抗斗争发展壮大。康熙十九年（1680年），汉人谢昌、杨二和黎人韩有献联合的反抗活动，义军几乎控制岛北沿海各县，坚持斗争达4年之久。光绪十一年（1885年），黎、汉人民大起义，更严重动摇了清王朝在海南的

① （清）陈梦雷、蒋廷锡等：《古今图书集成·职方典·广东黎人岐人部》，卷一三九一。

② （清 咸丰）李文烜等：《琼山县志·海黎八》，卷十二。

③ （清 道光）阮元等：《广东通志·列传二十八》，卷二九五。

④ （清）冯子材：《冯宫保军牍集要》，卷十二。

统治地位。这是清代黎、汉两族人民广泛联合进行反抗活动的典型事例。

清统治者十分害怕黎、汉联合。因此，他们把“逃民”“流棍”“汉奸”视作眼中钉。据光绪《昌化县志·原黎》卷五载：顺治十三年（1656 年），当局在平定昌化县玉翁村黎乱后，与黎人要约，“毋隐逃民”；顺治十四年（1657 年）在昌化县落洒诸黎归顺后，“遂搜逐逃民导黎为患者萧三、蒙大、蒙四、苏民仰、符兆麟正法，自是汉奸之患稍息”。上述为清统治者严防和严惩“逃民”“汉奸”投入黎人反抗活动的事例。

汉民参与黎民反抗活动后，起着特殊的作用。如道光《万州志》载：顺治六年（1649 年），定安黎反，定安“奸民”程九娘、谢九等结黎人“为内外应，袭破县城”。此为居住城中汉人与乡村黎人里应外合攻城取胜之例。又，道光《琼州府志·防黎》卷二二载：康熙三十八年（1699 年），琼山黎反，“土棍借抚黎为名，出入黎峒，潜通消息，致官兵进退失据”。此为给黎人传递军事情报，以挫败官兵阴谋之例。可见，汉人的卷入，使黎人反抗斗争可谓如虎添翼，其作用不可低估。

（二）黎人闻风响应，相互支持

黎人深深懂得，只有内部团结一致，只有联合起来，才能克敌制胜。据光绪《临高县志·黎岐·黎情》卷十五载：

> 一弓为难，则传矢他弓。附者，自刻一痕于其上，则又传他弓。遍，则订日群赴为首之村，椎牛剧饮。食弓首片肉，即为之死不憾。

在起事前，相互串联；在起事后，则远近互应。如光绪《崖州志·黎防三·抚黎》卷十四载：康熙八年（1669 年），崖州“东、西黎因定安县乱黎传箭，纠合作乱”。又，道光《琼州府志·防黎》卷二二载：康熙三十八年（1699 年），琼山县指马峒首王振邦反，“宰牛传箭，杀水尾哨兵，转掠薄沙、宝停、乐安等汛，诸峒黎首王盆东、王思义等聚众应之”。这表明：黎人在进行反抗活动时，不仅邻近黎人纷纷响应，而且，往往实行跨地域的大联合。其联系的方式，多采用传统的“传箭”“宰牛传箭”之法，以维护其内部的凝聚力。

（三）把斗争矛头指向官府、土官、汉族剥削者，可谓三管齐下

黎民反抗活动的打击对象，首先针对清朝在海南的国家机器。如：攻打府、州、县所在地（“攻海口城”“人据定安城”“袭破县城”等）；攻打军事据点（“出劫营汛”“围攻乐安汛土城”等）；在战争中，“杀死官兵”。

黎族土官是清政府统治黎人的社会基础与工具，他们与广大黎人间的关系具有阶级对抗性质。顺治二年（1645 年）崖州黎反抗土舍侵占黎人榔园的斗争，嘉庆二十一年（1816 年）儋州黎反抗黎族土官“严刻”的斗争，均是明证。

由于汉族地主与高利贷势力在黎区迅速膨胀，他们与黎人的矛盾急剧尖锐化。因此，把汉族剥削者列为重要打击目标，可说是清代黎人反抗斗争的新内容与新特点。乾隆四十六年（1781 年）崖州官坊黎反对高利贷“盘剥”的斗争，道光十三年（1833 年）儋州黎人反对汉族地主阶级侵占黎田的斗争，咸丰六年（1856 年）崖州止强黎“杀债主”而反，均是典型例证。

（四）军事上行之有效的对策

以简陋武器，有效打击敌人。清军不仅在数量上而且在装备上，都占优势。他们甚至动用“开花炮”一类重型武器。义军则因地制宜，以鸟枪、刀矛、镖、弩、毒箭等较为原始简陋的武器应敌。他们曾以毒箭射死恃勇深入黎峒的万州游击董三策和代理崖州协都司吴成龙，充分发挥了土制武器的威力与效应。清末，起义者则引进现代武器，土洋结合，重创官军。史称：黎人“善用标枪及药箭药弩之属，无不犀利。而近年，汉奸勾引，接济军火，洋药洋枪洋炮逼码，无不备足。……加之，各处安设毒签，误踏之，即难医救”[①]。即例证。

以诈降对付招抚。在强敌压境时，为保存实力，义军不时议和，以伺机再起。如康熙年间，昌化县黎首王廷魁，清军“招之出降”，后“又以叛闻”[②]。像此类降而复叛之事，可谓屡见不鲜。这是在敌强我弱的总体条件下，义军所采取的灵活应变之策。

伏击战。义军尽量避免非己所长的阵地战，利用熟悉有利的地形，以伏击战突

① （清）冯子材：《冯官保军牍集要》，卷十二。

② （清）陈梦雷、蒋廷锡等：《古今图书集成·职方典·广东黎人歧人部》，卷一三九一。

袭敌军，使之措手不及，伤亡惨重。著名战例是：道光九年（1829 年），崖州黎诱敌深入，在洋淋岭设伏，取得歼敌 300 余人的胜利。

四、反抗活动的意义与作用

（一）打击和削弱了清王朝在海南的统治力量

有清一代，日益高涨的黎人反抗活动，破坏了统治秩序。从“远近震动”“琼邑震动”“（崖）州东大震”“（崖）州西大震”诸记载中，可见，黎民反抗活动使统治者穷于应付，不得安宁。

清王朝不仅投入大量兵力，而且损兵折将。道光年间两广总督李鸿宾亲往雷州“督师”，光绪年间冯子材进驻陵水，都是统治者动用大规模军事力量以镇压黎民反抗活动的有力例证。起义者先后杀死的清朝官员及军官计有：万州知州戴纶、崖州知州于有义、千总杨延、万州副将董三策、千总赖日胜、把总姜通济、外委吴卓强、千总外委洪云章、代理崖州协都司吴成龙、外委卢启明、藤桥记委陈志泰等人。至于士卒伤亡，更为惨重。如清何绛《不宜平黎立县议》[①] 称：

> 闻之琼镇，先年拥镇兵乡勇数千之众，分路征黎，……我师我民死者二三千人，枕尸相藉，积骭成丘。

消耗了清王朝大量财力。如，在镇压道光年间崖州黎起义过程中，“倾扰三载，縻饷亿万”；事后，募集“防黎”开支，“岁得二千金，始借帑生息，岁得二千金，贮道库备支防黎经费”。

（二）迫使统治者让步

慑于黎民起义的强大威力，清统治者不得不采取一些安抚措施。例如：嘉庆年间，曾对激反黎民负有直接责任的地方官加以罢革，对盘剥索诈黎民的吏役兵丁加以法办，即对部属行为加以约束。道光年间，曾革除甲头包揽代纳粮税的弊政，以

① （清）何绛：《不宜平黎立县议》，见（清）温汝适：《粤东文海》，卷十八。

舒缓黎民经济上的额外负担；同时，下令盘剥、苛索黎人致反的“奸民蠹吏加以严惩”[①]，以靖地方。光绪年间，乐安汛把总何秉钺“苛求无厌，掳掠妇女勒赎，形同土匪”[②]，“激成”崖州黎变；为此，清统治者只得将何秉钺正法，并悬首黎村，以平民愤。

（三）促使治黎新策的产生

清末，处于风雨飘摇中的封建王朝，再也无法按老办法继续统治黎区了。其原因是多方面的。应该说，风起云涌的黎民起义，是促使其改变治策的重要因素之一。光绪十三年（1887年），张之洞、冯子材策划的《抚黎章程十二条》，就是在这一历史背景下提出的。

五、反抗斗争的社会历史原因

清统治者的残酷掠夺。黎民的赋税负担，实际上大大超过定额。甲头，借包揽代纳钱粮之名，“加收至倍蓰”，“从中盘剥，尽入私囊”。而官员与武夫，更是勒取粮赋，“凡有米之家，派盐一盘，征米四盘，大村派至四五十盘，小村亦二三十盘，必尽夺其米而后止”。[③]又，巧立名目，任意摊派，肆意诛求。以至当时驻崖州绿营军官也叹道：

> 往往有不法之家人、书差及汛弁、兵丁，串同地方绅士、耆老、黎目、总管、哨长、户首人等，捏称搭草钱、踏狗尾钱等各样名目，勒索苛派，多方扰累，种种弊端，殊属不成事体[④]。

嘉庆二十二年（1817年）崖州黎的反抗活动，就是因加征加派钱粮而引起的典型事例。

繁重徭役。除征派黎民修筑城池等公役外，封建官员还任意役使黎人，使不堪其苦。如清陶元淳《请禁崖州营将肆虐状》载：

---

① （清）《十朝圣训》，卷九四，宣宗道光。

② （清）谭钟麟：《谭文勤公奏稿》，卷十九，崖州黎滋事办理情形摺条。

③ （清）陶元淳：《请禁崖州营将肆虐状》，见（清）贺长龄：《皇朝经世文编·兵政十九》，卷八八。

④ （清）鲍灿：《汉黎舆情》，卷一。

乐平营兵，每岁称奉营票，各村责办獭皮四五张、灰炭数石不等。其他村，或每岁洒派各村稻草、灰炭、大竹、小竹等，送入营内，谓之答应公务。①

上述各种横征暴敛，使黎族人民陷于“财产尽于诛求，筋力困于差役”的绝境。这正是酿成清代黎民反抗活动的主要原因。

此外，黎族土官的苛敛，汉族地主、奸商、高利贷者的剥削，也是迫使黎民走上反抗之路的重要因素。史称：

今客民盘剥欺凌，……以致酿衅生端。②

又称：

琼属有等外来恶商，影借势本地土豪，罔恤枌榆，遇有贫民急需，偶向此辈借贷，无不加二加三，重利盘剥，未及周年，利浮于本，一时无力清偿，……每每准折子女畜产偿人者。③

又称：

其起衅也，或就近商民……难免侵凌。④

显然，黎人在各色剥削者压榨下，生活难以为继。

---

① （清）陶元淳：《请禁崖州营将肆虐状》，见（清）贺长龄：《皇朝经世文编·兵政十九》，卷八八。

② （清）杨廷璋：《黎山善后摺》，见（清 道光）胡端书等：《万州志》，卷九。

③ （清）姜焯：《详郡议》，见（民国）周文海等：《感恩县志·防黎志》，卷十三。

④ （清）张岳崧：《抚御琼黎论》，见《筠心堂文集·论》。

附　录

解放前黎族“合亩”制地区的社会形态

解放前，在我国海南岛的五指山中心地带，居住着史称为“歧”“遐黎”[①]的黎族。当地“悬崖阻绝”“深林密箐”[②]，历史上曾是“外人不复迹”之处[③]。由于他们和外部世界的往来较少，加上长期反动统治的摧残，致使社会经济的发展比较缓慢。因而这部分黎族，历史上曾被视为“浑沌未剖”[④]、“历代不化”[⑤]，除去这一提法中的偏见不论，也说明其时尚处于较为落后的状态。正因如此，这里一直保存着其他黎族地区先后消失的一种古老的合亩制。

究竟黎族合亩制地区解放前处于哪种社会形态，曾是学术界所争议的一个问题。中南民族学院在20世纪50年代初，组织力量深入该地区（保亭、乐东、白沙三县交界包括24个乡，970个合亩，3592户，13224人）作了较为广泛的调查研究，写出80余万字的《海南岛黎族社会调查》。本文拟在此调查报告的基础上，对解放前黎族合亩制地区的社会形态，着重从生产方式和上层建筑两个方面，提出一些不成熟的看法。

一、生产方式

从人类发展史看，一定的社会形态是跟一定的生产方式分不开的。在社会

① （明）顾岕：《海槎余录》。

② （清 道光）明谊、张岳崧：《琼州府志》，卷二。

③ （宋）范成大：《桂海虞衡志·志蛮》。

④ （明）顾岕：《海槎余录》。

⑤ （清 道光）明谊、张岳崧：《琼州府志》，卷二二。

物质生活条件体系中，决定社会面貌的主要力量是生产方式。而生产方式又包含着生产力和生产关系这两大因素。所以，我们在剖析解放前黎族合亩制地区社会形态时，就得着重对这一地区的生产力和生产关系进行全面考察。

（一）生产力

马克思主义认为，物质生产是社会生活的基础，但“划分经济时期的事情，不是作了什么，而是怎样作，用什么劳动手段去作。劳动手段不仅是人类劳动力发展程度的测量器，而且是劳动所在的社会关系的指示物”[①]。归根结底，黎族合亩制地区原始式的共耕经济，是其低下的生产力所决定的。下面我们可以从农业、手工业和副业及生活状况诸方面来衡量当时的生产力发展水平。

1．农业

农业是黎族合亩制地区最重要的生产部门。因此，我们对该地区农业生产中的生产工具、耕作制度和耕作技术、劳动力组合情况，进行略为详细的分析，乃是完全必要的。

生产工具：解放前黎族合亩制地区所使用的农具，大体分为木质和铁质两种。木质有种山栏用的尖棒，是山栏稻下种时的主要工具，同时也是所有农具中最简单最原始的一种。它只是用一根较硬的木棒削尖而成。还有一种耕种水田的木耙，这种木耙的结合部分只用藤条缚紧。这些都是黎族合亩制地区的传统工具。铁制工具主要有犁、耙、锄头、锹、铲、钩刀、镰刀等。解放前这些工具全部由汉区输入，本地除了个别地方有一两个黎族铁匠能作一些修补外，完全不能进行制作。这些从汉区输入的工具价昂质劣，且尺寸不足。如犁头全长不满六寸，宽均四寸，能入土不过二三寸，用不到两年便报废。收割用的镰刀，形如小锯，仅长二三寸，只能把稻穗一根一根地割下，通常每人一天只能

① 马克思：《资本论》，第一卷，204页，北京，人民出版社，1957。

割禾12把，约等于二斗四升的谷子，效率很低，而且一般只能使用两年。这就造成了农具损耗快和残缺不全的严重状况，从而大大影响了合亩制地区生产力的发展。根据史载，直至清代“生黎”耕种尚“无外间农具”[①]。可见，铁制工具输入合亩制地区是晚清时期的事，而在此之前农耕则主要使用石器和木器。这就是合亩制地区社会发展缓慢的症结之所在。

畜力使用。据当地群众反映，解放前用牛踩田的相当普遍，直至解放初期还存在。所谓牛踩田，就是把几头牛赶进田里，来回践踏，把田泥踩烂，以代替犁耙。其效率之低，据说四头牛踩一天，仅得一亩。据清人记载：黎人“春耕时用群牛践地中，践成泥，撒种其上”[②]；或说“其力田不耕，以牛踌土”[③]。可见此法至迟从清代起，一直延续至解放前而未变。

耕作制与耕作术。据1954年调查，合亩制地区存在着两种发展阶段不同的耕作制度。一种是刀耕火种的休闲制，即所谓砍山栏，这种耕作制度虽在逐步减少，但其时尚占总播种面积的三分之一，而在解放前则更为盛行。另一种是以种单造水稻为主的休闲制。合亩地区的砍山栏耕作方法，比内地部分山区曾实行的刀耕火种更为原始。其主要特点是：砍伐时，只把树林中的细小树叶砍下，留下砍不动的整条树干，这与一般整根树干砍下然后纵火焚烧有所不同。这种“削枝留干”的方法，是与使用简陋的生产工具（没有斧和锯）相适应的。因为只用一把钩刀而不用斧、锯，只可以把一片森林的细小枝叶砍下。可想而知，甚至在石器时代，人们也可能进行这种原始的农业生产。云南独龙族、崩龙族也采用类似的刀耕火种法，说明从事早期农业活动的民族在耕作方法上的一致性。所谓休闲制，即通常砍种一年后，就丢荒十多二十年，依靠自然力量

① （清）张庆长：《黎岐纪闻》。

② （清）张庆长：《黎岐纪闻》。

③ （清）毛奇龄：《蛮司合志》，卷十五。

恢复土壤肥力，再重新砍伐利用。以上均说明，刀耕火种的休闲制，具有颇为落后的性质。故其产量是很低的。据 1954 年调查，白沙县毛路乡牙开村山栏平均亩产只有 75 斤。关于黎族地区的有关刀耕火种情况，明、清以来不乏记载。如明代“黎俗，四月晴霁时，必集众斫山木，大小相错，更需五七日，浩洌则纵火，自上而下，大小烧尽成灰，不但根干无遗，土下尺余，亦且熟透矣。徐徐锄转，种棉花，又曰贝花；又种旱稻，曰山禾。……连收三四熟，地瘦，弃置之，另择地所”[①]；清代，“昌邑东北黎岐以刀耕火种为业，名曰砍山。集山木而焚之，播草麻子、吉贝二种于积灰之上，昌民之利，尽于是矣。阅三年即弃去”[②]，清人屈大均更把“巢居火种”[③]作为“岐人”的特点。可见，合亩制地区长期保留着黎族古老的耕作方式。

稻田的耕作技术也落后。解放前，该地没有积肥、施肥与除草的习惯，不懂整理畦列，尚未普遍使用人工灌溉的方法，任由作物自生自灭，且以种植单造为主，所以产量也很低。据 1954 年调查，乐东县毛农乡毛或村水稻平均亩产为 115 斤半，保亭县通什乡则为 188 斤。

耕作制度的另一特点是园艺经营不发达。这不仅反映园艺栽培术的简陋上，同时，作物种类也是缺乏的，除了少数的瓜类、豆类之外，青菜可以说几乎没有。据载，清代“生黎不知种植，无外间菜蔬各种，唯收山中野菜用之”[④]，这是符合事实的。

耕作技术的落后，还反映在生产禁忌多。在耕田、插秧、收割等主要农事活动开始前，要举行一定的宗教仪式，由亩头及其妻分别带头做一个样子，然

① （明）顾岕：《海槎余录》。

② （清 光绪）李有益：《昌化县志》。

③ （清）屈大均：《广东新语·人语·黎人》。

④ （清）张庆长：《黎岐纪闻》。

后才能开始耕作。生产忌日也很多，一般逢牛、虫、龙、兔、马、鸡等日和亩内人的忌辰，则全亩不下田，或不能从事某些农事活动。像这一类忌日，每月竟达十二三天之多。这些都对农业生产产生了不利的影响。

生产的原始性还反映在劳动力的使用上。合亩内分工极其严格，甚至把违背这种自然分工的行为视为一种宗教上的禁忌，如解放后有些地区还相信妇女犁田后就不会生育。男子负责的工作有犁田、挑担、砍山栏、戮山栏穴等；妇女的工作则为拔秧、插秧、割禾、下山栏种和日常的家务劳动等。彼此各不相混，极少互相帮助。如妇女把稻子割下放在田边遇到下雨也任其淋湿，直待男子把它挑回去。此外合亩的生产由亩头一人领导和指挥，一切均按传统的风俗习惯行事，生产无计划，缺乏精确计算和合理分配劳动力。这些都造成了劳动力的严重浪费。

综上所述，可见，合亩制地区生产力颇为落后。其主要表现为：生产工具简陋残缺，原始的刀耕火种的休闲制在农业中仍占相当比重，耕作技术落后，园艺经营不发达，生产上保留了浓厚的传统习惯等。

2．手工业、副业和交换

手工业尚有一些种类。男女分工明显，女子负责纺织（土布、花边等）、制陶诸项；男子负责编织渔网、竹器（箩、笠、篮等）、藤器（篓、箩、椅）、打铁之类。纺织工具简陋，织法原始，织一件麻衫或一条裙子，专做便要花一个月的时间，若利用农暇，则需两三月不等。陶器，有些村里有个别妇女会做，主要供村内各户需求而做，并不出卖，雇请时一般只供给伙食，如无人做时，平日只从事农业生产。竹器、藤器和渔网，仅有部分人会做。有个别铁匠，并不以打铁为业，平日种田，只是农闲时做些修补。总之，手工业还是农业的附属物，多是休闲时副业生产，并没有与农业分离而发展成独立的生产部门。加以生产工具简陋，产量有限，一般并无剩余产品，仅供自用，尚未形成商品生产。

其他副业生产，如家畜饲养等也有一些，但能供交换的产品有限，且任凭汉商压价，故在黎族的社会经济生活中作用不大。

交换，尚停留在以物易物的初期阶段，主要与汉族私商进行，以副业产品等换回一些生产和生活必需品。

以上所述，都说明解放前黎族合亩制地区的社会经济还处于落后的状态。

3．生活状况

由于生产力水平低，所以粮食收成少，生活十分困难。据调查保亭县通什乡福关、毛利、什勋三表，1953 年共有 453 人，粮食总产量为 152958 斤，平均每人只有原粮 337.6 斤，若以七成计，折合净粮为 236.3 斤。若以每人每月消耗粮食 25 斤这一较低标准计算，一年需要大米 300 斤，还差 63.7 斤，即仍缺两个多月粮。

至于解放前，缺粮情况就更严重。据统计，那时，福关表共 45 户，连年缺粮的有 15 户，平均缺粮 4 月；毛利表共 22 户，缺粮的有 17 户，平均缺粮半年左右。在缺粮期间靠山薯、野果、野菜甚至树皮、树叶以度日。平时一般吃不上油，盐时断时续。衣着用野麻和木棉两种原料掺杂织成的土布制成，质料既不好，数量也有限。因此，男女小孩在 10 岁以前，整年裸体，天寒则靠烤火取暖。一般均无棉被，只有野麻织成的薄夹被，甚至有的用稻秆稍加编制，用以御寒。

概言之，黎族合亩制地区的生产力是低下的，人们生产的产品，甚至还不足以保证劳动者及其家庭的生活需要。也就是说，劳动者尚无法提供剩余产品，即使偶然能提供的话也是颇为有限的。因而一般仅能维持简单再生产，很难有粮食储备。人们为了获得必需的生活资料，特别是在天灾人祸的条件下，要得以生存下去，就必须从事集体劳动，实行平均分配，并在集体成员之间实行互助，这就是合亩制存在的基础。换言之，上述生产力状况，决定了黎族合亩制地区的生产关系性质。

（二）生产关系

马克思说："生产关系总合起来就构成为所谓社会关系，构成为所谓社会，并且是构成为一个处于一定历史发展阶段上的社会，具有独特的特征的社会。"① 因此，我们在认识解放前黎族合亩制地区的社会形态时，也必须认真地研究其社会生产关系。

1．生产资料的占有、使用、支配情况

黎族合亩制地区的主要生产资料为田地。对田地的占有可分为"祖遗田""伙买田"和"私有田"三种。祖遗田是指祖先流传下来的，属父子、亲兄弟共有。一般未分，也有已分属各户所有的，当兄弟分亩时，则要将此田分开，除当亩头的兄长多得一份外，其余各人则大致平分。伙买田，是指亩内某几户出钱共买的，只属这几户所有，分亩或退亩时，每户只能按出钱多少，分得相应的一份。此田在合亩中所占数量一般都较少。私有田，是指某户购买的，属这一户私有，分亩或退亩时，该户可以把它带走。

不论何种形式的土地，均归全亩共同使用，而且，不给任何土地报酬。

关于合亩内的土地买卖情况。私田，在必要时可以出卖，但必须经全亩同意，并首先要卖给亩内，亩内人不要时，才能卖给亩外。在卖田时，必须先卖私田，若无私田，经全亩同意后，才能卖公田。凡因重大事故（如犯过失被罚款罚牛等）卖了公田，则不用偿还给合亩。

可见在土地制度方面仍保有公有制的若干特点。这表现在：在所有权方面，保留了公有制的某些躯壳，即祖遗田名义上往往还是共有的；公有制的主要特点，已不在所有权方面，而是反映在使用权方面，即土地不管归谁所有，均由全亩统

① 中共中央马克思恩格斯列宁斯大林著作翻译局:《马克思恩格斯选集》，第一卷，363页，北京，人民出版社，1995。

一经营，且不计酬；在土地买卖上，作了种种限制，以使土地尽量保留在全亩的范围内，但对有正当理由出卖公田的，则可以不用偿还。这些都说明公有制还力图保持其残存的地位。概言之，私有制已日益占据支配地位，因为土地所有权已基本归私人所有；公有制虽不愿退出历史舞台，但已处于解体之中。

耕牛，凡属祖先遗留下来的，为合亩共有，一般未分。私人有钱就可以买牛，属买者所有，但归全亩使用，不取报酬。共有的牛只，除婚、丧、病或其他重大事故外，不准出卖；但私人买的或已分给个人所有的牛只，经过亩内协商同意，随时可以出卖。

农具，除个别地区存在犁、耙等大农具共有共用的现象外，一般均属私有。共同劳动时，各用各的。如有损坏，也由各人负责修理或添置。因此，更谈不上取酬了。

山林、荒地，除由上层分子霸占者外，属全村或全峒公有。在此区域内的全亩成员，均享有平等使用权。种植山栏（山栏内容见后)，均可自由选择地段，不受限制。

上述情况表明，解放前黎族合亩制地区虽然出现了私人占有形式，但全亩无偿地共同使用各种占有形式的生产资料，使私人占有者不仅在使用权方面受到限制，而且在分配权方面也不能攫取特殊的利益。就是说，在合亩内，具有决定意义的是私人占有者不能利用生产资料作为占有和剥削他人的劳动手段，人们彼此间的合作和互助关系仍占主导地位。

2．劳动组织形式

合亩内主要是集体劳动，但在不妨碍集体劳动的情况下，也可以从事以户为单位的个体劳动。集体劳动的范围有些仅限于种植稻谷，也有包括一部分杂粮甚至山栏在内，集体劳动的收获物，列入统一分配之内。至于个体劳动所得的产品（如红薯、木薯、瓜、菜和家禽家畜等)，则归各户所有，不列入统一分配的范围内。在各户的生活来源中，集体劳动所得是其主要部分，个体劳动收入只起一些辅助作用。

集体劳动还保留十分原始的形式，即采取单纯劳动协作，不分工种，不分轻重，不分多少，都是采取大家一起干的原则。如亩内全部男子一齐下地犁田，犁完后再一起做其他工作；妇女插秧，也是一起动手把秧拔完后才能一起插秧。这种古老习惯，一直保留至解放初期，当时若分配一部分人去造房子，另一部分人去开水沟，群众便不赞成，他们要求一起造完房子后，再集体去开水沟。这说明他们不习惯分工分业。

把黎族合亩地区的这种共耕制与滇西的西盟瓦族、怒江傈僳族、独龙族等民族相比较，就会发现他们有共性，采取集体劳动的组织形式，乃是其长期保持原始社会形态的一个重要因素。

3．分配制度

采取平均分配的办法。在一般亩众之间，尽管各户人口多寡悬殊，仍分得同样一份产品。但相对而言亩头多分，外来亩众少分。按户平均分配的原则，只在亲属亩众之间执行得比较彻底。为了弥补这种平均分配的不合理状态，采取了一些补救办法。其中主要有：第一，划大户为小户，使各户人口不致相差太远。第二，亩内各户彼此借贷，且亲属间的借贷不用归还。第三，规定某些特殊照顾。如年迈而丧失劳动的人、未婚青年男子，均属被照顾之列。

平均分配制度，在古老的生产领域即狩猎中带有更为浓厚的原始色彩。全村集体出猎。打来的山猪、山马（鹿）等野兽，除猎者拿得一条腿外，其余归全村人分吃。至于内脏，则将各家收来的半斤左右大米，煮粥聚食一餐。这种不以亩而以村为单位的分配方法，说明黎人以狩猎为主要生活来源时，曾存在以氏族为单位的平均分配制度。而共食猎物的内脏一事，则是人类历史上最早的平均分配制——共同消费的一种反映。十分有趣的是，我国南方黎人与东北鄂温克人、鄂伦春人对猎物的分配办法，竟如出一辙。据载，鄂温克人猎取一只犴，犴肉由乌力楞（家庭公社性质的社会组织）均分，而胯骨、犴鼻、犴舌则归打中者[①]；鄂伦春人对猎物的头和内脏部分，一般是不分给各户，而是煮熟后，集合全乌力楞的男女老幼来共同消费的[②]。这种现象的出现，并非偶然，而是他们处于大致相同的历史发展阶段的必然结果。这种同一性，对我们研究原始社会的分配制度是颇有意义的。

解放前黎族合亩制地区的产品分配形式，基本上仍实行平均分配的办法一事表明，合亩内部成员之间领得社会财富的方式和多寡并未出现重大差别。应该说，这与其社会性质是相一致的。

4. 个别消费

所有合亩制地区虽然都以亩为单位实行集体劳动，但在消费方面，则一律以户为单位实行个别消费。而且每户都有属于自己的房屋，这些房屋可以容纳20人左右住宿，这可能是氏族集体的巨型房屋的遗留。此外，每户均有自己的宅旁园地，饲养有家畜、家禽，农暇时从事农副业生产，这些东西都归各户所有。这种以亩为单位的集体劳动与以户为单位的个别消费之间不可克服的矛盾，正是促进合亩制日益瓦解的极其重要的因素之一。

5．社会关系

解放前黎族合亩制地区社会的生产关系，除主要反映在生产资料、劳动、分配、消费等制度外，还体现在其他一些社会关系方面。其中主要有：

亩头的地位及其与亩众的关系。亩头为全亩的首领，照例由长辈轮次充任，只有在特殊情况下，才由亩众推举产生。亩头为一亩之长，负责领导和决定全亩生产并掌握分配，负责调解亩众间的纠纷，亩众对亩头的所有决定，一般都

---

① 秋浦：《鄂温克人的原始公社形态》，6页，北京，中华书局，1980。

② 秋浦：《鄂伦春社会发展》，37页，上海，上海人民出版社，1978。

表示接受和服从，但并没有强制权力。亩头的特权表现在：第一，劳动比较轻微。第二，每年收获时，比一般亩众可多得额外的“稻母”谷，即在每一“牛价”田（约一亩）或每块田内抽出约一伴（合3斤2两左右）谷子给亩头。这些谷物亩内若有人不够吃时，可分给他一部分，但往往为亩头一户享用。第三，亩头掌握分配权，即使有不公平现象，亩众特别是外来户也不敢提出异议。第四，亩头对于屡教不改的懒惰亩众，有权责骂，直至勒令退亩。但总的来说，亩头与亩众之间基本上是平等的，如需参加集体劳动，担负共同的费用，共同对付外来的袭击，平等享受权利等。

由此可见亩头与亩众之间的关系，包括两个方面：一方面，他已享有某些特权；另一方面，他又尚未凌驾于亩内成员之上，即他还是以社会一员的资格，同其他社会成员协力的身份出现的。亩头这种双重性的社会地位，正好说明该地区的社会还处于原始社会后期，乃是不容置疑的了。

合亩内部成员之间的关系。亩内成员之间存在着互助合作的关系。亩内有人因婚、丧、病等大事需要大量费用时，其他成员都会主动资助，且一般不用偿还；必要时须全亩人员议决，甚至不惜出卖公有土地和牛只。平时亩内亲属间缺少粮食，也可互相取用，不用归还，有人造房子，全亩直至全村都会来帮忙，等房子建成后，房主仅杀牲备酒招待吃一顿便了事。凡因“做鬼”杀猪宰牛，全亩或全村分吃；甚至亩内有人杀猪杀鸡请客，也要请亩内老人参加。对于抚养鳏寡孤独，亩众均认为是不容推卸的责任。妇女丧偶后回娘家居住，亩内亲属成员有承担抚养的义务。像这种人与人之间的互助关系，也可从历史记载中得到证实。据清人张庆长说：黎中“从无鬻米者，贫人乏食则有米者贷之，不计息，偿不偿还亦不深较”[①]。由于合亩制地区的社会性质，一直未发生本质的

① （清）张庆长：《黎岐纪闻》。

变化，故清代黎人的互助习俗，在此地得以保存下来。

龙公与龙仔的关系。黎语称龙公为“fing”，称龙仔为“fat”，译意是主和贫。一般情况是家贫无依的人去投靠富有之家，认对方为龙公，自己为龙仔，其间相当于义父和义子的关系。投靠以后，从此在龙公的家里劳动生活，被视为本村的人，一般说来，龙仔劳动数年之后，龙公就替他解决婚事，另盖茅屋给他分居分炊。以后在合亩里生产，成为合亩的成员之一，待遇与一般亩众无多大差别。若龙公死后无亲人，则龙仔可继承其地位与财产。龙公对龙仔不能毒打、杀害，不能转让、出卖，有一定的人身自由。龙仔利用工余时间耕种山栏所获产品，以至手工业、副业收入，仍归龙仔所有，但在某些地区的一些合亩内，龙仔在劳动和分配上处于不平等的地位。总之，龙公与龙仔的关系，在它的初期阶段，应是带有氏族收养成员的性质。但随着亩内出现私有财产和贫富分化的现象，这种关系也包含有某些不平等的因素。

关于土地买卖、租佃和借贷、雇佣等关系。合亩制地区的土地买卖、典当等现象，已较普遍。租佃方面，以实物地租为主。一般是除种子外，对半分租；也有除种子外，另给佃方一份田间管理的酬劳谷后再平分的；个别地区的租额很低，有田主仅得五分之一的。亩内出租的田地若是公田，租谷则归全亩分配；若是私田，则归田主所有。借贷方面，据调查，白沙县合亩制地区不论亩内或亩间借贷，一律不计时、不计息；而保亭、乐东两县合亩制地区，仅在亩内不计时、不计息，而亩间的借贷，一般是按百分之百的年复利计算。雇佣方面，有的亩头或缺乏劳力的亩众，为了减轻或顶替自己的劳动，便以私人的名义雇长工到合亩内来做工，由雇佣者付给工资，大多是三年一头黄牛，四年一头水牛。可见合亩制地区是出现了某些剥削现象的，其中土地的租佃是带有封建性的剥削方式。无疑，以上土地买卖、租佃和借贷、雇佣关系的出现，加速了黎族合亩制地区原始社会形态的瓦解过程。

至于上述早期剥削现象的发生，是不难理解的。以合亩制地区的内部因素而言，这种剥削是原始社会后期已有了私有制萌芽和财产不均的基础上出现的。加之，该地区处于周围封建经济的包围之中，不能不受到外界条件的影响。而这种影响从边沿地带的剥削现象多于腹地一事中，可以得到证明。

黎族上层人物与黎族人民的关系。随着封建王朝势力、特别是国民党反动势力深入合亩制地区以后，统治阶级委派黎族内部一些原有的自然社会领袖为总管、团董、乡长等职，通过他们对黎族人民进行统治。黎族上层人物中的反动分子凭藉政治特权进行经济剥削，侵占公共的土地、山林和河流，勾结官府征收各种苛捐杂税，掠夺黎民的田地和牛只，等等。但是，这些人物的出现，并不完全植根于合亩制黎族社会内部的土壤之中，更大程度上是反动统治的产物。可以说，外来因素起了重大作用。当然这种存在着阶级对抗关系的所谓合亩，在全地区的合亩总数中为数不多，我们不能用这种性质不具有普遍意义的、数量上不起决定作用的合亩，作为判断黎族合亩制地区社会性质的主要依据。从整体来看，这是一种尚未占主导地位的部分质变。

二、上层建筑

“根据唯物史观，在历史过程中的决定因素归根到底是现实生活的生产和再生产”[①]。然而，只有经济基础，没有上层建筑的社会，是完全不可想象的。每一个经济基础都必须有适合于它的上层建筑，才能构成对历史进程发生完整的影响。这里，我们着重从解放前黎族合亩制地区的上层建筑方面，作些粗略的分析，以说明其社会形态的性质。

① 恩格斯：《致约·布洛赫》，见《马克思恩格斯文选》，第二卷，北京，人民出版社，1958。

（一）氏族组织

黎族地区的社会政治组织，史籍称为“峒”或“弓”。据载，宋代吉阳军“生黎所居，不啻数百峒”“黎之峒落日以繁滋，不知其几千百也，咸无统属，峒自为雄长”[①]；清人彭孙贻也记道，五指山中皆黎族居住，“聚而成村者曰峒，峒各有主，父死子继，夫亡妻及”[②]。这说明：黎族历史上存在着大量的、彼此不相统属的、各自有领袖的、名之为峒的氏族、部落组织，这种组织在合亩制地区，直至解放前仍然保持下来。

据调查，这些峒或弓是按自然地理形势划分的一定地域，即一般以山脉、河流为界，并以立碑、砌石、栽树、植竹、插木板、埋牛角等作标记。每个峒都有其管辖和活动的地区，就是说，共同地域是构成峒的必要条件。当峒的地域确定之后，全峒成员都有保卫峒域的职责，使它不致受到外来势力的侵犯。倘若外人要到该峒砍山栏、捕鱼、采藤、伐木、狩猎，都必须征得峒首的同意，并缴纳各种形式的租金或礼物。未经允许而逾越峒界去从事生产活动，则被视为对权利的严重侵犯，往往因此而酿成冲突和械斗。

这些氏族或部落的首领，史称为“峒首”或“黎头”。黎族本身称呼他们的公共首领为“奥雅”，即“老人”之意。这种称谓，正好说明原始社会的长老政治观念，仍保存于黎人的意识之中。这些首领，原来纯粹是一种自然社会领袖，很受人们尊重。峒中或村里偶有争吵纠纷事件，多由他们出面处理。他们依据历史传袭下来的惯例，维护社会秩序，办理峒内事务。除此之外，并无强制性的行政权力。进入原始社会末期以后，由于出现了私有财产和贫富分化，这些领袖也都采用世袭的办法。据载，黎头“大抵父死子代，世世相传，间有无子

① （宋）赵汝适：《诸蕃志》，卷下，海南条。

② （清）彭孙贻：《明朝纪事本末补编》，卷四。

而妻代及弟代之者”[①]。这和合亩制地区的社会发展阶段也大致相符。但随着封建王朝和国民党反动统治的势力深入以后，峒的组织逐渐丧失其原来的社会意义，峒首的性质也往往有所变化。

这里还需叙述与氏族组织有密切关系的血族复仇问题。氏族成员间有相互援助和保护之责，特别是受到外族人欺侮时，必须帮助报仇，这就是所谓的“血族复仇”。此俗，由宋至清均未断。据文献记载：峒与峒之间“递相仇杀”[②]，黎男子“喜仇杀，谓之捉拗”[③]，“黎人善射好斗，积世之仇必报”[④]；黎“俗最重复仇”[⑤]。而且历代作家如范成大、赵汝适、顾岕、屈大均、李调元诸人对此还作过颇为详细的描述。而解放前黎族合亩制地区出现的械斗，正是黎俗“重复仇”遗风的表现。

（二）家庭组织

在合亩制地区，家庭本身只是一个消费单位。儿子长大成婚以后即与父母分炊而居，只有未婚配的儿女与尚未落夫家的女儿才与父母共同生活。在一个家庭中，一般只三四口人，有的少至二人，三代同堂的现象是罕见的。据1954年调查，保亭县通什乡为259户，平均每户人口为3.43人；乐东县毛农乡毛或村有59户，平均每户3.9人，每户4人及4人以下的超过总户数的十分之七，超过4人的仅占总户数十分之三弱，而人口最多之家也未超过8人。据方志记载，清道光年间的黎俗，已是“少相婚嫁，男女有室，则分爨异财”[⑥]，说明黎族

① （清）张庆长：《黎岐纪闻》。

② （宋）李焘：《续资治通鉴长编》，卷三一〇，元丰三年（1080年）十二月庚申条。

③ （宋）李焘：《续资治通鉴长编》，卷三一〇，元丰三年（1080年）十二月庚申条。

④ （明）顾岕：《海槎余录》。

⑤ （清）李调元：《南越笔记》，卷七。

⑥ （清 道光）明谊、张岳崧：《琼州府志》，卷三，风俗条。

中这种小家庭制由来已久。究其源，这种家庭形式的出现，是与合亩制共耕经济按户平均分配产品的制度密切相关的，这也意味着集体劳动与个别消费的矛盾已处于日趋尖锐之中。

父为一家之长。虽然男女在家庭中的地位没有显著的分等，但家中大、小事务特别是家庭经济的管理权和财产继承权，都取决于男方和由男方来继承。父母没有子息，所遗财产由旁系继承，出嫁女子不能过问，未婚女嫁时也不能带产。儿女的婚事，多由父母作主决定，如母亲不同意，父亲可自行决定。至于非婚生子女，享有与婚生子女同等的权利——特别表现在财产继承权上。这些非己出子女，不仅未受到虐待或遗弃，且大部分地区寡妇再嫁时，男方还要以牛来换取其前夫所生子女。这也可以从史籍中得到印证，如清代黎俗，妇女出嫁时“举子以为嫁妆，夫家不以为嫌”[①]。以上材料说明，在家庭中父权的地位已经确立，但母权制残余的影响也尚未消除。

同姓聚族而居，同村同姓的人不能互相婚配。他们认为“同村就同鬼”，所谓同鬼就是同一个祖先的意思。但血缘的纽带已开始松弛了，因为作为生产单位的合亩制，解放前除了亲属型之外，已有混合型的出现，即除亲属外还吸收某些外来户参加，说明已开始趋向地域的结合了。

概言之，合亩制地区的黎族家庭是属于父系小家庭制，男子在家庭中和社会上均处于较优越的地位。

（三）婚姻制度

据 1954 年调查，保亭县通什乡福关、毛利、什勋三表，119 户中的婚姻形式有如下几种：一夫一妻 111 户，占总户数 93.28%；一夫多妻 3 户，占总户数 2.52%；童养媳 2 户，占总户数 1.68%；其他兄弟妇婚、姐妹续婚、交换婚各 1

① （清 道光）明谊、张岳崧：《琼州府志》，卷三，风俗条。

户，各占总户数0.84%。可见，一夫一妻制的数量占绝大比重；而一夫多妻制占的比重是很少的，童养媳、兄弟妇婚、姐妹续婚、交换婚则更少，这些都不是当地的惯例。说明父系制婚姻已居统治地位。

（四）宗教信仰

马克思主义认为，宗教是支配着人们日常生活的外部力量在人们头脑中的虚幻反映。而“在历史的初期，首先是自然力量获得了这样的反映”[①]。仍处于原始社会历史阶段的黎族合亩制地区，也盛行自然崇拜。他们以为各种自然现象或生物是有灵魂的，从而信仰天鬼、大山鬼、雷公鬼、石头鬼、蛇鬼、猴子鬼等。以大山鬼为例，在初期，由于狩猎活动在他们的经济活动中占有十分重要的地位，故对山鬼的崇拜极为突出。出猎前，他们要祷告山鬼，以祈求能保佑他们猎获又大又多的山猪等野兽；就是说，山鬼崇拜之出现，是因为他们以为冥冥中有一种超越自然的力量在主宰着他们的狩猎活动。

氏族社会时期，人们的命运是与氏族紧密联系在一起的。对于他们来说，置身于氏族之外，是不可思议的。这样，就在思想上产生了祖先崇拜。与此相适应，合亩制地区的宗教信仰也是以“祖先鬼”的崇拜为主的。崇拜的方法较为原始，尚未懂得以偶像把它体现出来。他们把祖先的名字视为神圣，只有在杀牲供奉时才能念祖先的名字，平时则忌讳提及，以为让“祖先鬼”听到了便会招致生病，说明他们对祖先是很敬畏的。

合亩制地区黎族的宗教活动以治病为主。他们把经常威胁其生命安全的疾病，归之于鬼在作祟。因此，使用被称作“娘母”的巫治病，其主要方法为“做鬼”。所谓“病不服药，信尚巫鬼，杀牲而祭，以祈福”的历史记载，是反映了这一实际情况的。

---

① 恩格斯：《反杜林论》，311页，北京，人民出版社，1958。

卜卦不仅流行而且方式多端。计有鸡卜、卵卜、泥包卜、石卜、筊杯卜之类。

禁忌多。无论在生产、生活、生育、婚丧、宗教活动诸方面都有种种禁忌。

这些浓厚的原始宗教色彩和宗教观念的存在，是和合亩制地区的社会发展程度、人们的认识水平相一致的。

三、结　论

综上所述，我们可以得出如下结论：

第一，黎族合亩制地区的社会形态，仍属于原始社会范畴。合亩制是渊源于共同祖先，以两代或三代近亲的各户为基础，有的还吸收外来户及龙仔参加。它是以祖遗未分或各户公私购置的土地和耕牛、在亩众保有所有权的基础上，共同使用，不取报酬；亩内成员实行简单劳动协作，实行按年龄和性别的自然分工，集体谋取生活资料，亩众间基本上结成平等互助的关系；按户平均分配，亩众以家庭为单位分别消费。这是一种家长制小家族的经济经营单位。这种经济，由于生产资料归集体使用，劳动是集体进行，产品采取按户平均分配的办法，显然应属于原始社会生产关系的范畴。这种生产关系是由当时低下的生产力所决定的。刀耕火种休闲制的山栏，水稻一造的休耕制，劳动工具的简陋，谋取生活资料的制度带有宗教诰诫的形式，两性分工的严格，亩头及其妻子在生产活动上的权威等，都反映了生产的原始性与落后性。因此，在这种情况下，只有合亩共耕，个人与集体联系在一起，人们才能保证对生活资料的获得，才能维持劳动力的再生产，才能生存下去。在这样的经济基础上，形成了“峒”和“亩”的社会组织，较为浓厚的血缘关系色彩，十分盛行祖先崇拜和鬼神信仰习俗等上层建筑。这就是解放前黎族合亩制地区社会面貌的基本轮廓。

第二，这种仍具有原始社会特征的社会正濒于最后解体状态。其主要表现是：生产资料已基本上归私人所有；生活资料的生产，除集体生产外，各户私自生产的比重在增加；组织成员中非亲属成员的成分在扩大，意味着血缘关系的脐带正逐渐失去它紧密维系氏族成员关系的作用；组织的规模不断缩小，组织的数量则日益增多，并有单干户从合亩内分离出去，这表明共耕经济已日趋衰落；产品分配中已有某些不平等现象的出现；土地典当、买卖、租佃和借贷、雇工的出现；贫富分化的出现，等等。随着生产力的不断发展，在土地私有制逐渐形成起来的情况下，势必使私人占有和平均分配、集体劳动与个别消费之间的矛盾愈加尖锐，其结果便导致合亩制的解体。在海南黎族其他地区原有的合亩制已全部转化为个体小农经济的生产方式，这是合亩制经济发展的必然结果和前途。

第三，黎族合亩制地区原始社会解体的过程证明：家庭公社是从氏族公社到个体家庭之间的一个中间环节和过渡阶段。

这种家庭公社，在我国解放前尚处于早期历史发展阶段的少数民族社会中，也曾存在。调查证明，不仅东北的鄂伦春、鄂温克和西南的独龙、崩龙诸族，而且南方黎族合亩制地区也处于这一历史发展阶段。

从黎族合亩制地区，反映出来的原始社会解体的大致过程是：氏族公社→家庭公社（而家庭公社本身又可分为大家族制与小家族制的先后两个不同发展阶段）→个体家庭。

黎族地区，在氏族公社阶段，人们结成了以全氏族为生产和分配单位的共同体。这是有史可征的。据载，宋代元丰三年（1080年），“黎峒田土，各峒通同占据，共耕分收”[①]。这表明，距今900多年以前，部分黎族地区尚以氏族（峒）为单位，人们共同占有生产资料、共同劳动和平均分配。

自宋代以来，黎族地区与汉族地区的接触日益频繁，当地经济文化不断有

① （宋）李焘：《续资治通鉴长编》，卷三一〇。

所发展。这样生产关系也逐渐发生了变化，即生产经营单位由氏族公社分裂为若干个家庭公社，也就是今天称之为合亩的形式了。据本地人说，保亭县福关乡一带九代以前、白沙县毛栈乡一带七代以前均有了合亩制。这些都是老人从上辈代代相传下来的说法，因而是有根据的。实际调查证明，合亩制的起源还要早得多。

合亩制即家庭公社本身，又经历了由大家族制到小家族制的发展过程。1954 年的调查材料充分证明了这一点。据说，毛栈乡番满、什够两村的合亩制，在五代或七代以前只有 1 个亩，后来逐代增加，到 1954 年时，番满村共有 6 个亩，什够村则有 9 个亩。又如，福关表在 30 年代前只有 4 个亩，至 1954 年时变为 11 个亩；毛利表在 1946 年前只有 4 个亩，至 1954 年时变为 7 个亩；毛或乡在 30 年代为 5 个亩，1952 年时变为 9 个亩。而且，上列诸亩，在大亩时，都是由父子、亲兄弟组成；以后在不断分成小亩的过程中，有的亩加入了外来户，并有若干户从合亩内分化出去，成为单干户。这也说明，合亩由大分小，反映着家庭公社的衰落和解体的过程。这一由大而小的分化，是带有普遍意义的。据载，独龙族的家庭公社，在 20 世纪四五十年代，有的拥有 33 个成员，有的拥有 30 个成员，至 1957 年时，人口较多的仅有 20 多个成员，而据选定的 87 个家庭调查，平均每家只有 3.4 人多①，就是例证。

至中华人民共和国成立前后，合亩制地区的家庭公社已演变为小家庭制阶段。据 1954 年调查，整个海南黎族苗族自治州，共有合亩 907 个，参加户数为 3592，人数为 13224，即平均每个合亩只有 3.96 户，14.58 人。可见其规模都很小。这表明，合亩制地区的家庭公社正濒临解体的最后阶段。

上述黎族合亩制地区的情况说明，原始公社的崩溃并不是由较为庞大的氏

① 宋恩常：《云南少数民族社会调查研究》，上集，21、55、30 页，昆明，云南人民出版社，1980。

族公社突然分裂成数量众多的个体家庭来完成的。它是经过一段缓慢和渐进的变化过程逐步实现的。即由氏族公社分解为家庭公社，而家庭公社又经历着由大而小的过程，最后才变为个体小家庭。也就是说，这一时期生产和分配单位的规模与数量之间正好向相反的方向发展。当家庭公社的规模缩小到一定限度，数量增加到一定程度时，以个体小家庭为生产和分配单位的出现就顺理成章了。这时，原始社会的丧钟也就最终敲响了。

参考文献

［1］礼记．十三经注疏本．

［2］楚辞．楚辞补注中华书局本．

［3］山海经．上海古籍出版社校注本．

［4］（汉）司马迁．史记．中华书局标点本．

［5］（汉）班固．汉书．中华书局标点本．

［6］（南朝宋）范晔．后汉书．中华书局标点本．

［7］（晋）陈寿．三国志．中华书局标点本．

［8］（唐）房玄龄等．晋书．中华书局标点本．

［9］（南朝梁）沈约．宋书．中华书局标点本．

［10］（南朝梁）萧子显．南齐书．中华书局标点本．

［11］（北齐）魏收．魏书．中华书局标点本．

［12］（唐）李延寿．北史．中华书局标点本．

［13］（唐）魏征等．隋书．中华书局标点本．

［14］（后晋）刘昫等．旧唐书．中华书局标点本．

［15］（宋）欧阳修等．新唐书．中华书局标点本．

［16］（宋）欧阳修．新五代史．中华书局标点本．

［17］（元）脱脱等．宋史．中华书局标点本．

［18］（明）宋濂等．元史．中华书局标点本．

［19］（民国）柯劭忞．新元史．开明书店本．

［20］（清）张廷玉等．明史．中华书局标点本．

［21］（民国）赵尔巽等．清史稿．中华书局标点本．

［22］（宋）李焘．续资治通鉴长编．上海古籍书店影印本．

［23］（唐）杜佑．通典．万有文库本．

［24］（元）马端临．文献通考．万有文库本．

［25］（清）刘锦藻．清朝续文献通考．万有文库本．

［26］明实录．台湾“中央研究院”历史语言研究所校印本．

［27］清实录 . 中华书局影印本 .
［28］（明）申时行 . 大明会典 . 明司礼监刻本 .
［29］（清）朱寿朋 . 光绪朝东华录 . 中华书局版 .
［30］（清）吴任臣 . 十国春秋 . 中华书局点校本 .
［31］（清）徐松 . 宋会要辑稿 . 中华书局影印本 .
［32］（汉）刘安 . 淮南子 . 诸子集成本 .
［33］（汉）班固 . 白虎通 . 抱经堂丛书本 .
［34］（汉）杨孚 . 异物志 . 岭南遗书本 .
［35］（汉）许慎 . 说文解字 . 中华书局影印本 .
［36］（吴）万震 . 南州异物志 . 麓山精舍丛书本 .
［37］（晋）张华 . 博物志 . 中华书局校证本 .
［38］（晋）裴渊 . 广州记 . 汉唐地理书钞本 .
［39］（南朝宋）徐怀远 . 南越志 . 说郛本 .
［40］（北魏）郦道元 . 水经注 . 杨守敬水经注疏本 .
［41］（唐）欧阳询 . 艺文类聚 . 上海古籍出版社本 .
［42］（唐）徐坚 . 初学记 . 中华书局校点本 .
［43］（唐）李吉甫 . 元和郡县志 . 中华书局本 .
［44］（唐）刘恂 . 岭表录异 . 武英殿聚珍本 .
［45］（唐）段公路 . 北户录 . 丛书集成初编本 .
［46］[日] 真人元开 . 唐太和上东征传 . 中华书局校注本 .
［47］（清）彭定求等 . 全唐诗 . 中华书局本 .
［48］（宋）曾公亮 . 武经总要前集 . 四库全书本 .
［49］（宋）李昉等 . 太平御览 . 中华书局影印本 .
［50］（宋）乐史 . 太平寰宇记 . 四库全书本 .
［51］（宋）李昉等 . 太平广记 . 中华书局校订本 .
［52］（宋）王存 . 元丰九域志 . 丛书集成初编本 .
［53］（宋）欧阳忞 . 舆地广记 . 四库全书本 .
［54］（宋）王象之 . 舆地纪胜 . 咸丰五年粤雅堂伍氏刊本 .
［55］（宋）祝穆 . 方舆胜览 . 四库全书本 .

[56]（宋）苏轼．东坡全集．四库全书本．
[57]（宋）苏轼．东坡诗集注．四库全书本．
[58]（宋）苏轼．居儋录．光绪二十一年本．
[59]（宋）苏过．斜川集．四库全书本．
[60]（宋）洪迈．容斋随笔．四库全书本．
[61]（宋）陆游．老学庵笔记．中华书局唐宋史料笔记丛刊本．
[62]（宋）范成大．桂海虞衡志．四川民族出版社校注本．
[63]（宋）周去非．岭外代答．丛书集成初编本．
[64]（宋）赵汝适．诸蕃志．中华书局校注本．
[65]（宋）朱熹．晦庵集．四库全书本．
[66]（宋）李光．庄简集．四库全书本．
[67]（宋）方勺．泊宅编．四库全书本．
[68]（宋）惠洪．冷斋夜话．求是斋丛书本．
[69]（宋）刘延世．孙公谈圃．学津讨原本．
[70]（宋）周辉．清波杂志．中华书局南宋笔记丛刊校注本．
[71]（宋）朱彧．萍洲可谈．上海古籍出版社版．
[72]（宋）洪刍．香谱．四库全书本．
[73]（宋）李石．续博物志．稗海本．
[74]（元）无名氏．招捕总录．宛委别藏本．
[75]（元）苏天爵．元文类．上海古籍出版社版．
[76]（元）苏天爵．滋溪文稿．四库全书本．
[77]（元）王逢．梧溪集．四库全书本．
[78]（元）程钜夫．雪楼集．四库全书本．
[79]（元）范梈．范德机诗集．四库全书本．
[80]（元）陶宗仪．南村辍耕录．中华书局元明史料丛书本．
[81]（元）周致中．异域志．丛书集成初编本．
[82]（元）王桢．农书．四库全书本．
[83]（元）危素．危太朴文集．嘉业堂刻本．
[84]（明）李贤等．明一统志．四库全书本．

［85］（明）李时珍．本草纲目．四库全书本．
［86］（明）丘濬．琼台会稿．嘉靖二十三年郑廷鹄刻本．
［87］（明）丘濬．邱文庄公集．海南丛书一集本．
［88］（明）欧阳必进．交黎剿平事略．玄览堂丛书本．
［89］（明）焦竑．献征录．1987年上海书店影印万历本．
［90］（明）瞿九思．万历武功录．中华书局影印本．
［91］（明）海瑞．海忠介公集（又名备忘录）．海南丛书二集本．
［92］（明）海瑞．海瑞集．中华书局编校本．
［93］（明）王佐．鸡肋集．四库全书本．
［94］（明）邢宥．湄丘集．海南丛书三集本．
［95］（明）唐胄．传芳集．海南丛书三集本．
［96］（明）王宏诲．天池草．四库全书本．
［97］（明）钟芳．钟筠溪集．海南丛书五集本．
［98］（明）郑廷鹄．石湖遗集．海南丛书六集本．
［99］（明）顾岕．海槎余录．广百川学海本．
［100］（明）田汝成．炎徼纪闻．历代小史本．
［101］（明）罗曰褧．咸宾录．中华书局点校本．
［102］（明）黄佐．广州人物传．丛书集成初编本．
［103］（明）王临亨．粤剑篇．丛书集成初编本．
［104］（清）陈德华等．清一统志．四库全书本．
［105］（清）何朝彦等．钦定学政全书．清嘉庆刊本．
［106］（清）陈梦雷、蒋廷锡等．古今图书集成．上海中华书局影印本．
［107］（清）戴玲．户部则例．同治十三年刊本．
［108］（清）贺长龄．皇清经世文编．光绪十二年重校本．
［109］（清）顾炎武．天下郡国利病书．四部丛刊本．
［110］（清）屈大均．广东新语．中华书局清代史料笔记丛刊本．
［111］（清）屈大均．皇明四朝成仁录．广东丛书本．
［112］（清）吴震方．岭南杂记．丛书集成初编本．
［113］（清）王士禛．香祖笔记．康熙刊本．

[114]（清）毛奇龄．蛮司合志．西河合集本．

[115]（清）蓝鼎元．鹿洲全集．厦门大学点校本．

[116]（清）顾祖禹．读史方舆纪要．中华书局本．

[117]（清）汪森．粤西文载．四库全书本．

[118]（清）傅恒．皇清职贡图．四库全书本．

[119]（清）六十七．番社采风图考．丛书集成初编本．

[120]（清）陆次云．峒溪纤志．问影楼舆地丛书本．

[121]（清）张庆长．黎岐纪闻．小方壶斋舆地丛钞本．

[122]（清）刘世馨．粤屑．申报馆丛书续集本．

[123]（清）张岳崧．筠心堂文集．海南丛书七集本．

[124]（清）李调元．南越笔记．函海本．

[125]（清）陈徽言．南越游记．云南丛书初编本．

[126]（清）檀萃．说蛮．小方壶斋舆地丛钞本．

[127]（清）温汝适．粤东文海．嘉庆本．

[128]（清）张维屏．学海堂三集．清刻启秀山房藏版．

[129]（清）翁方纲．粤东金石略．光绪十七年广州石经堂书局影印本．

[130]（清）周广等．广东考古辑要．光绪十九年还读书局刻本．

[131]（清）张心泰．粤游小志．光绪庚子梦梅仙馆刊本．

[132]（清）张之洞．张文襄公全集．北京文华斋刻本 1928 年版．

[133]（清）冯子材．冯宫保军牍集要．光绪二十一年（序）铅印本．

[134]（清）谭钟麟．谭文勤公奏稿．宣统本．

[135]（清）程秉钊．琼州杂事诗．丛书集成初编本．

[136]（清）佚名．琼黎一览图说．永不足斋本．

[137]（清）佚名．黎族风俗图．中央民族大学馆藏本．

[138]（清）胡传．游历琼州黎峒日记．禹贡二卷一期．

[139]（清）鲍灿．广东琼州汉黎舆情．光绪本．

[140] 陈献荣．琼崖．上海：商务印书馆，1934.

[141] 谢彬．云南游记．上海：中华书局，1936.

[142] 詹慈．黎族研究参考资料选辑．广州：广东省民族研究所，1983.

［143］岑家梧．岑家梧民族研究文集．北京：民族出版社，1992.

［144］容观夐．文化人类学与南方少数民族．南宁：广西人民出版社，1990.

［145］刘耀荃．黎族历史纪年辑要．广州：广东省民族研究所，1988.

［146］黎族简史编写组．黎族简史．广州：广东人民出版社，1982.

［147］刘耀荃、练铭志．《明实录》广东少数民族资料摘编．广州：广东人民出版社，1988.

［148］黎族古代历史资料．广州：广东民族研究所，1964.

［149］中南民族学院．海南岛黎族社会调查．南宁：广西民族出版社，1992.

［150］容观夐．海南岛黎族地区发现的新石器．考古通讯，1956（2）.

［151］广东省博物馆．广东海南岛原始文化遗址．考古学报，1960（2）.

［152］（明）戴璟修，张岳纂．嘉靖广东通志初稿．明嘉靖刻本．

［153］（明）黄佐纂修．嘉靖广东通志．嘉靖三十七年刻本．

［154］（清）金光祖纂修．康熙广东通志．康熙刻本．

［155］（清）郝玉麟修，鲁曾煜等纂．雍正广东通志．四库全书本．

［156］（清）阮元、江藩修，陈昌齐等纂．道光广东通志．光绪二年刻本．

［157］（清）郭嵩焘等修，桂文灿纂．同治广东图说．同治刻本．

［158］（清）李翰章等修，廖廷相等纂．光绪广东舆地图说．宣统元年铅印本．

［159］（清）广东参谋处纂．宣统广东舆地全图．宣统元年刻本．

［160］（清）郝玉麟修，谢道承等纂．雍正福建通志．四库全书本．

［161］（明）唐胄纂．正德琼台志．上海古籍出版社影印天一阁正德本．

［162］（清）焦映汉修，贾棠纂．康熙琼州府志．康熙本．

［163］（清）萧应植修，陈景埙纂．乾隆琼州府志．乾隆三十九年本．

［164］（清）明谊修，张岳崧纂．道光琼州府志．光绪十六年补刻本．

［165］（清）李文烜修，郑文彩等纂．咸丰琼山县志．咸丰七年刻本．

［166］（清）李淦等修，王国憲纂．民国琼山县志．民国六年本．

［167］（清）丁斗柄修，曾典学纂．康熙澄迈县志．康熙刻本．

［168］（清）谢齐韶修，李光先纂．嘉庆澄迈县志．嘉庆二十五年刻本．

［169］（清）龙朝翊修，陈所能纂．光绪澄迈县志．光绪三十四年刻本．

［170］（清）张文豹修，梁廷佐纂．康熙定安县志．乾隆增刊本．

［171］（清）吴应廉修，王映斗纂 . 光绪定安县志 . 光绪四年刻本 .

［172］（清）刘彬华修 . 同治文昌县志 . 同治本 .

［173］（民国）林带英修，李钟嶽纂 . 文昌县志 . 民国九年刻本 .

［174］（清）陈述芹纂修 . 嘉庆会同县志 . 民国十四年铅印嘉庆二十五年本 .

［175］（清）陈秉憕纂修 . 康熙乐会县志 .1958 年广东中山图书馆油印崇文斋本 .

［176］（清）聂公缉修，桂文炽等纂 . 光绪临高县志 . 光绪十八年刻本 .

［177］（民国）彭元藻等修，王国宪纂 . 儋县志 . 民国二十五年铅印本 .

［178］（清）钟元棣修，张雋纂 . 光绪崖州志 .1962 年标点铅印本 .

［179］（民国）周文海修，卢宗堂等纂 . 感恩县志 . 民国二十年海口海南书局铅印本 .

［180］（清）方岱修、璩之灿纂 . 康熙昌化县志 .1963 年中山图书馆油印本 .

［181］（清）李有益纂修 . 光绪昌化县志 .1982 年中山图书馆据光绪二十三年刻本复制 .

［182］（清）潘廷侯等纂修 . 康熙陵水县志 .1953 年中山图书馆油印康熙本 .

［183］（清）胡端书修，杨士锦等纂 . 道光万州志 .1958 年中山图书馆油印本 .

［184］（清）李福泰修，史澄等纂 . 同治番禺县志 . 同治十年本 .

《异物志》辑佚校注

異物志輯佚校注

田余庆 题签

楊議郎著書　　嶺南遺書

漢南海　楊孚　孝元撰

南海　曾釗　勉士輯

異物志

儋耳南方夷生則鏤其頰皮連耳匡分為數支狀如雞腸纍纍垂至肩後漢書明帝紀注

按後漢書注引楊浮異物志錢宮詹攷異云浮當作孚

稻交趾冬又熟農者一歲再種初學記卷二十七

按齊民要術引云稻一歲夏冬再種出交趾太平御覽引云交趾稻夏冬又熟較初學記引似更詳明以其皆未著議郎之名故別編坿後

海南伍崇曜粤雅堂《岭南遗书》收入曾钊辑本《杨议郎著书》，道光辛丑（1841 年）刻本

異物志　　　　　　　　　　嶺南遺書

漢南海楊孚孝元撰

南海曾釗勉士輯

金鄰一名金陳去扶南可二千餘里地出銀人民多好獵大象生得乘騎死則取其牙齒御覽七百九十

穿胸人其衣則縫布二尺幅合兩頭開中央以頭貫穿胸不突穿御覽七百九十

西屠國在海水以草漆齒用白作黑一染則歷年不復變一號黑齒御覽七百九十

按海水疑當作海外漆齒當作染齒御覽黑齒國下引異物志曰西屠染齒亦以放此也可證此漆爲染之譌

海南伍崇曜粤雅堂《岭南遗书》收入曾钊辑本《异物志》，道光三十年（1850 年）刻本

目　录

前　言

一、杨孚生平

杨孚，字孝元，南海（今广州）人[①]。东汉章帝（76—88 年）时，他以贤良对策入选，授议郎[②]。议郎，秦官，汉续置，官秩六百石，秩位与尚书仆射等。其职“掌顾问应对”[③]，对国家政事提出意见，供朝廷采纳。杨孚是一位具有政治卓识和敢于直言谏诤之人，故史有“世服孚高识”[④]之誉。他也是岭南地区晋升朝官第一人。

杨孚的主要政治主张有：

其一，反对穷兵黩武，主张和平时期应用文治。

汉和帝即位（章和二年，88 年），北匈奴遭鲜卑重创，单于被杀，其子争位，内部大乱，加之因蝗害而闹饥荒，南匈奴欲乘机吞并，上言请朝廷出兵，以“令汉家长无北念”。时窦太后主政，命朝臣集议，廷议以为应利用匈奴分争，“以夷伐夷”，决定派大军出击北匈奴[⑤]。对此，杨孚上奏：

创造用武，守业尚文，故周胜殷，则有载戢干戈之颂。太宗息兵，

① 据近人冼玉清《杨孚与杨子宅》考订，杨孚故里在今广州市海珠区下渡村。该村有其故宅后花园水井，今村人仍呼为“杨孚井”，清番禺人罗日章《汉议郎杨孝元宅》诗咏道：“遗井犹闻故老传。”井畔废墟，为“杨子宅”。据清乾隆《广州府志·金石略》载：“杨孚字孝元，下渡头村其故宅也。后有张琼者，掘地种萎，得一砖刻云杨孝元宅。”

② （清 雍正）《广东通志》更具体言杨孚为议郎时在“建初中”。建初共九年，即 76—84 年，建初中，当系建初五年（80 年）。

③ （东汉）班固：《汉书·百官公卿表》。

④ （明）欧大任：《百越先贤志》，卷二。

⑤ 参见（南朝宋）范晔：《后汉书·匈奴列传》，卷四。

尝言自胜衣冠，念不及兵。先帝继述，虏来则应，未尝先伐，故孝章之谥，追配孝文。

诗曰："允文文王，克开厥后。"又曰："倬彼云汉，为章于天。"二帝之谓也。愿陛下绳美祖宗，毋轻用武。①

如何应对我国北方游牧民族的入边骚扰，这是历代中央王朝需要应对的重要国策。杨孚"创造用武，守业尚文""毋轻用武"的观点是很有见地的。倘连年用武，则会使人民饱受战争之苦，并导致国力衰竭。此类历史教训，是不乏其例的。

其二，反对苛政与贪贿，主张廉政。

两汉政治，日趋腐败；外戚宦官，相继专权。以致"官人不得于上，黎民不安于下，有司不念宽和而竞为苛刻"②。永元十二年（100年），大旱，百姓流离失所，社会不宁，危及统治秩序。为此，朝廷诏令廷议得失。杨孚上言：

郡邑侵渔，不知纪极，货贿通于上下，治道衰矣。……而吏治必务廉平，以劝选举之士，庶几克减，小民副承天意。

和帝从其议。诏曰：

禁有司假势行邪。其巧法析律，饰文增辞，货行于言，罪成乎手者，重罪之。赐天下男子为后者爵二级，三老孝悌力田三级，鳏寡孤独笃疾不能自存者粟人三斛。③

显然，采纳杨孚惩治贪官、抚恤小民的建言，有利于缓和当时的社会危机。

其三，反对破坏儒家丧礼，主张实行三年通丧之制。

儒家重礼制，而丧礼又是礼制的重心，故行父母亡服丧三年之制。两汉时，此制已未遵行。如清人赵翼所指出："统计两汉臣僚，罕有为父母服三年丧者。盖因

① （明）欧大任：《百越先贤志》，卷二。

② （南朝宋）范晔：《后汉书》，卷四。

③ （明）欧大任：《百越先贤志》，卷二。

习俗相沿，已成故事也。”[1] 杨孚对此心感忧虑，在永元十二年疏中，倡言廉政的同时，又提出：

汉制郡国之士，诵肄《孝经》；察其志行，选举孝廉。故帝谥必称孝者，躬行化率也。王莽不服母丧，天下诛之。今时公卿罹父母忧，不得去位。而黎萌孝悌力田，反得爵级，非所以为民丧仪也。……宜诏中外臣民，均行三年通丧。[2]

其议为和帝所接受。杨孚的建言表面上只是服制时间的长短问题，而其实质意义有二：一是符合东汉王朝标榜的“以孝治天下”的统治政策；一是维护儒家宗法制度的伦理道德观。故清人屈大均言，杨孚疏“虽寥寥数十言，然于扶植人伦，感动天地，亦可谓至矣尽矣，其亦《孝经》之一翼也。”[3] 因此，由杨孚倡言而再度确立的三年通丧制，对后世产生深远影响，达千余年之久。需指出的是，这种繁琐丧制，在客观上对中国社会也产生了一些负面作用。

其四，讽切“贡献”，“充备宝玩”。

岭南素以盛产奇珍异宝闻名，自秦汉置郡以来，统治者穷奢极欲，肆加掠取。如，《汉书·地理志下》卷二八载：粤地“处近海，多犀、象、毒冒、珠玑、银、铜、果、布之凑，中国往商贾者多取富焉”。《三国志·吴书·薛综传》卷五三载：“贵致远珍名珠、香药、象牙、犀角、玳瑁、珊瑚、琉璃、鹦鹉、翡翠、孔雀、奇物，充备宝玩。”时南海属交趾刺史部管辖，刺史“夏则巡行封部，冬则还奏天府，举刺不法，其后竞事珍献”。换言之，该刺史职能主要为代表中央王朝监督检举属吏，但随着吏治腐败，演变为大量掠夺岭南异品，争事贡献皇室以邀功，对此杨孚暗表不满，据《百越先贤志》卷二载：

乃枚举物性灵悟，指为异品以讽切之，著为《南裔异物志》。自后罗浮瑇瑁之属日绝，时谓能通神明。

---

① 参见（清）赵翼：《廿二史札记》，卷三。

② （明）欧大任：《百越先贤志》，卷二。

③ （清）屈大均：《翁山文外》，卷二。

可见，杨孚著《异物志》，目的之一为“讽切”珍献行为。至于传说，《异物志》刊行后，因感动神明，瑇瑁一类珍品日见稀少以至灭绝。此说虽属无稽，但反映了杨孚反对珍献之举，是获得了岭南人士的肯定与赞誉的。

杨孚在学术上的主要成就，是著有被誉为“博雅”的《异物志》。

杨孚向往中州之地，崇奉中原文明。据说，杨孚家在珠江南岸，他曾移洛阳松柏，种植宅前，隆冬时居然飞雪满树，云云。对此神奇逸事，历代岭南人士纷纷撰文或咏诗加以传颂。如清代岭南著名诗人屈大均在《广东新语·地语》河南条写道：

> 岭南天暖无雪，而孚之松柏独有雪，气之所召，无间远迩，雪其为松柏来耶？为孚来耶？予诗曰：“能将北雪化南雪，为有苍苍自洛来；松柏至今虽已尽，花田尝见雪花开。”

杨孚南返时，仍移洛阳松亲手植宅前，并被后人神化为飞雪盈树的异事，表面上是对作为全国政治文化中心的京师的眷恋与仰慕，实质上反映了岭南人士对中州文化景仰与倾慕的心态。这是自秦开五岭以后，“蛮荒之地”的岭南渐染华风的自然结果，也是中州文化“无间远迩”一概泽被的体现。

需加辨明的是，关于杨孚的生平，有一重要经历系记载失实，此即他曾任临海太守一职之事。首倡此说为欧大任《百越先贤志》卷二，记杨孚返回故里定居，“后为临海太守，复著《临海水土记》”。黄佐也在《广州先贤传》声言：杨孚“后为临海太守，复著《临海水土记》，以正献贡也”。明嘉靖与清雍正、道光诸朝《广东通志》均因袭其说，谬说流传，至今学术界仍盲从。①

关于欧大任之说，所据何典，无从考定。早在唐代，徐坚《初学记》卷三〇有如下记载：扬（杨）孚《临海水土记》曰，“鱼牛，象獭，大如犊子，毛青黄色，其毛似毡，知潮水上下”。这是笔者在欧大任以前的古籍中，所见到的将杨孚与《临海水土记》联系起来的唯一材料。其实，就《初学记》一书而言，标明出自三国吴人沈莹的《临海水土异物志》者就有八条之多（分见卷三，一条；卷三〇，七条）。

① 欧大任虽为黄佐的学生，但因其著述严谨，黄佐撰《广东通志》，汉以前人物小传，多采用欧大任《百越先贤志》，故本书定杨孚任临海太守一说，始于欧大任而非黄佐；关于杨孚生平也多采用欧大任《百越先贤志》一书。

所以，综合来看，显然是《初学记》编者徐坚将《临海水土记》的作者偶然之误张冠李戴了，因《异物志》一书为杨孚首创，故将后出的沈莹《临海水土异物志》一书，误为杨孚所撰，也可理解。疑是欧大任出自对乡贤的崇敬心理，就由此不加分析地认定《临海水土记》为杨孚所撰了。但是，杨孚是粤人，不明东南风土，怎么能著《临海水土记》一书呢？于是，为了使杨孚著《临海水土记》之说成立，便有了杨孚曾为“临海太守”的臆想。

其实，将杨孚的生存年代作一番考定，问题就迎刃而解了。临海郡（治今浙江临安东南），三国吴太平二年（257 年）分“会稽东部为临海郡”[①]。这是临海郡设置之始，学术界已成定论。而杨孚在汉章帝时（76—88 年），已官议郎。我们姑且假定，杨孚在汉章帝最后一年（88 年）时只有二十岁的话，那么，至临海郡始置之年即 257 年，已是 190 岁之人了。如果不是首任临海太守的话，其年龄还要超过此数。倘按雍正《广东通志》所说，“建初中”（80 年）拜议郎的话，那就是近二百岁之人了。世界上哪有如此高寿之人，更遑论如此年龄之人尚能为官任郡守之职了。可见，杨孚曾任临海太守之说，是子虚乌有的，是断不可能的。笔者之所以花费笔墨以推翻杨孚曾为临海太守并曾著《临海水土记》的陈说，目的在于：其一，杨孚是在广东文化发展史上起过重要作用的历史人物，我们必须弄清其人生平与事迹的真面目；其二，至今广东学术界仍然流行杨孚著《临海水土记》之说，该是加以澄清的时候了。

二、《异物志》题解

《异物志》一卷，东汉杨孚撰。

关于本书的流传。最早见诸《隋书·经籍志》（卷三三，地理部下），列有“《异物志》一卷，后汉议郎杨孚撰”“《交州异物志》一卷，杨孚撰”。其后，《旧唐书·经籍志》卷四六载：“《交州异物志》一卷，杨孚撰”；《新唐书·艺文志》卷五六载：“杨孚《交州异物志》一卷”。从《宋史·艺文志》始，再不见著录。可见，此书的亡佚是在宋代以后之事。

---

① （晋）陈寿：《三国志·吴书·孙亮传》，卷四八。

历代册籍引用杨孚书，除通作《异物志》外，其他称谓尚多。如：杨浮（当系孚之误）《异物志》，见《后汉书》李贤注；杨孚《异物志》，见屈大均《广东新语》；杨氏《南裔异物志》，见郦道元《水经注》；杨孝元《交趾异物志》，见《艺文类聚》和《太平御览》；杨孝元《交州异物志》，见《太平御览》。可见，杨孚所著《异物志》，册籍又有写作《南裔异物志》《交趾异物志》和《交州异物志》诸名。探求异名歧出的根本原因，在于《异物志》一书论列的地理范围所致。原来，杨孚所记为岭南事。西汉时在岭外设交趾刺史部，属郡有南海、苍梧、合浦、郁林以及交趾、九真、日南，辖境相当于今两广大部及越南的北部、中部。东汉建安八年（203年），改交趾刺史部为交州。这就是称《交趾异物志》或《交州异物志》之名的来由；因岭外地处南部边疆，故又称作《南裔异物志》。

成书时间。具体年代已难确考，但考虑到东汉章帝时（76—88年）他已任议郎，又从他至汉和帝时（89—105年）仍在朝一事，故可推定应在公元1世纪后期至2世纪前期之间，即距今1900年前后；从成书年代，我们可再推断书的本名。鉴于最早著录的杨孚书只有《异物志》与《交州异物志》二名，而交州建制肯定是在杨孚作古之后。理由是：假设杨孚在章帝最后一年（88年）才为议郎，时为二十多岁的话（实际上不止此数），那么至东汉建安八年（203年）始有“交州”之名时，最少已是135岁的人了，这当然是不可能的事。由此可证，《交州异物志》绝非杨孚书的原名，只是后人因他是东汉时人，故将其《异物志》冠以交州之名罢了。至于《南裔异物志》之名，不见最早著录的隋唐正史册籍，可见也是后人所加。这是因为杨孚《异物志》出来后，各种不同地域的《异物志》纷纷问世，后人为免混淆，故在杨孚《异物志》书名前，分别冠以其所在的行政区域（交州）或南部边疆方位（南裔）之名。由此可推定，杨孚书的原名当叫《异物志》。

成书历史背景。记载中州以外“异物”的著作的出现，是有其深刻的社会历史根源的。自从秦代在岭南、西南地区设置初郡后，随着对南方民族地区的管辖与统治的不断拓展与加强，人们的视野随之扩大，从而产生了解原属“化外之域”的周边地区风物的浓厚兴趣，于是，《异物志》就应运而生了。正如向达先生在《唐代长安与西域文明》一书中“汉唐间西域及海南诸国古地理书叙录”目下所言：“汉时南方渐与中国相通，殊异之物多为中原所未有。览者异之，遂有《异物志》一类书籍出现，与《山海经》《博物志》相先后。”

成书具体原因。杨孚之所以撰《异物志》，说法有二：一是由于当时中原人限于五岭的横断，对边陲之地的岭表知之甚少；加之，当地的自然、地理以及风土人情又迥异于中原，故粤人出身的议郎杨孚，深感有必要也有责任将其生活的岭南风情加以推介，以便朝廷和士民能了解真实的岭南，以消除传闻失实之误，又可供从交趾刺史部以下各级属员资政之需。此即黄佐在《广州人物传》中所谓“使士民识之”之意。一是作为岭南士人的杨孚，有鉴于官员“竞事珍献”的不正之风，“乃枚举物性灵悟，指为异品以讽切之”。二者说法并不矛盾，而是互补的。

《异物志》是一部著名的历史文献，对后世产生了深远影响。其主要学术贡献为：

其一，是我国古人写地志以《异物志》为书名之创始。

从此，历代著作家纷纷效法，各种《异物志》之名的地志风靡于世。

与杨孚的《异物志》同时，著录于《隋书·经籍志》的有：三国吴人沈莹《临海水土异物志》，吴人丹阳太守万震《南州异物志》，三国吴人朱应《扶南异物志》，汉晋间人佚名《凉州异物志》。

三国蜀人谯周《巴蜀异物志》，三国吴人薛莹《荆扬已南异物志》，见《文选》注引。

魏晋南北朝间人陈祈畅《异物志》，著录《旧唐书·经籍志》；唐人孟管《岭南异物志》，唐人房千里《南方异物志》，沈如筠《异物志》，著录《新唐书·艺文志》。

孙畅《异物志》，佚名《南方异物志》，见《初学记》引。

曹叔雅《异物志》，宋膺《异物志》，佚名《郁林异物志》，佚名《南中八郡异物志》，佚名《广州异物志》，见《太平御览》引。

唐宋时佚名《岭表异物志》，著录《宋史·艺文志》。

上述《异物志》类著作的发展过程，大致是：最早出现在东汉时期，繁荣于魏晋南北朝，衰退于唐，消亡于宋。究其原因，它与中国古代中原王朝与周边民族的交往以及海外交通的拓展，紧密相连。宋代以后，随着各地区人们的交往频繁，人们对事物的认识水平的提高，以《异物志》为名的著作也不再出现，而且，原有的种种也逐渐亡佚。[①]

---

① 参见王晶波：《〈异物志〉考述》，载《北京大学学报》，2000 年专刊。

其次，开创了《异物志》的新体例。

《异物志》的主要内容，为记人民与物产，包含自然环境、资源、社会生产、民族状况、文化习俗诸方面，细析则包罗人、地、物、禽、兽、谷、果、木、草、竹、虫、鱼诸项。这种体例，不仅为宋以前各种名目繁多的《异物志》所承袭，而且也为后世写地志者奉为圭臬。如，宋代著名地志、范成大的《桂海虞衡志》一书，分岩洞、金石、香、酒、器、禽、兽、虫鱼、花、果、草木、杂志、蛮十三门，与杨孚的《异物志》两相对照，其源流因袭，一目了然。

需要强调的是，《异物志》在岭南文化发展史上具有重要意义：

其一，这是粤人著作见诸著录的第一家，亦即第一部粤人学术专著。

先秦时，岭南为“百越杂处”的“蛮荒”之域。秦始皇统一中国后，开辟了岭南历史发展的新阶段。从此，中原移民源源不断南来，中原文化随之输入。其结果，如史书所称，岭南逐渐晓知“礼化”，“渐染华风”，且“不失中州清淑之风”。东汉初年，学校纷纷建立，冠履、聘娶、礼乐制度业已形成，居民文化素质不断提高。就是在这样的历史大环境中，杨孚出任汉章帝议郎，并著作《异物志》一书。这是中原文化在岭南生根开花的结果，也是岭南文化融入中原文化的象征。清人屈大均认为，杨孚的《异物志》为广东人著作之伊始。《广东新语·文语》卷十一：

> （杨孚）《南裔异物志》，辞旨古奥，散见他书，搜辑之亦可以为广东文之权舆。今徒以曲江冠简端，抑疏矣。

如屈大均所言，岭南著述之源，只追溯至唐代文学家张九龄（曲江），是失之疏漏的。

此处权作一比附。宋时，海南出了个能与苏东坡说文论诗的姜唐佐，为此苏东坡赞道：“沧海何曾断地脉，朱崖从此破天荒。”东汉时，南海杨孚其人其作的出现，倘改用苏翁诗句，则可誉之曰：“苍山何曾断地脉，岭南从此破天荒。”

其二，这是专记岭南风物的第一部著作。

此前，中土之人关于岭南事物之载，不仅片言只语，零星分散，而且，其中不少成分，或是道听途说，或是捕风捉影，或是海外奇谈，难免给人以虚妄之感。这不奇怪，因为“中州之人，或昧其状”。杨孚乃粤人记粤事，不仅真实，而且较为详细而系统。后世谈论岭南风物，往往溯源于其著述。故此，杨孚首创之功不可没焉。以下细论之——

第一，这是岭南第一部物产志，也是我国第一部汉文区域性物产志；为后人留下了汉代岭南地区植物学、动物学、矿物学的丰富的第一手资料。书中大量记载了岭南的动植物，并以兽、禽、鸟、虫、鱼、草、木、谷、果分门别类加以记述，体现了我国古老的生物学分类法；首次对岭南各种动植物种类与形态、经济价值，作了具体而翔实的描绘，从而揭示了古代岭南居民的食物来源、结构，经济多样性和生态环境。

以植物为例，说明该书的重要意义。要了解岭南土特产，如槟榔、椰子、荔枝、橄榄、橘、枸橼、杨梅、余甘等果树栽培的历史，是离不开《异物志》一书的；至于芭蕉等物，更系我国古籍记载第一例。

第二，为研究汉代岭南手工业生产提供了珍贵的资料。如甘蔗条载：

生取汁为饴饧，益珍，煎而暴之，凝如冰。

意为：将甘蔗榨为汁液，制成糖浆，而成饴饧，今广东俗名油糖；再经煎晒，“凝如冰”，而成冰糖。记述了岭南早期的蔗糖加工工艺。

芭蕉条载：

其茎如芋，取镬煮之为丝，可纺织，女工以为絺綌，今交趾葛也。

岭南素以植物纤维为主要纺织材料，此即“卉服”之谓。本书首次记载以芭蕉丝为絺綌。这种以“布蕉”织布的传统方法，在岭南延续至清代末年而未衰。可见，芭蕉丝织布的记载对岭南纺织史的研究具有独特价值。

梓棪条载：

大十围。材真劲，非利刚截不能克，堪作船。

科藤条载：

围数寸，重于竹，可以为杖，篾以缚船。

前者记粗大硬劲的梓棪树，可作造船的材料；后者载，用粗重坚韧的科藤制成的篾，可用作系船。考古材料证明，在西汉时期，岭南已有十分发达的造船业。上述材料为研究岭南造船与航运史提供了原始材料。

第三，集中而翔实地记述了岭南世居民族的风尚，为民族学与民俗学保留了丰富的第一手材料。书中所记的原始族群有“雕题国”“狼牖国”“西屠国”“乌浒”“穿胸人”“儋耳夷”“黄头人”等。其重要价值有二：一是有的族群如狼牖国、西屠国、乌浒等首次出现在《异物志》的记载中。一是有的族群在《异物志》中有精确的记述。以岭南原始民族“穿胸人”（又名“贯胸人”）为例，历代中原人士对其记载多涂上浓厚的怪异色彩，往往被描绘成胸有孔，甚至用竹木穿胸达背之人，杨孚则首次揭示，穿胸人系因其服制而得名。他写道：

穿胸人，其衣则缝布二尺，幅合两头，开中央，以头贯穿，胸身不突穿。

换言之，所谓“穿胸人”，即穿桶裙或贯头衣的百越之人，这可从岭南民俗学中得到证实。

第四，有助于了解汉代岭南地区的对外交流。岭南地处沿海，对外交通较早发达。书中记载海外古代国家与人民有“扶南国”，中南半岛古国名，位于今柬埔寨；“金邻”，古国名，其地在今泰国西南部；“瓮人”，应是当时输入中国的中印半岛南部及南洋诸岛的马来人；“斯调国”，古国名，一般以为在今斯里兰卡。这为研究中西交通史提供了有价值的资料。特别是摩厨条“木有摩厨，生于斯调”的记载，反映了外来经济作物在岭南地区的种植，更具史料价值。

自杨孚《异物志》问世之后，专记岭南风物的著作不断出现。其中较著名者有晋嵇含的《南方草木状》；晋宋间裴渊的《广州记》与顾微的《广州记》；南朝宋人王韶之的《始兴记》与沈怀远的《南越志》；唐段公路的《北户录》与刘恂的《岭表录异》；宋范成大的《桂海虞衡志》与周去非的《岭外代答》；清屈大均的《广东新语》。记岭南风物，倘说杨孚的《异物志》启其端，则屈大均的《广东新语》可谓集其大成。其间源流、沿革、因袭、嬗变，损益增删，继承发展，脉络分明。有了这些著作，人们才能对古代岭南的自然物产、人物、风俗有所了解。

其三，粤诗滥觞之作。

《异物志》的形式，前有志作序以说明，后有韵语作赞以结束。韵语可归入诗歌一类，今有九首，抄录如下：

犀　于惟元犀，处自林麓。
食惟荆棘，体兼五肉。
或有神异，表异以角。
含精吐烈，望若华烛。
置之荒野，禽兽莫触。

鹧鸪　鸟象雌鸡，自名鹧鸪。
其去怀南，不思北徂。

髯蛇　髯惟大蛇，既洪且长。
采色驳荦，其文锦章。
食豕吞鹿，腴成养创。
宾享嘉燕，是豆是觞。

蚌　蚌似车螯，洁白如玉。

大贝　乃有大贝，奇姿难俦。
素质紫饰，文若罗珠。
不磨而莹，采耀光流。
思雕莫加，欲琢匪逾。
在昔姬伯，用免其拘。

榕树　榕树栖栖，长与少殊。
高出林表，广荫原丘。
孰知初生，葛蔂之俦。

桂　桂之灌生，必粹其族。

柯叶不渝，冬夏常绿。

□匪桂植，在乎嵩岳。

杭梁　有木洪直，厥名杭梁。

摩厨　木有摩厨，生于斯调。

厥汁肥润，其泽如膏。

馨香馥郁，可以煎熬。

彼州之民，仰为嘉肴。

上述韵语，从形式言，四字一句，整诗长短不一；音韵铿锵，朗朗上口；文辞古雅，言简意赅。从内容言，高度概括事物的形状、习性与功能。对此，屈大均给予高度评价：

> 汉和帝时，南海杨孚字孝先，其为南裔异物赞，亦诗之流也。然则广东之诗，其始于孚乎？

称《异物志》之赞语，为广东诗作第一家，杨孚为广东诗人之开山祖，是并不为过的。后世粤诗沛然兴旺，追寻水木之本，断不能忘记“开吾粤风雅之先者。”①

其四，广东地方志修撰之鼻祖。

关于广东地方志的发展史，最早可溯源到先秦时期的《禹贡》《山海经》。《禹贡》涉及地处荆扬二州交错的粤东山川、物产、贡赋；《山海经》记载了其时岭南的山水、风土、民族。但是杨孚的《异物志》则开创了两个第一：一是《禹贡》《山海经》记述的对象是全国性的，而《异物志》则是专门针对岭南一地的。它标志着记述一方风土、物产的专志，已开始从全国地理书中分离出来。所以说，广东修志始于杨孚的《异物志》。一是这是第一部由岭南人撰写的岭南地志。与《禹贡》《山海经》等类地书为中原人所撰不同。

此后，关于岭南风土人物的著作日渐增多。从宋代开始，广东官修方志格局逐

① 见（清）屈大均：《广东新语·诗语》，卷十二，诗始杨孚条。

渐形成；至明清两代，则进入鼎盛期。今日广东各地修志之风更是空前发展。故对广东修志追根溯源，是具有学术价值的。①

三、《异物志》曾钊辑本与笔者所撰《异物志辑佚校注》之比较

《异物志》在宋代亡佚以后，散见于各种类书及古籍中。笔者撰《异物志辑佚校注》一书所征引的重要文献有：《北堂书钞》《初学记》《艺文类聚》《太平御览》《太平广记》，《史记》注、《后汉书》注、《三国志》注、《文选》注，《水经注》《齐民要术》《太平寰宇记》《广韵》《事类赋》《海录碎事》《大观草本》《本草纲目》《广群芳谱》《广东新语》《广东文选》、明嘉靖与清道光朝《广东通志》等。

道光元年（1821 年），南海曾钊辑诸书所引标明杨孚撰的《异物志》《交州异物志》《南裔异物志》《临海水土记》，成《杨议郎著书》一卷。须指出的是，曾钊并未严格遵守自己所定的辑录原则，如在该书所收引自《初学记》的《临海水土记》“鲭鱼”“板鱼”“鱼牛”三条目中，其实只有“鱼牛”条标明杨孚撰，其余二条并未标明作者是杨孚。

道光二十九年（1849 年），曾钊又辑类书与古籍中凡标明引自《异物志》一书而未标明撰者姓名者，成《异物志》一卷。

道光三十年（1850 年），伍崇曜编丛书《岭南遗书》，将上述曾钊辑本《杨议郎著书》和《异物志》一并收入。民国时期，中华书局编撰《丛书集成初编》，将《岭南遗书》所收杨孚《异物志》曾钊辑本收入，但未收入《杨议郎著书》。

上述为杨孚《异物志》曾钊辑本的编撰与流布过程。曾钊本广为流传，此辑本为后人了解和重新整理杨孚《异物志》一书，提供了方便，功不可没，必须给予充分肯定。曾钊辑本从收入《岭南遗书》刊行至今百余年，有必要补充整理。为此，笔者对曾钊辑本重新作了辑佚并添加校注。主要补正之处有——

（一）曾钊本将杨孚书分为《杨议郎著书》与《异物志》二部，其弊有三：

首先，杨孚所撰本来就只《异物志》一书（虽然后人对其名有所歧异），曾钊的做法不仅与《异物志》的体例不符，而且容易使读者产生杨孚所撰有两书的错觉。

---

① 马建和《广东旧方志研究》一文（载《中国地方志》2000 年 2 期），对从《异物志》以来的广东方志发展史有所阐述，可参见。

其次，这就势必造成相同内容分见两处的不必要重复，如交趾稻、翠鸟、鸬鹚、鲛鱼、孔雀诸条，即属此例。

再次，曾钊将杨孚书分为两部分的原因在于："称杨孚撰者得若干条，编为一帙；其不著撰名，惟称《异物志》者虽灼知议郎书，亦别为一帙，附于后。"换言之，其划分的原则在于：只有引文标明杨孚撰者才作正文，未注明杨孚撰者，明知是杨孚撰的《异物志》，也只能作为附录，以示严谨。其实，这种做法是不可取的，曾钊把明明是沈莹撰的《临海水土异物志》也归入杨议郎书中，只因为《初学记》等书的编者误将《临海水土异物志》的撰者冠以杨孚之名；曾钊还把明白无误可定为杨孚所撰，而未标明杨孚撰的条目，列入附录。可见，曾钊将杨孚《异物志》一分为二的做法是不科学的。本校注本则总归为一类，统一编排，名为《异物志》。

（二）曾钊本编排不甚整齐，归类不够划一。如藿香、豆蔻、姜汇，本属三种不同植物，依《异物志》体例，理应属于不同条目，但曾钊本则因《文选》注集中引用的关系，也混在一起，不加分类。本校注本则分为人、地、兽、禽鸟、虫鱼、食果、草木、玉石，即按人、地、动物、植物、矿物诸类编排。笔者之所以如此安排，主要依据历代同类书体例而酌定。《异物志》原貌已难考定，但相信本书的编排法是庶乎接近原书的。对于以往误认为出自杨孚《异物志》，而笔者则认为可确定非出自该书的条目，作为附录，以备考。为了便于读者阅读，本书在目录中标出分类名称，并将条目用阿拉伯数字标序，共111条。

（三）本校注本对曾钊本漏辑之文，有所增添。如：

拥剑，《太平御览·鳞介部一五》引《异物志》曰："拥剑，状如蟹，但一螯偏大耳。"

虾鱼，《太平御览·鳞介部一一》引《异物志》曰："虾鱼，有四足如龟而行疾，有鱼之体而以足行，故名虾鱼。"

鲻鱼，《太平御览·鳞介部九》引《异物志》曰："鲻鱼，长者六七尺。"

鳣鱼，《太平御览·鳞介部九》引《异物志》曰："鳣鱼，仲夏始从海中泝流而上，腹下如刀长丈余，有细骨如鱼毛在肉中，又有鱼肾在腹。立夏有白鸟似鹭，群飞谓之鳣鱼，至仲夏鸟藏鱼出，变化所生也。"

水母，《太平御览·鳞介部一五》引《异物志》曰："水母，在海，泛泛常浮。其体正白，常在水上浮也。"

杨梅，《初学记·梅第十》引《异物志》曰："杨梅似弹丸，五月熟。"

木棉，《文选》卷五，《吴都赋》注引《异物志》曰："木棉，树高大，其实如酒杯，皮薄，中有如丝棉者，色正白，破一实，得数斤。广州、日南、交趾、合浦皆有之。"

箣竻，清康熙敕撰《广群芳谱·竹谱》引《异物志》曰："箣国出竹，可砺指甲。"又，明代杨慎《丹铅总录》卷十三，也载"《异物志》：南方思牢国产竹，可砺指甲"。可证。

可见，上述拥剑、虾鱼、鲻鱼、鳣鱼、水母、杨梅、木棉、箣竻竹八个条目，引文标明出自《异物志》，且无其他有争议的作者的记载，其内容又正合岭南物产，故可断定乃曾钊疏漏之失。

（四）曾钊本《异物志》的条目，多数仅选一处引文，本书则博采众家之载，将重要册籍的有关引文都加以辑录，分别列在正文和校勘处，以便读者比较其中内容、文字的优劣差异与可靠程度。其做法是：笔者认为较为接近原文，记载较为完整，文句较少讹误或较为通畅者，列在正文处；其余引文，则置于校勘处，以备考。这就使引文的内容大为丰富。如麢狼条，曾钊本只辑录了《文选·吴都赋》刘渊林注：

> 麢狼，大如麖，角向前，有枝下出，反向上，长者四五尺。广州有之。常居平地，不得入山林。

本辑佚校注本麢狼之条，则除了《文选·吴都赋》刘渊林注以外，还多增添了三条《异物志》引文。包括《初学记·床五》载：

> 麢狼，形似鹿，而角触前向，入林则挂角，故恒在平浅草中，逐入林则得之。皮可作履袜，角正四据，南人因以作踞床。

《后汉书·南蛮西南夷列传》李贤注引曰：

> （麢狼）状似鹿而角触前向，入林树挂角，故恒在平浅草中。肉肥脆香美，逐入林则搏之，皮可作履袜，角正四据，南人因以为床。

《太平御览·兽部二五》载：

麖狼，状似鹿，而角前向，入林挂角，故恒在平浅草中。肉肥脆香美。逐入林则得之。皮可作履袜。角正四据，南人因以作踞床。

可见，本辑佚校注本与曾钊辑本有两大不同：一是曾钊本只辑了《文选》注的一处引文，而本校注本则增加了《初学记》、《后汉书》（李贤注）、《太平御览》三处引文，加上曾辑本所引之“文选注”，合计四条引文。二是本校注本将四条引文加以比较后，认为当以《初学记》引文为胜，遂作为《异物志》的正文，而将曾钊本的《文选》注置于校勘处作为附录，故较曾钊本为完善。

（五）杨孚的《异物志》问世后，效其名者纷出，这就出现诸籍引用《异物志》而难辨作者的情况。对此，曾钊本一般不作说明和考辨，而统归入杨孚《异物志》。这是因为，曾钊认为：“群书所引《异物志》，疑皆为议郎书。盖《异物志》创自议郎，惟议郎得以专其名。斯亦引述者之义例欤。”[①] 显然，曾钊这种看法，是与人们效名《异物志》的事实不符的，他将此看法作为评定《异物志》的凡例，造成将非杨孚《异物志》的佚文也收入其书中的错误。笔者则认为群书所引《异物志》，是否属杨孚书，要根据内容考察而定，要具体分析，不能一概而论。因此本校注本采取的做法有二：一是将不同说法加以列举，并进行分析和提出自己的见解。如甘藷条，《齐民要术》与康熙敕撰《广群芳谱》均称引自《异物志》，而《异物志》，通作“杨孚《异物志》”的省称，但《太平御览》则引作陈祈畅《异物志》。又如橘条，《太平御览》《艺文类聚》《齐民要术》均称出自《异物志》；而《初学记》则独称引自曹叔雅《异物志》。像此类事例，并不乏见，本书均一一加以客观介绍与说明。二是虽有《异物志》之名，但有确证可定为非杨孚《异物志》佚文者，则加以剔除，或列为附录。

（六）改正曾钊本的引文出处与引文内容的错误。关于引文出处的错误如：曾钊本将“鲛之为鱼，其子既育，必归母，还入其腹，小则如之，大则不复”句，说是引自“《太平广记》卷四二四，《交州异物志》”，其实当系引自“《太平广记》卷

---

① 曾钊《异物志》辑本按语。

四六四，杨孚《异物志》"。又，锦鸟条，本出自《初学记》卷二七，误作卷二九。鼠母条，本出自《初学记》卷二九，误作卷三一，等等。

关于引文内容的错误，如穿胸人条，曾钊本引《太平御览》卷七九〇曰："穿胸人，其衣则缝布二尺，幅合两头，以头贯穿，胸不突穿。"经笔者查阅，《太平御览》卷七九〇原文为："穿胸人，其衣则缝布二幅，合两头，以头贯穿，胸身不突穿。"可见，曾钊本与《太平御览》引原文相较，衍一"尺"字，漏一"身"字。本书均加以改正。显然，曾钊本断作"其衣缝布二尺，幅合两头"，费解，当以"其衣则缝布二幅，合两头"为是，即将布二幅，合两头为桶裙之意。又如雕题国条，"画其面皮身"，"皮"为"及"之误，当作"画其面及身"；鸟浒条，"其种族为人所杀，则居其死所，且同杀主"，"同"为"伺"之误，当作"且伺杀主"。像曾钊本此类衍、漏、错之字，本辑本均按照原书引文加以指出校正。

（七）将曾钊本中误收的，从杨孚书中删除。其中含三方面。

一是断代失误。曾钊《杨议郎著书》中将诸籍称引自《临海水土记》者五条，分列如下——

鲭鱼，鹿皮青目。

板鱼，片立合体并行，比目鱼也。

鱼牛，像獭，大如犊子，毛青黄色，其毛似毡，知潮水上下。

以上三条，均出自《初学记》卷三〇。

鲮鱼，背腹皆有刺，如三角菱也。（引自《广韵》十六，蒸）

海豨，豕头，身长九尺。（引自《文选·江赋》李善注）

正如笔者前述，杨孚既未任临海太守，也未撰《临海水土异物志》，因为这与杨孚的生卒年代完全不符。

至于《临海水土记》，全称当系《临海水土异物志》，作者为三国吴人沈莹。据张正烺先生考定："沈莹事迹见《三国志·吴书·孙皓传》及注引干宝《晋纪》《襄阳记》。莹以丹阳太守死于天纪四年（280 年）吴亡之役，有胆有识，亦忠义之士。学者或疑其曾为临海太守，今无从证明，籍贯亦不详，清代目录学家姚振宗谓'大抵是吴兴武康人’，其说可备参考。”[1] 可证《临海水土异物志》的作者及其时代、籍贯，均与杨孚不同。换言之，也只有生活于三国吴的时代与出身东南的沈莹，才能写出《临海水土异物志》的著作来。

《临海水土异物志》也像《异物志》一样，早在《隋书·经籍志》卷三三已著录“《临海水土异物志》一卷，沈莹撰”。而且，在《旧唐书·经籍志》与《新唐书·艺文志》也一样续有记载，至宋后才亡佚。诸籍称引时异名歧出，还有写作《临海水土志》《临海志》《异物志》等十余种名称。总之，沈莹撰《临海水土异物志》与杨孚撰《异物志》，同样是不争的事实，两者是泾渭分明，风马牛不相及的。

其实，要区分杨孚的《异物志》与沈莹的《异物志》，从内容上也是不难鉴别的。因杨孚书主要记“南越交趾事”，而沈莹书所载则属“临海事”，即吴国临海郡（其地相当于浙南闽北一带）的古代民族与物产（今人张崇根有辑校本，农业出版社，1981 年版）。两相对照，两者的内容是截然不同的。

概言之，杨孚撰《临海水土记》的说法，有两大硬伤：一与杨孚的生卒年代不符；一与史家奉为圭臬的正史《经籍志》《艺文志》的记载相悖，在这些典籍中根本不见杨孚著《临海水土志》的丝毫踪影，因而说杨撰《临海水土记》是完全站不住脚的。

既然《临海水土记》非杨孚所撰，那么曾钊所辑上述鲭鱼、板鱼、鱼牛、鲮鱼、海豨五条，当属误收。

二是地望失察。曾钊本中误收的佚文有：

狖，猴类，露鼻，尾长四五尺，居树上，雨则以尾塞鼻。建安临海北有之。

鼯，大如猿，肉翼若蝙蝠，其飞善从高集下，食火烟，声如人号。一名飞生，飞生子故也。东吴诸郡皆有之。

木客鸟，大如雀，数千百头为群，飞集有度，不与众鸟相厕。人俗云：木客白黄文者谓之君长；有翼有绶，飞高而正赤者在前，谓之五伯；前正黑者，谓之铃下；缃色而赪赤者，谓之功曹：左胁有白带似鞶囊者，

① 见张崇根辑校：《临海水土异物志辑校·序》，北京，农业出版社，1981。

谓之主簿。长次君后，其五曹官属，各有章色。庐陵郡东有之。

龙眼、荔枝，生朱提南广县，犍为僰道县。随江东至巴郡江州县，往往有荔枝，树高五六丈，常以夏生，其变赤可食。龙眼似荔枝，其实亦可食。

建安郡，三国吴永安三年（260年）置，辖境相当于今福建地；临海郡，三国吴太平二年（257年）置，辖境约今浙南闽北地；东吴诸郡，指三国吴郡；庐陵郡，系东汉兴平二年（195年），孙策置，其地在今江西境。可见，狖、鼲、木客鸟三条所出现的建安郡、临安郡、东吴诸郡、庐陵郡，均属三国吴以后所置，且属东南地区，与岭南无涉，故与杨孚生活的时代与记事的地域不符。至于龙眼、荔枝条出现的朱提、犍为、巴郡则在西南滇、蜀之地，非杨孚《异物志》所论列范围，疑或出自三国蜀人谯周《异物志》。

三是疏忽所致。曾钊辑本中的合浦民条，即属此例：

合浦民，善游采珠，儿年十余岁便教入水。官禁民采珠，巧盗者，蹲水底，刮蚌得好珠，吞而出。

该条辑自《艺文类聚》卷八四。但《艺文类聚》引该文时，前面已言明“万震《南州异物志》曰”，可见作者与书名显非杨孚《异物志》。

总之，从引文内容考察，上述鲒鱼、板鱼、鱼牛、鲛鱼、海豨、狖、鼲、木客鸟、龙眼、荔枝、合浦民十一条均属曾钊辑佚不当，当从杨孚《异物志》中剔除。这样，就有助于消除曾钊本的混乱，以免以讹传讹误导读者。

（八）本书与曾钊本相较，最大的不同是增添了校注。而且，校注的篇幅远远超出正文部分，总量当在十倍以上。校勘部分，主要辑录出自不同册籍的《异物志》异文，并从中加以比较。注释部分，包含两方面内容：一是关于名物的解释，如关于动植物条目，多阐明其形态、功能、产地，以便现代读者阅读，增益知识（需说明的是，为较准确地反映当代科学成果，写这部分内容时，参用了中外大百科全书与辞书的记载）。一是将《异物志》之外的前后不同时期的古籍的有关记载（主要涉及岭南部分）加以收集贯串。如关于“槟榔”的记载，杨孚《异物志》以后，本书在注释部分辑录了晋郭义恭《广志》、晋嵇含《南方草木状》、晋顾微《广州记》、唐刘恂《岭表录异》、宋周去非《岭外代答》、明王济《君子堂日记手镜》、明王士性《广志绎》、清屈大均《广东新语》、清张庆长《海槎余录》等历代著家有关“槟榔”的主要论述。这样，便于读者了解该条目记载的前后增益减损与前人对该事物的认识演变过程。请读者注意，本书正文引自《异物志》者，均不再标书名。

第一章　人

一、雕题国

雕题国[1]，画其面及身[2]，刻其肌而青之，或若锦衣，或若鱼鳞[3]。（引自《太平御览·四夷部一一》卷七九〇）

注释：

〔1〕古代百越之民有文身之习，史称其所属族群为“雕题国”，如《山海经·海内南经》载：郁水南，有“雕题国”。郁水，即今广东之西江，流入南海。此外，《礼记·王制》有“南方曰蛮，雕题交趾”之载；雕题，战国楚人屈原所作之《楚辞·招魂》有南方“雕题黑齿”之句。上述诸记载表明，在先秦时，已有南方“蛮人”的一支名“雕题”之说。

雕题，也有写作“雕踶”者，见于汉班固《白虎通·礼乐》。

所谓“雕题”，意为用丹青刻画其“额”。但是，所谓“额”，决不能望文生义，仅仅按字面理解为额头，而应扩及面颊及身肌。对此，历代注家已经言明。如上引《礼记·王制》汉郑玄注：“雕文，谓刻其肌。”唐孔颖达疏：“非惟雕额，亦文身也。”可见，“雕题”包括刻肌与文身之意。

关于雕题即“文身”之俗，曾在东越、闽越、南越等不同种姓的古代越人中广为流行。这从《墨子·公孟》《战国策·赵策》《淮南子·原道训》《史记·吴太伯世家》《汉书·地理志》诸典籍的记载中得到证明。

雕题之俗，还可从古代越人后裔，即黎、高山、傣诸族中得到印证。黎族名曰“绣面”，始记其事者为宋范成大《桂海虞衡志》：黎族，“女年将及笄，置酒会亲属，女伴自施针笔，捏为极细虫蛾花卉，而以淡粟纹遍其余地，谓之绣面”。高山族，据《隋书·东夷传》载：“妇女以墨黥手为虫蛇之文。”东夷，系指今台湾高山族。傣族，唐樊绰《蛮书》卷四载：永昌、开南有“绣脚蛮，则于踝上腓下，周匝刻其肤为文彩。……绣面蛮，初生后出月，以针刺面上，以青黛涂之，如绣状”。唐代云南地区之“绣脚蛮”与“绣面蛮”，均为今天之傣族。

〔2〕清曾钊辑《异物志》(《丛书集成初编》本)，此处作“画其面皮，身刻其肌而青之”，使人难以理解。其误有二：一是将“及”字讹为“皮”；一是断句有误，当以本书所标为是。

〔3〕古代越人以蛇为图腾，故其纹式也作虫蛇之状。高诱注《淮南子·原道训》中“劗发文身，以象鳞虫”之语时说：“文身，刻画其体，内墨其中，为蛟龙之状。以入水，蛟龙不害也，故曰以象鳞虫也。”《异物志》所云“或若锦衣，或若鱼鳞”，也是指纹式好像蛇虫的弯曲与外表形象。

对于越人身上刻画成龙蛇之状的原因，清人屈大均也有论述。他在《广东新语·鳞语》中写道：“南海，龙之都会，古时入水采贝者皆绣身面为龙子，使龙以为己类，不吞噬。”原来，古代越人往往在水上生活和劳作，他们认为在身体上刻画龙蛇形状的花纹，装扮成龙蛇一类，就可以避免水害。

二、狼腨国

狼腨国，男无衣服，女横布帷。出与汉人交易，不以昼市，暮夜会，俱以鼻齅金，则知好恶。(引自《太平御览·四夷部一一》卷七九〇)

校勘：

诸籍相类引文尚有，《艺文类聚·宝玉部上》卷八三，金条：“《异物志》曰：狼𦟗民，与汉人交关，常夜为市，以鼻齅金，知其好恶。”刘渊林注左思《吴都赋》引《异物志》曰：“狼𦟗人，夜齅金，知其良不。”由此可得出结论：第一，“狼腨”，或写作“狼𦟗”。第二，三部典籍所见《异物志》文，以《太平御览》引文为全。

注释：

要言之，“狼腨国”之俗有三：

一是以衣饰言，“男无衣服，女横布帷”。由于南方天气炎热，且经济发展滞后，又有五岭阻隔，故当中原地区已行冠裳之礼时，岭南民族地区尚有袒裸之俗。从先秦至清代册籍均记及我国南方及海外有“裸国”“裸人”。这与“男无衣服”之载正相吻合。而所谓“女横布帷”，即横布一二幅而为裙，后世称为“桶裙”，此乃越人及其后裔妇女的流行服饰。

一是有夜市之俗，此为岭南民族地区之一景。如，清张泓《滇南新语》载：

> 岭南有鬼市，在残漏之前；剑川有夜市，在禁鼓初动之后。……土著夷……日黄昏后，百货乃集，村人蚁赴，手燃松节曰明子，高低远近，如萤如磷；负女携男，趋市买卖，多席地群饮和歌跳舞，酗斗其常。而藉此以为桑间濮上，则夷习之陋恶也已甚。届二鼓，始扶醉渐散者半。

入夜后，夷人点着火把，从各地纷纷赶赴墟场，边交易，边饮酒，边歌舞，边狂欢，或借机谈情说爱。从中不难想象“不以昼市，暮夜会”的盛况。

一是以金银为通货。古代越人素来贵重金银。晋宋间人裴渊《广州记》有俚僚“豪富子女以金银为大钗”之载，可证。而且，有以金银作货币流通之俗。如，《资治通鉴》梁武帝普通四年（523 年）载：

> 梁初，唯扬、荆、郢、江、湘、梁、益七州用钱，交、广用金银，余州杂以谷帛交易。

梁朝时，交州治今越南河内，广州治今广州。可见，岭南用金银交易之风炽盛。既然用贵金属为货币，就势必出现辨别真假和成色诸问题。所谓用鼻子可嗅出其好恶是假，凭感官和经验鉴别其价值是真。

从习俗言，定狼朧民为古越人之一支可无疑。又，晋人左思《吴都赋》将“乌朧浒狼”相提并论，也可证其族属相类，地域相邻。一言以蔽之，狼朧，也与乌浒一样，殆为今壮族的一支先民。明清时期，将分布于广西左右江流域土官统治地区的壮族称为狼（俍）人，而其与狼朧人的地望及族属均接近，故进而疑二者之间有联系。

三、西屠国

> 西屠国[1]，在海水，以草漆齿，用白作黑，一染则历年不复变，一号黑齿[2]。(引自《太平御览·四夷部一一》卷七九〇)

校勘：

①“在海水”，不通，当为“在海外”之误。

②“以草漆齿”之“漆”字，曾钊以为当作“染”字。他写道：“《御览》黑齿国下引《异物志》曰：‘西屠染齿，亦以放此也。’可证此漆为染之讹。”曾钊此说，有误。其实，“漆”与“染”同义，通用。故不少古籍也作“漆齿”，如唐樊绰《蛮书》卷四有“黑齿蛮，以漆漆其齿”，元李京《云南志略》有“漆其齿者，谓之黑齿蛮”之载。由于《异物志》全文“以草漆齿，用白作黑，一染则历年不复变”，为免行文重复，故前用“漆”字，后用“染”字。至于黑齿国条下所引《异物志》文为“西屠染齿”，那是后人简述其意，而非原文。故可断言，《异物志》原文“以草漆齿”，无误，无须改动。

注释：

〔1〕西屠国，最早见于《异物志》。其后间有记载，如，晋左思《吴都赋》：

> 乌浒、狼䑺、夫南、西屠、儋耳、黑齿之酋。

唐段成式《酉阳杂俎·境异》也记“西屠俗染齿致黑”。笔者认为，从左思将西屠与岭南西部的乌浒等族群相提并论来看，其地望应在粤西一带。

〔2〕黑齿。在我国东、南及西南地区的百越族群，喜以植物色素染齿使黑，故名为黑齿国。岭南“西屠国”，属于“黑齿国”的一支。

先秦时，已有黑齿国、黑齿民之载，可见于《山海经》《周书》《楚辞·招魂》《战国策》等。《山海经·海外东经》载：

> 黑齿国在其北，为人黑（齿），食稻啖蛇，一赤一青，在其旁。一曰在竖亥北，为人黑首，食稻使蛇，其一蛇赤。

黑首，应为黑齿之误；古文首、齿形近，致讹。

《山海经·大荒东经》载：

> 有黑齿之国。帝俊生黑齿，姜姓，黍食，使四鸟。

《周书·王会》载：

> 黑齿白鹿白马。

《楚辞·招魂》载：

> 魂兮归来，南方不可以止些！雕题黑齿，得人肉以祀，以其肉为醢些。蝮蛇蓁蓁，封狐千里些。雄虺九首，往来倏忽，吞人以益其心些。

蝮，大蛇；虺，亦蛇名。这和《山海经》“使蛇”的记载是一致的。

《战国策·赵策二》载：

> 黑齿雕题，鳀冠秫缝，大吴之国也。

吴国之居民，属古越族。

以上诸籍说明，黑齿国或黑齿民居我国东、南方。

从“食稻”一词，可见黑齿已有了早期稻作农业，过着定居生活，但其生活环境仍相当险恶，处于蛇虺封狐出没之地；社会发展阶段还较为原始，尚流行杀人祭祀甚至食人遗习。

秦汉魏晋时，继续有所记载。东汉杨孚《异物志》中的有关记载，就是据秦汉时典籍写成的。

《吕氏春秋·慎人论·求人》载：

> 禹东至榑木之地，日出九津青羌之野，攒树之所，捪天之山，鸟谷青丘之乡，黑齿之国。

据此，则早在传说时代，已有“黑齿之国”。

《淮南子·坠形》载：

> 自东南至东北方，有大人国、君子国、黑齿国，玄股民、毛民、劳民。

晋陈寿《三国志·魏书·东夷传》载：

> 女王国东渡海千余里，复有国皆倭种。……又有裸国、黑齿国，复在其（指侏儒国）东南，船行一年可至。

唐代史籍，始载云南有“黑齿蛮”。据樊绰《蛮书》卷四载：

黑齿蛮、金齿蛮、银齿蛮……并在永昌、开南，杂类种也。黑齿蛮以漆漆其齿。

永昌，今云南保山、德宏及临沧等地；开南，今云南景东一带。黑齿蛮，属今傣族先民。又，《新唐书·南蛮传》袭用此说。

宋人周去非《岭外代答·古迹》记及其亲见的钦州黑齿之习：

余至钦，见夫黑齿、跣足、卑其衣裳者，人耳。

元代，百夷（傣族先民）袭唐俗。李京《云南志略》有“黑齿蛮”之载。

明代，谢肇制《五杂俎·人部一》卷五载：

岭南人好啖槟榔，齿多焦黑。

可见，好吃槟榔是引起黑齿的又一原因。

朱孟震《西南夷风土记》载：西南夷男女无贵贱，

以草染齿成黑色。

清代，黑齿之俗仍不绝。据徐炯《使滇杂记》载：其亲见芒市长官司大伯夷即傣族先民，“以榴皮及药染齿使黑”。

张祥河《粤西笔述》记柳州府：

伢女，黑齿黥面而绣额。

说明延至清代，柳州壮侗族人仍有黑齿之习。

又，清代有不少台湾高山族先民行黑齿之俗的记载。如，黄叔璥《台海使槎录》卷八载：台湾归化土番

齿皆染黑，所谓黑齿雕题者乎？

其他如清林谦光《台湾纪略·风俗》、清康熙《诸罗县志·番俗》、清乾隆重修《凤山县志·番社风俗》诸籍，也有记及。

总之，流行黑齿之俗者，多为百越系统民族，如壮族、傣族、高山族等。

四、乌 浒

乌浒，南蛮之别名。巢居鼻饮，射翠取毛，割蚌求珠为业。无亲戚，重宝货，卖子以接衣食，若有宾客，易子而烹之。（引自《太平寰宇记》卷一六四）

乌浒，南夷别名也。其落在深山之中。其种族为人所杀，则居其死所，且伺杀主，是与非则仇而食之。（引自刘渊林注《吴都赋》，载《文选》卷五）

校勘：

《太平御览·四夷部七》卷七八六引《异物志》曰："乌浒，取翠羽，采珠为产。又能织班布，可以为帷幔。族类同姓为人所杀，则居处，伺杀主，不问是与非，遇人便杀，以为肉食也。"

《太平御览》此段引文，显系上述《太平寰宇记》和刘渊林注《吴都赋》两段引文内容的综合。

又，曾钊本引刘渊林注中一句云"是与非则仇而杀之"，原文当作"是与非则仇而食之"。

注释：

始记乌浒人活动于册籍者为上述东汉杨孚《异物志》，正史记载则始见于《后汉书·南蛮西南夷列传》。

乌浒人的地望。据《太平御览·四夷部七》卷七八六引《南州异物志》曰：

交广之界，民曰乌浒。东界在广州之南，交州之北。

大致包括今广州以南直至越南北部的广阔地域。在东汉时期，乌浒人的聚居地在郁林郡。据《后汉书·南蛮西南夷列传》卷八六载：

灵帝建宁三年（170年），郁林太守谷永以恩信招降乌浒人十余万内属，皆受冠带，开置七县。……光和元年（178年），交趾、合浦乌浒蛮反叛，招诱九真、日南，合数万人，攻没郡县。四年（181年），刺史朱俊击破之。

郁林郡又在何方呢？据《旧唐书·地理志四》载：贵州郁平县，“汉广郁县也，属郁林郡，古西瓯、骆越所居。后汉谷永为都林太守，降乌浒人十万，开七县，即此也”。唐代贵州郁平县，在今广西贵港市南。又，据清顾祖禹《读史方舆纪要·广西五》载：横州（今广西横县）东六十里有乌浒山，“昔乌浒所居之地，亦为乌浦”“今山与贵县界相近，亦谓之乌浦山，下有乌浦滩”。概言之，今广西贵港市与横县间的郁江流域段，上有乌浦山，下有乌浦滩，是乌浒人的发源地。

乌浒人的主要习俗，根据《异物志》所载，可大致归为五类——

第一类，“巢居”。为越人的居住形式，晋张华《博物志》卷三有“南越巢居”之语。巢居，即“干栏”式建筑。据《魏书·僚传》载：南蛮之别种僚人，“依树积木，以居其上，名曰干栏”。所谓“干栏”式建筑，系指上居人下养牲畜，宋周去非《岭外代答·风土》卷四载：“深广之民，结栅以居，上设茅屋，下豢牛豕。”

第二类，“鼻饮”。关于乌浒人有鼻饮之俗，也见于晋宋间人裴渊的《广州记》：

晋兴有乌浒人，以鼻饮水，口中进吸如故。

晋兴郡，晋置，故城在今广西邕宁县。此俗，始载于《汉书·贾捐之传》：

骆越之人父子同川而浴，相习以鼻饮。

又，据《魏书·僚传》载：僚人

其口嚼食，并鼻饮。

总之，根据史书记载，乌浒人、骆越人、僚人，均有“鼻饮”之俗，这是因为他们是同一族类。

鼻饮之法，以周去非《岭外代答》卷十所载最详：

邕州溪洞及钦州村落，俗多鼻饮。鼻饮之法，以瓢盛少水，置盐及山姜汁数滴入水中，瓢则有窍，施小管如瓶嘴，插诸鼻中，导水升脑，循脑而下入喉。富者以银为之，次以锡，次陶器，次瓢。饮时，心口噍鱼鲊一片，然后水安流入鼻，不与气相激。既饮必噫气，以为凉脑快膈，莫若此也。止可饮水，谓饮酒者，非也。谓以手掬水吸饮，亦非也。史称越人相习以鼻饮，得非此乎？

“鼻饮”之习，还可从民族学中得到证实。据报道，直至20世纪80年代，在越南北部的个别偏僻之地，尚有鼻饮遗习。

第三类，“割蚌求珠为业”。合浦是乌浒人重要居地，有关合浦民采珠为业的记载，详见合浦民注释条。

五、穿胸人

穿胸人，其衣则缝布二幅，合两头，开中央，以头贯穿，胸身不突穿。（引自《太平御览·四夷部一一》卷七九〇）

校勘：

①曾钊辑本作“其衣则缝布二尺，幅合两头”，衍一“尺”字，当以“其衣则缝布二幅”为是。

②曾钊辑本作“胸不突穿”，漏一“身”字。

注释：

穿胸人，又名“贯胸国”或“穿胸民”。始载于《山海经·海外南经》：

贯匈国在其东，其为人匈有窍。

次见于《淮南子·坠形》，南方有

穿胸民（东汉高诱注：“胸前穿孔达背”）。

这些记述都很简单，但都有望文生义的牵强说法，把穿胸人说成是胸部有孔及于背之人，给后世起了误导作用。其后的记载，主要变化有二：一是演绎成有故事情节；一是加重荒诞色彩。从而使其离事实更玄更远。如，《艺文类聚》卷九六引

《括地图》详载了穿胸国的来历，而且绘声绘色：

禹诛防风氏，夏后德盛，二龙降之。禹使范氏御之以行，经南方，防风神见禹，怒射之。有迅雷，二龙升去。神惧，以刃自贯其心而死。禹哀之，瘗以不死草，皆生，是名穿胸国。

晋张华《博物志》卷二，因袭其说，并有所发挥：

穿胸国。昔禹平天下，会诸侯会稽之野，防风氏后到，杀之。夏德之盛，二龙降之。禹使范成光御之，行域外。既周而还至南海，经房风，房风之神二臣以涂山之戮，见禹使，怒而射之，迅风雷雨，二龙升去。二臣恐，以刃自贯其心而死。禹哀之，乃拔其刃疗以不死之草，是为穿胸民。

两者相较，不同之处在于，后者将穿胸民的来源说成是防风神之二臣而非防风神本身。其共同之处是，将穿胸民的传说与防风民的传说糅杂在一起了。元人周致中的《异域志》，说得更为离谱：

穿胸国，在盛海东。胸有窍，尊者去衣，令卑者以竹木贯胸抬之。

总之，以上记载，把穿胸民说成胸有窍甚至可用竹木穿胸而达背，当属无稽之谈。但有一点却是确凿无疑且可取的：都承认南方确有穿胸之民。

最早将“穿胸民”与南方百越民族的穿着联系起来，并作出精辟记述者，当推《异物志》此段文字。原来，在炎热的南方，起始流行制作简便的衣裙。这种衣、裙，以二幅布缝合起来，穿着时自头上贯下，故上身名“贯头衣”，下身名“桶裙”。这种服式，至今在黎族中仍有留存，“有的地方（白沙县的‘本黎’）穿‘贯首式’上衣。下身穿補，似裙而无褶”[①]。历史上中原人称穿这种服饰的族群为“穿胸民”。

这也可从史籍关于百越民族服饰的记述中得到证实。

“贯头”衣之说，始于汉人。除了上述《异物志》称“开中央，以头贯穿”外，班固也言明“穿中央为贯头”。据《汉书·地理志下》载：

① 见《黎族简史》编写组：《黎族简史》，104页，广州，广东人民出版社，1982。

自合浦、徐闻南入海，得大州，东西南北方千里，武帝元封元年略以为儋耳、珠厓郡。民皆服布如单服，穿中央为贯头。

所谓“贯头”，颜师古释为：

著时从头而贯之。

桶裙之称，唐已有之。由于桶裙的穿着法，也是穿中央而贯其首，这就是穿桶裙之族群被名为“穿胸民”的奥秘所在。据《旧唐书·南蛮西南蛮传》载：南平僚，

妇人横布两幅穿中而贯其首，名曰通裙。

僚人，属百越民族系统。后世黎、傣、仡僚诸百越后裔，均长期流行桶裙之制。

一言以蔽之，正是这种穿中央贯头而下的“贯头衣”与“裙”的族群，历史上曾有“穿胸民”之名。

杨孚之所以有此灼见，是因为他是岭南人记岭南事，故能据其目睹对穿胸民作出合乎事实的解释，而不致像中原人士带着民族偏见作隔靴之说。由此也可见《异物志》珍贵价值之一斑。

六、儋耳夷

儋耳夷，生则镂其头皮，尾相连并；镂其耳匡为数行，与颊相连。状如鸡腹，下垂肩上〔1〕。食藷〔2〕。纺绩为业〔3〕。（引自《太平御览·四夷部十一》卷七九〇）

校勘：

此段引文，还见于他籍——

如，《汉书·武帝纪》卷六，颜注引张晏曰：“《异物志》……儋耳之人，镂其颊皮，上连耳匡，分为数支，状似鸡腹，累耳下垂。”

《后汉书·明帝纪》卷二，李贤注则云：“杨浮（孚）《异物志》曰：儋耳，南方夷，生则镂其颊，皮连耳匡，分为数支，状如鸡肠，累累下垂至肩。”

《资治通鉴·汉武帝元鼎六年》，置珠厓、儋耳郡条下胡三省注引《异物志》：

“二郡在海中，东西千里，南北五百里。儋耳之人，镂其颊皮，上连耳匡，分为数支，状如羊肠，累耳而下垂。”

以上处引文，意同文异，可参见。

又，《御览》的“鸡腹”二字，不可解；而《汉书》注与《后汉书》注均作“鸡肠”，当以“肠”为是，“腹”系形近而讹。所谓“状如鸡肠”，系指镂文如鸡肠的曲折回旋形状。至于《资治通鉴》胡注作“羊肠”，意虽同，但与其他引文异，当系胡三省擅改，不可取。

注释：

〔1〕儋耳，又名离耳，系指今海南岛黎族先民。

“离耳国”。据《山海经·海内南经》卷五载：郁水南与雕题国相邻的有“离耳国”。晋郭璞注：“离耳国”

锼离其耳，分令下垂以为饰，即儋耳也。在朱崖海水中。

郁水，即今广东之西江，流入南海，故郭璞称：离耳，即儋耳，在朱崖（今海南）海水中。

“儋耳国”。史有南儋耳与北儋耳之分。据《山海经·大荒北经》卷十二载：在北海之渚中，有任姓的“儋耳之国”。此为北儋耳，非本书论列范围。至于南儋耳，详记其事者，当推杨孚《异物志》的上述内容。自东汉以后，独尊杨孚提出的儋耳为南方夷说，人们已不再提起北海渚中的儋耳之国了。

儋耳，本为“夷”名，汉武帝始置儋耳郡，则演变成地名。

儋耳，又有写作“耽耳”①、“瞻耳”②、“擔耳”③者。

关于儋耳之得名，有三说：

一是认为其人有特殊的生理结构，因耳朵特大而得名。据《汉书·武帝纪》卷六，颜注引应劭曰：

① （西汉）刘安：《淮南子·坠形训》卷四载：“夸父，耽耳在其北方。”

② （东汉）许慎：《说文解字·耳部》卷十二上载：“瞻，垂耳也，从耳詹声，南方瞻耳之国。”

③ （晋）张华：《博物志·异人》，卷二，远夷中有“儋耳”。

儋耳者，种大耳。渠率自谓王者耳尤缓，下肩三寸。

像这种“下肩三寸”的大耳，当然是不存在的，这是传闻失实之误。

一是认为与文面俗有关。上述《异物志》即持是说。其大意是：从面颊连至耳匡再垂肩上。均刻画上数行如鸡肠状弯曲的花纹。此说并非虚构。因为调查材料证明：后世黎俗的绣面文式，确有颊连耳匡下垂至颈项及肩胸者。

一是认为与耳饰有关。如，《后汉书·南蛮西南夷列传》卷七六载：

珠崖、儋耳二郡在海洲上，东西千里，南北五百里。其渠帅贵长耳，皆穿而缒之，垂肩三寸。

意为：儋耳之俗，以耳长为贵，故在耳下端穿洞，饰上坠物，使之下垂至近肩，故名儋耳。此说，与后世黎俗完全吻合。如，屈大均《广东新语》卷七载：黎妇

椎髻大钗，钗上加铜环，耳坠垂肩。

调查材料也证实：海南乐东等地黎族妇女，有戴又大又重的多个耳环以致把耳朵拉长者。揆诸事理，作者以为此说最为完善。

〔2〕“食藷”。藷，通薯，又名藷薁。据《山海经·北山经》卷三载：景山

北望少泽，其上多草藷芎。

郭璞注：“根似羊蹄可食。”今名山药，据《本草纲目》载：

山药，一名藷芎，一名山芋，一名藷薯，一名儿草，江闽人单呼为藷。

山药，草本植物，开白花，块根可以吃。这是我国所产的重要旱地作物，古代南方山民以此为重要食物来源。藷非芋头，也非后来从国外传入的红薯与土豆，这是需加区别的。

古代黎族稻作农业尚不发达，多以旱作物薯芋一类杂粮为主食。这在贬于当地的宋代苏轼的诗文中也多有反映：

（黎母山）所种稌不足于食，乃以薯芋杂米作粥糜以取饱。[①]

土人顿顿食藷芋。[②]

海南以薯为粮，几米之十六。[③]

〔3〕“纺绩为业”。黎族手工纺织业素来较发达。如，日人真人元开《唐大和尚东征传》载：唐鉴真和尚亲见海南人

男着木笠，女着木絮。

至宋代，海南黎族的棉纺织技术已达到相当高的水平。详记其事者，为宋范成大《桂海虞衡志·志器》：

黎幕，出海南黎峒。黎人得中国锦彩，拆取色丝，间木绵挑织而成。每以四幅联成一幕。

黎单，亦黎人所织。青红间道，木绵布也。桂林人悉买以为卧具。

又，宋末元初的松江道乌泥泾（今属上海地区）人黄道婆，曾在崖州（今海南三亚）居住四十年，返乡后，传授黎人的“错纱、配色、综线、挈花”[④]等纺织技术，推动了大陆地区棉纺织业的发展。这是黎族人民曾对我国纺织业作过突出贡献的有力例证。

七、黄头人

黄头人，群相随行，无常居处，其类与禽兽同。或依大树，以草被其枝上，而庇阴其下。发正黄，如扫帚。见汉人散入草，终不可得近。（引自《太平御览·四夷部一一》卷七九〇）

① （宋）苏轼：《和劝农诗六首·序》，见《东坡诗集注》，卷三〇。

② （宋）苏轼：《闻子由瘦》，见《东坡全集》，卷二四。

③ （宋）苏轼：《居儋录·薯说》。

④ （元）陶宗仪：《南村辍耕录》，卷二四。

注释：

黄头人，系指南方的一支原始族群。其特征：从体质言，“发正黄”；从文化言，群居，住所极简陋，过着相当原始的生活。因无其他著作参证，故无法确指。但似与六朝时生活在赣南的“山都木客”有近似之处。如，梁任昉《述异记》：

南康有神名曰山都，形如人，长二尺余，黑身、赤目、发黄披之。于深山树中作巢，巢形如坚鸟卵，高三尺许，内甚泽，五色鲜明，二杈沓之中央相连。……赣县西北十五里有古塘，名余公塘，上有大梓树可二十围，树老中空，有山都巢。宋元嘉元年，县治民袁道训、道虚二人伐倒此树，取巢还家。山都见形，谓二人曰：“我处荒野，何豫汝事。巨木可用，岂可胜数。树有我巢，故伐倒之，今当焚汝宇以报之。”无道至二更中，内外屋上一时火起，合宅荡尽。

可见，“山都”也是“发黄”“树中作巢”，处深山荒野中。

八、扶南国

扶南国，昔但作大扇，遣人持之，不知人各自用也。（引自宋吴淑《事类赋·扇》卷十四）

注释：

扶南，也作夫南，中南半岛古国名，为“山地之王”之意，位今柬埔寨。始王混填，汉时国力最盛。东汉章帝元和元年（84 年）“始通”中国。两国一直存在友好往来关系。三国时，扶南王曾先后三次遣使与东吴通好，孙权则派朱应、康泰回访。唐时，为真腊所并。

关于扶南国的地理与物产，《梁书·诸夷传》是这样记述的：

扶南国，在日南郡之南，海西大湾中，去日南可七千里，在林邑西南二千余里。城去海五百里。有大江广十里，西北流，东入于海。其国轮广三千余里，土地洿下而平博，气候风俗大较与林邑同。出金、银、铜、锡、沉木香、象牙、孔翠、五色鹦鹉。

九、金　邻

金邻，一名金陈，去扶南可二千余里。地出银。人民多好猎大象。生得乘骑，死则取其牙齿。（引自《太平御览·四夷部一一》卷七九〇）

校勘：

关于金邻国相类内容的记载，还见于《太平御览·四夷部一一》卷七九〇：“《外国传》曰：从扶南西去金陈，二千余里到金陈。”《太平御览·珍宝部一一》卷八一二：“《异物志》曰：金邻国去扶南二千余里，土地出银。”

注释：

金邻，古国名，也写作金陈或金遴。其地在今泰国西南部。其名除见于上述《异物志》和《外国传》外，晋左思《吴都赋》有“金邻、象郡之渠”之咏，《梁书·诸夷列传》卷五四，“扶南国”条有“次当伐金邻国”之语，《新唐书·宦者杨思勗传》卷二〇七有“开元初，安南蛮渠梅叔鸾叛，号黑帝。举三十二州之众，外结林邑、真腊、金邻等国。据海南，众号四十万”之载。隋唐时的金邻大湾（今暹罗湾），因此而得名。

十、瓮　人

瓮人，齿及目甚鲜白。面体异黑若漆，皆光泽。为奴婢，强勤力。（引自《太平御览·四夷部一一》卷七九〇）

校勘：

原文作“齿及目甚鳞白”，“鳞”当为“鲜”之误。

注释：

瓮人，应是当时输入中国的中南半岛南部及南洋诸岛的马来人。瓮人，从此未再见于史籍，应是三国以后的昆仑人。主要根据有二：

一是从体质而言，其人肤色漆黑。据吴人万震《南州异物志》载：

扶南国，在林邑西三千余里，自立为王，诸属皆有官长，及王之左右大臣，皆号为昆仑。（引自《太平御览·四夷部七》卷七八六）

扶南海隅，有人如兽，身黑若漆，齿白如素。（引自《太平御览·四夷部一一》卷七九〇）

可见，因扶南国称其长官为昆仑，故中国册籍名其国人曰昆仑；昆仑人的特征，为“身黑若漆，齿白如素”。其后，续有记载。如《晋书·四夷列传》卷九七载：

扶南西去林邑三千余里，在海大湾中，其境广袤三千里，有城邑宫室。人皆丑黑拳发，倮身跣足。

有趣的是，自汉代以来，随着中西交通的日益发达，此类黑人输入我国愈来愈多，以致人们竟以“昆仑”作肤黑之人的代名词或诨号。据《晋书·后妃列传》卷三二载：孝武文李太后本出微贱，

时后为宫人，在织纺中，形长而色黑，宫人皆谓之昆仑。

又，《旧五代史·慕容彦超传》卷一三〇载：

尝冒姓阎氏，体黑麻面，故谓之阎昆仑。

一是从社会地位而言，其人均处社会最底层。这些输入中国的黑肤色之人，当时被掳掠或是被贩运而来，故素来多在豪富之家为奴。据《说渊·昆仑奴传》载：唐大历中，有崔生者蓄有昆仑奴磨勒。又，宋朱彧《萍洲可谈》卷二载：

广中富人多蓄鬼奴，绝有力，可负数百斤；……色黑如墨，唇红齿白，发鬈而黄，……有一种近海野人，入水眼不眨，谓之昆仑奴。

总之，从汉代瓮人体黑齿白、为人奴婢的特征，和三国至唐宋时期所记之昆仑奴正相吻合。再从昆仑奴出于扶南海隅或去林邑三千里的海大湾中，故可断瓮人、昆仑奴为马来种人。

至于何以称为“瓮人”，史无明文。笔者以为，殆与其肤色有关。因瓮为陶制，色黑深故名。这从民间譬喻中可以得到佐证，客家话形容人黑，说是屁股晒得像瓮

色一样，即一例。

需要指出的是，唐代有名“瓮蛮国”者，则是名类而实异，不可混同。宋人赵汝适《诸蕃志》辟有专条，记述东方商人以香料交易“瓮蛮国”之真珠、牧马与千年枣等。此“瓮蛮国”，系指今阿拉伯半岛东部的阿曼。中国史籍以“瓮”名该国，似是取阿拉伯人肤色异黑之意。从这一角度审视，瓮蛮国似取瓮人之义而来。但从地域与人种言，则瓮人与瓮蛮国迥异，可谓毫无关系。

第二章　地

一、儋　耳

儋耳[1]、朱崖[2]俱在海中，分为东蕃。（引自《水经注》卷三六，温水条）

校勘：

清沈炳巽《水经注集释订讹》本、王国维《水经注校》本等，均引作："儋耳俱在，朱崖分为东蕃。"费解，当系讹刻所致。

本辑本采用的系《四库全书》刊的永乐大典本，通顺。

注释：

［1］儋耳，郡名。汉武帝元封元年（前 110 年）置，治所在今海南省儋州市东北，汉昭帝始元五年（前 82 年），省儋耳，入朱崖郡。

［2］朱崖，郡名。朱一作"珠"，崖也作"厓"。汉元封元年（前 110 年）置，治所在今海口市东南。汉元帝初元三年（前 46 年），下诏废弃朱崖郡。

故《水经注》卷三六，温水条载：

> 儋耳先废，朱崖数叛，元帝以贾捐之议罢郡。杨氏《南裔异物志》曰："儋耳、朱崖俱在海中，分为东蕃。"

二、牂　牁

牂牁者，系船筏也。其山在海中，小而高，以系船筏也，俗人谓之越王牂牁。远望甚小，而高不似山，望之以为一株树在水中也。（引自《太平御览·舟部四》卷七七一）

注释：

牂牁，一作牂柯。牂牁的原始意义，是指系船的木桩。其后，演变为地理专指。据晋常璩《华阳国志》载：

楚顷襄王遣将军庄蹻溯沅水，出且兰，以伐夜郎王（“王”字当衍），椓牂牁系船于且兰。既克夜郎，而秦夺楚黔中地，无路得归，遂留王之，号为庄王。以且兰有椓船牂牁处，因改其名为牂牁。

因今本《华阳国志》此段文字，已经后人窜改，面目全非，故不足取。此处引文，出自《太平御览·舟部四》卷七七一。其他诸籍，如《北堂书钞》《汉书·地理志》颜师古注、《史记·西南夷列传》所引《华阳国志》，与此大同小异，不赘列。何谓“椓”，《说文》卷六上释：“系也。”“且兰”之地望，原为且兰部落之地，包括今贵州东南部，首邑在贵州平越即今福泉。可见，牂牁之名，始于战国。时楚将庄蹻溯沅水，伐夜郎，曾系船于且兰。其后，庄蹻留在夜郎称王，因改名且兰为牂牁。故颜师古注《汉书·地理志八上》：“牂牁，系船杙也。”是指系物的木桩。

战国，以牂牁名且兰之地；至汉代，又以名郡。汉武帝元鼎六年（前 111 年）置牂牁郡，治所在故且兰，辖境约当今贵州大部、广西西北部和云南东部。三国蜀汉以后，该郡范围逐渐缩小，治所也有变动。

牂牁除以名地外，还以名江。据《汉书·西南夷传》卷九五载：“夜郎者，临牂牁江，江广百余步，足以行船。”牂牁江，又名牂牁水。

“牂牁”一词，除用作上述地名、郡名、江名的专有名词外，人们还习惯用其系船木桩的本意。如，《豫章记》载（引自《太平御览·舟部四》卷七七一）：

新淦县北二十五里曰封溪，今有聶友所伐梓系着牂牁处。

更有甚者，有将江中之山远望似系船木桩而引申名为牂牁者。据《水经注·温水》卷三六载：

牂牁，亦江中山名也。左思《吴都赋》云：吐浪牂牁者也。

显然，《异物志》中所言“牂牁”，正是此意。其意为：海中之山，小而高，远望去，甚小而不高，像是在水中系船之树也。俗人称其山为“越王牂牁”。可见，《异物志》所言“越王牂牁”与《华阳国志》中的“夜郎牂牁”，是不同的。

三、斯调国

斯调国有火州，在南海中。其上有野火，春夏自生，秋冬自死。有木生于其中而不消也，枝皮更活，秋冬火死则皆枯瘁。其俗常冬采其皮以为布，色小青黑；若尘垢汙之，便投火中，则更鲜明也。（引自裴注《三国志·魏书·三少帝纪》卷四）

校勘：

裴注引《异物志》，于魏景初三年（239年），二月，西域重译献火浣布条下。其他记载还有《太平御览·布帛部七》卷八二〇，火浣布条下引《异物志》曰：“斯调国有大洲在南海中。其上有野火，春夏自生，秋冬自死。有木生于其中而不消也，枝皮更滑。秋冬火死，则皆枯瘁。其俗常以冬采其毛以为布，色小青黑。若尘垢污之，便投着火中，则更鲜明也。”

此引文，与《三国志》裴注引文相较，异文处主要有三：一是此作“大洲”，“大”为“火”之误，当以裴注为是；一是此作“枝皮更滑”，裴注作“枝皮更活”，两者均可通，似以“活”为上；一是此作“冬采其毛”，裴注作“冬采其皮”，因是树木，当以“皮”为是。

关于斯调国的记载，主要见于吴万震《南州异物志》，本书“摩厨”条校注，已加说明。

注释：

斯调国，学界多认为其地为今斯里兰卡，或说为今印度尼西亚爪哇岛之东南一岛。

第三章　兽

一、合浦牛

合浦牛，如橐驼，案项上有特骨大如覆斗，足捷疾，其行如马，日行三百里。（引自《太平御览·兽部一二》卷九〇〇）

注释：

橐，音驼；橐驼，即骆驼。意为牛的项背有囊状物如骆驼。这一记载，反映了合浦（今广西北海）牛的健壮与捷走的特性。

二、郁林猪

郁林大猪，一蹄有四五甲，多膏，卖者以铁锥刺其头入七八寸，得赤肉乃动。（引自《太平御览·兽部一五》卷九〇三）

注释：

猪，豕之俗名。

此记载的大意是：郁林猪，一蹄有四五趾，体大膘肥。杀猪时，以铁锥刺其头至七八寸深，触及瘦肉时，猪乃挣扎扳动。因肥肉部位无血管，故锥刺而无感觉。以此形容“多膏”。

三、周　留

周留，水牛也。毛青大腹，锐头青尾。（引自《初学记·牛第五》卷二九）

校勘：

据《太平御览·兽部一二》卷九〇〇载：“《郁林异物志》曰：周留者，其实水牛，苍毛豕身，角若担矛，卫护其犊，与虎为仇。”又曰：“周留，牛。毛青大腹，锐头青尾，其状如猪。”

郁林郡，汉置，治布山县，故治在今广西贵港市东。《太平御览》所载《郁林异物志》特别是其后所载“又曰”，其内容与《初学记》所引《异物志》基本相同，故疑同出一书，可参见。因郁林属岭南地区，故笔者倾向认为：此条系杨孚《异物志》所记郁林周留（牛）的内容；且此条与《异物志》中“合浦牛”和“郁林大猪”的条目体例也一致。

注释：

综合上述记载，可以概括为：

郁林产水牛，名周留。其形：头尖，腹大，猪身，毛青，角犀利。其性：为保护牛犊，敢与猛虎争斗。

四、䮩　牛

日南多䮩牛，日行数百里。（引自《太平寰宇记·驩州土产》卷一七一）

注释：

“䮩牛”之“䮩”字，读如“决”，可作三种解释：一是“䮩”系“驼”之误。因《异物志》记“合浦牛，如橐驼”，可日行三百里，则此日南牛与合浦牛同类。一是“䮩”，可通“快”，“䮩牛”，即快牛，故可“日行数百里”。一是类䮩騠，指“牡马交驴而生者为䮩騠”，意为“䮩牛”如䮩騠疾行。未知孰是。

五、獬　豸

东北荒中有兽名獬豸，一角，性忠，见人斗，则触不直者；闻人论，则咋不正者。楚执法者所服也。今冠两角，非象也。（引自《续汉书·舆服下》卷三〇，梁刘昭注）

注释：

獬豸（音懈志），又作解豸、解荐、觟觽。古代传说中的一种异兽。其形说法不一，或说是一角之羊，又有说成似鹿或似山牛者。

关于獬豸，秦汉时已多有记载。如《淮南子·主术篇》卷九：

楚文王好服獬冠，楚国效之。

獬冠，即獬豸之冠。《史记·司马相如传》卷一一七有“弄解豸”之句，索隐注引张揖曰：

解豸似鹿而一角。人君刑罚中则生于朝，主触不直者。

王充《论衡·是应》：

觟觽者，一角之羊也，性知有罪，皋陶治狱，其罪疑者，令羊触之，有罪则触，无罪则不触。

总之，传说中的獬豸神兽，因能主公道辨曲直，故古代执法者所戴的帽子往往制成獬豸形状，故名“獬冠”或“獬豸冠”。

六、猩　猩

出交趾。封溪有猩猩，夜闻其声，如小儿啼也。（引自刘渊林注，晋左思《吴都赋》“猩猩啼而就禽”句，载《文选》卷五）

注释：

猩猩，属大型类人猿。树栖。体短而结实，臂长而腿短。高者可达137厘米，重及75千克。披长毛，色赤褐。主要以果实为食。多产于东南亚及非洲。

封溪，东汉置县，在今越南北部，梁、陈间省。因时人视交趾为岭南，故杨孚书收入。又，从封溪为东汉属县一事，也可证此条确系出自杨孚《异物志》。

在我国古籍中，最早记猩猩者当推《山海经》。据该书《南山经》载：招摇之山

有兽焉，其状如禺而白耳，伏行人走，其名曰狌（同猩）狌，食之善走。

又，《海内南经》载：

汜林方三百里，在狌狌东。狌狌知人名，其为兽如豕而人面，在舜葬西。

杨孚《异物志》关于猩猩记载的内容，对其后著作产生深远影响。如，晋郭璞注《山海经》云：

今交州封谿出狌狌。土俗人说云：状如豚而腹似狗，声如小儿啼也。

晋郭义恭《广志》：

猩猩，似貆（音丸），声如儿啼，不闻其言。出交阯封溪县。

晋稽含《南方草木状》曰：

猩猩之兽，生在野中，状如豘子，民人捕取，交阯武平、兴古有之。

今本《南方草木状》无此记载，此转引自《太平御览》卷九〇八。北魏郦道元《水经注》卷三七：叶榆水过交阯麋泠县，

县有猩猩兽，形若黄狗，又状貆豘，人面头颜端正。善与人言，音声丽妙，如妇人好女，对语交言，闻之无不酸楚。其肉甘美，可以断谷，穷年不厌。

貆，通貛，豪猪也；豘，通豚。都是指其状如猪。

在我国境内，东汉时哀牢夷居住的永昌郡（今云南大理白族自治州及哀牢山以西地区）“出猩猩”。《后汉书·南蛮西南夷列传》卷八六，李贤注引《南中志》记述了当地“百数为群”的猩猩传说故事：

猩猩在山谷中，行无常路，百数为群，土人以酒若糟设于路；又喜屩子，土人织草为屩，数十量相连结。猩猩在山谷见酒，知其设张者，即知张者先祖名字，乃呼其名而骂云：“奴欲张我。”舍之而去。去而又还，相呼试共尝酒。初尝少许，又取屩子著之，若进两三升，便大醉，人出收之，屩子相连不得去，执还内牢中，人欲取者，到牢边语云：“猩猩，

汝可自相推肥者出之。”既择肥竟，相对而泣。即《左思赋》云“猩猩啼而就禽”者也。

这一记载，虽涂上了浓郁的神奇色彩，但曲折地反映了如下事实：一是绘声绘色地刻画了作为灵长类猩猩的温和、谨慎而聪明的性格；一是可见人类滥捕滥杀猩猩的残酷图景。

七、象

俗传，象牙岁脱，犹爱惜之，掘地而藏之。人欲取，当作假牙潜往易之。觉，则不藏。（引自《太平御览·兽鄣二》卷八九〇）

注释：

象，头长颈短，眼小而视觉锐敏，耳殼大，鼻圆筒形且可伸卷，四肢粗壮，皮厚。善泳。性驯。食树木嫩芽果实。象牙，象上颚的二门牙，可作雕刻珍品。现今多产印度、非洲等热带地区，在我国仅西双版纳尚存少量野象。

《异物志》中突出记叙了象爱惜其牙的传说。对此，南朝宋沈怀远《南越志》则写道：

象牙，长一丈余，脱其牙则深藏之，削木代之可得。不尔，穷其主，得乃已也。

关于象的形态，早期著作描述最详者当推吴万震《南州异物志》：

象之为兽，形体特诡；身倍数牛，目不逾豨；鼻为口役，望头若尾；驯良承教，听言则跪；素牙玉洁，载籍所美；服重致远，行如丘徙。

其后，关于象的体态、习性及捕捉驯服法，则以宋人周去非《岭外代答》卷九所记最为详尽而可贵。其中写道：

交趾山中有石室，唯一路可入，周围皆石壁。交人先置刍豆于中，驱一雌驯象入焉。乃布甘蔗于道，以诱群象。俟来食蔗，则纵驯雌入野象群，诱之以归。既入，因以巨石室其门。野象饥甚，人乃缘石壁饲驯雌。野象见雌得饲，始虽畏之，终亦狎而求之。益狎，人乃鞭之以棰。少驯，则乘而制之。凡制象必以钩。交人之驯象也，正跨其颈，手执铁钩以钩其头。欲象左，钩头右。欲右，钩左。欲却，钩额。欲前，不钩。欲象跪伏，以钩正案其脑。复重案之，痛而号鸣。人见其号也，遂以为象能声喏焉。人见其群立而行列齐也，不知其有钩以前却左右之也。盖象之为兽也，形虽大而不胜痛，故人得以数寸之钩驯之。久久亦解人意，见乘象者来，低头跪膝。人登其颈，则奋而起行。象头不可俯，颈不可回，口隐于颐，去地犹远，其饮食运动一以鼻为用。鼻端深大，可以开闭。其中又有小肉夹，虽芥子亦可拾也。每以鼻取食，即就爪甲击去泥垢，而后卷以入口。其饮水，亦以鼻吸而卷纳诸口。村落小民新笃熟，野象逐香而来，以鼻破壁而入饮，人之大患也。象足如柱，无指而有爪甲，登高山，下峻阪，渡深水，其形臃肿而乃捷甚。交人呼而驱之，似能与之言者。……

古时，南方也曾为野象出没栖息之地。随着人们为猎取象牙而滥加捕杀，致使象群日稀以致绝迹。这从古籍中可以得到反映。如，《尔雅》（引自《太平御览》卷八九〇）：

南方之美者，有梁山之犀象焉。

《说文・豸部》卷九下：

象，长鼻牙，南越之大兽。

《汉书・武帝记》卷六：元狩二年（前121年），

南越献驯象。

《太平御览》卷八九〇载：

晋时，南越致驯象，于皋泽中养之。

南朝宋王韶之《始兴记》：

伊水口有长洲，洲广十里，平林蔚然，有群象野牛。

总之，在南朝至西汉时，即距今一千五百年至两千多年前，有象为“南越之大兽”和“群象野牛”奔驰于平林的记载，可见，南方野象数量之可观。

唐、宋时，两粤仍有象群。如，唐刘恂《岭表录异》卷上载：

广之属郡潮、循州多野象。潮、循人或捕得象，争食其鼻，云肥脆，尤堪作炙。

潮州，治今广东潮州；循州，治今广东惠州。这是唐代粤东之人仍争捕野象以炙食肥脆象鼻之明证。又，宋周去非《岭外代答》卷九载：象，

钦州境内亦有之。

钦州，治今广西钦州。这是宋代我国大陆南端有象的例证。

直至明代，广西仍有象。如，清嘉庆《广西通志》卷九三载：

象，洪武十八年（1385年），十万山象出害稼，命南通侯率兵二万驱捕，立驯象卫于郡。

可见，岭南野象的绝迹，只是近几百年间之事。

八、犀

（犀）角中特有光耀，白理如线，自本达末则为通天犀。（引自《后汉书·章帝本纪》“元和元年日南徼外蛮夷献生犀”句下，李贤注）

于惟元犀，处自林麓。食惟荆棘，体兼五肉。或有神异，表异以角。含精吐烈，望若华烛。置之荒野，禽兽莫触。（引自清屈大均《广东文选》）

校勘：

据《太平御览·兽部二》卷八九〇载：“《南州异物志》曰：兽曰玄犀，处自林麓。食唯棘刺，体兼五肉。或有神异，表露以角。含精吐烈，望如华烛。置之荒野，禽兽莫触。”

此文与屈大均引文大同小异。但不同的是，屈大均引作杨孚《异物志》赞语；而《太平御览》则引作出自《南州异物志》。今并录，待考。

注释：

从正文与赞语相比较，可见《后汉书》李贤注所引并非全文。因其中只记犀角而省引了犀的本身描述。

犀，哺乳类动物，体大如牛，四肢短，皮坚厚。角为皮角变形物，为珍贵中药材。据李时珍《本草纲目》载：出西番、南番、滇西、交州等处。

关于犀的早期记载，还有晋刘欣期《交州记》：

> 犀，其毛如豕，蹄有三甲，头如马，有三角，鼻上角短，额上、头上角长。

三国吴万震《南州异物志》：

> 犀有特神者，角有光耀，白日视之如角，夜暗之中理皆燦然，光由中出，望如火炬。

南朝宋沈怀远《南越志》：

> 高州平之县，巨海有大犀，其出入有光，水为之开。

以上所载，均系记交州犀的形态及犀角之神异。可与杨孚《异物志》参见。至唐代，刘恂《岭表录异》卷中，所记岭南之犀，可谓集大成者。其中写道：

> 岭表所产犀牛，大约似牛而猪头，脚似象，蹄有三甲。首有二角，一在额上，为凹犀；一在鼻上，较小，为胡帽犀。鼻上者，皆窘束，而花点少，多有奇文。牸犀亦有二角，皆为毛犀，俱有粟文，堪为腰带。千百犀中，或遇有通者，花点大小奇异，固无常定。有偏花路通，有顶花大而根花小者，谓之倒插通，此二种亦五色，无常矣。若通白黑分明，花点差奇，则价计巨万，乃希世之宝也。又有堕罗犀，犀中最大，一株有重七八觔者，云是牸犀，额上有心花，多是撒豆，斑色深者，堪为胯

具，垂斑散而浅，即治为盘碟器皿之类。又有骇鸡犀，辟尘犀、光明犀，辟水犀，此数犀，但闻其说，不可得而见也。

九、麢　狼

麢狼，形似鹿，而角触前向，入林则挂角，故恒在平浅草中，逐入林则得之。皮可作履袜，角正四据，南人因以作踞床。（引自《初学记·床第五》卷二五，角牙、麢角条）

校注：

其他诸籍，引《异物志》文的还有：《后汉书·南蛮西南夷列传》卷八六，李贤注“麢羊牛马食之皆肥”句云，麢即麢狼也。

《异物志》：状似鹿，而角触前向，入林树挂角，故恒在平浅草中。肉肥脆香美。逐入林则博之。皮可作履袜。角正四据，南人因以为床。

《太平御览·兽部二五》卷九一三载：

《异物志》曰：麢狼，状似鹿，而角前后，入林挂角，故恒在平浅草中。肉肥脆香美。逐入林则得之。皮可作履袜。角正西据，南人因以作路床。

晋左思《吴都赋》“其下则枭羊麢狼”句，刘渊林注：

《异物志》曰：麢狼，大如麋，角前向，有枝下出，反向上，长者四五尺。广州有之。常居平地，不得入山林。

以上四处《异物志》引文，不尽相同，可互校。

本书将《初学记》引文作正文，但需补充之处有二：一是《后汉书》注与《太平御览》两处引文中均有“肉肥脆香美”句；一是刘渊林注《吴都赋》引文中有“广州有之”句。倘补上这两句话，全段引文就完整了。

至于《太平御览》中的“角正西据”的“西”字，当系“四”字之讹；“路床”当系“踞床”之误。“踞”，为“坐”之意。因角正四据，故南人以为“踞床”即坐床。这样，意思就通顺了。

十、豻

豻，猿属，头形正方，发长尺余，皆苍色。犬类似人，欲有所视，辄摇头，两手披发；不尔，则覆障其两目。衣毛皤皤，若披狐裘。木居深藏，密伺乃得见尔。（引自《太平御览·兽部二〇》卷九〇八）

注释：

豻，或作犴，音岸。据《说文·豸部》卷九下释：犴，胡地野狗。《广韵》则释：豻，似狐而小，黑喙。

综观上述记载，豻，形类犬或狐，头长青色长发，体毛白，深居林中，不常见。

十一、猵

猵之属，捷勇于猿狖。面及鼻征倒向上，尾部分为两条，天雨便以插鼻孔中，水不入。性畏人，见人则颠倒投掷或堕地，奔走无所回避，触树冲石，或至破头折胫。俗人骂恃力人云痴如猵。（引自《太平御览·兽部二五》卷九一三）

注释：

猵狗，音垒，又作蠝、鸓。因其能飞，故名飞鸓，《山海经·北海经》名飞鼠。今名鼯鼠。属啮齿类。形似鼯而小，与鼯一样有飞膜，但与鼯形同而实异，古人则往往将二者混同。如，郭璞云："蠝，鼯鼠也，毛紫赤色，飞且生，一名飞生。"即是误释之一例。

关于鼯鼠的形态，首载于《山海经·北山经》：天池之山，

有兽焉，其状如兔而鼠首，以其背飞，其名曰飞鼠。

其后，汉司马相如《上林赋》中"飞蠝"一词下，注引张揖曰：

飞蠝，鼠也，其状如兔而鼠首，以其髯飞。

后世，人们把鼯鼠当作善飞的象征。如，《晋书·索靖传》卷六〇中有“腾猿飞鼺相奔趣”之句，可证。

十二、狐　母

狐母，状如猿，逢人则叩头，小打便死，得风还活。（引自宋陈彭年《广韵》卷一）

校勘：

狐母，也作风母。因其“得风还活”而得名。据《太平御览·兽部二〇》卷九〇八，引《南州异物志》曰：“风母兽，一名平猴。状如猴，无毛赤目。若行，逢人便叩头，似如惧罪自乞人。若挝打之，惬然死地，无复气息。小得风吹，须臾能起。”

此《南州异物志》文，与《广韵》所引《异物志》文，繁简虽不一，内容却一致。但两书所引出处不同，一作杨孚《异物志》，一作万震《南州异物志》。其间关系，录以待考。

注释：

风母，古籍中又有“风生兽”“风猩”“风狸”“平猴”“狤猸”诸名。主要体态特征：“其大如猩如獭，其状如猿猴而小。”产于我国“岭南及蜀西徼外山林中”。（均见《本草纲目·兽部》卷五一）宋代，岭南有此兽。据《太平寰宇记》卷一六五，象州武仙县条载：

风母兽，似猿无尾，眼赤，见人则低头藏面如似有罪，辄向人叩头。打死，人开其口，向风便生。

武仙县，即今广西武宣。

十三、猓　然

猓然，猿狖之类，居树，色青赤有文，日南、九真有之。（引自刘渊林注，晋左思《吴都赋》，载《文选》卷五）

注释：

猓（音果）然，也作果然。《本草纲目》称其尾甚长，是《尔雅》中的“蜼”，即长尾猿。四肢黑色，背橄榄色，脊有黑斑，腹白，这与“色青赤有文”的记载是吻合的。

“果然”之载，始见于《山海经》。

关于日南、九真产果然的早期记载，颇多。如，晋张勃《吴录·地理志》：

> 九真胥浦县，有兽名果然，猿狖类也。色青赤有文，居树上，此郡及日南皆有之。

《南方草木状》(引自《艺文类聚·兽部下》卷九五)：

> 果然兽，生在山林上。民人以弓毒射之，剥其皮，皮文青赤白色，缝相连作席。出九真、日南郡。

三国吴万震《南州异物志》：

> 交州以南，有果然兽。其鸣自呼。身如猿，犬面，通有白色。其体不过三尺，而尾长四尺余，反尾度身，过其头。视其鼻，仍见两孔，仰向天。其毛长，柔细滑泽，色以白为质，黑为文，视如苍头鸭，胁边斑文。集十余皮，可得一蓐，繁文丽好，细厚温暖。

综上所载，可见《异物志》重在记其毛色之因，是“唯皮为珍”。

十四、猕　猴

> 南方人以猕猴头为鲊。(引自《太平御览·兽部二二》卷九一〇)

注释：

猕猴，猿类。长二三尺，头稍圆，吻略突出，面部无毛，色赤。毛黑灰色，四肢如人手，故有“母猴似人”之说，前肢较长。尾短。栖息于深山林中。古名沐猴；因一音之转，又名母猴；因其属猿之大者，故又名马猴。

鲊，指腌制猕猴头如腌鱼一样。粤人此俗，当系古代越人遗风。

直至清代，同属百越系统的云南民族地区仍有此俗。据曹树翘《滇南杂志》载：

元江夷俗以猴为盛馔，岁时待亲宾，无此则为不敬。……腊之以为宴饮旨蓄之需，夷地村村如是。

可见，岭南与云南民族地区，均曾有以猴为食之习，并采用腌、腊诸制法，作为待亲宾之佳品。

十五、白蛤狸

白蛤狸，刳其外韦囊，以酒洒而阴乾之，其气如麝。若杂真麝中，鲜有别者。（引自《太平御览·香部三》卷九八三）

校勘：

《大观本草》卷十七引《异物志》曰：“灵狸，一体自为阴阳，刳其水道连囊，以酒洒阴乾，其气如麝。若杂真香，罕有别者，用之亦如麝焉。”

《太平御览》所载：“白蛤狸”，应即《大观本草》中的“灵狸”。均同出《异物志》同一条目，但文有异同，可参见。

十六、鼠　母

鼠母，头脚似鼠，毛苍口锐，大如水牛而畏狗，水田时有外灾，起于鼠。（引自《初学记·鼠第十四》卷二九）

校勘：

《太平御览·兽部二三》卷九一一引《异物志》，全文同；唯“大如水牛而畏狗”作“大如水牛而独畏狗”，多一“独”字。

注释：

“鼠母”，未再见于其他记载。唯郭璞《洞林》所记“隐鼠”相类：“宜城郡有隐鼠。大如牛，形似鼠。象脚，脚有三甲，皆如驴蹄。身赤色，胸前尾上白。”（引自《初学记·鼠第十四》）

十七、懒　妇

昔有懒妇，织于机中常睡，其姑以杼打之，恚死。今背上犹有杼文疮痕。大者得膏三四斛，若用照书及纺织则暗，若以会众宾歌舞则明。（引自《太平寰宇记》卷一六五，记“懒妇兽”）

校勘：

又，《太平寰宇记》卷一六六，邕州“土产”条所记与上文同，但却说引自《南越志》文。这只有两种可能：一是《异物志》成书在《南越志》之前，故可能后者袭自前者。因前人抄书之事是经常发生的。一是《太平寰宇记》作者乐史，误记前后书名，将一种书名误写成了两种。

关于懒妇变兽的民间传说，后世也有所记载。如宋范成大《桂海虞衡志·志兽》载：“懒妇，如山猪而小。喜食禾，田夫以机轴织纴之器挂田所，则不复近。安平、七源等州有之。”

关于“懒妇”之名的来由，宋周去非《岭外代答》卷九言“世传织妇慵懒者所化”，其内容则袭自范书。至明代，懒妇化兽的传说，又扩及化草的范畴。据魏浚《峤南琐记》卷上载：“懒妇，如山猪而小，善食田禾，田夫以机杼织纴之具悬于田旁，则不敢近。又桂州有睡草，见之则昏焉若醉，亦谓之懒妇藏。”

总之，“懒妇”的传说，前后有所变化，但其基本线索和情节，从《异物志》至《峤南琐记》所记，则是一致的。

十八、长鸣鸡

九真长鸣鸡，最长声，甚好清朗鸣，未必在曙时，潮水夜至，因之并鸣，或名曰伺潮鸡。（引自《齐民要术》卷七三〇注）

校勘：

《太平御览·羽族部五》卷九一八，引《异物记》曰：“伺潮鸡，潮水上则鸣。”此记载，与《齐民要术》注引《异物志》所载“伺潮鸡”的文异意同。故疑同出一书。据此，则此《异物记》当系《异物志》之讹。

注释：

长鸣鸡，以其鸣声长而清亮得名；伺潮鸡，则因其闻潮水响声而鸣得名。《异物志》则此鸡合二为一，即一鸡而二名。其他记载，则又往往把这二者分开。主要记载有：

晋郭义恭《广志》：

吴中送长鸣鸡，长倍于常鸡。

九真郡，出长鸣鸡。

晋张勃《吴录》：

魏文帝遣使求鸣鸡、短鸣鸡，群臣以为非礼，欲不与，孙权敕付之。

晋葛洪《西京杂记》：

成帝时，交阯、越嶲献长鸣鸡，即下漏验之，晷刻无差，长鸣鸡一鸣一食时不绝，长距善斗。

晋刘欣期《交州记》：

长鸣鸡，出日南。

南朝宋沈怀远《南越志》赞曰：

翠冠缤苕，碧距丽陈，就昏别夕，望旭惊晨。

宋周去非《岭外代答》卷九：

长鸣鸡自南诏诸蛮来，一鸡直银一两，形矮而大，羽毛甚泽，音声圆长，一鸣半刻。

广有潮鸡，潮至则啼。身小足矮。昔余襄公靖诗云："客听潮鸡迷早夜，人瞻飓母识阴晴"是也。

清屈大均《广东新语·禽语》卷二〇：

有石鸡，特小，亦曰潮鸡。潮长则鸣，其声长而清，有如吹角。李德裕诗：“三更津吏报潮鸣。”予诗：“鸡声若吹角，知是海潮来。”

九真，西汉置郡，辖境相当于今越南清化省、河静省等地；日南，西汉置郡，辖境相当于今越南中部北起横山南抵大岭等地；越巂，西汉置郡，治所在今四川西昌东南，辖境及滇北地区；南诏，全盛时辖有云南及川南、黔西等。

综上所述，可得出如下结论：

长鸣鸡与潮鸡，主要分布在我国两广、云南，并及中南半岛。此鸡多产在温暖之地，故屈大均称：“岭南阳明之地，乃鸡之宅。”

宋人周去非将长鸣鸡与伺潮鸡的形体加以区别，前者“形矮而大”，后者则“身小足矮”。

长鸣鸡，有三大特色：一是鸣声清长，报时准确；一是羽毛泽丽，体态优美；一是长距善斗。故为鸡中珍品。

最后，附及长鸣鸡与读书人有缘的典故。据说，晋人宋处宗得一长鸣鸡，笼挂窗间，长鸣鸡与其长谈终日，从此处宗的学问大有长进。故后人称书窗为“鸡窗”。长鸣鸡成了读书人的吉祥物。

十九、鹧　鸪

鹧鸪，其形似雌鸡。其志怀南不思北，其名呼飞，但南不北。其肉肥美宜炙，可以饮酒为诸膳也。（引自《太平御览·羽族部一一》卷九三四）

鸟象雌鸡，自名鹧鸪；其去怀南，不思北徂。（引自黄泰泉《广东通志》卷五四）

注释：

此两段《异物志》“鹧鸪”之载，前段为正文；后段为韵语，即“赞”。这是《异物志》的原有体例。

鹧鸪，因传说其志怀南，故又名“南客”。鸟类鹑鸡类，体大如鸠，头顶暗紫赤色，背灰褐色，嘴红，腹部带黄色，脚深红。群栖地上，故有“不别群”之载，营巢土穴中。肉白而肥，味脆美。啼声，连绵不绝而凄切动人，往往勾起文人骚客的共鸣情思。性喜暖，故主要产于南方，“岭南偏多”。

早期有关记载，除《异物志》外，尚有署师旷撰《禽经》：

随阳越雉，鹧鸪也。飞必南翥。

南朝宋沈怀远《南越志》云：

鹧鸪，虽东西迴翔，然开翅之始必先南翥。其鸣自呼。杜薄州《本草》云，自呼钩舟格磔。李群玉《山行闻鹧鸪》诗云：“方穿诘曲崎岖路，又听钩舟格磔声。”

唐、宋以后记载，除承袭早期著作外，多增添对鹧鸪形体的描述。如，唐刘恂《岭表录异》卷中载：

鹧鸪，吴楚之野悉有，岭南偏多。此鸟肉白而脆，远胜鸡雉，能解冶葛并菌毒。臆前有白圆点，背上间紫赤毛，其大如野鸡，多对啼。

宋苏颂《图经本草》：鹧鸪，

今江西、闽、广、蜀夔州郡皆有之。形似母鸡，头如鹑。臆前有白圆点如真珠，背毛有紫赤浪文。

宋范成大《桂海虞衡志·志禽》

鹧鸪，大如竹鸡而差长。头如鹑，身文亦然，惟臆前白点，正圆如珠。人采食之。

明清时，除综述前代成果外，值得注意的是，有关当时观察到的岭南鹧鸪生活的写实，如，明王济《君子堂日询手镜》：广西横州，

鹧鸪甚多，如小牝鸡，虞人捕卖市中，五钱可得一只，甚肥美。

清屈大均《广东新语·禽语》卷二〇：鹧鸪，

早暮有霜露则不飞，飞必衔木叶以自蔽，霜露微霑其背，声为之哑，故性绝畏霜露。一雄常挟数雌，各占一岭，相呼相应以为娱，有侵其地者则斗。猎以囮诱之，鷓鸪闻囮声，以为据其丘阜也，亟归与斗，遂陷堕网中。其性好洁，以黐竿粘之亦可得。畜久驯稚亲人，然不鸣。鸣必在万山丛薄中。鸣多自呼，其曰“行不得也哥哥”，声尤凄切，闻者多为堕泪。

屈大均所记是在李时珍《本草纲目》基础上发挥的。从人们多捕捉和驯养鹧鸪及鹧鸪价贱二事，可见当时岭南山中鹧鸪数量之多。

二十、鸡　鶄

鸡鶄，巢于高树巅，生子，未能飞，皆衔其母翼飞，下地饮食。（引自《太平御览·羽族部一二》卷九二五）

校勘：

《艺文类聚·鸟部下》卷九二载：“《异物志》曰：鸡鶄巢于高树，生子在窟中，未能飞，皆衔其翼飞也。”

此段引文与《太平御览》引文相较，除文字不尽相同外，可注意之处是，此引文多生子“在窟中”一句。可互校。

注释：

鸡鶄（音交睛），又名“交精”“鳽”“鸡鸬”“赤头鹭”，俗称“茭鸡”。属鸟类涉禽类，似凫，喙长脚高毛冠，头颈均为赤褐色，体上面多白，胸背有疏松之毛，杂有绿色。在我国，产于南方，故有“南州之奇鸟”的美誉。

该鸟有“谅殊美而可嘉”之载。颇富观赏价值。史载，唐玄宗时，曾遣中官往江南采捕鸡鶄及诸水禽，以供“园池之玩”，致扰江岭之民。

《异物志》关于鸡鶄的记载，因不多见，故富有价值。

二十一、鸬　鹚

鸬鹚，不生卵而孕雏于池泽间。又吐生，多者八九，少者五六，相连而出，若丝绪。水鸟而巢高树上，或在石窟之间。（引自《太平御览·羽族部一二》卷九二五）

校勘：

据《后汉书·马融传》卷六〇上，李贤注：鸬鹚，“杨孚《异物志》云：‘能没于深水，取鱼而食之。不生卵而孕雏于池泽间，既胎而又吐生，多者生八九，少生五六，相连而出，若丝绪焉。水鸟而巢高树之上。’”

此引文，不仅与《太平御览》引文不尽相同，可参校。而且，更重要的是证实此《异物志》确为杨孚书。

注释：

鸬鹚，《尔雅》名“鹚鷧”（音意）。因黑色，故名“乌鬼”或“水老鸦”。一名“鹈”。鹈形目鸬鹚科水禽。栖息于海滨、湖泊和河流。有黑色金属光泽羽毛。体形稍狭。上嘴端钩曲而尖，颐及喉无羽毛，裸出黄色皮肤，有一个小喉囊。脚黑，有蹼，能在水下潜游。渔人驯化后用以捕鱼，并以环状物套其颈间。以防其得鱼吞下。故唐代诗人杜甫有“家家养乌鬼，顿顿食黄鱼”之咏。

《异物志》所载，有三点要加剖析：一是言“水鸟而巢高树上，或在石窟之间”，此说可谓观察入微而准确。因现代生物学证明，鸬鹚确是用海藻和鸟粪在悬崖上筑巢，或在树木或灌丛上用树枝筑巢。一是非卵生而“吐生”之说，有误，因鸬鹚属水禽，是卵生动物。一是所生数量多则八九、少则五六之说，也不确。事实是：鸬鹚每窝产卵二至四枚，白垩色，孵化期三至五周。换言之，每窝所产数量较记载为少。

岭南渔民，长期以来习用鸬鹚捕鱼。用鸬鹚捕鱼之法，早已见诸隋代记载。据《隋书·东夷传》卷八一载：倭国，气候温暖，水多陆少，

以小环挂鸬鹚项，令入水捕鱼，日得百余头。

古代我国岭南越人，与倭人，均同属环太平洋民族，其习俗颇多相类之处，用

鸬鹚捕鱼即是例证之一。

二十二、孔　雀

孔雀，其大如雁而足高，毛皆有斑文采，捕得蓄之，拍手则舞。

孔雀，形体既大，细颈隆背似凤凰。自背及尾，皆作珠文，五彩光耀，长短相次，羽毛末皆作员文，五色相绕，如带千钱，文长二三尺。头戴三毛长寸以为冠，足有距。栖游冈陵，迎晨则鸣相和。

孔雀，人指其尾则舞。

校勘：

上述三段记载，均出自《太平御览·羽族部一一》卷九二四。但前二段，作引自《异物志》；后一段，则作引自杨孝元《交州异物志》。三段内容不一，故均采录。

注释：

孔雀，为鸡形目体形最大者。全长在两米以上，仅尾屏就有一米五左右。头顶翠绿，羽冠蓝绿而呈尖形；上体为辉亮的青铜和翠绿色，富有杂斑。尾上覆羽特长，形成尾屏，能展开如扇，称为开屏，故唐诗有“屏开金孔雀”之誉。下体前部为青铜色，向后转为蓝绿色。雌鸟无尾屏，羽色暗褐而多杂斑，不若雄鸟艳丽。

栖息于草丛、灌木丛而间有树木的开阔地带，在山区则栖息于山麓；秋季常成群飞翔山坡间。故有“栖游冈陵”之说。食性杂，取食种子、浆果一类。

主要分布在东南亚地区。在我国，古代岭南一带也有，今则仅见于云南南部和西南部。

关于岭南有孔雀的记载，可谓历代不断。最早可溯自成书于周秦间的《山海经》。据该书《海内经》载：南方

有孔鸟。

孔，大也。故郭璞释为“大雀也”。

汉桓宽《盐铁论》曰：

南越以孔雀珥门户，今贵其所饶，非所以厚中国也。

据传，孔雀性解人语，客至而孔雀开屏，故南越之人以孔雀代替童子以守门。南朝宋沈怀远《南越志》：

义宁县杜山多孔雀，为鸟不定匹合，止以音影相接便有孕。

义宁县，南朝宋置，故治在今广东开平东北。这是有关广东具体地点产孔雀的最早记载。

唐宋时，记载颇多。如，唐段公路《北户录》卷一：

雷、罗数州，收孔雀雏养之，使极驯扰。致于山野间，以物绊足，傍施罗网，伺野孔雀至，即倒网掩之，举无遗者。或生折翠羽，以珠毛编为廉子、拂子之属，粲然可观，真神禽也。

雷州，治今广东海康；罗州，治今广东廉江。可见，唐代雷州半岛一带之人，仍至山野间捕捉孔雀。唐刘恂《岭表录异》卷中：

孔雀翠尾，自累其身，比夫雄鸡自断其尾，无所称焉。

宋范成大《桂海虞衡志·志禽》：

孔雀，生高山乔木之上，人探其雏育之。喜卧沙中，以沙自浴，拘拘甚适。雄者尾长数尺，生三年，尾始长。岁一脱尾，夏秋复生。羽不可近目，损人。饲以猪肠及生菜，惟不食菘。

宋周去非《岭外代答》卷九：

孔雀，世所常见者。中州人得一，则贮之金屋。南方乃腊而食之。物之贱于所产者如此。胆能杀人，以胆一滴，沾于酒盏之臂，而酌以饮人亦死。

还有，宋罗愿《尔雅翼》卷十三：

孔雀生南海，尾凡七年而后成，长六七尺，展开如车轮，金翠裴然。始春而生，至三四月后凋，与花萼同荣衰。

此“南海”非专指而系泛指岭南。

宋祝穆《方舆胜览》：孔雀，

雌者尾短无金翠，雄者生三年有小尾，五年成大尾。初春而生，三四月后复凋，自喜其尾而甚妒，凡欲山栖必先择其置尾之地，然后止焉。南人生捕者，候甚雨，往擒之，尾沾雨重不能高翔，又至爱其尾，恐人所伤不复骞翔也。

以上记载表明，直至唐宋时期，岭南孔雀仍颇多，以致当地之人以为常见之物而贱之；其时，不仅广西，而且广东地区也还有孔雀。

明清时期，至少在广西地带尚有孔雀。如，明王济《君子堂日询手镜》：

孔雀，龙州山中甚多，横（州）亦时或有之。

龙州，治今广西龙州；横州，治今广西横县。这表明，靠近中越边境的龙州，孔雀仍多；而在南宁以东的横州，已颇稀少了。

明魏濬《峤南琐记》卷上：

孔雀，夷人有杀而食之者，云其味如鹅，解百病。食其肉者，后有病，服药不能愈。

换言之，明代偏僻民族地区，仍有食孔雀之俗。

嘉庆《广西通志·物产》：

孔雀出上林，今渐少矣。

上林，在今广西田东之东南，属右江流域的民族地区。总之，明清时期是岭南孔雀急剧减少的时期。

因孔雀是岭南所产珍禽，故历代多作为贡品。如，据《资治通鉴》卷六九载：三国时，由于吴对魏称臣，故魏遣使求孔雀等物。《晋书·陶璜传》卷五七载：孙吴时，“会察战邓荀至，擅调孔雀三千头，遣送秣陵”，从而使交趾百姓，“咸思为乱”。

总之，孔雀本是岭南特产，故史称其为越鸟三客之一。如，清屈大均《广东新语·禽语》卷二〇载：

> 越鸟有三客：孔雀曰“南客”；白鹇曰“闲客”；鹧鸪曰“越客”。古诗云：“越鸟巢南枝。”谓三客也。予诗云：“天产珍禽为越客，山留梅树作南枝。”

但是，由于长期以来人们取其羽而腊其肉，造成乱捕滥杀，使有“越鸟”之名的孔雀日益减少，以致今日在两粤自然界几乎绝迹。这种历史教训，是值得认真汲取的。

二十三、锦　鸟

> 锦鸟，文如丹地锦，而藻缋相交，俗人见其似锦，因谓之锦鸟。形微大于雉。其雌特有文章五色，甚可爱。（引自《太平御览·羽族部一五》卷九二八）

校勘：

其他相类记载尚有，《初学记·锦第六》卷二七载：“《异物志》曰：锦鸟，文如丹地锦，而藻缋互交，俗人见其似锦，因谓之锦鸟。”

《太平御览·布帛部二》卷八一五，有与此全同记载。又，《艺文类聚·布帛类》卷八五载：“《异物志》曰：锦鸟，文章如丹地锦，而藻缋采文，俗人见其端正似锦，因谓之锦鸟。”

总之，上录四处《异物志》引文，除个别用字外，无大差别。唯《太平御览》卷九二八所引最全，多出“形微大于雉。其雌特有文章五色，甚可爱”一段，故笔者将其置于正文处。

注释：

锦鸟，系形类雉（野鸡）的一种鸟。因其文如锦而得名。正如山鸡，因其文如

“锦鸡”得名一样。但“锦鸟”，似未见诸其他记载，故尚难考定究属何鸟。

二十四、翡

翡，赤色，大于翠。（引自李善注，张茂先《鷦鷯赋》，载《文选》卷十）

注释：

翡翠，又名赤鸡。佛法僧目翠鱼科的一种。长九寸余。因具有宝石般辉亮的羽毛而得名。世界上有四十种。中国有四种，即赤翡翠、白胸翡翠、蓝翡翠和白领翡翠。喜栖息于河岸。彩羽，供观赏，或作装饰用。

岭南盛产翡翠。故杜甫诗有“越裳翡翠无消息，南海明珠久寂寥”之咏。李时珍《本草纲目》则谓“出交、广、南越诸地”。

翡翠，虽属翠鸟科，但与翠鸟（鱼狗）有别。一是形状不同，故有“大于翠”之说；一是习性不同，其主食为昆虫而非鱼类。

历代不乏记载。晋郭义恭《广志》：

翡色赤，翠色绀，皆出交州兴古县。

宋范成大《桂海虞衡志·志禽》载：

翡翠，出海南邕、贺二州。亦有腊而卖之。

宋周去非《岭外代答》卷九载：

翡翠，产于深广山泽间。穴巢于水次，一壑之水，止一雌雄。外有一焉，必争界而斗死。人乃用其机，养一媒，擎诸左手，以行泽中。翡翠见之，就手格斗，不复知有人也。乃以右手取罗掩之，无能脱者。邕州右江产一等翡翠，其背毛悉是翠茸，穷侈者用以捻织。

明李时珍《本草纲目·禽部》卷四七：翡翠，

饮啄水侧，穴居，生子亦巢于水。似鱼狗稍大。或云前身翡，后身

翠，如鹅翠、雁翠之义。或云雄为翡，其色多赤；雌为翠，其色多青。

因翡翠之羽毛为服饰珍品，故自汉代起，就成岭南地区的重要贡品。如，《汉书·两粤传》卷九五载：南越王赵佗，献汉文帝“翠鸟千”。《三国志·吴书·薛综传》卷五三载：岭南诸郡，贵致远珍翡翠奇物，“充备宝玩”。《隋书·食货志》卷二四载：“岭外酋帅，因生口、翡翠、明珠、犀象之饶，雄于乡曲者，朝廷多因而署之，以收其利。”可见，翡翠为历代王朝统治者垂涎的岭外异物。

二十五、翠　鸟

翠鸟，似燕，翡赤而翠青。其羽可以为饰①。（引自《太平御览·羽族部十一》卷九二四）

翠鸟，先高作巢。及生子，爱之，恐堕，稍下作巢。子生毛羽，复益爱之，又更下作巢也②。

校勘：

①尚有其他记载。《后汉书·贾琮传》卷三一，注引《异物志》曰：“翠鸟，形似燕，翡赤而翠青。其羽可以为饰。”其间，只多一“形”字。

又，《后汉书·班彪传》卷四〇上，注引《异物志》曰：“翠鸟，形如燕。赤而雄曰翡，青而雌曰翠，翡大于翠。其羽可以饰帏帐。”

此两段引文，则较详细，且有较大差异。

②此段引文，《艺文类聚·鸟部下》卷九二与《太平御览·羽族部十一》卷九二四，不仅内容几乎全同，只“又更下作巢也”句，脱一“作”字，而且都作引自“杨孝元《交趾异物志》”。

注释：

翠鸟，又名鹬。因背和面部的羽毛翠蓝发亮，因而得名。形似杜鹃，嘴长，故远望像啄木鸟。我国翠鸟有三种：斑头翠鸟、蓝耳翠鸟、普通翠鸟。

因常停息在近水的低枝或岩石上，伺机捕食鱼虾，故古籍又名为“鱼虎”“鱼狗”。

喜栖息在有灌丛或疏林的河溪、湖泊等水域。在土崖壁上穿穴为巢，洞底不加铺垫物。

羽毛可作饰品。

翠与翡，据《说文》云，其别为“翡，赤雀；翠，青翠也。”因同属翠鸟科，故人们又往往不加区别。清人屈大均统名为翡翠，而将捕鱼之翠名为水翠、鱼翠。据《广东新语·禽语》卷二〇，翡翠条载：

粤产翠羽而人不珍，妇女不以为首饰，故语曰：“南海之羽，出疆始珍。”羽，翠羽也。其大者毛充贡。小者名“水翠”，宿食各占砚塘，自炫其毛，日浴水中，乃益鲜缛，美于山翠。一名“鱼翠”，即鷸也，大于燕，羽长寸余，雄赤为翡，雌缥青为翠，合之色碧，是曰“翡翠”。

二十六、苦姑鸟

南海有苦姑鸟，声如人音，多怀凄怆，《异物志》谓之“苦鸟”。（引自宋叶廷珪《海录碎事》卷二二上，苦姑条）

二十七、䳶 鸟

䳶鸟，大如雄鸡，色赤或黑而能鸣。弹射取之，其肉香美，中作炙。（引自《太平御览·羽族部一五》卷九二八）

注释：

䳶，原文不清晰。䳶，音侃。据《玉篇》载：“䳶鴠，似鸡，多无毛，昼夜常鸣，名倒悬。”可见，此记载与《太平御览》所引《异物志》中的“䳶”，特征大体相似。䳶鴠即蝙蝠之最大者，长尺余，多黑褐色。其本属哺乳类，古人误以为鸟类。

第四章　虫　鱼

一、鲮　鲤

鲮鲤吐舌，蝼蚁附之而因吞之。又开鳞甲，使蝼蚁入之，乃奋迅而舐食之。（清屈大均《广东新语·介语》卷二三，引杨孚《异物志》）

注释：

鲮鲤，属哺乳类贫齿类动物。此名最早源于《异物志》，故《初学记·鱼第十》卷三〇云："《异物志》谓之鲮鲤。"因其形似鲤，以山陵穴居而得名，故也有写作"陵鲤"者。屈大均则因其状似鲤鱼，而名为"陆鱼"。又因尾刺如三角菱，或名"石鲮"。晋郭璞则美其名为"龙鲤"。因能穿山而行，俗呼作"穿山甲"。体长约三尺。黑色。身上被角质鳞甲，故人称"其鳞坚利如铁"。有四足。头小而直扁，口吻短，舌长，齿不完全。遇敌则卷身成团以自卫。性嗜食蚁，常用细长舌头伸入蚁穴舐食，《异物志》所载，准确地反映了鲮鲤的生活习性。产于热带地区，岭南多有。

二、髯

髯惟大蛇，既洪且长；采色驳荦，其文锦章。食豕吞鹿，腴成养创；宾享嘉宴，是豆是觞。（引自北魏郦道元《水经注·叶榆水》卷三七）

注释：

蚺，本作蚦，音髯。蚺蛇，即蟒蛇。长可达六米，是我国蛇类中最大的一种。无毒。头部长，与毒蛇的三角形头有别，口大。背部黄褐色，有斑纹，腹底白色。筋力强大，能咬食人畜。因产南方两广、台湾、海南、福建、云南等地，故又名"南蛇"。

《异物志》对髯蛇的描述，极为确切。言其体，既大又长，有文采；言其性，能吞食猪鹿；言其用，南人以其为宴享宾客的佳肴；其味最佳时，为蛇养伤而长成肪腴肥美。

粤人嗜蛇，源远流长。因蚺蛇长大肥厚，更是蛇中珍品。历代记载不断。如《淮南子·精神篇》：

越人得髯蛇，以为上肴；中国得而弃之无用。

《水经注·叶榆水》卷三〇：交趾

山多大蛇，名曰髯蛇。长十丈，围七八尺。常在树上伺鹿兽，鹿兽过，便低头绕之，有顷，鹿死，先濡令湿讫，便吞，头角骨皆钻皮出。山夷始见蛇不动时，便以大竹签，签蛇头至尾，杀而食之，以为珍异。

唐段公路《北户录》卷一，蚺蛇牙条载：

近敕令桂、贺、泉、广四州，轮次进（指蛇胆）焉。其膏俗传不利人。其皮可鞔鼓，今潮州和鳞为之，声鸣绝与象皮鼓相类。

桂州，治今广西桂林；贺州，治今广西贺县东南；泉州，治今福建泉州；广州，治今广东广州；潮州，今广东潮州。这表明：两广及福建，是蚺蛇的主要产地。唐刘恂《岭表录异》卷下：

蚺蛇，大者五六丈，围四五尺；以次者，亦不下三四丈，围亦称是。身有斑文，如故锦缬。俚人云：春夏，多于山林中，等鹿过则衔之，自尾而吞；惟头角碍于口外，则于树间阁其首，俟鹿坏头角坠地，鹿身方咽入腹。如此，蝮蛇极羸弱，及其鹿消，壮俊悦怿，勇健于未食鹿者。或云，一年则食一鹿。

蚺蛇胆，普安州有养蛇户，每年五月五日，即担蚺蛇入府，祇候取胆，余曾亲见。

宋范成大《桂海虞衡志·志虫鱼》载：

蚺蛇，大者如柱，长称之。其胆入药。南人腊其皮，刮去鳞以鞔鼓。蛇常出逐鹿食。寨兵善捕之，数辈满头插花，趋赴蛇，蛇喜花，必驻视；

渐近，竞俯其首，大呼“红娘子”，蛇头益俯不动，壮士大刀断其首，众悉奔散，远伺之。有顷，蛇省觉，奋迅腾掷，傍小木尽拔，力竭乃毙。数十人舁之，一村饱其肉。

宋周去非《岭外代答》卷十：

蚺蛇，能食獐鹿。人见獐鹿惊逸，必知其为蛇。相与赴之，环而讴歌，呼之曰妖妖，谓姊也。蛇闻歌即俯首，人竞采野花置蛇首，蛇愈伏，乃投以木株，蛇就枕焉。人掘坎枕侧，蛇不顾也。坎成，以利刃一挥，堕首于坎，急压以土，人乃以散。食顷，蛇身腾掷，一方草木为摧。既死，则剥其皮以鞔鼓，取其胆以和药，饱其肉而弃其膏，盖膏能痿人阳道也。

明王士性《广志绎》卷五记广西，

地产蚺蛇，性善淫。土人缚草为刍灵，粉饰之，蛇见则抢而戏，人径裂胸而取其胆，蛇对面而不知也。

明魏濬《峤南琐记》卷上，系综诸说，无新意，不赘。
明王济《君子堂日询手镜》：

山中产蚺蛇，大者长十余丈，能逐鹿食之。土人捕法，采葛藤塞蛇穴，徐入以杖，蛇嗅之即靡，乃发穴出蛇，系于葛绳，脔而烹之，极腴。售其胆，获价甚厚。其脂着人，骨辄软，及能萎阳，终身不举。食鹿，骨角随腐。《本草》诸书，皆所未载，余甚异之。今江南得其皮以为乐器刀剑之饰。

明邝露《赤雅》载：

蚺蛇，尾有钩，口无齿。其声甚怪，似猫非猫虎非虎，击之则鸣。

清屈大均《广东新语·虫语》卷二四，则详述了“崖州（今海南）黎人”与“西粤土司”的民族地区捕杀蚺蛇法。据他说，黎人击杀蚺蛇之法有三：一是“人多则掊击毙之”；二是用蚺蛇藤圈加蛇颈上，“逆鳞牵之”；三是“以牛为饵”，当蛇食饱不能动弹时，“因击杀之”。

总之，古越人即已形成以蛇为上肴的“蛮俗”，此与中原之风迥异。南人嗜食蛇之俗，流传至今，甚至构成其食文化的浓郁特色。究其因，除蛇肉鲜美外，还与人们以为蛇肉具有“辟蛊毒”“辟风寒”的滋补功用有关。蛇胆，则“价甚厚”，认为有清凉解毒和“疗目疾”的药用价值。蛇皮，长大者被名为“龙皮”，“一端千金”，用作鞔鼓以及“乐器刀剑之饰”。捕蛇法，范成大、周去非所载，均涂上了原始与神秘色彩，不尽如是，但反映了人们捕杀作为庞然大物的蚺蛇的恐惧心理与不易的事实。至于蚺蛇“性淫”和喜妇人的说法，则纯属无稽之谈。

三、水　蛇

朱厓（崖）有水蛇。（引自刘渊林注，晋左思《吴都赋》，载《文选》卷五）

注释：

蛇，或作“虵”，本“它”字。属爬虫类动物。“蛇之类甚众”，有蟒、蝮、黄领蛇、赤练蛇、响尾蛇、水蛇等。毒蛇毒液至烈，能致人死，故屈大均云：“宁言猛虎，不欲言毒蛇也。”（以上引文均见《广东新语·虫语》卷二四）蛇全身是宝，肉可食，胆可入药，皮可制革。

关于水蛇，明李时珍《本草纲目·鳞部》卷四三言之颇详：

> 水蛇所在有之，生水中。大如鳝，黄黑色，有缬纹，啮人不甚毒……水中又有一种泥蛇，黑色，穴居成群，啮人有毒，与水蛇不同。

水蛇，生水中，色深，个体不大。

《异物志》所言“朱厓”，系指今海南。时至今日，海南仍盛产海中水蛇，以水蛇制干，水蛇干为贵重食品，海南人视为珍品。可见，《异物志》所载，至为可信。

四、拥　剑

拥剑，状如蟹，但一螯偏大耳。（引自《太平御览·鳞介部一五》卷

九四三）

校勘：

刘渊林注《吴都赋》（载《文选》卷五）载："拥剑，蟹属也。从广二尺许。有爪，其螯偏大，大者如人大指，长二寸余，色不与体同，特正黄而生光明，常忌护之如珍宝贵。利如剑，故曰拥剑。其一螯尤细，主取食。出南海交趾。"

此记载，列在《异物志》的引文之后。但弄不清究竟是引的《异物志》文，还是刘渊林的综释之文，不敢遽下断语。可以肯定的是，此文关于"拥剑"的记述较详，颇具价值。故录以备考。

注释：

拥剑，蟛蜞的异名。蟛蜞，也作彭蜞、螃蜞。为红蟹的一种。雄红蟹的钳脚，右大而左小，故说"一螯偏大"。因其螯粗大而锋利，故名"拥剑"。胸甲呈方形，侧边平直，不向内斜曲，前缘较后缘宽广。甲背为赤或暗赤色，螯鲜红。各步脚的毛很短，捷走。遇敌，举钳自卫，且吹水泡以蔽其体。岭南的南海及河溪中均产。

其他主要记载还有，晋崔豹《古今注》：

> 蟛蝟（音滑），生海边涂中，食土，一名长卿。有螯偏大者，名拥剑，一名执火，其螯赤，故谓之执火也，俗谓之越王剑。

唐杜宝《大业拾遗录》曰：

> 吴郡献蜜蟹二千头，作如糖蟹法，蜜拥剑四瓮。拥剑，似蟹而小，一螯偏大，《吴都赋》所谓"乌贼、拥剑"是也。

唐刘恂《岭表录异》卷下：

> 彭蝟，吴呼为彭越，盖语讹也。足上无毛。堪食。吴越间，多以异盐藏，货于市。

可见，拥剑，也名彭蝟，又有"执火"与"越王剑"之别名；东南之人还有以蜜渍或盐腌拥剑的食法。因步脚的毛很短，故有"足上无毛"之说。

五、虾

虾种多蝘，最大中作脯。（引自《太平御览·鳞介部一五》卷九四三）

注释：

虾，属甲壳类长尾类。多为海生，少数产于淡水。形态体型延长，多为侧扁或圆筒状。全身分头胸部和腹部。头胸部披坚甲，头部有触角长短二对，有柄的复眼一对，口在头端下面。胸部有步脚五对，第一对形状特大，末端成钳状。腹部狭长，有多环，自第一至第五节有桡脚一对，供游水之用，最末者形特大而为尾。食小虫。淡咸水中均产。种类繁多。味道鲜美。

蝘为虾的一种。虾宜“作脯”即肉干，今之所谓虾米即此。

六、蚌

蚌似车螯，洁白如玉。（引自郭景纯《江赋》“琼蚌晞曜以莹珠”句注，载《文选》卷十二）

注释：

蚌，或写作蜯，海上与淡水产的双壳类软体动物的总称。壳呈椭圆形，色黑，稍带绿。肉白，故有“洁白如玉”之载。有肉柱二，起开合壳之用。海生者常见于凉爽水域，淡水蚌产于河、湖、池沼中。有些海蚌，已成为人们钟爱的食品。

车螯，蛤类。据明李时珍《本草纲目·介部》卷四六载：

车螯，其壳色紫，璀璨如玉，斑点如花，以火炙之，则壳开，取肉食之。

因蚌与车螯同属双壳类软体动物，故有“蚌似车螯”之说。

七、大贝

乃有大贝，奇姿难俦。素质紫饰，文若罗珠。不磨而莹，采耀光流。思雕莫加，欲琢匪逾。在昔姬伯，用免其拘。（引自清屈大均《广东文

选》）

校勘：

《艺文类聚·宝玉部下》卷八四所记，除“不磨而莹”写作“不磨不莹”有一字之差外，其余引文全同。但该文言明出自万震《南州异物志》。故据《艺文类聚》，则此文非杨孚《异物志》的内容。

笔者疑点有二：一是《艺文类聚·宝玉部下》卷八四，同时又载“《南州异物志》曰：交阯北，南海中，有大文贝，质白而文紫，天姿自然，不假雕琢，磨莹而光色焕烂”。则文异而内容相同。此引文为《南州异物志》所载无疑（《太平御览》卷九四一也有《南州异物志》此文）。故可推论前段韵语式的引文，当不是《南州异物志》文。因为这与《艺文类聚》引文体例不合，按该书（甚至包括其他类书）惯例出自同一书者，应排列在一起，用“又曰”二字来连接，而这两段引文却不在一处。一是杨孚《异物志》有韵语，此文与杨孚其他条目的韵语颇为相似。根据以上理由，笔者认为：此文可能如屈大均所言，出自杨孚《异物志》。两说不同，录以备考。

注释：

大贝，即紫贝。据《本草纲目·介部》卷四六载：“紫贝出东南海中。形似贝子而大二三寸，背有紫斑而骨白。”古代南方民族“南夷”用作货贝。

八、螺

寄居山蠃虫而长，如蠡而脚似蜘蛛，大无壳，入蠡壳中。

螺大者如笆，一边重，可为酒器。

吒螺，着海边树上，见人，吒如人声，可食。

苍螺，江东人以为枕假。猪螺，日南有之，厌为甲者。（以上引文，见《太平御览·鳞介部一三》卷九四一，均引自《交州异物志》）

校勘：

《交州异物志》，当为杨孚《异物志》异名。早在《隋书·经籍志二》卷三三，已著录“《交州异物志》一卷，杨孚撰”。故将上文收入本书。

注释：

螺，属软体动物腹足类。凡体外具螺壳者，统名为螺。海螺，又名“流螺”“猪螺”。具文采之螺壳，“可为酒器”，名曰“螺杯”。岭南，盛产各种不同的海螺，故有其“生南海”之说。且产珍异之螺。著名的鹦鹉螺即一例。据《太平御览》卷九四一引《南州异物志》曰：

鹦螺，状如覆杯，头如鸟头向其腹，视似鹦鹉，故以为名。肉离壳食，唯以筋自係于壳，饱则入壳中。若为鱼所食，壳乃浮出，为人所得，质白而文紫。

鹦鹉螺之名，由此沿用至今。

九、鰕　鱼

鰕鱼，有四足如龟而行疾，有鱼之体而以足行，故名鰕鱼。含水仰天不动，小鸟就饮，因而吐之。（引自《太平御览·鳞介部一一》卷九三九）

校勘：

明李时珍《本草纲目·鳞部》卷四四引《异物志》，也有简略记载：“以足行如虾，故名鰕。”

以此可证杨孚《异物志》确有关于“鰕”的记载。

注释：

鰕音遐。鰕鱼，究属何鱼？据《尔雅》卷九载：

鲵，大者谓之鰕。

那么，鲵又为何物呢？鲵，两栖类动物。体长约四尺，头扁圆，身圆长，四肢短，尾成鳍状。体暗黑，皮黏滑。幼时以鳃呼吸水中，长大后则以肺呼吸空气。穴居涧间清流。能爬树，以蛙及鱼为食。对此，明李时珍《本草纲目·鳞部》卷四四有妥切描述：

鲵，生山溪中，似鲇有四足，长尾，能上树。……声如小儿啼。

从其形与声似小儿，故名“鲵”或“人鱼”，即俗名“娃娃鱼”；也有名“鳎（音塔）鱼”“魶（音纳）鱼”者。属我国重点保护动物。

鰕鱼之得名，是因其形似鱼而以足行，具有鱼与虾的特征所致。从《异物志》关于鰕鱼以“四足”行的记载来判断，鰕鱼即娃娃鱼的说法，是可取的。

其他关于鰕鱼的记载还有，《太平御览·鳞介部一一》卷九三九引《异物记》曰：

鰕，实四足而有鱼名，头尾类鳀，歧行，生长山涧，出入深坑，顶上有光，迎风喷流。云是嬾妇憑勤自投。

鰕有“四足”“生长山涧”的记载，也可作鰕为鲵的佐证。

此外，宋范成大《桂海虞衡志·志虫鱼》载：

虾鱼，出漓水，肉白而丰，味似虾而松美。

宋周去非《岭外代答》卷十有相关记载，则本此。此广西漓水虾鱼，虽名同，但只言其“味似虾”，则无法断定其与鲵是否有关。

十、瑇　瑁

瑇瑁，如龟，生南海。大者如蘧篨，背上有鳞，鳞大如扇，有文章。将作器，则煮其鳞，如柔皮。（引自陈彭年《广韵·代十九》卷四）

校勘：

关于“瑇瑁”记载的相类内容，除《广韵》所引《异物志》以外，尚有《艺文类聚·宝玉部下》卷八四载：“《南州异物志》曰：瑇瑁，如龟，生南方海中。大者如蘧篨，背上有鳞，大如扇。发取其鳞，因见其文。欲以作器，则煮之。因以刀截，任意所作。冷乃以枭鱼皮错治之，后以枯条叶莹之，乃有光耀。”

《太平御览·珍宝部八》卷八〇七则载：“《南方异物志》曰：玳瑁，如龟，生南海。大者加[1]蘧篨，背上有鳞，大如扇，发取鳞，因见其文。欲以作器，则煮之，刀截，任意所为。冷乃以枭鱼皮籍治之，后以枯条叶莹之，乃有光泽。”

综上所述，则玳瑁之文，引自三种书。一为《异物志》，即杨孚书；一为《南州异物志》，当为吴万震书；一为《南方异物志》，据载唐人房千里有此书名。三说并录，究竟孰是，备考。此文最早出自杨孚《异物志》，为后世所袭用，这种可能性也是完全存在的。

注释：

玳瑁，古作瑇瑁、毒冒、蝳蝐或文甲。龟鳖目海龟科的一种。分布于太平洋、大西洋及印度洋。我国则产于南海、东海、黄海。背甲呈心形，红棕色，有淡黄色云状斑，具光泽，盾片如覆瓦状排列。由中央甲五枚，中央侧甲八枚，以及缘甲二十五枚构成，故有“十三鳞”之名。四肢呈现鳍足状，前肢较大，有两爪，后肢较小仅一爪。腹甲黄色。背甲盾片入药。古人将玳瑁作为贵重装饰品。《史记·春申君传》载：“赵使欲夸楚，为瑇瑁簪，刀剑室以珠玉饰之”，可证。

岭南沿海盛产玳瑁，史籍多有记载。如，《史记·货殖列传》卷一二九载：

番禺，亦一都会也，珠玑、犀、瑇瑁、果、布之凑。

表明，西汉初年，今广州地区已成为瑇瑁诸珍的集散地。

晋郭义恭《广志》：

玳瑁形似龟，出南海巨延州。

此为南海是玳瑁产地之明证。《图经本草》：

玳瑁，今广南皆有，龟类也。

《本草拾遗》：

玳瑁生岭南海畔山水间。

---

① 应是“如”之误。

清屈大均《广东新语·介语》卷二三：

玳瑁，产廉、琼州。

因玳瑁是古时重要饰物，故历代统治者肆意加以掠取。如，《汉书·西域传》卷九六下，班固赞曰：汉武帝时，

睹犀、布、瑇瑁，则建珠崖七郡。

可见，汉代在海南建郡县是与盛产瑇瑁有密切关系的。

《后汉书·贾琮传》卷三一载：

旧交阯土多珍产，明玑、翠羽、犀、象、瑇瑁、异香、美木之属，莫不自出。前后刺史率多无清行，上承权贵，下积私赂，……故吏民怨叛。

换言之，贪官私赂玳瑁等珍产，是促成岭南人民反抗斗争的重要原因之一。

十一、系　臂

系臂如龟，生于海州。（引自道光《广东通志·舆地略十六》卷九八，杨孚《异物赞》）

注释：

此引文出自杨孚《异物志》的赞语。

臂，龟类，此以“臂如龟”句可证。

“海州”，非州郡名，因汉代岭南无“海州”之行政建制。据《后汉书·南蛮西南夷列传》卷七六载：“珠崖、儋耳二郡在海洲上。”州与洲通。洲，系指水中陆地。显然，此“海洲”，系指今海南岛地无疑。此系臂，疑如瑇瑁，属海龟类。

十二、芦　鲟

芦鲟，似鳅鳌而有细文，多膏肥美，大如芦管，本出地中，随泉浮出，俗名芦。（引自《太平御览·鳞介部一二》卷九四〇）

注释：

南朝宋沈怀远《南越志》也有关于芦鲟的记载：

芦鲟鱼，生山曲之间，穴地为窟，泉源涌则此鱼出。今芦陵以南至于南州有焉。俗以为酱。

芦陵，当系庐陵，治今江西吉安。芦鲟，鲟音孚。上述记载表明：芦鲟，是山间清溪中的一种小鱼，似鳅，体圆肥，宜做鱼酱，多产于江西及岭南之地。

十三、鲮 鱼

南方鱼多不肥美，唯鲮鱼为上，大者长二尺，作脍炙，尤香而美。(引自《太平御览·鳞介部一二》卷九四〇)

注释：

关于鲮鱼的记载，还见于吴沈莹《临海水土异物志》：

鲮鱼，似撍鱼。

尤以唐人刘恂《岭表录异》为详：

鲮鱼，如白鱼而身稍短，尾不偃，清远江多此鱼，盖不产于海也。广人得之，多为脍，不腥而美，诸鱼无以过也。

至明代，仍有记载。据魏浚《峤南琐记》卷上载：

鲮鱼，似白鱼稍短。味不腥绝，宜鲙。南方以为鱼品之最。

鲮，音零。鲮鱼，系淡水鱼，形似白鱼而体较短，南方尤以粤地为多，宜作脍炙，甚有“鱼品之最”一说。笔者疑此鲮鱼，或是今岭南名为鲮鱼者。理由有三：一是音同；二是形似；三是宜作脍炙食用。

十四、鲻　鱼

鲻鱼，长者六七尺。（引自《太平御览·鳞介部九》卷九三七）

注释：

鲻，音淄。鲻鱼，属硬鳍类鱼类。吻宽而短，体长而侧扁。大者有二尺之长，小者仅数寸。鳞为节状。背部黑绿色，腹部银白色。有的生活在海水与河水交界处。肉味鲜美。

关于鲻鱼，唐刘恂《岭表录异》卷下也有所载：

跳鋋，乃海味之小鱼鋋也。以盐藏鲻鱼儿一斤，不啻千箇生擘。点醋下酒，甚有美味。余遂问名跳之义，则曰：捕此者，仲春于高处卓望，鱼儿来如阵云，阔二三百步，厚亦相似者。既见，报鱼师，遂桨船争前而迎之。船冲鱼阵，不施罟网，但鱼儿自惊跳入船，逡巡而满，以此为鋋，故又名跳。又云：船去之时，不可当鱼阵之中，恐鱼多，压沉故也，即可以知其多矣。

此记载，将鲻鱼的特点归为三：一是喜群居，“鱼阵”即此；一为善跳跃，惊动时，往往跳入船中；一是盛产，说是可“压沉”船，虽系夸大之辞，但可见其数量之多。

十五、高　鱼

高鱼，与鳟相似。与蜥蜴于水上相合，常以三二月中，有雌而无雄。食其胎杀人。（引自《太平御览·鳞介部一二》卷九四〇）

注释：

高鱼，不明其形，但因“与鳟相似”，故从鳟的形态可推见。鳟鱼，体侧扁纺锤形，长二三尺，形类鲑，但头部较圆，背略带黑色，侧缘下为银白色，全身有明显的黑点。常生活在海中。肉可食。

十六、鹿　鱼

鹿鱼，头上有两角如鹿。(引自《初学记·鱼第十》卷三〇，“叙事”)

注释：

鹿鱼，又名“鹿子鱼”。是一种形状奇异的海鱼。赤黄色。其特点：所谓头上有鹿角状，显系夸大其词；当是指鳍鬣有鹿斑纹而言。其他主要记载有：

晋郭璞《江赋》叙及鱼类时写道：

或鹿觡象鼻。

“鹿觡”，指头如鹿。又，郭璞在《山海经》注中云：今海中有虎鹿鱼，体皆如鱼，而头似虎鹿。

吴沈莹《临海水土异物志》：

鹿鱼，长二尺余，头上有角，腹下有脚如人足。

唐刘恂《岭表录异》卷下：

鹿子鱼，赪其尾，鬣皆有鹿斑，赤黄色。余曾览《罗州图》云：州南海中有洲，每春夏，此鱼跃出洲，化而为鹿。曾有人拾得一鱼，头已化鹿，尾犹是鱼。南人云：鱼化为鹿，肉腥不堪食。

《岭表录异》所记鹿子鱼，证明南海确有此鱼，对其形态的描绘，颇为真实。至于鱼化为鹿之载，则属传说类，有文学而无史学价值。

总之，以上记载，证实《异物志》关于“鹿鱼”记载之不谬。

十七、鼍风鱼

冬天此鱼[1]数千万头，共处大窟中藏，上有白气，或在鼍穴中。皮黑如漆。能潜知数里中空木所在，因风而入空木，化为蝙蝠。其肉甚

① 指鼍风鱼

美。（引自《太平御览·鳞介部一二》卷九二〇，鼍风鱼条）

十八、鳣 鱼

鳣鱼，仲夏始从海中泝流而上，腹下如刀长丈余，有细骨如鸟毛在肉中，又有鸟肾在腹。立夏有白鸟似鹥，群飞谓之鳣鸟，至仲夏鸟藏鱼出，变化所生也。（引自《太平御览·鳞介部九》卷九三七）

校勘：

明李时珍《本草纲目·鳞部》卷四四也载：“《异物志》云：鳣鱼，初夏从海中泝流而上。长丈余，腹下如刀，肉中细骨如毛。云是鳣鱼所化，故腹内尚有鸟肾二枚。其鸟白色，如群鹥飞。至夏，鸟藏鱼出，变化无疑。”

可见，此文与《太平御览》文不尽相同，可参见。

注释：

鳣，音囚。鳣鱼，又名鮆（音剂）鱼、鮤（音列）鱼、鱴（音篾）鱼、魛（音刀）鱼。都因鱼形象“剂物裂篾之刀”而得名。俗名凤尾鱼。体狭而扁，长约三四寸，无侧线，头小而尖，尾尖而细。生活在海洋中。在太湖中所产刀鱼，则称湖鲚。

据《异物志》所载，鳣鱼的特点可归纳为二：一是其形类刀，“腹下如刀”指此；一是骨细微，即所谓“有细骨如鸟毛在骨中”也。

十九、鲛 鱼

鲛鱼出合浦，长二三尺，背上有甲珠文，坚强可以饰刀口，可以为鑢。（引自刘渊林注，晋左思《吴都赋》，载《文选》卷五）

鲛鱼，皮可以饰刀。其子惊，则入母腹中。（引自《初学记·鱼第十》卷三〇，“叙事”）

校勘：

又，据《太平广记》卷四六四，子归母条载：“杨孚《异物志》云：鲛之为鱼，其子既育，惊必归母，还入其腹，小则如之，大则不复。”

此引文的意义在于：一是言明此《异物志》，即系杨孚所撰的《异物志》；一是与《初学记》“其子惊入母腹中”的记载相较，更为详细。

注释：

鲛鱼，即鲨鱼。古时，又名鳍（音错）鱼，也有作鳆鱼、溜鱼者。属鱼类板鳃类。体呈现圆锥形，稍扁。鳞为粒状，故有“甲珠文”之载。口横裂，有利齿。头上有喷水孔。种类繁多，我国共有三百四十余种，大多属热带和亚热带种属。性凶猛，肉食，有的种属还袭击人类。我国南海渔场广阔，汛期长，几乎全年都可捕捞，“出合浦”即反映了这一真实情况。皮可制成高级皮革，故有“可以饰刀”“可以为鑢”之载。鑢，音虑，磨治之意，因鲨鱼皮坚强，故可作磨治他物之用。角质鳍条，加工后即成名贵海味鱼翅。

关于鱼子可入母腹的记载，除《异物志》外，尚多。如，晋张华《博物志》卷三异鱼条载：

东海蛟错鱼，生子，子惊还入母肠（腹之讹），寻复出。

晋裴渊《广州记》（引自《水经注》卷三七）：

鯙鱼长二丈，大数围，皮皆鑢物。生子，子小，随母觅食，惊则还入母腹。

《吴录·地理志》（引自《初学记》卷三〇）：

鯙鱼，鱼子生后，朝出索食，暮还入母腹中。

南朝宋沈怀远《南越志》（引自《本草纲目》卷四四）：

环雷鱼，鯙鱼也。长丈许，腹有两洞，腹贮水养子，一腹养二子，子朝从口中出，暮还入腹。鳞皮有珠，可饰刀剑，治骨角。

二十、鲸　鱼

鲸鱼，长者数十里，小者数十丈，雄曰鲸，雌曰鲵。或死于沙上，得

之者皆无目，俗言其目化为明月珠。（引自刘渊林注，晋左思《吴都赋》，载《文选》卷五）

注释：

鲸，古名鳁。海洋哺乳动物。主要特征：鲸体呈纺锤形，体面光滑无毛，有很厚的脂肪层，明显无颈部，前肢演变成鳍形，后脚退化，尾扁平，眼小，鼻孔位于头上，常露出水面喷水，故也名喷水鲸。大者长达三十余米，重及一百三十吨。种类繁多。利用价值最大为鲸油，肉可食，皮可制革。

《异物志》所载，值得注意之处有三：一是言其“长者数十里”，显系夸张之辞，但反映了鲸鱼为海上庞然大物的事实。一是雌鲸名“鲵”，但需指出的是，通常所谓的“鲵”，则系指娃娃鱼，这是“鲵”的两种不同含义。一是所谓死后“无目”，反映了鲸鱼眼小的特点，并非真的无目；至于所谓目化为珠之说，那是民间传说，因珠产自蚌而和鱼目无关，此说真可谓“鱼目混珠”了。

和《异物志》相类的记载，早期还有汉人崔豹《古今注》：

> 鲸，海鱼也。大者长千①里，小者数千②丈。一生数万子，常以五月六月就岸边生子，至七八月导引其子还入海中。鼓浪成雷，喷沫成雨，水族皆畏之，皆逃匿，莫敢当。其雌者亦长千③里，眼睛为明月珠。

南朝梁人任昉《述异记》则说：

> 南海有珠，即鲸鱼目瞳，夜可以鉴，谓之夜光。

任昉之说，属于小说家言，但说明南海产鲸这一事实。这也正是岭南人杨孚《异物志》记鲸的条目之奥秘所在。

---

① 当为“十”之误。

② 同①。

③ 同①。

二十一、水　母

水母，在海，汎汎常浮。其体正白，常在水上浮也。（引自《太平御览·鳞介部一五》卷九四三）

注释：

水母，腔肠类海上动物。体胶质透明，故有“其体正白”之载。形如伞盖，自六七寸至尺许。口在伞盖下之中部。伞盖浅而阔。夏季多群集，徐徐开合伞盖，浮游海上，故称“常在水上浮也”。夜间，会放磷光。其繁殖，开始由体腔内生出卵子，卵出外孵化成胚，此为有性繁殖阶段。继而，附着他物，形成杯状体，再不断横裂分离而成水母，此为无性繁殖阶段。总之，水母生长由有性至无性繁殖相交替。其种类繁多，海蛇（音炸）即海蜇是其中一种，为人们喜好的水产。

继《异物志》之后，续有记载。如，晋张华《博物志》（今本无，转引自《太平御览》卷九四三）：

东海有物，状如凝鱼，广数尺，正方圆，名曰水母。无头目，所处则从虾附之，随其东西南北。可煮食之。

南朝宋沈怀远《南越志》“蛇”：

海岸间，有水母，东海谓之蛇。

唐刘恂《岭表录异》卷下：

水母，广州谓之水母，闽谓之蛇。其形，乃浑然凝结一物。有淡紫色者，有白色者。大如覆帽，小者如碗。腹下有物如悬絮，俗谓之足，而无口眼。常有数十虾寄腹下，咂食其涎，浮泛水上，捕者或遇之，即歘然而没，乃是虾有所见耳。《越绝书》云：海镜，蟹为腹；水母，即虾为目也。南人好食之，云性暖，治河鱼之疾。然甚腥，须以草木灰点生油，再三洗之，莹净如水晶紫玉。肉厚可二寸，薄处亦寸余。先煮椒桂或豆蔻生姜，缕切而炸之。或以五辣肉醋，或以虾醋，如鲙食之，最宜。虾醋，亦物类相摄耳。

此记载值得注意之处有三：一是详述了水母形态；一是指出“南人好食之”，以为珍品；一是详记了海蜇的制作，先以草木灰等碱性物浸洗晶莹，和拌以醋辣佐料加以煮或烩的食用法。

清人屈大均《广东新语·虫语》卷二四：

水母，生海中，以咸水之渣滓为母，故名“水母”，鲜煮之辄消释出水。一名“海蛇（即海蜇）”，气最腥，为虫之所宅。虫者，虾也。水母以虾为浮沉。故曰“水母目虾”。性冷，能化物，不能自化，脾胃弱者勿食。干者曰“海蜇”，腹下有脚纷纭，名曰“蜇花”，八月间干者肉厚而脆，名“八月子”，尤美。

综观屈文，主要有三点：一是水母因体内有大量水分而得名；二是生水母气腥，性冷，并非理想食品；三是干水母，名海蜇，尤以肉厚而脆者为美。我们通常吃的是干海蜇。

二十二、青　蚨

青蚨，形如蝉而长。其子如虾子，着草叶上。得其子，则母飞来。

蠍蝺，生南海诸山。雄雌常处，不相舍。青金色。人采得以法末之，用涂钱，以货易于人，昼出夜归。（均引自《本草纲目·虫部》卷四〇）

校勘：

青蚨，即蠍蝺。据宋陈彭年《广韵》卷一，引《异物志》曰：“蠍蝺子，如蚕子着草叶，得其子，母自飞来就之。”

此引文，可与正文的第一段相参见。

注释：

青蚨，除名蠍蝺外，又名鱼伯。虫名。关于青蚨之载。可溯自《淮南子·万毕术》：“青蚨还钱”高诱注：

以其子母各等，置瓮中，埋东行阴垣下，三日复开之，即相从，以母血涂八十一钱，以子血涂八十一钱。以其钱更互市，置子用母，置母用子，钱还自还也。

这段记载的意义在于：其一，对上述《异物志》“用涂钱，以货易于人，昼出夜归”作了明了的诠解。其二，后世谓钱为“青蚨”，其典故即源于此。

第五章　食　果

一、交趾稻

交趾稻，夏冬又熟，农者一岁再种。（引自《太平御览·百谷部三》卷八三九）

校勘：

其他有关《异物志》的引文，尚有《初学记·五谷第十》卷二七，稻条载："交趾一岁再种。""交趾冬又熟，农者一岁再种。"

《吴都赋》刘渊林注引《异物志》文："交趾稻夏熟，农者一岁再种。"

《齐民要术》卷十，稻条："稻一岁夏冬再种，出交趾。"

以上引文，大同小异，文微异而意全同。以《太平御览》所引最近《异物志》原文。

注释：

稻。也叫禾、谷，古名稌秜。我国各地均产稻，但以秦岭淮河一线以南为主，广东、广西、海南、福建主要栽双季稻。

我国是栽培稻的重要起源地。在云南、广东、广西和海南等地发现的野生稻，被认为是亚洲栽培稻的祖先。考古资料也证明，新石器时代的南方居民已从事稻作农业生产。如距今七千年前的浙江河姆渡文化，有丰富的稻作遗存。有大量炭化稻谷、谷壳、稻秆、稻叶的堆积，还发现了米粒。经鉴定，属栽培稻的籼亚种晚稻型水稻。这是迄今我国发现最早的人工栽培稻，也是亚洲最古老的稻米实物遗存。在广东的石峡文化遗址中，发现了迄今广东最早的栽培稻，有籼稻、粳稻两种，以籼稻为主。以上事实表明，从会稽至交趾的古代越人，是我国最早从事稻作农业的族群。

从文字记载而言，甲骨文中出现了世界最早的稻字。古籍中，稻字最早见于《诗·豳风·七月》：

八月剥枣，十月获稻。

此外,《周礼·夏官·职方氏》也有“其谷宜稻”。

古代越人以稻为业,《史记·货殖列传》首次载明:

楚、越之地,地广人稀,饭稻羹鱼,或火耕而水耨,果隋蠃蛤,不待贾而足。

晋裴渊《广州记》记录了骆越之人耕种水田的状况:

交阯有骆田,仰潮水上下,人食其田,名为“骆人”。[①]

至于南方稻谷两熟甚至三熟,也多有记载。如,晋左思《吴都赋》:

国税再熟之稻。

晋郭义恭《广志》载:

南方地气暑热,一岁田三熟,冬种春熟,春种夏熟,秋种冬熟。

至唐代,鉴真和尚亲见地处天涯海角的崖州,也是“收稻再度”[②]。清屈大均《广东新语·食语》卷十四载:

《志》称,南方地气暑热,一岁田三熟,冬种春熟,春种夏熟,秋种冬熟,故交州有三田。又语曰,交人有三熟之禾,南海有九熟之禾。

二、甘　藷

甘藷,似芋,亦有巨魁,剥去皮,肌肉正白如脂肪。南人专食以为米谷。(引自《齐民要术》卷十)

① 引自(汉)司马迁:《史记·南越列传》,卷一一三,索隐。

② [日]真人元开著,汪向荣校注:《唐大和上东征传》,北京,中华书局,1979。

校勘：

《太平御览·果部一一》卷九七四，引陈祈畅《异物志》曰："甘藷似芋，亦有巨魁。剥去皮，肌肉正白如肪。南方人专食之，以当米谷，蒸炙皆香美。宾客酒食亦施设，有如果实也。"

《齐民要术》与《太平御览》关于"甘藷"的引文，大致相同。只是后者内容较长，而前者略省。前者称出自《异物志》，后者则言明源于陈祈畅《异物志》。倘依后者，则此文非东汉杨孚《异物志》。今姑收入本书，以备考。又，据《艺文类聚·果部下》卷八七，甘藷条载："似芋，剥去皮，肥（当系肌字之误）肉白。南方以当米谷，宾客亦设之，出交北。"

此文值得注意之处有二：一是无出处，这与《艺文类聚》一书的体例不合。或是脱漏；或是不明是杨孚《异物志》还是陈祈畅《异物志》，故含糊其辞。一是其内容独有处，是指出甘藷产地在交阯之北。

值得注意的是，清康熙敕撰的《广群芳谱·蔬谱四》卷一六，引《异物志》："甘藷出广南方，民家以二月种十月收之。其根似芋，亦有巨魁，大者如鹅卵，小者如鸡鸭卵。剥去紫皮，肌肉正白如肪。南人当米谷果实，炙皆香美。初时甚甜，经久得风稍淡。"

此文特点有二：一是本文径称引自《异物志》（即杨孚《异物志》的省称），当有所本；一是内容翔实。

注释：

甘藷，旋花科，在热带为多年生植物。我国自古有之。从"南方以当米谷"，可见其产量之丰。但今人往往将古时我国本地产的甘藷与16世纪末从国外传入的"番薯"混为一谈。番薯，又名山芋、红薯、白薯、地瓜等。从南洋首先传入福建、广东，尔后向长江流域与黄河流域传播。今产量与种植面积均居世界首位，这就反客为主了。混同的原因有二：一是番薯传入后，也偶用"甘藷"一词；一是番薯种植地遍布我国各地，并构成重要杂粮，以致人们忘记了我国南方本土原有的"甘薯"品种。本书所言甘藷，与国外传入的番薯无涉。

关于"甘藷"的早期记载，除《异物志》外，当以晋嵇含《南方草木状》卷上所述为佳：

甘藷，盖薯蓣之类，或曰芋之类。根叶亦如芋。实如拳，有大如瓯者，皮紫而肉白。蒸鬻食之，味如薯蓣，性不甚冷。旧珠崖之地，海中之人，皆不业耕稼，惟掘地种甘薯，秋熟收之，蒸晒切如米粒，仓贮之，以充粮糗，是名薯粮。北方人至者，或盛具牛豕脍炙，而末以甘薯荐之，若粳粟然。大抵南人二毛者，百无一二，惟海中之人，寿百余岁者，由不食五谷，而食甘藷故尔。

嵇含所记，珠崖即海南之人以甘藷为重要食物来源，可谓确论。这从贬谪于当地的宋人苏东坡的诗文中可以得到充分印证。

土人顿顿食藷芋；①
芋魁尚可饱，无肉亦奚伤；②
日啖藷芋；③
海南以藷为粮，几米之十六。④

关于本土甘藷与外来番薯，前人曾作过比较区别。如《甘藷疏》云：

闽广薯有二种，一名山藷，彼中故有之，一名番薯，有人自海外得此种。……两种茎叶多相类。但山藷植援附树乃生；番薯蔓地生。山藷形魁垒，番薯形圆而长；其味则番薯甚甘，山藷稍劣。

清人屈大均《广东新语·草语》卷二七则专门分析了广东薯的品种：

东粤多薯。其生山中，纤细而坚实者，曰“白鸠薯”，似山药而小，亦曰“土山药”，最补益人，大小如鹅鸭卵，花绝香，身上有力（簕）者，曰“力薯”；形如猪肝，大者重数十斤，肤色微紫，曰“猪肝薯”，亦曰“黎峒薯”；其皮或红或白，大如儿臂而拳曲者，曰“番薯”。

① 苏轼：《闻子由瘦》，见《东坡全集》，卷二四。
② 苏轼：《和陶拟古九首之四》，见《东坡诗集注》，卷三〇。
③ 苏轼：《追和陶渊明诗引子由作》，见《东坡诗集注》，卷三〇。
④ 苏轼：《居儋录·薯说》。

换言之，广东之薯有白鸠薯、力薯、猪肝薯、番薯。除番薯外，其余均为本地薯。

笔者出生在粤东，儿时除吃番薯外，还吃过一种本地薯。本地薯，俗名“薯”。皮紫色，肉白；叶藤非蔓地而是攀附生长；味稍涩而不如番薯甜。大致与历代记载相合。

三、槟 榔

槟榔，若笋竹生，竿种之，精硬，引茎直上。末五六尺间，洪洪肿起，若瘣木焉。因拆裂出。若黍穗，伍陋而为实，大如桃李。又生棘针，重累其下，以御卫其实。剖其上皮，空其肤，熟而贯之，硬如干枣。以扶留藤、古贲灰并食，下气及宿食消迦。饮食设以为口实。（引自《太平御览•果部八》卷九七一）

校勘：

《艺文类聚•菓部下》卷八七，引《异物志》则曰：“槟榔，树若笋竹生竿，近上未（当为‘末’之误）五六尺间，洪覃洪肿起如瘣木焉。因拆裂出，若黍秀也，无花而为实，大如桃，天生棘重累其下，所以御卫其实也。剖其上皮，煮其肤，熟而贯之，坚如乾枣。以夫留、古贲并食，则滑下气，及宿食消谷。”

又，《齐民要术》卷十，引《异物志》曰：“槟榔，若笋竹生，竿种之，精硬，引茎直上，不生枝叶，其状若桂（当为‘柱’之误）。其颠近上未（疑为‘末’误）五六尺间，洪洪肿起若瘣木焉。因拆裂出若黍穗，无花而为实，大如桃李，又棘针重累其下，所以卫其实也。剖其上皮，煮其肤，熟而贯之，硬如干枣。以扶留、古贲灰并食，下气，及宿食白虫消谷，饮啖设为口实。”

《太平御览》及《艺文类聚》《齐民要术》所引《异物志》文，大同而微异，可参用。

注释：

槟榔，棕榈科槟榔属常绿灌木。原产马来西亚，现已广泛栽培于世界热带地区。我国主要产地在海南、台湾，广西、云南也有少量栽种。植株高 17—20 米，树干笔直。叶长 1.3—2 米，羽毛状全裂，裂片狭长披针形。肉穗花序生于叶鞘束下，多分枝。果长椭圆形或卵圆形，内含种子一枚。种后七八年开花，生产期可持续三四十年。系重要药用植物。

杨孚《异物志》是最早记述岭南栽种和食用槟榔的古籍，其后记载颇多。如，晋郭义恭《广志》(引自《太平御览》卷九七一)：

木实曰槟榔，树无枝略如柱。其颠五六尺间毲如黍秀，实大如桃李，生棘针重叠其下。剥其皮，煮其肉实而贯之，坚如干枣。食后啖之，滑美消谷下气。彼方珍之，以为口实。亦出交阯。

可见《广志》记载与《异物志》无大异，只是表述不同而已，当袭自《异物志》。晋嵇含《南方草木状》卷下载：

槟榔树，高十余丈，皮似青桐，节如桂竹，下本不大，上枝不小，调直亭亭千万，若一森秀无柯。端顶有叶，叶似甘蕉，条派开破，仰望眇眇，如插丛蕉于竹杪，风至独动，似举羽扇之扫天。叶下系数房，房缀数十实，实大如桃李，天生棘重累其下，所以卫其实也。味苦涩，剖其皮，鬻其肤，熟如贯之，坚如干枣。以扶留藤、古贲灰并食，则滑美下气消谷。出林邑，彼人以为贵，婚族客必先进，若邂逅不设，用相嫌恨。一名宾门药饯。

其内容虽较前丰富，但仍可见系从《异物志》脱胎演变而来。此外，晋顾微《广州记》(引自《艺文类聚》卷八七)载：

山槟榔形小，而大于蒳子。蒳子，土人亦呼为槟榔。

唐宋以后，记载更详。其新增内容主要有二：一是大量从海外输入岭南；一是食槟榔之风更炽，食法更讲究。如唐刘恂《岭表录异》[①] 载：

槟榔交广生者，非舶槟榔，皆大腹子也。彼中悉呼为槟榔。交阯豪士皆家园植之，其树茎叶根干与桄榔、椰子小异也。安南人，自嫩及老采实啖之，以不娄藤兼之瓦屋子灰，竞咀嚼之。自云：交州地温，不食此，

① 今本《岭南录异》系《四库全书》辑本，无此文，此系引自《太平御览》，卷九七一。

无以祛去瘴疠。广州亦噉槟榔，然不甚于安南也，府郭内亦无槟榔树。

宋周去非对槟榔品种及食用之法，最富代表性，据《岭外代答》卷八槟榔条和卷六食槟榔条载：

槟榔生海南黎峒，亦产交趾。木如棕榈，结子叶间，如柳条颗颗丛缀其上。春取之，为软槟榔，极可口。夏秋采而干之，为米槟榔。渍之以盐，为盐槟榔。小而尖者为鸡心槟榔，大而匾者为大腹子。悉下气药也。海商贩之，琼管收其征，岁计居什之五。广州税务收槟榔税，岁数万缗。推是，则诸处所与人之所取，不可胜计矣。

自福建下四川与广南西路，皆食槟榔者。客至不设茶，唯以槟榔为礼。其法：剖而瓜分之，水调蚬灰一铢许于蒌叶上。裹槟榔咀嚼，先吐赤水一口，而后啖其馀汁。少焉面脸潮红，故诗人有醉槟榔之句。无蚬灰处，只用石灰。无蒌叶处，只用蒌藤。广州又加丁香、桂花、三赖子诸香药，谓之香药槟榔。唯广州为甚，不以贫富长幼男女，自朝至暮，宁不食饭，唯嗜槟榔。富者以银为盘置之，贫者以锡为之。昼则就盘更噉，夜则置盘枕旁，觉即噉之。中下细民，一日费槟榔钱百余。有嘲广人曰："路上行人口似羊。"言以蒌叶杂咀，终日噍饲也。曲尽噉槟榔之状矣。每逢人，则黑齿朱唇，数人聚会，则朱殷遍地，实可厌恶。客次士夫，常以奁自随。制如银铤，中分为三,一以盛蒌，一盛蚬灰，一则槟榔。交趾使者亦食之。询之于人，何为酷嗜如此？答曰："辟瘴，下气，消食。食久，顷刻不可无之。无则口舌无味，气乃秽浊。"

明代，两广地区仍嗜食槟榔成风。王济《君子堂日询手镜》载：

岭南好食槟榔，横人尤甚，宾至不设茶，但呼槟榔，于聘物尤所重。士夫生儒衣冠俨然，谒见上官长者亦不辍咀嚼。舆台皂隶囚徒厮养，伺候于官府之前者皆然。余尝见东坡诗有云："红潮登颊醉槟榔。"并俗传有"人蛮口吐血"之语，心窃疑焉。余初至其地，见人食甚甘，余试嚼一口，良久耳热面赤，头眩目花，几于颠仆，久之方苏，遂更不复食，始知其为真能醉人。又见人嚼，久吐津水甚红，乃信口吐血之说。

横州，为今广西横县。又，明王士性《广志绎》卷四载：广东，

俗好以蒌叶嚼槟榔，盖无地无时，亦无尊长，亦无宾客，亦无官府，在前皆皆任意食之。有问，则口含而对，不吐不咽，竟不知其解也。或以炎瘴之乡，无此则饮食不化，……杨万里云："人人藤叶嚼槟榔，户户茅檐覆土床。"

清代，屈大均所记则偏重粤东，可谓食槟榔大全。据《广东新语·木语》卷二五载：

槟榔，产琼州。……三四月花开绝香，一穗有数千百朵，色白味甜，杂扶留叶、椰片食之，亦醉人。实未熟者曰槟榔青，青，皮壳也，以槟榔肉兼食之，味厚而芳，琼人最嗜之。熟者曰槟榔肉，亦曰玉子，则廉、钦、新会及西粤、交趾人嗜之。熟而干焦连壳者曰枣子槟榔，则高、雷、阳江、阳春人嗜之。以盐渍者曰槟榔咸，则广州、肇庆人嗜之。日暴既干，心小如香附者曰干槟榔，则惠、潮、东莞、顺德人嗜之。当食时，咸者直削成瓣，干者横剪为钱，包以扶櫾，结为方胜，或如芙渠之并蒂，或效蛱蝶之交翾，内置乌爹泥、石灰或古贲粉，盛之巾盘，出于怀袖，以相酬献。入口则甘浆洋溢，香气熏蒸。在寒而暖，方醉而醒。既红潮以晕颊，亦珠汗而微滋。真可以洗炎天之烟瘴，除道远之渴饥，虽有朱樱、紫梨，皆无以尚之矣。若夫灰少则涩，叶多则辣，故贵酌其中。大嚼则味不回，细咽则甘乃永，故贵得其节。善食者以为口实，一息不离；不善食者汁少而渣青，立唾之矣。予尝有竹枝词云："日食槟榔口不空，南人口让北人红；灰多叶少如相等，管取胭脂个个同。"谓此。粤人最重槟榔，以为礼果，款客必先擎进，聘妇者施金染绛以充筐实。女子既受槟榔，则终身弗贰。

食槟榔之俗，历来多为外地人所记，不免有隔靴之感。屈大均为广州人，本身有此嗜好，故写来不仅翔实，且富有感情色彩。他不仅细分了各地广东人对槟榔的

不同吃法；而且，把食槟榔描绘成妙不可言的一桩乐事。

需要指出的是，海南是岭南地区的主要槟榔产地，食槟榔之俗也流传最为久远。据清张庆长《海槎余录》载：

> 槟榔产于海南，惟万、崖、琼山、会同、乐会诸县为多，他处则少。每亲朋会合，互相擎送以为礼。至于议姻，不用年帖，只送槟榔而已。久之，多以家事消长之故，故易告争，官司难于断理，以无凭执耳。愚民不足论，士人亦多有匿是俗者。

时至今日，作者赴海南，还目睹黎人食青槟榔之盛况。

四、椰　树

> 椰树，高六七丈，无枝条，叶如束蒲在其上。实如瓠系，在于巅，若挂物焉。实外有皮如胡桃。核里有肤白如雪，厚半寸如猪肤，食之美于胡核味也。肤里有汁升余，其清如水，其味美于蜜。食其肤可以不饥，食其汁则愈渴。又有如两眼处，俗人谓之越王头。（引自《齐民要术》卷十）

校勘：

《太平御览·果部九》卷九七二引《异物志》曰：“椰树高六七丈，无枝条，叶如束蒲在上。其实如瓠，系之巅。实外皮如胡芦。肤中有汁升余，清如水，味美于蜜。食其肤则不饥，食其汁则增渴。又有两眼处，俗号椰子为越王头。”

此引文，显有省漏，如“核里有肤白如雪，厚半寸如猪肤，食之美于胡桃味也”一段，全阙。故从内容言，不如《齐民要术》引文；但从文字言，则较通顺。故也有可取之处。总之，这两段引文，可参见。

又，据《史记·司马相如传》卷一一七，注引《异物志》曰：“实木如瓠，系在颠，若挂物。实外有皮，中有核，如胡桃。核里有肤，厚半寸，如猪膏。里有汁斗余，清如水，味美于蜜。”

此引文有两处值得注意：一是核“如胡桃”，是指其形状，而并非《齐民要术》本所言“食之美于胡桃味也”。是指椰子的形状像胡桃而非其味如胡桃。一是，核肤“如猪膏”，可证《齐民要术》本“如猪肤”之误。意为像猪油一样洁白，若作

“猪肤”则不通。

注释：

椰子，又名“胥余”（见汉司马相如《上林赋》）、“越王头”（因其核有两眼而得名）。棕榈科椰子属，多年生常绿乔木，热带主要木本油料作物。从《史记·司马相如传》已有记载，可证我国关于椰子的栽培历史在两千年以上。我国产地主要在海南的文昌、琼海、陵水、万宁、三亚等地。椰子树干挺直，树冠球形或半球形，高可至二十米。叶为多对羽状全裂形。终年开花结果，从传粉至果实成熟需十二个月。果实为核果形，近球形。外果皮较薄；中果皮又称椰衣，为厚而疏松的棕色纤维层；肉果皮即椰壳，为坚硬的角质层。胚乳又称椰肉，为白色的肉质层。椰肉富含脂肪、蛋白质，故有“肉极甘脆”之誉。嫩果的椰汁，有“清如水，甜如蜜”之说。从椰子的花序上割取的椰花汁，可酿椰子酒，故有“以槟榔汁和酒”之载。因椰子用途广泛，故有“百果之中尔最珍”之名。

继《异物志》之后，魏晋及南北朝时期也不乏记载。据《齐民要术》卷十引吴朝万震《南州异物志》曰：

> 椰树大三四周，长十丈，通身无枝。至百余年。有叶状如蕨类，长丈四五尺，皆直疏指天。其实生叶间，大如升，外皮苞之如连状，皮中核坚过于核里。肉正白，如鸡子著皮，而腹肉空含汁，大者含升余。实形团团然，或如瓜蒌，横破之，可作爵形并应器用，故人珍贵之。

椰树经济寿命可达八十年，故有长达“百余年”之载，并非虚辞。

《太平御览·果部九》卷九七二引晋郭义恭《广志》载：

> 椰树高六七丈，无枝条，有叶如束蒲。乃在树末，实如大瓠瓜悬在树头。实外有皮，皮中有核。皮里有汁升余，清如水，美如蜜，可饮。核中肤白如雪，厚半寸，味如胡桃而美可食。出交阯，家家种之。

此中内容，大多袭自《异物志》。

晋嵇含《南方草木状》卷下载：

椰树，叶如栟榈，高六七丈，无枝条。其实大如寒瓜，外有粗皮，次有壳，圆而且坚。剖之有白肤，厚半寸，味似胡桃，而极肥美。有浆，饮之得醉。俗谓之越王头。云昔林邑王与越王有故怨，遣侠客刺得其首，悬之于树，俄化为椰子，林邑王愤之，命剖以为饮器，南人至今效之。当刺时，越王大醉，故其浆犹如酒云。

此记载的价值在于给椰子添加了神奇传说。李时珍由此发挥说，“椰”名即源于越人“称其君长为爷”而来，《本草纲目》卷三一“释名”，在摘引《南方草木状》有关记载后写道：

此说虽谬，而俗传以为口实。南人称其君长为“爷”，则椰名盖取于爷义也。

可备一说。

唐代，以刘恂《岭表录异》卷中所载，最富代表性：

椰子树，亦类海粽，结椰子大如瓯杯。外有粗皮如大腹，次有硬壳，圆而且坚。厚二三分。有圆如卵者，即截开一头，砂石磨之，去其皱皮，其斓斑锦文，以白金涂之，以为水罐子，珍奇可爱。壳中有液数合如乳，亦可饮之，冷而动气。

可见，唐代岭南人已将椰壳加工成堪称为精美工艺的用品。

宋代，以范成大所记为典型。据《桂海虞衡志·志果》载：

椰子，木身。叶悉类棕榈、桄榔之属。子生叶间，一穗数枚，枚大如五升器。果之大者，谓惟此与波罗蜜等耳。皮中子，壳可为器。子中瓤白如玉，味美如牛乳。瓤中酒新者极清芳，久则浑浊不堪饮。

宋赵汝适《诸蕃志》卷下所载，多袭自此。

清代，屈大均《广东新语·木语》卷二五所载，可谓集大成：

椰，产琼州，栽时以盐置根下则易发。树高六七丈，直竦无枝，至木末乃有叶如束蒲，长二三尺。花如千叶芙蓉，白色，终岁不绝。叶间生实如瓠系，房房连累，一房二十七八实，或三十实。大者如斗。有皮厚苞之，曰“椰衣”。皮中有核甚坚，与肤肉皆紧著。皮厚可半寸，白如雪，味脆而甘。肤中空虚，又有清浆升许，味美于蜜，微有酒气，曰“椰酒”。……凡拣椰子，以手摇之，听其中水声清亮，则其心大而甜，其肉厚，其壳亦坚，水声浊则否。盖椰心以水而养。椰无水则无心，往往而是。琼州歌有云：“不买椰衣只买心。”

此文，除全面记述椰的形状及性能外，还指出了挑拣椰子之法。

五、甘　蔗

甘蔗，远近皆有。交趾所产，特醇好，本末无薄厚，其味甘。围数寸，长丈余，颇似竹。断而食之，既甘。生取汁为饴饧，益珍。煎而暴之，凝如冰。（引自《太平御览·果部十一》卷九七四）

校勘：

据《齐民要术》卷十载：“《异物志》曰：甘蔗，远近皆有。交趾所产甘蔗特醇好，本末无薄厚，其味至均。围数寸，长丈余，颇似竹。斩而食之，既甘。迮汁如饴饧，名之曰糖，益复珍也。又煎而曝之，既凝而冰，破如砖棋，食之，入口消释。”《太平御览》与《齐民要术》所引，内容无异，文有不同，可参见。

注释：

甘蔗，禾木科甘蔗属多年生草本。茎秆汁液是制糖主要原料。《异物志》所云“饴饧”，煎熬为液，制成糖浆，今广东俗名油糖；再经煎晒制“凝如冰”者，系指冰糖。生吃的名果蔗。主要产于广东、广西、海南、福建、台湾、江西、浙江、湖南、云南、四川、贵州。

中国是最古老的种蔗国之一。古籍中，甘蔗异名颇多，如甘柘、都蔗、竿蔗、诸柘、诸蔗、藷蔗，均是。早在《楚辞·招魂》中，已有“柘浆”一词，“柘”通“蔗”，柘浆，指糖浆。屈原夸耀南方楚国“食多方些”的其中一项就是“有柘浆些”。

东汉张衡《七辩》有“沙糖”之名。这均表明，我国甘蔗制糖业也源远流长。

至于岭南栽种甘蔗，也多有记载。继《异物志》之后，当推晋嵇含《南方草木状》卷上所载：

诸蔗。一曰甘蔗。交趾所生者，围数寸，长丈余，颇似竹。断而食之，甚甘。笮取其汁，曝数日成饴，入口消释，彼人谓之石蜜。吴孙亮使黄门以银椀并盖，就中藏吏取交州所献甘蔗饧。黄门先恨藏吏，以鼠屎投饧中，启言吏不谨。亮呼吏持饧器入，问曰：此器既盖之，且有油覆，无缘有此，黄门将有恨汝。吏叩头曰：尝从臣求莞席，臣以席有数，不敢与。亮曰：必是此。问之具服。南人云，甘蔗可消酒，又名干蔗。司马相如乐歌曰，“太尊蔗浆折朝酲”，是其义也。泰康六年，扶南国贡诸蔗，一丈三节。

此记载，多袭《异物志》；添加者，为甘蔗有醒酒作用。至于所记吴孙亮使黄门取甘蔗饧一事，则系录自《江表传》。

南朝陶弘景《名医别录》载：蔗，

广州一种数年生，皆大如竹，长丈余，取汁为沙糖，甚益人。又有荻蔗，节疏而细，亦可噉也。

清人屈大均《广东新语·草语》卷二七所载最详。其内容可归结为三方面：

将广东甘蔗分为四种。一是雪蔗。属蔗中珍品，“其节疏而多汁，味特醇好，食之润泽人，不可多得”。从此蔗又名“扶南蔗”，似是从中南半岛传入。二是常食用的白蔗。以“增城白蔗尤美”。三是紫色的昆仑蔗。因可用以断骨再植，又名药蔗。四是小而燥者曰竹蔗，又名荻蔗。此蔗大片种植，“连冈接阜，一望丛若芦苇”；但皮坚节短不可食，“惟以榨糖”。

明清之际，广东榨糖产地。“糖之利甚薄，粤人开糖房者多以致富。盖番禺、东莞、增城糖居十之四，阳春糖居十之六，而蔗田几与禾田等矣。”

细分糖的种类。将蔗汁煮炼成饴后，“其浊而黑者曰黑片糖。清而黄者曰黄片糖。一清者曰赤砂糖。双清者曰白砂糖。次清而近黑者曰瀵尾。最白者以日曝之，细若粉雪，售于东西二洋，曰洋糖。次白者售于天下，其凝结成大块者，坚而莹，黄白相间，曰冰糖，亦曰糖霜”。其分类，大致沿用至今。

需要指出的是，甘蔗以头部为甜，尾部为淡。《齐民要术》引作“本末无厚薄，其味至均”，不确。据《世说新语·排调》载：

顾长康啖甘蔗，先食尾。问所以，云“渐入佳境”。

“渐入佳境”这一脍炙人口的成语，是人们从食甘蔗中体味而来的。

六、芭　蕉

芭蕉〔1〕：叶大如筵席。其茎如芋，取镬煮之为丝，可纺绩，女工以为絺绤，今交阯葛也〔2〕。其内心如蒜，鹄头生，大如合柈，因为实房，一房有数十枚。其实皮赤如火，剖之中黑。剥其皮，食其肉，如蜜甚美。食之，四五枚可饱，而余滋味犹在齿牙间。一名甘蕉〔3〕。（引自《太平御览·果部一二》卷九七五）

校勘：

《齐民要术》卷十所引《异物志》文，大体相同：“芭蕉，叶大如筵席。其茎如芽（系‘芋’之误），取镬而煮之，则如丝，可纺织，女工以为絺绤，则今交趾葛也。其内心如蒜，鹄头生，大如合拌（系‘柈’之误），因为实房著其心齐，一房有数拾枚。其实赤如火，剖之中黑。剥其皮，食其肉，如饴蜜甚美。食之四五枚可饱，而余滋味犹在齿牙间。一名甘蕉。”

“合柈”一词，《齐民要术》本与清人曾钊辑本均作“合拌”，有误。柈，同槃，为盘本字。故“合柈”即“合盘”之意，可通。又《艺文类聚·果部下》卷七八引《异物志》曰：“芭蕉，茎如芋，取镬煮之如丝，可纺绩为絺绤。”当系《异物志》节文，也可供参考。

注释：

〔1〕芭蕉，又名甘蕉。其得名，据清屈大均《广东新语·草语》卷二七载：兰蕉、美人蕉、胆瓶蕉等只开花不结果者，“但可言芭蕉，不可言甘蕉。言甘蕉者，

以其实。言芭蕉者，以其叶也。巴者焦也，其叶巴而不陨，焦而长悬，故合言之曰芭蕉也。”换言之，甘蕉以其果实甘甜得名，芭蕉因其叶干而不落得名。又叫牙蕉，当是因其果实排列如牙状而得名。作水果用的芭蕉，即通常人们所叫的“香蕉”。香蕉，芭蕉科芭蕉属，多年生常绿草本。大者高可及丈，茎软，果实可食，根茎花蕾入药。系重要热带果物。我国南方及东南亚等地为原产地。我国主要产于广东、广西、海南、福建、台湾、云南，故陶弘景有“甘蕉本出广州”之说。按果实的形状和品味而分，大致可归为三种：一是大蕉，树高，果大而略扁，乏香味，甜中带酸，宜于制芭蕉干。一是香蕉，果瘦长而弯曲，果味最香。一是龙牙蕉，今人称为西贡焦，果微弯而粗圆，香而滑嫩，价最贵。

需强调指出的是，我国古籍关于芭蕉的记载，首见于东汉杨孚《异物志》。

〔2〕以芭蕉茎为丝，纺织絺绤。古代岭南不产蚕丝，就地取材，以植物纤维为主要纺织原料，此即“卉服”之谓。在诸多植物纤维中，其中一种就是提取芭蕉茎中的丝。这种芭蕉，称作蕉麻。蕉麻，因盛产在菲律宾，故又称作马尼拉麻。蕉麻植株和香蕉树相似。含有纤维的枝茎外层从叶柄一端割下成条状，可制作绳缆和渔网；内层纤维可不经纺纱而制成耐穿的细布。对于“食蕉”与“布蕉”，清人屈大均曾明确加以区别。他在《广东新语》卷二七，芭蕉条写道：

> 丝以布，其絺绤与茎葛同而柔韧逊之，名布蕉。布蕉，多种山间。其土瘠石多则丝坚韧；土肥多则实而丝脆，不堪为布。谚曰：“衣蕉宜瘠，食蕉宜肥；肥宜蕉子，瘠宜蕉丝。”

《异物志》中关于以蕉丝为絺绤的记载，可从众多古籍中得到印证。如，吴万震《南州异物志》载：甘蔗，

> 其茎如芋，取以灰练之，可以纺织。

晋郭义恭《广志》：芭蕉，

> 其茎解散如丝，织以为葛，谓之蕉葛。虽脆而好，色黄白不如葛色。出交阯建安。

晋左思《吴都赋》（见《昭明文选》卷五）云：

蕉葛升越，弱于罗纨。

从芭蕉一类纤维织品要比丝织品罗纨还要细软的描绘中，可见其工艺之高。宋祝穆《方舆胜览·琼州》卷四三载：

南中所出木棉、吉布、苎蕉、麻皮，无非卉服。

《史记·夏本纪》唐张守节正义：

东南之夷草服葛越、蕉竹之属。

此俗延至清代，广东紫金地区仍服蕉布，据清道光《永安县志·地理·风俗》载：

暑衣葛、麻、蕉，寒无皮裘，唯布夹袄铺棉，罕衣绸绢者。

以上记载表明：我国南方与环太平洋地区，均产“布蕉”以织布，这是毋庸置疑的。但这种“布蕉”与“食蕉”是相似而不同。

〔3〕关于芭蕉的记载，自杨孚《异物志》后不断。如，吴万震《南州异物志》载：

甘蕉即芭蕉，乃草类也。望之如树株，大者一围余，叶长丈许，广尺余至二尺。其茎虚软如芋，皆重皮相裹。根如芋魁，青色，大者如车毂。花着茎末，大如酒杯形，色如莲花，子各为房实，每花一阖各有六子，先后相次，子不俱生，花不俱落地。蕉子凡三种，未熟时皆苦涩，熟时皆甜而脆，味如葡萄，可以疗肌。一种子大如拇指，长六七寸，锐似羊角，两两相抱者，名羊角蕉，剥其皮黄白色，味最甘美。一种子大如鸡卵，有类牛乳者名牛乳蕉，味微咸。一种子大如莲子，长四五寸，形正方者味最弱也，并可蜜藏为果。

此段引文采自《本草纲目》卷十五；《艺文类聚·果部下》卷八七以及《太平御览·果部一二》卷九七五也有引文，但文字颇不同。晋嵇含《南方草木状》卷上所载与《南州异物志》类，当系袭自后者。其中云：

甘蕉，望之如树，株大者一围余。叶长一丈或七八尺，广尺余二尺许。花大如酒杯，形色如芙蓉，著茎末百余子大，名为房，相连累。甜美，亦可蜜藏。根如芋魁，大者如车毂。实随华，每华一阖，各有六子，先后相次，子不俱生，花不俱落。一名芭蕉，或曰巴苴。剥其子上皮，色黄白，味似蒲萄，甜而脆，亦疗饥。此有三种，子大如拇指，长而锐，有类羊角，名羊角蕉，味最甘好。一种子大如鸡卵，有类牛乳，名牛乳蕉，微减羊角。一种大如藕，子长六七寸，形正方，少甘，最下也。

晋顾微《广州记》云：

甘蕉与吴花实根叶不异，直是南土暖，不经霜冻，四时花叶展其熟。其未熟时，亦苦涩也。

此文采自《太平御览·果部一二》卷九七五；《艺文类聚·果部下》卷八七也有引文，但错漏较多，不可取。

曹叔雅《异物志》云：

芭蕉结实，其皮赤如火，其肉甜如蜜，四五枚可饱人，而滋味常在牙齿间，故名甘蕉。

此文显系袭拼之作，无新意。

蕉的品种，历代所记有所不同。上述吴人万震与晋嵇含分为羊角蕉、牛乳蕉及味“最下”的蕉。宋人范成大则分为蕉子、鸡蕉子、芽蕉子三种，据《桂海虞衡志·志果》载：

蕉子，芭蕉极大者，凌冬不凋。中抽一干，长数尺，节节有花。花褪，叶根有实。去皮取肉，软烂如绿柿，极甘冷。四季实。土人或以饲小儿，云性凉，去客熟。以梅汁渍暴干，按令扁，味甘酸微霜，世所谓芭蕉干者是也。又名牛蕉子。

鸡蕉子，小如牛蕉，亦四季实。芽蕉子，小如鸡蕉，尤香嫩甘美，秋初实。

明人顾岕则将海南所产蕉分为板蕉与佛手蕉，据《海槎余录》云：

海南芭蕉常年开花，结实有二种，板蕉大而味淡，佛手蕉小而味甜，通呼为蕉子。不似江南者，花而不实。

清人屈大均分为香牙蕉、牛乳蕉、鼓槌蕉、板蕉、佛手蕉等，据《广东新语·草语》卷二七载：芭蕉，

子以香牙蕉为美，一名龙乳，奶乳也，美若龙之乳，不可多得，然食之寒气沁心，颇有邪甜之目。其叶有朱砂斑点，植必以木夹之，否则结实时风必吹折，故一名折腰娘。曰牛乳蕉、曰鼓槌蕉、曰板蕉，皆大而味淡，鼓槌蕉有核如梧子大而三棱。曰佛手蕉者，子长六七寸，小而皮薄味甜，是皆甘蕉之知名者。

清人吴震方则分为棒槌蕉、玫瑰蕉、狗牙蕉、红蕉，据《岭南杂记》下载：

蕉子最多蕉心，抽一茎，丛生一二十。荚如肥皂而三棱，剖之，肉如烂瓜，味如蜜。筒香瓜名为棒槌蕉，自夏徂冬卖，此最久。有玫瑰蕉，作玫瑰花香。又有狗牙蕉二种，小而甘，品贵于棒槌。其不良者有红蕉，中抽一花如莲蕊叶，叶递开，红赤夺目，久而不谢，名百日红。

总之，我国历代芭蕉之名有：羊角蕉、牛乳蕉、蕉子、鸡蕉子、芽蕉子、板蕉、佛子蕉、香牙蕉、鼓槌蕉、玫瑰蕉、狗牙蕉、红蕉等。羊角蕉、芽蕉子、佛手蕉、香牙蕉、狗牙蕉，味最甘美。

需附及的是，岭南盛产的香蕉一类热带和亚热带的果品，历来为中土人士所独钟。如《三国志·吴书·士燮传》卷四九载：三国时，士燮作守南越，遣使孙吴，“奇物异果，蕉、邪（椰）、龙眼之属，无岁不至。”

七、荔　枝

荔支为异，多汁，味甘绝口，又小酸，所以成其味。可饱食，不可使厌。生时大如鸡子，其肤光泽，皮中食；干则焦小，则肌核不如生时

奇。四月始熟也。（引自《齐民要术》卷十）

校勘：

《太平御览·果部八》卷九七一所引《异物志》，唯“干则焦小”作“干则醮小”，其余全文同。当作“焦”为是。据清屈大均《广东新语·木语》卷二五载，荔枝中，小核者“名曰焦核”，可证。

注释：

荔枝，无患子科，常绿乔木。又名离支（枝），一说，结果时，枝弱而叶牢，不可摘取，必以刀斧利取其枝，因此得名。树高可及二十米。花小，绿白或淡黄色，无花瓣。果实似心脏形或珠形。果皮呈鳞斑状突起，有鲜红、紫红、青绿或青白色。果肉多汁，味甘美而有佳香。如薛莹《荆扬已南异物志》称：“叶绿色，实赤，肉正白，味大甘美。”主要分布在热带及亚热带地区。原产我国，主要产地为广东、广西、海南、福建、台湾及四川，故苏东坡称“荔枝生岭南及巴中”。汉武帝元鼎六年（前111年）已有将荔枝从南越移植宫廷的记载。10世纪以前传入印度。宋代蔡襄的《荔枝谱》（1059年）是最早的荔枝专著。

自东汉杨孚《异物志》后，历代多有关于荔枝的描述。如，晋郭义恭《广志》（引自《艺文类聚·果部下》卷八七）载：

荔支树，高五六丈，大如桂树。绿叶蓬蓬，冬夏荣茂。青华朱实，大如鸡子。核黄黑，似熟莲子。实白如肪，甘而多汁，似安石榴有甜醋者。至日将中，翕然俱赤，则可食也。一树下子百斛。

晋嵇含《南方草木状》卷下所载略同。晋顾微《广州记》（引自《本草纲目》）卷三一载：

荔枝，冬夏常青，其实大如鸡卵，壳朱核黄黑色，似半熟莲子，精者核如鸡舌香，甘美多汁，极益人也。

唐段公路《北户录》卷三，无核荔枝条载：

南方果之美者，有椭支。梧州火山者，夏初先熟而味小劣。其高、潘州者最佳，五六月方熟。有无核类鸡卵大者，其肪莹白，不减水精，性热，液甘，乃奇实也。又有蜡荔支，作青黄色，亦绝美。《南越志》云：荔枝洲有焦核黄蜡者为优。故《广州记》曰：荔枝如鸡卵大，壳朱肉白，五六月熟，核若鸡舌香。陈藏器曰：荔枝树如冬青，实如鸡子，核黄黑似熟莲子，实白如肪，甘而多汁，百鸟食之为肥，极宜人。《广志》云：焦核胡偈此最美，次有鳖卵焉。其树自合抱至数围，大者材中梁栋，其坚即佉陁等木，无以加也。岭中荔枝才尽，龙眼子方熟，大如弹丸，皮褐肉白，而味过甜，俗呼为荔枝奴，非虚语耳。

唐刘恂《岭表录异》卷中所载略同：

荔枝，南中之珍果也。梧州江前有火山，上有荔枝，四月先熟，核大而味酸。其高、新州与南海产者，最佳，五六月方熟，形若小鸡子，近蒂稍平，皮壳微红，肉莹寒玉。又有焦核者，性熟液甘，食之过度，即蜜浆制之。又有蔼荔枝，黄色，味稍劣于红者。

梧州，治今广西梧州；高州，治今广东高州东北；潘州，治今广东茂名北；新州，治今广东新兴；南海，治今广州。可见，唐代广东晚熟的荔枝，要较广西梧州的早熟品种为佳。

宋范成大《桂海虞衡志·志果》载：

荔枝，自湖南界入桂林，才百余里，便有之，亦未甚多。昭平出槱核，临贺出绿色者尤胜。自此西南，诸郡皆有之。悉不宜干，肉薄味浅，不及闽中所产。

宋周去非《岭外代答》卷八所载略同：

荔枝，广西诸郡所产，率皮厚肉薄，核大味酸，不宜曝干，非闽中比。

至清代，屈大均《广东新语·木语》卷二五，荔枝条，指出荔枝在广东经济的重要性：

东粤故多荔枝，问园亭之美，则举荔枝以对。家有荔枝千株，其人与万户侯等。故凡近水则种水枝，近山则种山枝。有荔枝之家，是谓大室。

该书还言明广东荔枝以增城荔枝最为有名：

荔枝以增城沙贝所产为最。土黄润多沙，潮味不到，故荔枝绝美。自挂绿以下数十种，色、香、味迥异他县。

荔枝肉厚汁多味美，为历代统治者所垂涎。因路途遥远，而荔枝又极难保鲜，故进贡荔枝成了岭南等地老百姓的重负。如《太平御览·果部八》卷九七一引《广州记》云：

每岁进荔枝，邮传者疲毙于道，汉朝下诏止之。今犹修事荔支煎进焉。

六朝阙名《三辅黄图》载：荔枝之实

岁贡焉。邮传者疲毙于道，极为生民之患。

《后汉书·和帝纪》：

旧南海献龙眼荔枝，十里一置，五里一候，死者继路。因临武长唐羌上书言状，乃诏罢之。

《新唐书·杨贵妃传》卷七七：

妃嗜荔枝，必欲生致之，乃置骑传送走数千里，味未变已至京师。

据传，由于广东荔枝的品质优于四川，故出身蜀地的杨贵妃反而喜欢吃南海（治今广州）荔枝。唐李肇《国史补》载：

杨贵妃生于蜀，好食荔支。南海所生尤胜蜀者，故每岁飞驰以进。

由于各荔枝产地的气候、水土等自然生态环境不一，品种良窳有别，故历来对各地荔枝的质地褒贬不一。据《广东新语·木语》卷二五，大荔细荔条载：

粤人以荔枝、龙眼为业，随土壤所宜种之。种荔奴之利多于荔枝。然荔奴（指龙眼）之美不若闽，荔支则过之矣。秀水朱氏云："闽粤荔枝。优劣向无定论，世之品荔枝者不一。或谓闽为上，蜀次之，粤又次之。或谓粤次于闽，蜀最下。以予论之，粤中所产挂绿，斯其最矣。福州佳者，尚未敌岭南之黑叶。"而蔡君谟《谱》乃云：广南州郡所出精好者，仅比东闽之下等。是亦乡曲之论也。

福建人蔡襄（君谟）的《荔枝谱》推崇东闽荔枝，南海人屈大均则独钟粤地荔枝挂绿，均不免带有门户之见。可以肯定的是，随着栽培技术的提高，新的优良品种的推广，粤、闽、蜀等地的荔枝将异彩纷呈，而难分其轩轾。

八、橄　榄

橄榄生南海浦屿间，树高丈余，其实如枣。三月有花生，至八月方熟甚香。木高大难采，以盐擦木身，则其实自落。（引自《大观本草》卷二三）

注释：

橄榄，橄榄科橄榄属常绿乔木，亚热带果树。又名青榄、青果、白榄。青果之名，源于"此果虽熟，其色亦青"。原产中国，主要产区在两广、福建沿海一带，故史有"生岭南闽广诸郡及沿海浦屿间"之载。树高十米至二十米。花期在四五月间，果熟在十月十一月间。果实长圆形，两头尖。果可生食，或蜜渍，可入药，核仁可榨油。又，橄榄树枝间取木脂为胶漆，名橄榄香。

还有乌榄，一名"木威子"，用作腌制咸果，两广人称之为"榄豉"。方榄，形三角或四角，出广西两江州峒民族地区。

关于早期岭南橄榄的记载不少。如，吴万震《南州异物志》（引自《本草纲目》卷三一）载：橄榄，

闽广诸郡及缘海浦屿间皆有之。树高丈余，叶似榉柳，二月开花，八月成实。状如长枣，两头尖，青色。核亦两头尖而有棱，核内有三层，层中有仁可食。

晋嵇含《南方草木状》卷下载：

橄榄树，身耸，枝皆高数丈。其子深秋方熟，味虽苦涩，咀之芬馥，胜含鸡骨香。吴时岁贡，以赐近侍，本朝自泰康后亦如之。

可见，吴、晋时，均作珍贵贡品为君臣所享用。

其他记载尚有晋郭义恭《广志》：

橄榄大如鸡子，交州以饮酒。

晋裴渊《广州记》曰：

橄榄涩酒。

南朝宋沈怀远《南越志》：

博罗县有合成树十围，去地二丈，分为三衢。东向一衢木叶似练子，如橄榄而硬，削去皮，南人以为糁；南向一衢橄榄；西向一衢橄榄。

唐宋时，记载更为详细。唐刘恂《岭表录异》卷中载：

橄榄树，身耸，枝皆高数尺。其子深秋方熟。闽中尤重此味，云咀之香口，胜含鸡舌香。饮汁，解酒毒。有野生者，子繁树峻，不可梯缘，但刻其根下方寸许，纳盐于其中，一夕，子皆自落。树枝节上，生脂膏如桃胶，南人采之，和其皮叶煎之，调如黑饧，谓之橄榄糖，用泥船损，干后坚于胶漆，著水益干耳。

此段记载，分述了橄榄性能，采摘方法以及橄榄油的制作与用途，可谓全面。其记橄榄性能部分，仍可见其袭自《南方草木状》的痕迹。宋吴曾《能改斋漫录》卷十五，则专记“采橄榄”：

王立之诗话云：东坡橄榄诗“纷纷青子落红盐”之句，范景仁言：橄榄木高大难采，以盐擦木身，则其实自落，此所以有红盐之句也。予按，江邻几《嘉祐杂志》云：“橄榄木，其花如樗。将采其实，剥其皮，以姜汁涂之，则尽落。”范说：“乃尔，何耶？岂咸辣皆可用欤？”

此为专论以盐、姜擦树采橄榄的记载。

明人王济专记广西横州橄榄。他在《君子堂日询手镜》中写道：

橄榄、乌榄二者甚多，俱野生。有力恣意可取，市中十钱可得一大担。土人炒以进饮。

可见，明代广西橄榄数量之多，价值之贱。

清人屈大均则专论广东白、乌橄榄。据《广东新语·木语》卷二五载：

白榄以白露后食不病痁，其性热，食时须去两端。初嚼苦涩，久乃回味而甘，故一名“味谏”。粤人有欲效其友忠告者，辄先赠是果。其色白，可以行气，虽有愤戾，食之潜消。以沸汤点之，色淡碧，芬如兰臭，可以香口，绝胜鸡舌香。

因橄榄回味甘香，故粤人名为“味谏”。有趣的是，《释名》称橄榄又名“忠果”“谏果”，十分费解，但粤人传说橄榄可消气，故用作赠友以“忠告”一事，此词之来由则迎刃而解。清代粤人喜用沸汤点橄榄，味如兰香。屈大均继而指出，珠江三角洲一带，多种乌榄：

白榄利微，人少种，种者多是乌榄，下番禺诸乡为多。

并说，高州、雷州一带，称乌榄为“木威”。

九、橘

橘为树，白华而赤实，皮既馨香，又有善味，江南则有之，不生他所[1]。交阯[2]有橘，置长官一人，秩三百石，岁贡御橘[3]。（引自《太平御览·果部三》卷九六六）

校勘：

诸籍还有相类引文，如《艺文类聚·果部上》卷八六载：“《异物志》曰：橘白华赤实，皮馨香有味。交趾有橘官，长一人，秩二百石，主贡御橘。”

《齐民要术》卷十橘条载：“《异物志》曰：橘树白花而赤实，皮馨香，又有善味，江南有之，不生他所。”

又，《初学记·橘第九》卷二八载：“曹叔《异物志》曰：橘为树，白华赤实，皮既馨香，又有善味。交阯有橘官，长一人，秩三百石，主岁贡御橘。”

从上述诸记载可见：

第一，上述《太平御览》和《艺文类聚》《齐民要术》等籍，均称此文出自《异物志》；唯《初学记》称出自曹叔《异物志》。曹叔，当系曹叔雅之误。倘《初学记》所言有据，则有两种可能：一是此文与杨孚《异物志》无涉；一是曹叔雅袭用杨孚文。因无佐证，已难考定。需指出的是，曾钊辑本称“惟《初学记》卷二〇，引称杨孚《异物志》”，有误。恰恰相反，正是《初学记》称出自曹叔而非杨孚的《异物志》。

第二，关于橘官之长，一说三百石，一说二百石。据《汉书·百官公卿表》载：汉制，县长，秩五百石至三百石；县丞、尉，秩四百石至二百石，是为长吏。据此比附，则三百石庶几。

第三，诸籍引文相较，以《太平御览》为全。

注释：

〔1〕橘。属柑橘类果树。我国是世界柑橘的主要起源地。产地主要分布在广东、广西、福建、海南、台湾、江西、浙江、湖南、湖北、四川、云南、贵州。因主要生于南方，故《异物志》称：“江南则有之，不生他所。”

古籍关于“橘”的记载，最早可溯源于《尚书·禹贡》。其中写道：

> 淮海惟扬州，厥苞橘柚，锡贡。

早期多以“橘柚”连用，泛指柑橘类果树，所谓“小曰橘，大曰柚”是也。据《周礼·冬官上》载：

> 橘逾淮而北为枳，此地气然也。

表明人们将“橘”“枳”加以细分。值得注意的是,《楚辞·九章》中有一篇《橘颂》，其中咏道：

后皇嘉树，橘徕服兮。受命不迁，生南国兮。深固难徙，更壹志兮。

楚国大诗人屈原通过歌颂橘的坚贞不移以自况。长沙马王堆西汉墓中也发现有柑橘种子。总之，文献记载与考古材料均证明，周、秦以后，已进行成片的经济栽培。

岭南是橘的重要产地,故早期著作对此也多有反映。除东汉杨孚《异物志》外，晋嵇含《南方草木状》载：

橘，白华赤实，皮馨香，有美味。

此段记载，显系袭自《异物志》。

晋裴渊《广州记》曰：

罗浮山有橘，夏熟，实大如李，剥皮噉则酢合食极甘。

此系引自《齐民要术》卷十，所记较《太平御览》卷六六为详。

唐代以后，续有记载，唐段公路《北户录》卷三，有关橘子之一种“山橘子”之载。其中写道：

山橘子，冬熟，有大如土瓜者，次如弹丸者，皮薄下气，普宁多之。而人以蜜渍和皮而食，作琥珀色，滋味绝佳。岂比汉人之吴，合皮啖橘以为笑也。其叶煎之和酒饮，亦疗气神验。

唐刘恂《岭表录异》卷中有相类记载：

山橘子，大者冬熟如土瓜，次者如弹子丸。其实金色而叶绿，皮薄而味酸，偏能破气。容广之人，带枝叶藏之，入脍醋尤加香美。

山橘子，宋人称为“金橘”(见宋范成大《桂海虞衡志·志果》；又因其盛产于广东化州，俗名“化州橘”。山橘子，作蜜饯尤佳。因此果连皮而食，“汉人”即北方人不懂，故闹出讥笑南人“合皮啖橘”的笑话。至清代，屈大均更记述了广东特产“罗浮橘”与“化州橘”。《广东新语·木语》卷二五载：

唐有御柑园在罗浮。按罗浮柑子。（唐）开元中，始有僧种于南楼，其后常资进献。其属有赪、黄二色，大三寸者，黄者柑，赪者橘也。化州（县）有橘一株在署中，月生一子，以其皮为橘红，瀹（音越，煮也）汤饮之，痰立释，曩亦进御。今为大风所拔，新种一株味不及。化州故多橘红，售于岭内。

〔2〕交阯。又作“交趾”，阯为趾之假字。古地区名，泛指五岭以南。如《墨子·节用中》卷六：

古者，尧治天下，南抚交阯，北降幽都，东西至日所出入，莫不宾服。

《韩非子·十过》也有相类记载。因交阯地在南方，故又名南交，如《尚书·尧典》：

申命羲叔宅南交。

交阯，自汉而后，始作州郡名。汉武帝元鼎六年（前111年）置交阯刺史部，为当时十三刺史部之一，辖境相当于今广东、广西大部和越南的北部、中部。

至于交阯作为国名的专指，则是越南独立建国后，北宋始称其国为交阯。

交阯之得名，有三说。一说是因岭南人的特殊睡姿而得名，据《礼记·王制》孔颖达疏云：“蛮卧时，头向外，而足在内而相交，故云交趾。”一说是因男女同在河里洗澡引起脚趾相交相碰而得名。据《后汉书·南蛮西南夷列传》载：“其俗男女同川而浴，故曰交阯。”一说是因足趾特征而得名。据南北朝人顾野王《舆地志》载：“交趾，其夷足大指开，析两足并立，指则相交。”我是赞同第三说的。理由是：旧时，由于气候、地理、经济诸因素，造成岭南人多“跣足”。由于无鞋的束缚，脚的发展处于自然状态，加之经常翻山越岭，造成脚掌较宽厚、脚趾较松开以及两脚大拇指较易相交的体质特征。

〔3〕橘官与贡橘。晋嵇含《南方草木状》卷下载：

自汉武帝，交趾有橘官长一人，秩二百石，主贡御橘。吴黄武中，交趾太守士燮献橘十七实同一蒂，以为瑞异，群臣毕贺。

此记载较之《异物志》的新意有二：一是言明交阯设橘官的时间为汉武帝之时；一是补记了三国时贡橘的事例。清屈大均《广东新语·果语》卷二五则载：

吾粤多橘柚园。汉武帝时，交趾有橘官长一人，秩一百石。其民谓之橘籍。岁以甘橘进御。王逸云：东野贡落蔬之文瓜，南浦上黄甘之华橘。

换言之，由于粤东盛产色黄味甘之优质“华橘”，故设专司进贡事务的“橘官”与生产贡品的“橘籍”专业户。

十、枸　橼

枸橼，似橘，大如饭筥，皮不香，味不美，可以浣治葛苎若酸浆。（引自《齐民要术》卷十）

校勘：

《太平御览·果部九》卷九七二则载：“《异物志》曰：枸橼，实橘，大如饭筥，皮不香，味不美，可以浣治葛苧若酸浆。”

《齐民要术》与《太平御览》均有误。一是“似橘”“实橘”一词均不全，参见有关枸橼的记载，当以“树似橘”为是。一是“皮不香”句，有误。枸橼，极芳香。据其物性，当作“皮有香”。故校勘后的原文，当作：“枸橼，树似橘，大如饭筥，皮有香，味不美，可以浣治葛若酸浆。”

注释：

枸橼，柑橘属灌木或小乔木。又名橼，香橼。我国西南部也是原产地之一。主要分布在云南、广西西南，华南地区也间有栽种，故有“枸橼产闽广间”[①]之说。

果实纺锤状，长椭圆形或卵圆形，缘边微有锯齿。浓橙黄色。果皮厚皱而光泽，

① （明）李时珍：《本草纲目·果二》，卷三〇。

奇香。果肉较少，不易剥离，汁少味酸，不堪生食。故《异物志》称“味不美”“若酸浆”。

佛手是枸橼的一种变种。广东也有，但以云南、四川为多。

继《异物志》之后，岭南著作有关枸橼的记载尚有晋嵇含《南方草木状》卷下载：

枸缘子，形如瓜，皮似橙而金色，故人重之。极芬香，肉甚厚白，如芦菔。女工竞雕镂花鸟，渍以蜂蜜，点燕檀，巧丽妙绝，无与为比。

晋裴渊《广州记》：

枸橼树似橘，实如柚大而倍长，味奇酢，皮以蜜煮为糁。①

唐刘恂《岭表录异》卷中载：

枸橼子，形如瓜，皮似橙而金色，故人重之。爱其香气，京辇豪贵，家饤盘筵，怜其远方异味。肉甚厚白如萝卜。南中女工，竞取肉雕镂花鸟，浸之蜂蜜，点以胭脂，擅其妙巧，亦不让湘中之人镂木瓜也。

总之，文献记载表明，枸橼之用有三：一是“极芬香”，置之几案，清香袭人。一是用之“雕镂花鸟”，巧丽妙绝，浸煮以蜜，成果饯。一是用其酸浆，以漂洗葛苎等植物纤维织品。

十一、杨　梅

杨梅，似弹丸，五月熟。（引自《初学记·梅第十》卷三八）

校勘：

此段引文，曾钊辑本漏辑。《初学记》称此文出自《异物志》。

注释：

杨梅，又名朱红、树梅。杨梅科杨梅属常绿小乔木或灌木。亚热带果树。原产

① 引自（北魏）贾思勰：《齐民要术》，卷十。

中国。汉文帝时（前2世纪）陆贾南行见南越王赵佗后所著《南越行纪》中已见著录，可证栽培历史在两千年以前。岭南以及江西、湖南是栽培发源地。三国后逐步扩展至浙江、江苏和安徽南部。现广泛分布于江南，尤以浙江为多。叶倒卵状长椭圆形。核果圆球形，六七月间成熟。食用部分为外果皮，由许多囊状体密生而成。有数十品种，按色泽可分为白种、红种、粉红种、乌种四种。果实柔软多汁，味甜美。除鲜食外，也可制作蜜饯和果酒。

关于岭南产杨梅的早期著作，还有晋嵇含《南方草木状》卷下载：

> 杨梅，其子如弹丸，正赤，五月中熟。熟时似梅，其味甜酸。汉陆贾《南越行纪》曰："罗浮山顶有胡杨梅，山桃绕其际。海人时登采拾，止得于上饱啖，不得持下。"东方朔《林邑记》曰："林邑山杨梅，其大如杯碗。青时极酸，既红味如岸蜜。以酝酒，号梅香酎，非贵人重客，不得饮之。"

陆贾，汉初时人；东方朔，汉武帝时人。罗浮山，在广东增城东，跨博罗县境，广袤五百里；林邑，今越南境。上述记载证明：岭南为杨梅的最早栽培地。

晋人《广州记》（引自《初学记》卷二八）载：

> 庐山顶山有湖，广数顷，有杨梅、山桃，止得于饱啖，不得将去。

南朝宋沈怀远《南越志》（引自清康熙敕撰《广群芳谱》卷五六）：

> 熙安县多杨梅。

唐段公路《北户录》卷三载：

> 杨梅，叶如龙眼树，如冬青，一名朹。潘州有白色者，甜而绝大。郑公虔云，越州客山有白熟杨梅。兼名苑云，东兴县有大如鸡卵杨梅。

熙安县，南朝宋置，故治在今广东番禺东；潘州，唐置，治今广东茂名；越州，南朝宋置，治今广西合浦；东兴县，三国吴始置，治今江西南丰。这表明岭南及江西多产杨梅。

十二、余　甘

余甘，大小如弹丸，视之理如定陶瓜。初入口苦涩，咽之口中，乃更甜美足味。盐蒸尤美，可多食。（引自《齐民要术》卷十）

校勘：

除《齐民要术》引作《异物志》外，康熙敕撰《广群芳谱》卷五七，也引《异物志》曰："其树叶如槐叶。其枝如柘。其子圆大如弹丸，有文理，如定陶瓜。"其不同处在于增添了有关余甘的叶、枝内容。

但《太平御览·果部十》卷九七三，则引作陈祈畅《异物志》曰："余甘，大小如弹丸，视之理如定陶瓜片。初入口如苦，忽咽口中，乃更甜美。盐而蒸之，尤美，可多食之。"

《太平御览》所引与《齐民要术》所引的内容相类，但前者则明言出自陈祈畅《异物志》而非杨孚《异物志》。故《异物志》有关余甘的内容，是后人误将陈祈畅书写成杨孚书？抑或是陈祈畅袭自杨孚书？待考。

注释：

余甘，大戟科，多枝灌木或小乔木植物。出两广、海南、福建泉州、西川民族地区等处。余甘之名，当系食时初苦后甜之意。又名菴摩勒，故有"西土果"之说。味类橄榄，故有"炎方橄榄佳，余甘岂苗裔"之咏。其木材可用。

其他主要记载有：

晋嵇含《南方草木状》卷下：

菴摩勒，树叶细，似合昏花。黄实似李，青黄色，核圆作六七棱。食之先苦后甘。术士以变白须发，有验，出九真。

晋左思《吴都赋》"其果则丹橘余甘"句，刘渊林注引薛莹《荆扬已南异物志》曰：

余甘，如杨李，核有刺。初食之，味苦，后口中更甜。高凉、建安皆有之。

明李时珍《本草纲目》载：余甘，

木高一二丈，枝条甚软。叶青，细密，朝开暮敛，如夜合而微小。春生冬凋，三月有花著条而生，如粟粒。随即结实作莛，每条三两子，至冬而熟。连核作五六瓣，干即并核皆裂。俗作果子啖之。泉州山中亦有，状如川楝子，形圆，味类橄榄，亦可蜜渍盐藏，其木可制器物。

明王济《君子堂日询手镜》记广西横州：

有余甘子，如小青李，味酸涩，余味甘，亦不甚美。

第六章　草　木

一、榕　树

榕树栖栖，长与少殊。高出林表，广荫原丘。孰知初生，葛藟之俦。（引自《太平御览·木部九》卷九六〇）

注释：

榕，桑科，无花果属，常绿大乔木。树形奇特，枝条上生气根，向下伸入土壤，变生新的树干，故有初生之时像“葛藟”即葛蔓一样的说法。高可达三十米，向四周不断延伸。故株树的气生根和新树干交织在一起，形成稠密的丛林，此即“高出林表，广荫原丘”之谓。

原产于热带亚洲。在我国，主要产于岭南。故有“性畏寒，逾梅岭则不生，故红梅驿有数榕，为炎塞之界”（清屈大均《广东新语·木语》卷二五）“闽广之间多榕木”（宋李纲《榕木赋有序》）之载。

关于岭南榕树《南州异物志》（引自《齐民要术》卷十）载：

> 榕木初生，少时缘持他树如外方扶芳，藤形不能自立根本，缘绕他木傍作连结如罗网相络。然皮理连合，郁茂林疏，高六七尺。

意为初生之时，作藤形绕他树而生，待长成后，即变为郁茂大树，可作《异物志》“少与长殊”的极佳诠释。晋嵇含《南方草木状》卷中则载：

> 榕树，南海桂林多植之。叶如木麻，实如冬青。树干拳曲，是不可以为器也。其木棱理而深，是不可为材也。烧之无焰，是不可以为薪也。以其不材，故能久而无伤。其荫十亩，故人以为息焉。而又枝条既繁，叶又茂细，软条如藤，垂下渐渐及地，藤梢入土，便生根节。或一大株，有根四五处，而横枝及邻树，即连理。南人以为常，不谓之瑞木。

记述了榕树的产地、形状、繁殖及用途，是早期关于榕树最为详细的著作。

唐宋时期，记载更多。唐刘恂《岭表录异》卷中载：

榕树，桂广容南，府郭之内，多栽此树。叶如冬青，秋冬不凋，枝条既繁，叶又蒙细。而根须缭绕，枝干屈盘。上生嫩条如藤垂下，渐及地，藤梢入土，根节成一大榕树。三五处有根者，又横枝者邻树，则连理。南人以为常，不谓之瑞木。

可见，其基本内容袭自《南方草木状》。

又，宋范成大《桂海虞衡志·志草木》载：

榕，易生之木，又易高大。可覆数亩者甚多。根出半身，附干而下以入土，故有榕木倒生根之语。禽鸟衔其子寄生他木上，便蔚茂。根下至地，得土气久，则过其所寄。

此记载值得注意之处是，阐述了榕树的寄生性。

宋周去非《岭外代答·花木门》卷八载：

榕，易生之木，又易高大。叶如槐，轮囷荫樾，可覆数亩者甚多。根出半身，附干而下垂，垂抱持以入土，故有"榕木倒生根"之语。

四时结子，叶脱亦无时，随落随生，春时亦摇落满庭。禽鸟衔其子，寄生他木上，便郁茂。根须沿木身垂下至地，得土气滋直盛壮，久则过其所寄，或遂包裹之。柳州柳侯庙，庭前大榕，有桄榔一株生其中，相传以为异。知者以为本榕子寄生桄榔上，岁久反抱合之，非异也。榕，闽中亦有之。

显然，此文主要袭自《桂海虞衡志》，其主要差异在于列举了榕树子寄生他木的趣闻。

清人屈大均《广东新语·木语》卷二五关于榕树的记载，可谓集大成者。归结起来，其主要内容有：

一是释"榕"称谓的来由。据载：

榕，容也，常为大厦以容人，能庇风雨。又以材无所可用，为斤斧所容，故曰榕。自榕亦能容乎于人也。

容，当为包容之义。既能容而成高大；又因其高大而能荫人。至于为斤斧所容的解释，则牵强而不可取。

一是描述了榕树本身。据载：

> 榕，叶甚茂盛，柯条节节如藤垂，其干及三人围抱。则枝上生根，连绵拂地，得土石之力，根又生枝，如此数四，枝干互相连属，无上下皆成连理。其始也根之所生，如千百垂丝，久则千百者合而为一，或二或三，一一至地。如栋柱互相撑抵，望之有若大厦，直者为门，曲者为窗牖，玲珑四达，人因目之曰榕厦。其根下蟠者，剔去土石，又往往若岩洞，容十许人。其树可以倒插，以枝为根，复以根为枝，故一名“倒生树”。

生动地描绘了榕树的“连理”“榕厦”“倒生”的特点。

一是成了南人崇拜的神树。岭南树木最为神圣的有二：挺拔的木棉树与郁葱的榕树。榕树以其生长繁茂、覆盖面广、树龄长而被南人尊为社树。其中写道：

> 故凡为社者，以之得全天年，大者至数百岁。故夫望其乡有乔木森然直上者，皆木棉也；有大树郁然而横垂者，皆榕也。
>
> 榕易高大，广人多植作风水，墟落间榕树多者地必兴。

这也可从两广方志中得到证实。如清光绪《临桂县志》卷八引《广西旧志》：榕树，

> 南人多凭以立社，诚蒙庄所为社树也。

笔者生长在粤东，亲见旧时尊崇榕树乡俗。当时，村村都有数人合抱的老榕树，得到村民长期共同保护；榕树下，又往往供有土地神。这种乡俗，保护了生态平衡。榕树成了乡土风光景点和乡人遮阴乘凉的停脚处。

一是一反《南方草木状》所谓榕树“不材”的流行说法，揭示其有用的一面。据载：

其中常产香木，炎精所结，往往有伽南焉，粤人以其香可来鹤。子可肥鱼，多植于水际。又以其细枝曝干为火枝，虽风雨不灭，故今州县有榕须之征。其脂乳可以贴金接物与漆相似，亦未尽为不材也。

清人吴震方在《岭南杂记》中对此发议论道：“人但知有用之用而不知无用之用也。”

一是历数了两粤各地榕树的差异及其种种动人传说。如：

封川西三十里分界村，二广同日植一榕，相去三丈许，而东大西小，东荣西瘁，东榕又不落叶，咫尺间地之冷暖已分如此。自韶州西北行，榕多直出不甚高，与广州榕婆娑偃蹇者异。高州道中，榕夹路垂阴，几百株，状甚诡怪。

龙门有连理树，在平庸都油田铺，盖两榕也。相去数丈，其上枝叶缪结，根干所出，结成一门，下通车马往来，宋时物也。桂林有榕树门，状亦相似，门，古桂州南门，两榕根相夹为之，元至正间忽悴，平章唐元公祭之复生。

其间，还记载了许多地方官种树的故事。这一切，都增添了岭南历史文化的绚丽多彩性。

二、木　棉

木棉，树高大，其实如酒杯，皮薄，中有如丝棉者，色正白，破一实，得数斤。广州、日南、交趾、合浦皆有之。（引自刘渊林注，晋左思《吴都赋》，载《文选》卷五）

注释：

木棉，高大的热带树。在我国，主要产于两广、海南、福建、台湾以及江西、云南、贵州、四川等地。茎干粗大，高数十丈，茎有刺。以木质轻软而著名。花大而作深红或金红三色。蒴果大，种子多枚。果实内富有棉花纤维，但韧性及弹性较差，故主要供制枕褥用。因树高大、果也大而艳，故被称作英雄树，富含观赏价值，广州市已选其作市花。

关于岭南木棉的早期著作有，《广州记》曰：

枝似桐枝，叶似胡桃而稍大，出交、广二州。

《罗浮山记》：

木棉，正月则花，大如芙蓉，花落结子，方生绵与叶耳。子内有棉，甚白，蚕成则熟，南人以为缊絮。

以上引文，均出自《太平御览·木部九》卷九六〇。

至清代，屈大均《广东新语·木语》卷二五作了综述。其主要内容有四：

一是解释了木棉又名攀枝花或斑枝的来由：

绵中有子如梧子，随绵飘泊，著地又复成树。树易生，倒插亦茂，枝长每至偃地，人可手攀，故曰“攀枝”。其曰“斑枝”者，则以枝上多苔文成鳞甲也。

二是极力渲染木棉树之雄奇与花之艳绝。他说，枝柯“排空攫拏（音拿），势如龙奋”。花绝大，花时无叶，叶在花落之后。花开时，“望之如亿万华灯，烧空尽赤”。未叶时，仿如十丈珊瑚，“尉佗所谓烽火树也”。为此，他咏道：“十丈珊瑚是木棉，花开红比朝霞鲜，天南树树皆烽火，不及攀枝花可怜。”由此可见，把木棉花选作广州市花的真谛所在。

三是专门描绘了西江一带木棉所点缀的“天下丽景”：

舟自牂牁江而上至端州，自南津、清岐二口而上至四会，夹岸多是木棉。身长十余丈，直穿古榕而出。千枝万条，如珊瑚琅玕丛生。花垂至地，其落而随流者，又如水灯出没，染波欲红。自春仲至孟夏，连村接野，无处不开，诚天下之丽景也。……予诗：“西江最是木棉多，夹岸珊瑚十万柯。又似烛龙衔十日，照人天半玉颜酡。”

如此美景，堪称旅游胜地。

四是记述了木棉纤维的作用：

子大如槟榔，五六月熟，角裂，中有绵飞空如雪。然脆不坚韧，可絮而不可织。絮以褥以蔽膝，佳于江淮芦花。或以为布曰“緤”，亦曰“毛布”，可以御雨。北人多尚之。

三、桂

桂之灌生，必粹其族。柯叶不渝，冬夏常绿。匪桂植，在乎嵩岳。（引自《艺文类聚·木部下》卷八九）

校勘：

“匪桂植”句，令人费解。据屈大均《广东文选》载：原系“□匪桂植”，即“匪”字之前，脱漏一字。

注释：

桂，木樨科木樨属常绿灌木。又名木樨、岩桂、九里香等。因其叶心有纵纹，形如圭而得名。原产我国中南、西南地区，今以广西栽培为多。先秦时，已以桂花酿酒。汉初，上林苑种有桂花。因既耐酷暑，又耐高寒，故有“冬夏常绿”之誉。

战国时的《楚辞》有“桂树丛生兮山之幽，偃蹇连蜷兮枝相缭”“嘉南州之炎德兮，丽桂树之冬荣”之句，反映了桂树的“丛生”与“冬荣”的特质。

《汉书·南越王传》卷九五载：汉文帝时，南越王赵佗遣使者献“桂蠹一器”。据释：蝎虫食桂，渍之以蜜，其味辛，被视作珍贵补品。可见，汉初岭南已广植桂树。

继东汉杨孚《异物志》后，记岭南之桂者为晋人郭义恭与嵇含。据《广志》载：

桂出合浦，而生必于高山之巅，冬夏常青，其类自为林，间无杂树。交阯置桂园。

可见，其基本内容本之《异物志》。又，《南方草木状》卷中载：

桂出合浦，生必以高山之巅，冬夏常青。其类自为林，间无杂树。

交趾置桂园，桂有三种：叶如柏叶，皮赤者，为丹桂；叶似柿叶者，为菌桂；其叶似枇杷叶者，为牡桂。

此记载的新意在于：细分桂有丹桂、菌桂、牡桂三种。牡桂，又名桂枝，即肉桂。

宋代，关于岭南桂的记载，富有代表性的有二。

一是宋人范成大《桂海虞衡志·志草木》记述粤西之桂：

桂，南方奇木，上药也。桂林以桂名，地实不产，而出于宾、宜州。凡木，叶心皆一纵理，独桂有两纹，形如圭，制字者意或出此。叶味辛甘，与皮无别，而加芳美，人喜咀嚼之。

可见，宋时广西产桂之地，主要不在桂林，而在宜州（今宜山）与宾州（今宾阳）。

一是宋苏颂《图经本草》细分岭南桂的不同品种：

今岭表所出，则有筒桂、肉桂、桂心、官桂、板桂之名，而医家用之罕有分别者。

清代，屈大均揭示了广东的名桂。作木材，以番禺桂制舟为上；作饮食，以高州肉桂为贵。据《广东新语·木语》卷二五载：

古多以桂为舟。《楚辞》云：沛吾乘兮桂舟。盖古时番禺多桂，《山海经》云：贲隅之东，八桂生焉，故舟楫多采桂为之。故曰番禺之桂，爰始为舟。

饮食中，古称蜀姜越桂。越桂以高州肉桂为珍，杂槟榔食之，口香竟日。

四、栟　榈

栟榈，棕也，皮可作索。枸桹，树也，直而高，其用与栟榈同。栟榈出武陵山，枸桹出广州。（引自刘渊林注，晋左思《吴都赋》，载《文选》卷五）

注释：

栟（音并）榈，又名椶（俗作棕）榈或棕榈，俗作椶鬣（因皮中毛缕如马之骏鬣而得名），也单称棕。属棕榈科。常绿乔木。出岭南、西川，江南也有。生长缓慢。茎圆柱形，无枝，高三丈余。有雄株雌株之分。叶大，掌状分裂，叶柄长，丛生茎顶。花小，淡黄色，雄花如粟粒，雌花结实呈核果状，陆游诗有“栟榈子嫩供香饭”之句。木材可旋为器物。叶基部有毛，包于茎上，称棕毛，强韧耐水湿，可制御雨蓑衣、绳帚等物。故《广群芳谱》卷七九称：“其皮有丝毛，错综如织，剥取缕解，可织衣帽褥椅钟盂之属，大为时利，每岁必两三剥之。”

关于“棕”，《山海经》中已多有记载。此外，晋郭义恭《广志》曰：

> 棕，一名栟榈，叶似车轮，乃在树下，下有皮缠之，附地起，二旬一采转复上生。

描绘了棕的形状。

《吴录·地理志》曰：

> 武陵临沅县多栟榈，木生山中。

这可作《异物志》“榈出武陵山”的注释。

《旧唐书·南蛮传》卷一九七载：诃陵国在南方海中，

> 竖木为城，作大屋重阁，以棕榈皮覆之。

这是棕榈多产热带的历史证明。

有趣的是，棕榈也成了历代诗人吟咏的对象。如唐徐仲雅《咏棕树》：

> 叶似新蒲绿，身如乱锦缠；任君千度剥，意气自冲天。

揭示了树为诗人钟爱的原因所在。

五、蒪　母

> 蒪母，树皮有盖，状似栟榈，但脆不中用，南人名其实为蒪，用之

当裂作三四片。（引自《齐民要术》卷十）

注释：

《广州记》（引自《齐民要术》卷十）曰：

蒟叶广大七尺，接之当覆屋。

六、梓　棪

梓棪，大十围。材贞劲，非利刚截不能克，堪作船。其实类枣，著枝叶重曝挠垂。刻镂其皮藏，味美于诸树。（引自《齐民要术》卷十）

注释：

梓棪，即苦梓，木兰科，乔木植物，其材质地坚硬。

七、木　蜜

木蜜，名曰香树。生千岁，根本甚大。先伐僵之，四五岁乃往看。岁月久，树材恶者腐败，唯中节坚直芬香者独在耳。（引自《太平御览·香部二》卷九八二）

校勘：

明李时珍《本草纲目》卷三四，蜜香条载："《异物志》云：其叶如椿。树生千岁。斫仆之，四五岁乃往看，已腐败，惟中节坚贞者是香。"

又《大观本草》与《政和本草》卷一二，蜜香条均引《异物志》文，相同。可证此文确属杨孚书。

注释：

木蜜，又名蜜香、沉香、多香木，系诸香树的总称。我国岭南地区产木蜜，特别是海南质好量多，故有"生南海诸山中"之誉。对此，早期著作已言之颇详。如吴万震《南州异物志》：

沉木香，出日南。欲取，当先斫坏树着地。积久，外皮朽烂。其心至坚者置水则沉，名沉香；其次在心白之间，不甚坚精，置之水中不沉不浮，与水面平者，名曰栈香；其最小粗白者，名曰系香。

晋嵇含《南方草木状》卷中，在《南州异物志》分蜜香为沉香、栈香、系香的基础上，细分为八种。该书写道：

蜜香、沉香、鸡骨香、黄熟香、栈香、青桂香、马蹄香、鸡舌香。案此八物，同出于一树也。交趾有蜜香树，干似柜柳，其花白而繁，其叶如橘。欲取香，伐之经年，其根干枝节，各有别色也。木心与节坚黑，沉水者为沉香；与水面平者为鸡骨香；其根为黄熟香；其干为栈香；细枝坚实未烂者为青桂香；其根节轻而大者为马蹄香；其花不香，成实乃香，为鸡舌香。珍异之木也。

嵇含还记及用蜜香树制成的名贵纸——蜜香纸。该书写道：

蜜香纸，以蜜香树及叶作之。微褐色，有纹如鱼子，极香而坚韧。水渍之，不溃烂。

南朝宋沈怀远《南越志》所载，则带有综合性质，无新意。其中写道：

交州有蜜香树。欲取先断其根。经年后，外皮朽烂。木心与节坚黑沉水者为沉香；与水面平为鸡骨；最粗者为栈香。

唐时，记岭南香树，以刘恂《岭表录异》卷中记罗州（今广东廉江）栈香树富有代表性。其中写道：

广管罗州，多栈香树，身似柳，其花白而繁，其叶如橘。皮堪作纸，名为香皮纸，灰白色，有纹如鱼子笺，其纸慢而弱，沾水即烂，远不及楮皮者，又无香气。或云，黄熟栈香，同是一树，而根干枝节，各有分别也。

宋代，则以范成大《桂海虞衡志·志香》所记海南香最为翔实：

沉水香，上品出海南黎峒。一名土沉香，少大块。其次如茧栗角、如附子、如芝菌、如茅竹叶者佳。至轻薄如纸者，入水亦沉。香之节因久蛰土中，滋液下流，结而为香。采时香面悉在下。其背带木性者，乃出土上环岛。四郡界皆有之，悉冠诸蕃所出。又以出万安者为最胜。说者谓万安山在岛正东，钟朝阳之气，香尤酝藉丰美。

大抵海南香气皆清淑，如莲花、梅英、鹅梨、蜜脾之类。焚一博投许，氛翳弥室，翻之四面悉香，至煤烬，气不焦，此海南香之辨也。北人多不甚识，盖海上亦自难得。省民以牛博之于黎，一牛博香一担，归自差择，得沉水十不一二。中州人士但用广州舶上占城、真腊等香。近年又贵丁流眉来者。余试之，不及海南中下品。

可见，海南香主要产于黎族地区，其质量不仅为岭南之冠，且远胜国外产品，故有诸香“唯海南最胜”之誉。

明代，《本草纲目》蜜香条引《广州记》：

肇庆新兴县出多香木，俗名蜜香，辟恶气，杀鬼精。

新兴县，明代属广东肇庆府，在今肇庆南。

清代，以檀萃所记最为简明扼要。这是因为他“旅黔、粤垂四年，唯粤差久”之故。他在《滇海虞衡志·志香》中写道：

沉水香，一名沉香，一名密香。密香者，则香所出之本树也。树如榉柳皮，青叶似橘，隆冬不凋，花白而圆，实似槟榔，大如桑椹。出六种香：曰沉香、曰鸡骨香、曰桂香、曰牂香、曰黄熟香、曰马蹄香。六香同出一树，有精粗之异。第此树岭表俱有，傍海尤多，接干交柯，千里不绝，士人恣用，盖舍、架桥、饭甑、狗槽，皆用是物。木多如此，有香者百无一二。盖木得水方结，多在折枝枯干中，或为沉、或为煎、或为青皮。故香之等凡三：一曰沉，入水即沉，谓之沉香；二曰煎，一作栈，范志作笺，半浮半沉曰煎香，又曰甲煎；三曰黄熟，香之轻虚，俗名速香。

读后，使人对香树的形状、用途以及香的等级有较为概括的了解。

总之，我国用作香料的树木大都产于南方炎热地带，故有“南方火行，其气炎上，药物所赋，皆味辛而嗅香”之说。我国对香树的利用，历史悠久，多用作祭祀、薰衣、驱邪、入药、疗疾等。如宋洪刍《香谱》卷下所说：

香之为用从上古矣。所以奉神明，可以达蠲洁。三代禋祀，首惟馨之荐。……萃众香之美，而萧芗郁鬯[①]不尊焉。

因香料为古人日常生活所必需，且又可制造馨香环境，故有“美之所钟”之誉。

八、枕 梁

有木洪直，厥名枕梁。（引自《太平御览·木部十》卷九六一）

注释：

笔者并未发现有其他记载。枕梁，当系因其木大而直，可充栋梁之用而得名。

九、摩 厨

木有摩厨，生于斯调。厥汁肥润，其泽如膏。馨香馥郁，可以煎熬。彼州之民，仰为嘉肴[②]。（引自《太平御览·木部九》卷九六〇）

校勘：

据《太平寰宇记·岭南道八》卷一六四，摩厨子条载：“《异物志》云：斯调州有木名摩树，汁如脂。”

除了上述《太平御览》《太平寰宇记》引作出自《异物志》外，相类内容的记载，也有引作出自《南州异物志》。如《齐民要术》卷十引《南州异物志》曰：“木有摩厨，生于斯调国。其汁肥润，其泽如脂膏，馨香馥郁，可以煎熬食物，香美如中国用油。”

---

① 鬯，音畅，祭祀用酒。

② 注：《花木志》曰，煎熬食物，香美如华夏之人用油。

康熙敕撰《广群芳谱》卷八一，也作引自《南州异物志》，全文同。

这就产生两种可能：一是杨孚《异物志》与万震《南州异物志》均有关于“摩厨”的记载。因杨孚东汉人，万震三国吴人，故万震袭用杨孚说。一是也不排除《太平御览》与《太平寰宇记》所引的《异物志》非杨孚书而是万震书。因万震还有关于斯调国的其他记载。

注释：

斯调国，古国名，一般以为在今斯里兰卡，一说是印尼爪哇一带。

关于斯调国的记载，主要见于吴万震《南州异物志》。据《太平御览·四夷部八》卷七八七引《南州异物志》曰：

> 斯调，海中洲名地。在歌营东南可三千里，上有王国城市，街巷土地佞美。

此外，康泰《扶南土俗》（见《太平御览》卷七八七）也有所记载：

> 斯调洲湾中有自然盐，累如细石子。国人取之，一车输王，余自入。

摩厨，在广东也有。据《太平寰宇记·岭南道八》卷一六四载：

> 摩厨子，康州端溪县土产荆阳树，一名豕树。皮白，味如脂。

康州，唐置南康州，寻更名康州，治今广东德庆。端溪，在今广东高要县东南。可见，摩厨在广东高要名为荆阳树，俗名豕树。明代，因产于广东德庆，又名“德庆果”。

十、篔　筜

> 篔筜，生水边，长数丈，围一尺五六寸，一节相去六七尺，或相去一丈，庐陵界有之。始兴以南，又多小桂，夷人织以为布葛。（引自《文选》卷五，刘渊林注，晋左思《吴都赋》“其竹则篔筜箖箊，桂箭射筒”句）

注释：

竹，禾本科多年生常绿植物。耐湿耐寒，长年不改柯易叶。茎木质，中空，白膜；外皮青绿色，或黄或紫，或斑驳文。茎间有节，节处生枝，枝分两派，枝也有节。枝间节处生叶，叶具平行脉，叶柄成鞘。花小色白，不常开，一般花开后即死去，很少结实。春月生笋，外包以箨，及成茎抽长，箨则逐次脱落，脱落处有粉，岁久而茂，茂而成林。

古人关于竹的属类，多主张“非草非木”，故独立一门。也有的以为“竹曰华草，言草者故当以竹为首”，据此而归入草目，屈大均《广东新语》将其列在“草语”，即是一例。

竹的种类繁多。宋人范成大将其分为九品。这就是：篛竹，叶大且密，秾阴郁然；涩竹，又名思劳竹，因肤粗涩而得名；人面竹，又称罗汉竹，竹竿较细；钓丝竹，因纤细柔弱如钓丝而得名，宜用作鱼竿；斑竹，即湘妃竹，因竹斑如泪痕而得名；猫竹，又作茅竹或毛竹，类筋竹，干大而厚；桃枝竹，也作棕竹，即篔筜；竻竹，是芒棘森然的刺竹；箭竹，即箭杆竹。而晋人戴凯之《竹谱》更分为六十一品类。

竹的用途颇广。主要用于制作和编织各种用具；其纤维除用作造纸材料外，旧时也有将竹作制布用，“花秾柔而韧，篾与白藤同功，练以为麻，织之，是曰竹布，故曰：南方食竹而衣竹”；笋可食，但有“岭南笋不如江、浙”之说。

竹是南方特产，并有“粤东多竹”之载。（以上引文，均出自清屈大均《广东新语·草语》卷二七）

篔筜，音芸当。竹的一种。其特点为：薄肌而最长，节中贮箭，因以为名。据晋戴凯之《竹谱》载：

> 篔筜射筒，箖箊桃枝，长爽纤叶，清肌薄皮，千百相乱，洪细有差。数竹皮等叶相似，篔筜最大，大者中甑，笋亦中射筒。薄肌而最长，节中贮箭，因以为名。箖箊叶薄而广，越女试剑竹是也。桃枝是其中最细者，并见方志赋。桃枝皮赤，编之滑劲，可以为席。

关于篔筜，除《异物志》所载外，还有顾微《广州记》曰：

䈽竹，一名篔筜，节长一丈。

《吴录》曰：

始兴曲江县有篔筜竹，围尺五寸，节相去六七尺，夷人以为布葛。

总之，篔筜，在庐陵（治今江西吉安）、曲江（广东今地）等地均出产。其竹节间距离长，宜作箭筒；纤维细，可为“布葛”。

十一、簹

有竹曰簹，其大数围，节间相去局促，中实满，坚强以为屋榱，断截便以为栋梁，不复加斤斧也。（引自《太平御览·竹部二》卷九六三）

校勘：

《齐民要术》卷十引《异物志》所载同，唯“室榱”改作“柱榱”。

注释：

簹，音福。其特征，体大中实节短。因坚强，南越人用作竹屋栋梁。据晋戴凯之《竹谱》载：

簹与由衙，厥体俱洪，围或累尺，簹实衙空，南越之居，梁柱是供。簹实厚肥，孔小，几于实中。二竹皆大竹也。土人用为梁柱。簹竹安成以南有之，其味苦，俗号簹由衙竹。《交州广志》云：亦有生于永昌郡，为物丛生。《吴都赋》所谓由衙者篁。簹，音雹，性柔弱。

十二、簩　簩

簩簩（音思劳）国出竹，可砺指甲。（引自清康熙敕撰《广群芳谱·竹谱一》卷八二）

校勘：

《广群芳谱·竹谱一》卷八二所引全文是：“《异物志》云：簩簩国出竹，可砺指甲之具。新州有此种。制成琴样，为砺甲之具，用久微滑，以酸浆之，过宿快利如初。亦可作箭。”

新州，南朝梁置，治今广东新兴。因新州设置在东汉以后，故可断定从此以下引文非《异物志》本文，系窜入。

又，明杨慎《丹铅总录》卷一三，有“《异物志》：南方思牢国产竹，可砺指甲”之载。可作《异物志》确有簩䈽记载的佐证。

此条，曾钊《异物志》辑本未收，当系脱漏。据上述记载，故补收。

注释：

簩䈽竹，或作思劳竹，也作涩竹。竹子之一种，秆直，顶端下垂，节间细长，皮薄，故有“皮薄而空多”之载。其特征，皮粗涩。历代多有记载。如晋嵇含《南方草木状》卷下：

簩䈽竹，皮薄而空多，大者径不过二寸。皮粗涩，以磅犀象，利胜于铁。出大秦。

唐刘恂《岭表录异》卷中，在袭用《南方草木状》的基础上，又有所增补：

簩䈽竹，皮薄而空多，大者径不逾二寸。皮上粗涩，可为锁子错甲，利胜于铁。若钝，以浆水洗之，还复快利。石林之竹劲而利，削为刀，割象皮如切。

宋范成大《桂海虞衡志·志草木》：

涩竹，肤粗涩，如木工所用砂纸，可以错磨爪甲。

宋周去非《岭外代答》卷八：

涩竹，一名簩䈽竹，每一节上半犹是常竹，其半篘肤粗涩，视之似生细毛，可借以磨琢爪甲，人取其涩处削成错子，黑漆其里，以相赠遗。用久刓滑，醋浸少顷，火炙干，复涩矣。老者弥涩，然亦奇物。邕州两江多有之。

值得注意的是，清人屈大均与历代著家对竹的分类不同，将箣竻竹与竻竹合二为一。据《广东新语·草语》卷二七载：

有竻（簕）竹，一名“涩勒（簕）”，勒，刺也，广人以刺为勒，故又曰“勒竹”，长芒密距，枝皆五出如鸡足，可蔽村寨。子瞻（苏轼）诗：“涩勒暗蛮村。”一名“箣竻”。新兴向无城，环种是竹，号“竻城”。其材可析桷，篾可织，皮可剉物，土人制为琴样，以砺指甲，置于杂佩之中，用久微滑，以酸浆渍之，复涩如初。

应该说，屈大均把竻竹、勒竹、涩勒、箣竻合为异名一体，是不无道理的。

十三、蒳

蒳，草树也，叶如栟榈而小，三月采其叶，细破阴干之，味近苦而有甘，并鸡舌香食之，益美。（引自刘渊林注，晋左思《吴都赋》，载《文选》卷五）

校勘：

《太平御览·果部十一》卷九七四引《异物志》曰：“蒳，草树，果如栟榈而小，三月采其叶，细破干之，味近苦甘，并鸡舌香食之，益善也。”

与《吴都赋》注的引文相较，最大的不同是作“果如栟榈而小”而非“叶如栟榈而小”，且归入果部，未知孰是。

注释：

蒳，植物名。据晋顾微《广州记》（引自《太平御览·果部十一》卷九七四）曰：

山槟榔大于蒳子，蒳子土人亦呼为槟榔。

可见，蒳果类槟榔。

十四、豆 蔻

豆蔻，生交趾，其根似姜而大，从根中生，形似益智，皮壳小厚，

核如石榴，辛且香。（引自刘渊林注，晋左思《吴都赋》，载《文选》卷五）

注释：

豆蔻，蘘荷科多年生草本，高一丈余。叶似襄荷，夏日开花，黄白色，穗状，果实球形。种子具芳香，入药。产岭南。

豆蔻之得名，凡物盛多谓之蔻，其子如豆而丛生，故名豆蔻。又名草豆蔻、漏蔻、草果等名。

另有红豆蔻，即高良姜。花色不同于草豆蔻，且无实，故范成大谓“不与草豆蔻同种”。

关于草豆蔻，苏颂《图经本草》在晋稽含《南方草木状》所记的基础上，加以阐发，可谓最为翔实：

> 岭南皆有之。苗如芦，似山姜杜若。根似高良姜。二月间花作穗，房生于茎下，嫩叶卷之而生。初如芙蓉花微红，穗头深红色。其叶渐广，花渐出，而色渐淡。亦有黄白色者。结实若龙眼子，而锐皮无鳞甲，皮中子如石榴瓣，夏月熟时采之，暴干。气味辛温濇无毒，温中，治心腹痛，呕吐，下气止霍乱，一切冷气，消酒毒，调中补胃，健脾消食，治瘴疟、噎膈、反胃、痞满、痰饮积聚，开郁破气，杀鱼肉毒，制丹砂。

豆蔻，后人有用“豆蔻年华”作少女的形容词者。其源盖出于唐人杜牧“娉娉袅袅十三余，豆蔻梢头二月初”的诗句。因豆蔻花开叶间，南人取其未大开者，谓之含胎花。故以此引申为年少也。

因豆蔻辛香，富含药用价值，故成了南方的贡品。如《宋史·地理志六》卷九〇载：庆远府（治今广西宜山）

> 贡生豆蔻、草豆蔻。

又，史称五代明宗天成二年（927年），牂牁蛮（居于今贵州大部及广西、云南部分地区）“贡草豆蔻二万个”。

至于红豆蔻，则首推宋人范成大《桂海虞衡志·志花》所载为详：

红豆蔻，花丛生，叶瘦如碧芦。春末发。初开花先抽一干，有大箨包之。箨解花见，一穗数十蕊，淡红鲜妍如桃杏花色。蕊重则下垂如蒲萄，又如火齐缨络，及剪彩鸾枝之状。此花无实。不与草豆蔻同种。每蕊心有两瓣相并，词人托兴如比目连理云。

红豆蔻与草豆蔻，同属姜种而非同种，范成大揭示二者之不同，这是其独到之处。清人屈大均则指出，红豆蔻因花而名，若以根为名则为高良姜。据《广东新语·草语》卷二七载：

高良姜，种自高凉（属今广东阳江等地），故名。不曰“者凉”，言为姜之良也。其根为姜，其子为红豆蔻，子入馔，未拆开者曰“含胎”，以盐腌入甜糟中，终冬如琥珀，味香辛可脍。其根不堪食，而药中多用之，人不以其子而掩其根，所重在根，故不曰“红豆蔻”，而曰“高良姜”也。

十五、益　智

益智，类薏苡，实长寸许，如枳椇子。味辛辣，饮酒食之佳。（引自《齐民要术》卷十）

校勘：

据《太平御览·果部九》卷九二七所引陈祈畅《异物志》文，除“味辛辣”写作“味辛刺（当为辣之误）”外，其余全同。鉴于《齐民要术》为后魏贾思勰所作，其成书要早于宋代李昉编的《太平御览》，故《齐民要术》引作出自杨孚《异物志》之说，似较可信。今两说并存，以备考。

注释：

益智，姜科，多年生草本植物。一说益智为荔枝，不确。历代多有记载。如晋郭义恭《广志》曰：

益智，叶似襄荷长丈余。其根上有小枝，高八九寸，无叶萼。其子聚生之如枣，中瓣黑皮白核小者曰益智。含之隔涎涉。出寿万，亦出交趾。

晋顾微《广州记》（引自《艺文类聚》卷八七）曰：

益智，叶如蘘荷。茎如竹箭。子从心出，一枝有十子。子肉白滑，四破去之，取外皮，蜜煮为粽。味辛。

晋嵇含《南方草木状》卷中：

益智子，如笔毫，长七八分。二月花，色若莲，著实，五六月熟。味辛。杂五味中，芬芳，亦可盐曝。出交趾合浦。建安八年，交州刺史张津尝以益智子粽饷魏武帝。

清康熙敕撰《广群芳谱》卷九五引宋人《东坡杂记》云：

海南产益智。花实皆作长穗而分三节，其实熟否？以候岁之丰歉。其下节以候蚕禾，中上亦如之，大凶之岁，则皆不实，盖罕有三节并熟者。其为药，治气止水，而无益于智，智岂求之于药。其得此名者，岂以知岁耶？

以益智子之实占候之法，清屈大均《广东新语·草语》卷二七所记更为具体："下节以候早禾，上节以候晚禾，大凶岁则皆不实。"

上述记载可归结为：益智之名，非其本身能益人智，而是因其可验丰歉之年而为智；益智产于岭南；类薏苡；其子味辛，可入药；直至清代，岭南之人仍流行益智占岁法，这虽无根据，但可见粤地旧时迷信民俗之浓重。

十六、姜　汇

姜汇，大如累，气猛近于臭，南土人捣之以为虀菱。一名廉姜，生沙石中，姜类也。其累大，辛而香，削皮，以黑梅并盐汁渍之则成也，始安有之。（引自刘渊林注，晋左思《吴都赋》，载《文选》卷五）

校勘：

明李时珍《本草纲目·草部》卷十四，"廉姜"条也引："《异物志》云：生沙石中，似姜，大如螺，气猛近于臭。南人以为齑，其法削皮，以黑梅及盐汁渍之，乃成也。”

此文与《太平御览》引文稍异，可参校。

注释：

始安，汉始置始安县，治今广西桂林。

文献记载表明：姜汇，或名廉姜。“生岭南、剑南，人多食之。”其味辛猛，可入药，主治“温中下气，消食益智”。

十七、藿　香

藿香，交趾有之。（引自刘渊林注，晋左思《吴都赋》，载《文选》卷五）

注释：

藿香，唇形科多年生草本。茎方，高三四尺。叶对生，圆形或卵形，有柄及锯齿。茎叶有强烈香气。夏日，茎顶开唇形花，排列成穗状。色淡红或青紫。小坚果近球形。割取全草，作中药用。提取芳香油，作化妆品用。我国两广、云南、台湾等地有栽培。

主要记载有，吴万震《南州异物志》曰：

藿香生曲逊国，属扶风香形，如都梁，可以着衣服中。

晋嵇含《南方草木状》：

藿香，榛生，民自种之，五六月采曝之，乃芳芬耳。出交阯武平兴古九真。

今本《南方草木状》无此文，以上引文均出自《太平御览·香部二》卷九八二。又，明李时珍《本草纲目·草部》卷十四载，苏颂曰：藿香，

岭南多有之，人家亦多种。二月生苗，茎梗甚密，作丛，叶似桑而小薄。六月七月采之，须黄色乃可收。

以上记载表明：藿香，除产于我国周边国家外，岭南也有栽培。除用其芬香外，还是重要中药药材。

廉实虽名三廉，或有五六，长短四五寸，廉头之间正岩，以正月中熟，正黄多汁，其味少酢，藏之益美。（引自《齐民要术》卷十）

校勘：

黄泰泉《广东通志》卷二三引《异物志》曰："三廉大实，实不但三，味酸且甘，藏之尤好，与果相参。"

又，《齐民要术》卷十引《广州记》曰："三廉快酢，新说蜜为糁乃美。"

通过以上记载，可见廉的基本形态与属性。

注释：

三廉，又名五敛子，即杨桃，属酢浆草科，常绿或半常绿乔木植物。"廉"为"棱"意，三廉即三棱，实际杨桃不止三棱，故有"虽名三廉，或有五六""实不但三"之说。其味"酸且甘"，"藏之尤好"。岭南各地均出产。

十八、香　菅

香蓿（应为"菅"之误），似茅而叶长大于茅，不生洿下之地，邱陵山岗。凡所蒸享，必得此菅苞裹，助调五味，益其芬菲。（引自《太平御览·百卉部三》卷九九六）

注释：

菅，禾本科多年生草木。香菅，即香茅。茎高二三尺，叶多毛，细长而尖。秋月开花，壳上具长芒，苞叶长而尖，褐色，其小穗排列为圆锥形花序。根质强韧。《尔雅》有"白华野菅"之句，《山海经·西山经》卷二则有：天帝之山，"下多菅蕙"之载。古人因香菅芬菲，故用作祭祀。

十九、文　草

文草作酒，其味甚美；土人以金买草，不言贵也。（见《北堂书钞·

酒食部》卷一四八，文草酒条，引杨孚《异物志》云）

校勘：

据《太平御览·百卉部一》卷九九四载："丈草作酒，能成其味；以金买草，不言其贵。以美用之故也。"

《北堂书钞》与《太平御览》两处的引文相较，似以前者更接近原文，其因有三：一是当以"文草"为名，较为合理；"丈"当为"文"之讹；一是前者有"土人"二字，说明此乃土俗，更有意义，也更符《异物志》原意；一是后者"以美用之故也"，似是后人添加的说明词。

注释：

用草作曲糵以制酒，或是将香草置于酒中，以达到"美用"效果，故用金买草，是"不言贵"的。

在我国古代，有用南方菁茅渗酒以祭祖之仪。如《谷梁传·禧公四年》载：

> 菁茅之贡不至，故周室不祭。

"青茅，香草，所以缩酒，楚之职贡。"由于楚人三年不贡菁茅，致使周王室祭祀无以缩酒，这成了楚人的一大罪状。可见，香草在王室祭酒中的重要性。此例，可用作以金买草而不言贵的一种说明。

二十、石　蜜

> 交阯草滋大者数寸，煎之，凝如冰，破如慱[①]棋，谓之石蜜。（引自《太平御览·饮食部一五》卷八五七）

注释：

用含糖分高的植物（所谓"交阯草"即其一种）制成凝成饼块的白砂糖，称作石蜜。如明李时珍《本草纲目·果部》卷三三说：

---

① 慱：音团，圆也。

甘蔗汁煎而曝之，则凝结如石而体甚轻，故谓之石蜜也。

石蜜，即白砂糖也。凝结作饼块如石者为石蜜；轻白如霜者为糖霜；坚白如冰者为冰糖。皆物有精粗之异也。

石蜜，为饼块状。史称：魏文帝与孙权书曰："奉石蜜五饼"，可证。

石蜜，本出西国。据《续汉书》载："天竺国出石蜜。"唐时，国中曾仿造，质量甚佳。史称：蕃胡国出石蜜，中国贵之，遣使往摩伽池国取其法，令扬州煎甘蔗汁自造，结果"色味逾于西域"。

在国内，则以西北出产著称。据《凉州异物志》曰：

石蜜之兹甜于浮萍，非石之类，假石之名，实出甘柘，变而凝轻。

故有"石蜜出陇西天水"之说。

二十一、科　藤

科藤，围数寸，重于竹，可以为杖，篾以缚船，及以为席，胜于竹也。(引自《太平御览·百卉部二》卷九九五)

校勘：

《齐民要术》文微异："《异物志》曰：科藤，围数寸，重于竹，可以为杖，篾以缚船，及以为席，胜竹也。"

《太平御览》及《齐民要术》均作引自《异物志》，可从。但，康熙敕撰卷八一作引自《临海水土异物志》，不知何据。而《临海水土异物志》则为吴人沈莹所作。

注释：

藤，藤本植物。又作藟，音壘，累之意。长茎，木质的攀援植物，其根着生土中，茎缠绕其他植物盘曲而上。藤本植物是热带地区中的典型植物，直径可达六米，长度可达百米。扁平的和扭曲的藤本植物常纠缠成网悬挂树间。山谷之中，所在多有。

南方天气炎热，宜于藤的生长，故有“岭南藤类至多”之称。主要用于编织器物，可为椅、席、盘、屏风及旧时兵器盔、甲、马鞭之属。藤织品，在往日岭南经济中占有重要地位。故屈大均《广东新语·草语》卷二七说：岭南藤类“货于天下。其织作藤器者十家而二。五羊、汾水之肆，衣食于藤，盖多于果布也”。

科藤为藤之一种。其特点是茎粗大、皮耐用。其他记载尚有晋顾微《广州记》：

科藤如栟榈，叶疏，外皮青，多棘刺，高五六丈者如五六寸竹，小者如笔管竹，破其外青皮得息，即科藤。

南朝宋王韶之《始兴记》则载：

黄溪出科藤。

二十二、葭　蒲

葭蒲，藤类，蔓延他树以自长养。子如莲菆，著枝蔼间，一日作扶相连。实外有壳，里又无核，剥而食之，煮而曝之，甜美，食之不饥。（引自《齐民要术》卷十）

校勘：

此文，《齐民要术》引作《异物志》。但《太平御览·百卉部二》卷九九五有相类记载，则引作：“陈祈畅《异物志》曰：葭蒱，藤类，延蔓他树以自长养。实大小长短如莲菆，着枝格间，实外有壳，又无核，剥乃食之，煮而曝之，甜美，食之不饥。”

上述记载有二种可能：一是杨孚与陈祈畅均有记载，而陈祈畅所载，主要袭自杨孚书；一是本是陈祈畅《异物志》所载，而《齐民要术》称引时，省去陈祈畅之名。待考。

第七章　玉　石

一、扶　留

古贲灰，牡厉灰也，与扶留、槟榔三物合食而后善也。扶留藤似木防己，扶留、槟榔所生相去远，为物甚异而相成。俗曰：槟榔、扶留，可以忘忧。(引自《太平御览·果部一二》，扶留条)

校勘：

《齐民要术》卷十引《异物志》相类："古贲灰，牡砺灰也，与扶留、槟榔三物合食然后善也。扶留藤似木防（当脱'己'字），以扶留、槟榔所生相去远，为物甚异而相成。俗曰：槟榔、扶留，可以忘忧。"

注释：

扶留，胡椒科土蒌藤属植物。其叶名蒌，从汉、魏以来，岭南人食槟榔时都加入蒌、灰（牡砺灰、石灰等）合食，代代相传不替。扶留之实如桑葚而长，名蒟，可为酱。历代注家都认为《史记·西南夷列传》的蒟（枸）酱即此物。扶留，也作浮留。

扶留，历代多有记载。如，晋郭义恭《广志》曰：

扶留藤，缘树生，其花实即蒟也，可为酱。

顾微《广州记》有相类记载。又，晋张勃《吴录·地理志》曰：

始兴，有扶留藤，缘木而生，味辛可以食槟榔。

始兴郡，三国吴时始设。辖境位于五岭两侧，即大部为今粤北与小部为今湘南地。明李时珍《本草纲目》卷十四：

蒟酱生巴、蜀中……蔓生，叶似王瓜而厚大，光泽，味辛香，实似桑椹，而皮黑肉白。……交州、爱州人家多种之，……苗名浮留藤，取叶合槟榔食之，辛而香也。

明王士性《广志绎》卷四，广东条载：

蒌一名蒟苗，即蜀人所造蒟酱者也。蔓生，叶大而厚，实似桑椹，其苗为扶留藤。人食之，唇如抹朱。杨万里云："人人藤叶嚼槟榔，户户茅檐覆土床。"

总之，岭南以及川、黔、滇等地均产扶留。

二、石　发

石发，海草，在海中石上藂（音丛，聚集也）生。长尺余，大小如韭，叶似席莞，而株茎无枝。以肉杂而蒸之，味极美，食之近不知足。（引自《太平御览·百卉部七》卷一〇〇〇）

注释：

石发，海洋藻类植物。因"生于石"而形似发而得名。又名"石衣""水衣"。《尔雅》名为"藫"。青绿色，长尺余，大小如韭菜，味鲜。

早期有关石发的记载，除《异物志》外，还见于晋张华《博物志》：

石发，生海中者。长尺余，大小如韭叶。以肉杂蒸食，极美。

此记载，未见今本《博物志》，仅见明人李时珍《本草纲目》所称引，其基本内容又是《异物志》所记的缩写。据以上理由，疑李时珍误把《异物志》写成《博物志》。

又，南朝宋沈怀远《南越志》（引自郭景纯《江赋》注，载《文选》卷十二）载：

海藻，一名海苔，生研石上。

此"生研石上"的"海藻"，当系石发类。

唐、宋时记载转多。如，唐段成式《酉阳杂俎》续集卷十：

石发，张乘言，南中水底有草如石发，每月三四日始生，至八九日以后可采。及月尽，悉烂，似随月盛衰也。

宋范成大《桂海虞衡志·志草木》：

出海上，纤长如丝缕。

宋周去非《岭外代答》卷八：

石发，出海上，纤长如丝缕，浅绿色，置食肴中极可爱，然易烂而薄于味。

至清代，仍见记载。据屈大均《广东新语·草语》卷二七，海菜条载：

有石发，蒙生海石上，春时采之，色碧绿。

屈大均将海菜细加区分，分为纸菜、紫纸、海带以及石发等。说明历代有关“石发”记载之不谬。

石发，还被用于文学作品中。如《梁书·沈约传》所载《郊居赋》中云：

石衣海发，黄荇绿蒲。

总之，综观历代记录，基本内容无过《异物志》者。可见，《异物志》记述之精确。

三、玉

玉山昆仑。（引自《大观本草》卷三）

注释：

古籍所谓昆仑山，多指我国西北新疆、青海、甘肃一带山脉。此地产玉，如《太平御览·珍宝部四》卷八〇五载：

昆仑山，曾城九重有珠树玉树。

但此非杨孚书记述范围。

今广西邕宁东北，古时也有昆仑山。又，据载：越南高平、太原一带，也有昆仑山；此系从广西昆仑山连绵而来。这一带地区也产玉。如，晋郭义恭《广志》载：

白玉，美可照，而出交州。

可证。倘杨孚《异物志》有昆仑产玉的记载，其地当在岭南一带。

四、云　母

云母，一名云精，入地万岁不朽。（引自李善注郭景纯《江赋》“云精爓银”句，载《文选》卷十二）

注释：

云母，矿物名，属含水矽酸盐类。主要特性为其底面有完全劈开及富含珍珠光泽。不风化。晶体透明。多成板状。有白、黑、红、黄、灰、褐等色。耐火性强，柔软有弹性。为花岗岩、云母片岩等的主要成分。可作绝缘体及玻璃代用品用，又作屏扉等的装饰品。

古人为求长生之术而作药服食。史载：唐人杜伏威“常服云母散”，尉迟敬德“闲居服云母粉”，均是例证。又因云母有入地不风化的性能，故古人误以为“以云母壅尸则亡人不朽”而将其用作埋葬用品者。

《异物志》关于云母“入地不朽”（不起风化作用）的记载，还见于《太平御览·珍宝部七》卷八〇八所载：

《淮南万毕术》曰：“云母入地，千岁不朽。”

至于岭南产云母的具体地域记载，始见于晋裴渊《广州记》：

增城县有云母，向日出照之晃耀。

云母在阳光下“晃耀”，是因其富含珍珠光泽所致。《洛阳宫殿记》载，宫中道观之窗饰有云母，“日照之炜炜有光”，也属此例。

五、火 齐

火齐如云母，重沓而可开，色黄赤似金，出日南。（引自刘渊林注，晋左思《吴都赋》“火齐之宝”句，载《文选》卷五）

注释：

火齐，一说为珠。如，《后汉书·班固传》卷四〇上所载《两都赋》“翡翠火齐”句，李贤注引《韻集》曰：“火齐，珠也。”

上引《异物志》则认为：火齐，为宝石。此可从其他著作中得到证实。如，吴万震《南州异物志》曰：

火齐，出天竺，状如云母，色如紫金，离别之节如蝉翼，积之如纱縠（音湖，有皱纹的纱）重沓。

《吴录》曰：

南西倦县有火齐，如云母，重沓可开，色黄似金。

《演繁露续集》云：

天竺有火齐，如云母，而色紫，裂之则薄如蝉翼，积之则如纱縠之重。据此，则老杜谓“火齐堆金盘”，误以为火齐也。

正史中，则首见于《梁书·诸夷传》卷五四载：中天竺国土俗出火齐。

火齐状如云母，色如紫金，有光耀，别之则薄如蝉翼，积之则如纱縠之重沓也。

总之，综合《异物志》诸说，则内容大体相同。这就是：火齐，云母类，片状，其底面可层层剥开至蝉翼一样的单薄。故应是一种矿物质而非“珠”。

第八章　其　他

一、合浦民

合浦民，善游采珠，儿年十余岁便教入水。官禁民采珠，巧盗者，蹲水底，刮蚌得好珠，吞而出。（引自《艺文类聚·宝玉部下》卷八四）

校勘：

《艺文类聚》引此文时，前面已言明“万震《南州异物志》曰”；又《太平御览·珍宝部二》卷八三有相同记载，也冠以“万震《南州异物志》曰”。故可断曾钊辑本将此收入杨孚《异物志》中，显然有误。

又，《丛书集成初编》本，将“便教入水”的“便”字，印成“使”字，此乃排印之误。

注释：

合浦，郡名，汉元鼎六年（前 111 年）置，治所在合浦（广西今县东北）。

关于合浦地产珠，“合浦民”，采珠为业，史籍多有记载。如，《后汉书·循吏·孟尝传》卷七六载：东汉时，合浦郡，

郡不产谷实，而海出珠宝，与交阯比境，常通商贩，贸籴粮食。

《晋书·陶璜传》卷五七载：孙吴对合浦之珠，

所调猥多，限每不充。

至两晋时，陶璜上言：

合浦郡土地硗确，无有田农，百姓唯以采珠为业，商贾去来，以珠贸米。……今请上珠三分输二，次者输一，粗者蠲除。

及唐代，《旧唐书·地理志》则载：

合浦郡有珠母湾，为郡人采珠之所。

后世，采珠之“合浦民”被称作蜑人。据宋范成大《桂海虞衡志·志蛮》载：蜑，

海上水居蛮也。以舟楫为家。采海物为生，且生食之。入水能视。合浦珠池蚌蛤，惟蜑能没水采取。旁人以绳系其腰，绳动摇则引而上。先煮毳衲极热，出水急覆之，不然寒栗而死。或遇大鱼蛟鼍诸海怪，为鬐鬣所触，往往溃腹折支，人见血一缕浮水面，知蜑死矣。

直至今日，合浦珠仍闻名于世。

二、临海矢

夷州土无铜铁，取磨砺青石以作弓矢，此石砮楛矢之类。（见《初学记·石第九》卷九，事对“临海矢”条，引《异物志》曰）

校勘：

此《异物志》文，非出自杨孚《异物志》，而是吴沈莹《临海水土异物志》一书。理由很简单：“夷州”（今中国台湾）正是《临海水土志》论述的内容。殆因《初学记》作者鉴于已用“临海矢”标目，故书名省去“临海”二字。

注释：

夷州，我国台湾之古地名，乃闽越之地。秦属闽中郡。汉武帝撤销闽中郡，遂属会稽郡。据《三国志·吴书·陆逊传》载：黄龙二年（230年）孙权遣卫温等人率军“远规夷州以定大事”。

三、磁　石

涨海崎头，水浅而多磁石。徼外人乘大舶，皆以铁叶锢之。至此关，以磁石不得过。（引自黄泰泉《广东通志》卷二四）

校勘：

据《太平御览·药部五》卷九八八载：“《南州异物志》曰：涨海崎头，水浅而

多磁石。外徼人乘大舶皆以铁叶叶之。至此关，以磁石不得过。”

可见，此引文，《广东通志》作出自《异物志》；而《太平御览》则称出自《南州异物志》。方志与文献说法矛盾，当以后者可信。故此从《太平御览》说，以出自吴人万震《南州异物志》为是。

四、燋　石

悦城北百余里，有山中燋石出产，每岁人采之，琢为烧器，民亦赖也。（引自《太平寰宇记·岭南道八》卷一六四）

校勘：

悦城县，南朝宋置说城县，南齐作悦城，隋废，故治在广东德庆东。唐改乐城为悦城，故治在今德庆东八十里，今仍有此地。换言之，悦城系南朝及唐所置县。故此记载，不会早于南朝。由引可断定，此非杨孚《异物志》的内容。

五、狖

狖，猿类，露鼻，尾长四五尺，居树上，雨则以尾塞鼻。建安、临海北有之。（引自刘渊林注，晋左思《吴都赋》，载《文选》卷五）

校勘：

建安郡，三国吴永安三年（260 年）分会稽郡置，治所在建安（今建瓯），辖境相当于今福建。其境与临海郡相邻。

临海郡，三国吴太平二年（257 年）分会稽郡治，治所在临海（今名），后移治章安（今临安东南），辖境约今浙南闽北沿海之地。

从上述地名“建安、临海”的出现，只能得出两个结论：

一是因为杨孚为东汉时人，故显非其《异物志》的内容。从其所记的地望而论，倒与三国吴沈莹《临海水土异物志》的内容相近。故笔者将其列入本书的附录中，以待考。

一是也不排除关于“狖”的记载，确出自杨孚《异物志》，而“建安、临海北有之”一句则系刘渊林所附加的话的可能性。

注释：

狖，音柚。《淮南子·览冥》卷六“猿狖颠蹶而失木枝”句，高诱注：“狖，猿属长尾而昂鼻。”可见，狖，属长尾猿类，与猓然类，故《吴都赋》“狖鼯猓然”并提。

关于“狖”，晋张勃《吴录·地理志》有相类记载：

建安阳县多狖，似猿而露鼻，雨则以尾反塞鼻孔。郡内及临海皆有之。

六、鼯

鼯，大如猿，肉翼若蝙蝠，其飞善从高集下，食火烟，声如人号。一名飞生，飞生子故也。东吴诸郡皆有之。（引自刘渊林注，晋左思《吴都赋》，载《文选》卷五）

校勘：

“东吴诸郡”。东吴，三国吴因地处江东，也称东吴。此东吴诸郡，显系指三国吴境的诸郡。据此可定：第一，此记载非出自杨孚《异物志》，因其地望相冲突，故只作本书附录收入。第二，或是其内容虽系出自杨孚书，但“东吴诸郡皆有之”一句，则系刘渊林所添加，这在古书中也是有先例的。即引文和引者说明的话混淆在一起了。

注释：

鼯，音吾。又名夷由。形似松鼠，长二尺余。前后肢间有飞膜，能从树上滑翔下来。毛多褐色。尾长。住树洞中，昼伏夜出。食果实、树芽。

七、木客鸟

木客鸟，大如雀，数千百头为群，飞集有度，不与众鸟相厕。人俗云：木客白黄文者谓之君长；有翼有绶，飞高而正赤者在前，谓之五伯；前正黑者，谓之铃下；细色而赪杂者，谓之功曹；左胁有白带似鞶（音盘，小囊之意）囊者，谓之主簿。长次君后。其五曹官属，各有章色。

庐陵郡东有之。（引自《太平御览·羽族部一四》卷九二七）

校勘：

据《初学记·江南第十》卷八，“山都、木客”条，引《异物志》曰：“庐陵大山之间，有山都似人裸身，见人便走，自有男女，可长四五尺，能嚗相唤，常在幽昧之中，似魑魅鬼物。又曰：庐陵有木客鸟，大如鹊，千百为群，不与众鸟相厕，云是木客所化，已上吉州。”

两相比较，《初学记》所引《异物志》文，关于“木客鸟”的内容不如《太平御览》文详，但多出“木客”内容。

可疑的是，两处的地名均与杨孚《异物志》的内容不合。

一是《太平御览》所载的郡名不合。庐陵设郡，系东汉兴平二年（195年），孙策分豫章郡置。治所在石阳（今江西吉水东北），三国吴移治高昌（今江西泰和西北）。辖境相当于今江西永新、石城等以南地区。而杨孚系东汉章帝和帝时人，时为公元100年前后，故其时绝无庐陵郡之名。至于庐陵县，虽在西汉时已置，但文中言明木客鸟系出庐陵郡而非庐陵县。

一是《初学记》所载州名不合。吉州，隋开皇十年（590年）置州。唐治所在庐陵（今吉安）。辖境相当于今江西新干、泰和间的赣江流域及安福、永新等地。故其时代离杨孚书更远了。

据此，只能得出两个结论：一是此两段引文，均非出自杨孚的《异物志》。一是虽出自杨孚书，但庐陵郡的“郡”字和“已上吉州”句，系后人掺入。

注释：

“木客”，原指人。最早源于东汉袁康《越绝书·外传记越地传》：

> 木客大冢者，勾践父允常冢也。初徙琅琊，使楼船卒二千八百人，伐松柏以为桴，故曰木客。去县十五里。一曰勾践伐善材，文刻献于吴，故曰木客。

可见，“木客”一词，最早系指越国时居于东部的伐木工人。

六朝以后，则名为“山都木客”。其人，则系在山中过着原始生活者。如，晋邓德明《南康记》载：

山都，形如昆仑人，通身生毛，见人辄闲眼张口如笑，好在深涧中翻石觅蟹食啖之。

除南康外，还有载山都木客居于赣县、虔州者。这些地区正属当时的庐陵郡的范围。

显然，此木客鸟的传说，当与早期木客人的记载有着密切联系，故有“云是木客所化”之载。

据清屈大均《广东新语·禽语》卷二〇考订，木客鸟即系“五色雀”。言之凿凿，当可信。其中写道：

五色雀，产罗浮山，比鹦鹉而小。羽仪四时鲜明，未尝氄毨，一雀二色或五色。其大绛者君也，朱蓝相间若朝服者大臣也。飞则数千百为群，不杂他鸟，而以两铁冠乌色者司进止。有贤人入山则出见，一日数集如数朝。山中人谓之小凤。白者大如鸠，素表黄里，独见亦以为瑞。《异物志》谓：山神使木客鸟迎贵人。即此雀。……罗浮固珍禽之薮也，而五色雀尤异。一名子弟雀，俗称精致者为子弟，又以此雀从其长者如师，一依进止，尊卑有序，如子弟之恂恂也。又名五姊妹，数千百同巢共哺，每岁于博罗城隍庙树翔集，一春中不巢不雏。既去，他时亦不再至也。

换言之，岭南罗浮山产“五色雀”，即《异物志》中的“木客鸟”。又有“子弟雀”与“五姊妹”之名。以群居和飞行有序著称。

八、龙眼、荔枝

龙眼、荔枝，生朱提南广县，犍为棘道县。隋江东至巴郡江州县，往往有荔枝，树高五六丈，常以夏生，其变赤可食。龙眼似荔枝，其实亦可食。（见吴左思《蜀都赋》，注引《南裔志》，载《文选》卷四）

校勘：

朱提南广县，朱提郡名，治所在今云南昭通，南广为其属县，治所在今四川珙县南；犍为棘道县，犍为郡国名，棘道为其属县，治所在今四川宜宾西南；巴郡江州，巴郡郡名，江州为其属县，治所均在今重庆。

曾钊辑本，将此条归入杨孚书，显系误取。理由有三：一是曾钊因《文选》注引此条出自《南裔志》，然后推记《南裔志》即《南裔异物志》，而《南裔异物志》即杨孚著书。这种靠逻辑推论，是站不住脚的。一是此《南裔志》所论列的范围是指西南川、滇、黔之地，与杨孚《异物志》所论列的岭南地域是不相符的。一是从地名而言，朱提郡系东汉建安十九年（214年），刘备所置，非杨孚时代所有。

根据上述理由，可定此《南裔志》的作者另有所属，故应从杨孚《异物志》的内容中删去。疑或是出自三国蜀人谯周《异物志》。

九、郁金香

郁金出罽宾，国人种之，先以供佛，数日萎，然后取之。色正黄，与芙蓉花裹嫩莲者相似。可以香酒。（见明李时珍《本草纲目》卷一四，郁金香条，集解引杨孚《南州异物志》云）

校勘：

《本草纲目》的引文出处标为“杨孚《南州异物志》”，作者与书名不符，明显有误。笔者以为，当以书名《南州异物志》为准。只是李时珍将作者吴人万震一时不慎写成杨孚罢了。这也可从所记内容与佛教有关中得到佐证。据载，佛教最早传入中国当在东汉明帝永平十年（67年），而杨孚是东汉章帝、和帝时人，离佛教传入中国尚不久。而万震则是三国吴人，此时佛教已盛行，故万震记载以郁金香供佛的外国俗，可能性更大。

曾钊辑本则主杨孚说，认为当改书名为《南裔异物志》。笔者以为，此种可能性较小。而且，《本草纲目》记杨孚书往往称《异物志》，而不用《南裔异物志》之名。

注释：

郁金香，属百合科多年生草本植物。叶广披针形，花大，鲜美而有多种颜色，单生于花轴的顶端。以其根块繁殖。故有“花而不实，欲种者取根”之说。该花系从国外传入，如陈藏器云：“郁金香生大秦国。”此与我国古代用以浸酒祭祀的“郁鬯”即郁金不同。

关于以郁金香供佛的相类记载，在史书中始见于《梁书·诸夷传》卷五四载：

> 郁金独出罽宾国，华色正黄而细，与芙蓉华里被莲者相似。国人取以上佛寺，积日香槁，乃粪去之。

罽宾国，古西域国名。汉至南北朝时期，大致在今喀布尔河下游及克什米尔一带。

附　录*

一、曾钊《杨议郎著书》辑本点评

汉　南海杨孚孝元撰

清　南海曾钊勉士辑

《异物志》

儋耳，南方夷。生则镂其颊皮，连耳匡分为数支，状如鸡肠，累累垂至肩。（明帝纪注《后汉书》）

曾按：《后汉书》注引杨浮《异物志》，钱宫詹《考异》云："浮当作孚。"

稻，交趾冬又熟，农者一岁再种。（《初学记》卷二七）

按：《齐民要术》引云："稻，一岁夏冬再种，出交趾。"《太平御览》引云："交趾稻，夏冬又熟。"较《初学记》引似更详明。以其皆未著议郎之名，故别编附后。

文草作酒，其味甚美。土人以金买草，不言贵也。（《北堂书钞》酒食部）

橘为树，白华而赤实，皮既馨香，里又有美味。交趾有橘官长一人，秩三百石，主岁贡御橘。（《初学记》卷二〇）

曾按：《初学记》卷三〇果部又引曹叔《异物志》与此略同。惟"白华"下无"而"字。"馨香"下无"里"字。曹叔不知何时人。《太平御

* 本书将曾钊《杨议郎著书》《异物志》各一卷辑本全文收入：一是便于读者了解曾钊辑本的全貌；一是便于读者将此辑本与笔者的辑佚校注本作比较研究，从中作出正确判断，便于恢复杨孚《异物志》的原貌；一是表彰曾钊辑本的历史功绩，以志不忘。本书中曾钊所作说明皆为"曾按"。对于曾钊辑本的明显缺失处，笔者加了简短评说，以"吴按"的形式加在条目之后。

览》列经史图书纲目杨孝元《异物志》后有曹叔雅《异物志》，疑即其人。盖生在议郎之后，引用议郎书，故有异同欤。

翠鸟，形似燕，赤而翠青，其羽可以为饰。（贾琮传注《后汉书》）

鸬，能没于深水，取鱼而食之。不生卵而孕雏于池泽，既胎而又吐生，多者生七八，少生五六，相连而出，若丝绪焉。水鸟而栖高木之上。（马融传注《后汉书》）

吴按："多者生七八"，原文作"多者生八九"。

鸬鹚，不生卵而孕雏于池泽间。既胎而又吐生。（陆佃《埤雅》卷六）

鲮鲤，吐舌，蚁附之因吞之。又开鳞甲，使蚁入其中，乃奋迅则舐取之。（《御览》九四七）

曾按：《初学记》引沈怀远曰："鲮鱼，《异物志》谓之鲮鲤。"盖即此文也。

《交州异物志》

翠鸟，先高作巢。及生子，爱之，恐坠，稍下作巢。子生羽毛，复益爱之，又更下巢也。（《御览》九二四）

曾按：《艺文类聚》引称杨孝元《交趾异物志》，"先"盖"元"之伪，交州、交趾原为一书。故不别录，而附著于此。

孔雀，人拍其尾则舞。（《御览》卷九二四）

曾按：《艺文类聚》引作"人挥其尾则舞"。

吴按：《太平御览》九二四卷原文作"人指其尾则舞"。

鲛之为鱼，其子既育，惊必归母，还入其腹。小则如之，大则不复。（《太平广记》卷四二四）

吴按：当系引自《太平广记》卷四六四，杨孚《异物志》；而非引自《太平广记》卷四二四，《交州异物志》。

《南裔异物志》

儋耳，朱崖俱在海中，分为东藩。（温水注《水经》）

髯惟大蛇，既洪且长。采色驳荦，其文锦章。食豕吞鹿，腴成养创。宾享嘉燕，是豆是觞。（叶榆河注《水经》）

翠为六翮，毛长寸余青荦。先高作巢，以避患。及生子，爱之，恐坠，稍下作巢。子长羽毛，复益爱之，又更下巢，而人得取之矣。翡大于燕，小于乌白。（黄泰泉《广东通志》卷二四）

曾按：《艺文类聚》引《交趾异物志》，《御览》引《交州异物志》，与此文略同。黄泰泉《广东志》人物传云：《南裔异物志》《御览》以“南裔”作“交趾”，其书一卷。据此，则南裔、交趾、交州《异物志》，一书三名。然黄《通志》既引称“南裔”，故著于此。

龙眼、荔枝，生朱提南广县，犍为僰道县，随江东至巴郡江州县，往往有荔枝，树高五六丈，常以夏生，其变赤可食。龙眼似荔枝，其实亦可食。（《文选》蜀都赋注）

曾按：《文选》注引称《南裔志》，考《隋志》无《南裔志》名，疑即杨议郎书，故附此。

吴按：朱提郡、南广县、犍为郡、僰道县、巴郡、江州等地，在今滇、蜀地区，非杨孚《异物志》书的内容，误收。

郁金出罽宾，国人种之，先以供佛，数日萎，然后取之。色正黄，与芙蓉花裹嫩莲者相似。可以香酒。（《本草》卷十四）

曾按：《本草》引称杨孚《南州异物志》。考《南州异物志》万震撰，非杨孚，然则“州”乃“裔”之伪文耳。姑附于此，当更求善本校之。

《临海水土记》

鲭鱼，鹿皮青目。（《初学记》卷三〇）

曾按：《锦绣万花谷》引作“鹿文”。

板鱼，片立合体俱行，比目鱼也。(《初学记》卷三〇)

曾按：《锦绣万花谷》后集卷四〇引此，无“板鱼”二字。

鱼牛，象獭，大如犊子，毛青黄色，其毛似毡，知潮水上下。(《初学记》卷三〇)

鲮鱼，腹背皆有刺，如三角菱也。(《广韵》卷十六，蒸)

曾按：《广韵》引作《临海风土记》，“风”字盖“水”字之伪。

海狶，豕头，身长九尺。(《文选》江赋李善注)

曾按：《文选》注引无“临海”二字，盖脱文。

吴按：《临海水土记》全称为《临海水土异物志》，该书为三国吴人沈莹撰。从作者时代和书的内容，均可断定非杨孚书。故上述五条目，均属误收。

曾按：《隋书·经籍志》，《异物志》一卷，后汉议郎杨孚撰；《交州异物志》一卷，杨孚撰。新旧唐书志，《交州异物志》一卷。宋以后史志不著录，殆亡于宋时欤。《水经注》引杨氏《南裔异物志》，《艺文类聚》引杨孚《交趾异物志》，《初学记》引杨孚《临海水土记》(隋志有《临海水土物志》沈莹撰，非此书)。而隋志又皆无之，黄泰泉云《太平御览》以南裔作交趾，《临海水土记》后人亦改名《异物志》，然则三书盖流传称名之异，非隋时有佚也。考杨孚为汉章帝时议郎，而临海置于吴太平二年，又《续后汉书》五行志注引杨孚《董卓传》，据此则议郎历汉末至吴时尚存，盖百余岁人矣，而史志犹称为汉议郎，其不仕吴可知。粤人著作见于史志，以议郎为始，而又享大年秉忠节如此，遗书乌可任其散佚无传，爰刺取群书以宋为断，称杨孚撰者得若干条，编为一帙；其不著撰名，惟称《异物志》者虽灼知议郎书，亦别为一帙，附于后。愧读书不多，缺漏且误。尚冀博物君子补而正之。道光辛巳南海曾钊识于粤秀书院之东斋。

二、曾钊《异物志》辑本点评

汉　南海杨孚孝元撰

清　南海曾钊勉士辑

金邻，一名金陈，去扶南可二千余里。地出银。人民多好猎大象，生得乘骑，死则取其牙齿。(《御览》卷七九〇)

穿胸人，其衣则缝布二尺，幅合两头，开中央，以头贯穿，胸不突穿。(《御览》卷七九〇)

吴按：“其衣则缝布二尺，幅合两头”，此句衍一“尺”字，原文为“其衣则缝布二幅，合两头”。又，“胸不突穿”句，漏一“身”字，原文为“胸身不突穿”。

西屠国，在海水，以草漆齿，用白作黑，一染则历年不复变，一号黑齿。(《御览》卷七九〇)

曾按：海水，疑当作海外，漆齿当作染齿。《御览》黑齿国下引《异物志》曰：“西屠染齿。亦以放此也。”可证此“漆”为“染”之伪。

吴按：“漆”与“染”同义，《太平御览》引文无误。

狼牐国，男无衣服，女横布帷。出与汉人交易，不以昼市，暮夜会，俱以鼻嗅金，则知好恶。(《御览》卷七九〇)

曾按：狼牐，疑与《艺文类聚》《事类赋》引狼䑐为一，然牐《御览》音燕，又似别为一国，故并存之。

瓮人，齿及目甚鲜白。面体异黑若漆，皆光泽。为奴婢，强勤力。(《御览》卷七九〇)

雕题国，画其面皮身，刻其肌而青之，或若锦衣，或若鱼鳞。(《御览》卷七九〇)

吴按：“画其面皮身”句有误，“皮”当为“及”，全句为“画其面及身”。

乌浒，南蛮之别名。巢居鼻饮，射翠取毛，割蚌求珠为业。无亲戚，重宝货，卖子以接衣食。若有宾客，易子而烹之。(《太平寰宇记》卷一六四)

乌浒，南夷别名也，其落在深山之中。其种族为人所杀，则居其死所，且同杀主。若有过之者，是与非则仇而杀之。(刘渊林注《文选》吴都赋)

吴按：“且同杀主”，应为“且伺杀主”。“是与非则仇而杀之”，原文“杀”应作“食”。

狼𥆧民，与汉人交关，常夜市以鼻嗅金，知其好恶。(《事类赋》卷九)

曾按：《艺文类聚》卷八三引，常夜市句，作“常夜为市”。

扶南国，昔但作大扇，遣人持之，不知人各自用也。(《事类赋》卷十四)

牂牁者，系船筏也。其山在海中，小而高，似系船筏也，俗人谓之越王牂牁。远望甚小而高，不似山，望之以为一株树在水中也。(《御览》七七一)

曾按：《后汉书》四夷传注，引作“牂牁，系船杙也”。

涨海崎头，水浅而多磁石。徼外人乘大船，皆以铁叶锢之。至此关，以磁石不得过。(黄泰泉《广东志》卷二四)

吴按：《太平御览》卷九八八，有相同引文但称出自《南州异物志》，《南州异物志》为吴人万震所撰，故可断曾钊本误收。

黄头人，群相随行，无常居处，其类与禽兽同。或依大树，以草被其枝上，而庇阴其下。发正黄，如扫帚。见汉人，散入草，终不可得也。(《御览》卷七九〇)

儋耳夷，生则镂其头皮，尾相连并；镂其耳匡为数行，与颊相连。状如鸡腹，下垂肩上。食薯，纺织为业。(《御览》卷七九〇)

吴按："状如鸡腹"之"腹"，系"肠"字，《御览》因形近而讹。

交趾，有橘官，置长一人，秩三百石，主岁贡御橘。（《海录碎事》卷二二）

曾按：《事类赋》卷二〇引与此同。惟《初学记》卷二〇引称杨孚《异物志》。今两存之。

合浦民，善游采珠，儿年十余岁，使教入水。官禁民采珠，巧盗者蹲水底，刮蚌得好珠，吞而出。（《艺文类聚》卷八四）

吴按：《艺文类聚》引此文时，已标明"万震《南州异物志》曰"，故可断曾钊辑本将此文收入杨孚《异物志》为误收。又"使教入水"之"使"字，为"便"字之误。

锦鸟，文如丹地锦，而藻缋牙交，俗人见其似锦，因谓之锦鸟。（《初学记》卷二九）形微大于雉，其雌特有文章五色，甚可爱。（《御览》卷七二八）

曾按：《艺文类聚》"牙交"作"采文"。

吴按："而藻缋牙交"之"牙"字，应为"互"之误，见《初学记》卷二七。
吴按："锦鸟"条应引自《初学记》卷二七，而非卷二九。

木客鸟，大如雀，数千百头为群，飞集有度，不与众鸟相厕。人俗云：木客黄白文者谓之君长；有翼有绶，飞高而正赤者在前，谓之五伯；前正黑者，谓之铃下；缃色而赪杂者，谓之功曹；左胁有白带似鞶囊者，谓之主簿。长次君后。其五曹官属，各有章色。庐陵郡东有之。（《御览》卷九二七）

吴按：庐陵郡，始设于东汉兴平二年（195年），而杨孚系东汉章帝与和帝时人，时为公元100年前后，其时尚无庐陵郡名，故可断为曾钊误收。

吴按："谓之铃下"句，不通，有误。《太平御览》原文为："谓之铃下。""铃"

者，管束之意也。

鸬鹚，不生卵而孕雏于池泽间。又吐生。多者八九，少者五六，相连而出，若丝绪。水鸟而巢高树枝，或在窟穴之间。(《御览》卷九二五)

曾按：此条与陆佃《埤雅》称杨孚《异物志》，文字略同。

鸡鹄，巢于高树颠，生子未能飞，皆衔其母翼飞下地饮食。(《御览》卷九二五)

鹧鸪，其形似雌鸡，其志怀南，不思北，其名呼飞，但南不北。其肉肥美宜炙，可以饮酒为诸膳也。(《御览》卷九二四)

曾按：黄泰泉《广东志》，引作"不思北徂"；又"其名呼飞"作"其鸣呼飞"。

鸟象雌鸡，自名鹧鸪。其去怀南，不思北徂。(黄泰泉《广东志》卷五四)

吴按：此条与上条"鹧鸪"应合为一。

翠鸟，似燕，翡赤而翠青，其羽可以为饰。(《御览》卷九二四)

曾按：章怀太子《后汉书》贾琮传注，引杨孚《异物志》同。班彪传注，引作"可以饰帏帐"。

翡，赤色，大于翠。(李善注《文选》十一三)

孔雀，形体既大，细颈隆背似凤凰。自背及尾皆作员文，五色相绕，如带千钱，文长二三尺。头戴三毛长寸以为冠，足有距。栖游冈陵，迎晨则鸣相和。(《御览》卷九二四)

孔雀，其大如雁而足高，毛皆有斑文采，捕得畜之，拍手则舞。(《御览》卷九二四)

吴按：此二条"孔雀"文，当合二为一。

鹰鸟，大如雄鸡，色赤或黑，而能鸣。弹射取之，其肉香美，中作

炙。（《御览》卷九二八）

苦鸟，声如人音，多怀凄怆。（《海录碎事》卷二二）

东北荒中有兽名獬豸，一角。性忠，见人斗则触不直者；闻人论则咋不正者。（《续汉志》刘昭注补卷三〇）

南方人以猕猴头为酢。（《御览》卷九一〇）

狖，猿类。露鼻，尾长四五尺，树上居，雨则以尾塞鼻。建安、临海北有之。鼯，大如猿，肉翼若蝙蝠，其飞善从高集下，食火烟，声如人号，一名飞生，飞生子故也。东吴诸郡皆有之。（刘渊林注《文选》卷五）。

吴按：建安郡、临海郡，均为三国吴所置郡；"东吴诸郡"，系指三国吴境的属郡。杨孚《异物志》不应出现此类地名。故可断为曾钊误收。

猓然，猿狖之类，居树，色青赤有文。日南、九真有之。（刘渊林注《文选五》卷五）

豣，猿属，头形正方，发长尺余，皆苍色。犬类似人，欲有所视，辄摇头，两手披发；不尔，则覆障其两目。衣毛皤皤，若披狐裘。木居深藏，密伺乃得见耳。（《御览》卷九八〇）

狐母，状如猿，逢人则叩头，小打便死，得风还活。（《广韵》卷一）

交趾封溪有猩猩，夜闻其声，如小儿啼也。（刘渊林注《文选》卷五）

郁林大猪，一蹄有四五甲，多膏，买者以铁锥刺其头，入七八寸，得赤肉乃动。（《御览》卷九三〇）

吴按："买者以铁锥刺其头，入七八寸"句之"买"，原文为"卖"。

日南多驶牛，日行数百里。（《太平寰宇记》卷一七一）

周留，如水牛也，毛青大腹，锐头青尾。（《初学记》卷三一）

苍毛豕身，角若担矛，卫护其犊，与虎为仇。（黄泰泉《广东志》卷

二四）

吴按：“如水牛也”一句，原文无“如”字。应出自《初学记》卷二九。

麢狼，形似鹿，而角触前向，入林则挂角，故恒在平浅草中。逐入林则得之。皮可作履袜，角□□□，南人因以作踞床。（《初学记》卷二五）

曾按：“入林则得之”句，与《御览》引同。《广韵》作“则搏之”，角下缺字。《后汉书》南蛮西南夷传注，作“正四据”三字。“平浅草中”，《后汉书》注有“肉肥脆香美”五字。“因以作踞床”，《后汉书》注作“因以为床”，无“踞”字。

吴按：“角□□□”句，当作“角正四据”。

麢狼，大如麋，角前向，有枝下出，反向上，长者四五尺。广州有之。常居平地，不得入山林。（刘渊林注《文选》卷五）

犀，角中特有光耀，白理如线，自本达末，则为通天犀。（章怀太子注《后汉书》卷三）

灵狸，一体自为阴阳，刳其水道连囊，以酒洒阴干，其气如麝，若杂真香，罕有别者，用之亦如麝焉。（《大观本草》卷十七）

白蛤狸，刳其外革囊，以酒洒而阴干之，其气如麝，若杂真麝中，鲜有别者。（《御览》卷九八三）

吴按：“灵狸”条与“白蛤狸”条，均出自《异物志》同一条目，但文有异同，不可分列两条。

鼠母，头脚似鼠，毛苍口锐，大如水牛而畏狗，水田时有外灾，起于鼠。（《初学记》卷三一）

吴按：应引自《初学记》卷二九，而非卷三一。

高鱼，与鳟相似，与蜥蜴于水上相合，常以二三月，有雌无雄。食其胎杀人。（《御览》卷九四〇）

鲸鱼，长者有数十里，雄曰鲸，雌曰鲵，或死于沙上，得之者皆无目，俗言其目化为明月珠。（刘渊林注《文选》）

吴按：“长者有数十里”，衍一“有”字，该句下有“小者数十丈”句，脱漏。

朱崖，有水蛇。鲸鱼出合浦，长二三尺，背上有甲珠文，坚强可以饰刀口，可以为鑢。（刘渊林注《文选》卷五）

吴按：“朱崖，有水蛇。”应为独立一条。下句“鲸鱼出合浦”，当另为一条。“鲸鱼”原文为“鲛鱼”，更是失之毫厘，差之千里了。“可以为鑢”，可打磨刀具之意。

芦鲟，似鳝鳖而有细文，多膏肥美，形大如芦管。本出地中，随泉浮出。俗名芦鲟。（《御览》卷九四〇）

南方鱼多不肥美，惟鲶鱼为上，大者长二尺，作鲶炙，尤香而美。（《御览》卷九四〇）

懒妇鱼，昔有懒妇，织于机中常睡，其姑以杼打之，恚死。今背上犹有杼文疮痕。大者得膏三四斛，若用照书及纺织则暗，若以会众寡歌舞则明。（《太平寰宇记》卷一六五）

曾按：《海录碎事》引，与此文字略异。此引“会众寡歌舞”句，似有误文，当从《海录碎事》作“宴会歌舞”。

吴按：“若以会众寡歌舞则明”，之“寡”字，乃“宾”字之讹。

鼍风鱼，冬天数千万头，共处大窟中藏，上有白气，或在鼍穴中。皮黑如漆。能潜知数里中空木所在，因风而入空木，化为蝙蝠。其肉甚美。（《御览》卷九四〇）

鹿鱼，头上有两角如鹿。（《初学记》卷三〇）

鲛鱼，皮可以饰刀。其子惊，则入母腹中。(《初学记》卷三〇)

瑇瑁，如龟，生南海。大者如籧篨，背上有鳞，鳞大如扇，有文章。将作器，则煮其鳞，如柔皮。(《广韵》卷四)

虾种多，蝬最大，中作脯。(《御览》卷九四三)

蚌，似车螯，洁白如玉。(李善注《文选》卷十二)

蠍蝎子如蚕子，著草叶，得其子，母自飞来就之。(《广韵》卷一)

玉出昆仑。(《大观本草》卷三)

火齐，如云母，重沓而可开，色黄赤似金，出日南。(刘渊林注《文选》卷五)

云母，一曰云精，入地万岁不朽。(李善注《文选》卷一三)

榕树栖栖，长与少殊。高出林表，广荫原邱。孰知初生，葛虆之俦。(《御览》卷九六〇)

木有摩厨，生于斯调。厥汁肥润，其泽如膏。馨香馥郁，可以熬膏。彼州之民，仰为嘉肴。(《御览》卷九六〇)

曾按：《大观本草》卷二二摩厨子引，"有生西域，二月开花。四月五月，结实如瓜。"许凡十六字。又"馨香馥郁"，作"馨香异射"；"仰为嘉肴"，作"仰以为储"。末又有"斯调国名也"句。

斯调州有木，名摩树，汁如脂。(《太平寰宇记》卷一六四)

曾按：此疑即上之摩厨，特脱厨字耳。

栟榈，棕也，皮可作索。枸桹，树也，直而高，其用与栟榈同。栟榈出武陵山，枸桹出广州。木棉，树高大，其实如酒杯，皮薄，中有如丝绵者，色正白，破一实，得数斤。广州、日南、交趾、合浦皆有之。(刘渊林注《文选》卷五)

吴按："木棉"条当另列，不应与"栟榈"条混在一起。

木蜜，名曰香树。生千岁，根木甚大。先伐僵之，四五岁乃往看。岁月久，树材恶者腐败，惟中节坚直芬香者独在耳。(《御览》九八二)

曾按：《大观本草》卷一二引“蜜香虫名，其叶如椿”。

槟榔，若笋竹生竿，种之精硬，引茎直上，不生枝叶，其状若桂。其颠近上未五六尺间，洪洪肿起若瘣木焉。因拆裂出若黍穗，无花而为实，大如桃李，又棘针重累其下，所以卫其实也。剖其上皮，煮其肤，熟而贯之，硬如干枣。以扶留、古贲灰并食，下气，及宿食白虫消谷，饮啖设为口实。(《齐民要术》卷十）

吴按：“其状若桂”之“桂”字，乃“柱”之讹。“其颠近上未五六尺间”之“未”字，乃“末”之误。

槟榔，树若笋竹生竿，近上未五六尺间，洪肿起如瘣木焉。因拆裂出，若麦秀也。无华而为实，大如桃李，天生棘重累其下，所以御卫其实也。剖其上皮，煮其肤，熟而实之，坚如干枣。以夫留，古贲灰并食，则滑美下气，及宿食消谷。(《艺文类聚》卷八七）

曾按：此与《齐民要术》引有详略，故并存之。

吴按：“近上未五六尺间”之“未”字，当为“末”字之误。又，“熟而实之”之“实”字，当为“贯”之误。与上条应并为一条。

古贲灰，牡蛎灰也。与扶留、槟榔三物合食，然后善也。扶留藤似木防，以扶留、槟榔所生相去远，为物甚异而相成。俗曰：扶留、槟榔，可以忘忧。(《齐民要术》卷十）

椰树，高六七丈，无枝叶，如束蒲在其上。实如瓠系在于山头，若挂物焉。实外有皮如胡卢核，里有肤白如雪，厚半寸如猪肤，食之美于胡桃味也。肤里有汁升余，其清如水，其味美于蜜。食其肤，可以不饥，食其汁，则愈渴。又有如两眼处，俗人谓之越王头。(《齐民要术》卷十）

曾按：《文选》吴都赋刘渊林注引作“饮之可以御渴”，与此引文义正相反。

吴按：“实如瓠系在于山头”句之“山头”，系“巅”之误；“无枝叶”则为“无枝条”之误。

荔支为果，多汁，味甘绝口，又小酸，所以成其味。可饱食，不可使厌。生时大如鸡子，其肤光泽，皮中食，干则醮小，肌核不如生时奇，四月始熟也。（《御览》卷九七一）

曾按：《齐民要术》卷十引。“干则醮”作“干则焦”。

吴按：“荔枝为果”，《齐民要术》与《太平御览》原文均作“荔枝为异”；又，“干则醮小”当作“干则焦小”。

藨实，虽名三藨，或有五六，长短四五寸，藨头之间正岩。以正月中熟，正黄多汁，其味少酢，藏之益美。（《齐民要术》卷十）

三藨，大实，实不但三。食之多汁，味酸且甘，藏之尤好，与果相参。（黄泰泉《广东志》卷二三）

枸橼，实如橘，大如饭筥，皮不香，味不美，可以浣治葛纻，若酸浆。（《齐民要术》卷十）

曾按：《太平御览》引作“皮有香”，与此文义大异。

吴按：据枸橼物性，“皮不香”当改作“皮有香”为是。

橘树，白花而赤实，皮馨香，又有善味。江南有之，不生他所。（《齐民要术》卷十）

曾按：《艺文类聚》八十引，与此文字少异。

橄榄，生南海浦屿间。树高丈余，其实如枣。三月有花生，至八月方熟，甚香。木高大难采，以盐擦木身，其实自落。（《大观本草》卷二三）

桂之灌生，必粹其族。柯叶不渝，冬夏常绿。（《艺文类聚》卷八九）

益智，类薏苡，实长寸许，如枳椇子。味辛辣，饮酒食之。（《齐民要术》卷十）

有木洪直，厥名杭梁。（《御览》卷九六一）

吴按：“杭梁”，当作“枕梁”。

梓棪，大十围。材真劲，非利刚截不能克，堪作船。其实类枣，着枝叶重曝挠垂。刻镂其皮，藏味美于诸树。（《齐民要术》卷十）

蕈母，树皮有益，状似栟榈，但脆不中用。南人名其实为蕈，用之当裂作三四片。（《齐民要术》卷十）

吴按：“树皮有益”，当作“树皮有盖”。

斯调国，有火洲，在南海中。其上有野火，春夏自生，秋冬自死，有木生于其中而不消也。枝皮更活，秋冬火死，则皆枯瘁。其俗，常冬采其皮以为布，色小青黑；若尘垢洿之，便投火中，则更鲜明也。（魏书裴松之注《三国志》卷四）

曾按：《御览》八十二卷，“采其皮”作“采其毛”，不及此之确，以“木”不应称“毛”也。

有竹曰篙，其大数围，节间相去局促，中实满。坚强以为屋椽，断截便以为栋梁，不复加斤斧也。（《御览》卷九六三）

曾按：《齐民要术》引以为“柱椽”。

篔筜，生水边，长数丈，围一尺五六寸，一节相去六七尺，或相去一丈，庐陵界有之。始兴以南，又多小桂。夷人绩以为布葛。（刘渊林注《文选》卷五）

交趾稻，夏冬又熟，农者一岁再种。（《御览》卷八三九）

曾按：此条《初学记》引杨孚《异物志》，无“稻冬”二字。而叙事又引《异物志》曰：交趾一岁再种。李善注《文选》吴都赋引《异物志》“交趾稻，夏熟，农者一岁再种”，皆不如此条之详明。

交趾草，滋大者数寸。煎之，凝若冰，破如博棋，谓之石蜜。（《御

览》卷八五七)

科藤，围数寸，重于竹，可以为杖。篾以缚船，及以为席，胜于竹也。(《御览》卷九九五)

葭蒲，藤类，蔓延他树以自长，养子如莲菆，著枝蔼间，一日作扶相连。实外有壳，里又无核，剥而食之，煮而曝之，甜美，食之不饥。(《齐民要术》卷十)

石发，海草，生海中石上，藂生，长尺余，大小如韭，叶似席莞而株茎无枝。以肉杂而蒸之，味极美，食之近不知足。(《御览》卷一〇〇〇)

甘藷，似芋，亦有巨魁，剥去皮，肌肉正白如脂肪。南人专食，以当米谷。(《齐民要术》卷十)

蒟，草树，果如栟榈而小，三月采其叶，细破干之，味近苦甘，并鸡舌香食之，益善也。(《御览》卷九七四)

曾按：《广韵》引作："叶如栟榈而小，子似槟榔可食。"《文选》吴都赋刘渊林注，虽不称《异物志》然亦作"叶"字，则作"果"字误也。据《广韵》又引《字统》云"香草"，则"树"字亦误。

藿香，交趾有之。豆蔻，生交趾。其根似姜而大，从根中生，形似益智，皮壳小厚，核如石榴，辛且香。姜汇，大如累，气猛近于臭。南土人捣之以为齑荾。一名廉姜，生沙石中，姜类也。其累大，辛而香，削皮，以黑梅并盐汁渍之，则成也。始安有之。(刘渊林注《文选》卷五)

吴按：藿香、豆蔻、姜汇，应分列三条，不应合三为一。

余甘，大小如弹丸，视之理如定陶瓜。初入口苦涩，咽之口中，更甜美足味，盐蒸尤美。可多食。(《齐民要术》卷十)

芭蕉，叶大如筵席。其茎如芋，取镬煮之，为丝，可纺织，女功以为絺绤，今交趾葛也。其内心如蒜，鹄头生，大如合柈，因为实房，一房有数十枚。其实皮赤如火，剖之中黑。剥其皮，食其肉，如蜜甚美，食

之四五枚可饱，而余滋味犹在齿牙间。一名甘蔗。(《御览》卷九七五)

曾按："大如合拌",《齐民要术》引作"大如今柈"。

甘蔗：远近皆有。交趾所产甘蔗，特醇好。本末无薄厚，其味至均。围数寸，长丈余。颇似竹。斩而食之，既甘。迮取汁如饴饧，名之曰糖，益复珍也。又煎而曝之，既凝而冰，破如砖其，食之，入口消释。时人谓之石蜜者也(《齐民要术》卷十)

吴按："破如砖其"，当作"破如砖棋"。

香菅，似茅而叶长大茅，不生洿下之地，邱陵山冈。凡所蒸享，必得此菅苞裹，助调五味，益其芬菲。(《御览》卷九九六)

吴按："香菅，似茅而叶长大茅"，漏一"于"字，应为"似茅而叶长大于茅"。

悦城北百余里有山，中出燋石，每岁人采之，琢为烧器，民亦赖之。(《太平寰宇记》卷一六四)

曾按：悦城，唐县，非杨书所应有。以其不注何人《异物志》，姑附于末。

吴按：悦城县，南朝宋置说城县，南齐作悦城，故治在今广东德庆东，唐改乐城为悦城。故可定，悦城建置不会早于南朝。所以曾钊说，此文"非杨书所应有"。

曾按：议郎著《异物志》一卷，其后沿袭其名，往往有之。如：谯周《异物志》，引于《蜀都赋》注；薛莹《异物志》，引于《吴都赋》注；孙畅《异物志》，引于《初学记》；曹叔《异物志》，引于《尔雅翼》；其他著录隋唐史志者，亦不下数家。顾群书引用，必著撰人之名；惟引议郎书，如《齐民要术》引"稻",《事类赋》注引"橘"之类，直称《异物志》而已。然则群书所引《异物志》，疑皆为议郎书。盖《异物志》创自议郎，惟议郎得以专其名，斯亦引述者之义例欤。余既掇拾议郎遗书，并编此为一帙，以无明文，别附前帙后。从疑事无质之义，用示矜慎云

尔。己酉春识于“南园寓斋”，南海曾钊。

吴按：《异物志》之名，虽始自杨孚，但其后为人所仿用。故曾钊说“惟议郎得以专其名”，与史实不符，有误。

再版后记

东汉杨孚《异物志》，不仅开创了我国古人写地志以《异物志》为体例的先河，更重要的是谱写了岭南文化的新篇章。可以说，不提《异物志》，岭南文化就成为无源之水，也就无从了解岭南文化之真谛。可惜的是，此书宋以后已亡佚。清道光年间，曾剑重新加以辑录，对该书的流传功不可没。但限于历史原因，该辑本存在不少疏漏与失误。时至今日，有重新加以辑录之必要，是不言自明的。

本人自 1960 年从北京大学历史系毕业后，长期从事南方民族地区历史文化研究的工作，对文献的考释与整理也有所涉猎，又身为岭南人。基于上述三种缘由，故草就《〈异物志〉辑佚校注》一书，以飨读者。本书内容，主要包括三个方面，一是对杨孚其人及其所著《异物志》之内容与意义加以论证。一是按人、地、动物、植物、矿物等分类，对《异物志》重新加以辑录与校勘，共为 111 条，以庶乎原书。一是增添了大量注释，将汉至清的历代有关记载加于汇通，以便使读者识其源流，辨其嬗变。祈盼本书的出版，对目前掀起的岭南文化研究热潮有所裨益。

参考文献

[1] 诗经 . 十三经注疏本 .

[2] 尚书 . 十三经注疏本 .

[3] 周礼 . 十三经注疏本 .

[4] 礼记 . 十三经注疏本 .

[5] 谷梁传 . 十三经注疏本 .

[6] 尔雅 . 十三经注疏本 .

[7] 墨子 . 诸子集成本 .

[8] 韩非子 . 诸子集成本 .

[9] 吕氏春秋 . 诸子集成本 .

[10] 淮南子 . 诸子集成本 .

[11]（东汉）王充 . 论衡 . 诸子集成本 .

[12] 山海经 . 上海古籍出版社校注本 .

[13] 战国策 . 上海古籍出版社标点本 .

[14] 楚辞 . 楚辞补注中华书局本 .

[15]（汉）司马迁 . 史记 . 中华书局标点本 .

[16]（汉）班固 . 汉书 . 中华书局标点本 .

[17]（南朝宋）范晔 . 后汉书 . 中华书局标点本 .

[18]（晋）陈寿 . 三国志 . 中华书局标点本 .

[19]（唐）房玄龄等 . 晋书 . 中华书局标点本 .

[20]（唐）姚思廉等 . 梁书 . 中华书局标点本 .

[21]（北齐）魏收 . 魏书 . 中华书局标点本 .

[22]（唐）令狐德棻等 . 周书 . 中华书局标点本 .

[23]（唐）魏征等 . 隋书 . 中华书局标点本 .

[24]（后晋）刘昫 . 旧唐书 . 中华书局标点本 .

[25]（宋）薛居正 . 旧五代史 . 中华书局标点本 .

[26]（元）脱脱等 . 宋史 . 中华书局标点本 .

[27]（宋）司马光．资治通鉴．中华书局标点本．

[28]（晋）常璩．华阳国志．中华书局校注本．

[29]（唐）虞世南．北堂书钞．学苑出版社影印光绪十四年刻本．

[30]（唐）徐坚．初学记．中华书局校点本．

[31]（唐）欧阳询．艺文类聚．上海古籍出版社本．

[32]（宋）李昉等．太平御览．中华书局影印本．

[33]（宋）吴淑．事类赋．四库全书本．

[34]（汉）许慎．说文解字．中华书局影印本．

[35]（宋）陈彭年重修．广韵．四部丛刊本．

[36]（北魏）郦道元．水经注．杨守敬水经注疏本．

[37]（宋）乐史．太平寰宇记．光绪八年中华书局刊本．

[38]（宋）祝穆．方舆胜览．四库全书本．

[39]（清）顾祖禹．读史方舆纪要．中华书局重印本．

[40]（汉）桓谭．盐铁论．王利器《盐铁论》校注本．

[41]（吴）万震．南州异物志．麓山精舍丛书本．

[42]（吴）沈莹．临海水土异物志．农业出版社辑校本．

[43]（晋）崔豹．古今注．丛书集成初编本．

[44]（晋）张华．博物志．中华书局校证本．

[45]（晋）葛洪．西京杂记．抱经堂丛书本．

[46]（清）戴凯之．竹谱．丛书集成本．

[47]（晋）裴渊．广州记．汉唐地理书钞本．

[48]（晋）顾微．广州记．玉函山房辑佚书补编本．

[49]（晋）嵇含．南方草木状．丛书集成初编本．

[50]（晋）郭义恭．广志．说郛本．

[51]（晋）刘欣期．交州记．岭南遗书曾钊辑本．

[52]（晋）张勃．吴录．王函山房辑佚书补编本．

[53] 阙名．三辅黄图．四库全书本．

[54]（北魏）贾思勰．齐民要术．丛书集成初编本．

[55]（南朝宋）沈怀远．南越志．说郛本．

[56]（南朝宋）王韶之．始兴记．小方壶斋舆地丛钞本．
[57]（南朝宋）刘义庆．世说新语．文学古籍刊行社影印本．
[58]（南朝梁）萧统．文选．中华书局影印本．
[59]（南朝梁）任昉．述异记．汉魏丛书本．
[60]（唐）刘恂．岭表录异．武英殿聚珍版本．
[61]（唐）段公路．北户录．丛书集成初编本．
[62]（唐）段成式．酉阳杂俎．湖北先正遗书本．
[63]（唐）杜宝．大业拾遗记．说郛本．
[64]（宋）李昉等．太平广记．中华书局校订本．
[65]（宋）苏东坡．东坡全集．四库全书本．
[66]（宋）苏东坡．东坡诗集注．四库全书本．
[67]（宋）苏颂．图经本草．福建科技出版社排印辑复本．
[68]（宋）罗愿．尔雅翼．四库全书本．
[69]（宋）叶廷珪．海录碎事．四库全书本．
[70]（宋）范成大．桂海虞衡志．四川民族出版社校注本．
[71]（宋）周去非．岭外代答．丛书集成初编本．
[72]（宋）赵汝适．诸蕃志．中华书局校注本．
[73]（宋）朱彧．萍洲可谈．上海古籍出版社版．
[74]（宋）洪刍．香谱．四库全书本．
[75]（宋）李纲．榕木赋并序．《梁谿集•赋》四库全书本．
[76]（宋）程大昌．演繁露续集．四库全书本．
[77]（元）陶宗仪．南村辍耕录．中华书局元明史料丛刊本．
[78]（元）周致中．异域志．丛书集成初编本．
[79]（元）李京．云南志略．说郛本．
[80]（明）李时珍．本草纲目．四库全书本．
[81]（明）王士性．广志绎．中华书局本．
[82]（明）王济．君子堂日询手镜．纪录汇编本．
[83]（明）朱孟震．西南夷风土祀．学海类编本．
[84]（明）田汝成．炎徼纪闻．历代小史本．

[85]（明）魏浚．岭南琐记．丛书集成初编本．
[86]（明）谢肇淛．五杂俎．国学珍本文库本．
[87]（明）杨慎．丹铅总录．明嘉靖刊本．
[88]（明）邝露．赤雅．知不足斋丛书本．
[89]（清）屈大均．广东新语．中华书局清代史料笔记丛刊本．
[90]（清）屈大均．广东文选．岭南遗书本．
[91]（清）康熙敕撰．广群芳谱．商务印书馆本．
[92]（清）林谦光．台湾纪略．丛书集成初编本．
[93]（清）吴震方．岭南杂记．说铃本．
[94]（清）吴泓．滇南新语．艺海珠尘本．
[95]（清）张庆长．黎岐纪闻．小方壶斋舆地丛钞本．
[96]（清）檀萃．说蛮．小方壶斋舆地丛钞本．
[97]（清）檀萃．滇海虞衡志．问影楼舆地丛书本．
[98]（清）曹树翘．滇南杂志．小方壶斋舆地丛钞本．
[99]（清）张澍纂辑．凉州异物志．丛书集成初编本．
[100]（清）张祥河．粤西笔述．道光二十五年刊本．
[101]（明）黄佐．广东通志．嘉靖四十年刻本．
[102]（清）阮元等修．道光广东通志．光绪二年刻本．
[103]（清）谢启昆．嘉庆广西通志．光绪二七年桂垣书局补刻本．
[104]（清）宋如楠等修．道光永安县志．道光二年刻本．

吴永章

中国南方民族历史研究文集

4

吴永章　著

民族出版社

民族研究文集

目　录

自 序

标志着我长期专攻的我国南方历史文化的重要研究成果，终于得以拣选其中一小部分（二十九篇）结集出版了，夙愿得偿，愉悦自不待言。为此，将文集内容按篇稍加赘叙，以便读者明其要领。

神话传说篇。《神话传说与古代南方民族关系新解》首次将被视为荒诞不经的神话传说，与古代南方诸族的族属及习俗作了稍为系统的比较研究，以求拓宽神话学与民族学的研究领域。此文原系专著，因我素所尊崇的《文史》编辑部应允发表，所以就割爱删压成专文了。此文私视为“稗珠”之作，因敝帚自珍吧。《三苗综议》要点有：三苗为非华夏系统的南方“蛮”族；当时地处长江流域的三苗社会，其发展程度并不亚于居于黄河流域的尧舜禹社会；提出了三苗在中国历史舞台上昙花一现的独特见解。

图腾崇拜篇。《盘瓠考述》，对盘瓠传说的来龙去脉进行了较全面的考察，论证了该传说是根植于南方民族土壤中的，是其时南方民族社会生活的真实写照。《论我国古代越族的“蛇图腾”》，从文献记载、古代神话、民族学诸方面加以剖析论证，并归结了蛇图腾崇拜的主要特征。

楚文化篇。《楚官考》，发表于《中华文史论丛》，是作者研究楚文化的代表作，是迄今学术界对楚官制所作相对最为完整而系统的论述；该文发表后，引起了先秦史家的关注。多年以来，楚文化对南方民族文化源远流长的深刻影响，勾起了民族学界的浓烈兴趣，为此撰述了多篇关于楚国民族关系的论文，发表了我的一家之言。

古代民族篇。对濮、百越、俚僚、蜑人等古代民族进行了探讨。《江、汉之濮》，有助于对已神秘地从文献记载中消失的濮人寻踪求解。《南北蜑人不同族属新说》，突破了学术界传统藩篱之见，首先提出并论证了南北蜑人不同族属新说。

土司制度篇。作者所撰《中国土司制度渊源与发展史》一书，是中华人民共和国成立以后我国第一部关于土司制度源流的专著，与此同时我还发表了一系列的有

关论文。我在土司制度领域所取得的研究成果，已为中外学术界所公认。《明代贵州土司制度》一文，我国著名明史专家傅衣凌先生在《中国历史学年鉴》（1984年）撰文，将其作为当年明史研究成果加以推介。未收入本文集的土司制度论文，尚有《明代广西土司制度述略》《清代广西土司制度》《明代鄂西土司制度》《清代鄂西土司的改土归流》等篇。

民族关系篇。《中南民族关系史述略》，是对我主编的《中南民族关系史》一书研究成果的理论概括。《从云梦秦简看秦的民族政策》的主旨在于：把文物考古材料运用至民族历史研究中去，互为印证。六朝是民族关系最为动荡与繁复的时期，故作者用力颇多，其中《南朝对“蛮”族的统治与“抚纳”政策》一文，我国著名史学家何兹全先生在《中国历史学年鉴》（1984年）撰写的总结当年魏晋南北朝史研究成果中作了较为详明的评介。

族别专论篇。《瑶族历史研究中若干重要问题新说》《黎族史散论》，是在我分别草就《瑶族史》《黎族史》专著基础上写成的结晶之作，对瑶、黎二族历史研究中若干重要疑难问题，提出了新的诠解，窃以为对瑶、黎历史研究的深入开展当有所裨益。《畲、瑶、苗的比较研究》，是在《畲族与瑶苗比较研究》一书杀青后所撰，对同源异流的三族文化异同有新发现。

民俗研究篇。南方民族习俗，是作者致力研究之范畴，代表作为《中国南方民族文化源流史》一书。本文集选取《我国南方民族原始婚姻遗习初探》《“鼻饮”考释》长短各一篇，以窥一斑。

客家文化篇。早在1993年脱稿的《客家传统文化概说》一书中，作者提出了“客家文化是以汉文化为主体的多元文化”的论断，而今这一见解已愈益成为客家研究者的共识。此篇属汉族研究范畴。

总之，结集时，注意拣选有关不同历史时期不同古今民族之不同社会侧面的论文，以反映本人在南方民族历史文化研究中诸多领域的一些成果。

神话传说篇

神话传说与古代南方民族关系新解*

神话传说中之古代少数民族，古籍将其归入“外国”（相对以中原地区为中心之“中国”而言）、“异人”“异俗”①或“四夷”②类等；今人从神话学观点出发，有将其划入“异形”“异禀”③篇者。从民族学角度而言，“四夷”一词，除去贬义不论，最为贴切，意为周边少数民族是也。

古籍中之原始民族，大都染有荒诞不经、光怪陆离之色彩。究其因有三：一是神话传说体裁本身要求运用神奇怪异之笔法加以描绘。一是当时“中国”人士，对周边民族之了解为时空所限，难免有道听途说之嫌；加之，偏颇之民族观，又造成肆意渲染之误。一是后之诠释演绎者，往往望文生义，笔下生花，以致原意尽失。从而，使古之严肃史家，往往走进另一极端，否定和摒弃此种可贵材料，司马迁、杜佑等人即如是。时至今日，吾人需从新角度，即从民族学、民俗学之观点，重新审视与研究神话传说，以拓宽神话学之研究领域。去其斑驳诡异之外衣，存留其合理之内核，以还原古代原始民族之真面目。

下面，拟对神话传说中之古代南方民族，逐一加以记述与剖析。

一、羽民国

人类在发明以纤维为纺织原料以前，曾有过以羽皮为衣之阶段。如《礼记·礼运》载：“昔者先王……未有麻丝，衣其羽皮……治其麻丝，以为布帛。”

在南方，气候酷热，尤以衣羽为多见。神话传说中之“羽人”“羽民”，乃指以羽为饰之南方诸族。此从考古材料中，可以寻到确证。在以双身船为纹饰之铜鼓中，有繁多“羽人”图像：船之首尾高翘并有鸟眼或羽毛装饰，船上之人赤身裸体，头戴鸟头或羽冠，手持饰羽之桨。又，在云南石寨山形铜鼓中，常有头戴羽冠，身披

---

* 原载《文史》，2000（4）；2001（1）。

① （晋）张华：《博物志》，卷二。

② （宋）李昉、李穆、徐铉：《太平御览·四夷部》。

③ 袁珂、周明编：《中国神话资料萃编》，成都，四川省社会科学院出版社，1985。

羽饰，手舞足蹈之羽人舞蹈形象。[1]

从先秦至西汉初年前，将羽人当做一种独特之族群加以记载者有：

羽民国在其东南，其为人长头，身生羽。一曰在比翼鸟东南，其为人长颊。[2]

南至交阯，孙朴续樠之国，丹粟漆树沸水漂漂九阳之山，羽人裸民之处……[3]

洋水出其西北陬，入于南海羽民之南。[4]

上述三条史料，以秦初根据先秦传说结集而成之《吕氏春秋》所载，尤为古朴与可信。其理由有三：一是从地望言，羽民处“交阯”之地，最为确切。所谓“交阯”，起始并非专指今越南之地。上古，交阯泛指五岭迤南，《韩非子》《尚书大传》均云帝尧之地，南至交趾（阯）。迨汉武帝置交州为十三刺史部之一，其辖境仍包括今两粤大部与越南之北、中部。此与反映羽人形象之铜鼓出土地为广西、云南、越南合若符节。二是将“羽人裸民”相提并论，与铜鼓中之羽人为赤身裸体图像不谋而合。究其因：在纺织业未发达前，岭南炎徼初民，裸体乃习以为常之事。三是文中只言“羽人”，并无添枝加叶之赘余。显然，“羽人”者系指以羽为饰之人也，铜鼓纹饰即有力佐证。

西汉初年成书之《淮南子》所记，仍保持其真实性。指称“南海羽民”，无论从地望从人物形象之描绘而言，均可谓恰当。

《山海经》所言，则微有差异与变化。此书虽成书较早，殆为周、秦间人所述，但经后之好事者附益改动，已非原貌。将羽人写作“身生羽”，辄涂上神话色彩。添加一“生”字，以致后人由此演绎成众多动听离奇之故事。但总体而言，《山海经》尚未失真，因为还保有“人”形。其所记“长头”“长颊”，亦非空穴来风，因

① 蒋廷瑜：《铜鼓艺术研究》，南宁，广西人民出版社，1988。

② （汉）刘向等：《山海经·海外南经》。

③ （战国）吕不韦：《吕氏春秋·慎行论·求人》。

④ （汉）高诱注：《淮南子·坠形》。

为铜鼓中之羽人形象亦是戴鸟头者。

魏晋时期，羽人传说之怪异性有突发性之变化。其主要表现有二：

一是羽民变成有翼能飞之人。如，西晋张华《博物志•外国》卷二载："羽民国，民有翼，飞不远，多鸾鸟，民食其卵，去九疑四万三千里。"

一是羽民变成卵生之民。可谓更为荒唐。综观现存史籍，此说殆起于吴人之《外国图》。该书云："羽民，羽飞不能远，其人卵产，去九疑四万里。"

东晋时人郭璞续发其说。据《山海经•海外南经》郭注：羽民国人，"能飞，不能远，卵生，画似仙人也。《启筮》曰：羽民之状，鸟喙赤目而白首。"《山海经图赞》则载："鸟喙长颊，羽生则卵。矫翼而翔，龙（能）飞不远。人维倮属，何状之反。"

既然有翼，状鸟，"卵生"说自然应运而生。此时之羽人，可谓已成鸟类。需指明者，张华与《外国图》作者、郭璞之说有别。前者只言，羽民国居地多鸾鸟，故其民食鸾鸟之卵；后者则说成本身为"卵生"者。

"卵生"新说之提出，似与误读前人著作有关。据《山海经•大荒南经》载："有羽民之国，其民皆生毛羽。有卵民之国，其民皆生卵。"

从行文看，"卵民之国"与"羽民之国"本属两个不同国度。清人郝懿行曾正确揭示，卵民国"盖别一国"。故不能混同为一。

此时之著作如《外国图》和《博物志》均载，羽人居地在九疑之南，此说尚可取。

自晋以降，有关羽民国之推衍，更不足论。如，《珍珠船》卷一载："羽氏（民）国人有翼，飞不远，有兽绿毛似豹，毛可作笔，名虎仆毛。"像此种把羽人毛名为可做笔之兽绿毛一类胡言，除用作茶余饭后谈资外，已无研究价值可言。

总之，剥去后人层层套上之斑驳外衣而追根寻源，证之考古及民族学材料，"羽人"属古代岭南百越族群之说，当系不刊之论。

还需附加论证者，有一种将"羽人"与"仙人""不死之乡"相联之说。此说早在战国时已有之。《楚辞•远游》："仍羽人于丹丘兮，留不死之旧乡。"东汉王逸注："因就众仙于明光也。丹丘，昼夜常明也。《九怀》曰：夕宿乎明光。明光，即丹丘也。《山海经》言有羽人之国，不死之民。或曰：人得道，身生毛羽也。"宋代王兴祖补注："羽人，飞仙也。"王逸言《山海经》中有羽民国为"不死之民"之词，今本《山海经》未见，但《吕氏春秋•求是篇》却确有羽人之处为"不死之乡"之载，倘非原本已逸，则系王逸张冠李戴。

将羽人视同仙人，此道家思想发轫于楚而泛滥于两汉。先秦时，老庄哲学流行于楚，楚可谓道家故乡。此乃《楚辞》将羽人与不死之乡挂钩之思想渊源。西汉初，道家思想居统治地位。武帝时，因独尊儒术而道学受阻。西汉末至东汉初，伴随谶纬学之勃兴与法定经典地位之确立，羽人为不死之民之传说，又再度泛起。据东汉王充《论衡·无形》载："图仙人之形，体生毛，臂变为翼，行于云，则年增矣，千岁不死，此虚图也。世有虚语，亦有虚图，假使之然。蝉蛾之类，非真正人也。海外三十五国，有毛民、羽民，羽则翼矣。毛羽之民，土形所出，非言为道身生毛羽也。禹、益见西王母，不言有毛羽不死之民，亦在外国，不言有毛羽。毛羽之民，不言不死；不死之民，不言毛羽。毛羽未可以效不死，仙人之有翼，安足以验长寿乎？"可见，在东汉道家学说中，羽民蜕化成体生毛臂变翼而行于云之仙人，此与作为原始民族之羽民相去万里之遥，可谓已面目全非。

然而，寻根究底，羽民为"不死之民"之传说，亦与我国古代南方诸族羽民之俗不无瓜葛。国内外民族学界，持有一种见解：在南洋土著与中国百越民族中，有一种特殊祭仪，人们在装载亡人灵魂升往天国之"死者之舟"上举行祭祀舞蹈时，需戴鸟冠披鸟羽。此说倘能成立，则仙人升天之道家"虚语""虚图"，实源于古代南方诸族之宗教观。楚南包"蛮夷"之域，屈原又窜伏沅、湘之间，故《楚辞》首录此说，有其社会历史背景。

二、裸　国

从先秦及晋，在我国东部、南部曾存在"裸国"。裸国，因其民赤身"露形"[①]而得名。"裸"之源，因初民不识衣裳所致。又因南方天气炎热，无需披皮毛御寒，且处于相对落后之社会发展阶段，故裸身之俗，远较北方保留为长。据《列子·汤问》载："南国之人，祝发而裸；北国之人，鞨巾而裘；中国之人，冠冕而裳。"换言之，当北方游牧民族已有鞨裘之制、华夏之民已行冠裳之礼时，南方诸族尚存披发露体之习。

据传，在夏禹时，南方有"裸国"。首记其事者，当推《战国策·赵策二》："昔

① （汉）司马迁：《史记·南越列传》，索隐。

舜舞有苗，而禹袒入裸国。”其他记载有，《吕氏春秋·贵因》：“禹之裸国，裸入衣出。”《淮南子·原道》：“禹之裸国，解衣而入，衣带而出，因之也。”《论衡·问孔篇》：“禹入裸国，裸入衣出，衣服之制，不通于夷狄也。禹不能教裸国衣服。”《风俗通》曰：“禹入裸国，欣起而解裳。俗说禹治洪水，乃播入裸国，君子人俗不改其恒，于是欣然而解裳也。原其所以，当言皆裳。裸国，今吴郡是也。被发文身，裸以为饰，盖正朔所不及也。”[①]

统言之：1. 裸，“非中国之礼”，为“正朔所不及”；裸国，为“夷狄”之国。2. 裸国，无“衣服之制”。3. 像圣者如夏禹，不仅不能易裸俗，且得入乡随俗，可证裸风之炽。4. 禹所之裸国，为东部吴越之境；其地，裸俗与披发文身之俗，联为一体。

汉代，有瓯骆裸国与桂林海上裸人乡。据《史记·南越列传》载：南越王赵佗对汉使陆贾道：“蛮夷中间，其东闽越千人众号称王，其西瓯骆裸国亦称王。”又，梁朝任昉《述异记》卷上载：“桂林东南边海有裸川。桓谭《新论》云：‘呈衣冠于裸川，海上有裸人乡。’”

可见，此裸人乡在桂林东南边海。所谓“裸川”，乃越人“同川而浴”之谓。需强调者，瓯骆裸国与桂林海上裸人乡之地望相合，均在岭西一带。

在岭右，晋代则有日南野女裸袒之说。据《博物志》卷二，“异人”条载：“日南有野女，群行见丈夫，其体皎且白，裸袒无衣襦。”按：日南郡在今越南顺化境，为古越人居地。

晋代，有东夷之裸国。据《三国志·魏志·东夷传》载：倭国东四千余里，“又有裸国、黑齿国，复在其东南，船行一年可至。”

总之，晋代以前，吴越、瓯骆、桂林海上、日南、东夷等地，曾有“裸国”之名。

伴随社会历史发展与衣裳之制推广，东南部裸风势微，裸地日蹙，裸国之称亦随之消失。但在更为僻远之区，裸风并未全息。故有关南方诸族裸习之载，仍不时散见于隋唐以后之册籍。

唐代，日南仍行裸体、文身、凿齿俗。据唐代段成式《酉阳杂俎·黥》引《天宝实录》：“日南厩山连接，不知几千里，裸人所居，白民之后也。刺其胸前作花，

① （宋）李昉、李穆、徐铉：《太平御览》，卷六九六。

有物如粉而紫色，画其两目下，去前两齿，以为美饰。”

宋代，广西西部险绝之地尚有“跣足裸形”习。据宋代周密《齐东野语》卷七载：“邕、宜以西，南丹诸蛮皆居穷崖绝谷间。有兽名曰野婆，黄发椎髻，跣足裸形，俨然一娼也。……其群皆雌，无匹偶，每遇男子，必负去求合。”邕州，治今广西邕宁；宜州，治今宜山。此记载，可与上述日南野女群行见夫材料相印证。证明：自晋迄宋，广西邕、宜以西保留较浓母系制残余之山地妇女，尚遗裸形风。

逮乎明清，开发滞后之民族地区，无衣之制亦未摒弃。高山族即如是。据明代张燮《东西洋考·东番考》记“[鸡笼淡水番人,] 裸逐无所避，女或结草裙蔽体。”清代郁永河《裨海纪游》载：“[大武郡社宿番少妇,] 裸体对客而意色泰然。[平地近番,] 男女夏则裸体，惟私处围三尺布。”即除对下体稍加遮掩外，与裸体无别。因是时高山族裸风尚烈，故郁永河又径指其为“裸体文身之番”。

又，清代傅恒《皇清职贡图》卷三载：诸罗县诸罗等社熟番，男番“夏常裸体”。凤山县山猪毛等社归化生番，“男女披发裸身”。窃以为：清代我国台湾“裸体文身之番”，殆为魏晋东夷裸国之后裔。此外，除东、南部，西南边陲亦有裸形俗。但迟至唐代始见诸册籍。此乃中原士人此时对此地之了解才有所加深之故。据唐樊绰《蛮书》卷四载：“裸形蛮，在寻传城西三百里为巢穴，谓之为野蛮。”按：“裸形蛮”，今景颇族先民。

又，唐代杜佑《通典·边防三》载：云南永昌（今保山地区）南之赤口濮，“露身无衣服”。《新唐书·南蛮传》所载略同：“赤口濮，裸身而折齿”。按：赤口濮，系布朗族先民，因有折齿、染唇俗而得名。据元代李京《云南志略》载：末些蛮（今纳西族）女子，“裸露不以为耻”。

结论：自先秦及清，载籍均记我国东、南方以及海外，西南等地诸少数民族，曾有袒裸俗。“裸国”“裸人”“裸形蛮”之称，即由此而来。

三、驩头国

驩头，又名“驩朱”，即“驩兜”，或曰与“丹朱”合一。其活动地域约在两湖地区，属“南蛮”族群之一支。

驩头国人之形状与生活，以《山海经》所载为早为详。其中云：

驩头国在其南。其为人，人面有翼，鸟喙，方捕鱼。一曰在毕方东。或曰驩朱国。[①]

有人焉，鸟喙，有翼，方捕鱼于海。大荒之中，有人名曰驩头。鲧妻士敬，士敬子曰炎融，生驩头。驩头人面鸟喙，有翼，食海中鱼，杖翼而行。维宜芑苣，穋杨是食。有驩头之国。[②]

驩兜之名，应先于驩头。《尚书·舜典》《孟子·万章上》均有"放驩兜于崇山"之载。

魏晋而降，人们将《尚书》与《山海经》中有关内容糅杂为一。如，晋代张华《博物志·外国》卷二载："驩兜国，其民尽似仙人。帝尧司徒。驩兜民，常捕海岛中，人面鸟口，去南国万六千里，尽似仙人也。"

晋代郭璞注《山海经·海外南经》："驩兜，尧臣，有罪，自投南海而死。帝怜之，使其子居南海而祠之。画亦似仙人也。"

《史记·五帝本纪》集解引《神异经》云："南方荒中有人焉，人面鸟喙而有翼，两手足扶翼而行，食海中鱼，为人很恶，不畏风雨禽兽，犯死乃休，名曰驩兜也。"

可见，此期增益之主要内容为：驩兜民之后裔居南海；其民尽似仙人。前者，可作为驩兜民居南国之佐证；后者则系魏晋风行道家神仙说之印证，属无稽之谈。

近人多主驩头即丹朱说。如，邹汉勋《读书偶识》："驩兜（《舜典》《孟子》）、驩头、驩朱（《山海经》）、鴅吺（《尚书大传》）、丹朱（《益稷》），五者一也。"童书业《丹朱与驩兜》："丹朱，驩兜音近：驩兜《古文尚书》作鴅吺，鴅字从鸟，丹声；吺或作咮，或作味，从口，朱声；皆可为朱可读为驩兜之证。"[③] 丹朱，古通作驩兜，私意以为此说可取。

综上所述，可作如下结论：

1. 驩头国地望在南方。如：《山海经》之《海外南经》《大荒南经》均将其定于南部方位；《淮南子·坠形》卷四，亦将其与三苗民国、羽民国、裸民国等一并归

① （汉）刘向等：《山海经·海外南经》。

② （汉）刘向等：《山海经·大荒南经》。

③ 《浙江省立图书馆馆刊》，1935，4（5）。

入南方之国；驩头与三苗关系颇密，史有“驩头生三苗”之说，甚有将二者混为一谈者，而三苗居地在江淮、荆州间，故驩头亦应处于毗邻之地;《吕氏春秋·恃君览》更深言明驩兜在汉水流域：“扬汉之南，百越之际，敝凯诸夫风余靡之地，缚娄阳禺驩兜之国，多无君。”

丹朱居地，在今濒临汉水之湖北均县。据传，尧之子名朱，封于丹州，故名丹朱。丹渊，即丹水，源于陕西商县西北冢岭山，东入河南，经内乡、淅水诸县，会淅水，折西南入湖北均县，流归汉水。据《吕氏春秋·召类》载：“尧战于丹水之浦，以服南蛮。”可证，当时丹水流域居民，属南蛮族类。

驩兜之放逐地崇山，在今湖南界。据《通典·州郡》载：“澧阳县（治今湖南澧县）有崇山，即放驩兜之处。”此为流行见解。按：澧县在湘北，与鄂南相邻。又，孔颖达疏《尚书·舜典》:“《禹贡》无崇山，不知何处，盖在衡岭之南。”此说，则崇山在湘南。澧县抑衡阳，皆在今湖南境。要之，尚古崇山在蛮荒之地，则无疑。如,《史记·五帝本纪》称，放驩兜于崇山，“以变南蛮”。至若《大清一统志》谓“《尚书》之崇山，当在交、广之间”，则不可取。因三代时，中原王朝势力尚未及于岭南，至于尚古，则无论。故舜时将驩兜集团迁于岭南断不可能。

据上述驩头、丹朱居地与驩兜放逐地推断，其活动范围无逾荆楚之地，属南蛮族群。

2．经济生活，渔农并举。捕鱼业，占有重要地位。所谓“方捕鱼”“食海中鱼”，可证。此与驩头所处之地理环境相适应。荆楚地区，有江、汉、沅、湘、洞庭诸水之利。《楚辞》中反复出现各种船只及船上用具之描绘，如“桂舟”“荪桡”“桂櫂”、[①]“舲船”“吴榜”，[②]反映本土之人善于水上生活。

除捕鱼外，并营农业。驩头所食有芑、苣、穋、杨诸种作物。此非偶然。早在以屈家岭文化为代表之江汉地区新石器时代，已出现原始农业。《楚辞·天问》有“咸播秬黍，莆雚是营”之句。《楚辞》之《招魂》《大招》中则罗列楚国种种精美食物，仅粮食一项，即包罗稻、粢（稷）、麦、黄粱、五谷等。楚人“食多方些”，正是农业生产发展之必然结果。

---

① （战国）屈原：《九歌·湘夫人》。

② （战国）屈原：《九章·涉江》。

一言以蔽之，驩头民以渔、农为业，与后世荆楚地区之经济生活正相契合。

3. 崇鸟。其人“人面有翼，鸟喙”即是。此与荆楚之人尚鸟，亦不谋而合。

楚人喜鸟成俗，不胜枚举：《楚辞》反复咏颂“鷖鸟”“凤鸟”“凤皇”；[①]楚人嗜以鸟羽为饰，所谓“翠被”[②]、“翠衣”[③]、“翠盖”[④]、“翠旌”[⑤]可证；出土之漆器、纺织品，均大量以凤纹为饰；楚地以凤名，荆州有“凤岗”、[⑥]巴陵（今岳阳）有“鸣凤岗”[⑦]均是。

楚地蛮人及其传人亦有崇鸟之风。据《晋书·张昌传》载：义阳蛮张昌屯聚于安陆县石岩山，“于石岩中作宫殿，又于岩山织竹为鸟形，衣以五彩，聚肉于其傍，众鸟群集，诈云凤鸟降。”从义阳蛮人供凤鸟为神灵以团聚楚地之人一事，可见当地人信鸟之笃。

上述表明：驩头民与楚人皆崇奉鸟图腾。或曰：荆楚之人崇鸟之习，系驩头民之流风所被。

结论：从驩头之地望、经济生活与图腾崇拜，均可证其为居于荆楚地区之“南蛮”族人。

四、贯胸国

贯胸国，又名“穿胸国”“穿胸民”。因服饰而得名。属百越民族系统，其后裔有傣、仡佬、高山族等。

贯胸国之早期记载，颇为简略。据《山海经·海外南经》载：“贯匈国在其东，其为人匈有窍。”《淮南子·坠形》则载：“[南方有] 穿胸民。”

魏晋以降，主要变化有二：一是演绎得有了故事情节；一是加重了荒诞色彩。

---

① 《离骚》《九章·涉江》《九章·怀沙》《远游》诸篇。

② 《左传·昭公十二年》。

③ （汉）刘向：《说苑》。

④ 同注③。

⑤ （战国）屈原：《九歌·少司命》。

⑥ （南朝宋）庾仲雍：《荆州记》。

⑦ （南朝宋）马子严：《岳阳甲志》。

使其离事实更玄更远。如，《艺文类聚》卷九六引《括地图》详述穿胸国渊源："禹诛防风氏。夏后德盛，二龙降之。禹使范氏御之以行，经南方，防风氏见禹，怒射之。有迅雷，二龙升去。神惧，以刃自贯其心而死。禹哀之，瘗以不死草，皆生，是名穿胸国。"晋朝张华《博物志》卷二，因袭其说，并加发挥："穿胸国。昔禹平天下，会诸侯会稽之野，防风氏后到，杀之。夏德之盛，二龙降之。禹使范成光御之，行域外。既周而还至南海，经房风，房风之神二臣以涂山之戮，见禹使，怒而射之，迅风雷雨，二龙升去。二臣恐，以刃自贯其心而死。禹哀之，乃拔其刃疗以不死之草，是为穿胸民。"两者相较，其异在于：后者将穿胸民之来源言是防风神之二臣而非防风神本身。元周致中《异域志》，所云更为离谱："穿胸国，在盛海东。胸有窍，尊者去衣，令卑者以竹木贯胸抬之。"

概言之，把穿胸民说成是胸有窍有孔，甚至可用竹木穿胸而达背，当属子虚乌有。但其共识在于：皆承认远古南方确有穿胸之民。究其实，所谓"穿胸民"，当系因服制而名。在炎徼，起始流行制作简便之衣、裙。其制，以一幅布缝合而成。穿着时自头上贯下，故上身名"贯头衣"、下身名"桶裙"。此服式，至今在黎族中仍存，白沙县"本地黎"，"穿'贯首式'上衣。下身穿桶，似裙而无褶。"[①] 历史上中原人称穿此服饰之族群为"穿胸民"。

最早将"穿胸民"与百越民族之服饰相联，并加精辟记述者，为东汉杨孚《异物志》："穿胸人，其衣则缝布二尺，幅合二头，开中央，以头贯穿胸不突穿。"杨孚之所以有此灼见，是因其为南海（今广州）人，曾官东汉章帝时议郎，故能据其所目睹对穿胸民做出合乎实际之诠释，而不致像中原士人具民族偏见作隔靴之说。

"贯头"衣之说，则始于东汉人班固。据《汉书·地理志下》载："自合浦、徐闻南人海，得大州，东西南北方千里，武帝元封元年略以为儋耳、珠厓郡。民皆服布如单被，穿中央为贯头。"

所谓"贯头"，颜注："著时从头而贯之。"可见，史籍最早记服贯头衣者为今海南黎族先民。本来，穿胸民系因其与中原人服制有异而得名，汉人杨孚、班固已言之凿凿，但怪异小说家言，却使后人因此陷入迷津。故本文重加厘定，以正误。

续记其事者，有南朝宋人范晔《后汉书·南蛮西南夷列传》："[东汉初，永昌

① 黎族简史编写组：《黎族简史》，104页，广州，广东人民出版社，1988。

太守郑纯,〕与哀牢人约，邑豪岁输布贯头衣二领，盐一斛，以为常赋。”按：哀牢夷，学者多主属百越民族系统。此为汉代百越族人喜穿贯头衣之例证。

贯头衣由“广幅布”制成，亦有史可征。据《太平御览》卷七九一引《广志》：黑楚濮“其衣服，妇人以一幅布为裙，或以贯头。”贯头衣即横布缝合而成。

桶裙之称，唐已有之。因桶裙之服用，亦是穿中央而贯其首，此乃穿桶裙之族群被名为“穿胸民”之奥秘所在。据《旧唐书·南蛮西南蛮传》载：南平僚“妇人横布两幅穿中而贯其首，名曰通裙。”①

后世黎、傣、仡佬以及高山诸族，长期流行桶裙之制。

黎族。据《文献通考》卷三三一引《桂海虞衡志》云：“〔生黎〕无袴襦，但系裙数重，制四周合缝，以足穿而系之腰。群浴于川，先去上衣自濯，乃濯足，渐升其裙，至顶，以身串入水。浴已，则裙复自顶而下，身亦出水。”此裙可自上而下以足穿，亦可自顶而下以头穿，名之曰“黎充”。据《古今图书集成·方舆汇编·职方典》卷一三九一载：“〔黎人〕贝布为衣，两幅前后为裙，……用贝绵纺线以色丝网成圈券，从头穿下至腰结住为裙，名曰黎充。”“黎充”又称“黎桶”。据清屈大均《广东新语·人语》卷七载：“〔黎人〕妇女率著黎桶，以布全幅，上与下紧连，自项至颈不接续，四围合缝，以五色绒花刺其上。”清张庆长《黎岐纪闻》亦载：“下衣如竹筒，幅布对缝之，名曰黎桶。黎岐长不蔽膝，别黎并长至胫，唯大厂黎长至足，或绣五色花以为饰，名为绣花桶。”概言之，“黎桶”，亦写作“黎桶”；绣花以饰者，则名“绣花桶”。

傣族。据明钱古训《百夷传》记傣族先民百夷之妇女装束为：“衣窄袖衫，皂统裙。”明朱孟震《西南夷风土记》则载：“女堆髻，短衣桶裙。”明谢肇淛《滇略》卷九：傣族“衣皆套项桶裙”。可证，傣族先民之妇女均着“桶裙”。此制仍行于今日。

仡佬族。据宋代朱辅《溪蛮丛笑》载：“盖裸袒以裙代裤，虽盛暑不去，去则犯鬼，名仡佬裙也。”明人田汝成《炎徼纪闻》卷四：“〔仡佬〕以布一幅，横围腰间，旁无襞积，谓之桶裙。”清人田雯《黔书》卷一，亦有相类记载。

高山族。据清黄叔璥《台海使槎录》卷五，“北路诸罗番一”载：番妇，“腰下

① 僚人，属百越民族系统。

围幅布，旁无襞积，为桶裙”。可见，百越系统之不少民族均长期流行宜于当地服用之“桶裙”。

结语：正是服用穿中央贯头而下之“贯头衣”与“桶裙”之族群，史有“穿胸民”之名。

五、凿齿民

是指我国东、南部流行打牙习俗之族群。此俗，时间跨度绵长，从先秦至清代不断。分布地域广泛，遍及东南沿海、台湾、鄂西、四川、云南、贵州、两广各地。包罗古今民族有越、濮、僚、夷州民、乌浒及高山族、仡佬族和一些壮侗语族民族等，属百越系统与东夷系统之民族。分先秦至汉晋，唐、宋、元以及明、清三时期，依序论述如下。

早在先秦，已有凿齿民之载，尤以《山海经》所记为丰。据《山海经·海外南经》载：“羿与凿齿战于寿华之野，羿射杀之。在昆仑虚东。羿持弓矢，凿齿持盾。一曰戈。”《山海经·大荒南经》又曰：“有人曰凿齿，羿杀之。”寿华，别作畴华，南方泽名。可见，早在传说时代，南方有一支名为凿齿之强大部族，曾与羿决战，因战败而被杀。

始揭示行凿齿俗之族属者为《管子》：“吴、干战……摘其齿。”①《管子》言明越人有凿齿俗，可补《山海经》只言凿齿民地望之不足。

汉代，以《淮南子》所记为上。该书《坠形》篇载：自西南至南方三十六国之一为“凿齿民”。该书《本经》篇则载：“[尧时，] 猰貐、凿齿、九婴、大风、封豨，脩蛇，皆为民害，尧乃使羿诛凿齿于畴华之野。”此说，与《山海经》所载大体一致，均定凿齿为传说时代尧时之人。其相异处为：不纯把凿齿作为神话人物；且指明为南方三十六国之一，即为一实在之人们共同体。较之《山海经》有所前进。

往昔，多把《山海经》所载视为无根之说，把《淮南子》所记当做小说家言，而未加认真考量。但考古发现已证明其言不虚。梁钊韬《西瓯族源初探》文曰：“我国新石器时代或稍晚的遗存中发现有拔牙习俗的有：山东兖州王因，泰安大汶口，

① 干指越，摘齿与凿齿意同。

曲阜西夏侯，胶县三里河，江苏邳县大墩子，湖北房县七里河，福建昙石山，广东增城金兰寺村，佛山河岩，以及台湾屏东县鹅銮鼻和恒春镇垦丁等。”表明：发现拔牙遗址之时代与地望，正与上述两书所载相契合。

三国时，吴人沈莹《临海水土志》首记台湾土著妇女之缺齿俗。据《太平御览》卷七八〇引该籍载：夷州民，“女以嫁，皆缺去前上一齿”。女子出嫁缺齿说源此。

晋时，张华始记僚人拔牙俗。据《博物志》卷二载：荆州西至蜀，诸民曰僚子，生儿，“既长，皆拔去上齿牙各一，为身饰”。男孩成人后拔齿说，源于此。“獠牙”说亦本此。

晋代郭义恭《广志》则始记濮人有此俗。据《太平御览》卷七九一引该书曰：“赤口濮，在永昌南，其俗折其齿”。

从上引先秦迄汉晋记载，可得如下结论：其一，此期，凿齿民之分布地为南、西南与东南方；以族别论，东之越人并及海外夷州民，西之永昌濮、荆州西至蜀之僚子均有拔牙风；其二，诸族拔牙之对象与时间不一，僚人于儿子长成后，夷州民则于女子出嫁时。

需澄清者，汉晋注家好咬文嚼字、穿凿附会，往往诠释凿齿为非人非兽之怪物。汉人服虔、高诱与晋人郭璞皆有此失。如《汉书·扬雄传下》注引服虔曰：“凿齿长五寸，似齿，亦食人。”《淮南子·坠形》高诱注：“凿齿民，吐一齿出口下，长三尺也。”《淮南子·本经》高诱注：“凿齿，兽名，齿长三尺，其状如凿，下彻颔下而持戈盾。”《山海经·海外南经》郭璞注：“凿齿亦人也，齿如凿，长五六尺，因以为名。”上述诸说，相异之处是，有说凿齿是人抑言为兽，或说其齿长五寸、三尺、五六尺不一。共同之处为，皆释凿齿为齿状如凿。均属臆想武断之词。

再者，汉代文学家扬雄亦持是说。据《汉书·扬雄传下》录扬雄《长杨赋》：“昔有强秦，封豕其士，窫窳其民，凿齿之徒相与摩牙而争之。”赋中所言，虽属文学手法，但可证扬雄确是误把凿齿当做獠牙之人。

倘说，汉晋前有关凿齿之载，仅限于子书、笔记、小说诸种，那么，唐宋后则为史册包括官方所修正史所收。此可谓一大进步与一大特色。与之相应，其内容亦由荒诞转为写实。

据唐人杜佑《通典·边防三》载：“赤口濮，在永昌南，其俗折其齿。”其内容虽袭自《广志》，但作为记典章制度之史书收入此条目，殆为首次，其意义亦在此。

正史中，首载此俗者当推宋欧阳修《新唐书•南蛮传》：

[乌武僚，] 地多瘴毒，中者不能饮药，故自凿齿。赤口濮，裸身而折齿。

宋代册籍所记，大量增加。据乐史《太平寰宇记》载：邛、雅之夷僚，“长则拔去上齿，如狗牙，各以为华饰”；戎州蛮僚风俗，“凿齿穿耳”；贵州俚人风俗，“女既嫁，便缺去前一齿”；钦州僚子风俗，“椎髻凿齿”。

宋代李焘《续资治通鉴长编》熙宁八年（1075年）条载：“[熊本疏云：南平僚] 居栏栅，妇人衣通裙，所获首级多凿齿。”宋范成大《桂海虞衡志•志蛮》载：“[广西左右江僚人,] 旧传其类有飞头、凿齿、鼻饮、白衫、花面、赤裤之属二十一种。”[①] 又，同时人周去非《岭外代答》有相类记载，当袭此。

宋代朱辅《溪蛮丛笑》载：“仡佬妻女年十五六，敲去右边上一齿。”此为现存文献首记仡佬有敲牙之俗者，为明、清大量相类记载开创先河，故有重要史料价值。

元代李京《云南志略》载：“土僚蛮，叙州南乌蒙北皆是。男子十四五则左右击去两齿，然后婚娶。”元代周致中《异物志》“僚”条则载：“[僚在牂牁,] 有打牙者，谓打牙獽僚，种类最多。”此“打牙獽僚”，即明清时期所称之打牙仡佬。打牙仡佬之名，可溯源于此。

总之，唐、宋、元时期文献所记凿齿之特点为：分布范围较汉晋以前有所扩大。以地区而论，始大量出现岭南诸族之有关记载，如乌武僚、贵州、邕州、钦州、南平、左右江即是。以族属而言，始出现仡佬、打牙仡佬流行此俗之载。

明、清时期，关于南方诸族流行此俗之载，可谓史不乏书。明田汝成《炎徼纪闻》卷四载：“[僚人,] 其支而尤异者，则有飞头、凿齿、鼻饮、花面、白衫、赤裤之属，今岭表左右及海外诸国在在有之。”此说多袭自《桂海虞衡志》。其意义仅在于：表明明代与宋代相较，包括凿齿在内之僚人分支无明显变化。该书又载：打牙仡佬，“父母死，则子妇各折其一齿，投之棺中，以赠永诀”。此记载，较早提出

① 僚之种类颇夥。“飞头”系指行猎首俗者；“鼻饮”指能以鼻饮液者；“白衫”“赤裤”以服色名；“花面”以黥面名；“凿齿”为打牙俗之一支僚人，其意甚明。

子妇折齿投父母棺中之说，为后世袭用，清陆次云《峒溪纤志》所载即本此。

明代陈第《东番记》载："男子穿耳，女子断齿，以为饰（女子年十五六，断去唇两旁二齿）。"此为继《临海水土志》后，涉及高山族先民断齿又一记载。其间稍异者，前说缺一齿，此说为断二齿。明代张燮《东西洋考·东番考》鸡笼淡水条记有与《东番记》相同内容。因此书关涉东番内容多本《东番记》，故有关女子断齿说也如是。此外，《明史·外国传》载：鸡笼山，"女子年十五，断唇边齿以为饰"。

清代，关于凿齿之说，与明代同，多载台湾番族与仡佬族。分述如下：

番族。据郁永河《采硫日记》载："［男女相爱挽手后］明日，女告其父母，召挽手少年至，凿上腭门牙旁二齿受女，女亦凿二齿付男，期某日就妇室婚，终身依妇以处。"[①] 黄叔璥《台海使槎录·番俗六考》："哆啰咽社，成婚，男女俱去上齿各二，彼此谨藏，以矢终身不易。"

《番社采风图考》凿齿条载："［番俗成婚］男女各折去上齿二以相遗，取痛痒相关之意。裸人《丛笑篇》有云……佬蛮凿齿丧其亲，尔蛮凿齿媾其姻。"可见，清人均主番俗男女各折二齿以定婚说。此外，清代还有女子断齿以作已婚标志说，"子有夫，断其旁二齿，以别处子"，[②] 即是。

仡佬族。除上述父母死，子妇折齿投棺说外，亦有女嫁折牙说。据田雯《黔书》卷一载："在平伐平远者为打牙仡佬，剽悍尤甚。女子将嫁，必折其二齿，恐妨害夫家也。"[③] 据爱必达《黔南识略》卷六载："僙佬女子将嫁，必先折其一齿以遗之夫家，即古所谓凿齿之民也。"作者言明仡佬为古凿齿民，堪称灼见。檀萃《说蛮》载："打牙仡佬，嫁必折二齿，恐妨夫家，故名打牙。"明确"打牙"之名因女嫁折齿故。此外，贝青乔《苗俗记》亦有打牙仡佬女子"将嫁必折其二齿"之载。

归纳而言，此一时期凿齿俗已发生颇大变化。关于古老之濮、僚诸族之凿齿俗已不再见于记载；只有仡佬之一支即打牙仡佬与台湾高山族先民仍存此俗。其因有二：一是随着社会历史之发展与民族间交往之增加，流行此俗之民族与地区已日趋减缩，以致只剩模糊传说，甚至全成历史陈迹。一是时代不同导致族称各异所致。

---

① 此处断二齿说，与明人同。啻男女皆凿二齿彼此交换说，与明以前载籍只女子断齿说，则相左。

② （清 康熙）《诸罗县志·风俗·番俗》，卷八。

③ 田雯为康熙时人，此为清代早期记载。其后清人记载，多类此。

如，打牙仡佬即系古代僚人之一支；台湾番人，即为“夷州民”之传人。

关于凿齿之起源与作用，其说约略有五：男孩成人后，拔牙“以为身饰”；女子出嫁时，折齿以免“伤夫家”；成婚时，男女折齿相遗，“取痛痒相关之意”；父母殁，子妇折齿投棺中，“以赠永诀也”；中瘴毒，“不能饮药”而凿齿。以上诸说中，前三种男孩成人抑男女嫁娶时折齿说，有共通之处，可视作原始社会时期之成年礼或其遗风。拔牙，表示成为或加入该氏族正式成员之行列，从此他或她必须承担与履行对氏族之责任与义务。因此，此礼仪起着维护氏族关系之重要作用。关于第四种，投齿于父母棺中之举，殆有图腾之遗意，意为使祖宗易于辨认其子孙，以便保护其不受侵害，此亦可视作强化氏族关系之一种手段。至于第五种凿齿以饮药防瘴之说，纯为内地士子臆想之词，可置而不论。

六、黑齿国与西屠国

在我国东、南甚及西南地区之百越族群，喜以植物色素染齿使黑，故名为黑齿国者。其中一支，有称作“西屠国”者。

先秦时，已有黑齿国、黑齿民之载，如《山海经》《周书》《楚辞·招魂》《战国策》等。据《山海经·海外东经》载：“黑齿国在其北，为人黑（齿），食稻啖蛇，一赤一青，在其旁。一曰：在竖亥北，为人黑首，食稻使蛇，其一蛇赤。”[①]《山海经·大荒东经》又载：“有黑齿之国。帝俊生黑齿，姜姓，黍食，使四鸟。”《周书·王会篇》载：“黑齿白鹿白马。”[②]《楚辞·招魂》载：“魂兮归来，南方不可以止些！雕题黑齿，得人肉以祀，以其骨为醢些。蝮蛇蓁蓁，封狐千里些。雄虺九首，往来倏忽，吞人以益其心些。”[③] 此与《山海经》“使蛇”说相一致。《战国策·赵策二》载：“黑齿雕题，鳀冠秫缝，大吴之国也。”[④]

上述诸籍说明：其一，黑齿国或黑齿之民居东、南方。其二，从“食稻”一词，可见黑齿民已有早期农业，过定居生活，但其生活环境仍相当险恶，处于蛇虺封狐

---

① 黑首，应为黑齿之误；古之首、齿形近，致讹。

② 此黑齿即为黑齿国。

③ 蝮，大蛇；虺，亦蛇名。

④ 吴国之居民，属古越族。

出没之地。其三，社会发展阶段尚原始，流行杀人祭祀之习。

秦汉魏晋时，续有记载。据《吕氏春秋·求人》载：“禹东至榑木之地，日出九津青羌之野，攒树之所，搯天之山，鸟谷青丘之乡，黑齿之国。”据此，则早在传说时代，已有“黑齿之国”。

《淮南子·坠形》载：“自东南至东北方，有大人国、君子国、黑齿国、玄股民、毛民、劳民。”

首记黑齿国又名“西屠国”者。东汉杨孚《异物志》：“西屠国在海水，以草漆齿，用白作黑，一染则历年不复变，一号黑齿。”[①]“海水”似为“海外”之误。唐段成式《酉阳杂俎·境异》卷四记“西屠俗染齿致黑”即本此。

汉人有诠释黑齿之名者，此以高诱注《吕氏春秋》最富代表：“东方，其人齿黑，因曰黑齿之国也。”至晋代，陈寿《三国志·魏书·东夷传》载：“女王国东渡海千余里，复有国皆倭种。……又有裸国、黑齿国，复在其（指侏儒国）东南，船行一年可至。”郭璞释《山海经·海外东经》云：“《东夷傅》曰：倭国东四十余里，有裸国，裸国东南有黑齿国，船行一年可至也。《异物志》云：西屠染齿，亦以放此也。”[②]

此外，晋代文学作品中运用黑齿之词。如，左思《吴都赋》云：“乌浒、狼𦡆、夫南、西屠、儋耳、黑齿之酋，金邻、象郡之渠。”可见，晋代黑齿、西屠尚行酋长统治，且与岭南诸国为邻。

此一时期，值得注意之处有二：其一，除续记黑齿在东南方外，更首次言明：岭南西屠国有黑齿习，远及东夷则有黑齿国。其二，始释黑齿之得名，是因“其人黑齿”，而黑齿成因，为“以草漆齿，用白作黑”，且染后可长时间保持，“一染则历年不复变”。

唐代册籍，始载云南有“黑齿蛮”。据樊绰《蛮书》卷四载：“黑齿蛮，金齿蛮，银齿蛮……并在永昌、开南，杂类种也。黑齿蛮以漆漆其齿。”[③]

---

① （宋）李昉、李穆、徐铉：《太平御览》，卷七九〇。

② 四十，为四千字形之讹；放，当为做。意为西屠国之染齿俗，源于东夷之黑齿国。

③ 永昌，今云南保山、德宏及临沧等地；开南，今云南景东一带。黑齿蛮，属今傣族先民。又，《新唐书·南蛮传》袭此说。

宋人周去非《岭外代答·古迹》记及其目睹之钦州黑齿习："《交州记》曰：'交阯之人出南定县，足骨无节，身有毛，卧者更扶始得起。'余至钦，见夫黑齿、跣足、卑其衣裳者，人耳，乌睹所谓足无节身有毛者哉。"

元代，百夷（傣族先民）袭唐俗。如，李京《云南志略》载："漆其齿者谓之黑齿蛮。"明代，谢肇淛《五杂俎·人部一》卷五："岭南人好啖槟榔，齿多焦黑。"可见，嗜食槟榔是引起黑齿之又一因素。

朱孟震《西南夷风土记》载："［男女无贵贱，］以草染齿成黑色。"此乃文献正式言明以草染齿之早期记载。

清代，黑齿俗仍不绝。徐炯《使滇杂记》："今芒市长官司大伯夷，以榴皮及药染齿使黑齿。"值得注意者，作者使滇时，亲见傣族先民"以榴皮及药染齿使黑齿"，当可信。张祥河《粤西笔述》引《柳州府志》曰："伢女，黑齿黥面而绣额。"此系清代柳州壮侗族人仍有黑齿俗之例证。

又，清代有关台湾高山族先民行黑齿俗之载颇繁。如，林谦光《台湾纪略·风俗》载："齿用生刍染黑。"黄叔璥《台海使槎录》卷八载：台湾归化土番，"齿皆染黑，所谓黑齿雕题者乎"？康熙朝《诸罗县志·风俗·番俗》卷八载："男女以涩草或芭蕉花擦齿，令黑。"乾隆朝《凤山县志·番社风俗》卷上，"上淡水等八社风俗"条载："每日取草擦齿，愈黑愈固。"

纵观历代文献，可得如下结论：黑齿俗，源远流长。先秦文献已道及，据云传说时代已有之。主要分布于"食稻使蛇"之东、南方。黑齿之因，说法不一。即："以草漆齿""以漆漆其齿""好啖槟榔，齿多焦黑""以榴皮及药染齿使黑齿""喜以茜草染齿""齿用生刍染黑""以涩草或芭蕉花擦齿""取草擦齿"。诸说似相矛盾，啻皆可信。系因不同地区、不同民族就地取材而使用不同植物色素所致。至于黑齿产生之历史背景，当与凿齿同。即与初民之图腾崇拜信仰、审美观念密不可分。一言以蔽之，流行黑齿俗者，多为百越系统民族。如，傣族、壮族、高山族等。

七、女子国

古代东南海上，有"女子国"。最早见诸《山海经》。据《山海经·海外西经》载："女子国在巫咸北，两女子居，水周之。一曰居一门中。"《山海经·大荒西经》载："有女子之国。"其后，《淮南子·坠形》则载：东南方之地，有"众女"之名；

海外三十六国之一为“女子民”。

西汉之前，有关女子国记载，极为简略。从而为后之好事者，提供演绎发挥之良机。自魏晋以降，众说纷纭，不一而足。窃以为，归根结底，女子国传说，乃系母系社会及其残余历史现象之反映。主要包含以下几方面：

一是反映妇女在社会中所起之核心作用。

上述《山海经》称“女子国”，为“两女子居”。既然名之曰“国”，其民当有一定数量。故所谓“两女子居”，当系指其首领为两位女性之意。此乃女子国之原始意义。像此类性质之女子国，后世名之为“女王国”，其义更为妥切。此可作为女子当国而得名之有力佐证。唐代，西南边疆毗连之番夷有女王国。据唐樊绰《蛮书》载：“女王国，去蛮界镇南节度三十余日程，其国去驩州一十日程。……蛮贼曾将二万人伐其国，被女王药箭射之，十不存一。”以如此能率千军万马对敌之女王名国，可谓名实相符。一说，此女王国流风仍存，明代之八百媳妇即其裔属。

宋代，东南海上，也有以女子为王之“女人国”。据宋周去非《岭外代答·外国》“东南海上诸杂国”条载：“有女人国，水常东流，数年水一泛涨，或流出莲肉长尺余，桃核长二尺，人得之，则以献于女王。”此与先秦至汉代中之女子国合若符节；亦可证女子国之得名确系因“女王”之故。

此类以女子为首领之例，在南方民族历史上，屡见不鲜。如：梁、隋间之“百越首领”冼夫人，南宋琼州“三十六峒统领”黎族王二娘，明代抗倭英雄壮族瓦氏夫人，明代著名土官瑶女云猛娘等。至于在土司制度中，妻、妾袭，女、媳立，子死母袭之例则更夥，著名之明代宣慰使奢香，即系代袭其夫之位者。直至清代，仍明文规定，土司故后无子孙，其妻为土民信服者，“亦准承袭”。[①] 女子在南方民族中所具有之特殊地位，是因有较为浓重之母权制残余所致。

一是反映以女方计算世系之俗。

在母系社会中，世系由祖母传予母亲，母亲传予女儿，女儿传予孙女，依序世代流传。此在女子国之传说中可得到曲折之反映。如，《三国志·魏书·东夷传》载：沃沮耆老言，国人尝乘船捕鱼，遭风见吹数十日，往东“有一国亦在海中，纯

① （清）《大清会典事例·吏部》，卷十二。

女无男”。[①]元周致中《异域志》卷下则载：“女子国，其国乃纯阴之地，在东南海上。”又，《太平御览》卷三九五引吴人所著《外国图》：“方江之上，暑湿，生男子，一年而死。”郭璞注《山海经·海外西经》则云：女子国，“若生男子，三岁辄死”。上述所谓“纯女无男”“纯阴之地”或生男辄死之说，当是无稽之谈，因其与人类自身繁殖规律相悖。但若将此理解为，在母系社会中，女子留在氏族内传宗接代，男子则“出嫁”（出赘）他氏族，问题辄迎刃而解。

此种现象，在清代台湾高山族社会中颇为常见。据清郁永河《裨海纪游》载：

> 番重生女，赘婿于家。生男出赘，谓之无赚。盖以女配男，承接宗支也。
>
> （妇女）无子买女亦称媳妇，媳妇再买之女曰孙媳妇。每见丧家，门首标亡故几代大母，盖以所买之媳妇称呼，并非子孙，甚至六七代八九代不为怪也。

在“以女配男承宗支”同时，对于男方世系之记忆，则日趋淡薄甚被遗忘。《裨海纪游》又载：“就妇室婚，终身依妇以处。盖皆以门楣绍瓜瓞，父母不得有子，故一再世而孙且不识其祖矣。”既然“父母不得有子”，此子虽存亦近乎已故。此可作生子辄死之一种解释。

传说中纯阴之国地望，恰在我国东南台湾岛一带，显然并非历史之巧合。清代高山族之母系社会残余，与“女子国”之风，可谓一脉相承。

一是反映人类最早知道之祖先为女性。

远古初民，“知其母，不知其父”。其母与某种图腾之耦合而生人类祖先，是母系氏族社会之重要特征。如，《后汉书·东夷传》载：海中有女国，“或传其国有神井，窥之辄生子云”。郭璞注《山海经·海外西经》：女子国，“有黄池，妇人入浴，出则乳矣”[②]。宋周去非《岭外代答·外国》“东南海上诸杂国”条载：女人国，“其国

---

① （晋）张华：《博物志》，卷二，异人条所载同。

② 此本自吴人《外国图》（见《太平御览》，卷三九五）：“有黄水，妇人入浴，出则乳矣。”

女人遇南风盛，发裸而感风，咸生女也。”[①] 可见，女人国有感水感风而生两说。其因在于：东南海上，风与水均表露出人们所畏惧之大自然威力，故加以顶礼膜拜。

在古代南方民族中，还可觅到不少相类之感应而生人类之传说。如，《山海经·大荒南经》：“东南海之外，甘水之间，有羲和之国。有女子名日羲和，方日浴于甘渊。羲和者，帝俊之妻，生十日。”又，《后汉书·南蛮西南夷列传》：“哀牢夷者，其先有妇人名沙壹，居于牢山。尝捕鱼水中，触沈木若有感，因怀妊，十月，产子男十人。后沈木化为龙，出水上。沙壹忽闻龙语曰：‘若为我生子，今悉何在？’九子见龙惊走，独小子不能去，背龙而坐，龙因舐之。其母鸟语，谓背为九，谓坐为隆，因名子曰九隆。及后长大，诸兄以九隆能为父所舐而黠，遂共推以为王。”上述东南海外以女子羲和命名之“羲和之国”流传感日而生、哀牢夷流传女子沙壹触沈木而生始祖之载，可与女子国感水、感风而妊之传说相互印证。

八、巫咸国

巫咸国，因神巫名咸者而得名。古籍关于巫咸之载，既多且杂。以时代言，传说神农、黄帝、唐尧、殷商时，先后有巫咸。以地域论，我国西部与南部等地同样有巫咸。巫教是一种古老之原始宗教，其出现不晚于旧石器时代晚期。因此，关于不同时期、不同地域有巫咸之相互矛盾记载，辄不难理解。倘把巫咸视作巫教之代名词，而不拘泥于巫咸其人本身，庶几合乎史实。

无疑，在南方有巫咸国。《山海经·海外西经》：“巫咸国在女丑北，右手操青蛇，左手操赤蛇，在登葆山，群巫所从上下也。”郭璞注《山海经·大荒南经》大荒之中之登备山云：“即登葆山，群巫所从上下者也。”换言之，在大荒南之登葆山为群巫活动之所。又，吴人《外国图》：“昔殷帝大戊使巫咸祷于山河，巫咸居于此，是为巫咸民。去南海万千里。”可见，传说在大荒之南或南海之域，有“巫咸国”或“巫咸民”。据此，《太平御览·四夷部一一》卷七九〇将“巫咸国”列入“南蛮”类，极为贴切。汉人王充更进一步阐发巫咸活跃于江南之地理因素。据《论衡·言毒》载：“南郡极热之地，其人祝树树枯，唾鸟鸟堕，巫咸能以祝延人之疾，愈人

① 此为元人周致中《异域志》卷下所袭。其中云：“女子遇南风裸形，感风而生。”

之祸者，生于江南，含烈气也。”事实上，先秦南方之人亦崇奉巫咸。楚国大诗人屈原亦无例外，《楚辞·离骚》咏道：“欲以灵氛之吉占兮，心犹豫而狐疑。巫咸将夕降兮，怀椒糈而要之。”一言以蔽之，古代南方确有崇巫之族群，名曰“巫咸国”。

南方诸族崇巫，较之中州更烈，其流传时间更长。甚可断言，巫风乃古代南方民族文化之一大特点。已故著名史学家范文澜称楚文化为“巫文化”，堪称的论。

早在先秦，南方两大民族与国家之楚、越，已以信巫并称于当时。楚国有巫，有史可征。《左传·文公十年》：“初，楚范巫矞似谓成王与子玉、子西曰：‘三君皆强死。’”又，《晏子春秋·内篇谏上》：“楚巫微道矞款以见景公。”从楚国范地之巫矞似与楚巫微能与楚、齐最高统治集团过往之事，表明巫在楚国之政治生活中占有颇高地位。又，《楚辞》中常见楚巫之名，除上述“巫咸”外，尚有“灵氛”“女媭”[①] 以及“巫阳”[②] 等。

越人重巫，在《越绝书·越绝外传记地传》中有集中记载：

巫里，勾践徙巫为一里，去县二十五里。

巫山者，越䰠，神巫之官也，死葬其上。

江东中巫葬者，越神巫无杜子孙也。死，勾践于中江而葬之。

从巫里、巫山、巫葬诸条记载，可见越神巫地位之重暨越巫风之盛。

在汉代，特别是汉武帝平南越后，越巫风在中原地区广为流布。其表现有三：其一，信越巫。史称汉武帝“尤信越巫”。[③] 其二，立越祠。据载：汉武帝“乃令越巫立越祝祠”。[④] 由于巫祠滥建，故于天汉二年（前 99 年）秋“止禁巫祠道中者”。[⑤] 其三，行巫术。越巫之术，与他地有异，有所谓“鸡卜”。[⑥] 又有所谓厌胜之术，据

① （战国）屈原：《楚辞·离骚》。

② （战国）屈原：《楚辞·招魂》。

③ （汉）应劭：《风俗通义·怪神》。

④ （西汉）司马迁：《史记·孝武本纪》。

⑤ （东汉）班固：《汉书·武帝纪》。

⑥ （西汉）司马迁：《史记·封禅书》。

载：柏梁灾，越人勇之乃曰："越俗有火灾，复起屋必以大，用胜服之。"于是作建章宫。[①] 由于汉代统治阶级倡导，越巫风对后世产生重大影响。

东越初年，旧越中心地区仍信巫祝。汉应劭《风俗通义》卷九：

会稽俗多淫祀，好卜筮，民一以中祭。巫祝赋敛受谢，民畏其口，惧被祟，不敢拒逆。是以财尽于鬼神，产匮于祭祀。

唐代，据《旧唐书•刘禹锡传》载：刘禹锡贬朗州司马，亲见"蛮俗好巫"。[②] 又，据唐人元稹《元氏长庆集》卷三载："楚俗不事事，巫风事妖神。"

迄清，南方诸族地区仍盛行巫风。如：苗俗"信鬼尚巫"；[③] 土家族俗"信鬼巫"；[④] 黎俗"尚跳鬼"；[⑤] 台湾风俗"有疾病不用医而用巫"。[⑥]

总之，南方民族地区确是培育"巫咸国"之一片沃土。

九、蜮民国

"蜮民国"，系指水蛊产地之一支南方溪峒族群。

古籍关于"蜮"之载丰夥，但有"蜮民之国"之名者，则仅见于《山海经•大荒南经》。其中云："有蜮山者，有蜮民之国，桑姓，食黍，射蜮是食。有人方扜弓射黄蛇，名曰蜮人。"综合诸记载，所谓"蜮"，又名"短狐"或"射工"。其形，属甲类，长三四寸，无目而利耳，一说似鳖，一说如鸣蜩。口中有横物角弩，闻人声，则"以气为矢"射人，或说"含沙射人"。人或人影被击中，则发病甚或致死。

究其实，所谓"蜮"，即《周礼•秋官•蝈氏》中之"水蛊"，系指"蜮"（通

---

① （西汉）司马迁：《史记•孝武本纪》。

② 朗州为故楚黔中地，可证"好巫"之俗在当地少数民族地区长期流传。

③ （清）徐家干：《苗疆闻见录》，卷下。

④ （清）严如煜：《苗防备览•风俗下》。

⑤ （清）张庆长：《黎岐纪闻》。

⑥ （清）佚名：《台湾随笔》。

“蝈”)、“黾”等水中害虫。故古籍亦称：蜮，“其实水虫也”[①]，“视其形虫也”[②]，“今俗谓之溪毒”[③]。明人李时珍《本草纲目》划入“溪鬼虫”一类。在古代中原人目中，蛮荒之地，可怖可骇。其对人体之最大威胁，一是所谓“瘴气”，一是所谓“溪毒”，吸其气饮其水皆会令人发病，重者则一命呜呼。如，《汉书·贾捐之传》载：骆越之地，“雾露气湿，多毒草虫蛇水土之害”。《汉书·严助传》则称：“南方暑湿，近夏瘴热，暴露水居，蝮蛇蠚生，疾疠多作。”“蜮”之说，即在如此地理历史环境中形成。

在古人目中，蜮，此种有毒之水或水中害虫，乃造成人类疾疫与死亡之重要因素之一，可谓谈“蛊”色变。晋代葛洪《抱朴子·登涉》载：“中人身者即发疮，中影者亦病。而不即发疮，不晓治之者煞人。其病似大伤寒，不十日皆死。”晋代干宝《搜神记》则载：“所中者，则身体筋急，头痛发热，剧者至死。”换言之，被蜮射中后，会出现发疮、头痛发热、抽筋等症。迄清初，屈大均《广东新语》卷二四对“水蛊”之毒曾作较明确之记叙：“粤西有三江，而左江之水尤毒。其源自交趾而来，皆蚺蛇、孔雀之粪所溃，夏间尤忌之，流至端州始平淡，然五六月西水涨溢，往往令人腹疾。又恩平水中多蚯蚓屯结，每水一升，可得蚯蚓数十许，色黄浊，饮之立蛊。又罗旁之水，多有榈木叶、木犀花叶浸其中，饮之亦辄胀满以死。是皆水之蛊，不因人力者也。”[④]显然，屈大均较之前人已有颇大进步。他把“水蛊”，主要归之于饮用受污染之水所致，亦有因饮入水中害虫而致蛊者。他已扬弃玄乎其玄之“蜮”害说。

蜮及相伴之蜮民国之地望，当在江南或岭南。《楚辞·大招》：“魂乎无南，蜮伤躬只。”洪兴祖补注：“江东江南有虫名短狐。”又，《汉书·五行志下之上》载：“蜮生南越。越地多妇人，男女同川，淫女为主，乱气所生，故圣人名之曰蜮。”可见，蜮或蜮民国处南方，历来无歧议。

尚需进一步指出者，蜮产南方山溪中。《楚辞·大招》洪兴祖释云：短狐，“溪

---

① （晋）葛洪：《抱朴子·登涉》。

② （晋）张华：《博物志·异虫》。

③ （晋）干宝：《搜神记》。

④ 此处所言“蚯蚓”，当系指形类蚯蚓之水蛭类。

毒，……在山源溪水中”；晋代张华《博物志·异虫》则有“江南山溪中水射工”之句。故史书往往将“溪蛮”①、“西南溪峒诸蛮”② 作为其代称。

结论：蜮民国属南方溪峒族群。

十、炎人国

先秦时期，在楚国南部以远，有“炎人国”。因楚之南地处炎热之域，故疑炎人国因此而得名。一说“炎”或作“啖”，故“炎人国”即“啖人国”，亦可通。该族群最主要特征为行二次葬习。始记其事者，为《墨子·节葬下》：“楚之南，有炎人国者。其亲戚死，朽其肉而弃之，然后埋其骨，乃成为孝子。”③《列子·汤问》续记此事。列子虽为战国时郑人，但《列子》一书并未忠实反映先秦思想原貌，夹杂汉晋间事颇多，故其时代较晚。此外，晋人张华《博物志》卷二亦有载。但后两书所记，除个别文字外，几乎全同《墨子》，其源不言而喻。

先秦炎人国俗，可从隋代荆州蛮、唐代五溪蛮、宋代溪蛮等葬俗中得到印证。而且，这些“蛮”人之居地，与“楚之南”之方位亦吻合。

《隋书·地理志下》记荆州“蛮左”之“拾骨”俗，极为值得注意。因其记述，不仅年代较早，且内容详赡，从而有助于对炎人国俗做全面而具体之了解。其中云：“其死丧之纪，虽无被发袒踊，亦知号叫哭泣。始死，即出尸于中庭，不留室内。敛毕，送至山中，以十三年为限，先择吉日，改入小棺，谓之拾骨。拾骨必须女婿，蛮重女婿，故以委之。拾骨者，除肉取骨，弃小取大。当葬之夕，女婿或三数十人，集会于宗长之宅，著芒心接篱，名曰茅绥。各执长竿，长一丈许，上三四尺许，犹带枝叶。其行伍前却，皆有节奏，歌吟叫呼，亦有章曲。传云盘瓠初死，置之于树，乃以竹木刺而下之，故相承至今，以为风俗。隐讳其事，谓之刺北斗。既葬设祭，则亲疏咸哭，哭毕，家人既至，但欢饮而归，无复祭哭也。”④ 从中可见：盘瓠蛮丧

---

① （宋）朱辅：《溪蛮丛笑》等。

② （元）脱脱等：《宋史·蛮夷列传》。

③ 墨子为战国初人，据考《节葬》篇系墨子与其弟子相互问答记录。可见，中土之人对炎人国及其俗了解之早。

④ 盘瓠蛮，属今苗瑶系统之先民。

葬之事延续时间甚长。从初葬至“拾葬”，相隔有达十三年之久者，只有经二次葬后，丧葬活动始告终。二次葬即“拾骨”，较之初葬，仪式更为繁缛与隆重。此外，该传还记及“左人”之不同葬俗：“亦有于村侧瘗之，待二三十丧，总葬石窟。”此石窟之葬，亦属二次葬之一种表现形式。

唐代张鷟《朝野佥载》卷二载：“五溪蛮，父母死，于村外搁其尸，三年而葬，打鼓路歌，亲属饮宴，舞戏一月余日，尽产为棺，于临江高山半肋凿龛以葬之。山上悬下柩，弥高者以为至孝，即终身不复祀祭。”[①] 宋代朱辅《溪蛮丛笑》则载：“死者诸子，照水内，一人背尸以箭射地，箭落处定穴。穴中藉以木，贫则已，富者不问岁月，酿酒屠牛，呼团洞，发骨而出，易以小函。或枷崖屋，或挂大木，风霜剥落，皆置不问，名葬堂。”

以上记载表明：隋代“左人”之“总葬石窟”，唐代“五溪蛮”之于“临江高山半肋凿龛”而葬，宋代“溪蛮”之以小函“葬堂”，是一脉相承。此种二次葬之特点为，均取岩葬形式。其族属亦相类，应是今苗瑶系统先民之葬俗。

总之，楚之南炎人国二次葬俗之特点是：人死埋葬后，经若干时间，待肉腐后，拾骨重葬。此俗之缘起，殆与原始民族之宗教信仰有关。他们以为：只有照此办理，死者灵魂才能超度，“乃为孝子”，甚至将骨盒置于高山之中，“弥高者以为至孝”。

十一、啖人国

先秦时，楚之南，有“啖人国”，因食长子而得名。此即东汉以后之乌浒蛮。乌浒蛮，又名乌蛮，在今广西横县东六十里郁江中有乌蛮滩。

首记“啖人国”俗者，当推《墨子·鲁问》：“楚之南，有啖人之国者。其国之长子生，则解而食之，谓之宜弟。美则以遗其君，君喜则赏其父。岂不恶俗哉。”其后，《后汉书·南蛮西南夷列传》则载：交趾之西，“有啖人国，生首子辄解而食之，谓之宜弟。味旨，则以遗其君，君喜而赏其父。取妻美，则让其兄。今乌浒人是也”。“啖人国”，又有作“轸沭国”者。始记其事者，亦是《墨子》。该书《节葬下》篇载：“昔者越之东，有轸沭之国者。其长子生，则解而食之，谓之宜弟。其

---

① 搁尸村外三年，其时肉已朽，故亦是拾骨而葬。

大父死，负其大母而弃之，曰鬼妻不可与共处。”袭此说者，有《列子·汤问》《博物志·异俗》等。但《博物志》之不同处是改“大母”为“母”。因“辂沭”二字，各本写法不一，其义亦不可解；且辂沭之国在越东之说，亦乏证据。但所记内容，则与啖人国相符。故笔者将此二者合并，断为啖人国俗。

啖人国俗，可归纳为四：

一是“宜弟”俗。为何要把长子杀掉，且杀长子后辄有利于幼子？其因应从社会根源中探寻。从民族学角度而言，在具有较浓重之原始婚姻遗习之社会中，女子在婚前，并不要求保守贞操。只有在出嫁后或正式定居夫家后，私通才被视为非法。如，清陆祚蕃《粤西偶记》“俍人”条下载：女子行婚礼后，“旋回母家，不与丈夫相见。另招男子曰野郎，即与父母同居，觉有妊，乃密告其夫作栏，遂弃野郎而归夫家，偕老焉”。清赵翼《檐曝杂记》卷四云“苗倮陋习”：“为女时无所禁；既嫁，则其夫防察甚严，不许有所私云”。如此做之结果，对于长子，不仅为父者难于分辨是否为己出，甚或为母者亦无法弄清其父为何许人，因为此子往往“是一个偶然生的孩子”[①]。对此，以夫权为中心之社会，为确保男方世系之纯洁性，为确保财产权不致旁落他姓，在继承权上重弟重幼之思想与行为辄应运而生。此系啖人国不惜采取极端残酷手段对待“长子”“首子”，以确保其弟继承权之缘由所在。此即“宜弟”说之实质。

无独有偶，在北方羌胡中亦行“杀首子”俗。据《汉书·元后传》载：汉成帝无子，权臣王凤欲将嫁过人之妾妹张美人纳入后宫，京兆尹王章反对至烈。其理由是：“且羌胡尚杀首子以荡肠正世，况于天子而近已出之女也！”换言之，羌胡之所以杀首子，是因妻子初来所生之子或是“杂种”，故需血洗而正世系。此系对“宜弟”俗之最好诠释。

据传，行“宜弟”俗之“啖人国”历史，还可往上溯。《逸周书·王会》：商汤时，正南方族群有：“瓯、邓、桂园、损子、产里、百濮、九菌。”[②] 所谓“损子”，即杀子之意。倘依此记载，则可曰：春秋战国之“啖人国”，即商代之“损子国”。

---

① ［德］恩格斯：《家庭、私有制和国家的起源》，见中共中央马克思恩格斯列宁斯大林著作编译局编：《马克思恩格斯选集》，46页，北京，人民出版社，1972。

② 明人邝露所著《赤雅》载：“古损子产国，即乌浒蛮也。”邝露将“损子产里”读作“损子产、里”，亦可通。因“里”通“俚”，俚亦为南方一族群。

以备一说。

此俗，不仅源远，而且流长。据明人邝露《赤雅》称：东汉以后，啖人国之后裔，“散处山谷，其风不改。”

二是“取妻美，则让其兄”俗。此为妻兄弟婚遗习之一种表现形式。在母系氏族社会中，实行族外群婚制。按照此制，本氏族之兄弟与结为通婚集团之对方氏族之姊妹为婚，将其作为共同之妻子；而对方氏族之兄弟则与本氏族之姊妹为婚，成为其共同丈夫。此种兄弟共妻制在南方诸族中，并不乏见。如，宋代洪迈《容斋四笔》卷十六：渠阳（今湖南靖县）蛮俗，“凡婚姻，兄死弟继”。在汉民族偏僻之地，迄至清代仍存此风。据清代赵翼《檐曝杂记》卷四，“甘省陋俗”条载：“有兄弟数人合娶一妻者，或轮夕而宿，或白昼有事，辄悬一裙于房门，则知回避。生子则长者与兄，以次及诸弟云。”总之，无论弟让妻与兄，或兄死妻嫂，或兄弟合娶一妻，虽形式微异，但均属族外群婚制孑遗之范畴。可彼此参证。

三是食人俗。其实，“啖人国”不仅对族内长子“解而食之”，而且，还把敌对之族外人作为猎物。此从其后裔乌浒蛮俗中可见。据汉杨孚《异物志》载：乌浒人“族类同姓，有为人所杀，则居处，伺杀主，不问是与非，遇人便杀，以为肉食也。”此类食人惨剧，在生产力极端低下的条件下，在环球各地之原始民族中均曾发生。摩尔根写道：“吃人之风在整个蒙昧阶段普遍流行。此风仍残存在美洲土著当中。不过，这种风气已经不再普遍流行了。这一点，有力地说明了食物不断增加对于改善人类生活状况起很大的作用。”[①] 当人类有充足食物后，食人风辄停息。

四是弃老俗。据上引文献，虽有“弃大母（指祖母）”或“弃母”之不同记载，但遗弃丧偶老妇人则无别。不可否认，此俗之形成与原始信仰有关，所谓“鬼妻不可与共处”即是。但归根结底，还是由生产力状况所决定。在人类早期阶段，由于人们艰于维持生计，势必将完全丧失劳动能力而又要消耗生活资料之老人视为一种重负与累赘。可以说，食人俗与弃老俗系一个问题之两个方面，即生产力极端低下之孪生产物。

---

① ［美］路易斯·亨利·摩尔根著，杨东莼、马雍、马巨译：《古代社会》，22 ～ 23 页，北京，商务印书馆，1977。

十二、交趾民

交趾，又作“交阯”，阯为趾之假字，亦有作“南交”者，意为中国南部之交趾，可作地名、国名及族群名。其地指岭南一带。

主要记载有，《尚书·尧典》：“申命羲叔宅南交。”《墨子·节用中》：“古者，尧治天下，南抚交阯，北降幽都，东西至日所出入，莫不宾服。”《韩非子·十过》：“昔者，尧有天下，其地南至交阯，北至幽都，东西至日月之所出入者，莫不宾服。”《吕氏春秋·慎行论·求人》：“［禹］南至交阯，孙朴续樠之国。”《淮南子·主术》：“昔者神农之治天下也，……其地南至交阯，北至幽都，东至旸谷，西至三危，莫不听从。”《淮南子·修务》则载：“［尧时，］北抚幽都，南道交趾。”《史记·五帝本纪》：“［尧］申命羲叔，居南交。”“［舜命禹，］定九州，各以其职来贡，不失厥宜，方五千里，至于荒服，南抚交趾。”刘向《说苑》：“禹陂九泽，通九道，定九州，至于荒服，南抚交趾。”此外，《尸子》、汉代贾谊《新语·修政语上》也有尧时南抚交阯之说。以上记载表明：早在尧舜禹传说时期，已与交趾发生联系。其时为荒服之地，交点贡物，辄属倾慕、臣服之意。此种关系，极为松弛。至于《淮南子·主术》上溯至神农，则不足论，因为同书《修务》篇亦称尧时始“南道交趾”，可证其说之混乱。可以肯定者，春秋战国时期，中国之人已对交趾有某种程度之了解。

交趾民，又作“交胫民”“交股民”。如，《山海经·海外南经》：“交胫国在其东，其为人交胫。一曰在穿匈东。”吴人《外国图》曰：“交胫民，长四尺。”[①] 又，《淮南子·坠形》在列举南方族群时，提及“交股民”。窃以为：交胫民、交股民与交趾民，皆指南方同一族群，名异而实同。理由有二：一是地望同；一是指足部不同位置。趾指脚趾，胫指小腿，股指大腿。但此三个称谓中，只有“交趾”一词能准确反映该族群之体质特征，故后来交胫、交股两词均被自然扬弃。至于有作“交颈”者，郭璞释为“其为人交颈而行也”。此乃郭璞想当然而误导后人之又一例证。其实，“颈”乃“胫”之形近而讹，毋庸赘言。

交趾民何以得名？其说有四：唐代陆法言《广韵》引晋刘欣期《交州记》卷一载：“交趾之人，出南定县，足骨无节，身无毛，卧者更扶始得起。”像此种违背人

① （宋）李昉、李穆、徐铉：《太平御览》，卷七九〇。

类生理现象之谬说，可置而不论。又，唐孔颖达疏《礼记·王制》："蛮卧时，头向外，而足在内而相交，故云交趾。"显然，各族之人之卧姿不会有大异。此说流于牵强。此外，尚有两说，则有可取之处。一是《后汉书·南蛮西南夷列传》载："其俗男女同川而浴，故曰交阯。"意为：因男女同在河里游泳引起脚趾相交相碰而得名。此说，能从殊俗角度分析，有新意，但揆诸事理，亦未必善。一是南北朝人顾野王《舆地志》所云："交趾，其夷足大指开，析两足并立，指则相交。"窃以为，此说庶乎可信。由于当时岭南社会经济发展滞后，物质生活较贫困，加之天气酷热，人们多赤足而行。故中原人总把"跣足"视为"蛮"俗重要特征。由于无鞋束缚，脚之发展处于自然状态，加之经常翻山越岭，造成脚掌较宽厚、脚趾较松开以及两脚大拇指较易相交之体质特征。笔者身为东粤之人，此说与笔者所亲历所目睹事物正相合。

交趾民俗，见诸史籍者，主要有三：一是处于僻地之人，尚存茹毛饮血之生食遗习。据《礼记·王制》载："南方曰蛮，雕题交趾，有不火食者矣。"此俗，在清代高山族、黎族中仍可见。如，郁永河《采硫日记》卷下载：台湾番人，"山中多麋鹿，射得辄饮其血，肉之生熟不甚较，果腹而已"。道光《琼州府志》卷二十载：生黎，"穴居鲜食"。①

一是某些地区尚未进入农业时代，以从事渔猎与采集经济为主。《水经注》卷三七《叶榆河》："《周礼》南八蛮，雕题交阯，有不粒食者焉。"显然，此材料，系据上述"不火食"之载演变而来。既然尚未推广烹饪之法，其经济当未进入栽培作物之阶段。意为其民尚未知"播种五谷"②，"食五谷"③。

一是上述"男女同川而浴"之习。岭南百越族群行此俗。此俗，令中原人士少见多怪。究其因：南方为多川之区，且气候炎热；南方诸族妇女，不受"男女之大防"之封建伦理道德观之制约。

交阯，自汉而后，始作州郡名。汉武帝元鼎六年（前 111 年）置交阯刺史部，辖今两广及越南境；下属交趾郡，治龙编（今越南河内），辖今越南北部境。总之，

① 鲜食，即生食。

② （汉）刘安：《淮南子·修务》。

③ （汉）贾谊：《新语·道基》。

传说时代中之“南交”“交阯”，泛称五岭以南一带地，并非专指汉以后之交趾郡而言。故清人孙贻让以为先秦诸子中所载之交阯，“即今越南国”[①]，显然失之偏颇。

十三、反舌民

因地理、历史、人文之差异，致成南北语言暌隔。此系古籍名整个民族或其某一族属为“反舌民”之来由。主要记载有：

《山海经》曰：“反舌国，其人反舌。”[②]《吕氏春秋·仲春纪·功名》：“善为君者，蛮夷反舌殊俗异习皆服之，德厚也。”《淮南子·坠形》：“[自西南至东南方，有] 反舌民。”

所谓“蛮夷反舌”，系泛指南方诸族；“反舌国”，则专指某一南方族群。

古人以为“舌”为人体发声工具，人之语言不同是因舌异所致。故舌又可引申为语言。先秦时，将“舌人”定为负责翻译戎狄之言之官名，即本此意。如，《国语·周语中》载：“[戎、狄] 适来班贡，不俟馨香嘉味，故坐诸门外，而使舌人体委与之。”韦昭注：“舌人，能达异方之志，象胥之官。”据此，可论定：“反舌”，即语言不同之谓也。前人亦有持此论者，汉高诱即如是说：

> 夷狄言语与中国相反，因谓“反舌”。
>
> 反舌民，语不可知而自相晓。……南方之国民也。[③]

换言之，南方少数民族有独立之语言体系，华夏人虽不懂，而其族属内部则可互相沟通。

前人亦有误释“反舌”之义者。高诱曾加收录，以备一说。其中云：“一说南方有反舌国，舌本在前，末倒向喉。”像此类违反生理常识之谬说，对今人而言，可一笑置之而毋庸评说。

反舌国，又作“歧舌国”。据《山海经·海外南经》载：“歧舌国在其东，一

---

① （清）孙诒让：《墨子间诂·节用中》。

② （唐）欧阳询等：《艺文类聚》，卷十七《人部一·舌》。

③ 《淮南子·功名》与《淮南子·坠形》。

曰在不死民东。”歧，一作枝。枝与支，古字相通。又，支与反，字形相近。可证，支舌即反舌，从反舌讹变而来。

往昔，除用“反舌”形容南方少数民族语言独特外，还有“南音”“鴂舌”“鸟语”“侏离”“蛮语”诸说，可谓名异而实同。

南音。据《左传·成公九年》载：“[晋侯问楚俘钟仪,] 问之曰：‘南冠而絷者，谁也？’……使与之琴，操南音。”杜预注：南冠，楚冠；南音，楚声。楚为南国，又属“蛮夷”之邦。以地域言，称楚冠为“南冠”，楚声为“南音”，可谓毫无民族歧见。此亦表明，春秋时楚人之国力与文化之盛，已与中原大国不分轩轾，故《左传》作者不以蛮夷遇之。又，据《吕氏春秋·季夏纪·音初》载：“禹行功，见涂山之女，禹未之遇，而巡省南土。涂山氏之女乃令其妾候禹于涂山之阳，歌曰候人兮猗。实始作为南音。”涂山，在九江，近当涂。涂山氏之女“始作为南音”之载表明：长江流域与黄河流域之音有别，自古而然。

鴂舌。始作俑者为战国时人孟轲。据《孟子·滕文公上》载，孟子曰：“今也南蛮鴂舌之人，非先王道，子倍子之师而学之，亦异于曾子矣。吾闻出于幽谷迁于乔木者，未闻下乔木而入于幽谷者。鲁颂曰：‘戎狄是膺，荆舒是惩。’周公方且膺之，子是之学，亦为不善变矣。”此处“南蛮鴂舌之人”，乃指楚人许行。在孟子心目中，对于不能操正音之蛮夷戎狄，是只堪膺惩而断不可学者，其民族偏见，可谓根深蒂固。[①]

鸟语。从诸子著作起，不乏将南方民族之语用此贬称者，当系从“鴂舌”一词演化而来。

侏离。《后汉书·南蛮西南夷列传》称：盘瓠诸子“语言侏离”。李贤注：“侏离，蛮夷语声也。”此从后世“盘瓠种”人有独自语言中，可证实。

蛮语。据刘义庆《世说新语》载：“郝隆为桓公南蛮参军。三月三日作诗，不能者罚酒。隆揽笔作一句云：‘娵隅跃清池。’桓曰：‘娵隅是何物？’答曰：‘蛮名鱼娵隅。’桓曰：‘作诗何以作蛮语。’隆曰：‘千里投公，始得蛮府参军，那得不作蛮语。’”[②] 东晋时，桓温曾任荆州刺史、领护南蛮校尉（治今湖北江陵）。此“蛮语”，

① 鴂鸟，为伯劳鸟。鴂舌，形容“南蛮语言类伯劳鸣声不中听。”

② （宋）李昉、李穆、徐铉：《太平御览》，卷三九〇。

指是时“荆州蛮”人之语言。

尚需指出者，“反舌”一词之由来，疑与“鸟语”紧密相连。据《艺文类聚》卷九二，“反舌”条征引：“《礼记》曰：‘仲月之月，反舌无声。’《左传》曰：‘郯子云，少皞祝鸠氏，司徒也。’《易绰通卦》曰：‘百舌者，反舌鸟也，能反覆其口，随百鸟之音。’《风土记》曰：‘祝鸠，反舌也。’《春秋保乾》曰：‘江充之害，其萌反舌鸟入殿。’”可见，古人或以“祝鸠”（鹁鸠）为反舌鸟，或以“百舌”（一种候鸟）为反舌鸟，其说虽不一，但以“反舌”命鸟名则无疑。作者由此推论：似始以“反舌”名鸟，后以“反舌”言人。

十四、狼腘国

狼腘国，古代岭南之一支越人族群。

东汉杨孚《异物志》首记其事：“狼腘国，男无衣服，女横布帷。出与汉人交易，不以昼市，暮夜会，俱以鼻臭金，则知好恶。”

要言之，其俗有三：

一是以衣饰言，“男无衣服，女横布帷。”因南方天气酷热，且经济发展滞后，故素有“南国之人，祝发而裸”之说。而所谓“横布”，即横布一二幅而为裙，此为古代越人妇女之常服，亦即“统裙”（桶裙）之源。

一是有夜市之俗。此为岭南民族地区之一景。如，清代张泓《滇南新语》载：“岭南有鬼市，在残漏之前，剑川有夜市，在禁鼓初动之后。……土著皆夷……曰黄昏后，百货乃集，村人蚁赴，手燃松节曰明子，高低远近，如萤如磷，负女携男，趋市买卖，多席地群饮和歌跳舞，酗斗其常。而藉此以为桑间濮上，则夷习之陋恶也已甚。届二鼓，始扶醉渐散者半。”入夜后，夷人点燃火把，纷纷赶赴墟场，边交易，边饮酒，边歌舞。从中不难想象“不以昼市，暮夜会”之缘由与盛况，亦可见南方夜市来源有自。

一是以金银为通货。古越人素重金银。晋裴渊《广州记》有俚僚“豪富子女以金银为大钗”之载，可证。而且，有以金银作货币流通之俗。如，《隋书·食货志》载：“梁初，唯京师及三吴、荆、郢、江、湘、梁、益用钱，其余州郡，则杂以谷帛交易，交、广之域，全以金银为货。”梁朝时，交州治今越南河内，广州治今地。可见，岭南用金银交易风之炽。既用贵金属为货币，辄出现辨别真伪与成色之问题。

所谓用鼻子可嗅出其好恶是假，凭感观与经验鉴别其价值则为真。

总之，从习俗言，可定狼胭国为古越人一支无疑。又，左思《吴都赋》将“乌浒狼𥆧”与之相提并论。亦可证其族属相类，地望相邻。故作者定狼𥆧为今壮族先民之一支。明清时，将分布于广西左右江流域土官统治之壮族称为狼人，而其与狼𥆧人之地域及族属均接近，故疑其间或有联系，备考。

十五、鲛　人

在南海地区居住着以采珠为业之一支古代越人，名曰鲛人。其后裔，窃以为系岭南蜑人。所谓“鲛人”，当因其在水中如鱼得水而名。

据晋代张华《博物志》卷二，“异人”条载：“南海外有鲛人，水居如鱼，不废织绩，其眼能泣珠。”任昉《述异记》卷下所载小异处，首句作“南海中有鲛人室”。此外，《洞冥记》卷二，干宝《搜神记》卷十二亦有载。

除志异小说外，文学作品中亦有言及鲛人者。如，曹子建《七启》中有“戏鲛人”之句。晋代左思《吴都赋》咏道：“穷陆饮水，极沈水居。泉室潜室而卷绡，渊客慷慨而泣珠。开北户以向日，齐南冥于幽都。”刘渊林注曰：“水居，鲛人水底居也。俗传鲛人从水中出，曾寄寓人家，积日卖绡。绡者，竹孚俞也。鲛人临去，从主人索器，泣而出珠满盘，以与主人。”[①] 晋代木华《海赋》：“天宝水怪，鲛人之室。”

上述记载，值得注意之处有三：一是鲛人居于岭南近海之地。即“南海外”“日北人南”“冥都”之谓。一是鲛人善于水上生活。所谓“水居如鱼”“从水中出”“渊客”，均可证。一是以采珠为业。泣而眼能出珠是虚，入水能采珠则为实。

据此可以推断：鲛人，为岭南采珠人，即后世所名之“蜑”人。此从大量史籍中，可印证。

岭南历代均以珠宝著称当世。西汉时，粤地，多珠玑，“中国往商贾者多取富焉”[②]。东汉时，“南海多珍，财产易积”[③]。孙吴时，岭南“宾带殊习，宝玩所生”[④]。孙

① （南朝梁）萧统：《文选》，卷五，刘注。

② （汉）班固：《汉书》，卷二八下《地理志下》。

③ （南朝宋）范晔：《后汉书》，卷七六《循吏·孟尝传》。

④ （晋）陈寿：《三国志》，卷六一《吴书·陆胤传》。

吴多以贡赋形式加以征取，对合浦之珠“所调猥多，限每不充”[①]，并以“明珠”向魏国进贡。[②]

既产珠，辄有以采珠为生之特殊职业阶层。如，《后汉书·孟尝传》载：东汉时，合浦郡，“郡不产谷实，而海出珠宝，与交阯比境，常通商贩，贸籴粮食”。至两晋时，《陶璜·上》言：“合浦郡土地硗确，无有田农，百姓唯以采珠为业，商贾去来，以珠贸米。……今请上珠三分输二，次者输一，粗者蠲除。”及唐代，《旧唐书·地理志》则载：“合浦郡有珠母湾，为郡人采珠之所。”从中可见：一是史书中“唯以采珠为业”之人之聚居地，当在盛产明珠之合浦郡。合浦郡，三国时名“珠官县”，唐代名“珠池县”，均系以珠名地之证。既然明珠“出合浦”[③]，亦当出鲛人。二是明珠虽系无价之宝，采珠人却极为贫困。因其所采之珠，被封建统治者无偿且无限征调。即使在晋代上交额加以减免时，其数仍占上珠比例之三分之二。余下者，又经商人一层克剥。因郡不产粮，要以珠易粮为生，其处境之艰辛不言而喻。

后世，采珠之人被称作蜑人。据宋范成大《桂海虞衡志·志蛮》载：“[蜑]海上水居蛮也。以舟楫为家。采海物为生，且生食之。入水能视。合浦珠池蚌蛤，惟蜑能没水采取。旁人以绳系其腰，绳动摇则引而上。先煮毳衲极热，出水急覆之，不然寒栗而死。或遇大鱼蛟鼍诸海怪，为鬐鬣所触，往往溃腹折支，人见血一缕浮水面，知蜑死矣。”此材料之重要意义有二：一是首次翔实记述蜑人采珠之惊险过程。向世人昭示：明珠非哭泣而来，而是以生命搏斗换取；付出非泪而系血。一是其后有关蜑人记载，多本此。此外，宋周去非《岭外代答》卷三载“钦州之蜑”：“以舟为室，视水如陆，浮生江海者，蜑也。”钦州，与合浦所在之廉州相连，均属当时广南西路之沿海地区；此一带海域，名“珠母海”，即产明珠之海。所谓“以舟为室”，即系小说中之南海“鲛人室”。还有，元陶宗仪《南村辍耕录》卷十，“乌蜑户”条载：“广海采珠之人，悬絚于腰，沉入海中，良久得珠，撼其絚，舶上人絜出之，葬于鼋鼍蛟龙之腹者，比比有焉。有司名曰‘乌蜑户’。”此种从鲛人传下之原始没水采珠法，明初始改以铁耙捞蚌，入清后才改用拖网取蚌法。据陆谷《菽

① （唐）房玄龄等：《晋书》，卷五七《陶璜传》。

② （宋）司马光：《资治通鉴》，卷六九《魏文帝黄初二年》。

③ （宋）司马光：《资治通鉴》，卷六九《魏文帝黄初二年》，胡三省注。

圃杂记》载："珠池居海中，蜑人没而得蚌剖珠。盖蜑丁皆居海船中，采珠以船环池，以石悬大絙，别以小绳系诸蜑腰，没水取珠，气迫则撼绳动，舶人觉，乃绞取，人缘大絙上。前志所载如此。明永乐初，尚没水取，人多葬鲨腹，或绳系手足存耳。因议以铁耙取之，所得尚少。最后得今法，木柱板口，两角坠石，用本地山麻绳作兜，如囊状，绳系船两旁，惟乘风行舟，兜重则蚌满，取珠无逾此矣。"拖网取蚌法影响深远：一是因溺水与鲨鱼袭击造成之非正常死亡事故大为减少；一是珠之产量大为提高。随着没水取蚌法之废止，鲛人才从真正意义上不成其为"鲛人"。

关于鲛人之经济生活，除采珠外，还有"不废织绩"。在生产力低下之条件下，鲛人除以珠易米为生外，尚需自己纺织以解决穿衣问题。此与当时以种田为业之农民无异。故此处所要弄清者已非要不要而是如何"织绩"之问题。古代岭南民族纺织业之突显特点是：丝织品极罕，素有"蛮夷不蚕"之说，故多以植物纤维为纺织品原料。诚如容观夐先生所云：宋代前之两广蛮夷，"不但利用木棉、麻类织布，而且广泛地利用芭蕉、葛藤、古终（绿）藤、竹子（员当）以及勾芒木等加工'织以为布'。"[①] 鲛人亦无例外。上述鲛人"积日卖绡。绡者，竹孚俞也"之说，联系晋代裴渊《广州记》蛮夷"皮员当竹，……织以为布"之载，推定鲛人善以竹、藤之类织布，当与历史事实相符。

十六、雕题国

古代百越之民有文身习，故史称其所属族群为"雕题国"。主要记载有：《山海经·海内南经》记郁水南有"雕题国"。郁水，即今广东之西江，流入南海。此外，《礼记·王制》卷十二有"南方曰蛮，雕题交趾"之载；战国楚人屈原所作之《楚辞·招魂》有南方"雕题黑齿"之句。上述诸记载表明：先秦时已有一支南方蛮人名"雕题"。

雕题，亦有写作"雕踶"者。参见班固《白虎通·礼乐》卷一。所谓"雕题"，意为用丹青刻画其"额"。但所谓"额"，决不可望文生义，仅按字面理解为额头，

① 容观夐：《文化人类学与南方少数民族》，南宁，广西人民出版社，1990。

而应扩及面颊及身肌。对此，历代注家已言明。如上引《礼记·王制》郑玄注："雕文，谓刻其肌。"唐孔颖达疏："非惟雕额，亦纹身也。故仲雍居吴、越，《左传》云：'断发文身。'"

关于雕题之载，最为明了者当推东汉杨孚《异物志》。其词云："雕题国，画其面及身，刻其肌而青之。或若锦衣，或若鱼鳞。"[①]既言明雕题之部位为面与身，又描绘文身形状如锦衣、鱼鳞。

传说中之雕题民，仍过着较为原始之生活。一是"不火食"，尚未知烹饪之法。一是"常食蠃蚌"[②]。早期，沿海居民以水产为重要食物来源。岭南地区，发现大量新石器时代之贝丘遗址，即系其时其地居民生活之真实反映。

雕题之俗，可从各种不同种姓之古越人中得到印证。

据《汉书·地理志下》载："粤地"之人，"文身断发"。此处所指粤（同越）地之人，班固已言明包括从会稽至南海诸郡之越人。《汉书·严助传》又载："越方外之地，劗发文身之民也。"此话系淮南王安上书汉武帝，不要出兵干预闽越与南越之间纠纷时所说，故此处之"越"，是包括闽越与南越在内之泛指。

据《墨子·公孟》载："越王勾践，翦发文身。"此系专指越王勾践之越而言，即是汉代之东越地区。又，据《战国策·赵策二》载："被发文身，错臂左衽，瓯越之民也。"此瓯越指浙江省瓯江之地，亦属东越地区。

据《史记·吴太伯世家》载："太伯、仲雍二人，乃奔荆蛮，文身断发，示不可用。"更把文身之地，由越扩及吴，囊括整个东部地区。据《淮南子·原道》载："九疑之南……人民劗发文身。"九疑，山名，又名苍梧山，在今湖南宁远。九疑之南，意为岭南，即汉代之南越地。

总之，史书记载至为明确，无论是整个东、南部越族，或是东越，或是闽越，或是南越，均曾流行文身即雕题之习。

雕题俗，还可从古代越人后裔，即黎、高山、傣诸族中，再次得到印证。

黎族。名曰："绣面"。始记其事者为宋范成大《桂海虞衡志》："[黎人,] 女年将及笄，置酒会亲属，女伴自施针笔，捏为极细虫蛾花卉，而以淡粟纹遍其余地，

① （宋）李昉、李穆、徐铉：《太平御览》，卷七九〇。

② （战国）屈原：《楚辞·招魂》王逸注。

谓之绣面。”[①]又，明张燮《东西洋考》卷五，记东蕃俗，“手足则刺纹为华美”。此处之东夷、东蕃皆系指今台湾高山族。

傣族。唐人樊绰《蛮书》卷四载：“［永昌、开南有绣脚蛮和绣面蛮，］绣脚蛮，则于踝上腓下，周匝刻其肤为文彩。……绣面蛮，初生后出月，以针刺面上，以青黛涂之，如绣状。”唐之“绣脚蛮”“绣面蛮”，皆为今傣族。

黎、高山、傣诸族之文身俗，长期流传未绝，从而为“雕题”说提供活证据。

十七、离耳国与儋耳国

离耳国与儋耳国，均系指今海南黎族先民。

离耳国。据《山海经•海内南经》卷五载：郁水南与雕题国相邻有“离耳国”。晋郭璞注离耳国：“锼离其耳，分令下垂以为饰，即儋耳也。在朱崖海水中。”如前述，郁水，即珠江之西江，流入南海，故郭璞称：离耳，即儋耳，在朱崖（今海南）海水中。可谓言之有据。

儋耳国。史有南儋耳与北儋耳之分。据《山海经•大荒北经》卷十二载：在北海之渚中，有任姓“儋耳之国”。此为北儋耳，非本文论列范围。至于南儋耳，详记其事者，当推东汉杨孚《异物志》：“儋耳，南方夷，生则镂其头皮尾相连，并镂其耳匡，为数行，与颊相连，状如鸡腹，下垂肩上。食薯，纺织为业[②]。”又，《汉书•武帝纪》师古注，《后汉书•明帝纪》李贤注，所引《异物志》文，与此文大意相同。但“鸡腹”均作“鸡肠”，可证“腹”乃“肠”之讹。

东汉后，独尊儋耳为南方夷说，北海渚中之儋耳国已不再提及。

儋耳，亦有写作“耽耳”[③]、“瞻耳”[④]、“担耳”[⑤]者。关于儋耳之得名，有两说：

一主与文面俗有关。上述《异物志》即持是说。其意见是：从面颊连至耳匡再垂肩上，均刻画数行如鸡肠状弯曲之花纹。此说并非虚构，因后世黎俗之绣面文式，

---

① （元）马端临：《文献通考》，卷三三一。

② （宋）李昉、李穆、徐铉：《太平御览》，卷七九〇。

③ （汉）刘安：《淮南子•坠形》，卷四载：“夸父，耽耳在其北方。”

④ （东汉）许慎：《说文解字》，卷十二上《耳部》载：“瞻，垂耳也，从耳詹声。南方瞻耳之国。”

⑤ （晋）张华：《博物志》，卷二《异人》，远夷中有“担耳”。

确有两颊连耳匡下垂至颈项及肩胸者。

另一说，则主与耳饰有关。如，《后汉书·南蛮西南夷列传》载："珠崖、儋耳二郡在海洲上，东西千里，南北五百里。其渠帅贵长耳，皆穿而缒之，垂肩三寸。"意为：儋耳之俗，以耳长为贵，故在耳下端穿洞，饰上坠物使之下垂至近肩，故名儋耳。此说，与后世黎俗相契。如，清屈大均《广东新语》卷七载：黎妇，"椎髻大钗，钗上加铜环，耳坠垂肩"。调查材料亦证实：今海南乐东等地黎族妇女，有戴既大又重之多个耳环以致把耳朵拉长者。揆诸事理，作者以为此说更善。

至于《异物志》所载儋耳之经济生活，亦长期传世。

"食薯"俗。古代黎族农业尚不发达，故以薯芋一类杂粮为主食。即使是贬在海南之宋人苏东坡亦以"日啖薯芋"[1]度日。

"纺织为业"俗。早在宋代，海南黎族之棉纺技术，已臻高水平。首记其事者，为范成大《桂海虞衡志·志器》：

> 黎幕。出海南黎峒。黎人得中国锦彩，拆取色丝，间木棉挑织而成。每以四幅联成一幕。
>
> 黎单。亦黎人所织。青红间道，木绵布也。桂林人悉买以为卧具。

又，宋末元初之松江道乌泥泾（今属上海地区）人黄道婆，曾在崖州（今海南三亚）居住四十载，返故里后，传授黎人之"错纱、配色、综线、挈花"[2]等纺织技术，推动大陆地区棉纺业发展。此系黎人曾对我国纺织业作过突出贡献之有力例证。

综上所述，儋耳系指海南黎族先民无疑。儋耳，本为"夷"名，汉武帝始置儋耳郡，则演变成地名。

十八、落头民

"落头民"，后称"飞头獠"，是南方溪峒地区之僚人族属。此传说，始见于魏晋，出现较迟。因当时社会盛行清谈与志怪小说，故此传说从出现之日起辄具有情

① （宋）苏轼：《追和陶渊明诗引子由作》，见《东坡诗集注》，卷三。

② （元）陶宗仪：《南村辍耕录》，卷二四。

节极为荒诞离奇之特点，令人莫辨迷津。此传说在形成发展过程中，以晋、唐时期所起作用最为突出。下面依序加以剖析，以还其真面目。

其一，魏晋六朝时期。据晋代张华《博物志·异虫》卷三载：“南方有落头虫，其头能飞。其种人常有所祭祀号曰虫落，故因取之焉。以其飞因晚便去，以耳为翼，将晓还，复著体，吴人往往得此人也。”《搜神记》卷十二：“秦时，南方有落头民，其头能飞。其种人部有祭祀，号曰‘虫落’，故因取名焉。吴时，将军朱桓得一婢[①]，每夜卧后，头辄飞去，或从狗窦，或从天窗中出入，以耳为翼。将晓复还。数数如此，傍人怪之。夜中照视，唯有身无头。其体微冷，气息裁属。乃蒙之以被。至晓头还，碍被，不得安，两三度堕地，噫咤甚愁，体气甚急，状若将死。乃去被，头复起，傅颈。有顷和平。桓以为大怪，畏不敢畜，乃放遣之。既而详之，乃知天性也。时南征大将，亦往往得之。又尝有覆以铜盘者，头不得进，遂死。”晋王子年《拾遗记》：“汉武帝时，因墀国使言，南方有解形之民，能先使头飞南海，左手飞东海，右手飞西泽，至暮，头还肩上，两手遇疾风，飘于海水外。”上述三部代表作表明，此期之传说，尚处雏形阶段。其主要表现有二：一是《博物志》中归入“异虫”类，称作“落头虫”或“种人”者，虫耶人耶？文中自相矛盾，是传说原始性之表露。一是两说并存。《搜神记》系在《博物志》基础上发展而来，此说构成后世“飞头獠”说之基础；《拾遗记》之“解形民”说，则在日后被遗忘。

其二，唐朝以后时期。唐代，以段成式《酉阳杂俎·境异》所记最富代表性：“岭南溪洞中，往往有飞头者，故有‘飞头獠子’之号。头将飞一日前，颈有痕，匝项如红缕，妻子遂看守之。其人及夜，状如病，头忽生翼，脱身而去，乃于岸泥寻蟹蚓之类食之，夜晓飞还，如梦觉，其腹实矣。”又云：“梵僧菩萨胜又言，阇婆国中有飞头者，其人目无瞳子，聚落时有一人据。”段书意义在于：一是将“落头民”与“飞头獠”联系起来，并言明其地在“岭南溪洞中”。一是始载海外飞头人“目无瞳子”之说。一是对后世影响深远，历宋、元、明、清诸朝，有关“飞头獠”之说，无不本自此书。

---

① 见徐松石：《粤江流域人民史》，97页，北京，中华书局，1938。其中说“志怪说从前朱桓地方有一婢子，他的头颅能够夜飞。”将《搜神记》中的“将军朱桓”，臆改成地名“朱桓”，乃系疏于翻检核对所致。

此前，落头民事迹仅限载于志怪与杂录一类小说部，至宋人欧阳修撰《新唐书》，则堂而皇之将其纳入正史轨迹中。该书卷二二二下《南平獠》载："有飞头獠者，头欲飞，周项有痕如缕，妻子共守之，及夜如病，头忽亡，比旦还。""南平獠"，属古僚人一支。唐时分布于今川南与黔、桂一带，东距智州（今广西玉林），南属渝州（今重庆巴南区），西距南州（今重庆綦江县），北达涪州（今重庆涪陵区）。《新唐书》除将"飞头獠"定位为"南平獠"属外，其内容本身了无新意，全未脱《酉阳杂俎》窠臼。但此说一经登上正史大雅之堂，其身价倍增，致其后广为流布。

范成大《桂海虞衡志》载："旧传獠有飞头、凿齿、鼻饮、白衫、花面、赤裈之属二十一种。今右江西南一带甚多，殆百余种。"[①]

范文只据民俗事象划分僚人种类，将"飞头"列为其中之一，并未随意发挥，严谨态度值得称道。

元汪大渊《岛夷志略·宾童龙》则对海外飞头人有所演绎，值得关注。其中云："其尸头蛮女子，害人甚于占城，故民多朝事而血祭之。蛮亦父母胎生，与女子不异，特眼中无瞳人，遇夜则飞头食人粪尖。头飞去，若人以纸或布掩其颈，则头归不接而死。凡人居地大便后，必用水净浣，否则蛮食其粪，即逐臭与人同睡，倘有所犯，则肠肚皆为所食，精神为所夺而死矣。"明魏濬《峤南琐记》卷下，将岭南与海外二飞头之内容，聚于一处："飞头獠，头将飞一日前，项有痕匝如红缕，及夜，状如病，头忽飞去，于泥中寻蟹蚓之类食之。将晓，飞还如梦，觉其腹实矣。又云，飞去时以耳为翼。一曰占城有尸头蛮，本妇人，但目无瞳子为异耳。好食小儿粪，遭其食者，儿必死。或有头飞去，家人以被覆之，头回不得合，坠于地，气充充欲绝，去被，头自地起颈上，合之即活。"明末邝露《赤雅》所记，虽无多少发明，但渠称为亲历目睹，增添传说之神奇性。其中云："飞头獠，头将飞先一日，头有痕匝如红线，及夜，状如病，头忽飞去，须臾飞还，其腹自实，其觉如梦，虽獠不知也。予尝入石袍山涧中，偶见二头，一食蟹，一食蚓，见人惊飞，食蚓者尚含蚓而飞，蚓长尺许，双耳习习，如飞鸟之使翼也。獠俗贱之，不与婚娶，欲绝其类。予按占城有尸头蛮，本妇人，目无瞳子，飞头食童子粪，粪尽，童子辄死，妇

① （元）马端临：《文献通考》，卷三二八《四裔》。

目益明，堪与此獠为婚，一笑。”此外，宋人李石《博物志》卷十，清初顾炎武《天下郡国利病书·广东》亦有载，啻属抄录性质，故不赘。

换言之，落头民之传说，自唐以后分派为二叶：一为岭南“溪洞飞头獠”或“南平獠”，该僚之头夜间会飞出寻虫食，饱后天晓回还复旧；一为海外“尸头蛮”，多以妇人为之，其人目无瞳子，若飞头食人粪便，可致粪者死命。

予以为：“落头民”或“飞头獠”，系据南方民族之异俗塑造而成。其源有二：

一是与僚人猎首祭有关。始记其事者，为北齐《魏书·獠传》：“其俗畏鬼神，尤尚淫祀。所杀之人，美胡髯者，必剥其面皮，笼之以竹，及燥，号之曰鬼。鼓舞祀之，以求福利。”其后，历唐迄清，记录不绝，但皆无出此之右者。

显然，所谓“飞头獠”，系因僚人有猎首俗而得名，只是将主客位颠倒易位而已。原来，并非僚人之头会飞，而是僚人要飞取他人首级以供祭祀用。对此，早期记述所留痕迹，至为明显。上述《博物志》云：“南方有落头虫，其头能飞。其种人常有所祭祀号曰虫落，故因取之焉。”要之，即是取人头以祭祀之意。

猎首祭，是为举行宗教仪式而血祭之俗，在世界各地之原始民族中均有流行。在吾国古代，除僚人外，与僚人族属相类之乌浒人、侗族、高山族等亦曾行此俗。总之，飞头僚之传说，正是僚人曾行猎首俗之一种扭曲反映。

因落头民传说至为玄虚，故后人难解其意。唯有刘锡蕃先生提出：飞头僚，实系僚人之一种，披发如飞而已。此虽不失为一种大胆假设，但落头、飞头均指头颅落地，用披发如飞之形加以比附，终觉牵强，故私意以为还是以猎首俗释为妥切。

一是与岭南直至南海外地区盛行巫蛊俗有关。此在后期传说中，其烙印尤为明显。所谓尸头蛮食人粪后，该人“则肠肚皆为所食，精神为所夺而死”，即指放蛊巫术而言。因南方民族地区之人极惧为蛊者，故“獠俗贱之，不与婚娶，欲绝其类”，甚至有将其残酷处死之举。在海南黎区，女人为蛊者名曰“禁母”，俗谓禁母之灵魂不安，凡碰上其游魂者则要生病倒霉[①]。可证：落头民之传说，亦具有浓重巫蛊色彩。

---

① 中南民族学院编辑组编：《海南岛黎族社会调查》，南宁，广西民族出版社，1992。

十九、焦侥民

在我国古代南方，有身材矮小之族群，名曰“焦侥”“僬侥”或“周饶”。有学者以为，此不同之称谓，皆系“‘侏儒’之声转”[①]。

古籍对此记载颇多。如，《国语·鲁语下》载仲尼曰：“焦侥氏长三尺，短之至也。”《山海经·海外南经》：“周饶国在其东，其为人短小，冠带。一曰焦侥国在三首东。”《山海经·大荒南经》：“有小人，名曰焦侥之国，几姓，嘉谷是食。”《列子·汤问》：“从中州以东四十万里，得僬侥国，人长一尺五寸。”《后汉书·南蛮西南夷列传》：“永初元年（107 年），徼外僬侥种夷陆类等三千余口举种内附，献象牙、水牛、封牛。”三国吴人《外国图》：

> 僬侥民善没游，善捕鸷鸟……去九疑三万里。
>
> 从啖水南日僬侥，其人长尺六寸。……不衣而野宿。

魏晋朝皇甫谧《帝王世纪》：“尧时，僬侥氏来贡没羽。”[②]

综上所载，可得下述结论：

1．此族群因体质特征矮小而得名。所谓“长三尺”“长尺六寸”“长一尺五寸”，均系形容量词而非实指，故无须计较。

2．从时代言。据传，从尧时至六朝均有僬侥存在。无疑，先秦时已有僬侥传说。

3．从地望言，众说不一。《山海经》与《外国图》主岭南即九疑以南说；《后汉书》则言明为永昌“徼外僬侥”夷，据此，韦昭注《国语·鲁语下》定为“西南夷之别也”；《列子》则云在“中州以东”。可证，焦侥在南方、西南方、东方说均有。

4．社会状况，有所反映。已从事农业生产，“嘉谷是食”即是；在沿海地区，则渔猎业仍居重要地位，“善没游，善捕鸷鸟”可证；气候炎热，盛产没羽、象牙

① 袁珂：《山海经校注》，200 页。

② （宋）李昉、李穆、徐铉：《太平御览》，卷八〇。又，《今本竹书纪年疏证》有相类记载，但将其事系于帝尧二十九年春。

诸异物；生活颇为原始，故有“不衣而野宿”之载。

从六朝起，记载渗入荒诞不经成分转多，《外国图》即一例。其中云：僬侥人“迎风则偃，背风则伏”，描绘成随风倒之小人，纯属小说家言。又言“其草木夏死而冬生”，此种反自然现象，亦系子虚乌有。

焦侥人传说之素材，源于南方民族较之中原人身材要矮小。据新中国成立前的一项调查：华北男子平均高度为169.2厘米；华南男子平均高度为160厘米；桂西僮人男子平均高度为160厘米；桂北瑶人男子平均高度为156.6厘米；湘西苗人男子平均高度为154至155厘米[①]。从中可见各地各族之人身材差异之一斑。此种差异性之形成，除体质本身之自然差别外，亦与历史上南方诸族生活条件较为艰苦有关。余认为，所谓焦侥人，当系指南方民族中身材相对矮小之族群而言。既可用作专指，有时亦并非专一固定之称。此乃历史上有东、南、西南三方均有焦侥人记载之奥秘所在。

---

① 徐松石：《粤江流域人民史》，54页，北京，中华书局，1938。

三苗综议*

古籍关于史前时期的三苗记述繁多。由于当时并无直接的文字记载，而造成史家对这些后人追记的传说之看法，历来多有歧异。本文拟就三苗之族属，三苗社会，尧、舜、禹对三苗之策三方面的问题，提出一些粗浅看法。

一、三苗之族

史籍关于三苗的称谓不一。除称之为“三苗”外，尚有“三苗民”“有苗”“有苗氏”“苗民”之说。其实一也。

三苗所指为何？可分别为“国”名、“君”名和“族”名的代称。这需视文中内容而定，不可一概而论。须加说明的是：这里所谓国、君、族，均与人类进入文明社会以后的涵义有别。为便于叙述，只是借用旧说而已。

三苗多指国名，这是汉、唐以来历代经学家的一致看法。《尚书·舜典》注①：“三苗，国名”，又引马融、王肃云“国名也”；孔颖达疏：“昭公元年《左传》说，自古诸侯不用王命者，虞有三苗，夏有观扈，知三苗是国，其以三苗为名，非三国也”。《史记·五帝本纪》正义引吴起云：“三苗之国”。②《淮南子·修务训》高诱注作“三苗之国”。不仅注家，而且有的著述中也直呼三苗国名。如《山海经·海外南经》《博物志》卷八均称“三苗国”。可见，三苗为国名，这是无疑的。此间所谓“国”，是指原始社会末期的部落联盟。

三苗又是三苗国君的省称。据《尚书·吕刑》载：“苗民弗用灵，制以刑”，此制虐刑者，除按注疏释为“三苗之君”“三苗之主”“五虐之君”外，别无他释。《尚书·益稷》中所说：“苗顽弗即功”，不言而喻，此不得就官者当为“苗”长。至于今本《竹书纪年》卷上所记“有苗氏来朝”，则当指其君或代表其君的使者。这些都是毋庸置疑的。此“国君”，是指当时的部落联盟酋长。

---

* 原载《民族研究》，1987（2）。

① 文凡引《尚书》注，均指据传的孔安国注。

② 今本《战国策·魏策二》作“三苗之居”，张守节所引当有所本。

三苗还可作民族或更确切地说指部族名。对此，看法则不一致。近人朱希祖曾在《北京大学月刊》第一卷第一号发表《驳中国先有苗种后有汉种说》一文中，认为“三苗乃国名，非种族名”。此说过于绝对，因为“国家”乃是由一种或多种民族所组成，未可截然分开。其实，三苗在著述中又往往作民族解，这从下面所论三苗的民族属性中可证。

在三苗疆域内三苗之君统辖下的三苗族，究竟是怎样一个民族呢？从其世系、地望、民族特点诸方面来看，可以说，这是一个有别于华夏族系的民族。

（一）世系不同

文献可征者，可以直溯至黄帝时官缙云氏。据《左传·文公十八年》载：昔帝鸿氏有不才子谓之浑敦，少皞氏有不才子谓之穷奇，颛顼氏有不才子谓之梼杌，缙云氏有不才子谓之饕餮。舜臣尧，流“四凶族”，“投诸四裔，以御螭魅”。马融、王肃均认为：三苗即缙云氏之后，号饕餮。这是世所公认的。由此可以得出两个结论：1. 三苗即饕餮，被怀有民族偏见之人目为只能投诸四裔的“四凶族”之一，说明三苗与当时的中原民族不同。又，据称饕餮“非帝子孙”（杜预语），说明三苗并不崇奉华夏族传说中的始祖黄帝。2. 三苗之先缙云氏应是“南蛮”之人。据《左传·文公十八年》孔颖达疏：《左传·昭公十七年》称“黄帝以云名官，故知缙云黄帝时官名。字书，缙，赤缯也。服虔云，夏官为缙云氏”。赤、夏均为南方的象征。如《周礼》卷四〇：“南方谓之赤”；《仪礼》卷二七：“南方赤”；《礼记》卷六一：“南方者夏”。均可证。这还可从《史记·楚世家》记楚之先人居火正，为祝融一例，得到佐证。而当时的南方，正为“蛮”族所居。概言之，南方三苗之先曾掌缙云一官，并以此作为氏族名称。

三苗又是九黎之后。据《尚书·吕刑》孔颖达疏：“《楚语》云，三苗复九黎之恶，是异世而同恶也。郑玄以为苗民即九黎之后，颛顼诛九黎，至其子孙为三国，高辛之衰又复九黎之恶，尧兴又诛之。”（《礼记·缁衣》孔疏所载略同）另，韦昭也认为“三苗，九黎之后。”[①]

---

① 《国语·楚语》注。

三苗与蚩尤关系密切。表现为：1. 三苗之君仿蚩尤制重刑之法。据《尚书·吕刑》载："王曰，若古有训，蚩尤惟始作乱，延及于平民，罔不寇贼鸱义，奸宄夺攘矫虔。苗民弗用灵，制以刑，惟作五虐之刑曰法"；注曰："三苗之君，习蚩尤之恶，不用善化民，而制以重刑，惟为五虐之刑，自谓得法。蚩尤，黄帝所灭；三苗，帝尧所诛。言异世而同恶"。这表明，二者在制度上有因袭继承关系。2. 有的注家还进一步认为，蚩尤即九黎君名。如《尚书·吕刑》注："九黎之君，号曰蚩尤"；唐陆德明《尚书释文》引马融曰："蚩尤，少昊之末，九黎君名"。

此外，尚有把三苗与炎帝联系在一起的说法。如韦昭说："三苗，炎帝之后"；[①] 贾逵说：缙云氏，"炎帝之苗裔"。[②] 但此说并未论证，则不足为据了。

总之，从三苗的世系说明：三苗之先为缙云氏，又为九黎之后，或说蚩尤即九黎之君。这一族系，史称为"非帝子孙"的"凶族"。即属非华夏族系统。

（二）地望不同

记载三苗居地，首推《战国策·魏策二》所载吴起说："昔者三苗之居，左彭蠡之波，右洞庭之水，汶山在其南，而衡山在其北"。其他记载还有，《史记·孙子吴起列传》："昔三苗氏，左洞庭，右彭蠡"；《韩诗外传》卷三：有苗氏不服者，"衡山在南，岐（当为'汶'之讹）山在北，左洞庭之波，右彭蠡之水"；《淮南子·修务训》高诱注：三苗"在彭蠡、洞庭之野"。这些说法，虽不尽相同，但在最基本点上却是一致的。即三苗聚居于洞庭、彭蠡之间。关于洞庭、彭蠡所在之地，则存在着不同看法。据《史记·五帝本纪》正义案："洞庭，湖名，在岳州巴陵西南一里，南与青草湖连。彭蠡，湖名，在江州浔阳县东南五十二里。以天子在北，故洞庭在西为左，彭蠡在东为右。今江州、鄂州、岳州，三苗之地也。"这是一种流行的解释，多为后世舆地册籍所袭用。要言之，即在今洞庭湖与鄱阳湖之间。

另一说法是《史记·五帝本纪》所载：尧时，"三苗在江淮、荆州数为乱"。淮，正义释为"读曰汇，今彭蠡湖也"。

三苗之族居我国南方，还有一些佐证。如，《吕氏春秋·召类》："尧战于丹水

① 《尚书·吕刑》，孔疏引。

② （汉）司马迁：《史记·五帝本纪》，集解引。

（高诱注：丹水在南阳）之浦，以服南蛮”。此“南蛮”又作“有苗”。《六韬》载“尧与有苗战于丹水之浦”[①]可证。《山海经·海内南经》郭璞注：“有苗之民，叛入南海，为三苗国”。此“海”应为“蛮夷”之地意，《尔雅·释地》：“九夷八狄七戎六蛮，谓之四海”即是，故“南海”即南“蛮”之地。《后汉书·西羌传》载：西羌之本，出自三苗，三苗“其国近南岳”。可见，三苗不仅活动于江汉、荆州一带，甚至南及南岳、丹水、苍梧、南海之地。

总之，大量史料证明，三苗地处我国南方或华夏族之南。这也是史学界比较一致的看法。

（三）三苗有自己的民族特点

其具体表现为：

不同于华夏族的文化传统。《尚书·大禹谟》：“蠢兹有苗，昏迷不恭，侮慢自贤，反道败德”；注曰：“狎侮先王，轻慢典教，反正道，败德义”。换言之，三苗并不崇拜华夏族心目中的神圣“先王”，并不遵循华夏族言行准则的“典教”，并有着不同的“道德”观念。

不同的装束。这历来是区别不同民族的重要外表。《淮南子·坠形训》：“自西南至东南结胸民、羽民、驩头国民、三苗民。”此文对包括三苗民在内的我国南方诸族的描写，虽带有夸张而神秘的色彩，但究其实，约略可见种种与华夏族穿戴不同的形象。又，《淮南子·齐俗训》：“三苗髽首，羌人括领，中国冠笄，越人劗发，其于服一也。”“髽”，高诱释为“以枲束发也”。这说明，三苗与“中国”之人在头饰上的区别，是一目了然的。

不同的宗教信仰。孔颖达概括说：“三苗乱德，民神杂扰，帝尧既诛苗民，乃命重黎二氏，使绝天地相通，令民神不杂。于是天神无有下至地，地民无有上至天，言天神地民不相杂也”；“《楚语》云，昭王问于观射父曰，《周书》所谓重黎实使天地不通者何也？若无然，民将能登天乎？对曰，非此之谓也。古者民神不杂。少昊氏之衰也，九黎乱德，家为巫史，民神同位，祸灾荐臻。颛顼受之，乃命南正重司

① 《汉学堂丛书》辑。

天以属神，命火正黎司地以属民，使无复旧常，无相侵渎，是谓绝地天通。其后，三苗复九黎之德，尧复育重黎之后，不忘旧者，使复典之”；“《楚语》又云，司天属神，司地属民，令神与天在上，民与地在下，安上下之分，使民神不杂”。[①]笔者以为，究其实应是指三苗族与华夏族宗教信仰的不同。三苗盛行巫术，故称“家为巫史”。巫师能通神，可上达民意，下传神旨，后世巫蛊甚至可代鬼神任意惩罚人，致成“祸灾荐臻”。此即天神下地、地民上天，二者“相杂”之谓。直至新中国成立前南方诸族还流行的巫术即其遗风。华夏族也崇拜上天神灵，并把天神推及至高无上的不容“侵渎”的地位。但人并不能与神接触，即所谓“绝地天通”，只能通过占问的方法，由天神通过各种不同的兆以示吉凶，然后卜史以兆判断天意。后代发展成天人感应论，即上天用怪异来谴责人间。而且，二者在祭祀形式上也是有别的。华夏族在祭祀时，凡“牺牺之物、玉帛之类、采服之仪、彝器之量、次主之度、屏摄之位、坛场之所、上下之神”等[②]都有专门的规定；显然，三苗族是不会按照这些祭仪行事的。这均表明，三苗族与华夏族的宗教信仰是不尽相同的。

不同的图腾崇拜。三苗崇奉蛇图腾。如，《山海经·海内经》载：“有人曰苗民。有神焉，人首蛇身，长如辕，左右有首，衣紫衣，冠旃冠，名曰延维，人主得而食之，伯天下。”郭璞注：延维，“委蛇”。这支以大蛇为徽号的民族当是三苗之族。盛行蛇图腾正是有异于华夏族的南方“蛮”族（包括三苗在内）的一重要特征。

此外，从他族对三苗的态度，也可作三苗非华夏族系统的一个佐证。据《战国策·魏策二》载：“禹攻三苗，而东夷之民不起”。东夷“不从”禹伐三苗一事表明：在禹与三苗的争斗中，东夷是站在三苗一边的。究其原因，应与东夷、三苗既是近邻又同属“蛮夷”族类不无关系。

概言之，从三苗的世系、民族属性而言，这是一个独具自己世系和民族特点的非华夏系统的民族，而其地域则在中国南部，属于南方“蛮”族。

这里尚需弄清楚的是，三苗是由单一民族构成的呢，还是多民族联合而成的总称呢？笔者以为，三苗是由南方众多民族所组成的一个部落联盟的总称。其理由有二：

---

① 《尚书·吕刑》疏。

② 《国语·楚语》。

一是“三苗”一词本身就意味着非单一之谓。郭沫若主编的《中国通史》认为：三苗“可能是三个部落”。三作专指，理解似过于机械。三在中国古籍中通作多数解，凡一二所不能尽者，均约之以三。如《论语·微子》：“直道而事人，焉往而不三黜”，即属此例。三为阳数，与九一样，常泛指多数。对此，汪中《释三九》[①]文已作过详细考述。又，《墨子·兼爱》引《禹誓》曰：“若予既率尔群对诸群，以征有苗。”[②]即华夏族之“尔群”，对三苗之“诸群”。这说明，华夏族已融合成一个整体，而有苗尚是“诸群”，可证其非单一而是由诸多民族所组成。

二是南方地处崇山和溪洞之中，在当时社会历史发展阶段尚处于原始社会末期的条件下，南方诸族要形成单一的民族整体，是不可想象的。这从几千年后，南方“苗蛮”尚处于“种类各殊”“部落亦不一”[③]的状态中，可以得到证明。

二、三苗社会

在我国传说时代，三苗是一个比较先进的民族。

三苗的社会经济有了长足发展。据《左传·文公十八年》载：缙云氏之不才子饕餮，“贪于饮食，冒于货贿，侵欲崇侈，不盈厌，聚敛积实，不知纪极”；据郑玄注《周礼》云：“金玉曰货，布帛曰贿”。按，饕餮即三苗之君，这是历代注家的一致看法。三苗之君之所以能无节制地把社会物质财富攫为已有，并因此过着穷奢极欲的生活，这意味着处于原始社会解体阶段的三苗社会生产力的迅速发展，社会产品有了盈余，这才为三苗之君残酷剥削三苗之民提供了物质前提条件。

在社会经济发展的基础上，原有的氏族成员发生了贫富分化与阶级对抗。据载，饕餮“不分孤寡，不恤穷匮”；[④]“皇帝（指舜）请问下民，鳏寡有辞于苗。”[⑤]一方面是“侵欲崇侈”的三苗之君；另一方面是“孤寡”“穷匮”“鳏寡”的下民。原来氏族成员间的平等关系被不平等所取代。氏族酋长及氏族成员中的强者成为富有

① （清）汪中：《述学》，卷一。

② 今本《尚书》已佚此文。

③ （清）田雯：《黔书》，卷一。

④ 《左传·文公十八年》。

⑤ 《尚书·吕刑》。

之人；而缺乏劳动力的弱者，则沦为穷苦之民。又，《神异经》载：西南有人，“积财而不用，善夺人谷物。强者夺老弱者，畏群而击单，名饕餮。”[①]这反映了弱肉强食的残酷掠夺过程。在贫富分化的基础上，产生了阶级对抗。“鳏寡有辞于苗”，反映了“鳏寡”对“苗民”的愤怨之情。“民弃不保”[②]说明下民甚至走上了对抗与反叛的道路。这就是史称三苗社会内部存在的“民患”。

在贫富分化的基础上，早期的统治者与压迫者开始取代过去民主选举产生的首领。据《尚书·大禹谟》载：有苗昏迷，“君子在野，小人在位”；注曰：“废仁贤，任奸佞”。又，《神异经》也载：苗民“为人饕餮，淫逸无礼”。[③]原来被尊为“君子”“仁贤”的人被撵下台，新的暴发户即所谓“淫逸无礼”的“小人”成了有苗社会新的主宰者。

三苗之君，为了维护既得的经济利益和政治地位，便制定了刑法。据《尚书·吕刑》载：苗民“制以刑，惟作五虐之刑曰法，杀戮无辜，爰始淫为劓、刵、椓、黥（注曰：三苗之主顽凶若民，敢行虐刑，以杀戮无辜，于是始大为截人耳鼻、椓阴、黥面以加无辜，故曰五虐。）……虐威庶戮，方告无辜于上，上帝监民，罔有馨香，德刑发闻惟腥（注曰：三苗虐政作威，众被戮者，方方各告无罪于天，天视苗民无有馨香之行，其所以德刑发闻，惟乃腥臭。）”又，《墨子·尚同》也说：“逮至有苗之制五刑，以乱天下”。按此说法，则中国历史上“五刑”的首创者应推为三苗，周代制定的墨、劓、刵、宫、大辟“五刑”还可溯源于三苗。当然，由于文献不足征，我们尚不能下此断语。但由此而得出的下述结论，则是可信的。即一是早在周代之前，三苗就已有了刑法，三苗是我国历史上最早制定法制的民族之一。二是三苗的刑法是以摧残人的肉体为主要内容的原始刑法。这一刑法，带有极端的残酷性，使整个社会充满了“腥臭”气味。但是，从此也可以看到，三苗之族早在远古时期就跨进了人类文明社会的门槛。在当时，人类只有付出惨痛代价以后，才能赢得社会的前进。

随着经济、政治力量的增强，三苗为扩大地盘和发展势力，积极北上与尧舜禹

① （汉）司马迁：《史记·五帝本纪》，正义引。

② 《尚书·大禹谟》。

③ （宋）李昉、李穆、徐铉：《太平御览》，卷七九。

相抗衡。关于这一过程，《尚书·大禹谟》孔疏作了集中的串述：“《吕刑》称苗民作五虐之刑，皇帝遏绝，苗民无世在下，谓尧初诛三苗。《舜典》云窜三苗于三危，谓舜居摄之时，投窜之也。《舜典》又云，庶绩咸熙，分北三苗，谓舜即位之后，往徙三苗也。今复不率命，命禹徂征，是三苗之民往干王诛之事，禹率众征之，犹尚逆命。”可见，这场斗争经尧、舜、禹三世，历时长久。而且，斗争是极其激烈的。据《淮南子·修务训》载：舜“南征三苗，遂死苍梧”；高诱注：“三苗之国在彭蠡，舜时不服，故往征之，舜陟方乃死。时舜死苍梧，葬于九嶷之山”。又，据《史记·五帝本纪》载：“舜践帝位三十九年。南巡狩崩于苍梧之野，葬于九嶷”。司马迁也采用了舜崩于苍梧之说，虽然他把死因说成是“巡狩”，但“巡狩”也可以是“征”的代名词。可见，《史记》所载可作为《淮南子》舜征三苗而死之说的佐证。至于舜葬苍梧九嶷山的记载更是史不绝书。如《皇览》《山海经》《括地志》《帝系》诸籍均有记及。可证，《淮南子》所载，当是有所本的。虽然，尚不能因此定论，但作为三苗与舜斗争极为尖锐的材料来看待，则是可取的。因为大量记载也证明：尧、舜、禹时期，确实是把三苗作为重要的外部威胁之一而认真加以对待的。

三苗与尧、舜、禹矛盾的核心，是争取入主中原的统治权问题。据《山海经·海外南经》三苗国条下，郭璞注云：“昔尧以天下让舜，三苗之君非之，帝杀之。”《博物志》卷八、《太平御览》卷七九〇所引《外国图》也有相类记载。换言之，尧以天下不传子丹朱而让舜，三苗反对这一做法，与丹朱结成联盟，与尧决战而败。联系三苗的社会阶级分化比较严重的历史事实，故其支持和拥护家天下的世袭制，反对天下为公的禅让制，这是合乎事物发展逻辑的。如果郭璞、张华等人所说不谬的话，那么，三苗之君可谓是中国历史上早于夏禹主张传子不传贤这一在当时属于新制度的代表人物了。归根结底，三苗公开向中原地区的尧、舜、禹首领挑战，意在争取充当全国部落总联盟的盟主。

从三苗的社会经济、阶级、政治、刑法制度及对外主张来看，当时三苗的社会历史发展程度并不亚于尧、舜、禹社会，其势力的强大也可与尧、舜、禹相匹敌。对于三苗社会的先进性，前人也有见及。如《古今图书集成》的作者就曾称赞过古代三苗的政治制度。该书在“边裔典”的按语中写道：“观禹誓辞数苗之罪，谓其君子在野，小人在位，则是时之苗盖有国都、官属，但其用舍颠倒耳。”该书作者甚至认为，这比清代“无定居、无常业、不相统属”的某些落后的苗族地区而言，

还要高出一筹。但是，这样盛极一时的三苗，终于被华夏族征服了。据《墨子·非攻下》载：禹与三苗决战，“苗师大乱，后乃遂几。”从此，就逐渐从中国历史舞台上销声匿迹了。其奥秘何在？笔者以为，究其内部原因，不外有二，即失之于不“德”和恃“险”。具体分析如下：

（一）内部矛盾重重，削弱了自身的抵抗力量

据《战国策·魏策一》载，吴起对魏武侯论及历史上国家兴衰的原因时说：“河山之险，信不足保也；是伯王之业，不从此也。”三苗恃险，“为政不善，而禹放逐之”。《史记·孙子吴起列传》也载：吴起说，“在德不在险”，昔三苗氏“德义不修，禹灭之”。换言之，吴起认为，三苗氏之亡，在于“为政不善”“德义不修”。这是千古的论。正如上述，三苗之君对其民实行残酷的经济剥削与政治压迫，致使三苗君民间存在着严重的对抗。舜时，禹在攻打三苗的誓师会上，也正是打着吊民罚罪、救民水火的旗帜。如《尚书·大禹谟》载：“肆予以尔众士，奉辞罚罪，尔尚一乃心力，其克有勋”。《周书》史记篇对三苗灭亡的根本原因，更作了集中的概括：“外内相闲，下挠其民，民无以附，三苗以亡。”

（二）地处崇山和溪洞之中，限制了南方诸族牢固联盟的形成和发展

南方诸族多生活于依山傍水之处，即所谓据有“河山之险”。这种地理环境，对三苗势力的发展起着重大影响作用，这是不容忽视的。

有利的是，这种地形易守难攻，三苗可以此为屏障作长期而顽强的抵抗。对此，清严如熤在《苗防备览·风俗下》中作过专门的论述：“《书》载，舜摄政之初，四罪而天下咸服，三苗其一也。当尧之时，苗盖负固不服。及禹受命，总师二帝相承六十余年，从欲以治，四方风动，天下不复有寇贼奸宄矣，而苗民逆命，犹劳徂征。蠢尔蛮民，何易嚣难靖如此也？窃尝深究其故。苗人种类繁多，分处溪洞间，地势阻深，人迹罕到，文字不通，为声教所难及，故虽以二帝之圣，欲其革面洗心，必迟之又久而后服也。”这段话，若撇开其民族偏见而论，把“地势阻深”并因此造成的民族隔阂作为三苗“迟之又久”而后服的原因，倒是很有见地的。

但是，这种地理环境也造成重大弊端，正是山川之险，使之不易形成比较牢固的政治、经济、军事、民族联盟。当三苗盛时，虽可凭借强大的军事优势，暂时

把众多部落团聚在自己周围，但是，一旦内部矛盾尖锐和强大的北方华夏族倾力南下时，这种联盟就易于土崩瓦解。所谓“三苗大乱”即是。因为这种联合终究是缺乏彼此联系较为密切的经济基础的。这也是三苗在中国历史上昙花一现的重要原因之一。

三、尧、舜、禹对三苗之策

三苗对华夏族尧、舜、禹部落联盟，采取或“臣”或“叛”的态度。就是说，三苗除了军事对抗外，也曾臣服。所谓“臣”，就是加入华夏族的部落联盟，并承认其盟主地位。如《左传·昭公元年》载：季武子伐莒，时诸侯会盟，楚欲戮其使叔孙豹，赵孟请诸楚王：“王伯之令也，引其封疆，而树之官，举之表旗，而著之别令。过则有刑，犹不可壹。于是乎虞有三苗，夏有观扈，商有姺邳，周有徐奄。自无令王，诸侯逐进，狎主齐盟，其又可壹乎？”孔颖达对此议道：“昭元年《左传》说，自古诸侯不用王命者，虞有三苗……三凶皆是王臣，则三苗应是诸侯之国入仕王朝者也。”①

针对三苗时臣时叛、若即若离的状况，尧、舜、禹除采用军事镇压外，也辅之以其他制裁或抚纳的手段。

一是放逐迁徙。据《尚书·舜典》载：“钦哉钦哉，惟刑之恤哉。流共工于幽州，放驩兜于崇山，窜三苗于三危，殛鲧于羽山，四罪而天下咸服。”《尚书·皋陶谟》也载：禹曰，帝舜时“何迁乎有苗”，这表明舜曾对三苗取放逐、迁徙之策。有人以为，把三苗迁徙至三危（今甘肃敦煌）之后，南方的三苗就不复存在了。其实不然，这里所迁三苗主要是指三苗之君及其上层集团。当时三苗地域如此之广，要举族迁徙是难于想象的。退一步而言，即使举族迁之，遗漏的三苗族人仍可繁衍发展下去。《章氏丛书·检论·原氏》论述：“当尧之时，三苗不庭，遏绝其世，窜之三危，其遗种尚有。”章太炎的见解是正确的。此外，关于“窜”，《尚书·舜典》孔疏作了下述诠释：“三苗之君，窜之西裔，更绍其嗣，不灭其国。”《尚书·大禹谟》孔疏进一步指出：“鲧既殛死于羽山，禹乃代为崇伯，三苗亦窜其身而存其国。”

---

① 《尚书·舜典》孔疏。

孔颖达把“窜”理解为放逐其君、更立后嗣而存其国的说法，是比较合理的。其目的在于：使三苗之君与三苗之民分隔开来，以达到限制和削弱三苗势力的目的。但对流徙者，也为其创造必要的生活条件，使之安居乐业，不再构成威胁。据《尚书·禹贡》载：“三危既宅，三苗丕叙”。注曰：“西裔之山已可居，三苗族大有次叙，美禹之功。”从此，这支三苗族人“安定”下来，一说由此繁衍成后世的西羌族。

二是区别对待。据《尚书·舜典》载：经考绩，“黜陟幽明，庶绩咸熙，分北三苗”。注曰：“考绩法明，众功皆广，三苗幽暗，君臣善否，分北流之，不令相从，善恶明”。孔疏：“北者言相背，必善恶不同，故知三苗幽暗，宜黜其君臣，乃有善否，分背流之，不令相从。俱徙之则善从恶，俱不徙则恶从善，言善恶不使相从，言舜之黜之，善恶明也。”意为：根据三苗“君臣”对以舜为首的华夏部落联盟的顺、逆态度加以甄别，提升其善从者，罢退其恶逆者，“善留恶去，使分背也”，以达到分化瓦解的目的。

三是另择首领。据《尚书·吕刑》载：三苗杀戮无罪，“皇帝哀矜庶戮之不辜，报虐以威，遏绝苗民，无世在下”。注曰：帝尧“哀矜众被戮者之不辜，乃报为虐者以威诛，遏绝苗民，使无世位在下国也”。《尚书·大禹谟》孔疏：“谓诛叛者绝后世耳，盖不灭其国，又立其近亲绍其先祖”。在父权制的原始社会后期，由子女继承父亲的财产与权力，这是正常现象。但尧却不仅对叛逆的三苗之君加以诛杀，而且不许其后世继位，即所谓“无世在下”，而另择对尧恭顺者为君，以便于尧对三苗的操纵控制。

四是不得就官。《尚书·益稷》载禹自述已功时说：“弼成五服，至于五千，州十有二师，外薄四海，咸建五长，各迪有功，苗顽弗即工”。注曰：“九州五长，各蹈为有功。惟三苗顽凶，不得就官，善恶分明”。就是说，禹对四方“蛮夷”，均立为“长”，唯独凶顽不恭的三苗，“不得就官”。因为蛮夷酋长本已存在，所谓立“长”，只是承认其既成事实而已，这大概是后世的“宠以爵禄”的意思。所谓“不得就官”，也并非禹剥夺了三苗的酋长地位，只不过不承认其酋长名号或不给予封号罢了。这样，三苗之君就不能利用禹的封号以重其威权，以易于统摄其部属。可见，禹规定三苗“不得就官”，是作为削弱或动摇其统治地位的一种手段。

五是强迫同化。据《吕氏春秋·召教》载：“舜却有苗以更其俗”。舜这样做的目的，在于消除三苗族类的民族意识，便于其驱使和奴役，并防范反抗活动。但是，

客观上却有利于三苗族接受相对较发达的华夏族文化。当时，由于三苗与华夏的交往日益频繁，大批三苗族人加入华夏族的行列中。这一更俗措施，实际上也起到了加速民族融合进程的作用。

六是怀柔招抚。尧、舜、禹对三苗除采用军事震慑和强制措施外，并施文德，即后世所谓“恩威并重”。据《尚书·大禹谟》载：舜时，禹率师讨三苗，“三旬，苗民逆命。益赞于禹曰：‘惟德动天，无远弗届，满招损，谦受益，时乃天道。……’禹拜昌言曰：‘俞。’班师振旅，帝乃诞敷文德舞干羽于两阶。（注曰：干，楯。羽，翳也。皆舞者所执。修阐文教，舞文舞于宾主阶间，抑武事）七旬，有苗格（注曰：讨而不服，不讨自来，明御者必有道）”《战国策·赵策二》《史记·赵世家》也载：“昔舜舞有苗”。换言之，舜时，用武力未能征服三苗，而施以“文德”“文教”，则三苗“自来”。又，《韩非子·五蠹》载：“当舜之时，有苗不服，禹将伐之。舜曰：‘不可，止德不厚而进武，非道也。’乃修教三年，执干戚舞，有苗乃服”；《韩诗外传》卷三载：有苗氏不服，“禹请伐之，而舜不许，曰：‘吾喻教犹未竭也。’久喻教，而有苗氏请服。”此二则材料，与《尚书·大禹谟》所载稍有差异。其别在于：首先提出以“德”“教”感化三苗者，前说为益，此说为舜。后世中央王朝采取的“怀柔”“抚纳”“羁縻”等“御蛮之道”，可溯源于此。

尧、舜、禹上述各种做法，与军事镇压并施，达到了削弱并最终战胜三苗的目的。

图腾崇拜篇

盘瓠考述*

盘瓠的神话传说，自汉以后的历代正史、志异小说、笔记、方志诸籍中多有涉及，而且一直广泛流行于南方的瑶、畲诸族中。盘瓠问题的探讨，有助于我国原始社会史与南方民族史的研究。但是，如何透过糅杂着兽与人、神与人的传说，去发掘和探求历史的真实面目，历代著家却往往持有不同的解释，诸见解莫衷一是。为此，本文想就下列四个基本问题，提出一些个人的粗陋看法。

一、盘瓠传说溯源

盘瓠传说，最早将其载之册籍者为东汉人应劭，据宋人罗泌《路史·发挥二》称“应劭书遂以高辛氏之犬名曰槃（盘本字）瓠，妻帝之女，乃生六男六女，自相夫妻，是为南蛮”。但应劭书包括其所著的《风俗通》今本，未见此文。如果罗泌此说不虚，远在东汉以前，盘瓠传说即已出现。后人著作包括《后汉书·南蛮西南夷列传》中的盘瓠传说都应源自应劭书。

继应劭之后，记盘瓠传说者为东晋人郭璞。他在《山海经·海内北经》注中说：“昔槃瓠杀戎王，高辛以美女妻之，不可以训，乃浮之会稽东海中，得地三百里封之，生男为狗，生女为美女，是为狗封之国也”；又在《玄中记》说：“昔高辛氏犬戎为乱，帝言曰，有讨之者妻以美女，封三百户。帝之狗名槃瓠，亡三月而杀犬戎以其首来。帝以女妻之于会稽东南，得海中土三百里而封，生男为狗，生女为美人，封为狗氏国”[①]。从中可见，两书所载内容无异，其别只在于行文上的详略不同。因《山海经》注作为舆地著作的诠释，其体例要求简明，而《玄中记》作为小说家言，所记需要作为一个完整的故事。

差不多与郭璞同时人干宝，也有记述。他在《晋记》中说：“武陵、长沙、庐江郡夷，槃瓠之后也，杂处五溪之内。槃瓠凭山险阻，每每常为害。糅杂鱼肉，叩槽而号，以祭槃瓠。俗称‘赤髀横裙’，即其子孙”；又在《搜神记》中说：

---

* 原载《思想战线》，1986（2）。

① 各本所引内容相同，唯文字上略有变异，此采《太平御览》卷九〇五文。

> 高辛氏，有老妇人居于王宫，得耳疾历时。医为挑治，出顶虫，大如茧。妇人去后，置于瓠篱，覆之以盘，俄尔顶虫乃化为犬，其文五色，因名“盘瓠”，遂畜之。时戎吴强盛，数侵边境。遣将征讨，不能擒胜。乃募天下有能得戎吴将军首者，赠金千金，封邑万户，又赐以少女。后盘瓠衔得一头，将造王阙。王诊视之，即是戎吴。为之奈何？群臣皆曰：“盘瓠是畜，不可官秩，又不可妻。虽有功，无施也。”少女闻之启王曰：“大王既以我许天下矣。盘瓠衔首而来，为国除害，此天命使然，岂狗之智力哉。王者重言，伯者重信，不可以女子微躯，而负明约于天下，国之祸也。”王惧而从之。令少女从盘瓠。盘瓠将女上南山，草木茂盛，无人行迹。于是女解去衣裳，为仆竖之结，着独力之衣。随盘瓠升山入谷，止于石室之中。王悲思之，遣往视觅，天辄风雨，岭震云晦，往者莫至。盖经三年，产六男六女。盘瓠死后，自相配偶，因为夫妇。织绩木皮，染以草实，好五色衣服，裁制皆有尾形。后母归，以语王，王遣使迎诸男女，天不复雨。衣服褊裢，言语侏儒，饮食蹲踞，好山恶都。王顺其意，赐以名山广泽，号曰“蛮夷”。蛮夷者，外痴内黠，安土重旧，以其受异气于天命，故待以不常之律。田作贾贩，无关儒符传租税之赋；有邑君长，皆赐印绶；冠用獭皮，取其游食于水。今即梁、汉、巴蜀、武陵、长沙、庐江郡夷是也。用糁杂鱼肉，叩槽而号，以祭盘瓠，其俗至今。故世称“赤髀横裙，盘瓠子孙”。

可见：盘瓠传说作为历史资料记之史乘，首推今已散佚的《晋记》；其次，早在《后汉书》前的《搜神记》一书，已有盘瓠传说的详尽记载。

南朝宋人范晔的《后汉书·南蛮西南夷列传》所记盘瓠传说，可谓集大成之作。该传内容，已为世人熟知，毋庸赘述。需要指出的是，范晔综合应劭以来诸家所记之盘瓠传说，加以增删、整理，除削去盘瓠之得名一段外，基本上是因袭《搜神记》而成。范书在内容上虽无增益，但对后世发生了深远影响。人们对《山海经》注、《玄中记》《搜神记》诸书，还往往目为荒诞不经的神怪小说而不予重视，但一经范晔采用变成正史——载入被后世尊崇为“前四史”之一的《后汉书》，则被历代著家奉为圭臬。从此，关于盘瓠的记载充溢在我国史籍中。

概而言之，盘瓠传说见之记载，始于应劭书，详于《搜神记》，完成于《后汉书·南蛮西南夷列传》，流行于后世。

这里需要弄清两个问题：

一是关于盘瓠传说在东汉至南朝时期才频见记载的问题。笔者以为，这必须联系当时的历史背景加以考察。由于南方“蛮”族本身没有文字记载，要研究他们的起源和历史，只能取材于他们中间世代流传的口头传说，而这就必须具有与他们有比较密切的接触这一条件才能办到。从西汉王朝起，中原地区与蛮族地区交往日益频繁。汉武帝平南越、通西南夷，对南方诸族多次用兵，特别是汉光武帝用重兵深入武陵蛮——盛行盘瓠传说的地区，使中原人对蛮族的社会及其习俗诸方面，才有了直接的而不是道听途说的、较为深入的而不是肤浅的了解。加之，这一时期南方蛮族作为一支不可忽视的力量活跃在历史舞台上，引起人们的注目。汉光武帝的名将马援死于征武陵蛮之役，就是其时蛮族强大的一个例证。南北朝时，名目繁多的诸如荆州蛮、雍州蛮、五溪蛮和豫州蛮、西阳蛮等，纷纷乘机而起，直接威胁南朝的统治。蛮族的强大，迫使人们去研究他们。这样，关于盘瓠传说的记载就应运而生了。它不仅为小说家言，且为史家所称道，也就不足为奇了。

二是关于盘瓠传说是否杜撰的问题。自从盘瓠传说收入《后汉书·南蛮西南夷列传》后，此说得到广泛传播。但历代也有相当一批史家持怀疑或否定态度，其中影响最大且最富代表性的要数杜佑。他写道：“晔云高辛氏募能得犬戎之将军头者，购黄金千镒，邑万家，妻以少女。黄金，周以前为斤，秦以二十两为镒。三代以前分土，自秦汉分人。又周末始有将军之官。其吴姓宜自周命氏。晔皆以高辛之代，何不详之甚”。据此，杜佑斥《后汉书·南蛮西南夷列传》“皆怪诞不经”[①]。概括起来，反对范说之人的主要失误在于：一是不了解神话传说形成的原因与过程。我们并不否认范晔有“枝叶其说”的成分，但盘瓠传说绝非一人一时凭空制造出来的，它是一定的社会历史的产物，它是经过长期的历史过程和众人之口而“累层”地造成。不同时代、不同地区、不同民族流传的盘瓠故事所表现出来的差异性也说明了这一点。由此可见，杜佑所列举的传说中夹杂着不同时期的制度、名称，正好反映了传说经历了长期的历史过程这一事实，而不能作为否定传说真实性的依据。二是

① （唐）杜佑：《通典》，卷一八七。

把神话传说与信史本身混为一谈。我们承认盘瓠传说的真实性，并不等于说明相信狗妻帝女诸事，也不主张用繁琐考证来附会其说，而是要透过这些似乎离奇的故事，来探讨其时南方民族的社会生活、图腾遗习、民族起源等问题，即把它作为研究原始民族和上古史的不可多得的珍贵历史资料。因此，从这一意义说来，盘瓠传说不仅十分可靠，而且其价值甚至超乎某些“信史”之上。

二、盘瓠与“狗种”

上引盘瓠传说叙述：高辛氏的畜犬名盘瓠，因攻犬戎有功，妻之帝女，后代繁殖，号曰蛮夷，蛮夷因尊盘瓠为始祖，所以《荆州记》称:“槃瓠子孙狗种也”[①]。在盘瓠与狗种的问题上，笔者以为，在以往的研究中存在某些惑乱现象需加以澄清。

在我国古今图籍中，除盘瓠外，还有许多关于狗国或尚狗习俗的记载。诸如：《山海经•海内北经》说，西王母以来，“有犬封国，犬封国曰犬戎国，状如犬，有一女子方跪进柸食”；又说，在西北海外，“有犬戎之国，有人而兽身，名曰犬戎”。同书《大荒北经》说：“大荒之中有山名融父山，顺水入焉，有人名曰犬戎，黄帝生苗龙，苗龙生融吾，融吾生弄明，弄明生白犬，白犬有牝牡，是为犬戎”；又说：“有国名赖正，有犬戎国，人面兽身，名曰犬戎”。同书《南山经》则说：“自天虞之山以至南禺之山，凡一十四山，六千五百三十里，其神皆龙身人面，其祠皆一白狗祈”，据郝懿行释，天虞山当在交广一带，祈当为衅，即以血涂祭之义。约言之，即在我国西北有犬封国或曰犬戎国，而在南方则有以犬祭祖的习俗。《尚书•洪范》:“西旅献獒”，注家释为西戎远国贡大犬。《逸周书•王会》:“正西昆仑狗国”。汉贾谊《新书•修政语上》:帝尧“训及大夏渠叟北中幽都及狗国”。晋代张华《博物志》卷八载：徐君宫人娠而生卵，弃之水滨，独孤母有犬名鹄苍，“得所弃卵，啣以来归，独孤母以为异。覆煖之，遂蛛成儿，生时正偃，故以为名。徐君宫中闻之，乃更录取，长而仁智，袭君徐国”，后鹄苍死，“偃王又葬之徐界中，今见狗垄”。在中外民族中，除了认为某种生物为其始祖外，也有一种传说因某种生物为救助其祖先的恩人而成为该族的图腾崇拜者，徐偃王为犬所救一事，即属此例。《南

① 国立中央研究院历史语言研究所集刊编辑委员会：《历史语言研究所集刊》，第十六本，1947。

史·夷貊列传下》载：天监六年（507年），有晋安人渡海，漂至一岛，“女则如中国而言语不可晓，男则人身而狗头，其声如吠”。唐刘恂《岭表录异》载：陵州刺史自青社之海归闽，“凡历六国，第一狗国，同船有新罗客云是狗国，逡巡果如人，裸形抱狗而出”。《新五代史·四夷附录第二》载：室韦以北“狗国，人身狗首，长毛不衣，手搏猛兽，语为犬嗥，其妻皆人，能汉语，生男为狗，女为人，自相婚嫁，穴居食生，而妻女人食”。《太平御览》卷七八〇引《临海水土志》说：安家之民，“父母死亡，杀犬祭之”。这与上述《山海经》所载的“狗祈”相类。我国东、南方同样存在的这种以犬祭祖的习俗，当系“犬图腾”遗习的一种表现形式。明顾岕《海槎余录》载：海南岛黎人复仇，约众醉饮，“相与叫号，作狗吠声，辄二三昼夜，自云系狗种，欲使祖先知而庇之也”；清人屈大均《广东新语·人语》说：“猺人者，旧居文昌东猺山……猺，犬类也”。文昌县在今海南岛。说明有海南岛上的黎人、猺人为犬种之说。近人凌纯声的《畲民图腾文化的研究》一文说：台湾高山族的泰耶人有以犬为祖先的传说①。

由此，我们可以得出如下结论：一是盘瓠是犬种，但犬种不等于盘瓠。

以盘瓠这一特有命名、特定内容为图腾者仅限于我国南方一些地区的民族中，而以犬为图腾者却要广泛得多，以地望而论则遍及我国东南西北各地。北及室韦以北的内蒙古、黑龙江一带，南达海南岛，东包沿海岛屿，西至昆仑山脉。但是人们往往把这二者等同起来。如，凌纯声先生以为：崇奉盘瓠图腾信仰的，除畲、瑶族外，海南岛的黎族、台湾高山族的泰耶都有以犬为祖先的传说。以盘瓠为图腾的民族范围相当之广，就国内来说，还可包括海南和台湾两个岛屿②。这种把以犬为图腾的海南岛和台湾岛的少数民族，都划入以盘瓠为图腾的民族范围的做法，显然是不确切的。仅从逻辑学的角度而言，也有混同大小概念之嫌。我们之所以要指出“盘瓠图腾”与“犬图腾”之间的区别，目的在于避免在民族史和族源问题的研究中带来不必要的混乱。

二是以犬为图腾，主要是内部原因而不是外部影响造成的。

在我国各地曾有不少部族或民族均尊犬为始祖，这种情况的出现，杨宽先生

① 《畲民图腾文化的研究》，见《历史语言研究所集刊》，第十六本。

② 顾颉刚：《古史辩》，第七册上编，168页。

以为盖源于《山海经》犬封之传说。他说："《山海经》犬封之传说，后世推演乃如此其繁，大抵在地理方面，演成狗民国（《玄中记》《艺文类聚》《太平御览》）或狗国（《逸周书》《淮南子》《五代史》《三才图会》）等。在历史方面乃演成槃瓠（《搜神记》《后汉书》）、槃护或瓠犬"；又说："槃瓠本为犬戎推原论，后一变而为南蛮推原论故事"①。就是说，杨先生是从外部影响方面去阐明我国历史上存在的以犬为图腾这一普遍现象的。据此说，假若没有一部《山海经》，岂不是我国各地以犬为图腾的传说就会销声匿迹了吗？这种说法，显然是夸大其词了。笔者并不否认外部影响的存在，特别是在地域邻近、血缘接近、生活习性相似的部族或氏族中，容易出现同一图腾崇拜的历史现象；也不否认诸书关于犬图腾的记载有附会之处，但不能把东西南北各地毫不相干的部族或民族中出现的犬图腾，一概归之于一部《山海经》。这种现象应主要从原始人的社会中，从其各自的内部原因中去寻求答案。就是说，一个民族的图腾的产生与其社会历史条件、生活环境有着极其密切的关系，不可能简单地由外民族输入。至于盘瓠传说出于犬戎的说法，也是值得商榷的。因为盘瓠说与犬封说，除同奉犬为祖外，并无因袭痕迹，不能因同以犬为图腾这一点而得出他们中间存在源流关系的结论。而且，盘瓠传说仅流行于南方，尊盘瓠为祖只限于南方诸族，盘瓠的全部故事内容无一不是以其时"南蛮"的社会状况为背景编织而成的，可谓与西方犬戎完全无涉。

三、盘瓠种的分布地区

以盘瓠为图腾的民族，史称"盘瓠种"，它分布在南方广大地区。但因《后汉书·南蛮西南夷列传》在叙述盘瓠历史时说，其后滋蔓，号曰蛮夷，"今长沙、武陵蛮是也"；加之，李贤注说，盘瓠所居石室"在今辰州卢溪县西"。这样，人们形成一种错觉，以为盘瓠种仅限于武陵蛮。滥觞开去，在研究南方民族的族源问题上，有一种流行的见解：以为凡是以盘瓠为图腾的民族都是武陵蛮的后裔；从地区上说来，都是从今湘西地区迁移过去的。这种看法，有碍族源问题的深入研讨。其实，历史上流行盘瓠传说的地区决不限于武陵地区，武陵蛮也只是盘瓠种的一部分而已。

---

① （唐）李延寿：《南史·夷貊列传》有相同记载，当源于此。

这可用下述材料说明。

其一，《后汉书》以前的诸书，在记盘瓠后裔的居地时均不限于武陵地区。如郭璞在《山海经·海内北经》注中说，盘瓠妻高辛氏美女后，“浮之会稽东海中，得地三百里封之”；在《玄中记》中也说：“帝妻之于会稽东南，得海中土三百里而封”。干宝在《晋纪》说：“武陵、长沙、庐江郡夷，槃瓠之后也”；在《搜神记》中则说，盘瓠后裔“今即梁、汉、巴、蜀、武陵、长沙、庐江郡夷是也”。可见，盘瓠种的分布地区，早期或说在我国东部海中或指南方众郡。《后汉书·南蛮西南夷列传》的基本内容源自《搜神记》，而《搜神记》中所说的盘瓠之后的分布地除《后汉书》提到的长沙、武陵外，还包括梁、汉、巴、蜀、庐江诸郡。

其二，就以《后汉书·南蛮西南夷列传》而言，细究起来，其所指的盘瓠种分布地区不限于长沙、武陵二郡。如该传在叙述盘瓠后裔的历史时，上溯周时的蛮荆（在今湖北荆山一带的蛮族），春秋时的罗与卢戎（今湖北宜城、南漳一带），以庸人为首领的群蛮（今湖北竹山一带），直至秦时的黔中郡，该传在述及东汉的南蛮活动时，分别把“长沙蛮”“武陵蛮”“零陵蛮”作为盘瓠之后。可见，《后汉书·南蛮西南夷列传》所指的盘瓠子孙分布地，北达湖北的北部和西北部，南及湖南的极南部之间的大片地区。

其三，从《后汉书·南蛮西南夷列传》以后的正史来看，盘瓠种也分布极广。如《宋书·蛮夷列传》载，“荆、雍州蛮，盘瓠之后也”[①]；在荆、雍州蛮中，除列举五溪蛮即武陵蛮外，还包括“宜都、天门、巴东、建平、江北诸郡蛮”，其活动地域甚至扩及“沔北”，即汉水以北。《宋书》为梁人沈约所撰，他继《后汉书·南蛮西南夷列传》分蛮为盘瓠（犬图腾）和廪君（白虎图腾）两种，前者在当时为荆、雍州蛮，后者为豫州蛮。说明南朝人对蛮的分类还是很明确的，其说法是可靠的。但至唐朝，则把廪君与盘瓠种混而为一，如李延寿的《北史·蛮夷列传》、令狐德棻的《周书·异域列传》则把“蛮”一概称之为“盘瓠之后”，其包含的地域还要广阔，甚至远及“江淮之间”的大批地区，但那是不足为据的了。

综上所述，说明南朝以前的古籍对盘瓠后裔分布地的记载是很明确的，即东至皖西甚及会稽外海，西抵巴蜀，北达江汉流域，南包五岭之前。故认定今日崇奉盘

---

① （清）陆次云：《峒溪纤志》。

瓠的少数民族一定来自湘西五溪地区，这一结论是与史实不尽相符的。

四、盘瓠与南方少数民族的关系

（一）盘瓠是南方民族中较为流行的一种图腾崇拜

自《后汉书·南蛮西南夷列传》把南方“蛮夷”视作盘瓠后裔起，历代相沿，如《宋史·蛮夷列传》也说：“西南溪洞诸蛮皆盘瓠种”。自唐宋始，逐渐出现苗、瑶等南方民族的具体称谓以后，诸载籍则把盘瓠作为南方诸族的始祖。诸如：

唐樊绰《蛮书》卷十载：“黔、泾、巴、夏四邑苗众，……祖乃盘瓠之后”。苗有狭义与广义之分，狭义之苗专指今日之苗族，广义之苗则包括南方诸族，此处所指之苗应是后者。宋代朱辅《溪蛮丛笑》叶芬序：“五溪之蛮皆盘瓠种也，……环四封而居者，今有五：曰苗、曰瑶、曰僚、曰仡伶、曰仡佬”。明王士性《黔志》说：黔地苗民族类“曰宋家、曰蔡家、曰仲家、曰龙家、曰曾行龙家、曰罗罗、曰打牙仡佬、曰花仡佬、曰东苗、曰西苗、曰紫姜苗。总之，槃瓠子孙”。《古今图书集成》则说：“南越王之犬盘瓠，因救王有功，遂妻以女，盘瓠纳诸石室，与之交媾，生子数人，曰僮、曰瑶、曰僚、曰俍、曰伶、曰侗，各成一族自为部落”。清代张澍《续黔书》卷二载：“水、佯、伶、僮、瑶等种，皆祀盘瓠，相传即盘槃之后”。清代闵叙《粤述》说，百粤诸蛮种类至繁，“然大要不出瑶僮两种，皆槃瓠后也”。近人林惠祥《中国民族史》载：粤西“岭表诸蛮种类不一，皆古槃瓠氏之后也”。

除了上述泛指盘瓠为南方诸族的始祖外，也有专指为苗、俍、瑶诸族的始祖者。如：苗人，“盘瓠之种也，帝喾高辛氏以盘瓠有歼溪蛮之功，封其地，妻以女，生六男六女而为诸苗祖，尽夜郎境多有之”[①]。俍人，“亦古盘瓠之苗裔”[②]。如果说，历代著作关于盘瓠为南方诸族的共同始祖只是一般提及，为苗、俍诸族各自的始祖只是偶尔提及的话，那么，为瑶的始祖则有详尽记载。列举如下：

宋陈彭年《广韵·肴韵》中说：“莫瑶，狗种也”，这里当指瑶为盘瓠后裔之意。宋范成大《桂海虞衡志·志蛮》：“瑶本五溪槃瓠后，其壤接广右者静江之兴安、义

① （清）陆祚蕃：《粤西偶记》。

② （宋）刘克庄：《后村先生大全集》，卷九三。

宁、古县，融州之融水，怀远县界皆有之”。[1] 明邝露《赤雅》载：“瑶名荃客，……高辛狗王之后”。[2] 清初顾炎武《天下郡国利病书·广东》：“瑶本槃瓠种，……粤人以山林中结竹障覆居息为輋，故称瑶所居止曰輋，自信为狗王后，家有画像犬首人服，岁时祝祭”；《天下郡国利病书·福建》也说：瑶人“闽中山溪高深之处间有之，……山中自称狗王后，各画其像犬首人身，岁时祝祭”。清李宗昉《黔记》载：“瑶人黔旧无之，雍正时自广西迁来”，所祀之神名槃瓠。清吴震方《岭南杂记》：“粤有瑶种，古长沙黔中五溪之蛮，生齿繁衍，播于粤东西，多槃姓，自云槃瓠之后”。清李调元《南越笔记》卷七载：诸瑶率盘姓，以盘瓠为祖；板瑶“七月望日，祀其先狗头王”。近人凌纯声、芮逸夫《湘西苗族调查报告》载，作者“曾亲见广西的瑶人及滇、越边界的蛮人，至今家中犹多供奉‘高辛氏敕封忠勇王’的牌位，同样信奉盘瓠图腾”。刘锡蕃《岭表纪蛮》八九页载：瑶族虔祀盘王；“家置画像，祀奉甚虔，每届三年，举族为一大祭，与瑶之祀同”。此外，方志中也不乏记载。省志如，乾隆《贵州通志》卷七蛮条下说，瑶人“所祀之神曰槃瓠”；道光《广东通志·列传六十三》载：“瑶本槃瓠之种”；嘉庆《广西通志》卷二七八中也有“宣化瑶一名輋客，有槃、蓝、雷、钟四姓，自谓狗王后”。县志，如广东的海丰、广西的昭平、福建的罗源、连江、漳平等县都有记载。可见，遍及浙江、福建、湖南、广东、广西、贵州、云南诸省的瑶等族均有尊盘瓠为祖的记载。

综上所述，我们可以得出结论说：盘瓠是南方民族中较为普遍的一种图腾崇拜。虽然上述材料尚不能完全说明南方诸族均以盘瓠为图腾，但至少其中的一部分如瑶族是可以肯定的。

（二）盘瓠传说是东汉时南方少数民族社会生活的真实反映

《后汉书·南蛮西南夷列传》的盘瓠传说所描绘的“蛮夷”社会生活，直至1949年前仍相当浓厚地保存在南方诸族中，这证明该传说并非虚构，而是根植于南方民族的土壤中，可谓是其时南方民族社会生活的真实写照。这只要把《后汉书·

---

① 中山大学语言历史研究所：《中山大学语言历史研究所周刊》，一集六期，香港，文海出版社，1927—1930。

② 輋、畲通用。

南蛮西南夷列传》与其后历代关于南方民族著述的有关内容作一比较，就一目了然了。

1．从居住条件来看。《后汉书·南蛮西南夷列传》说，盘瓠妻帝女后，“入南山，止石室中，所处险绝，人迹不至”，其子孙“好入山壑，不乐平旷”。就是说，其时南方民族生活于险绝的山谷里，居住于极端简陋的石洞之中。

历代著述关于南方民族居住条件的记述，不胜枚举。试以瑶人为例，诸书说他们“生深山重溪中”[①]、“随山散处”[②]、“居无定址，喜傍溪涧”[③]、“依山而居”[④]、“在穷谷中”[⑤]、“所居皆深山重险，人迹罕至”[⑥]。至于猺人与伶人，“状若猩狒，散居林莽”[⑦]，简直类乎野人生活，更是悲惨。这些记载与东汉以后直至清代的正史，多称南方“蛮夷”居“溪峒间”的说法是一致的。这说明，由于历代统治阶级的压迫和剥削，南方民族这种恶劣的生活与居住条件，千百年来并没有发生很大变化。

2．从服饰方面来看。《后汉书·南蛮西南夷列传》说，盘瓠子孙“织绩木皮，染以草实，好五色衣服”，或说是“衣服斑烂”。这种值得称道的精巧的织染技术和喜爱鲜艳服色的民族习俗，历代相沿而不衰。这可从下列记述中得到证明：

唐代诗人刘禹锡诗：“蛮女鉤辀音，蛮衣斑斓布”。宋周去非《岭外代答·服用》说：“瑶人以蓝染布为斑，其纹极细”；并在介绍其染布之法后赞道：“斑花炳然可观，故染斑之法，莫瑶人若也”；同书又在外国条下说，瑶人“妇女上衫下裙，斑斓勃窣，惟其上衣斑文极细，俗所尚也”。明陶宗仪《辍耕录》第八卷志苗条下说，诸苗“喜著斑斓衣”。《天下郡国利病书·广东》说，瑶人“衣斑烂布褐”。清严如煜《苗防备览·风俗下》在谈到永顺与保靖的土人时说，“喜斑烂衣服”。《岭南杂记》说，粤瑶“短衣斑烂”。近人编写的《贵州苗民概说》（1937年版）说：“妇女衣服，不仅服式繁杂，且花纹颜色鲜艳，手工精美”，并说其花纹工巧，有织花、

① （清）顾炎武：《天下郡国利病书·广东》。

② （清）李宗昉撰：《黔记》。

③ （清）吴震方：《岭南杂记》。

④ （清）闵叙：《粤述》。

⑤ （清）周存义：《平定瑶匪纪略》，上卷。

⑥ （清）屈大均：《广东新语·人语》。

⑦ （清）李调元：《南越笔记》，卷七有相同记载，当系袭用此说。

粘花、刺花、绘花诸种。

这里需要指出的是，前人往往以为，因为盘瓠“毛五采”，所以造成南方诸族衣“斑烂”的习俗，如《广东新语·人语》说：“槃瓠毛五采，故今瑶姎徒衣服斑烂”①。这种说法的错误在于，颠倒了本末与因果关系。联系宋代瑶人就已有为时俗所尚的首屈一指的染织技术一事，表明南方民族早在古代就在生产实践中创造了染斑之法。事实应该是，当时南方诸族衣“斑烂”是因，反映在范晔头脑中而据此塑造的“毛五采”的盘瓠倒是果。

3．从语言方面来看。《后汉书·南蛮西南夷列传》说，盘瓠诸子“语言侏离”。就是说，他们有不同于汉语的本民族语言，而这种语言为当时的中原人所不了解。至今南方各民族仍保有本民族的语言，可证。至于“语言侏离”方面，历代也颇多记载，因其理甚明，故不列举。

4．以婚姻制度方面来看。《后汉书·南蛮西南夷列传》载：“槃瓠得女，负而走入南山”。此中“负”字，古今尚无人深究或加以合理的解释。帝女既请行，为什么不用同行一类字眼，而要用一奇特之“负”字，似颇费解。在受礼教束缚的人们看来，路途之中，男背女已属荒唐之举，狗负妇人更属悖理。但证之于史籍所记南方民族择取配偶的做法，问题就迎刃而解了。

据《岭外代答·蛮俗》说：“瑶人每岁十月旦，举峒祭都贝大王于其庙前，会男女之无夫家者，男女各群连袂而舞，谓之踏摇。男女意相得，则男咿嘤奋跃入女群中，负所爱而归。于是夫妇定矣，各相配合，不由父母。其无配者，姑俟来年”；明田汝成《炎徼纪闻》卷四说，苗人未婚男女跳月，“中意者，男负女去”；《赤雅》说，瑶人“踏摇”时，“相悦则男腾跃跳踊，负女而去”；《粤述》则说，瑶人“十月朔，祭都贝大王，男女连袂，相携而舞，谓之踏歌，意相得则负去”。另外还有一种说法，据《广东新语·人语》载，罗旁瑶“欲娶妇人山见樵采女，辄夺其衫带以归，度己之衫带长短相等，乃往寻其女负之，女父母乃往婿家使成亲。否则，女仍处女，不敢犯也。西宁、东安诸生瑶亦然”。《南越笔记》卷七，也有类此记载。

可见，南方民族中存在男女青年在踏摇（又作猺）、踏歌、跳月时，或在樵采时，男负所爱女而去就算订婚的习俗。这种比较自由的婚姻，乃是原始社会保留下

① （清）李调元：《南越笔记》，卷七。

来的残习的一种反映。还需指出的是，盘瓠子孙“负”女成亲并非始于乃祖；恰恰相反，倒是范晔按当时已流行的“蛮俗”来安排盘瓠的婚姻形式。

《后汉书·南蛮西南夷列传》又说，盘瓠与帝女“生子一十二人，六男六女，盘瓠死后，因自相夫妻”。这种兄弟姐妹之间自相婚配的说法，在南方民族的传说中广泛存在。《湘西苗族调查报告》所载的两则《洪水神话》中的兄妹互婚的故事，便是例证。这种传说，是原始社会初期存在过的，摩尔根称之为“血缘家庭”的反映。

兄妹为婚已不见诸历代谈及南方民族婚姻生活的册籍，但同姓为婚的记载则比比皆是。黎人“婚姻不避同姓”；疍户“同姓婚配”①；曲江瑶“婚姻不辨同姓”②；板瑶“婚姻不辨同姓”③；永保土人“婚姻同姓不禁”④；北江瑶人，除至亲外，同姓“可以结婚”。同姓为婚，是一个部落或民族内部有着血缘关系的同一老祖宗传下来的人们间互为婚姻的习俗，从一定意义上说来，也可谓是扩大化了的兄妹为婚。

总之，范晔所说的盘瓠子女间的自相夫妻，若不是那时南方民族中虽已绝迹但仍残留在人们朦胧记忆中的兄妹为婚的反映，则是同姓通婚的现实生活的写照。

结论：《后汉书·南蛮西南夷列传》关于盘瓠的记载，可以从汉代以来直至1949年前的南方民族的社会中，得到直接的印证或寻见其蛛丝马迹，可谓事事有据，言不虚发。这并非偶然，因为它集中反映了当时人们对南方民族的社会及其习俗进一步了解的成果，它也是国内各民族之间交流日益扩大的产物。这样，《后汉书》及诸籍所记的盘瓠传说，就成了珍贵而可靠的历史资料。

---

① （清）李调元：《南越笔记》，卷七。

② 同注①。

③ （清）严如熤：《苗防备览·风俗下》。

④ 庞新民：《广东北红瑶山杂记》，见《历史语言研究所集刊》第二本第四分册。

论我国古代越族的“蛇图腾”*

在原始社会时期，某一氏族或部落，往往认定某种动物、植物或无生物为自己的祖先而加以崇拜，并把本族中的所有成员都视作其子孙，这就是所谓的“图腾崇拜”。

在古代，我国东部沿海直至五岭以南的广阔地域内，散布着诸种不同氏族和部落的越人，史称“百越”。正如臣瓒所说：“自交趾至会稽七八千里，百越杂处，各有种姓。”① 据文献记载，各种不同种姓的古代越人，都盛行“断发文身”，而这一习俗正是以蛇为图腾的有力例证。下面我们要进一步考察，这一习俗与蛇图腾本身的关系问题。

关于断发文身的作用。据刘向《说苑·奉使》载，诸发曰：“（越人）翦发文身，烂然成章，以象龙子者，将避水神也”；颜注《汉书·地理志下》中“文身断发，以避蛟龙之害”之语时，引应劭曰：“（越人）常在水中，故断其发，文其身，以象龙子。故不见伤害也”；高诱注《淮南子·原道训》中“劗发文身，以象鳞虫”之语时，说：“文身，刻画其体，内墨其中，为蛟龙之状。以入水，蛟龙不害也，故曰以象鳞虫也。”这里需加说明的是，我国传说中的龙，往往就是指现实生活中的蛇。诚如闻一多先生所说：龙是蛇类，龙的基调是蛇。② 故在一定意义上来说，龙与蛇是相通的。从上述刘向、应劭、高诱的记述中，可以说明如下两个问题：一是文身的式样，“象龙子”“为蛟龙之状”“象鳞虫”，即刻画成蛇龙一类的动物形象；二是文身的作用，在于使入水的越人，蛇龙“不见伤害”“不害”，或谓之“避水神”。

但为什么越人会认为身上刻画了龙蛇之状，就能避害呢？对此，高诱未予回答，刘向、应劭虽只说了“以象龙子”数语，可谓接触到了问题的实质，惜嫌语焉不详，不易为后人所理解。所谓“以象龙子”，意即把自己装扮成龙之子，这样老

---

* 原载《百越民族史论丛》，南宁，广西人民出版社，1985。

① （汉）班固：《汉书·地理志下》颜师古注。

② 闻一多：《神话与诗》，26~27 页，北京，中华书局，1956。

龙（指水中的真龙）就不会伤害龙子（指入水的越人）了。对这句话，清人屈大均作了十分确切的理解，他说："南海，龙之都会，古时入水采贝者皆绣身面为龙子，使龙以为己类，不吞噬。"[①]既然越人视龙蛇为己类，他们把龙蛇奉为老祖宗和承认自己为其子孙，这就不足为奇了。关于越人把龙蛇当做"己类"并当做祖宗来崇拜这一点，还可从海南岛黎族保留下来的越人的文身遗习中，得到印证。据明人顾岕《海槎余录》载："黎俗，男女周岁即文其身。自云，不然，则上世祖宗不认其为子孙也"（清陆次云《峒溪纤志》也有相似记载，当本于此）。这说明，越人文身的作用，是把它作为本民族标志的一种手法，以使祖宗（这里指龙蛇）能认得自己的子孙，并为他们尽防卫与保护之责。综上所述，我们可以得出结论说：断发文身是越人曾经奉行蛇图腾的确证。

越人以蛇为图腾，除主要表现在上述断发文身的习俗外，也还有其他蛛丝马迹可寻。如，《吴越春秋·阖闾内传》在谈及吴国立蛇门一事时写道："越在巳位，其位蛇也，故南大门上有木蛇，北向首内，示越属于吴也。"这是越人以蛇作为其民族和国家的象征之例证。又如，《吴越春秋·勾践阴谋外传》载，越王勾践降吴后，曾使巧工雕神木，"状类龙蛇"，作为珍宝献之于吴王，这是越人以龙蛇形为器物装饰的例证。这些都可作为越人以蛇为图腾的佐证。

越人的蛇图腾有其历史根源，它与古代南方的"蛮"族有着极为密切的关系。据许慎《说文解字·虫部》"蛮"字条下释："南蛮，蛇种"。所谓蛇种，就是说"南蛮"把蛇作为"己类"，奉蛇为自己的祖宗。又《礼记·王制》说："南方曰蛮，雕题、交趾"，而据《太平御览》卷七九〇引汉杨孚《异物志》载："雕题国，画其面皮身，刻其肌而青之，或若锦衣，或若鱼鳞。"所谓"若鱼鳞"，当与越人的"象鳞虫""蛟龙状"相一致。这些都说明越人的蛇图腾与"南蛮"的蛇图腾是一脉相承的。

古代越人信奉蛇图腾，还可征之于我国的古代神话。这些神话中保留着不少关于东、南方人与龙蛇有密切关系的宝贵材料。其中主要记载有：

《山海经·东山经》："凡东山经之首樕蠡之山，以至竹山，凡十二山，三千六百里，其神状皆人身龙首"；《山海经·海外东经》："东方句芒，鸟身人面乘

① （清）屈大均：《广东新语·鳞语》。

两龙”;《玄中记》也说:“东海有蛇丘之地，险多渐茹，众蛇居之，无人民。蛇或人头而蛇身”。[1] 此为东方以及东海之外的人与蛇有关的例证。

《山海经·海内经》:“南方……有神焉，人首蛇身”;《山海经·海内南经》:“窫窳，龙首，居弱水中，在狌狌知人名之西，其状如龙首，食人。”郭璞注:“窫窳本蛇身人面，为贰负臣所杀，复化而成此物也。”郝懿行释:“刘逵注《吴都赋》引此经云，南海之外有猰貐，状如貙龙首，食人”;《山海经·海外南经》:“南方祝融，兽身人面，乘两龙”;《山海经·大荒南经》:“南海渚中有神，人面，珥两青蛇，践两赤蛇”;《淮南子·本经训》载，尧之时脩蛇等为民害，尧乃使羿“断脩蛇于洞庭”，高诱注:“脩蛇，大蛇也……洞庭，南方泽名也。”这是南方从洞庭直至南海之外的人与蛇有关的例证。

从上述材料中，可以归结出蛇图腾的三种表现形式:一是以蛇为标记。所谓“断脩蛇于洞庭”一事，当系指南方某一以大蛇为徽号的部族被尧所败。把图腾动物作为本氏族或部落的名称，这在世界各原始民族中均不乏其例，如易洛魁人的塞讷卡部落内有八个氏族，就分别以狼、熊、龟、海狸、鹿、鹬、苍鹭、鹰八个动物名称命名[2] 可证。二是人的拟蛇化。在中外民族中，多有把崇拜的图腾描绘成半人半兽的怪物或神，这“人身龙首”“人首龙身”等也应作如是观。闻一多先生说:“我们疑心创造人首蛇身型始祖的蓝本，便是断发文身的野蛮人自身。当初人要据图腾的模样来改造自己，那是我们所谓‘人的拟兽化’。”[3] 就是说，他认为人面蛇身的神话，是依据断发文身的越人形象塑造出来的，把古越族的蛇图腾直接与神话传说挂起来，这是极为精辟的见解。其三，尚蛇习俗。所谓“乘两龙”“珥两青蛇”“践两赤蛇”，是尚蛇和以蛇为饰的习俗表现，也属蛇图腾崇拜之列。

总之，透过古代神话似乎荒诞和扑朔迷离的记述中，可以窥见我国东、南地区存在过蛇图腾的现实，而这些地区正是古代百越的聚居之地。因此，这些神话传说，无疑也是古代越族信仰蛇图腾的有力见证。

古代越族奉行蛇图腾，更为丰富的民族学材料所证实。下面，笔者试以越人后

---

① (唐)欧阳询:《艺文类聚》，卷九六;(唐)张鷟:《朝野佥载》也有相似记载，当源于此。

② 恩格斯:《家庭、私有制和国家的起源》，81页。

③ 闻一多:《神话与诗》，31页。

裔或至少与越人有密切关系的僚、蜑、黎、高山诸族的传说或遗习，说明这一问题。

一、僚

隋、唐以后，史书往往把岭南地区的少数民族称作僚，故这一地区的僚，是越人后裔无疑。唐张鷟《朝野佥载》载有一则僚妾化为蛇的故事。传说，广州化蒙县丞胡亮从都督周仁轨讨僚，得一首领的妾。妻贺氏烧钉烙妾双目，妾遂自缢死。后贺氏产一蛇，两目无睛。原来，此蛇乃僚妾所变，只有养好此蛇才能免难。但胡亮不知此事，斫杀此蛇。贺氏因此得到两目俱枯的报应。人死尚能变蛇以报仇，属无稽之谈。但这一有时间、地点、人物、情节的故事，如果作为岭南僚族流行人死可化为蛇的传说的反映来看，则实非偶然。因为崇拜图腾的民族，多有轮回信仰，即认为其成员死后，灵魂都会化为图腾。如，古代巴人以虎为图腾，故巴地多有人化为虎的传说。[①] 这僚妇化为蛇的故事，也可作僚人以蛇为图腾的一例。

二、疍（蜑）民

在广东、广西、福建三省（尤以广东为多），以前有一种以“舟楫为家”的“蛮人”，史称疍民。历代史家多视他们为越人遗民。史书记述他们以蛇为图腾的主要表现有：

1．自称龙（蛇）种或龙户、龙人。据载，明邝露《赤雅》称疍人“能辨水色，知龙所在，自云龙种，籍称龙户”；明田汝成《炎徼纪闻》：“（疍人）辨水色，以知龙居，故又曰龙人”；清顾炎武《天下郡国利病书·广东》：“（疍户）见水色则知有龙，故又曰龙户，齐民则目为疍家”；《广东新语·舟语》：“（疍人）昔时称为龙户者，以其入水辄绣面文身以象蛟龙之子，行水中三四十里，不遭物害”；清李调元《粤风》疍歌题后注解：“（疍）或曰蛇种，故祀蛇于神宫也”（清诸匡鼎《猺獞传》所记同）；《古今图书集成·方舆汇编职方典》广州府部风俗考中说：“蜑户……见水色则知有龙，故又曰龙户”。以上材料说明：疍民自称龙种或蛇种，故籍称龙户，民称龙人，这与南蛮为蛇种的说法是完全吻合的。所谓龙种或蛇种，就是疍人自视

① （南朝宋）范晔：《后汉书·南蛮西南夷列传》等。

为蛇图腾的子孙。而龙种称谓的由来，邝露诸人均主因辨水色知龙居所致，而屈大均则认为因“绣面文身以象蛟龙之子”而得名。这两说，虽有不同，但都说明疍人与龙蛇有密切关系。

2．祀蛇神。其记载主要有，《赤雅》：“蜑人神宫画蛇以祭”；《天下郡国利病书·广东》引《潮州志》说：“从南蛮为蛇种，观其疍家神官蛇像可知”；《峒溪纤志》：“其人皆蛇种，故祭祀皆祀蛇神”；近人徐松石在《粤江流域人民史》一书第153页中说：“广西梧州三角嘴亦有蛇庙，蜑人信奉甚虔”；尤以清吴震方《岭南杂记》所记粤地祀蛇盛况更为翔实，其中说：“潮州有蛇种，其像冠冕南面，尊曰游天大帝。龛中皆蛇也，欲见之，庙祝必致辞而后出，盘旋鼎俎间，或倒悬梁椽上，或以竹竿承之，蜿蜒纠结，不怖人亦不螫人。长三尺许，苍翠可爱，闻此自梧州而来。长年三老尤敬之。凡祀神者，蛇常憩其家，甚有问神借贷者。……戊戌之岁，余入粤游于东莞，偶行市中。见有门施彩幔，内作鼓乐者，叟童男女杂沓于门语，侏离嘈嘈不可辨，而入者咸有惊异非常之色，出者如瞻礼天帝庙庭，退而不敢忘端肃之状，心窃怪之。随众而入，见庭中铺设屏幛，几案樽俎甚备，香烟郁郁，灯火荧荧，执乐者列两旁，鼓吹迭奏，几上供一磁盎，盎中小树数株，有一青蛇蜿蜒升降于树间，长不及尺，大不逾小指，一身两头，项相并，颈相连，四目二口，两舌并吐，绿质柔扰，主人鞠躬立案左，出入者以次膜拜，苟越次不整，主人正色约束，皆唯唯惟命。”这里描绘了一幅粤地之人把可怖的活蛇奉作“天帝”加以崇祀的生动全景，应该说，这是一篇难得的原始材料。潮州、东莞均属疍民的分布地区，故吴震方所叙其地祀蛇，当即邝露、顾炎武所指疍人“神宫”祭祀习俗的具体描述。可见，把蛇像或活蛇当神加以顶礼膜拜，这是疍人以蛇为图腾的可靠证据。这也同世界各地崇奉蛇图腾的民族的做法如出一辙，如古代雅典人的一些神庙“供养大蛇”，阿尔及利亚的有些地方则对水蛇“焚香敬拜”[①]。

三、黎

民族学者多认为，海南岛黎族之先祖为古代越人。据载，黎族妇女曾盛行绣

① 岑家梧：《图腾艺术史》，104 ～ 105 页，北京，学林出版社，1986。

面之俗。如，宋周去非《岭外代答·黎蛮》说："其妇人高髻绣面"；宋范成大《桂海虞衡志》："女及笄，即黥颊为细花纹，谓之绣面"；康熙《广东通志》卷二八说，黎俗"女将及笄，置酒会亲属，女伴自施针笔，涅为极细虫蛾花卉，而以淡粟纹纹其余地，谓之绣面。"关于绣面之起因，可归纳为两种不同的解释。一以周去非为代表，他说："海南黎女以绣面为饰，盖黎女多美，昔尝为外人所窃，黎女有节者，涅面以砺俗，至今慕而效之。"[①] 这种用伦理道德观念来解释绣面起源的说法，显系后人附会之说，而且绣面是毁容以保持节操的说法与其作为装饰的说法本身，也是自相矛盾的。至于"以绣面为饰"，那是后来之事，与其起因是毫不相干的。一以屈大均诸人为代表，据《广东新语·人语》载，黎女选择配偶后，"男始为女纹面，一如其祖所刺之式，毫不敢讹，自谓恐死后祖宗不识也。又先受聘则绣手，临嫁一夕乃绣面，其花样皆男家所与，以为记号……而世以为黎女以绣为绝色，又以多绣为贵，皆非也"。张心泰《粤游小志》也明确指出"其绣面非以为美"。此说，我们可以称之为绣面起源于图腾说。即绣面是为了使祖宗能认识并保护自己的子孙而引起的，且女人按夫家祖先文式刺绣，这可视作图腾的入社仪式，即意味着加入夫家的图腾组织而成为其一员。这样，绣面起源于装饰上的美观或保持节操的说法，都不攻自破了。笔者以为，这种说法，无疑是正确的。

黎族妇女除绣面外，也涅刺于身体其他部位。如，据明代王济说，他曾遇见过广西俍兵征黎掳来的一位海南"文身老妇"[②]；据近人刘咸实地调查，黎妇除绣面外，尚有文刺胸部、臂部、腿部诸位置者。[③] 黎族除妇女普遍崇尚绣面文身外，男子也有文身的历史记载。据《天下郡国利病书·广东》说，熟歧（黎族之一种）妇女"刺涅口腮为纹"，而男子则"文其臂"；《峒溪纤志》也有黎人"生子周岁即文其身"之说。

黎人文身之习，可追溯到儋耳之得名，《太平御览》卷七九〇引汉代杨孚《异物志》说："儋耳夷，生则镂其头，皮尾相连；并镂其耳匡为数行，与颊相连，状如鸡腹，下垂肩上。"又，《汉书·武帝纪》颜注，《后汉书·明帝纪》李贤注，所引

① （宋）周去非：《岭外代答·蛮俗》。

② （明）王济：《君子堂日询手镜》。

③ 刘咸：《海南岛黎人纹身之研究》，见《民族学研究集刊》，1936（1）。

《异物志》文，与此段文大意相同，但“鸡腹”均作“鸡肠”，可证“腹”乃“肠”之讹。儋耳本为蛮夷之名，汉武帝始置儋耳郡。儋耳地在今海南岛，可见黎人文身，由来已久。

关于黎人文身与蛇图腾的关系。史籍虽无黎人文龙蛇之状的明文，但说其文式有“虫蛾花卉”，① 或说有“花卉虫鱼之属”。② 而龙蛇是可包括在“虫属”之内的，如郭璞《山海经图赞》（王谟辑本）称“虫为蛇，蛇号为虫”可证。所谓儋耳夷之镂耳面“状如鸡肠”，也可视作龙蛇文式的弯曲盘纡之状。而且，东南地区特别是“南海”一带的越人及其后裔，其文式都作龙蛇形，而地处“南海”的海南岛黎族的文式，也应无例外。据调查了解，在黎族的一个支系“侾”黎中，有以“龙的孩子”为黎姓者。其另一支系“美孚”黎的妇女，在脸上、手上、腿上均刺有蚺蛇状的花纹，因此被名为“蚺蛇美孚”。这生动的社会调查材料表明，黎人文身确与蛇图腾有着密切关系。

四、高山族

史学界多主张台湾高山族是来自东南沿海的百越之一支。其信奉蛇图腾的主要表现有：

1．流行蛇的神话传说。台湾高山族和古代越族居住的浙、闽、粤、桂诸省一样，都流行蛇郎君的传说，说的是蛇怪化为蛇郎君，与村中一少女成婚的故事。又，据说“台湾蕃族（今高山族），每一蕃社必有他们祖先起源的历史传说，鸟蛇化身而为其社祖者甚多。”③ 这些传说，都是古代越族存在原始的蛇图腾崇拜的反映。

2．断发文身。据吴代沈荧《临海水土志》载，夷州（今台湾）“人皆髡头穿耳。”④ 髡头即剪发。又，《隋书·东夷传》说：“妇女以墨黥手为虫蛇之文”。明张燮《东西洋考》卷五，在谈到东番之俗时说：“手足则刺纹为华美”。清郁永河《番境补遗》：“既尽文身复尽文面，穷奇极怪”，他还在《裨海纪游》中，详细记述了历

① （明）田汝成：《炎徼纪闻》，卷四。

② （清）屈大均：《广东新语·人语》。

③ 岑家梧：《图腾艺术史》，29页。

④ （宋）李昉、李穆、徐铉：《太平御览》，卷七八〇。

经台湾诸地所见番人文身的诸种不同文式。清代六十七《番社采风图考》文身条下载，“台番以针刺肤，渍以墨汁，使肤完皮合，遍体青纹，有如花草锦绣及台阁之状。”清邝其照《台湾番社考》载彰化番女“绕唇吻皆刺细点而敷以黛”；平埔生番“以五彩文身作花草形”。清龚柴《台湾小志》载，耳山生番“胸前及唇下间有刺鸟兽形者”。清林谦光《台湾纪略》风俗条下载，番人“身有记刺，好事者遍刺其文”。清檀萃《说蛮》中有“番女生年十三四，新鲜花样两颊刺”之句。近人林惠祥《台湾蕃族之原始文化》，也用调查材料证实说，太么人有文身习俗。

3．祀蛇。《台湾蕃族之原始文化》说，派宛人对台湾人名之为“龟壳花”的毒蛇，“咸加以极敬虔之崇拜，不敢杀害，甚或于酋长之家室中，特备一小房，以为其巢穴”。这与广东潮州、东莞的祀蛇风相似。

4．以蛇形为饰。《台湾蕃族之原始文化》说，派宛人“屋饰器物，常雕蛇形，其初盖全由于敬虔之念。”《图腾艺术史》第62页也说：“台湾派宛族的刀鞘、羹匙、双连杯、均颜蛇纹。”颇有意义的是，据清施鸿保《闽杂记》载：“福州农妇多戴银簪，长五寸许，作蛇昂首之状，插于髻中间，俗名蛇簪。或云许叔重《说文》云，闽，大蛇也，其人名蛇种。簪作蛇形，乃不忘其始之义耳。”从闽地土著居民与台湾高山族同以蛇形为饰一事中，虽不足以判定其出自同祖，但此俗都可溯源于古代越人则无疑。以蛇形为饰，其起因应源于祈求蛇神保护之意，当属蛇图腾艺术。

高山族奉行蛇图腾一事，也说明从远古时期起台湾文化就与大陆文化存在着极为密切的渊源关系。

五、我国西南地区属于百越系统的民族

百越系统的民族，也有文身之习，这和古代越人信奉蛇图腾也不无关系。其中记载有：唐代樊绰《蛮书》卷四载，永昌、开南有绣脚蛮和绣面蛮。“绣脚蛮，则于踝上腓下，周匝刻其肤为文采”“绣面蛮初生后出月，以针刺面，上以青黛涂之，如绣状”。明代钱古训、李思聪《百夷传》说，小百夷，“其俗刺额，黑齿剪发”。明朱孟震《西南夷风土记》：“孟艮子，性猛好斗，遍体黥以花草鸟鹊。”清曹树翘《滇南杂志》载，僰，“又有髡者曰光头僰夷……额上刺月牙，所谓雕题也。”清檀萃《滇海虞衡志•志蛮》也说，僰，“官民皆髡首黥足。不髡，则杀之。不黥，则众口嗤之。”以上所述绣脚蛮、绣面蛮和百夷或僰夷，均属今之傣族等百越系统的民

族，孟艮子则指云南普洱境的傣族。史籍关于西南夷文身之习的记载颇繁，不一一列举。从中可见，古代越人的蛇图腾传播地区之广。

从古代神话传说及有关古代越人、越人后裔的记载中，均可寻见古代越人曾奉行蛇图腾的大量证据。归结起来，其主要特征有：

1．以蛇为祖先的种种神话及传说。

2．承认自己是蛇种，即把蛇作为本族的共同标记和象征。

3．断发文身，人模仿蛇的形象和动作，即所谓的“图腾同样化”。

4．祀蛇，把蛇当做老祖宗和神灵来供奉。这里还需补充的是，在福建曾有过以人祭蛇的恶俗，如唐代魏王泰《括地志下》载，邵武发生过以“童女”“祭送蛇穴”之事；在广东则有过“蛇卜”陋习，如清李调元《南越笔记》卷四《南越人好巫》条下载：“广东三界神，乡人有争斗，多向三界神乞蛇以决曲直，蛇所向作咬人势则曲，背则直。或以香花钱米迎蛇至家，囊蛇而探之，曲则蛇咬其指，直则已。”这些也是把蛇当做神圣之物来看待的事例。由于闽、粤为古代越人聚居地，故以人祭蛇和蛇卜，也应属古代越人尚蛇遗习之列。

5．以蛇形作为装饰之物，这是图腾艺术的一种表现形式。

6．人化为蛇说，这是图腾氏族轮回信仰的体现。

最后，还需着重指出，古代越人奉行蛇图腾并非偶然，这是由当时的社会历史条件决定的。图腾崇拜产生于原始社会时期。笔者以为南方民族中产生的两种最主要也是最为普遍的图腾崇拜——盘瓠（犬）图腾和蛇（龙）图腾，直接根源于当时的渔猎经济。那时，靠近山区的以狩猎为主要生活来源的瑶族的先人，产生了盘瓠图腾；靠近水边生活的以渔业为重要生活来源的越人，则产生了蛇图腾。综上所述，可以得出这样一个确切结论：古代越族居住的我国东南地区，曾经长时期地较为广泛地流行一种对蛇的图腾崇拜。

楚文化篇

楚官考*

春秋战国，处于社会大变革的时期。反映在官制上，也是列国不一，名目繁杂。《汉书·百官公卿表》说："自周衰，官失而职乱，战国并争，各变异。"作为南方大国的楚，又带有其特殊性，许多官名有别于其他诸侯国，正如顾炎武所说，"其（指楚）官名，大抵异于他国"[①]。

本文对散见于诸古籍中的零星材料，加以收集，以官为目，逐条分释，拟对楚官的名称、职能、渊源和影响等方面作一简略的考察，以供古史研究者参考。

一、令　尹

令尹一名的由来，据《论语·公冶长》"令尹子文"疏："楚臣令尹为长……令，善也；尹，正也；言用善人正此官也。"这是一种流行的解释。又据《说文》："令，发号也"；"尹，治也……握事者也"。故令尹的字义是发号施令的握事者。这种解释，反映了"令尹为长"的含义，似较合理。以尹为官，由来已久，《尚书·皋陶谟》中有"庶尹允谐"之语，青铜器《矢方彝》中有"众者（诸）尹"的铭文，均可为证。以令名官，先秦列国，也颇常见。故楚之令尹虽与各诸侯国之称相有别，但究其源，仍与中原国家的制度有密切关系。

楚令尹设于何时，已不可考。只知其第一次见于史籍是在《左传·庄公四年》，据载当年楚武王伐随，卒于军中，"令尹斗祁、莫敖屈重除道梁溠，营军临随，随人惧，行成"。鲁庄公四年为楚武王五十一年（前 690 年），则令尹一官，至少在楚正式称王的春秋早期即已设置。据清人顾栋高统计，春秋时期"楚令尹见传者二十八人"[②]。直至战国末年，楚的执政官仍称令尹，《韩非子·存韩》载李斯上韩王书中，有"荆令尹患之"一语可证。又据《史记·楚世家》载，楚考烈王时，春申君一直都是楚国的令尹。楚考烈王卒于前 238 年，春申君旋亦被害，而楚于前 223

* 原载《中华文史论丛》，1982（2）。

① （清）顾炎武：《日知录》，卷四。

② （清）顾栋高：《春秋大事表·官制》。

年为秦所灭，故春申君为令尹的最后一年，离楚亡国只十五年。由此可以肯定，自前 590 年—前 223 年，即从楚称王后不久到楚亡前四百多年的时间里，楚国始终设置令尹一职。近年河南淅川一座春秋楚墓出土的铜器上，有铭文“令尹子庚”；属于战国早期的随县曾侯乙墓出土的竹简上，所记车马赗赠者中也有楚国的令尹，这又是春秋战国时期楚均设有令尹之官的物证。

令尹为楚百官之首。这从下列记载中可以得到证明：《左传·襄公十五年》开列了一张当时楚国上层统治集团成员的名单，令尹排居第一；《战国策·齐策》记载的齐使陈轸与楚将昭阳的一段谈话中，谈到战功再大，官爵无超乎令尹之上者；《战国策·楚策三》说，“自令尹以下，事王者以千数”，也表明令尹位仅居楚王之下。

令尹的权力在百官中也属至重，是“执一国之柄”①的人物。对内治国，对外作战，总揽大权于一身。如《吕氏春秋·情欲》称，楚庄王“尽付其境之劳与诸侯之忧于（令尹）孙叔敖”。真可称得上“人使治之，出使长之”。故王夫之的《读通鉴论·汉文帝》说：“古之将相合一者，列国之事尔。楚之令尹，楚之帅也。”这是合乎史实的。

由于令尹官位极宠，权力极重，故其人选只从王族中产生。《湖北通志·职官》说：楚令尹“以公族为之，其见于《春秋传》《战国策》者自王子而外，若斗氏、成氏，皆若敖之裔也，艻（字又作薳）氏，屈、景、昭三氏并出公族。”但也有例外，如申俘彭仲爽，楚文王以为令尹②；卫人吴起，楚悼王以为令尹。

令尹其名，为楚所独有。从《文物》1980 年第 8 期《江西靖安出土春秋徐国铜器》所介绍的炉盘铭文，得知徐国亦有“令尹”官名。但鉴于此器年代为春秋晚期，徐曾为楚附庸，其以“令尹”名官，当是仿效楚国。自楚以后，令尹一名即不复见诸官制。但秦末以楚怀王为旗号的起义军，因其基本力量为“西楚”之人，故曾以“吕青为令尹”③，颜注引臣瓒曰：“诸侯之卿，唯楚称令尹，其余国称相。时立楚之后，故置官司皆如楚旧也。”这算是例外。

---

① （汉）刘向：《说苑·至公》载令尹子文语。

② 《左传·哀公十七年》。

③ （汉）班固：《汉书·高帝纪》。

二、左、右尹

最早见于《左传·宣公十一年》所载："楚左尹子重侵宋。"时为前 598 年，上引令尹见于记载为前 690 年，故左、右尹与令尹相较，其见诸史籍晚近百年。

其地位，据《左传·襄公十五年》载："楚公子午为令尹，公子罢戎为右尹，𫇭子冯为大司马。"《左传·昭公二十七年》："左尹郤宛、工尹寿帅师至于潜。"《左传·成公十六年》："楚子救郑，司马将中军，令尹将左，右尹子辛将右。"上述三条材料说明，左、右尹的排列，紧接在令尹之后，而在诸尹甚至在大司马之前，作战时可将重兵。另据载，左、右尹可直升为令尹，如左尹子重、右尹子辛就是。这些，均可见其地位之重要。据此，"疑令尹之贰"[①] 的说法，可以成立。

自楚康王后，渐用羁人，如《左传·襄公十九年》载，郑子革奔楚为右尹，《左传·襄公二十七年》载，齐申鲜虞如楚为右尹，其地位"稍稍降矣"[②]。

左、右尹与令尹一职相同，在秦末起义军中曾沿用。《史记·项羽本纪》："楚左尹项伯者，项羽季父也。"可证。

三、莫　敖

最早见《左传·桓公十一年》所载："楚屈瑕将盟贰轸，郧人军于蒲骚，将与随、绞、州、蓼伐楚师，莫敖患之。"杜注："莫敖，楚官名。"此时尚未有令尹之号，过了十一年后，即庄公四年，令尹才与莫敖同见于《左传》，可见此时以莫敖为尊。又楚始见于《左传》为桓公六年，莫敖则为十一年，中间只隔五年，说明设置此官的历史是非常久远的。另据《战国策·楚策一》载："威王问于莫敖子华。"可见从春秋直至战国时期，楚均使用莫敖官名。

其地位，据《左传·襄公十五年》载，莫敖位在令尹、司马后，而在诸尹之前。

莫敖所司何事，史无明文。据《左传·庄公四年》载，楚与随人行成，"莫敖以王命入盟随侯"；《战国策·楚策一》："威王问于莫敖子华曰：'自从先君文王以至不谷之身，亦有不为爵劝，不为禄勉，以忧社稷者乎？'"从其活动看，可代王命

① 吕调元：《湖北通志·职官》。

② （清）顾栋高、吴树平、李解民点校：《春秋大事表·官制》。

及答王咨询，可见与王关系之密切。孔颖达《左传·襄公十五年》疏："官名，临时所作，莫敖之属，并不可解。"明人董说的《七国考·楚职官》说："楚改司空为莫敖。"不知何据。

此官多以大贵族屈氏为之。《左传·桓公十一年》中的莫敖名屈瑕；《左传·庄公四年》中有"莫敖屈重"；《左传·襄公十五年》"屈到为莫敖"，杜注："屈荡之子"；《左传·襄公二十二年》"屈建为莫敖"；《左传·襄公二十五年》"屈荡为莫敖"，杜注："世本，屈荡，屈建之祖父"；《左传·昭公五年》"屈生为莫敖"，杜注："生，屈建子"。可见，从第一任莫敖屈瑕起，其后莫敖屈重、屈到、屈建、屈荡、屈生均为屈氏，而屈到、屈建、屈荡、屈生还有血缘亲属关系。屈、景、昭为楚之三大姓，莫敖多以屈氏子孙为之，说明其官甚荣宠。

秦末群雄纷起时，有袭用楚莫敖之官名者。据《汉书·曹参传》载："参功凡下二国，县百二十二；得王二人，相三人，将军六人，大莫嚻、郡守、司马、侯、御史各一人。"颜注："如淳曰：嚻音敖。张晏曰：莫敖，楚卿号也。时近六国，故有令尹、莫敖之官。"可证。

四、大　宰

楚以大宰名官的记载有，《左传·成公十年》载晋使如楚，"报大宰子商之使也"；《左传·成公十六年》"子重使大宰伯州犁侍于王后"；《左传·昭公元年》载，楚灵王即位，"薳启疆为大宰"，《国语·楚语上》也有"太宰启疆"；《左传·昭公二十一年》载有大宰犯。列国也有大宰，如见于《左传》的有吴大宰嚭、郑大宰石盂，见于金文的有郳太宰[①]。宰或冢宰本相当于相，但"楚以令尹、司马为要职，太宰之官非楚所重"[②]。

又《淮南子·人间训》载："太宰子朱侍饭于令尹子国。令尹子国啜羹而热，投卮浆而沃之。明日，太宰子朱辞而归。"据注家释"太宰持斗而御户右"[③]的太宰为膳夫，此太宰应是掌楚王饮食膳馐之官，显与上述太宰有别。

---

① 郳太宰欉。

② （清）顾栋高、吴树平、李解民点校：《春秋大事表·官制》。

③ （汉）戴德：《大戴记·保傅》。

五、少　宰

据《左传·宣公十二年》载“楚少宰如晋师”，杜注：“少宰，官名”。这是仅见的楚少宰材料。疑为太宰之次官。

六、司马或大司马

楚司马最早见于《左传·僖公二十六年》：“司马子西帅师伐宋。”时在前630年。一般称司马，个别情况下也叫大司马，如《左传·襄公十五年》载，芳子冯为大司马。加一“大”字，大概是有别于左右司马和其他司马之意。

《汉书·百官公卿表》注引汉人应劭日：“司马，主武也，诸武官亦以为号。”唐人杜佑在《通典·职官》中也说：“大司马，古官也，掌武事。”注曰：“司，主也；马，武也。”楚司马之职能同样为主管军事。

据《周礼》一书载，夏官司马为六卿之一，可见楚司马直接渊源于周礼。春秋时，晋作三军，军置司马，《左传》载宋、鲁、郑也设此官，金文中则郑有大司马[①]，可证为当时列国共有之官。秦时，不置大司马。据《史记·项羽本纪》载，楚汉战争时，项羽曾以曹咎、周殷为大司马，项羽是楚国贵族的后裔，可见其上承楚制。

其地位，据《左传·宣公四年》载：“斗般为令尹，子越为司马，芳贾为工正。”《左传·襄公十五年》：“楚公子午为令尹，公子罢戎为右尹，芳子冯为大司马。”可见按排列，司马在令尹之下而在其他各官之上。故《湖北通志》说：“令尹之次，为司马，亦以公族为之。”

司马之作用重大。《左传·襄公三十年》载：“司马，令尹之偏（杜注：偏，佐也），而王之四体也（杜注：俱股肱也）。”又《左传·哀公六年》载：“是岁也，有云如众赤乌，夹日以飞，三日。楚子使问诸周大史。周大史曰：‘其当王身乎？若禜之，可移于令尹、司马。’王曰：‘除腹心之疾，而置诸股肱，何益。’”《说苑·君道》对此事的记载说，昭王曰：“楚国有不谷也，由身之有匈胁也。其有令尹、司马也，由身之有股肱也。匈胁有疾，转之股肱，庸为去是人也？”《史记·楚世家》

① 郑大司马戟。

则谓，昭王曰："将相，孤之股肱也，今移祸，庸去是身乎？"上述材料说明，楚司马为令尹之偏或谓令尹之佐，而令尹、司马作为相与将，则同为王的主要助手。如果把王比作腹心或胸胁，那么令尹、司马则可称作四体或股肱。这样，作为楚官制的关键，即令尹与司马的关系，令尹、司马与王的关系就一目了然了。

楚除王朝中央有司马外，有的重地也设司马。例城父是楚通北方的要道，也是方城之外的大城，楚平王置太子建于此，命奋扬为城父司马。《春秋大事表·官制》认为："《周礼》夏官有都司马，郑云，都，王子弟所封及三公采地也，司马主其军赋。《昭十九年传》云，大城城父而置太子焉，则此城父司马，即《周礼》都司马之职也。"

七、左、右司马

楚左、右司马见于古籍的有几种不同情况：

一是据《左传·襄公十五年》载，右和左司马位在大司马之后而在莫敖之前，可见春秋时其位甚高，似为大司马或司马之辅佐。

二是《战国策·燕策三》："齐、韩、魏共攻燕，燕使太子请救于楚。楚王使景阳将而救之。暮舍，使左右司马各营壁地。"从文中可见，这左、右司马是军中的左右两翼，其地位显然低于上述左、右司马，这也反映了此官在春秋、战国时期的变化。

三是《左传·文公十年》："（楚子）田孟诸，宋公为右盂，郑伯为左盂，期思复遂为右司马，子朱及文之无畏为左司马。"杜注"将猎，张两甄，故置二左司马，然则右司马人当中央。"从传、注本身说明，此左、右司马乃因围猎的需要而设置，属临时派遣性质，事毕即不复存在。

楚设左、右司马对后世的影响，表现为刘邦为沛公时，得和曹毋伤二人曾先后为左司马[①]。刘邦楚人，袭楚制。又，这左司马位较卑，与战国时的楚左、右司马地位相一致。

---

① （汉）班固：《汉书·高帝纪》。

八、柱国或上柱国

主要记载有：据《战国策·齐策二》载，楚法，覆军杀将可为上柱国，贵于此者为令尹。《战国策·东周策》载，秦攻宜阳，赵累为周君策谋说：“君谓景翠曰：‘公爵为执圭，官为柱国（鲍彪注：楚卿），战而胜，则无加焉矣；不胜，则死，不如背秦援宜阳。’”《战国策·楚策二》有“上柱国子良”。《吕氏春秋·淫辞》有“荆柱国庄伯”。《史记·楚世家》：“（怀王）六年，楚使柱国昭阳将兵而攻魏。”《通典·职官》：“柱国、上柱国，皆楚之宠官。”以上材料说明：1. 同是昭阳其人，《史记》说其官为柱国，《战国策》则说是上柱国，故柱国与上柱国可通。2. 柱国为楚卿、宠官，位仅次于令尹，应是最高军事长官。3. 柱国一词，《左传》中从未出现，说明春秋时楚尚无此官。又，昭阳，据姚宏注为楚怀王将；景翠，秦攻宜阳为楚怀王二十一年事；子良，事在楚怀王刚死顷襄王刚立之时。他们都是战国后期人。可见，此官起于战国。其地位相当于春秋时楚的司马或大司马。

柱国与大司马之间的关系，据《战国策·楚策二》载，楚王发上柱国子良献东地于齐之明日，“立昭常为大司马，使守东地”；当齐使受地时，昭常对齐使说：“我典主东地，且与死生”。姚宏注：“典，犹职；主，犹守。”这说明战国时，楚设上柱国同时，仍有大司马一职。但此大司马属临时派遣之性质，其职为专守东地，只是一方主帅，并非总管全国军事，故与春秋时之大司马其职不一，其地位显系低于上柱国。

柱国名官，其意何在？柱国，本来是国都的意思，如《战国策·齐策》说：“安邑者，魏之柱国也。”因都为国的支柱，故曰柱国。可见，柱国本是保卫国都之官，战争时成为最高将领，由此而得名。柱国，战国时楚始置之。春秋后期，吴破楚都郢，其后，楚多次迁都。故保卫楚都，成了楚军事长官紧迫而重大的任务。楚以柱国命官，或许与楚这一历史背景有关。

人们往往以为柱国一职，为楚所独具，其实也有例外。《战国策·赵策四》载，翟章从梁来，赵王三延之以相，翟章辞不受，“田驷谓柱国（鲍彪注：柱国，楚官。盖赵亦有）韩向曰：‘臣请为卿刺之。客若死，则王必怒，而诛建信君。建信君死，则卿必为相矣。’”这说明，赵不仅有柱国，且其地位也与楚同，即位仅次于相。

柱国一职，后世长期保留。秦末农民起义之初，广陵人召平矫陈王命，“拜

（项）梁为楚王上柱国”；项梁立楚怀王后，“陈婴为上柱国”[①]。汉初，义阳侯吴郢，“以长沙柱国侯”[②]。其后，“历代无闻”。至后魏孝庄帝时，有柱国大将军。后周置上柱国大将军。隋、唐以后，置上柱国及柱国，为勋官，以酬勋劳，至清始废。可见，其对历代官制影响之深远，其始盖起于楚。

九、将　军

关于将军称号的最早来源，《文献通考·职官》说：“晋献公初作二军，未有其号，魏献子、卫文子始有将军之称。”这一说法是比较确切的。《通典·职官》[③]说：“晋献公初作二军，公将上军，则将军之名起于此也。魏献子、卫文子并居将军之号。”此说稍异，不如上述引文妥切。据《左传·昭公二十八年》载，晋阎没、女宽谓魏子曰：“岂将军食之，而有不足。”杜注：“魏子，中军帅，故谓之将军。”可见，春秋时期，确已出现将军称号。

春秋时，楚的将军称号见于古籍的主要有：《史记·楚世家》载，楚成王三十九年，“将军子玉请战”；楚共王十六年，“共王召将军子反”。《说苑·君道》：“楚庄王既服郑伯，败晋师，将军子重三言而不当。”《韩诗外传》卷六、《新序》卷四也有“将军子重”两次对庄王进谏的记载。《说苑·尊贤》：“楚庄王用孙叔敖、司马子反、将军子重，征陈从郑败强晋，无敌于天下。”子玉请战事在城濮之战，时子玉以令尹身份将中军；楚共王召将军子反事在鄢陵之战，时子反以司马身份将中军；子重在楚庄王时为左尹，在邲之战中将左。故他们的职务不同（分别为令尹、司马和左尹），在军中的地位也不同（分别将中军和将左），但都统称为将军，可见，将军只是泛称一军的将帅而非指特定的官职。而且《左传》中，也未见楚有将军之称，说明只是汉人司马迁、刘向等人比附之罢了。

战国时，其记载则有：《史记·楚世家》载，楚怀王二十九年，秦“杀我将军景缺”，王负刍四年，秦将王翦“杀将军项燕”。将军一词仍是泛指一军之将帅。

---

① （汉）司马迁：《史记·项羽本纪》。

② （汉）班固：《汉书·高惠高后文功臣表》。

③ （唐）杜佑：《通典·职官》。

十、大将军

据《通典·职官》载："大将军，战国时官也。"将军之前加一"大"字，以示尊宠，当征讨之任。

《史记·楚世家》载，楚怀王十七年，秦"虏我大将军屈匄"，这是楚设大将军的例证。其他各国也设此官，以赵为例，《史记·廉颇列传》"赵王与大将军廉颇诸大臣谋"，即是。《史记·淮阴侯列传》载有刘邦拜将的故事，"至拜大将，乃韩信也，一军皆惊"。这虽是战国以后事，但可证明大将军位在诸将之上。

十一、上将军

《说苑》载，田忌去齐奔楚，答楚问曰："齐使申缙将，则楚发五万人，使上将军将之，至禽将首而反耳。"另，《史记·魏世家》"令太子申为上将军"；《史记·白起列传》"使武安君白起为上将军"。可见，战国时，除楚外，魏、秦等国均置上将军。

十二、裨将军

《史记·楚世家》载，秦虏楚"裨将军逢侯丑"。与楚同时，赵有裨将茄，秦有裨将王离等。据《汉书·项籍传》师古注："裨，助也，相副助也。"《资治通鉴》赧王五十五年胡注："裨，将军之副将也。"可见，裨将即副将。

十三、大（太）师

《通典·职官》："周以太师、太傅、太保曰三公。"大（太）师为三公之最尊者。据说，周武王时太公、成王时周公都曾任此职。金文中也有"大（太）师"之官。

依周制，楚曾设大师一职。《左传·文公元年》："穆王立，以其为大子之室与潘崇，使为大师。"《史记·楚世家》也说："穆王立，以其太子宫予潘崇，使为大师，掌国事。"《左传·哀公十七年》："楚子问帅于大师子穀与叶公诸梁。"以上材料说明：1. 潘崇原为太子商臣师，因替商臣策划弑其父成王有功，因此，商臣即位穆王后，使为大师以褒奖之；叶公诸梁是平定白公之乱的主要人物，而大师子穀还序列其前。这均表明，大师位极尊崇。2. 从潘崇"掌国事"说明，大师并非虚设

而是手握大权的。3．楚任大师一职的记载只此二人，说明其职不常设，符合古时有则设无则阙之义。总之，似可说大师当令尹之任而荣宠又过之。

除楚外，晋也曾设大师。《左传·文公六年》载，晋有“大师贾佗”，位在中军赵盾之上。可见，其地位与楚大师相类。

十四、师和少师

《通典·职官》：“太子师保二傅，殷周已有。”注“二傅为太傅、少傅”。太子师的职责，据《礼记·文王世子》说：出则有师，“师也者，教之以事而喻诸德者也”。

依周制，楚设太子师、保、傅职。关于楚设太子师和少师的主要记载有，《左传·文公元年》：“既又欲立王子职，而黜大子商臣。商臣闻之而未察，告其师潘崇。”《左传·昭公十九年》载，楚平王时，“使伍奢为之（指太子建）师，费无极为少师”。《说苑·至公》：“楚庄王之时，太子车立于茅门之内，少师庆逐之。”

师傅之官，秦、齐、赵、魏等国均设置。以秦为例，据《史记·商君列传》载，太子犯法，卫鞅“刑其傅公子虔，黥其师公孙贾”。

十五、傅、太傅、少傅

《说文诂林·人部》：“傅，相也。”段注引贾子曰：“傅，傅之德义。”太子的辅导之官为太傅、少傅，或曰傅。

主要记载有：《国语·楚语上》“申公子仪父为师，王子燮为傅”，又载“庄王使士亹傅太子箴”。《战国策·楚策二》：“楚襄王为太子之时，质于齐。怀王薨，太子辞于齐王而归。齐王隘之：‘予我东地五百里，乃归子。子不予我，不得归。’太子曰：‘臣有傅，请追而问傅。’”傅慎子认为献之便，故献地五百里而归。《淮南子·人间训》：“（楚王）因命太子建守城父，命伍子奢傅之。”《史记·楚世家》载，平王时“伍奢为太子太傅，无忌为少傅”（《左传》作师和少师）。从楚太子献地与否取决于傅一事看来，傅对太子的影响极大。

十六、保

《说文·人部》：“保，养也。”《汉书·宣帝纪》：“尝有阿保之功。”注引臣瓒曰：

“阿，倚也；保，养也。”

主要记载有：《左传·成公九年》载，钟仪对晋侯叙述楚王时说：“其为太子也，师保奉之，以朝于婴齐而夕于侧也。”《左传·襄公十三年》载，楚共王临终时说：“不谷不德，少主社稷，生十年而丧先君，未及师、保之教训。”《吕氏春秋·直谏》载，葆申对荆文王说：“先王卜以臣为葆吉。今王得茹黄之狗，宛路之矰，畋三月不反。得丹之姬，淫，期年不听朝。王之罪当笞。”王曰：“不谷免衣襁褓而齿于诸侯，愿请变更而无笞。”葆申曰：“臣承先王之令，不敢废也。”按葆为保的通假。王授权保，太子有过，可笞，甚至免衣襁褓而齿于诸侯时，尚不能幸免，可见保权之重。

十七、国　老

《礼记·王制》：“有虞氏养国老于上庠。”疏引熊氏云：“国老，卿大夫致仕者。”

楚依中原之制也有国老之称。上引《左传·僖公二十七年》说，令尹子文传政于子玉后，“国老皆贺子文”；《说苑·至公》载，楚令尹虞丘子引退，荐孙叔敖为令尹，“庄王从之，赐虞丘子采地三百，号曰国老。”以上材料说明：1．令尹辞职后，号为国老，可见国老位极尊荣。2．国老贺子文得人一事，实际上意味着子玉继位令尹得到了他们的认可。这些人虽致仕，国老亦不属正式职官之列，但仍对楚政事有重大影响，所谓德高望重者也。

十八、箴　尹

《广雅·释诂》释尹为“官也”。以尹名官，中原地区古已有之，如师尹、詹尹、奄尹等。孔颖达在《左传·宣公十二年》和《左传·昭公二十七年》的疏中均说：“楚官多以尹为名。”

关于箴尹的主要记载有：《左传·宣公四年》：“箴尹克黄使于齐”；《左传·襄公十五年》载楚官名，莫敖后依次为“公子追舒为箴尹，屈荡为连尹，养由基为宫厩尹，以靖国人”；《左传·昭公四年》：“箴尹宜咎城钟离”；《左传·定公四年》：“箴尹固与王同舟，王使执燧象以奔吴师”。箴尹，排列在诸尹之首，可见其地位重要；杜注只说是“官名”，不知所职何事。据《国语·周语》韦昭注师箴为“箴刺王阙以正得失”，疑箴尹为掌谏之官。

十九、连　尹

主要记载有：《左传·宣公十二年》有“连尹襄老”之语；《左传·襄公十五年》“屈荡为连尹”；《左传·昭公二十七年》载，沈尹戌说，费无极“丧大子建，杀连尹奢”（指昭公二十年杀伍奢事）。连尹职能，据孔颖达疏引服虔云：“连尹，射官；言射相连属也。”这算是一种解释。

二十、宫厩尹

主要记载有，《左传·襄公十五年》“养由基为宫厩尹”；《左传·昭公元年》“宫厩尹子闾出奔郑”；《左传·昭公六年》载，吴人“获宫厩尹弃疾”。据《说文》释，厩“马舍也”，《周礼》曰“马有二百十四匹为厩，厩有仆夫”，所以宫厩尹应是管理马匹之官。又，据《汉书·张良传》：“沛公拜良为厩将。”王先谦补注引沈钦韩曰：“犹楚宫厩尹之职。”刘邦受楚影响名官，此说可信。

二十一、中厩尹

《左传·昭公二十七年》载，沈尹戌言于子常曰：“夫左尹与中厩尹莫知其罪而子杀之。”《睡虎地秦墓竹简·秦律十八种》中有“大厩、中厩、宫厩马牛殴（也）”的记载，可作宫厩尹、中厩尹均为楚朝廷管理马牛之官的印证。

二十二、监马尹

《左传·昭公三十年》：楚“使监马尹大心逆吴公子，使居养”。中厩尹与监马尹，《左传》中均只有一条材料。监马尹的职能应与宫厩尹、中厩尹相类。

二十三、工　尹

主要记载有，《左传·文公十年》：“王使（子西）为工尹。”杜注：“掌百工之官。”《左传·成公十六年》：“郤至三遇楚子之卒，见楚子必下，免胄而趋风。楚子使工尹襄问之以弓。”《左传·昭公十二年》：“工尹路请曰：‘君王命剥圭以为鏚柲，敢请命。’王入视之。”从其负责赠送弓和破圭玉以饰斧柄的活动来看，工尹为掌百工之官。

二十四、郎　尹

《淮南子·人间训》载，令尹子国“伏郎尹而笞之三百”，高诱注：“郎尹，主郎官之尹也。”

二十五、环列之尹

《左传·文公元年》载，穆王立，使潘崇为大师，“且掌环列之尹”，杜注：“环列之尹，宫卫之官，列兵而环王宫。”

二十六、门　尹

《左传·哀公十六年》“石乞尹门”，杜注：“为门尹。”据《周礼》卷九载地官之属有司门，楚门尹应与此相类。又，春秋时，宋也有门尹，《左传·僖公二十八年》有“门尹般”，《左传·哀公二十六年》有“门尹得”，即是。这也说明，以尹命官，并非楚独有。

二十七、郊　尹

《左传·昭公十二年》：“夺成然邑而使为郊尹。”杜注：“郊尹，治郊竞大夫。”所谓郊，据《尔雅·释地》释：“邑外谓之郊。”郊尹所治，当即在此范围。

二十八、乐　尹

《左传·定公五年》载，楚昭王之妹嫁与钟建为妻，昭王使钟建“以为乐尹”，杜注：“司乐大夫。”

二十九、卜尹（开卜大夫）

《左传·昭公十三年》：“（平王）召观从，王曰：‘唯尔所欲。’对曰：‘臣之先，佐开卜。’乃使为卜尹。”又，《左传·哀公十八年》：“右司马子国之卜也，观瞻曰：‘如志。’”杜注：“观瞻，楚开卜大夫观从之后。”杜预所说的开卜大夫观从，即《左传·昭公十三年》中的卜尹观从，可见开卜大夫即卜尹之别称。这二者之所以通称，其原因在于尹位大夫之故。《史记·楚世家》集解引贾逵曰：“卜尹，卜师，大夫官。”

可证。

春秋时期，卜筮盛行，各国均设卜官，只是名称不一罢了。如，周的卜正，鲁的卜士、卜人，郑的开卜、卜人等，均与楚的卜尹或开卜大夫同。

三十、玉　尹

《新序》卷五有荆人卞和“奉玉璞而献之（楚）武王，武王使玉尹相之”的记载。可见玉尹为掌治玉之官。

三十一、沈尹和寝尹

《左传•宣公十二年》“沈尹将中军”，杜注：“沈或作寝，寝，县也，今汝阴固始县。”如果按杜预说，沈尹的沈作地名解，那么，沈尹即沈县邑之长（或说封于沈），正如同叶公诸梁的叶公即叶县邑之长一样。要说明的是，其后《左传》中出现的沈尹射、沈尹赤、沈尹戌、沈尹朱，则往往是以官为氏，而非官名了。

《左传•哀公十八年》载，王曰：“寝尹、工尹勤先君者也。”杜注：“柏举之役，寝尹吴由于以背受戈。”如按上引杜说，沈或作寝，则寝尹即沈尹。

三十二、其他诸尹

芋尹。《左传•襄公三十年》载有“申无宇”，杜注：“无宇，芋尹。”《左传•昭公十三年》载，芋尹无宇之子申亥曰：“吾父再奸王命，王弗诛，惠孰大焉。”《史记•楚世家》有相类记载，中有“芋尹申无宇之子申亥”之语；《国语•楚语上》“芋尹申亥从灵王之欲而陨于乾溪”；《韩非子•说疑》中有“荆芋尹申亥”；《新序》卷八有“芋尹文”。总之，以上所引各种古籍均证明楚设芋尹一官。

莠尹。《左传•昭公二十七年》“楚莠尹然、工尹麇帅师救潜”，杜注：“二尹，楚官。”孔颖达疏：莠之义“不可知也”。莠尹然还在《左传•昭公三十年》再现：“莠尹然、左司马沈尹戌城之。”

清尹。《左传•成公七年》：“及共王即位，子重、子反杀巫臣之族子阎、子荡及清尹弗忌。”

杨豚尹。《左传•襄公十八年》中有楚子“使杨豚尹宜告子庚”之句。

嚣尹与陵尹。《左传·昭公十二年》："楚子狩于州来，次于颍尾，使荡侯、潘子、司马督、嚣尹午、陵尹喜帅师围徐以惧吴。"杜注："五子，楚大夫。"

蓝尹。《左传·定公五年》："王之奔随也，将涉于成臼，蓝尹亹（杜注：亹，楚大夫）涉其帑，不与王舟。"《七国考》引《楚书》云："蓝尹、陵尹分掌山泽，位在朝廷。"不知何据，备考。

上述芋尹、莠尹、清尹、杨豚尹、嚣尹、陵尹的得名有两种可能：一是县邑之名，因是地方长官而以该地名尹，这在楚史中是不乏其例的；一是另有所职，而我们尚不明其义。

三十三、司　败

《左传·文公十年》载，楚王使子西为商公，子西辞曰："臣免于死，又有谗言，谓臣将逃，臣归死于司败也。"杜注："陈、楚名司寇为司败。"《礼记·王制》载，司寇"正刑明辟，以听狱讼"；春秋时，晋、齐、宋、鲁、郑、卫均置司寇。上述材料表明，楚司败职掌刑狱，与司寇同；司败之称不为楚独有，陈亦有之。

三十四、廷　理

廷理一词的来由，廷，《广雅·释诂》"平也"；《汉书·百官公卿表》颜注："平也。治狱责平，故以为号。"又《说文·文部》释廷为"朝中也"，则廷理为朝廷理官之义，也可通。理，刑官名，据《管子·小匡》："弦子章为理。"注："狱官也。"又汉景帝、哀帝均曾名刑官为大理，可证。楚的廷理，秦称廷尉，战国时李斯即曾官此。

主要记载有，《韩非子·外储说右上》："荆庄王有茅门之法曰：'群臣诸公子入朝，马蹄践霤者，廷理斩其辀，戮其御。'"《韩诗外传》卷二："楚昭王有士曰石奢，其为人也，公而好直。王使为理。"（《新序》卷七所记略同）《说苑·至公》："楚令尹子文之族有干法者，廷理拘之，闻其令尹之族也而释之，子文召廷理而责之曰：'凡立廷理者，将以司犯王令而察触国法也。'"上述材料清楚表明，廷理或称理，职掌刑法。这里需加说明的是，《左传》中载楚只有司败而无廷理之称，廷理一词出现于战国以后人的著作，故疑春秋时的司败至战国时改称廷理。

三十五、左　徒

《史记·屈原列传》载，屈原“为楚怀王左徒。博闻强志，明于治乱，娴于辞令。入则与王图议国事，以出号令；出则接遇宾客，应对诸侯。王甚任之”。《正义》释左徒为“盖今左右拾遗之类”。《史记·楚世家》载，楚顷襄王时“使左徒侍太子于秦”，考烈王立，“以左徒为令尹”。从左徒的活动看来，内可与王图议国事，外可接待宾客与诸侯，还可直升为令尹，足见其与楚王关系之密切与地位之重要。

此官最早见于战国末年。

三十六、三闾大夫

《史记·屈原列传》载，屈原为三闾大夫。据《楚辞·离骚序》说：“三闾之职，掌王族三姓焉，曰昭、屈、景，屈原序其谱属，率其贤良，以厉国士。”可见，三闾大夫职掌王之宗族，与周的春官宗伯和秦的宗正类。

三十七、太　卜

《楚辞·卜居》载，屈原遭流放三年后，“往见太卜郑詹尹曰：‘余有所疑，愿因先生决之。’詹尹乃端策拂龟。”太卜，注家均释为：楚掌卜者之官。太卜之官，据《礼记·曲礼》《周礼》载，殷、周已有之。疑此太卜，即春秋时楚之卜尹。

三十八、工　正

《左传·宣公四年》：“及令尹子文卒，斗般为令尹，子越为司马。蒍贾为工正，谮子扬而杀之，子越为令尹，已为司马。”这是楚官工正见于《左传》的唯一记载。工正究竟为何官，有两种不同解释：

一是《左传·庄公二十二年》载，陈公子完奔，齐桓公“使为工正”。杜注：“掌百工之属。”杜预也说工尹是“掌百工之官”，故其职掌应相似；又据《尔雅·释诂》郭注：正，“谓官长”，即古时一官之长曰正，故从字义上讲工正与工尹也相类。据此可说，工尹与工正或是一官二名，如同《湖北通志》所说：“工尹掌百工之官，又有工正亦其类也。”

二是《左传·昭公四年》：“夫子为司马，与工正书服。”孔颖达疏：“工正掌作

车服，故与司马书服。”又《左传·襄公九年》：“使皇郧命校正出马，工正出车。”杜注：“工正主车。”孔疏：“《昭四年传》云，夫子为司马与工正书服，是诸侯之官司马之属有工正主车也。”再联系芳贾由工正升为司马，工正主车为司马之属的说法，可通。

三十九、军　正

《列子·说符》：“鲁施氏有二子，其一好学，其一好兵。……好兵者之楚，以法干楚王，王悦之，以为军正。”上已述，正为长之意，工正之官可证。可见军正为军中之长的意思。

四十、左　史

《周礼》卷十七载，春官之属有太史、小史、内史、外史、御史，凡五史。《礼记·玉藻》载，天子“玄端而居，动则左史书之，言则右史书之。”注家以为，太史为左史，内史为右史，则左史即太史也。历来虽对各史的说法不一，但正如清人程廷祚《春秋职官考略》所说：“虽各有所职，大抵俱以典策之重。”考诸金文中多有王呼史“册命”之词（见《颂鼎》《师酉簋》等），可证此说之可信。依周制，楚设左史，如王应麟《玉海》所说：“左史，楚之史官也。”春秋时，各国均有史官，鲁、齐、郑曰太史，晋同楚曰左史。

关于楚左史的职能和作用，据《左传·昭公十二年》载：“左史倚相趋过。王曰：‘是良史也，子善视之。是能读三坟、五典、八索、九丘。’”《国语·楚语下》：“左史倚相，能道训典，以叙百物，以朝夕献善败于寡君，使寡君无忘先君之业；又能上下说于鬼神，顺道其欲恶，使神无有怨痛于楚国。”《韩非子·说林下》载，楚吴对阵，“雨十日夜，星。左史倚相谓子期曰：‘雨十日，甲辑而兵聚，吴人必至，不如备之。’乃为陈，陈未成也而吴人至，见荆陈而反。”可见，楚左史除记录史实外，还能读古籍，道训典，通鬼神，识天象，并以其广博的专业知识，在一些问题上起出谋献策的作用。

左史虽对古代文化有重要贡献，但其社会地位却是低下的。《左传·襄公十七年》：“楚子问帅于大师与叶公诸梁。子穀曰：‘右领差车与左史老，皆相令尹、司马以伐陈，其可使也。’子高曰：‘率贱，惧不用命焉。’”杜注：“右领、左史，皆

楚贱官。”可证。

四十一、右　领

《左传·昭公二十七年》载“鄢将师为右领”（杜注：“右领，官名”），攻灭郤氏；上引《左传·哀公十七年》载楚子问帅一事中，提及右领差车。从右领带兵攻灭郤氏及被荐为帅的记载看来，应是领兵之官。

四十二、典　令

《战国策·韩策二》载，史疾谓楚王曰：“今王之国有柱国、令尹、司马、典令（鲍彪注：皆楚官），其任官置吏，必曰廉洁胜任。今盗贼公行，而弗能禁也，此乌不为乌，鹊不为鹊也。”把典令与柱国、令尹、司马并称，可见其位不低。

四十三、司　徒

《左传·宣公十一年》：“令尹蒍艾猎城沂，使封人虑事，以授司徒。”杜注：“司徒掌役。”孔颖达对杜注解释说：《周礼》，大司徒掌徒庶之政令，小司徒凡用众庶，则掌其政教。凡国之大事致民，是司徒掌徒役也。

春秋时，周、宋也有司徒。

四十四、司　宫

《左传·昭公五年》载，晋韩宣子如楚送女，叔向为介。楚子朝其大夫曰：“若吾以韩起为阍，以羊舌肸为司宫（杜注：‘加宫刑’），足以辱晋。”孔疏：“以叔向为奄官之长。”又，《左传·襄公九年》载，宋灾，“令司官、巷伯儆官”。杜注：“司宫，奄臣。巷伯，寺人。皆掌宫内之事。”这说明，司宫为奄官之长，执掌宫内之事。除楚、宋外，鲁、郑也有司宫。

四十五、阍和大阍

阍，上引《左传·昭公五年》载“以韩起为阍”。杜注：“刖足使守门。”《说文·门部》则释阍说：“常以昏闭门隶也。”又据《左传·昭公七年》载，楚子为章华之

官，无宇之阍入焉，则说明不仅楚王而且大夫之家也有守门隶。

大阍，《左传·庄公九年》："初，鬻拳强谏楚子，楚子弗从，临之以兵，惧而从之。鬻拳曰：'吾惧君以兵，罪莫大焉。'遂自刖也。楚人以为大阍，谓之大伯，使其后掌之。"杜注："若今城门校尉官。"孔疏："《周礼》地官之属有司门下大夫二人，掌授管键，以启闭国门。郑玄云，若今城门校尉，主王城十二门。此注亦云若今城门校尉官。"可见，大阍显然与一般的守门隶——阍不同。因为，1．大阍权力极大，楚王曾因打了败仗归来时，被鬻拳拒之门外，迫使楚王去伐黄，这门当指"城门"或"国门"；2．为表彰鬻拳对楚王的忠心而使其子孙荣袭此职，可见大阍并非卑微之官。故杜预说大阍为城门校尉，可信。

四十六、郎　中

《战国策·楚策四》："朱英谓春申君曰：'君先仕臣为郎中。君王崩，李园入，臣请为君劏其胸，杀之。'"据《汉书·百官公卿表》载："郎掌守门户，出充车骑。"故郎中可谓是保护国君的卫士。战国时，除楚外，秦、齐、赵、韩等国均有郎中。

四十七、谒　者

《战国策·楚策三》载，苏秦对楚王说，楚国之"谒者难得见如鬼，王难得见如天帝"。《韩非子·说林上》："有献不死之药于荆王者，谒者操之以入。"《吕氏春秋·淫辞》载，荆柱国庄伯"令谒者驾，曰：无马。"据《汉书·百官公卿表》注引应劭曰："谒，请也，白也。"《资治通鉴》周赧王四十五年胡注，谒者"主殿上时节威仪"。可见，谒者是为国君掌管传达的。上述材料还说明，楚国除王外，有的大臣（如柱国庄伯）也可有谒者。战国时，除楚外，秦、齐、魏等国均有谒者。

四十八、御　士

《左传·襄公二十二年》："（令尹）子南之子弃疾为王御士。"杜注："御王车者。"周、宋等国也有御士，如《左传·僖公二十四年》载，周有"王御士"，《左

传·昭公二十一年》载，宋“多僚为御士”。

四十九、铟　人

铟人或作涓人，为侍从之官。其义，据《汉书·陈胜传》颜注：“涓，洁也；涓人，主洁除之人。”颜又在《曹参传》注曰：“盖亲近左右也。”

关于楚官铟人的主要记载：《国语·吴语》：“楚灵王呼涓人畴。”《吕氏春秋·淫辞》载，荆柱国庄伯“令涓人取冠，进上”；《史记·楚世家》：“楚灵王独彷徨山中，野人莫敢入王。王行，遇其故铟人。”

铟人一职始于楚并曾对后世发生过影响。《汉书·陈胜传》：“胜故涓人。”王先谦补注引沈钦韩曰：“楚有此官旧矣。”可见陈胜袭用楚涓人称号。汉晋改称为中涓，如《汉书》曹参传和石奋传载，他们均曾为中涓，韦昭注楚涓人云：“今之中铟也。”

五十、中谢（中射）

《韩非子·十过》载有中射士谏楚灵王之士；《韩非子·说林》载，有献不死之药于荆王者，“中射之士问曰：‘可食乎？’”；《韩非子·说林》还载：“荆王弟在秦，秦不出也。中射之士曰：‘资臣百金，臣能出之。’”《战国策·楚策四》载有中射之士；《吕氏春秋·去宥》：“荆威王学书于沈尹华，昭釐恶之。威王好制，有中谢佐制者，为昭釐谓威王曰：‘国人皆曰，王乃沈尹华之弟子也。’王不说，因疏沈尹华。中谢，细人也。一言而威王不闻先王之术，文学之士不得进，令昭釐得行其私。”以上材料说明，中谢为接近王的细人。故《史记·张仪列传》索隐释，中谢“盖谓侍御之官”的说法，可取。

五十一、泠　人

《左传·成公九年》载，晋侯见郑人所献的楚囚钟仪，“问其族，对曰：‘泠人也。’公曰：‘能乐乎？’对曰：‘先人之职官也，敢有二事。’”杜注：“泠人，乐官。”除楚外，晋也有乐官曰泠，如《左传·昭公二十一年》中有“泠州鸠”。

泠人也作伶人或号伶官。如《国语·周语》有“伶人告和”；《诗·邶风·简兮序》笺：“伶官，乐官也。伶人世掌乐官而善焉，故后世多号乐官为伶官。”

五十二、师

《左传·僖公二十二年》："郑文夫人华氏、姜氏劳楚子于柯泽，楚子使师缙示之俘馘。"杜注："师缙，楚乐师也。"晋也有师，如《左传·襄公十四年》载，"师旷侍于晋侯。"

五十三、太　官

《史记·滑稽列传》载，楚庄王的爱马死，欲以大夫礼葬之，"乐人优孟曰：'请为大王六畜葬之，以垅灶为椁，铜锧为棺，赍以姜枣，荐以木兰，祭以粮稻，衣以火光，葬之于人腹肠。'王乃以马属太官。"据《汉书·百官公卿表》载，少府属官有太官，师古曰："太官主膳食。"可见这里所指的太官，与汉之太官职同。

五十四、廥　夫

《战国策·东周策》："（楚）相国御展子，廥夫空。"鲍彪注："廥、啬字同，小臣也。空其名。"啬夫之称，古已有之，如《书·胤征》："啬夫驰。"《仪礼·觐礼》："啬夫司命。"秦汉亦有，据《睡虎地秦墓竹简》载，秦有诸种名目的啬夫，据简文，县及县以下地方行政机构及郡官的官员，均可称啬夫。可证楚的啬夫与秦同，职均低微。

五十五、候　人

《左传·宣公十二年》载，随季对楚少宰曰："寡君使群臣问诸郑，岂敢辱候人。"杜注："候人，谓伺候望敌者。"又《韩非子·说林》："子胥出走，边候得之。"《吴越春秋》则有"子胥到昭关，关吏欲执之"的记载，此关吏即《韩非子》中的边候。总之，候人、边候、关吏之职应相类，即为检查出入边境之行人和侦察敌方动静之职。

五十六、县尹、县公和县令

县尹。《左传·庄公十八年》："初，楚武王克权，使斗缗尹之，以叛，围而杀之，迁权于那处，使阎敖尹之。"《左传·襄公十七年》："王卜之，武城尹吉。使帅师取陈麦。"《左传·襄公二十六年》说，穿封戌"方城外之县尹也"。上述材料说

明：春秋时，楚已设县，县之长官曰尹。

县公。杜预注曰："楚，僭号，县尹皆称公。"民国《湖北通志•职官》则说："楚县尹皆僭称公，亦有但称尹者。"故县尹即县公，称公者即县尹也。楚县公地位极高。《左传•宣公十一年》载，楚县陈后，楚王曰："诸侯县公皆庆寡人。"县公与诸侯并提，可证。楚县公见于记载的主要有：申公、息公、商公、叶公、白公和卑梁公等。此外，《左传•定公四年》中有"武城黑"其人，杜注："黑，武城大夫。"武城为楚邑名，故武城大夫即武城尹也。依杜预说，则楚县尹又可称县大夫。

县令。《淮南子•人间训》："子发为上蔡令。"《史记•荀卿列传》："荀卿乃适楚，而春申君以为兰陵令。"《战国策•楚策一》："城浑说其（指新城）令。"吴师道注："周显王十九年，秦置令丞。《赵策》'受冯亭上党'，亦云'千户封县令'。今楚亦有此称，变古者非特秦矣。"子发为上蔡令事在楚威王时，荀卿为兰陵令事在楚考烈王时，城浑说新城令发生在前307年秦拔韩的宜阳后，故应在楚威王以后。可见，古籍所记楚有县令之称，均在战国后期。就是说，楚县邑之长，春秋时称尹，此时已改称为令。正如吴师道所说，县令之称，并非秦独有，楚也有之。另，据上引《楚策一》城浑说新城令的同一篇有"新城公大说"之句，可见，战国时楚县令仍可称公，说明县公之称贯穿于春秋战国时期。

五十七、市　令

《史记•循吏列传》载，"庄王以为币轻，更以小为大，百姓不便，皆弃其业。市令言之相"。"相言之王，王许复如故。"上已述，春秋时楚县长官称尹，战国后期始称令。而这条材料却说，春秋中期的楚庄王已有市令之称，这就产生了两种可能，若不是市令之称起源较早，则是司马迁以战国后的制度比附之。

论楚国的民族关系*

楚国是一个多民族的国家。其疆域，北至淮汝，南卷沅湘，西接巴蜀，东极于海。在广袤的楚国境内，包含有众多的民族。这些民族，对楚的历史发展起着重大作用。而楚国在其历史发展过程中，也就成了南方民族融合的中心，为统一的多民族国家的建立奠定了重要基础；对后世的南方民族关系产生了极其深远的影响。

一、楚国境内诸族

楚国在对外扩展过程中，不断归并周围一些国家，这些国家又分属于不同的民族成分；这样，楚国就逐步形成为包含有楚、群蛮、巴和濮、西戎、东夷、百越、华夏诸族的国家。

（一）楚

楚族是楚国的主体民族。本身就属于蛮族中荆蛮的一支，即我国古代的少数民族之一。

远古时期，居住在江汉流域及其以南的广大地区的众多部族，古籍把它们统称为“蛮”“夷”或“蛮夷”并称，又因其位于华夏族所居的中原地区以南，故又往往称之为“南蛮”或“南夷”。如《尚书·舜典》：“蛮夷率服”，《大戴礼记·明堂》：“南蛮、东夷、北狄、西戎”，《吕氏春秋·恃君》：“尧战于丹水之浦，以服南蛮”，金文中《宗周钟》有“南夷”字样，均是例证。楚即属于上述蛮族的范围。

楚为蛮族中荆蛮的一支。当时在中国的南方，五岭以南的蛮族，由于经济较为落后，加之交通阻塞，尚不为人们所重视。所以，这时的蛮族，主要是指活动在以江汉流域为中心的古荆州地区的部族。《太平御览·州郡部十三》引《晋元康地记》曰：“荆州于古蛮服之地”，《晋书·地理志下》则说：荆“亦曰警也，言南蛮数为寇逆，其人有道后服，无道先强，常警备也”。这均说明古荆州为蛮族聚居之地。特

---

* 原载《广西民族学院学报》，1988（1）。

别是到了商周时期，这一地区的蛮族势力得到迅速发展，甚至直接构成对中原地区的威胁，它们在史籍中被称为“荆蛮”或“蛮荆”，因荆与楚同义，故又称为“楚蛮”或合称为“荆楚”。据《史记·楚世家》载，周“封熊绎于楚蛮”，《汉书·地理志下》则说，封于“荆蛮”。其含义很清楚，即楚熊绎被封于“荆蛮”或“楚蛮”之地。这里，荆或楚并不等于荆蛮或楚蛮，而仅是其中的一部分而已。而在这一地区中，楚的势力最强大，因此，又可以说，楚是荆蛮中的主要部分和核心力量。后来，这一地区的“蛮夷”完全为楚所征服，后人因此往往误把史籍中的“荆楚”“荆蛮”与楚等同起来，而这是必须加以区别开来的。

楚人对楚为蛮族这一点，并不加以讳饰。据《史记·楚世家》载：楚熊渠立其三子分别为王时，曾说：“我蛮夷也，不与中国之号谥”；楚武王伐随时，也声称“我蛮夷也。……我有敝甲，欲以观中国之政，请王室尊吾号”。可是，楚所称的蛮夷，是与华夏族居住的中国相比较而言的。还值得一提的是，当时不与中国之号谥而擅自称王，这正是所谓蛮族的通常做法。此外，荆楚之人以蛮、瞒为氏，也是一有力旁证。郑樵《通志·氏族略》说：蛮氏“芈姓，荆之后因氏焉”；应劭《风俗通·姓氏篇》也说：瞒氏“荆蛮之后，本姓蛮，其支裔随音变改为瞒氏”。

在周王朝和中原各诸侯国的眼里，也以蛮夷视楚。《国语·晋语》载：“昔成王盟诸侯于歧阳，楚为荆蛮，置茆蕝，设望表，与鲜卑守燎，故不与盟”。《史记·楚世家》则载，周天子对楚成王说：“镇尔南方夷越之乱，无侵中国。”可见，中国与楚国是泾渭分明的。

在当时的诸子著作以及历代史籍中，也把楚或荆称为蛮夷，《孟子·滕文公上》把楚划入“夷”的范围，称楚人许由为“南蛮鴃舌之人”。《荀子·性恶》说：“居楚而楚，居夏而夏”，即把楚视作有别于夏的化外之邦。《春秋·庄公十年》：“荆败蔡师于莘”条，《谷梁传》说：“何为谓之荆，狄之也。何为狄之，圣人立，必后至，天子弱，必先叛，故曰荆，狄之也。”《谷梁传》对荆的解释是否确切，可置而勿论，但把荆即楚视为“狄”，则是符合其时的历史事实的。在上述同一条下，杜预注《左传》曰：“楚辟陋在夷，于此始通中国”，说明楚是处于远离中国的夷地。宋人王应麟《困学纪闻·春秋》称楚为“夷狄”。清人顾栋高《春秋大事表·楚令尹论》称楚为“蛮夷之国”。

诸夏与夷狄的主要区别在于“礼”，因为礼的本身反映了其经济文化发展的不

同和政治制度的区别。随着楚的不断发展，与中原地区交往的日益密切，其与诸夏的界限就逐渐消失而成为诸夏的一个组成部分。虽然难以确定楚加入诸夏行列的绝对时间，但从《春秋》经传的下列记载中，可以看出其逐步取得与诸夏平起平坐的地位之过程。庄公二十三年，荆人来聘，《公羊传》："荆何以称人，始能聘也"，这是楚与华夏诸侯国之间合乎礼的首次交往活动；僖公四年，楚与北方大国齐举行召陵之盟，改变了昔日不能参加盟会的状况；僖公二十一年，宋人举行鹿上之盟，尚需征得楚的同意；成公十二年，各国盟于宋，晋楚平分秋色，一起主盟；襄公二十七年，各国再盟于宋，晋楚争先而"先楚人"。楚由被视为夷狄而被斥于盟会之外，一跃为诸夏的盟主，反映了其身份前后截然不同。随着地位的变化，楚人对自己的看法也改变了。如，春秋后期的楚大臣子囊说：楚"抚有蛮夷，奄有南海，以属诸夏"[①]。即由"我为蛮夷"，变成了"抚有蛮夷"，并自附于诸夏系统了。

（二）群　蛮

蛮族中，除楚人外，尚有其他种类繁多的部族，概称之曰"群蛮"。

据《史记·楚世家》载：楚熊渠时，"立其长子为句亶王（今湖北江陵县），中子红为鄂王（今鄂城县）。少子执疵为越章王，皆在江上楚蛮之地"，说明其时长江沿岸都住着蛮人。中经二百年左右，至楚武王时，"蛮夷皆率服"。原住江汉流域的部分蛮人，被迫逐渐向南和向西迁徙。

春秋时期，楚境内的蛮族见于史籍者，主要有卢戎、罗、戎、庸、群蛮。分述如下：

卢戎。是我国古老的民族之一。据《尚书·牧誓》载，武王伐纣时，即有卢人参加。卢也见于金文，据孙诒让考释，𣪕侯簋之"𣪕"，即与卢同[②]。多数学者认为，上述西周之卢，即春秋时《左传》中的卢戎。卢戎与楚发生关系，始见于《左传·桓公十三年》所载：楚伐罗，"罗与卢戎两军之"，楚师因此遭到惨败，统帅莫敖屈瑕自杀，其他将领也因此被囚问罪。说明其时卢戎的势力颇为强大。又据《左传·文公十六年》载，"楚使庐戢黎侵庸"，杜预注："戢黎，庐大夫。"楚邑长官称大夫。

① 《左传·襄公十三年》。

② （清）孙诒让：《古籀余论》，卷三。

可见，在此之前楚已灭卢而为邑。其地望，据顾祖禹说：在南漳县东北五十里有中庐城，为春秋时卢戎国[①]。其族别，据杜预说："卢戎，南蛮"[②]。

罗。其族别，据《通志•氏族略》载："熊姓；一曰祝融之后，妘姓"。楚子孙以熊为氏[③]，且祝融也是楚的先人，可见罗与楚有同源关系。同时，上引材料表明罗与卢戎相邻且有同盟关系，也可证罗与卢戎相类。故可定罗与楚、卢戎一样，同属"南蛮"。其居地的变迁，最初，罗"在宜城县西山中"[④]。后徙枝江，故有枝江为"故罗国"之说[⑤]。再徙今湖南湘阴境，故应劭曰："楚文王徙罗子自枝江居此"[⑥]；又，《顾氏读史方与纪要精略》卷八〇湘阴县条下也说："罗县城，县东北六十里……春秋时罗国地"。关于楚灭罗的时间，上引《左传》载伐罗之役为桓公十三年，当为楚武王四十二年，其时罗尚在宜城西山，楚文王时又徙罗于长沙；则徙枝江的时间当在楚武王末至楚文王初，故楚灭罗也当在此时。

戎。据《左传•文公十六年》载："楚大饥，戎伐其西南，至于阜山，师于大林。又伐其东南，至于阳邱，以侵訾枝"。关于戎人的族别，杜预注："戎，山夷也"，孔颖达疏："戎是山间之民，夷为四方总号，故云戎，山夷也"。据此，可以认为戎人为居于楚南部的山间蛮夷。

庸。据《尚书•牧誓》载，庸人曾参加殷末的武王伐纣战争；金文中井侯簋中有"亯（庸）人"字样。可见，庸立国很早。关于庸的族别，据《左传•文公十六年》载："庸人帅群蛮以叛楚"，庸为群蛮首领，说明其本身也属蛮族；这也可从鄘（庸）为"南夷国"[⑦]的说法中，得到证实。其地域，据杜预注，庸在上庸县（今湖北竹山县）；又据《左传•文公十六年》载，庸有"鱼人"，杜预释鱼为庸邑，为鱼复县（今重庆奉节县）。就是说，庸以竹山县为活动中心，势力达巴东地区。可见，庸为楚西之大国，介于楚、巴二国之间。楚庄王三年为楚灭。

---

① （清）顾祖禹：《顾氏读史方与纪要精略》，卷七九，南漳县条。

② 《左传•桓公十三年》杜注。

③ （汉）宋衷注：《世本》。

④ 同注②。

⑤ （北魏）郦道元：《水经注•江水》，（汉）班固：《汉书•地理志上》。

⑥ （汉）班固：《汉书•地理志下》，长沙国罗县条下，颜注。

⑦ （汉）许慎：《说文•邑部》。

群蛮。据《左传·文公十六年》载：群蛮从庸人叛楚，后因群蛮见楚强大，转而“从楚子盟”，于是楚灭庸。而群蛮也“自后服属于楚”[①]。庸在今竹山县，可见，这些群蛮集中在鄂西北地区。

战国时，“吴起相悼王，南并蛮越，遂有洞庭、苍梧。秦昭王使白起伐楚，略取蛮夷，始置黔中郡”[②]。苍梧，指湖南与岭南相交的九嶷山。可见，楚占有湖南极南部及湖南西部、贵州东部的“蛮夷”之地。黔中故城，据唐人魏王泰《括地志》说，在辰州沅陵县西。故史书称这一带地区群蛮为“黔中蛮”。汉兴，改黔中郡为武陵郡，故又称为“武陵蛮”。因这一地区有五条河流，也称为“五溪蛮”。东汉时，因其神话传说的始祖为盘瓠，称为“盘瓠蛮”。可见，从楚至秦汉以来，黔中地区一直是我国少数民族聚居地。至今，湘西一带仍为苗族、土家族居地。

史学界多认为，苗、瑶等族起源于南蛮集团中的“五溪蛮”。据各地苗族都流传“洪水泛滥”的故事，据古籍和传说，苗、瑶先民有用鱼祭祀的习俗，又认为在此之前曾生活在江边和湖沼地带，即早期曾生活在江汉流域一带。这与上述群蛮历史的叙述，正相符合。秦汉以后，逐渐由湘鄂西地区迁居于川、滇、黔、桂、粤诸省。可见，构成我国南方少数民族重要一支的苗瑶语族，追根溯源，始于楚地。清人顾炎武说：广东瑶、僮二种。瑶“乃荆蛮”[③]。把苗、瑶和荆蛮联系在一起的看法是颇有见地的。

（三）濮、巴

濮。是我国古老民族。据《尚书·牧誓》载，商末曾参加周武王伐纣的战争。《左传·昭公九年》载：武王克商后，“巴、濮、楚、邓”成了周的“南土”，说明西周初年，濮与楚一样是臣服于周的南方大的邦国。

很早以来，濮就与楚发生了关系。据《国语·郑语》载，楚熊翳之后十世的熊严生子四人，其第三子名叔熊“逃难于濮而蛮”，即从蛮俗之意，这是楚濮关系的

① （清）顾栋高、吴树平、李解民点校：《春秋大事表·四裔》。

② （南朝宋）范晔：《后汉书·南蛮西南夷列传》。

③ （清）顾炎武：《天下郡国利病书·广东》，卷一〇三。

开端。前8世纪中叶，“楚蚡冒始启濮”[①]，蚡冒弟熊通自立为楚武王后，“始开濮地而有之”[②]，表明从这时起，楚开始经营濮地，从此与濮人进行了长期斗争。《左传·文公十六年》载：趁楚大饥之际，“麇人率百濮聚于选，将伐楚”。《左传·昭公十九年》：“楚子为舟师以伐濮”，此时距始启濮已达二百多年，楚尚未完全控制濮，说明濮势力之大与地域之广。关于濮的族别。濮为“南蛮之国”[③]、“夷”或“南夷也”[④]。濮又称百濮，据《左传·文公十六年》孔颖达疏引《释例》曰：“濮夷无君长总统，各以邑落自聚，故称百濮”，清人高士奇在《春秋地名考略》中说：“盖以种族不一，故称百濮”。这既说明了百濮称谓的由来，也可见其社会性质还比较落后。其居住地区，据《逸周书·王会解》载：百濮在商的“正南”。《尚书·牧誓》孔安国注“濮在江汉之南”。约言之，濮应在江汉流域的南部。这种说法，可以从《左传》中得到印证，如上引百濮聚于选的选地在今枝江县，楚子为舟师以伐濮，都证明濮地离长江不远。

濮人原来居住的江汉之南地区，逐步为楚所占领，濮人被迫不断向西南移动。故进入战国以后，楚境已无濮人的记载。汉晋时，濮人大量出现于鄂西相邻的川东，杨雄《蜀都赋》有“东有巴賨，绵亘百濮”[⑤]，左思《蜀都赋》：“于东则左绵巴中，百濮所充”[⑥]，可证。

巴。据《后汉书·南蛮西南夷列传》载：巴郡南郡蛮，初有巴氏等五姓，出于武落钟离山。其山有赤黑二穴，巴氏之子生于赤穴，四姓之子皆生黑穴。乃共掷剑于石穴，约能中者，奉以为君，巴氏之子务相独中之；又乘土船，从夷水至盐阳，约能浮者为君，独务相能浮，因共立之，是为廪君。廪君死，魂魄化为白虎。这是关于巴人起源较早的传说和记述。

巴人最早居住的武落钟离山，在今湖北长阳县境内，上述传说中有关巴人起源

① 《国语·郑语》。

② （汉）司马迁：《史记·楚世家》。

③ 《国语·郑语》韦昭注。

④ 《左传》文公十六年和昭公十九年，杜预注。

⑤ （清）严可均：《全上古三代秦汉三国六朝文·全汉文》，卷五一。

⑥ （清）严可均：《全上古三代秦汉三国六朝文·全晋文》，卷七四。

的武落山、赤穴、石穴、白虎在此地都可找到依据。其中记载有：长阳县“武落山，一名难留山，在县西北七十八里，本廪君出处也”①；“难留山，北有石室，可容数百人，僻险不可攻，因名”②；“廪君赤穴在卫城（指今恩施县城）东八十里，廪君务相生此”③，恩施县城东即长阳县之西；“假山县（今长阳县）有石穴，昔巴蛮五姓共掷剑处”④；“夷水，即佷山清江也”⑤；“白虎陇在县（今长阳县）西二百三十里，昔廪君死，精魂化为白虎”⑥。以上材料，充分证明巴人最初定居于鄂西地区。而这一地区，后均属楚境。

巴曾臣服于楚，但为反抗楚的压迫，也曾与楚开战。据《左传·庄公六年》载：文王伐申时，巴叛楚，伐那处（今荆门县东南），并“门于楚”（逼近楚都江陵），后又大败楚人于津；《左传·哀公十八年》载：巴伐楚，围鄾（今襄樊北）。由于楚的不断吞食，巴人的势力由鄂西逐渐退入川东。

（四）西　戎

戎族本出自我国西部地区，随着民族间往来的频繁，部分西戎逐渐东移，下列诸戎还成了楚国的组成部分。

蛮氏戎。关于蛮氏与楚的关系，《左传》的主要记载有：昭公十六年，楚闻蛮氏之乱，“诱戎蛮子嘉杀之，遂取蛮氏，既而复立其子焉”。哀公四年，楚“围蛮氏，蛮氏溃。蛮子赤奔晋阴地”。楚司马以兵胁迫晋阴地之命大夫士蔑，要他交出蛮子。“士蔑致九州之戎，将裂田以与蛮子而城之，且将为之卜”。蛮子受骗，在听卜时被执且交与楚人。楚司马又“诱其遗民，而尽俘以归”。关于蛮氏的族别，蛮氏一名茅戎，又名戎蛮子，是戎之别种。因为“九州戎，在晋阴地陆浑者”⑦，所以士蔑致

---

① （宋）乐史：《太平寰宇记》，卷一四七。

② 《顾氏读史方舆纪要精略》，卷七六，引《荆州记》。

③ （清 道光）《施南府志·古迹》，卷四。

④ （北魏）郦道元：《水经注》，卷三七。

⑤ 同注④。

⑥ 吕调元、刘承恩修：《湖北通志·舆地》。

⑦ 《左传·哀公四年》，杜预注。

九州之戎以与蛮子，表明蛮与陆浑之戎为同族。《水经注》卷二七说："伊洛之戎陆浑蛮氏"，也把蛮氏视为陆浑。至于陆浑之戎的来历，史载"秦晋迁陆浑之戎于伊川"[①]，或说"陆浑戎自瓜州迁于伊川"[②]。瓜州，即今甘肃敦煌之地。可见，蛮氏源本西戎。关于蛮氏的立国之地，《汉书・地理志上》说，河南郡新成（城），"蛮中，故戎蛮子国"，《春秋大事表・四裔》说，该地即汝州西南的蛮城。汝州，即今河南临汝。

姜姓之戎：申、吕、许。史载，他们均为炎帝之后，先祖曾为四岳，故均姓姜氏，因分别封于申、吕、许之地而得名。其居住之域，最早在西周的西北面，以后逐渐东徙，先后为楚所灭。申：故城在今河南南阳县北。据《左传・庄公六年》载，楚文王"伐申"，说明楚北上的矛头首先指向申。《左传・庄公三十年》载，楚成王时，有"申公斗班"其人，因楚县邑之长称公，故知在此之前，楚已灭申为县。吕：甫也，在今南阳县西。《左传・成公七年》载："子重请取于申、吕以为赏田"，知吕在此之前已灭于楚。许：今许昌。《左传・僖公六年》载："楚人围许"，许降。

允名之戎：鄀、阴。鄀，《春秋释例》卷七载："《世本》云允姓之国"；蒙文通先生认为："缀遗斋金文有鄀公敦，有鄀公钟，又有鄀妧鼎"，可证鄀是允姓[③]。而据《左传・昭公九年》载："允姓之奸，居于瓜州"；《汉书・西域传》载："出阳关，自近者始，曰婼羌"。婼与鄀通，瓜州为今敦煌，阳关在今敦煌西南，这都说明鄀原出我国西北。关于鄀南迁情况，据《左传・僖公二十五年》载："秦晋伐鄀，楚以申息之师戍商密"，可见，在此之前鄀已迁来商密。但夹于秦、晋、楚大国间的小国鄀，终因长期受大国间反复争夺征战之害而迁入楚国。杜预注："鄀本在商密，秦楚界上小国，其后迁于南郡鄀县"。金文中有"上鄀""下蠚（同鄀）"之分，郭沫若《两周金文辞大系图录考释》认为，下鄀指商密之鄀，上鄀指南郡之鄀，也可证两鄀同出一源。南郡之鄀在今宜城县，鄀城为其遗址可证，据《顾氏读史方与纪要精略》卷七六载："鄀城"，（宜城）县东南九十里，春秋时鄀国，自商密迁于此，

① 《左传・僖公二十二年》。

② （南朝宋）范晔：《后汉书・西羌传》。

③ 蒙文通：《周秦少数民族研究》，上海，龙门联合书局，1958。

为楚附庸，楚灭之而县其地。湖北江陵楚墓曾出土一把有鸟篆铭文“都君用宝”[①]的戈，都君的宝戈，沦入楚人之手，也可证实都为楚灭的记载。阴戎：也是允姓的一支。《左传·昭公九年》杜预注：“允姓，阴戎之祖”。史载，阴戎属于陆浑之戎，以处于晋阴地而得名。据《后汉书·西羌传》载，春秋时，戎迁于“河南山北者号曰阴戎，阴戎之种遂以滋广”。又，《左传·昭公十九年》有楚“迁阴”于楚境的记载，说明此时阴已为楚灭。

（五）东　夷

在我国东部居住的古代诸族，被称为“夷”或“东夷”。如，《说文·部》载：夷“东方之人也”；金文中，《小臣謰簋》《宗周钟》中也有“东夷”的称谓。其地域大致包括：北至山东，西南包河南极南部，南接安徽中部，东临于海这一带地区。史载，东夷的祖先为少皞和其后的皋陶，少皞嬴姓，皋陶偃姓。清人段玉裁认为“偃、嬴，语之转耳”[②]，即偃、嬴原为一字。据此，凡其时在我国东部地区的部族或国家而以嬴或偃为姓者，均可划入东夷集团。楚在征服江汉流域国家后，不断向东扩展，每当其北上受阻时更是如此，从而不断与东夷发生接触并不断占领这些地区。其大致过程是：首先灭河南东境和安徽西部位于淮水边的江、黄与英、六、蓼依次为安徽中部巢湖周围的群舒，最后向山东南部发展。分述如下：

黄（今河南潢川县）。《世本》《后汉书·郡国志》《括地志》《通志·氏族略》和《左传》杜注，均说是嬴姓。青铜器《黄大子白克盘》和《满君簠》中，分别有“仲嬴口”和“季嬴口”的铭文，郭沫若释为黄国媵女的名字[③]。这是黄为嬴姓的确证。楚成王二十四年。黄为楚灭。

英（今湖北英山县东）。《史记·陈杞世家》称是“皋陶之后”，《通志·氏族略》则说：“偃姓，皋陶之后”。楚成王十六年，为楚所灭。

江（今河南息县西南）。《世本》《史记·秦本纪》《后汉书·郡国志》和《通志·氏族略》等籍均作嬴姓。楚穆王三年，江为楚灭。

---

① 湖北省博物馆等发掘小组：《湖北江陵拍马山楚墓发掘简报》，载《考古》，1973（3）。

② （汉）许慎：《说文·嬴字注》。

③ 郭沫若：《两周金文辞大系图录考释》（第八册），北京，科学出版社，1957。

六（今安徽六安县）、蓼（今河南固始县）。《左传·文公五年》《史记》楚世家和陈杞世家、《汉书·地理志》均作皋陶之后，《后汉书·郡国志》刘昭注则说："《皇览》曰皋陶冢在（六安）县"，《通志·氏族略》还指明为偃姓。楚穆王四年，六、蓼均为楚灭。

群舒。顾栋高认为《左传》所说"蛮夷属于楚者，吴尽取之"，指的就是群舒；换言之，群舒即"蛮夷"。《世本》《左传》杜注和《通志·氏族略》均说，群舒，偃姓。群舒中，舒蓼（今安徽庐江县境），楚庄王十三年为楚所灭；舒鸠（今安徽舒城），楚康王十二年为楚所灭；另据《世本》载，还有舒龙、舒鲍、舒龚，楚何时灭之，史无明文。

郲（今山东莒县）。史称其为"蛮夷"[①]；或说，郲人"何以称人，夷狄之也"[②]。可证郲为东夷。此外，与郲同源的还有小郲（今山东滕县）。郲与小郲，均在战国时为楚灭。

莒（今山东莒县）。《春秋释例·世族谱》《通志·氏族略》均说：莒，"嬴姓，少昊之后"。史册还明确指出莒为"蛮夷"[③]、"东夷之国也"[④]。楚简王元年，为楚灭。楚灭莒事，也可以从金文中得到印证，《中化子盘》中有"中化子用保楚王正（征）梠（莒）"的铭文，据郭沫若《两周金文辞大系图录考释》第八册释："本铭'中'字，余谓即楚简王名，《楚世家》：'惠王卒，子简王中立。简王元年，北伐灭莒。'此言'征梠'事亦相合。"

（六）越

楚境内属于百越系统的越人，包括有"扬越""夷越"和"于越"。扬越和夷越，主要指楚南部的越人。于越则指东部越人，据《史记·越王勾践世家》载，楚威王时，杀越王无强，"尽取故吴地，至浙江"，"越以此散。诸族子争立，或为王，或为君，滨于江南海上，服朝于楚"。

---

① 《左传·僖公二十一年》。

② （战国）公羊高：《公羊传·桓公十五年》。

③ 《左传·昭公十三年》。

④ 《左传·定公四年》。

（七）诸 夏

汉阳诸姬。据清代易本烺说：“汉水行至襄阳，其势渐折而南，又转折而东；折而南下者，以东西为界，折而东趋者，以南北为界。山南曰阳，水北曰阳。汉阳者，谓汉水之北也。以春秋传考之，西自汉水以东，南至汉水以北，东至于光黄，北至于淮汝，此百千里中小国，皆楚之属也。”[①] 其中可考者主要有下列诸国：

随（今随县）。汉阳诸姬随为大。《史记·楚世家》集解引贾逵、正义引《世本》均说：“随，姬姓也”。又，据《左传·定公四年》载，吴人曾谓随人曰：“周之子孙在汉川者，楚实尽之”，可证随确为周的后裔。鲁哀公元年，随尚见于《春秋》，说明楚灭随应在春秋末年之后。

唐（今随县北）。《史记·楚世家》正义引《括地志》云：“《世本》云，唐，姬姓之国”，《国语·郑语》韦昭注也定唐为姬姓。楚昭王十一年为楚所灭。

沈（今安徽阜阳县西北）。《世本》：“沈氏，周文王第十子聃季，食采于沈，在汝南平舆亭，子孙以国为氏”，《后汉书·郡国志》也说：“平舆有沈亭，故国，姬姓”。金文中，有“沈子乍绢于周公”的词句，郭沫若释为“言胙听于周公旦之庙”[②]，可作沈为姬姓的佐证。沈也为楚灭。

此外，《春秋楚地答问》定为姬姓国家的有贰（今应山县）、轸（今京山县东北）和赖（今随县）、道（今河南确山县东北）、柏（今河南西平县西）等国。它们均为楚灭。

汉阳诸姬位于楚境之内一事说明，不仅华夏诸国中杂有戎狄蛮夷，就是作为蛮夷之国的楚，也有华夏诸国居其间，即我国历来存在华夏与诸少数民族的杂居局面，这种状态的存在，有利于民族间的相互往来。

楚还灭了不少华夏国家，这里不一一列举，其中较大的有陈、蔡、鲁等国。从而，使楚境向中原地区深入扩展，并造成中原文化对楚的直接影响。

① （清）易本烺：《春秋楚地答问》。

② 郭沫若：《两周金文辞大系图录考释·沈子簋》。

二、楚与境内诸族的关系

（一）战争关系

已详见上述。楚所进行的兼并战争，有其进步的历史作用。它使南方林立的小国或民族归入楚国的统一版图，从而为楚国境内诸族的融合，创造了必要条件。

（二）臣服、附属关系

楚凭借强大实力，在征服周围国家以前，首先迫使其服属自己。这些与国需对楚承担种种义务。如：

巴。据《左传》载：鲁桓公九年，巴欲与邓为好，需先告于楚，且要在楚使的率领下，巴客才能“聘于邓”；楚文王时，跟随楚人伐申；鲁文公十六年，巴人从楚师灭庸。

黄。据《左传·僖公十一年》载，“黄人不归楚贡”。次年，“黄人恃诸侯之睦于齐也，不共楚职”。

越。据《左传·昭公廿四年》载，楚王为舟师以略吴疆，“越大夫胥犴劳王于豫章之汭”，越公子仓及越大夫寿梦，“帅师从王”；《吴越春秋·勾践伐吴外传》载：越对楚，“春秋奉币玉帛子女以贡献焉，未尝敢绝”。

以上材料说明，臣服关系意味着：政治上构成供职的藩属关系；经济上，要按时贡献；军事上，要派兵从征。这种同盟关系，有利于彼此的往来。仅以人才流通为例以说明之。据载，文种和范蠡是协助勾践复兴越国的文武两大功臣，而他们本籍楚人。如，《史记·越王勾践世家》正义引《会稽典录》云：范蠡“本是楚宛三户人”“文种为宛令”。显然，他们进入越国以助越抗吴，是和当时楚越关系融洽的政治条件联系在一起的。

（三）婚姻关系

春秋战国时期，各国统治集团往往以联姻作为巩固相互间政治联盟的手段。楚和蛮夷诸族的与国间，也是互通婚姻的。其中主要记载有：

庐。《国语·周语》中有“庐由荆妫”之句，韦昭注：“庐，妫姓之国；荆妫，

卢女为荆夫人也”。

巴。据《左传·昭公十三年》载：楚共王曾“与巴姬密埋璧于大室之庭”，告其五子曰，当璧而拜者立为嗣君。巴姬直接插手楚的王室继承一事，反映了通婚对楚政治生活的直接影响。其后，巴在“战国时尝与楚婚”[①]。

江。据《左传·文公元年》载，潘崇曰：“享江芊而勿敬也”，杜预注：“江芊，成王妹，嫁于江”。金文中，楚王钟中有“邛仲嬭”之辞；方浚益认为，邛即经传以同声通假作江，嬭为楚姓芊姓的本字，故释为“楚女嫁于江者”[②]郭沫若、杨树达诸家亦同此说。

越。《左传·哀公六年》载：楚昭王死，大臣子闾等人“逆越女子章立之”，是为惠王；杜预释，越女为“昭王妾”。也就是说，楚惠王本人就具有越人血统。

既然楚与蛮夷诸国统治阶级互为婚媾，无疑，各族人民间的通婚当更为普遍。这种通婚关系，有助于楚国境内诸族畛域界线的消除。

（四）被征服的民族被大批迁往内地

楚灭他国后，往往采取迁徙措施。由于当时楚灭国数目为列国之冠，故其迁“国”次数也最多最频繁。

申。据《左传·昭公十三年》载：楚灵王时，曾“迁许、胡、沈、道、房、申于荆焉”。说明其时楚曾把申由河南迁入荆地。

吕。原居南阳。据刘昭说：“新蔡有大吕亭”[③]，王隐也说：“新蔡县，故吕侯国”[④]。可见吕曾移居新蔡。又，方浚益编录的彝器中有吕王鬲，内有“吕王作尊鬲”字样，释文说：吕，“今湖北黄州府有吕王城是”[⑤]；舆地著作中也有提及：黄州府“永安城，一作吕王城”[⑥]，说明今黄冈县确有吕王城。换言之，楚曾徙吕至鄂东的长

① （晋）常璩：《华阳国志·巴志》。

② （清）方濬益辑：《缀遗斋彝器考释》，卷十三。

③ （南朝宋）范晔：《后汉书·郡国志》。

④ （晋）王隐：《晋地道记》。

⑤ （清）方浚益：《缀遗斋彝器考释》，卷二七。

⑥ （清）蒋廷锡等：《大清一统志》，卷二六三，黄州府永安故城条。

江边沿之地。

许。许降楚后，据《左传·昭公四年》载："楚子以诸侯灭赖，迁赖于鄢。楚子欲迁许于赖，使公子弃疾城之而还"，赖也称厉，在今随县北。楚拟迁许于随县，迁否，史无明文。《左传·昭公九年》："楚公子弃疾迁许于夷，实城父，取州来淮北之田以益之"。夷，今安徽亳县西，入楚叫城父，说明许被迁入淮。据《文物考古三十年》第232页载：1962年在安徽宿县发现"鄦者俞"的铜乐器，"鄦"即许字，传世的《许子钟》《鲁生鼎》的许字即作"無"或"鄦"。宿县临近亳县，故"鄦者俞"铜器出土于宿县，并非偶然，可作楚曾迁许于亳县的佐证。《左传·昭公十一年》载，许又迁于荆。《左传·昭公十八年》："迁许于析，实白羽"，析，今河南内乡县西北。《春秋·宣公四年》："许迁于容城"，《汉书·地理志上》南郡华容县条下，注引应劭曰："《春秋》'许迁于容城'，是"。按，华容县为今监利县。以上材料说明：许在楚境多次迁移而定居于长江之边，这是戎族南迁所到最远之地。

阴戎。据《左传·昭公十九年》载：楚"迁阴于下阴"。下阴在何处呢，郦道元说："沔水又东南迳阴县故城西，故下阴也，《春秋·昭公十九年》楚工尹赤迁阴于下阴也"[①]；而阴县故城又在何地呢？顾祖禹说："在（光化）县西，今汉水北岸古县城是也，春秋时曰下阴"[②]。说明阴戎南徙至汉水之滨的光化县境。

邾。楚灭邾后，将其人迁入今黄冈县。对此，民国《湖北通志·舆地》作了如下概括叙述："黄冈县，战国时为邾子国迁地"。《水经注》江水又东迳邾县故城南，楚宣王灭邾，徙居于此。《续汉书》注引《地道记》略同。《晋书·陶侃传》武昌北岸有邾城，《括地志》《元和郡县志》并云邾城在黄冈县东南百二十里。

楚大规模徙民的目的有三：一是政治上袭用周徙"殷顽民"的传统做法，以加强对被征服民族的控制与监督。二是人力上，带有掠夺的性质。上述楚国并不占领戎氏蛮居地，只是"诱其遗民，而尽俘以归"，即将其人全迁入境内而成为楚民，就是有力例证。三是经济上，利用移民以为楚国增殖财富。李亚农先生在谈及许人的迁徙时写道："许国虽小，总有几千乃至几万人口吧，而竟可以如此迁来迁去，

① （北魏）郦道元：《水经注》，卷二八。

② （清）顾祖禹：《顾氏读史方舆纪要精略》，卷七九。

足见当时国与国间的荒地是不少的”[①]。这一见解是很有见地的。这些大批荒地，无疑有待于移民去经营。

这些徙民措施，带有明显的强制性质。但在客观上，却起了积极的历史作用。这是因为：其一，据《左传·宣公十二年》载，楚攻入郑都时，郑襄公肉袒牵羊出降时曾说：“其俘诸江南，以实海滨，亦唯命”，说明被徙诸族对充实和开发楚地，特别是“江南海滨”即楚南部边地，作出了重要贡献。其二，据《左传·成公十六年》载：楚、晋鄢陵之战时，晋将郤至曰：“郑陈（阵）而不整，蛮军而不陈（阵），我必克之。”内徙之蛮为楚提供兵源，说明他们已同于楚的编户齐民了。又据《左传·定公六年》载：“迁郢于都”。楚因吴迫，以都为临时都城一事表明，都不仅已为楚邑，且原属西戎族的内徙都人和楚人已经融为一体，在吴、楚之战中完全站在楚的一边，故楚把都邑作为统治中心。一言以蔽之，徙民之举，密切了楚境内诸族之间的关系。

（五）经济文化的交流

楚与周边诸族长期存在相互渗透和相互影响的关系。当楚把他们归并后，更加速了彼此融合的进程。如：

巴。据考古材料，在楚郢都纪南城附近的荆南寺遗址中，发现包含有巴、楚两组文化内容的文化遗物；在峡中地区，则发现不少春秋时期的巴、楚文化并存的遗物。这是巴、楚物质文化交流的明证。又，据宋玉《对楚王问》中谈及：“下里巴人”的乐曲，“国中属而和者数千人”[②]。这是巴人的精神文化对楚人发生强烈影响的写照。

越。由于楚、越毗邻，彼此有许多共同之处。故班固说：“本吴、粤（越）与楚接比，数相并兼，故民俗略同。”[③] 楚灭越后，加速了越人接受汉文化的过程。据浙江省博物馆《三十年来浙江文物考古工作》一文说：“楚灭越，致使勾践剑等重器流入楚地。在绍兴凤凰山等地发现的木椁墓，宁波南郊以泥质灰陶的鼎、豆壶为

① 李亚农：《李亚农史论集》下，772 页。

② （南朝梁）萧统：《昭明文选》，卷四五。

③ （汉）班固：《汉书·地理志下》。

随葬品的战国土坑墓，以及在德清武康县发现的金质郢爰，都是楚文化在浙江留下的印迹。原先盛极一时的印纹陶业，也大致在这一时衰落下去，可能和越的覆灭有关。”[①] 需要强调的是，楚文化在我国东部地区产生了深远的影响。《史记·项羽本纪》载：项羽被刘邦围于垓下时，“夜闻汉军四面皆楚歌”；《史记·留侯世家》载：汉高祖令戚夫人“楚舞”，自为“楚歌”，均是例证。

司马迁在《史记·货殖列传》中，把楚地分为“三楚”。即自淮北、沛、陈、汝南、南郡为西楚；彭城以东、东海、吴、广陵为东楚；衡山、九江、江南、豫章、长沙为南楚。可见，经过楚境内诸族的长期交往，在原楚国境内已逐步形成了共同的经济生活和文化特征。

综上所述，我们可以得出如下结论：

楚文化并不是由原来“僻在荆山”的少数楚人所创造的单一的文化，而是以楚人为中心，包括楚国境内上述诸族共同创造的。正因为如此，才能形成光辉灿烂的富有生命力的独具一格的楚文化。范文澜在《中国通史简编》第一编中说：在广大的楚国境内，存在着各种不同的民族，它们相互交流文化，“产生以巫文化融合华夏文化为基本的楚文化。各族也就在同一文化中大体融合了”。这一见解，是符合历史实际的。概言之，一部楚国史，也就是一部民族融合史。

① 文物编辑委员会编：《文物考古工作三十年》，北京，文物出版社，1979。

论楚与扬越、夷越、于越的关系*

春秋战国时期，在我国的南半部存在着有别于华夏族的楚、越两大民族。它们之间有极为密切的关系，这从其有着共同的祖先崇拜和相似的习俗中，可以得到充分的反映。

史载:“越，芈姓，与楚同祖”①，或说“越，芈姓”②。楚、越出于同一世系的说法，显然渗进了后人附加的夸大成分。但楚、越都曾把祝融当做远古时代的共同祖先加以尊崇，则应属无疑。据《史记·楚世家》载，楚之先祖“重黎为帝喾高辛居火正，甚有功，能光融天下，帝喾命曰祝融”;《左传·鲁僖公二十六年》:“夔子不祀祝融与鬻熊，楚人让之”;《越绝书·计倪内经》载，计倪对越王勾践说:“祝融治南方，仪程佐之，使主火”；屈大均《广东新语·器语·铜鼓》:“二月十三，祝融生日，粤人击之（指铜鼓）以乐神”。可见，楚人和夔越均把祝融当做始祖加以顶礼膜拜，东越之人则把祝融视作南方（包括越地）的主宰，南越人的后裔则一直把祝融作为神灵而击鼓以示纪念。概言之，楚、越同姓说与其共同的祖先崇拜的出现，并非偶然，这是由于楚、越都是属于南方“蛮”或“蛮夷”族同一系统的产物。班固说:“本吴、粤与楚接比，数相并兼，故民俗略同”③粤与越同，就是说，由于楚、越地域相连，交往频繁，互相影响，因此，它们之间有许多共同之处，而差异较少。

下面，仅就楚与相邻的南部和东部属于百越系统的扬越、夷越、于越之间的关系，分别进行初步探讨。

一、扬　越

根据史籍分析，笔者以为，扬越是指江汉流域往南经洞庭湖越五岭直达南海这一广阔地区的古代越人。但是，在不同史籍所载的不同历史时期的扬越，这一概念

* 原载《中南民族学院学报》，1986（增刊）。

① （汉）宋衷注，（清）茆泮林辑:《世本》。

② （宋）罗泌:《路史·国名纪》。

③ （汉）班固:《汉书·地理志下》。

所包含的内涵和外延又有所不同。它往往分指江汉地区、洞庭湖以南至岭北、岭南这三部分的越人。这是需要加以辨析的。

（一）江汉地区的扬越

据《史记•楚世家》载，楚王熊渠“伐庸、杨粤，至于鄂”。杨粤即扬越。此中所指的扬越地，是比较清楚的。近人罗香林以为：“楚人略地，本循汉水顺流而南，故先庸，后扬越，后至鄂。扬越界庸鄂之间，则其最早地望，当在汉水流域中部”①，或说“其地非汉水中游一带莫属”②。庸在今湖北竹山县境，鄂则为今鄂城县境，扬越界于此两县之间，故应属江汉地区一带。又，楚熊渠，约相当于周夷王时人。可见，至迟在西周末年以前，这一地带尚为扬越聚居之地。

江汉地区原有越人居住，这可从古籍中得到证明。据《吕氏春秋•恃君览》载：“扬汉之南（高诱注：扬州汉水南），百越之际（高诱注：越有百种），敝凯诸夫风余靡之地，缚娄阳禺驩兜之国，多无君”。“百越”一词，始见于此。我们要研究百越早期的居住地域，当然也应本此。可见，直至战国时人尚知道江汉地区有越人居住，百越生活的最北范围可及汉水之南。

但是，汉代以后，百越一词所指的范畴逐渐起了变化。这从下列例子中，可以得到说明。

贾谊说：秦始皇“南取百粤之地”③。

臣瓒曰：“自交趾至会稽七八千里，百越杂处，各有种姓”④。

马端临说：“自岭而南，当唐虞三代蛮夷之国，是百越之地”⑤。

《四库全书•百越先贤志提要》载：“南方之国越为大，自勾践六世孙无疆为楚所败，诸子散处海上，其著者：东越无诸，都东冶，至漳泉，故闽越也；东海王摇，

---

① 罗香林：《越族源出于夏民族考》，见《百越源流与文化》，台北，“中华丛书编审委员会”，1955。

② 罗香林：《中夏系统中之百越》，106页，南京，正中书局，1935。

③ （汉）贾谊：《新书•过秦论》。

④ （汉）班固：《汉书•地理志下》颜师古注。

⑤ （元）马端临：《文献通考•舆地考》。

都永嘉，故瓯越也；自湘漓而南，故西越也；牂牁西下邕、雍、绥、建，故骆越也，统而言之，谓之百越。”

上述说法，百越或是被当做岭南越人的同义词，或是主要指秦汉以后的东越和南越部分。其共同之点则是：把岭北直至汉水南的扬越之人，摒除在百越的范围之外。

显然，这与最早提出百越概念的《吕氏春秋》本旨不尽相符，造成这种演变的历史原因是：江汉地区的越人早已消失，因此其在人们的记忆中也往往随着消逝；后人因此把较晚历史时期（秦汉以后）的和早期的越人分布地域混同起来，甚或以前者取代了后者。

早在春秋时期，自江汉地区直至洞庭湖以北均属楚国的统治范围。由于这一地区的越人，社会发展较楚人落后，当时尚无“君长”，这表明尚处于原始社会时期，国家尚未出现，只有氏族、部落组织，当然无法与强大的楚人相抗衡。故被楚亡后，他们纷纷向西向南迁徙，这与南方民族起源的一些传说是相一致的；而剩下的蛮越之人，则逐渐为楚人所同化。这就是楚占领扬越后，这一带越人不再见于史籍的原因所在。

（二）洞庭湖以南至五岭以北地区之间的扬越

《战国策·秦策三》载，楚悼王时，吴起“南攻扬越”，即指此。就是说，此扬越的地望主要指今湖南境和部分江西地区。可见，终楚之世，曾对扬越采取两次重大军事行动，这后一次可视作是前一次的继续和延伸。当然，这并不等于说，在春秋时期，楚势并未及洞庭湖以南的地区。但是，其势向这一带地区的纵深发展，则主要应是战国时楚“南攻扬越”之后。

但是，由于这一记载，在《史记·孙子吴起列传》中作“南平百越”；加之，在秦汉时期，百越本身的势力又发生了变化，即洞庭湖至岭北一带的越人势力已衰落下去，岭南越族势力则煊赫一时，这一消一长，以致后人误把“百越”与“南越”等同起来。故古今均有不少人根据《史记·孙子吴起列传》这条记载，得出了楚的军事势力达到了岭南的结论。笔者不同意这种看法，主要理由如下：

1．在古籍中，百越并不等于岭南。正如上引《吕氏春秋》所说，扬汉之南，均是百越之地。

2．就《史记》中的百越概念而言，不仅不专指岭南，甚至可以不包括岭南。如，《史记·白起王翦列传》载，王翦“虏荆王负刍，竟平荆地为郡县，因南征百越

之君”，可证。因为秦对岭南的军事行动，是在秦灭六国之后，而不是在灭楚的过程中，而且其将领为尉屠睢而非王翦，这也是史有明文的。王翦在平荆地后南征的“百越”指的是今浙江一带，因《史记·秦始皇本纪》载：“二十五年（前222年），王翦遂定荆江南地，降越君，置会稽郡”，此中所载为同一事件。可见，王翦所征的“百越”指的是会稽郡的越王勾践后裔的越人。这是《史记》中的“百越”非指岭南越人之例。

3.《后汉书·南蛮西南夷列传》载：“及吴起相悼王，南并蛮越，遂有洞庭、苍梧”，这是古籍关于吴起“南平百越”的具体、明确而又严谨的说明。苍梧指湖南宁远县的九嶷山，山前即五岭之都庞岭，萌渚岭。越此即进入岭南。就是说，楚的势力越过洞庭湖并占有今湖南极南部，而止于五岭之北。而这一地区，正是《战国策·秦策三》所称的扬越。

4．始开岭南是秦始皇时期事，这是众所周知的事实。而且，这是倾全国之力，采取大规模的军事行动才实现的。《淮南子·人间训》说：尉屠睢率卒五十万由五路进入岭南，“三年不解甲驰弩，而越人皆入丛薄中，与禽兽处，莫肯为秦虏。相置桀骏以为将，而夜攻秦人，大破之，杀尉屠睢，伏尸流血数十万”。就是说，由于当时岭南自然条件险恶，交通阻塞，民族隔阂较深，秦始皇集统一七国之后的雄厚军力、物力，在付出重大代价之后，才最后完成平定南越的事业。这件事，在战国初期的楚国显然是无力办到的。退一步而言，假若当时楚对岭南采取了军事行动，其间必有一番相当激烈的较量，但史籍对此毫无记载；联系秦平南越的具体过程，史籍对秦越之战做了大量描述，是不可能仅用楚“南平百越”一语一带而过的。这些也可作为楚未占领岭南的佐证。

既然楚早已把江汉地区的扬越置于自己的统治之下，而其兵力又尚未能超越五岭，故战国时期楚南攻的扬越只能是介于这两者之间的地区。因此，《战国策》中“扬越”一词的地望，也是大致可以确定的。

扬越地处江南的湖南、江西一带，这也可从长期以来越人一直活动于此地的众多历史事实中得到证明。如：

据今本《竹书纪年》载，周穆王三十七年“大起九师，东至于九江[①]，架鼋鼍为

① 古代九江地望，汉儒主浔阳说，宋儒则主洞庭说。要之，均不出今江西、湖南境。

梁，遂伐越，至纡，荆人来贡”。可见，远在西周时期，越人已活跃在与荆楚接壤的九江一带，而周大起九师以伐，则反映其时越势是颇为强大的。

秦时，番阳令吴芮因得“民心”，号曰“番君”；秦末，吴芮“率越人举兵以应诸侯”[①]，项羽封之为衡山王，汉初徙为长沙王。关于长沙王的封地，据汉五年诏曰：“故衡山王吴芮与子二人，兄子一人，从百粤之兵”，诛暴秦有功，“其以长沙、豫章、象郡、桂林、南海立番君芮为长沙王”[②]。上述记载，值得注意之处是：吴芮“率越人”或说“从百粤之兵”，即其起义的基本队伍为越人；吴芮号称“番君”，而“君长”之称，本为蛮夷之俗，即其所据之地应为蛮越之域；其封地包括岭南、岭北两部分，岭南为越人区无疑，与此相连的岭北也应为是，因为吴芮是作为越人首领分封的。由此可以得出结论说，秦汉时的番阳、衡山、长沙、豫章一带，仍属越人聚居之地。

汉文帝时，南越王赵佗说：“西北有长沙，其半蛮夷，亦称王”[③]，说明其时长沙一带仍是汉越杂居之地。汉武帝时，淮南王安上书说：“越人欲为变，必先田余干界中”；颜注引韦昭曰：“越邑，今鄱阳县也”[④]。可见，汉代岭北之余干，仍为“越邑”。

三国时期，作为越人后裔的山越，不仅把江西境的临川、豫章、庐陵诸郡作为活动基地，而且，其势力还及于湖湘的长沙[⑤]、零陵[⑥]。

唐人的《湖南风土志》说，谭州“俗信鬼，好淫祀，茅芦为室，颇杂越风”[⑦]。可见，直至后代，这一带地区仍保有越人遗习。

这一带越人聚居地，由于长期在楚的统治下，已逐步成为楚国的重要地区，其经济生活与文化习俗也基本同于楚人。所以，司马迁说：“衡山、九江、豫章、长沙，南楚也”[⑧]。也就是说，吴起所攻的扬越，大致在汉代南楚之地的范围之内。战国时期，楚对当地的影响是至为明显的，这从出土文物中可以得到说明。如，“战

① （汉）班固：《汉书·吴芮传》。

② （汉）班固：《汉书·高帝纪》。

③ （汉）班固：《汉书·两粤传》。

④ （汉）班固：《汉书·严助传》。

⑤ （晋）陈寿：《三国志·张昭传》。

⑥ （晋）陈寿：《三国志·陆凯传》。

⑦ （宋）乐史：《太平寰宇记》，卷一一四。

⑧ （汉）司马迁：《史记·货殖列传》。

国楚墓在长沙、衡阳、常德几十个县市均有发现，总数在两千座以上。长沙的楚墓计有一千八百余座”，“战国楚墓中出土的文物非常丰富，所出铁器、铜器、纺织品、漆品、竹简、帛画、毛笔、琉璃器更为历史、考古学界所重视，为我们研究楚国的历史增添了有价值的资料”[①]

（三）岭南地区的扬越

如果说，古籍记载春秋战国的史事时，把扬越指作岭北的越人；那么，在记载秦汉以后的史事时，则往往把扬越专指为岭南的越人了。如：

《史记·南越尉佗列传》：“秦时，已并天下，略定扬越，置桂林、南海、象郡”[②]。

《史记·货殖列传》：“九疑苍梧，以至儋耳者，与江南大同俗，而扬越多焉”。

《通典·州郡》古南越条：“秦始皇略定扬越，谪戍五方，南守五岭”。

司马迁、班固、杜佑等人称岭南越人为扬越，并非偶然。这是因为：在春秋战国时期，这一地区的越人，由于五岭的阻隔，加之社会发展比较落后，故不为世人所注目。秦汉以后，此地越人作为一支强大的政治力量登上了中国的历史舞台，特别是赵佗在此地建立的南越王国历时达九十多年之久，对中国南方的历史发展起了重大作用。于是，史家便把扬越一词与岭南越人等同起来了。

楚人虽未用军事力量征服岭南地区的越人，但由于它“与楚为邻”[③]，中原先进文化的输入也必须经由楚地，故其与楚关系甚为密切。

楚对岭南越人的作用和影响颇大，这从文献材料中，可以得到证明。其主要表现如下：

岭南越人曾向楚国朝贡。据《后汉书·南蛮西南夷列传》载：“楚子称霸，朝贡百越。秦并天下，威服蛮夷，始开岭外，置南海、桂林、象郡”。联系上下文意，此“百越”指岭南越人，其意甚明。晋宋间人裴渊《广州记》称“六国时，广州属

---

① 湖南省博物馆：《三十年来湖南文物考古工作》，见《文物考古工作三十年》，北京，文物出版社，1979。

② （汉）班固：《汉书·两粤传》袭用此文，所载略同。

③ （晋）张华：《博物志》。

楚”[①]。屈大均也以为，南越曾“归附于楚”[②]；或说“臣服于楚”“朝楚”[③]。正如上述，楚人并未在岭南地区建立直接统治，这是毋庸置疑的。但是，当楚势强大时，特别是进入战国以后，岭南地区的越人曾向强邻楚国进贡一些方物，则应是可信的。因为朝贡历来被视作修臣职的一种象征，故所谓“属”“归附”“臣服”，即指此意。

在岭南的中心地区广州，曾建立“楚庭”。对此，历代多有记载。如《广州记》载：“（广州）厅梁上画五羊像，又作五谷囊，随像悬之。云昔高固为楚相，衔谷茎于楚庭，于是图其像”[④]；明欧大任《百越先贤志》卷一载：高固为楚威王相，“五羊衔谷于楚庭，后南海绘诸郡厅称五羊城自固始”；《顾氏读史方与纪要精略》卷一〇一载：“相传南海人高固为楚威王相，有五羊唧谷萃于楚亭，遂增筑南武城，周十里，号五羊城”；《广东新语·宫语》：“越宫室始于楚庭”；《羊城古钞·古迹》：“周时，南海有五仙人，衣五色衣，骑五色羊，来集楚庭，各以谷穗一茎六出留与州人，且祝曰：‘愿此阛阓，永无饥荒。’言毕，腾空而去，羊化为石”；清王士正《广州游览小志》：“五羊观，在城中西南坡上，上有穗石洞五仙洞。吴立夫《南海古迹记》云，楚高固时，有五仙人，人持谷穗一茎六出，乘羊衣羊，贝五方色，遗穗州人，今洞中五石，云是羊化”。从以上材料中，可得出如下结论：

1. 这些记载，大同小异，不过时代较晚的传说、内容累层加添，使之更富有故事性而已；就现存材料而言，最早所出当为裴渊《广州记》，其后所载，均以此为基础推衍之罢了。

2. 传说的时代为楚威王时（前339—前329年），亦即周显王年间事，时当战国末年。可见，时代越晚，楚、越接触越为频繁。

3. 越宫室始于楚庭。这里需要指出的是，楚宫室是闻名于当世的。据《左传·襄公三十一年》载，鲁襄公“作楚宫”，据杜预释，鲁襄公“适楚好而宫，归而作之”，而且，他宁愿“安所乐”而违反礼的要求，不死于“先君之路寝”而死于“楚宫”。作为北方礼仪之邦的鲁国君主尚崇“楚宫”，而为“南蛮”的岭南之地建有

---

① （清）王谟辑：《汉唐地理书钞》。

② （清）屈大均：《广东新语·地语》。

③ （清）屈大均：《广东新语·官语》。

④ （宋）李昉、李穆、徐铉：《太平御览》，卷一八五，居处部十三，厅事。

“楚庭”，当是可信的。

4. 广州之有五羊城、羊城、穗城等称谓，是与“楚庭”和“楚相高固”联系在一起的。概而言之，从“号称南越首府之番禺，自昔有楚庭之称”[①]一事，说明岭南越地的早期开发，是和楚人的经营或至少是与楚的影响密不可分的。

古代楚、越人民之间的交往，还可从后世大批楚地之人徙居粤西中得到佐证。据清人陆祚蕃说：“粤西诸郡，桂林差无瘴，然人穷地薄，城中江右，楚人侨寓者十之九”[②]，后世既为是，古代当可推知。

如果说，文献记载，尚不足征的话；那么，出土文物则是具有说服力的铁证。据载：

“广东出土青铜器的遗址和墓葬证明，广东从周代起已经进入青铜器时代。春秋以后青铜器迅速增加，到战国后期还出现了铁器。广东的青铜文化受楚国的影响最为明显”[③]。

“楚国又是当时各国中掌握冶铸技术和锻造兵器最先进的国家。上述始兴、曲江发现的铁斧、臿在形制上也和中原、楚地所出的十分相似。因此，它们是由楚地或经由楚地传入的可能性最大”[④]。

1974 年在广西平乐县银山岭发掘了一批战国中晚期墓葬，“这批墓葬同湖南等地早期楚墓有不少相似之处，如长方形墓穴，随葬的有实茎剑、扁銎矛和戈、铁锄、刮刀等，都是楚文化器物。证明当时楚越在经济文化上的关系是相当密切的”[⑤]。

商承祚先生认为，“从西汉早期的漆器艺术风格接近楚式，很显然在战国时代的岭南与楚文化交流是频繁密切的”[⑥]。

可以说，楚越经济文化交流频繁与楚文化对岭南地区具有强烈影响，这是我国考古界的一致看法。

---

① 罗香林语，见《古代百越分布考》。

② （宋）陆祚蕃：《粤西偶记》。

③ 文物编辑委员会：《文物考古工作三十年》，330 页，北京，文物出版社，1987。

④ 杨式梃：《关于广东早期铁器的若干问题》，载《考古》，1977（2）。

⑤ 《考古学报》，1978（2）。

⑥ 高承祚：《我国古漆器与广州出土汉代漆器初探》，载《学术研究》，1962（1）。

当然，由于当时楚文化具有较高的发展水平，故其对越的影响是主要的；但不可否认，越人也对楚不无影响。如《百越先贤志》卷一载："高固，越人也，世在越，称齐高溪之族。楚熊商灭越而臣服之，是为楚威王，固归楚为威王相，时鲁左丘明因孔子史记具论其语，成左氏春秋，铎椒傅威王，以王不能尽观春秋，采取成败，卒四十章，为铎氏微，由固进之，楚以故文教日兴"；明黄佐《广州先贤传》不仅所载内容相类，而且更具体指出高固为"南海人"；《广东新语·人语》则说，其始粤人"尚力而已，迄附于楚，乃显庸有文事""越人以文事知名者，自高固始"。这说明，在楚的影响下，岭南文化有所发展；反过来，岭南越人中的有识之士也曾帮助治理楚国和促进中原文化的传播。此中具体史实的真实程度，可置而不论。但把它视作楚、越文化交互影响这一历史事实的反映，则是可取的。

综上所述，可见，史籍中的"扬越"一词，分别有三个不同概念。它们所包含的地区不同，与楚发生关系的前后不同，所反映的时代也不同。《史记·楚世家》中的扬粤，是最早与楚发生关系的西周时期的江汉流域一带的越人；《战国策·秦策三》中的扬越，是其次与楚发生关系的战国时期的洞庭湖以南至五岭以北一带的越人；《史记》中《南越尉佗列传》与《货殖列传》的扬越，实际上是秦汉时期的南越即岭南地区的越人，这部分越人与楚发生关系最晚。前二者先后为楚归并成为楚地，并因逐步与楚融合而日益失去本民族的特色；后者则虽与楚有着密切关系，但并未为楚人占领，故较为长期地保留着越人本色。可见，在探讨"扬越"问题时，若一概而论，而不与具体史实及其所处时代联系起来加以辨析，就容易造成不必要的歧义和混乱。

最后，还需附加指出的是，史籍也有称越人后裔为扬越者。据《资治通鉴》文帝黄初三年载："吴王以扬越蛮夷多未平集，乃卑辞上书，求改自厉"。此"扬越"，即三国时代的山越，这是毫无疑义的。因其不属于楚越关系的范畴，故不再加以论列。

二、夷　越

据《史记·楚世家》载，楚成王"使人献天子，天子赐胙，曰：'镇尔南方夷越之乱，无侵中国。'于是楚地千里"，"夷越"之辞，首见于此。对"夷越"二字如何断句的问题，史学界有两种不同看法。一种意见认为，此间应加一顿号，即分

指“夷”“越”两个不同的民族；另一种意见则认为，“夷越”应是合起来的一名词。笔者同意后一种说法。且以为此处之“夷”为古籍对南方民族的泛称，并非指氐羌系统的夷人；所谓“夷越”即蛮夷之越的意思。主要理由如下：

其一，夷与蛮一样，均可泛指南方民族。如，金文《宗周钟》云：“南夷、东夷具见二十又六邦”[①]；《史记·吴太伯世家》索隐释，蛮者，“南夷之名”。可证。

其二，古人素称越人为蛮夷。如，司马迁说：“越虽蛮夷”[②]；司马贞说：“越在蛮夷”[③]；汉代南越王赵佗自称“蛮夷大君长”，并指责吕后“别异蛮夷”[④]。可见，不仅古代史家，就是当时的越人首领本身，也把越人归入“蛮夷”一类。

其三，古人有把蛮夷之词与南方的某一具体民族之名联在一起称呼的习惯。如：《诗经·小雅采芑》中有“蛮荆来威”，“蠢尔荆蛮”之句，《国语·郑语》中有“昔成周者，南有荆蛮”之语。这里“蛮荆”或“荆蛮”，是指楚的先民荆人之意，不能读作“蛮、荆”或“荆、蛮”，这是古今注家均无异词的。故“夷越”也应作如是观。

其四，“夷越”即“蛮越”。据《后汉书·南蛮西南夷列传》载：“及吴起相悼王，南并蛮越”，此中所指“蛮越”，为《史记·孙子吴起列传》中的“百越”或《战国策·秦策三》中的“扬越”，即指百越系统的越人，这是公论。所以，正如同我们不能把“蛮越”释作“蛮”族和“越”族一样，也不能把“夷越”指作“夷”族和“越”族，其道理是相同的。

从上述《史记·楚世家》记载，可得出如下结论：夷越应是主要指百越系统的民族；这夷越的地域应主要在楚郢都（今湖北江陵纪南城）之南即江南的广大地区，故扬越包括在夷越的范围之内；楚打着周王朝的旗号，向南即向夷越之地扩展，从此楚地千里，可见开辟夷越之地对楚的历史发展具有十分重要的意义。

这是在春秋战国时期，夷越与楚发生关系的仅见的一条材料。其后，史籍中也有使用“夷越”一词者，但因所载的时代与地域不同，故其概念也发生了变化。其中包括：

---

① 郭沫若：《两周金文辞大系图录考释》，第六册。

② （汉）司马迁：《史记·东越列传》。

③ （汉）司马迁：《史记·越王勾践世家》，索隐。

④ （汉）司马迁：《史记·南越赵佗列传》。

主要指西南夷中百越系统的民族。如《三国志·诸葛亮传》载，三国时，诸葛亮曾采取“西和诸戎，南抚夷越”的策略；东晋常璩《华阳国志·南中志》载“南中在昔夷越之地”；唐梁载言《十道志》载，唐代“姚州云南郡，尽夷越之地”。由于西南地区民族成分复杂，这“夷越”一词，也应释作并不排除包含有某些非百越系统民族的意思。

三国时期东部山越的别称。如，《三国志·许靖传》中的“夷越蠭起”；《三国志·朱治传》中的“征讨夷越，佐定东南”。此中“夷越”指其时吴国境内活动频繁的山越，这是毋庸置疑的。

可见，在不同时期的史籍中，“夷越”一词具有并不相同的含义。我们不可因其称谓相同，而忽略其间的差异；不可把最早在《史记·楚世家》中出现的关于“夷越”的记载，与后世史籍中的“夷越”完全混同起来。

三、于　越

我国东部越人，史称“于越”。于越一词，最早见于《春秋·定公五年》。关于“于越”一词中的“于”字的意义，杜预注：“发声也”。孔颖达疏：“越是南夷，夷言有此发声”。此于越即指春秋战国时期的越国。

楚、越两国存在着十分密切的关系。主要表现如下：

（一）同盟关系

在晋、楚争霸过程中，晋联吴以制楚，楚则联越以抗晋。吴国由于得到晋国的帮助，国力迅速壮大，相对落后的越国为了对付吴国的威胁，则积极投靠楚国。史载，“越人”作为楚的与国，追随楚伐吴，首见于《春秋·昭公五年》（前 537 年）其文曰：“冬，楚子、蔡侯、陈侯、许男、顿子、沈子、徐人、越人伐吴”。其实，在此前一年，越人就已参与了楚人主持的盟会与伐吴之役，只不过史籍把越人称为淮夷罢了。据《春秋·昭公四年》载：“夏，楚子、蔡侯、陈侯、郑伯、许男、徐子、滕子、顿子、胡子、沈子、邾子、宋世子佐淮夷会于申。……秋七月，楚子、蔡侯、陈侯、许男、顿子、胡子、沈子、淮夷伐吴”。笔者持淮夷为越说，主要根据如下：昭公五年的伐吴之役，应为昭公四年同一战役的继续，史载这两次的参与国基本相同，但四年有淮夷而无越人，五年则有越人而无淮夷，可证四年之淮夷即

五年之越人；据《左传·昭公十三年》载“申之会，越大夫戮焉”，这是指昭公四年越与诸国“会于申”时发生的越大夫常寿过遭戮之事，但申之会只有“淮夷”而无“越人”参加的记载，若越人不参加，当然，就不存在越大夫遭戮一事，故又可证此淮夷当即越人。那么，《春秋》为何要以“淮夷”代指“越人”呢？据王肃释：“申之会经书淮夷而不书越者，以常寿过有罪不得到会，故不书越也”[①]；而越人本为活动于邻近淮水地带的夷人，故以淮夷称越人，这是合乎情理的。

应该指出，越人与楚的同盟关系，长期间是不平等的，并处于从属地位。正如以上所载，越人与之为伍的追随楚之后者，都是为楚所控制和操纵的中小国家，更有甚者，楚王竟能任意戮越大夫以显示其威权。还有，据《左传·昭公二十四年》载：“楚子为舟师以略吴疆……越大夫胥犴劳王于豫章之汭，……（越公子）仓及（越大夫）寿梦帅师从王，王及圉阳而还。”就是说，越王率师攻打吴国时，越人除加以慰劳外，还需派兵从征。这些都说明，越人处于类似仆从的地位。

（二）楚以人才助越

当时，楚国较越国远为先进。据《韩诗外传》卷八载，荆王使者以冠带之邦自居，而称越为“夷狄之国”，是反映了这一区别的。越人的强大，似与得到楚国的帮助或受其影响有关。下面，仅以楚人才人越为例。

据载，范蠡和文种，是协助越王勾践治理越国并使之复兴的两大功臣，范蠡负责“兵中之事”，文种担任“镇抚国家，亲附百姓”之“国政”[②]。而他们均为楚人。《史记·越王勾践世家》正义引《会稽典录》云，范蠡“本是楚宛三户人，佯狂倜傥负俗，文种为宛令”，驾车而遇之；《越绝书·越绝外纪策考》说：“范蠡，其始居楚地，生于宛橐，或伍户之虚”，大夫种入其县以其为官属；《吴越春秋·勾践入臣外传》注曰：“《吕氏春秋》高诱解，范蠡，楚三户人也，字少伯。大夫种，姓文氏字会，楚之邹人”。邹本邾子之国，此云楚之邹人，盖邹为楚所并耳。要言之，文种为楚官宛（今河南南阳）令，范蠡为楚邑宛人。

范文澜同志说：“吴得晋助，成为楚国的劲敌。后来楚采用同样的方法，让文种

① 《左传·昭公十三年》，孔颖达疏。

② （汉）司马迁：《史记·越王勾践世家》。

和范蠡二人来越国。文种是楚国的宛令，范蠡是文种的密友，二人都是楚国著名才士，到越国自然为的是助越攻吴”[1]。笔者以为，此说是有一定根据的。因为据《左传·襄公二十六年》载，晋曾使楚之亡臣巫臣“通吴”，吴人“乘车射御驱侵”，而使楚人“罢于奔命”，楚完全可用同样方法以越攻吴，此其一。越服属于楚，与楚关系密切，除了经济往来外，完全存在着人才交流的可能，此其二。从文种和范蠡的整个行动和主张都证明，他们的作为是符合楚国利益的，即为了联楚攻吴，此其三。退一步而言，文种和范蠡即使不是楚国有意识地让他们入越的，但无论如何，他们的入越助越是与当时楚越关系融洽的政治条件联系在一起的。虽然，越灭吴后，范蠡离越，文种被杀，但究其源，越之称霸与他们带去较为先进的楚文化是有密切关系的。

（三）越以币、玉帛、子女贡献于楚

春秋战国时期，强国和大国常常向附从国索取贡赋，楚对越也无例外，这从史籍中可以得到反映。

据《史记·楚世家》载，楚庄王即位，三年不出号令，日夜为乐，“左抱郑姬，右抱越女”；《左传·哀公六年》载，楚昭王死，大臣子闾等人“逆越女之子章立之”，是为惠王，杜预释，越女为“昭王妾”。笔者以为这两处所记“越女”，当为于越所献。理由分述如下。据《左传·宣公八年》载，“楚为众舒叛故，伐舒蓼灭之。楚子疆之，及滑讷，盟吴、越而还”，即楚已把疆域扩展至与吴越相邻，故杜预释为“传言，楚强，吴、越服从”。按，鲁宣公八年为楚庄王十三年。可见，楚庄王前后，楚势已日益逼近越境。此时，越人献女于强楚，是不难理解的。又据上引《左传·昭公二十四年》载，越人对楚昭王之父平王，曾毕恭毕敬地“劳王”和“从王”，故献女于平王之子为妾，也是十分自然之事。

《吴越春秋·勾践伐吴外传》载，越王勾践对包胥说：“邦国南则距楚，西则薄晋，北则望齐，春秋奉币玉帛子女以贡献焉，未尝敢绝，求以报吴”。可见，越为报吴之仇，其对楚贡献的人与物是未曾中断的。

《韩诗外传》卷八载：“越王勾践使廉稽献民于荆王”。此“献民”，可与上述献

---

① 范文澜：《中国通史简编》第一编，168 页，北京，人民出版社，1955。

“越女”“子女”互为印证。

除了上述以时入贡外，还有不时的馈遗。如《左传·昭公二十四年》载：“越公子仓归王乘舟”，杜注：“归，遗也”，即以战船献楚。

（四）楚、越在反吴战争中，互相支援

反吴的楚、越联盟，给双方都带来了好处。

以楚而论。据《左传·定公四年》载，楚昭王十年，吴人“五战及郢”时，“越人吴，吴在越也”。由于越是楚的与国，当郢都残破之际，越人从背后出击吴，可视作越人支持楚国抗吴的一种主动行动。对此事，《史记·吴太伯世家》有较详记述：“越闻吴王之在郢，国空，乃伐吴，吴使别兵击越，楚告急秦，秦遣兵救楚击吴，吴师败。阖庐弟夫概见秦，越交败吴，吴王惕留楚不去，夫概亡归吴而自立为吴王。阖庐闻之，乃引兵归夫概，夫概败奔楚。楚昭王乃得以九月复入郢”。就是说，吴在秦、越“交败”下，引起王室内讧，使楚得以收复郢都。说明越伐吴，乃是促成吴师从楚境败退的重要原因之一。其后，因为吴势强大，“楚国大惕惧亡”，“于是乎迁郢于都”[①]。就在楚处于这种困境时，越加强了对吴的攻势。据《史记·楚世家》载，楚昭王二十一年（前 495 年），“吴王阖闾伐越。越王勾践射伤吴王，遂死。吴由此怨越而不西伐楚”。正是由于越、吴之争，才使楚完全解除了吴的威胁，并获得喘息之机，使之逐渐恢复过来。

对越而言，由于吴国早期把主要力量用以对付楚国，使越国趁机得以发展。当越被吴击溃后，越大夫逢同为勾践谋划说：“为越计，莫若结齐亲楚附晋以厚吴，吴之志广，必轻战，是我连其权，三国伐之，越承其弊，可克也。勾践曰，善”[②]。事情果不出其所料，楚惠王十三年（前 476 年）“吴王夫差，强陵齐、晋来伐楚。十六年（前 473 年），越灭吴”[③]。正是由于楚对吴的牵制，使越得以顺利灭吴。作为酬谢，越“以淮上地与楚”[④]

① 《左传·定公六年》。

② （汉）司马迁：《史记·越王勾践世家》。

③ （汉）司马迁：《史记·楚世家》。

④ （汉）司马迁：《史记·越王勾践世家》。

楚、越两国长期和睦相处，和楚、吴间彼此征战不绝，所谓“楚自昭王即位，无岁不有吴师”[①]的情况相反，楚、越间几无交战记录。其中只有两次例外。一次是《左传·哀公十九年》载：“越人侵楚，以误吴也”，杜注：“误吴，使不为备”。再一《史记·楚世家》证之，这年正是吴“来伐楚”。可见，这次越对楚战，是为了“误吴”即麻痹吴人，使之放松对越人的戒备而采取的。它带有迷惑吴人的策略性质，并非楚、越关系出现裂痕而引起的。另一次是《资治通鉴·周纪二》载：“越王无疆伐齐。齐王使人说之以伐齐不如伐楚之利。越王遂伐楚。楚人大败之，乘胜尽取吴故地，东至于浙江，越以此散，诸公族争立，或为王，或为君，滨于海上，朝服于楚”。越人误中齐人之计，造成楚、越关系的破裂，其结果是被楚大败。从此，越作为一个国家就彻底瓦解了。

楚灭越后，楚文化对越地发生了深刻影响。

越势力最盛时，其疆域，以浙江为中心，北自今山东的琅琊台起，包括今苏北运河以东与整个苏南地区，皖南，赣东境，南及浙闽界。楚灭越后，这广大地区长期置于楚人统治之下，这就使越与楚的文化在当地出现一衰一兴的局面。以越本土浙江的出土文物为例，据浙江省博物馆《三十年来浙江文物考古工作》一文说：“楚灭越，致使勾践剑等重器流入楚地。在绍兴凤凰山等地发现的木椁墓，宁波南郊以泥质灰陶的鼎、豆、壶为随葬品的战国土坑墓，以及在德清武康县发现的金质郢爰，都是楚文化在浙江留下的印迹。原先盛极一时的印纹陶业，也大致在这一时期衰落下去，可能和越的覆灭有关”[②]。

楚灭越后，把越人占有的吴、越之地兼而有之，故司马迁把东、西、南三楚之地统称之为“越楚”[③]，这是不无道理的，这充分说明了越地在原楚国中的重要作用与地位。到了战国后期，楚为强秦所迫，更把重心由西而东的转移。经过楚国的长期经营，原越国境内的东方各族逐渐与楚融合。《史记·货殖列传》说：“彭城以东、东海、吴、广陵，此东楚也”。就是说，汉代时人们已把徐州经扬州达苏州一直至浙南的广大地区统称为“东楚”，换言之，原越国的主要地区均属于“东楚”范围。

① 《左传·定公四年》。

② 文物编辑委员会：《文物考古工作三十年》。

③ （汉）司马迁：《史记·货殖列传》。

而且，实际上东部之人也逐渐接受了楚文化。《史记·项羽本纪》载，项羽被刘邦围于垓下时，“夜闻汉军四面皆楚歌”，《史记·留侯世家》载，汉高祖令戚夫人“楚舞”，自为“楚歌”，就是例证。以上事实都说明，楚对我国东部地区的发展，曾起过重大作用。

楚灭越后，越以此散，除了一些越民在原越国境内活动外，不少越人纷纷被迫南徙，这样就造成了越人散布于东南广大地区的局面。其后，秦始皇时，徙大越于江东；西汉时，又将闽越、瓯越的一部徙于江淮间。通过历代的变迁、繁衍，终于形成三国时散布于今苏南、皖南、浙、闽、赣等地的古代民族山越。而后代某些民族的形成，又与于越及其后裔山越不无关系。这说明，楚灭越对我国东部古代与现代少数民族的形成与发展，也起着直接或间接的作用。

越、楚文化异同研究*

越与楚，是春秋战国时期南方两个大的民族与国家。它们的文化与习俗，颇多相似之处。其因在于：越与楚“接比，数相并兼，故民俗略同”①。具体而言，主要表现为：地域相邻，自然和地理条件相似，故存在区域文化的一致性；同属与华夏族有别的南方“蛮夷”，故社会条件也有相类之处；彼此往来、攻战频仍，造成文化交流的密切关系。

但是越、楚两种文化的形成背景，终究是不完全相同的。这就是：族类不同，越、楚分属不同的民族系统；地望有别，越偏东南而楚在南；历史发展程度不一，越较楚为后；受中原文化熏陶有别，楚较越为深。故又各自带有浓重的本民族的特点。对此古人已有所见，《庄子·德充符》载，仲尼曰：“自其异者视之，肝胆楚越也；自其同者视之，万物皆一也。”《荀子·荣辱篇》载：“譬之越人安越，楚人安楚，君子安雅，是非知能才性然也，是注错习俗之节异也。”同书《儒效篇》又载：“居楚而楚，居越而越，是非天性也，积靡使然也。”概言之，由于地理、历史、民族、社会的差异性，又使越文化与楚文化形同肝胆、泾渭分明。

一、越、楚均有发达的金属冶炼业与兵器制造业

越。其丰富的原料产地，为金属冶炼业的发展提供了前提。据《越绝书·外传记宝剑》载：“赤堇之山，破而出锡；若耶之溪，涸而出铜”。越之铜、锡的具体产地，虽不一定如是，但越地盛产铜锡当无疑。而且，其质地优良，故史称“吴、粤（越）之金锡，此材之美者也”。② 在这样得天独厚的条件下，越国的冶铸业得以遍地开花。据《周礼·冬官》载：“粤无镈”“粤之无镈也，非无镈也，夫人而能为镈也”。郑玄注：“言其丈夫人人皆能作是器，不须国工”；粤地“山出金锡，铸冶之业，用器尤多”。意为：由于越之男子人人能做农具，故国家无须拥有专门的工匠。

---

* 原载《民族研究》，1989（6）。

① （汉）班固：《汉书·地理志下》。

② （西周）周公旦：《周礼·冬官》。

此言越冶炼业之普遍。此外，还有遗址可作为昔日越冶炼业之见证。据说："六山者，勾践铸铜，铸铜不烁，埋之东坡。"[①]

楚冶炼业也著称于当时。其著名事例有二："郑伯始朝于楚。楚子赐之金，既而悔之，与之盟曰：'无以铸兵。'（杜预注：'楚金利故。'）故以铸三钟"[②]。从楚赐金（指青铜）与中原国家郑及"楚金利"的记载，可见楚之冶铸技术已居于各国的前列。这也为出土的大批楚国青铜器精品所证明。如，1978—1979年河南淅川县下寺发掘的九座大中型春秋楚墓中，出土了四百余件青铜器。其复杂的铸造工艺，已不亚于当时中原地区的水平。

越、楚两国在冶铸业发展的基础上，产生了著名的兵器制造业。其中之剑，更为绝品。

关于越兵特别是越剑之精良，表现在如下方面：

其一，有一批能工巧匠。所谓"人人皆能作"，言其量之多；所记欧冶子一类传奇人物，则言其质之良。

其二，有高超的工艺水平。《越绝书·外传记宝剑》是这样描绘纯钧之剑的："手振拂扬，其华捽如芙蓉始出。观其钣，烂如列星之行：观其光，浑浑如水之溢于塘；观其断，岩岩如琐石；观其才，焕焕如冰释。"深埋地下二千四百多年的"越王勾践剑"，出土后，仍光耀夺目，锋利无比。可证这段记载，绝非虚饰文辞。

其三，有堪称稀世之宝的乐器。据《越绝书·外传记宝剑》载：欧冶子所铸之剑为五，即湛卢、纯钧、胜邪、鱼肠、巨阙。据《吴越春秋·勾践伐吴内传》载：越王"带步光剑，杖屈卢之矛"[③]。需要指出的是，刻有"越王鸠浅（勾践）自作用剑"铭文的越国重器的出土，证明越王勾践有"步光之剑"之言之可信。

又，迄今传世与出土的越王青铜剑，除越王勾践剑外，尚有"越王剑""越王者旨于赐剑""越王丌北古剑""越王州勾剑""越王之子剑"等近二十把[④]。这一事

---

① （汉）袁康、吴平：《越绝书·外传记越地传》。

② 《左传·僖公十八年》。

③ "屈卢之矛"一词，《越绝书·外传记越地传》作"物卢之矛"。而同书《越绝内传陈成恒》篇也作"屈卢之矛"，故应从此。

④ 关于越王剑的考古材料，可参见陈振裕《精美的吴越青铜剑和矛》一文，载《楚文化研究论集》第一集。

实，证明上述越王拥有一批“宝剑”的记载，并非小说家臆造之词。

其四，为周王室所重。据《礼记·明堂位》载：“越棘大弓，天子之戎器也。”郑玄注：“越，国名也；棘，戟也。”越戟作为周天子象征性的戎器，意味着越戟为诸侯国之冠。

其五，为时人所好。据《史记·仲尼弟子列传》载：越王“送子贡金百镒，剑一，良矛二”。“良矛二”，《吴越春秋·夫差内传》作“良马二”。当以“矛”为是，因越非“良马”产地。可见，越把剑、矛一类兵器作为珍贵礼物馈遗。

此外，越剑之流行，还可从后世中得到佐证。汉班固称：吴越之民“至今好用剑”[①]，即是。

总之，“吴越之剑”[②]甲天下。倘从越使献吴王予先人藏器之剑、矛的记载看来，越剑似还在吴剑之上。

楚青铜剑也闻名于世。据《荀子·性恶篇》载：“恒公之葱，大公之阙，文王之录，庄君之曶，阖闾之干将、莫邪、钜阙，此皆古之良剑也。”庄君即楚庄王。可见，春秋时楚剑已属“良剑”之列。又，出土的先秦青铜剑，以楚国为多。仅湖北江陵雨台山楚墓群出土的青铜剑，即达一百七十二件。[③]其数量是十分可观的。其质地也精工，如张正明说：“江陵出土的楚国青铜剑，多数通体无锈斑，锋利如新发于硎者，吹毛可断，与吴、越青铜剑不相上下。”[④]这均说明，楚青铜剑量多质优。

楚铁制兵器更称于天下。其主要记载有：

据《荀子·议兵篇》载，楚人“宛钜铁釶，惨如蜂虿，轻利僄遬，卒如飘风，天下称强兵莫如楚。”这就是说，楚宛地所产之戟与铁矛，如同毒蜂的尾刺锋利无比，为天下之最。

据《史记·范睢列传》载，秦昭王临朝而叹曰：“吾闻楚之铁剑利而倡优拙。夫铁剑利则士勇，倡优拙则思虑远。夫以远思虑而御勇士，吾恐楚之图秦也。”可

---

① （汉）班固：《汉书·地理志下》。

② （西周）周公旦：《周礼·冬官》。

③ 湖北荆州地区博物馆编：《江陵雨台山楚墓》，北京，文物出版社，1984。

④ 张正明：《楚文化史》，149页，上海，上海人民出版社，1987。

见，楚铁剑之利，致使强秦也为之震恐。

据《越绝书·外传记宝剑》载：楚王“令风胡子之吴，见欧冶子、干将，使人作铁剑。……作为铁剑三枚：一曰龙渊；二曰泰阿；三曰工布。”《博物志·器名考》也载：宝剑名“龙泉、太阿、工布，三剑皆楚王者。”可见楚王作有铁宝剑。

据《韩非子·难一》载：“楚人有鬻楯与矛者，誉之曰：‘吾楯之坚，物莫能陷也。’又誉其矛曰：‘吾矛之利，于物无不陷也。’”“矛盾”之典故，出自楚人，说明楚兵为世人所重。此“于物无不陷”之矛，可与“惨如蜂虿”之铁𫓧相印证。

楚兵器铸造业发达之因在于：一是有雄厚的经济基础。楚治赋，“赋车兵、徒兵、甲楯之数”。[①]一是出于楚对外战争的需要。从“楚地持戟百万”[②]一事，可见楚兵器所需之殷。

需要强调的是，楚青铜冶铸业的发达与越有着密切关系。战国中，楚灭越后，据有原吴、越之地。吴、越铸造青铜剑、矛的技术与工匠，理所当然地为楚所有。在江陵发现越王勾践剑、越王州勾剑、越王剑等越国重器，就是例证。从而使楚国的青铜兵器业更上一层楼。

二、越、楚均便于用舟，习于水斗

越人之突出特点，以据传越王勾践的下述之言最富代表性：“夫越性脆而愚，水行而山处；以船为车，以楫为马；往若飘风，去则难从；锐兵任死，越之常性也。”[③]

越人习于“水行”，主要表现如下：

其一，善游。据《韩非子·难势》载：“夫待越人之善海游者，以救中国之人；越人善游矣，而溺者不济矣。”可见，越人善游与中国之人不善游，恰成两个极端。

其二，越船著称于世。这从越舲被作为船的代名词一例中可得到证实：“越舲蜀艇，不能无水而浮。”[④]

① 《左传·襄公二十五年》。

② 《战国策·秦策三》。

③ （汉）袁康、吴平：《越绝书·外传记越地传》。

④ （汉）刘安：《淮南子·俶真训》。

其三，越人以舟为主要交通工具。据《慎子》载："行海者，坐而至越，有舟也；行陆者，立而至秦，有车也。秦、越远途也，安坐而至者，械也。"[①] 寓意深刻地说明处于内陆的秦人，以车为械；而水处的越人，则以舟代步。

其四，长于水战。越人与他国交战，多在水上决胜负。

1．越、吴之战。吴王夫差败越之役，即"济三江五湖"而使之宾服。[②] 又据《庄子·逍遥游》载：吴人以百金鬻宋人之不皲手药以防泡水引起的冻裂，取得了"冬与越人战，大败越人"的结果。

当吴北会诸侯于黄池时，越趁其国内空虚，"乃发习流二千人，士四万人，君子六千人，诸御千人，伐吴。"[③] 所谓"习流"，当指习水战之士卒。索隐释为"流放之罪人，使之习战"，纯属望文生义之谈。又，《国语·吴语》载：越王勾践命范蠡"率师沿海溯淮以绝吴路"。可见，这次偷袭，越人主要用舟师邀截吴军南归之路。

越灭吴之役，也在江湖上作战。据《左传·哀公十七年》载：越伐吴，两军"夹水而陈"。此水，韦昭释为"松江"[④]。其后，"舟战于江"[⑤]。而《吕氏春秋·季秋纪·顺民》则载：越王勾践"与吴战于五湖，吴师大败"。

2．越北争中原。据《史记·越王勾践世家》载：越灭吴后，"北渡兵于淮以临齐、晋，号令中国，以尊周室，勾践以霸。"可见，越霸中原也是建筑在强大舟师基础之上。

又，据《管子·轻重甲》载，齐桓公欲北伐孤竹、离枝，恐强大的越人乘机入侵，问管仲有何良策。管仲答道：截流立池，奖励齐人学会游水，从水道防备越人。结果，大败越人。"此之谓水豫"。这条史料，时间有误，因其时越人尚远不能造成对齐的威胁。但把它视作越王勾践渡淮以临齐之后，齐人以"水豫"作为对付越人的措施，则是符合史实的。

3．越、楚之战。据《墨子·鲁问》载："昔日，楚人与越人，舟战于江"。可

---

① （宋）李昉、李穆、徐铉：《太平御览》，七六八卷。

② 《墨子·非攻中》。

③ （汉）司马迁：《史记·越王勾践世家》。

④ 《国语·吴语》。

⑤ 同注④。

见，越、楚之间也曾在水上争雌雄。

楚人也善于用舟与舟战。以《左传》为例，其主要记载有：“楚舟师之役以伐吴”①；“楚子为舟师以伐濮”②；“楚子为舟师以略吴疆”③；“（楚）子常以舟师及（吴）沙汭而还”④；“楚舟师”，败于吴⑤。上述记载表明：第一，《左传·襄公二十四年》所记“楚舟师”，是见于文献记载的我国最早水师。第二，楚有一支强大的舟师，它曾用于与吴、濮等国作战。

越、楚这种常性，是其地势使然。

越。据《国语·越语上》载，子胥云：吴与越，“三江环之，民无所移。……陆人居陆，水人居水。夫上党之国，我攻而胜之，吾不能居其地，不能乘其车。夫越国，吾攻而胜之，吾能居其地，吾能乘其舟。”韦昭注：“三江，吴江、钱唐江、浦阳江。”同书《越语下》则载：范蠡云“与我争三江、五湖之利者，非吴耶？”概言之，越人据有三江五湖之利，为居水之水人，故便于乘舟。此即“舟行宜多水”⑥之谓也。

楚。据《韩诗外传》卷四载：楚人“汝淮以为险，江汉以为池”。楚辞《离骚》《九章》《渔父》三篇言及楚地沅、湘、洞庭、大江、澧、夏诸水；《鄂君启节》铭文，记载楚人鄂君启的商船，经过“湖”“汉”“夏”“江”“沪江”“湘”“资”“沅”“澧”“油”诸水。楚也据有优越的江湖池泽之利。

可见，正是南方多水的自然环境，形成了越、楚习于用舟的共同性。

三、越人剪发文身，楚人高冠盛服

这是越人与楚人在外表装饰上的显著区别。

古人把剪发而不冠视为越人的象征，并大加渲染。如：

---

① 《左传·襄公二十四年》。

② 《左传·昭公十九年》。

③ 《左传·昭公二十四年》。

④ 《左传·昭公二十七年》。

⑤ 《左传·定公六年》。

⑥ （汉）刘安：《淮南子·原道训》。

《庄子·逍遥游》载："宋人资章甫适诸越，越人短发文身，无所用之。"章甫为殷冠；所谓"资章甫"，即以冠为货之意。

《列子·汤问》："南国之人，祝发而裸；北国之人，鞨巾而裘；中国之人，冠冕而裳。"此南国之人即越人。

《韩非子·说林上》："鲁人身善织屦，妻善织缟，而欲徙于越。或谓之曰：'子必穷矣'。鲁人曰：'何也？'曰：'屦为履之也，而越人跣行，缟为冠之也，而越人被发。以子之所长，游于不用之国，欲使无穷，其可得乎？'"

《淮南子·齐俗训》："三苗髽首，羌人括领，中国冠笄，越人劗鬋，其于服一也。""越王勾践，劗发文身，无皮弁搢笏之服"。

可见，剪发是区别于中国、北国、三苗、羌人之越人独有装饰。

冠，本属中原礼制，即"中国冠笄"之谓也。楚虽出身"蛮夷"，但由于接受诸夏的影响较早较深，故视断发文身的越人为"夷狄"，并以楚行冠制作为跻身礼仪之邦的象征。对此，《韩诗外传》卷八作了下述极为生动的叙述："越王勾践使廉稽献民于荆王。荆王使者曰：'越，夷狄之国也。臣请欺其使者。'荆王曰：'越王，贤人也，其使者亦贤，子其慎之。'使者出见廉稽，曰：'冠则得以俗见。不冠不得见。'廉稽曰：'夫越亦周室之列封也，不得处于大国，而处江海之陂，与魭鱣鱼鳖为伍，文身翦发而后处焉。今来至上国，必曰冠得俗见，不冠不得见。如此，则上国使适越，亦将劓墨文身而后得以俗见，可乎？'荆王闻之，披衣出谢。"

楚冠，具有鲜明的民族特色。因其与诸夏之冠有异，故又称"南冠"。据《左传·成公九年》载：晋侯见楚囚钟仪，问之曰："南冠而挚者，谁也？"所谓南冠，即"楚冠"（杜预注）。可见，人们从冠的形式上，立即就可以判断其人是否为楚人。

楚冠特征，以高为尚，即今人所谓的戴高帽子。《楚辞九章·涉江》："冠切云之崔嵬。"以高接青云名冠，其高可知。汉人刘向追述："昔者荆为长剑危冠"[①]。说明楚人确以"危冠"即高冠为俗。这从考古材料中，可以得到印证。长沙战国楚墓中出土的帛画中，有戴高冠之人，即属此例。

---

① （汉）刘向：《说苑·善说》。

楚冠名目繁多，形式不一，用途各异。计有“长冠”[①]，“远游冠”[②]，“獬豸冠”[③]，“琼弁”[④]，“皮冠”[⑤]，以及上引“切云冠”，等等。

楚人好冠，可谓举国上下成风。《淮南子·主术训》：“楚文王好服獬冠，楚国效之。”可证。

楚冠为世人所重。远游冠和长冠分别为秦、汉两代所采用，即是明证。

盖言之，楚冠制不仅独具一格，且相当完美。这就是为何楚臣以楚冠为荣并以此刁难“不冠”的越使之原因所在。

与越人文身、跣足相反，楚人极为重视服饰之美。据《国语·鲁语下》载：“楚公子甚美”；韦昭注：“美，谓服饰盛也”。宋人姚宏释楚服为“盛服”[⑥]，可谓一语道破楚服的特点。

形成越、楚装饰迥异的主要因素是：楚人接受了华夏冠带礼制，而越人则比较完整地保存了本族的原始装饰。

四、越生葛絺，楚产丝茧

越、楚不仅服饰不一，其用料也有别。

葛布为越著名特产。《淮南子·原道训》称：“于越生葛絺”，正反映了这一历史真实。以葛为原料的纺织品，“精曰絺，粗曰绤”[⑦]。因葛为草本，故葛布也叫“卉服”[⑧]；由于葛色黄，也称作“黄丝之布”[⑨]。

越地的自然和地理环境适宜于葛的生长。史称：越有“葛山”[⑩]；越“国中男女

---

① （西晋）司马彪：《续汉书·舆服志下》。

② （唐）杜佑：《通典·礼十七》。

③ （汉）刘安：《淮南子·主术训》。

④ 《左传·僖公二十八年》。

⑤ 《左传·昭公十二年》。

⑥ 《战国策·秦策五》注。

⑦ 《国语·越语上》韦昭注。

⑧ 《尚书·禹贡》孔颖达疏。

⑨ （汉）赵晔：《吴越春秋·勾践归国外传》。

⑩ （汉）袁康、吴平：《越绝书·外传记越地传》。

入山采葛”[1]。可见，葛盛产于越之山地。

越葛布产量极富。据《吴越春秋·勾践归国外传》载：吴封越八百余里，越王勾践使大夫种一次就“索葛布十万”作为酬答。即是例证。其因有二：一是原料易得，越山多葛；一是“越女”均善“织治葛布”，生产极为普遍。越人流行穿葛服。据《国语·越语上》载：贾人“夏则资皮，冬则资絺”，说明“绤”已成为越人夏天的便服。又据《越绝书·越绝内经九术》载：越王勾践“夏披絺绤”。无疑，越人君臣上下服絺绤为风。

越葛织品工艺精湛。据《吴越春秋·勾践归国外传》载，采葛之妇所作之诗云：“女工织兮不敢迟，弱于罗兮轻霏霏，号絺素兮将献之”。另据左思《吴都赋》云：“蕉葛升越，弱于罗纨”；刘渊林注：“蕉葛，葛之细者；升越，越之细者”[2]。意为：絺素较中原名产丝织品还要细、软、轻、薄。其工艺之精美，可谓已至无以复加的地步。

葛布产地，源于于越，而扩及南越。据《三国志·吴书·士燮传》载：据岭南的交趾太守士燮，“每遣使诣权，致杂香、细葛，辄以千数”。自交趾至会稽为古代百越聚居之地。可见，百越之地均产葛布。

越葛布，当时与后世均被外地之人视为珍品。当越王勾践之时，吴王“好服”细布，为“求吴王之心”，越人贡献不绝。[3]越亡后，越地葛布仍盛产不衰，并源源输出。汉代，越繇王闽侯，遗江都王建“荃葛”诸物[4]。三国时，据有越地的孙吴，常把葛布作为贡品与礼物以笼络各方人士。如，《太平御览·布帛部六》引《江表传》曰：“魏文帝遣使于吴求细葛，君臣以为非礼，欲不与，孙权敕付使。”[5]《三国志·魏书·刘晔传》载：庐江太守刘歆，“得（孙）策珠宝、葛越，喜悦。”《太平御览·布帛部六》引《吴历》曰：“孙策送华歆还洛，并送布越香葛。”越葛布之所以

① （汉）赵晔：《吴越春秋·勾践归国外传》。

② （南朝梁）萧统：《昭明文选》，卷五。

③ （汉）赵晔：《吴越春秋·勾践归国外传》。

④ （汉）班固：《汉书·景十三王传》。

⑤ 今本《三国志·吴书·吴主传》裴注引《江表传》记此事时写道：“是岁魏文帝遣使求雀头香、大贝、明珠、象牙、犀角、玳瑁、孔雀、翡翠、斗鸭、长鸣鸡。”无求细葛之说。今本或有脱误。

历世为人所重，除了上述织物精良的因素外，还因其有特殊性能。它不似丝织品附身，而有吴王夫差所喜好的“离体”之用。换言之，夏穿此服有凉爽舒适之感。

楚则以丝织品见长。据《管子•小匡》载：齐恒公伐楚，“使贡丝于周室”。依据“任土作贡”之意，可证楚为重要丝产地。又，《左传•襄公二十一年》载：楚蘧子冯“重茧衣裘”；杜预注：“茧，緜衣”。《战国策•楚策一》载：“昔令尹子文，缁帛之衣以朝”。这均说明楚人以丝织品为长。宋玉《登徒子好色赋》中有“腰如束素”[①]之句。楚文士用“束素”形容“楚国之丽者”,可见楚绢之华美。此外,《史记•楚世家》载：楚边邑钟离与吴边邑卑梁之“小童争桑”，致使两国交兵。此事从侧面反映了楚对养蚕业之重视。

楚丝织业之发达，更为丰富的考古材料所证实。1982 年江陵马山一号楚墓出土的丝绸，其数量之夥、品种之繁、质地之良，堪称我国先秦丝织品出土之最。

显然，手工纺织业的这种差别，是越、楚两地物产不一所致。

五、越短于车、骑，楚以车、骑称雄

越人虽长于水上，却短于陆上。

越人不善驭车。上述越人“以船为车”与越人主要依靠水战取胜等记载表明：越人善舟不善车。

越人也不善骑马。《续汉书•百官志四》刘昭注曰：“越人非善骑所出”。上述越人“以楫为马”之记载，亦说明越人以舟代骑。

需加澄清的是，关于“越骑”一词之由来。《续汉书•百官志四》载：“越骑校尉一人，比二千石。”注引如淳曰：“越人内附以为骑也。”如淳之说，引起后人误解。其实这纯属望文生义。注引晋灼曰：“取其才力超越也”。晋灼之说为是。据《旧唐书•兵志》载：“凡民年二十为兵，六十而免，其能骑而射者为越骑。”这与晋说可互为印证。楚人则不仅水上，而且陆上也称雄于世。楚人善车的主要表现：1．以车立国。时人用楚“车千乘”[②]或“万乘之楚”[③]以形容楚国之强与大。2．把车

① （南朝梁）萧统：《昭明文选》，卷十九。

② 《战国策•楚策一》。

③ 《战国策•楚策三》。

作为重要的战争与交通工具。作战时，“错车卫旁”[①]以取胜；平时，楚王“结驷千乘”[②]、“后车千乘”[③]，楚使“车百乘”[④]，以炫耀统治者之威风。3．有当时最为先进的车种。“楼车”[⑤]、“巢车”[⑥]，即属此类。

楚人善骑则表现为：1．从“骑万匹”[⑦]的记载，可见楚有一支庞大的骑兵队伍。2．楚司马芀掩治赋，其中重要一项为“籍马”[⑧]，这就保证了楚骑的来源。

六、越人不知射，楚人工射

这恰好成为鲜明对比。

越人射技之拙劣已被世人传为笑柄。据《淮南子·说山训》载：“越人学射远，参天而发，适在五步之内。”高诱注：“越人习水便舟而不知射，射远反直仰天而发，矢势尽而还，故近在五步之内。”说越人射远反仰天而发，虽是小说家夸大之言，但把越人作为不知射的典型来看，则是恰如其分的。其因在于：越人熟于水而生于车、骑，故使用弓弩的本领相对为弱。

楚人精射。主要表现为：

射艺高强。楚国著名射手有传说中的弧父与现实中的养由基。据《吴越春秋·勾践阴谋外传》载：楚有弧父，“习用弓矢，所射无脱”。据说，此人成了楚射之祖。至于养由基，史载有两件为后世传颂的神奇事迹。一件是，“蹲甲而射之，彻七札焉”。一箭而穿叠成七层之甲，言其射力之猛。一件是，晋将吕锜射中楚共王之目，王为报一箭之仇而召养由基，结果一矢即命中。此言其射术之准。[⑨]至于子书所载，更把养

① （汉）刘安：《淮南子·兵略训》。

② 《战国策·楚策一》。

③ （战国）荀况：《荀子·天论篇》。

④ 同注②。

⑤ 《左传·宣公十四年》。

⑥ 《左传·成公十六年》。

⑦ 同注②。

⑧ 《左传·襄公二十五年》。

⑨ 参见《左传·成公十六年》。

由基之射说得玄乎其玄。如说：他“射兕中石，矢乃饮羽”[①]；“始调弓矫矢，未发而猿拥柱号矣”[②]；“去杨叶百步，百发百中”[③]。这些记载，虽不足为凭，但用以说明养由基射技之神，则是可取的。无疑，这类神射手，正是在楚人善射的环境中成长起来的。

射器精良。其佼佼者有：“大屈”之弓[④]，“宛路之 ”[⑤]，“积弩”[⑥]等。

越、楚弓射优劣之直接比较，表现在越人甘拜楚人为射师一事。越王勾践为报吴仇，厉兵秣马。其重要措施之一是针对越军士弱点，延师强化射艺训练。为此，范蠡进自称得弧父嫡传的楚善射者陈音。“于是乃使陈音教士习射于北郊之外。三月，军士皆能用弓弩之巧。陈音死，越王伤之，葬于国西，号其葬所曰陈音山。”[⑦]正是在楚人的帮助下，越人掌握了弓弩之巧。

总之，楚人善车、骑、弓弩，是在长期逐鹿中原的环境中形成的；越人短于车、骑、射，则是长期局限与世仇吴人周旋于水上的结果。

七、越人重禨祥，楚人信鬼神

古人曾对越、楚宗教信仰作过比较。所谓“楚人鬼，而越人禨”[⑧]，已是定论。

历来对“禨”的诠释不一。笔者以为，它包含有两层意思：

一是笼统而言，也属信鬼神的范畴。故颜师古释：禨，“鬼俗也”；禨祥，“总谓鬼神之事也”[⑨]。

颜说可从越史中得到证实。据《越绝书·内经九术》载：大夫种对勾践提出作好伐吴准备的九项措施，把“尊天地，事鬼神”列为头等重要之事。可见，越人是崇事鬼神的。

---

① （战国）吕不韦：《吕氏春秋·季秋纪·精通》。

② （汉）刘安：《淮南子·说山训》。

③ （汉）刘向：《说苑·正谏》。

④ 《左传·昭公七年》。

⑤ （战国）吕不韦：《吕氏春秋；贵直论·直谏》。

⑥ （汉）刘安：《淮南子·兵略训》。

⑦ （汉）赵晔：《吴越春秋·勾践阴谋外传》。

⑧ （战国）列御寇：《列子·说符》。又，《吕氏春秋·孟冬纪·异宝》《淮南子·人间训》也有相类记载。

⑨ （汉）班固：《汉书·景十三王传》注。

一是具体而言，祈求预先察知福妖吉凶之事。如，高诱注《吕氏春秋·孟冬纪·安死》“越人信禨”云：“越人信吉凶之禨祥”。《史记》正义引顾野王云：禨，“吉凶之先见也”。《史记·五宗世家》集解引服虔曰：禨祥，“求福也”。《汉书·天文志》有“察禨福候星气”之说。柳宗元称“越人信祥”，注“谓祥怪”[①]。

越人信吉凶之禨祥，主要有如下例证：

设立专门主管察禨祥之职官。据《吴越春秋·勾践入臣外传》载：大夫计倪曰：“候天察地，纪历阴阳，观变参灾，分别妖祥，日月含色，五精错行，福见知吉，妖出知凶，臣之事也。”这不仅说明，计倪为越司禨祥之官；更重要的是，可知所谓察禨祥所包含的内容与范围，即对“禨祥”一词的确切注释。

观天视物。据《越绝书·外传记越地传》载：勾践起怪游台，以“仰望天气，观天怪也”。此即上述“候天察地”之例证。又据《越绝书·计倪内经》载：计倪称“物有妖祥”。

择吉日良辰。《吴越春秋·勾践归国外传》载：勾践从吴归后，问何日可复临政。范蠡对曰：“今日丙午日也，丙阳将也，是日吉矣，又因良时，臣愚以为可。”可见，越人的行动受制于禨祥吉凶之说。

至此，我们可以得出结论说：所谓“越人禨”，即越人崇尚观察天地日月阴阳万物，以分别吉凶祸福，然后依之行事，以求福也。

楚人信鬼神，是有史可征的。据汉谷永上成帝疏云：“楚怀王隆祭祀，事鬼神，欲以获福助却秦师，而兵挫地削，身辱国危。”[②]这是楚统治者迷信鬼神而至荒唐地步的典型事例。又，据王逸《九歌》序说：“昔楚国南郢之邑，沅、湘之间，其俗信鬼而好祠，其祠必作歌鼓舞以乐诸神。屈原放逐，窜伏其域，怀忧苦毒，愁思沸郁，出见俗人祭祀之礼，歌舞之乐，其词鄙陋，因为作《九歌》之曲。”可见，楚国从宫廷至民间均沉溺于迷信鬼神之中。

八、越、楚同奉巫，巫卜方式不一

越、楚以巫风并行于当时。

① （唐）柳宗元：《柳宗元集·柳州复大云寺记》。

② （汉）班固：《汉书·郊祀志》。

越人信巫，在《越绝书·外传记越地传》中有集中记载。其中云："巫里，勾践徙巫为一里，去县二十五里。""巫山者，越魑，神巫之官也，死葬其上。""江东中巫葬者，越神巫无杜子孙也。死，勾践于中江而葬之。"从巫里、巫山、巫葬诸条记载，可见越神巫地位之高，越巫风之盛。

在汉代，特别是汉武帝平南越后，越巫风在中原地区广为传播。其表现有三：一是信越巫。据《风俗通义·怪神》载：汉武帝"尤信越巫"。二是立越祠。据《史记·孝武本纪》载：汉武帝"乃令越巫立越祝祠"。其设置情况，可考者，仅在左冯翊云阳一地，即有越巫祠三所[①]。由于巫祠滥为兴建，故于天汉二年（前99年）秋"止禁巫祠道中者"[②]。三是行越巫术。越巫之术，与他族他地不同，除"鸡卜"之外，还有所谓厌胜之术。如《史记·孝武本纪》载：柏梁灾，越人勇之乃曰："越俗有火灾，复起屋必以大，用胜服之。"于是作建章宫。此外，需要辨明的是，汉代京师之巫，我们切不要以为都是越巫。当时，除南方越巫外，尚有北方之胡巫。据《汉书·戾太子传》载：汉武帝末年闹得满城风雨之"巫蛊事"，乃"胡巫"所为，即例证。

直至东汉初年，旧越中心地区仍盛行卜筮。据《后汉书·第五伦传》载："会稽俗多淫祀，好卜筮。民常以牛祭神，百姓财产以之困匮"，巫祝依托鬼神诈怖民人。以此可见越巫影响之深远。

楚巫风，也著称于世。《汉书·地理志下》称：楚"信巫鬼，重淫祀"，可谓集中概括了楚迷信之习。楚俗重巫，详见拙作《楚辞与楚俗》一文[③]。

越、楚的巫卜方式则有异。

越人流行鸡卜。最早见于《史记·封禅书》："是时（指汉武帝元封二年）既灭两越，越人勇之乃言：'越人俗鬼，而其祠皆见鬼，数有效。昔东瓯王敬鬼，百六十岁。后世怠慢，故衰耗。'乃令越巫立越祝词，安台立坛，亦祠天神上帝百鬼，而以鸡卜。上信之，越祠鸡卜始用。"褚少孙后补《史记·孝武本纪》及《汉书·郊祀志》均本此。

---

① （汉）班固：《汉书·地理志下》。

② （汉）班固：《汉书·武帝纪》。

③ 湖北省社会科学院文学研究所编：《屈原研究论集》，369页，武汉，长江文艺出版社，1984。

唐人始对鸡卜法加以具体阐述。据《史记·孝武本纪》张守节正义："鸡卜法用鸡一，狗一。生，祝愿讫，即杀鸡狗。煮熟，又祭，独取鸡两眼，骨上自有孔裂，似人物形则吉，不足则凶。今岭南犹此法也。"段公路《北户录》则载："南方当除夜及将发船，皆杀鸡择骨为卜，传古法也。"可见，唐人用当代"岭南""南方"之鸡卜法，以说明越人之"古法"。此说，当可信。

宋人始记此法的详尽过程。这以范成大《桂海虞衡志》的记述最富代表性："鸡卜，南人占法。以雄鸡雏执其两足，焚香祷所占，扑鸡杀之。拔两股骨，净洗，线束之，以竹筵插束处，使两骨相背于筳端，执竹再祝。左骨为侬，侬，我也。右骨为人，人所占事也。视两骨之侧所有细窍，以细竹筳长寸余遍插之，斜直偏正，各随窍之自然，以定吉凶。法有十八变，大抵直而正或近骨者多，吉；曲而斜或远骨者多，凶。"[①] 今本《桂海虞衡志》与《文献通考》中所引《桂海虞衡志》，已佚此文。胡三省为宋末人，其所引此段《桂海虞衡志》，当无误。又，周去非《岭外代答》所记略同，当袭自此，其中并称："昔汉武奉越祠鸡卜，真法无传，今始记之。"

总之，越人鸡卜，其法虽无传；但从唐宋两代岭南越人后裔的鸡卜法中，可窥其大概。

楚人则行茅卜与竹卜之法。据《离骚》载："索藑茅以筳篿兮，命灵氛为余占之。"刘永济释为"取蔓茅与竹筳请灵氛为我卜"[②]。

藑茅卜法，在南方地区流为茅卜法。据《岭外代答》卷十载："南人茅卜法。卜人信手摘茅。取占者左手自肘量至中指尖而断之，以授占者，使祷所求，即中摺之。""南人卜此最验，精者能以时辰与茅折之委曲分别五行而详说之，大抵不越上四余，而四余之中各有吉凶，又系乎所占之事。"周去非还认为，茅卜法即楚人筵卜法之遗风。

"筳篿"即竹卜。《后汉书·方术传》作"挺专"，该传注释为"折竹卜也"。竹卜之法，在荆楚之地广为流行。据《荆楚岁时记》载：社曰，"掷教于社神，以占来岁丰俭，或折竹以卜"。教为茭之通假；"掷教"，即以竹块二枚，掷地视其向背以定吉凶之谓。

---

① （宋）司马光：《资治通鉴》，汉武帝元封二年条，胡三省注。

② 刘永济：《屈赋音注详解》，卷一。

需要指出的是，后世南方民族地区长期流传鸡卜、竹卜与茅卜之法而不衰。溯其源，鸡卜法为越人遗俗，竹卜与茅卜法则为楚人遗风。

总之，越楚重淫祀、尚巫卜之俗，是两种文化均夹杂较多原始社会遗风的必然结果。

上述为越、楚文化异同的主要表现与成因。至于人们熟知的，在经济生活中，越、楚均善于栽培水稻，在图腾信仰中，均崇奉凤鸟之类，则不一一论列。

至此，我们可以看到：越、楚文化为中华民族文化的宝库增添了异彩；越、楚文化互相影响、渗透与融合；越、楚文化对后世南方少数民族文化产生了不可估量的影响。

论楚文化与南方民族文化的关系*

近年来，民族学界提出了南方民族文化与楚文化之间的关系问题。古人有言：“礼失求诸野”。这是不无道理的。开拓这一新的研究领域，对民族学研究的深入开展，当是有所裨益的。

一、擅称王侯

西周末年，王室衰微，以蛮夷自居的楚人，率先僭越称王。当周夷王之时，楚势向江汉地区扩展，“熊渠曰：‘我蛮夷也，不与中国之号谥。’乃立其长子康为句亶王，中子红为鄂王，少子执疵为越章王”。及周厉王时，熊渠畏其伐楚，乃自去王号。事隔一个半世纪后，楚人再次称王。春秋时，楚人通过随人请周人尊楚为王，王室不听，“楚熊通怒曰：‘吾先鬻熊，文王之师也，蚤终。成王举我先公，乃以子男田令居楚，蛮夷皆率服，而王不加位，我自尊耳。’乃自立，为武王。”① 从此，楚世代称王。至于中原诸侯国称王，则最早为战国时的齐威王，时为前 356 年，此时离楚武王已有三百多年，离楚熊渠则达五百年之久。据周制，周王是“天下之共主”，处于至高无上的地位，此即“天无二日”之谓。当时的诸夏诸侯国，是断然不敢率先公然称王而成为众矢之的的。只有口口声声“我蛮夷也”的楚人，才能不受被华夏族奉为行动准则的周礼之束缚，“不与中国之号谥”，敢于“自尊”“自立”为王，以与周天子分庭抗礼。

此外，楚人后裔还曾在西南夷之地称王。据《史记·西南夷列传》载：楚威王时，将军庄跻入滇，秦断归路，跻因“以其众王滇，变服，从其俗，以长之”。同书又谓，滇之“东北有劳浸、靡莫，皆同姓相扶”，索隐释“二国与滇王同姓”。东晋常璩《华阳国志·南中志》则载：庄跻在南中之地，“分侯支党，传数百年”。可见，庄跻之后人，还曾分别为滇周围各国之王侯。

其后，旧楚地“蛮夷”沿袭动辄为王的做法。东汉时，有“白虎夷王资伟”“白

* 原载《民族研究》，1992（6）。

① 均见《史记·楚世家》。

虎夷王谢节”之名[①]。三国时，租中（今湖北南漳县西一带）有梅氏“夷王”[②]。西晋时，“义阳蛮”张昌别立天子，建元神凤，与西晋王朝相抗[③]。南北朝时，有“蛮王梅安”“蛮王文武龙”[④]，“酉阳蛮王田头拟”[⑤]，“武陵蛮王田僮”[⑥]。

南蛮、西南蛮的后裔，同样以称王为司空见惯之事。如苗族。据清徐家幹《苗疆闻见录》卷下载：四脚牛苗，“其称伪王、将军、元帅、先锋、总理者，皆所谓头公也。”瑶族。据清周存义《平瑶述略》卷下载：广西贺县土瑶，“推盘均华为瑶王”；广东连州过山瑶赵子青，“自名瑶王”。土家族。据同治《宜昌府志·杂载》记：鄂西土司，俗称“土王”。

概言之，楚亡后，原属楚地的西南夷、南蛮及其后裔，擅称王侯成风，其源盖起于楚。

二、崇凤尊虎

楚人崇奉凤、虎，或曰以凤、虎为图腾。出土的楚国木雕珍品虎座鸟架鼓，该鼓的底座为一对相背而伏的猛虎，其上则为一对相背而立的凤鸟，可说是楚人同时赋以凤、虎以吉祥特征的典型器物。

楚人崇尚凤鸟，殆无疑义。其据主要有四：一是楚辞反复咏颂“鹭鸟”“凤鸟”“凤皇”[⑦]。二是楚人喜以翠羽为饰。史有楚人使用“翠被”[⑧]、“翠衣”[⑨]、“翠盖”[⑩]、“翠旍”[⑪]之载，可证。三是出土的漆器、纺织品，均大量以凤纹为饰。四是楚地之

① （宋）洪适：《隶释·东汉繁长张禅等题名碑》。

② （晋）陈寿：《三国志·朱然传》裴注，《三国志·陆逊传》。

③ （唐）房玄龄等：《晋书·张昌传》。

④ （北齐）魏收：《魏书·蛮传》。

⑤ （南朝梁）萧子显：《南齐书·豫章文献王传》。

⑥ （南朝梁）萧子显：《南齐书·刘悛传》。

⑦ 《离骚》《九章·涉江》《九章·怀沙》《远游》诸篇。

⑧ 《左传·昭公十二年》。

⑨ （汉）刘向：《说苑·喜说》。

⑩ 同注⑨。

⑪ 《九歌·少司命》。

人以凤名地。如荆州有“凤岗”①,巴陵（今岳阳）界中有“鸣凤岗”②。这也可作为楚人喜凤成俗的佐证。

楚地蛮人及其后裔也有崇奉凤鸟之习。主要例证有二：一是据《晋书·张昌传》载：义阳蛮张昌屯聚于安陆县石岩山，“于石岩中作宫殿，又于岩山织竹为鸟形，衣以五彩，聚肉于其傍，众鸟群集，诈云凤鸟降”。从义阳蛮人供凤鸟为神灵以团聚楚地之人一事，可见楚人崇奉凤鸟影响之深远。二是有的学者认为，铜鼓中的鸟形头饰和羽毛头饰人像，与楚国境内的古代蛮族习俗，与楚国文物上的鸟人纹饰，有着密切关系。③

楚人以虎为图腾也是有史可征的。据《左传·宣公三年》载：若敖之子斗伯比，“淫于郧子之女，生子文焉。郧夫人使弃诸梦中，虎乳之。郧子田，见之，惧而归以告，遂取收之。楚人谓乳谷，谓虎于菟，故命之曰斗谷于菟，以其女妻伯此，实为令尹子文”。《汉书·叙传》：“班氏之先，与楚同姓，令尹子文之后也。……楚人谓虎‘班’，其子以为号。秦之灭楚，迁晋、代之间，因氏焉。”即把虎拟人化，作为本族的救命恩人，并以虎为族徽、为氏。概言之，作为楚之望族的一支若敖氏、斗氏、班氏，曾尊虎为祖，以虎为图腾，似无疑义。此外，楚人还有把虎视为保护神之习。这从战国时期的楚墓中出土的大量镇墓器，兽头多作虎形一事，可证。

西晋时,原楚中心地区的江汉流域仍流传“猛人”化虎④和“貙人”化虎⑤的传说。这种人虎互相转化的神话，正是以虎为图腾遗习的反映。

被楚征服的巴人，以虎为图腾，从文献记载、传说、考古材料三方面，均可论定。这是众所周知的，毋庸赘述。

后世黔地“夷”人中，有变虎之说。如：“今黔之夷俗亦善变虎，王渔洋记定番土司事非妄也。土人言此事多有，其子孙入山颇识之，虎亦数往其家巡视”。⑥此

---

① （南朝宋）庾仲雍：《荆州记》。

② （南朝宋）马子严：《岳阳甲志》。

③ 参见凌纯声：《东南亚铜鼓装饰纹样的新解释》，载《贵州社会科学》，1984（4）。

④ （晋）张华：《博物志》，卷二。

⑤ （晋）干宝：《搜神记》，卷十二。

⑥ （清）张澍：《黔中纪闻》。

为把虎拟人化并自认为其子孙的传说。又，黔南苗人则有忌白虎鬼之俗。据载：红苗，“五月寅日夫妇异宿，不敢言，不出户庭，以避白虎鬼，忌虎也。”[①] 忌虎与尊虎，外似截然相反之习，实则同为以虎为图腾遗俗的不同表现形式。

显然，在历史上，江汉流域，清江、沅江及清水江流域，即鄂、湘、黔、川相邻的一片地区，都流传关于虎的传说，这并非一种偶合，而是由这一带地区有着相同或相似的文化所致。

三、短衣、彩衣、椎髻，喜饰物

衣服与装饰是连在一起的。由于每个民族都有其独特的服饰，故人们惯于把服饰作为识别一个民族的外表标志。楚人服饰的主要特点，大致有如下述：

（一）服短衣

最早言明楚服别具一格者，当推《战国策•秦策五》。其中写道：不韦为秦异人说于秦。“异人至，不韦使楚服而见。王后悦其状，高其知，曰：‘吾楚人也。’而自子之”。具体点明楚衣形制者，则为晚出之《汉书•叔孙通传》。其中云：叔孙通“儒服，汉王憎之，乃变其服，服短衣，楚制。汉王喜”。显然，楚“短衣”与中原地区的宽衣博带，其“制”是有别的。这从考古材料中也可得到证实。张正明、熊传新据出土的漆瑟上的画及出土的实物“緅衣”，判明楚人衣短衣[②]。

南方诸族也尚短衣。土家族人，“衣裙俱短”[③]。宁远等处箭杆瑶人，“男女喜著青蓝短衣”[④]。花瑶，“青平短衣”[⑤]。苗女，“上著窄袖短衣”[⑥]。苗人，“衣短衣”[⑦]。东寨

---

① （清）桂馥：《黔南苗蛮图说》。

② 张正明：《楚文化史》，85 页，上海，上海人民出版社，1987。

③ （清）傅恒等撰：《皇清职贡图》，卷三。

④ （清）傅恒等撰：《皇清职贡图》，卷三。

⑤ （清）桂馥：《黔南苗蛮图说》。

⑥ 同注⑤。

⑦ （清）爱必达：《黔南识略》，卷十二。

苗，“短衣长裙”[①]。红苗，“上著窄袖短衣”[②]。像这类记载，不胜枚举。

楚人与南方诸族喜衣短衣特点之形成，与下述因素不无关系：一是多山林荆棘的地理环境。显然，对“僻处荆山”“以启山林”的楚人和山居的南方民族而言，这种服装形式便于行走与从事生产活动；一是炎热的气候条件。

（二）好着彩衣

据文献记载，楚人好衣绛衣与翠衣。如：“楚庄王鲜冠组缨，绛衣博袍，以治其国。”[③]另，衣“翠衣”“翠被”事见上述。换言之，楚人爱好鲜艳的或多彩的服色。出土的楚国男女木俑身上画有彩衣，也可证明这一点。

南方诸族好斑斓衣，始载于《后汉书·南蛮西南夷列传》：盘瓠子孙“好五色衣服”“衣服斑斓”。此风历代相沿而不衰。隋代，长沙郡莫瑶女子“斑斓布裙”[④]。唐代，“蛮衣斑斓”[⑤]。宋代，“瑶人以蓝染布为斑”“斑花炳然可观，故染斑之法，莫瑶人若也”[⑥]。明代，诸苗“喜著斑斓衣”[⑦]；龙里苗人“女子以蜡画布衣”[⑧]。清代，瑶人“衣斑斓布褐”[⑨]；粤瑶“短衣斑斓”[⑩]；永顺与保靖土人“喜斑斓衣服”[⑪]。可见，南方诸族衣斑斓，可直接溯源于楚人好彩衣。

楚人与南方诸族嗜彩衣、斑斓衣一事，与当地物产不无关系。原来，南方特产植物性染料。“南蛮”先民已“织绩木皮，染以草实”[⑫]。“溪蛮”则“印布入靛缸渍

---

① （清）徐家干：《苗疆闻见录》，卷下。

② （清）桂馥：《黔南苗蛮图说》。

③ 《墨子·公孟》。

④ （唐）魏征等：《隋书·地理志下》。

⑤ （唐）刘禹锡：《蛮子歌》。

⑥ （宋）周去非：《岭外代答·服用》。

⑦ （元）陶宗仪：《南村辍耕录》，卷八。

⑧ （明）郭子章：《黔记》，卷五九。

⑨ （清）顾炎武：《天下郡国利病书·广东》。

⑩ （清）吴震方：《岭南杂记》。

⑪ （清）严如熤：《苗防备览·风俗下》。

⑫ （南朝宋）范晔：《后汉书·南蛮西南夷列传》。

染”[①]。均可证。

（三）椎　髻

不同民族往往有不同发式。依据出土文物推断楚人有挽髻之俗。马王堆一、三号墓出土的一大堆立俑，男子均插有竹签，说明其发式是一种“椎髻”[②]。

古代南方之族也颇流行椎髻之发式。如夜郎、滇。据《史记·西南夷列传》载：西南夷夜郎、滇之属，“此皆魋结，耕田，有邑聚”。魋结即椎髻。南越。据《史记·陆贾列传》载：南越王“尉他魋结箕踞见陆生”。瑶、苗。宋范成大《桂海虞衡志·志蛮》：瑶人“椎髻”；清李来章《连阳八排风土记》：瑶人“椎髻跣足”；清陆次云《峒溪纤志》：宋家、蔡家苗“椎髻当前，衣冠尽废”；清严如熤《苗防备览·风俗上》：“苗服惟寨长薙发，余皆裹头椎髻”。

夜郎、滇、越、苗、瑶诸族，与楚同有椎髻之俗，并非偶然。因为：夜郎、滇为庄蹻入滇所历之地，为楚势之所及；越与楚地域接比；苗、瑶诸族先民武陵蛮本居于楚黔中郡地。概言之，上述诸族所居之地或为楚境或为楚势所及或与楚相连。

（四）喜饰物

头部之饰。据《左传·僖公二十八年》载：“初，楚子玉自为琼弁玉缨，未之服也。”此为楚人以琼、玉饰弁（皮帽）、缨之例。据《战国策·楚策》载：楚宫女以“珥”为饰。此为楚女子饰耳之例。又，《汉书·艺文志》载：“《鹖冠子》一篇。楚人居深山，以鹖为冠。”即以鹖鸟羽为冠。

腰部之饰。据《左传·定公三年》载：蔡昭侯以佩玉献楚王而不予大臣子常，为此子常竟拘留蔡侯达三年之久。据《国语·楚语下》载：楚人王孙圉称：“白珩，先生之玩也。”珩，“珮上之横者”。又，《韩诗外传》卷一载：孔子南游适楚，“有处子佩瑱而浣者。”可见，楚国君臣上下均有嗜佩之癖。

---

① （宋）朱辅：《溪蛮丛笑》。

② 熊传新：《长沙出土楚服饰浅析》，见湖南省博物馆湖南省考古学会编：《湖南考古辑刊》第二集，长沙，岳麓书社，1984。

古代苗瑶等族同样喜盛饰。苗妇“无老少腕皆约环，环皆银，贫者以红铜为之。项着银圈，富者三四。耳铛累累及肩。”[①] 永州瑶人“首则饰以高髻，耳垂大环，铸锡成花，满头插戴。”[②] 苗瑶之人所带的“环”与楚女之“珥”是相一致。有趣的是，苗瑶之人也以羽毛饰为时尚。苗人，“纳首以窍，而插鸡毛于其颠”[③]。连州瑶“鸡毛饰髻”。显然，以鸡毛饰髻当系“以鹖为冠”之变形。

（五）喜盛服

据《国语·鲁语下》载：“楚公子甚美”；韦昭注：“美，谓服饰盛也”。宋人姚宏释楚服为“盛服”[④]，可谓一语道破楚服的特点。至于南方诸族同样好穿盛服，这是人们所熟知的。结论是：楚人服饰，可谓远华夏而近“南蛮”。

四、能歌善舞　以笙为乐

楚人是以能歌善舞闻名当世的。据载：“楚令尹子文欲蛊文夫人……而振万焉。（杜注：‘万，舞也。’）夫人泣曰：‘先君以是舞也，习戒备也。’”楚灵王“信巫祝之道”，亲自“起舞坛前”。[⑤] 楚人祭祀，“歌舞以娱神”[⑥]。可见，楚人在祭祀、作战、求爱诸场合，均以歌舞取乐。

原在楚境生活的南方诸族也同样善于歌舞。据《峒溪纤志》载：“苗人每遇令节，男子吹笙撞鼓，妇随男后，婆娑进退，举手顿足，疾徐可观，名曰蹁堂之舞。”《苗防备览·风俗下》载：“土俗各寨有摆手堂，每岁正月初三至初五六夜，鸣锣击鼓，男女聚集，摇摆发喊，曰摆手。”苗族的蹁堂之舞，土家族的摆手舞即其证。

在楚乐中，以笙为最富南国特色。据载：楚乐有“金、石、瓠（笙）、竹”之

---

① （清）方亨咸：《苗俗纪闻》。

② （明）王士性：《广志绎》，卷四。

③ （清）毛奇龄：《蛮司合志》，卷一。

④ 《战国策·秦策》，姚注。

⑤ （汉）桓谭：《新论》。

⑥ （宋）朱熹：《楚辞集注》。

类[①]；“楚笙冠中国”[②]；“墨子见荆王，锦衣吹笙，因也”[③]。可见，楚乐以笙为长，楚人以吹笙为俗，此殆为“南音”[④]之一特色。

笙在后世南方诸族中广为流传。据载：容州夷“好吹葫芦笙”[⑤]。“卢沙，徭人乐”“葫芦笙，两江峒中乐”[⑥]。苗人跳月，“未姻男女吹芦笙以和”[⑦]。侗人，善音乐，“吹六管”[⑧]。仡费，“乐有六管笙”[⑨]。以上记载说明：苗、瑶、仡佬、侗、壮等族之笙，有卢沙（芦笙）与葫芦笙两种。其别在于：后者附加葫芦作共鸣器而成。因用竹管六制成，故又称为“六管”或“六管笙”。

结论是：后世不少南方民族以笙为主要乐器，可谓源远流长；称之为楚之遗风，可谓其据凿凿。

五、重“少者”

楚国是实行少子继承制抑或长子继承制，看法虽有歧异，但楚俗重幼重弟，则是毋庸置辩的。其据有：据《左传·文公元年》载，楚成王欲以商臣为太子，访诸令尹子文，子文以“楚国之举，恒在少者”为依据，加以反对。据《史记·楚世家》载：楚共王有宠子五人，共王与巴姬暗中埋璧于室内，请神决其继承人，“平王幼，抱其上而拜，压纽。……唯独弃疾后立，为平王，竟续楚祀，如其神符”。显然，“神符”择子为嗣一事，当是共王与巴姬已属意幼子，故指使抱者压纽，以为其日后登上王位铺平道路。据《左传·昭公十三年》载：当弃疾与子比争夺王位之初，韩宣子就曾预言：“芈姓有乱，必季实立，楚之常也。”从上述诸例，可证楚“少者”“季”地位之高，其继承楚王位乃是常事；而且，这与其时中原诸国重长轻

① 《国语·楚语上》。

② 《阚子》。

③ （战国）吕不韦：《吕氏春秋·贵因》。

④ 《左传·成公五年》。

⑤ （唐）梁载言：《十道志》。

⑥ （宋）范成大：《桂海虞衡志·志器》。

⑦ （明）田汝成：《炎徼纪闻》。

⑧ （明）邝露：《赤雅》。

⑨ （清）诸匡鼎：《瑶僮传》。

幼之风，是迥然有别的。

其因，应从社会根源中探究。从民族学角度而言，在带有较为原始婚姻遗习的社会中，女子在婚前，并不要求保守贞操。只有在出嫁后或正式定居夫家后，私通才被视为非法。这样，长子往往“是一个偶然生的孩子”[①]。对此，以夫权为中心的社会，为了确保男方世系的纯洁性，为了确保财产权不致旁落他姓，在继承权问题上重弟重幼的思想和行为就应运而生了。因此，在仍然残存较重原始社会色彩的楚国，出现上述社会现象是不足为奇的。

直至南朝，荆楚之地仍行重小之风。据载：正月一日，进椒酒，“凡饮酒次等从小起”[②]。

古代南方民族中，则有杀长子以宜弟之说。最早记此事者为《墨子·鲁问》：“东越有輆沐之国，其长子则解而食之，谓之宜弟。”按：《博物志》卷二有相同记载，当抄自此。《后汉书·南蛮西南夷列传》则载：交趾之西，“有噉人国，生首子辄解而食之，谓之宜弟。……今乌浒人是也”。乌浒人为居两粤地的越人后裔。可见，古代越人后裔之一支采用极其残酷的手段对待非婚生的“长子”“首子”，以确保其弟的继承权，此即“宜弟”之说的实质。显然，这种更为原始的“宜弟”之俗，有助于理解“楚国之举，恒在少者”的缘起，并可算作楚、越“民俗略同”[③]之一例，在近代民族中，还有不由长子而由幼子继承之法，云南景颇族即行此俗[④]。

六、“信鬼而好祠”

“楚人鬼”[⑤]是著称于当时的。可以毫不夸张地说，楚人举国上下均沉溺于迷信鬼神之中。就统治者而言，据《左传·昭公十三年》载：楚令尹子期请伐吴。楚灵王弗许。曰：“吾未抚民人，未事鬼神，未修守备，未定国家……子姑待之。”可见，他们是把事鬼神作为治国安民大计加以对待的。更有甚于此者，据桓谭《新论》载：

---

① ［德］恩格斯：《家庭所有制和国家的起源》。

② （南朝梁）宗懔：《楚荆岁时记》。

③ （汉）班固：《汉书·地理志下》。

④ 宋恩常：《云南少数民族社会调查研究》（下集），昆明，云南人民出版社，1980。

⑤ （战国）列御寇：《列子·说符》等。

楚灵王“简贤务鬼，信巫觋，祀群神，躬执羽帗舞坛下。吴师来攻，国人告急，王鼓舞自若。曰：‘寡人方乐神明，当蒙神祐，不敢救。’吴兵遂至。”说明统治者迷信鬼神竟至荒唐可笑之地步。就民间而言，据王逸《九歌》序说：“昔楚国南郢之邑，沅、湘之间，其俗信鬼而好祠，其祠必作歌乐鼓舞以乐诸神。屈原放逐，窜伏其域……出见俗人祭祀之礼，歌舞之乐，其祠鄙陋，因为作《九歌》之曲。”可见，《九歌》描绘的，正是楚“俗人”神秘而浓郁的宗教气氛。

楚灭后，屈原亲见其“祭祀之礼”的沅、湘之间，更是长期沿袭着这一古老的“蛮荆陋习”[①]而不衰。据载：保靖、永顺等地之俗，“疾病则击铜鼓、沙锣，以祀鬼神”[②]。“苗中以做鬼事为重事，或一年三年一次，费至百余至数十金，资无力者卖产质衣为之。”[③]苗民，“畏鬼信巫，甚虔。[④]”可见，其地祭鬼神之隆盛。

七、祭山鬼

楚人与南方诸族都同样盛行与中原地区有别的独特的山鬼崇拜。此俗，属自然崇拜的范畴。

《楚辞·九歌》辟专篇记述《山鬼》，是楚人崇尚山鬼的典型表现，楚亡后，楚地信山鬼之俗并未因此消失。据《荆楚岁时记》载：荆楚之俗，正月初一，“鸡鸣而起，先于庭前爆竹以辟山臊（魈）恶鬼。”山魈即山鬼一类。

此俗，在南方各地特别是湘黔民族地区广为流行。据载：土人，“岁首则迎山魈，逐村以为傩。男子妆饰如社夥，击鼓以唱神歌，所致之家，皆饮食之”[⑤]。仲家，“每岁三月三日，宰猪羊祭山分肉，各寨男妇饮酒食黄糯米饭。苗语以是日为拈山，犹汉语呼为祭山神也”[⑥]。

楚与南方诸族同样盛行山鬼崇拜，其因有二：一是僻处山区所致。据载：“楚

① （宋）朱熹：《楚辞集注》，九歌序。

② （明）陶晋英：《楚书》。

③ （清）严如煜：《苗防备览·风俗上》。

④ （清）龚柴：《苗民考》。

⑤ （清 康熙）《贵州通志·蛮僚》。

⑥ （清）爱必达：《黔南识略》。

在山林”[1],而南蛮则“所处险境”“好人山壑”[2]。正是相似的居住环境,产生了相类的山神信仰。一是湘、黔地区民族信奉山鬼，则是直接源于楚国遗风。上述土人妆饰、击鼓、唱神歌以“迎山魈”之宗教仪式，证之与《九歌》“歌舞以娱神”的记载，简直就是当年楚国祭山鬼场面的再现。

八、重招魂

《楚辞》有《招魂》篇，足证楚人重招魂之举。楚招魂之俗，已湮没久矣。从流行于后世南方民族地区的招魂，尚可窥见楚人招魂之一斑。其法有二：

一为招死人之魂。据载：白罗罗（今彝族），人死，“焚之于山。鸣金执旗招其魂，以竹裹絮置小篾笼，悬林间如神主。”[3]

一为招生人之魂，或曰收魂，又曰叫魂。壮、苗等族均有此俗。据《炎徼纪闻》载：僮人，“人远出而归者，止于三十里外，家遣巫提竹篮迓，脱妇人贴体衣贮之以篮，以前导达家，言为行人收魂归也”。《赤雅》卷下则载：“峒婿远归，止三十里外，遣瑶眊持篮往迎之，脱妇人中裤贮篮中，曰招魂。瑶眊者，巫也。”又，清李宗昉《黔记》载：“黔俗，家有病者，妇人以米置鸡子之上，蹲门而禳之，名曰叫魂。”

总之，楚与南方诸族均行招魂之俗。他们均相信人有灵魂之说。认为人活着，灵魂可离开肉体而单独进行活动；人死了，肉体虽灭而灵魂依然存在。可见，招魂属于灵魂崇拜之列。至于招魂形式，则具有奇特方法和神秘气氛。

九、巫风与卜式

信鬼神与巫觋是紧密相连的，而巫风是楚文化的一大特点。据《左传·文公十年》载：“初，楚范巫矞似谓成王与子玉、子西曰：‘三君皆将强死。’”从范地之巫矞似其人可与楚国最高统治集团人物过往一事，表明巫在楚国的政治生活中占有颇高的地位。又,《楚辞》中多有楚巫之名，这从《离骚》《招魂》诸篇中可见。

---

① 《左传·昭公十二年》，杜预注。

② （南朝宋）范晔：《后汉书·南蛮西南夷列传》。

③ （清）檀萃：《滇海虞衡志·志蛮》。

好巫之风在故楚地的民族地区长期流传下来。唐代，刘禹锡贬故楚黔中地的朗州司马，亲见“蛮俗好巫”[①]。清代，苗俗“信鬼好巫”[②]。土家族“信鬼巫”。均是例证。

楚除了与中原诸国一样行龟卜外，尚有较为奇特的占卜方式。其中有：

茅卜法。据《离骚》载：“索藑茅以筳篿兮，命灵氛为余占之。”当时中原地区有蓍草占卦之法，而在楚国民间则以“藑茅”为之。这从后世南方民族地区的茅草占卜之法中可以得到证实。据《楚峒志略》载：苗人“出行无论远近，必断草木休咎，以定行止”。《黔记》载：贵州台拱古州清江属之黑山苗“能卜茅草卦，预告凶吉”。

竹卜。上引《离骚》之“筳篿”，即竹卜之谓也。筳篿之法，在故楚地广为流传。据《荆楚岁时记》载：社曰，“掷教（即筊）于社神，以占来岁丰俭，或折竹以卜”。又，《苗防备览·风俗上》载：“苗中，其水旱疾疫，亦知卜筮。曰抛木卦，剖木为二，掷之于地，视其仰伏向背。”

卵卜。宋人范致明把荆湖之民“以鸡子占卜”称之为“古楚俗，”[③]此说可取。此俗在故楚民族地区也有。据《峒溪纤志》载：“苗人取鸡卵画墨，祝而煮之，剖视吉凶。又有将葬其亲，以鸡卵掷地，视卵不碎之处，即以为吉。”百越系统民族中也有此俗。

十、善于舟战与竞渡之戏

因楚人临江、汉之水，故善于舟战。从《左传》记载中，可得出两点结论：一是楚有一支极为强大的舟师。一是我国水师最早始于楚，其时间为襄公二十四年（前 549 年）。

从南北朝一直到隋代，居于长江峡中地区的“蛮蜒”“巴蜒”也习于水上生活与水战，可谓有楚之遗风。这在《陈书·徐世谱传》《周书·异域传上》《资治通鉴·隋开皇五年》诸籍中，均有记载。

由于习于“水行”，便产生了竞渡之戏。据《隋书·地理志下》载：荆州之地

① （后晋）刘煦：《旧唐书·刘禹锡传》。

② （清）徐家干：《苗疆闻见录》，卷下。

③ （宋）范致明：《岳阳风土记》。

多杂蛮左。“屈原以五月望日赴汨罗，土人追至湖庭不见，湖大船小，莫得济者，乃歌曰：‘何由得渡湖！’因尔鼓櫂争归，竟会亭上，习以为传，为竞渡之戏，其迅楫齐驰，櫂歌乱响，喧振水陆，观者如云，诸郡率然，而南郡、襄阳尤甚。”竞渡之戏是否源于纪念屈原，尚难定论，但最早起于楚地，当是无疑。竞渡之戏，即后世的“爬船”“斗龙舟”。唐人刘禹锡《竞渡曲》在描述沅江竞渡盛景时写道：“风俗如狂重此时”[①]。宋人朱辅《溪蛮丛笑》称：“爬船，蛮乡最重。”此说不谬。如徐家幹《苗疆见闻录》载：苗疆“好斗龙舟，岁以五月二十日为端节，竞渡于清江宽深之处。其舟以大整木刳成五六丈，前安龙头，后置凤尾，中能容二三十人，短桡激水，行走如飞”。隋人杜台卿说：“南方民又竞渡；……在北舳舻既少，罕有此事。”[②]可谓一语道破了南方诸族之俗与中原之俗的又一区别。

十一、尚武与善射

楚民族是一个强悍的民族，以武为荣。据《左传·襄公十八年》载，楚康王说：“国人谓不谷主社稷，而不出师，死不从礼。不谷即位，于今五年，师徒不出，人其以不谷为自逸，而忘先君之业矣。”可见，若五年不出兵，“国人”就会视为背叛“先君之业”。正是通过连绵不断的战争，楚国成为战国时期疆域最大的国家。

南方诸族素以尚武精神著称。早在汉代，板楯蛮就被誉为“善于兵战”之“神兵”[③]。对于历代由南方诸族组成的“土兵”之英勇善战，已有定评。

楚人作战，长于射，其主要表现有三：一为射艺高强，著名射手养由基[④]即是一例。一是楚射闻名于列国，越、吴两国军士均曾拜楚人为师，这在《吴越春秋·勾践阴谋外传》《国语·楚语上》中均有记载。一是善用弩。据《吴越春秋·勾践阴谋外传》载，楚人发明了弩，这可以从近年在江陵秦字嘴古墓群中出土的双孔连发弩中，得到证明。

---

① （清）彭定求等编：《全唐诗》，卷三五六。

② （隋）杜台卿：《玉烛宝典》。

③ （南朝宋）范晔：《后汉书·南蛮西南夷列传》。

④ 参见《左传·成公十六年》。

南方诸族习用弩。如："诸瑶皆以弩为长技"[①]；九股黑苗，"挽强弩，名曰偏架，一人持之，二人蹶张，矢无不贯"[②]。苗瑶诸族善弩，当是楚之遗风。

十二、余　论

上述事例表明：楚与南方诸族的习俗，颇多相类之处。其原因主要在于：

其一，从历史渊源而言。春秋战国时期，南方诸族的先民，或置于楚的统治之下，或处于楚的影响之中，楚之疆域，按今地而言，它以两湖地区为中心，并占有河南、安徽、陕西、四川、江苏、浙江、山东诸省的部分或大部，其文化之传播更及于云贵与岭南，楚境内含有群蛮、越、濮、巴诸族。其势则远及牂牁、滇族之地，如《盐铁论·论功》称："今西南诸夷，楚庄之后。"这样，楚国境内作为主体民族的楚族与其他民族之间，互相影响、互相渗透、互相糅杂和混合，形成了独具一格的南方民族文化的代表——楚文化。楚国也因此成了历史上南方民族及其文化的融合中心。不言而喻，楚亡后，楚的遗风，在后世南方民族地区中仍长期保留其痕迹。

其二，从族属而言。楚与南方诸族的先民，均属"南蛮"系统。远古时期，居住在江汉流域及其以南的众多部族，古籍把它们统称为"蛮""夷"或"蛮夷"并称，又因其位于华夏族之南，故别称为"南蛮"或"南夷"。楚即属于南蛮集团的一支。显然，华夏族人把楚与南方诸族先民统划入"南蛮"族类，这是它们之间存在着有别于华夏族的较为近似的文化所致。

其三，从社会形态而言。楚与南方诸族的社会发展程度不同，社会形态也不一；但其间也有一致之处，这就是具有较为浓重的原始社会的残余。上述巫风之流行，就是在这一共同社会基础上产生的。

其四，从地理环境而言。南方地区多川泽山林，形成了当地居民山行水处的共同习俗。上述楚与南方诸族的习于用舟、善射、崇奉山鬼诸俗则应运而生。

其五，从气候条件而言。南方地区较为炎热与湿润。因此，人们的日常生活必须适应这样的气候条件。上述衣短衣、髻椎之俗的形成，殆与此有关。

其六，从物产而言。楚与南方诸族处于广而饶之地，与中原地区有着不同的方

① （宋）周去非：《岭外代答》，卷六。

② （清）田雯：《黔书》，卷一。

物出产。这样，势必给人们的生活方式留下特殊的印记。上述衣彩衣的特点，与南方的盛产植物性染料有关，即属此例。

综上所述，楚与南方民族的文化，确有颇多相似之处。其间存在着源流因袭关系，即在某种程度上，可说是楚俗流传所致。除此之外，共同的“蛮”族文化和共同的区域文化诸因素，也起着不可忽视的作用。从中也可见，楚与南方民族的文化，为我国多民族的文化宝库增添了异彩。

古代民族篇

论江汉之濮*

江汉之濮，曾活跃于商、西周与春秋时期，其后，这支濮人突然从中国历史舞台上销声匿迹。至晋朝以降，在川、黔、滇地又突然不断涌现名目繁多的濮人。对这些不同时代、不同地域的濮人，应作如何观，可谓众说纷纭，见仁见智。为求正本清源，本文拟就早期濮人的地望及其活动，作一粗略分析，以求正于大家。

一、濮的地望

濮是属于“南蛮”系统的古代民族。故史称：濮为“南蛮之别名”①；“南蛮之国”②；“夷”或“南夷也”③。

约略言之，濮人居于中原地区与楚地之南。商时，据《逸周书·王会解》载：百濮在商的“正南”。西周时，《左传·昭公九年》卷四五载，濮为周的“南土”。春秋时，《左传·昭公十九年》卷四八称，楚王伐濮为“王收南方”；《史记·楚世家》卷四〇正义引刘伯庄云：“濮在楚西南”。对此，历代学者是无多大异词的。

具体而言，“濮在江汉之南”④。此说可信。主要依据有：

一是《左传·文公十六年》卷二〇，孔颖达疏引杜预《释例》曰：“建宁郡南有濮夷”。据清人江永《春秋地理考实》释：“晋建宁故城在今湖广荆州府石首县，当时麇人所率百濮在其南。”宋人罗泌《路史·国名记》卷一也说：“建宁故县，今为镇，隶石首。”

一是《左传·文公十六年》卷二〇载：“麇人率百濮聚于选”。选地，据清人所辑《春秋传说汇纂》称：“当在荆州府枝江县南境”。选为百濮重兵集结以攻楚之地，说明其活动基地当在这一带地区。又，就在这次战争中，“楚人谋徙于阪高”。楚人

---

* 原载《江汉考古》编辑部编：《湖北省考古学会论文选集》(二)，1991 (7)。

① （晋）孔晁注：《逸周书·王会解》。

② 《国语·郑语》，卷十六。

③ 分别见《左传·文公十六年》，卷二〇和《左传·昭公十九年》，卷四八。

④ 《尚书·牧誓》，卷十一，孔安国注。

拟从郢（今湖北江陵）北徙都阪高（今湖北当阳东北）避濮一事，也说明百濮的聚地当在当阳及江陵之南。

一是《左传·昭公十九年》卷四八载："楚子为舟师以伐濮"。可证，濮人当近水而居。而湖北石首、枝江及江陵一带，正濒临长江。这说明，濮人居于江汉流域甚及其南的澧、沅、资、湘诸水，殆无疑义。

但是，"濮在江汉之南"的概念，仍嫌笼统。若能进一步弄清与百濮关系至为密切的麇人居地，那么，百濮的地望则更为了然。这是因为：麇人是属于百濮的一支，或至少是地域相邻、族类相近的民族。这从《左传·文公十六年》卷二〇的记载中可以得到证明：前文说"麇人率百濮"叛楚，言明麇人为百濮之首；后文则省去麇人一词，只说"百濮离居""百濮乃罢"，可见麇人是包括在百濮之中的。

关于麇地之所在，主要可列举下述两条材料：

据《左传·文公十一年》（周顷王三年，楚穆王十年，前616年）载："楚子伐麇，成大心败麇师于防渚。（杜预注：'防渚，麇地。'）潘崇复伐麇，至于锡穴。（杜预注：'锡穴，麇地。'）"。那么，作为麇地的防渚、锡穴又在何处呢？防渚，据《十道志》曰："房州房陵郡，……古麇国也。《左传》曰：'楚子伐麇，成大心败麇师于防渚。'杜注：'防渚在麇地。'阚骃云：'防陵即春秋防渚也。'"[①] 麋即麇，因形近而伪；唐之房陵郡即今湖北房县。《通典·州郡五》卷一七五也载："房州，古麇、庸二国之地也，春秋楚子败麇师于防渚即此也。"又，《元和郡县图志》等籍均持此说。至于锡穴，据《太平御览·州郡十四》卷一六八，均州条载："《十道志》曰：'郧乡，古麇国也。'《左传》曰：'楚潘崇伐麇至于锡穴。'又，《地形志》曰：'汉中郡之东界有锡县，即古之锡穴也。"'《通志·州郡七》卷一七七，均州条则载："郧乡，汉锡县也，古麇国。春秋时，楚潘崇伐麇至于锡穴，即此也。西晋改为郧乡。"唐之郧乡县，即今湖北郧县。需加说明的是，关于锡穴的地望，共有两说。据清沈钦韩《春秋左氏传地名补注》卷五载：锡穴，"《一统志》：'故城在兴安州白河县东'；《方舆纪要》：'锡义山在郧阳府西北百八十里'。"而清顾栋高《春秋大事表》一书中的"爵姓存灭"与"都邑"篇也分列陕西白河县与湖北郧县两说。表面上看来，一在陕西，一在湖北，政区不同，似相抵触。其实一也，因郧县之西即白

① （宋）李昉、李穆、徐铉：《太平御览·州郡十四》，卷一六八，房州条。

河县之东。

据《左传·定公五年》（周敬王十五年，楚昭王十一年，前 505 年）载：吴人攻破楚郢都后，申包胥以秦师至，“吴师败楚师于雍澨，秦师又败吴师，吴师居麇”。雍澨，据清易本烺《春秋楚地答问》释：“为京山西南、天门西北接壤之地，无疑。”吴、楚、秦三方角逐于今湖北京山一带表明，吴师所居的麇地当在此邻近地区。

以上材料证明：麇人居于沿汉水流域周围的郧县、房县直至京山地区。故童书业说：“麇亦汉水流域之国也。”[①] 其结论即由此而来。

因此，由麇人之地推知，濮地北及汉水上游的郧县、房县等地。这就是《春秋地理考实》所谓濮之地“在楚之西北境”的来由。

总之，石首、枝江、京山、房县、郧县，均在今湖北省境。因此，顾颉刚说：“《牧誓》之‘濮’，自应从《左传》所记，在楚国附近，今湖北省境，无疑也。”[②] 这样，所谓早期濮人分布之地远至云南等西南地区的说法，就不攻自破了。

此外，还有濮人由江汉而南入湘、沅，并及湘西地区之说。如，清王鸣盛《尚书后案》：“湖南辰州实古濮地。”《春秋大事表·爵姓存灭》载：百濮，“或曰湖广常德、辰州二府境。”今人殷宗浩、何浩等也持此说[③]。这是不无道理的。因为：

其一，“百濮聚于选”，事在前 611 年，“楚子为舟师以伐濮”，时为前 523 年。其间相距 88 年。换言之，楚经过近百年的对濮战争，势必已越过选地即枝江以南了。这意味着：濮人势力已被迫至长江与洞庭湖之南。故这次楚对濮舟师之战理应在澧、沅、资、湘流域一带进行。

其二，考古材料证明，湖南地区已发现大批春秋时期的楚墓[④]。这说明：春秋后期的楚以舟师伐濮之地已南移至湖南境内的水系了。

总之，濮人活动的范围，以鄂南为基地，西邻陕、川边地，南可及湘西地区。何以会形成这种广泛分布的特点呢？据《春秋大事表·四裔》载：濮曰百濮以概之，“盖其种类实繁，倪蜕《滇云历年传》：‘百濮者，犹夫百粤也。’言其多，非一迹之

① 孙绿怡：《春秋左传研究》春秋时濮族所在条，上海，上海人民出版社，1980。

② 顾颉刚：《史林杂识·牧誓八国》。

③ 何浩、殷崇浩：《春秋时楚对江南的开发》，载《江汉论坛》，1981（1）。

④ 详见《新中国的考古发现和研究》一书中的“东周时期南方的楚墓”。

可循，一隅之足指，故谓之百。”一言以蔽之，濮是因为濮人是由众多族类所构成，并过着迁徙不定的原始生活所致。

二、濮与商、西周关系

濮人的活动，远古时期，文献难征。入商，已可寻见其蛛丝马迹。据传，早在商朝初年，濮就与中原王朝有了联系。如，《逸周书·王会解》载：“何尹受命，于是为四方令曰：‘……正南瓯邓、桂国、损子、产里、百濮、九菌，请令以珠玑、玳瑁、象齿、文犀、翠羽、菌鹤、短狗为献。”’把《逸周书》作为先秦古籍看待，是历代学者几无歧义的。因此，其所反映的百濮与南方诸氏族部落向商王朝献方物一事，当有所本。若此说不谬的话，可见百濮已为商代的南部方国。又，甲骨卜辞有“丁丑贞，卜又希，歼因卜”之句，据郭沫若释：“卜即卜之卜，乃国族名”。[①]“卜，即濮也”[②]。这可作濮已与商殷发生关系的佐证。

至周期，濮的势力有了新的发展，并与中原王朝建立了相当密切的关系。主要表现为：

其一，参与中原王朝更迭的角逐。据《尚书·牧誓》卷十一载：“王曰：‘嗟我友邦冢君、御事、司徒、司马、司空、亚旅、师氏、千夫长、百夫长及庸、蜀、羌、髳、微、卢、彭、濮人，称尔戈、比尔干、立尔矛，予其誓。’”《史记·周本纪》袭此说。这是史籍关于濮人的首次确切无疑的记载。据此，以引申如下结论：首先，濮，参加了武王伐纣的战争，是周人推翻殷王朝的重要与国之一。从而，对中原地区的社会历史发展，起了直接的推动作用。其次，既然商末濮人的势力已相当强大，那么，上述濮与商殷早有交往之事，是合乎逻辑的，也是可信的。

其二，称臣。据《左传·昭公九年》卷四五载：周王使詹桓伯辞于晋，曰：“及武王克商，蒲姑，商奄，吾东土也；巴、濮、楚、邓，吾南土也；肃慎、燕、亳，吾北土也。”可见，西周初年周人的势力与影响已及于濮，濮地已划入周王朝的疆域之内，濮为臣服于周的南方一大邦国。

其三，贡纳。既然濮已为周的“南土”，以方物进献乃是称臣的重要标志。《逸

① 郭沫若：《殷契粹编考释》，164页。

② 《逸周书·王会解》。

周书·王会解》：成周之会，“卜（濮）人以丹砂”。即例证。

其四，侵扰。濮、周之间存在着矛盾的关系，既有称臣纳贡的融洽一面，又有骚扰与征讨的对抗一面。据《宗周钟》铭文：“王肇遹省文、武，勤疆土。南国𠬝及子，敢舀虐我土。王遹伐其至，扑伐厥都。𠬝子乃遣间来逆邵王，南夷、东夷具见廿有六邦。”[①]𠬝即服,徐中舒诸家均释为濮的同音或对音。罗香林在《中夏系统中之百越》中写道：“𠬝在南国，而文字古读重唇，与濮同音，地望亦合，知即濮之别书，盖亦但取字音相同而名其种人也。”可证，金文中的𠬝为濮，𠬝子为濮子，即濮人的首领。这段记载表明：濮、周关系虽较濮、商关系有所进展；但濮对周仍若即若离，而周对濮的控制也还是较为松弛的。

三、濮、楚关系

春秋时期，濮、周关系无闻，而濮、楚关系颇繁。这一消一长，原因在于：当时，王室衰微，大国争霸，故僻处南方的濮，主要与强邻——楚国发生关系。应该说，在濮的历史发展过程中，濮与楚间较之濮与中原王朝间存在着更为密切的关系。楚、濮关系的全过程，可以归结为四个发展阶段：楚人始入濮地；开拓濮地；伐濮；亡濮。下面依次叙议：楚、濮关系的开始，可上溯至西周后期。据《国语·郑语》卷十六载：楚鬻熊之后十世的熊严生子四人，长子伯霜继位，是为熊霜。周宣王六年（前822年），熊霜卒，三弟争立。熊严第三子叔熊，“逃难濮而蛮。”韦昭释：“濮、蛮邑。……叔熊逃难奔濮，而从蛮俗。”《史记·楚世家》卷四十则载：“叔堪亡，避难于濮。”叔堪即叔熊。此事的重要意义，需从两方面加以论述。一方面，楚统治集团中的核心人物叔熊亡濮，势必带来较为先进的楚文化。特别是，叔熊入长濮地，其影响更为强烈和更为深远。另一方面，叔熊为取得濮人的信任而“从蛮俗”一事，又说明进入“蛮邑”的楚人，接受了濮文化。因此，这一事件意味着濮、楚文化一次大的交流与融合。关于叔熊入长濮地即成为濮人统治者一说，我认为主要依据有三：首先，据《国语·郑语》卷十六载：史伯对郑桓公说：“（祝）融之兴者，其在芈姓乎？芈姓夔越不足命也。蛮芈蛮矣。（韦昭注：‘蛮芈，谓叔熊在濮从

---

① 郭沫若：《两周金文辞大系图录考释》（第六册）。

蛮俗。’）‘唯荆实有明德，若周衰，其必兴矣。”意谓：祝融后裔楚公室分为三支：一是被楚人废黜的熊绎六世孙熊挚入夔后所建立的“芈姓之别国”（韦昭语）夔越；一是叔熊在濮所建立的“蛮芈”之国；一是“荆”即楚国。在这三个芈姓国家中，日后只有荆楚必然兴盛并足与周人相抗衡。可见，当时的人是把濮地的“蛮芈”作为芈姓的一个分支来看待的。近人顾颉刚也作如是观，他写道：叔堪逃难，“而国于枝江之南”①。其次，《世本》与《路史》诸籍均载，濮为熊姓。楚、濮同姓，当系叔熊入濮地所致。再次，历史上较先进民族的统治集团人物进入“蛮”地后，往往受到当地民族的拥戴而成为其首领，这是史不乏书的。如《史记•吴太伯世家》卷三一载：周太王之子太伯、仲雍因王位继承内争失败后，乃奔荆蛮，从蛮俗，“荆蛮义之”，而立为吴太伯。这与叔熊入濮而蛮一事，如出一辙。在楚国历史上，其后也有庄跻王滇之说，可作参证。概言之，叔熊入濮，为楚人经营濮地铺平了道路。

春秋以后，楚国向濮地的开拓，步入了新的阶段。据《国语•郑语》卷十六载：“及平王之末，而秦、晋、齐、楚代兴，秦景襄于是乎取周土，晋文侯于是乎定天子，齐庄、僖于是乎小伯，楚蚡冒于是乎始启濮。”时人称楚蚡冒（前757—前741年在位）“始启濮”为楚国兴起的标志，并把它与各诸侯国同时发生的重大事件相提并论，列为周平王末年的四大新闻之一，其重要性于此可知。楚人也念念不忘先人这段开发濮地的业绩，所谓“训之以若敖、蚡冒，筚路蓝缕，以启山林”②者，即此之谓也。其后，周桓王十六年（前704年），蚡冒弟熊通自立为楚武王，“于是始开濮地而有之”③。这表明，楚蚡冒、武王开启濮地，拉开了楚、濮长期斗争的序幕。其结果是，为楚后来争霸中原奠定了雄厚的物质基础。需要指出的是，楚开濮地似是采取较为和平的方式，并未遇到濮人的大规模反抗，这和自从叔熊入濮长期经营濮地应有密切关系。

从此，濮成了楚的附庸。从而，在楚、濮关系中，贯穿着濮人反叛与楚人讨伐的战争过程。据《左传•文公十六年》（周匡王二年，楚庄王三年，前611年）载：“楚大饥，……庸人帅群蛮以叛楚，麇人率百濮聚于选，将伐楚。于是申、息之门

---

① 顾颉刚：《史林杂识•牧誓八国》。

② 《左传•宣公十二年》，卷二三。

③ （汉）司马迁：《史记•楚世家》，卷四〇。

不启。楚人谋徙于阪高。”意为：楚之属国濮、庸曾乘楚饥馑之际联合反叛，迫近楚都，楚人震恐拟徙都以避其锋。可见，濮势已强大到对楚造成严重威胁的地步。又，据《左传·昭公十九年》（周景王二十二年，楚平王六年，前523年）载：“楚子为舟师以伐濮。费无极言于楚子曰：‘晋之伯也，迩于诸夏，而楚辟陋，故弗能与争。若大城城父，而置大子焉，以通北方，王收南方，是得天下也。’王说，从之。”从中说明：其一，楚为“得天下”，采取北上与南下的双管齐下的方针。将取以濮为中心的南方诸地，这在楚国的历史发展过程中，具有极为重要的战略地位。其二，此时距始启濮已达二百多年之久，楚尚未完全征服濮，可证濮地之广与濮势之大。

由于楚、濮力量悬殊，双方经过长期的反复的较量之后，濮终为“楚灭”。①

濮亡的根本原因，在于其尚处于较为落后的社会历史发展阶段。据《左传·文公十六年》卷二〇孔颖达疏引《释例》曰：“濮夷无君长总统，各以邑落自聚，故称百濮。”清人高士奇《春秋地名考略》：“盖以种族不一，故称百濮。”可见，当时种类繁多的濮人，尚处于分散狭小的部落状态，未形成强大的政治、经济、军事联盟，故虽能“为楚害”②，但终无法与楚相匹敌。历史事实也证明了这一点。如，楚庄王四年（前610年）濮、庸联合叛楚，楚采取攻庸以警濮的战术时，散漫的乌合的濮人就各自散归了。故史称：“百濮离居，将各走其邑，谁暇谋人”③；“濮夷无屯聚，见难则散归”④。近人童书业据此写道：“濮之卒不能大为楚患者以此。”⑤这是确论。应该补充的是：濮之卒为楚灭者也以此。

四、春秋之濮与后世之濮的关系

关于早期的濮与后世的濮之间的关系历来看法不一。

一种意见是把二者等同起来。如，《左传·文公十六年》卷二〇孔颖达疏云：

---

① （宋）罗泌：《路史·国名纪》，卷一。

② 同注①。

③ 《左传·文公十六年》，卷二〇。

④ 同注③。

⑤ 童书业：《春秋左传研究》，“春秋时濮族”所在条。

“濮为西南夷”。《春秋大事表·爵姓存灭》中说：百濮，“西南夷。在今云南曲靖府境”。即用后世的濮人比附早期的濮人。近年一些论著，也往往把这些时代不同、地域有别的濮人均作为统一的民族加以研究，有的还把举凡与濮音相近者也归为一类。

一种意见是应把二者加以区别。顾颉刚在《史林杂识》一书中就持这种见解。笔者也认为，对不同时代与地域之濮人的来龙去脉，应具体问题具体研究，不宜统而言之。理由有二：一是有的濮，称谓虽一，而其实则大相径庭；一是有的濮，起源即使有些关联，但在漫长的历史长河中，经过分合、演变，其间差异又不知几许矣。

以早期濮人而论，当楚灭濮后，濮人的分布格局发生了历史性的变化。于是濮人一分为三。其中，相当部分的濮人，不断向西南移动。故进入战国以后，楚境已无濮人的记载。汉晋时，濮人大量出现在川东。东汉扬雄《蜀都赋》：“东有巴賨，绵亘百濮”[①]，晋人左思《蜀都赋》：“于东则左绵巴中，百濮所充”[②]，可证。晋以后，川东濮人融合于僚族之中。一部分退居湘西，与当地土著民族融合，成了秦汉时期“武陵蛮”的来源之一。而留在邻近楚中心地区的江汉之濮，则与当地楚人融合而成为汉族的组成部分。早期濮人的演变，大致如此。

---

① （清）严可均：《全上古三代秦汉六朝文·全汉文》，卷五一。

② （清）严可均：《全上古三代秦汉六朝文·全晋文》，卷七四。

山越非濮后裔辨*

江应樑先生的《说“濮”》一文（以下简称江文）[①]提出了许多独到的见解。但其中关于三国时的山越不是“浙江境内的越人部落”而是“原先楚国境内遗留下来的百濮部落”的看法，则似可讨论。对此，笔者本着学习和求教的心情，愿提出一些不同看法，与江先生商榷；并对山越的族源问题，作一粗略的探讨。

一、濮与山越无涉

江文为了证明山越为濮的后裔，提出了“江汉到会稽这一片地”是“濮族分布区”的说法。江汉为濮族分布地是有史可征的，但这“到会稽这一片地”怎么也成了濮族分布区了呢？江先生语焉不详，而这段话，从史籍所载濮的地望来看，似颇难成立。这是因为：

第一，濮在我国南部而非东部。据《国语·郑语》韦昭注，濮为“南蛮之国”；《左传·昭公十九年》杜预注，称濮为“南夷”；《逸周书·王会解》则说百濮在商的“正南”。而江文把会稽一带地区均作为濮地，并把东部山越说成是原先楚国境内遗留下来的濮人后裔，这显然与史载濮在“南”与“正南”的方位不符。

第二，濮在江汉之南而不在江东。孔安国注《尚书·牧誓》：“濮在江汉之南”。杜预注《左传·昭公元年》：“濮在南。今建宁郡南有濮夷”。据孔颖达疏引《释例》，建宁故城在今湖北石首县。《左传·文公十六年》载，趁楚大饥之际，“麇人率百濮聚于选，将伐楚”，注家释选地在今湖北枝江县。可见，濮位于从枝江到石首一带的江汉平原地区，其在江汉以南则无疑。江文有的地方说，“江汉以南的濮族部落”；有的地方又说，濮分布在“淮河以南，整个长江流域”“江汉到会稽这一片地”。显然，这种说法本身就是互为抵牾的。众所周知，汉水从汉阳流入长江，所谓江汉之南，这里主要是指湖北、湖南等地，其范畴绝不能延及长江下游地区。而淮河以南及武汉以下的长江流域，则应称之为江淮地区了。因此，江文把山越聚居地的江东

---

* 原载《中南民族学院学报》，1982（2）。

① 见《思想战线》，1980（1）。

与楚境的濮人居地江汉等同起来，这在地理概念上似有混淆之处。再者，淮南，春秋时为东夷的群舒等部族居住地，长江下游则为吴、越聚居地，怎么都变成了濮族分布区了呢？

由于史籍中找不到关于濮族分布在会稽一带的明文记载，江文为把江汉以南的濮族“移”到江东去，运用了濮、越通称说。江文说：“楚国江南地，以前都通称为濮地，到吴起、王翦时，便都称为越地了”。这就是江文的山越为濮的后裔说的重要论据。笔者认为，这段话也尚可商榷。因为：第一，濮地，“江汉之南”不能用“江南地”来代替。江南地一词的外延要广得多，它可以包括江东而江汉之南则不能。因此，这两个概念不能等同。而江文使用“江南地”一词，为的是把“江汉到会稽这一片地”都包括在濮地之内，这似不妥当。第二，江文对吴起和王翦的史料之理解，与史实本身似不相符。下面，我们作些分析。

关于吴起的材料，江文在引了《史记·孙子吴起列传》的“南平百越”的语句之后，解释说：“吴起向南方用兵的地区，是长江中游的赣、皖一带，也正是百濮分布区域”。把吴起南平的百越释为赣、皖一带，又把百越与百濮的概念等同起来，这样百濮就与三国时的山越在地望上接近了起来，这是江文的寓意所在。江文所说的百濮分布在“淮河以南”地区，大概也本于此。但是，遗憾的是，文中没有论及吴起所攻的百越是长江中游的赣、皖一带这一看法的根据是什么。众所周知，历代史家对百越的范畴，虽在是否包括岭南地区的问题上，有分歧意见，但指洞庭湖以南，则是没有异词的。《后汉书·南蛮西南夷列传》阐述得很清楚：“及吴起相悼王，南并蛮越，遂有洞庭、苍梧”；这与《史记·苏秦列传》载，苏秦对楚威王说，楚“南有洞庭、苍梧”，是一致的。这里所说的蛮越即《史记》中的百越，苍梧指湖南宁远县的九嶷山。这就是说，吴起南平百越一事，指的是楚的势力越过洞庭湖并占有湖南极南部；吴起是“南平”而非顺江东下。即使在南进过程中，会旁及某些赣西地，但却不能得出吴起向南用兵指的是长江中游的赣、皖一带的结论。可见，江文把这条材料作为赣、皖是“百濮分布地”，并进而作为百濮“是和浙江的于越分布地连成一片”的根据，是难于使人信服的。

关于王翦的材料，文中作了如下引述：“《史记·白起王翦传》：‘翦略定荆州城邑，岁余，虏荆王负刍，竞平荆地为郡县，因南征百越之君。’同书《秦始皇本纪》：‘二十五年，王翦遂定荆江南地，降越君，置会稽郡。’”江文引这段材料的目的，

在于说明王翦“南征百越之君”和“降越君”的“越”，就是以前楚国江南地的濮。笔者以为，这是一种误解。因为这里所指的“越”，是指越王勾践的后裔，而不是指原属楚国境内的濮人。这有史为证。据《史记·越王勾践世家》载，楚破越、杀王无疆后，“越以此散，诸族子争立，或为王，或为君，滨于江南海上，朝服于楚”，秦降服这些越君后，就在原越国地置会稽郡。《史记·秦始皇本纪》正义释：“楚威王已灭越，其余自称君长，今降秦”，也指明这些越君即越王勾践的后裔。而于越或越王勾践之越，早在春秋时已见经传，而且有大量详尽的记载。所以，这里不存在到战国王翦时，才把这些地方由称濮改称越的问题。

结论是：濮在江汉之南；濮也没有和浙江的于越分布地连为一片。因此，濮与三国时吴国的山越无涉。

二、山越是于越的后裔

据《三国志》载，三国时的山越遍布吴国的扬州各郡，包括丹阳、会稽、吴、鄱阳、临海、新都、建安、临川、豫章、庐陵诸郡。按今省而言，则包括苏南、皖南、浙江、福建、江西等地。笔者认为，这些山越，并非为江文所说是“江汉地区濮人的后裔”，而是源于春秋末年主要聚居浙江的于越之后裔。于越经历代的变化，终于形成三国时散布于广阔的东南地区的山越。其历史发展过程，史籍记载分明。分述如下：

春秋末年至战国，这一地区的主要部分原本就属于越国统治的范围。会稽郡是越国的统治中心，该地一直是山越活动的重要基地之一是有其历史原因的。临海郡，据《史记》正义释“滨于江南海上”为“今台州临海县是也”，说明临海郡为越人后期活动的中心。吴郡、丹阳郡，原主要为吴国地，前473年越灭吴，至前306年[①]楚尽取故吴地至浙江止，中经160多年的时间，置于越人统治下。越人还曾北上徙都琅琊。故此地或则受越人影响极深或有大批越人徙入无疑。新都郡，本属越地。建安郡，为今福建境，越散后，大批越人南入福建，故顾祖禹《顾氏读史方与纪要精略》卷九十五福建条下说，“春秋以后，亦为越地”。属今江西境的鄱阳郡、临川郡、豫章郡、庐陵郡也有部分为越地，这可以从下列材料得到说明。据《史记》正

① 杨宽：《战国史》，152页，上海，上海人民出版社，1998。

义曰："袁、吉、虔、抚、歙、宣，并越西境，属越地。"按，《史记》正义为唐人张守节所作，唐代袁州治宜春属吴、豫章郡，吉州治吉安、虔州即赣州均属吴、庐陵郡，抚州治临川属吴、临川郡。又据《大清一统志》卷二百四十，饶州府条下说，余汗县为"春秋时越西界'干越'地"，余汗县即今余干县，属吴、鄱阳郡。

可见，吴国山越的活动地区，正与春秋战国时的越国属地基本一致。

江文说："秦灭越，秦始皇置会稽郡，原越国境内的于越，一部分融合于中原民族中，一部分向西迁徙，都'滨于江南海上'，似乎大都从原越国地消失了。"这种说法，是值得研究的。上引《史记》说，越散后，"诸族子争立，或为王，或为君，滨于江南海上"。这里所指的只是"诸族子"，即统治集团，我们决不能由此得出结论，散布上述各地的越族老百姓，除了融合于中原民族者外，其余都跟着越王室的人跑到江南海边去了。这是需要加以区别的。据《通典·州郡》会稽郡条下载，越为楚破，其"浙江南之地，越犹保之，而臣服于楚"。这也可说明，越民犹在原越国地内活动。

秦代，大规模徙越人于江东。据载，"乌程、余杭、黝[①]、歙、无（同芜）湖、石城县以南，皆故大越徙民也。秦始皇刻石徙之"[②]，"是时，徙大越民置余杭、伊攻口故障"[③]。大越即于越，而这些大越徙民之县，正是三国时山越活动十分活跃的地区。这有史实为证：

乌程。《三国志·孙策传》（以下凡出自《三国志》者，均只写篇名）载："吴人严白虎等众各万余人，处处屯聚"；《朱治传》载，吴郡太守许贡被孙策部将朱治打败后，则"南就山贼严白虎"；均可见严白虎人多势大。又，《孙策传》注引《江表传》中有"吴郡乌程严白虎"之句，说明乌程是山越著名首领严白虎的据点。

余杭。《贺齐传》载："吴郡余杭民合宗起贼，复数千人"，被讨平后，分余杭为临水县。孙吴统治者采用分而治之的手段一事，反映了余杭的山越是有相当势力的。

黟、歙。《孙策传》载，陈瑀阴图袭策，约"黟、歙诸险县大帅"为内应。《贺

① （汉）班固：《汉书·地理志》师古注：黝，"字本作黟"。可见，黝即黟。

② （汉）袁康、吴平：《越绝书·外传记吴地传》。

③ 同注②。

齐传》载："歙贼帅金奇万户屯安勒山，毛甘万户屯乌聊山，黟帅陈仆、祖山等二万户屯林历山"；建安十三年（208年），为贺齐攻破后，孙权把黟、歙从丹阳郡分出，并在此基础上建置新都郡。上述黟、歙山越动辄以万户作单位为乱，并历孙策、孙权二世而不衰，其势力遍布整个新都郡一事，表明黟、歙是山越的重要基地。

芜湖。《太史慈传》载，太史慈遁于芜湖，亡入山中，称丹阳太守，并进驻泾县，"大为山越所附"。《徐盛传》载，徐盛为芜湖令时，"讨临城南阿山贼有功"。可见，芜湖一带是山越居地。

石城。虽无直接记载，但其邻近泾县、临城、陵阳均为山越驻地，特别是丹阳著名的山越首领祖郎更出没于泾县、陵阳等地[①]。这说明石城与山越也不无关系。

故障。《朱治传》载，"是时丹阳深地，频有奸叛"，朱治"自表屯故障，镇抚山越。"

三国时上述诸县，乌程、余杭等属吴郡；芜湖、石城、故障属丹阳郡；黟、歙原属丹阳郡后割为新都郡。这三郡属今苏南、皖南、浙北境，即所谓江东之地。可见，江文关于秦始皇置会稽郡后，原越国境内的于越并"没有迁到江东"的说法，是直接违反这段史实的。

《越绝书》为汉人袁康所作，其所记上述诸县恰好是其后三国时山越为乱最剧的地区，这当然不会是一种巧合，正好证明这与秦徙于越之民于此有十分密切的关系。

西汉时，复立越王勾践之后为闽越王和越东海王，这就是世所称的"闽越"和"瓯越"；汉武帝时，又徙其民于江淮间。

关于闽越，据《汉书•两粤传》载，楚汉战争时，无诸、摇率越人佐汉，"汉五年，复立无诸为闽粤王，王闽中故地，都冶"[②]。后立无诸孙丑为越繇王，分立余善为东越王。元封元年（前110年），武帝以"东粤狭多阻，闽粤悍，数反复"为理由，"将其民徙江淮之间"。但闽越地区仍有越民遗留，据《通典•州郡》载，汉武时"徙其人江淮间，尽虚其地，后有逃遁山谷者颇出，立为冶县"。冶，师古注《汉书》曰："即侯官是也"。三国时，冶（侯官）县山越十分活跃。《蒋钦传》："会稽冶县吕合、秦狼等为乱"，波及五县。《贺齐传》则载，侯官"贼帅张雅、詹彊"反，

① 《妃嫔传》《吕范传》和《资治通鉴•献帝兴平元年》。

② （汉）司马迁：《史记•东越列传》作"都东冶"。可见，"冶"又可作"东冶"。

“雅称无上将军，疆称会稽太守”，贺齐利用越人内部矛盾而讨平之。但“侯官既平，而建安、汉兴、南平复乱”“贼洪明、洪进、苑御、吴免、华当等五人率各万户，连屯汉兴……同出余汗”。据《资治通鉴·建安元年》胡三省注：冶县原属会稽郡，吴时始分会稽南部的冶县等地置建安郡。又，建安、汉兴、南平三县均属建安郡，余汗属鄱阳郡。可见，三国时以侯官为中心的建安郡等地的山越，应是西汉闽越的后裔。

关于瓯越。汉孝惠三年（前 192 年），举高帝时越功，立闽君摇为东海王，都东瓯，世号为东瓯王。东瓯又称瓯越，因居地近瓯水得名。武帝时闽越击东瓯，东瓯“请举国徙中国，乃悉与众处江淮之间”[①]。但此地仍有越遗民，据《太平寰宇记》卷九九处州条下载，汉武时“东瓯乃举国徙中国，处之江淮间，而后遗人往往渐出，乃以东瓯地为回浦县”。据《史记·东越列传》集解引徐广、索隐引韦昭，均释东瓯为“今永宁”，而永宁吴时属临海郡；又据《通典·州郡》临海郡条下载，“汉回浦县地”，即吴时的临海县。可见，吴时临海郡的永宁县与临海县，正分别是西汉东瓯人徙江淮前后的活动中心。故三国时临海的山越，与瓯越关系至为密切。

总之，闽越和瓯越的聚居地，建安郡在今福建境，临海郡在今浙南境；而赣北、皖南、苏南则与闽越、瓯越的徙居地江淮间相近。可见，三国时山越与西汉时闽越、瓯越的分布地也大体相符。又据《史记·东越列传》载：“闽越王无诸及越东海王摇者，其先皆越王勾践之后也……秦已并天下，皆废为君长，以其地为闽中郡”（《汉书·两粤传》所载相同）。《史记·越王勾践世家》还指明越王无疆后七世为闽君摇，更从世系上说明其渊源关系。可见，闽越及瓯越即秦时闽中郡的闽越，先秦时为越王勾践之越。故由此，山越又可溯源于越。

东汉时，这些地区长期无越人活动的记载，直至灵帝建宁二年，即 169 年始有“山越”之称[②]。这中间，于越后裔是否从这些地区消失了呢？回答是否定的。因为从《三国志》的记述中，仍可寻见其蛛丝马迹。第一，据《诸葛恪传》载，山越“缓则首鼠，急则狼顾”，这句话除去侮辱的提法不论，倒是反映了历史真实的。就是说，当东汉王朝的统治还相对稳定，对越人的压迫相对和缓时，其反抗也尚不为

① （汉）司马迁：《汉书·两粤传》。

② （南朝宋）范晔：《后汉书·灵帝纪》载，建宁二年，“丹阳山越贼围太守陈夤，夤击破之。”

世人所注目。到了末世，天下纷乱，群雄割据，特别是扬州地区成了孙吴政权的基地，孙吴统治集团加紧对山越实行政治奴役、经济压榨，山越的反抗就愈演愈烈。因此，关于山越活动的记载也大量出现。可见，所谓“狼顾”之时，山越并非骤从天降；而“首鼠”之际，也并不意味其不复存在。不过是不同时期“缓”与“急”的表现形式不同而已。第二，据《诸葛恪传》载：“山越恃阻，不宾历世”；《陆逊传》称“山寇旧恶”或“宿恶”；《董袭传》则谓“山阴宿贼”。而所谓“旧恶”，据胡三省释：“谓自旧为恶者”[①]。所谓“历世”“旧恶”“宿恶”“宿贼”，均意为由来已久，可证东汉一代于越后裔从未停止活动。

江文说：“东吴境内这样众多的山越，从什么地方来的？在此之前，为什么不见有文献记载？适当的解答是：他们就是原先楚国境内遗留下来的百濮部落。”

关于山越在此之前有无文献记载的问题，笔者以为是有的。这需从“山越”的称谓谈起。所谓“山”者，只是形容这一时期越人的居住特点罢了。由于历史和社会的原因，到三国时期，平地的越人多已与汉族融合，另外大批越人被历代统治阶级赶至自然条件恶劣的山区，从而造成其时越人“山栖草藏”[②]的状况，故《三国志》除称越人为“山越”外，又别称为“山民”“山贼”“山寇”。而“越”则是族称，这可从下列三方面得到证实：第一，史书的提法。《贺齐传》称山越为“越人”。胡三省释“山越”，“本亦越人，依阻山险，不纳王租，故曰山越”[③]，或说是“越民依阻山险而居者”[④]。第二，山越人的自称。《孙坚传》载：“会稽妖贼许昌起于句章，自称阳明皇帝”，裴注引《灵帝纪》曰：“昌以其父为越王也”。第三，孙吴统治集团时对山越的称谓。他们把对山越人作战的将领，称之为“威越校尉”[⑤]、“讨越中郎将”[⑥]，拜山越降将为“越骑校尉”[⑦]。可见，史家、山越人、东吴人都把山越人视作越人，山越即越无疑。而东吴境内的越人，从春秋战国的于越，经秦汉的闽越、瓯越，

---

① （宋）司马光：《资治通鉴·献帝建安二十二年》注。

② （晋）陈寿：《三国志·周鲂传》。

③ （宋）司马光：《资治通鉴·灵帝建宁二年》注。

④ （宋）司马光：《资治通鉴·献帝建安三年》注。

⑤ （晋）陈寿：《三国志·董袭传》。

⑥ （晋）陈寿：《三国志·蒋钦传》。

⑦ （晋）陈寿：《三国志·钟离牧传》。

直至三国时的山越，一脉相承，记载分明，怎能说“不见有文献记载”呢？

关于山越从什么地方来的问题，笔者以为主要源于于越。春秋战国时，于越人建立了越王勾践之越国。楚破越后，越散布于东南。秦始皇时，将大越徙于江东。西汉时，又将闽越、瓯越的一部徙于江淮间。通过历代的变迁、繁衍，终于形成三国时散布于今苏南、皖南、浙、闽、赣等地的山越，其来龙去脉、渊源与因袭关系是颇为清楚的。所以，山越非濮而是于越的后裔。通过以上分析，笔者也可以得出与江先生不同的答案。

南朝岭南俚僚概论*

南朝时，岭南诸族被称为“俚”“僚”，或“俚僚”联称。也有沿袭旧例，仍泛称“百越”“南越”“诸越”“越人”者。

史籍关于俚人活动的记载，最早可追溯至东汉初年。据《后汉书·南蛮西南夷列传》载：“建武十二年，九真徼外蛮里张游，率种人慕化内属，封为归汉里君。”李贤注：“里，蛮之别号，今呼为俚人。”但是，《后汉书》为南朝宋人范晔所作，若论最早称“俚”之册籍者，为三国吴人万震的《南州异物志》。《太平御览·四夷部六》俚条下，保存了该籍关于广州南俚人的分布与社会情况的记载。首次明确记载岭南僚人活动者，当推晋人郭义恭的《广志》。据《太平御览·兵部》卷八七引该籍云：“僚在牂牁、兴古、郁林、苍梧、交趾，皆以朱漆皮为兜鍪。”郁林、苍梧以及交趾三郡，均在岭南之地。至于俚、僚并称，则最早见于晋、宋间人裴渊的《广州记》。

至南朝，史籍关于岭南俚、僚的记载大量增加，从而能使我们了解俚、僚的概貌。

一、南朝的俚、僚社会

南朝时，俚、僚社会较前有了较大变化。主要有下述特点：

（一）已形成相当强大的政治与军事联盟

俚、僚有不同“种类”，按村或洞聚族而居，由其首领即所谓“酋长”“酋豪”“洞主”“帅”“长帅”“酋帅”“豪帅”“渠帅”统领。在这一基础上，建立起包括地域广阔、部落众多的政权组织。其中以高凉（治今广东恩平）冼氏最富代表性。据《隋书·谯国夫人传》载：“谯国夫人者，高凉冼氏之女也。世为南越首领，跨据山洞，部落十余万家。……抚循部众，能行军用师，压服诸越。……后遇陈国亡，岭南未有所附，数郡共奉夫人，号为圣母，保境安民。”冼氏之所以成为具有权威的“部落十余万家”、为“数郡共奉”的“南越首领”，绝非偶然，这是南朝岭南诸

---

* 原载《百越民族研究》一书，南昌，江西教育出版社，1990。

族社会历史发展到一定阶段的必然产物。

（二）社会经济有所发展

农耕业，从宋始兴太守徐豁建言对俚民实行“计丁课米”一事[①]，可见俚民已普遍栽种水稻。纺织业，工艺十分精美。据《陈书·姚察传》载：尝有门生送吏部尚书姚察“南布一端，花练一匹。察谓之曰：吾所衣者，止是麻布、蒲练，此物于吾无用。”“南布”为细葛布，“花练”为苎麻精品，素为越人特产。故史称：练子，“出两江州洞，大略似苧布，有花纹者谓之花练，土人亦自贵重”[②]。“暑衣之，轻凉离汗者也”[③]。金属冶铸业，在晋代广州夷人“知造铸之利”[④]的基础上，又前进了一步。如：梁初，“交、广之域，全以金、银为货”[⑤]；“俚、僚铸铜为鼓”[⑥]；俚人豪帅高州刺史李迁世，“铸兵聚众”[⑦]。造船业，已相当发达。据载，僚师李贲“大造船舰，充塞湖中”[⑧]。隋文帝平陈后下诏云：“吴、越之人，往承敝俗，所在之处，私造大船，因相聚结，致有侵害。”[⑨]均是例证。

（三）具有独特的民族习俗

史书关于晋代岭南俚、僚之俗，已开始有所记载。其要点有：交州俚子善用毒箭[⑩]；“交、广俚俗，多蓄蛊”[⑪]；“广州夷人宝贵铜鼓”[⑫]。

① （南朝梁）沈约：《宋书·徐豁传》。
② （宋）范成大：《桂海虞衡志·志器》。
③ （宋）周去非：《岭外代答》，卷六。
④ （唐）房玄龄等：《晋书·庾亮传》附传。
⑤ （唐）魏征：《隋书·食货志》。
⑥ （晋）裴渊：《广州记》。
⑦ （唐）李延寿：《北史·谯国夫人传》。
⑧ （唐）姚思廉：《陈书·高祖本纪》上。
⑨ （唐）姚思廉：《陈书·高祖本纪》下。
⑩ （晋）张华：《博物志》，卷二。
⑪ （晋）嵇含：《南方草木状》。
⑫ （唐）房玄龄：《晋书·食货志》。

南朝俚、僚之俗，史载稍详于前。大致可以归结为：

俚、僚多山居。故有“俚洞”“山俚”“山贼”“跨据山洞”“倔强山洞”“夷僚丛居，隐没岩障”诸称。

住干栏式建筑。越人素有人居木楼上之俗，号为干栏。晋张华《博物志》卷三有“南越巢居”之说。晋郭义恭《广志》也载“珠崖人皆巢居”。珠崖人，属俚僚族属。至南朝时，不仅记载较繁，而且言明为俚人之俗。如：南朝宋人沈怀远《南越志》：“晋康郡夫阮县人夷曰徕，其俗栅居，实惟俚之城落。”晋广郡，今广东德庆县。《宋书·徐豁传》：中宿县（今广东清远县）“俚民皆巢居鸟语”。《南齐书·州郡志上》：广州俚、僚“皆楼居山险。”此外，《隋书·地理志下》也载：岭南俚人“皆巢居崖处”。所谓“巢居”“栅居”“楼居”，均是干栏式建筑的别称。

好相攻击之俗尚存。据晋宋间人裴渊《广州记》载：俚、僚“风俗好杀，多构仇怨”。而《北史·谯国夫人传》则载：“越人俗好相攻击，夫人兄南梁州刺史挺恃其富强，侵掠傍郡，岭表苦之。夫人多所规谏，由是怨隙止息，海南儋耳归附者千余洞。”这表明：南朝时此俗虽犹存，但已有所改变，甚至出现了“怨隙止息”之风。显然，这是一种历史的进步。

二、南朝统治者对岭南民族地区的治理

岭南民族地区为南朝统治者的重要后方基地，直接关系其存在与发展。故南朝对此地的治理与开发，均十分重视。其主要措施有：

（一）政治上设治越职官、辟越州，建俚郡与任用酋豪为官

设置平越中郎将和督护诸机构与职官。平越中郎将，南朝袭晋制也设此职。据《宋书·百官志下》载：“平越中郎将，治广州，主护南越。”南朝宋齐梁陈四代均置平越中郎将一职，且毫无例外地兼领广州刺史，权重者还“持节”为之。其职能，“绥静百越，岭外安之”[①]，“绥怀安辑，被以恩惠，岭表赖之”[②]。即维护南朝朝廷对“岭外”“百越”的统治地位。

---

① （南朝梁）沈约：《宋书·张茂度传》。

② （唐）姚思廉：《陈书·沈恪传》。

督护，据《南齐书·州郡志上》载："广州，镇南海。滨际海隅，委输交部，虽民户不多，而俚、僚猥杂，皆楼居山险，不肯宾服。西南二江，川源深远，别置督护，专征讨之。"就是说，其主要职能为对"不肯宾服"的俚、僚，"专征讨之"。其设置之始，史无明文。《南齐书·州郡志上》载有"宋泰始中，西江督护陈伯绍猎北地"之句，可证此职至迟不晚于宋明帝泰始年间（465—471 年）已设。

关于西南二江督护的主要记载有：西江督护。梁大同元年，陈霸先"监西江督护、高要郡守"；至大清元年，又"除振远将军、西江督护、高要太守、督七郡诸军事"①。南江督护。梁大同中，"会卢安兴为南江督护，启文育同行。累征俚、僚，所在有功，除南海令"②。《陈书·杜僧明传》对此也有记载。以上材料说明：梁末以后，岭南俚、僚反抗频繁，故西江、南江督护的记载频见于史。其为郡（如高要）太守兼领，故可见其地位与护军相当。

此外，梁时还增设有东江督护。《陈书·胡颖传》载：胡铄"随章昭达南平欧阳纥，为广州东江督护"。

西江、南江、东江督护的设立，是南朝势力在岭南俚、僚地区深入发展的结果。

在俚、僚地区新辟州郡。如《南齐书·州郡志上》载："越州，镇临漳郡，本合浦北界也。夷僚丛居，隐伏岩障，寇盗不宾，略无编户。宋泰始中，西江督护陈伯绍猎北地，见二青牛惊走入草，使人逐之不得，乃志其处，云'此地当有奇祥。'启立为越州。七年，始置百梁、陇苏、永宁、安昌、富昌. 南流六郡，割广、交朱戴三郡属。元徽二年，以伯绍为刺史，始立州镇，穿山为城门，威服俚、僚。"越州，治今广西合浦东北。这样，岭南共有三州，即除广州、交州外，又增加了越州。南朝在"夷僚丛居"之地，新置州郡，并立镇建城，其目的在于"威服俚、僚"。但在客观上却起了加速俚、僚地区开发的积极作用。

在俚人聚居地设置由俚人直接治理的俚郡。据《南齐书·州郡志上》载："吴春俚郡，永明六年立，无属县。"吴春俚郡，其具体地望已不得而知，但因其为越州属郡，故其地当邻近今广西合浦地区。

① （唐）姚思廉：《陈书·高祖本纪上》。

② （唐）姚思廉：《陈书·周文育传》。

任用酋豪为官。袭晋制，署岭外酋帅，“历宋、齐、梁、陈，皆因而不改”①。其主要例证如下：高凉冼氏，是岭南越人大首领，南朝当地的实权派。谯国夫人之兄冼挺为南梁州刺史，其本人被梁朝册封为中郎将、石龙太夫人②。合浦大帅陈檀，宋世祖大明中，“归顺，拜龙骧将军。四年，檀表乞官军讨未归附，乃以檀为高兴太守，将军如故”③。南平僚有宁氏，“世为南平渠帅。陈末，以其帅为宁越太守”④。宁越郡，治今广西钦州东北。从中可见，史称“时南州守宰多乡里酋豪”⑤之言之可信。

南朝除任用俚、僚出身的人为本地刺史、郡守、县令外，还委以内地官职。如，陈霸先在任梁相时，曾写信给“岭南酋豪”，邀请他们及其子弟赴建康“游宦”⑥。由于陈武帝陈霸先曾任西江督护诸职，经常与俚、僚首领打交道，故深知使用他们对维护南朝统治的重要性。

大量委用岭南酋豪一事，说明南朝俚、僚势力之盛与其地位之提高。这些任职的南越首领，则成了南朝政府在岭南的重要支柱。

需要指出的是，具有浓重民族偏见的南朝统治者，对这些为其效力的民族首领终究是心存疑惧的。以他们的家属为人质，即突出例证。据《隋书·钟士雄母传》载：“钟士雄母者，临贺蒋氏女也。士雄仕陈，为伏波将军。陈主以士雄岭南酋帅，虑其反复，每质蒋氏于都下。”

（二）经济上实行苛重剥削，计有课租、输赕、掠取生口与财富诸项

俚民课银。据《宋书·徐豁传》载：元嘉初，始兴太守徐豁表陈云：“中宿县俚民课银，一子丁输南称半两。寻此县自不出银，又俚民皆巢居鸟语，不闲货易之宜，每至买银，为损已甚。又称两受人，易生奸巧，山俚愚怯，不辨自申，官所课

---

① （唐）魏征：《隋书·食货志》。

② （唐）李延寿：《北史·谯国夫人传》。

③ （南朝梁）沈约：《宋书·夷蛮传》。

④ （宋）欧阳修、宋祁：《新唐书·南蛮传》下。

⑤ （唐）姚思廉：《陈书·华皎传》。

⑥ （宋）李昉等：《文苑英华》，卷六八二，徐陵《武皇帝作相时与岭南酋豪书》。

甚轻，民以所输为剧。今若听计丁课米，公私兼利。”可见，南朝对俚民是要计丁征银或米的。名义上，税额并不算重，但经种种盘剥，“所输为剧”。

输赕。南朝袭晋制，对诸蛮陬俚洞“收其赕物，以裨国用”[①]。所谓“赕”，据《后汉书·南蛮西南夷列传》李贤注引何承天《纂文》曰：“蛮夷赎罪货也。”南朝责赕之制，曾用于对付五溪蛮王[②]与益部僚帅[③]，而对俚人则未见具体记载，只有两则假借收取赕物的著名故事。一则是《北史·谯国夫人传》载：侯景之乱时，高州刺史李迁世反，冼夫人为其夫高凉太守冯宝献策曰：“我将千余人，步担杂物，唱言输赕，得至栅下，贼亦可图。”李迁世果中计而不设备，冼夫人因此大败之。从一郡之赕物需千余人步担一事，可见其数量之巨。另一则是《陈书·萧允传》附传载：陈宣帝时，广州刺史马靖拥有强大兵力，朝野疑其有异心，为弄清事实，吏部侍郎萧引“奉密旨南行，外托收督赕物”。从朝廷有特派大员“收督赕物”常例一事，可证输赕在南朝财政收入中占有重要地位。

掠取包括奴婢在内的诸种财富。岭南以盛产各种奇珍异宝而著称。据载：广州“卷握之资，富兼十世”[④]；南朝岭外酋帅有“生口、翡翠、明珠、犀、象之饶”[⑤]；“端溪俚人岑班，入山遇一宝珠，径五寸，取还，夜光明照烛”[⑥]。因此，南朝官员都视岭南为搜括的好去处。如《南齐书·王琨传》载：“南土沃实，在任者常致巨富，世言‘广州刺史但经城门一过，便得三千万’也。”刻画得可谓入木三分。

南朝统治者经常发动对俚、僚的战争，以满足其增殖财富的贪欲。对此，史书有大量记述。

齐高帝即位时，刘善明陈事云：“交州险夐，要荒之表，宋末政苛，遂至怨叛。今大化创始，宜怀以恩德，未应远劳将士，摇动边氓。且彼土所出，唯有珠宝，实非圣朝所须之急。讨伐之事，谓宜且停。”[⑦]这说明讨伐意在珠宝。

① （唐）魏征：《隋书·食货志》。

② （南朝梁）萧子显：《南齐书·豫章文献王传》。

③ （南朝梁）萧子显：《南齐书·陈显达传》。

④ （南朝梁）萧子显：《南齐书·州郡志上》。

⑤ （唐）魏征：《隋书·食货志》。

⑥ （南朝宋）沈怀远：《南越志》。

⑦ （南朝梁）萧子显：《南齐书·刘善明传》。

梁中大通年间，萧劢为广州刺史，征讨俚人，“所获生口、宝物，军赏之外，悉送还台”[①]。

梁时，兰钦为衡州刺史，南征夷僚，“所获不可胜计，献大铜鼓，累代所无”[②]。

陈武帝与文帝年间，欧阳頠兄弟三人分别为广州、交州、衡州刺史，“合门显贵，名振南土。又多致铜鼓、生口，献奉珍异，前后委积，颇有助于军国焉”[③]。

陈文帝时，华皎为湘州刺史，“征伐川洞，多致铜鼓、生口，并送于京师”[④]。

陈太建四年（572年），始兴王叔陵，“日益暴横，征伐夷僚，所得皆入己，丝毫不以赏赐”[⑤]。

以上材料说明：

南朝征伐俚、僚的重要目的，就是掠夺财富。这是南朝对俚、僚之战连绵不断的根源。故史称：越州刺史“常事戎马，唯以贬伐为务”[⑥]。这样，给岭南各族人民带来了深重灾难。

掠取对象，除宝物外，更及于“生口”。早在三国时，孙吴政权就奉行掳掠岭南诸族人口之策。如《三国志•吴书•吕岱传》载：“是时桂阳（今广东连县）、浈阳（今广东英德）贼合众于南海界上，首乱为害，（孙）权又诏岱讨之，生缚金，传道诣都，斩首获生凡万余人。”南朝袭孙吴之策，这是对岭南诸族劳动力的极大摧残。

所掠数量极多。所谓“所获不可胜计”“前后委积”，可证。

所得财富，在统治者内部分赃。一部分归领军将领，所谓“所得入已”即是；一部分给参战军士，所谓“军赏”“赏赐”即是；一部分上缴国库，所谓“悉送还台”“送于京师”“有助于军国”即是。这就是南朝举国上下多热衷于对俚、僚之战的奥秘。

---

① （唐）李延寿：《南史•萧劢传》。

② （唐）姚思廉：《陈书•欧阳頠传》。

③ （唐）姚思廉：《陈书•欧阳頠传》。

④ （唐）姚思廉：《陈书•华皎传》。

⑤ （唐）姚思廉：《陈书•始兴王叔陵传》。

⑥ （南朝梁）萧子显：《南齐书•州郡志上》。

南朝统治者除使用战争手段掠取奴婢与财富外，也还采取官府垄断贸易的办法获利。据《梁书·王僧孺传》载：天监初，王僧孺出为南海太守，“郡常有高凉生口及海舶，每岁数至，外国贾人以通货易，旧时州郡以半价就市，又买而即卖，其利数倍，历政以为常。僧孺乃叹曰：‘昔人为蜀郡长史，终身无蜀物，吾欲遗子孙者，不在越装。’并无所取。”可见，南朝官越地者而获利致富，乃是“历政以为常”。

（三）军事上利用俚、僚酋帅为维护南朝统治服务

当时，突出的作用反映在两个方面：一是用以“压服诸越”“怀集百越”“保境安民”[①]与“征讨未附”[②]，以扩大和巩固南朝在岭南民族地区的统治秩序。一是供统治者平定内乱之用。在梁朝平定侯景之乱中，俚、僚酋帅曾起配合作用。如《北史·谯国夫人传》载：侯景反，高州刺史李迁仕应之，冼夫人大败之，并“总兵与长城侯陈霸先会于灨石。”《陈书·高祖本纪上》载：大同三年（537年），侯景寇京师，陈霸先“遣杜僧明、胡颖将二千人顿于岭上，并厚结始兴豪杰同谋义举”。大宝二年（551年），“承制遣征东将军王僧辩督众军讨侯景。八月，僧辩军次湓城，高祖率杜僧明等众军及南川豪帅三万人将会焉。”陈霸先所率“始兴豪杰”与“南川豪帅”，均是指俚、僚首领。

三、南朝统治者的征讨与俚、僚的反抗活动

南朝统治者与俚、僚之间的战争，其次数之多与规模之大是空前的。据《南史·夷貊传上》载：“广州诸山并俚、僚，种类繁炽，前后屡为侵暴，历世患之。”反映了历宋、齐、梁、陈四代俚、僚反抗活动十分活跃的全貌。

宋孝武帝时（454—464年），张融出为封溪令，途中“广越嶂崄，僚贼执融，将杀食之”[③]。封溪县，在今越南北部。

宋大明（457—464年）中，“临贺蛮反，杀开建令邢伯儿，振武将军萧冲之讨

---

① （唐）李延寿：《北史·谯国夫人传》。

② （南朝梁）沈约：《宋书·夷蛮传》。

③ （南朝梁）萧子显：《南齐书·张融传》。

之，获少费多”[①]。临贺郡，治今广西贺县；开建县，治今广东封川北。此地为俚人居地。

梁中大通年间（529—534年），广州“俚人不宾，多为海暴”[②]。

梁大同（535—546年）中，卢安兴为广州南江督护，杜僧明与俱行，“频征俚、僚有功，为新州助防”[③]。新州，治今广东新兴县。

梁时，假兰钦节，都督衡州三郡兵，“讨桂阳、阳山、始兴叛蛮，至即平破之。……会衡州刺史元庆和为桂阳人严容所围，遣使告急，钦往应援，因破俚帅陈文彻兄弟，并擒之”。[④]桂阳，治今广东连山；阳山，治广东今县；始兴，治广东今县。

梁时，欧阳頠除临贺内史，“时湘、衡之界五十余洞不宾，敕令衡州刺史韦粲讨之，粲委頠为都督，悉皆平殄。……征讨广、衡二州山贼”[⑤]。衡州治今广东英德西；湘州辖有俚人聚居的始兴郡。这说明，湘、衡、广“山贼”，即指俚、僚之人。

梁时，孙瑒迁“衡州平南府司马，破黄洞蛮贼有功，除东莞太守，行广州刺史”[⑥]。此“黄洞蛮贼”与“广、衡二州山贼”一类，均指俚、僚之人。

梁时，胡颖仕至武陵国侍郎，曾“出番禺，征讨俚”[⑦]。番禺，即今广州。

梁大同七年（541年），“交趾李贲世为豪右，仕不得志。……会交州刺史武林侯咨刻暴失众心，时贲监德州，因连结数州豪杰俱反”。攻陷交趾。十年（544年）“李贲自称越帝，置百官，改元大德。”十一年（545年）遣交州刺史杨瞟讨李贲，以陈霸先为司马，李贲复率众二万自僚中出，屯典沏湖，陈霸先等乘流而进，“贲众大溃，窜入屈僚洞中”。太清二年（548年），“屈僚洞斩李贲，传首建康”[⑧]。

陈太建年间（569—582年），“广州刺史马靖甚得岭表人心，而兵甲精练，每年

① （南朝梁）沈约：《宋书·夷蛮传》。

② （唐）李延寿：《南史·萧励传》。

③ （唐）姚思廉：《陈书·杜僧明传》。

④ （唐）姚察、姚思廉：《梁书·兰钦传》。

⑤ （唐）姚思廉：《陈书·欧阳頠传》。

⑥ （唐）姚思廉：《陈书·孙瑒传》。

⑦ （唐）姚思廉：《陈书·胡颖传》。

⑧ （宋）司马光：《资治通鉴》，梁纪十四至十七。

深入俚洞，又数有战功”[①]。

概言之，俚、僚反抗南朝的活动，原因是多方面的，但主要是由于“政苛”所致。就连交趾僚人豪右李贲之反，也是利用梁统治者“刻暴失众心”而起。它动摇了南朝在岭南民族地区的统治地位。此外，南朝统治者与俚僚的战争，也起了强化民族间接触与往来的客观作用。

四、岭南民族关系的新变化

经过南朝时期岭南社会的剧烈动荡之后，岭南民族关系有了新的发展与变化。其主要表现为：

中原王朝的统治势力日益深入民族地区。平越中郎将特别是西江、南江、东江督护的设立，标志着南朝的统治网络已散布在粤江流域的各个角落（包括上游地区）。在“夷僚丛居”之地建越州，意味着远僻的民族地区已非“化外”之域。

中原王朝与岭南酋帅的关系进一步密切。其中，典型人物为冼夫人。她经常陈列梁、陈及隋赐物，以示子孙曰：“汝等宜尽赤心向天子。我事三代主，唯用一好心。”[②]在当时的历史条件下，这种良好关系有利于统一的多民族国家的发展。

编户增加。以俚、僚居地的越州为例，刘宋始设之时，“略无编户”，只有划归其管辖的原属广州的合浦郡有“户九百三十八”[③]。但是，到了隋代的合浦郡（原越州），则有“户二万八千六百九十”[④]。其间，竟剧增户二万七千余，可谓达到惊人的地步。究其原因，除了汉人的迁入外，更有大量俚民成了封建国家的编户齐民。换言之，这些俚民已达到与汉民相一致的发展水平。

大批汉人涌入。其中，除官吏、戍守与贬谪者外，主要由两部分人组成。一是避战乱者。如《北史·谯国夫人传》载：冯融本北燕苗裔，“初，冯弘之南投高丽也，遣融大父业以三百人浮海归宋，因留于新会”。一是谋生计与避赋役者。如《宋书·徐豁传》云：始兴“郡大田，武吏年满十六，便课米六十斛，十五以下至十三，

① （唐）姚思廉：《陈书·萧允传》附传。

② （唐）李延寿：《北史·谯国夫人传》。

③ （南朝梁）沈约：《宋书·州郡志》四。

④ （唐）魏征：《隋书·地理志》下。

皆课米三十斛，一户内随丁多少，悉皆输米。且十三岁儿，未堪田作，或是单迥，无相兼通，年及应输，便自逃逸，既遏接蛮俚，去就益易”。由于民族地区或是赋额较低或是不需交税，故苦于赋役的汉人便逃入“蛮俚”。

汉、俚民联合反抗。据《隋书·耿询传》载：陈时，耿询客从于东衡州，“与诸越相结，皆得其欢心。会郡俚反叛，推询为主。柱国王世积讨擒之”。《北史·耿询传》有类似记载。东衡州，治今广东曲江。从耿询不仅与俚人“相结”，而且受到信任被推为反抗首领一事，可见南朝汉、俚民族之间关系较为融洽。这与当时民族间相互交往频繁的历史背景是联系在一起的。

汉、俚通婚。据《北史·谯国夫人传》载：“梁大同初，罗州刺史冯融闻夫人有志行，为其子高凉太守宝聘以为妻。”自秦以来，进入岭南的汉人与越人杂处，这样彼此通婚之事便经常发生。冯、冼通婚是继汉南越王赵佗娶越女为妻的又一著名事例。显然，这有利于岭南民族的和睦与融合。

汉文化的广泛传播。据《北史·谯国夫人传》载：冼夫人“诫约本宗，使从百姓礼”。《隋书·谯国夫人传》作“使从民礼”。其意均是指俚人上层人物率先效法汉人礼仪与习俗。又据《古今图书集成·职方典·高州府部汇考三》载：俚人“渐袭华风，休明之化，沦洽于兹。椎跣变为冠裳，侏僪化为弦诵，才贤辈出，科甲蝉联，彬彬然埒于中土”。意为俚人的服饰、语言、习俗、文化均等同于“华风”与“中土”。

一言以蔽之，南朝岭南民族关系发展的结果，是俚、汉之间的日益融合。故史称：南蛮杂类，与华人错居，曰蜒，曰儴，曰俚，曰獠，曰㐌，“古先所谓百越是也”。“浸以微弱，稍属于中国，皆列为郡县，同之齐人”[①]。

---

① （唐）魏征：《隋书·南蛮传》。

南北蜑人不同族属新说*

根据历史文献记载，我国古代蜑人存在的时间跨度很长，从魏晋南北朝时期起，一直延续至明、清时期；地域分布颇广，北抵长江三峡，西延云、贵，中有湘南，南及五岭。这些不同历史时期、不同地域的蜑人，民族渊源与社会历史发展阶段均不划一。但就其主要类别而言，可分为两大派系：一属魏晋南北朝时期鄂、川、湘、黔边区的蜑人；一属隋唐以后直至明、清时期的岭南蜑人。为便于叙述起见，作者拟以“南”“北”二蜑名之。至于他地蜑人，本文不予涉及。关于这两支蜑人，史学界历来多把他们作为同一族属来对待。比如，罗香林先生在《古代百越分布考》一文中，认为南北朝时屯据三峡的“蛮蜑”为“夔越种人之遗裔”，其理论依据是：“蜑为越族所演称”。意即凡属我国历史上的蜑人均为越族传人。又如，陈序经先生在《疍民的研究》一书中，也把史籍中的所有蜑人都作为同一族类加以叙述，并主张南蜑源自北蜑南徙：“唐代兵威较盛，版图较广，故四川、两湖的疍民，或被政府之征伐，或同化于汉族。此外，也许有了不少向南迁徙，其结果是：在宋代的疍民[①]所聚居的地方，多在两广一带。”对此，作者首次提出南北蜑人属不同族群，它们之间并不存在源流关系的新见解。分述如下：

一、魏晋南北朝时鄂、川、湘、黔边区的蜑，应是廪君蛮的后裔，今土家族的先人

史书中关于早期蜑人活动的记载，以南北朝时期为详。其中主要记载如下：

《南齐书·高逸·明僧绍传》载：僧绍之侄惠照，“建元元年，为巴州刺史，绥怀蛮蜑”。

《南齐书·州郡志下》载：荆州，“桓温平蜀，治江陵。以临沮西界，水陆纡险，行迳裁通，南通巴、巫，东南出州治，道带蛮蜑，田土肥美，立为汶阳郡，以处流

* 原载《广西民族研究》，1987(2)，题为《古代鄂川湘黔边区蜑人与岭南蜑人之比较研究》。修改后，改为本文名，收于《南方民族研究论丛》(第二辑)，北京，民族出版社，1996。

① 疍与蜑同。

民。……太元十四年，王忱还江陵。……境域之内，含带蛮蜑，土地辽落，称为殷旷”。汶阳郡故治在今湖北远安县境。需要指出的是，活动于汶阳郡一带的蛮蜑首领历来均为向氏。据《南齐书·蛮传》载：汶阳本临沮西界，“桓温时，割以为郡。西北接梁州新城，东北接南襄城，南接巴、巫二边，并山蛮凶盛，据险为寇贼。宋泰始以来，巴建蛮向宗头反，刺史沈攸之断其盐米，连讨不克。晋太兴三年，建平夷王向弘、向瑶等诣台求拜除，……元帝诏特以弘为折冲将军、当平乡侯，并亲晋王，赐以朝服。宗头其后也。太祖置巴州以威静之。”

《梁书·张齐传》载，张齐为巴西太守。“（天监）十年，郡人姚景和聚合蛮蜑，抄断江路，攻破金井。齐讨景和于平昌，破之”。

《陈书·徐世谱传》载，徐世谱，巴东鱼复人，“世居荆州，为主帅，征伐蛮蜑”。

又，据《周书·异域传上》载：“有冉氏、向氏、田氏者，陬落尤盛。余则大者万家，小者千户。更相崇树，僭称王侯，屯据三峡，断遏水路，荆、蜀行人，至有假道者。……（周）武成初，文州蛮叛，州选军讨定之。寻而冉令贤、向五子王等又攻陷白帝，杀开府杨长华，遂相率作乱。……元和元年，诏开府陆腾督王亮、司马裔等讨定之。腾水陆俱进……令贤率其精卒，固守水逻城。……（腾）乃遣开府王亮率众渡江，旬日攻拔其八城；……遂简募骁勇，数道入攻水逻。……晨至水逻，蛮众大溃，斩首万余级，虏获一万口。……腾乃积其骸骨于水逻城侧，为京观。后蛮蜑望见，辄大号哭，自此狼戾之心辍矣。”其后，陆腾移信州于白帝，又以巫县、涪陵、秭归并是峡中要险，于是筑城置防，以震慑“蛮蜑”。对此，《北史·蛮传》所载略同。而《周书·陆腾传》和《北史·陆腾传》则称峡中蛮蜑为“信州蛮蜑”。按，北周信州，即南齐巴州，故治在今四川奉节县境。

上述记载表明：南朝的齐、梁、陈及北周之际，蛮蜑势力十分强盛，其活动的范围主要为长江峡中地区及其相邻之境。此中蛮蜑的族属应是非百越系统的廪君蛮后裔、今土家族先民。主要根据是：

一是从地望上看，峡中地区，一直是汉代以后的廪君蛮后裔居地。据《后汉书·南蛮西南夷列传》载：和帝永元十三年，巫蛮许圣等以郡收税不均，遂屯据反叛。汉遣使者督荆州数郡兵万余人讨之。诸军从巴郡，鱼复（汉置县，在今重庆市奉节县东北，后移治白帝城）数路攻之，大破圣等。按，“巫”指汉代巫县，在今

重庆巫山县东。又，据《太平寰宇记》卷一七八载：廪君后裔“后散居巴、梁间，即古荆、梁之境。五姓杂居，大约今巴、峡、巫、夔四郡是也。”可见，东汉廪君后裔“巫蜑”与其后南北朝时期“蛮蜑”的活动范围大体一致，约在今湖北江陵以西包括秭归、巴东及重庆巫山、奉节诸县沿江一带地区；这些地区正好与今鄂西、湘西、川东土家族聚居的北部地区相连。

二是从姓氏上看，南北朝时“陬落尤盛”的蛮蜑大姓冉氏、向氏、田氏，延至今日仍是土家族人数居多的姓氏。据《北史·蛮传》所载，南北朝时峡中蛮除上述引文中提到的冉令贤、向五子王等人外，尚有田杜青、田鲁嘉、田兴彦、田乌度、田都唐、冉三公、冉祖熹、冉龙骧诸人。另据《宋书·夷蛮传》《南齐书·蛮传》载，南北朝时“豫州蛮”的著名首领有田益之、田义之、田光兴、田治生、田益宗等人。而这支廪君蛮后人，也是东汉时的“巫蛮”迁徙至江夏（今湖北武昌）后繁衍而来的。[①]。这均证明“蛮蜑”的冉氏、向氏、田氏及其首领冉令贤、向五子王等人，并非如罗香林先生所说的那样属于越族，而是廪君后裔即今土家族先人。

在判定南北朝时期的“蛮蜑”族属之后，由此上溯魏晋时期的蜑人族属，问题也就迎刃而解了。

史书记述蜑人活动，最早出现于三国时期。据《三国志·黄盖传》载：黄盖为吴国武陵太守，“武陵蛮夷”的“巴、醴、由、诞邑侯君长”皆归附。诞与蜑同。此中之“诞”应包含有土家族先人。其理由有二：

一是武陵即五溪地区，为今湘西土家族聚居地。

二是南朝时，“武陵蛮”中势力最强盛者为向、田二氏。如，《宋书·王镇恶传》载：王镇恶为安远将军、武陵内史，“蛮帅向博抵根据阮头，屡为凶暴，镇恶讨平之”；《资治通鉴·宋纪》载：明帝泰豫元年，沈攸之“赕罚群蛮太甚，又禁五溪鱼盐，蛮怨叛。酉溪蛮王田头拟死，弟娄侯篡立，其子田都走入獠中，于是群蛮大乱，掠抄至武陵城下。武陵内史萧嶷遣队主张莫兜击破之，诛娄侯，立田都，群蛮乃定”；《通典·边防三》：“齐高帝时，武陵酉阳蛮[②]田思飘，武帝永明初，黔阳蛮（黔阳属五溪地）田豆渠……并寇掠州郡”；《南齐书·刘悛传》：刘悛出为安远护军、武

① 参见拙作《南朝对“蛮”族的统治与“抚纳”政策》，载《江汉论坛》，1983（6）。

② 南齐酉阳，故治在今湖南永顺县南。

陵内史，“蛮王田僮在山中，年垂百余岁，南谯王义宣为荆州，僮出谒。至是又出谒悛”。可见，南朝时称霸武陵地区的向、田两氏中的“蛮帅”“蛮王”，正是三国时包括“诞”人在内的武陵蛮夷中的“邑侯君长”的传人。而此地的向、田二氏正是土家族先人。

至晋代，巴地为诞人重要活动地区之一，这在晋人常璩的《华阳国志》中有集中反映。

《华阳国志·巴志》总叙，在谈到该地居民的民族成分时写道：“其属有濮、賨、苴、共、奴、獽、夷蜑之蛮。”此中之“夷蜑”也包含有土家族先人的成分。因为其地“东至鱼复，西至僰道，北接汉中，南极黔、涪”，正是土家族先民活动之地。再证之于下述《华阳国志》中关于巴地“夷蜑”的具体地望的记述，则更为明显。

《华阳国志·巴志》巴东郡条下载：“有奴、獽、夷蜑之蛮民”。巴东郡，三国时为固陵郡，其属有朐忍、鱼复、汉丰、羊渠、巫、北井六县，晋初省羊渠、置南浦，将巫、北井还建平郡，共有鱼复县（今重庆奉节县地）、朐忍县（相当于今重庆云阳、开县，万州一带及湖北利川县地）、汉丰县（一说在今湖北利川及至宣恩、咸丰县地）。可见，巴东郡包括今重庆奉节、万州至湖北利川、宣恩、咸丰等地。又，《华阳国志·巴志》涪陵郡条下载：“诸县北有獽、蜑”。诸县指涪陵县（汉县辖境包括今重庆彭水、石柱、酉阳及贵州之沿河、印江、思南等县地，晋袭此制）、丹兴县（今重庆黔江）、汉平县（今重庆涪陵县东）、汉发县（今重庆酉阳县治）。

可见，晋代巴地的“夷蜑”之民主要分布在当时的巴东郡、涪陵郡地，大致包括今四川万县、云阳、奉节、黔江、彭水、石柱、酉阳、秀山和湖北利川、宣恩、咸丰以及贵州东北一带地区。

其后，这一地区仍为历代蜑人所居。如，《隋书·杨素传》有“巴蜑”之称；《旧唐书·文苑中·陈子昂传》载：武则天时，欲开蜀山，自雅州道入讨生羌，因以袭击吐蕃，“遂发梁、凤、巴蜑兵以徇之”；《太平寰宇记》卷一二黔州彭水县条下载：“一说武陵蛮皆盘瓠子孙，古谓之蛮蜑聚落”；明人曹学佺《蜀中名胜记》卷一九彭水条下引《旧经》云：“地近荆楚，候如巴蜀，五溪襟束，蛮蜑聚落”；光绪《秀山县志》：“秀山溪洞蟠深，自古居奴、獽、夷蜑之蛮”。古彭水地区包括今石柱、酉阳一带。可见，今四川土家族聚居的酉阳、秀山诸地，向为“蛮蜑聚落”。无疑，这一带地区后世的土家族人就是由这支蜑人繁衍、变化而来。

这一地区又是历代土家族先民田、向、冉诸氏所居。如：《宋史·蛮夷列传四》载：施州蛮者，盖唐彭水蛮也，其“蛮酋田现等内附”；《宋史·寇城传》载：时施州蛮叛，寇城“招谕高州刺史田彦伊子承宝入朝，得给官印为高州官族”；《宋史·彭乘传》：天禧时，彭乘为夔州路转运使，“会土贼田忠霸诱下溪州蛮将入寇，乘适按郡至境，大集边吏，勒兵下山以备贼，贼遁去”；《元史·石抹按只传》载：石抹按只为夔路镇守副万户，时“大小盘诸峒蛮叛，命领诸翼蒙古、汉军三千余人戍施州，既而蛮酋向贵、誓用等降”；《元史·武宗本纪》：至大三年“容米（今鄂西境）洞官田墨纠合蛮酋，杀千户及戍卒八十余人”；《元史·英宗本纪》：延祐七年“酉阳耸侬洞（今秀山县境）蛮田谋远为寇，命守臣捕之”；《元史·泰定帝本纪》：泰定三年“酉阳寨冉世昌及何惹洞蛮为寇”。可证，宋元以后土家族先民的诸大姓，当是晋代蜑民的主要后裔。

综上所述，结论是：魏晋南北朝时期，活跃于鄂、川、湘、黔边区的蜑民，在漫长的历史发展过程中，其活动连绵不断，其势力盛而不衰。后世的土家族人，是与其世代相承，密不可分的。当然，由于这一地区各民族错杂而居，除土家族外，尚有苗、瑶诸族，因此蜑民中并不排除其中包含有苗、瑶诸族先民的成分，但就总体而言，应主要为土家族先民，这是可以肯定的。

二、隋唐以后的岭南蜑人，应是越族后裔

岭南蜑人族类见诸史籍，首推《隋书·南蛮传》。据该传载：“南蛮杂类，与华人错居，曰蜑，曰獽，曰俚，曰獠，曰㐌，俱无君长，随山洞而居，古先所谓百越是也。其俗断发文身，好相攻讨，浸以微弱，稍属于中国，皆列为郡县，同之齐人，不复详载。大业中，南荒朝贡者十余国，其事迹多湮灭而无闻。今所存录四国而已。”此中所谓南蛮杂类中的“蜑”，是指岭南蜑人。因为：1. 文中已言明，此蜑为百越后裔，其特征为断发文身。2. 其中所录四国为林邑、赤土、真腊、婆利，均为与岭南相临之地，列为郡县的“南蛮”应指岭南诸族。3. 史臣在本文追述南蛮历史时，均叙述百越臣服的历史，也可证是记岭南之百越。至唐代，韩愈《清河郡公房公墓碣铭》中有“林蛮洞蜑，守条死要”之句。房启经略容州，唐容州治今广西北流县，此“洞蜑”系指广西之蜑。宋代以后，关于蜑人的记载，史不绝书，其中多指岭南水居“蛮”人。

隋唐以后，岭南蜑人分布地域辽阔。其中主要有下述地区：

明陶宗仪《辍耕录》乌蜑户条载："广东采珠之人，悬绳于腰，沉入海中，良长得珠撼其絙，舶上人挈出之，葬于鼋鼍蛟龙之腹者，比比有焉，有司名曰乌蜑户"。

宋周去非《岭外代答·外国》蜑蛮条载："广州有蜑一种名曰卢亭"；《古今图书集成》卷一三一四，广州府风俗志、俗考、说蛮类诸条均说：广州有疍。

明顾炎武《天下郡国利病书·广东》载：疍，"东莞、增城、新会、香山以至惠、潮尤多"；同书又引证说，博罗、兴宁等地也有。

《古今图书集成》卷一三四二，潮州府杂录之五载："自古以南蛮为蛇种，观其（指潮州）疍家神宫蛇像可见"。

清屈大均《广东新语·舟语》疍家艇条载：诸疍"常拥战船数百艘，流劫东、西二江"。

《古今图书集成》卷一三八〇，琼州府部汇考八风俗条载，琼山县、文昌县、万县、陵水县有"疍""疍人""疍民"，但其数量较少。正如《天下郡国利病书·广东》引《潮州志》所说，"岭东河海在在有之。……至雷、琼则少。"

宋范成大《桂海虞衡志·志蛮》载：海上水居蛮蜑，"入水能视合浦珠池蚌蛤，惟蜑能没水探取"。

清闵叙《粤述》："今浔梧有蜑户"。

概言之，蜑民主要分布在岭南的沿海、珠江两岸、东西两江等河海地区。其居地为广东的广州、东莞、增城、新会、香山、惠阳、兴宁、潮州、博罗、海南岛及广西的合浦、浔州、梧州一带地区。此外，与两广相邻的福建也有蜑，元泰定元年曾有诏罢福建等处采珠疍户为民的记载，即一例。

关于岭南蜑人的族别，可定为越人后裔。其主要理由有：

其一，从地域上看，岭南和福建地区历来为越人聚居之地，而隋唐以后蜑人的主要分布地正与此相同。

其二，从习俗上看，蜑人与越人有许多相同之处。其主要表现为：

1. 以蛇为图腾。古代越人以蛇为图腾，这是史学界众口一词的结论。至于蜑人，则是原越地居民一直保持着对蛇的虔诚崇拜者。这有大量史实为证。据明田汝成《炎徼纪闻》：疍人，"以知龙居，故又曰龙人"；明邝露《赤雅》："蜑人神宫画

蛇以祭，自云龙种。……能辨水色，知龙所在，自称龙神，籍称龙户”；《天下郡国利病书·广东》：“以南蛮为蛇种，观其疍家神宫蛇像可见”；清吴震方《岭南杂记》：疍户，“或云即龙户”；清陆次云《峒溪纤志》载：疍人“皆辨水色，知龙所在”，“其人皆蛇种，故祭祀皆祀蛇神”；清李调元《粤风》疍歌题后注解，鱼疍，“或曰蛇种，故祀蛇于神官也”；清诸匡鼎《瑶僮传》：疍人，“或曰蛇种，故祀蛇于神宫也”；《古今图书集成》广州府风俗志、俗考、说蛮类均说：“疍辨水色，则知有龙，故曰龙户”。龙为蛇的神化或变种，故对龙、蛇的崇拜是一致的。

2．绣面文身。蜑人中存在着与蛇图腾相应的文身习俗。据《广东新语·舟语》疍家艇条载：疍人，“以其入水辄绣面文身，以象蛟龙之子”。这应袭自岭南古代越人盛行的断发文身习俗。据《汉书·地理志下》载：“粤地”之人，“文身断发，以避蛟龙之害”，颜注引应劭曰：“（越人）常在水中，故断其发，文其身，以象龙子。故不见伤害也”。可证，蜑人与越人不仅同样存在着文身的现象，而且文身的原因和作用也是相同的。

3．习水上生活。古代越人习水便舟，这是有史可证的。如，《淮南子·齐俗训》载：“越人便于舟”；《汉书·严助传》也说：越人“习于水斗，便于用舟”。岭南蜑人也如是。据《岭外代答·外国》载：蜑蛮“以舟为室，视水如陆，浮生江海者蜑也”，同书又载：广州有蜑一种，名曰卢亭，“善水战”；《桂海虞衡志·志蛮》：“蜑，海上水居蛮也，以舟楫为家”；《广东新语·人语》：疍家“大艟小艑，出没波涛”。

4．喜食水产。蜑人多以采螺蚌为业。据《岭外代答·外国》载：鱼蜑“善举网垂纶”，蠔蜑“善没海取蠔”（《岭南杂记》也袭此说）；《赤雅》载：蜑人“捕鱼而食”（《粤述》所载略同）。而且，蜑人还喜生食。如，《桂海虞衡生·志蛮》载：蜑人“采海物为生，且生食之”；《广东新语·舟语》疍家艇条载：“疍妇女皆嗜生鱼”。蜑人这种吃食习惯，也袭自古代越人。据《盐铁论·论菑》载：“越人美蠃蚌”；晋人张华《博物志》卷一，五方之民条也说：“东南之人食水产……食水产者，龟蛤螺蚌以为珍味，不觉其腥臊也”。蜑人喜食水产并嗜生食，正是越人不避“腥臊”遗风的再现。

由此可见，在岭南诸族中，蜑人可谓最完整地保持着古代越人习尚的民族之一。因此，把蜑人视为古代越族的一支嫡传子孙，是并不为过的。

“北蜑”与“南蜑”在族属上的迥异，还可从其截然不同的姓氏中反映出来。

如上述，鄂、川、湘、黔边区的蜑人以田、向、冉为大姓，而且历代均无大的变化。但是，岭南蜑人族姓则异。据《天下郡国利病书·广东》引《潮州志》载：潮州蜑人，“有姓麦、濮、吴、苏、何、古”，该书引《博罗县志》又说：博罗之蜑，“其姓麦、濮、何、苏、吴、顾、曾”；另据《广东新语·舟语》疍家艇条载：珠江流域之蜑，“曩有徐、郑、石、马四姓”。鄂、川、湘、黔边区与粤东各地蜑人姓氏毫无共同之处，这是“北蜑”与“南蜑”分属不同族类的一有力旁证。

三、“北蜑”与“南蜑”的相同之处

“北蜑”与“南蜑”，虽然所处时代不同、地域相隔、族属不一、姓氏有别，但历代史籍均统名之为“蜑”，也非偶合。透过纷繁的历史现象，不难觅见其相似之点。笔者认为，所谓蜑民，主要是指水居或濒水而居即习水性的“蛮”族居民。

蜑之得名，古而无证。但隋唐以后的岭南蜑民与“水”有着密不可分的关系，这是众所公认的事实。据《赤雅》载：蜑人“或住水浒，或住水栏”；《古今图书集成》一三八〇卷广州府部风俗考：“蜑户以渔钓为业，以舟为宅，或编蓬滨水而居，谓水栏”（《天下郡国利病书·广东》有相类记载）。这种生活环境，造成了岭南蜑人上述习水便舟的特性。

“北蜑”也如是。土家族先人廪君蛮，原为巴郡南郡蛮，本有巴氏等五姓，“又令各乘土船，约能浮者，当以为君。余姓悉沉，唯务相独浮。因共立之，是为廪君。乃乘土船，从夷水至盐阳”。[①] 按，据《水经注》认定，夷水即清江。可见，廪君蛮即因善船而得名，最早定居于清江流域。

魏晋南北朝时期，这支蜑人主要聚居于从四川万县、云阳、奉节、巫山直至湖北巴东、秭归以下等长江及其支流两岸。约言之，如果说，“南蜑”活动的中心地区为珠江水系及沿海一带的话；那么，“北蜑”则主要活跃于长江流域的峡中地区。

“北蜑”也习于用船和水战。上引《周书·异域传上》载：蜑人势力炽盛时，“屯据三峡，断遏水路，荆蜀行人，至有假道者”。而且，周将陆腾也是靠“水陆俱进”才打败蜑人的。显然，没有长期水上生活的磨炼，没有一支强大的船队，蜑人

① （南朝宋）范晔：《后汉书·南蛮西南夷列传》。

是不可能称雄于号称天堑的三峡激流中和截断水上交通的。又据《陈书·徐世谱传》载：徐世谱与“蛮蜑”战，“尤敢勇有膂力，善水战。”这些事例均表明：南北朝时的蜑人，确是善用水战与当时的统治者相抗衡的。此外，据《资治通鉴·隋记》载：开皇九年，陈将吕仲肃屯江峡的岐亭失败后，复据荆州，隋将杨素“遣巴蜑千人，乘五牙四艘，以拍竿碎其十余舰，遂大破之”；胡三省注曰：“蜑亦蛮也。居巴中者曰巴蜑。此水蜑之习于用舟者也”。可证，巴蜑不仅“习于用舟”，而且还因此可名之为“水蜑”。这也表明：习于水上生活，确是“北蜑”与“南蜑”的共同之处。

综上所述，本文的结论是：魏晋南北朝时期鄂、川、湘、黔边区的蜑人，主要系土家族先民；隋唐以后的岭南蜑人，应是越人后裔。这二者之间，在族属问题上是绝不相同的，并不存在源流问题，但在所处生活环境方面，则有十分相似之处。不可仅仅因为称谓相同，而笼统地归为同类。也不可以近概远，一律视为越族后裔。应该是，作具体的历史分析，辨明其间的异同。

土司制度篇

中国土司制度渊源与发展述略*

土司制度，是我国封建王朝在统一的领土内的某些地区，即主要是南方少数民族聚居和杂居处，采取的一些有别于汉族地区的措施进行统治的一种制度。其主要内容可以归结为两个方面：一方面是，中央王朝对归附的各少数民族或部族首领，假以爵禄，宠之名号，使之仍按旧俗管理其原辖地区，即通过土著首领对民族地区实行间接统治；另一方面是，各民族或部族首领需服从中央王朝的领导和听从驱调，并上交数量不等的贡赋，即承担一定的政治、经济、军事等义务。中央王朝这套治理少数民族的做法，人们统称之为土司制度。

土司制度作为一种较为完备的制度，虽出现较晚，但究其雏形，可谓由来已久。据《明史·土司列传》序说："西南诸蛮，有虞氏之苗，商之鬼方，西汉之夜郎、靡莫、邛、莋、焚、爨之属皆是也。自巴夔以东及湖湘、岭峤，盘踞数千里，种类殊别。历代以来，自相君长。原其为王朝役使，自周武王时孟津大会，而庸、蜀、羌、髳、微、卢、彭、濮诸蛮皆与焉。及楚庄跻王滇，而秦开五尺道，置吏，沿及汉武，置都尉县属，仍令自保，此即土官土吏之所始欤。"这说明：早在夏、商、周三代时期，就已存在中央王朝如何治理南方诸族的问题，但作为对南方民族地区大规模的开发与经营，还是从秦王朝——我国统一的多民族国家形成时期才开始的。

在我国历史上，土司制度是逐步形成和发展起来的。其大致过程是：渊源于秦、汉；中经魏、晋、南北朝、隋、唐、宋时期，不断有所进展；正式形成于元代；完备于明；延续与衰落于清，下面依次叙述。

秦统一全国后，在其统治的辽阔疆域内，包含有众多的民族，而且，这些民族内部的政治、经济等状况与汉族之间，又存在着千差万别。因此，作为中央集权的秦，面临着复杂、纷繁的国内民族问题。为此，它采取了一系列对策。其主要做法有：

王朝中央设置专门处理民族事务的机构。据《汉书·百官表》载："典客，秦官，掌诸归义蛮夷""典属国，秦官，掌蛮夷降者"。可见，秦代民族事务是归典客

---

* 原载《中国民族史学会第二次学术讨论会论文集》，北京，改革出版社，1990。

或典属国管理的。这也为地下出土文物所证实。在云梦秦简（凡引简文，均出自《云梦睡虎地秦墓竹简》，文物出版社）中，有“属邦”与“臣邦”字样。此即《汉书》中的“属国”。汉代因避汉高祖刘邦讳，才改“邦”为“国”的。秦设置专职，代表中央王朝集中处理民族事务一事，表明随着我国统一的多民族国家的形成与发展，民族问题愈益占据重要地位。而且，它还为汉以后的历代王朝开创了先河。

首次在民族聚居地设置“道”的特殊地方政权。所谓道，“县管蛮夷曰道”①。意即在民族地区的县称为道。至于我国历史上始设道的朝代，长期以来人们一直误以为起源于西汉。北魏著名地理学家郦道元在《水经注·沬水》灵道县条下说：“汉制，夷狄曰道。”其后，以讹传讹。其实，《后汉书·百官志五》中已言明，道为“秦制”。近年出土的云梦秦简中，有“道啬夫”②“道官”③之称谓，从而，完全澄清了学术界在道制起源问题上混淆不清的见解。道的设置，意味着秦王朝已意识到需要建立与内地有别的政权形式来处理民族地区的特殊事务。

通过“臣邦君长”对民族地区进行统治。云梦秦简中，有“臣邦君长”“臣邦君公”的称号。这说明，秦在民族地区虽设置郡、县，委派守、令，但“蛮夷邑君侯王”并未废除，可谓实行与汉区不同的郡县守令与臣邦君长并存的双轨制。清人钱大昕说：秦“初虽有郡名，仍令其君长治之”④。这一见解，是符合历史实际的。据历史记载，秦并不急于改变辖区内土著首领的称号和统治地位。这从秦统一前、后对西南巴郡“蛮”人和蜀人、南方越人的事例中，可以得到证明。

汉代对南方诸族的治理，在继承秦制的基础上，又有所发展。主要表现为：

除了继续设置相当于县级的“道”之外，还在中国历史上首次设置了相当于郡一级的“属国都尉”。属国都尉与郡不同之处是：“在新发展的少数民族地方有之，具有半独立的地位”⑤。从而，加强了中央王朝对民族地区的统治。

更为广泛地推行“蛮夷君长”的统治制度。历史记载表明，汉王朝对为数众多

---

① （南朝宋）范晔：《后汉书·马援传》李贤注。

② 《语书》。

③ 《属邦》律。

④ （清）钱大昕：《潜研堂文集·三十六郡考》。

⑤ 聂崇岐：《中国历代官制简述》

的“南蛮”和“西南夷”君长，给予名号，并赐以印绶等信物，此即“有邑君长，皆赐印绶”[①]之谓，以示其统治的合法性，以重其威权。汉王朝还允许蛮夷君长“复长其民”[②]，即维持其原来的统治而不加干预。

加官晋爵，以示恩宠。秦代虽保留“蛮夷君长”“臣郡君公”的称号，但尚罕见给他们加官晋爵之例。两汉时，则出现对效忠中央王朝的南方诸族上层分子颁爵封官的大量记载。故史称：汉氏之后，“中国之于夷狄”“申之封拜之宠”[③]，这是不无道理的。据笔者统计，仅汉武帝一朝先后封越人为侯者，就达十四人之多。

概言之，秦汉时期治理民族问题的制度，产生了极其深远的影响。可以说，后世的土司制度，就是在这一基础上发展而来的。

三国时期，由于蜀国的民族问题特别复杂，以诸葛亮为代表的统治集团，采取了“西和诸戎，南抚夷越”[④]的总方针，用较为审慎和妥善的办法，较好地处理了民族关系。最值得称道的是，诸葛亮平定南中诸郡后采取的“皆即其渠帅而用之”的著名政策。诸葛亮对采用此策的原因，作了透辟的分析：“若留外人，则当留兵，兵留则无所食，一不易；加夷新伤破，父兄死丧，留外人而无兵者，必成祸患，二不易也；又夷累有废杀之罪，自嫌衅重，若留外人，终不相信，三不易也。今吾欲使不留兵，不运粮，而纲纪粗定，夷、汉粗安故耳”[⑤]。意思是说：只有不派遣官吏而仍委其渠帅统治南中地区，才可以不派兵驻守，不增加经济负担，不造成民族隔阂；这样才能做到，维护蜀汉政权对当地的统治，并使“夷、汉”之间相安无事。这一政策实行的结果，不仅巩固了蜀汉的后方，并为其提供了充足的人力物力资源，使“国以富饶”[⑥]。后世统治阶级中的有识之士，奉此策为治理南方诸族的圭臬。如，唐代蜀州刺史张柬之赞誉道：诸葛亮“使其渠率自相统属，不置汉官，亦不留兵镇守”，可谓“妙得羁縻蛮夷之术”[⑦]。总之，诸葛亮的“即其渠帅而用之”之策，是在

① （汉）班固：《汉书·南蛮列传》。

② 同注①。

③ （宋）王钦若：《册府元龟》，卷九六三。

④ 《隆中对》。

⑤ （晋）陈寿：《三国志·蜀书·诸葛亮传》，裴注引《汉晋春秋》。

⑥ 同注⑤。

⑦ （后晋）刘昫等撰：《旧唐书·张柬之传》。

秦代的“臣邦君长”制、汉代的“蛮夷君长”制的基础上发展而来的。

两晋、南北朝时期，治理南方诸族之策，以南朝的“左郡左县”制最具代表性。所谓“左郡左县”，意为在“蛮左”即少数民族居住地设立的郡县。南朝先后在南豫州、司州、荆州、郢州、雍州、湘州、江州、益州八州“蛮人”聚居地设置过左郡、左县。其中，《宋书·州郡志》所载，共有左郡三、左县十六（不包括中途省去的左郡三、左县二十在内）；《南齐书·州郡志》所载，则共有左郡六十五、左县一三八。在左郡左县地区，仍保持蛮族旧有的统治方式。这表现为，南朝仍委用“蛮酋”对蛮族地区实行统治。如：宋初“以蛮户立宋安、光城二郡”，“西阳蛮”田益之为宋安太守、田光兴为光城太守[①]；南齐时“郢州蛮”首领田驷路、田驴五、田何代，也被授予当地左郡太守的称号[②]。而且，南朝统治者并不打乱蛮族原有的组织形式，不干预其内部事务。此外，南朝统治者还在僚族和俚族聚居地分别设置僚郡和俚郡。据《南齐书·州郡志》载，计有宕渠僚郡、越嶲僚郡、沈黎僚郡、甘松僚郡，还有吴春俚郡。可见，左郡、僚郡和俚郡，是南朝在民族地区普遍设立的由本族首领自治的特殊政权形式。此制，在中国历代王朝对南方少数民族的治理史中，有着重要意义。它上承秦汉时期的“道”制，下启唐宋时期的“羁縻州”制。

唐代，疆域空前扩大。唐之盛时，“东至安东，西至安西，南至日南，北至单于府，盖南北如汉之盛，东不及而西过之”[③]。唐代中央王朝在国力强盛、经济繁荣的基础上，对国内少数民族的治理制度，也有新的发展。其主要特点是：广泛实行“羁縻州”制。

唐代羁縻州制正式确定为治理民族地区的一种地方行政制度，是在唐太宗贞观年间。据《新唐书·地理志七下》载：“唐兴，初未暇于四夷，自太宗平突厥，西北诸蕃及蛮夷稍稍内属，即其部落列置州县，其大者为都督府。以其首领为都督、刺史，皆得世袭。虽贡赋版籍，多不上户部，然声教所暨，皆边州都督、都护所领，著于令式。”这是关于羁縻州制的形成过程及主要内容的集中概括。

① （南朝梁）沈约：《宋书·夷蛮传》。

② （南朝梁）萧子显：《南齐书·蛮传》。

③ （宋）欧阳修、宋祁：《新唐书·地理志一》。

当时，羁縻州数目甚多。据《唐会要》卷七十载："凡天下三百六十州，迄于天宝，凡三百三十一州存焉，而羁縻之州八百。"按，此"羁縻之州八百"，乃大略言之。据《新唐书·地理志七下》载，羁縻府、州数为"八百五十六"。换言之，当时人口稠密的内地"正州"数，尚不及地广人稀的边地所设羁縻州数的一半。至于南方民族地区羁縻州，则集中分布在剑南道、江南道和岭南道。其中：剑南道有羌、蛮州都督府八、州二五九、县二二九；江南道蛮州都督府一、州五一、县五一；岭南道蛮州都督府和都护府四、州九二、县八三。总计，南方各地蛮州都督府和都护府十三、州四〇二、县四一三。从中可见，羁縻州制是在全国广大民族地区实行了的。

由于有唐一代羁縻州制的建立和发展，这就为我国历史上空前统一和强大的多民族国家的形成奠定了基础。

两宋时期，由于辽、金、西夏分别占据了北方与西北方，宋王朝的统治范围日益缩小，随着政治中心的南移，南方诸族的问题更占有特别重要的地位。

宋代对南方诸族的治理，其主要特征是袭用和发展唐代的"羁縻州"制。如，《桂海虞衡志·志蛮》载：广西诸蛮，"自唐以来内附，分析其种落，大者为州，小者为县，又小者为洞。国朝开拓寖广，州县洞五十余所，推其雄长者为首领，……有知州、权州、监州、知县、知洞，其次有同发遣、权发遣之属。"从中可见：宋代推行羁縻州制的结果，使其统治势力日益深入南方民族地区。

宋代羁縻州主要集中于荆湖路、夔州路、成都府路、潼川府路、广南西路；即多分布在今湘鄂西、四川、贵州、广西一带。如：据宋人王存《元丰九域志》卷十载，荆湖路南北江共有羁縻州三十八；据《宋史·地理志五》载，在成都府路中，黎州"领羁縻州五十四"，雅州"领羁縻州四十四"，茂州"领羁縻州十"，威州"领羁縻州二"；据《宋史·地理志六》载，仅就壮族主要居地左、右江而言，邕州所领就有"羁縻州四十四，县五，洞十一"。可见当时分布在南方民族地区的羁縻州范围之广与数量之多。

宋王朝采取大量委任土酋为官的措施，对民族地区的稳定起了重要作用。宋人曾公亮写道：黔州所辖羁縻诸州，"其领郡者或以土豪，或补以牙职，而一方帖然，此本朝规制之得也。"[①] 这一论断，完全符合南方民族地区的历史实际。

① （宋）曾公亮等：《武经总要前集》，卷十九。

元代，我国统一的多民族国家得到空前发展。其疆域，“北逾阴山，西极流沙，东尽辽左，南越海表”“唐所谓羁縻之州，往往在是，今皆赋役之，比之内地”。[①]即不仅较汉唐还要广阔的领土之内包含有更多的民族，而且中央王朝对民族地区的管理和控制日益加强，使其与内地的联系更为密切和牢固。

元朝对南方民族的治理制度，在总结历代王朝特别是唐宋以来统治经验的基础上，又有了新的发展。鉴于羁縻州虽命以郡县之名，实形同独立王国。为加强中央王朝对少数民族豪酋的控御，有元一代创立蒙夷参治之法，而官有流土之分。于是，正式形成了土司制度。

笔者以为，元代土司制度形成的主要标志有二：

一是始设各级土司官职。土司制度的官职，计有宣慰、宣抚、安抚、招讨、长官诸司。这些职名，在元代已基本齐备。元代宣慰司，为行省与郡县之间的一级行政机关，本不属土司职名。但是，“边陲”之地即民族地区的宣慰司兼都元帅府或管军万户府，则是为镇抚“蛮夷”而设的，应具有土司的性质，可视为明代宣慰司的前身。宣慰之下，“其在远服，又有招讨、安抚、宣抚等使”，又“西南夷诸溪洞各置长官司”。[②]可见，上述诸司是在边远民族地区设置的机构，均属土司职名。

除土司外，元代在民族地区如同在内地一样也有路、府、州、县的建制。如《元史·地理志六》载：“至元二十年，四川行省讨平九溪十八洞，以其酋长赴阙，定其地之可以设官与其人之可以入官者，大处为州，小处为县。”对这类郡县政权，史家往往冠以“土”字之名，如天历元年所置顺宁府，《续文献通考·四裔考六》即称之为“顺宁土府”。明清时期的土府、土州、土县，即由此发展而来。

二是“参用土酋为官”。大量历史记载证明，元代在云南、湖广、四川诸行省的广阔地域内，从宣慰使都元帅、宣抚使、安抚使、长官司长官与路、府、州、县诸官，都毫无例外地大批地引用土人为官。故清代永瑢《历代职官表》卷七二称：元代设立土官，已成“一代之制”。这可谓的论。

明代土司制度，“踵元故事，大为恢拓”[③]；清代，则在明制的基础上稍加损益。

---

① （明）宋濂等：《元史·地理志一》。

② （明）宋濂等：《元史·百官志七》。

③ （清）张廷玉等：《明史·土司列传》序。

一言以蔽之，明代至清代前期，为土司制度的全盛时期。

明清时期的土司职衔，分文、武两种。文职隶吏部，武职隶兵部。此即所谓“文武相维”[①]之制。其目的在于：加强统一的中央集权王朝对土官的控制。明清两代土司职名大体相同，不同之处在于：清代始把指挥使司列入土司，并始设土弁。分列清代土司职名如下：

1．武职。指挥使司七等：指挥使，指挥同知，指挥佥事，土千户，副土千户，土百户，百长；宣慰使司四等：宣慰使，宣慰同知，宣慰副使，宣慰佥事；宣抚使司四等：宣抚使，宣抚同知，宣抚副使，宣抚佥事；安抚使司四等：安抚使，安抚同知，安抚副使，安抚佥事；招讨使司二等：招讨使，招讨副使；长官司二等：长官，副长官。

土弁五种：土游击，土都司，土守备，土千总，土把总。

2．文职。土府六等：土知府，土同知，土通判，土推官，土经历，土知事；土州四等：土知州，土州同，土州判，土吏目；土县四等：土知县，土县丞，土主簿，土典史。

明清土官主要分布于广西、贵州、云南、四川、湖广诸省。据笔者统计，清乾隆年间，计有：文职土官一一二人，武职土官五九六人，文武土官共七〇八人。

明清土司制度的完备，除了表现在土司机构的齐全与人数的众多以外，还反映在各种具体制度的严密化。以土官承袭制为例，清代作了严格规定：土官病故，或年老有疾请代，“准以嫡子嫡孙承袭；无嫡子嫡孙，则以庶子庶孙承袭；无子孙，则以弟或其族人承袭；其土官之妻及婿，有为土民所服者，亦准承袭”[②]。而且，必须“挨次承袭”，不得越序[③]。

需要指出的是，历代中央王朝对南方诸族的治理，除了上述政治制度外，还包括经济上的贡赋制与军事上的土兵制。

贡赋制。土酋归附后，即须纳贡输赋。历代中央王朝对此均十分重视。其因主要有二：一是作为对少数民族地区进行掠夺的一种经济手段；一是把它作为土官是

---

① （清）毛奇龄：《蛮司合志》序。

② （清）伊桑阿等：《大清会典事例·吏部》，卷十二。

③ （清）伊桑阿等：《大清会典事例·吏部》。

否修臣职即是否忠于中央王朝的一种重要标志。这一制度，至明清时期也更为完备。

土兵制。可溯源于西汉时期的征发“夷兵”，其后历代相沿。至明代，土兵成了明王朝一支不可缺少的重要军事力量，“凡议大征者，无不藉俍兵土兵，远为调遣”①，且其数量极其庞大，仅明代两江地方，“所辖俍兵无虑十数万”②。历代封建王朝设置土兵的目的，主要用于镇压少数民族的反抗活动。这就是“以蛮攻蛮，古有成说”③之谓。需加强调的是，土兵曾在中华民族反抗外来侵略斗争中立过奇勋。以抗倭斗争为例，在王江泾之战中，保靖、永顺土兵“斩获一千九百余级，倭为夺气，东南战功第一云”④；田州土官瓦氏兵，曾“奋击”败倭⑤。

综上所述，我们可以得出如下结论：土司制度的出现，并非突然，也非偶然。在当时的历史条件下，中央王朝采取通过土官对南方少数民族地区实行政治、经济、军事的间接统治，这是可行的，也是行之有效的。它对巩固和发展我国统一的多民族国家，对促进内地与边地、汉族与少数民族间的联系、交流与融合，均曾起过重要的历史作用。

但是，随着社会历史的发展，土司制度已日益落后和腐朽。由于土司世官其土，世有其民，对辖区人民实行残酷的政治压迫和经济掠夺，专横不法，为所欲为，废除土司制度便成了历史发展的需要。同时，由于南方诸族人民的辛勤劳动与各族人民间的长期交往，加上历代中央王朝的经营与开发，民族地区的经济、文化已得到一定程度的发展，其与外界隔绝的封闭局面已开始被打破，所以改土归流的客观条件也日趋成熟。

以明代后期起，中央王朝已开始实行裂土众建和改土归流政策，以限制和削弱土司势力。雍正四年（1726 年），清王朝实行全国性的大规模的改土归流。清廷委任鄂尔泰为云、贵、桂三省总督，负责改土归流事宜。清王朝通过对土司招抚和镇压并用的办法，用了五六年时间，到雍正九年（1731 年）基本上完成了三省的改

---

① （清）毛奇龄：《蛮司合志》序。

② 《广西众建土官议》，载（清）汪森辑：《粤西文载》，卷五六。

③ 明英宗语，见（清）张廷玉：《明史·土司列传一》。

④ （清）张廷玉：《明史·湖广土司传》。

⑤ （清）毛奇龄：《蛮司合志》，卷十三。

土归流任务。其时，先后招降贵州苗、瑶各族两千多寨，缴纳广西土司的敕印和军器两千余件，并在云南设置了普洱府，以便于对西南各族的镇压。故史称“自四年至九年，蛮悉改流，苗亦归化。间有叛逆，施即平定”[①]。直至清末光绪、宣统年间，改土归流仍在进行。

改土归流后，土司势力遭到严重打击，其在政治上、经济上的地位都显著下降。这从下述道光年间的贵州土司状况中，可以得到说明。据清罗绕典《黔南职方纪略·土司上》卷七载：“明代土官皆生杀自恣，其小者犹能以虐政害其所部苗民。今则宣慰、土府诸大土司皆裁，其小者又以所部租税与汉人相买卖如田业然，至有贫不能举火者，有大狱讼皆决于流官，见流官与乡保无异，苗民亦且轻之，往时虐政，减除殆尽。”

总之，改土归流的结果，使我国南方民族地区基本上消除了土司的割据状态，加强了中央政府对西南边疆的统治，一定程度上废除了土司欺压土民的制度，改善了少数民族地区落后闭塞的状况，有利于国内各民族间经济、文化的交流，有利于少数民族地区社会历史的发展。

① （民国）赵尔巽等：《清史稿·土司列传一》。

黎族土官纵说*

明代以来，前人多对黎族土官持否定态度。笔者以为，要对黎族土官的得失利弊作出恰当评价，必须对其发展过程作一番较为全面的历史考察。

黎族土官制度的形成与发展，大致可分为这样几个历史发展时期：从汉至唐为形成时期，宋、元为发展时期，明为鼎盛时期，清为延续时期。下面依次加以论述。

一、从汉至唐

汉武帝元封元年（前110年），始在黎族先民居住的海南岛设立珠崖（治今琼山市东南）、儋耳（治今儋州市西）两郡。郡县制的建立，为黎族土官制的形成创造了前提条件。

整个两汉时期，封建中央王朝均采用委派汉族官员直接统治黎族先民的治策。由于当地的社会历史发展与民族特点与中原存在着极大差异，这种撇开土著首领的统治方式，虽可凭借强大武力行之一时，但要建立比较稳定的统治秩序，是难以实现的。据《汉书•地理志下》载："自初为郡县，吏卒中国人多侵陵之，故率数岁一反。"《汉书•贾捐之传》则载："其民暴恶，自以阻绝，数犯吏禁，吏亦酷之，率数岁一反，杀吏，汉辄发兵击定之。自初为郡至昭帝始元元年（前86年），二十余年间，凡六反叛。"由于动乱，造成南海"大州"政区建置或并或废，管辖范围时大时小的局面。这种局面的形成，虽说初期统治难于避免，但也与汉代统治者单纯采用流官统治的重大失策有直接关联。

需要指出的是，东汉时中央王朝的统治势力已开始及于溪洞地区。据《后汉书•明帝纪》载：永平十七年（74年）二月，儋耳诸种"慕义贡献"。这是史籍关于黎族先民首领与汉王朝直接建立关系的明确记载。"贡献"一事表明：儋耳渠帅入朝称臣和中央王朝正式承认他们在当地的合法统治地位。因此，可视作黎族土官的前驱。

从南朝的梁朝至唐代，封建中央王朝治理黎族先民的政策发生了显著变化。梁

* 原载《中南民族学院学报》，1989（5）。

大同（535—546 年）间，任用“南越首领”高凉（治今广东阳江县西）冼夫人治理儋耳。据《北史·谯国夫人传》载：“越人俗好攻击，夫人兄南梁州刺史挺恃其富强，侵掠傍郡，岭表苦之。夫人多所规谏，由是怨隙止息，海南儋耳归附者千余洞。”又，道光《琼州府志·沿革表》卷首载：“梁大同中，就废儋耳郡地置崖州，统于广州。时儋耳归附冯冼氏（冼夫人）千余峒，请命于朝，故置州。”上述记载，标志着黎族土官制的正式建立。因为：其一，冼夫人与黎族先民一样，同属“越”“俚僚”族类；其二，冼夫人对儋耳的管辖，是通过归附的千余峒首领来实现的。隋至唐初，仍承袭南朝萧梁的统治方式。据《隋书·谯国夫人传》载：隋文帝时，“诸俚僚多有亡叛”“降敕委夫人招慰亡叛。夫人亲载诏书，历十余州，宣述上意，谕诸俚僚，所至皆降。高祖嘉之，赐夫人临振县（治今崖县）汤沐邑，一千五百户。赠仆（冼夫人子）为崖州总管”。又，《新唐书·冯盎传》载：唐高祖武德五年（622 年），隋汉阳太守冯盎以番禺、苍梧、珠崖地降，“高祖析为高、罗、春、白、儋、崖、林、振八州”，统属高凉总管冯盎。可见，隋、唐委用俚僚土官统治的办法，维护了中央王朝在海南民族地区的统治地位。

至唐后期，中央王朝的统治势力开始深入“峒蛮”地区。据道光《琼州府志·沿革表》，卷首载：自贞元五年（789 年）岭南节度使李复平定各种纷乱，“讨平峒蛮”“恢复”琼州之后，全岛共设置了五州二十二县。《旧唐书·宪宗本纪上》载：元和二年（807 年）四月，“岭南节度使赵昌，进琼管儋、崖、振、万安六州六十二洞归降图”。这是史书关于中央王朝势力向海南全境黎族地区纵深发展的明确记载。从而为宋代大批委任黎族土官的制度，奠定了坚实基础。

二、宋

在我国历史上，宋代的治黎政策发生了大转变。宋代统治者，鉴于汉代以来黎乱不断的历史教训，改而全面推行土官制，通过黎族土官对海南地区实行间接统治。虽然，从南朝梁代至唐初，也曾利用同属俚僚族系的冼氏家族统治黎族先民。但是，实行委派本岛黎族土官统治黎族的制度，则是从宋代开始的。

宋代之所以推行黎族土官制，并非偶然。这是由当时的历史条件决定的。

其一，这是从汉代以来，封建中央王朝长期经营、治理的结果。据载：崇宁中，王祖道经略广西，抚定九百七黎峒，结丁口六万四千，开通道路一千二百余里，“自

以为汉唐以来所不臣之地，皆入版图”[①]。或说：“海南一千二十峒皆已团结，所未得者百七十峒，今黎人款化，则未得者才十之一耳”[②]。可见，至宋代，中央王朝对黎族地区的控制已大为加强。

其二，这是黎族社会不断发展的结果。由于黎族内部的阶级分化和矛盾日益加剧，到了宋代，出现了一批握有政治、经济、军事实力的黎族豪酋。如，黎酋王二娘，“家饶于财，善用其众，力能制服群黎”[③]，“群黎畏之”[④]。这批人，成了宋王朝统治黎族的社会基础。就是说，黎酋需要宋王朝赋予的名号以统摄其众，宋王朝则需要他们听从驱调。

适应这种历史潮流的需要，在理论上出现了一种改变传统治黎政策的主张。其间，苏过的《论海南黎事》[⑤]一文，最具代表性。他写道：“藉其众所畏服者请于朝，假以一命，而岁与其禄”“今朱崖屯师千人，岁不下万缗，若取十一以为黎人之禄，可以罢千师之屯矣”。意为：只要赋予黎酋爵禄，既可不烦兵力和节省开支，又能达到维护宋王朝在黎族地区统治的目的。

史籍关于宋代黎族土官的最早记载，为北宋仁宗皇祐（1049—1054 年）、神宗熙宁（1068—1077 年）间。据《宋会要辑稿》蕃夷五之四九载：三十六峒都统领王氏，“祖本化外，昨于皇祐、熙宁间归顺王命，弹压三十六洞黎人”。王氏之祖，虽已为朝廷命官，但所谓“三十六峒都统领”，只是权宜所设而已。又，《岭外代答》卷二，《黎蛮》条载，“熙宁中，王祖道抚定黎峒，其酋亦有补官”。但所补何官，并未言明，至于史籍载明何人担任何官的确切记载，则是神宗元丰年间事。据《续资治通鉴长编》卷三〇九载：元丰三年（1080 年），“张颉知桂州，时有献言者谓：海南黎人陈被，盖五洞首领，异时强盛，且为中国患，今请出兵自效，宜有以抚纳之，仍乞经略司勿得预事。上命张颉处其事，颉命一摄官过海，呼出陈被等，补以牙校而去”。

---

① （宋）周去非：《岭外代答》，卷二，海外黎蛮条。

② （元）脱脱等撰：《宋史·王祖道传》。

③ 同注①。

④ （明）罗曰褧：《咸宾录》，卷八，黎人条。

⑤ 载《斜川集》一书。

关于两宋黎族土官任官情况及其原因，分述如下：

北宋皇祐、熙宁间，琼州王氏祖，因归顺任三十六峒都统领[①]。熙宁中，黎酋，因王祖道抚定黎峒补官[②]。元丰三年，五洞首领陈被，受抚纳为牙校[③]。宣和前，王日存之祖父居荫，因入贡官成忠郎[④]。南宋乾道六年，以抚喻黎人之功，王平、王利学官承信郎，符安节官进武校尉，符安礼官进义副尉[⑤]。乾道七年，琼州三十六峒都统领黄氏，因绍兴年间抚谕诸峒不从乱功封宜人[⑥]。乾道九年，王日存、王承福、陈颜，招降复寨有功官承节郎[⑦]，乾道九年，义兵统制黄文广，屡战有功官巡检[⑧]。淳熙八年，黄氏女王氏，无男，女依例承袭宜人、三十六洞都统领[⑨]。淳熙八年，黄间，因王氏之侄补守寨官[⑩]。淳熙十六年，大宁寨黄弼，沉鸷有谋，为远近推服官承信郎[⑪]。嘉定九年，王氏女吴氏，承袭宜人、三十六峒都统领[⑫]。

从上述记载可以得出如下结论：

一是南宋时任职者较北宋时为多。有姓名可考者，北宋时只有陈被、居荫、符元亨三人；南宋时则有王平、王利学、符安节、符安礼、黄氏、王日存、王承福、陈颜、黄文广、王氏、黄间、黄弼、吴氏等十三人。可见，北宋后期始任黎人为官，南宋时则已广泛实行。

一是所官多是虚衔，且品阶低下。如：宜人，为县君之封；承信郎、承节郎、进武校尉、进义副尉均为品级低下的散官衔；牙校，则为下级军官官衔。授予黎族

① （清）徐松：《宋会要辑稿》，蕃夷五之四九。
② （宋）周去非：《岭外代答》，卷二。
③ （宋）李焘：《续资治通鉴长编》，卷三〇九。
④ （清）徐松：《宋会要辑稿》，蕃夷五之四八。
⑤ （清）徐松：《宋会要辑稿》，蕃夷五之四六。
⑥ （清）徐松：《宋会要辑稿》，蕃夷五之四九。
⑦ （元）脱脱等撰：《宋史·蛮夷列传三》。
⑧ （元）马端临：《文献通考》，卷三三一。
⑨ 同注①。
⑩ 同注⑧。
⑪ 同注⑦。
⑫ 同注⑦。

土官如此低下的官衔，连宋神宗也为之愕然。据《续资治通鉴长编》卷三〇九载：当张颉补陈被以牙校后，宋神宗问道："何赏之薄？" 张颉答道："荒徼蛮蜑无他觊，得是足矣。" 这和宋代授予西南诸族首领以刺史、将军、都指挥使等高级官衔恰成了鲜明对比。究其原因，大致有二：一是黎族峒首的势力相对弱小；一是黎族峒首与内地来往相对为少，故只要授予官职，则易为满足。

授官后，即赐予诰命、朝服等信物。据《宋会要辑稿》蕃夷五之四九载：琼州三十六峒都领王氏之祖，在皇祐、熙宁间归附时，即"受朝廷诰命"。宋赵汝适《诸蕃志》卷下，《海南》条载：淳熙间，五指山生黎洞首"王仲期，青巾红锦袍束带。自云：祖父宣和中尝纳土补官，赐锦袍云"。从中可见，黎族土官对诰敕、朝服等信物极为重视并世代珍存。以此作为朝廷命官的凭证，"抚遏诸洞"[①]。

宋代黎族土官，并无俸给。据《宋会要辑稿》蕃夷五之四九载："王氏祖父母及母黄氏，自受官爵封号以来，逐月俸给不曾请领。" 许以子孙承袭。据《宋史·蛮夷列传三》载："淳熙元年，诏承节郎王日存子孙许袭职。" 由于当时黎族社会中母权制残余比较严重，故往往出现"夫亡妇主"、女继母位的现象。如，《文献通考》卷三三一，《四裔考八》载：琼州三十六峒统领、宜人王氏，于淳熙八年，"年老无男，有一女欲依例承袭，诏王氏袭其后"。又，"嘉定九年，诏复许宜人王氏女吴氏承袭"。

宋王朝统治黎族的政策措施，均通过黎族土官贯彻执行。如《岭外代答》卷二，《海外黎蛮》条载："琼管有令于黎峒，必下王宜人，无不帖然。" 可见，黎族土官是联结宋王朝与黎峒之间关系的中间环节。

黎族土官起到了维护边疆安全与宋王朝在黎族地区的统治秩序之重要作用。据《文献通考》卷三三一，《四裔考八》载：皇祐、熙宁间王氏祖归附后，"弹压三十六峒，捍御隘口，正系琼管咽喉之地""至黄氏承袭弹压，边界用宁"。《续资治通鉴长编》卷三〇九载：元丰三年，黎人陈被补官牙校后，"寻罢兵，海外果无事"。《咸宾录》卷八，《黎人》条载：乾道九年，"黎人王用（应作日）存、王存福、陈颜等招将复寨有功，宋授以官职，俾之控制黎人"。总之，宋王朝通过土官"弹压""控制"黎人，达到"边界用宁""海外无事"的目的。

---

① （宋）周去非：《宋会要辑稿》，蕃夷五之四九。

宋代治黎总方针重在招抚。据明戴璟《广东通志》卷三六,《生黎》载:“宋时，诸峒黎叛服不常，或剿或抚，而卒从抚为多。”这种抚绥政策，多通过黎酋与黎官进行。如，道光《琼州府志》卷二二,《防黎》载:“绍兴间，琼山民许益为乱，黎人王日存母抚谕诸峒，无敢从乱者。”《宋会要辑稿》蕃夷五之四六载:乾道六年，王平、王利学、符安节、符安礼等封官，“皆以抚谕招诱水口纲黎人贼王用休功也”。这种抚谕政策，较之单纯武力镇压政策而言，是应该受到肯定的。宋代推行黎族土官制，使有宋一代“黎乱”大为减少。无疑，这有利于黎族社会经济的发展，有利于黎、汉诸族的来往与交流，有利于统一的多民族国家的发展。

三、元

元代黎族土官，在宋制的基础上有所发展与演变。其主要内容可归结如下:

(一)元代黎族土官的形成

其始为适应军事需要，即用于统领黎兵。据《元史·世祖本纪十一》载:至元二十四年(1287年)正月，诏发“海外四州黎兵”等，“以讨交趾”。又载:同年九月，南宁军(统辖宜伦、昌化、感恩三县)总管谢有奎、延栏总管符庇成以其“私船”“黎兵”助征交趾，诏其二人“仍为沿海管军总管”。《元史·世祖本纪十四》至元二十九年(1292年)七月条下，有“黎兵百户邓志愿”之句。可见，早在元初黎族首领即担任黎兵管军总管、百户等职。

(二)黎兵屯田万户府的沿革及其主要内容

元代黎族土官，主要包含在黎兵屯田万户府的系统中。

黎兵屯田万户府经过了设而废，废而复置的过程。元世祖至元三十年(1293年),阔里吉思平黎，乃议佥土人为黎兵，以邓高领其事，设五原、仁政、遵化、义丰、潭揽、文昌、昌化、会同、临高、澄迈、永兴、乐会十二翼千百户所以统领之。大德二年(1298年)罢黎兵屯田万户府,“以其事入琼州路军民安抚司”[①]。元统

① (明)宋濂等:《元史·成宗本纪二》。

二年（1334年）十月，立湖广黎兵屯田万户符，统千户十三所；原十二翼，增万安翼共十三所。

黎兵屯田万户府设立原因。据《元史·百官志八》载：元统二年，“湖广行省咨：‘海南僻在极边，南接占城，西邻交趾，环海四千余里，中盘百洞，黎僚杂居，宜立万户府以镇之。’中书省奏准，依广西屯田万户府例，置黎兵万户府”。可见，是为对外加强海防、对内镇压黎僚而设。当时，不仅有设置的需要，也具备了设置的条件。据《元史·世祖本纪十四》载：湖广行省臣言，“海南、海北多旷土，可立屯田”。换言之，大量荒地的存在，使海南屯田得以推行。

黎兵屯田的具体做法。据《元史·顺帝本纪一》载：“每所兵千人，屯户五百，皆土人为之。官给田土、牛、种、农器，免其差徭。”可见，十三所屯田兵数达一万三千，户数为六千五百。

黎兵屯田万户府与黎族土官制的关系。据道光《广东通志》卷三三〇，《岭蛮》载：元设黎兵万户府，“黎峒千百户，俱以土人为之”。道光《琼州府志》则载：“又以土人吴斌为万户，自是土官愈炽。”这说明：设立黎兵万户府的结果，使黎族土官制得到迅猛发展。

（三）元代黎族土官制度及其特点

有元一代，黎族土官的任职情况大致如下：至元二十四年（1287年），沿海管军总管谢有奎、苻庇成[①]；至元二十九年（1292年），黎兵百户邓志愿[②]；至元三十年（1293年），设黎蛮海北海南屯田万户府，邓高领其事[③]；大德十年，临高县那蓬洞主王文河[④]；天历二年（1329年），南建州知州王官[⑤]；元统二年（1334年），设黎兵屯田万户府，统千户所十三处，百户所二〇四处，土人吴斌为万户，其官皆土人为之[⑥]；

① （明）宋濂：《元史·世祖本纪十一》。

② （明）宋濂：《元史·世祖本纪十四》。

③ 同注②。

④ （明）宋濂：《元史·成宗本纪四》。

⑤ （明）宋濂：《元史·文宗本纪二》。

⑥ （明）宋濂：《元史·顺帝本纪一》《元史·百官志八》。

至正十八年（1358年），黎酋吉天章，自为昌化县尹[①]；至正年间，峒首王丽珠为万宁县主簿，后升县尹，土官郑宽摄知州[②]。

从中可以归结元代土官制的主要特点如下：

其一，正如前述，黎族土官在宋代往往只被授予虚衔；元代则被授予实职，掌握实权。

其二，元代黎族土官不仅握实权，而且官职也高。他们有担任万户、千户、总管、知州、县尹诸职者。以黎兵万户府为例，万户为正三品，千户为正五品[③]。其地位远高于宋代黎族土官。

其三，带有浓重的军事色彩。不仅建立了从万户、千户至百户的一套军事性质的土官组织，而且，州、县等地方土官也握军权。据《元史·文宗本纪二》载：天历二年（1329年）十月，“升定安县为南建州，隶海北元帅府，以南建洞主王官知州事，佩金符，领军民”。可知，土知州是军民兼领的。

其四，集军政大权于一身。不仅土知州、县“领军民”；黎兵万户府所统十三翼也是“照管民、兵”[④]、“兼管民、兵”[⑤]的。换言之，元代黎族文、武土官均是军政合一、兵民兼管的。

其五，分布范围广，设十三翼千百户所于全岛各地。从而，使土官势力遍布整个黎族地区。

（四）关于土官与“黎乱”之间关系的评论

前人多以元代黎乱不断，作为否定元代黎族土官制的主要依据。他们认为：元设黎兵万户府以土人为之，致“黎乱终元之世”[⑥]、“终元世黎寇不息”[⑦]、“黎患无宁

① （清 道光）《琼州府志》，卷四二。

② （清 道光）《广东通志》，卷三〇一；（清）李琰：《万州志》，卷七。

③ 见（明）宋濂：《元史·百官志八》。

④ （清）顾炎武：《天下郡国利病书·广东下》。

⑤ （清 道光）《广东通志》，卷三三〇，《岭蛮》。

⑥ 同注④。

⑦ （清 雍正、道光）《广东通志》。

日”[①]。这类议论，是与历史事实不尽相符的。

其一，元代黎乱不断的根本原因，是元统治者迷信武力的征剿政策所致。宋代重抚，黎乱较少；元代重征，黎乱较频。有元一代近百年间，大征不下十次。大军所至，则残酷杀戮。如，至元二十九年（1292年），元兵“深入人迹不到之处，黎巢尽空”[②]。这样，造成了“愈征愈反，愈杀愈乱”[③]的恶果。

其二，事实上，由土官直接策动的反元活动并不多。史籍关于这方面的记载，主要有两起。一是至元二十九年七月，“黎兵百户邓志愿谋叛，伏诛”[④]。一是大德十年（1306年）十二月，“琼州临高县那蓬峒主王文河等作乱伏诛”[⑤]。可见，肇事者只是低级土官，其规模和影响均较小。

其三，恰恰相反，黎族土官往往是元朝统治秩序的维护者。如，道光《广东通志》卷三〇一，《列传三十四》载：“王丽珠，万州人，世为峒首，元至正间陈子瑚陷州城，元帅陈安远拟授万宁县主簿。已而，土酋符奴达、陈杰甥等窃发，子瑚弟有庆等复攻城，丽珠又举义兵收捕之。”

可见，把元代黎族土官说成是黎乱的根源，并以此否定黎族土官作用的观点，是站不住脚的。

四、明

黎族土官的发展，在明代达到了全盛时期。因此，对其进行剖析，具有特别重要的意义。

（一）明代黎族土官制度的建立

洪武元年（1368年），征南将军廖永忠平广东。同年十一月，耿天壁征海南，克南宁、儋、万等州，战败黎酋小踢洞主王官泰等，海南悉平，改元代乾宁安抚司

① 王兴瑞：《历代治黎政策检讨》，载《珠海学报》（第一集），1945。

② 见（清）顾炎武：《天下郡国利病书·广东下》等籍。

③ 江应樑：《历代治黎与开化海南黎苗之研究》，载《新亚细亚》，1937，13（4）。

④ （明）宋濂等：《元史·世祖本纪十四》。

⑤ （明）宋濂等：《元史·成宗本纪四》。

为琼州府。从此，明代确立了在海南黎族地区的统治地位。

明王朝建立伊始，鉴于元朝“任用土人之弊”，即宣布废除元代黎族土官制度。据《天下郡国利病书·广东下》卷一〇四载：“洪武初，尽革元人之弊，土酋主郡者元帅陈乾富以降免罪，徙为广西平乐通判，州县各另除官，不用土人，兵屯子孙尽革为民，以峒管黎。”

洪武年间，废除土官以后，实行“以峒管黎”之制。关于“峒”，据明人戴璟《广东通志》卷三六，《生黎》载：“峒各有主管领”“峒之大小不同，大者千余家，小者百余家”。所谓“以峒管黎”，据道光《琼州府志》卷二二，《防黎》载：“凡遇差征，有司俱凭峒首催办；官军征捕，亦凭峒首指引”，即是。也就是说，明朝廷委派流官通过各地“峒首”进行直接统治。

元代土官制，确实有其弊端。主要表现是：黎兵万户府有一套独立的庞大而完整的军事组织系统，权力既重而又集中，即所谓“统制”付之土人①。明人王佐在批评元代黎族土官之失时写道：“建置黎兵十三翼，翼置官千百户，而设兵屯万户，统属皆土酋而世其官，联合州县豪酋峒长，合为一家，争云主势以相逞，而客视州县。威柄既夺，政令难行，州县日轻，兵屯日重”②，以致造成元末土官拥兵称雄并互相吞并互相混战的恶果。以此为鉴，明初正确的做法应该是：存其制而革其弊，即用土官而削其权。而不应该因噎废食，从一个极端走向另一个极端，对元代黎族土官一概革除。

事实证明：在当时的历史条件下，完全废除土官制也是行不通的。因此，至洪武末年又采取恢复土官制的某些措施。据道光《琼州府志》卷二二，《防黎》载：洪武二十九年（1396年），“大理寺丞彭与民等奏言：‘琼州府所属周围俱大海，内包黎峒，民少黎多。其熟黎虽是愿化，上纳秋粮，各项差役，俱系民当。其生黎时常出没，劫掠连年，出镇征剿，为害不息。……如将各处峒首选其能抚服黎人者，授以巡检司职事，其弓兵就于黎人内签点应，当令其镇抚熟黎当差，招抚生黎向化。如此则黎民帖服，军民安息矣。’诏如所请”。从中可以得出如下结论：1. 朱元璋同意授峒首以巡检官职事表明，洪武年间行之近三十年的革除土官的做法已经失败。

---

① （明）唐胄：《平黎事以备后论》，载《传芳集》。

② 《论革土舍峒首》，见（清）张文豹：《定安县志》，卷九。

2．琼州地处南海，民少黎多，只有实行土官制，才能达到“黎民帖服，军民安息”的目的。

朱元璋决定授峒首以巡检之策，是实行了的。据道光《琼州府志》卷二二，《防黎》载：洪武三十年（1397年），“五月十一日，琼州府宁远县藤桥巡检司设副巡检黄旗，通远巡检司设副巡检黎让。十月十一日，万宁县莲塘巡检司添设副巡检王钱，陵水县苗山巡检司添设副巡检符森”。这标志着，明代治黎政策发生了显著变化。

到明成祖时，全面推行黎族土官制。据《明史·广西土司列传三》载：永乐三年（1045年），“御史汪俊民言：‘琼州周围皆海，中有大、小五指，黎母等山，皆生熟黎人所居。比岁军民有逃入黎洞者，甚且引诱生黎，侵扰居民。朝廷屡使招谕，黎性顽狠，未见信从。又山水峻恶，风气亦异，罹其瘴毒，鲜能全活。近访宜伦县熟黎峒首王贤佑，尝奉命招谕黎民，归化者多。请仍诏贤佑，量授以官，俾招谕未服戒约诸峒，无纳逋逃。其熟黎则令随产纳税，悉免差徭；其生黎归化者，免税三年；峒首则量所招民数多寡授以职。如此庶几黎人顺服。’从之”。从黎人“未见信从”一事，可见洪武以来奉行的委派流官治黎之策，成效不大。明成祖有鉴及此，决定采用大量授予峒首官职之策，以“招谕未服”之黎民。

此策收到了诸黎纷纷来归的奇效。据《明史·广西土司列传三》载：永乐四年，“琼州属县生黎峒首罗显、许志广、陈忠等三十三人来朝。初以生黎多未向化、遣（通判刘）铭招抚。至是向化者万余户，显等从铭来朝，且乞以铭抚其众。帝遂授铭琼州知府，专职抚黎，仍授显等知县、县丞、巡检等官，赐冠带钞币，遣还。自是诸黎感悦，相继来归”。

明代黎族土官制度是比较完备的。这从下面可以得到证明：

1．各级土官的名称较前齐全。计，州一级有土官同知、判官，县一级有土官知县、县丞、主簿、典史以及土官巡检等。

2．规定了土官授职的标准。即如前述，按照峒首“所招民数多寡授以职”。这是明代授土官衔号“以劳绩之多寡，分尊卑之等差”[①] 的一种表现形式。

3．土官职责明确。据道光《琼州府志》卷二二载：土官，“专一抚黎，不预他事”。“专抚黎人”即不让土官掌握州、县权力，以削弱其势力，目的在于防止元代

① （清）张廷玉：《明史·土司列传序》。

土官权力膨胀局面的再现。

4．朝贡制度化。朝贡时间，从永乐四年（1406年）起，定制为三年一贡。是年，儋州土官同知王贤佑“率生黎峒首王撒、黎佛金等来朝贡，帝嘉纳之。命礼部曰：‘黎人远处海南，慕义来归，若朝贡频繁，非存抚意。自今生黎土官峒首俱三年一贡，著为令”①。

贡物有典。诸史志均载：黎土官所贡，均为马及方物。至于方物品类，据道光《琼州府志·土贡》卷十三下载：计有“麖皮、杂皮、翎毛、生漆、翠毛、沉香、槟榔、竹木、黄蜡、牙茶、叶茶、鱼胶、大腹子、大腹皮、柴榆木、花梨木”。至于马，素非黎地所产，故史有琼州“无马”②之称。可见，这些马是通过马市交易而得，这就加重了黎族人民的负担。明王朝的回赐则为钞、钱币以及绢、綵、缎、绫等物，以满足土官的奢欲。据《明宣宗实录》载：宣德初年，琼山县土官知县许志广之子等来贡，“各赐予如例”。可证赏物也是有定制的。

有明一代，黎族土官朝贡次数极为频繁。笔者统计如下：永乐三年，一次；永乐四年，二次；永乐六年，一次；永乐九年，一次；永乐十二年，一次；永乐十五年，一次；永乐十九年，一次；永乐二十一年，一次。永乐年间（1403—1424年），共十次。宣德元年，五次；宣德七年，一次；宣德八年，二次；宣德九年，一次；宣德十年，一次。宣德年间，共十次。正统元年，一次；正统三年，二次；正统五年，一次；正统六年，五次；正统十一年，一次；正统十四年，一次。正统年间（1436—1449年），共十一次。景泰五年（1454年），一次。弘治二年（1489年），一次。有明一代，共三十三次。

需说明的有两点：一是上述数字是依据《明史》《明实录》记载，统计而成。一是正统年间采取革除抚黎土官的措施后，土官朝贡也随之基本停止。这就是为什么上述朝贡数字，只限于明代前期的原因。

总之，史籍作为重要事件记录的明代黎族土官朝贡次数竟达三十三次之多一事表明：明代中央王朝与黎族土官间的君臣关系空前密切；黎族地区与内地的联系空前加强。

---

① （清）张廷玉：《明史·广西土司列传三》。

② （宋）乐史：《太平寰宇记》，卷一六九，《岭南道十三》。

永乐年间，在全面实行文职土官制的同时，也建立了武职土舍制。

土舍组织。永乐初，“琼州府设土舍四十有一”。其主要分布为：琼山县土舍三，澄迈县土舍三，临高县土舍四，安定县土舍四，文昌县土舍一，乐会县土舍二，儋州土舍七，昌化县土舍二,万州土舍三，陵水县土舍一，崖州土舍九，感恩县土舍二。“所辖黎兵多寡不等”。如，琼山县东黎土舍一，黎兵五十四名；西黎土舍二，黎兵共百八十名。[①]约言之，一土舍辖黎兵在五十至百余名间。黎兵来源，“以峒口民熟习弓箭者充当”，黎兵“以其素所信之人，推为土舍，以统驭之”。并假以冠带，以示宠异[②]。

职能。明代土舍制度，是在卫所制度下设立的地方民族武装组织。据道光《琼州府志》卷十七上,《兵制》载：土舍，“遇有调发，随军征进，专为前锋；无事则派守各营，听管营官调度”。

土舍与黎民之间的关系。土舍名义上只负责统领黎兵，实际上掌握了辖区内的军政大权。如儋州黎，一分为三，“东黎属土舍峒首部领，南黎属州部属；其余自耕食,不属州”[③]。凡属土舍峒首部领的黎民,“以粮纳于土舍而输之于官”[④]。还有一种情况是，土舍所辖与汉区来往较多的黎区，则土舍只管丁壮而不再负责征粮。如文昌黎，“治平已久，田地经丈人有司，特人丁尚属土舍，随军听调而已”[⑤]。

（二）明代黎族土官的演变与衰落

随着黎族土官势力的增长与强大，他们与明王朝的矛盾也日益尖锐。因此，明王朝采取了限制甚至革除土官的措施。

早在明成祖推行土官制的同时，就曾削弱桀骜不驯的土官的权力。据道光《琼州府志•宦绩》卷三十载：永乐年间，汤衡为昌化尹，“时抚黎土官桀骜抗县，居民深受其害，衡具以事闻，请削其权，俾归统于州县。自后，诸黎敛戢，不复敢肆”。

---

① 均见（清 道光）《琼州府志》，卷十七，《兵制》。

② （明）茅一桂：《黎兵议》，载《万州志》，卷九。

③ （清）顾炎武：《天下郡国利病书•广东中》。

④ （清）屈大均：《广东新语》，卷七，《黎人》。

⑤ 同注③。

明宣宗时，革去抚黎流官。据咸丰《琼山县志》卷十二，《海黎志七》载：宣德四年（1429年），“以峒黎多侵扰，革去抚黎流官”。（光绪《临高县志》所载略同）设立专门招抚少数民族的流官一职，可说是黎地所独有而未见于其他民族地区。如前述，永乐四年（1406年），通判刘铭因招抚生黎有功，授琼州知府职，“专一抚黎，不管府事”。开设之初，因他们熟悉黎情并与黎人关系密切，故在促使生黎纳附中曾起过积极的历史作用。随着生黎大批“向化”，其积极作用日益消失，而弊端则日益突出。明人王佐在论列撤销抚黎流官的理由时写道：“刘铭因为不管府事，谋分府权。永乐四年，私计奏讨，本府三州十县附近黎山，版籍称为熟黎者，以招抚生黎为由，就便分落所属，据为本管，诱以不当差役，多增所属部伍。以敌偶州县。小人志在投闲，多背本府，去投抚黎知府部下躲差。永乐十年造册，又将熟黎各户未报丁口报作新招归附黎户。本年籍册内，暗分去本府州县人民，立作二万余户，四万九千余名，名为梗化黎人，不伏差使。邀恩作奸，希望列土永远抚黎。”[①]概言之，其消极作用有三：一是“敌偶州县”，即削弱地方政权机关的权力，并使政出多门；一是与封建中央王朝争劳力，把熟黎变为生黎户数，使之“不当差役”；一是不利于把黎人变成封建国家的编户齐民。故废去抚黎土官，不仅利多弊少，而且是势在必行的了。

其后，革去抚黎土官。据咸丰《琼山县志》卷十二，《海黎志七》载：正统五年（1440年），“知府程莹奏革抚黎土官，黎人自是总归府辖，民黎称便”。其他诸籍对此记载，大体相同。

但是，革除土官并非易事。土官革后，不仅犹称土舍，并且照样统领辖区黎人。如，光绪《定安县志》卷九，引《旧志》载：“正统五年，革抚黎土官，子孙不许承袭，自是黎人总归于府。然革官子孙，犹称土舍，仍统前黎。”可证。

实际上，土官也并未完全革除。明代宗时，又重申委任土官之策。据《明英宗实录》卷二二一载：景泰三年（1452年）六月己卯，“敕广东琼州府万州土官判官王琥曰：朝廷昔以尔祖父能招抚黎人向化，故特授以土官职事。尔能继承其志，荣授官职，亦既有年。兹特降敕付尔赍回抚谕该管村洞黎人，务各安生乐业，永享太平之福，不许仿效别洞生黎，恣肆非为，自取罪愆。仍谕所在军卫有司官吏民人等，

① 《进〈珠崖录〉奏》，见（明）王佐：《鸡肋集》。

不许擅入村洞，扰害激变，如违，悉治以重罪”。可见，明王朝对守法土官与不法土官是区别对待的。其目的在于稳定局势，防止激变。

明孝宗时，又曾采用许诺原土官子弟复其祖职的办法，以利用他们参与镇压符南蛇的反抗活动。据《明史·广西土司列传三》载：弘治十五年（1502年）黎人符南蛇反，镇兵讨之，不下。户部主事冯颙奏：“成化间，黎人作乱，三度征讨。将领贪功，杀戮无辜。迨弘治间，知府弘桓、余浚贪残苛敛，大失黎心，酿成今日南蛇之祸。臣本土人，颇知事势，乞仍考原应袭土官子弟，使各集土兵，可得数万，听镇巡官节制。有能擒首恶符南蛇者，复其祖职。以蛮攻蛮，不数月可奏绩矣。诏从之。”从被废土官子孙仍可集土兵数万一事表明，他们在黎族地区的号召力与实力是不容低估的。

至于土舍，则于明神宗时才予革除。据民国《感恩县志》卷十一，《兵制》载：万历四十四年（1616年），“革土舍，易以粮长”。革土舍之后，便由明朝廷直接管理黎民。据《天下郡国利病书·广东中》载：昌化黎，“旧有土职二员，以招黎为名。而既归有司，遂不复领于土舍”。

历史事实证明，直至明代灭亡前，土舍也未彻底废除。如，道光《琼州府志》卷二二，《防黎》载：崇祯四年（1631年），“昌化落西岗黎符那恩叛，寇感恩、昌化诸邑，土舍王创讨擒之”。

总之，明代黎族土官发展的全过程可以归纳为：洪武初，废除土官制；至洪武末年，选授峒首以巡检之职，开始向土官制转变。永乐初，全面推行土官制，从一次授予生黎峒首三十三人以知县、县丞、巡检等官一事，可见其时土官规模之大；与此同时，还建立了管辖黎兵的土舍制。从永乐至宣德、正统年间，为土官发展的全盛时期。正统间革去土官，景泰、弘治间曾一度拟恢复土官，万历间又革去土舍，从此土官式微。

（三）明代黎族土官的任职情况

笔者统计如下：洪武三十年（1397年），黄旗任宁远县藤桥巡桥司副巡检，黎让任通远巡检司副巡检，王钱任万宁县莲塘巡检司副巡检，符森任陵水县苗山巡检司副巡检[①]。永乐二年（1404年），文昌白延寨林彬任土官典史[②]。永乐三年（1405

① 见（清 道光）《琼州府志·防黎》，卷二二。

② 同注①。

年）儋州王贤佑任土官同知。昌化峒首符翰惠任土官主簿，昌化峒首符侬玉任土官主簿[①]。永乐四年（1406年），罗显、许志广、陈忠等三三人授知县、县丞、巡检等官，琼山、临高诸县黎首王罚、钟异、王琳等人命以主簿、巡检[②]。永乐六年（1408年），王贤佑为儋州同知，王惠、王存礼为万宁县主簿[③]。永乐六年，王乾冠、徐添贵、王琳任县丞、巡检[④]。永乐九年（1411年），临高县典史王寄扶任县主簿[⑤]。永乐十五年（1417年），楼吉福（一作禄）任感恩县土官知县[⑥]。永乐十九年（1421年），邢京任宁远县土丞[⑦]。永乐二十一年，符添庆任琼州府土官县丞（道光《琼州府志·防黎》卷二二）。宣德元年（1426年），王存礼任乐会县土主簿、许志广任琼山土知县[⑧]。宣德初，王观留任定安县土官县丞[⑨]。宣德七年（1432年），楼鉴为感恩县故土官舍人[⑩]。宣德八年（1433年），王绍为感恩县故土官舍人，符通卿为琼山县故土官舍人[⑪]。宣德十年（1435年），某（其男名倪通）为琼州府临高县故土官[⑫]。正统元年（1436年），陈瑛任宁远县土官县丞[⑬]。正统三年（1438年），某（其男名黄欢）为宜伦县土官[⑭]，正统六年（1441年），王茂任陵水县土官舍人，黎珉任崖州土官舍人，黄政任宁远县藤桥巡检司土官舍人，某（其男名符应乾）为昌化县土官县丞[⑮]。

① 见（清）甘文蔚等：《昌化县志·原黎》，卷五。

② 见（清）张廷玉：《明史·广西土司列传三》。

③ （清）张廷玉：《明史·广西土司列传》。

④ （清）龙朝翊等：《澄迈县志》。

⑤ 同注②。

⑥ 见（清 道光）《琼州府志·防黎》，卷二二。

⑦ 同注②。

⑧ 同注②。

⑨ （明）李时勉等：《明宣宗实录》。

⑩ （明）李时勉等：《明宣宗实录》。

⑪ 见（明）李时勉等：《明宣宗实录》。

⑫ 同注⑪。

⑬ 同注⑪。

⑭ 同注⑪。

⑮ 同注⑪。

正统十一年（1446 年），符应乾任昌化县土官舍人[①]。正统十四年（1449 年），黄其男任崖州藤桥巡检司土官副巡检[②]。景泰三年（1452 年），王琥任万州土官判官[③]。景泰五年（1454 年），符元春之兄任昌化县土官县丞[④]。成化五年（1469 年），王赋任儋州土舍[⑤]。弘治二年（1489 年），陈迪孙为崖州故土官，陈崇祐为冠带舍人[⑥]。弘治末，符南蛇为儋耳七坊黎峒土官[⑦]。嘉靖十三年（1534 年），许丞宣为土舍[⑧]。嘉靖四十一年（1562 年），楼来凤、王建中为土舍[⑨]。嘉靖四十五年（1566 年），王宇任临高县土舍[⑩]。万历四十一年（1613 年），符起凤为土舍[⑪]。崇祯四年（1631 年），王创任土舍[⑫]。

根据上述统计，见于史籍记载的有姓名可考的黎族土官，已达五十人以上。这表明，明代黎族土官制的规模，确已达到空前绝后的程度。

（四）明代黎族土官的历史作用

笔者不同意把明代黎族土官说成是“祸根”[⑬]等一类全盘否定的意见；并认为，明代黎族土官曾起过积极的历史作用。其主要表现为：

第一，使黎人大批归附中央王朝。对此，《明史》作者曾加赞扬。据《明史·广西土司列传三》载：永乐朝授抚黎土官后，“通计前后所抚诸黎共千六百七十处，户三万有奇，盖皆本朝庙算云”。若以五口之家计，则永乐一朝来归的黎民数竟达

① 见（明）李时勉等：《明宣宗实录》。

② 同注①。

③ 同注①。

④ 同注①。

⑤ （清 道光）《琼州府志·防黎》，卷二二。

⑥ （清）张廷玉：《明史·广西土司列传三》。

⑦ （明）顾岕：《海槎余录》。

⑧ 同注⑤。

⑨ （民国）《感恩县志·土田》，卷七。

⑩ （清 道光）《琼州府志·防黎》，卷二二。

⑪ （清）陈梦雷等：《古今图书集成·职方典》。

⑫ （民国）《感恩县志》。

⑬ （明）顾胄：《节录抚黎土官事以备后论》，见《传芳集》。

十五万人，对于当时人口稀少的黎族地区而言，此数字是相当惊人的。

大批黎民“向化”，对黎族历史发展产生了深远影响。据道光《琼州府志》卷二〇，《村峒》载：“黎民归化既久，与齐民等。”明人海瑞《平黎疏》云：“文昌县斩脚峒等黎，琼山县南歧峒等黎。今悉输赋听役，与吾治地百姓无异。”[①]总之，这既促进了黎族社会本身的发展，又密切了黎、汉民族之间的关系。

第二，对保持黎族地区的安定局面，起了重要作用。使逃亡者复业。据《明史·广西土司列传三》载：“弘治二年，崖州故土官陈迪孙、冠带舍人陈崇祐朝贡。以其能抚黎人之逋逃复业者，厚赐之。”无疑，这有利于生产的恢复与发展。

减少社会动乱。据《明史·广西土司列传三》载：弘治朝的户部主事冯颙奏：“永乐间，置土官州县以统之，黎民安堵如故。”冯颙自称是熟悉黎情的土人，故他称颂永乐任用土官之得的这段话，当是可信的。

需要附及的是，近人王兴瑞在《历代治黎政策检讨》一文中认为：实行土官制度，“是永乐治黎政策的主要失败”。这一说法，不仅与明史作者和明人冯颙的正确见解相左，而且与史实也是不相吻合的。

（五）明代黎族土官之弊

在肯定黎族土官的历史作用的同时，也要指明其弊失。笔者并不否认土官的消极因素，只是不同意因土官之弊而对其全盘否定。明代黎族土官的弊端主要表现为：

第一，对黎民的掠夺征敛。掠夺黎民土地。明人甘简《黎论》指出：耕地，“可予夺于土舍”[②]。

任意征敛与剥削黎民。据载：土舍“征徭任其科算，尽入私囊”[③]；“今土舍峒首，皆仗贷利肥家”[④]；土舍“平居则剥黎肥家”[⑤]；“土舍剥削”[⑥]。这都说明：土舍对土

---

① （明）海瑞：《海忠介公集》。

② （清 光绪）《定安县志》，卷九。

③ （清）屈大均：《广东新语·人语·黎人》。

④ （明）韩俊：《革土舍峒首立州县议》，见彭元藻：《儋县志·海黎志八》。

⑤ （清 光绪）《定安县志》，卷九，引《旧志》。

⑥ （明）王弘海：《议征剿黎寇并图善后事宜疏》，见《天池草》。

民的掠夺，也是颇为残酷的。

加剧黎族内部阶级矛盾。据《杨理上欧阳郡守四事略》载：“各峒首土舍窃欲据黎为利本峒首乘盛，饱餍其欲。受害者，积恨异己者，互相侵伐仇杀，而祸害相寻于地方。”[①] 嘉靖时人胡训则说：“黎人之劫杀，皆由土舍之科敛，土舍之科敛，皆由有司之贪墨。”[②] 换言之，土舍贪得无厌的掠夺，往往引起黎族酋长之间的仇杀与黎民的反抗活动。

第二，阻挠黎民附籍州县。据明人郑廷鹄《平黎疏》载：“黎将附籍州县，百计阻挠”[③]。光绪《定安县志》卷九，引《旧志》云：“党与则阻黎向化。”即，土舍为了长期统治和剥削黎民，往往不许黎民成为封建国家的编户齐民。这显然不利于黎族社会的发展。

第三，挟“乱”自重。土官往往参与封建王朝镇压黎民的反抗活动，以巩固自己的统治地位。但有时，又利用战乱，从中渔利。据郑廷鹄《平黎疏》载：“有司或有失黎心，多方煽惑；已成祸变，又走泄军机。若使响导，我军遂道迂迴险阻，以致陷没”。《杨理上卢兵部书》则载：“盖彼皆藉土舍为之探讨事情消息，有事官司未举而黎峒先知，而土舍峒首探报尤切，更当严制。”[④] 土官制造和扩大事端的目的在于：借机抬高身价和扩张势力。

五、清

如上述，直至明崇祯年间，黎族土舍并未完全废除，清初，仍袭用明代土舍制。

清初，利用明朝故土舍在黎族地区的威权与势力，以巩固其统治地位。据光绪《昌化县志》卷五，《原黎》载：“顺治十四年（1657年），因逃民久潜黎境，导引落洒诸黎侵扰乡村，县令城守觅得故土舍王启英之母张氏为酋，母着同差役叶志引至黎峒传谕。明年春，张氏带落洒峨茄拐锁可邦婆梅茂村之黎数百到县投诚，县令城守赏给花红、盐、牛，仍令誓血刻箭如约。众黎额首以归，即搜逐逃民导黎为患

① （民国）《儋县志·海黎志八》。

② 见（清 道光）《琼州府志》，卷二〇，《宦绩》。

③ （明）郑廷鹄：《石湖遗集》。

④ （民国）《儋县志·海黎志八》。

者如萧三、蒙大、蒙四、苏民仰、符兆麟等解县，鞭死示众，自是导谋之萌稍息。”这就是清初承袭明土舍制的原因所在。

清代曾在各地设土舍，分兵防守。如，康熙《陵水县志·兵防》载：国朝设“土舍三名”。《广东舆图》载：临高县“林司峒在城南八十里，设有土舍，分兵汛守”[①]。

关于清代黎族土舍情况，笔者统计如下：顺治四年（1647 年），林兆初为土舍[②]；顺治十四年（1657 年），王启英故土舍[③]；康熙八年（1669 年），王之洗为定安县大河土舍[④]。

可见，清初顺治、康熙年间确曾实行土舍制。

当清代在黎族地区的统治地位日趋巩固后，便采取了撤销土舍的措施。据道光《琼州府志·宦绩》卷三十一载：康熙二十七年（1688 年）间，陶元淳以进士出宰昌化，县故与黎为界，旧设土舍制其出入，官吏因缘为奸，至是撤去。

除了袭明土舍制外，清还袭明粮长制。关于清代粮长的地位与职责，据清李调元《南越笔记》卷七载：“粮长者，若今之里长，其役黎人如臧获，黎人直呼之为官，而粮长当差，亦呼黎人为百姓。”清陶元淳《请禁崖州营将军肆虐状》中指出：粮长在代官府征收赋税时，“额粮一石，私收数倍，毒加骨髓，祸及鸡豚”[⑤]。可见，这些粮长和土舍一样，掌握着管辖黎民的权力。

清代建立的黎族土官制，主要是在黎族“村峒”设峒长、总管、哨官、黎首等职。关于清代黎族“村峒”，据《南越笔记》卷七，《黎人》载：黎地“二三十里辄有一峒，峒有十数村”。又，峒也有称弓者，如张庆长《黎岐纪闻》载：“黎地多以峒名，峒内散处各村并附一峒，明所属也。惟崖州曰村，陵水曰弓，其散处各村并附于一村一弓，亦如峒制。”清制，峒下别设峒长、总管、哨官。如，光绪《崖州志》卷十三，《村峒》载：崖州东黎境，“向设峒长六人，总管六人，哨官十三人”。咸丰《琼山县志》卷十二，《海黎志五》载：琼山县东接五指山黎界，“向设峒长一

① 见（清 道光）《广东通志》，卷一二二，《关隘》三。

② （清）张霈：《文昌县志》。

③ （清 光绪）《昌化县志·原黎》，卷五。

④ （清 道光）《琼州府志·防黎》，卷二二。

⑤ 贺长龄：《皇朝经世文编·兵政》，卷八八。

名，统辖五峒，黎总一名，哨管七名，共辖生、熟黎村二百一十八村”。此外，还有村下设黎首者。据道光《琼州府志》卷二〇，《村峒》载：万州黎，“每峒设立峒长一名，每村立黎首一名，各辖本村峒黎众。”可证。

需要指出的是，即使处于偏僻山区的黎地，同样设有黎练、峒长等一类土官。据《黎岐纪闻》载：生黎，“各食其土，不入版籍，止设有黎练、峒长之类统辖之”。这说明清代的统治势力已深入整个黎族地区。

清代土官实行世袭制。据光绪《崖州志·村峒》载：峒长、总管、哨官诸官，“子孙相传，世守勿替。”《黎岐纪闻》也载：“大抵父死子代，世世相传，间有无子妻代及弟代之者，为众心所归而公立之也。”

清代土官之间的隶属关系。据《黎岐纪闻》载：“黎头辖一峒者为总管，辖一村或数村者为哨官。”“凡小事则哨官处断，大事则报诸总管；总管不能处，始出而控告州县。”“头目有事传呼，截竹缚藤，以次相传，谓之传箭。群黎见而趋赴若奉符信，无敢后者。”可见，黎族土官间存在着严格的等级分明的上下从属关系。这与西南某些地区大小土官之间无隶属关系的情况，是有所不同的。

土官与黎人间的关系。据道光《琼州府志·防黎》卷二二载：嘉庆“二十一年八月十四日，儋州薄纱峒生黎符那二因黎总符再兴严刻，逐传狗革村匪黎符巴要、符恶诸村作乱”，这是土官剥削、压迫黎民致反的一典型事例。

清代黎族土官的演变。据光绪《崖州志》卷十三，《村峒》载：崖州东黎境，“向设峒长六人，总管六人，哨官十三人，今革。独总管尚存，而无常额，检有能者充之。每村自立头目一人”。这说明，清代所建立的峒长、总管、哨官等土官之制，至清末，也已逐步衰落了。

六、结　论

全部黎族土官发展史证明：

（一）黎族土官的出现和发展，是有其深刻的社会历史原因的

由于黎族处在较内地远为落后的社会历史发展阶段，这从直至新中国成立前黎族“合亩”制地区还存在浓厚的原始公社残余一事得到证明，黎族聚居的海南岛又

孤悬海上，这些历史的、民族的、地理的差异，决定了历代中央王朝只有采用土官制，才能实现其对黎族地区的有效统治，历史已经证明了这一点。汉代曾一度废弃海南，这与其单纯采用流官统治的失策是不无关系的。相反，宋代与明永乐时期较好地实行了土官制，就使黎族地区保持了相对稳定的局面。从明代至清初，黎族土官“屡革屡复，不能禁绝”（清人陶元淳语）一事，也证明土官的存在是不以人们的主观意志为转移的，是有其历史的必然性与合理性的。可见，明代以来流行的全面抨击和抹杀黎族土官制度的观点，是缺乏历史根据的。

（二）关于黎族土官的历史作用问题

如前所述，黎族土官，对维护国家的统一，对促进黎族地区的安定与发展，对促进黎族地区与内地的经济、文化交流，均曾起过积极的历史作用。但是，黎族土官作为黎族人民的压迫者与剥削者，其消极作用也是十分明显的。随着黎族社会历史的不断发展，随着黎、汉民族往来日益密切，其落后性和腐朽性日益突出。因此，废除黎族土官制度就成了历史的必然。这就是明代中叶特别是清代康熙年间之后，黎族土官逐渐衰落的根本原因。

（三）黎族土官制度的特点，与我国西南土司制度相比，其主要不同之处如下

尚未形成一套完整的土官系统与制度。明代以后，西南土司分文职与武职系统，文职土官有土府、土州、土县等，武职有宣慰司、宣抚司、安抚司、招讨司、长官司等，并相应的有一套较为完整的制度。显然，黎族土官制并未达到这一程度。

土官权力较小。清人郁永河在谈及台湾高山族与西南诸族土官不同之处时写道：“番”族土官，“不似滇广土官，征赋税，操杀夺，拥兵自卫者比”[①]。这一论断，同样适用于黎族土官。

上述特点的形成，是黎族上层“首领”的势力相对弱小，尚未拥有强大的政治、经济、军事实力所致。

① （清）郁永河：《采硫日记》。

明代贵州土司制度*

明代，对元代所封的土司，采取“西南夷来归者，即用原官授之”①的原则。朱元璋在平定陈友谅后，元时所置湖南的宣慰、安抚、长官司之属，皆先后迎降，“当是时，田州岑氏、龙州赵氏、播州杨氏、贵州安氏，其杂处两广川云诸大姓，畏威怀德，以次服属。有明三百年，抚有西南诸土司，实自此始”②。就是说，明代土司制度的建立，是以湖湘诸土司的归附启其端，继而今贵州地区等西南诸大姓以次服属总其成的。

一

元至正二十五年（1365年），与已降明的湖广永顺宣慰、保靖宣慰诸土司地域毗邻的黔东思南宣慰、思州宣抚率先纳款。随着明王朝南征的进展，洪武五年（1372年），即事隔七年之后，黔西的贵州宣慰霭翠与宋蒙古歹及普定府女总管适尔等先后来归。这时，朱元璋的治黔之策是着意安附，即全境不置郡县，把元代土司原封不动地保留下来。其因在于“帝方北伐中原，未遑经理南荒”。待明政权日益巩固后，其对贵州土司的控制也随之加强。永乐十一年（1413年），明王朝利用思南、思州土司相仇杀的机会，以五万重兵征讨。遂以思南、思州三十九长官地改置郡县，首设贵州布政使司，“贵州为内地，自是始”③。这样，明代贵州土司的建置可谓最终确定下来了。其后，虽釐革不一，但整个格局并无重大变化。可见，贵州土司的建立具有两个特点：在地域上是由东而西；在方式上是先抚后征。

明代贵州土司的形成，是有其社会历史原因的。笔者以为，其主要因素有二：一为当地大姓世代踞有其地，势力根深蒂固。以贵州最强大的土司水西宣慰司为例，据载，“贵州，古罗施鬼国。自蜀汉彝酋有火济者，从诸葛武侯征孟获有功，封罗

* 原载《贵州社会科学》，1983（6）。

① （清）张廷玉：《明史·土司列传》序。

② （清）毛奇龄：《蛮司合志》，卷一。

③ 均见（清）张廷玉：《明史·贵州土司列传》。

甸国王。历唐宋，皆不失爵土。洪武初元，宣慰使霭翠与其同知宋钦归附，高皇帝仍官之，为贵州宣慰使司”[①]，其统治历史可追溯到一千多年以前的三国时代。再以贵阳军民府所属定番州为例，其中程番、上马桥、小程番、卢番、方番、韦番、卧龙番、小龙番、金石番、罗番、大龙番、木瓜等长官司，均从唐代起，数百年来世官不绝[②]。可见，贵州土官多源远流长，盘根错节。对于拥有如此雄厚实力的土著豪酋，明王朝要防止“急而生变”，只有采用假予爵禄的办法加以安抚。一为贵州乃多种少数民族聚居之地，又有山川之险。据载，“贵州地皆崇山深箐，鸟道蚕丛，诸蛮种类……畔服不常”[③]；或如景泰年间吏部侍郎何文渊言：“贵州山高岭峻，本难设守，而蛮人叛服不常”[④]。因此，在这种情况下，只有任用土官，才“易为统摄”。这就是明代在贵州设置土司的原因所在。

明代土官，武职衔号有宣慰司、宣抚司、招讨司、安抚司、长官司，文职衔号则有府、州、县之名。关于贵州土司数，武职衔号，据《明史·地理志七》载，计有宣慰司一，即贵州宣慰司；长官司七十六，内有蛮夷长官司二十一[⑤]；文职衔号，据《蛮司合志》卷二载，“布政司官属俱用流官。独府官以下参用土官十五人，镇远府同知一、通判、推官一、司狱一，安顺州同知一，普安州判官一，婺川县知县一、县丞一，曹（《土官底簿》作黄）沙渡、瓮城河、盘江、谷龙、的成（《土官底簿》作澄）河、覃韩偏刀水、都儒五堡三坑巡检七”。笔者以为，由此可见贵州土司的建制具有两大特点：一是土司中，多是品职较低的长官司。以全国而论，据《明史·职官志五》载，明季所封“为宣慰司者十一，为招讨司者一、为宣抚者十，为安抚者十九，为长官司者百七十有三”。就是说，贵州全省，其品级较高的宣慰司，尚不及全国的十分之一，而品级低下的长官司则占据全国的一小半。这种情况的造成，是有其历史原因的。据《明史·地理志七》载，本来，贵州曾先后设置过

---

① （明）王士性：《黔志》。

② 见（民国）赵尔巽：《清史稿·土司》，四。

③ （清）张廷玉：《明史·贵州土司列传》。

④ （清）毛奇龄：《蛮司合志》，卷二。

⑤ 长官司与蛮夷长官司的区别，据《明史·湖广土司列传》载，宣德二年规定“以四百户以上者设长官司，四百户以下者，设蛮夷官司”。要言之，其别在于所辖户数之多寡。

贵州、思南、思州三宣慰司和金筑、普安、都匀三安抚司，但随着明王朝在贵州土司地区的统治势力的加强，除贵州宣慰司外，其他诸司均先后改制。一是府州县的土官中，多为佐贰属官。上述十五名土官，正官只有婺川县知县一人，而职务最高者也位不过州同。这与他省相较，其差异就一目了然了。如，广西“府州正官皆以土人为之，而佐贰幕职参用流官”[①]，而贵州正好倒置过来。又如，云南民族地区，虽“或设流官，或仍土职”[②]，这与贵州土官几无正职，也有明显的不同。总之，贵州全省虽然土司林立，但其或品职较低，或多处从属地位。究其因，似是贵州与内地较为靠近，明朝鞭长易及所致。

二

明代贵州土司，“踵元故事，大为恢拓”。这不仅体现为量的增加，更重要的是意味着质的变化，即构成为一完整、严密的制度，也就是“法治备矣”之谓。明代贵州土司制度大体包括如下几个方面。

（一）土官制

明代贵州土官来源，除主要录用前元降附土官外，尚有如下诸种途径。

新增土官。这以土官巡检最为突出。据《明史·职官四》载：“洪武二年，以广西地接瑶、僮，始于关隘冲要处设巡检司，以警奸盗，后遂增置各处”。明代贵州文职土官十五人，其中巡检七人，均为明代所授。据《土官底簿》贵州部分记载，他们之中原本是“土民”，或是“头目”“把事”“办事人”之类，因效忠明王朝而先后被除授土官巡检。

有功升迁。据《土官底簿》之普安州判官条载，“隆本，宣德八年袭本州土官判官，后征麓川有功，正统五年，升本州同知”；又据该籍贵州都司普安卫军民指挥使司安顺州同知条载，阿窝原充龙家寨长，洪武时除授本州判官，其侄阿宇袭职升本州同知，“均因军功升授”。

保做。据《土官底簿》的镇远府同知条载，本州知州戴子美病故，“户无应袭

① （明）丘濬：《广西众建土官议》，见（清）汪森辑：《粤西文载》，卷五六。

② （清）张廷玉：《明史·云南土司列传》。

之人”，思南宣慰使司宣慰田大雅将思印江长官司正长官何济“举保”，建文帝圣旨“这长官准他保做知州”。可见，所谓“保做”，即因原土官绝无嗣，由职衔较高的土官保举，经朝廷批准而充任。

纳米陞授。据《土官底簿》之贵州都司普安卫军民指挥使司安顺州同知条载，本州同知阿宠，“景泰三年，遇例纳米升知州”。纳米升授，是明代土官制“规取日陋”[①]的一种反映。

土官一经除授，即可世及。故有“既是土官，准他替”[②]之语。但是，明代贵州土官的承袭在形式上却有两种不同表现。

一是明文规定准予世袭。明代对贵州首先归附的强大土司，均明确宣布予其世袭，以示绥抚。据《明史·贵州土司列传》载，洪武五年（1372年）“贵州宣慰霭翠与宋蒙古歹及普定府女总管适尔等先后来归，皆予原官世袭”；《土官底簿》之普安州判官条载，隆礼的“始祖母适恭率部夷民首先归附。洪武十六年，授普安军民府世袭”。可见，这从正史和当时的案牍之文中，均可得到证实。

一是不曾开世袭字样。明代对贵州大部分土司，并无世袭之文，但经呈报后，照样袭替，“以是示驾驭之权”（见《四库全书》土官底簿提要）。据《土官底簿》载：“本舍自祖以来，不曾开有世袭字样，题奉钦依准他袭，仍不世袭”（覃韩偏刀水巡检司巡检条，又镇远府同知条也有相类记载）；田任信，“永乐元年四月奉圣旨，准他做，只不做世袭，若不守法度时换了”（婺州县知县条，又县丞条也有类似记载）。这样，在必要时，明朝以“不守法度”或“不系世袭官员”为口实，即行改土归流。

当土官承袭时，须赴京受命，以示朝廷“威柄”。据《明史·土司列传》序载，洪武初，曾规定“袭替必奉朝命，虽在万里外，皆赴阙受职”。从《土官底簿》贵州部分看来，明初，在贵州地区是实行过这一规定的。如，洪武时，镇远州同知杨永泰故，“次男，杨瑄赴京承袭”（镇远府通判条），可证。其后，则改作“就彼冠带”。如，天顺时，何斌故，“长男何麒应袭，本年十月准行令何麒就彼冠带承袭。故，男何鲁承袭，就彼冠带”（镇远府同知条）；杨钦应袭镇远府推官，“成化十三

---

① （清）张廷玉：《明史·土司列传》序。

② 见《土官底簿》，覃韩偏（偏）刀巡检司巡检条。

年十一月，题准行令就彼冠带袭职”（推官条）。说明，此制逐渐松弛，最迟至天顺以后，在贵州已形同虚设。

土司往往因承袭问题而引起争端，故须有宗支嫡庶之别。为此，嘉靖元年（1522年）贵州巡抚汤沐上治苗策中提出：“预定土籍。夫土籍不明，则争夺所由起也。今土舍传接应如军职贴黄例，各于岁终上其土系履历及有无嗣子于布政使司，司又上其籍于部。而起送袭替，可按籍定矣”[①]，这一“预定土籍”之法，清代治黔者袭而用之，演成“豫制土官”之制。据《东华录》清顺治十六年（1659年）载，贵州巡抚赵廷臣上奏云：“莫如豫制土官。夫土舍私相传接，支系不明，争夺由起，遂致酿成变乱。今后每遇岁终，土官各上其土系履历及有无嗣子，开报布政司，三年当入觐，则豫上其籍于部。其起送袭替时，有争端奏扰者，按籍立办，斯方策既明而衅端预杜”。明末至有清一代，将此法由贵州推及全国，对整个西南土司地区在预防因承袭问题而引起的纷争方面起到了重要作用。

承袭之乱，不仅源于内争，而且明吏治的弊端也起着推波助澜的作用。据《明史·贵州土司列传》载，正统时，水西宣慰安万钟为左右所杀，“无子，其从弟万镒宜袭，镒以贼未获辞。（土目）乌挂等遂以疏族幼子普者冒万钟之弟曰万钧告袭，承勘官入其贿，遂暂委钟妻奢播摄事。万镒悔不立，而恨乌挂之主其谋也，遂以兵袭乌挂，乌挂亦发兵相仇杀”。这个冒袭事件，是因明官纳贿而造成土司内部混战一场的典型例子。

土司除袭职外，也有借袭或摄事之例。据载，成化时，杨瑄阵亡，其子尚幼，杨裕“借袭堂兄杨瑄土官通判，候杨复生长成，照旧承袭。弘治三年，杨裕退还通判职事，已故通判杨瑄庶长男杨复生应袭”[②]；水西土司安万镒死，“子阿寄幼，嘉靖七年提督尚书伍文定请其弟万铨摄事，候阿寄长承袭，久之，阿寄袭，铨去位。而阿寄又死，阿寄子国亨幼，夷民仍请铨视事，候亨长承袭，至嘉靖四十一年，亨承袭，铨又去位”[③]。此类事，均因承袭人年幼，由明朝指定或夷民请求其亲属代理，俟承袭人长成后再正式继位。

---

① （清）毛奇龄：《蛮司合志》，卷三。

② 《土官底簿》，镇远府通判条。

③ （清）毛奇龄：《蛮司合志》，卷二。

最后，尚需指出的是，明代土官由妇女担任者颇多，其中还出现了一批著名女领袖。如抗倭英雄广西田州土官妇瓦氏[①]，四川石柱宣慰秦良玉[②]，但尤以贵州女土官似更带普遍性。如：明初水西宣慰奢香，朱元璋给予极大荣宠，所谓“报施之隆，亦非他土司所敢望也”[③]，后人赞其“置驿开道，则又功过唐蒙”[④]。水东宣慰宋钦之妻刘淑贞可以直接走诉京师，还有普定女总管适尔。她们都是明初贵州土司中举足轻重的人物。至正德中，著名土司有普安州土妇适擦。至于一般女土官，其数就更多了。

（二）贡赋制

额以贡赋，是明代土司制度在经济领域的重要内容。

贵州土司需定期入贡马匹和方物。作为报答，明王朝照例给予不同级差的回赐。下面仅以水西宣慰司为例，以窥见贵州土司贡、赐情况之一斑。据《明史·贵州土司列传》载，洪武初，水西宣慰霭翠归附后，“每年贡方物与马”；洪武二十年（1387 年），奢香“进马二十三匹”；二十五年（1392 年），“香复遣其子妇奢肋及其部长来贡马六十六匹”。对此，朝廷给予大量回赐。洪武十七年（1384 年），奢香率所属来朝，“帝悦，赐香锦绮、珠翠、如意冠、金环、袭衣”；二十五年，安的来朝“赐三品服并袭衣金带、白金三百两、钞五十锭”，同年“又赐香银四百两，锦绮钞币有差。自是每岁贡献不绝”。可见，明王朝对恭顺土司是不惜以回赐形式用重金加以笼络的。

明代贵州土司赋税制的建立，是有一个过程的。洪武初，贵州、思州、思南诸土司虽先后归附，但明王朝尚无力南顾，故尚未定税额。据载，思南宣慰使“田仁智等岁修职贡，最恭顺……赋税听自输纳”。当明王朝渐趋巩固后，开始制定贵州土司税额，但给予优宠。史称，洪武二十一年（1388 年），“自今定其数以为常，从宽减焉”（均见《明史·贵州土司列传》）。

关于明代贵州土司的租赋数量。据载，洪武时，水西宣慰“每岁定输赋三万

---

① 见（清）张廷玉：《明史·广西土司列传》，二。

② 见（清）张廷玉：《明史》，本传。

③ （清）张廷玉：《明史·贵州土司列传》。

④ （清）田雯：《黔书》，卷三。

石”。永乐时，普安土司“地阔民稠，输粮三千余石”[①]。万历时，“苗坪天漂皆请奉贡献，岁输赋二十四两。天漂五十七寨岁输米一十二石，贡马二。苗坪九十九寨，岁输二十四石，贡马四”[②]。不仅土司地区税额较低，就是整个贵州地区，也是“赋不敌东南小郡焉”[③]。但联系其时贵州土司地区经济落后状况，这些负担也是不轻的。

定了税额以后，也有蠲免之例。据载，洪武二十一年，部臣以贵州逋赋请，帝曰：“蛮方僻远，来纳租赋，是能遵声教矣。逋负之故，必由水旱之灾，宜行蠲免”[④]；宣德时，水西宣慰头目阿闭妨宜与普定卫西堡长官蛮民阿骨阿哈共为乱，“朝议主抚，谓蛮夷僻远，不宜与争，第宽以抚之，使之自来，因尽蠲其户丁银粮诸赋税”[⑤]。前者免收欠租，是明初统治者对“蛮方”的优待；后者蠲除赋税，则是土司地区的反抗活动迫使统治者让步的结果。

明代特别是其后期，贵州一些土司地区难以承受赋税负担。如，万历朝，贵阳苗寨有也香狗场，“酋长老顶宋已归附，输租赋有年，顾贫甚，岁比逋负不得偿”。有的甚至因此被逼反。如，嘉靖时，“会铜仁苗欠逋赋，知府按逋籍责见户，见户且亡命，知府乃责其土官偿之。于是平头长官者怀印与所部诸苗奔逃至蜡尔”，并“称兵反”[⑥]。

（三）土兵制

明代贵州土兵，数量颇多。其中，更以贵州宣慰司所辖土兵称雄。据载，“贵州宣慰水西所辖长官司四十八司，每司锐卒数千”[⑦]，可证。

明王朝“驱调”贵州土兵，主要用作“以蛮攻蛮”。清孙承泽说，贵州民族地区“每一梗阻”“朝廷遣将征讨，多藉土司之力”[⑧]，是反映了这一历史事实的。其中

---

① 均见（清）张廷玉：《明史·贵州土司列传》。

② 均见（清）毛奇龄：《蛮司合志》，卷三。

③ （清）田雯：《黔书》，卷一。

④ （清）张廷玉：《明史·贵州土司列传》。

⑤ （清）毛奇龄：《蛮司合志》，卷二。

⑥ 均见（清）毛奇龄：《蛮司合志》，卷三。

⑦ （清）陈梦雷：《古今图书集成》职方典，一五二二卷，贵州总部杂录之二。

⑧ （清）孙承泽：《春明梦余录》，卷四二。

主要记载有：《蛮司合志》卷三载，都匀部苗王阿向反，令土官安万铨“攀崖援木以上”“遂斩阿向及贼党十余人，凯口尽平”。《土官底簿》则载，镇远府通判杨瑄，正统十四年（1449年），因“杀贼有功，升从五品。成化二年，调领民兵征进茅坪等处阵亡”（镇远府通判条）；“刘枢，原系贵竹长官司土民，正统十四年，洪江邛水贼寇反叛，指挥张贵招谕民兵将男刘仲成等充总甲，刘枢及弟刘机充当敢勇，随同张贵杀贼”（的澄河巡检司巡检条）；此外，罗补孟、宋海光、黎渊等人均以攻讨本地反抗夷民有功而被授予巡检之职（分见新添卫新添长官司翁城河土官巡检、宣慰司谷龙巡检司土官巡检、黄沙渡巡检土司官巡检条）。像这类例子，不胜枚举。总之，明王朝利用土兵“保境”，维护了其在贵州土司地区的统治地位。

（四）法 制

在法律上，明王朝对贵州土司的殊遇，主要反映在宽宥与赎罪两个方画。

宽宥。据《明史·贵州土司列传》载，洪武二十九年，“清水江之乱既平，守臣以贼首匿宣慰家，宜并罪。帝曰：‘蛮人鸱张鼠伏，自其常态，勿复问’”。此中，除去侮辱性言辞不论，对有罪土司“勿复问”，则是体现了对土司的宽大政策的。

赎罪。据《明史·贵州土司列传》载，正统时，水东宋然贪淫，激苗民变，水西贵荣诱其众作乱，然坐斩，“然奏世受爵土，负国厚恩。但变起于荣，而身陷重辟，乞分释，因从末减，依土俗纳粟赎罪”；正统时水西宣慰从弟安万镒与土目乌挂内部自相仇杀，朝廷的处理是“宜各有输赎”。又据《蛮司合志》卷三载，水西土司安国亨、安信相攻杀，朝廷遣官议罪，安国亨“对簿，伏杀信状当死”“于是以三万五千金自赎”，而以六千金赎诸主谋之罪。就是说，土司犯了罪，可依“土俗”赎罪；即使犯了杀人罪，也可如《黔书》卷一所说“照苗俗赔偿人命”了事。

另一方面，对严重侵犯土司利益的明官，则予以惩处。据《黔志》载，洪武初，“马晔以都督镇守其地，欲尽灭诸罗酋，代以滇官，乃以事裸挞奢香，欲激怒诸罗彝为兵端，诸彝果欲反”，奢香进京诉状，“朱元璋曰：‘吾知马都督无他肠，然何惜一人以安一方。’乃召马斩之，遣奢香归，诸彝大感”。

上述两方面互为联系的措施，无疑对贵州土司地区起到了“安一方”的积极作用。

（五）学校和科举之制

明王朝在贵州土司地区推行“文德以化远人”的政策。

关于明王朝在贵州民族地区推行儒学的主要记载有：洪武十五年（1382年），普定军民府知府者额来朝，帝“命谕其部众，有子弟皆令人国学”[①]；成化十七年（1481年），“贵州程番知府邓廷瓒奏，本府学校中有土人子弟在学者，宜分别处置，以示奖励。上曰，蛮夷向化，其意可嘉，既已建置生徒，有同内地，则一体相视，原无分别。只科举文义，未易猝办，先应岁贡生员一人，俾观光上国，相劝于学，以称立贤无方之意”“弘治初，提学毛科以文试土生，仿廷瓒意，多奖励，会土官铁氏负固，其姻家有毛氏土生人试，科优礼之，取高等，譬以大义，令谕铁氏使归顺。铁氏大感，与毛氏相约，纳赋税入贡”“其后，蛮民亦稍稍有向学者”[②]；嘉靖元年（1522年），贵州巡抚汤沐上治苗之策云：“严饬土学，凡土舍应袭者：十以下俱饬入学习礼，否则不许起送袭替。其族属子弟，愿入学者，听。而一切补廪科贡与军民武生一体。则礼教可行，夷俗可变”“皮林苗吴国佐，少入学为永从县生员”[③]。其主要教育政策可归结如下：1．在贵州土司地区设置“土学”。这与《明史•职官志四》所载“其后宣慰、安抚等土官，俱设儒学”，是相一致的。2．民族地区的子弟，除进入地方学校外，还可优待进入当时的最高学府国子监。洪武时命普定军民知府者额部众的子弟“入国学”，成化时允准程番府“岁贡生员”，均属此例。据《土官底簿》都儒五堡三坑等处巡检司巡检条载，“正统七年，保男监生申祐袭职”，证明贵州土司确曾实行送子弟入国子学之制。这样做的好处在于，除“相劝于学”外，还可“观光上国”，直接在京城受到先进文化的熏陶。3．特别重视土司继承人的教育，甚至提出了不入学不准承袭的强制性办法。4．明朝从中央至地方对土人入学均取奖励之策，其待遇与“军民武生一体”，一视同仁。

关于科举制。据《黔书》卷一载：“贵州设科，前此未有也，明洪熙元年，始

① （清）张廷玉：《明史•贵州土司列传》。

② 见（清）毛奇龄：《蛮司合志》，卷二。

③ 均见（清）毛奇龄：《蛮司合志》，卷三。

令贵州生儒就试湖广。宣德元年，诏云贵合试。至嘉靖十四年，乃从巡按王杏、给事中田秋之请，开科于贵州。”贵州设科，给土司地区以直接影响。据《明史·贵州土司列传》载，万历时，“有土舍杨载清者，应袭推官，尝中贵州乡试，命于本卫加俸级优异之”；明代沈德符《万历野获编》卷三〇载：“万历乙未进士喻政，贵州铜仁长官司人，登第后，奏长官李氏虐用其民”。有的土司或土司地区之人中举一事，说明明代在贵州土司地区推行的学校与科举之制，取得了良好效果。

明王时采取重教化之策，其目的在于使贵州土司地区“归顺”“向化”“纳赋税入贡”，即为其统治利益服务。但对“蛮民向学”和“变夷俗”，即对当地文化的发展和改变一些落后的习俗，具有促进作用。

三

中央王朝设置土司制的终极目的，是为了创造必要条件，以便能做到逐步废除土司制度本身。为此，明王朝采用了两种削弱贵州土司势力的做法。

（一）分地众建土司

据《明史·朱燮元列传》载，崇祯间，平定水西安氏、永宁奢氏之乱后，水西宣慰安位死，无嗣，族属争立，朝议欲乘其弊郡县之，时贵州巡抚朱燮元上书谏乃止。“燮元乃裂疆域，众建诸蛮”。复上疏曰：“夫西南之境，皆荒服也，杨氏反播，奢氏反阄，安氏反水西。滇之定番，小州耳，为长官司者十有七，数百年间未有反者。非他苗好逆而定番忠顺也。地大者跋扈之资，势弱者保世之策。”就是说，明统治者鉴于土司地大势强易为反叛的事实，采取历史上“众建诸侯而少其力”的故伎，试图通过和平手段使土司力分易制而就范。这一做法，后人赞为：“识者皆诵其言”①，“西南由兹永宁”②。此策对后世影响颇大，清雍正时，推行分袭之法，所谓“其势既分，心即离异，日后纵欲鸱张，其中必互相掣肘，或畏惧相戒，则其邪谋自息矣”③，就是在朱燮元这一治苗之策的基础上发展而来的。

① （清）毛奇龄：《蛮司合志》，卷三。

② （清）张廷玉：《明史》，卷二四九。

③ 见（清）《硃批谕旨》，卷二。

（二）改土归流

明代对贵州土司的改流，常见的有三种情况。

其一，利用平定反逆土司之机改流。这以永乐时对待思州、思南两土司最为典型，在严惩为乱土司后，分其地为八府四州。

其二，以不系世袭为理由改流。据《土官底簿》,《都儒五堡三坑等处巡检司巡检》条载，前任大万山长官司长官申世隆之孙申俊，该宣慰使田大雅举保到部，永乐元年除授都儒五堡三坑等处巡检司巡检之职，“景泰四年，三司又保嫡孙申秩承袭，本部仍参不系世袭，三月二十九日，奏准发回为民。文选司缺册内查得成化十年七月除流官朱光”；又婺州县知县条载，田任信“不系世袭官员，患疾，本县见有流官知县孙骑管事，难以准袭，具奏，将本人送顺天府，给引照回原籍讫”（县丞条，也有相类记载）。可见，明王朝对这些“并无世袭之文”的土司，当取消其承袭权以后，一般均采用“发回为民”的坚决措施。

其三，以自请为理由改流。据《明史·贵州土司列传》载，万历时，“吏部覆巡抚胡桂芳奏：‘金筑安抚土舍金大章乞改土为流，设官建治，钦定州名，铸给印信，改州判为流官。授大章土知州，予四品服色，不许管事。子孙承袭，隶州于贵阳府。’遂改金筑安抚司为广顺州”。说明，明王朝对自请改流的土司，除剥夺其治理权外，仍保留相当职衔，予以优待。

可见，明代为使改流工作顺利进展，根据不同情况，采取了严与宽区别对待的处理办法。虽然，明代贵州土司的改流，只是在局部地区内实行，但它为清朝大规模的改土归流，积累了经验，奠定了基础。

概言之，明代贵州土司制度，在当时的历史条件下，还是有值得肯定之处的。特别是在明初，统治者尚能较好地认识民族问题。据载，思南宣慰使田仁智入朝，朱元璋谕言曰：“天下守土之臣，皆朝廷命吏，人民皆朝廷赤子，汝归善抚之，使各安其生。”其措施也较为得当，故《明史》作者曾评论道：“明初御蛮之道，其后世之龟鉴也夫”。[①] 应该强调指出的是：这种“御蛮之道”的政策，是建立在民族压迫的基础之上的。

---

① 均见（清）张廷玉：《明史·贵州土司列传》。

民族关系篇

中南民族关系史述略*

中南地区的湖北、湖南、广东、广西、海南诸省，自古以来就是我国南方民族的重要聚居地，现今居住着苗、瑶、畲、土家、壮、侗、仫佬、毛南、京、黎以及水、仡佬等众多民族。中南诸族的先人，很早就共居在这片广阔的地域内，彼此结成政治的经济的文化的密切关系，为我国统一的多民族国家的形成与发展作出了应有的贡献。

从远古时代起，中南地区就有人类活动。已发现的旧石器时代早期文化，主要有湖北郧县猿人、郧西猿人和大冶章山石龙头洞穴遗址。郧县猿人和郧西猿人，统称为“郧阳猿人”，距今约六十万年至一百万年。旧石器时代中期文化，主要有马坝人和长阳人。马坝人距今约十万年，是岭南发现的最早的人类化石，从而揭开了这一地区人类历史的序幕。旧石器时代晚期文化，以柳江人最富代表性。柳江人头骨明显具有原始黄种人的特征，并具有接近南亚黄种人的一些特征，也是我国乃至东亚发现的最早的现代人类型之一。这些人类化石和文化遗存的发现，证明长江流域和珠江流域也是中华民族的祖先最早活动的地区之一；还证明古人类在中南地区的活动，不仅历史悠久，而且连绵不断，从未中止。

新石器时代文化，在长江中游和汉水流域，主要为大溪文化、屈家岭文化和青龙泉三期文化。主要分布在江湖密布的江汉平原地区，西至三峡，南达洞庭湖畔，北包汉水中游及与之连接的鄂西北和河南地区。其文化面貌基本一致，彼此关系密切，并与黄河流域的文化互相交流、互相影响。在岭南两广地区，发现的新石器时代的文化遗址，已达一千余处。根据自然条件和经济生活的差别，可分为洞穴、岗丘、贝丘、沙丘、台地等类型。一般说来，新石器时代早期文化以洞穴遗址为主，中、晚期则以贝丘、岗丘、沙丘、台地遗址居多。其主要文化遗存有：英德和阳春的早期洞穴遗址，南海西樵山遗址，潮安陈桥和增城金兰寺的贝丘遗址，石硖文化遗址，东兴贝丘遗址，南宁贝丘遗址，桂林甑皮岩洞穴遗址等。这些文化，带有浓重的地方色彩，是在直接承袭本地旧石器文化基础上发展而来的。同时，也受到长

* 原载《中南民族学院学报》，1991（6）。

江流域乃至黄河流域等地文化的影响。总之，中南地区的新石器时代文化，若从人们共同体或民族的角度来考察，大体可归为两类：一是大溪文化、屈家岭文化，可归入南蛮民族系统；一是以印纹陶文化为特征的岭南地区文化，则属于百越民族系统。

传说时代，起初，炎帝是南方“蛮”族的首领。作为汉族祖先的黄帝，在黄河北岸经过三次大战，打败了炎帝。这一神话，透露了这样的信息：南方民族从一开始即与中原民族有着密不可分的关系。其后，古荆州地区出现了“三苗”。所谓“三苗”，并非单一民族，而是由南方众多的民族所组成的一个部落联盟的总称。“三苗”是一个独具自己世系和民族特点的有别中原民族的“蛮”族。他们与中原地区的尧、舜、禹部落联盟，长期存在着或“臣”或“叛”的关系，终为夏禹所败而逐渐衰落。

夏、商、周时期，南方地区的土著居民，均属于南蛮集团。最早登上历史舞台并与华夏族发生直接关系者，为江汉流域的“荆蛮”。当时，“荆蛮”中的一支楚人，其势力逐渐发展。首先，它统一了江汉流域众多方国与民族，史称“蛮夷皆率服”；继而，向中原发展，形成“北盟齐晋势争强”的局面。战国时，楚国成了“地方五千里，带甲百万，车千乘，骑万匹，粟支十年”的强国。在列强中，具有举足轻重的地位。在广阔的楚国疆城内，包含有楚、蛮、濮、巴、西戎、东夷、百越、华夏诸族。光辉灿烂、独具一格的楚文化，就是上述诸族共同创造的。楚国成了当时南方民族融合的中心，一部楚国史，就是一部民族融合史。楚不仅是当时占地最广，而且也是经济、文化均相当发达的国家。从而，为秦朝大一统的实现和中华民族的形成奠定了坚实的基础。

秦汉时期，我国统一的多民族国家开始形成。从此，中南民族关系发生了转折性的变化。主要表现为：其一，中南民族地区置于封建中央王朝的直接或间接（委任当地少数民族首领为官）的统治之下。自前223年秦灭楚，到前110年，汉武帝在海南岛设立珠崖、儋耳二郡，中央王朝在中南民族地区的统治地位先后确立。其后，这一地区在不同时期和不同程度上，虽然存在过对立或割据的状态，但在历史的长河中，终究是短暂的。其二，逐步形成以汉民族为主体的众多民族共处的新局面。秦以前，两湖、两粤及海南岛，主要或全部为南方民族聚居地；秦汉以后，汉族不断移入，愈来愈多的南方民族的成员加入汉族行列中。这样，民族分布的格局也就发生了根本性变化。秦汉之时，中南地区的少数民族，主要有两湖地区的蛮族

与岭南的越人。两湖的蛮族又包括湖北的巴郡南郡蛮、江夏蛮和湖南的武陵蛮、长沙蛮、零陵蛮与桂阳蛮。

巴郡南郡蛮。巴郡，今重庆市境。南郡，治江陵，主要为今湖北西部地区。其族属，为崇奉白虎的廪君种人后裔。巴郡南郡蛮，为今土家族先民。江夏蛮。江夏郡，治今黄冈县西北，主要指今湖北东部地区。当地少数族人，史称“江夏蛮”。江夏蛮，是东汉初年先后从南郡之“潳山（今长阳一带）蛮”与“巫（今重庆市巫山县）蛮”徙于江夏郡发展演变而来的。可证其族属也为廪君种人。值得一提的是，今为我国中部重镇的武汉，在东汉末年仍是“蛮多士少[①]”的局面。江夏蛮曾动员十余万人，反抗东汉朝廷，可见当时其势之盛。

武陵蛮。因居于武陵郡而得名。武陵郡，西汉时治今湖南溆浦县南，东汉时移治今常德县西。因武陵有五溪，故又名“五溪蛮”。因崇拜盘瓠（犬图腾）而名之为“盘瓠种”人。武陵蛮，为今苗、瑶、畲诸族先人。为什么蛮族的廪君传说与盘瓠传说多在东汉以后才屡见史册？这需要从当时的历史背景加以考察。秦和两汉时期，中央王朝与蛮族间的战争与交往日益频繁，从而使中原人对蛮族的社会与习俗有了较多的了解。这样，关于廪君传说与盘瓠传说的记载，也就应运而生了。可见，这些传说载之史籍本身，就是民族关系新发展的明证。

岭南越人与中原地区发生关系，要晚于两湖地区的蛮人。在先秦时代，中原文明对岭南越人的影响，多是通过楚人或是经由楚地传入的。秦在岭南置郡县后，大批汉族移民徙入，“与粤杂处”[②]，大大加速了岭南百越社会的封建化过程，故史称：从秦以后，岭南地区“不失中州清淑之气”[③]。秦末汉初，岭南建立了真定（今河北正定县）人赵佗建立的南越王国。其政权的构成，以旧秦将领为核心，并大量吸收越人参与。对此政权，不能简单地斥之为分裂而轻易否定之。实际上，南越政权存在的近百年时间里，对继续推行秦汉的政治制度，对和辑百越与保护中原移民，对开发祖国的南疆，都起了积极的历史作用。

秦汉时期，岭南社会及民族关系都发生了显著的变化。主要表现为：第一，居

---

① （南朝宋）范晔：《后汉书·黄琼传》，卷六一。

② （汉）班固：《汉书·南粤传》，卷九五。

③ （明 嘉靖）《广东通志》。

民成分的结构不同。秦以前，岭南地区为百越之人；秦汉以后，形成汉、越杂居的新局面。如，南海郡（治今广州）从西汉时的九万四千余人，激增至东汉时的二十五万多人。这些编户齐民，主要为汉族移民和受汉文化影响较深的越人。第二，原始农业面貌有所改变。牛耕农业发展，田畴广辟。第三，文化与习俗发生了变化。通过“修庠序之教”，“设婚姻之礼”诸措施，使岭南渐染“华风”①。

三国时，吴国对岭南民族地区的开发之功不可没。广州七郡、交州八郡的建置标志着：封建王朝的统治势力日益深入岭南民族地区和岭南不断得到开发。

两晋至南北朝时期，除西晋短期统一外，南方诸族处于长期分裂状态。在长期动乱中，民族矛盾颇为激烈，诸族间的接触与往来也更为频繁和密切，因而加速了民族融合的进程。

这一时期，以两湖地区为中心的南方广阔地域内，遍布着“种类繁多”②、“部落滋蔓”③的“蛮”族。史书把这些蛮族分为两大类。一是“荆、雍州蛮”，据称是“盘瓠之后”，其实，还包含有部分廪君蛮在其中；一是“豫州蛮”，主要基地在当时的西阳郡（治今湖北黄冈县东南）。西阳有“五水，谓蕲水、浠水、巴水、赤亭水、西归水”，故又称为“五水蛮”④。由于西阳郡包括在东晋侨置的豫州范围内，故又称“豫州蛮”，据称是“廪君之后”。经过长期的剧烈动荡、大批迁徙与频繁往来，两湖地区蛮族分布的格局发生了新的变化。湖北内地的少数民族，大多已逐步与汉族融为一体，成为封建国家的“编户齐民”。从隋重新统一以后，逐步形成湖北地区的少数民族主要集中于今鄂西一带的状况。

除蛮族外，两湖地区还有蜑人、莫徭、傒人诸族。蜑人。最早见于《世本》：“廪君之先，故出巫诞（蜑）”的记载。其后，三国及晋代也有蜑人活动的痕迹，分见于《三国志·黄盖传》与《华阳国志·巴志》。南北朝时，蜑人活动频繁，以峡中地区为中心。《周书·异域传》写道：北周陆腾败蜑人后，筑其骸骨为“京观”。可见，统治者镇压蜑人之残酷。从此，蜑人势力逐渐衰微。其族属，我们认为，应主

① （南朝宋）范晔：《后汉书·任建传与卫飒传》。

② （南朝梁）萧子显：《南齐书·蛮传》，卷五八。

③ （唐）李延寿：《北史·蛮传》，卷九五。

④ （北魏）郦道元：《水经注·蕲水》，卷三二。

要属于今土家族先人的一支。以往史家多把隋唐以后岭南蜑人溯源于峡中蜑人。但我们认为：这两者之间并无渊源因袭关系，因为他们在族属上完全不同，岭南蜑人应属于百越系统之民族。[①]莫徭。始载于《梁书·张缵传》卷二八："州界零陵（治今湖南零陵）、衡阳（治今湖南湘潭南）等郡，有莫徭者，依山险为居，历政不宾服，因此向化。"言明了该族的分布地域、社会状况及与封建王朝的关系。隋唐以后，不断有关于莫徭的记载。莫徭为今瑶族，瑶族之名始于此。傒人。其名始见于晋，分布地域以湖南为中心，向南延伸至广东韶关一带，向东入赣水流域。随着东晋南朝时的政治重心南移，江南不断得到开发，处于平原与交通要道的具有较高文化的傒人，日益融合于汉民族之中。突出代表为陶氏家族，历史上著名诗人陶渊明（陶侃曾孙）即为傒人嫡系后裔可证。这些地区剩下的山居傒人，唐、宋以后则被称为瑶、畲之人。这就是南朝以后，傒人从我国历史上消失的原因所在。

南朝时，岭南诸族被称为"俚""僚"或"俚僚"联称。当时，由于统治中心在南方，故特别重视对岭南的治理与经营。管理俚僚的平越中郎将特别是西江、南江、东江督护的设立，标志着南朝的统治网已散布在粤江流域的各个角落（包括上游地区）。在"夷僚丛居"[②]之地建越州（治今广西合浦东北），意味着僻远的民族地区已非"化外"之邦。总之，南朝岭南民族关系发展的结果，是俚、僚与汉族之间的日益融合，故史称："南蛮杂类，与华人错居，曰蜒，曰獽，曰俚，曰僚，曰㐌，俱无君长，随山洞而居，古先所谓百越是也。……浸以微弱，稍属于中国，皆列为郡县，同之齐人"[③]。

隋代，结束了我国三百多年的分裂与动乱局面，实现了国家的重新统一。虽然，它只存在了短暂的三十多年的时间，但在加强我国民族关系方面，却起着承前启后的历史作用。隋代对南方诸族实行与汉区有别的政治、经济政策，其总原则是："诸蛮陬俚洞，霑沐王化者，各随轻重，收其赕物，以裨国用。又，岭外酋帅，因生口翡翠明珠犀象之饶，雄于乡曲者，朝廷多因而署之，以收其利。"[④]概言之，即署以

① 吴永章：《古代鄂川湘黔边区蜒人与岭南蜒人之比较研究》，载《广西民族研究》，1987（2）。

② （南朝梁）萧子显：《南齐书·州郡志上》，卷十四。

③ （唐）魏征：《隋书·南蛮传》，卷八二。

④ （唐）魏征：《隋书·食货志》，卷二四。

官名，并收其“土贡”。此策，为南方诸族归向中央王朝起了积极作用。当时，两湖地区的少数民族，主要有蛮人、左人、莫徭等。他们的社会面貌与民族关系，可以归结为：僻处山谷者，保持了本民族独自的语言和风俗习惯；与汉人杂居者，则与诸华不别，民族融合日深。在岭南，则聚居着俚僚诸族。需要强调指出的是，高凉俚帅冼夫人对统一岭南、对促进多民族国家的发展，起了重要的历史作用。据《北史·谯国夫人传》卷九一载：冼夫人经常陈列梁、陈赐物，以示子孙曰：“汝等宜尽赤心向天子。我事三代主，唯用一好心。”并“诫约本宗，使从百姓礼”，即效法汉文化与礼仪。这是岭南民族与中原地区间凝聚力日益增强的有力证明。

唐朝，中央王朝在经济繁荣、国力强盛的基础上，广泛实行羁縻州府，作为治理民族地区的一种地方行政制度。此制，以少数民族首领为世袭都督、刺史、县令。当时，全国共有羁縻州“八百五十六”[①]，而在南方则为四百零二[②]，几占总数的一半。羁縻州制是在南朝的左郡、僚郡、俚郡的基础上发展演变而来的。它加强了中央王朝与中南民族地区的联系。两湖地区的蛮人，主要有长江峡中地区的冉氏蛮、武陵地区的蛮人和莫徭。唐武德三年（620年），开州（治今重庆开县）蛮酋冉肇则为唐大将李靖所败，武德五年（622年），巴东郡（治今湖北巴东西北）蛮蜑冉安昌主动降唐，从此江汉地区蛮人先后归附中央王朝。至唐朝后期，“武陵诸蛮”活动频繁，宪宗元和六年至八年（811—813年），辰（治今湖南沅陵）、溆（治今湖南黔阳西南）二州蛮因徭役繁重而反，即是一例。此外，唐朝诗人杜甫、刘禹锡诸人多有诗歌描绘湖南和粤北莫徭的社会状况。岭南，唐初俚僚酋帅冯盎、李光度、宁长真诸人归降。有唐一代，岭南得到较大规模的开发，社会经济有了长足进步，陆、海路交通有所扩展，教育文化事业迅速发展，民族间交往增多，故史称：岭南风俗，“颇同华夏”[③]。

唐代中南民族地区的反抗活动，以西原黄峒蛮起义规模最大。所谓“西原蛮”，是唐代对今广西左右江地区少数民族的统称。黄峒蛮因发祥于黄橙洞（今广西大新县境）而得名，属西原蛮的组成部分。这次起义，从至德到乾符年间，前后历时

① （宋）欧阳修、宋祁等：《新唐书·地理志七下》，卷四三下。

② 吴永章：《中国土司制度渊源与发展史》，成都，四川民族出版社，1988。

③ （宋）乐史：《太平寰宇记·岭南道一》，卷一五七。

一百二十多年。严重打击和动摇了唐王朝在岭南的统治地位。

五代十国时期，是唐代后期藩镇割据的继续与发展。在中南地区，主要的地方割据政权有：在岭南，俚僚出身的刘隐父子建立了南汉；在湖南，有马殷父子建立的楚国。这一时期，是中国社会经济重心进一步南移的重要时期，故对中南民族地区的发展，有着不可忽视的意义。南汉与楚政权，为了争霸及巩固其统治地位，十分注意招揽和重用中原内地的汉族士大夫，十分注意笼络和依靠少数民族首领。这一地区汉族和其他兄弟民族的融合，促进了各民族之间经济文化联系的加强。这一时期，湖南蛮人的活动异常活跃。计有：梅山蛮，江华蛮、辰州蛮、溆州蛮、武陵洞蛮，等等。值得注意的是溪州蛮酋都誓主彭氏的崛兴。著名的“溪州铜柱”，就是溪州刺史彭士愁与楚王马希范所立的纪事铜柱。从五代起，湘鄂西土家这一稳定的人们共同体，开始逐渐形成为单一民族[①]。

宋代，结束了五代十国的割据状态，形成了宋与辽、金长期南北对峙局面。由于宋代政治中心南移，加紧对南方诸族地区的经营与开发，加上南方地区相对保持比较安定的局面，使中南民族社会及民族关系发生了较大变化。

这一时期，载诸史册的中南地区少数民族主要有：两湖地区的西南溪峒诸蛮以及梅山峒蛮，诚徽州蛮、施州蛮；岭南地区的南丹州蛮、抚水州蛮、广源州蛮、环州蛮以及海南黎人等。[②]宋在唐的基础上，发展了羁縻州制。据宋人范成大说：宋时，广南西路（今广西），“羁縻州洞，隶邕州左右江者为多”；当地侬氏、莫氏等人，“自唐以来内附，分析其种落，大者为州，小者为县，又小者为洞。国朝开拓寖广，州、县、洞五十余所，推其雄长者为首领，籍其民为壮丁”[③]。可见，宋代通过羁縻州制，使中央王朝势力日益深入中南民族地区。宋代，中南民族地区的开发大为加速。此时，鄂西民族地区“生聚日繁”“纷华日盛”、民风“由朴而华”[④]，故作者论定：“有宋一代，在鄂西民族地区的开发史上，占有特别重要的地位。”[⑤]谭其

---

① 《中国少数民族》编写组编：《中国少数民族》，北京，人民出版社，1981。

② （元）脱脱等撰：《宋史·蛮夷列传》，卷四九三至四九六。

③ （宋）范成大：《桂海虞衡志·志蛮》，羁縻州洞条。

④ （清 同治）《恩施县志》，卷七。

⑤ 吴永章：《湖北民族史》，武汉，华中理工大学出版社，1990。

骧先生则断言：“近代湘西开拓的先河是在宋代。”[①] 总之，两湖民族地区如此，岭南民族地区也如是。

在族称方面，宋代也发生了变化。如“撞”或“僮”名，始出现于南宋，这在范成大《桂海虞衡志》、李伯曾上理宗奏折、朱辅《溪蛮丛笑》中均有所反映。黎人名称虽始见于唐，但是在宋以后，才广泛以黎为族称。苗族之名，也是宋代从“五溪蛮”中逐渐分离出来。“莫徭”之名，虽早已有之，但以“瑶”作为族称和大量记载瑶人活动，也主要是宋以后的事。今民族名称的出现和使用，也是中南民族及其相互关系有了新发展的一种反映。

有宋一代，中南民族的反抗活动不断。其中主要有：庆历年间桂阳监瑶人的反抗活动；嘉定年间郴州黑风峒瑶人的反抗活动；绍兴年间武冈瑶人的反抗活动；皇祐年间广源州侬智高领导的反抗活动，都是我国历史上壮族较大规模的反抗封建王朝的事件。

元代土司官职，主要有宣抚、安抚、招讨、长官诸司；同时，也往往委任当地少数民族首领担任路、府、州、县的官职。事实证明，元代设立土司官职，确已形成了“一代之制”[②]。元朝通过土官，建立了在中南地区的有效统治，就连过去所谓“化外”之地也无例外。[③] 在经济上，实行大规模的屯田，使中南民族地区的农业有所发展，并采取“皆赋役之”的贡赋制。汉文化影响日益加强，“遐陬绝漠，先王声教所未暨者，皆有学焉”[④]。随着元朝统治的日益腐朽，中南少数民族人民不断起而抗争。至正六年至九年（1346—1349 年）湖南瑶民领袖吴天保领导了元末规模最大的少数民族起义。这次起义不仅占领了湘西，而且南及广西全州，对推翻元朝统治，起了积极的历史作用。

明代，在南方民族地区奉行土司制度，“踵元故事，大为恢拓”[⑤]。明代土司职衔分文职与武职两种。武职职衔有：宣慰司、宣抚司、安抚司、招讨司、长官司、蛮

① 谭其骧：《中国内地移民史——湖南篇》，载《史学年报》，1933，1（4）。

② （清）永瑢：《历代职官表》，卷十二。

③ （元）赵世延等：《经世大典序录·礼典·朝贡》。

④ （元）赵世延等：《经世大典序录·礼典·学校》。

⑤ （清）张廷玉：《明史·湖广土司列传》，卷三一〇。

夷长官司等；文职职衔有：土府、土州、土县。在中南地区的湖广（今两湖）、广西等地均设有大量土司。土司制度的产生是有其历史必然性的，它对中央王朝与边疆地区联系的加强，对南方民族地区的安定，均曾起了积极的历史作用。明朝为强化南方民族地区的统治，曾在当地建立军事卫所，推行屯田制度。这一制度的实施，强化了明朝对中南地区各族的统治，巩固了边防；也使汉族先进的生产工具和生产技术能迅速推广，从而促进了民族地区的开发。有明一代，中南民族的社会经济有了不同程度的发展。有的地区已经进入地主经济的阶段，农业有了显著发展，普遍使用犁耕，文化也相应提高，有的还参加了科举考试。但是，发展是不平衡的。住在高寒地区的少数民族，生产力还比较低下，阶级分化也还不很明显。

中南地区经常爆发各族人民的反抗活动。其中，以景泰、天顺、成化年间的大藤峡瑶、壮人民起义最为著名。这次起义前后历时近百年之久，在中南民族关系史上占有重要地位。它沉重地打击了明朝的腐朽统治。值得称颂的是，湖南永顺、保靖土兵和广西俍兵在嘉靖年间的伉倭斗争中，曾起了重大作用。嘉靖三十四年（1555 年），在著名的王江泾（今浙江嘉兴北）之战中，“保靖犄之，永顺角之，斩获一千九百余级，倭为夺气，盖东南战功第一云”[①]。又，田州（治今广西田阳东南）女土官瓦氏夫人亲率田州兵赴抗倭前线，奋勇作战，赢得了“花瓦家，能杀倭”的美名。土兵和俍兵抗倭的英雄业绩，为中华民族英勇抗击外来侵略的历史写下了光辉的篇章。

清初，在“因明制”的基础上，继续实行土司制度。清代在中南民族地区虽然广泛采用土官统治，但其间又有差别。如，壮族、土家族，土司势力十分强大；瑶、畲、黎、苗诸族，土官势力较为微弱，且未形成一套较为完整的土司制度。随着社会历史的发展，土司制度日益落后和腐朽，废除土司制度已成为一种历史的必然。雍正四年至九年（1726—1731 年），清王朝实行全国性的大规模的改土归流。改土归流的结果，加强了国家的政令统一，促进了国内各民族的经济文化交流，有利于民族地区的社会经济发展。这是符合社会历史发展的具有重大历史意义的事件。改土归流后，民族关系有了重大发展。民族交往日多，并形成杂居局面，如“感恩黎附版籍者什九，与民杂居”。经济往来频繁，不仅汉区农作方式与生产工具大量输

① （清）张廷玉：《明史·湖广土司列传》，卷三一〇。

入民族地区，而且汉民也受少数民族经济的影响，“旱稻，瑶人多植山岭，近民亦效之。”即一例。民族间隔阂日渐减少，如苗瑶与汉人，“或认干亲，或结弟兄，彼此绸缪。”彼此习俗相染。关系颇为融洽。

综观中南民族关系史，我们可以得出如下结论：一是，从远古时代起，中南诸族先人就生息、繁衍在这块土地上。长江流域、珠江流域和黄河流域一样，是中华民族的发祥地。二是，今天中南地区各民族分布的格局，是通过长期历史发展过程形成的。先秦时期，这里是“南蛮”的聚居地。秦汉以后，随着民族关系的发展，而逐步形成汉民族与少数民族共居而以汉族为主的局面。三是，中南各族人民对发展我国的经济文化做出了独特的贡献。旱稻、水稻的栽培，水渠的兴修，铜鼓的铸造，弩机的制造，手工纺织的改进，织锦、斑布、蜡染的创造等，都有中南各族人民的一份功劳。至于色彩缤纷而又别开生面的中南各族文化，更为中华民族文化宝库增添了异彩。四是，中南各族人民举行了多次规模巨大的反抗封建压迫和民族压迫的斗争。明清以降，还英勇地进行了反抗外国侵略者的斗争。这些反抗活动，各族人民或是共同参加或是互相支援，从而使各族人民的命运更紧密地联系在一起。

从云梦秦简看秦的民族政策*

1975年底，湖北省云梦县睡虎地十一号秦墓出土了大量秦代竹简，这中间尚有若干关于专门处理少数民族问题的法律条文，颇为罕见。计有：见于《秦律十八种》之一的《属邦》律一条；见于《法律答问》中关于处理少数民族事务的律文三条，按其内容判断，也应归于属邦律的范畴。既然秦王朝规定了专门的属邦律，可说明这方面的律令当远不止此数。仅就这些少量的秦简而论，仍可窥见秦代民族政策之一斑。它对我国民族史和民族问题的研究，具有极其重要的历史价值。

下面拟就这些秦简材料，参之于文献记载，对秦朝统治阶级在处理和解决民族问题上所采取的主要政策与措施，作一简略剖析。

一、秦中央设置管理少数民族的专门机构——“属邦”

云梦秦简中有“属邦”“臣邦”字样。臣邦与属邦应为同义。属邦一词，在秦兵器铭文中也有出现，如五年吕不韦戈和八年吕不韦戈等①。所谓属邦，即史籍中的属国或典属国。据《汉书·百官表》载：“典国，秦官，掌诸归义蛮夷”“典属国，秦官，掌蛮夷降者”。汉代因避汉高祖刘邦讳，才把“邦”改为“国”。可见，秦简与《汉书》均证明：属邦之官，始置于秦；据秦简中属于属邦律的条文内容，都是关于如何处理“道”和“臣邦君长”事务的，这和《汉书》中“掌蛮夷”的说法完全一致，故可断其职为主管少数民族事务无疑。

秦设置专职，代表中央王朝集中处理复杂纷繁的民族事务，表明秦朝统治阶级对民族问题是十分重视的。这也是随着我国统一的多民族国家的形成和发展，民族问题愈益占居重要地位的一种反映。此外，还为汉以后的历代王朝开创了先河。

二、在少数民族聚居地设置“道”的地方政权机关

云梦秦简中有“道”之称。《语书》：“二十年四月丙戌朔丁亥，南郡守腾谓县、

---

* 原载《江汉考古》，1983（2）。

① 李学勤：《北京拣选青铜器的几件珍品》，载《文物》，1982（9）。

道啬夫”[1]；属邦律中有“道官”一词。

所谓“道”，据《汉旧仪》载：“内郡为县，三边为道”；《后汉书·百官志》则说“凡县主蛮夷曰道”。其意均指少数民族聚居的县。

从秦简中可得出如下结论：“道啬夫”“道官”之谓，说明秦代确已在民族地区设置了道的政权机关及啬夫一类的官吏；“南郡守谓县、道啬夫”一语，证实道与县是同属郡下的平行组织；南郡是秦在原楚人统治中心地区设置的，其地经济、文化比较发达，民族差异较小，这里尚且设道，更遑论边远落后之地，可见秦道之数应相当可观。

道的设置，在历代封建王朝对民族地区的治理史中占有重要地位。由于我国历史上民族众多，而且各少数民族内部的政治、经济状况与汉族之间又存在着千差万别。道的设立，意味着秦王朝已意识到需要设置与内地有别的政权组织来处理少数民族地区的特殊事务。

秦代，首次在民族地区开设特有的地方行政单位。其后，两汉的道，南北朝的左郡、左县，唐宋的羁縻州、县，元明清的土司，究其源，与秦代的道是有渊源因袭关系的。

这里需要着重指出的是，由于文献材料的阙如和不足，形成了道起源于西汉的传统看法；云梦秦简提供了已有道的确凿证据，从而消除了这一长期流行的误解。

三、通过臣邦君长对少数民族进行统治

云梦秦简中，有“臣邦君长”“臣邦君公”的称号。这说明，秦在民族地区虽设置郡、县，委派守令，但“蛮夷邑君侯王”并未废除，可谓实行与汉区不同的郡、县守令与臣邦君长并存的双轨制。清人钱大昕说，秦“其初虽有郡名，仍令其君长治之”[2]，这一见解，是符合历史实际的。此制，对后世产生深远影响。诸葛亮平南中后，所实行的“即其渠师而用之”[3]的著名做法，实际上可视作这一政策的继续和发展。

简文中的臣邦君长、君公，相当于文献材料中的蛮夷邑君侯王。根据历史记载，

① 凡属简文，均见《云梦睡虎地秦墓竹简》一书。

② （清）钱大昕：《潜研堂文集·三十六郡考》。

③ （晋）陈寿：《三国志·诸葛亮传》裴注引《汉晋春秋》。

秦在其势力达到少数民族地区以后，并不急于改变土著首领的称号和统治地位。这从秦对南方越人、西南巴郡“蛮人”和蜀人、西北义渠人的事例中，可以得到证明。

越。《汉书•两粤传》：“闽粤王无诸及粤东海王摇，其先皆粤王勾践之后也……秦并天下，废为君长，以其地为闽中郡。及诸侯畔秦，无诸、摇率粤……从诸侯灭秦”。粤与越同。可见，秦在设置闽中郡后，闽越王及越东海王虽被废去王号，但仍保留了君长的称号。而且，从他们后来仍能率领所属越人叛秦一事，也说明其在越人中的统治地位并未曾改变。

巴郡蛮人。据《后汉书•南蛮西南夷列传》载，秦曾与巴郡阆中夷人订盟，规定了“秦犯夷输黄龙一双，夷犯秦，输清酒一钟。夷人安之”。可见，秦政权并不打乱属郡“夷人”的内部结构，并不干预其内部事务。该列传在廪君条下又载：“及秦惠王并巴中，以巴氏为蛮夷君长。”意即廪君蛮仍由巴氏君长统辖。

蜀。《史记•张仪列传》载：秦“定蜀，贬蜀王更号为侯，而使陈庄相蜀”；《战国策•秦策》也说“蜀王更号为侯”。史载，秦灭蜀后，曾三封蜀侯，三个蜀侯又都因反秦被杀。据蒙文通先生在《巴蜀古史论述》一书的考证，这三个蜀侯，都不是秦的公子，而是蜀王的后裔。从秦惠王十九年（前 320 年）灭蜀，到秦昭王二十二年（前 285 年）第三次杀蜀侯，即中经三十余年，蜀侯才被废止。

义渠。《史记•六国年表》载，秦惠王十一年（前 327 年），“县义渠……义渠君称臣”[①]，其间义渠多次反秦，直至秦昭王三十五年（前 272 年），“宣太后诱杀义渠王于甘泉宫，因起兵灭之，始置陇西、北地、上郡焉”[②]。可见，义渠从对秦称臣、置县起，直至最后为秦所灭，中经近五十年的时间，一直保持着王的称号与地位。或者说，这期间，义渠首领一直作为秦简中所谓的“臣邦君长”而存在。

概言之，秦代利用土著首领对民族地区进行统治，使其按原有的统治方式管理其旧有辖地，并隶属于秦王朝。为什么这样做呢？《明史•土司列传》说：“彼（指‘蛮’族）大姓相擅，世积威约，而必假我爵禄，冠之名号，乃易为统摄”。这一分析，同样适用于秦代。这意思是说，土著首领世代相袭，其势盘根错节，一时难于废除；反之，土著首领也需要借王朝中央的旗号，以巩固其统摄部属之地位。而这

① （汉）司马迁：《史记•秦本记》所载同。

② （南朝宋）范晔：《后汉书•西羌列传》。

些被分封的臣邦君长、君公和蛮夷邑君侯王，就成了后代土司制度中“土官土吏”的前身。

四、维护臣邦君长的统治地位

既然秦王朝通过利用臣邦君长对民族地区进行统治，无疑它要维护这些土著首领的势力和地位，以求得统治秩序的相对稳定。为此，秦王朝需要制定一定的法律，以对付来自本民族下层和上层内部的威胁。关于这两方面的材料，在秦简中均有反映。

秦简《法律答问》中有一条规定：“‘臣邦人不安其主长而欲去夏者，勿许’。可（何）谓‘夏’？欲去秦属是谓夏。”意为臣邦人是不允许离开其“主长”而逃亡到秦地去的。就是说，少数民族人民是必须服服帖帖接受少数民族上层分子的奴役和统治的。

应该说，后代扶植少数民族大姓的政策，与此也是不无关系的。如，诸葛亮曾把南中的“羸弱配大姓焦、雍、娄、爨、孟、量、毛、李为部曲……以夷多刚狠，不宾大姓富豪，乃劝令出金帛聘策恶夷为家部曲，得多者奕世袭官”[①]。就是说，蜀汉政权采用强化“大姓富豪”奴役“部曲”的做法，以图达到控制和制服“刚狠”“恶夷”的目的。通过前后不同时期的历史比较，我们对秦律作出臣邦人不准背离其主长规定的原因与作用，就一目了然了。

秦简属邦律则规定：“道官相输隶臣妾、收入，必署其已禀年月，受衣未受，有妻毋（无）有。受者以律续食之。”其意为，道官对所输送的隶臣妾及没人为奴者，需写明其已领粮的日期，有无领受衣服，有无妻室。已领受者，按律继续供给食粮。按，这条属邦律，同秦简《金布律》《司空律》中关于隶臣禀衣标准相参照执行。这说明少数民族中和汉民中的被统治阶级的犯人是被同等对待的。就是说，秦律对少数民族中的被统治阶级并未给予特殊照顾。因此，也可见秦律保护少数民族上层分子的阶级本质。

此外，秦律对防止少数民族的某些上层分子的破坏统治秩序的活动，也作了规定。

---

① （东晋）常璩：《华阳国志•南中志》。

秦简《法律答问》又说："'擅杀、刑、髡其后子，潚之'可（何）谓'后子'？官其男为爵后，及臣邦君长所置后为大（太）子，皆为后子。"秦律对"后子"包括臣邦君长的"太子"，加以特别的法律保护，不允许随意对他们加以杀害或刑罚。为什么秦律中专设有保护臣邦君长太子这么一条规定，似未有人加以阐述。对此，笔者愿提出一种粗陋的解释。

这从后代土司制度中，似可寻见一些蛛丝马迹。所谓"自古苗乱，起于土司；土司之乱，起于承袭"一语，反映了一种司空见惯的现象，即少数民族的统治集团本身，往往因继承人（简文的"太子"）问题引起争夺残杀，甚至因此酿成变乱。其结果，势必削弱和动摇封建王朝在民族地区的统治地位。为防止或减少这一现象的出现，明清两代统治者，积历代治理经验之大成，对土司承袭法作了种种详尽而严格的规定（具体内容从略）。据此，笔者认为秦律保护臣邦君长太子，就是保护臣邦君长的法定继承人，以免太子受到伤害，造成以幼代长，以庶代嫡或承袭人不明的事件而引起的纷争。因此，从明清土司承袭法，可以说明保护臣邦君长太子这条秦律的来由；反之，这条秦律又可视作土司承袭法的最原始形态。

五、在法律和租赋方面，采取轻于内地的某些措施

秦政权对少数民族地区，是有所照顾的。

法律上，秦政权对少数民族加以宽容。据《后汉书·南蛮西南夷列传》载，秦统一全国之前，曾规定"其（廪君蛮）民爵比不更，有罪得以爵除"；且曾与板楯蛮刻石盟要，"伤人者论，杀人者以倓钱赎死"，章怀太子注引何承天《纂文》曰："倓，蛮夷赎罪货也"。这就是说，少数民族之人犯法是要加以惩处的。但有罪可用爵位抵消，即使因杀人犯了死罪，也可用财物赎免。秦统一全国以后，仍继续执行这一政策。这从云梦秦简中可以得到证实。《法律答问》中有两条规定："真臣邦君公有罪，致耐罪以上，令赎""可（何）谓'赎鬼鋈足'？可（何）谓'赎宫'？臣邦戎君长，爵当上造以上，有罪当赎者，其为群盗，令赎鬼薪鋈足；其有府（腐）罪，（赎）官。其他罪比群盗者亦如此"。意为：臣邦君长犯了罪可以赎罪。爵位相当于上造者，假若犯了"群盗"罪，可按"鬼薪鋈足"刑赎；假若犯了"腐罪"，可按"宫"刑赎；假若犯了"比（相当）群盗"罪，也按此规定办理。群盗罪，秦律规定要斩左趾、黥面，还要服城旦劳役；鋈足鬼薪罪，鋈足为刖足，鬼薪为轻于

城旦的一种劳役。这表明，鬼薪鋈足罪要比群盗罪为轻。要言之，少数民族首领犯了罪，不仅可赎免，而且量刑时还可以从轻判处。这对于“置天下于法令刑罚”①的秦王朝说来，不能不说是一种特殊恩遇。

秦王朝对臣邦君长的宽待之举，也为后代的土司制度提供了先例。这里仅以明代鄂西土司为例。据《明史·湖广土司列传》载，正德四年（1509年），容美（今湖北鹤峰、五峰县地）所遣赴京进贡之人，因沿途驿传诸多需索，“部臣以闻，帝以远蛮宥之”；正德十一年（1516年），容美宣抚因承袭问题，罪本当坐，“诏以蛮僚异类，难尽绳以法，免其并坐”。像这类记载，历代多有。“难尽绳以法”一语，还可作为上述秦简的极好注释。

与此同时，秦王朝还在租赋上给予“优宠”②。这方面材料，虽未见于云梦秦简，但文献材料中把租赋和法律上的优待联系在一起，作为秦处理民族关系的重要措施加以记载，故此处一并论列。据《后汉书·南蛮西南夷列传》载，廪君蛮“君长岁出赋二千一十六钱，三岁一出，义赋八百钱。其民户出幏布八丈二尺，鸡羽三十鍭”“复夷人（指板楯）顷田”的租税，虽有十个妻子也不输口算钱。概言之，秦对臣邦征收租赋的特色有二：一是数额较为轻微；二是除交钱、粮外，多数纳幏布、鸡羽一类方物。后世土司制度的税制，也大体类似。

六、蛮夷君长世尚秦女的婚姻关系

云梦秦简《法律答问》载：“‘真臣邦君公有罪，致耐罪以上，令赎。’可（何）谓‘真’？臣邦父母产子及产他邦而是谓真。可（何）谓‘夏子’？臣邦父、秦母谓殹（也）”。意为：只有臣邦父母所生的儿子当了“君公”，才能享受少数民族首领在法律上的优待，若“臣邦父、秦母”所生的儿子当了君公，则作为夏子即秦人后裔对待而不能加以优待了。这条秦简的重要意义在于：证明了秦与臣邦君长之间是确实存在婚姻关系的。

对这一条款应如何理解？于豪亮同志认为：“律文规定‘臣邦父、秦母’所生的孩子不能算少数民族，必须认定为‘夏子’，那么，在父权、夫权已经达到顶点

① 贾谊语，见《汉书》本传。

② （南朝宋）范晔：《后汉书·南蛮西南夷列传》章怀太子注语。

的秦国，‘秦父、臣邦母’所生的儿子，必然被认定为‘夏子’了。在《法律答问》中没有提出‘秦父臣邦母所生的儿子的问题，是因为这在当时是不成问题的”[①]。于豪亮同志这一论点，不是从秦王朝特定的民族政策而是从秦国的一般“父权、夫权”社会的角度提出来的，且未引用历史材料为保证。因而，尚可商榷。

笔者试作不同的解释。据《后汉书·南蛮西南夷列传》载：“及秦惠王并巴中，以巴氏为蛮夷君长，世尚秦女”。以此和秦简相印证，问题就迎刃而解了。显然，秦与蛮夷君长间这种婚姻关系，是以蛮夷的男方，秦国的女方结成的。此乃“世尚秦女”之谓也。所以《法律答问》中没有提及秦父、臣邦母之子的问题，并非在父权、夫权已经达到顶点的秦国，“必然”被认定为夏子，这在当时是“不成问题”的原因，而是在当时的现实生活中并不存在这一问题。而且，于豪亮同志这一说法，从法律观点上说来，也不尽相符。因为法律本身是一种依据，不能采用“必然认定”的办法来解释法律条文；恰恰相反，法律的作用正是要把“必然”的，“不成问题”的事物，用法律条文的形式加以肯定和固定下来。

还有，为什么蛮夷君长尚秦女所生的儿子，不能定为少数民族成分呢？于豪亮同志认为“这是因为秦的人口少，作出这样的规定是为了争取人力的缘故”。单纯从人口的角度来解释这条秦律，似有缺陷之处。因为：一是这条秦律讲的是具有什么样血统的蛮夷君长，才可以享受法律优待的问题，其所涉及的主要不是秦的人口政策，而是民族政策，这是一个基本点，研究这条秦律应从这一前提出发。关于这，下面再作专门的分析。二是在“臣邦君公”中，“臣邦父、秦母”（文献所称的“蛮夷”君长尚秦女）所生的后裔，其数量是极其有限的，这对增加秦国人口可说是无济于事的。三是臣邦人欲去秦属，本来可以大量增加秦的户口和人力。但上引秦简证明：对此，秦王朝是加以禁止的。可见，增加人口说与秦简记载本身就是互为抵牾的。

笔者以为，还是应从秦代的民族政策中寻找答案。历代王朝的民族治理史证明：封建统治者之所以承认蛮夷君长的存在，用《清史稿·土司列传一》的话来说，是因为蛮夷君长在当地有着“根柢深固”的势力所致；当中央王朝的势力日益深入民族地区，并达到能够控制的程度时，就往往改而实行直接统治。其办法，通常是

---

① 《秦王朝关于少数民族的法律及其历史作用》，见《云梦秦简研究》。

借口蛮夷君长有罪或谋叛，而加以处置直至废止。上述秦代对蜀与义渠的处理，后代的“改土归流”，都是例证。所以，当秦女所生的儿子继任蛮夷君长时，表明经历了相当一段时间之后，秦与臣邦的往来接触颇密切，秦的影响已逐步扩大；或者说，秦政权要取消蛮夷君长特殊地位的条件已趋成熟。据此，秦律关于具有秦血统的蛮夷君长，不得享有特殊待遇，当犯罪时应一体惩处的规定，可视作是秦王朝削弱和控制蛮夷君长的一种手段。

总之，秦政权曾采用嫁女与蛮夷君长的婚姻形式，对属邦加以笼络和控制。这种做法，客观上有利于民族间的往来与融合，其后，汉、唐的“和亲”政策，也可溯源于此。

通过以上对云梦秦简的叙述，说明秦国统治阶级对民族问题是十分重视的。这是由当时的历史条件决定的。在春秋战国时期，秦地处西陲，与少数民族杂处，由于秦国能较好地处理民族关系，从而得到境内诸族的拥护和支持。《史记·秦本纪》载，秦“西霸戎翟，广地千里”，说明秦正是依靠“戎狄”的力量而发达起来的。秦统一全国以后，全国包含了众多的民族，民族问题的复杂性和重要性，更是以前所无法比拟的。可以说，云梦秦简中的有关记载，就是秦王朝治理民族问题经验的集中反映和概括。

秦代的民族政策，又为后代的封建王朝所承袭和发展，至元明清时期形成了较为完备的土司制度。土司制度总的精神是：“其道在于羁縻”[①]。而羁縻之策的主要方面，如：任用少数民族首领进行统治，用种种手段扶植和拉拢民族上层人物，制定和执行有别于内地的包括法律、租赋诸方面的政策，等等。这在云梦秦简和历史文献中，均有不同程度的反映。据此，笔者可以得出结论说：我国土司制度滥觞于秦。

---

① （清）张廷玉：《明史·土司列传》。

孙吴与岭南关系述略*

秦、汉时期，我国开始大规模地开发岭南地区。至三国的吴国时，岭南的社会经济与文化有了长足发展。在岭南的开发史上，吴国起着上承秦汉，下启两晋、南北朝的重要作用。其后，粤江流域得以起飞并追赶黄河流域、长江流域的发展水平，吴国的奠基之功是不可埋没的。

一、孙吴在岭南开创新建置

汉武帝元鼎六年（前 111 年），开百越。分“粤地”①为苍梧、郁林、合浦、交趾、九真、南海、日南七郡。置交趾州刺史，治龙编（今越南河内东北）。东汉献帝建安八年（203 年），交趾改名交州，移治苍梧广信县（今广西梧州）②。建安十五年（210 年），徙治南海番禺县（今广州）③。建安二十三年（218 年），孙吴分郁林立宁浦郡，分合浦立高凉郡④。吴赤乌二年（239 年），在徐闻立珠崖郡。吴永安七年（264 年）分为二州，广州治番禺，交州还治龙编。吴末帝孙皓时，分郁林立桂林郡，又立新昌、武平、九德三郡。这样，终吴之世，广州领有苍梧、郁林、南海、高凉、桂林、宁浦、高兴七郡；交州领有交趾、九真、日南、合浦、珠崖、新昌、武平、九德八郡。至此，结束了汉朝大交州七郡的阶段，开创了广州七郡、交州八郡，即二州十五郡的新建置。当然，这并非单纯的政区增加，而是为了适应从西汉至孙吴时三百多年间岭南地区形势发展的需要。它标志着：吴国的统治势力较前深入岭南，岭南已日益发达，岭南与内地的联系更为紧密。

---

* 原载《江海学刊》，1988。

① （汉）班固：《汉书·地理志下》。

② （宋）司马光：《资治通鉴》，魏元帝咸熙元年条。

③ 《后汉书·郡国志五》注引王范《交广春秋》曰：交州，元封五年移治苍梧广信县条。今取《资治通鉴》说。

④ 《后汉书·郡国志》《晋书·地理志下》均作建安十五年；《资治通鉴》《宋书·州郡志四》则作建安十六年。今从前说。

二、孙吴在岭南统治地位的确立

孙吴政权在岭南统治地位的建立，经过两个发展阶段。

第一步，肃清曹操、刘表势力。汉末，中原扰扰。苍梧士燮乘机据有交州，自为交趾太守，弟壹领合浦太守，䵋领九真太守，武领南海太守。当时，北方曹操、荆州刘表、江东孙权相互争夺岭南。曹操以朝廷名义派张津为交州刺史。张津为部将所杀后，刘表遣赖恭为刺史，并以吴巨为苍梧太守，后赖恭为吴巨逐走。为此，曹操又命士燮为绥南中郎将，董督七郡，作为与刘表抗衡的措施。建安十五年（210年），孙权以番阳太守步骘为交州刺史，“刘表所置苍梧太守吴巨阴怀异心，外附内违。骘降意怀诱，请与相见，因斩徇之，威声大震。士燮兄弟，相率供命，南土之宾，自此始也。”① “由是岭南始服于权。”② 接着，步骘挟余威对残余势力加以扫荡。据《吴书·薛综传》戴：“是时，（张）津故将夷廖、钱博之徒尚多，骘以次钮治，纲纪初定。”从此，岭南归属孙吴。

第二步，消灭士氏割据势力。岭南归附孙吴后，汉末以来形成的士氏家族操纵当地局势的状况并未改变。《吴书·士燮传》载：“燮兄弟并为列郡，雄长一州，偏在万里，威尊无上。出入鸣钟磬，备具威仪，笳箫鼓吹，车骑满道，胡人夹毂焚香者常有数十。妻妾乘辎軿，子弟从兵骑，当时贵重，震服百蛮，尉他不足踰也。”显然，像这种与西汉南越王赵佗相类的士氏独立王国，孙吴政权是不会允许它长期存在下去的。吴黄武五年（226年），士燮卒，孙权乘机采取削弱士氏势力的措施，命士燮子徽由交趾太守改任九真太守。士徽不承命，发宗兵戍海口以拒。孙权派吕岱征讨，吕岱以迅雷不及掩耳之势进军，晨夜浮海，过合浦，并设计诱降。《吴书·吕岱传》载：士徽“即率兄弟六人肉袒迎岱。岱皆斩送其首。徽大将甘醴、桓治等率吏民攻岱，岱奋击大破之”。司马光在评论这一事件时，指责吕岱杀戮士徽兄弟“以要功利”③。其实，孙吴采取残酷镇压一事，恰好证明了士氏势力在岭南盘根错节的历史事实。这样，从建安十五年（210年）岭南臣服孙吴起，孙吴经过十六年之

① 参见（南朝梁）沈约：《宋书·州郡志四》。

② （晋）陈寿：《三国志·吴书·步骘传》。

③ （宋）司马光：《资治通鉴》，汉献帝建安十五年。

久的苦心经营，终于消灭了士氏势力，真正控制了岭南地区。

三、孙吴对岭南的治理

孙吴对岭南的治策，主要有以下三个方面：

（一）采取镇抚并用而以抚为主的方针

镇压措施，主要包含三方面的内容。一是镇压地方割据势力。上述消灭士氏集团即属此例。一是镇压部属反叛。由于岭南地处边隅，孙吴政权驾驭乏力，故所属将吏为乱之事，时有发生。如《吴书·吴主传》载：赤乌二年（239年），将军蒋秘所领都督廖式作乱，“摇动交州苍梧、郁林诸郡，众数万人”。孙权拜吕岱为交州牧，攻讨一年破之。一是镇压诸族人民反抗。据《吴书·钟离牧传》载：赤乌五年（242年），钟离牧迁南海太守，“高凉贼率仍弩等破略百姓，残害吏民，牧越界扑讨，旬日降服”。像此类事件，史不乏书。

在镇压的基础上，孙吴着意招抚。这主要反映在两个方面：一是任用少数民族首领为吏。如《吴书·吕岱传》载：延康元年（220年），吕岱“代步骘为交州刺史。到州，高凉贼帅钱博乞降，岱因承制，以博为高凉西部都尉”。如前述，岭南为“蛮夷”聚居之地。因此，任用少数民族渠帅为吏，有利于维护当地安定局面。一是奉行“结以恩信”之策。这以交州刺史陆胤治迹最富代表性。据载：赤乌十一年（248年），“交趾、九真夷贼攻没城邑，交部骚动，以胤为交州刺史、安南校尉。胤入南界，喻以恩信，务崇招纳，高凉渠帅黄吴等支党三千余家皆出降。引军而南，重宣至诚，遗以财币。贼帅百余人，民五万余家，深幽不羁，莫不稽颡，交城清泰。”此策收到奇效，故吴人中书丞华覈赞誉道：陆胤治交州十有余年，“流民归附”“商旅平行”“田稼丰稔”“海隅肃清”。[①]总之，我们若把孙吴对山越与对岭南夷人之治策加以比较的话，就不难发现其间差别：前者重剿，后者重抚。其因在于：山越地居中心地带，为孙吴心腹之患，势在必除。而岭南夷人僻处边地，为孙吴肢体之疾，要在羁縻。如同《吴书·薛综传》中所言：岭南“土广人众，阻险毒害，易以为乱，

① （宋）司马光：《资治通鉴》，魏文帝黄初七年条。

难使从治。县官羁縻，示令威服”。

（二）征取贡赋，以益国用

据《吴书·吕岱传》载孙权诏书云：对南海诸郡，“得恶民以供赋役”。

岭南素以物产富饶著称，所产奇珍异宝，更为内地所需。此即《吴书·陆胤传》所谓：“宾带殊习，宝玩所生”。这些方物，孙吴多以贡赋形式加以征取。其品种之多，可从下述诸例中得到说明。据《吴书·士燮传》载：“燮每遣使诣权，致杂香、细葛，辄以千数，明珠、大贝、流离、翡翠、玳瑁、犀、象之珍，奇物异果，蕉、邪、龙眼之属，无岁不至。壹时贡马几数百匹。”《吴书·薛综传》：“贵致远珍名珠、香药、象牙、犀、象、玳瑁、琉璃、鹦鹉、翡翠、孔雀、奇物，充备宝玩”。《吴书·三嗣主传》裴注引《江表传》：“（孙）亮使黄门以银椀并盖就中藏吏取交州所献甘蔗饧。”《吴书·三嗣主传》：永安五年（262年），“使察战（裴注：‘吴官名号’）到交趾调孔爵、大猪”。又，据《吴书·孙权传》引《江表传》曰：孙权夸口，这些珍宝“于我瓦石耳”；《晋书·陶璜传》则载：孙吴对合浦之珠，“所调猥多，限每不充”。可见，其征取数量之多。

这些方物，除作为财富充实国库和满足统治者的奢欲外，还用作与魏、蜀官方贸易，以换取孙吴急需的物资。

此外，孙吴对岭南农业居民，也征收租赋。据《吴书·薛综传》载：“田户之租赋，裁取供办。”虽然，其数量较内地为少，但考虑当地农业生产相对落后的状况，其负担也是不轻的。

（三）掠夺人力，以补充兵力和劳力

三国时期，由于战乱造成内地人口减少，孙吴统治者便加紧对岭南人力掠取。其主要方式有三：一是俘生口。据《吴书·吕岱传》载：“是时桂阳浈阳贼王金合众于南海界上，首乱为害，（孙）权又诏岱讨之，生缚金，传道诣都，斩首获生凡万余人。”这些生口，往往被充当贱役即奴隶之用。一是补充兵源。《吴书·陆胤传》载：陆胤“复讨苍梧建陵贼，破之，前后出兵八千余人，以充军用”。《魏书·三少

帝纪》载：魏元帝咸熙元年（264 年）诏中写道：“孙休遣使邓句[①]，敕交阯太守锁送其民，发以为兵。”这些被征入伍者，直接用于作战。如，《吴书·步骘传》载：延康元年（220 年），“骘将交州义士万人出长沙。会刘备东下，武陵蛮夷蠢动，权遂命骘上益阳。备既败绩，而零、桂诸郡犹相惊扰，处处阻兵，骘周旋征讨，皆平之。”用“交州义士”平定“武陵蛮夷”，可谓孙吴统治者使用“以蛮攻蛮”之突出一例。一是征调各种役夫。《吴书·三嗣主传》载：吴交阯太守孙谞，“科郡上手工千余人送建业”。又《晋书·陶璜传》载：孙休时，“察战邓句至，擅调孔雀三千头，遣送秣陵，既苦远役，咸思为乱”[②]。从征调手工工人与送孔雀的役夫二例，可见，孙吴时期岭南徭役名目之繁多。

沉重的赋、役负担，致使岭南诸族人民“多有离叛”[③]。其中，较大规模的反抗斗争有两起。一次是上述孙休时事，因“民惮远役”而起。当时，郡吏吕兴等乘机杀吴交阯太守孙谞及察战邓荀，“九真、日南皆应之”[④]。一次是天纪三年（279 年），因“科实广州户口”而起。当时部将郭马“因此恐动兵民，合聚人众，攻杀广州督虞授”[⑤]。

四、岭南的开发与民族融合

孙吴时期，加速了秦汉以来岭南地区社会面貌发生巨大变化的历史进程。对此，曾任吴合浦、交阯太守的薛综作了概括叙述：“秦置桂林、南海、象郡，然则四国之内属也，有自来矣。赵佗起番禺，怀服百越之君，珠官之南是也。汉武帝诛吕嘉，开九郡，设交阯刺史以镇监之。山川长远，习俗不齐，言语同异，重译乃通，民如禽兽，长幼无别，椎结徒跣，贯头左衽，长吏之役，虽有若无。自斯以来，颇徙中国罪人杂居其间，微使学书，粗知言语，使驿往来，观见礼化。及后锡光为交阯，

① 见（晋）陈寿：《三国志·吴书·陆胤传》。

② 邓句应为邓荀之误。《吴书》《晋书》与《资治通鉴》均作邓荀。

③ 《资治通鉴》魏元帝景元四年条作“擅调孔雀三十头”。因调孔雀而致百姓“咸思为乱”程度，当以“三千头”为是，故取《晋书》说。

④ （晋）陈寿：《三国志·吴书·华覈传》。

⑤ （宋）司马光：《资治通鉴》魏元帝景元四年。

任延为九真太守，乃教其耕犁，使之冠履；为设媒官，始知聘娶；建立学校，导之经义。由此已降，四百余年，颇有似类。”[①]总之，至孙吴时，岭南地区的社会经济继续得到发展，汉文化广泛传播，民族关系更加密切。其因在于：

（一）长期保持比较稳定的局面

在士燮和孙吴统治时期，内地群雄火并，社会生产遭到严重破坏，而交州却未罹战祸之苦。据《吴书•士燮传》载，陈国袁徽与尚书令荀彧书曰：“交阯士府君既学问优博，又达于从政，处大乱之中，保全一郡，二十余年疆场无事，民不失业，羁旅之徒，皆蒙其庆，虽窦融保河西，曷以加之？”清人屈大均也称誉道：士燮“庶几比美桓文”“可谓一时之豪杰也”。[②]这些评价，并非溢美之词。至孙吴平定士徽之乱后，更是“章明王纲，威加万里，大小承风”[③]。总之，从建安十五年（210年）岭南入吴起，直至孙皓天纪四年（280年）吴为晋灭为止，在孙吴统治的七十年间，岭南地区基本上保持了社会安定。如果把在此之前士燮统治的时间加上去，则岭南的稳定局面为时更长。这就为岭南社会经济的发展创造了极为良好的环境。

（二）吴国重视对岭南地区的治理

秦汉时，政治中心均在中原地区，对岭南地区往往鞭长莫及；孙吴地处东南，使岭南地区的重要性大为增加。因为：其一，交州不仅为吴国政区三大州（扬州、荆州、交州）之一，且是其重要后方。故《吴书•华覈传》载：宝鼎二年（267年），华覈上书称：“交州诸郡，国之南土。”其二，岭南为吴国安危所系。据《吴书•三嗣主传》载：吴末，由于“交阯携叛”而引起“国内震惧”。又，据《吴书•三嗣主传》裴注引《汉晋春秋》曰：先是，吴有“吴之败，兵起南裔”的流言，后郭马反广州，孙皓“大惧曰：‘此天亡也。’”可见，岭南在吴人的心目中占有异乎寻常的地位。因此，吴国十分重视岭南的经营与开发。

---

① （晋）陈寿：《三国志•吴书•三嗣主传》。

② （晋）陈寿：《三国志•吴书•薛综传》。

③ 同注②。

（三）大量汉族移民的迁入

这是由下述几种原因造成的：

1．逃避战乱。据载：士燮长吏程秉，“汝南南顿人也。逮事郑玄，后避乱交州”[①]；合浦、交阯太守薛综，“沛郡竹邑人也。少依族人避地交州”[②]；许靖诸人，“孙策东渡江，皆走交州以避其难”[③]；士燮谦虚下士，“中国士人往依难者以百数”[④]。可见，东汉末年南迁汉民的特点是：除了中原之人外，还包含有大量长江流域之人。

关于当时迁徙情况，《蜀书·许靖传》作了十分具体而生动的记述：会稽倾覆后，许靖“便与袁沛、邓子孝等浮涉沧海，南至交州。经历东瓯、闽、越之国，行经万里，不见汉地，飘薄风波，绝粮茹草，饥殍荐臻，死者大半”。既济南海，“寻循诸岸五千余里，复遇疾疠，伯母殒命，并及群从，自诸妻子，一时略尽，复相扶持，前到此郡，计为兵害及病亡者，十遗一二。”从中可见：汉族移民有着艰难困苦的历程，其对交州的开发曾付出巨大的牺牲与代价；汉族移民迁徙的方式，往往是大批地聚族而行。

2．逃避统治阶级的严刑与沉重赋、役。据《吴书·薛综传》载：“其南海、苍梧、郁林、珠官四郡界未绥，依作寇盗，专为亡叛逋逃之薮。”显然，这些“亡叛逋逃”者多为劳动人民。

3．贬谪。据《吴书·顾雍传》载：顾承“与兄谭，张休等俱徙交州”，《吴书·吴主五子传》对此也有记载。《吴书·薛综传》附传载：孙皓时，下薛莹狱，并拟“徙广州”。另据《吴书·吴主传》载：孙权曾对曹魏卑辞上书，求改自厉，“若罪在难除，必不见置，当奉还土地民人，乞寄命交州，以终余年”。上述记载表明：孙吴继续奉行秦汉以来把岭南作为贬谪之所的政策。

这些汉族移民带来了较先进的生产技术与文化科学知识，从而促进了当地社会的发展。据载：孙权“徙（虞）翻交州。虽处罪放，而讲学不倦，门徒常数百人。”[⑤]

---

① （清）屈大均：《广东新语·人语》。

② （晋）陈寿：《三国志·吴书·薛综传》。

③ （晋）陈寿：《三国志·吴书·程秉传》。

④ （晋）陈寿：《三国志·蜀书·许靖传》。

⑤ （晋）陈寿：《三国志·吴书·士燮传》。

这是汉文化在岭南广泛传播之一例。[1]

概言之，孙吴时，岭南为其提供了重要的物力、人力来源，从而为其存在与发展起了不容忽视的作用；与此同时，岭南社会也得到了较快的发展。

① （晋）陈寿：《三国志·吴书·虞翻传》。

南朝对“蛮”族的统治与“抚纳”政策*

南朝时期，以今湖北地区为中心的南方广阔地域内，遍布着“种类繁多”“部落滋蔓”的“蛮”族。按其族类而言，这些蛮族可分为两大类。

“荆、雍州蛮”，据称是“盘瓠之后”①，即崇奉犬图腾的民族，故别称为“盘瓠蛮”或蛮族中的“盘瓠种”。东汉时，他们主要居住于武陵地区，故又叫做“武陵蛮”。《魏书·蛮传》在谈到蛮人的迁徙活动时写道：“至晋之末，稍以繁昌，渐为寇暴矣。自刘、石乱后，诸蛮无所忌惮，故其族类，渐得北迁”。在南朝时期，“北迁”至于荆州（治所在今江陵）、雍州（治所在今襄阳）为活动中心，故史以荆、雍州蛮称之。

“豫州蛮”。主要基地在当时的西阳郡（治所在今黄冈），故“西阳蛮”是其核心部分；西阳有“五水，谓蕲水、希水、巴水、赤亭水、西归水”，故又称为“五水蛮”②。由于西阳郡包括在东晋侨治的豫州范围之内，故史称为豫州蛮。但其分布范围，并不限于五水流域的大别山南麓地区，它向四周扩展，“北接淮、汝，南极江、汉，地方数千里”。③这支蛮族据称是廪君后人④，即以白虎为图腾崇拜的民族。史载，廪君蛮，即巴郡南郡蛮，出于武落钟离山（今长阳境内），为何此时突然在鄂东一带大量出现呢？据《后汉书·南蛮西南夷列传》载，汉光武时徙南郡湄山（今长阳一带）蛮雷迁及其“种人七千余口置江夏（今武昌）界中”，和帝时将巫蛮许圣等“复悉徙置江夏”；至灵帝时，江夏蛮的势力已发展到数以十万计，且“攻没四县，寇患累年”。而江夏与五水地区仅一江之隔。可见，从种属与地域上，可断言豫州蛮就是由东汉时的江夏蛮演变而来的。

南朝蛮族分布地域极广，除今湘、鄂全境外，尚包括川、渝、豫、皖、赣的部

---

* 原载《江汉论坛》，1983（6）。

① （南朝梁）沈约：《宋书·夷蛮传》与（唐）李延寿：《南史·夷貊传下》。

② （北魏）郦道元：《水经注》。

③ （南朝梁）沈约：《宋书·夷蛮传》。

④ 同注①。

分地区。

川、渝、鄂间有峡中蛮。《宋书·沈攸之传》："巴东（今奉节东）、建平（今巫山）为峡中蛮所破"，其后沈攸之"遣军入峡讨蛮帅田五郡等"；《梁书·阴子春传》载，梁秦二州刺史阴子春曾"讨峡中蛮，平之"。

豫、陕、鄂交界处，有丹淅二川蛮。《宋书·张邵传》："丹淅二川蛮屡为寇，邵诱其帅，因大会诛之，悉掩其徒党"。

湖北则几乎无处无蛮。其中势力最强大的有三处。一是沔水（汉水）两岸的雍州蛮。主要记载有：《宋书·沈庆之传》："时蛮寇大甚，水陆梗碍"，沈庆之"大破缘沔诸蛮"；《宋书·夷蛮传》："随王诞又遣军讨沔北诸蛮"；《宋书·武二王传》：元嘉时"竟陵（今汉水边的钟祥）群蛮充斥"；《南齐书·高帝本纪下》：元嘉十九年"文帝遣太祖领偏军讨沔北蛮"，二十三年"戍沔北，讨樊、邓诸山蛮"；《南齐书·张敬儿传》："伐襄阳诸山蛮，深入险阻，所向皆破。"可见，从竟陵直至襄阳的沔水流域，特别是沔北地区为当时诸蛮聚居地。二是沿长江两岸的荆州蛮。《宋书·夷蛮传》载宜都及"江北诸郡蛮所居"，还载"南郡临沮（今远安南）当阳蛮反"；《南齐书·蛮传》："汶阳（今远安西北）本临沮西界，……西北接梁州新城，东北接南襄城，南接巴、巫二边，并山蛮凶盛，据险为寇贼。"可见，大江及江北的沮水、漳水之间，是当时蛮人出没之地。三是鄂东五水流域的西阳蛮。据《宋书·文帝本纪》载，元嘉三十年"江州刺史王骏统众军伐西阳蛮"，此外，《宋书·沈庆之传》《宋书·柳元景传》《宋书·宗越传》《南齐书·刘怀珍传》均有攻打西阳蛮的记载。这都说明，西阳蛮的势力也是颇为强大的。

河南的蛮人，主要有两部分。一是邻近襄阳的湖阳（今唐河南）蛮、南阳蛮等。《南齐书·张敬儿传》载，张敬儿"击湖阳蛮""南阳蛮动，复以敬儿为南阳太守"。一是属于豫州蛮系统的弋阳（今光县西）蛮、汝南蛮等。如，《宋书·殷琰传》："弋阳西山蛮田益之起义"，《宋书·臧质传》："伐汝南西境刀壁等山蛮"，即是。

安徽西部有晋熙（今潜山）蛮、庐江（今舒城）蛮等。《宋书·夷蛮传》："晋熙蛮梅式生亦起义，斩晋熙太守"，《陈书·宣帝纪》："合州庐江蛮田伯兴出寇枞阳，刺史鲁广达讨平之"，便是例证。

江西，邻近五水流域的江州（今九江）、豫章（今南昌）一带，也有蛮人活动。如，《南齐书·曹虎传》："江州蛮动"；《宋书·庾悦传》："寻阳（郡治在九江）接

蛮”;《陈书·周敷传》载豫章郡为“南江酋帅”所居。

湖南，直至五岭以北均有蛮。计有“巴陵（今岳阳）蛮”[①]；“武陵（今常德）蛮”[②];“湘州（今长沙）蛮”[③];“湘川蛮”;零陵、衡阳（今湘潭）等郡的“莫徭蛮”[④]。

上述材料表明：当时南朝境内的蛮族地广势众，如何处置蛮族问题，可说是关系到南朝政权能否存在下去的一个重大的问题。因此，南朝从维护其统治利益出发，对蛮族问题十分重视，并采取了以下几项措施：

一、设置左郡、左县

南朝统治者在蛮人聚居之地，设置特殊政区——“左郡”“左县”。而左郡、左县之得名，当系来自“蛮左”。《梁书·臧严传》载：“臧严历监义阳、武宁郡，累任皆蛮左”;《陈书·陈于量传》载：“荆雍之界，蛮左数反”;《陈书·欧阳颜传》载：欧阳颜曾除“天门太守，伐蛮左有功”。说明，左郡左县意为在蛮左之地设置的郡县。

关于左郡左县的具体设置情况，《宋书·州郡志》和《南齐书·州郡志》均有详细的记载，从中可以归纳出如下几个特点。

1．分布地域广，数量多。据粗略统计，南朝先后在南豫州、司州、荆州、郢州、雍州、江州、益州等八州蛮人居住地设置过左郡、左县。其中《宋书·州郡志》所载，共有左郡三、左县十六（不包括中途省去的左郡三，左县二十在内）;《南齐书．州郡志》所载共有左郡六十五，左县一百三十八。

2．规模一般较小。表现之一是，左郡领县不多，甚至有一郡只领一县者，虽有领县九者，但只是个别现象。表现之二是，郡县规模之大小，以所领户口多寡为转移。据《宋书·州郡志二》载，边城左郡“领县四。户四百一十七，口二千四百七十九”，则一左县平均只有百户人家，六百多口人而已；又据《北史·蛮传》载，“梁沔东太守田清喜拥七郡三十一县，户万九千”，则一左县平均也只有

---

① （唐）姚思廉：《梁书·太祖五王传》。

② （南朝梁）沈约：《宋书·王镇恶传》。

③ （南朝梁）萧子显：《南齐书·柳世隆传》。

④ （唐）姚思廉：《梁书·张缵传》。

六百户左右。规模小的原因在于：划分的标准，不同于一般郡县；它不是依据户口和区域大小，而是按蛮族部落组织的内部结构来划分的。由于规模较小，加上蛮族地区的经济文化较为落后，故左郡左县的地位不及内地郡县重要。因此，大多数左郡左县很难确定其地望。如，南豫州所属左郡左县，尚多可指出其具体所在地；而宁蛮府所领二十四郡六十六县，则今地多不可知。

3．保持蛮族旧有的统治方式。所谓左郡左县，有两层意思。一是冠以郡县之名，意味着蛮族地区已非“化外”之域，需要直接服从南朝中央的领导和征调，这是共性。一是郡县之前加上“左”字这一定语，意味着与内地郡县不同，有它的特殊性。这表现为南朝仍利用“蛮酋”对蛮族地区实行统治，如郢州蛮首领田驷路、田驴五、田何代均被授予当地左郡太守的称号①。而且，南朝并不打乱蛮族原有的组织形式，不干预其内部事务。这说明，左郡左县的设立，只是起“羁縻”的作用。

4．是南朝在民族地区普遍设置的特殊政区的一种形式。当时南朝境内遍布着众多的南方少数民族，除蛮人外，尚有俚、僚、傒、山越诸族。在民族地区，南朝普遍设置由本族首领自治的特殊政区。所以除在蛮族地区设置的左郡左县外，尚有在僚族和俚族聚居地分别设置的僚郡和俚郡。据《南齐书·州郡志》载，计有宕渠僚郡（领宕渠、平州、汉初三县）、越巂僚郡、沈黎僚郡（领蚕陵一县）、甘松僚郡、始平僚郡以及吴春俚郡。说明，左郡左县只是南朝特殊政区的一部分；不同之处，在于它分布地域最广、数量最多。从中也可见，蛮族问题在南朝整个民族问题中占有特殊重要的地位。

左郡左县的设立，在中国历代王朝对南方少数民族的治理史中，有着重要的意义和作用。它上承秦汉时期的“道”，下启唐宋时期的“羁縻州（县）”，最后演变成元明清时期的土司制度。

二、在蛮族聚居地设置校尉

设置校尉一职的作用，据《南齐书·州郡志下》载为“部领蛮左，故别置蛮府

---

① （南朝梁）萧子显：《南齐书·蛮传》。

焉”，即为专司蛮族事务而设。其等级“为第四品”，地位高于一般州刺史而相当于“刺史领兵者”[①]，即为地方最高行政长官。蛮左校尉，计有宁蛮校尉、南蛮校尉、安蛮校尉、平蛮校尉等。

宁蛮校尉。其设置之始，据《晋书·职官志》载，东晋时，“及安帝初，于襄阳置宁蛮校尉”。该职也有不由治所设于襄阳的雍州刺史兼领的例外情况。如，赵琰以襄（误作寻）阳太守兼领[②]，巴陵哀王休若和张缅以都督雍州等地诸军事的身份兼领[③]，晋安王以平西将军兼领[④]。

宁蛮校尉职高权重，故有不少皇子充任。《宋书·孝武帝本纪》载孝武帝为皇子时，徙为“都督雍、梁、南北秦四州荆州之襄阳、竟陵、南阳、顺阳、新野、随六郡诸军事、宁蛮校尉、雍州刺史，持节、将军如故。自晋氏江左以来，襄阳未有皇子重镇，时太祖欲经略关、河，故有此授”。可见宁蛮校尉地位之重要，是由襄阳与北朝相邻、具有重要战略地位，且其地多蛮左所造成的。

宁蛮校尉置佐吏，见于史籍的有护军、长史、参军、主簿、功曹等。如：虞丘进“除宁蛮府护军”[⑤]；“宁蛮长史刘兴祖”[⑥]；“以摛兼宁蛮府长史”[⑦]；“鲁方平为宁蛮参军”[⑧]；“转宗悫宁蛮府主簿”[⑨]；傅琰为“宁蛮功曹”[⑩]。可见，宁蛮府与州府一样有一套较完整的机构。

南蛮校尉。南蛮校尉的建置，据《晋书·百官志》，始于“武帝置南蛮校尉于襄阳”。入南朝后，宋孝建和南齐建元、延兴时，曾罢省南蛮校尉[⑪]，说明其时该职

---

① （南朝梁）沈约：《宋书·百官志下》。

② （南朝梁）沈约：《宋书·何承天传》。

③ 分见《宋书·文九王传》《梁书·张缅传》。

④ （唐）姚思廉：《陈书·徐陵传》。

⑤ （南朝梁）沈约：《宋书·虞丘进传》。

⑥ （南朝梁）萧子显：《南齐书·王奂传》。

⑦ （唐）姚思廉：《梁书·徐摛传》。

⑧ （南朝梁）沈约：《宋书·张敬儿传》。

⑨ （南朝梁）萧子显：《南齐书·刘悛传》。

⑩ （南朝梁）萧子显：《南齐书·良政传》。

⑪ 分见《宋书·孝武帝本纪》《南齐书·王奂传》《南齐书·百官志》。

废置不常。

南蛮校尉理应由荆州刺史兼领，但其始设之时并非如此。据《南齐书·豫章文献王传》载，“晋宋之际，刺史多不领南蛮，别以重人居之”。如，东晋义熙时“以道济为西中郎司马、持节、南蛮校尉”①；南郡王义宣“进位司空，改侍中，领南蛮校尉”②;“江夏王义恭镇江陵，以（张）邵为抚军长史、持节、南蛮校尉，”③。这些都是“别以重人”“领南蛮”的有力证据。这反映了其时对荆州地区蛮人的治理是极为重视的。但不能由此下断语说，只是到了齐时才开始有荆州刺史兼领南蛮校尉之事。因为东晋末，刘裕少弟临川烈武王道规，就曾“领护南蛮校尉、荆州刺史”④；宋少帝既废，以谢晦“领护南蛮校尉、荆州刺史”⑤。这都说明，早在晋末宋初，已有荆州刺史兼领之事，只是当时尚未成为通例罢了。

史载，南蛮佐吏有长史、司马、参军。如：何承天曾为“南蛮参军”，还曾“请为南蛮长史”⑥；周超曾为南蛮司马。还需指出，南蛮佐吏资历曾发生变化，据《南齐书·崔慧景传》载，升明时，崔慧景“转平西府司马、南郡内史。仍迁为南蛮长史，加辅国将军，内史如故。先是蛮府置佐，资用甚轻，至是始重其选”。

南蛮府资费甚大。《南齐书·豫章文献王传》载，计需“岁三百万，布万匹，绵千斤，绢三百匹，米千斛，近代莫比也”。从该府开支情况，可见其机构是相当庞大的。

南蛮府有“兵籍”，归司马统率⑦。具体兵额虽不确，但据《水经·江水注》载，自公安县油口“渊潭相接，悉是南蛮府屯”，说明驻有重兵。

安蛮校尉。据《宋书·文九王传》载，元嘉时，“太祖方事外略，乃罢南豫并寿阳，即以（南平穆王）铄为豫州刺史，寻领安蛮校尉”，说明安蛮校尉治豫

① （南朝梁）沈约：《宋书·檀道济传》。

② （南朝梁）沈约：《宋书·武二王传》。

③ （南朝梁）沈约：《宋书·张邵传》。

④ （南朝梁）沈约：《宋书·宗室》。

⑤ （南朝梁）沈约：《宋书·谢晦传》。

⑥ （南朝梁）沈约：《宋书·何承天传》。

⑦ （南朝梁）沈约：《宋书·谢晦传》。

州。又,史有“安蛮司马刘康祖”[1]、“安蛮参军刘雍之”[2]的记载,表明安蛮府也置有佐吏。

平蛮校尉。据《南齐书·百官志》载:“永明三年置,来益州”,其他情况未见记载。

除校尉外,还设有护军一职。据《宋书·百官志下》载,“魏、晋有杂号护军,如将军,今犹有镇蛮、安远等护军。镇蛮加以庐江、晋熙、西阳太守。安远以加武陵内史”。意即由庐江、晋熙、西阳太守兼领镇蛮护军、武陵内史兼领安远将军。如,豫章文献王嶷曾为“安远护军、武陵内史”[3],即属此例。但也不尽然,据《梁书·杜崱传》载,太清时,杜崱“迁宣毅将军,领镇蛮护军、武陵内史”,则是镇蛮护军似又可加以武陵内史。这是史书记载中的矛盾之处。总之,南朝在西阳蛮和武陵蛮聚居地设置专门由郡守或内史兼领的护军,加以管辖,这是没有疑义的。

南朝设置校尉、护军之职以治理蛮族,这是南方少数民族在中国历史上起着日益重要作用的一种反映。

三、任命蛮族的豪酋、渠帅为州刺史、郡守、县令

南朝时期,因袭秦、汉以来的做法,给蛮族首领封官加爵。据《南齐书·蛮传》载,南齐初年,曾发生过一场是否要解除西阳蛮首领侯位问题的争论。保留派以“戎夷疏爵,理章前代;豪酋世袭,事炳前叶”为理由,主张“宜存名以训殊俗”。最后齐太祖同意了这一意见。这说明,南朝统治者已经认识到,在习俗上少数民族与汉族是有区别的(所谓“殊俗”),因此对其首领要作为特殊问题加以照顾。但是,南朝采取大批地任用蛮酋为吏的做法,与当时的历史条件也是密不可分的。其主要原因有二:

其一,当时全国处于分裂状态,朝廷对蛮族地区的控制有所削弱,往往力不能及,故封以官爵以笼络之。据《陈书·周敷传》载,周敷,临川人,为郡豪族,“授散骑常侍、平西将军、豫章太守。是时南江酋帅并顾恋巢窟,私署令长,不受召,

---

① (南朝梁)沈约:《宋书·文九王传》。

② (南朝梁)沈约:《宋书·沈庆之传》。

③ (南朝梁)萧子显:《南齐书·豫章文献王传》。

朝廷未遑致讨，但羁縻之，唯敷独先入朝”。就是说，朝廷一方面对“独先入朝”的周敷封以太守之职以示褒奖；另一方面，对南江酋帅的“私署令长”也只能默予承认，“但羁縻之”。又，《陈书·华皎传》载，华皎“知江州事。时南州守宰多乡里酋豪”，说明蛮族地区的“守宰”，仍由“酋豪”担任。

其二，在南北争战中，为了赢得处于南北接壤地区蛮族的支持，故封以官爵，以为“北境捍蔽”。这一做法，虽收到了一些效果，但其作用是有限度的。《北史·蛮传》载：北魏正始二年，梁沔东太守田清喜“遣使内附”；正光中“梁义州（今麻城东北）刺史边城王僧明、铁骑将军边城太守田官德率户万余，举州内属”；西魏恭帝二年“蛮酋宜人王、田兴彦、北荆州刺史梅季昌等相继款附”。梁朝的沔东太守、义州刺史、边城太守、北荆州刺史先后叛附北朝这一事实，说明用官爵拉拢蛮族首领，并不是都能达到预期目的的。而蛮酋利用南、北朝对蛮人的争夺这一机会以提高地位和发展实力，显然也是造成南朝蛮人势力始终不衰的一个重要原因。但也应该看到，南朝任用蛮酋为吏的做法，对蛮族地区的安定，在历史上也是起了积极作用的。

四、不同于汉区的租赋徭役

南朝统治者对蛮族的剥削主要采用按户“输谷”和“责赕”两种形式。

据《宋书·夷蛮传》载，荆雍州“蛮民归顺者，一户输谷数斛，其余无杂调，而宋世赋役严苦，贫者不复堪命，多逃亡入蛮。蛮无徭役，强者又不供官税”。这说明：第一，蛮民是要交纳租赋的。这种租赋不是根据田亩而是以户为单位征收。《晋书·食货志》载：“远夷不课田者输义米，户三斛，远者五斗”。可见，南朝对蛮族的租赋，也多袭用前朝“输义米”即按户交纳定额米谷的办法。第二，蛮民的租赋负担，较汉民为轻。一般说来，除“输义米”外，既“无杂调”，又“无徭役”。故汉民为逃避赋役，往往“逃亡入蛮”。但是，蛮民的赋役负担，有时也是沉重的。如，《宋书·自序传》载，沈亮为南阳太守“边蛮畏服，皆纳赋调”，《南史·蛮传》载，宋元嘉时，“天门溇中令宋矫之徭赋过重，蛮不堪命”，都是例证。因此，梁巴东建平二郡太守孙谦说：“蛮夷不宾，盖待之失节耳”①，说明南朝统治阶级中的有识

① （唐）姚思廉：《梁书·良吏传》。

之士，也认识到蛮民的反抗斗争是统治者的过度剥削造成的。

《南齐书·豫章文献王传》载："沈攸之责赕，伐荆州界内诸蛮，遂及五溪，禁断鱼盐。群蛮怒，酉溪蛮王田头拟杀攸之使，攸之责赕千万"；所谓"赕"，据《资治通注·宋纪·明帝泰豫元年》胡注引何承天《纂文》释为"蛮夷赎罪货也"。"罚赕"，也曾用于僚族，如《南齐书·陈显达传》载，陈显达遣使责益部大度村僚"租赕"。可见，责赕是南朝对当时少数民族普遍采取的一种剥削形式。

除上述平时的剥削外，当对蛮族实行镇压时，其掠夺更为残酷。据《宋书·沈庆之传》载，攻破南新郡蛮后，虏"牛马七百余头，米粟九万余斛"。更甚的是，还有及于劳动力的。《沈庆之传》载."大破缘沔诸蛮，禽生口七千人。进征湖阳，又获万余口""平定诸山，获七万余口"，剪定郧山蛮"禽三万余口"，攻打五水蛮"获生口数万人"；《宋书·臧质传》：伐汝南蛮"获万余口"。可见，其时擒获蛮族的"生口"数字是极为惊人的。这些生口，有的获得释放，如《梁书·良吏传》载，孙谦为巴东、建平二郡太守，"及掠得生口，皆放还家"。大量的则被当做奴仆使用。《北史·僚传》载，北周用兵巴蜀，"获其生口，以充贱隶"。僚人如此，蛮人也无例外。《宋书·文帝袁皇后传》载，大明五年诏，外戚尊属"可各给蛮户三，以供洒扫"，就是蛮人生口充当贱隶的明证。毫无疑问，南朝统治者这种掠夺蛮族物力、人力的非常做法，是对蛮族社会生产发展的一种严重摧残。

五、使用蛮军

南朝曾利用蛮酋统率蛮兵，考之《北史》《魏书》，齐有直阁将军田益宗、梁有龙骧将军樊石廉、铁骑将军田官德，即属此例。而蛮兵的主要用途有三：

一是用蛮兵为前驱攻打北朝。《北史·蛮传》："梁遣将围广陵，楚城诸蛮，并为前驱"。

一是用蛮兵参与统治阶级的内争。《南齐书·刘怀珍传》载，沈攸之反，"攸之围郢城，怀珍遣建宁太守张谟、游击将军裴仲穆统蛮汉军万人出西阳，破贼前锋公孙方平军数千人，收其器甲"。说明"蛮军"在镇压沈攸之的反叛活动中，起了重要作用。

一是"以蛮攻蛮"。据《南齐书·蛮传》载，建元二年，南襄城蛮秦远，"出破临沮百方砦，杀略百余人。北上黄蛮文勉德寇汶阳"，经讨伐后，"勉德请降，收其

部落，使戍汶阳所治城子，令保持商旅，付其清通，远遂逃窜”。利用北上黄蛮文勉德驱逐南襄城蛮秦远，这是历代统治者惯用的以归顺蛮人攻打抗命蛮人的一种策略。而所谓“令保持商旅，付其清道”，则与后世土兵所起的“保境安民”作用相类。

六、迁徙蛮民

南朝统治者当蛮人内附或对蛮人进行征伐之后，往往采取徙民措施。迁徙途径大致有两种。

一是移于京师。据《宋书·文帝本纪》载，元嘉二十二年“雍州刺史武陵王骏讨缘沔蛮，移一万四千余口于京师”;《宋书·沈庆之传》也说：“前后所获蛮并移京邑，以为营户”。南朝统治者这样做的目的，是将蛮人迁入统治中心，便于控制，并以此削弱当地蛮人的力量。这些内迁蛮人，由于人数较少，又生活在较为发达的汉族中间，也就逐渐失去了本民族的特点。

一是引出平土。据《宋书·刘道产传》：元嘉八年，刘道产为宁蛮校尉、雍州刺史，“善于临民，在雍部政绩尤著，蛮夷前后叛戾不受化者，并皆顺服，悉出缘沔为居。百姓乐业，民户丰赡，由此有襄阳乐歌，自道产始也”“道产泽被于西土，及丧还，诸蛮皆备衰绖，多哭追送，至于沔口”。对此事，其他各传也有记述，《宋书·柳元景传》：“先是，刘道产在雍州有惠化，远蛮悉归怀，皆出缘沔为村落，户口殷盛”。由于社会历史原因，蛮族多山居。把他们引出平土，就是由山区迁到较为富庶的地方，并由此出现了“缘沔为村落，户口殷盛”的繁荣景象。因此，这一做法是值得称颂的。这也说明，蛮族在开拓和经营沔水流域中，是作过历史贡献的。以上所说的，就是南朝统治者对蛮族的统治方式和以“抚纳”①、“抚喻怀纳”② 为主的羁縻政策。这一政策，有利于蛮族社会历史的发展，有利于各民族之间的融合，是应该得到肯定的。与此同时，南朝统治集团也曾经对蛮族人民进行过残酷的镇压，他们出动大军，“搜山荡谷”“系颈囚俘”③，给蛮族地区带来了深重的灾难，所有这些也是不容忽视的。

---

① （南朝梁）沈约：《宋书·朱脩之传》。

② （唐）姚思廉：《梁书·太祖五王列传》。

③ （南朝梁）沈约：《宋书·夷蛮传》。

北朝与“蛮”族*

南北朝时期，在今湘、鄂全境以及渝、豫南、皖西、赣北的部分地区，遍布着“种类繁多”“部落滋蔓”的“蛮”族。《魏书·蛮传》对“蛮”族在当时北朝境内的分布状况与历史发展过程作了下述概括的叙述：“在江、淮之间，依托险阻，部落滋蔓，布于数州，东连寿春（今安徽寿县），西通上洛（今陕西商县），北接汝、颍，往往有焉。其于魏氏之时，不甚为患，至晋以末，稍以繁昌，渐为寇暴矣。自刘、石乱后，诸蛮无所忌惮，故其族类，渐得北迁，陆浑（今河南嵩县北）以南，满于山谷，宛、洛萧条，略为丘墟矣”。

北朝对南方“蛮”族的统治范围是逐步扩大的。其大致过程是：

刘宋初，占有黄河以南土地，“蛮”族居地全处于南朝的疆域范围内。因此，对北朝而言，还不存在有关“蛮”族的民族问题。

北魏太平真君十一年（450 年），太武帝曾一度率大军越彭城、盱眙，达瓜步（今江苏六合）。瓜步之役后，南北朝之间的战争形势为之一变，南北争夺“蛮”人的斗争也从此拉开了序幕。

北魏献文帝天安二年（468 年），尽有宋淮北之地。北魏孝文帝迁都洛阳后，其势力进一步南伸。从此，南北之战的焦点，东在淮上，中在义阳（今河南信阳北）、西在宛（今河南南阳）、邓（今湖北襄阳北）。换言之，“蛮”族聚居之所，已成了南北边地。南北争“蛮”的矛盾急剧尖锐化。

西魏废帝二年（553 年），取梁朝蜀地。次年，再取江陵（南朝荆州治所）。北周时，尽有陈朝淮南之地。最终形成南北朝划江而治的局面。这样，“蛮”族问题对北朝而言越来越占有不可忽视的地位。

一、北朝对蛮族的治策

随着北朝对“蛮”族地区统治范围的不断扩大，其对“蛮”族的一套治理政策也逐步形成。究其要点，可归纳如下：

---

* 原载《民族论坛》，1987（1）。

（一）对“蛮酋”的任用及其特点

北朝把笼络“蛮”族首领作为取得“蛮”人支持的关键问题加以对待。因此，对归附“蛮酋”，一律加以委用。下面依年代次序，排列“蛮”族首领在北朝的任职情况。

北魏太武帝始光（424—427年）中，拜蛮王梅安子豹为安远将军、江州刺史、顺阳公。此为北朝任“蛮酋”为吏的最早记录。

北魏文成帝兴光（454—455年）中，拜蛮王文武龙为南雍州刺史、鲁阳侯。

北魏孝文帝延兴（471—476年）中，拜大阳蛮桓诞为征南将军、东荆州刺史、襄阳王（后降为公）。子晖位为龙骧将军、东荆州刺史、袭爵。次子叔兴拜为南荆州刺史。

北魏孝文帝太和十九年（495年），拜田益宗为员外散骑常侍，都督光城、弋阳、汝南、新蔡、宋安五郡诸军事，冠事将军，南司州刺史，光城县开国伯。后改为东豫州刺史，改封安昌县伯，进号征虏将军。

北魏孝明帝正光（520—525年）中，拜蛮首成龙强为刺史，拜蛮帅田舞生为扬州郡守，拜文僧明为平南将军、西豫州刺史、开封侯，拜田官德为龙骧将军、义州刺史。

西魏文帝大统（535—551年）时，授蔡阳蛮王鲁超明为南雍州刺史，授蛮帅杜青和为巴州刺史。

西魏废帝初（552年），以蛮首樊舍为都督淮北三州诸军事、淮州刺史、淮安郡公。

西魏恭帝（554—556年）时，以蛮酋田兴彦、梅季昌为开府仪同三司，封季昌洛州刺史、石台县公。

综上所述，可见北朝对归附“蛮酋”所授职官名号大体包括三方面，即武职各种将军名，文职刺史衔，封爵王、公、侯、伯等。

北朝对“蛮酋”的任职有下列特点：

1．设立专门管辖“蛮”人的郡县。据《北史·蛮传》载：北魏宣武帝景明初，“大阳蛮酋田育丘等二万八千户内附，诏置四郡十六县”。永平初，“东荆州表太守桓叔兴前后招慰大阳蛮归附者一万七百户，请置郡十六、县六十”。换言之，“蛮酋”

投归后，北朝即按其内部原有部落结构划分郡县，然后委以各种官职名号，照旧统辖其部属。此策与东晋、南朝相一致，如《魏书·司马睿传》载：关于巴蜀蛮獠等南方诸族，“睿割有扬、荆、梁三州之土，因其故地分置十数州及诸郡县，郡县户口有不满百者。”

2．刺史握有置吏大权。据《魏书·田益宗传》载：田益宗为南司州刺史，“所统守宰，任其铨置”。可见，北朝对“蛮”人刺史任用部属一事，取概不干预的态度。

3．封爵食邑为“蛮”户。据《魏书·田益宗传》载：田益宗封光城县开国伯，“食蛮邑一千户”。后改封安昌县伯“食实邑五百户”。又据《通典·职官十三》载：北魏道武帝皇始元年（396 年）始行封爵制。这证明，此制也推行于“蛮”族地区。所不同者，只是食邑限于“蛮”户而已。

4．需尽朝贡与留质子之责。“蛮酋”归附后，以朝京师和留子弟为人质，作为臣服与立誓不叛投南朝的一种象征。《魏书·蛮传》载：北魏明元帝泰常八年（423 年）“蛮王梅安率渠帅数千朝京帅，求留质子以表忠款”。《周书·于翼传》：北周武帝建德（572—577 年）间，“霍州蛮首田元显，负险不宾，于是请质内附”。《周书·李迁哲传》：在征定黔阳蛮田乌度、田都唐后，诸蛮畏威，“遣子弟入质者，千有余家”。留质子一事，既反映北朝统治者对“蛮首”的戒备心理与歧视对待，也说明当时“蛮”人或臣或叛确是司空见惯的现象。

（二）咸从赋役

在南北战争激烈进行之际，北朝加强了对“蛮”族地区的剥削与压迫。

普遍实行输税服役之策。据《魏书·源贺传》载：板桥蛮文石活、石忌粗受萧衍印节为乱，豫州刺史源恭讨平之，“诸蛮款服，咸求输税”。《周书·郭彦传》：孝闵帝时，郭彦出为澧州刺史，“蛮左生梗，未遵朝宪。至于赋税，违命者多”。经发展生产后，“亡命之徒，咸从赋役”。为了保证“蛮”区物力人力的来源，北朝极少免除其赋役。据《周书·薛善传》附传载：湖州有数蛮户，因归奉父母，“有诏免除其赋役”。这罕见的材料也证明：即使有个别例外，其减免赋役的范围也是非常有限的。

北朝还以征取军粮、军马，作为“蛮”区交纳赋税的一种形式。据《周书·李

迁哲传》载：平定信州蛮后，“自此寇抄颇息，军粮赡给焉”。《周书·史宁传》载：“值荆蛮骚动，三鸦路绝，宁先驱平之。因抚慰蛮左，翕然降附，遂税得马一千五百匹供军”。可见，沉重的战争负担也强加在“蛮”族人民身上。

“蛮”民反对苛政。据《魏书·寇赞传》载：寇治为东荆州刺史，“代下之后，蛮民以刺史郦道元峻刻，请治为刺史。朝议以边民宜悦，乃以治代道元”。像郦道元这类对“蛮民”“峻刻”的地方官吏是屡见不鲜的。

掳掠生口、杂畜。据《魏书·献文六王传》载：北魏宣武帝景明年间，彭城王勰至寿春，“东定城戍，至于阳石，西降建安，山蛮顺命，斩首获生，以数万计”。《周书·权景宣传》：北周武帝保定年间，“罗阳蛮反，景宣回军破之，斩首千级，获生口二千，杂畜千头，送阙”。可见，北朝统治者除平时征取赋役外，征战时更大肆抢掠财富和劳动力。一次“斩首获生以数万计”，可见其对“蛮”族人民的摧残是颇为惊人的。

史实表明，北朝对“蛮”族的经济剥削较之南朝为重。

（三）徙民措施与作用

北朝大批迁徙“蛮”民，其迁徙途径大致有二：一是北徙幽并诸州边地。这是主要形式。据《魏书·李崇传》载：北魏宣武帝景明元年（500年），“鲁阳蛮柳北喜、鲁北燕等聚众反叛，诸蛮悉应之，围逼湖阳。……诏以崇为使持节，都督征蛮诸军事以讨之。蛮众数万，屯据形要，以拒官军。崇累战破之，斩北燕等，徙万余户于幽并诸州”。其目的在于：既可利用“蛮”民开发边疆地区，又可拱卫边镇的安全。尔朱荣曾自言其志：要“出鲁阳，历三荆，悉拥生蛮，以填六镇”[①]。这段话相当典型地反映了北朝统治阶级徙“蛮”实边的强烈要求。一是出山徙平地。其中主要记载有，《魏书·蛮传》：北魏孝文帝太和十七年（493年），“襄阳酋雷婆思等十一人率户千余内徙，求居大和川，诏给廪食。后开南阳，令有沔北之地。蛮人安堵，不为寇贼”。北魏明帝正光（520—525年）中，“蛮帅田午生率户二千内徙扬州”。“蛮出山至边城、建安者，八九千户”。《魏书·昭成子孙传》：“诸蛮大服。自

① （北齐）魏收：《魏书·尔朱荣传》。

是境无暴掠，淮南之人相率投附者三千余家，置之城东汝水之侧，名曰归义坊”。概言之，“蛮”民或内徙于汉水北岸，或置于汝水之侧，甚有东至扬州者。北朝统治者这样做的目的在于：既可补充北朝内地劳动力之不足，以供其驱使；又可使“蛮”人脱离“险山恶地”，以便于控制。

在迁徙过程中，北朝统治者采取了恩威并重的手法。据《魏书·蛮传》载：北魏孝文帝延兴（471—476 年）中，“大阳蛮酋桓诞拥沔水以北滍县以南八万余落遣使内属。高祖嘉之，拜诞征南将军、东荆州刺史、襄阳王，听自选郡县”。北魏宣武帝景明三年（501 年），徙鲁阳蛮万余家于河北诸州及六镇，“寻叛南走，所在追讨，比及河，杀之皆尽”。换言之，对自愿归附者，予自选郡县之便；对不听从强制迁徙者，则实行血腥镇压。

迁徙的结果怎样呢？

他们中的多数，逐渐适应新的生活环境而定居下来，并成了当地居民的组成部分。据《水经注》漯水条下载：经清河县故城北，“后蛮居之，故世称蛮城也”。清河县属东清河郡，隶齐州。以“蛮”名城，表明清河县故城的主要居民成分为南来“蛮”人。

北迁后，他们与当地居民融合，有的还成了本地的强宗大姓。这从北魏孝明帝正光年间所立鲁郡太守张猛龙碑的碑文中可以得到证明。该碑碑阴列鲁郡“士望”等以及所属各县县令及诸曹佐吏姓名后，又列各县族望。最后一县著新阳县廿一人：“田忘乌、□□□、□□□、樊可憘（喜）、田天明、雷天宝、田肆□、雷僧强、梅天念、雷天恩、雷良振、田宜标、万方贵、梅憎援、雷普明、田阿清、田惠明、雷乙德、田祖僖、田武男、田□□[①]”。田、梅、雷、樊为当时的“蛮”族大姓。这说明鲁郡新阳县的“蛮”族代表人物除了“蛮姓”尚存外，他们与汉人之间已难于分辨了。

北迁后，汉文化的影响加深，有的“蛮人”还成了北朝统治集团中的显贵。如《魏书·樊子鹄传》载：“樊子鹄，代郡平城人。其先荆州蛮酋，被迁与代。父兴，平城镇长史，归义侯。普泰中，子鹄贵显，乃赠征虏将军、荆州刺史”。

需要指出的是，北朝统治者企图用徙民办法来消弭“蛮”民反抗活动的目的，并未实现。据《魏书·蛮传》载：梁定州刺史田超秀之“部曲相率内附，徙之六镇、

① 参见周一良：《魏晋南北朝史札记》，兖州蛮人条，北京，中华书局，1985。

秦陇，所在反叛”。《魏书·窦瑾传》也载：“降蛮酋仇天尔等三千家于五将山”。五将山在陕西岐山县。可见，北迁“蛮”民在新的定居点又与北朝统治者相对抗。

综上所述，“蛮”族不仅对我国南方，而且对北方的开发与经营，也作出了自己的贡献。

（四）政尚宽惠

北朝为赢得“蛮”族的支持，把安抚之策摆在重要地位。这在史籍中不乏记载，如：

《魏书·裴佗传》：北魏宣武帝时，裴佗为东荆州刺史，“蛮酋田盘石、田敬宗等部落万余家，恃众阻险，不宾王命，前后牧守虽屡征讨，未能降款。佗至州，单使宣慰，示以祸福。敬宗等闻佗宿德，相率归附。于是合境清晏，寇盗寝息，边民怀之，襁负而至者千余家”。《周书·梁昕传》：北魏孝明帝正光（520—525 年）间，梁昕迁东荆州刺史，“抚以仁惠，蛮夷悦之，流民归附者，相继而至”。

《周书·杨宽传》附兄杨俭载：北魏孝武帝初，俭除北雍州刺史，“政尚宽惠，夷复安之”。

《周书·贺兰祥传》：西魏文帝大统十四年（548 年），贺兰祥除荆州刺史，“先是祥尝行荆州事，虽未期月，颇有惠政，至是重往，百姓安之。由是汉南流民，襁负而至者日有千数。远近蛮夷，莫不款附。祥随机抚纳，咸得其欢心”。

可见，北朝采用的“宣慰”“仁惠”“宽惠”之策，取得了良好效果，即实现了武力征讨所未能达到的“降款”目的，使边境“清晏”，流民归附。概言之，此策有利于“蛮”族社会的政治安定与经济发展。

二、南北朝对“蛮”族的争夺

南北朝时期，对“蛮”族的争夺极其激烈。其因主要有二：一是“蛮”族地广人众；一是“蛮”族多聚居于南北边地之间。因此，在南北对峙中，北朝十分重视争取和利用“蛮”人，使之投靠自己，借以削弱对方。其主要记载：北魏孝文帝太和四年（480 年），首次大规模使用“蛮”人攻打南朝，以大阳蛮（大阳，戍名，在今湖北蕲春县西北）桓诞为前驱，讨义阳，不果而还。

太和十一年（487年），桓诞与“雍、司州蛮”相煽动，据南阳故城，攻舞阳（今河南泌阳县西北）。次年，复攻隔城（今河南桐柏县西北）。

北魏宣武帝延昌三年（514年），萧衍令雍州刺史萧藻遣将蔡令孙侵南荆之西南，沿襄沔上下，破掠诸蛮。东荆州太守桓叔兴“督集蛮众二万余人击走之”[①]。

《周书·贺拔胜传》载：北魏孝武帝太昌初（532年），“拜胜为都督三荆、二郢、南襄、南雍七州诸军事，……又使人诱动蛮王文道期，率其种落归款。梁雍州刺史万续击道期不利，汉南大骇”。《魏书·贺拔胜传》所载略同。

“蛮酋”在北朝中所起的作用颇大。这除了上述出击时用作“前驱”外，还可在防御时用作“边捍”。据《魏书·裴询传》载：郢州刺史裴询“以凡司戍主蛮酋田朴特地居要险，众逾数万，是为边捍，遂表朴特为西郢州刺史”。萧衍遣将李国兴寇边，“朴特自国兴来犯，便与询犄角，为表里声援，郢州获全，朴特颇有力焉”。据《魏书·田益宗传》载“萧衍招益宗以车骑大将军、开府仪同三司、五千户郡公。当时安危，在益宗去就，而益宗守节不移。郢、豫克平，益宗之力也”。可见，“蛮酋”的去就，甚至可起到关系北朝“安危”的重大作用。

同样，南朝也利用“蛮”人打击和动摇北朝统治。其主要记载有：

《魏书·韦阆传》附传载：“萧衍遣其郢州刺史田粗憘率众来寇”。

《魏书·韦挺传》：孝芬除荆州，“萧衍将曹义宗扔在马圈，鼓动顺阳蛮夷，缘边寇窃”。

《魏书·李崇传》：“东荆州蛮樊安，聚众于龙山，僭称大号，萧衍共为唇齿，遣兵应之。……崇分遣诸将，攻击贼垒连战连捷，生擒樊安，进讨西荆，诸蛮悉降。”

《魏书·张普惠传》：萧衍“遣定州刺史田超秀、田僧达等窃据石头戍，径据安陂城”。

《魏书·阴仲达传》附传：北魏孝明帝正光末，“萧纲遣其军主曹义宗扰动边蛮”。

《魏书·裴叔业传》附传载：北孝魏明帝“孝昌初，萧衍遣将曹敬宗寇荆州，山蛮应之，大路断绝。……荆州危急，朝廷忧之”。

---

① （唐）李延寿：《北史·蛮传》。

《北齐书·李元忠传》附传载：北魏孝武帝太昌初，“梁遣其南思州刺史任思祖、随郡太守桓和等率马步三万，兼发边蛮，围下溠戍”。

《周书·贺若敦传》：“巴西人谯淹据南梁州，与梁西江刺史王开业共为表里，煽动群蛮。太祖令敦率军讨之。……又遣仪同扶猛破其别帅向镇侯于白帝。……淹复依山立栅，南引蛮帅向白彪为援。敦设反间，离其党羽，因其懈怠，复破之。斩淹，尽俘其众。”

从上述记载中可得出如下结论：1．南朝曾利用“郢阳蛮”“顺阳蛮”“东荆州蛮”“边蛮”“荆州山蛮”“白帝蛮”等与北朝对抗；2．由于“蛮”族较多聚居于南朝疆域内，故南朝更为倚重“蛮酋”，并利用他们对北朝发动更为频繁的骚扰与进攻；3．在整个南朝时期，又以梁朝利用“蛮”族北进为多；4．“蛮”族对南朝而言，同样起着重大作用，即一方面“共为唇齿”，并为“北境捍蔽”；另一方面，为“患”北朝，从“山蛮”使北朝“荆州危急，朝廷忧之”一事中可见其危害之深。

此外，尚需指出的是，在北朝争战中也动用“蛮”族。西魏文帝大统时，“东魏围颍川，蛮帅田柱（一作杜）清据险为乱”[①]，“及颍川被围，东魏遣蛮酋鲁和扇动群蛮，规断鸦路”[②]。此为东魏以“蛮”攻西魏之例。唐州蛮田鲁嘉“引致齐兵，大为民患”[③]。此为北齐配合“蛮”人攻北周之例。这就说明，在当时各国统治者的争战中，“蛮”族曾被广泛利用。

三、北朝的“蛮”族社会

北朝时期，“蛮”族经过长时期的激烈动荡，大批迁徙、频繁交流，其社会内部及相互关系发生了历史性变化。其主要表现有：

第一，社会组织较为严密。据南北诸史所载，当时“蛮”人的社会组织概称为“落”，也有称作“种落”“陬落”者。“落”内成员统称“部曲”。所谓“落”，指当时以血缘关系为纽带的宗族组织。因此，在“落”的基础上，实行大姓统治。北朝“蛮”人，以田氏势力为最盛，其他著名大姓有向、冉、梅、雷、樊、文等。总之，

① （唐）令狐德棻等：《周书·杨忠传》。

② （唐）令狐德棻等：《周书·郭贤传》。

③ （唐）令狐德棻等：《周书·权景宣传》。

北朝“蛮”族的社会组织已脱离原始状态，进入了比较发达的阶段。因为它已具有相当规模（大阳蛮桓诞拥有“八万余落”可证），甚至发展到了“僭称王侯”的地步。

第二，社会经济有了长足发展。首先表现在农业生产方面。号称“蛮左”的澧州地区，在北周孝文帝时已出现“民皆务本，家有余粮”“仓庾充实，无复转输之劳”①的富足局面，上引“信州蛮”能赡给军粮均是例证。与此同时，“蛮”族地区的水利灌溉事业也有所发展。如《北齐书·李元忠传》附传载：北魏孝武帝太昌初（523年），李愍出为“蛮左”聚居的南荆州刺史，“愍于州内开立陂渠，灌稻千余顷，公私赖之”。

除粮食生产外，手工纺织业也有相应发展。据《周书·长孙俭传》载：荆蛮之地，“务广耕桑”“民安其业”。

畜牧业已相当发达。这从上引北朝一次税“荆蛮”马一千五百匹，一次获“罗阳蛮”杂畜千头的记载中可以得到说明。

北朝“蛮”族社会经济的发展是有历史根源的。早在东汉时，作为“蛮”族一支的“盘瓠蛮”就已会“田作贾贩”②了。

第三，阶级分化加剧。这是“蛮”族社会财富增加的必然结果。加之南北朝统治者对“蛮酋”争相以高官厚禄收买的政策也加速了这一进程。

“西阳蛮”田益宗在北朝居高位，“聚敛无厌，兵民患其侵扰，诸子孙竞规贿货，部内苦之，咸言欲叛”③。“蛮酋”的无厌掠夺，已引起“部内”阶级的公开对抗。

总之，这一时期，除僻远之地外，“蛮”族社会已日趋封建化。

第四，民族杂居局面的迅速扩大。其因在于：“蛮”族大规模徙汉族地区；汉民为逃避战乱与赋役之苦，又大批“逃亡入蛮”。这样，就出现了“蛮”汉并居的局面。这种民族关系的新格局，在史书中多有反映。《魏书·杨大眼传》：梁朝遣其前江州刺史王茂先率众数万次于樊、雍，“招诱蛮夏”。《周书·阳雄传》：除洵州刺史，“夷夏安之”。《周书·崔谦传》：荆州，“俗兼夷夏”。《周书·辛庆之传》：庆之

① （唐）令狐德棻等：《周书·郭彦传》。

② （南朝宋）范晔：《后汉书·南蛮西南夷列传》。

③ （北齐）魏收：《魏书·田益宗传》。

之子辛昂，先后为渠州、通州刺史，“化洽夷夏”。《周书·扶猛传》：贺若敦南讨信州，扶猛入白帝城，“抚慰民夷，莫不悦附”。

总之，“蛮夏”“夷夏”“夷华”“民夷”并称，反映了这样的历史事实：“蛮”族社会与世隔绝的封闭性已被打破了，“蛮”汉民族间已形成和睦共处与不可分割的密切关系。

第五，加速了民族融合进程。北朝“蛮”族受汉文化影响大为加强。其主要表现有三：一是在“蛮”区专立学校，教“蛮”人子弟以“礼仪”。《魏书·韦阆传》附传载：韦或为东豫州刺史，“或以蛮俗荒梗，不识礼仪，乃表立太学，选诸生徒于州总教”。一是改革“旧俗”。据《周书·薛善传》附传载：薛慎出为湖州刺史，“蛮左”“翕然从化”“风化大行，有同华俗”。《周书·长孙俭传》载：时荆襄初附，太祖授俭荆州刺史，“荆蛮旧俗，少不敬长。俭殷勤劝导，风俗大革”。就是说，汉“蛮”间的风俗差异日趋缩小。一是“蛮”族中上层分子汉化。由于他们成了北朝的“命官”，故习用中原礼仪，他们的状貌举止，均“有异常蛮”[①]。

总之，北朝“蛮”族随着社会经济文化的发展，其与汉族的差距愈来愈小。到了隋朝，邻近汉区的“蛮”族大部分已与汉族融为一体，所谓“同之齐人”了。这也是历史上的“蛮”族在这些地区大多消失的主要原因。

四、“蛮”族的反抗活动

史籍关于北朝“蛮”族反抗活动的记载颇多。其中有：

《魏书·杨大眼传》：北魏宣武帝时，“蛮酋樊安秀等反”，诏东荆州刺史杨大眼为别将，隶都督李崇，讨平之。

《魏书·裴延俊传》：北魏宣武帝时，“三鸦群蛮寇掠不已，车驾欲亲征之，延俊乃于病中上疏谏诤”。

《魏书·李神轨传》：北魏孝明帝武泰初（528年），“蛮帅李洪扇动诸蛮。伊阙以东至于巩县，多被烧劫”。《魏书·崔挺传》附传也有类似记载。《魏书·辛雄传》：肃宗（北魏孝明帝的庙号）时，辛雄曰：“蛮左唐突，扰乱近畿，梁、汝之间，民

① （唐）魏征：《隋书·南蛮传序》。

不安业，若不时扑灭，更为深害。”辛雄所言当指蛮帅李洪之乱。

《魏书·辛纂传》：北魏孝武帝永熙三年（534年），“时蛮酋樊五能破析阳郡”，西荆州刺史辛纂欲出军讨之，“纂行台郎中李广谏曰：‘析阳四面无民，惟一城之地耳。山路深险，表里群蛮。今若少遣军，则力不能制贼；多遣，则减撤防卫，根本虚弱。脱不如意，便大挫威名。人情一去，州城难保。’……遂遣兵攻之，不克而败，诸将因亡不返”。

《周书·贺若敦传》：“向白彪又与蛮帅向五子等聚众为寇，围逼信州。诏敦与开府田弘赴救，未至而城已陷。进与白彪等战，破之俘斩二千人。仍进军追讨，遂平信州。是岁，荆州蛮帅文子荣自号仁州刺史，拥逼土人，据沮、漳为逆。复令敦与开府潘招讨之，擒子荣，并虏其众”。《周书·李贤传》：西魏恭帝时，“荆州群蛮反，开府潘招讨之。令贤与贺若敦率骑士七千，别道邀截，击蛮帅文子荣，大破之”。

《周书·扶猛传》：北周武帝保定年间，绥州刺史扶猛“从田弘破汉南诸蛮，前后十余战，每有功”。

《周书·陆腾传》：北周武帝天和初，“信州蛮蜑据江峡反叛，连结二千余里，自称王侯，杀刺史守令等。又诏腾率军讨之。腾乃先趣益州，进骁勇之士，兼具楼船，沿外江而下。军至汤口，分道奋击，所向摧破。乃筑京观以旌武功”。

从上述材料中，对“蛮”族反抗北朝统治者的活动可归结如下特点：一是从时间上讲，贯穿于整个北朝。即从北魏起直至北周末年，反抗活动此起彼伏，可谓连绵不断。二是从地域上讲，分布广泛。东荆州蛮、三鸦蛮、析阳蛮、荆州蛮、沮漳蛮、汉南蛮、信州蛮等均曾先后反叛。三是从规模上说，相当浩大。其势强大，曾迫使北魏宣武帝拟统兵亲征，曾使北朝“诸将因亡不返”，甚至“扰乱近畿”，对北朝统治中心造成严重威胁。四是从内容上讲，斗争矛头直指北朝统治阶级。这从“自称王侯，杀刺史守令”等事中可见。

此外，从北朝统治者而言，他们采用了残暴的镇压手段。“乃筑京观以旌武功”之举，暴露了北朝统治者残忍的剥削阶级本质。

族别专论篇

瑶族历史研究中若干重要问题新说*

进入20世纪80年代以来，国内外掀起了“瑶学”研究的高潮。以瑶族研究为主题的国际学术研讨会已在我国内地、香港特别行政区以及法国、泰国等地举行多次，国际性和地区性的瑶族研究团体陆续成立，一大批相关研究成果纷纷发表。这是一件值得额手称庆之事。现在，面临的问题是：多做一些细致而扎实的工作，以使瑶族研究进一步引向深入。为此，本文拟就瑶族历史研究中的若干重要问题提出作者的粗浅看法，以作抛砖引玉之用。

一、历史上瑶族的分布问题

费孝通先生提出了历史上瑶族聚居区“和现在相比幅员要广，人口较众”①的著名论断。可惜的是，此说并未引起人们应有的重视。笔者通过对历代瑶族分布架构变迁的研究，对此深信不疑，并加以具体论证。

以瑶族的远祖“盘瓠蛮”而论。早在汉晋时期，《后汉书·南蛮西南夷列传》载：盘瓠子孙，其后滋蔓，号曰：蛮夷，“今长沙、武陵蛮是也”。晋人干宝《晋纪》则曰：“武陵、长沙、庐江郡夷，盘瓠之后也。”长沙郡，东汉时治临湘（今长沙），辖区包括今岳阳、益阳、湘阴、醴陵、茶陵、湘潭、株洲、衡阳、邵阳等地；庐江郡，汉代治舒（今安徽庐江西南），辖区相当今安徽巢湖、舒城、霍山以南，长江以北，湖北英山、武穴、黄梅和河南商城等地；武陵郡，东汉治临沅（今湖南常德西），辖区主要在今湖南西部地区，也包括鄂西南之鹤峰、来凤诸县及黔东小部分地区。

及东晋十六国、南北朝时期，中原大乱，盘瓠“蛮人”的势力更乘虚北上。据《魏书·蛮传》载：“蛮之种类，盖盘瓠之后。②其来自久。习俗叛服，前史具之。在

---

* 原载《民族研究》，1999（2）。

① 胡起望、范宏贵：《盘村瑶族》序，北京，民族出版社，1983。

② （北齐）魏收：《魏书·蛮传》把当时江淮间“蛮人”包括土家族先民“廪君蛮”在内，都说成“盘瓠之后”，有涵盖过宽之失。但其所述，大体反映了当时“盘瓠蛮”的分布范畴，则是可以肯定的。

江淮之间，依托险阻，部落滋蔓，布于数州。东连寿春（今安徽寿县），西通上洛（今陕西商州），北接汝、颖，往往有焉。其于魏氏之时，不甚为患，至晋之末，稍以繁昌，渐为寇暴矣。自刘、石乱后，诸蛮忌惮，渐得北迁，陆浑（今河南嵩县东北）以南，满于山谷，宛洛萧条，略为丘墟矣。”可见，其分布地甚广，大抵以江、汉、淮为中心。其势力，在西晋末年得到迅速发展；到了十六国的刘聪、石勒时期，大规模北徙；至其后的南北朝时期，达到登峰造极的地步，其锋甚至直逼中原之域了。

再以“瑶”人独立而成单一民族以后而论。在唐代，瑶人势力遍及今湖南全境，北至长江之滨的洞庭湖畔，南抵湘南甚至越过五岭而居于粤北之地。据唐人李吉甫《元和郡县图志·江南道五》“潭州”条载：“（晋）怀帝分荆州湘中诸郡置湘州，南以五岭为界，北以洞庭为界，汉、晋以来，亦为重镇。今按其俗杂，有夷人名瑶，自言先祖有功，免徭役也。”潭州，是唐代湖南观察使治所，辖潭州（治今长沙）、郴州（治今郴州）、永州（治今永州）、道州（治今道县西）、邵州（治今邵阳）、连州（治今广东连州）。此书写成于唐宪宗元和八年（813 年）。可见，唐人册籍已明确指出，湖南观察使所辖北达洞庭、南及五岭的七州之地，均杂居有瑶人。关于瑶人从北至南的广袤居地，在唐代文学作品中也有所反映，杜甫“潇湘洞庭白雪中……莫徭射雁鸣桑弓”[①]之咏，刘禹锡《连州腊日观莫徭猎西山》[②]之诗，就是生动例证。至于唐代瑶人东部分布之区，则漫及江西许多地方。据《新唐书·方镇表五》载：乾元元年（758 年），“置洪、吉都防御团练观察处置使，兼莫徭军使，领洪、吉、虔、抚、袁五州，治洪州”。洪州，治今南昌；吉州，治今吉安；虔州，治今赣州；抚州，治今抚州；袁州，治今宜春。今江西境，在唐代大致分为七州，即除上述五州外，还有江州、饶州。可见，莫徭在江西分布范围之广。

宋代，瑶族历史进入大发展时期。宋代瑶族，仍主要分布在今湖南全境。今湖南省，在宋代划入荆湖北路与荆湖南路两政区。荆湖北路，包含有岳、澧、鼎、辰、

① 杜甫：《岁晏行》，见（唐）杜甫：《杜少陵集》，卷二二。

② （唐）刘禹锡：《刘宾客文集》，卷二五。

沅、靖六州，这些地区的瑶人，史称为“湖北瑶”①；荆湖南路共分潭、邵、衡、郴、永、道州和桂阳监、武冈军以及今广西境的全州，这就是史称的“湖南九郡”，这些地区的瑶人，名曰“湖南瑶”②。广西，也是瑶人重要居地。据《宋史·蛮夷列传三》载：“广西所部二十五郡，三方邻溪洞，与蛮瑶黎蜑杂处。”宋人范成大《桂海虞衡志·志器》载：“南州风俗，糅杂蛮瑶。”广西经略安抚使李曾伯疏云：“臣所部广右，远在天南，地虽介于蛮瑶，民不知于兵革。”③这是“广西”“南州”“广右”各地均有瑶人的例证。广东，除粤北外，一直延伸至南端滨海之地的雷州半岛，《宋史·仁宗本纪二》载：“瑶僚寇雷（治今雷州）、化（治今化州）州，诏桂、广会兵讨之”可证。就连最为发达的广州，瑶人也杂居其中，宋李昂英《广州新创备安库记》中有“江湖瑶峒错落”④之句可证。此外，赣西南瑶人势力也颇为强大，宋代黑风峒瑶人起义即以此为重要基地。一言以蔽之，宋代瑶人居于今湖南、广西、广东三省（区）大部及江西部分地区，分布地域相当辽阔。

元代，最值得注意之处是，瑶人确已于此时进入了云贵地区。云贵“瑶”名，始见于元代。据《元史·泰定本纪一》载：至治三年（1323年），“大理、威楚诸路瑶兵为寇”。大理，治今大理；威楚路，治今楚雄，辖地包括今镇沅、景东在内。这支瑶人，当系从贵州、广西境逐渐迁入。元代云南有瑶人居住，还可从下述史实中得到证实：泰定元年（1324年），“云南瑶阿吾及歪闹为寇”⑤。至于元代贵州瑶族，则分布于八番、顺元（治今贵阳）、⑥新添安抚司（治今贵定）、⑦思州宣抚司（治今思南）⑧等地。从此，瑶人分布地区扩及我国西南地区。

---

① 如，《宋史》卷三三二《张颉传》载：“湖北溪瑶叛”；朱熹《边防奏札》中则有“湖北瑶人侵犯部州界分”之载。

② 如，《宋史》卷二八四《刘沆传》载：“湖南蛮瑶数出寇”；《宋史》卷三三四《陶弼传》载：“庆历中，杨畋讨湖南瑶。”

③ （宋）李曾伯：《帅广条陈五事奏》，《可斋杂稿》，卷十七。

④ （宋）李昂英：《文溪集》，卷一。

⑤ （明）宋濂等：《元史》，卷二九《泰定本纪一》。

⑥ （明）宋濂等：《元史》，卷二九《泰定本纪一》有“八番、顺元诸路瑶兵”之载。

⑦ （明）宋濂等：《元史》，卷三五《文宗本纪四》有“新添安抚司瓮河寨主诉他部瑶僚践其禾”之载。

⑧ （明）宋濂等：《元史》，卷四一《顺帝本纪四》有“思、靖瑶寇犯武冈”之载。

明、清时期，今日我国瑶族分布格局基本确定，主要聚居于湖南、广西、云南、广东等地，即南岭山脉一带。但活动范围，则日趋缩小。以广东瑶人为例，明代广东全省（海南地区除外），共有十府七十二州县，而史籍载明有瑶人居住之地则为九府五十六州县，只有南雄府及其所属二县未见记载。[①]可见，瑶人（包括被称作“畲瑶”的今畲族之人）足迹几遍广东全省。特别是位于广东西部肇庆府德庆州上、下江一带的罗旁地区延袤七百里，为明代瑶人密集之地，并掀起一次又一次大规模反抗浪潮，被称作瑶人“渊薮”。[②]可以毫不夸张地断言，明代广东瑶人居住地域之广，人口之众，势力之盛，不仅空前而且绝后。入清以后，广东瑶人的居住地域和人口一直呈下滑趋势，但直至乾隆以前，广州府属的新宁（治今台山）、香山（治今中山）、新会（治今新会）等珠江下游繁荣之区，仍有瑶人居住。但时过境迁，这些昔日瑶人生息繁衍之所，今日已难觅其迹影，甚至完全从人们的记忆中消失了。只有翻检历史记载，才能显现其昔日的辉煌。

造成历史上瑶人居地日蹙、人口减少、势力削弱的原因，大致有三。一是长期融合与同化的结果。随着瑶族社会历史的发展，各民族交往的日增，平地瑶人的经济文化水准与汉族差距缩小甚及“与民无异”的地步，造成大批瑶民变成汉民。应该说，汉族之发展成今日人口如此之多的民族，是与国内各民族的不断加入密不可分的。加之统治者一贯执行强迫同化政策，如宋代的“开梅山”，清乾隆的变发达瑶区之人为“编户齐民”，也在客观上加速了这一历史进程。二是历代封建统治者执行残酷的民族压迫政策。突出的例证是明代对大藤峡瑶区的征战，历时前后达九十七年之久，动员了几十万军队，采取“相机剿捕，务尽根除，毋遗种类”[③]、“积尸盈野，流血成川”[④]的民族灭绝政策，致使瑶区遭到严重摧残，瑶民锐减。三是瑶族的刀耕火种的生产方式本身。传统的“食尽一山，复徙一山”的游耕生活，也削弱了瑶族抵抗自然灾害和防范疾疫流行的能力，并使瑶族社会历史的发展受到了某种程度的限制。

---

① 参见吴永章：《瑶族史》明代瑶族分布一节。

② （明）陈经邦等：《明世宗实录》，卷五四，嘉靖四十四年六月庚辰条。

③ 明宣宗：《谕韩雍征剿两广贼寇事宜敕》。

④ （明）柯潜等：《明英宗实录》，卷三四〇，天顺六年五月庚子条。

二、“瑶”的泛称问题

长江以南的南方诸族，由于地理环境、历史发展、社会经济、文化因素颇多相类之处，在历史上往往被视作统一族群，而先后被冠以“南蛮”“瑶”“苗”等的泛称。商、周时期，“诸夏”以外的周边民族被泛称为“蛮、夷、戎、狄”。自从“蛮、夷、戎、狄”与“南、东、西、北”的方位配对以后，就成了“南蛮、东夷、北狄、西戎”[①]的专指了。从此，南方诸族便被称作“南蛮”或“蛮”。自从唐、宋出现瑶、苗、畲、僮、仡佬等民族名称以后，最早在宋代出现了以“瑶”作为南方民族代称的记载。至明清以后，又往往改用“苗”作为南方民族的总称。

宋代，“瑶”除作为瑶人的专指外，又可作为南方民族的统称。这是必须加以区分清楚的，不然就无法理清、理顺瑶族的历史，以致发生张冠李戴之误。比如：

以“瑶”指壮。如，《宋史·陆诜传》有“自侬瑶定后”的记载。此事，系指“广源蛮”侬志高反宋活动被平事。对今人而言，侬志高出身壮族，这已是常识。又，据《文献通考·四裔考八》南丹州蛮条载：绍兴二十四年（1154 年），以莫公晟之子莫延沈为南丹州刺史等职，对此，上谕辅臣曰：“得南丹州非以广地，但瑶人不作过，百姓安业，可喜。”南丹州莫氏，宋代始为土官，后为土司，其后裔为壮族。若撇开当时南丹州居民成分不论，其首领莫氏出身壮族无疑。

以“瑶”指土家族先民。据光绪《湖南通志·名宦二》载：天圣七年（1029 年），“辰州溪峒彭氏入寇，遣张纶为辰、澧、鼎等州沿边巡检使，谕蛮瑶以祸福，赐还掠民，遣与盟刻石于境上”。按彭氏为五代以后的湘西土家族先民之大姓，故此“辰州溪峒彭氏”应归入土家族类。此为以“蛮瑶”指土家族先民之例。

以“瑶”指畲。由于瑶、畲同源，其习俗颇相类，故以瑶指畲之例更不胜枚举。如，《明史·吴文度传》载：成化时，吴文度“寻迁汀州知府（治今长汀），瑶弗靖，设方略绥抚，瑶承赋如居民”。因福建主要为畲族聚居地，位于闽粤赣边区的汀州府，历史上也素为畲人活动范围。因此，此汀州瑶明显地是指畲人。明清之际的顾炎武《天下郡国利病书·广东》载：“粤人以山林中结竹木障覆居息为輋”，故称瑶所居曰“輋”“潮州府畲瑶，民有山輋”。又，据光绪《嘉应州志》卷三二载：“畲

① 顾颉刚：《学术文化随笔》，53 页，北京，中国青年出版社，1998。

瑶，昔时程乡县（治今广东梅州市）有此种瑶人。”此为把粤东潮州、嘉应州畲人称为瑶人之例。

以瑶人所属“盘瓠蛮”代指两湖地区的全部民族。《宋史·蛮夷列传一》载：“西南溪峒诸蛮，皆盘瓠种。”此处所谓“西南溪峒诸蛮”，主要指宋代两湖地区的少数民族。而这一地区的民族，按其图腾崇拜来分，主要可归为两大类，即除了瑶苗诸族崇奉以犬为图腾的“盘瓠种”外，还有土家族先民崇奉的以白虎为图腾的“廪君种”。这是以瑶族先民“盘瓠种”泛指两湖地区民族的突出例证。

以“瑶”泛指南方诸族的原因在于：在南方诸族历史上，瑶族曾起过重大作用，其势尤以宋时为盛。据同治《桂阳直隶州志》卷二三，洞瑶条载：宋时，“瑶洞轻侮，屡世寇暴，若防敌国，亦莫瑶极盛之时也”。这就是为什么从宋代起，往往以“瑶”作为南方诸族泛称的奥秘所在。

三、瑶人进入两粤的路线问题

瑶人逾五岭，进入两粤并由此而散入东南亚，是其南向发展的重大事件。因此，瑶人迁入两粤的路线问题，向为民族史家所重，但看法却大相径庭，莫衷一是。有的学者认为，瑶从湖南入广东，再转广西；[①] 有的学者主张，“瑶由五溪地带先入广西，再由广西转入广东”。[②] 笔者则不以此两说为然，提出第三种说法：瑶族直接从湖南越过五岭分道进入桂、粤两地。主要论据如下：

第一，至迟自秦以来，均有由湘南越五岭直接进入桂、粤两地的通道，无须绕道广西入广东，或由广东转广西。清顾祖禹《顾氏读史方与纪要精略》写道：入五岭之途有五条。其中：“自江西南安（今大余）入南雄，二也；自湖南之郴入连，三也；自道州之广西入贺，四也；自全州入静江，五也。”可见，上述四途，除了江西一路需由郴州转道南安入广东南雄外，其余均可由湘南分别直入两粤。即由郴州进入广东连州和由道州进入广西贺县，由湘南至广西全州进入桂林。

第二，以地缘而言，瑶人“居山谷间，其山自衡州常宁县属于桂阳、郴连贺韶

① 刘锡蕃：《岭表纪蛮》，上海，商务印书馆，1934。

② 江应樑：《苗人来源及其迁徙区域》，见《西南边疆民族论丛》，广州，珠海大学出版社，1938。

四州，环纡千余里。”[①] 这表明：宋代瑶人居于湘、桂、粤交界的南岭山脉两侧，从湖南翻山越岭，即可分道进入两粤之地。而且，这一带地区地界相连，并不受行政区分所限。宋蔡戡说：“郴州宜章县太平、宜章二乡，有莽山诸峒，邻接连、英、韶州之境。”[②] 就是最好说明。

第三，瑶人同时进入两粤的例证。据宋李焘《续资治通鉴长编》卷一五三，庆历四年（1044 年）十一月辛未条载：湖南瑶人起事后，“杨畋将不曾作蛮贼人户，尽底驱逐，散人广南东、西两路，失其巢穴”。可见，宋代湘南瑶族，在官军驱迫下，曾就近各自逃入广东、广西两地。这是历史上瑶人曾同时进入两粤的铁证。

第四，瑶人起事时，直接由湖南入广东。据《续资治通鉴长编》卷一五三，庆历四年（1044 年）十一月壬午条载：瑶人，“先劫掠郴州宜章县（治今宜章），次入连、韶州”。又，元马端临《文献通考》载：乾道元年（1165 年）广东帅臣林安宅言：“近者，湖南凶贼奔冲本路韶、连、南雄、封川、德庆、肇庆府之四会，广州之怀集、清远，皆遭蹂践，或被焚荡。”上述庆历、乾道瑶民起义证明：历史上，瑶人由湖南直入广东而不绕道广西，已成通例。

第五，瑶人取由湖南直入广东路线，前人已有见及。如：“瑶本盘瓠之种，由楚省蔓延粤东之新宁（治今台由）、增城（治今增城）、曲江（治今韶关）、乐昌（治今乐昌）、乳源（治今乳源）、东安（治今云浮）、连州（治今连州）等七州县。”[③] 由于瑶族过游耕生活，故逐步顺山势而徙之说，较为合理。像曲江、乐昌、乳源、连州等地粤北瑶族，由湘南“蔓延”而来，当是可信的。又如：“清远县东北毗连英德、连阳……久为僚瑶窟穴。……盖因五季之交，湖广溪蛮远逾五岭，由连州入粤，清远逼近，故有瑶峒百余。”[④] 此说，瑶人为避战乱，大批由五岭入粤北，再由粤北向南直逼广州北部清远地区的记载，当是有根据的。

第六，流传的宋代粤北瑶人来自广西说，与史实相悖，不足取。据康熙时人李来章的《连阳八排风土记·风俗》写道：“连地自古无瑶。《连志》载：自宋绍兴年

---

① （元）脱脱等撰：《宋史》，卷四九三《蛮夷列传》一。

② （宋）蔡戡：《割属宜章、临武两县奏状》，《定斋集》，卷一。

③ （清）傅恒：《皇清职贡图》，卷四。

④ （民国）《清远县志》，卷二《纪年》上。

间（1131—1162年），州乡宦廖姓者为西粤提刑，及旋里，带瑶八人防道，见连地皆深山峻岭，易于耕锄，遂不去，始居州境油岭、横坑各山，刀耕火种，及日久，种繁越居连山县境。”《连志》，即《连山县志》的简称，最早刊于康熙年间，可见，此说来源于明清之际的民间传说，后为方志所录，流布日广。需指出的是，传说本身并非信史。当然，宋人廖氏由粤西带瑶仆回连州定居，并由此繁衍为当地瑶人的一支，此事并非不可能，但声言“连地自古无瑶”和由此推论说连州八排瑶由此发展而来，则是荒谬的。因为：其一，连州瑶至迟在唐代已有之，上述唐代诗人刘禹锡《连州腊日观莫徭猎西山》一诗，即明证。其二，再以宋代本身而论，庆历三年（1043年），桂阳监瑶人掠州县，闻荆湖南路兵马钤辖杨畋至，“皆恐畏，逾岭南遁。又诏往韶、连等州招安之”[①]。可见，早在北宋庆历三年前，即早于绍兴年间上百年，韶州、连州已是瑶人重要定居地了。

四、瑶、畲如何分流问题

瑶、畲同源，这是民族学界的共识。但是，瑶、畲如何分流，学术界却并未作过较为深入的讨论与研究。为此，本文提出如下新说。

瑶畲之分流，起始甚早，远在唐宋以前无疑。但却是从唐宋以后，才加快步伐而形成今日瑶、畲两族的。由于社会历史原因，瑶畲的共同先人“盘瓠蛮”势力不断南移，至唐、宋时期，湖南南部已成为其居住的中心地区。以湘南为起点，瑶、畲开始分道扬镳。由于迁徙路线不同，在新的生活环境中，逐步形成各自的民族特点。这就是瑶、畲分流的来由。其具体过程如下：

（一）由湘南越南岭，分道进入两粤地区者为瑶

瑶人进入岭南的通道有三：

其一，自湘南入广西全州、桂林。全州，介于湘桂之间，为湘、桂通道。据《宋史·地理志》载：“全、邵屯兵，以扼蛮僚。”可见，全州是湘南瑶人进入桂北的必由之路，故宋王朝派重兵把守。又，据《续资治通鉴长编》卷四七五，元祐七年

---

① （元）脱脱等撰：《宋史》，卷三〇〇《杨畋传》。

（1092 年）七月癸巳条载："荆湖南路安抚钤辖司言，全、永、衡、道州瑶贼作过。"这表明，宋代全州瑶人与湘南瑶人是连片而居的。由全州进入的瑶人，在宋代形成以静江府（治今桂林）为中心的广西北部聚居区。据宋范成大《桂海虞衡志》载："瑶之属桂林者，兴安（治今兴安）、灵州（治今灵川西南）、临桂（治今桂林）、义宁（治今临桂）、古县（治今永福）诸邑，皆逼近山瑶。"①

其二，自湘南道州进入广西贺县。以宋代为例，据《续资治通鉴长编》卷三一九，庆历三年正月甲午条载："先是，荆湖南溪洞蛮侵扰连、贺、衡、永数州。"历史记载表明：宋代贺州瑶人，是由荆湖南路进入的；贺州，是宋代广西瑶人的又一聚居地。

总之，历史上湘南瑶人通过上述二途首先进入静江府、贺州等桂北地区。其后，桂北地区瑶人，以及由广东进入桂东的瑶人，不断向南、向西扩展，逐步形成今日瑶人遍布广西全区六十余县（市）的格局。

其三，自湘南进入粤北连、英、韶三州。如上述：宋代瑶人，往往从湘南桂阳军、郴州进入粤北地区；岭北的桂阳军、郴州和岭南的连、韶诸州，为宋代瑶人的大片聚居区。其后，由湘南进入粤北的瑶人逐渐南徙，形成后世广东瑶人的分布格局。

综上所述，可得出如下结论：瑶人从湘南分别越岭进入桂北和粤北地区，从而形成桂阳、郴、道、全、静江、连、韶等州、军、府的宋代瑶族连片聚居区；长期以来，由于瑶人在这一湘粤桂三省（区）交界的中心区结成相当稳固的人们共同体，故由此基地再徙往各地时，未再分离出新的族群，这是今日湘南、粤北、广西有瑶无畲的原因所在。

（二）由湘南向东入赣南，再至闽西南、粤东者为畲

历史上，有一支"盘瓠蛮"人，不循逾岭进入两粤路线，另辟蹊径由衡、郴诸州向东发展，在赣、闽、粤三省交界处，逐渐形成有别瑶族的畲族族群。

在宋代，这支"盘瓠蛮"已活跃于江西吉、赣诸州。嘉定年间爆发的罗世传、

① （元）马端临：《文献通考》，卷三二八《四裔考五》。

李元砺领导的郴州黑风峒瑶民起义，其基地就在湖南郴州与吉州一带，故史称：“黑风峒者，在郴、吉之间，而地属桂阳县（治今湖南汝城）”。[①] 当时瑶民起义军不断攻打赣西南地区，故史载:“祸连江西吉（治今吉安）、赣（治今赣州）四府”[②]，“东践吉、南安（今江西大余）”，[③] “掀永新（治江西今永新），撇龙泉（治江西遂川），江西列城皆震”。[④] 可见，湘南郴、衡州和赣西南吉、赣州为宋代瑶人连片聚居区。这就是后世赣西南畲人的来源。分流的结果，造成后世湘南有瑶无畲，而赣西南主要为畲区的格局。

在南宋时，东进的“盘瓠蛮”不仅已经由赣西南进入福建汀、漳及粤东湖、梅地区，且已在历史上首次出现“畲”的族称。据宋人刘克庄《漳州谕畲》载：“西畲隶龙溪（今漳州市），犹是龙溪人也。南畲隶漳浦（今漳浦），其地西通潮（今广东潮州）、梅（今广东梅州），北通汀（今福建长汀）、赣（今江西赣州）。”[⑤] 文天祥《知潮州寺丞东岩先生洪公行状》载：“潮与漳、汀接壤，盐寇、輋（同畲）民，群聚剽劫”。[⑥]

至明代，湘南瑶民龚福全起义，以郴州、桂阳为基地，活跃于湘、粤、赣三省间，其重要特点是与畲族相联合。据《明武宗实录》卷一六四，正德十三年（1518年）七月己酉条载：“江西輋贼、广东三浰头诸贼悉平。先是，江西、广东、湖广之交，溪峒阻深，江西上犹等县輋贼谢志山等据横水、桶冈诸巢，广东龙川县贼池仲容据三浰头诸巢，与瑶贼等联络，亘千百里，时出攻剽，势甚猖獗。”这次湘南郴州桂阳瑶人和赣南上犹畲人、广东龙川畲人“联络”一事表明：这一带地域相连；瑶、畲同类相应。这是赣南、粤东畲人是从湘南徙入的又一有力例证。

总之，历史上赣南的吉、赣，福建的汀、漳，粤东的潮、梅这一带畲人集中居地，与湘南郴、衡瑶人区有着千丝万缕的联系，瑶、畲本同源于盘瓠蛮，长沙、武

---

① （宋）佚名：《两朝纲目备要》，卷十一《宁宗纪》。

② （宋）叶适：《宝谟阁待制知隆兴府徐公（谊）墓志铭》，《水心集》，卷二一。

③ （宋）魏了翁：《曹公（彦约）墓志铭》，《鹤山集》，卷八。

④ （元）脱脱等撰：《宋史》，卷四〇五《王居安传》。

⑤ （宋）刘克庄：《后村先生大全集》，卷九三。

⑥ （宋）文天祥：《文山先生全集》，卷十一。

陵蛮。以湘南为基地向东进入赣、粤、闽三省交界者为畲，逾岭进入桂北、粤北者为瑶。其后，畲人扩展至闽东、浙南；瑶人则从两粤北部向西、向南发展。这就构成了今日瑶、畲分布的总体格局。

已故著名民族学家潘光旦先生曾提出过一种设想：盘瓠族人源于淮水流域的东夷，“后来向长江流域移动进入南岭山脉的那一部分可能就是瑶；而从南岭山脉向东，在江西、福建、浙江的山区和汉族结合的那一部分可能就是畲”[①]。除东夷说属学术界有异议的问题可置而不论外，笔者认为，潘先生的这段推断的话，是极为睿智的。在此基础上，本文所提出的新见解是：一是湘南（不是泛指长江流域）是瑶、畲分流的起点说；一是论证了从湘南进入两粤的瑶人迁徙路线；一是论述了从湘南向东，首入赣、闽、粤边区，再向闽东、浙南发展的畲人迁徙过程。

五、佛教的输入与传播问题

人们向来以为，南方苗、瑶、畲诸族崇奉的宗教，主要为本土的原始巫教与从汉区传入的道教，因此，对佛教与这些民族关系的研究，往往被束之高阁。其实不然。由于汉区长期盛行佛教，故苗、瑶、畲诸族不能不受到不同程度的影响。

据笔者研究，佛教传入瑶区最迟不晚于宋代。据《续资治通鉴长编》卷一四七，庆历四年（1044 年）三月甲戌条载，谏官欧阳修言：“今正蛮已为邓和尚、黄捉鬼兄弟所诱，其余山民莫瑶之类，亦皆自起而为盗。”又，欧阳修《再论湖南蛮贼宜早招降札子》[②]中也有“邓和尚”之名。“邓和尚”，当系邓文志。邓和尚、唐和尚为庆历瑶民起义著名领袖。唐和，又称“唐和尚”。[③]如果说，“黄捉鬼”之名，意味着道教已进入瑶区的话，那么，“邓和尚”“唐和尚”之号，则标志着佛教已输入瑶区。而且，宋瑶的代表人物已信奉佛教，则佛教在一般瑶民中的影响则自不待言。又，据同治《安化县志•疆域》载：沩山密印阐寺和尚闍黎，“自夸其师祖（指宋人颖诠）降瑶之功”。显然，和尚颖诠降瑶是利用瑶人信仰佛教的关系而取信于瑶人的。总之，宋代佛教虽不像巫、道一类在瑶区流行，但已有所传播当无疑。

① 费孝通：《民族社会学调查的尝试》，载《中央民族学院学报》，1982（2）。

② （宋）欧阳修：《欧阳文忠公集》，卷一〇五。

③ （宋）杨仲良：《通鉴长编纪事本末》，卷四八。

如果说，宋代是佛教传入瑶区的初期，那么，明代则是有了较大发展的时期。这以明人徐宏祖所记较富代表性。据载：湖南蓝山高梁原的高山瑶，曾杀东安县捕官，“其党约七八十人，有马二三十匹，创锐罗帜甚备。内有才蓄发者数人，僧两三人，又有做木方客亦在焉。”在这支仅数十人的高山瑶反抗队伍中，“才蓄发者”与“僧”人竟占多人，可见瑶人山区寺庙与僧人已占一定数量。又载：“上有竖石如观音，有伏石如虾蟆，土人呼为‘蟆拐拜观音’。（拐，即蛙之土名也。自九疑瑶峒，俱以取拐为务。）”[①]观音，即观世音，菩萨名。从瑶人以观音形象命名石景，可见佛教的佛名、佛像在“瑶峒”已是家喻户晓、妇孺皆知了。这是佛教在瑶区影响日深的极好说明。而且，徐宏祖所记为其耳闻目睹所亲历，故是十分可信的。

清代，佛教在瑶区的传播更为深入。据《清高宗实录》卷一八四，乾隆八年（1743 年）二月己亥条载：礼部议复“署理广西按察使李锡秦奏称：‘粤西苗、瑶易惑，其处僧、道祈禳，镌有木、铜、锡诸印，往往结党营私，为害地方。’应如所请，敕下抚臣，除有部札僧、道外，其余钤记，概行饬禁。违者重惩。”广西已是清代瑶人最为集中之区。从清廷决定对广西瑶区僧人加强管理一事，可见佛教在当地泛滥之一斑。有的地区佛教盛行，北流瑶“丧葬尚浮屠”，[②]可证佛教已渗入瑶人的社会生活中了。又，据近人研究，瑶人经书里也有“释迦”“观音”“十道轮回”等佛教用语的出现。

综上所述，历史上佛教对瑶人的影响是不容忽视的。

① 均见（明）徐霞客：《徐霞客游记》，239 页，323 页，上海，上海古籍出版社，1980。

② （清 嘉庆）《广西通志》，卷二七八。

瑶族文化对中华民族文化的贡献*

瑶族有悠久的历史。从先秦时期的“荆蛮”，至两汉、三国、两晋、南北朝时间的“盘瓠蛮”，隋唐的“莫徭”，宋代以后的“瑶”，绵延不绝。璀璨瑰丽的瑶族文化，就是在这一历史环境中孕育而生的。

瑶族文化是中华民族文化的一朵奇葩。

一、收获“不减水田”的畬禾

粮食生产，是人类赖以生存的物质基础。如果说，百越民族是我国水稻生产的发明者的话，那么，旱稻的栽培与推广，厥功至伟者当推瑶、畲等山地民族。瑶族人民世代僻居山壑，过着“耕山”生活。早在唐代，莫徭就以“火种开山脊”[①]闻名于世。宋代，瑶人的“畬田”业已得到相当程度的发展。如，北宋神宗年间，章惇《梅山歌》诗记湘南瑶族：“人家迤逦见板屋，火耕烧硗多畬田。”[②]南宋人刘宰《送魏华甫侍郎谪靖州》则咏道：“靖州风物最五溪，畬田岁入人不饥。”[③]靖州，今湖南靖县，为宋代瑶人聚居地。可见，是时瑶人靠畬田，过着“人不饥”的生活，并因此形成“人家迤逦”的繁荣村落风光。明代，“畬禾”的产量大幅度提高。据王济《君子堂日询手镜》载：“又有畬禾，乃旱地可种者。彼人无田之家，并瑶僮人皆从山岭上种此禾。亦不施多工，惟薅草而已，获亦不减水田。”

因畬田均为旱地，宜于栽培旱稻，故旱稻有“畬禾”之称。从旱稻“获亦不减水田”的记载中，可证其有便于管理和产量不低的长处。清代，畬禾仍在瑶人的粮食生产中占有重要地位。如，湖南邵阳县：“有陆稻，种不需水，瑶人多种之。”[④]“陆稻”，意为在陆地种植的“不需水”的禾稻。

---

* 原载《瑶学研究》(第4辑)，南宁，广西民族出版社，1997。

① （唐）刘禹锡：《莫徭歌》，见（清）彭定求等编：《全唐诗》，卷三五四。

② （宋）王象之：《舆地纪胜·荆湖南路》，卷五九。

③ （宋）刘宰：《漫塘集》，卷四。

④ （清 光绪）《邵阳县志·建置下·瑶峒》，卷三。

需要强调的是，岭南汉族山区种植旱稻即畲禾的习俗，正是从瑶畲诸族中传入的。对此，前人早已见及并有定论。据宋人王象之《舆地纪胜·广南东路·梅州》卷一〇二，景物上条载：菱禾，“不知种之所自出，自植于旱山，不假耒耜，不事灌溉，逮秋自熟，粒立粗粝，间有糯，亦可酿，但风味差不醇。此本山客輋所种，今居民往往取其种而莳之。”

为证明王象之之言有理，清人温仲和案道：“昔时程乡（今广东梅州）有此种瑶人也，今地以畲名者尚多有之。”

换言之，早在宋代，广东梅州汉人已效法瑶畲即“山客畲”人种植菱禾（旱稻之一种）。又，清人屈大均《广东新语·食语·谷》卷十四载：东粤之稻多种，“其生畲田者曰山禾，亦曰山旱，曰旱稌。藉火之养，雨露之滋，粒大而甘滑，所谓云子，亦曰山米也。当四五月，天气晴霁，有白衣山子者，于斜岸陡壁之际，劙杀阳木，自上而下悉燔烧，无遗根株。俟土脂熟透，徐转积灰，以种禾及吉贝棉，不加灌溉，自然秀实。连岁三四收，地瘠乃弃，更择新者，所谓畲田也”。

广东永安县（今紫金），“其乌禽、天字二嶂及下黄沙、罗坑一带，乃多畬輋，所种山旱及薯、芋、菽、苴、麻、姜、油茶诸物，与白衣山子同风。”

这表明：瑶、畲诸族通过历代种植畲禾的实践，已栽培出“粒大而甘滑”的优良山米品种；南方山区汉人所种旱作物特别是畲禾，受瑶、畲诸族的强烈影响，此即“与白衣山子”同风之谓也。此为瑶、畲诸族对我国农业发展所做贡献之一例。

二、制作精良的“瑶刀”

始记其事者为宋人范成大。据《文献通考》卷三二八引《桂海虞衡志》云：瑶“儿始生，称之以铁，如其重，渍之毒水。儿长大，煅其钢以制刀，终身用之。试刀必斩牛，仰刀牛项下，以肩负刀，一负即殊者，良刀也。”后世关于瑶刀的记载，多本此。

瑶刀在林林总总的南方诸族的刀具中，独具一格。宋人周去非将瑶刀的特点归结为：“短刃而长靶”“无文饰”的形制；“铦甚”，即以锋利见长；“带之于腰”的佩刀方式。[1] 瑶人制刀业发达的原因在于：刀在瑶人生产、生活以及军事上都占有

---

① （宋）周去非：《岭外代答》，卷六，蛮刀条。

重要地位，即“日用须臾不可阙”[①]所致。

三、威力无比的“瑶人弩”

弩，是南方诸族发明的。由于南方天气潮湿，往往影响弓的使用，而弩则具有“虽暑湿亦可用”[②]的性质，早在先秦时期，楚人的兵器就以弩闻名全国。袭楚制，宋代瑶弩已相当发达。关于瑶弩的结构及使用方法，以宋人范成大所记为早为详。据《桂海虞衡志·志器》载：“瑶人弩。又名编架弩。无箭槽，编架而射之。”《文献通考·四裔五》卷三二八引《桂海虞衡志》则载：瑶，“弩名偏（编）架弩，随跳跃中，以一足蹶张，背手傅矢，往往命中。”

弩属于一种远射程的重要武器。瑶人用弩的特点有三：一是枪弩并用，据载：瑶人，“枪名掉枪，长二丈余，徒以护弩，不恃以取胜。战则一弩一枪，相将而前，执枪者前却不常以卫弩，执弩者衔刀而手射人。敌或冒刃逼之，枪无所施，弩人释弩，取口中刀，奋击以救。度险，整其行列。”这说明，瑶人作战，以枪护弩，一枪一弩，互为配合，这是因为枪适于近攻，弩宜于远战所致。一是宜于伏击。据载：瑶人，“退去，必有伏弩”[③]。这说明，由于弩重而杀伤力强，故适于伏击与防守之用。一是弩矢上涂以毒汁。据《岭外代答·器用》卷六载：“溪峒弩箭皆有药。”可见，瑶民取溪峒所产之毒药，制成药箭，以增强弩的杀伤力。

瑶人善弩，累世不绝，延至今日，则作为运动项目发扬光大。1986年在内蒙古呼和浩特举行的全国少数民族体育比赛会上，广西巴马番瑶的射弩荣获一等奖，更使著名的“瑶人弩”威震神州。

四、“衣斑斓”

瑶人喜爱鲜艳服色的民族习俗，来源甚古。早在《后汉书·南蛮西南夷列传》中载：盘瓠子孙“好五色衣服……衣裳斑斓”。此俗历代相袭而未衰。如，明人田汝成《炎徼纪闻·蛮夷》卷四载：瑶人，“班衣”，清人顾炎武《天下郡国利病书·

---

① （唐）刘禹锡：《莫徭歌》。

② （宋）洪迈：《容斋随笔四笔》，卷十六，记湖南瑶弩。

③ 以上引文均见（元）马端临：《文献通考》，卷三二八所引《桂海虞衡志》。

广东下》也载：瑶人“衣斑斓布褐”。需要辨明的是，前人往往以为，由于传说中的盘瓠“毛五采”，故造成后世瑶族衣斑斓的习俗。如，清屈大均《广东新语·人语》卷七载：“盘瓠毛五采，故今瑶妶徒衣服斑斓。”

这种说法的失误在于，颠倒了本末和因果关系。事实应该是，其时瑶族先民“衣斑斓”是因，反映在范晔头脑中而据此塑造的“毛五采”的盘瓠倒是果。由此可见瑶族先民衣斑斓历史之悠久。瑶民衣斑斓，为多彩的中华民族服装又增添了一景。

五、高超绝伦的“染斑之法”

早在宋代，与瑶人纺织业发展同步的是其印染技术，尤其是蜡染工艺已得到高度发展，据《岭外代答·服用》“瑶斑布”条载：“瑶人以蓝染布为斑。其纹极细。其法以木板二片，镂成细花，用以夹布，而后乃释板取布，投诸蓝中。布既受蓝，则煮布以去其蜡，故能成极细斑花，炳然可观。故夫染斑之法，莫瑶人若也。”又，宋人朱辅《溪蛮丛笑》卷二，“点蜡幔”条载：“溪峒爱铜鼓，甚至金玉，模取鼓文，以蜡刻板印布，入靛缸渍染，名点蜡幔。”

从中可见：其一，“染斑之法”与“点蜡幔”的具体过程与图案。大致做法是：用蜡在白布上画花纹，浸入靛缸染色，煮布后，脱去蜡现出蓝底白花。其二，瑶人的蜡染法，在宋代已达到很高水平。故有“夫染斑之法，莫瑶人若也”之盛誉。需指出的是，后世瑶族及苗、布依、仡佬诸族闻名中外的蜡染法，即由此发展而来。

六、“用五色绒，杂绣花卉”的手工工艺

瑶人服饰，除喜“多采”外，还重挑花刺绣。早在宋代，广西融州瑶人，已“织成花缦为服”①。及至清代，刺绣工艺更加发展，故史有“瑶妇衣尚刺绣，皆自为之”②之赞。据载：瑶人，“领缘尚绣”③；“斜领直下，绣花为饰”④；“外穿丝绒，织成

① （宋）祝穆：《方舆胜览》，卷四一。

② （清 道光）《广东通志》，卷三三〇，连州瑶条。

③ （清）傅恒：《皇清职贡图》，卷四，曲江县瑶人条。

④ （清）严如煜：《苗防备览·风俗下》。

花布长褂,五色绒边”[①];“山妇喜以绣帛束胸”[②];“其妇女衣对襟,绣以五色”[③];“裤脚以五色绒横绣之”[④]。

换言之，无论衣领、襟、边以及胸带、裤脚等，都绣上花色。这是瑶服的一大特色。时至今日，挑花刺绣的瑶族民族工艺，除深受国人喜爱外，还远销日本、美国等地，在国际工艺展览会上为祖国赢得荣誉。

七、联手顿地为节的“踏歌”

瑶人喜在芦笙、长鼓等民族乐器伴奏下，联袂起舞。中国传统舞蹈，主要依靠手、足动作。《孟子·离娄》说：“则不知足之蹈之，手之舞之。”此即“手舞足蹈”成语之来历。瑶族歌舞侧重“足蹈”，所谓“以足顿地为节”即是。“踏歌”“踏摇”之名，即是因此而来。

踏歌之作用，相当广泛：一是用于重大庆典。据宋人祝穆《方舆胜览》卷四一载：范成大帅桂林时，“每岁令瑶人预圣节锡宴，除属县寨堡外，州庭几千人列坐两庑下。……吹匏笙为乐，听之如聚蚊声，十数连袂眩转而舞，以足顿地为节。”

这是在节宴上，起舞示贺之例。一是用于丧葬礼仪。据宋人朱辅《溪蛮丛笑》载：“习俗，死亡，群聚歌舞。舞辄联手踏地为节，丧家椎牛多酿以待，名踏歌。”以歌舞送终，是被受儒家文化熏陶的中原士人视作奇风异俗的一种表现形式。

一是用以农闲欢娱。据陆游《老学庵笔记》卷四载：辰、沅、靖州蛮，“醉则聚而踏歌。农隙时至一二百人为曹，手相握而歌，数人吹笙在前导之。”显然，这类歌舞，主要起调节生活的作用，以增添人间乐趣。从其人数多达一二百人一事，可见规模之宏大。一是用于男女青年定情。据《文献通考·四裔五》卷三二八载：瑶人，“十月朔日，各以聚落祭都贝大王。男女各成列，连袂相携而舞，谓之踏摇。意相得，则男咿呜跃之女群，负所爱者，遂为夫妇”。

此歌舞，虽在祭祀场合举行，但其参与者仅限于男女未婚青年，即所谓“于其

① （清 道光）《龙胜厅志·风俗》。

② （清）傅恒：《皇清职贡图》，卷四，合浦县山民条。

③ （民国）《三江县志·民族》，第二编。

④ （清）李来章：《连阳八排风土记》，卷三。

庙前会男女之无夫家者”[1]，可证其目的非用以祭祀，而是订婚。

综上所述，宋瑶歌舞的功能是颇为完备的。有庄重肃穆的，有欢快娱乐的，也有哀悼伤悲的。至于舞蹈动作，除顿足外，则辅之拉手（所谓“连袂”“联手”“手相握”均是），还带点旋（“眩转而舞”）。总之，瑶人擅长的“踏歌”，为我国丰富的民族歌舞增添了异彩。

八、“远出民歌之外”的瑶歌

富有厚重的生活气息、文辞雅致，为瑶歌的主要特色。据宋陆游《老学庵笔记》卷四载：辰、沅、靖州蛮，“其歌有曰：‘小娘子，叶底花，无事出来吃盏茶。’盖竹枝之类也。”

可见，瑶人歌之美，自宋而然。明、清时期，瑶歌盛行。明代瑶歌，主要载诸清初屈大均《广东新语·诗语》卷十二。其中写道：“赵龙文云：瑶俗最尚歌，男女杂踏，一唱百和。其歌与民歌，皆七言而不用韵，或三句，或十余句，专以比兴为重。而布格命意，有迥出于民歌之外者。如云：‘黄蜂细小螫人痛，油麻细小炒仁香。’又云：‘行路思娘留半路，睡也思娘留半床。’又云：‘与娘同行江边路，却滴江水上娘身；滴水一身娘未怪，要凭江水做媒人。’瑶语不能尽晓，为笺译之如此。”

可见，瑶歌辞重比兴，含思宛转，堪与竹枝词媲美，称瑶歌“有远出于（汉族）民歌之外者”，可谓当之无愧。清代瑶歌，则多载诸清人李调元《粤风》与吴冉渠《粤风续》。《粤风》《粤风续》诸籍所收瑶歌，除了大量反映人民大众日常生活特别是爱情生活的抒情诗外，也有涉及揭露朝廷黑暗的政治诗。如：“不奈命，不奈朝廷陷共村，不奈朝廷陷共巷，十分共巷隔重篱，陷隔重篱十二檐，十分卖话也难通。”“如今世界恶，乌鸦日夜摇声惯，陷此丧世是丧生。”其中注道：“陷，是不；卖，是有”，“摇声者，乱鸣也；陷此，是不知；世，是死”。

在明清瑶歌中，有一种独特的书写方式，名之曰“布刀歌”。据《广东新语·诗语》卷十二载：“瑶则以布刀写歌。布刀者，织具也。……歌每书于刀上，间以五彩花卉，明漆沐之，以赠所欢。”

---

① （宋）周去非：《岭外代答·蛮俗》，卷十。

从中可见，瑶歌的起源与劳动生活之间的密切关系。

至近代，收集的瑶族民间著名歌谣有《盘王歌》《密洛陀》。《盘王歌》是瑶族古典歌谣集成，是历代瑶民祭祀传说中的始祖“盘瓠”而累积成的一部宗教历史长歌。《密洛陀》是广西都安、巴马一带瑶族民间流传的一部著名的创世纪长诗。

这一切均表明，瑶歌在中华民族的民间歌谣发展史中，占有一席重要地位。

九、具有浓郁民族特色的瑶乐

瑶乐以周去非《岭外代答·乐器》卷七，“瑶乐器”条所载最富代表性，因其较早、较集中、较详尽。其中写道：“瑶人之乐，有卢沙、铳鼓、胡卢笙、竹笛。卢沙之制，状如古箫，编竹为之，纵一横八，以一吹八，伊嘎其声。铳鼓，乃长大腰鼓也，长六尺，以燕脂木为腔，熊皮为面；鼓不鸣，以泥水涂面，即复响矣。胡卢笙，攒竹于瓢，吹之呜呜然。笛韵如常笛差短。”田渭《靖州图经》载：盘瓠余种，“其乐器有愁笛、壶笙”。释言之，卢沙，即芦笙，用六根竹管制成，此即“列管六”[①] 葫芦笙，别作“壶笙”；其与芦笙的主要区别在于：增加了以葫芦（所谓“瓢”）做的共振器，以加强共鸣的音响效果。竹笛，别称“愁笛”，应是因其声悠扬哀怨而得名，瑶族至今仍流行此乐。铳鼓，因其腰部细长，也名“长腰鼓”[②]；今称长鼓，又因以泥水涂鼓面，使其皮绷紧，得名黄泥鼓。其制：腔长，两端粗而中间细。瑶族至今仍盛行此特殊制法之鼓。

瑶乐中，还需谈及铜鼓。铜鼓，是我国古代南方民族发明制造的，也是其一种重要的文化特征。瑶族是流行使用铜鼓的民族之一。早在宋代，朱辅《溪蛮丛笑》已载：“溪洞爱铜鼓，甚如金玉。”

元明以来，瑶族使用铜鼓的记载增多。如，罗士琳在《晋义熙铜鼓考》中引《泗城府瑶人献岁碑》一文中说：“每岁正月首，偕诸寨瑶人，诣府县行献岁礼，击铜鼓镎于，一唱百和。”

在今天，居住于广西北部和西部、贵州的月亮山地区和云南富宁一带的约十万布努瑶人仍使用铜鼓。据统计，在20世纪60年代，仅广西都安、巴马、南丹等布

① （宋）朱辅：《溪蛮丛笑》。

② 宋代沈辽所著《踏盘曲》中有“乐神打起长腰鼓”之句。

努瑶聚居区就有铜鼓三百余具。布努瑶的铜鼓，主要用于节日和丧葬两种场合。赛铜鼓和铜鼓舞，是布努瑶音乐、舞蹈的重要特征之一。

十、珍为秘藏的“榜簿”

在清代前期，已见瑶人榜簿的文献记载。据鄂尔泰主编《贵州通志·苗蛮》卷七载：自粤西迁来的贵定等处瑶人，“有书名榜簿，皆园印篆文，其义不解，珍为秘藏。”

又《皇清职贡图》贵定县瑶人条、《黔苗图说》瑶人条、《黔南苗蛮图说》花瑶条也有关于“榜簿”的记载。而《苗蛮图》作“旁礴”，当系“榜簿”之误。也有称作“旁甎”者。据清人李宗昉《黔记》卷三载：自广西迁来的黔瑶，“所藏之书，名曰旁甎，园印篆文，义不可解，且珍秘之。”“甎”即砖之俗字。总之，从“榜簿”的名称来看，当即瑶人广为流传的“过山榜”。而且，书中有义不可解的“园印篆文”，也与今存过山榜形制相符。

过山榜，又有“评皇券牒”等名，为瑶族民间珍藏的用汉文记录本民族历史的文献。其内容包括瑶族族源、分布、迁徙以及不同时期瑶族社会的政治、经济、文化、习俗等状况。目前，已收集一百余份。它是瑶族有悠久历史与灿烂文化的有力见证。

十一、专擅的“瑶书”与“篆字”

清代瑶区流行“瑶书”。据连山知县李来章在康熙四十三年（1704 年）发布的“焚瑶书”告示中写道：“五排十一冲瑶人，于五经、四书、孝经、小学一字不肯读。平日排师所教者，皆瑶书也。瑶书有数种，如阎罗种、上桥书、扶道降神等名。皆鄙俚、诞妄不经。而崇道降神，崇邪诲叛，尤为忌惮之甚者。阎罗科述破岳超度，上桥书言禳厄祈福，尤为道家之常，至扶道降神，则侈谈纠凶犯正……排师多系楚中黄冠，贪瑶才贿，潜身入排，喜其有事，为之谋主。瑶人顽梗抗拒，多由渠辈指挥。而邪书数种，酿毒于童稚之年，沦骨浃髓，尤为难治之症。予深恶之。巡历诸排，搜其书，尽焚烧之；拘其师，差押驱逐出境。”

从“瑶书”之名，可见其植根于瑶族社会；[①] 从其词“鄙俚”，可见其来自瑶族民间；从“酿毒于童稚之年”，可见其流布于瑶区之久之广。因此，“瑶书”当是反映瑶族社会的有价值文献。自造“篆字”，曾在清代湖南瑶区广为流传。据道光《宝庆府志·大政纪》卷六载：“从前捏造篆字，查出销毁，永禁学习。如有故违，同牌不行首报，一家有犯，九家连坐，寨长治以失察之罪。”

此篆字，所谓“捏造”，系指前所未有的创造；从需要“学习”之载，可见其篆字已成系统。应该说，这是瑶族人民对我国多民族文字的一种贡献。近年在湖南江永县上江圩乡发现的使世人注目的一种奇特文字——“女书”。作者以为，这二者之间似有因袭关系。理由有三：一是地望相当，均在湖南南部；一是字形相类，均为“篆字”；一是女书流行范围受限制，当是封建统治者对“捏造篆字”严惩政策的结果。

十二、治病多验的医药

瑶人居地地处山区，当地盛产药材。瑶族人民在长期实践中，谙悉各种药材属性，以采药为重要副业。故史称：瑶人“采药无分四时”[②]。

瑶人采用药物治病，医术高明，疗效显著。他们走村串户，游走各地，深受各族人民的欢迎。如，鄂尔泰《贵州通志·苗蛮》卷七载：瑶人“勤耕种，暇则入山采药，沿村寨行医”。《皇清职贡图》《黔记》《黔苗图说》《黔南苗蛮图说》《苗蛮图》诸籍都有相类记载，可证此为共识。又，光绪《富川县志·瑶僮》卷十二载：六一都良瑶，“近或学习星卜，卖草药，远游他方”。光绪《新宁县志·疆里表》卷三更赞誉道：瑶人，“间负都笼于附近乡村小市间卖药，治风疠等病多验”。

总之，瑶人较为发达的医药医术，丰富了祖国的医学宝库。

① （清）李来章：《连阳八排风土记·约束》，卷七。

② （清 同治）《城步县志·民俗》，卷四。

黎族史散论*

近年，笔者在治黎族史过程中，发现学术界的某些观点，与史实不尽相符，有的甚至以讹传讹，长期沿袭不变。为使黎族历史与文化的研究深入开展，在此发表自己的粗浅看法，并加以辨证，以求正于方家。

一、“穿胸民”主要指黎族先民

“穿胸民”，又名“贯胸国”或“穿胸国”。其记载，可溯源于周、秦间人所作的《山海经》。据此书《海外南经》载：“贯匈国在其东，其为人匈有窍”。迄西汉前期，《淮南子•坠形》则载：南方有“穿胸民”。可见，早期关于“穿胸民”的记载，既简略而又古朴。它只是真实地记录了在南方有一支名曰“穿胸民”的族群，并未描述穿胸民的形态与得名的由来。

至东汉，事情开始发生变化。高诱添枝加叶，他在《淮南子•坠形》注中写道：穿胸民，“胸前穿孔达背”。从而涂上了荒诞色彩，可谓越解释使人越是糊涂了。

魏晋以降，更是演绎成有情节的故事，使其离事实更玄更远。晋人张华《博物志》卷二所载，颇富代表性：“穿胸国。昔禹平天下，会诸侯会稽之野，防风氏后到，杀之。夏德之盛，二龙降之。禹使范成光御之，行域外。既周而还至南海，经房（防）风，房风之神二臣以涂山之戮，见禹使，怒而射之，迅风雷雨，二龙升去。二臣恐，以刃自贯其心而死。禹哀之，乃拔其刃疗以不死之草，是为穿胸民”。换言之，穿胸民变成了夏禹时以刃贯胸自杀并死而复活之人。至元代，周致中的《异域志》，说得更为离谱：“穿胸国，在盛海东。胸有窍，尊者去衣，令卑者以木贯胸抬之。”

总之，以上记载，把穿胸民说成是胸有窍有孔，甚至可用竹木穿胸而达背，当属无稽之谈。但其共同之处在于：都承认当时南方或说“南海”确有穿胸之民。换言之，故事情节有变化，但其地望却是不变的。

剥去“穿胸民”的斑驳陆离的神话外衣，还其本来面目。笔者认为：究其实，

---

* 原载《民族研究》，2000（6）。

所谓“穿胸民”，当系因衣服形制而得名。在炎热的南方特别是海南岛，起始流行制作简便的衣裙。这种衣、裙以一幅布缝合起来，穿着时自头上贯下，故上身名“贯头衣”、下身名“桶裙”。这种服装形式，至今在黎族中仍有留存。“有的地方（白沙县的‘本地黎’）穿‘贯首式’上衣。下身穿筒，似裙而无褶。”[①] 这就是历史上中原人称呼穿这种服饰的族群为“穿胸民”的缘由。

最早将“穿胸民”与岭南百越民族的穿着联系起来并作了精辟独到记述的人，为东汉时人杨孚。据宋人乐史《太平御览》卷七九〇引《异物志》[②] 云:“穿胸人,其衣则缝布二尺，幅合二头，开中央，以头贯穿胸不突穿。”杨孚之所以有此灼见，并非偶然。因为他是南海（今广州市）人，东汉章帝时曾官任议郎，其所著《异物志》为粤人专记粤事的第一部著作，故能据其所目睹亲历对穿胸民做出合乎事实的诠释，而不致像中州士人带着民族偏见作隔靴之说。

“贯头”衣之说，始于汉人。除了上述杨孚《异物志》称“以头贯穿胸不突穿”外，班固则言明“穿中央为贯头”，他在《汉书·地理志下》写道：“自合浦、徐闻南人海，得大州，东西南北方千里，武帝元封元年略以为儋耳、珠崖郡。民皆服布如单被，穿中央为贯头。”所谓“贯头”，颜师古释为：“著时从头而贯之。”意为穿时从头套下去即名“贯头”。可见，史籍最早记穿贯头衣者为今海南黎族先民。本来，穿胸民系因其与中原人穿着有异而得名，对此，东汉人杨孚、班固已言之凿凿，但是怪异小说家言，却使后人因此陷入迷雾之中，以致无所适从。这就有必要重新加以阐明，以正事实。

关于贯头之衣，由“广幅布”制成，也是有史可征的。据《太平御览》卷七九一引《广志》曰：黑楚濮，“其衣服，妇人以一幅布为裙，或以贯头”。可见，贯头衣即横布缝合而成，这也是“服布如单被”之谓。

桶（筒）裙之称，唐已有之。桶裙的穿着法，也是穿中央而贯其首，这就是穿桶裙之族群被名为“穿胸民”的奥秘所在。据《旧唐书·南蛮西南夷传》载：南平僚，“妇人横布两幅，穿中而贯其首，名曰通裙”。“通裙”即桶裙；僚人，属百越民族系统。属百越民族系统的黎人，长期流行桶裙之制。始记黎人穿桶裙之制者，

① 《黎族简史》编写组编：《黎族简史》，104 页，广州，广东人民出版社，1982。

② 《异物志》一书已佚，故从《太平御览》转引。

首推宋人范成大《桂海虞衡志》，书中记述：生黎，“无裤襦，但系裙数重，制四周合缝，以足穿而系之腰。群浴于川，先去上衣自濯，乃濯足，渐升其裙，至顶，以身串入水。浴已，则裙复自顶而下，身亦出水。”此裙，可自下而上以足穿，也可“自顶而下”以头穿。清代，名此裙曰“黎充”。[①] 如，《古今图书集成·方舆汇编·职方典》卷一三九一载：黎人“贝布为衣，两幅前后为裙……用贝绵纺线以色丝网成圈卷，从头穿下至腰结住为裙，名日黎充。”换言之，黎裙，“从头穿下”，名“黎充”。“黎充”，又叫“黎桶”。如，清人屈大均《广东新语·人语》卷七载：黎人，“妇女率著黎桶，以布全幅，上与下紧连，自项至颈不接续，四周合缝，以五色绒花刺其上”。清人张庆长《黎岐纪闻》则载：“下衣如竹筒，幅布对缝之，名曰黎桶。黎岐长不蔽膝，别黎并长至胫，唯大厂黎长至足，或绣五色花以为饰，名为绣花桶。”可见，“黎筒”，又写作“黎桶”；绣花以饰者，又名“绣花桶”。至于“黎桶”的长短，则各地黎人不尽相同。

总之，正是穿着这种自中央贯头而下的“贯头衣”和“桶裙”的黎族先民及其所属百越族群，历史上曾被冠以“穿胸民”之名。从早在传说时代，黎族先民即被名为“穿胸民”这一事实，也可见黎族历史文化之悠久及其与内地关系之密切。

二、“往来南海，抚定珠崖”释证

长期以来，史学界多持如下看法：西汉元帝初元三年（前46年）罢弃珠崖郡后，直至梁大同（535—546年）中重新在岛上设置崖州，其间约六百年，黎族先民聚居地海南，均为中央王朝势力所不及之域，成了“化外之地”。

与此不同的是，笔者在《黎族史》一书两汉至南北朝建置沿革一节中，表述了如下见解：“东汉王朝建立后，中央王朝势力重新进入，设立据点，以便经营管理海南地区。故诗人有‘建武中兴后，来享复来王’[②] 之颂”。具体论证如下。

建武十九年（43年）；伏波将军马援平交趾，“往来南海，抚定珠崖”；[③] 复置珠崖县，属合浦郡，而省朱卢县。需辨明的是，马援平交趾而其部曾人海南之事，虽

---

① 转引自（元）马端临：《文献通考·四裔考八》，卷三三一。

② （清）王懋曾：《古珠崖》，见《松溪小草·诗》。

③ （明 嘉靖）《广东通志·列传一》，卷四四，马援条。

未见诸正史，但笔者以为，方志这段记载是可信的。理由有三：

其一，马援平交趾，从海上发动进攻是其战略的重要组成部分。正史所书“缘海南进”，“援将楼船大小二千余艘”，① 均是铁证。由于海南岛与交趾相邻，且当时的朱卢县本身就隶属交州刺史部，所以马援部以海南岛为进军与补给基地，是符合军事需要的，是势所必然的。这也可从后世历史中得到印证。如元至元二十四年（1287 年）攻讨交趾时，就曾动用黎兵及其私船从海南岛出发助战。

其二，就在这一年，东汉王朝省朱卢县而“复置珠崖县”之举，这绝不是单纯的行政区域的称谓变更，而是马援部入琼而使“珠崖慕义来归”② 的直接结果，也是珠崖县置于海南境内的明证。

其三，在海南岛各地，普遍存在“两汉伏波将军开琼”的种种传说和立祠纪念，并非偶然。如清代屈大均的《广东新语·神话》卷六，“伏波神”条载：“伏波神，为汉新息侯马援。侯有大功于越，越人祀之于海康、徐闻，以侯治琼海也”。清雍正（1723—1735 年）《广东通志·名宦》卷三八《马援传》则载：“后雷、琼二郡多祀路博德及（马）援为伏波将军祠，迄今不废”。又，今海南东方市十所村的汉伏波井、儋州市白马井镇的马口井，均相传为东汉马援将军所开凿。这均可作为马援“治琼海”的佐证。

需加说明的是，所谓“两汉伏波将军开琼”，前者系指汉武帝时路博德平南越之乱后，在海南设置儋耳、珠崖二郡事；后者系指汉光武帝时马援平定交趾后，“调立城郭，置井邑，立珠崖县”③ 事。把马援与路博德相提并论，可见马援开辟海南功勋之卓著。

此后，东汉历朝也承袭乃祖汉光武经营海南的事业。

明帝永平十年（67 年），“儋耳降附”，④ 加强了东汉中央王朝与岛上居民——黎族先民的联系，此即诗人颂扬的“来享复来王”之事。永平十八年（75 年），僮尹擢为交州刺史，还至珠崖，“劝谕其民毋镂面颊，以自别于峒俚，雕题旧习，自是

① （南朝宋）范晔：《后汉书》，卷二四《马援传》。

② （清 道光）《琼州府志·沿革表》，卷首。

③ （明 嘉靖）《广东通志·列传一》，卷四四。

④ （南朝宋）范晔：《后汉书》，卷三五《张纯附传张奋传》。

日变”。[1] 从交州刺史劝谕珠崖的黎族先民革除文面习俗事，可见东汉王朝对海南属县的管理达到了细致入微的程度。

顺帝时（126—144 年在位），交趾刺史周敞仍“涉海”赴朱崖属县行使职权。据《北堂书钞》卷七十三，引谢承《后汉书》曰：“陈茂性永，有异志，交趾刺史周敞辟为别驾从事。敞欲到朱崖、儋耳，茂谏曰：‘不宜履险’。敞不听。涉海遇风，船欲颠覆，茂仗剑呵骂水神，风息得济。”

一言以蔽之，从汉光武大将马援“往来南海，抚定珠崖”起，东汉一朝的势力均曾及于珠崖之地及其所属黎族先民。此事，也说明我国统一多民族国家的形成与发展，是经过世代人的共同努力与奋斗才逐步实现的。

三、“万安无市井”辨失

《黎族简史》写道：宋代的海南岛，“地区性发展不平衡仍相当显著，岛东南和岛南这些开发较迟、黎族人口较多的地区，比岛北、岛东北、岛西这些开发较早、汉族人口较多的地区更落后些。苏轼在《夜卧濯足》诗中描写当时万安军（今万宁市）的情况是：‘万安市无井，斗水宽百忧。天低瘴云重，地薄海气浮’。”在宋代，离大陆远的海南岛南部地区（包括今万宁地区）要比离大陆近的海岛北部地区较为落后，这是历史事实。但该书所用的论据，却未加检验查核。由于论据是伪证，故论断就成了空中楼阁。追根溯源，《黎族简史》此处之失，盖来自宋人祝穆。他在《方舆胜览》卷四十三“万安军”条下写道：“题咏，万安无市井。苏东坡《夜卧濯足》诗云，斗水宽百忧。天低瘴云重，地薄海气浮”。其实，查对第一手资料，此诗的原文应是：“长安大雪年，束薪抱衾裯。云安市无井，斗水宽百忧。……天低瘴云重，地薄海气浮”。这从《东坡全集》卷二十四、《东坡诗集注》卷八所收《夜卧濯足》诗，均可证明。就连道光（1821—1850 年）《琼州府志·艺文》卷四十一所录此诗也是如此。显然，祝穆将“云安市无井”臆改为“万安无市井”，原意就完全改变了。苏诗的地名“云安”，在今四川云阳县；祝穆改“万安”，就将其搬到海南万宁来了。苏诗“市无井”，是指市中无饮水之“井”，祝穆改“无市井”，则变

[1] （明 嘉靖）《广东通志·列传一》，卷四四。

成无城市之意了。后世以讹传讹，均由此而来。

祝穆之所以想当然地改动，在于他不懂苏诗此句的含意。据《东坡诗集注》卷八《夜卧濯足》中“云安市无井，斗水宽百忧”句下注：“次公杜《引水》诗：川峡瞿塘云作顶，乱石峥嵘俗无井。云安汲水奴仆悲，鱼复移居心力省。白帝城西万竹盘，接筒引水喉不干。人生留滞生理难，斗水何直百忧宽。”原来，杜甫曾于永泰元年（765年）居四川云安，于是有《引水》之咏。而苏诗此句就是“次”杜甫《引水》诗而作。其意为：云安市中虽无井，但接筒引水可宽百忧。这一切均表明，苏诗“云安市无井”的本意，与“万安无市井”是风马牛不相及的。故笔者以为，对千百年来流传至今的谬误加以澄清是极为必要的，这有利于黎族史研究的健康发展。

由此也可见，不查对原始资料，就失之毫厘，差之千里了。古今之人均无例外。

四、内地的雷、廉诸州，也曾是黎族分布地区

宋代以前，黎族及其先人除遍布海南全岛外，隔海相望的大陆雷州、廉州也是其重要居地。这一重要历史事实，已为后人所遗忘，故必须旧事重提。

雷州（治今广东雷州市）。据宋人乐史《太平寰宇记·岭南道十三》卷一六八载：雷州风俗，“地滨大海，人杂夷僚，多居栏以避时疫”。宋人祝穆《方舆胜览》卷四十二引《图经》云：雷州，“风俗颇淳，实杂黎俗，故有官语、客语、黎语。夷多栏居”。可见，《太平寰宇记》中所言雷州“夷僚”，即《方舆胜览》所引《图经》中的黎人。黎俗纯朴，居干栏式建筑，黎语为当地流行的三种方言之一。“官语”，系指官府用语；“客语”，系指外地迁入之汉人用语；黎语，即黎人用语。这也表明，黎人为雷州土著居民，而使用官语、客语者均为后来徙入之人。

廉州（治今广西合浦县）。据《太平寰宇记·岭南道十三》卷一六八载：太平军，本廉州，“风俗，夷人号越疍，多采珠及甲香为业，亲戚宴会即以瓠笙、铜鼓为乐”。《大清一统志》卷三四八引宋《图经》云：廉州府风俗，“俗以亥日聚市，黎、蜑壮稚以荷叶包饭而往，谓之赶圩。病不求医，惟事巫祝”。该书又引宋《图经》云：廉州府，“俗有四民。一曰客户，居城郭，解汉音，业商贾。一曰东人，杂居乡村，解闽语，业耕种。一曰俚人，泳居远村，不解汉语，惟耕垦为业。一曰蜑户，舟居穴处，亦能汉音，以采珠为生”。可见，廉州之“夷人”“越疍”“俚人”，

即黎人。廉州有四种居民：一为“客户”，即居城郭的汉商；一为“东人”，指使用“闽语”方言之民；一为“蜑户”，指采珠为生的船民，本属百越后裔的一支，今已融入汉族中；一为“俚人”，即僻居乡村、以耕垦为业、以铜鼓为乐、事巫祝、使用与汉语不同语言的黎人。前两者，系秦汉以来迁入之人；后两者，即“黎、蜑”，则为世居居民。

总之，自古以来，至迟延及宋代，与海南岛相邻的雷、廉等地，曾是黎人聚居地。其后，随着中央王朝对岭南地区统治的加强，汉文化的日益传播，沿海大陆黎人逐渐融入汉民族中，但是，黎俗并未完全消失，而是成为当地民俗的组成部分。这从《大清一统志》卷三四九、道光《广东通志·舆地略十一》卷九三，均仍采雷州府“州杂黎俗”之说，即明证。

从宋代以前大陆雷、廉等地为黎人重要居地一事，可得出如下结论：历史上黎人分布地远比今天为广，其人数也相应为多；黎人不仅对经营海南，而且对开发两粤大陆南端也曾作出过自己应有的贡献；海南与内地的居民及经济、文化诸方面，历来就密不可分。

五、恰当评价土官的历史作用

明代以来，前人多对黎族土官持否定态度。笔者以为，这是违反历史事实的，即非历史主义的，因而也是不公允的。

前人多以元代黎乱不断，作为否定元代黎族土官制的主要依据。他们认为：元设黎兵万户府以土人为之，以致“黎乱终元之世”；[①]“终元世黎寇不息”；[②]“黎患无宁日”[③]，等等。

笔者的观点正与此相反。

其一，元代黎乱不断的根本原因，是元统治者迷信武力的征剿政策所致。宋代重抚，黎乱较少；元代重征，黎乱较频。有元一代近百年间，大征不下十次。大军所至，则残酷杀戮。如至元二十九年（1292年），元兵“深入人迹不到之处，黎巢

① （清）顾炎武：《天下郡国利病书·广东下》。

② （清 道光）《广东通志·岭蛮》，卷三三〇。

③ 王兴瑞：《历代治黎政策检讨》，载《珠海学报》第一集，1945。

尽空”。[①] 这样，造成了“愈征愈反，愈杀愈乱”[②] 的恶果。

其二，事实上，由土官直接策动的反元活动并不多。史籍关于这方面的记载，主要有两起。一是至元二十九年七月，“黎兵百户邓志愿谋叛，伏诛”。[③] 一是大德十年（1306 年）十二月，“琼州临高县那蓬峒主王文河等作乱伏诛”。[④] 可见，肇事者只是低级土官，其规模和影响均较小。

其三，黎族土官往往是元朝统治秩序的维护者。如道光《广东通志》卷三〇一载：“王丽珠，万州人，世为峒首，元至正间陈子瑚陷州城，元帅陈安远拟授万宁县主簿。已而，土酋符奴达、陈杰甥等窃发，子瑚弟有庆等复攻城，丽珠又举义兵收捕之”。

可见，把元代黎族土官说成是黎乱的根源，并以此否定黎族土官作用的观点，是站不住脚的。

同样，笔者也不同意把明代黎族土官说成是“祸根”[⑤] 等一类全盘否定的意见，认为，明代黎族土官曾起过积极的历史作用。其根据有以下两点。

一是使黎人大批归附中央王朝。《明史》作者对此曾加赞扬。据《明史·广西土司列传三》载：永乐朝授抚黎土官后，“通计前后所抚诸黎共千六百七十处，户三万有奇，盖皆本朝庙算云”。若以五口之家计，则永乐一朝来归的黎民数竟达十五万人，对于当时人口稀少的黎族地区而言，此数字是相当惊人的。

大批黎民“向化”，对黎族历史发展产生了深远影响。据道光《琼州府志·村峒》载：“黎民归化既久，与齐民等”。明人海瑞《平黎疏》云：“文昌县斩脚峒等黎，琼山县南岐峒等黎，今悉输赋听役，与吾治地百姓无异。”[⑥] 总之，这既促进了黎族社会本身的发展，又密切了黎、汉民族之间的关系。

二是对保持黎族地区的安定局面，起了重要作用。一是使逃亡者复业。据《明

① （清）顾炎武：《天下郡国利病书·广东下》。

② 江应樑：《历代治黎与开化海南黎苗之研究》。

③ （明）宋濂：《元史》，卷十七《世祖本纪十四》。

④ （明）宋濂：《元史》，卷二一《成宗本纪四》。

⑤ 《节录抚黎土官事以备后论》，见《传芳传》。

⑥ （明）海瑞：《平黎疏》，见《海忠介公集》。

史·广西土司列传三》载：“弘治二年，崖州故土官陈迪孙、冠带舍人陈崇祐朝贡。以其能抚黎人之逋逃复业者，厚赐之”。无疑，这有利于生产的恢复与发展。二是减少社会动乱。据《明史·广西土司列传三》载：弘治朝的户部主事冯颙奏：“永乐间，置土官州县以统之，黎民安堵如故”。冯颙自称是熟悉黎情的海南土人，故他称颂永乐任用土官之得的这段话，当是可信的。

需要指出的是，近人王兴瑞在《历代治黎政策检讨》[①]一文中认为：实行土官制度，“是永乐治黎政策的主要失败”。这一说法，不仅与明史作者、明人冯颙的正确见解相左，而且与史实也是不相吻合的。

综观从汉、唐以来的全部黎族土官史，可以证明，黎族土官的出现和发展，是不以人们的意志为转移的，是有其深刻的社会历史原因的。黎族处在较内地远为落后的社会历史发展阶段，这从直至新中国成立前黎族“合亩制”地区还存在浓厚的原始公社残余中可以得到证明。加之，黎族聚居的海南岛又孤悬海外。这些历史的、民族的、地理的差异，决定了历代中央王朝只有采用土官制，才能实现其对黎族地区的有效统治。历史已经证明了这一点。汉代曾一度废弃海南，这与其单纯采用流官统治的失策是不无关系的。相反，宋代与明永乐时期较好地实行了土官制，就使黎族地区保持了相对稳定的局面。从明代至清初，黎族土官“屡革屡复，不能禁绝”[②]一事，也证明土官的存在是有其历史的必然性与合理性的。可见，明代以来流行的全面抨击和抹杀黎族土官制度的观点，是缺乏历史根据的。

关于黎族土官的历史作用，要给予全面的恰如其分的评价。如前述，黎族土官，对促进统一的多民族国家的发展，对促进黎族社会经济的发展，对促进黎族地区与内地的经济、文化交流，均起过积极的历史作用。但是，黎族土官作为黎族人民的压迫者与剥削者，其消极作用也是十分明显的；同时，它往往拥兵自重，并互相吞并与残杀。

随着黎族社会历史的不断发展，随着黎、汉民族往来的日益密切，其落后性和腐朽性日益突出。因此，废除黎族土官制度就成了历史的必然。这就是明代后期特别是清代康熙年间之后，黎族土官逐渐衰落的根本原因。

---

① 王兴瑞：《历代治黎政策检讨》。

② 清人陶元淳语，引自（清）贺长龄：《皇朝经世文编·兵政十九》，卷八八。

六、佛教在黎区的传播与作用

在外来宗教中，佛教是最早传入黎区的，且在历史上曾出现过黎人“慕佛”的非常景象。以往，民族史家未对此给予应有的重视。

佛教传入海南并在当地兴建寺庙，最早可溯自唐代。武则天天授二年（691 年），命天下诸州各立一所大云寺以藏大云经；玄宗开元二十六年（738 年），令天下各州立一所开元寺。海南地方当局均遵旨建寺。天宝七年（748 年），唐僧鉴真等人东渡日本途中，漂流至临振郡（治今三亚西北），曾在大云寺生活一年，后转至崖州（治今琼山东南），又主持重建因火焚毁的开元寺。鉴真的活动，促进了佛教在海南的传播。五代时，琼山建有乾亨寺。

需要指出的是，在唐及五代时期，海南岛的主要居民为黎人，其势极盛，以致在一段时间内曾控制海南地区，故史有“琼州久陷于蛮僚中”[①]之载。可以设想，唐代佛教在海南的传播，不能不对当时的黎人即所谓“蛮僚”，特别是从汉代以来受汉文化影响较深的黎人——“善人”，产生相当的影响。

确凿无疑的是，宋代黎人已崇奉佛教。入宋，在琼山县东南的南桥有开元寺，寺中因有苏东坡所题匾额而闻名于世。值得注意的是，当时贬谪当地的苏东坡已与黎人结成了深厚友谊，可见黎、汉文化交往之深。生活在如此宗教氛围中的黎人，出现宋人周去非所言明的“南蕃及黎人人慕佛相好”[②]的繁盛景象，就是理所当然的了。

元代，至顺元年（1330 年）正月，“赐海南大兴龙普明寺钞万锭，市永业地”[③]。从寺院大量购进土地一事，可证有元一代海南民族地区佛教寺院之兴盛。

迄明，佛教在黎区已对原始宗教巫觋产生冲击作用。据载：宣德间，徐鑑守琼，为革除黎人杀牛祭鬼之俗，乃倡行佛教以代替之。其中写道：徐鑑“以佛老虽非正，然不害物命，犹善于此，乃许巨室修饰寺观以移积习。自是有产者不杀牛而民用稍纾”[④]。这是在黎区修建寺庙、黎人崇尚佛教的明证。

---

① （后晋）刘昫等撰：《旧唐书》，卷一一二《李皓传附传》。

② （宋）周去非：《岭外代答·古迹》。

③ （明）宋濂：《元史》，卷三四《文宗本纪三》。

④ （清 道光）《广东通志·宦绩录二十三》，卷二五三。

清代以后，佛教已渗入黎族的社会生活与礼仪活动中。据光绪《崖州志•黎防一•黎情》卷十三记丧葬之制："贫曰吃茶，富曰作八，诸戚必以牛羊纸灯鼓吹来奠，虽当身鬻子，不悔"。此俗，可从调查材料中得到证实，崖县槟榔乡俗："据说这里的'做八'与汉区的'做斋'差不多，但却加进了本民族的内容。'做八'时，除了丧家请来僧、道人等'开坛超度'，大做'法场'外，同时成了一次大规模的群众性集会。本村和附近的人不论与丧家相识与否，各自携带米、酒参加盛会。……'做八'丧家要杀牛，亲戚则要送猪，耗费很大。"[①]可见，黎人在丧事"做八"时，已经采取了与汉区宗教活动"做斋"相仿的形式，请佛教僧人参与。延至新中国成立前，佛教已经明显地影响了黎人的宗教信仰和日常生活。如道士"做八"时厅里悬挂的却是众佛像图；黎人信仰的诸"鬼"中，也有加上"佛"名者，所谓"大天佛鬼"即是；黎人已崇奉佛教诸神，如"观音娘娘"等。

从上述记载中，可以得出如下结论：佛教传入黎区历史很早，可上溯至唐，至迟不晚于宋。传入早的原因，是与统治阶级的倡导密不可分的。可以说，随着历代中央王朝的统治势力日益深入海南，深入黎区，佛教的传播也日益广泛。

佛教传入后，与巫、道相糅杂，出现某种程度的三教混一的奇特现象。黎人"做八"时，既延请僧、道做法场，又行"杀牛祭鬼"之俗，堪称典型事例。

佛教传入很早，且曾在宋代出现过黎族"人人慕佛相好"的局面，为什么在后世佛教对黎族的影响反而削弱了呢？笔者以为，其因主要在于当时崇佛的黎人，主要是发展程度较高的"熟黎"，这部分黎人后来大多融合于汉族中了。

至于保留浓郁民族特色的偏僻黎区，佛教的影响却较小。其因有二：一是黎人对原始宗教信仰根深蒂固，不易动摇，这是黎族存在着较浓重的原始社会残余所致；二是道教出自汉族民间，与黎族出自民间的原始巫教具有更大的相通性，较易为黎人所接受。所以道教传入黎区后，对佛教在黎区的流布起了制约作用。

---

① 中南民族学院《海南省黎族社会历史调查》编写组编：《海南岛黎族社会调查》下卷，233页，南宁，广西民族出版社，1992。

畲、瑶、苗的比较研究

对一个民族的历史文化，可以从两个不同层面进行研究。一是从纵的方面，即按族别，研究某一民族历史文化的发展过程；一是从横的方面，即按族际关系进行比较研究。畲与瑶、苗族类最为相近，同属苗瑶语族。因此，本文拟对畲、瑶、苗文化进行比较研究。这样做，既有利于扩大族别问题的研究领域，又可以从比较中，更加明晰畲族文化的来龙去脉。畲与瑶、苗有许多相同或相类之处。主要表现为：

一、历史上，同源异流

长江流域，堪称“盘瓠子孙”即畲与瑶苗诸族的摇篮。

畲与瑶苗的共同历史，可远溯至传说时代的三苗。三苗居于“江淮、荆州”①之地。三苗，并非某一族群的专指，而是由南方众多部族所组成的部落联盟的总称，故文献名之曰“诸群”②。后世苗瑶诸族先民包含在其中，但仅是其中一部分。需要指出的是，此处所指的“南方”，主要系指长江流域一带不包括珠江流域在其中，因为限于五岭天堑之隔，岭南地区尚较罕与内地交往。

在我国传说时代，三苗是一个比较先进的民族。随着经济、政治力量的增强，三苗为扩张地盘与发展势力，即北上逐鹿中原。从此，属“南蛮”系统的三苗，与华夏系统的尧舜禹展开了长期的反复的较量与征战。这是中国历史舞台上的一次南北族群之间的大决战。其结果，“苗师大乱，后乃遂几”③。从此，强大的三苗就突然从中国历史上销声匿迹了。其因不外有二：就社会因素而言，因内部矛盾重重，内耗严重而亡，为史称“外内相间，下挠其民，民无所附，三苗以亡”④；就地理环境而言，三苗地处崇山与溪洞之中，即史谓具有“河山之险”⑤，这就限制了南方诸族

① 见（汉）司马迁：《史记·五帝本纪》。

② 见《墨子·兼爱》引《禹誓》曰:“若予率尔群对诸群,以征有苗”。按:今本《尚书》已佚此文。

③ 《墨子·非攻下》。

④ （唐）令狐德棻等撰：《周书》史记篇。

⑤ （汉）司马迁：《史记·孙子吴起列传》。

牢固联盟的形成与发展，故在北方华夏族群势力倾力南下时，这种松散的联盟就土崩瓦解了。

三苗灭亡后，其族群一分为三：一是被放逐至北方敦煌地区，此即所谓“窜三苗于三危”[①]；一是大批被融入华夏族群之中；一是在原居地保留“蛮”族特色的，成了商周时期“荆蛮”的主要组成部分。

入商后，原三苗居地部族，被称作“荆蛮”或“蛮荆”；因荆、楚同义，故又称其为“楚蛮”或合称为“荆楚”。迄周，其势力已对中央王朝构成严重威胁，故有“蠢尔蛮荆，大邦为雠”之载。畲与瑶、苗先民成了“荆蛮”的一支，故有蛮荆“种自盘瓠”[②]之说。“荆蛮”的核心力量当为楚族，故有“楚为荆蛮”[③]之载。随着楚的壮大与扩张，“荆蛮”逐渐被纳入其范畴。楚武王（前740—前690年）时，“蛮夷皆率服”[④]，江汉流域的“蛮人”，纷纷臣服于楚。

楚国在我国统一的多民族国家的形成发展过程中起了重要作用，并曾创造出光辉灿烂、独具一格的楚文化。楚文化则是包括苗瑶语族先民在境内各民族共同创造的。需要指出的是，苗瑶语族先民并非楚族，楚族统治集团是由屈、景、昭三氏组成的，而苗瑶语族先民仅是楚族统治下众多族属中的一支。

东汉时，“盘瓠蛮”——畲与瑶苗先民势力特盛，汉光武的名将马援曾率部四万余征“武陵蛮”，因疫丧命。盘瓠传说始载于正史《后汉书·南蛮西南夷列传》的原因在于，“盘瓠蛮”此时已成为一支独立的不可忽视的力量活跃于历史舞台上，迫使人们去研究和了解他们。

南北朝时期，“盘瓠蛮”的势力发展至登峰造极的地步。据《魏书·蛮传》载：诸蛮本居“江淮之间，依托险阻，部落滋蔓，布于数州。东连寿春（安徽寿县），西通上洛（今陕西商县），北接汝、颍，往往有焉。其于魏氏之时，不甚为患，至晋之末，稍以繁昌，渐为寇暴矣。自刘、石乱后，诸蛮无所忌惮，故其族类，渐得北迁，陆浑（今河南嵩县东北）以南，满于山谷，宛、洛之间，略为丘墟矣。”可

① 《尚书·舜典》。

② 《诗经·小雅·采芑》。

③ （明）徐学谟：《湖广总志·方舆一》。

④ 《国语·晋语》。

见，其分布地域甚广，大抵以江、汉、淮水流域为中心。其势力，在西晋末年得到迅速发展；到了十六国的刘聪、石勒时期，大规模北徙，至其后的南北朝时期，已深入中原之地了。

“盘瓠蛮”族群不断分离，至唐宋时期，逐渐形成苗、瑶、畲单一民族。

最早，苗族与畲、瑶二族分流，其源不晚于汉晋时期。从后世苗、瑶在湖南的分布格局苗居偏西、瑶居偏东偏南来判断，汉代属于盘瓠系统的“长沙、武陵蛮”①中的“武陵蛮”，其主体当为苗族先民；而“长沙蛮”及其南的“零陵蛮”“桂阳蛮”，则与瑶、畲先人关系更为密切。

早在战国时期，随着楚势南扩的压迫，苗族先民已开始西行。但是，大规模的迁徙应从汉光武帝派重兵征讨“武陵蛮”才开始的。其后他们不断西移，进入黔北与黔西、川南、滇东、桂西。依据现代苗族方言分析：西部苗族（黔西、川南、滇东、桂西），是从东部苗族（湘、黔、川、鄂四省交界处）迁去的，而滇东北的苗族则是东部苗族先迁到黔西后，又再迁过来的。印度支那北部苗族，则是我国西部苗族徙去的。苗族《古歌》一再吟咏其祖先“跋山涉水来西方”，即是苗族由东往西迁徙史的真实写照。

瑶、畲之分流，其源可溯至唐、宋以前；但却是在此之后，才加快步伐而形成今日的瑶、畲两族。“盘瓠蛮”的势力不断南移，至唐、宋时期，湖南南部已成为其居住的重心地区，以湘南为起点，瑶、畲开始分道扬镳。

由湘南越五岭南徙者为瑶。其途有二：一是西粤。宋代湘南瑶人首先进入静江府（今桂林）、贺州等桂北地区。其后，桂北基地瑶人，以及由广东进入桂东的瑶人，不断向南、向西扩展，以至逐步形成今日瑶人遍布广西六十余县的格局。一是东粤。首先进入粤北连、英、韶三州。其后，逐步南徙，形成今日广东瑶族分布的格局。长期以来，由于瑶人在湘南、桂北、粤北广阔聚居区，结成相当稳固的人们共同体，故由此中心区再徙往各地时，未再分离出新的族群，这是今日湘南、粤北、广西有瑶无畲的原因所在，这也是世界各地瑶人富有凝聚力与向心力的重要因素之一。历史上，有一支“盘瓠蛮”人，不循越岭进入两粤路线，他们由衡、郴诸州向东发展，首入赣南。在宋代，湖南郴州黑风峒瑶民起义，已活跃于江西吉州、赣州

① （汉）司马迁：《史记·楚世家》。

等地，故史称“祸连江西吉（治今吉安市）、赣（治今赣州市）四府”[①]。从中可见赣西南畲人的端倪。在南宋时，东进的“盘瓠蛮”不仅已经赣西南进入福建汀、漳及粤东潮、梅地区，且已在历史上首次出现“畲”族的族称。正如宋人刘克庄《漳州谕畲》所载：“西畲隶龙溪（今漳州市），犹是龙溪人也。南畲隶漳浦（今漳浦），其地西通潮（今广东潮州）、梅（今广东梅州），北通汀（今福建长汀）、赣”[②]。其后，畲人扩展至闽东、浙南，这就构成了今日畲族分布的基本格局。

二、以“耕山”和“山货”为主的经济生活

畲与瑶、苗均为山地民族。历史上，曾长期从事刀耕火种的游耕农业。在中国农业发展史上，关于刀耕火种农业以瑶、畲两族最富代表性，记载也最详备。早在唐代就已出现瑶族刀耕火种的记载，刘禹锡《莫徭歌》咏道：莫徭自生长，“火种开山脊”[③]。至于畲族，则其族称的始现，即与刀耕火种联系在一起，据刘克庄《漳州谕畲》载：福建龙溪（今漳州）的西畲与漳浦南畲，“二畲皆刀耕火种，崖栖谷汲”[④]。其实，所谓“畲”，就是“火种”或“烧榛种田”[⑤]之意。

刀耕火种的结果，势必影响其居住方式。因地力耗尽而寻新地另垦，因此过着不断游动迁徙的生活。史称瑶人“食一山尽，复往一山”“今岁此山，明年又别岭”“迁徙无常”“土薄则去”。这是畲与瑶、苗从长江中游的早期居住地不断南徙而形成今日分布格局的重要原因之一。因居无常处，故其房屋结构也极其简陋，往往搭寮棚蔽风雨，以便随拆随迁，这从畲人“随山采种，去瘠就腴，缔获架茅而居”[⑥]的记载中，可以得到证明。

适应刀耕火种生活的需要，表现在劳动组合方面有两大特点：一是在农业生产中，以家庭为单位的男女成员间，分工不明确。妇女一样从事各项生产活动，不

① 《宝谟阁待制知隆兴府徐公（谊）墓志铭》，载（宋）叶适：《水心集》，卷二一。

② （宋）刘克庄：《后村先生大全集》，卷九三。

③ （清）彭定求等编：《全唐诗》，卷三五四。

④ （宋）刘克庄：《后村先生大全集》，卷九三。

⑤ 《集韵》与《广韵·麻韵》。

⑥ （清）顾炎武：《天下郡国利病书·福建》。

似汉族地区由男子负担田间主要劳动。如：畲族“男女相助力作”[①]，苗族“男妇并作”[②]。这就决定她们的社会地位也较汉族为高。一是在各生产单位间，即户、村成员间，在劳动中形成协作关系。由于生产力低下，少数几个家庭成员，无法迅速开出大片刀耕火种的山地。为了抢季节，适时耕种，历史上形成互相帮工的良好习俗。畲与瑶、苗均流行传统的“变工”活动。显然，这种劳动中形成的不计报酬的互助关系，有助于发展人与人之间的友好社会关系与纯朴民风。

从事“耕山”农业的必然结果，是旱作物占重要地位。以苗族为例，“其种植，则苗地山多田少，稻谷罕见，多于山坡种杂粮，如芝麻、粟米、麦、豆、粆子、薏苡、高粱、荞麦之类。”[③]显然，苗瑶语族山居农业以种植杂粮为主，这与平地居住的百越民族及其后裔壮侗语族以稻作农业为主，是有所不同而各具特色的。换言之，苗瑶语族在开发我国山居经济中作出了特殊贡献。还有，值得称道的是，苗瑶语族经过长期实践，培养出“粒大而甘滑”的品质优良的“畲米”（山禾），从而丰富了我国的粮食品种。早在宋代，聚居在闽粤赣边区的“山客𤜶”即畲人已栽种“菱禾”即旱稻，并在当地汉族居民中得到推广。[④]明、清时期，畲禾在两广、福建等南方地区广为推行。经改良后，成为用工省、产量高、实大味美的优良品种。据明人王济《君子堂日询手镜》载：广西瑶人在山岭上种畲禾，“亦不多施工，惟薅草而已，获亦不减水田”。清人屈大均《广东新语·食语》则载：畲人所种之山禾，“藉火之养，雨露之滋，粒大而甘滑”。

刀耕火种法，又可分为两个不同发展阶段。前期采用食尽一山则他徙的流动方式；后期则过着定期的耕山生活。因经济发展程度不一，畲、瑶、苗本身及其内部各支系进入定居的农业阶段时间也不一。如，清人严如煜《苗防备览·风俗下》载：苗耕，“山多于田，宜谷者少，燔榛芜，垦山坡，……既种三四年，则弃地而别垦，以垦熟者硗瘠故也。弃之数年，地力既复，则仍垦之”。可见，清代苗民虽行火耕

① （清）傅恒：《皇清职贡图》，卷三，古田县畲民条。

② （清）严如煜：《苗防备览·风俗下》。

③ （清）龚柴：《苗民考》。

④ （宋）王象之：《舆地纪胜·广南东路·梅州》，卷一〇二，景物上条载：菱禾，“此本山客畲所种，今居民往往取其种而莳之”。

法，但已不是人随地走，而是在原地采取休耕办法，轮番耕作。随着汉文化影响的深入，在畲、瑶、苗地区的水稻栽培业，也逐步得到发展。

因“耕山”农业，生产力低不足以维持生计，故山区副业在其经济生活中占有特别重要的地位。故史称：瑶人，“不足以山伐猎兽而续之”①。所谓“山伐”系指砍伐木、竹。除木、竹外，富有特色的土产尚有蓝靛、茶、桐、漆、苎麻、香菇、蜂蜜、药材，等等。所谓“猎兽”，系指狩猎业，故有五溪蛮“民多射生”②之说。

畲与瑶、苗出售猎物与土产等山货，以换取必需的生产与生活用品。其贸易方式有两种：一是苗瑶语族之人，挑货下山“入城贸易”，名曰“出山贸易”；另一种是汉族商人入山贩卖鱼盐而收买山货，则名为“通山”③。这种贸易带有互补与互利性质，即所谓“与民交易，以通有无”④，从而促进畲、瑶、苗与汉区经济的发展。

三、政治上，实行土官统治

从秦汉以来，历代中央王朝均对南方诸族执行有别于汉区的“羁縻”政策，委任土著首领，使之仍按“故俗”管理其原辖地区，实行间接统治，此即“土官土吏”之始。对苗瑶语族先民实行土官统治，可溯源于盘瓠传说时代。据《后汉书·南蛮西南夷列传》载：盘瓠子孙，“有邑君长，皆赐印绶，冠用獭皮”。意为赐予蛮夷长官印信、服饰，作为朝廷命官象征，以重其权。南北朝时期，随着“盘瓠蛮”势力的空前强大，其酋豪被大批委任为州刺史、郡守、县令。据作者统计，南朝时在“蛮”族（包括苗、瑶、畲先民的“盘瓠蛮”与土家族先民的“廪君蛮”）居住的广大地区就曾设左郡六十五、左县一百三十八⑤。这些郡县长官，都是由“蛮”族首领担任的。此为苗瑶语族先民的土官发展至顶峰时期。

在明清时期，“土官”制发展成土司制度，畲、瑶、苗首领仍被委以土官之职。如：畲族，大批首领被任命为“畲长”“畲官”“瑶长”“瑶头”“抚瑶人”“抚瑶把

① （明）田汝成：《炎徼纪闻·蛮夷》，卷四。

② （清）陈运溶辑：《五溪记》。

③ 引自（清）陈梦雷：《古今图书集成·职方典》，卷一三九四。

④ （清 康熙）《江苗归流流图》。

⑤ 吴永章：《中国土司制度渊源与发展史》，61页。

总”等名目。此“瑶”，系指“畲”，因明清时期“畲”“瑶”往往并无严格区分。据清人顾炎武《天下郡国利病书·广东下》载：“潮州府畲瑶，我朝设土官治之，衔曰峯官。”瑶族，明初洪武年间，已设有瑶官，据《皇清职贡图》卷四，广东新宁县瑶人条载：“明洪武初，命将讨平溪洞，立瑶首以领之，朝贡方物，赉赐有颁。”凡是管理瑶人之官，称作“瑶官”[①]。在基层，管理瑶人的瑶人首领，则有“瑶首”“瑶头”“瑶长”“瑶老”之名，尤以称“瑶首”者最为普遍。苗族，明清时期，在苗族地区实行土司制度，但统治苗人的大土司，则为其他少数民族首领所充任。如，在湘西，大土司有永顺宣慰司与保靖宣慰司，但宣慰使均为土家族人所充任。苗族土司均为小土司，地位较低下，计有湘西筸子坪长官司长官廖彪、吴毕朗，黔东北治古长官司长官龙答哥、答意长官司长官等。改土归流后，苗族首领则充任基层“寨长”等职，负责催征稽缉。

畲与瑶、苗的土官制，最大的共同之处是：

一是土官制度不完备。没有从武职官慰司之下，文职土府以下的一套从上至下的完整官制与机构，往往只在基层设立低下的土官组织。

一是土官势力较微弱。不像土家族、彝族、僮族、傣族等大土司具有“征赋役，操杀夺，拥兵自卫”[②]的无限权力。这是畲与瑶、苗或因居住较为分散或因社会发展相对落后，尚未形成地域广阔的政治、经济、军事联盟所致，因而没有出现割据一方的强大土司势力。

四、相类的社会组织与社会习惯

瑶、苗、畲的社会组织，具有共同特征：一是主要均在血缘关系基础上建立起来的；一是具有早期民主制的色彩。总之，带有较浓重的原始色彩。主要表现为：

瑶族的“瑶老”制。它是在瑶族地区普遍存在的一种古老社会组织。宋代称瑶老为瑶首、瑶酋、峒主，元、明以后，出现“瑶老”之称。瑶老的产生，有的是由民主选举的，但多数是群众中有威信的自然形成的公共领袖。瑶老依据村规族约，负责维护族内的社会秩序，调解纠纷，处理案件，管理公共事务与生产活动，主持

① （清）屈大均：《广东新语·人语》，卷七。

② （清）黄叔璥：《台海使槎录》，卷七。

宗教与祭祀活动，以及组织力量反对外来势力的侵扰等。在瑶老制中，以广东连南八排瑶地区的瑶老制最富代表性，其主要特点有：瑶老由民主选举产生；瑶老有一定任期，届期换选，若办事不公，还可随时罢免；瑶老处理大事需听取各方意见，必要时，召开民众大会作决定；瑶老不是脱离生产脱离群众的特权贵族。

苗族的“鼓社”制。此制流行于黔东南、黔南及广西融水等苗区。苗族的木鼓象征祖先神位，一个木鼓代表一个社，即为一个血缘家族组织，同鼓社即同宗共祖。鼓主由全社群众民主推选。其主要职能是：按鼓社的有关规定调停和处理内部纠纷，安排农事活动，筹备和主持祭祖——“吃鼓藏”活动，维护鼓社权益，执掌反对外来侵扰的军事行动。

畲族的“宗祠”制。畲族大都以血缘关系聚族而居。每个村寨都有“祠堂”和“房”的组织。同姓同祖居同一祠堂，或名宗祠。祠堂设族长一人。一般由辈分最高、年岁较长、办事公道、有威信而又善辞令的人充任。族长依照习惯法主持或负责处理族内事务，负责祭祖和管理祠堂公产。畲族极重祭祖，其作用在于加强族内凝集力，故有“九族推尊缘祭祖”[①]之载。畲族的“祠堂”制，虽受到汉文化的强烈影响，但仍保留了本民族的浓郁特点。

瑶族的“瑶老”、苗族的“鼓主”、畲族的族长，在处理内部事件时，依据人人都要遵守的成文的或不成文的习惯法。

瑶族的“石牌”律，是广西金秀大瑶山等地瑶族的一种特有民族法律，是镌刻在石板上或写在木板上、纸上的成文习惯法。迄今发现的石牌律最早为清顺治十一年（1654年）。石牌律内容广泛。其中包括：维护内部团结，一致对外，“凡我同人，务须协力同心”，对通匪兵者，严惩不贷；保护生产，保障财产，凡瑶山物件，“不得乱取”；维护家庭婚姻关系，不准强奸他人妻女，不准藐犯尊长；等等。石牌律，具有至高无上的权力，故瑶山流传有“石牌大过天”的说法。惩处办法包括：罚款；财产充公；死刑，罪重者甚至株连全家；连坐，一家通匪，九家连坐。[②]

苗族的“议榔”词。由于苗区的社会发展与汉区不同，清乾隆元年（1736年）规定：苗民间一切争讼之事，“俱照‘苗例’完结，不必绳以官法”。所谓“苗例”，

① （清 光绪）《遂昌县志·畲民风俗》，卷一一。

② 姚舜安：《瑶族民俗》，“石牌律”章，长春，吉林教育出版社，1991。

就是苗族习惯法，其代表为“议榔”词。所谓“议榔”，文献名之曰“宰款合榔”。据清•方显《平苗纪略》载：“头人订期会集，宰款合榔。宰款合榔者，苗俗也，即汉人歃血盟誓之意。又名合款，亦曰诂话。其会盟处曰款场，其首事曰头人，头人中之，头人曰榔头。悔盟者有罚，曰赔榔。皆苗语也。”调查材料证明，“议榔”词的制定过程是：首先由苗众民主选举若干名“榔头”；由“榔头”起草约规交众人讨论、修改、定稿；最后举行庄严的议榔会议决议。会后在议榔地点栽树木或立岩石为记，故有“栽岩立法”之说。近代以来，有的还将形成榔约木牌，挂在村寨路口的“榔树”上，起布告之用。

畲族的习惯法，由族长执行。其处理较之瑶、苗相对宽松。如：偷小件物品，只要物归原主，认错了事；偷卖公产或耕牛、农具、钱币、稻谷诸重要物品，除赔偿损失外，还需在祠堂焚烧香纸、放鞭赎罪，甚者还需办酒席，以示惩罚；通奸者，需罚酒席，席次多寡则依经济情况而定。

苗瑶畲三族在处理涉外事务时，则依据“凡伤害个人的，便是伤害了整个氏族”① 的原则进行处理。

苗族。早在宋代，已有关于苗族雠杀的记载，据朱辅《溪蛮丛笑》载：五溪地区，“夷性好杀，一语不合，便剚以刃，百十年必报乃已，名雠杀”。其后，记载不断。归结起来，苗人“雠杀”有如下特点：一是苗人的血族复仇闻名于世。杀人之仇，非报不已，故有“苗家仇，九世休”② 之谚。一是举族参加。报仇者，除怨家外，并有“亲党”“戚串及同寨者”③ 加入。一是规模宏大。人数至有“数十百”者，武器则动辄刀枪，俨如一场战争④。一是“报当”⑤ 后，即经排解，取得杀人抵命或以牛马财物赔偿后，才肯善罢甘休。

瑶族。早在宋代，“瑶人雠杀，乃其常情”⑥，不断发生。明、清时，仍广为流

---

① ［德］恩格斯：《家庭、私有制和国家的起源》一书的“易洛魁人的氏族”章。

② （明）田汝成：《炎徼纪闻》，卷四。

③ （清）方亨咸：《苗俗纪闻》。

④ （清）严如熤：《苗防备览•风俗上》。

⑤ 同注②。

⑥ （元）脱脱等撰：《宋史•赵希铎传》，卷二四七。

行。概言之，其突出之处有二：一是复仇之风甚炽。从“祖宗有仇，子孙至九世犹兴杀伐”[①]、参加者竟达“十二代以上之外家”[②]的记载中可见。一是瑶人把此事当做纯属内部事务处理。故有“瑶杀瑶，不动朝”之谚，即与官府律令无涉。

畲族。此俗虽不如苗、瑶广泛流行，但也在不同程度存在。据民国《龙岩县志·杂录》卷二九载：畲客，“族处，喜仇杀，或侵负之，一人讼，则众人同。一山讼，则众山同，”形成氏族联合对外的局面。

五、语言方面，彼此相间

语言是衡量族群关系亲疏的重要标志。瑶、苗、畲语言共同之处体现为：一是均属苗瑶语族，这是学术界毫无歧见的结论。一是在瑶、苗、畲族使用的民族语言中存在着你中有我、我中有你的密切关系。

瑶族语言，除极少数居于广西金秀地区的“茶山瑶”使用属壮侗语族的“拉珈”语外，主要使用的语言有两种：其一，“勉”语。自称“勉”、他称“盘瑶”的瑶族使用的语言。主要分布在广西、湖南、云南、广东、贵州等地。分勉、金门、标敏、藻敏四种方言。统属苗瑶语族瑶语支。其二，“布努”语。自称“布努”的瑶族使用的语言。他们主要分布在广西西部。分布——琡、巴哼、唔奈、炯奈、优诺五种方言。五种方言，在语音和词汇上虽差别很大，但均属苗瑶语族苗语支。

苗族语言，属苗瑶语族苗语支。主要分布在贵州、湖南、云南、四川、广西、湖北、广东各地。分湘西（东部）、黔东（中部）、川黔滇（西部）三种方言。各个方言之间差异很大，甚至操不同方言的苗人都不能互相交谈。

畲族语言，主要有两种：一种是广东惠阳、海丰、增城、博罗地区自称“活聂”（“山人”之意）的畲族使用的语言。这种语言，近似瑶族布努语的“炯奈”方言，同源词较多，对应关系也较明显，故属苗瑶语族苗语支。但是，语法方面，具体在某些结构类型上，却跟瑶语支的语言比较一致，因此也有研究者认为畲语与瑶语支的瑶族勉语有关系。一种是其他广大地区包括闽、浙、赣、皖以及粤东潮安、丰顺的畲族使用接近于汉语的客家方言，这是畲语长期“汉化”的结果，但其“低层”

① （明）王士性：《广志绎·西南诸省》，卷五。

② （民国）《连山县志·瑶俗》。

词语仍与苗瑶语族某些语言存在同源关系。

一言以蔽之，苗语与瑶族布努语最为接近，同属苗语支；苗语与瑶语支的勉语虽在语言方面差异较大，语法也有别，但仍有相同数量的同源词。至于畲语，则与苗语支的瑶族布努语或瑶语支的瑶族勉语也不无关系。这是苗、瑶、畲在历史上存在不可分割关系的铁证。

六、始祖传说，如出一辙

畲、瑶、苗的创世神话，内容与情节，极为相似，甚至雷同。主要代表例证有二：

一是畲、瑶、苗的盘瓠传说。据畲族《祖图》记述：瓠与公主结婚。婚后，入居深山，开山种地为业。生下三男一女，帝赐姓，长子姓盘，次子姓蓝，三子姓雷，女婿姓钟。从此，子孙繁衍。

瑶族的《评王券牒》所记，与畲族《祖图》相较，微异之处是：瑶族传说称高辛帝为“评王”，名番王为“高王”。其余故事情节，合若符节。值得注意的是：结尾部分，各自根据本族繁衍支派不同，有所发挥。《评王券牒》云：盘瓠生下六男六女，后来成为盘、沈、黄、李、邓、周、赵、胡、郑、冯、雷、蒋十二姓瑶王子孙。

苗族的某些支系，也有类似的盘瓠传说。

一是瑶、苗、畲的兄妹为婚产生人类传说。据瑶族《洪水故事》说：古时候，发生了一次灾难性的洪水，世上的人都被淹死了，只剩下乘坐葫芦瓜而幸免于难的兄妹二人。后来他们结为夫妻，生下一个大肉团。哥哥将肉团砍成肉块撒向四方。这样，撒在高上的为瑶，撒在山腰的为苗，撒在山脚的为壮，撒在平原的为汉。这就是人类的起源。

苗族的《洪水故事》，内容大同小异。所不同的是故事结尾部分：兄妹将生下的肉团剖开，抛向各地。这些肉团变成了苗族的吴、龙、石、麻、廖诸姓人。

畲族的《火烧山火烧地》创世说，也叙述相类的兄妹为婚的故事，只不过人间万物遭毁灭的原因不是洪水而是大火而已。

可见，上述畲、瑶、苗的盘瓠传说与兄妹为婚传说，均出自同一版本。显然，若非族类同源，何来如此相似：

畲、瑶、苗三族，除上述历史渊源、经济生活、政治制度、社会组织与社会习

惯、语言、创世神话相类外，在衣食住行的物质生活、婚姻丧葬的制度文化、宗教信仰等方面，也存在诸多一致之处。当然，畲、瑶、苗在各自独立的社会历史发展过程中，也形成了彼此同中有异的鲜明民族特点，本文就不拟加以论列了。

概言之，形成畲、瑶、苗族际间诸多共同点的原因在于：第一，同处于我国南方的生态环境中。在自然、地理、气候、物产诸客观生存条件相仿的基础上，势必造成相通的人文景观。第二，族类相通，同属苗瑶语族。第三，居于共同或相邻的文化圈中。文化传播的结果，族际间不断互动与交融，形成彼此相互糅杂、混一的密切关系。第四，同处于较落后的社会形态，都保留着较为浓郁的原始社会及其文化的残余与特色。

民俗研究篇

我国南方民族原始婚姻遗习初探*

在母系氏族社会中，实行的是族外群婚制。按照这一制度，本氏族的兄弟与结为通婚集团的对方氏族的姊妹为婚，把她们作为共同的妻子；而对方氏族的兄弟则与本氏族的姊妹为婚，成为她们的共同丈夫。这种家庭组织对兄弟姊妹间互为夫妻的血缘家庭说来，无疑是一个历史的进步。

这种族外群婚制，在我国历史上，早已消失。但是，根据历史文献和调查材料，表明在我国南方诸少数民族的习俗中，尚保留有不少这一原始婚姻制的遗迹。发掘和整理这方面的材料，对古代历史和社会发展历史的研究，无疑会有所增益。

归结起来，我国南方诸族的母系氏族婚姻遗习，似有下列种种表现形式。

一、姊妹共夫的痕迹

恩格斯引用材料说："在北美的四十个部落中，同长姊结婚的男子有权把她的达到一定年龄的妹妹也娶为妻子——这是一整群姊妹共夫的遗风。"① 在我国南方诸民族中，这种姊妹共夫的典型现象，虽难发现，但其痕迹却是颇为明显的。

据清人陈鼎说，滇、黔苗族中的宋家、蔡家、罗家、龙家长官，"嫁嫡长女的嫡长妇，必一媵八人。古诸侯一娶九女之遗意也。然所媵，或养同姓或选良家或庶产，嫡女则不能矣"。古代所谓"一娶九女"，当是长姊出嫁，诸妹从嫁之意。滇、黔土司婚礼所不同的，只是陪嫁之人不再是亲姊妹，而是以同姓、良家或旁系子女来代替罢了。陈鼎还以亲身经历说明此事，他当时与滇、黔土司的长女结婚，"从嫁八媵，半属宗人，半选良家，大都其家臣之女也。其齿以内子居中，上而递长至四龄止，下而递幼至四龄止，盖亦周制也。服饰皆同，惟内子多一金项环而剑则起花金样也，他皆素金为之"。这些人年龄相当，服饰相仿，难怪陈鼎会因"不能辨"而闹出妻妾不分的笑话来②。这中间，妻妾为一群姊妹之意，是十分清楚的。由此，

* 原载中国人类学会编：《婚姻与家庭》，南昌，江西教育出版社，1987。

① ［德］恩格斯：《家庭、私有制和国家的起源》，45 页。

② （清）陈鼎：《滇黔土司婚礼记》。

还可得出这样一个结论：即使传为滇、黔土司婚礼所据之周礼，也并不是那么神圣和高尚的，其中是夹杂着原始人的落后婚姻的。

一群女伴陪送嫁女，也可视作姊妹共夫习俗的变种。据载，宋代“岭南嫁女之夕，新人盛饰庙坐，女伴亦盛饰夹辅之，迭相歌代”①。岭南此风，相沿不衰，直至近代“蛮人送亲，必用极多妇女”②。又，据载，“清代贵州黎平府之六洞夷人（今侗族），嫁娶之日，邻近女子执蓝布伞往送，名曰送亲。连袂歌舞至男家，饮唱三昼夜”③。在新婚之时，以送亲的女伴为一方，以迎亲的男友为另一方，“迭相歌代”。可以说，这种婚姻盛况，正是在远古族外群婚制的影响下而形成的。

了解了滇、黔土司的婚礼制及岭南的女伴送亲制以后，对我国古籍上关于侄娣从嫁的记载就不难理解了。

据《诗·大雅·韩奕》载：“诸娣从之，祁祁如云，韩侯顾之，烂其盈门”。古以女子同嫁一夫，长为姒，稚为娣；故《尔雅·释亲》注，“娣姒，同出，谓俱嫁事一夫。”

《公羊传·庄公十九年》：“诸侯娶一国，则二国往媵之，以侄娣从。侄者何？兄之子也；娣者何，女弟也。”媵制始于何时，尚难定论，但周代已行此制无疑。在媵制中，“侄从”为不同辈分之通婚，疑为后起之制，或是“娣从”演变而来。

《礼记·曲礼下》：“大夫不名世臣，侄、娣”，孔疏云：“侄是妻之兄女，娣是妻之妹，从妻来为妾也。”

《汉书·杜钦传》：“娣侄虽缺不复补”，师古注：“媵女之内，兄弟之子，则谓之侄；已之女弟，则谓之娣。”

上述材料说明：所谓侄娣，系指跟随女子出嫁给同一丈夫的侄女和妹妹。这和恩格斯谈及的北美一些部落同长姊结婚的男子有权娶其妹之俗，如出一辙。可见，始为母系氏族社会的族外群婚，一变而为古代中原地区的侄娣同出和其滇、黔土司的以家臣之女为媵，再流而为岭南地区的女伴送亲制。其间的渊源、因袭与演变的

① （宋）周去非：《岭外代答·风土》。

② 刘锡蕃：《岭表纪蛮》，270页。

③ （清）李宗昉：《黔记》。

关系是层次分明的。

二、世为姻好

实行族外群婚制，势必在某些氏族之间形成长期的、固定的婚姻关系。我国文献中所说的“世为姻好”，即是这种通婚集团之间婚姻关系的恰当描述。此俗，在我国南方民族中也有所反映。

据《滇黔土司婚礼记》载：苗族中的宋家、蔡家、罗家、龙家之间，“四家世为姻好”。

《黔记》载，古州之洞崽苗，“婚姻各分寨类”，即婚姻是在结成不同寨类的通婚集团之间进行的。

《岭表纪蛮》说，广西西隆南笼山间之蛮族，“其结婚法：甲村之女性，完全给与乙村之男性作配；乙村于甲村亦然。在此种条件之下，如遇外侮，则男女皆加入战团，其结合之能力，比任何团体为坚固。故此种婚姻，实含有两重意义——对内则为生殖——对外则为抵抗或掠取”。

这种通婚集团之间的婚姻关系，也可从古籍关于亲属称谓的记载中，得到曲折的反映。如《尔雅·释亲》云：“男子谓娣妹之子为‘出’，女子谓昆弟之子为‘侄’；谓出之子为‘离’孙，谓侄之子为‘归孙’。”出者，嫁也，因姊妹之子必须从本氏族“嫁”到对方氏族，故称之为“出”。侄者，至也，因兄弟“嫁”到对方氏族与其女子所生之子，又必须“嫁”回本氏族，故称之为“侄”。出之子以辈分论为孙，但因其不生于本氏族，故称之为“离孙”。侄之子则生于本氏族，故称之为“归孙”。

三、兄弟死，则妻其妻

族外群婚制，意味着通婚集团之间的兄弟姊妹间相互为夫妻。所以，作为其遗习的表现形式，除了姊妹共夫这一面外，尚有兄弟共妻的另一面。关于后者，据清人赵翼说，甘肃存有此风。他写道：“有兄弟数人合娶一妻者，或轮夕而宿，或白昼有事辄悬一裙于房门，即知回避。生子则长者与兄，以次及诸弟云。”[1] 当然，这

① 赵翼：《粤滇杂记》。

种兄弟合娶一妻的做法，是贫困的经济条件所致。但究其源，此种陋习仍带有群婚制的影子。兄弟同妻之俗，多流行于我国西北诸族，如《周书·异域传》《隋书·西域传》等均有记述。因本文论述范围主要限于南方诸族，故不赘述。

虽然，兄弟共妻的现象，在南方诸族中已属罕见。但兄弟死则妻其妻的做法，却不乏记载。此俗，从本源上说，也属于兄弟共妻的范畴。据载，清代黑罗罗，“其婚姻犹诸夷，兄死妻嫂，尝有一妇而逆为四五人之妻者”[①]；清代永昌诸夷中的阿昌，“兄死弟妻，皆同各夷”[②]。可见，西南民族地区曾盛行兄死弟妻之制。此外，据《粤滇杂记》载，甘肃地区也是“兄死妻嫂，弟死娶妻妇，比比皆是”。更有甚者，为父死妻母。如《滇海虞衡志·志蛮》载，阿昌“旧俗父兄死则妻其母嫂”（《滇南杂志》也有相同记载）。此中之“母”究竟是生母还是庶母，这里没有明言。若指生母，似难理解，因为以母为妻，是人类最早时期即处于杂乱的性交阶段才存在的。据明人田汝成的《炎徼纪闻》卷四载，罗罗“父死取其后母，兄弟死则妻其妻”。由此似可断定，阿昌的娶母之俗当与罗罗同，即指后母而言。由于实行的是整个集团的互婚，对方集团的每个女子都可以成为本集团男人的妻子，后母当然也不例外。故以后母为妻，也可视作族外群婚制遗习之一种表现。

四、俗尚赘婿

在母权制社会中，因本氏族的男子，都“出嫁”于外氏族，而本氏族的女子，则“招赘”于外氏族。我国南方民族如苗、瑶、壮、侗、黎、高山、彝诸族，都存在崇尚赘婿之俗，此乃族外群婚制残习之表现。

如果用父权制的尺度来衡量，则赘婚制颠倒了男女之间的关系，即妇女易为“夫”，男子反为“妻”。这种男女地位的变化，主要表现为如下几方面的特征。

重女轻男观念。据清代文献材料载，台湾高山族“俗重生女，不重生男；男则出赘于人，女则纳婿于家”[③]；“生男赘妇老而独，但知生女耀门楣”[④]；“生番婚姻男往

---

① （清）檀萃：《滇海虞衡志·志蛮》。

② 曹树翘：《滇南杂志》。

③ 林谦光：《台湾纪略风俗》。

④ （清）六十七：《番社采风图考》，“引裸人丛笑”篇。

女家，如中国赘婿然，故父母期生女不重生男”[①]。可见，由于“男则出赘于人”，成为非本家庭的成员，故形成父母无人赡养的“老而独”状况；而“女则纳婿于家”，不仅女儿不用出嫁，且可使女婿也成为本家族的一员，这就是“生女耀门楣”之意。这样，重女轻男的社会意识，也就应运而生。谁能料到，白居易《长恨歌》中的“致令天下父母心，不重生男重生女”的带有愤恨情绪的讽喻诗句，竟成了清代台湾高山族社会的现实写照。

以女方计算世系。据清代文献材料谈及台湾高山族习俗时说：“番重生女，赘婿于家。生男出赘，谓之无赚，盖以女配男，承接宗支也”；“（妇女）无子买女亦称媳妇，媳妇再买之女曰孙媳妇。每见丧家，门首标亡故几代大母，盖以所买之媳妇称呼，并非子孙，甚至六七代八九代不为怪也”。所谓“以女配男承宗支”和“以所买之媳妇”而“非子孙”来称呼亡故之人，均是女权制社会以女方计算世系的反映。与此相反，对于男方世系的记忆则日趋淡薄甚至被遗忘，因为“（男子）就妇室婚，终身依妇以处，盖皆以门楣绍瓜瓞，父母不得有子，故一再世而孙且不识其祖矣”[②]。既然“父母不得有子”；故孙不识祖是不足为奇的。以女方来计算世系的必然结果，是赘婿改称女姓，如“蛮俗尚赘婿，婿改从女姓，故女多者，一家竟有多数不同姓氏之男子，以共营生活”[③]，即属此例。

女袭祖产。近人张其昀说：苗族之俗，“女袭祖产，男为赘婿”[④]。由于男子入赘于女家，故女子是家主和财产的继承人。反之，由于女子拥有财产权，又促使招夫之习盛行。如《滇海虞衡志·志蛮》载，黑罗罗“妇拥夫赀，不欲他嫁，则招夫，谓之上门，能专制所有，亲族不得过问”可证。又据《岭表纪蛮》载：“赘婿之俗，苗猖亦有之，但不能承受其父母之遗产，若赘于孀妇，赘婿并须先‘砍木刻’，授其未婚之妻，承认养蓄其前夫父母子女之责任，此等手续具备后，始得与妇同居。”可见，赘婿不仅没有财产继承权；若入赘于寡妇，还须具有创造财产的义务，以担负赡养前夫的父母子女之责。

① 龚柴：《台湾府志》。

② （清）郁永河：《裨海纪游》。

③ 刘锡蕃：《岭表纪蛮》，294 页。

④ 张其昀：《中国民族志》，126 页，上海，商务印书馆，1929。

赘婿地位低下。与赘婿制相联的“男卑女尊”的现象极其突出，这从对结婚与离婚的处理方式中，可以得到说明。据载，大藤瑶中寨瑶，“‘女夫’对‘男妻’，需给予三十元之聘金；同时并致槟榔、酒米等物。与男子聘于女子之办法，殆无少异，不过略减其金额之数量而已”。与夫权制相反，这里是用聘礼的形式，将“男妻”作为货物一样购买过来，随之而来的后果是他在家庭中受“女夫”支配的无权状态。既然如此，赘婿的去留问题也就完全取决于女方。“有时，妇并得以单方意见，向赘夫宣告脱离，其夫虽负屈，顾亦甘心忍受，而莫敢谁何。其事态，与从前男子黜妻无异”。这种情况，与恩格斯引用的易洛魁人的有关材料十分相似。该材料说，女方在家中支配一切，不管丈夫或情人“在家里有多少子女或占有多少财产，仍然要随时听候命令，收拾行李，准备滚蛋。对于这个命令，他甚至不敢有反抗的企图”[①]。这并非偶合，而是由赘婿地位所带来的必然结果。和赘婿家庭地位低微相适应的是其社会地位卑贱。这在中国也是自古而然。如秦始皇曾把赘婿与囚徒一起谪发岭南，汉武帝发天下七科谪出朔方，也包括赘婿[②]，可证。

此外，还需附及的是，由于赘婿既可作劳动力来使用，又可因此扩大本族成员，故有的南方少数民族往往允许汉族男子入赘。而汉族男子又因为谋求生活出路或其他原因而进入民族地区，也愿意在当地入赘定居。传说，苗族中之车寨苗、白儿子，苗姓中之杨、施、彭、张、洪诸姓，以血统而论就是苗、汉混合的产物。如：《黔记》载，古州之车寨苗，“此种乃马三宝之兵失落六百名，聚此赘苗家，故有六百户之称”；该书又说：“白儿子在威宁及滇省有之，各有宗族。男子多汉人风，女子犹苗俗。汉人多赘苗女为家，生子后仍归汉者，故名白儿子也”；清人严如煜则说：“苗姓，吴、龙、石、麻、廖五姓为真苗，其杨、施、彭、张、洪诸姓乃外民入赘，习其俗久，遂成族类。”[③]汉人入赘的结果，竟致形成苗族中的某些分支或族姓，可证此风之盛。至于寡妇从汉人中招夫，更为多见。广西“土州寡妇曰鬼妻，土人弗妻也。粤东估客，多往赘焉”[④]，即是其例。这种不同民族的招赘，有利于民族间的

---

① ［德］恩格斯：《家庭、私有制和国家的起源》，44 页。

② （汉）司马迁：《史记·秦始皇本纪》和班固：《汉书·武帝记》。

③ （清）严如煜：《苗防备览·风俗上》。

④ 张心泰：《粤游小志》。

相互融合。

其实，南方民族中的赘婿制，早在秦以前即已存在。如秦始皇出巡至古代越族的聚居地——会稽山上刻石记功时，就曾下令禁止越人的这种婚姻形式。其中云："有子而嫁，倍死不贞，防隔内外，禁止淫佚，男女絜诚。夫为寄豭，杀之无罪。"[①]豭，意为牡猪，是对招夫妇女之污称，寄豭，即男就女居者。秦始皇规定用严刑处置被视作"淫佚"之最的"寄豭"一事，表明秦时越地仍盛行此俗。又，三国时，台湾的山夷也行赘婿制。据吴人沈莹《临海水土志》载，山夷"甲家有女，乙家有男，仍委父母，往就之居，与做夫妻，同牢而食"[②]，意为乙家之男往就甲家之女而居。这表明，南方民族中之赘婿制，除了有其社会根源外，也是有其历史根源的。

五、不落夫家

摩尔根的《古代社会》、恩格斯的《家庭、私有制和国家的起源》等涉及原始婚姻制的主要著作中，均未载有这种婚姻形式，而它却异常普遍地存在于我国南方诸民族中。因此，此俗对研究古代社会的婚姻形式，有着特殊的意义。

所谓"不落夫家"，指女子结婚后即返回母家居住较长的一段时间，一般多在生子后，始归夫家。此俗，以女就男居而论，与父权制下的婚姻形式相一致；但就婚后相当一段时间内女子仍住在母家，且这一时期她仍可以过比较自由的性生活而言，则又十分明显地打上了母权制下婚姻形式的烙印。故笔者以为，不落夫家可视作从母权制向父权制过渡的时期，在婚姻形式上表现出来的遗习。

史籍关于南方诸族中不落夫家的记载，是颇为丰繁的，下面择其要者而依族分述之。

苗族。据《黔记》载，天柱县之西溪苗，"生子后，以牛过聘焉"；都匀府之八寨黑苗，"出嫁三日，即归母家，或一年半载，外氏向婿索头钱，倘婿无力措及，则将女改适。有婿女皆死者，向其子索之，名曰鬼头钱"。清田雯《黔志》卷一载，花苗"必先生子然后归夫家"。清檿萃《说蛮》载，新贵、广顺之花苗，"生子然后归婿家"。清贝青乔《苗俗记》载，女许有家后，"有子始告知聘夫，延师巫结花楼

① （汉）司马迁：《史记·秦始皇本纪》。

② （宋）李昉、李穆、徐铉：《太平御览》，卷七八〇。

祀圣母，圣母者女娲氏也，亲族男妇歌饮二日，名曰作星”，始归夫家。清方亨咸《苗俗纪闻》载，苗俗“婚后不同寝处，唯私媾。俟孕而乳，始同焉”。近人编的《贵州苗民概况》载，“苗民新婚不同宿，三日后即与送亲者回娘家，此后，女子时往夫家，直至生育后，始正式当家，执行主妇事务”。可见，不同称谓的苗族均有此俗。

壮族。据明人邝露《赤雅》丁妇条下载，“娶日，其女即还母家，与邻女作处，闲于其夫野合，有身乃替告其夫，作栏以待生子，始称为妇也。”丁妇为僮妇之称。又，清屈大均《广东新语·人语·瑶人》，清闵叙《粤述》所载僮婚与上同，当系袭《赤雅》之说。清诸匡鼎《瑶僮传》载，僮“婚之日，迎亲送女络绎于道，歌声振林木。女至夫家合卺，丈夫用拳击女背者三，女乃用所赠扁担即汲水至瓮中，旋回母家，不与丈夫相见。另招男子曰野郎，即与父母同居。觉有妊，乃密告其夫作栏，遂弃野郎而归夫家，偕老焉”。清陆祚蕃《粤西偶记》狼人条下载，与《瑶僮传》同。狼人即僮人的别称。以上记载，均说明：僮女婚后，待有子始返夫家定居。此外，僮族中还有“人寮”之习。据《桂海虞衡志》西原蛮条载，宋代邕州诸溪峒峒官之婚仪，“婿来就亲，女家于所居五里之外，结草屋百余间与居，谓之入寮。婿家以鼓乐送婿入寮，女家亦以鼓乐送女往寮。女之婢妾百余，婿之仆从至数百人。结婚之夕，男女家各盛兵为备，少有所争，则兵刃交接。成婚之后，婿常袖刀而行，妻之婢少迕其意，即手杀之，谓之逞英雄。入寮半年而后，妇归夫家。夫自入寮以来，必杀婢数十而后妻觉畏之，否则以为懦”（《赤雅》《炎徼纪闻》卷四、《广东新语·人语·瑶人》《说蛮》及清李调元《南越笔记》卷七，均有相类记载，应本于此，故不再列举）。男方用武力“逞英雄”以制服女方一事，生动地反映了母权制婚姻形式的衰落与父权制婚姻形式的确立之过程。而从新婚夫妇需在女家附近搭置的草屋住上半年以后，始归夫家的习俗中，仍可清楚地看到母权制婚姻形式的影响。故笔者以为，“入寮”似可作为“不落夫家”之另一表现形式。

侗族。据《黔记》载，黎平府县之六侗夷人，在女嫁三日之后，送亲之人“携新妇同归母家。新郎每夜潜入妇家与妇同宿。及生子后，方过聘而归夫家”。“侗夷”为侗族在历史上的别称。又，今贵州黎平县，属黔东南苗族侗族自治州，且与湖南通道侗族自治县、广西三江侗族自治县相邻。故从称谓上与地域上，均可证六侗夷为今侗族无疑。另，笔者曾于1964年赴广西三江侗族自治县调查，发现直至那时该

族仍持有不落夫家之习。

仫佬族。据载："木老，……初娶分寝，既生子然后同处。"[①]"木老"即今仫佬族。说明仫佬也行此俗。

布依、仡佬、彝族。据《滇黔土司婚礼记》载"仲家、牯羊苗、黄毛犵狫、白倮倮、黑倮倮五种苗"，以跳月为婚，"既成，则男就于女，必生子然后归夫家"。又，《粤滇杂记》也谈及，倮女婚后多年，"夫妻始同处"。仲家为今布依族，犵狫为今仡佬族，白倮倮、黑倮倮为今彝族。可见，此三族也有"生子然后归夫家"之俗。

黎族。据中南民族学院1955年编印的《海南黎族情况调查》说，该族普遍存在不落夫家之俗，在举行婚礼后，新娘便跟她的母亲返家。等到男家做好新的房子或女子能做工后，才返男家居住。

金川地区藏族。据载，清代金川蛮族，娶之日，亲戚邻里散去后，"新妇亦飘然逝矣。自此往来不常，食宿无定。迢生有子女，然后依栖夫家"[②]。近人杨仲华《西康概况》说：西康蛮人，出嫁后，仍还母家，居一年半载，始与夫同居。

不落夫家习俗的出现，是有其社会历史根源的。笔者以为如下两个因素起着重要作用。

其一，经济原因。女子由招夫改为出嫁，对娘家来说，意味着陡然失去了两个强壮劳动力。为了在经济上求得补偿，一方面，要求女儿婚后回娘家继续参加一段时间的劳动。另一方面，在这期间仍向男方索取聘礼以为酬答，上述"外氏向婿索头钱"或在"生子后，以牛过聘"，即属此例。

其二，历史原因。由群婚制改为一夫一妻制，从婚姻形式说来意味着一个大的转变，而长期形成的旧的传统习惯在人们的头脑中是不会立即消失的。这样，就出现了允许双方在婚后仍有一段时间（"不落夫家"时期）过相对放任的性生活之特定现象。据载，僮女婚后，旋回母家，"另招男子同宿，名曰野郎，与之共居母家，待有妊，则弃野夫，归夫家偕老焉，故野郎亦曰苦郎。当其在野郎也，本夫至其家，

① （清）檀萃：《说蛮》。

② （清）李心衡：《金川琐记》。

反以奸论。及其归夫家也，野郎至其家，或至其母家，或他所相会，亦以奸论”[①]。其中除“本夫至其家，反以奸论”恐有失实之处外，可与“野郎”任意往来则是可信的。这类记述不少，其中以赵翼的描写最富有代表性，他在《檐曝杂记》卷三谈及粤西土民、滇黔苗倮风俗时写道：“凡男女私相结，谓之拜同年，又谓之做后生，多在未嫁娶以前。谓嫁娶，生子则须作苦成家，不复可为此游戏。是以其俗成婚虽早，然初婚时夫妻例不同宿。婚夕，其女即拜一邻妪为干娘与之同寝，三日内为翁姑挑水数担，即归母家。其后，虽亦时至夫家，仍不同寝，恐生子则不能做后生也。大抵廿四五岁以前，皆系做后生之时，女既出拜男同年，男亦出拜女同年。至廿四五岁以后，则嬉游之性已退，愿成家室，于是夫妻始同处。”这表明，不落夫家之因是恐生子后，则不能再过“嬉游”的“做后生”生活。更可异的是：“野老亦以多为荣。一男则髻上蒙红巾一方斜叠前。巾愈高而愈自得，有积至数十层者，同伴咸啧啧称羡云”。[②]这些文献记载，也可为调查材料所证实。据《海南黎族情况调查》说，黎俗“结婚以后就回娘家，直到不能够参加劳动生产或怀孕才回夫家。在回夫家之前，她们去‘略亚’是不受限制的，而去‘略亚’的大部分是已婚男女，纵使是与丈夫感情好的也不会例外”。“略亚”为黎语，意指男女青年在栏房谈情说爱直至发生两性关系。这里需加强调指出的是，去“略亚”的人以已婚而未共同生活的男女居多。综观文献材料和调查材料，可以得出如下结论：在不落夫家时期，男女之事是不加限制的。而在夫妻同处后，则是加以禁止的，有的民族甚至对有越轨行为的妇女用“杀死”加以制裁。又，据赵翼说，他曾用行政命令的办法禁行不落夫家之俗而未遂。他在《粤滇杂记》中写道：“余在镇安欲革此俗，下令凡婚者不许异寝，镇民闻之，皆笑以为此事非太守所当与闻也。”此事说明，当地居民以为此俗是不足为怪的正常事情。以上材料均说明：不落夫家是有其根深蒂固的社会意识根源的。

六、姑家之女，必字舅氏

在我国南方诸族中，存在一种“姑家之女，必字舅氏”的习俗。其主要记载有：

---

① （清）陆祚蕃：《粤西偶记》。

② 贝青乔：《苗俗记》。

苗族。据载，贵州思州府地苗民，“姑家之女，必字舅氏。不论男女长幼，名曰酬婚。否则讼斗纷起”[①]；阳洞罗汉苗，“婚姻先外家，不则卜他族”[②]；古州爷头苗，“姑之女必适舅之子，聘礼不能措则取偿于子孙。倘外氏无相当子孙，抑或无子，姑有女必重赂于舅，谓之外甥钱，其女方许别配。若无钱贿赂于舅家者，终身不敢嫁也”；苗婚“父母不受聘，聘归舅氏，云还娘钱。如女多，以一婚舅家，舅则不复取聘矣”[③]；“女家所得之礼物，必分给舅家；盖苗民习俗，姑之女须嫁与舅之子，否则须给以金银，名曰‘娘头钱’”，[④]。此俗，也为调查材料所证实，如“贵州清江黑苗婚姻习俗，以姑之女定为舅媳。倘舅无子，必重献银钱于舅，无则终身不得嫁”。[⑤]

瑶族。据《岭表纪蛮》载：“凌云（旧泗城府）一带之红瑶，又有一种奇俗，即女子结婚之权，完全操于舅父之手。舅父允诺，婿家即以铜钱十吊或五十吊送至舅家，舅家亦备相当礼物，赠女出嫁。否则此女无论如何美慧，终身不得嫁人。又该族中表为婚，十居八九。其表兄弟于其表姊妹之占据，实具有优先之权力。”

侗族。据载，清代粤西岗人，“生女还之母家，曰一女来一女去。”这里所谓“母家”，也就是“舅家”。“生女还之母家”与“姑舅之女，必字舅家”，其意思完全相同，不过表述的方式不同而已。《岭表纪蛮》也说：“贵州黎平侗人，亦有此等俗例。予曾客于鸡拉寨之伍姓家，其子年十三，身短貌寝，其妹有女，长于其子五岁，体态甚丰硕。妹欲嫁其女，使人问伍留为媳否，伍以询子，子答愿迎为妇，此女竟不能他适，而长伴拙夫眠矣。”

彝族。据明顾炎武《天下郡国利病书·云南》载，爨蛮，“嫁娶尚舅家，无可配者，方许别婚”。《滇南杂志》也有相类记载。明清之际的爨蛮，即今彝族。

土人。据载明清之际云南武定府境的“土人”，“姻亲多在姑舅间”[⑥]。

---

① （清）严如熤：《苗防备览·风俗下》。

② （清）田雯：《黔书》，卷一。

③ （清）方亨咸：《苗俗纪闻》。

④ 贵州省政府民政厅编：《贵州省苗民概况》，1937。

⑤ 凌纯声、芮逸夫：《湘西苗族调查报告》，57页，北京，民族出版社，2003。

⑥ （清）顾炎武：《天下郡国利病书·云南》。

舅权的产生，并非偶然。究其原因，不外有二。

其一，由于母系氏族社会实行族外群婚制，其结果是子女只知其母而不知其父。而作为其母的兄弟即舅父之身份则是明确的，加之舅父与母亲又原出于同一氏族。这样，舅父就直接负有抚养和教育外甥的责任，实际上起着父亲的作用。舅权就是这样形成的。从上述关于女子的嫁娶之权完全操于舅父之手，甚至连嫁礼的筹办和聘礼的收受，均由舅父包揽的材料中，可见舅权之大。舅权，不仅在南方民族的习俗中，而且在古籍中也同样可以得到证实。如，《礼记·坊记》：“婿亲迎见于舅姑”，郑注：“妇人谓夫之父母为舅姑”；《尔雅·释亲》也说：“妇人称夫之父为舅”。以舅称夫父，可作亲舅为父的例证。

其二，在族外群婚制下，形成彼此通婚的集团。即甲集团的女子要与乙集团的同辈分的男子结成夫妻关系。而乙集团的女子也要反过来与甲集团的同辈分的男子结成夫妻关系。据此，姐妹的女儿，一定是兄弟的儿子的妻子。从外甥女的角度说来，则需嫁回母亲家中去。故上述材料又把这种情况称之为“生女还之母家，曰一女来一女去”或曰“酬婚”，是十分确切地反映了通婚集团之间关系的。所以当男方（指舅氏）的姊妹嫁与对方后，他就理所当然地要求对方生的女儿嫁与自己的儿子为妻。只有在得到其允许或取得报酬后，才许另嫁。上述所谓“还娘钱”“娘头钱”，其意在此。若不这样做，就是破坏了这种通婚惯例，而会引起“讼斗纷起”。这就是“姑家之女，必字舅氏”的来由。

七、节日择配

恩格斯《家庭、私有制和国家的起源》说：“加利福尼亚半岛的居民（蒙昧时代高级阶段），据班克罗夫特说，则有一些节日，在节日里几个‘部落’聚集在一起，进行不加区别的性交。显然，这是指一些氏族，他们在这些节日里，对于从前一个氏族的妇女以另一氏族的所有男子为她们的共同丈夫，而男子则以另一个氏族的所有妇女为他们的共同妻子的时代，还保存着一点朦胧的记忆。”在我国南方民族中，曾有过一些节日择配的习俗。此俗虽已不复存在不加区别的性交，和当时加利福尼亚半岛的居民已有很大的不同，但它选择一定日期，使不同村寨和姓氏的青年男女进行集体的择配活动，甚可进行较为自由的性交，这不能不说是对族外群婚制“还保存着一点朦胧的记忆”。只不过这种记忆，是更加“朦胧”罢了。

节日择配的形式，主要有如下的表现：

其一，跳月。据明代田汝成说，苗人“仲春，刻木为马，祭以牛酒，老人并马箕踞，未婚男女吹芦笙以和，淫词谑浪，谓之跳月。中意者，男负女去”。[①]《黔书》卷一，花苗条下载，“每岁孟春，合男女之于野，谓之跳月。预择平壤为月场。及期，男女皆更服饰妆，男编竹为芦笙，吹之而前，女振铃继于后以为节，并肩舞踏，迴翔宛转，终日不倦，暮则絜所私归，谑浪笑歌，比晓乃散”（清陈鼎《黔游记》，《说蛮》有相类记载，当本此）。《黔记》载，古州之车寨苗，“未婚者于旷野为月场，男弦女歌，声最清美，与诸苗不同，相悦者自为配合，亦名跳月”。《说蛮》载，苗族中之狗耳龙家，“春立木于野谓之鬼竿，男丈旋跃而择对，既奔，则女党以牛马赎之，方通媒妁”。《苗俗记》叙述较为详细，“孟春，合男女于野以择偶，名曰跳月，即马郎房、麻栏、杆栏而合成一会，此苗俗大礼也。归化苗家恒以教场坝为月场，其南有峻岭名跳花坡。自正月初三至十三皆跳月之期。两男对跳，四五女联臂围之，满场凡数百围，男跳易乏须互换也。笙声沸天，两相谐则目成心许矣。十三日跳毕，男吹芦笙于前，女率带从之，绕场三匝，相携入丛菁间，先为野合，名曰拉阳，然必有娠而后得嫁”。《黔南识略》：“花苗孟春，合男女于野，谓之跳月。择平壤为月场，以冬青树一本植于地上，缀以野花，名曰‘花树’。男女皆艳服吹芦笙，踏歌跳舞，绕树三匝，名曰‘跳花’。跳毕，女视所欢，或带或巾，与之相易，谓之‘换带’”，然后通媒妁议婚。其他所载，大略相同，不一一列举。概言之，跳月为苗族盛行之习，时间在阴历正月，是苗族中盛大节日，故有“苗俗大礼”之称。跳月时，因需“立木于野”“缀以野花”故又称之为“跳花”。届时，各地男女盛装而往，在笙声中，轻歌、曼舞、细语，进行择配活动。

其二，踏歌。据《岭外代答·蛮俗》踏摇条下载，“瑶人每岁十月旦，举峒祭都贝大王于其庙前，会男女之无夫家者，男女各群连袂而舞，谓之踏摇，男女意相得，则男咿嘤奋跃入女群中，负所爱而归，于是夫妇定矣，各相配合”。清代屈大均在谈及罗旁瑶时，说：“邝露谓瑶人以十月祭都贝大王，男女连裾而舞，谓之踏猺，相悦则男腾跃跳踊，背女而去，此西粤之瑶俗也。”他在谈到连山八排瑶时又说：“岁仲冬十六日，诸瑶至庙为会阆，悉悬所有金帛衣饰相夸耀。瑶目视其男女

① （明）田汝成：《炎徼纪闻》，卷四。

可婚者悉遣入庙。男女分曹地坐，唱歌达旦，以淫辞相和。男当意不得就女坐，女当意则就男坐。既就男坐，媒氏乃将男女衣带度量长短相若矣，则使之挟女还家。三日，女之父母乃送牲酒，便成亲”[①]（清李调元《南越笔记》卷七所载同，当本此）。清人吴震方说，粤瑶“婚姻多赛于祠，踏歌相招，听其自合”[②]（闵叙《粤述》《粤西偶记》等也称之为“踏歌”）。《说蛮》载，瑶“十月祭都贝大王，联袂而舞，其定婚媾，多于此时”。

综上所述，可见踏歌为瑶族盛行之俗。宋人周去非和明人邝露称之为“踏猺”，清之吴震方、陆祚蕃、闵叙等人则称之为“踏歌”，说明“踏猺”与“踏歌”同，只不过是时代先后带来之不同称谓而已。踏歌流行于整个瑶族，但粤西与粤东在踏歌形式上又稍有差异，对此，屈大均曾加以区别。总之，在十月祭都贝大王这一瑶族最盛大的节日里，瑶族青年也多在此时通过踏歌的形式，以“定婚媾”。

其三，浪花歌。据明代邝露说，广西壮族，“峒女子春秋时，布花果笙箫于名山，五丝刺同心结万纽鸳鸯囊，选峒中之少好者，伴峒官之女名曰天姬队。余则三三五五，采芳拾翠于山椒水湄，歌唱和乐。男亦三五群，歌而赴之。相得则唱和竟日，解衣结带，相赠以去。春歌正月初一、三月初三，秋歌中秋节。三月之歌，曰浪花歌”[③]（《南越笔记》卷一、《说蛮》《粤述》所记略同，应本此）。《峒溪纤志》：“溪峒男女相歌，于正月朔、三月三、八月十五。而三月谓之浪花歌，尤无禁忌。”《粤滇杂记》载，粤西土民等族，“每春月趁墟唱歌，男女各坐一边，其歌皆男女相悦之词。其不合者，亦有歌拒之，如你爱我，我不爱你之类。若两相悦，辄携手就酒棚并坐而饮，彼此各赠物以定情，订期相会。甚有酒后即潜入山洞中相昵者，其视野田露草之事，不过如内地人看戏赌博之类，非异事也”。清代诸匡鼎说，“僮女及笄，于春时，三五为伴，于山椒水湄歌唱为乐，少男群歌，和之竟日。视女歌意所答而一人留，彼此以相赠遗，男遗女以扁担一条，镌歌数字仅如蝇，间于金彩作鸟卉于上，沐以漆，使不落。盖妇人女子力作所必需也。女赠郎以绣囊锦带诸物，

---

① （清）屈大均：《广东新语·人语·瑶人》。

② （清）吴震方：《岭南杂记》。

③ （明）邝露：《赤雅》。

女所自制者。约为夫妇，各告其父母，乃倩媒以槟榔定之”[①]。《粤西偶记》在谈到狼人俗时，也有相似记载。

上述材料表明，壮族流行以歌择配之俗。时间为正月初一、三月初三和八月十五。而三月三，则谓之“浪花歌”“尤无禁忌”，甚有“潜入山洞中相昵者”。在此期间，僮族男女青年，通过唱和而相得后，则以物定情。

其四，抛球。据《岭外代答•蛮俗》载，“交阯俗，上巳日，男女聚会，各为行列，以五色结为球，歌而抛之，谓之飞駞（駞为驼或字）。男女目成，则女受駞，而男婚已定”。上巳日，指三月上旬之巳日。在这一天，我国自古有修禊之俗。据《晋书•礼志》载，自魏以后，固定为三月三日，不复用巳日，故上巳日，即三月三。据载，宋代“蛮俗，于岁节数日野外，男女分为两朋，各以五色囊盛豆粟，往来抛接，名曰飞佗”[②]。《溪蛮丛笑》所记相同，只改“蛮俗”二字为“土俗”；而该书所说“土俗”，当指“僮俗”。故陆游所说“蛮俗”，也似可作“僮俗’解。《黔书》载，仲家“孟春跳月，用彩巾编为小圆球，如瓜，谓之花毬。视欢者掷之。在室奔而不绝，嫁乃绝之”（《说蛮》所记相类，当本此)。《黔记》载，卞尤仲家，“每岁孟春聚会，未婚男女于野外跳月歌舞，彩带结毬，抛而接之，谓之花毬。意既洽，彼此互掷，遂私焉”。据《炎徼纪闻》卷四载，僰人“男女好抛球相谑，偶意者奔之，谓之偷香”。又据《云南通志稿》载，摆夷也有此俗。在这类记载中，尤以近人刘锡蕃的记述为详：“若凤山、那地山乡之蛮族，则多行‘抛球婚姻’。其法：青年男女，各于正二三月之‘子日’，于一定之地点，分为两队，各持红绿色带结成之圆球，互相抛接；接后，解球复带，度其长短，如彼此尺度相同，即成配偶。此种纯为形式上之动作，实际上带之长短，男女预先已有密约，不过藉此以为过渡办法耳。”

综上所述，可见：抛球，古称飞佗。最早见诸文献为宋代，直至近代仍有之。僮、仲家、濮、摆夷诸族均有抛球订婚之俗。似可说，此俗主要盛行于百越系统中之民族。

此外，尚有黎族的八月集会自适，据载，早在三国时代，“珠崖嫁娶皆须八月，

① （清）诸匡鼎：《瑶僮传》。

② （宋）陆游：《老学庵笔记》。

引户人民集会之时，男女自相可适，乃为夫妻，父母不能止”[①]。高山族的春时出游为婚，据《说蛮》载，台湾番人，“春时出游，男女相悦为夫妇”。仫佬族的仲冬歌舞定情，据《黔记》载，荔波县之伶家苗（今仫佬族），“每仲冬男女相聚歌舞，所欢者约而奔之。及生子后，方归母家，名曰回亲，始用媒妁通聘”。水族的岁首相欢为婚，据《黔书》载，荔波县的水家苗（今水族），“每岁男女成群连袂歌舞相欢者，遂为婚姻”。其他的南方民族，也多有不同形式的节日择配之俗。

节日择配之俗，在古代汉族中同样存在过。据《周礼·地官》载：“中春之月，大会男女，于是时也奔者勿禁”。上述南方诸族材料的记述，乃是这段“古风”描写的最好注释与说明。又，三月三，这一节日活动，也是古已有之。据梁人宗懔说：“三月三日，士民并出渚池沼间，为流杯曲水之饮”[②]。不过，此俗在汉族中，已发展为“洗濯祓除去宿垢灰为大洁”[③]的带有宗教色彩的礼仪活动。但究其源，应是与士女谈情活动联系在一起的，如《诗经·国风·秦洧》说：“唯秦与洧，方洹洹兮，唯士与女，方秉简兮”，就是例证。古人有言：礼失求诸野。三月三，作为男女青年聚会择配的节日，虽然在汉族中已不复存在，但在南方民族中却长期流传不衰。

八、女子在婚前，并不要求守贞操

恩格斯说：“在古代有色雷斯人、克尔特人等，在现代则有印度的许多土著居民、马来亚各民族、太平洋地区的岛民，和许多美洲印第安人——姑娘在出嫁以前，都享有极大的性的自由”；又说：“在结婚以前，少女的贞操完全不严格遵守，也不要求遵守；与此有关的规定，具有非常轻佻的性质”。他并把这种姑娘在婚前有性的自由，称之为“群婚制的残余”[④]。

像恩格斯指出的这种女子在婚前不守贞操或允许有性的自由的状况，在我国南方民族中曾颇为普遍地存在。其中主要记载有如下事例。

苗族。“马郎”之称和“马郎房”之制，较为典型地反映了苗族少女的“轻佻”

① （晋）陈寿：《三国志·吴书·薛综传》。

② （南朝梁）宗懔：《荆楚岁时记》。

③ （南朝宋）范晔：《后汉书·礼仪志》。

④ ［德］恩格斯：《家庭、私有制和国家的起源》，46、128、62页。

行为。据《炎徼纪闻》卷四载，苗人“处子行歌于野，以诱马郎，淆淫不禁”。《黔记》载，八寨黑苗，“各寨野外均造一房名曰马郎房，未婚之女，晚来相聚，其所欢悦者以牛酒致聘”。《苗俗记》：“女子十三四构竹楼野外处之，苗童聚歌其上，情稔则合。黑苗谓之马郎房”。《苗俗记闻》载，苗俗，“其婚也，无媒妁，男女壮而无室者，以每年六月六日午将蹉，悉登山四望，吹树叶作呦呦声，则知马郎至矣。未字之女群往从之，任自相择配，先合而后议”。近人的《贵州苗民概况》也对“摇马郎”与“马郎房”作了解释，它说：“摇马郎，亦名玩马郎、打马郎，苗民称妹妹为‘马’，摇马郎非自身之称，系一般嘲谑之名词”“择寨中僻地，建房屋一间，名为‘马郎房’，以供青年男女会晤之所。其摇马郎时期，向无定例，除农忙时几随时有摇马郎之情形”。而且，对此，父母是概不干涉的，如《苗防备览·风俗上》载，苗人“处女与人通者，父母知而不禁”。只有在出嫁后，私通才被视为是非法的，如《粤滇杂记》在谈到湖南苗俗时说：“为女时无所禁。既嫁，则其夫防察甚严，不许有所私云。”

黎族。据载，“未婚黎女，不禁野合”[①]，野合之场所名曰“栏房”。明代顾岕说：“凡深黎村男女众多，必伐长木两头搭屋各数间，上覆以草，中剖竹下横上直，平铺如楼板，其下则虚焉，登陟必用梯，其俗呼曰栏房。遇晚，村中幼男女尽驱而上，听其自相谐偶。若婚姻，仍用讲求，不以此也。”《峒溪纤志》也有相类记载，当采自顾说。顾岕的记述，完全为调查材料所证实。据《海南黎族情况调查》说：“‘放寮’据说是一个很早就有的风俗。群众说，女儿大了，就不便和父母同住，所以一向是同村四五个女子自己上山去砍木料回来，由父母帮助她们盖一间寮房，给她们住。寮房大多数建筑在村边”“男子到了寮房，他便在房外吹口哨、鼻箫或唱歌问女子，女子在房内同意后，则让他进去，集体唱歌，分别对答。一般情况，第一个晚上只是男女互相唱和，找寻对象；等到建立感情后，才能进一步互相挑逗。……此后，双方才能发生性关系”“而父母则采取不查不理的态度，就是看见子女与别人在寮房内发生性关系也不制止；因为他们觉得，这是一种风俗，父母不便干涉”。调查材料不仅说明，顾岕记述的黎族“栏房”之制与实际情况相符，而且以其详细

① （清）张庆长：《黎岐纪闻》。

而具体的描述，也可补充文献材料之不足。[①]

布依族。有“同耍”之俗。据《黔记》载，荔波县的白仲家，“每孟春，择平坝竖大木一，空其中名曰巴槽。男子各执竹片击巴槽，其声响似鼓，名曰打卦，又曰同耍。父母在旁观之以为乐。有汉人通苗语者亦与焉，未婚苗女故多与汉人往来，名曰外郎。俟女正配有夫，酬以苗布一二匹，谓曰断郎礼，即不得再往”。也有马郎之称，《黔书》又载：古州清江、丹江等处之青仲家，“所私者曰马郎，夜则与之饮，父母知而不禁。婚姻苟合，爱者以牛酒致聘”。

瑶族。有不告野合之俗。据清人李来章记广东连山瑶族婚俗：“少年男女唱歌山坳。其歌，男炫以富，女夸以巧，相悦订婚宿于荒野”“不告野合，先配后祖，此为悖谬之甚者[②]”。

高山族。女长，构室独居，与黎族之“栏房”（“寮房”）、苗族之“马郎房”同。其偕偶方式，也相类。据《裨海记游》载：“女已长，父母使居别室中。少年求偶者，皆来吹鼻箫弹口琴，得女子和之，即入与乱，乱毕自去。久之，女择所爱者，乃与挽手，挽手者以明私许之意也”。《番社采风图考》送花条下载：“未娶者名麻达，番女年及笄，任自择配。每日梳洗，麻达有见之属意者，馈鲜花，赠芍归荑，柳叶桃根，婉致风情，遂与野合，告父母成牵手焉”；又说：“麻达夜间吹行社中，番女闻而悦之，引与同处”。其中注云：“女长，构室独居。以鼻箫口琴，男女互相调和。久而意谐，乃告诸父母。”《台湾纪略》载：“婚嫁时，女人廨中，男在外吹口琴，女出与合，当意者告于父母。”又据清人邝其照记叙，猫雾束以下诸社，“婚姻先由男女私通，投契然后结缡为夫妇”；私通，“未嫁娶者勿论”[③]。清人姚莹也说，西势社番中有“男女莫别，婚姻无时，野合择配”之俗[④]。

南诏。有处子出入不禁之俗法。据唐人樊绰说，南诏“俗法处子孀妇出入不禁。少年子弟暮夜游行闾巷，吹壶卢笙，或吹树叶。声韵之中，皆寄情言，用相呼召。

① （明）顾岕：《海槎余录》。

② （清）李来章：《连阳八排风土记》。

③ （清）邝其照：《台湾番社考》。

④ （清）姚莹：《东西势社番记》。

嫁娶之夕，私夫悉来相送。即嫁有犯，男子格杀无罪，妇人亦死”[①]。

此外，西南诸民族中尚有先通而后婚之俗等。如：《滇南杂志》载，僰夷，“旧俗不重处女”“男女先通而后娶”。《金川琐记》载，金川夷，“男女率先私合，然后婚配”。《滇南杂志》载：黑乾夷，“男吹笙，女弹口琴，唱和相调悦而野合。归语父母，始用媒聘”；苦葱，“男女混杂，不知礼义”；卡惰，“男女苟合”（以上记载，也见《滇海虞衡志·志蛮》）。上述材料说明，在我国南方诸民族中，姑娘在婚前的确享有“极大的性的自由”。这被视作合理合法之事，在家中，父母不仅不加干预，还为此提供有利的条件，苗族的“马郎房”、黎族的“栏房”、高山族的“构屋独居”，就是其中突出的例子，在社会上，被认为是习以为常的“一种风俗”，甚至形成一种“俗法”而加以保护，从婚后才予制止一事，也反证婚前的“性的自由”，是得到社会承认的。而且，这种私通，并不一定和婚姻发生直接联系。因为“若婚姻，仍用讲求，不以此也”。因此，把此俗称作“群婚制的残余”，是十分恰当的。

九、非婚生子女的地位与婚生子女同

恩格斯引用了阿加西斯《巴西旅行记》一书中的如下材料：一个印第安人谈及她的女儿时，含笑说，“她没有父亲，她是一个偶然生的孩子”；阿加西斯因此写道，“印第安妇女或混血种妇女，总是这样毫不害羞、毫无愧悔地谈到他们的非婚生子女；这完全不是例外，似乎倒是相反的情形才是例外。孩子们……往往只知道母亲，因为一切照顾和责任都落在她的身上；他们对于父亲却毫无所知；看来妇女也从来没有想到她或她的子女对他有什么要求”[②]。这种情况，在南方民族中也是存在的。

上面谈过，女子在婚前，并不要求保守贞操。甚至在“不落夫家”期间，还可与别的男人同宿，而对“同宿”者，或以多为荣，或可不断更换。只有待有孕后，才去夫家居住。这样做的结果，不仅做父亲难以分辨其子是否是为己所生，恐怕有的连做母亲的也说不清楚，因为其子往往“是一个偶然生的孩子”。在有群婚制遗习的民族中，人们对此不会感到奇怪而加以追究；因为在那里，这往往是一种“通例”而非“例外”。随之而来的，自然是对非婚生子女的友善对待。如，据《海南

① （唐）樊绰：《蛮书》，卷八。

② ［德］恩格斯：《家庭、私有制和国家的起源》，46～47页。

黎族情况调查》载：“黎族过去男女性关系是相当乱的，但过去人们对非婚生子女的看法是‘啥子都是子’。妻子在‘不落夫家’期间与人放寮所生的孩子，妻子带回家，丈夫一般没有虐待和歧视，在家庭的地位上也和婚生子同。”“啥子都是子”，这句话相当典型地表达了这样一种思想：只要是自己妻子所生的“子”就行了，至于“子”是妻子与谁生下来的，那是无关紧要的。又据赵翼说：“余尝在毕节籍一马户，家有老婢，名大娃者。问其夫则曰未嫁，及点奴子有二童，皆其子也，可为一笑。然其俗大概如此，不为异也。”这里，“婢女无夫，听其与人苟合，生子则又为奴仆”，已带有浓厚的奴隶制色彩。但无夫生子，为其“不为异”之俗，则是苗、彝的群婚制遗习之反映。

关于妇女愿意主动承担抚育与野郎或前夫所生子女的责任一事，也是有记载的。如《番社采风图考》载，高山族男子成婚后，“如后反目，许相离异，名曰放手。所生男女，仍归番妇”。又，《岭南杂记》载，外江人娶琼妇的一种方式，叫“养汉”，即“受聘之后，男子坐食，其衣膳甚丰，往往馈送诸费，皆出于女而不得禁其外交。生子则携以归，生女则随母留琼，不肯渡海也”。究其因，子女随母之俗，是和“啥子都是子”这种传统观念密不可分的。在这种思想影响下，如海南岛黎族“大部分地区寡妇的非婚生子，当寡妇结婚时男方还要以牛来换，年青有孩子的寡妇结婚也较容易”（《海南岛黎族调查》）。因为在丈夫的眼里，前夫生的子和自己生的同样都是子。这样妇女当然就不会“想到她或她的子女对他有什么要求”了。

十、初夜权

恩格斯说：在一些民族中，“由一个有公职的人，——部落或氏族的头目、酋长、萨满、祭司、诸侯或其他不管是什么头衔的人，代表公社行使对新娘的初夜权”，并明确指出，这是“群婚的残余”。

“初夜权”曾在湘西等民族地区存在过。据沈从文说：三个县份（指永顺、保靖、永绥）清中叶还由土司统治，土司即由世袭，永顺的姓向，保靖的姓彭，永绥的姓宋，到如今这三族还为当地巨族。土司的统治已成过去，统治方法也不可考究了，除了许多大土堆通称土司坟，但留下一个传说尚能刺激人心，就是作土司的，除同宗外，对于此外任何人新婚都保有“初夜权”，新妇应当送到土司府留下三天，

“代为除邪气，方能发还”[①]。当然，这种“初夜权”，作为土司践踏民女的罪恶行径，属于阶级社会的阶级压迫的范畴。但另一方面，土司仍具有“作为以前的共同丈夫的最后代表者”的性质。

十一、抢　婚

在世界各民族中，较为普遍地存在抢婚习俗。恩格斯在《家庭、私有制和国家的起源》第四版序言中说：“麦克伦南在古代及近代的许多蒙昧民族、野蛮民族，以至文明民族中间发现了这样一种结婚形式：新郎必须一个人或者与他的朋友们一起假装用暴力把新娘从她的亲属手里抢过来。这个习俗，应当是较早的一种习俗遗迹，那时一个部落的男子确实是用暴力到外边从别的部落为自己抢劫妻子。”此俗，产生于母权制衰落与父权制兴起的过渡时期。笔者以为，从中仍可窥见族外群婚制的某些影子。因为：1．反映了婚姻是在不同氏族之间即氏族外部进行的。因为若是氏族内部可以通婚，抢亲就失去了存在的条件。2．象征着母权制为维护自己日趋沦落的地位而作顽强的抗争。本来，在母权制下是男就女居的，父权制出现后就力图用强制的手段，即“抢劫”的形式来改变现状。因此，抢婚虽意味着父权制的一个胜利，但它也从反面表明：男嫁女是“正统”的做法，而女嫁男则是与传统相违背的“越轨”行为。因为“抢”的方式本身，就意味着是“非法”的。这里，母权制的影响仍然强烈地表现了出来。3．恩格斯在《家庭、私有制和国家的起源》中，仍把此俗看作是在群婚的“范围以内”进行的。

在我国南方诸民族中，抢婚表现为如下几种形式：

其一，佯抢。如，《老学庵笔记》卷四载，辰沅靖州蛮，“嫁娶先密约，乃伺女于路劫缚以归，亦怒争叫号求救，其实皆伪也。生子乃持牛酒拜女父母，亦佯怒却之，邻里共劝，乃受”；《炎徼纪闻》卷四载，贵州宋家苗妇女，“将嫁，男家遣人往迎，女家则率亲戚棰楚，迎者谓之夺亲”；《天下郡国利病书·云南》载，白倮倮婚俗，“及期，聚众讧于女家，夺其女而归”（《滇南杂志》《滇海虞衡志·志蛮》有相同记载）；《滇南杂志》记爨之婚俗：“爨之父母，将嫁女，三日前持斧入山伐带

① 沈从文：《湘西、白河流域几个码头》，1944。

叶松于门外，结屋坐女其中，旁列米淅数十缸，集亲族执瓢杓列械环。婿及亲族新衣黑面乘马持械鼓吹至女家，械而斗。婿直入松屋中挟妇乘马疾驱走，父母持械杓米淅逐浇婿，大呼亲族同逐女。不及，怒而归”；《粤游小志》载，“广东蜑人始婚时，以蛮歌相迎，男歌胜，则夺女过舟”。以上记载表明，所谓“劫缚”“棰楚”“讧夺”“械斗”，都是事先“密约”的戏剧性行动，“其实皆伪也”。它作为一种遗习，演变成了别具风格的结婚仪式。

其二，强抢。据宋人范成大谈及岭南的“卷伴”之习时写道：“南州法度踈略，婚姻多不正。邨落强暴窃人妻女以逃，转移他所，安居自若，谓之卷伴，言卷以为伴侣也。已而复为后人卷去，至有历数卷未已者，其舅姑若前夫访知所在，诣官自陈。往往所谓前夫，亦是卷伴得之，复为后人所卷。惟其父母兄弟及初娶者所诉，即归始初被卷之家”[①]。从“有历数卷未已者”的记述中，可见此风之盛。这种强暴窃人妻女的“卷伴”，可谓名副其实的抢亲。此举已带有阶级社会的掠夺妇女的浓厚色彩。但究其源，卷伴仍包含有群婚制残余的因素，因为它是以远古时代的共妻制的模糊记忆为其思想依据的。

其三，诱奔。据《岭外代答·蛮俗》载：“深广俗多女，嫁娶多不以礼。商人之至南州，窃诱北归，谓之卷伴。其土人亦是，卷伴不能如商人径去，则其事乃有异。始也，既有桑中之约，即暗置礼书于父母床中，乃相与宵遁。父母乍失女，必知有书也，索之衽席间，果得之。乃声言讼之，而迄不发也。岁月之后，必既有生，乃与婿备礼归宁。预知父母，初必不纳。先以醨酒入门，父母佯怒，击碎之。婿因请托邻里，祈恳父母，始需索聘财而后讲翁婿之礼。礼此皆大姓之家然也。若乃小民有女，唯恐人不诱去耳。往诱而不去，其父母必勒女归家。且其俗如此，不以为异也。”这里需加说明的是：周去非与范成大所称的卷伴，辞虽同而实有异，不能混同。诱奔与抢婚有细微之别，即它采用的是“诱骗”而不是强制或假强制的办法。但基本点是相同的，即都是采用不“正当”的手段，来达到女就男居的目的。故诱奔实可视为抢婚的变种形式。

抢婚作为婚姻形式，还可从古籍中寻见其踪影。如《周易》之卷二《屯卦》、卷四《贲卦》与卷七《睽卦》中，数见“匪寇婚媾”之词。对此，前人已有所发明，

① （宋）范成大：《桂海虞衡志·杂志》。

如梁启超《中国文化史》说："夫寇与婚媾，截然二事，何至相混？得无古代婚媾所取之手段，与寇无大异耶？"故寇婚并称，当是抢婚之古义。

以上我们列举了我国南方诸民族的母系氏族公社婚姻遗习的主要表现形式。从中，我们可以得出如下结论：民族学的材料证明，在我国确实存在过族外群婚制及与之相伴的母系氏族公社。这就是本文所要说明的主旨。

“鼻饮”考释*

据说，百越民族系统曾存在着一种奇特的饮水、饮汤、饮酒之法，名曰鼻饮。前辈学者，对此意见纷纭。有的信其有，芮逸夫、江应樑、戴裔暄诸先生即持是说；有的断其无；更多的人，似持姑妄听之的态度，无所适从。

持反对态度者，以田曙岚先生的意见为最烈。他在《关于“鼻饮”和铜鼓问题的商榷》① 一文中写道：古人关于鼻饮的叙述，“有的是由于政治目的；有的是以讹传讹，视为奇风异俗，以供士大夫们茶余酒后之谈资，均不可信”。

对这一桩小小的学术公案，该如何了断？笔者的浅陋看法是：确有此事。

一、文献言之凿凿

始倡者，为《汉书·贾捐之传》。该传写道，汉元帝时贾捐之主张放弃珠崖（治今海南省海口南），他说：“骆越父子同川而浴，相习以鼻饮……本不足郡县置也。”贾捐之所列越人之俗有二：一是“同川而浴”；一是“鼻饮”。既然学术界已公认前者为古越俗，那么后者也并非空穴来风。

续记其事者，为东汉时人杨孚。据《异物志》② 载：“乌浒，南蛮之别名，巢居鼻饮。”杨孚，章帝时议郎，南海（今广州）人。此书为我国第一部见于史志的粤人著作。又，据史载，乌浒人，生活在交、广之界，在广州之南，交州之北。粤人记粤俗，其可信程度不言而喻。

继而见于晋、宋间人裴渊的《广州记》：“晋兴有乌浒人，以鼻饮水，口中进啖如故。”晋兴郡，晋置，故城在今广西邕宁县。

南朝宋人盛弘之《荆州记》③ 载：“无阳乌浒万家，皆咬地鼠之肉，能鼻饮。”无阳县，汉置，南朝宋时治今湖南黔阳县西南。这支乌浒人，当是汉晋间由岭南徙居

* 原载《民族论坛》，1991（1）。

① 此文载《贵州民族研究》，1980（3）。

② （宋）乐史：《太平寰宇记》，卷一六四。

③ （唐）李吉甫：《元和郡县图志·江南道六》，卷三〇，叙州条。

湖湘之地。这说明，即使离开本土的乌浒人，也仍保持着鼻饮的民族习俗。可证此俗之流行。

又，北齐人魏收《魏书·僚传》载："僚者，盖南蛮之别种，自汉中达于邛、笮、川洞之间，所在皆有。……其口嚼食，并鼻饮。"唐人李延寿《北史·僚传》、宋人郑樵《通志·僚志》所载与此同。需要指出的是，《魏书》原为一百三十卷，至北宋时残缺。范祖禹等人校定《魏书》时，曾把它书的材料补进去，仍分一百三十卷，以致今人分不清哪是原著哪是插补。有的学者认为：《魏书·僚传》杂采《北史·僚传》写成，即属插补之列。可备一说。

总之，上述汉至南北朝的五条材料不同之处在于：一言海南骆越之人；一言交、广之界的乌浒人；一言西南僚人。但究其实，骆越、乌浒、僚同属百越系统之民，故并不相悖。

《永昌郡传》[①]载:僚民"其人以口嚼食，并以鼻饮水。"永昌郡，治今云南保山县。此段文字，虽与《魏书·僚传》《北史·僚传》相似，但其所言之僚，已不在川、陕间，而在云南境内。

唐梁载言《十道志》[②]记容州（今广西北流县）风俗云："僚人杂居，鼻饮，跣足。"唐刘恂《岭表录异》载："交趾之人重不乃羹。羹以羊、鹿、鸡、猪肉和骨同一釜煮之，令极肥浓。去肉进姜，调以五味，贮以盆器，置之盘中。盘中有嘴银杓，可受一升。即揖让，多自主人先举。即满斟一杓内嘴入鼻，仰首徐倾之。饮尽，传杓如酒巡行之。吃羹了，然后续以诸馔，谓之不乃会。"交趾之人，主要指越南北部之人。刘恂，唐昭宗时官广州司马，官满，留居南海而作是书。故此书所记岭表之事，"率多精核"[③]，可信。鼻饮汤汁之说，始由此。

有宋一代，记载颇多。其中主要有：

《太平寰宇记·岭南道十一》卷一六七记钦州（治今广东钦县）风俗：俚人，"食用手搏，水从鼻饮之也"。这是关于俚人有鼻饮之俗的较早记载。陆游《老学庵笔记》卷四载："辰、沅、靖州蛮，有仡伶，有仡僚，有仡榄，有仡偻，有山

① （宋）李昉、李穆、徐铉：《太平御览》，卷七九六。

② （宋）乐史：《太平寰宇记·岭南道十一》，卷一六七。

③ （清）纪昀总纂：《四库全书总目提要》。

瑶。……饮酒以鼻，一饮至数升，名钩藤酒，不知何物。”这是关于以鼻饮酒的早期记载。根据《溪蛮丛笑》及其后的诸著作推断，有此俗者当为辰、沅、靖州蛮中的仡僚（佬）。田曙岚先生认为，本记载不可靠。其根本理由是：“文人而兼诗人、词人的陆游”“觉得用鼻子饮水还不算稀奇，要用鼻子饮酒才算真稀奇。”这种以人废言的说法，似有斟酌之处。其实，《老学庵笔记》的史料价值早有定评。如，《四库全书总目提要》称该书轶闻“往往足备考证”；李慈铭《越缦堂读书记》更誉其为“谨严”之作。可见，文人的笔记，未必不可信。

范成大《桂海虞衡志·志器》载：“鼻饮杯。南边人习鼻饮，有陶器如杯碗，旁植一小管若瓶嘴，以鼻就管吸酒浆。暑用以饮水，云水自鼻入咽，快不可言，邕州人已如此，记之以发览者一胡卢也。”同书《志蛮》又载：广西左右江的僚人有“鼻饮”之属二十一种。邕州，治今广西南宁。范成大曾于乾道九年（1173年）任知静江府广西经略安抚使，在桂林任职两年。是书记其见闻，取材翔实，“无夸饰土风，附会古今之事。”[①] 所记鼻饮杯条，当为其亲睹，没有理由怀疑其真实性。

周去非《岭外代答·蛮俗门》卷十，所言更详。据载：“邕州溪洞及钦州村落，俗多鼻饮。鼻饮之法，以瓢盛少水。置盐及山姜汁数滴入水中，瓢则有窍，施小管如瓶嘴，插诸鼻中，导水升脑，循脑而下入喉。富者以银为之，次以锡，次陶器，次瓢。饮时，必口噍鱼鲊一片，然后水安流入鼻，不与气相激，既饮必噫气，以为凉脑快膈，莫若此也。止可饮水，谓饮酒者，非也。谓以手掬水吸饮，亦非也。史称越人相习以鼻饮，得非此乎？”本记载可信。理由是：其一，作者淳熙中曾任桂林通判，本书内容多为作者所见所闻，即所谓“以耳目所治”（自序）而成。其二，作者详记了鼻饮流行地区、鼻饮器物、鼻饮方法，若非亲见，不可能写得如此具体与详尽。值得注意的是，田曙岚先生关于“鼻饮”起源的解释，也并非新见解。田先生写道：“南方地处热带，气候炎热，山多水多，到处都有清泉。跋山涉水的行人和从事野外劳动的劳动人民，不可能随身携带饮水器具，到口渴的时候，便用双手代瓢捧水而饮。饮水时，一双手掌遮住了口鼻。”于是少见多怪的中原人，“就误以为用鼻饮水，以讹传讹”。其实，这一假设，宋人已有之。对此，周去非早已据

① （清）纪昀总纂：《四库全书总目提要》。

所见闻而指出其真情："谓以手掬水吸饮，亦非也。"

朱辅《溪蛮丛笑》载："仡佬饮，不以口而以鼻，自取其便，名曰鼻饮。"朱辅曾任沅州（治今湖南芷江）通判。是书"据所见闻"而作，故可"资考证"[①]。并非如田曙岚先生所说，"欲博人一笑"之作。

祝穆《方舆胜览》卷三九，记邕州：有"鼻饮之俗。"

总之，宋人关于鼻饮之说，是值得我们重视的。其中，范成大、周去非所记，价值更高，这表明：宋代南方民族地区的鼻饮之俗，还颇为盛行。

元代，仍有关于鼻饮的记载。如，周致中《异域志》卷上，潦查条载："其地产犀象金银，人性至狠，下窝弓毒药杀人。其可笑者，凡水浆之物不从口入，以管于鼻中吸之，大概与象类同。"

至明、清时，仍有所记载。如，清人陆次云《峒溪纤志》：溪峒以藤吸酒，"多有以鼻饮者。谓由鼻入喉，更有异趣"。需强调指出的是：这一时期的记载，多袭自前人之说而无新意。故不赘举。

需附及的是，"鼻饮"之法还推广至疗疾。据元人李京《云南志略》载："金齿百夷，有病不服药，唯以姜盐注鼻中。"明人钱古训《百夷传》所记略同："疾病不知服药，以姜汁注鼻中。"此为傣族先民之俗。傣族属百越民族系统，已无异议。

从上述文献记载中，我们可以归结如下：

一是，流行鼻饮之俗的族属颇多，计有"骆越""乌浒""僚""俚""仡僚""潦查""百夷"诸族。要言之，主要属百越系统之人。

二是，分布地域甚广，计有"珠崖""晋兴""无阳""自汉中达于邛、笮、川洞之间""永昌郡""容州""交趾""钦州""辰、沅、靖州""邕州""云南"等地。以今地而言，大致包括陕西南部、两湖、云南、贵州（为仡僚重要居地）、四川、两广、海南以及越南北部的范围。

三是，详记了鼻饮的饮料（有水、酒、汤类），鼻饮器物和鼻饮方法。

总之，自汉以来，众多的不同时代的作者（其中不乏严肃的作者），在不同的册籍（包括正史、杂史、地理、笔记等）中，从不同的侧面，相当具体地描述了生活在广阔地域内的包含多种称谓的南方民族的鼻饮之俗，应该是可信的。在没有掌

① （清）纪昀总纂：《四库全书总目提要》。

握充分的证据之前，对这些文献记载，是不应轻易加以否定的。

二、从生理学角度而言，是有科学根据的

田曙岚先生写道：“要解决所谓‘鼻饮’问题，首先要明了生理问题。我们认为‘鼻饮’是不科学的。所谓‘鼻饮’这一行为，在人类社会中是否有此必要与可能呢？目司视，耳司听，鼻司呼吸，口司饮食，各有其用，缺一不可。在耳、目、口、鼻之间，为着适应人生的整体要求，有时是互相协助，但不能互相代替。列子说：‘有亢仓子者。得老聃之道。能以耳视而目听，鲁侯问之，对曰：‘传者之妄也，我能视听不用耳目，而不能易耳目之用’，便是这个道理。众所周知，只有象是用鼻吸水而饮，其他的兽类，都是用口饮水，进化到了高等动物的人类更不例外。”

诚然，鼻饮能否从科学上加以解释，这是关系鼻饮之说能否成立的首要问题。笔者与田文的分歧在于：“鼻饮”恰好能从现代医学中得到说明。

首先，从咽部解剖来看。正常人咽部可分为鼻咽、口咽、喉咽三部分。鼻咽前方通鼻腔，下方与口咽相通。口咽前方与口腔相通，上方为鼻咽。喉咽前方通喉腔，下方接食管。因此，咽部既是呼吸道与消化道的交叉通道，也是食物和空气的共同通道。食物和空气通过咽部后是怎样分别进入消化道和呼吸道的呢？这需从人的吞咽谈起。当未发生吞咽动作时，由鼻腔吸入的气流经鼻咽、口咽、喉咽入喉、气管、支气管到达肺部。而吞咽动作作为一种反射活动，当食物送到咽腔时，能刺激黏膜内低阈机械性刺激感受器而形成吞咽反射，会厌软骨覆盖喉入口，喉咽与食管入口开放，食物进入食管。鼻饮时，和我们日常生活口饮的后段道路是相同的，只不过鼻饮的进入途径是由鼻腔到咽部，而口饮则是由口腔进入咽部。虽然两者进入的方式不同，但其后都进入消化道和呼吸道的共同通道也是交叉通道——咽部，再经吞咽反射进入消化道。所以，鼻饮从咽部解剖学的角度考虑，是言之成理的。不过，鼻饮的时候必须伴随有吞咽动作，文献上说“以鼻饮水，口中进啖如故”，大概就是这一缘故。反过来看，新生儿出生数周内或正常人因感冒引起鼻腔阻塞时，往往用口呼吸空气，其后空气才进入呼吸道。用口呼吸和用鼻饮水，其道理是相同的。概然，人们对用口呼吸习以为常；那么，为什么要对以鼻饮水大惑不解呢？

此外，从现代医学中，我们发现与鼻饮十分相似的鼻胃管的使用。所谓鼻胃管，是一条中空的橡胶管，可通过鼻腔插入胃，当鼻胃管进入咽部时让病人做吞咽动作，

使鼻胃管进入食道和胃，以输入病人所需养料。此也可作“鼻饮”之佐证。

三、从民族学而言，是可以得到“活化石”来印证的

田曙岚先生写道：“根据我们的实地调查，无论分布于海南岛的黎族或在云贵高原的仡佬族以至整个西南的任何民族，都没有所谓‘鼻饮’的习俗，也无此传说。”

这是否定鼻饮之说的又一根据。

笔者的意见是：

其一，如上所述，鼻饮之俗，主要流行于宋、元以前，明、清以后逐渐消失。历史上不少传统习俗，都曾有兴有灭，这是不足为奇的。我们不能以今日之无，作出历史上未曾有过的判断。

其二，实际上，调查材料证明，今日越南北部山区的民族尚有此俗。据报载：

> 越南北部山区空塞人至今仍习惯饮酒不用嘴巴，而从鼻孔灌进去。
>
> 空塞人所饮的酒是一种特别的混合饮料，在竹笋汁或杨桃汁里加进适宜的醋、盐、蒜泥、碎薄荷叶、辣椒粉和桂皮粉等，将之混拌在一起便成，与现代调制鸡尾酒的方法相似。饮酒时，先把酒倒进一个带有一根细长竹管的酒壶，再仰面朝天把酒慢慢灌入鼻孔中，然后品尝从鼻孔徐徐而落的酒味。空塞人认为只有如此与众不同的饮酒方式，才算得上是真正的饮酒。

这一材料，与文献记载完全吻合。其主要表现为：

一是，以地点而言。文献记载，有鼻饮之俗的交州之北的乌浒人，交趾之人，即包含今越南北部之人。

二是，以鼻饮方法而言。文献记载，“施小管如瓶嘴，插诸鼻中”“仰首徐倾之”，与此调查报告无异。

三是，以饮料制作而言。文献记载，“进葱、姜，调以五味”，或说注以“姜、盐”，即掺进刺激性与调味性食物，与此材料惊人相似。

四是，以效果而言。文献记载，“自鼻入咽，快不可言”“更有异趣”，与此材料“空寨人认为只有如此与众不同的饮酒方式，才算得上是真正的饮酒”，可谓古今所见略同。

总之，文献记载、生理学原理、民族学材料，都可以说明：鼻饮并非子虚乌有的海外奇谈。

最后，需要附及的是，为什么古代百越民族曾流行鼻饮之习，今日近乎绝迹了呢？我们以为，一是鼻饮之习虽别有情趣，但鼻子的功能终究是用以呼吸的；一是鼻饮之法较为复杂，掌握不好，容易呛人。故随着社会的进步，与外界联系的增多，人们慢慢抛弃了此俗。从中可悟出一个简单的道理：习俗，也是适者存，不适者亡的。

客家文化篇

客家文化是以汉文化为主体的多元文化*

关于客家文化的渊源与内涵，历来看法不尽相同。

起初，有的人称客家为“非汉种”的“南蛮𫛛舌”之人，甚至使用滥加犬旁的侮称。这是一种民族偏见，理所当然地引起持科学态度的学者们的反驳。对客家民系的研究从此发端。通过争论，终于弄清了客家人的“根”。客家人本是“汉族嫡派”“中原衣冠”。客家人属汉族的一支民系，这在学术界已成共识与定论。但需要指出的是，与此同时，人们却有意无意地忽略了客家人与周边和杂居的南方诸族间的斩不断的千丝万缕的联系，有过分强调“纯”与“嫡”的倾向。

值得注意的是，近年来出现了夸大土著对客家的作用与影响的倾向。有的主张土、客平分秋色，说不宜区分也无法区分“谁是主体”。这种不分主次的说法，似是“非汉种”说的一种新的表现形式。

作者主张：客家文化是以汉文化为主体的多元文化。其要点是：客家人，是中原移民，中原文化构成了客家文化的主体。千百年来，由于他们僻处南方山区，社会相对稳定，受的外来冲击较少，保留了较为浓郁和相对完整的汉族传统文化。与此同时，客家人祖居的中原地区却战乱频仍，受到了北方少数民族文化的猛烈碰撞与同化。因此，从某一角度说来，客家文化是中原文化的活化石。南来后，客家文化又和当地的百越文化、瑶畲文化互相影响、渗透、吸收、融合，形成了绚丽多彩而又独具一格的客家文化，从而为丰富中华文化宝库作出了卓越的贡献。

一、以恪守中州传统、不违典礼为主要特征的客家文化

（一）经济生活

农业生产工具，仍保留古汉语称谓。如：锄头，俗名“脚头”。《说文》：“䦆，大锄也。”故可断定，“脚”为“䦆”（音爵）音之讹。故“脚头”实为“䦆头”之

* 原为台北“第四届国际客家学术研讨会”论文，后收入黄钰钊主编：《客从何来》一书，广州，广东经济出版社，1998。

意。“碌碡”（音辘轴），用木头做成的觚棱形农具。唐人陆龟蒙《耒耜经》中有“耙而后有碌碡焉”之载。客俗，往往以“犁耙碌碡”作为农具的总称。“砻”，客家地区与江、浙、淮一带，不仅叫法相同，其形制也完全一致。“碓”，舂米器具，汉代时，已有此名此具。在生产活动中，客家人相互支援协作，三代井田制的友助之风犹存。这在农忙时尤为突出。如，民国《上杭县志·礼俗》卷二十载：客俗，“耕耘收获之时，通力合作，隐然如井田时代有相友相助之义。无事则比屋散居，有事则陇亩合食，求之国中，恐不多见”。

（二）服　饰

喜穿“唐装”，古风犹存。其制，长袖，正面开缝，用布纽扣的男装“大襟衫”。妇女戴凉帽，又名凉笠，是客家妇女特有的头部装饰品。因客家妇女遵循礼教，“上下内外之别最严谨，妇出入必戴帽檐，不露面首”[①]，而凉帽则系由唐代贵族妇女所戴帷帽演变而来。妇女着围裙，俗名“围身裙”，用以蔽胸腹。此为“汉时犊鼻裤旧制”[②]。汉代司马相如在临邛开酒店，即“身自着犊鼻裤”。可见，客地围裙，来源尚早矣。妇女穿的“背褡”，俗又名“秋娘背褡”，这是没有袖子的上衣，外地人多叫背心。杭州人也称背褡，与客俗同。当是南宋时大量客家人从江淮南徙的一种印记。

（三）民　居

客俗聚族而居，是汉族传统宗族观念与封建家庭结构的一种反映；殿堂式的建筑，则是古代中原汉族府第风格的典型形式。

（四）婚　姻

旧时择偶，讲究“门当户对”“门第”高低。如，民国《博罗县志·风俗》写道：“两姓缔盟，必论门第。苟族类异等，蹇修不得通好焉。”客家地区此俗，“尚合古人治家之训”[③]。

---

① （清 道光）《定南厅志风俗》，卷文。

② （清）黄钊：《石窟一征·礼俗》，卷四。

③ （清 同治）《南康县志·风俗》，卷一。

婚姻仪式，沿袭纳采、问名、纳吉、纳征、请期、亲迎的“六礼”[①]传统形式。如，同治《赣州府志·风俗》卷二〇载：“礼有纳采、问名，俗名传红，士大夫则曰传庚。礼有纳币，俗曰茶礼，士大夫则日过聘。礼有纳吉、请期，俗曰报日。礼有亲迎，俗曰接亲。礼有合卺，俗曰交杯。礼有庙见及见于舅姑，俗日拜堂。名虽异而近古。”[②]换言之，古礼与客俗二者差别，主要在于叫法与繁简不同，而婚礼本身并未发生根本性变化。

婚后，离婚、改嫁的事较少发生，反映了客家人婚姻、家庭的稳定性。故史有“阃范最严，妇耻再嫁”[③]“闺门有礼，孀居完节者恒多”[④]。民间则流行“好女不嫁二夫”之说。这表明，作为中原移民的客家人，素以恪守儒家礼节为尚。

客家婚俗的禁忌，主要为同姓不婚。如，清代著名文人黄钊的《石窟一征·礼俗》卷四载：“俗同姓相奸，无论五服内外，犯出后，投明族长，齐至家庙，申明族禁，男逐女嫁。令奸夫父兄自书犯禁缘由，或族众共立公约，即日逐出，永远不许归宗，谓之写逐单，交房族收执，规制森然。盖所以严渎伦之禁也。”

（五）丧　葬

其仪礼，相当繁芜，一遵古制而不变。故史有“循乎古礼”[⑤]之谓。如：临终前，需将其安置在厅堂，俗称“出厅下”，此即本于先秦丧乱死于“正寝之室”的遗训；死后，纳银于口，曰“含口银”，此即先秦“含口”礼制的延续；大殓后，有“请谥”之俗，所谓“谥”，系指根据死者先前事迹而为之立号，此私谥之风先秦已有；旧时客俗丧服，如春秋时晏子服粗麻衣、麻带、杖行、草履[⑥]，毫无二致，竟绵延2500年之久。

---

① （汉）郑玄：《仪礼·士婚礼》，卷四。

② （清　同治）《赣州府志·风俗》，卷二〇。

③ （清　乾隆）《汀州府志·风俗》。

④ （民国）《福建通志》，总卷二一，永定县条。

⑤ （清　康熙）《武平县志·风土》，卷二。

⑥ 见《左传·襄公十七年》。

（六）祭　祀

祭仪仿古，其规格分为“祭”“酹”两种。据《石窟一征·礼俗》卷四载：“俗以用大牲（羊、豕也）行三献礼谓之祭。用小牲（鸡、鱼、肉也）不行三献礼，谓之酹。”酹，古时以酒祭地之义，客俗保持下来，故名扫墓为“酹地”。而且，就连祭田之名也袭古不变。据载：客家地区“俗称祭田为‘蒸尝’，亦有谓祖宗‘血食’者”[①]。所谓“蒸尝”，本于古代中原冬秋二祭之名，冬祭名蒸，秋祭曰尝;所谓“血食”，因祭用牲牢，早在春秋时已有此词。[②]

（七）宗族组织

客家地区重宗法制度。采取聚族而居的形式。家族供奉共同祖先的庙堂，称“祠堂”“宗祠”或“家庙”。如，光绪《上犹县志·风俗》卷二载：“祭皆有宗祠。其祠以始基者为初祖，又有小宗祠，以再徙或别祖为先祖。”《石窟一征·礼俗》卷四则载：“俗重宗支。凡大小姓，莫不有祠。一村之中聚族而居，必有家庙，亦祠也。有吉凶之事，皆祭告焉。所谓歌于斯哭于斯之寝室也。”在我国，祠堂之制，可溯源于两汉。

重宗族的结果，是修谱之风盛行。修谱的结果，反过来又对宗族关系与观念起加固作用。民国《上杭县志·氏族志》卷八载：杭邑客俗，“谱牒世系，井然秩序”。因而旧时客家地区世系分明，溯源析流，昭然可稽。

（八）岁时节日

客家地区的节日，这一民俗事象和传承，最能体现汉文化传统。其事例可谓不胜枚举，仅以“冬至”一节而言。客俗，以冬至为“冬年”，故庆贺冬至称作“贺新年”；或以冬至为岁首，故过冬至，称作“增岁”“添岁”。民间则有“冬至大过年”之谚。此俗，是客家人保持中原古礼的又一明证。周代，以十一月为正月，秦袭周制。这就是以冬至为“年”，把冬至视作新的一年开始的历史根据。

---

① （清）黄香铁：《石窟一征·礼俗》，卷四。

② 《左传·庄公六年》有“社稷实不血食”之句。

（九）文化教育

客俗，好古崇儒，读书成风。如，光绪《嘉应州志·礼俗》卷八载："士喜读书，多舌耕，虽穷至老不肯辍业。"又，嘉庆《平远县志·风俗》卷二："近多研经穷文，习先秦两汉诸子百家言，彬彬有邹鲁风。"

客家地区，素以教育发达、人文荟萃著称于世，故有"文化之乡"的美誉。这是客家文化的重要特征，也是继承和发扬了"礼仪之邦"优良传统的明证。

（十）热爱故土故国的价值观

客家人作为中华民族的传人，历来受忠义、气节的熏陶。南迁时，客家人又饱受国破家亡之恨，历尽劫难，形成了强烈的国家民族观念。在宋末元初，闽粤赣客家人追随文天祥抗战，就曾演出惊天地、泣鬼神的一幕。据传，梅县松口卓姓800人勤王，兵败后只存卓谋一人，且"地为之虚"。[①]入清后，客家地区的著名知识分子代表，诸如宁化李世熊，宁都魏禧、魏礼兄弟均不仕清，以气节、文章名天下。至于近代以来，以孙中山为代表的无数革命志士，更自不待言。

（十一）民　歌

脍炙人口的客家山歌，情意缠绵，上承《诗经》中的国风余绪。近代著名诗人黄遵宪有见及此。他在论及客家山歌渊源时写道："十五国风，妙绝古今，正以妇人、女子矢口而成，使学士大夫操笔而为之，反不能尔，以人籁易为，天籁难学也。"客家山歌中，大量是情歌，更与郑、卫的桑间濮上的"淫声"相仿佛。山歌，还保留了六朝时《子夜》《读曲歌》等民歌遗意，多用谐音、双关等表现手法，语言活泼天真，一言以蔽之，客家山歌保留了乃祖之风。

（十二）语　言

客家方言，保留了古代中原音韵，已是语言学界的定论。试以吃饭一词为例。今白话称三餐饭为：吃早饭、吃午饭、吃晚饭，而客家人则名曰：食朝、食昼、食

---

① （清 光绪）《嘉应州志·丛谈》，卷三二。

夜。在客家话里，早为朝，中午为昼，晚为夜，吃为食。两相比较，显然，客家话可谓其源更古，其词更雅。且可从典籍中找到印证。如“食朝”一词，源于春秋，《左传·成公二年》有“余姑剪灭此而朝食”之句。

二、融入了南方少数民族文化的客家文化

如果仅囿于客家文化源于中原说，是无法诠释客家文化内涵的复杂性、多样性与丰富性的。南方诸族文化对客家文化的影响是多方面的。

（一）经济生活

客家地区经济，以农为本，主要从事稻作。古代黄河流域居民，是把稻谷排除在“五谷”之外的，汉代河东渠田给北徙“习水利”的越人耕种，① 可见南北民族的农作物之差异性。客家人南迁后，为适应当地自然环境，所栽作物也是“稻多而麦少”了。无疑，客家人栽培水稻的技术，是从百越民族中输入的。②

客家人栽种的旱稻，则是直接从瑶畲民族中引进的。宋人王象之在叙及梅州菱禾（畲禾）时写道：“不知种之所自出，自植于旱山，不假耒耜，不事灌溉，逮秋自熟……此本山客輋所种，今居民往往取其种而莳之。”③ 此中所谓“山客輋”，即山居瑶畲族人；“今居民”，则系指早期由闽入粤垦辟的客家人。可见，连古人都已意识到客家人种畲禾的源流因袭关系。

客家人从事贸易交换活动的农村“墟市”，从其名称直至交易方式，均系受古代越人遗风影响所致，故古人有“越之市名曰‘虚’（同墟）”④ 之说。

（二）劳动组合与分工

客俗存在着“女作乃登于男”即“女劳男逸”的现象。清人屈大均《广东新语·女语》卷八，在记及长乐（今五华）、兴宁妇女时说：“农之隙，昼则薪烝，夜则纺

① （清）黄遵宪：《人境庐诗草》，卷一，钱注引。

② （汉）司马迁：《史记·河渠书》，卷七。

③ （宋）王象之：《舆地纪胜·广南东路·梅州》，卷一〇二，景物上条。

④ （南朝宋）沈怀远：《南越志》。

织，竭筋力以穷其岁年。碗有余粟，则其夫辄求之酤家矣。故论女功者以是为首”。

客家妇女肩负种种劳作重任，与传统汉俗不符，显系受南方少数民族影响所致。唐人刘禹锡在《连州竹枝词》中描写瑶畲妇女的形象为“银钏金钗来负女，长刀短笠去烧畲”，黄钊将此与客家妇女相比较，认为“差堪仿佛矣”①，是很有见地的。宋人乐史《太平寰宇记》载：广东龙川县，“人多蛮僚，妇人为市，男子坐家”。显然，杂居其地的客家人，是不能不感染“男子坐家”的“蛮僚”之风的。

（三）服　饰

客家人的挽髻与打赤脚，与“椎髻跣足”的越俗有关。

旧时，客家妇女所穿“百褶裙”，与南方民族流行的“桶裙”同出一辙。

头帕。客俗称“东头帕”，即包头巾之意。方巾，前方折成三角尖锐形，用布质宽带系紧，既可遮阳挡光，又可作装饰物，起女性帽子之作用，与畲族妇女头帕颇相类。

不缠足。客家人早已革除了缠足陋习。故清人黄钊《石窟一征·礼俗》卷四称：“俗妇女不裹脚。”这也可从以客家人为领导核心的太平天国曾下令禁止缠足、太平军女兵为大脚的历史事实中得到证明。显然，这是客家人摒弃了中原古风而“从蛮俗”的结果。

（四）饮食习惯

南方民族的食物，不仅种类繁多，而且因其与中原地区食俗有别，故被名为“异味”。②客家人南徙后，也受到了南方民族食文化的影响。如：

乌饭。把枫叶揉碎泡水，染糯米饭为黑色，客俗名乌饭，用以祭祀。如道光《长乐县志·风俗》卷四：“清明，以枫叶染糯米蒸饭作团，谓之乌饭……谒墓曰踏青、挂纸钱，以乌饭祭。”此俗，原在两粤居民特别是瑶、壮民族中流行，又有染作青、黄、赤以相杂，谓之“五色饭”者。好食水产。举凡青蛙、泥鳅、鳝鱼、鳖、蛤、蚌、田螺、小螃蟹等，客家人无所不食。此俗，有别中原风俗。如晋人张华

---

① （清）黄香铁：《石窟一征·礼俗》，卷四。

② （宋）周去非：《岭外代答》，卷六。

《博物志》卷三载："东南之人食水产……食水产者龟蛤螺蚌以为珍味，不觉其腥臊也。"可见，客家人南来后，改习"非内地所行"之俗而"好食水族"①。

嗜蛇。客家人以蛇为珍品，不仅因其味美肉鲜，且传说有清热解毒之奇效。这是受"越人得髯蛇，以为上肴"②之习的感染。

有食狗肉与老鼠肉之癖。客家地区流行夏至杀狗以"御蛊毒"之说，故有"夏至狗，无处走"③之谚。福建宁化地区"老鼠干"，甚至成了著名的传统食品"汀州八干"之一。此俗，系受南方少数民族"甘犬嗜鼠"④之习的影响。瑶畲族人，也以"老鼠干"作为待客上品，均可证。

喜生吃。客家地区"俗好食鱼生"⑤，以生猛海鲜鱼肉切成薄片，蘸以佐料而食。这是受"粤俗嗜鱼生"的影响。究其源，当系古代越人"啖生"遗风流存。

总之，一些中原人视为可骇可怖之物，竟成了客家人的美食。与乃祖食俗相比，其反差相去十万八千里之遥，这是"近朱者赤"之故。

（五）婚　仪

客家人的婚俗，虽说是保持古风最浓，但仍有"蛮"风掺杂其间。试举二例以明之：

用槟榔作聘礼。据嘉庆《大清一统志》卷四五七载：嘉应州（今广东梅州市），"婚姻以槟榔、鸡、酒为礼"。甚至有用槟榔"以多为贵"⑥的现象。至后世，随着食槟榔之习的消失，则改用几小块槟榔裹以红纸作为聘礼的一种象征。客家人此俗，可溯源于宋代"蛮僚"。其时，岭南地区"索妇之人，未婚前先送槟榔一盘，女食尽则成亲。"⑦

---

① （隋）杜台卿：《玉烛宝典》语。

② （汉）刘安：《淮南子·精神篇》。

③ （民国）《博罗县志·风俗》。

④ （清）顾炎武：《天下郡国利病书·云南》。

⑤ （清）黄香铁：《石窟一征·礼俗》，卷四。

⑥ （清 乾隆）《归善县志·风俗》，卷十五。

⑦ （宋）乐史：《太平寰宇记·岭南道十四》，卷一七〇。

盛行童养媳婚。如，民国《上杭县志·礼俗》卷二十载："俗有女，初生即抱养过门者，谓之童养媳。及其成年，岁除日合卺同房。"旧时，闽粤赣客家地区都无例外行此俗。从历史原因而论，远与岭南地区蓄奴成风有不可割断的联系。据《唐会要》卷八六载："元和四年（809年）闰三月敕，岭南、黔中、福建等百姓，虽处遐俗，莫非吾民，多罹掠夺之虞，岂无亲爱之恋，缘公私掠卖奴婢，宜令所在长吏切加提搦。"可见，唐代南方民族地区官私奴婢众多之源，是"遐俗"所致；而客俗童养之风则是蓄奴制的陋习传承。

（六）丧葬礼仪

客家人的丧葬习俗，有悖中原"祖训"者较婚俗为多。其荦荦大端者有四：

一是"买水"浴尸俗。据清人吴震方《岭南杂记》卷上载："惠州人死未敛，亲人至江浒望水号哭，投钱于水，汲而归浴以殓，此亦蛮风也。"据笔者了解，旧时粤东客家地区均行此俗。清人吴震方精辟揭示：此俗本非客家人所有，而是"蛮风"传入的结果。因为早在宋代，壮族先民就有"买水"①之俗，后世畲族还有"买水"时唱"买水歌"之举。

一是丧葬奏乐。客俗在祭奠、做斋、送葬时，多用乐。奏乐的喧闹场面，与哀痛悼念的情绪，形成了强烈对比。故宋人苏东坡对惠州民俗有"钟鼓不分哀乐事"之讥。对此，方志也议论纷纷。如，道光《长汀县志·风俗》卷三十："吊丧用鼓乐，似不经。"民国《上杭县志·礼俗》卷二十也载："出殡用鼓吹，予客款筵事，皆失礼之大者。"根据儒家孝道学说，人死了，只许哭哀，哪还兴奏乐呢？所以，清代福建客家方志作者也自觉有失"体统"，直斥为"不经""失礼"之举。此俗，确是来自非汉族的文化系统，即南方少数民族"暖丧"制。据嘉靖《广东通志》卷六七载：瑶人，"丧葬则作乐歌唱，谓之暖丧。"其实，把丧仪当喜事加以作乐示庆，也并非怪事，而是由人死后是进入另一极乐世界的原始观念所形成的。

一是"二次葬"。清人张心泰《粤游小志》记惠州、嘉应州等客家地区葬俗："粤俗惑于风水……乃有既葬后，或十年或十余年复出诸土，破棺检骨洗之，谓之

① （宋）范成大：《桂海虞衡志》。

洗金。贮骨瓷罂，名日金罐。”也有称作“金罂”“金埕”者。

所谓“二次葬”，指棺朽后，捡骸骨，置罂再葬。倘据祖传的周礼来衡量，这是大逆不道之事。但客家人终于还是接受了周围少数民族的葬俗。据文献记载，早在先秦时期，在百越民族先民定居地的楚之南“啖人国”即有此俗。后世，与客家人共处的壮、畲诸族仍行此俗。

一是火葬。汉族传统“入土为安”的观念，与火葬俗是不相容的。但在早期，客家人刚在福建定居下来时，确曾行火葬。据民国《上杭县志·礼俗》卷二十载：“明代以上，间有火葬者，”又，民国《连城县志·礼俗》卷十七载：“曩时所载风俗有每用火化”。需指出的是，与客家人共居的瑶、畲族人正流行火葬。据载：广西龙胜瑶“葬用火化”①,昭平瑶“则用火化”②,湖南兴宁瑶“多有焚化”③,福建霞浦畲“焚木拾骨”④。无疑，客家人的火葬俗是受瑶、畲影响所致。

（七）宗教信仰

旧时，客家地区习俗“专事师巫”⑤,“信巫觋”⑥, 民间多“仙姑”“觋公”“觋婆”，并往往巫、道相糅，合二为一。而“巫风事妖神”，正是南方民族宗教信仰共具的一大特征。

客俗，神灵繁杂。有种种特有的“公王”“社官”“伯公”之名，以致连博学多才的清代嘉应州著名文人黄钊对流行崇拜的“汉帝公王”，也“不知何神”。而“重淫祠”，又是非汉族传统信仰的范畴。

流行鸡卵卜与珓卜等卜式。据《石窟一征·礼俗》卷四载：“俗以鸡卵占病，间有村妇以术行医，皆用此法。”其法是将熟鸡蛋一分为二，视其黄白偏向；或是将生鸡蛋打开，视其黄内是否有点。以此定吉凶。此种占卜法，可追溯至汉代岭南

---

① （清 道光）《龙胜厅志·风俗》。

② （民国）《昭平县志·瑶僮》。

③ （清 光绪）《兴宁县志·瑶峒》。

④ （清）卞宝第：《闽峤輶轩录》，卷一。

⑤ （清 道光）《长乐县志·风俗》，卷四。

⑥ （清 乾隆）《汀州府志·风俗》记武平县俗。

越人的“鸡卜”。[①] 珓卜，即将蚌壳或竹、木分为阴阳两块，外名阳，内名阴。卜者将其合拢置于胸前，在神位前诉说其事后，将其抛掷于地，以阴阳定吉凶，客俗名此珓为“圣珓”。此法源于楚蛮之地。

有各种形式的“盘古”崇拜。在客家地区有“盘古圣王官”[②]、“盘古庙”[③]、“盘古山”[④] 等。汉族的“盘古”传说，是从瑶畲的图腾盘瓠讹变和演化而来。随着瑶畲与客家文化的交汇，纪念“盘古”的遗风也有涌现。

（八）客家山歌

客家山歌，除源于中原文化外，还从南方诸族的《竹枝词》中汲取了养分。其主要表现有二：一是被壮、瑶诸族奉为“始造歌”者、歌仙刘三姐的种种传说，在广东客家地区同样流行，只不过刘三姐摇身一变为刘三妹而已。一是从表现形式、手法及内容，与畲、瑶、壮歌有惊人的相似之处。

需要指出的是，笔者也不同意过分夸大“土著”民歌的影响作用，而否定《诗经》十五国风及六朝民歌是客家山歌主要源头的说法。

客家文化这一特征的形成，是有其深刻的社会历史背景的。原来，客家人是南方民族的迟到者。岭南的土著居民属百越系统，属越文化。直至汉初，这一地区仍主要为南越与闽越人。正如《汉书·地理志》颜注引臣瓒曰：“自交趾至会稽七八千里，百越杂处，各有种姓。”其后，受楚人和汉民族的压迫，瑶畲系统民族从五溪地区不断徙来，至唐宋时期，在闽粤赣地区，已为瑶畲的重要居地。据杨澜《临汀汇考》载：“唐时，初置汀州，徙内地民居之，而本土之苗，仍杂处其间，今汀人呼曰畲客。”由此可证，自唐以来闽西汀州畲、汉居民是杂处的。再后，因中州动乱频繁，客家先人才在不同时期逐步从黄河流域经淮水、长江分段进入。一般认为，客家人至宋代才正式形成民系。生活在众多民系环境的客家民系，受他族他民系的影响是顺理成章之事。在这种民族大熔炉中锻就的民族文化，就必然夹带着你中有

---

① （清 咸丰）《兴宁县志·风俗》，又见《史记·封禅书》。

② （清 光绪）《嘉应州志·祠记》。

③ （清 光绪）《崇义县志·寺观》。

④ （宋）王象之：《舆地纪胜·赣州》，卷三二。

我、我中有你的成分。其实，世界上任何富有生命力的民族，任何能自立于世界民族之林的民族，就在于能对其他民族的文化持兼收并蓄的态度。客家民系之所以能发展壮大并从山区走向世界，客家文化之所以异彩纷呈，正由于对他族他系的文化取开放而非排斥的科学态度。这恰恰是客家民系值得自豪之所在，也正是我国多民族国家的历史与文化发展的写照。

客家文化中心转移变迁说*

客家文化在各地的发展虽不尽平衡，在各个历史时期其文化中心也不断推移，但作为一个整体，则彼此存在互相吸引、影响和不可分割的密切联系。

有宋一代，客家文化中心有二：

一是福建路的汀州。汀州，是客家移民早期进入的重要基地。传说宁化石壁乡为客家人的祖居地，并非空穴来风。因此，客家文化在汀州生根开花，是情理中事。故有“风声习气，颇类中州”之誉。[①] 其出众人物有：宁化郑文宝，宁化张达观、张良裔父子，长汀杨方诸人。郑文宝，长于诗。其诗颇受同时代的文坛大家晏殊、欧阳修、司马光的青睐。杨方，以理学著称，曾从学于朱熹，对客家地区理学的兴起，其功阙伟。

一是广南东路以韶州为中心的粤北地区。因韶州地处岭南北交通要冲，故此地客家文化得地理之便与气候之先。曲江余靖，即是其中佼佼者。余靖，宋代名臣，官至兵部尚书，崇祀于广州八贤堂。其史学、诗、古文词，均为时人所重。曾雠校《史记》《汉书》，别为刊误四十五卷，是他尤精史学的明证。

韶州为宋代客家人藏龙卧虎之地，是有历史根源的。早在唐代，曲江就出过名震中原的张九龄。张九龄，唐朝名相，文学冠一时，著有《曲江集》，事迹具《旧唐书》卷九九本传。其诗劲炼质朴，洗尽六朝铅华。《唐音癸签》称其“首创清淡之派”。对其后的王维、孟浩然诗派颇有影响。时人张说则赞誉他为“后来词人称首也”。可以说，张九龄以其卓越才学与高尚人品，使中原人对岭南文化刮目相看。

元代，客家学子多不应试仕宦。所以，这一时期文士不显、文风转衰，记载也多阙如，但也并非全无杰出人物。龙南人钟柔，融贯诸史，著述多部，从学者数万人，一时文风称盛，即是一例。

明初，承元之弊，客家著名文士尚不多见。成化、弘治年间，始渐露锋芒。嘉靖以后，人才辈出。明末清初，而登高峰。这一时期，客家文化中心有三：

---

* 原文收入《客家与赣南》，赣州，赣南时代出版社，2000。

① （宋）陈一新：《赡学田碑》，引自嘉庆《大清一统志·汀州府二》，卷四五六。

一是福建汀州府。汀州府的文化尤以文史成就为著。有宁化李世熊、黎士宏，上杭刘坊诸人。李世熊，主要著作有《寒支初集》《寒支二集》。史称其：六经诸子百家，无不贯通；为文沈深削刻、奥博离奇。他所撰修《宁化县志》，被誉为天下名志，为客家地区方志学做出了特殊贡献。黎士宏，世熊弟子，人称“以诗文章名天下”。刘坊，著有《天朝阁集》。他自视甚高，声言“自有文章以来，一刘鳌石而已”。人评其文“足以惊天地而泣鬼神”。

一是赣南地区。明末清初间，“三魏”和“易堂九子”的古文最负盛名。“三魏”，为江西宁都魏际瑞、魏禧、魏礼三兄弟。“易堂九子”，以魏氏三兄弟为核心，加上李腾蛟、丘维屏、彭任、曾灿、彭士望、林时益。他们的古文成就，集中反映在魏际瑞的《魏伯子文集》、魏禧的《魏叔子文集》、魏礼的《魏季子文集》和易堂九子的《易堂九子文钞》中。魏氏两代六人，被誉为文坛“三魏”和“小三魏”，传为千古佳话。显然，倘没有当时赣南文风兴盛的背景，是绝不可能出现这一奇特文化现象的。

理学方面，则有信丰俞溥，龙南月华，南康刘昭文、王事圣诸人。月华，曾从王守仁之学，为学者所宗。刘昭文则学于湛若水①之门。可见，赣南理学王、湛两派均有传人。

一是惠州府。明代客家理学中心。一时人才济济，理学发展至顶峰。代表人物有杨传芳、叶时、叶春芳、叶天佑、叶春及、叶萼、杨起元诸人。杨传芳，师事湛甘泉，深得其中奥妙。叶时，曾从南海庞嵩②学，崇奉王阳明良知之学。叶春芳，

---

① 湛若水，字元明，号甘泉，增城人。曾从陈献章游。明朝弘治年间（1488—1505年）末进士，授翰林院编修，时王守仁在吏部讲学，若水与相呼应。嘉靖时，历官南京吏、礼、兵三部尚书。筑西樵讲舍，学者称甘泉先生，卒谥文简。著述甚丰，有《甘泉新记》《甘泉集》《白沙诗教解注》等。其理学主张与王阳明相左。据《明史·儒林二·湛若水传》卷二八三載;“若水初与守仁同讲学，后各立宗旨，守仁以致良知为宗，若水以随处体验天理为宗”，一时学者遂分王、湛之学。

② 庞嵩，字振卿，又字弼唐。南海人。嘉靖二十三年(1544年)，举于乡。讲业罗浮山，从游者云集。通判应天凡八年，屡摄府尹事。迁南京刑部员外郎，进郎中，迁云南曲靖知府。所至以善政闻。早游王守仁门，淹通五经。晚年罢官后，复从湛若水游。著有《刑曹志》，时议称之。事迹具《明史·循吏》卷二八一本传。

受学湛甘泉，“甘泉称其学问纯正”。叶春及，理学崇陈献章。[①] 叶萼，曾从薛侃[②] 学，为惠州一郡师。杨起元，崇心性之学，其学的显著特点，是将佛学引入理学，使佛儒合一。

惠州客家地区理学，与整个广东地区理学同步发展。“明兴，白沙氏起，以濂雒之学为宗，于是东粤理学大昌。”[③] 换言之，明正统以后，陈献章“白沙之学”的兴起，标志着广东地区理学进入繁荣阶段。其后，出现客家、福老、广府民系的理学大师各据一方、各领风骚和互相渗透、互相辉映的生机勃勃的局面。“当是时，甘泉、阳明二家弟子，各执其师之说，互有异同，自弼唐为之会通，面浙、广二宗，皆于弼唐悦面诚服，于时乡士大夫翕然和之。若何古林则讲学诃林，薛中离则于金山，黄泰泉于白云，钟叔辉于宝潭，杨肖斋（传芳）、叶允中（时）于归善，叶䌹斋（春及）于罗浮，王青梦于粤秀。而其在广州者，遇朔望必偕至天关，就正于弼唐。”[④] 就是说，这一时期惠州地区的理学，杨传芳、叶时、叶春及诸人独树一帜。

需要强调指出的是，客家人因深受儒家思想熏陶，故具有极为强烈的民族意识和名节思想。这以明清嬗变之际的汀州和赣南的气节派文人最具代表性。他们大多具有反清复明、“义不帝秦”的思想和行为。其佼佼者有李世熊、刘坊、魏际瑞、魏禧、魏礼诸人，为人则“不食周粟”、退隐山林，为文则愤世嫉俗、慷慨激越、炳彪可玩。他们的道德文章，光辉千古，在客家文化发展史上，占有特殊重要的地位。

清代以降，广东嘉应州及潮州府属大埔等地（今梅州市辖区），在客家地区日益占据重要地位。有清一代，这一地区的科甲在客家地区居首位。康熙三十年（1691

---

① 陈献章，字公甫，新会人。正统十二年（1447 年）举人。学识渊博，朝议以为“真儒复出”“名震京师”。以荐授翰林检讨，乞终养归。其学“以静为主。其教学者，但令端坐澄心，于静中养出端倪”“其学洒然自得，论者谓有鸢飞鱼跃之乐。”（以上引文，均见《明史儒林二本传》卷二八三）居白沙里，门人称“白沙先生”，甚有呼为“活孟子者”。弘治中卒。著有《白沙集》《白沙诗教集》。万历初，从祀礼庙，追谥文恭。

② 薛侃，字尚谦，揭阳人。明正德（1506—1521 年）进士。曾与兄俊率子侄至赣州从学王阳明，自是王氏学盛行于岭南。官行人，坐落职归。居中离山，自号中离，讲学卒。门人记所闻，曰《研几录》。

③（清）屈大均：《广东新语·学语·白沙之学》，卷十。

④（清）屈大均：《广东新语·学语·弼唐之学》，卷十。

年）登进士的李象元，为本朝州属登第者之始。自乾隆特别是西风东渐之后，梅州地区人文日益昌盛。清代梅州文化，以诗文最为发达。代表人物有杨仲兴、王利亨、宋湘、温训、黄钊、李黼平、吴兰修、范蓝淑、叶璧华、胡曦、黄遵宪、温仲和等人。其中最著者为宋湘与黄遵宪。宋湘是乾隆以后，岭南诗人最负盛名者，代表作为《红杏山房诗钞》。史称“粤诗自黎简、冯敏昌后，推（宋）湘为巨擘”，或说“后起无如宋芷湾（湘）”。黄遵宪是清末“诗界革命”的一面旗帜，代表作为《人境庐诗草》。他所创作的通俗易懂的“新体诗”，对五四时期的新诗运动起了先驱作用。特别值得一提的是，著名女诗人范蓝淑、叶璧华的出现。客家妇女素以聪慧、贤良、勤劳著称于世，她们在客家社会中起着特殊重要的作用。但由于受封建礼教的长期束缚，在文化上并未有所建树，形成妇女地位在经济活动与文化教育两者间的极大反差。清末，随着风气日开、女权日高，这种畸形局面才不断改变。范蓝淑的《化碧集》、叶璧华的《古香阁集》，可谓晚清诗歌的璀璨明珠。她们二人则可誉为五四新文化运动女诗人的先行者。

清代，梅州地区在客家人文地位中占有举足轻重的地位，并非偶然。这早在明代即已露端倪。李士淳的出现即属此例。李士淳，作文雄健奔放，为时人所重，其著述收入《李二何先生文集》。又，据光绪《嘉应州志·从谈》卷三二载：“《谈梅》云：闻之族老，明季及国初，潮属有数县文风未盛，多有不能如额者，学使者往往以此邑之有余补彼邑之不足，程乡一邑常取进三四十名，谓之通榜。”

可见，早在明清之际，梅县（程乡）文风之盛已居粤东前列。

与此同时，惠州文化也日益发达。惠州府与广州府相邻，并濒临大海。随着客家人势力不断由山区向平原、向海外伸展，当地日居重要地位。宁化伊秉绶在惠州知府任上，曾创建丰湖书院，并一度聘请嘉应宋湘主讲。一时，丰湖书院成了培育客家人才的重要摇篮。

有清一代，客家地区文化得到普遍发展，故各地都产生了一批著名人士。其中，最有影响的为南康谢启昆、台湾丘逢甲诸人。他们在中国文坛上，均占有重要地位。谢启昆，于史学、文学、方志学等方面均有所建树，尤以方志学成绩斐然。他主修的《广西通志》，体例新颖，内容博洽，为一代模式。丘逢甲，著名爱国诗人，代表作为《岭云海日楼诗钞》。梁启超誉之为“诗界革命巨子”。其诗的“英气”，甚至在黄遵宪之上。

总之，客家地区，从宋代以来可谓江山代有人才出。客家人在历史上各个文化领域，均作出了杰出的贡献。其著名者：史学有余靖；理学有杨方、杨昱、杨传芳、叶春芳、叶春及、叶萼、杨起元；诗有郑文宝、伊秉绶、宋湘、胡曦、黄遵宪、丘逢甲；古文有刘坊、魏际瑞、魏禧、魏礼；方志学有李世熊、谢启昆；客家学有黄钊、温仲和；女诗人有范蕾淑、叶璧华。不胜枚举。

鄂西民族地区发展史

鄂西民族地區發展史

田余庆　题签

目　录

序　言

本书稿共分九章，内容包括从先秦至清代历代鄂西民族地区的政治、经济、社会、文化、民俗诸方面的发展演变过程及历史经验与教训。

重要观点与内容如下：

第一，本书以统一多民族国家的现实为出发点，论述鄂西民族地区发展史，得出如下结论：鄂西少数民族与汉族人民之间，长期有着相当密切的联系，互相往来、互相影响、互相融合，为互融互动的民族关系；鄂西各族人民对开发和经营鄂西地区，作出了重大贡献；鄂西各族人民对中华民族和我国统一的多民族国家的形成和发展作出了贡献。

第二，根据鄂西民族地区发展的全过程，首次提出“四次开发论”或“四个发展阶段论”：

秦汉开创时期。鄂西地区被纳入统一的多民族国家的版图，“开通西南史”，揭开历史新篇章。秦汉王朝利用当地首领对民族地区进行统治，并使其隶属于中央王朝。这些被分封的“蛮夷邑君侯王”，就成了后代土司制度中“土官土吏”的前身。魏晋南北朝时期，鄂西民族属于“荆州蛮”，中央王朝在当地设置“左郡”“左县”加以管理。这一时期的主要特点是：“蛮”族社会经过长时期的激烈动荡，大批迁徙，频繁交流，加速了民族融合的进程。总之，秦汉时期，鄂西地区尚处于初步发展阶段。

唐宋羁縻州时期。隋唐五代时，鄂西少数民族的主要称谓有“蜑”“峡中蛮”“清江蛮”“巴蛮”等。宋代，鄂西民族分布在施州及其南部的羁縻州有高州、顺州、保顺州、富州等地。这一时期，在鄂西民族地区发展史上，是第一次大转变时期。土地广为开发，人口急速增加，民俗为之一变。故史称：施州地区，“五代迄宋生聚日繁，纷华亦遂日盛。旧《志》载宋儒之言有：‘施州风土，大类长沙，论文学则骎骎大国风，论人情则渐多浇漓，少醇厚。’……由朴而华，固亦势所必

至钦，是为风俗之一变”。

元明清土司时期。鄂西土司制度形成于元，盛于明及清初。迄清时，有“湖北十九土司”之称，其中“最富强者”为容美土司。鄂西土司制度曾起过积极的历史作用。这一时期，中央王朝势力日益深入民族地区，鄂西民族地区与内地联系日益密切，开始向纵深发展。这一时期，社会经济有了长足发展，靠近城郊的平畴地区已有比较发达的农业，有“大麦垂黄小麦青，晚稻含华早稻熟”之咏，反映出犁耕农业的发展情况。耕地面积不断扩大，人口日益增加。文教较前发展，人才竞出，土家族出身的上层人物，通过科举而出仕。

改土归流时期。清雍正年间（1723—1735年），实行改土归流以后，鄂西土司全被废除。在原土司地区设置了施南府，下设恩施、利川、咸丰、宣恩、来凤、建始六县。废除了土司陋规，减轻了土家族等各族人民的负担。废除了“汉不入峒，蛮不出境”的禁令，汉区较为先进的农具与生产技术大量输入，山林被大片开垦，长期存在的“刀耕火种”的落后生产方式有所改观，农业生产得到迅速发展。手工业方面，汉族工匠的进入，使土家族出现了本族的工匠。商品经济有了较大发展，出现百货齐全、商贾云集、贩运繁忙的热闹景象。商品经济的发展，对当地长期与世隔绝的自然经济的支配地位，无疑是一种打击。从此，鄂西民族地区进入了迅速发展时期。

第三，从发展史中，探求规律，分析得失利弊，总结经验与教训，对历史进行反思。主要包括：

评价历代中央王朝开发经营鄂西民族地区的作用，并探求中央政权行为在社会变迁中的作用。历史事实证明，历代中央王朝均重视民族地区。政治上，多设置了有别于汉区的行政机构，从秦汉的“道”制，至南北朝时期的“左郡”“左县”制，再至唐宋时期的“羁縻州”制，终至元明清时期的土司制度。在经济上，推行“优宠”的赋税政策。在法律上，采取有别于汉区的从宽处理的原则。在文教上，施行在民族地区办学，鼓励少数民族子弟入学的政策。当然，在这同时，也要揭示其压迫、剥削、歧视少数民族的另一面。历史事实证明：是否重视或是否采取较为符合民族地区的政策，可以起到推进或延缓当地社会发展的作用，单纯强调中央王朝的负面作用，是片面的、不客观的。

评价历代地方土官政权在鄂西民族地区发展史中的作用，并探求地方民族官员

的地位与作用。鄂西土官长期以来与中央王朝保持着密切联系，使鄂西地区历来动乱较少，维护了当地的稳定局面，减少了对社会经济的破坏。容美土司听从中央王朝的调遣，积极参加东南沿海的抗倭爱国斗争。鄂西土司对引进代表当时先进生产力的汉文化持积极态度，一些土司熟读经史，有的甚至还有所著述。其中较为突出的有湖广沙溪安抚使黄楚昌、容美宣慰使田甘霖及其子田舜年。鄂西土司汉文化程度之高，是全国其他地区土司所不及的。这都表明，鄂西土司曾起过推动当地社会发展的作用，应予充分肯定。当然，随着历史的发展，土司的落后性与腐朽性日益突出，废除土司制度成了历史的必然。

历代移民与当地少数民族在民族地区开发中的作用及其关系。中原地区与民族地区经济的互补、互动与双向交流关系，为正确处理民族关系提供了有益的借鉴。

开发与基础设施建设的关系。历次鄂西地区开发，均以“凿山开道”为前提；解决交通和通信问题，仍是今日西部开发的基础。

经济开发与交通发展的关系。在经济发展史上，“先教为先”的实施与作用。

发展与稳定社会的关系。应吸取鄂西民族地区发展史上加重少数民族赋税负担、侵占少数民族土地而酿成社会动乱的教训。

开发与保护生态环境的关系。总结改土归流后，“山林尽开”“禽兽逃离”及滥砍山林、水土流失的教训。

发展与保持传统文化的关系。总结发展过程中将少数民族习俗一概视为“旧习”加以革除，甚至推行强迫同化政策的错误。清代改土归流后，各地流官均曾采取行政命令的办法，对一些“旧俗”加以禁革或晓谕。以鹤峰第一任流官知州毛德峻所发的一系列文告为例，其间，有的是属于改革陋习的，如《劝农蓄类》《劝积贮》告示，有利于促进生产和安排生活；有的则是封建统治者用封建伦理道德观念强行干预或改变少数民族风俗习惯的，对“婚姻礼节”所定的一些条例即属此例。对此需具体问题具体分析。既不可一概斥之为“强迫民族同化”措施，也应看到封建统治者执行的不尊重历史上长期形成的民族特点和风俗的民族歧视政策。

总之，历史上曾多次开发鄂西，均为无序进行。如，在鄂西改流后，“流人麇至，穷岩邃谷，尽行耕垦”“至乾隆年间，始种苞谷，于是开铁厂者来矣，烧石灰者至矣。众来斯土，斧斤伐之，可以为美乎？叠巳青山为之一扫光矣。……而外来各处人民挈妻负子，佃地种田，植苞谷者，接踵而来”。像这种一窝蜂的开发使生

态环境遭到严重破坏的历史教训，是必须认真汲取的。

本书是第一部较为全面、系统、深入地研究鄂西民族地区发展史的学术专著，具有在理论上填补空白的意义。将地区发展史与民族发展史结合，也具有特殊的理论价值。同时，对今日鄂西民族地区的发展，对鄂西民族地区民族政策的贯彻与执行，也具有参考与借鉴的价值。

在写作过程中，笔者尽量搜罗有关文献材料，以求科学结论建立在翔实可靠的历史资料的基础上。

本书为国家社会科学基金项目，批准号为01BNZ017，项目名称《鄂湘西部民族地区开发史鉴》，最终成果名称《鄂西民族地区发展史》。因考虑鄂、湘民族地区发展史较为相类，为避免重复，且由于时间与内容的限制，故决定本书只撰写鄂西部分，而将湘西的部分问题论述，作为附录。因考虑发展史包含开发史，且内容更广泛，故采用“发展史”之名。因发展史内容中，贯穿“史鉴”的指导思想，为使名称简便，故省去“史鉴”中的“鉴”字。

课题组成员，有田敏教授、谢开容副研究员，他们一起参与了本书的策划、研讨、调查、写作、修改、核对。因此，本书属课题组成员的共同研究成果。全书由吴永章执笔完成。附录部分由田敏撰写。

第一章　先秦时期的巴、楚——鄂西土家族地区文化的源头

今鄂西民族地区，夏商时属荆、梁二州之域，西周时为夔子国地，春秋时为巴子国地，战国时为楚巫郡地。

从地域言，今鄂西地区曾为巴、楚辖地；从文化言，巴、楚文化曾给予后世鄂西民族文化以重大而深刻的影响；从族属言，巴人是后世土家族的主体先民，进入当地的楚人也融入其中。因此，楚、巴与鄂西民族地区的关系至为密切。

第一节　楚

一、楚的历史发展概况

湖北，曾是古代楚国的发源地。

据历史文献的可靠记载，楚的历史，最迟从商朝开始至秦灭楚为止，即从前16世纪至前223年止，历时1400年之久，如果把传说时代也计算在内，那更是源远流长了。

据《史记·楚世家》载：楚的先祖出自黄帝的孙子颛顼高阳，高阳的曾孙重黎“为帝喾高辛居火正，甚有功，能光融天下，帝喾命曰祝融”。大概是以官为氏，而楚的先祖为火正，故后人把祝融当作南方民族的象征。祝融后人，分为八姓；其中的芈姓，始祖是季连，“楚其后也”[①]。可以说，季连开始以芈为姓，标志着楚族初步形成。因此，楚人世代隆重祭祀其著名先祖祝融与季连。

在商代，有关南方民族的记载已散见于甲骨卜辞和史籍中。武丁（前1250—前1192年在位）时的卜辞有“南土受年”[②]的字句，南土就是商朝的南部国土。据《左

① （汉）司马迁：《史记·楚世家》。

② 郭沫若：《殷契粹编》，907页，北京，科学出版社，1963。

传•昭公九年》载，周景王说："及武王克商，……巴、濮、楚、邓，吾南土也。"说明周的南土巴、濮、楚、邓也就是昔日商的南土。有商一代，楚商关系，时臣时叛，维系不断。湖北境内商代遗物发现的日益增多可证其彼此关系之密切。

西周时期，是楚国历史发展的一个重要阶段，它逐渐由小到大，由弱变强。与此同时，它与西周王朝的关系也经历了从臣服到抗衡的转变。

周成王（前1042—前1021年在位）时，楚国君鬻熊的曾孙熊绎被封以子男之田。所谓"封"，就是因其故地，给予封爵，正式承认其诸侯国的地位。熊绎居丹阳（今湖北秭归县）。据《水经注》卷三四，《江水》载：江水又东经秭归县城北，"楚子熊绎始封丹阳之所都也"。从此，楚以丹阳为都约有四百年的历史。

及至西周末年，随着周王朝势力的衰落，楚的势力在南方得到长足发展。据《史记•楚世家》载：

> 当周夷王之时，王室微，诸侯或不朝，相伐。熊渠甚得江汉间民和，乃兴兵伐庸、杨粤，至于鄂。熊渠曰："我蛮夷也，不与中国之号谥。"乃立其长子康为句亶王，中子红为鄂王，少子执疵为越章王，皆在江上楚蛮之地。[①]

这就是说，今湖北境内长江沿岸和汉水以南这一大片地方都成了楚的势力范围，并且熊渠居然向周天子挑战，自己称起王来。

春秋时期，以楚武王（前740—前690年在位）为开端，楚的历史进入了一个大发展的阶段。它不断向周边发动进攻，扩张疆土，很快成了一个泱泱大国。

楚武王的儿子楚文王（前689—前677年在位）即位后，"始都郢"（今湖北荆州市南城）。直至前278年，秦将白起"拔郢"止，楚国在此建都历时411年。它"西通巫、巴，东有云梦之饶"[②]，郢成了楚国政治、经济、文化中心。

楚成王（前671—前626年在位）以后，随着楚国实力的增长，便"北盟齐晋势争强"[③]，开始和中原地区的几个大国直接交锋争霸了。先是楚齐争霸，次为楚宋争

① 庸，今湖北竹山县；句亶，今湖北江陵县；鄂，今湖北鄂州市。

② （汉）司马迁：《史记•货殖列传》。

③ （宋）陆游：《陆游集》（第一册），北京，中华书局，1976。

霸，后为楚晋争霸。

战国时期，楚仍奉行不断向外开拓疆土的政策。主要是向南面、东面及西面发展。如吴起南平百越，扩地至湖南南部；楚威王（前339—前329在位）灭越，取地东至于浙江；楚威王派将军庄跻，略巴蜀黔中以西，直至滇池。在北面，先后灭了蔡、杞（今河南杞县）、莒（今山东莒县）、鲁；并伐齐，取淮北之地。当时秦、楚分别为北、南两个最强大的国家。楚国由于政治改革不及秦国彻底，社会矛盾尖锐，面对强秦的进攻，只能节节败退。前278年秦将白起拔郢，楚迁都于陈（今河南淮阳县）。前253年，南徙都钜阳（今安徽太和县东）。前241年，东徙都寿春（今安徽寿县），也称作郢。前223年，秦将王翦率六十万人攻楚，杀楚将项燕，俘楚王负刍，楚亡。

在先秦史中，楚国占有重要的历史地位。它有悠久的历史，从僻在荆山，地处江汉流域的“蛮夷”小国，逐步发展，春秋时期曾称霸中原，战国时期则成为占地面积最大的国家。它北接淮、汝，与韩、魏、宋、齐为邻；南有苍梧（今湖南南部九嶷山）与百越为邻；西有黔中、巫郡（今重庆巫山县），与巴、秦为邻；东极海滨。换言之，它包括今湖北、湖南全省和河南、四川、重庆、陕西、江西、安徽、江苏、浙江、山东等省的一部或大部地区，统一了江汉流域、江淮流域、江浙流域、沅湘流域等我国南方广大地区，从而为秦、汉统一的多民族国家的形成与建立创造了重要条件，对后世南方诸族文化有着重大影响，为我国历史发展作出了重要贡献。

二、楚国是一个多民族的国家

在广袤的楚国境内，居住着种类繁多的民族。这些民族，对楚的历史发展起着重要作用。而楚国在其历史发展过程中，也就成了南方民族融合的中心。

楚国境内诸族主要有：

（一）楚

楚族是楚国的主体民族，属于“蛮”族中“荆蛮”的一支，即我国古代少数民族之一。

远古时期，居住在江汉流域及其以南广大地区的众多部族，古籍把它们统称为

“蛮”“夷”或“蛮夷”并称，又因其位于华夏族所居的中原地区以南，故又往往称之为“南蛮”或“南夷”。楚即属于上述“蛮”族的范围。

楚为“蛮”族中“荆蛮”的一支。其时的“蛮”族，主要是指活动在江汉流域为中心的古荆州地区的部族，故史有“荆州于古蛮服之地”[①]之载。因荆、楚同义，故又称为“楚蛮”或合称为“荆楚”。荆或楚是“荆蛮”或“楚蛮”的一支，是“荆（楚）蛮”中的主要部分和核心力量。后来，这一地区的“蛮夷”完全为楚所征服，后人往往误把史籍中的“荆楚”“荆蛮”与楚国等同起来，而这是需加以区别的。

楚人对楚为“蛮”族这一点，并不讳饰，如，楚熊渠与楚武王均曾称“我蛮夷也”[②]。周王朝和中原诸侯国也以“蛮夷”视楚,如周成王盟诸侯时,因“楚为荆蛮”，“故不与盟”。[③]

随着楚政治、经济、文化的不断发展，与中原地区交往的日益频繁，它与诸夏的界限就逐渐泯灭而成为诸夏的一个组成部分。

（二）群　蛮

蛮族中，除楚人外，尚有其他种类繁多的部族，史概称为“群蛮”。春秋时期，楚境内的蛮族见于史籍者主要有：庐戎、罗、戎、庸。[④]

（三）濮和巴

濮,“在江汉之南”[⑤]。其地逐步为楚所占,被迫向西南移动。故进入战国后,楚境已无濮人的记载。

巴，详见后述。

---

① 见（宋）李昉、李穆、徐弦：《太平御览·州郡》所引《晋元康地记》。

② （汉）司马迁：《史记·楚世家》。

③ 《国语·晋语》。

④ 庐戎，在今湖北南漳县境；罗，在今湖北宜城市西山；戎，居于楚南部山间的“蛮夷”；庸，今湖北竹山县。

⑤ 《尚书·牧誓》孔安国注。

（四）西　戎

诸戎本出自我国西部地区，随着民族间往来的频繁，部分西戎逐渐东移。下列诸戎还成了楚国的组成部分。“蛮氏戎”，立国于今河南临汝；姜姓之戎，申、吕、许；允姓之戎，鄀、阴。①

（五）东　夷

在我国东部居住的古代部族，被称为“夷”或“东夷”。被楚所灭的东夷国家有：黄、英、江（今河南息县西南）、六、蓼、群舒、郳、莒等。②

（六）越

楚境内属于百越系统的越人，有“杨越”或“扬越”。需指出的是史籍记载与楚发生关系的扬越有两处：一是上述，楚君熊渠所伐之“杨粤”，位于汉水中游一带;另一是楚悼王时，吴起“南攻扬越”③，此扬越地望，则主要指今湖南南部和江西部分地区。有“夷越”,《史记•楚世家》所谓的“镇尔南方夷越之乱”，其地望应主要在楚郢都以南的广大地区。有“于越”，此系指春秋战国时期的东部越人。

（七）诸　夏

汉阳诸姬。指汉水北部的姬姓国家：随（今湖北随州市）、唐（今湖北随州市西北）等众多中小国家。此外，楚还灭了陈、蔡、鲁等华夏裔建立的国家。

先秦时期，楚国在南方民族地区起着最为重要的作用。我国南方广大地区，在历史的黎明时期，就普遍有人类活动，并逐步形成许多部族和大小国家，其后几乎都为楚所统一。在这一基础上形成的楚文化，并不是由原来“僻在荆山”的

---

① 申，故城在今河南南阳市北；吕，今河南南阳市西；许，今河南许昌县；鄀，后迁于南郡鄀县，即今湖北宜城市；阴，后迁于汉水之滨的湖北兴化境。

② 黄，今河南黄川县；英，今湖北英山县境；江，今河南息县西南；六，今安徽六安市；蓼，今河南固始县；群舒，今安徽境；郳，今山东邹县；莒，今山东莒县。

③《战国策•秦策三》。

少数楚人所创建的单一的文化，而是以楚人为中心，包括楚国境内上述诸族共同创造的。正因为如此，才形成了光辉灿烂、富有生命力和独具一格的楚文化。南方诸族也就在同一文化中大体融合了。可以说，一部楚国史，也就是一部南方诸族的民族融合史。

三、楚文化与鄂西土家族文化的关系

楚文化与后世土家族文化，存在颇多相似之处。其间存在着源流因袭关系，即在某种程度上，可说是楚俗流传所致。此外，共同的“蛮”族文化和共同的区域文化诸因素，也起着不可忽视的作用。其主要表现有：

（一）擅称王侯

西周末年，王室衰微，以蛮夷自居的楚人，率先僭越称王。熊渠曾宣称：“我蛮夷也，不与中国之号谥。”熊通时自立为武王，其后楚世代称王。作为“蛮夷”的楚人，敢于不受被华夏族奉为行动准则的周礼之束缚，敢于“自尊”“自立”为王，以与周天子分庭抗礼。

土家族先民也袭楚制，动辄称王。如，南北朝时期有“酉溪蛮王田头拟”[①]，在土司统治时期，鄂西土司，“俗称土王”[②]。

（二）凤与虎的崇拜

楚人崇拜凤、虎，或曰以凤、虎为图腾。出土的楚国木雕珍品虎座鸟架鼓，其底座为一对相背而伏的猛虎，其上则为一对相背而立的凤鸟，可说是楚人同时赋以凤、虎为吉祥特征的典型器物。楚人崇奉凤鸟，还可以楚辞反复咏颂“凤皇”诸鸟为证。楚人以虎为图腾，还可以楚名相令尹子文后裔以班为氏，“楚人谓虎为‘班’”[③]，为证。

土家人也崇拜凤鸟，至于传说中土家始祖廪君化为白虎，更是以虎为图腾的铁证。

① （南朝梁）萧子显：《南齐书·豫章文献王嶷》。

② （清 同治）聂光銮、王柏心：《宜昌府志·杂载》。

③ （汉）班固：《汉书·叙传》。

（三）关于舟战与竞渡之戏

因楚人临江汉之水，故善于舟战。楚不仅有一支强大的舟师，而且，我国水师最早始于楚，其时间为鲁襄公二十四年（前 549 年）。

从南北朝一直至隋代，居于长江峡中地区土家族先人的“蛮蜒”“巴蜒”也习于水上生活，可谓有楚之遗风。这在《陈书·徐世谱传》《周书·异域传上》《资治通鉴·隋开皇五年》诸籍中，均有记载。

由于习于“水行”，便产生了“竞渡之戏”。据《隋书·地理志下》载：荆州之地多杂蛮左，于五月望日为纪念屈原而为竞渡之戏。说明竞渡之戏最早源于楚地，当无疑。此风至今仍在鄂西土家族地区流传。如，同治朝《来凤县志·风俗》载，五月五日，“俱竞渡龙舟，十五日尤盛”。

（四）其他民俗事象

楚人短衣、彩衣、椎髻、善饰物的服饰，“信鬼而好祠”的宗教信仰，尚武的民族精神，等等，在土家族中也有许多相似之处。

第二节　巴

一、巴人的传说与历史

巴人有悠久的历史。据《后汉书·南蛮西南夷列传》载：

巴郡南郡蛮，本有五姓：巴氏、樊氏、瞫氏、相氏、郑氏，皆出于武落钟离山。其山有赤黑二穴，巴氏之子生于赤穴，四姓之子皆生黑穴。未有君长，俱事鬼神。乃共掷剑于石穴，约能中者，奉以为君。巴氏子务相独中之，众皆叹。又令各乘土船，约能浮者，当以为君。余姓悉沉，惟务相独浮，因共立之，是为廪君。乃乘土船，从夷水至盐阳。盐水有女神，谓廪君曰：“此地广大，鱼盐所出，愿留共居。”廪君不许，盐神暮辄来取宿，旦即化为虫，与诸虫群飞，掩蔽日光，天地晦冥。积十余

日，廪君伺其便，因射杀之，天乃开明。廪君于是君乎夷城，四姓皆臣之。廪君死，魂魄世为白虎。巴氏以虎饮人血，遂以人祠焉。

这是关于巴人起源较早的传说与记述。上述传说中有关巴人起源的武落山、赤穴、石穴、夷水、白虎在鄂西都可找到史籍根据。据《太平寰宇记》一四七卷，记长阳县“武落山，一名难留山，在县西北七十八里，本廪君出处也”。又，《读史方舆纪要》卷七六，引《荆州记》载：“难留山北有石室，可容数万人，僻险不可攻，因名难留山。”道光《施南府志·古迹》引《旧府志稿》载：“廪君赤穴在卫城（今湖北恩施县）东八十里，廪君巴务相生此。”[①]《水经注》卷三七载：“佷山县（今湖北长阳县）有石穴，昔巴蛮五姓共掷剑处。”同书卷三七又载：“夷水，即佷山清江也。”唐李吉甫《元和郡县图志》卷三〇，施州条也载，清江“一名夷水，昔廪君浮土舟于夷水，即此也”。唐人杜佑《通典》卷一八七，边防三，廪君种则载：“今夷陵郡巴山县清江水，名夷水，一名盐水。”民国《湖北通志·舆地》：“白虎陇在县（长阳）西二百三十里，昔廪君死，精魂化为白虎。”以上材料，充分证明巴人最初定居于鄂西清江地区。

从上述记载中，可以得出如下结论：巴人尚处于原始社会末期，起始未有君长；巴氏之子务相统一内部五姓，被奉为君，继而战胜盐水女神部落，建都于夷城，国家从此出现；有居石穴、善用剑（后世发现大量巴氏剑可证）、“事鬼神”、崇奉白虎图腾诸俗。

巴人源于湖北长阳县境，主要分布于鄂西、川东之地。随着楚国势力的扩展，巴人主力逐渐西移入川。居住地“东至鱼复，西至僰道，北接汉中，南极黔、涪”[②]。

（一）巴、周关系

巴人有悠久的历史。早在商、周之际，就与中原王朝有着密切关系。据《华阳国志·巴志》卷一载：

周武王伐纣，实得巴、蜀之师。著乎《尚书》。巴师勇锐，歌舞以凌

---

① 恩施县东即长阳县西。

② 鱼复，今重庆奉节县；僰道，今四川宜宾市。

殷人，前徒倒戈，故世称之曰："武王伐纣，前歌后舞"也。武王既克殷，以其宗姬封于巴，爵之以子，——古者远国虽大，爵不过子，故吴、楚及巴皆曰子。

从这一记载可以得知当时巴人已为周的军事与国。巴人不仅曾参加武王伐纣之战，而且起了重要作用，即"武王伐纣，实得巴、蜀之师"。巴人不仅作战"勇锐"，给伐纣周军注入活力，而且能歌善舞，在文化上给周人以强烈影响。武王克殷后，巴因伐纣有功，被封以子爵，臣服于周，成为周的属国，巴地归入周的版图，二者之间保持着良好关系。

（二）巴与楚、秦的关系

巴与楚的关系和巴与中原王朝的关系，二者相较，主要区别为：一是巴因僻处西南，故与中原王朝的往来尚不频繁；而巴、楚同为南方的近邻大国，故关系更为密切。二是巴与中原王朝的关系，主要限于商、西周时期；而巴与楚的关系则多发生在春秋战国时期。

在春秋时期，巴楚关系总的来说较为融洽。因楚强巴弱，故表现为巴臣服于楚的关系。如，《左传·桓公九年》卷七载：

巴子使韩服告于楚，请与邓为好。楚子使道朔将巴客以聘于邓。邓南鄙鄾[①]人，攻而夺之币，杀道朔及巴行人。楚子使薳章让于邓，邓人弗受。

夏，楚使斗廉帅师及巴师围鄾。邓养甥、聃甥师师求鄾，三逐巴师，不克。斗廉衡陈其师于巴师之中，以战而北，邓人逐之，背巴师而夹攻之，邓师大败，鄾人宵溃。

从巴欲结好于邓，需先告于楚并要由楚使陪同巴客前往的事例，可看出巴已从属于楚。然而巴在臣服于楚的同时，为反抗楚的压迫，也曾出现过反叛现象。《左传·庄公十八年》卷九载："初，楚武王克权，使斗缗尹之。以叛，围而杀之。迁权

① 鄾，今湖北襄阳。

于那处，使阎敖尹之。及文王即位，与巴人伐申而惊其师，巴人叛楚，而伐那处，取之，遂门于楚。”在这次重大反叛事件中，巴师曾深入楚的腹地，对楚造成严重威胁。

战国时，巴、楚在政治上仍保持友好关系。《华阳国志·巴志》卷一载：

> 周之季世，巴国有乱，将军有蔓子请师于楚，许以三城。楚王救巴，巴国既宁，楚使请城。蔓子曰：“藉楚之灵，克弭祸难。诚许楚三城，将吾头往谢之，城不可得也。”乃自刎，以头授楚使。王叹曰：“使吾得臣若巴蔓子，用城何为？”乃以上卿礼葬其头。巴国葬其礼，亦以上卿礼。

为加强友好关系，两国进而建立姻亲关系。据《左传·昭公十三年》卷四六载：

> 初，共王无冢适，有宠子五人，无适立焉。乃大有事于群望，而祈曰：“请神择于五人者，使主社稷。”乃遍以璧见于群望曰：“当璧而拜者，神所立也，谁敢违之。”既，乃与巴姬埋璧于大室之庭。使五人齐，而长入拜。康王跨之，灵王肘加焉，子干、子皙皆远之。平王弱，抱而入，再拜，皆厌纽。

楚共王之妾巴姬直接插手楚的王位继承一事，从侧面反映了通婚对楚政治生活的影响。这种姻亲关系，一直保持至战国时期。

由于巴人地处鄂、川之间，与楚中心地区相邻，加之两国关系密切，故大批巴人迁居楚都。据《文选》卷四五载，宋玉《对楚王问》中提到“下里巴人”的乐曲，“国中属而和者数千人”。另外，在楚郢都纪南城附近的荆南寺遗址中，还发现巴、楚两组文化内容的文化遗物；在峡中地区，则发现不少春秋时期巴、楚文化并存的遗物。说明巴、楚之间在经济文化方面已存在交流。

春秋末年特别是进入战国以后，巴、楚关系出现了紧张局面，甚至发展到兵戎相见。《左传·哀公十八年》卷六〇载：“巴人伐楚，围鄾。……三月，楚公孙宁、吴由于、薳固败巴师于鄾。”战国时，巴势衰微，楚势进一步向西南发展，秦孝公

元年（前 361 年），“楚自汉中，南有巴、黔中”[①]，其后“秦击夺楚巴黔中郡”[②]。《华阳国志·巴志》卷一则叙述：“巴子时虽都江州，或治垫江，或治平都，后治阆中。其先王陵墓多在枳。”[③]巴国的都城多次迁徙，说明楚在不断吞食巴。此外，据《通典·州郡十三》卷一八三，黔中郡条载：“古老相传云：楚子灭巴，巴子兄弟五人流入黔中，各为一溪之长。”巴为楚灭说，虽难定论，但若说巴人因受楚的攻击而散乱流亡，则是符合史实的。

战国以后，随着楚势日微和秦势日长，巴、秦矛盾日益突出，最后巴为秦所灭。据李斯《谏逐客书》云：“惠文王用张仪之计，拔三川之地，西并巴、蜀，北收上郡，南取汉中，包九夷，制鄢、郢。”《华阳国志·巴志》卷一载：

> 周显王时，楚国衰弱，秦惠文王与巴、蜀为好。蜀王弟苴侯私亲于巴，巴、蜀世战争。周慎靓王五年（前 316 年），蜀王伐苴侯，苴侯奔巴，巴为求救于秦。秦惠文王遣张仪、司巴错救苴、巴，遂伐蜀，灭之。仪贪巴、苴之富，因取巴，执王以归，置巴、蜀及汉中郡为三十一县。

故可断定秦惠文王（前 337—前 325 年在位）用张仪计灭巴而郡县其地。

巴亡后，在先后与周、楚、秦长期交往的基础上，一部分巴人融合于华夏族之中。其余部分，作为巴人后裔保存下来。以种属言，廪君蛮、賨人、板楯蛮、蜒人均为其传人。以地域言，后世的巴蛮、豫州蛮，以及荆州、雍州蛮与武陵蛮的一部分，均与先秦巴人存在着源流因袭关系。

二、巴文化与土家族文化关系

土家族是巴族传人，巴文化是土家族文化的主要渊源。巴文化对土家族文化的影响全面而深远，主要表现为：

---

① （汉）司马迁：《史记·秦本纪》，卷五。

② （汉）司马迁：《史记·西南夷列传》，卷一一六。

③ 江州，今重庆；垫江，今重庆合川区；平都，今重庆丰都县；阆中，今四川阆中市；枳，今重庆涪陵区。

（一）以虎为图腾

《后汉书·南蛮西南夷列传》据先秦《世本》载："廪君死，魂魄世为白虎。巴人以虎饮人血，遂以人祠焉。"即廪君及其后裔尊虎为图腾的表现为：人虎转化说和以人祭祖。

两晋时，西晋张华《博物志》卷二，东晋干宝《搜神记》卷十二均载有居于江汉流域的廪君后裔猛人、貙人化虎的传说。

唐代，樊绰《蛮书》卷十有巴人为"白虎之后"的传说。

明代，在湘、鄂、川边区土家族土官仍沿袭人祭之习，事载沈德符《万历野获编》卷三〇。

直至近世，民国时修的《湖北通志·舆地》仍载有"白虎陇在县（今湖北长阳县）西二百三十里"的传说。

巴人崇虎，还表现在以虎为器物形饰、纹饰方面。早在宋人编撰的《宣和博古图说》中，就载有虎钮錞于七个。据民国《湖北通志》卷九三载，清代嘉庆年间，在施南府发现"大小二虎錞，大者五十余斤，小者二十余斤，形制悉与《图说》相合"。中华人民共和国成立后，在古代巴人活动的鄂西、湘西各地，均发现大量虎钮錞于；此外，还有以虎纹为饰的剑、钺、戈等器物。后世鄂、湘、川边区土家族，仍有"坐堂白虎"之说，即家中设白虎堂以求其保佑。这也可视作白虎图腾遗习在民俗方面的一种反映。

（二）尚　武

史籍有巴师劲勇之誉。在汉代，巴人一支的板楯蛮以"善于兵战"之"神兵"[①]闻名于当时。至清代，仍有巴人具"白虎之勇"[②]之说。

从考古发现中，也可得到印证。出土的巴人遗物中，有大量的剑、钺、戈、矛、箭镞等武器，尤以巴式剑著称于世。

后世土家族土兵称雄一时。明代，"永、保诸宣慰，世席富强，每遇征伐，辄

① （南朝宋）范晔：《后汉书·南蛮西南夷列传》。

② （唐）樊绰撰，向达校注：《蛮书校注》，卷十。

愿荷戈前驱，国家亦赖以挞伐，故永、保兵号为彪雄”[①]。鄂西容美土兵，在明代抗倭斗争中也以英勇善战著称。

（三）善用舟，习于水上生活

传说廪君以能浮土舟而统一各部，被公推为君。

从南北朝一直至隋代，居于长江峡中地区的土家族先民“巴蜒”习于水上生活，“屯据三峡，断遏水路”[②]，控制着长江中游的水道。

考古材料证明，巴人盛行船棺葬。船形有二：一是较简单的独木舟，尸体及随葬品均置于舱中；一是在船中置盛尸小棺，而将随葬品放在棺外舱中。这表明：巴人希望死后仍回到水上世界。

（四）善歌舞

传说，周武王伐纣时，巴人“歌舞以凌，殷人倒戈”。

汉代，反映巴人“锐气喜舞”的巴渝舞为汉高祖刘邦所称道。

唐朝的李善注左思《三都赋·魏都赋》“明而耀歌”句云：“耀，讴歌，巴土人之歌也。何晏曰：‘巴人讴歌，相引牵连手而跳舞。’”可见，巴土人之歌的特点为：相引牵连手而跳舞，此系摆手舞之前身无疑。唐代诗人白居易咏道：“蛮鼓声坎坎，巴女舞蹲蹲。”[③]

土家族摆手舞，当源于巴渝舞与“耀歌”。土司时期，已广为流行。在湘西：

> 土民赛故土司神，旧有堂曰摆手堂，供土司某神位，陈牲醴，至期既夕，群男女并入，酬毕，披五花被，锦帕首，击鼓鸣钲，跳舞歌唱，竟数夕乃止。其期或正月，或三月，或五月不等。歌时男女相携，蹁跹进退，故谓之“摆手”。[④]

---

① （清）张廷玉：《明史·湖广土司列传》。

② （唐）令狐德棻等撰：《周书·异域传上》。

③ 《郡中春宴因赠诸客》，见《全唐诗·白居易十一》，卷四三四。

④ （清 乾隆）《永顺府志·风俗志》，卷十。

调查材料表明，在鄂西来凤：

> 跳摆手舞，在河东有摆手堂（土王庙）六个。其中舍米糊摆手堂有两块碑，一块是道光二年修整的，一块是同治三年修整的。……每到新春佳节，土家山寨特别热闹，人们佩红戴绿，男女老幼齐到摆手堂，在场内松树上，张灯结彩，群众围着松树跳舞，锣鼓齐鸣，通宵达旦。[①]

可见，整个土家族地区均长期流行摆手舞不衰。

（五）事鬼神

史称：巴郡南郡蛮，五姓“俱事鬼神”；賨人，“俗好鬼巫”。故方志《夔城图经》云：“夷事道，蛮事鬼”[②]。

巴蜀之地素来崇尚巫术，故东汉后期五斗米道在此地产生，是有其历史根基的。五斗米道经道教创始人张道陵及其孙张鲁等人的倡导与改革，成为我国道教的主流。故称“原始的五斗米道，大抵从民间流行的巫鬼道演变而来”[③]，不无道理。

后世土家族信巫和道，袭自巴人。

① 鄂西土家族苗族事务委员会编：《鄂西少数民族史料辑录》（内部资料），391页，1986。

② 引自（唐）樊绰撰，向达校注：《蛮书校注》，卷十，巴人条。

③ 卿希泰主编：《中国道教史》（第一卷），8页，成都，四川人民出版社，1988。

第二章　秦汉时期的鄂西民族

秦汉时期，今鄂西地区的少数民族，主要有“巴郡南郡蛮”与“武陵蛮”，分述如下。

第一节　“巴郡南郡蛮”

一、社会经济

巴郡，今重庆东部。南郡，约包括今湖北荆州、宜昌、襄阳地区及鄂西土家族苗族自治州的大部分地域。

巴郡南郡蛮，源于巴人，见《后汉书·南蛮西南夷列传》。

秦汉时期，巴郡南郡地区社会经济有所发展。主要表现为：

第一，社会经济以农业为主，辅以狩猎、捕鱼、山区副业。如《汉书·地理志下》载：南郡、武陵地区，“火耕水耨，民食鱼稻，以渔猎山伐为业，果蓏蠃蛤，食物常足”。所谓“火耕”，系指用火烧掉杂草；所谓“水耨”，则指在禾苗生长过程中，用水灌田，以镰侵水芟去杂草，或用手除草，再让水将杂草沤烂。说明其时仍处于农耕粗放经营阶段。

第二，水稻产量有所增加。如《华阳国志·蜀志》载：“司马错率巴蜀众十万，大舶船万艘，米六百万斛，浮江伐楚，取商于之地为黔中郡。”秦军从巴蜀之地出发伐楚所食用的六百万斛军粮，均取于当地，可见其水稻栽培农业的发展程度。

第三，手工业以纺织为主。从秦代起，廪君蛮就以“賨布”进贡，表明鄂西民族地区织布业之发达与产品之精美。布与粮供人们衣食之基本生活需求，这是自给自足的自然经济的体现。

二、秦汉王朝的治策

在社会经济得到一定程度发展的基础上，“巴郡南郡蛮”势力转盛。秦汉王朝

为维护在当地的统治地位，不得不采取一系列有别于中原地区的治策。其主要措施有：

（一）在“南郡蛮”居地设“道”

云梦秦简中有两处提到“道”。《语书》载：“二十四年丙戌朔丁亥，南郡守腾谓县、道啬夫。”“属邦律”中有“道官”一词。[①]

何谓“道”？“内郡为县，三边为道”[②]，“凡县主蛮夷曰道”[③]。要言之，设在少数民族的县就称为“道”。

从秦简中可得出这样的结论：秦代已在南郡“蛮夷”之地设置“道”一级的地方行政机构，并有“道官”“道啬夫”一类属官。后世鄂西民族地区的少数民族地区特殊政区的设置，可溯源于此。

汉承秦制，在南郡继续设道。《汉书·地理志上》载，南郡领县有“夷道”。《后汉书·郡国志四》南郡条下也有“夷道”。嘉庆《清一统志》三四四卷《荆州府一》载：“夷道故城，在宜都县西北。汉置县，属南郡，后汉因之。”就是说，两汉时期均曾在今湖北宜都县境置夷道。

（二）封“巴郡南郡蛮”君长

据《后汉书·南蛮西南夷列传》载：“及秦惠王并巴中，以巴氏为蛮夷君长。”云梦秦简中有“臣邦君公”“臣邦君长”字句，可作为秦代保留“蛮夷君长”称号与地位的铁证。

汉代继续奉行此策。据《后汉书·岑彭传》载：岑彭“自引兵还屯津乡，当荆州要会，喻告诸蛮夷，降者奏封其君长。”关于津乡的地望，据《水经注》三十四卷载，枝江“县西二里，有津乡”。续引应劭曰：“南郡江陵有津乡。”意为：津乡位于枝江县西，江陵县东。可见，东汉时，曾分封“南郡蛮”的首领为君长。

总之，秦汉王朝为赢得少数民族首领的支持，曾以巴氏及南郡“蛮夷”为君长，

---

① 睡虎地秦墓竹简整理小组整理：《睡虎地秦墓竹简》，北京，文物出版社，1978。

② （汉）卫宏：《汉旧仪》。

③ （南朝宋）范晔：《后汉书·百官志五》。

使其按原有的统治方式管理其旧有辖地。这种利用“蛮夷君长”统治其民的做法，可谓我国历史上“土官土吏”之始。

（三）减免租赋

据《后汉书·南蛮西南夷列传》载，秦时，廪君蛮“君长岁出赋二千一十六钱，三岁一出义赋千八百钱。其民户出幏布八丈二尺，鸡羽三十鍭。汉兴，南郡太守靳强请一依秦时故事。”所谓“幏”，东汉许慎《说文》卷七下释为“南郡蛮夷幏布”。此“幏布”制法，一直在土家族地区流传，故明代诗人夏熙臣有“蛮妇织花賨”[①]之咏。“賨”系织锦，故又名“峒锦”[②]，土家族人名之曰“西兰卡普”者是也。“鸡羽”，笔者认为非指家鸡，当系土家族山区所产山鸡，因其色彩斑斓而名“锦鸡”，用其羽毛作官员服饰用。清人茹棻《锦鸡歌》咏道：“乍疑文彩双鸳鸯，羽衣蹁跹锦斑驳”[③]，可证川鄂边山区盛产此物。

《后汉书·南蛮西南夷列传》又载，秦时“复夷人顷田不租，十妻不算”[④]。意为：板楯蛮人一户可免交一顷田的租税，即使有十个妻子也不输口算钱。

汉代，因巴人伐秦有功，免除罗、朴、督、鄂、度、夕、龚七姓巴人首领的租赋，其他姓氏的首领和巴民则每年交纳賨钱四十。

总之，秦汉时期均对“巴郡南郡蛮”实行减免租赋的优惠政策。除交钱外，征收物多输方物。“幏布”“鸡羽”即属此例。这就是后世所谓的“土贡”。税额在长期内没有改变，汉兴，“一依秦时故事”可证。此策，有利于民族地区的稳定。

（四）“有罪得以爵除”

秦政权对巴氏“蛮夷”君长，在法律上是加以宽容的。据《后汉书·南蛮西南夷列传》载：秦统一全国之前，曾规定“其（指廪君蛮）民爵比不更，有罪得以爵除”；且曾与板楯蛮刻石盟约，“伤人者死，杀人者以倓钱赎死”，章怀太子注引何

---

① （明）夏熙：《施州卫寄所亲》。

② （清）顾彩：《容美纪游》。

③ （明）茹棻：《锦鸡歌》，引自（清 道光）《施南府志·艺文·诗》。

④ 夷人，指板楯蛮。

承天《篡文》曰：“倓，蛮夷赎罪货也。”这就是说，少数民族之人犯法是要加以惩处的。但有罪可用爵位抵消，即使因杀人犯了死罪，也可用货、钱赎免。秦统一全国之后，仍继续执行这一政策。这从云梦秦简中可以得到证实，《法律答问》中有两处分别写道：

> 真臣邦君公有罪，致耐罪以上，令赎。
>
> 可（何）谓“赎鬼薪鋈足”？可（何）谓“赎宫”？臣邦戎君长，爵当上造以上，有罪当赎者，其为群盗，令赎鬼薪鋈足；其有府（腐）罪，［赎］宫。其它罪比群盗亦如此。

意为：臣邦君长犯了罪可以赎罪。爵位相当于上造者，假若犯了“群盗”罪，可按“鬼薪鋈足”刑赎；假若犯了“腐罪”，可按“宫”刑赎；假若犯了“比（相当）群盗”罪，也按此规定办理。[①] 要言之，少数民族首领犯了罪，不仅可以赎免，而且量刑时还可以从轻判处。这就“置天下于法令刑罚”[②] 的秦王朝说来，不能不说是采取的一种特殊恩遇。而且，秦王朝对臣邦君长的宽贷之举，也为其后历代王朝对南方诸族在法律上的不同治理提供了先例。

（五）通　婚

据《后汉书·南蛮西南夷列传》载：“及秦惠王并巴中，以巴氏为蛮夷君长，世尚秦女。”又据云梦秦简《法律答问》载：“可（何）谓‘夏子’？臣邦父、秦母谓殹（也）。”意为：父为少数民族（臣邦）人、母为秦人所生的儿子，在法律上视作秦人后裔（夏子）。这证明秦与臣邦君长之间，是确实存在通婚关系的。

秦国采取嫁女予巴氏“蛮夷”君长的做法，目的是对其加以笼络与控制。这种做法，客观上有利于民族间的往来与融合，并对其后汉、唐“和亲”政策的制定有一定影响。

---

① 群盗罪，秦律规定要斩左趾、黥面，还要服城旦劳役；鋈足鬼薪罪，“鋈足”为刖足，“鬼薪”为轻于城旦的一种劳役。这表明，鬼薪鋈足罪要比群盗罪为轻。

② 贾谊语，见（东汉）班固：《汉书·贾谊传》。

（六）徙　民

秦王朝占领巴地后，徙秦人充实当地，以达到开发民族地区与控制巴人的双重目的。据《华阳国志·蜀志》载：秦置巴郡之后，“乃移秦民万家实之”。

两汉时，为了削弱和破坏“巴郡南郡蛮”的势力，则采取了徙当地之人于他地的措施。措施虽有异，其目的则一，都是为了强化对民族地区的控制。

徙巴人于商洛之地。据《隋书·地理志》载：“汉高祖发巴蜀之人定三秦，迁巴之渠帅七姓居于商洛之地。由是风俗不改其壤，其人自巴来者，风俗犹同巴郡。”《后汉书·吴汉传》载，建武十八年（42年）：

> 蜀郡守将史歆反于成都，……歆遂移檄郡县，而宕渠杨伟、朐忍徐容等起兵各数千人以应之。……（吴）汉入成都，乃发广汉、巴、蜀三郡兵围成都，百余日城破，诛歆等。汉乃乘桴沿江下巴郡，杨伟、徐容等惶恐解散，汉诛其渠帅二百余人，徙其党与数百家于南郡、长沙而还。

又，《资治通鉴》汉光武帝建武十八年（42年）也有类似记载[①]。换言之，此支被迫迁入今两湖境内的“巴郡蛮”，原处于川、鄂相交之地。

汉王朝又先后徙南郡之“潳山蛮”“巫蛮”于江夏郡。据《后汉书·南蛮西南夷列传》载：

> 至建武二十三年（47年），南郡潳山蛮雷迁等始反叛，寇掠百姓，遣武威将军刘尚将万人余讨破之。徙其种人七千余口置江夏界中，今沔中蛮是也。和帝永元十三年（101年）。巫蛮许圣等以郡收税不均，怀怨恨，遂屯聚反叛。明年夏，遣使者督荆州诸郡兵万余人讨之。圣等依凭阻隘，久不破。诸军乃分道并进，或自巴郡、鱼复数路攻之，蛮乃散走，斩其渠帅，乘胜追之，大破圣等。圣等乞降，复悉徙置江夏。[②]

---

① 宕渠，汉置县，故城在今四川渠县东北；朐忍，汉置县，地在今重庆云阳县西。

② 潳山，在今湖北长阳县一带；巫山，为今重庆巫山县；江夏郡，东汉时治今湖北黄冈市西北，大致包括今武汉和黄冈、咸宁、孝感等湖北东部地区。

若从汉光武帝建武二十三年（47年），第一批“南郡蛮”迁于江夏郡算起，至汉桓帝永兴年间（153—154年），“江夏蛮”开始举行反叛止，前后已达百年之久。在此期间，“江夏蛮”经生息繁衍，势力得到迅速发展，形成了“蛮多士少”[①]的局面，以致后来能动员十余万之众，“寇患累年”，对东汉王朝造成严重威胁。这一事实表明，因徙民之故，“巴郡南郡蛮”扩展至江夏地区而形成了“江夏蛮”；东汉王朝企图以徙民办法来达到削弱“巴郡南郡蛮”势力的目的并未实现。

（七）征发“蛮兵”

当少数民族首领归附后，中央王朝把“蛮兵”作为一支重要的军事力量加以征发，以为其统治服务。

楚、汉相争时，汉王刘邦用“夷人（指板楯蛮）还伐三秦，秦地既定，乃遣还巴中”；因有所谓“天性劲勇，初，为汉前锋”之誉。至汉灵帝（167—189年在位）时，板楯蛮反。程包对灵帝陈述板楯蛮历世战功时说：

> 板楯七姓，射杀白虎立功，先世复为义人。其人勇猛，善于兵战。昔永初（107—113年）中，羌入汉川，郡县破坏，得板楯救之，羌死败殆尽，故号为神兵。羌人畏忌，传语种辈，勿复南行。至建和二年（148年），羌复大入，实赖板楯连摧破之。前车骑将军冯绲，南征武陵，虽受丹阳精兵之锐，亦倚板楯以成其功。近益州郡乱，太守李颙，亦以板楯讨而平之。忠功如此，本无恶心。[②]

以上记载表明：第一，地处川、鄂边地的板楯蛮人，骁勇善战，故有“天性劲勇”“善于兵战”，甚有“神兵”之誉。因此，它已成为汉王朝需加利用的一支不可缺少的军事力量。第二，板楯蛮人忠于汉王朝，历世立功。其军事力量“为汉前锋”，在西汉王朝的建立过程中，立了汗马功劳，起了积极作用；用这一部分人去

① 《后汉书·黄琼传》载：汉桓帝永兴年间，江夏安陆人黄琼为司徒，时司空盛允有疾，琼遣其孙琬侯问。“令江夏上蛮贼事付府，允发书视毕，微戏琬曰：‘江夏大邦，而蛮多士少。’琬奉手对曰：‘蛮夷猾夏，责在司空。’”

② 见（南朝宋）范晔：《后汉书·南蛮西南夷列传》。

镇压另一部分人的反抗活动，先后“射杀白虎”（攻打崇拜白虎的廪君蛮人），战胜羌人、武陵蛮、益州蛮即属此例。

两汉以后，历代王朝均十分重视组织少数民族武装。由于秦代尚未见有征调“蛮兵”的历史记载，西汉板楯蛮兵可说是后世“土兵”的前驱。

第二节 “武陵蛮”

汉武陵郡，主要为今湘西地区，也包括鄂西南之一部，湖北鹤峰、来凤诸县即属该郡。

关于“武陵夷”的居地与历史，《后汉书·南蛮西南夷列传》载，其本为楚境之“蛮”或“蛮越”。“秦昭王使白起伐楚，略取蛮夷，始置黔中郡。汉兴，改为武陵（李贤太子注曰：‘黔中故城在今辰州沅陵县西。’）……时虽为寇盗，而不足为郡国患，光武中兴，武陵蛮夷特盛。”换言之，秦时，武陵郡名黔中郡，汉代始名武陵郡；武陵蛮势力，在秦至西汉时期，势力较弱，东汉以后，其势特盛；武陵蛮势力的兴起，要晚于“巴郡南郡蛮”。

东汉一代，史书关于“武陵夷”活动的记述甚多，下面只摘其与鄂西地区关系密切者分述如下：

《后汉书·臧宫列传》：建武十九年（43年），左中郎将臧宫，

> 击武溪贼，至江陵，降之。

李贤太子注曰：“武溪，水名，在今辰州卢溪县。”

《后汉书·五行志》：建武二十二年（46年），

> 郡国四十二地震，南阳尤甚，地裂压杀人。其后武陵蛮夷反，为寇害，至南郡，发荆州诸郡兵，遣武威将军刘尚击之，为夷所围，复发兵赴之，尚遂为所没。

《后汉书·南蛮西南夷列传》：章帝建初三年（78年）冬，

> 溇中蛮覃儿健等复反，攻烧零阳、作唐、孱陵界中。

李贤太子注曰：“孱陵，县，故城在今荆州公安县西南。”

《后汉书·顺帝纪》：永和二年（137年）春正月，

武陵蛮叛，围充县，又寇夷道。

《后汉书·南蛮西南夷列传》则载，永和二年春，

蛮二万人围充城，八千寇夷道。遣武陵太守李进讨破之，斩首数百级，余皆降服。

《后汉书·冯绲列传》：延熹三年（160年）冬，

武陵蛮夷悉反，寇掠江陵间，荆州刺史刘度、南郡太守李肃并奔走，荆南皆没。于是拜绲为车骑将军，将兵十余万讨之。

《后汉书·南蛮西南夷列传》则载：延熹三年冬，

武陵蛮六千余人寇江陵，荆州刺史刘度、谒者马睦、南郡太守李肃皆奔走，肃主簿胡爽扣马首谏曰：“蛮夷见郡无儆备，故敢乘间而进。明府为国大臣，连城千里，举旌鸣鼓，应声十万，奈何委符守之重，而为逋逃之人乎！”肃拔刃向爽曰：“掾促去，太守今急，何暇此计。”爽抱马固谏，肃遂杀爽而走。帝闻之，征肃弃市，度、睦减死一等。……又遣车骑将军冯绲讨武陵蛮，并皆降散。

综观上述材料，“武陵蛮”虽有南向甚有越过五岭的行动，但其主要矛头是北指南郡及其郡治江陵的。上述攻打孱陵、夷道、江陵、荆南，均是例证。笔者以为，其因有二：

第一，南郡郡治江陵，是包括两湖地区在内的当时荆州刺史部的政治中心。武陵蛮要与东汉王朝抗争，势必攻打南郡及其郡治江陵。此举，也确曾给东汉王朝带来严重威胁。荆州刺使南郡太守曾因此成为“逋逃之人”，东汉统治集团曾一次动员十余万兵力征讨，均是例证。

第二，经济与军事原因。《史记·货殖列传》载：“江陵故郢都，西通巫巴，东

有云梦之饶。”位于江汉平原的富庶之地——南郡，对在经济方面尚处于落后阶段的“武陵蛮”是颇具吸引力的，山地民族总是要向平原伸展其势力，这是历史规律。攻取南郡之江陵、孱陵、夷道、荆南等地，不仅经济上可以获益，且在军事上也占领了要道，取得了这个兵家必争之地。

“武陵蛮”北争南郡的历史发展趋势，其后也并未中止。从魏晋南北朝直到隋唐五代时期，均如此。

秦汉以来，“武陵蛮”的北上，不仅有利于民族融合，而且直接影响了南郡等地居民的民族成分。南北朝时期“荆、雍州蛮”这一部分，当包含有“武陵蛮”的因素。如同《魏书·蛮传》谈及南北朝诸“蛮”的历史时说：“至晋之末，稍以繁昌，渐为寇暴矣。自刘、石乱后，诸蛮无所忌惮，故其族类，渐得北迁。”

第三节　史　鉴

统一的多民族国家秦王朝建立后，在其统辖的辽阔疆域内，包含有众多处于不同社会发展阶段的少数民族。中央集权的秦王朝，为解决复杂、纷繁的民族问题，采取了一些有别于中原地区的统治制度与政策，并为其后的两汉王朝所承袭与发展。秦汉王朝对鄂西民族地区采取的主要措施有：政治上，在少数民族地区聚居地设置“道”这一政权机关。道的设置，在我国历代王朝对民族地区的治理史中占有重要地位，意味着秦汉王朝已意识到需要建立与内地有别的政权形式来处理少数民族地区的事务。与此同时，利用少数民族的首领“蛮夷君长”继续统治民族地区，以利于保持民族地区的稳定。在经济上，实行减免租赋的政策，这是鉴于民族地区经济发展滞后的状况而制定的。在法律上，未在民族地区强制推行王朝律令。在移民政策上，徙边民入内地或迁内地之人充实边疆。此类政策，史称“羁縻”政策，“羁縻”一词为笼络之意，始见于汉。如《史记·司马相如传》载：

盖闻天子之于夷狄也，其义羁縻勿绝而已。

从秦汉王朝对鄂西民族地区的治策中，可见历代中央王朝奉行的“羁縻”政策之雏形。在当时的历史条件下，此策对民族地区的治理、经营与开发，对密切内地

与民族地区的联系，均起了积极的历史作用。

总体上看，秦汉时期鄂西诸族的活动，东汉时期要比秦和西汉时期更为活跃。其因主要有二。其一，秦和西汉时期，强大的中央集权王朝统治者强化对鄂西诸族的控制；而从西汉末年以后，这种控制有所削弱，民族矛盾日益突出。笔者认为，综观秦汉以来的民族史，中央王朝统治力量的强弱与少数民族势力的活跃与否往往成一消一长的反比关系。这是因为中央王朝统治力量有所削弱后，给地方民族势力以更多的活动空间。其二，随着东汉王朝政治中心的东移，南方诸族对东汉王朝的统治更具有威胁性。对此，东汉统治集团更为重视，史书记载也随之增多。笔者认为，综观秦汉以来的民族史，中央王朝政治中心的设置地点与南方民族地区的开发经营存在密切关系。当政治中心南移时，包括鄂西地区在内的南方民族地区的开发速度也必然随之加快。

秦汉时期的鄂西民族，对后世产生了深远影响，如活跃于南北朝时期的荆州蛮和雍州蛮，就是由秦汉时期的“巴郡南郡蛮”发展演变而来的。

第三章　三国两晋南北朝时期的鄂西民族

第一节　三国时期的鄂西民族

三国时期，鄂西地方少数民族势力颇盛。主要有“建平郡夷”“宜都郡夷”与“武陵蛮”。

一、“宜都郡夷”与“建平郡夷”

三国时，吴之宜都郡，下辖夷道、西陵（吴黄武元年即222年改名西陵）、佷山诸县。吴之建平郡，下辖巫县、秭归、信陵、兴山、沙渠诸县（市）。[①]

（一）宜都郡“蛮夷”

据《三国志·吴书·陆逊传》载，孙权使陆逊与吕蒙为前部，至即克公安、南郡，“逊径进，领宜都太守，拜抚边将军，封华亭侯。（刘）备宜都太守委郡走，诸城长吏及蛮夷君长皆降。逊请金银铜印，以假授初附。是岁建安二十四年（219年）十一月也”。从“诸城长吏及蛮夷君长”句，可证此“蛮夷君长”乃指宜都郡所属诸县的少数民族首领。

（二）西陵“南山郡夷”

据《三国志·吴书·陆抗传》载：吴凤凰元年（272年），西陵督步阐据城以叛，遣使降晋。陆抗令将径赴西陵，围之。“晋车骑将军羊祜率师向江陵，诸将咸以抗不宜上。抗曰：‘江陵城固兵足，无所忧患。假令敌没江陵，必不能守，所损者小。如使西陵盘结，则南山郡夷皆当扰动，则所忧虑，难可竟言也。吾宁弃江陵而赴西

---

① 宜都郡，治今湖北宜都市西北；夷道，治今湖北宜都市西北；西陵，汉曰夷陵，吴黄武元年（222年）改名为西陵；佷山，治今湖北长阳县西；建平郡，治今重庆巫山县；巫县，治今重庆巫山县；秭归，治今湖北秭归县；信陵，治今湖北秭归县东；兴山，治今湖北兴山县；沙渠，治今湖北恩施市。

陵，况江陵牢固乎？'”据《资治通鉴•晋武帝泰始八年》胡三省注，“南山”“谓江南诸山，郡夷所依据”。据此，笔者认为："南山郡夷”的居地，主要指宜都郡的夷道，即佷山以南一带地区。

（三）秭归“夷兵”

据《三国志•吴书•陆逊传》载："秭归大姓文布、邓凯等合夷兵数千人，首尾西方。逊复部旌讨破布、凯。布、凯脱走，蜀以为将。逊令人诱之，布帅众还降。前后斩获招纳，凡数万人。”秭归属吴建平郡，此“夷兵”当归入“建平郡夷”的范围。

（四）巫、秭归等地“夷”

据《三国志•魏书•王昶传》载，魏嘉平二年（250年），王昶奏："孙权流放良臣，适庶分争，可乘衅而制吴、蜀；白帝、夷陵之间，黔、巫、秭归、房陵皆在江北，民夷与新城郡接，可袭取也。”[①]总之，从渝鄂边地的巫县直至秭归一带与新城郡相邻的吴地，当时为“民夷”杂居之地。

（五）巫峡、建平、夷陵“诸夷”

据《三国志•吴书•陆逊传》载，吴黄武元年（222年）刘备率大军入吴西界，“备从巫峡、建平连围至夷陵界，立数十屯，以金、锦、爵赏诱动诸夷”。

可见，从巫峡直下夷陵，即包括建平、宜都两郡长江沿岸，均居有“诸夷”。显然，此中“诸夷”，还包括建平郡与宜都郡以南的“武陵蛮”。

（六）“夷兵”

据《三国志•吴书•陆抗传》载，陆抗都督信陵、西陵、夷道、乐乡（今湖北松滋市东）、公安（今湖北公安县东北）诸军事。吴凤凰元年（272年）晋、荆州刺史杨肇至西陵。陆抗“身率三军，凭围对肇。将军朱乔、营都督俞赞亡诣肇。抗曰：

① 魏国的新城郡治房陵，即今湖北房县。

‘赞军中旧吏，知吾虚实者，吾常虑夷兵素不简练，若敌攻围，必先此处。’即夜易夷民，皆以旧将充之。明日，肇果攻故夷兵处，抗命旋军击之，矢石雨下，肇众伤死者相属”。[①]

（七）荆州“蛮”

《三国志·吴书·陆逊传》载，吴凤凰三年（274年），荆州牧陆抗上表称：“今臣所统千里，受敌四处，外御强对，内怀百蛮。”[②]

上述记载可证：

第一，鄂西地区当时已是少数民族聚居地。其主要分布地区是：东起江陵以西，向西经夷道、西陵、信陵、秭归直至鄂渝边区巫县的长江两岸，北及新城郡，南接“武陵蛮”。这一片地区的少数民族，可概称为“宜都郡夷”与“建平郡夷”。

其人数颇众。仅陆逊在一次战争中，对秭归一县“夷兵”就“斩获招纳，凡数万人”。若以建平、宜都两郡“夷”计，推而论之，其数之众可想而知。而人口的生息繁衍，是与经济发展同步的。可见，当时这一地区已得到一定程度的开发。

第二，这一地区是军事战略要地。宜都郡与建平郡分别为蜀、吴的东、西边地，又是魏（其后为晋）、吴南北部交界之地。从吴国视西陵、建平为“国之蕃表”“国之西门”[③]一事，可见其重要性。因此，三方对这一地区展开了激烈的争夺。三国前期，这一地区蜀、吴矛盾较为突出。吴国为了防止蜀国出川入吴，首先占领这一地区，东汉建安二十四年（219年），陆逊占领宜都郡即由于此因。蜀国要攻打吴国，也首先由川及此，吴黄武元年（222年），刘备攻占巫、秭归及夷陵界可证。当蜀国衰落直至灭亡后，这一地区则主要为魏（晋）、吴之争。吴凤凰元年（272年），晋荆州刺史杨肇与吴荆州牧陆抗的西陵之争，即属此例。

由于这里是多民族居地，这就使斗争诸方更加重视对这一地区的争夺。272年的吴、晋之争，陆抗“宁弃江陵而赴西陵”一事，就是极好的明证。陆抗认为，丢

---

① 陆抗所统“夷兵”，当系从其所辖信陵、西陵、夷道等江陵以西诸县“夷”人中所募集者。

② 陆抗所辖吴国荆州境内“百蛮”，当包括宜都郡、建平郡的“蛮”人在其中。

③（晋）陈寿：《三国志·吴书·陆抗传》。

弃重镇江陵，“所损者小”，而失去边城西陵，“则南山群夷皆当扰动，则所忧虑，难可竟言也”。可见，当时统治集团中的有识之士，显然是把稳定民族地区的局势，作为优先考虑的重要问题。推而广之，历朝统治者在处理民族地区及民族问题时，均是不敢掉以轻心的。

第三，各国统治者均取“招纳”之策。在争夺宜都、建平郡的过程中，当地少数民族首领的归附或反叛，往往起着举足轻重的作用。为了争取“夷”人对自己的支持，各国统治者都采取政治上授以官爵，经济上给予物质犒赏的办法。陆逊对宜都郡“蛮夷君长”，“请金银铜印，以假授初附”，刘备“以金、锦、爵赏诱动诸夷”，均是有力例证。历史事实也证明“招纳”之策是行之有效的。

第四，各国均使用“夷兵”。三国时期，由于战争连绵不断，各国兵力不足，各国统治者都注意利用或招募“夷兵”。如：蜀国曾利用秭归“夷兵数千人”以抗吴；陆逊所统抗晋吴兵，则以“夷兵”为其重要组成部分。

需要指出的是，“夷兵”（少数民族武装力量）的长处是天性劲勇，汉代板楯蛮可证；其短处是缺乏正规训练，东吴夷兵“素不简练”可证。故上述看似相互矛盾的记载，实是统一的，只是反映了夷兵的不同侧面。

二、“武陵蛮”

三国时期，“武陵蛮”势力颇盛。主要记载有《三国志·蜀书·先主传》载：

> 章武元年（221年）秋七月，刘备率诸军伐吴。吴将陆议、李异、刘阿等屯巫、秭归；将军吴班、冯习自巫攻破异等，军次秭归，武陵五溪蛮夷遣使请兵。

对此，《三国志·吴书·吴主传》则载，黄初二年（221年），

> 刘备帅军来伐，至巫山、秭归，使诱导武陵蛮夷，假与印传，许之封赏。于是诸县及五溪民皆反为蜀。

《三国志·蜀书·先主传》载，章武二年（222年）二月，

> 先主自秭归率诸将进军，缘山截岭，于夷城猇亭驻营，自佷山通武

陵，遣侍中马良安慰五溪蛮夷，咸相率响应。

对此，《资治通鉴》魏文帝黄初二年（221 年）条下也载：

汉人自佷山通武陵，使侍中马良以金、锦赐五溪诸蛮夷，授以官爵。

建平郡、宜都郡与武陵郡相连，今湖北鹤峰、来凤两县，当时属武陵郡。巫、秭归、佷山等地，是与“武陵蛮”联系的通道。“武陵蛮”遣使至秭归“请兵”，马良“自佷山通武陵”，均是例证。“建平郡夷”“宜都郡夷”与“武陵蛮”，不仅地域相连，而且族类相通，故一旦有事，彼此相互呼应。当刘备占领巫、秭归等地后，“武陵蛮”“咸相率响应”可证。

第二节　两晋时期的鄂西民族

一、“建平夷”与“天门蛮”

西晋短期统一后，由于对各民族的控制比较松弛，民族问题就突出起来。这时，南方“蛮”族的势力也蔓延开来。对此《魏书·蛮传》有极为概括的叙述：

（诸蛮本居）江淮之间，依托险阻，部落滋蔓，布于数州。东连寿春[①]西通上洛，北接汝、颍，往往有焉。其于魏氏之时，不甚为患，东晋之末，稍以繁昌，渐为寇暴矣。自刘、石乱后，诸蛮无所忌惮，故其族类，渐得北迁，陆浑以南，满于山谷。

可见，其分布地域甚广，大抵以江、汉、淮水流域为中心。其势力，在西晋末年得到迅速发展；到了十六国的刘聪、石勒时期，南方“蛮”族大规模北徙，至其后的南北朝时期，达到登峰造极的地步。作为当时南方“蛮”族组成部分的湖北西部少数民族，其活动规律也大体如下。

① 寿春，今安徽寿县；上洛，今陕西商州；陆浑，今河南嵩县东北。

两晋时期，载诸史册的鄂西民族主要有：

（一）“建平夷”

《南齐书·蛮传》载：

> 晋太兴三年（320年），建平[①]夷王向弘、向瓂等诣台求拜除。

据《晋书·地理志下》载，建平郡下辖“巫、北井、秦昌、信陵、兴山、建始、秭归、沙渠”，包括今湖北兴山、秭归、巴东、建始、恩施、宣恩、利川、咸丰诸县（市）。

（二）“天门蛮”

据《晋书·陈頵传》载，晋太兴（318—321年）时，拜天门太守，殊俗安之。晋天门郡治所在今湖南澧县，包括今鄂西部分地区如鹤峰县即在其中。

史籍关于“建平夷”与“天门蛮”的记载，说明晋代鄂西少数民族势力极盛。因为：第一，从地域上说，它包括了今恩施土家族苗族自治州及宜昌部分地区。第二，“建平夷”势力已强大到足以自封为“王”并向封建王朝提出封官拜爵要求的地步。第三，据《南史·蛮传》载：“宜都、天门、巴东、建平、江北诸郡蛮所居皆深山重阻，人迹罕至焉。前世以来屡为人患。”所谓“前世”，当然包括晋代在其中。这也可证晋代整个鄂西地区少数民族的活动，曾达到使统治者感到严重不安即史称“屡为人患”的地步。

二、晋王朝的治策

晋王朝对湖北西部民族地区实行的治理政策主要有：

政治上，通过“蛮”酋实行统治。据上引《南齐书·蛮传》载，晋太兴三年（320年）建平夷王向弘“诣台求拜除”时，曾引起中央王朝内部是否应予少数民族首领高等官爵的争论，“尚书郎张亮议：‘夷貊不可假以军号。’元帝诏特以弘为

① 建平郡，治所在今重庆巫山县。

折冲将军、尚平乡侯，并亲晋王，赐以朝服。”可见，晋王朝除未改变归附“夷王”的统治地位外，还赐之以王、侯、将军名号，堪称荣宠之至。

经济上，对其租赋徭役取照顾之策。晋王朝对民族地区征收租调是有定制的。据《晋书·食货志》载：

> 制户调之式：丁男之户，岁输绢三匹、绵三斤，女及次丁男为户者半输。其诸边郡三分之二，远者三分之一。夷人输賨布，户一匹，远者或一丈。
>
> 远夷不课田者输义米，户三斛，远者五斗，极远者输算钱，人二十八文。

从中可见，“夷”人的户调不及汉区的三分之一；“远夷”不交田税，只输义米及算钱。这体现出晋王朝对南方诸族包括鄂西民族的照顾。

第三节　南北朝时期的鄂西民族

南北朝时期，在以今湖北地区为中心的南方广阔地域内，遍布着“类种繁多”“部落滋蔓”的“蛮”族。史书把这些“蛮”族分为两大类：一是“荆、雍州蛮”。当时荆州治所在今湖北江陵县，雍州治所在今湖北襄阳，活跃于此二州的少数民族，史以“荆、雍州蛮”称之。一是“豫州蛮”。主要分布在当时的西阳郡（治所在今湖北黄冈县东南），故“西阳蛮”是其核心部分。由于西阳郡包括在东晋侨置的豫州范围之内，故史称该地“蛮”族为“豫州蛮”。概言之，倘将湖北地区一分为二的话，东边居住的为“豫州蛮”，西边居住的为“荆、雍州蛮”。其族属，记载其时的史书将其分为两类：一是“盘瓠之后”，一是“廪君之后”。换言之，前者为今苗瑶语族先人，后者为今土家族先人。鄂西地区少数民族，按地域应归入“荆州蛮”。

一、处于鄂西长江沿岸的“荆州蛮”

（一）峡中蛮

川、鄂间沿长江三峡居住的少数族人被称为“峡中蛮”。据《宋书·沈攸之传》

载，“巴东、建平[①]为峡中蛮所破”，其后沈攸之“遣军入峡讨蛮帅田五郡等”；《宋书·邓琬传》载，宜都太守何康之，“军至陕（峡）口，为夷帅向子通所破，挺身还走”；《梁书·周子春传》载，梁秦二州刺史阴子春曾“讨峡中蛮，平之”。峡中蛮的活动，直至南北朝末年，仍未停止。如《周书·蛮传》载：“有冉氏、向氏、田氏者，陬落尤盛。余则大者万家，小者千户。更相崇树，僭称王侯，屯据三峡，断遏水路，荆、蜀行人，至有假道者。”

概言之，贯穿整个南北朝历史时期，“峡中蛮”势力长盛不衰。

（二）建平、宜都诸郡“蛮”

建平、宜都诸郡蛮分布在三峡、今恩施土家族苗族自治州往东至宜昌、宜都等地。据《宋书·夷蛮传》载：

> 宜都、天门、巴东、建平、江北诸郡蛮，所居皆深山重阻，人迹罕至焉。前世以来，屡为民患。
>
> 世祖大明中，建平蛮向光侯寇暴峡中，巴东太守王济、荆州刺史朱修之遣军讨之，光侯走清江。清江去巴东千余里。时巴东、建平、宜都、天门四郡[②]蛮为寇，诸郡民户流散，百不存一，太宗、顺宗世尤盛，虽遭攻伐，终不能禁，荆州为之虚敝。

可见，这一带“蛮”人，早已生息活动于此地，至南朝宋时，其势力更为发展，至宋末明帝（465—472年在位）、顺帝（477—479年在位）时更无力控制，“终不能禁”。入齐后，其势仍未衰。如《南齐书·蛮传》载，“宋泰始以来，巴建蛮向宗头反，刺史沈攸之断其盐米，连讨不克”，至齐武帝（483—493年在位）永明初，向宗头又率众“五千人为寇”。

---

① 巴东，治今重庆奉节县东；建平，治今重庆巫山县。

② 宜都，治今湖北宜都市；天门，治今湖南石门县；巴东，治今重庆奉节县；建平治今重庆巫山县。

（三）信州蛮

信州，梁置，北周袭之，故治在今重庆奉节县东北。因此，川鄂边区的“峡中蛮”，至梁、北周时，又被称为“信州蛮”。据《北史·蛮传》载，“群蛮”附梁叛西魏，“向五子王又攻陷信州；田乌度、田唐等抄断江路”。入周后，其势炽盛，四面出击，摇撼了北周王朝对当地的统治地位。为此，周统治者多次大规模征讨。对此，《周书》的《武帝纪上》《陆腾传》《司马裔传》《田弘传》《蛮传》均有记载，其中尤以《蛮传》记述最为详尽。综述如下：北周武成（559—560年）初，“冉令贤、向五子王等又攻陷白帝，杀开府杨长华，遂相率作乱”[①]。天和元年（566年），“信州蛮蜑据江峡反叛，连结二千余里，自称王侯，杀刺史宋令等”[②]，武帝（561—578年在位）诏开府陆腾督王亮、司马裔等讨之。陆腾水陆俱进，分道奋击而破之。“腾乃积共骇骨于水逻城侧，以为京观。后蛮蜑望见，辄大号哭，自此狼戾之心辍矣。”[③]接着，又“擒（向）五子王于石默，获宝胜于双城”“又以巫县、信陵、秭归并是硖中要险，于是筑城置防，以为襟带焉。天和六年（571年），蛮渠冉祖喜、冉龙骧反，诏大将军赵訚讨平之。自此群蛮慑息，不复为寇矣。”[④]换言之，周统治者从武成初（561年）直至天和六年，经上十年的战争，采用极其残酷的手段，包括堆积死者尸骨以为“京观”之法，达到了大大削弱“连结二千余里”的“信州蛮”势力的目的，并于从巫县经巴东至秭归的地段筑城戍兵，以防“信州蛮”的势力东山再起。

尚需附及的是，北周统治者在平定“信州蛮”之后，进一步把统治势力伸展至信州以南少数民族聚居的山区。据《太平御览》卷一七一引《十道志》，北周建德二年（573年），“酋长抽邹四人相率内附，置施州[⑤]”。虽然，前代在这一地区也曾设官建制，但仅属于“县”级行政单位，如晋置沙渠（治今湖北恩施市）、建始诸县，均归于建平郡（治所在今重庆巫山县）辖下。从北周起，始在当地设“州”一级的行政单位，并为后代因袭。施州的设置，使施州逐渐成为鄂西南地区的政治、

---

① （唐）令狐德棻等撰：《周书·蛮传》。

② （唐）令狐德棻等撰：《周书·陆腾传》。

③ 同注②。水逻城，今重庆奉节县东。

④ 同注①。石默、双城，今湖北巴东县境；信陵，治今湖北巴东县。

⑤ 施州，治今湖北恩施市。

经济、文化中心；对今鄂西土家族苗族自治州地区的开发，对促进民族间的交往，均起了重要的历史作用。

（四）“蛮”族社会

综观史籍关于其时鄂西长江沿岸的“荆州蛮”记载，可见当地的民族社会有如下特点：

第一，实行大姓统治。田、向、冉三氏的民族首领统治着当地的土民。载诸史籍南北朝时期有名有姓可稽者计有：田五郡、田光侯、田乌度、田唐、向子通、向宗头、向五子王、向镇侯、向白彪、向天王、冉令贤、冉祖喜、冉龙骧诸人；若往上溯在晋代时已有向弘、向瑾等人。从中可见，至迟在两晋南北朝时期，在当地已形成大姓统治的民族社会。显然，大姓统治是在经济得到一定程度发展、财富积累相对集中、阶级分化与贫富悬殊较为突出的基础上的产生的。值得注意的是，田、向、冉三氏连绵不断，一直延续至当代仍是土家族的重要姓氏。众多土家族先人名字彪炳史册，既说明土家族早年已有详明可靠的历史记载与悠久的历史传统，也说明他们在中国历史舞台上曾扮演过重要的角色。

第二，定居村落大量涌现。随着农业特别是水稻生产的发展，靠近沿江与平原地区的民族居民逐渐扬弃刀耕火种的原始农业的耕作方法，不再过人随地迁的不稳定生活。上述冉、向、田三氏“陬落尤盛”，其他姓氏村落人口也“大者万家，小者千户”即明证。

第三，社会经济有了长足发展。据《周书·长孙俭传》载，荆蛮社会“务广耕桑”“民安其业”，描绘了自给自足的农业社会图景，处于峡中地区的鄂西民族也当如是。在农业发展的基础上，商业也有所发展。鄂西民族以土产换取汉区所产盐、米，是彼此存在互补贸易的证明。在经济发展的基础上，造船业与交通运输业更为发达，“峡中蛮”能“屯据三峡，断遏水路”，称雄江中，即是突出例证。在山区，狩猎业占有重要地位，农业不发达，但随着时间的推移，这种情况也有所改变。如，《周书·郭彦传》载，孝闵帝（557 年在位）时，郭彦出为澧州刺史，时“蛮左”“聚散无恒，不营农业，彦劝以耕稼，禁共游猎，民皆务本，家有余粮”，可证。

二、南北朝时期治理“蛮”族之策

南北朝时期，“蛮”族势力空前强大，鄂西地区民族则以“峡中蛮”势力为最盛。南北朝历朝统治者从维护其统治利益出发，对“蛮族”问题十分重视，其主要措施有：

（一）设置左郡、左县

南朝时，历朝统治者在“蛮”人聚居之地，设置特殊区——“左郡”“左县”。此中“左”字意指少数族人。其义当源于孔子语“微管仲，吾其被发左衽矣”[①]“左衽”，“殊俗”之谓也。至南北朝时期，则把“蛮”与“蛮左”相关联，称“蛮”为“蛮左”了。

关于左郡、左县的设置情况，据笔者统计，共有左郡 3、左县 16（不包括中途省去的左郡 3，左县 20 在内）；《南齐书·州郡志》所载，共有左郡 65，左县 138。由于这些郡县的规模较小，加上“蛮”族的经济文化落后，故左郡左县的地位不及内地郡县重要。因此，大多数左郡左县很难确定其具体地望，没有记载，但当时在鄂西长江沿岸的“荆州蛮”地区当设有左郡左县是无疑的，只是如今难以稽考了。

左郡左县的设立，在中国历代王朝对南方少数民族的治理史中，有着重要的意义与作用。它上承秦汉时期的“道”，其相同之处都是在民族地区设立的特殊地方行政单位；不同之处则是“道”的长官是由中央政权任命的随时可以撤换的流官，而左郡左县的守、令则是由中央政权委任的由少数民族首领担任的世袭长官。

（二）在“蛮”族聚居地设置校尉

“蛮左”校尉一职的设置，据《南齐书·州郡志下》载：“部领蛮左，故别置蛮府焉。”就是说，即为专司“蛮”族事务而设。

“蛮左”校尉，主要的有：宁蛮校尉，治雍州（治所在今湖北襄阳县），专为镇抚雍州蛮而设；南蛮校尉，治荆州（治所在今湖北江陵县）专为镇抚荆州蛮而设；三巴校尉，治白帝（今重庆奉节县），专为锁抚三巴地区蛮人而设。

---

① 《论语·宪问》。

三巴校尉，与鄂西峡中少数民族地区关系最为密切。据《南齐书·州郡志下》载：

巴州，三峡险阻，山蛮寇贼，宋泰始三年（467年），议立三巴校尉以镇之。后省，昇明二年（478年），复置。建元二年（480年），分荆州巴东、建平、益州、巴郡为州，立刺史，而领巴东太守，又割涪陵郡属。永明元年（483年）省，各还本属焉。

《资治通鉴·宋明帝泰始六年》载："先是三峡蛮、獠，岁为抄暴，故立府以镇之。"胡三省注："府，谓三巴校尉府也。"这说明：三巴校尉，是为"镇"渝鄂三峡"山蛮"或"蛮、獠"而设的；始设于南朝宋泰始年间（465—471年），几经废置，于南朝齐永明元年（483年）各还本属。

（三）任命"蛮"族豪酋为州、郡、县长官

南北朝时期，因袭秦、汉以来的做法，给蛮族首领封官加爵，其目的是"宜存名以训殊俗"[①]。大批"蛮"人除被任命为州刺史、郡太守等文职官衔外，还往往假予各种将军杂号，封予各种王侯称号。历史上，大批土家族先民首领享有这种殊荣。据笔者统计，在南朝时期，仅田氏一族被任为州刺史、郡太守者就不少于十人。这种利用蛮酋为吏的做法，有利于保持蛮族地区的安定。

（四）实行不同于汉区的租赋徭役制

南朝统治者对蛮族的剥削，主要采用按户"输谷"和"责赕"两种形式。

据《宋书·夷蛮传》载，荆雍州"蛮民归顺者，一户输谷数斛，其余无杂调，而宋民赋役严苦，贫者不能堪命，多逃亡入蛮。蛮无徭役，强者又不供官税"。这说明：其一，蛮民是要交纳租赋的。这种租赋不是根据田亩而是以户为单位征收的。可见，南朝对蛮族的租赋，也多袭用晋朝"输义米"即按户交纳米谷的办法。其二，蛮民的租赋负担，较汉民为轻。一般说来，除"输义米"外，既"无杂调"，又"无

---

① （南朝梁）萧子显：《南齐书·蛮传》。

徭役”。故汉民为逃避赋役，往往“逃亡入蛮”。但是，蛮民的赋役负担，有时也是沉重的。《南史·蛮传》载，宋元嘉（424—453年）时，“天门溇中令宋矫之徭赋过重，蛮不堪命”，即一例。因此，梁巴东、建平二郡太守孙谦说，“蛮夷不宾，盖待之失节耳”[①]，说明南朝统治阶级中的有识之士，也认识到鄂西民族地区的反抗斗争是统治者的过度剥削造成的。

据《南齐书·豫章文献王传》载：“沈攸之责赕，伐荆州界内诸蛮，遂及五溪，禁断鱼盐。郡蛮怒，酉溪蛮王田头拟杀攸之使，攸之责赕千万。”所谓“赕”，据《资治通鉴·宋明帝泰豫元年》胡注引何承天《纂文》释为“蛮夷赎罪货也”。

北朝对“蛮”族征收的赋役，相对较为繁重。“蛮”人一旦归附，即需输税服役。如《周书·郭彦传》载，孝闵帝（577年在位）时，出为澧州刺史。“蛮左生梗，未遵朝宪。至于赋税，违命者多。”郭彦劝以耕稼后，“亡命之徒，咸从赋役”。鄂西民族地区除“从赋役”外，还有输军粮之举。据《周书·李迁哲传》载：讨平“黔阳蛮”后，“由是诸蛮畏威，各送粮饩”。自平定“信州蛮”后，“寇抄颇息，军粮赡给焉”。

（五）征、抚并施的两面政策

南北朝统治者对鄂西民族除军事镇压外，也行拉拢之策。以信州蛮为例，上引南朝筑为“京观”之举，是其残暴民族政策之突出反映。与此同时，统治者也辅之以“抚纳”之策。如，《周书·扶猛传》载：驾若敦南讨信州，扶猛入白帝城，“抚慰民夷，莫不悦附”。

（六）南北朝对“蛮”族的争夺

在南北军事对抗中，双方都极为重视争取和利用“蛮”人，使之投靠自己，用以削弱对方。

据《周书·贺若敦传》载：

> 巴西人谯淹据南梁州，与梁西江州刺史王开业共为表里，扇动群蛮，

---

① （唐）姚察、姚思廉撰：《梁书·良吏传》。

太祖令敦率军讨之。……又遣仪同扶猛破其别帅向镇侯于白帝。……淹复依山立栅，南引蛮帅向白彪为援。敦设反间，离其党与，因其懈怠，复破之。斩淹，尽俘其众。

这表明，南朝曾利用三峡“白帝蛮”与北朝对抗。由于“蛮”族多聚居于南朝疆域内，故南朝更为倚重“蛮酋”，利用他们对北朝发动更为频繁的骚扰与进攻，并起着“北境捍蔽”的重要作用。

第四章 隋唐五代时期的鄂西民族

隋唐五代时期，鄂西民族问题突出特点表现有二。一是经过三国两晋南北朝时期的民族大迁徙、大融合以后，原先遍布湖北各地的“荆雍州蛮”与“豫州蛮”势力日益削弱，人数不断减少，愈来愈多的少数民族融入汉民族中，而地处偏僻山区的鄂西“蜑”人和“蛮”人则受冲击较少，仍保持着较为浓郁的民族特点。这样，便形成至宋代以后湖北地区少数民族的活动主要集中在今鄂西的局面。二是隋代以后，开始重视施州（今湖北恩施土家族苗族自治州）的经营与开发。从此，施州地区与内地的往来日趋频繁。

第一节 巴峡地区的民族分布与社会

一、蜑

魏晋南北朝，在今鄂、渝、湘、黔边区，以长江流域为中心，居住着习于水上生活的一支“蛮”人，史称“蜑”。其势力炽盛时，甚至“屯据三峡，断遇水路”[①]称雄一时。

入隋后，蜑人仍在巴中一带活动。据《隋书·杨素传》载：隋以杨素为信州（治今重庆奉节县）总督，居永安，引舟师趋三峡。陈南康内史吕仲肃屯歧亭，正据江峡，被杨素击败。仲肃复据荆门之延州。“素遣巴蜑卒千人，乘五牙四艘，以柏樯碎贼十余舰，遂大破之，俘甲士二千余人，仲肃仅以身免。”又，据《资治通鉴》隋开皇三年（583年）胡三省注：“蜑亦蛮也，居巴中者曰巴蜑。此水蜑之习于用舟者也。”隋在灭陈之战中使用“巴蜑卒”一事，表明中原王朝曾利用鄂渝边区少数民族武装；隋朝的将领依靠蜑人水师攻破陈军利用三峡天堑设防一事，说明蜑人确是“习于用舟者也”。

① （唐）令狐德棻等撰：《周书·异域传上》。

至五代时，这一地区的蜑人又重见于史籍记载。据《旧五代史·晋书·李承约传》载：明帝时，拜李承约为黔南节度使，“数年之间，巴、邛蛮蜑不敢犯境，外劝农桑，内兴学校，凶邪尽去，民皆感之，故父老辈重趼诣阙，言其政化”。可见，其时在巴中仍有蜑人活动，且其势力曾一度对后晋南部边境造成严重威胁。又，据《旧五代史·僭伪列传第三》载，前蜀王衍辖境内有“蛮蜑之人”。显然，这是包括巴蜑在内的。

入宋后，鄂川边区蜑人的活动未再见诸史传。当然，这并不等于蜑人的势力消散了，只是史书不再以蜑人的称谓来记述这一地区的少数民族罢了。

在学术界长期存在这样一种观点：认为唐代以后的岭南蜑人是从鄂渝边区蜑人迁徙演变而来的。笔者认为：这两支蜑人并无渊源因袭关系。这是必须加以辨明的。[①]

二、鄂西“荆、雍州蛮”的传人

进入隋代以后，“荆、雍州蛮”已大多融入汉族，其传人主要活动在下述两个地区。

（一）以长江三峡地区为活动中心

如前所述，南朝时，“峡中蛮”势力颇盛。北朝时，向氏蛮酋出没于信陵（今湖北巴东县）、秭归一带。如《隋书·赵煚传》载：北周孝闵帝时，赵煚“迁硖州刺史。蛮酋向天王聚众作乱，以兵攻信陵、秭归。煚勒所部五百人，出其不意，袭击破之，二郡获全。”至隋文帝时，赵轨为硖州[②]刺史，“抚辑萌夷，甚有恩惠”。

据《隋书·地理志下》载，硖州辖县包括夷陵（今湖北宜昌市）、夷道（今湖北宜都市）、远安（今湖北远安县）。概言之，南北朝至隋代，从今宜都、宜昌上溯至秭归、巴东等峡中地区，“蛮”人的活动从未中止。入唐后，其势仍未衰，据《旧唐书·李靖传》载：武德二年（619 年），“会开州蛮首冉肇则反，率众寇夔州，赵

---

① 参见《南北蜑人不同族属新说》，见吴永章：《民族研究文集》，255~266 页，北京，民族出版社，2002。

② 硖州，北周所置，隋曰夷陵郡，治今湖北宜昌西北。

郡王孝恭与战不利。靖率兵八百，袭破其营，后又要险设伏，临陈斩肇则，俘获五千余人，高祖甚悦”。此事，《元一统志》卷五，夔州路古迹条则载：“李靖垭。唐武德时蛮酋冉肇则寇信州。”注云：“《唐书·李靖传》：开州蛮冉肇则寇夔州，靖设伏斩肇则，俘禽五千。此云：冉肇则寇信州，即此事。梁置信州，隋大业初改州为巴东郡。唐初复为信州，寻改夔州。”概言之，唐代开州蛮冉肇则曾率众攻打夔州，后被唐朝大将李靖所败，其地因此成为著名古迹，叫做“李靖垭”。可见，“冉氏蛮”活跃于川、鄂间的峡中地区。

五代时，沿江地区“蛮”人的活动，仍有痕迹可寻。如《旧五代史·唐书·李说传》载，昭宗（888—904 年在位）诏曰：“夔、忠、万三州，地连巴蜀，路扼荆蛮。”即明证。

这支“蛮”人，其中有因地名呼为“巴东蛮”者。《新唐书·高祖纪》在隋大业十三年（617 年）下系“冉安昌据巴东”事。又，《册府元龟》卷九三，外臣部、助国讨伐条载：唐武德四年（621 年），“巴东蛮帅冉安昌率兵与大军平萧铣。安昌者，盘瓠之苗裔，代为蛮帅。”从“代为蛮帅”之句，可证其在隋唐以前已长期为蛮人所居，这与巴东郡蛮“前世以来，屡为人患”[①]的记载，可互为印证。[②]从上述诸首冉肇则攻打信州（隋巴东郡）一事，可证隋唐之际在巴东一带活跃着两支蛮人，一支首领为冉肇则，一支首领为冉安昌。其姓氏相同，当属同一族属，而其政治态度则相反，冉肇则反唐为李靖所击败，冉安昌则助唐，与唐军一道平萧铣。由于冉安昌助唐，故为唐王朝所重用。据嘉靖《思南府志·官师志》载：冉安昌为昭慰使，安昌“以婺川当牂牁要路请置郡以抚之，其后思夷等州土地之辟，夷民之附，自斯举始”。这表明，唐王朝任用鄂民族首领之举，有利于民族地区局势的稳定与民族地区的经济开发。

（二）以清江流域为活动中心

据《隋书·周法尚传》载：炀帝（604—618 年在位）时，“黔安夷向思多反，

---

① 见（南朝梁）沈约：《宋书·夷蛮传》。

② （唐）魏征：《隋书·地理志上》载，隋巴东郡包括今湖北秭归、巴东直至重庆奉节县、云阳县、万州区诸地。

杀将军鹿愿，围太守萧选，法尚与将军李景分路讨之。法尚击思多于清江，破之，斩首三千级”。对此，《隋书·李景传》也载：李景“击叛蛮向思多，破之，赐奴婢八十口”。此外，《隋书·郭荣传》载：炀帝时，“黔安首领田罗驹阻清江作乱，夷陵诸郡民夷多应者，诏荣击平之。”[①] 上述记载表明：清江夷人势力已有所发展，从“杀将军”“围太守”的事例中可证。清江地区，早在南朝时期就是“蛮”人活动之所。据《南史·夷貊传下》载：宋孝武帝大明年间（457—464年），“建平蛮向光侯寇暴峡州，巴东太守王济、荆州刺史朱修之遣军讨之。光侯走清江，清江去巴东千余里”，即属此例。

“峡中蛮”与“清江蛮”这两支“蛮”人的关系十分密切。在地域上，峡中与清江两地连成一片。在活动方式上，“峡中蛮”与“清江蛮”相互支援。南朝宋时，“峡中蛮”人把清江作为退避藏身之地；隋炀帝时，夷陵郡“夷”声援清江“夷”人的反抗活动。在姓氏上，二地居民多为向、冉二姓。据此，可断定这两地“蛮”人属同一族类。

二者之间也有差异。主要表现为：“峡中蛮”人登上历史舞台活动在先。南北朝时期为其势力达到鼎盛时期，入隋、唐为延续时期，至宋以后，则有关记载大多从史料中消失。而“清江蛮”人则相反，迟至隋时期，其势力才开始抬头，至宋代则以“施州蛮”的身份进入强盛时期。其原因很简单。峡中地区为交通要枢，与诸族间往来甚为频繁，因此，也就易与内地诸族融为一体。清江地区僻处一隅，至隋以后才逐渐得以开发，步入历史舞台的时间因此推后，但却长期地保留了本民族的特点。

三、巴　蛮

居于巴地域或原属于巴种的“蛮”人，史称“巴蛮”。

在周、隋之际，“巴蛮”势力颇盛。据《隋书·王谊传》载：北周末年，

> 司马消难举兵反，高祖[②] 以谊为行军元帅，率四总管讨之。军次近郊，

---

① 隋黔安郡治今重庆彭水县；夷陵郡治今湖北宜昌境；清江郡辖今湖北恩施、长阳、建始等鄂西土家族苗族自治地方。

② 高祖，指隋文帝杨坚。

消难惧而奔陈。于时北至商、洛，南拒江淮，东西二千余里，巴蛮多叛，共推渠帅兰洛州为主。洛州自号河南王，以附消难，北连尉迥。谊率行军总督李威、冯晖、李远等分讨之，旬月皆平。

对此《资治通鉴》陈宣帝太建十二年（580年）六月载："郧州巴蛮多叛，共推渠帅兰洛州为主，以附消难。王谊遣诸将分讨之，旬月皆平。"

所谓"巴蛮"，胡三省注曰："是则晋、宋以来所谓山蛮也，南朝诸史所谓荆、雍州蛮者也。以其先出于巴种，故谓之巴蛮。"换言之，此处"巴蛮"，是广义言之。言其种属出于巴人，并非指其地域。司马消难时为北周郧州（治今湖北安陆）总督，其所辖有郧、随、温、应、土、顺、沔、儇、岳九州及鲁山八镇等，即包括今安陆、随县、京山、应山、信阳、沔阳、岳阳、汉阳诸地。从中可见"郧州蛮"活动的大致范围，也表明其时"巴蛮"分布地域广阔。又，据《隋书•周法尚传》载，高祖（指隋文帝）"受禅，拜巴州刺史，破三鸦叛蛮于铁山"。司马消难起兵反杨坚，事在580年六月，杨坚"受禅"改国号为隋，事在次年二月。可见，"巴蛮"的反抗活动主要在周、隋交替之时。

隋唐五代时期，鄂西少数民族主要有"蜑""峡中蛮"与"清江蛮""巴蛮"等。需要指出的是，这些称谓并非按其族属确定的，只是袭用文献记载，作为标志加以划分的。按其族类来分，当时湖北地区的少数民族可分为廪君后裔与盘瓠后裔两种，而且可以断言，其中大多数属廪君种了。

四、巴、峡地区的民族社会

农业上，除平原地区外，山地多行刀耕火种法。唐代诗人刘禹锡《畲田作》[①]一诗概括地绘声绘色地用形象语言描述巴人地区畲田法过程：

何处好畲田，团团漫山腹；钻龟得雨卦，上山烧卧木。惊麏走且顾，群雉声咿喔；红焰远成霞，轻煤飞入郭。风引上高岭，猎猎度青林；青林望靡靡，赤光低复起。照潭出老蛟，爆炸惊山鬼；夜色不见上，孤明

① （唐）刘禹锡：《刘宾客文集》，卷二七。

星汉间。如星复如月，俱逐晓风灭；本从敲石光，遂致烘天热。下种暖灰中，乘阳坼芽蘖；苍苍一雨后，苕颖如云发。巴人拱手吟，耕耨不关心；由来得地势，径寸有余阴。

诗人记录了巴人烧山时火焰冲天、野兽惊走的壮观图景以及在新辟土地上作物的播种和作物发芽、成熟的过程，使人能感性地了解畲田的方法。

迄宋，巴、峡地区一直沿袭此法。宋范成大《劳畲耕》："畲田，峡中刀耕火种之地也。"

上述记载表明：中原地区之人早期主要是通过与之较为临近的巴、峡地区来了解刀耕火种法的，换言之，唐宋时期巴、峡地区的刀耕火种农业在当时具有典型意义。

与此同时，经济作物有了相应发展。以茶叶为例，陆羽《茶经》在列举茶叶产地时，首推山南之峡州、襄州、荆州，且认定峡州所产为上，还谈及以谷皮加工茶叶、制作茶饼，"巴川峡山纫谷皮之""荆巴间采叶作饼，叶老者饼以米膏出之"。又，《唐国史补》卷下载："茶之名品益众。……峡州有碧涧、明月、芳蕊、朱萸簝"。当时，峡州茶叶已成供皇家消费的贡品，可证其茶质之佳。

在农副业得到发展的基础上，商品交易亦有所发展。如《太平广记》卷三一二，引《南楚新闻》："咸通中（860—873 年），有姓尔朱者，家于巫峡，每岁贾于荆、益。"随着交换的增加，农村集市纷纷建立。如《全唐诗》载郑谷《峡中寓止》云："夜船归草市，春步上茶山。"在早期茶市的基础上，建立起城镇。还需指出的是，巴、峡地区为长江所贯通，故其商品交换也具有水上交易的特点，"水国舟中市"[①]即突出例证。

在宗教信仰上，当地居民崇信巫鬼。据《隋书·地理志下》载：荆州所属夷陵（治今湖北宜昌西北）、清江（治今湖北恩施东）等地"多杂蛮左"，僻处山谷者"颇与巴、渝同俗"，大抵"率敬鬼，尤重祠祀之事"。此俗延续于宋，故史称"归、峡信巫鬼，重淫祀，故尝下令禁之"[②]。

---

① （唐）段成式：《酉阳杂俎·境异》。

② （元）脱脱等撰：《宋史·地理志四》。

在丧葬仪式上，唐代以前巴、峡人流行悬棺葬。据《太平御览》卷五五九引《神怪志》载：唐将军，“王果经三峡，见石壁有物，悬之如棺，使取之，乃一棺也。发之，骸骨存焉。”《大明一统志》卷六二，荆州府“古迹”条则载：王果所视之棺，在归州[①]白狗峡东，其他亦名铁棺峡。这也为调查材料所证实，今秭归、宜昌诸县仍保存有悬棺葬多处。此俗，与《隋书·地理志下》所载荆州“蛮左”的“拾骨葬”“左人”的“总葬石窟”俗是相一致的。

第二节 施州的治理与开发

隋唐五代时期，中央王朝开始注意对施州的治理与开发。因此，这一时期在鄂西开发史上，具有不容忽视的意义。下面对其时施州的主要问题，归纳、分述如下：

一、建置沿革

隋置清江郡，领盐水（治今湖北恩施市东）、巴山（治今湖北长阳县南）、清江（治今湖北恩施市）、开夷（治今湖北恩施市北）、建始（治今湖北建始县东）。隋末，恭帝义宁二年（618年），置施州，领清江、开夷二县。唐贞观八年（634年），废业州，以建始县来属。麟德元年（664年），废开夷县入清江。天宝元年（742年），改为清化郡。乾元元年（758年），复为施州。其时，施州领二县：清江（治今湖北恩施市）、建始（治今湖北建始县东）。又，据《新五代史·前蜀世家》载：唐昭宗天复元年（901年），王建乘荆南之间，“攻下夔、施、忠、万四州”。从此，施州在五代时先后置于前蜀和后蜀的管辖之下。

二、人　口

据《隋书·地理志下》载：隋清江郡，“户二千六百五十八”。唐代施州人口，诸籍所载虽不完全一致，但出入不大。《旧唐书·地理志三》载：天宝时，施州，“户三千七百二，口一万六千四百四十四”。唐李吉甫《元和郡县图志·江

① 归州，今湖北秭归县。

南道六》载：施州，“开元户三千四百七十六”。《通典·州郡三》：施州，“户三千八百二十五，口二万五千三百八十”。[①] 上述数字表明；施州为人烟稀少之地，经过隋与唐初的经营开发，人口有了大幅度的增加，需加指出的是，当时施州为少数民族聚居地，有大量户口可能未被统计在内，所以实际人口要较统计数字高。此中所列户、口，实际上只是包括向中央王朝纳赋服役的“齐民”。所以这一数字，更主要的是反映了当地经济的发展与开发程度。

三、吏　治

据道光朝《施南府志·官师志》，名宦条载：“施在秦汉以前，名宦无可考。”隋唐以后，则记载日多。这一事实表明：隋唐时期，是恩施地区开发与治理史的分界线。

关于隋唐五代时期治理施州有政绩者，据《大明一统志》卷六六，施州卫军民指挥使司、名宦条载：隋李超，

> 庸州清江令，治绩显著，为当时最。及去，民间立祠祀之。

唐南承嗣，

> 历施、涪二州别驾。柳宗元称其服忠思孝，无替负荷。

唐房武，

> 为施州刺史，有遗爱，吏民思之。

这些有“治绩”，有“遗爱”的官吏，他们在开发施州地区的历史过程中都起了积极作用，受到当地吏民的拥戴，甚至为其立祠纪念。此外，据同治朝《恩施县志·职官志》载，唐代曾任施州之秩官有：郗昂（清江尉）、陈树龙（施州刺史）、柳然明（施州刺史）诸人。史书开始记载施州官吏人物与事迹一事说明，从那时起，历代中央王朝加强了对该地区的管理与控制。这在客观上有利于沟通内地与施州地

---

① 唐代施州面积略小于隋代清江郡。

区的交流，有利于突破施州地区的孤立状态。

需要附及的是，也正是在这一时期，中央王朝开始把施州作为官吏贬谪之所。其主要记载有：

《旧唐书·宗室淮安王神通传》附传载：李孝逸封吴国公，武则天垂拱二年(686年)，他因遭谗“左迁施州刺史”。

《旧唐书·代宗本纪》载：宝应元年（762年）九月，“右仆射、山陵使斐冕贬施州刺史”。

《大明一统志》卷六六，施州卫军民指挥使司、名宦条载：唐昭宗景福（892—893年）中，张古道“为右拾遗，上疏言五危二乱七事，谪官施州”，官施州司户参军。

以上材料说明：其一，施州在唐时尚被视为荒服僻远之地。其二，从唐代起，施州成为历代王朝贬谪官吏之一场所，其中有的贬谪者留居下来而成为当地居民。其三，这些被贬谪者，多是原在朝廷任职的有见识的清廉之士，因刚正不阿而获罪，故这类人对施州的开发与治理当更有一番作为。裴冕被杜甫誉为“廊庙之具裴施州”，喻为“尧有四岳明治理”，即突出例证。其业绩堪和韩愈之与潮州、苏轼之与崖州相提并论。

四、土　官

唐代羁縻州制，由南北朝时期的“左郡、左县”制发展而来。唐代羁縻州制正式被确定为治理民族地区的一种地方行政制度，并广为推行，则是在唐贞观年间(627—649年)。如《新唐书·地理志七下》所说：

> 唐兴，初未暇于四夷，自太宗平突厥，西北诸蕃及蛮夷稍稍内属，即其部落列置州县，其大者为都督府。以其首领为都督、刺史，皆得世袭。虽贡赋版籍，多不上户部，然声教所暨，皆边州都督、都护所领，著于令式。

这是羁縻州制的形成过程及主要内容的集中概括。

唐朝羁縻州数目甚多。据《唐会要》卷七〇载：“凡天下三百六十州，迄于天

宝，凡三百三十一州存焉，而羁縻之州八百。”此“羁縻之州八百”为大略言之，据《新唐书·地理志七下》载，羁縻府州数为“八百五十六”。换言之，当时人口稠密的内地所设“正州”数，尚不及地广人稀的边地所设羁縻州数的一半。

鄂西民族地区在唐代也实行了羁縻州及与此相应的土官制度。

据《资治通鉴》唐高祖武德四年（621年）载：唐攻取夔峡地区后，“悉召巴、蜀酋长子弟，量才授任，置之左右”。这是唐代委用鄂西土酋为官之始。又，据同治朝《来凤县志·土司志》卷二七载：“唐初，溪洞蛮酋归附者，世授刺史，置羁縻州县，隶于都督府，为授世职之始。”

关于唐代已授施州溪洞蛮酋以世职之说，志书有具体记载。据道光朝《鹤峰州志》卷一，“沿革”条载，所传容美田氏《世述录》称：“唐田行皋元和元年（806年），从高崇文讨平刘辟，授施、溱、溶、万招讨把载使，后加……施州刺史，仍知溱、万、溪、溶四州诸军事。”该志由此得出结论：“是田氏为土司，自唐始。”因为这段记载出自田氏族人之手，故难免有溢美或附会之嫌。但若说田行皋其人为施州土民袭土职，则并非无据之谈。理由有二：

第一，田行皋其人确曾为施州刺史。史籍关于田行皋的事迹，是有记载的。据《资治通鉴》后晋齐王开运三年（946年）载：“蜀施州刺史田行皋叛，遣供奉官耿彦珣将兵讨之。”《资治通鉴》后汉隐帝乾祐三年（950年）又载：“蜀施州刺史田行皋奔荆南。高保融曰：‘彼贰于蜀，安肯尽忠于我？’执之，归于蜀，伏诛。”这证明，田氏《世述录》所载田行皋于元和元年从高崇文讨刘辟一事，纯属子虚乌有。因为不仅史书无此记载，更重要的是，元和元年为806年，距田行皋为后蜀施州刺史946年，中间已隔140年，距田行皋被诛的950年，则达144年之久。我国民间修族谱时，为光宗耀祖，在追溯时往往把同姓不同宗的历史人物附会成本族先人，故把田行皋奉为后世鄂西容美土司的始祖，是缺乏根据的。但田行皋其人曾为后蜀施州刺史一事，则是史有所载的。

第二，五代十国时，地方割据政权为取得“溪洞”的支持，封归附的“蛮酋”为当地刺史，几乎成了通例。如，《十国春秋·楚世家》载“乾化二年（914年）春二月，辰州蛮宋邺、溆州蛮田师益帅众降，王以邺为辰州刺史，师益为溆州刺史”，即例证。既然，辰州、溆州刺史为当地“蛮”人担任，与之相邻的溪洞之地——施州的刺史也如是，则是合乎情理的了。加之田氏为施州大姓，据此断田行皋为施州

土人任土官，可谓有是立论有据的。

又，志书还有鄂西漫水土司向氏源于唐的记载。据同治朝《来凤县志·地舆》卷二载：

> 漫水、卯洞、百户三司，沿革失考，其酋长皆向姓。土人记载，称其自唐平蛮入山，历宋迄明，世为军民安抚司。考龙山县志土司考载，唐末溪州刺史彭瑊与漫水土司之弟向伯林，共灭龙山老蛮头吴着冲，瑊以洛塔[①]之地酬向氏。据此，则三司来自李唐，信不诬也。

同书卷六，古迹条记载：

> 落印潭，在宣抚堡下。五代时，有向伯林者，漫水土司弟也。夜盗其兄所佩印，口衔渡河，其兄觉而追之，印惊落于潭，伯林逃之他砂不敢归。今龙山向姓，其裔也。……名其水，曰落印潭。

两则记事不同，但都说唐末漫水土官为向伯林之兄，言之凿凿，当可信。总而言之，宋代大批委用溪洞土酋为官，即滥觞于唐。

五、土　贡

据《唐六典·户部》卷三载："施、宣二州黄连。"《元和郡县图志·江南道六》载，施州贡赋，"开元贡：清油、蜜、黄连、蜡。元和贡：黄连十斤、药子二百颗"。又，据《新唐书·地理志》载：玄宗天宝元年（743年），施州清化郡的清江、建始等地，土贡有麸金、犀角、黄连、蜡、药实。可见唐代施州土产，贡物以黄连、蜡、药子为主，另有清油、蜜、麸金、犀角诸物。需要指出的是，其中有的贡品直至清代仍为当地主要土产，如黄连、蜜、蜡等。[②]

---

① 洛塔，今仍属龙山县。

② 参见（清 同治）《恩施县志·文艺志》。

六、经济、文化和习俗

史籍关于隋唐五代施州地区经济、文化与习俗状况的记述颇乏，但从零星材料中也可窥见其一斑。

人口迅速增加的必然结果，便是土地的大量开垦。杜甫《郑典设自施州归》诗中“又重田畴辟”的诗句，是这一历史发展趋势的客观描绘。

农业方面，总体而言，施州地区的农业尚处于刀耕火种阶段。据《黔中记》载，隋唐时，施州等地“山岗砂石，不通牛犁，惟伐木烧畲以种五谷”。[①]

手工业方面，施州地区与人们日常生活关系密切的陶瓷制造业较前有了较大发展。这从考古发现中可以得到证明。如，三峡地区的龚家大沟遗址出土的主要文物有：唐至五代的酱色广肩罐、双口罐、圈足碗、影青瓷盘；五代时的精致鱼纹碗，瓷胎灰色、深酱色釉、浅乳雕式纹饰；还有盘，釉青色，釉色晶莹。又如，清江流域的恩施旗峰坝遗址发现和采集的文物有：陶器罐、壶、碗、壶嘴、烧制器类的支垫等。这是迄今为止所发现的恩施地区最早的窑址。

在民居中，已出现为瓦盖屋的建筑形式。如：今湖北巴东县的唐宋时期遗址，有众多具浮雕花纹的瓦当；清江流域的桃符口与南潭河遗址，有唐宋时期的板瓦、筒瓦等。这种瓦房，当为当地少数民族酋豪所居，从中也可见阶级分化之突出。

在经济发展和中原文化影响扩大的基础上，施州地区文化有了新的发展。据明朝庞一德《〈施南卫掌故初编〉序》载：“施州冠带，肇自隋代。”又，同治《恩施县志·学校志》载：“恩施自唐宋以来，历千余年，皆有学，人才炳蔚，已代有传人矣。”

在习俗方面，仍保持着淳朴的民风。杜甫诗《郑典设自施州归》：“其俗则淳朴，不知有主客”“乃闻风土质”的诗句言简意赅地勾勒出唐代施州的民俗与民风。

这一时期施州地区的民族民间文艺，以“竹枝词”与巴舞最富代表性。

竹枝词。唐代诗人刘禹锡在《竹枝词》前言中写道：

岁正月，余至建平，里中儿联歌竹枝，吹短笛击鼓以赴节，歌者扬

① 见（清）陈兰森撰：《太平寰宇记补阙》，卷一一九。

袂睢舞，以曲多为贤。聆其音，中黄钟之羽，卒章激讦如吴音，虽伧佇不可分，而含思宛转，有淇澳之艳音。昔屈原居沅湘间，其民迎神，辞多鄙陋，乃作为“九歌”，到于今荆楚歌舞之。故余亦作“竹枝”[①]九篇，俾善歌者飏之。

可见，唐代峡中民族地区，民间（里中儿）流行“竹枝词”，其词“含思宛转”，多属爱情歌曲“艳音”。竹枝词风格，可上溯至屈原《九歌》，并与同时代的“荆楚歌舞”相类。此类民歌，一直在鄂西民族地区传唱。

巴舞。唐朝樊绰《蛮书》辑引《夔城图经》云：巴人，“俗传正月初夜，鸣鼓连腰以歌，为踏蹄之戏”。唐代诗人白居易在《郡中春宴因赐诸客》诗中颂及峡中俗时吟道：“蛮鼓声坎坎，巴女舞蹲蹲”②巴舞“踏蹄”，又名“踏歌”。所谓“踏歌”，当是踏足以和歌的节奏之意。此歌舞特点，以手、足动作为主，即所谓“足之蹈之，手之舞之”③之意。后世鄂西民族地区的“摆手舞”当系巴舞之流变。

在宗教信仰方面，佛教已传入当地。唐清江郡“开元寺钟”，“声极震响，清江人莫不惊叹”[④]的记载，说明唐代以前施州地区已有寺院。这从文化遗存中也可以得到证明。在酉水流域，有仙佛寺摩崖造像，大小共计三十一尊。其中最大的三龛，被认定为盛唐时期开凿。三大龛中，佛像十三尊。大佛像最高者达六米左右，保存较好。仙佛寺摩崖造像的式样与题材，与中原地区龙门武周时期的造像颇有相似之处。这是鄂西地区发现的年代最早的、最为著名的佛教圣地。

总之，隋唐五代时期施州政治、经济、文化诸方面，均有了新的发展，与内地联系较前密切，施州地区的开发史可谓进入一个转折时期，为其后宋代施州地区面貌的较大改变，奠定了良好的基础。

---

① （清）彭定求等编：《全唐诗·刘禹锡十二》，卷三六五。建平，今重庆巫山县。

② 见（清）彭定求等编：《全唐诗·白居易十一》，卷四三四。

③《孟子·离娄上》。

④（清 道光）《施南府志·杂记》，卷三〇。

第五章　宋代鄂西民族

宋代鄂西民族地区，主要属施州建置。当时，施州隶夔州路，下辖清江[①]、建始二县和广积监。在施州南，有羁縻州高州、顺州、保顺州、富州等。此外，巴东县隶湖北路归州；今来凤县与咸丰县一隅，隶荆湖北路辰州管辖。

第一节　宋王朝对鄂西民族地区的治理

一、土官制

宋王朝在南方民族聚居地设置了由少数民族首领担任世袭长官的州、县、洞（相当于县）的政区。因宋王朝仍采取“蛮夷之俗，羁縻而已”的安抚之策，这类政区被称为“羁縻州”。如宋人范成大所说，羁縻州洞，“推其雄长者为首领，籍其民为壮丁。其人物犷悍，风俗荒怪，不可尽以中国教法绳治，姑羁縻之而已”[②]或因其归附臣服宋王朝，称之为“归明州”。也有因其居于溪洞的地域特征，而称之为“溪洞州”的。

宋代的羁縻州制，是在唐代的基础上发展而来的。如，同治朝《来凤县志·土司》卷二七载：“宋参唐制，析其种落大者为州，小者为县，又小者为峒，其酋皆世袭。”从全国而言，羁縻州主要集中于当时的荆湖路、夔州路、成都府路、潼州府路、广南西路，即多分布在今鄂西、湘西、四川、贵州、广西一带。

在鄂西民族地区，广泛推行羁縻州制及与之相应的土官制。

据《宋史·太祖本纪三》载：乾德三年（965年）正月，蜀王孟昶降，宋将刘光义取万、施、开、忠四州。从此，施州置于宋王朝的统治之下。

宋代确立了杂处荆楚、巴、黔、巫中等地西南溪洞诸族的统治权之后，采用

---

① 今湖北恩施市，有歌罗、永宁、细沙、宁边、尖木、夷平六寨。

② （宋）范成大：《桂海虞衡志·志蛮》。

“树其酋长，使自镇抚”[①]之策。其中主要记载有：

《宋史·蛮夷列传一》载：仁宗皇祐三年（1051年），

以施州蛮向永胜所领州为安定州。

《宋史·蛮夷列传二》载：高宗绍兴十二年（1142年），

诏以施州南寨路夷人向再健袭父思迁充银青光禄大夫、检校国子祭酒兼监察御史、武骑尉，知懿州事。

《宋史·理宗本纪四》：理宗开庆元年（1259年），

以向士壁为湖北安抚使，知峡州，兼归、峡、施、珍、南平军、绍庆府镇抚使。

可见，“施州蛮”向氏不仅有出任羁縻知州（安定州、懿州）者，并有担任正州（峡州）知州者；中央政权不仅授之以实职（知州），令其掌管地方政权，还加封各种虚衔，如文散官（银青光禄大夫）、检校官（国子祭酒）、兼官（监察御史）、勋（武骑尉），以示荣宠，以重其权。

土官一经授职，即为世袭。据《续资治通鉴长编》卷十六载：开宝八年（975年），“高州刺史田景迁卒，其子牙内都指挥使彦伊来告。己丑，即命彦伊袭其父为刺史”。

土官承袭，有一套制度。据《宋会要辑稿》蕃夷五之九五载：绍兴七年（1138年），“诏应荆湖南、北路，溪峒头首土人，内有子孙应袭职名差遣之人及主管年满之人，合得恩赐之类，并仰逐路帅司疾速取会诣实保明奏闻”。《宋史·蛮夷列传一》也载：北江蛮顺、富、高诸州，皆置刺史，“州将承袭，都誓主率群酋会议，子孙若弟、侄、亲党之当立者，具州名移辰州为保证，申铃辖司以闻，乃赐敕告、印符，受命者隔北江拜谢，州有押案副使及校吏，听自补置”。这表明，宋代对隶荆湖北路管辖的与施州“相错”的顺、富、高诸羁縻州与溪洞头首土人承袭，有明文规定。

① （元）脱脱等撰：《宋史·蛮夷列传一》。

即承袭者，为直系或旁系亲属之当立者；承袭手续，先需邻近群酋保明，经有司审核上报，再由朝廷赐以敕告、印符诸凭证后，才算完成；须自行补置属吏。

宋王朝对有功之土官给予奖赏。据《宋会要辑稿》蕃夷五之七五载：真宗年间（997—1022年在位），帝曰：“比来，（施州）溪洞蛮人，每有归投及杀贼得功，押来赴阙，皆过乞恩泽。不惟遐远空成往复，至于道路颇有害民，无厌请求，虚有縻费。可谕（丁）谓自今蛮人委实得功，只在彼量加支赐。若须补功名，即条奏以闻，不须发来赴阙。”即一方面，王朝统治者给予有功者适当的物质奖赏，甚至令其升迁；另一方面，又申令其不须赴京、不得提过分要求。又，据《续资治通鉴长编》载：天禧二年（1018年）四月，“诏谕高州等蛮，如能捕杀下溪州贼彭儒猛者，当量功授刺史职，赐额牌印，其次递加补署给次，许其贡奉”。可见，有战功者可依次给予各种职名，并有授予刺史之职者。

宋朝廷既要任用土官，但又对其加以限制，以防其势力膨胀。表现之一，是不许其自置职名。《宋史·蛮夷列传一》载：真宗景德二年（999年），“夔州路降蛮首领皆自置职名，请因而命之。上不许，第令次补牙校”。《宋会要辑稿》蕃夷五之七五则载：真宗咸平五年（1002年），夔州路转运使丁谓言：施州蛮人向者侵扰边鄙，委诸族首领会兵讨除，已获安静，其招到先叛者蛮人头首谭仲通等三十余人，迄补职名。“帝曰：‘蛮人亦不可姑息太过，当谕转运使给帖补充寨将。’”概言之，宋王朝不愿授予鄂西民族首领以官级官员名称，只许借补“牙校”“寨将”一类“小官”。此乃宋王朝“威柄”驾驭之法，不轻易授官，所谓“不可姑息太过”，意在防其桀骜难驯。表现之二是，“条例甚多”。据《武经总要前集》载：“咸平（998—1003年）中，转运使丁谓招抚蛮人，每有城谕，并歃血为盟，置铁柱以志其事，条制甚多。”即通过盟誓订约形式，对土官的行为加以管束。需要指出的是，以金属铸柱以结盟铭誓是封建王朝与湘鄂西土家族先民订约的惯用形式，如果说，五代十国时楚王马希范与溪州首领彭世愁所立之“溪州铜柱”是其源的话，那么，夔州路转运使与当地蛮人“置铁柱”则是其流风。表现之三是，将心怀异端者“置之内地”。据《续资治通鉴长编》卷八载：乾德五年（967年）丁丑，“以溪州团练使彭允足为濮州都指挥使，义军都指挥使彭允贤为卫州都指挥使；珍州录军参军田思晓为博州都指挥使。允足等溪洞酋豪，据山险，持两端，故因其入朝而置之内地”。这样做，使溪洞酋豪远离“山险”基地，成为离山之虎，不再对中央王朝构成威胁。

在采取这类措施的过程中，中央王朝十分谨慎，有的还趁其赴京之机，以明升暗降之法，加以笼络，以防生变。

时人充分肯定宋代任土酋规制之得。概而言之，一是可以收到驻兵少而耗资省的实效。《武经总要前集》卷二〇载：荆湖北路，“惟设溪洞诸州，羁縻不绝，故屯戍之兵差减前世”。二是有利于维护宋王朝在民族地区的统治。《武经总要前集》卷十九又载：黔州所辖羁縻诸州，“其领郡者或以土豪，或补以牙职，而一方帖然，此本朝规制之得也”。

这一论断，也符合鄂西民族地区的历史实际。后人也有称赞此制者。如，民国朝《咸丰县志·杂志》写道：

> 《宋史·蛮夷列传》：嘉祐三年，以施州蛮向永胜所领州为安定州。
>
> 绍兴十二年，诏以施州南寨路夷人向再健，袭父思迁职，充银青光禄大夫、检校国子监祭酒，兼监察御史、武骑尉，知懿州事。旧府志又载本传：荆湖南北路徼外，有南、北江蛮。北江有上、中、下三溪州，又有龙赐、天赐、忠顺、保靖、感化、永顺州凡六，懿、安、远、新、给、富、来、宁、南、顺、高等州十一。南江蛮，自辰州达于邵阳，各有溪洞。观此，则咸（丰）、来（凤）二邑之设州分治，由来已久，而官斯土者，并领朝廷清要重职，文化早开，人才辈出，殆可想见。

换言之，宋王朝在鄂西民族地区广为设置州县，并委任豪酋为知州、领朝廷要职之举，促进了中原文化的传播，对当地的开发，对人才的成长，都起过积极的历史作用。

宋代鄂西土官制的发展，总体而言，宋朝前期行之有效，后期随着国力的衰落则控制乏力，以致形成土司势力膨胀而独霸一方的局面。据同治朝《来凤县志·土司》卷二七载：“宋室既微，诸司擅治其土，遍设官吏，尽布籍属，威福自恣矣。”同治朝《咸丰县志·建置》卷二七也有相类记载：“南渡而后，神州陆沉，部落大长，割据世守，刑赏自专，大有小国封建之势。”可见，有宋一代，土官的制度、地位与作用，是处于不断变化中的。

二、贡赐制

宋代鄂西土官的进贡与朝廷的回赐，经过一段时间的变化，最终形成一代之制。

（一）人数与时间

据《宋会要辑稿》蕃夷五之七八载：大中祥符五年（1012年），夔蛮“请赴阙朝觐者千五百人，朝议以道途往来，公私劳费，遂定转运使定夺以闻。除令上京奏裁外，余止就彼犒设，量行支赐遣之”。《宋史·蛮夷列传一》载：天圣四年（1026年），“归顺等州蛮田思钦等以方物来献，时来者三百一人，而夔州路转运使司不先以闻，诏劾之。既而又诏安、远、天赐、保顺、南顺等州蛮贡京师，道里辽远而离寒暑之苦，其听以贡物留施州，所赐就给之。愿入贡者十人，听三二人至阙下，首领听三年一至。”《宋史·王立传》载：天圣（1023—1031年）初，王立为夔州路转运使。“施州徼外蛮利得赐物，每岁来贡，所过烦扰为公私患，立奏以贡物输施州，遣还溪洞。”《宋史·仁宗本纪》：天圣四年，“诏施州峒首领三年一至京师”。

概言之，起初，施州蛮入贡甚伙，有达三百人以上者，甚至请赴京朝贡人数曾达一千五百人之众。如此众多少数民族之人欲入贡，说明当时民族地区与中央王朝关系之密切与向心力之强。至于入贡的重要目的则为“利得赐物”。后来，宋王朝对此加以限制，表面理由是“道里辽远而离寒暑之苦”，是体察下情之举实则是“所过烦扰为公私患”。规定，贡物留施州，就地支赐，人还溪洞，只允许数人入京进贡。至于入贡时间，开始年年入贡者，后来定制为“首领听三年一至”。

（二）进京办法

事前需经夔州路转运使上报。在途中，派使臣押伴。《宋会要辑稿》蕃夷五之七八载：“因诏蛮人有来贡者，选使臣一人部押，先须搜索兵刃器械，每程与驿官同给驿料。如抚遏蛮人不致违越，理为劳绩。”这既说明入贡者的沿途生活由当局加以照料与安排，又反映了宋王朝统治者的民族歧视观念。

（三）贡赐物品

《宋史·蛮夷列传一》载：咸平三年（1000年），“高州刺史田彦伊遣子贡方物

及输兵器”；四年（1001 年），“其酋向君猛又遣弟君泰来朝，上溪州刺州彭文庆来贡水银、黄蜡”。

《续资治通鉴长编》咸平五年（1002 年）七月癸丑条载：高州刺史田彦伊子承宝并诸头目归附，“诏许入朝，赐器币冠带”。

《宋会要辑稿》蕃夷五载：景德三年（1006 年），“高州新附蛮酋八十九人来贡水银、蜡烛、麝香、黄连[①]、土布、花席、花幕等”。

《续资治通鉴长编》卷七七载：大中祥符五年（1012 年），“洛浦、磨嵯洞蛮首田化琮等贡溪布”。

《宋会要辑稿》蕃夷五又载：天禧二年（1018 年），“富州刺史向通汉率所部九十二来朝贡名马、丹砂、银装剑槊、兜鍪、锦牌。赐通汉袭衣、金带、靴、笏、器、币、鞍勒、马……（其余）各赐衣冠器币有差”。

此外，对因朝奉遣回者也有所赐。如《宋会要辑稿》蕃夷五之七九载：大中祥符九年（1016 年），“诏溪峒蛮人因朝奉遣回者，并令夔州路转运使勘会贡方物者，人赐采二匹、盐二十斤；无方物者，人彩二匹、盐半斤；其近上首领，即加赐二两银碗一”。“溪洞蛮人”与中央王朝贡赐物品的关系说明：其一，这种关系具有官方贸易性质。鄂西土贡所贡多为“兵器方物”，宋朝廷所赐多为“衣冠器币”，这是一种对双方都有利的互补性的物质交流和经济关系。其二，这种关系具有经济与政治混为一体的性质。宋王朝通过物质笼络以增强土官依附与臣服关系，通过经济关系密切政治关系。

三、恩信绥怀之策

宋王朝对“施州蛮”仍用恩信之策，以求达到笼络之目的。《宋史·蛮夷列传三》载：孝宗乾道四年（1168 年）诏湖北、四川等地有溪洞处“务先恩信绥怀”。此策，曾在不同程度上加以实施。其主要措施为：

① 苏轼《送乔施州》诗有“蜂闹黄连采蜜花”之句，可证施州土产药材已闻名于当世。

（一）招　纳

《宋史·蛮夷列传四》载："夔路转运判官董钺、副使孙珪、知施州寇平，皆以招纳功被赏。"《宋史·丁谓传》："初，丁谓招抚溪蛮，有威惠，部人爱之。"

宋代统治者常常采用这种"招纳""招抚"手段，达到使"溪蛮"归附之目的。

（二）划界定约

《宋史·丁谓传》载：太宗淳化（990—994 年）间，丁谓为夔州路转运使，"初，王均叛，朝廷调施、黔、高、溪州蛮子弟以捍贼，既而反为寇。谓至，召其种酋开谕之，且言有诏赦不杀。酋感泣，愿世奉贡。乃作誓刻石柱，立境上"。《宋史·焦继勋传》附焦守节传载：真宗咸平（998—1003 年）中，焦守节"讨施、夔州叛蛮，以大义谕其酋长，皆悔过内附，因为之画界定约"。

换言之，内附之后，又为、立柱、划界、定约。据道光朝《施南府志·疆域》载：宋咸平年间，丁谓所立石柱在今宣恩县境；宋天圣年间（1023—1031 年），史方所立石柱在今宣恩、来凤县交界处。上述做法，对制止宋代官员"贪功而启衅"和"种酋"扰乱内地，都有着防范作用。显然，保持这些边界地区的安宁，有利于各族人民在和平环境中发展社会生产。

（三）禁越边

据《续资治通鉴长编》卷一七六，仁宗至和元年（1054 年）六月丙午条载："诏荆湖北路安抚司，军士遁入蛮界，其防边土丁能捕获二人以上与迁一资。"

《宋史·蛮夷列传三》载：孝宗乾道四年（1168 年），"诏禁沿边奸人毋越逸溪峒，诱致蛮僚侵内地，违者论如律，其不能防闲致逸者亦罪之"。

这种禁止汉民进入民族地区的做法，既有减少民族纠纷、保持民族地区社会稳定的积极一面，又有阻碍汉族与少数民族人民的经济往来和防止其共同反抗压迫者的消极一面。

（四）施以恩赏

据《续资治通鉴长编》卷七六，大中祥符四年（1011 年）十二月壬寅载："夔

州路转运使言，近置（施州）暗利寨，有为恶蛮人能率属归投者，署其首领职名，月给食盐，诏可。”同书卷七九，大中祥符五年（1012 年）闰十月己巳又载：“令施州每月朔望给酒肴犒溪蛮。”

这说明，宋代统治者通过提供生活必需品食盐和设酒肴犒赏的小恩小惠，以笼络当地首领。这种所费不多以图拉近彼此距离之举，是行之有效的。

（五）荒服不征

经济上，宋王朝对鄂西民族地区采取了有别汉区的租赋政策。《宋会要辑稿》蕃夷五之七五载：咸平元年（998 年），富州[①]刺史向通汉请定租赋，真宗未许。

> 诏曰：“汝远遵朝阙，继上封章，欲于陬落之田，重定赋舆之数。虽忠勤之备觏，谅播种之异宜。前典甚明，难遵什一，乃诚可尚，有烦再三，当体绥怀，更加安抚。所请宜不允。”通汉累表请定税，帝以荒服不征，且虑奸谋扰叛，故拒之。

可见，当时民族首领欲表功，并加强其对当地少数民族的掠夺与统治，一再主动向宋王朝提出改变“前典”（历来所执行的对偏远民族地区不征赋役的政策）。但宋王朝考虑民族地区经济之特殊性即所谓“播种之异宜”，怕因政策多变而引起“扰叛”（民族地区的反抗）而加以婉拒。坚持该政策的一贯性，有利于保持民族地区的稳定，无疑是明智的。

（六）依俗法

《宋会要辑稿》蕃夷五之九六至九七载：乾道三年（1167 年）五月，

> 泸南沿边防安抚司言：“泸州江安县南北两岸夷人有犯，断罪不一。自今江安县南岸一带夷人，有犯十罪及杀伤人罪至死者，悉依汉法，余仍旧法施行。刑部契勘，续降绍兴三十一年十月敕旨，夔州路所部州军，且今熟夷同类自相杀伤罪至死者，于死罪上减等。泸州夷人与夔州夷人

① 富州，今来凤县境，时为羁縻州，属荆湖北路辰州管辖。

一同，欲依绍兴三十一年十月夔州路已得旨于死罪上减等从流罪不至死并依本俗专法，余沿边溪峒有熟夷人亦仿此施行。”从之。

就是说，宋王朝对夔州路夷人等犯罪，除了罪大恶极者外，或减等量刑，或依“本俗专法”即习惯法。显然，这是根据民族地区社会发展相对落后的特殊性而定的。当时夔州路夷人间血族复仇广为流行。倘因此将“同类自相杀伤至死者”判处死罪，则必然会招致当地少数民族人士的不满或反抗。故宋王朝在民族地区采取不推行“汉法”的变通措施。正如同治朝《来凤县志·武备》所说：宋代控制土酋之策，“常屈法伸恩”即法外加恩，以图“俯从约束”使之听命。

（七）“和断”

宋王朝对民族内部的纠纷、仇杀，不仅加以劝谕、调解，而且不直接介入冲突各方，以使事态平息。据《续资治通鉴长编》卷六八，大中祥符元年（1008 年）二月己亥条载：“夔州路转运使言，五团蛮啸聚，谋劫高州，欲令（施州）暗利寨援之。上以蛮夷自相攻，若便出兵，即至疑惧，但谨边备，无得轻举。”同书卷七〇，大中祥符元年九月乙酉又称：“高、顺州贡奉蛮人入辞，上谕之曰：‘各安部族，勿相侵扰。’有自陈亲属为邻洞所杀，求往复仇。上曰：‘事往矣，勿复论。’咸拜而退。”在当时“部族”林立的情况下，各部族彼此间相攻杀，是经常发生之事。倘宋王朝直接加以干预，势必造成支一派压一派的局面，无异于火上浇油，会使事态更为严重化。而且，一旦宋王朝成了事件的参与者，就难以扮演仲裁者的制衡角色。因此，“和断”之策，既有助于维护溪洞地区的安宁，又可减少或避免因彼此残杀而导致严重破坏民族地区社会经济的恶果。

宋王朝的“恩信绥怀”之策，收到了明显效果，使归附者增多。如，乾德三年（965 年）七月，珍州刺史“田景迁内附，纳土以西江以北为界，自是西江以北尽入施州”[①]。又如，《续资治通鉴长编》卷六十九载：大中祥符元年（1008 年）八月丁未，“黔州言：溪洞磨嵯、洛浦蛮首龚行满等率族二千三百人归顺，是族自唐以来未尝向化者也。”

① （宋）祝穆编撰：《方舆胜览》。

这也表明，宋代较之唐代，对鄂西民族地区的管辖范围大为扩展，开发程度也随之不断提高。

四、兵　制

宋王朝还采用武力威慑之策，以防止或镇压鄂西民族地区的反抗活动。其主要措施有二：

（一）在军事要地派驻重兵

据《宋史·理宗本纪》载：淳祐三年（1243 年）五月诏，“施州创筑郡城及关隘六十余所，本州将士及中州戍卒，执役三年者，各转补一官”[①]。对此，道光朝《施南府志·建置》写道：“宋旧城，即今象牙山及瑞狮岩，因山为之，元仍其旧”。

又，乾隆朝《鹤峰县志·杂述》载：“湖南石门，慈利所属，有世袭所官、隘官，以防御土司为责任。”据《澧州志》称，“肇自蜀汉建兴年间，下及唐、宋以来，皆仍其旧。至明洪武后，乃确凿有证，其制，所官世袭千户，隘官世袭百户”。乾隆三年，慈利所属山羊隘五十里以内之地，拨归鹤峰。这说明：宋代以施州为军事重镇，大兴土木，创筑土城；同时，在施州全境以及与施州毗邻地区大量设置关隘，所官世袭千户，隘官世袭百户，以“防御”为“责任”。

（二）设置土军，以补“王师”之不足

宋代在施州设有“义军土丁”。究其因，据《武经总要前集》卷九，“杂叙战地”载：

> 南方暑湿，溪谷毒疠，不能逾岭，以中国之人戍守，则十不当一。

① 据邓辉:《土家族区域的考古文化》旧州城遗址条载:旧州城，今俗名“柳州城”。该堡垒城池，保存较好。城依山而建，总面积约百万平方米。山顶部平旷，四周绝大部分为高 10 米以上的绝壁悬崖，占城墙长度的 3/4。较平缓的山垭口则用规整的块石垒砌成高 7—8 米的石墙，至今保存完整。城内有教场坝、点将台遗址。城有四门，今地名犹有南门口、北门糟、西门口等。遗存的石刻文字云：“咸淳丙寅（度宗咸淳二年，1266 年），季冬，郡守张朝宝削平险巉，拓砌此路，以便行投。”从淳祐三年（1176 年）始筑；咸淳二年（1266 年），即 90 年后又曾拓砌道路。可证施州古城历史之悠久。

故古者以蛮夷攻蛮夷，则强弱相当。是以滨塞之民召募为用，辟旷土以食之，厚赏格以激之。驰射格斗，是其素所蓄积。省县官之费，减转饷之劳。多纵间谍，以重赂诱其酋豪大姓，使之攻击。比用华人，其利十倍。

就是说，招募溪峒土人为军，既习山川道路，又可省馈饷之劳，起“实代王师”①之用。因此，时人站在宋王朝的立场上赞道：“施州、黔中，置义军土丁防守边徼，此本朝控制之要也。”②

建制方面，宋王朝设寨以统土军。宋王朝曾在施州“南界要害处建寨栅”③，“寨置于险扼控御去处，以防盗贼”④。

关于施州诸寨土军编制状况，《宋史·兵志五》载：“施州诸砦有义军指挥使、把截将、砦将，并土丁总一千二百八十一人，壮丁六百六十九人。又有西路巡防殿侍兼义军都指挥使、指挥使、都头、十将、押番、砦将。”土军将领由当地民族首领担任，故史有“高州五姓义军指挥使田文鄯”⑤、高州刺史田彦伊子承宝为“高州土军都指挥使”⑥的记载。

宋中央王朝采取“寓兵于农”的办法解决土兵的给养问题。据《宋史·李庭芝传》载：理宗嘉熙（1237—1240年）末，“时四川有警，即以庭芝权施（州）之建始县。训农治兵，选壮士杂官军教之。期年，民知战守，善驰逐，无事则植戈而耕，有事则悉出而战。夔师下其法于所部行之”。可见，施州地区行“训农治兵”法，平时种田，战时出征，既省去了养兵费用，又起到了安土保境作用。

宋代鄂西土兵的作用，见诸记载者有二。其一，用夔峡土兵攻打李顺农民军，如《宋史·常思德传》载：“淳化中，李顺叛蜀，命往夔、峡招捕，师次达州新宁县，调近州土兵杀贼徒三千人于梁山。”又，《宋史·太宗本纪二》载：“贼攻施州，指挥

① （元）脱脱等撰：《宋史·兵志五》。

② （宋）曾公亮、丁度：《武经总要前集》，卷十九，边防条。

③ （清）徐松辑：《宋会要辑稿·蕃夷五》。

④ （元）脱脱等撰：《宋史·职官志七》。

⑤ 见（宋）李焘：《续资治通鉴长编》，卷六五，景德元年（1004年）正月癸卯条。

⑥ 见（宋）李焘：《续资治通鉴长编》，卷六五，景德四年（1007年）五月丁酉条。

使黄希逊击走之。”无疑，在这次“击走”李顺农民军攻打施州的战争中，也应有本地土军参加。其二，“以蛮夷攻蛮夷”。据《续资治通鉴长编》卷九一，天禧二年（1018 年）四月乙丑载：“诏谕高州等蛮，如能捕杀下溪州彭儒猛者，当量功授刺史，或赐州额牌印，其次递加补署给次。”此为以加官为诱铒，以土家族先人“高州蛮”攻“下溪州蛮”同族相攻之例。据《宋史·蛮夷列传四》载：“施、黔比近蛮，子弟精悍，用木弩药箭，战斗矫捷，朝廷尝团结为忠义胜军。其后，泸州、清州、石泉蛮叛，皆获其用。”施州忠义胜军，虽然武器比较原始，但以英勇善战著称，并曾用于平叛。据《宋史·兵志七》载：“徽宗崇宁元年（1102 年），湖北都钤辖舒亶奉旨相度召募施、黔州土丁，致讨辰、沅山傜，每州无过七百人。缘傜贼在溪洞，险阻不通正军故也。”[①] 此为以土制瑶之例。可见，施州土丁因善于在溪洞险阻之地作战，专门被用作征讨湖南瑶人，起到了“正军”所不能起的作用。概言之，所谓“以蛮制蛮”，是利用少数民族之人攻打本族或他族之人，这是土丁的主要作用。

宋王朝在施州派驻重兵把守，还有军事战略意义。据清代顾祖禹《读史方舆纪要》卷八二，施州卫军民指挥司条载：施州，“外蔽夔峡，内绕溪山，道至险阻，蛮獠错杂，自巴蜀而瞰荆楚者，恒以此为出奇之道。”说明施州是巴蜀通荆楚之奇道，加之地势险要，又为民族杂居之地，故在军事上具有特殊地位。宋王朝在此设防，以阻元兵南下。据《宋史·孟拱传》载：嘉熙三年（1239 年），“谍报大元兵欲大举临江，拱策必道施、黔以透湖湘，请粟十万以给军饷，以二千人屯峡州，千人屯归州。……以精兵五千驻松滋，为夔声援，大元兵自随寇江，珙密令刘全拒敌，遣伍思智以千人戍施州”，即例证。

五、开边与纳土

北宋时期，随着对南方诸族统治的加强，曾于神宗熙宁（1068—1077 年）、徽宗崇宁（1102—1106 年）间，两度采用扩大宋王朝直接统治地区的政策，令溪洞地区纳土输赋。如，《宋史·毛注列传》载：“昔所入贡者，今必城为郡县；昔所羁縻者，今尽纳其土疆。”

① 施州土丁，多属土家先人。

《宋史·蛮夷列传三》更概括地叙述了这一过程：

唐末，诸酋分据其地，自为刺史。宋兴，始通中国，奉正朔，修职贡。间有桀黠贪利或疆吏失于抚御，往往聚而为寇，抄掠边户。朝廷……务在羁縻，不深治也。熙宁间，以章惇察访经制蛮事，诸溪峒相继纳土，愿为王民，始创城砦，比之内地。元祐初，诸蛮复叛，朝廷方务休息，乃诏谕湖南、北及广西路，并免追讨、废堡砦，弃五溪诸郡县。崇宁间，复议开边，于是安化上三州及思广诸峒蛮夷，皆愿纳土输贡赋，及令广西招纳左、右江四百五十余洞。寻以议者言，以为招致熟蕃非便，乃诏悉废所置州郡，复祖宗之旧焉。

熙宁、崇宁改制之未成，主要因素有二：其一，就朝廷而言，设置新郡后，须设官屯兵，费用巨大，得不偿失。据时人傅尧俞、王岩叟之言“沅、诚州创建以来，设官屯兵，布列寨县，募役人，调戍兵，费巨万，公私骚然，荆湖两路为之空竭”，可证。其二，就溪洞而言，纳土后，须“出租赋如汉民”，负担加重；由于创置堡寨，开辟道路，以致“侵逼洞穴，致生疑惧”；加之，“边吏失于抚遏、遂尔扇摇”，造成“西南夷獠交寇，而溪洞子蛮亦复跳梁”[①]的严重后果。在溪洞地区反抗活动日益加剧的情况下，宋王朝只好放弃熙宁与崇宁间的改制政策。

因荆湖南北两路，是宋王朝采取开边纳土政策的重点地区，故今鄂西民族地区也曾行此策。如，道光朝《施南府志·沿革》卷二载：达旺安抚司“古未通中国，宋熙宁六年（1073年）章惇经制溪峒，始纳土为大翁迦峒，属师壁峒安抚司”。施南宣抚司“《禹贡》荆梁二州西境，属巴子国。宋崇宁中都管马始纳土输赋，令隶施州”。

同治朝《来凤县志·土司志》卷二七则载：散毛司覃文猛“神宗熙宁九年（1076年），州峒蛮长覃文猛、覃彦霸，各以其地归版籍”。这表明，宋熙宁、崇宁改制，对鄂西民族地区的开发起过积极作用，把其中一些“古未通中国”之地，从此“纳土输赋”“归版籍”，置于中央王朝的管辖与统治之下。

① 以上引文均见（元）脱脱等撰：《宋史·蛮夷列传》。

第二节　鄂西各族人民反抗宋王朝的斗争

一、主要事件

有宋一代，鄂西少数民族豪酋的违抗朝命之举与人民的反抗斗争，从未间断。其主要记载有：

太宗淳化（990—994 年）间，“峡路蛮扰边”，丁谓“命往体量”。[①]

真宗咸平（998—1003 年）中，焦守节“讨施、夔州叛蛮”[②]。真宗（997—1022 年在位）年间，“雷、顺州蛮田彦晏寇施州，焚暗利寨，方领兵直抵富、顺，荡其巢穴，穷追彦晏至七女栅，降之”[③]。对此，《续资治通鉴长编》卷一〇一，天圣元年（1023 年）九月甲寅条，也有记载。

仁宗天圣九年（1031 年），“施州属蛮覃彦绾等寇永宁砦”[④]

徽宗崇宁中，恭孙通判施州，“部蛮向永强叛，诏转运使王蘧领州事致讨，恭孙说降永强而斩之”[⑤]。

二、原　因

造成“边境不宁”之因，错综复杂。其根本原因，是宋朝统治阶级的剥削压迫造成的。对此，就连当时的统治者也直言不讳。据《宋会要辑稿•蕃夷五》之七五载：

帝（指真宗）常遣使问（丁）谓，“如何去蛮人久远之患？”谓曰：“若所委之官，不邀功伐，不妄生事，常以安静为胜，一依前后诏条理制

① （元）脱脱等撰：《宋史•丁谓传》。“峡路蛮”指与施州为邻的鄂西峡中地区的少数民族。

② （元）脱脱等撰：《宋史•焦守节传》。

③ （元）脱脱等撰：《宋史•史方传》。

④ （元）脱脱等撰：《宋史•蛮夷列传一》。据《宋史•地理志五》载，永宁砦属施州清江县。

⑤ （元）脱脱等撰：《宋史•庞恭孙传》。

置，即蛮人不敢久远为非”。帝曰：“边境不宁，多因首臣生事，国家条制甚明，苟奉而行之，必无事矣”。

宋真宗君臣这段对话，道出了“蛮患”是宋朝官吏邀功生事所致的事实，但也回避了最高统治集团的罪责，将一切过失都推给了地方当局。

迫于生计，也是鄂西人民反抗中央王朝的原因之一。如前面引述的材料所说，“蛮人数扰”，只是为了求得生活必需品食盐而已。此外，也不完全排除某些事件与豪酋挑动有关。据《宋史·丁谓传》载：丁谓为夔州路转运使，“时溪蛮别种有入寇者，谓遣高、溪酋帅其徒讨击，出兵援之，擒生蛮六百六十，得所掠汉口四百人”。《续资治通鉴长编》卷五九，景德二年（1005年）正月辛酉条载：“峡路都监侯廷赏等言，施、黔溪洞掠去汉口七百余户。”这些被掠去的汉口，往往成为失去人身自由的“客户”，为豪帅耕种土地，豪酋“诱胁汉户，不从者屠之，没入田土，往往投充客户”。[①]又，《宋史·蛮夷列传一》载：乾兴（1022年）初，施州知州田彦晏“愿还所掠金币、器械”。这些都证明，“施州蛮”豪帅曾入内地掳掠劳力与财富。这是民族地区内部社会阶级矛盾的必然产物。据《续资治通鉴长编》卷二三六，熙宁五年（1072年）闰七月庚戌条载：“硖州峒首刻剥无度，蛮众愿内属。”可见，鄂西峒首对汉区的骚扰，是其对内“刻剥无度”的补充与延伸。

第三节　鄂西民族地区社会经济的发展

一、社会经济空前发展的主要表现

（一）农业、副业和手工业

鄂西民族地区的主要农作物有麦、粟、谷等。山地种植麦、粟，平地则栽水稻。史有“太平兴国元年（976年）五月，施州麦秀两歧”[②]之载。从时人把麦生长的异

① （宋）李焘：《续资治通鉴长编》，卷二一九。

② （清 道光）《施南府志·杂志》，卷三〇。

象作为祥瑞的征兆一事来看，说明宋代施州地区已广种麦类。从“入粟实边”之载，可见粟已成为重要作物。从“米麦”并载诸文献以及“大中祥符七年（1014 年）九月施州禾一茎九穗至十二穗”之载，说明平原地区已不乏水稻生产。特别要强调指出的是，随着汉族耕作技术的传入，牛耕农业开始发展。据《宋史•李周传》载：李周任施州通判时，“州界群僚不习服牛之利。为辟田数千亩，选谪戍知田者市牛使耕，军食赖以足”。当时施州官员拣选外来贬谪与戍守之人，让他们买牛耕种，既解决了军粮问题，又有利于先进的牛耕技术在施州地区的推广。

特别值得称道的是，在农副业方面，鄂西地区已从外地引进了西瓜栽培技术，并出现了“满郡皆兴”的景象。在恩施的州城遗址中，留有一块南宋石牌。碑文云：

> 郡守秦将军到此，栽养万桑，诣菜园间修迤花池，创立接客亭及西瓜。西瓜有四种：内一种蒙头蝉儿瓜；一种团西瓜；一种细子儿，又名御西瓜；此三种在淮南种食八十余年矣。又一种回回瓜，其身长大，自庚子嘉熙带过种来。外甜瓜、稍瓜有数种。咸淳五年（1269 年）在此试种，种出多产，满郡皆兴，支逸其味甚加，种亦遍及乡村处。刻石于此，不可不知也。此瓜于二月盥刑淹种，须是三五次淹种，恐雨不稠。咸淳庚午年孟春朐山秦伯玉仅记。[①]

这是外来官吏引进外地作物，发展本地农业的突出例证。

与农业发展相适应，手工业空前发展，唐代及以前鲜见记载的手工业产品，在宋代则频频作为特殊产物或精美贡品记载下来。考古材料也证明，宋代的手工业产品遗存较唐丰富得多。其中主要有：

矿物金属类：丹砂、水银、银装剑槊、兜鍪、兵器。说明这里的铁器冶炼与制造业较为发达。

纺织类有土布、花席、花布、溪布、锦牌。说明土家族先民已有较为发达的织锦业，后世闻名于世的“洞锦”“西兰卡普”即由此传承发展而来。

考古发现证明，较之唐代，宋代的陶瓷遗物大量增加，且花色品种更为繁多。

---

① 庚子嘉熙，指嘉熙四年（1240 年）；咸淳庚午年，指咸淳六年（1270 年）；加，通“佳”。

如：峡中地区今湖北秭归下尾子遗址出土的瓷器，仅瓷碗一项就有灰白瓷、影青瓷、黑瓷、黄釉瓷、绿色釉瓷多种。鄂西地区的制漆工艺和技术也有着较高的水平。如某宋墓遗址出土的漆木器，漆色内红外黑，造型、做工精美，带有楚文化特质。

（二）溪蛮入粟实边

据《续资治通鉴长编》卷五二，咸平五年（1002 年）七月己亥载：夔州路转运使丁谓言：“溪蛮入粟实缘边寨栅，顿悬施、万诸州馈饷之弊。臣观自昔和戎安边，未有境外运粮给我戍兵者。”除“入粟”外,还有“入米”[①]之例。由于多数民族地区比较偏僻和落后，故历代戍军的粮饷均靠内地转输。宋代施州等地溪蛮入粟实边之举，打破了这一通例，既保证了军粮需要，又减缓了百姓转输之苦。这一事实表明：当地的民族经济与当时全国同类地区相较，是比较发达的。

（三）官府大量储备缗钱、米麦

据《宋史·理宗本纪四》载：开庆元年（1259 年）四月，“知施州谢昌元，自备缗钱百万，米麦千石，筑郡城有功，诏转一官”。《大明一统志》卷六六，施州卫军民指挥使司名宦条载：宋人“程公许，通判施州，当兵将溃奔之后，尽利佐之，节浮费，疏利源，不增赋而用足”。地方官吏竭力搜刮民膏，说明其剥削的残酷性。但从州府能靠地方财政筑城和做到“用足”之事例，也在某种程度上反映了当地经济发展的水平。

需要指出的是，宋代在施州设监[②]铸铁钱对当地积储缗钱与发展商品流通业都是有促进作用的。据宋朝李心传《建炎以来朝野杂记》卷一六九载：“施州广积监者，起于绍圣三年（1096 年）……岁额万缗。”又，据《施州考古录》载：“《宋史·哲宗本纪》：绍圣三年十二月癸酉，置施州铸钱广积监。注：绍圣三年置，铸铁钱。以此推之，所铸既系铁钱，必因此地富有铁产，而始设监于此，以鼓铸之也。”概言之，绍圣三年，曾在施州设铸钱管理机构——广积监，每年铸钱定额万缗。

---

① 参见（元）脱脱等撰：《宋史·寇瑊传》。

② 宋制，监与府、州、军并称，即监、府、军同属州一级地方行政单位。凡属政治、经济重地者设府，军事重地者设军，工业重地（如煮盐、冶铁者）者设监。

（四）私家有金银蓄积

据《续资治通鉴长编》卷二四七，熙宁六年（1073年）十月甲午条载："诏施州蛮听以金银平估实质官粮米，如七年不赎，即变易之。初，施州蛮因灾伤，以金银倍估直质米于官，官司不能禁；至是，姑令估实直以易之。"也就是说，官府允许"施州蛮"以金银为典当品，按估实价换官粮以度灾荒。显然，以金银为质是与商品经济密切相关的。以金银为财富，也是社会生产有了剩余时的明证。

需要指出的是，施州地区以金银为通货，"施州蛮"以拥有金银为财富，是与当地的产银业有关的。据《施州考古录》载："《山川志》有箐山，亦名银矿山（《读史方舆纪要》银矿山一名青山箐），在城南三十里，相传旧出银矿。"这也说明，宋代施州矿产丰富，既产铁，又产银，堪称工业重地。

（五）酿酒之风盛行

据《宋史·食货志下七》载：宋初，

颇兴榷酤，言事者多陈其非便，太平兴国七年罢，仍旧卖麹。自是惟夔、达、开、施、泸、黔、涪、黎、威州、梁山、云安军，及河东之麟府州，荆湖之辰州，福建之福、泉、汀、漳州、兴化军，广南东西路不禁。自春至秋，酝成即鬻，谓之小酒，自五钱至三十钱有二十六等。腊酿蒸鬻，候夏而出，谓之大酒，自八钱至四十八钱，有二十三等。凡酿，用粳糯粟黍麦等，及曲法酒式，皆从水土所宜。

可见，施州为宋代重要酿酒基地之一，自春及冬均酿酒，酒的品种等级繁多，总类可分小酒与大钱两种。酿酒原料用"粳糯粟麦"，其与粮食生产的关系，是一目了然的。发达的酿酒业是建立在粮食生产有所发展基础上的。

二、社会经济迅速发展的原因

鄂西地区的社会经济在宋朝时得到迅速发展，除历代各族人民辛勤劳动的主观动因外，人口的迅速增加和汉族人民的大量迁入，也起了促进作用。据《元丰九域志》卷八载：元丰年间（1078—1085年），施州户数"主，九千三百二十三，客

九千七百八十一”。共19104户。若以五口之家计，则人口几达10万人。实际户数，还要远过此数。因为这里所统计的户数，只是指编户齐民而言；大量不交纳赋税的土著居民未包括在其中。又，据《元和郡县图志·江南道六》载：唐代施州“开元（713—741年），户三千四百七十六”“元和（806—820年），户一千八百五十四”。这与《旧唐书·地理志三》所载大致相符。两相比较，宋代施州户口净增数是十分惊人的。客户（从外地迁入的汉民）的大批涌入，则有助于当地的开发。

鄂西地区与周边经济交流的频繁，也促进了当地经济的发展。

宋代鄂西地区设了许多官方互市。据《宋史·食货志下八》载：“楚、蜀、南粤之地，与蛮僚溪峒相接者以及西州沿边羌戎，皆听与民通市。”北宋神宗熙宁六年（1073年），“湖北路及沅、锦、黔江口，蜀之黎、雅州皆置博易场”。南宋孝宗淳熙二年（1175年），臣僚言：“溪峒缘边州县置博易场，官主之。”可见，有宋一代，朝廷对汉族与包括鄂西地区在内的南方诸族之间的贸易，始终支持和倡导。需要指出的是，宋王朝对这种贸易也有限制。据《续资治通鉴长编》卷五四，咸平六年（1003年）四月壬戌条载：“禁蛮人市牛入溪峒。”这是对溪峒之人“寇抄”即侵扰汉区所采取的一种惩罚性措施，宋王朝企图以经济制裁手段迫使“蛮人”就范。显然，这是不利于鄂西民族地区经济发展的。

需要强调的是，“蛮”汉贸易，除了官方主持的“互市”外，民间贸易也遍布各地。它使买卖双方在长期的贸易过程中互利互惠，故宋人苏轼有“鸡号黑暗通蛮货”之咏。尽管施州位于“江上青山横绝壁，云间细路蹑飞蛇”[①]这种交通阻塞之地，仍阻挡不住汉商入山与土人出境的贸易活动。

以粟易盐是宋时鄂西地区经贸的又一特征。据《续资治通鉴长编》卷五二，咸平五年（1002年）七月己亥载：

> 先是，蛮人数扰边，上召问巡检侯廷赏曰：“蛮人何欲？”廷赏曰：“蛮无他求，所欲唯盐耳？”上曰：“此亦常人所需也，何以不与之？”乃诏谕（丁）谓，谓即取谕传告陬落，群蛮感悦，因相与盟约，曰：“自今有入寇者，众杀之。”且曰：“天子济我以食盐，我愿输与兵食。”

① 见（宋）苏轼：《送乔施州》。

《宋史·丁谓传》:“蛮地饶粟而常乏盐，谓听以粟易盐，蛮人大悦。先时，屯兵施州而馈以夔、万州粟。至是，民无转饷之劳，施之诸砦，积聚皆可给。”《宋史·寇瑊传》:“会施州蛮叛，转运使移瑊权领施州。先是，戍兵仰他州馈粮，瑊至，请募人入米，偿以盐，军食遂足，而民力纾。”由于鄂西位于内地，远离盛产盐的沿海地区，故食盐惟艰，为满足此“常人所须”，甚至不得不“扰边”以求盐。而“蛮地饶粟”，戍兵则缺粮，因此，以粟易盐是有利双方的互补贸易，在“施州蛮”经济生活中占有特殊重要的地位。

概言之，互市与以粟易盐，不仅使鄂西与其他地区的经济联系更为密切，增强了互相依存的经济关系，而且也有利于民族隔阂的消除和沿边地区的安宁。

宋朝的一些政策措施也起了积极作用，其中主要有：

（一）实行屯田

据《宋会要辑稿》蕃夷五载，咸平五年（1002 年）十月夔州路转运使丁谓言：自后于施州南界，“置屯田赡给，不烦辇运”。实行屯田后，大片田土得到开垦，牛耕等先进农业耕作技术得到推广，促进了当地农业的发展。

（二）募民开荒

据《续资治通鉴长编》卷六一，景德二年（1005 年）九月丁卯条载：始，夔州路转运使薛颜，“募民垦施、黔等州荒田。戊辰，薛颜奏今岁获粟万余担”。招募汉民入施州民族地区开荒垦田，既增加农业产量，又促进汉、土间经济交流。

（三）给降“蛮”田

据《续资治通鉴长编》天禧二年（1018 年）五月丁卯条载，诏谕高州诸处诸族“蛮”人，“如挈家属来降，愿给田耕凿，或却还峒溪，皆听从便”。将归降少数民族之人及其家属，安排至平土地区，既有利于土地开发，又促进民族融合。

三、封建生产关系的发展

随着经济的发展，鄂西地区的贫富分化加剧，阶级矛盾激化。土官与土酋集

财富和权力于一身，是鄂西民族地区的压迫者与剥削者。他们不仅拥有金钱，而且拥有“奴客”；对外不时挑起边衅，掠夺邻区汉民财产以增价，且俘虏“汉口”“民口”“户口”以充当劳动力。他们横行乡里，故被称作“豪族”。如《宋史·林栗传》载：“田氏犹是羁縻州郡，谭氏乃夔路豪族。”

谭氏虽非土官，当系当地土酋。他们利用宗族血缘关系，壮大势力，实行大姓统治，故被称作“宗党”。如《续资治通鉴长编》天圣元年（1023 年）九月甲寅条载：施州溪峒蛮首领田彦晏“妄于恩典，朝议不从，即率宗党，攻破寨棚，杀吏民，烧官舍，劫公私物，保险为边患”。此外，还有“高州刺史田承进一族六州”[①]之载，均可证。他们利用封建王朝所赋予的威权，以臣服其民。如《续资治通鉴长编》卷五二咸平五年（1002 年）七月癸丑条载：“高州刺史田彦伊子承宝并诸头目共百二十二归附，诏许入朝，赐器币冠带，以承宝为管内山河九溪十峒抚谕都监。”这表明，中央王朝的统治势力深入鄂西民族地区，是促进当地封建生产关系发展的重要外部因素。

在宋代，鄂西民族地区的地主经济已经确立。据《宋史·食货志》上一载：

> 宁宗开禧元年（1205 年），夔路转运判官范荪言：本路施、黔等州，荒远、绵亘山谷，地旷人稀，其占田多者，须人耕垦。富豪之家，诱客户举室迁去。乞将皇祐官庄客户逃移之法校定，凡为客户者，许役其身，毋及其家属，凡典卖田宅，听其离业，毋就租以充客户，凡贷钱只凭文约交还，毋抑勒以为地客，凡客户身故，其妻改嫁者，听其自便，女听其自嫁。庶使深山穷谷之民，得安生理。

可见，施州“占田多”之富豪之家是雇佣客户“耕垦”的。主客间不仅构成了经济剥削关系，而且还存在人身依附关系，主户可“诸役其身”并其家属，有的甚至客户死后，其妻女仍失去婚嫁自由。施州“奸民”谭汝翌，“以兼并为富”，掠人财产“以自封殖”[②]，即当地地主豪强的代表人物。

除施州外，鄂西峡中地区的地主经济同样得到迅速发展。如，《宋史·刘师

① （清）徐松辑：《宋会要辑稿·蛮夷列传》。

② （清 同治）《酉阳直隶州总志·林栗奏状》。

道传》载："川峡豪民多旁户……凡租调庸敛，悉佃客承之。"《宋会要辑稿》第一六六卷则载："旁户素役属豪户，皆相承数世。"可见，豪户土地多由"佃客"耕种，"佃客"又称"旁户""客户"。豪户与无地旁户不仅存在租佃关系，而且也存在人身依附关系，往往相承数世。

第四节　鄂西民族地区的文化与习俗

一、科举人才转盛

在社会经济发展的基础上，鄂西民族地区文化亦呈现繁荣之势。唐代科举制度已较盛行，但施州尚"无传人焉"。至宋代，人才稍众，这在鄂西地区文化发展史上可说是一个转折点。据道光朝《施南府志·选举》卷二三载，宋元祐三年（1088年），

> 詹邈，都亭乡人，博学鸿词科第一；
> 向九锡，字次畴，进士；
> 谭荣明，常平乡人，濠州知州；
> 谭荣昌，常平乡人，苏州知州；
> 谭和敬，常平乡人，襄阳主簿；
> 谭国计，常平乡人，仕至光禄大夫；
> 谭汝山，常平乡人，襄阳知县；
> 向中之，常平乡人，任教授。

宝祐年（1253—1258年），

> 李闻，道政乡人，进士；
> 谭曰严，南岩乡人。

元祐三年鄂西入考中进士者有八人，仅常平乡一地多达六人，其数字令人吃惊，堪称教育与科举成绩的辉煌。其值得称道的人物为詹邈，他取得博学鸿词科第一的

骄人成绩，当地人士皆以此为荣，世代对其加以膜拜，“恩施、利川、建始三县皆祀乡贤”[①]可证。谭、向二氏素为土家族大姓，此二姓有宋一代中进士者达八人之多，他们当属土家族；若如此，则可见当时土家族先民受汉文化影响之深之广。

二、好　歌

据宋人王象之《舆地纪胜》卷七四载：

《晏公类要》云：“巴人、蛮蜑人好巴歌，名曰踏蹄。”注云“荆楚之风，夷夏相半。有巴人焉，有白虎人焉，有蛮蜑人焉。巴人好歌，名踏蹄。白虎事道，蛮蜑人与巴人事鬼。纷纷相间，渐以成风，伐鼓以祭祀，叫啸以兴衰，诘朝为市，男女错杂，日未午交易而退，故人好巴歌，名曰‘踏蹄’。”

荆楚之“巴人”“白虎人”“蛮蜑人”，均指鄂西民族。可见，鄂西民族之人，多在宗教祭祀场合与男女聚会之所唱“巴歌”；巴歌又名“踏蹄”，当系伴以顿足舞步而得名。

三、大　姓

宋时，鄂西地区的大姓有田、谭（覃）诸氏。如，民国时修《咸丰县志·氏族》卷十一载：

唐崖、金峒覃氏，为本地土人之最古。《后汉书·南蛮西南夷列传》有溇中蛮覃儿健。《宋史·林栗传》有施民覃汝翌与知思州田汝弼交恶。今邑之覃氏，大抵汝翌之族裔也。

《宋史·林栗传》：

田氏犹是羁縻州郡，谭氏乃夔州之豪族。

---

① （清 道光）《施南府志·人物》，卷二五。

明人童昶《拟奏制夷四款》中云：

> 施卫所属田、覃二姓，当宋元未分之前，其势甚盛，故屡为边患。①

可见，“施州蛮”首领利用血缘亲属关系，内则控制其部属，外则与中央王朝相抗。正如前文所述，当大姓豪酋归附中央王朝后，他们往往成为统治当地人民的“官族”。

四、宗教信仰

（一）祭祀向王

据道光朝《施南府志·杂志》卷三〇载：

> 向述，河内郡人，为汉景帝时驸马。时巴蛮攻劫，帝以王镇秭归。元妃公主刘氏，次妃许氏，王之健将则许氏兄弟也。王在镇，安攘有功，教养有法，得楚蜀人心。生子十六，分十子入衡阳，六子入川，聚桥头分遗破釜，命各执一片，世守为信。王卒，葬秭归堇竹沱。东晋桓诞自立为施王后，以沔北降魏，施为向氏所据。王显灵于大宋，为归民驱疫，民上状，遂敕封建庙封额。蛮人畏疫，故自归而上，达于施州，多有不祀其先而祀所谓向王者。

向氏是汉景帝之女婿，因攻打“巴蛮”而留镇当地为王，此说甚可疑。笔者认为，向氏为当地土著大姓。相氏即向氏，《后汉书·南蛮西南夷列传》已载诸史册，早在传说的廪君时代，相氏已为“巴郡南郡蛮”五姓之一。至南北朝时期，向氏又为“峡中蛮”中“田、向、冉”三大姓之一。因中国民间（无论汉族或诸多少数民族）各姓氏素附会来自中原望族的传统，以表明本族源自“高贵”血统，向氏源于“河内”说当属此例。可以肯定的是，早在宋代，向王崇拜已在从秭归到施州一带流行。在古代，医学不发达，疫病（传染病流行）是威胁人类生存发展的严重祸害，

① （清 道光）《施南府志·艺文》。

人们往往畏之如谈虎色变，故赋予向王佑民“驱疫”的主要功能，以保一方平安。其后，向王崇拜传承至今而不绝。

总之，向王，既是鄂西民族地区大姓向氏传说中的始祖，又是深得“楚蜀人心”的英雄，在当地民众心中是集始祖崇拜与英雄崇拜于一身的偶像。

（二）信奉竹王

据《大明一统志》卷六六，施州卫军民指挥使司祠庙条载：竹王祠，

> 在卫域东南东门山下，即夜郎侯祠也。……宋崇宁中，赐庙额曰“灵惠”。

可见，早在宋代，施州民族地区已流行竹王崇拜，设庙祭祀，名曰“灵惠庙”。竹王传说，始见于晋人常璩的《华阳国志·南中志》。其后，《后汉书·南蛮西南夷列传》将其载入正史，其词曰：

> 夜郎者，初有女子浣于遁水，有三节大竹流入足间，闻其中有号声，剖竹视之，得一男儿，归而养之。及长，有才武，自立为夜郎侯，以竹为姓。武帝元鼎六年（前 111 年），平南夷，为牂牁郡，夜郎侯迎降，天子赐其王印绶。后遂杀之。夷獠咸以竹王非血气所生，甚重之，求为立后。牂牁太守吴霸以闻，天子乃封其三子为侯。死，配食其父。今夜郎县有竹王三郎神是也。

可见，竹王崇拜源于古夜郎的图腾崇拜。竹王故事，说的是夜郎王系剖竹而得，“非血气所生”，添加神话色彩，以加重其统治的威权。在汉代，当地“夷獠（僚）”已供奉“竹王三郎神”。至迟在宋代，该信仰已流传至鄂西民族地区，其因有二：一是古代夜郎郡与巴郡、武陵郡为邻，文化又相似，故宗教信仰必然发生相互辐射与交融的关系；二是夜郎与施州地区均为少数民族聚居之地，其中均居有“苗蛮集团”与“廪君蛮”之传人，其族类亦有共同之处。

（三）崇拜飞山神

据同治朝《来凤县志》卷九载：

飞山庙，在客寨河，祀唐诚州[①]刺史杨再思。

唐代靖州刺史杨再思，因镇压飞山蛮有功，宋绍兴年间（1131—1162年）封侯并立庙祀为神。可见，飞神崇拜是由外地即湘西传入。从中也可见湘、鄂西在信仰方面的相互影响。

（四）杀人祀鬼俗

据《宋史·太宗本纪二》载："淳化元月八日己巳，禁川、峡、岭南、湖南杀人祀鬼，州县察捕，募告者尝之。"此川、峡，包括今鄂西地区。联系明代土家族土司杀人献首于庙之俗，可证其源自宋代以前。宋代虽已严禁，至明而未绝，也说明易俗之不易。

五、设　誓

鄂西及其周边诸族重然诺、守信义，故其在处理内外关系中，往往以设誓形式进行。他们把誓词视为不可违反的法律而严格遵守。对此，中央王朝多加利用，与之缔结各种盟约，以求边境安宁。首开此例者，当数战国末年秦国与巴郡"蛮"人之刻石盟要。据《后汉书·南蛮西南夷列传》载：

板楯蛮夷者，秦昭王时有一白虎，常从群虎数游秦、蜀、巴、汉之境，伤害千余人。昭王乃重募国中有能杀死者，赏邑万家，金百镒。时有巴郡阆中夷人，能作白竹之弩，乃登楼射杀白虎。昭王嘉之，而以其夷人，不欲加封，乃刻石盟要，复夷人顷田不租，十妻不算，伤人者论，杀人者得以倓钱赎死。盟曰："秦犯夷，输黄龙一双，夷犯秦，输清酒一

---

① 唐诚州，即今之靖州也。考《方舆纪要》，飞山在湖南靖州西北十五里，俗呼胜山。蛮人保障于此，号飞山蛮。杨再思为刺史时，史称其尝驻兵于飞山寨，盖守其险，使蛮失所恃也。宋绍兴间封威远侯，立庙祀之。

钟。”夷人安之。

此盟约具有秦、夷互不侵犯条约性质。其中盟辞所谓“输黄龙”“输清酒”之说，表明违约惩罚只具有象征意义，当系依“蛮俗”而来。

后世最著名者，当推五代十国时马希范与溪州首领彭世然所立之“溪州铜柱”。溪州北境为鄂西与湘西的酉水上游地区，宋代鄂西富、顺、高等羁縻州地即属上溪州之范围。后晋天福五年（940年），溪州刺史彭世然降楚王马希范，双方结盟铭誓。据《十国春秋·楚世家二》载，楚王马希范效马援故事，“以铜五千斤铸柱立之溪州，柱高丈二尺，入地六尺，使学士李宏皋铭之，勒誓状于上”。立柱后，西南诸蛮夷纷纷归附。此铜柱在今湘西永顺县境。

宋代，鄂西民族地区最著名的作誓石柱为咸平三年（1000年），转运使丁谓与高州刺史田彦伊“作誓刻石立蛮境上”一事。据嘉靖《四川总志·全蜀总事志》：招抚蛮人盟誓碑（《九城志》云：在边上近西高州界首）；知保顺州田承恩誓状，天圣五年（1027年）刻石在尖木寨；蛮人向永恩等誓柱文，皇祐五年（1053年）立。又，据道光《施南府志·疆域》卷四，古迹条载：咸平石柱，宋丁谓立，在今宣恩县境内；天圣石柱，宋刺史史方逐蛮至七女栅，降之，立以分界，明时石断，在今宣恩、来凤交界即其地；蛮人田承恩等誓柱文，在施州，今佚。

在立誓过程中，还举行饮血仪式，以示庄重，故史有“歃血立誓”[①]、“饮血设誓”[②]之载。

六、“风俗之一变”

在经济文化发展的基础上，鄂西地区习俗也发生了极大变化。据同治朝《恩施县志》卷七，习尚条载：邑之风俗，

> 汉晋以前无稽矣。隋、唐始设州县，地旷人稀，民风率安质实，故杜少陵《赠郑典设自施州归》诗有“其俗则醇朴，不知有主客，乃闻风土质，又重田畴辟”之句，其为实录可知。五代迄宋生聚日繁，纷华亦

① （宋）李焘：《续资治通鉴长编》，天圣元年（1023年）九月甲寅条。

② （清）徐松辑：《宋会要辑稿》。

遂日盛。旧《志》载宋儒之言有："施州风土，大类长沙，论文学则骎骎大国风，论人情则渐多浇漓，少醇厚。"其与少陵所咏，已不侔矣。由朴而华，固亦势所必至欤，是为风俗之一变。

可见，迄宋鄂西民族地区的发展过程可分为三个阶段：汉晋前，史书无考；隋唐始设州县，但尚未开发；宋代，在经济文化发展的基础上，民风为之一变，其繁荣程度甚至达到与邻近的江南名城长沙相似的程度。

综上所述，宋代鄂西民族地区与隋唐时期相较，具有下列特点：土官势力十分活跃；田畴广辟，耕作技术改进，粮食产量明显增加；手工业与商业有所发展；文风渐盛，民风由质转华；民族融合的进程加快。总之，有宋一代，在鄂西民族地区开发史上占有特殊重要的地位。

第六章　元代鄂西民族

第一节　元代在鄂西民族地区统治地位的确立

忽必烈于1260年即位，是为元世祖。至元十年（1273年），元军攻陷襄阳，挥师东下。至元十三年（1276年），占领南宋都城临安。至元十六年（1279年），南宋亡。

在此期间，元军在陆续攻陷襄阳、沙市、江陵后，占领了施州（今鄂西地区）。元朝在鄂西民族地区统治地位的确立，大致有下述特点：

一、以和平招抚为主，军事进攻为辅

襄樊战役之后，元军发动总攻，“呈破竹之势”[①]席卷施州。

据《元史·阿里海牙传》载：至元十二年（1275年）四月，破沙市，入江陵。“传檄郢、归、峡、常德、澧、随、辰、沅、靖、复、均、房、施、荆门及诸洞，无不降者”。

《元史·世祖本纪五》载：至元十二年十二月，

> 签书四川行枢密院事昝顺言：“绍庆府、施州、南平及诸蛮吕告、马蒙、阿永等，有向化之心。又播州安抚杨邦宪、思州安抚田景贤，未知逆顺，乞降诏使之自新，并许世绍封爵。”从之。

《元史·李德辉传》载：至元十五年（1278年），西川行枢密院副使李德辉，

> 再围重庆，逾月，拔之。绍庆、南平、夔、施、忠、播诸山壁水栅皆下。

---

① （明）宋濂、王祎：《元史·世祖本纪五》。

《元史·世祖本纪七》载：至元十六年（1278 年）一月，

诏谕叉巴、散毛等四洞番蛮酋长使降。[①]

在至元十二年至十六年期间，元军不断占领施州及其周边民族地区，其中包括归州（治今湖北秭归县）、峡州（治今湖北宜昌市）、澧州（治今湖南澧县）、辰州（治今湖南沅陵）、沅州（治今湖南芷江）、夔州（治今重庆奉节）、忠州（治今重庆忠县）、思州（黔东田氏地）、播州（今贵州遵义地区）等地，处于重重包围之中的施州“诸蛮”随之遣使归降。当时，“诸峒”并未作激烈抵抗，基本实现了政权的平稳过渡。重要原因在于：以武力威慑为后盾，元统治者采取诏谕之策，甚至答应“番蛮酋长”可得到“世绍封爵”的宽厚待遇。

二、建制设官

随着中央王朝统治势力在鄂西民族地区的日益深入，在宋代羁縻州制的基础上，元代在当地全面实行土官建制，并使之制度化。

据《元史·世祖本纪九》载：至元二十年（1283 年）六月，“四川行省参政曲立吉思等讨平九溪十八峒，以其酋长赴阙，定其地立州县，听顺元路宣慰司节制。以向世雄为叉巴洞安抚大使及安抚使”。又，《元史·地理志六》载：“至元二十年，四川行省讨平九溪十八峒，以其酋长赴阙，定其地之可以入官者，大处为州，小处为县，并立总管府，听顺元路宣慰司节制。”

可见，元王朝在占领鄂西的叉巴等溪峒地区后，定其地“大处为州，小处为县”，划一建制设官标准，并以其酋长为各级政权机关长官，迅速建立新的统治秩序。土酋为官后，实行终身制与世袭制，即所谓：“远夷掌其部落者，或身终其官，或世守其业，不得迁他官”[②]。

① 巴，在今湖北宣恩县境；散毛，在今湖北来凤县境。

② （元）赵世延、虞集等：《经世大典·治典·入官》。

三、臣服与反叛的较量

虽然起初鄂西诸族首领臣服了元朝，但不久就进行了反叛。对此，史籍多有记载。如：《元史·世祖本纪九》：至元十九年（1282 年）九月，

亦奚不薛之北，蛮峒向世雄兄弟及散毛诸峒叛，命四川行省就遣亦奚不薛前往招抚之，使与其主偕来。

《元史·世祖本纪十》：至元二十一年（1284 年）七月，

敕荆湖、西川两省合兵讨又巴、散毛峒蛮。

《元史·李忽兰吉传》：李忽兰吉为四川南道宣慰使，至元二十一年，

奉旨与参政曲里吉思、佥省巴八、左丞汪惟正，分兵进取五溪洞蛮。时思、播以南，施、黔、鼎、澧、辰、沅之界，蛮獠叛服不常，往往劫掠边民，乃诏四川行省讨之。曲里吉思、惟正一军出黔中，巴八一军出思、播，都元帅脱察一军出澧州，忽兰吉一军自夔门会合。十一月，诸将凿山开道，绵亘千里，诸蛮设伏险隘，木弩竹矢，伺间窃发，亡命迎敌者，皆尽杀之。遣谕诸蛮酋长率众来降，独散毛峒谭顺，走避岩谷，力屈始降。[①]

《元史·塔海帖木儿传》：塔海帖木儿为宣武将军、管军总管，

九溪蛮、散猫[②]、大盘蛮尚木的世用等叛，从行省曲立吉思帅师往讨，皆擒之，及杀其酋长头狗等。

---

① 黔，治今重庆彭水县；鼎，治今湖南常德市。另，谭顺之“谭”，即系“覃”姓。理由有二：一是历代史书多作“覃”姓。同是《元史》的《顺帝本纪四》有“散毛峒蛮覃全在叛”之语；明代，《明实录·嘉靖实录》卷十有“湖广散毛宣抚司宣抚覃斌”之载。一是后世来凤散毛司土司为“覃”姓。至于覃姓源于“谭子之后”说——“齐侯灭谭，谭子奔莒，遂去言为覃”（参见同治朝《来凤县志·土司》），则系后世族谱攀附望族以为始祖而来，不足信。“覃”姓又作“谭”，当系通假之故。

② 散猫，即散毛。

《元史·石抹狗狗传》：至元二十一年，

以蒙古军八百从征散猫蛮，战于菜园坪，渗水溪，皆败之，壁守石寨。月余，散猫降，大盘诸蛮亦降。

上述记载表明：第一，鄂、湘、川、黔边界“蛮獠（僚）”，曾发动一场颇具规模的反抗元王朝的斗争。在诸“蛮獠”中，以鄂西地区的散毛、又巴、大盘诸洞实力最为强大，元军从黔中，思、播，澧州，夔门，分兵四路合击，将其作为打击重心，最后“力屈始降”。“诸蛮”依据“险隘”地形，利用“木弩竹矢”等原始武器，与元军展开了激烈而顽强的战争。元王朝在采取招抚、分化之策的同时，调动大军分四路攻讨，“亡命迎敌者，皆尽杀之”，进行血腥镇压。从此，即至正二十一年以后，元王朝对鄂西民族地区的统治才最终确立并稳定下来。第二，在鄂、湘、川、黔边区，居住着族类相近的人们共同体。他们地域相邻，利害相关，命运相连，行动互应。上述元大军压境时他们纷纷归降，归降后不久又同时反叛的史实，可证他们之间关系之密切。

第二节　鄂西土司制度的形成

今鄂西地区，元代归四川行省管辖（除巴东县属湖广行省以外）。在这一地区，设置两种不同性质的政权。一是流官政权。承唐、宋制，设施州（今湖北恩施），“旧领清江、建始二县。元至元二十二年（1285 年）并清江入州。领一县：建始。”施州隶属于至元十五年（1278 年）设立的夔州路总管府[①]。一是土官政权。因此，可以说元代在今鄂西地区的建置是采用流、土并举、以流制土的方法统治的。

一、鄂西土官政权的建置

散毛府。元至元三十年（1293 年）四月置散毛峒蛮夷官，三十一年（1294 年）五月升为府。至正六年（1346 年）改散毛誓厘等处军民宣慰司。今湖北来凤县。

① （明）宋濂、王祎：《元史·地理志三》。

怀德府。元时容美峒地。至大二年（1309年）置，属四川南道宣抚司。至顺二年（1331年）正月升宣抚司，至正中，升军民宣慰司。明宣德三年（1428年）改置下茶峒长官司。今湖北宣恩县。

盘顺府。元统二年（1334年）正月置。至正十五年（1355年）四月升军民安抚司。今湖北鹤峰县。

东乡五路军民府。今湖北宣恩县。

施南道宣慰司。元初置沿边溪峒招讨司，至正二年（1342年），改为施南道宣慰司。今湖北利川市境[①]，或作今湖北宣恩县[②]。

湖南镇边毛岭峒宣慰司。元初置毛岭峒。至正十五年（1355年），置宣化镇南五路军民府，领提调军民镇抚所、蛮夷军民千户所，寻改为湖南镇边毛岭峒宣慰司。明代改为镇南长官司。其地位于今湖北来凤县东北方[③]。

隆奉宣抚司。后改为长官司。今湖北宣恩县。

龙潭宣慰司。一作安抚司，今湖北咸丰县。

高罗宣抚司。元置石溪峒长官司，后改为高罗寨长官司，寻为宣抚司。今湖北宣恩县。

容美等处宣抚司。今湖北鹤峰县。

金峒安抚司。今湖北咸丰县。

木栅安抚司。今湖北宣恩县。

师壁洞安抚司。今湖北来凤县。

忠孝军民安抚司。至正十一年（1351年）七月，革罢四川省辖大奴管勾等洞长官司，立忠孝军民府。至正十五年（1355年），诏改为忠孝安抚司。今湖北利川市。

又把峒安抚司。后废。明置摇把峒长官司。今湖北宣恩县。

唐崖长官司。寻改为军民千户所。今湖北咸丰县。

上述材料，主要据《元史·百官志》《明史·地理志》《清史稿·土司列传》、顾祖禹《读史方舆纪要》、历朝《湖广通志》和《湖北通志》以及鄂西有关府、州、

① （民国）赵尔巽：《清史稿·土司列传一》。

② （民国）《湖北通志·舆地志五·沿革二》。

③ 据谭其骧主编之《中国历史地图集》第七册，“四川行省”标示“湖南镇边宣慰司”的方位而定。

县志诸籍整理而来。因建置沿革多有变动，诸籍记载又不尽一致，故难免有些出入。但其大要如此无疑。总计，元代在鄂西民族地区所设官制有：府四，都元帅府一，宣慰司二，宣抚司四，安抚司五，长官司一，共为十七。据此，可得出下述两个结论：

第一，元代在鄂西民族地区普遍设置土司机构，且已初具规模。据《元史·百官志七》载："宣慰司，掌军民之务，分道以总郡县，行省有政令则布于下，郡县有请则为达于省。有边陲军旅之事，则兼都元帅府，其次则止为元帅府。其在远服则止为元帅府。其在远服，又有招讨、宣抚等使，品秩员数，各有差等。"又载："西南夷诸溪洞各置长官司。"

可见，"边陲"地区的宣抚、安抚、招讨、长官诸司，是专门在民族地区设置的机构，均属土司职名。如上述，鄂西民族地区除"招讨使"一职外已设置上述诸土司，且为数较多。至于独缺"招讨使"之因，在于元代只在个别地区设置招讨使一职，而非通例，这种情况也为明清两代所承袭，如同明人沈德符所说："今海内惟四川天全六番招讨使一衙门，他处更无此官"[①]。因此，可以说元代鄂西土司机构已齐备。

第二，元代鄂西土司多为品秩较高的宣慰司、宣抚司、安抚司，说明元代对这一地区颇为重视，不惜以高官显爵笼络民族首领。其因大致有二：一是这些地区多为军事战略要地，为控扼川、黔、湘的险道；一是当地民族势力强大，史书频繁记载又巴、散毛、大盘诸峒活动即证明。

二、"参用其土人为之"的任官原则

土司之名，元已有之，这是没有异议的，但对元代土司是否都曾用土人为吏，则历来看法不一。比如，近人佘贻泽在《清代之土司制度》一文中写道："元代官制中直接为土官者，为各溪洞长官司"，或说"元代土司只各蛮夷洞长官参用土人"；而宣抚、安抚、招讨诸司等官，"本皆为流官"，只是到了明代"以之授投降之大小土酋"，才"列为土官名称"。[②] 在整篇《元史·百官志》中，只在诸蛮夷长官司条下

---

① （明）沈德符：《万历野获编》，卷三〇。

② 参见佘贻泽：《清代之土司制度》。

载有“参用其土人为之”的字样，而其他诸司条下则史无明文，佘贻泽的结论，可能由此引申而来。但通观《元史》的有关记载，说明元代在鄂西民族地区在各级土司政权中，已广泛实行“参用其土人为之”的任官原则。如：

《元史·世祖本纪十四》载：至元三十年（1293年）四月，

师壁散毛峒勾答什伍等四人，各授蛮夷官，赐以玺书以归。

《元史·武宗本纪二》：至大三年（1310年）十一月，四川行省绍庆路所隶容美洞田墨施什用等来降，

宜立黄沙寨，以田墨施什用为千户。
田思远为怀德府判官。

《元史·文宗本纪四》：至顺二年（1331年）二月，

四川行省招谕怀德府驴谷什用等四峒及生蛮十二峒，皆内附，诏升怀德府为宣抚司以镇之。诸峒各设长官司及巡检司，且命各还所掠生口。

《元史·顺帝本纪四》：至正六年（1346年）七月，

散毛峒蛮覃全在叛，招降之，以为散毛誓厓等处军民宣抚使，置官属，给宣敕、虎符，设立驿铺。

民国时修《咸丰县志》卷十唐崖司条下，引《覃氏家谱》云：

覃启，字处送，元时有功，以武略将军授唐崖宣慰世职，传子直，明洪武四年（1371年）随廖永忠征蜀降职，病故。……洪武七年（1374年）改唐崖安抚司为长官司。

《元史类编》卷四二载，九溪十八峒为苗种，

峒蛮以南，外连黔、蜀皆有之，各自立为君长。元初播州杨氏、田州岑氏、安定向氏、容美田氏之属，多以其众归附，诏赐虎符印敕，或称长官，或称宣抚、宣慰，俾得以王官旌节，统摄其部落。

上述记载说明：第一，元朝在鄂西民族地区，无论是宣慰、宣抚、安抚、长官诸司或府、州、县，都大批使用内附酋长为官。第二，土酋受任后，即成为朝廷命官，由中央王朝授予其“玺书”“宣敕”“虎符”等“王官旌节”。这样做，土酋可借助中央王朝的威权，以“统摄其部落”；元王朝则通过土酋加强对少数民族人民的统治。在鄂西民族地区，元王朝“置官属”，创设了一套土司统治机构。土司是有一套政权班子，分司其职，以便运作，而非徒具虚名的空架子；“设立驿铺”，以便交通运输、传递信息、调兵遣将。其目的是加强元王朝对当地的控制；但在客观上，则有利于其他地区与鄂西民族地区联系的加强，有利于鄂西民族地区的开发。

三、鄂西土司制度形成的历史原因

元代在鄂西民族地区先后设置了宣慰、宣抚、长官诸司以及土府一类地方民族政权组织，并在这些机构中大量任用土人为官。史学界曾经存在的“元之影响于后代土司制度者”，只局限于“其职官的名称”的说法，[①] 是与历史实际不相符合的。这一事实标志着：元代鄂西土司制度已正式建立，并且确已形成了“一代之制”[②]。

元代鄂西土司制度的建立，是有其历史原因的。从汉、唐以来，当地土酋即统治这一地区。《九溪卫志》载：麻寮所隘从三国蜀汉延熙年间，即“受世袭土职。”同治朝《长乐县志》卷四载：容美土司“自汉、唐以来，承袭千百余年”。《容美司给指挥向宗启牌》也称：自唐、宋以来“官民军丁皆世守之赤子”[③]。同治朝《来凤县志·土司》散毛司条载：“梁有覃元克、覃元先，唐有覃行璋、覃光钿，皆其裔也。来境原七司，散毛为长。墨来送，其始祖之官。……为唐贞观安抚使，递传至宋。”

宋代在鄂西民族地区广为推行羁縻州制，更为元代鄂西土司制度的建立奠定了坚实基础。元代鄂西土司制度起着承前启后的重要历史作用。明代鄂西土司制度，即因“踵元故事”“大为恢拓”，[④] 从而发展为完备制度的。

① 参见佘贻泽：《清代之土司制度》。

② （清）永瑢：《历代职官表》，卷七二。

③ 引自中共鹤峰县委统战部县史志编纂办公室：《容美土司史料汇编·文告》，1984。

④ （清）张廷玉：《明史·土司列传·序》。

第三节　元统治者对鄂西民族地区的治理

一、招谕怀远的治理原则

元朝从忽必烈开国时起，就奠定了对鄂西民族采取“怀远”政策的基础。《元史·杨大渊传·附传》载：至元十七年（1280年），

遣辩士王介谕降散毛诸峒蛮，以散毛两子入觐，因进言曰：“元帅蔡邦光，昔征散毛蛮而死，可念也。”帝曰：“散毛既降而杀之，其何以怀远？”乃擢蔡邦光之子，升为管军总管，佩虎符，赐散毛两子金银符各一，并赐其酋长以金虎符。

忽必烈对抵抗元军并杀死领兵元帅已降的散毛诸酋，不念旧嫌，不仅不加惩处，反而给予赏赐的做法，是具有典型意义的。这也揭示了元军较迅速地占领鄂西民族地区的奥秘所在。有元一代，大体袭用此策。故方志称，元代对鄂西土酋“聊示羁縻”[①]，是不无道理的。

忽必烈还对招谕有功者给予奖赏，以利于此策的执行。据《元史·世祖本纪八》所载：至元十七年（1280年）七月，“赐招收散毛等峒官吏衣段（缎）”一事可证。

即使在鄂西土酋反抗的情况下，元统治者在发兵攻打的同时，也不忘使用“谕降”手段。如《元史·泰定帝本纪一》载：泰定元年（1324年）十二月，“夔路容米[②]峒蛮田光什用等九洞为寇，四川行省遣使谕降五峒，余发兵捕之”。

“怀远”之策产生的原因大略有二：一是客观因素——当地属地形势险要的民族聚居地。如，顾祖禹《读史方舆纪要》卷八二载：该地“外蔽夔峡，内绕溪山，道至险阻，蛮獠（僚）错杂”。同治朝《恩施县志·形势》也说：“楚蜀咽喉之会，荆彝联络之区，关隘纵横，山川险固，南土要害地也。”该地处于楚蜀交通要道，

① （清　同治）《咸丰县志·建置》。

② 即容美。

外据长江峡中，内有山川险阻，既是民族聚居地，又是汉、“夷”交接部，在如此复杂的民族地区，单纯使用武力征服的做法，无疑是难以奏效的。二是元代国力强盛。据《续文献通考》卷十三载：元代，“山泽溪峒之民，虽不在版籍之内，然当时混一区宇，威震百蛮，不赘不臣之人咸思内向，亦开国时盛事也”。元代盛极一时的政治、经济、军事实力，是“百蛮”“咸思内向”的重要原因。随着元朝势力的衰落，其抚绥鄂西民族之策的作用也日益消减。

这种安抚政策，是为维护元朝在鄂西民族地区的统治利益服务的。但是，它为当地经济、文化的发展，提供了相对稳定的环境，因而起了积极的历史作用。

二、贡赋制度

元代更为广泛地在民族地区推行贡赐制。正如《经世大典·礼典·朝贡》所载：“我国家幅员之广，极天地覆焘，自唐虞三代，声教威力所不能被者，莫不执玉执琛以修臣职。”鄂西地区也如是，故清人有“南荒旧有散毛峒，元朝天子早朝贡”[①]的诗句。由于元朝地域空前辽阔，国力空前强盛，故包括鄂西在内的广大民族地区首领都称臣纳贡。

关于鄂西土司入贡的主要记载有：

《元史·成宗本纪一》：至元三十一年（1294年），

四川散毛峒主覃顺等来贡方物，升其峒为府。

《元史·文宗本纪四》：至顺二年（1331年）七月。

怀德府峒蛮二十一峒田先什用等以方物来贡，还所虏生口八百余人。

《元代·文宗本纪五》：至顺三年（1332年）四月，

四川师壁、散毛、盘速出三峒蛮野王等二十三人来贡方物。

四川大盘峒谋者什用等十四人来贡方物。

① 王煜：《邓卫公愈振武岩》，见（清 同治）《来凤县志·艺文》。

上述史料说明：第一，贡品为“方物”。第二，入贡者全是土酋亲自率人前往，而非土酋派遣的贡使带队，可见鄂西土酋对元王朝的“忠勤”与彼此之间君臣关系的密切。第三，入贡者不仅得到元王朝的物质犒赏，其建制规格与政治地位有的也得到了提升，散毛“峒”直接提升为“府”即属此例。可见，元王朝把入贡一事作为笼络土司的一种重要手段。第四，入贡后，各酋豪须听命中央王朝，不得擅自犯境与违规。怀德府峒蛮“还所虏生口”，即突出例证。

总之，入贡之举，密切了元王朝对鄂西土司之间的政治、经济、文化联系与交流，并促进了边区居民的和睦共处。

元代对边地加强控制，还反映在赋役方面。据《元史•地理志一》载：“盖岭北、辽阳与甘肃、四川、云南、湖广之边，唐所谓羁縻之州，往往在是，今皆赋役之，比于内地。”元朝强化了对全国民族地区的掠夺，唐宋时期羁縻州地区无须交税赋的优惠政策至元朝时宣告结束，他们须像汉族地区的百姓一样纳赋从役。要征赋役，首先要建立户籍制，即清查户口与田亩数，登之于册，然后据以征发。为此，元初在土司地区进行了大规模的“阅户”工作。元朝的赋役政策，同样在施州地区实行。如：《元史•阿里海牙传》载，在至元十二年（1275 年）降施、归、峡、辰诸州后，“尽奏官其所降官，以兵守峡，籍其户口田赋来上。帝喜，大宴三日”。同治《恩施县志•去思》引旧《夔州府志》云，“王守仁，太原人，至元间知施州，廉明刚谨，均赋宽役”。

可见，元军在占领包括施州在内的鄂西和湘西地区后，立即着手清理“户口田赋”并上报中央王朝。这也证明，元王朝对当地的赋役征调是极端重视的。

三、筑　城

据道光朝《施南府志•官师》引旧《卫志》载：元人“邵浓知施州，筑州城有功，吏民思之”。

此中所谓“筑州城”，并非始创，而是指在宋城的基础上加固或修缮。宋淳熙年间（1174—1189 年）即曾在“施州创筑土城”[①]，而“元仍其旧”[②]。

---

① （元）脱脱等撰：《宋史•理宗本纪》。

② （清 道光）《施南府志•建置》。

元代修筑州城，其重要目的之一是防范和震慑当地各族人民。但是，客观上却有利于施州城市的繁荣，并使之日益成为鄂西地区的政治、经济和文化中心。这就是对筑城有功者，“吏民思之”的原因。

四、任用土人领兵

在军事上，元统治者重用施州土人。这是因为：他们既熟悉本地的山川地形、风土人情，又骁勇善战；加之，元统治者远途征战入主中原，兵力缺乏，更加重了对土人的依赖性。仅以道光朝《施南府志·人物》卷二五所载为例：

> 向午凤，施州人。至元二十一年（1284 年）征峒蛮，充哨马把总，身先士卒。事平，引蛮入觐，授开封将领。大德九年（1305 年），升诏庆路总管。
>
> 向寿福，施州人。至正时（1341—1368 年）从征襄阳功，授行枢密判历同枢密院，守铁筑城，时明玉珍据蜀，明高帝遣蔡哲往谕其子明升，复令伪丞相戴寿攻城，寿福死之。
>
> 向绍荣，施州人。元末招集乡人守御本州，大将刘应贤奏署元帅府事。明玉珍据重庆，屡招不应，遣将李万户来攻，绍荣败之，执万户。时副元帅谭登私释万户以城降，绍荣耻之，遁入蛮中，不知所亡。

总之，元王朝利用土人为将，或用以“征峒蛮”，或用于对付元末据川的红巾军明玉珍所部。这些施州向氏将领，成了维护元王朝统治的“忠义”之臣。可证，此策取得了奇效。

第四节　鄂西民族地区的反抗活动与元王朝的对策

一、反抗元王朝的活动

有元一代，鄂西民族地区反抗元王朝的活动，此起彼伏，连绵不断。除前述记

载外，尚有：

道光《施南府志·选举》载：向进益、谭世凤于至元三十一年（1294年），

从刘国杰讨平诸峒。

《招捕总录》四川条下载：至大元年（1308年）三月，

大弟什用集洗王不鬼、散毛峒等兵侵者等洞，既其出降，遣墨施什用、答昃什用赴阙。五月，归州巴东县唐伯圭言："十七峒之众，惟容美峒、罔告峒、抽栏峒有壮土兵一千，余皆不足惧也。若官军讨之，可分四道：其一，自红砂寨直趋容米、玩珍、昧葸、鉳加、阿葸、石驴等峒；其一，从苦竹寨抵桑厨、上桑厨、抽栏峒；其一，自绍庆至挲摩、大科、阳蔓师、大翁迦峒；其一，征又巴峒，向十万、大帝什用峒兵接应。如此可平。"

《招捕总录》[1]广西两江条下载：

至大二年（1309年），常豊峒蛮大弟什用纠集洗王不鬼散毛等峒蛮劫掠永宁之阿那禾寨[2]。

《元史·武宗本纪二》至大三年（1310年）四月，

容美峒官田墨纠合蛮酋，杀千户及戍卒八十余人，俘掠良民。

同年十一月，尚书省臣言：

① 《招捕总录》一卷，未著撰人名氏。该书出自苏天爵《元文类》中所载《经世大典》中《招捕》篇的传抄本，名异而实同。该书当源于官府档册之文，所记多为元统治者招捕南方诸族事。该书的不少内容，未见于正史，故可补史传之不足。由于《元史》本身未列蛮夷传卷目，而柯绍《新元史》新增《云南湖广四川等处蛮夷传》又多抄录该书而成，只是文字上有所改动而已。因此，可以说，该书实际上可起《元史》之《蛮夷传》的作用。但该书有编次错乱之失，如把此处所引至大二年常豊峒蛮事，将两湖蛮人错归入"广西两江"条下，故在使用该书材料时，需慎加辨别。（详见吴永章：《中国南方民族史志要籍题解》一书。）

② 《宋史·地理志》记施州有永宁寨，故可定此"永宁之阿那禾寨"当在今恩施境。

> 四川行省绍庆路所隶容美峒田墨，连结诸蛮，攻劫麻寮等寨，方调兵讨捕，遣千户塔木往谕田墨施什用等来降。①

此事，也可从方志中得到证实。据道光朝《施南府志·选举》载："至大中，容美等峒叛"，元廷派施州人李达可、廖启龙讽喻酋长出降。

《新元史·四川溪峒诸蛮传》：至治二年（1322年），

> 散毛峒大望什用劫黔江县五里荒。

《元史·泰定帝本纪一》记泰定元年（1324年）十二月"夔州容美峒蛮田先什用等九溪为寇"事，见前述。

《元史·泰定帝本纪二》：泰定三年（1326年），

> 容美峒蛮田先什用等结十二峒蛮寇长阳县，湖广行省遣九姓长官彭忽都不花招之，田先什用等五峒降，余发兵讨之。

同治朝《恩施县志·武勋》也载：满（一作潘）国珍，为"忠峒寨巡检。泰定三年（1326年）峒寨叛"，招降其酋长。

《元史·文宗本纪五》：至顺三年（1332年）正月，

> 夔州忠信寨峒主阿具什用，合峒蛮八百余寇入施州。

归结起来，鄂西民族地区与元王朝的军事冲突有三种情况：一是当地民众反抗元王朝的统治；一是因为内部纷争，各峒之间相互攻讨，元朝廷加以干预，军事上直接卷入；一是有的民族首领因利益驱动，掠取邻近汉区的财富与劳力。

综观有元一代，鄂西民族地区以今来凤县的散毛峒、鹤峰县的容美峒势力为盛；但前后又有所变化。总体而言，在元世祖忽必烈至元年间（1264—1294年），散毛峒势力最为活跃，成为初期反元活动的核心。元武宗至大年间（1308—1311年）以后，容美峒异军突起，成为凝聚鄂西民族地区反元力量的中心。这是经过元初的

① 至大元年—至大三年（1308—1310年），容美、散毛等洞的反叛应视作整体而不应加以割裂，至大三年十一月事态始平。

残酷镇压后，散毛峒势力有所削弱所致，这也是明清时期容美土司成为鄂西民族地区统治势力的历史原因。

二、元王朝的对策

对于鄂西民族地区的反叛活动，元王朝除派兵镇压外，还采取多项对策，以求平定事变。见诸记载的主要措施有：

（一）“恩宥”

据《元典章·典章三·圣政二》载：延祐元年（1314 年）诏曰：

> 湖广、云南边境诸蛮仇杀，掳掠人民，如能悔过自新，即与免罪。
>
> 又领奉诏书内一款，两广、云南等处啸聚贼人，据恃巢险，出没不常。虽蛮荒之俗固然，亦有官府失于威信，不能抚怀，以致如此。诏书到限一百日内出官自首，许免本罪，各安其业。限外不悛，依例收捕。

值得注意的是，元统治者不得不承认：官府“不能抚怀”（残酷压榨）是造成南方诸族反叛活动的重要因素。这种允许叛者“自新”后，“各安其业”的做法，目的在于维护和恢复元王朝的统治秩序，减少对经济生活的损害与破坏。这是元代所谓“化外羁縻者用轻典”[①]的例证。在元朝重典治政的环境下，这样做当是法外开恩，因而是值得肯定的。

（二）强化统治工具

据《元史·刑法志一》载：

> 诸湖南北、江西、两广接境溪峒，蛮獠窃发，诸监临禁治不严及故纵者，军官笞三十七，管民官二十七，并削所受阶一等，记过。诸边隅镇守不严，他盗辄入境杀掠者，军官坐罪，民官不坐。诸军民官镇抚边陲，三年无啸聚之盗者，民官减一资，军官升散官一阶；五年无者，军、

① （元）赵世延、虞集等：《经世大典·宪典·职制》。

民官各升散官一等。

又，明时侯格修《元刑法志》卷一，也有类似记载。可见，民族地区、汉族与少数民族交界地区此类突发事件频仍。为此，元王朝对当地军政官员采取加重惩罚与奖赏力度的措施，以求边境安宁。但是，此法并不总是有效的。由于吏治腐败，地方军政官为邀功免罚，往往隐匿实情，以致造成“窃发”事件不断发生的相反结果。这在历史上，是不乏其例的。

（三）建立屯戍制度

始为戍军以镇之。如《元史·石抹按只传》载：至元十八年（1281年），“大小盘诸峒蛮叛，命领诸翼蒙古、汉军三千人戍施州”。

因鄂西民族地区交通不便，给养困难，继而发展成屯戍之制。《元史·刘国杰传》对这一制度的本末、内容与作用作了下述详细记载：

> 初，黔中诸蛮酋既内附复叛，又巴峒何世雄犯澧州，泊崖峒田万顷、楠木峒孟再师犯辰州，朝廷尝讨降之。升泊崖为施溶州，以万顷知州事。三十一年[①]，万顷复叛，攻之，不能下。至是，帝即位，赦天下，并赦万顷等，亦不降，帝以命国杰。……遂拔施溶，擒万顷，斩之。复穷捕其党，攀崖缘木而进，凡千余里。……辰、澧地接溪峒，宋尝选民立屯，免其徭役，使御之，在澧者曰隘丁，在辰者曰寨兵，宋亡，皆废。国杰悉复其制，班师。继又经画茶陵、衡、郴、道、桂阳，凡广东、江西盗所出入之地，南北三千里，置戍三十有八，分屯将士以守之，由是东尽交广，西亘黔中，地周湖广，四境皆有屯戍，制度周密，诸蛮不能复寇，盗贼遂息。

可见元朝的屯戍之制，沿袭宋制，开始用于防范鄂、湘、黔边区诸族，其后在整个南方民族地区推广，成为一代之制。主要做法，是在民族地区周围的军事重地“置戍”，实行寓兵于农、且耕且守，并有一套“周密”制度。屯田分民屯与军屯两

---

① 指至元三十一年（1294年）。

种，民屯可享受“免其徭役”之优惠。在镇压南方诸族中，此制起过重要作用，即所谓“诸蛮不能复寇”，起着控扼与防御之用。

（四）设关以备蛮

据《大明一统志》卷六二，荆州府“关梁”条载：“梅子八关，俱在长阳县。四临江南，四临江北。元时，建以备峒蛮。”此“江”系指清江，元朝时仅在清江南北沿岸，即设立了八处关卡以防备峒蛮叛乱。

第五节　鄂西民族地区的社会经济与文化

一、“置屯田”

在宋代广辟田畴的基础上，元朝时期鄂西地区的生产继续发展。

在农业发展中，屯田制起了特殊重要的作用。有元一代，鄂西地区垦荒屯田的规模达到空前的地步。如：至元六年（1269 年），“赐（李忽兰吉）虎符，授昭勇大将军、夔东路招讨使，以军三千，立章广，平山寨，置屯田”[①]。至元二十一年（1284 年），夔州路万户府军屯，“从四川行省议，除沿边重地，分军镇守，余军一万人……立屯开耕”[②]。鄂西地区当时属夔州路管辖，此为当地有军屯之例。又如，《元史·兵志三》载：“夔路总管府民屯：世祖至元十一年（1274 年）置，累签本路编民至五千二十七户，续于新附军内签老弱五十六户增入”，此为当地有民屯之例。

鄂西民族地区行屯田之制，是因当地地广人稀，有大量“开荒田土，无主地做屯田”[③]。迁入当地的汉族军、民屯户，带来较先进的生产技术，对当地的开发起着促进作用。

① （明）宋濂、王祎：《元史·李忽兰吉传》。

② （明）宋濂、王祎：《元史·兵志三·屯田》。

③ 《元典章·户部五》。

二、"设立驿铺"

元时鄂西地区的驿站交通空前发达。据《元史·兵志四》站赤条载："元制站赤者，驿传之译名也。盖以通达边情，布宣号令，古人所谓置邮而传命，未有重于此者焉。……元之天下，视前代所以为极盛也。"元朝由于疆域空前辽阔，故建置了以大都为中心通向全国各地的水陆驿站。鄂西民族地区也不例外。如《续资治通鉴·元纪二》载：至元十六年（1279年）十月，"叙州、夔州至江陵置水驿"。这是鄂西沿长江地区设置水驿，上通宜宾下达江陵的例证。《元史·顺帝本纪四》载：至正六年（1346年）七月，在散毛誓厓等处，军民宣抚使"设立驿铺"。此外，史也有至元二十一年（1284年）为攻打散毛峒"诸将凿山开道，绵亘千里"[①]之载。

总之，元代在鄂西民族地区设置驿站与开凿道路之举，主要从军事角度考虑，但却为改善当地的交通状况，为打破当地的封闭状态，都起了不可忽视的作用。

三、教育与科举

文化上，元朝统治者注意在民族地区办学，堪称"遐陬绝漠，先王声教所未暨者，皆有学焉。"[②]由于国家南北空前统一，故学校教育能达于过去未及的边远民族地区。鄂西民族地区的文化事业也有所发展。以道光朝《施南府志·选举》所记为例，元代"与科目者"，有下列诸人：

谭正卿，重庆府教授。

谭易卿，黔江县令。

谭道卿，广宁县令。

谭子达，西充县主簿。

谭国富，巴东县令。

谭姓素来为施州地区土家族先民大姓。从这些土家族先民的上层人士有不少充任元代流官及教职一事，可见当时鄂西民族地区文化发展与受汉文化影响之一斑。

---

① （明）宋濂、王祎：《元史·李忽兰吉传》。

② （元）赵世延、虞集等：《经世大典·礼典·学校》。

综上所述，可见有元一代，中央王朝加强了对鄂西民族地区的控制与统治，密切了这一地区与内地诸方面的联系。从而，为明、清两代较大规模的经营与开发鄂西民族地区，奠定了基础。

第七章　明代鄂西民族

第一节　明代鄂西土司制度的建立与特点

一、建立过程

我国历史上的土司制度，大致分为三个发展阶段：元代为正式形成时期；明代及清初为全盛时期；雍正改土归流后则为衰落时期。鄂西土司制度的分期与之大体一致，不同的是雍正改土归流后，鄂西土司制度被废止。

明代鄂西土司制度，是至正二十三年（1363 年）朱元璋在鄱阳湖大败陈友谅之后，在任用元代归附土官的基础上建立起来的。据《明史·湖广土司列传》载：湖广土司地区，

> 溪峒深阻，易于寇盗，元末滋甚。陈友谅据湖湘间，啖以利，资其兵为用。诸苗亦为尽力，有乞兵旁寨为之驱使者，友谅以此益肆。及太祖歼友谅于鄱阳，进克武昌，湖南诸郡望风归附，元时所置宣慰、安抚、长官司之属，皆先后迎降。

明代鄂西地区，即在此文提及的“湖南”范围之内。

鄂西地区率先归附朱元璋者为邻近湘西边地诸土司。据《明太祖实录》卷十五，甲辰（元至正二十四年，1364 年）六月戊戌条载：

> 湖广安定等处宣抚使向思明等，遣其峒长官硬彻律等，以元所授宣敕及印章来，请改授官。上命仍置安定等处宣抚司，设宣抚使二，以思明及其弟思胜为之。又置怀德军民宣抚司[①]，设置宣抚使一，以向大旺什

① 安定等处宣抚司，位于今湘鄂两省交界处的湖南慈利县西北；怀德军民宣抚司，在今鄂湘交界处的湖北来凤县东北。

用为之。统军元帅二，以南木什用、潘仲至为之。

继而，与安定司同处于溇水上游的容美地区也归附朱元璋。《明太祖实录》卷十九，丙午（元至正二十六年，1366 年）二月丁卯条载：

容美峒宣抚使田光宝遣弟光受及宣慰同知彭建思等，以元所授宣敕印章来。上命以光宝为四川行省参政[①]，行容美峒等处军民宣抚司事，仍为置安抚、元帅以治之。

洪武四至五年（1371—1372 年），在明大军压境的情况下，诸峒土司纷纷迎降，至征南将军邓愈平散毛等三十六峒为止，先后历时八年，鄂西土司完全臣服明王朝。

二、建立特点

概括起来，明代鄂西土司的建立，具有如下一些特点：

（一）最早归附朱元璋

如上所述，湖广土司是朱元璋夺取全国政权之前，在击溃陈友谅并进克武昌之后归顺朱元璋的，从元至正二十四年（1364 年）起，“降者踵至”[②]。由于居于腹心地区的湖广土司转而投靠朱元璋，并得以保留“原官”，这就为全国各边地土司的归降开了个好头。对此，清人毛奇龄评论说：“当是时，田州岑氏、龙州赵氏、播州杨氏、贵州安氏，其杂处两广、川、云、贵大姓，畏威怀德，以次服属，有明三百年抚有西南诸土司实自此始。”[③] 因此，湖广土司，包括鄂西土司在内对有明一代土司制度的建立，是确有伟功的。

① 因明初鄂西土司属四川行省管辖，故有以田光宝为四川行省参政之命。

② （清）夏燮：《明通鉴》，卷三。

③ （清）毛奇龄：《蛮司合志·湖广》，中华书局本。

（二）叛服不常

武昌既平，朱元璋乘胜派兵进逼湖南溪峒，在“薄其山寨”[①]的情况下，湖广土司包括鄂西土司被迫降附。但据史称，他们凭险持阻，“随服随叛”[②]，“后亦叛服不常”[③]。明王朝为此曾动用大兵征讨。洪武十四年（1381年），江夏侯周德兴讨水尽源、通塔平（今湖北鹤峰县境）、散毛诸峒。洪武二十三年（1390年），凉国公蓝玉攻打散毛（今湖北宣恩县）、忠建（今湖北利川县境），战事尤为激烈。见诸史籍者有：

凉国公蓝玉克散毛峒，擒土酋刺惹、覃大旺等万余人。[④]

凉国公蓝玉平施南、忠建二宣抚司叛蛮。初，蛮人数叛，结寨于龙孔，玉遣都指挥徐玉将兵围攻之，擒宣抚覃大信，余蛮退走，依山寨自固。至是，玉复分兵破其大小诸寨，杀获蛮酋男女一千七百八十余人，蛮地悉定。[⑤]

施南宣抚司覃大胜作乱，凉国公蓝玉移兵讨之，擒大胜及其党男女八百二十人，械送京师，磔大胜于市。[⑥]

在明王朝大军的镇压下，“蛮地悉定”。是年蓝玉班师回朝，受到重赏。可见洪武二十三年，对确立明王朝在鄂西民族地区的统治地位是具有决定性的一年。从此，鄂西民族地区的反明活动沉寂下来。综观明初土司的建立，征战贯穿着整个建置过程。

但是，需要指出的是，有明一代，湖广土司（包括鄂西土司）对明王朝的反叛从未中止。特别是明中叶以后，明朝统治开始走上衰败道路，各种社会矛盾急剧尖锐，明王朝的军事力量——卫所制度也日益削弱。在这种情况下，鄂西土司反明活动也掀起新的高潮。其中规模较大者有三次：

---

① 《诏参知政事杨璟》，转引自（清 雍正）《湖广通志·艺文》。

② （清）毛奇龄：《蛮司合志·湖广》。

③ （明）王圻撰：《续文献通考·四裔考》。

④ （明）《明太祖实录》，卷二〇〇，洪武二十三年二月癸亥条。

⑤ （明）《明太祖实录》，卷二〇一，洪武二十三年闰四月丙子条。

⑥ （明）《明太祖实录》，卷二〇二，洪武二十三年五月辛未条。

一是嘉靖三十二年（1553年），“湖广龙潭安抚司土夷黄俊、黄忠等作乱，占据奉节、云、万三县土田，聚党千余，杀土夷居民以百数”[①]。龙潭土司的反叛，震动鄂西，施南、散毛等大土司也纷纷响应。如，同治朝《来凤县志·武备志·兵事》载：“嘉靖中，支罗土寇黄中（黄忠）叛，剽掠川民，施南、散毛二司流劫施、建、忠、鄷。”后明朝派兵平叛，黄俊、黄忠父子听抚，施南、散毛土司次第就擒，事态平息。

一是嘉靖四十四年（1565年），黄忠再反。黄忠从父黄俊，入支罗山反，听抚后，黄俊死于狱，黄忠“脱归旧巢，筑牛栏平寨守之，广袤六十里，自号‘天城’，流劫奉节、云阳等处”[②]，以致“荆蜀二藩皆骚动”[③]。此次起事于嘉靖四十四年二月，至同年十月，经“川湖会兵夹剿”，黄忠降，“余党悉平”[④]。事后，“置施州兵备佥事一人，驻夷陵（今湖北宜昌市）控制之，西境乃平”[⑤]。

一是隆庆四年（1570年），“湖广金峒安抚司土舍覃璧作乱，拒伤官军”[⑥]。巡按都御史刘悫讨之，“移镇荆州，遣守巡督诸将分道往剿，师围半载，璧力屈，自诣辕门，伏辜。乃疏削去安抚司，夺其印章，降为金峒峒长，立璧父覃胜宗为峒长，领诸蛮，以支罗百户辖之”[⑦]。

针对土司的反明活动，明王朝采取的主要措施，一是残酷镇压：仅容美土司奉调军兵三千五百人，随明军往征，直抵金峒，“连日共斩首六百有余，生擒三十余名”[⑧]，可见杀戮之惨；一是强化军事统治，如，以夷陵为军事重镇，控制西境。又如，在夷陵西的通蜀故道百里荒及东卜陇，“仍创建哨堡各一，令千户一员，督夷

---

① （明）《明世宗实录》，卷四〇四，嘉靖三十二年十一月甲辰条。云，指云阳，今重庆云阳县；万，指万县，今重庆万州区。

② （明）《明世宗实录》，卷五五五，嘉靖四十五年二月丁亥条。

③ （明 万历）《湖广总志·兵防三》。

④ 同注①。

⑤ 同注②。

⑥ （明）《明穆宗实录》，卷四二，隆庆四年二月甲辰条。

⑦ （明 万历）《湖广总志·兵防三》。

⑧ 《田氏世家》田九龙条，转引自《容美土司史料汇编》。

陵、长宁二所班军各百人，更番戍守”[①]，以防范施州土司。一是降低叛乱土司之职。将金峒安抚司改为峒长，即属此例。

（三）镇压与安抚并用

上述事实证明，在建立鄂西土司的过程中，明王朝一直采用政治招抚与军事镇压并用的政策，正如明史作者总结明王朝收取两湖溪峒地区的成功之道时所指出的那样，“虽开国之初，师武臣力，实太祖控制之道，恩威备焉”[②]。

第二节　明代鄂西土司的建制

一、建置及其隶属关系

关于明代土司的建置及其隶属关系，《明实录》《明史》之《土司列传》和《地理志》《大明会典》《大明一统志》《蛮司合志》《续文献通考》《读史方舆纪要》以及省府县方志均有记载，兹综述如下：

施州卫军民指挥使司（治今湖北恩施市），上属湖广都司；下属领所一，宣抚司四，安抚司九，长官司十三，蛮夷官司五。即：

大田军民千户所（今湖北咸丰县境）。

施南宣抚司（今湖北宣恩县）。领安抚司五。东乡安抚司（今湖北宣恩县境）——领摇把峒、上爱茶峒、下爱茶峒长官司三，镇远[③]、隆奉蛮夷官司二；忠路安抚司（今湖北利川市境）——领剑南长官司一；忠孝安抚司（今湖北咸丰县境）；金峒安抚司（今湖北咸丰县境）——领四浮蛮夷官司一；中峒安抚司（今湖北宣恩县境）。

散毛宣抚司（治今湖北来凤县）。领安抚司二。龙潭安抚司（今湖北咸丰县境），

① （明）《明穆宗实录》，卷五三，隆庆五年春正月乙酉条。

② （清）张廷玉：《明史·湖广土司列传》。

③ 《明史·湖广土司列传》有一处作“镇边”，但《明史》该传的另一处及《地理志》《兵志》《大明会典·兵部七》《蛮司合志·湖广》等处均作“镇远”，应以“镇远”为是。

大旺安抚司（今湖北来凤县境）——领东流、腊壁峒蛮夷司二。

忠建宣抚司（今湖北宣恩县境）。领安抚司二。忠峒安抚司（今湖北宣恩县境）；高罗安抚司（今湖北宣恩县境）——领思南长官司一。

容美宣抚司[①]。领盘顺、椒山玛瑙、五峰石宝、石梁下峒、水尽源通塔平长官司五。

此外，木册（今湖北咸丰县东北）、镇南、唐崖（今湖北咸丰县西北）长官司三，直属于卫。

关于宣慰、宣抚、安抚长官司之间的关系，民族学界有一种观点认为，它们之间并不存在上下隶属关系。这一说法，失之偏颇。上述情况表明，鄂西各级土司间的从属关系是十分明确的。万历《湖广总志》卷六下，在谈到施州卫诸土司彼此关系时写道："大都长官蛮司诸司辖于安抚，诸安抚则分辖于宣抚，诸宣抚则总辖于卫，惟镇南、唐崖，卫直属之"堪称的论。

二、建制特点

综观明代鄂西土司建置有其特殊之处，主要表现为：

（一）不设流官政权，一律实行土司统治

明人王士性在比较施州与辰州（治今湖南沅陵县）以南地区的不同统治形式时写道：辰州以南，与汉区接触较多，"其人遂分夷、汉。夷者统以土司，汉者治于有司"，不若施州之"一概羁縻也"[②]。就是说，在汉族与少数民族杂居之地，明王朝往往采用流土分治之法；而在施州这类民族聚居之地，则是一概"统以土司"的。

（二）只有武职衔号

明代土司职衔，分文职与武职两种。武职为宣慰司、宣抚司、招讨司、安抚司、

① 清康熙二十年（1681 年），容美土司田舜年在《披陈忠赤疏》中，自称其先世"在明，则为容美等处军民宣慰使"。其实，有明一代，只在洪武七年（1374 年）一度升宣慰司，旋废。故此说不可取。

② （明）王士性：《广志绎》，卷四。

长官司、蛮夷司诸种，隶兵部，都指挥领之；文职为土府、土州、土县诸种，隶吏部，布政司领之。湖广（含今鄂西地区）与他省相较，土官职衔有颇大差异。云南、四川、贵州、广西诸省，均是文武职土官并设；其中有的省，还以文职土官居多。以广西为例，共有府、州、县等文职土官一百九十三人，而武职土官则只有长官司长官四人①。明王朝在湖广包括鄂西在内只设武职土司，其目的在于强化对这一民族地区的控制与统治，这与其处于腹心重要地带不无关系，因为该地统治的牢固与否直接影响中央政权的稳定性。

（三）建置比较稳定

明代鄂西土司建置的完成，大致可分为三个阶段：洪武年间（1368—1398年），初具规模；永乐（1403—1424年）初，作了新置、复置、改置的调整；宣德（1426—1435年）初，增设长官司及蛮夷司多处。其后，有明一代鄂西土司变动极少，只有个别例外：隆庆五年（1571年）将金峒安抚司降为峒长；成化（1465—1487年）后置思南长官司；嘉靖（1522—1566年）初置中峒安抚司。这与某些省份土司的废置、升降、并分无常的情况，有明显差别。鄂西土司的连贯性，避免了因变动频繁带来的社会动乱，这无疑对当地的发展有积极意义。

（四）土司职衔较高

有如前述，鄂西土司共有宣抚司四、安抚司九。据明制，宣抚使为从四品，安抚使为从五品，均高于或相当于知州（从五品）的品秩。以贵州为例，贵州武职土司，除宣慰司（从三品）一外，其余为品秩低下的长官司（正六品）五十五、蛮夷司（正六品）二十一②。可见，与长官林立的贵州相较，鄂西在土司等级方面是高出一筹的。由于鄂西土司，踞有川、黔、鄂、湘之间的重要地带，又处“溪峒深阻”的险要之地，故明王朝不惜高爵相封以笼络之。

① 参见（清）陈梦雷：《古今图书集成·方舆汇编职方典》。

② 参见（清）张廷玉：《明史·地理志七》。

（五）土司的设置以当地大姓为依据

这与内地郡县的划分以地域、人口为依据有别。毛奇龄在谈及施南、散毛诸司的设立原则时写道："令覃、田、黄、向诸大姓各有所属。"[①] 明施州卫指挥佥事童昶在拟奏"制夷"条款中说：施州所属田、覃二姓，"自国朝永乐以来，二氏子弟分为十四司，传之后世"。[②] 具体而言，田姓领有容美、龙潭、大旺、忠峒、高罗、高建、忠孝、木册、东流、腊壁诸峒土司；覃姓领有施南、东乡、忠路、金峒、散毛、唐崖诸土司。因"彼大姓相擅，世积威约"[③]，在当地世代有盘根错节的强大势力，明王朝实行此"部落蛮落"[④] 之制，其目的在于维护土司对土民的世袭统治。

（六）始行长官司与蛮夷司分设之制

对此，《明宣宗实录》卷四三，宣德三年（1428 年）五月戊寅条载：

> 设湖广剑南长官司，以牟酋蛮为长官，谭镇蛮、牟蛮政为副长官，隶忠路安抚司；摇把峒长官司，以向墨古送为长官，冉豪虎、向星祖为副长官，在下爱峒长官司，以谭成威送为长官，向貊送为副长官，镇边蛮夷长官司，以谭惹添旺为长官，向仁送为副长官，隆奉蛮夷官司，以田支晟为长官，向平均、冉桂贞为副长官，皆隶东乡五路安抚司；东流长官司，以田铭为长官，黄常、谭政为副长官，腊壁峒蛮夷司，以田兴为长官，刘斌为副长官，皆隶散毛宣抚司；西泙蛮夷官司，以泰万山为长官，黄成珊、向政旭、谭忠信为副长官，隶金峒安抚司。
>
> 先是，施州卫忠路安抚司等衙门各奏，前元故土官牟酋蛮等各拥蛮民，久据溪峒，今就招抚，请开设衙门，授以职事。行在兵部以闻，上曰："驭蛮夷固当顺其情，所设衙门亦宜有等杀，其议以闻。于是清以四百户以上者设长官司，四百户以下者设蛮夷官司。元故土官子孙量授

---

① （清）毛奇龄：《蛮司合志·湖广》。

② 参见（清 同治）《来凤县志·武备》等籍。

③ （清）张廷玉：《明史·土司列传·序》。

④ （明 万历）《湖广总志·兵防三》。

以职，从所招衔门管属。”上从之。故有是命。

此“命”的意义有二：一是一次设置和任命如此众多的基层土官——长官司、蛮夷官司及其正副长官，以安置元故土官子孙，使土官网络深入广大鄂西民族地区；一是划定四百户为区分长官司与蛮夷官司之法。至此，明代包括鄂西地区在内的土司制度基本确立，这种以四百户作为区分长官司与蛮夷官司之法，作为一代定制推行全国，并为其后的清朝所承袭。需要指出的是，《明史·湖广土司列传》将此事系于宣德二年（1427年），显然有误，应以《明实录》此段记载为是。

第三节　明代鄂西土司制度的主要内容

土司制度的核心，正如《明史·土司列传》序所概括的那样，“其道在于羁縻”。早在朱元璋取得全国政权的过程中，他就反复告诫部将，对湖广山寨“当抚辑招徕”[①]，“以绥远人”[②]。鄂西土司制度，就是在这一既定政策的基础上逐步形成的。

一、官　制

（一）以土官为正、流官为左贰的任吏原则

据《明史·职官志五》载：“大率宣慰等司经历皆流官，府州县佐贰多流官。”鄂西土司也如是，均以土官担任主要职务。早在政权建立前，朱元璋就任命“田升玉为镇南军民宣慰使，田光俊为太平、召宜、靖安等处安抚使，墨色什用为幸直荒溪等处宣抚使，田思胜为守镇边境大屯等处军民元帅府元帅，杨妙兴为守镇边境等处元帅府元帅，其余副使、万户、千户等，凡数百人，皆以其初来归附也”[③]，“改容美峒等处军民宣抚司为黄沙、靖安、麻寮等处宣抚司，以田光宝掌司事。”[④]朱元璋所

① 《诏左相徐达》，见（清　雍正）《湖广通志·土司·艺文》。

② 《诏参知政事杨璟》，见（清　雍正）《湖广通志·土司·艺文》。

③ （明）《明太祖实录》，卷一九，丙午（元顺帝至正二十六年，1366年）二月丁卯条。

④ （明）《明太祖实录》，卷二二，吴元年（元顺帝至正二十七年，1367年）春正月壬午条。

定之制，为明历朝帝王所承袭。如，“宣德二年（1427 年），设剑南长官司等，皆以其酋长为之”[①]。与此同时，也参用流官。如，洪武四年（1371 年），鄂西土司覃、田诸氏往朝，“命以施州宣慰司为从三品，东乡诸长官为正六品，以流官参用”[②]。可见，明代鄂西土司制度创制之初，即已行土流间用之法。故明人把施州卫所属土司视为“汉、土官兼治者”[③]的典型。

需要指出的是，鄂西土司的流官，地位均比较低。以永乐朝为例：

永乐二年（1404 年）五月乙巳，“设散毛、施南二长官司，置流官吏目一员”[④]。

永乐四年（1406 年）六月癸亥，“置湖广容美、忠建、施南、散毛四宣抚经历、知事各一员。龙潭、忠峒、高罗三安抚司、唐崖、木册……七长官司流官吏目各一员”[⑤]。

永乐七年（1409 年）二月丙申，“置湖广施州卫大旺安抚司流官吏目一员”[⑥]。

永乐七年七月己卯，“置湖广五峰石宝长官司流官吏目一员”[⑦]。

永乐八年（1410 年）七月辛未，“置湖广施南宣抚司之金峒、忠路、忠孝、东乡五路四安抚司流官吏目各一员”[⑧]。

永乐八年十一月甲申，置“施州卫镇南长官司吏目一员”[⑨]。

永乐九年（1411 年）二月壬寅，“置湖广容美宣抚司水尽源通塔坪、石梁下峒二长官司流官吏目各一员”[⑩]。

就是说，鄂西土司地区的流官，不仅无担任正职者，也无担任重要的副职者，而是多充任经历、知事、吏目等主管文书一类的办事人员。据明官制，宣抚司经历

---

① （明）王圻撰：《续文献通考·四裔考四》。

② （清）张廷玉：《明史·湖广土司列传》。

③ （明 万历）《湖广总志·兵防三》。

④ （明）《明太宗实录》，卷三一。

⑤ （明）《明太宗实录》，卷五五。

⑥ （明）《明太宗实录》，卷八八。

⑦ （明）《明太宗实录》，卷九四。

⑧ （明）《明太宗实录》，卷一〇六。

⑨ （明）《明太宗实录》，卷一一〇。

⑩ （明）《明太宗实录》，卷一一三。

从八品，知事为正九品，安抚司吏目为从九品，长官司吏目不入流。可见，在鄂西土司机构中任职的流官地位之低。这种从属地位，使得他们虽可对土司起监督作用，但却不像有的土司地区的流官那样能形成与土司相抗衡的力量。明王朝在鄂西大小土司中一一安插吏目之类的流官，视之为耳目，以便了解土司动态，并将其任命情况存诸档册，也说明明王朝对此事颇为重视，对鄂西土司是心存戒备的。

土司除主要官员外，还有名目繁多的属下。见诸记载的鄂西土司机构下属土官有：

同知。据《明世宗实录》卷八五，嘉靖七年（1528 年）二月癸卯条载："湖广忠峒安抚等司，各差土官同知田自勇等贡马进贺。"安抚使同知为正六品，其职位在安抚使之下，安抚副使之上。

佥事。据《明宣宗实录》卷一〇八，宣德九年（1434 年）正月戊辰条载："湖广散毛宣抚司佥事于斌遣把事秦阿送来朝，贡马。"宣抚司佥事为正六品，位在宣抚使、同知、副使之下。又，《明英宗实录》卷二二三，景泰三年（1452 年）十一月壬戌条载："命湖广东乡五路安抚司佥事暹子得胜代职。"因安抚司低于宣抚司，故其佥事品级也相应为低，为正七品。

吏目。据《明世宗实录》卷十七，嘉靖元年（1522 年）八月丙申条载："湖广东乡五路安抚司安抚覃龄，遣土官吏目向杰等来朝。"安抚司土官吏目，属从九品。

无职衔品级在土舍、土目以下者有：

舍人。据《明英宗实录》卷一二四，正统九年（1444 年）十二月壬申条载："湖广大旺等二安抚司署司舍人田大望等，遣入贡方物。"《明宣宗实录》卷九四，宣德七年（1432 年）八月乙巳条载："湖广高罗安抚司、木册长官司护印舍人田贤遣舍人谭湖美……贡马及方物。"舍人当是土司嫡系或支系亲属。其权力大者可掌握土司衙门实权，署司舍人和护印舍人等即属此类。可见，舍人当属无职衔品级中地位最高之土官。

头目。《明孝宗实录》卷四一，弘治三年（1490 年）八月辛卯条载："湖广容美、忠峒：安抚司，水尽源通塔平、椒山玛瑙蛮夷三长官司，各遣头目、把事等贡马。"头目当系土司支庶，分掌土司机构或下属地方权力之官员。其地位当在把事之上。

族目。据《明世宗实录》卷一七四，嘉靖十四年（1535 年）四月癸丑条载："湖广忠路安抚司……各遣通把、族目赴京朝贡。"此"族目"，当系头目异称。因头目为族人担任，故又称"族目"。这是土司政权的核心，故由宗族人员组成。

通事。史有"湖广施州卫施南宣抚司遣把事般古送等贡马"[a]之载。通事，当系负责翻译、联络之人。

把事。史有"湖广散毛宣抚司把事王彪贡马"[2]之载。把事，当系具体办事人员。因"通事"与"把事"均属基层办事人员，故往往一起朝贡，并称为"通把"。如，《明武宗实录》卷一八九，正德十五年（1520 年）八月丙寅条载："湖广、广西、四川土官忠峒安抚司等，各差通、把事来朝。"

峒长、峒老。如，《明宣宗实录》卷四六，宣德三年（1428 年）八月壬寅，条载："湖广容美宣抚司峒长向大虫……来朝。"峒长、峒老，系民族地区基层社会组织，也是土司制的基层单位——峒的首领。

总之，鄂西土司衙门除各级长官外，其下属有同知、佥事、吏目等。此类土官官属均为正式编制，故均见载于《明史·职官志五》。此外，还有舍人、头目、通事、把事等，无职衔品级，当属土司长官自行委任的官员。至于峒长、峒老，则系民族地区的基层社会组织与基层政权的头人。

朝廷赐予土官印章、诰敕、冠带等信物作为朝廷命官的凭证，以重土司统治土民之威权。

据《明史·职官志一》礼部条载，正三品以上官员为银印，从三品以下则为铜印。因最高一级土官宣慰使为从三品，故所有土官均只赐予铜印，铜印的大小、厚薄，则按其品级而有所区别。诰敕，"洪武二十六年（1393 年）定，一品至五品，皆授予诰命，六品至九品皆授予敕命"[3]。土官中的宣慰使及其同知、副使、佥事，宣抚使及其同知、副使，安抚使，招讨使均为五品以上官，故皆授予诰命，其余入流土官则授敕命。冠带，据《明史·舆服志三》载，明官员按品级不同而授予规格不一的冠带，土官也照此办理。

---

① （明）《明英宗实录》，卷二五七，景泰六年（1455 年）八月乙巳条。

② （明）《明英宗实录》，卷二五五，景泰六年（1455 年）六月庚午条。

③ （明）《明会典·吏部五》，卷六。

鄂西土司也实行朝廷赐予信物的制度。如，洪武十七年（1384 年）五月己亥，命散毛沿边安抚司安抚覃野旺之子起剌什用为该司佥事，“赐冠带”[①]。永乐五年（1407 年）二月丙午，复设五峰石宝长官司，命张再武为长官，陈斌为副长官，“赐印章冠带”[②]。至于诰敕内容，土司族谱中也有所反映。据《唐氏族谱》卷一载：

> 《大明诰命》：“皇帝制曰：设官分职，用防关隘之冲，助国安边，实谨兵戎之寄。尔湖广麻寮所土官正副千户唐涌清，膂力刚劲，素练兵机，久识地利，既率众以坚守，复助粮以佐证。宣此功能，允宜擢用。尔宜永御诸夷，益精武事，勿忘朕训，以建奇勋。可。武德将军宜令管军正副千户唐涌清，准此，制诰，洪武二年（1369 年）十月二十五日给。”
>
> 《大明铁券》：“敕封唐涌清，驻扎山峒，永镇诸夷，与世同休。”[③]

可见，诰敕除用作朝廷命官的凭证外，也规定了土官“助国安边”“永御（镇）诸夷”的职责。

在明朝廷颁赐“信物”之前或同时，土司需上缴前朝诰敕、印章、虎符等信物，以示归附与臣服。据载：吴王丙午（1366 年）二月，容美洞等处军民宣抚使“以元所授宣抚敕印来上”；洪武五年（1372 年），忠建元帅等归附明朝，“纳元所授金虎符，并银印铜章、诰敕”。因鄂西地区元代属四川行省建制，故有的土司曾于元末接受过明玉珍的封号，也一并上缴其印信。如，洪武五年，“散毛宣慰司都元帅覃野旺上伪夏所授印”[④]。

二、土官承袭法

土官一经除授，即可世袭。

明初曾规定，土官承袭时，须赴京受命，以示朝廷“威柄”。据《明史·土司列传·序》载：洪武（1368—1398 年）初，“袭替必奉朝命，虽在万里外，皆赴阙

① （明）《明太祖实录》，卷一六二。

② （明）《明太祖实录》，卷六四。

③ 均见中共鹤峰县委统战部县史志编纂办公室：《容美土司史料汇编》，1984。

④ 以上引文均见：（清）张廷玉：《明史·湖广土司列传》。

受职”。

鄂西土官子孙袭职时，均依例入朝奏靖。如，明宣宗宣德三年（1428 年），

> 湖广施州卫前怀德军民宣慰司故土官孙向墨古送，前镇边忠义安抚司故土官子惹添旺等，贡马，奏请袭职。[①]
>
> 湖广前路府故土官万户牟阿海子酋蛮，前四泙军民府等衙门故土官知府秦方子万山，前隆奉安抚司故土官同知向得显子均升，前东流安抚司故土官安抚用可柱子等……贡马及方物，奏请袭职。[②]

但因西南地土司僻处一隅，山川远隔，道路遥远，故“入阙受职”制并未能贯彻始终。天顺年间（1457—1464 年），明王朝正式行文改行“就彼冠带”制。据《明会典·兵部四》载：“天顺八年（1464 年），令土官告袭，勘明会奏，就彼冠带。”这样做的结果，是削弱了朝廷对土司的控驭和中央王朝的威权。

至成化年间（1465—1487 年），因明朝国库日虚，又借土官袭职事行“纳粟”制。据《明史·土司列传》载：“成化中，令纳粟备振，则规取日陋。”明王朝不择手段迫令土司“纳粟备振”，使其威权更加削弱，故史有“规取日陋”之讥。史实也证明，纳米备荒之举，首先在包括鄂西、湘西地带的湖广土司实行，然后推往贵州等地的。据《明宣宗实录》户部会六部等衙门官议条载：“贵州土官袭职，有例就彼冠带，免其赴部。乞照近年湖广考满官员事例，令土官五品以上者，纳米三百石，六品以下者一百五十石以备凶荒。……上皆准议行之。”可见，纳米数目有定例，依品级分为三百石与一百五十石等，对小土司而言，显然是不堪重负的。

至弘治年间（1488—1505 年），因不少贫困土司及小土司无力纳粟，数年甚至十数年未能正式承袭，从而削弱了中央王朝驾驭土司的权力。为改变这一状况，弘治年间对“纳粟备振”制又作了调整，并在全国各地土司中推行。据《明孝宗实录》卷一九六，弘治十六年（1503 年）二月辛酉条载：

> 巡抚贵州都御史刘洪奏：“旧例，贵州土官宣慰使以下，不拘职之

① （明）《明宣宗实录》，卷四二，宣德三年（1428 年）闰四月庚戌条。

② （明）《明宣宗实录》，卷四三，宣德三年（1428 年）五月甲寅条。

大小，皆至京承袭。自天顺（1457—1464年）以来，始有就彼冠带袭职及照品级并兑纳粟之例。缘兹荒服之外，惟宣慰使及府佐官，职任颇崇，废替不常；其各长官司，惟居深山，所统夷民，多不过四五里，各正副长官及随司办事土官巡检、百户，贫窘者多无力纳粟。及拘近例，土官病故十年之外，不准承袭。请自今，土舍袭职，如系宣慰使、同知及府同知、通判，照起送赴京；如安抚及州同知、判官，照纳粟免赴京例；其正副长官及随司办事长官、巡检、百户，照例免纳粟赴京例，本布政司具奏冠带；其年远无力纳粟未袭土舍者，别无罪犯，俱许承袭。”兵部覆奏：“请通行贵州、云南、广西、四川、湖广，各长官司正、副长官，随司办事长官并土官巡检、土舍应袭者，俱免纳粟，止令本布政司照例具奏，就被冠带；其无力纳粟久未承袭者，亦照例准袭。”从之。

概言之，一等宣慰使与府知州及其主要属官，需赴京承职；安抚使与知州及主要属官行纳粟免赴京例；长官司以下小土官，均免纳粟，由布政司上报即可；过去因无力纳粟而久未承袭者，也免纳粟准袭，以解决遗留问题。

这就是有明一代“赴阙受职”制的演变过程。

明代土司常因嫡庶或承袭人不明而引起纷争、仇杀，甚至酿成祸乱。正如明人王士性所说：“土官争界、争袭，无日不寻干戈。”[①] 为预防争袭事件的发生，明朝对土司承袭人的范围与承袭手续作了一些具体规定。

承袭人。据《明史·职官志一》载：土司之官，“其子弟、族属、妻女、若婿及甥之袭替，胥从其俗”。据此，明代鄂西土司基本上是按亲属的嫡庶亲疏关系决定继承人的。值得注意之处是，西南土官承袭法与汉族有所不同，女子即妻、女、媳一类依俗例也可成为土官继承人。其中最负盛名的女土官有：洪武年间（1368—1398年）袭夫霭翠职的水西宣慰使奢香，嘉靖年间（1522—1566年）的广西田州土官瓦氏夫人，崇祯年间（1628—1645年）袭夫马千乘的秦良玉。这些女土官有一个显著特点：都竭诚效忠中央王朝，有的还是驰骋沙场的战将。如：瓦氏夫人，率瓦

① （明）王士性：《广志绎·西南诸省》，卷五。

氏兵与俞大猷兵“奋击”败倭，威震东南[①]；秦良玉，抗击入川的张献忠，“尽出吾溪峒兵，不减二万”[②]。在鄂西，可与奢香、瓦氏夫人、秦良玉相提并论的施南女土官冉氏，在明末曾率“冉氏兵五千”入京勤王。[③]

承袭手续。在袭替过程中，为防止作伪冒充，明廷制定了较为详密的办法。据《明会典·吏部五》卷六载：

> 洪武二十六年（1393年）定，湖广、四川、云南、广西土官承袭，务要验封司委官体勘，别无争袭之人，明白取具宗支图本，并官吏人等结状，呈部具奏，照例承袭。
>
> 天顺二年（1458年）奏准，土官病故，该管衙门委堂上官体勘应袭之人，取其结状宗图，连人保送赴部，奏请定夺。

这些条例遂成了有明一代的定制。其主要内容可归纳为两条：一是土官承袭时，需由有关官员查袭作保；二是要上报“宗支图本”。

时由湖广都司管辖的鄂西地区土司，也一循其例。明廷还针对鄂西土司私擅名号的不法之风，重申应袭土司必须严格履行申报手续，据雍正朝《湖广通志》卷十三载：

> 防制土司。谓国（指明代）初，施州卫所辖十四土司官舍应袭，俱令赴部。迩因卫所交通，奸徒诱引，率皆私擅名号，无所顾忌，请严行抚按官访治。凡诸土司应袭官舍，必关白该道两院，始许承替署理司事。兵巡道每岁巡历，亦预行知会，调集各官舍，而加奖谕。

换言之，必须经地方当局严格审核后，始准土官承袭理事。平时，有关官员巡历时，也应“预行知会”。

为了弥补宗支图本的不足和防止贪官从中渔利，明朝又制定了“土官册报应袭法”，即预先规定承袭人的制度。据《明会典·吏部五》卷六载：

---

① （清）毛奇龄：《蛮司合志》，卷十三。

② （清）毛奇龄：《蛮司合志》，卷七。

③ 参见（明）《明实录·附录》，《崇祯实录》，卷八，崇祯八年（1635年）二月壬午条。

正统元年（1436年）奏准，土官在任，先具应袭子侄姓名，开报合干上司。候亡故，照名起送承袭。六年（1441年）奏准，预取应袭儿男姓名，造册四本，都布按三司各存一本，一本年终送吏部备查，以后，每三年一次选缴。

嘉靖九年（1530年）题准，土官衙门造册，将见在子孙，尽数开报。某人年若干岁，系某氏生，应该承袭；某人年若干岁，某氏生，系以次土舍；未生子者，候有子造报，愿报弟侄若女者，听。布政司依期送吏兵二部查照。

意为：当土官在世时，就将其已有子孙的年龄、出身造册上报存档。一旦土官亡故，则照册依次承袭，以防假冒越序。可见，其规定日臻详密。

为了强化对土司的控制，明朝统治者制定了“土司袭替禁例”。据载：“（嘉靖）十四年（1535年）议准，云南、四川两省土官，各照旧分管地方，如有不遵断案，互相仇杀及借兵助恶，残害军民，并经断未久，辄复奏扰变乱者，土官子孙不许承袭”；“（嘉靖）三十三年（1554年）题准，土官土舍嫁娶，止许本境本类，不许越省并与外夷交结往来，遗害地方”，如有故违，“或削夺官阶，或革职闲住，子孙永不许承袭”[①]。换言之，明王朝不仅对土官中有变乱行为者惩罚甚严，就连婚姻和往来违反规定者，也剥夺其子孙承袭权，从中可见限制之严格。

总之，明代有关土司承袭办法的规定是颇为完备的。既具体规定了承袭范围、次序，又指明了继承权利和义务，对防止或减少土司因袭职而引起的纠纷，对限制土司势力，均起了积极的历史作用。

然而，争袭事件在鄂西仍未能因此消除。因为土官家族内部的权力之争，是由其时土司社会历史原因所决定的。其中因争袭而引起的严重仇杀事件有两起。一次是正德十一年（1516年），“容美土司田秀爱其幼子，将逐其兄白俚俾，而以幼子袭。白俚俾恨之，贼杀其父及其弟”[②]。此为废长立幼而引起的仇杀事件。又一次是万历年间（1573—1619年），容美土司田九龙因嫡长子宗愈亡故，报请嫡长孙楚产冠带，以

① （明）《明会典·兵部四》，卷一二一。

② （清）张廷玉：《明史·湖广土司列传》。

备承袭。庶长子宗元诬宗愈为庶出、楚产非嫡长孙，逼走楚产，自行摄政。宗元此举，引起族人愤懑而遭杀戮，楚产才回归任职[①]。此为以庶夺嫡而引起的纷争事件。

至于“土司袭替禁例”，在鄂西也并未真正贯彻执行。据《明宣宗实录》卷一一一，宣德九年（1434 年）六月己酉条载：“木栅（册）本隶高罗安抚司，其长官田谷佐奏：‘高罗常倚势凌轹之，侵夺其土地、人民，已蒙朝廷分理，彼宿然未平，恐复加害，乞径来施州卫。’上从之。”可见，对大土司侵凌小土司，明朝既未对高罗安抚司加以惩处，亦未按例剥夺其子孙承袭权利，只是以改变隶属关系的办法不了了之。

尚需附及的是，土司除袭职外，尚有“代职”之谓。所谓“代职”，系因原土官老病，而委任承袭人理事。据《明史·湖广土司列传》载：洪武二十二年（1389年），“命忠建宣抚田思进之子忠孝代父职。时思进年八十余，乞致仕，故有是命”。天顺元年（1457 年），“容美宣抚田潮美老疾，请子保富代职。从之”。可见，即使是代职，也须明廷批准。此事也说明：明廷对鄂西土司的控制是颇为严格的。

三、奖惩办法

明朝廷把以奖惩为基本内容的行政措施，作为笼络、约束与驾驭鄂西土司的重要手段。

土官有功即可受奖，奖赏的主要形式为升迁。土官有功升迁，主要有两方面原因：一是“积有年劳”，忠于职守；一是有军功。

升官。对有功土司，朝廷除依土官序列令其递升外，还授予其流官头衔。早在明王朝正式建立之前，朱元璋为了获取土司支持以推翻元王朝，就曾采用此法。元至正二十六年（1366 年）初，容美峒宣抚使田光宝以元所授敕印投朱元璋。吴王朱元璋“命光宝为四川行省参政，行容美峒军民宣抚司事”[②]。容美土司之所以能得到省参政荣衔，是因其率先归附有功。这就开创了明代授土司以流官头衔的先例。此外，方志中也记载了许多鄂西土司以“武勋”升总兵、副总兵之事。

加授散阶虚衔。据方志载，鄂西土司有以武功授予“抚夷将军”“镇远将军”

① （清 道光）《鹤峰州志》，卷一。

② （清）张廷玉：《明史·湖广土司列传》。

诸武官散阶名号者。

封赠。明王朝甚有以虚名封赠已故恭顺土官之事。据康熙二十六年（1687 年）《都司宣详抚院张》载：“查本司（指容美）始祖田世爵，以及于曾祖母楚产、祖田立，先明俱经给与封赠。”①

赏赐。以钱、物赏有功者。如，嘉靖三十四年（1555 年），“湖广容美宣抚司土官田世爵献大木五十根，备承天工所应用。诏赐银二十两，采缎二表里奖之”②。嘉靖三十五年（1556 年），“命容美宣抚田九霄袭职，赐红纻衣一袭，以浙江黄宗山击倭之功也”③。前者以献大木用于营建得赏，后者系以抗倭之功受奖。

土官有罪，也与流官一样受到惩处。特别是对土司反叛明王朝的行为，更是治以重罪。其治罪严厉者有：一是对犯罪者本人，施以磔刑。据《明史·湖广土司列传》载：洪武二十二年（1389 年），施南宣抚司土官覃大胜作乱，凉国公蓝玉移兵讨之，“杀获男女一千八百余人，械大胜及其党八百二十人送京师。磔大胜于市”。二是对犯法土司所领机构加以罢革或降级。如，《明太宗实录》卷六五，永乐五年（1407 年）二月乙卯条载：

> 复设东乡五路安抚司，命谭忠为安抚，隶施南宣抚司；万梁下峒、椒山玛瑙、水尽源通塔平三长官司，俱隶容美宣抚司，命向湖文、刘再贵、唐思文为长官。洪武（1368—1388 年）初，各于其地设治所，后蛮民梗化，遂废。时谭忠等以故官子侄来朝，请复，遂从之。

像此类在洪武初年因“蛮民梗化”而废的土司，为数不少。也有虽不废除而予降格者，如隆庆年间（1567—1572 年）金峒安抚司职改为峒长，即属此例。

需要指出的是，明王朝对犯罪土司也采用谪戍之法。如，上述将施南宣抚司土

---

① 《田氏族谱》，卷二。

② （明）《明世宗实录》，卷四二一，嘉靖三十四年（1555 年）四月辛巳条。“承天”，嘉靖时升湖北钟祥为承天府，是明世宗生父兴王朱祐杬的封地。当地有朱祐杬陵墓——显陵以及明世宗即位前的旧居——兴王府。明世宗即位后，在当地大兴土木，一切按帝王规格加以营建。因鄂西临近该地，故鄂西土司有献大木之举。

③ （清）张廷玉：《明史·湖广土司列传》。

官覃大胜及其党男八百二十人械送京师，“余党谪戍开元[①]，给行粮、冬夏衣遣之”。明王朝把大批参与土司作乱人员谪戍关外，其因有二：一是将为乱土司追随者调离本土，以消除强悍土司为乱的隐患；一是鄂西虽属民族地区，但地处腹地，故将犯罪人员徙往冰天雪地的东北边地，以示惩罚，以儆效尤。

但由于当地少数民族的政治、经济状况与汉族社会还存在着千差万别，故明王朝对土官的治罪与流官相较，还是有所区别的。如时人王士性所指：施州，“其人杂夷獠，不可施以汉法”[②]；亦如方志所说：施州卫诸司“不重绳以汉法”[③]。明王朝在法律上给予土司的殊遇，主要反映在宽宥与赎罪两个方面。

宽宥。据《明史·湖广土司列传》载：正德四年（1509年）“容美宣抚并椒山玛瑙长官司所遣通事刘思朝等赴京进贡，沿途驿传多需索，为侦事所发，自鲁桥以北计千余金。部臣以闻，帝以远蛮宥之”。正德十一年（1516年），容美宣抚田秀的长子白俚俾杀其父及其弟，“事闻，下镇巡官验治，磔死。土官唐胜富、张世英等为白俚俾奏辩，罪亦当坐。诏以蛮僚异类，难尽绳以法，免其并坐，戒饬之”。可见，明王朝对犯罪的鄂西土司，往往以“远蛮”“蛮僚”之故，而“宥之”或“难尽绳以法”。其目的，在于使鄂西土司死心塌地为明王朝效力。

赎罪。在南方民族地区，流行以马、牛、粟、金赎罪的“蛮俗”“土俗”。因此，土官犯了罪，明廷也往往采用此法，以示恩宠。鄂西土司赎罪，主要有三种方式：

一是纳马赎罪。据《明英宗实录》卷二七五，天顺元年（1457年）二月癸亥条载：

> 湖广剌马峒已故峒长向黑稍笋次子剌惹施并侄麦昔等三人，以罪发口外充军，其母陈情，纳马一匹以赎罪。事下兵部议，土人犯罪，例该纳马二十匹，今剌惹施等三人，止纳马一匹，宜当增加。上曰：朝廷一视同仁，念此远人，情有可矜，不必增加马匹，准其赎罪，放回宁家。

---

① 开元，系元朝在今吉林省农安设立的千户所，明初仍元旧制。

② （明）王士性：《广志绎》，卷四，湖广条。

③ （明 万历）《湖广总志·兵防三》。

本来，依例应纳马二十匹始得赎罪，但因朝廷念及鄂西土官之子弟系“远人”，故法外开恩，只象征性地以纳马一匹了事，以示优宠。

一是献木赎罪。据《明世宗实录》卷四五〇，嘉靖三十六年（1557年）八月癸卯条载：

> 采木工部右侍朗刘伯跃陈大工事宜：
>
> 一申明旧例，放先年都御史潘鉴因庙建题请土官献木恩典，以购大木。
>
> 一容广献纳，土夷罪可矜疑者，量其轻重，定拟纳赎合式木植，及应免罪复职袭替之人，并将前项献赎恩例，通行湖广、四川、云、贵凡有土官之处。工部复议，从之。

明朝统治者大兴宫殿、陵寝，故需大量合式大木。南方民族地区是盛产良木之地，故成为其建材的重要来源。为此，明王朝采取两项措施：一是奖励土官献木立功，一是推行“土夷”献木赎罪之法。上述做法，也通行于鄂西民族地区。容美土官田世爵献大木受奖，即例证。至于献木赎罪之法，也当无例外。

一是纳米赎罪。据《明英宗实录》卷三〇，正统二年（1437年）五月癸卯条载：命贵州、广西、云南、湖广、四川卫所，“军人犯盗及土民、土官与官旗犯轻罪者，俱于缺粮处纳米赎罪”。又，《明英宗实录》卷四五，正统三年（1438年）八月辛巳条载：漕运总兵及各处巡抚官与廷臣会议之一，“湖广镇远、偏桥、平溪、清浪、施州六卫，俱临极边，不通舟楫，挽运艰苦，请以湖广罪囚该纳米赎罪者，每米一石，折银三钱，积至半岁，类送各卫，与米相兼支给，……上悉从之”。前者规定南方民族地区，凡犯轻罪的“土民、土官”，可将米运往缺粮地区赎罪；后者是前者的补充规定，鉴于施州等地不通船运，故可将米折粮交纳，以免输送之苦，以为变通。在明英宗正统年间（1436—1449年）行纳米赎罪法，其后，在明代宗景泰年间（1450—1456年）又对土官行“纳米升授”法。前者用以减轻惩处，后者则用以奖励升官。因此，后者可视作前者的延伸与推广。本质上，都是明王朝吏治日趋腐败、财政日绌的一种反映。

但明王朝的宽宥是有限度的，对罪重者则严惩不贷。据《明史·湖广土司列传》载：景泰二年（1451年），

礼部奏："散毛宣抚司副使黄缙瑄谋杀亲兄，律应斩。其妻谭氏遣子忠等贡马赎罪，然缙瑄罪重，法不可宥，宜给钞以酬马直。"从之。

天顺五年（1461 年），

礼部奏："施州木册长官司土舍谭文寿凶暴，并造不法诽谤之言，罪当刑。今其母向氏进马以赎，恐不可从。"帝命给钞百锭以慰其母，其子仍禁锢之。

弘治二年（1489 年），

木册长官田贤及容美致仕田保富各进马，为土人谭敬保等赎罪。刑部言："蛮民纳马赎罪，轻者可原，重者难宥，宜下按臣察核。"

上述诸记载表明：其一，"纳马赎罪"是土官、土民赎罪的主要形式。其二，治罪的原则是"轻者可原，重者难宥"。对犯了重罪的鄂西土司绳之以法不予宽贷的处理，在于显示朝廷掌握"威柄"之权，以使桀骜难驯的土司就范。

四、贡赋制

明王朝除把入朝进贡作为对土司地区进行经济掠夺的一种手段外，更重要的是把它作为臣属即是否忠于中央王朝的重要标志，故对此十分重视。

早在明初，包括鄂西土司在内的湖广土司已如制入贡。据《续文献通考·土贡考》载：洪武元年（1368 年），"时保靖奉表贡马及方物，自是朝贡如制""是年，湖广土司入贡"。

贡期。一般为三年。明朝定制："湖广、广西、四川、云南、贵州腹里土官，遇三年朝觐，差人进贡一次，俱布政司给文起送，限本年十二月终到京，庆贺限圣节以前，谢恩无常期。"[①] 史籍表明，鄂西土司确系实行三年一贡制。宣德二年（1427 年），对忠路安抚司等重申"三年一朝贡如故事"[②]。嘉靖七年（1528 年），针对忠孝

① （明）《大明会典·礼部六十六》。

② （清）张廷玉：《明史·湖广土司列传》。

安抚司把事田春等人违例入贡事，明朝再次申明定制，以严其禁。“自今著为令，万寿圣节，止许宣慰、宣抚执事者差人庆贺。三年朝覲，方许土官长官、峒老、峒长、舍人、把人等进贡”，并规定不按时进贡者，将予严惩。“或不以时贡，多从人役及枉道骚扰者，夷人安置西北边，伴送者各治罪。”[①]

入贡人数及贡使入京办法均有定例。为求得朝廷赏赐，大量入京人员涌进京城，并沿途需索。如，嘉靖七年（1528 年），容美宣抚司、龙潭安抚司每朝贡率领千人，所过扰害，凤阳巡抚唐龙以闻。针对这一事件，明朝廷当年申严前例，“每岁万寿圣节，宣慰、宣抚、安抚袭授执事者，差人庆贺，每司不过三人。三年入覲之期，自土官以下，每司二人，大约连宣慰等司，多不过百人，起送赴部者，不过二十人，余皆存留本布政司听赏”[②]。

可见，对鄂西土司入贡人数的限制是极为明确的。经整顿后，整个鄂西土司入京朝贡人数大为减少。此外，明朝统治者为装点朝廷威仪，还规定各地贡使须候齐方可入城。据《明太祖实录》卷一五三，洪武十六年（1383 年）三月己卯条载：“敕礼部，自今四夷及诸土官入贺正旦者，无分远迩，务于畿近地会集，同入京师朝见，无使先后不齐，有失朝仪也。”违例入贡者，将受到半赏、停赏、革赏甚至问罪的处罚。据《明史·湖广土司列传》载：成化五年（1469 年），“礼部奏：‘容美宣抚司田保富等，遣人进贡方物不及数，恐使者侵盗，宜停其赏，仍移知所司。’”弘治八年（1495 年），“容美宣抚贡马及香，礼部以香不及数，马多道毙，又无文验，命予半赏”。正德四年（1509 年），“散毛宣抚并五峰石宝、水尽源通塔平长官司入贡后期，部议半赏。从之”。嘉靖二十六年（1547 年），“腊壁峒等长官司入贡，礼部验印文诈伪，诏革其赏，并下按臣勘问”。可见，鄂西土司曾因入贡后期，贡不及数与文验不符等因，受过明王朝的惩处。

贡物有典，所贡须为方物。全国的“土官贡物”主要有：“马、象、犀角、孔雀尾、象牙、象钩、象鞍、象脚盘、蚺蛇胆、金银器皿、青红宝石、玉石、围帐、金绒索、各色绒绵、各色布手巾、花藤席、绛香、黄蜡、槟榔。”[③]各省各地的贡物也

① 均见（明）《明实录》，卷九六，嘉靖七年十二月甲戌条。

② （明）《明世宗实录》，卷九一，嘉靖七年（1528 年）八月丁巳条。

③ （明）《大明会典·礼部六十六》。

有专门规定。鄂西土司地贡的贡物，主要有马、“香、茶、黄蜡”[①]等方物。如：“湖广前归德宣抚司等衙门故土官宣抚彭驴送子万隆等，进茶、马”[②]；“湖广容美宣抚司遣把事刘源进香”[③]；“湖广容美宣抚司、龙潭安抚司、木册长官司并水尽源通塔坪长官司，各遣峒长、把事、舍人田端等进香”[④]。此外，万历朝《湖广总志》卷一二，记施州土产有土锦、斑丝绸和绛香，故疑土锦与斑丝绸作为方物，可能也在进贡之列。概言之，鄂西土司贡物主要为马与香。这是因为：马为北边军事所需；香，又称降香、紫藤香，为统治者崇佛佞道与祭祀所需。

如有非贡之物，则有却贡之举。据《明史•湖广土司列传》载：弘治九年（1496年），“金峒安抚覃彦龙奏：‘境内产杉木，尝鬻金三千贮库。今彦龙年老，子惟一人，恐身后土人争夺，乞解部。’工部议非贡典，却之”。

明王朝不仅对贡物品种，而且对数量、重量都有具体规定。如，嘉靖年间（1522—1566年）规定，进香、茶、黄蜡，“每杠五十五斤”[⑤]，这是重量标定之例。又如，成化年间（1465—1487年）湖广容美宣抚司等遣人贡方物，“秤较不足，盖其所遣之人侵盗”[⑥]，这是用度量衡核实方物之例。总之，进贡时需将进贡人姓名及所贡方物标明，并加具印信，“以凭验入”，以备稽查。倘有进贡方物之数量、重量不及者，则依例加以处罚。

贡物上缴，方物，需由地方当局辨验后，“遣官伴送至京”；马匹，不需送至京师，直接“付边卫骑操”[⑦]，以诸卫收马文移为证。嘉靖间，上缴程序简化为折银上交，故有“贡马，就彼易银贮库”[⑧]之载。

明朝时，鄂西土司的朝贡路线有水陆两途。朱元璋定都南京时，鄂西土司朝贡多走水路，从长江顺流而至京师，十分便捷。明朝定都北京后，走水路可经长江入

---

① （明）《明世宗实录》，卷二〇，嘉靖元年（1522年）十二月戊申条。

② （明）《明宣宗实录》，卷四五，宣德三年（1428年）七月甲子条。

③ （明）《明孝宗实录》，卷八，成化二十三年（1487年）十二月甲午条。

④ （明）《明孝宗实录》，卷二〇，弘治元年（1488年）十一月壬申条。

⑤ （明）《明世宗实录》，卷二〇，嘉靖元年（1522年）十二月戊申条。

⑥ （明）《明宪宗实录》，卷六二，成化五年（1469年）正月壬申条。

⑦ （明）《明宪宗实录》，卷六二，成化五年（1469年）正月丁丑条。

⑧ （明）《明世宗实录》，卷九一，嘉靖七年（1528年）八月丁巳条。

运河，直达北京，但因路程遥远，船行缓慢，故此路极费时日；走陆路官道，一路马驿，快捷方便，故朝贡多行陆路。据《明宣宗实录》卷五六，宣德四年（1429年）七月辛亥条载：

湖广荆门州吏目党厚本言："今云南、交趾、四川、湖广、广西五布政司一切庶务及番夷贡献方物，皆由湖广历河南。有司供应人夫、马骡、粮刍，日不暇给，且府、州、县地之远近，民之多寡，各有不同。今襄阳、宜城与南阳、新野二县，民庶不过五六百家，而供应如一。江陵县送荆门州，荆门州送宜城县，山路崎岖，各远二百余里，视江北一路马驿，其费倍之。时当炎暑，自朝达暮，虽使纵辔疾驰，亦不能及，不得已则止于铺舍，人马饥疲，宿食不便。乞如江北，每六十里设一马驿，令法司遣杂犯绞斩及徒流人，备马递送，量罪轻重，以定限期，俟满即代。如是，则民庶有更休之便，政令无稽迟之愆。"上命行在礼部会议行之。

从明朝时由湖北至京师官道所历府、州、县地方人夫、马骡、粮刍"日不暇给"的状况，可见当时官道的繁忙情景，也可证宣德年间（1426—1435年）确为鄂西土司朝贡的高潮时期。

据上述《明宣宗实录》记载，可见当时南方川、滇、桂、交趾、湖广至京的军、政、民和土司的陆路通道，皆由湖广历河南、河北而至京。概言之，鄂西土司朝贡路线是：由江陵而荆门而宜城而襄阳，进入河南新野、南阳，经鲁山、临汝，过中岳到郑州，渡黄河到新乡，北上过汲县，入河北境，经磁县、赵县、正定、良乡而入京师。[①]

朝贡次数。有明一代，鄂西土司朝贡次数的多寡，反映了明王朝与鄂西土司政治关系的融洽程度、明王朝控制鄂西土司的强化与削弱状况。今人据《明实录》对鄂西土司朝贡次数作过统计：自永乐元年（1403年）至嘉靖四十五年（1566年）的164年时间里，鄂西诸土司共朝贡约383次，年平均约2.3次。其中，永乐朝（历

① 参见杨小华：《〈明实录〉鄂西史料辑注》，鹤峰县民族事务委员会编印，1993。

22年）38次，宣德朝（历10年）82次，正统朝（历14年）68次，景泰朝（历8年）32次，天顺朝（历8年）37次，成化朝（历23年）34次，弘治朝（历18年）56次，正德朝（历16年）11次，嘉靖朝（历45年）25次。[①] 此统计虽仅约略言之，但大体反映了明代鄂西土司朝贡的总体情况。

明代鄂西土司的朝贡状况，是与明代土司建置过程相适应的。朱元璋掌权早期，出于稳定政权的策略考虑，凡土酋来归者，即以原官授之，故土官名目繁多；洪武后期，在平定鄂西土司之乱后，即全部废弃土司衙门。永乐时，对土司转而采以“柔远”之策，从而出现了“九夷八蛮自昔未归附者，皆来朝贡”[②] 的局面。在鄂西，故土司子侄纷纷来朝，请求袭职。为此，永乐朝设立了散毛、施南、龙潭、高罗、木册、唐崖、容美、忠建、忠峒、镇南、东乡五路、盘顺、五峰石宝、石梁下峒、椒山玛瑙、水尽源通塔坪、忠孝、金峒、大旺19个土司。此策为宣德朝所延续，众多旧元司名、故官子弟来朝，纷纷要求封官设司，出现了鄂西土酋朝贡的高潮。于是，又增设了剑南、摇把峒、上爱茶峒、下爱茶峒、镇边、隆奉、东流、腊壁、西泙、石关峒10个土司。这样，永乐、宣德两朝共设立了29个土司，奠定了有明一代鄂西土司的基本格局。隆庆以后，天下多故，中央王朝控驭乏力，鄂西土司势力膨胀，“因卫官交通，奸徒诱引，率皆私擅名号，无所顾忌”[③] 鄂西土司朝贡随之基本终止。

回赐。明朝廷对土司朝贡，采取“厚往薄来”原则，回赐颇为丰厚。回赐同样有定制。据《大明会典·礼部七十一》卷一一三载：湖广、广西、四川、云南、贵州腹里土官朝贡。

> 其赐各不同。凡三品、四品回赐，钞一百锭，彩段三表里（惟播州、贵州二宣慰使，赐锦二段，彩段六表里）；五品，钞八十锭，彩段三表里；六品、七品钞六十锭，彩段二表里；八品、九品钞五十锭，彩段一表里；

① 参见田敏：《土家族土司兴亡史》，116页，北京，民族出版社，2000。

② （明）《明太宗实录》，卷三〇，永乐二年（1404年）四月甲午条。

③ （明）《明穆宗实录》，卷五三，隆庆五年（1571年）正月乙酉条。

杂职衙门并头目人等，自进马匹、方物，钞四锭，彩段三表里。[①]

“悉依品级赐赉。”对鄂西土司的回赐，也如例。《明实录》对此记载繁多，下面仅择数例以说明之。

洪熙元年（1425年），“赐……湖广金峒安抚司把事冉中等钞、纻丝、纱罗、彩绢有差”[②]。

宣德二年（1427年），“赐湖广金峒安抚司故土官舍人覃万勇钞、币、绵布有差”。[③]

宣德三年（1428年），“赐……湖广施州卫忠孝安抚司土官田大兴等钞、纻丝、袭衣、绵布有差”[④]。

据笔者查阅，载诸册籍的涉及明代鄂西土司的赐物品种有：钞、币、纻丝、文绮、缎、纱罗、彩绢、绵布、袭衣、织金袭衣、金织纻丝袭衣、衣帽靴袜等物。从中可见鄂西土司甚有多达千人以上朝贡队伍入京的原因所在。

赋税制。洪武（1368—1398年）初，“时方北伐中原，未遑经理荒徼”，故尚未定额。鄂西土酋纳税始于洪武十八年（1385年）。史载：“荆州府巴东县管勾洞蛮酋黑迟什用遣其子么议赴湖广都司，请附版籍，供贡税。都指挥使司以闻，命有司抚纳之。”[⑤]

在施州民族地区，全面建立租税制当是在永乐年间（1403—1424年）复设土司衙门期间。史载：洪武年间，曾设散毛、施南二宣抚司，洪武二十三年（1390年），“以蛮人梗化，遂废”。永乐二年（1404年），“故土官之子覃友谅等奏：‘比年招复蛮民，岁输租税，请仍设治所’”。明朝廷以其户少，乃降为长官司，并委任散毛、

---

① 永乐朝所定赏例条件还要优厚。迨因朝贡日多，回赐不堪重负，故有所削减。据《明太宗实录》卷二三三，永乐十九年（1421年）正月丙子条载：“礼部尚书吕震上蛮夷来朝赏例：三品、四品，人钞百五十锭、锦一段、纻丝三表里。五品，钞百二十锭、纻丝三表里。六品、七品，钞九十锭，纻丝二表里。八品、九品、钞八十锭、纻丝一表里。未入流，钞六十锭，纻丝一表里。”

② （明）《明宣宗实录》，洪熙元年（1425年）七月癸未条。

③ （明）《明宣宗实录》，宣德二年（1427年）七月己亥条。

④ （明）《明宣宗实录》，卷四二，宣德三年（1428年）闰四月丁亥条。

⑤ （明）《明太祖实录》，卷一七二，洪武十八年（1385年）四月癸丑条。

施南二长官司长官。可见，在永乐复设土司期间，诸土司起着“招复蛮民，岁输租税”的作用。从此，鄂西土司租赋制逐步推行。

有明一代，施州及诸土司赋税状况，方志有所反映。据嘉靖《湖广通志》卷二十载：

施州，成化八年（一四七二年）田一百四十一顷一分，赋一千零六十八石三斗七升二合八勺；茶课折米二百四十三石四斗五升一合二勺。

正德七年（一五一二年）赋共七百三十八石二斗八升六勺；丝五十二斤九两九钱八分三厘，折米一百六十八石三斗九升六合六勺；茶一千四十七五斤七两四钱，折米二百四十三石四斗五升一合二勺。

施南，田，本司火焰山地，原无额。秋粮，粟米六十五石六斗一升七合七勺五抄。

东乡，田，本司火焰山地，原无额。秋粮，粟米十石。

金峒，田，本司火焰山地，原无额。秋粮十五石一升三合九勺。

散毛，田，本司火焰山地，三顷十亩四分。秋粮，粟米十七石九斗五合。

大旺，田，本司火焰山地，一顷七十亩。秋粮，粟米九石九斗九合。

龙潭，田，本司火焰山地，二顷。秋粮，粟米十石七斗。

忠建，田，本司火焰山地，原无额。赋，四石四斗五升。

忠峒，田，本司火焰山地，原无额。赋，六石五斗。

镇南，田，火焰山地。赋，五石。

唐崖，田，火焰山地，原无额。赋，十石五斗。

上述材料说明：第一，在施州地区，除征田赋外，并加征茶、丝两税。可见，茶、丝业之发达。第二，施南、东乡、金峒、散毛、大旺、龙潭、忠建、忠峒、镇南、唐崖十土司确已交纳租赋。第三，施南等六土司均“原无额”，说明其始未交税，也可证鄂西土司赋税制是逐步建立的。第四，鄂西十土司之田，均为“火焰山地”，即贫瘠旱地，所产为旱作物“粟米”，一季取成征“秋粮”，反映出山区经济的特点。第五，秋粮征取数额取决于田地之多寡。如，散毛、龙潭、大旺三土司，标有田亩数量，其田亩数与秋粮数是成正比的。第六，赋额相对汉族地区为低。以施南土司

为例，其人口为2957人，秋粮为65石6斗。按人均计，每人只需交2.2升左右。

五、土兵制

据《明史·兵志三》载："西南边服有各土司兵。"

关于明代土兵的起源及其地位的变化。据清初毛奇龄《蛮司合志·序》载："溪峒之间，窃发时起，则彼我征调，颇易为力，因之设土兵相制之法。而其后展转假借，凡议土征者，无不借狼兵土兵，远为调遣。"可见，土兵原本为"以蛮攻蛮"而设，其后才发展成供远征驱调之用。这一变化的原因在于：明中叶以后，卫所徒具虚名，而土兵则富有战斗力，故日益成为明王朝不可或缺的一支重要军事力量。正如正德年间（1506—1521年）王守仁所说："卫所军丁，止存故籍。""是以每遇盗贼猖獗，辄覆会奏请兵，非调土军，即请狼、达。"[①]这就出现了土司拥兵自重的局面。到了明末，由于王朝衰败，土司更是经常抗命。崇祯年间（1628—1644年），容美土司借故拒不出兵参加镇压张献忠的活动，即例证。对此，《明史》作者感叹道：当是时，"时事日非，即土司征调不至，亦不能问矣"。因此，有明一代，土司势力得以始终强大不衰，是与其拥有实力雄厚的土兵密切相关的。鄂西土司兵的发展过程也如是。

明王朝重视鄂西土司。如明人陶晋英《楚书》所载：施州土司"有事调之则从征"。明朝统治者广泛使用鄂西土兵，其范围包括以下诸方面。

开国从征。鄂西土司归附后，即参加了朱元璋南征北讨的统一全国活动。如，腊壁司田大旺，洪武二年（1369年）加车骑将军，"随大将军徐达、常遇春，徇下山东，继克西蜀"；卯洞司向贵什，"明初，以兵三千从中山王徐达扫除群雄"[②]。鄂西土司对明王朝的建立，是立有汗马功劳的。

"保境"。平时，土兵主要担负维护本地治安与秩序之责，即史书宣扬的所谓"保境安民"。据《明通鉴》卷十，蓝玉奏："置大田守御所，命千户领土兵一千五百人镇之。"此为用土兵镇压本地本民族之人的反抗活动。

征"蛮"。由于鄂西土司骁勇善战，故明王朝频繁征调他们出省镇压其他少数

① （明）王阳明：《王阳明全书》，卷十六，《选拣民兵》。

② 均见（清 同治）《来凤县志·土司志》。

民族的反明活动。

万历年间平贵州播州（今贵州遵义市）宣慰使杨应龙之乱，是其间的一次重要军事行动。据明人李化龙《平播全书》卷八，行施南通调施州兵条载：

> 计开施州卫各土司兵施南宣抚司土兵三千名，容美宣抚司土兵二千名，龙潭安抚司土兵五百名，散毛宣抚司一千名，大旺安抚司五百名，忠峒安抚司土兵五百名，忠孝安抚司土兵五百名。

在此次战役中，鄂西土兵不仅投入大量兵力，而且立下卓著功勋。在《平播全书》卷五“叙功疏”中，提到的立功诸土司有：施南宣抚覃宜、散毛司宣抚覃玉鉴、忠建宣抚田天爵、忠峒宣抚田大丰、高罗安抚田阜、大旺安抚田养民、腊壁长官田洪、东流长官田尽忠、盘顺安抚何明德、容美宣抚土舍田武宋等人，并主张“俱应赏奏，以劝土司”。可见，在平定播州杨应龙之乱中，鄂西土司战功至伟。

散毛土司亦曾不断出征。景泰元年（1450 年）贵州群蛮之乱，天顺三年（1459 年）贵州东苗之乱，成化二年（1466 年）靖州、铜鼓、五开、武冈诸蛮之乱，万历二十八年（1600 年）播州杨应龙之乱，该司均曾派兵参与征讨。[①]

此外，鄂西土兵还曾远征两广。湖广忠路安抚司摇坝峒峒长向麦答踵奏称“本峒土兵调征两广”[②]，即属此例。

征“贼”。在镇压农民反抗活动中，土兵也扮演了重要角色。明中叶成化、正德年间，湖北、河北、四川等地不断爆发农民起义，鄂西土司也曾应调出征。据载：正德七年（1512 年），巡抚四川都御史林俊奏：四川方四自江津之败，亡命思南，复聚众四万，“益调酉阳、石柱、播州、建始土兵……凡斩首千四百五十余级，俘获千八百余人，蹈死者又几万人”[③]。同年，吏部左侍郎刘春以四川盗未平言事，“近调川、湖各宣慰、宣抚司土兵，效劳居多，乞量授职衔，阵亡者亦加优恤”[④]。此为鄂西土司参加正德年间镇压四川农民起义之例。

---

① 参见（清 同治）《来凤县志·土司志》。

② （明）《明宪宗实录》，卷三一，成化二年（1466 年）六月癸丑条。

③ （明）《明武宗实录》，卷八三，正德七年（1512 年）二月癸酉条。

④ （明）《明武宗实录》，卷八六，正德七年（1512 年）四月丙戌条。

崇祯年间（1628—1644 年），张献忠、李自成领导的农民军攻入鄂、川，鄂西土司一直持敌对态度。据载：崇祯七年，“流寇猖獗，檄调施南、东乡二司进剿。”容美土司田玄，更是“闯献寇起，从征助饷”。容阳堂《田氏族谱》中云：

公遣其胤子霈霖、甘霖、既霖，弟圭、瞻等，率精兵，自裹糗粮，随大司马援剿，掏竹（山）、房（县），援襄（阳）、邓（县），卫护惠府亲藩，前后凡六七次，所向有功，又解饷以助军需。[①]

崇祯十二年（1639 年）张献忠在谷城降而复叛，田玄疏言：

六月间，谷贼复叛，抚治两臣调用土兵，臣即捐行粮战马，立遣土兵七千，令副长官陈一圣等将之前行[②]。

剿倭。嘉靖年间抗倭斗争“宣力最多”[③]的湖广土兵，不仅有号为枭雄的永顺、保靖兵，也包括施州兵。嘉靖三十三年（1554 年）至三十七年（1558），明朝抽调湘、鄂西土兵抗倭。容美等鄂西土司在抗倭战争中立下了卓著成功。据载，容美土兵参与征倭者达万人。又，据光绪朝续补《长乐县志·军政》载：“明嘉靖时，各土司随胡宗宪征倭。”

容美土司的主要战功有：

嘉靖三十四年（1555 年）十一月的后梅之捷。是役，倭寇由闽入浙，“深入绍兴，势益滋蔓”，“容美土目田九霄，同知曲入绳等兵往戡之……九霄其前，入绳袭其后，贼见两兵迭至，大怖而走”，藏匿于后梅，经多次激战，斩首及焚死者积五百余人，“得脱去无几，竟出洋去”。[④]

同年十二月的清风岭大捷。是役，倭寇至嵊县，“会容美兵陈而待，田九霄以正兵当其前”，诸路兵夹击，“贼四面受敌，且战且走”。

嘉靖三十五年（1556 年）的乍浦之捷。是役，“官军进剿海寇徐海等于梁庄，

① （清 同治）《恩施县志·兵事志》。

② （清）张廷玉：《明史·湖广土司列传》。

③ （明）采九德：《倭变事略》，卷四。

④ （明）郑若曾、邵芳：《筹海图编》，卷九。

大破平之。……至是，官军四面俱集，保靖、容美兵自金山至，永顺兵自乍浦至……我军遂薄贼营，会大风纵火，相枕籍死，于是浙直倭寇悉平”[①]。

嘉靖三十七年（1558 年）三月的舟山之捷。是役，在俞大猷指挥下，湘西土官彭世显、容美宣抚田世爵均参与战斗，“擒其渠魁汪印山、陈礼等，斩首九十余级，溺死者不计，王直之党至是尽也。”[②] 从而，取得剿倭战争的胜利。

容美土司抗倭立功，受到明朝廷的嘉奖。嘉靖三十五年（1556 年）三月，总督胡宗宪以浙江黄家山捷闻，请录容美应袭田九霄、田九章功，“上从部拟，命九霄袭宣抚职，以红纻衣一袭赐之；九章给冠带”[③]。同年十一月，以平海寇徐海之功“赏宣抚田九霄银五十两”[④]。

最后，需加说明的是，土司兵出征时的粮饷与装备均自行解决。据同治《宜昌府志》卷十，征调条载：

> 其在土司时，平日不食粮饷，有事则听征调，出军则仗剑以从，裹粮而往，有功亦加授封赏已耳。如明嘉靖时，土司随胡宗宪征倭，张应龙等从征播州，崇祯十三年，楚抚方孔照调容美土司兵增当阳、远安戍是也。

粮饷与装备若由土司负责供给，势必给当地经济造成沉重负担。此举，与清代由朝廷负责“供兵食”有别，这也是明清土司兵同中有异的一种表现。

第四节　卫所制度与军事统治的加强

一、设置施州卫、大田军民千户所及麻寮千户所

军事方面，明代在全国范围内建立了卫所制度。《明史》称：

---

① （明）《明世宗实录》，卷四三八，嘉靖三十五年（1556 年）八月辛亥条。

② （明）郑若曾、邵芳：《筹海图编》，卷九。

③ （明）《明世宗实录》，卷四三八，卷四四一。

④ 同注③。

明以武功统天下，革元旧制，自京师达于郡县，皆立卫所，外统之都司，内统于五军都督府，……征伐则命将充总兵官，调卫所军领之，既旋则将上所佩印，官军各回卫所。[①]

又称：

天下既定，度要害地，系一郡者设所，连郡者设卫。[②]

明军卫所编制，大抵五千六百人为一卫，一千一百二十人为一千卫所，一百一十二人为一百户所；卫所设有卫指挥、千户、百户等官。

明王朝在对鄂西土司地区推行羁縻政策的同时，还以军事震慑手段加强统治，以限制和削弱土司势力的发展，镇压少数民族人民的反抗斗争。明人陶晋英在论及施州地区的建置特征时说："本朝笼以卫所、土司"[③]。此为的论。概言之，明王朝在鄂西地区采用卫所、土司相结合形式的进行统治。

（一）设置施州卫

设置。洪武十四年（1381 年）五月，明朝，复置施州（治今湖北恩施市），隶夔州府，属四川布政司。因施州行政机构本职为管理地方行政，军事镇戍力量薄弱，以致设州当年，峒酋覃芳诸等攻破州城，尽斩知州、州同、州判、吏目[④]，使州治遭到重大损毁。为此，同年六月，明朝廷在施州州治设置了施州卫军民指挥使司。

此后，鄂西土司纷纷反明，特别是洪武二十二年（1389 年）以后，施南、忠建二宣抚司掀起规模空前的反叛活动，明王朝派遣大将蓝玉血腥镇压，才使事态平息。据此，明王朝重新调整政策，加强军事力量，增强震慑威力。洪武二十三年（1390 年）并施州入卫，使施州卫兼具军政权力，对鄂西实行军政一体的集权管治。

---

① （清）张廷玉：《明史·兵制一》。

② （清）张廷玉：《明史·兵制二》。

③ （明）陶晋樸撰：《楚书》。

④ （清 嘉庆）《恩施县志》，卷二。

洪武十七年（1384年），“城施州卫”[①]。又，据道光《施南府志·建置·城池》载：

明洪武十四年（1381年）指挥使朱永拓址甃石，周九里有奇，高三丈五尺。东北临清江，西南环溪水，皆天然城堑。上设串楼、警铺、女樯。为门四，东曰清江，南曰南阳，西曰西顺，北曰拱北。旋圮。

总之，该城是在宋、元旧址上重建的，洪武十四年至十七年建造完成。不久城圮，乾隆时重建。

施州卫军民指挥使司，简称施州卫。下设指挥使，指挥同知，指挥佥事，左、右、中千户所（其后，增大田军民千户所），千户，百户。境内土官，也归其统领。施州卫城中，先后设置的机构包括：施州卫署，经历司，镇抚司，左千户所，中千户所，右千户所，布政分司，按察分司，守备都司，施州马驿等。

施州卫的重要性与作用。据万历朝《湖广总志·兵防》载：施州卫“在荆梁之会，东遮南郡，西蔽酉阳，南北并连溪洞。废州置卫，诘戎兵以镇蛮夷，军皆迁诸内地，令城守，民则服属诸苗也”。从中可见：施州卫具有重要的战略地位；卫军“皆迁诸内地”；卫军的主要任务是“镇蛮夷”；设施州卫的重要特点是“废州置卫”，这是与元代的重大区别。

据《续文献通考》统计，施州卫驻兵，前后有所变化，但明王朝一直以重兵驻守，不敢掉以轻心。据《大明会典·兵部十四》载：“隆庆二年（1568年）题准，施州卫孤悬万山之中，与川、湖交接，番汉杂处，将靖州、郴、桂、临武等处原戍官军撤回一半，以济荆、襄；存留一半，以防番夷。”明廷在忙于对付荆襄农民起义、兵力捉襟见肘之时，对地处川、鄂战略要地的施州“番夷”地区，仍然留兵把守，严加防范。从中可见，明廷对施州卫是极为重视的。

（二）设置大田军民千户所

关于该所的建立原因与过程，《明太祖实录》卷二〇一作了详细记载：洪武二十三年（1390年）闰四月乙丑，

① （明）《明太祖实录》，卷一六四，洪武十七年（1384年）八月壬辰条。

置大田军民千户所[1]，隶施州军民指挥使司。先是，凉国公蓝玉奏："散毛、镇南、大旺、施南等洞蛮人叛服不常，黔江、施州虽有卫兵，相去悬远，缓急卒难应援，今散毛地方大水田与诸蛮峒相连，宜立千户所守御。"至是，命千户石山等领酉阳土兵一千五百人，置所于大水田镇之。

在该地增设千户所之因有二：一是当地"与诸蛮峒相连"，而这些"蛮峒"又"叛服不常"，给明朝在鄂西的统治地位造成威胁；一是当地离施州、黔江两卫较远，有事时"卒难应援"。至于大田军民千户所的人员编制及隶属关系，计有军人三千一百七十二，远远超过每所一千一百二十人的定员；领有五个百户所，十个土官百户所，刺惹等三峒。

（三）麻寮千户所

麻寮千户所，明属九溪卫，清雍正改土归流后，划归湖北鹤峰县管辖，故在此一并叙述。据嘉庆朝《慈利县志·职官》载：

麻寮所，武职。明洪武十三年（1380年），诸蛮初平，叛服无常，乃设所、隘世职，以严守御。麻寮所，一所四厅十隘，正副千百户共三十二员，其千户汉土杂用，一千一百二十名，自食其力，驻扎山洞。外捍蔽石、慈、九、永，内控容美、桑植、永顺一十八土司。俱属湖广都使司节制。

从中可见，麻寮千户所的建制、设置经过与作用及其控驭湘鄂西十八土司的重要功能。

二、设关、隘、军堡与巡检司

在汉、土交界与"入山之要害"[2]处，明朝设关、隘、军堡防守。

---

① 大田军民千户所的治所为大水田，在今湖北咸丰县境。

② （清 同治）《恩施县志·关隘》。

（一）关

据万历《湖广通志·兵防二》载：施州卫设关十四，即五峰关、东门山关、石孔山关、梅子关、铜锣关、老鹰关、深毛关、散毛关、土地关、野猫关、胜水关、虎城关、野熊关、野牛关。又，同治《宜昌府志·兵防上》载：嘉靖二十三年（1544年），邓天益奏：湖广荆州府巴东县，“编户八里，后四里，接连东乡五路安抚司并容美宣抚司……每关弓兵一百名把隘。”

（二）隘

据道光《鹤峰州志》卷十四载：

湖南石门慈利所属，有世袭所隘官，以防御土司为责任。据《澧州志》称，肇自蜀汉……至明洪武后乃确凿有征。其制，所官世袭千户，隘官世袭百户，所官地丁银征三免七，隘官地丁银征七免三。

简言之，隘之设，用以“防御土司”；其官为百户，系世袭；因需镇戍，故享有减收赋税之优惠。

（三）军　堡[①]

据嘉靖年间邓天益奏巴东县事：“敕查嘉靖十三年（1534年）本都老人谭万朝奏准，于地名野厢、金鸡二口设立军堡，调远安附近卫所军士三百名，委千百户各一员，督守哨所。”[②]

今日鄂西地区仍有不少带“堡”字的地名，即系明代军队镇戍遗址，“如恩施的屯堡，利川的元堡、团堡，咸丰的忠堡，后来都发展成为较繁荣的城镇”[③]。

---

① 军堡，系军事据点，此制宋已有之。因其为用作守御的小城而得名。后来，其军事功能衰退后，其经济功能往往突显而发展为城镇。

② （清 同治）《宜昌府志·兵防上》。

③ 吴永章：《中南民族关系史》，262页，北京，民族出版社，1992。

（四）巡检司

如果说，鄂西地区卫所是镇压当地人民反抗的主要工具的话，那么，巡检司与关、隘、堡则是其不可或缺的辅助手段。巡检司早在洪武（1368—1398 年）初年始设于广西，后推行至全国成定制。史称：巡检司。

> 主缉捕盗贼，盘诘奸伪。凡在外各府州县关津要害处俱设，俾率徭役弓兵警备不虞。初，洪武二年（1369 年），以广西地接瑶、僮，始于关隘冲要之处设巡检司，以警奸盗，后遂增置各处。①

如果说，广西地区设巡检司，主要是针对“徭、僮”之民的话，那么，鄂西地区设巡检司，则系“警备”土家族诸族而设。在今湖北巴东县境，曾设有连天关、石柱关等巡检司。

关、隘、巡检司，往往征集土人把守。据载：

> 洪武十七年（1384 年）正月，布政司靳奎言：“长阳、巴东三县，地连容美诸峒蛮人，时出劫掠，有土民谭天富率众败之，其他所被寇者，报官剿捕，贼已遁去。若于蛮人出没要地，选土民如天富者授以巡检，俾集乡丁，自为保障，则蛮不敢发矣。”从之。

需强调的是，湖广土民为巡检即由此发端，故史称：“此为用湖广土兵之始。”②

三、实行屯田制度

明代卫所军队，有事则出征，事平则回卫所，屯田耕种以解决给养问题，此即所谓“盖得唐府兵遗意”③。

明初施州卫官兵忙于征战，故粮饷全由朝廷供给。永乐（1403—1424 年）时，施州卫所屯田逐步发展成定制。施州卫屯田数约二百六十余顷，屯粮为一千零

---

① （清）张廷玉：《明史·职官志四》。

② （明）王圻撰：《续文献通考·兵八》。

③ （清）张廷玉：《明史·兵志一》。

五十八石。大田军民千户所“屯田地一百五十五顷六十亩，屯粮一千五百五十六石”[①]。屯军成员“迁诸内地”，并另立“屯籍”。屯田者除军丁外还包括其家口。军屯家庭在屯戍地生活。如正军出征，家口仍在当地生产。故一户屯军之家，也是一户自耕农民，不同之处是除交租外，他们还需接受管屯卫所官的“督责”，故诗人咏道：“年年祇足偿逋租，幸免官家多责督。田家但了公家债，更贺升平时运泰。”[②]

明英宗正统后，屯政逐渐衰败，屯田多为内监、军官占夺。此事在鄂西则稍晚，至世宗嘉靖（1522—1566年）时，施州卫饷“岁三千五百五十八两四钱，额于荆、岳二府征给”[③]，表明施州卫的军屯也已遭破坏。

明朝时，土军也行“寓兵于农”之制。土军给养，官不支俸，军不请粮，自备衣械。以麻寮所隘为例，据康熙朝《九溪卫志》载：

> 官不请俸，职纪土官；军不支饷，名纪土军。
>
> 至于钱粮，则附慈利县完纳，编为陆里当差。其附籍慈（利）之十七、八、九都者，地瘠山硗，刀耕火种，钱粮免七征三，每石征银贰钱壹分，每丁征银陆分肆厘。附籍慈之二十二、三、四、五都者，亦岩多土少，因山多有田，钱粮免三征七，每石征银肆钱玖分，每丁玖分贰厘。完纳正输，惟正之供丁徭，力役尽行蠲免。凡当大差，俱系所隘征收，移并慈利。自古迄今，永为定制。
>
> 有紧荷戈，是以国家无边鄙之虑；无事秉耒，是以闾阖有三九之余。古三王寓兵于农之法，此犹其遗意焉。

简言之，土军附籍当地，享受赋役优惠，无事农耕，有事则受调出征。

四、在汉土疆界驻兵的作用和弊端

明朝在汉土疆界驻兵的作用主要有二：

---

① （明 嘉靖）《湖广通志》，卷二〇。

② （明）黄溥：《劝农台》，见（清 道光）《施南府志·艺文》，卷二七。

③ （明）朱光祚：《施州卫争复额饷永思碑》，见（清 道光）《施南府志·艺文》，卷二八。

一是防范土司越界侵扰。据载：嘉靖二十一年（1542年），容美土司田宣抚亲统甲兵一千余人，前至长阳、巴东二县交界地，“虏掠各部民陈铁、高妙德、胡时富、汪七等一百余户，席卷回峒，欲将后四里民田占为彝地”[①]。“巴东一带迫近土蛮，向因明末法纪废弛，土司越界侵占无忌惮。”[②]容美司与巴东县“以地界相争，自明季以来，至今日几无宁晷”[③]。可见，此举对防止边界纠纷，促使汉、土相安，并非毫无是处。但明末以后，由于国力日衰，防务松弛，争端时生。

二是禁止土、汉人民往来。据施州卫指挥佥事童昶称：“国朝设立关隘，把截甚严，至今尚传‘蛮不出境，汉不入峒’之语”[④]。这就阻碍了汉族与鄂西各族人民间的经济文化交流，不利于鄂西地区社会历史的发展，其消极作用明显。

明廷在鄂西地区驻军的弊端主要有三：

一是为驻军常挑起事端以邀功。据《明史·王信传》载：镇湖广的平蛮将军王信，成化十七年（1481年）上疏言：“湖广诸蛮虽腹心蠹，实无能为。久不靖者，由我将士利其窃发以邀功也。”可见，连统治集团的人物也承认，鄂西土司地区的“不靖”，往往是当地驻军挑衅所致。

二是驻军残酷剥削当地居民，横加勒索。据雍正朝《湖广通志·关隘》载：隆庆五年（1571年）湖广抚臣刘悫议：“施州卫道里延袤甚广，物产甚饶，卫官每肆朘削，致民逃匿，请土司为乱。宜裁抚夷通判，更设同知一员。俾抚治民夷岁额钱粮外，有该卫公费必不可费者，仍依军三民七，照例编审均徭，册报分守道覆实派征，卫官不得额外横索。”这表明，卫官朘削是造成鄂西地区动乱的根源之一。

三是卫官往往接受土司贿赂，致使土司劫掠肆无忌惮。“名虽本官，实同窝主，及至事发上司委官提勘，该卫（施州卫）官员，非惟占吝不发，且又力为党蔽，捏文回护。”卫官与土官沆瀣一气，通同为祸，“纵恶殃民”[⑤]，以致鄂西地区不得安宁。

---

① （明）邓天益奏，见（清 同治）《宜昌府志·兵防上》。

② 康熙朝湖广总督：《大司马张公檄》，见（清 同治）《宜昌府志·兵防上》。

③ 巴东知县齐祖望：《移明古制》，见（清 同治）《巴东县志·艺文》。

④ 见（清 同治）《来凤县志·武备》。

⑤ 均见（明 嘉靖）《四川总志》，卷十六。

第五节　明代鄂西地区社会经济的发展

一、农　业

明代鄂西社会经济有了较大较快的发展，但各地的发展不平衡。

靠近城郊的平畴地区，已有颇为发达的农业。

布谷声乾雨初歇，年年忙杀春三月。大儿扶犁小儿耙，新妇插禾阿姑馌。沾体涂足不为辱，但愿时和生事足。大麦垂黄小麦青，晚稻含华早稻熟。①

斑鸠唤雨千峰暗，黄犊催耕百亩匀。②

村里烟波横钓艇，犁头春铎趁耕田。③

这三首诗反映了鄂西地区稻作农业与犁耕农业的推广情况。人们使用铁制犁耙等农具，用牛耕田，实行水利灌溉，栽种早、晚水稻，所使用的生产工具与耕作技术，均与汉族地区无别。这种农业新貌的出现，与宋元以来的军屯，特别是明代大规模卫所屯田制的实行密不可分。正是他们带来了汉区的先进生产技术，使鄂西地区农业有了突飞猛进的发展，故史有“施州卫三里，延袤甚广，物产最饶”之誉。

有明一代，鄂西的耕地面积不断扩大。以巴东县为例：

明初，远不可考，其载在旧志者，成化八年（1472年）田地山七百一十六顷，此外八亩，（夏税小麦六百五十三石三斗九升，秋粮米二千二百一十九石四升）。嘉靖元年（1522年），七百一十九顷九十四亩二分（小麦六百五十三石三斗六升，米二千二百二十三石四斗三升）。嘉靖二十年（1541年），七百二十顷四十四亩九分（小麦六百五十三石三斗

① （明）黄溥：《劝农台——城东五峰山峡口》，见（清 道光）《施南府志·艺文·诗》。

② （明）黄溥：《梅溪》，见（清 道光）《施南府志·艺文·诗》。

③ （明）高维勉：《清江》，见（清 道光）《施南府志·艺文·诗》。

四升五合，米二千二百二十一石五斗九升）。[①]

显然，此中田亩数，仅包括需交纳赋税者的土地，实际耕地面积，应远过此数。由于耕地面积的扩大，夏税秋粮的征额也增加。特别值得注意的是，秋粮征米数已超过夏税小麦的三倍，这意味着在巴东县，水稻种植业已在农业中占主导地位。这是当时农业发展的重要标志。

但总体而言，鄂西民族地区的农业还是相对落后的。不少地区仍采用“刀耕火种”“砍畲挖地不分界址”的原始农耕方式。《甄氏族谱》是这样描绘明清之际山羊隘（属今湖北鹤峰县）的经济生活的：“春来采茶，夏则砍畲，秋时取岩蜂、黄蜡，冬则入山寻黄莲剥棕。常时以采蕨挖葛为食，饲蜂为业，取其蜜蜡为赋税之资，购盐之具。”万历《湖广总志·风俗》写道：大田千户所，“俗尚耕稼，土旷民稀”。同治《建始县志·物产》则载：“按，旧《志》所载，林密山深，虎熊獐鹿，出没其中。盖指明季言之也。”这些记载，从不同侧面描绘了当时鄂西的生产发展状况。

二、狩猎业

明朝时，狩猎业在鄂西地区仍占有一定地位。据万历朝《湖广总志·风俗》载：散毛宣抚司“务耕猎，腰刀持弩”。明代诗人童昶《客星山》咏道：“驱虎人喧夜。”此情此景，在当时是颇具代表性的。

三、纺织业

明时鄂西的纺织业亦有所发展。黄溥《劝农台》诗中写道：“木绵可纺麻可织，蚕丝在缫布在织。”可见，棉、麻、丝织业在鄂西地区均已存在。又，明朝夏熙臣《施州卫寄所亲》中：“蛮妇织花赉”的诗句，则说明土家族的织锦业之流行程度。

四、交通运输业

有明一代，鄂西的水陆交通情况有所改善。明王朝曾在鄂西地区设立铺递与水驿。据同治朝《建始县志》卷二载：明代在当地设“上坝、莱头二铺”。同治朝《巴

---

① （清 同治）《巴东县志》，卷四。

东县志》卷三则载："明初设巴山水驿，在县右一里，原额站船十只，每只水夫十名。"《明世宗实录》卷四五四，嘉靖三十六年十二月乙未条则载："裁革湖广归州流水驿，移其夫役于巴东县之巴山驿，为巴山水马驿。"

这些官办交通无疑是有利于沟通鄂西地区与内地的联系的。

五、商　业

明时鄂西的商品经济有所发展。据清人顾彩《容美纪游》载：容美司治南门，闾阎栉比，甃石之街，"当明盛时，百货俱集，绸肆典铺，无不有之。流寇入扰，民遂离散，今六十年，元气未复"。可见，明代鄂西土司司治曾出现商业繁荣的状况。也表明，明末变乱给鄂西土司经济的发展造成严重的破坏，历六十年直至清初而未能恢复。

六、人　口

在经济发展的基础上，明朝时施州及土司地区的人口也有所增加。

施州，成化八年（一四七二年）户二千九百三十一，口一万五千五百三十，正德七年（一五一二年）户三千三百三十三，口二万一千二百九十一。

大田，户一千零三十九，汉土官军九百八十五，剌惹洞五十四，口一千六百五十三，汉土官军舍余一千二百一十，剌惹洞四百四十三。

施南户三百三十，口二千九百五十七。

东方户一百一十，口五百一十七。

忠路户三百五十，口一千五百三十。

忠孝户一百五十三，口一千二百五十一。

金峒户二百七十三，口一千五百三十一。

散毛户一百五十三，口一千二百三十一。

大旺户一百一十，口八百四十一。

龙潭户一百一十，口五百一十六。

忠建户二百九十八，口一千二百一十三。

忠峒户二百二十，口一千三百七十五。

高罗户二百二十，口九百一十六。

木册户一百八十七，口八百九十二。

镇南户二百五十，口一千一百二十。

唐崖户一百九十，口六百四十五。[①]

上引户口人数是只包括登诸册籍者，实际人数要远大于此。但是，此为鄂西十四土司的户口数首次载诸册籍，终究是极可宝贵资料，从中也可反映当时各土司户口之一斑。

七、移民与经济发展的关系

有明一代，鄂西地区的汉族移民急剧增加。如同治朝《利川县志•风俗》载："利邑田分里屯二籍，里田多客籍，屯田多土著。""民籍皆明末国初调拨各省官军之家，或流寓行商。"特别是明代卫所屯田官兵及其家属，由于依赖屯田为生，都在当地安家落户。如上述，施州卫官兵四千六百七十九人，大田军民千户所为三千一百七十人，其中除来自四川酉阳的一千余人外，余"皆迁诸内地"。倘以五口之家计，屯军及其家属达四万人之多。这一数字，在地旷人稀的施州（正德时民籍才二万一千余人）是颇为惊人的。从中也可见，屯军及其家属对施州的开发确实起了重大作用。此外，施州地区的汉民，也因"施州卫官朘削"，逃入"夷地"即土司地区，也扩大了"蛮"、汉杂居的局面。概言之，明代汉人进入鄂西民族地区者，主要来源有三：调拨的各省官军之家、谋生或避赋役徙入的农民和流寓行商。大批汉人的涌入，对鄂西地区的社会经济特别是商品生产的发展，起了积极作用。

八、土司与经济发展的关系

值得称道的是，有的土司已意识到农业生产的重要性，并积极加以提倡。正统元年（1436 年）袭职的卯洞宣抚司宣抚使向那吾是其中的突出代表，他发布的《广

---

① （明 嘉靖）《湖广通志》，卷二〇。

垦殖告示》云：

为开财源以足衣食事。照得治道，首重农桑。必土地辟，始有饱食之庆，树植广，乃无号寒之悲。

今特示谕，凡有业之家，务相其有水处，概行开垦成田，即属旱地，亦须遍行耕种。且桑麻之蓄，贵取不尽而用不竭。……本司特设农官，以省勤惰，查其荒芜，俾财源开而衣食足，无论年丰岁凶，鲜饱之叹不闻，号寒之悲可免，此本司之所深愿也。为此示……倘有游手好闲，不思竭力垦植以开财源者，不惟难免农官惩责，即本司亦绝不宽宥。①

在自给自足的自然经济中，农业生产与家庭手工纺织业是基础，衣食是人们最基本的生活需要。而要增加产量，在当时生产力低下的情况下，只有主要依靠扩大耕地面积即“广垦植”的方式加以解决。为此，土司政权专门设立“农官”专司其职，以奖勤惩惰。虽然土司重视“垦植”的目的，在于广“开财源”，以便从土民中掠取更多的财富，但是，在当时的历史条件下，土官能对农业生产采取积极发展的措施，是颇为难得的，也是有利于鄂西社会历史发展的。这也表明，受汉文化影响较深的鄂西土司，具有较强的治理能力。

第六节　明代鄂西地区的文化与习俗

一、文教兴盛

明代鄂西地区的文化，较前有了较大变化。明统治者在用武力实现了对民族地区的统治后，即提出了“惟武力以定天下，文教以化远人”②的方针，在鄂西土司地区也采取了相应的措施。

① （清 同治）《来凤县志·艺文》，卷三〇。

② （明）《明太祖实录》，卷三六上，洪武元年（1368年）十一月丙午条。

（一）设立官学

史称："迄明，天下府、州、县、卫所，皆建儒学。"[1]在鄂西，因并施州入卫，故只设卫学。据《大明一统志》卷六六载：洪武十六年（1383年），设置"施州卫学"。关于卫学的地址与修建过程，据道光《施南府志·学校》载：施州卫学"原在城南门外，后迁治北。景泰（1450—1456年）中，佥事沈庆、守备任忠复迁南门外。弘治（1488—1505年）中参议林矿、佥事郑岳复迁南门之右，即今学也。崇祯十二年（1639年）抚夷同知宋洪泰重修"。迄清，该处一直袭作学宫。关于卫学额取生员数，据同治朝《恩施县志·学校》载："明施州卫学文童十五名，武童十五名，廪生四十名，增生四十名。一年一贡。"应指出的是，明王朝对施州卫生员数额的扩增是破格的，就是因其地处偏远民族地区。如，明人邹维琏《重修（施州）卫志序》中所说："其设学饩诸生，则数更丰于他郡。"

除卫学外，县一级行政单位也设了学宫。如，光绪朝《巴东县志》卷三载："儒学，在县治左五步许，明洪武（1368—1398年）初建成。"

学田收入是官学办学经费的重要来源。故史有：恩施县学"尖山子水陆田地一段，崇祯十七年（1644年）卫民徐大成捐"之载。

（二）书　院

施州卫城中，设有崇化书院、成山书院以及洞门精舍等。明代鄂西书院，属义学性质。此外，建有文昌祠。

（三）选　贡

据《大明会典·礼部三十五》载：永乐元年（1403年），令湖广等地"土官衙门，生员照云南例选贡"。所谓"云南例"，系指洪武十八年（1385年），朝廷"令云南所属生员有成材者，不拘常例，以便选贡"一事。可见，明廷对包括鄂西在内的湖广民族地区的生员是加以照顾的。

---

① （清）张廷玉：《明史·选举志一》。

（四）重视对土司子弟的教育

据《明史·湖广土司列传》载：弘治十六年（1503 年）规定，“以后土官应袭子弟，悉令入学，渐染风化，以格顽冥。如不入学者，不准承袭”。雍正《湖广通志》卷十三载：隆庆五年（1571 年），明廷专门针对施州卫所辖十四土司官舍应袭，重申土司子弟须“赴学观礼”。

受汉文化熏陶的土司，在治境之内也广建学舍，推广教育。以崇祯年间（1628—1644 年）袭职的卯峒安抚使向同廷为例。他发表的《广修学舍告示》中写道：

> 为广修学舍，以厚风俗，以隆作育事。照得古者，建国君民，教学为先，而人才振兴，虽由教化使然，亦资肄业得所。……本司卯峒，虽曰边夷，亦风俗宜厚，人文可兴之地。……是以本司除司城并新江各处，建修学舍外，合行出示晓谕。……嗣后务各就近修设，俾成人小子，各得其所。凡为父兄者，固当加意教督，而为子弟者，尤宜潜心肄习，则日变月化，孝悌礼让之心，油然而生，且能志图上进，功力深而自足以扬名显亲。司内虽无学额，本司自可移文，暂送荆州附考，俟文风日盛，即行援酉阳之例，请设学额，将见风俗敦厚而作育广，可无虑人文之不振兴也。凡司内人等，务须踊跃从事。

他在《学校序》一文中，也表述了类似看法。[①] 土司向同廷不仅提出“振兴人才”的口号，而且采取多设学舍、延师课读的措施，促进了司内教育事业的发展。应该说，向同廷这类土司可谓是其中佼佼者。据清人赵翼《檐曝杂记》卷四“黔中倮俗”条载，直至清代粤西田州土官岑宜栋，仍规定“土民虽读书，不许应试。恐其出仕而脱籍也”。与取愚民政策的田州土司岑宜栋相较，可谓有天壤之别。甚至可以说，与汉族地方官员相较也毫不逊色。

二、人才竞出

有明一代，文教兴盛，人才竞出。在施州地区，计有：举人 4 人（其中万历朝

---

① 见（清 同治）《来凤县志·艺文》。

3人，崇祯朝1人）。岁贡，洪武朝以后118人，万历朝45人，天启朝9人，崇祯朝40人，共计212人。又，崇祯朝，选贡11人，功贡4人，例监8人。建始县，岁贡63人。[①] 由此可见：学校教育培养了大批人才，明代后期鄂西文教较前期更为发达。

以土司地区及民族人才而论。土司辖地如散毛司，“在明万历时，则有岁贡张文焕，崇祯时则有岁贡张齐廉”[②]。又，向、谭诸大姓入选而跻身仕途者计有：谭思敬，明洪武中贡生，升山西平定州知州；向九州，明嘉靖中以贡士知丰都县；向朝恩，明嘉靖中儒官；谭子周，曾任明广州府番禺县知县[③]；谭宗义，弘治进士，任湖广永兴县知县；谭祯，谭宗义之父，永乐举人[④]；施州贡生向得豪，永乐十五年任交州府同知；诸生向信，仕至天顺府同知[⑤]。上述田、谭诸人，当是土家族出身。他们能成为“儒官”，或任内地府、州、县流官，说明当时土家族上层人物已具有较高的汉文化修养。毫无疑问，这些人物的出现，并非偶然，他们是在鄂西地区民族教育文化事业发展的基础上应运而生的。

土司及其子弟，多具有较高的汉文化修养。土司子弟纷纷入学，除入施州卫学外，容美子弟还就读于澧州、长阳儒学，卯洞子弟则送荆州附考，并在土司地区延聘汉族文人为师，创办私塾，习读汉文经典。其中，最著名者为诗人田九龄，他出身容美土司之家，为田世爵之子、田九霄之胞弟。倘说田九霄以武功著，田九龄则以诗文名。他遍历两都，并与公安三袁过从甚密，相互唱和。其后，容美历任土司熟读经书，擅长诗词歌赋，甚有诗集流传，堪称富有家学渊源。

三、杂　俗

（一）修谱牒

在我国，修谱之风起源甚早。明、清时，民间更大兴修谱之风。与此同时，鄂

① 笔者据《施南府志·选举》所作的统计。

② （清　同治）《来凤县志·杂缀》。

③ 以上均参见（清　光绪）《巴东县志》之《文物宦绩》和《艺文志》。

④ 以上参见（清　同治）《建始县志·选举》。

⑤ 以上参见（清　同治）《恩施县志·文物》。

西土官撰写其世家大姓谱牒之风也盛行。《容阳世述录》《卯峒司志》《大旺司志》，既容美、卯峒、大旺土司史，也是其宗族史。说明鄂西土司汉文化程度之高与封建宗法观念之浓郁。

（二）崇　佛

明代施州地区佛教流行，著名寺院有开元寺、圆通寺、龙居寺、兴国寺等，文人墨客以吟咏佛寺为时尚。后世土家族地区崇佛信仰较之其他南方民族地区为甚，可谓来源有自。

（三）赛田神

诗人有“隔林何处鼓，知是赛田神”[①]之咏。可证鄂西地区流行赛神活动。至于崇奉田神，则是当地农耕经济占主导地位的一种反映。

① （明）童昶：《客星山》，见（清 道光）《施南府志·艺文·诗》。

第八章　清代鄂西民族

第一节　清代鄂西土司制度的建立与建制

一、清代鄂西土司的建立过程

清兵入关后，于顺治三年（1646 年）开始向西南进攻，以消灭明王朝的残余势力。顺治十三年（1656 年）六月，“容美土司田吉麟降”[①]。此即《田氏族谱》卷二所自诩的“西南首倡”。其后，由于史称“夔东十三家”的明末农民起义军余部活动于川东、鄂西一带，形势有所反复。次年，容美土司为首先降清付出了沉重代价，农民军遣将渡江抵容美，擒司主田甘霖及其妻子以归，此即田甘霖在“倡义奏疏”中所云：“凡臣阖家眷属及舍把军民人等，咸忍耻受辱”[②]之事。因此，其他中小土司也不敢轻易降清。直至康熙三年（1664 年），“十三家”抗清失败，“施州始归顺”[③]。从此，鄂西民族地区即处于清王朝的统治之下。

但是，清王朝对全国的统治尚未巩固。康熙十二年（1673 年），统治云贵的吴三桂起兵反清。他以乱授职衔、滥加品秩的办法以拉拢土司，致使一些土司也卷入其中，故史称：“三藩之乱，重啖土司兵为助。”[④]当时，川、鄂、湘、黔边地也属于吴三桂的控制范围，故鄂西土司也多接受其印札封敕。容美土司除自身受封外，其属下总兵、副将、参游、守备、安抚、长官、指挥等伪印共四十颗[⑤]。康熙十八年（1679 年），三藩大势已去，容美土司率司内四十余处“部落”转而归顺清廷。

康熙二十年（1681 年），清王朝平定三藩之乱，对全国的统治日趋巩固。关于

---

① （民国）赵尔巽：《清史稿·世祖本纪二》。田吉麟，即田既霖。

② 见中共鹤峰县委统战部县史志编纂办公室编：《容美土司史料汇编》，4 页，1984。

③ （民国）赵尔巽：《清史稿·土司列传一》。

④ （清）魏源：《圣武记·雍正西南夷改流记上》。

⑤ 田舜年：《恭报颁到印信疏》，见《容美土司史料汇编·奏章》。

如何对待土司制度问题，也被正式提到议事日程上来。当时清朝统治阶级内部分歧较多。

> 或云土司系外彝，即令土官管理，易于行事，不可遂取其地；或云土司予以大职，令其管理事务，恐有权柄，不为我节制；或云我所取之地，何复令彼管理，仍取之为便；或云设流官管理，可多得钱粮。[①]
>
> 或云宜补流官，或云宜补土官，或云可令管兵，或云不可管地，种种除奏不一。[②]

经过一番议论和实地调查，终于决定袭明旧制，准予土司承袭任职。这样，清代土司制度才确定下来。

二、清代鄂西土司的建制

清代鄂西土司“因明制”[c]而建立，时人有“湖北十九土司”[d]之称。即：

东乡安抚司。清初归附。雍正十年（1722 年），覃寿椿以长子得罪正法，以其地入恩施县。

忠建宣抚司。清初归附。雍正十一年（1723 年），田兴爵横暴不法改流，以其地入恩施县。

施南宣抚司。雍正十三年（1735 年），覃禹鼎以淫恶抗提改流，以其地置利川县。

忠峒安抚司。清初田楚珍归附。雍正十三年，田光祖纠十五土司呈请纳土归流，以其地入宣恩县。

金峒安抚司。清初归附。康熙四十三年（1704 年），覃世英袭。雍正十三年，子邦舜纳土，以其地为咸丰县。

散毛宣抚司。清初覃勋麟归附。雍正十三年，覃烜纳土，以其地入来凤县。

---

① （清）《清圣祖实录》，卷一〇八，康熙二十二年（1683 年）己巳条。

② （清）《清圣祖实录》，卷一〇八，康熙二十二年（1683 年）三月戊午条。

③ （民国）赵尔巽：《清史稿·土司列传一》。

④ （清）《硃批谕旨》，第五十四册，雍正十一年（1733 年）五月二十二日迈柱奏。

忠路安抚司。清康熙元年（1662 年），覃承国归附。雍正十三年，覃楚梓纳土，以其地改利川县。

忠孝安抚司。康熙八年（1669 年），田京袭。雍正十三年，田璋纳土，以其地入恩施县。

高罗安抚司。清顺治（1644—1661 年）初，田飞龙归附。雍正十三年，田昭纳土，以其地入宣恩县。

木册长官司。清初田经国归附。雍正十三年，田应鼎纳土，以其地入宣恩县。

大旺安抚司。清康熙初田永封归附。雍正十三年，田正元纳土，以其地入来凤县。

腊壁长官司。原附大旺。清康熙元年，颁给田琦印信。雍正十三年，田封疆纳土，以其地入来凤县。

东流安抚司。原附大旺。雍正十三年纳土，以其地入来凤县。

唐崖长官司。清初覃宗禹归附。雍正十三年，覃梓桂纳土，以其地入咸丰县。

龙潭安抚司。清初归附。雍正十三年，田贵龙纳土，以其地入咸丰县。

沙溪安抚司。清康熙四年（1665 年），黄天奇袭。雍正十三年，黄正爵纳土，以其地入利川县。

卯峒安抚司。清雍正十三年，向舜纳土，以其地入来凤县。

漫水宣抚司。清初向国泰归附。雍正十三年，向庭官纳土，其地入来凤县。

容美宣慰司。顺治十三年（1656 年），田既霖归附。传子甘霖，甘霖传子舜年，舜年传子旻如。雍正十三年，田旻如自经改流，改司为鹤峰州。

此外，《清史稿·湖广土司列传》又多列二土司：西萍长官司和建南[①]长官司。

与明朝相比，清代鄂西土司建制，其变化有三：

一是有所损益。如，明代的摇把长官司、上爱茶长官司、下爱茶长官司、镇远蛮夷司、隆奉蛮夷司等，未再见于清代；而清代的沙溪安抚司、卯峒安抚司、漫水宣抚司，而《明史》中无记载。

二是有所升降。如清代东流安抚司，在明时为属于大旺安抚司的东流蛮夷司。

三是隶属关系有所改变。明代，总体而言，宣抚司领安抚司，安抚司领长官司

---

① 建南，明朝时名“剑南”，康熙四年（1665 年）改为“建南”。

及蛮夷官司，彼此存在上下隶属关系。而清代，鄂西各土司各不相属而直隶于流官政权，以防止大土司利用隶属关系控制所属小土司而形成势力膨胀的局面。

也有例外。如，史载：容美宣慰使下辖水浕、通塔安抚司、椒山安抚司、五峰安抚司、石梁安抚司、通塔长官司、玛瑙寨龙长官司、石宝深溪长官司、下洞平茶长官司，[①] 即下辖四安抚司、四长官司。但因其完全从属于容美宣慰司而无独立地位，故史志一概以容美宣慰司称之。

第二节　清王朝对鄂西土司的统治政策

一、土官制

清代鄂西土司，有宣慰司、宣抚司、安抚司、长官司，已见上述。其品级与隶属关系如下：

宣慰使司四等：宣慰使（从三品），宣慰同知（正四品），宣慰副使（从四品），宣慰佥事（正五品）。

宣抚使司四等：宣抚使（从四品），宣抚同知（正五品），宣抚副使（从五品），宣抚佥事（正六品）。

安抚使司四等：安抚使（从五品），安抚同知（正六品），安抚副使（从六品），安抚佥事（正七品）。

长官司二等：长官（正六品），副长官（正七品）。

清代，土司属武职，隶兵部。土司中，尚有属于宣慰使司的指挥使（正三品）司系列，鄂西土司则无此。文职土官职衔，则有土府、土州、土县系列，隶吏部，鄂西全境无文职土官建制。

土司归附，朝廷即颁给印信号纸。印信号纸是朝廷颁给土司“名号”的凭证，是土司“统摄”其部属的权力象征，故朝廷和土司对此均极为重视。据《大清会典事例》卷十二载：“凡土官之职，皆给以号纸，土府厅州县则加以印。”清代土司均

① 参见（清）《大清会典事例》，卷五五七。

由朝廷“颁给印信号纸”，或“颁给号纸，无印信”；只对某些地位低微的土司，如土舍、寨首一类，才有不颁印信号纸者。

鄂西土司经任命后，即颁给“印信、敕书及勘合符验”，作为朝廷命官的凭证，“以便钤束军民”①。

清王朝不仅对土司本人，而且对较强大的土司的下属官员，大量授予印信，以示特殊恩遇。如，对容美土司属官，“颁给五营副总兵、安抚、长官、指挥、千百户、知州、经历等印信关防二十一颗”②。容美土司自置官属，并不规范，故无一定标准。

由于印信为威权的象征，故土司要举行隆重的接受仪式。据田舜年疏云：“蒙绥远将军颁到臣宣慰使司印信，即率臣属各官，出郭迎接，至署恭设香案，望阙叩首谢恩。”③可见其礼仪之隆重肃穆。

清廷给土司新的印信号纸时，将收缴旧的印信号纸。这又包括两种情况：一是土司归附时，需将前朝印信等呈缴。如，田甘霖所上《倡义奏疏》云：“臣以边方远臣，慕义向化……于顺治十二年投诚，十三年缴印，十四年蒙换新篆，并赐裘帽弓马，优渥逾涯，顶踵莫报。”④可见，容美土司头年归附，次年上缴明朝印信，再过一年才颁给“新篆”。在颁印的同时，清中央王朝还有所赐，以使土司尽忠报效。一是升职时，换给印信号纸。

除授予土司职衔外，清王朝还任命土司子弟担任流官。如，容美土司田舜年之子田旻如，“叨任直隶通判同知”，后因回籍承袭父职而作罢。⑤清王朝这样做的目的有二：一是变相地将其扣作人质，以使容美土司不敢有越轨行为；二是使土司子弟有机会了解和仿效汉族地区的封建统治方法。

清制，“土官不食俸”⑥，鄂西土司如是。据康熙二十年（1681年）田舜年《披陈

① 康熙元年田甘霖：《倡义奏疏》，见《田氏族谱》，卷二。

② 康熙二十一年田舜年：《恭报颁到印信疏》，见《田氏族谱》，卷二。

③ 同注②。

④ 田甘霖：《倡义奏疏》，见《田氏族谱》，卷二。

⑤ 参见《田氏族谱》，卷三，《田旻如列传》。

⑥ 见（清）《大清会典事例·吏部》，卷一二九；《大清会典事例·兵部》，卷五八九。

忠赤疏》载："土司官弁不支俸粮，只加敕印，以收实效。"[①] 土司的一切费用皆出自土民。据忠峒宣抚司田光祖等土司具呈词称："弁等世袭土职，一切用度，皆取资土民，而办事舍把，亦素无工食，难免需索。"[②] 从一切"取资土民"再加额补"需索"的记载中，可见是土司地区的人民承受了所有重负。

清代土司承袭法，较明代更为完备。关于承袭人的宗支嫡庶次序，清代规定：土官病故，或年老有疾请代，"准以嫡子嫡孙承袭；无嫡子嫡孙，则以庶子庶孙承袭；无子孙，则以弟或其族人承袭；其土官之妻及婿，有为土民所服者，亦准承袭"[③]。顺治（1644—1661 年）初年定"嫡庶不得越序"；乾隆三十三年（1768 年）奏准"土官袭替定例，必分嫡次长庶，不得以亲爱过继为词"[④]。对于破坏宗支嫡庶次序袭替者，则严加惩处，"如宗派冒混，查出参究""承袭之人，有宗派不清，顶冒、凌夺各弊，查出革职，具结之邻封土官照例议处"[⑤]。

清代关于宗支嫡庶承袭次序的规定，远比明代严格和具体，故争袭事件也较明代有所减少。综观有清一代鄂西诸土司，均未发生过争袭事件以及由此产生的仇杀事件。罕有例外有两起。一是康熙年间（1662—1722 年）容美土司因子孙继承事发过一场风波。当时老土司田舜年已致仕，但对司内事仍掌握实权。他首将已袭长子田昺如以"贪庸恶劣"罪题参革职，以长孙田宜男请袭。不久，田宜男病亡，田舜年又将次孙顶名田宜男承袭，被湖广总督石文晟以"欺隐诳报"罪名弹劾，田舜年又请以其第三子田曜如承袭。最后，由清廷裁定仍由田昺如袭职。田舜年也因此被拘押而死。另一件是：容美土司田舜年之女婿忠峒土司田昀，"因其弟田畯与之争袭，讼于有司。君（指田舜年）为上请，虽得印，弟犹负固拒不令归"[⑥]，故只得寄居其岳父田舜年处。此二事，虽属土司内部在承袭问题上引起的争端，但并未酿成仇杀一类重大的祸害。

---

① （清 光绪）《长乐县志》（续修）。

② 雍正十二年（1734 年）五月十五日湖广总督迈柱奏，见《容美土司史料汇编·文告》，中国第一历史档案馆藏。

③ （清）《大清会典事例·吏部》，卷十二。

④ （清）《大清会典事例·吏部》，卷一二九。

⑤ （清）《大清会典事例·兵部》。

⑥ （清）顾彩：《容美纪游》。

凡土官，有功则叙，有罪则处，覃恩则封，死亡则恤，“治之，皆如流官焉”[①]。

清代土司议叙，不论功劳多大，最高能升至指挥使或宣慰使。《大清会典事例·兵部》卷四七载：

> 土官有军功者，各就原品级以次递加。指挥使以下，由百长以次递加，至指挥使而止。宣慰使等三司，各由佥事递加至该司使，副招讨使加招讨使，副长官加长官。其加至长官者，准加安抚使或招讨使，安抚使招讨使准加宣抚使，递加至宣慰使而止。[②]

据此，清廷曾授予或封赠有功的鄂西土司各种虚衔。如，《田氏族谱》卷二载：康熙二十七年（1688年），容美土司田舜年，“父田甘霖，原任少傅、兼太子太傅、左都督、管容美宣慰使司宣慰使事、正一品，应照伊原品，该赠荣禄大夫。母覃氏，应照伊夫品级，该赠一品夫人”。看似官阶位至极品，堪称荣宠已极，但实际职事还是宣慰使，未超越土官等级。

土官请封时，同样需履行呈报亲供、邻近土司印结等手续。据康熙二十六年（1687年）《都司宣详抚院张》载：“计呈赍：容美土司宣慰田舜年亲供一纸；同乡水浕经历，通塔、石宝各土官印结各一纸；邻封保靖、忠峒二土司甘结印各一纸、册一本”[③]。

土官，有罪则处，治之“如流官焉”。如，光绪朝《黔江县志》载：康熙四十二年（1703年），因鄂西唐崖土司侵扰县境，掳女六十多人，唐崖土司覃纮、忠路土司覃世藩被拘，死于狱中。大旺、散毛、沙溪诸土司也因牵连而被处于革职处分。

但在惩处的同时，也有所宽宥。据《清史稿·湖广土司列传一》载：施南宣抚司覃禹鼎，“容美土司田明如婿也，有罪辄匿容美。当事以明知之先从征红苗有功，置勿问”，即属此例。

清朝规定，流官劾土官非实，需议处；但实际上，清王朝持袒护流官的态度，

---

① （清）《大清会典事例·吏部》，卷十二。

② （清）《大清会典事例·兵部》，卷四七。

③ 《田氏族谱》，卷二。

以强化流官对土官的监督。如，康熙四十四年（1705 年），石琳为湖广总督，“坐劾容美土司田舜年僭妄淫虐非实，部议当降调，上命留任”[①]。

二、贡赋制

土司义务，如明人田汝成所说：“其所以图报于国家者，惟贡、惟赋、惟兵。”[②]在经济上，土司需对封建中央王朝承担交纳贡、赋的义务。

贡制。据清魏源《圣武记·雍正西南夷改流记》卷七载：“凡土司贡赋，或比年一贡，或三年一贡，各因其土产、谷米、牛、马、皮、布，皆折以银，而会计于户部。”这段记载说明，清代土司贡赋的时间、产品和主管部门。由于交纳物均已折成银两，故清代土司的贡与赋已无多大区别。

鄂西土司必须按期进贡方物。容美土司曾“因进贡红铜”而官升三级。[③]

由于贡品变价折银，故清朝时期土司不需像明代一样专门派遣贡使入京朝贡、劳顿往返，而改成就地交纳。这种情形与明代有很大不同。其一，朝廷免去了因回赐造成的开支；其二，不再有因土司贪图回赐而遣大批贡使涌入京城的现象。由于朝与贡分离，鄂西土司进京朝贡的记载，未再见于史籍。罕见的奉诏进京则被土司视为朝廷的特殊礼遇，土司也因此有一跃龙门、身价倍增之感。如，康熙二十八年（1689 年），容美土司奉诏入京，于乾清门谒见康熙，田舜年自誉为“破西南未封之天荒”，并名境内新落成之桥名为“百顺桥”[④]，以作永久纪念。

赋税制。清朝时，土司地区不丈量土地，也不编丁。其交纳赋税的定额，或是土司归附时自报认纳，或是清廷参照明代赋额而定。如：康熙《巴东县志》卷二载：

> 本朝赋役，悉依万历四十八年（1619 年）以前则例派征，其天启、崇祯时增银，尽行除免，奉有敕谕。又，《大清会典事例》卷二六五，土司贡赋条载：乾隆三年（1738 年）谕：“湖北所属忠峒等土司田地应征粮

① （民国）赵尔巽：《清史稿·万琳传》。

② （明）张萱：《西园闻见录·土官》，卷七九。

③ 参见康熙二十七年（1688 年）田舜年：《请诰封》，见《田氏族谱》，卷三。

④ 参见百顺桥碑碑文，见《容美土司史料汇编·碑刻》。

银，著照原额秋粮银数，按田均输，作为定额，毋庸别立科则”。

关于鄂西土司地区赋税负担，较富代表性的记载有：

鹤峰原系容美土司，额征秋粮九十九两。自雍正十二年（1734 年）改土归流，随确查成熟田地山场，共六百五十四顷有奇。拟照湖南道州下则，酌量递减升科，应征粮三百三十九石三十八升，应科条饷银四百七十九两。[①]

司中地土瘠薄，三寸以下皆石，耕种止可三熟，则又废而别垦，故民无常业，官不税租。[②]

“查本司向来输纳秋粮，不计田地多寡，每年统计仅止银七十三两六钱四分。今若照内地科则，按亩征输，即最轻粮额，亦必倍多前数。”[③]

概言之，鄂西土司地区赋税与内地相较，其别有三：

一是鄂西土司地区赋税，名为“秋粮”，实“不计田地多寡”征收，故时人有“官不税租”之说。

二是赋额较内地为轻。如，容美土司“额征秋粮九十九两”；若依内地科则，需交“饷银四百七十九两”；确是“倍多前数”。

三是赋税收政策由土司直接向封建国家交纳。因此，土司向土民征收的赋税金额远远超过“额征”数字，土民的实际负担要沉重得多。

三、土兵制与军事控制

清廷在南方诸省民族地区设土兵，或隶土司，或属土弁，或归营汛。土兵多以民族命名，如“傜兵”“俍兵”“僮兵”“垌兵”等均是。由于土兵“司战斗，谙边情”，故清廷仍重视土兵的作用。但与明代相较，土兵的地位与征调规模、数量，

① （清 乾隆）《鹤峰州志·田赋》。

② （清）顾彩：《容美纪游》。

③ 乾隆二年（1757 年）十二月二十九日《湖广总督迈柱奏》，中国第一历史档案馆藏。见《容美土司史料汇编》，本司，指容美土司。

均已不可同日而语，其制日衰。

鄂西土兵在明代发展至鼎盛时期，至清代迅速衰落。一是因为清代全国的土兵制均是衰落之势；二是因为清代鄂西土司存在的时间较短，从雍正十年至十三年（1732—1734年），已全境改流。随着土司的废除，作为土司武装力量的土兵也即消失了。

与清廷利用鄂西土兵攻战之事减少成鲜明对比的是，清廷在军事上防范土司的措施则更为严密。其主要措施包括：

划定汉、土疆界。明代实行“蛮不出境，汉不入峒”的军事镇遏土司之策。但是随着明王朝的衰败，特别是到了明末鄂西土司势力膨胀，土司犯境事件时有发生。清代重建统一的封建中央集权制后，重新加强对鄂西民族地区的控制，对土司侵犯的汉地田土加以清理，并立“汉土疆界碑”。其碑文云：“查得土人不得擅买汉地，定制昭然；汉人亦不得越种土司之地，以致滋事。务期勘明，分守界限，庶可汉、土相安。”据查，该碑有二，均在今湖北五峰土家族自治县境内，一在红渔坪之漂水岩，一在谢家坪之竹桥，内容完全相同，为雍正三年（1725年）建。[①]划界立碑，虽可减少民族纠纷事件之发生，但也妨碍了汉、土人民进行经济、文化交流。

设立关隘。康熙七年（1668年），湖广总督《大司马张公檄》载：巴东一带临近土司地区，

> 该道府详议请复旧制，于红砂、野三、连天各关堡设防把隘，以杜土司侵害。当经檄行该镇，据称：抽调目兵一百五十名，前往各关堡设防在案。……为此照会，该镇（指彝陵）即便严饬土官田甘霖安分守己，不许越界侵害巴民，致于大法。并令各关堡严防官兵俱需实在扼要之处，严加盘诘，昼夜巡缉，勿致土人出入滋害。如有违抗，其咎在该镇与防弁矣[②]。

康熙二十年（1681年）巴东知县齐祖望《请严边防》中称：

---

① 参见中共鹤峰县委统战部县史志编纂办公室：《容美土司史料汇编·碑刻》，1984。

② （清 同治）《宜昌府志·兵防上》。

照依旧例，酌拨官兵一百五十名，分设红砂堡、连天关、桃符口、苛竹溪等泛。……使土司无敢萌其觊[①]。

设“铺”。清代在鄂西民族地区设置的“铺房”，较明代大为增加。以建始县为例，清代“总共十二铺，设铺司二十八名”；“前明规制简略，仅有上坝、莱头二铺，其余概未设立”，增设铺房是为了便于传达军情，“连递往来分文”。[②]

就整个鄂西地区而言，有清一代，驿铺不断递增。清康熙年间（1662—1722年），驿传深入境内各地。雍正朝改土归流后，驿传自江夏至施南府及所属六县形成网络。至光绪（1875—1908年）末年，施州境共有驿道18条，总长2809里，驿站2个（巴东县城及火峰口）、递铺114处，铺司184人，铺兵63人。这促进了交通与信息传递的发展，有利于鄂西民族地区与外界联系的加强。

第三节　鄂西土司的统治

一、专制的政治统治

鄂西土司是鄂西当地最高行政长官。他们接受封建王朝的任命，实行世袭统治。这在上述“土官制”中，已经阐明。土司均设置官署。如，《容美纪游》载：容美宣慰司署有“司堂石坡五级，柱幡金鳌，椽栋容丽，君（指田舜年）所莅以出治者”。“司署大街巨石铺砌，可行十马。西尽水砂坪，东至小昆仑，长六里。”威严而又富丽堂皇的土司衙门，是土司为当地至高无上统治者的旁证。

统治机构。土司的统治机构是完整而等级森严的军政合一的组织。以容美土司为例：

其官属旗鼓最尊，以诸田之贤者领之。国有征伐，则为大将，生杀在掌。……其五营中军，则以应袭长子领之，官如副将。左右前后四营，

① （清 同治）《宜昌县志·艺文下》。

② 参见（清 同治）《建始县志·建置》。

同姓之尊行领之，如参将。下则四十八旗长官，如都司。又有领纛，主客兵，以客将为之。旗长下有守备、千总、百户，名虽官任，趋走如仆隶。其随司主近身捍卫者，曰亲将，皆悍勇之士。另有主文字及京省走差者，曰干办舍人。其余族人概称舍把。[①]

容美土司抑勒土民，分凤、云、龙、虎等字为旗，旗有长。上有参将，游击，守备，千、把总各官；下又有大头目，分管旗长若干千户[②]。

旗有长，又其下有大头目，分管若干户。[③]

概言之，容美宣慰使下设五营，中军由应袭长子统领，左右前后四营，官如参将、游击。据百顺桥碑碑文所记，此五营长官之职衔，均为副总兵官；次为旗长，官为都司，下有守备、千总、百户；此外，还有大头目、干办舍人、舍人等。

土司属下诸官，多仿绿营军制命名，因系土司自行设置与任命，又不食官俸，故其职名并不与正式的清朝军制等同。由于容美土司在两湖地区势力最强，且世代有功于朝廷，其属官上报后，多为清廷所认可，故“皆有执照”[④]。由于土司握有任免属官的大权，容美土司又形同独立王国，为扩张势力与拉拢部属，往往滥加委任，故被当局斥为“滥假名器，任意妄为”[⑤]，“滥给札付”[⑥]。

土司官员内部，等级森严。上下级之间，形同主仆，不得僭越。如同《容美纪游》所述：

国中属员皆讲君臣礼。长子丙如虽已袭父职，每在父所，青衣带刀侍立，听指挥如家将。客在父坐，不敢举手，父退，则又臣其将校，虽妹婿弟侄，拜跪肃然矣。

从中可见严格的封建宗法等级制。容美土司甚至仿清朝讳名制，以突出其地位

---

① （清）顾彩：《容美纪游》。

② （清 光绪）《长乐县志·杂记》（续补）。

③ （清 道光）《鹤峰县志·杂述》。

④ （清）顾彩：《容美纪游》。

⑤ （清）《硃批谕旨》，第五十九册，雍正七年（1729年）四月十一日四川提督黄廷桂奏。

⑥ （清）《清世宗实录》，雍正十二年（1734年）四月丁未条，载湖广总督迈柱语。

之尊贵。

> 讳父名，并讳嫌名。以父名甘霖，司中最禁甘字。即言干亦以桔字代之。若云不相干，则云不相涉，柑子曰橘子，猪肝曰大心。甚至并讳酣、甜等字，邯郸梦改曰黄梁梦。犯者必被面叱。

“土官世官其民”。土司自称“本爵”，土民则称之为“爵爷”[①]，俗称其为“土王”[②]。据道光《鹤峰州志·杂述》载:“土民称峒长曰都爷，其妻曰夫人，妾曰某姑娘，幼子曰官儿，女曰官姐，子弟任事者曰总爷，其次曰舍人。”上述称谓，反映了土司与土民间存在着严格的阶级界限。土司对土民实行暴虐统治。据雍正十二年（1724年）五月十五日《湖广总督迈柱奏》中指出，忠峒“各土司鲜知法纪，所属土民滥行科派，甚至取其马牛，夺其子女，生杀任性，无所不至，土民敢怒而不敢言。”[③]

由于土司握生杀予夺之权，土民往往被逼致死。据清人毛峻德《告城隍文》载：“闻前此土弁，贪淫抢掳，民不聊生。有投崖而死者，有溺水而死者，有自缢、自刎而死者，更有无辜杀戮及毙于杖下者。”

刑法极为严酷。对此，《容美纪游》作了实录：

> 其刑法重者，径斩。当斩者，列五旗于公（指田舜年）座后，君先告天，反背以手掣之，掣得他色者，皆可保救，惟黑色则无救。次宫刑，次断一指，次割耳。盖奸者宫，盗者斩，慢客及失期会者割耳，窃物者断指。皆亲决。余罪则发管事人棍责，亦有死杖下者。是以境内凛凛，无敢犯法。
>
> 在南府口，余悯其每日必割数人耳，力劝其除是刑。

可见鄂西土司刑法有如下特点：酷刑，特别是滥用肉刑；用刑频繁，竟有每日割数人耳之多；土司亲决，以树立其威权。

需要明确的是，土司只对土民有治罪之权，而其境内汉民犯罪则由流官经历

---

① 见（清 乾隆）《永顺府志·杂记》。

② 见（清 同治）《宜昌府志·杂载》。

③ 见中央鹤峰县委统战部县史志编纂办公室：《容美土司史料汇编·奏章》，中国第一历史档案馆藏，1984。

审理。据载："土人有罪，小则土知州、长官等治之，大则土司自治。若客户有犯，则付经历，以经历为客官也。"[①] 所以说鄂西土司地区在法制上是实行土客分治的。土司兵。清代土司仍实行寓兵于农法。如同治朝《来凤县志·杂缀》所载："有事则调集为兵，以备战斗，无事则散处为民，以习耕凿。"

平时，土兵均要进行严格的军事训练。史载：容美土兵"皆素练习，闻角声则聚，无事则各保关寨。盔重十六斤，衬以厚絮，如斗大。甲重者十斤，利箭不能入。火枪打百步。一人搏虎，二十人助之，以必毙为度。纵虎者，重罚，猎他兽亦如之"。土兵作战则勇猛，容美兵尤以此著称。"桑植、东乡合兵来寇，容美以四十八骑破其千骑。红黑诸苗闻容美兵至，辄丧胆。诸司兵不及也。其追敌缘崖逾壁，必擒之。"[②]

除上述对外供中央王朝调遣驱使外，土司兵职能，对内而言，其作用有三：

一是守土保境。这是经常性任务。各土司在境内各险要之处，均设寨堡驻兵防守，或置哨台站岗探报。有警则鸣角或放狼烟，以传递信息至司治，还要对来往人员检查通行证，"照验放行"，以保山寨安全。

一是用武力侵扰内地。土司为扩大地盘、增补劳动力或掠夺财富，往往派土兵犯境占地、掳人、掠财。如，顺治二年（1645 年），"忠路司复与沙溪土司寇四乡，大掠于野"[③]。康熙四十二年（1703 年），"唐崖土兵寇掠县境，至石塔铺，掳男女六十余人"[④]。明、清之际，大田军民千户所边境田地"为施南、唐崖、散毛、木册、腊壁各土司占去，不下百十余处"。康熙五十四年（1715 年），大田掌印军民守御所钮正己断令土司退出所占，而令汉民备价赎取，并铭钟纪案。[⑤] 又，康熙年间（1662—1722 年）巴东知县齐祖望《咨移古制》中云：容美土司与巴东县"地界相争，自明季以来，时至今日，几无宁晷"。可见清王朝改土归流前，土司侵越边地之事从未间断。

---

① （清 同治）《来凤县志·杂缀》。

② 均见（清）顾彩：《容美纪游》。

③ （清 光绪）《彭水县志》，卷四。

④ （清 光绪）《黔江县志》。

⑤ 《铭钟纪案》，见（民国）《咸丰县志·土司》。

一是用以土司间纷争仇杀。史称：土司间“构怨兴兵，彼此杀掠，习以为常”[①]。如，康熙二年（1663年），容美、桑植二司纠合土兵四千余，入侵保靖司，焚劫庄寨六十余处。[②]雍正四年（1726年），“桑植土司向国栋与容美、茅岗、永顺土司仇杀，民不堪命”[③]。土司间彼此经常兴兵仇杀的结果，是生产受到严重破坏，百姓不得安宁。

因土司境内地广人多，故往往掳外人为役，以补充劳力与兵力的不足。据《容美纪游》载：“又有领纛主客兵，以客将为之。”“得俘……降则镣其足，令种田，期年而后释之，编为客兵。”可见，客兵、客将，均为外来之人。这也表明：容美土司对于外来甚至曾是敌对阵营之人，并不完全排斥，而是采取使其为我所用的包容方针，这也是容美土司得以发展壮大的重要原因。

实行宗族统治。鄂西土司，主要由田、覃等大姓构成。如，容美土司从上至下由田氏掌权。宣慰使以下，上至最尊旗鼓，“以诸田之贤者领之”；下至基层，“其余族人概称舍把”。本来，容美诸峒，并非田氏一姓之天下，故元代有“容美十七峒”之说，可证其系由许多不同派别所组成。直至明末清初，容美宣慰司下辖的椒山、五峰、石梁、水浕四大宣抚司，仍由他姓人掌管。这是为容美田氏土司所不容的。当容美土司势力日强时，终于用武力加以废止，而以田氏子弟代之。

五峰安抚使司及水浕、石梁各长官，均统辖于容美宣慰司。康熙甲寅年，容美司田九峰举兵虏五峰司张彤詔、水浕唐继勋、石梁唐公廉而以其子弟袭各司职。各司人烟殆绝，旋以各司子弟袭三司副长官职。[④]

环署有安抚司衙门四：一水浕、二椒山、三五峰、四石梁，皆容美属邑也。向俱外姓，今君使其子婿遥领，虽有地方，不之本任，四司之人日来侯焉。[⑤]

---

① （清）《硃批谕旨》，第五十三册，雍正六年（1728年）二月初三日湖广总督迈柱奏。

② 参见（清 乾隆）《永顺府志·杂记》。

③ （清 光绪）《湖南通志》，卷七九。

④ （清 咸丰）《长乐县志》，卷十六。康熙甲寅年，即康熙十三年（1674年）。

⑤ （清）顾彩：《容美纪游》。

归并这四司后，田舜年以其孙田图南为水浕安抚使，取代唐氏；以其侄田琨如为石梁安抚使，取代唐氏；以其子田曜如（后为其子田召南袭）为五峰安抚使，取代张氏；以其婿刘跃龙为椒山安抚使组成了完全由田氏及其宗族构成的统治体系。

政治联盟。土司之间，往往以通婚方式结成政治联盟，或则作为控制小土司的一种政治手段。如，光绪朝续补《长乐县志》卷十三载：容美土司田氏与五峰土司张氏“世为姻娅”。容美土司利用这种姻亲关系，最终达到归并五峰土司张氏的目的。又，《容美纪游》载：“君（瞬年）三婿：长向雨公，忠峒安抚；次刘天门，属邑椒山安抚；又次覃承彦，东乡安抚。”此为容美土司田舜年以翁婿关系控制小土司之例。因其族类相同，均属土家族之故，这种婚姻关系，甚至延伸至两湖土司之间，容美土司与湘西保靖土司“祖宗以来世为姻好”。康熙四十二年（1703 年），保靖宣慰使彭虹差干舍人赍书币来约盟，彼此“登坛行歃血礼”。其盟辞曰：“自今日以往既盟之后，保靖有难，容美救之；容美有难，保靖亦然。”两湖两大土司间由婚姻关系发展成同盟关系，这对稳定两湖土司地区起了极其重要的作用。

当然，由于各自利益不同，加上婚姻关系不当，也有世姻发展或世仇关系的。容美与桑植土司关系即如是。据《容美纪游》载：

其桑植，与容世姻，实世雠也。丙如（指容美土司田舜年之子）即宣慰向大鹏之婿，迎娶时大鹏以贽礼不备，尽褫使者之衣，夺其釜鬵。君恨之。虽音问时通，而侵伐不已。容与保靖通聘问，不敢取道于桑，必纡道取酉阳司。

直至康熙五十九年（1721 年），容美司主田旻如与桑植司主向国栋在桑植大岩屋会盟，刻石盟辞曰：“山高水长，忆其万年”，双方才重归旧好。①

独霸一方，形成尾大不掉之势。如《容美纪游》载：鄂西地区，除容美土司外，

其余忠峒、唐崖、散毛、大旺、高罗、木册、东乡、忠孝等名目，不可悉数。皆仰其鼻息，而凛其威灵，若郑、卫、邾、莒之事齐、晋。合诸司地，总计之不知几千百里。屏藩全楚，控制苗蛮，西连巴蜀，南

① （清 道光）《鹤峰县志·杂述》。

通黔粤，皆在群山万壑之中。

可见，容美土司已成为号令鄂西一方诸土司的割据势力。

土司甚至买通行省官府属员，以刺探情报和寻求保护伞。据雍正八年（1730年）十一月十九日，湖广总督迈柱奏："容美土司舍把唐遇世将田旻如所给空白印文至省，有布政司书办周士元、方恩义等私通信息。"[①] 这说明，鄂西土司确是"到处钻营"，无孔不入的。

有的强大土司，还敢违抗中央王朝之。从唐宋开始，特别是明末清初以降，容美土司异军突起，成了湘鄂西势力最为强大的土司。史载："永顺、保靖、桑植、容美四大土司，而容美最强，桑植亦能敌之，后乃结好。"[②]"楚蜀各土司中，惟容美最富强。"[③]

容美土司之所以能在当时的川东、黔东、湘西、鄂西诸土司中崛起成为第一大土司，其因有二：

一是其地理位置重要。容美土司地处鄂、湘、渝、黔交界的战略要地，并与湖北荆襄发达地区相邻。这既使中央王朝重视对当地的开发与经营，也便于当地与周边地区加强联系，从而促进了当地的发展。

一是与容美土司统治集团的决策有密切关系。明代后期，容美土官田世爵、田九霄、田玄、田甘霖、田舜年及其统治集团（尤以田舜年为著），一贯积极接受汉文化，采取了一系列具有远见卓识的措施。其中包括：采用一套封建政治制度取代原有的氏族统治；重视发展经济与拓展疆域，从严治军，对内统一诸峒，对外借重中央王朝威权。明末战乱以后，抓住发展机遇，超过湘西永顺、保靖两大土司的地位，而成为楚蜀地带最富、最强的土司。

随着土司势力的膨胀，事态开始向相反的方向发展。如，容美土司田旻如"制度僭越"，俨如独立王国；当清朝廷令其赴京讯问时，又"抗违不出"。[④] 这类行为是

① 见中共鹤峰县委统战部县史志编纂办公室：《容美土司史料汇编·奏章》，1984。

② （民国）《鹤峰县志》，卷十四。

③ （清）《硃批谕旨》，第五十九册，雍正七年（1729年）四月十一日黄廷桂、宪得奏，硃批。

④ 均见（清）《清世宗实录》，雍正十二年（1734年）四月丁未条。

为封建中央王朝的“国法不容”[1]的。这样，土司制度的丧钟终于敲响了。

二、苛重的经济掠夺

鄂西地区的土地集中在大小土司手中。肥腴田地为土司所占，次者归舍把、头人，土民则只有零星瘠瘠之地。

土司还在辖区以外大量购置土地。以容美土司为例，其主要记载有：

容美土司自称：先年曾用价银一百八十两买长阳县境柑子园、鱼翅滩等处水旱种共三石田。[2]“汉阳所属之南乡岳祖庙、北乡夏家咀等处，有土司官养膳租谷壹百叁拾贰石，武汉等处有土司官廨、衙署、佃房。”[3]“雍正（1723—1735）年初，慈利唐姓隘官，将金坪一带山场田土……周围约三十里，用印契卖与容美土司，价银一千零五两。”[4]“至川省连界之粟谷坝、李家坝、革潭坝等地方，虽系臣祖所置之产，其居民系土苗安置。”[5]总之，富强的容美土司当时在两湖地区的武汉、枝江、宜都、石门、澧州、常德，甚至四川界均有田产。值得注意之处有二：一是容美土司之田产竟布及鄂、湘、川三省，甚至把触角伸至当时湖北的政治、经济中心武汉地区，可见地域之广、影响之巨。一是完全采用封建地主的经营手法，用银币购置土地，用地契进行交易，靠出租土地以取租谷。从中可见，容美土司的胆识绝非采用落后统治方式的众多土司可比拟的，这也是容美土司迅速富强的原因所在。当然，土司购置汉区田产的做法，即所谓“土占汉产”，直接违反了“土人不得擅买汉地”的规定，为封建王朝所不容。

土司还采用以强力侵占边地的做法扩张领土。如上述，鄂西施南、唐崖、散毛、木册、腊壁诸土司均曾侵占边境田地。土司向汉区扩张的行为，是造成地界相争的重要原因之一。

土司对土民进行残酷的经济剥削。其收取地租的主要形式有三：

---

① （清）《硃批谕旨》，第五十四册，雍正八年（1730年）四月二十四日湖广总督迈柱奏，硃批。

② 见《汉土疆界碑》，引自《容美土司史料汇编·碑刻》。

③ 《田氏族谱》，卷三，《田旻如列传》。

④ （清 道光）《鹤峰州志·杂述》。

⑤ 雍正七年（1729年）六月廿一日田旻如奏，见《容美土司史料汇编·奏章》。

一是实物地租。据光绪朝续补《长乐县志·杂记》载："土司时，田地多系荒山，招佃开垦，先由银钱若干，一切修筑皆佃之费，田主但收其课，以完粮赋。土司官田则平分，所收以资兵食用度。如此佃不种，则令其另招彼佃，谓之顶拨。顶拨即过于原价，田主亦不过问。"可见，鄂西土司的土地所有制有两种主要形式：一为"土司官田"，收租以供衙门开支；一为各级土官占有的私田，收租后需完粮赋。

二是货币地租。据载：雍正七年（1729 年），"复奏湖北土司田旻如在四川界征花丝银，咨湖北察究。上谕曰：'楚、蜀诸土司，容美最富强，越分僭礼。应晓以大义，渐令革除。'"[①] 据四川提督黄廷桂奏："田旻如勒索土民，科敛丝花。因其地接川省，与建始县所属之粟谷坝等处连界，每年滥遣土目，勒收春花二丝银两，越界滋扰。"而田旻如自称："旧习常套，每地纳丝花半斛或数两不等。"[②] 这些材料说明：花丝银是按"田"征收的，故应属于地租的一种名目，因其是以"银"交纳的，故属于货币地租；征花丝银，早已有之，并已制度化，所以田旻如自称"旧习常套"；有的富强土司竟"越分僭礼"，越省征取银两，可见征收范围之广。

三是劳役地租。土民须为土司种地和在司署服役。据《容美纪游》载："其田，任自开垦，官给牛具，不收租税。民皆兵也，战则自持粮糗，无事则轮番赴司听役。每季役止一旬，亦自持粮，不给工食。在役者，免出战，故人人便之。"

土民须承担的"役"有两种，一是兵役，一是为土司衙门服劳役。关于劳役情况，从湘西土司材料中，可以得到说明与佐证："土司向例，每用人夫，即令舍把照户派拨，并无夫价。"[③]

除征收各种地租外，土司还"横征滥派"[④] 或"私征钱粮"[⑤]。这些额外征派，更是无章可循，大大加重了土民的负担。

总之，土司对土民征取实物地租、货币地租、劳役地租以及种种额外征派进行经济剥削，其剥削性质已属封建剥削制度与形式。

---

① （民国）赵尔巽：《清史稿·黄廷桂传》。

② 均见雍正七年（1729 年）六月廿一日田旻如奏，中国第一历史档案馆藏。

③ （清 乾隆）《永顺府志》，卷十二。

④ （清 乾隆）《鹤峰州志》，卷上。

⑤ （清）《清世宗实录》，雍正十二年（1734 年）四月丁未条。

土民不堪土司的残酷压榨，故起而反抗。据载：容美土司田旻如“所辖土民，被其凌虐，怨望日深”①。田旻如亲赴辖地催收秋粮后，“据边报，数地人民抗粮结党，携家带眷，将把官亲舍田旻如、头目向玉，黑夜捆缚，尽行逃出，并杀死唐玉虎、覃文荣、金爪等情”。此事虽疑有当局插手，但土民竟敢捆缚土司头目一事，终究表明土民已忍无可忍，土司已无法照旧统治下去了。

土司不仅压迫辖区内土民，而且掳掠邻近土司地区及汉族地区人口，以供出卖、种田或充客兵。以容美土司为例，据载容美土司掳掠邻司人口，“锁拘入峒，拷索财物”“杀男掳妇”②；“掳掠邻近土民”③；“田旻如擅卖邻司被掳女子”④。

第四节　改土归流

一、改土归流的原因

清王朝为了加强对民族地区的控制，决定改间接统治为直接统治。同时，在长期的历史发展过程中，由于南方诸族人民的辛苦劳动与各族人民间的往来、融合，加上历代王朝的治理、经营，民族地区的经济文化已得到一定程度的发展，其与外界隔绝的闭塞局面也已被打破。所以，至清代，改土归流的客观条件也已基本成熟。

因此，康、雍之际出现了一批主张改土归流的代表。他们揭露土司的罪恶，以说明改土归流势在必行。如，蓝鼎元的《论边省苗蛮事宜书》写道：

> 苗民受土司荼毒，更极可怜。无官民之礼，而有万世奴仆之势。子女财帛，总非本人所自有。……一年四小派，二年一大派，小派计钱，大派计两，土民岁输。土徭较汉民丁粮，加多十倍。土司一日为子娶妇，土民三岁不敢婚姻。土民一人犯罪，土司缚而杀之。其被杀者之族，尚

① （清）《硃批谕旨》，第五十四册，雍正十一年（1733 年）五月二十二日湖广总督迈柱奏。

② 康熙二十年（1681 年）十二月巴东知县《请严边防》，见（清　同治）《巴东县志·艺文》。

③ （清）《清世宗实录》，雍正十二年（乾隆朝）四月丁未条。

④ 见（清　乾隆）《鹤峰州志·沿革》，卷上，附录《原题部文》。

当敛银以奉土司，六十两、四十两不等，最下亦二十四两，名曰玷刀银，种种朘削，无可告诉。[①]

刘彬《永昌土司论》则云：

彼之官，世官也，彼之民，世民也。田产子女唯其所欲，苦乐安危唯其所主，草菅人命若儿戏，然莫敢有咨嗟叹息于其侧者。以其世官世民，不得于子于孙，且数倍蓰。故死则死耳，莫敢与较者。[②]

在鄂西，如上所述，土司同样对土民实行残酷的政治压迫与经济剥削。如同雍正十二年（1734年）五月十五日湖广总督迈柱奏中所云：鄂西地区“各土司鲜知法纪，所属土民滥行科派，甚至取其牛马，夺其子女，生杀任情，无所不至，土民敢怒而不敢言”[③]。

雍正四年（1726年），清王朝在全国大规模推行改土归流。清廷委任鄂尔泰为云南、贵州、广西三省总督，负责改土归流事宜。鄂尔泰通过招抚和镇压并用的办法，用了五六年时间，到雍正九年（1731年），基本完成了三省的改土归流任务。

二、鄂西地区改土归流的过程与特点

关于鄂西土司的改土归流过程，道光朝《施南府志·疆域·沿革》作了较为系统而集中的叙述：

（雍正）十年（1732年），东乡司覃寿春以长子得罪正法，诸子不才，呈请改流。十一年（1733年），忠建土司田兴爵以横暴不法，侵龙山，改设内地，经南臬审实，拟罪改流。俱为恩施县地。雍正十三年（1735年），施南司覃禹鼎以淫恶抗提，拟罪改流。又，容美司田明（旻）如穷凶极恶，覃禹鼎及东乡司覃寿春长子楚昭，皆其婿也。每犯罪，辄匿容美，屡提不出。当事以其先人从征红苗有功，置弗问。明如怙恶不悛，至是

① （清）蓝鼎元：《鹿洲初稿》，卷一，见《鹿洲全集》，第一卷第1册。

② （清）贺长龄：《皇朝经世文编·兵政》。

③ 见中共鹤峰县委统战部县史志编纂办公室：《容美土司史料汇编》。

特参拿问，明如畏罪自经。忠峒司田光祖等纠十五土司呈请改流。湖广总督迈柱题，以十五土司各境并原设恩施县，增为一府五县。将拨隶夔州府之建始县割还，特设施南府，辖六县。省归州直隶，改容美及所领五司为鹤峰州，隶宜昌府。

总之，清代鄂西地区共十九土司。即东乡、忠建、施南、忠峒、金峒、散毛、忠路、忠孝、高罗、木册、大旺、腊壁、东流、唐崖、龙潭、沙溪、卯洞、漫水、容美。容美司改流后所设鹤峰州另隶宜昌府，东乡、忠建、施南三土司先各以罪废，其余忠峒十五土司则为呈请改流。改流后，除容美以外的十八土司地均归施南府管辖。雍正六年（1728 年），从湖广总督迈柱之请，裁施州卫，设恩施县。改土归流后，十八土司地并入原设恩施县，特设施南府。施南府领五县：恩施、利川、咸丰、宣恩、来凤。乾隆元年（1736 年），四川省夔州府所辖之建始县划归施南府，从此施南府共领六县。

鄂西与他省的改土归流相较，有两点明显的不同。

一是从时间上讲，鄂西地区实行得较晚。如上所述，云、贵、川改土归流，从雍正四年开始，至九年基本完成。而鄂西地区的改土归流，则是从雍正十年（1732 年）才开始，至雍正十三年（1735 年）完成的。鄂西土司改流较晚的原因，主要在于鄂西土司一贯对清王朝比较恭顺。清王朝首先解决专横不法土司的改流原则，故置鄂西土司于其后。据《东华录•雍正十三年》载，雍正六年（1728 年）谕曰：

湖广土司甚多，各司其地，供职输将，与流官无异。其不守法度者，该督抚题参议处，改土为流，以安地方。若能循分奉法，抚绥其民，即与州县之循良相同，朕甚嘉悦，何必改土为流，使失其世业。前据湖南巡抚王国栋奏称，下峒长官司向鼎晟恳请改土为流，甚为诚切，朕未准行。今又奏称，土民有控告该土司之案，正在查审。朕思从前该土司改土为流之请，大抵由于土民之怂恿，及土司所请未曾准行，而土民复又列款控告，冀朕严治土司之罪而尽改为流。其所控必非实情，著该督抚留心详察。凡属土民，必不敢控告土司，皆由汉奸唆使播弄，冀生事端，以便从中逞奸滋弊耳。若各处土司等，因他处已改为流，不得已而仿效呈请者，朕皆不准。若被汉奸唆使控告，俾土司获罪而改土为流者，朕

更不忍。该督抚等当以朕内外一体之怀，通行晓谕，俾土司等守土奉法，共受国恩，不必改土为流，始为向化。至于土司实在不法，恶迹确著者，该督抚据实参劾治罪。

故史称，雍正帝告诫湖广当局，“勿得轻议改流”。[1]可见，改土高潮时期，清朝廷的初衷，对鄂西土司是“不必改土归流”的，但后来鄂西土司还是未能幸免。其因有二：一是随着改土的顺利推进，“因他处已改为流”，清朝廷在一片颂声中，对鄂西的改土也顺势而行了；一是与地方官改土邀功、滋生事端有一定的关系。

一是从地域和程度上讲，清廷在鄂西全境进行了彻底的改土归流。清雍正改土归流后，云南、贵州、广西、四川等全国土司的主要分布地区仍有大量土司存在。据笔者粗略统计，乾隆年间（1736—1795 年）全国文武土官共 408，鄂西土司却无一家。据《清史稿 • 土司列传一》载：

清有天下，仅施南、散毛、容美三宣抚使，永顺、保靖两宣慰使而已。雍正年间，施南、容美、永顺、保靖，特设施南一府，隶北布政使，永顺一府，隶南布政使。两府既设，合境无土司名目。

换言之，湖广地区土司的改流是颇为彻底的。主要原因在于：两湖土司地处内地，受汉文化影响较深，故改土较易；其居腹心之地，容易威胁清王朝的统治。故清王朝采取了“宜革不宜存”的方针。清人刘彬在《永昌土司论》中写道：

窃以为在内地之土司可裁也，虽在沿边实同于内地亦可裁也。……顾使侏异类，深根固蒂，分踞郡县中，岂国家久安长治之善策乎？……若沿边之土司，则宜存也。彼既不在我腹里之地，与我土地不相错杂，城廓不相逼近，无事则藩篱之用，设或有事，犹可一面卫之。非若内地者，一有不虞，即在心腹之间也。[2]

可证，鄂西全境土司的废除，是绝非偶然的。

---

① 参见（民国）赵尔巽：《清史稿 • 世宗本纪》。

② （清）贺长龄：《皇朝经世文编 • 兵政》，卷八六。

三、清王朝对鄂西土司的改流策略

清王朝为顺利完成鄂西土司的改流工作，采取了下述各种策略：

以各种借口，裁革土司。其中计有：

施南宣抚司，以“淫恶抗提”改流。

东流安抚司，以“长子得罪正法”改流。

忠建宣抚司，以“横暴不法”改流。

容美宣慰司，以“穷凶极恶”改流。

忠峒等十五土司，以“呈请献土归流”。

集中力量打击强大不法之土司。清王朝首先从“最富强”的容美土司开刀，以此迫使其他弱小土司就范。对此，雍正十一年（1733年）八月廿九日湖广总督迈柱奏中说得极为明白：

> 伏查容美处在深山，犹如釜底。该土司不过于各土司中狐假虎威，而各土司以弱不敌强，只得听其指挥。今田旻如被劾，在有事之秋，各土司断无听其煽惑，自取灭亡也。[①]

清王朝这一做法，收到了明显效果。容美土司被裁革后，其他土司纷纷“自请”改流。

在湖广土司中，采取先湘西、后鄂西，以湘西促鄂西之办法。当时，湖广有四大土司，除容美土司在鄂西外，永顺、保靖、桑植三土司均在湘西。雍正三年（1725年），湖广当局就已决定把矛头指向湘西，他们认为：容美土司田旻如，“阴悍，诸司畏慑，不可遽取。桑植一司为后户，永顺、保靖二司，乃其犄角。抚数司郡县之，则容美自困”。由于鄂西土司与湘西土司地域相邻，又同属土家族，彼此可谓唇齿相依的关系。果然不出所料，当桑植、永顺、保靖三土司先后在雍正四年（1726年）、六年（1728年）、八年（1730年）改流后，鄂西土司也纷纷表示愿入版图。据《清世宗实录》，雍正十二年（1734年）六月丁未条下载：

① 转引自中共鹤峰县委统战部县史志编纂办公室：《容美土司史料汇编·文告》，1984。

湖广总督迈柱奏言，忠峒宣抚司田光祖等十五土司，齐集省城，呈恳归流。因见永顺、保靖、桑植诸处改土以来，土民安辑，各得其所。今土众等既不甘土弁之鱼肉，而土弁又不能仍前弹压，是以激切呈请改流。

可见，以湘西压鄂西的做法，是行之有效的。

总的说来，鄂西土司的改流问题，是采取较为和缓的和平方式解决的。这一解决办法，有利于鄂西民族地区的稳定。

四、清王朝对容美土司改流的步骤与措施

在鄂西土司的改流中，关键是解决容美土司的问题。因此，容美土司的改流是颇富代表性的。归结起来，清王朝对容美土司改流的步骤与措施，主要有三：

预谋改流。如同上述，清王朝决定先对容美土司改流，这是既定方针。就是说，不管容美土司或抗或从，裁革的厄运是无法逃脱的。至于改流的罪名，只不过是一种借口而已。筹划容美土司的改流，最早见于雍正七年（1729 年）七月十五日湖广总督迈柱奏中，可谓由来已久。据该奏称，已遣使对“素常狡谲”之容美土司田旻如加以宣谕，“并可默识该土司境内道里险易情形”[①]。

调动兵力，军事震慑。接着，清王朝命湖广、四川总督同时作好进兵准备。据雍正十一年（1733 年）八月廿九日湖广总督迈柱奏：已“密札附近容美之各镇、协，密为整备，料理妥协，俟时机调度，不致惊扰”。

雍正十一年十一月十七日田旻如奏：“孰料督臣（指湖广总督迈柱）未参之前，已与恩施县知县钮正己合谋，谣言恐吓，将臣之边地人员勾通星散，且欲剿灭诸土，保钮正己为知府，改诸土为流议。”雍正十二（1734 年）年正月十七日四川总督黄廷桂奏：“前臣等因关紧邻，密饬备兵，钦奉硃批，大局似备而不用者。”[②]

策动民变。由于土官世世代代骑在土民头上作威作福，因此，当土官面临灭亡命运时，在清朝大兵压境的武力支持下，土民起而反抗。据雍正十二年正月十七日

① 以上奏文，均为中国第一历史档案馆藏。

② 以上奏文，均为中国第一历史档案馆藏。

四川总督黄廷柱奏：

> 有容美土人田新如等，押解土官儿子田祚南，太监两名向文秀、王于子，并大炮贰门、令箭贰支，问土人侯云说，初五日，众百姓围住天泉寨，初九日设哄下寨，拾壹日田土官自缢。中军田畅如，系土官四弟，同施南土官二人，连印解出渔洋关；二弟田琨如，解出奇峰关；五弟田琰如，解出大岩关等语。……伏查田旻如倚仗山窟，恣意踞傲，今土民等竟能通晓大义，逼之使出，以致畏罪自尽，并将伊子弟及私行阉割人等，押解来投，向化之诚实属仅见。

《清世宗实录》雍正十二年四月丁未条下则载，湖广总督迈柱奏言：

> 阖司土民，见其（指田旻如）不法，恐干天讨，投出者共有五百七十余人。又有石梁司长官张彤硅，先率土民投缴印信令箭。其不能投出之土众，又计诱田旻如出洞，催令起程，旻如自知众怨亲离，投环自缢。

概言之，在清朝军事调度停当，田旻如已成“釜底游鱼”[①]之后，雍正十一年清廷调田旻如进京引见，以便调虎离山，由地方当局具体办理鄂西诸土司改流与安置事宜。但田旻如于十月初二日接旨后，采取拖延战术，以“山水泛滥”需“安辑地方人民”为由，“祈假宽限”。雍正帝批示，如再加推诿，则要治其“抗违之罪”[②]。十一月初七日，朝廷再次催促田旻如进京。田旻如见事情已发展至毫无转旋的余地，乃决心最后一搏，即于十二月初三日携眷进平山寨万金洞，以图固守顽抗。但其时大势已去，土民纷纷投出，石梁司长官张彤硅率众倒戈，余下土众又逼迫田旻如出洞起程。有鉴于此，田旻如于二月十一日投环自缢，其掌权诸兄弟出降。从容美土司众叛亲离与土崩瓦解一事，可证废除土司制度是符合土司地区广大人民的意愿的。

清王朝解决容美土司的问题以后，其他诸土司的改流问题迎刃而解。据《硃批谕旨》载，湖北总督迈柱奏称：忠峒土司田光祖联合散毛、忠路、忠孝、高罗、木

---

① （清）《硃批谕旨》，五十四册。

② （清）《硃批谕旨》，四十九册，雍正四年（1726 年）九月十九日鄂尔泰奏。

册、大旺、金峒、腊壁、东流、唐崖、龙潭、沙溪、卯峒、漫水十五土司于雍正十二年（1734 年）五月八日，“齐集省城，公恳归流。缘土民见永、保、桑诸处改土以来，抚绥安辑，莫不望风归响，愿入版图。在土众既不甘土弁之鱼肉，而土弁又不能仍前弹压，且舍把向来擅作威福，所以激切呈请归流，倘蒙俞允，则土官土民各遂其生等语。”“楚省各土司如永、保、桑诸处，前经改入内地安辑抚绥，各得其所。而容美一司又现议改隶，今忠峒等十五土司复望风归响，愿入版图，同向该督衙门，恳切呈请。朕俯念舆情，准其一并改设。”

换言之，在湘西诸土司改流特别是鄂西容美土司田旻如覆灭后，鄂西忠峒十五土司“齐集省城，公恳改流”，雍正十二年（1734 年）六月初三日清廷准其一并改流。

五、对改流土司的不同处置

清王朝对恭顺的土司，改流时一般都给予优厚待遇。这在鄂尔泰的奏折中，已拟议得十分明确：对于投献者，“但收其田赋，稽其户口，仍量予养赡，授予职衔冠带终身，以示鼓励”[①]。

对湖广土司的安排也如是。其主要记载有：

《清世宗实录》雍正十二（1734 年）年六月丁未条下载，湖广总督迈柱奏言：对献土的忠峒等十五司，

> 将各土弁分发各营，给以外委千、把总衔，令其食粮，以终余年。则土司官民，各遂其生矣。

《清世宗实录》雍正十二年十二月壬戌条下载：得旨，

> 首先缴印之石梁司长官张彤砫，著赏给千总职衔，支食俸薪，以示奖励。

《山羊隘沿革纪略》载：

> 乾隆二年（1737 年），“诸土向化，改设郡县。前各隘职衔已为冗员，

① （清）《硃批谕旨》，四十九册，雍正四年（1726 年）九月十九日鄂尔泰奏。

添平、麻寮两所二十隘正副千百户六十三员，一并裁汰。经总督部院迈题请，沿茅岗司世袭之例，复荷皇恩，准授以世袭千百把总职衔，各给专敕一道，命其各安泛土，毋庸安插。”[①]

以上材料说明，清廷对自愿改流之土官，在政治上分别赏予千总、把总职衔，经济上“支食俸薪”，以示鼓励。其目的，在于使改土工作减少阻力。

但是，清王朝对赏给职衔的土司，往往仍心存戒惧，故也有将其调往外地任职之举。据同治朝《来凤县志·土司》载：漫水司“向廷富，袭。雍正十三（1735年）年改土归流，徙孝感县安插世袭千总，后升守备”，百户司“向权，袭。雍正十三年改土归流，徙孝感县安插世袭把总”，即属此例。

对以罪改流土司，清廷的处置则相当严厉。其主要惩治措施有二：

一是没收其田园入官。据雍正十二年十一月湖广总督迈柱奏，“请将田旻如父子田园仍入官外，其余衣饰等物赏给旻如妻子，以属情法兼至”[②]。这表明，没收以罪改流土官田园，本是通例。后来，由于雍正帝认为田旻如属于畏罪自尽，尚与抗拒官兵者有所区别，才予变通，下令其“田产不必入官，著查明变价，并给予妻子，以为度日之费。”[③]。

二是将有罪土司及其家口流徙他方。根据土司的表现和态度，清朝对改流土司除就地安置外，还令其按指定地点迁徙。如《清史稿·刑法志二》载：“惟条例于土蛮、猺、僮、苗人仇杀劫掳及改土为流之土司有犯，将家口实行迁徙。然各有定地，亦不限千里也。”迁徙目的是防止其改流后东山再起，“恐复生事犯法”[④]。土司及其家口迁至外省后，还受到严密监视。史载：“土司并家口分别罪犯迁于远近省安插者，饬令该地方官不时稽查，毋许生事扰民出境，如疏纵本司本犯，将该地方官照军流罪犯取保逃跑例议处。”[⑤]

对容美土司田旻如及其追随者之家口，即实行了迁徙政策。据《清世宗实录》

---

① 见湖北鹤峰县《甄氏族谱》。

② 见中共鹤峰县委统战部县史志编纂办公室：《容美土司史料汇编》，1984。

③ （清）《清世宗实录》，雍正十二年（1734年）十二月壬戌条。

④ （清）《大清会典事例》，卷一四五。

⑤ （清）《吏部处分则例》，卷三七，疏纵安插土司家口条。

雍正十二年（1734年）十二月壬戌条下载：雍正帝下令，对田旻如之“眷属及胁从之人，俱从宽免死，交与总督迈柱，分别安插别省居住”。乾隆朝《鹤峰州志》卷上，《沿革》附录《原部题文》载：

> 田旻如之妻妾子女，应请照犯斩绞土司之家口安插远省例，与应流徙乌喇之父母祖孙兄弟，免其异处，一并解交陕西安插。拟斩之田畅如、田琰如，系田旻如之弟，应免死减等，与田旻如之家口，同解陕西安插，令其团聚。拟斩之向日芳、田安南、向虎，阉人刘冒、仁寿、史东东，应免死减等，解交广东于极边地方分别安插。其向日男、田安南、向虎之妻妾子女，及父母祖孙兄弟，亦应免其为奴，与向日芳等一同安插。拟绞之刘安太，应照例减一等，佥妻流三千里。拟流之谢希大、聂佩、向志高、王学、向丙韬，应照犯军流等罪土司之家口，迁徙近省安插例，解交河南安插。

《田氏族谱》卷三《田旻如列传》：“其容美土司裔，除安插陕西、广东、武昌各省外者，各自安命守分，退处遐壤，务农讲学。”

六、清王朝对改流后原土司地区的政治、军事与经济政策

土司改流后，清朝在这些地区还采取了设流官、派戍兵、编户籍、立保甲等措施。

据乾隆朝《鹤峰州志》卷上，《沿革》附录《原题部文》载：鄂西改流后，

> 应建城池、衙署、祭祀、坛庙、祠宇、仓库、监狱、营房、圹房、墩堡、瞭楼以及铺兵栖址，孤贫养济、官渡船只，并山路陡险急需开修通利等项，均应俟新州县题授有人之日，该督等查照湖南永顺、永绥成例，确估动项兴修。

换言之，清王朝要求设置新府、州、县后，即“设官定制”后即着手城市各项建设，以巩固清王朝对当地的直接统治。在军事上，乾隆元年（1736年）设军事机关施南协，下辖营汛。设置副将一员，中营都司一员，左右营守备各一员，与步战防兵一千四百七十七名。

经济上，改流后期，清朝对原土司地区仍予以照顾，并未立即按汉地科则加税，只征“原额秋粮”[①]。即如前所述，鹤峰州原容美土司地区额征秋粮折银九十九两，施南府所属原土司地区额征秋粮折银七十三两六钱四分，而且均“豁免钱粮三年”[②]。由于没有土司的中间盘剥，原湖广土司地区所征，“较之土司陋规，十不及一”[③]，这一赋税政策宣布后，所谓“老幼欢呼，欢声动地”。从中可见，这些措施确为当地人民所欢迎，也为鄂西地区社会经济的发展，提供了有利条件。

与此同时，清朝还派人着手丈量土地、编丁纳赋等准备工作，以便条件成熟时实行如同汉族地区的赋税政策。如，乾隆朝《鹤峰州志》卷上载：

> 容美土司，原纳秋粮折银九十九两，向非按亩完粮。今既改设州县，其田地之成熟者，应按亩征输。荒芜者应多劝垦。但现在并无顷亩区册可考，实在可征粮银若干，未能悬拟。应俟议设州县履任后，逐一查明，照内地制例，按亩升科纳粮，解司充饷。其一切人丁，应照例五年编审。

可见，照原额秋粮征取只是暂时政策。其因有二：一是为稳定改流后的局势，防止动乱；一是“无顷亩区册可考”，无法定额。故只有待新官上任后，经丈量土地并记录在案后，才可按“内地制例”“按亩征输”。

没收的土司土地，主要用作“州属官田”。如，鹤峰州有官庄水田二十一处，坝地二处，还有官荒山田，“知州毛峻德奉文，将土司之入官田产，置庄招佃，领种纳租”。所收租谷，除“完纳条饷外”，余则“给发兵米”，倘有剩余，则“存贮常平仓，随时易换稻谷，以备青黄不接，接济兵民”。[④]

官府还大力鼓励土民与外来农民垦荒种地。据《清实录·世宗实录》载：“各省凡有可垦之处，听民相变地宜，自垦自报，地方官不得勒索，胥吏不得阻挠。”据此，改流后第一任鹤峰州知州毛峻德发布的《劝民告条》中写道：

---

① （清 乾隆）《鹤峰州志》，卷上，《圣制》。

② 雍正十二年（1734年）十一月湖广总督迈柱奏，见《容美土司史料汇编》。

③ 参见（清 道光）《鹤峰州志·风俗·附》。

④ 同注③。

民间有主荒土，到处尚多未开。原限本年全熟，因何宽缓延挨。来年如有未垦，外地招农过来。不论有主无主，概作官土赏栽。并即发给印照，永远管业不改。[1]

随着汉族移民的大量涌入，汉区较为先进的农具与生产技术广为传布，山林被大片开垦，长期存在的“刀耕火种”的落后农业生产方式有所改观，农业生产得到迅速发展。这在方志中有大量具体而又生动的描述。据同治朝《宜昌府志·食货》载：鄂西地区改土后，“人民四集，山皆开垦”。同治朝《建始县志·物产》载：“迨改土以来，流人麇至，穷岩邃谷，尽行耕垦。”“迢施郡改土归流之后，人烟稠密，猛兽远藏。”同治朝《建始县志·风俗》又载：“昔弃为欧脱者，今则等于商於。”这也为族谱所证实。据《甄氏族谱》所载《山羊隘沿革纪略》中云：

至乾隆年间（1736—1795 年），始种苞谷，于是开铁厂者来矣，烧石灰者至焉。众来斯土，斧斤伐之，可以为美乎？叠己青山为之一扫光矣。……而外来各处人民挈妻负子，佃地种田，植苞谷者，接踵而来。山之巅，水之涯，昔日禽兽窠巢，今皆为膏腴之所。

这是改土归流后鄂西民族地区耕地面积大增以及生产面貌改观的有力证明。

七、改土归流的作用

关于清代改土归流的作用，学术界的看法并不完全一致。笔者认为，“改土归流严重阻碍了少数民族地区社会生产的发展”这一认识是不当的。应该说，改土归流具有进步的历史意义。这通过对鄂西地区改土归流全过程的分析，可以得到有力证明。以鄂西民族地区而论，改土归流后废除了已不适应历史发展的土司制度，取消了土司对当地人民残酷的剥削与压迫，加速了汉族较为先进的经济、文化的输入与传播，促进了当地经济特别是商品经济与文化教育事业的发展，冲击了传统的道德观与价值观，改变了其千百年来基本上孤立、封闭的状态，因而使社会面貌有了较大的改观。当然，这些变化只是与土司统治时期的鄂西民族地区本身相比较而言

① （清 道光）《鹤峰州志·风俗·附》，卷下。

的。当时鄂西地区的整体水平，与汉族地区相较还是存在着较大差距的。

与此同时，必须指出，清王朝改土归流的目的，在于加强对民族地区的统治。因此，也存在着消极作用。以鄂西民族地区而论，主要反映在三个方面：

一是流官取代了土官，同样对当地人民实行残酷统治。而且，任用流官官员，多从汉族中拣选，而忽视从当地少数民族人士中选拔。即使其后有少数民族出身之人参加进来，但也是已融合于汉族之人，他们并不能反映与代表当地少数民族意愿与利益。

二是不尊重历史上长期形成的民族特点与风俗习惯。清代改土归流后，各地流官均曾采用行政命令的办法，对一些“旧俗”加以禁革或晓谕。如：鹤峰第一任流官知州毛峻德所发布的一系列文告[①]，有的是属于改革陋习的，《劝农蓄粪》《劝积贮》告示即属此例；有的则是封建统治者用封建伦理道德观念强行干预或改变少数民族风俗习惯的，对“婚姻礼节”所定的一些条例即属此例。应该说，清朝统治者采取的强迫民族同化政策，在很大程度上是后世土家族民族特色急剧减退的重要因素。

三是移民的无序涌入，自然资源急剧而过度的开发，导致生态环境受到空前破坏。改土归流虽对鄂西地区整体经济发展，起了巨大促进作用。但是，与此同时，大量流动人口的无序涌入，无节制开发，滥砍滥伐，又造成森林迅速减少，水土严重流失，生态平衡失调，对当世乃至子孙后代，都造成重大影响，其负面作用也是至为明显的。如，道光朝《施南府志·典礼》卷十载：

> 承平日久，生齿渐烦，虽幽宕邃谷，亦筑室其下，峻岭高冈，亦耕种其上，可谓地无遗利，人无遗力矣。然多狃目前而忘远虑，常有因夏月骤雨，大水暴涨，阖室漂荡者；有耘耔山上，奔避不及，被急流冲去者。如乾隆四十一年（1776年）六月大雨，贡生尹启麟居后山，水暴涨，住宅坍塌，器用漂流，贡照亦失，幸人口无恙，亦其鉴也。

又，道光朝《鹤峰州志·杂述》卷十：“山水泛涨，无岁无之，惟乾隆五十三年（1788年）五月二十二日，郊外西街冲去民舍数十间。”

① 均见（清 乾隆）《鹤峰州志》，卷下，《风俗·附》。

可见，由于只顾眼前利益而不从长远打算的做法，必然会招致大自然无情报复，而且造成人民的生命财产遭受不可挽回的损失。也对经济的持续发展造成严重障碍。穷岩邃谷，尽行开垦；大量砍伐森林，以致青山变成秃岭，植被面积日益减少；禽兽逃匿，许多动物减少以至绝种；水土流失，水源衰减，土地日益贫瘠。这种沉痛的历史教训，是应为后人认真吸取的。

第九章　清代鄂西民族地区的经济与社会

第一节　清代鄂西经济

有清一代，鄂西民族地区经济可分为三个发展阶段：清初，经明末动乱之后，经济有所恢复和发展；清雍正改土归流后，解除了土司制度对生产力的束缚，废除了“蛮”汉禁止往来的禁令，鄂西地区的经济获得了继宋代之后的又一次飞跃发展；清末，随着西方资本主义的入侵，中国逐步沦为半封建半殖民地社会，鄂西民族地区的经济也发生了急剧变化。总而言之，在鄂西民族地区开发史上，清代占有极其重要地位。

一、农　业

清代，鄂西农业得到了空前发展，这与水利灌溉业、农具以及耕作技术的进步紧密相连。

水利灌溉业。清朝时，鄂西人民为摆脱靠天吃饭、靠人力灌溉的落后状态，广兴水利，并采用高效的机械实现灌溉。据同治朝《来凤县志•食货》卷十五，水利条载：

> 来凤土田，均在山坡。长川之水，下就溪壑，近水平衍之处，间用水车、筒车汲引，以资灌溉。稍高则不能引之使上也，惟岩谷之间，随地生泉，筑坝挑渠，上承下接，亦可灌田数亩及数十亩不等。若遇有沟壑，不能接笕处，则任其泄放，无术引远矣。县西南及东隅沙坨坪、桐梓园、牛车坪等处，地平无泉，旧皆荒废，故有茅草滩之名。前令张公董工，开凿为渠三道，一引红岩溪水，灌沙坨坪，一引龙洞桥水，灌桐梓园，其西南则自伏虎洞导流，牛车坪得灌焉。穿岩渡峡，颇费心力。自此城乡，俱有水畦。惜山多土旷，挹注为难，仰承雨露为生活者，尚多耳。
>
> 水车，形如车箱，长丈余或八九尺，高尺许，广如之。以短木片联

贯其中，头横圆木两端，作车轮状，别置一架，人坐架上，以足转轮取水甚速。东坡诗云：“翻翻联联衔尾鸦，荦荦确确蜕骨蛇。”形容酷似。

筒车，就溪河低洼处塞坝，以竹为广轮，惟溪为度，钳空两重如车制外毂，匝置竹筒，两木夹持，侧没水中，水冲轮转，筒水倒流，周回不息，日计一车可灌十亩。

同治朝《来凤县志•风俗》卷二八又载：

而筒车转水溉田，尤为事半功倍。……大约一具可灌田数十亩，较桔槔之制，尤为不劳人力。

可见，清代鄂西地区灌溉系统已粗具规模。由于官方的组织与提倡，筑坝修渠，使城乡均有“水畦”。再辅之以水车、筒车，实行大面积灌田，使劳力大为节省，效率大为提高。

改进农具与推行牛耕，是促进清代鄂西农业发展的又一重要因素。据同治朝《来凤县志•风俗》卷二八载：“高低田地，皆用牛耕，间有绝壑危坳，牛耕所不至者，则以人力为刀耕。农具，诸类悉具。”民国时修《咸丰县志•礼教》卷三载：“县境山多田少，一切耕作，皆用牛犁。大抵高原宜黄牛，平地宜水牛，至远乡绝崖危坳，耕以人力。”这样，就形成了高原用黄牛、平地用水牛、危崖处用人力的、合理的耕作方式。牛耕农业的推广，是鄂西民族地区脱离原始农业落后状态的重要标志。故时人有“即今向化买牛犊”[①]之誉。随着牛耕技术的发展，犁耙成为耕田整地主要工具，在生产中占有重要地位。

施肥多寡是影响农作物产量的重要因素。清代特别是改土归流以后，鄂西地区逐渐注意给农作物施肥。乾隆年间（1736—1795年）鹤峰州首任州长毛峻德曾专门发布《劝民蓄粪》告示：

求土之沃，莫先蓄粪。……闲时则捡拾人畜各粪及烂草火灰，堆积池中，至来岁春耕，先挑撒积粪和拌土中，然后下种。如此培植，不出

① （清）商盘：《苗刀歌》，见（清 道光）《施南府志•艺文》，卷二七。

数年，土肥苗壮，收成倍昔。[①]

除使用人畜粪外，鄂西地区还广泛使用树草沤肥，这是当地用肥因地制宜的一大特点。据同治朝《来凤县志·风俗》卷二八载：“农人于冬月，满田浸树叶，谓之压青。至春来，叶烂泥融，可以代粪。”但是，当时主要给农作物施底肥，极少追肥，从而影响了农作物产量的提高。

由于耕作技术有所改进，鄂西地区播种后靠天吃饭、不加管理的状态有所改变。已有耘田、除草、除虫之举。

清代鄂西地区的人民已广泛利用水力资源，以取代人力加工农副产品，既节省了大量劳力，又促进了农业经济的发展。如，同治朝《来凤县志·水利》卷十五载：

水碓，于山腰空隙飞泉倒流处置之。水激而碓，自舂顷刻米成。昔人所谓山碓，水能舂是也。

水磨，于山腰泉落处为磨。磨因水动，自相摩击。邑之磨香饼以作条香者，多用此器。

水碾，凡两层，下一层就流水高处，作一空穴，以木为盘，盘上用木数十道，中立一木柱，直上上一层，排列大木，土盖木上，铺作地形，以石作碾槽，以叉桠木安两轮，空其柄，中置柱上。水从高落，则冲动水盘，盘并柱走，碾亦应之。日可碾熟米一二十石，为利无穷。

利用水碓、水磨、水碾等自动机械装置，对稻谷、米麦等农产品进行加工，大大提高了生产力，“为利无穷”。

总之，有清一代鄂西农业有了空前发展，城郊、平土地带尤甚，但是山区仍然普遍采用刀耕火种的耕作技术。如，同治朝《来凤县志·风俗》卷二八载：本邑农事，“方春，视山可垦处，伐木烧畲，种植杂粮，悬岩峭壁皆满，而苞谷尤多。”可见，鄂西山区居民种植旱地作物，仍多采用“伐木烧畲”的传统方法。故有“年年十月便烧山”[②]之诗句。

① （清 乾隆）《鹤峰州志·风俗·附》，卷下。

② （清）商盘：《下车兼旬即景成吟以当采风》，见（清 道光）《施南府志·艺文》，卷二七。

清代鄂西民族地区在农业生产的劳动组合中，具有三大特点：

一是在村社中存在互助合作的传统生产习俗。如，同治朝《来凤县志·风俗》卷二八载："四五月耘草，数家共趋一家，多至三四十人。一家耘毕，复趋一家。一人击鼓，以作气力，一人鸣钲，以节劳逸，随耘随歌，自叶音节，谓之薅草鼓。"此种协作风习之形成，原因有三：第一，保留了原始社会时期共同劳动的遗习；第二，在生产力低下条件下，集中劳力根据各家农事的缓急轻重而轮作，以免误农时；第三，集体劳动可以增加劳作乐趣与提高效率，"薅草歌"即起到这个作用。

二是男女合作。据同治朝《来凤县志·风俗》卷二八载："邑田少山多，男女合作，终岁勤动，无旷土，亦无游民。"

民国时修《湖北通志·舆地》卷二一载：利川县俗"男女杂作，勤耕稼"。显然，这与平原地区的汉族农民的男女分工不同。由于生产力低平，在鄂西民族地区必需男女同时从事主要劳动，才能完成农业生产任务。

三是妇女在劳动中起着重要的作用。她们除了从事田间劳作外，还需负担繁重的家务劳动，"勤苦特甚"。如，同治朝《来凤县志·风俗》卷二八载："农家妇女，纺绩室中，馌饷野外。负篓于背，上山斧薪，下田薅草，有襁褓儿即置篓中，挂树间，啼则乳之，手犹缝纫不辍。归操井臼。勤苦特甚。"道光朝《施南府志·杂志》卷三〇则载："杜诗云：'土俗坐男使女立，男当门户女出入。'施地乡僻处皆然。男主家中接宾客，饮酒食肉而已。水耕火种，妇女任之。"

这种"女劳男逸"的现象，在南方民族中普遍存在。

粮食作物主要有稻谷、麦类、高粱、粟、豆类、芋以及清代中叶先后传入该地区的玉米、红薯、马铃薯等，经济作物主要有油菜、苎麻、茶叶、药材、烟草、水果、蔬菜等，还有魔芋、蕨薇、竹笋、蜡、漆、桐油、靛、烟草等。分述如下：

稻谷。鄂西地区的稻谷品种繁多。据同治朝《来凤县志·物产》卷二九"谷"目下载：粳稻，土人呼粳米统曰"黏"，黏有二十余种；糯稻，糯之类，亦二十余种。

稻谷，被当地居民视作主要食粮加以推崇，故称其为"大粮"，而称其他粮食作物为"杂粮"。如，同治朝《恩施县志·地情》卷七载："里人呼苞谷各种为杂粮，而呼稻谷为大粮。"

由于鄂西民族地区为多山地区，而水稻宜在近水低山平地栽种，加之水稻栽培技术复杂、技术要求高，故水稻耕种并不占居主要地位。故史称：

山行平旷处，皆开田种稻。[①]

邑，唯渔洋关、水浕产稻谷，本城长乐坪、自溢寨、麦庄、石梁、界山等保，亦间有之，唯以苞谷为主。

苍蒲十里膏腴多，不种水禾种旱禾。[②]

邑民食稻者十之三，食杂粮者十之七。[③]

至收成之关系，则苞谷常占十之六，稻谷只占十之四。[④]

具体而言，稻谷与旱地作物栽种往往因地而异。一般平原多种稻，高山则多种旱作物。据民国时修《咸丰县志·礼教》卷三载：“平地农家，恃稻田为正粮，而补助以荞麦、豌豆、蔬菜；高山农家，以玉蜀黍为正粮，而补助以甘薯、马铃薯。”可见清代鄂西居民日常生活以杂粮为主食，以稻米为辅。

鄂西地区稻谷生产之所以能得到发展，与宋代特别是明代以后的军屯密不可分。随着耕作技术的提高与生产的发展，愈至后世，鄂西的稻谷生产愈占重要地位；稻米产量虽少，但质高，“稻米甚香粒少，与江淮无异”。[⑤]

麦类。有小麦、大麦。“今之老麦，即大麦；磨面作饼饵者，皆小麦也。”[⑥] 小麦是本地广泛种植的重要传统粮食作物，被视为上食。低山地区三月，呈现“大麦垂黄小麦青”景象。秧苗、麦穗相映成趣，构成一片靓丽农村风光，故诗人有“秧苗稍长寒崖水，麦穗初黄绿野畴”[⑦] 之咏。此外，还有被视作“嘉种”的燕麦，“易长、易收”的荞麦。

高粱。可供食用、酿酒，粱尾可缚帚，茎可供织席，用途广泛。因其植株高大，故土人名其曰“高粱”。

粟。一名穇子，又名鸭脚稗。

豆类。鄂西的豆类繁多，总名为“菽”。据同治朝《来凤县志·物产》卷二

① （清 同治）《来凤县志·风俗》，卷二八。

② 均见（清 同治）《长阳县志·习俗》，卷十二。

③ （清 同治）《恩施县志·地情》，卷七。

④ （清）顾彩：《容美纪游》。

⑤ （民国）《咸丰县志·财赋》，卷四。

⑥ （清 同治）《来凤县志·物产》，卷二九。

⑦ 黄襄：《陪应明府桐冈前辈问月亭远眺》，见（清 道光）《施南府志·艺文》，卷二七。

九载：

> 今邑地所产，有六月黄、八月黄、黑大豆、黑小豆、油绿豆、毛绿豆、赤小豆、茶黄豆、红饭豆、白饭豆、牛打脚豆、红色牛毛黄豆、青皮黄豆、白毛黄豆、寄荞黄豆、蚕豆、豌豆十余种。

豆类不仅种类繁多，而且种植广泛，故有“菽豆种田畔及苞谷地中，向年出产颇丰”之载。诸豆中，以黄豆产量最大，次为蚕豆、豌豆、绿豆、饭豆等。

芋。芋有水旱二种，旱芋种于山地，水芋种于水田。

玉米。玉米原产美洲，明中叶传入我国，清代中叶后开始推广，成为干旱地区最主要的粮食作物。在鄂西民族地区，玉米在康熙（1662—1722 年）末年经今重庆奉节传入建始，稍后为巴东、鹤峰所引种，改土归流后传种全区，至同治年间(1862—1874 年)，“巨埠危崖，一望皆是”。

玉米适应性强，播不择地，种植广泛，成为鄂西民族地区的主要粮食作物之一。志载：玉米“山居以为正粮”[①]。谷属具有，“惟苞谷高下皆宜”[②]。“乡人居高者，恃苞谷为接济正粮”[③]。

诗咏：“江南好稻田，播种乃苞谷。”[④]“苞谷根从石罅寻，石田戴土土如金，秋风莫扫野鸡啄，传说天荒救老林。”[⑤]可见，苞谷对鄂西地区居民日常生活，特别是荒年救灾有着十分重要的作用。

红薯。明代中叶，红薯传入我国。清末，鄂西地区红薯的种植面积及产量均超过马铃薯，其在低山旱地种植尤多。据同治朝《咸丰县志·食货》卷八载：“薯有数种，其味甘，山地多种之。清明下种，芒种后剪藤插之。霜降后收，掘窖藏之，可作来年数月之粮。”同治朝《恩施县志·习尚》卷七则载：“贫民则以种薯为正务。”又，同治朝《来凤县志·风俗》卷二八载，乡人“居下者，恃甘薯为接济正粮”。从

---

① （清 道光）《施南府志·食货》，卷一一。

② （清 同治）《来凤县志·物产》，卷二九。

③ （清 同治）《来凤县志·风俗》，卷二八。

④ （清）史铭桂：《宿龙潭圩》，见（清 道光）《施南府志·艺文》，卷二七。

⑤ （清）周鲲化：《业州竹枝词》，见（清 道光）《施南府志·艺文》，卷二七。野鸡啄，即苞谷种名。

中可见红薯在鄂西地区的种植过程与重要性。

马铃薯。马铃薯俗称洋芋，明代中叶传入我国。18世纪初，已开始在巴东、建始、鹤峰等县的高山地区栽种，同治年间（1862—1874年）遍植于鄂西地区各县。据载："洋芋，高山最宜。……山人资以备荒。"①"近则遍植洋芋，穷民赖以为生。"②"洋芋有乌、红二种。红宜高荒，乌宜下湿。高荒二月种，六月收；下湿腊月种，四月收。……向无此种，近来处处有之，主人以之佐粮，又可作粉卖，出境外换布购衣。李焕春《竹枝词》：'高原下湿莫容荒，洋芋分栽可佐粮，种别乌红分两季，饔食以外购衣裳。'"③可见当地广泛种植洋芋。

洋芋不仅被作为佐粮，甚至是穷人的主要食物，还被当作商品加工出卖，以换购衣着。

油料作物。油料作物有油菜、芝麻、茶油等，以油菜产量最丰。菜籽油又名清油，是本地主要食用油。早在唐代，清油已是施州贡品，至清代，几乎家家种植。据同治朝《来凤县志·物产》卷二九载：菜油，"其油可灯、可食，其枯可饵鱼、可粪田"；茶油，"其油可食，贵于桐油，其枯可浣油腻，可代炭"；麻油，"气味绝香，故又呼为香油，其枯可佐馔"。可见，此三种油，均可作食用油，并可供点灯照明用，其副产品，枯饼可分别作肥料、洗涤用品、佐食之用。

苎麻。苎麻在鄂西地区广为种植。据同治朝《来凤县志·物产》卷二九载：苎麻，"岁可三刈。五月刈取者，曰头麻，其麻长；七月刈取者，曰二麻，其麻短，宜纺缉；九月刈取者，名三麻，其麻尤短且薄，仅供线索之用"。

清代，鄂西地区汉、土居民均重种麻，故恩施知县詹应甲《春日郊行》诗中咏道："半是山家半客家，一年生计在沤麻"。至光绪中叶，苎麻种植面积不断扩大，年产量达二万余捆（每捆六十斤），年输出量达一百万斤以上，对当地经济发展起了重要作用。

棉花。与苎麻一起作为纺织原料的棉花，在鄂西种植颇少，而且随着外来布匹的输入，更使棉花种植业日益衰退。据载：棉花，"邑间有之，……但种植不多耳。

---

① （清 同治）《咸丰县志·食货》，卷八。

② （清 同治）《来凤县志·风俗》，卷二八。

③ （清 咸丰）《长乐县志·风俗·农业》，卷一二。

邑之有花厂也，以种棉花得名”。[①]

“县境惟南坪十一保产木棉，其余不宜木棉。制布之棉，皆购之他处。”[②]

“恩邑从前亦种棉花，今则久无其种，裳衣之需，市之外地。近唯广植苎麻，尚可以此易彼；远商每岁购载出山，而以棉花各转相贩易。”[③]

可见，清代特别是清末以后，苎麻与棉花的种植，出现一长一消的局面，形成输出苎麻输入棉花的经济关系。

桑蚕。鄂西种桑养蚕业，起初并不发达，至清末情况有所改变。据载：“绢，县境高寒，不宜蚕桑。”[④]“丝，亦坚韧，但养蚕者甚少。”[⑤]“邑寒冷不产棉花，蚕亦难饲，唯渔洋关、麦庄保较暖，近间有饲蚕者，不过十余家而已。”[⑥]清道光十七年(1837年)，来凤知县丁周颁布《家桑山桑蚕法示》，倡言“养民之道，莫大于农桑”，并规定“每户种桑三十株，多多益善”，促进了桑蚕业的发展。故史有“邑侯丁公曾刊示其法，教民蚕桑”[⑦]之誉。至清末，形成以来凤卯洞、旧司、三胡，恩施红土，建始景阳等几个较集中的桑蚕产区。

茶叶。鄂西是茶叶原产地之一。东晋时，巴东真香茗已闻名于世。其后，巴东成为贡茶区之一。据载:“茶、椒俱卫（施州卫）境出。”[⑧]“（茶）邑虽种植不多，然间有佳品。旧志所以有云岩、仙洞二种。”[⑨]“诸山产茶利最薄，统名峒茗。上品者，每斤钱一贯，中品者楚省之所通用，亦曰湘潭茶。”[⑩]“（茶）产县西南乌洞、东南毛坝者良。产县西南界牌岭者甜，曰甜茶。”[⑪]可见，在鄂西茶不仅种植普遍，且各地各具

① （清 同治）《来凤县志·物产》，卷二九。

② （清 光绪）《利川县志·户役》，卷七。

③ （清 同治）《恩施县志·地情》，卷七。

④ （清 光绪）《利川县志·户役》，卷七。

⑤ 同注①。

⑥ （清 咸丰）《长乐县志·风俗》，卷一二，工艺条。

⑦ 同注①。

⑧ （清 光绪）《施南府志·食货》，卷一一。

⑨ 同注①。

⑩ （清）顾彩：《容美纪游》。

⑪ （清 光绪）《利川县志·户役》，卷七。

特色。清末，创制出“鹤峰容美”“来凤仙洞”“鄂西宜红”等名茶。

茶叶是鄂西商品输出的重要收入。早在土司时期已鼓励汉商入境采购，以促进当地茶叶生产，增加当地财政收入。清人顾彩《容美纪游》云：“茶客至，官给衣食，以客礼待，去则给引。”

清人商盘《下车兼旬即景成咏以当采风》[①]：“官符商引到山家，绿雪纷纷乍吐芽，莫怪采茶时节好，火前茶胜雨前茶。”在茶商中，以湖南人为著名，故诗人有“谁其贩者湖南商”之咏。

鄂西茶，以“雨前细茶”“谷雨细茶”“白毛尖”“萌勾”著称。此类茶，均系采自春天茶叶初发芽时的嫩叶芽。如咸丰《长乐县志·风俗·工艺》卷十二载：

> 邑属水浕、石梁、白溢等处，俱产茶。每于三月，有茶之家妇女大小俱出采茶。清明节采者，为雨前细茶，谷雨节采者，为谷雨细茶，并有白毛尖、萌勾亦曰草勾等名，其余为粗茶。李焕春《竹枝词》：“深山春暖吐萌芽，姐妹雨前试采茶，细叶莫争多与少，筐携落日共还家。”

药材。鄂西是药材的重要产地。传统栽培的主要药材有黄连、党参、当归、厚朴、五倍子、贝母等。如，清人顾彩《容美纪游》载：“土产药材有百余种，内黄连甚佳，生大荒中，采之殊不易。”道光朝《施南府志·食货》卷十一载：“药品甚多，惟黄连、党参，山民以种此为业，其山中采得者绝少。五倍子所产亦饶。”清人詹应甲《种药吟》[②]一诗曰：“施州西北曰木抚，地最高寒无沃土，山人不解艺禾黍，剪尽荆榛开药圃。板桥蒿坝百余家，大半药师兼药户。”上述材料表明：鄂西地区的主要药材，已不是野生药材，当地居民已开“药圃”进行大批量栽培，出现了种药专业户；而且，在种药过程中，有的已懂得药理药性，成了能用药治病的“药师”。

清代鄂西名药材有：恩施板桥党参质量最佳，名曰“板参”；黄连以利川高山所产为佳，有“邑产最多，似鸡脚者良”[③]之载；当归产高山，以恩施石窟为佳，名

① 见（清 道光）《施南府志·艺文》，卷二七。

② 同注①。

③ （清 光绪）《利川县志·户役》，卷七。

曰“窟归”。

水果。鄂西所产水果之特点有三。一是品种繁多。如同治朝《恩施县志·物产》卷六载：其地果品有“香橼、柑、橘、橙、柚、柿、榴、枇杷、樱桃、葡萄、胡桃、榛、银杏、佛手柑、蜜罗”。光绪朝《利川县志·户役》卷七所列水果则有：梅、桃、核桃、李、杏、银杏、梨、枣、柿、山楂、枇杷、花红、柰、安石榴、橘、橙、柑、柚、香橼、栗、葡萄、榛等。总之，各县方志所列大同小异。二是总体而言,“果品俱有,惟橘柚最多”[①]。三是各地各有名产。如:来凤的“柑”[②]与“无核柚”,咸丰的“杨洞梨”[③],利川的“香水梨”[④],宣恩高罗的“龙可李子”,建始景阳的“迟咸丰梨”。

蔬菜。鄂西常见蔬菜有：白菜、包菜、白萝卜、胡萝卜、菠菜、苋菜、瓮菜、茼蒿、葱、蒜、韭、芹、蕌、椒、姜等。豆类有：豇豆、蛾眉豆、羊眼豆、龙爪豆、虎爪豆、扁豆、白扁豆、刀把豆、四季豆、菜豌豆等[⑤]。瓜类有南瓜、冬瓜、黄瓜、菜瓜、丝瓜（布瓜）、苦瓜、笋瓜、瓠、葫芦等[⑥]。

总之，鄂西民族地区的蔬菜有两大特点：一是当地有种菜的习惯与传统，蔬菜品种齐全，家家有菜园。二是同中有异，各县的蔬菜各具特色。如，同治朝《咸丰县志·食货》卷八载：“蔬属俱有，惟白菜、胡萝卜最佳。”“瓜属俱有，惟绞瓜、笋瓜最佳。”道光朝《施南府志·食货》卷十一载：“蔬品俱有。包白菜，出利川，土人呼绣球白菜。”同治朝《来凤县志·物产》卷二九载：“邑近蜀，故姜特胜。”

魔芋。据同治朝《咸丰县志·食货》卷八载：“魔芋，一名蒟蒻。可磨作浆，凝如豆腐，土人呼为魔芋豆腐。作时须不语，语即不成。”道光朝《施南府志·食货》卷十一也有相同记载。在制作魔芋豆腐的过程中不准讲话之俗，说明其制作技术有一定难度。

---

① （清 道光）《施南府志·食货》，卷十一。

② （清 同治）《来凤县志·物产》，卷二九载：柑，“邑产极多而佳，种此有致富者”。

③ （清 同治）《咸丰县志·食货》，卷八载：“果属俱有，惟胡桃、杨洞梨最佳。”

④ （清 光绪）《利川县志·户役》，卷七载：梨，“产县署者良”。

⑤ 参见（清 同治）《来凤县志·物产》，卷二九。

⑥ 参见（清 光绪）《利川县志·户役》，卷七。

蕨薇。鄂西的蕨薇产量甚丰，布满山坡与田畴。旧时蕨薇之根可磨粉备荒，嫩苗可供食用。据同治朝《咸丰县志·食货》卷八载：蕨，“山中最多，挖根澄粉，可以备荒”。清人顾彩《容美纪游》：“蕨粉、葛粉、荒年尤多，二者相得乃成。”清人商盘《下车兼旬即景成咏以当采风》[①]咏道：“蕨薇佳产并来牟，葱翠连坡复满畴；春摘嫩苗秋贮粉，全家粮食不须忧。”

竹笋。据同治朝《来凤县志·物产》卷二九载：“竹笋，冬生曰冬笋，春生曰春笋，盖南竹、斑竹之萌也。夏生惟水竹笋、苦竹笋，皆质纤而味苦。慈竹笋稍佳，然亦逊南竹、斑竹。”同治朝《咸丰县志·食货》卷八：“笋属，春有南竹笋、水竹笋，夏有茨竹笋、斑竹笋，秋有慈竹笋，冬有冬笋。其味皆美，惟冬笋为最。”

可见，鄂西地区竹笋不仅多，且四时不断，其品种因季节不同而味不一。冬笋以其细嫩鲜美之质而称最。

菌类。木耳因长于不同树种而品质不同，以长于槐桑树者为佳。据同治朝《来凤县志·物产》卷二九载，“木耳，生槐、桑树者良。生桑树者多桑耳，白者名五鼎芝，极珍贵，邑偶有之；生槐树者名槐耳，一名赤鸡，一名槐蛾”。

据同治朝《来凤县志·物产》卷二九载：“木生为蕈，地生为菌。……邑皆有之，统呼曰香菰，又曰香菌。冬月生者曰冻菌，其性凉有毒，然味极佳。”道光朝《施南府志·食货》卷十一载：“菌种甚多，雪菌尤佳。”可见，鄂西山区宜菌生长，菌类品种繁多，并有佳品。

蜡。女贞树可放养白蜡虫，以取白蜡。“近闻青冈树上放者尤佳”[②]，“邑产者，其色黄，为蜡之别种”[③]。

漆。据光绪朝《利川县志·户役》卷七载：“漆，水汁可以髹物。有大木、小木之别。邑产颇多。”

民国时修《咸丰县志·财赋》卷四载：“漆、棓，现为土产大宗。”鄂西各地盛产漆，又多良材，促进了木器制造业的发展。

桐油。桐油是鄂西民族地区的重要土产，尤以来凤县的百福司、漫水、大河等

① （清 道光）《施南府志·艺文》，卷二七。

② （清 同治）《来凤县志·物产》，卷二九。

③ （清 光绪）《利川县志·户役》，卷七。

地所产“金丝桐油”为著。清代中叶，卯洞出现了专营桐油的油行，大量桐油由此地通过水陆交通，行销各地。

靛。据同治朝《来凤县志·物产》卷二九载：“靛，以蓝叶浸水而成。蓝有三种，一曰蓼蓝，染绿；一曰大蓝，如芥染碧；一曰槐蓝，如槐染青。三蓝皆可作靛。”“种此者利倍于农，故《通考》曰：‘种蓝十亩，敌谷田一顷。’”鄂西各地广泛种蓝靛，既带来远较种粮为丰的经济收入，又带动了本地纺织印染业的发展。

烟草。鄂西各地均盛产烟，尤以来凤为甚，“邑产极多，田土皆宜”[①]。可证，今日来凤制烟叶的发达，可谓来源有自。烟草在其他各地也有生产。如，民国时修《咸丰县志·财赋》卷四载：“草烟处处产之，惟少输出者。”

二、林　业

鄂西地区山区林木茂密。改土归流前，鄂西地区遍布原始天然林，“以松、杉、椿、柏、桧、樟、橡、桐、梓、榆、杨、柳为最易培植。”[②]名贵品种，主要为楠木与阴沉木。前者为制作家具佳材；后者坚重如铁。史载：

> 木品俱有，以楠木为上。
>
> 阴沉木，施南府属山中土产此物，须掘地得之，名阴沉木，质香而轻，体柔腻以指甲掐之，即有掐文，少顷复合如伽楠然。土人云，其木为棺，入土则日重，重则沉，葬千年后，其棺陷入地数十丈，亦坚重如铁，故宝贵之。[③]
>
> 楠木有二种：曰花楠，曰香楠。其脉理多现山水花草等纹，土人呼为影木，又曰瘿木，以枝柯拳曲处尤多花纹也，用作桌、几、屏风、拜匣等具最可玩。[④]

概括起来，若以改土归流为界，鄂西林业有两大变化：一是改土归流前，林木

① （清 同治）《来凤县志·物产》，卷二九。

② （民国）《咸丰县志·财赋》，卷四。

③ （清 道光）《施南府志·食货》，卷十一。

④ 同注②。

多为原始天然林，其后始出现与发展了人造林，各种人工经济林以及风景林应运而生，促进了经济的发展：二是改土归流前，山区林木密布，其后因乱砍滥伐，致使森林遭到严重破坏，生态平衡遭到空前破坏。

与林业相关联的樵采业，有了一定的发展。他们出售木材以供燃料与材料之用，其收入用以补充农业收入之不足。据咸丰朝《长乐县志·风俗》卷十二，樵采条载："深山采樵最多，每每执斧伐柯于崖谷之间，令老妻稚子负篓至城市售卖，虽登山越涧不以为艰，可见勤俭之习。李焕春《竹枝词》：'丁丁伐木向高岭，担荷斜阳下茂林；好共负篓城市去，卖钱买米度光阴。'"

三、狩猎业

由于鄂西民族地区清朝时农业已在经济中占据主要地位，故狩猎业有所萎缩，但在偏僻山区仍占有重要地位。

清时鄂西的主要兽类有虎、豹、熊、豺、狼、麂、獐、狐、狸、山羊、山牛、野猪、野兔、猴、獭、鼠等。

兽中以虎豹为猛，为害亦大。据清人顾彩《容美纪游》载：李虎坡，"其高上接云汉，洞穴叵测，虎穴在焉，常夜出伤牛畜。……余寓阁孤悬石田中，守宿者不敢于楼下卧。一夕，众炬火逐虎，虎下万人洞，啮一犬去"。咸丰朝《长乐县志·风俗·防御》卷十二载："近出虎豹，常入人家伤豕、犬、羊、牛，乡村傍晚多敲锣吹荻茎以警之（虎豹畏此二种，闻声辄避)。田峰南《竹枝词》：'数声短荻临风弄，四路寒钲傍晚敲，野戍无人村犬静，起看明月霜天高。'"可见，清代鄂西民族地区为虎豹经常出没之地，致使村民每到傍晚都要提防虎豹闯入村落。因虎豹凶猛，人们并未将其列入猎捕对象，往往采用驱赶方法，以免伤害人畜。

另有一说，把野猪与熊之凶猛排在虎前者。据道光朝《施南府志·杂志》卷三〇载："兽莫猛于虎，施南则有'一猪二熊三虎'之谣。猪有群有独。群者，年未深，无大异。独者，经年既久，无可群而群，亦莫敢近也。合抱木啮如拉朽，大石啄触之立碎。虎豹见之，咸避莫敢斗者。"要言之，将野猪列为猛兽之首，与其数量多且群出活动有关。

土司时期，狩猎在经济生活中仍占有重要地位。据民国时修《湖北通志·舆地》卷二一载："宣恩县：旧施南司地。……乡人于农隙之后，以猎兽捕鱼为事。""来

凤县：旧散毛司也。……务耕猎，腰刀持弩，性猛而悍。”

随着社会经济的发展，农业日益占据主要地位，狩猎业则相应萎缩。雍正朝（1723—1735 年）改土归流后，野兽赖以生存的生态环境日遭破坏，物种和数量亦日少，狩猎业急剧衰落。如，光绪朝续补《长乐县志·风俗》载：“设县初，山深林密，獐麂兔鹿之类甚多，各保皆有猎户。今则山林尽开，禽兽逃匿，间有捕雉兔狸獾者皆农人闲时为之，而饲鹰畜犬者罕矣。”《甄氏族谱》所载《山羊隘沿革纪略》中云：“昔日禽兽窠巢，今皆为膏腴之所。”禽兽栖息之山林开垦成了农田，“猎户”则变成了“农人”。

四、畜牧业

随着定居农业的发展与狩猎业的萎缩，人们食用的肉类资源以家养动物逐渐取代野生动物。清代鄂西地区的家畜饲养，以猪、牛为大宗。“牛有两种：水牛大，宜水田，值稍贵;黄牛小，宜高原，稍贱。”[①] 次为羊、马、骡、驴。家禽饲养，以鸡为主，次为鸭、鹅。

需指出的是，饲养业的发展是与农业生产紧密相连的。粮食多了，促进了饲养业的发展；饲养业发展了，又促进了商品经济的发展。据道光朝《施南府志·典礼》卷十载：“时复屡丰，余粮栖亩，用以饲豕，百十为群，驱贩荆宜等处，获利倍蓰。”

这样，既促进了生产发展，又提高了生活水平。

五、渔　业

鄂西地区鱼类，主要有鲤、草、鲢、鳙、鳊、鲫等，为家养。据载：长乐“邑中宴客鲜鱼为贵，鲤、鲢、鲫、鳊、青鱼多蓄诸堰塘”[②]。来凤“邑中出排鲤、金丝鲤、岩鲤。岩鲤味佳，以其深潭中得也”。“鳙，……其美在头，邑人呼为大头鲢。”“鲢，……头小形扁，鳞细腹肥，其美在腹。”[③]

因鲤鱼鱼苗，可就地采卵孵苗，故为传统所养，其品种多，为当地人所重。鳙

---

① （民国）《咸丰县志·财赋》，卷四。

② （清 光绪）《长乐县志·习俗》（续补），卷一二。

③ 均见（清 同治）《来凤县志·物产》，卷二九。

之头、鲢之腹味美，为当地人所嗜。

鄂西山中河溪多，盛产鱼，种多味佳。据载：“唯渔洋关、本城、水浕、麦庄、石梁、抵东采花数保，溪河中产鱼，其类不一，而岩板子、火烧翁尤他处所无，味亦佳绝。李焕春《竹枝词》：‘休嗟弹铗食无鱼，溪水条条许问渠，岩板火烧翁味美，石梁月照钓人居。’”咸丰县“鲤与细鳞最多，味亦最美，以石河产较泥河产尤清芬也。”[①]

因鄂西地属喀斯特地形，境内溶洞甚多。故鱼类中溪洞之鱼最富特色，也最为珍贵。故史载：娃娃鱼，“山溪洞潭中多有之”[②]，诗人更咏赞“新釜留烹洞里鱼”[③]。

此外，介属有龟、鳖、螺、蚌、蟹、虾。

古老的捕鱼方法主要有：

用手捉鱼。此法当是人类最初最简单的捕鱼法。据清人顾彩《容美纪游》记鄂西土司地区捕鱼，“其渔者，刻木一段为舟，牵巨网截江，度其中有鱼，则飞身倒跃入水。俄顷，两手各持一鱼，有口中复衔一鱼，分波跳浪登舟，百无一空者”。此为以入水捕鱼与渔舟、渔网捕鱼工具三者结合的捕鱼法，但仍以手摸为主要手段，以渔舟、渔网为辅助工具。因渔者技术娴熟，“百无一空”，故其产量也不低。

毒鱼。此法是将含有毒汁的植物根茎叶捣烂，倒入溪中，使鱼中毒浮出水面，然后捞取。据同治朝《来凤县志·风俗》卷二八载：遇大旱，“或祷于邑之佛潭，沿溪毒鱼，名曰闹佛潭。以潭底有灵鱼，能出云为风雨也”。此举，虽带有宗教迷信色彩，但却是鄂西民族地区日常沿溪毒鱼生活的反映。

以鱼笱捕鱼。这是诱鱼法之一种，相当于狩猎活动中的陷阱法。鱼笱以竹篾编成，口阔颈狭，腹大而长，尾部无底，使用时需封闭。将其放置于石梁之孔，鱼顺流而入。但因开口处装有倒须，鱼入则顺，出则逆，故鱼能入不能出。取鱼时，则从底部倒出。据载：“渔人捕鱼，滩河难施网罟，昼用钓竿，夜以绳系钩于水，或于滩上累石用笱，承流取鱼，名曰栫。”[④]

---

① （民国）《咸丰县志·财赋》，卷四。

② （清 同治）《来凤县志·物产志》，卷二九。

③ 潘炳熏七言诗，见（清 光绪朝）《长乐县志·习俗》（续补），卷一二。

④ （清 光绪）《鹤峰州志》，卷六。

设楗法。与操笱以渔相类的是“设楗法”，其产量更丰。据咸丰朝《长乐县志·习俗·渔户》卷十二载：

竹楗冬月用于取鱼者，渔洋关、水浕麦庄等保皆有之。其设楗法，于溪流滩口，用石横砌，若闸状，开一口，下用竹编成藩形，合一溪水灌入其中，上复以草，鱼夜出一入其中，即不能出，曰上楗。楗上有人夜守，遇鱼多，一夜可得鱼百余斤。田泰斗《竹枝词》：“四围滮滮乱滩声，渔火一星贴浪明。白甲乌鳞都上楗，蓑衣狂卷漏三更。”

钓鱼。上述“石梁月照钓人居”的诗句，可见钓鱼之盛。

总之，清代鄂西地区捕鱼之法颇多，有网罟、渔舟、垂钓、手捉、毒痨、置笱、插篱诸法。

需指出的是，鄂西各地人民均喜捕鱼，但临江之地，限于条件，不能大量捕捞；山间河流，所获有限；堰塘养鱼，尚未发达。故总体而言，鱼产量不高，多为自销，交易较少。如，同治朝《巴东县志·风土职业》卷十载：“渔人之业，滨江间亦有之。但水势太急，鱼不常聚，鬻鱼者市不多觏。”

六、手工业

清时鄂西地区的经济形态仍属自给自足的自然经济，“耕织”业占据统治地位。所以，在手工业中，纺织业占据最重要地位。

棉纺织业。妇女纺棉、麻纱，并有机织布。据同治朝《来凤县志·风俗》卷二八载：“妇女善纺棉，不善织布。乡城四时，纺声不绝。村市皆有机坊，布皆机工为之。每遇场期，远近妇女携纱易棉者，肩相摩踵相接也。五月麻熟，群沤而绩之，成布精粗不一。”同治朝《来凤县志·物产》卷三九又载：“棉布，精细逊于外来者，而耐久过之。”“葛布，绩葛为之，制造亦不精细。麻布，有粗细二种。”“花布，染各色棉纱为经纬，斑然可爱。”“线毯，以棉线织成，染作花纹。”道光朝《施南府志·典礼》卷十载：“妇女居城市者，咸女工针黹；居乡者，纺绩室中，惟不善织。各村市皆有机坊，机工纺之。”咸丰朝《长乐县志·风俗·工艺》卷十二载：“纺者亦多，但棉须购自外州县，其余妇女除习针黹中馈外，多种园圃。”

民国时修《咸丰县志•礼教》卷三载："村市皆有机坊，土布多系机纺织之。"总之，鄂西地区城乡妇女均能纺纱，织布；所织棉布、麻布、葛布，粗细不一，有的虽不及外来者精细，但经久耐用；棉、麻织品，均能自供自给。可称道者有三：一是所染花布"斑然可爱"；一是能制作有花纹的棉毯；一是普遍使用纺织工具，城乡已广泛出现机坊。

丝织业。据同治朝《来凤县志•物产》卷二九载："绢，其色多黄，间有白者，坚致耐久，半出邑之四季沟。"

"丝，亦坚韧。"光绪朝《利川县志•户役志》卷七载："绢，县境高寒，不宜蚕桑。惟城东吴氏、城乡彭氏偶一为之，制绢颇良。"可见，鄂西地区已能制作丝织品，且其产品坚韧，有的质地颇为精良。

刺绣。史有"乡城皆勤女红，且竞以针绣为能事"[①]之誉。可见，当地妇女也擅刺绣。

织锦。鄂西土家族所制的"峒锦"精细轻韧，为世所珍。如，清人顾彩《容美纪游》记鄂西土司地区的"峒被如锦，土丝所织，贵者与缎同价。龙凤金碧，堪为被褥。峒中白麻为之，轻韧如鲛绡，皆珍布也"。又，据清人严如煜《苗防备览》卷八记鄂西容美土司地区"抽丝染色，制为裙被之属。作间道方胜杂文，第不如永顺、保靖峒锦，作鹤凤花鸟之更工致也。绩苎织布皆能，其机矮，席地而织，布亦坚厚耐久"[②]。

从湖北容美（治今鹤峰）、湖南永顺、保靖等土家族善织锦与布诸物，可见清代土家族纺织业之发达与纺织品之精良。

此外，妇女能裁制衣服，制毛织品；其所制"轻利便捷"布鞋，更有外销者。据咸丰朝《长乐县志•风俗•工艺》卷十二载："邑人衣服，妇女裁缝，间有顾工者。绸缎靴鞋，则多购自他县。而妇女勤劬鞋，多自制，通体以布为之，轻利便捷，家人穿履外，更有制以鬻卖者。李焕春《竹枝词》：'邻封贸得鲁风鞵，久辱泥涂坏亦该。最爱妻儿花样好，踏青新上步天街。'"

清朝时，鄂西地区的手工业产品有竹、木、陶、瓷、铜、锡、铁等制品，以供

---

① （民国）《咸丰县志•礼教》，卷三。

② （清 同治）《永绥厅志•苗峒》卷一也有相同记载，即本此。

日常生活所需。如，咸丰朝《长乐县志·风俗·器用》卷一二载：“民间绝无金银宝玩，亦少骨董铺陈。城市、乡村百姓家，唯有铜、锡、磁、陶、竹、木之器而已。此等古风，想像在羲皇之上。”

光绪朝《利川县志·户役》卷七载：利川县“县北磁洞沟下碗厂、县西南纳水溪之瓷、县东部家山之石可作砚，县西南忠路之石可作杯碗”。道光朝《施南府志·典礼》卷十载：户口较集中之城外市肆、乡间各场，“鼓刀当炉，以供村民日用之需”。民国《咸丰县志·礼教》卷三载：“百工多系本地居民，亦有自外来者。前五十年，工资不厚而匠作颇佳，如木石、雕刻、铜铁、裁缝等器物，具在可知也。近则工拙且惰，而佣值则较往日增高。十年前，丁寨有铁工，能以臆造新法制后膛枪，极快利。界坪有木工制木盆，不用木屑糁扎能盛油，经久无丝毫浸漏，后皆由远商雇以去，今不复有其人。”以上记载表明：鄂西地区手工制造业的发展，是建立在适应“村民日用之需”基础上的；至民国时，手工制品有偷工减料而价格则上涨的现象；愈至后世手工制造业则品类日多、制作技术则日趋复杂，清末能制极快利之后膛枪即突出例证；有些传统手工制品工艺精良，成为本地名牌，界坪木盆即是例证。

归结起来，鄂西地区手工制造业，有如下特点。

一是改土归流后得到迅速发展。上述材料，多为乾隆朝特别是清末之事。

二是工匠多为外来之人，受其影响，土著之人也日习技艺。这是民族间经济往来、交流、融合的结果。如，道光朝《鹤峰州志·风俗》卷六载：“其工匠皆自外来，近年亦有习匠作者。”又，光绪朝续补《长乐县志·习俗》卷十二载：“百工技艺，土人甚少，制器作室，多属流寓。近时土著之人，间有习艺业者。”

三是鄂西地区的工匠不能完全满足需求，有大工程、大制作，还需求诸外地。据同治朝《来凤县志·风俗》卷二八载：“邑不尚淫巧，故无良工。有大兴作，百工皆觅之远方。”

因鄂西山区林木资源丰富，有清一代，造纸、烧炭诸行业得到长足发展。如，同治朝《来凤县志·物产》卷二九载：“炭，月令草木黄落，乃伐薪为炭。邑之炭厂，所在皆有。白炭、黑炭、枯炭各种，枯炭惟石工铁工用之。”“纸，以构皮为之者曰黑皮纸，以竹麻为之者曰草纸，又有连四纸，质理皆粗。”光绪朝《利川县志·户役》卷七载：县山多木，伐薪为炭。炭“邑产之利民用者也”。民国《咸丰县

志·财赋》卷四："土货有白碱、草纸、皮纸、木炭……然皆家常应用，非输出品之大宗。"

总之，因鄂西地区富有林木资源，烧炭业相应发达，以供居民生活及冶炼作坊作燃料之用，因当地出产木、竹、麻，故造纸业随之而起，虽质量较为粗糙，却符合当地居民的需求。此即"邑产之利民用者"之谓。

七、采矿业

因鄂西地区矿产资源丰富，清朝时，其采矿业及与之相关的冶炼业得到发展，且愈至后世愈发达，尤其是雍正改土归流和清末新政的推行，大大加速了当地采矿与冶炼业的发展。

石灰。石灰即氧化钙，遇水则急剧化合而成氢氧化钙，且发热，故可供肥改良土壤。因鄂西富产加工石灰的原料石灰石，加之当地多为山阴之田，水性凉，需增地温以提高农作物产量。所以，文献记载表明，清代鄂西各地均盛产石灰。

煤炭。据民国《咸丰县志·财赋》卷四载："矿产，惟石灰、煤炭，任人开采，不加限制。石灰各地皆有，煤炭平阳里最多，乐乡里次之。"开采石灰、煤炭为鄂西地区传统产业，历史悠久，开采普遍，且与普通百姓生活息息相关。

硝石。硝石即硝酸钾，可供制火药、炸药、硝酸、硫酸及其他药品之用。据同治朝《来凤县志·物产》卷二九载："硝，出洞中者良，色莹洁者为上。宅土熬成者味咸，名风化硝，不及洞硝远甚。"又，据民国《咸丰县志·财赋》卷四载：

> 旧志载，乾隆五十年（1785年），总督特成额、巡抚吴坦以湖北各营及银匠铺需用硝筋，向系购自河南、湖南两省，特就长阳、来凤、咸丰三县，奏明开采。嗣后，又额定府属六县，岁办硝各二千斤。以正月起，限定四个月内解缴省局，掣批赍府核验，逾限短少，承办县官议处。咸丰额办硝二千斤，领工料脚价银一百零二两，后又奉派办炮硝一百四十八斤二两二钱，领工料脚价银七两六钱三分，仍于原开之黑峒、山羊峒两处刨挖。其实，本县石峒，处处均产硝，近年来采办者多，产额亦渐减少。老屋深邃者，地板下亦产硝，但不甚佳。

鄂西地区盛产硝，改土归流前，自产自销，产量有限。改土归流后，清王朝规定官府采办，恩施所属六县成为湖北清军火药原料的主要供应地。可证其产量之巨。

硫黄。旧称硫磺，单名硫，在高温时可与一切元素化合而成硫化物，用途极广，可作火药、火柴、硫黄等用。据道光朝《施南府志·食货》卷十一载："开采恩施县硫磺。乾隆三十八年（1773 年），因本县产硫磺，招商开采。至四十四年（1779 年），省局积存余磺，奏明停采。五十四年（1789 年），总督毕沅、巡抚惠龄题准，将恩施县前经封闭之矿磺，仍招商开采。""府属六县，岁办常额，硝各二千斤，内恩施、建始二县产磺，恩施兼办磺四千斤，建始兼办磺二千斤。"可见，鄂西恩施、建始二县为湖北硫黄重要产地。大量开采，也在改土归流后，清廷在鄂西同时采办硫黄与硝，也可证硫黄主要用于军事用途。

铁。据民国《咸丰县志·财赋》卷四载："铁矿，近百年来采办者多，制成钢铁，除本县自用外，输出邻县者亦复不少。"可见，清末以来，鄂西地区铁矿开采规模空前，并建有钢铁厂。其产量，除供本地消费外，还可供输出。铁是制造农具及各种工具的主要原料，钢铁业的发展，无疑大大有利于鄂西民族地区的开发。但因有些铁矿藏于山区，交通不便，使铁矿的开采受到制约。如，光绪《利川县志·户役》卷七载："铁，山僻道远，不利舟运，有矿未开。"

铜。清代，铜在鄂西也曾有所开发。据民国《咸丰县志·财赋》卷四载："铜矿，惟铜厂沟、袁家沟、羊碲盖、张家坪等处，曾经发泄。据土人云，苗皆最旺。"

朱砂。朱砂又称丹砂，是提炼水银的重要原料。湖南辰州出产的朱砂质地最良，名辰砂。鄂西也产朱砂。据民国《咸丰县志·财赋》卷四载："小界坪出水银、朱砂。四十年前有人开办，惜未畅旺。"

八、交通运输业

有清一代，特别是改土归流以后，为满足与外界交往之需，建桥辟路，交通状况有较大改善。

修路。如，光绪朝《利川县志·疆域表》卷二载：

> 先是，蜀道之险，多在楚境。县地东至恩施，西达万县，羊肠鸟道，号为难行。改流以来，商旅麇集，令是土者，除榛莽，夷险阻，所在渐

多孔道。

光绪（1875—1908年）初，总督合肥李公瀚章，奉命往蜀，避三峡舟行之险，道出县境。明年，旋鄂，檄施南守无锡王公庭桢，董率县有司重加修葺，易土以石。于是，由施郡入蜀，皆成坦道；而县境入蜀之路，视他途尤平易焉。

以上说明改流以后，为适应经济发展的需要，地方当局重视交通建设，改易羊肠小道为大道。至晚清，湖北经施州入川之路改土为石，均成平坦之途。

改流之前，各土司也注意开辟司中道路，以利人行与传递信息。据清人顾彩《容美纪游》载："钓鱼台在云来庄南，四面皆桐花，四五月盛开可玩。上坡路通椒山司，每旦行人如蚁，盖司中驿路也。"

铺递。铺递即驿递。清代在道路之间设铺司，以铺兵传递公文。铺递之制，早已有之。如《金史·世宗本纪》载："上谓宰臣曰：'朕尝欲得新荔枝。'兵部遂于道路特设铺递。"《清会典》云："各省腹地厅、州、县皆设铺司，由京至各省者亦曰京塘，各以铺夫、铺兵走递公文。"

表9-1　清代施南府铺递列表统计[1]

县名	铺数（个）	铺司数（名）
恩施	23	46
宣恩	16	35
来凤	11	22
咸丰	15	30
利川	18	37
建始	12	30
合计	95	200

关于铺递的重要性与设置的具体情况，民国《咸丰县志·建置》卷二所记最富代表性：古今行政，最重交通机关，偏僻山区尤甚。对行旅之往来，公文之传达，均极力加以疏通与保护。其中云：

据旧府县志载，咸邑县城设总铺，铺司四名，自总铺东行十五里，

① 据（清 道光）《施南府志·建置》，卷六。

至猴子岭铺，铺司二名，自猴子岭东行十五里，至邢家寨铺，铺司二名，自邢家寨东行二十五里，至白果坝铺，铺司二名，自此东行二十里，达宣恩县之黄草埔铺，此为由咸至宣恩之要道也。又自总铺西行二十里，为十字路铺，铺司二名，自十字路西南行二十五里，为土老坪铺，铺司二名，自此南行四十里，达来凤县之革勒车铺，此为由咸至来凤卯峒之要道也。又由总铺西行五十里，至水车坪铺，铺司二名，自水车坪西行二十里，至张家坪铺，铺司二名，自此西行四十里，达四川黔江县之沙子场，此为由咸至酉阳州之要道也。又由总铺北行三十里，至梅子坪铺，铺司二名，自梅子坪西北行二十里，至唐崖铺，铺司二名，自唐崖铺北行三十里，至七里塘铺，铺司二名，自此北行三十里，达恩施县之下营坝铺，此为由咸至恩施西境之故道也。又由总铺西北行八十里，为马家池铺，铺司二名，自马家池行三十里，至两河口铺，铺司二名，自两河口行三十里，至毛坝铺，铺司二名，自毛坝铺西北行四十里，至活龙坪铺，铺司二名，自此北行四十里，达利川县之沙溪司铺，此为由咸至利川西境之故道也。以上共十五铺，额设铺司三十四名①，皆系徭编。

以上记载表明：第一，在鄂西山区一般十五里至三十里间设有铺递，相邻两铺铺间距离超过四十里者不多。第二，各铺递将咸丰至周边宣恩、来凤、酉阳、恩施、利川之要道连接起来，形成交通网络。鄂西地区正是通过此类大道和铺递与外部世界保持密切联系的。这些交通要道，堪称当时鄂西地区的动脉。第三，铺递所用人员“铺司”有两种：一是职业化的“永充”，一是属徭役摊派的“徭编”。咸丰县所用铺司，均为后者。

有清一代，随着人口聚居地的不断增加和道路的不断开辟，铺递也随之改设，使道路更为直近，“人趋便捷”。据光绪朝《利川县志·武备》卷十载：“利川改土归流时，地多未辟，山高林密，是生虎豹豺貔，行旅不通，铺递率多迂远。其后，土田日辟，户口敫繁，通衢所在皆是，人趋便捷，铺递亦以次改设。”与此同时，铺递制度也发生着变化，直至废止。据同治朝《来凤县志·武备》卷十六载：

① （清 道光）《施南府志·建置》载此十五铺铺兵数为30名。

乾隆三十九年（1774年）五月，因接到省中各件公文，破烂迟误。请仿照荆、宜二府，于郡城内召募健足数名，将府、县文禀，按五日一次，径送省城，甚属便捷。施郡距省更远，请仿照设立健足六名，在郡轮流差送。六邑公文呈交恩邑总铺，同府发申，每逢一、六日差健足一名送省，交江夏总铺折封分投。其省中逐日行府及六邑一切公文，亦交回施健足收投往还，以二十六日为限。其健足六名，每名工食银六两，每次脚价银二两六钱，每月六次，闰月六邑轮派一次，无须另差专役，较之从前转觉省便。

民国《咸丰县志•建置》卷二则载：

前清咸丰二年（1852年），奉文裁汰，改派差递，旋于同治八年（1869年），照旧复设。自近年邮电各局，棋布星罗，每遇警急，通报最灵，而铺递遗法，遂无复有人道及云。

由于铺递管理松散，铺司待遇微薄，其工作效率低下，甚而出现公文投递的延误与损毁现象，铺递遂为“健足”“差递”等效率较高的专役所代替。清末，西方邮电技术东输，洋务兴起，至民国初年，传递快捷灵敏之邮电局已遍布鄂西各地，铺递之法遂成了历史陈迹。

桥梁。除修建道路外，鄂西地区还架设桥梁以利交通。据统计：至清末，州境有各类桥梁296座，渡口100余处，桥梁中有简易的石墩木面桥与石板桥，古朴的石拱桥，独特的风雨桥，还有铁索桥、藤桥、明暗双桥等。其中，较著者有：

古桥　土落坪桥，在咸丰城西南四十里，为乐乡里属地①。该桥建于明洪武二年(1369年)。

风雨桥　又名凉亭桥、屋桥、廊桥。其建造技艺为湘、桂、黔等地迁来之侗族所传。多造建于明、清时期。据调查，恩施地区至今尚存风雨桥98座，西南部多于东北部，恩施、宣恩等地侗族聚居地最为普遍。②其中较富代表性的有：利川群策

① 参见（民国）《咸丰县志•建置》，卷二。

② 参见《恩施州志》交通部分。

桥、来凤龙家桥。

铁索桥　在我国西南地区最多、最富代表性，以云南霁虹桥最为著名[①]。鄂西地区有宣恩的桐子营铁索桥和鹤峰的屏山铁索桥。清人顾彩《容美纪游》曾记土司时期铁索桥之险状："九龙桥跨巨涧，其上横铁索贯两崖间，去地四十仞，有亡命少年于索上横卧，手扪足抵而过，见者无不股慄。君赏其壮而惩其冒险，予四金，仍笞二十棍，戒余人毋得效之。"

藤桥　据笔者研究，以台湾高山族地区为多，因当地盛产藤之故[②]。无独有偶，鄂西亦有藤桥。据同治朝《恩施县志·津梁》卷二载："藤桥。在县北桥坡河之北，有藤四枝，纽结成桥，长数丈，里人呼为天藤桥。康熙（1662—1722 年）间，谭天海将藤割断，流赤水数日，居民至今惜之。"藤桥有两种：一种是较为原始者，以藤条连接两岸，行人循藤而过；一种是经改进者，以藤为经、小藤为纬编织而成的藤桥，此桥则较为安全。恩施藤桥属前者，危险性大，故康熙年间加以斩断。

明暗双桥　当是鄂西特有之桥。据同治《来凤县志·建置》卷十载："明暗双桥，在卯洞比都湖。乾隆间，里人刘正国倡建，一在下田沟水流处，一在上溪洞飞流处。茂才田启芳有记。"鄂西地区属喀斯特地形，有明、暗溶洞流水的奇观。此明暗双桥当系在明、暗流水处所设。

运输工具。陆上交通，主要依靠背负肩挑。背负法，适宜于山区崎岖起伏之地，故在南方山区诸族广泛流行。负物工具名曰"背笼"或"背篓"。最早记述此事者为宋人范成大。据《文献通考》卷三二八引《桂海虞衡志》载：徭人"岭蹬险厄，负载者悉著背上，绳系于额，偻而趋"。

直至清代，鄂西民族地区仍流行背篓载物法。如，同治《来凤县志·风俗》载：农妇"负篓于背，上山斧薪""凡负贩者，用背篓以竹织成之，亦有用背架者，均以篾为系，套两肩上。若歇息，仍不释肩，用一木若'丁'字形，将篓底撑持，人作半坐势，曰打杵。李焕春《竹枝词》：'砍竹新编好背篓，百斤重负力难休。好教两臂归圈套，一杵斜阳过岭头。'"[③]

---

① 参见（清）曹树翘：《滇南杂志》。

② 参见吴永章：《中国南方民族文化源流史》，69 页，南宁，广西教育出版社，1996。

③ （清 咸丰）《长乐县志·风俗·力役》，卷一二。

背篓用途甚为广泛，既可背负日常劳动与生活用品，又可背负土货、煤炭等物贩运至荆宜及府内各地，以换取佣值或获取薄利。据同治朝《巴东县志·风土职业》卷十载：“商贾依川江之便，民多遂末，然亦无大资本。贫民或为人负土货出境，往来施南，以佣值资其生。”“煤山所在，多有贫民挖煤负笼，范之以规，远行荆宜一带，获利虽微，藉以为食者不少。”可见，背篓作为运输工具，在鄂西地区商业活动中起着重要作用。

总之，背篓在两湖及川渝滇黔等西南民族地区广为使用。背负法，“因地制宜，其法尽善”[①]，“殆可负重，以便工作”[②]，不失为包括鄂西在内的南方诸族劳动人民的一种创造。

骡马运输，较肩挑背负法既省人力，又提高运输效率。据道光朝《施南府志·食货》卷十二载：川盐入施南府境，“恩施、宣恩、利川、建始四县，由骡马运；来凤、咸丰二县，由雇夫背运”。可见，当时鄂西地区以人力与畜力运输。骡马少则一匹，多则十多匹结队而行。

鄂西地区河川较多。木（帆）船运输，主要航行于清江、酉水、溇水、沿渡河以及长江巴东段。清代水运，在输出土特产品、输入本地所需的外地产品方面，作用极大。因山区陆路运输数量有限，大宗货物多走水路。如，同治朝《来凤县志·风俗》卷二八载：“邑之卯洞，可通舟楫，直达江湖。县境与邻邑所产桐油、靛、棓，俱集于此。以故江右楚南贸易者麇至，往往以桐油诸物顺流而下，以棉花诸物逆水而来。”

道光《施南府志·食货》卷十二载：“府属六县，例食以盐。……其盐均由川河运回本县，接济民食。”

《甄氏族谱》也载：“舟楫之往来，连络不绝；商贾之货殖，各种俱全。”可见，水运在鄂西地区的对外经济交流与商品经济的发展中，起着至为重要的作用。

九、商　业

清代，鄂西地区自然经济仍占统治地位，故交易只是在劳动的间歇进行。经约

---

① （清）李心衡：《金川琐记》，卷二。

② （清）陈鼎：《滇黔游记》。

定俗成，交易日固定在一定日期里，以便于四方之民交换一些生活必需品。

鄂西乡镇民间交易之地，名曰“场”。定期至固定地点交易，名曰“赶场”。交易日间隔，有三日、五日不等。如，光绪朝《利川县志•户役》卷七载：“利川，山僻，绝无富商巨贾，民间米盐交易，或期以三日，或期以五日，其交易之区曰场，亦有以市镇街道称者。”

清代鄂西府属六县共有集场143处。其中：恩施46处，宣恩3处，来凤10处，咸丰27处，利川42处，建始15处。[①]

各地集场，其繁荣程度与规模不同，故在物资交流中所起作用也不一。如，民国《咸丰县志•建置》卷二载，清末民初，咸丰有村集33处，“除县治西南二门外，乡间村集，以清水塘、忠堡、丁寨为繁盛，十字路、毛坝、尖山寺、活龙坪次之，最下者惟土老坪、蓝田湾、朝阳寺”。

集场地点的形成，主要可归结为两类：

一类处于交通要道，便于四方之民来集。以恩施集场为例：东乡集场七，“以上七集，为出山之大道；鸦雀水以前，又为入川之陆路”。东南隅集场十三，万寨“与宣恩相错”；石灰窑邻近东、北、南部分别与鹤峰州、建始、宣恩接壤；黑湾，与建始地界相错。东北隅集场一，“此集与建始接壤”。南乡集场六，大吉场“与宣、利、咸三县犬牙相错”。南之东隅集场二，黄泥塘，“与宣恩岩桑坪接壤”。北乡集场六，太阳河集石乳关“与四川奉节交界”。北之东隅集场四，白洋坪集“与建始龙马河接壤”。北之西隅集场九，罗针田集石板顶“与利川接壤”；板桥集“与四川奉节交界”。[②]总之，恩施县境各乡镇集场所设之处，或是出山大道，或是入川渝通道，或是与府内宣恩、鹤峰、建始、利川、咸丰接壤处，或是与邻省重庆奉节交界地。

另一类是在清王朝统治鄂西的政治中心、军事据点的基础上发展而来的。由于当地人员聚集，需要各种日常物资供应，故形成商业交易场所。如，民国《利川县志•户役》卷七载：“县治及忠路县丞，南坪、建南两巡检驻处，商旅麇集，不以场

① 参见（清 道光）《施南府志•建置》，卷六。附及，《恩施州志》，564页统计，恩施有集场50处，有误。因该书卷六载：恩施集场，东乡20，南乡9，北乡17，故应为46处。

② 参见（清 同治）《恩施县志•村集》，卷二。

名。”又，同治《恩施县志·村集》卷二载：东乡集场中，有的集场“即巡检把总分防驻汛处”；东南隅集场中，有的集场“即施州塘分汛外委驻防于此”；北之西隅集场中，有的集场“即县丞分治处”。总之，不少集场位于当地军、政机构所在地。

有清一代，鄂西集场不断发生变化，特别是改土归流后变化更剧。随着外地人口的大量涌入和新居民点的不断涌现，新的集场不断出现；有的集场则随着人口减少、经济衰退而中止。据民国《咸丰县志·建置》卷二载：“近十余年来，东北角恩、咸、利三县交界新设三星场，正北咸、川两县交界处新设八家台场，是亦足为土壤垦辟、户口增加之一证。”仅清末民初十余年间，咸丰一县即新增集场九处，可见变化之快，也可见商业活动之日趋发达与繁荣。

除乡镇集场外，商业城市也不断兴起与繁荣，这是清代鄂西地区商品经济发展的主要标志。改土归流后，清廷取消了“汉不入峒”的禁令，移民如潮般涌入。这批移民主要包含两部分人：一是农民，一是商人与工匠。受利益驱使，省内外大批商贩纷纷抢占这块新辟的市场，各地货物随之源源输入，而当地农副产品也得以顺利输出。从而出现商贾云集、万货齐全、贩运繁忙、繁华热闹的景象。人们的价值观念也逐渐发生变化，民心由俭而奢。如，同治朝《来凤县志·风俗》卷二八载：“贾人列肆，所卖汉口、常德、津、沙二市之物不一，广货、川货四时皆有，京货、陕货亦以时至。万物既集，民心所以益奢，民用所由日匮也。”光绪朝续补《长乐县志·风俗》卷十二则载：“邑属渔洋关，商贾辐辏，城市中贾客亦多。湾潭旧有铁厂，百货亦自丛集。……然商贾多属广东、江西及汉阳外来之人。行货下至沙市，上至宜昌而止。”同治朝《恩施县志·习尚》卷七也载：“荆、楚、吴、越之商，相次招类偕来，始而贸迁，继而置产，迄今皆成巨室。”

综上可见，两湖与广、川、渝、京、陕等全国各地货物通过广东、江西以及江浙等地商人运入。“外来行商”又将当地“山货”贩出，从而搞活了经济，促进了当地农副业的发展。据民国《咸丰县志·礼教》卷三载：“商民概系盐、布、菸、粟为生涯。山货如桐、茶、漆、棓、蓝靛、冻绿皮，多归外来行商专其利。近年商会萌芽，收卖漆、棓，本地商民亦有能分利者。”

总之，城市与商品经济的发展，对当地长期与世隔绝的、居于支配地位的自然经济，无疑是一重大打击。这在鄂西民族地区开发史上，具有不可估量的意义。

第二节　人口与民族

一、人　口

鄂西地区的人口，在清代特别是改土归流后急剧的增长。

改土归流后，民族地区改由封建国家直接统治，编户籍，查田产，定赋额，编保甲等措施相继实施。这样，才有了较为准确的人口统计数字。如，道光《施南府志·食货》卷十一载：

> 施在前代，土流间治，户口之丰耗，不能悉登于版图。又为明季流寇所虏剥，生齿凋敝极矣。我朝平定海宇，施卫尚仍胜国旧制，迨诸土司革心向化，重以生生相继，休养生息，涵煦百有余年，遂使学校农桑同乎内地，户口之滋生，物产之蕃殖，近古以来所未闻也。

换言之，改土归流前施州地区一直采取“土流间治”之法，因土司地区户口多少并不“登于版图”，故无完全的统计。加之明末战乱，人口大量减少。至清雍正改流后，民族地区人口始登版籍，实行了同于内地的治理政策，经百余年的休养生息，至道光年间（1821—1850年）施南府“户口之滋生”，达到亘古以来的最高峰。

雍正十三年（1735年），改土设府县，施南府辖恩施、利川、建始、宣恩、咸丰、来凤六县，共27718户，117430人。[①]嘉庆二十五年（1820年），施南府属六县共174362户，919981人。[②]只经过86年的时间，施南府人口剧增近八倍。

道光十二年（1832年），编查保甲，清理户口，施南府共118795[③]，902123人。[④]

---

① 参见（清 道光）《施南府志·食货》，卷十一。

② 参见梁方仲：《中国历代户口、田地、田赋统计》，北京，中华书局，2008。

③ （清 道光）《施南府志·户口》，卷十一所列总户数为118795户，而六县相加结果则应为170768户，少了51973户，当以此表数字为准。

④ 参见（清 道光）《施南府志·食货》，卷十一。

各县人数参见“道光十二年（1832 年）施南府六县人口统计表”。

光绪三十四年（1908 年），筹办咨议局选举及地方自治各事宜，湖北省清查户口，施南府六县，共有 206676 户，1055126 人；宜昌府属鹤峰、巴东二县，共有 58394 户，272300 人。这样，清末鄂西地区八县户口为：265070 户，1327426 人。[①]

表 9–2　道光十二年（1832 年）施南府六县人口统计表

县名	户数	人数
恩施	40973	254459
宣恩	34108	167184
来凤	8847	93045
咸丰	18074	91345
利川	31226	127628
建始	37540	168462
合计	170768	902123

上述统计数字表明，从雍正十三年起，至光绪三十四年的 174 年中，施南府 6 县人口增长近 9 倍，年人口平均增长 5420 人；至道光十二年的前 85 年中，增长人口 784693 人，年人口平均增长 9231 人。

造成鄂西地区人口迅猛增长的原因，除改土归流后编户范围扩大、外地移民激增、原流亡异地之土民回迁等原因外，还与清朝统治者采取的鼓励生育的人口政策有关。康熙五十一年（1712 年）宣布“圣世滋丁，永不加赋”[②]之策。即以康熙五十年（1711 年）全国的丁银额为准，以后额外添丁，不再多征。雍正（1723—1735 年）时，相继实行“地丁合一”“摊丁入亩”之制。即把康熙五十年固定的丁银（人丁 2462 万、丁银 335 万余两）平均摊入田赋银中，一体征收。[③]从此，丁银就完全随粮起征，摊丁入亩成了有清一代统一的赋役制度。特别是在当时人口密度比较低、存在着开垦空间的鄂西地区，其作用就更为显著。鄂西设府县后，也推行此策。显然，实行的结果是加速了人口的增加。

① 参见（民国）《湖北通志》。

② （清）《清圣祖实录》，卷二四九，康熙五十一年（1712 年）二月。

③ 参见（清）《清世宗实录》，卷二四，雍正二年（1724 年）九月。

二、民族成分

土司统治时期，鄂西地区居民主要为土家族。史称“其初，民皆土著”[①]即指此。需指出的是，封建王朝虽采取“汉不入峒”之策，但未能阻止外来人口的迁入，只是其所占比重较为微弱而已。改流前，入山定居的汉人，一是在当地军政官员落籍者。其中，尤以明初任施州卫下属千户、百户者为多。这部分人名曰“官家”。如，杨公保本系江南淮安府人，洪武年间（1368—1398年）入施州，任大田军民千户所世袭千户，其子孙在邑西平阳里，已有千余户。二是经商而家于此地者。如丁寨魏氏，本系江西临安府人，明隆庆年间（1567—1572年）由蜀入施，后生齿日繁，于丁寨场聚族而居。此类人名曰“商家”。[②]三是屯户。明代在施州实行军屯，屯户及其后裔留居当地。如，光绪朝《利川县志·户役》卷七载：“其后，以土司滋扰，设卫兴屯，凡土著之民为里籍，调拨而来者为屯籍。”这些明代“屯籍”后人为数不少。明代屯政废弛后，改行“民屯”。[③]这些军民屯户，逐渐成为当地居民的组成部分。四是外地失去土地的流民。由于鄂西地区地广人稀，人口稠密之地的人口自发流入。

当地民族成分构成比例，因历来无统计，故不可知。据1982年人口普查，恩施地区人口总数3251614人。其中：汉族1972960人，占60.68%；少数民族人口1278654人，占39.32%；土家族1070587人，占32.92%；苗族177573人，占5.46%；侗族21148人，占0.65%。从中可知鄂西是多民族聚居的地区。

主要少数民族的族源[④]如下：

土家族。为鄂西地区人数最多的民族。其族源远流长、绵延不断，为廪君后人。已见上述。

苗族。主要聚居在与湘西、川东南接壤的酉水、唐崖河、郁江流域的宣恩、来凤、咸丰、利川等地，呈南密北疏的分布格局。

居于鄂西的苗族先民，多已融入土家族中。其中，居于今西溪发源地的宣恩县

---

① （清 同治）《来凤县志·风俗》，卷二八。

② 参见（民国）《咸丰县志·民族》，卷十一。

③ 参见（清 光绪）《利川县志·户役》，卷七。

④ 苗族与侗族的族源，参见湖北省地方志编纂委员会编：《湖北省志·民族》，武汉，湖北人民出版社，1997。

椿木营区和沙道区的苏、黄、李、张四大姓，自称为“土苗”或“老苗”后裔。

清朝康熙、雍正年间，湘西、黔东北的部分苗族迁居鹤峰麻寮所。湘西、黔东北苗族大量迁入鄂西宣恩、咸丰、利川等地，则是在改土归流后的乾隆与嘉庆年间。

侗族。主要居住于湘、桂、黔边区，为“百越”族系后裔。鄂西侗族多在康熙、雍正、乾隆年间从湖南的芷江、新晃、靖州，贵州的玉屏、天柱、清溪，广西的三江等侗区陆续迁徙而来。

三、民族关系

改土归流后，由于废除了“蛮不出境，汉不入峒”的禁令，鄂西地区的民族关系发生了重大变化。其主要特点为：

第一，人有“土著”与“客籍”“土”与“流”“本户”与“客户”之分。如，同治朝《恩施县志·地情》卷七载：“邑氏有本户客户之分，本户皆前代土著，客户则乾隆设府后贸迁而来者。”

往昔“民皆土著”的几乎一统天下的格局有了改变。

第二，形成了汉族与当地少数民族杂居的局面。史有故容美土司地鹤峰“改土后客土杂居”①,咸丰县“山深林密,土流杂处”②之称。这种民族“杂居”与“杂处”局面，有利于民族间的往来、交流与消除民族隔阂与偏见，打破了与“内地人民少通”③的封闭状态。

第三，土司家庭成员多徙往外地。如，民国《利川县志·氏族》卷十一载：“土家族，土司之裔，其嫡派多徙籍武汉，各地留住者，半系支庶之家。”

这样做的结果有二：一是徙往外地者，使土家文化的影响波及外地，他们最终与当地居民融为一体，成为汉民族的组成部分；二是在土家族内部，原来关系盘根错节的大姓望族世袭势力大为削弱，而以土地致富的新的势力则迅速崛起。

第四，在民族流向方面，入多于出。据光绪朝续补《长乐县志·习俗》卷十二

---

① （清 同治）《宜昌府志》。

② （清 同治）《咸丰县志·典礼》，卷七。

③ （清）毛峻德：《容美司改土纪略》，见（清 道光）《鹤峰州志·风俗·附》。

载："邑属岩疆，出产甚薄，而外来者多家于此。本地人出境远游者少，良田亦无大差徭，且人民淳厚，罕机械心，故视为乐土，不忍徙而之他也。田泰斗《竹枝词》：'风无淫靡政无苛，鸡犬桑麻尽太和，问是桃源君信否？出山人少进山多。'"可见，当时鄂西地区人口的流向，还是以流入为主。由于当地人仍处于"鸡犬桑麻"的自然经济状况，民风淳朴，"罕机械心"，故仍不愿"出山"看世界。

第五，出现了多种文化并存的局面。在改土归流初期，外来人口与鄂西原住民的文化虽发生碰撞与交流，但仍各具特色，异彩纷呈。据同治朝《恩施县志·地情》卷七载："大抵本户之民多质直，客户之民尚圆通。"同治朝《来凤县志·风俗》卷二八载："邑在六属中，最称易治。隶土籍者，悍而直。隶客籍者，谨而愿。可以理遣，可以情恕，无顽梗不化者。"这种差异是由不同经济发展程度，不同历史背景与不同观念所造成的。

值得注意的是，不仅汉、土不同民族间文化不同，从不同地区移至鄂西的汉族间，其文化同样存在地域差异。如，民国《湖北通志·舆地》卷十一载：利川县"土著俗尚朴俭，男女杂作，勤耕稼。客籍江西、黄州、武昌、四川为多，言语服食各从本贯"。可见，各地人口移民入鄂西后，言语服饰饮食还是"各从本贯"。概言之，改流后的鄂西地区文化就包容了不同民族、不同地区的文化，从而为后世形成独特而璀璨的鄂西文化奠定了坚实的基础。

第六，民族与民族文化的融合加速。据同治朝《来凤县志·风俗》卷二八载：

> 我朝改设郡县，（来）凤以峒蛮旧壤。其初，民皆土著，大抵散毛遗烈犹有存者。久之，流寓渐多，风会日启，良有司承流宣化，用夏变夷。百余年来，士皆秉礼，民亦崇实，斯民三代之直，未始不可教也。

改土设县后，经过百余年的磨合，汉文化影响日深，民族间日益融合。同时，少数民族文化亦在民族融合中起着作用。据光绪朝《巴东县志》卷十载："后四里本土蛮之家，故其晏饮、交际，多杂夷俗。"同治朝《宜昌府志》也载："（巴东）惟后里之民，沿蛮夷俗，犹有悍风。然其性直率，非难治也。"这表明，土家族文化在当地文化中打上了深深的烙印。

第三节　消费生活

一、服　饰

因鄂西地区是土家族聚居区，地形上又属山区，故整体而言，其地居民服饰的突出特点为：不尚华丽，务简朴。据光绪朝续补《长乐县志·风俗》卷十二载：

邑人衣服不尚华丽，富者间有单、夹、棉、皮、葛、夏、绸缎衣服；贫者一年单夹棉而已，高荒冷地，久雨即暑月亦须围炉，并有穿羊皮、短褂、棉短袄。至于妇女则荆钗布裙，富者首饰亦止银器，无他饰也。

头饰。一是“椎髻”[①]。这是古代南方民族普遍流行的一种发式，即将发盘结于头顶或脑后成“椎”形的发式，正如唐人颜师古所释：“一撮之髻，其形如椎。”[②]历史上，土家族妇女也一直采用此种发式。明代，湘鄂西的施州、保靖、永顺土人，“短裙椎髻”[③]。清代，仍行“男女垂髻”之俗。

一是以布包头。据同治《宣恩县志·俗尚》卷九载：“不尚服饰，男女多用青蓝布包头。”调查材料也证明：土家妇女头戴七尺或十四尺长的墨青丝帕或布帕。

衣服。土家族衣服的主要形制是：大衣大袖，满襟、裤管短，男的无衣领，女的矮领，女衣在袖边、襟边、裤脚边有梅条。男女衣服都短，后面开叉。[④]妇女喜以粉红和蓝色花衣为盛装，下着“八幅罗裙”，裙褶多而直，并绣有花纹。

土家族衣服的特点，主要有三：

一是喜穿短衣、短裙。不仅鄂西，而且湘西土家族也如是，如清人傅恒《皇清职贡图》卷三，永顺、保靖土人条载，其人“衣裙俱短”。“短衣”之制，源于楚人。据《汉书·叔孙通传》载：叔孙通“儒服，汉王憎之，乃变其服，服短衣，楚制。

---

① （清 光绪）《巴东县志》（重修），卷十。

② （东汉）班固：《汉书·陆贾传》颜注。

③ （明）王士性：《广志绎》，卷四。

④ 参见鄂西土家族苗族自治州民族事务委员会编：《鄂西少数民族史料辑录》，390页，1996。

汉王喜之”[1]。鄂西土家族地区属楚地，承袭楚短衣之制理所当然。

一是喜穿花衣。早在明代，施州、保靖、永顺土家族，“女衣花布”[2]；迄清，文献仍有鄂西土民“喜斑斓服色”之载。此俗，与永顺、保靖土人“喜斑斓衣服”[3]之习完全一致。其“衣斑斓”之俗，可溯源于楚人。文献记载：楚人喜“衣翠衣”，“绛衣”；出土文物也表明，楚人所制男女木俑的身上，也画着彩衣。楚人与土家族等南方民族嗜斑斓衣一事，与当地物产有关，因南方特产植物性染料，“南蛮”先民已“织绩木皮，染以草实”[4]。历代鄂西土家族常取五倍子、木梓叶汁将布染成蓝、青色可证。

脚部。鄂西地区居民平常多“跣足”。或着青黑布鞋，以布裹脚、缠脚。有的女鞋很讲究，鞋口滚花边，面布用有色丝绸，鞋尖正面绣有花草、蜂蝶等各种花纹图案。

其他饰物。鄂西地区的妇女喜在耳朵上戴金、银耳环，手腕戴金、银质或玉石镯子。楚人及其后世的南方诸族均喜在头、颈、手、腰、脚诸部位，佩戴或悬挂用金属或动、植物材料制成的饰物。与土家族相邻的苗族饰物最盛，土家族也同样讲究装饰之美。

二、饮　食

主食。如前文“农业”部分所述，鄂西地区除少数平原地区以稻米为主食外，山区均以玉米、马铃薯、红薯、麦、豆等杂粮为主粮。

酒。土家族好饮酒，以糯米、高粱、苞谷为酿酒原料。富有特色的酒类有五加皮酒、桂花酒、堆花酒等。史载：恩施“产五加皮，以浸酒，香美有殊效；而民尚桂花酒”[5]。长乐县“邑唯产苞谷酒，上者谓堆花酒”[6]。

---

① 所谓“楚制”，颜师古曰：“制，谓裁衣之形制。”意为：叔孙通穿了宽衣博带的中原之制的儒生衣裳去见刘邦，刘邦不喜欢。后来叔孙通想到刘邦是楚人出身，于是投其所好，穿了楚制短衣，取得了刘邦的欢心。

② （明）王士性：《广志绎·江南诸省》，卷四。

③ （清）严如煜：《苗防备览·风俗下》。

④ （南朝宋）范晔：《后汉书·南蛮西南夷列传》。

⑤ （清 同治）《恩施县志》，卷十二。

⑥ （清 光绪）《长乐县志·习俗》（续补），卷十二。

土家族与南方诸族一样，都嗜酒豪饮。因当地商品交换不发达，不重财富积累，居民缺乏积存剩余粮食的习惯，而把酿酒作为处理当年余粮的一种重要方式。据毛峻德《劝积贮》载："本州查访数年来，其稍知樽节略有盖藏者，一保之中，不过数户。其一经收割，辄即酿酒喂猪，会饮设馔，一日之中，费数日之粮，一人之口，吃数人之食。种种狼藉，毫不知惜"。[①]

鄂西地区的苗族也如是，史称"好饮酒宴会，罄所入以供之，不知积储"[②]。

鄂西居民饮酒方式奇特，名曰"咂酒"。据光绪朝续补《长乐县志·习俗》卷十二载：

土户张、唐、田、向四姓家酿咂酒。其酿法于腊月取稻谷、苞谷并各种谷配合均匀，照寻常酿酒法酿之。酿成，携烧酒数斤置大瓮内封紧，俟来年暑月开瓮取糟，置壶中，冲以白沸汤，用细杆吸之，味甚醇厚，可以解暑。李焕春《竹枝词》："糯谷新熬酒一壶，吸来可胜碧筒无。诗肠借此频浇洗，醉咏山林月不孤。"

同治朝《咸丰县志·典礼》卷七载：

咂酒。俗以曲蘖和杂粮于坛中，久之成酒。饮时开坛，沃以沸汤，置竹管于其中，曰"咂箄"。先以一人吸咂箄，曰开坛，然后彼此轮吸。初吸时味甚浓厚，频添沸汤，则味亦渐淡。盖蜀中酿法也。土司酷好之。

此外，同治朝《恩施县志》、同治朝《来凤县志》等也有记载。简言之，"咂酒"的要点是：饮酒不用杯碗而以管，众人轮流吸酒，边饮边注水坛中，直至无酒味方休。

土家族"咂酒"俗源远流长，可追溯至其先民时，唐代巴人，宋代辰、沅、靖州蛮人。唐代诗人白居易所见忠州（今重庆忠县）巴人饮"藤枝酒"即是。他在《鄂西春宴因赠诸客》[③]诗中云：

---

① （清 乾隆）《鹤峰州志·风俗·附文告》，卷下。

② （清）爱必达：《黔南志略》，卷二〇。

③ （清）彭定求等编：《全唐诗·白居易十一》，卷四三四。

薰草席铺座，藤枝酒注樽。中庭无平地，高下随所陈。蛮鼓声坎坎，巴女舞蹲蹲。

宋代诗人陆游称之为“钩藤酒”。《老学庵笔记》卷四记述了湖南辰、沅、靖州蛮饮“钩藤酒”的盛况：

醉则男女聚而踏歌。农陈时至一二百人为曹，手相握而歌，数人吹笙在前导之，贮缸酒于树阴，饥不复食，惟就缸取酒恣饮，已而复歌。夜疲则野宿，至三日未厌，则五日或七日方散归。

最后，需指出的是，除土家族外，西南苗族、彝族、傣族、藏族，岭南壮族、侗族，乃至我国台湾省高山族均有此俗。

茶。如前所述，鄂西地区产茶，其人饮茶方法亦很独特，用当地盛产之茶杂以其他土产，用特殊方法制作而成。主要有“油茶”与“擂茶”二法。

油茶，因此油和水煮茶而得名。鄂西各地所用原料不尽相同。据同治朝《来凤县志•风俗》卷二八载：“土人以油炸黄豆、苞谷、米花、豆腐、芝麻、绿焦诸物，取水和油，煮茶叶作汤泡之，饷客致敬，名曰‘油茶’。”同治朝《咸丰县志•典礼》卷七载：“油茶。腐干截颗，细茗、阴米，各以膏煎水煮，燥湿得宜，人或以之享客，或以自奉，间有日不再食则昏愦者。”

此俗颇流行，致有一日不食则“昏愦者”，堪称嗜好成癖。

需指出的是，苗瑶语族的苗人、壮侗语族的侗人等，也喜欢喝油茶，可证南方诸族文化是相互影响的。

擂茶，因以茶叶与各种原料和在一起擂烂后煮成而得名。据同治《咸丰县志•典礼》卷七载：“擂茶。取吴萸、胡桃、生姜、胡麻共捣烂，煮沸作茶。此惟黔、咸接壤处有之。”

嗜辣。在食物佐料中，鄂西人尚辣。据同治朝《来凤县志•风俗》卷二八载：“邑人每食不离辣子，盖丛岩幽谷中，水泉冷冽，非辛热不足以温胃和脾也。”

究其因，除上述记载中所提及地理条件外，还有一重要原因是缺盐所致。历史上，鄂西素缺盐，主要靠吃川盐，因交通不便，盐价昂贵，故烹调时，和以辣椒，以代盐之佐料作用，由此年久成习。

特殊食品。水果中有“橙花”，肉类中有鱼鲊。

橙花，系以橙制作的蜜饯干。据同治《来凤县志·风俗》卷二八载：“妇人摘绿橙切片，镂成百花，蜜渍晒干，曰‘橙花’。挑剔玲珑，香味俱绝。”

鱼鲊，为土家族土司宴客的名贵食品。所谓“鲊”，据《释名》卷四曰：“菹也，以盐米酿之如菹，熟而食之也。”土家族喜以酸水浸渍食物，以鱼为之即称“鱼鲊”。据清人顾彩《容美纪游》载：容美土司田舜年之婿“预储馔于山房，咂酒鲊鱼，留余夜话”。又载：“饮于过山坪，食瓶中鱼鲊极美。”

山珍野味。山区居民以山珍野味为贵。据清人顾彩《容美纪游》载：

入馔以野猪腊为上味，鹿脯次之。竹鼬即笋根，稚子以谷粉蒸食，甚美，然不恒得。洋鱼味同鲂鱼，无刺，不假调和，自然甘美，龙溪江所产也。民间得之，不敢蒸食，犯者辄致毒蛇，贵官家则不忌。麂如鹿无角而头锐，连皮食之。

可见，清代土家族以野猪、鹿、麂、洋鱼诸山货土产为食物中上品，其食用办法有腊、干、蒸诸法。

三、居　住

土司署舍多为砖瓦木石结构，柱梁上雕刻各种花纹，建筑规制宏伟。据清人顾彩《容美纪游》载：“宣慰司署，司堂石坡五级，柱蟠金鳌，椽栋宏丽，君所以出治者，堂后则楼上，多曲房深院。”换言之，土司署舍中楼、阁、亭、园、院、池，一应俱全。

特别值得称道的是，鄂西石雕艺术别具一格。如唐崖土司城址中遗留下的建筑石雕，有精美的花卉、人物、动物等图案，反映了高超的工艺技术。

鄂西的房屋建筑，突出反映封建等级制度。土民若盖楼房，不得超过两层，层高不得超过一丈零八，以示与土司宫室高度有所区别，不得僭越。

土司时期，鄂西居民的住房多依山形、择高险之地聚族而建。往往同族数十户聚居于同一村寨，寨子层层重叠，错落有致，并以姓氏名寨，覃家沟、谭家坝、杨家坪即是。土民房屋，多用竹、树枝、苞谷杆等编织房墙，房顶覆以茅草，俗称“千根柱头落地”，故有“居处多为茅茨”之载。

改流后，土民有建砖木结构住房者。房门向朝山谷，式样多为“吞口”，大门门顶出“牙口”。一栋房舍，有三、五、七间不等，多为“一正两厢”结构。堂屋正壁安有神龛，供奉祖先牌位。堂屋空而大，为接待宾客与办婚丧诸事之场所。堂屋两侧为“偏房”，偏房又前后分隔为两个半间，分别安有“火铺”“歇房”（卧室）、“灶屋”。“火铺”，为做饭菜与烤火之外，一般比地平高二尺；其构造，三分之一为土地面，三分之二为木地板。不修火铺者，则在地面挖一深坑后砌以石条，名曰“火坑”。火铺或大坑上放置三脚架及炊煮用具；其上架有“坑架”，供烘熏食物之用。[①]

干栏式建筑，俗称“吊脚楼”，为生活较为稳定的土家族家庭所居住。具有防潮湿、避虫兽之害的功能。其形制，底层不安装板壁，作喂养牲畜与堆放杂物之用；楼上作卧室；檐下楼外有木质走廊，名“阳谷”，又叫“彩楼”。

南方诸族的干栏式建筑，其源甚古。在今湖北的毛家嘴、浙江余姚县河姆渡等新石器时代遗址中均有发现。史籍中，首记干栏之名者为北齐人魏收的《魏书》，据该书《僚传》载：“僚者，盖南蛮之别种，自汉中达于邛、笮，川洞之间，所在皆有。……依树积木，以居其上，名曰干阑。干阑大小，随其家口之数。”

这种上居人、下居畜的房屋形式，亦在壮、僮、苗、瑶、黎、高山等南方诸族聚居地广为流行。

第四节　民族教育

一、概　况

为加强对民族地区的统治，清廷向来采取“文教为先”之策。

清初，中央王朝即提倡甚至强制土司子弟入学习礼。顺治十五年（1658年）贵州巡抚赵廷臣疏言：“臣以为教化无不可施之地。请自后应袭土官年十三以上者，令入学习礼，由儒学起送承袭。其族属子弟愿入学读书者，亦许其仕进。”从此土

① 参见利川县民族志编写领导小组办公室编：《利川土家族简史》，以及邓和平：《荆南土家族研究》两书的有关部分。

司应袭子弟均须入学习礼，成为有清一代的定制。这样做是为了使“儒教日兴，而悍俗渐变”[①]，使土司受到封建文化的熏陶后，成为封建王朝的统治工具。

此策的推行，使鄂西地区土司汉文化程度在南方民族地区堪称出类拔萃。一些土司熟读经史，甚至还有著述。其中较为突出的有湖广沙溪安抚使黄楚昌、容美宣慰使田甘霖及其子田舜年。据《清史稿·土司列传一》载：“初，楚昌入施州卫学为诸生。时诸司争并，民鲜知礼，楚昌折节力学，有时名。及袭职，设官学，公余与诸生讲肄，多所成就。”容美宣慰使田甘霖，字特云，著《合浦集》。其子田舜年“颇招名流习文史，刻有《廿一史纂》。日自课，某日读某经阅某史至某处，刻于书之空处，用小印志之。有《白鹿堂集》《容阳世述录》”。正是由于鄂西土司积极贯彻清廷读书应举之策，鄂西民族地区的教育得到迅速发展。

有清一代，鄂西民族地区的办学形式，主要有：

二、府、州、县儒学

清承明制，故《清史稿·选举志一》载：“府、州、县、卫儒学，明制具备，清因之。”

府、州、县均设有教官，府学名教授，直隶州厅学及单州厅学名学正，县学名教谕。

读书人尚未取得府县学生员者，名童生。童生经县、府、院三级考试，成绩合格者取得“生员”资格，才算“进学”，分别进入府、州、县学，俗称“秀才”。

明制，生员有定制。食廪者为廪膳生员，增广者为增广生员。正统（1436—1449年）时，更于额外增取，附于诸生之末，谓之附学生员。清袭明制，凡初入学者谓之附学生，经岁科考试成绩优异者补为廪膳生员或增广生员。

府学、州学、县学生员学行均优者，贡于京师，进入太学（国子监），名曰“贡生”。清制，有“五贡”：府学、州学、县学廪生食饩十年后，挨次升贡者，曰“岁贡”；凡遇国家重大庆典颁布恩诏之年充贡者，曰“恩贡”；“拔萃奇才”入贡者，曰“拔贡”；不拘廪、增、附生选文行兼优者入贡，曰优贡；乡试之副榜，直接解

---

① 以上引文均见（民国）赵尔巽：《清史稿·赵廷臣传》。

送入国子监读书者，曰“副贡”。

生员定额，依文风高下、钱粮丁口多少而定，分为大学、中学、小学。顺治十五年（1658年），定大府20名，大州县15名，小州县4名或5名，康熙九年（1670年）大府、州、县仍旧额，改定中学12名，小学7名或8名。对少数民族则有所照顾，另编字号取录，不为定额，故有畲民、苗童、傜童、土生（指土司子弟）等名。

施州卫学。原鄂西土司地区，无府、州、县建制，统于施州卫。施州卫学，文、武童生各15名，廪生40名，一年一贡，即每年从廪生中选拔一名贡生。雍正六年（1728年），清廷废施州卫设恩施县，施州卫学改为恩施县学。

施南府学。学宫在城内象牙山之南。雍正十三年（1735年）设施南府，乾隆元年（1736年）知府田三乐倡建该学，三年工成。学额为：文学8名，武学4名，廪生4名，增生4名。

恩施县学。学宫为原施州卫学。其学额几经变化。“雍正七年（1729年），部议：湖北施州卫改为恩施县，应照各县例将原设廪、增生各四十名之数，各裁去二十名，留二十名。二年一贡。学额，仍文童十五名，武童十五名。”因府属之宣恩、来凤、咸丰、利川四县，原归恩施县学管辖，后“俱归各县自辖”，又设立了府学，故再行削减学额。“于是，每届额取文学十二名，武学十二名，廪生十二名，增生十二名，仍定二年一贡。”[①] 其后，学额又有所增扩，至道光年间（1821—1850年），“恩施县，文学十五名，武学十五名，廪生十二名，增生十二名”[②]。

建始县学。学宫原在建始县城西门外，元大德年间（1297—1307年）建。清代，不断加以改建重修。除文、武童各7名外，廪生、增生各2名。

巴东县学。明洪武年间（1368—1398年）创办，其学额与建始县学同。

宣恩、来凤、咸丰、利川四县，均是改土归流后并入施南府之属县，乾隆三十六年（1771年）始“按县置学”。至道光年间（1821—1850年），其学额为：

宣恩县：文学二名，武学二名，廪生二名，增生二名。

来凤县：文学三名，武学二名，廪生二名，增生二名。

---

① 以上引文均见（清 同治）《恩施县志·学校》，卷五。

② （清 道光）《施南府志·学校》，卷七。

咸丰县：文学三名，武学二名，廪生二名，增生二名。

利川县：文学四名，武学二名，廪生八名，增生八名。[①]

此四县中，除利川外，其他三县学额大体相同；但因利川县“人文较盛”，其廪生、增生名额为其他三县的4倍之多。如，同治朝《恩施县志·学校》卷五载：“利川人文较盛，应将恩施县原额廪、增各二十名，俱减为十二名，以八名拨入利川。”

三、书　院

书院始于唐而盛于宋，元明清仍流行，官立者居多，私立者少。唐代，书院为藏书之地。宋代，则尚讲学。明代，或兼会文。清代，讲学者少，以考课为主，故与科举关系十分密切。

清代书院之制，鉴于明末东林书院讲学论及时政，酿成东林之祸，故清代书院由讲学转为考课，为书院制度之大变化。清初曾规定“不许别创书院，群聚结党”。其后，允许各省设书院。雍正元年（1723年）一度改书院为义学，故鄂西地区有的书院，虽有书院之名，实为义学。雍正十一年（1733年），朝廷命各省于省城设书院，其后各府、州、县也相继创立书院。清代书院之性质与作用，如《清史稿·选举志一》所指，“各省书院之设，辅学校所不及”。

书院以考课为主。长书院者名“山长”，实系院长。省城大书院的山长由督抚会同学政聘请，府、州、县的则由地方官延聘。书院生徒有“生”“童”之分。生为贡生、廪生、增生、附生、监生等；童为未入学者。清末，西学东渐，光绪二十七年（1901年），令各省书院，省立者改为大学堂，府、州立者改为中学堂，县立者改为小学堂。于是书院罢废。

清代施南府书院，有两种：一种名为书院，实为义学。施南府凤山书院，恩施县崇化书院、成山书院，来凤县朝阳书院、朝南书院、桂林书院，利川县如膏书院，建始县五阳书院，[②]即属此类。另一种是名实相符的书院。府立南郡书院、恩施县麟溪书院、咸丰县蔚人书院等，即属此类。

---

① （清 道光）《施南府志·学校》，卷七。

② 参见（清 道光）《施南府志·学校》，卷七。

这些书院，成了府县教育中心。其特点有二：

其一，学校建筑规模较大，办学经费较充足。如，恩施麟溪书院，同治二年(1863年)，知县许光曙劝捐四千有零，始行创建。建讲堂三楹，为修道堂。堂后建屋三间：左祭器，右图书，东为宾兴馆。翼以讲舍十四间。西为花厅。厅后为讲师游息之所，环以仓厨。共造房屋三十八间。后又募得款项五千九百串零，概行置产。又如，咸丰蔚文书院，创自嘉庆（1796—1820年）中叶，置田产，年收租谷三百余石。

其二，师资力量雄厚，人才辈出。据载："其中在府或县较有影响的人物有王颂平，安徽进士，有直吏之称，壮年辞官从教。光绪初年，应施南府知府王庭祯之聘，主讲南郡、麟溪两书院。当时六县有志于举业的生员慕名而来，一时高足云集。恩施进士詹恺、尹家楣都曾受业于王。"[①]

四、义　学

义学之风起于宋而发展于元。清初，鄂西地区始设义学以代书院，其后书院复兴而义学仍存，多设于乡间，以补城邑书院之不足，故可视作书院之支流，但规模较小，设施较简陋。

清代设立义学的宗旨，据《清史稿•选举志一》载：各省府州县多设立义学，"教寒生童，或苗、蛮、黎、傜子弟秀异者"，即主要教育汉族贫苦人家子弟及少数民族子弟中之杰出人才。

关于民族地区义学办学的具体做法，据《清朝文献通考》卷七〇载，雍正朝曾规定：

> 先令熟番子弟来学，日与汉童相处，宣讲圣谕广训，俟熟习后，再令诵习诗书。以六年为期，如果教导有成，熟师准作贡生，三年无成，该生发回，别择文行兼优之士。应需经书日用，该督抚照例办给。俟熟番学业有成，令往教诲生番子弟，再俟熟习通晓之后，准其报名应试。

① 任泽全主编：《恩施州志》，860页，武汉，湖北人民出版社，1998。

可见，清代义学教育，针对少数民族子弟的差异，采取因材施教之法。首先，让受汉文化影响较深的民族地区即“熟番”的子弟入学。他们入学后，先与汉族学生相处，以熟悉语言与生活环境，并学习“圣谕广训”；然后，才正式进入学习阶段，即“诵习诗书”。以六年为一期，倘学三年无成，则发回原籍，另行招收“文行兼优”者补充。学习期间，所需学习材料与日用之物，由朝廷供给，学业完成后，令其至受汉文化影响较少的民族地区，教育“生番”子弟，这样既收到了教学实习的目的，又扩大了民族教育的范围与对象。“熟习通晓”经书后，算是正式结业，可取得参加科举考试的资格。

设义学后，“边人及苗民多能读书取科第”[①]，并使苗疆“风气丕变”[②]。说明义学的设立，对民族地区文化教育的普及起了不容忽视的作用。

在鄂西民族地区，自乾隆（1736—1795 年）以后，义学广设。如，利川县。据光绪《利川县志·学校志》卷八载：“邑中义学，凡十有四”：一在县城轩辕庙；一在忠路一保，曰双江书院；一在建南二保，与双江书院同时，为乾隆五年（1740 年）奉文建，“岁领藩库银三十二两”，光绪年间（1875—1908 年）又于建南拟立义学，名笔峰书院；一在东六保团宝市；一在南六保青岩，监生刘玉成建；一在南八保白石寺，同治十三年（1874 年），邑人蒋大朝建；一在西八保水井村，乾隆五十八年（1793 年），邑人牟承上等建；一在南坪六保汪家营，同治四年（1865 年），知县何蕙馨以团防赢余钱四百缗建；一在南坪十三保虎头寨，同治（1862—1874 年）时建；一在忠路十一保岩门头，道光（1821—1850 年）时，县丞缪廷、邑人翁懋建；一在忠路十三保长顺坝；一在忠路十四保黄土池；一在建南七保箭竹溪，武生贺兴邦、诸生张继仲建。可见，义学除朝廷出资外，也有官吏损廉、富户捐资以及读书人倡建等出资方式。

又如，咸丰县。据民国时修《咸丰县志·建置》卷二载：

> 义学之设，以金峒司一所为最古，乾隆五年（1740 年）奉文建，每年请领藩库银十六两作膏火。二十四年（1759 年），知县张禹将县民互争

---

① （民国）赵尔巽：《清史稿·陈宏谋传》。

② （民国）赵尔巽：《清史稿·循吏二·陈德荣传》。

生基坪官地变置水田山场一分，归入义学，每年收租谷一十六石一斗二升。三十九年（1774年），知县潘宪武将民互争黄土坡官荒，详归义学。其不由官立者，则有丁寨义学二所：一、培英书院，在市南文昌宫，道光二十年（1840年）建；一、广育义塾，在市内禹王宫，咸丰十年（1860年）建。

从中可见：义学有官办与民办两种。前者年代较早，多在乾隆年间；后者则多在清末。说明随着学校的广设，朝廷财力有限，私人办学风气日盛。官立者，其经费筹集有两途：一是朝廷直接拨款，由“藩库”开支；一是将官田出租，收租谷以给。

五、科　举

在发展民族地区教育的基础上，清王朝亦在鄂西地区开科举之门。据载：康熙四十二年（1703年），“令湖广各州县熟苗中有通晓文义者，准与汉人一体应试”①。雍正十三年（1735年）“准土司由生员出身者，一体应试”②。“每岁科试，瑶童亦得与考，所取猺生，亦例与生监一体乡试，盖圣朝声教，四讫有如此”。③

有清一代，鄂西民族地区不乏中举之人，据道光《施南府志·选举》卷二三统计，迄于嘉庆朝，有进士2人，康雍二朝各1人；举人19人，顺治朝1人，康熙朝13人，嘉庆朝5人。据同治朝《恩施县志·选举》卷八载，迄于同治朝，恩施县共有举人16人，顺治朝2人，康熙朝7人，道光朝2人，同治朝5人。又，据同治朝《来凤县志·选举》卷二一载，迄于同治，来凤县共有举人6人，乾隆朝1人，嘉庆朝1人，道光朝3人，同治朝1人。

至于“五贡”生，则不胜枚举。据道光朝《施南府志·选举》卷二三载：拔贡26人，恩贡48人，岁贡151人，共225人。其中，仅岁贡一种，乾隆朝即达86人。

又，据同治《来凤县志·选举》卷二一统计：拔贡15人，恩贡23人，岁贡33

① （清）张廷玉：《清朝文献通考》，卷六九。

② （民国）赵尔巽：《清史稿·世宗本纪》。

③ （清）吴省兰：《楚峒志略》。

人，廪贡[①]5人，附贡5人，共81人。

上述科贡材料表明：清代鄂西民族地区的教育与科举事业，取得了重要成果。

鄂西地区亦行宾兴之制。此制来源甚古。据《周礼·地官·大司徒》载："以乡三物教万民而宾兴之。"

注曰："兴，犹举也。民三事教成，乡大夫举其贤者能者，以饮酒之礼宾客之，既则献其书于王矣。"后世承袭此制，乡举前，地方设宴以待应举之士。鄂西民族地区也广设宾兴馆，购置田产，以租谷收入补助乡试路费之资，从而为应试者提供经费保障。如，同治朝《恩施县志·宾志》卷五载：同治年间（1862—1874年）改建宾兴新馆，以田业收入，"每年拨出四成，以备乡试给发路费之资"。又，民国《咸丰县志·建置》卷二载：

宾兴馆，创自彭大令仲芳，年收租谷一百余石；至光绪时，余大令良才，又募捐增置产业，名新宾兴，年收租谷二百余石，而别旧有之业为老宾兴。两起可收年租共约三百余石。

仅咸丰一县，用以资助科举应试之经费，每年即收租谷达三百余石以备用，从中可见鄂西民族地区对科举应试之重视程度。

六、改土归流后文化教育事业的变化

改土归流后，鄂西民族地区的文化教育事业有了重大发展。其中主要记载有：

乾隆《鹤峰州志》卷下，《风俗》附《文告》载：改流后首任鹤峰知州毛峻德，倡导与采取具体措施，在城乡多建义馆，对原容美土司地区子弟"教以诗书"，使"风气日开"。

道光朝《鹤峰州志·风俗》载：

毛《志》称归流之始，民习多陋，……今则彬彬焉与中土无异。予以庆吾民涵濡圣化，获改椎髻之旧。

同治朝《恩施县志·学校》：

① 廪贡，即优贡。雍正年间（1723—1735年），分析贡监名色，廪生准作优贡，因此得名。

我朝文明溥化，增设胶庠，其作育较前古更为周至。

同治朝《利川县志·风俗》：

《郡志》载，各邑风俗，皆缘土司旧地，习尚朴陋。自改土归流，远人麇至，民勤耕稼，士习诗书，旧习渐易，与郡城大率相同。

同治朝《宜昌府志·学校》：

鹤（峰）长（阳）二属，以獉狉椎结之习，忽变为衣冠诵之风。立学校，应选举，彬彬向风，与壮县比矣。

同治朝《来凤县志·风俗》卷二八载：

我朝改设郡县，（来）凤以峒蛮旧壤，其初民皆土著，大抵散毛遗烈犹有存者。久之，流寓渐多，风会日启，良有司承流宣化，用夏变夷。百余年来，士皆秉礼，民亦崇实。斯民三代之直，未始不可教也。

光绪朝续补《长乐县志·风俗》：

改土后，衣冠文物均与通都大邑等。

归结起来，改土以后，鄂西民族地区文化教育事业的重要变化有四：一是广增学校。如设“胶庠”“义馆”及“家塾”之类。二是受教育面有所扩大。即所谓“士习诗书”“寒俭之家，亦以子弟诵读为重”。三是汉文化影响加深。“获改椎髻之旧”“今则彬彬与中土无异”“用夏变夷”“士皆秉礼”足证。四是日益缩小甚至达到汉区文化教育发展的水平。所载“衣冠文物与通都大邑等”“与壮县比矣”，即指此。

第五节　婚姻习俗

清代，鄂西土家族婚俗，尚保留不少原始婚姻制的遗迹。其主要表现有：

一、同姓为婚

在早期人类社会中，曾实行兄弟姐妹间互为夫妻的血缘婚。这种族内群婚制，在我国历史上早已绝迹。但是，在苗、瑶、畲诸族民间，却广为流传着兄妹为婚的传说。这是虽已消失但仍残留在人们朦胧记忆中的兄妹为婚制的一种反映。

在土家族中，则曾流行同姓为婚之俗。如，同治朝《来凤县志•风俗》卷二八载："从前土民间有同姓为婚。"改土归流后，鄂西地方当局曾以行政命令手段强行加以禁止。鹤峰州第一任知州毛峻德在《文告》中规定："嗣后男女婚姻如属同姓，不许议及；既异姓虽无服制，而尊卑名分犹存者，亦不许议及。"其后，此风稍敛，但并未消除。据 20 世纪 50 年代后期的调查显示，在婚姻方面，鄂西土家族本姓结婚的多，而本地人与外来户结婚的少。到覃家上门作女婿的十七户中，除一户姓高外，其余的全是本地人。这种现象一直存在。连覃谭两姓，就是同姓通婚的。

同姓为婚，是一个民族或民族内部有着血缘关系的同一祖宗传下来的人们间互为婚姻，从一定意义上说来，也可谓是扩大化了的兄妹为婚。

二、陪十兄弟与陪十姐妹

在母系氏族社会中，实行的是族外群婚制。按照这一制度，本氏族的兄弟与结为通婚集团的对方氏族的姐妹为婚，把他们视为共同的妻子；本氏族的姐妹与对方氏族的兄弟则为婚，把他们视为共同的丈夫。

土家族中的"陪十兄弟"与"陪十姐妹"的婚仪，可视作兄弟共妻与姐妹共夫习俗流变的一种曲折反映。据咸丰朝《长乐县志•风俗•冠婚》卷十二载：女子于出嫁前一日行笄礼，"女家延请女子九人合此女而十，具盛馔一筵陪之，曰'陪十姐妹'。田泰斗《竹枝词》'新梳高髻学簪花，娇泪盈盈洒碧纱；阿母今朝陪远客，当筵十个女儿家。'"

男子于婚前一日行冠礼，"设筵堂中，择童子九人合新郎而十，曰'陪十弟兄'，亦曰'伴郎'。且呼新婚者为新科状元。田泰斗《竹枝词》：'箫声隐隐烛辉煌，十个儿童巧样妆；绝妙风流名色艳，华筵都唤状元郎。'"同治朝《咸丰县志•典礼》卷七，也有相类记载："冠礼，男家于成婚前一日行之，延宾告祖，并请未婚童子十人，名曰'陪十弟兄'。女家亦于是日，请未笄女子十人，名曰'陪十姐妹'"。

有的方志称“陪十兄弟”与“陪十姐妹”为“伴郎”与“伴女”。如道光朝《鹤峰州志·风俗》卷六：“冠礼笄礼，民间不行。然婚嫁先一日告祖，男家坐子弟于客位，父兄亲为正席，延戚友子弟之未娶者陪饮，谓之‘伴郎’；女家与修容，设席如坐子弟之仪，延戚友室女陪饮，谓之‘伴女’”。

应该指出，“陪十姐妹”俗，还可从我国古代婚俗中寻见痕迹。周朝时，有诸侯“一娶九女”之制，即长姐出嫁，诸妹从嫁俗，只不过后世的十姐妹不需从嫁，只需送嫁罢了。

三、世为姻好

实行族外群婚制，势必使某些氏族之间形成固定的婚姻关系。我国古代文献中所说的“世为姻好”，即是这种通婚集团关系的恰当描述。此俗，在鄂西土家族地区也有所反映。

据咸丰《长乐县志·冠婚》卷十二：“设县初唯张、唐、田、向四姓为土著，合覃、王、史、李为八大姓。继有十大姓之称，向、李、曾、杨、郭、王、皮、邓、田、庹是也。唯此十数姓，互相联姻，今则不拘。”又，据光绪朝续补《长乐县志》卷十三载：容美土司田氏与五峰土司张氏“世为姻娅”。

需要指出的是，因两湖土司同属土家族，故有跨省联姻之举。据清人顾彩《容美纪游》载：鄂西容美土司与湘西保靖土司，“祖宗以来，世为姻好”。

鄂西土司集团间的婚姻，常有政治、军事意义在其中。两个大土司间的通婚，具有政治军事结盟的性质，出现紧急情况时以便彼此呼应与支援，容美土司与保靖土司间通婚即属此例；在两个强弱、大小不同的土司间的通婚，则包含着强大土司控制甚至吞并弱小土司的意图，如：容美土司田氏与五峰土司张氏的通婚，导致最终前者归并后者的结局。

四、以婿为子

在母权制社会中，因本氏族的男子，都“出嫁”到外氏族，而本氏族的女子，则于外氏族“招赘”。故崇尚赘婿之俗，实为族外群婚制残习之表现。

改土归流前，鄂西民族地区盛行招赘俗。改流后，清廷曾对此严加禁止。鹤峰

州知州毛峻德发布的《条约》将此俗列为需严禁的“恶俗”之一。

> 养老之婿亦异姓也。旧日土民无子，即以婿为子。今凡有招婿养老之家，如无子孙，仍按律于同宗应继者，立壹人为嗣，家产均分，不得以有婿不必另立，绝其宗祀，违者照乱宗律治罪。又律载止有壹子者，不许出赘，违者法究。

需强调指出的是，此限制“以婿为子”与“出赘”之《条约》，充满了封建宗法制度的色彩。主要表现为：以异姓之婿为子者，不得继宗祧，而且只能享受一半的财产继承权，必须另择同宗者延续世系；凡只有一子者，不许出赘，以免绝祀。从中可见；当时土家族地区赘婿风之炽盛；改土后的限制赘婿俗的强制行政措施，是行不通的，也是不可取的。

但改土后，鄂西赘婿之风未息，尤以寡妇子幼需招夫“抚子”与老年丧子需招赘赡养老人两种情形为多。如，同治朝《巴东县志·风土·冠婚丧祭》卷十：“前后里中，或孀妇子幼，招他姓男入室，谓之‘抚子承差’；老年丧子，有遗媳招他姓入赘，谓之‘陪儿’。此二事虽出于万不得已，究为风之最陋者也。”可见，招赘之俗的流行，与生产、生活密切相联，有其必要性与必然性，不应列入陋风之列。

调查材料表明：直至20世纪50年代后期，今湖北巴东县杨柳区连田乡土家族的婚姻，仍然“上门的多”。

五、“姑舅姐妹”婚

在土司时期，在鄂西土家族中，存在一种“姑家之女，必字舅氏”的习俗，俗称“还骨种”，被视为亲上加亲的美好姻缘。

改流后，此俗曾被明令禁止。据鹤峰第一任知州毛峻德发布的《文告》称：“本州土俗，不知家礼，娶妻不论同姓，又异姓姑舅姐妹，罔顾服制，否则指云‘让亲’。”意为舅父之子对姑表姐妹有优先择偶权，若需另嫁别人，则需征得舅家同意，并支付一定的报酬，名曰“让亲”。

需指出的是，这种姑舅表婚在苗、瑶、侗、布依等南方诸族中，也广为流行。如，清人严如煜《苗防备览·风俗》卷九载：“姑家之女，必字舅氏。不论男女长幼，名曰酬婚。否则，讼斗纷起”。

此外，舅舅在外甥女的婚姻过程中还有两种权力：一是有“主婚”权。即“女家疏族外戚，亦得把持主婚”[①]之谓。一是收受聘礼权。“自受聘后，每逢年节，男家必多备猪腿酒盒，于女家户族母舅外戚遍送，名曰‘朝月’”[②]。

六、女儿会

恩格斯《家庭、私有制和国家的起源》第45页说：处于蒙昧时代高级阶段的加利福尼亚半岛的居民，据班克罗夫特说，则有一些节日，在节日里几个“部落”聚集在一起，进行不加区别的性交。显然，这是指一些氏族，它们在这些节日里，对于从前一个氏族的妇女以另一氏族的所有男子为他们的共同丈夫，而男子则以另一个氏族的所有妇女为他们的共同妻子的时代，还保存着一点朦胧的记忆。

在鄂西土家族地区，曾有一种节日择配的习俗。此俗和当时加利福尼的居民已有很大的不同，但它选择一定日期，使不同村寨和姓氏的青年进行自由恋爱与择偶活动，这不能不说是对族外群婚制“还保存着一点朦胧的记忆”。

据调查报告载：

在恩施石窑有“女儿会”，时间定在农历七月十二日。据考，此俗流传已久，石窑十姓氏《家用杂志》与民国元年黄氏所编《日用杂志》上，均有所记载。

据老人传说：一年一度的“女儿会”那天，不仅宣、鹤、建等县的人来赶“女儿会”，就是湘、贵、川等省商贩来客也不少，尤以湖南商客最多。外来商品与本地山货土特产，一应俱全，熙熙攘攘，买卖兴隆。青年男女盼望这一天，以便谈情说爱。

中华人民共和国成立后，此俗仍未衰，这天男男女女，穿着一新，从方圆七八十里的地方，带着各类农副土特产品，汇集到石窑乡场。未婚男女青年，乘赶“女儿会”上街之际，双方觉得中意者，在商谈生意的同时，约定地点交谈，倾吐爱慕之情，至晚霞而归。[③]

节日择配活动，除“女儿会”以外，更多的是在节庆时的集体活动中，通过盘

---

① （清）毛峻德：《文告》，转引自（清 道光）《鹤峰州志•风俗•附》。

② 同注①。

③ 鄂西土家族苗族自治州民族事务委员会编：《鄂西少数民族史料辑录》，404 ～ 406 页。

歌、跳舞，以歌定情。

节日择配之俗，在南方民族中也广为存在。其中富有代表性的有苗族的“跳月”与瑶族的“踏歌”。

七、拦门礼

在世界各民族中，普遍地存在过抢婚习俗。恩格斯在《家庭、私有制和国家的起源》第四版《序言》中写道：

> 麦克伦南在古代及近代的许多蒙昧民族、野蛮民族，以至文明民族中间发现了这样一种结婚形式：即新郎必须一个人或者与他的朋友们一起假装用暴力把新娘从她的亲属手里抢过来。这个习俗，应当是较早的一种习俗遗迹，那时一个部落的男子确实是用暴力到外边从别的部落为自己抢劫妻子的。

此俗，产生于母权制衰落与父权制兴起的过渡时期。本来，在母权制下是男就女居的，父权制出现后就力图用强制的手段，即“抢劫”的形式来改变“现状”。这就是抢婚制的由来。

在鄂西土家族地区，真正的抢婚早已绝迹，但由抢婚演变而来的假装的抢与反抢的婚仪却依然存在。“拦门礼”即其典型表现形式。据邓和平《荆南土家族研究》恋爱婚姻条中载：

> 拦门对唱：昔日，男方迎亲队到女家，女家却在大门口摆一张桌子拦其去路。这时，双方开始对歌或对白，若男方唱（讲）赢了，女家便抬开桌子欢迎迎亲队，若唱（讲）输了，男方的歌手则从桌子底下爬过去，受众人奚落。后来，女方改为关大门，男方多由“大炮手”（点放土铳的人）放三铳，然后开门迎客进门。

这些都只是一种表演，其实质乃是“抢婚”俗的孑遗。

八、转　房

实行族外群婚制的民族，通婚集团之间的兄弟姐妹间相互为夫妻。所以，作为其遗习的表现形式，除了姐妹共夫外，尚有兄弟共妻的情况。虽然兄弟共妻的现象，在南方诸族中已绝迹，但兄弟死则妻其妻的做法，却不乏记载。此俗，从本源上说，也属于兄弟共妻的范畴。

据《利川土家族简史》载：清代“还有‘兄亡弟收嫂，弟死兄收媳’的习俗，称为‘转房’。”①

此俗，曾在苗瑶诸族中同样存在。如，宋人洪迈《容斋四笔》卷十六载：渠阳（今湖南靖州苗族侗族自治县）蛮俗“凡婚姻，兄死弟继”。

九、初夜权

恩格斯《家庭、私有制和国家的起源》第47页载：在一些民族中，“由一个有公职的人——部落或氏族的头目、酋长、萨满、祭司、诸侯或其他不管是什么头衔的人，代表公社行使对新娘的初夜权”，并明确指出：这是“群婚的残余”。

“初夜权”在鄂西、湘西土家族地区存在过。据《鄂西少数民族史料辑录》第400页，1958年巴东县收集的资料载：

> “据姓张的说，过去姑娘结婚，要送给土司睡一晚上，再才到婆家去，土司死后要去庙里敬他一次。”近人沈从文《湘西·白河流域几个码头》一书中写道：永顺、保靖、永绥，三个县份清中叶还由土司统治，土司即由世袭，永顺的姓向，保靖的姓彭，永绥的姓宋，到如今这三族还为当地巨族。土司的统治已成过去，统治的方法也不可考究了，除了许多大土堆通作土司坟，但留下一个传说尚能刺激人心，就是作土司的，除同宗外，对于此外任何人新婚都保存“初夜权”，新妇应当送到土司府留下三天，代为除邪气，方能发达。

---

① 利川县民族志编写领导小组办公室编：《利川土家族简史》，138页。

当然，行使这种“初夜权”，作为土司践踏民女的罪恶行径，已属于阶级社会的阶级压迫范畴。但究其源，土司仍具有“作为以前的共同丈夫的最后代表者”的性质。

十、童养媳婚

在清代鄂西土家族地区的婚姻形式，除嫁娶婚占居主要地位外，尚有其他婚姻形式，童养媳婚即属突出例证。

据咸丰朝《长乐县志·冠婚》卷十二：“邑无论贫富，多童养媳，以供服役。及长，婚配时，为酒食以召外姻媒妁，以及乡党朋友合卺诸节，亦如迎亲妇者然。”

童养媳婚的存在与盛行是有社会历史原因的。

一是从生产角度而言，在鄂西土家族地区存在“女劳男逸”的现象，故史有妇女“勤苦特甚”之记载。童养媳自幼即从事繁重的往往是超负荷的家庭与田间劳作，是鄂西民族地区的重要劳力和财富创造者。

一是从历史角度而言，鄂西等西南民族地区社会发展较落后，奴隶制残余较严重，故从唐代以来蓄婢之风相当盛行。据《唐会要》卷八六载：“元和四年（809年）闰三月敕，岭南、黔中、福建等道百姓，虽处遐俗，莫非吾民，多罹掠夺之虞，岂无亲爱之恋，缘公私掠卖奴婢，宜令所在长吏切加捉搦。”

唐代施州归黔中道管辖。可见，唐代包括鄂西在内的黔中郡地区官私奴婢情况之多。概言之，施州地区童养媳制，与历史上当地蓄奴成风是有联系的。

十一、放话与私逃

放话。据毛峻德《文告》称：“更有不凭媒妁，止以曾经一言议及，即称曰‘放话’，执为左券者。”民国时修《湖北通志》载：“男女幼时使议婚姻，谓之‘放话’。”

在改土归流前，鄂西地区男娶女嫁不用媒妁，无汉族“六礼”之制，只要双方口头约定，无需文契，即算完成“定亲”仪式，或者说其婚姻关系已建立。此俗能世代流传，表明“放话”婚仪是得到较为严格的遵守的，亦可见旧日土家族的婚姻过程是极为简朴的。

私逃。鄂西地区夫妻关系的解除也较为自由、简单。据毛峻德《条约》示：

背夫私逃之风宜禁也。旧日土民妇女，以夫家贫寒，或以口角之故，背夫逃回。而女家父兄不加训诫，以女为是，收留经年累月，纵其所为。甚至背义毁盟，妄称改嫁。

当地妇女出嫁后，由于受夫家虐待或夫妻感情不好或经济原因等，造成家庭不和者，妻子可以离家出走，返回娘家长期居住，直至解除婚约。从女方家庭“以女为是”的记载，说明此俗为当时社会所容。这与汉族地区女性“从一而终”的婚姻观念相反。此制，维护了妇女的合法权益，说明当地妇女的地位较汉族地区为高。

第六节　丧葬习俗

丧葬之礼，是人死之后，死者亲属以及友邻为哀悼、追思、评价死者而举行仪式。长期以来人们存在灵魂不灭甚至可以转世的思想，给死亡披上了神秘的外衣，包含有浓重的宗教信仰成分。

鄂西土家族丧葬之礼，具有原始古朴色彩。其突出表现有：

一、暖　丧

鄂西土家族在办丧事时，唱歌、跳舞、奏乐，这种喧闹场面与哀痛悼念的情绪，形成强烈对比，故名曰“暖丧”。据同治《巴东县志•风俗》卷二载：

旧俗，殁之夕，其家置酒食，邀亲友，鸣金击铙，歌呼达旦，或一夕，或三五夕，谓之“暖丧”。

暖丧又名“打丧鼓”。据同治朝《长阳县志•风俗》卷二载：

临葬夜，诸客来观者群挤丧次，擂大鼓歌曲，或一唱众和，或问答古今，皆稗官演义语，谓之“打丧鼓，唱孝歌”。

咸丰朝《长乐县志·风俗·丧祭》卷十二则载：

家有亲丧，乡邻来吊，至夜不去，曰“伴亡”。于柩旁击鼓，曰“丧鼓”。互唱俚歌哀调，曰“丧鼓歌”。丧家酬以酒馔。盖亦守灵之遗意，而变之无节者也。

道光朝《施南府志·典礼》卷十也载：

丧葬前夕，绕棺歌唱，谓之“打丧鼓”，盖即挽歌之遗。

此外，同治朝《来凤县志·风俗》卷二八也有“丧事尚歌谣”之说。

可见，因鄂西地区办丧事时气氛热闹，故名“暖丧”；因需奏乐，则名“打丧鼓”；因需唱歌，又名“丧鼓歌”。

“暖丧”之俗，可溯至南北朝时期荆州地区“蛮”俗。《隋书·地理志》记荆州习俗时写道：

其左人则又不同，无哀服，不复魄。始死，置尸馆舍，邻里少年，各持弓箭，绕尸而歌，以扣弓箭为节。其歌词说平生之乐事，以至终卒，大抵亦犹今人挽歌也。歌数十阕，乃衣衾棺敛。

《隋书·地理志》所载内容，包括南北朝史实，当时的“荆州蛮”，包括土家族先人“廪君蛮”与苗瑶先人“盘瓠蛮”两支。故可定后世土家族“打丧鼓”之俗，可溯源至南朝荆州蛮之“绕尸而歌”俗。

除土家族外，瑶苗诸族也有相类的“暖丧”“闹尸”之俗。如，嘉靖朝《广东通志》卷六七载：瑶人“丧葬则作乐歌唱，谓之‘暖丧’，其情乖戾可知矣”。清人贝青乔《苗俗记》载：苗人“初殡，集亲戚男妇笑歌跳舞，是为‘闹尸’”。土家族与苗瑶族人之所以都有“暖丧”之俗，是因为其先人廪君蛮与盘瓠蛮长期比邻甚至相错而居，其文化相互渗透、影响所致。

土家族“暖丧”俗，一直流传不衰，至后世名曰“跳丧”，土家语称之为“撒尔嗬”。由一人击鼓引唱，众人绕棺而跳，或绕棺而走，随口唱和，通宵达旦。在民间，流传着“父母亡，鼓报丧，众必跳，歌必狂”“你唱你的‘阳春雪’，我跳我

的‘撒尔嗬’”之谚。

归根结底，“暖丧”俗把丧仪当喜事并非“其情乖戾”所致，而是因为当地人相信人死后会进入另一极乐世界。

二、曾行火葬

改土归流后，鄂西土家族均行土葬，但是，此前却行火葬。据同治朝《来凤县志·风俗》卷二八载：“从前土民间有同姓为婚，及停丧火化等恶习。自改设以后，土民劝勉，今皆草薄从忠。”

土家族行火葬俗，是有其历史根源的。笔者认为，土家族源于氐羌民族系统。早在先秦时期，氐羌民族即行火葬。如，《吕氏春秋·义赏》载：“氐羌之虏也，不忧其系累，而焚其不焚也。”

与氐羌有密切关系的彝族先民，早在南诏时，已盛行火葬。其后，火葬之俗历代相沿，直至清代，倮倮（彝族）仍“殓用火葬”[①]。

此外，盘瓠蛮与廪君蛮相错而居，其传人也曾行火葬俗。如，嘉庆朝《广西通志·诸蛮一》卷二七八载：容县瑶人“死则焚其骸，收烬置瓮瘗之，谓之‘火葬’”。

总之，与土家族有渊源关系的氐羌民族、有文化互动关系的盘瓠族人均曾有火葬俗。因此，土家族有火葬俗就事出有因了。

三、外戚干预丧事

在丧葬过程中，外戚即女家起着极其重要的作用。据毛峻德《禁乘丧讹诈》载：

> 为严禁乘丧讹诈事照：得容美旧日恶习，民间有不幸遭父母丧或妻病亡，而舅氏人等，称为后家名色，动挟平昔微嫌，借此纠集族党男、妇，攘袂持械，蜂拥丧家，口称棺殓菲薄，任意搜寻家私，勒令建斋设醮，并索孝布孝衫。稍有不遂，毁桌破椅，必满所欲，然后恣饮而返。忍心害理，莫此为甚。

① 参见（清）爱必达：《黔南志略》，卷二四。

可见，在改土归流前，外家往往借故干预丧事，甚至纠集族党行凶闹事，只有满足其要求与欲望后，始行罢休。

在鄂西地区，丧葬之事往往关系两家族之间的整体关系。若处理不当，往往会引发械斗或酿成彼此残杀的局面。而在此过程中，女方兄弟即舅氏又起着关键作用。所以，如同在婚嫁中一样，舅权在丧葬中仍起着重要作用。

四、丧事从简

鄂西的丧葬过程，充分体现出人与人之间的纯朴关系。如咸丰朝《长乐县志·习俗·丧祭》卷十二载：

> 家有亲丧，乡邻来吊，至夜不去，曰“伴亡”。

同治朝《巴东县志·风土·丧祭》卷十载：

> 后里人，闻其亲友死，辄奔赴，望其庐则哭，稍疏者，及门而哭，谓之“问信”。既归，然后备牲醴往吊。

光绪朝《巴东县志》卷十载：

> 后四里本土蛮之家，故其宴饮、交际，多杂彝俗。而哭丧一节，可谓独得。缔交之至情，虽古人雅道不足过矣。

在办丧葬之事时，充分体现了人们“缔交之至情”。在自给自足的自然经济体系中，人们“吊死问疾”，有相关之谊。

办丧葬之事，鄂西地区亦无繁文缛节之礼。如，咸丰朝《长乐县志·风俗·丧祭》卷十二：“出殡俗呼‘上山’，其丧或隔夜而葬，无停柩多日。”说明其丧葬方式颇为简朴。

此外，丧葬祭礼中，多用道教。这是道教易与当地巫教相结合，易为土家族民众所接受之故。如，咸丰朝《长乐县志·风俗·丧祭》卷十二载：“葬祭多用道教，崇佛教者甚少。”这也是丧葬礼仪较简单的一种表现。

第七节　宗教信仰

一、自然崇拜

自然崇拜，是指人们对某一自然物和自然现象的崇拜。鄂西土家族人的自然崇拜主要有：

太阳。天象崇拜产生最早。《周礼·大宗伯》载："以柴祀日月星辰"，即天体崇拜的典型表现。

鄂西土家族地区把农历六月初六定为太阳生日。土司时期，土司要亲自主持祭太阳生日的仪典，土家人均参与祭祀，以祈年岁丰收。此节俗，方志多有记载。如，同治朝《恩施县志·习尚》卷七载：六月六日，"伏日晒衣裘、书帙，贮蓄酱水。"是日，读书人晒书，妇女晒衣，"谓此日晒之，终岁不生虫"[①]之载。但有的土家族地区，则以十一月十九日为太阳生日。如，咸丰朝《长乐县志·风俗·岁时》卷十二载："十一月十九日，谓太阳生日，各家俱晨起焚香，极恭敬。"

月亮。我国民间有以太阳为阳、月亮为阴的观态，故月亮多为妇女的崇拜对象。土家族地区，是夕有妇女求子之俗。又，流行月亮关系天气晴雨之说。如，同治朝《来凤县志·风俗》载："是夜宜月明。谚云：'中秋月不明，雨打上元灯。'"

星辰。我国古代神话中有关星辰的神话即属类此信仰的反映。早在《诗经·大东》中，就有牵牛、织女二星的雏型。鄂西土家族地区也流行星辰崇拜，有"请七姑"的活动。据道光朝《鹤峰州志·风俗》卷六载："（正月）初九日谓上九，始张灯嬉，妇女或于夜间迎紫姑神，谓'请七姑娘'，至十五日乃已。"七姑，又名"紫姑"，系指在金牛官上回转之七小星。土家妇女于正月初九夜相聚树下唱歌，请七姑娘下凡。所唱之歌为喜庆内容。其中云："一口针，两口针，把给七姑绣手巾""一问年成真与假，二问年成假与真"。可见，此俗为土家妇女"乞巧"与祈丰收之俗。

---

① （清 咸丰）《长乐县志·风俗·岁时》，卷十二。

风、云、雷、雨。据光绪朝《利川县志·祠祭》卷九载："神坛，在县北门外。中设云、雨、风、雷之位。"神坛内设云、雨、风、雷之位，为清初定制，规定春秋致祭[①]。在土家族民间，也流行这些天象崇拜，在谚语中多有反映。

同治朝《来凤县志·风俗》卷二八载：

> 立秋日，占风。谚云："秋前北风秋后雨，秋后北风干透底。"

同治朝《来凤县志·风俗》卷二八载：

> 正月元日……观云色以占年谷丰耗，西北有红云气则稔。
>
> 七夕看巧云，以天河去来久暂，占秋收丰歉。谚云："天河搭屋脊，家家有饭吃。"

与云相关联的还有虹。据同治朝《来凤县志·风俗》卷二八载：立秋日

> 虹见，为天收，虽大稔亦减分数。

因雨水与收成丰歉的关系最为密切，故鄂西地区有关雨的俗谚也最多。如，同治朝《来凤县志·风俗》卷二八载：

> 寒食宜雨，主岁丰。谚云："雨打墓头钱，今岁好丰年。"
>
> 谷雨，宜雨。故曰"光清明，暗谷雨。"
>
> 四月立夏，宜雨。谚云："立夏不下，犁耙高挂。"

由于上述风、云、雨等自然现象与农业的关系最为密切，故人们往往将其变化归结为天象诸神对人的预示，进而以农谚形式指导人们的生产活动。故此类农谚属于天象崇拜范围。

土地。土地神，古称社神。人们崇拜社神的原因，《礼记》卷二五曾加以诠释："社，所以神地之道也，地载万物，天垂象，取财于地，取法于天。所以尊天而亲地也。"换言之，由于"地载万物""取财于地"，人们赖土地以生存，这就是崇拜

① 参见（清）《大清会典事例·礼部》。

土地的原因。人类进入农业社会以后，对土地的信仰总是与农作物的丰歉联系在一起的。

在鄂西土家族地区也祭社神。据同治朝《来凤县志·风俗》卷二八载：

> 二月初二日，城乡皆祭社祈谷。社日，作米粢祭社神。值戊日，禁锄犁，否则云妨农事。切腊豚和糯米、蒿菜为饭，曰“社饭”，彼此馈遗。凡祭扫新坟，不过社。

八月初二日，城乡皆祭社，报土功。

二月初二和八月初二，分别为春社与秋社之日。春祭社，祈求五谷丰收；秋祭社，酬谢土地神之赐。此即“春祈秋报”之谓。

往日，土地庙遍布土家寨子。在土家人信仰中，土地神除管五谷丰歉外，还管人间灾异祸福。故土家人认为土地神又具有保护村寨的功能，祭祀之可避凶趋吉、消灾驱邪。

山。鄂西土家人崇奉山神，与其居住和生活环境息息相关。据同治朝《来凤县志·风俗》卷二八载：

> 寒食节，“土人以酒食野祭，曰祭山。”

土家人祭山，源于楚俗。楚辞《九歌》辟专篇记述《山鬼》，是楚人崇尚山鬼的典型事例。此俗，一直在土家族地区绵延不衰。近人沈从文《湘西·沅陵的人》写道：沅陵妇女

> 或带回一点红绿纸同竹篾作成的简陋船只、小小香烛。问她时，或会笑笑的回答：“拿回家去做土地会”，你或许不明白土地会的意义，事实上就是酬谢《楚辞》中提到的那种云中君——山鬼。

在浓郁的宗教气氛中，人们会感到“《楚辞》中的山鬼，云中君，仿佛如在眼前”。此鄂西土家地区也有此俗。

土家人祭山与他们相信山中有掌管野兽的猎神有关。因狩猎在早期土家族经济中占有重要地位，狩猎物的多少直接关系其生活状况，故土家人虔诚地礼敬猎神。

凡猎户家中，均供有手执猎物、胸挂“药角子”的猎神塑像，传说其名为张五郎。猎人上山前要祭猎神，行三上香、九叩首以及“立枪”“排狗”“问挂”之礼，以祈多获猎物。

水。鄂西土家族地区的水崇拜表现有五：

一是祀“川”神。据同治朝《咸丰县志·典礼》卷六载：神坛，“咸丰县内山川之神位左”。此为对山神与川神即水神之崇拜。此为清朝制度，改土归流前由土司、改土归流后由守土官主持的仲春祭仪。在我国古代，早已有对境内大江大河即所谓“四渎”的信仰，据《史记·封禅书》卷二八载：“四渎者，江、河、淮、济也。”

二是龙神崇拜。民间认为龙神能兴风作雨，缓和或消除旱灾。光绪朝《利川县志·祠祭》卷九载：“龙神祠，在县南门内，岁以春秋仲月辰日致祭。”此龙神实为川神之变异。

三是灵鱼崇拜。灵鱼为龙的化身。据同治《来凤县志·风俗》卷二八载：

> 大旱，或召巫祷于洞。神巫戴杨枝于首，执凫吹角，跳跃而往，众鸣钲击鼓随之，名曰“打洞”。或祷于邑之佛潭，沿溪毒鱼，名曰“闹佛潭”，以潭底有灵鱼，能出云为风雨也。

“打洞”与“闹佛潭”，表现形式虽不一，而其实际内容则相同。因土家人认为龙（鱼）居山洞与河潭之中，故天旱时需将龙（鱼）从洞中与潭水中驱赶出来，以使它离开住所而降雨。

四是主水产之水神。此水神与上述主水旱之神的职能不同，而是主管水中生物之神。土家渔人到江河湖泊捕鱼时，需先敬水神，以保佑打鱼丰收。

五是守护城池之神。古代，称有水的城堑为“池”，无水的城堑为“隍”，其源久远。《礼祀·郊特牲》卷二八“天子大蜡八”中所载的“蜡祭八神”，其七为水（隍）庸（城），据说就是后来的城隍。最早见于记载的为三国吴赤乌二年（239年）所建芜湖城隍。明洪武三年（1370年），正式规定城隍为各府州县的城神，并加以祭祀。道教则以城隍为管领亡魂之神，又为“翦恶除凶、护国保邦”之神，可为人们解除旱涝灾害，故民间求雨、祈晴、禳灾等亦多求其保佑。

从明代以后，鄂西地区广建城隍庙。据光绪朝《利川县志·祠祭》卷九载：

> 城隍庙六。一在忠路，明忠路土司旧庙也。一在东一保马桥屯，明初建，有天启二年（1622年）磬。……一在东五保下甲朱砂屯，明初建，有成化八年（1472年）钟，崇祯十五年（1642年）磬，国朝乾隆四十八年（1783年）重修庙碑。一在西二保木栈屯，庙后古木高十余丈，数百年物也。一在西六保三渡屯，明初建上屯，明末庙毁，改建下屯。一在南坪十三保衙门坪，即支罗屯，明嘉靖（1522—1566年）时建。……明代立屯，屯有城隍庙。今庙存者，马桥、朱砂、木栈、三渡、支罗五屯而已。

明代卫所在鄂西屯田，在聚居屯中建置城隍庙，说明屯田不仅给鄂西带来先进的耕作技术促进了当地经济的发展，而且传播了包括宗教信仰在内的汉族文化。除在屯中建有城隍庙外，因土官衙门所在地，也具有城池的防御功能，土司治所也往往建有。改土归流后，在府、州、县所在地兴建了城隍庙。其制：在神坛中设云、雨、风、雷之神；左设山川之神；右设城隍之神。每年春秋两季，依例由守土官率城内官员与祭。

动物崇拜。动物崇拜中，以对牛的崇拜最为突出。这是因为，在牛耕农业中，牛是重要的生产工具，直接关系农业收成的丰歉。在鄂西土家族地区，其主要崇拜形式有二：

一是“打春”。由有关部门举行祭祀，并用彩杖鞭打前一天从东郊迎入的土牛，谓之“打春”，宣告农事活动的开始。其间，也杂有巫术活动。人们将土牛打碎，争抢其土，以求避疫和吉利。据同治朝《来凤县志·风俗》卷二八载：“立春日，以彩鞭鞭土牛，曰‘打春’。农民纷纷争取其残，云置栏内，足辟牛瘟。别以小土牛，长三寸许，送士绅家，曰‘送春’。”此俗与汉区同，源于汉代，据《后汉书·礼仪志》载：立春，百官“施土牛耕人于门外以示兆民。”至唐及宋，形成“执杖鞭牛”之俗。

一是过牛王节。牛是农家的好帮手，故农家对其怀有特殊深厚的感情。因此，在我国各地均有过“牛生日”“牛王节”之俗。

鄂西土家族的牛王节，特殊之处有二：

一是节日时间与汉区定在十月初一日不同；而与壮族、布依族同，定为四月初

八日。

一是来源传说发生变异。据调查，利川圆堡咀土家族“四月八过牛王节。谓覃、田、向、黄等姓在逃难时，到一条河边，无法渡过，忽然来了一条野牛，这些人就骑在牛身上过了河，而避了难，因而四月八成了重大的节日”[①]。此传说值得注意之处有二：一是耕牛变成野牛，一是牛从耕田之劳变成救人于难。这表明，在土家族的牛王节俗中，还保留有土家族狩猎时代的印记。

动物崇拜中，还有“草龙”崇拜。据同治《来凤县志·风俗》卷二八载：“五六月间，雨阳不时，虫或伤稼。农人共延僧道，设坛诵经，编草为龙，从以金鼓，遍舞田间，以禳之，亦迎猫祭虎之遗风也。”换言之，“草龙”是土家人想像中能驱杀害虫的猫、虎一类的动物。

植物崇拜。在植物崇拜中，鄂西地区主要流行花、草崇拜。花，是人们所喜爱的美好事物，因此，它与青春、喜庆紧密相联。鄂西土家族定农历二月十五日为花朝节。据咸丰朝《长乐县志·风俗·岁时》卷十二载：

> 二月十五日，谓花朝大期，男女多于此时婚配，亦有谓十二月二十四日为大期者，而在二月为多，至土族客户则必择吉。田泰斗《竹枝词》：“婚期犹学古桃夭，一夜春风驾鹊桥，借问深闺小儿女，最销魂可是花朝？”

春天来了，桃花与百花盛开，青年男女春情萌动，是人类繁衍的好季节，故定花期为结婚良辰。客户即汉人则不受此限，他们要择黄道吉日为婚。可见，此为土家婚俗。

草，无处不在，且与人们的生活息息相关，故土家人流行青草崇拜。据清人严如熤《苗防备览·风俗下》载：永、保土蛮“好祀青草鬼，忌带青草入室”。湘西永顺、保靖土家族的崇拜“青草鬼”俗，鄂西土家族也有。

在农业社会中，五谷神的崇拜占有极为重要地位。据同治朝《恩施县志·习尚》卷七载：“六月六日，乡农以鸡酒祀田祖，谓之‘团苗’。”民国时修《咸丰县志·礼

① 鄂西土家族苗族自治州民族事务委员会：《鄂西少数民族史料辑录》，398页。

教》卷三载：六月“农人亦于六日，携鸡酒祀田间，谓之‘团苗’”。土家人认为：五谷神主管庄稼收成丰歉。俗有“五谷神，五谷神，年年显威灵，岁岁保丰登”之谚。故六月六乡农以鸡酒祀田间之“团苗”，当系礼敬五谷神之举。

二、神灵与鬼魂崇拜

鄂西土家族地区的神灵崇拜主要有：

关帝。又名“关公”“关老爷”“关圣帝君”。其原型即三国时期蜀国名将，关羽事具见《三国志·蜀书·关羽传》卷三六。后世，由于统治阶级的宣扬，他在民间成了神话人物，宋及明、清，均有封谥。洪武年间（1308—1398 年），在金陵建十四庙，一曰“汉前将军寿亭侯”，自是其香火遍天下，穷乡僻壤均建庙祭祀。其塑像，冠冕均为帝服。又因关羽被赋予忠君义节的典型形象，故为儒、释、道所尊崇和利用。

在鄂西土家族地区，早在土司统治时期就已流行关帝崇拜。其主要形式如下：

一是建庙祭祀。如，道光朝《鹤峰县志》卷八载：“关帝庙，在州城南门外，神像系土司旧奉。”“关帝庙，一在太平镇土司旧建，一在躲避峡土司旧建。”可见，土司曾推行关公崇拜，出资塑像建庙。其因在于：关公的忠义形象，有利于土司巩固其统治。

一是纪念关公诞辰。据清人顾彩《容美纪游》载：“（五月）十三日以关公诞，演戏于细柳城之庙楼，大会将吏宾客。君（田舜年）具朝服设祭，乡民有百里来赴会者，皆饮之酒，至十五日乃罢。”可见，该日为土家族盛大节日。土司田舜年穿朝服亲自主祭，并演戏与设宴大会宾客以示庆，老百姓也可赴会，历时三天始罢。当时土司地区热闹非凡的情况，可以想见。

关公诞辰日受重视，是由于传说当与天气状况有关，而天气状况又与农业生产密切相关。如，同治朝《来凤县志·风俗》卷二八载：五月十三日，“相传为关帝诞辰，是日雨，俗谓之‘磨刀雨’。

需要指出的是，改土归流后，地方当局继续大力推行关公崇拜。如，光绪朝《利川县志·祠祭》卷九载：“关帝庙，亦曰武庙。在县东门内。乾隆五年（1740 年）建。嘉庆三年（1798 年），知县陈春波重修”，每年春秋仲月及五月十三日由官府主祭。

从中可见，鄂西土家族地区关公崇拜长期流行不衰的原因。

文昌帝君。文昌，本为星名，又名“文曲星”，是古代对魁星之上六星的总称。魁星又名“奎星”，最早见于汉代纬书《孝经援神契》，有“奎主文章”之说；其后，被道教尊为主宰功名、禄位之神。遂建奎星阁以崇祀之。其神像，头部似鬼；一脚向后翘起，如魁字中的斗字；一手执笔，意为笔定中试人的姓名。因该神主宰文章兴衰，故旧时读书人多往文昌宫、庙、祠拜祀，以求文运亨通。相传，如梦此神，科举必中。逢七夕，为魁星会。此神源于星辰崇拜，其后演变为人物化的文昌帝君。

早在土司时期，鄂西土家庭地区已流行文昌帝君崇拜。如咸丰朝《长乐县志·寺观·阁》卷五载：“文昌阁，土司时建于西门地。”道光朝《鹤峰州志》卷八载：“文昌庙，在州城西门内，神像系土司旧奉，原南门外之百斯庵。”

改土归流后，地方当局在发展鄂西文教的基础上大力推广文昌帝崇拜。据光绪朝《利川县志·祠祭》卷九载：

文昌庙。乾隆二年（1737年）建于县北门外，后移于县西门外。嘉庆八年（1803年），训导张定模建于学宫左。……其制：前殿祀文昌帝君，后殿祀文昌帝君之前代。岁以二月三日暨仲秋月诹吉致祭。

可见，改流后对文昌帝君的祭祀已制度化。

有清一代，在鄂西民族地区广设文昌宫，除县城外，更在乡镇公立。这种现象，在其他少数民族地区并不多见，较汉区也不为后。如，民国时修《咸丰县志·礼教》卷三载：“文昌宫除县城外，一在丁寨，一在巴河坝，一在虾蟆池，一在杨峒。”

总之，鄂西土家族地区广设文昌庙，是当地文化教育与科举发达的反映；对文昌帝君的崇拜，又反过来促进当地文教与科举事业的发展。正如清人罗德昆《文昌祠培筑山麓记》所云：施州地区，“昔为各土司地，自乾隆元年（1736年）改卫设府而后，迄今九十余年，生息涵濡，而民乐恺，诗书弦诵之声比隆上郡”[①]。

白帝天王。在鄂西来凤及湘西各土家族地区均崇拜白帝天王。据同治朝《来凤县志·风俗》卷二八载：

还天王愿。病中许之，愈则召巫酬之，植伞大门外，设天王牌位，

① （清 同治）《施南府志·艺文》，卷二九。

割牲陈酒醴，烧黄蜡香，匍匐致敬，已，乃席地欢饮。有忿争不白者，亦舁神出，披黄纸钱，各立誓词，事白乃已。

可见，在来凤，白帝天王是主疗疾与判案的神灵，极受土家人崇拜。

白帝天王的来历，其说有三：一说，是西汉末年反抗王莽的五溪蛮首领田强父子。一说，是辰州人杨懒兄弟三人，“皆为宋骁将，当苗众出没为害，领众击之”，因功为人所忌而遭药酒毒死，后被湘川边地土家人奉作“土王”加以崇祀。一说，是夜郎侯竹王。

上述三说，内容虽不一，但都与祖先崇拜有关。田氏父子与杨氏兄弟无疑是土家族的显赫先人；竹王，则是西南民族传说中的共同祖先，土家人当系受邻近族群影响而加以崇奉。

因天王崇拜主要流行于湘西及相邻之来凤地区，故史有“白帝天王之祀，始于湖南”[①]之说。

向王。关于向王的传说很多，主要记载有：

乾隆朝《长乐县志·寺观》：

向王庙。在高尖子下，庙供廪君神像。廪君世为巴人立者，特务相为阛阓之主，有功于民，故今施南、归、巴、长阳等地处尸而祝之。世俗相沿，但呼为向王天子而不审所由来……向王即相王之讹也。

同治《长阳县志·遗闻》卷七：

先祖所立向王庙。向王者，古之廪君务相氏，有功夷水，故土人讹之，立庙于石墩上，故曰“庙台”。

同治朝《施南府志·杂志》卷三〇：

向述，河南郡人，为汉景帝驸马。时巴蛮攻劫，帝以王镇秭归。元妃公主刘氏，次妃许氏，王之健将则许氏兄弟也。王在镇，安攘有功，

① （清 同治）《来凤县志·坛庙》，卷九。

教养有法，得楚蜀人心。生子十六，分十子入衡阳，六子入川，聚桥头，分遗破釜，命各执一片，世守为信。王卒，葬秭归篁竹沱。东晋桓诞，自立为施王，后以沔北降魏，施为向氏所据。王显灵于大宋，为归民驱疫，民上状，遂敕封建庙，赐额。蛮人畏疫，故自归而上达于施州，多有不祀其先而祀向王者。

其他传说尚有：以向王为向宝胜，“相传古向王耕此，盖即向宝胜等诸王所屯也”；以向王为向翰，“相传州人向翰……疏通长阳至宜都清江，殁后屡著灵异，民多祀之”。

上述史料说明：第一，向王有传说中廪君首领相（向）氏，北周时“信州蛮”的首领向宝胜，以及向述、向翰诸说。可以肯定的是：向氏历代均为归州至施州一带土家族先民的大姓，这些大姓首领势力强盛时，又往往自立为王而与中央王朝相抗衡。向王传说，反映的就是这一历史事实。第二，这些历代真实的或传说中的向氏人物，都是功名卓著的土家先民的首领。他们或则“安攘有功，教养有法”，或则疏通河道便民，或则屯聚以繁荣族姓，或则死后显灵庇佑子孙，因此受到土家后裔崇祀。

需要指明的是，民间长期流传的“还相公愿”，当系向王崇拜的遗留。据 1981 年的调查报告说：

土家族有一种宗教仪式叫“还相公愿”。

相公愿顶礼的是“三位相公”——红脸、黑脸、花脸。举行一次这种宗教仪式，一般需要经过一天两夜，其中有一堂法事，叫“歼头”，就是由掌坛师用自己头上的几滴鲜血来代替杀掉一个人。掌坛师用杀猪刀在自己头上砍出血来，滴在用清明纸打成的钱上，悬挂后再烧。按还愿的要求，要“见红”才能“落愿”。

掌坛师说：还这种愿，原来是以杀人来祭祖神的，原名叫“还人头愿”。后来，因杀人太残酷了，才由“老君敕封”改为由掌坛师自己歼头，就由人头愿改为相公愿。

恩施县大集公社的覃、田、向、黄、焦、刘、何、陈、盛、余等姓，新中国成立前都还相公愿。这些姓氏的姑娘出嫁以后，也可以还相公愿。还相公愿是三年两头还，家景好的也可以一年一还，但生了男孩一定要还一堂愿。相公愿是祖籍愿，

又叫子孙愿，这是祖传，是子子孙孙必须一代代的传下去。[①]

笔者认为：相公，系指廪君务相。在土司统治时期，由土司亲自主持其祭礼，在明代，还需杀人以祭，因为廪君务相死后魂魄化为白虎，而虎系肉食动物，故有此俗。随着时代的进步，“还人头愿”改为滴人头血以祭。改土归流后，民间把“还相公愿”作为祭祖的一种形式流传下来。因为廪君系土家人传说的祖先，故“相公愿”即是“祖籍愿”，此即图腾崇拜与祖先崇拜融合起来的宗教信仰。

总之，如果说白帝天王崇拜是英雄崇拜与祖先崇拜合一的产物的话，那么，向（相）王崇拜则是把英雄崇拜、图腾崇拜、祖先崇拜三者合一了。

三抚官。据同治朝《来凤县志·坛庙》卷九载：“三抚官，一在大河坝；一在旧司场。三抚神相，传为三姓土司，生有惠政，民不能忘，故设而祭于乡社，颇著灵异，水旱祷之辄应。”土司有功于民而受土民敬仰一事表明，鄂西土司确曾在治理和发展民族社会中，起过积极的历史作用。

三抚官，又名“土王”。据来凤县的调查材料载：“土家信奉土王，立有土王庙，全公社有六个土王庙，内供彭公爵主、向老官人、田好汉。”[②]彭、向、田，是土家族大姓。故土王崇拜又与祖先崇拜相混。此三神，疑是由相公愿中的红脸、黑脸、花脸“三位相公”演变而来。

鬼魂崇拜。与神灵崇拜不同，鬼居于“阴间”而神则在天上。在鄂西地区，鬼魂崇拜的主要形式为祭厉坛。清初定制，在各地设厉坛于城北郊以祭本境无祀鬼神，府称“郡厉”、县称“县厉”。鄂西民族地区也行此制。如，光绪朝《利川县志·祠祭》卷九载：“厉坛，在县北门外。岁以清明节、七月望、十月朔日，奉城隍神位入坛正中致祭。祭毕，仍奉城隍神位还庙。”祭时奉城隍神位于坛正中，意为祭合境之无主鬼神。

三、祖先崇拜

祖先崇拜是在鬼魂观念的基础上发展而来的，所不同的是它表现出人类对祖先灵魂的敬仰，在原始宗教中占有很重要的地位。祖先神一般为善神，保护本家族人

① 鄂西土家苗族自治州民族事务委员会：《鄂西少数民族史料辑录》，359 页。

② 鄂西土家苗族自治州民族事务委员会：《鄂西少数民族史料辑录》，389 页。

丁兴旺。

土家人崇奉祖先。土司时期，建祠供历代“土王”牌位，供土民祭拜。“改土归流”后，各姓建宗祠，供奉历代祖先牌位。

每逢重要岁时节日，土家人或在宗祠或在墓地或在家中举行祭祖仪式。据同治朝《来凤县志·风俗·祭礼》卷二八载：

> 巨族立宗祠，买祭田，以供祭祀。无宗祠者，咸祭于正寝。清明先二三日祭墓，以纸为帛，植诸竿插墓上，曰挂青。届期复祭于家。新冢则祭于社日前，一切同清明，曰挂社。
>
> 中元（指阴历七月十五日）前三日，为祖先位，迎于门外，供于庭中，朝夕必祭，男女序拜如事生礼。届期，封包纸钱，上书祖先名氏，祭而焚之。

除清明节、中元节外，岁末除夕及岁初元旦，也需举行盛大祭祖仪式。故史称：“除日，洁治酒馔，祀祖先，曰：烧年纸。”“正月元日，禁扫除汲水，夙兴祀先祖。”[①]

兄弟分家后，不另立祠堂，需至主家拜祭，携祭品分包而归，名曰“鲊包”。据道光朝《施南府志·典礼》卷十载：“兄弟分析，不图聚处，虽士人之家亦无祠堂，岁时伏腊各祭于正寝而已。凡遇亲长生辰，妇女前夕往拜主家，罗列果品，分包携归，谓之‘鲊包’。”

土家人除按姓氏各立宗祠，祭拜本支派历代祖先外，还对整个地区的共同始祖或传说中的氏族首领极为尊崇。如，续修《鹤峰州志·杂述》卷十四载：

> 大二三神，田氏之家神也。刻木为三，其形怪恶，灵验异常，求医问寿者，往来相属于道。神所在，人康物阜，合族按户计期迎奉焉。期将终，具酒醴，封羊豕以祭之，名曰喜神，不然必惧奇祸。祭时鼓钲嘈嘈，苗歌蛮舞，如演剧然。神降必凭人而语，其人奋身勇跃，龁碗盏如嚼甘饴，履赤铁，入油鼎，坦然无难色，至今犹然。

---

① （清 同治）《来凤县志·风俗》，节序条。

对“田氏之家神”的崇拜即为祖先崇拜。由于是整个地区“合族”而祭，故祭礼特别隆重，以羊猪为供品，以鼓乐歌舞娱神，以巫术夹杂技一类助兴，堪称盛况空前。

前述神灵崇拜中的白帝大王、向王、土王崇拜，也属于祖先崇拜的范畴。

四、巫觋与术数

巫觋。巫是一种古老的原始宗教信仰，因以巫师为核心进行宗教活动而得名。我国古代称之为“巫觋”，女性为“巫”，男性为“觋”。《荀子·正论》卷十二：“出户而巫觋有事。”注曰：“女曰巫，男曰觋。有事，祓除不祥。”

《说文》卷五上：“巫，祝也。女能事无形，以舞降神者也。像人两袖舞形，与工同意。”

《后汉书·张衡传》卷五九：“或察龟策之占，巫觋之言。”总之，巫觋，专“事无形”（指看不见的鬼神）。请神时，必须以歌舞形式与鬼神沟通，以求消灾除祸，即俗所谓“跳神”。

南方民族地区，素来以“信巫鬼，重淫祀”著称。清代鄂西民族地区也是如是。如，同治朝《来凤县志·风俗》卷二八《总论》称：“史称俗巫鬼，多淫祀，至今仍有存者。”

光绪朝《巴东县志》卷十载：“后四里古为蛮彝，椎髻侏语，信鬼尚巫。”所谓“淫祀”，系指除祖先崇拜以外的繁杂的自然崇拜与鬼魂崇拜之类。换言之，崇奉巫鬼与淫祀，是鄂西民族地区有别于汉区的宗教信仰的重要特征。

需要指出的是，不仅鄂西土家族地区盛行巫风，其他地区土家族也不例外。如，湘西土家族人。据清人严如煜《苗防备览·风俗下》载：永顺、保靖土人“信鬼巫”。

巫师又称“端公”。在土司时期，“端公邪术”甚为流行，改土归流后，仍“为害”于民。故鹤峰州首任流官毛峻德下令“禁端公邪术”“查追妖魔鬼像与装扮刀剑等物焚毁”“凡巫师做降邪神，佯修善事煽惑人民为首者绞”。[①] 地方当局虽严令废除巫师，但巫师活动并未停止。因为宗教信仰是经过长期发展而形成的，并非一纸

① （清 乾隆）《鹤峰州志·文告》，卷下。

禁令就能消除其在民间根深蒂固影响的。

巫、医合一。在生产与科学尚未发达时代，疾疫对人类生存造成极大威胁，而人们又不了解生病原因，因此往往将疾疫归咎于鬼神作祟，求神问卜以愈疾随之流行。据同治朝《巴东县志·风土·丧祭》卷十："尚祈祷淫祀，每病则请巫至家，挂神像厅旁，不忌荤酒，鼓锣喧闹，足蹈手舞，尽夜而罢，率以为常。"同治朝《来凤县志·风俗》卷二八载："村民颇信巫觋，疾病不服药，多听命于神。方邑侯《竹依诗》所谓'女萝山鬼纷勾惹，长信巫师不信医'是也。"可见，清代土家人有病往往不服药，而是请巫师跳神以驱鬼逐疫，故"疾病信巫鬼，丧事尚歌谣"[①]之载，概括了鄂西土家族民俗的这一重要特征。

湘西土家亦有此俗。据明朝陶晋英《楚书》载：保靖、永顺等地之俗，"疾病则击铜鼓、沙锣，以祀鬼神"。

还愿，是巫的重要祈祷方式。据同治朝《来凤县志·风俗》卷二八载：

> 一曰"还天王愿"。病中许之，愈则召巫酬之，植伞大门外，设天王牌位，割牲陈酒醴，烧黄蜡香，匍匐致敬已，乃席地欢饮。……一曰"还傩愿"。延巫屠豕，设傩王男女二像，巫戴纸面具，饰孟姜女、范七郎，击鼓鸣锣，歌舞竟夕。

意为土家人遇疾病及各种灾祸时，往往向神许愿，答应当病除灾消时酬神，故名"还愿"。又因还愿方式主要为请巫跳神，故又名"跳神"。"还天王愿"与"还傩王愿"，后者，需请巫、杀猪祭神，且需演傩戏通宵，较前者礼数繁，花费多，规模也更大。

跳神之术繁多。据同治朝《来凤县志·风俗》卷二八载："巫之类不一，还愿皆名跳神。有破石、打胎、捞油锅、上刀竿、降童子等术。其徒自谓：能治病、辨盗、驱鬼、禁怪，故惑之者众。"所谓"破石"，系指以手击石，使之破碎；"捞油锅"，系指将手探入滚开油锅中取物；"上刀竿"，系指人赤足逐级踩刀锋而上。这些方术带有魔术与杂技性质，巫师借此显示神力，使人崇信以达到"惑之者众"的

① （清 同治）《来凤县志·风俗·总论》，卷二八，"总论"。

目的。至于“打胎”“降童子”则需稍加解释。

“打胎”。土家人认为二至四岁小孩萎靡不振，精神欠佳，是“走胎”之故，即其魂已转到另一孕妇所怀胎儿身上，倘该胎儿产下，则他便会死亡。故需请巫作法将那胎儿提前打下，病人就可康复。大人不走胎、不落魄，故无打胎之说。

“降童子”，系指神降于童子之身，该童子能代神言，人们可求其占卜吉凶。据胡朴安《中华全国风俗志·广东》下篇卷七载，赤溪县俗：降童，“尤涉怪诞，往往自言神降其身，人遂就其占休咎，决从违，一国若狂，奔走恐后，愈时神去，而降童如常焉”。可见，“降童子”之术，不仅鄂西民族地区有，粤地也有。

占卜，在巫术活动中占有十分重要的地位。鄂西土家人把它作为预测吉凶的方法，无论生产、生活诸方面，事无巨细，均需时时事事问卜，以作为其行动的准则。

竹卜，最为常用。据清人严如煜《苗防备览·风俗下》载：永顺、保靖土人俗“卜竹（教）”。鄂西土人也同此俗。

占梦，也称“圆梦”。土家人认为神或祖先会托梦报吉凶，并将梦中之事进行反推算。如“梦穷则富”“梦死为活”。

签卜，系指抽签问卜。土军出征、土民有事，均需抽签问神灵，并依签中文字释吉凶。

看相算命，系指据“年庚八字”“五行生肖”推算祸福寿夭的占卜方法。

杂占，如占云色、占风等。

鄂西土家族地区盛行巫风，是有历史根源的，堪称是楚、巴文化的流风与余韵。

春秋战国时期，“楚人鬼”①，是著称于当时的。楚亡后，屈原亲见其“祭祀之礼”的沅、湘间，更是长期沿袭着这一古老的“蛮荆陋习”②。唐代，仍是“楚俗不事事，巫风事妖神”③。此风，至清而未衰。

巴地素来信鬼事道，故史有“夷事道，蛮事鬼”之说。以符咒为主要道术的“五斗米道”的产生，与巴蜀地区的巫术关系至为密切，故史称五斗米道张修为“妖巫”、鬼师。张道陵所创的道教，是在巴蜀巫文化的基础上改造并发展而成的。

① 《列子·说符》。

② （宋）朱熹：《楚辞集注·九歌·序》。

③ （唐）元稹：《元氏长庆集》，卷三。

最后需指出的是，随着道教与佛教的传入，鄂西土家族地区的原始巫教已渗入道、佛两教，特别是道教的浓重色彩，以致有时人们难以将巫、道区别开来，出现巫、道合一和道教本土化的现象。

五、道　教

东汉顺帝时（125—144 年在位），张道陵入四川鹤鸣山，造作符书，创五斗米道，后经其子孙张衡、张鲁传播流行于四川与汉中。张鲁时，《道德经》已成为道教的主要经典。张鲁归附曹操后，五斗米道由巴、汉流传至江南一带。至北魏时，寇谦之奉老聃为教祖，张道陵为大宗，道教之名始立。

因鄂西土家族地区自古“信鬼尚巫”，为道教的流传提供了沃土。加之其地理位置与道教盛行的巴蜀之地相邻，故受道教的影响既早又深。其主要表现是当地建有众多的道教庙宇，其中有：

真武庙。真武帝君，又名“玄武”“真武”，是道教崇奉的守护神，本指古代二十八宿中的北方七宿——斗、牛、女、虚、危、室、壁。唐人孔颖达疏《礼记·曲礼上》：“朱鸟、玄武、青龙、白虎，四方宿名也。”玄武，指龟、蛇，位在北方，故名玄；身有鳞甲，故名武。后世道教，以四方宿名称四方四神，并以四方四神作护卫神，以壮威仪。宋真宗（997—1022 年在位）时，因避其祖讳改玄武为真武，并尊其为“镇天真武灵应佑圣帝君”，简称“真武帝君”。真武的塑像为披发、黑衣、仗剑，踏龟蛇，从者执黑旗。鄂西地区多建真武庙。如，同治朝《施南府志·典礼》卷九载：恩施县“元妙观在城内象耳山，旧名真武庙，永乐中改今名。观后，建观音殿”“真武庙，在城内七十里洪岩山上，俗呼为小武当。”

吕祖庙。吕祖，本是传说中的八仙之一，是民间对吕洞宾的尊称。据传，吕洞宾原为唐末道士，号纯阳子，京川人，后游历各地，因得道法而成仙。吕洞宾的传说和信仰，出现于北宋时期。传说中的吕洞宾，或为道士，或为贫人，或为乞丐，或为卖药老人，认为“度尽天下众生方上升未晚也”[①]。元代封其为纯阳帝君，全真道尊之为北五祖之一。鄂西各地多建吕祖庙。如，道光朝《施南府志·典礼》卷九载：

① 《吕祖志》，卷一，真人本传。

“吕祖庙，在城南门内龙神祠后。”又有“祖师庙”，当系吕祖庙之别称。如同治朝《来凤县志·坛庙》卷九载：“祖师殿，在县西南六十里。”因吕洞宾又为卖药老人的化身，故又有药王庙，有的药王庙与吕祖庙建在一起。如，同治朝《恩施县志·寺观》卷二载：“药王庙，在吕祖庙后。”

三官祠。“三官”指天官、地官、水官，源于人们对太阳神、土地神、雨神的崇拜。后来演变为道教主张的“天官主生，地官主死，水官主人世”“天官赐福，地官赎罪，水官解厄”的教义。据同治朝《恩施县志·寺观》卷二载：“三官祠，在元妙观右侧。”这是三官崇拜在鄂西地区表现之一例。

财神庙。据道光朝《施南府志·典礼》卷九载：利川县“财神庙在县南门内”。又，道光朝《鹤峰县志·风俗》卷六载：“铺户皆祀财神，谓之黑虎元坛，赵公明元帅。每月初二、十六日，祭以酒肉，名‘烧牙祭’。”可见，财神为商人特别崇祀，以求财源广进。

玉皇阁。玉皇阁供奉玉皇大帝，玉皇大帝系天上的天帝。据道光朝《施南府志·典礼》卷九载：建始县“玉皇阁在县西”。

东岳宫与南岳宫。据同治朝《恩施县志·寺观》卷二载：东岳宫在城东门内，南岳宫在城北门内。

其他道观。其他各种道观也很多。如：恩施的云台观、青龙观、大和观、朝阳观、望州观、白云观、青云观、紫云观、宝平观、乌云观、王笼观，咸丰的延真观、白岩观，利川的太平观、三教观，来凤的回龙观、龙凤观，建始的云雾观、天鹅观等。可谓道观遍布鄂西各地，不胜枚举。

如前所述，文昌庙、城隍庙、关帝庙，在鄂西地区普遍建立，这些庙宇已转化为具有道教色彩的庙宇。

道教的主要科仪——祝咒、符箓、斋醮等，系从巫术衍变而来，故易在鄂西民族地区流行。

祝咒是指用咒语驱邪赶鬼。鄂西土家族地区的巫术咒语《驱妖咒》即系一例。其中云：

上元将军本姓唐，手拿宝剑走忙忙；

弟子今日相迎请，深房内阁斩邪妖。

中元将军本姓周，手拿钢刀到处游；
弟子今日相迎请，深房内阁斩邪头。
下元将军本姓葛，手拿麻绳并铁索；
弟子今日相迎请，深房内阁斩邪魔。

斋醮：“斋”，本系指祈福人通过斋戒洁净自身以达神明的仪式；醮，指道士举行祭祀以祈福禳灾的仪式。如，道光朝《鹤峰州志·风俗》卷六载：

每岁，居民按方社，醵金延黄冠于寺观，设坛扬幡，焚香诵经，三日至七日不等，谓之“平安清醮”。散日以纸糊竹船于旷野焚之，曰“摄瘟”。偶值瘟蝗，亦延黄冠诵经，或张灯，嬉以禳之。……又有屠刲为业，觉伤生过多，或用祈禳，悔从前过恶，皆延黄冠诵经礼忏，点烛满堂，名曰“燃诸天烛”。

道教由汉区传入，其道士除汉人外，也有土家族出身者，名曰“土老师”。土老师将道教科仪本土化，使之深入民间。据调查报告载：

土老师上半夜用土家语唱祖先迁徙，为土王解钱，下半夜给小孩渡关，要土王保佑小孩渡过难关。即豆麻关、汤火关、水洗关等。

土老师念经，没有文字记载，全凭记忆，所以当地群众说，客老师一本经，土老师“卵光经”。

可见，土老师重本土巫术而轻道教经文。

六、佛　教

至清代，鄂西地区寺庙林立。仅利川一县，“杂祀诸佛者六十有四”[①]。

鄂西地区的建寺历史悠久。如，道光《施南府志·典礼》卷九载：“开元寺，在府城南门外，唐时建，宋淳熙四年（1177 年）重修。”“圆通寺，在城内回龙山下，明洪武十四年（1381 年）建。”又，光绪朝《利川县志·祠祭》卷九载：“法光寺。下有石洞，故一名‘岩洞寺’。洞口古柏四、银杏一，皆数百年物也。有明崇祯二

① （清 光绪）《利川县志·祠祭》，卷九。

年（1629 年）钟。寺始于宋代。”可见，鄂西地区著名古刹开元寺、法光寺、圆通寺，从唐、宋、明代就已兴建，为当时有名文物。

鄂西地区佛教寺庙虽起于唐，但大量兴建则在明代。由于明时实行军屯，故佛寺随之在其驻地建造。如，光绪朝《利川县志·祠祭》卷九载：碧云庵“有明嘉靖时钟二，其一嘉靖二年（1523 年）造，文曰：‘湖广施州卫中千户所胡百户下大中坝屯堡。’据此，则中坝立屯，当在明嘉靖以前。”此前，在屯堡建庙，尚有明代古刹万利寺，在南坪中坝屯龟山；松木寺，明万历四年（1576 年）建在南坪松木屯；石牛寺，有明正德元年（1506 年）钟，建在南坪擂鼓屯。

在卫所屯军建寺的同时，各地土司也相继建寺。如，咸丰朝《长乐县志·寺观·寺》卷五载：“金佛寺，在城东之白鹿庄金堂岭上，土司时建。”由于土司的提倡，土家族人信佛者日多。

佛教在鄂西土家族地区的传播，除广建寺院外，尚有如下特点：

一是重观音崇拜。观音，即观世音，菩萨名，在我国民间广受尊崇，在土家族地区也如是。如，光绪朝《利川县志·祠祭》卷九载：“祀典所无，而民间相沿以祀，凡专祀观音者十有五。”可证鄂西地区观音庵寺之多。鄂西各县所祀观音分别有寺、阁、桥诸名。调查材料表明：中华人民共和国成立前，土家人几乎户户都供观音菩萨像，以求消灾灭祸。

二是有佛教节日。据咸丰朝《长乐县志·风俗·岁时》卷十二载：“四月初八，浴佛期用红纸二条，作交叉状，上书佛祖圣诞。书此驱虫，或四言、五言、七言韵文，贴于墙壁之上，谓之‘嫁毛娘’。”又，道光朝《鹤峰州志·风俗》卷六载：“四月初八日，以红纸二条书俚语四句，交斜相连，贴于墙壁，谓‘嫁毛娘’。因是日僧家浴佛，资佛号以辟虫毒。”四月初八日为佛诞日，是佛教最大的节日之一。据佛经载，释迦牟尼的诞生、出家、成道、涅槃均在此日。在鄂西土家族地区与其他地区不同的是，佛诞日的纪念与驱赶毛虫的活动联系在一起。在这一天，土家人要举行“嫁毛娘（虫）”仪式。人们在家中张贴“毛娘贴子”，并焚香烧纸，祈祷神明，礼遣毛娘，以去毛虫。这是山区虫害为患为灾所致。

三是佛教信仰与仪式深入民间的日常生活，尤以丧事为突出。如，道光朝《鹤峰州志·风俗》卷六载：“丧家作佛事，名曰‘作斋’。其作于生前者，谓作‘生斋’。”故有“丧礼必延僧道作佛事”之载。

四是从清初改土归流直至清末，随着儒家思想的广泛传播，佛教与道教日益式微。如，民国《咸丰县志·礼教》卷三载：

三十年前盛行佛教，人死率用僧道，木鱼、铙鼓，诵经礼佛。初死曰“开路”，继曰“绕棺”。将葬前日，戚友毕集，皆缟素，曰“开奠”。富贵之家，吊客愈多，至有灵榇经过，途人皆赠素巾，曰“开普奠”。后百日内作佛事，曰“应七”。三年内，或用僧道，或延士人，分别诵经礼拜，曰“道场”。枉死者别延巫教为之，曰“牛角道场”。皆化纸钱冥镪，以多为贵。近来风气渐开，僧道退化，士大夫家，用儒教者遂占多数。

概言之，鄂西土家族地区与我国其他南方少数民族地区相较，其佛教传播有所不同：一是传入早，不晚于唐，历代连绵不断。始由当地政权机构府、州、县治所设立，在明代由当地卫所屯堡广设，土司也在治所效仿设立，最后在土家族民间推广开来，故有“土民公立”寺观之说。二是崇信者众，影响深远。在土家族地区，佛教影响虽次于道教，但就整个鄂西地区而言，则其势甚在道教之上。如，民国时修《咸丰县志·礼教》卷三载：

释教，信行之者，殆与内地不相上下，是以县境佛寺僧寮，不下数十处，其建设最久者，有数百年前古刹碑碣可考。又次曰道教……县中道观，虽不逮佛寺之广，合计亦有十余处……全县人民，信佛教者十之七，信道教者十之三，近则道教日就式微，佛教迷信力亦渐减杀。

这与其他民族地区佛教传入晚、影响力弱的情况大相径庭。这是鄂西土家族地区与汉区接触早且交流频繁所致。

第八节　杂　俗

一、淳朴民风

鄂西民族地区民风，至为淳朴。其主要表现有三：

一是好客。据同治朝《来凤县志·风俗》载：“邑中风气，乡村厚于城市，过

客不裹粮，投宿寻饭无不应者。入山愈深，其俗愈厚。”鄂西地区居民对过往客人热情招待，不仅分文不取，而且将“不德于色君子”视为理所当然之事。据同治朝《巴东县志》载：

> 惟后里人客至，则宰豚开酒坛泡之以为敬，盖以酒连糟贮坛，饮时泡以沸汤，插筒其中，主宾递吸之也。肘至膝以上全而献之，谓之“脚宝”，特以奉尊客，切肉方三寸许，谓之“拳肉”。酒以碗酌，非此不为敬。客初至必揖主人妇，既饮，主人妇乃出敬酒；否则，以为慢，厨馔必啬。其积习然也。按后四里，本土蛮之余，故其宴饮交际，多杂彝俗。

可见土家族人热诚好客，甚至倾其所有以款客。有客来，则杀猪开酒坛，大块吃肉，大碗喝酒，以土家人最珍贵的猪“脚宝”献客。客人至须先向女主人行礼，女主人才会进酒；倘不如此，则被视为不礼貌行为，会得到简单的饭菜招待。这说明女主人地位高，与汉族地区，宴客时妇女毫无地位的境遇迥别。从宴客俗中，充分体现了土家庭尊重妇女的传统习俗。

二是治安良好，偷窃事寡，买卖公平。据同治朝《来凤县志·风俗》卷二八载：“乾隆三四十年间，邑中夜不闭户，道不拾遗，买日用饮食之物者，取物酬直，恒不俟主人，主人亦不问也。”

三是民间纠纷多能和解，不需经诉讼解决。据同治朝《来凤县志·风俗》卷二八载：“邑在六属中，最称易治。隶土籍者，悍而直。隶客籍者，谨而愿。可以理遣，可以情恕，无顽梗不化者。故讼狱少，而囹圄常虚。”又，光绪朝《巴东县志》卷十载：“后四里古为蛮彝，椎髻侏语，信鬼尚巫，小忿易讼亦容解，解则匿，不肯赴公庭。”

可见，在鄂西地区，土著也罢，客籍也罢，民风都重讲理与宽恕，故官司少，犯罪率低。

二、特殊节日习俗

鄂西民族地区的节俗，多与汉族地区同。其中，最大差异是提前一天过除夕，谓之“过赶年”。据咸丰朝《长乐县志·风俗·岁时》卷十二载：

除夕具盛馔，阖家相聚饮食，谓之“吃团年饭”。而容美土司后，则在除夕前一日，盖其先人随胡宗宪征倭，于十二月二十九日大犒将士，除夕倭不备，遂大捷。后人沿之，遂成家风。

据调查，今湖北宣恩县高罗土家族，过赶年的除田姓外，还有曹、侯、马、覃、向等姓。过赶年的规矩是提前一天过年，不添人，还祭恩人。据传说提前一天过年，是祖先准备在大年三十的一天和敌人打仗怕过不成年，就提前过年，但怕走漏消息，土王规定过年时不准添人，谁家要添人，就添一个死一个，沿习到现在不改。[①]

可见，提前过年与早年鄂西土司领土兵抗倭有关，当是可信。其节俗，具有纪念保卫国家战争的色彩。由于土司是当时的统治阶级，故此俗能在土家族地区广为流传。

另一不同节俗，为五月十五日的过“大端阳”。据同治朝《宣恩县志·俗尚》卷九：“乡村以初五日为小端阳，十五日为大端阳。其俗自汉伏波始。”同治朝《咸丰县志》卷七所载，又有所不同：“五月五日角蜀蒲酒，乡城皆同。十五名大端阳，相传唐马希范于是日征辰溪苗，十五日始过端阳，故大端阳惟辰州人以为令节云。”鄂西土家族以五月十五日为大端阳的起源，虽有上述两说，但亦有共同之处——均因战争所致。从中可见，土家族确是尚武民族，两大节日（春节与端阳）均具有其浓郁的民族色彩。

① 鄂西土家族苗族自治州民族事务委员会：《鄂西少数民族史料辑录》，385页。

附录一　明初湘鄂西地区卫所设置考

明朝建立之初，军事上，在全国范围内实行卫所制度。《明史·兵志一》云："明以武力统天下，革元旧制，自京师达于郡县，皆立卫所。外统之都司，内统于五军都督府，……征伐则命将充总兵官，调卫所军领之，既旋则将上所佩印，官军各回卫所。"卫所的设置原则，"度要害地，系一郡者设所，连郡者设卫"[①]。

湘西与鄂西山连山，水连山，古代行政地理区划远不如当代精确，明王朝在湘鄂西地区的卫所设置情况与过程如下：

一、羊山卫

最早在湘西土司地区设立的卫是羊山卫。"明太祖时，茅冈土司覃垕构洞蛮为乱，时杨景湖南行省参政，太祖命帅师讨，厥后多营于山麓平旷之处，因设排栅以自卫，为久驻之地。太祖因置羊山卫，检襄阳、黄州、沔阳、安陆兵以为戍，时为洪武之二年（1369）己酉。"[②]同治朝《直隶澧州志》卷二《舆地志》云："明洪武二年，以永顺宣慰司羊峰地置羊山卫（今县治西八十里）。"光绪朝《永定县乡土志》上篇也云："洪武二年，以常德卫指挥使自羊山卫，卫在羊峰万山中，杨景征覃垕屯军于此，编栅为城，简兵戍守。"可见，羊山卫因地处羊峰山而得名，地在永顺上司境内（今湖南永顺县）。乾隆《永顺府志》卷二载永顺有羊峰卫，"在县东八十里，贺虎溪发源处，古有学峰城"。这与上述羊山卫在永定县西八十里的方位大致相符。

① （清）张廷玉：《明史·兵志二》。

② （民国）《永顺县志》，卷七，《建置志》。

羊山卫的设置时间，上引均以为在洪武二年，而万历朝《湖广总志》与《读史方舆纪要》以为在洪武三年（1370年）。《读史方舆纪要》卷七七曰："明初置戍于夷激羊峰地，隶永顺宜慰司，洪武三年。"同书卷又曰："明初置戍于夷微羊峰地，隶永顺宜慰司，洪武三年编棚为城，简沔阳，安陆、黄州、襄阳诸军充戍，曰羊山卫。"从设卫是为杨景平息覃垕叛乱而置来看，覃垕叛乱在洪武三年，故置卫时间亦应以洪武三年为是。

二、大庸卫

羊山卫存在的时间不长，设卫次年，即因"险远运粮不继，召指挥黄裳生至南郡议定，遂迁入大庸地，改名大庸卫，乃辛亥四年也"（民国）《永顺县志》卷七。辛亥四年，即洪武四年（1371年）。大庸因系"临庸水之田"而得名。庸水即今澧水，大庸即今湖南张家界市之永定区。万历朝《湖广总志》卷六亦曰：羊山卫"后因屯怕饷运艰阻，始迁于慈利西南一百八十里，临康水之阳，名大庸卫"。

三、永定卫

根据史志记载，永定卫后来取代大庸卫是没有疑问的，但究竟永定卫仅仅是由大庸卫更名而来，还是先设永定卫，后以之取代大庸卫，史志记载并不一致。同治朝《直隶澧州志》卷一云："（洪武）三十一年（1398年）戊寅，改大庸卫为永定卫，设前后左右中五所，并大庸凡六所隶之。"《读史方舆纪要》云："明建文初，改大庸卫曰永定，而别建大庸所于卫城西桑汉关。"《大明一统志》卷六二也载永定卫系"洪武三十年（1397年）建。"据此，似永定卫乃于洪武三十一年由大庸卫更名而来，永定卫即原大庸卫。另据万历朝《湖广总志》，"洪武二十二年（1389年）春，千户夏得忠诱九溪蛮复叛，上命东川侯胡海讨平之，

乃建九溪、永定二卫，以塞溪峒襟喉。”[①]此外，《天下郡国利病书》卷七六，同治朝《续修永定县志》卷五、同治朝《续修石门县志》卷十二等所记均同。据此，永定卫应始设于洪武二十二年而非三十一年，也非由原大庸卫更名而来。上述记载以永定卫的设置时间是在平定夏得忠反叛之后，是平叛后为加强对该地区土司的控制而采取的一种善后措施，是合乎情理的，应以此说为是。

《明史·地理志》载：永定卫，“洪武中置，二十三年八月徙永顺宣慰司之芋岸坪”。说明永定卫初立时在安福土司地区（今湖南桑植县境），继而西移入永顺土司境内。西移的原因，可能是因其与九溪卫相距太近，故而需在防卫上进行分工，以九溪卫主要防范慈利、桑植、安福诸土司，而以永定卫主要控制永顺、保靖诸土司。至洪武末年，永定卫址又由永顺土司境迁至原大庸卫址，并始筑城以守，“永定卫城，初名大庸，洪武三十一年（1398 年）指挥张胜筑，改今名”，见万历朝《湖广总志》卷十四。永定卫以原大庸卫址为自己的卫址，改原大庸卫为大庸千户所，在县西三十里，别建大庸千户所城。据同治朝《直隶澧州志》卷二，“大庸所城，在县西三十里，以溪名，明洪武所千户武才筑。”故大庸千户所的设置应在洪武三十一年。

四、崇山卫

据《明太祖实录》，洪武十一年（1378 年）二月“置崇山卫于湖广孟洞之地”。“湖广孟洞之地”当即今湖南永顺县城所在地，清雍正六年（1728 年）永顺土司改流，设永顺府于此，永顺之地名至今未变。“孟洞”一名因水名而称，今永顺县城旁之河流仍名孟洞河（或作“猛洞河”）可证。这说明洪武十一年曾于永顺土司境设崇山卫。

① （明 万历）《湖广总志》，卷二九，《兵防二》。

然据有关方志，崇山卫的具体地点似在永顺土司之南，今湘西花垣县境内。乾隆朝《辰州府志》卷十二引《永绥厅志》曰：“（至正）二十六年（1366 年）丙午，明辰州卫指挥刘寅创建卫署，是岁，改在郎坪设崇山卫、寻省卫，置崇山千户所。”该志又按：“崇山史有千户所无卫，然至今永绥厅城东三里，尚有卫城故址，盖置卫未久，故史弗详。又置卫之年，惟沅州诸志确指为丙午，足补旧志之缺。”永绥在今湖南花垣县。同治朝《永绥直隶厅志》卷有一也载：“永绥旧城，城南七十里，即崇山卫故地。”崇山卫的设置时间，乾隆朝《辰州府志》所载为元至正二十六年，其余诸志多为洪武（1368—1398 年）初年，如乾隆朝《乾州厅志》卷二《秩官志》曰：“明洪武初，以沅溪属卢汉县，改夜郎设崇山卫。”从当时的局势看，似以后说更为确切，因为至正二十六年时，永顺土司等尚未正式归附朱元璋政权，再以上述《明实录》之载证之，几可确定无疑。

《明史•兵志》载明初所置卫所名目中，有崇山千户所而无崇山卫，这与方志中崇山卫系后改为千户所的记载一致。改卫为所的时间和原因，乾隆朝《乾州厅志》曰：“（洪武）二十三年（1390 年），因饷运艰难，复行裁革，置崇山千户所。”[①] 同治朝《永绥直隶厅志》说明了改置的原因：“崇山卫，……后以孤悬苗地，转运维艰，议撤。又恐苗之蹑其后也，设羊蹄擂时，饿而摇铃之计以去。”[②] 洪武二十三年崇山改卫为所的记载应可信，因为洪武十九年（1387 年）时，崇山卫尚存，《明太祖实录》卷一七九曰：“湖广都指挥司奏请运施州、崇山、大庸、五开、黄平、平越等卫军食。上览奏谓户部臣曰：‘崇山、大庸屯积岁久，何以乏食？……’惟施州从其请。”崇山千户所存在的时间也不长，该志又载：“（洪武）三十年（1397 年），革崇山千户所，置镇溪军民千户所。”镇溪所治所在今湘西吉首市，可见崇山千户所不仅从此被撤销了建制，即使名称、所址，

① （清 乾隆）《乾隆厅志》，卷二，《秩官志》。

② （清 同治）《永绥直隶厅志》，卷一。

也有了变化。

综合上述，可知明初曾于永顺土司境内设崇山卫，初置在洪武十一年，是在洪武三年所设羊山卫改迁至大庸以后。明初两次在永顺土司境内设卫，说明当时明廷对该土司及其地区的重视。但因其地过于险阻，饷运艰难，崇山卫也终于不得不迁址，从今湖南永顺县的孟洞之地，南迁到今花垣县的夜郎坪，卫改为千户所。上述地方志与《明实录》的不同记载，应该正是这种变化的记录。

五、酉水守御千户所

乾隆朝《永顺府志》卷一曰："酉水守御千户所，旧墟在县城东北，其置废始末不可考。"这说明在永顺土司境内，还可能设立过酉水守御千户所。根据有明一代湘西土司地区卫所设置的情况看，自洪武末年设立永定、九溪二卫及其所属诸千户所始，卫所的设置基本稳定，少有变更，故酉水守御千户所的设置，最有可能就是在明初洪武年间。"酉水守御千户所"之名未见于其他任何史志，疑为旋置旋省。

六、九溪卫及其属下添平、麻寮、安福三守御千户所

明初在永顺土司境内设立永定等卫所的同时，在永顺土司东邻的桑植、茅冈诸土司境内，则设立九溪卫及其属下添平、麻寮、安福三守御千户所。添平、麻寮、安福三千户所的设置要远远早于九溪卫的设置，万历朝《湖广总志》统谓之为"洪武初建"，而《大明一统志》则指明了具体时间：守御添平千户所为洪武二年（1369年）建，守御麻寮、安福二千户所为洪武四年（1371年）建。[①]这里，安福所的设置曾有反复，《明史·地理志》曰："守御安福千户所，在（九溪）卫西北，洪武二十三年九月置。"《明史》不提安福所洪武四年始置事，表

① （明）李贤、彭时等：《大明一统志》，卷六二。

明安福所在洪武初年设置后，有可能一度被废而于洪武二十三年复置。《读史方舆纪要》所记安福所的沿革似更清楚，曰："洪武四年设于西水北，隶大庸卫，二十三年移建于西水之西，地名瓦窑冈，改隶九溪卫。"只是此处所谓"移建"应以"复建"更为准确，因为如果真只是"移建"，《明史》没有理由不提洪武四年初置事。安福所洪武四年初置后，明朝以当地土酋夏克武为土千户，安福所的废除应与夏克武之子夏得忠于洪武二十三年（1390年）的大肆叛乱有关系。

九溪卫设于洪武二十三年，万历朝《湖广总志》载："九溪卫，洪武二十三年建：领安福、添平、麻寮千户所三，桑植安抚一。"[①]九溪卫其地"有九溪会流，故名"。九溪卫的设置，直接原因是洪武二十三年土司夏得忠的叛乱，万历朝《湖广总志》卷二九说得清楚："洪武二十三年春，千户夏得忠诱九溪蛮复叛，上命东川侯胡海讨平之，乃建九溪、永定二卫以塞溪洞襟喉。"可见九溪卫和永定卫的设置，就是为了进一步镇压、防范该地区少数民族土司的再次反抗。

除了卫所以外，明初还在湘鄂西地区土司境内尤其是汉土交界的要害之地广设关隘、巡检司、军堡等，协助卫所进行防守。明施州卫指挥佥事童昶称："国朝设立关隘，把截甚严，至今尚传'蛮不出境，汉不入峒'之语。"[②]如添平、麻寮二千户所，各领十隘，据《天下郡国利病书》载，其名为：鹤儿、九溪、长梯、磨冈、遥望、渔洋、石磊、忠靖、走避、细沙、黄家、九女、靖女、栏刁、青山、山羊、樱桃、曲溪、梅梓、宋所等。"每隘各土官百户一员掌印，以防守容美夷寇。"[③]"湖南石门慈利所属，有世袭所官隘官，以防御土司为责任。据澧州志称，肇自蜀汉……至明洪武后，乃确凿有征。其制所官世袭千户、隘官世袭百户，所官地丁银征三免七，隘官地丁银征七免三。"道光朝《鹤峰州志》

① （明 万历）《湖广总志》，卷六。

② （清 同治）《来凤县志·武备》。

③ （明 万历）《湖广总志·湖广上》。

卷十四。此外，又有安福四关，永定三关等。这些关隘、巡检司、军堡等处所，一般都以当地土人把守。

以上，是明初在湘鄂西土司境内设置卫所的概况，大约为羊山、永定、九溪、崇山诸卫，大庸、平添、麻寮、安福诸所。这些地处湘鄂西土司腹心地区的卫所，与围绕在这一地区周边所设立的为数更多的卫所一起，屯戍相连，此呼彼应，形成了明初中央王朝针对湘西及其周边土司的一个军事控制网络。

附录二　元明清时期湘鄂西地区土司的设置与变迁

一、元代湘鄂西土司的设置与变迁

土司制度起于元代已为学术界所认同。随着元朝土司制度的建立，湘西少数民族大姓被分授土司职衔，湘西土司制从元代正式开始。元朝初中期湘鄂西土司及诸蛮峒主要包括：

永顺土司。元世祖至元十二年（1275年），元朝对湘西地区实施了占领。湘西大姓永顺彭氏率先归附。据乾隆朝《永顺县志》记载，永顺彭思万于至元十六年（1279年）附元。《明史·地理志》载："元至元中置永顺路，后改永顺保靖南渭安抚司"。又据《元史·世祖本纪》，至元三十年（1293年）"永顺路彭世强等九十人……各授蛮夷官，赐以玺书遣归"。永顺彭思万至京朝贡，朝廷赐以印绶，又置永顺路，旋改安抚司，均为正三品，在元初湘鄂西诸峒蛮土酋中，属于授职较早、地位颇高的大土司。

泊崖峒、楠木峒、桑木溪诸峒土司。除了永顺土司率先附元受到重视外，湘西其他地方的土酋在元初多以抗元的形象出现。主要有泊崖峒田万顷、桑木溪鲁万丑、楠木峒孟再师等酋帅的反抗。《元史·刘国杰传》载："初，黔中蛮既内附，复叛，又巴峒何世雄犯澧州（今湖南澧县）、泊崖峒田万顷、楠木峒孟再师犯辰州（今湖南沅陵县），朝廷尝讨降之，升泊崖为施溶州，以万顷为知州事。"这次叛乱发生在至元二十一年（1284年），康熙朝《辰州府志》有详细记载。[①]

泊崖峒，乾隆朝《辰州府志》、民国时修《永顺县志》等均作白崖峒。历史

① 参见（清 康熙）《辰州府志》，卷七。

上的白崖峒长官司，《元史·地理志》载属新添葛蛮安抚司，明初以后改隶永顺宣慰司，直到清雍正改土归流，地在今湖南龙山县西北。[①]但是，上述田万顷所在泊崖峒应非白崖峒长官司之白崖峒，是有史可据的。首先，从地域上看，据《元史》及康熙朝《辰州府志》，田万顷于至元二十一年侵辰州，被讨降后，其峒升为施溶州，田万顷任土知州。元思州军民安抚司下有会溪施溶等处长官司，[②]此处施溶当即田万顷改州后的施溶州，即原泊崖峒之地。此与会溪共称长官司，说明其州后改为长官司。明清时会溪施溶地在湖南永顺县，而白崖峒长官司在龙山县西北，两地相距甚远。其次，从时间上看，新添葛蛮安抚司设置于至元二十八年（1291年），则所属白崖峒长官司的设置应在此年之前。而田万顷泊崖峒早已于至元二十一年即改为施溶州，应无缘以白崖峒长官司之名隶属之。最后，从隶属关系上看，白崖峒长官司隶属于新添葛蛮安抚司，而泊崖峒以会溪、施溶之名隶于思州安抚司，二者所属明显不同。

楠木峒，地在泊崖峒附近，约在今湖南永顺县、古丈县一带。万历朝《湖广总志》卷五辰州沅陵县云：“楠木峒，县西北二百里。”《新元史·地理志》载，思州军民安抚司将楠木峒与镇远府并列为单行，看似楠木峒在贵州，当不可取。

元朝在镇压泊崖峒诸峒的叛乱后，对当地土酋采取了安抚政策，包括升泊崖峒为土州，任命田万顷为土知州、孟再师为土千户，同时在该地区设立“一府九州”，对当地土酋遍授官职。所谓“一府九州”，史籍没有明确的记载，据康熙朝《辰州府志》卷七记载，应该是以泊崖峒为中心的地区，大体在今湘鄂西交界的永顺、桑植、古丈、鹤峰等县地。从当时的情形看，“一府九州”的设立，应该是元初招抚湘西土家族土酋的权宜之计。

桑木溪，在今湖南桑植县杉木坪地区。《蒙兀儿史记·刘国杰传》注称，桑

① 谢华：《湘西土司辑略》，67页，北京，中华书局，1959。

② 参见（明）宋濂、王祎：《元史·地理志六》。

木溪在今湖南桑植县。同治朝《永顺府志》卷一载："杉木坪，县东北八十里，桑植九溪要道。"

元初湘西地区少数民族多次反元。除上述至元二十一年、二十八年、二十九年的叛乱外，三十一年（1294年）还有诸峒蛮人的联合叛乱。康熙朝《辰州府志》卷七载："（至元）三十年（据《元史》应为三十一年），诸军出征交趾，施溶州知州田万顷同鲁万丑、楠木峒孟再师谋叛，诸峒蜂起。"对此次叛乱，元朝以刘国杰为帅进行了大规模的征剿，历时四个月，才最终取得了胜利，《元史》中有详细记载。这也从另一个角度说明，元初湘鄂西地区少数民族蛮峒已具有较大的势力。也因为此，战事胜利后，刘国杰恢复了宋代在辰州、澧州设立寨兵、隘丁以防范湘鄂西蛮峒的旧制，使湘西少数民族土酋势力受到很大的限制。

南渭州。《读史方舆纪要》卷八二载："宋为羁縻南渭州，元因之，属新添葛蛮安抚司，寻废。明洪武三年复置州，属今司（永顺司）。"元代南渭州即明代永顺宣慰司之南渭州，地在今湖南永顺县西南列夕、柏杨一带。

保靖州。《读史方舆纪要》卷八二载，保靖州"唐为溪州地，宋为羁縻保靖州，元因之，属新添葛蛮安抚司"。元代保靖州即明代保靖宣慰司，治今湖南保靖县。

南渭州与保靖州自唐宋以后就是湘西地区溪州彭氏的势力范围，故在元初仍隶属于永顺安抚司，史籍也有"永顺南渭保靖州安抚司"之谓。至大三年（1310年）后，南渭州和保靖州从永顺分出，改隶新添葛蛮安抚司，这也是元朝削弱湘西土著势力的举措。

安定州、柿溪州土司。《新元史·地理志》载，澧州路领县三、州一、土州二，土州即安定州和柿溪州。二州设置于至元十九年（1282年）。[①]《据同治朝

① （清 同治）《直隶澧州志》，卷一。

《直隶澧州志》，安定州在今湖南张家界市境，柿溪州当在今湖南桑植县境。可以肯定的是，柿溪州的首领是向氏，宋末元初时其首领为向克武。[①]

五寨长官司。《明史·地理志》载："五寨长官司，元置。"所谓五寨，史载为宋沱、乌引、芦荻、杜望、白岩五寨，隶属保靖州。[②]据《苗防备览》卷二五所载，五寨所在地均在今湖南凤凰县境。五寨长官为田氏，田氏自唐代以来即主其地，《大明一统志》等诸籍均有记载。

腊惹峒、驴迟峒、麦着黄峒土司。史载明代永顺宣慰司下辖有六个长官司，其中包括腊惹峒、驴迟峒和麦着黄峒，[③]元时属思州军民安抚司。[④]其地均在今湖南永顺县境。民国时修《永顺县志》据明正德《永顺宣慰司志》称，三峒首领分别为向氏和黄氏，[⑤]三峒长官司大约设置于元代中期。

上桑直、下桑直土司。乾隆朝《永顺县志》卷一载："上桑直、下桑直，置蛮夷长官司，属葛蛮安抚司。"桑直即桑植，地在今湖南桑植县境。《读史方舆纪要》卷七七载，"桑植安抚司，元置，以羁十八峒蛮。"所谓"十八峒"，见于同书，包括：桑直、美坪、朝南、那步、人士、黄河、鱼龙、类石、若南、杆坪、蚕辽、全藏、枳山、栏岩、黄家、柏山、书潭、书洛，"皆苗獠出没处。"元代上桑直、下桑直长官司后来应该升为安抚司，时间大概在元代中后期，且设置时间不太长，因为元末元统三年（1335年）桑植升为宣慰司。

综合言之，元代初期和中期，湘鄂西少数民族各蛮峒的活动比以前明显活跃，各土酋势力叛服不常。元初的几次叛乱给元朝制造了较大的麻烦，元朝兴

---

① 参见（清 同治）《桑植县志·土司志》，卷八。

② 参见（明 万历）《湖广总志》，卷六。

③ （明 万历）《湖广总志》，卷六。

④ （明）李贤、彭时等：《大明一统志》，卷六六。

⑤ （民国）《永顺县志》，卷十五。

师动众才得以平叛。在平息叛乱的基础上，元朝采取了一系列招抚政策，先后在湘西地区设立了永顺安抚司、保靖土州、南渭土州、安定土州、柿溪土州及白崖峒、会溪施溶峒、驴迟峒、腊惹峒、麦着黄峒、五寨上桑直、下桑直等长官司。这些土司的首次设立，是元朝对湘鄂西地区实施有效控制和管理的开始，也是湘鄂西地区少数民族蛮峒势力正式得到元朝承认的标志，并且初步奠定了明清时期湘鄂西土司的基本格局。

元朝末年，随着阶级矛盾的加剧，农民起义风气云涌。其中，以徐寿辉为首的红巾军主要活动在长江中上游的两湖地区，湘西少数民族地区正在这个区域。为了牵制和削弱起义军，元朝对这个地区的少数民族首领采取了笼络政策，一方面，普遍超常提升了原有土司的官品规格，另一方面，新封了大量土司职衔。

改永顺安抚司为宣抚司[①]。乾隆朝《永顺县志》卷一载："元时，彭万潜改为永顺等处军民安抚司，彭天宝又改宣抚司。"

南渭州升安抚司。元初以来属新添葛蛮安抚司的南渭州，元末时改隶永顺土司。乾隆朝《永顺县志》卷三称彭万金为元安抚司，彭万金为南渭州土司彭万宝之子，明初随父投降明朝，所称安抚司指南渭州安抚司。[②]

泊崖峒升安抚司。民国《永顺县志》卷五引《永顺宣慰司志》云："田健霸，元泊崖安抚使，明洪武三年（1670年）内附。"元初，泊崖峒为思州安抚司下的长官司，田健霸应为前述田万顷后人，其以安抚使内附，说明元末时，其职已升为安抚司。

保靖州改为安抚司。永顺《彭氏家谱》称，永顺土司彭万潜改保靖州为保靖安抚司。《明史·湖广土司传》载："保靖……元为保靖州安抚司，明太祖之初起也，安抚使彭世雄率其属归附，命仍为保靖安抚司。"据《保靖司宗谱》，

① （明）宋濂、王祎：《元史·顺帝本纪》。

② 参见（清 乾隆）《永顺县志》，卷三，引《南渭州谱》。

元至正二十三年（1363年），彭世雄曾调兵一万助朱元璋平陈友谅，如果该谱之说有据，则说明元末保靖土司已拥有很强的实力。

上桑直、下桑直升为桑植宣慰司。元末湘西地区升职级别最多的是桑植土司。元初的上桑直、下桑直二长官司一度改为安抚司，元末顺帝时又升为宣慰司。《桑植司志》载："向仲山，思胜孙，元朝元统三年（1335年）春奉命调征，功授湖广桑植地方等处军民宣慰使司职，颁发印绶一颗，赐袍、玉带、虎符，并司置属员如帖堂、经理司、总理、五营中军……以及属下朝南安抚司、戍戈长官司、芙蓉长官司、神旗长官司、龙潭州、安定州、化被州、美坪州等印信十三颗到司，约束土苗，管理上下桑植地。"[①]桑植宣慰司的提升是因军功而得，不同于其他土司大多得益于元末乱世的朝廷笼络。从其所颁印绶及所领部属来看，有属下安抚司、长官司及土州多处，并有属员各不同，说明当时的桑植土司势力很大，远远超出了元初的上、下桑直二长官司，比如其有五营中军印，说明桑植土司有相当规模的土兵编制，土兵人数不在少数。需要说明的是，元初所称的上桑直、下桑直，在元末时已合称为桑植了，所以有些方志将其称为"上桑植宣慰司""下桑植宣慰司"是错误的。故乾隆朝《永顺府志·沿革》卷一中说，"桑植只一宣慰司，未尝分设"。这种说法是对的。

安定州改军民安抚司。元初置于今湖南慈利县西境的安定州，元末时改为安定军民安抚司。《元史·顺帝本纪》载，至正十五年（1355年）八月，四川向思胜降，改安定州为安定军民安抚司。另据《明史·湖广土司传》，安定州土司还可能在元末明初之际升为宣抚司。

新增慈利安抚司。这是元末在今湘西慈利县境内新兴的土著势力，其代表人物是覃垕。据光绪朝《永定县乡土志》载，明洪武元年（1368年）有慈利安

① 湖南少数民族古籍办编：《土家族土司史录》，37页，长沙，岳麓书社，1991。

抚司覃垕迎降。参见光绪朝《永定县乡土志》卷一。《明太祖实录》卷十五记有覃垕被元授予参知政事之职一事。参知政事是流官职衔，这说明当时覃垕的势力在当地举足轻重。综合有关记载，覃垕土司的属地当在今湖南桑植县和张家界市接壤地区。

元末明初之际，明氏政权占领川蜀之地十余年，湘西地区一度在明玉珍势力的控制之下。明玉珍为了稳定政权，对湘西地区的土著势力实行的也是拉拢怀柔政策。尽管有关史志记载不多，但仍然可以略见端倪。如《明史·湖广土司传》载，洪武五年（1372 年），永顺宣慰司顺德汪伦、堂崖安抚司月直什用派人献其明夏授印。这说明明氏政权对永顺土司给予了很高的待遇，将其提升为最高级别的宣慰司级大土司。而此处的堂崖安抚司应为元初以来的泊崖峒土司。

二、明代湘西土司的设置与变迁

元末明初，“及太祖歼友谅于鄱阳，进克武昌，湖南诸郡望风归附，元时所置宣慰、安抚、长官司之属，皆先后迎降”[①]。从朱元璋灭陈友谅开始，湘西地区各土著势力相继归附明朝。明朝对前来归附的湖广土司均授予原官职，或者生职，以示恩宠。所以，“以原官授之”[②]是明初针对西南少数民族势力的基本政策。

明初湘鄂西少数民族的归附，以今湖南澧水及其支流娄水上游，即今湘西慈利县、张家界市及湖北鹤峰县接壤地区少数民族势力的归附开始。《明史·湖广土司传》载，“初，太祖即吴王位，甲辰（至正二十四年，即 1364 年）六月，湖广安定宣抚司向思明遣长官硬撒律等，以元所授宣抚敕印来上，请改授。乃命置安定等处宣抚司二，以思明及其弟思胜为之。又置怀得军民宣抚司一，以向大胜为之……抽拦、不用、黄石三峒，各置长官司一……竿峒坪设元帅府

① （清）张廷玉：《明史·湖广土司传》。

② 同注①。

一……梅梓、麻寮二峒，各置长官司一……皆新降者。丙午（至正二十六年）二月，……并立太平、台宜、麻寮等十寨长官司。”这里的安定宣抚司：抽拦、不用、黄石三峒，梅梓、麻寮二峒及太平、台宜等十寨均是位于今湘西慈利县、张家界市及湖北鹤峰县接壤地区的当地势力。

随着湘西各当地势力的相继归附，明朝本着“以原官授之”的总原则安抚各处土酋，湘西地区的政治统治格局初步形成。元至正二十六年（1366年），保靖土司归附，“以彭世雄为保靖州军民安抚司，……以其初来归附故也”[①]。洪武元年（1368年），保靖州军民安抚司升为保靖宣慰司，“以（彭）万里为之，隶湖广指挥司”[②]。

永顺土司归附明朝后，先降职，后升职。洪武二年（1369年）十二月，永顺土司附明，“辰州永顺宣抚彭添保遣其兄敬保来朝，贡马及方物，诏以永顺宣抚司为永顺军民安抚司，以添保为同知”[③]。由于邻近的保靖土司先于永顺归附，故明朝对永顺土司的观望延迟给予了惩罚，将其从元朝所授宣抚司降为安抚司，并只授土司彭添保同知一职。洪武四年（1371年）明朝灭夏后，彭添保始敢交出夏授宣慰司印，洪武七年（1374年）五月，“湖广永顺宣慰使顺德汪备、堂崖安抚司月直什用遣人来贡方物，上其所授伪夏印”[④]。鉴于此时湘鄂西及周边地区各当地势力反抗的此起彼伏，为了该地区形势稳定，明朝“诏升永顺安抚司为宣慰使司”。随着永顺土司的归附，其周边隶属于它的众多中小土司也都相继归附明朝，明朝分别设腊惹峒、麦着黄峒、驴迟峒、施溶峒、白岩峒、田家峒六个长官司，上溪州、施溶州、南渭州三个土州，隶属于永顺土司。自此，永顺土司及其所属三州、六长官司的土司建制格局基本固定，历明、清两朝直至改

① （明）《明太祖实录》，卷九。

② （清）张廷玉：《明史·湖广土司传》。

③ （明）《明太祖实录》，卷四七，洪武二年十二月。

④ （明）《明太祖实录》，卷八七，洪武七年五月。

土归流始被废除。

元至正二十四年（1364年），慈利土司覃垕归附，置慈利宣抚司，以覃垕为宣抚使。[①]二十六年（1366年），桑植土司归附，置桑植安抚司。[②]二土司在明灭夏前后，都曾反叛明朝。明朝平叛后，慈利宣抚司被废除，桑植土司得以保留。

在整个归附明朝的过程中，由于时局的动乱和诸如待遇一类的问题，湘西土司反叛不断。洪武初年，湘鄂西地区土司爆发了较大规模的反抗活动。据《明实录》载，洪武三年（1370年）慈利土司覃垕联合周边茅冈土司等各蛮峒势力反叛，湘鄂西地区的桑植、容美等大土司以及散毛、柿溪、赤溪、安福等诸多蛮峒起而响应，声势颇为浩大。明朝先派湖广行省平章杨景、继派江夏侯周德兴为征南将军率大军征讨，以数路大军合围才最终将此次反叛镇压下去。随后，明朝对湘鄂西地区的土司进行了重新安置，包括授还原职、升职和授予新职。湘西方面的情形是：升永顺安抚司为永顺宣慰司，升桑植安抚司为桑植宣慰司，另有众多新增的宣抚司、安抚司、长官司，名目繁多。新增这些土司本为明朝的权宜之计，洪武中期以后，它们大多被废除，未再见于史籍。

洪武后期，湘西土司再次爆发较大规模的反叛。洪武二十二年（1389年）湖广安福土司夏得忠反叛，史载“湖广安福千户所千户夏得忠诱九溪峒蛮作乱”[③]。明初安福千户所位于今湖南桑植县和慈利县境内，千户是土千户，夏得忠是慈利宣抚使夏克武之子。[④]此次反叛规模不小，史称“袭破慈、石二县，民居公宇，悉经残毁，人民死者以万数，溃散无算。上命靖宁侯叶升同征南将军东川侯胡海率师十万往征，……击斩蛮兵千余，分道剿捕散毛部落，俘获六千余

① 参见（清）张廷玉：《明史·地理志》。

② （明）参见《明太祖实录》，卷十五。

③ 参见（明）《明太祖实录》，洪武二十二年二月。

④ 参见（明）《明太祖实录》，卷十五，甲辰十一月。

人”[①]。夏得忠的反叛袭破慈利、石门二县城，引来明朝十万大军的征讨，称得上是一次规模很大的反抗。不仅如此，夏得忠的军队还曾经一度攻打当时驻有重兵的今湖北恩施城，其活动范围和影响之广，可以想见。[②]

夏得忠的反叛引发了鄂西地区土司更大范围和规模的反叛，鄂西地区几乎所有的土司都参与其中。明王朝对这些叛乱进行了残酷的镇压，之后，对湘鄂西地区的土司格局作了大规模的调整，其措施主要是惩罚性地废除司职。在洪武二十七年（1394年），明朝廷关于重新颁定四夷蕃国朝贡礼仪的文件中，榜上有名的湘西土司仅余永顺和保靖两家，鄂西土司只有施南和忠建两家。[③]

明朝政权稳固后，作为明朝统治少数民族地区的主要政治制度，土司制度逐步确立和完善。从明成祖永乐年间（1403—1424年）开始，明王朝大规模恢复和重建少数民族土司。这个时期，湘西地区新置和复置的土司有：

竿子坪长官司。永乐三年（1405年）置竿子坪长官司（今湖南凤凰县境），属保靖宣慰司。[④]竿子坪长官司初为田氏，早在洪武初年就曾设立，[⑤]此次复置改为廖氏，与田氏的反叛有关。但是廖氏任竿子坪长官司土司的时间并不长，后来仍旧以田氏主司职。

两江口长官司。正统（1436—1449年）中置，地在今湖南龙山县南，土司

① （清 同治）《修石门县志》（续修），卷一二；参见（清）顾祖禹：《读史方舆纪要》，卷八二。

② （清 同治）《恩施县志》，卷四。

③ （明）《明太祖实录》，卷二三二载：“更定蕃国朝贡仪……其西南夷隶四川者……宣抚司一：曰酉阳；宣慰三：曰贵州、播州、石柱；长官司凡三十：……平茶；隶湖广者，宣慰司四：施南、思南、永顺、保靖。安抚司一：忠建……上以旧仪颇烦，故复命更定之，……蕃国使臣及土官朝贡，皆如常朝仪。”

④ 参见（清）顾祖禹：《读史方舆纪要》，卷八二；（清）张廷玉：《明史·湖广土司传》载：“（永乐）三年（1405年），辰州卫指挥龚能等诏谕竿子坪等三十五寨生苗廖彪等，各遣子入贡，因设竿子坪长官司，以彪为之，隶保靖”。

⑤ 据湖南凤凰县《田氏族谱》，田儒铭次子茂武，“字毅夫，……洪武五年（1372年），敕授湖广承直郎、竿子坪长官职”。

彭氏，乃保靖土司的族人。《明史・湖广土司传》多有记载。

茅冈长官司。成化以后置[1]，地在今湖南慈利县境。

此外，加上保靖土司在元末明初就领有五寨长官司，永乐以后的保靖宣慰司总共领有竿子坪、两江口、茅冈、五寨等四个长官司。

桑植安抚司。“永乐四年(1471 年）复置安抚司，治上、下二峒，隶九溪卫。”[2] 此处“上、下二峒”系指上峒长官司和下峒长官司，该二司由元代柿溪土司分化而来。据乾隆朝《永顺府志》，柿溪土司祖向克武，“十九传至仕金，仕金卒，子仲贤、仲贵争袭。明宣德四年（1429 年），改柿溪宣抚司为长官司，后分为二。仲贤为上峒长官司，仲贵为下峒长官司。”[3] 柿溪土司在元代只为土州，至明初，一度升为宣抚司，而后分为二长官司。

永顺土司。明初以来永顺土司得以保留，连带其所统辖的元代以来的三州六长官司，成为湘西地区土司的主要组成部分。

经过明前期永乐、宣德年间对土司的重新认定和调整，湘西地区的土司格局基本确定，土司总数及其所属关系是：

宣慰司二：永顺、保靖二宣慰司。

安抚司一：桑植安抚司。

土州三：南渭州、施溶州、上溪州，均属永顺宣慰司；

长官司十二：永顺宣慰司下辖的麦着黄峒长官司、驴迟峒长官司、施溶峒长官司、白岩峒长官司、田家峒长官司；保靖宣慰司下辖的五寨长官司、竿子坪长官司、两江口长官司、茅冈长官司；桑植安抚司下辖的上峒长官司、下峒长官司。

---

① 参见（清）顾祖禹：《读史方舆纪要》，卷八二。

② （清）顾祖禹：《读史方舆纪要》，卷八二。

③ （清 乾隆）《永顺府志》，卷九。

上述土司格局，除桑植安抚司在明末升为宣慰司外，《清史稿·湖广土司传》，终明之世未有变动。

三、清代湘西土司的设置与变迁

由于夔东十三家的存在，处于农民军控制之下的湘西土司归附清朝是在清军进入该地区之后。反清复明对于该地区的土司而言是不必的，“求生存”才是各土司首先要考虑的大计。随着清军对土家族土司周边地区的依次占领，湘西诸土司也相继归附清朝。

最先归附清朝的是永顺土司。顺治四年（1647 年），清宁南大将军阿尔津、恭顺王孔有德至辰州（今湖南沅陵县），永顺宣慰司彭宏澍率三知州、六长官、五十八旗、三百八十峒苗蛮及舆图归附清朝。[①] 同治朝《保靖志稿辑要》也云，顺治四年清恭顺王孔有德临抚辰州，彭朝柱差舍把彭伦、邱尚仁等备册籍赴营投诚，诏赐龙牌嘉之，领职如故。另据《清史稿·湖广土司传》，桑植宣慰司与茅冈长官司也都于此年归降清朝，桑植宣慰使向鼎归附，授原职；茅冈土司长官军荫柞归附，给与印信。

其实，湘西土司早在顺治四年即有归降清朝的行为，与当年清军进攻湖南、军锋已达湘西东部的辰州有关。顺治四年二月，清军自湖南岳州取长沙，进而一路西向，至年底，湖南西部武冈、靖州、沅州及常德、辰州均为清军所占领。对湘西各土司而言，强大的清军已迫近它们的家门口。在这种形势面前，各土司必须做出选择，故未等清军进入其境，即主动呈缴舆图印信，以求保全其世业。[②]

但顺治四年湘西土司的归附却只是暂时的，因为此后随着南明政权与夔东十三家农民军反清复明战争的展开，清军被迫暂时退出湖南西部地区，湘西

① 参见（清 乾隆）《永顺府志》，卷九。

② 参见蒋良骐：《东华录》，卷六。

一带又一度成为南明政权的势力范围，故南明总督堵胤锡与明宗室朱容藩在此前后均曾走入永顺。在随后的数年中，永顺、保靖等土司与南明仍保持了一定的关系，如保靖土司就曾接受永历帝的勤王敕令。《东华录》卷七云："顺治十三年（1656年）十月，阿尔津奏：克复辰州，土司彭宏澍籍所属三州六司三百八十峒户口以降。"这说明清军于顺治十三年再次攻占辰州府后，永顺土司也于此年再一次向清军投诚。此次投诚后，清朝才正式颁给印信，"（顺治）十三年，大将军阿固山额真卓、经略洪承畴会题，永顺久经投诚，请铸给印信。十四年，加太保，赏赐蟒貂帽靴袜等物，领顺字号永顺等处军民宣慰使司印一颗，以示恩费"[①]。又据《永顺司宗谱》，同时一并颁发了永顺所统六峒长官印和三州之印。上所谓"久经投诚"指的是顺治四年的投诚，而十三年由洪承畴等请印，证明此年永顺的确有再次投诚之举。其他上述诸司虽未见有类似记载，但以永顺土司在湘西各土司中所处的地位看，类似的行动可能也在其他诸司中发生过。《清史稿•湖广土司传》在记载永顺土司及其属司沿革时，只提顺治四年的归附，是不全面的。

附清较晚的为上峒长官司和下峒长官司，其投清在康熙二年（1645年），土司分别是向九鸾和向日葵为长官。[②]

对各土司的相继归附，清廷处理的总原则类似于明初的"以原官授之"。从实际结果看，清朝湘西地区土司的设置基本上因袭明制，土司的设置和格局变化不大，只有一些小的调整，如原属保靖宣慰司的茅冈长官司，《清史稿》将其列在桑植宣慰司之下，表明茅冈司在清代已转由桑植节制。对明末升为宣慰司的桑植土司的宣慰级别也给予了确认，并且直到改土归流未再作更动。因此，清代湘西土司格局与明朝大体相同。

---

① （民国）《永顺县志》，卷十五。

② （清 光绪）《永定县乡土志》，卷三。

指挥使司各官在明代为卫所之职，明代少数民族地区的卫所，仅是“参用土人”为官，只有少量土酋成为卫所土司。清初，卫所官吏归附朝廷，仍被授予原官世袭，从此，指挥使司被正式定为土司职衔。湘西土司地区的永定、九溪二卫，于顺治四年（1647年）归附。清朝在此设九、永守备一员，康熙元年（1662年），改设游击一员，十九年（1680年）改设永定协副将一员，后又以游击驻九溪，守备驻永定。[①] 故九、永二卫在清代并无指挥使土司。

明属九溪卫的添平、麻寮二千户所归附清朝后，清廷令其各千、百户世袭，一并成为土司。这两个地区的土千、百户人数众多，“添平千户一人、百户一人；添平所走避隘百户一人；麻寮千户一人、百户一人；麻寮所曲溪隘副千户一人、麻寮所九女隘百户一人……麻寮所山羊隘百户二人、麻寮所靖安隘百户二人”，共列有二所土千、百户三十四人。[②] 其实，真实人数还不止此，雍正十三年（1735年）七月，湖广总督迈柱奏本中称，湖南添平、麻寮二所世袭千、百户土官六十员请改流。[③] 说明该二所千户、百户土司至少有六十员左右。明代以来，二所就有添平十隘、麻寮十隘的建置，六十员千、百户土司自然以土百户为主，平均每隘可达二至三人，数量颇为庞大。

上述卫所土司在清代有较大规模的增加，这是与明代明显不同的地方。

清初一如明制，凡土司归附，即颁给印信号纸。“凡土官之职，皆给以号纸。号纸书土官之职，并载世系及袭职年月。土官袭职者，先缴其原领号纸，改给新号纸。”[④]

---

① 参见（清 光绪）《永定县乡土志》，卷一。

② 参见（清）《大清会典事例·兵部》，卷五五七。

③ 参见（清）《清世宗实录》，卷一五八。

④ （清）《大清会典事例·吏部》，卷十二。

四、湘西土司的改土归流

湘西土司的改土归流，最早从明代就开始了。明正德十五年（1520年），因保靖土司下辖的两江口长官司内部争夺职位，明朝将其改流，改流后的土司地设大喇司巡检司。但土司彭惠并未被完全废除，仍允许其协理司事，并世代承袭。[①]传至彭御佶，时在雍正十三年（1735年），纳土归流，以其地为大喇里，入龙山县。

湘西土司大规模改土归流是在清雍正年间（1723—1735年），这是改土归流所需要的条件、时机等内外因素发展成熟后的必然结果。

湘西的永顺、保靖、桑植等土司，地广人众，势力强大，改流是逐渐进行的。较早改流的是保靖土司和桑植土司，其直接原因都是因承袭而引起的内部争斗和外部仇杀。

雍正初年，保靖土司争权内讧，互相仇杀。容美、桑植土司乘机出兵保靖，劫虐杀戮，朝廷于雍正五年（1727年）设保靖同知一员。[②]

雍正四年（1726年），桑植土司与容美、永顺、茅冈各土司相互仇杀，次年，裁桑植宣慰司土经历一员。[③]

雍正六年（1728年）八月，清廷正式颁谕，“俯顺舆情，俱准改土归流”。[④]保靖、桑植二土司改流之初，政事分由其同知执掌。次年，分别以二土司地置保靖县和桑植县。[⑤]

原属保靖土司的五寨长官司和竿子坪长官司，早已随着康熙年间对湘西苗

① 参见（民国）赵尔巽：《清史稿·湖广土司传》。

② 参见（清 光绪）《湖南通志》，卷八四。

③ 参见（清）《大清会典事例·兵部》，卷三二。

④ 参见《圣训·爱民》，卷十五。

⑤ 参见（民国）赵尔巽：《清史稿·湖广土司传》。

族地区的经营而改流。康熙四十二年（1703年），清廷在五寨长官司改设流官吏目，裁明朝所设镇溪千户所，又将分巡辰沅靖道员移驻镇竿（今湖南凤凰县），总领一切事务。[①]同年，"裁去竿子坪土司，置凤凰营于厅地"[②]。四十六年（1707年），五寨土司被正式废除改流。[③]二土司改流后，以其地置凤凰厅（今湖南凤凰县）。

原属桑植土司的上、下峒长官司，并未随桑植土司在雍正六年（1728年）改流。在雍正十三年（1735年），此二土司主动纳土，以其地入桑植县，其土司获得世袭把总职衔。[④]

茅冈土司于雍正十二年（1734年）亦主动纳土，以其地入永定县（今湖南张家界市）。

在保靖和桑植土司的改流过程中，永顺土司深感改流为大势所趋，遂主动献土归流。雍正六年（1728年），革永顺彭肇槐土司之职，授苗疆参将，旋令其带职闲居。永顺所属三州、六长官司一并改流。雍正七年（1729年），以永顺土司地设永顺县，分白崖峒长官司地置龙山县。又设永顺府，以新设之保靖县、桑植县来属，永顺府共领四县。

湘西土司地区的九溪、永定二卫，清初已改流官。但其下辖的添平、麻寮二千户所有千户、百户六十余员，均为土官，以防御土司为职责。随着保靖、桑植、永顺三土司的改流，雍正八年（1730年），"裁九、永二卫，设安福县，隶澧州"[⑤]。时澧州领有安福、石门、慈利、安乡四县。雍正十三年（1735年）后，

① 参见（清 光绪）《湖南通志》，卷八四。

② （清 道光）《凤凰厅志》，卷一。

③ 参见（清）严如煜：《苗防备览》，卷十四。

④ 参见（民国）赵尔巽：《清史稿·湖广土司传》。

⑤ （清 同治）《慈利县志》（续修），卷二。

湘西全境土司均已改流，隘所土官亦无存在的必要了，于是，添平、麻寮二所六十员土官一并裁除，“分别赏给千、把总职衔，准其子孙永远世袭”[1]。同年，“割慈利、安福地之近永卫城者，为永定县”[2]。

清朝对改土归流的湘西土司，依照其表现给予了不同的处理和安置。恭顺“自请”的都得到了优厚的待遇。永顺土司彭肇槐就因自请改流，被授予苗疆参将，赐拖沙喇哈番之职，世代承袭，另赏银一万两，让其在江西祖籍地方立产安插。[3]自请献土的桑植上峒长官司和下峒长官司向玉衡、向良佐二人，被授予世袭把总职衔，茅冈长官司长官覃纯被授予世袭千总职衔。[4]

与此相反，那些因罪改流的土司的情形则大不一样，保靖土司、桑植土司均被贬为庶民，远徙他乡。其中，保靖宣慰司使彭御彬以罪贬居东北辽阳，桑植宣慰司使向国栋被远徙河南。[5]

除几个大土司远迁他省外，一些小土司则多留原地，包括永顺宣慰司所属的三州六长官司。保靖宣慰司所属的五寨长官司、竿子坪长官司、两江口长官司等，都是就地安置。

湘鄂西地区的改土归流进行得十分彻底，改土归流结束后，“两府（湘西永顺府和鄂西施南府）既设,合境无土司名目”[6]。自元代以来延续六百余年的湘鄂西地区主要政治和经济社会制度——土司制度从此终结，湘鄂西地区的社会发展自此步入一个新的历史时期。

---

① （清 同治）《宜昌府志》，卷十六。

② （民国）《澧州志·序》。

③ 参见（清 乾隆）《永顺府志》，卷首。

④ 分别见（清 同治）《桑植县志》，卷八；（清 光绪）《永定县乡土志》，卷一。

⑤ 参见（民国）赵尔巽：《清史稿·湖广土司传》。

⑥ （民国）赵尔巽：《清史稿·湖广土司传》。

参考文献

[1] 尚书 . 十三经注疏本世界书局影印版 .

[2] 国语 . 诸子集成本中华书局版 .

[3] 战国策 . 上海古籍出版社标点本 .

[4] 左传 . 十三经注疏本 .

[5]（汉）司马迁 . 史记 . 中华书局点校本 .

[6]（汉）班固 . 汉书 . 中华书局点校本 .

[7]（南朝宋）范晔 . 后汉书 . 中华书局点校本 .

[8]（晋）陈寿 . 三国志 . 中华书局点校本 .

[9]（唐）房玄龄等 . 晋书 . 中华书局点校本 .

[10]（北齐）魏收 . 魏书 . 中华书局点校本 .

[11]（唐）李延寿 . 北史 . 中华书局点校本 .

[12]（唐）李延寿 . 南史 . 中华书局点校本 .

[13]（南朝梁）沈约 . 宋书 . 中华书局点校本 .

[14]（南朝梁）萧子显 . 南齐书 . 中华书局点校本 .

[15]（唐）姚思廉等 . 梁书 . 中华书局点校本 .

[16]（唐）姚思廉等 . 陈书 . 中华书局点校本 .

[17]（唐）魏征 . 隋书 . 中华书局点校本 .

[18]（宋）欧阳修 . 新唐书 . 中华书局点校本 .

[19]（宋）薛居正 . 旧五代史 . 中华书局点校本 .

[20]（元）脱脱等 . 宋史 . 中华书局点校本 .

[21]（明）宋濂等 . 元史 . 中华书局点校本 .

[22]（清）柯绍忞 . 新元史 . 开明书店本 .

[23]（清）张廷玉等 . 明史 . 中华书局点校本 .

[24]（民国）赵尔巽等 . 清史稿 . 中华书局点校本 .

[25]（宋）司马光 . 资治通鉴 . 中华书局点校本 .

[26]（宋）李焘 . 续资治通鉴长编 . 上海古籍书店影印本 .

［27］明实录．台北“中央研究院”历史语言研究所校印本．
［28］清实录．中华书局影印本．
［29］（南朝梁）吴任臣．十国春秋．中华书局本．
［30］（清）徐松．宋会要辑稿．中华书局影印本．
［31］（宋）李昉．太平御览．中华书局影印本．
［32］（宋）乐史．太平广记．中华书局校订本．
［33］（宋）王钦若等．册府元龟．中华书局影印本．
［34］（清）陈梦雷、蒋廷锡等．古今图书集成．上海中华书局影印本．
［35］（北魏）郦道元．水经注．杨守敬水经注疏本．
［36］（唐）李吉甫．元和郡县图志．中华书局本．
［37］（宋）乐史．太平寰宇记．四库全书本．
［38］（宋）王存．元丰九域志．丛书集成初编本．
［39］（宋）欧阳忞．舆地广记．四库全书本．
［40］（宋）王象之．舆地纪胜．咸丰五年粤雅堂伍氏刊本．
［41］（宋）祝穆．方舆胜览．四库全书本．
［42］（宋）范成大．桂海虞衡志．四川民族出版社校注本．
［43］（元）札马剌丁等．元一统志．中华书局点校本．
［44］（明）李贤．大明一统志．明归仁斋杨氏刻本．
［45］（清）顾祖禹．读史方舆纪要．中华书局本．
［46］（唐）李吉甫等．大唐六典．日本近卫本．
［47］（宋）曾公亮．武经总要全集．四库全书本．
［48］元典章．中国书店本．
［49］（明）张燧．经世大典．崇祯六年刻本．
［50］（清）邵远平．元史类编．乾隆二十四年刊本．
［51］（元）佚名．招捕总录．宛委别藏本．
［52］（明）申时行等．大明会典．明习礼监刻本．
［53］（清）崑冈等．大清会典事例．光绪三十四年商务石印本．
［54］（清）李鸿章等．大清会典事例．光绪三十四年商务石印本．
［55］吏部处分则例．嘉庆二十五年刊本．

[56]（清）贺长龄．皇朝经世文编．光绪十二年重校本．
[57]（清）乾隆敕撰．续文献通考．万有文库本．
[58]（清）雍正敕编．砞批谕旨．乾隆内府本．
[59]（清）永瑢．历代职官表．上海古籍出版社本．
[60]（晋）常璩．华阳国志．巴蜀书社校注本．
[61]（唐）樊绰撰，向达校注．蛮书校注．中华书局本．
[62]（宋）李心传．建炎以来朝野杂记．四库全书本．
[63]（明）李化龙．平播全书．丛书集成初编本．
[64]（明）采九德．倭变事略．神州国光社本．
[65]（明）胡宗宪．筹海图编．嘉靖四十一年刊本．
[66]（清）蒋良骥．东华录．中华书局点校本．
[67]（清）毛奇龄．蛮司合志．西河全集本．
[68]（清）魏源．圣武记．中华书局本．
[69]（晋）张华．博物志．中华书局校证本．
[70]（晋）干宝．搜神记．中华书局校证本．
[71]（南朝梁）萧统．文选．中华书局影印本．
[72]（清）彭定求．全唐诗．中华书局本．
[73]（唐）刘禹锡．刘宾客文集．四库全书本．
[74]（明）沈德符．万历野获编．中华书局元明史料笔记丛刊本．
[75]（唐）段成式．酉阳杂俎．中华书局本．
[76]（明）王士性．广志绎．中华书局元明史料笔记丛刊本．
[77]（明）陶晋英．楚书．学海类编本．
[78]（明）张萱．西园闻见录．哈佛燕京学社本．
[79]（清）顾彩．容美纪游．1942 年铅印本．
[80]（清）严如熤．苗防备览．嘉庆二十五年刊本．
[81]（清）蓝鼎元．鹿洲全集．厦门大学出版社本．
[82]（明）徐学谟纂修．万历湖广总志．万历十九年刻本．
[83]（明）刘大谟等修．嘉靖四川总志．嘉靖二十四年刻本．
[84]（清）迈柱修，（清）夏力恕等纂．雍正湖广通志．雍正十一年刻本．

［85］杨承禧修，（清）张仲炘等纂．民国湖北通志．民国十年刻本．

［86］（清）常明等修．嘉庆四川通志．嘉庆二十一年刻本．

［87］（清）卞宝弟等修．光绪湖南通志．光绪二十一年刻本．

［88］（清）王协梦修．道光施南府志．道光十四年刻本．

［89］（清）雷春沼纂．光绪施南府志续编．光绪十年刻本．

［90］（清）多寿等纂修．同治恩施县志．民国二十六年铅印本．

［91］（清）王峻德纂修．乾隆鹤峰州志．乾隆六年刻本．

［92］（清）吉钟颖修，（清）洪先焘纂．道光鹤峰州志．道光二年刻本．

［93］（清）张金澜修，（清）蔡景星等纂．同治宣恩县志．湖北省图书馆藏抄本．.

［94］（清）熊启纂修．同治建始县志．同治五年刻本．

［95］（清）黄世崇纂修．光绪利川县志．光绪二十年刻本．

［96］（清）李勗修，（清）何远鉴等纂．同治来凤县志．同治五年刻本．

［97］（清）齐祖望纂修．康熙巴东县志．康熙二十二年刻本．

［98］（清）廖恩树修，（清）萧佩声撰．同治巴东县志．光绪六年刻本．

［99］（清）李焕春修，（清）龙兆霖等增补．咸丰长乐县志（同治、光绪朝续补）．复印增刻本．

［100］（清）陈惟模修，（清）谭大勋纂．同治长阳县志．同治五年刻本．

［101］（清）张梓修，（清）张光杰纂．同治咸丰县志．同治四年刻本．

［102］（民国）徐大煜纂．民国咸丰县志．民国三年版．

［103］（清）聂光銮等修、王柏心等纂．同治宜昌府志．同治二年刻本．

［104］（清）袁周修．康熙九溪卫志．康熙二十四年刻本．

［105］（清）张天如等纂修．乾隆永顺府志．乾隆二十八年刻本．

［106］（清）张九章修．光绪黔江县志．光绪二十年刻本．

［107］（清）庄定域修．光绪彭水县志．光绪元年刻本．

［108］（明）钟添纂修．嘉靖思南府志．上海古籍书店据明嘉靖十六年刻本影印本．

［109］（清）王鳞飞等修．同治酉阳直隶州总志．同治二年刻本．

［110］鄂西州民委编．鄂西少数民族史料辑录，1986.

［111］鄂西县委统战部编．容美土司史料汇编，1984.

［112］杨小华．《明实录》鄂西史料辑注．鹤峰县民族事务委员会编印，1993.

［113］恩施州志编纂委员会编．恩施州志．武汉：湖北人民出版社，1998.

［114］吴永章．湖北民族史．广州：华南理工大学出版社，1990.

［115］吴永章．中国土司制度渊源与发展史．成都：四川民族出版社，1988.

［116］吴永章主编．中南民族关系史．北京：民族出版社，1992.

［117］吴永章．民族研究文集．北京：民族出版社，2002.

［118］邓辉．土家族区域的考古文化．北京：中央民族大学出版社，1999.

［119］田敏．土家族土司兴亡史．北京：民族出版社，2000.

附录　吴永章学术成果

著　作

1. 中国土司制度渊源与发展史 . 成都：四川民族出版社，1988.
2. 湖北民族史 . 武汉：华中理工大学出版社，1990.
3. 中国南方民族史志要籍题解 . 北京：民族出版社，1991.
4. 中国南方民族文化源流史 . 南宁：广西教育出版社，1991.
5. 中南民族关系史 . 北京：民族出版社，1992.
6. 瑶族史 . 成都：四川民族出版社，1993.
7. 黎族史 . 广州：广东人民出版社，1997.
8. 客家文化概说 . 南宁：广西教育出版社，2000.
9. 民族研究文集 . 北京：民族出版社，2002.
10. 畲族与瑶、苗比较研究 . 福州：福建人民出版社，2002.
11. 苗族瑶族与长江文明 .（合著）武汉：湖北教育出版社，2007.
12. 鄂西民族地区发展史 . 北京：民族出版社，2007.
13. 异物志辑佚校注 . 广州：广东人民出版社，2010.
14. 多元一体的客家文化 . 广州：华南理工大学出版社，2012.
15. 岭南杂事诗钞笺证 . 广州：广东人民出版社，2014.
16. 南方民族史新说 . 北京：民族出版社，2017.
17. 疍民历史文化与资料 . 广州：广东人民出版社，2019.

论　文

神话传说篇

1. 神话传说与古代南方民族关系新解 . 文史 . 北京：中华书局，2000、2001。
2. 三苗综议 . 民族研究，1987（2）。

图腾崇拜篇

1. 我国古代越族的“蛇图腾”. 百越民族史论丛，南宁：广西人民出版社，1985.（本文收入吴永章《民族研究文集》，2002 年 5 月出版“盘瓠考述”部分）

2. 南方民族虎图腾遗俗浅说 . 吉首大学学报，1990，11（2）。

楚文化篇

1. 楚官考 . 中华文史论坛，1982（第 2 辑）.（这是长篇考证文章，“职官制”）

2. 从楚的历史发展看楚与中原地区的关系 . 江汉论坛，1980（1）.（本文为笔者与友人舒之梅研究员合作，笔者所撰主要为框架与文献部分，考古材料为舒君所增补）

3. 越、楚文化异同研究 . 民族研究，1989（6）.

4. 楚与扬越、夷越、于越的关系 . 中南民族学院学报（社会科学版）. 百越源流研究，1986 增刊 .

5. 楚文化与南方民族文化的关系 . 民族研究，1992（6）.

6. 论楚国的民族关系 . 广西民族学院学报，1988（1).

7. 楚国是一个多民族的国家 . 炎黄，1997（4）.

8. 楚令尹浅说 . 江汉论坛，1980（6）.（本文收入《南方民族史新说》，2017 年 3 月民族出版社出版）

9. 楚赋税制初探 . 江汉论坛，1982（2）.

10. 楚役制初议 . 江汉论坛，1983（12）.

11. 楚刑法 . 楚文化初探 . 武汉：湖北人民出版社，1981.

12. 楚礼制 . 楚文化志 . 武汉：湖北人民出版社，1988.（该书主编为张正明先生，本人撰写了其中一篇）

13.“白公之乱”析 . 湖北省楚史研究会、武汉师范学院学报编辑部合编 . 楚史研究专辑，1983.

14. 楚辞与楚俗 . 楚辞研究专辑 . 武汉 . 长江文艺出版社，1984.（该论文集是从 1983 年在湖北秭归举行的全国楚辞研讨会的论文中挑选而结集出版）

土司制度源流篇

1. 从云梦秦简看秦代的民族政策 . 江汉考古，1983（2）.（后收入《民族研究文集》，民族出版社 2002 年 5 月出版）

2. 南朝对“蛮”族的统治与“抚纳”政策 . 江汉论坛，1983（6）.（收入《民族研究文集》，民族出版社 2002 年 5 月出版）

3. 论宋代广西羁縻州制 . 中南民族学院学报，1983（3）.

4. 元朝对广西民族地区的统治 . 学术论坛，1988（5）.

5. 明代广西土司制度述略 . 学术论坛，1983（3）.

6. 清代广西土司制度 . 学术论坛，1984（4）.

7. 瓦氏夫人抗倭业绩评说 . 瓦氏夫人论集 . 南宁：广西人民出版社，1992.

8. 明代贵州土司制度 . 贵州社会科学，1983（6）.（后收入《民族研究文集》民族出版社 2002 年 5 月出版）

9. 明代鄂西土司制度 . 江汉论坛，1986（1）.

10. 论清代鄂西的改土归流 . 中央民族学院学报，1987（5）.

苗瑶畲诸族篇

1. 畲族与瑶苗同异辨析 . 畲族文化研究论丛，北京：中央民族大学出版社，2007.

2. 苗、瑶、畲传统服饰文化之比较研究 . 湖北苗族及二十一世纪苗学研究，北京：中央民族大学出版社，2001.（后收入《南方民族史新说》，民族出版社 2017 年 3 月出版）

3. 瑶族历史研究中若干重要问题新说 . 民族研究，1999（2）.（后收入《民族研究文集》，民族出版社 2002 年 5 月出版）

4. 瑶族文化对中华民族文化的贡献 . 瑶学研究（第 4 辑），南宁：广西民族出版社，1997.（收入《民族研究文集》，民族出版社 2002 年 5 月出版）

5. 南朝遗风今犹在——广西南丹白裤瑶寨见闻录 . 寻根 .2002（2）.

6. 记宋代瑶族社会 . 中南民族学院学报，1992（4）.

7. 元代瑶族概说 . 广西民族研究，1991（1、2）.

8. 明代瑶族社会概说 . 中南民族学院学报，1993（5）.

9. 明清时期湖南瑶族分布概说 . 民族论坛，1992（2）.

10. 清代广西瑶族分布述略 . 广西民族研究，1993（2）.

11.“莫瑶”与粤北瑶人 . 南方民族史新说 . 北京：民族出版社，2017.

12. 粤北瑶人　源于何时？来自何方？南方民族史新说 . 北京：民族出版社，2017.（本文与《“莫傜”与粤北瑶人》为研究粤北瑶人史的姐妹篇，两篇均曾先后在粤北瑶人历史文化研讨会上发表）

13. 瑶畲分流说新证 . 福建民族，1997（2）.

14. 蓝奎族属考述 . 畲族文化研究 . 北京：民族出版社，2009.（可参见《畲族与客家族群的互动互融——以梅州的人文始祖蓝奎族属为例》一文，见《多元一体的客家文化》一书，华南理工大学出版社 2012 年 4 月出版）

15. 畲瑶对客家社会生活的影响——以客家人的讳名制源于畲族为例 . 多元一体的客家文化 . 广州：华南理工大学出版社，2012.

16. 客家人的讳名制源于畲族 . 福建民族，2004（4）.

17. 客家文化与畲瑶文化关系研究 . 赣州与客家世界国际关系研讨会论文集 . 北京：人民日报出版社，2004。

18. 客家民俗与畲瑶关系述略 . 客家文化研究（上、下册）. 福州：海峡文艺出版社，2007.

百越民族篇

1. 论南越王赵佗的历史作用 . 中南民族学院学报，1981（1）.

2. 山越非濮后裔辨 . 中南民族学院学报，1982（2）.（收入吴永章《民族研究文集》，民族出版社 2002 年 5 月出版）

3. 两湖地区古代越人遗踪通述 . 江汉考古，1990（1）.（收入《南方民族史新说》一书，民族出版社 2017 年 3 月出版）

4. 孙吴与岭南关系述略 . 江海学刊，1988（5）.（收入吴永章《民族研究文集》，2002 年 5 月民族出版社出版）

5. 南朝岭南俚僚概论 . 百越民族研究 . 南昌：江西教育出版社，1990.（收入吴永章《民族研究文集》，民族出版社 2002 年 5 月出版）

6. 论述闽台粤客家地区的“妈祖”崇拜 . 中南民族学院报，1998（4）.（后将

其主要内容收入《多元一体的客家文化》，华南理工大学出版社 2012 年 4 月出版）

7. 卢亭族属考辨 .2016 年广东社会科学学术年会蛋民文化研究会论文集，2016（9）.

8. 明清韩江流域蜑民社会散论 . 汕头大学学报，2004（4）.

9. 唐宋封开文化史上的“莫氏三杰”. 封开广府首府论坛 . 香港：中国评论学术出版社，2011.

10. 百越对客家经济生活影响举证 . 广西民族研究，2004（4）.（此文以笔名梅客署名）

11. 越风与客家关系源流新证 . 百越文化研究 . 厦门：厦门大学出版社，2005.

12. 客家民俗中的越、僚之风 . 嘉应学院学报，2004（2）.（后收入《地域族群与客家文化研究》，华南理工大学出版社 2008 年 11 月底出版）

土家族

1. 宋代鄂西民族问题散论 . 中南民族学院学报，1988（2）.

2. 元代对鄂西民族地区的治理 . 中南民族学院学报，1987（1）.

黎　族

1. 黎族史散论 . 民族研究，2000（6）。（后收入《民族研究文集》，民族出版社 2002 年 5 月出版）

2. 黎族土官纵横说 . 中南民族学院学报，1989（5）.（后收入《民族研究文集》，民族出版社 2002 年 5 月出版）

3. 试论解放前黎族“合亩”制地区的社会形态 . 民族学研究 . 北京：民族出版社，1985.（为笔者所撰，以中南民族学院民族研究所名义发表，后收入《黎族史》附录，广东人民出版社 1997 年 7 月出版）

4. 从黄道婆事迹论及黎棉纺织业史 . 黄道婆文化研究文集 . 广州：中山大学出版社，2018.(本文为 2017 年 5 月在海南三亚举办的黄道婆文化研讨会而作)

5. 黎族史新证拾零 . 南方民族研究论丛（第四辑）. 北京：民族出版社，1999.

6. 明代黎民反抗斗争纵横谈 . 南方民族研究论丛（第一辑）. 北京：民族出版社，1996.

民族问题综论

1. 论江汉之濮 . 湖北省考古学会论文选集（二）. 江汉考古编辑部，1991.（收入吴永章《民族研究文集》，民族出版社 2002 年 5 月出版）

2. 中南民族史关系述略 . 中南民族学院学报，1991（6）.（后收入《民族研究文集》，民族出版社 2002 年 5 月出版）

3. 论晋代的南方民族问题 . 湖南民族研究，1985（1）.

4. 北朝与“蛮”族 . 民族论坛，1987（1）.（后收入《民族研究文集》，民族出版社 2002 年 5 月出版）

5. 隋代南方诸族概况 . 中南民族学院学报，1986（2）.

6. 隋代五代时期湖北民族散论 . 湖北少数民族，1987（3、4）.

7.《徐霞客游记》中的西南民族 . 南方民族研究专辑，1986.（后收入《南方民族史新说》一书，民族出版社 2017 年出版）

8. 古代南方民族法制述略 . 云南社会科学，1990（3）.

9. 南方民族原始记事法论略 . 中央民族学院学报，1990（4）.

10. 凿齿与黑齿、金齿、银齿考述 . 贵州民族学院学报，1990（2）.

11. 我国古代南方的交通工具述略 . 中南民族学院学报，1990（6）.

12. 武汉民族学发展的历程与展望 . 时代的回响——新中国武汉地区社会科学评述 . 武汉：武汉出版社，1999.（后收入《南方民族史新说》，民族出版社 2017 年 3 月出版）

13. 广东通史（古代下册）（参编）. 广州：广东高等教育出版社，2007.

14. 达斡尔族社会历史调查（国家民委民族问题五种丛书之一）. 呼和浩特：内蒙古人民出版社，1985.（1958 年北京大学 55 级学生全部分到全国各地进行民族调查，笔者参加了部分调查与材料整理，为期一年，笔者参加的是东北达斡族调查工作）

民俗研究篇

1. 我国南方少数民族的母系氏族婚姻遗习初探 . 婚姻与家庭（人类学研究之三）. 南昌：江西教育出版社，1987.

2. 解放前贵州民族地区中的族外群婚制遗习索隐 . 贵州史学丛刊，1986（1）.

3.“鼻饮”考释 . 民族论坛，1991（1）（收入吴永章《民族研究文集》，民族出

版社 2002 年 5 月出版）

4. 三月三节日源流与功能．第二届黎族文化论坛文稿汇编，2017.（本文为 2017 年三月三期间在海南琼中举办的的第二届黎族文化论坛而作）

客家文化篇

1. 客家人生礼仪中的中州渊源．中州学刊，2003（5）．

2. 从客家文化看南方民族文化对汉文化的影响．中南民族大学学报，2013（5）．（后收入《南方民族史新说》一书，民族出版社 2017 年 3 月出版）

3. 客家文化是以汉文化为主体的多元文化．客从何来．广州：广东经济出版社，1998.

4. 客家文化中心转移变迁说．客家与赣南——研究论文选辑．赣州：赣南日报社，2001.（后收入《民族研究文集》，民族出版社 2002 年 5 月出版）

5. 客家传统宗族社会论略．嘉应学院学报，2005（5）．（此文收入《“移民与客家文化”国际学术研讨会》一书，广西师范大学出版社 2005 年 10 月出版）

6. 罗香林是我国客家学的奠基人．多元一体的客家文化．广州：华南理工大学出版社，2012.（参见《罗香林与客家研究》一文，见《罗香林研究》一书，华南理工大学出版社，2008 年 11 月出版）

7. 程旼是粤东中原文化传播的第一人．多元一体的客家文化．广州：华南理工大学出版社，2012.（参见《程旼事迹史料摘抄与点评》一文，载《程旼文化研讨会论文集》，2009 年 6 月出版）

8. 梅州地理建制的历史发展过程．多元一体的客家文化．广州：华南理工大学出版社，2012.

9. 梅州成为全国客家文化中心地位的确立．嘉应学院学报，2006（4）．（收入《多元一体的客家文化》一书，华南理工大学出版社 2012 年 4 月出版）

10. 岁时节日序述．载《“客家文化物质与客家精神”全国学术研讨会论文集》，2005 年 12 月，赣南师范学院客家研究中心编印。

11. “客侨文化”与客家文化、侨乡文化．凤岗客侨文化论坛．香港：中国评论学术出版社，2010.

12. 客家商人与梅州客家文化中心形成与发展的关系．多元一体的客家文化．广

州：华南理工大学出版社，2012.（此文可参见《客家商人与企业家的社会责任研究》一书，华南理工大学出版社出版）

13. 韩愈贬潮州道经梅州说 . 客家研究辑刊，2003（2）.

14. 论客家传统丧葬礼俗中的“蛮”风 . 客家研究辑刊，2000（2）.

15. 百越与畲瑶混同说辨证 . 嘉应大学学报，2003（4）.

16. 客家文化与南方民族文化交融说 . 民族，1994（3）.

17.“梅州大侠”廖安祥主要功绩评述 . 廖安祥研究 . 广州：华南理工大学出版社，2008.

18. 赵佗与客家先民 . 多元一体的客家文化 . 广州：华南理工大学出版社，2012.（此文可参见《客家商人与企业家的社会责任研究》一书，华南理工大学出版社出版）

19. 河源历史地理沿革与客家 . 多元一体的客家文化 . 广州：华南理工大学出版社，2012.（参见《从地理沿革看河源在客家形成和发展过程中的历史作用》一文，载《客家河源》一书，华南理工大学出版社，2012 年 4 月版）

20. 宋、明及清初，汀州成为全国客家文化中心之一的历史原因及代表人物 . 南方民族史新说 . 北京：民族出版社，2017.

史学散论

1. 赤壁辨 . 江汉论坛，1979 创刊号 .（后收入《南方民族史新说》，2017 年 3 月民族出版社出版，署名与友人舒之梅合作，实为作者所撰）

2. 关于汉文帝的“文治”. 光明日报，1980-2-2：史学版 .

3. 楚庄王 . 中国古代著名军事家评传（上）. 武汉：湖北人民出版社，1985.

4. 司马懿 . 中国古代著名军事家评传（中）. 武汉：湖北人民出版社，1986.

5. 悼念史学宗师—— 我所了解的周一良先生 . 中南民族大学学报，2002（3）.（后收入《南方民族史新说》，民族出版社 2017 年 3 月出版）

6. 治史感言 . 南方民族史新说 . 北京：民族出版社，2017.（这是我在多地多次作的治学谈的基础上，概括撰写而成的一些心得体会）

图书在版编目（CIP）数据

吴永章中国南方民族历史研究文集 : 1–4 / 吴永章著 .—北京 : 民族出版社 , 2023.6

ISBN 978-7-105-16863-7

Ⅰ. ①吴… Ⅱ. 吴… Ⅲ. ①中华民族—民族历史—文集 Ⅳ. ① K28-53

中国版本图书馆 CIP 数据核字（2022）第 239818 号

策划编辑：乔丽
责任编辑：乔丽 德庆央珍 张亦芃 陈萱 孙秀梅
封面设计：金晔
出版发行：民族出版社
地　　址：北京市和平里北街 14 号
邮　　编：100013
网　　址：http://www.mzpub.com
印　　刷：北京盛通印刷股份有限公司
经　　销：各地新华书店
版　　次：2023 年 6 月第 1 版　2023 年 6 月北京第 1 次印刷
开　　本：787 毫米 ×1092 毫米　1/16　字数：3050 千字
印　　张：187
定　　价：670.00 元
ISBN　978-7-105-16863-7/ K · 2909（汉 1676）

汉文编辑一室电话：010-64271909 发行部电话：010-64224782

吴永章

中国南方民族历史研究文集

3

吴永章　著

民族出版社

中国南方民族文化源流史

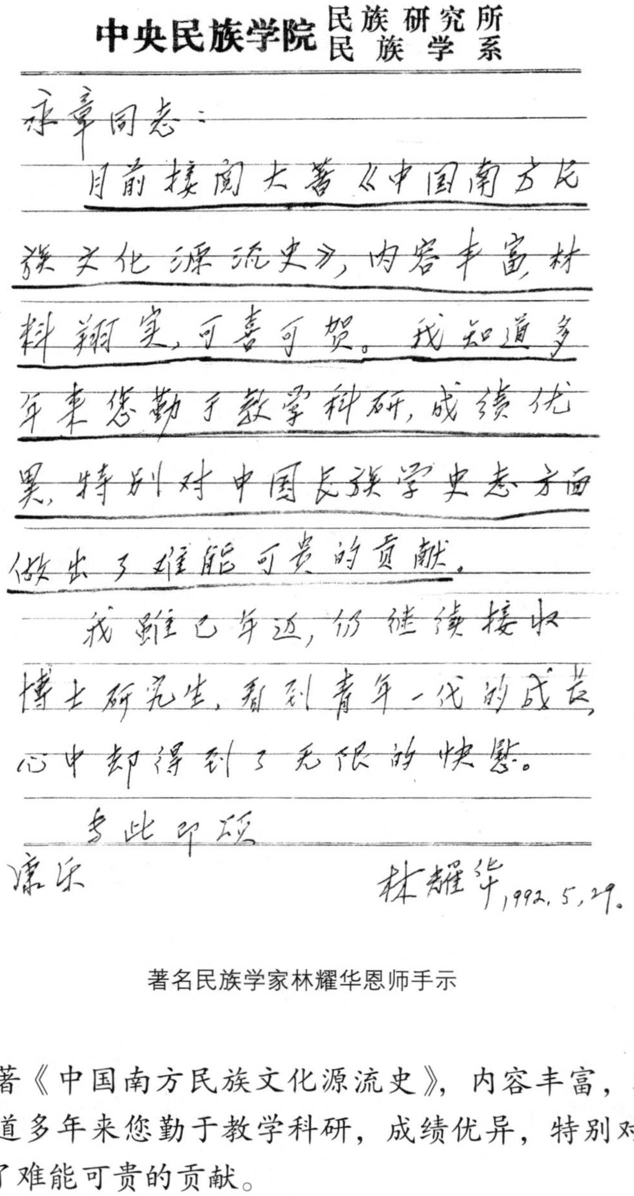
中央民族学院 民族研究所 民族学系

永章同志：

目前接阅大著《中国南方民族文化源流史》，内容丰富材料翔实，可喜可贺。我知道多年来您勤于教学科研，成绩优异，特别对中国民族学史志方面做出了难能可贵的贡献。

我虽已年迈，仍继续接收博士研究生，看到青年一代的成长心中却得到了无限的快慰。

专此即颂

康乐

林耀华 1992.5.29。

著名民族学家林耀华恩师手示

永章同志：

目前接阅大著《中国南方民族文化源流史》，内容丰富，材料翔实，可喜可贺。我知道多年来您勤于教学科研，成绩优异，特别对中国民族学史志方面做出了难能可贵的贡献。

我虽已年迈，仍继续接收博士研究生，看到青年一代的成长，心中却得到了无限的快慰。

专此即颂

康乐

林耀华

1992.5.29

目　录

第一章　农　业

我国古代文献，记载着神农氏“教民农作”的传说。如《周书》曰：

神农之时，天雨粟，神农遂耕而种之。作陶冶斤斧，为耒耜鉏耨，以垦草莽，然后五谷兴。

汉贾谊《新语·道基》：

至于神农，以为行虫走兽，难以养民。乃求可食之物，尝百草之实，察酸苦之味，教人食五谷。

汉《淮南子·修务训》：

古者，民茹草饮水，采树木之实，食蠃蛖之肉，时多疾病毒伤之害。于是，神农乃始教民播种五谷，相土地宜、燥湿、肥垅高下。

汉班固《白虎通义·号》：

古之人民，皆食禽兽肉。至于神农，人民众多，禽兽不足，于是神农因天之时，分地之利，制耒耜，教民农作。

上述记载的可贵之处在于说明：上古初民，是“采草木之实，食蠃蛖之肉”“食禽兽肉”的，即主要从事采集与狩猎为生。在经过漫长的岁月之后，才“播种五谷”，即农业才兴起的。如果我们不把神农作为一个真实的而是一个象征性的人物来看待，那么，神农氏的出现，即意味着农业时代的到来。

从古代南方民族中，我们尚可窥见原始农业之一斑。

一、“刀耕火种”

火耕，即“刀耕火种”，是十分原始的耕作方法。人类只有砍伐和焚烧草木后，才能辟土以种植农作物。我国古代“烈山氏”的传说，当是这一历史事实的反映。

如《国语·鲁语》有“昔烈山氏之有天下也”的记载。所谓“烈山氏”，当系指“烈山泽而焚之”（《孟子·滕文公上》）之意，即焚山以拓地种植也。

火耕，又称畬田。畬，音奢，为“刀耕火种”之意。如《集韵》释：“畬，火种也，诗车切。”《广韵·麻韵》：“畬，烧榛种田。”宋范成大《劳畬耕》：“畬田，峡中刀耕火种之地也。”值得一提的是，唐代诗人刘禹锡的《畬田行》（《刘宾客文集》卷二七）更绘声绘色地用形象语言描述畬田法过程：

何处好畬田，团团缦山腹。钻龟得雨卦，上山烧卧木。惊麇走且顾，群雉声咿喔。红焰远成霞，轻煤飞入郭。风引山高岭，猎猎度青林。青林望靡靡，赤光低复起。照潭出老蛟，爆竹惊山鬼；夜色不见山，孤明星汉间。如星复如月，俱逐晓风灭。本从敲石光，遂致烘天热。下种暖灰中，乘阳拆芽蘖。苍苍一雨后，苕颖如云发。巴人拱手吟，耕耨不关心。由来得地势，径寸有余阴。

诗人记录了南方民族巴人烧山时火焰冲天、野兽惊走的壮观图景，以及在新辟土地上作物的播种、发芽、成熟的过程。这有助于加深我们对畬田法的感性认识。

南方诸族行刀耕火种法或畬田法，由来已久。首记此事者，当推汉司马迁。据《史记·货殖列传》载：

楚、越之地，地广人稀，饭稻羹鱼，或火耕而水耨。

楚、越二族为南方诸族中较先走上中国历史舞台者，当时尚行“火耕”之制，其他民族则更不待言。

此俗，在南方诸族中长期保存下来。其中，畬、瑶二族最为典型。

畬族　其族称，即因行畬田法而得名。“畬”作为族称，始见于宋刘克庄《后村先生大全集》卷九三：

西畬隶龙溪（今福建漳州市），犹是龙溪人也。南畬隶漳浦（今漳浦）……二畬皆刀耕火种，崖栖谷汲。

可见，畬族之名一出现，即与“刀耕火种”联系在一起。明谢肇淛《太姥山志》载：

畲人纵火焚山，西风急甚，竹木迸爆如霹雳……下山回望，十里为灰矣。草木黄落，烈山泽，雨瀑灰，浏田遂肥饶，播谷布种，不耘耔而获。

这反映了畲人放火烧山、以灰作肥及播谷布种的全过程。明顾炎武《天下郡国利病书·广东》则载：

畲蛮，岭海随在皆有之，以刀耕火种为名者也。

可见，顾炎武明确指出畲族即“以刀耕火种为名者也”。

在清代，对此记载为多。屈大均《广东新语·人语·輋人》记广东各地之畲时写道：

其人耕无犁锄，率以刀治土，种五谷，曰刀耕。燔林木使灰入土，土暖而蛇虫死，以为肥，曰火耨。是为畲蛮之类。《志》所称伐山而畬，爇草而播，依山谷采猎，不冠不屦者是也。

輋与畲通。清代记畲民“刀耕火耨”法以此为详。吴震方《岭南杂记》：

潮之西北山中，有輋户者。……其俗易迁徙、畏疾病，刀耕火种，不供赋也。

可见，吴震方已意识到“刀耕火种”与易迁徙俗之间的联系。应该说，畲族今日之分布，即从闽粤赣边区徙至浙江等地局面之形成，与“刀耕火种”的生产方式是有必然联系的。此外，李调元《南越笔记》卷七輋人条所载则一字不改地抄自屈大均文，檀萃《说蛮》的有关记载也是据屈文改写而来的。

方志中也有记及。光绪《龙泉县志·风俗》卷十一载：“民以畲名，其善治田者也。”即例证。

瑶族　从唐代以来，历代均有瑶族“刀耕火种”的记载。刘禹锡《莫瑶歌》（《全唐诗》卷三五四）咏道：

莫瑶自生长……火种开山脊。

宋代，记载见多。如陆游《老学庵笔记》卷四载：

辰、沅、靖州蛮有仡伶，有仡僚，有仡榄、有仡偻，有山瑶，俗亦土著……皆焚山而耕，所种粟豆而已。

可见，宋代湘南山瑶诸族均行“焚山而耕”之制。又，周去非《岭外代答·瑶人》卷三载：

瑶人耕山为生，以粟、豆、芋魁充粮，其稻田无几。

所谓“耕山”，即“畬田”之谓。宋代诗歌中，对此也有所反映。如北宋神宗年间，章淳《开梅山诗》(《舆地纪胜·荆湖南路》卷五九）记湘南瑶族：

人家迤逦见板屋，火耕硗埆名畬田。

南宋刘宰《送魏华甫侍郎谪靖州》(《漫塘文集》卷四）则咏道：

靖州风物最五溪，畬田岁入人不饥。

靖州，今湖南靖县，为宋代瑶人聚居地。

元代，无名氏《招捕总录》载：山瑶，

野处巢居，刀耕火种，采山射兽，以资口腹。

明代，有王临亨、王济、邝露诸人所记。据王临亨《粤剑篇·志土风》卷二载：

瑶民处深山之中，居无栋宇，以芒为命。芒似芋，遍山种之。食一山尽，复往一山，与北虏之逐水草驻牧者相类。

这种把瑶民逐山而徙与北方游牧民族的“逐水草驻牧”的游牧经济作类比，是颇有意义的。王济《君子堂日询手镜》：

又有畬禾，乃旱地可种者。彼人无田之家并徭僮人，皆从山岭上种此禾。亦不施多工，惟薅草而已，获亦不减水田。

因畬田均为旱地，宜于栽培旱稻，故旱稻有“畬禾”之称。从旱稻“获亦不减水田”的记载中，可证其有便于管理和产量不低的长处。又，邝露《赤雅》，斑衣山子条载：

> 山子散处横州震龙、六磨诸山，无版籍定居，斫山烧畬。

斑衣山子，当指山瑶而言。

入清后，记述更繁。下面依次加以叙述。顾炎武《天下郡国利病书·瑶僮》载：瑶人当地力耗尽时，

> 则弃其地而别垦；食尽一山，则移一山。

闵叙《粤述》：

> 生瑶皆栖止山岩，每无定居，种芋而食，种豆易布，今岁此山，明年又别岭矣。

陆祚蕃《粤西偶记》：瑶，

> 更有一种号山子，不赋不役，砍山而食，食尽复徙。

陆次云《峒谿纤志》：

> 斑衣山子，一曰莫瑶，散处横州震龙、六磨诸山，无定居，斫山种畬。

此段记载，显系从《赤雅》改写而来。

傅恒《皇清职贡图》卷四，广西省部分载：罗城县盘瑶人，

> 又名自在瑶，伐山火食。

广远府过山瑶人，

> 僻处山巅，以焚山种植为业，地力渐薄，辄他徙，故以过山为名。

陆川县山子瑶人，

山子瑶，居深山中，耕山为业，迁徙无常，类过山瑶，故别其名曰山子。

嘉庆《广西通志·诸蛮一》卷二七八载：怀远瑶，

种山而食，去来无常，谓之流瑶。

义宁瑶，

伐木耕山，土薄则去，故又名过山瑶。

严如熤《苗防备览·风俗下》：

瑶农所植芝麻、粟米、麦、豆、包谷、高粱、荞、薏苡诸杂粮，刀耕火种，三四年后辄弃而别种。数年后，地力复，则仍垦之。

无名氏《平定瑶匪记略》下卷（手抄本）载：连州八排瑶，

刀耕火耨，自食其力。

诸匡鼎《瑶僮传》：

又有山子蛮人，无版籍定居，专斫山种畲，鏃木盘镝射兽而食之，食尽又移一方。

此“山子蛮人”，当指“山子瑶人”而言。可见，清代瑶人的各个支系如“盘瑶”“过山瑶”“山子瑶”“流瑶”等，均仍过着以“焚山”“耕山”“伐山”“种山”为业的火耕生活。

总之，历代瑶人实行“耕山”生活，因肥力易减退，土壤易板结，即所谓“地力渐薄”，故数年后即行丢荒。这就形成“食一山尽，复往一山”“食一山尽，则移一山”“今岁此山，明年又别岭”“砍山而食，食尽复徙”“无定居”“迁徙无常”“土薄则去”“三四年后辄弃而别种”“食尽又移一方”的局面。显然，这是瑶人从早期主要居于武陵地区，逐渐徙居于今湖南、广西、广东、贵州、云南以至东南亚各地的重要原因之一。

苗族 清严如熤所载，颇为翔实。据《苗防备览·风俗下》载：

苗耕男妇并作。山多于田，宜谷者少，燔榛芜，垦山坡，种芝麻、粟米、麦、豆、苞谷、高粱、荞麦诸杂粮。既种三四年，则弃地而别垦，以垦熟者硗瘠故也。弃之数年，地力既复，则仍垦之。

清徐珂《清稗类钞》第五册，湘南农事条载，即抄自此。又，清龚柴《苗民考》所载与《苗防备览》相类：

其种植，则苗地山多田少，稻谷罕见，多于山陂种杂粮，如芝麻、粟米、麦、豆、䅟子、薏苡、高粱、荞麦之类。拔其榛芜，纵火焚之，煨土成烬，然后开垦，所谓刀耕火种也。种三四年，则弃而别垦。

此记载，当系据《苗防备览》而来。总之，清代苗民虽行火耕法，但已不像畲、过山瑶一样人随地走，而主要在原地采取休耕办法，轮番耕作，即所谓“弃之数年，地力既复，则仍垦之”。

土家族 据清顾彩《容美纪游》载：

司中地土瘠薄，三寸以下皆石，耕种止可三熟，则又废而别垦，故民无常业，官不税租。

又，《苗防备览·风俗下》载：

土人刀耕火种，日食杂粮，所种以小米�子为主……山冲颇有水田，不甚种稻谷，即种亦不知耕耨，近日司牧者教之耕耘，辄欣然听信。

此处“土人”，指土家族。可见，清代土家族虽仍行“刀耕火种”法，但已日趋改变了。

彝族 其火种的历史，可追溯至唐代以彝族为主所建立的南诏政权时期。据唐樊绰《蛮书·云南管内物产》卷七载：

蛮治山田，殊为精好。

南诏诸族擅治山田，当是长期积累火种经验所致，可证其火种历史之悠久。

至清代，据顾炎武《天下郡国利病书·云南》载：阿者罗罗，

耕山捕猎，性好迁徙。

阿者罗罗，为彝族之一支。所谓“耕山”，即火种之别称。又，檀萃《滇海虞衡志》卷十三也载：黑罗罗，

男事耕牧，高冈硗陇，必火种之，顾不善治水田，所收莜稗无嘉种。

黎族　关于黎族“火种”之法，以明顾岕《海槎余录》所记最详：

儋耳境，山百倍于田，土多石少，虽绝顶亦可耕植。黎俗，四五月晴霁时，必集众斫山木，大小相错。更需五七日，浩冽则纵火，自上而下，大小烧尽成灰，不但根干无遗，土下尺余，亦且熟透矣。徐徐锄转，种棉花，又曰贝花。又种旱稻，曰山禾，禾粒大而香，可食。连收三四熟，地瘦，弃置之，另择地所，用前法别治。大概地土产多而税少。

此段记载，对了解南方诸族火种的全过程，也颇富代表性，因而值得重视。道光《琼州府志》卷二〇载：崖州黎人，

屋宇迁徙不常，村落聚散无定，所耕田在是即居于是，日久地瘠则去而之他。故村峒土名，数年间数迁数易，其地不可考也。

这段记载的价值在于：点明了清代黎族人随地居的特点，即所谓“田在是即居于是”也；又明确指出，火种，正是黎人村峒之名变化无常以致“不可考”的原因所在。

高山族　据明张燮《东西洋考·东番考》，鸡笼淡水条载：

土宜五谷，而皆旱耕。(《名山记》曰：“治畲种禾……”)

清六十七《番社采风图考》载：

番地土多人少，所种之地，一年一易，故颖粟滋长，薄种广收。

清徐珂《清稗类钞》第五册，台番农事条有相同记载，即出此。以上记载均证明，

高山族曾行“治畲种禾”制。

此外，还有唐代的东谢蛮和元代的土僚蛮。东谢蛮，据《旧唐书·南蛮西南蛮传》载：

土宜五谷，不以牛耕，但为畲田，每岁易。

唐代东谢蛮，为今侗族、水族先民。从“每岁易”，可见其耕作方法之落后与迁徙之频繁。

土僚蛮，据元李京《云南志略》载：

山田薄少，刀耕火种。

此“土僚蛮”居于“叙州南、乌蒙北”，即今川南与滇东北连接地。据本书所载该族习俗，可定其为仡佬族先民。

总之，畲、瑶、苗、土家、彝、黎、高山诸族以及东谢蛮、土僚蛮等，均曾在相当长的历史时期内不同程度地实行“刀耕火种”法，这是古代南方诸族社会生产力低下的一个重要标志。

二、“群牛践地”耕作法

南方诸族中有不少是从事稻作农业的。原始的水稻栽培法，在发明犁耕以前，最初是用牛或人来踏耕的；待松土播种后，不再耕耘，坐待收获。黎族的“以牛踌土”“群牛践地”法，即著名事例。

据清毛奇龄《蛮司合志》卷十五载：黎人，

力田不耕，以牛踌土而粪以木叶。

清张庆长《黎岐纪闻》载：

生黎不识耕种法，亦无外间农具。春耕时用群牛践地，中践成泥，撒种其上，即可有收。近时颇有学耕种法如外人者。

《琼黎一览·琼崖黎岐风俗图》载：黎岐，

不识耕种法，亦无外间农具……不问气候，以得雨沾足为耕种之期……惟于雨足之时，纵牛于田，往来践踏，俟水土交融，随于手布种粒之上，不耕不耘，亦臻成熟。

清佚名《黎族风俗图》：

黎中播种，以得雨为候，雨足纵牛群踏，俟水土交融，即播种粒。

概言之，清代生黎种水稻，当春雨来临时，不用犁耕，而是驱赶群牛至田中践踏，待土成泥后，即撒种其上。这种完全靠天吃饭的耕作方法，其产量之低下可想而知。这是一种极为独特的原始稻作农业耕作法。

三、摘剪禾穗法

原始收割法，为手摘法，即以手的拇指、食指直接摘取禾穗。因此法容易伤手，且效率极低，故后来发展成小刀割取法。小刀割取法，在南方民族中广为流行。

黎族　据清《琼黎一览·琼崖黎岐风俗图》载：黎岐，

田禾成熟后，其刈割之法……即以手连茹拔之，或有以切槟榔小刀割取禾穗者。

高山族　据明杨英《从征实录》载，他为郑成功户部都事时，于永历十六年八月，

奉旨南社，适登秋收之期，目睹禾稻遍亩，土民逐穗采拔，一甲之稻，云采数十日方完。

此为“逐穗采拔”之法。清代则有“剪穗”“以手摘取”之法。如康熙《诸罗县志·风俗·番俗》载：

粟不粒积，剪穗而藏。

清六十七《番社采风图考》，刈禾条载：

番稻七月成熟，集通社阄定日期，以次轮获。及期，各家皆自蠲牲酒以祭神。遂率男女同往，以手摘取，不用镰铚。归即相劳以酒，毦陶醺醺，庆丰收焉。

清徐珂《清稗类钞》第五册，台番农事条有相同记载，即录自此。又，清佚名《台湾生熟番图像》载：

彰、淡各社收获禾稻，至七月定期以手摘取，不用镰铚。

上述记载，较为典型地反映了人类早期收获活动的全过程。收割前，先要举行祭神仪式以示酬谢。收获期间，合社互助，这既是收割效率低下所致，非如此，则耽搁了收成，也是原始社会共同劳动遗习的反映。收获后，合社饮酒欢庆。可谓一派太古遗风。

苗族 据清黄元治《黔中杂记》载：

颇力耕，稻熟则翦其穗。

傣族 据景泰《云南图经·元江军民府风俗》载：

地多百夷，天气常热。其田多种秫，一岁两收，春种则夏收，夏种则秋收。止刈其穗。

总之，以上诸记载，反映了黎、高山、苗、傣诸南方民族，“不用镰铚”而用手拔、手摘或小刀剪穗的早期收割法。

四、杵臼舂米法

当收割之后，早期人类又是如何进行粮食加工的呢？据《易·系辞下》卷八载：黄帝、尧、舜时，

断木为杵，掘地为臼。臼杵之利，万民以济。

《太平御览》卷七六二引《世本》曰：

雍父作舂杵臼。(《宋志》:“雍父，黄帝名也。”)

黄帝发明杵臼之说，虽不可考，但人类起初砍短木为杵，以地作臼之法，则是属实的。其后，经过改进，以木为臼。这从南方诸族中，可以得到印证。

在南方民族中，舂米之法由来尚矣。如《太平御览》卷八二九引罗欣期《交州记》曰：

糠头山，在合浦海口。《传》云：“越王舂米于此。”积糠所成。

唐刘恂《岭表录异》则载：

广南有舂堂，以浑木刳为槽，一槽两边约十杵。男女间立，以舂稻粮。敲磕槽舷，皆有遍拍。槽声若鼓，闻于数里，虽思妇之巧弄秋砧，不能比其流亮也。

其后，南方诸族多用杵臼舂米。如：

壮族 据宋周去非《岭外代答·风土》椿堂条载：

静江民间获禾，取禾心一茎藁，连穗收之，谓之清冷禾。屋角为大木槽，将食时，取禾椿于槽中，其声如僧寺之木鱼。女伴以意运杵成音韵，名曰椿堂。每旦及日昃，则椿堂之声，四闻可听。

宋静江府，治今广西桂林，该府为壮族先民聚居地。

布依族 据清田雯《黔书》载：八番，

业耕织，获稻和秸储之。刳木作臼，曰椎塘。每临炊，始把稻把入臼，手舂之。

清陆次云《峒谿纤志》载：

八番之蛮，每临炊始舂稻，谓不得宿舂，宿舂则头痛。臼深数尺，相杵而下，其声丁冬抑扬可听，名曰椎堂。

清爱必达《黔南识略》卷三载：八番苗（今布依族），

朝耕暮织，当炊始舂。

清檀萃《说蛮》也载：八番，

其获稻和稭储之，刳木作臼，曰椎塘。临炊舂稻而作食。

此段文字，当系从《黔书》改写而来。

高山族 据清郁永河《采硫日记》卷下载：

其饔飧不宿舂，晓行，待舂而炊。

康熙《诸罗县志·风俗·番俗》器物条，详述了番族杵臼之制：

带穗而舂，无隔宿之米。以巨木为臼，径四尺，高二尺许，面凹如锅，凿空其底，覆之如桶，旁窍三、四孔，以便转移，杵易手，左右上下，按节旋行，或歌以相之。将旦，邨舍络绎丁东远飏，若疏钟清磬；客骤听者，不辨为何声。

清六十七《番社采风图考》载：

番无碾米之具，以大木为臼，直木为杵，带穗舂，令脱粟。计足供一日之食，男女同作，率以为常，侍御夏之芳有诗云："杵臼轻敲似远砧，小鬟三五夜深深；可怜时办晨炊米，云磬霜钟咽竹林。"

清佚名《台湾生熟番图像》：

各邑番社舂米以大木为臼，以直木为杵，两三人挨杵之。

黎族 清张庆长《黎岐纪闻》：

黎人不贮谷，收获后连禾穗贮之，陆续取而悬之灶上，用灶烟薰透，日计所食之数，摘取舂食，颇以为便。

苗族 明郭子章《黔记·诸夷》苗人条载：

获稻和稭储之。刳木作臼，长丏五尺，曰椎塘。每临炊，始取稻把入臼，手舂之。其声丁东，抑扬可听。

清黄元治《黔中杂记》则载：苗民剪禾穗后，

束而跨诸屋梁，俟极乾，舂而粜之。

傣族 据景泰《云南图经·元江军民府风俗》载：百夷割稻穗后，

以长竿悬之，逐日取其穗舂之为米，炊以自给。无仓庾窖藏，而不食其陈。

仡佬族 据元李京《云南志略》载：土僚蛮，

所收稻谷，悬于竹棚之下，日旋捣而食。

此“土僚蛮”，属今仡佬族。

综上所述，概括如下：

首先，壮、布依、高山、黎、苗、傣、仡佬等南方诸族之人，“以大木为臼，直木为杵”，带穗舂米，名曰“舂堂”，或作“椿堂”“椎塘”“椎堂”。除苗族外，上述诸族均属百越民族系统。这是因为：百越民族为从事稻作农业的民族。这种以杵臼为工具的粮食加工方法，显然与中原之人的“碾米”方法不同。

其次，将禾带穗剪下后，即悬挂于灶上或屋梁处，使之烘干，然后“日计所食之数，摘取舂食”，堪称方便。这种“逐日”舂米的办法，也与汉区有别，当是上古剩余物资不多而长期养成的习惯所致，所谓“无仓庾窖藏”可证。至于起于“谓不得宿舂，宿舂则头痛”一类的说法，当是后人附加的传说。

第三，舂米之声，极有节奏，山村晨昏清响，别有情趣。有的劳作者还即兴和以歌唱，即所谓“女伴以意运杵成音韵”。故成了文人墨客发思古幽情之课题。

需要指出的是，舂米法随着时间的推移也有所改进。据清李宗昉《黔记》卷三载：八番苗女，

获稻，则刳木临流作臼，水自推而舂之。

此为舂稻改用水力之一例。

总之，综上所述，可见中国古代南方民族农业特别是稻作农业的开垦、耕种、收获直至粮食加工的过程。

第二章　狩猎业

人类最初是依靠采集与狩猎为生。古代文献中，记有伏羲氏发明佃猎的传说。如《易·系辞下》卷八载：

> 古者包牺氏之王天下也，仰则观象于天，俯则观法于地，观鸟兽之文与地之宜，近取诸身，远取诸物，于是始作八卦，以通神明之德，以类万物之情。作结绳而为网罟，以田以渔。

《汉书·律历志下》引《世经》：

> 作网罟以田渔，取牺牲，故天下号曰炮牺氏。

《尸子·君治》卷上：

> 宓羲氏之世，天下多兽，故教民以猎。

宓与伏同；包牺氏、炮牺氏即伏羲氏。意为：伏羲氏时，始教民结绳为网以佃猎。

后世南方诸族仍广泛保持爱好与擅长狩猎之俗。

一、“以打牲为常”

狩猎业，在南方诸族的生产活动中占有不可忽视的地位。有的把它作为一种副业，有的仍以此为重要生活来源。

抚水州蛮　（今水族和仫佬族先民）　据《宋史·蛮夷列传三》载：其民，

> 以药箭射生，取鸟兽尽，则徙他处。

又，清毛奇龄《蛮司合志·两广一》所载略同：

> 其曰蛮者，有抚水蛮……以毒卉傅矢射生，取鸟兽尽，则他徙。

当是据《宋史》改写而来。

罗罗（今彝族） 据明田汝成《炎徼纪闻》卷四载：

宽则以渔猎伐木为业，急则屠戮相寻，故其兵常为诸苗冠。

佯僙 属僚人系统。据《炎徼纪闻》卷四载：

暇则挟刀操笱柳，以渔猎为业。

瑶人 据《炎徼纪闻》卷四载：

树蓄粟豆羊牛，杂以为饷，不足以山伐猎兽而续之。

又，清陆次云《峒谿纤志》载，斑衣山子又名莫徭，

射生为活。

清李调元《南越笔记》卷七则载：罗旁瑶，

无事射猎为生。

僰人 据清徐炯《使滇杂记》载：镇沅僰夷，

以采猎为生，浪蕖勇厉，善战，不离金革。

畲人 据清吴震方《岭南杂记》载：潮州畲户，

出常挟弓矢，以射猎为业。

高山族 据清黄叔璥《台海使槎录》卷八载：台湾归化土番，

耕敛仅给家食，不留余蓄。日事佃猎，取麋鹿獐麂为生。

壮人 据清傅恒《皇清职贡图》卷四，灵山县僮人条载：

善药弩，以捕猎为生。

摩察蛮（今彝族之一支） 据《皇清职贡图》卷四，武定等府摩察蛮条载：

佩短刀，木弓药矢，射鸟兽为食。

仡佬 据严如煜《苗防备览·风俗下》载：

仡佬，无苗寨打冤家恶习，而以打牲为常。

蛮人 据清李宗昉《黔记》载：新添、丹江二处蛮人，

性犷悍，爱渔猎。

苗人 据清徐家干《苗疆闻见录》下载：

苗人好猎。

总之，以上记载表明，直至明清时期，水族与仫佬族先民、罗罗、佯僙、瑶人，僰人、畲人、高山族，壮人、摩察蛮、仡佬、蛮人、苗人等当时的南方诸族，尚在不同程度上过着“以渔猎伐木为业”“渔猎为业”“射生为活”“采猎为生”“射猎为生”“日事佃猎”“捕猎为生”“射鸟兽为食”“打牲为常”“爱渔猎”“好猎”的生活。并因此形成尚武与“善战”的民族性格。而狩猎生活的不稳定性，又是造成历史上南方诸族不断迁徙的重要经济因素之一，所谓“取鸟兽尽，则他徙”，即明证。

二、狩猎工具

南方诸族的主要狩猎工具为弓箭。“射生”“射猎”之称，即由此而来。有的弓箭，尚较原始。如清林谦光《台湾纪略·风俗》载：

弓则用竹为之，以麻为弦，矢则长锐，无翎毛。

清黄叔璥《台海使槎录》卷五，北路诸罗番二条载：

捕鹿，弓箭及镖，俱以竹为之。弓无弰，背密缠以藤，苎绳为弦。渍以鹿血，坚韧过丝革。射，搭箭于左，箭舌长二寸至四寸不等，傅翎

略如汉制，而翦其梢。

此为高山族弓箭之制。

为提高弓箭射猎的效率，已使用药弩和地弩。如《岭南杂记》载：潮州畲户，

矢傅毒药，中猛兽，无不立毙。

清余庆远《维西见闻纪》地弩条载：维西夷人，

穴地置数弩，张弦控矢，缚羊弩下，线系弩机绊于羊身。虎豹至，下爪攫羊，线动机发，矢悉中虎豹胸，行不数步，皆毙。

可见，药弩、地弩用于对付虎豹一类猛兽，可收奇效。

有镖一类的投刺利具。这以高山族为典型。据明张燮《东西洋考·东番考》载：鸡笼淡水，

其人精用镖，竹柄铁镞，长五尺九咫，铦甚。携以自随，试鹿鹿毙，试虎虎毙。

清林谦光《台湾纪略·风俗》载：

所用标枪长五尺许，取物于百步之内，发无不中。

需指出的是，有的镖还系有长绳线，击中后可随绳线而取物。如康熙《凤山县志·风土志·番俗》卷七，器用条载：

镖枪以竹为杆，长五六尺，枪镞铁齿勾倒个字，活入杆中，系长绳于杆末。镖鹿中之，则钩入而难脱，鹿善逸狂奔，则杆绳绊绁于杂木，追而获之。

清黄叔璥《台海使槎录》卷五，北路诸罗番二条也载：

镖杆长五尺许。铁镞锋铦，长二寸许，有双钩，长绳系之，有时始置箭端。遇鹿麂，一发即及，虽奔逸而绳挂于树，终就获焉。

后来，则出现鸟枪一类杀伤力较强的狩猎工具。如清严如熤《苗防备览·风俗下》载：仡佬打牲，

其人至八九岁辄学鸟枪，铁匠皆自传习，制造甚精。

清徐家干《苗疆闻见录》下载：苗人打猎，

善用鸟铳。其铳之长有至五六尺者，其子路亦可及百二三十之遥，随山起伏，最为准捷。

此外，陷阱也是常用的狩猎手段。如康熙《诸罗县志·番俗·杂俗》卷八载：

昔年地旷人稀，麋鹿蚁聚。开大阱，覆以草，外椓杙，竹篾疏维如栅。鹿性多猜，角触篾动，不敢出围，循杙收栅而内入；番自外促之，至阱皆坠矣。有剥之不尽至腐者。

清邝其照《台湾番社考》也载：生番，

喜夜间结队篝火深林，以侦兽迹；喜设机弩陷阱，以伺虎熊。

火攻，也是狩猎的一种重要手段，这在下面“围猎”一目中一并加以叙述。

三、围 猎

在原始社会时期，狩猎是一项集体的生产活动。南方诸族由于保留原始社会残余较多，加之狩猎工具也较落后，故仍保有按村峒、社一类社会组织进行大规模狩猎活动的。其中突出事例有：

瑶族 据唐刘禹锡《刘宾客文集》卷二五载《连州腊日观莫瑶猎西山》：

海天杀气薄，蛮军部伍嚣。林红叶尽变，原黑草初烧。围合繁钲息，禽兴大旆摇。张罗依道口，嗾犬上山腰。猜鹰虑奋迅，惊麇时跼跳。瘴云四面起，腊雪半空销。箭头余鹄血，鞍傍见雉翘。日暮还城邑，金笳发丽谯。

刘禹锡描绘了广东连州瑶人冬日围猎的壮观场面：在火光冲天和喧嚣呐喊声中，猎人们张罗网、放猎犬、射禽兽，且至满载猎物而归。虽是诗的语言，却是真实的记录。

黎族 以明顾岕《海槎余录》所记最为详尽：

> 黎俗，二月、十月则出猎。当其时，各峒首会，遣一二人赴官告知。会但出，每数十村会留壮兵一二十辈守舍，男妇齐行。有司官兵及商贾，并不得入，入者为之犯禁，用大木枷胫及手足，置之死而不顾，何其愚也。猎时，土舍峒首为主，聚会千余兵，携网百数番，带犬几百只。遇一高大山岭，随遣人周遭伐木开道。遇野兽通行熟路，施之以网，更添置弓箭熟闲之人，与犬共守之。摆列既成，人犬齐奋叫闹，山谷应声，兽惊怖，向深岭藏伏。俟其定时，持铁炮一二百，犬几百只，密向大岭举炮发喊，纵犬搜捕，山岳震动，兽惊走下山，无不着网中箭。肉则归于众，皮则归于土官。上者为麖，次者为鹿皮，再次为山马皮，山猪食肉而已，文豹则间得之也。

此中记载，可注意之处有二：一是规模宏大。从“聚会兵千余，携网百数番，带犬几百只”“持铁炮一二百”“山岳震动”的记载中可见。二是仍保留共同劳动所带来的共同消费遗风。虽然“皮则归于土官”，这与原始分配制度已不同，但“肉则归于众”，则是平均意识的反映。

高山族 记载颇多。如明陈第《东番记》载：

> 冬，鹿群出，则约百十人即之，穷追即及，合围衷之，镖发命中。获若丘陵，社社无不饱鹿者。

明张燮《东西洋考·东番考》载：鸡笼淡水番人，

> 居常，禁不得私捕鹿。冬，群鹿出，则约百许人即之。镖发命中，所获，连山社社无不饱鹿者。取其余肉，离而腊之。笃嗜鹿肠，剖其肠中新咽草旨嗷之，名百草膏。

清黄叔璥《台海使槎录》卷五，“北路诸罗番一”载：

捕鹿名曰出草。或镖或箭，带犬追寻，获鹿即剥割，群聚而饮。脏腑腌藏瓮中，名曰膏蚌鲑。余肉交通事贸易纳饷。

同书卷八，捕鹿条载：

鹿场多荒草，高丈余，一望不知其极。逐鹿因风所向，三面纵火焚烧，前留一面。各番负弓矢，持镖槊，俟其奔逸，围绕捕杀。

清六十七《番社采风图考》猎禽条载：

台地未入版图以前，番惟以射猎为生，名曰出草，至今尚沿其俗。十龄以上，即令演弓矢，练习既熟，三四十步外，取的必中。当春深草茂，则邀集社众，各持器械，带猎犬逐之，呼噪四面围猎。得鹿则刺喉吃其血，或禽兔生啖之。腌其脏腹，令生蛆，名曰肉笋，以为美馔。其皮，则以易汉人盐米烟布等物。

清佚名《台湾生熟番图像》载：

山猪毛诸社生番，出猎时，衣鹿皮，持弓矢镖枪，名曰出草。

总之，高山族围猎称之为“出草”。其突出特点有二：一是懂得保护猎物。“居常，禁不得私捕鹿”，以使之繁殖成长，只有到一定季节才进行围捕活动。这样做的目的，在于保证猎物不断来源，不致造成杀鸡取蛋的恶果。二是分配制度，较之黎族更富有原始性与平均色彩。即一人命中鹿，不管参与围猎与否，有关诸社成员均可饱食一顿。这与原始社会制度下的分配制度相类。

需要指出的是，南方诸族进行大规模围猎活动时，往往采用焚火逐赶野兽的办法。台湾高山族，“出草先开火路，以防燎原。诸番团立如堵，火起焰烈，鹿獐惊逸，张弓纵狗，大小俱殪”。（《诸罗县志·番俗·杂俗》）以及上引“三面纵火焚烧，前留一面”的记载，均是例证。由此也可说明，《管子·揆度》：“烧山林，破增薮，焚沛泽，逐禽兽”的记载，是符合历史事实的。

第三章　渔　业

远古时期，鱼类资源十分丰富，捕鱼业是人类早期的重要生活来源之一。《尸子》载：

遂人之世，天下多水，故教民以渔。

就是这一历史事实的反映。延至清代，渔业仍在一些南方民族中占有重要地位。如开化府普岔蛮，“以耕渔为业”（《皇清职贡图》卷七）；都匀黎平等处佯偾苗，“暇则以渔猎为事”（《皇清职贡图》卷八）；普特人，“惟捕鱼，不事耕种商贾”（道光《云南通志稿》卷一八三）；台湾生番，“多以捕鱼为业”（《台湾番社考》）。

早期人类的捕鱼方法，已不得其详，但从古代南方民族中保留的一些古老捕鱼方法，尚可见其一斑。

一、“伏水取鱼”

用手捉鱼，当是人类最初最简单的捕鱼法。清代水仡佬、龙家苗、普特、喇乌（今哈尼族）、土家族等诸族均保有此俗。据《皇清职贡图》卷八，徐庆、施秉等处水仡佬条载：

其人善捕鱼，虽隆冬亦能入渊，故以为名。

《皇清职贡图》卷八，广顺、大定等处龙家苗条载：

善入水捕鱼，如獭然。

对此，民国《贵州通志·土民志四》也有相类记载：

广顺州康佐司有狗耳龙家，其居近溪者，入水捕鱼，猾若蝙獭。

檀萃《滇海虞衡志》卷十三载：普特，

善没，口啮手捉，皆鱼也。

曹树翘《滇南杂志》载：普特，以渔为业，

有泗水捕鱼者，丹须蓬发，与波俱起，口啮手捉皆巨鱼。

此段记载，与道光《云南通志稿》卷一八三，普特条所记全同。《滇南杂志》又载：喇乌，

男善伏水取鱼。

此段记载，也与道光《云南通志稿》卷一八五，喇乌条所记全同。顾彩《容美纪游》记鄂西土家族：

其渔者，刻木一段为舟，牵巨网截江，度其中有鱼，则飞身倒跃入水。俄顷，两手各持一鱼，有口中复衔一鱼，分波跳浪登舟，百无一空者。

可见，这些捕鱼者，不避严寒，不畏风浪与深渊。入水后，“口啮手捉”“百无一空者”。虽然方法原始，但因技术娴熟，故其产量也不少。以致有了渔舟、渔网等捕鱼工具后，只把它们作为捕鱼的辅助工具，而仍以手摸作为主要手段的，其因即在此。

二、镖枪刺鱼

用鱼叉叉鱼，也是古老的捕鱼方法之一。鱼镖，即属于一种叉鱼工具。在清代台湾高山族中，曾用鱼镖刺鱼法。如六十七《番社采风图考》载：番社，

善用镖枪，上镞两刃，杆长四尺余，十余步取物如携。尝集社众，操镖挟矢，循水畔，窥游鱼唫呴浮沫或扬鬐曳尾，辄射之，应手而得，无虚发。便生啖之，腌渍则反取微臭者为佳。

可见，这种镖枪取鱼的生产方法，与古老的生啖或腌渍鱼的饮食法是一致的。

三、射　鱼

早期人类用弓箭射击陆上禽兽的方法，同样适用于猎取水中的游鱼。此法，在

清代黎族、高山族中尤为盛行。如张庆长《黎岐纪闻》载：

> 黎岐无不能射者，射必中，中可立死。每于溪边伺鱼之出入，射而取之，以为食。其获较网罟为尤捷云。

蓝鼎元《东征杂记》载：水沙连屿，

> 番不用罟罾，驾蟒甲挟弓矢射之，须臾盈筐。

又，康熙《诸罗县志·番俗·杂俗》卷八载：

> 善射鱼，伺巨者仰沫，弋而取之，无虚发。

这说明，在古代南方民族之人看来，任何生物都可用箭射取，鱼类也无例外，即所谓“无不能射者”。由于他们射技高强，其获物当时甚至不亚于人们用网打鱼，故称“其获较网罟为尤捷云”。

四、筐笼扣鱼

筐笼扣鱼也是人类早期常用的一种捕鱼方法。此法在清代高山族中仍存。据黄叔璥《台海使槎录》卷五，北路诸罗番二条载：捕鱼番妇，

> 或十余，或数十，于溪中用竹笼套于右胯。众番持竹竿，从上流驱鱼，番妇齐起齐落，扣鱼笼内，以手取之。

从中可见，在生产力低下条件下，人类采用集体劳动以捕鱼的一种方法。
又，苗族中则有类似的竹筲取鱼法。据同治《永绥厅志·苗峒》卷一载：

> 溪水新涨后，河间鱼亦溯流而上。苗境中产有扒山骨、土狗子、黄刺鱼各种，苗民时撷竹筲竞取，男妇嘈杂声喧山谷。

五、操笱以渔

以鱼笱捕鱼，是人们采用的诱鱼法之一种，它相当于狩措活动中的陷阱法。鱼

笱，用竹篾编成。口阔颈狭，腹大而长，尾部无底，使用时需封闭。放置于石梁之孔，鱼顺流而入。但因开口处装有倒须，故鱼入则顺，出则逆，能入不能出。取鱼时，则从底部倒出。

此法，来源颇古。如《诗经·谷风》载：

> 毋发我笱。

但至后世，此法在中原地区多已消失，而在南方各地特别是民族地区，则流传不衰。据明田汝成《炎徼纪闻》卷四载，佯僙：

> 男子计口而耕，妇人度身而织，暇则挟刀操笱柳以渔猎为业。

光绪《鹤峰州志》卷六，在谈及鄂西土家族地区风俗时写道：

> 渔人捕鱼，滩河难施网罟，昼用钓竿，夜以绳系钩于水，或于滩上累石用笱，承流取鱼，名曰椿。

可见，笱适宜于浅水滩河中取鱼。

六、毒　鱼

将含有毒汁的植物根茎叶捣烂，倒入溪中，使鱼中毒浮出水面，然后捞取。据宋朱辅《溪蛮丛笑》“痨鱼”等载：

> 山瑶无鱼具，上下断其水，揉蓼叶困鱼，鱼以辣出，名痨鱼。

又据同治《来凤县志·风俗》卷二八载：遇大旱，

> 或祷于邑之佛潭，沿溪毒鱼，名曰闹佛潭。以潭底有灵鱼，能出云为风雨也。

此举，是鄂西土家族日常沿溪毒鱼生活的反映。

第四章　手工纺织业

南方民族的纺织品，可谓源远流长，并以其精美绝伦的工艺与浓郁的民族风格，素为世人所重所珍。于越的葛絺，哀牢夷的罽㲲帛叠、兰干细布、梧桐木华布，两江州峒的𫄨子，海南黎族的黎幕、黎单，台湾高山族的“罽毯”，壮、苗、侗、土家诸族的织锦，苗、瑶、布依、仡佬诸族的蜡染布等，可说是其中佼佼者。

一、“于越生葛絺”

南方诸族素以葛、麻织品著称于世。其源可溯于先秦时代的越人。

葛布为越著名特产。“于越生葛絺”（《淮南子·原道训》），正反映了这一历史事实。以葛为原料的纺织品，“精曰絺，粗曰绤”（《国语·越语上》韦昭注），换言之，絺即细葛布。因葛为草本，故葛布也叫“卉服”（《尚书·禹贡》孔颖达疏）。由于葛色黄，故葛布又称作“黄丝之布”（《吴越春秋·勾践归国外传》）。

越地的自然和地理环境适宜于葛的生长。史称：越有“葛山”（《越绝书·越绝外传记地传》），越“国中男女入山采葛”（《吴越春秋·勾践归国外传》）。可见，葛盛产于越之山地。

越葛布产量极富。据《吴越春秋·勾践归国外传》载：吴封越八百余里，越王勾践使大夫种向国人一次就“索葛布十万”作为酬答，即例证。越葛布业发达的因素有二：一是原料易得，越山多葛；二是“越女”均善“织治葛布”，生产极为普遍。

越人流行穿葛服。据《国语·越语上》载：贾人，

> 夏则资布，冬则资絺。

可见，“絺”已成为越人夏天的便服。又，《越绝书·越绝内经九术》载：越王勾践，

> 夏披絺绤。

无疑，越人君臣上下服絺绤为风。

越葛织品工艺精湛。据《吴越春秋·勾践归国外传》载，采葛之妇所作之诗云：

女工织兮不敢迟，弱于罗兮轻霏霏，号絺素兮将献之。

另据左思《吴都赋》(《昭明文选》卷五）云：

蕉葛升越，弱于罗纨。

据刘渊林注："蕉葛，葛之细者；升越，越之细者。"意为：絺素较中原名产丝织品罗纨还要细、软、轻、薄。其精美的程度，可谓令人叹为观止。

葛布产地，除于越外，并及于南越。据《汉书·地理志下》载：粤地，

处近海，多犀、象、毒冒、珠玑、银、铜、果、布之凑，中国往商贾者多取富焉。

韦昭注："布，葛布也。"又据《三国志·吴书·士燮传》载：据有岭南的交趾太守士燮，

每遣使诣（孙）权，致杂香、细葛，辄以千数。

自交趾至会稽为古代百越聚居之地。可见，百越之地均产葛布。

越葛布，当时与后世均被外地之人视为珍品。当越王勾践之时，吴王"好服"细布，为"求吴王之心"，越人贡献不绝（《吴越春秋·勾践归国外传》)。越亡后，越地葛布仍盛产不衰，并源源输出。汉代，据《汉书·景十三王传》载：江都王建，

遣人通越繇王闽侯，遗以锦帛奇珍，繇王闽侯亦遗建荃、葛、珠玑、犀甲、翠羽、猿熊奇兽。

三国时，据有故越地的孙吴，常把葛布作为贡品与礼品，以取悦对方。如《太平御览·布帛部六》引《江表传》曰：

魏文帝遣使于吴求细葛，君臣以为非礼，欲不与，孙权敕付使。

今本《三国志·吴书·吴主传》裴注引《江表传》记此事时写道："是岁魏文帝遣使

求雀头香、大贝、明珠、象牙、犀角、玳瑁、孔雀、翡翠、斗鸭、长鸣鸡。”无求细葛之说。今本或有脱误。又《三国志·魏书·刘晔传》载：庐江太守刘勋，

得（孙）策珠宝、葛越，喜悦。

《太平御览·布帛部六》引《吴历》曰：

孙策送华歆还洛，并送布越香葛。

需要指出的是，越葛布之所以历世为人所重，除了上述织物精良的因素外，还因其有特殊性能。它不似丝织品附身，而有吴王夫差所喜好的“离体”(《吴越春秋·勾践归国外传》）之用。换言之，夏穿此服有透气与凉爽舒爽之感。

百越盛产葛、麻一类织品，也可从出土文物中得到证明。如1978年福建崇安武夷山白岩洞“架壑船棺”墓里出土的“麻布质量达15.5升，较河北藁城台西村商代中期遗址出土约16升略高”。[①] 在汉代南越王墓中发现有“麻布包裹”“麻绳捆扎”竹筒的残迹。[②]

二、练　子

古代越人素以葛、麻织品著称于世，作为越人后裔的广西壮族先民也无例外。唐代时，广西的苎麻织布“桂布”，已成了名贡品。据嘉庆《广西通志》卷八九引玉泉子云：唐文宗著桂管布，“此布为之骤贵也”。至宋代，则称左右江的苎布为“练子”。这首见于宋范成大《桂海虞衡志·志器》：

练子。出两江州洞，大略似苎布，有花纹者谓之花练。其极细者，可以染色为妇人暑服。土人亦自贵重，蜀人尤爱之。陈姚察为吏部尚书，有私门出送南布一端，花练一匹。察曰：吾所衣止是麻布蒲服，此物于吾无用，幸不烦尔。此人逊请，察厉色而出。

① 福建博物馆：《福建崇安武夷山白岩洞清理简报》，载《文物》，1980（4）。

② 广州象岗汉墓发掘队：《西汉南越王墓发掘初步报告》，载《考古》，1984（3）。

宋周去非《岭外代答·服用》所载更为详明：

> 练子。邕州左右江溪峒地产苎麻，洁白细薄而长，土人择其尤细长者为练子。暑衣之，轻凉离汗者也。汉高祖有天下，令贾人无得衣练，则其可贵自汉而然。有花纹者为花练，一端长四丈余，而重止数十钱，卷而入之小竹筒，尚有余地。以染真红，尤易著色。厥价不廉，稍细者，一端十余缗也。

可见，“练子”，取苎麻“细长者”为之，故是苎麻织物中的最优产品。其特点是，用作夏衣，有“轻凉离汗”的特殊功能。应该指出的是，苎麻产品，还有另一特点是经久耐用。如《岭外代答·服用》，布条载：

> 广西触处富有苎麻，触处善织布。柳布、象布，商人贸迁而闻于四方者也。静江府古县，民间织布，系轴于腰而织之，意其欲他干，则轴而行，其必疏数不均且慢甚矣。及买以日用，乃复甚佳，视他布最耐久，但其幅狭耳。原其所以然，盖以稻穰心烧灰煮布缕，而以滑石粉膏之，行梭滑而布以紧也。

简言之，由于麻纱织前经过烧煮，加上织线紧密而使布坚实。

直至清代，壮族苎麻织物的制作仍然精工。如清沈曰霖《粤西琐记》载：

> 又有僮人布，亦以青白缕相间成文，极坚韧耐久，用为手巾，每一幅可三四年不敝。

三、织 锦

织锦，可说是南方诸族广为流行和富有代表性的纺织品。下面仅以壮、苗、侗、土家族的织锦为例。

（一）壮 锦

壮族织锦，历史悠久。在宋代，其前身称之为“緂”。首记其事者为范成大《桂

海虞衡志·志器》：

绺。亦出两江州洞，如中国线罗，上有遍地小方胜纹。

绺，音恬。据《淮南子·泛论》载：“伯余之初作衣也，绺麻索缕，手径指挂，其成犹网罗。”据清王念孙释：“绺者，续也，缉而续之也。”

续记此事者为宋周去非，而且言之较详。据《岭外代答·服用》载：

邕州左右江峒蛮，有织白绺，白质方纹，广幅大缕，似中都之线罗，而佳丽厚重，诚南方之上服也。

从绺遍织“方纹”与“佳丽厚重”的特点来看，可定其为锦物。

明代，织有龙凤花纹图案的壮锦，已作为名织物的贡品（《西事珥》）。

清代，壮锦更为精工和流行。据博恒《皇清职贡图》卷四，贺县僮人条载：

能织僮锦及巾帕，其男子所携，必家自织者。

融县僮人条也载：

时携所织僮锦出售。

清张祥河《粤西笔述》载：

僮人爱彩，凡衣裙巾被之属，莫不取五色绒，为花鸟状，远观颇工巧炫丽。

清沈曰霖《粤西琐记》也载：壮妇，

手艺颇工，染丝织锦，五采烂然，与缂丝无异，可为裀褥。凡贵官富商，莫不争购之。

可见，清代壮锦以棉纱杂五色丝绒编织而成。以“工巧炫丽”“五采烂然”而著称。该织品，不仅供家用，且用以出售，甚至成了“贵官富商”的抢手货。

（二）苗　锦

明代，贵阳苗族喜用彩线挑成“土锦”（《贵州通志·平伐司》）。

清代，记载颇多。如陆次云《峒谿纤志》载：

苗锦大似苎布，巾帨尤佳。其妇女衣缘领袖，皆缀杂组、藻彩、云霞，悉非近致，谓之花练。土俗珍之。

爱必达《黔南识略》卷十二载：黑苗，

其所绣布曰苗锦。

傅恒《皇清职贡图》卷三载：靖州通道等处青苗，妇人

能绣蛮锦花巾。

同书卷七又载：曲靖等府苗人，

能织苗锦，常携竹筐入市贸易。

李宗昉《黔记》卷一载：

女红极精，绣蟒，不减于顾氏露香园者。

苗人除精于刺绣外，还善于织布。史称：“绩苎织布皆能……布亦坚厚耐久。”（《苗防备览·风俗上》）可证。其中，尤以谷蔺布著名。如《黔南识略》卷三载：

又有谷蔺苗，妇人工纺织，其布最精密，名谷蔺布。

《皇清职贡图》卷八载：定番州谷蔺苗，

勤织纺，其布最为细密，有谷蔺布之名，人多争购。

《黔记》也载：

谷蔺苗在定番州属，男耕女织，所织布最精细。

谚云："欲作汗衫裤，须得谷蔺布。"

可见，谷蔺布因"最精密""最细密""最精细"，而为廿人称道与争购。

（三）侗　锦

因史书中的"苗"人，有时用作泛称，故"苗疆"所产之锦，并非都是苗锦，"洞（侗）锦"就是其中之一。

据清田雯《黔书》卷四，武侯锦条载：

锦用木绵线染成五色织之，质粗有文采。俗传，武候征铜仁蛮不下，时蛮儿女患痘，多有殇者，求之武侯，侯教织此锦为卧具，立活，故至今之名曰武侯锦。

此"武侯锦"，未言明出自何族，联系侗族的"诸葛锦"已驰名清代这一历史事实，故疑为侗族所产。

清张澍《续黔书》卷六载：

黎平之曹滴司出洞锦，以五色绒为之，亦有花木禽兽各样，精者甲他郡，冻之水不败，渍之盐不污。是夜郎苗妇之手，可与尧时海人争妙也。又有诸葛洞锦，出古州，皆红黄绵纱所织，甚粗，不可用。

此处黎平之洞锦与古州（今贵州榕江）之诸葛洞锦，均属今侗锦无疑。

清徐家干《苗疆闻见录》卷下载：

苗妇多事纺织，其最密者曰斜纹布。又有曰洞锦者，出于永从侗苗者为最佳，以五色绒为之，土人呼为诸葛锦。曰洞被，则以苎布用彩线挑刺而成也。

永从，在今贵州黎平境。

清许瓒曾《滇行纪程》载：

黎平多苗锦。

联系黎平为侗锦的主要产地，故此地的“苗锦”似为侗锦。

可见，清代侗锦、侗被多出自黎平、古州、永从等地。

此外，侗族的“峒布”“洞帕”也有名。如《黔南识略》卷十二载：峒人，

> 所织之布曰峒布，细而有文。

民国《贵州通志·土民志六》引《镇远府志》，所载相同。《黔记》卷三载：洞苗，

> 女人带蓝布角巾，穿花边裙，所织洞帕颇精。

（四）土家族“峒锦”

鄂西与湘西“峒锦”，则非侗族而是土家族所产。如清顾彩《容美纪游》记鄂西土司地区：

> 峒被如锦，土丝所织，贵者与缎同价。龙凤金碧，堪为被褥。峒中白麻为之，轻纫如鲛绡，皆珍布也。

清严如煜《苗防备览》卷八记湘西土司地区：

> 抽丝染色，制为裙被之属。作间道方胜杂文，第不如永顺，保靖峒锦，作鹤凤花鸟之更工致也。绩苎织布皆能，其机矮，席地而织，布亦坚厚耐久。

同治《永绥厅志·苗峒》卷一也有相同记载，即本此。可见，湖北容美（治今鹤峰）、湖南永顺、保靖等土家族擅织峒锦与布诸物。

四、黎幕、黎单

宋末元初的松道江乌泥泾（今上海县华泾镇）人黄道婆，曾在崖州（今海南崖县）居住四十年。返乡后，传授黎人的“错纱、配色、综线、挈花”（《南村辍耘录》卷二四）等纺织技术，推动了江南地区棉纺织业的发展。可见，黎族人民对我国棉纺织业曾有过突出贡献。

早在宋代，海南黎族的棉纺技术，已达到相当高的水平。首记其事者，为宋范

成大《桂海虞衡志·志器》：

黎幕。出海南黎峒。黎人得中国锦彩，折取色丝，间木绵挑织而成。每以四幅联成一幕。

黎单。亦黎人所织。青红间道，木绵布也。桂林人悉买以为卧具。

续记其事者，为宋周去非《岭外代答·服用》，吉贝条：

海南所织则多品矣。幅极阔，不成端匹，联二幅可为卧单，名曰黎单。间以五彩，异纹炳然，联四幅可为幕者，名曰黎饰。五色鲜明，可以盖文书几案者，名曰鞍搭。其长者，黎人用以缭腰。

宋人记此事者，还见于赵汝适《诸蕃志》卷下：海南黎人，

女工纺织，得中土绮彩，折取色丝，加木棉，挑织为单幕。又纯织木棉吉贝为布。

吉阳军……妇人不事蚕桑，惟织吉贝，花被、缦布、黎单。

从宋人的记载中可见：一是黎人织品繁多。按种类分，有色丝加木棉挑织而成的锦；有纯织木棉吉贝的布。按用途分，有黎幕（又称黎饰、黎幔）、黎单、黎被、鞍搭诸种。二是黎人织品已为内地之人所喜爱，桂林人以黎单为卧具可证。

后人记载，多源于宋。明罗曰褧《咸宾录》卷八载：黎人，

女工纺织，得中国彩帛，折取色丝和吉贝织花，所谓被服及鞍饰之类，精粗有差。

至清代，记载增多。清初屈大均《广东新语》卷十五，绵布条所记较富代表性：

其出于琼者，或以吴绫越锦，折取色丝，间以鹅毳之绵，织成人物、花鸟、诗词，名曰黎锦。浓丽可爱。白者为幛，杂色者为被，曰黎单。四幅相连曰称幕，亦曰黎幔。以金丝者为上。

布帛则攀枝吉贝，机杼精工，百卉千华，凌乱殷红，疏缔蓏暑，密斜弭风，盖谓琼布也。

清李调元《南越笔记》卷五，有完全相同的记载，即袭此。此外，清陆次云《峒谿纤志》载：黎女，

取中国彩帛，折取色丝，和吉贝织之成锦。

清张庆长《黎岐纪闻》载：

山岭多木棉树，妇女采实取其棉，用竹弓弹为绒，足纫手引以为线，染红、黑等色，杂以山麻及外贩卖彩绒，织而为布，名曰吉贝。或擘山麻，纫线织布，捣树皮汁染为皂色，以五色绒杂绣其上，名曰黎布。贾者或用牛或用盐，易而售诸市，海南人颇用之。

清徐珂《清稗类钞》第五册，黎人织布条载：

贵阳山岭多木棉树，黎女群往采之，取其棉，用竹弓弹之为绒，足纫手引以为线，染红、黑等色，杂以山麻及彩绒，织而为布，曰吉贝。或擘山麻纫线织布，捣树皮汁染为皂色，以五色绒杂绣其上，曰黎布。贾者则以牛或盐而易之，以售诸市，海南人颇用之。

徐珂列“黎人织布”的条目，可见清代黎织布之闻名当世。至于此段记载的内容，则录自《黎岐纪闻》无疑。清程秉钊《琼州杂事诗》咏道：

东猺妇女娴女工，纺车轧轧山花红；古逻（黎语称小帽）答博（黎中系腰之名）往前县（黎语县前曰前县），寻个官娘（琼州方言，称上户之男曰官，女曰娘）卖布笼（东猺山，在安定城东一百里……猺妇纺织吉贝布缕，细密莹白，谓之布笼）。

可见，及至清代，黎棉纺工艺品，愈加精美，以“细密莹白”“浓丽可爱”而闻名于海南与内地。

五、“罽毯”“达戈纹”

台湾高山族织品，以“罽毯”著称于世。所谓“罽”“织毛为布者”(《后汉书·李恂传》)。早期记载，当推《隋书·东夷传》。其中写道，流求国（今我国台湾）：

织斗镂皮并杂色纻及杂毛以为衣，制裁不一。

宋袭隋制，宋赵汝适《诸蕃志·流求》载：

以杂苎，杂毛为衣，制裁不一。

清人对此多有记载。其中，郁永河《番境补遗》所记为详：水沙廉，

其番善织罽毯，五色狗毛杂树皮为之，陆离如错锦，质亦细密，四方人多欲购之，常不可得。

郁永河《采硫日记》卷下又载：

冬寒以番毯为单衣，毯绩树皮杂犬毛为之。

还有傅恒《皇清职贡图》卷三，彰化县水沙连等社归化生番条载：

自织布为衣，喜织罽，染五色狗毛杂树皮，陆离如锦。

姚莹《东槎纪略》载：

水里本社，其番颇饶裕，善种田，能织罽毯。

除“罽毯”外，另有一种织物称“达戈纹”，也颇富特色。清六十七对其织机与织法有较详记述。他在《番社采风图考》，织布条写道：

番女机杼以大木如栲栳，凿空其中，横穿以竹，使可转缠经于上，刓木为轴，系于腰，穿梭阖而织之。染以茜草，合鸟兽毛织帛，班斓相间，名曰达戈纹。又有巾布等物，皆坚致。范侍御有“蓬麻茜草能成锦，何必田园定种桑”之句。

又，清徐珂《清稗类钞》第五册，台番织布条有相同记载，即抄录自此。

总之，台湾高山族织品的突出特点是：以植物纤维与动物之羽、毛相间织成；由于染以茜草，加上动物的本来毛色，故色彩陆离斑斓。其中，以“五色狗毛杂树皮为之”者叫“罽毯”，以苎丝为线，合鸟兽毛织成者曰“达戈纹”。

需要指出的是，台湾高山族纺织品之发达，并非偶然。它有悠久的历史，早在三国时，夷州（今我国台湾）民，已“能作细布，亦作斑文布”（《临海水土异物志》），可证。

六、其他织品

南方诸族的纺织品，尚有哀牢夷之各种织物，“圈布”“娘子布”“倮锦”“水家布”“铁笛布”“仲家布”等，不胜枚举。

哀牢夷之织品。据《后汉书·南蛮西南夷列传》载：哀牢人，

> 土地沃美，宜五谷、蚕桑。知染采文绣，罽㲲帛叠，兰干细布，织成文章如绫锦。有梧桐木华，织以为布，幅广五尺，洁白不受垢圬。

“帛叠”，注引《外国传》曰：“诸薄国女子织作白叠花布。”“兰干”，注引《华阳国志》曰：“兰干，僚言纻。”可证：汉代哀牢夷之罽㲲帛叠。兰干细布、梧桐木华布均闻名当时，云南民族的手工纺织业确有悠久历史。

圈布 据宋朱辅《溪蛮丛笑》载：

> 桑味苦，叶小分三叉，蚕所不食。仡佬取之织布，系之于腰，以代机红。纬回环通，不过丈余，名圈布。

可见，圈布乃仡佬取植物纤维制成。

娘子布 据《溪蛮丛笑》载：

> 汉传载阑干，阑干僚言纻。今有织细白苎麻，以旬月而成，名娘子布。

可见，溪蛮之娘子布，为精细麻织品。

倮锦 据清檀萃《滇海虞衡志》卷五载：

倮倮锦、倮倮布。《汉书》言："哀牢宜蚕桑。知染采文绣、罽毲帛叠，兰干细布，织成文章如绫锦。有梧桐木华，织以为布，幅广五尺，洁白不受垢。"罗罗帛与布，皆其类，今昔异名耳。

彝族织物，是否如檀萃所说，与哀牢夷相类，尚难定论，但倮锦、倮布为纺织精品，当是无疑。

水家布　据清李宗昉《黔记》卷三载：水家苗（今水族），

妇人勤纺织，有水家布之名。桶裙短衣，四周俱以花布缀之。

铁笛布　据清张澍《续黔书》卷六载：

永宁、镇宁二州出铁笛布。其纤美似蜀之黄润，其精致似吴之白越，其柔软似波戈之香荃，其缜密似金齿之缥叠。余不知其何以织也？或谓即桐华布，织白桐为之。或又谓缉桑为之，如岭南容州之用句芒木，新会之用钩绿藤，高昌之用婆罗树。惜未问之俾僚。

可见，俾僚（今仡佬）之铁笛布，有纤美、精致、柔软、缜密之特点，堪称上品。

仲家布　据清爱必达《黔南识略》卷一载：青仲（布依族之一支），

尤善织，名曰仲家布。

需说明的是，以上列举的只是南方诸族纺织品之一斑。

七、蜡　染

我周南方苗、瑶、布依、仡佬诸族的蜡染工艺，历史悠久，著称于世。

早在宋代，此法已在瑶苗民族地区流行。据周去非《岭外代答·服用》，瑶斑布条载：

瑶人以蓝染布为斑。其纹极细。其法以木板二片，镂成细花，用以夹布，而镕蜡灌于镂中，而后乃释板取布，投诸蓝中。布既受蓝，则煮布以去其蜡，故能成极细斑花，炳然可观。故夫染斑之法，莫瑶人若也。

可注意之处有二：一是记述了蜡染法的具体过程；二是表明了瑶人的“染斑之法”已达到当代的最高水平。又，朱辅《溪蛮丛笑》卷二，点蜡幔条载：

溪洞爱铜鼓，甚至金玉，模取鼓文，以蜡刻板印本，入靛缸渍染，名“点蜡幔”。

可见，宋代五溪地区的“点蜡幔”已相当流行。至今湘西苗族仍称蜡染为“点蜡”，当是沿袭旧说。

清代，蜡染相当盛行。如爱必达《黔苗识略》卷一载：花苗，

裳服先用蜡绘花于布，而后染之，既染去蜡而花现。

傅恒《皇清职贡图》卷八，贵阳大定等处花苗条载：

衣以蜡绘花布而染之，既染去蜡，则花纹似锦。

同书卷九，平越黄平等处夭苗条载：

女工纺织善染。

李宗昉《黔记》卷三载：夭苗，

妇人工织善染。

同书卷三又载：高坡苗，

男妇善染，力耕作，勤纺织。

张澍《续黔书》卷六载：

又有斜文布，白顺水斑，盖模取铜鼓文，以蜡刻板印布者，出独山州烂土司。

独山州为今贵州独山县，为黔南布依族、苗族居地。

罗绕典《黔南职方纪略》卷九载：

衣裳，先以蜡绘花于布，而后染之，既染而去蜡则花现，饰袖以锦，故曰花苗。

同书卷九载：天家苗，

女工纺织善染。

贝青乔《苗俗记》载：

用蜡绘花于布而染之，既去蜡，则花纹如绣。

此外，方志中也有记载。如嘉庆《广西通志·诸蛮二》卷二七九载：奉议苗，

以染为业。

民国《贵州通志·土民志一》载：台拱九股苗，

工织斗纹布，善染。

又载：西苗，

妇女衣画蜡花布。

可见，清代花苗、夭苗，独山州烂土司、奉议苗、台拱九股苗、西苗均善蜡染，花苗还因此得名。

总之，蜡染法的大致过程是：用蜡刀蘸蜡在白布上画花纹图案，浸入染缸染色，经水煮沸后，脱去蜡现出蓝底白纹图案。用这种特殊工艺染成的花纹，“似锦”“如绣”，素为人们所珍。

第五章　商　业

商业是后起的。这从南方民族曾存在极不发达的市场经济中，可以得到证明。如：番人“无市肆贸易，有金钱无所用，故不知蓄积。”（《稗海纪游》）“黎人类自食其力，从无为买卖生理者。”“黎中无墟市，从无鬻米者。贫人乏食，有米者贷之，不计息，偿不偿亦不深较。”（《黎岐纪闻》）可见，起初人们是不知道“市肆”“买卖”“墟市”即商业为何物的。

随着生产力的发展和社会分工的扩大，人类社会出现了商品交换。在南方诸族中，保留着较为古老的交换方式。

一、“墟”与“场”“街子”

初期的交易场市，并非设在像今天一样的商业城市中。据《易·系辞下》卷八载：神农氏作，

> 日中为市，致天下之民，聚天下之货，交易而退，各得其所。

换言之，其时，人们定时为市，彼此交换之后，即各自散去。这种临时的交易场所，与中原地区名“集”不同，岭南曰“墟”，贵州曰“场”，云南曰“街子”。下面加以分叙。

墟　对“墟”字本身的含义，众说纷纭。大致有两种解释：

一是主“墟”为空虚之说。据宋吴处厚《青箱杂记》卷三载：

> 岭南谓村市为虚。柳子厚《童区寄传》云：“之虚所卖之。”又诗云：“青箬裹盐归峒客，绿荷包饭趁虚人。”即此也。盖市之所在，有人则满，无人则虚，而岭南村市满时少，虚时多，谓之为虚，不亦宜乎？

明谢肇淛《五杂俎·地部一》卷三载：

> 岭南之市谓之虚，言满时少，虚时多也。

此说当源于吴处厚之说。清屈大均《广东新语》卷二在这一基础上，继续发挥说：

> 粤谓野市曰虚。市之所在，有人则满，无人则虚，满时少，虚时多，故曰虚也。虚，即廛也。《周礼》注云："廛，市中空地也。"即虚也。地之虚处为廛，天之虚处为辰，辰亦曰躔，其义一也。叶石洞云："昔者圣人日中为市，聚则盈，散则虚。今北名集，从聚也；南名虚，从散也。"

屈大均的新见在于：所谓"虚"，即《周礼》之廛，即市中之空地。清李调元《南越笔记》卷一，趁墟条载：

> 《南越志》云："越之市名为墟，多在村场，先期招集各商或歌舞以来之，荆南岭表皆然。"吕沈化州诗："三日一墟人不断。"李德裕厓州诗："鱼盐家给无墟市。"故村镇赶集者，谓之赶墟。

总之，墟通作虚。据汉应劭《风俗通·山泽》卷十载："墟者，虚也。"故释"墟"为："有人则满，无人则虚"；或是"市中空地也"，均可通。笔者以为：不仅从字义上，更重要的是从初期交易状况看来，此说均言之有理。进而言之，所谓"墟"，应是指变易场所为一片空地。至于"满时少，虚时多"之说，则有些牵强。因此，明王济《君子堂日询手镜》之说可取。他写道：

> 北方立期为市，谓之集，岭南则称虚。不知称虚之说所起及何处，据土人亦不知。余谓大抵作市于丘虚间，故谓之虚。唐人有"绿荷包饭趁虚人"之句，想其来远矣。又一书云："成市则实，市散则虚。"或未然，恐只是丘墟之义耳。

此中所谓"丘虚"，即言空虚之地。

一是近代提出的，虚为蛮夷之人所称。据徐松石《粤江流域人氏史》一书的《僮乃岭南土著的明证》章说：

> 《渊鉴类函》说："南越称野市为虚。"吴贤良《青籍杂记》说："市之所在，有人则满，无人则虚，岭南村市满时少，虚时多，故谓之虚。"屈大均则谓："虚则古代市中的廛，因《周礼》注说，廛乃市中空地。"

叶石洞则谓："圣人日中为市，聚则盈，散则虚，北方名集是从聚，南方名虚则从散。"其实，这些都是曲解。南方的虚是市，不类北方的殷墟、妫墟与大舜微时债于传虚的虚字，颇近《吴越春秋》亦谓："娄门外鸡陂墟者吴王牧鸡处。"这虚字显是荆蛮的称呼。《寰宇记》谓："容州夷多民少，呼市为虚。"可见，本无聚散盈虚之意。

意为："墟"字，是南方少数民族之语言所称，故用汉文解释其义，均属曲解。此说，立论新颖，发人省思。可惜只是推论。笔者以为，下述两条材料可作佐证。

一是始记南方墟名者，为南朝宋沈怀远之《南越志》。文中所引清敕撰《渊鉴类函》文即源于此。据《南越志》云：

越之市名为虚。

可证，虚最早是越人所名。

二是文中所引宋乐史《太平寰宇记》言，实则始出自唐梁载言《十道志》。该志是这样写的：

容州夷多民少，鼻饮跣足，好吹葫芦笙，击铜鼓，习射弓弩，无蚕桑，缉蕉葛为布，不习文字，呼市为墟。

可见，容州夷人，也"呼市为墟"。容州夷人，即古越人后裔。

因此，如果说古代越人始称集市为墟，墟为古越语，也是言之有据的。

场　"黔人谓市为场"(《岭南志略》卷一)，这是确论。

贵州各地均称市为场。如"镇远场市以寅申日趁集"(《黔南志略》卷十四)，"(普安县）场市十二，以十二支分配，遇期趁集"(《黔南志略》卷二八)。

贵州各民族也称市为场。如"(麻哈江）有羊鸡之场，乃诸夷互市处"(《使滇日记》)，蛮人，"以丑戌为场"(《黔书》卷一)，贵州苗人，"呼上市为赶场"(《滇行纪程》)。

街子　云南称市肆为街子。明谢肇淛《滇略》卷三有过较为详细的记述：

市肆，岭南谓之墟，齐、赵谓之集，蜀谓之亥，滇谓之街子。以其

日支名之，如辰日则曰龙街，戌日则曰狗街之类。至期，则四远之物毕至，日午则聚，日仄而罢。

续记其事者有清释同揆《洱海丛谈》：

滇人名墟集为街子。大理西门外教场，每年三月十四、十五、十六三日为大街子，百货聚集，结茅为屋如阛阓，文武当事共出弹压，下帐房，设兵以防苍山后生倮抢劫，唐宋明相沿不废。小街子则逢二、五、八日，于各廛市略聚，午过则散矣。

《滇南杂志》载：

腾俗每五日一街，村城不同日，土司地方皆同。

檀萃《滇海虞衡志》卷十三载：黑罗罗，

其市以牛街、狗街。

以上记载说明：

一是"滇人名墟集为街子"。

二是街子，"以其日支名之"。因其纪日以十二地支，依以配以十二生肖，故丑日曰牛街、辰日曰龙街、戌日曰狗街等。

三是有大街子、小街子之别。大街子，为大规模的物资交流盛会日；小街子，则为平常固定的市期。

四是历史悠久。自唐宋以来已有之。

五是少数民族地区（如彝族与土司辖地等）行此俗。

二、市　期

古代南方诸族，自然经济均占统治地位。如清严如熤《苗防备览·风俗下》，永、保土人风俗条记湘西土家族：

稼穑而外，不事商贾，本寨数十里之外，辄为足迹所不至，稀至城市。

清吴振棫《黔语》卷下记贵州王卡苗：

> 地隶平越，居者千百户，耕而食，织而衣，皆足以自给，以粟布之余出山市盐，他无所资于外。岁无逋赋，纳官有定日，虽雨雪不稍愆。山中人无故不外出，外人亦不得入。……淳淳闷闷，不与世通，无怀葛天之民亦若是而已矣。

在这种情况下，集市贸易只是作为一种补充手段，以互通有无。故交易只是在劳动的间隙中进行。经约定俗成，而固定在一定日子里，以便于聚四方之民，彼此交换一些生活必需品。

唐、宋时，对岭南诸族的市期，已有所载。据梁载言《十道志》载：容州夷，

> 五日一集。

唐容州，治今广西北流县。宋钱易《南部新书·辛集》：

> 端州以南，三日一市，谓之趁墟。

端州为今广东高要县。宋周辉《清波杂记》（《舆地纪胜》卷一二七）载：吉阳军，

> 境内止三百八户，无市井，每遇五七日，一区黎峒贸易，顷刻即散。

吉阳军，今海南崖县。可见，其时广西、广东及海南民族地区均已形成定期墟时。

明清时，记载颇多。下面按地区分叙。

海南黎族　据明顾岕《海槎余录》载：

> 黎村贸易处，近城则曰市场，在乡曰墟场，又曰集场。每三日早晚会集物资。

广西诸族　明王士性《广志泽》卷四载：廉州，

> 郡少耕稼，所资珠玑，以亥日聚市，黎、蛋壮稚以荷叶包饭而往，谓之“趁墟”。

廉州，故治为今广西合浦县。此处墟市，较为特殊，带有专营珠玑性质。又，清张心泰《粤游小志》载：

> 西省灵川，三日一墟，至则蚁屯，屯则鸟散，其地荒僻，米薪诸物全赖墟期遍买之，以储三日粮。

可见，即使“荒僻”之地，也需依赖墟期贸易。

云南诸族 明朱孟震《西南夷风土记》记傣族贸易：

> 交易，或五日一市，十日一市。惟孟密一日一小市，五日一大市，盖其地多宝藏，商贾幅辏，故物价常平。贸易多妇女。无升斗秤尺，度用手，量用箩，以四十两为一载，论两不论斤，故用等而不用秤。以铜为珠，如大豆，数而用之，若中国之使钱也。

可注意之处是：市期的长短，因物产的多寡与商品经济发达程度不一而有别。用以交易的度量衡志相当原始，其货币也不同内地。清毛奇龄《蛮司合志》卷八则载：

> 乐甸互市，五日十日一集，旦则妇，日中更男，更代贸易。

民族地区的市期，往往男女混杂，此处为男女分开不同时间贸易，可谓一奇。

贵州民族地区 据清田雯《黔书》卷一载：八番（今布依族）

> 以寅、午日为市。

此为以地支纪日，即十二天中有两天市期。清爱必达《黔南志略》卷一载：黔人，

> 多以十二支所属名其贸易之所，如子日为鼠场，丑日为牛场也。

这说明，贵州流行以十二地支所属生肖名市场。如前述，云南同此俗。同书卷二九又载：普安直隶厅，

> 场市三十八，城内一，余分布四乡，以十二支分配，逢期趁集。

此外，清徐家干《苗疆闻见录》卷上则载：贵州施秉旧县地胜秉，

为苗夷互市处，用以三七相递，每岁七十二市。

即固定每月逢三、逢七的日子为市期，每月市期六，每年市期七十二。

总之，广东、广西、海南、云南、贵州等民族地区的市期，多为三、五日一次，也有七、十日一次者，交易高峰期多在日中，即古人“日中为市”之意，也有在早晚者，均不一。这依不同民族不同地区而定。市期交易，具有灵活方便的特点，故称“逢期趁集”“顷刻即散”。

三、“妇人为市”

在南方不少民族中，存在着“女劳男逸”的社会现象。这不仅反映在生产活动中，且在贸易交换领域中也如此。对此，明谢肇淛《五杂俎·地部一》卷三作了精彩概述：

岭南谓之“趁虚”。而岭南多妇人为市，又一奇也。

岭南“妇人为市”，与内地妇女守闺房相较，确为“一奇”。这可说是南方墟场贸易的一大特点。历代对此俗也多有记述。

此事可溯至宋代。据《太平寰宇记·岭南道二》卷一六九载：循州（故治在今广东龙川县）风俗，

人多僚蛮，妇市，男子坐家。

宋周去非《岭外代答·蛮俗》卷十则载：

城郭虚市负贩逐利，率妇人也。而钦之小民，皆一夫而数妻，妻各自负贩逐市以赡一夫。

周去非所记粤西妇人“负贩逐利”之俗，至明王济《君子堂日询手镜》一书中，仍可得到充分反映：

余初到横，入南郭门，适城市荷担贸易，百货塞途，悉皆妇女，男子不下十一，余甚疑焉。询之，云：“城中居者多戎籍，不敢买仆，有仆

则有差，虽武弁之家，例不能免，故厮役多用妇女，至于贩鬻侍从亦然。”大家巨族有至一二十人。善经纪者，值银二十两。有司民间亦染此俗，诚可鄙也。又有乡人负柴米入市，亦是妇人，尤为可笑。

横州，治今广西横县。可见，当地荷担贸易者，“悉皆妇女”，而“男子不下十一”。主因在于：当地妇女“善经纪”，会做生意。此外，还有特殊因素：即城中居民多有兵籍，故雇妇女可免差。因此，妇人贸易成风。清代沿袭此风。如陆祚蕃《粤西偶记》载：宾州（治今广西宾阳），

僮妇独美，尝绣衣犄牛，入市贸易。

僮，属今壮族的一支。延至近代，尚存此俗。据民国《思恩县志·社会》载：思恩女子，

兼能营商交易，每墟场赶墟之人，男女各半，外来人骤然见之，颇诧异。

思恩向来为壮族居住地。总之，从宋至近代，使外人“诧异”的粤西壮族女子的入市贸易之俗，从未间断。

明顾岎《海槎余录》所记黎妇逐市之事颇为典型：黎村贸易处，

四境妇女担负接踵于路，男子则不出也。其地殷实之家，畜妻至四五辈，每日与物本令出门贸易，俟回收息，或五分三分不等。获利多者为好妾，异待之。此黎僚风俗之难变也。

顾岎把妇女“出门贸易”，称作“黎僚风俗”，是妥帖的。

明朱孟震《西南夷风土记》记傣族先民：

女顾劳力，治外负戴贸易，以赡其夫。

以上所举为两广壮族、海南黎族、云南傣族“妇女为市”之例，可见此俗在南方诸族中，以越、僚之民及其后裔为甚。

四、墟场与歌舞的合一

南方诸族墟场的又一特点是：除用作贸易外，还有供歌舞欢乐的功能。

这种歌舞与墟场的合一，在岭南民族地区称作歌墟。此风由来已久。据晋沈怀远《南越志》载：

> 越之市名墟，多在村场，先期招集各商或歌舞以来之，荆南岭表皆然。

这是关于市期有歌舞活动相配合的最早记载。从“荆南岭表皆然”的记载，可见当时此风流行地区之广。在岭表，此风至清而未断。据雍正《广西通志》载：

> 趋墟之日，男女歌答，惟壮人为然。

又，民国《思恩县志•社会》载：

> 六月六日，俗称六月六节，农人概停田工，谓忌人迹入田，农人皆趁墟作乐。

西南苗族也有此俗。如清徐炯《使滇日记》载：麻哈江，

> 场凡十二，当十二辰，历旬二日一市，每场岁三十市。岁暮，即场醵会，持牛角为觞，吹芦笙为乐，男女踏歌互侑，至元夕乃撤。

此为把场变成“踏歌”之例的例证。又，清贝青乔《苗俗记》载：

> 余自盘州抵归化，历龙场、兔场、狗场、鸡场诸寨。初不解命名之义，及询问土人，始知逐日赶场，数百里间栖十二辰为一周也。苗女麇集其间，固一秽墟云。

所谓“秽墟”，系对青年男女趁墟相会之贬称。

墟场变成歌舞作乐场所之因，主要在于：墟所本身就是公共聚会与活动的场所，市期，各方“男女毕集”（《苗俗纪闻》），为男女青年谈情说爱提供了条件。

概言之，南方诸族的市肆，不仅在称谓上与中原地区不同，而且，还具有“妇人为市”、歌舞与墟场合一的特点。此外，有些地方的“夜市”也别具一格。如清

张泓《滇南新语》载：

> 岭南有鬼市，在残漏之前。剑川有夜市，在禁鼓初动之后。……土著皆夷……日黄昏后，百货乃集，村人蚁赴，手燃松节曰明子，高低远近，如萤如磷，负女携男，趋市买卖，多席地群饮和歌跳舞，酗斗其常。而藉此以为桑间濮上，则夷习之陋恶也已甚。届二鼓，始扶醉渐散者半。

从中也可见，南方民族市期之一斑。

第六章　交通运输

本章的主要内容有三：记述舟楫的起源与南方诸族习于水上生活的特点；记述桥梁的发展过程与南方诸族的桥梁特点；记述南方诸族独特的陆上运输工具——背笼。

一、舟　楫

古时，河海阻绝，于是便有舟航之兴。据《墨子·辞过》载：

> 古之民，未知为舟车时，重任不移，远道不至，故圣王作为舟车以便民之事。

《淮南子·泛论训》：

> 古者大川名谷，冲绝道路，不通往来，乃为窬木方版，以为舟航，故地势有无，得相委输。

有了舟楫之利后，人类之间的往来与货物的流通，便迅猛发展起来。但是，水上交通的出现，是经过一段漫长过程的，这从古代南方民族保留的原始水上变通工具中，可以得到说明。

（一）携葫芦渡水

渡河最简单之法为游渡。为增加浮力与保证安全，人类借助于葫芦一类以引渡。如《庄子·逍遥游》卷一载：

> 今子有五石之瓠，何不虑以为大樽，而浮于江湖。

清王先谦注引司马云：

> 虑，犹结缀也。樽，如酒器，缚之于身，浮于江海，可以自渡。

清代黎族、高山族尚行类似浮水方法。据张庆长《黎岐纪闻》载：

黎水盛涨时，势涌流急，最苦难渡。黎人往来山际，多用大葫芦带身间，至溪流涨处，双手抱之，浮水而过。

高山族 康熙《诸罗县志·风俗·番俗》，器物条详述了番人壶卢的制作方法与用途：

室内壶卢，累累以百十计，多为富。大者容二斗。嫩时，味苦不可食。俟坚老，截顶出瓤，选其小而底相配者制为盖，泽以鹿脂，摩娑既久，莹赤如漆。番人于役，用装行李，雨而不濡。传递公文，遇大水，置其中戴于首而渡。汉人重价沽之，弗售也。

其他方志也称：番人以葫芦为行具，“遇水则浮”（《噶玛兰厅志》）。又，清六十七《番社采风图考》载：

秋潦骤降，溪壑涨盈，腰挟葫芦，径渡如驰。

邓传安《蠡测汇钞》载：番人遇溪流湍急，

有不可梁处，仍擎兜渡水。

可见，“瓠”“葫芦”等物曾是人类最早的渡河工具。

（二）筏

在未有舟船之前，人类始用漂浮的竹、木，或把若干木、竹联在一起，此即为筏。据《诗经·谷风》载：

就其深矣，方之舟之。

《越绝书》：

方船设泭，乘桴洛河。

《诗经》中的“方”,《越绝书》中的“桴”以及上引《淮南子》中的“方版”，就是我们所谓的“筏”。

古代南方诸族，多以筏为交通工具。据《黎岐纪闻》载：黎人，

有于山中取竹束作一捆，藉其浮势，夹挈而渡者。不可谓非智矣。

黎人攀附束成捆的竹以使人漂浮，而未把其作为载人工具，可见此浮竹尚不能称作筏。但可说明，筏就是由此发展而来的。又，元汪大渊《岛夷志略》载：琉球，

与彭湖差异水，无舟楫，以筏济之。

清六十七《番社采风图考》载：

台地南北大溪数十，宽广无梁，经冬浅涸可徒涉。夏秋水泛，汹涌湍激，土目通事经涉，乘竹筏，令番浮水绕筏扳援而行。

上述记载为南方民族用筏之二例。

由浮木进而为筏，再进为舟，故《淮南子·说山训》称：“古人见窾木浮而知舟。”这是符合历史事实的。

（三）独木舟

关于舟的发明，古籍多有记述。《易·系辞下》卷八载：黄帝、尧、舜，

刳木为舟，剡木为楫。舟楫之利，以济不通，致远以利天下。

把舟楫的发明归之于黄帝之时。《墨子·非儒》载：

巧垂作舟。

垂，《北堂书钞》引作“倕”,《太平御览》作“锤”。一说为尧时巧者也。《太平御览》卷七六九引《世本》曰：

共鼓、货狄作舟。

概言之，诸籍关于舟之发明人所记虽不一，但约略在黄帝或尧的传说时代，则是一致的。

最原始之舟，为独木船。此即所谓“刳木为舟，剡木为楫”。宋代已出现关于南方少数民族使用独木舟的记载。如周去非《岭外代答·器用》，刳木舟条云：

广西江行小舟，皆刳木为之。有面阔六七尺者，虽全成无罅，免繻袽之劳，钉灰之费。然质厚迟钝，忽遇大风浪，则不能翔，多至沉溺。……钦州竞渡兽舟，亦刳全木为之，则其地之所产可知矣。海外蕃船，亦有刳木者，则其为木，何止合抱而已哉。

可见，宋代广西民族地区等地，独木舟可谓盛行一时。该舟有制作简便省费之利，其弊为难行于大风浪中且有沉没之虞。又，朱辅《溪蛮丛笑》载：五溪蛮，

蛮地多楠，有木皮大围者，刳为舟，名独木舟。

清代，关于南方各民族地区使用独木舟的记载颇多。如：

高山族　郁永河《裨海纪游》载：

视沙间一舟，独木构成，可容两人对坐，各操一楫以渡，名曰莽葛，盖番舟也。

黄叔璥《台海使槎录》卷六载：

蟒甲，独木挖空，两边翼以木板，用藤缚之，无油灰可艌，水易流入，番以杓不时挹之。

兰鼎元《东征杂记》更详载其事：

蟒甲，番舟名，刳独木为之，划双浆以济。大者可容十余人，小者三五人。环屿皆水，无陆路可入，胥用蟒甲。外人欲诣其社，必燃草火以焰起为号，番则蟒甲以迎，不然不能至也。嗟乎！万山之内，有如此水，大水之中有此胜地，浮田自食，蟒甲往来，仇池公安足道哉。

又，六十七《番社采风图考》，艋舺条载：

> 彰化水沙连社，背山环水，水广数里，深不可测。社出苦茗，性极寒，汉人以货到社交易，番以独木凿其中为舟渡之，名曰艋舺。然非本社番不能使也。郁永和诗云：“莽葛元来是小舠，刳将独木似浮瓢；月明海滋歌如沸，知是番儿夜弄潮。”

可见，独木舟又名“蟒甲”“艋舺”“莽葛”（因译音而异写），是清代高山族的主要交通工具。

湖南“蛮地” 据陆次云《峒谿纤志》载：

> 蛮地多楠木，刳为舟，有绝大者。

这段记载是据《溪蛮丛笑》改写而成。

云南“夷人” 据曹树翘《滇南杂志》，八达江条载：

> 稍东流而为鲁克之便柳可渡，方水落时，只五六十步耳，水势湍急，截流乃济。夷人刳木为舟，如鱼腹然，狭而长，仅容二三人。

可见，此舟极小，“仅容二三人”。

贵州瑶人 据咸丰《荔波县志稿》载：

> 瑶用独木舟，以大木长丈许，空其中，令首尾昂而锐，居近水者，幼童稚女，操渡如飞。

从“幼童稚女，操渡如飞”的记载，可证荔波瑶人之擅驾独木舟。

（四）皮　船

西南地区以牧为业的民族，则多以畜皮为船。其制有二：

一是将畜皮充气后，用作浮水的皮囊。其特点是：制作简单，且只供一人使用。如清余庆远《维西见闻纪》载：维西夷人，

> 不去毛而趸剥羖皮，扎三足，一足嘘气其中，令饱胀扎之，骑以渡水。

二是以树皮作骨架，蒙以畜皮。其制较精巧，且可载运多人。如清李心衡《金川琐记》卷二载：

> 金川之皮船，工省用溥，其制尤巧。用极坚树皮作骨，蒙以牛革，形圆如栝棬。一人持浆，中可坐四五人。顺流而下，疾于奔马，顷刻达百里，虽悬泉峻滩，曾无触碍。船中人咸相戒，不得动，动即颠覆，百无一生。船不能行逆流，辄舣岸负之而趋，轻若戴釜。蛮俗不知刳木之制，大江往来，赖此一物。秋冬潦尽潭清，奔流凝碧，时见皮船与波驶逸，正如一叶随风缪清泉。

总之，皮船较之木船，具有运转灵活且易于携带的长处。

（五）“习于用舟”

南方诸族习于“水行”、便于用舟，是有别于北方民族的又一文化特征。此习，来源尚矣。

楚人善于水上生活。其主要表现有三点：一是有精致的船只及船上用具。如《楚辞》中有“桂舟”“荪桡”“桂櫂”（《九歌·湘夫人》），“舲船”“吴榜”（《九章·涉江》）之辞。“舲”，朱熹释为“船有窗牖者，或曰小船也。”（《楚辞集注》）“榜”，为櫂之别称。二是水上交通发达。《楚辞》中多次出现“济”水、“乘”船、“运”舟、“浮”江之语，以形容水上行舟。这也可从考古发现中得到证实。1957年安徽出土的“鄂君启节”，记载战国时的楚人鄂君启出动商船一百五十艘，“水程四路分布地区包括今湖北，湖南二省的极大部分，河南、安徽各一部分，还碰到广西一只角”。[①] 这些都说明，楚人可在江河中通行无阻。三是有一支强大的舟师。以《左传》为例，其主要记载有：“楚舟师之役以伐吴”（《襄公二十四年》）；“楚子为舟师以伐濮”（《昭公十九年》）；“楚子为舟师以略吴疆”（《昭公二十四年》）；“（楚）子常以舟师及沙汭而还”（《昭公二十七年》）；“楚舟师败于吴”（《左传·定公六年》）。这些记载表明：我国水师最早始于楚。胡厚宜《楚民族源于东方考》说：“舟师虽兴于

① 谭其骧：《鄂君启节铭文释地》，见朱东润等主编：《中华文史论丛》（第二辑），上海，上海古籍出版社，1979。

吴楚两国，然时代甚远，由《左传》观之，乃见于昭公之后。”胡先生正确地指明了楚为舟师的起源之国，但他说的“兴”的年代有误。如上载，楚舟师非在“昭公以后”，而是在其前即襄公二十四年时已有之。

越人之特点，以据说越王勾践的下述之言最富代表性：“夫越性脆而愚，水行而山处；以船为车，以楫为马；往若飘风，去则难从；锐兵任死，越之常性也。”（《越绝书·外传记地传》）越人习于“水行”，主要表现如下：一是擅游。据《韩非子·难势》载：

夫待越之善海游者，以救中国之人；越人善游矣，而溺者不济矣。

可见，越人擅游与中国之人不擅游，恰成两个极端。二是越船闻名于世。这从越舲被作为船的代名词一例中可得到证实：“越舲蜀艇，不能无水而浮。”（《淮南子·俶贞训》）三是越人以舟为主要交通工具。据《慎子》（《太平御览》卷七六八）载：

行海者，坐而至越，有舟也；行陆者，立而至秦，有车也。秦、越远途也，安坐而至者，械也。

寓意深刻地说明：处于内陆的秦人，以车为械；而水处的越人，则以舟代步。四是长于水战。越人与他国之战，多在水上决胜负。如越吴之战、越楚之战，以及越“北渡兵于淮”（《史记·越王勾践世家》），均属此例。

从南北朝一直至隋代，居于长江峡中地区的“蛮蜒”“巴蜒”也习于水上生活与水战。据《陈书·徐世谱传》载：徐世谱与“蛮蜒”战，

尤敢勇有膂力，善水战。

《周书·异域传》载：蜒人势力炽盛时，

屯据三峡，断遏水路，荆蜀行人，至有假道者。

《资治通鉴·隋开皇九年》载：隋将杨素与陈将吕冲肃战，

遣巴蜒千人，乘五牙四艘，以拍竿碎其十条舰，遂大破之。

据胡三省注："蜒亦蛮也。居巴中者曰巴蜒。以水蜒之习于用舟者也。"至五代时，"武陵洞蛮"也利用江湖之利，从湖南深入湖北沿江腹地。据《旧五代史·梁书·雷满传》载，"武陵洞蛮"雷满，为澧朗节度使：

> 及死，子彦恭继之。蛮蜀狡狯，深有父风，烬墟落，榜舟楫，上下于南郡、武昌之间，殆无人矣。又与淮、蜀结连，阻绝王命。

可见，其势东及淮水，西连巴蜀，中及南郡、武昌，南至武陵；主要活动方式为"榜舟楫"。故楚境之蜒、"蛮""习于用舟"，可谓有楚之遗风。

后世南方诸族也擅水，下面叙述的"竞渡之戏"，即突出例证。

总之，楚、越及其后的南方诸族这种"常性"，是其地势使然。楚地有江、汉、沅、湘及洞庭诸水。越人为"居水"（《国语·越语上》）之人，据有"三江五湖之利"（《国语·越语下》）。后世南方诸族有"西南溪峒诸蛮"（《宋史·蛮夷列传》）的称谓，形象地反映了他们依山傍水而居的特点。此即"舟行宜多水"（《淮南子·原道训》）之谓也。

（六）"竞渡之戏"

由于习于"水行"，便产生了竞渡之戏。此俗，早在梁人宗懔的《荆楚岁时记》中已有载及：五月五日，"是日竞渡采杂药"。

关于竞渡之戏的起源，据《隋书·地理志下》载：荆州之地多杂蛮左之风，

> 屈原以五月望日赴汨罗，土人追至洞庭不见，湖大船小，莫得济者，乃歌曰："何由得渡湖！"因尔鼓櫂争归，竞会亭上，习以为传，为竞渡之戏。其迅楫齐驰，櫂歌乱响，喧振水陆，观者如云，诸郡率然，而南郡、襄阳尤甚。

作者以为，竞渡之戏早在屈原以前即已有之。它起源于楚之舟战。在水战中，兵贵神速，谁的速度快，谁就能取得战争的主动权。故水师把竞渡作为训练手段，就如同陆军把赛跑作为训练手段一样，是浅显易懂的道理。而且，从楚地流传的一些游戏如"牵钩之戏"即源于"讲武"一例，也可得到说明。据《隋书·地理志下》载：

牵钩之戏，

从讲武所出，楚将伐吴，以为教战，流迁不改，习以为传。

牵钩之戏，即《荆楚岁时记》中的“施钩之戏”；而施钩之戏，即源于“舟战”。再者，后世有的民族地区的竞渡仍遗有浓重的军事色彩，也提供了佐证。如《赤雅》卷下载：

桂林竞渡，舟长十余丈左右，衣白数人。右麾白旗，左麾长袖，如郎当舞中扮古今名将，各执利兵，傍置弓弩。遇仇敌不退兵，胜则枭而悬之。

概言之，竞渡之戏来自水师之“教战”，并非因救屈原而起。当然，这并不排除后世把竞渡之戏演变成纪念屈原的一项群众性的节日活动。

竞渡之戏，即后世的“爬船”“斗龙舟”。此风在原楚境的民族地区极盛行。唐刘禹锡《竞渡曲》（《全唐诗》卷三五六）在描述沅江竞渡盛景时写道：“风俗如狂重此时。”并称“竞渡始于武陵”，武陵素为“五溪蛮”居地。唐元稹《竞舟》（《全唐诗》卷三九八）：“楚俗不爱力，费力为竞舟。”宋朱辅《溪蛮丛笑》则载：“爬船，蛮乡最重。”直至清代，仍重此风。如清徐家干《苗疆闻见录》载：苗疆，

好斗龙舟，岁以五月二十日为端节，竞渡于清江宽深之处。其舟以大整木刳成五六丈，前安龙头，后置凤尾，中能容二三十人，短桡激水，行走如飞。

又，同治《恩施县志》卷七载：鄂西民族地区，五月五日，

清江龙舟竞渡，至十五日乃止。

此俗还传播至岭南民族地区。据明王济《君子堂手询日镜》载：广西“夷”人聚居的横州，

遇端阳前一日，即为竞渡之戏，至初五日方罢。舟有十数只，甚狭，长可七八丈，头尾皆刻龙形。每舟有五六十人，皆衣绿短衫裳，鸣钲鼓

数人，搴旗一人，余各以桨擢水，其行如飞。二舟相较胜负，迅疾者为胜，则以酒肉红帛赏之，其负者披靡而去。远近男妇老稚毕集江浒，珠翠绯紫，横炫夺目。

上述事例，充分反映了斗龙舟之法及其盛况。此俗，甚至扩及东南地区。宋朱彧《萍洲可谈》卷二载：

江浙民间多竞渡，亦有龙舟，率用五月五日，主屈原，湘楚之俗也。

可见，朱彧认为：江浙竞渡俗，源于楚。

古代南方民族有竞渡之习，还可从文物中得到印证。曾流行于南方民族的铜鼓，多有船形纹，船上之人作奋力划船状，学者多称之为竞渡纹，即属此例。

总之，此俗在南方民族地区分布地域甚广，但究其源，当来自“楚俗”（《溪蛮丛笑》）无疑。隋人杜台卿说：“南方民又竞渡……在北舳舻既少，罕有此事。”（《玉烛宝典》）。可谓一语道破了南方诸族之俗与中原之俗的又一区别。

二、桥　梁

两岸交通，除了舟船外，就是造桥。从南方诸族采用的多种古老过河法，约略可见桥的发展过程。

（一）“跳石而过”

水浅之处，人们根据走步的距离，置石河中，踩石而过，这是人类最简便的过河方法。清代高山族先民，遇溪路“则跳石而过”（《台湾纪略·风俗》），即属此例。这可视作原始之石桥。

（二）独木桥

独木桥，则为原始木桥。这在南方偏僻山区仍多见。如清曹树翘《滇南杂志》载：

毕钵罗窟，在赵州白崖之西。岩悬壁削，林木青苍……上有独木桥十余所，长或三尺或五六尺。

遇溪流湍急之处，为了增加安全保险，发展成多根木头结合而成的桥梁。清邓传安《蠡测汇钞》记台湾之地：

> 两山耸峙，夹以巨石，溪流湍急。浅处可厉，深处不可涉。登山伐木，顷刻成梁。如《左传》之“除道梁溠”者，以人众易为力耳。

（三）藤　桥

以藤为桥，主要在台湾高山族地区。据清永和《番境补遗》载：水沙廉在山中，

> 自柴里转小径过斗六门，崎岖而入，阻大溪三重，水深险，无桥梁，老藤横跨溪上，往来从藤上行。外人至，辄股栗，不敢前，番人见惯，不怖也。

又，林谦光《台湾纪略·风俗》载：

> 出入皆乘牛车，遇上路陡绝，则循藤而过。

这种完全不用人工架设，采用老藤这种自然物过渡的办法，可说是最原始的桥梁了。

但是，“从藤上行”，有其局限性。一是并非溪上都有“老藤横跨”；一是有如今日走钢丝的杂技一般，终是使人心惊的。于是，出现了大藤为经、小藤为纬编织而成的藤桥。据清六十七《番社采风图考》，藤桥条载：

> 诸罗有内游八社，其第五社曰藤桥。高山对峙，中夹大溪，深数千仞。番剖大藤为经，系于两麓大木上，以小藤为纬，横织如梁，翼以扶阑，行则摇曳如欲坠然。过者股栗目眩，不敢俯睇，番以头顶物，往来如飞。

这种人工编织的藤桥，虽使行者有“如欲坠然”的感觉，但比起“循藤而过”来，则要安全千百倍了。

（四）“溜渡”

在地陡水急而江面又较宽之处，难于架桥，人们发明了“溜渡”。此俗，很早以来就行于西南民族地区。史书不乏其载。据清张泓《滇南新语》载：

> 澜沧江渡，更觉险奇，两岸险逼，无隙可施铁索，土人乃作溜渡，俗名曰溜筒江。江宽阻约二三十丈，用大竹缆围径尺者牢系两岸石椿，渡彼岸者东高，渡此岸者西高。以坚藤或绞作三圈，牢加罗织，以圈贯缆上，曰溜筒。欲渡者以绳缚圈中与缚放豚而肩之，无异岸人力送，即梭逝至。半渡，缆弓缆筒亦摇荡如秋千。少停，必自以两手递援，始登彼岸。左往右来，两无碍至。货物亦缚于圈内，另以细绳系圈上，溜至中，恐或停阻，用力抽曳使动而易下，亦颇迅。昔运军糈出口，由二别逻渡浪沧，曾阅此。

清余庆远《维西见闻纪》载：

> 溜筒江。维西以金沙浪沧江为天堑，水湍急，舟不可渡，乃设溜绳。其法，对岸栽石，横江系竹缆，江阳自上而下，江阴自下而上，一以通往来之渡。渡则携一竹片如瓦者，两旁有孔系绳，人畜缚于绳，竹冒于缆，如梭掷而渡之。或止可系一缆，两岸高悬，中堧而低，往来皆渡于此，至低处则以手挽缆递引而上。渡物则人前物后，引而渡焉，《史记》所谓筰也。筰非一处，以夷语译之，每遇筰，皆曰溜筒江。

清李心衡《金川琐记》卷六，溜筒桥条载：

> 绥靖之噶尔丹寺，向有溜筒桥，已久废，其址尚存，土民中有一年长者为予言之甚详。江面既阔，夹岸皆高山，既不能立磉建桥，复不能建索桥，不得已始为溜筒。其桥制特异，危险亦百倍于索桥。两岸高处各植一巨柱，低处亦各植一巨柱，凡四柱，柱皆深埋山石中，出地高数尺。柱旁俱建屋一区，各设夫役二三名，为往来人接应。此岸高处之柱，与彼岸低处之柱，遥遥相对。柱端相连铁索，索外套一五六尺长之巨竹

筒，用牛革及生漆裹护极坚，筒上系一细索，较铁索略短，其端系高处柱梢。人畜欲渡者，抱缚竹筒，高处夫役持索缓缓放之，乘势而下，直抵彼岸，解缚即收回竹筒。彼岸欲来者，亦从高处溜下，法与前同。内地惟雅州府属之天全州独多，盖天全本属夷地。

清曹树翘《滇南杂志》载：

藤索渡。禄劝所属普渡河金沙江多有此渡。岩壑峻极，水势险恶，既不可施舟辑，乃以藤絙一大索，缚于两岸树上，所谓渡索也。绳上缚一小木筒，所谓橦也。欲渡者，以小绳缚人于橦上，人自以手沿大藤而进，行达彼岸，复自解之，所谓寻橦也。

以上所录，出自清人所见所闻，真实可信。盖言之，“溜渡”又名“溜绳”“溜筒桥”“藤索渡”。余庆远认为，《史记》中的“筰”，即指此。其主要方法是：用竹篾或藤皮编织成大缆索，分别系在两岸的木桩（包括大树）或石柱（包括岩石）上，此岸的缆索要系在高处，对岸则置于低处。在缆索上安一溜筒。人们过河时，用绳索把自身绑在溜筒上，利用从高往低滑的惯性，并借手足攀蹬的助力，溜达彼岸。一般说来，两岸有两处溜渡，彼岸之人也可用同样的方法从高处溜过来。一来一往，互不妨碍。如果两岸只有一处溜渡，其法是，将缆索高悬两岸，中松而低，从高处滑至低处后，刚依靠自身力量攀缆而过。这后一种方法，当然要费力得多。需要运送牲畜与物资时，则人前物后，以便牵引而渡。

上述“溜渡”之法，每次只能通过一人一物，效率奇低。为扩大运输量，于是又发明了“舟人循绳而渡”之法。据清许瓒曾《滇行纪程》载：盘江水，

江广三十余丈，水深无底，左右石崖廉利如剑戟，自昔济此者用渡船行骇浪中，一不戒辄葬鱼腹。古法必树杙于两崖，贯之以索，凭索曳舟，乃得横渡，所谓牂歌是也，故遂以名江。杨慎谓牂牁，即贵池地。其江水迅疾难济，立两杙于两岸，中以绳絙之，舟人循绳而渡。余过其地，见盘江与崇安江皆然。嘉隆以前，俱用牂牁济，无有议建桥者。

牂牁之名，源于船只循绳而渡之说，虽难确证，但可备一说。可以肯定的是，“索

渡”之法是从渡人扩及渡舟的。

（五）索　桥

在索渡的基础上，发展成竹索桥或藤索桥。据《金川琐记》卷五，篾索桥条载：金川章谷屯有三所索桥，

> 凡索桥所在，必水势险恶，既不可运方舟，又皆石壁危仄，高出千寻上，水复湍急，不能施桥磉。《后汉书》注所谓溪谷不通，以绳索相引而度也。其制，两岸植椿千百，镇巨石于其上，絙以长绳，络以板片，两旁用巨索约身如栏楯。人行其上，随足倾陷，如履泥淖中。一至中间，随风簸荡，势更敧危。板罅下窥惊涛掣电，耳咢天风，目眴喷雷，足蹑云气，身飘飘如纸鸢，进退无主，命悬一线，有欲落不落之象，万感茫茫，攒集于寸心。

换言之，其制法是：在河岸两边多处立椿，系以多根巨索，索上铺加木板，两旁再架起巨索作为栏杆，为防行人跌入河中。索桥与索渡比较起来，具有行人可以同时大批通过和安全可靠的优点。

随着建筑材料的发展，在明代出现了以铁索代替竹索或藤索造桥，称为“铁索桥”。从此，铁索桥成了西南民族地区特有的一种桥梁奇观。如《滇南杂记》载：

> 滇中铁索桥最多，惟保山县跨澜沧江者，长三十余丈，车马往来，袅袅浮动。

《滇行纪程》载：盘江，

> 天启初，水蔺酋叛，滇黔道绝，有普安朱监军道建议筑桥以通滇。先于两岸筑石墩高一十三丈有奇，宽亦如之。熔铁为扣，联扣为索，索三百余扣，扣重十八九斤，索凡三十絙，贯两岸石窟中。索上横铺巨木，盖以大板。石猊、水犀之属为桥镇者，悉备焉。又以索末所余十条丈盘绕巩固，费金钱巨万，起于崇祯元年正月，落成于三年十一月，此所谓铁索桥是也。

《滇南杂志》载：

> 霁虹挢（即铁索桥，滇中铁索桥甚多，而以此为最险，故特录此），在永昌府城北八十里，跨澜沧江。古以舟渡，狭隘湍急，行者忧之。后以篾绳为挢，攀援而渡。武侯南征架木桥以济师。元也先不花西征，更以巨木，题曰霁虹，后圮，复以舟渡。明洪武间镇抚华岳，铸二铁柱于石以维舟，后架木桥寻毁。成化中僧了然者，乃募建飞桥，以木为柱，以铁索横牵两岸，下无所凭，飘飘然悬空桥上，复为亭二十三楹，两岸各为一房，副使芳鹏题于石壁曰，天下第一桥。……然桥摇动无宁晷，铁缆恒蚀，明季复毁。

上述记载，说明了铁索桥的历史及其制法与作用。从“车马往来，臬臬浮动”的描述，可见铁索桥对沟通西南交通的重要作用。由于铁索桥耗资较大，故多为官办。但究其源，若无西南诸族人民创造的竹索桥、藤索桥，就不会有后世规模壮观的铁索桥。

三、背　笼

人类早期用人力载重物品，一般采用头顶、手提，肩挑、背负的方法。以地区特点而言，平地多用肩挑，山居则喜以背负。南方诸族多山居，故流行背负之法。其负物工具名“背笼”。最早记述此事者为宋范成大。据《文献通考》卷三二八引《桂海虞衡志》载：瑶人，

> 岭蹬险厄，负戴者悉著背上，绳系于额，偻而趋。

续记瑶人此俗者，为宋周去非《岭外代答》卷三：

> 地皆高山，而所产乃辎重，欲运致之，不可肩荷，则为大囊贮物，以皮为大带，挽之于额，而负之于背。虽大木石，亦负于背。

最早记“背笼”之名者，则为宋朱辅。据《溪蛮丛笑》，背笼条载：五溪蛮，

> 负物不以肩，用木为半枷之状，钳其项，以布带或皮系之额上，名背笼。

概言之，宋代瑶人与五溪蛮的运物法是：头上套绳，下用背架负物，即所谓“挽之于额，而负之于背”是也。

清代关于背笼负物法的记载颇多。下面依族属加以叙述。

苗族　据黄元治《黔中杂记》载：苗人，

肩不能担，凡薪米之属悉背负。

陆次云《峒豀纤志》卷中，背笼条载：

诸苗负物不以肩，以木为半枷之状，钳其项，系带于额，背笼以行。

此段记载，显系从《溪蛮丛笑》改写而成。严如熤《苗防备览》卷八载：

腰背负笼，出入必具。其笼以竹为之，旁有两绳贯于两肩，秋成以获杂粮，平时以负柴薪。负重致远，则先用背杠。背杠以木板为之，形如半枷，置于项后，着以肩，贯绳以系于首，然后背笼负物，肩与首并用其力。

徐珂《清稗类钞》第五册，湘苗农事条文，即录自此。又，同治《永绥厅志·苗峒》卷一，有相同记载，也本此。李宗昉《黔记》卷三载：白龙家，

凡物皆背负。

所谓“背负”，均指以背笼负物。

瑶族　闵叙《粤述》载：瑶人，

负载者悉着背上，绳系于额，偻而趋，上下若飞。

此段记载，照录《桂海虞衡志》。

土家族　据同治《来凤县志·风俗》载：农妇，

负篓于背，上山斧薪。

彝族　据爱必达《黔南志略》卷二四载：罗罗，

凡薪米之属，悉背负，善走蹑悬崖，捷于猿鸟。

藏族　据李心衡《金川琐记》卷二载：

尝见黔楚苗瑶及西藏夷人，携带货物，或缠缚头顶，或系绊脊膂，头不得转动，身不得屈伸。视肩挑手挽，劳苦尤甚。然彼徒习以为常，乐此不疲。至金川夷人，辄用皮条长数尺，作活套束物系背，仍手持其端。劳顿时，背就蹲石，手松其套，可小憩。

真实地描写了西藏与四川金川的藏人以及贵州、四川的苗、瑶以背负物的劳作及休息状况。

苦聪　据《皇清职贡图》卷七，临安等府苦葱蛮等条载：

常负竹笼，入山采药。

曹树翘《滇南杂志》也载：苦葱，

皆负篾笼，入山取药，入市贸易。

怒族　据《皇清职贡图》卷七，丽江等府怒人条载：

常负筐持囊，斲黄连。

傈僳族　据《皇清职贡图》卷七，姚安等府傈僳蛮条载：

负竹筐出入。

哈喇（今佤族）　据道光《云南通志稿》卷一八六，哈喇条载：

产子，竹兜盛之，负于背。

窝泥（今哈尼族）　据道光《云南通志稿》卷一八三，窝泥条载：黑窝泥，

背负竹笼，或盛货盛柴。

布朗族（蒲人） 据檀萃《滇海虞衡志》卷十三载：蒲人，

不知荷担，以篓负土。

又，道光《云南通志稿》卷一八三，蒲人条载：

不知荷担，以篓负背上。

傣族 据清毛奇龄《蛮司合志·云南一》载：永昌，旧名金齿。其种人，

不知荷担，负竹篓于背，入水不湛。

又，清傅恒《皇清职贡图》卷七载：临安等府土僚，

常负竹笼，盛酒食入市贸易。

白族（爨）、**纳西族**（么些） 据释同揆《洱海丛谈》载：

滇黔苗、倮、僰（傣族）、爨（白族）、么些之属，担柴负重，顶戴半木枷，即徒行亦不暂脱。

云南诸族 据张咏《云南风土记》载：

滇人载物，马骡外，往往以负。其法，以巨索缚物，索端以棕皮织数层如缯，阔三寸许，戴额间，负手承物，伛偻行。少憩，即倚物而坐。虽大木巨石，亦用此法。岂其额多力，异于他处耶？

综上所述，可见瑶、苗、土家、彝、藏、苦聪、怒、傈僳、佤、哈尼、布朗、傣、白、纳西、云南诸族以及南方诸山区居民，盛行负物之法。其负物工具，除名“背笼”外，也有“竹笼”“篾笼”“竹筐”“竹兜”“篓”之称。需要指出的是，背笼除用作载物外，还可背人。《黔记》卷一载：“黔中妇女，作背兜，负儿于背。”可证。

关于南方诸族载物不用肩挑而用背负之成因，前人有过两种错误解释。一是以盘瓠传说附会之。如清梁章冉《两般秋雨庵随笔》卷二载：

瑶俗负物，男人以肩，女人以首。谓男首是狗王之头，而女肩则高辛公主金肩，故皆贵之。

二是以诸葛亮定南蛮的传说附会之。如《洱海丛谈》写道：滇中诸族担负货物顶戴木枷，

相传武侯定南蛮设此号令群夷，使其不敢与汉人为伍，以别贵贱。

上述两说，不仅把负物法的起源，蒙上了神秘的色彩，而且充满了民族偏见，是不足取的。

其实，道理很简单，这是山区民族为适应当地的自然环境而世代形成的运输习惯。对此，前人也已有真知灼见。如陈鼎《滇黔游记》驳斥诸葛亮所设时写道：

殊不知非也。彼戴木枷者，殆可负重，以便工作耳。

李心衡《金川琐记》卷二在评论金川夷人背负法时则说：

盖金川跬步皆山，硕石嶙伏，揞撑良便。夹道崎岖，又复盘旋曲折，若用横担，非特上下触碍，抑且转侧多阻。田地制宜，其法尽善。

总之，在崎岖曲折的山路上，中原居民流行的肩挑法，在此是不适用的。背负法，则“因地制宜”，不仅便于“工作”，而且“其法尽善”。不失为南方诸族劳动人民的一种创造。

第七章　土官制

在政治上，我国封建王朝在南方民族聚居和杂居地，历来采用土官统治的制度。土官制度的雏型，由来久矣。据《明史·土司列传序》载：

> 西南诸蛮，有虞氏之苗，商之鬼方，西汉之夜郎，靡莫、邛筰、僰、爨之属皆是也。自巴、夔以东及湖、湘、岭峤，盘踞数千里，种类殊别。历代以来，自相君长。原其为王朝役使，自周武王时孟津大会，而庸、蜀、羌、髳、微、卢、彭、濮诸蛮皆与焉。及楚庄蹻王滇，而秦开五尺道，置吏，沿及汉武，置都尉县属，仍令自保，此即土官土吏之所始欤。

这说明：早在夏、商、周时期，就已存在中央王朝和南方民族之间的关系问题，但作为对南方民族地区大规模的开发与经营，还是从秦王朝——我国统一的多民族国家形成时期才开始的。

秦统一全国后，并不急于改变南方民族土著首领的称号和统治地位。云梦秦简中，有不少关于“臣邦君长”“臣邦君公”的记载（《云梦睡虎地秦墓竹简》）。这表明：秦在民族地区虽设置郡、县，委派守、令，但“蛮夷邑君侯王”并未废除，可谓实行与汉区不同的郡、县守令与臣邦君长并存的双轨制。清钱大昕说，秦“初虽有郡名，仍令其君长治之”（《潜研堂文集·三十六郡考》），这一见解是符合历史实际的。

两汉时，除了继续广泛推行“蛮夷君长”的统治制度外，还采用对效忠中央王朝的南方诸族首领大批颁爵封官的办法。故史称：“汉氏之后，中国之于夷狄”“申之封拜之宠”（《册府元龟》卷九六三），这是言之有据的。如《汉书·西南夷传》载：汉武帝时，

> 南粤已灭，还诛反者，夜郎遂入朝，上以为夜郎王。

其后，以兵临滇，

> 滇举国降，请置吏入朝。于是以为益州郡，赐滇王王印，复长其民。

换言之，汉授夜郎、滇王印，并使之继续统治西南民族。

三国时，最富代表性的是蜀汉诸葛亮平定南中诸郡（指川西和云、贵的“西南夷”）后所采取的“皆即其渠帅而用之”的政策。据《三国志·蜀书·诸葛亮传》注引《汉晋春秋》载，诸葛亮对实行此策的原因和作用作了透辟的分析：

> 若留外人，则当留兵，兵留则无所食，一不易也；加夷新伤破，父兄死丧，留死人而无兵者，必成祸患，二不易也；又夷累有废杀之罪，自嫌衅重，若留外人，终不相信，三不易也；今吾欲使不留兵，不运粮，而纲纪粗定，夷、汉粗安故耳。

意思是说：只有不派遣汉族官吏而仍委其渠帅统治南中，才可以不派兵驻扎，不增加经济负担，不造成民族隔阂；这样才能做到维护蜀汉政权对当地的统治，并使“夷”“汉”之间相安无事。这一政策实行的结果，不仅巩固了蜀汉的后方，并为其提供了充足的人力物力资源，使之“国以富饶”（《蜀书·诸葛亮传》）。概言之，诸葛亮的“即其渠帅而用之”之策，就是在秦代的“臣邦君长”制、汉代的“蛮夷君长”制的基础上发展而来的。后世统治阶级中的有识之士，奉此策为治理南方诸族的圭臬。如唐代蜀州刺史张柬之赞叹说，诸葛亮“使其渠率自相统属，不置汉官，亦不留兵镇守”，可谓“妙得羁縻蛮夷之术”（《旧唐书·张柬之传》）。清代贵州巡抚田雯也称誉道：“既平之后，即其渠帅而用之，示以信义，布以德威，俾之分守其土，各部其民，纲纪粗定，而蛮汉相安，此道得也。”（《黔书》卷三，武乡侯祠条）

两晋时，仍奉行以“蛮酋”为长之策。以“蛮夷”聚居的南中地区为例：“晋武帝时，以爨深为兴古太守，今曲靖也，今有庙在晋宁州。”（《云南志略》）

南朝时，在蛮人聚居之地，设置了“左郡”“左县”的特殊政区。而左郡、左县之得名，当系源于“蛮左”一词。如：“臧严历监义阳、武宁郡，累任皆蛮左”（《梁书·臧严传》）；“荆雍之界，蛮左数反”（《陈书·淳于量传》）；欧阳頠曾除“天门太守，伐蛮左有功”（《陈书·欧阳頠传》）。可见，左郡、左县意为在蛮左之地所设置的郡县。

《宋书·州郡志》和《南齐书·州郡志》，对左郡、左县的设置情况有详细记载，从中可归结出如下特点：

一是分布地域广，数量多。据粗略统计，南朝先后在南豫州、司州、荆州、郢

州、雍州、湘州、江州、益州等八州蛮人居住地设置过左郡、左县。其中,《宋书·州郡志》所载，共有左郡六十五、左县一百三十八。

二是规模一般较小。郡县规模之大小，当以所领户口多寡而转移，而左郡、左县的人口均较少。据《宋书·州郡志二》载，边城左郡“领县四。户四百一十七，口二千四百七十九”，则一左县平均只有百户人家，六百多口人而已。规模小的原因在于：划分的标准，不同于一般郡县；它不是依据户口和区域大小，而是按蛮族部落组织的内部结构来划分的。由于规模较小，加上蛮族的经济文化较为落后，故左郡、左县的地位不及内地郡县重要。从而，大多数左郡、左县很难确定其地望。如宁蛮府（治今湖北襄阳）所领二十四郡六十四县，今地多不可知。

三是任命“酋豪”为州刺史、郡守、县令并保持蛮族旧有的统治方式。所谓左郡、左县，有两层意思。一是冠以郡县之名，意味着蛮族地区已非“化外”之域，需要直接服从南朝中央政府的领导和征调，这是共性。一是郡县之前加上“左”字这一定语，意味着与内地郡县不同，有它的特殊性。这表现为仍利用“蛮酋”对蛮族地区实行统治。如：宋初“以蛮户立宋安、光城二郡”以西阳蛮田益之为宋安太守、以田光兴为光城太守（《宋书·夷蛮传》），南齐时郢州蛮首领田驷路、田驴五、田何代也被授予当地左郡太守的称号（《南齐书·蛮传》），而且，南朝政府并不打乱蛮族原有的组织形式，不干预其内部事务。

南朝除在蛮族地区设置左郡、左县外，还在僚族和俚族聚居地分别设置僚郡和俚郡。这说明，左郡、左县和僚郡、俚郡，是南朝政府在民族地区普遍设置的由本族首领自治的特殊政权。

唐代，在南朝的左郡、僚郡、俚郡制的基础上发展和演变成羁縻州制。

唐代羁縻州制正式确定为治理民族地区的一种地方行政制度，并广为推行，是在唐贞观年间。《新唐书·地理志七》对羁縻州制的形成过程和主要内容作了如下概述：

> 唐兴，初未暇于四夷，自太宗平突厥，西北诸蕃及蛮夷稍稍内属，即其部落列置州县，其大者为都督府。以其首领为都督、刺史，皆得世袭。虽贡赋版籍，多不上户部，然声教所暨，皆边州都督、都护所领，著于令式。

唐代羁縻制的主要特点有三：一是州的数目甚多。“凡天下三百六十州，迄于天宝，凡三百三十一州存焉，而羁縻之州八百。”（《唐会要》卷七〇）此“羁縻之州八百”为大略言之，实际应为“八百五十六”（《新唐书·地理志七下》）。又，据作者统计，当时南方民族地区的羁縻州数为四百零二。换言之，当时人口稠密的内地所设“正州”数，尚不及地广人稀的边地所设羁縻州数的一半，甚至还不及南方民族地区设立的羁縻州数。二是州属户数少，州治简陋。据《资治通鉴》唐太宗贞观十二年载：唐在平定“松外蛮”后，因遣使诣西洱河，其帅请降，“其地有杨、李、赵、董等数十姓，各据一州，大者六百，小者二三百户”。这是关于羁縻州小者只领几百户人家的典型事例。而且，羁縻州往往“无城池廨舍”，所谓“寄治山谷”（《旧唐书·地理志三》），即是。三是授予少数民族“豪帅”为羁縻州的世袭刺史、县令。

宋代在南方民族聚居地，设置由少数民族首领担任世袭长官的州、县、洞（相当于县）的政区。这类政区，因宋王朝采取“蛮夷之俗，羁縻而已”的绥抚之策，故称为“羁縻州”；或因其归附臣服宋王朝，而称为“归明州”。此外，也有因其居于溪洞的地域特征，而称之“溪洞州”的。

宋代羁縻州制，是在唐代的基础上发展而来的。据宋范成大说：宋时，广南西路（今广西）“羁縻州洞，隶邕州左右江者为多”；当地侬氏、莫氏等民，“自唐以来内附，分析其种落，大者为州，小者为县，又小者为洞。国朝开拓寖广，州县洞五十余所，推其雄长者为首领，籍其民为壮丁。其人物犷悍，风俗荒怪，不可尽以中国教法绳治，姑羁縻之而已。有知州、权州、监州、知县、知洞，其余有同发遣、权发遣之属”（《桂海虞衡志·志蛮》）。其他南方民族地区情况也相类似。

羁縻州主要集中于当时的荆湖路、夔州路、成都府路、潼川府路、广南西路；即多分布在今湘鄂西、四川、贵州、广西一带。其数十分可观。据宋王存《元丰九域志》卷十载：荆湖路南北江共有羁縻州三十八；在成都府路中，黎州领羁縻州五十四，雅州领羁縻州四十四，茂州领羁縻州十，威州领羁縻州二；广南路，左右江羁縻州四十三、县五，隶邕州，宜州领羁縻州十三。可见，宋王朝在南方民族地区是普遍推行羁縻州制的。

元代，在唐宋羁縻州制的基础上，正式建立了土司制度。其主要标志有二：

一是土司制度的官职，在元代均已出现。据《元史·百官志七》载，宣慰之下，

“其在远服，又有招讨、安抚、宣抚等使”，又“西南夷诸溪洞各置长官司”。可见，宣抚、安抚、招讨、长官诸司，是专门在民族地区设置的机构，均属土司职名。

除土司外，元代在民族地区如同在内地一样，也有路、府、州、县的建制。由于元代在民族地区的郡县政权，任用当地酋长为官，故史家又往往冠以“土”字之名，如天历元年所置顺宁府，《读文献通考·四裔考六》即称之为“顺宁土府”。可见，明、清时期的土府、土州、土县，就是由此发展而来的。

元代各地土司官职，在南方民族地区已普遍建立。这从贵州一地的事例中，可以得到充分证明。据清罗绕典《黔南职方纪略·土司上》卷七载：

> 元代土官有总管、宣抚司、安抚司、长官司、土府、土州、土县凡七等。其在顺元，宣慰司者有总管一、安抚使十三、土府六、土州三十七、土县十二、长官司二百七十二，又有乌撒乌蒙宣慰及播州沿边溪洞宣慰，皆在今贵州境。

二是“参用其土酋为官”（《元史·顺帝本纪一》）。有关元史的大量材料证明：元代在云南、湖广、四川诸行省的广阔地域内，从宣慰都元帅、宣抚、安抚、长官诸司与路、府、州、县诸官，都毫无例外地引用土人为官。又，据元周致中《异域志》卷下，洞蛮条载：“有土官掌之，其人皆与广西人同”，这是湖广地区设土官掌管“洞蛮”的明证。明李思聪的《百夷传》说，元世祖平云南、招降其酋长后，“皆设土官管辖”，这一说法虽是针对云南地区而言，但也完全符合当时南方诸省的历史实际。

总之，上述材料雄辩地证明：元代土司确已形成了“一代之制”（《历代职官表》卷七二）。

明王朝在建立过程中，为扩大自身力量并夺取全国统治权，不断录用元朝归附土官。其后，在这一基础上，使土司制度日臻完备。史载：“洪武初，西南夷来归者，即用原官授之。”（《明史·土司列传》序）“谿洞深阻，易于寇盗，元末滋甚。陈友谅据湖、湘间，啖以利，资其兵为用。诸苗亦为尽力，有乞兵旁寨为之驱使者，友谅以此益肆。及太祖歼友谅于鄱阳，进克武昌，湖南诸郡望风归附，元时所置宣慰、安抚、长官之属，皆先后迎降，太祖以原官授之。”（《明史·湖广土司列传》）从此“田州岑氏、龙州赵氏、播州杨氏、贵州安氏，其杂处两广、川、云诸大姓，

畏威怀德，以次服属。有明三百年，抚有西南诸土司，实自此始”（《蛮司合志》卷一）。可见，明代土司制度的建立，是从朱元璋大败陈友谅后，原来追随陈友谅的湖湘诸土司转而纷纷归附启其端；继而西南边疆地区诸大姓以次服属总其成的。

明代之所以要实行土司制度，是有其深刻的社会历史原因的。对此，《明史·土司列传》序写道：

> 其（指土司制）道在于羁縻。彼大姓相擅，世积威约，而必假我爵禄，宠之名号，乃易为统摄，故奔走惟命。

即，由于少数民族地区社会历史发展较为落后，仍实行豪酋统治。他们有着长久的统治历史，世代据有其地，势力根深蒂固。故史称“谚云：‘思播田杨，两广岑黄。’言大姓也”（《炎徼纪闻》卷三，田琛条）。试以贵州安氏、杨氏，湖南彭氏，广西岑氏与黄氏为例以说明之。据载：水西宣慰司安氏，其祖为火济，“从诸葛武侯征孟获有功，封罗甸国王。历唐、宋皆不失爵。洪武初元，宣慰史霭翠与其同知宋钦归附，高皇帝仍官之，为贵州宣慰使司”（《黔志》）；田汝成也认为，安氏“自汉、唐以来，千几百年，土地人民，未之或改”（《炎徼纪闻》卷三，安贵荣条）。元至元十四年播州安抚使杨邦宪言：“本族自唐至宋，世守本土，将五百年。”（《元史·世祖本纪六》）“彭氏自五代从湖南马氏起，有上溪州刺史彭士愁著节马氏，遂世袭……而传世之久，与播州杨氏略同。”（《万历野获编》卷三〇）广西两江，“自唐宋以来，黄、岑二氏代居其间，世乱则保境土，世治刚修职贡”（《明史·广西土司列传二》），为此，朱元璋“敕旨岑、黄二姓五百年忠孝之家，礼部好生看他”（《王阳明全书》卷十四，《处置平复地方以图久安疏》）。这说明，西南豪酋世领其地有达千年以上者，几百年者更不在少数，可证其源远流长。对于拥有如此雄厚实力的豪酋，明王朝为防止“急而生变”，只有采用赐予爵禄名号的办法加以笼络，通过他们对少数民族地区实行统治。正如《明史·广西土司列传一》所载：洪武二年行省臣言：庆远府所辖南丹、宜山等处，

> 宋、元皆用其土酋安抚使统之。天兵下广西，安抚使黄天护首来款附，宜如宋、元制，录用以统其民，则蛮情易服，守兵可减。

这道出了明代之所以踵元故事采用土司制度的奥秘所在。

关于明代土司与土官的数字，作者依据《明史·地理志》《大明会典》《土官底簿》《蛮司合志》《古今图书集成》及有关省方志，统计如下：宣慰司十三（贵州一、云南八、四川二、湖广二），宣抚司九（云南四、四川一、湖广四），安抚司二一（云南五、四川七、湖广九），招讨司一（四川一），长官司一五一（广西四、贵州五五、云南三三、四川三八、湖广二一），蛮夷长官司二六（贵州二一、湖广五），御夷长官司二（云南二），合计土司官员二百二十三人，各省土府、土州、土县等所属土官官员三百九十八人。总计全国土司、土官为六百二十一人。

清代土司制度是清王朝占领南方民族地区以后，在“因明制”的基础上建立起来的。

清代土司分文职与武职。文职隶吏部，武职隶兵部。

文职职衔有：

土府六等：土知府（从四品）；土同知（正五品）；土通判（正六品）；土推官（正七品）；土经历（正八品）；土知事（正九品）。

土州四等：土知州（从五品）；土州同（从六品）；土州判（从七品）；土吏目（从九品）。

土县四等：土知县（正七品）；土县丞（正八品）；土主簿（正九品）；土典史（无品级）。

此外，还有土巡检和土驿丞等。据光绪《大清会典》卷四五载：土巡检、土驿丞为土官支庶，降授所不及，不列于等。

武职职衔有：

指挥使司七等：指挥使（正三品）；指挥同知（从三品）；指挥佥事（正四品）；土千户（正五品）；副土千户（从五品）；土百户（正六品）；百长，无品级。

宣慰使司四等：宣慰使（从三品）；宣慰同知（正四品）；宣慰副使（从四品）；宣慰佥事（正五品）。

宣抚使司四等：宣抚使（从四品）；宣抚同知（正五品）；宣抚副使（从五品）；宣抚佥事（正六品）。

安抚使司四等：安抚使（从五品）；安抚同知（正六品）；安抚副使（从六品）；安抚佥事（正七品）。

招讨使司二等：招讨使（从五品）；招讨副使（正六品）。

长官司二等：长官（正六品）；副长官（正七品）。

土弁五等：土游击（从三品）；土都司（正四品）；土守备（正五品）；土千总（正六品）；土把总（正七品）。

此外，还有土舍、土目之称。据《大清会典》卷四七载：土司支庶分地管理者，准降等给予职衔，至无等可降，则为土舍土目，不给职衔。可见，土舍土目无职衔品级。

清代土司职衔品级，多沿明制，其主要变化有二：一是清代始把指挥使司列入土司；二是清代始有土弁，清代常以绿营弁衔授予内附或立功的土酋。据载："国初定，遐陬僻壤，率属向化。承袭土司，分别授以指挥使、指挥同知、千总、把总、千户、百户职衔。"（光绪《大清会典事例》）可见，土弁同于武职土司，官得世袭，其别只是职名不同而已。

关于全国土司数目和分布，作者据《大清会典》《大清会典事例》《清史稿》《大清一统志》《清朝文献通考》诸籍所载，将雍正改流后乾隆年间的情况，统计如下：

文职土官：土知府四（云南四）；土同知三（云南一，贵州二），土通判四（云南二,四川二）；土推官一（贵州一），土知事二（云南一,四川一），土经历一（云南一），土知州三〇（云南四，广西二六），土州同五（云南四，广西一）；土州判三（云南二，贵州一）；土吏目一（贵州一）；土知县四（贵州四）；土县丞十（云南五，贵州五）；土主簿四（云南二，贵州二），土巡检三五（云南十九，贵州二，广西十二,四川二）；土副巡检一（四川一）；土典史一（云南一）；土驿丞三（云南三）。合计文职土官为一一二人。

武职土官：宣慰使六（云南一,四川五），宣慰副使一（四川一），宣抚使十（云南五,四川五），宣抚副使五（云南二,四川三）；安抚使二三（云南三,四川二〇）；安抚副使三（四川三）；长官一〇八（云南三，贵州六六，广西二,四川三七），副长官二八（云南三，贵州二一，广西一,四川三）；指挥使十（云南二，甘肃八）；指挥同知七（甘肃七）；指挥佥事八（甘肃八）；土千户五十（四川四〇，甘肃九，青海一），土百户二一二（四川一六三，甘肃九，青海二四,四藏十六），百长三六（云南二六，西藏十），土守备四（云南四）；土千总三〇（云南二八,四川二）；土

把总五五（云南五五）。合计武职土官五九六人。

总之，清代文武土官共七〇八人。主要分布地域为云南、贵州、广西、四川及甘肃，此外，青海、西藏也有少量土千户、土百户、百长。

清代土司承袭法，较明代为详。据载：土官病故，或年老有疾请代，“准以嫡子嫡孙承袭，无嫡子嫡孙，则以庶子庶孙承袭；无子孙，则以弟或其族人承袭；其土官之妻及婿，有为土民所服者，亦准承袭”（《大清会典·吏部》卷十二）。可见，关于承袭人的宗支嫡庶次序，有明确的规定。每遇承袭，需将土官顶辈宗图、亲供、地方官并邻封土司印甘各结，以及原领号纸，详报督抚，由督抚具题请袭。可见，关于承袭手续，也有一套办法。

关于土官的奖、惩、恤，清代规定：凡土官，有功则叙，有罪则处，覃恩则封，死亡则恤，“治之，皆如流官焉”。

土司义务，据明田汝成说：“其所以图报于国家者，惟贡、惟赋、惟兵。”（《西园闻见录》）换言之，土司需对封建王朝承担纳贡、赋和征调的义务。清袭明制，对此也有详细规定。

总之，从清代土司的设置情况以及有关土司承袭、奖惩、义务的一系列规定，可见土司制度已发展至相当完备的地步。

需要指出的是，台湾、海南等民族地区的土官制，有其独特之处。清代，在台湾高山族聚居地也曾设土官治理“番社”。据载：台湾高山族普遍存在“社”的组织，“社有大小，户口有众寡，皆推一二人为土官。其居室饮食力作皆与众等，无一毫加以众番。不似滇广土官，征赋税，操杀夺，拥兵自卫者比”（《采硫日记》卷下）。设正、副土官制，“大社五六人，小社三四人，各分公廨（管事头目亦称公廨）”（《台海使槎录》卷七）。土官等级尊卑，“正土官刺人形，副土官、公廨，只刺墨花而已，女土官肩臂手掌墨花。此即尊卑之别”。土官特权，在傀儡山诸社中，“小番栽种黍米薯芋，土官抽取十分之二；至射猎獐、鹿、山猪等兽，土官得一后蹄”（同上）。知府设“土目，约束社众”（《东槎纪略》）。在海南黎族地区，则设立峒长、总管、哨官、黎首等职以治黎。据载：“黎头辖一峒者为总管，辖一村者为哨官，大抵父死子代世世相传，间有无子而妻代之及弟代之者，为众心所归而公立之也。凡小事听哨官处断，大事则报诸总管，总管不能处始出控告州县。”“生黎则各食其土，不入版籍，止设有黎练、峒长之类统辖之。遇有事，峒长、黎练以

竹箭传唤，无不至者，其信而畏法如此。”（《黎岐纪闻》）崖州东黎境，“向设峒长六人，总管六人，哨官十三人”（《民国崖州志》卷十三，《村峒》）。琼山县东接五指山黎界，“向设峒长一名，统辖五峒，黎总一名，哨管七名，共辖生、熟黎村二百一十八村”（《咸丰琼山县志》卷十二，《海黎五》）。万州黎，“每峒设立峒长一名，每村立黎首一名，各辖本村峒黎众”。（《道光琼州府志》卷十二，《村峒》）。

综上所述，可以看出台湾、海南与西南地区相比，其土官组织有着不同特点与重大区别。表现为：一是土官制度不完备。没有从宣慰司或土府以下的一套从上至下的完整官制与机构，往往只在基层设立简单的土官组织。也没有一套完整的包括诸如贡赋、征调等方面的严密制度。二是土官势力微弱。有的土官，“居室饮食力作皆与众等，无一毫加以众番”，犹带有原始社会时期的浓厚平等色彩；有的土官，虽也征取属众的一些劳动产品，但绝非“征赋役，操杀夺，拥兵自卫”的西南土司具有无限权力可比拟的。这是研究中国土官制度时，必须加以分别的。究其原因，不外有二：一是就其内部社会而言，当时黎族、高山族地区尚处于比较落后的社会发展阶段，其中不少地区还停留在原始社会末期。“社”“峒”之间，各自为政，君长林立，尚未形成地域广阔的强大的政治、经济、军事联盟。因而，未能出现像西南地区一样的割据一方的土司势力。二是就中央王朝而言，台湾、海南岛孤悬海外，中央王朝是不允许当地出现俨如独立王国一样的土司势力的。故中央王朝采取委派军、政长官实行直接统治的方式，以加强控制，只是在基层设置土官作为实行直接统治方式的补充手段而已。

随着社会历史的发展，土司制度已日益落后和腐朽。政治上，对土民实行残酷的政治压迫。刘彬在谈到云南永昌土司时写道：“彼之官世官也，彼之民世民也。田产子女，唯其所欲，苦乐安危，唯其所主。草菅人命若儿戏，莫敢有咨嗟叹息于其侧者！以其世官世民，不得于父，必得于子孙，且数倍蓰。故死则死耳，莫敢与较者。”（《皇朝泾世文编·兵政》《永昌土司论》）兰鼎元在谈到贵州土司虐使苗民时写道：“土民一人犯罪，土司缚而杀之，其被杀者之族，尚当敛银以奉土司，六十两四十两不等，最下亦二十四两，名曰玷刀钱。”（《鹿洲初集》卷一，《论边省苗疆事宜书》）经济上，私占横征，肆意苛索。据鄂尔泰奏，四川土府东川、乌蒙、镇雄，“其钱粮不过三百余两，而取于下者百倍。一年四小派，三年一大派。小派计钱，大派计两。土司一取子妇，则土民三年不敢婚”（《圣武记·雍正西南夷改流记

上》卷七)。可见，废除土司制度已成了一种历史的必然。

清王朝为了加强对民族地区的控制，决定改间接统治为直接统治。同时，在长期的历史发展过程中，由于南方诸族人民的辛勤劳动与各族人民间的往来、融合，加上历代王朝的治理、经营，民族地区的经济文化已得到一定程度的发展，其与外界隔绝的闭塞局面也已被打破。所以，至清代，改土归流的客观条件也已基本成熟。

雍正四年（1726年)，清王朝实行全国性的大规模的改土归流。清廷委任鄂尔泰为云、贵、广西三省总督，负责改土归流事宜。鄂尔泰通过对土司招抚和镇压并用的办法，用了五六年时间，到雍正九年（1731年）基本完成了三省的改土归流任务。其时，先后招降贵州苗瑶各族两千多寨，缴纳广西土司的敕印和军器两千余件，并在云南设置了普洱府，以便于对西南各族的镇压。故史称“自四年至九年，蛮悉改流，苗亦归化。间有叛逆，旋即平定”(《清史稿·土司列传一》)。乾隆元年，清王朝又藉平定大、小金川土司之乱的机会，于当地设美诺厅（后改懋功县)、阿尔古厅，直接归四川省管辖。这样，四川西北部的土司也逐渐废除。直至清末光绪、宣统年间，改土归流仍在进行。

总之，改土归流的结果，使我国南方民族地区基本上消除了土司的割据状态，加强了中央王朝对西南边疆的统治，一定程度上废除了土司欺压土民的制度，改善了一些少数民族地区落后闭塞的状况，有利于国内各民族经济文化的交流，有利于少数民族地区的社会经济发展。因此，这是符合社会历史发展的具有重大历史意义的事例。

第八章　法　制

南方民族地区的法制，其主要特点表现有三：一是诉讼稀少；二是法制本身具有原始古朴性；三是土司法的残酷性。

一、“讼狱稀简”

法制出现较晚，随阶级与国家出现之后始有。古代南方诸族由于社会历史发展较为落后，故保持较为纯朴的民风，争纷诉讼较少。此类事例，历代均有记载。如宋赵汝适《诸蕃志》卷下载：海南万安军，

> 其俗质野而畏法，不喜为盗，牛羊被野，无敢冒认。

明王士性《广志绎》卷五载，贵州宋家、蔡家、仲家、龙家、曾行龙家、罗罗、打牙仡佬、红仡佬、东苗、西苗、紫姜苗：

> 郡邑中但征赋税，不讼斗争。

清赵翼《檐曝杂记》卷三，镇安民俗条所载颇为典型：

> 镇安府在粤西之极西，与云南土富州接壤，其南则处处皆安南界也。崇山密箐，颇有瘴。然民最淳，讼狱稀简。县各有头目，其次有甲目，如内地保长之类，小民视之已如官府。有事先诉甲目，皆跪而质讯。甲目不能决，始控头目，头目再不能决，始控于官，则已为健讼者矣。余初作守，方欲以听断自见，及至则无所事。前后在任几两年，仅两坐讼堂，郡人已叹为无留狱，则简僻可知也。此中民风，比江、浙诸省，直有三、四千年之别。余甚乐之，愿终身不迁，然安得有此福也。

清镇安府，辖境相当今广西之德保、那坡、靖西、田阳等县地，赵翼在任两年只两坐讼堂，其“简僻”可知。与内地发达地区民风相较，“直有三四千年之别”的说法，是不为过的。

又，清李宗昉《黔记》卷三载：西苗，

性情朴实，畏法不讼。

更甚者，据清吴振棫《黔语》卷下载：王卡苗，

数十年来，未有一讼牒嬲官吏。

总之，南方民族地区刑法的特点，首先表现为："质野而畏法""不讼斗争""讼狱稀简""畏法不讼"等。

二、设　誓

南方诸族重然诺、守信义。故在处理其内外关系中，往往以誓状形式进行。他们把誓辞视为具有不可违反的法律而严格加以遵守。对此，历代统治者多加利用，与之缔结各种盟约。首开此例者，当数战国末年秦国与板楯蛮人之刻石盟要。据《后汉书·南蛮西南夷列传》载：

板楯蛮夷者，秦昭襄王时有一白虎，常从群虎数游秦、蜀、巴、汉之境，伤害千余人。昭王乃重募国中有能杀虎者，赏邑万家，金百镒。时有巴郡阆中夷人，能作白竹之弩，乃登楼射杀白虎。昭王嘉之，而以其夷人，不欲加封，乃刻石盟要，复夷人顷田不租，十妻不算，伤人者论，杀人者得以倓钱赎死。盟曰："秦犯夷，输黄龙一双；夷犯秦，输清酒一钟。"夷人安之。

实则为秦、夷互不侵犯条约。其中盟辞所谓"输黄龙""输清酒"之说，似乎有些费解，当是依"蛮俗"而来。

后世最著名者，当推五代十国时楚王马希范与溪州首领彭世然所立之"溪州铜柱"。天福五年（940年），溪州刺史彭世然降楚王马希范，双方结盟铭誓。据《十国春秋·楚世家二》载，楚王马希范效马援故事：

以铜五千斤铸柱立之溪州，柱高丈二尺，入地六尺，命学士李宏皋铭之，勒誓状于上。自是宁州蛮莫彦殊以所部温那等十八州，都云蛮尹

怀昌率其昆明等十二部、牂牁蛮张万濬率其彝播等七州，皆前后来附。

此铜柱在今湘西永顺境，至今仍存。

宋代也行立柱铭誓之法。据《宋史·丁谓传》载，咸平年间（998—1003年），丁谓为夔州路转运使：

初，王均叛，朝廷谓施、黔、高、溪州蛮子弟以捍贼，既而反为寇。谓至，召其种酋开谕之，且言有诏赦不杀。酋感泣，愿世奉贡。乃作誓刻石柱，立境上。

有宋一代，尤以瑶人之“款塞”富有代表性。据《桂海虞衡志》(《文献通考》卷三二八）载，范成大任广西经略使任内，主招抚瑶人，诸瑶团长袁台数十人，诣经略司谒谢：

又各以誓状来。其略云：某等既充山职，今当钤束男侄。男行持棒，女行把麻，任从出入，不得生事者。上有太阳，下有地宿，其翻背道，生儿成驴，生女成猪，举家灭绝。不得翻面说恶，不得偷寒避暖。上山同路，下水同船。男儿带刀同一边，一点一齐，同杀盗贼。不用此款者，并依山例。山例者，诛杀也。蛮语鄙陋，不欲没其实，略志于此。余承乏帅事二年，诸瑶无一迹及省地。遂具以条约上闻，诏许遵行守之。

这说明：文中誓状为实录，是十分珍贵的原始材料，使后人得见瑶族誓状的本来面目。周去非也曾从不同侧面记此事。据《岭外代答·蛮俗》,款塞条载：

史有款塞之语，亦曰纳款，读者略之，盖未覩其事尔。款者誓也，今人谓中心之事为款，狱事以情实为款，蛮夷效顺，以其中心情实发其誓词，故曰款也。乾道丁亥，静江瑶人犯边，范石湖（范成大）檄余白事帅府，与闻团结边民之事。瑶人计穷，出而归命，诣帅府纳款。其词曰：某等既充山职，不得生事。若生事者，上有太阳，下有地宿。其翻背者，生男成驴，生女成猪，举家绝灭。不得翻面说好，背面说恶，不得偷寒送暖。上山同路，下水同船。男儿带刀，同一边一点，一齐同杀

盗贼。不用此款，并依山例。山例者，杀之也。他语甚鄙，不可记忆，聊记其谓款者如此。

后世所记瑶族之“誓状”或“款塞”，均本自此二书。如《炎徼纪闻》卷四载：

瑶僮虽异族，而信鬼畏誓，大略相同。在唐虞谓之“要服”，盖以信义要质而已。秦时，与板楯蛮盟曰：“秦犯夷，输黄龙二双；夷犯秦，输清酒一钟。”夷人安之。宋时，范成大帅广西时，令诸瑶团长纳状云：“某等既充山职，今当钤束家丁，男行持棒，女行把麻，任从出入。上有太阳，下有地宿，翻背者生男成驴，生女成猪，举家绝灭。不得对好翻非，偷寒送暖。上山同路，下水同船。男儿带刀，一点一齐，同杀盗贼。不用此款者，并依山例。”山例者，杀戮也。自是帅事二年，诸瑶无及省界者。

其中所引宋代诸瑶团长纳状事，即据《桂海虞衡志》改写而来。

综上所述，可得出如下结沦：

一是从秦时与板楯蛮的“刻石盟要”，至五代的“溪州铜柱”，宋代的“作誓刻石柱”以及瑶族的“誓状”，其间一脉相承。

二是这些盟誓，为封建统治者与当地南方民族首领所订立，具有法定的条约性质的约束效力。少数民族首领恪守条约内容。

三是这些盟约，对保持边境的安宁与民族地区的稳定，均起了积极的历史作用。

南方诸族的设誓，除与封建王朝定约外，更多地体现在处理内部关系上。这种盟誓同时因地因族不一而称谓不同。宋代“溪蛮”名“门款”，据宋朱辅《溪蛮丛笑》载：

彼此相结，歃血叫誓，如兰地仡伶结连九衙生界之类，缓急为援，名门款。

清陆次云《峒谿纤志》载：

各峒歃血誓约，缓急相救，名曰门款。

此记载显系从《溪蛮丛笑》演绎而来。又，清代苗人名“宰款合榔”，或名“合

款”“诂话”。如清方显《平苗纪略》载：

> 乃令头人订期会集，宰款合榔。宰款合榔者，苗俗也，即汉人歃血盟誓之意。又曰合款，亦曰诂话。其会盟处曰款场。其首事人曰头人，头人中之，头人曰榔头。悔盟者有罚，曰赔榔。皆苗语也。

内部盟誓，作用广泛，可用于社会生活的各个方面。如明邝露《赤雅》卷上载：

> 誓师。凡有仇斗，杀牛聚众，对神盟誓。其法令人忘死，先期刻木插于山椒，以示不诡。

此为用以誓师仇杀之例。

清闵叙《粤述》载：

> 瑶僮交易，文书内云：“如有翻悔，与龙角一对，或云风毛明珠等。”常笑其妄。

此为用以交易借贷之例。

清陆次云《峒谿纤志》载：

> 讲歹之时，两造苗民各踞两山之上，而立牛于其中。讲既明矣，一苗持刃从牛颈下屠牛，易如委土。于是两山之苗呼噪而集，各割牛内一块。归而祭祖，若相誓曰：有负谕者，有如此牛。

此为用以论定是非曲直之用。

总之，上述盟誓，对于维系与约束内部关系，对于加强民族内部的凝聚力，都起着相当重要的作用。

南方诸族之所以把誓辞当作神圣的律令来加以看待，这与他们迷信鬼神的宗教观有关。如清爱必达《黔南识略》卷二七载：苗民认为，

> 背盟不祥，必干鬼怒也，盖其信巫鬼之心甚于畏法。

清张澍《续黔书》卷一，诅盟条载：

宋遵义军《图经》云："民信巫鬼，好诅盟。"嗟乎！此不独遵义也，黔之民类然。

换言之，南方诸族对盟约无二心之因，在于他们认为：诅盟，有巫鬼为证；若背盟，则会受到巫鬼惩罚。

三、神判法

南方诸族普遍流行神判法。人们之间的争讼，是非难辨，或遇冤无法自白，于是求助于主宰人间命运之神的裁决。这种把神与法糅杂在一起的审判法，人们称之为神判法。

南方诸族的神判法，以"吃血"与"捞油"最富典型性。

吃血　清严如熤《苗防备览·风俗上》所记较为准确而生动：

遇冤忿不能白，必告诸天王庙，设誓刺猫血滴酒中，饮以盟心，谓之吃血。既三日，必宰牲酬愿，谓之悔罪做鬼。其入启，则膝行股栗，莫敢仰视。理屈者，逡巡不敢饮，悔罪而罢。其誓辞曰："汝若冤我，我大发大旺；我若冤汝，我九死九绝。"犹云祸及子孙也。事无大小，吃血后，则必无悔。有司不能直者，命以吃血则惧。盖苗人畏鬼甚于法也。

凌纯声根据实地调查，对苗人"吃血"之法，描述更为具体，可作上述记载之注释。他写道：苗人吃血设誓，小事即在寨上土地庙中，大事须至天王庙中吃血。

土地庙吃血，又名吃鸡血，备公鸡一只，钱纸若干，滴鸡血于酒中，请巫师念咒，吃血设誓。

天王庙吃血，又名吃猫血，因以刺猫血滴酒中，饮以盟誓。必有中证，谓之监血人。

以上记载，出自《湘西苗族调查报告》。从中可见，"吃血"在当时是解决苗人争端的重要裁决手段，确为行之有效之法。

捞油　据清陆次云《峒谿纤志》载：

> 蛮僚有事，争辨不明，则对神祠热油鼎，谓理直者探入鼎中，其手无恙。愚人不胜愤激，信以为然，往往焦溃其肤，莫能白其意者。此习，土著之民亦皆从之，少抱微冤，动以捞油为说。

此种溪峒地区“蛮僚”的“捞油”，在贵州苗区又称“捞汤”。据民国《贵州通志•土民志》，黑苗条，引《清平县志》云：

> 苗事有不明者，只依苗例，请人讲理。不服，则架锅，用油米和水贮锅，置铁斧于内，柴数十担，烧极滚。其人用手捞斧出锅，验其手起泡与否，为决输赢，凭天地神明公断有无冤枉，谓之捞汤。

又，在云南傈僳族中也有相类之俗。据清余庆远《维西见闻纪》载：栗粟，

> 借贷，刻木为契，负约，则延巫祝，置膏于釜，烈火熬沸对誓，置手膏内，不沃烂者为受诬。失物，令巫卜其人，亦以此法明焉。

总之，从“捞油”“捞汤”一类的做法，可见神判法之原始性与残酷性。

四、“宽于奸而严于盗”

南方诸族的法律内容，突出的特点是：对盗贼者处于重罪，对淫乱者施于宽刑。这与汉区法律是有明显区别的。

对盗惩处之刑是极为残酷的。据明王士性《广志绎》卷五，贵州条载：

> 夷人法严，遇为盗者，缅其手足于高桅之上，乱箭射而杀之。夷俗射极巧，未射其心膂，不能顷刻死也，夷性不畏亟死，惟畏缓死，故不敢犯盗。贵州南路行，于绿林之辈防御最难。惟西路行者，奢香八驿，夫、马、厨、传皆其自备，巡逻干掫皆其自辖，虽夜行不虑盗也。夷俗固亦有美处。

刘介《苗荒小记》也载：

> 苗瑶刑罚甚酷，犯盗窃者，苗头以其罪状传语团众，于是家出片柴，

堆积刑场，缚犯者于柴薪之上，举火焚之，或竟有生埋者，其残忍可谓极矣。然而道不拾遗，夜不闭户，凶年饥馑，宁鬻子女以活，弗敢为匪，牛羊之牧于野者，恒数日不归，亦无人敢行偷盗者，岂所谓辟以止辟欤。

可见，彝、苗、瑶诸族对犯盗窃者之刑，“其残忍可谓极矣”，或则乱箭慢慢射死，或则火焚与活埋。但严刑酷法，收到了“道不拾遗，夜不闭户”的奇效。此法，与南方诸族的社会历史发展阶段是相符的。由于这些民族虽多已步入阶级社会，但相对而言，私有制取代公有制的时间尚短，为了进一步巩固与发展私有制，防止公有制思想故态复萌，故必须采取特别严厉手段以惩办侵犯与破坏私有财产制度者。

与此相反，对被封建正统思想视为万恶之首的“淫乱”，则持宽容态度。据乾隆《凤山县志·番社风俗》，上淡水等八社风俗条载：

未婚嫁相奸不论；已婚嫁犯奸，土官罚以牛酒。

又，据清邝其照《台湾番社考》载：大肚诸番社，

不谐则两离弃，妇不俟夫再聚而先嫁，罚酒一瓮；私通被获，鸣通事土官，罚牛一。未嫁娶者，勿论。

可证对“私通”者的处罚，是较轻的。

有趣的是，前人对“盗”与“奸”的颇重颇轻的惩处，作了很有意义的对比叙述。据清姚柬之《且看山人文集·风俗第四》载：

夫瑶既群居，不能无喜怒交争之情，乃有轻重刑罚之制。事有交争，则延邻里责让之，名曰放酒。其不直者，罚输放酒钱。犯奸者，则鞭扑。犯窃者，遇事主获之，以竹圈箍其首杙椓之，名曰下头箍；房族获之，则率其众而生瘗焉。盖宽于奸而严于盗。

清李心衡《金川琐记》卷二，夷例条也载：

夷俗最重窃盗，事发，辄捆缚犯人投大江中，杀人者罚，牛马银物入土司赎罪。至奸淫一事，不足为异，未见有告讦者，即或事败，不过

私自罚柴数百斤而已。

需要指出的是，有的民族对犯奸者，虽处以重刑，但与盗窃犯相较，还是相对为轻。如李元阳《云南通志》卷十六，僰夷风俗条载：

其刑法三条：杀人者死，犯奸者死，偷盗者全家处死，为赋者一村皆死。故无奸盗，道不拾遗。

《滇南杂志》所载略同：僰夷，

其法，杀人与奸者皆死，窃盗一家皆死，为寇盗则一村皆死，道不拾遗。

概言之，由于南方诸族中带有较浓郁的原始婚姻制遗习，故反映在法制上则有“宽于奸”的处置。

五、以牛赎罪

在我国历史上，赎罪之法，由来已久。据《尚书·虞书》卷三载：

金作赎刑。

可证。

在南方诸族中，赎罪之法则始见于《后汉书·南蛮西南夷列传》载：秦昭襄王与板楯蛮夷约，

杀人者得以倓钱赎死。

李贤注引何承天《纂文》曰：

倓，蛮夷赎罪货也。

可见，蛮夷有以货物赎罪之法。

南方诸族盛行赎罪之法，与其缺乏一套监狱制度有关，即其刑法制度尚不完善所致。如《旧唐书·南蛮西南蛮传》载：

有犯罪者，小事杖罚之，大事杀之，盗物备还其赃。

明朱孟震《西南夷风土记》载：

治理多如腹里土司。其法惟杀戮与罚赎二条，事情重罪者杀之，余则所犯之大小，为罚之轻重也。

概言之，土官统治的民族地区，其法主要有三，即除杀戮与肉刑外，则主要依靠“罚赎”之法。

罚赎不外乎货币与货物两种。由于民族地区商品经济尚不发达，故以金作赎刑的较少。而当地的财富，多以牛的多寡而定，故以牛赔偿与赎罪之法颇为盛行。

史书关于以牛作赎的记载颇繁。以下依朝代先后，加以分述。

唐代 据《旧唐书·南蛮西南蛮传》载：牂牁蛮，

杀人者，出牛马三十头乃得赎死，以纳死家。

宋代 《宋史·蛮夷列传三》载：抚水州诸蛮，

出入腰弓矢，匿草中射人，得牛酒则释然矣。

《宋史·蛮夷列传四》：西南诸夷，

其法，劫盗者，偿其主三倍；杀人者，出牛马三十头与其家以赎死。

宋朱辅《溪蛮丛笑》：

或为佣而亡，或以姻而死，约牛牲若干偿还，名骨价。

明代 据《明史·四川土司列传》载，乌撒与永宁、乌蒙、霑益、水西诸土司，境土相连，争端迭起：

当事者颇厌苦之，万历六年乃令照蛮俗罚牛例处分，务悔祸息争，以保境安民。

明邝露《赤雅》载：

> 仡人山田瘠埆，十岁九饿，纤仇必报，騕突汉界，攻剽村落，或误杀人，则以人畜为偿，曰人头钱。

清檀萃《说蛮》有完全相同的记载，当本此。

清代 据严如煜《苗防备览•风俗上》载：苗人“打冤家”，

> 战斗之后，计尸以相抵。除一命一抵外，多尸者为人命，则索牛马财物以偿，谓之“倒骨价”。

李宗昉《黔记》载：

> 黑脚苗，在古州清江八寨等属。邻近诸寨共于高坦处造一楼，高数层，名聚堂。用一木竿，长数丈，空其中以悬于顶，名长鼓。凡有不平之事，即登楼击之。各寨相闻，俱带长镖利刃齐至楼下，听寨长判之。有事之家备牛待之，如无事而击鼓及有事击鼓不到等，罚牛一只以充公用。

总之，以牛罚罪，已成了南方民族处理内外纠纷的例行办法。所谓“蛮俗”例，即南方民族习惯法之谓也。

南方诸族之所以通行此法，是因为牛为当地居民的财富象征。这也有大量史料为证。如三国吴万震《南州异物志》载：广州之南的俚人，

> 土俗不爱骨肉，而贪宝货及牛犊。若见贾人有财物水牛者，便以其子易之。

明王济《君子堂日询手镜》载：广西横州，

> 其地人家多畜牛。巨家有数百头，有至千头者。虽数口之家，亦不下数十。时出野外，一望弥漫坡岭间如蚁。故市中牛肉，四时不辍。

清张炯《使滇日记》载：贵州安顺，

> 其俗不分贫富，以牛多为大姓，婚亦论牛。

清张庆长《黎岐纪闻》载：

黎人以牛之有无多寡计贫富，大抵有牛家即为殷实。有养至数十头及数百头者，谓之大家当。

清吴省兰《楚峒志略》载：

苗人大会必宰牛，以火燎去毛烹之，曰火焯肉。悬牛首于棚以相夸耀，其俗以食牛多者为富。

清严如煜《苗防备览·风俗上》载：

耕织之外，惟事牧畜，以牛、马、犬、羊、豕、猫、鸡、鸭之类最多。而所重牛，所窃亦惟牛。然不任耕种，供口腹资贸易而已。

同治《永绥厅志·苗峒》卷一，有相同记载，当本此。

以上所举为俚、壮、黎、苗诸族“贪牛犊”、以牛为“家当”“重牛”之例。这样，以牛作赎之因，便一目了然。

六、“土司法极严肃”

土司统治的民族地区，其法较汉区尤为酷烈，而土民也事主尤谨。其因主要有二：一是土司地区一般保留有较为浓重的奴隶制色彩，即其社会发展还处于相对落后的阶段。二是土官为世袭制，故土官世有其土，世有其民，有根深蒂固的统治势力。史书对此多有记载，下面依族别列举之。

明魏濬《峤南琐记》载：

土司法极严酷，鞭笞杀戮，其人死不敢有二心，所谓怯于私斗勇于公战者。商贩入其境则输税，以二枪交植境上，曰关。未税而越关者，辄射之。输税后，虽露处野宿，物货狼籍道路，夜行无敢窥者。

又，明邝露《赤雅》，法制条也袭此说：

土司法极严肃，鞭笞杀戮，其人死无二心。

清赵翼曾官西南，其所记翔实而富代表性。他在《檐曝杂记》卷四写道：

凡土官之于土民，其主仆之分最严，盖自祖宗千百年以来，官常为主，民常为仆，故其视土官，休戚相关，直如发乎天性而无可解免者。粤西田州土官岑宜栋，即岑猛之后，其虐使土民非常法所有。土民虽读书，不许应试，恐其出仕而脱籍也。田州与镇安之奉议州一江相对，每奉议州试日，田民闻炮声但遥望太息而已。生女有姿色，本官辄唤入，不听嫁，不敢字人也。有事控于本官，本官或判不公，负冤者惟私向老土官墓上痛哭，虽有流官辖土司，不敢上诉也。

以上所言为广西壮族土司之法。史称其法，“极严酷”“极严肃”“非常法所有”。

清顾彩《容美纪游》对目睹的容美土司之法作了实录：

其刑法重者，径斩。当斩者，列王旗于公（指土司田舜年）座后，反背以手掣之。掣得他色者，皆可保救，惟黑色则无救。次宫刑，次断一指，次割耳。盖奸者宫，盗者斩，慢客及及期会者割耳，窃物者断指。皆亲决。余罪则发管事人棍责，亦有死杖下者。是以境内凛凛，无敢犯法。

在南府日，余悯其每旦必割数人耳，力劝其除是刑。

此所言为鄂西土家族土司之法，其特点为滥施肉刑。

《檐曝杂记》卷四，黔中倮俗载：

贵州之水西倮人更甚，本朝初年已改流矣，而其四十八支子孙为头目如故。凡有征徭，必使头目签派，辄顷刻集事。流官号令，不如头目之传呼也。倮人见头目，答语必跪，进食必跪，甚至捧盥水亦跪。头目或有事，但杀一鸡，沥血于酒，使各饮之，则生死惟命。余在贵西，尝讯安氏头目争田事。左证皆其所属倮人，群奉头目所约，虽加以三木，无改语。至刑讯头目已吐实，诸倮犹目视不敢言，转令头目谕之，乃定谳。

《滇南杂志》，爨蛮条则载：

诸酋果于杀戮。每杀一人，止付二卒携持至野外，掘一坑，集其亲知泣别痛饮彻夜，昧爽，乃斫其头推坑中，复命。更使二卒勘之，乃许其家收葬。虽素昵者，欲杀而杀之，令出无敢居间丐免，其家人亦莫敢怒怼。以用法严，故境内无盗。

上所言为云贵彝族土司之法。此法带有奴隶制的明显烙印。

结论是：土司虐使土民渗透到社会生活各方面；土司法制之残暴，是由等级森严的社会制度决定的。

第九章　军　事

本章的主要内容有二：一是论述南方民族的尚武与善战之俗；二是指出南方诸族是我国弩与药箭的发明者。

一、尚　武

南方民族历来是具有尚武精神的民族。

楚民族是一个强悍的民族，以武为荣。据《左传·襄公十八年》载，楚康王说：

> 国人谓不谷主社稷，而不出师，死不从礼。不谷即位，于今五年，师徒不出，人其以不谷为自逸，而忘先君之业矣。

可见，若“自逸”而五年不出师，“国人”就会视此为背叛“先君之业”。又，据载：“息民五年，而后用师。”则被视作难得的“抚民”德政（《左传·昭公十四年》）。这表明，楚人过的是连绵不断的战争生涯。若不幸而战败，则自认为蒙受极大的耻辱。如楚败于罗与卢戎联军后，“莫敖缢于荒谷，群帅囚于冶父以听刑”（《左传·桓公十三年》），即败军之将帅，或则自杀或则情甘缚手待惩。甚至守门的臣子，也可拒败军之王于国门之外，直至取胜后才让归来。据载，楚王被巴人打败后：“还，鬻拳（楚大阍）弗纳。遂伐黄，败黄师于踖陵。还。”（《左传·庄公十九年》），即属此例。《楚辞·九歌·国殇》，更是楚人尚武精神的结晶。其中写道：

> 出不入兮往不返，平原忽兮路迢远。带长剑兮挟秦弓，首虽离兮心不惩。诚既勇兮又以武，终刚强兮不可凌。身既死兮神以灵，魂魄毅兮为鬼雄！

所谓“国殇”，王逸释为“谓死于国事者”。一言以蔽之，楚人把为国捐驱的勇士作为鬼雄来祭祀和歌颂。显然，若没有这种勇武刚强的民族精神，楚国要从僻在荆山的小国，逐步扩大成战国时期疆域最大的国家，这是难于想象的。

南方诸族的尚武精神，表现有四：

一是从性格而言，史书往往用“劲勇”“善斗”“鸷悍”“剽悍”“尚气”一类字眼加以形容。

二是从日常生活而言，喜佩武器。“身不离刀”（详见下述），可谓突出例证。

三是从作战而言，素以英勇善战著称。早在汉代，板楯蛮就已被誉为“善于兵战”之“神兵”（《后汉书·南蛮西南夷列传》）。其后，明代土兵，称雄于世。史载：“粤右俍兵鸷悍，天下称最”（《峤南琐记》）“永、保诸宣慰，世席富强，每遇征伐辄愿荷戈前驱，国家亦赖以挞伐，故永、保兵号为虓雄”（《明史·湖广土司列传》）。而且，其作战方式，往往男女老少齐动员，可谓人人皆兵。据清徐家干《苗疆闻见录》卷下载：苗人，

> 出队接仗，人势极盛。其四山呐喊者，大都妇孺之辈。而真正打手，则皆入阵博战，临阵交锋，最称奋勇。

清无名氏《平定瑶匪纪略》：瑶人，

> 占据三处山头，战手在前两山，妇女、幼稚、新胁瑶人在后一山，助势吹号催战。

均属此例。

二、身不离刀

喜佩刀，这是古代南方诸族的共同特点。但因族别不一，刀的名称、大小、形制、纹饰也各异。其中，主要计有：

云南刀　此刀名，始见于宋范成大《桂海虞衡志·志器》载：

> 云南刀。即大理所作。铁青黑沉沉，不錔，南人最贵之。以象皮为鞘，朱之，上亦画犀毗花文。一鞘两室，各函一刀。靶以皮条缠束，贵人以金银丝。

云南刀，又名“蛮刀”。据宋周去非《岭外代答》卷六载：

蛮刀，以大理所出为佳。……今世所谓吹毛透风，乃大理刀之类，盖大理国有丽水，故能制良刀云。

宋代，“大理国”所产云南刀、蛮刀，在唐南诏时称之为“铎稍”“郁刀”。

铎稍 郁刀始载于唐樊绰《蛮书·云南管内物产》卷七：

铎稍，状如刀戟残刃。积年埋在高土中，亦有孔穴旁透。朱笴，出丽水，装以金穹铁荡，所指无不洞也。南诏尤所宝重。以名字呼者有六：一曰禄婆摩求，二曰亏云孚，三曰铎戢，四曰铎摩那，五曰同铎，六曰朱笴。昔时越析诏于赠有天降铎稍。后部落破败，皮罗阁得之，今南诏蛮王出军，手中双执者是也。贞元十年，使清平官尹辅酋入朝，献其一。

郁刀，次于铎稍。造法：用毒药、虫、鱼之类，又淬以白马血，经十数年乃用。中人肌即死。俗秘其法，粗问得其由。

宋人续记其事。据《新唐书·南诏传》载：

铎鞘（稍）者，状如残刃，有孔傍达。出丽水。饰以金，所击无不洞。夷人尤宝，月以血祭之。

郁刀，铸时以毒药并冶，取迎跃如星者，淬以马血，金犀饰鐔首，伤人即死。

宋李石《续博物志》卷九也载：

铎鞘，状如刀戈残刃，有孔旁达，出丽水，饰以金，所指无不洞。夷人尤宝，月以血祭之，俗谓天降非人铸。

郁刀，铸以毒药冶，取跃如星者，淬以马血成之。伤人即死。刀剑以柔铁为茎干，不可纯用钢，纯钢不折则缺。

宋以后所记此事，也和宋人一样均本自唐樊绰之书。

概言之，唐宋以来，云南民族地区所产名刀，均出自丽水（今金沙江）。其主要特点有二：一是鞘、靶制作精工、纹饰华美；二是锋利无比，所谓“吹毛透风”“所指无不洞”即是。故为世人所宝，并用作赠遗与贡献之物。

峒刀 据《桂海虞衡志·志器》载：

> 两江州峒及诸外蛮，无不带刀者。一鞘二刀与云南同，但以黑漆杂皮为鞘。

可见，壮侗民族之刀，与云南刀类，但鞘的制作有别。

黎刀 据《桂海虞衡志·志器》载：

> 黎刀。海南黎人所作。刀长不过一二尺，靶乃三四寸，织细藤缠束之。靶端插白角片尺许，如鸱鸮尾以为饰。

又，宋赵汝适《诸蕃志》卷下，海南条载：黎人，

> 男子常带长靶刀，长鞘，刀弓跬步不离。

清张庆长《黎岐纪闻》载：

> 深山多恶兽，能伤人，黎人每出门必带弓箭佩小刀，所以为防也……小刀连靶尺许，用木挖空贮之。

可见，黎刀的特点为：形制上，靶长刃短，装饰上，以羽毛为靶饰。

瑶刀 始记其事者为宋范成大。据《文献通考》卷三二八引《桂海虞衡志》曰：瑶，

> 儿始生，称之以铁，如其重，渍之毒水。儿长大，煅其钢以制刀，终身用之。试刀必斩牛，仰刃牛项下，以肩负刀，一负即殊者，良刀也。

明、清以后，关于瑶刀记载甚多。归结起来，大致有两类。一是与范文大同小异。如明邝露《赤雅》卷上载：

> 炼刀。儿时，选精铁如儿重，渍以药水。及长，咒时炼日，刺熊冲

坚，服以终老。

显系据范文改写。一是与范文雷同。如清闵叙《粤述》载：瑶人，

儿生，称之以铁，如其重，长大煅以制刀。仰刀牛项下，以肩负刀，一负即殊者良。

又，清诸匡鼎《瑶僮传》载：瑶，

儿始生，称之以铁，如其重，渍之毒水。俟儿长大，煅以制刀。试刀必以牛，仰刀牛项下，以肩负刀，一负即殊者，良刀也。

显系抄袭之作。

苗刀 据清张澍《黔书》卷六，苗刀条载：

苗人制刀，必经数十锻，故铦锐无比。其试刀，尝于路傍伺水牛过，一挥牛首落地，其牛尚行十许步才仆。盖犀利之极，牛猝未觉也。

又，民国《贵州通志·土民志一》，黑苗条引《黄平州志》载：

男子初生时，三朝用秤称，若干重，铁数如之。当日用火炼过，埋土中，每年生辰取出，炼而理之。至十五岁，将前铁打成刀佩之，谓之苗刀。最锋利。

可见，苗、瑶之制刀和以牛试刀的方法，均有惊人的相似之处。

此外，有溪蛮之“仡党”。据宋朱辅《溪蛮丛笑》载：

出入坐卧，必以刀自随。小者尤铦利，名仡党。

仡兜刀 据清陆次云《峒谿纤志》载：

仡兜，衣青左衽，身不离刀。

仲家（布依族）刀 据清田雯《黔书》卷一载：仲家，出入，

带利刀。

番（高山族）刀 据清黄叔璥《台海使槎录》卷六，北路诸罗番十条载：

平时所佩镖、刀、弓、箭之属。

麽些（纳西族）刀 据清余庆远《维西见闻纪》载：麽些，

男女老幼率喜佩刀为饰。

金川夷之“左插子” 据清李心衡《金川琐记》载：

男子喜佩剌刀，俗称左插子。……独腰间佩刀长尺余，外鞘镶嵌不一，竟有值至数十百金者，佩犊、佩牛之俗，严禁未能尽革。

此外，据清傅恒《皇清职贡图》载，平日喜佩刀的民族尚有：彝族（卷七，武定等府罗婺蛮条、武定等府摩察蛮条、临安等府母鸡蛮条）；苦聪族（卷七，临安等府苦葱蛮条）；傈僳族（卷七，姚安等府傈僳蛮条）；普米族（卷七，永北等府西番条）；藏族（卷七，鹤庆等府古倧番条）等。

综上所述，可归纳如下结论：

一是南方诸族之刀，有云南刀、峒刀、黎刀、苗刀等称谓。此外，溪蛮、仡兜、布依、高山、纳西、金川夷、彝、苦聪、傈僳、普米、藏族等，均身不离刀。

二是南方诸族之刀各有特色。对此，《岭外代答》卷六作了画龙点睛的概述：

瑶人刀及黎刀，略相类，皆短刃而长靶。黎刀之刃尤短，以斑藤织花缠束其靶，以白角片尺许如鹞尾。饰靶之首，瑶刀虽无文饰，然亦铦甚。左右江峒与界外诸蛮，刀相类，刃长四尺而靶二尺，一鞘而中藏二刃，盖一天一小焉。鞘之端，为双圆而相并。峒刀以黑皮为鞘，黑漆饰靶，黑皮为带。蛮刀以褐皮为鞘，金银丝饰靶，朱皮为带。峒刀以冻州所作为佳；蛮刀以大理所出为佳。瑶刀、黎刀带之于腰；峒刀、蛮刀佩之于肩。峒人、蛮人宁以大刀赠人，其小刀必不与人，盖其日用须臾不可阙。忽遇药箭，急以刀剜去其肉，乃不死。以故不以与人。

三是刀为古代南方诸族的作战武器、生产工具与生活用具，可谓一物而兼三用，为“日用须臾不可阙之物”。因此，形成“无不常带刀”“以刀自随”“身不离刀”之俗。其后，刀又成了一种装饰品，成了财富的象征，这从“夷人尤宝”“竟有值至数十百金者”的记载中，得到证实。

三、擅　射

南方诸族擅射，可追溯至先秦时期。楚人长于射的表现，主要有二：

一为射艺高强。楚国著名射手有传说中的弧父与现实中的养由基。据《吴越春秋·勾践阴谋外传》载：

> 楚有弧父。弧父者生于楚之荆山，生不见父母，为儿之时，习于弓矢。所射无脱。

传说，此人成了楚射之祖。至于养由基，史载有两件为后世传颂的事迹。一件是，“蹲甲而射之，彻七札”。一箭而穿七层之甲，言其射力之猛。一件是，晋将吕锜射中楚共王之目，王为报一箭之仇而召养由基，与之两矢；结果一矢即命中，以另一矢还于王。此言其射术之准。（《左传·成公六十年》）至于子书所载，更把养由基之射说得玄乎其玄。如说：他，“射兕中石，矢乃饮羽”（《吕氏春秋·精通》）；“始调弓矫矢，未发而猿拥柱号矣”（《淮南子·说山训》）；“去杨叶百步，百发百中”（《说苑·正谏》）。这些记载虽不足为凭，但用以说明养由基射技之神，则是可取的。无疑，这类神射手，正是在楚人擅射的环境中成长起来的。

二为射器精良。其佼佼者有“大屈”之弓（《左传·昭公七年》），“宛路之矰”（《吕氏春秋·直谏》），“积弩”（《淮南子·兵略训》）等。

楚射是闻名于列国的。其突出例证是越、吴两国军士均拜楚人为师。据《吴越春秋·勾践阴谋外传》条载：越王勾践为克服越人不擅射的致命弱点，专门延请自称得弧父嫡传的楚擅射者陈音为师，

> 于是乃使陈音教士习射于北郊之外。三月，军士皆能用弓弩之巧。陈音死，越王伤之，葬于国西，号其葬所曰陈音山。

又，据《国语·楚语上》载：申公巫臣叛楚，奔晋，

使其子狐庸为行人于吴，而教之射御，导之伐楚。至于今为患。

可见，楚人使越人与吴人掌握了弓射之巧。

楚人擅射，这是得天独厚所致。由于楚地多山林，且有“江南之梦”（《左传·昭公三年》），故其狩猎业发达。楚狩猎业发达是有史为证的：楚子均喜“狩”与“田”；楚兵器甲多“用革”（《左传·定公四年》）。显然，在这种生活环境下成长的楚人，擅射是理所当然的。

与楚人的生活环境相类的后世南方诸族，也精于用弓箭。其主要特点有二：一是多用弩。需加说明的是，有的民族虽不用弩，但同样擅射。“诸瑶皆以弩为长技，唯海南黎人以弓为长技。”（《岭外代答》卷六）就是其中突出一例。二是喜用毒箭。下面，对此两点加以分述。

四、弩

弩起源较早。据《太平御览》卷三四八引《古史考》曰：

黄帝作弩。

这当然是附会之说。实际上，弩并非出自华夏民族而应源于南蛮集团。这从楚及后世南方民族均长于弩之事中，可以得到证明。

楚人习弩的主要表现为：

楚弩以威力猛而著称。据《吴越春秋·勾践阴谋外传》载，楚之著名射手陈音声言：

弩之所向，无不死也。

又，据《淮南子·兵略训》载：楚人作战时，卒民前行，

积弩陪后。

可见，弩为楚人的重要武器，弩在楚人所进行的战争中起重要作用。

文献记载把弩之发明归功于楚人。据《吴越春秋·勾践阴谋外传》载：楚琴氏，

以为弓矢不足以威天下。当是之时，诸侯相伐，兵刃交错，弓矢之威不能制服。琴氏乃横弓着臂，施机设枢，加之以力。然后诸侯可服。

当然，弩为琴氏所作，不一定可信；但弩为楚人所首创，当非无本之谈。

楚设专门主弩射之官。楚官中有“连尹”之名（《左传》襄公二十五年、昭公二十七年）。据孔颖达疏引服虔云：

连尹，射官，言射相连属也。

数矢同时发射者为连弩也，故史有“连弩以射”（《淮南子·泛论训》）之说。换言之，连尹即主弩之官。可见，楚人对弩射之重视。

早期弩机的出土地，均为楚墓。今见时代最早的弩机，出土于长沙南郊扫把塘138号楚墓，时代约为战国中期。又，江苏武进孟河楚墓出土的弩机，时代为战国中期偏晚。而且，出土的楚弩，制作相当精工。如在江陵秦字嘴古墓群出土的楚国双孔连发弩，拉动连发弩的发射机关，箭镞连续射出，其技术之先进，足令今人为之惊叹。

后世南方诸族，沿袭楚人善弩之风。这不乏记载。据晋常璩《华阳国志·巴志》总叙载：

秦昭襄王时，白虎为害，自秦、蜀、巴、汉患之。秦王乃重募国中：“有能杀虎者，邑万家，金帛称之。”于是夷朐忍廖仲药、何射虎、秦精等乃作白竹弩于高楼上，射虎，中头三节。

《华阳国志·巴志》，涪陵郡条载：

汉时赤甲军常收其民，蜀丞相亮亦发其劲卒三千人为连弩士。

《南齐书·蛮传》载：荆湘蛮人，

兵器以金银为饰，虎皮衣楯，便弩射。

宋周去非《岭外代答》卷六载：

静江瑶人弩劲甚，矢无空发。

诸瑶皆以弩为长技。

《宋史·蛮夷列传三》载：抚水州蛮，

兵器有环刀、摽牌、木弩。

元钱古训《百夷传》记百夷武器：

裹革兜，被铜铁甲，用长镖干弩，不习弓矢。

元无名氏《招捕总录》载：山瑶，

标枪药弩。

《元史·秃忽鲁传》卷一三四载：辰州蛮反，“汉军不习弩”而败。于是调辰、沣、沅蛮“弩士三千”，战胜之。

清代记载尤多。

瑶族　据清闵叙《粤述》：

瑶僚大约韦莫二姓居半，然不能张弓，弩射而已。……弩床多以紫榆为之。

清屈大均《广东新语·人语》卷七载：瑶人，

持铁力木弩。

苗族　据清田雯《黔书》卷四载：

黔之诸苗皆用弩。

布依族　据《黔书》卷一载：仲家，

出入必负强弩。

侗族 据民国《贵州通志·土民志六》引《石阡府志》云：

峒人出，必佩刀负弩。

壮族 据嘉庆《广西通志·诸蛮二》卷二七八载：凭祥俍人，

习弓弩。

土家族 据清严如煜《苗防备览·风俗下》卷九，永保土人风俗条载：

恒带弓弩长枪。

云南诸族 仅清傅恒《皇清职贡图》卷七所记就有：妙罗罗（今彝族一支），“善用镖弩”（广南等府妙罗罗条）；沙人（今壮族一支），“以耕渔射猎为生，出入带刀弩（广南等府沙人条）；侬人（今壮族一支），“出则携镖弩”（广南等府侬人条）；苦葱（苦聪），“挟刀弩猎禽兽为食”（临安等府苦葱蛮条）；傈僳，“佩短刀，善用弩，发无虚矢”（姚安等府傈僳蛮条），母鸡蛮（今彝族一支），“佩刀负弩”（临安等府母鸡蛮条）；利米蛮（今彝族一支），“善踏弩”（顺宁府利米蛮条）。此外，道光《云南通志稿》卷一八四所载还有：么些（今纳西族），“善劲弩骑射”；山苏（今彝族一支），“出常持弩，射禽炙食”。

可见，秦时板楯蛮，三国时涪陵郡巴人，南北朝时的荆湘蛮人，宋时的瑶人和抚水州蛮人，元代的百夷、山瑶和辰澧沅蛮人，清时的瑶、苗、布依、侗、彝、壮、土家、苦聪、傈僳、纳西等族人，均可谓“以弩为长技”和“善用弩”。

南方诸族习于弩射一事，也可从出土文物中得到证实。如云南晋宁石寨山墓葬共出土弩机十四件，其年代最早者可溯至战国后期。云南江川李家山滇族葬墓中也出土弩机两件，其时代为西汉后期。

南方诸族所用弩的结构。从宋代起，就有较详细的记述。据宋范成大《桂海虞衡志·志器》载：

蛮弩。诸峒瑶及西南诸蕃，其造作略同。以硬木为弓，桩甚短，似中

国猎人射生弩，但差大耳。

瑶人弩。又名编架弩。无箭槽，编架而射之。

《桂海虞衡志·志蛮》又载：瑶，

弩名偏架弩，随跳跃中，以一足蹶张，背手傅矢，往往命中。

《岭外代答·器用》则载：

凡蛮瑶之弩，状如中都之吃笪弩，盖不能弯弓而皆能踏弩也。……不划箭槽，编架其箭于栝，故名曰编架弩。

宋洪迈《容斋随笔·四笔》卷十六记，湖南瑶弩：

弩则傅矢于弦而偏架之，谓之偏架弩。以利侔中土神臂弓，虽暑湿亦可用。

沿至清代，仍行此制。据清田雯《黔书》卷一载：九股黑苗，

挽强弩，名曰偏架。一人持之，二人蹶张，矢无不贯。

此外，清屈大均《广东新语·人语》卷七，在谈及瑶人弩制时写道：

弩长二尺，重百斤，头作双槽，钉以燋铜错铁，药箭长仅尺许。

总之，弩名编（偏）架弩，多使用以足踏弓之法。与常弓不同之处在于射力猛远，即所谓“矢无不贯”。弩之所以发源与盛行于南方，在于南方天气潮湿，往往影响弓的使用，而弩则具有“虽暑湿亦可用”的性能所致。

弩属于一种远射程的重武器。其使用特点有二：

一是枪弩并用。据《文献通考》卷三二八引《桂海虞衡志》载：瑶人，

枪名掉抢，长二丈余，徒以护弩，不恃以取胜。战则一弩一枪，相将而前，执枪者前却不常以卫弩，执弩者口衔刀而手射人。敌或冒刃逼之，枪无所施，弩人释弩，取口中刀，奋击以救。度险，整其行列。

后世均袭用此说。如田汝成《炎徼纪闻》卷四载：瑶人，

> 拒敌则比耦而前，执枪者前却不常以卫弩，坚弩者口衔刀而手射人。矢尽，便投弩挟刀与枪俱奋。

清屈大均《广东新语·人语》卷七，瑶人条，清李调元《南越笔记》卷七，瑶人条所载，除个别词句外，均袭用田汝成此文。清闵叙《粤述》载：瑶人，

> 弩名偏架，弩以一足蹶张。枪名杆枪，长二尺。战则相将而前。

清陆次云《峒谿纤志》载：

> 掉枪长余二丈，用以护弩，战则一弩一枪，相依对敌。

又，清诸匡鼎《瑶僮传》所载略同。这些均说明，瑶人作战，以枪护弩，一枪一弩，互为配合。这是因为枪适于近攻，弩宜于远战所致。

二是宜于伏击。据《文献通考》卷三二八引《桂海虞衡志》云：瑶人，

> 退去，必有伏弩。

又，清屈大均《广东新语》卷七，《瑶僮传》等所载，均抄袭此文。此外，宋朱辅《溪蛮丛笑》载：

> 山瑶潜出省地，茅苇中射弩夺物，机不许虚发，名坐草。

清严如煜《苗防备览·风俗上》载：

> 弩迟而鸟枪捷，弩或伏张小路旁以守，不取以斗也。

这些均说明，由于弩“迟”而杀伤力强，故适于伏击与防守之用。随着鸟枪等火器的运用，弩更失去进攻性武器的作用。

五、药　箭

从文献记载来看，我国药箭的发源地与流行区当推南方民族地区。

早期详记此事者为晋张华《博物志》卷二，异俗条：

交州夷名曰俚子，俚子弓长数尺，箭长尺余，以燋铜为镝，涂毒药于镝锋，中人即死，不时敛藏，即膨胀沸烂，须臾肌肉都尽，唯骨耳。其俗誓不以此药治语人。治之，饮妇人月水及粪汁，时有差者。唯射猪犬者，无他，以其食粪故也。燋铜者，故烧器。其长老唯别燋铜声，以物杵之，徐听其声，得燋毒者，偏凿取以为箭镝。

这是岭南俚人用“涂毒药于镝锋”之法。但其所记“饮妇人月水及粪汁”以解毒为记载，显系附会之说。

宋以此记载增多。据宋乐史《太平寰宇记·岭南道十一》卷一六七记钦州风俗云：

箭用药箭。

宋范成大《桂海虞衡志·志器》载：

药箭。化外诸蛮所用。弩虽小弱，而以毒药濡箭锋，中者立死。药以蛇、毒草为之。

对此，宋周去非作了较详的补述。据《岭外代答》卷六载：

溪峒弩箭，皆有药，唯南丹为最酷。南丹地产毒虺，其种不一，人乃合集酝酿以成药。以之傅矢，藏之竹筒。矢鏃皆重缩。是矢也，度必中而后发，苟中血缕必死。唯其土人自有解药。南丹之战也，人以甘蔗一节自随，忽尔中矢，即啖蔗，则毒气为之稍缓。急归，系身于木株而服解药，少焉毒作，身将奋掷，于木株系身，得不掷死。否则，药作而自跃于虚空，陨地扑杀耳。邕州溪峒，以桄榔木为箭鏃，桄榔遇血悉裂，故其矢亦能害人。

又，据《宋史·蛮夷列传三》载，咸平中，抚水州蛮酋，

蒙汉诚、蒙虔玮、蒙填来朝，上器甲数百及毒药箭，誓不扰边。

抚水州为今广西环江北境。

以上记载表明：宋代粤西溪峒有以蛇、毒草为药箭者，这可证晋人张华关于“交州俚子”为毒箭记载之可信；宋代抚水州蛮把“毒药箭”作贡品，说明此物已为汉族统治者所重视，宋以前文献所记药箭的主要产地为粤西民族地区。

元代也偶有记及。如元李京《云南志略》载，罗罗（今彝族）俗：

> 标枪劲弩，置毒矢末，沾血立死。

明代，田汝成、徐宏祖、邝露诸人也记此俗。据田汝成《炎徼纪闻》卷四载：打牙仡佬，

> 善敛百物之毒，以染箭刃，当人立死，触其气者亦死。

所谓“触其气者亦死”，当系夸大之辞。又，明郭子章《黔记·诸夷》，仡佬条有相同记载，当出此。徐宏祖《徐霞客游记·滇游日记九》载，有一汉人对他讲述：

> 其北姊妹山后，即为野人出没之地，荒漠无人居。而此中时为野人所扰，每凌晨逾箐至，虽不满四五十人，而药箭毒甚，中之无不毙者。其妻与子，俱没于此，现葬山前。

这是云南“野人”为药箭的真实纪录。“野人”为今景颇族。又，据邝露《赤雅》卷上，毒矢条载：

> 射鸩捕蛇以合百草，炼时日，作毒矢。仰射飞走，透肌及骨，百不失一。

《赤雅》卷下，杭药矢条则载：

> 杭药，毒草，鸟不敢栖其上，形如独巢蒜，生深山中。就其处采煎，忌鸡犬声，用蘸弩矢。

清吴震方《岭南琐记》卷上，杭药条有相类记载，当本此。

清代，南方诸族广泛使用药箭。如：

壮族　据陆次云《峒谿纤志》载：岭南壮人，

能用毒矢，中之者肌骨立尽，虽瑶人亦且畏之。

《皇清职贡图》卷四，灵山县僮人条也载：

善药弩，以捕猎为生。

布依族　田雯《黔书》卷一载：仲家，

敛百物之毒，以染箭镞。中人，血濡缕必死。

同书卷四又载：黔之诸苗，

其矢必傅药。治药者，为补笼之仲家，谓之补笼药。采杂毒物，碎而煎之，以为膏。……中者与拔矢者皆立死。又有苗能医之，用利刃自顶至踵，寸寸割之，使血出，用口吮之，血尽则以他药傅之，始可生。

仲家与补笼仲家，均为今布依族。“补笼药”闻名于贵州诸族，可见布依族药箭之精工。

仡佬族　据陆次云《峒谿纤志》载：仡佬，

敛百物之毒，以染箭锋。当之立死，受其气亦死。

又，李宗昉《黔记》有相类记载。这些记载，均系袭自《炎徼纪闻》一书。

瑶族　据闵叙《粤述》载：瑶僚，

其药箭甚毒，中人有至死者。

陆祚蕃《粤西偶记》载：山子瑶，

其人喜猎，伏弩捕虎，涂毒箭镞，中之立毙。

吴震方《岭南杂记》也载：瑶人，

出入佩弓弩，毒矢，中之立毙。

苗族　毛奇龄《蛮司合志·湖广》卷一载：苗人，

合毒药，傅弩矢，中之，血濡缕杀人。

严如熤《苗防备览·风俗上》载：苗民，

间有用弩，则合百虫毒，傅其矢头，中人必立毙。

高山族　据蓝鼎元《平台湾生番记》载：

番箭镞如利刃，锋长五六寸，或蘸毒药，百发无虚，宜用木盾御之。

傈僳族　余庆远《维西见闻纪》载：栗粟，

触忿则弩刃俱发，著毒矢处肉，辄自执刀剜去。

彝族　据明隆庆《云南通志·羁縻》卷十六载：爨蛮，

置毒矢束，沾肤立死。

又，《皇清职贡图》卷七，武定等府摩察蛮条载：

佩短刀，以木弓药矢，射鸟兽为食。

爨蛮、摩察蛮，均属今彝族。

从上述记载，可得出如下结论：

一是古代南方俚、粤西溪峒诸族、抚水州蛮以及壮、布依、仡佬、瑶、苗、高山、彝、景颇、傈僳、摩擦蛮等族，均有用药箭之俗。

二是药箭用以攻击人与猎取动物。其毒性剧烈，故不断出现“中人即死”“中者立死”“中之无不毙者”“中之者肌骨立尽”“沾血立死”“血濡缕杀人”一类记载。

三是毒药来源，可分为两类：一是提取动物毒素，以蛇、百虫为之即是；二是提炼植物毒汁，以杭药、百草为之即是。

南方诸族药箭盛行，是与当地多产毒药密不可分的。据唐张鷟《朝野佥载》记：“岭南风俗，多为毒药。”又，南方多蛊，更是明证。

需要指出的是，毒药除广泛涂于弓箭外，还傅于矛槊、标枪等其他武器。如唐段成式《酉阳杂俎·物异》卷十载：毒槊，

> 南蛮有毒槊，无刃，状如朽铁，中人无血而死。

明邝露《赤雅》卷上，毒槊条载：“毒槊无刃，状如朽铁，著人无血而死，意《列子》所称宵炼者耶？”所记相类，当本此。

第十章 服 饰

早在传说时代，人们就发明了衣服。据《易·系辞下》载：

黄帝、尧、舜垂衣裳而天下治。

《世本·作篇》：

伯余作衣裳。

又载：

胡曹作衣。

宋衷注曰：

黄帝臣也。

《淮南子·氾论训》则载：

伯余之初作衣也，緂麻索缕，手经指挂，其成犹网罗。后世为之机杼胜复，以便其用，而民得以掩形御寒。

高诱注：

伯余，黄帝臣。

传说黄帝之臣伯余、胡曹制作了衣裳，并不可信。但它说明了：远古时期，我们的祖先已发明了衣服；人类经历了从赤身露体至以原始衣饰“掩形御寒”的发展过程。

关于衣服起源，历来聚讼纷纭。其说主要有二：一是出于保护人身的实际需要；二是因遮羞审美观念而生。应该说，缘起于前者为是。如《墨子·辞过》载：

圣人之为衣服，适身体、和肌肤而足矣。非荣耳目而观愚民也。

《庄子·盗跖》：

古者，民不知衣服，夏多积薪，冬则炀之，故命之曰知生之民。

古人这些观点，均属灼见。即衣服源于“适身体、和肌肤”、保暖御寒等因。至于“荣耳目”即装饰打扮，则是后起之事。

一、“裸国”之民

初民不知衣服，赤身露体，一丝不挂，史称“裸”，即所谓“露形”（《史记·南越列传》索隐），这在民族学上，可以得到充分证明。

由于南方天气炎热，不需披皮毛御寒，且处于相对落后的社会历史发展阶段。故裸身之俗，远较北方保留为长。据《列子·汤问》载：

南国之人，祝发而裸；北国之人，鞨巾而裘；中国之人，冠冕而裳。

可见，当中原地区已有冠裳之礼时，南方不少地区尚有披发露体之习。

据传，在夏禹时，南方有“裸国”。《战国策·赵策二》载：

昔舜舞有苗，而禹袒入裸国。

《论衡·问孔篇》对此也有记载：

禹入裸国，裸入衣出，衣服之制，不通于夷狄也。禹不能教裸国衣服。

这表明：裸，“非中国之礼”（《战国策·赵策二》）；“裸国”，为“夷狄”之国；“裸国”，无“衣服之制”；像夏禹这样的圣人，不仅不能易裸俗，而且，还得入乡随俗。可见，裸风之盛。

汉代，有瓯骆“裸国”与桂林海上裸人乡。据《史记·南越列传》载：南越王赵佗对汉使陆贾道：

蛮吏中间，其东闽越千人众号称王，其西瓯骆裸国亦称王。

又，据梁任昉《述异记》卷上载：

桂林东南边海有裸川。桓谭《新论》云："呈衣冠于裸川，海上有裸人乡。"

可见，此裸人乡在桂林东南边海。所谓"裸川"，即越人"同川而浴"之谓。需指出的是，瓯骆"裸国"与桂林海上裸人乡之地望大体一致，即均在岭右之域。

晋代，有日南野女裸袒之说。据《博物志》卷二，异人条载：

日南有野女，群行见丈夫，其体晶且白，裸袒无衣襦。

日南郡在今越南顺化境，为古越人居地。

晋代，还有东夷之"裸国"。据《三国志·魏志·东夷传》载，倭国东四千余里：

又有裸国、黑齿国、复在其东南，船行一年可至。

唐代，云南永昌南有"露身"俗。据《通典·边防三》载：赤口濮，

露身无衣服。

《新唐书·南蛮传》所载略同：

赤口濮，裸身而折齿。

宋代，广西西部僻远之地，尚有"跣足裸形"之俗。据宋周密《齐东野语》卷七载：

邕宜以西南丹诸蛮皆居穷崖绝谷间，有兽名曰野婆，黄发椎髻，跣足裸形，俨然一媪也。……其群皆雌，无匹偶，每遇男子，必负去求合。

邕州，治今广西邕宁；宜州，治今广西宜山。此记载，可与上述日南野女群行见夫材料相印证。证明：从晋至宋，在广西邕、宜以西保留较多母系制残余的某些山区妇女，尚存"跣足裸形"之习。

元代，据李京《云南志略》载：末些蛮（今纳西族）女子，

裸露不以为耻。

直至清代，在较为落后的民族地区，无衣之制也未完全绝迹。高山族即其中一例。如明张燮《东西洋考·东番考》记鸡笼淡水番人，

裸逐无所避，女或结草裙蔽体。

清郁永河《裨海纪游》载：平地近番，

男女夏则裸体，惟私处围三尺布。

即除多一块遮羞布外，其他与裸体无别。又，清傅恒《皇清职贡图》卷三载：诸罗县诸罗等社熟番，男番，

夏常裸体。

凤山县山猪毛等社归化生番，

男女披发裸身。

结论：

一是从先秦至清代载籍均记及我国南方以及海外有袒裸之俗。“裸国”“裸人”“裸形蛮”之称，即由此而来。

二是从民族学的材料证明，古籍关于“裸国”的记载，并非荒诞之言。

三是在人类发展史上，确曾经历过无衣服之制的阶段。

二、以树皮、羽毛为衣

人类的衣饰，起初是极其简陋的，多直接采天然原料而戎，来源大致有二：

一是取于草、藤、树叶、树皮诸植物。下面以南方诸族为例以说明之。

苗族　据明田汝成《炎徼纪闻》卷四载：夭苗，

缉木叶以为上衣。

清方亨咸《苗俗纪闻》载：苗人男子，

贫者则衣草状若蓑衣，结少密而长等衣，疑卉服之遗也。

清田雯《黔书》载：古代苗族，

绎木叶以为衣服。

贵定县平伐司苗，

男子披草衣短袖。

清傅恒《皇清职贡图》卷八载：平越黄平等处天苗，

绎木叶为衣。

壮族　据明邝露《赤雅》载：僮人，

夏衣木叶。

又，《粤西丛载》卷三一，载《梧浔杂风》云：

衣者竹皮……履者竹鞋。

伶人（今仫佬族、毛南族先民）　据《皇清职贡图》卷四载：怀远县伶人，

不识纺织，以卉为衣。

俅人（今独龙族）　据《皇清职贡图》卷七载：鹤庆等府俅人，

更有居山岩中者，衣木叶，茹毛饮血，宛然太古之民。

云南腾越夷人　据陈鼎《滇黔纪游》载：

夷妇纫叶为衣，飘飘欲仙。叶似野栗，甚大而柔，故耐缝纫，亦可却雨。

黎族　据明顾岕《海槎余录》载：深黎，

居常以椰瓢蔽体。

明罗曰褧《咸宾录》有相同记载，当本此。又，清张庆长《黎岐纪闻》：

生黎，隆冬时取树皮槌软，用以蔽体，夜间即以代被，其树名加布皮，黎产也。

高山族 据《皇清职贡图》卷三载：淡水右武乃等社生番，

缉木叶为衣。

可见，古代之苗族、壮族、伶人、俅人、腾越夷人、黎族、高山族等，有以木叶、草、竹皮、木皮、椰瓢为衣者。

也有在木皮、藤皮等原材料基础上，进一步编织加工者。如顾微《广州记》曰：

阿林县有勾芒木，俚人砍其大树，半断，新条更生，取其皮，织以为布，软滑甚好。

裴渊《广州记》：

蛮夷不蚕，采木棉为絮，皮员当竹，剥古绿藤织以为布。

沈怀远《南越志》曰：

桂州丰水县有古终藤，俚人以为布。

唐梁载言《十道志》载：容州夷，

无蚕桑，缉蕉葛以为布。

以上所记，为岭南俚人与蛮夷以木皮、藤皮、蕉编织为布之例。

又，据《皇清职贡图》卷三载：诸罗县诸罗等社熟番，

以树皮织为长衫。

凤山县山猪毛等社归化生番，

能织树皮为布。

以上所记，为台湾高山族以树皮为布之例。

显然，再向前迈一步，则以布帛为衣了。

二是取诸动物的皮、毛、羽。如《礼记·礼运》载：

昔者先王未有麻丝，衣其羽皮。然后治其麻丝，以为布帛。

在南方，因天气炎热，尤以衣羽为多见。古籍中所载的“羽人国”实即为以羽为饰之南方民族。如《楚辞·远游》：

仍羽人于丹丘兮，留不死之旧乡。

《山海经·海外南经》载：

羽民国在其东南，其为人长头，身生羽。一曰在比翼鸟东南，其为人长颊。

《山海经·大荒南经》载：

有羽民之国，其民皆生毛羽。

《吕氏春秋·慎行论·求人》载：禹，

南至交阯，孙朴续樠之国……羽人裸民之处。

《淮南子·坠形训》载：自西南至东南，有，

羽民。

晋张华《博物志》卷二载：

羽民国，民有翼，飞不远，多鸾鸟，民食其卵。去九疑四万三千里。

《太平御览·四夷部一一》卷七九〇引《外国图》曰：

羽民，羽飞不能远，其人卵产，去九疑四万里。

从上述记载中，我们可以得出如下结论：在我国极南部有“羽民”或“羽民国”；把羽民描写成“其人皆生毛羽”“有翼”或“人得道身生毛羽也”（《楚辞》）均属附会之说。至于把羽人说成“其人卵产”，则更为荒唐。概言之，剥去羽人的神话外衣，实为以羽为饰的南方之民。

在冬季，也有衣皮、毛者。以高山族为例，据清黄叔璥《台海使槎录》卷五，“北路诸罗番一”载：

土番，初以鹿皮为衣。

《皇清职贡图》卷三也载：凤山县山猪毛等社归化生番，

或以鹿皮蔽体。

三、“穿胸”与“桶裙”

在炎热的南方，最早盛行制作简便的裙子。裙子起源，当是把下身围起来的布片。后来，人们把一幅布围于腰，即成了裙子。再后，把这种裙子缝合起来，穿着时自头上贯下，即为“桶裙”。这种“桶裙”，在南方民族地区来源颇古，且历代流传不衰。和“桶裙”一样，穿着时也是自头部套入的上衣，则称为“穿胸”“贯头”。下面将贯头衣和“桶裙”分述如下：

史载，传说古代有贯胸国、穿胸国之称。据《山海经·海外南经》载：

贯匈国在其东，其为人匈有窍。

《淮南子·坠形篇》有，

穿胸民。

高诱注：

胸前穿孔达背。

《博物志》卷二，更详载了穿胸民的来历，而且绘声绘色：

穿胸国。昔禹平天下，会诸侯会稽之野，防风氏后到，杀之。夏德之盛，二龙降之。禹使范成光御之，行城外。既周而还至南海，经房风，房风之神以涂山之戮，见禹使，怒而射之，迅风雷雨，二龙升去。二臣恐，以刃自贯其心而死。禹哀之，乃拔其刃疗以不死之草，是为穿胸民。

《艺文类聚》卷九六引《括地图》所载略同：

禹诛防风氏。夏后德盛，二龙降之。禹使范氏御之以行，经南方，防风神见禹，怒射之。有迅雷，二龙升去。神惧，以刃自贯其心而死。禹哀之，瘗以不死草，皆生，是名穿胸国。

元周致中《异域志》更演绎得天花乱坠：

穿胸国，在盛海东。胸有窍，尊者去衣，令卑者以竹木贯胸抬之。

以上记载，把穿胸民说成是胸有孔，甚至可用竹木“穿胸”而达背，当属无稽之谈。但其共同之处在于：都承认当时南方确有“穿胸”之民。究其实，所谓“穿胸”之民，当系因其服制而得名。汉人杨孚最早将此二事联系起来，并作了极为精辟的记述。据《太平御览》卷七九〇引《异物志》载：

穿胸人，其衣则缝布二尺，幅合二头，开中央，以头贯穿胸不突穿。

杨孚之所以有此灼见，并非偶然。因为他是南海（今广州）人，曾官东汉章帝时议郎，故能据其所亲见对穿胸民作出合理的解释，而不致像中原之人带着民族偏见作隔靴之说。

“贯头”衣之说，始于汉人。除了上述杨孚《异物志》称“以头贯穿胸”外，班固言明“穿中央为贯头”。据《汉书·地理志下》载：

自合浦、徐闻南入海，得大州，东西南北方千里，武帝元封元年略

以为儋耳、珠厓郡。民皆服布如单被，穿中央为贯头。

所谓“贯头”，颜师古释为：

著时从头而贯之。

可见，史籍最早记穿贯头衣者为今海南岛黎族先民。续记其事者，有南宋范晔《后汉书·南蛮西南夷列传》。其中写道：东汉初，永昌太守郑纯，

与哀牢人约，邑豪岁输布贯头衣二领，盐一斛，以为常赋。

哀牢夷，学者多认为属百越系统民族。可见，两汉时代的百越之人喜穿贯头衣。

关于贯头之衣，由“广幅布”制成，也是有史可证的。据《太平御览》卷七九一引《广志》曰：黑楚濮，

其衣服，妇人以一幅布为裙，或以贯头。

贯头衣即把横布缝合而成。

“桶裙”之称，唐已有之。据《旧唐书·南蛮西南蛮专》载：南平僚，

妇人横布两幅穿中而贯其首，名曰桶裙。

后世南方诸族多行“桶裙”之制。下面择黎、高山、傣、苗、布依、仡佬、彝诸族列举之。

黎族 据《文献通考》卷三三一引《桂海虞衡志》云：黎，

无裤襦，但系裙数重，制四周合缝，以足穿而系之腰。群浴于川，先去上衣自濯，乃濯足，渐升其裙，至顶，以身串入水。浴已，则裙复自顶而下，身亦出水。

此裙即可自下而上以足穿，也可自顶而下以头穿，名之曰“黎充”。据《古今图书集成·方舆汇编·职方典》卷一三九一载：

黎……贝布为衣，两幅前后为裙……用贝绵纺线以色丝网成圈券，

从头穿下至腰结住为裙，名曰黎充。

“黎充”又称“黎桶”。据屈大均《广东新语·人语》卷七载：黎人，

妇女率著黎桶，以布全幅，上与下紧连，自项至胫不接续，四围合缝，以五色绒花刺其上。

清张庆长《黎岐纪闻》载：

下衣如竹筒，幅布对缝之，名曰黎桶。黎岐长不蔽膝，别黎并长至胫，唯大厂黎长至足，或绣五色花以为饰，名为绣花桶。

可见，“黎桶”，又写作“黎桶”；绣花以饰者，又名“绣花桶”。

高山族　据清黄叔璥《台海使槎录》卷五，北路诸罗番一载：番妇，

腰下围幅布，旁无襞积，为桶裙。

傣族　据明钱古训《百夷传》记百夷妇女的装束为：

衣窄袖衫，皂统裙，白裹头，自行缠，跣足。

明朱孟震《西南夷风土记》则载：

部夷，男秃头，长衣长裙；女堆髻，短衣桶裙。

据《滇略》卷九载：傣族，

衣皆套项桶裙。

可见，傣族先民之妇女均着“桶裙”。此制仍行于今日。

苗族　据清方亨咸《苗俗纪闻》载：苗妇，

无中衣，止板裙、百折裙，亦五彩。无帛者，以花布代之，间以纯青。仅及骭。

清陆次云《峒谿纤志》载：东苗，衣短衣，

> 细摺裙仅蔽其膝。

清林溥《古州杂记》载：

> 苗人妇人皆跣足，裙百摺，以布为之，长不盈尺，围脐下。

清李宗昉《黔记》载：贵州都匀八寨短裙苗，

> 妇人衣短无衿袖。前不护肚，后不遮腰。不穿裤，其裙长只五寸许，极厚而细摺，聊以蔽羞。

民国《贵州苗民概况》载：

> 考苗寨妇女衣服工作时间之长，莫过于裙，有费时半年，而完成一裙者。裙为妇女唯一之装饰品，每遇吉庆丧吊，以穿裙条数，或摺细而花多为美，虽年老发白，其衣裙，必有花色，有以蜡绘者，有以彩布镶者。

可见，苗妇女之重裙与裙之花色品种之多。所谓百折裙、细折裙一类，均属“桶裙”。

苗族与布依族　据贝青乔《苗俗记》载：

> 苗女不履不袜，徒跣而行。围峒锦于腰，重叠百褶，旁无襞积，谓之桶裙。仅及膝者，谓之短裙。苗拕至地者，谓之长裙，即仲家也。

仲家即今布依族。可见，苗与布依之裙制长短有别。

仡佬族　据宋朱辅《溪书丛笑》载：

> 裙幅而头缝断，自足而入，阑班厚重，下一段纯以红，范史所谓独力衣，恐是也。盖裸袒以裙代裤，虽盛暑不去，去则犯鬼，名仡佬裙也。

朱辅把“桶裙”与《后汉书·南蛮西南夷列传》中盘瓠种人所着“独力衣”联系起来的说法，可供进一步研讨。明田汝成《炎徼纪闻》卷四，蛮夷条载：仡佬，

以布一幅，横围腰间，旁无襞积，谓之桶裙。

清田雯《黔书》卷一袭田汝成说：仡佬，

男女皆以幅布围腰，傍无襞积，谓之桶裙。

彝族 清顾炎武《天下郡国利病书•云南》在言及黑罗罗衣制时写道：

妇人头蒙方尺青布，束于额上，短衣上披袈裟，桶裙结绣，上下回文。

盖言之,“桶裙”又名“统裙”。也有按族别称作“黎桶”“仡佬裙”者。“桶裙”之所以在民族地区流传不衰者，是因为其制作工艺可变化多端。即既可极为简单便捷；又可十分繁杂精美。像“以五色绒花刺其上”“重叠百褶”一类，是其中之佼佼者，甚有费时半年才能完工者。这样，便能适应不同历史发展阶段与不同人们的需要。

四、从炙背至鹅毛被

人类被褥的发明是晚起之事。最早的御寒工具为火，这在南方诸族中也多有反映。如：

瑶族 据宋朱辅《溪蛮丛笑》载：

傜佬睡不以床，冬不覆被，用三叉木支阔板，旁然骨柮炙背，终夜不绝。火透则易板，盖以板之易得也。以展转之意，名骨浪。

清陆次云袭此说。他在《峒谿纤志》写道：

傜僚睡无床褥，冬夜以三叉木支阔板，燃火炙背，板焦则易，名曰骨浪。处以瓦屋，居之温室，则病而不安。

又，清吴震方《岭南杂记》载：瑶人，

冬无卧具，群聚热火。

苗族 据清贝青乔《苗俗记》载：

苗俗无卧县，恒掘地为炉，爇柴而拥以炙背，虽隆冬亦裸而枕也。

清龚柴《苗民考》载：

有寝不以床，冬不覆被者。用三叉木支阔扳，旁然火炙背，板焦则易。

又，据清吴省兰《楚峒志略》载：苗人也有以煤炭代木为燃料者。其中写道：

苗置大榻，高四五尺，炊以煤炭之属，男女杂卧其上，虽翁姑子妇兄弟妯娌，略无嫌忌。即客之投宿者，亦与共处，不为怪也。谓之火床。

维西夷人 据清余庆远《维西见闻纪》载：

卧无衾茵，夜则攒薪置火，各带席稿，袒裸环睡，反侧而烘其腹背。

可见，瑶之“骨浪”、苗之“火床”等，均是“燃火炙背”以取暖的典型事例。

被褥的起源迟于衣服，这从台湾高山族先民的事例中，可以得到佐证。据清林谦光《台湾纪略》风俗条载：番人，

家无被褥，以衣覆体。

南方民族的被褥，也别具一格，这是因取材当地特产所致。其中，尤以岭南酋豪之鹅毛被，向为中原人士所称道。据唐段公路《北户录》卷二，鹅毛被条载：

邕之南有酋豪，多以熟鹅毛为被，如稻畦衲之，其温软不下绵絮也。

唐刘恂《岭表录异》有相类记载：

南道之酋豪，多选鹅细毛，夹以布帛絮而为被，复纵横衲之，其温柔不下于挟纩也。

此外，唐柳宗元《柳州峒氓》诗（《柳河东集》卷四二）咏道：

鹅毛御腊缝山罽。

这是指岭右溪洞豪酋以鹅毛被过冬之事。显然，以鹅绒为被，其温软不亚于中原之丝棉被，当属被中之上品。当然，也有较低下之被，仡佬之茅花被即属此类。据《溪蛮丛笑》载：

仡佬冬无棉，揉茅花絮之布中，一被数幅联贯成筒。山傜皆卧板，夜然以火，仡佬视傜则为富矣。名茅花被。

简言之，南方民族之被褥，以鹅毛被与茅花被最具有代表性。如《峒谿纤志》所称：

南蛮豪家，以鹅毳毛为被，温丽胜于纯绵；仡佬诸种，则以茅花为被。

此外，清代侗族、苗族等有芦絮被与木棉被。据《黔书》卷一载：侗人，

冬以芦花为絮御寒。

又，《苗俗记》载：苗人，

近岁，间以芦絮为被；若木棉，则仅有矣。

可见，南方诸族中，有无被褥，而以燃火取暖或以衣当被者；也有使用茅花被、芦花被、木棉被甚或鹅毛被者。这因不同民族及其不同时期而异。

五、跣足、烙足与草鞋

人类最初是不穿鞋子的，即赤足而行。在南方诸族中，普遍流行“跣足”之风，即明证。如唐樊绰《蛮书》卷八载：南诏之蛮，

俗皆跣足，虽清平官大将军亦不以为耻。

宋范成大《桂海虞衡志·志蛮》载：宜州西南蕃，

人椎髻跣足。

宋周去非《岭外代答·国外》载：

西南夷率椎髻跣足。

清吴省兰《楚峒志略》载：苗，

短衣跣足。

清周存义《平瑶述略》卷上载：瑶，

椎髻跣足。

清徐家干《苗疆闻见录》卷下载：

苗人椎髻跣足。

诸如这类记载，不胜枚举。

由于世代均生活在险恶环境中，造成了适应自然的能力，故虽跣足，爬山涉险如履平地。如清林谦光《台湾纪略》载：台湾番人，

遇山路陡绝，则循藤而过，遇溪路深阔，则跳石而过。凡传递文书，两手系铃摇之，其走如飞。

清吴省兰《楚峒志略》载：苗人，

登巉岩如履平地，越溪箐疾若猿猱。

清周存义《平瑶述略》卷上载：瑶人，

又能耐饥忍苦，上下山险若飞。

对于这种跣足走山地如飞的现象，该如何解释呢？史书上有瑶人儿时烧铁石烙脚之说。此说，首见于宋周去非《桂海虞衡志》(《文献通考》卷三二八)：瑶，

上下山险若飞。儿始能行，烧铁石烙其跟蹠，使顽木不仁，哉能履

棘茨根栟而不伤。

其后，多袭用此说。如清毛奇龄《蛮司合志》卷十二载：桂林、柳州一带瑶人，

儿时，烧铁石烙其跟蹠，使不仁，辄能履茨棘栟榈而弗之伤。

闵叙《粤述》：瑶人，

儿能行，即烧铁石烙其蹠，故能履棘茨无伤。

吴震方《岭南杂记》：瑶人，

儿始学步，即烧铁烙其跟，故能践棘荆而不伤。

李来章《八排风七记》记瑶人善走险时写道：

儿始能行，烧铁石烙跟蹠，虽践枳棘巉石，终不能伤。

檀萃《说蛮》：四姓瑶，

儿时烧石烙蹠，沁以蛇油，重趼若鞹，穿箐走棘若履坦涂。

清陆次云《峒谿纤志》卷上载：

瑶俗，童时烧铁烙足，沁以蜡油，重趼如鞹，易登险峻。

清陈徽言《南越游记》卷三载：瑶人，

生儿初能步，即烧铁烙其足，足皮骨既老练，迨长，扪罗蹑蹬，上下崖谷，捷如猿猱，虽荆棘在途，莫之能伤。

清诸匡鼎《瑶僮传》载：

儿能行，既烧铁石烙其蹠，故能履棘茨而不伤。

这些记载，大同小异。应该指出，烧铁石烙脚使之足皮骨老练的说法，是不可

信的。瑶人之所以跣足能履棘茨而不伤，是因长期磨练而使脚长老茧所致。此说之来由，当是习于穿鞋而又惯于在平地行走的内地人传闻失误或想当然耳。

内地之人，不仅对瑶人等跣足履荆棘之地不可解，也对其跣足度冬感到困惑，故又有“然火溃浓”说。清闵叙力辨其误。据《粤述》载：

瑶人素不著履，其足皮皴厚，行于棱石丛苇之中，一无所损，其事想自开辟皆然。《东观记》曰：“元和中，荆州刺史上言，行部入长沙界中，观者皆徒跣。臣问御佐曰，人无履，亦苦之否？御佐对曰，十二月盛寒时，并多剖裂血出，然火燎之，春温或脓溃。”按：今不独瑶人，百姓大半如此，无所谓然火溃脓也。

人类由跣足而履。《世本·作篇》（秦嘉谟辑本）：

于则作扉。

注引宋衷曰：

黄帝臣。草曰扉，麻皮曰履。

把鞋之发明归作黄帝之臣于则，当然不可取。但最早之鞋子以草或麻皮制成的说法，则是可信的。这在南方诸族中，仍普遍可见。

草鞋 据清方亨咸《苗俗杂记》及清黄元治《黔中杂记》载：苗人，

草履。

《皇清职贡图》卷三载：永顺保靖等处土妇，

足著草履。

此为苗、土家诸族以草为鞋之证。

麻鞋 据《文献通考》卷三三一引《桂海虞衡志》载：生黎洞首王仲期，着，

麻鞋。

又，清桂馥《滇游续笔·麻竹》载：云南，

土人破麻绳作履，谓之麻竹。

此外，也有以木为履者。据《桂海虞衡志·志蛮》载：宜州西南蕃，

或著木屐。

可见，南方诸族仍盛行人类早期使用的草鞋、麻鞋及木履。

六、椎　髻

不同民族往往有不同发式。椎髻是古代南方诸族最为流行的一种发式。椎髻，或作“椎结”“魋结”，指将发盘结于头顶或脑后成“椎”形发式。正如唐颜师古所释：“一撮之髻，其形如椎。”（《汉书·陆贾传》）

根据史书记载，早在春秋时期，生活在“荆蛮”中的吴人，已有椎髻之俗。据汉赵晔《吴越春秋·吴王寿梦传》载：吴王寿梦元年（前585年），寿梦会鲁成公于钟离时云：

孤在夷蛮，徒以椎髻为俗。

最早记椎髻之俗之人，当推汉司马迁。司马迁为西汉武帝时人，赵晔为东汉明帝、章帝时人，故其时代大大早于赵晔。据《史记·南蛮西南夷列传》载：

西南夷君长以什数，夜郎最大；其西靡莫之属以什数，滇最大；自滇以北君长以什数，邛都最大。此皆魋结，耕田，有邑聚。

《史记·陆贾列传》又载：南越王，

尉他魋结箕踞见陆生。

《汉书》西南夷传与陆贾传也有相类记载，当本此。这说明：汉代贵州的夜郎、云南的滇、四川的邛都等西南夷，以及岭南越人均流行这一发式。

从现存出土文物推断南方民族有挽髻之俗者，当推楚画。张正明《楚文化史》

指出：楚人，

男子椎髻在头顶，见于人物御龙帛画，女子椎髻翘在脑后，见于人物龙凤帛画。

其后，史书记载不胜枚举。据《后汉书·度尚列传》载：抗徐，

初试守宣城长，悉移深林远薮椎髻鸟语之人置于县下。

宣城，故城在今安徽南陵县东。此地“椎髻鸟语之人”，系指汉末的山越之民。

南北朝。据《南齐书·蛮传》载：荆湘诸蛮，

蛮俗衣布徒跣，或椎髻，或翦发。

唐代。据《旧唐书·南蛮西南蛮传》载：东谢蛮，

男女椎髻，以绯束之，后垂向下。

宋代。据宋范成大《桂海虞衡志》（《文献通考》卷三二八）载：西南蕃，

地与牂牁接，人椎髻跣足。

峨州以西诸蛮，

其人椎髻，以白纸系之，云尚与诸葛武侯制服也。

诸蛮之至邕管卖马者，风声气习，大略抵同。其人多深目、长身、黑面、白牙，以绵缠椎髻。

宋周去非《岭外代答·国外》，西南夷条：

西南夷大率椎髻跣足，或衣斑花布，或披毡而背刀带弩。其髻以白纸缚之，云犹为诸葛武侯制服也。武侯之烈远矣哉。

《宋史·蛮夷列传》载：抚水州蛮，

椎髻跣足，走险如履平地。

五姓蕃，

俗椎髻，左衽，或编发。

元代。李京《云南志略·诸夷风俗》载：罗罗，

男子椎髻，摘去须髯，或髡其发。

明、清时，记载更繁。如：

苗族 据明田汝成《炎徼纪闻》卷四载：苗人，

其人魋结跕蹝。

明郭子章《黔记》卷五九载：龙里苗人，

男子椎髻。

清陆次云《峒谿纤志》载，宋家、蔡家苗，

椎髻当前，衣冠尽废。

清吴省兰《楚峒志略》载：

苗惟寨长薙发，余皆裹头椎髻。

又，清严如熤《苗防备览·风俗上》所载，则与《楚峒志略》同。

瑶族 明田汝成《炎徼纪阐》卷四载：瑶人，

椎髻斑衣。

清李来章《连阳八排风土记》、清诸匡鼎《瑶僮传》诸籍，均有记载。需指出的是，瑶族此俗始见于《桂海虞衡志·志蛮》“椎髻跣足”的记载。

土家族 据明王士性《广志绎》卷四载：湘鄂西的施州、保靖、永顺土人，

短裙椎髻。

清傅恒《皇清职贡图》卷三载：永顺、保靖等处土妇，

椎髻向后，衣裙俱短。

《苗防备览·风俗下》，永、保土人风俗条载：

男士垂髻，短衣跣足，以布勒头。

黎族 据明田汝成《炎徼纪闻》卷四载：

男子文身椎髻。

清屈大均《广东新语·人语》，黎人条载：妇女，

椎髻大钗。

需指出的是，早在宋代就已有黎人“皆椎髻跣足”（《文献通考》卷三三一引《桂海虞衡志》）的记载。

云南诸族 据《皇清职贡图》卷七载：白罗罗，“妇女椎髻，蒙以青兰布”（云南等府白倮倮条）；苦葱，“男子椎髻，以蓝布裹头”（临安等府苦葱蛮条）；撒弥，“男子椎髻，青布裹头”（云南等府撒弥蛮条）；母鸡，“男子椎髻”（临安等府母鸡蛮条）。

总之，从先秦至清代，南方诸族相当普遍地流行椎髻发式而未衰。

七“以鹖为冠”

帽子是覆盖和保护头部的重要服饰。据《淮南子·泛论训》载：

古者有鍪而绻领。

鍪，注家释为帽。又据《说文》卷七下载：

冒，小儿蛮夷头衣也。

换言之，人类原始的覆首之物为帽；当中原之人有冠冕之制时，南方许多少数民族尚戴简单的帽子。

帽子的发明是后起之事。古代越人的“断发文身”，上述南方诸族之人的“椎髻跣足”，都是不戴帽子的写照。关于古代越人无冠之制，史书多有记载。如《庄子·逍遥游》载：

> 宋人资章甫适诸越，越人短发文身，无所用之。

资章甫，即以冠为交换之物。《韩非子·说林上》：

> 鲁人身善织屦，妻善织缟，而欲徙于越。或谓之曰：“子必穷矣。”鲁人曰：“何也？”曰：“屦为履之也，而越人跣行；缟为冠之也，而越人被发。以子之所长，游于不用之国，欲使无穷，其可得乎？”

《淮南子·齐俗训》载：

> 越王勾践，翦发文身，无皮弁搢笏之服。
>
> 中国冠笄，越人翦鬋，其于服一也。

可见，是否行冠冕之制，成了中原之人与被视作蛮夷的越人在服饰方面的一大差异。

早期的帽子，当是采集树叶或树皮一类防护头部。据元李京《云南志略》载：土僚蛮，以，

> 桦皮为冠。

又据清李宗昉《黔记》卷上载：新贵县广顺州花苗，

> 少年缚楮树皮于额。

均是例证。

需要指出的是，南方一些民族的帽子，多以羽毛为饰。此可谓一大特点。据

《汉书·艺文志》载：

《鹖冠子》一篇，以鹖为冠。

颜师古注曰：

以鹖鸟羽为冠。

此为楚人以鸟羽饰冠之例。

楚亡后，此风仍在某些南方民族地区中流行，尤以故楚境的“武陵蛮”后裔瑶、苗人为甚。其他如黎、高山、侗、哈尼以及蒲蛮诸族也有此俗。

瑶族 据清李来章《八排风土记》卷三，风俗条载：

瑶无冠礼，少年男女以五色绿珠及绵花作条饰髻上，插鸡尾以为美观。

清姚柬之《连山绥瑶厅志·总志》载：连州瑶，

男穿耳带环，以五色绿珠、鸡毛饰髻。

清佚名《平定瑶匪纪略》下卷载：连州八排瑶，

成丁者以红布裹头，髻插白鸡翎三条。

显然，以上所记以鸡毛饰头，当是“以鹖为冠”的变形。

苗族 据明郭子章《黔记·诸夷》载：

西苗，男子椎髻，上插白鸡毛。

清毛奇龄《蛮司合志》卷一载：苗人，

纳首以窍，而插鸡毛于其颠。

李宗昉《黔记》卷三载：黑脚苗，

头插白翎。

此外，方志中也有记载。如民国《贵州通志·土民志一》，花苗条引《都匀志》云：花苗女，

巾覆于顶，未婚者代鸡毛以别之，已婚则去。

黎族　据《桂海虞衡志》（引自《文献通考》卷三三一）载：宋代五指山生黎洞首，

或带小花笠，皆簪二银篦，或加雉尾。

此制一直流传至清代。如《蛮司合志》卷十五载：黎人，

服饰以毛羽。

高山族　始载于《隋书·东夷传》：流求国（今我国台湾），

其男子用鸟羽为冠，装以珠贝，饰以赤毛，形制不同。

宋赵汝适《诸蕃志·流求》载：

编藤为笠，饰以羽毛。

清代记载增多。如黄叔璥《台海使槎录》卷五，北路诸罗番条载：

又以鸡尾三羽为一翎，插髻上，迎风招飐，以为美观。

康熙《诸罗县志·番俗·杂俗》卷八载：赛戏过年，

壮番结五色鸟羽为冠于首。其制不一，或错落如梅梢，高数尺，阔可十围。

康熙《凤山县志·风土·番俗》卷七载：

鸟翅垂于肩。

乾隆《凤山县志·番社风俗》卷三，瑯峤等十八社风俗条载：

插鸟羽于首。

傅恒《皇清职贡图》卷三载：诸罗县诸罗等社熟番，

男番首插雉尾。

侗族 据《皇清职贡图》卷八载：黎平府罗汉苩，

男未室，则插羽于首。

侗语称男青年为“罗汉”，故黎平府罗汉苗当属侗族。又，清张祥河《粤西笔述》也载：

峒人椎髻，插雉尾。

哈尼族 据清檀萃《滇海虞衡志》卷十二载：该族先民，

头插鸡毛跳舞，名洗鬼，或泣或歌。

蒲蛮（今布朗族） 据元李京《云南志略》，诸夷风俗条载：

蒲蛮，一名扑子蛮……首插雉尾，驰突如飞。

隆庆《云南通志·羁縻》卷十六，普（通蒲）蛮条所载同，可见此俗传至后世。

扑喇（今彝族一支） 据清傅恒《皇清职贡图》卷七，临安等府扑喇蛮条载：

男子束发裹头，插鸡羽，著青布衣。

又，道光《云南通志稿》卷一八二也载：扑喇，

首插鸡羽。

母鸡（今彝族一支） 据《皇清职贡图》卷七，临安等府母鸡蛮条载：

男子椎髻插鸡羽。

道光《云南通志稿》卷一八三，母鸡条，也有相同记载。

总之，以鸟羽或鸡毛为头部或帽子的装饰品，其因不外有四：

一是与该民族崇奉鸟类甚或以鸟为图腾有关。楚人崇凤，即例证。

二是与狩猎时的伪装活动有关。

三是与爱美之心有关。山居或狩猎民族，喜以羽为饰。

四是作为未婚青年的象征。黎平府罗汉苗之俗，可证。

八、服短衣

南方诸族尚短衣之制，可溯至楚人。最早言明楚服别具一格者，当推《战国策·秦策五》所记吕不韦指使秦异人穿楚服的故事。其中写道：

> 异人至，不韦使楚服而见。王后悦其状，高其知，曰："吾楚人也。"而自子之。

此处虽未描绘楚服形式，但楚服足以使楚人出身的秦王后如此倾倒，其鲜明的民族特色则跃然纸上。具体点明楚衣制者，则为晚出之《汉书·叔孙通传》。其中云：叔孙通，

> 儒服，汉王憎之，乃变其服，服短衣。汉王喜。

所谓"楚制"，师古曰："制，谓裁衣之形制。"显然，楚"短衣"与中原地区的宽衣博带，其形制是有异的。这从考古材料中也可得到证实。张正明、熊传新据出土的漆瑟上的画及出土的实物"緥衣"，判明楚人衣短衣之制①。

后世南方诸族也广泛流行衣短衣之例。

以苗、瑶、土家族为倒。据《皇清职贡图》卷三，永绥乾州红苗条载："衣短衫。"宁远等处箭杆瑶人条载："男女喜著青蓝短衣。"永顺保靖土人条载："衣裙俱短。"清爱必达《黔南识略》卷十二载：苗女"上著窄袖短衣"。清徐家干《苗疆闻见录》卷下载："苗人衣短衣。"清人《黔南苗蛮图说》载：车寨苗"短衣长裙"，

---

① 张正明：《楚文化史》，285页，上海，上海人民出版社，1987。

红苗“上著窄袖短衣”，花瑶“青平短衣”。

再以云南民族为例。据《皇清职贡图》卷七载，计有：云南等府乾㑩㑩（今彝族）、广南等府妙㑩㑩（今彝族）、元江等府窝泥蛮（今哈尼族）、临安等府苦葱蛮（今苦聪人）、景东等府白人（今白族）、广南等府侬人（今壮族）、顺宁等府蒲人（今布朗族）、丽江等府怒人（今怒族）、鹤庆等府俅人（今独龙族）、曲靖府、鲁屋㑩㑩（今彝族）、普洱等府莽人（今傣族）、武定等府摩察蛮（今彝族）、楚雄等府扯苏蛮（今彝族）临安等府母鸡蛮（今彝族）、丽江等府麽些蛮（今纳西族）、永北等府西番（今普米族）、广西府阿者㑩㑩（今彝族）、武定府麦岔蛮（今彝族）、顺宁府利米蛮（今彝族）、开化府普岔蛮、永昌府西南界缥人等。可见，云南彝、哈尼、白、壮、布朗、怒、独龙、傣、纳西、普米诸族以及苦聪人等，均喜衣短衣。

楚人与南方诸族喜衣短衣特点之形成，与下述因素不无关系：一是多山林荆棘的地理环境。显然，对“僻处荆山”“以启山林”的楚人、对“好人山壑，不乐平旷”的“南蛮”而言，这种服装形式便于行走与从事生产活动。二是炎热的气候条件。

九、“衣斑斓”

此俗，源于楚人好彩衣之俗。楚人好衣翠披、翠衣。据《左传·昭公十二年》载：楚子次于乾溪，“翠被（披）”以出；杜预注：“以翠羽饰被”。汉刘向《说苑·善说》则载：楚，

> 襄城君始封之日，衣翠衣。

楚人还好绛衣。据《墨子·公孟》载：

> 楚庄王鲜冠组缨，绛衣博袍，以治其国。

以上事例表明，楚人爱好鲜艳的或多彩的服色。出土文物也证明了这一点。楚人“就连一些男女木俑的身上，也画着彩衣”。[①]

---

① 张正明：《楚文化史》，292 页，上海，上海人民出版社，1987。

南方诸族特别是瑶族好斑斓衣，首载于《后汉书·南蛮西南夷列传》：盘瓠子孙，“好五色衣服”，或说是“衣服斑斓”。瑶族此风历代相沿而不衰。

《隋书·地理志下》载：长沙郡莫瑶，

> 男子但著白布裈衫，更无巾裤；其女子青布衫、斑布裙，通无鞋屩。

言瑶人以“班布”为裙者，首见于此。

《刘宾客文集》卷二六载，唐代诗人刘禹锡有诗云：

> 蛮女钩铸音，蛮衣斑斓布。

宋范成大《桂海虞衡志》（《文献通考》卷三二八）载：介于巴蜀、湖广间瑶人，

> 衣斑斓布褐。

可见，从《后汉书》至《桂海虞衡志》，关于瑶人及其先民“衣斑斓”的记载，均可谓语焉不详。

宋周去非始详记此事。据《岭外代答·外国》载：瑶人，

> 或斑布袍裤，或白布巾，其酋则青巾紫袍，妇人上衫下裙，斑斓勃窣。惟其上衣斑文极细，俗所尚也。

特别值得注意的是，《岭外代答·服用》，瑶班布条言明瑶人已能用镂蜡染法以染五色班布（详见上述“染蜡”部分引文）。此记载表明：宋代瑶人的“染斑之法”，已达到当时的最高水平；瑶人以多彩鲜艳的服装为时尚。

瑶人“衣斑斓”之俗，一直延续下来。如：

清顾炎武《天下郡国利病书·广东》载：瑶人，

> 衣斑斓布褐。

清吴震方《岭南杂记》载：粤瑶，

> 短衣斑斓。

清《平定瑶匪纪略》下卷载：广东连州八排瑶，

其服饰，用青布以五色绒刺绣背后，缀以古钱，谓之斑衣。

以上只是随手拾来的数例而已。

需要指出的是，除瑶族外，南方其他民族也喜花纹颜色鲜艳的服饰。据明陶宗仪《辍耕录》卷八志苗条下说，诸苗“喜著斑斓衣”；清严如煜《苗防备览·风俗下》在谈到永顺与保靖的土人时说，“喜斑斓衣服”。均属此例。

楚人与南方诸族嗜彩衣、斑斓衣一事，与当地物产有着密切联系。原来，南方特产植物性染料。“南蛮”先民已“织绩木皮，染以草实”（《后汉书·南蛮西南夷列传》）。“溪蛮”则“印布入靛缸渍染”（《溪蛮丛笑》）均可证。

十、喜饰物

据《后汉书·舆服志下》载：上古未有制度，后世圣人，

见鸟兽有冠角頫胡之制，遂作冠冕缨蕤，以为首饰。

把人类装饰说成是人类效法鸟兽等动物外表而缘起，虽属臆想之辞，但其可取之处有二：一是承认人类最初是没有装饰之物的；二是认为装饰是与审美意识联系在一起的。

南方诸族十分讲究装饰之美。喜在身上即头、项、手、腰、脚诸部位，佩带或悬挂用金属或动、植物材料制成的饰物。远在春秋战国时期的楚人就已如是。据《左传·僖公二十八年》载：

初，楚子玉自为琼弁玉缨，未之服也。

杜预注：

弁，以鹿子皮为之。琼，玉之别名，次之。以饰弁及缨。

此为楚人以琼、玉饰弁、缨之例。据《战国策·楚策》载：楚王死后，为试探楚王立谁为后？或谓昭鱼曰：

买五双珥，令其一善，而献之王，明日视善珥所在，因请立之。

此为楚女子饰耳之例。以上可见楚人重头部之饰。又，据《左传·定公三年》载：

蔡昭侯为两佩与两裘，以如楚。献一佩一裘于昭王，昭王服之，以享蔡侯。蔡侯亦服其一，子常欲之，弗与，三年止之。

佩，指佩玉。蔡昭侯以佩玉献楚昭王，当是投其所好；子常因未得佩玉，竟拘留蔡侯达三年之久。据《国语·楚语下》载：楚人王孙圉称：

白珩，先王之玩也。

珩，韦昭释为：

珮上之横者。

据《韩诗外传》卷一载：

孔子南游适楚，至于阳谷之隧，有处子佩瑱而浣者。

可见，楚国君臣上下均有嗜佩之癖，即重腰部之饰。

后世南方诸族与楚人一样，也喜盛饰。下面以苗、瑶、黎与高山族为例以证之。

苗族　据清方亨咸《苗俗纪闻》载：苗族妇人，

无老少，腕皆约环，环皆银，贫者以红铜为之。项着银圈，富者多至三四。耳铛累累及肩。

陆次云《峒谿纤志》载：苗族，

妇人以海肥铜铃结缨络为饰，耳环盈寸，髻簪数尺。

爱必达《黔南识略》卷十二载：苗女，

耳带大环，项带银圈，有一二圈以至十余圈不等。

吴省兰《楚峒志略》：

苗人之妇，用银簪、项圈、手镯、行縢，一如男子，惟两耳皆贯银环两三圈。衣较男子稍长，斜领直下，用锡片、红绒或绣花卉为饰。富者戴大银梳，以银索密绕其髻。……裙用峒锦而青红间道，亦有钉锡铃绣绒花者。

《苗防备览·风俗上》：苗人，

富者以网中束发，贯以银簪四五枝，脑后戴两银圈，左耳贯银环如碗大，项围银圈，手带银钏，衣服系锡皮。

其妇女，有的

两耳贯银环，二三四五不等，以多夸富。

《苗俗记》：

耳环大如钩，下垂至肩，富者多饰以珠贝，累累如缨络。

从上述记载中，可勾画出有清一代苗族女子的典型盛装形象：头插银簪、银梳、髻绕银索，耳贯银环，项带银圈，手带银镯，胸前垂以珠贝，衣裙缀以锡片或锡铃。其耳环有二三四五不等；其项圈有一二圈至十余圈不等。楚人与苗人的饰物在用料上不同之处在于：前者以玉为主，后者则以银为多。后者当系由前者演变而来，这是时代不同所致。

瑶族　据明王济《君子堂日询手镜》载：山子（瑶人），

妇人以他发杂己，发盘髻作大堆，重可数斤，上覆青布，簪大头银剜耳至百余，耳缀数环。

明王士性《广志绎》卷四载：永州（治湖南零陵）瑶人，

首则饰以高髻，耳垂大环，铸锡成花，满头插戴。

清屈大均《广东新语》卷七载：曲江瑶，

其男子穿耳饰银环。

连山瑶，

其首领皆刺五色花绒，垂铃钱教串。

清佚名《平定瑶匪纪略》下卷载：连州八排瑶男女，

俱带大耳环，银项圈。

概言之，瑶族装饰主要特点有三：一是男子也像妇女一样，穿耳饰银环；二是胸前喜垂铃钱数串；三是妇女喜满头插戴。

黎族　据清屈大均《广东新语》卷七载：黎人，

髻有金银钯或牛骨簪。其纵插者生黎也，横插者熟黎，以此为别。（妇女）椎髻大钗，钗上加铜环，耳坠垂肩。

高山族　据林谦光《台湾纪略·风俗》载：

手带镯头，或金银或铜锡，多者至数十双。且有以鸟翅垂肩，以贝悬项，相夸为美观者。

清郁永和《裨海记游》卷下载：

男子竞尚大耳，于成童时，向耳垂间各穿一孔，用篠竹贯之，日以加大，有大如盘，至于垂肩撞胸者。项间，螺贝累累，盘绕数匝，五色陆离，都成光怪。

康熙《诸罗县志·风俗·番俗》卷八载：

男女各贯两耳，以细硝子穿缀为珥。东西螺大武郡等社，男子好贯大耳，初纳羽管，嗣结笔管，渐可容象子，珥以大木环或海螺蛎粉饰之，

乃有至断缺者。

清黄叔璥《台海使槎录》卷五，北路诸番三条载：东西螺番，

臂腕束以铁钏，有两手用五六十者。或用蛤钏。或缚手腕以草，长垂至地，如尘拂状，日下俟落。

乾隆《凤山县志·番社风俗》卷三，瑯峤等十八社风俗条载：

或串海螺壳、树实，红白相间，长数十围，系于颈或手腕间以为美观。

清邝其照《台湾番社考》载：

男妇头贯簪，项悬玛瑙珠螺牌。

清龚柴《台湾小志》载：

男女手带铜镯。女佩颈环，或系垂银链。男佩耳圈，下悬小竹管，刻各种花纹，缀以红色丝以为美饰。

总之，南方诸族从楚人直至后世的苗、瑶、黎、高山诸族，均喜盛饰。

十一、凿齿

南方民族的凿齿之俗，可谓源远流长。从先秦至明清的史籍记载不断。下面分先秦至汉晋，唐、宋、元、明、清三个时期，依次加以论述。

关于凿齿民的记载，始于战国时期。其中，以《山海经》所记为丰。据《山海经·海外南经》载：

羿与凿齿战于寿华之野，羿射杀之。在昆仑虚东。羿持弓矢，凿齿持盾。一曰戈。

《山海经·大荒南经》又载：

有人曰凿齿，羿杀之。

寿华，《淮南子·本经训》作畴华，高诱注：“南方泽名。”

从中可见：早在传说时代，南方有一支名为凿齿的强大部落，曾与羿决战，因战败而被杀。

最早揭示凿齿之俗的族别者为《管子》：

> 吴、干战……摘其齿。

干指越，摘齿与凿齿类。《管子》言明越人有凿齿之习，这就补充了《山海经》只言凿齿民地望之不足。

汉代，记凿齿民之文献，以《淮南子》为富代表性。据《淮南子·坠形训》载：

> 凡海外三十六国。……自西南至东南方，结胸民、羽民、灌头国民、裸国民、三苗民、交股民、不死民、穿胸民、反舌民、豕喙民、凿齿民、三国民、脩臂民。

《淮南子·本经训》则载：尧之时，

> 猰貐、凿齿、九婴、大风、封豨、脩蛇，皆为民害。尧乃使羿诛凿齿于畴华之野。

此说，与《山海经》所载，大体一致，均把凿齿定为传说时代尧时之人。其相异之处在于：不单纯把凿齿作为神话人物来看待；而且，指出其为从西南至东南方众多的“国”与“民”之一，即为一实在的人们共同体。这显然比《山海经》前进了一步。

需要指出的是，过去人们往往把《山海经》所载视为无稽之谈，把《淮南子》所记看作小说家言，而不加以认真对待。但是，考古发现已有力地证明了其言之不虚。梁钊韬在《西瓯族源初探》一文中写道：“我国新石器时代或稍晚的遗存中发现有拔牙习俗的有：山东兖州王因、泰安大汶口、曲阜西夏夏侯、胶县三里河，江苏邳县大墩子，湖北房县七里河，福建昙石山，广东增城金兰寺村、佛山河岩，以及台湾屏东县鹅銮鼻和恒春镇垦丁等。”这说明：发现拔牙遗址的时代与地望，正与上述两书所载完全相符。

三国时，吴人沈莹《临海水土志》首记台湾土著妇女的缺齿之俗。据《太平御览》卷七八〇引该籍载：夷州民，

女以嫁，皆缺去前上一齿。

女子出嫁缺齿之说，最早出于此。

晋时，张华始记僚人的拔牙俗。据《博物志》卷二载：荆州极西界至蜀，诸民曰僚子。生儿，

既长，皆拔去上齿牙各一，以为身饰。

男孩成人后拔齿之说，最早见于此。

晋郭义恭《广志》则最早记濮人也有此俗。据《太平御览》卷七九一引该书载：

赤口濮，在永昌南，其俗折其齿。

从上述先秦至汉晋诸载籍中，我们可以归结如下结论：首先，这一时期，凿齿民的分布地区为南方、西南方与东南方。以族别而言，东之越人并及海外夷州民，西之永昌濮、荆州极西界至蜀的僚子均有拔牙之风。其次，各族拔牙的对象与时间不一。僚人于儿子长成后，夷州民则于女子出嫁时。

需要澄清的是，汉晋注家喜咬文嚼字、穿凿附会，往往把凿齿诠释为非人非兽的怪物。汉服虔、高诱与晋郭璞均有此失。如《汉书·杨雄传下》注引服虔曰：

凿齿，长五寸，似凿，亦食人。

《淮南子·坠形训》高诱注：

凿齿民，吐一齿出口下，长三尺也。

《淮南子·本经训》高诱注：

凿齿，兽名，齿长三尺，其状如凿，下彻颔下而持戈盾。

《山海经·海外南经》郭璞注：

凿齿亦人也，齿如凿，长五六尺，因以为名。

上述诸说，不同之处是，有说凿齿是人有说是兽，或说其齿长五寸或三尺或五六尺不一。其相同点，则都释凿齿为齿状如凿。均属臆想之词。

还有，汉代文学家杨雄也有此失。据《汉书·杨雄传下》记杨雄所作《长杨赋》：

昔有强秦，封豕其土，窫窳其民，凿齿之徒相与摩牙而争之。

赋中所言，虽是文学手法，但可证杨雄确是误把凿齿当作獠牙之人的。

如果说，汉晋以前，关于凿齿的记载，仅限于子书、笔记、小说等类的话，那么，唐宋以后，则为史籍包括官方所修正史所收。这可谓是一大进步与一大特点。

据唐杜佑《通典·边防三》载：

赤口濮，在永昌南，其俗折其齿。

所载内容虽未越出《广志》，但作为记典章制度的史书收入此条目，似是第一次。其意义也在此。

正史中，首载此俗者当推宋欧阳修《新唐书·南蛮传》：乌武浒獠，

地多瘴毒，中者不能饮药，故自凿齿。

赤口濮，裸身而折齿。

宋代载籍所记大量增多。据宋乐史《太平寰宇记·剑南西道六》卷七七载：雅州风俗同邛州，邛、雅之夷僚，

长则拔去上齿，如狗牙，各以为华饰。

同书《剑南西道八》卷七九载：戎州风俗，其蛮僚之类，

椎髻跣足，凿齿穿耳。

同书《岭南道十》卷一六六载：贵州风俗，俚人，

女既嫁，便缺去前一齿。

同书《岭南道十一》卷一六七载：钦州风俗，僚子，

椎髻凿齿。

据宋李焘《续资治通鉴长编》熙宁八年条载，熊本疏云：南平僚，

居栏栅，妇人衣通裙，所获首级多凿齿。

宋范成大《桂海虞衡志·志蛮》载，广西左右江的僚人有凿齿种类：

旧传其类有飞头、凿齿、鼻饮、白衫花面、赤裤之属二十一种。

僚的种类颇多，所谓飞头乃传其头会飞之僚，“鼻饮”传能以鼻饮液，白衫、赤裤以服色名，花面以黥面名，则凿齿为有打牙之俗的一支僚人，其意甚明。又，同时人周去非《岭外代答》一书有相类记载，当袭此。

宋朱辅《溪蛮丛笑》载：

仡佬妻女年十五六，敲去右边上一齿。

这是现存文献首记仡佬有敲牙之俗者，为明、清大量记述仡佬此俗开创了先例，故有重要史料价值。

元李京《云南志略》载：

土僚蛮，叙州南乌蒙北皆是。男子十四、五则左右击去两齿，然后婚娶。

元周致中《异域志》，僚条载：僚在牂牁，

有打牙者，谓打牙僪僚，种类最多。

此“打牙僪僚”，即明清时期所称的打牙仡佬。这是把仡佬的一支，名之为打牙仡佬的早期记载。

总之，唐、宋、元时期文献关于凿齿记载的重要特点是：所记分布范围较汉晋以前有所扩大。以地区而论，始大量出现在关于岭南诸族的记载中，如乌武僚，贵州、邕州、钦州、南平、左右江即是。以族属而言，始出现仡佬、打牙仡佬流行此俗的记载。

明、清时期，关于南方民族流行此俗的记载，可谓史不乏书。

明田汝成《炎徼纪闻》卷四载：僚人，

> 其支而尤异者，则有飞头、凿齿、鼻饮、花面、白衫、赤裈之属，今岭表左右及海外诸国在在有之。

此说无多少新意，基本上袭自《桂海虞衡志》与《岭外代答》。需要指出的是，田汝成《行边纪闻》也记此事，而此书是据《炎徼纪闻》初稿本刊印，故应视作同出一书。

该书又载：打牙仡佬，

> 父母死，则子妇各折其二齿，投之棺中，以赠永诀也。

这段记载，提出子妇折齿投父母棺中之说，值得注意。

明陈第《东番记》载：

> 男子穿耳，女子断齿，以为饰也。（女子年十五六，断去唇两旁二齿。）

这是继《临海水土志》之后，记高山族先民断齿的又一记载。其间小异者，前说缺一齿，此说则为断二齿。

明张燮《东西洋考·东番考》鸡笼淡水条载有与《东番记》相同的内容。因此书有关东番的内容多出自《东番记》，故有关女子断齿说也无例外。

此外，《明史·外国传》载：

> 鸡笼山……女子年十五，断唇边齿以为饰。

此说，当源于陈第、张燮之文。

清代，关于凿齿之说，与明代一样，多集中记载台湾番族与仡佬族。分述如下：

番族 据郁永和《采硫日记》载：男女相爱挽手后，

> 明日，女告其父母，召挽手少年至，凿上腭门牙旁二齿受女，女亦凿二齿付男，期某日就妇室婚，终身依妇以处。

此间断二齿之说，与明人同。但男女双方均凿二齿相互交换之说，与明以前载籍只女子断齿之说，则相佐。黄叔璥《台海使槎录·番俗六考》：

> 哆啰啯社，成婚，男女俱去上齿各二，彼此谨藏，以矢终身不易。

六十七《番社采风图考》凿齿条载：番俗成婚，

> 男女各折去上齿二以相遗，取痛痒相关之意。课人《丛笑篇》有云……佬蛮凿齿丧其视，尔蛮凿齿媾其姻。

可见，清人均主番俗男女各折二齿以定婚说。此外，清代还有女子断齿以作已婚标志说。“女有夫，断其旁二齿，以别处子”（《诸罗县志·风俗·番俗》卷八），可证。

仡佬族 关于打牙仡佬打牙的原因有两说。据陆次云《峒谿纤志》载：

> 有打牙仡佬者，父母死，子妇各折二齿投棺中。

此记载，与上述《炎徼纪闻》相一致。另一说则不尽相同。据田雯《黔书》卷一载：

> 在平伐、平远者为打牙仡佬，剽悍尤甚。女子将嫁，必折其二齿，恐妨害夫家也。

田雯为康熙时人，此为清代之早期记载。其后，清人记载，内容与此大致相同。据爱必达《黔南识略》卷六载：

> 僅佬女子将嫁，必先折其一齿以遗之夫家，即古所谓凿齿之民也。

作者明确指出，仡佬为古时凿齿之民。檀萃《说蛮》载：

> 打牙仡佬，嫁必折二齿，恐妨夫家，故名打牙。

贝青乔《苗俗记》则载：仡佬有五种，其一曰打牙。

打牙尤慓悍，而女子颇鲜好，将嫁必折其二齿，否则恐妨夫家。

此为女嫁折牙说。

归结起来，这一时期凿齿之俗发生了很大变化。关于古老的濮、僚诸族的凿齿俗已不见于记载；只有仡佬的一支即打牙仡佬与台湾高山族先民仍存此俗。其因有二：一是随着社会历史的发展与民族间往来的增加，流行此俗的民族与地区已日趋减少，以致只留下某些模糊传说，甚至完全成了历史的陈迹；二是时代不同引起的族称各异所致。如打牙仡佬即为古代僚人之一支；台湾番人，即为“夷州民”之后裔。

总之，通过上述记载，可以得出如下结论：

凿齿之俗，时间跨度绵长。从先秦直至清代以后，历代记载不断。分布地域广泛。遍及东南沿海、台湾以及湖北西部、四川、云南、贵州、两广各地。包括古今民族有越、濮、僚、夷州民、乌浒及高山族、仡佬、壮侗语族等，属百越系统与东夷系统之民族。

凿齿之起源与作用，其说大致有五。即一是男孩长大后，拔牙“以为身饰”；二是女子出嫁时，折齿，以免“伤夫家”；三是成婚时，男女均折齿相遗，“取痛痒相关之意”；四是父母死时，子妇折齿投棺中，“以赠永诀也”；五是中瘴毒，“不能饮药”而凿齿。

以上诸说中，其中第一、二、三种男孩成长或男女嫁娶时折齿之说，有共通之处。这可视作原始社会时期的成年仪式或其遗风。拔牙，意味着成了或加入了该氏族正式成员的行列，从此他或她必须承担和履行对氏族的责任和义务。因此，它起着维护氏族关系的重要作用。关于第四种，投齿于父母棺中的做法，殆有图腾之遗意，意为使祖宗便于辨认其子孙，以便保护其不受侵害，这也可视作巩固氏族关系的一种手段。至于第五种凿齿以饮药防瘴之说，纯为内地人的猜想之词，是毫无根据的，可置而不论。

十二、黑齿与金齿、银齿

与凿齿之俗相类的有黑齿之俗。

先秦时，已有黑齿国、黑齿民的记载。其中有：《山海经》《周书》、《楚辞·招魂》等。据《山海经·海外东经》载：

> 黑齿国在其北，为人黑（齿），食稻啖蛇，一赤一青，在其旁。一曰：“在竖亥北，为人黑首，食稻使蛇，其一蛇赤。”

黑首，应为黑齿之误；据清郝懿行释，古文首、齿形近，致相乱而讹。

《山海经·大荒东经》载：

> 有黑齿之国。帝俊生黑齿，姜姓，黍食，使四鸟。

《周书·王会篇》载：

> 黑齿白鹿白马。

此黑齿即为黑齿国。

《楚辞·招魂》载：

> 魂兮归来，南方不可以止些！雕题黑齿，得人肉以祀，以其骨为醢些。蝮蛇蓁蓁，封狐千里些。雄虺九首，往来倏忽，吞人以益其心些。

蝮，大蛇；虺，亦蛇名。这和《山海经》“使蛇”的记载是一致的。

《战国策·赵策二》载：

> 黑齿雕题，鳀冠秫缝，大吴之国也。

以上诸籍说明：

一是黑齿国或黑齿之民居我国东、南方。

二是从“食稻”一词，可见黑齿已有了早期农业，过着定居生活。但其生活环境仍相当险恶，处于蛇虺封狐出没之地。

三是社会发展阶段还较为原始，尚流行杀人祭祀之习。

秦汉魏晋时，继续有所记述。据《吕氏春秋·慎行论·求人》载：

禹东至榑木之地，日出九津青羌之野，攒树之所，䅗天之山，鸟谷青丘之乡，黑齿之国。

据此，则早在传说时代，已有“黑齿之国”。

《淮南子·坠形训》载：

自东南至东北方，有大人国、君子国、黑齿国、玄股民、毛民、劳民。

汉杨孚《异物志》载（《太平御览》卷七九〇）：

西屠国在海水，以草漆齿，用白作黑，一染则历年不复变，一号黑齿。

海水似为海外之误。唐段成式《酉阳杂俎·境异》卷四记“西屠俗染齿令黑”，即本此。

汉人还有对黑齿之诠释者。此可以高诱为代表。高诱注《吕氏春秋》载：

东方，其人齿黑，因曰黑齿之国也。

高诱注《淮南子》载：

其人黑齿，食稻啖蛇，在汤谷上。

至晋代，陈寿《三国志·魏志·东夷传》载：

女王国东渡海千余里，复有国皆倭种。又有侏儒国在其南，人长三四尺，去女王四千余里。又有裸国、黑齿国，复在其东南，船行一年可至。

晋郭璞释《山海经·海外东经》云：

《东夷传》曰：“倭国东四十余里，有裸国，裸国东南有黑齿国，船行一年可至也。”《异物志》云：“西屠染齿，亦以放此人。”

四十，为四千字形之误；放，当即为做。意为西屠国之染齿俗源于东夷之黑齿国。

此外，晋代文学作品中运用了黑齿之词。据左思《吴都赋》中云：

乌浒、狼𦝼、夫南、西屠、儋耳、黑齿之酋，金邻、象郡之渠，䖒虪𧍵矞，靸雪警捷，先驱前涂。

可见，晋代黑齿尚行酋长统治。

这一时期记载，值得注意之处有二：

一是除继续记黑齿在东南方外，更首次言明，在岭南西屠国有黑齿之习，远及东夷则有黑齿国；

二是始释黑齿之得名，是因“其人黑齿”；而黑齿之因，为“以草漆齿，用白作黑”，且染后可保持长时间，即“一染则历年不复变”。

唐代史载，始以不同饰齿之法，名云南民族。据樊绰《蛮书》卷四载：

黑齿蛮、金齿蛮、银齿蛮、绣脚蛮、绣面蛮、并在永昌、开南，杂类种也。黑齿蛮以漆漆其齿，金齿蛮以金镂片裹其齿，（银齿以银），有事出见人则以此为饰，食则去之。

永昌，今云南保山、德宏及临沧等地；开南，今云南景东一带。黑齿蛮、金齿蛮均属今傣族先民。这是金齿蛮、银齿蛮现于史籍的早期记载。从此，有黑齿、金齿、银齿诸蛮并列的提法。

《新唐书·南蛮传》袭用此说。其中写道：

群蛮种类，多不可记，有黑齿、金齿、银齿三种。见人以漆及镂金、银饰齿，寝食则去之。

宋周去非《岭外代答·古迹》记及其亲见的岭南钦州黑齿之习：

《交州记》曰：“交阯之人出南定县，足骨无节，身有毛，卧者更扶始得起。”余至钦，见夫黑齿、跣足、卑其衣裳者，人耳，乌睹所谓足无节身有毛者哉。

元代，金齿百夷袭唐俗。如李京《云南志略》载：

金裹两齿谓之金齿蛮，漆其齿者谓之黑齿蛮。

明代，谢肇淛《五杂俎·人部一》卷五载：

岭南人好啖槟榔，齿多焦黑。

可见，好吃槟榔是引起黑齿的又一原因。

明朱孟震《西南夷风土记》载：男女无贵贱，

以草染齿成黑色。

这是文献正式言明以草染齿的较早记载。

又，明罗曰褧《咸宾录·南夷志》卷七，金齿条载：

其夷人有数种，以金裹两齿，故号金齿。有漆其齿者曰漆齿蛮。

这一记载，袭自唐以来的说法，无新意。

清代，饰齿记载仍不绝。据徐炯《使滇杂记》载：

何孟春云，元金齿宣慰司在伯夷蒙乐上下，去今金齿司南千里，夷死以金镶二齿而葬，故名。

今芒市长官司大伯夷，以榴皮及药染齿使黑。

这些记载，值得注意之处有二：一是金齿得名来由，乃“死以金镶二齿而葬”；二是黑齿之因，“以榴皮及药染齿使黑”。后者为作者使滇时所见，当可信。

陆次云《峒谿纤志》袭前人之说写道：金齿古哀牢国，

其人有数种，有以金裹两齿者曰金齿，有漆其两齿者曰黑齿。

傅恒《皇清职贡图》卷四，岑溪县俍人条载：

喜以茜草染齿，使红以示丽。

又，贵县佷人条载：

喜以茜草染齿。

佷人为壮人之一支。值得注意的是，此处提出染齿不使黑而使红之说。

张祥河《粤西笔述》引《柳州府志》曰：

伢女，黑齿黥面而绣额，为花草蛾蝶之状。

说明清代粤西柳州仍有黑齿之俗。

又，清人有不少关于台湾高山族先民行黑齿之俗的记载。如林谦光《台湾纪略·风俗》载：

齿用生刍染黑。

黄叔璥《台海使槎录》卷八载：台湾归化土番，

齿皆染黑，所谓黑齿雕题者乎？

康熙《诸罗县志·风俗·番俗》卷八，服饰条载：

男女以涩草或芭蕉花擦齿，令黑。

乾隆重修《凤山县志·番社风俗》卷三，上淡水等八社风俗条载：

每日取草擦齿，愈黑愈固。

此外，龚柴《台湾小志》则有番人齿红说。其中云：

以平时多食栗子，故齿牙作红色。

总之，纵观历代文献，可以得出如下结论：

首先，黑齿之俗，其源甚早。先秦文献已道及，据说传说时代已有之。主要分布在我国“食稻使蛇”的东、南方之地。黑齿之因有多种说法，即“以草漆齿”“以漆漆其齿”“好啖槟榔，齿多焦黑”“以榴皮及药染齿使黑”“喜以茜草染齿”“齿用

生刍染黑”“以涩草或芭蕉花擦齿”“取草擦齿”。这些说法，似相矛盾，但都可信。这是因不同地区、不同民族就地取材所致。其共同之处是：均用植物色素染齿使黑。至于黑齿产生的历史背景，当与凿齿相同。即，与早期人类社会人们的图腾崇拜信仰、爱美观念密不可分。

其次，金齿、银齿之俗，起源较晚。最早见于唐载籍。正如《使滇杂记》所云“初无金银镂饰”之说。其分布地区也较窄，多流行于云南百夷之族。至于产生原因，当仿黑齿而起；但当图腾崇拜信仰关系已疏，主要为装饰之用。

第三，流行黑齿、金齿、银齿之俗者，多为百越系统民族。如傣族、壮族、高山族先民等。

最后，尚有红齿之俗。俍人喜用茜草染齿红以为美观，高山族食栗子使齿作红色，均是例证。

第十一章　饮　食

初民，不知烹调之法。据《礼记·礼运篇》载：

昔者先王未有火化，食草木之实，鸟兽之肉，饮其血，茹其毛。

孔颖达疏云：

虽有鸟兽之肉，若不能饱者，则茹食其毛，以助饱也。若汉时苏武，以雪杂羊毛而食之，是其类也。

《韩非子·五蠹》则载：上古之世，

民食果蓏蚌蛤，腥臊恶臭，而伤害腹胃，民多疾病。有圣人作，钻燧取火，以化腥臊，而民悦之，使王天下，号之曰燧人氏。

上述记载，是符合人类历史发展过程的。即人类在不知火的利用以前，无论对植物或动物，都是生吃的，此即“茹毛饮血”之谓。只有学会用火之后，才有了熟食。从此，我国历史进入了传说时代的燧人氏时期。

一、“不火食”与“啖生”

当中原地区早已讲究烹饪之法时，南方一些民族，尚停留在“不火食”阶段。据《礼记·王制篇》载：

南方曰蛮，雕题交趾，有不火食者矣。

直至清代，台湾土番（今高山族）、俅人（今独龙族）、野人（今景颇族），仍有过这种原始生活者。据清傅恒《皇清职贡图》卷三，彰化县内山生番条载：

内山生番，居深山穷谷，人迹罕到，巢居穴处，茹毛饮血，裸体，不知寒暑。

徐怀祖《台湾随笔》载：台湾土番，

多巢栖而不火食者，无所求于中国。

檀萃《滇海虞衡志》卷十三载：俅人，

披树叶为衣，茹毛饮血，无屋宇，居山岩中。

野人，

茹毛饮血，食蛇鼠。

当然，文献记载中的南方民族仍过着“不火食”“茹毛饮血”生活者，只是个别事例。但是，生吃遗风，则长期普遍地保留下来，甚至成为一种特殊饮食嗜好。下面按时代先后，加以叙述。

唐代。据樊绰《蛮书》卷四载：寻传蛮，

持弓挟矢，射豪猪，生食其肉。

裸形蛮，

其妻入山林，采拾虫、鱼、菜、螺、蚬等，归啖食之。

同书卷八又载：南诏蛮夷风俗，

取生鹅治如脍法，方寸切之，和生椒椴啖之，谓之“鹅阙”。土俗以为上味。

元代。据李京《云南志略》，诸夷风俗条载：白人，

食贵生，如猪、牛、鸡、鱼，皆生醢之，和以蒜泥而食。

明代。据朱孟震《西南夷风土记》载：

昆虫、蚱蜢、蜗蜒之类，夷人皆生啖，云解烦热。

又，徐宏祖《徐霞客游记·粤西游日记三》载：都结州主农氏命峒丁捕鱼，

乃取巨鱼细切为脍，置大碗中，以葱及姜丝与盐、醋拌而食之，以为至味。余不能从，第啖肉饮酒而已。

同书《滇游日记十一》载：

时渡舟尚在江东岸，龙川迎坐以待之。其妻女即织纴于旁。出火酒糟生肉以供。余但饮酒而已，不能啖生也。

此为徐宏祖亲历的纪实文字，无任何夸张之辞。

清代。记载颇多，以苗、高山、黎为例。

苗族　据田雯《黔书》卷一载：生苗红苗，

牲畜不宰，多棓杀，以火去毛，带血而食之。

李宗昉《黔记》载：

生苗在台拱、凯里、黄平、施秉等处，多野性，所食喜生物。即鱼肉，亦以微熟为鲜美，故名。

生苗喜食“带血”“微熟”之动物肉，当是生吃习惯之流变。

高山族　郁永河《采硫日记》卷下载：台湾番人，

山中多麋鹿，射得辄饮其血，肉之生熟不甚较，果腹而已。

康熙《诸罗县志·番俗·饮食》卷八载：

鸟兽之肉，傅诸火，带血而食，麋鹿刺其喉，吮生血至尽，乃剥腹草将化者，绿如苔，置盐少许，腌即食之，但不茹毛耳。

黄叔璥《台海使槎录》卷五，北路诸罗番二条载：

东西螺食猪肉，连毛燔燎，肝则生食。

可见，高山族有生食血与内脏之例。

黎族　据道光《琼州府志》卷二〇载：生黎，

> 穴居鲜食。

可见，生食又名“鲜食”。

总之，云南、广西、贵州、台湾、海南等民族地区，均有“生食”“食贵生”“生啖”“啖生”“喜食生物”“鲜食”之习。生吃之法有两种：一种是供果腹的简单生吃；另一种是把肉切成细片，并拌以各种佐料而成精美食品。前者，是社会发展较为落后所致；后者，则和把生吃当作“上味”“至味”的吃食习惯有关。

需要附及的是，关于广东人津津乐道的“鱼生”。屈大均《广东新语》卷二二，作了极为详尽而生动的记述。其中写道：

> 粤俗嗜鱼生，以鲈、以鲠、以鳙白、以黄鱼，以青鲚、以雪龄、以鲩为上。鲩，又以白鲩为上。以初出水泼刺者，去其皮剑，洗其血鲑。细刽之为片，红肌白理，轻可吹起，薄如蝉翼，两两相比。沃以老醪，和以椒芷。入口冰融，至甘旨矣。而鲥与嘉鱿美。……粤人多有鱼生之会，以天晓空心食之佳。或以鳝之乌耳者、藤者、黄者为生。亦有以蠔为生者。岭内人不知此味，不足与之言也。

其实，屈大均引为自豪而“岭内”人望而生畏的以鱼、鳝、蠔为“生”，正是古代越人“啖生”之遗风流存。粤人的“鱼生”，与上述南诏蛮夷的“鹅阙”，可谓有异曲同工之妙。

二、石烹与“竹釜”

随熟食而来的，便是炊具的诞生。起初，人们曾利用石板以烧烤食物。此烹谓之“烧石”，可视作原始炊具的一种形式。据汉郑玄注《礼记·礼运篇》卷二一载：

> 中古未有釜甑，释米捭肉，加于烧石之上而食之耳。今北狄犹然。

《古史考》载：

加物于燧石之上，食之。

无独有偶，北狄有石烹之法，南方民族中则有“竹釜”之习。据宋范成大《桂海虞衡志•志器》，竹釜条载：

瑶人所用。截大竹筒以当铛鼎，食物熟而竹不熠，盖物埋自尔，非异也。

这是有关“竹釜”的早期记载。

宋代，除瑶族外，黎族也有此俗。据宋朱或《萍洲可谈》卷二载：

琼管夷人食动物，凡蝇、蚋、草虫、蚯蚓，尽捕之。入截竹中，炊熟，破竹而食。

此俗，至清代仍盛行。其中主要记载有：

毛奇龄《蛮司合志•两广一》载：瑶人，

种芋菽为粮，截筒而炊。

释同揆《洱海丛谈》载：

腾越杨雍贡守戎为余言，夷地无铁，用大猫竹截断，入米其中，炽火煨之，竹焦饭已熟，甚香美。

陈鼎《滇黔游记》载：

腾越铁少，土人以毛竹截断，实米其中，炽火煨之，竹焦而饭熟，甚香美，称为竹釜。

陈鼎此书多袭自释同揆文，故此段记载也是据《洱海丛谈》改写而成。陆次云《峒溪纤志》载：

瑶人截大竹筒以当铛鼎，食物熟而竹不然，亦异制也。

显然。这段记载是从《桂海虞衡志》脱胎而来。又,《滇南杂志》载：

粤西俍人食无釜甑，以竹节盛米，缚而焚之，竹爆而炊熟。

总之，由于南方山区多竹，且以竹筒煮饭，其味“甚香味”，故此煮食之法在瑶族、黎族、云南腾越土人等地长期流行不衰。以竹筒代替铛鼎釜甑之用，确是南方民族炊具中之一种“异制”。

三、“抟饭而食”与“无外间碗箸”

原始初民，是无食具的。南方民族中，尚有此俗。

宋代，据周去非《岭外代答》，蛮俗条载：岭南蛮夷之民，

抟饭掬水以食。

元代，李京《云南志略·诸夷风俗》载：土僚蛮（今仡佬族），

无匕箸，手抟饭而食。

明代,《西南夷风土记》载：

不用匙箸，以手抟而啮之。

清代，苗、壮、黎、高山族等也还有此俗。

苗族　据方亨咸《苗俗纪闻》载：

无匕箸，以手抟食。

爱必达《黔南志略》卷二二载：黑苗，

以手掬食，不用箸。

同书卷二三又载：高坡苗，

以手掬食，无匙箸。

壮族 据闵叙《粤述》载：

持饭掬水而食。

黎族 据张庆长《黎岐纪闻》载：炊煮熟，

或以手捻成团而食之，无外间碗箸。

高山族 据林谦光《台湾纪略》，风俗条载：

饭，则各以手团之而食。

郁永河《裨海纪游》载：高山族先民，

聚家人，手持食之。

康熙《凤山县志·风土·番俗》卷七载：

箸则用手指。

邓传安《蠡测汇钞》载：

生番以手攫食，不用匕箸。

总之，以上所载为直接以手而不用食具进食之例。

最早的食具，则是以竹、木、果等自然物，经过简单加工而成。下面以清代黎族、高山族、苗族列举之。

黎族 据张庆长《黎岐纪闻》载：

器用皆椰壳，或刳木为之，炊煮熟，以木勺就釜取食。

高山族 据林谦光《台湾纪略》，风俗条载：

无厨灶，以三足架架锅于地，粥则环向锅前，椰瓢汲食。

康熙《凤山县志·风土·番俗》卷七载：

碗则用椰瓢。

黄叔璥《台海使槎录》，北路诸番社五条载：

螺蛤壳为碗，竹筒为汲桶。

傅恒《皇清职贡图》卷三，淡水厅竹堑等社熟番条载：

男带携葫芦汲水蒸黍。

苗族 据黄元治《黔中杂记》载：

自饭稗米土碗，出门则以竹篾结两兜如碗大，一盛饭而一覆之，以绳系腰上，遇涧泉，则以小木瓢汲淘而下。

综上可见，人类早期的食具有：刳木为器，断竹为桶，以椰壳、葫芦为瓢，以螺蛤壳为碗，等等。

四、“行虫走兽”为食

初民之食物，无甚异讳，凡能充饥者，几乎无物不食。如汉陆贾《新语》上所载：

民人食肉饮血衣皮毛。至于神农，以为行虫走兽难以养民，乃求可食之物，尝百草之实，察酸苦之味，教民食五谷。

历代南方诸族也有“行虫走兽”以为食之遗习。
宋代，周去非《岭外代答》卷六，异味条载，最具代表性：

深广及溪峒人，不问鸟兽虫蛇，无不食之。其间异味有好有丑。山有鼈名蛰，竹有鼠名鼦，鸧鹳之足腊而煮之，鲟鱼之唇活而脔之，谓之鱼魂，此其至珍者也。至于遇蛇必捕，不问短长，遇鼠必执，不别小大。蝙蝠之可恶，蛤蚧之可畏，蝗虫之微生，悉取而燎食之。蜂房之毒，麻虫之秽，悉炒而食之。蝗虫之卵，天虾之翼，悉鲊而食之。此与甘带嗜荐何异哉。

明代，钱古训、王济、田汝成、谢肇淛、邝露均先后作了生动而具体的记述。钱古训《百夷传》载：

其饮食之异者，鳅、鳝、蛇、鼠、蜻蜓、蝤、蚊、蝉、蝗、蚁、蛙、土蜂之类以为食，鱼肉等汁暨米汤信宿而生咀者阻为饮。

王济《君子堂日询手镜》记粤西土官风俗：

其饮食烹饪，与华人不类。蛇、鼠、山百脚、蚯蚓、蜻蜓，皆以登馔。更喜木蠹，白大者为上品。

田汝成《炎徼纪闻》卷四载：乌罗罗，

无论鼠雀蚳蝝，蠕动之物，攫而燔之，攒食若彘。

谢肇淛《五杂俎·物部一》载：

南人口食，可谓不择之甚。岭南蚁卵、蚺蛇，皆为珍膳，水鸡、虾蟆，其实一类，闽有龙虱者，飞水田中，与灶虫分毫无别；又有泥笋者，全类蚯蝴，扩而充之，天下殆无不可食之物。

邝露《赤雅》载：伶人（今仫佬族与毛南族的先民）：

散居莽中，不室而处。饥拾橡薯，射狐掘食，蜂虿蚳蝝，甘生如荠。

至清代，记载颇多。如陈鼎《滇黔记游》载：

蚱蜢，油炙如虾，或晒干下酒。倮倮男妇小儿，见草中螽斯之属，即欢笑扑取，火燎其毛嚼吞之。

吴震方《岭南杂记》载：僮人，

喜食虫，如蚯蚓、蜈蚣、蚂蚁、蝴蝶之类，见即啖之。

檀萃《滇海虞衡志》卷十三载：大倮黑（今拉祜族），

蛇虫蜂蚁蝉鼠禽鸟，遇之生啖。

又载：

夷人炙带蛹小蜂窝，以为珍品。

《滇南杂志》载：顺宁之罗罗，

蜂蛇鼠蛤之属，无所不噉。

林溥《古州杂记》载：苗女，

秋冬之间，结伴挖沙虫为食。沙虫形如蛴螬，色洁白，长六七寸，产土中。

此为农闲时，以爬虫为补充食物之例。

可见，从岭南、福建至云南、贵州等南方诸族及南方地区之人，均不择口食。举凡山鳖、竹鼠、蛇、鼠、蝙蝠、蛤蚧、蝗虫、土蜂、麻虫、鳅、鳝、蜻蜓、螟、蚁、蛙、蚁卵、山百脚、木蠹、水鸡、龙虱、灶虫、泥笋、狐、蚱蜢、螽斯、蚯蚓、蜈蚣、蝴蝶、蝉、蜂蛹、沙虫等，可谓“不问鸟兽虫蛇，无不食之”，或说“天下殆无不可食之物”，或说“无所不噉”。其间所载，或有传闻失实之误，但反映了广采食物这一历史事实，则是无疑的。

南方诸族吃食范围之广，还可从凡能蠕动之虫豸皆为獠人食物的记载中，得到印证。据《文献通考》卷三二八引宋范成大《桂海虞衡志》载：獠，

以射生食动为活，虫豸能蠕动者皆取食。

此说，为诸家所本。如宋周去非《岭外代答·蛮俗》卷十记右江之外山獠之俗，即全抄此文。又，明田汝成《炎徼纪闻》卷四载：獠人，

以射生为活，杂食虫豸。

可见，此文是从范成大文改写而成。需要指出的是，明邝露《赤雅》、清檀萃《说蛮》等有关记载，则全抄田汝成文。这说明，后世关于獠人“食动”之说，均从

《桂海虞衡志》文辗转相抄而来。

五、好食水产

南方之人包括诸少数民族，均喜食水产，这是为当地的自然条件与物产所决定的。前人曾对我国南北方吃食之不同特点，作过精辟的记述。如晋张华《博物志》卷三载：

> 东南之人食水产，西北之人食陆畜，食水产者龟蛤螺蚌以为珍味，不觉其腥臊也。

隋杜台卿《玉烛宝典》也载：

> 菹龟蒸鲃，南方妨（好之误）食水族耳，非内地所行。

关于南方诸族“好食水产”的记载，则屡见不鲜。如《逸周书·王会解》载：

> 东越海蛤，欧人蝉蛇，顺食之美。于越纳，姑妹珍，且瓯文蜃、蟹，海阳大蟹，自深桂、会稽以鼅。

《吕氏春秋·孝行览·本味》载：

> 越骆之菌，鳣鲔之醢。

以上记载，反映了战国时越人喜以海蛤、文蜃，蟹、鳣鲔为食的生活情况。其后，三国吴人沈莹《临海水土异物志》载：高山族先民，多吃，

> 鱼肉。

唐房千里《投荒杂录》，岭南女工条载：

> 岭南无问贫富之家，教女不以针缕织纺为功，但躬庖厨勤刀机而已。善醯醢菹鲊者，得为大好女矣。斯岂遐裔之天性欤。故俚民争婚聘者，相与语曰：“我女裁袍补袄，即灼然不会；若修治水蛇、黄鳝，即一条必

胜一条矣。”

把岭南之人善治水蛇、黄鳝作为评定“好女”的一项条件，虽属形象笔法，但却反映了岭南人好水族的历史事实。岭南此俗，当属越人遗风。

总之，南方诸族之人好食水产，是因南方多川泽溪流所致。

六、以蛇为上肴

越人嗜蛇，这是中原之人视为可惊可异可怖之事。《淮南子·精神训》对此作了精采的对比叙述：

越人得髯蛇，以为上肴，中国得而弃之无用。

东汉至南朝也有记及。据北魏郦道元《水经注·叶榆水》卷三七载：交趾，

山多大蛇，名曰髯蛇，长十丈，围七八尺。常在树上伺鹿兽，鹿兽过，便低头绕之，有顷鹿死，先濡令湿讫，便吞，头角骨皆钻皮出。山夷始见蛇不动时，便以大竹签，签蛇头至尾，杀而食之，以为珍异。故杨氏《南裔异物志》曰：“髯惟大蛇，既洪且长；采色驳荦，其文锦章。食豕吞鹿，腴成养创；宾享嘉宴，是豆是觞。”言其养创之时，肪腴甚肥，博之，以妇人衣投之，则蟠而不起，走便可得也。

从中可见，髯蛇的形状、习性及捕捉之法。此中所谓杨氏，即东汉章帝时粤人议郎杨孚。可证至迟在汉代以前，越人已把髯蛇作为“宾享嘉宴”的珍异之物。

唐段公路《北户录》卷一，蚺蛇牙条引《证俗音》云：

蚺蛇肉，食之辟蛊毒。

又，刘恂《岭表录异》载：

南土有金蛇，亦名锡蛇，又名地鳣，州土出。黔中、桂州亦有，即不及黔南者。其蛇粗如大指，长一尺许，鳞甲上有金银。解毒之功，不下甘利也。

从中可见蛇的名称、产地及药用功能。

宋人所记增多。如陆游《老学庵笔记》卷四载：辰、沅、靖州蛮，

食不足，则猎野兽，至烧龟蛇啖之。

这说明，啖蛇，最初是作为补充食物的，后来才逐渐成为“上肴”。范成大《桂海虞衡志·志虫鱼》载：蚺蛇，

其胆入药，南人腊其皮，刮去鳞，以鞔鼓，一村饱食其肉。

言明了蛇全身的功用。又，朱彧《萍洲可谈》卷二载：

广南人食蛇，市中鬻蛇羹。东坡妾朝云，随谪惠州，遣老兵买食之，意谓海鲜，问其名乃蛇也，哇之，病数月竟死。

苏东坡之妾当知所食非海鲜而是蛇肉时，竟至因此病死，可见岭南与内地食制差异之悬殊。

明王济《君子堂日询手镜》载：山中产蚺蛇，土人，

脔而烹之，极腴，售其胆，获价甚厚。

结论是：南土有食蛇之习，尤以岭南为甚；南人嗜蛇，尤以越人及其后裔为甚。

七、“以猴为盛馔”

岭南有以猴为食之俗，始见于汉杨孚《异物志》：

南方人以猕猴头为鲊。

此当为古代越人遗风。

直至清代，云南民族地区仍有此俗。据《滇南杂志》载：

元江夷俗，以猴为盛馔，岁时侍亲宾，无此则为不敬。……腊之以为宴饮旨蓄之需，夷地村村如是。

可见，岭南与云南民族地区，均曾有以猴为食之习，并采用“鲊”“腊”诸制法，作为待亲宾之上品。

八、“甘犬嗜鼠”

南方诸族多有食犬、鼠之习。如明天启《滇志》卷三载：

> 侬人，其种在广南，习俗大略与百夷同。……甘犬嗜鼠。

清顾炎武《天下郡国利病书·云南》载：侬人，

> 甘犬嗜鼠。

清人《御制外苗图》则载：壮人、侬人均，

> 食犬鼠。

此外，康熙《元江府志》卷二，也有侬人“甘犬嗜鼠”的记载。侬人为壮人的一支，属百越民族系统。可见，南方诸族食犬鼠之习，尤以百越民族为甚。

关于甘犬之习，需说明两点：

一是侬、壮甘犬之习，袭自魏晋南北朝以来的僚人。据《魏书·僚传》载：僚人，

> 至于忿怒，父子不相避，惟手有兵刃者先杀之。若杀其父，走避，求得一狗以谢其母。母得狗谢，不复嫌恨。……平常劫掠，卖取猪狗而已。

可见僚人贵犬之至。僚人，与近代壮侗语族有渊源关系。

二是食犬之风，早已有之。据《礼记·曲礼下》载：凡祭宗庙之礼，

> 犬曰羹献。

又，据《后汉书·礼仪上》载：明帝永平二年三月，

> 郡、县、道行乡饮酒于学校，皆祀圣师周公、孔子，牲以犬。

古人对祭祀是郑重其事的，而犬竟可作为牲物，可证时人是不轻贱狗肉的。

据《左传·昭公二十三年》载：晋人馆叔孙婼于箕，

> 吏人之与叔孙居于箕者，请其吠狗，弗与，及将归，杀而与之食之。

此为杀狗待客之例。

据《史记·樊郦滕灌列传》载：刘邦之臣樊哙，微时曾，

> 以屠狗为事。

此为以屠狗为职业之例。

据《吴越春秋·勾践伐吴外传》载：夫差诛子胥，子胥曾言：

> 狡兔死，良犬烹。

又，韩信被刘邦缚于云梦之时，也曾发此感叹（《史记·淮阴侯列传》)。此为以烹犬为谚语之例。

从上述以犬为祭、以犬款客、以屠狗为业、以烹犬作比喻诸例，可见：从先秦至汉，以犬为食是司空见惯之事。只是到了后来，内地烹犬之风渐敛之时，人们才把边地保留的食狗肉之古代遗风视作异俗，这可谓近乎“数典忘祖”了。

九、“异味”

南方诸族的食物，品类繁多，《楚辞·招魂》称为“食多方些”。又因其与中原地区存在着千差万别，故《岭外代答》卷六名之曰“异味”。清檀萃在谈及南方诸族食品时写道：“峒中所出物，蚳醢、蜗牛脍、无头鲊、插翅春、龙块，皆奇品也。”(《说蛮》) 所谓“奇品”，即具有特殊风味的食品。

（一）蚁卵酱

现存文献，首载于唐段公路《北户录》。其中写道：

> 广人于山间掘取大蚁卵为酱，名蚁子酱。

续记其事者，为唐刘恂《岭表录异》：

交广溪洞间酋长，多取蚁卵，淘泽令净，卤以为酱。或云，其味酷似肉酱，非官客亲友，不可得也。

其内容详于前者有：言明此“广人”为溪洞间酋长；制作方法与味道；为待客上品。

宋代，陆游《老学庵笔记》卷六载：蚁子酱，

按此即《礼》所谓“蚳醢”也，三代以前固以为食矣。然则汉人以蛙祭宗庙，何足怪哉。

陆游关于蚁子酱古已有之的说法，并非虚言。古文献关于“蚳醢”的主要记载有：

《礼记·内则》卷二七：

腶脩蚳醢。

郑玄注：

蚳，蚍蜉子也。

《周礼》卷六，天官醢人条载：馈食之豆，有，

蜃蚳醢。

郑玄注：

蚳，蛾子。

蛾子，即蚁子。

《尔雅·释虫》卷九载：

蠶，飞蛾，其子蚳。

郭璞注：

蚳，蚊卵。

概言之，蚁子，又名蚍蜉子、蛾子、蚳，故蚁子酱又名蚳酱。在周代以前，中原人也以此为食品。只是到了后代，随着生产的发展与食品的增加，才扬弃此俗。这样，蚁子酱才变成民族地区的专门食品。

直至明清时期，南方民族地区仍有蚁子酱。如明邝露《赤雅》卷上载：

蚳醢。山间得大蚁卵如蚌者，用以为酱，甚贵之。按《内则》“腶脩蚳醢”即此。

蚌，一本作斗。无论是大如蚌或大如斗之说，均是夸张之辞。

清陆次云《峒谿纤志》载：

溪洞中收蚁卵，淘汰为酱，非尊客不以供馔。

这段记载，显系从《岭表录异》缩写而成。

总之，南方诸族的蚁卵酱，不仅有悠久历史，且为酱中精品。

（二）不乃羹

南方民族对牲畜之肉、骨，特别是内脏，有一种特殊的吃法，名为“不乃羹”。现存最早记载为唐刘恂之《岭表录异》：

交趾之人重不乃羹。羹以羊、鹿、鸡、猪肉和骨同一釜煮之，令极肥浓，去肉进葱、姜，调以五味，贮以盆器，置之盘中，羹中有觜银杓，可受一升。即揖让，多自主人先举，即满斟一杓内觜入鼻，仰首徐倾之，饮尽传杓如酒巡行之。吃羹了，然后续以诸馔，谓之不乃会。交趾人或经营事及弥缝权要，但备此会，无不谐者。

可见，唐代岭南之人以“不乃会”作招待宾客之盛会，并用以交际关系的一种工具。可以说，后世的记载，无出其右者。

宋代，又称作“青羹”。据周去非《岭外代答》卷六载：深广及溪峒人，

甚者则煮羊胃混不洁以为羹，名青羹，以试宾客之心。

又，朱辅《溪蛮丛笑》载：

牛羊肠脏，略摆洗，羹以飨客，臭不可近，食既之，则大喜。《岭表录异》曰："交趾重不乃羹，先鼻引其汁。"不乃者，反切摆也。

清代，陆次云《峒谿纤志》载：

富峒以九月一饮群苗，谓之大设。牛羊肠脏，略一摆洗，煮以飨客，臭不可近，必欲客尽之乃喜，曰不乃羹。

可见，除岭南溪洞之人外，"群苗"中也有此俗。

需要附及，除"不乃羹"外，相似的食品有所谓"圣齑""贾鬼""牛酱"一类。据唐刘恂《岭表录异》卷上载：

容南土风，好食水牛肉，言其脆美，或煲或炙，尽此一牛。既饱，即以盐酪姜桂调齑而啜之。齑是牛肠胃中已化草，名曰圣齑。腹遂不胀。

另，清闵叙《粤述》载：粤西瑶壮，

性不食盐，日惟淋灰汁埽碱土及将牛骨渍水食。《丹铅录》所载，贵州之贾鬼，即是物也。又以牛肚埋地窟内，候客至食之，以为上品，谓之牛酱。

（三）蜜 唧

南方僚人及其后裔，有用初生之鼠伴蜂蜜而生吃者，首见于唐张鷟的《朝野佥载》一书。该书卷二载：

岭南僚民好为蜜唧。即鼠胎未瞬，通身赤蠕者，饲之以蜜，钉之筵上，嗫嗫而行。以筋挟取啖之，唧唧作声，故曰蜜唧。

明田汝成《炎徼纪闻》卷四载：僚人，

以鼠子未毳者，啖以崖蜜，嚼之，跳跃唧唧作声，号曰蜜唧，以为珍具。

明邝露《赤雅》卷上载：

蜜唧。取鼠胎未瞬未毳通身赤蠕者，淹以蜜房，钉之盘上，嗫嗫而行。夹而啮之，唧然有声。“朝盘见蜜唧，夜枕闻鸺鹠。”子瞻尝云。

以蜜唧为宴席佳肴，为岭南食物之一奇。苏轼还曾赋诗其事，当非欺世之谈。

（四）蜗牛脍

以蜗牛为食，两广诸族有此俗。据明邝露《赤雅》卷上载：

山中有蜗壳可容升者，以米水去涎，竹刀脍之，角大如指，甘脆去积解毒。余东粤亦食之，鲜有如其大者。

邝露所记其亲见亲尝的蜗牛脍之制作方法与功用，当可信。此应是古代越人遗风。

除两粤外，云南民族地区也有此俗。如明朱孟震《西南夷风土记》云，夷人生啖“蜗蜓之类”，可证。

其实，上古中原之民也曾有过此嗜好。《礼记·内则》卷二七载，当时食品有“蜗醢”，即属此例。只不过其吃食方法有别，非脍而为酱而已。

联系当今世界上以吃蜗牛食品为时尚之风，邝露称其味“甘脆”之说，是言不虚传的。

（五）鱼　鲊

鲊，据《释名》卷四曰：

菹也，以盐米酿之如菹，熟而食之也。

南方诸族喜以酸水浸渍食物（详见醅条），以鱼为之即称“鱼鲊”。

“鱼鲊”为南方诸族的名贵食品，始载于宋周去非《岭外代答·食用》，老鲊条：

> 南人以鱼为鲊，有十年不坏者。其法以籧及盐面杂渍，盛之以瓮，瓮口周为水池，覆之以碗，封之以水，水耗则续。如是，故不透风。鲊数年生白花似损坏者。凡亲戚赠鱼，悉用鱼鲊，唯以老鲊为至爱。

后世所载，均本此。鲊以时间长久为佳，故周去非以“老鲊”名之。

因鱼鲊味佳，故此法一直流传不断。清人对此多有记载。如顾彩《容美纪游》记鄂西土司以鱼鲊款待事：

> 预储馔于山房，咂酒鲊鱼，留余夜话。
>
> 饭于过山坪，食瓶中鱼鲊极美。

傅恒《皇清职贡图》卷四，罗城县苗人条载：

> 食则以手抟饭，和以鱼鲊为上食。

檀萃《滇海虞衡志》卷四载：土人，

> 每岁腊中，家家造鲊，便可为卒岁计。有贵客，则设老酒冬鲊以示勤。

以上记载说明：岭南和西南诸族，均嗜鱼鲊。以鱼鲊为“上食”，尤以佐酒为佳，作赠亲戚待贵客之用。从顾彩盛赞“鱼鲊极美”事，可悟南方诸族“至爱”此物之缘由。

需要附及的是，僚人还喜“无头鲊”。据明邝露《赤雅》卷上载：

> 无头鲊。山中有物，形如蚕蛹，无头蠕动，僚人得之为鲊，食之令人不寒。晋陶璜守九真，筑城得一大者，长十九丈，大二十围，无头蠢动，割其肉如脂，肪如臛，甚香美，璜食之，三军皆食，又名地蚕。

无头之物，形如蚕蛹，又名地蚕，则是。至于描绘成大如是，则是传闻失实之辞。从僚人以蠕动之虫为鲊一事，可见南方民族的鲊物范围之广。

（六）蜈蚣脯

脯，即干肉。其制作方法极为简单，曝之使干即是，故其源颇古。据《周礼·天官膳夫》载：

不加姜桂以盐干之者，谓之脯。

古代南方民族也有脯，这是不足为奇的。可异者，是其作为原料之食物。所谓“蜈蚣脯”，即其中一例。

据吴沈莹《临海异物志》（《太平御览》卷九四六）曰：

晋安东南吴屿山，吴公千万积聚。或云，长丈余者以作脯，味似大虾。

晋安，属故闽越地。

南朝宋沈怀远《南越志》（《太平御览》卷九四六）云：蜈蚣，

大者，其皮可以鞔鼓，取其肉曝为脯，美于牛肉。

可见，足令今人胆颤的爬虫蜈蚣，谁曾料及古代越人已将其作脯食之。据传，其味甚佳，一说似大虾，一说胜过牛肉。可证，越人食谱之广杂。

需要附及的是，此物既可作脯，当然也可作“羹炙”。据晋葛洪《遐观赋》（《太平御览》卷九四六）载：

吴公大者长百步，头如车箱司畏恶，越人猎之，屠裂取肉白如瓠，称金争买为羹炙。

所谓头大如车箱，为小说家言，不足为凭。但越人作美食争买，这应是写实。

（七）烹衣胞

据明谢肇淛《五杂俎·人部一》卷五载：

桂州妇人生子，辄取其衣胞，洗净细切，五味调和，烹之以享亲友。此夷俗也。

桂州，即明桂林府，故治为今广西桂林。所谓桂州“夷俗”，乃指岭南古代越人之遗风。烹衣胞，古代汉人视为怪异之举；今则不然，胎盘球蛋白，即由“衣胞”提炼而成。盖其为富有高蛋白并能增强身体抵抗力之营养珍品。

据传，此俗至清代已逐渐消失。如陆祚蕃《粤西偶记》载：

旧传，桂州妇人产男者，取其胞衣净濯细切，五味煎调之。召亲者合宴置酒而啖。若不与者，必致忿争。近无此事，想蛮风渐革矣。

（八）桄榔面

南方诸族中，以树木为食品者，较有代表性的为“桄榔面”。对此，历代多有记载。如：

吴沈莹《临海水土志》载：桄榔木，

皮中有如米粉，中作饼饵。

晋嵇含《南方草木状》载：桄榔，

皮中有屑如面，多者至数斛，食之与常面无异。

晋左思《蜀都赋》载：

面有桄榔。

刘渊林注曰：

桄榔，树名也。木中有屑如面，可食，出兴古。

唐段公路《北户录》：桄榔，

其木如莎树，酿木皮出面可食。

唐刘恂《岭表录异》：桄榔树，

此树皮中有屑如面，可为饼食之。

其后，记载未断。概言之，桄榔木多产于岭南及云南等地，其皮中有屑如面，可食。

此外，桄榔心如炙，也可食。如《北户录》，桄榔炙条载：

《洛阳伽兰记》云："昭仪寺有酒树面木。得非桄榔乎？其心如炙，滋腴极美。"

（九）团油饭与青精饭

南方诸族的主食中，"团油饭"与"青精饭"是较富特色的两种食品。

宋陆游《老学庵笔记》卷二载：

《北户录》云："岭南俗家，富者妇产三日或匝月洗儿作团油饭，以煎鱼、虾、鸡、鹅、猪、羊灌肠，蕉子、姜、桂、盐、豉为之。"据此，即东坡先生所记盘游饭也，二字语相近，必传者之误。

团油饭，当是古代越人之饮食遗习。

青精饭，则在壮、瑶诸族中流行。据明魏濬《西事珥》载：

青精饭，用南天烛染饭作黑色，谓之乌饭。……今粤人以社日相馈送。然，又染有作青、黄、赤以相杂，谓之五色饭者。

明邝露《赤雅》卷下载：

瑶人社日，以南无烛染饭，以相遗送，名曰青精饭。杜诗："岂无青精饭，令我颜色好。"

清沈自修《西粤记》载：宣化（今邕宁）、武缘（今武鸣）之俗，

三月三日，各村以乌米饭祀真武。

又，光绪《荔波县志·风土》卷十一载：四月初八日，

是日也，以枫叶揉碎渍水，染糯米为饭，曰黑饭，古名青精饭。土人以饭和肉饲牛，俗谓报牛之力，使得脱化，理或然欤。

南天烛，即枫叶。把枫叶揉碎泡水，染糯米饭为黑色，古名青精饭，俗名乌米饭、黑饭。壮族至今流传的“五色饭”，就是由青精饭发展而来的。

总之，团油饭以制作精美称，青精饭以颜色好名。因此，苏东坡、杜甫曾分别加以赞道。

十、醅

所谓“醅”，凡物渍藏掩覆不泄气者称之。换言之，醅与腌同义。由于南方民族多山居，普遍缺盐作佐料，故喜用泡酸的处理食物方法，以增进食欲。如广西乐善州蛮人，“以竹灰为盐，不事五味”（《太平寰宇记·岭南道十》卷一六六）；高坡苗，“食蔬菜少用盐，以草灰滤水代之”（《黔南志略》卷二二）；怀远县苗人，“俗贵盐，非宾至不轻用”（《皇清职贡图》卷四）；苗人，“艰于盐，用蕨灰浸水”（《贵州通志·苗蛮》）；下游各属峒人，“饮食避盐酱”（《皇清职贡图》卷八）；西林县皿人，“素淡食嗜酸味”（《皇清职贡图》卷四）。可见，由于不少南方民族地区，“少用盐”“俗贵盐”“艰于盐”，故形成“饮食避盐酱”“嗜酸味”的饮食习惯。这是嗜醅物的重要原因所在。

关于醅的早期记载，见于田汝成的《炎徼纪闻》。其中写道：苗人，

饮食恶草，以荞灰和秫粥，酿为臭滓，鱼肉杂物投之，曰醅。蛆蚋丛嘬，以为珍具，富美者则曰畜醅桶几世矣。

换言之，其法是将荞灰和高粱粥，酿成酸汁，投入鱼肉诸物，贮于坛内。经腌泡之物，被视为佳肴。醅桶年代愈久远，则弥为珍贵。又，明郭子章《黔记·诸夷》有相同记载，即本此。

清代，记载增多。如毛奇龄《蛮司合志》载：苗人，

饮食蓄恶草，以荞灰和秫麋，酿为败滓，杂投诸鱼肉，蝇蚊营营，名之曰醅。俗以醅之寡多，验家之丰啬。尝曰：是家多醅槽不贫。

显然，这段文字是从《炎徼纪闻》改写而来。但毛奇龄不理解“蛆蚋丛嘬”为腌物生蛆之意，擅改成“蝇蚊营营”，则令人不解了。田雯《黔书》卷一载：

> 黔人好食臭腐物。每岁三月，洗白菜，铺巨桶中，加以小米，层菜层米，满则以巨石压之。至五月始开，气极恶，沸汤食之，颇以为美也。其汁治泄泻痢疾，甚效。土人呼醅菜。

同书卷一又载：仲家，

> 以牛、马、鸡牲骨，和米糁和之，以作醅，至酸臭为佳，以多者为富。

爱必达《黔南识略》卷一载：青仲，

> 聚马、牛、鸡、犬骨，以米糁和之作醅，以酸臭为佳，积富者曰蓄醅几世。

傅恒《皇清职贡图》卷八，黎平等处黑苗条载：

> 藏内瓮中，以腐臭为佳。

罗绕典《黔南职方纪略》卷九载：黑苗，

> 得羔豚、鸡、犬、鹅、鸭，连毛置之瓮中，俟其臭腐，生蛆而后食，名曰醅菜。珍为异味。

总之西南苗、仲（布依）、侗诸族，用以“酿为臭渖”的原料虽不尽相同，但广泛流行蓄醅之俗则无异致。

需要指出的是，南方诸族中除有作醅之习外，有的民族还喜腌物。据黄叔璥《台海使槎录》卷五，北路诸罗番一载：

> 小鱼熟食，大则腌食，不剖鱼腹，就鱼口纳盐，藏瓮中，俟年余生食之。

同书卷六，北路诸罗番七载：

鱼为醢，俟有臭味乃食。凡物生食居多，惟盐取给于外。

此为高山族喜食腌鱼之例。

十一、枸　酱

因枸酱为媒介，而引起汉通西南夷的重大历史事件。从此，使枸酱闻名于世。此事始载于《史记·南蛮西南夷列传》：唐蒙使南越，

南越食蒙蜀枸酱，蒙问所从来，曰：“道西北牂柯，牂牁江广数里，出番禺城下。”蒙归至长安，问蜀贾人，贾人曰：“独蜀出枸酱，多持窃出市夜郎。夜郎者，临牂牁江，江广百余步，足以行船。南越以财物役属夜郎，西至同师，然亦不能臣使也。”蒙乃上书说上曰：“南越王黄屋左纛，地东西万余里，名为外臣，实一州主也。今以长沙、豫章往，水道多绝，难行。窃闻夜郎所有精兵，可得十余万，浮船牂牁江，出其不意，此制越一奇也。诚以汉之强，巴、蜀之饶，通夜郎道，为置吏，易甚。”上许之。乃拜蒙为郎中将，将千人，食重万余人，从巴、蜀筰关入，遂见夜郎侯多同。……还报，乃以为犍为郡。发巴蜀卒治道，自僰道指牂牁江。

像枸酱一类普通食品而导致汉通牂牁并在当地设置郡县一事，在中国历史上可谓是罕见的。

枸，又名蒟，胡椒科。蒟子可以调食，故谓之酱。历代对此均有记载。如：

《汉书音义》（《史记·南蛮西南夷列传》）载：

枸木似谷树，其叶如桑叶。用其叶作酱酢，美，蜀人以为珍味。

刘渊林注《蜀都赋》“其园则有蒟、蒻、茱萸”之句（《文选》卷四）曰：

蒟，蒟酱也。缘树而生，其子如桑椹，熟时正青，长二三寸。以蜜藏而食之，辛香，温调五脏。

据明李时珍《本草纲目》卷十四引苏恭曰：

蒟酱生巴、蜀中……蔓生，叶似王瓜而厚大，光泽，味辛香，实似桑椹，而皮黑肉白。……交州、爱州人家多种之……苗名浮留藤，取叶合槟榔食之，辛而香也。

明邝露《赤雅》卷下，蒟酱不为异条载：

蒟酱，瑶峒中家家用之，以荜茇为主，杂以香草，味虽佳，不足为异耳。史记唐蒙风晓南越，蒙食枸酱，问所从来，道西北牂牁。故《蜀都赋》云，枸酱流味于番禺之乡。今问之番禺，无有知者，惟出自牂牁，故云流味也。荜茇，吾家蛤蒌也。师古注、本草注、杨用修、张孟奇，辨之皆误。

清陈鼎《滇黔纪游》记黔地：

蒟酱味辛，乃蒌蒻所造，食可消瘴。

清田雯《黔书》卷四，蒟酱条载：

蒟，花如流藤，叶如毕拔，子如桑椹……其味辛香，近于桄榔之面矣。岭南人取其叶，合槟榔食之，呼为蒌，蒻亦蒌也。……黔之人食槟榔者，购于滇，断破之，长寸许，与石贲灰并咀口中，赤如血。又沥其油，醢为酱，故曰蒟酱。杨升庵《丹铅录》所考非谬矣。二物微不同，然资之以调燥湿，疏积滞，消瘴疠，功则一也。

清贝青乔《苗俗记》则载：

汉武帝因唐蒙言蒟酱而用兵西南夷，梁武帝啖之而美曰“与肉何异”，予以为必异味也。抵黔后，遍访之不可得，久乃于苗寨见之。花如流藤，叶如荜茇，子如桑椹，沥其油醢为酱，味亦辛香而不甚可口，杨升庵《丹铅录》所考非谬矣。或取其叶裹槟榔，食之，亦可辟瘴，呼之为蒌。

贝青乔所记的意义在于：蒟酱为他在苗寨所亲见。至于行文，则多由《黔记》改写而成。

可见，巴、蜀、黔等地均产蒟酱。其味辛香，并有“疏积滞、消瘴疠”的药用价值。后世苗、瑶诸族仍用作食品。

十二、食糯米

南方有的民族以糯米而非黏米为主粮，这是与汉族所食稻米在品种上相异之处。

清爱必达《黔南志略》卷二三载：高坡苗，

常食糯米，蒸饭捏团，以手掬食。

民国《贵州通志·土民志一》引《黎平府志》所载，与此全同。

清傅恒《皇清职贡图》卷八，黎平等处黑苗条载：

食惟糯米，炊熟，以手抟食。

清林溥《古州杂记》载：

苗民俱食糯米，收获较迟，九、十月方始登场。屯军均种粘谷，收获最早，五月内即吐颖结实，六、七月新谷满市矣。

清罗绕典《黔南职方纪略》卷九载：黑苗，

食糯米，舂之甚白，炊熟成團，以手掬食。

民国《贵州通志·土民志一》载：台拱九股苗，“多噉糯稻”。

此外，清黄叔璥《台海使槎录》卷五，北路诸罗番一条载：

箴筒贮糯米，置釜上蒸熟，手团食，日三飧，出则裹腰间。

以上所记，为苗、高山族食糯米之例。20 世纪 60 年代笔者曾在广西三江侗乡待过一年，可证文献所录关于糯谷的收获季节以及制作与吃食方法，完全属实。该地栽种稻谷，全属糯米，每年一季，约十月登场。食用时，前晚用水泡浸，次晨置釜上蒸熟。出则用葫芦裹腰间。颗粒分开，可用手团食。外人以为，糯米易腻人，其实不然。由于当地糯米品种优良，且制作得法，不仅爽口，而且味香美，又可

耐饥。吃惯当地糯米，再吃黏米，顿觉味同嚼蜡。这就是有的南方民族嗜食糯米的奥秘。

十三、食槟榔

槟榔，产于岭南、云南及海南岛、台湾等地，属棕榈科之常绿乔木，其实可食。

南人喜食槟榔，汉、魏之际的著作已有记及。据刘渊林注左思《吴都赋》“槟榔无柯”句引《异物志》曰（《文选》卷五）：槟榔树之实，

> 得扶留藤与古贲灰合食之，则柔滑而美，交趾、日南、九真皆有之。

但，《太平御览》卷九七一引《异物志》则曰：槟榔之实，

> 熟而贯之，硬如乾枣。以扶留藤、古贲灰并食，下气，及宿食消谷，饮设以为口实。

汉杨孚之《异物志》与三国吴沈莹之《临海水土志》两书，诸籍征引时，往往都写作《异物志》，故容易混同。上述刘渊林与《太平御览》所引《异物志》记槟榔的内容不一，可见其非出自一书。鉴于刘渊林注引有“交趾、日南、九真皆有之”之句，疑此应是杨孚书，固杨孚书主要记交州事。

晋人续记此事。据郭义恭《广志》曰：槟榔树，

> 煮其肉而贯之，坚如干枣。食后啖之，滑美消谷下气。彼方珍之，以为口实。亦出交趾。

明陶宗仪所辑《说孚》漏引此文，此引自《太平御览》卷九七一。

南朝时，江南官僚士大夫以嗜槟榔为时尚。据《南史·刘穆之传》卷十五载：刘穆之，少时家贫，好往妻兄江氏家乞食，

> 食毕，求槟榔。江氏兄弟戏之曰：“槟榔消食，君乃常饥，何忽须此？”

后穆之为丹阳尹，召妻兄弟，

> 乃令厨人以金盘贮槟榔一斛以进之。

《太平御览》卷九七一引此文，称出自《宋书》，非。查《宋书》无此文，实出自《南史》。《南史·齐豫章文献王嶷传》卷四二载：嶷临终，召子曰：

三日施灵，惟香火、盘水、干饭、酒脯、槟榔而已……此外悉省。

《南史·任昉传》卷五九载：齐人任昉之父遥，

本性重槟榔，以为常饵，临终尝求之，剖百许口，不得好者。昉亦所嗜好，深以为恨，遂终身不尝槟榔。

《太平御览》卷九七一，引此文称出自《齐书》，也误。再查《梁书·任昉传》无此文，实出自《南史》。此外，《太平御览》卷九七一引南朝宋江夏文献王刘义恭《启事》曰：

奉赐交州所献槟榔，味殊常品。

总之，从刘穆之乞食尚求槟榔，齐豫章文献王嶷叮嘱死后以槟榔为供品，任昉父以槟榔为日常食物且临终还想吃槟榔诸事，可见南朝士人嗜好槟榔之甚；从刘义恭所食槟榔为“交州所献”，可证南朝槟榔主要来源地为岭南。

更可异者，啖槟榔之风更及北朝。据《太平御览》卷九七一引《三国典略》曰：

齐命通直散骑常侍辛德源聘于陈，陈遣主客蔡佞宴酬，因谈谑，手弄槟榔乃曰：“顷闻北间有人为啖槟榔获罪，人间遂禁此物定尔不？”德源答曰：“此是天保初王尚书罪状辞耳。犹如李固，被责云胡粉饰貌搔头弄姿，不闻汉世顿禁胡粉。”

至唐代，岭南及云南以槟榔为珍。据唐刘恂《岭表录异》载：

槟榔，交广生者，非舶槟榔，皆大腹子也，彼中悉呼为槟榔。交趾豪士皆家园植之。……安南人自嫩及老，采实啖之，以不娄藤兼之瓦屋子灰，竟咀嚼之。自云，交州地湿，不食此，无以祛其瘴疠。广州亦啖槟榔，然不甚于安南也，府郭内亦无槟榔树。

可见，自广西以西老少竞食槟榔，而广州虽食槟榔，但不产槟榔；当时甚至从海外

进口槟榔。至于云南，其食槟榔之法，也与岭南无异。这从《云南记》中可以得到证实：

以一片青叶及蛤粉卷和嚼咽，其汁即似碱涩味。云南每食讫，则下之。

平琴州有槟榔，五月熟。以海螺壳烧作灰，名为奔蛤灰，共扶留藤叶和而嚼之，香美。

《云南记》为《蛮书》别名，是唐樊绰所作。今本《蛮书》已逸此文，此从《太平御览》卷九七一辑出。

宋代记槟榔事，以周去非所记最详。他在食槟榔条写道：

自福建下四川与广东西路，皆食槟榔者，客至不设茶，唯以槟榔为礼。其法，斮而瓜分之，水调蚬灰一铢许于蒌叶，上裹槟榔，咀嚼先吐赤水一口，而后啖其余汁。少焉而脸潮红，故诗人有醉槟榔之句。无蚬灰处，只用石灰。无蒌叶处，只用蒌藤。广州又加丁香、桂花、三赖子诸香药，谓之香药槟榔。唯广州为甚，不分贫富长幼男女，自朝至暮，宁不食饭，唯嗜槟榔。富者以银为盘置之，贫者以锡为之。昼则就盘更啖，夜则置盘枕旁，觉即啖之。中下细民，一日费槟榔钱百余。有嘲广人曰："路上行人口似羊。"言以蒌叶杂咀终日噍饲也，曲尽啖槟榔之状矣。每逢人，则黑齿朱唇，数人聚会，则朱殷遍地，实可厌恶。客次士夫，常以奁自随。制如银铤，中分为三，一以盛蒌，一盛蚬灰，一则槟榔。交趾使者亦食之。询之于人，何为酷嗜如此？答曰："辟瘴，下气消食。食久，顷刻不可无之。无则口舌无味，气乃秽浊。"

同书卷八载：

槟榔生海南黎峒……海商贩之，琼管收其征，岁计什之五。广州税务收槟榔税，岁数万缗。推是，则诸处所收与人之所取，不可胜计矣。

此外，范成大与赵汝适也记及此事。据《桂海虞衡志·志器》，槟榔合条载：

> 南人既喜食槟榔，其法用石灰或蚬灰并扶留藤同咀，则不涩。土人家至以银、锡作小合，如银铤样。中为三室，一贮灰，一贮藤，一贮槟榔。

《诸蕃志》卷下载：

> 槟榔，产诸番国及海南四州，交趾亦有之。……春取之为软槟榔，俗号槟榔，鲜极可口；夏秋采而干之，为米槟榔；渍之以盐，为盐槟榔；小而尖者为鸡心槟榔；大而匾者为大腹子。食之可以下气。三佛齐取其汁为酒。商舶兴贩，泉广税务岁收数万缗。惟海南最多。

概言之，宋代食槟榔之习，较前不同之处有三：一是把吃槟榔视为高雅之举。讲究吃法，“香药槟榔”之出现即是。讲究盛槟榔之饰物，以银、锡作小盒，中分为三，分别盛蒌叶、灰和槟榔。二是成了当地一项重要税收来源，从“泉广税务岁收数万缗”一事，可见槟榔需求之殷。三是嗜槟榔已成风。所谓“不分贫富长幼男女，自朝至暮，宁不食饭，唯嗜槟榔”，足证。

元代，也有记载。如李京《云南志略》载：金齿百夷，

> 槟榔、蛤灰、茯留叶奉宾客。

金齿百夷，即傣族先民。

明、清时，此风不衰。明钱古训、李时珍、王济、王士性、徐宏祖诸人均有记载。据钱古训《百夷传》载：

> 宴会则贵人上坐，其次列坐于下，以逮至贱。先以沽茶及蒌叶、槟榔啖之。次具饭，次具酒馔，俱用冷而无热。每客必一仆持水瓶侧跪，候嗽口盥手而后食。食毕亦如之，而后起。

可见，明代傣族贵族宴客，槟榔为必具食物，且在饭前与茶同时进用。又，李时珍《本草纲目》载：

> 蒟酱，今两广、滇南皆有之，其苗谓之蒌，叶蔓生，依树根，大如筋。彼人食槟榔者，以此叶及蚌灰少许同嚼之，云辟瘴疠，去胸中恶气。

故谚曰："槟榔浮留，可以忘忧。"

明代大医学家这段记载，证明槟榔确有"辟瘴疠，去胸中恶气"的药用价值。王济《君子堂日询手镜》载：

岭南好食槟榔，横人尤甚，宾至不设茶，但呼槟榔，于聘物尤所重。士夫生儒衣冠俨然，谒见上官长者亦不辍咀嚼。舆台皂隶囚徒厮养，伺候于官府之前者皆然。余尝见东坡诗有云："红潮登颊醉槟榔。"并俗传有人蛮口吐血之语，心窃疑焉。余初至其地，见人食甚甘，余试嚼一口，良久耳热面赤，头眩目花，几于颠仆，久之方苏，遂更不复食，始知其为真能醉人。又见人嚼，久吐津水甚红，乃信口吐血之说。余按《本草》所载，槟榔性不甚益人丹溪云。槟榔善坠，惟瘴气者可服，否则能病真气，有开门延盗之患。彼人非中瘴，食如谷粟，诚为可笑。

横州为今广西横县。可见，明代广西这一地区嗜食槟榔之甚。明王士性《广志绎》卷四载：广东，

俗好以蒌叶嚼槟榔，盖无地无时，亦无尊长，亦无宾客，亦无官府，在前皆任意食之。有问，则口含而对，不吐不咽，竟不知其解也。或以炎瘴之乡，无此则饮食不化，然余携病躯入粤，入滇，前后四载，口未能食锱铢，亦生还亡恙也。大都瘴乡惟戒食肉、绝房帏，即不食槟榔无害，渠土人食者，惯耳。滇人所食槟榔又与广异，广似鸡心，如果肉；滇如羌核，似果壳，滇止染灰，亦不夹蒌叶。蒌一名蒟苗，即蜀人所造蒟酱者也。蔓生，叶大而厚，实似桑椹，其苗为扶留藤，人食之，唇如抹朱。杨万里云："人人藤叶嚼槟榔，户户茅檐覆土床。"

此记载值得注意之处有三：一是广人"无地无时"，不分场合随意食槟榔；二是食槟榔是习惯造成的；三是广、滇两地之槟榔品种不同，其人食槟榔之法也有别。《徐霞客游记·粤西游日记三》在记广西之俗时写道：至南陇村，

一村人语俱不能辨，惟此老能作汉语，亦不披发跣足，并不食烟与

槟榔。

可见，徐宏祖把广西民族地区不食槟榔之老人看作是一种例外。

清代，对此俗也多有记载。据闵叙《粤述》载粤西吃槟榔之俗：

啖槟榔，和蒌叶蘸少灰咀之，大率与闽广同。槟榔以瓦缶浸令软，蒌叶小而味薄，春夏无叶则嚼其根，味亦香辛。食之既久，唇红齿颓。处处吐水石上，如一团鲜血，乍见骇人。

屈大均所记，则偏重粤东，可谓食槟榔大全。据《广东新语》卷二五载：

槟榔……产琼州。三四月花开绝香，一穗有数千百朵，色白味甜，杂扶留叶、椰片食之，亦醉人。实未熟者曰槟榔青，青，皮壳也，以槟榔肉兼食之，味厚而芳，琼人最嗜之。熟者曰槟榔肉，亦曰玉子，则廉、钦、新会及西粤、交趾人嗜之。熟而干焦连壳者曰枣子槟榔，则高、雷、阳江、阳春人嗜之。以盐渍者曰槟榔咸，则广州、肇庆人嗜之。当食时，咸者直削成瓣，干者横剪为钱，包以扶襦，结为方胜，或如芙渠之并跗，或效蛱蝶之交翾，内置乌爹泥、石灰或古贲粉，盛之巾盘，出于怀袖，以相酬献，入口则甘浆洋溢，香气熏蒸。在寒而暖，方醉而醒。既红潮以晕颊，亦珠汗而微滋。真可以洗炎天之烟瘴，除道远之渴饥，虽有朱樱、紫梨，皆无以尚之矣。若夫灰少则涩，叶多则辣，故贵酌其中。大嚼则味不回，细咽则甘乃永，故贵得其节。善食者以为口实，一息不离；不善食者汁少而渣青，立唾之矣。予尝有竹枝词云："日食槟榔口不空，南人口让北人红；灰多叶少如相等，管取胭脂个个同。"

此俗，历来多为岭内人所记，不免有隔靴之感。屈大均为广州人，本身有此嗜好，故写来不仅翔实，且富有感情色彩。在他笔下，吃槟榔简直成了妙不可言的一桩乐事。需要指出的是，所记琼人喜食青槟榔一事，至今海南黎人仍如是，从中也可印证此文的真实性。吴震方《岭南杂记》则载：

槟榔，出海南，偏于两粤。其树亭亭直上，近顶五六尺间有叶，叶

闻洪肿圻裂一苞数十子，无花而实，棘针重累其下，皆黎女采摘入市卖之，谓之山子。食时，一枚切为四片，以蒌叶、石灰并嚼之，或加椰肉、核桃之类。人客相见，以此先茶。然亦有食之而闷眩汗出者，饮冷水一二口即解。而彼人日不离口，近日都门酷嗜之甚于粤。

可见，清代此风也不限于岭南之人，甚至出现了“都门酷嗜之甚于粤”的奇特现象。又，清李调元《南越笔记》卷六，槟榔盒槟榔包条载：

广人喜食槟榔，富者以金、银，贫者以锡为小盒。雕嵌人物花卉，务极精丽。中分二隔，上贮灰脐、蒌须、槟榔，下贮蒌叶。食时先取槟榔，次蒌须，次蒌叶、次灰，各有其序。

可见，清代槟榔盒，虽袭自宋制，但更为“精丽”。

关于清代台湾高山族食槟榔之习，可参见六十七《番社采风图考》，采实条。此外，《南越笔记》卷十三，槟榔条，檀萃《滇海虞衡志》卷十，槟榔条，张心泰《粤游小志》《滇南杂志》诸籍，均有关于槟榔的记载。不赘。

最后，需要指出的是，槟榔还有代柬请客及作婚聘之礼的特殊用途。据《南中八郡志》载：

槟榔大如枣色，青似莲子。彼人以为异婚族好客辄先进此物，若邂逅不设，用相嫌恨。

《九真蛮獠俗》曰：

九真獠欲婚，先以槟榔子一函诣女，女食即婚。

以上引文均出自《太平御览》卷九七一。又，《太平寰宇记·岭南道十四》卷一七〇，记交州之俗：

索妇之人，未婚前先进槟榔一盘，女食尽则成亲。

明王济《君子堂日询手镜》记粤西俗：婚嫁，

初，不计财，惟槟榔数棵为聘。

《广东新语》卷二五载：

粤人最重槟榔，以为礼果，款客必先擎进，聘妇者施金染绛以充筐实。女子既受槟榔，则终身弗贰。而琼俗嫁娶，尤以槟榔之多寡为辞。有斗者，甲献槟榔则乙怒立解。

明顾岕《海槎余录》载：

槟榔产于海南，惟万、崖、琼山、会同、乐会诸县为多，他处则少。每亲朋会合，互相擎送以为礼。至于议姻，不用年帖，只送槟榔而已。久之，多以家事消长之故，改易告争，官司难于断理，以无凭执耳。愚民不足论，士人亦多有匿是俗者。

清沈曰霖《粤西琐记》载：

折柬招客，惟官场则然。若士庶家宴会，则以箬叶裹槟榔代柬，应召者则留之，不应召者则还之，若留而不应召，大不可也。

直至新中国成立前，笔者仍亲见粤东地区操办喜事时，仍以红纸包干槟榔以作请柬之用。

总之，从以上记载中，可得出如下结论：

一是南人喜食槟榔，始见于汉代记载。此为百越系统民族及其后裔之习；但内地之人也有染得此俗以为时尚者。

二是食槟榔之法，古今无大变化。即以蒌叶、灰（石灰、蚬灰一类）和而食之。

三是食槟榔之用有三：像烟、酒一类成为一种嗜好；可辟瘴、消食；作为结亲、宴请的一种交流之物。

十四、酒

酒的发明，当在人类有了剩余食物之后。我国古代有制酒的传说。据《世本·作篇》载：

仪狄始作酒醪，变五味。

少康作秫酒。

《战国策·魏策二》，梁王魏婴觞诸侯于范台条载：

昔者，帝女令仪狄作酒而美，进之禹，禹饮而甘之。

上述记载，把酒的出现说是夏禹之时，显然失之过晚。

下述南方民族保留的古老酿酒法，有助于探求酒的起源。

（一）以植物的花、果、块根为酒

最初的酒，并不是传说中的少康作的秫酒这类谷物酒。它是以植物的花、果、块根为原料酿成的。此法，在南方民族中颇流行。如唐李肇《唐国史补》载：

博罗蛮村有桂，以桂花酿，曰桂酒。

清李调元《南越笔记》卷十六有相类记载，即袭此。《旧唐书·南蛮西南蛮传》载：林邑国，

以槟榔汁为酒。

诃陵国，

俗以椰树花为酒。其树生花，长三尺余，大如人膊，割之，取汁以成酒。味甘，饮之亦醉。

宋乐史《太平寰宇记·岭南道十三》卷一六九载：琼州土产，

琼、崖州有酒树似安石榴，其著花瓮中，即成美酒，醉人。

又，同书儋州土产条也有相类记载。宋赵汝适《诸蕃志》卷下载：琼州，

无曲蘖，以安石榴花酝酿为酒。

《宋史·蛮夷列传三》也载：黎洞，

又有椒酒，以安石榴花著瓮中即成酒。

《诸蕃志》与《宋史》关于海南黎族安石榴花酿酒的记载，主要本自《太平寰宇记》。元汪大渊《岛夷志略》载：琉球之世居居民，

酿蔗浆为酒。

明朱孟震《西南夷风土记》载：

自孟密以下，所食皆树酒。……又有树类枇杷，结实颇大，取其浆煮之，气味亦如烧酒，饮之尤醉人。

《南越笔记》卷十六，岭南诸酒条载：

又有酒花，以石榴花著瓮中经旬而成。

清檀萃《滇海虞衡志》卷四载：

丁香酒，云南产丁香，亦以酿酒，性烈兴阳。

道光《琼州府志》卷二〇载：生黎，

饮惟椒酒。

总之，计有：广东博罗蛮村的桂花酒，海南黎族的石榴花酒、椒酒，台湾高山族的蔗浆酒，云南民族地区的树酒、丁香酒，以及唐代南蛮的槟榔汁酒、椰树花酒等。

（二）“嚼米为酒”

农业出现之后，始用粮食酿酒。起初，其法极其简单。这以台湾高山族的酿酒法较富代表性。据清林谦光《台湾纪略》载：

人好饮，取米置口中嚼烂，藏于竹筒，不数日而酒熟。客至，出以相敬，必先尝而后进。

清郁永和《稗海纪游》载：台湾番人，

其酿酒法，聚男女老幼共嚼米，纳筒中，数日成酒。饮时，入清泉和之。

清黄叔璥《台海使槎录》卷五，北路诸罗番二载：

用未嫁番女口嚼糯米，藏三日后，略有酸味，为曲舂碎，糯米和曲置瓮中，数日发气，取出搅水而饮，亦名姑待酒。

清六十七《番社采风图考》载：

收成后，择吉制酒。以口嚼生米为曲，和蒸饭调匀，置缸中，盖以稻缨，置藏密处，五日搁而尝之，盎盎然泛齐成矣。其色白味淡，善醉易醒。作曲时口中喃喃作声，若有所祝者然。

《皇清职贡图》卷三，台湾县大傑岭等社熟番条载：

嚼米为酒。

以上材料说明：嚼米的作用是使其发酵成酒，即所谓“嚼生米为曲”之意。需指出的是，《台海使槎录》谈及，嚼米后，还要加曲其中才成酒，倘不是记载有误，则属个别情况。至于“姑待酒”，只用未婚女子嚼米之法，其因殆有二：一是女子较有耐心，二是年轻女子较少疾病。

需附及的是，在未有酒曲之前，南方民族除采用“嚼米为酒”这一最原始方法外，还有利用“草曲”以发酵者。如清屈大均《广东新语》卷十四载：

嵇含《草木状》：“南海多美酒，不用曲蘖，但杵米粉，杂以三五草药。”盖若今山桔、辣蓼、马蓼之属，和豆与米饭而成者也。一名草曲。

嵇含为晋人，其著作全名为《南方草木状》。可见，岭南民族的“草曲”法，不仅

源远流长，从晋至清而未断，而且，效果奇佳，致使“南海多美酒”。

（三）“咂酒”

南方民族不仅保有酿酒的老传统，而且流行一种别具风格和情趣的饮酒方式，即所谓“咂酒”。其要点是：饮酒不用杯碗而以管，众人轮流吸酒，边饮边注水坛中，直至无酒味方休。

此俗由来已久。唐代诗人白居易所见四川忠州（今忠县）少数民族的“藤枝酒”即是。《郡中春宴因赠诸客》（《全唐诗·白居易十一》卷四三四）诗中云：

> 薰草席铺座，藤枝酒注尊。中庭无平地，高下随所陈。蛮鼓声坎坎，巴女舞蹲蹲。

宋诗人陆游称之为“钩藤酒”。《老学庵笔记》卷四，记述了湖南辰、沅、靖州蛮饮“钩藤酒”的盛况：

> 醉则男女聚而踏歌。农隙时至一二百人为曹，手相握而歌，数人吹笙在前导之，贮缸酒于树阴，饥不复食，惟就缸取酒恣饮，已而复歌。夜疲则野宿，至三日未厌，则五日或七日方散归。

宋周去非则称岭南此俗为“打甏”。《岭外代答》卷十，蛮俗条载：

> 溪峒及邕、钦、琼、廉村落，闲不饮酒，以小瓮乾醖为浓糟而贮留之。每觞客，先布席于地，以糟瓮置宾主间，别设水一盂，副之以杓。开瓮，酌水入糟，插一竹管，管长二尺。中有关捩，状如小鱼，以银为之。宾主共管吸饮，管中鱼闭则酒不升，故吸之太缓与太急，皆足以闭鱼，酒不得而饮矣。主饮，鱼闭，取管埋之以授客。客复吸饮，再埋管以授主。饮将竭，再酌水搅糟，更饮，至甚醨而止。其为寿也，不别设酒，主人妻于同寿客。其妻先酌水入瓮，致词，以管授客饮已。男若女迭酌水为寿，客之多饮寿酒也，实多饮水耳。名曰打甏。南人谓瓮为甏。

周去非所指粤西“溪峒”之人，即今壮侗先民。宋朱辅《溪蛮丛笑》作“钓藤酒”

(《学海类编》),“钓”当系“钩”之误。其文云：

酒以火成，不醡不篘，两缶东西，以藤吸取，名钓藤酒。

明、清以后，记载颇多。下面依族属加以分叙：

苗族 据清爱必达《黔南识略》卷二载：

诸苗性皆嗜酒，盛糟于坛，插管于内，以水灌坛而吸其竿，名曰咂酒。次第传饮，循环不辍。

清李宗昉《黔记》卷一载：苗族，

咂酒，一名重阳酒，以九日贮米于瓮而成。他日味劣，以草塞瓶颈。临饮，注水平口，以通节小竹，插草内吸之，视水容若干，征饮量。苗人富者，以多酿此为胜。

清吴振棫《黔语》卷下详记苗族咂酒俗：

咂酒，苗俗也，古谓之竿儿酒。其法，蒸野稗如面，实之罂而涂其口。卜日召客，则设堂中，撤涂注水与口平，浅则复注，逡巡酿成。以细竹筒插罂腹，众客环而咂之，以次轮转，水味淡则酒力竭矣。近汉民亦多仿此法酿酒者。苗姓嗜饮，多以沉湎荡其家。常州周星颉司马作咂酒诗，以儆之。

以上所记，为贵州苗族咂酒俗。又，许瓒曾《滇行纪程》载：苗人，

以芦管渍酒饮之，谓之竿儿酒。

此外，清陆次云《峒谿纤志》载：

咂酒，一名钩（或误作钓）藤酒，以米杂草子为之，以火酿成，不刍不酢，以藤吸取。

此段记载，显系依《溪蛮丛笑》改写而成，其中所指行钩藤酒之俗的溪蛮，似系指

湖南苗族而言。总之，贵州、云南、湖南各地苗人均广泛流行咂酒之俗。

土家族 据清顾彩《容美纪游》载：容美土司田舜年之婿，

> 预储馔于山房，咂酒鲊鱼，留余夜话。

又，同治《咸丰县志》卷七记鄂西土家族俗：

> 咂酒。俗以曲糵和杂粮于坛中，久之成酒。饮时开坛，沃以沸汤，置竹管于其中，曰咂竿。先以一人吸咂竿，曰开坛，然后彼此轮吸。初吸时味甚浓厚，频添沸汤，则味亦渐淡。盖蜀中酿法也。土司酷好之。

可证，土家族有此俗。

傣族 据明钱古训《百夷传》载：

> 酒或以杯，或用筒。筒以蕨楷，或用鹅翎管连贯，各长丈余，漆之而饰以金。假若一酿酒，则渍以水一满瓮，插筒于中，立标以验其盏数，人各以次举筒咂之。咂酒一盏，仍渍水一盏，传之次客，味甚佳，至淡水为止。俗呼为咂酒。

此处所记不同点是：百夷贵咂酒吸筒，加漆并饰以金，十分讲究。又，清吴大勋《滇南闻见录》，咂酒条载：

> 夷人酿酒，带漕盛于瓦盆，置地炉上温之，盆内插芦管数根。凡亲友会集，男女遝杂，旁各置一管，吸酒饮之，谓之咂酒。

上述为云南古代傣族行咂酒之俗的例证。

彝族 据明田汝成《炎徼纪闻》卷四载：罗罗之俗，

> 作酒盎而不缩，以芦管啐饮之。

又，清徐炯《使滇日记》记贵州安顺：

> 《旧志》云，部多罗鬼，会饮不用盃酌，置糟于瓮，以藤吸之。

上述罗罗、罗鬼，均指今彝族。

藏族　据清李心衡《金川琐记》卷四，咂酒条载：

> 番地无六酒六浆之属，祇有咂酒一味，以小麦、青稞及黍子、燕麦为之。将稞、麦等入水锅内，煮半熟，倒向沙地上，曝乾，然后拌酒曲入皮篓内，上用牛羊毛盖暖，数日后，闻有酒气，再入酒坛，用牛粪封口，惟恐泄气。用时，移贮铜瓶，入滚水少许，以细竹管数枝植其内（酒面味薄，酒底有沙土，故用竹管吸取中间），男女数人，可以杂吸似吃烟。

可见，四川金川地区藏人有咂酒俗。

高山族　据明张燮《东西洋考·东番考》载：鸡笼淡水，

> 至宴会，置垒围坐，酌以竹筒，时起跳舞，呜呜若歌曲焉。

当地虽无咂酒之名，但其法与咂酒相类。

综上所述，可得出如下结论：

一是咂酒，又名藤枝酒、钩藤酒、打甏、竿儿酒等，因不同的时期、地区、民族而称谓有异。

二是古代曾广泛流行此俗。以地区言，有两广、两湖、四川、云南、贵州以及台湾等地；以民族言，则有壮、侗、傣、苗、土、彝、藏、高山诸族，甚至“汉民亦多仿此。”

三是与北方民族喜喝浓烈性酒不同，南方诸族多嗜淡酒，但以量为胜。这就是用管吸酒的奥秘所在。

四是在饮酒过程中，边歌边舞，尽情作乐，有至数天才散者。

（四）“所食之余，悉以酿酒”

众所周知，古代南方诸族嗜酒豪饮。此俗，是在商品交换不发达，不重财富积累的历史条件下形成的。因此，缺乏积存剩余粮食的习惯，而把酿酒作为处理当年余粮的一种重要方式。以台湾高山族为例，据清郁永和《采硫日记》卷下载：台湾番人，

无市肆贸易，有金钱无所用，故不知蓄积。虽有余力，惟知计食而耕。秋成纳稼，计终岁所食，有余则尽付曲蘖。来年新禾既植，又尽以所余酿酒。番人无男女，皆嗜酒。酒熟，各携所酿，聚男女酣饮，歌呼如沸，累三日夜不辍。余粟既罄，虽饥不悔。

清黄叔璥《台海使槎录》卷八，熟番条载：

有金钱无所用，故不知蓄积。秋成纳稼，计终岁所食，有余则尽付曲蘖。

清六十七《番社采风图考》载：

番嗜饮，通计所食之余，悉以酿酒。

再以苗族为例，据清爱必达《黔南志略》卷二〇载：

苗民嗜利而无远虑，好饮酒宴会，罄所入以供之，不知积储。

上述高山族、苗族“好饮酒”的事例，对古代南方民族具有典型意义。需要指出的是，从聚众饮酒的方式中，即所谓“酒熟，各携所酿，聚男女酣饮，歌呼如沸，累三日夜不辍”，也还可见人类早期平均分配、共同消费的残余痕迹。

十五、“鼻饮”

据说，南方民族中存在着一种特殊的饮水、饮酒之法，即“鼻饮”。此俗始载于《汉书·贾捐之传》。该传写道，汉元帝时贾捐之主张弃珠崖，他说：

骆越之人父子同川而浴，相习以鼻饮，与禽兽无异，本不足郡县置也。

继而见于晋宋间人裴渊的《广州记》：

晋兴有乌浒人，以鼻饮水，口中进啖如故。

晋兴郡，晋置，故城在今广西邕宁县。再见于北齐《魏书·僚传》：

僚者，盖南蛮之别种，自汉中达于邛、筰、川洞之间，所在皆有。……其口嚼食，并鼻饮。

此三处记载不同之处在于：一言海南岛骆越之人，一言粤西乌浒人，一言西南僚人。但究其实，骆越、乌浒、僚同属百越系统之民，故并不相悖。《魏书》关于僚人“鼻饮”之说，为后世所袭，如唐李延寿《北史·僚传》、宋郑樵《通志·僚志》即照录无误。

《永昌郡传》(《太平御览》卷七九六引）载：僚民，

其人以口嚼食，并以鼻饮水。

永昌郡，治今云南保山县。此段文字，虽系由《魏书·僚传》演变而来，但其所言之僚，已不在川、陕间而在云南境内。

唐梁载言《十道志》记容州（今广西北流县）风俗云：

僚人杂居，鼻饮，跣足。

在宋代，记载增多。其中主要有：《太平寰宇记·岭南道十一》卷一六七记钦州（治今广西钦州市）风俗：俚人，

食用手抟，水从鼻饮之也。

陆游《老学庵笔记》卷四载：

辰、沅、靖州蛮，有仡伶，有仡僚，有仡榄，有仡偻，有山瑶。……饮酒以鼻，一饮至数升，名钩藤酒，不知何物。

范成大《桂海虞衡志·志器》载：

鼻饮杯。南边人习鼻饮，有陶器如杯碗，旁植一小管若瓶嘴，以鼻就管吸酒浆。暑月以饮水，云水自鼻入咽，快不可言。邕州人已如此，记之以发览者一胡卢也。

同书《志蛮》又载：广西左右江的僚人有“鼻饮”之属二十一种。周去非《岭外代

答》卷十载：

邕州溪洞及钦州村落，俗多鼻饮。鼻饮之法，以瓢盛少水，置盐及山姜汁数滴入水中，瓢则有窍，施小管如瓶嘴，插诸鼻中，导水升脑，循脑而下入喉。富者以银为之，次以锡，次陶器，次以瓢。饮时，心口噍鱼鲊一片，然后，水安流入鼻，不与气相激。既饮必噫气，以为凉脑快膈，莫若此也。止可饮水，谓饮酒者，非也。谓以手掬水吸饮，亦非也。史称越人相习以鼻饮，得非此乎？

朱辅《溪蛮丛笑》载：

仡佬饮，不以口而以鼻，自取其便，名曰鼻饮。

总之，宋人记载的主要内容为：

一是“鼻饮”之俗，主要为湖南境的仡佬与两广境内的俚僚之人。言仡佬有是俗者，始见于此时，而仡佬为古代僚人的后裔。

二是详记“鼻饮”之法，从而增加了“鼻饮”记载的可信程度，证明其非子虚乌有之语。

据传，此法至清代还可见。如陆次云《峒谿纤志》载：溪洞以藤吸酒，

多有以鼻饮者。谓由鼻入喉，更有异趣。

需附及的是，“鼻饮”之法还推广至疗疾范围。据载：“金齿百夷，有病不服药，惟以姜盐注鼻中”（《云南志略》）“疾病不知服药，以姜汁注鼻中”（《百夷传》），此为傣族先民之俗。

“鼻饮”之说，有无其事，历来争论不休。从医学角度而言，呼吸与进食在会厌以上共一条通道，故可通过鼻孔吸水。在今日，病人不能从口部进食时，则是通过从鼻孔中插胃管输入食物的。可见，“鼻饮”之说是可信的。

综上所述，可见饮食的起源与南方民族的饮食特点。

第十二章　住　所

一、概　说

住所的起源，早于衣服。根据民族学资料显示，直至近代有些民族依然没有衣服，但都有住所，即使是极其简陋的住所。

人类最初的住所，是天然的山洞或树洞。随着社会生产力的发展与征服自然能力的提高，人类从旧石器晚期起始营建人工住所。

古籍关于我国原始居民的住所多有记载。据《易·系辞》载：

上古穴居而野处，后世圣人易之以宫室。上栋下宇，以待风雨。

《礼记·礼运》载：

昔者先王未有宫室，冬则居营窟，夏则居橧巢。

《墨子·公孟》载：

今问我曰："何故为室？"曰："冬避寒焉，夏避暑焉，室以为男女之别也。"则子告我为室之故矣。

《孟子·滕文公上》载：

当尧之时，水道行，泛滥于中国，龙蛇居之，下者为巢，上者为营窟。

《庄子·盗跖》载：

古者禽兽多，于是民皆巢居以避之。昼拾橡栗，暮栖木上，故命之曰有巢氏之民。

《韩非子·五蠹》载：

上古之世，人民少而禽兽众，人民不胜禽兽虫蛇，有圣人作，构木为巢，以避群害，而民悦之，使王天下，号之曰有巢氏。

陆贾《新语》上载：

天下人民，野居穴处，未有室屋，则与禽兽同域。于是，黄帝乃伐木构材，筑作宫室，上栋下宇，以避风雨，民知室居。

《淮南子·修务训》载：

舜作室筑墙茨屋，辟地树谷，令民皆知去岩穴，各有家室。

班固《白虎通》载：

黄帝作宫室，以避寒暑。

从以上记载可见：

首先，住所起因，是人类为避“禽兽虫蛇”群害，为避“寒暑”与“风雨”所致。至于墨子说：“室以为男女之别”，并非初民住所的起因。

其次，人类最初的简单住所，是“穴居而野处”，或“构木为巢”；后来，才逐渐发展成“宫室”。

第三，所谓有巢氏、黄帝、舜等圣人发明住所之说，纯属后人的臆造与附会。住所的出现，应是人类与自然界斗争过程中，无数无名氏所共同创造的产物。

从我国古代南方民族中，仍可见人类早期住所的遗俗。例如：

广泛流行的“干栏”式建筑。它是从上古“巢居”演变而来。至今，壮、傣、布依、侗、水以及佤、崩龙、景颇、哈尼等众多民族，尚在不同程度上保留这一建筑形式的遗风。对此，辟专栏加以详述。

瑶族的“打寮”。首载于宋朱辅《溪蛮丛笑》：

山瑶穴居野处，虽有屋以庇风雨，不过剪茅叉木而已，名打寮。

直至近代，瑶族仍有这种简陋的“人字寮”棚舍。

仡佬族的“羊栖”。也始见于《溪蛮丛笑》：

佐佬以鬼禁，所居不着地，虽酋长之富，屋宇之多，亦皆去地数尺。以巨木排比，如省民羊棚，名羊栖。

又，清傅恒《皇清职贡图》卷八，贵州等处仡佬条载：

屋宇去地数尺，架以巨木，上覆杉叶，如羊栅，谓之羊楼。

名为“羊栖”或“羊楼”，是一种污称，不足取，但可见房屋结构的简易。

总之，山瑶的“打寮”与仡佬的“羊栖”均属同一类型的建筑形式，即以茅草或杉叶覆于叉木或巨木之上而成。显然，这种住房还保有风篱的形式。这是与从事“刀耕火种”和经常迁徙的生产与生活方式相适应的。

黎族和高山族的船形屋。关于黎族的船形屋，当推清张庆长《黎岐纪闻》所记为详：

屋室形似覆舟，编茅为之，或被以葵，或藤叶，随所便也。门倚脊而开，穴其旁以为牖。屋内架木为栏，横铺竹木，上居男妇，下畜鸡豚。熟黎屋内，通用栏、厨、灶、寝处，并在其上。生黎栏在后，前留空地，地下挖窟列三石置釜，席地炊煮，惟于栏上寝处。黎内有高栏、低栏之名，以去地高下而名，无甚异也。

又，清佚名《黎族风俗图》载：

黎屋形式似船而高，门开左右，中构两层。居者缘梯而上，下以畜牛豕。

可见，船形屋是因“形似覆舟”或“似船”而得名。所谓“上居男妇，下畜鸡豚”的两层船形屋，实为“干栏”式建筑的一种。

关于高山族的船形屋，记载颇多。如清林谦光《台湾纪略·风俗》载：

番屋高地四五尺，深狭如舟形，前后无所间，梁柱皆画五彩。

康熙《凤山县志·风土·番俗》载：

其庐舍高地四五尺，广狭如舟形。

咸丰《噶玛兰厅志·风俗下》卷五，番俗居处条载：

其房屋则以大木凿空倒覆为盖，上下贴茅，撑以竹木，两旁皆通小户，前号筑一间，号北投口。相传老番至鸡笼，见覆舟依岸，因仿之以为屋制焉。

清邝其照《台湾番社考》载：

大肚诸社屋，以木为梁，编竹为墙，状如覆舟。

可见，番社屋，“如舟形”“如覆舟”。总之，黎族、高山族的船形屋，均与其早期的渔业经济有着密切联系。

从以上列举的“干栏”“打寮”与船形屋这三种有代表性的建筑形式，可见南方民族早期住所的概貌。

二、“干栏”

南方诸族的“干栏”式建筑，其源甚古，这已为考古材料所证明。在浙江吴兴县的钱山漾，江苏丹扬县的春草河、吴江县的梅堰，湖北蕲春的毛家嘴，云南剑川县的梅门口等新石器时代文化遗址，均曾发现有属于“干栏”建筑的柱洞遗迹或木桩遗物。近年发掘的浙江余姚县河姆渡新石器时代遗址，则有数千成行排列的木桩和木梁、柱、地板等物。这些建筑均是原始巢居的基础上发展而来的。

三国时，吴人沈莹《临海水土记》载：

安家之民，悉依深山，架立屋舍于栈格上，似楼状。

安家民，即今浙南、闽北一带的古越人。这是最早记载百越民族居“似楼状”的“干栏”式建筑的珍贵材料。

晋张华在总结上述先秦至汉关于初民住所起源诸说的基础上，提出了南北两地存在着不同的早期居住形式的新见解。据《博物志》卷三载：

南越巢居，北朔穴居，避寒暑也。

此前虽有“穴居”“巢居”之说，但均是统而言之；此书则首次区分南北的不同居住特点。显然，这是南北迥异的自然、气候诸方面条件所造成的。即穴居多在干燥、寒冷之地，巢居则主要行于潮湿、炎热而又多虫蛇猛兽之域。

史籍关于南北朝时的“干栏”建筑，多有记载。首记“干栏”之名者，为北齐时人魏收的《魏书》。据该书《僚传》载：

僚者，盖南蛮之别种，自汉中达于邛、笮，川洞之间，所在皆有。……依树积木，以居其上，名曰干阑。干阑大小，随其家口之数。

唐李延寿所撰《北史·僚传》所记与此全同。又，《梁书·诸夷列传》载：南海之林邑国，

其国俗，居处为阁，名曰于阑，门户皆北户。

《南史·夷貊传上》关于林邑国俗的记载，与此全同，只将“于阑”改正为“干栏”而已。李延寿之《南史》成书晚于唐姚思之《梁书》，故当本自《梁书》。因林邑为古越裳地，其地在今越南南部，故可证越人也行此俗。总之，南北朝时的僚人与越人均有“干栏”之制。

此外，史籍还有两晋南北朝至隋时之岭南俚僚居民“栅居”“巢居”“楼居”的记载，这也应归于“干栏”之列。如晋郭义恭《广志》（《说郛》）载：

珠崖人皆巢居。

此珠崖人，为当时的俚僚族类。南朝宋沈怀远《南越志》（《太平御览·四夷部六》卷七八五）曰：

晋康郡夫阮县人夷曰徘，其俗栅居，实惟俚之城落。

晋康郡，今广东德庆县；栅居，即以木栏居。可见广东德庆一带俚人有“干栏”之俗。又，《宋书·良吏·徐豁传》载：中宿县（今广东清远县），

俚民皆巢居鸟语。

又，《南齐书·州郡志上》载：广州滨际海隅，

虽民户不多，而俚僚猥杂，皆楼居山险，不肯宾服。

又，《隋书·地理志下》载：自岭南十二余郡，大率土地下湿，皆多瘴疠。俚人皆，

巢居崖处，尽力农事。

唐代，住“干栏”建筑者有僚、南平僚、东谢蛮，裸形蛮、陁洹国等。下面依次加以叙述。

僚，据《通典·边防三》载：

盖蛮之别种，往代初出自梁、益之间，自汉中达于邛筰之间，所在皆有（此自汉中西南及越嶲以东，皆有之）。……依树积木，以居其上，名曰干栏。干栏大小，随其家口数。

此袭自《魏书》《北史》之说，并无新的内容。

南平僚，据《旧唐书·南蛮西南蛮传》载：

南平僚者，东与智州，南与渝州，西与涪州接。部落四千余户。土气多瘴疠，山有毒草及沙虱蝮蛇。人并楼居，登梯而上，号为干栏。

智州，今广西玉林县；渝州，今四川巴县；涪州，今四川涪陵。其分布地约在今四川南部及贵州、广西一带。属僚人的一支。

东谢蛮，据《通典·边防三》载：在黔中之东，地方千里。其俗，

巢居。

《旧唐书·南蛮西南蛮传》则载：

散在山洞间，依树为层巢而居。

《新唐书·南蛮传》也载：

众处山巢居。

东谢蛮，也属僚人一支，为今侗族、水族之先民。
裸形蛮，据唐樊绰《蛮书》卷四载：

裸形蛮，在寻传城西三百里为巢穴，谓之为野蛮。阁罗凤既定寻传而令野蛮散居山谷。其蛮不战自调伏集，战即召之。其男女遍满山野。亦无君长。作槛栏舍屋。

（其夫）尽日持弓，不下槛栏。有外来侵暴者，则射杀之。

槛，其音义均与干同。“寻传蛮”，主要分布于今澜沧江上游以西至缅甸克钦邦东北地区。其族属为元代以后的阿昌或峨昌，而裸形蛮当是其亲近族属的一支。

陁洹国，据《旧唐书·南蛮西南蛮传》载：在林邑西南大海中，

俗皆楼居，谓之干栏。

《新唐书·南蛮传》则称其：

俗喜楼居，谓为干栏。

此外，唐人还有释“干栏”之义。据慧琳《一切经音义》卷一〇〇《慧超往五天竺国》上卷音义云：

杆栏，上音干下音阑。以木横围住处，防禽兽等，名曰杆栏也。

宋代，记住“干栏”者有俚、僚、西原蛮与深广之民、黎人、仡佬等。

关于俚、僚居“干栏”，以宋乐史所记为多。据《太平寰宇记·剑南东道七》卷八八载：昌州（今四川大足县境）风俗，

有僚风。悉住丛箐，悬虚构屋，号阁阑。

同书《山南西道四》卷一三六载：渝州（今四川巴县）风俗，

边蛮界乡村有獠户……俗构屋高树，谓之阁阑。

同书《岭南道五》卷一六一载：贺州（今广西贺县）风俗，

多构木巢，以避瘴气。……所居谓之栅。

同书《岭南道七》卷一六三载：窦州（今广东信宜县）风俗，

悉以高栏为居，号曰干栏。

同书《岭南道十三》卷一六九载：雷州（今广东海康县）风俗，

人杂夷獠，多居栅，以免时疫。

关于西原蛮与深广之民多居“干栏”的记载，以宋范成大与周去非所记为详。西原蛮，据《桂海虞衡志》(《文献通考·四裔考七》卷三三〇）载：

民居苫茅为两重棚，谓之麻栏。上以自处，下蓄牛豕。棚上编竹为栈，但有一牛皮为裀相席，牛豕之秽，升闻栈罅，习惯之。亦以其地多虎狼，不尔则人畜俱不安。深广民居亦多如此。

此记载可注意之处有二：一是首次别称“干栏”为“麻阑”；二是言明楼居之功能，上处人下蓄牛猪。周去非袭范成大之说。据《岭外代答·风土》卷四载：

深广之民，结栅以居，上设茅屋，下豢牛豕。栅上编竹为栈，不施椅桌床榻，唯有一牛皮为裀席，寝食于斯。牛豕之秽，升闻于栈罅之间，不可向迩，彼皆习惯，莫之闻也。考其所以然，盖地多虎狼，不如是，则人畜皆不得安，无乃上古巢居之意欤。

《岭外代答·蛮俗》卷十又载：

民编竹苫茅为两重，上以自处，下居鸡豚，谓之麻栏。

周去非指出麻栏为“上古巢居之意”，这是结论。

仡佬，如上述宋朱辅《溪蛮丛笑》载：其所居室宇，“皆去地数尺。”可证也属“干栏”建筑之范围。

黎族住“干栏”，始见于宋人记载。如《桂海虞衡志》(《文献通考·四裔考八》卷三三一）载：黎人，

居处架木两重，上以自居，下以畜牧。

宋赵汝适《诸蕃志》卷下也载：黎人，

屋宇以竹为棚，下居牧畜，人处其上。

两书所记相类；不同处为一说“架木”，一说“以竹为棚”。这是不同地区所用材料不一所致。此外，宋人还有关于黎人巢居、棚屋的记载，也应归入“干栏”一类。如《太平寰宇记·岭南道》卷一六九载：琼州生黎，

巢居洞深。

《岭外代答》卷二则载：黎人，

居处皆棚屋。

元代，傣族先民有此俗。如李京《云南志略》载：金齿百夷，

风土下湿上热，多起竹楼。

明代，记载益多。据载，僚、壮、仲家、侬、百夷、黎均行此俗。下面依族属分叙。

僚，据《炎徼纪闻》卷四载：

其俗，以其党沿习不一，好依深山，积木以居，名曰干栏。

邝露《赤雅》所载略同：

僚俗略与僮同，而嗜杀犹甚。其居无酋长，深山穷谷，积木以居，

名曰干栏。

另，明曹学佺《蜀中广记·边防纪六》卷三六，下川南道载：叙马泸道僚蛮，

依树积木以居其上，名曰杆栏。杆栏大小，随其家口之数。杆栏即夷之榔盘也，制略如楼，门由侧辟，构梯以上，即为祭所，余则以寝焉。

此记载可取之处在于：不是抄袭旧说，而是据作者亲历杆栏住所而记；证明明代川南和川西一带确仍有僚人居住。

壮，据田汝成《炎徼纪闻》卷四载：

僮人居舍，茅缉而不涂，衡板为阁，上以栖止，下畜牛羊猪犬，谓之麻栏。

壮丁，据《赤雅》载：

缉茅索绹，伐木驾楹，人栖其上，牛羊犬豕畜其下，谓之麻栏。子长娶妇，别栏而居。

壮丁，即壮人。又，明《徐霞客游记·粤西游日记三》载：崇祯时广西隆安，

土人俱架竹为栏，下畜牛豕，上爨与卧处之所托焉。架高五六尺，以巨竹捶开，径尺余，架与壁落俱用之。爨以方板三四尺铺竹架之中，置灰爇火，以块石支锅，而炊锅之上三四尺，悬一竹筐，日炙稻而舂。

此记载可贵之处在于：一为作者实地所见；二是不仅记录了“干栏”式建筑形式，而且描绘了“干栏”内的陈设，从而使人们对明末壮人日常生活一目了然。

仲家，据《炎徼纪闻》卷四载：仲家，

好为楼居。

仲家，为今布依族。此处所谓“楼居”，即指干栏式建筑而言。

侬，据明末清初顾炎武《天下郡国利病书·云南》载：

依人，其种在云南，习俗大略与僰夷同。其酋为侬智高裔，部夷亦自号侬。楼居无几凳，席地而坐，脱屦梯下而后登。

侬人，属壮人之一支。

关于百夷楼居的记载较多。如明钱古训《百夷传》：

贵贱悉构以草楼，无窗壁门户，时以花布障围四壁，以蔽风雨而已。

明李思聪《百夷传》：

公廨与民居无异，虽宣慰亦楼房数十而已。制甚鄙猥，以草覆之，无陶瓦之设，头目小民，皆以竹为楼。

明朱孟震《西南夷风土记》记百夷：

所居皆竹楼，人处楼上，畜产居下，苫盖皆茅茨。

此外,《徐霞客游记》载：云南腾越州，

架竹为巢，下畜牛豕，而上托爨卧，俨然与粤西无异。屈指自南丹去此，至今已阅十五月，乃复遇之西陲，其中数千里不见也。

腾越州治所在今腾冲县。此所记土民为傣族先民，即明代所称的百夷。从壮、傣“干栏”式建筑竟达到“无异”的地步，可见两族文化之相似乃尔。

黎人，据明顾岕《海槎余录》载：

凡深黎村，男女众多，必伐长木，两头搭屋各数间。上覆以草，中剖竹，下横上直，其下则虚焉，登陟必用梯，其俗呼曰栏房。遇晚，村中幼男女尽驱而上，听其自相谐偶。

明罗曰褧《咸宾录》载：黎人，

居处架木两重，上铺以草如楼，呼曰栏房。上以自居，下以畜牧。……遇晚，村中幼男女尽驱而上，听其自相谐偶。

这说明：明代关于黎人栏房之制的记载，较宋代为详，栏房也可用作未婚青年男女谈情说爱的场所，即今之所谓“寮房”。

至清代，记载日繁。下面列举壮、侬、沙、僚、仡佬、瑶、黎、高山、黑苗诸族有“干栏”之俗的记载。

壮人，史载尤多。如闵叙《粤述》载：壮，

> 屋室缉茅衡板，上以栖止，下畜牛羊猪犬，谓之麻栏子。

屈大均《广东新语·人语》，峯人条载：

> 僮惟粤西多有之。自荔浦至平南，僮与民杂居不可辨，大抵屋居者民，栏居者僮。栏，架木为之，上以栖人，下以栖群畜，多栏房，亦曰高栏，曰麻栏子。

屈大均把屋居与栏居作为识别汉、壮的方法，可见壮人的居住方式是独特的。据陆次云《峒豁纤志》载：

> 僮人之室，缉茅衡板，下畜牛羊，谓之麻阑。

此记载，袭自《炎徼纪闻》，其迹颇显。据赵翼《檐曝杂记》卷三载：镇安多虎，

> 居人常于栏房上见之。

广西镇安为壮族聚居地。从此也可见，建栏房以避猛兽的必要性。又，据李调元《南越笔记》卷七，峯人条载：

> 越东多瑶而无僮，僮惟越西多有之。自荔浦至平南，僮与民杂居不可辨，大抵屋居者民，栏居者僮。栏架木为之，上以栖人，下以栏群畜，名栏房，亦曰高栏，曰麻栏子。

《南越笔记》多取材《广东新语》，此段记载也是从《广东新语》中搬过来的。还有，诸匡鼎《瑶僮传》载：壮，

> 居室缉茅而不涂，衡板为阁，上以栖止，下畜牛羊猪犬，谓之麻栏。

此记载，也抄自旧说。

侬人与沙人 据徐炯《使滇杂记》载：

> 广南侬人、沙人，男女同事犁锄，搆楼为居。

又，清乾隆时人所作《御制外苗图》也载：

> 侬人，深山楼居，无几案，脱履而后登楼，不席坐，食犬鼠。广西州属有之。

侬人、沙人均为壮人之一支。

僚人 据桂馥《黔南苗蛮图说》第七十七种，楼居蛮条载：

> 楼居蛮，本蜀涪州南平蛮之后。陈末，其渠师有甯氏者，生有猛力，为宁越太守。……宋熙宁中，讨平之，以其地隶州，建南平军。其族属逃窜黔中，与苗人杂处，因好楼居，人呼为楼居蛮。

可见，楼居蛮乃迁入贵州的南平僚之后裔。又，檀萃《说蛮》载：

> 僚俗略同僮，而嗜杀尤甚。居无首长，深山穷谷，积木以居，名曰干栏。

《说蛮》一书多摘抄他书而成。此中所记，除个别字外，也与《赤雅》同。

仡佬族 据《峒谿纤志》载：

> 仡佬谓席地而居，则近鬼矣。为屋宇必去地数尺，架以巨木，上覆杉叶，有如羊栅，故名羊栖。

此段文字，当系从《溪蛮丛笺》脱胎而来。因“羊栖”“去地数尺”，故这一建筑形式也可归入“干栏”式的范畴。

瑶人 据闵叙《粤述》载：

> 瑶人住屋，似楼而非楼，盖茅作两层，内架以竹或版，人居其上，则猪圈牛栏，皆在卧榻之下矣。按，《说文》家字，门下从豕，可会此义；

不然，则家从豕，既非谐声，从何会意乎？

关于瑶人居“干栏”的记载较少见。但，据《蛮书》清四库馆臣按云：《后汉书·南蛮西南夷列传》帝女配盘瓠，“帝赐以南山，仍起高栏为居止之。其后滋蔓，自为一国”。今本《后汉书·南蛮西南夷列传》无“起高栏”之说。如四库馆臣有所据的话，则瑶族有“干栏”式建筑可溯源于其祖盘瓠传说时代，则其源尚矣。

黎人 据《广东新语》卷七，黎人条载：

熟岐稍驯善，其巢居火种者为干脚岐，与熟黎同俗。

檀萃《说蛮》有与此相同记载，当本此。可见，清初黎人之一支干脚岐仍有巢居之俗。清《古今图书集成·职方典》卷一三九一，引《方舆志》：黎，

结茅为屋如覆盒状，上居人，下居畜。

又引《旧志》：

茅屋檐垂地，开门屋山头内，为水栈居之。离地三尺，下养羊豕之类。

张庆长《黎岐纪闻》详记黎“干栏”式建筑，已见上述。

高山族 也有“巢栖”之说。如清徐怀祖《台湾随笔》载：

台湾山甚高，亦多平原可耕艺。周围五十里，自有土番居之，多巢栖而不火食者，无所求于中国。

黑苗 因居“干栏”式建筑而被称为“楼居黑苗”。据李宗昉《黔记》载：八寨丹江楼居黑苗，

爱居高楼。……爱养牲畜，人居楼上，畜养楼下。

黑苗的“马郎房”也属“干栏”类。据贝青乔《苗俗记》称：

女子年十三四，构竹楼野外处之，苗童聚歌其上……黑苗谓之马郎房，僮人谓之麻栏，僚人谓之干栏。

此马郎房也有称作阑房者。据徐珂《清稗类钞》第五册，风俗类载：

> 辰州苗人所居之村，必设一楼，梯而登之，曰阑房。至夕，村中幼男女尽驻其上，听其自相谐偶。

可见，黑苗之马郎房、辰州苗人之阑房与黎人之栏房，从建筑结构至供男女青年聚会的功能，均极类似。

综上所述，我们可以得出如下结论：

一是“干栏”之名。最早见于《魏书·僚传》，作“干阑”。其后，有称作“干栏”“杆栏”“高栏”“槅栏”“阁栏”“麻阑”“麻栏”者。而上述“巢居”“楼居”“竹楼”“栏房”“栅居”“栅屋”黑苗之“马郎房”、僚之“榔盘”、仡佬之“羊栖”，也属此列。至于“干栏”之得名，一说是因“上音干下音阑”所致。

二是“干栏”之分布。遍及长江以南广大地区，包括两湖、云、贵、川、两广、海南、台湾以及浙、闽一带。以族别而言，计有：“安家民”“南越”“僚”“俚”“南平僚”“东谢蛮”“裸形蛮”“西原蛮”“深广民”“仡佬”“黎”“僮”“侬”“沙”“百夷”“楼居蛮”“瑶”台湾“土番”“黑苗”等。概言之，主要为百越系统民族，但也包含一些非百越系统之族。因此，“干栏”，既可说是百越文化的一种特点，也可说是区域文化的一种表现。因为，这是在南方地理环境基础上历史地形成的。

三是“干栏”的形成发展与特点。由于南北自然与地理条件的差异性，我国的原始住所朝着两个不同方向发展，即所谓“南方人巢居，北方人穴处”。所谓巢居，即“依树为层巢而居”“构木巢”“构屋高树”。“干栏”就是在巢居的基础上发展而来的。文献记载最早的“干栏”，即“依树积木，以居其上”，显系从原始巢居脱胎而来。其后，才发展成在木柱上建房，出现“悬虚构屋”“居处架木两重”或“架竹为栏”的形式。这种竹、木结构房子的主要特点是：“上以自处，下畜牛豕”“下居牧畜，人处其上”“人居楼上，畜养楼下”。

四是“干栏”的起因与作用。我国南方气候酷热、山多林密、多雨潮湿、猛兽蛇蝎蚊虫繁多。为适应这种恶劣的生存环境，南方民族先民利用竹木繁多的有利自然条件，发明了独特的“干栏”式建筑。上述诸籍在谈及“干栏”兴起之因时写道：“土气多瘴疠，山有毒草及沙虱蝮蛇”“防禽兽”“以避瘴气”“以免时郁”“其地多虎狼，不尔则人畜俱不安”。这是符合历史事实的。明陈继儒《虎荟》卷三载：费

州蛮境，多虎暴，“俗皆楼居以避之”。其说可信。至于把仡佬建“干栏”式建筑说是因“鬼禁”“仡佬谓席地而居，则近鬼矣”而起，这种归之于鬼神迷信思想的说法，显然是后来之事，并非始缘。

第十三章　婚　姻

在母系氏族社会中，实行的是族外群婚制。按照这一制度，本氏族的兄弟与结为通婚集团的对方氏族的姊妹为婚，把他们作为共同的妻子；而对方氏族的兄弟则与本氏族的姊妹为婚，成为他们的共同丈夫。这种家庭组织对兄弟姊妹间互为夫妻的血缘家庭说来，无疑是一个历史的进步。

这种族外群婚制，在我国历史上，早已消失。但是，在我国古代南方少数民族的习俗中，尚保留有不少这一原始婚姻制的残迹。归结起来，似有下列种种表现形式。

一、姊妹共夫的痕迹

恩格斯《家庭、私有制和国家的起源》有此说法：

> 在北美的四十个部落中，同长姊结婚的男子有权把她的达到一定年龄的妹妹也娶为妻子——这是一整群姊妹共夫的遗风。[①]

在我国南方诸民族中，这种姊妹共夫的典型现象，虽难发现，但其痕迹却是颇为明显的。

据清陈鼎《滇黔土司婚礼记》载：滇、黔土司中的宋家、蔡家、罗家、龙家长官，

> 嫁嫡长女为嫡长妇，必一媵八人。古诸侯一娶九女之遗意也。然所媵，或养同姓或选良家或庶产，嫡女则不能矣。

古代所谓“一娶九女”，当系长姊出嫁，诸妹从嫁之意。滇、黔土司婚礼所不同的，只是陪嫁之人不再是亲姊妹，而采用同姓、良家或旁系子女来代替罢了。陈鼎还以亲身经历说明此事，他当时与滇、黔土司的长女结婚，

① 中共中央马克思恩格斯列宁斯大林著作编译局：《马克思恩格斯选集》，第45页，北京，人民出版社，1972。

从嫁八媵，半属宗人，半选良家，大都其家臣之女也。其齿以内子居中，上而递长至四龄止，下而递幼至四龄止，盖亦周制也。服饰皆同，惟内子多一金项环，而钏则起金花样也，他皆素金为之。

这些人年龄相当、服饰相仿，难怪陈鼎会因“不能辨”而闹出妻妾不分的笑话来。这中间，妻妾为一群姊妹之意，是十分清楚的。由此，还可得出这样一个结论：即使传为滇、黔土司婚礼所依据之周礼，也并不是如历代儒家信徒想象中的那么神圣，而是夹杂着原始婚姻制度在其中的。

一群女伴陪送嫁女，也可视作姊妹共夫习俗的变种。如宋周去非《岭外代答·风土》载：

岭南嫁女之夕，新人盛饰庙坐，女伴亦盛饰夹辅之，迭相歌代。

岭南此风，相沿不衰，直至近代“蛮人送亲，必用极多妇女”（《岭表纪蛮》）。又，据清李宗昉《黔记》载：清代贵州黎平府之六洞夷人（今侗族）：

嫁娶之日，邻近女子执蓝布伞往送，名曰送亲。连袂歌舞至男家，饮唱三昼夜。

乾隆《独山州志·苗蛮》载：布依族先民，嫁时，新妇徒步，

送亲幼妇成群。

刘介《苗荒小记》载：苗人，

妇于归，女伴送者数十八，富家巨室，或至数百人，妇与女伴皆步行。

显然，这种众多女伴送亲，以及新婚之夕女伴“迭相歌代”的盛况，正是在远古族外群婚制影响下而形成的。

了解了滇、黔土司婚礼制和岭南、侗族、布依族、苗族的女伴送亲制以后，对我国古籍上关于侄娣从嫁的记载就不难理解了。

据《诗·大雅·韩》载：

诸娣从之，祁祁如云，韩侯顾之，烂其盈门。

古以女子同嫁一夫，长为姒，稚为娣，故《尔雅·释亲》注：娣姒，“同出，谓俱嫁事一夫”。

据《公羊传·庄公十九年》载：

诸侯娶一国，则二国往媵之，以侄娣从。侄者何？兄之子也；娣者何，女弟也。

媵制始于何时，尚难定论，但周代已行此制无疑。在媵制中，“侄从”为不同辈分之通婚，疑为后起之制，由“娣从”演变而来。

据《礼记·曲礼下》载：

大夫不名世臣、侄、娣。

孔颖达疏云：“侄是妻之兄女，娣是妻之妹，从妻来为妾也。”

据《汉书·杜钦传》载：

娣侄虽缺不复补。

师古注：“媵女之内，兄弟之子，则谓之侄，己之女弟，则谓之娣。”

上述材料说明：所谓侄娣，系指跟随女子出嫁给同丈夫的侄女和妹妹。这和恩格斯谈及的北美一些部落同长姊结婚的男子有权娶其妹之俗，如同出一辙。可见，始为母系氏族社会的族外群婚，一变而为古代中原地区的侄娣同出和其后滇、黔土司的以家臣之女为媵，再流为南方民族地区的女伴送亲制。其间的渊源、因袭与演变关系是脉络分明的。

二、“世为姻好”

实行族外群婚制，势必在某些氏族之间形成长期的、固定的婚姻关系。我国文献中所说的“世为姻好”，即这种通婚集团之间关系的恰当描述。此俗，在我国南方民族中也有所反映。

据《滇黔土司婚礼记》载：苗族中的宋家、蔡家、罗家、龙家之间，

四家世为姻好。

据清顾彩《容美纪游》载：鄂西容美土司与湘西保靖土司，

祖宗以来世为姻好。

据光绪续补《长乐县志》卷十三载：容美土司田氏与五峰土司张氏，

世为姻娅。

据《岭表纪蛮》载：广西西隆南笼山间之蛮族，

其结婚法：甲村之女性，完全给与乙村之男性作配；乙村于甲村亦然。在此种条件之下，如遇外侮，则男女皆加入战团，其结合之能力，比任何团体为坚固。故此种婚姻，实含有两重意义——对内则为生殖——对外则为抵抗或掠取。

这种通婚集团之间的婚姻关系，也可从古籍关于亲属称谓的记载中，得到曲折的反映。如《尔雅·释亲》云：

男子谓姊妹之子为“出”，女子谓晜弟之子为“侄”；谓出之子为“离”孙，谓侄之子为“归孙”。

出者，嫁也，因姊妹之子必须从本氏族“嫁”到对方氏族，故称之为“出”。侄者，至也，因兄弟“嫁”到对方氏族与其女子所生之子，又必须“嫁”回本氏族，故称之为“侄”。出之子以辈分论为孙，但因其不生于本氏族，故称之为“离孙”。侄之子则生于本氏族，故称之为“归孙”。

三、“兄弟死则妻其妻”

族外群婚制，意味着通婚集团之间的兄弟姊妹间相互为夫妻。所以，作为其遗习的表现形式，除了姊妹共夫这一面外，尚有兄弟共妻的另一面。关于后者，据清赵翼说，甘肃存有此风。他在《檐曝杂记》卷四，甘省陋俗条写道：

有兄弟数人合娶一妻者，或轮夕而宿，或白昼有事，辄悬一裙于房门，则知回避。生子则长者与兄，以次及诸弟云。

兄弟同妻之俗，多流行于我国西北诸族，如《周书·异域传》《隋书·西域传》等均有记述。因非本书论述范围，故从略。

虽然，兄弟共妻的现象，在南方诸族中已属罕见。但兄弟死则妻其妻的做法，却不乏记载。此俗，从本源上说，也属于兄弟共妻的范畴。如：

宋洪迈《容斋四笔》卷十六载：渠阳（今湖南靖县）蛮俗，

凡婚姻，兄死弟继。

清余庆远《维西见闻纪》载：巴苴（今普米族），

惟兄弟死，嫂及弟妇归于一人。

清檀萃《滇海虞衡志·志蛮》载：黑罗罗（今彝族），

其婚姻犹诸夷，兄死妻嫂，尝有一妇而逆为四五人之妻者。

清曹树翘《滇南杂志》载：永昌诸夷中的阿昌，

兄死弟妻，皆同各夷。

可见，南方民族地区从宋至清代曾有过兄死弟妻之制。

此外，据《檐曝杂记》卷四载：甘肃地区也是，

兄死妻嫂，弟死妻其妇，比比皆是。

更有甚者，为父死妻母。如《滇海虞衡志·志蛮》载：阿昌，

归俗，父兄死则妻其母嫂。

《滇南杂志》也有相同记载。此中之“母”，究竟是生母还是庶母，这里没有明言。若指生母，似难理解，因为以母为妻，是人类最早时期即处于杂乱的性交阶段才存

在的。又，据明田汝成《炎徼纪闻》卷四载：罗罗，

父死取其后母，兄弟死则妻其妻。

清毛奇龄《蛮司合志》卷二也载：乌罗，

父兄弟死，则收其后母而妻其妻。

由此可以断定，阿昌的娶母之俗当与罗罗同，即指后母而言。由于实行的是整个集团的互婚，对方集团的每个女子都可以成为本集团男人的妻子，后母当然也不例外。故以后母为妻，也可视作族外群婚制遗风之一种表现形式。

此俗最早的记载，见《史记·匈奴列传》：

父死，妻其后母；兄弟死，皆取其妻妻之。

可见，南北民族均有此俗。其流行，殆与游牧经济有关。

四、俗尚赘婿

在母权制社会中，因本氏族的男子，都“出嫁”于外氏族，而本氏族的女子，则“招赘”于外氏族。我国南方民族如苗、瑶，壮、侗、黎、高山、彝等，都存在崇俗赘婿之俗，此乃族外群婚制残习之表现。

如果用父权制的尺度来衡量，则赘婿制颠倒了男女之间的关系，即妇女易为“夫”，男子反为“妻”。这种男女地位的变化，主要表现为如下几方面的特征。

一是重女轻男观念。以清代台湾高山族为例，据林谦光《台湾纪略·风俗》载：

俗重生女，不重生男；男则出赘于人，女则纳婿于家。

据六十七《番社采风图考》引裸人《丛笑篇》载：

生男赘妇老而独，但知生女耀门楣。

据龚柴《台湾府志》载：

生番婚姻男往女家，如中国赘婿然，故父母期生女不重生男。

可见，由于“男则出赘于人”，成为非本家庭的成员，故形成父母无人赡养的“老而独”状况，而“女则纳婿于家”，不仅女儿不用出嫁，且可使女婿也成为本家族的一员，这就是“生女耀门楣”之意。这样，重女轻男的社会意识，也就应运而生。谁能料到，白居易《长恨歌》中的“致令天下父母心，不重生男重生女”的带有忿恨情绪的讽喻诗句，竟成了清代台湾高山族社会的现实写照。

二是以女方计算世系。清郁永和《裨海纪游》对此写道：

番重生女，赘婿于家。生男出赘，谓之无赚。盖以女配男，承接宗支也。

（妇女）无子买女亦称媳妇，媳妇再买之女曰孙媳妇。每见丧家，门首标亡故几代大母，盖以所买之媳妇称呼，并非子孙，甚至六七代八九代不为怪也。

又，清傅恒《皇清职贡图》卷三，台湾县大杰岭等社熟番条载：

男女相悦即野合，《府志》称，各社终身依妇以处，赘婿即为子孙。

所谓“以女配男承接宗支”“以所买之媳妇”而“非子孙”来称呼亡故之人，“赘婿即为子孙”，均是女权制社会以女方计算世系的反映。与此相反，对于男方世系的记忆，则日趋淡薄甚被遗忘。如《裨海纪游》载：

就妇室婚，终身依妇以处。盖皆以门楣绍瓜瓞，父母不得有子，故一再世而孙且不识其祖矣。

既然“父母不得有子”，故孙不识祖是不足为奇的。以女方来计算世系的必然结果，是赘婿改称女姓。如《岭表纪蛮》载：

蛮俗尚赘婿，婿改从女姓，故女多者，一家竟有多数不同姓氏之男子，以共营生活。

即属此例。

三是女袭祖产。据张其昀《中国民族志》载：苗族之俗，

女袭祖产，男为赘婿。

由于男子入赘于女家，故女子是家主和财产的继承人。反之，由于女子拥有财产权，又促使招夫之习盛行。如《滇海虞衡志·志蛮》载：黑罗罗，

妇拥夫赀，不欲他嫁，则招夫，谓之上门，能专制所有，亲族不得过问。

又，据《岭表纪蛮》载：

赘婿之俗，苗侗亦有之，但不能承受其父母之遗产，若赘于孀妇，赘婿并须先“砍木刻”，授其未婚之妻，承认养蓄其前夫父母子女之责任，此等手续具备后，始得与妇同居。

可见，赘婿不仅没有财产继承权；若入赘于寡妇，还须具有创造财富的义务，以担负赡养前夫的父母子女之责。

四是赘婿地位低下。与赘婿制相联的“男卑女尊”的现象极其严重。据载：大藤瑶中寨瑶，

“女夫”对“男妻”，需给予三十元之聘金；同时并致槟榔、酒米等物。与男子聘于女子之办法，殆无少异，不过略减其金额之数量而已。

与夫权制相反，这里是用聘礼的形式，将“男妻”作为货物一样购买过来，随之而来的后果是他在家庭中受“女夫”支配的无权状态。既然如此，赘婿的去留问题也就完全取决于女方。

有时，妇并得以单方意见，向赘夫宣告脱离，其夫虽负屈，顾亦甘心忍受，而莫敢谁何。其事态，与从前男子黜妻无异。

以上引文均出自《岭表纪蛮》。这种情况，与恩格斯引用的易洛魁人的有关材料十分相似。据《家庭、私有制和国家的起源》载：女方在家中支配一切，不管丈夫或情人，

在家里有多少子女或占有多少财产，仍然要随时听候命令，收拾行李，准备滚蛋。对于这个命令，他甚至不敢有反抗的企图。

这并非偶合，而是由赘婿地位所带来的必然结果。和赘婿家庭地位低微相适应的是其社会地位卑贱。这在中国也是自古而然。秦始皇曾把赘婿与囚徒一起谪至岭南（《史记·秦始皇列传》），汉武帝发天下七科出谪朔方，也包括赘婿（《汉书·武帝纪》），均是例证。

此外，还需附及的是，由于赘婿既可作劳动力来使用，又可因此扩大本族成员，故有的南方少数民族往往允许汉族男子入赘。而汉族男子又因为谋求生活出路或其他原因而进入民族地区，也愿意在当地入赘定居。传说，苗族中的车寨苗、白儿子，苗姓中的杨、施、彭、张、洪诸姓，以血统而论就是苗、汉混合的产物。如《黔记》载：古州之车寨苗，

此种乃为马三宝之兵失落六百名，聚此赘苗家，故有六百户之称。

白儿子在威宁及滇省有之，各有宗族。男子多汉人风，女子犹苗俗。汉人多赘苗女为家，生子后仍归汉者，故名白儿子也。

又，《苗防备览·风俗上》载：“苗姓，吴、龙、石、麻、廖五姓为真苗，其杨、施、彭、张、洪诸姓乃外民入赘，习其俗久，遂成族类。”汉人入赘的结果，竟致形成苗族中的某些分支或族姓，可证此风之盛。至于寡妇从汉人中招夫，也不乏见。据清张心泰《粤游小志》载：广西，

土州寡妇曰鬼妻，土人弗妻也。粤东估客，多往赘焉。

上述记载，虽不可尽信，但作为反映不同民族间存在招赘这一客观历史事实的材料来看待，则是可取的。这种不同民族的招赘，有利于民族间的相互融合。

其实，南方民族中的赘婿制，早在秦以前即已存在。如秦始皇出巡至古代越人的聚居地——会稽山上刻石纪功时，就曾禁止越人的这种婚姻形式。其中云：

有子而嫁，倍死不贞，防隔内外，禁止淫佚，男女絜诚。夫为寄豭，杀之无罪。

以上引文，出自《史记·秦始皇本纪》。豭，意为牡猪，是对招夫妇女之污称，寄豭，即男就女居者。秦始皇规定用极刑处置被视作“淫佚”之最的“寄豭”一事，表明秦时越地仍盛行此俗。又，三国时，台湾的山夷也行赘婿制。据三国吴人沈莹《临海水土志》(《太平御览》卷七八〇）载：山夷，

甲家有女，乙家有男，仍委父母，往就之后，与作夫妻，同牢而食。

意为乙家之男往甲家之女而居。这表明，南方民族中之赘婿制，除了有其社会根源外，也是有其历史根源的。

五、“不落夫家”

摩尔根《古代社会》、恩格斯《家庭、私有制和国家的起源》等涉及原始婚姻制的主要著作中，均未载有这种婚姻形式；而它却异常普遍地存在于我国南方诸族中。因此，此俗对研究古代社会的婚姻形式，有着特殊的意义。

所谓“不落夫家”，指女子结婚后即返回母家居住较长的一段时间，一般多在生子后，始归夫家。此俗，以女就男居而论，与父权制下的婚姻形式相一致；但就婚后相当一段时间内女子仍住在母家。且这一时期她仍可以过着相对自由的性生活而言，则又十分明显地打上了母权制下婚姻形式的烙印。故笔者以为，“不落夫家”可视为从母权制向父权制过渡时期，在婚姻形式上表现出来的遗习。

史籍关于南方诸族中“不落夫家”的记载，是颇为丰繁的，下面择其要者而依族分述之。

苗族　据清方亨咸《苗俗纪闻》载：

婚后不同寝处，唯私媾。俟孕而乳，始同焉。

清陈鼎《黔游记》载：苗俗，

必生子，然后归夫家。惟红苗为甚。

康熙《贵州通志》卷三〇载：花苗在新贵县、广顺州，

必生子，然后归夫家。

清田雯《黔志》卷一载花苗俗同。又，清爱必达《黔南识略》卷一载：花苗，

女嫁数日即回母家，生子然后归，曰坐家。

清傅恒《皇清职贡图》卷八，贵阳大定等处花苗条载：

生子，乃归夫家。

清檀萃《说蛮》载：新贵、广顺之花苗，

生子，然后归婿家。

清李宗昉《黔记》载：天柱县之西溪苗，

生子后，以牛过聘焉。

同书又载：都匀府之八寨黑苗，

出嫁三日，即归母家，或一年半载，外氏向婿索头钱，倘婿无力措及，则将女改适。有婿、女皆死者，向其子索之，名曰鬼头钱。

清吴振棫《黔语》卷下载：

花苗，女嫁数日，即至母家，生子然后归，谓之坐家。

清贝青乔《苗俗记》载：女许有家后，

有子始告聘夫，延师巫结花楼祀圣母，圣母者女娲氏也。亲族男妇歌饮二日，名曰作星。

始归夫家。《贵州苗民概况》载：

苗民新婚不同宿，三日后即与送亲者回娘家。此后，女子时往夫家。直至生育后，始正式当家，执行主妇事务。

以上记载表明，不同称谓的苗族均有此俗。

壮族 据明邝露《赤雅》，丁妇条下载：

> 娶日，其女即还母家，与邻女作处，闲于其夫野合，有身乃替告其夫，作栏以待生子，始称为妇也。

丁妇为壮妇之称。又，清闵叙《粤述》、清屈大均《广东新语·人语·瑶人》所载壮婚与上同，当系袭《赤雅》之说。清陆祚蕃《粤西偶记》，俍人（壮人之一支）条下载：

> 婚之日，迎亲送女络绎于道，歌声振林木。女至夫家合卺，丈夫用拳击女背者三，女乃用所赠扁担即汲水至瓮中，旋回母家，不与丈夫相见。另招男子曰野郎，即与父母同居。觉有妊，乃密告其夫作拦，遂弃野郎而归夫家，偕老焉。

清诸匡鼎《瑶僮传》载壮俗与此同，当本此。又，《黔南识略》卷四载：侬家苗（今壮族的一支）：

> 迎娶之夕，其女即返母家，仲家亦然，至今俗渐革矣。

此外，壮族中还有“入寮”之习。据宋范成大《桂海虞衡志》，西原蛮条（《文献通考》卷三三〇）载：峒官之家，

> 婿来就亲，女家于五里外结草屋百余间与居，谓之入寮。两家各以鼓乐迎男女至寮，女婢妾百余，婿僮仆至数百。成礼之夕，两家各盛兵为备，小有言，则兵刃相接。成婚后，婿常袖刃，妻之婢妾忤意，即手杀之。自入寮能多杀婢妾，则妻党畏之，否则谓之懦。半年而后归夫家。

宋周去非《岭外代答》、明田汝成《炎徼纪闻》卷四、明代邝露《赤雅》、清屈大均《广东新语·人语·瑶人》、李调元《南越笔记》卷七、清檀萃《说蛮》诸籍，均有相类记载，应本于此，故不再列举。男方用武力“逞英雄”（《岭外代答》卷十）以制服女方一事，生动地反映了母权制婚姻形式的衰落与父权制婚姻形式的确立之激烈斗争过程。而从新婚夫妇需在女家附近搭置的草屋住上半年以后始归夫家的习俗中，仍可

清楚地看到母权制婚姻形式的影响。故笔者以为，“入寮”仍可视为“不落夫家”之另一表现形式。

侗族 据《黔记》卷三载：黎平府县之六洞夷人，在女嫁三日之后，送亲之人，

携新妇同归母家。新郎每夜潜入妇家与妇同宿。及生子后，方过聘而归夫家。

“洞夷”为侗族在历史上的别称。又，今贵州黎平县，属黔东南苗族侗族自治州，且与湖南通道侗族自治县、广西三江侗族自治县相邻。故从称谓上与地域上，均可证六洞夷为今侗族无疑。另，笔者曾于1964年赴广西三江侗族自治县调查，发现直至那时该族仍持有“不落夫家”之习。

仫佬族 据康熙《贵州通志·蛮僚》卷三〇载：木老，

初娶分寝，既生子然后同处。

木老，即今仫佬族。《说蛮》有相同记载，当本此。又，清人《黔苗图说》载：伶家苗（仫佬族先民），

生子后，方归夫家，名曰回家。未生子，终不成家。

布依族、仡佬族、彝族 据《滇黔土司婚礼记》载：“仲家、牯羊苗、黄毛犵佬、白倮倮、黑倮倮五种苗。”以跳月为婚，

既成，则男就于女，必生子然后归夫家。

又，《檐曝杂记》也谈及，倮女婚后多年，“夫妻始同处”。仲家为今布依族，犵佬为今仡佬族，白、黑倮倮为今彝族。可见，此三族也有“生子然后归夫家”之俗。

黎族 据中南民族学院编印的《海南黎族情况调查》一书说：该族普遍存在“不落夫家”之俗，在举行婚礼后，新娘便跟她的母亲返家。等到男家做好新的房子或女子能做工以后，才返男家居住。

据李心衡《金川琐记》载，清代金川蛮族（指该地藏族），娶之日，亲戚邻里散去后，

新妇亦飘然矣。自此往来不常，食宿无定。迨生有子女，然后依栖

夫家。

杨仲华《西康概况》说：

西康蛮人，出嫁后，仍还母家，居一年半载，始与夫同居。

“不落夫家”习俗的出现，是有其社会历史根源的。笔者以为如下两个因素起着重要作用：

一是经济原因。女子由招夫改为出嫁，对娘家来说，意味着陡然失去了两个强壮劳动力。为了在经济上求得补偿，一方面，要求女儿婚后回娘家继续参加一段时间的劳动。另一方面，在这期间仍向男方索取聘礼以为酬答，上述“外氏向婿索头钱”或在“生子后，以牛过聘”，即属此例。

二是历史原因。由群婚制改为一夫一妻制，从婚姻形式说来意味着一个大的转变，而长期形成的旧的传统习惯在人们的头脑中是不会立即消失的。这样，就出现了允许双方在婚后仍有一段时间（“不落夫家”时期）过相对自由的性生活之特定现象。这类记述不少，其中以赵翼的描写最富代表性。据《檐曝杂记》卷三，边郡风俗条在谈及粤西土民、滇黔苗倮风俗时写道：

凡男女私相结，谓之拜同年，又谓之做后生，多在未嫁娶以前。谓嫁娶，生子则须作苦成家，不复可为此游戏。是以其俗成婚虽早，然初婚时例不同宿。婚夕，其女即拜一邻妪为乾娘与之同寝，三日内为翁姑挑水数担，即归母家。其后，虽亦时至夫家，仍不同寝，恐生子则不能做后生也。大抵廿四五岁以前，皆系做后生之时，女既出拜男同年，男亦出拜女同年。至廿四五以后，则嬉游之性已退，愿成家室，于是夫妻始同处。

这表明，“不落夫家”之因，是恐生子后不能再过“嬉游”的“做后生”生活。这也可为调查材料所证实。据《海南黎族情况调查》说，黎俗“结婚以后就回娘家，直到能够参加劳动生产或怀孕才回家。在回夫家之前，她们去‘略亚’是不受限制的，而去‘略亚’的大部分是已婚男女，纵使是与丈夫感情好的也不会例外”。

“略亚”为黎语，意指男女青年在栏房谈情说爱一类的活动。这里需强调指

出的是，去“略亚”的人以已婚而未共同生活的男女居多。综观文献与调查材料，可以得出如下结论：在“不落夫家”期间，男女之事并无严加限制。而在夫妻同处后，则是加以禁止的。有的民族，甚至对有越轨行为的妇女用“杀死”加以制裁。又，据赵翼说，他曾用行政命令的办法禁行“不落夫家”之俗而未遂。他在《檐曝杂记》卷三写道：

余在镇安欲革此俗，下令凡婚者不许异寝，镇民闻之，皆笑以为此事非太守所当与闻也。

此事说明，当地居民以为此俗是不足为怪的正常事情。以上材料均表明：“不落夫家”是有其根深蒂固的社会意识根源的。

六、“姑家之女，必字舅氏”

在我国南方诸族中，存在一种“姑家之女，必字舅氏”的习俗。其主要记载有：

苗族 据清方亨咸《苗俗纪闻》载：苗俗，

父母不受聘，聘归舅氏，云还娘钱。如女多，以一婚舅家，舅则不复取聘矣。

清爱必达《黔南识略》卷十一载：清平县，

黑苗婚姻，姑之女定为舅媳。若舅无子，必重献于舅，谓之外甥钱，又名还种。否则，终身不能嫁。

《黔语》卷下，所载略同，当本此。

同书卷二一又载：

婚姻多不避同姓。姑家养女，定为舅媳。否，乃卜他族。

清傅恒《皇清职贡图》卷四，罗城县苗人条载：

娶妇生子，则送归母家，谓之一女来一女往。

《苗防备览•风俗下》卷九载：贵州思州府地苗人，

> 姑家之女，必字舅氏。不论男女长幼，名曰酬婚。否则，讼斗纷起。

《黔记》载：古州爷头苗，

> 姑之女必适舅之子，聘礼不能措则取偿于子孙。倘外氏无相当子孙，抑或无子，姑有女必重赂于舅，谓之外甥钱，其女方许别配。若无钱赂于舅家者，终身不敢嫁也。

《贵州苗民概况》载：

> 女家所得之礼物（指彩礼），必分给舅家；盖苗民习俗，姑之女须嫁与舅之子，否则须给以金钱，名曰“娘头钱”。

此俗，也为调查材料所证实。如凌纯声、芮逸夫《湘西苗族调查报告》载：“贵州清江黑苗，婚姻习俗，以姑之女必定为舅媳。倘舅无子，必重献银钱于舅，无则终身不得嫁。”

需要指出的是，苗族姑舅表婚来由颇古。早在宋代，湖南渠阳蛮俗，“姑舅之婚，他人取之，必贿舅家；否则争，甚则仇杀”（《容斋四笔》卷十六）可证。

瑶族　据《岭表纪蛮》载：

> 凌云（旧泗城府）一带之红瑶，又有一种奇俗；即女子结婚之权，完全操于舅父之手。舅父允诺，婿家即以铜钱十吊或五十吊送至舅家，舅家亦备相当礼物，赠女出嫁。否则此女无论如何美慧，终身不得嫁人。又该族中表为婚，十居八九。其表兄弟于其表姊妹之占据，实具有优先之权力。

布依族　据《黔南识略》卷十一载：荔波县仲家（今布依族），

> 娶必求姑之女，名曰要回。

侗族　据康熙《贵州通志•蛮僚》卷三〇载：阳洞罗汉苗，

婚姻先外家，不，则卜他族。

古文献往往称居于湘、黔、桂边区的侗族先民为“洞（峒）人”“洞蛮”“洞苗”。故可定阳洞苗属侗族。又，清陆次云《峒谿纤志》载：粤西峒人，

生女还之母家，曰一女来一女去。

这里所谓“母家”，也就是“舅家”。“生女还之母家”与“姑家之女，必字舅家”，其意思完全相同，不过表述的方式有别而已。《黔南识略》卷二一载：黎平府阳洞罗汉苗，

婚姻多不避同姓。姑家养女定为舅媳。否，乃卜他族。

此俗至近代犹存。据《岭表纪蛮》载：

贵州黎平侗人，亦有此等俗例。予曾客于鸡拉寨之伍姓家，其子年十三，身短貌寝，其妹有女，长于其子五岁，体态甚丰硕。妹欲嫁其女，使人问伍留为媳否，伍以询子，子答愿迎为妇，此女竟不能他适，而长伴拙夫眠矣。

彝族 据明隆庆《云南通志·羁縻》卷十六，爨蛮风俗条载：

嫁娶尚舅家，无可配者，方可别婚。

清顾炎武《天下郡国利病书·云南》《滇南杂志》也有相类记载。
明清之际的爨蛮，即今彝族。

土人 《天下郡国利病书·云南》记武定府境土人，

姻亲多在姑舅间。

舅权的产生，并非偶然。究其原因，不外有二：一是由于母系氏族社会实行族外群婚制，其结果是子女只知其母而不知其父。而作为其母的兄弟即舅父的身份是明确的，加之舅父与母亲又原出于同一氏族。这样，舅父就直接负有抚养和教育外甥的责任，实际上起着父亲的作用。舅权就是这样形成的。从上述关于女子的嫁娶

之权完全操于舅父之手，甚至连嫁礼的筹办和聘礼的收受，均由舅父包揽的材料中，可见舅权之大。舅权，不仅在南方民族的习俗中，而且在古籍中同样可以得到证实。如《礼记•访记》：“婿亲迎见于舅姑。”郑注：“妇人谓夫之父母为舅姑。”《尔雅•释亲》也说：“妇人称夫之父为舅。”以舅称夫父，可作亲舅为父的例证。二是在族外群婚制下，形成彼此通婚的集团，即甲集团的女子要与乙集团的同辈分男子结为夫妻关系，而乙集团的女子也要反过来与甲集团的同辈分的男子结成夫妻关系。据此，姐妹的女儿，一定是兄弟的儿子之妻子。从外甥女的角度，则需嫁回母亲家中去。故上述材料又把这种情况称之为“生女还之母家，曰一女来一女去”，或曰“要回”，或曰“酬婚”，是十分确切地反映了通婚集团之间关系的。所以，当男方（指舅氏）的姊妹嫁与对方后，他就理所当然地要求对方生的女儿嫁与自己的儿子为妻。只有在得到其允许或取得报酬后，才许另嫁。上述所谓“还娘钱”“娘头钱”，其意在此。若不这样做，就是破坏了这种通婚惯例，而会引起“讼斗纷起”。这就是“姑家之女，必字舅氏”的来由。

七、节日择配

恩格斯《家庭、私有制和国家的起源》有此说法：处于蒙昧时代高级阶段的加利福尼亚半岛的居民，

> 据班克罗夫特说，则有一些节日，在节日里几个“部落”聚集在一起，进行不加区别的性交。显然，这是指一些氏族，它们在这些节日里，对于从前一个氏族的妇女以另一氏族的所有男子为她们的共同丈夫，而男子则以另一个氏族的所有妇女为他们的共同妻子的时代，还保存着一点朦胧的记忆。

在我国古代民族中，曾有一种节日择配的习俗。和当时加利福尼亚半岛的居民已有很大的不同，但选择一定日期，使不同村寨和姓氏的青年进行集体的择配活动，这不能不说是对族外群婚制“还保存着一点朦胧的记忆”。只不过这种记忆，是更加“朦胧”罢了。

节日择配的形式，主要有如下的表现：

跳月 早期记载见于明田汝成《炎徼纪闻》卷四载：苗人，

> 仲春，刻木为马，祭以牛酒，老人并马箕踞，未婚男女吹芦笙以和，淫辞谑浪，谓之跳月。中意者，男负女去。

至清代，记载颇多。据康熙《贵州通志·蛮僚》卷三〇载：花苗，

> 每岁孟春，合男女于野，谓之跳月。预择平壤为月场。及期，男女皆更服饰妆。男编竹为芦笙，吹之而前；女振铃继于后以为节，并肩舞蹈，回翔宛转，终日不倦，暮则挈所私归，谑浪笑歌，比晓乃散。

其后，《黔书》《说蛮》诸籍有相类记载，当袭此。同书卷三〇又载：狗耳尤家，

> 春时，立木于野，谓之鬼竿，男女旋跃而择对。

《黔南识略》卷五镇宁州条与《说蛮》的记载，与此全同，当本此。《黔南识略》卷一，贵阳府条下载：花苗，

> 孟春，合男女于野，谓之跳月。预择平壤为月场，以冬青树一木植于地上，缀以野花，名曰花树。男女皆艳服吹芦笙，踏歌跳舞，绕树三匝，名曰跳花。跳毕，女视所欢，或巾或带，与之相易，谓之换带。然后通媒妁。

同书卷十三，清江通判条下载：黑苗，

> 婚姻，先唱歌跳月，然后聘。

《皇清职贡图》卷八，贵阳大定等处花苗条载：

> 每岁孟春，择平地为月场，男吹芦笙，女摇铃，盘旋歌舞谓之跳月。相悦则共处。

《黔记》载：古州之东寨苗，

未婚者于旷野为月场，男弦女歌，声最清美，与诸苗不同，相悦者自为配合，亦名跳月。

《黔书》卷下，鬼竿换带条载：

镇宁乏苗，春时立木于野，曰鬼竿，男女旋跃而择偶。镇远黑苗男女，换带而后聘娶。此与他书所记芦笙跳月之俗，不甚异也。

《苗俗记》载：

孟春，合男女于野以择偶，名曰跳月，即马郎房、麻栏、杆栏而合成一会，此苗俗之大礼也。归化苗家恒以教场坝为月场，其南有峻岭名跳花坡。自正月初三至十三皆跳月之期。两男对跳，四五女联臂围之，满场凡数百围，男跳易乏须互换也。笙声沸天，两相谐则目成心许矣。

其他所载，不一一列举。概言之，跳月为苗族中盛大节日，故有“苗俗大礼”之称。跳月时，因需“立木于野”“缀以野花”，故又称之为“跳花”。届时，各地青年男女盛装前往，在笙声中，轻歌、曼舞、细语，进行择配活动。

踏歌　始载于宋周去非《岭外代答·蛮俗》，踏摇条载：

瑶人每岁十月旦，举峒祭都贝大王于其庙前，会男女之无夫家者，男女各群连袂而舞，谓之踏摇。男女意相得，则男咿嘤奋跃入女群中，负所爱而归，于是夫妇定矣，各相配合。

成书稍后一点的宋陆游《老学庵笔记》则称之为“踏歌”。据该书卷四载：山瑶，

醉则男女聚而踏歌。

明邝露《赤雅》载：瑶人“踏摇”时，

相悦则男腾跃跳踊，负女而去。

清闵叙《粤述》载：瑶人，

十月朔，祭都贝大王，男女连袂，相携而舞，谓之踏歌，意相得则负去。

此文基本上袭自《岭外代答》。清屈大均《广东新语·人语》所记尤详：罗旁瑶，

邝露谓瑶人以十月祭都贝大王，男女连裾而舞，谓之踏摇，相悦则男腾跃跳踊，背女而去，此西粤之瑶俗也。

粤东连山八排瑶，

岁仲冬十六日，诸瑶至庙为会阆，悉悬所有金帛衣饰相夸耀。瑶目视其男女可婚者，悉遣入庙。男女分曹地坐，唱歌达旦，以淫辞相和。男当意不得就女坐，女当意则就男坐。既就男坐，媒氏乃将男女衣带度量长短，相若矣，则使之挟女还家。三日，女之父母乃致牲酒，使成亲。

清李调元《南越笔记》卷七所载同，抄自此。清吴震方《岭南笔记》载：粤瑶，

婚姻多赛于祠，踏歌相招，听其自合。

《皇清职贡图》卷三，安化宁乡等处瑶人条载：

每稼穑登场后，治酒延宾，击长鼓，吹芦笙，男女跳舞而歌，名曰跳歌。

《说蛮》载：瑶人，

十月祭都贝大王，联袂而舞，其定婚媾，多于此时。

清罗绕典《黔南职方纪略》卷九载：荔波瑶人，岁时祀盘瓠，

男女成列，连袂而舞，相悦者负之而去，遂成婚媾。

此外，清闵叙《粤述》、清陆祚蕃《粤西偶记》等籍也有关于瑶人“踏歌”的记载。

综上所述，可见踏歌为瑶族盛行之俗。宋周去非和明邝露称之为“踏摇”，清

闵叙、吴震方、陆祚蕃称之为“踏歌”，清傅恒则称之为“跳歌”。其称虽不一，其实则无异。踏歌流行于整个瑶族，但粤西与粤东在踏歌形式上又稍有差异，对此，屈大均曾加以区别。总之，在十月祭都贝大王这一瑶族盛大节日里，瑶族青年也多于此时通过踏歌的形式，以“定婚媾”。

浪花歌 最早记此事者，为明邝露。据《赤雅》载：广西壮族，

> 峒女子春秋，布花果笙箫于名山，五丝刺同心结万纽鸳鸯囊，选峒中之少好者，伴峒官之女，名曰天姬队。余则三三五五，采芳拾翠于山椒水湄，歌唱和乐。男亦三五群，歌而赴之。相得则唱和竟日，解衣结带，相赠以去。春歌正月初一、三月初三，秋歌中秋节。三月之歌，曰浪花歌。

后世壮族之“三月三”，即源于此。《粤述》《南越笔记》卷一、《说蛮》所记略同，即本此。又，清陆次云《峒谿纤志》载：

> 溪峒男女相歌，于正月朔、三月三、八月十五。而三月谓之浪花歌，尤无禁忌。

《檐曝杂记》卷三载：粤西土民，

> 每春月趁墟唱歌，男女各坐一边，其歌皆男女相悦之词。其不合者，亦有歌拒之，如你爱我，我不爱你之类。若两相悦，则歌毕辄携手就酒棚并坐而饮，彼此各赠物以定情，订期相会。甚为酒后即潜入山洞中相昵者，其视野田露草之事……非异事也。

诸匡鼎《瑶僮传》载：壮，

> 女及笄，于春时，三五为伴，于山椒水湄歌唱为乐，少男群歌，和之竟日。视女歌意所答而一人留，彼此相赠遗，男遗女以扁担一条，镌歌数字仅如绳，间以金彩作鸟卉于上，沐以漆，使不落。盖妇人女子力作所必需也。女赠郎以绣囊锦带诸物，女所自制者。约为夫妇，各告其父母，乃倩媒以槟榔定之。

《粤西偶记》在谈到俍人俗时，也有相似记载。

上述材料表明，壮族流行以歌择配之俗。时间为正月初一、三月初三和八月十五。而“三月三”，则谓之“浪花歌”“尤无禁忌”。在此时间，壮族男女青年，通过唱和而相得后，则以物定情。

抛球　最早记此俗者，为宋周去非《岭外代答·蛮俗》。其中写道：

> 交趾俗，上巳日，男女聚会，各为行列，以五色结为球，歌而抛之，谓之飞驼（按：驼为驼字）。男女目成，则女受驼，而男婚已定。

上巳日，指三月上旬之巳日。在这一天，我国自古有修禊之俗。据《晋书·礼志》载，自魏以后，固定为三月三日，不复用巳日，故上巳日，即“三月三”。续记其事者，为宋朱辅《溪蛮丛笑》：

> 土俗，岁节数日，野外男女分两朋，各以五色采囊豆粟，往来抛接，名飞紽。

明田汝成《炎徼纪闻》卷四载：僰人，

> 男女好抛球相谑，偶意者奔之，谓之偷香。

清代记载颇多。如康熙《贵州通志》卷三〇载：贵阳、都匀、镇宁、普安之仲家，

> 孟春跳月，用彩巾编为小圆球，如瓜，谓之花球。视所欢者掷之。

《黔书》《说蛮》有相同记载，当本此。又，《皇清职贡图》卷八，贵阳安顺等处仲家苗条载：

> 每岁孟春，编五色布为小球，男女跳舞，视所欢者掷之，奔者不禁。

《黔记》载：卞尤仲家，

> 每岁孟春聚会，未婚男女于野外跳月歌舞，彩带结球，抛而接之，谓之花球。意既洽，彼此互掷，遂私焉。

《黔南职方纪略》卷九载：仲家苗，

孟春跳月，以彩布为小球，谓之毛球，视所欢者掷之，奔而不禁。

《苗俗记》载：

跳月时，取绿巾结为小圆球，视欢者掷之，名曰瓜球，亦曰绣球。

又，据《云南通志稿》载，摆夷也有此俗。在这类记载中，尤以刘锡蕃之《岭表纪蛮》所记为详：

若凤山、那地山乡之蛮族，则多行“抛球婚姻”。其法，青年男女，各于正二三月之“子日”，于一定之地点，分为两队，各持红绿色带结成之圆球，互相抛接；接后，解球复带，度其长短，如彼此尺度相同，即成配偶。此种纯为形式上之动作，实际上带之长短，男女预先已有密约，不过藉此以为过渡办法耳。

综上所述可见：抛球，古称飞佗。最早见诸文献为宋代，直至近代仍有之。壮、布依（仲家、卞尤仲家）、傣（僰、摆夷）诸族均有抛球定婚之俗。可以说，此俗多流行于百越系统之民族。

其他　尚有黎族先民的八月集会自适和秋千会。据《三国志·吴书·薛综传》载：

珠崖除州县嫁娶，皆须八月引户，人民集会之时，男女自相可适，乃为夫妻，父母不能止。

又，道光《琼州府志·黎情》卷二〇载：

春则秋千会。邻峒男女妆饰来游，携手并肩，欢歌相答，名曰作剧。有乘时为合婚者，父母率从无禁。

高山族的春时出游为婚。据《说蛮》载：台湾番人，

春时出游，男女相悦为夫妇。

仫佬族的仲冬歌舞定情。据《黔记》载：荔波县之伶家苗（今仫佬族），

每仲冬男女相聚歌舞，所欢者约而奔之。

水族的岁首相欢为婚。据《黔书》载：荔波县的水家苗（今水族），

每岁首，男女成群连袂歌舞，相欢者遂为婚姻。

其他南方民族，也多有不同形式的节日择配之俗。

此俗，在古代汉族中同样存在过。据《周礼》卷四地官司徒媒氏条载：

中春之月，令会男女，于是时也，奔者不禁。若无故而不用令者，罚之。

上述南方诸族材料，乃是这段“古风”描写的最好注释与说明。又，“三月三”，这一节日活动，也是古已有之。据南朝梁人宗懔《荆楚岁时记》载：“三月三日，士民并出渚池沼间，为流杯曲水之饮。”不过，此俗在汉族中，已发展为“洗濯祓除去宿垢灰为大洁”的带有宗教色彩的礼仪活动。但究其源，应是与仕女谈情活动联系在一起的。据《诗经·国风·溱洧》载：“唯溱与洧，方涣涣兮，唯士与女，方秉蕑兮。”就是例证。“三月三”作为男女青年聚会择偶的节日，虽然在汉族中已消失，但在南方民族中却长期流传未衰。

八、非婚生子女的地位与婚生子女同

恩格斯《家庭、私有制和国家的起源》引用阿加西斯《巴西旅行记》一书中的如下材料：一个印第安人谈及她的女儿时，含笑说，“她没有父亲，她是一个偶然生的孩子”。阿加西斯因此写道：

印第安妇女或混血种妇女，总是这样毫不害羞、毫无愧悔地谈到她们的非婚生子女；这完全不是例外，似乎倒是相反的情形才是例外。孩子们……往往只知道母亲，因为一切照顾和责任都落在她的身上；他们对于父亲却毫无所知；看来妇女也从来没有想到她或她的子女对他有什么要求。

这种情况，在古代南方民族中也是存在的。

由于女子在婚前，并不要求严守贞操。甚至在“不落夫家”期间，还可与别的男人同宿。只有在有孕后，才去夫家居住，才成正式夫妻。这样做的结果，往往造成其子“是一个偶然生的孩子”。随之而来的，自然是对非婚生子女的友善对待。据《海南黎族情况调查》载：“黎族过去对非婚生子女的看法是‘啥子都是子’。妻子在‘不落夫家’期间与他人所生的孩子，在家庭的地位上也和婚生子女同。”“啥子都是子”，这句话相当典型地表达了这样一种思想：只要是自己妻子所生的“子”即可，至于“子”是妻子与谁生下来的，那是并不重要的。又，据《檐曝杂记》卷四，苗倮陋习条载：

余尝在毕节籍一马户，家有老婢，名大娃者。问其夫则曰未嫁，及点奴子有二童，皆其子也，可为一笑。然其俗大概如此，不为异也。

这里，婢女无夫，“听其与人苟合，生子则又为奴仆”，已带来浓厚的奴隶制色彩。但无夫生子，为其“不为异”之俗，则是苗、倮群婚制遗习之反映。

关于妇女愿意主动承担抚育私生或与前夫生子女的责任一事，也是有记载的。如清六十七《番社采风图考》载：高山族男子成婚后，

如后反目，许相离异，名曰放手。所生男女，仍归番妇。

又，清吴震方《岭南杂记》载：外江人娶琼妇的一种方式，叫“养汉”，即，

受聘之后，男子坐食，其衣膳甚丰，往往馈送诸费，皆出于女，而不得禁其外交。生子则携以归，生女则随女留琼，不肯渡海也。

究其因，子女随母之俗，是和“啥子都是子”这种传统观念密不可分的。在这种思想影响下，海南岛黎族“大部分地区寡妇的非婚生子，当寡妇结婚时男方还要以牛、米换，年轻有孩子的寡妇结婚也较容易”（《海南黎族情况调查》）。因为在丈夫的眼里，前夫生的子和自己生的子同样都是子。这样，妇女当然不会“想到她或她的子女对他有什么要求”了。

九、“初夜权”

恩格斯《家庭、私有制和国家的起源》载：在一些民族中，

> 由一个有公职的人——部落或氏族的头目、酋长、萨满、祭司、诸侯或其他不管是什么头衔的人，代表公社行使对新娘的初夜权。

并明确指出：这是“群婚的残余”。

“初夜权”曾在湘西等民族地区存在过。据沈从文《湘西·白河流域几个码头》（1944年版）一书中写道：永顺、保靖、永绥，

> 三个县份清中叶还由土司统治，土司即由世袭，永顺的姓向，保靖的姓彭，永绥的姓宋，到如今这三族还为当地巨族。土司的统治已成过去，统治方法也不可考究了，除了许多大土堆通称土司坟，但留下一个传说尚能刺激人心，就是作土司的，除同宗外，对于此外任何人新婚都保有“初夜权”，新妇应当送到土司府留下三天，代为除邪气，方能发达。

当然，这种“初夜权”，作为土司践踏民女的罪恶行径，已属于阶级社会的阶级压迫范畴。但究其源，土司仍具有“作为以前的共同丈夫的最后代表者”的性质。

十、抢　婚

在世界各民族中，普遍地存在过抢婚习俗。恩格斯在《家庭、私有制和国家的起源》第四版序言中说：

> 麦克伦南在古代及近代的许多蒙昧民族，野蛮民族，以至文明民族中间发现了这样一种结婚形式：即新郎必须一个人或者与他的朋友们一起假装用暴力把新娘从她的亲属手里抢过来。这个习俗，应当是较早的一种习俗遗迹，那时一个部落的男子确实是用暴力到外边从别的部落为自己抢劫妻子。

此俗，产生于母权制衰落与父权制兴起的过渡时期。笔者以为，从中仍可窥见族外群婚制的某些影子。因为：其一，反映了婚姻是在不同氏族之间即外部氏族进行的。

因为若是氏族内部可以通婚，抢亲就失去了存在的条件。其二，象征着母权制为维护自己日趋沦落的地位而作顽强的抗争。本来，在母权制下是男就女居的，父权制出现后就力图用强制的手段，即“抢劫”的形式来改变现状。因此，抢婚虽意味着父权制的一个胜利，但它也从反面表明：男嫁女是“正统”的做法，而女嫁男则是与传统相违背的“越轨”行为。因为“抢”的方式本身，就意味着是“非法”的。这里，母权制的影响仍然强烈地表现了出来。其三，恩格斯在《家庭、私有制和国家的起源》一书中，也把此俗看作是在群婚的“范围以内”进行的。

在我国南方民族中，抢婚表现为如下几种形式：

佯抢　据《老学庵笔记》卷四载：宋代辰、沅、靖州蛮，

嫁娶先密约，乃同女于路劫缚以归，亦怒争叫号求救，其实皆伪也。生子乃持牛酒拜女父母，亦佯怒却之，邻里共劝，乃受。

明代，《炎徼纪闻》卷四载：贵州宋家苗妇女，

将嫁，男家遣人往迎，女亲则率亲戚箠楚，迎者谓之夺亲。

康熙《贵州通志》卷三〇，清吴振棫《黔语》卷下，清佚名《黔南苗蛮图说》，宋家条，均有相类记载，均本此。又，《天下郡国利病书·云南》载：白僰僰婚俗，

及期，聚众讧于女家，夺其女而归。

对此，《滇南杂志》《滇海虞衡志·志蛮》有相同记载。《滇南杂志》记爨之风俗：

爨之父母，将嫁女，三日前持斧入山伐带叶松于门外，结屋坐女其中，旁列米淅数十缸，集亲族执瓢杓列械环。婿及亲族新衣黑面乘马持械鼓吹至女家，械而斗。婿直入松屋中挟妇乘马疾驱走，父母持械杓米淅逐浇婿，大呼亲族同逐女。不及，怒而归。

康熙《诸罗县志·番俗·杂俗》记高山族先民俗：

水沙连，男女悦合，必引众簇拥其女以去，如强夺然，女亦故作悲啼。至家，乃申聘以铁器为仪，女家以鸡、豕、达戈纹之类报之。

道光《云南通志稿》卷一八三，窝泥条引《易门县意》载：

婚娶亦用媒。允后，欲娶，其婿先约数人伏于女家左右，俟女出，抢负至家成亲。三五日，女逃归母家，然后用亲迎之。

窝泥，为今哈尼族；易门，故城在云南今县南。

清张心泰《粤游小志》载：广东疍家，

始婚时，以蛮歌相迎，男歌胜，则夺女过舟。

疍人，属古代越人后裔。以上记载表明：辰、沅、靖州、宋家苗、彝族、高山族、哈尼族、疍人，均有佯抢婚俗。所谓“劫缚”“箠楚”“讧夺”“械斗”“强夺”“抢负”之类，都是事先“密约”的戏剧性行动，“其实皆伪也”。如果外人不知其中底细而要加以干预，那是地道的多管闲事了。它作为一种遗习，演变成了别具风格的结婚仪式。

强抢　据宋范成大《桂海虞衡志·杂志》谈及岭南“卷伴”之习时写道：

南州法度疏略，婚姻多不正。屯落强暴窃人妻女以逃，转移他所，安居自若，谓之卷伴，言卷以为伴侣也。已而复为后人卷去，至有历数卷未已者。其舅姑若前夫访知所在，诣官自陈。往往所谓前夫，亦是卷伴得之，复为后人所卷。惟其父母兄弟及初娶者所诉，即归始初被卷之家。

从“有历数卷未已者”的记述中，可见此风之盛。这种强暴窃人妻女的“卷伴”，可谓名符其实的抢亲。此举已带有阶级社会的掠夺妇女的浓厚色彩。但穷其本，卷伴仍包含有群婚制残余的因素，因为它是以远古时代的共妻制的依稀记忆为其思想依据的。

诱奔　据宋周去非《岭外代答·蛮俗》卷伴条载：

深广俗多女，嫁娶多不以礼。商人之至南州，窃诱北归，谓之卷伴。其土人亦是。卷伴不能如商人径去，则其事乃有异。始也，既有桑中之约，即暗置礼书于父母床中，乃相与宵遁。父母乍失女，必知有书也，索之衽席间，果得之。乃声言讼之，而迄不发也。岁月之后，女既生子，

> 乃与婿备礼归宁。预知父母，初必不纳。先以醽酒入门，父母佯怒，击碎之。婿因请托邻里，祈恳父母，始需索聘财而后讲翁婿之礼。凡此皆大姓之家然也。若乃小民有女，惟恐人不诱去耳。往诱而不去，其父母必勒女归夫家。且其俗如此，不以为异也。

这里需加说明的是：周去非与范成大所称之卷伴，词虽同而实有异，不能混同。诱奔与抢婚有细微之别，即它采用的是“诱骗”而不是强制或假强制的办法。但其基本点是相同的，即都是采用非常手段，来达到女就男居的目的。故诱奔实可视为抢婚的变种形式。

抢婚作为一种婚姻形式，还可从古籍中寻见其踪影。如《周易》卷二《屯卦》、卷四《贲卦》与卷七《睽卦》中，数见“匪寇婚媾”之词。对此，前人已有发明。据梁启超《中国文化史》说：

> 夫寇与婚媾，截然二事，何至相混？得无古代婚媾所取之手段，与寇无大异耶？

可见，寇婚并称，当是抢婚之古义。

以上列举了我国南方民族母系氏族制婚姻遗习的主要表现形式。从中，我们可以得出如下结论：民族学的材料证明，在我国确实存在过族外群婚制及与之相伴而来的母系氏族公社。

第十四章　丧　葬

一、概　说

丧葬　制度是与早期人类的祖先崇拜联系在一起的。

南方诸族流行的葬式，除众所周知的土葬外，尚有火葬、风葬、天葬、水葬、岩葬等形式。

火葬　早在先秦时期，我国氐羌民族即行火葬。如《吕氏春秋·义赏》载："氐羌之虏也，不忧其系累，而忧其不焚也。"与氐羌有密切关系的彝族先民，早在唐代南诏时，已盛行火葬。如唐樊绰《蛮书》卷八载：

蒙舍及诸乌蛮不墓葬。凡死后三日焚尸，其余灰烬，掩以土壤，唯收两耳。南诏家则贮以金瓶，又重以银为函盛之，深藏别室，四时将出祭之。其余家或铜瓶铁瓶盛耳藏之也。

可见，作为南诏奴隶主统治集团的贵族，十分注重火葬后遗骸的处理。元李京《云南志略》载：罗罗，

酋长死，以豹皮裹尸而焚，葬其骨于山，非骨肉莫知其处。

此俗，延续至清。据载：倮倮，"殓用火葬"（《黔南志略》卷二四）；妙倮倮，"身没火化，收骨埋葬"（道光《云南通志稿》卷一八二）均可证。

其他一些南方民族，也行火葬。

白族　据元李京《云南志略》载：白人，

人死，俗，尸束缚令坐，棺如方柜，击铜鼓送丧，以翦发为孝，哭声如歌而不哀。既焚，盛骨而葬。

纳西族　《云南志略》载：末些，

人死，则用竹箦舁至山下，无棺椁，贵贱皆焚一所，不收其骨。非

命死者，则别焚之。

清余庆远《维西见闻纪》则载：么些，

死，无论贵贱，三日后舁至山，厝薪灌酥，焚而弃其骨，取炭一寸瘗之。

末些、么些均指今纳西族。白族、纳西族属氐羌系统，故有此俗。此外，还有蒲人（今布朗族），“葬用莎罗裹尸而焚之”（《滇海虞衡志》卷十三）。容县瑶人，“死则焚其骸，收烬置瓮中瘗之，谓之火葬”（嘉庆《广西通志·诸蛮一》卷二七八）。

风葬　人死后，悬束于树间，让风吹干尸体。夭苗有此俗。早期记此事者，见于明田汝成《炎徼纪闻》卷四，蛮夷条：夭苗，

人死不葬，以藤蔓束之树间而已。

清代所载，大略与此同。如田雯《黔书》卷一载：夭苗，

死不葬，以藤蔓束之树间。

爱必达《黔南识略》卷十五：夭苗，

人死，以藤蔓束之树间。

履坚《黔游指南》：夭苗，

以藤蔓束之树间，任风化其尸，其族在黔中道属之平越县。

天葬与水葬　天葬，将尸体，为禽兽所食。水葬，将尸体委之江河，任其漂流。此二种葬式，清代四川金川地区均有之。据李心衡《金川琐记》卷三载：

天葬，取死人脔，割如泥，和面成丸，投群鸟啄食，或举全尸喂虎狼，盖即顿逊国鸟葬之意。水葬，委尸大江，实鱼鳖腹。

台湾高山族也有天葬之俗。据咸丰《噶玛兰厅志》载：

生番死，则置树间，任鸟雀啖之。三日肉尽，则大吉。

岩葬 是南方诸族中实行的一种广泛而独特的葬式，下面将辟专目论述。

安葬时，不同民族对尸体放置的方式，也不尽相同，这往往与其宗教信仰有关。其中有：仫佬族的“俯尸侧葬”。据清陆次云《峒谿纤志》载：

木老叛服不常，与苗同俗，死则俯尸侧葬，云为死者避魇也。

清罗绕典《黔南职方纪略》卷九载：锅圈仡佬，

葬则侧置其尸，谓使其不知归家。

可见，此俗反映了怕鬼作祟的思想。郎慈苗的扭首葬。据清李宗昉《黔记》卷三载：在威宁州的郎慈苗，

父母将死，俟气初绝时，将首扭向背后，谓曰好看后人。

可见，此俗与仡佬族的怕死者为害家人的信仰相反，祈求祖先对后人的庇护。台湾高山族的直埋法。据清邝其照《台湾番社考》载：生番，

人死则植立埋之，而以其平日常用之物为殉。

显然，此俗认为人们死后还应像生前一样行走生活。

有的民族，对头向的位置，也有定式。清黄元治《黔中杂记》载：诸苗父母死，“夹以两木板而横葬之”。同治《毕节县志稿》卷八载：苗族之葬，“掘地成横穴”。均是例证。这种头东脚西的横埋葬式，表达了苗人祈望亡魂回归东方故土的意向。

南方诸族的埋葬方式，较为简单。主要表现为：

其一，有的民族尚无棺椁一类葬具。以苗族为例。据请方亨咸《苗俗纪闻》载：苗俗，

如遇父母之丧，不棺不敛……群助以力舁而之山，坎其土，削大木器，相土中，举尸入而瘗之。

清罗绕典《黔南职方纪略》卷九载：花苗，

遇丧，则屠牛，召亲戚，远近各携酒肉以为赙，环哭尽哀，葬不用棺，敛手足而瘗之。

清龚柴《苗民考》：

其丧葬，人死哭泣尽哀，无衣衾棺椁之敛，衰麻经带之服。……掘窟三四尺，镶以木板，置尸其中，以土封之。

清代苗人埋葬时，往往仅将大木或木板夹置穴中；有的甚为“敛手足而瘗之”。

其二，有的民族墓地不作标记。这较为典型。据清张庆长《黎岐纪闻》载：

父母丧，用木凿空中心以为棺，埋地上不起坟，亦不复志其处，祭扫礼仪蔑如也。

苗族也有是俗。据《苗俗纪闻》载：父母丧，

举尸而瘗之，不封不树。瘗后，不复再至其地，岁时惟野祭耳。

总之，南方民族中尚保留相当古朴的葬风。这与《易·系辞》所载大致相类：

古之葬者，厚衣之以薪，葬之中野，不封不树。

换言之，将死者置之野外，复盖以树木，不起坟，不作标记，这是人类早期的葬俗。

随葬品也较少。

高山族　据清邝其照《台湾番社考》载：人死，

以其平日常用之物为殉。

清龚柴《台湾小志》：

其生平所用剑戟同瘗穴中，附食物少许，以为祭奠之仪。

傣族　据清檀萃《滇海虞衡志》卷十三载：摆夷（傣族），埋死者后，

坏素所用器，悬于墓侧。

佯僙 据清陆次云《峒谿纤志》载：佯僙，

父母死，焚其衣冠，有如赠鬼。

可见，随葬品主要为死者生前的日常用物。

需要指出的是，除葬物外，个别民族还有以人随葬的现象。清贝青乔《苗俗记》载：

蔡苗，死夫必以妇殉。妇所私，挟妇夺去乃免。

即例证。

在丧葬仪式中，有的民族有独特的“娱尸”“斗尸”之俗，如清檀萃《滇海虞衡志》卷十三载：摆夷，

死，则妇人祝尸，亲邻数百，饮酒作乐，歌舞达旦，谓之娱尸。妇人群聚击碓杵为戏，数日而后葬。

清李宗昉《黔记》载：广顺州金筑司之克孟牯羊苗，

亲死不哭，反歌舞浩歌，谓之斗尸。

又载：荔波县之仡僮苗，

亲死不棺，反歌唱。

显然，此俗与哀悼性的丧葬仪式不同。这是因为：这些民族的人认为，人死后，灵魂可以进入新的美好世界，故使丧葬活动带有热闹欢娱的性质。

二、“买水”浴尸

古代越人后裔壮人有“买水”洗尸以殓的葬俗。

最早记此俗者为宋范成大《桂海虞衡志》。据《文献通考》卷三三〇引该籍载：西原蛮，

亲始死，披发持瓶瓮，恸哭水滨，掷铜钱、纸钱于水，汲归浴尸，

谓之习水。否则，邻里以为不孝。

次记其事者为周去非《岭外代答·食用》，买水沽水条载：

> 钦人始死，孝子披发顶竹笠、携瓶瓮持纸钱往水滨，号恸，掷钱于水，而汲归浴尸，谓之买水。否则，邻里以为不孝。今钦人食用，以钱易水，以充庖厨，谓之沽水者，避凶名也。

可见，周去非所记较范成大为详，后人所记均袭此二人之说。

明田汝成《炎徼纪闻》卷四，蛮夷条载：壮人，

> 亲始死，被发持瓶瓮，恸哭永滨，掷铜钱、纸钱于水，汲归，浴尸，谓之买水。否则，邻里以为不孝。

“买水”之俗，范成大说是西原蛮，周去非说是钦人，田汝成则言明为壮人。清陆次云《峒谿纤志》也记此事。

> 僮人，亲死恸哭水滨，投钱于河，汲水而死，用之浴尸，谓之买水。否则，以为不孝。

需要辨明的是，“买水”为古越俗。其他民族流行此俗，当是受其影响的结果，如广西的瑶族即是。又，汉族客家人中也染此俗。据清吴震方《岭南杂记》卷上载：

> 惠州人死未敛，亲人至江浒望水号哭，投钱于水，汲而归浴，以敛。此亦蛮风也。

惠州人，即客家人。笔者也曾见梅县客家人行此俗。显然，此俗本非客家人所有，而是受土著民族古越人影响所致。故吴震方指出：“此亦蛮风也。”这是很有见地的。

关于“买水”之俗的来源。人死，亲人为其擦洗，以便使死者干干净净奔赴另一世界，这是一种原始纪念，“买水”之俗即源于此。故其他民族也有取水之俗。据清代阙名《台游杂记》载：

> 丧事，则人死不即举哀，家中长幼共赴河礼拜取水与死人洗擦；然

后啼哭，棺殓之后，即埋土中。

台人取水要“礼拜”，而壮人取水则需投铜钱、纸钱于水，这都可视作取水的一种仪式。

三、悬棺葬

悬棺葬，又名崖葬，因高悬山岩而得名。南方不少民族流行这种丧葬形式。其法有二：一是将棺置于天然或人工打凿的岩洞中；二是凿孔安木桩，置棺其上。也有人将此两种方式，细加区别，前者称岩葬，后者称悬棺葬。这里则统而言之。它们的共同特点是：不施封土，而置棺于悬崖绝壁之上。葬具，除木棺外，尚有木船棺、木匣、石棺诸种。至于采用这种葬式的原因，显然与其宗教信仰有关。

关于悬棺葬问题，近年来学术界多有研讨，故本书只择记载较早抑或较详等最有代表性材料，加以叙述。下面着重按族别而论。

安家之民 据吴沈莹《临海水土记》载：

父母死亡，杀犬祭之，作四方函以盛尸。饮酒歌舞毕，仍悬着高山岩石之间，不埋土中作冢郭也。

安家之民，即今浙南、闽北沿海一带的古越人，

左人 据《隋书·地理志下》载：古荆州之地，

其左人则又不同，无哀服，不复魄。始死，置尸馆舍，邻里少年，各持弓箭，绕尸而歌，以箭扣弓为节。其歌词说平生乐事，以至终卒，大抵亦犹今之挽歌。歌数十阙，乃衣衾棺敛。亦有于村侧瘗之，待二三十丧，总葬石窟。

所谓“石窟葬”即岩葬。这是关于左人行岩葬的唯一记载。

五溪蛮 曾见于唐张鷟《朝野佥载》卷十四：

五溪蛮，父母死，于村外阁其尸，三年而葬。打鼓路歌，亲属饮宴舞戏，一月余日。尽产为棺，于临江高山半肋凿龛以葬之。自山上悬索

下柩，弥高者以为至孝，即终身不复杞祭。初遭丧，三年不食盐。

元周致中《异域志》卷下，五溪蛮条载：

即峒蛮，遇父母死，行鼓踏歌，饮宴一月。尽产为椁，临江高山，凿龛以葬。三年不食盐。

这段记载，显系源于《朝野佥载》。

疍人　据唐杜佑《通典•边防》卷一八五载：湖南，

潭衡州人疍，取死者骨，小函子盛，置山岩石间。

獽人　据宋乐史《太平寰宇记》卷二六，简州风俗条载：有獽人，

遭丧，乃立竿悬布，置其门庭，殡于别所，至其体骸燥，以木函盛，置于山岩石间。

简州，在今四川简阳及金堂县南部。

夷僚　《太平寰宇记》卷八八，泸州风俗条则载：

其夷僚则与汉不同，夫亡，妇不归隶，葬之岩穴。

土僚蛮　据元李京《云南志略》载：土僚蛮，

人死则以棺木盛之，置于千仞巅岩之上，以先堕者为吉。

又，据元《马可波罗游记》载：秃落蛮(Tholoman)，

人死焚尸，用小匣盛其余骸，携之至高山山腹大洞中悬之，俾人、兽不能侵犯。

秃落蛮当是土僚蛮的音译。需要指出的是，两者所记族属虽同，但岩葬之法则不一。前者为置棺于山岩；后者为火葬后，抬骨用小匣悬洞中。

僰人　据光绪《珙县志•山川》卷一载：

棺木岩。治西南九十里，昔僰蛮酋长于岩端凿石椓钉，置棺其上。其上崖高百仞，下临符江。

光绪《珙县志·陵墓》卷十四又载：

僰棺崖。县南上下罗计诸山中，僰酋悬棺之崖甚多，世代姓名皆无可考。

此即闻名于世的“僰人悬棺”。从中可见：四川珙县悬棺所葬者为“僰蛮酋长”；直至清末，僰人悬棺仍保存甚多。

仡佬族 史籍所记为多。始见于明田汝成《炎徼纪闻》卷四载：仡佬，

殓死有棺而不葬，置之岩穴间。高者绝地千尺，或临大河，不施蔽盖，以木主若圭罗村其侧，号曰家亲殿。

清田雯《黔书》卷一载：

花布者为花仡佬，红布者为红仡佬。各有族属，不通婚姻。殓以棺不葬，置崖穴间。高者绝地千尺，或临大河，不施蔽盖，树木主于侧，曰亲家殿。

清陆次云《峒谿纤志》载：仡佬，

死则有棺而不葬，置之崖穴或临大河。

清檀萃《说蛮》：

花仡佬衣花布，红仡佬衣红布，各有族属，不通婚姻。死殓以棺，置千仞悬崖或临大河，不施蔽盖，树木主于侧，曰家亲殿。

总之，以上记载说明：关于仡佬悬棺葬一事，诸籍所记略同，盖均源于《炎徼纪闻》。仡佬内部，虽族属各异即有不同支系，但均行悬棺葬之俗。

苗族 据明万历《贵州通志》卷十四，都匀府风俗条载：

短裙苗者，属烂土司……死不殡，置之山洞。

烂土司，属今三都水族自治县。

道光《贵州通志·风土志》载：松桃苗族，

亲死，棺木以敛，置诸崇岩峭壁间，不施蔽盖，旁立木主识其处，名曰亲家殿。初殡，集亲戚男妇笑歌跳舞，是为闹尸。明春，杜鹃声举家号哭，曰："鸟犹岁至，亲不归矣！"

清贝青乔《苗俗记》所载，与方志相类：

亲死，刳木以敛，置崇崖峭壁间，不施蔽盖，旁立木主识其处，名曰亲家殿。初殡，集亲戚男妇，笑歌跳舞，是为闹尸。明春闻杜鹃声，举家号哭曰："鸟犹岁至，亲不归矣。"

龙家　早期记载见于明田汝成《炎徼纪闻》卷二：龙家，

人死，以杵击椎堂和歌哭。椎堂者，臼也。舁之幽岩，秘而无识，以七月七日祭其先茔。

清田雯《黔书》卷一载：狗耳龙家，

死以杵击臼和歌哭，舁之幽岩，秘而无识，以七月七日祭其先茔。

清爱必达《黔南识略》卷五所载，与《黔书》几乎全同。

以上记载，值得注意之处有二：一是《黔书》所记脱胎于《炎徼纪闻》，而其后《黔南志略》等籍所记又转抄自《黔书》。二是明人称龙家，清人言狗耳龙家有此俗。

瑶族　据清爱必达《黔南识略》卷十一载：黑瑶，

人死，殓以棺，置洞不葬。

总之，史籍言明历代悬棺葬之族属者，计有安家之民、左人、五溪蛮，獠人、僚人、夷僚、土僚蛮、僰人、仡佬、苗、龙家、黑瑶诸族。

此外，史籍未载明族属而言明地域行悬棺葬者颇多。其中较著者有：

武夷山。此处悬棺葬，主要指位于武夷山北段的福建崇安与江西贵溪两地。明朱熹《朱文公集·武夷山图序》卷七六，详记崇安岩葬：

> 武夷君之名，著自汉世，祀以干鱼，不知果何神也。今崇安有山名武夷，相传即神所宅，峰峦岩壑，秀拔奇伟，清溪九曲，流出其间。两崖绝壁，人迹所不到处，往往有枯查插石罅间，以度舟船棺柩之属。柩中遗物，外列陶器，尚皆未坏。颇疑前世道阻未通，川壅未决时，夷落所居，而汉祀者，即其君长，盖亦避世之士，为众所臣服而传以为仙也。

明江瓘《游武夷山记》又在朱熹记载的基础上，有所发挥：

> 复溯流而转，仰瞻悬崖万仞，枯查纵横插石罅，间度一小舟，岁久不朽。朱子谓：疑上世道阻未通、川壅未决时，夷落所居；而汉祀者，即其君长，盖亦避世之士，生为众臣所服，没而传以为仙也。理或然欤。四曲峭壁砑开，木板乱插如机杼，曰仙机岩。溪左一石，飞耸欲堕入溪中，曰钓鱼台。右峻壁斗绝，上有数窦，皆横插木板，望之如栈。中列陶器，如筥如筲如炉如鼎。又有仙蜕数函，高下重叠，历历可数。有伞盖族旐竖其侧，盖土人祈祷酬赛之具，人迹莫能达，何由致之，皆异观也。半壁外隘中宏木筏，纵横如鸡栖状，曰金鸡洞。

读此，对武夷悬棺盛景，一览无余。

贵溪岩葬，则以明徐学谟《游仙岩记》所载为详。其中云：

> 他岩，棺尤累累，有规形而锐者稍异。……又有壑而舟横者，窦而床列者，虽去人远甚，俨有形似，其名曰“仙船岩”、曰“仙床岩”。

总之，夷武山地区，为古越人居地，朱熹称之为“夷落所居”，故其族属当归百越系统无疑。

全州。有关广西悬棺葬的文献记载，以全州为详。明朱国帧《涌幢小品》、明郎瑛《七修类稿》、清袁枚《随园诗话》均有记载。如《随园诗话》卷一载：

余丙辰年过广西全州，见江上山凹有匣，非石非木，颇类棺状。甲辰再过观之，其匣如故，丝毫无损，相传武侯藏兵书处。

岭右为古代越人聚居地，故全州悬棺葬族属，可断为百越系统。

峡中悬棺葬。长江三峡中，多有悬棺葬遗迹，其中以湖北秭归的棺木峡、铁官峡与川东的风箱峡为著。

棺木峡。据宋邵伯溫《闻见后录》载：

棺木峡，三峡中。石壁千万仞，飞鸟悬猿不可及之处，有洞穴，累棺郭，或大或小，历历可数，峡中人谓之仙人棺。

清洪良品《东归录》对此也有记及：

洞穴在绝壁，棺椁皆完好如新，不知果何物，为之异矣。

铁棺峡。《太平御览》卷九五五引《神怪志》载：唐将军，

王果经三峡，见石壁有物，悬之如棺，使取之，乃一棺也。发之，骸骨存焉。

对此，《大明一统志》卷六二，荆州府古迹条则载：王果所视之棺，在归州（今秭归），

白狗峡东，其地亦名铁棺峡。

风箱蛱。据清许缵曾《东还纪程》载：

曩从军夔门时，有风箱峡者，数仞绝壁中，叠置木匣如风箱者甚多。仰望色如朽木，较棺形则小，其景象颇相类也。

峡中地区为巴、濮及其后的蜑人居地，故这一带的悬棺葬，应与这些民族有关。

泸溪辛女岩。湖南悬棺葬，以西部为多，其中沅江流域的泸溪县辛女岩，颇为有名。如清王昶《滇行日记》：

辛女岩，壁立水中，如刀削然。……壁多窍穴。最异者，山半穴内

如箱、如船、如楣槛，谛视之，皆以木为之。或云仙灵所窟，或云诸葛武侯藏粮于此，其说茫昧不可信。然距水面二十余丈，决非人力所能到。

清擅萃《黔囊》则载：

辛女岩对岸岩间，机一船一，乃其遗迹。然溪洞岩间，此类颇多。或存朽木，或悬羽箭，或贮箱椟，人多以仙人屋命之，疑不然也。

泸溪旧为仡佬居地。据清严如煜《苗防备览·风俗考》载：

泸溪仡佬，居上五部之大章、小章、大西老、烟竹坪、下五都六保之洞庭山等寨、及乾州之下溪口、铁枕岩、把布、把金、上下百户各寨，共计寨落为数十处。其民非苗非土，盖别一种类也。

故可证辛女岩悬棺葬的族属当为仡佬及其先人。

此外，从文献记载中也可寻见广东、台湾等地行悬棺葬的一些踪迹。

总之，以省而论，浙江、福建、江西、广西、贵州、云南、湖南、湖北、四川以及广东、台湾等地的一些南方少数民族，都曾实行悬棺葬这一奇特的丧葬习俗。

四、二次葬

在南方诸族中，相当流行二次葬。始载此俗者，为《列子·汤问篇》卷五。其中写道：

楚之南，有炎人之国，其亲戚死，朽其肉而弃，然后埋其骨，乃成为孝子。

因《列子·汤问篇》，学者疑其为后人窜入之伪作，故难断其时代。但可以准确无疑地说，最迟，在晋张华《博物志》卷二中已记此事。其中写道：

楚之南，有炎人之国，其亲戚死，朽之肉而弃之，然后埋其骨，乃为孝子也。

可见，此书与《列子》所记，除个别文字外，几乎全同。

这里尚需弄清“炎人之国”的族属问题。此中“炎人之国”,《墨于·鲁问》作“啖人之国”，并记其有杀长子以宜弟之俗。而有杀长子以宜弟之俗者，为广西乌浒蛮。而乌浒蛮，属于百越系统之民。又，“楚之南”为越人居地，故可断此行二次葬之“炎人”，为百越族属无疑。

其后,《隋书·地理志下》记荆州“蛮左”之“拾骨”俗，极为值得注意。因其记述，不仅年代较早，且内容相当详赡。其中写道：

> 其死丧之纪，虽无披发袒踊，亦知号叫哭泣。始死，即出尸于中庭，不留室内。敛毕，送至山中，以十三年为限，先择吉日，改入小棺，谓之拾骨。拾骨必须女婿，蛮重女婿，故以委之。拾骨者，除肉取骨，弃小取大。当葬之夕，女婿或三数十人，集会于宗长之宅，著芒心接篱，名曰茅绥。各执长竿，长一丈许，上三四尺许，犹带枝叶。其行伍前却，皆有节奏，歌吟叫呼，亦有章曲。传云盘瓠初死，置之于树，乃以竹木刺而下之，故相承至今，以为风俗。隐讳其事，谓之刺北斗。既葬设祭，则亲疏咸哭，哭毕，家人既至，但欢喝而归，无复哭祭也。

盘瓠蛮，属今苗瑶系统之先民。从中可见：一是盘瓠蛮丧葬之事延续时间很长。从初葬至“拾骨”，中间间隔有达十三年之久者，只有经二次葬之后，丧葬活动才告结束。二是二次葬即“拾骨”较之初葬，仪式更为繁缛与隆重。此外，该传还载及“左人”之不同葬俗：

> 亦有于村侧瘗之，待二三十丧，总葬石窟。

此石窟之葬，也是二次葬的一种表现形式。

唐张鷟《朝野佥载》卷二载：

> 五溪蛮，父母死，于村外搁其尸，三年而葬，打鼓路歌，亲属饮宴，舞戏一月余日，尽产为棺，于临江高山半肋凿龛以葬之。山上悬下柩，弥高者以为至孝，即终身不复祀祭。

宋朱辅《溪蛮丛笑》则载：

死者诸子，照水内，一人背尸以箭射地，箭落处定穴。穴中藉以木，贫则已，富者不问岁月，酿酒屠牛，呼团洞，发骨而出，易以小函。或枷崖屋，或挂大木，风霜剥落，皆置不问，名葬堂。

上述记载表明：隋代“左人”之“总葬石窟”，唐代“五溪蛮”之于“临江高山半肋凿龛”而葬，宋代“溪蛮”之以小函“葬堂”，是一脉相承的。这种二次葬的特点是，均采取岩葬的形式。其族属也是相类的，应是今苗瑶系统先民之葬俗。

清代行二次葬者，有龙家、六额子、楼居黑苗、高山族先民以及粤东之民等。

龙家 据乾隆《贵州通志》卷七载：

龙家，其种有四，在大定者，人死三年，取其尸刷之凡三次。

此刷尸骨之俗即为二次葬。

六额子 据李宗昉《黔记》载：

六额子在大定、威宁二属，有黑白二种。……亲死时殓之，葬亦用棺。岁暮，卜之吉，则延亲族至墓前，以牲酒致祭，发墓开棺，取枯骨刷洗，以白为度，用布裹骨，复埋。过一二年，仍取骨而洗之，七次为止。遇家人有病，则曰祖先之骨不洁，仍取骨再洗。所谓洗骨苗是也。近今禁戒渐止。

六额于是从龙家分化而来，故其俗也相近。龙家之“刷尸”，即六额子之“洗骨”。又，爱必达《黔南志略》卷二四也有相类记载：六额子，

丧亦用棺，岁余合族至墓，祭而取其骨，刷洗至白为佳，裹以布，埋之。嗣后，间岁一洗，至七度乃止。凡家人有病，则谓祖先骨不洁云。

楼居黑苗 据李宗昉《黔记》卷三载：

人死，殓而停之。为期合寨共卜吉，以百棺同葬，公建祖祠，名曰鬼堂。

此“百棺同葬”俗，也属二次葬性质。

普马。据道光《云南通志稿》卷一八六，普马条引《开化府志》载：

死不论男女，俱埋于掌房下常行走处，每日以滚水浇之。俟腐取出，以肉另埋。骨则洗净，用缎为袋盛之。家人尽穿红绿，杀猪羊，令婿负之跳舞，藏于家，三年乃葬。遇疾病，则取用再跳，以为未瘗之骨作祟也。

高山族先民 有“再埋”之俗，据林谦光《台湾纪略》，风俗条载：

人死，结彩于门，所有器皿衣服，与生人均分。死者所应得之分，同其尸埋于床下。三日后，会集同社，将死者取出，灌以酒，然后深葬。葬不用棺榔，移居仍取出再埋。

台湾地区还有“捡骨”之俗，据阙名《台游日记》载：以棺埋土后，

约百日，再行取出，捡骨于坛。东放西藏，毫无定，所谓骨坛所置，可卜风水之佳也。习俗陋恶，于斯为最。

此二次葬的特点是：不是将骨盒置于山岩等固定地点，而是经常改易置所。

粤东之“洗金”俗。据张心泰《粤游小志》载：

粤俗惑于风水，凡亲亡窀穸营吉壤，讵必非人情，乃有既葬后，或十年或十余年复出诸土，破棺捡骨洗之，谓之洗金。贮骨瓷罂，名曰金罐。骨黄者瘗原穴，黑者则觅佳城，置山谷间，暴露累叶，甚至罐破骨残，抛弃榛莽。此风惠、潮、嘉一带为最。

粤东此俗，可溯源于“炎人之国”俗，即古代越人之遗俗。

总之，人死埋葬后，再经若干时间，待肉腐后，取骨重葬，是为二次葬。因取骨是其主要特点，故有“拾骨”“刷尸”“洗骨”“捡骨”之称。

关于二次葬的起因，主要是与较为原始的流动经济有关。如有的南方民族因“刀耕火种”而不能长期定居，当其迁居时即背负先人骨骼而行，可证。此外，有的也与其特殊信仰有关。如炎人以为只有如此，“乃为孝子”；六额子以为只有“洗骨”，才能涤除其祖先之“不洁”，以免遗祸子孙；粤人则惑于“风水”之说，以求祖先保佑。

第十五章　古代的宗教信仰

一、信鬼神，重淫祀

南方民族的信鬼神、重淫祀之俗，由来已久。

早在先秦时期，“楚人鬼”（《列子·说符》《吕氏春秋·异宝》《淮南子·人间训》）是著称于当时的，可以毫不夸张地说，楚人举国上下沉溺于迷信神鬼。

就统治者而言。据《左传·昭公十三年》载，楚令尹子期请伐吴，楚灵王弗许，曰：

> 吾未抚民人，未事鬼神，未修守备，未定国家……子姑待之。

《左传·哀公十六年》载，石乞劝白公曰：

> 有楚国而治其民，以敬事神，可以得祥。

可见，他们是把事鬼神作为治国安民的大政加以对待的。更有甚于此者，如汉人桓潭《新论》（《太平御览》五二六卷）载：楚灵王，

> 简贤务鬼，信巫觋，祀群神，躬执羽帔舞坛下。吴师来攻，国人告急，王鼓舞自若。曰：“寡人方乐神明，当蒙神祐，不敢救。”吴兵遂至。

说明楚统治者迷信鬼神竟至荒唐可笑的地步。

就民间而言。据王逸《九歌》序说：

> 昔楚国南郢之邑，沅、湘之间，其俗信鬼而好祠，其祠必作歌乐鼓舞以乐诸神。屈原放逐，窜伏其域，怀忧苦毒，愁思沸郁，出见俗人祭祀之礼，歌舞之乐，其词鄙陋，因为作《九歌》之曲。

可见，《九歌》描绘的，正是楚“俗人”神秘而浓郁的宗教气氛。

楚亡后，屈原“窜伏其域”并亲见其“祭祀之礼”的沅、湘之间（今湘西苗族等地的民族地区），更是长期沿袭着这一古老的“蛮荆陋习”（朱熹《楚辞集注》九

歌序）而不衰。如清吴省兰说，苗人有“做鬼”之俗，“苗性畏鬼”（《楚峒志略》）。清严如煜说：“苗中以做鬼为重事，或一年三年一次，费至百金或数十金，贫无力者，卖产质衣为之。此习为苗中最耗财之事，亦苗中致穷之一端也。”（《苗防备览·风俗上》）据统计，湘苗所祭之鬼，达“七十余堂”（《永绥厅志》）。可见，其地“做鬼”之隆盛。

概言之，楚人与后世南方民族的宗教信仰，主要表现为：

祖先崇拜　楚人极为崇尚祖先鬼。如《左传·僖公二十六年》载：

> 夔子不祀祝融与鬻熊，楚人让之。对曰：“我先王熊挚有疾，鬼神弗赦，而自窜于夔，吾是以失楚，又何祀焉。”秋，楚成得臣、斗宜申帅师灭夔，以夔子归。

夔子因不祀楚、夔的共同远祖祝融与鬻熊，竟遭楚之征讨而罹国亡身败之祸。据《左传·宣公三年》载：楚令尹子文认定，如果族子越椒日后当政，若敖氏必遭灭族之灾，故临终时对族人泣曰：

> 鬼犹求食，若敖氏之鬼，不其馁而？

从令尹子文忧惧子孙绝嗣而致先人为饿鬼一事，可见楚人对祭享之重视。《左传·襄公十三年》载：

> 楚共王遗言，自己生前有辱社稷，能保首领以终，可谓幸事。
>
> 唯是春秋窀穸之事，所以从先君于庙者，请为灵若厉，（杜预注：“欲受恶谥以归先君也。”）大夫择焉。

可见，楚人对祖先祢庙是郑重其事的。

后世南方民族祭祖风极盛。苗族名之曰“吃牯脏”，据乾隆《贵州通志》载：贵阳府属及黔西州一带苗族，

> 祀祖，择大牯牛头角端正者，饲及茁壮，即通知各寨有牛者，合斗于野，胜即为吉。斗后，卜日砍牛以祀。主祭者服白衣，青套细衫宽腰裙。祭后，合亲族高歌畅饮。

可见，祀典之隆重。

自然崇拜 楚人除重祖先崇拜外，也流行自然崇拜。据《左传·哀公六年》载，楚昭王说：

江、汉、沮、漳，楚之望也。

《左传·昭公十三年》载：楚共王从宠子五人中择一继位者，

乃大有事之群望。

所谓“望”，杜预释为“祀竟（境）内山川星辰。又，汉人刘向《说苑·君道》载：

楚庄王见天不见（现）妖，而地不出孽，则祷于山川。

汉袁康《越绝书·越绝外传记》载：

无锡历山，（楚）春申君时，盛祠以牛。

可见，楚人有祭天地与境内山川星辰之习。

此俗，也可从《楚辞》中得到佐证。计《九歌》所祭之神共十个，除人鬼国殇外，其余九个可分为两类。天神：东皇太乙（星名，天之尊神），云中君（云神），大司命（星名，主寿命之神），少司命（星名，主子嗣之神），东君（太阳神）；地神：湘君、湘夫人（湘水之神），河伯（河神）、山鬼（山神）。可见，上述诸神都属于天地、山川、日云星等自然物之化身。

在南方民族地区，由于社会生产力发展较为缓慢，人们与大自然作斗争的能力较低，故长期保留名目繁多的自然崇拜。如古代越人后裔集聚地的雷州，祀雷神，据唐房千里《投荒杂录》载：

尝有雷民，因大雷电，空中有物，豕首鳞身，状甚异，民挥刀以斩，其物踣地，血流道中，而震雷益厉，其夕凌空而去。自后挥刀民居室，频为天火所灾。雷民图雷以祀者，皆豕首鳞身也。

清代土家族以青草为鬼，据严如熤《苗防备览·风俗下》载：永、保土蛮，

好祀青草鬼，忌带青草入室。

清代苗民奉鱼为神，据徐家干《苗疆闻见录》卷上载：

城北有井泉，鱼游上下，群戒勿取，俗传有神司之，取辄不祥，亦苗人信鬼之说也。

又，《贵州苗民概况》载：

苗寨崇尚多神，甚至大树怪石，无不以神目之，祭祷弗懈。

可见，后世民族和楚人一样，往往把各种自然现象和自然物都视之为神，而加以顶礼膜拜。

楚人与南方诸族祷祀之目的主要有二：

一为祛灾获福。据《汉书·郊祀志》载：谷永上汉武帝疏云：

楚怀王隆祭祀，事鬼神，欲以获福助却秦师，而兵挫地削，身辱国危。

陆玑《要览》也载：

楚怀王于国东偏，起沈马祠。岁沉白马，名享楚邦河神，欲崇祭祀，拒秦师。

楚怀王欲崇祭祀却秦师以邀福，结果事与愿违，反招身辱国危之祸。

南方民族中则有“还愿祈福”的活动。据清《黔南苗蛮图说》载：白额子，

秋收后则祷神还愿祈福，各寨延巫师跳端公，聚族宰牛宴饭为乐，或延至二三日不止。

又，据凌纯声、芮逸夫《湘西苗族调查报告》载：苗人，

因信人间的祸福，全由鬼的主宰，所以畏鬼特甚。

可见，重鬼神之俗，就是在这种“祸福”观基础上形成的。

二为除病。据《左传·哀公六年》载：

是岁也，有云如众青鸟，夹日以飞，三日。楚子使问诸周大史。周大史曰："其与王身乎？若禜之，可移于令尹、司马。"

所谓"禜"，此处指祷山川之神以禳疠疫。又载：

初，昭王有疾，卜曰："河为祟。"王弗祭。

楚昭王不祭黄河，是因为黄河非楚境内之川神，故他认为"河非所获罪也"。可见，楚人有禳疾疫之俗。

南方诸族之人，多以为疾病为鬼作祟，不事医药，专延巫师祈禳。如唐张鷟《朝野佥载》卷五载：

岭南风俗，家有人病，先杀鸡、鹅以祀之，将为修福。若不差，即次杀猪、狗以祈之。不差，即次杀太牢以祷之。更不差，即是命，不复更祈。

此为古代越人遗风。宋赵汝适《诸蕃志》卷下，海南条载：万安军俗，

病不服药，信尚巫鬼，杀牲而祭，以祈福祐。

又，清张庆长《黎岐纪闻》载：

遇有病辄宰牛告祖先，或于屋，或于野，随所便也，不设位。

病不知医，尚跳鬼，数十人为群，击鼓鸣钲跳舞号呼。或取雄鸡红色者，割之见血，用以祈祷，谓之割鸡。海南风俗多类此。

此为黎俗。明陶晋英《楚书》载：施州、保靖、永顺之俗，

疾病则击铜鼓、沙锣，以祀鬼神。

又，《苗防备览·风俗下》，永、保土人风俗条载：

病则无医，惟椎牛师巫击鼓铃卜竹筶，以祀鬼。

此为土家俗。据清田雯《黔书》卷一载：花苗，

病不服药，准祷于鬼。谓其巫曰鬼师，鬼师乘是以愚之。或宰牲磔鸡，或杀牛，虽极贫亦必称贷而为之。往往以此破产，终不悔悟。

又，清龚柴《苗民考》载：

畏鬼信巫，至虔。人病则曰有鬼，延巫祈祷，酿酒割牲，约亲邻饮，福名曰傲鬼。不愈，则委之于命。

此为苗俗。概言之，古代两广、海南、台湾、两湖及云贵川民族地区均盛行此风。

总之，信鬼神、重淫祀为“南蛮”（包括楚与后世的南方民族）具有的一种共同文化表征。

二、祭山鬼

楚人与南方民族都同样盛行与中原地区有别的独特的祭山鬼之俗。此俗，属自然崇拜的范畴。

《楚辞·九歌》辟专篇记述《山鬼》，是楚人崇尚山鬼的典型事例。楚亡后，楚地信山鬼之俗并未随之消失。据南宋宗懔《荆楚岁时记》载：荆楚之俗，正月初一，

鸡鸣而起，先于庭前爆竹以辟山臊恶鬼。

“臊”为“猱”的通假，而“猱”“别作魈”（《正字通》引《神异经》），《太平御览》引此作“山魈”也可证。

此俗，在南方各地特别是湘、黔民族地区广为流行。据康熙《贵州通志·蛮僚》载：土人，

岁首则迎山魈，逐村以为傩，男子妆饰如社夥，击鼓以唱神歌，所致之家，皆饮食之。

关于以“傩”迎山魈之俗，史籍多有记载，在傩戏部分再加记述。清黄元治《黔中

杂记·平远府风土记》载：

> 山之阴，即茂林翳之，人迹罕到，山鬼往往吟啸于其间。

清爱必达《黔南志略》卷二七载：仲家，

> 每岁三月三日，宰猪羊祭山分肉，各寨男妇饮酒食黄糯米饭。苗语以是日为拈山，犹汉语呼为祭山神也。

清佚名《贵州少数民族图》载：东苗，

> 春猎于山，获禽亦必以祭。

沈从文《湘西·沅陵的人》写道：沅陵妇女，"或带回一点红绿纸同竹篾作成的简陋船只，小小香烛。问她时，就会笑笑的回答：'拿回家去做土地会。'你或许不明白土地会的意义，事实上就是酬谢《楚辞》中提到的邢种云中君——山鬼。"在那浓郁的宗教气氛中，人们会感到"《楚辞》中的山鬼，云中君，仿佛如在眼前"。

综上所述，楚与南方诸族同样流行山鬼崇拜的原因是：

其一，是僻处山区所致。据载："楚在山林。"(《左传·昭公十二年》杜预注)；而南蛮则"所处险绝，人迹不至""好入山壑，不乐平旷"(《后议书·南蛮传》)。可见，其居住环境是相类的。又，《九歌·山鬼》写道：

> 余处幽篁兮终不见天，路险难兮独后来。表独立兮山之上，云容容兮而在下。杳冥冥兮羌昼晦，东风飘兮神灵雨。

显然，若无山区生活的体验是不可能塑造这样栩栩如生的山中景色与山鬼形象的。一言以蔽之，南方之民的山区生活及狩猎、耕山的经济活动，是产生山鬼崇拜的根本原因。

其二，湘、黔边区民族信奉山鬼，则是直接源于楚国遗风。屈原曾贬入湖南辰溪、溆浦等地，目睹"荆蛮"祭祀活动而成《九歌》。上述土人妆饰、击鼓、唱神歌以"迎山魈"之宗教仪式，证之以《九歌》"歌舞以娱神"的记载，这或许就是当年楚国祭山鬼场面的再现。

三、招　魂

招魂之俗，始见于《楚辞·招魂》篇。由于年代久远，学术界对招魂之释，可谓见仁见智而各持一端。楚招魂之俗，已湮没久矣。但从流行于后世南方民族地区的招魂，尚可窥见楚人招魂之一斑。其法有两种：

一为招死人之魂。彝族此俗，富有代表性。据清爱必达《黔南志略》卷二四载：罗罗，

> 殓用火葬，招魂于野，结松棚，设灵幄，谓之翁车，椎牛野祭，击鼓吹喇叭，亲戚会集者数百人，谓之做戛。

又，清檩萃《滇海虞衡志·志蛮》载：白罗罗，

> 丧无棺，缚以火麻，裹毡，竹床舁之。前导七人，甲胄枪弩，四方射，名禁恶止杀。焚之于山，鸣金执旗，招其魂，以竹裹絮，置小篾笼，悬床间如神主。

一为招生人之魂，或曰收魂，又曰叫魂。壮族、苗族均有此俗。据《炎徼纪闻》卷四，蛮夷条载：壮，

> 人远出而归者，止于三十里外，家遣巫提竹篮迓，脱妇人帖体衣贮之篮，以前导还家，言为行人收魂归也。

明魏濬《峤南琐记》卷下，有相类记载，当袭自此。又，明邝露《赤雅》卷下载：

> 峒婿远归，止三十里外，遣瑶眊持篮往迎之，脱妇人中袖贮篮中，曰收魂。瑶眊者，巫也。

清李调元《南越笔记》卷七，瑶人条，记壮俗，有相似内容，则本于此。总之，壮人出远门归家，有收魂之举。

据清李宗昉《黔记》载：

> 黔俗，家有病者，妇人以米置鸡子之上，蹲门而禳之，名曰叫魂。

又，清罗绕典《黔南职方纪略》卷九载：西苗，

> 除夕，各置鸡酒，呼合家老幼姓名，谓之叫魂。

可见，贵州诸族有为病人或节日为合家叫魂之俗。

概言之，楚与南方诸族均重招魂之俗。他们均相信人有灵魂之说。认为：人活着，灵魂可离开肉体而单独进行活动，即所谓魂不附体；人死后，肉体虽灭而灵魂依然存在。故前者产生为生人招魂，后者产生为死人招魂之举。招魂，属于灵魂崇拜之列。至于招魂形式，则具有十分奇特的方法和充满神秘的气氛。

四、猎头祭

古代南方民族中，有猎头祭之俗。

猎头祭为人祭之一种。早在我国商代，曾盛行人祭。在甲骨文卜辞中，有关人祭的记载有近两千条，据胡厚宜统计："总算起来，从盘庚迁殷到帝辛亡国，在这八世十二王二百七十三年（前1395—前1123年）的奴隶社会昌盛时期，共用人祭一万三千零五十二人，另外还有一千一百四十五条卜辞未记人数，即都以一人计算，全都杀人祭祀，至少亦当用一万四千一百九十七人。"[①] 其中，砍人头为祭品者，称作"伐"祭。甲骨文的"伐"字写作"檑"，像以戈砍头之形；铜器铭文中则写作"檑"，像以手持戈砍头之形。均是例证。

早期记南方诸族有人祭之俗者，当推《楚辞·招魂》。其中写道：

> 魂兮归来，南方不可以止些。雕题黑齿，得人肉以逸，以其骨为醢些。

据王逸注："言南极之人，雕画其额，齿牙尽黑常食蠃蚌。得人之肉，用祭祀先祖，复以其骨为醢酱也。"换言之，当时极南的文身凿齿之人，以人肉祭祀祖先。从中也可见，人祭与食人俗有关。

其后，僚、乌浒以及瑶、侗、土家、彝、高山诸族先民，均有猎首祭之风。

僚人的猎首祭，记载最多。始记其事者，为北齐魏收《魏书·僚传》载：

① 胡厚宣：《中国奴隶社会的人殉和人祭》（下篇），载《文物》,1974（8）。

其俗畏鬼神，尤尚淫祀。所杀之人，美胡髯者，必剥其面皮，笼之于竹，及燥，号之曰鬼。鼓舞祀之，以求福利。

历代所载，大同小异，均本此。如唐李延寿《北史·獠传》所载全同，只将“必剥其面皮”的“必”字，改作“乃”字而已。唐杜祐《通典·边防三》，獠条载：

性尤畏鬼，所杀之人，美胡髯者，必剥其面皮，笼之以竹，及燥，号之曰鬼。鼓舞祀之以求福利。

除将“其俗畏鬼神，尤尚淫祀”一句缩改成“性尤畏鬼”外，其余全同。明田汝成《炎徼纪闻》卷四载：獠人，

报仇相杀，必食其肉而卧其皮。所杀之人，美胡髯者，剥其面而笼之竹木，鼓噪而祭之，以徼福利。

明魏濬《峤南琐记》卷上载：

獠人相斗杀，若所杀之人，得美胡髯者，则剜其面，笼之以竹，鼓噪而祭之，以徼福。

明邝露《赤雅》卷上载：

祭枭。獠人相斗杀，得美胡髯者，则剜其面，而笼之以竹，鼓行而祭，竞以徼福。

清檀萃《说蛮》：

獠俗略同僮，而嗜杀尤甚。……相斗杀，得美胡髯者，则剜其面，笼之以竹，鼓行而祭。

总之，从南北朝至清，关于獠人猎首祭之俗的记载未断。

乌浒　据《南州异物志》（《太平御览》卷七八六）曰：

交广之界民曰乌浒，东界在广州之南，交州之北。恒出道间，伺候

二州行旅，有单回辈者，辄出击之，利得人食之，不贪其财货也。……

奉月方田，尤好出索人，贪得之以祭田神也。

《南州异物志》，似是东汉杨孚所撰《异物志》之别名，可见，岭南乌浒人有猎首以“祭田神”之俗。

瑶族 据明邝露《赤雅》载：瑶人时节祀盘瓠，

侧具大木槽，扣槽群号。先献人头一枚，名吴将军首级。予观察时，以桄榔面为之，时无罪人，故耳设首。

清代仍有记载，如檀萃《说蛮》云：瑶人，

时节祀狗王，以桄榔面为吴将军，先献之。

瑶人以吴将军首级祭祀，当是源于传说中的瑶人始祖盘瓠曾打败犬戎之将吴将军一事。以桄榔面做成的假人头，代替真人头，乃是一种历史的进步。

侗族 据清陆祚蕃《粤西偶记》载：

粤西有一种洞苗，喜结交，尚意气。人有与昵者，即倾家殉身不顾。然其相厚之人，或往别之，苗即招同类酣饮，共议曰：“如此交情，一去恐不得复见，盍相与收拾之。”遂杀而烹之，尽食其肉，收其骨净洗，以锦裹之。置于家祠之中，时时奉之，以志不忘也。

清傅恒《皇清职贡图》卷四，记龙胜苗人。

喜结交，与亲昵者至以身殉之。若其人欲他往，遂杀而食其肉，裹骨以饰，置家祠奉之，志不忘焉。

广西龙胜为侗族聚居地。上述“粤西洞苗”“龙胜苗人”，似是侗族。

土家族 明沈德符《万历野获编》卷三〇载：永顺土司祭祀时，

杀人亦献首于其庙。……闻楚徼外，保靖、石柱、酉阳诸土官皆然。

明代湖南永顺、保靖与四川石柱、酉阳土司，皆为土家族。

彝族 据元李京《云南志略》载：罗罗酋长死，

葬毕，用七宝偶人，藏之高楼。盗取邻境贵人之首以祭，如不得，则不能祭。

高山族 据林谦光《台湾纪略·风俗》载：

性好杀人，截其头洗剔之，粘以铜锡箔，供于家。

康熙《诸罗县志·番俗·杂俗》卷八载：

以杀人为雄长。自相攻战或伺客于径，阴射之，取其首。烹，剥去皮肉，饰髑髅以金，持以夸众，众则推以为长。

清黄叔璥《台海使槎录》卷七载：

傀儡生番，动辄杀人，割首以去，髑髅用金饰以为宝，《志》言之矣。被杀之番，其子嗣于四个月释服后，必出杀人，取首级以祭。

清兰鼎元《东征杂记》载：竹堑埔，

野番出没，伏草莽以伺杀人，割首级，剥髑髅，饰金，夸为奇货，由来归矣。

从以上记载，可见猎头祭的作用，各不尽同。归结起来，大致有四：

一是用以庆祝战争胜利。僚人相斗杀后，剥美胡髯者面皮以祀，瑶人以桃榔面做的吴将军头祀盘瓠，即属此例。

二是用以祈求谷物丰收。乌浒人“祭田神”一事。相当典型。又，旧时云南佤族，也有在春播或秋收季节，获取外寨人头作供品，以求人旺年丰之俗。

三是用以祖先崇拜。土家族土司，“献首于其庙”，彝族酋长死，“盗取邻境贵人之首以祭”，即属此例。

四是用以灵魂崇拜。粤西洞苗杀交情至笃者，供奉其骨，以志不忘，即是。

五、崇　巫

信鬼神重淫祀的必然结果是巫风盛行。朱熹《楚辞集注》说："其祀必使巫觋作乐。"即鬼神与巫觋是紧密联系在一起的。可以说，巫风是古代南方民族文化的又一特点。

早在先秦时代，作为南方两大民族与国家的楚、越，就以信巫并称于当时。

楚国有巫，是有史可征的。据《左传·文公十年》载：

> 初，楚范巫矞似谓成王与子玉、子西曰："三君皆将强死。"

又,《晏子春秋·内篇谏上》载：

> 楚巫微道裔款以见景公。

从楚国范地之巫矞似与楚巫微能与楚、齐最高统治集团过往之事，表明巫在楚国的政治生活中是占有颇高地位的。又,《楚辞》中也常见楚巫之名,"灵氛""巫咸""女媭"(《离骚》)以及"巫阳"(《招魂》)等均是。

越人重巫，在《越绝书·越绝外传记地传》中有集中记载。其中云：

> 巫里，勾践徙巫为一里，去县二十五里。
>
> 巫山者，越魑，神巫之官也，死葬其上。
>
> 江东中巫葬者，越神巫无杜子孙也。死，勾践于中江而葬之。

从巫里、巫山、巫葬诸条记载，可见越神巫地位之重及越巫风之盛。

在汉代，特别是汉武帝平南越后，越巫风在中原地区广为传播。其表现有三：其一，信越巫。据载，汉武帝"尤信越巫"(《风俗通义·怪神》)。其二，立越祠。据载，汉武帝"乃令越巫立越祝祠"(《史记·孝武本纪》)。其设置情况，可考者，仅在左冯翎云阳一地，即有越巫祠三所(《汉书·地理志下》)。由于巫祠滥为兴建，故于天汉二年秋"止禁巫祠道中者"(《汉书·武帝纪》)。其三，行巫术。越巫之术，与他地不同，有所谓"鸡卜"(《史记·封禅书》)，又有所谓厌服之术，据载，柏梁灾，越人勇之乃曰："越俗有火灾，复起屋必以大，用胜服之。"于是作建章宫(《史记·孝武本纪》)。由于汉代统治阶级的提倡，越巫风对后世发生了重大影响。

东汉初年，旧越中心地区仍信巫祝。据汉应劭《风俗通义》卷九载：

会稽俗多淫祀，好卜筮，民一以中祭。巫祝赋敛受谢，民畏其口，惧被祟，不敢拒逆。是以财尽于鬼神，产匮于祭祀。

《后汉书·第五伦传》也有类似记载，当本此。

唐代，据《旧唐书·刘禹锡传》载：刘禹锡贬朗州司马，在朗十年，亲见，

蛮俗好巫。

朗州为故楚黔中地，说明“好巫”之俗在当地少数民族地区长期流传下来。又，据唐元稹《元氏长庆集》卷三载：

楚俗不事事，巫风事妖神。事妖结妖社，不问疏与亲。年年十月暮，珠稻欲垂新。家家不敛获，赛妖无富贫。杀牛贯官酒，椎鼓集顽民。喧闹里闾隘，凶酗日夜频。

这种以“杀牛”“椎鼓”“凶酗”为特点的“巫风事妖神”之楚俗，可从后世苗族的“椎牛”祭祀活动中再现。

直至清代，南方诸族地区仍盛行巫风。如：苗俗，“信鬼尚巫”（《苗疆闻见录》卷下）；土家族，“信鬼巫”（《苗防备览·风俗下》，永、保土人风俗条）。黎俗，“尚跳鬼”（《黎岐纪闻》）；台湾风俗，“有疾病不用医而用巫”（《台湾随笔》）。诸如这类事例甚多，不胜枚举。

六、奇特的占卜方式

占卜，在巫术活动中占有十分重要的地位。古代南方诸族之人，把它作为预测吉凶祸福的方法，无论生产、生活诸方面，可谓事无巨细，均需时时事事问卜，以作为其行动的准则。占卜方式，也形形色色，无奇不用。

（一）鸡　卜

起源于古代越人。最早记载越人鸡卜者为汉司马迁《史记·封禅书》：

是时既灭南越，越人勇之乃言："越人俗鬼，而其祠皆见鬼，数有效。昔东瓯王敬鬼，寿百六十岁。后世怠慢，故衰耗。"乃令越巫立越祝祠，安台无坛，亦祠天神上帝百鬼，而以鸡卜。上信之，越祠鸡卜始用。

汉元、成间人褚少孙所补《史记·孝武本纪》与班固《汉书·郊祀志》所记越巫鸡卜事，均本此。但鸡卜的具体做法，史未言明。

至唐时，人们才从岭南越人后裔的习俗中，探求汉代越人鸡卜法。唐张守节《史记·孝武本纪》正义云：

鸡卜，用鸡一、狗一。生，祝愿讫，即杀鸡、狗。煮熟，又祭，独取鸡两眼，骨上自有孔裂，似人物形则吉，不足则凶。今岭南犹此法也。

又，唐段公路《北户录》载：

南方逐除夜及将发舡，皆杀鸡，择骨为卜，传古法也。

可见，唐代岭南鸡卜法，是从"古法"传下来的。

宋代，周去非《岭外代答·志异》始详记鸡卜之法：

南人以鸡卜。其法以小雄鸡未孳尾者，执其两足，焚香祷所占而扑杀之。取腿骨洗净，以麻线束两骨之中，以竹梃插所束之处，俾两腿骨相背于竹梃之端，执梃再祷。左骨为侬，侬者我也，右骨为人，人者所占之事也。乃视两骨之侧，所有细窍，以细竹梃长寸余者遍插之。或斜或直，或正或偏，各随其斜直正偏而定吉凶。其法有一十八变，大抵直而正或附骨多者吉，曲而斜或远骨者多凶。

后世所记南人鸡卜法，多本此。

明、清两代关于鸡卜法的记载颇多。如明钱古训《百夷传》载：

有事惟鸡卜是决。

百夷，为今傣族先民。明田汝成《炎徼纪闻》卷四蛮夷条载：苗人，

占卜以鸡骨推之，视其璺以断吉凶。

明郭子章《黔记·诸夷》载：罗罗，

以鸡骨占吉凶，酋长左右斯须不可阙，事无细巨，皆决之。

罗罗，为彝族先民。明邝露《赤雅》卷下鸡匠条载：

鸡卜，以雄鸡执其两足，鸡匠焚香祷祈，占毕，杀之。拔两股骨净洗，用线束之。以竹梃插束处，使两骨相背，端执再祝。左骨为侬，侬者我也；右骨为人，人者事也。视两骨侧，所有细窍，以小竹梃长寸许遍插之。斜直偏正，任其自然，以定吉凶。其法有十八变，直而正近骨吉，曲而斜远骨凶。汉元封三年，平越得越巫，适有祠祷之事，令祠，上吊祭百鬼用鸡卜。斯时方士如云，儒臣如雨，天子有事不昆命于元龟，降用夷礼，廷臣莫敢致诤，意其术大有可观者矣。

显然，此段关于鸡卜法的记载，袭自《岭外代答》，也表明明代鸡卜法仍沿袭宋代而未变。又，邝露指明，鸡卜为“夷礼”，是有别于华夏族的龟卜法的。

清代，徐炯《使滇日记》载：霑益之乌蛮卜筮法，

或以鸡骨占算，辄应。

清傅恒《皇清职贡图》卷七，临安等府撒鸡蛮条载：

有占卜，用鸡骨。

又，道光《云南通志》卷一八二载：爨蛮，

取雏鸡雄者，生刳，取两髀束之，细剖其皮骨，有细窍，刺以竹签，相多寡向背顺逆之形，以占吉凶。

上述乌蛮、撒鸡蛮、爨蛮，均属今彝族。清闵叙《粤述》载：仡僚，

以鸡卜吉凶。

清诸匡鼎《瑶僮传》也有仡僚“以鸡卜吉凶”的记载。《皇清职贡图》卷四载：融县壮人，

> 善鸡卜，执雄鸡祷毕，杀之，拔两股骨视骨侧细窍，遍插竹梃斜正偏直，任其自然以定吉凶。

清张庆长《黎岐纪闻》载：黎人，

> 以鸡卜骨占人心良歹，名为插鸡簪。其法于两人对食时，取髀骨剥去肉，于有孔处用竹簪刺入，照亮处，验其体全与否，可识来人之心是否良善，其秘巧外间人不知也。

可见，黎人鸡卜法与唐宋以来岭南流行的鸡卜法相类。清严如煜《苗防备览·风俗上》载：

> 曰鸡卦。持鸡于野，插五色纸旗于地，绕以楮钱，击竹筒祷之。然后，烹鸡取两胫，以竹梃测骨孔之浅深。其吉凶休咎，率卜于是数者。

以上记载，可归结两点：一是鸡卜主要行于越人及其传人如壮、仡僚、黎诸族，但其他民族如彝、苗等也有此俗，当系受其影响所至。二是汉武帝信鸡卜，从此“越祠鸡卜始用”。无疑，这促使了后世鸡卜的盛行。

（二）鸡卵卜

鸡卵卜，也属越人鸡卜的范围。较早记岭南有此俗者有唐段公路《北户录》：

> 邕州之南，有善行禁者，取鸡卵墨画，祝而煮之。剖为二片，以验其黄，然后决嫌疑定祸福，言如响答。据此，乃古法也。《神仙传》曰：人有病，就茅君请福，煮鸡子十枚，以内帐中。须臾，茅君掷出，中无黄者病多愈，有黄者不愈，常以此为候。

邕州，治今广西邕宁县，为古代壮族聚居地。可见，唐代壮族已行鸡卵卜法。又，《神仙传》为晋葛洪所撰，可见此法之古，殆与汉代越祠鸡卜同时流行。

宋代，记载增多。据北宋吴处厚《青箱杂记》卷三载：

《史记》称四夷各异卜，《汉书》称粤人以鸡卜，信有之矣。元丰中，余任大理丞，断岭南奏案，韦庶为人所杀，疑尸在潭中，求而弗获。庶妻何以铛就岸爨煮鸡子卜之，咒云：“侬来在个泽里，他来在别处。”少顷，鸡子熟，剖视得侬。韦全曰：“鸡卵得侬，尸在潭里。”果得之。然不知所谓得侬者，其兆如何也。

岭南夷韦姓者，似为壮族先民。又，此为吴处厚亲见鸡卜法，当可信。又，《文献通考》卷三三一引《桂海虞衡志》载：黎人，

葬则舁榇而行，令一人前行，以鸡子掷地，鸡子不破处，即为吉穴。

值得之处有二：一是此为记黎人鸡子卜者的最早记载，二是此为鸡卵卜的又一方法。即不以剖视蛋黄而以视蛋完破定吉凶。《岭外代答·外国》，海外黎蛮条载：

其葬地，舁亲而行，前一人以鸡子掷地，不破即吉也。

显然，这段记载袭自《桂海虞衡志》一书。《岭外代答·蛮俗》，鸡卜条又载：

亦有用鸡卵卜者，焚香祷祝，书墨于卵，记其四维而煮之。熟乃横截，视当墨之处，辨其白之厚薄而定侬人吉凶焉。昔汉武奉越祠鸡卜，其法无传，今始记之。

此与《北户录》所载，大体相同。需要指出的是，周去非把宋代岭南鸡卵卜与鸡卜一起均当作汉越祠鸡卜法之流传。

明、清以后，记载虽日多，但其基本内容并未超越唐、宋人记载的范围。据明田汝成《炎徼纪闻》卷四载：黎人，

葬则舁榇而行，前以鸡子掷地，不破即为吉穴也。

显然，此处文字是从《桂海虞衡志》脱胎而来。据明邝露《赤雅》卷下载：

卵卜。卵卜者握卵祝之，书墨于壳，记其四维。煮，截视当墨处，

辨壳中厚薄定吉凶。僮人卜葬，请鸡匠祝神，以卵投地不破者，如获滕公之碑。

此处煮卵定吉凶的记载，并无新意，当袭自《岭外代答》。值得注意之处是：关于壮人也有如黎人一样以卵投地的卜葬法之记载。

清代，鸡卵卜也多流行于百越系统诸族。清张庆长《黎岐纪闻》载；

起室用鸡卵占验。于黄昏时，将鸡卵置十字路口。次早，取而煮熟，开验之，视其黄之偏处以定向。

可见，黎人不仅有上述以卵卜葬法，也有剖视卵黄定吉凶法。清李调元《南越笔记》卷一，俗尚师巫条载：

永安俗尚师巫，人有病，辄以八字问巫。巫始至，破一鸡卵，视其中黄白若何，以知其病之轻重。

永安，为今广东紫金县。此当为古越人之遗风。此外，非百越系统民族也有受其影响而行此俗者。以苗族为例：如清田雯《黔书》卷一载：花苗，

其卜地以鸡子掷之，不破者为吉。

陆次云《峒谿纤志》载：

苗人取鸡卵画墨，祝而煮之，剖视吉凶。又有将葬其亲，以鸡卵掷地，视卵不碎之处，即以为吉。

又，《苗防备览•风俗上》载：

曰鸡蛋卦。以鸡蛋置器中，向日咒之，咒毕卵定，以煤涂志其左右，熟而分以线，视黄白之厚薄。

总之，鸡卵卜较鸡卜为简单。其法主要有二：一是掷卵于地，视其完好程度而定葬穴法；一是剖视熟蛋，视其黄白之厚薄而定吉凶法。

（三）茅　卜

茅卜法，最早流行于楚国。据《离骚》载：

> 索藑茅以筳篿兮，命灵氛为余占之。

据刘永济《屈赋音注详解》卷一释：“取藑茅与竹筳请灵氛为我卜。”作者以为，当时中原诸国流行以蓍草占卦，而楚人则就地取材以“藑茅”为之。但后人对“藑茅”卜的具体做法，则不得而知。

其后，详细记述南方诸族茅卜法者，当首推《岭外代答·志异》卷十：

> 南人茅卜法。卜人信手摘茅，取占者左手自肘量至中指尖而断之，以授占者，使祷所求，即中摺之，祝曰：奉请茅将军茅小娘，上知天纲，下知地理云云。遂祷所卜之事，口且祷，手且掐，自茅之中掐至尾，又自茅中掐至首，乃各以四数之，余一为料，余二为伤，余三为疾，余四为厚。料者，雀也，谓如占行人，早占遇料，行人当在路，此时雀已出巢故也，日中占遇料，则行人当晚至，时雀至当暮归尔，晚占遇料则雀已入巢，不归矣。伤者，声也，谓之笑面猫，其卦甚吉，百事欢欣和合。疾者，黑面猫也，其卦不吉，所在不和合。厚者，滞也，凡事迟滞。茅首余二名曰料贯伤，首余三名曰料贯疾，余皆仿此。南人卜此最验。精者能以时辰与茅折之委曲，分别五行而详说之。大抵不越上四余，而四余之中各有吉凶，又系乎所占之事。当卜之时，或遇人来则必别卜，曰外人踏断卦矣。余以此法，即易卦之世应揲蓍也。尝闻楚人篿卜，今见之。

可见，周去非认为：南人茅卜法，源于楚人篿卜（确切地说，应为“藑茅”之卜，而非篿卜，因为篿卜为竹卜）。相当于易卦之蓍卜。这见解是可取的。茅卜法虽颇为复杂，但其基本方法为断草以卜吉凶，楚人“藑茅”之卜理应无例外。

茅卜法，在南方民族中一直保存下来。以苗族为倒，据明田汝成《炎徼纪闻》卷四载：苗人“或折茅为兆。”清吴省兰《楚峒志略》载：苗人，“出行无论远近，必断草卜休咎，以定行止”。清李宗昉《黔记》：贵州台拱古州清江属之黑山苗，“能

卜茅草卦，预告吉凶”。均属此例。

（四）竹　卜

南方诸族的竹卜之俗，最早可上溯至楚人。上引《离骚》之“筳篿”，即竹卜之谓也。《后汉书·方术传》作“挺专”，该传注释为“折竹卜也”。筳篿之法，在荆楚之地广为流传。据南宋宗懔《荆楚岁时记》载：社日，

> 掷教于社神，以占来岁丰俭，或折竹以卜。

可见竹卜之法有二：一是“掷教”，二是“折竹以卜”。此当系楚之遗风。

后世南方诸族也行竹卜之俗。据载：“苗中其水旱疾疫，亦知卜筮。曰抛木卦，剖木为二，掷之于地，视其仰伏向背。”（《苗防备览·风俗上》）其不同处为“教”改竹制为木制而已。而永顺、保靖土家族，也有“卜竹筶（教）”（《苗防备览·风俗下》）之习。又，霑益之乌蛮（今彝族）则“用细竹四十九茎”（《使滇日记》）占算，大理等府峨昌蛮（今阿昌族），“占用竹三十枝，如蓍茎然”（《皇清职贡图》卷七）。此为折竹以卜之例。需要指出的是，阿昌占用竹，有说是三十三枚者。如清檀萃《滇海虞衡志》卷十三载：阿昌，“占用竹，三十三茎，略如蓍。”

（五）其他诸卜

此外，尚有牛卜、牛毛卜、羊骨卜、羊脾卜、鸟卜、螺蛳卜、草卜、麦卜、梳卜、索卜、钱卜、灶卜、字卜、卜岁、蛇卜等。

牛卜　始载于宋洪迈《容斋四笔》卷十六，渠阳蛮俗条：

> 病不谒医，但杀牛祭鬼，率以刀断其咽，视死所向以卜。

至清代，《苗防备览·风俗上》记载为详：苗人祀祖，

> 请牛鬼。第五日，棚左右各置一桩，系黑白二牛各一。先让极尊之亲揖四方毕，用枪以刺，余以序进，一人持水随拨血不淋于地。牛仆，视其首之所向以卜休咎。首向其室，则欢笑相庆，以鬼来歆也。否则，众皆愀然不乐，主人惶悚无地，以鬼不茹将降不祥也。

同治《永绥厅志·苗峒》卷一，有相同记载，即本此。此为苗族杀牛祭祖时视牛仆方向定休咎法。

牛毛卜 《皇清职贡图》卷七，楚雄等府扯苏蛮条载：

俗以牛毛占晴雨。

羊骨卜 清代云南丽江府维西厅（今维西县）“夷人”行此俗。据清余庆远《维西见闻纪》载：

羊骨卜，夷人食羖，于膊骨皆焚香而悬之佛堂门，存为卜。其卜也，炉焚柴香再拜，取骨置炉上，祝以所谋，炙灼。阅时，反骨，裂文直者吉，丫叉文明而有理者次之，乱者凶。《辽史》载契丹以羊骨灼占，谓之羊卜。《徐沙邨集》蒙古炙羊骨卜，曰跋焦。维西夷人卜法，习自番僧也，而同于契丹蒙古。

这说明：滇西北地区诸族的羊骨卜，来源于信藏传佛教的藏族，“习自番僧”可证；羊骨卜与商代的牛胛骨卜相类，即均是炙灼动物之骨而以其裂纹定吉凶；它盛行于畜羊的游牧民族中，藏族与契丹、蒙古诸族均同此俗。

此外，彝族也行此俗。据道光《云南通志稿》卷一八二载：黑㑩㑩，其占，

或鸡羊骨为之。

羊脾卜 据《元史·张庭珍传》卷一六七，附弟庭瑞传载：张庭瑞为使者，往蜀地碉门羌谕羌酋祸福，

其酋长弃枪弩罗拜曰：“我近者生裂羊脾卜之，视肉之文理何如，则吉其兆。”曰：“有白马将军来，可不劳兵而罢。今公马果白，敢不从命。”

可见，四川羌人有裂羊脾以视其文理之卜。又，据载：清代四川倮㑩（今彝族），“用艾炙羊膊以卜吉凶”（光绪《珙县志·风俗》）。此羊膊卜，疑是羊脾卜之误写。

鸟卜 据《旧唐书·西南蛮传》载：东女国，

每至十月，令巫者赍楮诣山中，散糟麦于空，大咒呼鸟，俄而有鸟

如鸡，飞入巫者之怀，因剖腹而观之。每有一谷，来岁必登，若有霜雪，必多灾异。其俗信之，名为鸟卜。

又，《青箱杂记》卷三也有相类记载。此为东女国以剖鸟腹定来岁丰歉祸福法。又，据康熙《诸罗县志·番倍·杂俗》载：

无卜筮。凡出草入山樵采，必听鸟音，以卜吉凶，吉乃往。鸟若鹌鹑。

清六十七《番社采风图考》，筑基条载：

番不谙堪舆，然筑舍亦自有法。初，卜鸟音以择日。

《皇清职贡图》卷三，凤山县放索等处熟番条载：

捕鹿，必听鸟音，以占得失。

徐珂《清稗类钞》第五册，台番农事条载：

插秧在三四月。先日，猎生酹酒，祝空中，占鸟音吉，而后插种，亲党馕黍往馌焉。

此为高山族卜鸟音以择吉日从事建房、狩猎、樵采插种等生产活动之例。

螺蛳卜 据清李宗昉《黔记》卷三载：黑脚苗，

凡作事，以二螺蛳置盆中，观其相斗，以卜吉凶，每多应验，呼曰军师。

草卜 清代高山族有此俗，如康熙《诸罗县志·番俗·杂俗》卷八载：

老番能占岁，草初发，视今岁何者居先，则定一岁旱潦丰歉。师旷云，岁欲甘，则甘草先生，岁欲苦，则苦草先生，番犹古先民之遗也。

春以草验风信。初生无节，则周岁无飑；每多一节，主飑一次。验之不爽。近汉人亦有识此草，不知其名，但曰风草。

又，清代彝族也有此俗，据道光《云南通志稿》卷一八二，爨蛮条载：

或取山间草齐束而拈之，略如蓍法。

同书，黑㑩㑩条引《楚雄府志》云：

其占以蚆钱草签。

麦卜 清代彝族有此俗。据《皇清职贡图》卷七，云南等府白㑩㑩条载：

有占卜，则投麦于水，验其浮沉。

清檀萃《滇海虞衡志》卷十三则载：白罗罗，

以手量裙边，投麦于水，验其浮沉，以当占卜。

又，曹树翘《滇南杂志》所载与《滇海虞衡志》全同。

梳卜 据田雯《黔书》卷一载：生苗，“卜用梳”。《苗防备览·风俗上》记之较详：“曰钓梳卦。以线悬梳而祷，视其所向。”此为苗族悬梳视方向之卜式。

索卜 四川金川地区藏族，以牛毛绳索的散毛变化占卜，称为“索卦”。据清李心衡《金川琐记》卷三载：

索卦，即蓍卜之法。地上先布土石杂物，卖卜者手持牛毛绳八条，每绳两端各有散毛如流苏，即于散毛上随手挽结，掷地卦成，取土或取石，分行标识。如是者三，以定吉凶。

钱卜 据明郭子章《黔记·仲家》载：占卜，

用茅或铜钱、鸡骨。

灶卜 清代广东永安（今紫金县）流行除夕在灶上行卜，称为“灶卦”。此俗，当与越人遗俗有关。据李调元《南越笔记》卷一，灶卦条载：

永安岁除夕，妇人置盐米灶上，以碗覆之，视盐米之聚散，以卜丰

歉，名曰祝灶。男子则置水釜，旁粘东西南北字，中浮小木，视木端所向，以适其方，又审何声气，以卜休咎，名曰灶卦。

字卜 清代滇南地区有“摸索碑字”占卜法。据清吴应枚《滇南杂记》载：

临安人于元夕柱香拜学宫，谓之立百病。就香光中摸索碑字，以占一年休咎。

清云南临安府，辖建水、通河，河西、嶍峨、蒙自五县，及石屏、阿迷、宁三州。

卜岁 清明时，壮族首领用土杯贮水，以卜一年水旱法，名曰“卜岁”。明邝露《赤雅》卷上，卜岁条载：

岁首，郎火以土杯十二贮水，按辰列祷之，经夕启视，有水则其月不旱。

蛇卜 清李调元《南越笔记》卷四有记载（参见本书蛇图腾部分）。

第十六章　图腾崇拜

一、蛇图腾

在原始社会时期，某一氏族或部落，往往认定某种动物、植物或无生物为自己祖先加以顶礼膜拜，并把其族中所有成员都视作其子孙，这就是所谓的“图腾崇拜”。

在古代，我国东部沿海直至五岭以南的广阔地域内，散布着诸种不同氏族和部落的越人，史称“百越”。正如《汉书·地理志下》师古注引臣瓒曰：

自交趾至会稽七八千里，百越杂处，各有种姓。

据文献记载，各种不同种姓的古代越人，都盛行“断发文身”，而这一习俗，正是以蛇为图腾的有力例证。

关于各地越人断发文身的主要记载有：

据《汉书·地理志下》载：“粤（同越）地”之人，

文身断发。

这里所指的越地之人，班固已言明包括从会稽直至南海诸郡的越人。《汉书·严助传》又说：

越方外之地，劗发文身之民也。

这段话是淮南王安上书汉武帝，不要出兵干预闽越与南越之间的纠纷时说的，故此处之“越”，是包括闽越与南越在内的泛指。可见，这两处《汉书》所说的断发文身一事，是针对整个越地、越人而言的。

据《墨子·公孟》载：

越王勾践，翦发文身。

《淮南子·齐俗训》：

越王勾践，劗发文身。

《史记·越王勾践世家》：越王勾践，其先，

文身断发，披草莱而邑。

劗、翦均与剪通，而断与剪同义。上述所说断发文身一事，是专指越王勾践之越而言的，也就是汉代的东越地区。又，《战国策·赵策二》载：

被发文身，错臂左衽，瓯越之民也。

《史记·赵世家》有相类记载。被发与断发义同，即不束发冠带之意。这段话后面，还有一段把“大吴之国”与“瓯越之民”加以排比的论述，吴、越相提并论，可证此瓯越是指浙江省瓯江之地，也是指东越地区而言的。另，据《史记·吴太伯世家》载：

太伯、仲雍二人，乃犇荆蛮，文身断发，示不可用。

更把断发文身之地，由越扩及吴，包括了我国整个东部地区。

据《淮南子·原道训》载：

九疑之南……人民劗发文身。

九疑，山名，又名苍梧山，在今湖南宁远县。九疑之南，意即岭南，显非指越王勾践之越或东越。此处指汉代的南越之地，也是不言自明的。

总之，史书的记载是明确的，即无论是整个越族，或是东越，或是南越，都存有断发文身之俗。下面可进一步考察，这一习俗与蛇图腾本身的关系问题。

关于断发文身的作用。据刘向《说苑·奉使》载，诸发曰：越人，

翦发文身，烂然成章，以像龙子，将避水神也。

师古注《汉书·地理志》“文身断发，以避蛟龙之害”之语时，引应劭曰：越人，

常在水中，故断其发，文其身，以像龙子。故不见伤害也。

高诱注《淮南子·原道训》“劗发文身，以像鳞虫”之语时说：

> 文身，刻画其体，内墨其中，为蛟龙之状。以入身，蛟龙不害也，故曰以像鳞虫也。

这里需加说明的是，我国传说中的龙，往往就是指现实生活中的蛇，诚如闻一多所说：龙是蛇类，龙的基调是蛇。[①]而俗称，“蛇过三十丈者，皆称龙”（《赤雅》卷上）。故在一定意义上说来，龙与蛇是相通的。从上述刘向、应劭、高诱的记述中，可以说明如下两个问题：文身的式样，“像龙子”“如蛟龙之状”“像鳞虫”，即刻画成蛇龙一类的动物形象；文身的作用，在于使水中的越人，蛇龙“不见伤害”“不害”或谓之“避水神”。

但为什么越人会认为身上刻画了龙蛇之状，就能避害呢？对此，高诱未予回答，刘向、应劭虽只说了“以像龙子”数语，可谓接触到了问题的实质，惜嫌语焉不详，不易为后人所理解，所谓“以像龙子”，意即把自己装扮成龙之子，这样老龙（指水中的真龙）就不会伤害龙子（指入水的越人）了。对这句话，清屈大均作了十分确切的理解。他在《广东新语·鳞语》中写道：

> 南海，龙之都会，古时入水采贝者皆绣身面为龙子，使龙以为己类，不吞噬。

既然越人视龙蛇为己类，他们把龙蛇奉为老祖宗和承认自己为其子孙，这就不足为奇了。可见，“以为己类”，可谓画龙点睛之语。关于越人把龙蛇当作“己类”并当作祖宗来崇拜这一点，还可从海南岛黎族保留下来的越人文身的遗习中，得到印证。据明顾岕《海槎余录》载：

> 黎俗，男女周岁即文其身。自云，不然，则上世祖宗不认其子孙也。

清陆次云《峒谿纤志》也有相似记载，当本此。这说明，越人文身的作用，是把它作为本民族标志的一种手段，以使祖宗（这里指龙蛇）能认得自己的子孙，并为他

① 闻一多：《神话与诗》，26-27页，天津，天津古籍出版社，1956。

们尽防卫与保护之责。综上所述，我们可以得出结论说：断发文身是越人曾经奉行蛇图腾的确证。

越人的蛇图腾与古代南方的“蛮”族有着极为密切的关系。据许慎《说文解字·虫部》，蛮字条下释：

> 南蛮，蛇种。

所谓蛇种，即“南蛮”把蛇作为“己类”，奉蛇为自己的祖宗。又，《礼记·王制》说：

> 南方曰蛮，雕题、交趾。

而据杨孚《异物志》（《太平御览》卷七九〇）载：

> 雕题国，画其面皮身，刻其肌而青之，或若锦衣，或若鱼鳞。

所谓“若鱼鳞”，当与越人的“像鳞虫”“蛟龙状”相一致。这些都说明越人的蛇图腾与“南蛮”的蛇图腾是一脉相承的。

古代越人信奉蛇图腾，还可证之于我国的古代神话。这些神话中保留着不少关于东、南方人与龙蛇有着密切关系的宝贵材料。其中主要记载有：

据《山海经·东山经》载：

> 凡东山经之首樕螽之山以至竹山，凡十二山，三千六百里，其神状皆人身龙首。

《山海经·海外东经》：

> 东方句芒，鸟身人面乘两龙。

《玄中记》（《艺文类聚》卷九六）也说：

> 东海有蛇丘之地，险多渐茹，众蛇居之，无人民。蛇或人头而兽身。

唐张鷟《朝野佥载》有相类记述，当源于此。以上为东方甚及东海之外的人与蛇有

关的例证。

据《山海经·海内经》载：

南方……有神焉，人首蛇身。

《山海经·海内南经》：

窫窳龙首居弱水中，在狌狌知人名之西，其状如龙首，食人。

对此，郭璞注：“窫窳本蛇身人面，为贰负臣所杀，复化而成此物也。”郝懿行释：“刘逵注《吴都赋》引此经云，南海之外有猰貐，状如貙龙首，食人。”又，《山海经·海外南经》：

南方祝融，兽身人面，乘两龙。

《山海经·大荒南经》：

南海渚中有神，人面珥两青蛇，践两赤蛇。

《淮南子·本经训》：尧之时，脩蛇等为民害，尧乃使羿，

断脩蛇于洞庭。

高诱注：“脩蛇，大蛇也。……洞庭，南方泽名也。”以上所载，是从南方的洞庭直至南海之外的人与蛇有关的例证。

从上述材料中，可以归结出蛇图腾的三种表现形式：

一是以蛇为标记。所谓“断脩蛇于洞庭”一事，当系指南方某一以蛇为徽号的部族被尧所败。把图腾动物作为本氏族或部落的名称，这在世界民族中均不乏其例。如易洛魁人的塞讷卡部落内有八个民族，就分别以狼、熊、龟、海狸、鹿、鹬、苍鹭、鹰八个动物名称命名，可证。[①] 二是人的拟蛇化。在中外民族中，多有把崇拜的图腾描绘成半人半兽的怪物或神，这“人身龙首”“人首龙身”等也应作如是观。

① 恩格斯：《家庭、私有制和国家的起源》，81 页，北京，人民出版社，1991。

闻一多说："我们疑心创造人首蛇身型始祖的蓝本，便是断发文身的野蛮人自身。当初人要据图腾的模样来改造自己，那是我们所谓'人的拟兽化'。"[①] 即说，他认为人面蛇身的神话，是依据断发文身的越人形象塑造出来的，把古越族的蛇图腾直接与神话传说挂起钩来，这是极为精辟的见解。三是尚蛇习俗。所谓"乘两龙""珥两青蛇""践两赤蛇"，是尚蛇和以蛇为饰的习俗表现，也属蛇图腾崇拜之列。

总之，透过古代神话似乎荒诞和扑朔迷离的记述中，可以窥见我国东、南地区存在过蛇图腾的种种真实遗迹，而这些地区正是古代百越的聚居之地。因此，这些神话传说，无疑也是古越族信仰蛇图腾的有力例证。

古越族信奉蛇图腾，更为丰富的民族学材料所证实。下面试以越人后裔或至少与越人有密切关系的僚、蜑、黎、高山、傣族的传说或遗习，说明这一问题。

僚 隋、唐以后，史书往往把岭南地区的少数民族称作僚，故当地的僚，是越人后裔无疑。《朝野佥载》卷二记有一则僚妾化为蛇的故事，述说广州化蒙县丞胡亮从都督周仁轨讨僚，得一首领妾。妻贺氏烧铁烙妾的双目，妾遂自缢死。后贺氏产一蛇，两目无睛。原来，此蛇乃僚妾所变，只有养好此蛇才能免难。但胡亮不知此事，斫杀此蛇。贺氏因此得到两目俱枯的报应。人死尚能变蛇以报仇，似属无稽之谈。但这一有时间、地点、人物、情节的故事，如果作为岭南僚族流行人死可化为蛇的传说之反映来看，则实非偶然。因为崇拜图腾的民族，多有轮回信仰，即认为其成员死后，灵魂都会化为图腾。如古代巴人以虎为图腾，故巴地多有人化为虎的传说。这僚妇化为蛇的故事，也可作僚人以蛇为图腾的一倒。

疍（蜑）民 在广东、广西、福建三省（尤以广东为多），从前有一种以"舟楫为家"的"蛮人"，史称疍民。历代史家多视他们为越人遗民。史书记述他们以蛇为图腾的主要表现有：

一是称作龙（蛇）种或龙户。据明田汝成《炎徼纪闻》载：疍人，

> 辨水色，以知龙居，故又曰龙人。

明邝露《赤雅》称：疍人，

① 闻一多：《神话与诗》，31页，天津，天津古籍出版社，1956。

能辨水色，知龙所在，自云龙种，籍称龙户。

清初顾炎武《天下郡国利病书·广东》：疍户，

见水色知有龙，故又曰龙户，齐民则目为疍家。

清屈大均《广东新语·舟语》：疍人，

昔时称为龙户者，以其入水辄绣面文身，以像蛟龙之子，行水中三四十里，不遭物害。

《古今图书集成·方舆汇编职方典》广州府部风俗考中说：

蜑户……见水色则知有龙，故又曰龙户。

清李调元《粤风》疍歌题后注解：疍，

或曰蛇种，故祀蛇于神宫也。

又，清诸匡鼎《瑶僮传》有相同记载。以上材料说明：疍民自称龙种或蛇种，故籍称龙户，民称龙人，这与南蛮为蛇种的说法，完全吻合。所谓龙种或蛇种，就是疍人自视为蛇图腾的子孙。而龙种称谓的由来，田汝成诸人均主因辨水色知龙居所致，而屈大均则认为因绣面文身以像蛟龙之子而得名。这两说，虽有差异，但都说明疍人与龙蛇存在着密切关系。

二是祀蛇神。其主要记载有，《赤雅》：

蜑人神宫画蛇以祭。

《天下郡国利病书·广东》引《潮州志》云：

以南蛮为蛇种，故祭祀皆祀蛇神。

徐松石《粤江流域人民史》说：

广西梧州三角嘴亦有蛇庙，蜑人信奉甚虔。

需要指出的是，清人笔记所记粤地祀蛇盛况，更为生动，具体而翔实。据陆祚蕃《粤西偶记》载：

> 冯真君庙，灵爽颇著。小青蛇十余，金色灿然，长尺许，盘结栋宇及侍从腰领间，竟日不动，去来莫知其迹。士夫经此，必祷祠下，或云神能遣蛇相护，遇险滩疾风可无恙。此余所目睹者，《齐谐》所志，曷足云怪哉！

吴震方《岭南杂记》载：

> 潮州有蛇神，其像冠冕南面，尊曰游天大帝，龛中皆蛇也。欲见之，庙祝必致辞而后出，盘旋鼎俎间，或倒悬梁椽上，或以竹竿承之，蜿蜒纠结，不怖人亦不螫人，长三尺许，苍翠可爱，闻此自梧州而来。长年三老尤敬之。凡祀神者，蛇常游憩其家，甚有问神借贷者。……戊戌之岁，余入粤游于东莞，偶行市中。见有门施彩幔，内作鼓乐者，叟童男女杂沓于门语，侏儒嘈嘈不可辨，而入者咸有惊异非常之色，出者如瞻礼天帝庙庭，退而不敢忘端肃之状，心窃怪之。随众而入，见庭中铺设屏幛，几案樽俎甚备，香烟郁郁，灯火荧荧，执乐者列两旁，鼓吹迭奏，几上供一磁碗，碗中小树数株，有一青蛇蜿蜒升降于树间，长不及尺，大不逾小指，一身两头，项相并，颈相连，四目二口，两舌并吐，绿质柔扰，主人鞠躬立案左。出入者以次膜拜，苟越次不整，主人正色约束，皆唯唯惟命。

张心泰《粤游小志》载：

> 潮州青龙庙，跨城南大堤，当韩江之冲，神素灵应。常有灵物蜿蜒凭龛次香案间，其色青，过潮者咸祀之，然不可必见也。潮人睹青龙来，辄谓神降，益虔，至不敢以暧昧词质祠下。

粤西（特别是梧州一带）和粤东之潮州、东莞等地均为疍民分布区，故陆祚蕃、吴震方、张心泰所记当地祀蛇情形，当即邝露、顾炎武诸人所指疍人“神宫”祭祀习

俗的体现。可见，把蛇像甚至把活蛇当神加以崇拜，这是疍人以蛇为图腾的可靠证据。这也以世界各地崇奉蛇图腾的民族之做法，如出一辙。如古代雅典人的一些神庙“供养大蛇”，阿尔及利亚人有的对水蛇“焚香敬拜”。[①]

需要附及的是，粤地祀神之习，由来已久。据宋朱彧《萍洲可谈》卷二载：

广右英州清远峡小龙祠，余尝谒之，数问屋当溪山奇处。龙乃王蛇。其色，一如生金，王也；一如红锦，妃也；一青一绿，判官也；一黄，走吏也；又有小者，如王色，太子也。蟠曲一漆合中。发视之，或现或隐，甚神异。其状，比常蛇细颈而长，横目广颡，不畏人，色皆鲜明，胜于丹青。祀之，则出据香炉上，或食所祀酒茗。

此记载，虽未言明祀蛇民族，但判为古代越人遗习则无疑。疍人祀蛇习，当是袭此而来。

黎　史学界普遍认为，海南岛黎族先人为古代越人。黎族妇女曾盛行绣面之俗。如宋范成大《桂海虞衡志》（《文献通考》卷三三一）载：黎，

女年将及笄，置酒会亲属，女伴自施针笔，捏为极细虫蛾花卉，而以淡粟汶遍其余地，谓之绣面。

又，宋周去非《岭外代答·外国》，海外黎蛮条下说：

其妇人高髻绣面。

明田汝成《炎徼纪闻》卷四载：

黎人，男子文身椎髻，妇人女伴互施针笔，涅两脸为虫蛾花卉，名曰绣面。

此段记载，显系从范成大文改写而来。至于绣面之起因，可归纳为两种不同的解释。一以周去非为代表，据《岭外代答·蛮俗》载：

① 岑家梧：《图腾艺术史》，15、104页，上海，商务印书馆，1936。

海南黎女以绣面为饰，盖黎女多美，昔尝为外人所窃，黎女有节者，涅面以砺俗，至今慕而效之。

这种用伦理道德观念来解释绣面起源，显系后人附会之说，而且绣面是毁容以保持节操的说法与其作为装饰说法本身，也是自相矛盾的。至于“以绣面为饰”，那是后来之事，与其起因是毫不相干的。一以屈大均等人为代表，据《广东新语·人语》载：黎女选择配偶后，

男始为女纹面，一如其祖所刺之式，毫不敢讹，自谓恐死后祖宗不识也。又先受聘则绣手，临嫁一夕乃绣面，其花样皆男家所与，以为记号……而世以为黎女以绣为绝色，又以多绣为贵……皆非也。

《南越笔记》卷七，所记大体相同，即本此。《粤游小志》也明确指出：

其绣面非以为美。

此说，我们可以称之为绣面起源于图腾说。即绣面是为了使祖宗能认识并保护自己的子孙而引起的，且女人按夫家祖宗文式刺绣，这可视作图腾的入社仪式，即意味着加入夫家的图腾组织而为其一员。这样，所谓绣面起源于装饰上的美观或保持节操的说法，都不攻自破了。笔者以为，这种说法，无疑是正确的。

黎族除了女人绣面外，男子则有文身之俗。《天下郡国利病书·广东》说，熟歧（黎族之一种）妇女“刺涅口腮为纹”，而男子则“文其臂”；陆次云《峒谿纤志》也有黎人“生子周岁即文其身”之说。

黎人文身之习，可追溯到儋耳之得名。据汉杨孚《异物志》（《太平御览》卷七九〇）载：

儋耳夷，生则镂其头皮尾相连，状如鸡腹，下垂肩上。

又，《汉书·武帝纪》师古注，《后汉书·明帝纪》李贤注，所引《异物志》文，与此段文大意相同，但“鸡腹”均作“鸡肠”，可证“腹”乃“肠”之讹。儋耳本为蛮夷之名，汉武帝始置儋耳郡。儋耳地在今海南岛，可见黎人文身，由来已久。

关于黎人文身与蛇图腾的关系。史籍虽无黎人文龙蛇之状的明文，但说其文式

有“虫蛾花卉”（《桂海虞衡志》），或说有“花卉虫鱼之属”（《广东新语·人语》），而龙蛇之状是可包括在“虫属”之内的。所谓儋耳夷之镂耳面“状如鸡肠”，也可视作龙蛇文式的弯曲盘纡之状。而且，东南地区特别是“南海”一带的越人及其后裔，其文式都作龙蛇形，而地处“南海”的海南岛黎族的文式，也应无例外。据调查了解，在黎族的一个支系“倖”黎中，有以“龙的孩子”为黎姓者。其另一支系“美孚”黎的妇女，在脸上、手上、腿上均刺有蚺蛇状的花纹，因此被名为“蚺蛇美孚”。①社会调查证明：黎人文身，确与蛇图腾有着密切关系。

高山族　史学界多主张台湾高山族是来自东南沿海的百越之一支。其信奉蛇图腾的主要表现形式有：

一是流行蛇的神话传说。台湾高山族和古代越族居住的浙、闽、粤、桂诸省一样，都流行蛇郎君的传说，说的是蛇怪化为蛇郎君，与村中一少女成婚的故事。又，据说“台湾蕃族（今高山族），每一蕃社，必有他们祖先起源的历史传说，鸟蛇化身而为其社祖者甚多”。②这些传说，都是古代越族存在原始的蛇图腾崇拜之反映。

二是断发文身。据吴人沈莹《临海水土志》（《太平御览》卷七八〇）载：夷州（今我国台湾），

> 人皆髡头穿耳。

髡头即剪发。又，《隋书·东夷传》载：

> 妇女以墨黥手为虫蛇之文。

明张燮《东西洋考》卷五，在谈及东蕃之俗时说：

> 手足则刺纹为华美。

清林谦光《台湾纪略》，风俗条下载：番人，

> 身有记刺，好事者编刺其文。

---

① 中南民族学院少数民族文物陈列馆编：《海南黎族情况调查》，内部资料，1956。

② 岑家梧：《图腾艺术史》，29页，上海，上海文艺出版社，1988。

清郁永和《番境补遗》载：

既尽文身，复尽文面，穷奇极怪。

他还在《裨海记游》中，详细记述了亲历台湾诸地所见番人文身的各种不同样式。清六十七《番社采风图考》，文身条下载：

台番以针刺肤，渍以墨汁，使肤完皮合，遍体青纹，有如花草锦绣及台阁之状。

清檀萃《说蛮》记：

番女生年十三四，新鲜花样两颊刺。

清邝其照《台湾番社考》载：彰化番女，

绕唇吻皆刺细点而敷以黛。

平埔生番，

以五彩文身作花草形。

清龚柴《台湾小志》载：耳山生番，

胸前及唇下间有刺鸟兽形者。

林惠祥《台湾蕃族之原始文化》，也用调查材料证实说，太么人有文身之俗。

三是祀蛇。《台湾番社之原始文化》说：派宛人对台湾人名之为“龟壳花”的毒蛇，

咸加以极敬虔之崇拜，不敢杀害，甚或于酋长之家室中，特备一小房，以为其巢穴。

这与广东潮州、东莞及广西梧州的祀蛇风相似。

四是以蛇形为饰。据《台湾番社之原始文化》说：派宛人，

屋饰器物，常雕蛇形，其初盖全由于敬虔之念。

《图腾艺术史》有：

台湾派宛族的刀鞘、羹匙、双连杯，均颜蛇纹。

颇有意义的是，据清施鸿保《闽杂记》载：

福州农妇多带银簪，长五寸许，作蛇昂首之状，插于髻中间，俗名蛇簪。或云许叔重《说文》云，闽，大蛇也，其人名蛇种。簪作蛇形，乃不忘其始之义耳。

从闽地世居居民与台湾高山族同以蛇形为饰一事中，虽不足以证明其出自同祖，但此俗都可溯源于古代越人则无疑。以蛇形为饰，其缘起应源于祈求蛇神保护之意，当属蛇图腾艺术。

高山族奉行蛇图腾一事，也说明从远古时期起台湾文化就与大陆文化存在着极为密切的渊源关系。

傣族　我国西南地区属于百越系统的民族，也有文身之习。这和古代越人信奉蛇图腾也不无关系。其主要记载有，唐樊绰《蛮书》卷四载：永昌、开南有绣脚蛮和绣面蛮，

绣脚蛮，则于踝上腓下，周匝刻其肤为文彩。……绣面蛮，初生后出月，以针刺面上，以青黛涂之，如绣状。

元李京《云南志略·诸夷风俗》载：会齿百夷，

文其面者谓之绣面蛮，绣其足者谓之花脚蛮。

可见，此为袭《蛮书》之说。元《马可波罗游记》载：金齿州蛮，

男子刺黑线文于臂腿下。刺之法，结五针为一束，刺肉出血，然后用一种黑色颜料涂擦其上，既擦，永不磨灭。此种黑线，由一种装饰，并为一种区别标识。

从中可见文身的具体做法。明钱古训《百夷传》载：

其首皆髡，胫皆黥。不髡者杀之，不黥者众叱笑，比之妇人。

明李思聪《百夷传》也有相类记载。明朱孟震《西南夷风土记》：

孟艮子，性猛好斗，遍体黥以花草鸟鹊。

清檀萃《滇海虞衡志·志蛮》载：僰，

官民皆髡首黥足。不髡，则杀之。不黥，则众口嗤之。

此系袭自明《百夷传》。清曹树翘《滇南杂志》载：僰，

又有髡者曰光头僰夷……额上刺月牙，所谓雕题也。

总之，以上所述之绣脚蛮、绣面蛮和僰夷，均为今之傣族，孟艮子则指由缅甸流入云南普洱境的傣族。从中可见，古代越人的蛇图腾传播地区之广。

从古代神话传说、古代越人及越人后裔的有关记载中，均可寻见古代越人曾奉行蛇图腾的大量证据。归结起来，其主要特征有：

一是以蛇为祖先的种种神话及传说。

二是承认自己为蛇种，即把蛇当为本族的共同标记和象征。

三是断发文身，人模仿蛇的形象和动作，即所谓的“图腾同样化”。

四是祀蛇，把蛇当作老祖宗和神灵来供奉。这里还需补充的是，广东曾有过“蛇卜”，也是把蛇当作神圣之物来看待的。如清李调元《南越笔记》卷四，南越人好巫条下载：

广东三界神，乡人有争卜，多向三界神乞蛇以决曲直。蛇所向作咬人势则曲，背则直。或以香花钱米迎蛇至家，囊蛇而探之，曲则蛇咬其指，直则已。

祀蛇和蛇卜，都应是古代越人尚蛇习俗的表现。

五是以蛇形作为装饰之物，这是图腾艺术的一种表现形式。

六是人化为蛇说，这是圈腾民族轮回信仰的体现。

最后，还需着重指出，古代越人奉行蛇图腾并非偶然，这是由当时的社会历史条件决定的。图腾崇拜产生了原始社会时期。笔者以为，我国南方民族中流行的两种重要图腾崇拜——盘瓠图腾和蛇（龙）图腾，直接根源于其时的渔猎经济。那时，靠近山区的以狩猎为主要生活来源的瑶畲诸族的先人，产生了盘瓠崇拜；而靠近水边生活的以渔业为重要生活来源的越人，则产生了蛇图腾。丰富的文献记载证明：越人以水产为重要食物；越人习于水斗，便于用舟。但是，在当时生产力极端低下的条件下，人们在大自然的河海面前，是难于掌握自己命运的。如唐元稹的诗句《采珠行》咏道：

> 十万壮丁半生死，死者常葬鱼腹间，蛇鳄磨牙竞相向，积血化为海水丹。

《桂海虞衡志·志蛮》载：

> 惟蜒能没水探取，榜人以绳系其腰，绳动摇则引而上……或遇大鱼蛟鼍诸海怪，为鬐鬣所触，往往溃腹折支，人见血一缕浮水面，知蜒死矣。

明陶宗仪《辍耕录》，乌蜒户条下载：蜒人入海采珠，

> 葬于鼋鼍蛟龙之腹者，比比有焉。

后代蜒人尚且经常葬身鱼腹，可证作为其先人的古代越人的生活环境，当然要险恶得多。于是，他们只能战战兢兢地祈求“蛟龙”一类水上的凶猛动物，不要伤害自己。为此，他们把这些水上动物奉为神灵，而把自己装扮成其子孙。这样，古代越人的蛇图腾也就应运而生了。

综上所述，可以得出这样一个确切结论：我国古代越族及其后裔居住的东、南地区，曾经长时期的较为广泛的流行一种蛇图腾崇拜。

二、虎图腾

我国南方多丛山峻岭、草木丛生，为众多猛兽出没之地。人们在与自然作斗争

的过程中，为保全自己，故尊虎为祖，以求得其保护。南方诸族盛行虎图腾崇拜，自古而然。分述如下：

（一）楚人以虎为氏

楚人的一支以虎为图腾，是有史可征的。据《左传·宣公三年》载：

> 初，若敖娶于䢵，生斗伯比。若敖卒，从其母畜于䢵。淫于䢵子之女，生子文焉。䢵夫人使弃诸梦中，虎乳之。䢵子田，见之，惧而归以告，遂取收之。楚人谓乳谷，谓虎于菟，故命之曰斗谷于菟。以其女妻伯比，实为令尹子文。

“梦”，据杜预注：“泽名，江复安陆县城东南有云梦城。”即今湖北安陆县南境。子文，为楚人尊崇的贤相。又，《汉书·叙传》载：

> 班氏之先，与楚同姓，令尹子文之后也。子文初生，弃于梦中，而虎乳之。楚人谓乳谷，谓虎“于檡”，故名谷于檡，字子文。楚人谓虎“班”，其子以为号。秦之灭楚，迁晋、代之间，因氏焉。

即把虎拟人化作为本族的救命恩人，并以虎为族徽为氏。概言之，作为楚之王室的一支若敖氏、斗氏、班氏，曾尊虎为祖，以虎为图腾，应无疑义。

楚人还有把虎视为保护神之俗。这从战国时期的楚墓中出土的大量镇墓兽，兽头多作虎形一事，可证。

（二）廪君魂魄世为白虎

关于巴人祖先廪君的传说，《后汉书·南蛮西南夷列传》据先秦古籍《世本》写道：

> 巴郡南郡蛮，本有五姓：巴氏，樊氏，瞫氏，相氏，郑氏。皆出于武落钟离山。其山有赤黑二穴，巴氏之子生于赤穴，四姓之子皆生于黑穴。未有君长，俱事鬼神，乃共掷剑于石穴，约能中者，奉以为君。巴氏之子务相乃独中之，众皆叹。又令各乘土船，约能浮者，当以为君。余姓悉沈，唯务相独浮。因共立之，是为廪君。……廪君于是君乎夷城，

四姓皆臣之。廪君死，魂魄世为白虎。巴氏以虎饮人血，遂以人祠焉。

武落钟离出，在今湖北长阳县境；夷水，即今长阳清江。可见，源于今鄂西地区的巴人确有尊白虎为祖之传说。即，一是认定始祖之魂化为白虎；二是因虎饮人血，故以人祭祖。据说，巴人起源地的长阳仍有白虎遗迹。如民国《湖北通志·舆地》载：

白虎陇在县（指长阳县）西二百三十里，昔廪君死，精魂化为白虎。

这也可作佐证材料。

两晋时，仍有居于江汉流域的廪君后裔猛人、貙人化虎的传说。据西晋张华《博物志》卷二，异人条载：

江陵有猛人，能化为虎；俗又曰虎化为人，好著紫葛人（人为衣之误），足无踵。

东晋干宝更指出，此猛人、貙人即廪君后人，据《搜神记》卷十二，貙虎化人条载：

江汉之域，有貙人。其先，廪君之苗裔也。能化为虎。

需要指出的是，貙人在晋代的文学作品中也有所记载。据《文选》卷四载左思《蜀都赋》：

貙氓于葽草。

“貙氓”，据刘渊林注：“谓貙人也。”又，据明谢肇淛《五杂俎·物部一》卷九载：

江陵有貙人，能化为虎，又有貙虎，能化为人。

显然，这段记载是袭用晋人之说。概言之，这种人虎互相转化的神话，正是以虎为图腾遗习的反映。

唐代，巴人自称“白虎之后”。据樊绰《蛮书》卷十载：

巴氏祭其祖，击鼓而祭，白虎之后也。

明代，在湘、鄂、川边区土家族土官仍沿袭人祭之习。据明沈德符《万历野获编》卷三〇载：永顺土司祭祀时，

杀人亦献首于其庙。……闻楚徼外，保靖、石柱、酉阳诸土官皆然。

显然，这是巴人以人血饮虎遗俗的留存。

清代，四库馆臣在《蛮书》卷十，巴人条写道：

按《夔城图经》云，夷事道，蛮事鬼。初丧，鼙鼓以为道哀，其歌必号，其众必跳。此乃盘瓠、白虎之勇也。

可见，人们习于把白虎作为巴人的代称。

巴人崇虎，还表现在以虎为器物形饰、纹饰方面。早在宋人编撰的《宣和博古图说》中，就载有虎纽錞于七个。据民国《湖北通志》卷九三载：清代嘉庆年间，在施南府发现，

大小二虎錞钻，大者五十余斤，小者二十余斤，形制悉与《图说》相合。

新中国成立后，在古代巴人活动的鄂西、湘西各地，均曾发现大量虎纽錞于，此外，还有以虎纹为饰的剑、钺、戈等器物的出土。

后世鄂、湘、川边区土家族，仍有“坐堂白虎”之说，即家设白虎堂以求其保祐。这也可作为白虎图腾遗习在民俗方面的一种反映。

（三）南方诸族崇虎遗风

在不同时代、不同地区、不同族属的南方诸族中，可寻见种种虎图腾崇拜之遗迹。

两湖地区 据《搜神记》卷十二载：

长沙所属蛮县东高居民，曾作槛捕虎。槛发，明日，众人共往格之，见一亭长，赤帻大冠，在槛中坐。因问：“君何以入此中？”亭长大怒曰：“昨忽被县召，夜避雨，遂误入此中。急出我。”曰：“君见召，不当有文书

耶？”即出怀中召文书。于是即出之。寻视，乃化为虎，上山走。

干宝在江汉貙人后记此事，而长汉属县又与江汉相连，故疑此“蛮县”之民属廪君苗裔，即土家族先民。又，据传为东晋陶潜撰的《搜神后记》卷四载：

魏时，寻阳县北山中蛮人有术，能使人化作虎，毛色爪牙，悉如真虎。

书中接着记述了乡人周眕之奴，从“蛮中”之“蛮师”学会的以符化虎之术。寻阳，故城在今湖北黄枚县北。寻阳为“五水蛮”出没之地，而“五水蛮”则是从峡中地区强迁而来的廪君后人。

此外，据汉应劭《风俗通义》记：

呼虎为李耳。俗说，虎本南郡中庐李氏公所化，为呼李耳因喜，呼班便怒。

据杨雄《方言》卷八称：虎，“江淮、南楚之间谓之李耳”。中庐，故治在今湖北南漳县。该地为春秋时属南蛮系统的卢戎国。故中庐流行虎为“李氏公所化”的传说，当与蛮俗有关。

贵州　史载多有关于当地苗民崇虎之说。如明陈继儒《虎荟》卷六载：

贵州平越山寨苗民，有妇年可六十余，生数子矣。丙戌秋日入山，迷不能归，掇食水中螃蟹充饥，不觉遍体生毛，变形如野人。与虎交合，夜则引虎至民舍，为虎启门，攫食人畜。……人呼为变婆。

此为人与虎共同生活之说，与人变为虎之说微异。又，黔地苗人流行忌白虎鬼之俗。清傅恒《皇清职贡图》卷八，铜仁府属红苗条载：

其俗，五月寅日，夫妇各宿，键户禁语，以避虎伥。

清贝青乔《苗俗记》则载：

五月寅日，墐户伏处，亲族不相往来，有犯者，谓必遭虎厄。

又，清桂馥《黔南苗蛮图说》有相类记载：红苗，

五月寅日，夫妇异宿，不敢言，不出户庭，以避白虎鬼，忌虎也。

避虎鬼之说，并非一成不变。据清爱必达《黔南志略》卷二〇载：苗人，

昔所谓寅日避鬼恐致虎伤之说，则已不闻。

爱必达为乾隆时人，说明早在此时有的地区避虎鬼之说已逐渐消失。需要指出的是，寅日虎现之说，由来已久。据晋葛洪撰《抱朴子》曰：

山中寅日，有称虞吏者，虎也。

总之，黔苗忌虎，与尊虎外似截然相反之习，实则同为以虎为图腾遗习的不同表现形式。

仡佬族则有尊虎为神之俗。据清傅恒《皇清职贡图》卷八，平远州锅圈仡佬条载：

病则延鬼师，用虎头一具，萦以色丝，置箕内祷之。

清罗绕典《黔南职方纪略》卷九也载：锅圈仡佬，

病则延巫，置虎头一具，用五色纸装饰，置簸箕内祷之。

此外，贵州民族地区，还流行人变虎之说。据《虎荟》卷三载：

费州蛮人族，族姓费氏，俗皆楼居以避之。

唐开元中，该地费老，被罚为虎。费州，故治在今贵州德江县东南。又，清张澍《黔中纪闻》载：

今黔之夷俗，亦善变虎，王渔洋记定番土司事，非妄也。土人言此事多有，其子孙入山颇识之，虎亦数往其家巡视。

总之，贵州红苗，有忌白虎之俗；锅圈仡佬，有尊虎为神之俗；“夷俗”，有善变虎之说。

云南 在民族地区，人变虎之说广为流行。如晋葛洪《抱朴子》记：

> 城隍之国，老者时化为虎，宁州南见有此物。

宁州，晋置，统括今云南地，治味县。又，明陈耀文《天中记》载：

> 云南蛮人呼虎为罗罗，人老则化为虎。有罗藏山。

清赵翼《檐曝杂记》卷三，人变虎条的记述，颇为有趣。其中写道：

> 龚观察士模为余言，普尔边外人有能变虎者，新授孟艮土目叺先捧即其人也。余以将军命檄之来永昌，令其变虎，竟不能。

人虎转化说，是云南“蛮人”祖祖辈辈口授下来的虎图腾信仰的故事，并非实有其事。因此，清官赵翼要边外头目当场变虎而不能之事，这是理所当然的。

岭南 越人后裔也多有化虎之说及崇虎之俗。

据晋顾微《广州记》（《太平御览·妖异部四》卷八八八）载：

> 浈阳县俚民，有一家牧牛，牛忽蚔此儿，蚔处肉悉白，俄而死。其家葬此儿，杀牛以供宾客。凡食此牛肉，男女二十条人，悉变作虎。

浈阳，故城在今广东英德县东。该地为晋代岭南俚人聚居区。据晋刘欣期《交州记》（《水经注》卷三七）载：

> 龙编县功曹左飞，曾化为虎，数月还作吏。

龙编县，地在今越南北部，为古代越人居地。又，据《太平御览·虎下》卷八九二引《括地图》曰：

> 越俚之民，老者化为虎。

此俗，在明代仍存。据《虎荟》引《藤州郡国志》云：

> 夷人死，往往化为貙。貙，少虎也。

藤州，即今广西藤县。当地夷人，当为越俚之后裔。又，《虎荟》卷一载：

> 二广俗，好于门画虎头。

此当是《风俗通》所云，虎为百兽之长，能噬食鬼魅以避恶之意。两广，为古越人聚居地，此俗当属越风。

此外，远及徼外的夷貊之人，还有虎判之俗，据南朝宋刘敬叔《异苑》载：

> 扶南王范寻，常畜生虎及鳄鱼，若有讼未知曲直，便投与鱼虎，虎不噬，则为有理。秽貊之人，祭虎为神，将有以也。

这是供虎为神之例。

（四）余　论

在我国两湖、四川、贵州、云南、两广等地的楚、巴，俚、越，苗、蛮诸族类，均有虎图腾崇拜之遗习。其主要表现形式有：

一是以虎为祖，自认是虎之苗裔与子孙。巴人、定番土司属此例。

二是把虎视作有哺育之恩的救星，即以虎为义祖。楚令尹子文之支系即是。

三是供虎为神，杀人以祭。以虎饮人血之故。

四是以虎为族徽、为姓氏，斗谷于菟、班氏即其例。

五是以虎形、虎纹为器物装饰。鄂、川、湘边区出土的虎錞于与刻虎纹的戈、剑、钺即是。

六是人虎互相转化说。尤以人化为虎或人老而为虎之传说，更广为流布。

七是忌虎。红苗五月寅日，怕遭虎厄，避白虎鬼即是。

八是求虎保佑。土家族设白虎堂以祈福，锅圈仡佬置虎具以禳病，两广民俗画虎以避邪恶，均属此意。

三、盘瓠图腾

盘瓠的神话传说，自汉以后的历代正史、志异小说、笔记、方志诸籍中多有涉及，而且一直广泛流行于南方的瑶、畲诸族中。盘瓠问题的探讨，有助于我国原始

社会史与南方民族史的研究。但是，如何透过糅杂着兽与人、神与人的传说中，去发掘和探求历史的真实面目，历代著家却往往持有不同的解释与见解而莫衷一是。为此，下面拟就盘瓠传说溯源、盘瓠与狗种、盘瓠种的分布地区、盘瓠与南方少数民族关系诸问题，作一番探讨。

（一）盘瓠传说溯源

盘瓠传说，最早载之册籍可追溯到东汉时人应劭。据宋罗泌《路史·发挥二》称：

> 应劭书遂以高辛氏之犬名曰槃（盘本家）瓠，妻帝之女，乃生六男六女，自相夫妻，是为南蛮。

但应劭书包括其所著的《风俗通》今本，未见此文。如果罗泌此说不虚，则可见：远在东汉以前，盘瓠传说即已出现；后人著作包括《后汉书·南蛮西南夷列传》所记盘瓠传说，应源于应劭书。

继应劭之后记盘瓠传说者为东晋郭璞。他在《山海经·海内北经》注中说：

> 昔槃瓠杀戎王，高辛以美女妻之，不可以训，乃浮之会稽东海中，得地三百里封之，生男为狗，生女为美人，是为狗封之国也。

他又在《玄中记》写道：

> 昔高辛氏犬戎为乱，帝言曰，有讨之者妻以美女，封三百户。帝之狗名槃瓠，亡三月而杀犬戎以其首来。帝以女妻之于会稽东南，得海中土三百里而封，生男为狗，生女为美人，封为狗民国。

各本所引内容相同，唯文字上稍有变异，此采《太平御览》卷九〇五文。从中可见，两书所载内容无异，其别只在于行文的详约不一。因《山海经》注作为舆地著作的注释，其例要求简明，而《玄中记》作为小说家言所记需要作为一个完整的故事。

差不别与郭璞同时人干宝也有记述。他在《晋纪》中说：

> 武陵、长沙、庐江郡夷，槃瓠之后也，杂处五溪之内。槃瓠凭山险阻，每每常为害。糅杂鱼肉，叩槽而号，以祭槃瓠，俗称“赤髀横裙”，

即其子孙。

又在《搜神记》说：

高辛氏，有老妇人居于王宫，得耳疾历时。医为挑治，出顶虫，大如茧。妇人去后，置于瓠篱，覆之以盘，俄尔顶虫乃化为犬，其文五色，因名“盘瓠”，遂畜之。时戎吴强盛，数侵边境。遣将征讨，不能擒胜。乃募天下有能得戎吴将军首者，购以千金，封邑万户，又赐以少女。后盘瓠衔得一头，将造王阙。王诊视之，即是戎吴。为之奈何？群臣皆曰：“盘瓠是畜，不可官秩，又不可妻。虽有功，无施也。”少女闻之，启王曰：“大王既以我许天下矣。盘瓠衔首而来，为国除害，此天命使然，岂狗之智力哉。王者重言，伯者重信，不可以女子微躯，而负明约于天下，国之祸也。”王惧而从之。令少女从盘瓠。盘瓠将女上南山，草木茂盛，无人行迹。于是女解去衣裳，为仆竖之结，著独力之衣，随盘瓠升山入谷，止于石室之中。王悲思之，遣往视觅，天辄风雨，岭表云晦，往者莫至。盖经三年，产六男六女。盘瓠死后，自相配偶，因为夫妇。织绩木皮，染以草实，好五色衣服，裁制皆有尾形。后母归，以语王，王遣使迎诸男女，天不复雨。衣服褊裢，言语侏儒，饮食蹲踞，好山恶都。王顺其意，赐以名山广泽，号曰“蛮夷”。蛮夷者，外痴内黠，安土重旧，以其受异气于天命，故待以不常之律。田作贾贩，无关繻符传租税之赋；有邑君长，皆赐印绶；冠用獭皮，取其游食于水。今即梁、汉、巴、蜀、武陵、长沙、庐江郡夷是也。用糁杂鱼肉，叩槽而号，以祭盘瓠，其俗至今。故世称“赤髀横裙，盘瓠子孙”。

此采汪绍楹校注本。可见：盘瓠传说作为历史资料记之史乘，首推今已散逸的《晋纪》；早在《后汉书》前的《搜神记》一事，已有盘瓠传说的详尽记载。

南宋范晔的《后汉书·南蛮西南夷列传》所记盘瓠传说，可谓集大成之作。其内容已为众所周知，不赘。需要指出的是：范晔集应劭以来诸家所记之盘瓠传说，加以增删、整理，除删去盘瓠之得名一段外，基本上是因袭《搜神记》而成。范书在内容上虽无新添，但却对后世发生深远影响。人们对《山海经》注、《玄中记》

《搜神记》诸书，还往往目为荒诞不经的神怪小说而不予重视，但一经范晔采用变成正史——载入被后世尊崇为“前四史”之一的《后汉书》，则被历代著家奉为圭臬。从此，关于盘瓠的记载充溢在我国史籍中。

概而言之，盘瓠传说见之记载，始于应劭书，详于《搜神记》，完成于《后汉书·南蛮西南夷列传》，流行于后世。

这里需要弄清两个问题：

一是关于盘瓠传说在东汉至南朝时期才频见记载的问题。笔者以为，这必须联系当时的历史背景加以考察。由于南方“蛮族”本身没有文字记载，要研究他们的起源和历史，只能取材于他们中间世代流传的口头传说，而这取决于必须与他们有比较密切的接触这一条件才能办到。从西汉王朝起，中原地区与“蛮族”地区交往日益频繁。汉武帝平南越、通西南夷，对南方诸族多次用兵，特别是汉光武用重兵深入武陵蛮——盛行盘瓠传说的地区，从而使中原人对“蛮族”的社会及其习俗诸方面，才有了直接的而不是道听途说的、较为深入的而不是肤浅的了解。加之，这一时期南方“蛮族”作为一支不可忽视的力量活跃在历史舞台上，引起人们的注目。汉光武的名将马援死于征武陵蛮之役，就是其时“蛮族”强大的一个例证。南北朝时，名目繁多的诸如荆州蛮、雍州蛮、五溪蛮和豫州蛮、西阳蛮等，乘机蜂拥而起，直接威胁南朝的统治。“蛮族”的强大，迫使人们去研究他们。这样，关于盘瓠传说的记载就应运而生了；它不仅为小说家言，且为史家所称道，也就不足为奇了。

二是关于盘瓠传说是否为杜撰的问题。自从盘瓠传说收入《后汉书·南蛮西南夷列传》后，此说得到广泛传播。但历代也有相当一批史家持怀疑或否定态度，其中影响最大且最富有代表性的要数杜佑。他在《通典》卷一八七说：

> 晔云高辛氏募能得犬戎之将军头者，购黄金千镒，邑万家，妻以少女。按：黄金，周以前为斤，秦以二十两为镒。三代以前分土，自秦汉分人。又，周末始有将军之官。其吴姓宜自周命氏。晔皆以高辛之代，何不详之甚。

据此，杜佑斥《后汉书·南蛮西南夷列传》“皆怪诞不经”。概括起来，反对范说之人的主要谬误在于：一是不了解神话传说形成的原因与过程。我们并不否认范晔有“枝叶其说”的成分，但盘瓠传说绝非一人一时凭空制造出来的，它是一定的社会

历史的产物，它是经过长期的历史过程和众人之口而“累层”地造成的。不同时代、不同地区、不同民族流传的盘瓠故事所表现出来的差异性，也说明了这一点。由此可见，杜佑所列举的传说中夹杂着不同时期的制度、名称，正好反映了传说经历了长期的历史过程这一事实，而不能作为否定传说真实性的根据。二是把神话传说与信史本身混为一谈。我们承认盘瓠传说的真实性，并不等于说明相信狗妻帝女诸事，也不主张用烦琐考证来附会其说；而是要透过这些似乎离奇的故事，来探讨其时南方民族的社会生活、图腾遗习、民族起源等问题。即把它作为研究原始民族和上古史的不可多得的珍贵历史资料。因此，从这一意义说来，盘瓠传说不仅十分可靠，而且其价值甚至超乎某些“信史”之上。

（二）盘瓠与“狗种”

上引盘瓠传说叙述：高辛氏的畜犬名盘瓠，因攻犬戎有功，妻之于帝女，后代繁殖，号曰蛮夷，蛮夷因尊盘瓠为始祖。所以《荆州记》(《太平御览》卷七八五）称：

> 槃瓠子孙狗种也。

在盘瓠为“狗种”的问题上，在以往的研究中，存在过两种惑乱现象需加以澄清。

一是说南方一些民族为狗种是否就是侮称的问题。封建统治阶级在南方民族的名字中滥加犬旁，这无疑是民族压迫和民族歧视政策的一种反映，新中国成立后已明令予以纠正，这是完全必要的。但就所谓“狗种”的最初意义而言，并不像古今一些著作家所常误解的那样包含有贬抑之义。为此，需以科学态度对犬种来由作一番历史考察。

在原始人中，常以一种动物、植物或无生物作为本氏族的标志，尊为本氏族的始祖，即所谓图腾崇拜。在我国古代社会中，有奉犬、蛇、鸟、虎等动物为图腾的，“而传之最久的，并且很普遍的，是‘犬图腾’了”。[①] 笔者以为，其因在于犬在原始人的经济生活中占有特殊重要的地位。闻一多在《伏羲考》一文中说：“凡图腾

① 刘节：《中国古代宗族移植史论》，台北，正中书局，1948。

都是那一图腾团族的老祖宗。也是他们的监护神和防卫者，它给他们供给食物，逐除灾祸，给他们降示预言以指导他们趋吉避凶。如果它是一种毒虫或猛兽，那更好，因为那样它更能为儿孙们尽防卫之责。”[①] 据考古材料证明，早在母系氏族社会时期，我们的祖先就已畜犬。对于以狩猎为重要生活来源的原始人说来，犬既可用猎获物为他们“供给食物”，又可驱赶猛兽成为他们的“防卫者”。这说明，以具有既温顺又凶猛的双重性格的犬为图腾，并非偶然。据刘介《苗荒小纪》载：“苗之所传，徭之始祖父犬而母人。或曰女为高辛氏公主，生子四，及长，挈犬出猎，犬老惫不能工作，子怒推诸河死焉。及归，其母问犬，子以告，母大恸，以实语子。子亟赴河负犬尸还。”这一传说，正好道破以犬为图腾是因为犬能为人“出猎”“工作”这一秘密。

在弄清以犬为图腾的原因之后，就不难理解奉犬为图腾的氏族或氏族本身并不以尊狗为祖是一种侮辱，瑶族等自谓盘瓠子孙，在他们中间流传和保存的龙犬故事、狗皇歌、祖图、族谱都是有力例证。他们不仅不以狗种为耻辱，反而对狗顶礼膜拜，视狗为主宰人们命运的神圣之物，这可以下述材料为证：“每年夏历正朔，猺人必负犬绕行炉灶三匝，然后举家拜之，谓必如此然后家运乃隆。”（《苗荒小纪》）；“猺人以为人之生死寿夭贫贱，皆盘王主之，故家家供其木主。片肉卮酒，必享王而后食”（《岭表纪蛮》）。可见，所谓以犬种为侮称的想法，在他们中间是并不存在的。

另一是盘瓠与犬种二者之间相互关系问题。在我国古今图籍中，除盘瓠外，还有众多关于狗国或尚狗俗的记载。诸如：

《尚书·洪范》载：

> 西旅献獒。

注家释为西戎远国贡大犬。

《逸周书·王会》：

> 正西昆仑狗国。

---

① 闻一多：《神话与诗》，27页，天津，天津古籍出版社，1956。

《山海经·海内北经》载：西王母以东，有犬封国，

犬封国曰犬戎国，状如犬。有一女子，方跪进柸食。

同书《大荒北经》：

大荒之中，有山名曰融父山，顺水入焉。有人名曰犬戎。黄帝生苗龙，苗龙生融吾，融吾生弄明，弄明生白犬，白犬有牝牡，是为犬戎。

《大荒北经》又载：西北海外，

有犬戎国。有神，人面兽身，名曰犬戎。

此外，《南山经》载：

自天虞之山以至南禺之山，凡一十四山，六千五百三十里。其神皆龙身人面。其祠皆一白狗祈，糈用稌。

据清郝懿行释，天虞山当在交广一带，祈当为蠿，即以血涂祭之义。约言之，即在我国西北有犬封国或曰大戎国，而在南方则有以犬祭祖的习俗。

西汉贾谊《新书·修政语上》：帝尧，

训及大夏渠叟北中幽都及狗国。

三国吴人沈莹《临海水土志》(《太平御览》七八〇）说：安家之民，

父母死亡，杀犬祭之。

这与上述《山海经》所载的“狗祈”相类。我国东、南方同样存在的这种以犬祭祖的习俗，当系“犬图腾”遗习的一种表现形式。

西晋张华《博物志》卷七：

徐君宫人娠而生卵，以为不祥，弃之水滨。独孤母有犬名鹄苍，猎于水滨，得所弃卵，衔以来归。独孤母以为异。覆暖之，遂蝉成儿，生

时正偃，故以为名。徐君宫中闻之，乃更录取，长而仁智，袭君徐国。

后鹄苍死，

偃王又葬之徐界中，今见狗垄。

在中外民族中，除了认为某种生物为其始祖外，也有一种传说因某种生物为救助其祖先的恩人而成为该族的图腾崇拜者，徐偃王为犬所救一事，即属此例。

《南史·夷貊列传下》载：

天监六年，有晋安人渡海，为风所飘至一岛，登岸，有人居止。女则如中国而言语不可晓，男则人身而狗头，其声如吠。

晋安郡，晋置，治今福建闽侯县东北。唐刘恂《岭表录异》载：陵州（治今山东德县）刺史，

自青社之海归闽，遭恶风飘五日夜，不知行几千里也。凡历六国，第一狗国，同船有新罗客云是狗国，逡巡果如人，裸形抱狗而出，见船惊走。

《新五代史·四夷附录第二》载：室韦以北，

狗国，人身狗首，长毛不衣，手搏猛兽，语为犬嗥。其妻皆人，能汉语，生男为狗，女为人，自相婚嫁，穴居食生，而妻女人食。

明顾岕《海槎余录》载：海南黎人复仇，

饮醉，鼓，众复饮，相与叫号，作狗吠声，辄二三昼夜。自云系狗种，欲使祖先知而庇之也。

又，清屈大均《广东新语·人语》载：

猺人者，旧居文昌东猺山……猺，犬类也。

清李调元《南越笔记》卷七，也有相类记载，即袭此。文昌县在今海南。说明了有海南黎人、猺人为犬种之传说。

凌纯声《畲民图腾文化的研究》一文说，台湾高山族的泰耶有以犬为祖先的传说。[①]

上述事例都可视为以犬为图腾的古代国家或民族。

由此，我们可以得出如下结论：

首先，盘瓠是犬种，但犬种并不等于盘瓠。以盘瓠这一特有命名、特定内容为图腾者仅限于我国南方一些地区的民族中，而以犬为图腾者却要广泛得多，以地而论则遍及我国东南西北各地。北及室韦以北的内蒙古、黑龙江一带，南达海南岛，东包沿海岛屿，西至昆仑山脉。但是人们往往把这二者等同起来。如凌纯声以为：崇奉盘瓠图腾信仰除瑶族等，还有海南岛的黎族，台湾高山族的泰耶都有以犬为祖先的传说。以盘瓠为图腾的民族范围相当之广，就国内来说，还可包括海南和台湾两个岛屿，[②] 就是其中一例。这种把以犬为图腾的海南岛和台湾的少数民族，都划入以盘瓠为图腾的民族的范围，显然是不确切的。仅就从逻辑学的角度而言，也有混同大小概念之嫌。我们之所以要指出“盘瓠图腾”与“犬图腾”之间的区别，目的在于避免在民族史和族源问题的研究中带来不必要的混乱。

其次，以犬为图腾，主要是内部原因而不是外部影响造成的。在我国各地曾有不少部族或民族均尊犬的始祖，这种情况的出现，今人杨宽以为盖源于《山海经》犬封之传说。他说：“《山海经》犬封之传说，后世推演乃如此其繁，大抵在地理方面，演成狗民国（《玄中记》《艺文类聚》《太平御览》）或狗国（《逸周书》《淮南子》《五代史》《三才图会》）等。在历史方面乃演成槃瓠（《搜神记》《后汉书》）槃护或瓠犬。”又说：“槃瓠本为犬戎推原论，后一变而为南蛮推原论故事。”[③] 即，杨先生是从外部影响方面去阐明我国历史上存在的以犬为图腾这一普遍现象的。按此说，假若没有一部《山海经》，岂不是我国各地以犬为图腾的传说就会消声匿迹了吗？

---

① 国立中央研究院：《历史语言研究所集刊》第十六本，上海，商务印书馆，1947。

② 凌纯声撰：《畲民图腾文化的研究》，见国立中央研究院：《历史语言研究所集刊》第十六本，上海，商务印书馆，1947。

③ 顾颉刚：《古史辨（第七册）》（上编），168 页，台中，蓝灯出版社，1993。

这种说法，显然是夸大其词了。笔者并不否认外部影响的存在，特别是在地域邻近、血缘接近、生活习性相似的部族或民族中，容易出现同一图腾崇拜的历史现象；也不否认诸书关于犬图腾的记载有附会之处，但决不能把东西南北各地毫不相干的部族或氏族中出现的犬图腾，都一概归之于一部《山海经》。笔者以为，这种现象应主要从原始人的社会中，从其各自的内部原因中去寻求答案。即，一个民族的图腾的产生与其社会历史条件、生活环境有着极其密切的关系，绝不可能简单地由外民族输入。至于盘瓠传说出于犬戎的说法，也是值得商榷的。因为盘瓠说与犬封说，除同以犬为祖外，没有任何因袭的痕迹，不能因同以犬为图腾这一点而得出他们中间存在源流关系的结论。而且，盘瓠传说仅流行于南方，尊盘瓠为祖只限于南方之少数民族，盘瓠的全部故事内容无一不是以其时“南蛮”的社会状况为背景编织而成的（这一点后文将作专门论述），可谓与西方犬戎完全无涉。

（三）盘瓠种的分布地区

以盘瓠为图腾的民族，史称“盘瓠种”，它分布在南方广大地区。但因《后汉书·南蛮西南夷列传》在叙述盘瓠历史时说，其后滋蔓，号曰蛮夷，“今长沙、武陵蛮是也”；加上，李贤注说，盘瓠所居石室“在今辰州卢溪县西”。这样，人们形成一种错觉，以为盘瓠种仅限于“武陵蛮”。滥觞开去，在研究南方民族的族源问题上，有一种流行的见解，以为凡是以盘瓠为图腾的氏族，都是“武陵蛮”的后裔；从地区上说来，都是从今湘西地区迁移过去的。这种看法，妨碍族源问题的深入研讨。其实，历史上流行盘瓠传说的地区决不限于武陵地区，“武陵蛮”也只是盘瓠种的一部分而已。这可用下述材料说明之。

第一，《后汉书·南蛮西南夷列传》以前的诸书，在记盘瓠后裔的居地时均不限于武陵地区。如郭璞在《山海经·海内北经》注中说：盘瓠妻高辛氏美女后，

> 浮之会稽东海中，得地三百里封之。

在《玄中记》中也说：

> 帝妻之于会稽东南，得海中土三百里而封。

干宝在《晋纪》说：

> 武陵、长沙、庐江郡夷，槃瓠之后也。

在《搜神记》中则说：盘瓠后裔，

> 今即梁、汉、巴、蜀、武陵、长沙、庐江郡夷是也。

可见，盘瓠种的分布地区，早期或说在我国东部海中或指南方众郡。《后汉书·南蛮西南夷列传》的基本内容源自《搜神记》，而《搜神记》中所说的盘瓠之后的分布地除《后汉书》提到的长沙、武陵外，还包括梁、汉、巴、蜀、庐江诸郡。

第二，就以《后汉书·南蛮西南夷列传》而言，细究起来，其所指的盘瓠种分布地区不限于长抄、武陵二郡。如该传在叙述盘瓠后裔的历史时，上溯周时的蛮荆（在今湖北荆山一带的少数民族），春秋时的罗与卢戎（今湖北宜城、南漳一带），直至秦时的黔中郡。该传在述及东汉的南蛮活动时，分别把“长沙蛮”“武陵蛮”“零陵蛮”作为盘瓠之后。可见，《后汉书·南蛮西南夷列传》所指的盘瓠子孙分布地，北达湖北的北部及西北部，南至湖南的极南部之间的大片地区。

第三，从《后汉书·南蛮西南夷列传》以后的正史来看，盘瓠种也分布极广。如《宋书·蛮夷列传》载：

> 荆、雍州蛮，盘瓠之后也。

在荆、雍州蛮中，除列举五谿蛮即武陵蛮外，还包括“宜都、天门、巴东、建平、江北诸郡蛮”，其活动地域甚至扩及“沔北”，即汉水以北。《宋书》为梁人沈约所撰，他继《后汉书·南蛮西南夷列传》分蛮为盘瓠（犬图腾）和廪君（白虎图腾）两种，前者在当时为荆、雍州蛮，后者为豫州蛮。说明南朝人对蛮的分类还是很明确的。但至唐朝时人，则把廪君与盘瓠种混而为一，如李延寿的《北史·蛮夷列传》、令狐德棻的《周书·异域列传》则把“蛮”一概称之为“盘瓠之后”，其包含的地域还要广阔，甚至远及“江淮之间”的大片地区，但那是不足为据的了。

综上所述，说明南朝以前的古籍对盘瓠后裔分布地的记载是清楚的，即东至皖西甚及会稽外海，西抵巴蜀，北达江汉流域，南包五岭之前。故认定今日崇奉盘瓠

的少数民族，仅限于来自湘西五溪地区，这一结论是与史实不尽相符的。

（四）盘瓠与南方民族的关系

首先，盘瓠是南方民族中较为流行的一种图腾崇拜。

自《后汉书·南蛮西南夷列传》把南方“蛮夷”视作盘瓠后裔起，历代相沿，如《宋史·蛮夷列传》也说：“西南溪洞诸蛮皆盘瓠种。”自唐宋始，逐渐出现苗、瑶等南方民族的具体称谓以后，诸载籍则把盘瓠作为南方诸族的始祖。诸如：

唐樊绰《蛮书》卷十载：

> 黔、泾、巴、夏四邑苗众……祖乃盘瓠之后。

苗有狭义与广义之分，狭义之苗专指今日之苗族，广义之苗则包括南方诸族，此处所指之苗应是后者。宋朱辅《溪蛮丛笑》叶芬序：

> 五溪之蛮，皆槃瓠种也。聚落区分，名亦随异，源其故壤，环四封而居者，今有五：曰苗、曰瑶、曰僚、曰仡伶、曰仡佬。

明王士性《黔志》在谈及黔地苗民族类时说：

> 然非一种，亦各异俗，曰宋家、曰蔡家、曰仲家、曰龙家、曰曾行龙家、曰罗罗、曰打牙仡佬、曰花仡佬、曰东苗、曰西苗、曰紫姜苗。总之，盘瓠子孙。

清闵叙《粤述》说：百粤诸蛮种类至繁，

> 然要不出瑶僮两种，皆盘瓠后也。

清《古今图书集成》则说：南越王之犬盘瓠，因救王有功，遂妻以女，

> 盘瓠纳诸石室，与之交媾，生子数人，曰僮、曰瑶、曰僚、曰俍、曰伶、曰侗，各成一族，自为部落。

清张澍《续黔书》卷二载：

水、佯、伶、侗、僮、瑶等种，皆祀盘瓠，相传即盘瓠之后。

林惠祥《中国民族史》载：

粤西烟瘴之地，岭表诸蛮种类不一，皆古盘瓠之后也。

如果说，历代著作关于盘瓠为南方诸族的共同始祖只是一般泛指的话；那么，为瑶族的始祖则有详尽记载。列举如下：

宋陈彭年《广韵·肴韵》中说：

莫瑶，狗种也。

这里当系指瑶为盘瓠后裔之意。宋范成大《桂海虞衡志·志蛮》载：

瑶本五溪盘瓠后，其壤接广右者，静江之兴安、义宁、古县，融州之融水、怀远县界皆有之。

清顾炎武《天下郡国利病书·广东》载：

瑶本盘瓠种，地界湖、蜀溪峒间，即长沙、黔中、五溪蛮后，滋蔓绵亘数千里，古粤在在有之。……粤人以山林中结竹障覆居息为峯，故称瑶所止曰峯。自信为狗王后，家有画像犬首人服，岁时祝祭。

《天下郡国利病书·福建》也说：

瑶人楚粤为盛，而闽中山溪高深之处间有之。……山中自称狗王后，各画其像，犬首人身，岁时祝祭。

峯、畲相通，峯即畲也。清吴震方《岭南杂记》载：

粤有瑶种，古长沙、黔中、五溪之蛮，生齿繁衍，播于粤东西，多盘姓，自云盘瓠之家。

清李调元《南越笔记》卷七载：

诸瑶率盘姓……以盘古为始祖，盘瓠为大宗。

又载：板瑶，

七月望日，祀其先狗头王。

盘古为盘瓠之讹变，李调元虽把盘古和盘瓠错判为二人，但仍视盘瓠为瑶人之先则无疑。清李宗昉《黔记》载：

瑶人，黔旧无之，雍正时自广西迁来。……所祀之神名盘发。

发与瓠为一音之转，盘发即盘瓠也。清蒋沄作序的《平定瑶匪纪略》上卷载：

瑶之种类甚夥，其在长沙、黔中、五溪者为盘瓠种。

凌纯声、芮逸夫《湘西苗族调查报告》载：

作者调查所及，曾亲见浙江的畲民，广西的傜人及滇、越边界的蛮人，至今家中犹多供奉“高辛氏敕封忠勇王”的牌位，同样信奉盘瓠图腾。

刘锡蕃《岭表纪蛮》载：

盘古为一般瑶族所虔祀，称之为盘王。

同书又载：

畲民之祖先为盘古，家置画像，祀奉甚虔，每届三年，举族为一大祭，与瑶之祀同。

方志中也不乏记载。省志如：乾隆《贵州通志》卷七，苗蛮条下说，瑶人“所祀之神曰盘瓠”；道光《广东通志·列传六十三》记，“傜本盘瓠之种”。县志，如广东的海丰、广西的昭平、福建的罗源、连江、漳平等县都有记载。

可见，遍及浙江、福建、湖南、广东、广西、贵州、云南诸省的瑶族等均有尊盘瓠为祖的记载。

综上所述，我们可以得出结论说：盘瓠是南方民族中较为普遍的一种图腾崇拜。虽然，上述材料尚不能完全说明南方诸族均以盘瓠为图腾，但至少其中的一部分如瑶族则是可以肯定的。

其次，盘瓠传说是东汉时南方少数民族社会生活的真实反映。

《后汉书·南蛮西南夷列传》的盘瓠传说所描绘的“蛮夷”社会生活，直至新中国成立前仍相当浓厚地保存在南方诸族中，这证明该传说并非虚构，而是根植于南方民族的土壤中，可谓是其时南方民族社会生活的真实写照。这只要把《后汉书·南蛮西南夷列传》与其后历代关于南方民族著述的有关方面，加以比较，则一目了然。

其一，从居住条件来看：

《后汉书·南蛮西南夷列传》说，盘瓠妻帝女后，

> 入南山，止石室中。所处险绝，人迹不至。……好入山壑，不乐平旷。

即，其时南方民族生活于险绝的山谷里，居住于极简陋的石洞之中。

历代著述关于南方民族居住条件的描述，不胜枚举。试以瑶人为例，诸书说他们“生深山重溪中”（《桂海虞衡志·志蛮》），“随山散处”（《天下郡国利病书·广东》），“在穷谷中”（《粤述》），“依山而居”（《岭南杂记》），“居无定址，喜傍溪涧”（《黔记》），“所居皆深山重险，人迹罕至”（《平定瑶匪纪略·上卷》）。至于猺人与伶人，“吠若猩狒，散居林莽”（《广东新语·人语》），简直类乎野人生活，更是悲惨。这些记载与东汉以后直至清代的正史，多称南方“蛮夷”居“溪峒间”的说法是一致的。这说明，由于历代统治阶级的压迫和剥削，南方民族这种恶劣的生活与居住条件，千百年来并没有发生很大变化。

其二，从服饰方面来看：

《后汉书·南蛮西南夷列传》说：盘瓠子孙，

> 织绩木皮，染以草实，好五色衣服……衣裳斑斓。

这种值得称道的精巧的织染技术和喜爱鲜艳服色的民族习俗，历代相沿而不衰。这在本书的手工业和服饰部分已有论述。

这里需要指出的是，前人往往以为，因为盘瓠“毛五采”，所以造成南方诸族

衣斑斓的习俗，如《广东新语·人语》说："盘瓠毛五采，故今猺姎徒衣服斑斓。"（《南越笔记》卷七有相同记载，当系袭用此说）这种说法的错误在于，颠倒了因果关系。联系宋代瑶人就已有为时俗所尚的首屈一指的染织技术一事，表明南方民族早在古代就在生产实践中创造了染斑之法。事实应该是，当时南方诸族"衣斑斓"是因，反映在范晔头脑中而据此塑造的"毛五采"的盘瓠倒是果。

其三，从语言方面来看：

《后汉书·南蛮西南夷列传》说：盘瓠诸子，

> 语言侏离。

即，他们有不同于汉语的本民族语言。而这种语言为当时的中原人所不了解。至今南方各民族仍保有本民族的语言，可证。至于"语言侏离"方面，历代也多有记载，因其理甚明，故不列举。

其四，从婚姻制度来看：

《后汉书·南蛮西南夷列传》载：

> 盘瓠得女，负而走入南山。

此中"负"字，古今尚无人深究或加以合理的解释。帝女既请行，为什么不用同行一类字眼，而要用一奇特之"负"字，似颇费解。在受礼教束缚的人们看来，路途之中，男背女已属荒唐之举，狗负妇人更属悖理。但证之于史籍所记南方民族择取配偶的做法，问题就迎刃而解了。

据史籍记载，瑶人"踏摇"时，男女连袂而舞，彼此相悦时，男"负所爱而归""负女而去"（《岭外代答·蛮俗》《赤雅》《粤述》等）。这在本书的婚姻部分，也已论及。总之，在南方某些民族中，存在男负所爱女而去就算定婚的习俗。还需指出的是，盘瓠子孙"负"女成亲并非始于乃祖，恰恰相反，倒是范晔按当时已流行的"蛮俗"来安排盘瓠的婚姻形式。

《后汉书·南蛮西南夷列传》又说：盘瓠与帝女，

> 生子一十二人，六男六女，盘瓠死后，因自相夫妻。

这种兄弟姐妹之间自相婚配的说法，在南方民族的传说中广泛存在。《湘西苗族调查报告》所载两则“洪水神话”中的兄妹互婚的故事，便是例证。这种传说，是原始社会初期存在的摩尔根称之为“血缘家庭”的反映。

兄妹为婚已不见诸历代谈及南方民族婚姻生活的册籍，但同姓为婚的记载则比比皆是。如：畲人“其姓为盘、兰、雷、钟，苟自相婚姻，土人与邻者亦不通婚”；黎人“婚姻不避同姓”；疍户“同姓婚配”（《天下郡国利病书·广东》）；曲江瑶“婚姻不辨同姓”（《广东新语·人语》）；板瑶“婚姻不辨同姓”（《南越笔记》卷七）；永保土人“婚姻同姓不禁”（《苗防备览·风俗下》）；北江瑶人，除至亲外，同姓“可以结婚”。[①] 同姓为婚，是一个部落或民族内部有着血缘关系的同一老祖宗传下来的人们间互为婚姻，从一定意义上说来，也可谓是扩大化了的兄妹为婚。

简言之，范晔所说的盘瓠子女间的自相夫妻，若不是那时南方民族中虽已绝迹但仍残留在人们朦胧记忆中的兄妹为婚的反映，则是同姓通婚的现实生活的写照。

总之，《后汉书·南蛮西南夷列传》关于盘瓠的记载，可以从汉代以来直至新中国成立前的南方民族的社会中，得到直接的印证或寻见其蛛丝马迹，可谓事事有据，言不虚发。这并非偶然，因为它集中反映了当时人们对南方民族的社会及其习俗进一步了解的成果，它也是国内各民族之间交流日益扩大的产物。这样，《后汉书》及诸书所记的盘瓠传说，就成了珍贵而可靠的历史资料。

总之，上述为古代南方民族中广为奉行的三种图腾崇拜。其中：蛇图腾，多流行于百越民族；虎图腾，多流行于巴民族；盘瓠图腾，多流行于苗瑶民族。

---

① 庞新民：《广东北江瑶山杂记》，见国立中央研究院：《历史语言研究所集刊》第二本第四分册，上海，商务印书馆，1947。

第十七章　原始记事法

人类在发明文字之前，为了帮助记忆与交流思想，发明了多种原始记事方法。这从南方民族中可以得到证实。

一、结绳记事

古籍关于结绳记事的记载，始见于《易·系辞下》卷八：

上古结绳而治；后世圣人易之以书契，百官以治，万民以察。

关于结绳记事的时代，《易》只笼统称为“上古”，后人则对此多加解释与发挥。其说大致有三：

一是伏羲、神农以前。据《庄子·胠箧》载：

昔者容成氏、大庭氏、伯皇氏、中央氏、栗陆氏、骊音氏、轩辕氏、赫胥氏、尊卢氏、祝融氏、伏羲氏、神农氏，当是时也，民结绳而用之。

二是伏羲作八卦与文字，取代了结绳。据《尚书·序》载：

古者伏牺氏之王天下也，始画八卦，造书契，以代结蝇之政，由是文籍生焉。

所谓“画八卦”，即指图画记事。

三是伏羲作八卦在前，神农结绳在后。据《说文·序》载：

古者，庖牺氏之王天下也，仰则观象于天，俯则观法于地，观鸟兽之文，与地之宜，近取诸身，远取诸物，于是始作《易》八卦，以垂宪象，及神农氏结绳为治，而统其事。

这三种说法，有一个共同点，即神农氏时已行结绳之法。显然这是后人附会之说。所以，我们还是回到《易·系辞》的说法上来，定结绳时代为“上古”为好。

这是一种虽含糊而确切的提法。倘或我们不把神农作为一个真实人物，而是作为史前农业时期的象征来看待，说这一时期人类行结绳之法，则是符合历史事实的。

首先阐述结绳之法者，为西汉人郑玄。据《易·系辞下》孔颖达疏引郑注云：“事大，大结其绳；事小，小结其绳。”即根据事物的轻重多寡，而结绳之大小与繁简。可见，随着文字的出现与发展，后人对“结绳而治”的记忆已日趋淡薄。这就是郑玄只能作推理之谈且语焉不详的原因所在。

幸好，结绳记事之法，可在后世南方民族的社会生活中得到印证。下面以苗、彝、黎、高山族列举之。

苗族　据清严如煜《苗防备览·风俗上》载：

> 苗人不知文字……有所控告者，必请土人代书。性善记，惧有忘，则结于绳。为契券，刻木以为信。

《贵州苗族概况》也证实了此说：

> 苗民识字甚少，犹保持上古结绳记事遗风。遇事暗中以草记之，简单事例，日久尚能忆及。

彝族　明田汝成《炎徼纪闻》卷四载：罗罗（今彝族），

> 不通文字，结绳刻木为信。

明罗曰褧《咸宾录·南夷志》卷八，罗罗条所载同，当本此。又，清田雯《黔书》卷一载：白㑩㑩，

> 不通文字，结绳证木为信。

黎族　据清屈大均《广东新语》卷七载：

> 黎人不以文字要约。有所借贷，以绳作一结为左券。或不能偿，虽百十年，子若孙皆可执绳而问之，负者子孙莫敢诿。力能偿，偿之；否则，为之服役。贸易山田亦如是。

清李调元《南越笔记》卷七所记，无一字之差。《广东新语》初刻于康熙三十九年（1700年），而《南越笔记》成书于乾隆四十二年（1777年）以后，故后者当袭于前者。

高山族 据明陈第《东番记》载：

> 交易结绳以为识。

总之，以上材料说明：

首先，结绳为“不知文字之前”的一种记事工具。

其次，结绳因适应人们“惧有忘”“日久尚能忆及”的需要而产生。用于“借贷”“贸易山田”“交易”诸方面。

最后，结绳为人与人之间发生社会关系的凭证。其“要约”，具有相当于后世的法律效力。

二、刻木为契

随着人们之间的交往日益频繁与复杂，结绳在表达形式与内容上均已不胜用，于是刻木为契便应运而生。

契。据《释名》卷六称：“契，刻也，刻识而数也。”古契字，像取木刻其齿之形。所谓“刻木为契”，是指文字产生以前，人们在木上刻画符号，以作为彼此发生关系的信物。

在隋、唐时期，南、北古代民族已有此俗。据《隋书·北狄传》载：突厥，

> 无文字，刻木为契。

该书《地理志下》又载：岭南二十余郡俚人，

> 刻木以为符契，言誓则至死不改。

《旧唐书·南蛮西南蛮传》则载：东谢蛮，

> 无文字，刻木为契。

牂牁蛮，

唯征战之时，乃相屯聚，刻木为契。

上述记载的缺陷在于：刻木为契究竟是怎么一回事，均未涉及。

宋代以后，对南方诸族刻木为契的公私记载日多。但正史所记，仍是不得其详。如，《宋史》的《蛮夷列传三》与《蛮夷列传四》分别记载：抚水州诸蛮、西南诸夷，均“刻木为契”。内容较为详赡且生动者，倒是笔记小说一类。其中，主要记载有：

瑶族 据宋周去非《岭外代答·蛮俗》，木契条载：

瑶人无文字，其要约以木契合二板而刻之，人执其一，守之甚信。若投其牒于州县，亦用木契。余尝摄静江府灵川县，有瑶人私争，赴县投木契，乃一片之板。长尺余，左边刻一大痕及数十小痕于其下，又刻一大痕于其上，而于右边刻一大痕牵一线道合于右大痕，又于正面刻为箭形，及以火烧为痕，而钻板为十余小窍，各穿以短稻穰而对结绉焉。殊不晓所谓。译者曰：“左下一大痕及数十小痕，指所论雠人，将带徒党数十人以攻我也；左上一大痕，词主也，右一大痕，县官也，牵一线道者，词主遂投县官也；刻为箭形，言雠人以箭射我也；火烧为痕，乞官司火急施行也；板十余窍而穿草结绉，欲雠人以牛十余头备偿我也，结绉以喻牛角云。”

这是详记刻木为契方法的最早记载，从而使人们对此有了具体了解。由此也可见，“木契”，可用各种不同的符号，表述颇为繁杂的事件。

又，据清闵叙《粤述》载：

瑶人刻木为齿，与人交易，谓之打木格。

清诸匡鼎《瑶僮传》所载，与此完全相同。闵叙为清初顺治时人，早于诸匡鼎，故后者当源于前者。

十分有趣的是，瑶族中还有割衣带为信以代替刻木为契者。据嘉庆《广西通志·诸蛮一》卷二七八载：大源瑶，

无书契，各以衣带均长短而割之，半付所约，半自执，谓之立脉，盖犹结绳之遗风。

苗族 首记其刻木为契者，为宋朱辅之《溪蛮丛笑》：

刻木出以为符契，长短大小不等，穴其旁多至十数，各志其事，专事恃以验，名木契。

至清代，这类记载颇繁。依次有：方亨咸《苗俗纪闻》：

俗无文契。凡称贷交易，刻木为信，未尝有渝者。木即常木，或一刻，或数刻，以多寡远近不同。分为二，各执一，如约时合之，若符节也。

田雯《黔书》卷一记苗俗云：

交关刻木，堪为约信。

陆次云《峒谿纤志》：

木契者，木刻为符以志事也。苗民……每有事刻木记之，以为约信之凭。

吴省兰《楚峒志略》：

苗不知书算，但刻木记事而已。噫！其有结绳之风欤。

严如熤《苗防备览·风俗上》：苗民，

性善记，惧有忘，为契卷刻木以为信，太古之意犹存。

林溥《古州杂记》：

苗人素不识字，无文券。即贷买田产，惟锯一木刻，各执其半，以为符信。

吴振棫《黔语》卷下，田不论亩条载：苗疆田土交易，

不书契约，以木刻为凭，近则亦有用契者。

可见契约是后起之事。

至近代，刘介《苗荒小记》所载较为详尽与翔实，可补历代所记过简之不足。其中写道：

产业典卖契卷，亦无文字可凭。甲若以其产业典卖与乙，乃央丙为中人。甲取木，以刀砍之成缺，凭丙以授于乙。是即为契。缺之多寡，视典卖价之多寡而殊。如一缺准银十两，乙当买价为百两，则甲须砍十刀是也。汉人称为砍木刻。甲若与乙发生借贷关系，则不砍木刻，而结草为契。即债务者，以草一本准银十两，若借债权者本银十两，即收草十本结之，凭中以授债权者是也。故殷富之家，茅草木棍，充满于其箱箧，是即所谓契券，而珍藏宝贵之物也。

黎族 早期记此俗者，为清乾隆时人张庆长。他在《黎岐纪闻》中写道：生黎，

间有（土地）典卖授受者，以竹片为券。盖黎内无文字，用竹批为三，计邱段价值划文其上。两家及中人各执之以为信，无敢欺者。近日狡黠辈颇纷纷以诈伪生争矣。

近代关于黎族地区的调查材料，不仅证明了张庆长之说完全属实，且可使我们对刻竹为契的全过程了然无遗。《海南黎族情况调查》记：黎族“出卖或出典田地，都要刻竹为契”，叫“割竹”。具体做法是：

用一节竹筒，将典卖田地的价值、数量，用刀刻痕在竹上来表示。如一头牛和五块光洋，可刻成 [× | ×||||| ×] 的形状，其中 [×] 表示间隔，[|] 表示数量。刻竹以后，将竹筒从当中剖为两片，双方各执一片。以后每交一头牛，一块光洋。便将刀痕逐次削去。等削完了，就将两片竹片对证一下，认为没有问题，就当场烧去。

伶人　方志载有此俗。清张祥河《粤西笔述》引《广西通志》云：伶人，

> 不识文字，或买田地，以木刻记之。

伶人，为今仫佬、毛南族先民。

罗罗　据清初顾炎武《天下郡国利病书·云南》载：黑倮倮，

> 交易称贷无书契，刻木而折之，各藏其半，市以丑戌日。

康熙用雯《黔书》卷一写道：罗罗，

> 期会交质无书契，用木刻，重信约，尚盟誓。

其后，檀萃《滇海虞衡志·志蛮》载：黑罗罗，

> 其约以木刻。

又，徐珂《清稗类钞》第五册，风俗类、倮以木刻为符号条载：

> 四川宁远之倮，无文字，有报告，必预定一木刻之式，或弓箭刀剑，或禽兽鱼介。且预约，若借银钱，若有急待援，若被围，若疾病，若约斗，则于式之某处用刀刻木。或直画，或横画，或人或×，或十或一，以为符号。

黑罗罗、倮，均为今彝族。

傣族　元代载籍对此已有记及。如李京《云南志略》载：

> 金齿百夷，记识无文字，刻木为约。

大致与此同时，意大利人之《马可波罗游记》作了较为具体的描述：金齿州，

> 彼等无字母，亦无文字。土人缔约，取一木杖，或方或圆，中分为二，各刻画二三符记于上，每方各执一片，负债人偿还债务后，则将债权人手中所执之半片收回。

这证明，中外史籍所记我国南方民族刻木为契之法，均无大的差异。

明王士性《广志绎》卷四载：麓川百夷俗，

> 小事则刻木为契，大事则书缅字为檄，无文案。

直至清代，仍有此俗。据曹树翘《滇南杂志》载：摆夷、百夷，

> 无中国文字，小事则刻木为契，如期不爽。

檀萃《滇海虞衡志·志蛮》所载，完全相同。

又，徐珂《清稗类钞》第五册，滇夷以木刻记事条载：

> 滇夷无文字，以木板深刻记事，谓之木刻。每一事，即横划一痕，剖而为二，彼此各执，无论年月久暂，持木刻以比对，誓不悔，盖印古代结绳合符之遗意也。

总之，南方诸族广泛使用刻木为契之法。上述关于瑶、苗、黎，仫佬、彝、傣诸族的记载，只是其中的典型事例而已。从中可见：

一是刻木为契，有称作“打木格”“砍木刻”“割竹”者。其所用材料，除用木之外，也有用竹代替者。这可视作我国古代竹简与木牍的雏形。其不同之处在于：一为刻符纪事；一为用文字记载。

二是记事内容，日趋繁多。用于记述和表达借贷、买卖、信息及各种人与人之间较为复杂的关系。

三是记事方法，简单的也是基本的为用刀刻痕，但要表达较为复杂的思想时，则辅之以穿孔、图画及实物符号。显然，后者是从前者发展而来，已具有象形、会意诸功能，可视作文字发明的前兆。从中也可见文字起源的过程。

三、以筹纪数

据《汉书·五行志下之上》载：

> 筹，所以纪数。

原始的计算工具“筹”为何物？如何以“筹”纪数？这从南方诸族的社会生活中，可以得到说明。

唐段成式《酉阳杂俎·境异》卷四载：武宁蛮，

尝以稻记年月。

宋陆游《老学庵笔记》卷三载：蜀中徼外蛮人聚博于叙地之佛殿西庑堂上，

骰子亦以骨为之，长寸余而匾，状若牌子。折竹为筹，以记胜负。

此为折竹以作计算赌博输赢工具之例。

明田汝成《炎徼纪闻》卷四载：苗人，

要约无文书，刊寸木刻以为信，争讼不入官府。即入，亦不得以律例科之。推其属之公正善言语者，号曰行头，以讲曲直。行头以一事为一筹，多至百筹者。每举一筹，数之曰：“某事云云，汝负于某。”其人服，则收之。又举一筹，数之曰：“某事云云，汝凌于某。”其人不服，则置之计所。计所置多寡以报所为讲者，曰某事某事，其人不服。所为讲者然，则已，不然，则又往讲如前。必两人咸服乃决。若所收筹多而度其人不能偿者，则劝所为讲者，掷一筹与天，一与地，一与和事之老。然后约其余者，责负者偿之。以牛马为算。凡杀人而报杀过当者，算亦如之。

明郭子章《黔记·诸夷》，苗人条有相同记载，当本此。从中可见，在原始审判中，“筹”可谓起到了记录员的作用。作为主审的“行头”，根据“收筹”的多寡，决定败诉者的赔偿数目。

清毛奇龄《蛮司合志》卷一所载稍略，但基本内容无变化，当系据《炎徼纪闻》删削写成。其中写道：苗人，

争讼则推一人断曲直，曰行头。曲者，绁以筹计。所绁筹多，则掷筹三，曰天减一，地减一，行头又减一。然后，责赎其余者。

闵述《粤述》载：

赛老者，即本地年高有行之人。凡里中是非曲直俱向此老论说，此老一一评之。如甲乙俱服，即如决断；不服，然后讼之于官。当其论说之时，其法颇古（刻契结绳遗意）。甲指乙云，某事如何，赛老则置一草于乙前；乙指甲云，某事如何，赛老又置一草于甲前。既毕，赛老乃计算而分胜负。

可见，粤西壮、瑶，也与苗人相同，行以草为筹的计算方法。

陆次云《峒谿纤志》载：

峒苗仇杀之后，汉官为之讲歹。两造各积草为筹。每讲一事举一筹，理拙者弃其筹，筹多者胜。负者以牛马归胜者。即彼此杀人，亦较其人数多寡，而以牛马抵偿之，纷乃解。

此段记载，与《炎徼纪闻》大同小异。

刘锡蕃《岭表纪蛮》载：

边蛮不识文字，甚或不晓干支。其生儿女，取竹筒一具，封其口，每月圆一次，即知为一月，投一小石于中。阅岁，出小石，易以较大之石。其人死，开筒数石，石大者若干，石小者若干，即知其人若干岁若干月而死。此种纪筹法，西隆、凤山、宜山山颠一带之蛮族，至今犹行之。

此为以筹计算岁月与年龄之法。

总之，在不识文字的南方民族地区，人们通过以筹计算数目多寡之法。其所用之筹，多以竹、草、石一类自然物。其纪事作用与刻木为契相类，只是其法更为原始和简便而已。

四、结　论

通过关于南方诸族结绳记事、刻木为契、以筹纪数之法的记述，我们不仅可以基本复原早期人类的记数、记事方法，也有助于对文字的起源作出合乎科学的解释。

在我国，历代流行仓颉造字说。据《吕氏春秋·君守》载："苍颉作书。"汉代学者，对此更大加发挥。如东汉许慎《说文解字·序》："黄帝之史仓颉见鸟兽蹏迒之迹，知分理之可相别异也，初造书契，百工以乂，万品以察。"高诱注《吕氏春秋·帝分览·君守》："苍颉生而知书写，仿鸟迹以造文章。"显然，把书契之造归之于黄帝史官仓颉有感于自然现象而成的说法，是违背历史事实的。文字不是凭某一个人的灵感发明的，它是人们在社会实践中，为了表达和交流思想而产生的；它是在漫长的历史过程中，经无数无名之士的不断创造与改进而逐步完善的。章太炎在《造字缘起说》中写道："今之俚人，亦有符号，家为典型，部为徽识。仓颉以前，亦如是矣。"此说正确。应该补充的是，除"今之俚人"外，南方诸族之人亦应如是。当然，这并不等于说，我们否定个人对文字作过整齐划一的工作。《荀子·解蔽篇》说："好事者众矣，而仓颉独传者，壹也。"此说近乎事实。即，在芸芸众生集体创造的基础上，经仓颉一类的历史人物加以系统化、规范化，早期文字便得以形成并推广开去。

第十八章　音乐与戏剧

一、能歌善舞

南方民族历来是能歌善舞的民族。据《礼记·明堂位》载：

> 任，南蛮之乐也。

又，《五经通义》（《太平御览》卷五六七）曰：

> 南夷之乐，持羽舞，助时之养。

可见，南方“蛮夷”之乐是有特点的，是歌舞结合的。

早在先秦时代，南方楚、巴、越三大民族，就以歌舞闻名于当世。

楚　据《楚辞·九歌》描述：楚人祭祀时，在“钟”“鼓”齐鸣，“竽”“瑟”交奏声中，身穿“姣服”的灵巫，“安歌”以和，并“缓节”“应律”而舞。这就是“歌舞以娱神”（朱熹《楚辞集注》）之谓也。《吕氏春秋·侈乐》所言楚之“巫音”，殆即指此。楚人善歌舞，还可从文献记载中得到证实。如《左传·庄公二十八年》载：

> 楚令尹子元欲蛊文夫人，为馆于其宫侧，而振万焉。夫人闻之，泣曰：“先君以是舞也，习戎备也。”

据杜预注：“万，舞也。”又，据桓谭《新论》载：楚灵王“信巫祝之道”，亲自“起舞坛前”。可见，楚人除在祭祀之外，还在表演战斗的场合（所谓“习戎备”），或在求爱（“蛊”之类）过程中，以歌舞取乐的。楚的后裔，仍不忘乃祖之风。据载，项羽被刘邦围于垓下，“夜闻汉军四面皆楚歌”；所谓“楚歌”，师古释曰：“楚人之歌也。”（《史记·项羽本纪》）西汉时，楚歌舞风靡一时，这与出身于楚地的西汉统治集团的提倡是分不开的。史载，汉高祖令戚夫人“楚舞”，自为“楚歌”（《史记·留侯世家》）。楚歌舞之名，《招魂》中列有《激楚》《涉江》《采菱》《扬阿》等目，

《楚辞集注》认为，这些就是“汉祖所谓楚歌、楚舞也”。可见，楚歌与楚舞对后世影响之深远。

巴 据《华阳国志·巴志》载：

> 巴师勇锐，歌舞以凌敫人，前徒倒戈，故世称之曰：“武王伐纣，前歌后舞也。”

此为我国古代以歌舞助战的著名事例。又，风靡楚郢都的巴人乐曲“下里巴人”（《文选》卷四五，《对楚王问》），更成了此后通俗歌曲的代名词。其后，此俗一直在巴地流传，“蛮鼓声坎坎，巴女舞蹲蹲”（《郡中春宴因赠诸客》）可证。

越 与楚人善“巫音”不同，越人则喜爱“野音”。据《吕氏春秋·遇合篇》载：

> 客有以吹籁见于越王者，羽角宫徵商不谬，越王不善。为野音而反善之。

可见，越音具有鲜明的民族特点。越人举国上下均好乐。如《吴越春秋·勾践伐吴外传》载：越王勾践败吴后，为歌颂胜利，

> 置酒文台，群臣为乐，乃命乐作伐吴之曲。乐师曰：“臣闻即事作操，功成作乐。君王崇德，诲化有道之国，诛无义之人，复仇还耻，威加诸侯，受霸王之功。功可图画，德可刻于金石，声可讬于絃管，名可留于竹帛。臣请引琴而鼓之。”

除庙堂音乐外，民歌更为流行。其中，有众所周知的越人船夫榜枻为鄂君子晰所唱的“越歌”（《说苑·善说》），以及采葛之妇所作“苦之诗”（《吴越春秋·勾践归国外传》）、伐木工人所歌“木客之吟”（《吴越春秋·勾践阴谋外传》）等。越亡后，越俗仍好歌舞。如《太平御览》卷五六七，四夷乐条引《风土记》曰：

> 越俗饮宴，即鼓拌以为乐，取大素圜盘以广尺五六者，抱以着腹，以右手五指更弹之以为节，舞者蹀地击掌以应盘节而舞。

后世南方诸族善歌舞，则是人所共知的。下面以苗、瑶、土家、壮、水族列举之。

苗族　据清陆次云《峒谿纤志》载：

苗人每遇令节，男子吹笙撞鼓，妇随男后，婆娑进退，疾徐可观，名曰踹堂之舞。

此为以歌舞欢庆节日之例。据清贝青乔《苗俗记》载：

蔡苗会亲属妇女，椎牛歌舞，名曰作戛，兼以赛神。

此为以歌舞娱神之例。

瑶族　据清陆祚蕃《粤西偶记》载：其歌，

虽文人提笔，未能过也。

清李调元《粤歌》中录有优美动听、寓义深刻的“瑶歌”，可证陆祚蕃之言不虚。其舞，则以“踏摇”见称于世（见本书“婚姻”部分）。

土家族　富有代表性的为摆手舞。据清严如煜《苗防备览·风俗下》载：

土俗各寨有摆手堂，每岁正月初三至初五六之夜，鸣锣击鼓，摇摆发喊，名曰摆手。

壮　以善歌闻名于世。清陆祚蕃《粤西偶记》曾对壮歌与俍歌的特点，加以概括分析：

僮人生于深山穷谷，异言殊服。其歌字皆土音，韵皆天籁，译而通其意，殆亦工于为词者。

俍之为歌，五言八句。唱时叠作十二句，多用古韵，平仄互押，或隔越跳叶，曲折宛转，喃喃呢呢。间有一二佳语，颇类六朝情艳。但其中土字土语，十常八九，不绎而缙之，不能晓也。

壮歌，以“三月三”的“浪花歌”（《赤雅》）为世人称道。壮族歌手，以传说中的刘三姐为最。据说：“唐景龙中，贵县西山有刘三妹者，与朗宁白鹤书生张伟望歌酣，化石于山颠，遗迹宛然。徭俗尚歌，立祠于此，祀为歌仙。”（《粤西笔述》）

水族 据清田雯《黔书》载：贵州荔波县水家苗，

每岁首，男女成群连袂歌舞相欢者，遂为婚姻。

此为以歌舞定婚之例。

二、以笙为乐

南方诸族的乐器，以笙最富南国特色。文献与考古材料证明："南蛮"民族是笙的发明者。

南方诸族之笙乐，其源可上溯于楚。据《国语·楚语上》载：楚乐有，

金、石、匏、竹。

韦昭注："匏，笙也。"据《阚子》载：

楚笙冠中国。

《吕氏春秋·贵因》载：

墨子见荆王，锦衣吹笙，因也。

可见，楚乐以笙为长，楚人以吹笙为俗。此殆为"南音"（《左传·成公九年》）之一特色。

后世南方诸族之笙有两种。

一是芦笙，又名卢沙。据宋范成大《桂海虞衡志·志器》载：

卢沙，瑶人乐，状类箫，纵八管，横一管贯之。

宋周去非《岭外代答·乐器》载：瑶人之乐有卢沙，

卢沙之制，状如古箫，编竹为之，纵一横八，以一吹八，伊嘎其声。

明钱古训《百夷传》记百夷俗：

村甸间击大鼓，吹芦笙，舞干为宴。

清田雯《黔书》卷四，芦笙条详述了苗族芦笙的制作与演奏方法。

其笙，截芦为管者六，通其节而栉比之。长者四尺，以次而杀，短至三尺，参差若羽窍。其短者孔六，以达于长以指扪之。而又截竹径尺，衡绾于六管之衔而吹之。一呼一吸，声若鴐鹅之嘹汉。每至看场既园，欢情既浃，则迟其声以媚之。长管之上冒以匏，短管之中置以簧，簧用响铜为之。恒用火炙，亦古制也。

清陆次云《峒谿纤志》袭宋周去非说：

瑶人之乐，状如箫，纵八管，横一管以贯之，即古风箫之制，以应八风者欤。

卢沙即芦笙。因芦笙用六根竹管制成，故又称为“六管”或“六管笙”，如明邝露《赤雅》载：侗人，

善音乐，弹胡琴，长六管，长歌闭目顿首摇足，为混沌舞。

清闵叙《粤述》载：

乐有六管笙，两脚踏地而歌，众歌以倚之。

清诸匡鼎《瑶僮传》：仡僚，

乐有六管笙。

今南方民族之笙制，均为六管。其中所云八管，或是记载有误，或是今已消失。

需加强调的是，苗族尤重芦笙。据明田汝成《炎徼纪闻》卷四载：苗人跳月，

未婚男女吹芦笙以和。

清田雯《黔书》卷一载：孟春跳月，

男编竹为芦笙，吹之而前，女振铃继于后以为节。

清徐家干《苗疆闻见录》卷下载：

凡唱歌以笙和之，高下疾徐，各有其节，身在苗疆，亦觉可听。

清贝青乔《苗俗记》载：跳月时，

笙声沸天。

从中可见，在一片笙声中，传出了何等浓郁的民族音乐特色。

一是葫芦笙，又名瓢笙。据唐樊绰《蛮书·蛮夷风俗》卷八载：南诏，

俗法。处子、孀妇出入不禁。少年子弟夜游行闾巷，吹壶芦笙，或吹树叶，声韵之中，皆寄情言，用相呼召。

唐刘恂《岭表录异》载：

葫芦笙，交阯人多取无柄老瓠，割而为笙，上安十三簧，吹之音韵清响，雅合律吕。

唐梁载言《十道志》：容州夷，

好吹葫芦笙。

宋乐史《太平寰宇记》卷一六五，记岭南宾州风俗：

其俗有宴会，击皮鼓，吹葫芦笙以为乐。

同书卷一六九，记岭南廉州风俗：夷人号越奄，

亲戚宴会即以瓠笙铜鼓为乐。

宋王象之《舆地记胜》卷一二三，记贺州夷俗，

好吹匏笙。

宋陆游《老学庵笔记》卷四载：辰、沅、靖州蛮之踏歌，

农隙时至一二百人为曹，手相握而歌，数人吹笙在前导之。

此“笙”殆为葫芦笙。宋范成大《桂海虞衡志·志蛮》，

胡卢笙，两江峒中乐。

宋周去非《岭外代答·乐器》：瑶乐器，

胡卢笙，攒竹于瓢，吹之呜呜然。

宋朱辅《溪蛮丛笑》：

蛮所吹葫芦笙，亦匏瓠余意。但列管六，与《说文》十三簧不同耳，名葫芦笙。

《宋史·蛮夷列传》：

至道元年，其王龙汉珧遣其使龙光进率西南牂牁诸蛮来贡方物……上因令作本国舞。一人吹瓢笙如蚊蚋声，良久，数十辈连袂宛转而舞，以足顿地为节。询其曲，则名曰《水曲》。

清陆次云《峒谿纤志》：

葫芦笙，大如盂，长二尺，止六管，此六律初起，六国未备之制也。以依歌曲韵颇悠扬，古穆澹岩，可于此求元音之始。

清曹树翘《滇南杂志》卷十八云：

按，滇黔夷歌，俱以一人捧芦笙歌于前，而男妇拍手顿足，倚笙而和之，盖古联袂踏歌之遗也。而笙颇大于常笙，以瓠为壶，芦为管，竹叶为簧，管五，而其声宫音为多。苗人跳月求偶，皆吹芦笙也，俗呼跌足笙。按《稗史》有芦笙吟五解，即咏此也。

可见，卢沙与葫芦笙之别主要在于：后者附加葫芦作共鸣器而成。

南方诸族居地流行笙乐，也为考古材料所证明。湖南楚墓曾出土一件葫芦笙；云南晋宁石寨山出土四件葫芦笙；湖北随县曾侯乙墓也出土有笙。

总之，楚、南诏、容州夷、两江蛮、辰沅靖州蛮、牂牁蛮、溪蛮、瑶、苗、侗、仡佬诸族，均喜笙乐。此外，清傅恒《皇清职贡图》记载的尚有：彝族（麦岔蛮、嫚且蛮），“吹笙饮酒，（卷七，武定府麦岔蛮条），“男吹竹笙”（卷七，姚安府嫚且蛮条）；哈尼族（窝泥蛮），“吹芦笙为乐”（卷七，元江等府窝泥蛮条）；布依族（补笼苗），“吹芦笙”（卷八，贵阳安顺等处补笼苗条）。

三、“宝贵铜鼓”

铜鼓，是我国古代南方民族发明制造的。清檀萃《滇海虞衡志》卷五载：“铜鼓，粤人以为伏波，滇人以为诸葛，而实蛮之自铸也。”确切地反映了这一历史事实。因此可以说，铜鼓是我国古代南方民族文化的一种重要特征。

（一）概　说

铜鼓，在两广、云、贵、川、两湖等地的古代蛮族中曾广泛流行，并分布及于越南、老挝、柬埔寨、泰国、缅甸、马来亚等地。今我国境内的壮、侗、布依、水、黎、苗、瑶、彝、白、仡佬诸族，均曾使用铜鼓。

铜鼓形状，浑身用铜铸成，只有一个鼓面，腰身弯曲，中空无底，侧附四耳。主要纹饰有太阳纹、翔鹭纹、羽人舞蹈纹、竞渡纹、云雷纹等。

目前，我国已知铜鼓数量达一千三百多个。铜鼓的大小不一，最大的铜鼓鼓面直径有一百六十五厘米，重六百斤，被誉为“铜鼓之王”，现存广西壮族自治区博物馆。

铜鼓种类繁多，一般可归结为两大系统。一为粤系，主要出自广西东南部与广东西南部相邻之地，即俗称的伏波鼓；一为滇系，主要出自云南中部、广西西部、贵州、四川、两湖以及越南北部。主要区别在于：前者较后者硕大而厚重。

一般认为，铜鼓是由炊具铜釜演变而来的。

铜鼓起源于云南中部，产生时代最早约为公元前七世纪至前四世纪，即相当于

我国春秋时期。

（二）文献记载中的“宝贵铜鼓”族属

现存记录铜鼓的最早古籍，似当推《南州异物志》。据载：交广之界民曰乌浒，

> 出得人，归家合聚邻里，悬死人中，当四面向坐，击铜鼓，歌舞饮酒，稍就，割食之。

此为记岭南乌浒人击铜鼓以食人之俗。此段记载出自《太平御览》卷七八六，但未言明作者。该书似是东汉章帝、和帝间南海（今广州）人杨孚所作的《异物志》一书的别称。

次记其事者，当推晋、宋间人裴渊的《广州记》。据载：

> 俚僚铸铜为鼓，鼓唯高大为贵，面阔丈余。初成，悬于庭，剋晨置酒，招致同类，来者盈门。豪富子女以金银为大钗，执以叩鼓，叩竟，留遗主人也。

此段引文出自李贤注《后汉书·马援传》。可见，岭南俚僚“宝贵铜鼓”。

续记铜鼓之事者，为南朝刘宋时人范晔。他在《后汉书·马援传》中写道：

> 援好骑，善别名马，于交阯得骆越铜鼓，乃铸为马式，还上之。

骆越居地，约略在今广西南部与越南北部。

以上记载表明：岭南乌浒、俚僚、骆越，均为百越系统之人，故早期文献所记使用铜鼓的族属是一致的；南蛮所铸铜鼓，虽早已有之，但为中原人所知并见诸记载的最早时代，则为东汉初年。其后，历代均有所记载。

据《晋书·食货志》载：孝武太元三年，诏曰：

> 广州夷人宝贵铜鼓，而州境素不出铜。闻官私贾人，皆于此下贪比轮钱斤两差重，以入广州，货与夷人，铸败作鼓。其重为禁制，得者科罪。

从东晋政府严禁商人卖铜钱给广州夷人用以铸造铜鼓一事，可见“宝贵铜鼓”

风气之甚。据《陈书·欧阳𬱟传》记梁左卫将军兰钦征岭南俚帅陈文彻之事：

南征夷僚，擒陈文彻，所获不可胜计，献大铜鼓，累代所无。

广州辖地大致包括今广东、广西两省地。以上记载表明：从晋至南朝，岭南百越系统之“夷人”“夷僚”即今壮侗语族先民，盛传铜鼓而不衰。

南朝时，湘州“川洞”之地也产铜鼓。据《陈书·华皎传》载：陈文帝时，华皎为湘州刺史，

征伐川洞，多致铜鼓、生口，并送于京师。

湘州，治今湖南长沙，辖地包括今湖南及两广之韶关、桂林地区。故此产铜鼓之地，很难确指。既可能在湖南境，也可能在岭南之地。

隋代，岭南俚僚铸铜鼓之风，一仍前代。据《隋书·地理志下》载：诸俚、僚，

并铸铜为大鼓，初成，悬于庭中，置酒以招同类。来者有豪富子女，则以金银为大钗，执以叩鼓，竟乃留遗主人，名为铜鼓钗。

显然，这段记载完全抄自裴渊《广州记》。

唐代，广州司马刘恂所著《岭表录异》卷上首次详记了铜鼓的形状与出土情况。据载：

蛮夷之乐有铜鼓焉。形如腰鼓，而一头有面，鼓面圆二尺许，面与身连，全用铜铸，其身遍有虫鱼花草之状，通体均匀，厚二分以外，炉铸之妙，实为奇巧，击之响亮，不下鸣鼍。贞元中，骠国进乐，有玉螺铜鼓，即知南蛮酋首之家皆有此鼓也。

咸通末，幽州张直方贬龚州（今广西平南）刺史。到任后，修葺州城，因掘土得一铜鼓，牵，复载以归京。到襄汉，以为无用之物，遂舍于延庆禅院，用代木鱼，悬于斋室，今见存焉。

僖宗朝，郑䌹镇番禺日，有林蔼者，为高州（治今广东茂名县东北）太守。有乡野小儿，因牧牛，闻田中有蛤鸣，牧童遂捕之，蛤跃入一穴，遂掘之，深丈，即蛮酋冢也。蛤乃无踪。穴中得一铜鼓，其色翠绿，土

蚀数处损阙。其上隐起，多铸蛙龟之状，疑其鸣蛤即鼓精也。遂状其缘由，纳于广帅，悬于武库，今尚存焉。

可见，唐代岭南蛮酋不仅在历史上而且在当时均使用铜鼓。如果说，唐以前文献所载使用铜鼓之地主要在岭南的话，那么，这时则扩及贵州、湖南等地了。如《旧唐书·南蛮西南蛮传》载：东谢蛮，

有功劳者，以牛马铜鼓赏之。

东谢蛮，因其首领姓谢且居东面而得名。其地在今贵州东南部，为今侗族、水族的先民。又，唐张鷟《朝野佥载》卷十二载：

五溪蛮，父母死，于村外阁其尸，三年而葬，打鼓路歌，亲戚饮宴舞戏，一月余日。

此“五溪蛮”，当系指湘西苗瑶先民。

从宋代起，记载增多。其中主要有，宋范成大《桂海虞衡志·志蛮》载：

铜鼓，古蛮人所用。南边土中时有掘得者。相传为马伏波所遗。其制如坐墩而空其下，满鼓皆细花纹，极工致。四角有小蟾蜍。两人舁行，以手拊之，声全似鞞鼓。

此中描绘了铜鼓之形状与使用办法。从耕地时有掘得者，可见广西“古蛮人”铜鼓数量之多。又，同时代人周去非《岭外代答》卷七也详载了广西出土的铜鼓之制。《宋史·蛮夷列传》一至四，更全面反映了南方诸族使用铜鼓的情况。如：

南州（当在今四川境）进铜鼓内附，下溪州（治今湖南永顺县东南）刺史田思迁亦以铜鼓、虎皮、麝脐来贡。

黔南言，溪峒夷僚疾病，击铜鼓、沙锣以祀神鬼。诏释其铜禁。

南丹州（广西今南丹县）刺史莫洪皓遣子来贡，

铜鼓三面。

扶水州（治今广西环江北）蛮，

其族铸铜为大鼓。

汉牂牁地的西南夷，

病疾无医药，但击铜鼓、铜沙锣以祀神。

换言之，宋代湖南、四川、贵州、广西等地少数民族多用铜鼓。

元代，李京《云南志略》“诸夷风俗”载：白人，人死俗：

击铜鼓送丧。

至明清时，有关铜鼓的记述，不下百余种。择举数例如下。据《明史·刘显传》载：万历时四川巡抚曾省吾派刘显征讨叙州（今四川宜宾境）都掌蛮，

克寨六十余，获贼魁三十六，俘斩四千六百，拓地四百余里，得诸葛铜鼓九十三。

从一次战争就缴获都掌蛮九十三面铜鼓一事，可见其数量惊人之多。据明田汝成《炎徼纪闻》卷四载：

俗尚铜鼓，中空无底，时击以为娱。土人或掘地得鼓，即诧张言诸葛武侯所藏者，富家争购，即百牛不惜也。

明郭子章《黔记·诸夷》所载同，当本此。又，清毛奇龄《蛮司合志》卷二载：仲家，

家家击铜鼓为乐。

从一面铜鼓价达“百牛”之价与“家家”击铜鼓的记载，可见仲家（今布依族）重铜鼓成风。清徐家干《苗疆闻见录》卷下载：

苗疆有铜鼓，形圆，有耳，面径一尺四五寸，高尺许，其平面之上

纹镂不一，间亦有十二辰者，与汉之十二辰鉴仿佛相类。俗传为诸葛遗器，可避瘟，呼曰诸葛铜鼓。用兵苗疆时恒获之。

综上所述，以古代民族称谓言，乌浒、俚、僚、武陵蛮、东谢蛮、下溪州蛮、南丹州蛮、抚水州蛮、都掌蛮以及仲家、苗等，均曾使用过铜鼓。

（三）铜鼓的作用

铜鼓的用途颇广，归结起来，主要有二：

一是作为南方少数民族首领权力和财富的象征。

氏族、部落的头人往往以铜鼓作为其身份、地位与权势的化身。故史称："有是鼓者，极为豪雄"（《广州记》）；"有鼓者，号为都老，群情推服"（《隋书·地理志下》）；"家有铜鼓，子孙传秘，号为右族"（《续资治通鉴长编·天禧三年》卷九四）；"得鼓二三，便可僭号称王"（《明史·刘显传》）。可见，"豪雄""都老""右族""称王"者，均拥有铜鼓。

在古代民族中，彼此争战是经常发生的大事。而民族、部落的统治者，同时又是对外作战的组织者。因此，作为权力象征的铜鼓，也被用作指挥战争的重要手段。如：俚僚，"欲相攻击，鸣此禁鼓，众到者如云"（《广州记》）；铜鼓，"南蛮今用于战阵"（《老学庵笔记》卷二）；都掌蛮，"始出动，必击鼓高山，诸蛮闻声四集"（谈迁《国榷》），皆可证。

蛮酋权力是在拥有大量财富基础上形成的。换言之，权力与财富是密不可分的。因此，铜鼓也被用作衡量财富的尺度。"鼓唯高大为贵"（《广州记》），"鼓声宏者为上，可易牛千，次者七八百"（《明史·刘显传》），即突出例证。铜鼓既属财富，理所当然地被用作上述赏赐、进贡物品。

二是击鼓以为乐。

铜鼓，最早是作为乐器使用的。故史称："击铜鼓，吹大角，歌舞以为乐"（《旧唐书·南蛮西南蛮列传》）；"夷俗最尚铜鼓，时时击之以为乐"（明魏濬《西事珥》）。在南方民族地区，举凡婚姻、喜庆、祭祀，疗疾、丧葬等吉凶仪式，均使用铜鼓以奏乐。五代词人孙光宪在《菩萨蛮》词中写道："铜鼓与蛮歌，南人祈赛多。"即铜鼓用以娱神的突出例证。

总之，铜鼓的兴衰，是由其使用价值决定的。随着中央王朝对南方民族地区统治的加强，特别是经过改土归流以后，蛮酋的统治势力日益削弱，因此，铜鼓作为权力与财富象征的功能，也日渐消失。但是，作为民间喜好的民族音乐，则一直流传下来。这就是近代南方民族地区铜鼓使用虽趋式微但始终未绝的奥秘所在。

四、傩 戏

南方民族中，盛行傩戏。此戏是在巫师“跳神”基础上发展而来。扮演者戴假面具，除对白外，边跳边歌边舞，伴之以吹鼓，表演各种内容与情节的戏剧故事。

傩，本是我国古代腊月驱除疫鬼的一种宗教仪式。早在先秦时代，就已有之。据《周礼》卷二五，占梦篇载：季冬，王，

> 遂令始难驱疫。

难同傩。据郑玄注：“方相氏蒙熊皮，黄金四目，玄衣朱裳，执戈扬盾，帅百隶为之驱疫厉鬼也。”又，《论语·乡党》卷十载：

> 乡人傩，朝服而立于阼阶。

可见，周代王室与民间已流行此俗。

秦汉时，记载颇多。如《吕氏春秋·季春记》载：

> 国人傩，九门磔禳，以毕春气。

《吕氏春秋》的《仲秋纪》《季冬纪》也有关于“傩”的记载。据高诱释：“命国人傩，索宫中区隅幽暗之处，击鼓大呼，驱逐不祥，如今正岁逐除是也。”《淮南子·时则训》载：天子，

> 令国傩。

东汉张衡《东京赋》（《文选》卷三）云：

> 尔乃卒岁大傩，驱除群厉。方相秉钺，巫觋操茢。震子万童，丹首玄制。桃弧棘矢，所发无臬。飞砾雨散，刚瘅必毙。

此外，《汉旧仪》《续汉书》诸籍，均有记载。

南朝时，荆楚地区流行此俗。据南朝宋宗懔《荆楚岁时记》载：

> 十二月八日为腊日。谚语："腊鼓鸣，春草生。"村人并击细腰鼓，戴胡头，及作金刚力士，以逐疫。

可见，所谓"傩"，是在冬去春来之时，人们戴上"熊皮""胡头"一类可怕的假面具，身穿"玄衣朱裳"，手执戈盾弧矢，击鼓大呼，以驱除厉鬼，祈求来岁平安。

唐宋以后，南方民族地区的"傩"，逐渐向戏剧化发展。其中，以广西最为典型。据宋范成大《桂海虞衡志·志器》，戏面条载：

> 桂林人以木刻人面，穷极工巧，一枚或值万钱。

此"戏面"，即傩戏用的木刻假面具。宋周去非《岭外代答》卷七载：

> 桂林傩队，自承平时，名闻京师，曰静江诸军傩。而所在坊巷村落，又自有百姓傩。严身之具甚饰，进退言语，咸有可观，视中州装队仗似优也。推其所以然，盖桂人善制戏面，佳者一值万钱，他州贵之。如此，宜其闻矣。

这说明：宋代桂林傩戏，已风靡"坊巷村落"，其专业剧团（"桂林傩队"）的演出，已使京师轰动。从中可见，桂林傩戏流行之广与水平之高。宋陆游《老学庵笔记》卷一载：

> 政和中大傩，下桂林府进面具。比进到，称"一副"。初讶其少，乃是以八百枚为一副，老少妍陋无一相似者。至今桂府作此者，皆致富，天下及外夷皆不能及。

可见，桂林傩戏之所以闻名天下，重要原因之一是：面具为天下之最，能做到"老少妍陋"各不相同，"穷极工巧"，可谓已臻维妙维肖的地步。明王济《君子堂日询手镜》载：

> 横人专信巫鬼。有一等称为鬼童。其地家无大小，量力厚薄，具牛

马羊豕诸牲物，罗于室中。召所谓鬼童者五六人，携楮造绘画面具，上各出鬼神名号，以次列单上。用陶器杖鼓，大小皮鼓铜锣击之，杂以土歌，远近可听。一人或二三人，各带神鬼面具，衣短红衫，执小旗或兵杖，周旋跳舞。有时奋身踊跃至屋梁，或仆于地，或忽据地坐，自称为某神，言人祸福，主人跪拜于下，谓为遇神。少憩，复如之。如此一日夜方罢。人有疾者，亦以此术祈祷，不即愈，至再至三至四而不已，甚至破家者有之，不复更问医药。

明代广西横州为壮族聚居地。此中所记为巫师戴纸绘面具跳神之俗。总之，清代戴假面具演出的“师公戏”，当与宋代桂林的“百姓傩”、明代横州的跳神俗，有着源流关系。

除广西外，贵州民族地区也盛行傩戏。在“祭山鬼”部分，已言及康熙《贵州通志·蛮僚》记土人岁首迎山魈“逐村以为傩”之俗。又，清傅恒《皇清职贡图》卷八，记广顺、贵筑等地土人，

岁首迎山魈，以一人戎服假面，众吹笙击鼓以导之。盖亦古大傩之意。

清许瓒曾《滇行纪程》记黔地苗俗云：

苗中岁腊，有以十月十一月者，迎春，多扮故事殊怪奇俗，用鸡卜，吹芦笙，赛神打鼓为戏。

清佚名《黔苗图说》载：土人，

岁首，群聚击鼓，扮傩演唱神歌，所至之家，皆与饮食。

此外，两湖民族地区也有此俗。如同治《来凤县志·风俗》记鄂西土家族俗云：

一曰还傩愿。延巫屠豕，设傩王男女二像，巫戴纸面具，饰孟姜女、范七郎，击鼓鸣锣，歌舞竟夕。

又，据沈从文《湘西》的《泸溪·浦市·箱子岩》篇记湘西苗民酬傩神俗：

> 这种酬神戏与普通情形完全不同，一切由苗巫作主体，各扮着乡下人，跟着苗籍巫师身后，在神前院落中演唱。或互相问答，或共同合唱，一种古典的方式。

可见，两湖土家族、苗族也喜演傩戏。

概言之，傩源于中原地区。当傩在中原地区逐渐消失后，却在南方民族地区长期保存下来，这是南方民族地区盛行巫风所致。不晚于宋代，在广西民族地区，傩已从单纯的驱鬼宗教仪式，发展成了别具一格的剧种。从此，傩戏在南方民族地区广为流行。

第十九章　天文历法知识

人类在早期从事的采集、渔猎以及原始农业的生产活动中，为了获得必需的生活资料，逐渐积累了一些天文历法的知识。

古籍中记有不少关于这方面的传说。如《易·系辞下》卷八载：

古者包牺氏之王天下也，仰则观象于天，俯则观法于地。

《世本·作篇》：

黄帝使羲和占日，常仪占月，臾区占星气，伶伦造律吕，大挠作甲子，隶首作算数，容成综此六术，而著调历。

后益作占岁。

《吕氏春秋·审分览》：

大挠作甲子，黔如作虏首，容成作历，羲和作占日，尚仪作占月，后益作占岁。

上述记载，若撇去传说人物的真伪不论，仅就传说时代人们已对日、月、星辰与历法有所认识而言，则是符合历史事实的。

古代南方诸族多是农业民族。农业生产必须讲究季节，适时播种与收获，才能收到预期的效果；否则，会一无所获。因此，他们均在不同程度上具备了天文历法知识。其中，黎族较为典型。据明顾岕《海槎余录》载：

儋耳孤悬海岛，历书家不能备。其黎村各一老习知节候与吉凶避忌之略，与历不爽毫发。大率以六十年已往之迹，徵验将来，固亦有机巧不能测处。尝取其本熟视，字画讹谬不可识，询其名则曰“历底记”。

张庆长《黎岐纪闻》：

> 黎中无时宪，不知甲子，然婚姻亦必择吉日。其法按十二兽以手推算，所择日与外间选择家无不暗合，亦一奇也。或云，虎、猴、牛，黎人以为恶兽，避之则吉。然此说，恐亦未尽，其巧弗传也。
>
> 黎内不记年月，无令节，有黎人来者，问其年若干岁，茫如也。然耕作收获颇与四时节气不爽毫发云。

“十二兽”，即十二生肖，以“十二兽”计日，类似汉族地区的“十二地支”计时。可见，黎族老人的经验，可以测知季节时令，做到“耕作收获颇与四时节气不爽毫发”之准确性。

西南诸族，也与黎族一样行以兽记日法。如明郭子章《黔记·诸夷》载：苗人，

> 不知正朔，以鼠，马记子午，言日亦如之。

又，清严如煜《苗防备览·风俗上》载：

> 苗民不知文字，父子递传以鼠、牛、虎、马记年月，暗与历书合。

从苗民懂历法而不知文字一事，也可证历法的起源较文字为早。

宋代广西右江溪峒之外山僚，以十二辰记岁时。据范成大《桂海虞衡志》(《文献通考·四裔考》卷三二八）载：山僚，

> 无年甲姓名，一村中推有事力者曰郎火，余但称火。岁首以土杯十二贮水，随辰位布列，郎火祷焉。乃集众往观，若寅有水而卯涸，则知正月雨二月旱。自以不差。

此虽蒙上迷信色彩，但说明历法与农业生产的密不可分。其后的类似记载，均本此。如宋周去非《岭外代答·蛮俗》所载，除将“乃集众往观”，改作“经夕集众往观”外，其余全同。至明、清时，仍袭用此文。如明邝露《赤雅》，卜岁条载：

> 岁首，郎火以土杯十二贮水，按辰位布列，祷之。启视，有水则其月不旱。

此记载，与范、周之文相较，文虽简，但其意则颇难明。又，清毛奇龄《蛮司合志》（西河合集本）卷十二载：山僚，

> 推其村之豪曰即火，余但称火。岁首取土杯十二贮水，随辰位布列，即火者祷焉。经夕，集众观，即寅有水而卯耗者，则正月雨三月旱。

可见，本文直接抄自《桂海虞衡志》。不同之处是，有误改或误刻之处二：一是“郎火”，误作“即火”；二是“二月旱”，误作“三月旱”。

此外，有以天象变化测定时日者。如《隋书·东夷传》记高山族先民：

> 望月亏盈以纪时节。

明陈第《东番记》：番人（今高山族），

> 无历日文字，计月圆为一月，十月为一年。

康熙《诸罗县志·番俗·杂俗》卷八载：

> 以月圆为一月，不知有闰。

以上所记，为高山族之例。

又，据明李百训《百夷传》：百夷俗，

> 不知时节，惟望月之盈亏为候。

隆庆《云南通志·羁縻》卷十六，僰夷风俗条载：

> 不知四时节序，惟望月之出没以测时候。

百夷、僰夷，均为今傣族。

也有以物候变化定岁时者。这以高山族最富代表性。据《隋书·东夷传》载：高山族先民，

> 候草药枯以为年岁。

据《东番记》载：

无水田，治畬种火，山花开则耕。

明张燮《东西洋考·东番考》载：鸡笼淡水，

四序以草青为岁首。
山花开则耕。

清林谦光《台湾纪略·风俗》：

其耕田，以草生为准，秋成者谓之一年。

康熙《诸罗县志·番俗·杂俗》卷八载：

无历日，不识岁时，以稻熟为一岁。

康熙《凤山县志·风土·番俗》卷七载：

耕田以草生为候，秋成日谓之一年。

乾隆《凤山县志·番社风俗》卷三，山猪毛等四社傀儡山等二十七社风俗条载：

岁时以黍米熟为一年。

同书同卷，瑯峤等十八社风俗条则载：

番无年岁，不辨四时，以刺相花开为一度。

清姚莹《东西势社番记》载：西势社番，

不谙岁序，以花开纪四时。

可见，高山族流行以稻黍的成熟、以花的开放、以草的荣枯记岁时之法。需要指出的是，在西北民族中也有相类之俗。如党项族“无文字，但候草木以记岁时”（《隋书·西域传》）。可谓不谋而合。

此外，黎族则有根据动物的生育和植物的收获以定季节年岁者。据宋乐史《太平寰宇记·岭南道十三》记儋州风俗：生黎，

观禽兽之产，识春秋之气；占薯芋之熟，纪天文之岁。

南方诸族的历法，也有与汉族以正月为岁首不同，而以其他月份为岁首者。列举如下：

清田雯《黔书》卷一载：八番（布依族），

以十月望日为岁首。

《峒谿纤志》《说蛮》所载同，李宗昉《黔记》则作“十月晦日”。

清陆次云《峒谿纤志》载：九姓苗，

在独山，以十一月朔为岁首。

《黔记》载：贵阳府之尖顶苗，

每仲冬朔日为大节。

清罗绕典《黔南职方纪略》卷九载：夭家苗，

以十一月为岁首。

可见，八番以十月为岁首，而九姓苗、尖顶苗、夭家苗则以十一月为岁首。

第二十章　杂　俗

一、“僭称王侯”

古代南方诸族有不同于华夏族或汉族的礼制与文化传统。因此，他们往往“不与中国之号谥”而自称王。从先秦至清代，均不乏此例。

西周末年，王室衰微，以蛮夷自居的楚人，率先称王。据《史记·楚世家》载：当周夷王之时，楚势向江汉地区扩展，

> 熊渠曰：“我蛮夷也，不与中国之号谥。”乃立其长子康为句亶王，中子红为鄂王，少子执疵为越章王，皆在江上楚蛮之地。

楚熊渠封三子为王，则其位更在王之上。及周厉王时，熊渠畏其伐楚，乃自去王号。进入春秋之后，楚人再次称王。《史记·楚世家》又载：楚武王三十五年（前706年），

> 楚伐隋。隋曰：“我无罪。”楚曰：“我蛮夷也。今诸侯皆为叛相侵，或相杀。我有敝甲，欲以观中国之政，请王室尊吾号。”隋人为之周，请尊楚，王室不听，还报楚。三十七年，楚熊通怒曰：“吾先鬻熊，文王之师也，蚤终。成王举我先公，乃以子男田令居楚，蛮夷皆率服，而王不加位，我自尊耳。”乃自立，为武王。

从此，楚世代称王。楚自立为王后，立国于“于越”与“荆蛮”之地的越人和吴人，也步其后尘，先后称王。至于中原诸侯国称王，则最早为战国时的齐威王，时为前356年，此时离楚武王已有三百多年，离楚熊渠则达五百年之久。据周制，周王是“天下之共主”，处于至高无上的地位，此即“天无二日”之谓。当时的华夏诸侯国，是断然不敢率先称王而成为众矢之的的。只有口口声声“我蛮夷也”的楚人，才能不受华夏族奉为行动准则的周礼之束缚，“不与中国之号谥”，敢于“自尊”“自立”为王，以与周天子分庭抗礼。

此外，楚人后裔还曾在西南夷之地称王。据《史记·南蛮西南夷列传》载：楚威王时，将军庄跻略巴、黔中以西，“至滇池，方三百里，旁平地，肥饶数千里，以兵威定属楚”。后因秦断归路，跻因“以其众王滇，变服，从其俗，以长之”。庄跻后人袭为滇王，一直至汉武帝元封二年（前109年）以其地为益州郡时为止，前后共达二百多年之久。同书又谓，滇之“东北有劳浸、靡莫，皆同姓相扶”，索隐释“二国与滇王同姓”。晋常璩《华阳国志·南中志》则载：庄跻在南中之地，“分侯支党，传数百年。”可见，庄跻之后人，还曾分别为滇周围各国之王侯。又，据宋罗泌《路史·国名纪》载：“滇王国，今洮州与夜郎以西，蛮皆云庄跻后。”可见，直至宋代，当地居民还念念不忘庄跻王滇之事。

其后，南方诸族首领沿袭楚人动辄自号为王的做法。

东汉时，廪君种人有“白虎夷王”之号。据洪适《隶释》载：《东汉繁长张禅等题名碑》列有“白虎夷王资伟”“白虎夷王谢节”之名。

三国时，柤中有称夷王者。据《三国志·吴书·朱然传》裴注引《襄阳记》云：柤中，“魏时夷王梅敷兄弟三人，部曲万余家屯此，分布在中庐、宜城西山鄢、沔二谷中。”乾隆《湖北襄阳府志》卷二，南漳县沿革条下有“梅毅屯柤中”之句，此“梅毅”当为“梅敷”之误。又，《三国志·吴书·陆逊传》载：陆逊攻襄阳时，“夷王梅颐等并帅支党来附逊。”此夷王梅颐疑是夷王梅敷兄弟。

三国时，巴中也有号夷王者。如《华阳国志·汉中志》载：“魏武以巴夷王杜濩、朴胡、袁约为三巴太守。”

西晋时，义阳蛮张昌别立天子。据《晋书·张昌传》载：“太安年间，义阳蛮张昌在江夏率领流民起义，立山都县吏丘沈为天子，置百官，建元神凤，以与西晋王朝相对抗。”

南北朝时期，全国处于分裂状态，蛮人势力乘机得到迅速发展，并因此纷纷自称王侯。如当时有“蛮王梅安”“蛮王文武龙”，又有“冉氏、向氏者，陬落尤盛。余则大者万家，小者千户，更相崇，僭称王侯”《魏书·蛮传》)，“酉阳蛮王田头拟”(《南齐书·豫章文献王传》)，“武陵蛮王田僮”(《南齐书·刘悛传》)。

南蛮、西南蛮的后裔，同样以称王为司空见惯之事。如：

苗族 据清陈鼎《滇黔纪游》载：生苗，

聚至数百人，即僭号称帝，俨然冕旒黄衣而端拱于荒山之颠，以受数百人之朝贺而呼万岁。

此为苗人首领称帝受鲜贺之例。据清徐家干《苗疆闻见录》卷上，香炉山条载：

咸丰间，苗叛，有称梭衣王者，盘踞其巅。

同书卷下，四脚牛条载：四脚牛苗，

其称伪王、将军、元帅、先锋、总理者，皆即所谓头公也。

瑶族 据清周存义《平瑶述略》卷下载：广西贺县土瑶，“推盘均华为瑶王”；广东连州过山瑶赵子青，“自名瑶王”。

土家族 据同治《宜昌府志·杂载》载：鄂西土司，俗称“土王”。

南方一些民族，甚至尊崇其祖为王。据明邝露《赤雅》载：畲客，“高辛狗王之后”；清李调元《南越笔记》卷七载：板瑶，“祀其先狗头王”；清张祥河《粤西笔述》载：“瑶人皆高辛狗王之后，时节祀之。”像这类例子颇多。

概言之，楚亡后，原属楚地的西南夷、南蛮及其后裔，擅称王侯成风，其源盖起于楚。

二、血族复仇制

恩格斯在《家庭、私有制和国家的起源》一书的“易洛魁人的氏族”章目中写道：

同氏族人必须相互援助、保护，特别是在受到外族人伤害时，要帮助报仇。个人依靠氏族来保护自己的安全，而且也能作到这一点；凡伤害个人的，便是伤害了整个氏族。因而，从氏族的血族关系中便产生了那为易洛魁人所绝对承认的血族复仇的义务。假使一个氏族成员被外族人杀害了，那么被害者的全氏族必须实行血族复仇。

这种血族复仇制，在我国南方民族中多有反映。其中，尤以越、苗、黎尤为突出。

越 从秦汉以来，越人内部长期争斗不已。如《汉书·高帝纪下》载：

粤（越）人之俗，好相攻击。

《汉书·严助传》载：

越人相攻击，其常事。

所谓“好相攻击”之俗，除了指氏族、部落间的掠夺、兼并战争外，也是越人盛行血族复仇制的一种真实写照。

晋与南朝时，好相攻击之习尚存。据晋、宋间人裴渊《广州记》载：俚、僚，

风俗好杀，多搆仇怨。

其时的越人，史书多称作俚、僚。又，《北史·谯国夫人传》载：

越人俗好相攻击，夫人兄南梁州刺史挺，恃其富强，侵掠傍郡，岭表苦之。夫人多所规谏，由是怨隙止息。

后世岭南地区，此风也未绝。如清徐珂《清稗类钞》第五册，粤人好斗条载：

粤人性刚好斗，负气轻家，稍不相能，动辄斗杀，曰打怨家。非条教所能禁，口舌所能谕，尝有千百成群聚众械斗之巨案。盖大姓多聚族而居，多者数千家，少亦数十百家，与他姓一言不合，即约期械斗。人数不足，则出重资雇人相助。……斗时，扬旗鸣鼓，抢炮交施，如临大敌，可数日不解。

可见，粤人族姓之间的械斗，人数之多、规模之大、风俗之盛。可以肯定地说，清代粤人的“打怨家”，是与古代越人“自相攻击”遗风有密切关系的。

苗族　早在宋代已有记载。据宋朱辅《溪蛮丛笑》载：五溪地区，

夷性好杀，一语不合，便剚以刃，百十年必报乃已，名雠杀。

明代，据田汝成《炎徼纪闻》卷四，蛮夷条载：苗人，

睚眦之隙，遂至杀人。被杀之家，举族为雠，必报当而后已。否则，

亲戚亦断断助之，即抗颈不悔。谚云："苗家雠九世休。"言其不可居解也。

明郭子章《黔记·诸夷》，苗人条，所记全文同，当袭自此。这可谓是血族复仇制的典型表现形式。

清代，记述颇多。如毛奇龄《蛮司合志》（西河合集本）卷一载：苗人，

好雠杀，操戈群行，报复不已。谚有曰："毋雠苗，世不休。"

方亨咸《苗俗纪闻》载：

彼中仇雠甚多，至不解以及世。若世仇，不独怨家之子弟，即戚串及同寨者，皆不得经仇者界。经，必维絷之。先饮以饮食，勒尽饱，继缚其手足，捶楚备至，至令殆而尽吐其食乃止。以长木系其颈，械其足。使旁寨人通闻其家，令备牛马以赎。其家不自备，责索于怨家，或怨家赎不如期不如数，则毙之。其人毙，则怨家倍所赎牛马之数以偿。

陆次云《峒谿纤志》载：苗人，

睚眦杀人，报雠不已。故谚曰："苗家雠，九世休。"

此段记载，系依《炎徼纪闻》改写而来。同书，仇杀条还载：

苗人不忘九世之仇，往往相杀无已，惟恃流官开诚劝谕，能为息争。

爱必达《黔南志略》卷二〇载：红苗，

少雀鼠微嫌睚眦小怨，辄聚众持械，一日成仇，累世不忘，名为打冤家。……多以吃血解。或因本人吃血难凭，则指名其亲族某人吃血盟誓，名为点血。延巫请神监之，大则宰牛狗，小则用鸡猫。吃血后，永无反复，苗俗尚鬼故也。

严如熤《苗防备览·风俗上》详记苗人"打冤家"之俗：

非排解得宜，则雠仇不已。或强弱势悬，则植木为志，累世必报。

谚云："毋苗仇，世不休。"力势既均，遂酿酒椎牛，邀集亲党执械穴斗，名"打冤家"。亲朋或数十百偕至，告以故，饮食毕，即许以捐躯，谓之"帮兵"。两兵相望，先放火枪，苗妇随后，接枪注药。放枪后，各舞长杆枪以进。不胜，则更拔短刀相接。又不胜，则匕首纽抱相截。官弁遇之，婉转调劝始散。其被伤死者，即行掩埋，不以告官；官知而往验，亦不告以葬所。两家战斗之后，计尸以相抵。除一命一抵外，多尸者为人命，则索牛马财物以偿，谓之"倒骨价"。其价则视凶手之贫富以为差，富者自三百三十两至五十五两止，贫者从四十四两减至二十二两止。其中老牛瘦马破衣旧物俱可抵算，盖缘苗人重财物轻性命。其主盟之人曰背箭，和处之人日牙郎，又曰行人官。斯上者不依苗俗，必欲抵偿，则杀一人即添一仇，死者之子若孙，植树墓旁以记其恨。转相仇杀，滋蔓无已矣。

龚柴《苗民考》载苗俗：

寻旧恶睚眦之隙，动至操戈，非及时排解消释，往往相寻不已。或强弱悬势，贫富不敌，蓄愤积怨，暂时不报。俟势力相敌，怂恿有人，遂纠众执械，拚命奋斗。纫牛革为甲，戴铁兜鍪如钹。约集党类，劳以碗酒块肉，即以死报，虽伤杀无悔。无行阵队伍，彼此伏土堆石块后，以鸟铳相击，或执枪杆蜂拥而前。一人受伤，余众俱散，遇有人命，即行掩埋。

以上记载说明：

一是苗重报仇。杀人之仇，非报不已。故有"苗家仇，九世休"之谚。

二是报仇者，除怨家外，并有"亲党""戚串及同寨者"即举族参加，称为"打冤家"。

三是规模颇大。人数至有"数十百"者，武器则动辄刀枪，俨如一场战争。

四是只有得到杀人抵命或以牛马财物赔偿即所谓"报当"后，才善罢甘休。

黎族　早在宋代已多有记载。如李焘《续资治通鉴长编》卷三一〇，元丰三年十二月庚申条载，黎峒之间，

递相仇杀。

范成大《桂海虞衡志》(《文献通考》卷三三一）记黎人“捉坳”俗：

性喜仇杀，谓之作坳。所亲为人所杀，后见仇家人及其洞中种类，皆擒取以荔枝木械之，要牛、酒，银瓶乃释，谓之赎命。

黎族“捉坳（拗）之说，首见于此。其袭击对象，不仅仇家人，即“峒中种类”也包括在内，可见带有明显的血族复仇的性质。同时人周去非《岭外代答》卷二，海外黎蛮条也写道：

性好仇杀，谓之作拗。遇亲戚之仇，即械系之，要牛酒银瓶，谓之赎命。

其后，赵汝适《诸蕃志》卷下，海南条载：

喜雠杀，谓之捉拗。其亲为人所杀，后见仇家人，及其峒中种类，即擒取而械之。械用荔枝木，长六尺许，其状如碓。要牛酒银瓶乃释，谓之赎命。

需加注意的是，周去非、赵汝适所记，均袭自范成大之说。

明代，顾岭《海槎余录》所记最为详尽：

黎人善射好斗，积世之雠必报。每会聚亲朋，各席地而坐，饮酣，顾梁上弓矢，遂奋报雠之志，而众论称焉。其弓矢，盖其祖先有几次斗败之耻，则尅箭几次射于梁上以记之。故云，饮醉鼓众，复饮，相与叫号，作狗吠声，辄二三昼夜。自云，系狗种，欲使祖先知而庇之也。以次，则宰羊脔肉，裱散就近村落，无不踊跃接受，尅日起兵。仇家闻之，亦如此间法募兵应敌。遇有州、县公差人役，乐请观战。两家妇女，亦各集本营，当退食之际，妇女争出营认箭，两不拘忌。其俗云：男子仇，只结于男子面上；若及妇女，则于其父母家更添雠怨矣。其胜败迫奔，亦各有程度，不少踰之。数中罹锋镝死者，密以瘗之，父母妻讳不悲泣，

恐敌人知谓其不武也。

罗曰褧《咸宾录》卷八载：

性喜雠杀，谓之捉拗，虽积世之仇必报。祖父斗败儿则尅箭几，射于梁上以为识。每会客饮，顾梁上弓矢，则奋报仇之志。醉即群作狗号，自云狗种，欲使先祖知而庇之也。男仇只结于男，若妇人仇则其妇家亦助之报怨矣。中锋镝死，密埋不悲泣，恐敌人知其为不武也。

显然，这段记载是综合《诸蕃志》《海槎余录》并加改写而成。还有，王临亨《粤剑篇·志外夷》卷三载：黎人在琼、崖、儋、万之中，

仇怨必报，时自攻杀，被创而死者，其家得尸则密瘗之，不为悲泣，盖讳其死，恐为敌人笑也。

此记载，显系从《海槎余录》简写而来。

清代，以屈大均所记为典型。他在《广东新语》卷七，黎人条写道：

其俗最重复雠，名草头债。然不为掩袭计。先期椎牛会众，聚竹箭三，刃其干，誓而祭之，遣人赍此矢告雠。辞曰："某日某时相报，幸利刃锻矛以待。"雠者谋于同里，亦椎牛誓众如期约。两阵相当，此一矢来，彼一矢往，必毙其一而后已。或曲在此，曲者之妻于阵前横过，呼曰："吾夫之祖父负汝，勿毙吾夫，宁毙我可也。"其直者妻即呼其夫曰："彼妻贤良如是，可解斗。"亦即释焉，如已报矣。若力微不能敌，则率同里避之。报者至，见无人相抗，即焚其茅革曰："是惧我也，可以雪吾先人耻矣，凯还不再出。"

屈大均所载，较前有新意，为清人所袭。李调元《南越笔记》卷七，黎人条一字不差地全文抄录。檀萃《说蛮》则据此加以简写：黎，

俗重复雠。先期椎牛会众，取竹箭三，刃其干，誓而祭之，赍矢告曰："某日某时，幸利刃锻矛以待。"雠谋于同里，亦椎牛誓众。两阵相

当，此一矢来，彼一矢往，必毙一而后已。或曲在此，曲者之妻呼曰：“吾夫之祖负汝，勿杀吾夫，杀我乎。”直者妻亦呼其夫曰：“彼妻贤良，是亦可解。”即释之。若力不能敌，率同里去之。报者至，焚其宅，曰：“是惧我也，可以雪耻，凯还不再出。”

此外，道光《琼州府志》卷二〇引《萧志》（乾隆萧应植所修之志）载：黎人，

俗重复雠，有杀其父祖及乡人者，累世必图报复。

清佚名作《黎族风俗图》所载，完全相同，当袭此。

总之，黎族血族复仇制，以宋《桂海虞衡志》、明《海槎余录》、清《广东新语》所记最为重要。其主要内容包括：

一是黎人最重复仇，虽积世之仇必报，名曰“作坳（拗）”或写作“捉拗”。

二是双方各以亲朋、同里、就近村落之人参战。

三是冤仇只结于男方，不涉及女方及女方家，以免把纠纷扩大至更多的氏族中去。

四是战死者，家属密埋而不事声张，以显示武士风度。

五是复仇堂堂正正，不搞突然袭击。如对方认输，或以“牛酒银瓶”赔偿，即释前嫌。

此外，其他民族也有此俗。如：

高山族　据明张燮《东西洋考·东番考》，鸡笼淡水条载：

村落相仇，订兵期而后战。勇者数人前跳，被杀，则皆溃。其杀人者，贺之曰壮士。前杀人也，见杀者，亦贺之曰壮士。前故见杀也，次日即解嫌，和好如初。

清郈其照《台湾番社考》载：

有杀其同社番人者，则寻仇报复，辗转不已。

清龚柴《台湾小志》载：番人，

民情颇和爱，惟有仇必复，强悍逾恒。如两家因事支吾，择长老

三四人，出为排解，往往一语而服，不须广常饶舌。

可见，台湾高山族先民也是“有仇必复”。他们或则订期而战，或则排解而服。

瑶族 据诸匡鼎《瑶僮传》载：介巴、楚、粤间瑶人，

性喜雠杀。

本类相雠，纤芥不已，虽累世必复。误杀者，以牛畜为偿，或数十头至百头，曰人头钱。

此为瑶族血族复仇制之例证。

僚人 也有此俗。如《太平寰宇记·剑南东道七》卷八八载：泸州夷僚，

刺血为信，衔冤则累代相酬。

总之，越、苗，黎、高山、瑶、僚诸族，均曾行血族复仇制。需要强调的是，此俗虽有凝聚内部力量之历史作用，但对社会往往带来严重破坏。上述所谓“递相仇杀”“转相仇杀，滋蔓无已”可证。即造成生命财产的重大损失，可谓其祸无穷。

三、“男女同浴于川”

最早记“男女同浴于川”此俗者，为汉朝时人。据《汉书·贾捐之传》载：汉元帝时人贾捐之在议及珠崖之俗时说：

骆越之人父子同川而浴，相习以鼻饮，与禽兽无异。

又，《汉书·五行志下之上》载：

越地多妇人，男女同川，淫女为主。

续记其事者，为《后汉书·南蛮西南夷列传》：

《礼记》称“南方曰蛮，雕题交阯”。其俗男女同川而浴，故曰交阯。

其后，唐杜祐《通典·边防四》卷一八八，“岭南序略”载：

极南之人，雕题交阯，其俗男女同川而浴。

此记载，当是据《后汉书》而来。以上记载表明：首先，除汉人贾捐之称“父子同川而浴”外，《汉书》《后汉书》作者则改称“男女同川”和“男女同川而浴”。当是后人认为父子同川而浴不属乱伦与奇风异俗之类，故从此不再提及。其次，史书首记两汉同川而浴之习，为海南骆越与岭南越人，故后人把此俗归之为百越民族的一种特殊习俗。

后世，属百越民族系统的黎、高山、壮、侗、傣诸族，均流行此俗。

黎族 据《文献通考》卷三三一引宋范成大《桂海虞衡志》载：黎人妇女，

群浴于川，先去上衣自濯，乃濯足，渐升其裙，至顶，以身串入水。浴已，则裙复自顶而下，身亦出水。

无疑，宋代黎女“群浴于川”是汉代珠崖骆越之遗习。

高山族 据清郁永河《采硫日记》卷下载：番社，

妇人无冬夏，日浴于溪，浴毕，汲上流之水而归。有病者，浴益频。孕妇始娩，即携儿赴浴。儿患痘，尽出其浆，复浴之，曰：“不若是不愈也。”

可见，无论男女老少，均把“浴于溪”作为防病治病的手段。又，清黄叔璥《台海使槎录》卷八载：台湾归化土番，

其俗，男女同川而浴。

乾隆《凤山县志·番社风俗》卷三，有相同记载。清六十七《番社采风图考》则生动描绘了番妇群浴情景：

彰化以北番妇，日往溪潭盥颒沐浴。女体牵呼，拍浮蹀躞，谑浪相狎，虽番汉聚观，无所怖忌。台人有“浪映桃腮花花落，波摇粉臂玉鱼游”之句。郁永和有诗云：“覆额齐肩绕乱莎，不分男女似头陀，晚来女伴临溪浴，一队鸬鹚漾绿波。”

壮族 据宋乐史《太平寰宇记·岭南道十》卷一六六记贵州（今广西贵县）风

俗：郡连山数百里有俚人，

男女同川而浴。

俚人为今壮族先民。此俗延至清代，据吴震方《岭南杂记》载：

自肇至梧，路属广西，即有蛮夷之习。妇女四月即入水浴，至九月方止，不避客舟，男女时亦相杂，古所谓男女同浴于川也。然大约瑶僮山居者尔尔，若中土人籍彼地者，其妇女则否。浴时，或触其私，不忌；唯触其乳，则怒相击杀，以为此乃妇道所分，故极重之。

侗族 据明郭子章《黔记·夷俗》载：峒人，

溽暑，男女群浴于河。

此峒人，为今侗族。又，弘治《贵州图经新志·风俗》也载：峒人，

男女常浴于溪。

傣族 据元李京《云南志略》载：

金齿百夷，风土下湿上热，多起竹楼，居濒江，一日十浴，父母昆弟惭耻不拘。

明钱古训《百夷传》：

男女浴于河，虽翁妇叔嫂，相向无耻。

明朱孟震《西南夷风土记》：

百夷家多临水，每日侵晨，男女群浴于野水中；不如此，则生热病。

百夷，为今傣族。可见，所谓“男女”，并非指同辈的青年男女之间，而是包括不同辈分的“父母昆弟”“翁妇叔嫂”在其间，这在中原士大夫看来，简直是人伦之大乱了。

除百越系统外，瑶、苗等族也有此俗。

瑶族　据明王临亨《粤剑篇·志土风》卷二载：

端州深山中，妇人裸体浴溪中，见人仅掩其乳，了不为异。不知者见而哂之，则诟骂相随矣。大抵皆瑶民也。

端州为今广东高要县。

苗族　据清严如煜《苗防备览·风俗上》卷八载：

夏日男女浴于河，妇人见客惟手护其两乳，余则弗避。

同治《永绥厅志·苗峒》卷一，有相同记载，当本此。又，徐珂《清稗类钞》第五册，苗人男女之交际条载：辰州苗人，

夏日，男女浴于河。

总之，南方诸族“男女同浴于川”的原因大致有三：一是南方为多川地区，南方诸族又多依山傍水而居，古人称南方诸族为“溪峒诸蛮”可证，这为浴川提供了客观条件。二是南方天气酷热，需冲洗冷水以降温与洁身，浴川成了日常生活之必需，甚有“一日十浴”者，“不如此，则生热病”。三是南方诸族妇女，不受封建伦理道德的严重束缚，她们对性的看法也比较自由。显然，在今人眼里，对“男女同浴于川”一事，并不值得那样大惊小怪。至于把它归之为“与禽兽无异”的看法，则是内地士人的民族偏见与封建观念的一种反映。

此外，广西壮族的某些地区，也有把“男女群浴于川”作为一种送葬仪式者。此则赋有宗教迷信色彩，大概是除晦气之意吧。据《岭外代答·食用》载：人死后，

邕州溪峒则男女群浴于川，号泣而归。

这是一种特例。

四、“女劳男逸”

在古代南方诸族中，较为普遍地存在着“女劳男逸”的社会现象。笔者以为，

这与其存在着较为浓厚的母权制残余有着密切的关系。在那里，妇女往往对内主理家事，对外承担主要的劳动任务，其社会地位较之于汉族地区的妇女也相对为高。此俗与汉族地区是有颇大差异的。在汉族地区，由于长期封建制度的严密统治，妇女受“三从四德”伦理观念的束缚，故不仅在人身方面，而且在生产活动的领域中，也往往表现出更多的依附性。

下面以高山、黎、壮、布依、傣、彝诸族为例，以说明之。

高山族　据清林谦光《台湾纪略》，风俗条载：

> 俗重生女，不重生男，男则出赘于人。女则纳婿于家。……凡耕作皆妇人，夫反在家待哺。

清六十七《番社采风图考》，耕田条载：

> 番俗以女承家，凡家务悉以女主之，故女作而男随焉。番妇耕稼，备尝辛苦，或襁褓负子扶犁，男则仅供馌饷。范咸有“水田黎妇尽春耕”之句。

又，乾隆《凤山县志·番社风俗》卷三，瑯峤等十八社风俗条所载，“番俗以女承家”至“男则仅供馌饷”一段，完全与此同。《番社采风图考》成书于乾隆九年间，而乾隆《凤山县志》则成书于二十九年，可证是后者袭自前者。

可见，高山族“女作男随”之因，全在于“以女承家”、女为家主之故。这一论述，是极为透辟的。

黎族　其俗与高山族相类。据清张庆长《黎岐纪闻》载：

> 黎妇多在外耕作，男夫看婴儿养牲畜而已。遇有事，妇人主之，男不敢预也。

从前述“水田黎妇尽春耕”与此段记载来看，黎妇担负了主要的田间耕作。正因为如此，才造成黎妇主事而其夫无从置喙的状况。

壮族　据宋周去非《岭外代答·蛮俗》卷十，十妻条载：

> 余观深广之女，何其多且盛也。男子身形卑小，颜色黯惨；妇女则

黑理充肥，少疾多力。城郭虚市负贩逐利，率妇人也。而钦之小民，皆一夫而数妻，妻各自负贩逐市，以赡一夫，徒得有夫之名，则人不谓之无所归耳。为之夫者，终日抱子而游，无子则袖手安居。群妇各结茅散处，任夫往来，曾不之较。

同书缺标目，惰农条又载：

其妻乃负贩以赡之，己则抱子嬉游，慵惰莫甚焉。彼广人皆半羸长病，一日力作，明日必病，或至死耳。

上文所言“深广”之民，指以今壮族为主的岭南诸族。妇女从田间力作直至“负贩逐市”，男子则“终日抱子嬉游”，可见“女劳男逸”之甚。从群妻“徒有夫名”及“结茅散处”的记载，可见妇女不依附男子及其经济之独立。至于周去非把此俗的形成，归之于男子体弱、女子“黑理充肥，少疾多力”的生理原因，则是倒果为因了。其实，深广女子强壮多力，正是长期从事劳动锻炼的结果，而男子羸弱则与其“嬉游”不无关系。此俗，至后世仍存。如嘉庆《广西通志·诸蛮二》卷二七九记：清代永康俍人（今壮族一支），其俗，

妇女挟粟布赴墟市贸迁，男子襁负而随。

又，民国《思恩县志·社会》记当地壮族妇女，

其才力亦不让于男子。凡农事工作，男子所能者，女子尽能之；且襁负其子作工于烈日苦雨中，较男子为劳。

需要指出的是，“女劳男逸”，本是岭南百越民族及其后裔之俗；但其影响，也及于当地汉族。据清屈大均《广东新语·女语》卷八，长乐、兴宁妇女条载：

其男即力于农乎，然女作乃登于男。厥夫菑，厥妇播而获之，农之隙，昼则薪烝，夜则纺绩，竭筋力以穷其岁年。盎有余粟，则其夫辄求之酤家矣。故论女功者，以是为首。增城绥福都亦然。妇不耕锄即采葛，其夫在室中哺子而已。夫反为妇，妇之事夫尽任之。谓夫逸妇劳，乃为

风俗之善云。

清吴震方《岭南杂记》载：

至于惠州水城门外，妇女日日汲江水而卖，大埔、石上、丰市妇女挑盐肩木，往来如织，雇夫过山，辄以女应。红颜落此，真在羼提劫中矣。

广东之兴宁、长乐（今五华）、增城、惠州（今惠阳）、大埔，均为客家人聚居地。屈大均与吴震方极言客家妇女“竭筋力以穷其岁年”的辛勤之状，笔者为客家人，可证其言之不诬。但两人对此评价则不一。前者称誉“论女功者，以是为首”；后者则持贬义，哀叹“红颜落此，真在羼提劫中矣”。笔者以为，当以前者为是。需要指出的是，客家人为魏晋南北朝以来的中原移民，本无“女劳男逸”之习。此俗当是接受本地“蛮”风所致。这也可证，南方诸族之间的文化习俗，是互相渗透和影响的。

布依族　据田汝成《炎徼纪闻》卷四，蛮夷条载：苗，

在牂牁之间为八番子，其俗劳女而逸男。

清田雯《黔书》卷一载：八番，

其俗劳女而逸男。

清陆次云《峒谿纤志》载：

八番，其俗女劳男逸，勤于耕织。

清爱必达《黔南识略》卷三载：定番州八番苗，

其俗女劳男逸。

清檀萃《说蛮》载：

八番服食居处同汉俗，妇女直顶作髻，业耕织甚劳，而男颇逸，盖八番徙自粤西，犹故俗也。

八番，元代对居于今贵州惠水等地少数民族之称，因包括程番、罗番、金石番、卧龙番、大小龙番、洪番、方番（包括卢番）、韦番而得名。其后裔主要为今布依族。田汝成归之“苗”，是指广义而言。实际上，布依族与广西壮族在族属上较相类，故檀萃明确地指出：“盖八番徙自粤西，犹故俗也。”

傣族 据元李京《云南志略》载：

妇女尽力农事，勤苦不辍，及产方得稍暇。

明钱古训《百夷传》：

其俗，贱妇人，贵男子，耕织徭役担负之类，虽老妇亦不得稍休。

明朱孟震《西南夷风土记》：

治生，男耕稼，女织纴。……男反好闲，女顾劳力，治外负戴贸易，以赡其夫。盖女壮健而男萎靡也。

明隆庆《云南通志·羁縻》卷十六，僰夷风俗条载：

耕织贸易差徭之类，皆女职之，非疾病，虽老不得少息。

清陆次云《峒谿纤志》载：

罢僰人，后住元谋，女负担，男抱儿。

清檀萃《桂海虞衡志·志蛮》载：僰，

男贵女贱，虽小人奴视其妻。耕织贸易徭役，皆妇人，虽老不得息。

此记载，显系从《百夷传》脱胎而来。此中之西南夷、僰、罢僰，均为今傣族。如前指出，“女劳男逸”本带有母权制遗习性质，但已进入封建制的傣族，此俗又打上了男尊女卑的烙印。需要指出的是，傣族与高山、黎、壮、布依诸族一样，同属百越系统之民族，可证“女劳男逸”为百越民族之一共同特点。

邻近岭南古越之地的湘南“夷獠”，也有此俗。据明王士性《广志绎》卷四载：

永近粤，乡村间稍杂以夷獠之俗……一路铺递皂快、舆夫、马卒之徒，皆以妇代男为之，致男女混杂戏剧，官不能禁。

明之永州，治今湖南零陵县。此为“以妇代男”充当传递、运输之例。

此外，彝族中也有此习。据清张咏《云南风土记》载：

云南蛮民杂处，其类不一，最熟者为倮罗。其俗……负担贸易，妇女居多，舁肩舆，服牛乘马，千里之役，往往有之。

最后，需言及的是，南方民族妇女之所以能如此勤劳，这与其没有缠足之陋习也是有关系的。如清陈鼎《滇黔土司婚礼记》载：

长官家女有缚足者，民间多不缚，便于工作也。

概言之，南方民族妇女多担负着耕稼、扶犁、肩挑、负贩、纺织、徭役甚至包括车夫、马卒诸种繁重劳动。正如清徐珂《清稗类钞》第五册，台番女勤操作条载：

台湾番女勤于耕作，巨细各事，皆能任之，富者亦然。不若内地之汉、满、蒙各族，凡中人之家之妇女，终日坐食而无所事事，至以废物为世诟病也。

古代南方民族妇女多从事田间主要劳动，而汉族妇女则多以操持家务为主，其分工稍有区别。

五、“产翁”制

南方一些民族，流行“产翁”制。即妇女生育后，便从事生产劳动，其夫则装成产妇模样，卧床护理其子。这是一种奇特的习俗。

据《太平广记》卷四八三引唐尉迟枢《南楚新闻》载：

南方有獠妇，生子便起，其夫卧床褥，饮食皆如乳妇，稍不卫护，其孕妇疾皆生焉。其妻亦无所苦，炊爨樵苏自若。

又云：

越俗，其妻或诞子，经三日，便澡身于溪河。返，具糜儿饷婿，婿拥衾抱雏，坐于寝榻，称为产翁。其颠倒如此。

据《文献通考》卷三二八引《桂海虞衡志》曰：

唐房千里《异物志》言："僚妇生子即出，夫惫卧如乳妇，不谨则病，其妻乃无苦。"

今本房千里《异物志》作"僚妇生子即出，夫惫卧如乳妇，不谨其妻则病，谨乃无苦"。又周去非《岭外代答》引房千里文，亦作此。需指出的是当以范本为是，其意才通。以上记载表明："产翁"制的记载，今存文献始于唐；古代僚、越有此俗。

宋朱辅《溪蛮丛笑》袭唐人之说记僚俗：

僚妇生子，经三日，便澡身于河，返，具糜以饷婿，婿拥衾抱雏坐于寝榻，谓之产翁。其妇无所苦，炊爨樵苏自若。

除古代僚、越外，傣族、布依族以及郎慈苗也有此俗。

傣族 据元李京《云南志略》载：金齿百夷之俗：

女子产子，洗后裹以襁褓，产妇立起工作。产妇之夫则抱子卧床四十日，卧床期间，受诸亲友贺。

元代意大利人马可波罗入云南，见金齿部也行此俗。据《马可波罗游记》载：

妇女生了小孩子后，把小孩洗涤，包在襁褓里，女人的丈夫即到床里，把小孩留在身边看守。照本地风俗，他如此留在床里约二十天或更长些，除非有要事外，他是不起来的。所有的朋友亲戚，皆来看他陪他，举行大礼。他们所以如此做作，因为他们以为妇人怀妊已非常痛苦，他们应当代替他二十天或一定时间，使女子不再有苦楚。日此，女子生了小孩后，她就马上起来，看管所有的家庭事务，并饲侯她的留在床上的丈夫。

马可波罗所记为其亲见，当完全可信。又，明钱古训《百夷传》载：

凡生子，贵者浴于家，贱者浴于河，逾数日，授子于夫，仍服劳无倦。

明隆庆《云南通志•羁縻》卷十六，僰夷风俗条载：僰夷生子，

三日后，以子授其夫，耕织自若。

清檀萃《桂海虞衡志•志蛮》所载同：僰夷，

凡妻生子，贵者浴于家，贱者浴于河。三日后，以子授夫，耕织自若。

上述金齿百夷、金齿、百夷、僰夷，均为傣族先民之别称。

布依族　据清檀萃《说蛮》载：贵州八番，

妇娩三日，即出昏作，而夫坐蓐啄菢不出户，率以为常。

清徐珂《清稗类钞》第五册，八番俗尚条载：

妇娩身三日，即出耕作，而夫坐蓐菢儿不出户。

八番，今布依族。

郎慈苗　据清李宗昉《黔记》卷四载：

郎慈苗在威宁州属，其俗更异，妇人产子必夫守房，不逾门户，弥月乃出。产妇则出入耕作，措饮食以供夫乳儿外，日无暇刻。

僚、傣、布依均属百越后裔。可见，“产翁”制主要行于百越民族系统。

“产翁”制产生之因。在存在着浓厚母权制残余的社会里，女子婚前并不要求保持贞操，故其长于往往不是自己丈夫所生。因此，丈夫为了向亲友证实，其子女确为己出，佯装产妇之举便应运而生。盛行此制，需以下述习俗为前提条件：一是青年男女的关系比较自由；二是实行“女逸男劳”之制。

六、尊　老

南方诸族中，有敬老之俗。如：

瑶族 据清李来章《八排风土记》卷三载：

凡相聚议事，必设凳以延老者。无凳，则以银酬之，名曰坐凳银。此礼犹为近古者。

又，嘉庆《广西通志·诸蛮一》卷二七八载：大源瑶，

有所争不决，则推其乡高年众所严事者往直者，谓之叫老。老人以为不宜，则罚酒食分飨谢罢。故瑶人讼，鲜至官府。

高山族 据明张燮《东西洋考·东番考》载：

聚族而居……有大事集而议之。位置如横阶陛，长者居上，以次递下，无位者乃列两旁。

人遇长老，则背身而立，俟过乃行。

康熙《诸罗县志·番俗·杂俗》卷八载：

途次相遇，少者侧立，先问讯长者，俯以俟；长者既过，乃移足。朋侪，则互相问。

清六十七《番社采风图考》载：

台番涵濡德化，亦有礼让之风。卑幼遇尊长，却步道傍，背面而立，俟其过，始随行。若驾车，则远引以避。如遇同辈，亦停车通问，相让而行。不可以蛮俗鄙之也。

可见，瑶、高山诸族尊长者成风，自觉让坐让路，有极好的社会风尚。

此俗，是古风的遗传。邝露说瑶人“执礼甚恭”(《赤雅》)，李来章称“此俗犹为近古者”，是颇有见地的。原来，在人类社会的早期阶段，人们不是按照财富而是依据年龄的长幼次序决定社会地位的。由于长者具有较为丰富的生产、生活及作战经验，故他们理所当然地受到全社会的尊重。而其中的德高望重者，便成了社会组织的首领。瑶族历史上的“瑶老”“庙老”“社老”，便是由此产生的。这就是南

方诸族普遍存在尊长者之俗的社会历史背景。

需要附及的是，南方诸族中还存在与敬老俗相应的养老俗。高山族即如是，据康熙《诸罗县志·番俗·杂俗》卷八载：

> 麻豆目加溜湾以上，老番穷无依，则亲属共收恤之，无流落为丐者。

七、重　少

南方诸族的重“少者”之风，可上溯至先秦时代。

楚人是实行少子继承制抑或嫡长子继承制，看法虽有歧异；但楚俗重幼重弟，则是毋庸置疑的。其据有三：

一是据《左传·文公元年》载：楚成王，

> 将以商臣为大子，访诸令尹子上。子上曰：“君之齿未也，而又多爱，黜乃乱也。楚国之举，恒在少者。且是人也，蜂目而豺声，忍人也，不可立也。”弗听。

楚令尹子上所持“楚国之举，恒在少者”之说，代表了其时楚统治集团的普遍看法。

二是据《史记·楚世家》载：

> 初，共王有宠子五人，无適立，乃望祭群神，请神决之，使主社稷，而阴与巴姬埋璧于室内，召五公子斋而入。康王跨之，灵王肘加之，子比、子皙皆远之。平王幼，抱其上而拜，压纽。……唯独弃疾后立，为平王，竟续楚祀，如其神符。

显然，“神符”择子为嗣一事，当是共王与巴姬已属意幼子，故指使抱者压纽。这一做法，在于使迷信的楚人相信这是神的意志而不敢违。事实也证明，“神获”之说，为日后平王登上王位是起了重要作用的。

三是据《左传·昭公十三年》载，当弃疾与子比争夺王位之初，韩宣子就曾预言：

> 芈姓有乱，必季实立，楚之常也。

可见，就是当时楚国以外的人，也认为芊氏季子之立，是经常发生之事。

从上述诸例，可证楚“少者”“季”地位之高；而且，这与其时中原诸国重长轻幼之风，是迥然有别的。

其因，应从社会根源中探究。从民族学角度而言，在带有较为浓重的原始婚姻遗习的社会中，女子在婚前，并不要求保守贞操。只有在出嫁后或正式定居夫家后，私通才被视为非法。故宋乐史在谈到古党洞夷人俗时写道：“女家自送相见后，即放女归家，任其野合，胎后方还。前生之子，例非己出。”（《太平寰宇记·岭南道九》卷一六五）清赵翼在谈到湖南苗俗时写道：“为女时无所禁。既嫁，则其夫防察甚严，不许有所私云。”（《粤滇杂记》）这样做的结果，长子当然就不一定为己所生。对此，以夫权为中心的社会，为了确保男方世系的纯洁性，为了确保财产权不致旁落他姓，在继承权问题上重弟重幼的思想和行为就应运而生了。因此，在仍然残存较重原始社会色彩的楚国，出现上述社会现象就不足为奇了。

直至南朝，荆楚之地仍行重小之风。据南朝梁人宗懔《荆楚岁时记》载：正月初一，

> 长幼悉正衣冠，以次拜贺。进椒酒……凡饮酒次第从小起。

即例证

在古代南方民族中，则有杀长子以宜弟之说。最早记此事者为《墨子·鲁问》：

> 东越有骇沐之国，其长子则解而食之，谓之宜弟。

《博物志》卷二有相同记载，当源于此。《后汉书·南蛮西南夷列传》则载：交阯之西，

> 有噉人国，生首子辄解而食之，谓之宜弟。味旨，则以遗其君，君喜而赏其父。……今乌浒人是也。

乌浒人为越人后裔。可见，古代越人后裔之一支采用极其残酷的手段对待非婚生的“长子”“首子”，以确保其弟的嫡传与继承权，此即“宜弟”之说的实质。显然，这种更为原始的“宜弟”之俗，有助于我们理解“楚国之举，恒在少者”的缘起。这也可算作楚、越“民俗略同”（《汉书·地理志下》）之一例罢。

在近代民族中，仍存在重幼之俗。景颇族，实行不由长子而由幼子继承之法；[①]傣族，“父母死后，遗产由与其同住的幼子幼女继承”；[②]彝族，“葬后，灵牌供于幼子家中”。[③]

八、好 客

我国少数民族，素以好客著称。南方诸族亦如是。如：

大良 据明邝露《赤雅》载：大良，

> 与僮同类，而性稍异。有户口版籍，较民更淳，喜输租税。人至其家，不问识否，辄具牲醴饮噉，久敬不衰。同类有无相资，一无所吝。

据此，大良，当为今壮族之一支。此段记载，为后世所本。清檀萃《说蛮》所记，全文袭此。又，清诸匡鼎《瑶僮传》也大同小异：

> 又有大良，言语居处饮食与僮同，而性与僮异。有户口版籍，颇淳朴，租赋尤专办。其俗敦厚，敬慕汉人。苟至其家，不问识否，辄具鸡黍酒醴，款待甚殷，任大嚼剧饮，无吝色。

需指出的是，有的册籍则把“大良”归入瑶人类。如嘉庆《广西通志·诸蛮一》卷二七八载：大良瑶，

> 有户口版籍。其俗敦厚，人不问识否，至其家，辄具牲醴，大嚼剧饮。

此外，据明人《徐霞客游记·粤西游日记四》载：至鬼岩村，

> 主人韦姓……而少者颇贤，出醇醪醉客，以糟芹为案，山家清供，不意诸蛮中得之，亦一奇也。

此一韦姓的粤西少数民族，当属今壮、瑶之人。

---

① 宋恩常：《云南少数民族社会调查研究》（下集），昆明，云南人民出版社，1980。

② 云南少数民族社会历史调查组：《傣族简史简志合编》，北京，中国科学院民族研究所，1964。

③ 云南少数民族社会历史调查组：《彝族简志》，北京，中国科学院民族研究所，1962。

瑶族 据清傅恒《皇清职贡图》卷四载：永宁州梳瑶人，

人至其家，即非素识，必具牲醴相款洽。

从瑶人好客如此，可证史誉“瑶性淳朴”（《苗防备览·风俗下》）之不谬。

苗族 据清方亨咸《苗俗纪闻》载：

客至，一寨之人皆延至其家，争为设食。食惟二器，饭一，杂肉一。器皆刳木为之，如槽枥而小。即十数家，亦日遍之。若有至不至，则嫌怨生焉。至食之多寡，惟听客，不相强也。主其家者，呼为同年、同年嫂，彼则视如亲戚。或欲之他寨，必遣一人伴之往来，防不虞也。

举寨延客，可见待客之厚。又，刘介在《苗荒小纪》中言及在苗瑶寨中投宿之经历时写道：

习知苗俗者，辄出其不意，昂然径入其室，不言亦不去。晚炊既熟，苗人始欣然礼客上座，奉爵敬客。次日出门，谆嘱再至。

土家族 据同治《来凤县志·风俗志》记土家族“民风”云：

邑中风气，乡村厚于城市。过客不裹粮，投宿寻饭，无不应者。入山愈深，其俗愈厚。发逆之乱，避其地者，让其推食，不德于色君子。所以观于乡，而知王道之易易也。

此中所谓“发逆之乱”，系对太平天国之污称。当时为避战乱，有不少汉人涌入鄂西民族地区。

高山族 据明张燮《东西洋考·东番考》载：

商人上山，诸所尝识面者，辄踊跃延至彼家，以酒食待我。绝岛好客，亦自疏莽有韵。

康熙《诸罗县志·番俗·杂俗》卷八载：

客至，出酒以敬，先尝而后进。番炉瓷缶，悉为樽罍。槟榔熟，则

送槟榔必采诸园，不以越宿者饷客。

黎族 据明田汝成《炎徼纪闻》卷四载：黎人，

> 客至，未识者，主人穴隙窥之。客俨然矜庄，始遣奴布席。客坐移时，主人乃出，不交一言。少选，置酒，先以恶草具进。客食不疑，乃喜，更嘉肴款曲。

清张庆长《黎岐纪闻》也有相类记载。虽然，由于长期的民族压迫，黎人对未识汉客难免有猜疑之心，但当以诚相见时，则“嘉肴款曲”，好客之情，跃然纸上。

从以上记载中，可得出如下结论：

其一，此俗的盛行，与原始平等观念有关。在原始社会残余较浓重、自然经济占居统治地位、商品经济尚不发达的南方民族社会中，保存有较为“纯朴”“敦厚”的民风，而且，“入山愈深，其俗愈厚”。他们对财富的贪欲，相对淡薄。黎中，“贫人乏食则有米者贷之，不计息，偿不偿亦不深较”(《黎岐纪闻》)，即典型事例。在这种经济环境中形成的价值观，当是乐以施人的。换言之，这是昔日共同消费观的一种反映。

其二，反映我国少数民族与汉族人民之间的友好关系。此中所谓“客”，多指汉人。其间包括迁居之人、商人及来往过客等。少数民族之人对他们“款待甚殷”“嘉肴款曲”，此中情谊，可谓感人至深。

后　记

我国南方民族文化，具有既不同于汉族文化，又有别于北方民族文化的特征。对丰富多彩的我国南方民族文化，本书侧重论述原始文化及其流传。

本书采用史、志结合的写法。可谓以史为经，以志为纬。换言之，对各种文化形态，均采取史的写法。追根溯源，从早期的记载写起，并按时代先后排比和组织材料，从而使读者对每一种文化的来龙去脉与演变过程，能有较为清晰的了解。但限于册籍关于南方民族的记载较为分散和零星，故叙述难于系统，只得有则记之，无则阙如。

本书的上限为尚古，下限一般至清代为止。着重采用文献材料，考古与调查资料，间或用之。对基本材料，尽量加以搜集，以便读者翻检。同时，对材料作一些考订工作，分辨哪些材料是原出的，哪些材料是派生或因袭的，以便读者了解有关史料的价值。

限于作者水平，谬失之处在所难免，敬祈指正。

参考文献

[1] 诗经 . 十三经注疏本 .

[2] 尚书 . 十三经注疏本 .

[3] 周礼 . 十三经注疏本 .

[4] 礼记 . 十三经注疏本 .

[5] 周易 . 十三经注疏本 .

[6] 左传 . 十三经注疏本 .

[7] 公羊传 . 十三经注疏本 .

[8] 论语 . 十三经注疏本 .

[9] 孟子 . 十三经注疏本 .

[10] 尔雅 . 十三经注疏本 .

[11] 管子 . 诸子集成本 .

[12] 晏子春秋 . 诸子集成本 .

[13] 墨子 . 诸子集成本 .

[14] 列子 . 诸子集成本 .

[15] 尸子 . 百子全书本 .

[16] 庄子 . 诸子集成本 .

[17] 慎子 . 诸子集成本 .

[18] 吕氏春秋 . 诸子集成本 .

[19] 楚辞 . 楚辞补注中华书局本 .

[20] 国语 . 上海古籍出版社点校本 .

[21] 战国策 . 上海古籍出版社标点本 .

[22] 竹书纪年 . 上海古籍出版社辑证本 .

[23] 逸周书 . 四部备要本 .

[24] 山海经 . 上海古籍出版社校注本 .

[25] 世本 . 商务印书馆世本八种本 .

[26]（汉）司马迁 . 史记 . 中华书局标点本 .

[27]（汉）班固．汉书．中华书局标点本．
[28]（南朝宋）范晔．后汉书．中华书局标点本．
[29]（晋）陈寿．三国志．中华书局标点本．
[30]（唐）房玄龄等．晋书．中华书局标点本．
[31]（南朝梁）沈约．宋书．中华书局标点本．
[32]（南朝梁）萧子显．南齐书．中华书局标点本．
[33]（唐）姚思廉等．梁书．中华书局标点本．
[34]（唐）姚思廉等．陈书．中华书局标点本．
[35]（北齐）魏收．魏书．中华书局标点本．
[36]（唐）李延寿．南史．中华书局标点本．
[37]（唐）李延寿．北史．中华书局标点本．
[38]（唐）令狐德棻等．周书．中华书局标点本．
[39]（唐）魏征等．隋书．中华书局标点本．
[40]（后晋）刘昫．旧唐书．中华书局标点本．
[41]（宋）欧阳修．新唐书．中华书局标点本．
[42]（宋）薛居正．旧五代史．中华书局标点本．
[43]（宋）欧阳修．新五代史．中华书局标点本．
[44]（元）脱脱等．宋史．中华书局标点本．
[45]（清）张廷玉等．明史．中华书局标点本．
[46]（民国）赵尔巽等．清史稿．中华书局标点本．
[47]（宋）司马光．资治通鉴．中华书局标点本．
[48]（宋）李焘．续资治通鉴长编．上海古籍书店影印本．
[49]（唐）杜佑．通典．万有文库本．
[50]（宋）郑樵．通志．万有文库本．
[51]（元）马端临．文献通考．万有文库本．
[52]（清）乾隆敕撰．续文献通考．万有文库本．
[53]（清）吴任臣．十国春秋．中华书局点校本．
[54]（明）谈迁．国榷．古籍出版社本．
[55]（汉）陆贾．新语．诸子集成本．

[56]（汉）韩婴．韩诗外传．中华书局校释本．

[57]（汉）贾谊．新书．抱经堂丛书本．

[58]（汉）刘安．淮南子．诸子集成本．

[59]（汉）刘向．说苑．四部备要本．

[60]（汉）扬雄．方言．汉魏丛书本．

[61]（汉）桓谭．新论．丛书集成初编本．

[62]（汉）王充．论衡．诸子集成本．

[63]（汉）赵晔．越绝书．上海古籍出版社点校本．

[64]（汉）袁康．吴越春秋．江苏古籍出版社点校本．

[65]（汉）班固．白虎通．抱经堂丛书本．

[66]（汉）杨孚．异物志．岭南遗书本．

[67]（汉）许慎．说文解字．中华书局影印本．

[68]（汉）应劭．风俗通．汉魏丛书本．

[69]（吴）万震．南州异物志．麓山精舍丛书本．

[70]（吴）沈莹．临海水土异物志．农业出版社辑校本．

[71]（晋）张华．博物志．中华书局校证本．

[72]（晋）干宝．搜神记．中华书局校证本．

[73]（晋）干宝．晋纪．丛书集成初编本．

[74]（晋）郭璞．玄中记．说郛本．

[75]（晋）葛洪．抱朴子．四部备要本．

[76]（晋）常璩．华阳国志．巴蜀书社校注本．

[77]（晋）陶潜．搜神后记．中华书局校注本．

[78]（晋）郭义恭．广志．说郛本．

[79]（晋）刘欣期．交州记．岭南遗书曾钊辑本．

[80]（晋）裴渊．广州记．汉唐地理书钞本．

[81]（晋）顾微．广州记．玉函山房辑佚书补编本．

[82]（南朝宋）刘敬叔．异苑．津逮秘书本．

[83]（南朝宋）沈怀远．南越志．说郛本．

[84]（北魏）郦道元．水经注．杨守敬水经注疏本．

[85]（南朝梁）任昉 . 述异记 . 汉魏丛书本 .
[86]（南朝梁）萧统 . 文选 . 中华书局影印本 .
[87]（南朝梁）宗懔 . 荆楚岁时记 . 四部备要本 .
[88]（隋）杜台卿 . 玉烛宝典 . 古逸丛书本 .
[89]（唐）欧阳询 . 艺文类聚 . 上海古籍出版社校本 .
[90]（唐）张鷟 . 朝野佥载 . 宝颜堂秘笈本 .
[91]（唐）释慧琳 . 一切经音义 . 日本狮谷白莲社刻本 .
[92]（唐）樊绰 . 蛮书 . 向达校注本 .
[93]（唐）刘禹锡 . 刘宾客文集 . 四部备要本 .
[94]（唐）柳宗元 . 柳河东集 . 四部备要本 .
[95]（唐）李肇 . 国史补 . 津逮秘书本 .
[96]（唐）元稹 . 元氏长庆集 . 四部丛刊本 .
[97]（唐）房千里 . 投荒录 . 古今说部丛书本 .
[98]（唐）段成式 . 酉阳杂俎 . 湖北先正遗书本 .
[99]（唐）段公路 . 北户录 . 十万卷楼丛书本 .
[100]（唐）刘恂 . 岭表录异 . 武英殿聚珍版本 .
[101]（唐）尉迟枢 . 南楚新闻 . 五朝小说本 .
[102]（唐）梁载言 . 十道志 . 汉唐地理书钞本 .
[103]（宋）王溥 . 唐会要 . 中华书局本 .
[104]（清）彭定求 . 全唐诗 . 中华书局本
[105]（宋）李昉 . 太平御览 . 中华书局影印本 .
[106]（宋）王钦若等 . 册府元龟 . 中华书局影印本 .
[107]（宋）乐史 . 太平寰宇记 . 光绪八年金陵书局刊本 .
[108]（宋）王存 . 元丰九域志 . 光绪八年金陵书局刊本 .
[109]（宋）王象之 . 舆地纪胜 . 咸丰五年粤雅堂伍氏刊本 .
[110]（宋）钱易 . 南部新书 . 粤雅堂丛书本 .
[111]（宋）陈彭年 . 广韵 . 重修四部丛刊本 .
[112]（宋）丁度 . 集韵 . 四部备要本 .
[113]（宋）吴处厚 . 青箱杂记 . 中华书局唐宋史料笔记丛刊本 .

[114]（宋）王黼等．宣和博古图．亦政堂刊本．
[115]（宋）邵博．闻见后录．津逮秘书本．
[116]（宋）洪迈．容斋随笔．上海古籍出版社点校本．
[117]（宋）洪适．隶释．同治十年皖南洪氏晦木斋本
[118]（宋）陆游．老学庵笔记．中华书局唐宋史料笔记丛刊本．
[119]（宋）罗泌．路史．四部备要本．
[120]（宋）范成大．桂海虞衡志．四川民族出版社校注本．
[121]（宋）周去非．岭外代答．丛书集成初编本．
[122]（宋）朱辅．溪蛮丛笑．学海类编本．
[123]（宋）刘宰．漫塘文集．四库全书本．
[124]（宋）刘克庄．漳州谕畲．后村先生大全集本．
[125]（宋）赵汝适．诸蕃志．冯承钧校注本．
[126]（宋）周密．齐东野语．津逮秘书本．
[127]（宋）李石．续博物志．稗海本．
[128] 脱察安．元朝秘史．叶氏观古堂本．
[129] 马可波罗．马可波罗行记．冯承钧译本．
[130]（元）李京．云南志略．说郛本．
[131]（元）汪大渊．岛夷志略．中华书局本．
[132]（元）陶宗仪．南村辍耕录．中华书局元明史料丛书本．
[133]（元）周致中．异域志．夷门广牍本．
[134]（元）无名氏．招捕总录．守山阁丛书本．
[135]（明）钱古训．百夷传．云南人民出版社校注本．
[136]（明）李思聪．百夷传．景泰云南图经志书本．
[137]（明）王守仁．王阳明全书．道光六年重刊本．
[138]（明）王济．君子堂日询手镜．纪录汇编本．
[139]（明）顾岕．海槎余录．宝颜堂秘笈本．
[140]（明）李贤等．明一统志．明归仁斋杨氏刻本．
[141]（明）陈第．东番记．沈有容闽海赠言本．
[142]（明）谢肇淛．五杂俎．国学珍本文库本．

[143]（明）谢肇淛 . 滇略 . 四库全书本 .

[144]（明）王士性 . 广志绎 . 中华书局元明史料笔记丛刊本 .

[145]（明）朱孟震 . 西南夷风土记 . 学海类编本 .

[146]（明）陈耀文 . 天中记 . 光绪四年汉口善成堂重刻本 .

[147]（明）郭子章 . 黔记 . 贵州省图书馆复制本 .

[148]（明）罗日褧 . 咸宾录 . 中华书局点校本 .

[149]（明）曹学佺 . 蜀中广记 . 四库全书本 .

[150]（明）魏濬 . 峤南琐记 . 丛书集成初编本 .

[151]（明）魏濬 . 西事珥 . 清刊本 .

[152]（明）张燮 . 东西洋考 . 惜阴轩丛书本 .

[153]（明）张萱 . 西园闻见录 . 哈佛燕京学社本 .

[154]（明）沈德符 . 万历野获编 . 中华书局元明史料笔记丛刊本 .

[155]（明）李时珍 . 本草纲目 . 宣统元年上海经香阁石印本 .

[156]（明）刘文征 . 天启滇志 . 湖北省馆藏晒印本 .

[157]（明）徐宏祖 . 徐霞客游记 . 上海古籍出版社标点本 .

[158]（明）邝露 . 赤雅 . 知不足斋丛书本 .

[159]（明）陶晋英 . 楚书 . 学海类编本 .

[160]（明）陈继儒 . 虎荟 . 宝颜堂秘笈本 .

[161]（明）王临亨 . 粤剑篇 . 玄览堂丛书续集本 .

[162]（清）崑冈等 . 大清会典 . 光绪三十四年商务石印本 .

[163]（清）李鸿章等 . 大清会典事例 . 光绪三十四年商务石印本 .

[164]（清）顾炎武 . 天下郡国利病书 . 四部丛刊本 .

[165]（清）毛奇龄 . 蛮司合志 . 西河合集本 .

[166]（清）方亨咸 . 苗俗纪闻 . 小方壶斋舆地丛钞本 .

[167]（清）闵叙 . 粤述 . 龙威秘书本 .

[168]（清）许瓒曾 . 滇行纪程 . 小方壶斋舆地丛钞本 .

[169]（清）许瓒曾 . 东还纪程 . 说铃本 .

[170]（清）徐炯 . 使滇日记 . 上海古籍出版社明清掌故丛刊本 .

[171]（清）屈大均 . 广东新语 . 中华书局清代史料笔记丛刊本 .

[172]（清）陈鼎 . 滇黔土司婚礼记 . 知不足斋丛书本 .
[173]（清）陈鼎 . 滇黔记游 . 龙威秘书本 .
[174]（清）林谦光 . 台湾纪略 . 丛书集成初编本 .
[175]（清）释同揆 . 洱海丛谈 . 昭代丛书本 .
[176]（清）田雯 . 黔书 . 粤雅堂丛书本 .
[177]（清）陆祚蕃 . 粤西偶记 . 丛书集成初编本 .
[178]（清）李来章 . 连阳八排风土记 . 礼山园全集本 .
[179]（清）黄元治 . 黔中杂记 . 小方壶斋舆地丛钞本 .
[180]（清）郁永和 . 采硫日记（又名稗海纪游）. 小方壶斋舆地丛钞本 .
[181]（清）顾彩 . 容美纪游 . 小方壶斋舆地丛钞本 .
[182]（清）吴震方 . 岭南杂记 . 说铃本 .
[183]（清）黄叔璥 . 台海使槎录 . 畿辅丛书本 .
[184]（清）汪森 . 粤西丛载 . 四库全书本 .
[185]（清）兰鼎元 . 东征杂记 . 小方壶斋舆地丛钞本 .
[186]（清）兰鼎元 . 边省苗蛮事宜书 . 小方壶斋舆地丛钞本 .
[187]（清）刘彬 . 永昌土司论 . 小方壶斋舆地丛钞本 .
[188]（清）陆次云 . 峒谿纤志 . 问影楼舆地丛书本
[189]（清）陈梦雷等 . 古今图书集成 . 中华书局影印本 .
[190]（清）永瑢等 . 历代职官表 . 丛书集成初编本 .
[191]（清）方显 . 平苗纪略 . 同治十二年武昌郡廨刊本 .
[192]（清）吴应枚 . 滇南杂记 . 小方壶斋舆地丛钞本 .
[193]（清）吴泓 . 滇南新语 . 艺海珠麈本 .
[194]（清）六十七 . 番社采风图考 . 丛书集成初编本 .
[195]（清）爱必达 . 黔南识略 . 道光二十七年刊本 .
[196]（清）傅恒 . 皇清职贡图 . 四库全书本 .
[197]（清）张庆长 . 黎岐纪闻 . 长小方壶斋舆地丛钞本 .
[198]（清）袁枚 . 隋园诗话 . 上海文明书局印本 .
[199]（清）张泳 . 云南风土记 . 小方壶斋舆地丛钞本 .
[200]（清）赵翼 . 檐曝杂记 . 中华书局清代史料笔记丛刊本 .

[201]（清）钱大昕．潜研堂文集．皇清经解本．
[202]（清）王昶．滇行日记．小方壶斋舆地丛钞本．
[203]（清）吴大勋．滇南闻见录．云南图书馆藏本．
[204]（清）李调元．南越笔记．函海本．
[205]（清）李调元．粤风．函海本．
[206]（清）余庆远．维西见闻记（又名维西闻见录）．艺海珠尘本．
[207]（清）檀萃．说蛮．小方壶斋舆地丛钞本．
[208]（清）檀萃．滇海虞衡志．问影楼舆地丛书本．
[209]（清）李心衡．金川琐记．艺海珠尘本．
[210]（清）吴省兰．楚峒志略．艺海珠尘本．
[211]（清）严如煜．苗防备览．嘉庆二十五年刻本
[212]（清）林溥．古州杂记．小方壶斋舆地丛钞本．
[213]（清）师范．滇系．云南通志刻本．
[214]（清）曹树翘．滇南杂志．小方壶斋舆地丛钞本．
[215]（清）桂馥．滇游续笔．光绪九年刊本．
[216]（清）李宗昉．黔记．问影楼舆地丛书本．
[217]（清）张澍．续黔书（又名黔中纪闻）．粤雅堂丛书本．
[218]（清）周存义．平瑶述略．道光十三年刻本．
[219]（清）姚莹．东槎纪略．中复堂全集本．
[220]（清）邓传安．蠡测汇钞．豫章丛书本．
[221]（清）张祥河．粤西笔述．道光二十五年刊本．
[222]（清）吴振棫．黔语．黔南丛书本．
[223]（清）姚柬之．连山绥瑶厅志．道光十七年刊本．
[224]（清）罗绕典．黔南职方纪略．道光二十七年罗氏家刻本．
[225]（清）魏源．圣武记．中华书局点校本．
[226]（清）贝青乔．苗俗记．小方壶斋舆地丛钞本．
[227]（清）徐家干．苗疆闻见录．上海古籍书店复印本．
[228]（清）张心泰．粤游小志．光绪庚子萝梅仙馆刊本．
[229]（清）沈曰霖．粤西琐记．小方壶斋舆地丛钞本．

[230]（清）邝其照．台海番社考．小方壶斋舆地丛钞本．

[231]（清）诸匡鼎．瑶僮传．小方壶斋舆地丛钞本．

[232]（清）龚柴．苗民考．小方壶斋舆地丛钞本．

[233]（清）龚柴．台湾小志．光绪十年可寿斋刻本．

[234]（清）徐怀祖．台湾随笔．丛书集成初编本．

[235]（清）阙名．台游杂记．小方壶斋舆地丛钞本．

[236]（清）施鸿保．闽杂记．小方壶斋舆地丛钞本．

[237]（清）陈徽言．南越游记．云南丛书初编本．

[238]（清）程秉钊．琼州杂事诗．丛书集成初编本．

[239]（清）梁绍壬．两般秋雨庵随笔．清代笔记丛刊本．

[240]（清）无名氏．平定瑶匪纪略．中南民院馆藏油印本．

[241]（清）佚名．琼黎一览图说．永不足斋藏本．

[242]（民国）徐珂．清稗类钞．中华书局本．

[243]（清）阮元．道光广东通志．上海商务印书馆影印本．

[244]（清）明谊．道光琼州府志．咸丰二年刻本．

[245]（清）李文烜．咸丰琼山县志．咸丰五年刻本．

[246]（民国）钟文棣．民国崖州志．民国三年铅印本．

[247]（清）金鉷．雍正广西通志．雍正十一年刻本．

[248]（清）谢启昆．嘉庆广西遁志．光绪十七年桂垣书局补刻本．

[249]（民国）梁杓．民国思恩县志．民国二十四年铅印本．

[250]（清）周钟瑄．康熙诸罗县志．康熙五十六年刻本．

[251]（清）李丕显．康熙风山县志．康熙五十八年刊本．

[252]（清）余文仪等．乾隆凤山县志．乾隆二十七年刻本．

[253]（清）萨廉．咸丰噶玛兰厅志．咸丰二年刻本．

[254]（民国）吕调元等．民国湖北通志．上海商务印书馆影印本．

[255]（清）陈锷．乾隆襄阳府志．乾隆二十五年刻本．

[256]（清）聂光銮．同治宜昌府志．同治五年刻本．

[257]（清）多寿．同治恩施县志．民国二十六年铅印本．

[258]（清）张金澜．同治宣恩县志．同治二年刻本．

[259]（清）李勖 . 同治来风县志 . 同治五年刻本 .

[260]（清）长庚 . 光绪鹤峰县志 . 民国二十三年铅印本 .

[261]（明）沈庠 . 弘治贵州图经新志 . 弘治间刻本 .

[262]（明）王耒贤 . 万历贵州通志 . 民族研究所复制本 .

[263]（清）卫既齐等 . 康熙贵州通志 . 贵州省图书馆复制本 .

[264]（清）鄂尔豪等 . 乾隆贵州通志 . 乾隆六年刊本 .

[265]（民国）刘显世等 . 民国贵州通志 . 民国三十七年贵阳文通书局本 .

[266]（清）刘岱 . 乾隆独山州志 . 贵州省图书馆油印本 .

[267]（清）王正玺等 . 同治毕节县志稿 . 贵州省图书馆油印本 .

[268]（明）郑颙 . 景泰云南图经志书 . 景泰六年刻本 .

[269]（明）邹应龙 . 隆庆云南通志 . 民国二十三年铅印本 .

[270]（清）阮元等 . 道光云南通志稿 . 道光十五年刻本 .

[271]（清）章履成等 . 康熙元江府志 . 康熙五十一年刻本 .

[272]（清）周玉衡等 . 同治永绥直隶厅志 . 同治七年刻本 .

[273]（清）顾国诏 . 光绪龙泉县志 . 光绪四年刻本 .

[274]（清）罗庆等 . 光绪珙县志 . 光绪九年刻本 .

[275]（清）桂馥 . 黔南苗蛮图说 . 光绪七年手绘本 .

[276]（清）佚名 . 黔苗图说 . 北京民族研究所馆藏本 .

[277]（清）佚名 . 御制外苗图 . 中央民院馆藏本 .

[278]（清）佚名 . 贵州少数民族图 . 中央民院馆藏本 .

[279]（清）佚名 . 黎族风俗图 . 中央民院馆藏本 .

[280]（清）佚名 . 台湾生熟番图像 .

[281]（清）佚名 . 贵州苗民概况 . 中央民院馆藏本 .1937 年编印 .

[282] 凌纯声等 . 湘西苗族调查报告 . 国立中央研究院历史语言研究所 .1947 年版 .

[283] 刘锡蕃 . 岭表纪蛮 . 上海商务印书馆版 .

[284] 刘介 . 苗荒小纪 . 上海商务印书馆版 .

[285] 沈从文 . 湘西 . 慈灿轩印刷 .

[286] 徐松石 . 粤江流域人民史 . 上海中华书局本 .

[287] 闻一多 . 神话与诗 . 中华书局本 .

[288] 岑家梧 . 图腾艺术史 . 学林出版社本 .

[289] 林惠祥 . 台湾番族之原始文化 . 国立中央研究院社会科学研究所版 .

[290] 中南民院研究室编印 . 海南黎族情况调查 .

[291] 睡虎地秦墓竹简 . 文物出版社版 .

畲族与瑶苗比较研究

目　录

第一章　同是盘瓠子孙

畲与瑶、苗，同源共祖。最早，可溯源于远古的“荆蛮”，即其时生息与活动于古荆州地区的“蛮人”族群。楚国时，居于楚境内的部分“蛮族”被迫向南、向西迁徙，从而加速了“蛮族”重心南移的过程。

汉代，畲与瑶、苗的先人，被称作“盘瓠蛮”。“盘瓠蛮”的得名，因盘瓠传说而来。盘瓠传说，最早可溯源于东汉时人应劭的著作；南朝宋人范晔的《后汉书·南蛮西南夷列传》则是对后世产生深远影响的集大成之作。盘瓠传说在畲、瑶、苗民间广为流行，正是他们同根生的有力证据。笔者以为：在汉代盘瓠蛮中，“武陵蛮”与苗族先民关系较多；“长沙蛮”“零陵蛮”“桂阳蛮”则与瑶、畲先人关系更为密切。

两晋南北朝，盘瓠蛮分布地域甚广，大抵以江、汉、淮水流域为中心，其势力达到鼎盛时期。

两晋南北朝，居于湘南、粤北、赣西一带的“傒”人，其族类当属畲、瑶系统。

总之，历史上，畲与瑶、苗同是“盘瓠子孙”。

第一节　远古的“荆蛮”

远古时期，居住在江汉流域及其以南的广大地区的众多部落，古籍把它们统称为“蛮”“夷”或“蛮夷”并称，又因其位于华夏族所居的中原地区以南，故又往往称为“南蛮”或“南夷”。畲、瑶、苗先民即属于上述“蛮族”范围。

当时，在中国的南方，五岭以南的“蛮族”，由于部落林立，经济较为落后，加之交通阻塞，尚不为人们所重视。所以，这时的“蛮族”，主要是指活动在古荆州地区的部族（五岭地区不包括其中）。如《晋元康地记》载：

荆州于古蛮服之地。[①]

① （宋）李昉、李穆、徐铉：《太平御览》，卷一六七，《州郡部十三》，见《晋元康地记》。

他们被称为“荆蛮”或“蛮荆”；因荆、楚同义，故又称为“楚蛮”，或合称为“荆楚”。早在商代，“荆蛮”就曾与中原王朝存在着或臣或叛的关系。如《诗经·商颂·殷武》载：

挞彼殷武，奋伐荆楚。罙入其阻，裒荆之旅……维女荆楚，居国南乡。昔有成汤，自彼氐羌，莫敢不来享，莫敢不来王，日商是常。

入周，其党更繁，造成对中央王朝的严重威胁。据《诗经·小雅·采芑》载：

蠢尔蛮荆，大邦为雠。……征伐猃狁，蛮荆来威。

畲、瑶、苗诸族先民即包含在“荆蛮”集团之内。

楚人在“荆蛮”中势力最为强大。故史有“楚为荆蛮”[①]之载。随着楚的壮大与扩张，“荆蛮”逐渐被纳入其范畴。当周夷王之时，楚人占领了“江上楚蛮之地”；中经二百年左右，至楚武王时，“蛮夷皆率服”[②]。可见，江汉流域的“蛮人”，纷纷臣服于楚。战国时，“吴起相悼王，南并蛮越，遂有洞庭、苍梧”[③]。可证，此时楚的势力已越过洞庭湖，并占有今湖南及南部。

楚国在我国统一的多民族国家的形成发展过程中起了重要作用，并曾创造光辉灿烂、独具一格的楚文化。而“蛮族”是楚国境内的重要民族，楚文化则是包括“蛮族”在内的境内各民族共同创造的。

楚占领广大“蛮地”后，部分“蛮人”被迫向南、向西迁徙，从而，加速了“蛮族”重心南移的过程。据畲族、瑶族流行的“渡海”、苗族流行的“洪水泛滥”的故事以及相关古籍和传说，瑶苗先民有用鱼祭祀的习俗，又认为在此之前曾生活在江边的湖沼地带，即早期生活在江汉流域一带。瑶人中还有与楚平王订约的传说。这与上述诸“蛮族”历史的叙述正相符合。秦汉以后，逐渐由鄂、湘地区迁居于川、黔、滇、桂、粤、赣、闽、浙诸省。可见，构成我国南方少数民族重要一支的

---

① 《国语》，卷十四，《晋语八》。

② （西汉）司马迁：《史记》，卷四〇，《楚世家》。

③ （南朝宋）范晔：《后汉书》，卷八六，《南蛮西南夷列传》。苍梧，指湖南宁远县的九嶷山，山前即五岭之都庞岭、萌渚岭。

“盘瓠蛮”及其后裔畲、瑶、苗族人，追根溯源，始于楚地。诚如《册府元龟》卷九五七《外臣•国邑》载：

荆蛮，盘瓠之后也。

万历《湖广总志•方舆一》载：蛮荆，

种自盘瓠。

把“盘瓠蛮”和“荆蛮”联系在一起的看法，是言之有据的，是颇有见地的。

第二节　盘瓠传说与“盘瓠蛮”

一、盘瓠传说

盘瓠传说，最早载之册籍可追溯到东汉时人应劭。据宋人罗泌《路史•发挥二》称：

应劭书遂以高辛氏之犬名曰槃瓠，妻帝之女，乃生六男六女，自相夫妇，是为南蛮。

但应劭书包括其所著的《风俗通义》今本，未见此文。如果罗泌此说不虚，则可见，远在东汉以前，盘瓠传说即已出现；后人著作所记盘瓠传说，均源于应劭书。

继应劭之后，记盘瓠传说者为东晋人郭璞之《玄中记》。
郭璞在《山海经•海内北经》注中，所记相类，但行文较为简洁。

差不多同时人干宝也有记述。他在《晋纪》中说：

武陵、长沙、庐江郡夷，槃瓠之后也，杂处五溪之内。槃瓠凭山阻险，每常为害。糅杂鱼肉，叩槽而号，以祭槃瓠。俗称“赤髀横裙”，即其子孙。

又在《搜神记•盘瓠》中说：

高辛氏，有老妇人居于王宫，得耳疾历时。医为挑治，出顶虫，大如茧。妇人去后，置以瓠蘺，覆之以盘，俄尔顶虫乃化为犬，其文五色，因名“盘瓠”，遂畜之。时戎吴强盛，数侵边境。遣将征讨，不能擒胜。乃募天下有能得戎吴将军首者，购金千斤，封邑万户，又赐以少女。后盘瓠衔得一头，将造王阙。王诊视之，即是戎吴。为之奈何？群臣皆曰：“盘瓠是畜，不可官秩，又不可妻。虽有功，无施也。”少女闻之，启王曰：“大王既以我许天下矣。盘瓠衔首而来，为国除害，此天命使然……王者重言，伯者重信，不可以女子微躯，而负明约于天下，国之祸也。”王惧而从之。令少女从盘瓠。盘瓠将女上南山，草木茂盛，无人行迹。于是女解去衣裳，为仆竖之结，著独力之衣，随盘瓠升山入谷，止于石室之中。王悲思之，遣往视觅，天辄风雨，岭震云晦，往者莫至。盖经三年，产六男六女。盘瓠死后，自相配偶，因为夫妇。织绩木皮，染以草实，好五色衣服，裁制皆有尾形。后母归，以语王，王遣使迎诸男女，天不复雨。衣服褊裢，言语侏儒，饮食蹲踞，好山恶都。王顺其意，赐以名山广泽，号曰“蛮夷”。蛮夷者，外痴内黠，安土重旧，以其受异气于天命，故待以不常之律。田作贾贩，无关繻符传租税之赋；有邑君长，皆赐印绶；冠用獭皮，取其游食于水。今即梁、汉、巴、蜀、武陵、长沙、庐江郡夷是也。用糁杂鱼肉，叩槽而号，以祭盘瓠，其俗至今。故世称“赤髀横裙，盘瓠子孙”。

可见，盘瓠传说作为历史资料记之史乘，首推今已散佚的《晋纪》；早在《后汉书》前的《搜神记》一书，已有盘瓠传说的详尽记录。

南朝宋人范晔的《后汉书》卷八六《南蛮列传》所记盘瓠传说，可谓集大成之作。其内容已为众所周知，不再罗列。范晔集应劭以来诸家所记之盘瓠传说，加以增删、整理，除删去盘瓠之得名一段外，基本上是因袭《搜神记》而成。范书在内容上虽然无新添，但是却对后世产生深远影响。人们对《山海经》注、《玄中记》《搜神记》诸书，还往往目为荒诞不经的神怪小说而不予重视，但一经范晔采用变成正史——载入被后世尊崇为“前四史”之一的《后汉书》，则被历代著家奉为圭臬。从此，关于盘瓠的记载充溢在我国史籍中。

至此，人们不禁要问：早在传说时代已生息活动于斯的“南蛮”，为何在东汉至南朝时期盘瓠传说才频见记载？这是因为，“蛮族”本身没有文字记载，要研究其起源与历史，只能取材于他们中间世代流传的口头传说，而这又取决于必须与他们有比较密切的接触这一条件才能办到。秦朝时，将“蛮族”地区置于统一的中央王朝管辖之下。从西汉起，中原地区与“蛮族”地区交往日益频繁。汉武帝平南越、通西南夷，对南方诸族多次用兵，特别是汉光武帝时，用重兵深入“武陵蛮”——盛行盘瓠传说的地区，从而使中原人对“蛮族”的社会及其习俗诸方面，才有了直接而非道听途说的、较为深入而非肤浅的了解。加之，从这一时期起，南方“蛮族”作为一支不可忽视的力量活跃在历史舞台上。“蛮族”的强大，迫使人们去了解和研究他们。这样，关于盘瓠传说的记载就应运而生了；它不仅为小说家言，而且为史家所称道，也就不足为奇了。

瑶族

远古时，评王当政。皇后娘娘忽染耳疾，名医从其耳中挑出一条似蚕金虫，盛在瓠中，加盖盘子。忽而，盘瓠中虫变成周身锦绣、五色斑斓的龙犬，人们名之曰“盘瓠”。评王十分疼爱盘瓠，行坐随身，寸步不离。后来，凶恶的高王作乱，评王许下诺言：“有能斩高王首级来献者，愿将公主下嫁与他。”文武群臣惧怕高王兵强马壮，无人敢领旨出征御敌。一日，盘瓠忽然失踪，派人寻找几天，杳无音讯。话说盘瓠离朝出走，七日七夜漂洋过海，来到高王帐中。赢得高王信任。有一夜，高王赴宴归来，酩酊大醉，盘瓠四顾无人，趁机猛扑上去，咬下高王头，并将其头衔回宫中。评王大喜，封盘瓠为国公，但几个公主都不愿与之结亲。评王怕失信于民，正左右为难，忽闻盘瓠口吐人言：“只要将我置于金笼中蒸七日七夜，即可变人。”将盘瓠置金笼中蒸至第六天，多情的三公主怕盘瓠死去，将盖打开，盘瓠除头部外已化成人。评王闻讯，下令为盘瓠缝制一套五色斑衣。盘瓠与三公主婚后，评王派车送盘瓠夫妇到会稽山安居。数年后，盘瓠夫妇生下六男六女。评王十分高兴，正式册封盘瓠为盘王。生下六男六女，帝赐姓。长男姓盘名启龙；二男姓沈名贤成；三男姓黄名文敬；四男姓李名思安，五男姓邓名连安；六男姓周名文旺；长婿姓赵名才昌；二婿姓胡名进盛；三婿姓郑名广道；四婿姓冯名敬忠；五婿姓雷名元祥；六婿姓蒋名朝旺。此即后世的盘、沈、黄、李、邓、周、赵、胡、郑、冯、雷、蒋十二姓王瑶子孙。从此，盘王被瑶族尊为始祖。

苗族

苗族民间虽然不似瑶有系统而完整的盘瓠传说，但是苗族古歌同样推尊盘瓠为祖。其中唱道：

> 要述说远古的史诗，
> 要传述先祖的故事；
> 相传苗人汉人共一个始祖，
> 相传苗人汉人共一个祖宗；
> 说是奶归[①]玛光[②]生养几个苗人，
> 说是奶归玛光生养几个汉人；
> 说奶归玛光是苗汉的先祖，
> 说奶归玛光是苗汉的祖宗。[③]

二、“盘瓠蛮”

根据史籍记载最早崇奉盘瓠的汉代地区，人们又将畲、瑶、苗先民名之曰“武陵蛮”。因为《后汉书》卷八六《南蛮列传》在叙述盘瓠传说后写道：“今长沙武陵蛮是也。”

（一）“武陵蛮”

因武陵郡而得名。东汉武陵郡，即临沅（今湖南常德西），辖境主要为今湖南西部地区。“武陵蛮”，又名“五溪蛮”。据北魏郦道元《水经注》卷三七《沅水》载：

> 武陵有五溪，谓雄溪、樠溪、无溪、酉溪，辰溪其一焉，夹溪悉是蛮左所居，故谓此蛮五溪蛮也。

① 奶归，意为神母，即高辛氏之女。

② 玛光，即盘瓠。

③ 石宗仁：《中国苗族古歌》，36页，天津，天津古籍出版社，1991。

五溪具体所谓，历来看法不一，但“五溪蛮”，因居于五溪而得名。

据传，武陵之武（无）溪发源地武山，为盘瓠始居地。当地有盘瓠遗迹可寻。如《后汉书》卷八六《南蛮列传》，李贤注曰：

> 今辰州卢溪县西有武山。黄闵《武陵记》曰：“山高可万仞。山半有槃瓠石室，可容数万人。中有石床，槃瓠行迹。”今案：山窟前有石羊、石兽，古迹奇异尤多。望石窟大如三间屋，遥见一石仍似狗形，蛮俗相传，云是槃瓠像也。

盘瓠遗迹之说，难免附会。沅陵、泸溪一带，为汉代“盘瓠蛮”重要基地，则有史为证。

东汉时，“武陵蛮夷特盛”。建武二十三年（47年），“武陵蛮”反，汉将刘尚率兵万余轻敌深入，全军覆没。次年，汉名将马援率军四万余，进营沅水沿岸之壶头，值暑热，马援因疫丧命。其后，汉王朝转取招降之策，事态才平息。

（二）“长沙蛮”

东汉长沙郡治临湘（今长沙）。主要辖地为湘北，南及今湖南攸县、茶陵、衡阳、邵阳等地。如果说，“武陵蛮”的反抗活动从东汉初年已给封建王朝造成严重威胁的话，“长沙蛮”的活动则是在东汉后期才转盛的。从永寿三年（157年）至延熹五年（162年）止，掀起长达八年的反抗斗争。其特点是：波及地域广，由长沙而零陵而桂阳，并入苍梧、南海、交阯，即席卷湘南与岭南之地，这是盘瓠蛮势力在东汉时已触及岭南的例证，给东汉统治者以重创，竟使交州刺史、苍梧太守、荆州刺史落荒而逃。①

此外，东汉时势力稍弱的盘瓠族类，还有“零陵蛮”与“桂阳蛮”。零陵郡，东汉故城在今湖南永州北。该郡属地跨有今湘南及桂北边地。“桂阳蛮”曾于安帝元初三年（116年）、延熹七年（164年）两次发动反抗活动。桂阳郡，治今湖南郴州。该郡除辖有今湖南郴州地区外，还包有广东之曲江、英德、连山、连县等地。

---

① 参见（南朝宋）范晔：《后汉书》，卷三八，《度尚传》。

东汉延熹年间，“桂阳蛮”渠帅卜阳、潘鸿以及胡兰之势颇盛。

笔者以为，从后世瑶、苗在湖南的分布格局苗居偏西，瑶居偏东、偏南来判断，“武陵蛮”似与苗族先民关系较多，而“长沙蛮”“零陵蛮”“桂阳蛮”则与瑶、畲先人关系更为密切。当然，是时“盘瓠蛮”尚是一个整体，很难截然加以划分。但是，可以说，苗与瑶、畲的最早分流，已隐现端倪。

两晋南北朝时期，“盘瓠蛮”的势力发展至登峰造极的地步。这一时期，除了西晋初年全国出现过短暂的稳定局面外，长期处于动乱与分裂状态中。因此，“盘瓠蛮”乘虚而入，并不断蔓延开去。《魏书》卷一〇一《蛮传》在谈到“蛮族”的发展过程时写道：

> 蛮之种类，盖盘瓠之后，其来自久。习俗叛服，前史具之。在江淮之间，依托险阻，部落滋蔓，布于数州，东连寿春（安徽今县），西通上洛（今陕西商县），北接汝颍，往往有焉。其于魏氏之时，不甚为患，至晋之末，稍以繁昌，渐为寇暴矣。自刘石乱后，诸蛮无所忌惮，故其族类，渐得北迁，陆浑（今河南嵩县东北）以南，满于山谷。宛洛萧条，略为丘墟矣。

换言之，“蛮族”分布地域甚广，大抵以江、汉、淮水流域为中心。其势力，在西晋末年得到迅速发展；从十六国刘聪、石勒时期开始，大规模北徙，甚至延伸至中原地区，堪称“盘瓠蛮”的全盛时期。历经长期动乱，诸族间的接触与往来也更为频繁和密切，因而加速了民族融合的进程。需指出的是，上述论断，把“蛮族”全归于“盘瓠蛮”，有失之过宽之嫌，因当时的“蛮族”除“盘瓠蛮”外，还包含“廪君蛮”（今土家族先民）在其中。但总体而言，是符合畲、瑶、苗先民的历史实际的。

“盘瓠蛮”为畲、瑶、苗先民，也为历代著家所确认。如：

畲族

宋朝刘克庄《漳州谕畲》载：

余读诸畲款状，有自称盘护孙[1]者。[2]

明朝谢肇淛《五杂俎·人部二》载：

吾闽山中有一种畲人，……畲人相传盘瓠种也。

清初顾炎武《天下郡国利病书·广东》载：

瑶本槃瓠种，地界湖、蜀溪峒间，即长沙、黔中、五溪蛮后，滋蔓绵亘数千里，南粤在在有之。……粤人以山林中结竹木障覆居息为輋，故称瑶所止曰輋。

清朝傅恒《皇清职贡图》卷三“罗源县畲民”条，引福建《连江志》云：

畲民，五溪盘瓠之后也。

其他如《福安县志》《罗源县志》等，也有相类记载。

瑶族

早在宋代，已多有记载。宋朝陈彭年《广韵·肴韵》载：

莫傜，狗种也。

宋朝郑伸《桂阳志》载：

峒瑶斑斓其衣，侏离其言，称盘王子孙。

宋朝范成大《桂海虞衡志·志蛮》载：

瑶，本五溪盘瓠之后。其壤接广右者，静江之兴安、义宁、古县，融州之融水、怀远县界皆有之。生深山重溪中。

---

① 盘护孙，护与瓠为一音之转，“盘护孙”即盘瓠子孙之谓也。

② （宋）刘克庄：《漳州谕畲》，见（宋）刘克庄：《后村先生大全集》，卷九三。

迄清，记载不断。清朝吴震方《岭南杂记》载：

粤有瑶种，古长沙、黔中、五溪之蛮，生齿繁衍，播于粤东西，多槃姓，自云槃瓠之后。

清朝李宗昉《黔记》载：

瑶人，黔旧无之，雍正时，自广西迁来清平、贵定、独山等处。……所祀之神，名曰槃发[①]。

苗族

宋朝朱辅《溪蛮丛笑》叶芬序中所载：苗瑶诸族，环四封而居，

五溪之蛮，皆盘瓠种也。

明朝王士性《黔志》在叙及贵州苗民族类时写道：

然非一种，亦各异俗，曰宋家、曰蔡家、曰仲家、曰龙家、曰曾行龙家、曰罗罗、曰打牙仡佬、曰红仡佬、曰花仡佬、曰东苗、曰西苗、曰紫姜苗。总之，槃瓠子孙。

《黔志》中所记之“苗”系泛指，故把布依族（仲家）、彝族（罗罗）、仡佬均囊括其中，但所记苗族各支系为“盘瓠子孙”则无误。

又，清朝陆次云《峒溪纤志·苗人》中写道：

苗人，盘瓠之种也，帝喾高辛氏以盘瓠有歼溪蛮长之功，封其地，妻以女，生六男六女，而为诸苗祖。

结论：畲、瑶、苗确系“盘瓠”“盘瓠蛮”的传人。

---

① 槃发，即盘瓠也。

第三节 “傒”与畲、瑶

傒，又名溪（谿），或有作奚，因居于溪洞之地而得名。据《魏书》卷九六《司马睿传》载：

> 巴、蜀、蛮、獠、谿、俚、楚、越，鸟声禽呼，言语不同，猴蛇鱼鳖，嗜欲皆异。

可见，“谿（溪）”被视为晋、南北朝时期南方重要少数民族之一。

史籍关于傒人的活动及习俗记载颇多。其中主要有：

《世说新语》载：温峤劝庾亮往见陶侃曰，

> 溪狗我所悉，卿但见之，必无忧也。[①]

此“溪狗”，即陶侃。这里需附及陶侃的籍贯与身世。据载，陶侃，本鄱阳（今江西南昌东北境）人，吴平，徙家庐江之浔阳（今江西九江东北境）。少时，尝钓于钓矶山下水中，“得一织梭，还挂壁上。有顷雷雨，梭变成赤龙，从空而去”[②]。又，“陶公少时作鱼梁吏，尝以坩鲊饷母。母封鲊付使，反书责侃”[③]。由于陶侃出身捕鱼贱户的溪人，故张华以其“远人”不甚接遇，吏部郎温雅更非之为“小人”[④]。

《资治通鉴》卷一一五，晋安帝义熙六年（410 年）载：卢循所将之众，其中有，

> 始兴（治今广东韶关）溪子，拳捷善斗，未易轻也。

刘宋乔道元《与天公笺》载：

---

① （南朝宋）刘义庆：《世说新语》，卷下，《客止》，见津逮秘书本。

② （南朝宋）刘敬叔：《异苑》，卷一，见津逮秘书本。

③ （南朝宋）刘义庆：《世说新语》，卷下，《贤媛》，见津逮秘书本。

④ （唐）房玄龄：《晋书》，卷六六，《陶侃传》。

小婢从成，南方之奚[①]，形如惊獐，言语喽厉。声音骇人，唯堪驱鸡。

《南史》卷四七《胡谐之传》载：胡谐之，豫章南昌（今江西南昌）人，齐高帝建元二年（480 年），

为给事中，骁骑将军。上方欲奖以贵族盛姻，以谐之家人语傒音不正，乃遣宫内四五人往谐之家教子女语。二年后，帝问曰："卿家人语音已正未？"谐之答曰："宫人少，臣家人多，非唯不能得正音，遂使宫人顿成傒语。"帝大笑，遍向朝臣说之。

……

《梁书》卷十《杨公则传》载：和帝时，公则为湘州（治今湖南长沙）刺史，

所领多湘溪人，性怯懦，城内轻之，以为易与。每出荡，辄先犯公则垒。公则奖厉军士，克获更多。

除上述言明傒人者，尚有虽未言明但可推断为傒人者，计有新吴（今南昌之西）洞主余孝顷、巴山新建（治今江西崇仁西南）人黄法氍，临州（治今江西南城东南）人周敷、豫章南昌人熊昙朗、临川南城人周迪。

综上所述，对南朝傒人的地域、社会、族属，可作如下结论：

傒人分布于湘州，湘州之始兴郡，江州之浔阳、鄱阳、豫章、临川诸郡，即今湘南、粤北、赣西相连地区。

傒人社会的主要特点：

一是重渔、猎的社会经济。因临溪而居，往往以渔为业。陶侃出身渔钓贱户，即为突出事例。又因山居，狩猎业也占重要地位。周迪少时"以弋猎为事"[②]，可证。

---

① 南方之奚，系傒人。

② （唐）姚思廉:《陈书》，卷三五;《周迪传》，卷八;《周文育传》，卷二;《高祖下》，卷十一;《黄法蕺传》，卷三五，《周迪传》。

二是特殊的社会组织。以“洞”为单位，故有“新吴洞主”[①]“广兴六洞”[②]之称。按血缘关系，聚族而居，由“家族”担任首领。史称其首领为“酋帅”“酋豪”“渠帅”。

三是尚武。故有“拳捷善斗”之誉。陶侃之善于用兵，江州诸渠帅所统溪兵为南朝重要军事力量，也可佐证。

四是捷走。黄法氍，少时“步行日三百里，距跃三丈”[③]，即突出一例。此俗，与傒人多“居山谷”有关。后世瑶、畲之人，也是“上下山险若飞”[④]的。

五是善弩。傒人以弩为重要狩猎与作战工具，史称周迪“能挽强弩”[⑤]并非偶然。其源可溯于“谿子之弩”[⑥]扬名于先世，其流可从畲、瑶之弩著称于后世中，得到印证。

六是习以用舟。与以渔为业相联的，是善于水上生活与舟战之俗的形成。[余]“孝顷有舴艋三百艘、舰百余乘”[⑦]，可谓盛矣。

七是嗜鱼。陶侃“以坩鲑饷母”，是傒人与中原之人“嗜欲皆异”的一例。有趣的是，畲、瑶之人及其先人则有“糅杂鱼肉”或用枯鱼以祭盘瓠之习。以土钵装腌泡之鱼奉母和以鱼祭祖之俗，可谓一脉相承。

八是有独特语言。所谓“鸟声禽呼”“言语喽厉”“傒音”“傒语”，均说明傒人使用为汉人所不解的本民族语言。史称盘瓠蛮“言语侏离”，与此相较，可谓辞异而实同。

九是有较发达的文化。因此，一批傒族上层人士担任晋及南朝的显赫达官。东晋时，陶侃官侍中，太尉，都督荆、江、雍、梁、交、广、益、宁八州军事，荆、

---

① （唐）姚思廉:《陈书》，卷三五;《周迪传》，卷八;《周文育传》，卷二;《高祖下》，卷十一;《黄法蕻传》，卷三五,《周迪传》。

② 同①。

③ 同①。

④ （宋）范成大 :《桂海虞衡志》，见（元）马端临 :《文献通考》，卷三二八,《四裔五》。

⑤ （唐）姚思廉:《陈书》，卷三五;《周迪传》，卷八;《周文育传》，卷二;《高祖下》，卷十一;《黄法氍传》，卷三五,《周迪传》。

⑥ （西汉）刘安 :《淮南子》，卷二,《俶真》。

⑦ （唐）姚思廉 :《陈书》，卷八,《周文育传》。

江二州刺史，为一代名臣。陈朝时，周迪为江州刺史，周敷为南豫州刺史，黄法𣰰为高州刺史，熊昙朗为北江州刺史。

关于傒人族属，笔者认为当属畲、瑶系统。主要理由是：

以地域而论，傒人分布区与畲、瑶居地完全吻合。汉代，“盘瓠蛮”聚居于长沙郡、庐江郡，即地跨湘、赣之地。南朝，湘州为莫徭居地。隋代，莫徭除遍布长沙等湖南诸郡外，还及于粤北之地。唐代，洪、吉、虔、抚、袁五州有莫徭。宋代，江西为瑶人重要居地。需指出的是，畲人正是“盘瓠蛮”入赣后逐步分离发展而成的。江西为傒人重要居地，这与畲族发展史正相吻合。

以习俗而论，傒人与畲、瑶无别。需要加以强调的是，“傒狗”“狗子”之污称，正是瑶人崇拜盘瓠图腾，自认为“盘瓠子孙”的特殊印记。还有，以洞为社会单位，以弩为富有代表性的工具与武器等各种习俗，也与畲、瑶同风。

东晋南朝时，随着重心南移，江南不断得到开发，处于平原与交通要道的傒人，与汉民族交往日益频繁，受汉文化影响日深，从而多融合于汉民族之中。突出代表为陶氏家族，若非史家勾稽史迹，谁曾想到，中国历史上最著名的田园诗人陶渊明（陶侃曾孙），竟是傒人嫡系后裔。其实，细究起来，陶渊明作品仍留有傒人胎记，传诵千古的《桃花源记》，可谓是当时傒人社会较为平等的人与人之间关系的理想化写照。此地剩下的山居傒人，唐、宋以后则被呼为畲、瑶之人。这就是南朝以后，傒人从册籍中消失之原因所在。

第四节　畲、瑶、苗族源说比较

畲族族源的说法颇多。其实，最富代表性的，可归结为如下两说。

一、“长沙武陵蛮”后裔说

此说有三大特点：一是提出最早，在新中国成立前的著作中，普遍持这种观点；二是多数学者所主张或认同；三是论据较为充分。但是有不少著作简化归结为“畲族源于武陵蛮说”。这一提法的缺陷在于，违背了《后汉书》卷八六《南蛮列传》盘瓠后裔为“今长沙武陵蛮是也”的说法。东汉时，“盘瓠蛮”活动的范围很

广，其主要地为长沙郡与武陵郡。因地名族，故名“长沙蛮”“武陵蛮”，故“武陵蛮”包括不了“长沙蛮”。细究起来，畲瑶诸族的渊源，不仅与“武陵蛮”有关系，而且与“长沙蛮”关系更为密切，见上述。故全面的提法，应是“畲族源于‘长沙、武陵蛮’说”为确切。

此说的主要论点：

其一，畲族流行的盘瓠传说与史籍所载的汉晋盘瓠传说若合符节，而汉、晋的“盘瓠蛮”，以地域名之就是“长沙、武陵蛮”。

其二，畲族的社会与习俗，与历史上“盘瓠蛮”的社会与习俗极其相似，有一脉相承的关系。

其三，畲族与瑶、苗同是盘瓠后裔，是同源异流的关系。特别是畲瑶之间的社会与习俗更是密不可分。后来因迁徙路线不同，在各自不同的环境里，经过长期的历史发展，才逐步形成不同的民族。笔者即持是说，并将这一观点贯穿始终。

后来又派生了“东夷”、“徐夷”说。该说以为，盘瓠神话可以从生活在江淮之间的古东夷族中找到历史背景和原形。其主要史料根据是晋张华《博物志》卷七《异闻》，引《徐偃王志》为证。

此说主张：畲族源于“长沙、武陵蛮”，而“长沙、武陵蛮”是“东夷”“徐夷”迁居此地后，融合其他民族而形成的。因此，此说与“长沙、武陵蛮”说并不相悖，而是一种延伸和补充而已。

显然“长沙、武陵蛮”属晚出的东汉时代，其历史渊源还可上溯，笔者的看法有别于此，主张溯源于先秦时期的“荆蛮”，已见上述。笔者还主张，畲人与傒人存在着族源关系，也可作为“长沙、武陵蛮”说的一种补充。

二、“百越”后裔说

此说的主要论据是：

其一，畲族不是从外地迁入而属世居民族。其历史发展脉络是秦汉时期的“越”，汉晋时代的“蛮”，隋唐的“蛮僚”，直至宋代以后的“畲”。

其二，早在唐代以前，闽、粤、赣交界地区已是畲族聚居区。畲族先民与界于闽越和百越间的南武侯织这一支越人关系最为密切。

笔者以为，此说的弱点是：

其一，从图腾崇拜言，越人中是很难寻觅较为完整而可信的盘瓠传说的。

其二，从传统经济生活言，越人从事稻作农业，与此相适应形成相对稳定的定居村落生活；而畲族主要从事刀耕火种的旱地农业为生，与此相适应形成游耕生活。

其三，从文化习俗言，南方“蛮”“越”两大民族系统是有很大不同的。畲人的习俗与百越传人的壮侗语族习俗是大相径庭的。

至于“山越”说、“南蛮”说、福建“闽”族后裔说，虽然各说论据不一，甚至有很大歧异。但是，总体而言，这些说法均可归入百越论。因为“山越”为越人的一支，早期岭南、福建居民属于百越系统，已是定论。故毋庸再多加论列。

对瑶族族源的看法比较一致。瑶族源于“长沙、武陵蛮”说已为学术界普遍接受。另有源于“山越”说，原始居地在江浙一带，根据地在浙东南的会稽山。后一说证据乏力，影响极弱。

对苗族族源的看法最为一致。均主张东汉时期的“武陵蛮”或“五溪蛮”为苗族先民，而且更上溯至传说时代的“蛮”与先秦时期的“荆蛮”。

总之，从畲、瑶、苗族族源说的比较中，可得出如下结论：

在学术界“长沙、武陵蛮”说已居主导地位或被完全认同；畲族族源说法较多，分歧也稍大。这种差异性的形成，与今日畲、瑶、苗的分布格局有密切关系。“盘瓠蛮”祖居地的湘西南、湘南至今仍为苗、瑶的重要居地之一，而畲族在岭北已杳无踪影，故畲族族源多元论相对为盛。

第二章　畲、瑶、苗的分流与分布格局的形成

畲、瑶、苗三族虽同源却异流。其分流分两步走：第一步是，苗与畲、瑶二族分离。其源不晚于汉晋。苗族先民大规模西徙，始于汉光武帝重兵征讨“武陵蛮”之时，其后，不断西行。进入黔北和黔西、川南、滇东、桂西。第二步是，瑶与畲之间的分离。唐、宋时期二族分流的速度加快。分流的起点为湘南。由湘南越南岭，分道进入两粤者为瑶。畲族先人，另辟蹊径，由衡、郴诸州不逾岭却向东挺进，入赣南，再至闽西南、粤东，即在赣、闽、粤三省交界处，逐渐形成畲族族群。

畲、瑶民间分别流行“凤凰山”和“千家峒”为祖居地的传说。笔者认为，这两地虽非畲、瑶的民族发祥地，却是迁徙过程中的重要中转站与集结地，是畲、瑶民族祖先崇拜的圣地。

第一节　由湘西西行的苗族

在论述畲、瑶、苗同源后，关键的问题是探讨它们如何分流。

最早，苗族与畲、瑶二族分化。其源不晚于汉晋时期。如上述，“武陵蛮”或“五溪蛮”以苗族先民为主，而“长沙蛮”则主要由畲、瑶先民所构成。这种分布地域的不同，加之迁徙的方向不一，至唐宋以后逐渐形成苗、瑶、畲单一民族。

早在战国时期，随着楚势南扩的压迫，苗族先民已开始西行。但是，大规模的迁徙应是从汉光武帝派重兵征讨“武溪蛮”开始。其后不断西移。进入贵州北部和西部、四川南部、云南东部、广西西部。依据现代苗族方言分析，西部苗族（黔西、川南、滇东、桂西）是从东部苗族（湘、黔、川、鄂四省交界处）迁去的，而滇东北的苗族则是东部苗族先迁到黔西后，再迁过来的。中南半岛北部苗族，则是我国西部苗族徙去的。

在苗族流行的《古歌》中，通述远祖从湖泊多的平原，历经千难万险才流徙到今日居地。其中咏道：

要述诵苗人迁徙的史诗，

要传述苗众迁徙的故事；
古时苗人住在广阔的水乡，
古时苗人住在水乡边的地方；
打从人间出现了魔鬼，
苗众不得安居，
受难的苗人要从水乡迁走，
受难的苗众要从水乡迁走。

又唱道：

日月向西走，
山河往东行，
我们的祖先啊，
顺着日落的方向走，
跋山涉水来西方。

就是这种情况的写照。川西苗族为了不忘祖，新娘均须绕至东方入屋；老人病故“开路”时，巫师须将亡灵指引回东方。从苗族史歌与习俗，均可证其西迁的历史。

第二节　由湘南越岭的瑶族

瑶、畲之分流，其源虽可溯至唐宋以前，但却是在此之后，才加快步伐而逐步形成今日的瑶、畲两族。长期以来，由于历代统治者的残酷压迫，加之刀耕火种生产方式的需要，“盘瓠蛮”的势力不断南移，至唐宋时期，湖南南部已成为其居住的重心地区。以湘南为起点，瑶、畲开始分道扬镳。

由湘南越南岭，分道进入两粤者为瑶，其主要通道有：

其一，自湘南入广西全州、桂林。这是秦汉以来入五岭之途。

全州，介于湘桂之间，为湘桂通道。据《宋史》卷八八《地理志》载：

全、邵屯兵，以扼蛮僚。

可见，全州是湘南瑶人进入桂北的必经之地，故宋王朝派重兵把守。又，据《续资治通鉴长编》卷四七五，“元祐七年（1092年）七月癸巳”条载：

荆湖南路安抚钤辖司言，全、永、衡、道州瑶贼作过。

这表明，宋代全州瑶人与湘南瑶人是连片而居的。

由全州进入的瑶人，在宋代形成以静江府（治今桂林）为中心的桂北聚居区。据宋朝范成大《桂海虞衡志》载：

瑶之属桂林者，兴安（治今县）、灵川（治今灵川西南）、临桂（治今桂林市）、义宁（治今临桂县）、古县（治今永福县）诸邑，皆迫近山瑶。①

由于静江府与湖南邻近的北部五县，均遍布瑶人，故史有“静江属县，半抵瑶峒”②之载。

其二，自湘南道州进入广西贺县。“自道州之广西入贺”③，是秦汉以来由湘入桂的又一要道，瑶人也无例外。据《续资治通鉴长编》卷一三九，“庆历三年（1043年）正月甲午”条载：

先是，荆湖南溪洞蛮侵扰连、贺、衡、永数州。

又，据宋朝朱熹《观义殿学士刘公（拱）行状》载：乾道瑶民起事后，

众万余人，南逾岭徼，分道犯英、韶、广、德庆、肇庆、封、梧、贺州之境。④

---

① （宋）范成大：《桂海虞衡志》，见（宋）马端临：《文献通考》，卷三二八，《四裔五》。

② （宋）周去非：《岭外代答》，卷一，《地理·并边》。

③ （清）顾祖禹：《读史方舆纪要》。

④ （宋）朱熹：《观义殿学士刘公（拱）行状》，见（宋）朱熹：《朱文公文集》，卷九七。

历史记载表明：宋代贺州瑶人，是由荆湖南路进入的。贺州，是宋代广西瑶人的又一聚居地。

总之，宋代湘南瑶人首先进入静江府、贺州等桂北地区。其后，桂北基地瑶人，以及由广东进入桂东的瑶人，不断向南、向西扩展，以至逐步形成今日瑶人遍布广西全区六〇多县的格局。

其三，自湘南分道进入粤北连、英、韶三州。宋朝蔡戡《割属宜章•临武两县奏状》载：

> 郴州宜章县太平、宜章二乡，有莽山诸峒，邻接连（治今连山）、英（治今英德）、韶州之境。①

《续资治通鉴长编》卷一五三，“庆历四年（1044 年）十一月壬午”条载：瑶人，

> 先劫掠郴州宜章县，次入连、韶州。

《宋史》卷四九三《蛮夷一》载：

> 蛮瑶者，居山谷间，其山自衡州常宁县属于桂阳，郴、连、贺、韶四州，环纡千余里。蛮居其中，不事赋役，谓之瑶人。

以上记载表明，粤北连、韶诸州瑶人，是从湘南桂阳军、郴州迁入的；岭北的桂阳军、郴州和岭南的连、韶、贺州，为宋代瑶人的大片聚居区。

其后，由湘南进入粤北的瑶人逐步南徙，形成后世广东瑶人的分布格局。清朝傅恒《皇清职贡图》卷四“新宁县瑶人”条，对清代广东瑶人的来源及居住地域作了如下概括叙述：

> 瑶本盘瓠之种，由楚省蔓延粤东之新宁（治今台山）、增城（治今增城）、曲江（治今韶关）、乐昌（治今乐昌）、乳源（治今乳源）、东安（治今云浮）、连州（治今连南）等七州县。

---

① （南宋）蔡戡：《割属宜章•临武两县奏状》，见（南宋）蔡戡：《定斋集》，卷一。

结论是：瑶人从湖南分别越岭进入桂北和粤北地区，从而形成桂阳、郴、道、全、静江、连、韶等州、军、府的宋代瑶族连片聚居区。长期以来，由于瑶人在这一湘、粤、桂三省交界的中心区，结成相当稳固的人们共同体，故由此基地再徙往各地时，未再分离出新的族群，这是今日湘南、粤北、广西有瑶无畲的原因所在，这也是世界各地瑶人富有凝聚力与向心力的重要因素之一。

第三节　由湘南东迁的畲族

历史上，有一支“盘瓠蛮”人，不循越岭进入两粤路线，他们由衡、郴诸州向东发展，入赣南，再至闽西南、粤东，即在赣、闽、粤三省交界处，逐渐形成有别瑶族的畲族族群。

在宋代，这支“盘瓠蛮”已活跃于江西吉、赣诸州。嘉定年间爆发的罗世传、李元砺领导的郴州黑风峒瑶民起义，其基地就在湖南郴州与吉州一带，故史称：

> 黑风峒者，在郴、吉之间，而地属桂阳县（今治汝城）。①

当时，瑶民起义军不断攻打赣西南地区。据载：

> 祸连江西，吉（治今吉安市）、赣（治今赣州市）四州。②
> 东践吉、南安（今江西大庾）。③
> 掀永新（治今江西今县），撇龙泉，江西列城皆震。④

可见，湘南郴、衡州和赣西南吉、赣州为宋代瑶人连片聚居区。这就是后世赣西南畲人的来源。分流的结果，造成后世湖南有瑶无畲，而赣西南主要为畲区的格局。

在南宋时，东进的“盘瓠蛮”不仅已经赣西南进入福建汀、漳及粤东潮、梅地

---

① （宋）无名氏：《两朝纲目备要》，卷十一，《宁宗纪》，引自《四库全书》。
② （南宋）叶适：《宝谟阁待制知隆兴府徐公（谊）墓志铭》，见（南宋）叶适：《水心集》，卷二一。
③ （南宋）魏了翁：《曹公（彦约）墓志铭》，见（南宋）魏了翁：《鹤山集》，卷八七。
④ （元）脱脱等：《宋史》，卷四〇五，《王居安传》。

区，且已在历史上首次出现“畲”的族称。据宋朝刘克庄《漳州谕畲》载：

> 西畲隶龙溪（今漳州），犹是龙溪人也。南畲隶漳浦（今漳浦），其地西通潮（今广东潮州）、梅（今广东梅州），北通汀（今福建长汀）、赣。[①]

宋朝文天祥《知潮州寺丞东岩先生洪公行状》载：

> 潮与漳、汀接壤，盐寇、輋（同畲）民，郡聚剽劫。[②]

至明代，湖南瑶民龚福全起义，以郴州、桂阳为基地，活跃于湘、粤、赣三省间，其重要特点是与畲族相联合。据《明武宗实录》载：

> 江西輋贼、广东三浰头诸贼悉平。先是，江西、广东、湖广之交，溪峒阻深，江西上犹等县輋贼谢志山等据横水、桶冈诸巢，广东龙川县贼池仲容据三浰头诸巢，与瑶贼龚福全等联络亘千百里，时出攻剽，势甚猖獗。[③]

这次湘南郴、桂瑶人和赣南上犹畲人，广东龙川畲人“联络”一事表明，这一带地域相联，瑶、畲同类相应。这是赣南、粤东畲人是从湘南徙入的又一有力例证。

总之，历史上的赣南吉、赣，福建的汀、漳，粤东的潮、梅这一畲人集中居地，与湖南郴、衡瑶人区有着千丝万缕的联系。瑶、畲本属同源。以湘南为基地向东进入赣、粤、闽三省交界者为畲，逾岭进入桂北、粤北者为瑶。其后，畲人扩展至闽东、浙南，瑶人则从两粤北部向西、向南发展。这就构成了今日瑶、畲分布的总体格局。

已故著名民族学家潘光旦先生曾提出一种设想：盘瓠族人源于淮水流域的“东夷”，

> 后来向长江流域移动进入南岭山脉的那一部分可能就是瑶；而从南岭山脉向东，在江西、福建、浙江的山区里和汉族结合的那一部分可能

---

① （宋）刘克庄：《漳州谕畲》，见（宋）刘克庄：《后村先生大全集》，卷九三。

② （宋）文天祥：《知潮州寺丞东岩先生洪公行状》，见（宋）文天祥：《文山先生全集》，卷十一。

③ 《明武宗实录》，卷一六四，3174 页，正德十三年（1518 年）七月己酉条。

就是畲。[①]

除“东夷说”属学术界有异议的问题，可置而不论外，笔者认为，潘先生的这段推断，是极为睿智的。在此基础上，笔者所做的，一是提出了湘南（不是泛指长江流域）是瑶、畲分流的起点说；二是论证了从湘南进入两粤的瑶人迁徙路线；三是叙述了从湘南向东，首入赣、闽、粤边区，再向闽东、浙南发展的畲人迁徙过程。

第四节　迁徙活动的社会历史原因

畲、瑶、苗今日分布格局的形成，是经过长期不断迁徙的结果。迁徙原因基本相同，主要可归结为三。

一、历代封建统治者残酷压迫的民族政策

从下述明代统治者镇压赣南、粤东畲民反抗活动、大藤峡瑶民反抗活动、湖广苗民反抗活动中，可以得到充分证明。

畲族

明正德期间，江西上犹夆人谢志山和广东龙川畲人池仲容领导声势浩大的“亘千百里”的畲民起义。起义失败后，南赣提督王守仁采取民族绝灭政策，“擒斩且尽”[②]“夆徭既殄”[③]。幸存者被迫飘荡流徙，隐入深山，对于这段血雨腥风的历史，畲族族谱中也有所记载。这样，就出现了历史上原居地的畲族已难觅其踪，而今日畲人居地又不见于册籍记载的矛盾现象。

瑶族

明代广西大藤峡瑶人掀起大规模起义被镇压后，遭到残酷屠杀，“悉支解刳肠

---

① 引自费孝通：《民族社会学调查的尝试》，载《中央民族学院学报》，1982（2）。

② 《明武宗实录》，卷一六四，正德十三年七月己酉条。

③ （明）王阳明：《平浰头碑》，见（明）王阳明：《王阳明全书》，卷二五。

胃，分挂林箐中，累累相属”[①]，“相机剿捕，务尽根除毋遗种类”[②]。从此，大藤峡瑶人势力遭到严重摧残。

苗族

明代二百多年间，对于腊尔山为中心的湖广苗民发动了多次大规模征剿，官军所过之处，尸横遍野，庐舍为墟，甚至达到“苗种几绝”的地步，迫使湖广与武陵五溪地区苗族纷纷西徙。

此外，强制民族迁徙、征调土兵戍守，也是造成畲、瑶、苗迁徙的历史原因。因其属统治阶级民族压迫政策所致，故不再专门论列。

二、从内因而言，与畲、瑶、苗落后的“游耕”生产方式有关

山居且从事“刀耕火种”的民族，因地力耗尽而寻新地另垦。因此，过着不断游动迁徙的生活。“畲”“瑶”极为典型。据载，畲族，

> 随山散处，刀耕火种，采实猎毛，食尽一山则他徙。[③]
> 畲民巢居崖处，射猎其业，耕山而食，率二三岁一徙。[④]
> 其散处也，随山迁徙，去瘠就腴，无定居。[⑤]

瑶族，

> 食尽一山，复往一山，与北虏之逐水草驻牧者相类。[⑥]
> 刀耕火种，食尽一山，则移一山。[⑦]
> 今岁此山，明年又别岭矣。[⑧]

---

① （清）张廷玉：《明史》，卷一七八，《韩雍传》。

② 明宪宗《谕韩雍征剿两广贼寇事宜状》。

③ （清）顾炎武：《天下郡国利病书·广东上》。

④ （清）谢道承等：《福建通志》，卷一，《风俗》永春州条。

⑤ （民国）《长汀县志》，卷三五，《杂录畲客》。

⑥ （明）王临亨：《粤剑篇》，卷二，《志土风》。

⑦ （清）顾炎武：《天下郡国利病书·广东下》。

⑧ （清）闵叙：《粤述》。

此即人们所熟知的“食尽一山，复徙一山”的不同措辞。将这种南方民族的游耕生活与“北虏”即北方民族的游牧生活相提并论，既很生动，又很有见地。其不同处是，前者逐山而生，后者则为逐水草而居。

三、与天灾与疾疫不无关系

在生产方式低下的条件下，人们抵抗自然灾害的能力极低，承担不了人口增长的重负，更惧怕疾疫的流行。这都促进了迁徙活动。史称畲族，

> 山高作田无米食。①
> 其俗易迁徙，畏疾病。②
> 有病殁则发焚其室庐而徙居焉。③

瑶族，

> 惟藉刀耕火种，蓄积有限。④
> 山田瘠埆，十岁五饥。⑤

这些都是因“饥”“人多田少”“病殁”而徙居的例证。

第五节　畲、瑶传说中的民族发祥地——“凤凰山”“千家峒”

畲、瑶、苗民族都非“土著”而系“移民”。移民，都有眷恋故土之情结。为了缅怀祖德，慎终追远，为了加强散居各地后裔的凝聚力，在他们中间世代传承着

---

① 见畲族《高皇歌》。
② （清）吴震方：《岭南杂记》。
③ （清）张士连：《海阳县志》卷八。
④ 《明宪宗实录》，卷十三，成化元年(1465年)正月甲戌条。
⑤ （明）田汝成：《炎徼纪闻》，卷四，《蛮夷》。

祖居地的传说。畲族的“凤凰山”和瑶族的“千家峒”极富代表性。

畲族

著名史诗《高皇歌》咏道：

> 广东路上是祖坟，进出蓝雷盘子孙。
> ……
> 送落潮州凤凰山，住了潮州已多年。

流传在闽东、浙南畲族中的《畲族祖先传说》，是这样说的：

> 在凤凰山上有只金凤凰，吃了一颗白玛瑙，生了一颗凤凰蛋，蛋里孵出了胖娃娃阿郎。阿郎靠百鸟哺育，百鸟采下的果汁当奶喂他，剪下身上的羽毛做衣裳给他穿，长大后学会独立谋生的本领。他在天龙岭上驱蟒妖、在虎背上射猛兽。后来与东海龙王的公主爱莲结婚。婚后三年，生下三个小孩，取名蓝、雷、钟，这是三姓的缘起。
>
> 随着人口急剧增加，凤凰山的名气越来越大。官府知道了，要他们按地纳粮，照人抽税。他们交不起粮税，官府派兵围剿。在交战中阿郎和爱莲不幸牺牲。他们的劳动成果被官府霸占，迫使其子孙逃离凤凰山。[①]

瑶族

无独有偶，各地瑶人中则流行《千家峒传说》：

> 千家峒，四周高山环绕，方圆近百里，犹如一座小型盆地，里面有河流迂回穿过，仅有一路与外界相通。这里住着盘、黄、李、廖、唐、赵、邓、奉、周、冯、沈、包十二姓瑶人，有几千户人家，因名“千家峒”。
>
> 这里山林茂密，土肥物阜。人们以农业为生，闲时从事狩猎活动，过着自给自足的安定生活。人人平等，和睦相处。官府闻讯，下令征收重税。十二姓瑶人无力纳粮，官府派公差进入千家峒催粮。好客瑶人，

---

① （明）蒋炳钊：《畲族史稿》，249页，厦门，厦门大学出版社，1988。

每户都盛情招待，公差吃了几个月，还没轮完全部瑶户。官府见公差有进无出，疑心瑶人造反，于是扬言："等皇兵一到，便踏平千家峒，斩绝十二姓瑶人。"鉴于寡不敌众，瑶人商议走为上策。他们在盘王庙中把供奉盘王的香炉分为十二块，再将长牛角截为十二节，十二姓瑶人各持一分，并约定他日将香炉和牛角合齐后，再一起返回。途中遭官兵截击，十二姓瑶人被分成两半：一半往九嶷山走，后来进入广东韶州府；一半走永明（今湖南江永），后来进入广西。从此，十二姓瑶人广布四方。[①]

上述畲、瑶传说，可谓如出一辙。其相同处：

一是祖居地。蓝、雷、钟三姓畲人和盘、黄、李、廖、唐、赵、邓、奉、周、冯、沈、包十二姓瑶人从此派生而来。

二是当时的畲、瑶社会是以农业为主，以狩猎为副业的社会。这是一个平等的理想化社会。

三是封建统治者的经济掠夺与军事镇压，迫使他们流徙四方。

关于畲族的发祥地为潮州凤凰山，为各地畲人所公认。至于千家峒的所在地，则歧义颇多。以住于今湖南道县西南部的都庞岭一带和今湖南江永县大远瑶族乡两说，最富代表性。要之，在今湖南南部则是可取的。

笔者以为，倘把凤凰山和千家峒作为畲、瑶的最早起源地来看待，显然是不确的。因为，其一，畲、瑶的起源地要往北溯。早在宋代时期，江西吉安、赣州地区已是畲人聚居地，这是大家所公认的。而赣南畲人聚居区显然要比粤东潮州畲人聚居区的形成要早。至于瑶人，唐宋时期，湘北仍是瑶人主要聚居区，杜甫"潇湘洞庭白雪中，……莫徭射雁鸣桑弓"[②]的著名诗句，是唐代"徭人"仍活跃于洞庭湖畔的有力例证。宋代瑶人"梅山蛮"，其居地也北至益阳以南，与洞庭湖为邻。显然，湘北瑶人不可能是从湘南倒流过去的。因此，如果我们确认"凤凰山""千家峒"为畲、瑶发源地，那就会腰斩历史，把畲、瑶的悠久历史大为缩短了。其二，从地域范围而言，历史上众多的畲、瑶之人，不可能都源之区区的"凤凰山"与"千家

① 黄盛全：《千家峒与盘瑶》，见广西壮族自治区民族研究所：《广西民族研究参考资料》第5辑，1985。

② （唐）杜甫：《岁晏行》，见（唐）杜甫：《杜少陵集》，卷二二。

峒”。其三，传说的时间都较晚。如，瑶族传说十二姓被迫举族迁离千家峒的时间，有说元大德九年（1305年），也有说清顺治年间（1644—1661年）。其时，离瑶族起源的时间已大为滞后了。

笔者认为，“凤凰山”“千家峒”，虽不是畲、瑶的民族发源地，却是迁徙过程中的重要中转站与集结地，在畲、瑶民族发展史上具有重大意义。大批移民（当然不是全部）经由此地分赴各地。这一传说，是以畲、瑶活动为背景的。而“凤凰山”所在的闽、粤、赣地区与“千家峒”所在的湘南地带确曾经是历史上畲、瑶民族最集中的居地。“凤凰山”与“千家峒”的传说，也就应运而生。

在汉民族中，同样有许多移民发源地的传说。宁化石壁乡被客家人一致当作发源地，南雄珠玑巷被众多岭南家族视为故里，而许多华北人则把先祖与洪洞大槐树联系在一起。人们都要寻根问祖，但岁月长流，移民及后裔已对祖居地遗忘，只记得迁来之地，故把移民的发源地当作祖居地。畲、瑶的“凤凰山”“千家峒”，也可作如是观。又因众多畲、瑶之民曾居于此地，这一传说为其他移民所认同，世世代代流下来。这样，“凤凰山”“千家峒”就成了畲、瑶民族祖先崇拜的圣地。

第三章　畲与瑶、苗的族称、人口与分布

畲、瑶、苗三族单一族称的出现，不晚于宋代。这是“盘瓠蛮”经过长期历史发展的必然结果。宋代不仅是畲、瑶、苗三族，也是我国众多南方民族形成单一民族的重要历史时期。

畲族族称，最早见于南宋末年刘克庄的《漳州谕畲》。瑶族，始名“莫徭”，最早载于《梁书·张缵传》，迄宋，单独称“瑶”，广泛载诸册籍。苗族，至迟，宋人朱辅《溪蛮丛笑》已将“苗”归为“五溪蛮”之一。

瑶、苗称谓，名目繁多。因起源传说，居住地域与生产方式，特别是服饰的不同而命名，计有数十种之多。畲，则除以地名名畲外，称谓比较单一。

历史上，畲与瑶、苗有混称之载。反映了三族之间的密切关系。

三族的人口数量不一。三族的分布特点，同中有异。

第一节　族　称

畲族族称

最早见于南宋末年刘克庄《漳州谕畲》。其中云：

> 凡溪洞种类不一：曰蛮、曰瑶、曰黎、曰蛋，在漳者曰畲。[①]

在古籍中，“畲”，又作“輋”。据《广东通志》载：

> 畲与輋同，或作畬。

清人胡曦《兴宁图志考》则曰：

> 輋，本粤中俗字，或又书作畲字，土音并读斜。

① （宋）刘克庄：《漳州谕畲》，见（宋）刘克庄：《后村先生大全集》，卷九三。

可见，“峚”与“畲”通，广东俗字作“峚”。

“畲”之得名，应与刀耕火种的生活方式有关。如《集韵》释：

畲，火种也。

宋朝范成大《劳畲耕》载：

畲田，峡中刀耕火种之地也。

值得一提的是，唐代诗人刘禹锡的《竹枝词》中有“长刀短笠去烧畲”、李商隐的《赠田叟》中“烧畲晓映远山色”的吟咏。

畲族他称，可归为三类。一是以装饰即发型分，有“平鬃”“崎鬃”。如清朝屈大钧《广东新语》卷七《人语》载：

潮州有山峚，其种有二：曰平鬃、曰崎鬃。

一是以地域名，“海丰之地，有曰罗峚、曰葫芦峚、曰大溪峚，兴宁有大信峚，归善有窑峚”。[①] 一是以姓氏名，称作“藩蓝篓”。据明朝谈孺木《枣林杂俎·和集·畲客》载：

盘瓠之余，错处于虔、漳、潮之间。以盘、蓝、雷为姓，汀人呼为藩蓝篓。藩蓝篓，汀人称之曰畲客。

可见，“藩蓝篓”乃系“盘蓝雷”三姓之讹变。

畲族自称“山哈”或“山达”。“哈”与“达”都是“客”的意思。故“山哈”是指“居住在山里的客人”。何以名“客”，似与他们的迁徙居地有关。如乾隆《龙溪县志》卷十《风俗》云：畲民，

无土著，随山迁徙，而种谷三年，土瘠辄弃之，去则种竹偿之。无征税，无服役，以故俗呼之曰客。

① （清）屈大钧：《广东新语》，卷七，《人语》。

因居住分散，彼此以“山哈”之名以联络，沟通本民族之人。

瑶族族称

始名“莫徭”。

最早见于《梁书》卷三四《张缵传》载：张缵为湘州刺史，

州界零陵、衡阳等郡，有莫徭蛮者，依山险为居，历政不宾服，因此向化。

可证，“莫徭”之名，始于南北朝时期的梁朝。其后，隋、唐册籍不断有关“莫徭”的记载。莫徭之得名，据说是免除徭役之意。如《隋书》卷三一《地理志下》载：长沙郡有莫徭，

自云其先祖有功，常免徭役，故以为名。

至宋代，单独称“瑶”，广泛见于各种史籍中。

瑶族，称谓繁多。以地域名的有“金秀瑶”“锦田瑶”“罗曼瑶”“东山瑶”“西山瑶”等；以头饰名的有“板瑶”“顶板瑶”“箭杆瑶”“尖头瑶”“平头瑶”“笠头瑶”等；以发式名的有“长发瑶”“背髻瑶”“梳瑶”“盘龙瑶”等；以服式颜色名的有“花蓝瑶”“白裤瑶”“黑瑶”“青瑶”“红瑶”等；以服装形式名的有“长裤瑶”“短裤瑶”“窄裤瑶”等；以居住形式名的有“平地瑶”“山子瑶”“过山瑶”等；以经济生活名的有“蓝靛瑶”“茶山瑶”“木皮瑶”“石灰瑶”等；以政治态度名的有“良瑶”“民瑶”“听招瑶”“背招瑶”等；以姓氏名的有“盘家瑶”“赵家瑶”“胡家瑶”等，计有数十种之多，不胜枚举。

瑶族自称，计有二十八种之多。以“勉”“门”“敏”为最多，占瑶族人口65%以上。“勉”“门”多译为“人”，也有释为“我”者。自称的不同，是因瑶族内部语言差异性造成的。

苗族族称

一说始于唐朝樊绰《蛮书》卷十，其中云：

黔、泾、巴、夏，四邑苗众。

有人以为此“苗众”之“苗”是专指苗族，有人则说“苗众”，乃“芸芸众生”之意。故有歧义。至宋代，“苗”为单一民族称谓已无疑，如宋人朱辅《溪蛮丛笑》已将“苗”归为“五溪蛮”之一。

“苗”名之来，殆与传说时代之“三苗”有关。

苗族的称谓也很多。以地域名的有“清江苗”“平伐司苗”“谷蔺苗”“东苗”“西苗”“八寨苗”“车寨苗”等；以服饰颜色名的有“花苗”“白苗”“青苗”“黑苗”“红苗”等；以服装形式名的有“短裙苗”“长裙苗”等；以发式名的有“歪梳苗”“顶板苗”“尖顶苗”等；以居住特色名的有“高坡苗”“坝苗”“水边苗”“楼居黑苗”等；以社会发展程度名的有“生苗”“熟苗”等；以尊卑等级关系名的有“爷头苗”“洞崽苗”等；以姓氏名的有“九股苗”“九名九姓苗”等，不下数十种。

苗族自称大同小异。除湘西方言苗族自称“果雄”（或作“仡熊”）外，多数地区则自称“模”“蒙”。苗族自称大多与“苗”音相近，都带有 m 音。故多以为“苗”可能是苗族自称的汉字记音。

从畲、瑶、苗的称谓比较中，可得出如下结论：

其一，单一族称，不晚于宋代。可证，宋代是畲、瑶、苗形成单一民族的重要历史时期。

其二，畲的称谓比较单一，瑶、苗则名目繁多，因起源传说，居住地域与生产方式，特别是服饰的不同而命名。畲，则除以地名名畲外，称谓比较单一，说明畲族内部差异较小，而瑶、苗则支系较多。

其三，历史上畲与瑶、苗有混称之载。以“瑶”代“畲”。以广东增城畲为例，《皇清职贡图》卷四，列有“增城县瑶人”专条，至清末增城东的罗浮山仍“有瑶户二十余家”。不仅文献上以瑶代畲，而且现在居住在增城的畲人仍称自已为“粤瑶”，当地汉人也称畲人为“山瑶”。

“畲瑶”合一称畲。如，康熙《广东通志》卷十四载：明成化间，杨昱为饶平县令，取“驱畲瑶”之策；光绪《嘉应州志》卷三二也有“畲瑶”之词。

把“畲”称作“瑶”或“畲瑶”，说明畲、瑶两族的社会与习俗，有许多相同之处，以致人们难以分辨。这也是“畲”“瑶”同源的重要根据之一。

还有，以“苗”涵盖“瑶”“畲”者。这是因为明清以来，往往以“苗”泛指南方各民族，有时也把“瑶”“畲”包括其中。“唐时初置汀州，徙内地民居之，而

本土之苗仍杂处其间，今汀人呼曰畲客”①。此为以苗指畲之例。这也说明苗、瑶、畲及其他南方少数民族因社会、历史、地理条件相类似而形成文化的共同性。

第二节 人口②与分布

按人口的多寡，依次为苗、瑶、畲。

苗族

全国苗族人口739万，主要分布在我国的西南和中南的黔、湘、滇、川、桂、鄂、海南等省。其中，以贵州为最多，约360万，占全国苗族人口的一半。在贵州，以黔东南苗族侗族自治州为最多，黔南布依族苗族自治州和黔西南布依族苗族自治州次之。湖南苗族人口为155万，主要分布在湘西土家族苗族自治州，次为城步苗族自治县（今邵阳市）、靖中苗族侗族自治县（今怀化市）。云南苗族人口为89万，主要分布在文山壮族苗族自治州、红河哈尼族彝族自治州和昭通地区。四川苗族人口为53万，主要分布在黔江地区的彭水、酉阳、秀山、黔江、石柱等县。广西苗族人口为42万，以融水苗族自治县人口最多。湖北苗族人口为20万，主要分布在鄂西土家族苗族自治州。此外，海南有苗族5万，主要分布在琼中、琼海、万宁、通什等市县。

瑶族

全国瑶族人口141万，居于湘、桂、粤、黔、滇毗邻地带。其中，广西超过全国瑶族总人口的半数以上，为86万，分布于全区60多个县，主要聚居于都安、巴马、金秀、富川瑶族自治县内。湖南瑶族人口为29万，以江华瑶族自治县最多，达到全省瑶族人口的一半，其余分布在零陵、郴州、衡阳、邵阳、怀化、湘西土家族苗族自治州等地州、市的30余县。广东瑶族人口9万，聚居于连南、乳源瑶族自治县，连山壮族瑶族自治县等地。贵州瑶族人口2万，分布在荔波、枞江、榕江等黔东南20余县。此外，江西省瑶族人口有500多人。

---

① （清）杨澜：《临汀汇考》，卷三，《风俗考》。

② 此书所用数字均为作者成书时（2002年6月）数据，下同。编辑注。

畲族

全国畲族人口63万，主要分布在我国东南部福建、浙江、广东、江西、安徽五省80多个县，以闽东、浙南人数最多。福建畲族人口34.9万，占全国畲族总人口一半多，分布在全省64个县（市），以宁德地区最为集中。浙江畲族人口17万，分布在全省40个县（市），以丽水地区、温州地区最多。广东畲族人口2.6万，分布在全省18个县（市），以粤东潮州地区居多。江西畲族人口有76000多人，以上饶和吉安地区较为集中。安徽畲族有2300多人，集中聚居于宁国县。

畲、瑶、苗的分布说明：

第一，畲、瑶、苗均分布在我国南方，但畲族偏东，瑶、苗偏西。

第二，畲、瑶、苗古今分布地的不同，其中以畲族变化最大。历史上，闽、粤、赣三省交界地区，是畲族集中居住地，而今则是闽东、浙南成了主要聚居区。当年为畲族主要聚居区的闽、粤、赣边区则成了今日少数畲族散居地。由此可证，古今畲族聚居区已完全不同。

瑶、苗情况则有所不同。历史上湘南、粤北、桂北即湘、粤、桂交界地，为瑶族居住中心，今日这些地区仍是瑶族连片聚居区。历史上湘西南、黔东南、鄂西、川东即湘、黔、鄂、川交界地为苗族主要居地，今日这些地区仍是苗族重要居地。可证，古今瑶、苗聚居区，虽然有变化，但是仍有承袭关系。

第三，瑶、苗较之畲，迁徙路线更远、更长，分布地域也更广，甚至远及东南亚，成了跨境民族。瑶族在国外的主要居地为越南、老挝、泰国等地；苗族在国外主要居地则为越南、老挝、缅甸等地。

第四，分布特点是“大分散，小聚居”，形成大杂居的局面。各民族杂居，形成了和睦友好的民族关系。如，畲族村居颇为分散，一般是几户或几十户聚居成村，周围为汉族村落，也有与汉族杂居在一个村内的。

第五，畲、瑶、苗均为山居。苗、瑶居住地势相对为高，畲族居住地势相对为低。如，苗族聚居的黔东南、黔南、桂北，地势由西北向东南倾斜，海拔高度从1700米降至500米左右；瑶族大部分散居在海拔1000米以上的高山密林中；而畲族则居于我国东南丘陵地带，闽东海拔在1000米以下的丘陵山地者占90%以上。

第四章　历代中央王朝治理畲与瑶、苗的政策

秦汉以来，历代中央王朝对包括畲、瑶、苗在内的南方少数民族，实行有别于汉区的统治政策，即“羁縻”政策。其主要表现有三：一是在政治上实行土官制度。委任土著首领管辖本民族，土官有别于流官，实行世袭制。畲、瑶、苗及其先民的土官制，始于盘瓠传说时代。南北朝时期，在“蛮”区实行“左郡、左县”制，大批“盘瓠蛮”首领被任命为州刺史、郡守、县令。宋元时期，畲、瑶、苗分离为单一民族后，仍委任其首领管辖本民族，宋太祖举瑶人秦再雄“自治辰州”，元代改“宋畲军将校”为各郡邑的“管民官”，均是著名事例。明清时期，实行土司制度。委任畲首为“畲长”，瑶首为“瑶长”，苗首为长官司长官。在经济上，实行“优宠”的赋、役制度。在军事上，实行土兵制度。这就是历史上的“畲军”“瑶兵”“苗兵”的缘起。

第一节　土官制度

从秦汉以来，历代中央王朝就对南方诸族执行有别于汉区的“羁縻”政策，委任土著首领，使之仍按“故俗”管理其原辖地区，实行间接统治，此即“土官土吏”之始。

对畲、瑶、苗先民，实行土官统治，可溯源于盘瓠传说时代。据《后汉书》卷八六《南蛮列传》载：盘瓠子孙，

> 有邑君长，皆赐印绶，冠用獭皮。

意为“蛮夷”君长，赐以印信、服饰，以重其权。

南北朝时期，随着“盘瓠蛮”势力的空前强大，其酋豪被大批委任为州刺史、郡守、县令。据作者统计，南朝时在“蛮族”（包括苗、瑶、畲先民的“盘瓠蛮”与土家族先民的“廪君蛮”）居住的广大地区就曾设左郡六十五、左县一百三十八①。

① 参见吴永章：《中国土司制度渊源与发展史》，61页，成都，四川民族出版社，1988。

这些郡县长官都是由“蛮族”首领担任的。南北朝任用“蛮人”首领为刺史者，有姓名可查者竟达二十六人之多，如“太阳蛮”桓（樊）诞任东荆州刺史，“蛮王”梅豹任江州刺史、“蛮王”文武龙任南雍州刺史。由于诸蛮之部落，既是社会组织，又是军事组织，故南北朝除授“蛮酋”以州、郡、县文职官衔外，还往往假以各种将军杂号。南朝时有龙骧、冠军、征虏、辅国、折冲、直阁、铁骑等将军名号。又因“蛮酋”往往割据一方，僭称王侯，故南北朝不得不封以各种爵号，以示安抚。南朝时有边城县王、阳城县王、亲晋王、高山侯，威山侯、扞山侯。①

唐宋时期，在南方民族地区推行羁縻州制度。有唐一代计有羁縻府州“八百五十六”②。唐王朝除任命豪帅为羁縻府州县官属外，还赐予名目繁多的品级很高的虚衔。如王、公、将军、尚书、卿、大夫等表示荣宠而无具体职务的名号。

十分有趣的是，在畲族族谱中，也记录着其祖先担任的各种荣誉职务。如盘姓始祖自能封武骑侯，蓝姓始祖光辉封护国侯，雷姓始祖封立国侯。还有的封为南阳郡刺史、定安郡太守、汝南郡太守、江陵太守，振威大将军、镇国大将军、振国将军；户部尚书、吏部侍郎，金紫光禄大夫、银青光禄大夫，等等③。在瑶族的《评皇券牒》中，所记极为雷同，如出一辙。敕赐十二姓瑶人官爵之名有定国公、助国公、骑侯、野侯；滕州刺史、饶州刺史、兖州刺史、信州刺史；各门（东、南、西、北、中）大将军、镇国将军，尚书，金紫光禄大夫，等等④。当然，这些传说并非信史，也非纯属空穴来风，而是有历史根据的。它表明，历史上，中央王朝曾授予畲族先民首领予各种虚衔，以示恩宠。这是确凿无疑的。这也是畲、瑶同源的又一佐证。

畲、瑶、苗分离为各自独立的民族后，宋元时期仍委任其首领管辖本民族。如《元史》卷十四《世祖本纪》载：诏，

> 宋畲军将校授管民官，散之郡邑。

---

① 参见吴永章主编：《中南民族关系史》“南北朝治理蛮人的政策”部分，北京，民族出版社，1992。

② （北宋）欧阳修等：《新唐书·地理志下》，卷四三下。

③ 参见广东省民族研究所编：《广东省畲族社会调查资料汇编》，62页，广州，广东省民族研究所，1983。

④ 参见黄钰辑注：《评皇券牒集编》，7~8页，南宁，广西人民出版社版，1990。

意为入元后，将原宋代畲军将校改授各郡邑的“管民官”，以治理畲民。此为元代有畲官之例。又，《宋史》卷四九三《蛮夷列传》载，宋太祖举瑶人秦再雄“擢辰州刺史……仍使自辟吏属”，更是给瑶人土官极大权力之著名事例。

明清时期，“土官”制发展成土司制度，对畲、瑶、苗首领委任土官的记载，更是史不绝书。

畲族

以明代广东畲人为例，大批畲人首领被任命为“畲长”“瑶长”“瑶头”“抚瑶人”“抚瑶把总”等名目。此“瑶”系指“畲”。据《明实录》载，永乐五年（1407年）八月癸未，“潮州卫总旗李和招谕斜（畲）人头目盘星剑等一百余户向化，和就率之来朝。”此是畲首对明王朝朝贡之始，从此开始了有明一代畲首的频繁朝贡活动。其后，计有永乐五年（1407年）十一月辛酉，“广东畲长雷纹用等来朝”；正统五年（1440年）二月癸未，“广东增城等县抚瑶头目胡亮率瑶首廖文政等……来朝”；正统五年（1440年）六月丙戌，“广东博罗等县瑶长李应山等俱来朝”；正统九年（1444年）六月壬午，“广东兴宁县瑶首蓝子聪等来朝”；正统十一年（1446年）九月癸酉，“广东河源县瑶首陈起高等贡方物”；景泰二年（1451年）八月乙未，“广东海丰县瑶头李总成等贡方物”；景泰四年（1453年）八月壬子，“广东博罗县瑶头李满清等贡马及方物”；景泰五年（1454年）八月庚寅，“广东归善（今惠来）县瑶首蒙仕等来朝”；景泰六年（1455年）六月癸未，“广东归善县黄峒等山抚瑶人林原贵等来朝”；景泰七年（1456年）六月甲子，“广东河源县赤溪等都、桂岭等山抚瑶人李广通等各来朝”；天顺元年（1457年）十月己未，“广东惠州海丰县九龙山等处抚瑶人林有通等来朝”；天顺二年（1458年）七月戊子，“广东龙川县瑶首陈万通等来朝”；成化十年（1474年）十月壬午，“广东龙川县抚瑶人黄潮忠等各来朝”；成化十二年（1476年）九月戊申，“广东惠州府归善县抚瑶把总陆士通等各来朝”。

入清后，承明制，继续任命畲人首领为官。如清朝顾炎武《天下郡国利病书·广东下》载：

> 潮州府畲瑶，我朝设土官以治之，衔曰拳官。

清朝吴震方《岭南杂记》载：潮之西北山中，有拳户者，

旧常设官以治之，曰拳官。

清朝屈大均《广东新语·人语》“拳人”条载：澄海山中有拳户，

有拳官者领其族。

清朝李调元《南越笔记》卷七，有相同记载，为袭自《广东新语》。

总之，明清时期的畲族土官，统名之曰“畲官”。其主要职能是：

其一，对中央王朝称臣朝贡，交纳方物，而中央王朝则对朝贡畲首，赐予钞币、彩缎、绢诸物，以示恩宠。这种朝贡活动，密切了中央王朝与畲首的关系，有利于民族间的经济文化交流。

其二，中央王朝通过畲官直接统治畲民。所谓“设官以治之”“领其族”，即指此。

瑶族

明代瑶官之设，洪武年间已有之。据载：

明洪武初，命将讨平溪洞，立瑶首以领之，朝贡方物，赉赐有颁。[①]

洪武、永乐时瑶首盘贵等相继来朝，始立土司。[②]

可见，随着明王朝在南方民族地区统治地位的确立，各族首领纷纷降附臣服后，即任命他们为土官，明代土司制度因此形成。

凡是管理瑶人之官，称作“瑶官”[③]。在基层，管理瑶人的瑶人首领，则有“瑶首”“瑶头”“瑶长”“瑶老”之名，尤以称“瑶首”者为最普遍。

正统十三年（1448 年），朝议正式升任有功瑶官为副巡检、典史、主簿等县级政权的土官。据载：为平息广东高州、肇庆两府瑶人反叛活动，

拘集瑶首，推保有能抚管五百户以上者授以副巡检，一千户以上者授以典史，二千户以上者授以主簿，就于流官衙门到任，专抚瑶人。[④]

① （清）屈大均：《广东新语》，卷七，《人语》。

② （清）傅恒等：《皇清职贡图》，卷四，广东新宁县瑶人条。

③ 同①。

④ 《明英宗实录》，卷一六七，正统十三年六月壬戌条；卷三一〇，天顺三年十二月辛酉条。

需附及的是，其时，畲区也行此制，如史有天顺三年（1459年），“广东兴宁县土官巡检彭伯龄来朝”[1]之句，可证。

瑶官和其他土官一样，也行世袭制。如民国《蓝山县图志·风俗》卷十四载：钟、成二氏为蓝山县瑶官，

钟、成因世袭为东、西瑶官，至今不替。

可见，瑶官的承袭，不仅在明代，甚至沿袭至清代而未断。

清袭明制，在瑶区仍实行土官制。如，清代道州，州南马江瑶等六村及顾村瑶等八村，均设“瑶官一员领之”[2]。

总之，明清时期，封建统治者对畲、瑶并无严格区分，故其所行土官制也大体相同。

苗族

明清时期对苗人实行土司制度。但统治苗人的大土司，则为其他少数民族首领所充任。如：在湘西，大土司有永顺宣慰司与保靖宣慰司，但宣慰司均为土家族人所充任。苗族土司均为小土司，地位较低下，计有湘西箪子坪长官司长官廖彪、吴毕朗，黔东北治古长官司长官龙答哥，答意长官司长官，等等。改土归流后，苗族首领则充任基层“寨长”等职，负责催征稽缉。

明清时期，畲与瑶、苗的土官制，最大的共同之处有二：

一是土官制度不完备。没有从武职宣慰司以下，文职土府以下的一套从上至下的完整官制与机制，往往只在基层设立简单的土官组织。

二是土官势力较微弱。不像土家族、彝族、壮（僮）族、傣族等大土司具有“征赋役，操杀夺，拥兵自卫”[3]的无限权力。这是畲、瑶、苗或因居住较为分散或因社会发展相对落后，尚未形成地域广阔的政治、经济、军事联盟所致。因而没有出现割据一方的强大土司势力。

① 《明英宗实录》，卷一六七，正统十三年六月壬戌条；卷三一〇，天顺三年十二月辛酉条。

② （清 光绪）《道州志》，卷十二，《杂撰》峒瑶条。

③ （清）黄叔璥：《台海使槎录》，卷七。

第二节　赋、役制度

畲与瑶、苗的社会经济与汉区相较，其发展水平相对滞后，故历代王朝在组织上采取“优宠”[1]，即区别对待之策。归纳起来，要点有三。

一、“蠲其赋役”

此策，主要适用处于偏僻地区或迁徙不定的“化外”畲、瑶、苗之人。其源尚矣。可追溯于两汉时代。据《后汉书》卷八六《南蛮列传》载：盘瓠子孙，

> 以先父有功，母帝之女，田作贾贩，无关梁符传，租税之赋。

对此，李贤注曰：

> 优宠之，故蠲其赋役也。

畲、瑶、苗分流后，仍行此策。

畲族

宋代以来，均沿袭两汉以来的免税政策。据宋朝刘克庄《漳州谕畲》载：西、南二畲，处于深山，

> 有国者以不治治之，畲民不悦，畲田不税，其来久矣。[2]

又，《明实录》卷五四，“永乐五年十一月辛酉”条载：

> 初，潮州卫卒谢辅言，海阳县凤凰山诸处畲蛮遁入山谷中，不供徭赋，乞与耆老陈晚往招之。于是，畲长雷纹用等凡四十九户俱愿复业。

清朝吴震方《岭南杂记》载：潮州西北山寨峯，

---

① （南朝宋）范晔：《后汉书》，卷八六，《南蛮西南夷列传》李贤注语。

② （宋）刘克庄：《漳州谕畲》，见（宋）刘克庄：《后村先生大全集》，卷九三。

户不供赋也。

民国《长汀县志》卷三五《杂录畲客》载：畲客，

无定居，故无酋长统摄。不输粮，不给官差，岁献山主租毕即了公事，无故吏胥追呼之扰，家人嗃嗃，妇子嘻嘻，各食其力，亦无阋墙御侮之事。

文献记载，也可从畲族地区广泛流行的蓝、雷、黎等姓的祖图前言与族谱记载中得到证实。如，丰顺县凤坪村蓝氏祖图前言载：

敕赐御书与子孙都记，三姓俱是盘、蓝、雷，宗祖摇（瑶）人会稽山七贤洞，免差役，不纳税粮。

惠东县陈湖村黎氏族谱则云：

盆皇子孙任从去住，……定免税租，世代子孙执付公据胜牒，并放一文造之。[①]

像此类记载甚多。其内容概要是，畲族先人“要深山空谷居住”逢山食山，“不与军民等人混争”，故官府给予开山公据，代代子孙免于赋役。

瑶族

在唐代以前，已有瑶人免徭役之载。如唐朝李吉甫《元和郡县图志》卷二九《江南道五》，“潭州”条载：

有夷人名瑶，自言先祖有功，免徭役也。

甚至传说，“莫徭”之得名，正由此而来。又，唐朝刘禹锡《莫徭歌》云：

莫徭自生长，名字无符籍。[②]

当然不入“符籍”的莫徭，是无需纳税的。宋代瑶人之名，与“不事赋役”是联在

① 广东省民族研究所：《广东省畲族社会历史调查资料汇编》，94 页，广州，广东民族研究所，1988。

② （唐）刘禹锡：《刘禹锡集·莫徭歌》，卷二六，239 页，上海，上海人民出版社，1975。

一起的。据《宋史·蛮夷列传一》载：

蛮瑶者，居山谷间，其山自衡州常宁县属于桂阳、郴、连、贺、韶四州，环纡千余里，蛮居其中，不事赋役，谓之瑶人。

至明清时期，也如此。如清朝顾炎武《天下郡国利病书·广东下》载：莫傜，

斫山为业，有采捕而无赋役，自为生理，不属于官，亦不属于峒首，故名莫傜也。

在瑶族广为流行的《评皇券牒》中，与畲族的《开山公据》一样，都载有官府免赋役的文书内容：

天下一切山林田地，付与王瑶子孙耕管为业，营身活命，蠲免国税夫役。不得需索侵害良瑶，永远管山，刀耕火种。[1]

凡乎所有瑶族的《评皇券牒》，都载有相同内容，只是文字繁简稍有不同而已。

苗族

对于僻处深山，为封建王朝势力所不及的“生苗”地区，因鞭长莫及，故也有“荒服不征”之例。但相对而言，苗民免交赋税者较少。故其民间无官府文书特许免税的传说。

二、输“土物”

因过去苗、瑶、畲地区，稻作农业不发达，过着“靠山吃山”的生活，故历代统治者的赋税政策，往往以征收土特产为重要内容。此策可溯源于汉代对“武陵蛮”所征的“賨布”。据《后汉书》卷八六《南蛮列传》载：秦之黔中郡，

汉兴，改为武陵，岁令大人输布一匹，小口二丈，是谓賨布。

李贤注引《说文》曰：賨布，

① 黄钰辑注：《评皇券牒集编》，23 页，南宁，广西人民出版社，1990。

南蛮赋也。

可见，当时的“武陵蛮”是以交纳本地出产的“賨布”作为赋税的代替物的。

畲族

交纳土物可溯源于宋代。据宋朝刘克庄《漳州谕畲》载：

官吏又征求土物蜜腊、虎革、猿皮之类。畲人不堪，愬于郡，弗省，遂怙众据崄，剽掠省地。

官府滥征土物，迫使畲民走上反抗之路，可见其征取之苛重。明清之际仍广为流行。如嘉靖《惠州府志·外志》卷十四载：粤輋，

俾略输山赋，赋论刀为准，羁縻而已。

此外清朝顾炎武《天下郡国利病书·广东上》、清朝邓淳《岭南论述》诸籍，均有相同的记载。

因畲民“赋论刀为准”，故称“刀税”。山赋演变的结果，也可以钱交税，輋人“每人岁纳刀税三钱于所管州县”[①]，可证。

瑶族

也有输山货之例。如，《续资治通鉴长编》卷一四七“宋庆历四年（1044年）三月甲戌”条载：谏官欧阳修言：

莫瑶之类，使安耕织而岁输皮、粟[②]，得为平民，乃彼大幸。

又，据清朝顾炎武《天下郡国利病书·广东下》载：嘉靖三十八年（1559年），明统治者借口补偿瑶占民田造成汉民田赋加重的损失，开征山税，

瑶山出产，不止楠、漆，此外尚有砂仁、黄蜡、蜂糖、皮张、黄藤、竹木等项花利，呈乞申请并抽，以补荒粮。

① （清）屈大均：《广东新语》，卷七，《人语》。

② 皮，皮革，为狩猎产品；粟，为山地旱作物。

举凡山中出产物均课以税，其负担之沉重可想而知。

三、交纳田税，与齐民同

邻近汉区或是平原地区的畲、瑶、苗的社会经济，有的已达到与汉区接近或同等水平。对此类地区，采取与汉区无异的赋役政策。

畲族

如《明史》卷一八六《吴文度》载：成化时，吴文度迁汀州知府（治今福建长汀），

> 瑶[①]弗靖，设方略绥抚，瑶承赋如居民。

清代，对“衣服言语渐同齐民”的畲人，也取“田熟报税”[②]、“其有田产者亦必输粮而给官差”[③]的赋税政策。

纳粮以后，则编入户口，例同汉民。如道光《龙岩府志》卷二〇《杂记》载：畲客，“许其编甲完粮，视土著之民一例”可证。

瑶族

以明清时期为例：

> 永乐中……肇庆瑶人内附，输赋比内地。[④]
>
> 曲江瑶，……耕田者编户与庶民同。[⑤]
>
> 近年以来，熟瑶纳粮当差。[⑥]
>
> 至置买田亩，亦与民田一体立户纳赋。[⑦]

苗族

---

① 瑶，福建汀州瑶，系指畲人。

② （清 道光）《广东通志》，卷三三〇。

③ （民国）《长汀县志》，卷三五，《杂录畲客》。

④ （清）张廷玉：《明史》，卷七八，《食货志》。

⑤ （清）屈大均：《广东新语》，卷七，《人语》。

⑥ （清 同治）：《江华县志》，卷十二，《杂记》。

⑦ （清 同治）：《酃县志》，卷七，《户口·瑶俗附》。

清代，花苗、青苗等各色苗人，已“民苗杂居，与编户一体输粮”。①

总之，凡畲、瑶、苗编入户口后，则与汉民无异，“一体输粮”。

上述记载表明，畲与瑶、苗赋役，在封建王朝统治前期，以“输山赋”形式较为流行，愈至后世，则与汉民“一体输粮”者日多。

第三节　土兵制度

中央王朝治理畲、瑶、苗之族除政治上“宠之名号”，经济上“额以赋役”外，军事上则实行土兵制“听我驱调”，以为其统治利益服务。

畲、瑶、苗土兵制，可溯源于汉晋盘瓠传说。盘瓠杀吴将军的故事，实际上反映了“盘瓠蛮”首领率其族众为中央王朝征伐外敌的历史事实。其后，历代中央王朝均曾驱调畲、瑶、苗土兵。

畲族

宋代,已正式建立“畲军”军制。故史有“宋畲军将校”②之名。由于宋王朝对南方诸族推行“羁縻之道”相当成功，故畲军对宋王朝颇为忠心。在顽强抵抗南下元军失败后，始陆续降附。如《元史•唆都传》载：至元十三年（1276 年），唆都之子百家奴，

> 徇地福建，行定衢、婺、信等州城邑。至新安县，击斩宋赵监军、詹知县，擒江通判。道与畲军遇，疾战败之。

《元史•哈剌䚟传》卷一三二载：至元十四年（1277 年），

> 进至潮阳县，宋都统陈懿等兄弟五人以畲兵七千人降。……从攻张世杰于大洋，获其军资器械不可胜计。谕南恩州，宋阁门宣赞、舍人梁国杰以畲军万人降。

① （清）傅恒：《皇清职贡图》，卷八。

② （明）宋濂：《元史》，卷十四，《本纪•世祖十一》。

元《经世大典·序录》载：

至元十六年（1279 年）五月，降旨招闽地八十四畲来降者。

十七年八月，陈桂龙父子反漳州，据山寨，桂龙在九层际畲、陈吊眼在漳浦锋山寨、陈三官水篆畲、罗半天梅泷长窑、陈大妇客寮畲，余不尽录。

特别值得称道的是，畲人首领陈吊眼、许夫人组织畲军在宋将张世杰率领下英勇抗战，故史有张世杰“自将陈吊眼、许夫人诸畲兵”[①]之载。

元代，承宋制，完善了“畲军”军制。这从《元史》卷九八《兵志一》载有“福建之畲军”可证。由于宋代畲军对元兵多采取敌对行动，故元朝统治者采取改编之策。这是有史可证的。如《元史》卷十三《世祖本纪十三》载：至元二十一年（1284 年），

放福建畲军，收其军器，其部长于近处州郡民官迁转。至元二十二年（1285 年）令福建黄华畲军有恒产者为民，无恒产与妻子者编为守城军。

故《续文献通考·兵考八》载：畲军，

本宋时军名而元招收之者也。

元朝土兵，虽然袭自宋朝，但是元朝统治者以少数民族入主中原，兵力奇缺，故在南方民族地区更广泛推行土兵制度，以作为维护元朝在当地统治的重要支柱。在畲区，据《元史·兵志三》载：成宗元贞三年（1297 年），命立畲屯田，

摘拨见戍军人，每屯置一千五名，及将所招陈吊眼等余党入屯，与军人相参耕种。为户汀州屯一千五百二十五名，漳州屯一千五百一十三名。为田汀州屯二百二十五顷，漳州屯二百五十顷。

《元史·仁宗本纪一》载：皇庆元年（1312 年），

调汀、漳畲军代亳州等翼汉军于本处屯田。

---

① （元）脱脱等：《宋史》，卷四五一，《张世杰传》。

可见，元贞、皇庆年间均曾调拨畲军在福建汀州、漳州屯田，元贞时屯田户曾达三千多名。

明清时期，畲族仍有土丁即土兵之制。因土丁是畲族土官统领，故兼有军事管理职能的畲官，被冠以“畲总”“畲把总”之名。此即畲“有长有丁”[①]之谓。畲族土兵，属“乡兵”性质，主要起“保境安民”作用，但急需时，也供离境远征之用。如《明史·广西土司列传二》卷三一八载：嘉靖年间，广西土司卢苏反，都御史姚镆“疏调湖广永、保土兵，江西汀、赣畲兵，俱会于南宁，并力进剿。”此即“稍稍听征调，长枪劲弩时亦效力”[②]之谓。清袭明策，“或调其弩手击贼，亦至”[③]。

历史上，畲族土兵曾为中央王朝所重用，故在民间传说中总要加以炫耀。“祖图”前言中均有盘瓠子孙“于汉、唐、宋、明，累朝护国，不胜记，谨记”之结束语。畲人在举行盛大的纪念盘瓠的祭祀活动中，都要演练“招兵”仪式，更是宣传畲族祖先以兵马“护国”的神威。

上述记载表明，畲军曾在中国历史上如宋、元时期发挥过重大作用。南宋末年，畲军是抗元的一支重要军事力量。元统治者更是小心谨慎妥善处理畲军，不敢掉以轻心。至明清以后，畲族土兵势力才有所减退。究其原因大致有二：一是前期畲族集中居住于闽粤赣交界地区，能凝结成一股强大的势力；明清以后，畲族居住相对分散，整体实力也相对削弱。二是畲汉杂居益广，畲汉融合日多，畲族土兵作为一支独立的军事力量的作用势必有所降低。

瑶族

宋代瑶人秦再雄担任辰州刺史时，就曾组合起一支训练有素、英勇善战的土兵。据《宋史》卷四九三《蛮夷列传一》载：秦再雄至州，

> 日训练土兵，得三千人，皆能被甲渡水，历山飞堑，捷如猿猱。

元代，与畲军平列的则有“徭兵”。故史有“八番顺元及静江、大理、威楚诸

① （清）侯坤元：《长乐县志》，卷六。

② （明 嘉靖）《惠州府志》，卷十四，《外志》。

③ （清）吴震方：《岭南杂记》。

路傜兵”[①]与“静江路傜兵”[②]之载。为解决给养问题，与畲军屯田一样，瑶兵也曾行屯田制。据《元史·兵志三》“广西两江道宣慰司都元帅撞兵屯田”条下载：大德二年（1298年），“部民有吕瑛者，言募牧兰等处及融、庆溪洞傜、撞民丁，于上浪、忠州诸处开屯耕种”；大德十年（1306年）“续置藤州屯田”。据统计，上述诸处傜、僮民丁屯户在四千以上。

明清时期，瑶族土兵，属“瑶首统领”。这些统领瑶兵的土官，名之曰“瑶总”“团总”“瑶练”诸名。其制，与畲丁相似。不同之处是，畲丁主要用于维护当地统治秩序之用，而瑶兵则远调他乡攻讨他族之事较多。如《明武宗实录》卷一七五，正德十四年（1519年）六月丁卯条载：

> 瑶人自天顺间，土贼乱，奉调瑶总黄姓带兵征剿，安插北流。

此系明朝调瑶兵攻讨僮（壮）人反抗活动，并从此移居广西北流之例。此类移民事件，在畲族历史上则未见，而瑶族则时有发生。

总之，历史上，畲、瑶土兵制度颇多相似之处。

苗族

至于“苗兵”，历代中央王朝也曾加以利用。以清代为例，据《清史稿·方显传》冯光裕附传载：贵州古州诸苗叛，贵州布政使冯光裕，

> 募熟苗为助，畀以木符，戒官兵无妄杀，皆踊跃应募。

又，《清史稿·傅鼐传》载：

> 是役，因贼戕良苗，故得用苗兵深入，战月余，破寨十六，余皆乞降，永绥苗遂平。

以上为利用归附的苗兵攻打反叛苗人之例。但历代王朝利用苗兵不如利用畲兵、瑶兵事例之突出，故不再论列。

---

① （明）宋濂：《元史》，卷二九，《本纪一·泰定帝》；卷三〇，《本纪二·泰定帝》。

② 同注①。

第五章　畲与瑶、苗的经济生活

畲、瑶、苗三族居于南方群山环抱之地，故其经济属典型的山区经济类型。

三族的传统经济，以刀耕火种的游耕农业为主。这种“耕山”农业，构成了与从事稻作农业的百越民族的重大区别。这也正是我们主张畲族族源不是来自百越的重要依据之一。从事“耕山”农业的结果，是旱作物占重要地位。畲、瑶培育的品质优良的山米，对我国农业生产作出了特殊贡献。山区副业，以“山货”为丰。三族山区物产的相类，是生态环境一致性的必然结果。狩猎业，仍在经济生活中占有重要地位。集体“围猎”与对猎物的平均分配，是原始生产关系残余的表现。三族手工业，以纺织业最富特色，蜡染、刺绣与挑花、织锦均闻名于世。在作战武器中，盛产弩与药弩，笔者认为弩的发明应归功于“南蛮”集团。交通运输业，陆上运输，畲多用肩挑，瑶、苗则喜背负，这是因他们居地海拔高度不一所致。贸易与交换，与汉族经济交流有互补性。输出山货，输入粮、盐、农具等。

第一节　耕山农业

一、游耕农业

历史上，畲族的经济生活，曾以刀耕火种的游耕农业为主。据宋朝刘克庄《漳州谕畲》载：

> 西畲隶龙溪（今福建漳州），犹是龙溪人也。南畲隶漳浦（今漳浦）……二畲皆刀耕火耘，崖栖谷汲。[①]

可见，畲族之名一出现，即与“刀耕火耘”联系在一起。明朝谢肇淛《太姥山志》载：

> 畲人纵火焚山，西风甚急，竹木迸爆如霹雳，……回望十里为灰矣。

① （宋）刘克庄：《漳州谕畲》，见（宋）刘克庄：《后村先生大全集》，卷九三。

草木黄落，烈山泽，雨瀑灰，浏田递肥饶，播谷布种，不耘籽而获。

这反映了畲人放火烧山，以灰作肥及播谷布种的全过程。

入清后，对此记载为多。顾炎武《天下郡国利病书·广东》载：

畲蛮，岭海随在皆有之，以刀耕火种为名者也。

可见，顾炎武明确指出畲族即“以刀耕火种为名者也”。屈大均《广东新语》卷七《人语》“輋人”条载：

其人耕无犁锄，率以刀治土种五谷，曰“刀耕”。燔林木使灰入土，土暖而蛇虫死，以为肥，曰“火耕”，是为畲蛮之类，《志》所称伐山而辔，爇草而播，依山谷采猎，不冠不屦者是也。

清代记畲民“刀耕火种”法以此为详。吴震方《岭南杂记》载：

潮之西北山中，有輋户者。……其俗易迁徙、畏疾病，刀耕火种。

可见，吴震方已意识到刀耕火种与易迁徙间的联系。此外，李调元《南越笔记》卷七“輋人”条所载则一字不改地抄自屈大均文，檀萃《说蛮》的有关记载也是据屈文改写而来。

方志中也有论及。光绪《龙泉县志》卷十一《风俗》载“民以畲名，其善治田者也”，即例证。

刀耕火种法，又可分为两个不同发展阶段。前期采用食尽一山则他徙的流动方式；后期则过着定居的耕山生活。因经济发展程度不一，进入定居的农业阶段时间也不同。可以肯定的是，至迟在明清时期，已有不少畲族过着相对稳定的农业生活。这从“粤人以山林中结竹木障覆居息为輋”①，“（闽畲）随山种插，去瘠就腴，编荻架茅为居”②的记载中，可以得到证明。又，据《蓝姓族谱》载：唐宋时期，蓝氏迁居各地的祖先，均“砍伐山场，供给家口”。至明万历年间移居浙江后，则“开垦

① （明 嘉靖）《惠州府志》，卷十四，《外志》。

② （清）顾炎武：《天下郡国利病书·福建》。

田，耕种田，供给家口”。清顺治年间，为“结寮居住，又耕种田”[①]。从中可清晰看到畲族从“砍伐山场”至垦田、种田的演变过程。

瑶族

文献关于刀耕火种的记载，较之畲族，具有更为繁夥和历朝不断的特点。故此处只能择要叙述。最早可溯源于唐代。刘禹锡《莫徭歌》咏道：莫徭自生长……

火种开山脊。[②]

宋代，记载见多。如陆游《老学庵笔记》卷四载：辰、沅、“靖州蛮”，

有山瑶，俗亦土著，……皆焚山而耕，所种粟豆而已。

宋人诗歌中，对此也有所反映。如北宋神宗年间，章惇《开梅山诗》[③]咏：湖南瑶族，

人家迤逦见板屋，火耕硗确名畲田。

元代，也有所载。无名氏《招捕总录》载：生瑶，

野处巢居，刀耕火种，采山射兽，以资口腹。

明代，邝露《赤雅》记“斑衣山子”即山瑶，

无版籍定居，斫山烧畲。

此外，王临亨《粤剑篇》、王济《君子堂日询手镜》也有记载。

入清后，记述更多，无法枚举。总之，清代瑶人的各个支系如“盘瑶”“过山瑶”“山子瑶”“自在瑶”“流瑶”等，均过着以“焚山”“耕山”“伐山”“种山”为业的火种生活。

---

① 参见[德]史图博、李化民：《浙江景宁敕木山畲民调查记》“文学民歌”，72页，武汉，中南民族学院民族研究所，1984。

② （唐）刘禹锡：《刘禹锡集》，卷二六，239页，上海，上海人民出版社，1975。

③ （宋）章惇：《开梅山诗》，见（宋）王象之：《舆地纪胜》，卷五九，《荆湘北路·宝庆府·诗》。

苗族

文献关于苗族刀耕火种的记载，较之畲、瑶则稀罕得多。以清人严如熤所记，最为翔实。据《苗防备览•风俗下》载：苗耕，

> 山多于田，宜谷者少，燔榛芜，垦山坡，种芝麻、粟米、麦、豆、苞谷、高粱、荞麦诸杂粮。既种三四年，则弃地而别垦，以垦熟者硗瘠故也。弃之数年，地力既复，则仍垦之。

可见，清代苗民虽然行火耕法，但是已不像畲、过山瑶一样人随地走，而主要在原地采取休耕办法，轮番耕作，即所谓“弃之数年，地力既复，则仍垦之”。

通过上述畲与瑶、苗的刀耕火种记载比较，可得出如下结论：

其一，在中国农业发展史上，关于刀耕火种农业以瑶、畲两族最富代表性，记载也最详备。

其二，畲、瑶历史上同样从事刀耕火种的农业生产，正是畲、瑶同源在经济生活领域的反映，同时也是与从事稻作农业的百越民族的重大区别。

其三，游耕转为定居山耕，苗族在先，畲族次之，瑶族为后。

适应刀耕火种生活的需要表现在劳动组合方面，有两大特点：

第一，在农业生产中，以家庭为单位的男女成员间，分工不明确。妇女一样从事各项生产活动，不似汉族地区由男子负担田间主要劳动。如：畲族，“男女相助力作”①，“妇女们特别勤劳。干绝大部分的农活，甚至必须到树林里去砍柴，挑极重的柴火担子”②。盘村瑶族，“在砍树、烧火、翻土、播种、中耕、收获中，一般都由男女劳动力共同参加”③。苗族，也是“男妇并作”④，“苗人男妇俱勤耕作，腰镰负笼，出入必俱”⑤。

---

① （清）傅恒：《皇清职贡图》，卷三，古田县畲民条。

② ［德］史图博等：《浙江景宁敕木山畲民调查记》，34页，武汉，中南民族学院民族研究所，1984。

③ 胡起望、范宏贵：《盘村瑶族》，133页，北京，民族出版社，1983。

④ （清）严如煜：《苗防备览•风俗下》，卷九。

⑤ （清 乾隆）《乾州厅志》，卷四，《红苗风土志》。

第二，在各生产单位间，即户、村成员间，在劳动中形成协作关系。由于生产力低下，少数几个家庭成员，无法迅速开出大片刀耕火种的山地。为了抢季节，适时耕种，历史上形成互相帮工的良好习俗。如：畲族，解放前，农忙季节时，畲族相互帮工，并不分亲疏，主要根据各人农事忙闲而定，帮工每天只吃三餐干饭，无工资。[①]瑶、苗也是如此。据调查，盘村瑶族很早以前就已存在同村中几户联合起来“变工”的习惯，在刀耕火种，砍树挖地的时候，大家一起劳动，只请吃饭，不付报酬。当彼方需要劳动力时，此方则去还工。在这种互相“变工”中，不计较劳动力的强弱，大家都尽心竭力地共同劳动。[②]显然，这种劳动中形成的互助关系，有助于发展人与人之间的友好社会关系。

从事“耕山”农业的必然结果，是旱作物占重要地位。特别值得称道的是，畲、瑶经过长期实践，培育出“粒大而甘滑”的品质优良的“畲米”（山米），从而丰富了我国的粮食品种，对我国粮食生产作出了特殊贡献。早在宋代，聚居在闽、粤、赣边区的“山客輋”，即畲人，已栽种“菱禾”即旱稻，并在当地汉族居民中得到推广。据宋朝王象之《舆地纪胜》卷一〇二《广南东路·梅州》，“景物上”条载：菱禾，

> 不知种之所自出，自植于旱山，不假耒耜，不事灌溉，逮秋自熟，粒立粗粝，间有糯，亦可酿，但风味差不醇。此本山客輋所种，今居民往往取其种而莳之。

明清时期，畲禾在闽、广畲、汉地区得到很大发展。经改良后，实大味美，广受欢迎。据杨澜《临汀汇考》卷四《物产考》载：福建汀州地区，

> 有稜米，又名畲米，畲客开山种树，掘烧乱草，乘土暖种之，分粘不粘二种，四月种，九月收。

康熙《长汀县志》卷三〇《风俗》又载：畲民，

① 参见《凤凰山潮安、饶平、丰顺三县畲族情况调查资料》，见广东省民族研究所：《广东省畲族社会历史调查资料汇编》，10页，广州，广东省民族研究所，1983。

② 参见胡起望、范宏贵：《盘村瑶族》，134页，北京，民族出版社，1983。

所树艺曰稜米，实大且长，味甘美。……今树艺者甚众，……大率与全闽无异。

上述为福建省种畲米之例。又，清朝屈大均《广东新语》卷十四《食语》载：东粤之稻多种，

其生畲田者曰山禾，亦曰山旱，曰旱稌。藉火之养，雨露之滋，粒大而甘滑，所谓云子，亦曰山米也。当四五月，天气晴霁，有白衣山子者，于斜崖陡壁之际，劙杀阳木，自上而下悉燔烧，无遗根株。俟土脂熟透，自然秀实。连岁三四收，地瘠乃弃，更择新者，所谓畲田也。

此为粤东载山禾之例。从中也可见畲民因地制宜种植山禾的全过程。

瑶人，也种畲禾。如明朝王济《君子堂日询手镜》记广西横州（治今广西横县）俗，

又有畲禾，乃旱地可种者。彼人无田之家，并徭、僮人皆从山岭上种此禾。亦不施多工，惟薅草而已，获亦不减水田。

可见，栽种畲禾有施工省而产量不低于水稻之特点。又，光绪《邵阳县志·瑶峒》卷三载：

有陆稻，种不需水，瑶人多种之。

上述为广西与湖南瑶人均有种陆稻之例。

二、粮食加工

在粮食加工领域，畲、瑶、苗也有共通之处——都曾行杵臼舂米法。民国《丰顺县志·风俗》卷十六载：畲民，

惟舂米用杵臼，以手捣之，犹沿古俗。

此俗一直在畲族聚居的潮州凤凰山区延续下来。据1982年的调查报告称：

椿米不用碓，一直沿用木杵、石臼椿米。杵长五尺左右，中间细两头粗。忌用脚踏碓，忌名“狗踏碓”。有粮食机械加工者则不在此限。[①]

苗、瑶等不少南方少数民族也有此俗。如明朝郭子章《黔记·诸夷》“苗人”条载：

获稻和稭储之。刳木作臼，长四五尺，曰椎塘。每临炊，始取稻把入臼，手舂之。其声丁东，抑扬可听。

又，清朝黄元治《黔中杂记》则载：苗民剪禾穗后，

束而跨诸屋梁，俟极乾，舂而粜之。

杵臼舂米，是人类早期进行粮食加工的常用方法。据《易·系辞下》载：黄帝、尧、舜时，

断木为杵，掘地为臼。杵臼之利，万民以济。

黄帝、尧、舜时已发明杵臼之说，虽然不可考，但是人类起初砍短木为杵，以地作臼之法，则是属实的。其后，此俗在汉区消失，在畲、瑶、苗等南方诸族中则长期保存下来。故称畲人此法“犹沿古风”，是可信的。由于后来畲族因图腾崇拜关系，忌用“脚踏碓”，因此使此法在凤凰山区延至20世纪80年代仍未废。从中也可见，一个民族的传统观念对劳动方式所起的重要影响作用。

第二节　山货与副业

畲与瑶、苗是山居民族，靠山吃山，物质资料十分丰富，故山区副业在其经济生活中占有特别重要的地位。其所产均以“山货”为丰，虽然有差别，但是可谓大同小异。富有特色的土产有蓝靛、茶、苎麻、香菇、蜂蜜、药材、竹、木材等。依

---

① 参见施联朱等:《广东省潮安县凤凰山区畲族情况调查报告》，1982，见广东省民族研究所:《广东省畲族社会历史调查资料汇编》，40页，广州，广东省民族研究所，1983。

序分叙。

一、蓝　靛

学名马蓝，又名大青叶，俗叫青，是旧时主要家用染料。历史上畲民有高超的“种菁”技术。据载：

惟汀之菁民，刀耕火耨，艺蓝为生，编至各邑结寮为居。[①]

俾山主约束寮主，而寮主约束菁民，可不烦而定也。山主者，土著有山之人，以其山俾寮主艺之，而征其租者也。寮主者，汀之以居各邑山中，颇有资本，披寮蓬以待菁民之至，给所艺之种，俾为锄植而征其租者也。菁民者，一曰畲民，汀上杭之贫民也。每年数百为群，赤手至各邑，依寮主为活，而受其庸值。或春来冬去，或留过冬为长雇者也。今之五七人私出作贼者，畲民也，寮主未必知。若二三十人出掠者，则寮主实使之。……至山主取息太刻，每激菁民走险，法当并禁。[②]

因畲民种菁，故被称作“菁民”，畲家称作“菁寮”。畲民为谋生，受汉族地主雇佣，遭受“山主”与“寮主”的双重剥削，过着极其悲惨的生活，往往被迫走上反抗之路。

无独有偶。瑶人也擅种蓝。据光绪《广州府志》卷十一载：

瑶人多种蓝为业。

瑶人的一支“蓝靛瑶”即因种蓝而得名。据民国《凌云县志》第三编《社会》载：凌云（治今广西凌云），

土瑶则有蓝靛瑶、红头瑶、长头瑶、盘古瑶。

苗人也种蓝靛。据嘉靖《广西通志》卷二七九载：

奉议苗，僻处林谷，种旱稻及菁，以染为业。

① （明）熊人霖：《南荣集》，卷十二，《防菁议上》。

② （明）熊人霖：《南荣集》，卷十二，《防菁议上》。

又，苗人的得名，有的与蓝靛有关。青苗，就因衣蓝色而得名，其染料为自种。如民国《贵州通志•土民志二》引民初广顺访册云：

青苗衣青衣，无花。自种小蓝[①]，掘坑水边，多至十数。七月刈稻浸坑中取汁，以瓮盛贮，入布染成蓝色，暗晦无光。

从上述记载中，可得出如下结论：

其一，畲与瑶、苗有“种菁”的悠久历史。其源可溯至汉代盘瓠“衣斑斓”之载。显然，正是“盘瓠蛮”地区盛产蓝靛，为其人穿着鲜艳衣裳提供了条件。可见，“盘瓠蛮”及其传人生产蓝靛的历史已有两千年之久。但近代以来，西风东渐，随着外来染料的输入，国内传统的植物染料蓝靛逐渐式微，“今品种已失传，大多畲民已不知其种植、加工技艺”[②]。

其二，畲、瑶、苗的蓝靛闻名于世。长期以来，它是我国南方民族服装的重要染料，蜡染图案为蓝底白花，其底色就是蓝靛染成。因此它在我国工业发展史上，曾作过不可磨灭的贡献。

二、茶

畲、瑶、苗山区，均盛产茶。畲茶久负盛名。下面仅以广东畲区为例以说明之。清朝屈大均《广东新语》卷十四《食语》“峯物”条载：

永安（今广东紫金）罗坑一带多峯物，其茶尤善。茶又以洪峯所种为善。往时贵宝峒峯，积五六十年而变。今最贵洪峯茶云。

可见，“洪峯茶”为清代广东最贵之名茶。又《广东新语》卷十四《食语》“茶”条载：

罗浮幽居峒北有茶菴，每岁春分前一日，采茶者多寓此菴。其茶以

---

① 小蓝，即蓝靛。

② 蓝炯熹总纂：《福安畲族志》，220 页，福州，福建教育出版社，1995。

日受阴阳，分味之高下，试以景泰泉水，芳香勃发，是曰罗浮茶[①]。

潮阳有凤山茶[②]，可以清膈清暑，亦名黄茶。

又，清朝傅恒《皇清职贡图》卷四载：增城县瑶人，

入山樵採或携瓠贮茶以售于市。

此增城瑶人，实为畲人。罗浮山位于增城东，跨博罗县界，延袤数百里。这也可证罗浮山茶为畲区所产。此外，调查材料表明：凤凰山畲区，

气候寒冷，冬天有小雪花，有时结冰，这些地区宜种茶，饶平石鼓坪产茶最多，丰顺凤坪村次之，均有茶叶外销。

凤凰名茶远近驰名，特别是石古坪的乌龙茶，列为全国十四种名茶之一，素有“中国奇种”之誉称。石古坪种茶历史源远流长，据了解最晚在宋代即已开始。[③]

此是凤凰山畲区，不仅盛产茶，且销各地。上述诸记载表明，广东各地畲区均为我国茶叶生产地。闽、浙各地畲区也如是。

瑶、苗地区也产茶。如清朝严如煜《苗防备览·风俗下》载：瑶农，

兼种茶种漆……岁入……茶一二斤以为常。

据调查了解，瑶区茶叶计有云雾茶、谷雨茶、白毛茶、高界茶、天堂茶、黄连茶等，尤以瑶山云雾茶为著。江华瑶区是我国茶叶重要产地，其所产红茶以其色浓味醇，清香可口驰名全国。嘉靖《贵州通志》卷三载：九名九姓苗，

其地产茶，多以茶为货用。

① 罗浮茶，罗浮山区为清代畲人居地，此罗浮茶，当系畲区所产，其茶以“芳香勃发”而为世人所重。

② 凤山茶，系潮阳畲人所居凤凰山所产，其茶可起“清膈清暑”的健身作用。

③ 参见广东省民族研究所：《广东省畲族社会历史调查资料汇编》，6页、34页，广州，广东省民族研究所，1983。

苗人喜喝“打油茶”，就是在苗区产茶的基础上发展起来的。

三、苎　麻

往昔，畲区多衣麻织品，因其地多麻。如清朝屈大均《广东新语》卷十四《食语》载，永安县峯人所植有苴、麻诸物。又据蓝炯熹总纂《福安畲族志》“织苎布”节写道：

> 畲家传统布料是苎麻布，这种布料是畲家自产的，故畲族有“家家种苎，户户织麻（布）”之称。苎麻由自家种植，一年可收3至4茬。苎麻收获时节，大约是农历五、七、九月。

在瑶、苗地区也产苎麻。富川瑶种苎麻①，湘西凤凰、乾城等苗地种麻②，均是例证。

四、香　菇

福建景宁畲区，素有“菇乡”之誉，所产香菇朵小肥嫩，滋味清香，是我国香菇生产的发源地之一。

瑶、苗地区也盛产香菇，桂平瑶地产香菇③，湘西苗产蘑菇及各种菌类④，均可证。

五、蜂　蜜

畲区，早在宋代，蜂蜜已为统治者所掠取的重要土物⑤。清代，蜂蜜是畲民出售的重要山货，故有“所收酿有蜂蜜”⑥之载，并有“岁岁山房缀蜜脾，迢迢难唤五更

---

① 参见（清 光绪）《富川县志》，卷十二，《瑶僮》。

② 参见石启贵：《湘西苗族实地调查报告》，83页，长沙，湖南人民出版社，1986。

③ （民国）《桂平县志》，卷三一，《风俗》，引旧志。

④ 石启贵：《湘西苗族实地调查报告》，23页，长沙，湖南人民出版社，1986。

⑤ （宋）刘克庄：《漳州谕畲》，见（宋）刘克庄：《后村先生大全集》，卷九三。

⑥ （民国）《长汀县志》，卷三五，《杂录畲客》。

时；可能粗识钱刀戒，市上来过漫自疑”[①]之咏。

瑶区，蜂蜜质佳味美，明正德年间郁林州“盘瓠子孙”已将“蜂蜜进贡”[②]京城。而且，蜂蜜为瑶区的重要副业收入，明嘉靖年间，已立项抽取“瑶山出产蜂糖”[③]税收。

苗区，也产蜂蜜，如“崖蜜”为清代红苗之重要“土物”[④]。

六、药　材

畲与瑶、苗均产药材，这是共同点。其不同处：

一是药材，在瑶人副业中所占地位最重。如清朝桂馥《黔南苗蛮图说》：花瑶，

> 勤耕种，暇则入山采药。

同治《城步县志》卷四《民俗》载：瑶人，

> 采药无分四时。

可见，瑶人常年均以采药为重要收入。

二是畲、瑶、苗所产名贵药材品种因地而异，不尽相同。畲区景宁是“处州茯苓”的重要产区；瑶山是我国重要药材产区，品类繁多，名贵药材有千金草、蛤蚧、麝香等；苗区盛产五倍子、天麻、紫草、白芷、黄连、雄黄、丹砂等药材[⑤]。

七、竹

畲区盛产竹与竹品。清代永定巫宜耀的《三瑶曲》中咏道：

---

① （清）杨澜：《临汀汇考》，卷三，《风俗考·畲民附》。

② 《明武宗实录》，卷六五，正德五年（1510年）七月癸未条，见《明实录》影印本，北京，中华书局，2016。

③ （清 康熙）《广东通志》，卷二九。

④ （清）阿琳：《红苗归流图》。

⑤ 参见（清）爱必达：《黔苗识略》；（清）阿琳：《红苗归流图》。

更问一年鲑菜美，斑衣竹笋紫姜芽。[①]

可见，畲区“斑衣竹笋”为佳品。“干笋”是畲人的家常食品[②]。

瑶、苗山区也如是。如清朝顾祖禹《读史方舆纪要》卷一〇一，记广东瑶区德庆州西南“山多竹木”，高明县通利山“以山多嘉木美竹，为民利云”等。苗区竹属有南竹、水竹、桂竹、紫竹、箬竹、箭竹（坟竹）、烟竹、丛竹等[③]，苗区土物有“烘笋”一类。

八、木　材

畲、瑶、苗地区，森林资源丰富，尤以松、杉积蓄量最多，地位重要，史称“山伐”[④]“伐木”[⑤]即指此。

特产树木则各有所长。畲区景宁方形树木林为全国所独有；金秀瑶山银杉为世界珍贵树种。

此外，畲与瑶、苗山区均盛产油桐、油茶、生漆等山货。

结论是：从畲与瑶、苗山区物产的相似，可见族际间生态环境的一致性。而生态环境的相似，必然派生出文化的同一性。

第三节　狩猎业

人类最初是依靠采集与狩猎为生的。古代文献中，记有中华民族祖先伏羲氏发明佃猎的传说。如《易·系辞下》卷八载：

① （清）杨澜：《临汀汇考》，卷三，《风俗考》。

② ［德］史图博、李化民：《浙江景宁敕木山畲民调查记》，“食物和饮料”，武汉，中南民族学院民族研究所，1984。

③ 石启贵：《湘西苗民实地调查报告》，16页，长沙，湖南民族出版社，1986。

④ （明）田汝成：《炎徼纪闻》，卷四，《蛮夷》。

⑤ （明）区大相：《入罗旁水诗》，见（民国）《西宁县志》。

古者包牺氏[1]之王天下也，仰则观象于天，俯则观法于地，观鸟兽之文，与地之宜，近取诸身，远取诸物，于是始作八卦，以通神明之德，以类万物之情。作结绳而为网罟，以田以渔。

畲、瑶、苗的先民“盘瓠蛮”时代，也可谓是狩猎时期。传说中的始祖盘瓠，是最早的猎人。据畲族传说：

龙犬又奏：吾不要京城居住，我要深山空谷居住。帝准奏，差军护出城，后学法茅山，不意，被山羊触死于石树丫下，御葬南京大路上。

盆大护因为在山赶猎，山荒树高而死。盆皇子孙收黄金安葬。[2]

瑶族传说，虽然文辞略有不同，但是主题内容则完全吻合，可谓有异曲同工之妙。其中云：盘护始祖，受纳皇女之姻，食嗜山猎之味，

逐日奔山，自后不觉数日不归，家人男女大小，游遍山林寻觅，嗷嗷（瑶族寻人呼唤的信语）呼唤而无应声，睊睊（瑶土俗字，“看”意）寻觅而无形迹。寻遍千山万岭，始于山溪之畔石崖之下，见护身被羚羊角刺身而死，落在梓木树杈，乃善终身。[3]

可见，畲、瑶的盘瓠传说都说其始祖在狩猎中被山羊触死。

其实，瑶、苗的龙犬图腾崇拜，正是狩猎经济的产物。笔者早已指出：“其因在于犬在原始人的经济生活中占有特殊的地位。闻一多在《伏羲考》一文中说：‘凡图腾都是那一图腾团族的老祖宗。也是他们的监护神和防护者，它给他们供给实物，逐除灾祸，给他们降示预言以指导他们趋吉避凶。如果它是一种毒虫或猛兽，那更好，因为那样它更能为儿孙们尽防卫之责（见《神话与诗》第27页）。’据考古材料证明，早在母系氏族社会时期，我们的祖先就已畜犬。对于以狩猎为重要生活来源

---

① 包牺氏，伏羲氏。

② 参见广东民族研究所：《广东省畲族社会历史调查资料汇编》，58页、64页，广州，广东民族研究所，1983。

③ 参见黄钰辑注：《评皇券牒集编》，5页，南宁，广西人民出版社，1990。

的原始人说来，犬既可用猎获物为他们‘提供食物’，又可驱猛兽成为他们的‘防卫者’。这说明，以具有既温顺又凶猛的双重性格的犬为图腾，并非偶然。据刘介《苗荒小纪》载：‘苗之所传，徭之始祖父犬而母人。或曰女为高辛氏公主，生子四，及长，挈犬出猎，犬老惫不能工作，子怒推诸河死焉。及归，其母问犬，子以告，母大恸，以实语子。子亟赴河负犬尸还。’这一传说，正好道破以犬为图腾是因为犬能为人‘出猎’‘工作’这一秘密。”[①]

狩猎业，在这些民族的生产活动中占有不可忽视的地位，甚至成为其重要生活来源。

畲族

据清朝吴震方《岭南杂记》载：潮州畲户，

> 出常挟弓矢，以射猎为业。

道光《广东通志》卷三三〇载：輋户居山中，

> 常挟弩矢，以射猎为生。

清代永定巫宜耀的《三瑶曲》则歌咏了福建畲人的狩猎生活：

> 生平射猎擅神奇，饱寝雄狐大兕皮，
> 夜半酸寒闻角处，声声卷地雪风吹。

除广东、福建外，清代江西畲民，也或则“多射猎为食”[②]，或在耕种之余“携矰缴网罟猎禽兽”[③]。至近代，畲族民歌仍有“凤凰山上鸟兽多，若爱食肉自去猎”之词。总之，从“以射猎为业”“以射猎为生”“多射猎为食”的记载中，可见旧时畲民射猎生活的重要性。

需加指出的是，畲民射杀猛兽，不仅有利其生活，也保障了居民的人身安全。如道光《罗源县志》卷二九《祥异》载：明万历年间，“群虎伤人，知县陈良谏祷

① 吴永章：《中国南方民族源流史》，348页，南宁，广西教育出版社，1991。

② （清 光绪）《江西通志》，卷四八，《舆地略》。

③ （清 同治）《贵溪县志》，卷十四，《杂类轶事》。

于神，督畲民用毒矢射杀四虎，患方息”。畲民因杀虎卫民而受到汉民的尊敬，其事迹也被广为传扬。

瑶族

早在唐代，著名诗人杜甫就有“莫徭射雁鸣桑弓”[①]之咏。宋代，辰、沅、靖州瑶，“食不足则猎野兽，至烧龟蛇啖之”。[②]明清时期，狩猎业仍是以原始农业为生的瑶人的一种补充经济来源。故史称：

> 不足、以山伐猎兽而续之。[③]
>
> 不足猎山兽续食。[④]

苗族

早在唐代，苗族先民“五溪蛮”“民多射生”[⑤]为业。至明清时期，仍保持“苗人好猎”[⑥]之俗。

总之，历史上畲、瑶、苗三族都有好猎之俗。狩猎业，尤其在畲、瑶两族的传统经济中占有特殊重要的地位。

畲、瑶、苗的主要狩猎工具为弓箭，为提高杀伤力还使用威力较为强大的弩。畲人，

> 常挟弩矢以射猎为生。[⑦]
>
> 豺豹虎兕，间经其境，群相喜谓野菜，操弩矢往，不逾时，手拽以归。[⑧]
>
> 在对付老虎、豹子等猛兽时，多采用伏弩射杀，用此法一定要事先

---

① （唐）杜甫：《岁晏行》，见（唐）杜甫：《杜少陵集》，卷二二。

② （宋）陆游：《老学庵笔记》，卷四。

③ （明）田汝成：《炎徼纪闻》，卷四，《蛮夷》。

④ （清）毛奇龄：《蛮司合志》，卷十一，《两广一》。

⑤ 阙名《五溪记》，一卷本，引自（清）王谟：《汉唐地理书钞》，北京，中华书局，1961。

⑥ （清）徐家干：《苗疆闻见录》，卷下。

⑦ （清 道光）《广东通志》，卷三三〇。

⑧ （清）杨澜：《临汀汇考》，卷三，《风俗考》。

布告，以防伤人。[①]

瑶人，

> 善弩攻猎。[②]
>
> 善射猎，伏弩博虎，得虎则输之官。[③]

苗人，也有“不畏猛兽，出入持刀负弩”[④]“挽强弩，名曰编架”[⑤]之载。

为提高射猎致命效率，避免受伤野兽逃逸，还使用药箭。

畲人，

> 矢傅毒药，中猛兽，无不立毙。[⑥]
>
> 夜半风腥呼野菜，强弓毒矢竞相邀。[⑦]

畲人习以药弩行猎，从祖图叙事诗“开弩箭药来射死，老熊山猪鹿更多”中可证。瑶、苗同样使用药箭，从“溪峒弩箭皆有药”[⑧]及苗人“间有用弩则合百虫毒傅其矢头，中人必立毙”[⑨]的记载中可证。

随着火药的发明，射猎技术的进步，晚近则出现鸟枪一类杀伤力颇强的狩猎工具。据调查，土铳已是近世畲民“最常用的行猎工具。土铳一般自制的，用钢管作铳筒，土制铳柄，点火引发”[⑩]。瑶人的“炮火”也颇有名。据民国《桂平县志》卷三一《风俗》载：

---

① 施联朱：《畲族社会历史调查》，63页，福州，福建人民出版社，1986。

② （清）陈梦雷等：《古今图书集成》，卷一八〇，《职方典》。

③ （清 嘉庆）《广西通志》，卷二七八，《列传二三》贵县瑶条。

④ （明 弘治）《贵州图经志》。

⑤ （清）田雯：《黔书》，卷一，九股黑苗条。

⑥ （清）吴震方：《岭南杂记》记潮州畲户条。

⑦ （清）杨澜：《临汀汇考》，卷三，《风俗考》。

⑧ （宋）周去非：《岭外代答》，卷六，《器用》。

⑨ （清）严如煜：《苗防备览》，卷六，《风俗上》。

⑩ 蓝炯熹主纂：《福安畲族志》，660页，福州，福建教育出版社，1995。

近岁多野兽践食禾芋薯，各种土著僮人招致瑶人来山，藉其弩箭炮火驱除恶物。

苗人以“鸟铳”射猎准捷著称。据清朝徐家干《苗疆闻见录》卷下载：苗人打猎，

善用鸟铳。其铳之长有至五六尺者，其子路亦可及百二三十之遥，随山起伏，最为准捷。

又，同治《永绥直隶厅志》卷一《建置·苗峒》载：

苗人鸟枪，制作极精，将铁筒车数次，打磨光溜，俾子出无滞，子堂引门，俱有法度。峒硝山磺，处处皆产，用木檫木灰和之，则烟白易燃。见烟则子已到，能达及数十丈之外。

此外，狩猎工具还有使用以竹套兽或木笼筐兽以及陷阱捕兽之法。据明朝谢肇淛《五杂俎》载：畲人，

云闻有咒术，能拘山神，收大木籒其中，云为吾致兽，仍设阱其旁，自是每夜必有一物入阱，餍其欲而后已。

这也可从调查材料中得到证实。畲人，将竹套置于路口，当野兽踏中后，其腿部或身躯就会被套住；或在木笼中置家畜以诱兽入，当兽踏上活动板后，木笼的门就自行关闭；或在路口挖陷阱，以树木、泥土伪装后，上置食物，以诱兽掉入陷阱。苗族，也有类似的捕兽之法。据石启贵《湘西苗族实地调查报告》载：“装套法”，将肉系于活套中，野兽用两爪抓肉时，牵动机关，野兽之腿即被绞住而无法逃脱；“洞捕法”，洞分内外两层，并装木栅间隔，里洞置家畜以诱兽，外洞安坚实活门，兽入踏中活板，门即关闭。瑶族相类的捕兽法，则有“张弓套”“装拦踏”等。这些巧妙的捕兽工具，均显示了畲、苗、瑶族人的高超智慧。

在原始社会时期，狩猎是一项集体的生产活动。畲、瑶、苗族由于保留原始社会残余较多，加之狩猎工具也较落后，故仍保有按村峒一类社会组织进行大规模狩猎活动即“围猎”之俗。

畲族。据调查，广东海丰县红罗村畲族向来习惯集体围猎，猎获野兽后，全村

男女老少围坐吃喝二三天。福安畲族猎取大型野兽，多集体活动，事前做好分工，有人“赶山”，即携带猎犬搜山；有人“把口”，即守候在野兽必经之路，伺机射猎。除兽头、兽皮及部分兽肉归猎中者外，其余兽肉按参加人头平均分配，包括村里丧失狩猎能力的老人，都可分得一份兽肉。正是集体活动，决定了平均分配的分配方式。

瑶族。早在唐代已行围猎方式。据唐朝刘禹锡《连州猎日观莫徭猎西山》咏道：

> 海天杀气薄，蛮军部伍嚣。林红叶尽变，原黑草初烧。围合繁钲息，禽兴大旆摇。张罗依道口，嗾犬上山腰。猜鹰虑奋迅，惊鹿时踢跳。瘴云四面起，腊雪半空消。箭头馀鹄血，鞍傍见雉翘。日暮还城邑，金笳发丽谯。[①]

刘禹锡描绘了亲见的唐代广东连州瑶人冬日围猎的壮观场面：在火光冲天和喧嚣呐喊声中，猎人们张罗网，放猎犬，射禽兽，直至满载猎物而归。虽是诗的语言，却是生动的、真实的、典型的记录。

其实，“围猎”这种人类早期的狩猎方式，先秦时期也曾在中原地区广为流行，“烧山林，破增薮，焚沛泽，逐禽兽”[②]之载，再现了古人焚火追逐野兽的盛大场面。只是随着生产的发展，这种集体狩猎活动才逐渐在汉区消失，而在畲、瑶、苗诸族中则长期保存下来。

随着经济发展，畲与瑶、苗的狩猎业则日益衰退以至消亡。

第四节　手工业

畲、瑶、苗的手工业，均未脱离农业而成为独立的生产部门。手工业生产多在农闲时进行。

一、纺织业

畲、瑶、苗的手工业，以纺织业最富特色。

① （唐）刘禹锡：《刘禹锡集》，卷二五，225页，上海，上海人民出版社，1975。

② （春秋）管仲：《管子·揆度》，七十八章。

（一）蜡　染

我国南方诸族的蜡染工艺，历史悠久，著称于世。笔者以为，蜡染工艺的发明者，似系盘瓠传人。

早在汉代，盘瓠传人已掌握了“染以草实”[①]的染色技术。

至宋代，此法已在盘瓠传人地区广为流行。据宋朝周去非《岭外代答·服用门·瑶斑布》载：

> 瑶人以蓝染布为斑。其纹极细。其法以木板二片，镂成细花，用以夹布，而熔蜡灌于镂中，而后乃释板取布，投诸蓝中。布既受蓝，则煮布以去其蜡，故能受成极细斑花，炳然可观。故夫染斑之法，莫瑶人若也。

值得注意之处有三：一是这是我国首次关于蜡染的记载。二是描述了蜡染法的具体过程，即用蜡在白布上画花纹，浸入靛缸染色，煮布后，脱去蜡现出蓝底白花。三是瑶人的蜡染法，在宋代已达到很高水平，故有“夫染斑之法，莫瑶人若也”之盛誉。又，宋朝朱辅《溪蛮丛笑》卷二，“点蜡幔”条载：

> 溪洞爱铜鼓，甚至金玉，模取鼓文，以蜡刻板印本，入靛缸渍染，名“点蜡幔”。

表明：宋代五溪地区的“点蜡幔”已相当流行。至今湘西苗族仍称蜡染为“点蜡”，当系由此传承下来。

元代，仍行蜡染之法。如元朝无名氏《招捕总录》载：生瑶，

> 衣用牛羊血点白布作青花，逐幅相体凑成。

明清以后，记载颇详，尤以苗族为多。如明朝王士性《广志绎》载：居于贵州新贵县和广顺州之花苗，善蜡染，

---

① （南朝宋）范晔：《后汉书》，卷八六，《南蛮西南夷列传》。

先用蜡绘花于布，而后染之，既染去蜡，则花现。

清朝傅恒《皇清职贡图》卷八，“贵阳大定等处花苗”条载：

衣以蜡绘花布而染之，既染去蜡，则花纹似锦。

同书卷九，“平越黄平等处夭苗”条载：

女工纺织善染。

清朝李宗昉《黔记》卷三载：高坡苗，

男妇善染，力耕作，勤纺织。

清朝张澍《续黔书》卷六《铁苗布》载：

又有斜文布，名顺水斑，盖模取铜鼓文，以蜡刻板印布者，出独山州[①]烂土司。

又，清朝罗绕典《黔南职方纪略》卷九载：

衣裳，先以蜡绘花于布，而后染之，既染而去蜡则花现，饰袖以锦，故曰花苗。

此外，方志中也有记载。如嘉庆《广西通志》卷二七九《诸蛮二》载：奉议苗，

以染为业。

民国《贵州通志·土民志一》载：台拱九股苗，

工织斗纹布，善染。

又载：西苗，

① 独山州，今贵州独山县，为黔南布依族、苗族居地。

妇女衣画蜡花布。

可见，苗族各支系如花苗、夭苗、独山州烂土司辖境之苗、奉议苗、台拱九股苗、西苗等均善蜡染，花苗还因此得名。用这种特殊工艺染成的花纹别具一格，“似锦”，素为人们所珍。

瑶族，精于蓝靛印染，至今仍保留一套完整的印染技术。在蓝靛布上通过蜡印或针线折印的方式，印出多彩的图案。这就是国内驰名的“瑶斑布”。

畲族，与苗、瑶相较，相同之处是，均以善染著称。畲民所制蓝靛染料，量多质佳。明代以来，“福建菁”已为国人所重，故史称福建蓝靛染色“为天下最”①，兴化畲汉之人“擅蓝靛之利”②。不同之处是，缺乏畲民善蜡染的直接文献记载。但值得注意之处有二：其一是畲区是蜡染原料——蓝靛的重要产地。其二是旧时闻名闽、粤的“漳州花”，此蓝底白花的纺织品，即系蜡染制品，而漳州又是早期畲人聚居地，故笔者以为此“漳州花”似与畲人有关。结论是，作为盘瓠传人的畲人，也和苗、瑶一样，历史上曾行蜡染之法。

（二）织苎布

南方民族地区，因棉花、蚕丝的产量较少，故长期以来苎麻织品占居重要地位。畲、瑶、苗也如是。

早在宋代，盘瓠传人居地道州“贡白纻”，郴州“贡纻”，永州、全州“贡葛”③，连州“贡苎布”④。

畲族。旧时，畲村户户种苎麻，苎麻是畲人的主要纺织品。广东丰顺县凤坪村畲族“种苎麻纺线织布”⑤，福建福安县溪潭乡，“纺织是畲族的家庭手工业，他们男女老少所穿的衣服多自纺自织之苎麻布，原料也是自己栽种”⑥。

---

① （明 弘治）《八闽通志》，卷四一。

② （清 同治）《兴化府志》，卷十二。

③ （元）脱脱等：《宋史》，卷八八、卷九〇，《地理志四》。

④ 同③。

⑤ 广东省民族研究所：《广东省畲族社会历史调查资料汇编》，48页，广州，广东省民族研究所，1983。

⑥ 《福安县溪潭乡凤洋大队畲族调查报告》。

苗族。清代“纺棉苎为布以供衣裳”[①],“亦能绩苎织布”[②]。直至解放前,仍自种棉、麻,“棉织布,麻织帐”[③],以供自需。

畲与瑶、苗的区别在于:畲人主要织苎布;苗、瑶则除织苎布外,也织棉布,因其地也往往产自需棉花,故有苗妇“绩苎、织布皆能”[④]之载。随着现代纺织业的发展,畲与瑶、苗的传统织苎业已发生变化。如福建福安畲族,解放后种苎织布已日趋减少;时至今日,畲人苎麻布已成量少价高的特殊商品。

(三)刺绣与挑花

盘瓠传人好鲜艳服饰,喜刺绣与挑花,有着悠久的历史。早在汉代,“盘瓠蛮”“好五色衣服”[⑤]。隋代,长沙郡莫徭女子,穿“斑布裙”[⑥]。唐代,“蛮衣斑斓布”[⑦]。宋代,融州瑶人“椎髻匼衣,以青红染纻,织成花缦为服”[⑧]。

明、清以后,畲与瑶、苗的刺绣与挑花业有了更大的发展。

畲族。妇女喜在衣裳的领子、袖口、衣襟边和围裙上刺绣花鸟和几何纹样。其特点是花样新颖,配色绚丽。刺绣的工艺品种繁多,除在衣裤上绣花边外,还在枕套、帐帘、鞋帽、肚兜、烟袋上镶花边,并绣头帕、腰带等物。富有浓郁的民族特点。

瑶族。清代以来,瑶人“领缘尚绣”[⑨];“斜领直下,绣花为饰”[⑩];“其妇女衣对

① (清)阿琳:《红苗归流图》。

② (清 乾隆)《乾州厅志》,卷四,《红苗风土记》。

③ 石启贵:《湘西苗族实地调查报告》,83页,长沙,湖南人民出版社,1986。

④ (清 乾隆)《辰州府志》,卷十四。

⑤ (南朝宋)范晔:《后汉书》,卷八六,《南蛮西南夷列传》。

⑥ (唐)魏征:《隋书》,卷三一,《地理志下》。

⑦ (唐)刘禹锡:《蛮子歌》,见(唐)刘禹锡:《刘禹锡集》,卷二六,239页,上海,上海人民出版社,1975。

⑧ (宋)祝穆:《方舆胜览》,卷四一。

⑨ (清)傅恒:《皇清职贡图》,卷四,曲江县瑶人条。

⑩ (清)严如煜:《苗防备览·风俗下》,卷九。

襟，绣以五色”[①]；“裤脚以五色绒横绣之”[②]。换言之，凡衣裳各部位如衣领、斜领、对襟、裤脚等均加刺绣，可见瑶人刺绣品种之多、衣饰之美。

苗族。妇女素擅刺绣。绣花分剪绣与绘绣两种。前者将剪纸花贴在绣布上，特点是色泽鲜艳，深浅自然和谐，为年轻人所好；后者则直接画在布面上，特点是用线单一，花纹素雅，为老人所重。苗族妇女，还擅挑花，或名挑纱。特别是挑绣“两面花”，内外两面，同显花纹，无正反之别，更是精美绝伦之名品。

（四）织　锦

何谓“锦”？《急就篇》释：“织綵为文也。”就是说，用多色织成带花纹的丝织品为锦。畲与瑶、苗的刺绣与挑花均极著名，这是共同点。但不同处是，织锦则以苗、瑶，特别是苗人见长。清朝陆次云《峒谿纤志》中卷《苗锦》载：

> 苗锦大似苎布，巾悦尤佳。其妇女衣缘领袖，皆缀杂组藻彩云霞，悉非近致，谓之花练，土俗珍之。

清朝爱必达《黔南识略》卷十二载：黑苗，

> 其所绣布曰苗锦。

清朝傅恒《皇清职贡图》卷三载：靖州通道等处青苗妇人，

> 能绣蛮锦花巾。

同书卷七又载：曲靖等府苗人，

> 能织苗锦。

可见，丝织苗锦为苗族特殊名产。

瑶人也能制锦。如清朝屈大均《广东新语》卷七《人语·瑶人》载：八排瑶，

① （民国）《三江县志》第二编，《民族》。

② （清）李来章：《连阳八排风土纪》，卷三。

衣用布，或青或红，堆花叠草，名瑶锦。

至于畲人，则未见有织锦的记载。这是畲与瑶、苗在手工纺织业方面同中有异的一种表现。

二、竹、木制造业

畲、瑶、苗均山居，多产竹、木，故竹、木制造业较为发达。此即“靠山吃山”之谓。

畲族。尤以竹器编织业，最富特色，故史有畲人“入城贸易多竹器”[①]之载。调查报告也证明：广东畲民“木器和竹器工具多自制”[②]。畲民尤善编织斗笠，甚至将其编成独具一格的手工艺品。斗笠上面有笠斗燕、顶、四路、云头、燕嘴、虎牙、三层檐、斗笠星几种相间的花纹，用细嫩剔透的五彩九重篾编织而成。竹篾细如发丝，一顶斗笠的上层篾条有达 240 条之多。堪称花纹精巧，工艺细致，造型优美。[③]

瑶族。竹木器，早在明代已能制作精巧的竹木器，广受汉民欢迎。据载：广西横州山子，

就山伐巨木，璇为盆、碗、锅盖、鼓鞓之属，入城贸易。[④]

广东曲江瑶，

性亦工巧，或制器以易盐米。[⑤]

入清后，曲江瑶“能作竹木器，舁负赴墟以易盐米”[⑥]。民国时，广西罗城县瑶民“习铁工木工”[⑦]。时至今日，瑶民仍制作各种竹、木器，尤擅编织竹器。

---

① （清 同治）《汀州府志》，卷四五，《丛谈附》。

② 施联朱：《畲族社会历史调查》，27 页，福州，福建人民出版社，1986。

③ 施联朱：《畲族》，57 页，北京，民族出版社，1988。

④ （明）王济：《君子堂日询手镜》。

⑤ （清）屈大均：《广东新语》，卷七，《人语·瑶人》。

⑥ （清）傅恒：《皇清职贡图》，卷四，曲江县瑶人条。

⑦ （民国）《罗城县志·民族》。

苗族。木器业较发达，早在乾隆年间，木匠已“自为之”[①]。竹篾制品，尤富特色，品种繁多，计有晒簟、竹席、箩筐、筲箕、背笼、篾篓、竹笠等物。因其质优用广，常为汉人争购。所产竹席，用篾薄、匀、软、细，织成密平如布、柔润光泽、花纹奇巧之精品，堪与浏阳竹席比美。

三、工具制造业

畲与瑶、苗族人为满足生活、生产与作战诸方面的需要，工具制造业是重要的手工业生产部门。

（一）弩

弩是畲与瑶、苗的重要狩猎与作战工具。分述如下：

畲族。如上述，“常挟弩矢以射猎为生”“或调其弩手击贼亦至”。

瑶族。瑶人弩最为有名，且以劲大著称。早在宋代，已有详记。如宋朝范成大《桂海虞衡志·志器》载：

> 蛮弩。诸峒瑶及西南诸蕃，其造作略同。以硬木为弓，桩甚短，似中国猎入射生弩，但差大耳。
>
> 瑶人弩。又名编架弩。无箭槽，编架而射之。

《桂海虞衡志·志蛮》又载：瑶，

> 弩名编架弩，随跳跃中，以一足蹶张，背手傅矢，往往命中。

宋朝周去非《岭外代答·器用·蛮弩》则载：

> 凡蛮瑶之弩，状如中都之吃笪弩，盖不能弯弓，而皆能踏弩也。……不划箭槽，编架其箭于栝，故名曰编架弩。

可见，宋代瑶弩的主要特点为：形制较大，无箭槽，编架而射，故名编架弩，发射

① 参见（清 乾隆）《湖南通志》，卷四。

时，需用脚踏弩，故威力强大。明清时期，瑶弩制作更为精良。据清朝屈大均《广东新语》卷七《人语·瑶人》载：罗旁瑶，

持铁力木弩。弩长二尺，重百斤，头作双槽，钉以燋铜错铁。

可见瑶弩制作除木器外，还加上铜铁以加固，以增强杀伤力。

苗族。也习用弩，据清朝田雯《黔书》卷四《药弩》载：

黔之诸苗皆用弩。

苗人的弩，均为自制。如乾隆《辰州府志》卷十四载：苗人所需“火枪、杆子、钚刀、弩弓、兜鍪、皮甲”等武器，“皆自为之，能通其用”。

追根溯源，弩起源很早。据《太平御览》卷三四八引《古史考》曰：

黄帝作弩。

这当然是附会之说。其实，弩并非出自华夏民族而应源于“南蛮”集团。这从楚及后世畲、瑶、苗等南方民族均长于弩之事中，可以得到证明。

文献记载把弩的发明归功于楚人。据《吴越春秋·勾践阴谋外传》载：楚琴氏，

以为弓矢不足以威天下。当是之时，诸侯相伐，兵刃交错，弓矢之威不能制服。琴氏乃横弓着臂，施机设枢，加之以力。然后诸侯可服。

当然弩为楚琴氏所作，不一定可信，但弩为楚人首创，当非无本之谈。这从考古材料中，也可以得到证明。早期弩机的出土物，均为楚墓。今见时代最早的弩机，出土于长沙南郊扫把塘138号楚墓，时代均为战国中期。又，江苏武进孟河楚墓出土的弩机，时代为战国中期偏晚。而且，出土的楚弩制作相当精工。如，近年在江陵秦家嘴古墓出土的楚国双孔连发弩，拉动连发弩的发射机关，箭镞连续射击。其技术之先进，足令今人为之惊叹。

总之，从上述材料中，可得出如下两个结论：

一是弩，当系楚人所发明。

二是盘瓠传人，当系弩的重要传承与传播人。这从畲、瑶、苗均善于制弩、用

弩，特别是瑶人弩闻名历代的事实中，可以得到证明。

最后，需指出的是，弩之所以发源与盛行于南方诸族，在于南方天气潮湿，往往影响弓的使用，而弩则具有“虽暑湿亦可用”[①]的性能所致。

（二）药　箭

上述，畲与瑶、苗用药箭狩猎。同样也用药箭作战，以置对方于死地。如，清朝闵叙《粤述》载：瑶僚，

> 其药箭甚毒，中人有至死者。

清朝毛奇龄《蛮司合志》卷一《湖广》载：苗人，

> 合毒药，傅弩矢，中之，血濡缕杀人。

药箭毒性极烈，是如何合成的呢？一是提取动物毒素。如清朝严如煜《苗防备览·风俗上》载：苗民，

> 间有用弩，则合百虫毒，傅其矢头，中人必立毙。

又，福安畲区出产一种“草乌”，以其毒素傅矢，极毒。一是提炼植物毒汁。如宋朝范成大《桂海虞衡志·志器》载：

> 药箭。化外诸蛮所用。弩虽小弱，而以毒药濡箭锋，中者立死。药以蛇、毒草为之。

畲与瑶、苗等南方诸族药箭盛行，是与当地多产毒药的自然与地理环境密不可分的。据唐朝张鷟《朝野佥载》记：“岭南风俗，多为毒药。”又，南方多“蛊”，更是明证。

（三）刀

畲与瑶、苗在日常生活中均离不开刀。故制刀业较发达。但其所制刀，已有所

① （宋）洪迈：《容斋随笔》，卷十六，《四笔》。

不同。畲人之刀，主要用于农业生产，故史称“率以刀治土”“赋以刀为准”，故后世称作“田刀”。瑶、苗之刀，则多为佩刀，随时携带身上，作为作战武器、生产工具与生活用具，可谓一物而兼三用。“瑶刀”，始记其事者为宋人范成大。据《文献通考》卷三二八引《桂海虞衡志》曰：瑶，

> 儿始生，称之以铁，如其重，渍之毒水。儿长大，煅其钢以制刀，终身用之。试刀必斩牛，仰刃牛项下，以肩负刀，一负即殊者，良刀也。

从此以后“刺熊衝坚，服以终老”[①]。与此相类的为“苗刀”。据清朝张澍《续黔书》卷六《苗刀》载：

> 苗人制刀，必经数十锻，故铦锐无比。其试刀尝于路傍伺水牛过，一挥牛首落地，其牛尚行十许步才仆。盖犀利之极，牛猝未觉也。

又，民国《贵州通志·土民志一》“黑苗”条载：

> 男子初生时，三朝用秤称若干重，铁数如之。当日用火炼过，埋土中，每年生辰取出，炼而埋之。至十五岁，将前铁打成刀佩之，谓之苗刀。最锋利。

可见，苗、瑶之制刀和以牛试刀的方法，均有惊人的相似之处。

畲与瑶、苗相较，由于“瑶刀”“苗刀”用作佩刀，用途广泛，瑶人、苗人极重刀，故其刀制作精良，经反复锻造，制成后其刀锋利无比。而畲人已无“刀相随”之习，故其刀主要用于田作，制作也就无需如此复杂了。造成这种区别的原因是：畲人接受汉文化之影响较深，故佩刀的原始习俗保存得已不如瑶、苗那样浓重。

四、冶炼业

工具制造业的发展受制于冶炼业。畲族，清代已有一些地区大开鼓铸之业，故

---

① （明）邝露：《赤雅上》。

史有江西畲民“开炉煽铁”①、浙江处州畲区“地已穷荒惟产铁，山因煽冶半无杉”②之载。清代畲区冶炼业的发达，是与矿场的开发分不开的。据道光《广东通志》卷三三〇载：潮州府畲民，“凡田矿场有利者，皆纠合为慝”。可见畲民在当地矿场业中占有重要地位。苗族，清代乾隆年间已有铁匠，举凡火枪、杆子、钚刀、弩弓诸种武器，“皆自为之”③。近代以来，湘西苗区所需锄、斧、耙、镰、刀等各种农具，苗人多能自制。瑶族，清代以来，广西罗城县瑶民已“习铁工”④。总之，畲、瑶、苗的冶炼业，整体而言尚较为落后，除部分地区外，大多铁制工具尚需从汉区输入；畲与苗的冶炼业相对发达。

五、烧炭业

因畲、瑶、苗地区盛产木材，而木炭又为日常生活和冶炼业所必需，故较为发达。尤以畲民烧炭业为发达。据1955年《广东畲民调查报告》载：“烧木炭：解放前后各地畲民家家都从事这种副业。解放前生产比解放后为多，现在虽然减少了，但是数量仍甚可观。如潮安县李公坑村，去年木炭生产总值约690元，每户平均收入40多元。博罗县嶂背乡两个村，去年生产木炭约10万斤，约值1700元，每户平均收入58元，约占家庭总收入的1/4。畲民烧炭技术一般比外地人高些，加上原木材较好，所以生产的木炭，价格虽稍高但易出售。”⑤这是一份极富典型意义的材料，从中可见烧木炭在畲民经济中占有的重要地位。由于烧木炭要具备一定的生产条件和技术，故苗、瑶地区并未如畲区一样广为推广。如：贵州台江县苗族烧木炭，是解放后才开始的，但炭的质量不高⑥；剑河县苗族烧木炭也曾在解放后试验过，但因产量很低而停工⑦。

---

① （清）赵尔巽：《清史稿》，卷一二〇，《食货志一》。

② （清 光绪）《处州府志》，卷三〇，《艺文志下》。

③ （清 乾隆）《辰州府志》，卷十四。

④ （民国）《罗城县志·民族》。

⑤ 施联朱：《畲族社会历史调查》，32页，福州，福建人民出版社，1986。

⑥ 贵州省编辑组：《苗族社会历史调查》（一），31～32页，贵阳，贵州民族出版社，1986。

⑦ 贵州省编辑组：《苗族社会历史调查》（二），218页，贵阳，贵州民族出版社，1986。

六、制纸业

制纸以竹、木为主要原料，故畲、瑶地区亦产纸。畲族，有制纸传统。早在清代，江西畲民，已以“造纸制菇为业”①；民国时期，广东大埔三河，“山客辇纱纸出产亦不少”②。瑶区也有造纸业。调查表明：原云南屏边县瑶山瑶族自治区共有纸厂十三间，解放前就已有十间，解放后新添三间。造纸分挖塘、砍麻（竹）、泡浆、造纸四大工序。最后一道造纸、烘纸工序则请汉族师傅指导。解放前每间纸厂可日产草纸 100 刀，已初具规模。总之，畲、瑶所产纸均属较低档用纸。

第五节　交通运输业

畲、瑶、苗因同处依山傍水的地理环境，且社会经济发展大体同步，故交通运输业也具有共同特点。主要表现为如下。

一、捷　走

旧时，山区交通落后，多跣足步行。经常攀山履险，练就了捷走本领。畲人，明人熊人霖有“菁民茧趼，上下山如飞”③之称。清朝巫宜耀《三瑶曲》咏道：

> 却怪山中析薪好，屋崖都作坦途行。④

瑶人，首记其俗者为宋朝范成大《桂海虞衡志》：

> 上下山险若飞。儿始能行，烧铁石烙其跟蹠，使顽木不仁，故能履棘茨根枿而不伤。⑤

---

① （清）赵尔巽：《清史稿》，卷一二〇，《食货志一》。

② （民国）《大埔县志·地理志·乡村下》，卷二。

③ （明）熊人霖：《南荣集》，卷一，《文选》。

④ （清）杨澜：《临汀汇考》，卷三，《风俗考·畲民附》。

⑤ （宋）范成大：《桂海虞衡志》，见（宋）马端临：《文献通考》，卷三二八。

用烧铁石烙脚掌之说是否可信，尚难论定，但瑶人能踩荆棘而不伤则是长期行走使脚掌长茧所致。苗人，清朝吴省兰《楚峒志略》载：

> 登巉岩如履平地，越溪箐疾若猿猱。

乾隆《宝庆府志》卷二八，记苗俗，

> 男女赤足，健捷如飞，上山下岭奔马不能及，棘刺毒螫不能伤。

二、充当舆夫

旧时，无车辆，以轿、马代步，但这是畲、瑶、苗人不可能享用的，他们只能从事为汉人官员豪富抬轿、牵马的服务性工作。据光绪《处州府志》卷二四《风土》载：畲民，

> 其散居温州者，于道光六年援例求考，诸生禀于学使宝应朱文定公云："照例身家不清白者，不准与考。"泰顺畲民皆作舆台为人役，身家未为清白，奉批不准与考。丽邑畲民亦有与之相类者，当分别视之也。

可见浙江处州、丽水等地畲民有以轿夫为业者，他们受到政治歧视，甚至剥夺其子女入学考试的权利。又，清朝屠本仁《畲客三十韵》云："舆丁及担夫，余力耐劳剧。"[①] 换言之，畲人担负了繁重的交通运输任务。明朝王士性《广志绎》卷四载：

> 永近粤，乡村间稍杂以夷僚之俗，……一路铺递皂快、舆夫、马卒之徒，皆以妇代男为之，致男女混杂戏剧，官不能禁。

明之永州，治今湖南永州；此中"夷僚"即系瑶人。从中可见，瑶人也有充当传递运输之例。奇异的是，从事此项劳动者竟是妇女。

---

① （清 光绪）《处州府志》，卷三〇，《文艺》下。

三、主要道路用石板铺筑

陆路多为山间小道，主要道路间用石板筑成。如福建宁德县畲族，“一些主要通道多绕山而行，用石板筑成”[①]。

四、放木、竹排

水路交通虽然有小舟，但是以竹木排最富特色。“偶向渔舟来荡桨，匆匆错认武陵溪”[②]，是用舟例证。但因山间溪窄流急，且制作方便，故多用竹木排，据调查，浙江平阳县畲族，“大批放木排、竹排时利用较宽的溪流。畲族并无作木材、毛竹生意的人。但有人为木商放木排、竹排”[③]。

相异之处有：畲人运输多用肩挑，瑶、苗则喜背负。人类早期用人力载重物品，一般多采用头顶、手提、肩挑、背负的方法。以地区特点而言，岭南汉族和畲族多用肩挑，瑶、苗及西南诸族则行背负。

畲族。据《畲族社会历史调查》载：

> 畲族居于山区，交通不便，仅有山间小路通行，运输全靠肩挑。

瑶族。据宋朝范成大《桂海虞衡志》载：瑶人，

> 岭蹬险厄，负载者悉著背上，绳系于额，偻而趋。[④]

这是历史上最早记述背负之法者。

苗族。以清朝严如煜《苗防备览》卷八所记最为详尽：苗人，

> 腰背负笼，出入必备。其笼以竹为之，旁有两绳贯于两肩，秋成以获杂粮，平时以负柴薪。负重致远，则先用背杠，背杠以木板为之，形如半枷，置于项后，着以肩，贯绳以系于首，然后背笼负物，肩与首并用其力。

---

① 施联朱：《畲族社会历史调查》，108 页，福州，福建人民出版社，1986。

② （清）杨澜：《临汀汇考》，卷三，《风俗考》。

③ 同①，63 页。

④ （宋）范成大：《桂海虞衡志》，见（宋）马端临：《文献通考》，卷三二八。

除苗、瑶外，土家、彝、藏及云南诸族，均盛行负物之法。其负物工具，除名“背笼”外，也有“竹笼”“篾笼”“竹筐”“竹兜”“篓”之称。

总之，无论肩挑或背负之法，均系因地制宜，便以劳动所致。

第六节　贸易与交换

旧时，畲与瑶、苗的经济均属封闭性的自给自足的自然经济。清朝吴振棫《黔语》卷下记贵州王卞苗最富代表性：

> 居者千百户，耕而食，织而衣，皆是以自给，以粟布之余出山市盐，他无所资于外。……山中人无故不外出，外人亦不得入。……淳淳闷闷，不与世通，无怀葛天之民亦若是而已矣。

在这种经济体制下，其贸易与交换具体有如下特点：

其一，商业未成为独立的经济部门，没有专业商人。故史有畲人“弗事商贾”[①]之载。

其二，没有本民族的独立市场。其交换，或是汉商深入民族地区，或是至汉区市场进行交换。如，瑶人，一是挑货下山，“入城贸易”，名之曰“出山贸易”；另一种是汉族商人入山贩卖鱼盐而收买山货，则名为“通山”[②]。

为便于民族地区与汉区的贸易，历代封建王朝还专门设立官方市场，名曰“互市”。如明嘉靖年间，田汝成议：

> 近郊之地，暨于通都，各立墟市，招致诸瑶，贸易货物，一月二举。委官董治，使无贪攘。

光绪《古文坪志》卷八，“市场纪略”条则载：

> 民苗通商交易，亦斤政之大者。场其各携货物于宽平之地，辐辏互

① （清）吕渭英：《侯官县乡土志》，卷五，《人类和地形略》。

② （清）陈梦雷等：《古今图书集成》，卷一三九四，《职方典》。

> 市，谓之赶场。凌晨荟萃，至日午即散，或有搭盖草棚者，或者堆架乱石者。其小贸营生，储货无多者，则星罗棋布，散摊于平地之上，或坐或立。六保中一清吉场在本城西门外，其附部而居夹道贸易者，谓之百日市，逢场则皆开铺陈货，以通有无。……每逢圩日，责成苗弁保甲入场稽查，遇有苗民交涉混争，立时弹压解散。

从中可见，地方政府将互市作为“大政”看待，并加以管理。互市有利于畲、瑶、苗经济的发展及有利于与汉区交流。

其三，交换物，畲与瑶、苗，出售山货，换取回生产生活必需品。这种贸易带有互补性质。如：

畲族。据载:“其人入城贸易多竹器、蜂蜜及野兽山禽之类”①。福建福安畲族，“挑着木炭、柴火、杉木、药材到那里换取食盐、咸鱼、粮食等”②。

瑶族。明代罗旁瑶，“通我鱼盐器用之利，售彼漆蜡皮张之产”③。

苗族。据清朝阿琳《红苗归流图》载：苗人，

> 土物则有可纪者。食物则薏苡、崖蜜、洞茶、烘笋，山材则杉木、水丝木、红洲木、黄杨木，药材则黄连、血藤、五倍子、油桐、金刚藤、丹砂、雄黄，服饰则洞锦、洞被、洞巾、柳条紬、稜衣，畜产则山马。凡此皆是货鬻远方，有集场于民苗接壤处，日中为市，苗人男女负载而至，与民交易，以通有无。所重惟盐为最。

其四，“妇人为市”。畲、瑶、苗的贸易与交换活动，与汉人不同之处是，妇女是主要参与者。这是因为，畲、瑶、苗妇女，无缠足陋习，不受封建礼教的束缚，有“三五女负薪，鬻市两脚赤”④之载。苗人赶场，“苗女麇集其间，固一秽墟云”⑤。所谓“秽墟,”系指男女在墟中相杂贸易的贬称。

---

① （清 同治）《汀州府志》，卷四五，《丛谈附》。

② 施联朱主编：《畲族社会历史调查》，51页，福州，福建人民出版社，1986。

③ （清 光绪）《德庆州志》，卷九。

④ （清）屠本仁：《畲客三十韵》，见（清 光绪）《处州府志·文艺志·下》，卷三〇。

⑤ （清）贝青乔：《苗俗记》。

第六章　畲与瑶、苗的社会组织与习惯法

家族或宗族：畲族有“宗祠”制，深受汉文化影响，但祭祖悬挂盘瓠传说的“祖图”，又具有强烈的民族特色；瑶族的“瑶老”制，由公共领袖依据族规村约管理公共事务；苗族的“鼓社”制，同鼓社即同宗共祖。畲、瑶、苗家庭，均属一夫一妻制的父系核心家庭。三族共同点突出表现为：妇女在家中的地位较高，舅权较大。畲与瑶的姓氏颇相似，蓝、雷二姓为二族大姓，表明两族早期联为一体。苗族姓氏较繁复，有苗姓，也使用汉姓。畲与瑶名，也较相类，通行乳名、本名、法名。苗族则流行父子联名制。

三族为管理公共事务与协调居民关系，推行习惯法。瑶族的“石牌律”与苗族的“议榔”词尤富代表性，均具有浓烈的民族性质与原始法律性质。

第一节　社会组织

畲与瑶、苗的社会组织主要都是在血缘关系的基础上建立起来的。其中有畲族的“宗祠”制、瑶族的“瑶老”制、苗族的“鼓社”制等。其不同处是，畲族的宗祠制，深受汉族文化的影响，瑶老制与鼓社制则带有更为浓重的本民族的原始的色彩。分述如下。

一、畲族的祠堂和房

畲族大都以血缘关系聚族而居。每个村寨都有“祠堂”和“房”的组织。同姓同祖属同一祠堂，或名宗祠。

祠堂设族长一人。一般由辈分最高、年岁较长，办事公正、有威信而又善辞令的人充任。族长依照习惯法主持或负责处理族内外种种纠纷，管理族内事务，负责祭祖和管理祠堂公产。

祠堂，主要供祭祀用，多不设神祇牌，只有香炉陈设。民国《龙游县志·畲族风俗》载：

> 畲民祠堂极可笑，仅以竹箱两只，一置香炉红布袋，一置画像，即呼为祠堂也。

祭祀时，香烟缭绕，摆放三牲与果类等供品。主祭的族长宣布仪式正式开始后，悬挂祖图，鸣放鞭炮，向祖图顶礼膜拜。祭后，族人在祠堂聚餐。故有“畲族最重祭祖”[①]之说。祭祖作用在于加强族内凝聚力，故史称“九族推尊缘祭祖”[②]。

祠堂公田，多寡不一，其收入作祭祀费用。

祠堂之下，各有分“房”。“房”是家族的一个亲近血缘组织。在同宗同姓中又按兄弟分房。如兄弟三人，则依序为长房、二房、三房，以此类推。同房的人，往往聚居在一起。

总之，畲族的祠堂与房制，是在汉族影响下建立的。因其经济文化较汉族落后，故其祠堂较汉族简陋；但其祭祖制带有浓重的民族特点，庄重而热烈。

二、瑶族的瑶老制

瑶老制是在瑶族地区普遍存在的一种古老社会组织。宋代称瑶老为瑶酋、瑶首、峒主，元明以后，出现“瑶老”之称。瑶老的产生，有的由民主选举，但多数是群众中有威信的自然形成的公共领袖。瑶老依据族规村约负责维护内部的社会秩序，调解纠纷，处理案件，管理公共事务与生产活动，主持宗教与祭祀活动，以及组织力量反对外来势力的侵扰等。在瑶老制中，以广东连南八排瑶族地区的瑶老制最富代表性。其主要特点有：瑶老由民主选举产生；瑶老有一定任期，届期换选，若办事不公，还可随时罢免；瑶老处理大事需听取各方意见，必要时，召开民众大会作决定；瑶老不是脱离生产脱离群众的特权贵族。

瑶老制，因地区不同而称谓不一。贵州的一些瑶族村寨特有的家族组织，名为“油锅”制，意为“同一口锅吃饭的人”；云南瑶族叫“目老”制；桂北、湘南等瑶区叫“社老”制，因崇拜社王而得名；广西金秀瑶叫“石牌制”。但这些不同名目的瑶老制组织的头人，都叫“瑶老”。

---

① （民国）《龙游县志·地理考·风俗》，卷二。

② （清 光绪）《遂昌县志》，卷十一，《风俗·畲民附》。

三、苗族的“鼓社”制

此制流行于黔东南、黔南及广西融水等苗区。苗族的木鼓象征祖先神位，一个木鼓代表一个社，即为一个血缘家族组织，同鼓社即同宗共祖。鼓主由全社群众民主推选。其主要条件是：德高望重，办事公正，有较强的办事能力，家境比较富裕，子女双全。鼓主的职能是：按鼓社的有关规定调停和处理内部纠纷，安排农事活动，筹备和主持祭祖活动，维护鼓社权益，反抗外来侵扰。总之，凡属全鼓社的重大事务和事件，均由鼓头负责召集和主持议决。解放后，鼓社的生产与军事职能已逐渐消失，而祭祀职能则在举行祭祖盛典——“吃鼓藏”时凸显出来。

苗族的家族组织，大都具有如下的共同特点：同族不婚；同族多有公共墓地；同族聚居的村寨，部分山林、鱼塘等归家族公有；同族之人负有互相帮助支持的责任。①

第二节 家 庭

畲与瑶、苗的家庭，具有如下主要特征。

均属一夫一妻制的父系核心家庭，它是社会生产、生活的基层单位。子女的血统从父，世系按父系计算，家庭财产按父系继承。女子婚后从夫居，所生孩子从父姓。兄弟娶妻或生男育女后，因妯娌不和、婆媳不睦等原因即分家，故苗俗有“崽大崽分家，树大树分桠”之谚。分家时，家庭财产的处理，畲、苗以舅父意见起决定作用，瑶族则以族老的意见为转移。分家时，父母留下一份养老财产，畲族则名为“养老田”。其余财产兄弟平均分配。畲族稍有不同，长子可多分一点，有长孙，还可分得一份“长子田”，作长孙读书费用，一般不超过十分之一，这显然是畲族受汉族嫡长子继承制影响所致。在苗族中，有的地方还对未婚姑娘酌留一份“姑娘田”。分家后，父母大都从幼子而居。

无子嗣者，可招侄子或养子作嗣子。瑶族则规定要优先在房内选人继承宗祧。养子需从养父姓氏，有财产继承权。有女儿无儿子的可招婿，儿子多的也可出赘。赘婿需从妻姓，也有财产继承权。

---

① 参见岑秀文：《苗族》“社会组织”章，46~47页，北京，民族出版社，1993。

妇女在家庭中的地位一般比汉族妇女要高。除了受母权制残余影响外，更主要的原因是妇女在劳动中占有同男子一样重要的地位，因此，其意见较受尊重。在苗族家庭中，凡属重大事件的处理、财产的变动以及子女的婚嫁等，大都是夫妻相商决定。

舅权很大。舅父虽然不是家庭成员，但是与甥家关系密切，普遍受到特殊的尊重。故瑶族中有“舅爷大过天”的俗语。这是保留母系氏族社会残余的集中体现。舅父负有教育外甥的责任，外甥办错事，舅父有权管教及打骂。婚嫁时，必须听取舅父意见。在苗、瑶中，甚至存在舅父受聘以及舅父之子有优先娶姑家之女的权力。

第三节　姓　氏

畲与瑶的姓氏颇多相似之处，故人称“畲民之姓多为盘、蓝、雷、钟，与瑶之姓同”①。而畲、瑶与苗的姓氏则差异性很大。

一、畲　姓

畲族的《祖图》记，高辛氏赐盘瓠三子为盘、蓝、雷三姓，一女招赘婿为钟氏。至于姓氏来源，“亲生三子相端正，皇帝殿里去讨姓，长子盘装姓盘字，二子篮装便姓蓝。第三小子正一岁，皇帝殿里讨名来，雷公云头响得好，笔头落纸便姓雷”②。从盘装姓盘、篮装姓蓝（谐音）、响雷姓雷的传说中，反映了古代少数民族有姓之始，源于“见物取姓”的通用规则。

需要指出的是，今日畲族除广东增城有极少数盘姓外，在其他地区均已消失。至于盘姓兄弟失散原因，福建霞浦县畲族族谱中作了如下解释。相传唐光启三年（887 年），盘、蓝、雷、钟、李等姓畲族三百六十余丁口，从闽王王审知由海道来闽，至连江马鼻道登岸后，徙居罗源大坝头。盘王碧一船被风漂流，不知去向，故盘姓在畲族中失传。畲族传说大多盘姓留在广东。③有的专家则认为，因盘姓改姓

① 刘锡蕃：《岭表纪蛮》“附畲民”。

② 《高皇歌》，见施联朱：《畲族社会历史调查》，366 页，福州，福建人民出版社，1986。

③ 参见施联朱：《畲族》，9 页，北京，民族出版社，1988。

“潘、盆、苟”，故造成今日畲族罕见盘姓之结果。

总之，畲、瑶两族具有相同的姓氏。畲族传说中的大哥盘氏，留在广东，而今日广东瑶族很多姓盘，而且蓝、雷二姓也属瑶族大姓，人们由此推论，畲、瑶两族早期是在一起的。

二、瑶　姓

据《评皇券牒》传说：盘王夫妇生育六男六女，

> 敕赐一十二姓，长男随父姓盘、其余姓沈、黄、李、邓、周、赵、胡、郑、冯、雷、蒋。敕令六女招赘外人之子为夫，以继其宗，皆可以传下一十二姓王瑶宗支也。[①]

从文献记载来看，瑶姓历史悠久，代代相袭，连绵不断。早在宋代，盘、唐、邓、黄已为大姓，从史有“湖南蛮唐盘二族寇暴”[②]“正蛮黄、邓”[③]“莫徭诸唐据湖南山溪”[④]之说，可证。据笔者统计，元代出现在文献记载中的有姓名瑶人五十五人，其中潘姓六人，李姓五人，唐姓四人，黄、刘、盘、王诸姓各三人，蒋、梁、何、卢、沈诸姓各二人，蓝、许、赵、侯、陆、谭、韦、冯、胡、吴、古、龙、于、尚、可、蒲、陀、俸诸姓一人。[⑤]其中有的姓氏至今仍广为流传，如盘、潘、唐、黄、李、蒋、赵、冯、蓝、刘、胡、卢、侯、谭、沈、龙、韦、蒲、奉（俸）诸姓即是。表明宋元时期瑶族大姓已基本形成。至清代，各地瑶姓，虽然有一致性，但是又呈现多样性。如清朝陈徽言《南越笔记》卷三载：

> 瑶之在粤西者，多胡、侯、蓝、盘四姓，其在楚、粤之交者，多赵、李、唐、沈诸姓。

---

① 黄钰辑注：《评皇券牒集编》，15页，南宁，广西人民出版社，1990。

② （元）脱脱等：《宋史》，卷三三一，《周沆传》。

③ （宋）李焘《续资治通鉴长编》，卷一四七，“庆历四年三月甲戌”条。

④ （宋）黄庭坚：《陶君（弼）墓志铭》，见（宋）罗从彦等：《豫章文集》，卷二二。

⑤ 参见吴永章：《瑶族史》，202页，成都，四川民族出版社，1993。

光绪《湖南省志》卷八五《苗防五·诸瑶附》载：湖南溆浦县，

溆瑶姓卜、奉、回、阳、蒲、刘、沈七姓，其余邓、丁、严、蓝、贺、覃、吴等七姓多自外至。

光绪《靖州乡土志》卷二《志人类》载：湖南靖州，

今瑶有盘、赵、吕、黄、蒲为望姓。

清朝李来章《连阳八排风土记》卷三载：广东连山、连州八排瑶，

曰盘、曰房、曰唐、曰沈、曰李、曰莫、曰冯、曰黄、曰邓、曰何，大略不过此十姓。

总之，瑶姓，从瑶人传说、文献记载至今日流传姓氏均大体一致。

三、苗　姓

苗族有自己的姓氏。这种姓氏是以父系为中心的血缘近亲集团的专称，不少苗区沿用至现代。如湘西和黔东北的“代瓜”“代卡”“代芊”“代晓”“代韦”，这些专称就变成姓氏，使用时置于人名之后。如，名叫“玉金”，苗姓叫“代卡”，就叫“玉金卡”。“代卡”的汉姓是“麻”，按汉姓的习惯则叫成“麻玉金”。苗姓一般只在本民族内使用。[①] 苗人在与汉人交往时，往往只说名不说姓，故汉人文献误以为“其人有名无姓”[②]。

苗族使用汉姓是同汉族交往后产生的。因此汉姓使用的先后，往往与其与汉族交往的程度为转移。最早使用汉姓的苗族，多在湖南地区。苗族先民使用汉姓，可溯源于两汉的“武陵蛮”。宋代以后，苗姓不断载诸册籍。随着汉姓的使用，这些苗人也仿汉俗立字辈，修家谱，建宗祠。至于晚期使用汉姓的苗区则迟至清代雍正年间“改土归流”以后。当时，云贵总督鄂尔泰提出，经营“苗疆”的措施之一是，

---

① 参见苗族简史编写组：《苗族简史》，325 页，贵阳，贵州人民出版社，1985。

② （明）田汝成：《炎徼纪闻》，卷四，《蛮夷》。

“苗人多同名”,应“各照祖先造册”“不知本姓者,官为立姓”[①]。在照册“立姓”时，或以头人、户主的苗名按汉字译音为姓，或由本人选用汉姓。因此，出现不同苗姓用同一汉姓，或同一苗姓分作不同汉姓的错乱。

苗人汉姓，据凌纯声、芮逸夫《湘西苗族调查报告》“家庭”目下载：

> 纯苗有吴、龙、廖、石、麻五姓，其杨、施、彭、张、洪诸姓，乃外姓入赘于苗而习其俗者。石、龙二姓，又有大石、小石与大龙、小龙之分。小石又作时，小龙又作龙。……近受汉人的影响，亦知同姓不婚。小石改为时，小龙改为隆，以别于大石、大龙，而便通婚。

伍新福《苗族文化史》“姓氏与聚族而居”目下则云：

> 现在苗族公开使用的姓，均属汉姓。如湘西的吴、龙、麻、廖、杨、田、伍等；湘西南的杨、潘、吴、李、粟等；黔东南的王、白、田、潘、雷、杨、石、龙等；滇东南和滇南的陶、吴、龙、张、熊、李等。

上述为苗族姓氏大略。苗族姓氏繁多，是因其使用汉姓的结果。

总之，从姓氏的异同关系，也可证畲与瑶族源关系较亲，而畲、瑶与苗的族源关系相对为疏。

第四节　名字、排行与父子连名制

畲名与瑶名颇类，而与苗名则稍异。

畲族

男子一般有三个名字，乳名（小名）、世名（本名）和讳名。法名则不一定有。妇女则只有本名和讳名。如，浙江敕木山惠明寺《雷氏宗谱》载：第一世祖雷方贵(世名)，乳名子明，法名法贵，讳名六十四公。配偶蓝百七。

法名，则只有祭过祖的人才有。按畲族传统习俗，男子16岁要举行“做醮”，

① （民国）《贵州通志·宦迹志四》，卷九。

又名“度身”“入录”，即祭祖仪式。实际上，是成丁礼，即入社式的一种表现形式。故凌纯声《畲民图腾文化的研究》写道：“已祭过祖者须另题一名，如钟法元、蓝法县等。祭祖之后，即将法名及祭祖的日期写在一红布条，结在祖杖上，此乃表示祭祖者已加入图腾集团。”[①]祭祖后需更换法名，一般是将名字的第一个字改为“法”字，也有少数将两个字全改的。

讳名是按排行来定的。

排行。畲族内部为了统一辈分，辨别是否本族或本姓人及血缘的亲疏，以祠堂为单位，每20年排行一次。排行时，先将这一时期出生的男女的年、月、日、时登记，然后按辈分和出生前后进行排行。排行的目的在于序尊卑长幼，死后载入族谱。男的排行称郎，女称娘。蓝姓以“大、小、百、千、万、念”六个字排辈分，但向来有雷无“念”、钟无“千”的说法，即只按五个字排行。周而复始，循环不止。妇女的排行是在娘家与同辈姐妹一起排的。在排行时，如同辈的男子有二百人，则从一郎排至二百郎。如祖父为蓝大二十二郎，父则为蓝小×××郎，本人则为蓝百×××郎。

浙江景宁蓝姓排行表

世别 行别	一世	二世	三世	四世	五世	六世	七世	八世	九世	十世	十一世	十二世	十三世	十四世	十五世	十六世	十七世	十八世	十九世	二十世
排世	昆	山	玉	上	宗	孔	承	秉	德	长	文	学	师	傅	久	笃	闻	家	道	昌
排项（行）	念	大	小	百	千	万	念	大	小	百	千	万	念	大	小	百	千	万	念	大

排行的具体事例

一世祖　　昆公　　念项（行）

二世祖　　山公　　大项（行）

三世祖　　玉公　　蓝小三十二郎　　配雷百一娘

四世祖　　上万公　　蓝百四十七郎　　配雷万一娘

五世祖　　宗发公　　蓝千七十六郎　　配雷大二娘

① 凌纯声：《畲民图腾文化的研究》，载《中央研究院历史语言研究所集刊》，第16本，1949。

六世祖　孔海公　万项（行）

七世祖　承遗公　念项（行）

八世祖　秉才公　蓝大四十二郎　配雷千一娘

九世祖　德成公　蓝小二十九郎　①

排行需保守秘密。因此，畲人生前并不知道自己的行次，只有死后其家属才能知道。

从畲族排行，人们不能不叹服其对区分辈分长幼的严格与精确程度。

瑶族

有乳名、本名、法名。其乳名使用时间较长，有的地方要到八九岁才起名，有的至成年甚至老年仍使用乳名的。

本名多复名，其中第一个字是姓，第二个字是辈分，第三个字才是名，辈分字，一代一字，世序分明，井然有序。如过山瑶中较常使用的辈分字有贵、福、富、文、进、元、有、财、通、金。

法名。在一些瑶区，男子成年后，经过“度戒”或“拜王”，即行成丁礼后，由主持宗教的师公取法名。因此名生前不用，死后记入家先单（祖宗名册）的，故又叫阴名。

上述瑶族乳名、本名与法名之制，与畲族大体相类。

瑶族排名颇为特殊的是，排瑶中有父母从儿孙改名制。夫妻有了儿子后，倘儿子名唐一贵的话，则父亲易名唐一爸，母亲易名唐一妮；倘唐一贵又为人父后，其父母又再次改名唐一公和唐一婆。为此，有些排瑶人有改名三四次之多者。② 这种连名制，与通常用父及子的做法不同，是逆反连名的，堪称奇特。

苗族

取名主要有两大特色：

一是父子连名制。在黔东南及广西融水苗区流行。每人都有乳名和父名甚至有祖、父、子联名的“全名”。这种连名制的组成，子名在前、父名以及祖父名在后，但在彼此交往时，只称本名，不连父名及祖父名。这种连名制，在古代百越民族中

① 施联朱：《畲族社会历史调查》，293页、18页，福州，福建人民出版社，1986。

② 参见黄钰等：《瑶族》“家庭篇”，37页，北京，民族出版社，1990。

曾流行，本属“苗蛮”集团的苗族也有此制，其中原因尚需研究。瑶族父从子改名制，与此制正相反对。

二是苗俗喜以动物、矿物、财富作男孩之名，如银、富、石、龙、蛇、牛、马一类；女子则好以花草、蔬菜、稻谷、流水为名，如花、叶、菜、稻、虫、鸟、水等。[①]多以动、植、矿物为名，说明苗名保留较多的原始、古老色彩。需指出的是，八排瑶婴儿出生后，由父母出门第一目击常见物命名，如遇见石头，则以石命名，可谓有异曲同工之妙。

第五节　习惯法

畲与瑶、苗社会历史发展相对滞后，故保留较为纯朴的民风，争纷诉讼较为稀少。如：畲族

光绪《遂昌县志》卷一《风俗·畲民附》载：畲民，

> 人人自有羲皇律，不识官司与法台。

民国《长汀县志》卷三五《杂录畲客》载：畲族，

> 不输粮，不给官差，岁献山主租毕即了公事，故无吏胥追呼之扰。家人嗃嗃，妇子嘻嘻，各食其力，亦无阋墙御侮之事，其性愿悫，其风朴陋。

苗、瑶与畲族一样，民风淳朴，不喜争讼。据清朝李宗昉《黔记》卷三载：西苗，

> 性情朴实，畏法不讼。

但是，为了维护公共秩序，为保证生产和生活正常进行，为了增强族内的凝聚力，畲、瑶、苗诸族也制定了人人都要遵守的成文或不成文的习惯法。

---

① 参见岑秀文：《苗族》，57 页，北京，民族出版社，1993。

一、畲族的习惯法

族内纠纷与事件，由族长主持与处理。对犯事者，按习惯法执行处理。畲族内部如偷小件物品，只要物归原主，认错了事。如果偷卖公产或较重要物品如耕牛、农具、钱币、稻谷等，除赔偿损失外，还需在祠堂焚烧香纸，放鞭赎罪，情节严重的还要办酒席，以示惩罚。男女通奸者，需罚酒席，其席次多寡，依经济情况而定。

二、瑶族的石牌律

“石牌律”是广西金秀大瑶山等地瑶族的一种特有的民族法律，是镌刻在石板上或写在木板上、纸上的成文习惯法。迄今发现的石牌律中最早为清顺治十一年（1654 年）。石牌律内容极为广泛，其主要内容如下。

维护内部团结，一致对外保障山寨安全。《三十六瑶七十二村石牌》规定：“朝廷以法为先，我背（辈）瑶山以石牌为先……凡我同人，务须协力同心，各相救应合力”“我团内群众，上山同队，落水同途，有福同占，患难同当”。对通匪兵者，严惩不贷。

保护生产发展，保障财产安全。光绪年间的《两瑶大团结石牌》中规定：“瑶山香草、桂树、竹、木、山货、杂粮百件，不得乱取。”

维护家庭婚姻关系。《藤构石牌》规定：“不准强奸他人妻女。”《罗香石牌》规定：“调解不了打架，不准捉女人，男人十六岁以下，六十岁以上不准捉。”《红瑶石牌》规定：“一禁不得忤逆不孝，藐犯尊长者，送上究治。”

调解内部纠纷。《平免石牌》规定：“不论河（何）人有事经过老人，正（才）得锁人可也。……不论河（何）人有事，请启人老言清，不得返（反）悔可也。”

石牌律，具有至高无上权力，不管谁触犯石牌律，都要受到惩处。惩处办法包括罚款、死刑。罚款，视其犯律轻重，决定罚款多寡，财产充公。死刑，杀死罪犯无过。首要罪犯，株连全家，杀灭妻室子女，斩草除根。连坐法，一个寨子有一家通匪，就有九家连坐。故瑶山流传“石牌大过天”的说法。

瑶山解放后，人民政府运用固有石牌律形式，1951 年在大瑶山建立了民族“团

结牌”，促进了生产发展。[①]

三、苗族的“议榔”词

由于苗区的社会发展与风俗与汉区不同，清廷于乾隆元年（1736年）规定，苗民间一切争讼之事，“俱照‘苗例’完结，不必绳以官法”。所谓“苗例”，就是苗族习惯法，其代表为“议榔”词。所谓“议榔”，文献名之曰“宰款合榔”。据清朝方显《平苗纪略》载：

> 头人订期会集，宰款合榔。宰款合榔者，苗俗也，即汉人歃血盟誓之意。又名合款，亦曰诂话。其会盟处曰款场，其首事曰头人，头人中之，头人曰榔头。悔盟者有罚，曰赔榔。皆苗语也。

调查材料证明，“议榔”词的制定过程是：首先由苗众民主选举若干名“榔头”，由“榔头”起草约规交众人讨论、修改、定稿，最后举行隆重庄严的议榔会议决议。会后在议榔地点栽树木或立岩石为记，故有“栽岩立法”之说。近代以来，有些地方还将形成榔约木牌挂在村寨路口的“榔树”上，起布告之用。

“议榔词”包括如下主要内容。

伦理道德规范

尊老爱幼；父母、夫妻、兄弟姊妹等要区分，才成“体统”，才能“各得其所”；不霸占他人妻女；同宗同祖者，不准婚配。

禁忌规范

祭祖祀社礼仪，人人都得尊重；播种至收获前，禁止吹芦笙、敲铜鼓和斗牛；“鼓社节”后三年内，不准婚嫁。

维护公、私财产规范

不准侵占村、社公有山林、田产和土地；不准盗人庄稼；不准偷人牛猪牲畜；不准偷人青草、瓜果；不准偷人柴草，不准偷人物件。

---

① 参见广西壮族自治区编辑组：《广西瑶族社会历史调查》第1册，31～74页，南宁，广西民族出版社，1984。

对外防御规范

不准投敌，不准里通敌人。对投敌通敌的，“我们要他的命”。

对恶性犯罪事件的处置

“烧寨里房子的，在山坳抢人的，在路上杀人的”，我们要“杀其身，要其命”①。

疑难案

则藉神判法，如“吃血”与“捞油”。

苗人的“吃血”与“捞油”。因一些案例难以裁决，便借助原始而残酷的神判法来断案。

“吃血”，清朝严如熤《苗防备览·风俗上》所记较为准确而生动：

> 遇冤忿不能白，必告诸天王庙，设誓刺猫血滴酒中，饮以盟心，谓之吃血。既三日，必宰牲酬愿，谓之悔罪做鬼。其入庙，则膝行股栗，莫敢仰视。理屈者，逡巡不敢饮，悔罪而罢。其誓辞曰：“汝若冤我，我大发大旺；我若冤汝，我九死九绝。”犹云祸及子孙也。事无大小，吃血后，则必无悔。有司不能直者，命以吃血则惧。盖苗人畏鬼甚于法也。

近人凌纯声根据实地调查，对苗人“吃血”之法描述更为具体，可作上述记载之注释。他写道，苗人吃血设誓，小事即在寨上土地庙中，大事须至天王庙中吃血。

> 土地庙吃血，又名吃鸡血，备公鸡一只，钱纸若干，滴鸡血于酒中，请巫师念咒，吃血设誓。
>
> 天王庙吃血，又名吃猫血，因以刺猫血滴酒中，饮以盟誓。必有中证，谓之监血人。②

可见，“吃血”是解决苗人争端的重要裁决手段，确为行之有效之法。

“捞油”，据清朝陆次云《峒谿纤志》载：

---

① 李延贵等:《苗族“习惯法”概说》,见胡起望、李廷贵:《苗族研究丛书》,贵阳,贵州民族出版社,1988。

② 石启贵：《湘西苗族调查报告》，152页，长沙，湖南人民出版社，1986。

> 蛮僚有事，争辨不明，则对神祠热油鼎，谓理直者探入鼎中，其手无恙，愚人不胜愤激，信以为然，往往焦溃其肤，莫能白其意者。此习，土著之民亦皆沿之，少抱微冤，动以捞油为说。

此种溪峒地区“蛮僚”的“捞油”，在贵州苗区又称“捞汤”。据载：

> 苗事有不明者，只依苗例，请人讲理。不服，则架锅，用油米和水贮锅，置铁斧于内，柴数十担，烧极滚。其人用手捞斧出锅，验其手起泡与否，为决输赢，凭天地神明断有无冤枉，谓之“捞汤”。①

总之，从“捞油”“捞汤”一类的做法，可见神判法之原始性与残酷性。

通过畲、瑶、苗习惯法的比较，可得出如下结论：

一是畲族的习惯法为不成文法，较为简单。因其受汉文化影响较深，故重大事件都由当局处理，只有民事纠纷或较轻的案件，才通过习惯法加以解决。

二是瑶、苗习惯法，多为成文法，且规定详尽完整，保持了强烈的民族性质与较为浓郁的法律原始性质。在习惯法中瑶族的石牌律与苗族的议榔词例，都富有典型意义。

三是习惯法，多由畲、瑶、苗首领主持裁决，但碰到是非难辨的疑难案例时，又往往借助神判法以断案。

第六节　血族复仇制

恩格斯在《家庭、私有制和国家的起源》一书的“易洛魁人的氏族”章目中写道：

> 同氏族人必须互相帮助、保护，特别是在受到外族人的伤害时，要帮助报仇。个人依靠氏族来保护自己的安全，而且也能作到这一点；凡伤害个人的，便是伤害了整个氏族。因而，从氏族的血族关系中便产生了那为易洛魁人所绝对承认的血族复仇的义务。假使一个氏族成员被外

① （民国）《贵州通志·土民志》，黑苗条。

族人杀害了，那末被害者的全氏族必须实行血族复仇。

这种血族复仇制，在解放前的畲、瑶、苗社会中也有不同程度的存在。

畲族

据嘉靖《惠州府志》卷十四《外志》载：惠府瑶人（畲人），

> 喜仇杀，轻死，急之则易动。加以奸民与瑶峒犬牙者，往往为乡道，利分卤获，故数侵轶我边。

光绪《江西通志·舆地略·风俗》“南安府”条记崇义畲俗，“喜争斗”。

民国《龙岩县志》卷二九《杂录》则载：畲客，

> 族处喜仇杀，或侵负之，一人讼，则众人同。一山讼，则众山同。

所谓“喜仇杀”“喜争斗”，即系指血族报仇制。因把个人与氏族视为一体，局部与全局联为一体，故出现“一人讼，则众人同。一山讼，则众山同。”的联合对外的局面。

需要指出的是，畲族的“做‘娘家头’”习俗也带有血族复仇的性质，虽不过是其曲折反映而已。做“娘家头”，畲语称“打生利亲”。女儿出嫁后，倘受到夫家虐待，回娘家诉苦。为此，娘家组织亲房叔伯及母舅等数十人至女婿家评理，大有兴师问罪之势。直至婿家承认错误，保证虐待事件不再发生，才罢归。去做“娘家头”的人来回路费，包括坐轿子的开销，均由婿家承担。在婿家期间，还可任意将其鸡、鸭、鹅、猪等杀来吃，他人不得干涉。显然，夫家与妻家曾分属不同的宗族或氏族集团。因此，当女方受到虐待时，娘家认为其原属成员受到伤害，也就是伤害了整个娘家之人，因此，有必要动员本宗族的力量，出面加以保护。动员数十人做“娘家头”，就是明证。像这种紧张对峙状态，若处理不当，是可能酿成两姓械斗悲剧的。因此，笔者仍将此事视作血族复仇制遗迹的一种特殊表现形式。

瑶族

早在宋代，“傜人雠杀，乃其常情”[①]，不断发生。明、清仍有此俗。明人王士性作了专门叙述：

① （元）脱脱等：《宋史》，卷二四七，《彦倓传》。

瑶僮之俗，祖宗有仇，子孙至九世犹兴杀伐，但以强弱为起灭，谓之打冤。欲怒甲而不正害甲也，乃移祸于乙，而令乙来害甲，谓之著事。……两村相杀，命毙不偿，毙者以头计，每头赔百两或几十两……而一鸡一布亦为一两也。抚安僮老为其和毕，则截刀为誓，始不报冤，谓之赔头。谚云："瑶杀瑶，不动朝；僮杀僮，不告状。"①

清人诸匡鼎写道：介巴、楚、粤间瑶人，

性喜雠杀。

本类相雠，纤芥不已，虽累世必复。误杀者，以牛畜为偿，或数十头至百头，曰人头钱。②

民国以后，此风仍未衰。据载：

瑶性最喜械斗，一有事故，凡十二代以上之外家，悉攘臂来助，……未易了也。③

上述所记，突出之处有二：一是复仇之风较畲人为炽。从"虽累世必复""子孙至九世犹兴杀伐"、参加者竟达"十二代以上之外家"的记载可见。二是瑶人当作纯属内部事务处理，与外人无涉。所谓"瑶杀瑶，不动朝"，极为形象地反映了这一现实。

苗族

文献记载，极为详尽。早在宋代，已有记载。据宋朝朱辅《溪蛮丛笑》载：五溪地区，

夷性好杀，一语不合，便剸以刀，百十年必报乃已，名雠杀。

明代，据田汝成《炎徼纪闻》卷四《蛮夷》载：苗人，

---

① （明）王志性：《广志绎》，卷五，《西南诸省》。

② （清）诸匡鼎：《瑶僮传》。

③ （民国）《连山县志·瑶俗》，卷五。

睚眦之隙，遂至杀人。被杀之家，举族为雠，必报当而后已。否则，亲戚亦龂龂助之，即抗颈不悔。谚云："苗家雠，九世休。"言其不可居解也。

清代，记述颇多。其中，较有代表性的有，方亨咸《苗俗纪闻》：

彼中仇雠甚多，至不解以及世。若世仇，不独怨家之子弟，即戚串及同寨者，皆不得经仇者界。经，必维絷之。先饮以饮食，勒尽饱，继缚其手足，捶楚备至，至令殆而尽吐其食乃止。以长木系其颈，械其足。使旁寨人通闻其家，令备牛马以赎。其家不自备，责索于怨家，或怨家赎不如期不如数，则毙之。其人毙，则怨家倍所赎牛马之数以偿。

清朝爱必达《黔南识略》卷二〇载：红苗，

少雀鼠微嫌睚眦小怨，辄聚众持械，一日成仇，累世不忘，名为打冤家。……多以吃血解。或因本人吃血难凭，则指名其亲族某人吃血盟誓，名为点血。延巫请神监之，大则宰牛狗，小则用鸡猫。吃血后，永无反复，苗俗尚鬼故也。

清朝严如煜《苗防备览·风俗上》详记苗人"打冤家"之俗：

非排解得宜，则雠仇不已。或强弱势悬，则植木为志，累世必报。谚云："毋苗仇，世不休。"力势既均，遂酿酒椎牛，邀集亲党执械穴斗，名"打冤家"。亲朋或数十百偕至，告以故，饮食毕，即许以捐躯，谓之"帮兵"。两兵相望，先放火枪，苗妇随后，接枪注药。放枪后，各舞长杆枪以进。不胜，则更拔短刀相接。又不胜，则匕首纽抱相截。官弁遇之，婉转调劝始散。其被伤死者，即行掩埋，不以告官；官知而往验，亦不告以葬所。两家战斗之后，计尸以相抵。除一命一抵外，多尸者为人命，则索牛马财物以偿，谓之"倒骨价"，其价则视凶手之贫富以为差，富者自三百三十两至五十两而止，贫者从四十四两减至二十二两止。其中老牛瘦马破衣旧物俱可抵算，盖缘苗人重财物轻性命，其主盟之人曰

背箭，和处之人曰牙郎，又曰行人官。斯土者不依苗俗，必欲抵偿，则杀一人即添一仇，死者之子若孙，植树墓旁以记其恨。转相仇杀，滋蔓无已矣。

清朝龚柴《苗民考》载：苗俗，

寻旧恶睚眦之隙，动至操戈，非及时排解消释，往往相寻不已。或强弱悬势，贫富不敌，蓄愤积怨，暂时不报。俟势力相敌，怂恿有人，遂纠众执械，拚命奋斗。纫牛革为甲，戴铁兜鍪如钹。无行阵队伍，彼此伏土堆石块后，以鸟铳相击，或执枪杆蜂拥而前。一人受伤，余众俱散，遇有人命，即行掩埋。

以上记载说明：

苗重复仇。杀人之仇，非报不已。故有“苗家仇，九世休”之谚。

报仇者，除怨家外，并有“亲党”“戚串及同寨者”，即举族参加。

规模宏大。人数至有“数十百”者，武器则动辄刀枪，俨如一场战争。

只有得到杀人抵命或以牛马财物赔偿即所谓“报当”后，才善罢甘休。

雠杀之制，有可操纵性。双方械斗规则，赔偿规定，调解办法，都有定例。

总之，从畲、瑶、苗的血族复仇制的比较中，我们可得出如下结论：

其一，畲族的血族复仇制相对淡薄，这是因其受汉族社会影响较深所致。故史称，畲民“性甚驯，不至如楚粤之僮瑶好乱喜杀，以自戕种类”[①]，是符合实际的。

其二，瑶与苗的血族复仇制，颇为相类，颇为原始，颇为典型。

其三，血族复仇制，虽然曾起过凝集内部力量之历史作用，但是对社会带来严重破坏。上述所谓“转相仇杀，滋蔓无已”可证。即造成生命财产的重大损失，可谓其祸无穷。

① （清 道光）《建阳县志》，卷二，《舆地志·附畲民风俗》。

第七章　畲与瑶、苗的社会生活

消费生活民俗，是经济民俗中的日常生活最为活跃的事象，主要包含住、食、衣三方面。

畲、瑶、苗三族的住所，多建在山中，故史有“好入山壑”之载。其传统居住形式均较简陋，多居茅草板屋，畲曰“寮房”，瑶曰“打寮”与“板屋”，苗曰“诛茅搆宇”。在南方诸族历来流行的上人下畜的“干栏”式建筑，在苗族地区多见，瑶族则间亦有之。

畲、瑶、苗的食物，以旱粮及杂粮为主。杂粮中，畲以番薯为多，苗则以包米为重。在稻米中，苗、瑶嗜食糯米为一特色。在副食中，相同处，三族均以山珍野味为时鲜；差异处，畲嗜水产，苗、瑶则缺鱼。食物的制作方法，三族各有特色：畲喜“咸腌”，瑶喜“鲜”，苗喜“醋”。畲、瑶、苗三族服饰，有许多共同特点：头饰，流行“椎髻”发式，并在椎髻上加饰物以为美观。体衣，喜服短衣与穿裙；颜色好鲜艳，故有“衣斑斓”之说。多跣足，无缠足陋习，喜绑腿。喜盛饰物，苗、瑶妇女的银饰物之多之美，更为世罕见。

第一节　山居与住所

一、山　居

畲与瑶、苗均过着山区生活。畲族多居于崇山峻岭的山腰、山顶，故诗人有“攀陟重岩艰，依栖穷谷僻”“四面寒山两道溪，溪山深处几群黎”[①]之咏。瑶人，迁居平地者为“平地瑶”，而“盘瑶”和“山子瑶”，则往往居于白云深处的水源林地带，故有“随溪谷辟处”[②]，“山居者为瑶，峒居者为僮”[③]之载。苗人所居有“依山傍

① （清 光绪）《处州府志》，卷三〇，《艺文志下》。

② （清 光绪）《兴宁县志》，卷三，《疆域•瑶峒》。

③ （清）顾炎武：《天下郡国利病书•广东》。

洞”[①]之说，有“高山苗，水侗家，仡佬住在石旯旮”之谚。换言之，倘把南方诸族的居住特点加以形容的话，则可谓畲、瑶、苗靠山，仡佬傍石，侗族临水，僮族近平地也。

畲与瑶、苗的山居生活，可溯源于其传说中的先祖盘瓠时代。《后汉书》卷八六《南蛮列传》载：盘瓠生六男六女，

好入山壑，不乐平旷。帝顺其意，赐以名山广泽。

所谓“好人山壑”，是因“刀耕火种”的生产方式所致。

盘瓠子孙入山居住，这在畲、瑶传说中均有反映。如潮安凤凰山畲族《蓝氏祖图》前言称，龙犬奏帝曰：“吾不要京城居住，我要深山空谷居住。”惠东畲族《黎氏族谱》言：盆大护子孙，“前往广东路上，下连诸山洞居住”。瑶族《过山榜》则载：“天下一切山场、田地，均付与王瑶子孙耕管为业，营身活命，本分为人。”

畲人山居村落，多名岩、峒、峯（畲）、坑、坪等。据清朝屈大均《广东新语》卷七《人语》，“峯人”条载：峯，巢居也，

所止曰岩、曰峒，亦曰峯。海丰之北有曰罗峯、曰葫芦、曰大溪峯，兴宁有大信峯，归善有窑峯。

需指出的是清人李调元《南越笔记》、清人檀萃《说蛮》等相类记载，均出此。“岩”，据乾隆《潮州府志》卷十二《风俗》载：

揭阳峯户岩居，刀耕火种。

“峒”，据清朝杨澜《临汀汇考》卷一《方域考》释：

长汀为光龙洞，宁化为黄连峒，峒者苗（指畲）人散处之乡。

故有“古称八蛮十八洞”之说。“峯”，据嘉庆《惠州府志》卷十四《外志》载：

粤人以山林中结竹木障覆居息为峯，故称瑶所止曰峯。

① （清）徐家榦：《苗疆闻见录》。

今日粤东大埔畲人已与汉民融合，但所遗以“畲”名地，仍可证当年畲人踪迹，计有：黄峯、彭公峯、严背峯、山客峯、桃子峯、曾子峯、李湖峯、佘水峯、留壶峯、新村峯、王家峯（或称吴家）、将军峯、澄大峯、夏峯等。[①] 可证以畲命名畲人居地，最为普遍。“坑”，旧时梅县畲人居地有名“畲坑”，旧时大埔畲人居地有名“下峯坪”等。

瑶人居住的村落，则多冠以峒、寨、村、团、排、冲、源、里之名。[②] 需要指出的是，瑶人聚居之地，多以“瑶山”名之，这是其显著特点。据清朝顾炎武《天下郡国利病书·广东下》载：明代广东全省共有瑶山 857 处。其中广州府所属清远、从化、新会、连州，有瑶山 154 处；韶州府所属曲江、英德有瑶山 6 处；肇庆府所属高要、四会、新兴、阳春、阳江、恩平，有瑶山 188 处；德庆直隶州所属德庆、封川、开建，有瑶山 187 处；罗定直隶州属泷水县，有瑶山 118 处；高州府所属化州、茂名、信宜、电白，有瑶山 242 处；廉州府所属灵山县，有瑶山 26 处。可见，瑶山数量之多，瑶人分布之广。

苗人所居地域，清代以来多以“苗疆”名之。所居村落以“寨”最为常见，故早有“聚而成村者曰寨”[③]“苗人的聚落叫寨”[④] 之说。

畲与瑶、苗，均聚族而居，自成村落。所居均地旷人稀。

畲族

据康熙《平和县志》卷十二《杂览志》载：

> 今山首峒丁略受约束，但每山不过十许人，鸟兽聚散无常所。

又，道光《建阳县志》卷二《舆地志·附畲民风俗》则载：畲人，

> 所居在丛箐邃谷，或三四里，或七八里始见一舍，无比屋而居者。

可见，畲人很少有数百人口的村落。正因为居住十分分散，故往往与汉族错杂而居，

① 参见（民国）《大埔县志》，卷二，《地理志·乡村下》。

② 参见吴永章：《瑶族史》，556 ～ 558 页，成都，四川民族出版社，1993。

③ （明）田汝成：《炎徼纪闻》，卷四。

④ 凌纯声、芮逸夫：《湘西苗族调查报告》，34 页，北京，民族出版社，2003。

较少有纯畲的居民区。

瑶族

其村寨，按支系而居，各支系村落又往往在地理上联成一片。高山瑶村寨较小，往往不过数十户人家，平地瑶村寨较大，大的村寨在百户以上，小的村寨也有二三十户。如民国《汝城县志》卷三《疆域·瑶峒》载：

> 至正德间，屡经剿抚，患始稍戢。其慑于大兵征讨遁险自固者曰高山瑶，亦曰生瑶，在九龙江（约七十余户）、南洞江（即猿坑，均四十余户）等处。……其受抚而各安生业者曰平地瑶，亦曰熟瑶，在大山（约百十余户）、大源（约三十余户）、城溪（约百五十余户）、大麻溪（约二百三十余户）、姜阳（约百十余户）等处。

至于广东排瑶居住的“排”“冲”，人口总数有达数千者。据清朝李来章《连阳八排风土记》卷三“丁口”条载：

> 连山大小二十排，共一千二百三十八家，男妇丁共五千二百七十五名口。

苗族

其村寨，因各地发展程度不一而有所不同。有的地区房屋较为密集，鳞次栉比，层层相叠，人口稍稠。黔东南及广西融县地区，大的寨子，有二三百、七八百甚至上千户者，但是在云贵高原以及边缘山区，苗族往往是几家、几十家形成一个个村寨。

总之，通过畲与瑶、苗村寨的异同比较，可得出如下结论。

一是单一民族聚居，以苗族较瑶族为多。故史称“民瑶杂处之地过多，与苗疆情形稍异”[①]。而畲族与汉族杂居又较瑶族为多。

二是数以几百户甚至上千户的大村寨，苗族相对为多，瑶族次之，畲族最少。

三是畲与瑶、苗山居村落景色秀丽与自然融为一体。闽、广畲乡，更具岭南风光韵味。如嘉庆《云霄厅志》卷十八《艺文》咏道：

① （清）张锡谦：《平瑶日记》。

绿暗桄榔树，青悬橄榄枝；

薰风荔子熟，旧数老杨妃。

二、住　所

旧时，畲与瑶、苗，因山居，生产方式又较落后，经济欠发达，其居住形式均较简陋，多居茅舍板屋。

畲族

传统民居，以竹为架，以茅为覆盖的“寮房”，瓦房极少。对此，史籍多有记载：

编荻架茅为居。[①]

屋以竹为盖，或编茅辑箬为之，间亦有用瓦者。[②]

结庐山谷，诛茅为瓦，编竹为篱，伐荻为户牖。[③]

诗人则有“畲客编茅别是蛮”[④],“茅居偏向陇头结”[⑤]之叹。这种茅草房,建筑很简单，用一根较大的木料做梁，用竹或小木为椽，上覆以茅草或稻草，周围糊筑泥墙而成。此即“叉木诛茅各打寮”[⑥]之谓。这种茅寮，屋低矮，窗户小，泥地板，阳光少，室内潮。人畜杂居，卫生条件较差。因山居寒冷，衣被少，故每家灶前均设有火坑或火塘，以便冬天全家围坐取暖。室内陈设简陋，贫穷者“度岁谓之过难，必席地而饮，亦有终岁不设几案者”[⑦]。饮用水，则因地制宜，利用山泉水，或以竹筒引水入室。

解放后，多建木结构瓦房。其建筑规格为：一厅堂，前后两间，左右厢房，可隔为四间。其建筑过程是：先立柱上梁，次盖屋顶，最后才筑墙和整修室内。多分期进行，故往往需时数年才完工。

---

① （清）顾炎武：《天下郡国利病书·福建》。

② （清 道光）《建阳县志》，卷三，《舆地志·附畲民风俗》。

③ （民国）《长汀县志》，卷三五，《杂录畲客》。

④ （清 乾隆）《上杭县志》，卷十，《艺文下》。

⑤ （清 光绪）《遂昌县志》，卷十一，《风俗·畲民附》。

⑥ （清）杨澜：《临汀汇考》，卷三，《风俗考》。

⑦ （清 同治）《景宁县志》，卷十二，《风土·附畲民》。

公共建筑，每个畲村少则有一所祠堂，有的多达三所。建筑形式大体一致，规模大小有别。较大的祠堂有前后厅，左右走廊和前后厅各两侧房，中央为天庭。

瑶族

古老的简易住房名为“打寮”与“板屋”。据宋朝朱辅《溪蛮丛笑》载：

山瑶穴居野处，虽有屋以庇风雨，不过剪茅叉木而已，名“打寮”。

可见，此与畲族的“寮房”是相仿佛的。又，宋朝吴师厚《梅山十绝句》咏道：“板屋依岩不论时。”总之，“打寮”或“板屋”，均只聊蔽风雨而已。这与游耕生活的不稳定性是相一致的。这种竹木结构，覆以茅草的住房形式，一直沿袭下来。如明朝田汝成《炎徼纪闻》卷四《蛮夷》载：瑶人，

采竹木为屋，绸缪而不断，绳枢筚窦，覆以菁茅。

瑶族房舍建筑由住房、粮仓、柴寮三部分组成。住房结构，一般是一栋三间式。中为厅堂，两侧前部为炉灶或火塘，后部为卧室。因缺卧具，以至贫困瑶人冬日靠烤火过夜，故有“冬无卧具，群聚爇火”[①]“瑶僚睡无床褥，冬夜以三叉木支阔板，然火炙背，板焦则易，名曰骨浪”[②]之载。屋前屋后，分建澡棚与畜栏。仓库多建在户外或寨外，无人盗取，故史有“风俗谨厚，见遗不拾”[③]之誉。与畲人一样，用竹涧引山泉入屋供饮用。

瑶人无宗祠建筑，但各个支系瑶人都在室内设有祖先灵位。

苗族

旧时，常见的房屋有两种。一是茅草房。如清朝田雯《黔书》卷一载：花苗，

诛茅搆宇，不加斧凿，架木如鸟巢，寝处炊爨，与牲畜俱。

简陋草房，名为“杈杈房”。其结构是用几棵木柱交杈搭架，上覆茅草，周边用树枝或竹子编织，涂上泥土为墙壁。一是石木结构房。用木板装合或垒石为墙，屋顶

① （清）吴震方：《岭南杂记》。

② （清）陆次云：《峒谿纤志》，中卷，《骨浪》。

③ （清）李宗昉：《黔记》。

盖石板、瓦、茅草，名为“架子房”。一屋三间，少数有五间者。正中为堂屋，设有祭祖的神龛，两端的开间各分为两间，前为厨房，后为卧室。平房上有矮楼，作贮藏食物用。在苗区，瓦屋的出现，一般是在清朝雍正年间改土归流以后，据乾隆《乾州厅志•居处》载：

> 苗人依山而居，斩木诛茅以蔽风雨，其室卑。临近亦有建瓦屋者，每屋三、四、五间，每间四、五、六柱不等，无层次定向，亦无窗牖墙垣，缭以茅茨，檐低门矮，出入必俯首。

可见，苗区初期瓦屋尚较简单，但随着时间推移，不断有所改进。

苗与瑶人一样，缺卧具者以烤火度冬。据清朝贝青乔《苗俗记》载：

> 苗俗无卧具，恒掘地为炉，爇柴而拥以炙背，虽隆冬亦裸相枕也。近岁，间以芦絮为被，若木棉，则仅有矣。

乾隆《宝庆府志》卷二八《风俗》记苗人居处，

> 内设一大榻，高四五尺，中设火炉炊爨，坐卧其上，曰“火床”。翁姑、子妇、兄弟、妯娌，男女杂卧，即客民宿其家亦与之杂处，不以为怪。惟析居乃另置床。

苗、瑶与畲人不同，公共建筑无祠堂，但苗人却有鼓楼。鼓楼是用以存放铜鼓的阁楼，因可存放芦笙，故名“芦笙楼”。鼓楼建筑艺术，既具有宝塔形式，又兼有苗族吊脚楼建筑风格。一般为三楼建筑，三楼铺楼层以存放铜鼓，上用枫木制成圆形楼顶。为苗人公共活动场所。

从畲与瑶、苗的居住建筑比较中，可得出如下结论：

其一，旧时建筑均较简陋，多以茅草、竹、木、泥土构成。

其二，较为发达的少数苗族地区，出现贫富住宅悬殊现象。如湘西苗族。“富

人居大厦崇垣，耸以碉楼”[①]，即例证。此为畲、瑶地区所未见。

其三，畲、瑶、苗均把建新房作为一件重大喜事来对待。但又非势单力薄的个体家庭所能完成，故形成了互相帮助与协作的习俗，有“一家立房百家帮”之说。建新房时，一般同村人都不计报酬，由主人招待饭食了事。

建新房时，亲邻同庆，都要举行隆重的“上梁”仪式。十分奇异的是，畲、苗、瑶亲邻朗诵的“上梁吉庆词”，内容大体相同。如畲族的“上梁词”为：

> 出在深山青了青，落在人家做梁杆。
> 梁头斟米酒，梁尾发财又发丁。

苗族“上梁词”为：

> 吉日良辰开大门，建造大成众亲临。
> 鞭炮满门恭喜贺，梁头安上正中庭。
> ……
> 问你主人要富是要贵，富贵都要齐来临。
> 一锭金来一锭银，金银都进到家门。

瑶族的“上梁词”是：

> 一步高，一步低，鲁班请我上云梯。
> 左脚踏上生贵子，右脚踏上富豪基。
> 两脚双双齐踏上，金银财宝满门蓄。

都是祝颂主人富贵盈门之意。可见，畲、瑶、苗民俗相似乃尔。

其四，畲村遍立祠堂，进行集体祭祖活动，瑶区则少见，苗区则建有鼓楼作为活动场所。

其五，“干栏”，这是南方诸族广为流行的一种建筑形式。在畲、瑶、苗三族中，

---

① 盛襄子：《湘西苗疆之设治及其现状》，见贵州省民族研究所：《民国年间苗族论文集》，贵阳，贵州省民族研究所，1983。

苗族较为常见，瑶族次之，而畲族与汉族杂居较多，故罕见。详见如下述。

三、干栏式建筑

南方诸族的干栏式建筑，其源甚古，这已为考古材料所证明。近年发掘的浙江余姚县河姆渡新石器时代遗址，则有数千成行排列的木桩和木梁、柱、地板等物。这些建筑均是在原始巢居的基础上发展而来的。

首记“干栏”之名者，为北齐时人魏收所撰《魏书》。据该书《僚传》载：

> 僚者，盖南蛮之别种，自汉中达于邛笮川洞之间，所在皆有。……依树积木，以居其上，名曰“干阑”，干阑大小，随其家口之数。

所谓干栏，是指上处人下养牲畜的建筑结构。

干栏除主要流行于百越民族系统的僚、壮、侗、傣、黎等古今民族外，非百越系统的土家族以及苗、瑶诸族也同样存在这一建筑形式。

苗族

其一支因居干栏式建筑而被称为“楼居黑苗”。据清朝李宗昉《黔记》载：八寨丹江楼居黑苗，

> 爱居高楼。……爱养牲畜，人居楼上，畜养楼下。

除“黑苗”外，“花苗”也有此俗。据民国《贵州通志·土民志一》载：都匀府属花苗，

> 喜楼居，上层储谷，中层住人，下住为牲。

此外，黑苗的“马郎房”也属干栏类。据清朝贝青乔《苗俗记》称：

> 女子年十三四，构竹楼野外处之，苗童聚歌其上，……黑苗谓之马郎房，僮人谓之麻栏，僚人谓之干栏。

此马郎房也有称作阑房者。据清朝徐珂《清稗类钞》第五册《风俗类》载：

> 辰州苗人所居之村，必设一楼，梯而登之，曰阑房。至夕，村中幼男女尽驻其上，听其自相谐偶。

可见，黑苗之马郎房、辰州苗人之阑房，为供青年男女聚会的场所。据调查，今日湘西、鄂西、黔东南、桂北等地苗族，多住干栏式房屋。由于苗人中居干栏者颇多，故诗人有“深山苗族半楼居”之咏。

瑶族

也有居干栏者。如清朝闵叙《粤述》载：

> 瑶人住屋，似楼而非楼，盖茅作两层，内架以竹成版，人居其上，则猪圈牛栏皆在卧榻之下矣。按《说文》家字，门下从豕，可会此义；不然，则家从豕，既非谐声，从何会意乎?

将“家”字的起源与屋内养猪的干栏式建筑联系起来，不失为一种见解。又，民国《桂平县志》卷三一《风俗》，引旧《浔州府志》载：

> 昔年瑶俗，依山架木，覆以青茅，人栖其上，下顿牛畜。

民国《罗城县志·民族》载：罗城县三防区瑶民，

> 结木为楼，上覆以瓦，楼上居人，楼下蓄畜。

需指出的是，桂北等地瑶族干栏，显系受其邻近的壮族住房建筑影响所致。

第二节　饮　食

畲与瑶、苗的饮食，从主副食、特殊食品与饮料三方面，比较其异同如下。

一、主副食

（一）在主食中，旱粮及杂粮占有重要地位。这是由山区经济决定的

在我国，长江以南的居民以稻米为主。畲、瑶、苗区虽然产水稻，但是规模数量远不及汉族及居于平地的壮、侗诸族。日常三餐中，番薯、芋、包谷等杂粮占有比重较大。

畲族

康熙《漳浦县志》卷十九《杂志》载：

凡畲惟种黍稷，皆火耨。

乾隆《潮州府志》卷十二《风俗》载：畲民，

近山之地辄种薯芋，名曰“开拳”。

光绪《福安县志》卷七《物产》则载：

邑土坟衍，绮脉交错，禾黍菽麦之属，盈于原隰。其山田硗确，畲者悉种薯蓣，以佐粮食，贫民尤利赖焉。

清朝范绍质《瑶民纪略》云：畲客，

所产姜薯豆菇笋品不一。[①]

民国时期，浙江丽水调查表明：

以蕃薯为正粮，玉蜀黍次之。常年食米者，寥若晨星，普遍以蕃薯丝拌米而炊食，谓之“蕃薯丝饭”。纯米之饭，仅宴客时一用而已。[②]

闽东一带畲民吃的番薯竟达口粮的百分之七八十。故畲民流传“番薯丝食到老”之谚。可见，旧时畲民能吃上一顿米饭就是“宴客”规格了。

瑶族

所食以粟、黍、豆、薯、芋等杂粮为多。据宋朝陆游《老学庵笔记》卷四载：辰、沅、靖州山瑶，

皆焚山而耕，所种粟豆而已。

---

① （民国）《长汀县志》，卷三五，《杂录畲客》。

② 沈作乾：《括苍畲民的调查》，载《北京大学研究所国学门周刊》，1925(4)。

宋朝周去非《岭外代答》卷三《外国门下·瑶人》载：

瑶人耕山为生，以粟豆芋魁充粮，其稻田无几。

明朝王临亨《粤剑篇》卷二《志风土》载：深山瑶人，

以芒为命，芒似芋，遍山种之。

清朝严如熤《苗防备览·风俗下》载：

瑶农所植芝麻、粟米、麦、豆、包谷、高粱、荞、薏苡诸杂粮。

自清乾隆以后，在湘南瑶区，广种“番薯备荒”①。

苗族

由于苗区分布广泛，故各地主食不一。除大米外，尚有包谷、高粱、麦类、薯类等。故史称：“苗地山多田少，稻谷罕见，多于山陂种杂粮，如芝麻、粟米、麦、豆、糁子、薏苡、高粱、荞麦之类。”②

总之，畲、瑶、苗虽以杂粮为重要主食来源，但杂粮种类则不尽相同。畲以番薯为主，苗则以包米为重。

（二）在主食中，苗瑶重糯米，这是与畲不同之处

不少苗、瑶地区，多栽一季糯稻，故嗜食糯米。

苗族

据清朝林溥《古州杂记》载：

苗民俱食糯米，收获较迟，九十月方始登场。屯军均种粘谷，收获最早，五月内即吐颖结实，六七月新谷满市矣。

可见，糯谷收获较迟，故只收一季。又，清朝爱必达《黔南识略》卷二三载：高坡苗，

---

① （民国）《宁远县志》，卷十七，《食货》。

② （清）龚柴：《苗民考》。

常食糯米，蒸饭捏团，以手掬食。

此外，有黑苗“食糯米”①、台拱九股苗“多瞰糯稻”②之载。可见，苗族各支系均嗜食糯米。

瑶族

广西瑶人，也有喜食糯米之俗。如融县瑶，

出产宜糯米，故食以糯米为主。③

罗城瑶，

以糯米为主，以手捻食用。④

龙津县瑶，

饮食以包粟及糯米为主。⑤

苗、瑶食用糯米之法，前晚用水浸泡，次晨置釜上蒸熟。颗粒分开，可用手团食。外人以为，糯米易腻人，其实不然。由于当地糯米品种优良且制作得法，不仅爽口，而且味香美，又可耐饥。笔者曾在桂北民族地区住过一年，均食糯米，确感其味无穷。

至于畲人，则与汉人同，糯米主要用于制酒与做糍粑。

（三）在粮食制品中，畲与瑶、苗均喜自制豆腐、糍粑

因肉食较少，故豆腐不仅味美，且是补充蛋白质的营养佳品。如，广西马番瑶称瑶豆腐为名菜“三肴”之一，湖南瑶区的“豆腐团”，更是节日必备佳肴。糍粑，

---

① （清）罗绕典：《黔南职方纪略》。

② （民国）《贵州通志·土民志一》，卷十六。

③ （民国）《融县志》第二编，《社会·风俗》。

④ （民国）《罗城县志·民族》。

⑤ （民国）《龙津县志》第四编，《民族》。

因本地盛产糯米，制作方便，且可制成色、香、味、形一应俱全的食品。苗人早在明代已有“舂米糕”[①]即舂糍粑之俗。畲区还把节庆制糍粑，当作时（糍）来运转，日子年年（黏）甜的象征。此是畲与瑶、苗食俗相类的突出例证。

（四）副食中，畲与瑶、苗均以山珍野味为时鲜

肉类以所猎禽兽为佳肴，故瑶人所食“绿含凤”之鸟，有“肉备众美”[②]之誉。菜类则以山中竹笋、香菇一类为珍品，故畲区有“更问一年鲑菜美，斑衣竹笋紫姜芽”[③]之誉。

（五）畲嗜水产，苗、瑶则缺鱼

闽、粤、浙畲区均靠近沿海，故鱼类稍多。如民国《古田县志·礼俗志·畲民附》载：畲民耕作时，

> 每腰系鱼藟，捕鱼螺以为美馔羹。

调查报告也表明，浙江平阳县畲区，“水产鱼虾之类较便宜，而且店铺较多”[④]。至于腌制咸海鱼以及海产品，更为畲民所嗜，故有“喜食虾皮、海带”[⑤]之说。

苗、瑶，则鱼为本地所罕见之物，多从汉区交换而来，故史有“苗嗜鱼、盐”[⑥]、苗“得鱼为贵”[⑦]、“汉商专一收买鱼、盐”运往瑶山[⑧]之载。

---

① （明 嘉靖）《贵州通志·风俗》葛彰司苗人条。

② （明）邝露：《赤雅》，卷下。

③ （清）巫宜耀：《三瑶曲》，见（清）杨澜：《临汀汇考》，卷三，《风俗考》。

④ 施联朱：《畲族社会历史调查》，63页，福州，福建人民出版社，1986。

⑤ 沈作乾：《括苍畲民的调查》。

⑥ （清）张廷玉：《明史》，卷一八七，《陈金传》。

⑦ （清 同治）《永绥直隶厅志》，卷一，《建置·苗峒》。

⑧ （清）陈梦雷：《古今图书集成》，卷一三九四，《职方典》。

（六）畲喜“咸腌”，瑶喜“鲊”，苗喜“醅”

畲与瑶、苗，虽然种蔬菜以佐主食，但是所产均不敷食用，故往往以腌、泡物品以为补充。其制作方法，则不尽相同。

畲区临海，盐多，故多制腌咸菜。故畲家有“食最好是咸腌货”的农谚，咸鱼腌菜为其一日三餐不离的佐食品。

瑶区流行鲊肉。所谓鲊，系指用盐和以米粉制成的食品。其法是将肉切成块，拌以炒熟的米粉、食盐，放人瓮中封存三月以后，即可取出煎炒食用，是瑶人待客佳肴。大瑶山“鸟鲊”更为著名。每年冬季大雪封山时，北方候鸟南来栖息，瑶人称为“雪鸟”。瑶人巧用鸟盆粘鸟，每个鸟盆可获十几斤至几十斤雪鸟肉，用以制成味道鲜美的“鸟鲊”。

苗区处于腹地山区，普遍缺盐作佐料，故史多“少用盐”[①]、“俗贵盐”[②]、“艰于盐”[③]的记载。这样，就形成“嗜酸味”的饮食习惯，喜以泡酸处理食物，以增进食欲。苗区称作“醅”。所谓“醅”，凡物渍藏掩覆不泄气者称之。据明朝田汝成《炎徼纪闻》载：苗人，

> 饮食恶草，以乔灰和秫粥，酿为臭渖，以鱼肉杂物投之，曰醅。蛆蚋丛嘬，以为珍具，矜富美者，则曰蓄醅桶几世矣。

清朝李宗昉《黔记》卷一载：

> 黔人好食臭腐物。每岁三月，洗白菜，铺巨桶中，加以小米，层菜层米，满则以巨石压之。至五月始开，气极恶，沸汤食之，颇以为美也。……土人呼醅菜。

总之，苗人用米或米汤“酿为臭渖”，即经过发酵成酸汁，置以瓮中桶中，投以肉、菜泡制而成，名为“醅”。笔者曾在广西民族地区尝过当地人称为“泡酸”的食物，

---

① （清）爱必达：《黔南志略》，卷二二，高坡苗条。

② （清）傅恒：《皇清职贡图》，卷四，怀远县苗人条。

③ （清 乾隆）《贵州通志·苗蛮》。

别有风味，文献称“气极恶”，是饮食习惯不同所致。

二、特殊食品

乌米饭。这是畲、瑶节日食品，用于祭祀与亲友馈送之用。

畲族，据民国《建德县志》卷三《风俗志》载：

> 畲客亦有乌饭，乃于三月三日取柴汁和米蒸之，相传其祖盘瓠喜吃此饭也。

此俗相传至今。据调查，畲族乌米饭系用野生乌稔树叶煮汤，然后将糯米泡在汤里，经数小时后捞出蒸熟。

瑶族，据明人魏濬《西事珥》载：

> 青精饭，用南天烛染饭作黑色，谓之乌饭。……今粤人以社日相馈送。然，又染有作青、黄、赤以相杂，谓之五色饭者。

此中所记为明代广西瑶、僮地区流行青精饭的事实。据明朝邝露《赤雅》卷下《青精饭》载：

> 瑶人社日，以南天烛染饭，竞相遗送，名曰青精饭。杜诗：“岂无青精饭，令我颜色好。”

又，光绪《荔波县志》卷十一《风土》载：四月初八日，

> 是日也，以枫叶揉碎渍水，染糯米为饭，曰黑饭，古名青精饭。土人以饭和肉饲牛，俗称报牛之力，使得脱化，理或然欤。

此荔波“土人”，即荔波瑶人。此南天烛，即枫叶。把枫叶揉碎泡水，染糯米饭为黑色，古名“青精饭”，俗名“乌米饭”“黑饭”。此饭色泽多彩，故杜甫誉为吃后“令我颜色好”，其味则香软可口。

据调查，今日广西巴马番瑶仍流行在五月二十九日的“祝著节”做传统的“三彩饭”之俗。做法是先将青黑、黄、紫红三色水煮好。黑色用枫叶即瑶人所称的

“南天烛”煮成；黄色用黄花煮成；紫红色则用红色染食料煮成。然后，将糯米置于三色水中分别浸泡，再捞起蒸饭。其法与明朝魏濬《西事珥》所云“染有作青、黄、赤以相杂”完全吻合。

须附及的是，畲、瑶除有共同的特殊食品外，也有特殊忌食的食品。畲、瑶除忌食狗肉外，还避食猫肉。畲族中有“猫死挂树头”之说。瑶民则有吃了猫肉会常年流涕之说。云南屏边瑶民不吃猫肉。[①] 从中可见畲、瑶饮食文化相似程度之深。

三、饮　料

（一）嗜　酒

畲、瑶、苗等南方诸族均嗜酒豪放。此俗是在商品交换不发达，不重财富积蓄的历史条件下形成的。因此，他们缺乏积存剩余粮食之习惯，而把酿酒当作处理当年余粮的一种重要方式，如清朝爱必达《黔南志略》卷二〇载：

> 苗民嗜利而无远虑，好饮酒宴会，罄所入以供之，不知蓄积。

这从台湾“熟番”，即高山族中，也可得到佐证，“有钱无所用，故不知蓄积。秋成纳稼，计终岁所食，有余则尽付曲蘖”[②]。

畲族

男子大都嗜酒，不仅婚丧节庆要喝酒，日常生活也要喝酒。嗜酒成风，故有“无酒莫请客”之谚。以糯米酿的酒名“米酒”，以小麦酿的酒名“麦酒”，以红薯酿成的酒名“番薯酒”，带酒糟的名“酒娘糟”。冬十月起家家忙酿酒，以备过年及来年之需，俗称“十月酒”。畲酒闻名遐迩，销往汉区，故诗人有“畲酒入城迟”[③] 之咏。

---

① 《民族问题五种丛书》云南省编辑委员会：《云南苗族瑶族社会历史调查》，128 页，昆明，云南民族出版社，1982。

② （清）黄叔璥：《台湾使槎录》，卷八。

③ （清 嘉庆）《云霄厅志》，卷十八，《艺文》。

瑶族

瑶人嗜酒，更为文献频频记录。据明朝田汝成《炎徼纪闻》卷四《蛮夷》载：瑶人，

> 惟多酿酒，时时沉醉为乐耳，不知世有珍羞之和，黼黻之华也。

不管衣食只顾酒醉，大有饮酒至上之意。入清后，则有“沉湎酒食”[①]之说。所制酒，多以杂粮酿成，曲江瑶“以高粱酿酒”[②]，粤北瑶“以粟米酿酒”[③]。瑶人将好客精神融入酒文化中，“务期客醉为欢”[④]。

进入近代以后，瑶人嗜酒之风仍炽。据了解，瑶酒有两种，一种是白酒，另一种是甜酒。以大米、玉米、木薯等原料酿酒，酒的度数不高，一般为 20 度左右。男子一次可喝二三斤，一年平均喝三百斤左右。劳动时带酒至田间当开水喝，客人来了，当茶水招待，不醉倒客人，视为失礼，赶墟、节日痛饮，一醉方休。[⑤]

苗族

以“诸苗性皆嗜酒”[⑥]著称。须要特别强调的是，苗人有“咂酒”之俗。此俗源远流长，可溯至宋代“钩藤酒”。据宋朝陆游《老学庵笔记》卷四，记述了湖南辰、沅、“靖州蛮”饮“钩藤酒”盛况：

> 醉则男女聚而踏歌。农隙时至一二百人为曹，手相握而歌，数人吹笙在前导之，贮缸酒于树阴，饥不复食，惟就缸取酒恣饮，已而复歌。夜疲则野宿，至三日未厌，则五日或七日方散归。

明、清后，称作“咂酒”，以清朝吴振棫《黔语》卷下为详：

> 咂酒，苗俗也，古谓之竿儿酒。其法，蒸野稗如面，实之罂而涂其

---

① （清 光绪）《德庆州志》，卷十五。

② （清）屈大均：《广东新语》，卷七，《人语·瑶人》。

③ （清 同治）《韶州府志》，卷七，《舆地·风俗》。

④ （清 道光）《开建县志》，卷七，《风俗》。

⑤ 参见姚舜安：《瑶族民俗》，109 页，长春，吉林教育出版社，1991。

⑥ （清）爱必达：《黔南识略》，卷二。

口。卜日召客，则设堂中。撤涂注水与口平，浅则复注，逡巡酿成。以细竹筒插罂腹，众客环而咂之，以次轮转，水味淡则酒力竭矣。近汉民亦多仿此法酿酒者。苗性嗜饮，多以沉湎荡其家。

换言之，咂酒之法是：饮酒不用杯碗而以管，众人轮流吸酒，边饮边注水坛中，直至无酒味方休。在饮酒过程中，边歌边舞，众人尽情作乐，有至数天方散者。

咂酒，在南方民族地区广为流行。以地区而言，有两广、两湖、四川、云南、贵州以及台湾等地；以民族言，除苗族外，还有壮、侗、傣、土家、彝、藏、高山诸族。奇异的是，在畲、瑶地区已罕见此俗。

（二）好　茶

畲与瑶、苗山区，均盛产茶，故其人均喜饮茶。但其饮茶方式不尽相同。

畲族，受当地饮茶习俗影响，与汉区无异。如福建畲民喜喝乌龙茶，广东凤凰山畲民，则与潮州人一样，每家都有整套小型烹茶具，用以喝“工夫茶”。

瑶与苗地区则仍保存传统的“打油茶”。此俗主要流行于桂北瑶族地区与黔东南及桂北苗族地区。这是款待客人的特殊食品。其制作方法是：茶叶、生姜、蒜头拌匀，用茶油和盐炒熟冲水煮开。待客则加上香菇、炒花生、炒黄豆、炒米花等物，其味香、脆、辣、甜兼备，极为爽口，既可解渴又可充饥。处于高寒地区的瑶、苗，吃油茶更有驱寒、祛湿、消食功效。故长期流行不衰。

第三节　服　饰

人类起初是没有服饰的，只是到了一定发展阶段才有的。衣服与装饰是密不可分的，故合称服饰。每个民族都有其特殊的服饰，故服饰是区分民族的表面标识。畲与瑶、苗服饰的共同特点，主要表现如下。

一、“衣斑斓”

畲与瑶、苗都喜穿鲜艳服装。其源可溯自传说中的共同祖先盘瓠，“好五色衣

服，……衣裳斑兰”[①]。此俗历代相沿而不衰。需要辨明的是，前人往往认为，由于盘瓠毛五彩，所以造成其传人衣斑斓的习俗。如，清朝屈大均《广东新语》卷七《人语》说：“盘瓠毛五采，故今瑶姎徒衣服斑斓。”清朝李调元《南越笔记》卷七也有相同记载，当系袭用此说。这种说法的失误在于，颠倒了本末与因果关系。事实应该是，当时“盘瓠种”人衣斑斓是因，反映在《后汉书》作者范晔头脑中而据此塑造的“毛五采”的盘瓠倒是果。

瑶族

衣斑斓，最负盛名，且历代相沿不衰。唐代诗人刘禹锡《蛮子歌》咏道：

> 蛮衣斑斓布。[②]

宋代，瑶人，

> 其首则青巾紫袍，妇人上衫下裙，斑斓勃窣。惟其上衣斑文极细，俗所尚也。[③]

明代，瑶，

> 衣斑斓布褐。[④]

清代，广东连州八排瑶，

> 其服饰，用青布以五色绒刺绣背后，缀以古钱，谓之斑衣。[⑤]

正因瑶人服饰多彩，而导致瑶人称谓的繁多。所谓“花瑶”“花蓝瑶”“红瑶”“黑瑶”“白瑶”“斑衣山子”，均是例证。

---

① （南朝宋）范晔：《后汉书》，卷八六，《南蛮西南夷列传》。

② （唐）刘禹锡：《蛮子歌》，见（唐）刘禹锡：《刘禹锡集》，卷二六，239页，上海，上海人民出版社，1975。

③ （宋）周去非：《岭外代答》，卷三，《外国门下》。

④ （清）顾炎武：《天下郡国利病书·广东》。

⑤ （清）无名氏：《平定瑶匪纪略》下卷。

后世瑶族服装花样繁多，大都以蓝、黑色为主，喜在衣领、衣袖、裤脚或裙边绣上各种彩色图案。

苗族

据明朝陶宗仪《南村辍耕录》卷八，“志苗”条下载：诸苗，

> 喜著斑斓衣。

苗族服装重色彩。上衣有大襟的，也有大领的，衣色有蜡染、素色、白色、绣花等，贵阳地区苗族则穿绣花衣最为盛行。故史有“性喜彩绘，无论丝布麻枲，必染绛绿为衣裳”[①]之誉。

畲族

传统服装，喜以不同颜色的布条缀边为饰。如福建宁德畲妇穿“对领衣”，领用红、绿、黄、蓝、白等色布镶成彩色花边，构成四角形领，已婚妇女领处尚绣花，衣的下裙也行刺绣。此即志书所称畲民“衣斑斓”“布斑斑”之遗风。近世以来，畲族男女多改穿汉装，但仍喜青、蓝、黑三色粗布制衣。

畲与瑶、苗“衣斑斓”一事，与当地盛产植物性染料有密切联系。“盘瓠蛮”已“织绩木皮，染以草实”；“溪蛮”则“印布入靛缸渍染”[②]。此外，南方色彩斑斓的自然环境，映入眼帘，也培育了人们好五色衣的审美观念，形成自然与人的和谐统一。

二、喜穿裙

瑶、苗、畲妇女喜穿裙，这与汉族妇女衣裤之风截然不同。

瑶族

妇女喜衣裙，故有“重裙无裤”[③]之说。裙的形式异彩纷呈，多为“短裙”[④]，用

① （清）俞益漠：《办苗纪略》，见（同治）《江华县志》，卷二八，《风俗》。

② （宋）朱辅：《溪蛮丛笑》。

③ （清）傅恒：《皇清职贡图》，卷四，曲江县瑶人、乐昌县瑶人、乳源县瑶人条。

④ 同③。

今日的标准而言，可名之曰超短裙，"裙不蔽膝"[①]"女花衣花裙，长仅及膝"[②]，可证。但也有裙长及地者，如，"妇女则小袂长裙，绣刺花纹，其长曳地"[③]。至于裙的裁制与花色，则更多变化，如，"妇人加折裙，织花为饰"[④]，"妇人则以红绿两截作裙"[⑤]，"女裙前用青布一幅，印白花，名曰裙摆"[⑥]。其中，尤以广西红瑶妇女所着青底满绣红色花纹的百褶裙在行走时，裙幅飞舞，蔚为美观。但是，由于受汉区的影响，瑶妇着裤者日益增多，所谓"男妇皆青布短衣裤"[⑦]即属此例。

苗族

苗裙最为讲究，尤以百褶裙为著。据清朝方亨咸《苗俗纪闻》载：苗妇，

> 无中衣，止板裙、百折裙，亦五彩。无帛者，以花布代之，间以纯青。仅及骭。

清朝陆次云《峒谿纤志》载：东苗，

> 细摺裙仅蔽其膝。

清朝林溥《古州杂记》载：苗妇，

> 裙百摺，以布为之，长不盈尺，围脐下。

清朝李宗昉《黔记》载：贵州都匀八寨短裙苗，

> 不穿裤，其裙长只五寸许，极厚而细摺，聊以蔽羞。

民国《贵州苗民概况》也载：

---

① （清）傅恒：《皇清职贡图》，卷四，曲江县瑶人、乐昌县瑶人、乳源县瑶人条。

② （清 嘉庆）《广西通志》，卷二七八，南丹瑶、思恩瑶条。

③ 同②。

④ （清 嘉庆）《广西通志》，卷二七八，武缘瑶、桂平瑶、天河瑶条。

⑤ 同④。

⑥ （清）李来章：《连阳八排风土记》，卷三。

⑦ （清 嘉庆）《广西通志》，卷二七八，武缘瑶、桂平瑶、天河瑶条。

考苗寨妇女衣服工作时间之长，莫过于裙，有费时半年，而完成一裙者。裙为妇女唯一之装饰品，每遇吉庆丧吊，以穿裙条数，或摺细而花多为美，虽年老发白，其衣裙，必有花色，有以蜡绘者，有以彩布镶者。

可见，苗族妇女之重裙与裙之花色品种之多。概言之，苗裙之特色有：做工精巧，费时有数月甚达数年之久；褶细褶多，有多达四五百道者；重色泽，有绣花、蜡染、色布拼镶诸种；制式有长、中、短裙之分。

畲族

裙为传统服装，故史有“女短裙蔽膝，勿裤勿袜”[①]“女子无裤”[②]之载。近世，特别是民国以来大多改穿裤，故史称畲妇“均著裙，近始有著裤者”[③]“围裤”[④]。有些地区畲族妇女改穿汉裤后，仍遗有昔日穿短裙的痕迹，如，福建宁德南山畲妇，穿短裤，在腹前加方形小围裙。漈头和南岗畲妇所著裤，虽较南山为长，也仅盖过膝部。

总之，在炎热的南方，最早盛行制作简便的裙子。裙子起源，当是把下身围起来的布片。后来，人们把一幅布围于腰，即成了裙子。至于花样翻新的种种裙子，则是在此基础上改良发展而来的。这就是南方民族，除畲、瑶、苗外，还包括傣、布依、仡佬、彝、黎、高山等族“重裙无裤”之习形成的历史原因。

三、服短衣

此制，与汉族传统的“宽袍博带”的衣服形制也是明显有别的。

瑶族

据清朝傅恒《皇清职贡图》卷三“宁远等处箭杆瑶人”条载：

男女喜著青蓝短衣。

---

① （清 同治）《景宁县志》，卷十二，《风土·附畲民》。

② （明 万历）《永春县志·风俗》，卷三。

③ （民国）《龙游县志·地理考·风俗》。

④ （民国）《古田县志》，卷二一，《礼俗志·畲民附》。

清人《黔南苗蛮图说》载：花瑶，

> 青平短衣。

苗族

据清朝傅恒《皇清职贡图》卷三，“永绥乾州红苗”条载：

> 衣短衫。

清朝爱必达《黔南识略》卷十二载：苗女，

> 上著窄袖短衣。

清朝李宗昉《黔记》载：贵州都匀八寨短裙苗，

> 妇人衣短，无衿袖。前不护肚，后不遮腰。

畲族

民国《长汀县志》卷三五《杂录畲客》载：

> 其男子不巾帽，短衫阔袖。

因衣著较简单，旧时甚有“男单袷不完，勿衣勿裳”[①]之载。因受汉族影响较深，其服饰男子上着对襟唐装，下穿宽大高裤头的便裤。

可见，畲与瑶、苗虽然行短衣之制，但是又不尽相同。如苗衣窄袖，畲衣阔袖；苗妇衣甚至有短至露肚显腰者，而畲妇则受汉族影响，有穿长过膝盖的大襟右衽上衣。这当是后世变化的结果。

畲与瑶、苗衣短衣之传统习俗之形成，与下述因素不无关系：一是他们处在多山林、荆棘的地理环境。显然，对“好入山壑，不乐平旷”的盘瓠传人而言，这种服装形式便于行走与从事生产活动。二是南方炎热的气候条件。

畲与瑶、苗尚短衣之制，可溯至楚人。据《汉书·叔孙通传》载：叔孙通，

① （清 同治）《景宁县志》，卷十二，《风土·附畲民》。

儒服，汉王憎之，乃变其服，服短衣，楚制。汉王喜。

所谓“楚制”，师古曰：“制，谓裁衣之形制。”这从考古材料中也可得到证实，据楚墓出土的实物“緥衣”，判明楚人衣短衣之制。可见，畲与瑶、苗等南方民族衣短衣之俗，堪称源远流长。

四、椎　髻

不同民族往往有不同发式。椎髻是畲、瑶、苗曾广为流布的一种传统发式。椎髻，或作“椎结”“魋结”，指将发盘结于头顶或脑后成“椎”形发式。正如唐人颜师古所释“一撮之髻，其形如椎”[①]。“椎髻”之制，有别于汉族的“冠冕”之制。

苗族

据明朝田汝成《炎徼纪闻》卷四载：苗人，

其人魋结跕蹦。

明朝郭子章《黔记》卷五九载：龙里苗人，

男子椎髻。

清朝陆次云《峒谿纤志》载：宋家、蔡家，

椎髻当前，衣冠尽废。

清朝吴省阑《楚峒志略》载薙：

苗惟寨长薙发，余皆裹头椎髻。

瑶族

明朝田汝成《炎徼纪闻》卷四载：瑶人，

椎结斑衣。

① （汉）班固：《汉书·陆贾传》，卷四三。

清朝李来章《连阳八排风土记》、清朝诸匡鼎《瑶僮传》诸籍，均有记载。需指出的是，瑶族此俗最早见于宋人范成大《桂海虞衡志·志蛮》“椎髻跣足”的记载。

畲族

同治《汀州府志·丛谈附》卷四五载：汀州畲人，

女不笄饰，裹髻以布，男结髻不巾、不帽。

需指出的是，畲与瑶、苗往往在椎髻上加饰物以为美观。如：畲妇，“冬夏以花布裹头，巾为竹冠”[①]；瑶人，“无冠礼，少年男女以五色绿珠及绵花作条饰髻上，插鸡尾以为美观”[②]；西苗，“男子椎髻，上插白鸡毛”[③]。髻上饰物，还有标志男女青年婚姻状况的作用，如民国《贵州通志·土民志一》载：花苗女，

巾覆于顶，未婚者代鸡毛以别之，已婚则去。

五、跣足与草鞋

人类最初是不穿鞋子的，即赤足而行。畲与瑶、苗诸族曾普遍行“跣足”之风。如道光《建阳县志》卷二《舆地志》记“畲民风俗”：

女子不缠足……常披蓑戴笠，跣足负耒，日与男子同耕种。

清朝周存义《平瑶述略》卷上载：瑶，

椎髻跣足。

清朝徐家干《苗疆闻见录》卷下载：

苗人椎髻跣足。

① （清 光绪）《处州府志》，卷二九，《艺文志中》，见（清）吴楚椿：《畲民考》。

② （清）李来章：《连阳八排风土记》，卷三，《风俗》。

③ （明）郭子章：《黔记·诸夷》，卷五九。

像这类记载，不胜枚举。

由于世代均生活在险恶环境中，造成了他们适应自然的能力，故虽跣足，爬山涉险如履平地，养成吃苦耐劳的毅力。如清朝屠本仁《畲客三十韵》咏道：

攀陟重岩艰，依栖穷谷僻；……舆丁及担夫，余力耐劳剧。[①]

清朝周存义《平瑶述略》卷上载：瑶人，

又能耐饥忍苦，上下山险若飞。

清朝吴省兰《楚峒志略》载：苗人，

登巉岩如履平地，越溪箐疾若猿猱。

乾隆《宝庆府志》卷七二八《风俗》载：苗俗，

男女赤足，健捷如飞，上山下岭奔马不能及，棘刺毒螫不能伤。最异者，男女皆成滚坡绝技，凡悬岩陡坎，人所不能攀缘之处，彼但敛其手足，缩身如猬，呼吸至底，无所磕损。

跣足之因，大致有二：一是南方天气炎热；二是贫困的山居生活。即与气候与物质条件相关。

畲与瑶、苗之赤足习，与不戴帽俗并行不悖，故史书往往称之为："椎髻跣足"或"不冠不履"。

人类由跣足而履。如《世本·作篇》载：

于则作扉履。

注引宋衷曰：于则，

黄帝臣。草曰扉，麻曰履。

① （清）屠本仁：《畲客三十韵》，见（清 光绪）《处州府志》，卷三〇，《艺文志下·诗篇》。

把鞋之发明归作黄帝之臣于则，当然不可取。但最早之鞋子以草或麻皮制成的说法，则是可信的。这在畲与瑶、苗诸族中流行人类早期使用的草鞋、麻鞋及木履事迹中，可以得到证明。如民国《龙游县志》卷二《地理考•风俗》载：畲民风俗，

素无缠足之习，家居悉穿草履或木屐。

道光《广东通志》卷三三〇，记连州瑶人，穿

芒鞋。

清朝方亨咸《苗俗杂记》及清朝黄元治《黔中杂记》载：苗人，穿

草鞋。

随着社会经济的发展，畲与瑶、苗的鞋制也随之发生由简至繁的重大变化。其中畲族妇女的绣花船形鞋极富民族特色与代表性，据民国《龙游县志》卷二《地理考•风俗》，记畲民风俗，

必往其戚属庆吊时始用布鞋，鞋端必绣红花并垂短穗。

而广西都安布努瑶，则穿绣花猫鼻布鞋。至于湘西苗乡女鞋，更是变化多端，“鞋子绣花，头尖口大，后跟上耳。有做一种半节鞋，是用各色花缎连缀而成，美观异常”[①]。可见，畲与瑶、苗妇女均喜穿绣花鞋，但其形制与纹式又各有千秋。这是其服饰同中存异的突出例证。

六、不缠足与绑腿

畲与瑶、苗均无缠足陋习。究其因，主要有二：一是妇女与男子一样，从事主要劳动，所谓“种山为业，夫妇皆作”[②]即是；二是未受儒家礼教之影响。

---

① 石启贵：《湘西苗族实地调查报告》，122页，长沙，湖南人民出版社，1986。

② （民国）《长汀县志》，卷三五，《杂录畲客》。

喜以布绑腿。如，畲族，“其自膝以下蓝布匝绕，则男女皆然也”[①]。调查报告也证明，福建宁德县畲族，解放后仍有绑腿之习。据清朝傅恒《皇清职贡图》卷四载：曲江县瑶，

> 膝以下束布至胫。

嘉庆《新田县志》卷二八，记苗俗，

> 腿缠青布行縢縢。

调查报告也证明，苗人喜以青布或花布裹脚。绑腿之习，有御寒与美观之用。这与穿裙当起配套作用。

七、盛饰物

据《后汉书·舆服志下》载：上古未有制度，后世圣人，

> 见鸟兽有冠角頞胡之制，遂作冠冕缨蕤，以为首饰。

把身体装饰说成是人类效法鸟兽等动物外表而缘起，虽然属臆想之辞，但是其可取之处有二：承认人类最初是没有装饰之物的；装饰是与审美意识联系在一起的。

畲与瑶、苗均注重装饰之美，甚至以多为尚，带有炫耀财富性质。喜在身上即头、项、手、腰、脚诸部位，佩带或悬挂用各种材料制成的饰物。三族相比较而言，以苗族最盛，畲族稍淡薄。这种差异的造成，与经济条件、受汉族影响而导致观念变化有关。

苗族

据清朝方亨咸《苗俗纪闻》载：苗族妇人，

> 无老少腕皆约环，环皆银，贫者以红铜为之。项着银圈，富者多至三四。耳铛累累及肩。

---

① （民国）《龙游县志》，卷二，《地理志·风俗》。

清朝爱必达《黔南识略》卷十二载：苗女，

耳带大环，项带银圈，有一二圈以至十余圈不等。

清朝吴省兰《楚峒志略》载：

苗妇之饰，用银簪、项圈、手镯、行縢，一如男子，惟两耳皆贯银环两三圈。衣较男子稍长，斜领直下，用锡片、红绒或绣花卉为饰。富者戴大银梳，以银索密绕其髻。……裙用峒锦而青红间道，亦有钉锡铃绣绒花者。

《苗防备览·风俗上》载：苗人，

富者以网巾束发，贯以银簪四五枚，脑后戴两银圈，左耳贯银环如碗大，项围银圈，手带银钏，衣服系锡皮。

其妇女，

两耳贯银环，二三四五不等，以多夸富。

清朝贝青乔《苗俗记》载：

耳环大如钩，下垂至肩，富者多饰以珠贝，累累如缨络。

从上述记载中，可勾画出苗族女子的传统典型盛装：头插银簪、银梳、髻绕银索，耳贯银环，项带银圈，手带银镯，胸前垂以珠贝，衣裙缀以锡片或锡铃。其耳环有二三四五不等，其项圈有一二圈至十余圈不等。堪称巍巍乎盛哉。

瑶族

据明朝王济《君子堂日询手镜》载：山子（瑶人），

妇人以他发杂己发盘髻作大堆，重可数斤，上覆青布，簪大头银剜耳至百余，耳缀数环。

清朝屈大均《广东新语》卷七载：连山瑶，

首领皆刺五色花绒，垂铃钱数串。

清朝佚名《平定瑶匪纪略》下卷载：连州八排瑶男女，

俱带大耳环，银项圈。

概言之，瑶族装饰主要特点有四：一是妇人以他发杂己发，盘成高大之髻；二是男子也像妇女一样，穿耳饰银环；三是胸前喜垂铃钱数串；四是妇女喜满头插戴。

畲族

妇女也喜在髻上插银簪，戴上各式头帕，佩戴银质耳环、手镯。时至今日，广东龙川、潮州等地畲族老妇人仍保存此类装饰。畲族饰物中极富特色的是银冠，其法是用一个小竹筒，长约三寸余，在竹筒两边镶有银片，并有两条珠链子连着，顶上用一块红布裹着，但也有不用红布的。[①] 虽然畲人装饰不及苗、瑶繁多，但是从文献记载中仍依稀可见昔日盛装痕迹。如同治《景宁县志》卷十二《风土·附畲民》载：畲妇，

断竹为冠，裹以布，布斑斑，饰以珠，珠累累（皆五色椒珠）。

同治《贵溪县志》卷十四《杂类轶事》载：畲民，

又结蚌珠缀四檐，服之刁刁然，自以为异饰也。

光绪《处州府志》卷三〇《艺文志下·诗篇》载：畲妇，

复髻�筒缀石珠。

民国《古田县志》卷二一《礼俗志·畲民附》载：畲民，

头戴冠子，以巾覆之，或以白石、蓝石串络缚冠上，或夹垂两鬓，与居民较异。

① 施联朱：《畲族社会历史调查》，295 页，福州，福建人民出版社，1986。

第八章　畲与瑶、苗的教育

畲与苗、瑶的教育，虽然均较汉族落后，但是相比较而言，畲族稍发达，苗、瑶次之。

畲族，解放前在教育方面就已有趋赶汉族的发展势头。在文化程度提高的基础上，畲民登科第的人数日增。形成了畲族知识分子阶层。蓝鼎元即其杰出代表。需要指出的是，这批知识分子，纷纷融入汉民族中。这也表明，族群的不同，往往是文化的差异所造成的。

苗学，可溯源于宋代。其时，各地开始创建府、州、县学。苗学的突出变化与发展，是在清代大力开辟苗疆以后。这是因为，清廷为加强管辖与开发苗疆，需要培养一批为其统治利益服务的苗族知识分子。这就是为什么在嘉庆道光以后，苗人登科入仕人数日增的奥秘所在。

瑶学，也可溯源宋代，故有瑶人“就学宋朝”之誉。明清以后，在瑶区，各级府、州、县学及社学都有所发展。

第一节　畲族教育

随着畲族社会经济的发展，随着汉文化影响的日益加深，明代特别是清代以来，畲民的文化教育有了较为显著的发展。故史称：

> 畲民有读书者。①
>
> ［处州府］即此十县间，畲客且千百。子弟秀而良，亦足备选择；字或识九千，弓可挽五石。②
>
> 乾隆五年，编图隶笈，亦有入庠者，烝烝然染华风矣。③

---

① （清）吴楚椿：《畲民考》，见（清 光绪）《处州府志》，卷二九，《艺文志中》。

② （清）屠本仁：《畲客三十韵》，见（清 光绪）《处州府志》，卷三〇，《艺文志下》。

③ （民国）《南平县志》，卷十一，《礼俗志·杂俗》。

进入民国以后，畲民教育更有追赶汉族之趋势，“惟近来儿童就学，女子服装及婚嫁仪式渐有与汉民同化之趋向”[①]。

解放前的学校教育，除官办外，民间教育也相应发展。调查报告表明，福建连江龙乡总洋村畲族，解放前曾自己创办私塾，请连江汉族老师，也有由本村有文化的人做老师。解放前广东省潮安县的山犁、碗窑、李工坑、石古坪等畲族村庄都曾开过私塾。

随着文化程度的提高，畲族子弟登科第的人数日众。如道光《建阳县志•舆地志》称：畲人，

> 近数十年来渐与土人同化，雷、蓝二氏间或侨居省城，且有捷乡会试登科第者。

以上杭县为例，有清一代，考取举人的有蓝学鉴、钟尚志、钟润、蓝日聪、钟大受、蓝斗南、蓝利田、雷赞明八人；进士有蓝桂、蓝正春二人。[②]又，据同治《雷氏族谱》统计，有清一代，考取进士者有六人：康熙时有蓝鼎元、雷起云、钟桂；乾隆时有雷轮、钟德；咸丰时有雷瑞光。[③]畲族考取功名人数之多，由此可见一斑。

清朝对畲氏参加科举一事，总体而言取鼓励政策。嘉庆八年（1803年）浙江省曾明文规定，畲民准予“一体考试”。但宥于民族歧视，此策执行时却受到两方面的阻力。一是来自汉族民间。畲民读书者，“间出应试，土人辄攻之”，以“畲民系盘瓠遗种”[④]之因。二是来自清朝本身。按照清朝有关律令规定，出身低贱者不能参加考试，而有的畲民因职业关系也被剥夺考试权利。据光绪《处州府志》卷二四《风土》载：

> “照例身家不清白者，不准与考”。泰顺畲民皆作舆台为人役，身家未为清白，奉批不准与考。[⑤]

---

① （民国）《景宁县续志》，卷九，《武备》。

② 参见黄集良：《上杭畲族英才录》，3、5页，厦门，厦门大学出版社，1998。

③ （清 同治）《雷氏族谱》，见蒋炳钊：《畲族简史》，141页，厦门，厦门大学出版社，1988。

④ （清 光绪）《处州府志》，卷二九，《艺文志中》，卷二四，《风土》。

⑤ （清 光绪）《处州府志》，卷二九，《艺文志中》，卷二四，《风土》。

为此，畲族知识分子为争取合法权利，展开了不屈不挠的斗争。道光六年（1826年），温州畲民“援例求考”[①]。这一时期，云和畲民也“援例求考”[②]。从此，畲民参加科举者大增，故史称“近亦列名黉序者矣”[③]。

一批畲族知识分子，有的考取了贡生、秀才，有的甚至跻身于官宦之门，如漳浦石椅蓝氏家族，古田富达蓝氏家族等。蓝鼎元即其杰出代表。蓝鼎元，字玉霖，号鹿洲，福建漳浦县苌谿乡（今赤岭乡）人，为有清一代的名宦与著名学者。生于康熙十九年（1680年），卒于雍正十一年（1733年）。康熙六十年（1721年），曾从兄南澳镇总兵蓝廷珍镇压台湾朱一贵的反抗活动。雍正元年（1723年）以选拔入京师，分修《一统志》。代授广东普宁知县。权调潮阳县事。曾建棉阳书院。后署广州知府，抵官一月卒。事迹俱见《清史稿》本传。所著收入《鹿洲全集》。其中所收《论边省苗蛮事宜书》是康雍之际主张改土归流的代表作之一，显示了作者进步的历史观与民族观。

畲族历史上曾出现不少人才，有的还跻身于当时的统治集团。但直至解放前，畲族山区教育仍较汉区落后。这是因为，文化较发达的畲区，在统治者实行“编图隶籍”“编甲完粮”的强迫同化政策下，已与“平民无别”，成为汉民族的组成部分。早在明代，福建汀州畲民已“承赋如居民”[④]。迄清，“许其编甲完粮，视土著之民一例”[⑤]。已入籍的畲民，无论参加科举，或入仕当官，都等同汉人，这样畲、汉界限逐渐泯灭，故史称：

> 雍正年间曾奉谕旨，准其一体编入民籍，况此种山民完粮纳赋，与考服官，一切齐民相同。[⑥]

蓝鼎元就是突出事例。他出身书香世家，深受儒家教育，不仅自视为汉族且深信不

① （民国）《宣平县志》，卷四，《礼俗志》。

② （清 同治）《云和县志》，卷十五，《风俗门·畲民》。

③ 同②。

④ （清）杨澜：《临汀汇考》，卷三，《风俗考》。

⑤ （清 道光）《龙岩州志》，卷二〇，《杂记》。

⑥ 福州《华美报》，己亥（光绪二十五年）四月，第17号，15页。

疑，就是汉族人士也同样把他视作本族成员而无歧义。

第二节　瑶族教育

瑶族教育开始发展，可溯自宋代，故史有瑶人“射雁唐世，就学宋朝”①之说。

宋代统治者在瑶区办府州县学，鼓励瑶族子弟入学。如淳熙元年（1174年）四月，

> 许桂阳军溪洞子弟入州学听读。②

淳熙八年（1181年）四月，

> 立郴州宜章、桂阳军临武县学，以教养峒民子弟。③

与此同时，瑶人也日益重视子弟受教育的重要性。故史有峒瑶“遣子入学”④之载。

明代，早在开国之初，朱元璋已提出，用武力平定南方民族后，要采取重“教化”的方针。在瑶区，主要体现为：

一是在府州县设“儒学”。如成化、弘治年间，在镇压大藤峡瑶人起义后，“率置县建学以兴教化”⑤。

二是在乡村建社学。如正统四年（1439年）广西庆元府南丹州知州莫祯建议，在宜山等六县流官所治瑶僮之地，“各村寨皆置社学，使渐入风化”⑥。

总之，明代瑶区的府州县学与社学在袭宋制的基础上，有了较大发展。

清代以来，瑶区府州县学及社学，均有专门规定。如顺治十四年（1657年），“设广东雷、连各瑶峒社学一所”；顺治十六年（1659年），“设湖南辰州五寨学。巡抚袁廓宇疏言，五寨界接苗瑶，向事诗书，今更归化输诚，应请设学，考取童生七

---

① （清　同治）《直隶州志》，卷二六，《洞瑶》赞。

② （元）脱脱等：《宋史》，卷三四，《孝宗本记二》，卷三五，《孝宗本记三》。

③ 同②。

④ （宋）祝穆：《方舆胜览》，卷二六，桂阳军条。

⑤ （清）张廷玉：《明史》，卷一六五，《陶鲁传》。

⑥ 《明英宗实录》，卷五七，正统四年七月癸酉条。

名，廪生六名，增广生八名。出贡年份，俱照各县事例。从之”[①]。

雍正改土归流后，更加大了发展瑶区教育与科举事业的力度。据《钦定学政全书》卷六四载：

> 粤东凡有黎、瑶之州县，悉照连州一体多设官学，饬令管理厅员于内地生员内，选择品行端方，通晓言语者为师，给以廪饩……听黎、瑶子弟之俊秀者入学读书，训以官音，教以礼义，学为文学。

清朝吴省兰《楚峒志略》载：

> 每岁科试，瑶童亦得与考，所取瑶生，亦例与生监一体乡试，盖圣朝声教，四讫有如此。

入民国以后，推翻了帝制，瑶民子弟求学的愿望更为迫切，向学之风也日盛。故史称：

> 渐知就学读书，薰陶渐染。[②]
> 向学慕义之风，近廿余年渐有蒸蒸日上之势。[③]

但是，需要指出的是：其一，直至解放前，瑶区教育还是比较落后的。调查报告表明：湖南江华地区，

> 全县两万多土瑶和过山瑶（平地瑶不在内）中，解放前读了初中的只有 11 人。1951 年中央访问团的调查材料：“沱江乡的茅坪村是文化较高的村落，共有 113 人，受教育 5 年的只有一人，3 年的 2 人，半年或初识字的 8 人，其余 101 人全系文盲。”再从 1949 年在校学生来看，全县瑶族地区共有小学 22 所（其中完小一所），瑶族学生共有 497 人，而在中

① （清）张廷玉等：《清朝文献通考》，卷六九。
② （民国）《昭平县志》，卷七，《夷民部》。
③ （民国）《融县志》第二编，《社会·民族》。

学读书的只有2人。由此看来瑶族教育与其他民族比较是落后的。[①]

其二，瑶族教育，内部不平衡性相当突出。入学与参加科举的瑶族子弟，在封建时代，主要限于受汉文化影响较深的平原地区瑶人。如嘉庆《宁远县志》卷十《瑶峒》载：

平地瑶则多读书能文之士。近年应童试者多至百余，易瑶籍为新籍，生员考列一二等岁科试每不乏人，雍正壬子（十年，1732年）、乾隆丙午（五十一年，1786年）两科先后中乡试额，实自来楚省瑶籍所未有。

光绪《兴宁县志》卷三《疆域·瑶峒》载：

平地瑶，自本朝定鼎投诚向化，耕读是务，冠婚丧祭，悉遵王制，贡税一与汉同。

可见，解放前的平地瑶，随着经济发展，其文化、教育、习俗诸方面已日益接近汉区水平。

第三节　苗族教育

宋代以后，苗区教育有所发展，各地开始创建府州县学。早在北宋熙宁八年（1075年），诚徽州（今湖南城步、靖州、绥宁境）溪峒首领杨光僭归附，

请于其侧建学舍，求名士教子孙，诏潭州长史朴成为徽诚等州教授。[②]

元代，苗区教育并未停顿。如，城步苗区，已“儒道文风，骎骎昌盛”“冠带如云，弦歌盈耳”[③]。

明代，对苗族子弟入学与科举采取与内地“一体”的政策。

① 姚舜安等调查整理：《湖南瑶族社会历史调查》，116~117页，南宁，广西民族出版社，1986。

② （元）脱脱等：《宋史》，卷四九四，《蛮夷列传》。

③ （明 嘉靖）《武冈州志·艺文》。

清朝毛奇龄《蛮司合志》卷二载：成化间，

贵州程番知府邓廷瓒奏，本府学校中有土人子弟在学者，宜分别处置，以示奖励。上曰：蛮夷向化，其意可嘉，既已建置生徒，有同内地，则一体相视，原无分别。

《蛮司合志》卷三载：嘉靖间，贵州巡抚汤沐上治苗之策中提出，土人入学，

凡一切补廪科贡与军民武生一体。

从此，已有一批苗族士子通过科举而成进士、举人。

清代，进一步在苗区办学、兴科举。据《清文献通考》卷六九载：顺治十七年（1660年），

定贵州苗民入学及廪增额数。巡抚卞三元疏言，贵州苗民中有文理稍通者，准送学道考试，择其优者，取入附近州县卫学肄业，仍酌补廪增。事下部议，寻定新进苗生大学五名、中学三名、小学二名，均就附近各学肄业，苗籍廪增大学各三名，中小学各一名。

《清史稿·于成龙传》附传载：康熙时，贵州巡抚于准，

饬州县立义学，令土司子弟及苗民俊秀者，悉入肄业，送督学考试。

可见，清朝设立专门名额，以选取苗族子弟进入国子监学及府、州、县学，并广设义学，以教育苗族子弟。而且，开科举之门，使苗与汉“一体应试”。据《清朝文献通考》卷六九载：康熙四十二年（1703年），

令湖广各州县熟苗中有通晓文义者，准与汉人一体应试，广西土司之民人子弟及贵州苗民并照此例。

清代改土归流后，注重发展苗学。嘉庆年间，在永绥、凤凰、乾州、保靖、古丈五厅县，增设苗区义学一百二十所，专收苗族子弟。在教育发展基础上，参加科举人数日增，从嘉庆十三年（1808年）至道光二十年（1840年），永绥、凤凰、乾

州三厅有举人十九名。[①] 其结果，是官宦人士日增，“永绥之苗族，登仕籍者，颇不乏人。如江苏知县石永年，山西洪洞知县石正荣，河南知县龙韬，长沙府教谕石洪仁，道州教谕石永魁，善化县教谕石昌荣，永昌教谕石正典，衡山县教谕石如玉，均官声卓著”[②]。

通过上述畲与瑶、苗教育比较，可得出如下结论。

宋代始有学，明清时期有进一步发展，特别是改土归流后，变化更为显著。

历代王朝对畲与苗、瑶的教育均取提倡与鼓励政策：对其子弟参与科举也取“一体”对待之策。统治者之所以采取此策，是为了维护和巩固其在民族地区的统治地位，即所谓“渐染风化，以格顽冥”[③]，“礼教可化，夷俗可变”[④]。但在客观上，却为畲与瑶、苗地区起到了造士育才的作用。

因为历史的与阶级的条件限制，实际上畲与瑶、苗子弟在入学特别在参加科举时，仍受到不同程度的限制，这是历代统治者取民族歧视政策所决定的。

总体而言，解放前畲与瑶、苗的教育还较为落后，受教育者只限于很少数的富裕家庭子女，而且受教育者主要集中在邻近汉区的平原地区，偏僻山区教育则更为落后。

相比较而言，教育发达的程度依次为畲、苗、瑶。但畲人受教育者，往往不断融入汉族，成了汉族知识分子的组成部分，蓝鼎元就是突出例证。

---

① （清 光绪）《湖南通志》，卷一四二至一四三。

② 石启贵：《湘西苗族实地调查报告》，221 页，长沙，湖南人民出版社，1986。

③ （清）张廷玉：《明史·土司列传》，卷三一〇。

④ （清）毛奇龄：《蛮司合志》，卷三。

第九章 医药与武术

畲、苗、瑶三族在长期的实践活动中，建立了一套行之有效的、具有民族特色的医药体系。它为保障本族人民的健康、为中华民族的医药事业，都作出了独特的贡献。故必须加以发掘研究。

三族医药，有共同特征。主要表现为：药学中，多用草方，即“一方一病”，且用药剂量大；在医学中，尤擅长外科与骨科，这是适应民间需要的结果；在治病中，采用药用与土法治疗术相结合，以促进医疗效果。

对三族医药，除吸其精华以发扬光大之外，也需审慎剔其糟粕，摒弃巫术参治之法，去除不科学的成方，以使三族医药健康发展。

三族相比较而言，畲医药受汉医药影响较深。苗、瑶医药，则体系较为完整，对外影响也较大，流行邻近汉区，史籍甚至誉其治病“多验”。

三族均有本民族的武术，尤以畲、苗更富代表性。畲、苗诸族为了民族生存发展与健身需要，故素来重武习武。畲、苗拳术均极发达，但畲族除棍术外，其他器械武术则不及苗族繁复。

第一节 医 药

畲与瑶、苗在长期历史发展过程中，通过社会实践，都建立了本民族的医药。如道光《建阳县志》卷二《舆地志》，记畲民风俗：

> 中元是日，捣药草为饼，曝而藏之，病则服焉，绝不用外间医者。

畲与瑶、苗医药，主要共同特点，可归结如下：

第一，存在医、巫尚未彻底分离的现象。

畲族，有祝由治病之法。即采用祝由科的咒语、符箓等形式治疗皮肤病、疖肿疔疮、鱼骨梗喉、蛇蝎咬伤、小儿受惊、精神病等。其符灰冲水，分为冷茶水、冷

开水、天流水（从山上流下来的水）、天水（雨水）、井水等，由医者视病情而定。[①]

调查情况表明，浙江平阳县王神洞畲族，解放前请巫师的现象非常普遍，很少人生病请医生诊治。即使服药，有的还要与施行巫术同时进行。

苗族，据石启贵《湘西苗族实地调查报告》第237页载：

> 解放前，苗乡医病多请巫师用巫术，药物与巫术结合。司药治病前举行简单仪式：烧几炷香，几堆纸钱，巫师喃喃念咒祈祷天师，然后将所用之药碗盛药，用手端于香烟之上薰绕几下，才使患者口服或外敷。

第二，主要靠土产草药治病。

故有“其药名诡异，非方书所载，统谓之草药”[②]之载。有的按季节采集，经晾晒干、切片等粗加工备用。尤喜现采鲜药，药性浓烈，时间短而功效速。故其药较中药店存放过久者为佳。

第三，多为单方，剂量大，服法简单。

苗药学，主张“一方一病”。苗药单方很多，民间流传“三千苗药，八百单方”。据了解，仅湘西一地，单方有一千多个。苗药剂量大，故有“大抵利于症之有余，不利于症之不足”[③]之说。畲药也重单方，如福建宁德县南山畲区，用“过路蜈蚣”“石不劲”“龙尾草”等草药治寒病。

第四，尤以外科、骨科等见长。

因人们在战争、劳动、日常生活中，断骨伤肌之事频繁发生，故“跌打损伤”药疗效特好。早在宋代，瑶人已行剜肉疗毒之法，“忽遇药箭，急以刀剜去其肉，乃不死”[④]。湘西苗医素以伤科医术闻名，有“刀伤枪伤，痛不可支，一经敷药，血痛立止，肿胀渐消，不数日而愈”[⑤]之誉。且多采用内服外敷之法。如，畲医接骨，

① 《中国民族文化大观·畲族编》编委会：《中国民族文化大观·畲族编》，311页，北京，民族出版社，1999。

② （清 乾隆）《乾州厅志》，卷四，《红苗风土志》。

③ 同②。

④ （宋）周去非：《岭外代答》，卷六，蛮刀条。

⑤ 教育部战区中小学教师第九服务团：《湘西乡土调查汇编》，沅陵合利益群印刷所印刷者，1938。

除服药外，还用蒸糯米捣青草药外敷，并加竹篾或树皮固定。苗药则有“或吞或敷，奏效甚捷”[①]之载。

第五，药物与治疗相结合。

瑶族常用针灸、磁灸、骨灸、蛋灸、火灸、艾叶灸、拔火罐、按摩、刮痧治疗术，畲族则应用刮痧、捏痧、挑痧、挑病珠放血等治疗术。

第六，行医者多为祖传，且女性有一定比例。

据调查，福建福安畲族知名医药人员有女性，尤以妇科见长。苗医虽然传男不传女，但是可传媳。

畲与瑶、苗的医药相比较，其主要不同之处表现为：

其一，瑶与苗的民族医药较畲稍发达。无论从医药体系的完整性及其对外影响作用而言，均如是。

苗族医药学历史悠久，内容较丰，自成体系。苗药品种繁多，包括植物、动物、矿物、微生物等千余种。苗医辨病立症，分内科三十六症，外科七十二疾。苗医有广泛的群众基础，不仅知医、行医者多，而且深受群众欢迎。贵州关岭县五岗乡一苗寨，五百多人中就有三百多人能行医，有“苗医之乡”的美誉。该县苗族，远出行医人教甚众，足迹遍及重庆、武汉、上海甚及天津、广州等地。

瑶医药、历史上素负盛名，故文献上多有论述。瑶区盛产药材，瑶人谙悉各种药材属性，以采药为重要副业。据同治《城步县志》卷四《民俗》载：瑶人，

> 采药无分四时。

瑶人采药治病，医术高明、疗效显著，他们走村串户，游走各地，深受各族人民的欢迎。据清朝鄂尔泰等人监修的《贵州通志》卷七《苗蛮》载：瑶人，

> 勤耕种，暇则入山采药，沿村寨行医。

光绪《富川县志》卷十二《瑶僮》载：六一都良瑶，

> 近或学习星卜，卖草药，远游他方。

---

① （清 道光）《凤凰厅志》。

清代《曲江县志》载：粤北乳源瑶人，

平时多出桂头圩贸易，或负药入城，医治颇效。

从贵州、湖南、广东瑶人，无例外地外出行医一事，可见瑶医药发达之一斑。此外，瑶医药还有特殊良方，丰富了祖国医学宝库。如光绪《新宁县志》卷三《疆里表》赞誉：瑶人，

间负笼于附近乡村小市间卖药，治风痨等病多验。

苗医药以疗效快捷著称。据乾隆《乾州厅志》卷四《红苗风土志》载：

苗地多产药饵。……其药名色诡异，非方书所载，统谓之草药，或吞或敷，奏效甚捷。大抵利于症之有余，不利于症之不足。

其二，畲医药较苗、瑶医药受汉族中医药影响较深。其主要表现有三：一是畲族医籍，主要是以中医典籍为主。二是畲医往往从中医典籍中学到一些治病的中草药，然后通过自身实践加以掌握运用。三是有的畲医是师从汉族医生学成的。如，福建福安畲医四大家大都是由清代客居福安的“南京婆”（吴医）传授的。

第二节　武　术

武术是中国传统体育项目，指徒手或操持各种器械的技击动作，按一定的运动规律编成套路。主要包括徒手（拳术）、器械（如棍术、刀术、剑术等）两大类。

畲与瑶、苗均有本民族的武术。尤以畲、苗较富代表性。

畲族武术，主要分棍术与拳术两种。

“盘柴槌”是畲族棍术的一种。流行于福建福鼎地区，当地畲人名之曰“打柴棒”。柴槌有两种。一种叫“丈八棍”，长一丈二尺，由一人耍弄，又叫“中拦”，有攻有拦。另一种长七尺，由两人对打，叫“盘槌”，或称“齐眉杖”。棍术名目颇多，动作复杂多样，有七步、九步、猴子翻身、双头槌、三步跳、四步半、天观地

测诸名。[①]

畲族拳术，广泛流传于畲族山村，以福建福安金斗洋村和罗源八井村最负盛名。畲拳深受我国南方民间传统拳派的影响，又具有鲜明的民族风格。畲拳重在防身，讲究武德，具有步法稳健，发力急促迅猛、攻防结合、节奏分明、擅用手法等特点。以八井拳术为例，其攻防套路有半龙虎、虎装、五虎、七星、十八罗汉等。其中，半龙虎为基本套路，共有三箭、挖鞭、三碰、牵基、圆化、赴掌、牵马、掩耳、断桥、三垮、按手、十字等十二个动作。其他套路都是在半龙虎的基础上发展演变而来。这些动作，有时如老鹰展翅，有时似猛虎下山，有时像观音坐莲，多模仿动物动作与自然现象而成。

苗族武术，主要分拳术与器械两类。

拳术有如下几种："粘功"，苗族武术的基础，运用技击"粘"住对手，便于有效攻击，其功有手到劲发、风过草偃之效；"策手"，有"三十六攻，七十二防"之说，其"一拳两防，一攻五变"为苗族拳术之精华；"点穴"，又名"神打"，即选定穴道技击法，为苗族武术的绝招；"花拳"，为苗族拳术的主要内容，属公开流行的套路，名目颇多，有"小四门""大四门""虎拳""猴拳""鹰爪拳""南拳""六合拳""八合拳"等。苗族拳术的主要特点有：重在安身自卫，故手法上以防为主，防中有攻；注重"桩功"，讲究"神打"；动作干练，气势刚烈，节奏分明，出奇制胜。

器械。苗人习武，依例先习拳术，后习棍法，再次则习单刀、双刀、尺、铜钯、叉、流星诸项。此外还有神打（用钢铁细砂，合以毒药，盛以空筒，撒向敌方，使之失明与中毒），神鞭，不仅男人研习，甚有女子为之。湖南城步苗民，则有"习击剑"之风。[②]

总之，畲、苗诸族为了民族生存发展与健身需要，素来重武，故其武术历史悠久。畲、苗武术在形成发展过程中，受到汉族民间传统武术影响，畲族更为突出，但又保持和发扬了本民族的独特风格与特点。畲、苗拳术均极发达，但畲族除棍术外，其他器械武术则不若苗族繁多。

---

① 参见郑小瑛等:《畲族文艺调查（摘录）》，见施联朱主编:《畲族社会历史调查》，226 页，福州，福建人民出版社，1986。

② （清 道光）《宝庆府志》，末卷中，《摭谈二》。

第十章　畲与瑶、苗的语言与文字

苗、瑶、畲语言的同一性是：基本上都使用汉藏语系苗瑶语族的苗语支或瑶语支语言。苗语，属苗语支，瑶语，其“勉”语属瑶语支，“布努”语则属苗语支，畲人，因受汉区影响较深，多已使用接近汉语客家话的畲语，但居于广东惠州等地的畲人仍使用接近瑶族的“布努”语，属苗语支。今日三族分布地域相距甚远，但语言上却保留亲属语言关系。这是历史上三族同源的体现。三族语言，也有变易性。这是在新的居地与邻近民族在语言上融合的结果。

三族均无本民族文字，都使用汉字。但也有差异性。其表现如下。

瑶族，一是民间流行有假借汉字的榜文、经书唱本，另一是有一种自创的瑶字即“篆”字。

苗、瑶二族，保留“刻木为契”等原始记事法。这是人类在发明文字以前所流行的记数、记事方法。畲族因受汉文化影响较深，此法早已失传。

第一节　语　言

语言，是同人类社会一起逐步形成和发展的，是人类的交流工具与思维工具。语言依次分作语系、语族、语支。语系，依谱系分出的最大的亲属语言系属，由具有共同历史来源的诸语言所组成，在基本词汇和语法结构体的形式上颇多规律性的语言对应。同一语系内，再据各语言之间亲属关系的远近，分为若干语族，同一语族可再按远近关系分为若干语支。

一、畲族语言

畲族有本民族的语言。

畲族使用两种语言。

一种是广东惠阳、海丰、增城、博罗地区的畲族使用的畲语，接近瑶族“布努”语，属苗瑶语族苗语支，兼通客家话。这部分畲族约有一千多人，占畲族总人口千

分之四左右。他们自称“活聂”，是“山人”的意思。人们在村寨里或本族人在外地相遇时才讲这种语言，可见使用范围狭窄。

语言学家通过畲语在语音、词汇方面的比较研究，发现它与壮侗语族语言关系较为疏远，而与苗瑶语族语言关系较为密切，尤其是跟苗语支的瑶族布努语的“炯奈”话[①]更为接近，同源词比较多，对应关系也比较明显。但是，在语法方面，具体从某些结构类型上，却跟瑶语支的语言比较一致，因此，也有研究者认为畲语与瑶语支的瑶族勉语有关系。要之，畲语系属苗瑶语族，堪称定论。联系博罗、增城两县的畲族至今仍有“山瑶”之称，这种语言现象的出现，就不难理解了。

需要指出的是，由于惠阳、海丰、增城、博罗等地，主要居民属汉族的客家人，两族人民频繁交往的结果，自然语言间也相互影响，故莲花，罗浮两个山区的畲语也发生了变化。据统计，当地常见的180个植物类名词中，全部借自汉语的有48个，半借的有42个，两者合起来，正好占一半。惠东畲语在3000多个常用词中，借用汉语的约占16%。畲语中存在大量汉语的客家话借词，实际上已经演化成一种夹杂着客家话的混合语了。

其他地区包括福建、浙江、江西、安徽以及广东潮安、丰顺的畲族，使用接近于汉语的客家方言（部分为潮州方言），成为超地域而又具有畲族特色的语言。使用这种语言的畲人约占全国的畲族总人口的99%以上。笔者以为，这种畲语，属本民族语言。理由如下。

其一，畲族使用的接近于汉族客家方言为本民族的语言，与现在汉族使用的客家方言，无论在语音、词汇、语法上都不尽相同，同汉语客家方言的分布也不一致。

其二，大量文献材料以及调查材料证明，历史上这些地区畲族有独特的语言，而且古代的畲话和现代的畲话也不一样。据方志[②]载：

> 輋人谓火曰“桃花溜溜”，谓饭曰“拐火农”。[③]

---

① “炯奈”，瑶语音译，意为“山上人”，他称“花蓝瑶”，主要分布在广西金秀中部和西南一带，人口约千余人。相传其先民由贵州古州（今榕江）一带迁来。

② 方志，指记述地方情况的史志。

③ （清 乾隆）《潮州府志》，卷十二，《风俗》。

［畲民］语言自为一种，亦不与郡国同。①

方言与汉人异，朝食曰吃蓬，晡曰吃暗，婿曰长蒲，其语言不通，类如此计。②

言语迥别。③

惟语言侏儒而不可闻，与邑之操其土音声又迥殊焉。④

礼俗不通，言语不同，久已化外视之矣。⑤

〔畲民〕言语各殊。⑥

今以言语分约有五派：曰瓯语、曰闽语、曰土语（俗称“蛮语”）、曰金乡语、曰畲民语。⑦

其（指畲人）旧操土音，俗称为“蛇罗语”，极难解，今能操此语亦少。⑧

此外，语言学家黄家教 1961 年对广东潮安畲语调查研究证明：

从现在畲话的整个系统看来，它既接近潮州方言而又保存了相当多的中古汉语的语音特点，这就不能不使我们想到，畲族人民的本族语言可能在很早的年代（至少是宋元时代）便开始向汉语靠拢，近几十年来它吸收了为数甚多的汉语词，进一步“消磨掉”了它的原有特点。现在的畲话与汉语十分接近，这是畲话长期“汉化”的结果，但它还保存一些自身的特点，仍然不与汉语完全合一。

其三，有的词语与苗瑶语族的某些语言相近或相同。这些地区的畲语，与汉语客家话在语音上比较明显的不同是，在作声母的浊鼻音后边带有同部位的塞音成分，

---

① （清　乾隆）《仙游县志》，卷五三，《摭抚志·下丛谈》。

② （清　道光）《建阳县志》，卷二，《舆地志》。

③ （清　同治）《云和县志》，卷十五，《风俗门·畲民》。

④ （清　同治）《景宁县志》，卷十二，《风土·附畲民》。

⑤ （清）吕渭英：《侯官县乡土志》，卷五，《人类和地形略》。

⑥ （民国）《南平县志》，卷十一，《礼俗志》。

⑦ （民国）《平阳县志》，卷十九，《民族》。

⑧ （民国）《丰顺县志》，卷十六，《风俗》。

同时还保留着为数不多的同莲花、罗浮两个山区的畲语，以及与苗瑶语族某些语言都有同源关系的“底层”词语，如“蜈蚣”“杀”“肉”等即是。

二、瑶、苗语言及其与畲语的异同比较

瑶族语言分为三种。

（一）“勉”语

自称“勉”他称“盘瑶”的瑶族使用的语言。属汉藏语系苗瑶语族瑶语支。主要分布在广西、湖南、云南、广东、贵州等地。广西龙胜地区的瑶族勉话即其中一种。分勉、金门、标敏、藻敏四种方言。

（二）“布努”语

自称“布努”的瑶族使用的语言。属汉藏语系苗瑶语族苗语支。与苗语的川黔滇方言接近。主要分布在广西西部。分为一瑙、巴哼、唔奈、炯奈、优诺五种方言。莲花、罗浮山区畲人使用的语言，即属炯奈方言。在语音和词汇上，五种方言差别很大。

（三）“拉珈”语

自称“拉珈”的瑶族使用的语言。“拉珈”意为“山上的人”，他称“茶山瑶”，主要分布在广西金秀地区，约万人。拉珈语，属汉藏语系壮侗语族。

苗族语言属汉藏语系苗瑶语族苗语支。主要分布在贵州、湖南、云南、四川、广西、湖北、广东各地。分湘西（东部）、黔东（中部）、川黔滇（西部）三种方言。各个方言之间差异很大，甚至操不同方言的苗人都不能互相交谈。

此外，还有三种情况。

其一是在湖南的城步、绥宁，广西的龙胜、资源，贵州的天柱、锦屏等地，约有 20 万苗人讲近似汉语的土语。如光绪《城步县志》卷三载：苗民，

其俗，言语大异，即所呼吃饭、饮酒，改换名目，他更可推。

换言之，城步苗语，属保留着部分苗语词汇的汉语。

其二是广西的三江、贵州的黎平、湖南的通道，约5万苗人讲侗语，这是因与侗族相邻而居所致。

其三是海南5万多苗人讲瑶语。这是因为这支苗人历史上从广西瑶区迁入所致。

从畲与瑶、苗的语言比较中，可以得出如下结论。

第一，畲与瑶、苗的语言亲属关系，说明其族源的共同性。

畲族的莲花、罗浮山区使用苗语支的瑶族布努语；其他广大畲区使用的接近汉语客家话的畲语，其底层词语仍与苗瑶语族有同源关系。而瑶族所操语言，也分别属于苗瑶语族的瑶语支或苗语支。这是苗、瑶、畲语言的同一性。对此，毛宗武、蒙朝吉《博罗畲语概述》一文写道：

> 从现今他们居住的情况来看，苗族、瑶族和畲族虽分布在我国东南沿海和西南一带，相距甚远，互不往来，然而在他们的语言中却保留着如此明显的对应，这正好说明了苗、瑶、畲有共同的来源，反映在语言上就是亲属语言关系。……畲族跟讲布努语系统的瑶族更为接近，或者他们的祖先原来就是两个血缘相近，关系十分密切的部族，在长期迁徙，颠沛流离的过程中，同生死，共患难，关系更为亲密，所以至今在语言方面也跟属苗语支的瑶族布努语炯奈语更为接近，这是不难理解的。

第二，畲与瑶、苗的语言发生某些分离现象，是各民族间长期互相交往与影响的结果。

广大畲区使用接近汉语客家话的畲语，湘、桂、黔边区苗人操近似汉语的土语，茶山瑶操属壮侗语族的“拉珈”语等，都是后世民族迁徙过程中，在新的居住地与邻近民族在语言上融合的体现。

概言之，从源而论，畲与瑶、苗的语言，具有同一性，从流而言，则具有变易性。①

① 关于畲族语言，可参见黄家教等《潮安畲话概述》，罗美珍《畲族所说的客家话》，毛宗武等《博罗畲语概述》《试论畲语的系属问题》，均见施联朱主编：《畲族研究论文集》，北京，民族出版社，1987。

第二节　文字与原始记事法

畲与瑶、苗均无本民族文字，他们历来都是通过汉字学习文化科学知识，并以汉文作为书面交际工具。

但是，也有不同之处。

其一，瑶族民间流传有假借汉字的榜文、经书唱本。其形式有三：用汉字记瑶音；以汉字记瑶语义；用汉字结构创造方块“瑶字”。这在文献上多有记载。

据清代连山知县李来章在康熙四十三年（1704 年）发布的“焚瑶书”告示中写道：粤北瑶区，

> 五排十一冲瑶人，于五经、四书、小学一字不肯读。平日排师所教者，皆瑶书也。瑶书有数种，如阎罗科、上桥书、扶道降神，崇邪诲叛，尤为无忌惮之甚者。阎罗科述破岳超度、上桥书言禳厄祈福，犹为道家之常，至扶道降神，则侈谈纠凶犯正……
>
> 排师多系楚中黄冠，贪瑶财贿，潜身入排，喜其有事，为之谋主，瑶人顽梗抗拒，多由渠辈指挥。而邪书数种，酿毒于童稚之年，沦骨浃髓，尤为难医之症。予深恶之，巡历诸排，搜其书，尽焚烧之；拘其师，差押驱逐出境。①

可见，这种瑶书，有“阎罗科”诸名。主要来自两湖地区的道士（“楚中黄冠”）所编的经书，用于宣扬道教主张与进行瑶童教育。

有一种瑶书，名“榜簿”。据清朝鄂尔泰撰《贵州通志》卷七《苗蛮》载：自粤西迁来的贵定等处瑶人，

> 有书名榜簿，皆圆印篆字，其义不解，珍为秘藏。

又，《皇清职贡图》“贵定瑶人”条也有“榜簿”的记载。也有称作“旁甎”者。据

① （清）李来章：《连阳八排风土记》，卷七，《约束》。

清朝李宗昉《黔记》卷三载：自广西迁来的黔瑶，

所藏之书，名曰旁甎，圆印篆之，义不可解，且珍秘之。

甎即砖之俗字。李宗昉写作“旁甎”，不知何据。总之，从“榜簿”的名称来看，当即瑶人广为流传的“过山榜”。而且，书中有义不可解的“圆印篆文”，也与今存过山榜形制相符。

云南瑶区，有一种父子传习的瑶书。据民国《马关县志》卷二载：

有书，父子自相传习，看其行列笔划似为汉人所著，但流传既久，转抄讹谬，字体文义殊难索解，彼复实而秘之，不轻示人。

此种流传转抄的父子传习的秘书，疑为也系瑶族“过山榜”。

湖南瑶区，则流行“捏造篆字”。据道光《宝庆府志》卷六《大政纪》载：

从前捏造篆字，查出销毁，永禁学习。如有故违，同牌不行首报，一家有犯，九家连坐，寨长治以失察之罪。

综上所述，可以得出两条结论。

一是历史上瑶区流行各种瑶书。其中有宣扬道家教义的“阎罗科”一类经书，也有记载瑶族社会历史的文书，等等。

二是有“从前捏造”的“义不可解”的“篆文”“篆字”。可见此种瑶字，清代以前已有之。由于清统治者实行销毁与严惩的政策，致使这种篆字受到严重摧残。近年在湖南江永县上江圩乡发现的一种奇特文字——“女书”，与这种“篆”字有无承袭关系，值得深入研究。

调查材料也证明，目前搜集到的广东瑶族民间流传假借汉字的经书与唱本，竟达数百册之多。此类经书、唱本、非本地瑶族知识人士，外人是不易通晓的。至于方块瑶字，大多由汉字繁体字与瑶族独创字构成。汉语“父母”二字，方块瑶字则写作“丕仒”，即属此例。

其二，瑶与苗长期流行刻木为契等原始记事法。畲族因受汉文化影响较深，则刻木为契之法早已失传。

瑶族，刻木为契之法，可溯自宋代。据宋人周去非《岭外代答·蛮俗门·木契》载：

瑶人无文字，其要约，以木契合二板而刻之，人执其一，守之甚信。若其投牒于州县，亦用木契。余尝摄静江府灵川县，有瑶人私争，赴县投木契，乃一片之板。长尺余，左边刻一大痕及数十小痕于其下，又刻一大痕于其上，而于右边刻一大痕，牵一线道合于右大痕，又于正面刻为箭形，及以火烧为痕，而钻板为十余小窍，各穿以短稻穰，而对结绉焉。殊不晓所谓。译者曰："左下一大痕及数十小痕，指所论雠人，将带徒党数十人以攻我也；左上一大痕，词主也；右一大痕，县官也；牵一线道者，词主遂投县官也；刻为箭形，言雠人以箭射我也；火烧为痕，乞官司火急施行也；板十余窍而穿草结绉，欲雠人以牛十余头备偿我也，结诌以喻牛角云。"

所谓"刻木为契"，是指文字产生以前，人们在木上刻画符号，以作为彼此发生关系的信物。瑶、苗受汉文化影响较畲为少，故文化不发达的偏僻山区长期流行刻木为契之法。上述周去非所记，是历史上有关刻木为契的最早详细记载，从而使人们对此有了具体了解，由此也可见，"木契"可用各种不同的符号，表述颇为繁杂的事件。

直至清代，仍袭用此法，名曰"打木格"。据清朝闵叙《粤述》载：

瑶人刻木为齿，与人交易，谓之打木格。

此类记载颇多，不缕述。

苗族，首记其刻木为契者，为宋人朱辅《溪蛮丛笑》载：

刻木书以为符契，长短大小不等，穴其旁多至十数，各志其事，专恃事以验、名木契。

此法，历代相沿。据同治《永绥直隶厅志·建置》卷一载：

苗民不知文字，父子递传，以鼠牛虎马记年月，暗与历书合。有所控告者，必倩土人代书。性善记，惧有忘，则结绳为契券，刻木以为信，太古之意犹存。

至近代，刘介《苗荒小记》所记民国时期他目睹的广西苗区刻木为契之法，堪称详尽与翔实，可补历代所记过简之不足。其中写道：

> 产业典卖契卷，亦无文字可凭。甲若以其产业典卖与乙，乃央丙为中人。甲取木，以刀砍之成缺，凭丙以授于乙。是即为契。缺之多寡，视典卖价之多寡而殊。如一缺准银十两，乙当买价为百两，则甲须砍十刀是也。汉人称为砍木刻。甲若与乙发生借贷关系，则不砍木刻，而结草为契。即债务者，以草一本准银十两，若借债权者本银十两，即收草十本结之，凭中以授债权者是也。故殷富之家，茅草木棍，充满于箱箧，是即所谓契卷，而珍藏宝贵之物也。

可见，苗区除行“刻木为契”之法外，还有“结草为契”之法，以代替文字记载之作用。

总之，通过瑶、苗刻木为契、结草记事之法的记述，我们可以基本复原早期人类的记数、记事方法，也有助于对文字的起源作出合乎科学的解释。

第十一章　畲与瑶、苗的民间文学

神话是古代人类对世界起源、自然和社会现象的主观想象与幻想的反映。畲、瑶、苗的神话传说与故事的主要特点有：歌颂本民族始祖的显赫功绩，以盘瓠传说最具代表性；创世纪传说，即关于宇宙及万物的由来，以盘古开天辟地、伏羲兄妹为婚、洪水故事为典型。

歌瑶，三族均嗜歌，是其最主要最基本的文学形式。通过生产劳动、仪礼、社交活动场合而表演与传播。三族歌谣中，最为流行和富有代表性的形式有二：一是长篇叙事诗歌。有歌颂民族祖先业绩的民族史诗，如畲族的《高皇歌》、瑶族的《盘王歌》、苗族的《古歌》；有歌颂本民族英雄的诗歌，畲族的《钟良弼》、苗族的《张秀眉之歌》均是。二是山歌。三族山居，多在山间歌唱而得名，其内容以情歌为多。三族民族文学，也有不同之处。突出表现为受汉文化影响程度不一。畲族小说歌多以汉族的民族神话传说、故事、章回小说、评话唱本改编而来，瑶、苗则受影响为浅。

第一节　神话传说与故事

民间文学，除具有一般文学所具有的特征外，在创作、流传、表现形式以及作品反映的内容，均有所不同。主要表现为：在创作上非个人行为而具有集体性；非书面语言而是用口语创作和流传；表现形式主要为神话传说、故事及歌谣等。

畲与瑶、苗都流传内容十分丰富的神话传说与故事。其主要特点有二。

一、歌颂本民族始祖的显赫功绩

畲、瑶广泛流传的盘瓠传说最具典型性。畲族的传说《高辛和龙王》、瑶族的传说《高王与评王》即例证。

二、广泛流传相类的创世纪传说

这些传说，反映了畲与瑶、苗关于宇宙、万物、社会现象等的史谈，充满了直观性与幻想性。

畲族

关于世界起源的神话传说，有《盘古王帝开天辟地》《高辛创造日月和世间万物》等。这类神话传说描述在洪荒时代，天地万物混沌不清，盘古王帝开天辟地，指高为天，低为地，液为水，硬为石，日头东西转，月亮夜照地。

关于人类起源的传说，有《火烧天火烧地》。该传说讲述远古时有场天火，烧了七天七夜，把万物烧尽，只剩下兄妹二人，结为夫妻，繁衍了人类。

关于原始初民与自然搏斗的故事传说有《天眼重开》等。该传说叙述太古时，大地暗无天日，灾难将降临人间。当时凤凰山下有位青年名勇国，他决心为民消灾，历尽千辛万苦，奔向双龙山，智斩两条凶猛的九角罕龙，飞上天空拨开云雾，使大地重现光明，使人类从此安居乐业。

瑶族

《盘古》神话，叙述世界混沌初开时，盘古为人类造出日月星辰、山川河流以及世界万物。《伏羲兄妹》叙述兄妹为婚、繁殖人类的故事。《格怀射日》叙说太古时，太阳太多了，晒得大地冒烟、庄稼着火、鸟兽成干、人类皮肤爆裂。当时有个名叫格怀的瑶族青年，决心为民除害。他历尽险阻，越过三万座高山，走过三万个平原，穿过了三万处密林，渡过了三万条大河，斩杀了三万条毒蛇，射杀了三万头猛兽，最终射落了九个太阳，造福了人民。

苗族

《盘古开天地》《开天辟地》的故事，叙述宇宙及万物的由来。《洪水故事》《伏羲女娲的传说》讲述兄妹为婚造人类的故事。《张果老射日月》说道：从前天上有十二个太阳和十二个月亮，白昼很热，石头都被晒得融化了，人们只能凿穴而居。张果老挺身而出，砍了十一个日月，剩下的一日一月流传至如今。

第二节 歌 谣

歌谣是畲与瑶、苗最主要最基本的文学形式。他们以歌颂史，以歌叙事，以歌抒情，以歌言志。人无分男女老少均善歌。唱歌场合包括宗教祭祀、人生礼仪、生产劳动、节庆活动、日常社交等。畲与瑶、苗均嗜歌，与瑶、苗善舞畲不习舞的情形，显然不同。

畲族能歌，多有记载。据同治《景宁县志》卷十二《风土·附畲民》载：

> 其出而作，男女必偕，皆负耒负薪于青嶂绿野间，倚歌相和。

民国《建德县志》卷三《风俗志》载：畲民新妇出阁……

> 沿途唱歌取乐。

民国《龙游县志》卷二《地理考·风俗》载：

> 祭时唱歌。

这是畲民在劳动、婚礼、祭祀诸场合均喜唱歌的例证。

瑶歌，更素为汉族文人所推崇与倾倒。如清朝李调元《南越笔记》载：

> 瑶俗最尚歌，男女杂沓，一唱百和。

清朝陆祚蕃《粤西偶记》载：瑶歌，

> 虽文人提笔，未能过也。

苗族，"跳月"时以歌定情，更负盛名。史载，花苗跳月，"谑浪笑歌"①，黑苗"婚姻先唱歌跳月然后聘"②。

① （清 康熙）《贵州通志》，卷三〇，《蛮僚》。

② （清）爱必达：《黔南识略》，卷十三。

畲与瑶、苗歌谣中，最为流行和最富代表性的有二。

一、长篇叙事诗歌

畲族

有歌颂和缅怀民族祖先业绩为主的民族史诗《高皇歌》（又名《盘古歌》），该诗为长达三四百句的七言诗，叙述畲族祖公盘瓠王征番立功因而娶高辛皇帝第三公主为妻，其后不愿在朝做官率领全族子孙入山种地和迁徙的过程。还有《麟豹王歌》，麟豹王即盘瓠王，因其形半如麒麟半似山豹而得名。这类诗歌，多在祭祖时唱，相当于《诗经》体裁中的“颂”。

瑶族

祭祀盘王的歌，则有《盘王歌》《流落歌》《连州三庙歌》《得符神唱》等歌。

苗族

最著名的史诗是流传于黔东南地区的《苗族古歌》。由于畲与瑶、苗均曾是从事刀耕火种的民族，故其追述先人创业事迹时，均涉及民族迁徙的史实，其中尤以苗族古歌中的《跋山涉水歌》为典型，该诗生动地反映了苗族先民由东往西迁徙的艰辛历程。

在畲与瑶、苗的叙事诗中，歌颂本民族的英雄，也是一重要内容。畲族的代表作为《钟良弼》《钟景祺》（又名《双帕锦香亭》）、《蓝佃玉》（又名《九节金龙鞭》）。《钟良弼》一诗，是根据历史事实改编而成的。该诗叙述，清代福建福鼎县畲族童生钟良弼，赴福宁府考秀才，因盘瓠子孙之故而遭逐出考场，钟良弼不服，赴省上诉，结果打赢了官司，主考官受惩处，钟良弼终于考上秀才。苗族的代表作为《张秀眉之歌》，该歌叙述清代咸丰、同治年间苗民张秀眉领导的农民起义过程。

二、山　歌

因畲与瑶、苗山居，多在山间歌唱而得名。属抒情歌类，以情歌居多，此即《诗经》中的“风”或唐人刘禹锡所称“竹枝词”类。

畲族流行的山歌有《拦路歌》《有缘歌》《交情歌》《恃娘歌》《恃郎歌》等。畲与瑶、苗山歌，形式相仿、多为七言为一句，两句成一联，两联为一首，即七言四

句体，而且都讲究音韵。内容相类，有的甚至用词遣句也相似。如：

畲歌：

妹子心中早有情，只盼郎仔先开声；
世上只有藤缠树，哪有树木来缠藤。

瑶歌：

山中只有藤缠树，没有见过树缠藤；
村中只有男找女，不见娇娘找男人。

畲歌：

娘唱山歌心含情，只要郎仔听分明；
你郎若有真情意，山歌也能作媒人。

瑶歌：

高山唱歌接起音，妹在房中侧耳听；
如果妹妹知情急，就把山歌当媒人。

畲歌：

郎子砍柴高山头，心想妹子开歌喉；
有情妹子应一句，解开郎哥百日愁。

瑶歌：

唱个山歌解忧愁，喝碗凉水解心头；
凉水解得心头火，情歌解得百日忧。

从上述男藤女树的求爱比喻、歌为媒与山歌解得百日忧的说法，可见畲、瑶山歌二者之间的惊人相似之处。

总之，畲与瑶、苗的民间文学除了上述共同之处外，受汉文化影响深度不一则

是其间的一大差异。畲族小说歌谣多以汉族的民间神话传说、故事、章回小说、评话唱本改编而来，就是突出例证。此类歌谣名目繁多，诸如《西厢记》《西游记》《白蛇传》《梁山伯与祝英台》《陈三五娘》《天仙配》《孟姜女》《樊梨花招亲》《唐伯虎磨镜》《玉堂春》《陈世美》《仁宗不认母》《孔明祭东风》《雍正游陕西》《郭子仪拜寿》《韩世昌》《蔡襄造洛阳桥》《刘伯温》《宣统》《五鼠闹东京》《平贵回朝》《王宝钏》《曹操下江南》《洪武出天门》《甘罗十二当宰相》《王魁情探》《乾隆七次下江南》《林则徐》《包公双判鲤鱼精》《宝莲灯》《姜太公》《唐明皇游地府》《双救驾》《和珅拜寿》《珍珠记》《刘知远》等共二百多篇[①]。这种将汉族文艺改编为本民族喜闻乐见的民族形式，深受畲族群众的欢迎。瑶、畲文艺同样受汉文化影响，如瑶族民间也流行《梁山伯与祝英台》《董永与七仙姑》等民间传说，但影响之深之广，是无法与畲族相提并论的。

① 《畲族文艺调查》，见施联朱主编：《畲族社会历史调查》，205 页，福州，福建人民出版社，1986。

第十二章　畲与瑶、苗的音乐与舞蹈

畲、瑶、苗与南方诸族一样，是工乐善舞的民族。音乐和舞蹈本是两种不同的艺术形式，但三族音乐与舞蹈的一大特色是，彼此关系密切，常常互相配合、互为补充，以达到增强艺术效果的目的。

畲族器乐分鼓角乐与鼓吹乐两类。瑶族乐器，传统民族乐器有长鼓、铜鼓、芦笙、牛角、洞箫、简板、铜铃、木叶等。苗族音乐，主要有管乐与打击乐。畲、瑶、苗音乐异同之处主要表现：三族音乐都仍具有与巫觋原始宗教相结合的性质；三族音乐不同程度受到汉族影响；瑶、苗音乐较相近，独具特色的芦笙、铜鼓等乐在瑶、苗区均广为流行，而畲区已罕见此乐。

畲、瑶、苗舞蹈的比较：三族舞蹈均刻有原始宗教的烙印，具“娱神”之功能。主要内容有仪式舞与劳动舞两大类，基本舞姿都是踏步加旋转，以“踏摇”为主要特征。畲、瑶舞蹈，都把纪念始祖盘瓠作为重要内容。瑶、苗舞蹈具有鲜明民族性，都擅长铜鼓舞、芦笙舞等，畲族舞蹈则不断衰退。

第一节　音　乐

南方民族是工乐善舞的民族，畲与瑶、苗也如是。

一、畲族音乐

主要特点有二。

一是带有原始艺术的性质，与巫觋、宗教祭祀联系在一起。如杨澜《临汀汇考》卷三《风俗考·畲民附》载：

由来风俗好呼巫，祭赛刑牲也自娱；
好是击铙歌且舞，挑灯直到跃阳乌。

民国《长汀县志》卷三五《杂录畲客》载：

俗信巫事鬼，祷祠祭赛，则刑牲庀具，戴树皮冠，歌觋者言，击铙吹角，跳舞达旦。

换言之，畲民在祷祠、祭祀、赛神之时，在巫觋的带领下，头戴树皮冠，装扮成原始人的模样，举行宗教仪式，伴以击铙、吹角等较为简单的乐曲，边歌边舞，通宵达旦，在娱神过程中，达到自娱的目的。

畲族巫师在祭祀祷神时使用的宗教乐器主要有龙角、三音锣、铃刀。“龙角”，又名“角”“羚号”，木吹乐器，用畲山自然弯曲的软质松树为材料制成，最具民族宗教乐器特色。三音锣，由三面大小不同的铜锣组成，用竹帛小槌打击发音。铃刀，主要由五片铜板构成，用摇晃铜板而发声，或以铃刀猛插入板壁以示驱镇鬼神的法器。法铃，铜制，摇动发音。法鼓，周围以木，面蒙以皮而成。木鱼。大钹，小钹等。

这些乐器，在演唱巫歌时伴奏，既充满氤氲神秘的宗教气氛，又富有浓郁的畲族民族特色。

二是畲乐是在世代流传的民族音乐基础上，吸收汉族民间音乐而形成的。其中，鼓吹音乐最富代表性。

畲族地区流行鼓吹乐。据调查，解放前闽浙地区几乎乡乡都有，最盛行的时间为清末民初。如福建福安的洋坪班，自光绪年间至十几年前，全村 30 户竟能凑足 5 至 6 班，每班 4 至 8 人。乐队编制，少者 4 人，俗称“小吹”，多者 8 人，名曰“大吹”。乐器以两支唢呐为主奏，伴以竹笛、京胡、二胡、月琴，大吹时则兼用打击乐，如鼓、锣、堂锣、钹、镲、铃、板、木鱼等。多在婚丧喜事、宗教仪式场合演奏。演奏采用走奏或坐奏两种形式。他们不仅在畲区甚至被邀请至汉区演奏。

二、瑶族音乐

在宗教仪式与民间娱乐活动中，使用的传统民族乐器有长鼓、铜鼓、芦笙、牛角、洞箫、简板、铜铃、木叶等。从汉区流入的乐器则有唢呐、长号、皮鼓、竹笛、二胡、锣、大钹、小钹等。从外族传入的乐器，瑶人除吸取外来演奏技巧外，更使之本土化，使之充满浓郁的民族特色。

富有代表性的瑶乐有长鼓、铜鼓、芦笙、牛角、木叶等。如：

长鼓。是瑶族独特的且是最早使用的乐器，早在宋代已载之册籍，名曰铳鼓。

据宋朝范成大《桂海虞衡志•志器》载：

铳鼓。瑶人乐。状如腰鼓，腔长倍之，上锐下侈。亦以皮鞔，植于地，坐拊之。

其后记载不断。如清朝李来章《连阳八排风土记》卷三载：八排瑶，

元宵击锣，挝长鼓，跳跃作态。

民国《阳江县志》卷七，引“道光志”载：瑶人，

击长鼓，歌舞以为乐。

长鼓，系膜鸣乐器。其制为，腔长，两头粗中间细，故名长鼓或长腰鼓。因以水泥涂鼓面，使其皮绷紧，便于打击，故又名黄泥鼓。长鼓材料，多以泡桐木制鼓身，用羚羊皮包鼓面。瑶族至今仍盛行此特殊制法之鼓。

芦笙。主要流传于西南苗、侗、水、彝、仫佬以及瑶族。据宋朝范成大《桂海虞衡志•志器》载：

卢沙。瑶人乐。状类箫，纵八管，横一管贯之。

胡卢笙。两江峒中乐。

卢沙，即芦笙。胡芦笙，别作“壶笙”，其与芦笙的主要区别在于，增添葫芦（所谓“瓢”）作共振器，以加强共鸣的音响效果。从宋人称芦笙为“瑶人乐”的记载中，可见瑶人使用芦笙之早与其流行之盛。直至后世，芦笙仍是不少瑶区传统的歌舞必具的乐器。如湖南安化宁乡等处瑶人，

每稼穑登场后，治酒延宾，击长鼓，吹芦笙，男女跳舞而歌，名曰踏歌。[①]

铜鼓。古代南方民族的重器。久为壮、侗、布依、水、仫佬、苗、瑶、彝诸族

① （清）傅恒：《皇清职贡图》，卷三。

珍藏，是节日和宗教活动中的重要乐器。

瑶人使用铜鼓，有悠久历史。早在宋代，朱辅《溪蛮丛笑》已载：

麻阳有铜鼓，盖江水中掘得。

溪蛮爱铜鼓，甚如金玉。

此“溪蛮”系“五溪蛮”，包括瑶族在其中。明代以后，瑶人使用铜鼓的记载日多。如韦书城《经遗堂全集》引《泗城府瑶人献岁碑》中说：

每岁正月首，偕诸寨瑶人，诣府县行献岁礼，击铜鼓行献岁礼，击铜鼓錞于，一唱百和。

这是有关明代泗城府（今广西凌云地区）布努瑶使用铜鼓的记载。

时至今日，瑶族中使用铜鼓者是布努瑶支系，该族尚有10万人口，包括番瑶、白裤瑶、术柄瑶等部分。据统计，在20世纪60年代，各地瑶区共保存的铜鼓数量，达300多面之多。

牛角。是瑶族极富代表性的古老乐器。史载：瑶人，

先击米箕，后击锣鼓，放铳吹牛角。①

上元日，吹牛角。②

因其声“呜呜”，悲壮悠扬，远近可闻，故素为瑶人喜用。

木叶。瑶族青年男女，随手摘片木叶含入口中便能吹出悠扬动听的曲调，既可传情又可怡情。

三、苗族音乐

主要有管乐、打击乐与弦乐。以前两种最为普遍。

管乐有芦笙、唢呐、大号、竹笛、莽筒、筒箫、夜箫、洞箫等。

---

① （清）李来章：《连阳八排风土记》。

② （民国）《连山县志》，卷五，《瑶俗》，引旧志。

打击乐有铜鼓、木鼓、铜锣等。

弦乐有古瓢琴、月琴等。

富有苗族民族音乐特色的有芦笙、铜鼓、莽筒、夜箫、筒箫、木鼓、鼓瓢琴。

芦笙。此乐最富苗疆特色。笙源于楚，故有“楚笙冠中国”[①]之说。苗乐重笙，当袭自楚。苗人无论逢年过节、婚丧嫁娶、迎宾送客，谈情说爱，都喜吹芦笙。如清朝田雯《黔书》卷一载：花苗孟春跳月，

> 男编竹为芦笙，吹之而前，女振铃继于后以为节。

清朝徐家干《苗疆闻见录》卷下载：

> 凡唱歌以笙和之，高下疾徐，各有其节，身在苗疆，亦觉可听。

清朝贝青乔《苗俗记》载：跳月时，

> 笙声沸天。

可见，身在苗疆，在一片笙声中，传出了何等浓郁的民族音乐特色。

铜鼓。如前述，宋代“五溪蛮”已使用。明清以后关于苗人使用铜鼓的记载日多。如明朝田汝成《炎徼纪闻》卷四《蛮夷》载：苗人，

> 岁时，召亲戚挝铜鼓，斗牛于野。

清朝徐家于《苗疆闻见录》卷下：

> 苗疆有铜鼓……俗传为诸葛遗器，可避瘟，呼曰“诸葛铜鼓”。用兵苗疆，时恒获之。

清朝贝青乔《苗俗记》：苗人，

> 椎牛歌舞，兼以赛神，名曰“吃牯脏”。红苗则间击铜鼓，名曰

① 见《阙子》，作者姓阙，无名。战国时人，原出已佚，佚文见《太平御览》等书所辑。

“调鼓”。

近代以来，除湘西、鄂西外，其他各地苗族仍普遍使用铜鼓。

莽筒。以独管安上铜簧穿入竹筒，使之吹奏时起低沉的音响效果。

夜箫、筒箫。均由单支小竹制成，一般只有五音。

木鼓。将独木挖空，两端蒙以牛皮，有大、小鼓之别。多用于节日、丧葬与祭祀之时。

鼓瓢琴。用桐木凿空而成，因形似木瓢而得名。以大拇指按弦，音低。此外黔西还有口弦，用薄铜片制成。

此外，还有吹牛角、木叶等原始传统之乐。

从上述畲与瑶、苗音乐比较中，可得出如下结论。

其一，畲与瑶、苗音乐，都仍具有与巫觋、宗教仪式相结合的原始性质。

其二，畲与瑶、苗除保留传统音乐外，都不同程度受汉族民间音乐的影响。尤以畲族所受影响为甚。但是，汉族音乐传入后，乐器的制作，特别是乐曲的演奏，往往发生一些变化，以适应本民族的实际，甚至构成本民族音乐的有机组成部分。

其三，畲、瑶、苗文化的比较，一般情况下，多是畲与瑶相近而与苗为远，这是畲与瑶族类更接近分流也更晚所致。但在音乐方面，情形却相反，瑶与苗相近，而瑶、苗与畲之间则相异处为多。主要表现为芦笙、铜鼓在苗瑶区均广为流布，而在畲区则已完全销声匿迹了。其因在于，瑶、苗之间及其与其他民族之间，或是比邻而居，或是错杂而居，这样的居住环境，不仅易于保留本民族文化，而且也易发生互动关系。而畲区不仅分布范围较为孤立与狭小，且陷于强势的汉文化圈的包围之中。这就是富有南方民族音乐特色的芦笙与铜鼓不仅在苗瑶中，而且在周围许多南方民族中，长期流传不衰的症结所在。这也说明，造成文化相类的原因除了族属这一重要因素，地理、自然生态和经济环境也起着不可忽视的影响作用。

其四，畲与瑶、苗有独特而为他族所没有的音乐。瑶族的长鼓最富代表性。

第二节　舞　蹈

舞蹈是经过提炼加工的以人体动态造型为主要表现手段的，具备动作姿态、节

奏、表情三要素的一种表演艺术形式。早在旧石器时代晚期，就已出现原始舞蹈。

一、畲族舞蹈

历史上，畲族与其他南方民族一样，也是善舞的民族。但是随着历史的发展，群众性舞蹈多已失传。以致人们产生畲族“无舞蹈”可言的误区。其实，并非完全如此。

我认为畲族曾流行本民族的传统舞蹈。主要理由有二。

其一是有文献依据。据万历《永春县志》卷三载：畲人行火葬时，

> 主者一人，盘旋四舞。

可见，在明代畲人曾有急速旋转的快节奏舞蹈。这与历史上瑶族“旋转而舞”、苗族“旋绕而歌”的舞蹈，可谓不谋而合。

又据明末邝露《赤雅》卷上载：“峯客”在祭祀盘瓠盛典之时，

> 奏乐，则男左女右，铙鼓、胡卢笙、忽雷①、响瓢、云阳②。祭毕，合乐，男女跳跃，击云阳有节，以定婚媾。

可见，历史上畲人歌舞还具有规模宏大、场面热烈的特点。

其二是从现存畲族的舞蹈素材而言。这与瑶族舞蹈以“踏歌”“踏摇”为名是一致的。踏歌，当系脚步踩着歌的节拍而起舞之意；踏摇，则系指舞姿而言，即边踩足边摇手之意。概言之，畲族与瑶、苗的基本舞蹈动作，都是“以足顿地为节”。

总之，畲与瑶、苗传统舞蹈，都具有共同的基本特征，即踏步加旋转。这是畲与瑶、苗都是盘瓠子孙的缘故。由此也可复原历史上“盘瓠蛮”的古老舞踏形式。只是近代以后，这种传统舞蹈在畲族中日渐消失，而在瑶、苗两族中则承袭下来。

从今日散见的畲族舞蹈成分中，可将畲族舞蹈归为三类。

---

① 忽雷，为琵琶。

② 云阳，当系打击乐。

一是祭祀舞蹈。此类舞蹈，充满原始宗教巫觋并渗入外来道教的色彩。据凌纯声《畲民图腾文化的研究》载：

> 畲民举行祭祖大典，据说有许多歌舞，惜未曾亲见。作者曾见过端午节的祀祖，亦有简单的巫师舞与歌唱，并有锣鼓相和。①

畲族民族舞蹈，最富代表性的是祭祖长舞——“做聚头”。内容包括“祭祖”“学师”“传师”“食神水”“学真法”“成大人”等祭祀仪式舞蹈。参舞者由各种祭师（法师）装扮举行，根据程序，时而唱念，时而跳舞，舞时则鼓角齐鸣、灵刀作响。②

一言以蔽之，此类祭祀舞蹈可名曰“巫师舞”。

一是婚丧节庆礼仪舞蹈。其中以婚礼仪式中的舞蹈最为典型。舞蹈动作，包含在别亲、迎亲、拜堂、请安、献茶、行酒令、入洞房、唱拦门酒等婚仪的全过程中。

一是生产劳动舞蹈。以“猎捕舞”为代表。传说盘瓠王狩猎因逐山羊而坠崖身亡后，三公主带领盘瓠子孙抬着盘瓠王遗体，送到凤凰山安葬。因此畲族每年在迎送祖宗牌位时，总有一班青年手执猎刀，吹起螺号，以三步一回头舞步跳跃前进。这种怀念始祖盘瓠王遇难的祭祖仪式，因其动作不乏狩猎成分在其中，后人加工成舞蹈名曰“猎捕舞”。

二、瑶族舞蹈

瑶人舞蹈以手摇足踏为基本动作，故名“踏摇”。最早见于宋人周去非《岭外代答·蛮俗》“踏摇”条：

> 瑶人每岁十月旦，举峒祭都贝大王，于其庙前会男女之无夫家者，男女各群，连袂而舞，谓之踏摇。

又因其以踩足定合唱的节奏，成书稍后一点的宋朝陆游《老学庵笔记》卷四则名

① 凌纯声：《畲民图腾文化的研究》，载《历史语言研究集刊》，1937。

② 唐宗龙：《浅谈畲族民间舞蹈与民族文学的关系》，见施联朱、雷文光主编：《畲族历史与文化》，北京，中央民族大学出版社，1995。

“踏歌”。其中云：山瑶，

> 醉则男女聚而踏歌。

后世关于瑶族踏摇、踏歌的记载，均本此。

倘以舞蹈工具名舞，则最著名当数长鼓舞与铜鼓舞。

长鼓舞，是瑶族庆祝盘王节的主要舞蹈。一般由四男执长鼓起舞，四女唱盘王歌助兴。除打长鼓外，还有唢呐、皮鼓、铓锣伴奏。其中，有剥羚羊皮、伐梓木造鼓的整套动作。这是因为传说盘王被羚羊撞落山崖，故舞蹈反映了盘王后裔复仇雪恨，杀死羚羊并以其皮制鼓以告慰和怀念亡灵的行为。也有开垦种树、锯板、建房、架楼等动作，反映了瑶族人民迁徙不定的生活方式。

铜鼓舞，是番瑶过达努节（年节）的主要活动内容。用以缅怀先人和祈祷丰收。跳舞时，用铜鼓一对，象征一雄一雌，公声小，母声大。一般由四人表演，两人打铜鼓，一人敲木鼓伴奏，一人打锣指挥以控制节奏。舞姿粗犷、刚健。整个舞蹈动作，与瑶族人民的劳动、生活、习俗息息相关。

三、苗族舞蹈

早在宋代已载诸史籍。据《宋史》卷四九六《蛮夷列传四》裁：“牂牁蛮”来贡方物，上令作本国歌舞，

> 一人吹瓢笙如蚊蚋声，良久，数十辈连袂宛转而舞，以足顿地为节。

其舞一直延续下来。至清代，苗人祭祀跳鼓藏，

> 男左女右旋绕而歌，……举手顿足，疾徐应节。[①]

可见，苗族舞蹈动作，是“以足顿地为节”，加上“宛转”与“旋绕”。

苗族舞蹈，多以伴舞的乐器命名。主要有芦笙舞、铜鼓舞、木鼓舞。

芦笙舞。芦笙是苗族最富代表性的乐器，因而芦笙舞也是最富代表性的舞蹈。

---

① （清）严如煜：《苗防备览》，卷九。

据清朝陆次云《峒谿纤志》载：

> 苗人每遇令节，男子吹笙撞鼓，妇随男后，婆娑进退，疾徐可观，名曰踹堂之舞。

要言之，其舞，男子吹笙以大号笙为轴心排列，女子成行环绕于芦笙队外，围绕大笙旋转起舞，步法是进几步退一步。以广西融县苗族芦笙舞蹈场面最为盛大，几十支芦笙合奏，与舞者多达数百人。

铜鼓舞。主要流行于黔东南及广西融水等地。其法：一般是将铜鼓悬梁吊起，由年长者敲击，众人踩着鼓点围圈起舞。场面十分热烈。

木鼓舞。以湘西和黔东北最负盛名。有单人舞、双人舞、男女混合舞等。舞蹈者一面击鼓，一面跳舞。又分手击与槌击两种。舞蹈变化多端，名目繁多。

从畲与瑶、苗的舞蹈比较中，可得出如下结论：

畲与瑶、苗的舞蹈，均带有原始的宗教性质，即所谓“歌舞以娱神”是也。

畲与瑶、苗的舞蹈内容，主要包括仪式舞与劳动舞两方面。畲族的婚礼舞与猎捕舞，即例证。

畲与瑶、苗传统舞蹈，有着共同性，即其基本舞姿都是踏步加旋转。只是到了后世，畲族传统舞蹈日渐衰退，只保留一些舞蹈因素，而瑶、苗传统舞蹈则一直传承下来。

畲与瑶舞蹈，都把模仿和怀念始祖作为重要内容与活动形式。这又是畲、瑶同源的又一有力例证。

瑶、苗舞蹈之间的共同性，还体现在都以铜鼓舞、芦笙舞等作为本民族舞蹈的重要构成部分。这是瑶、苗之间族际关系密切的证明，也是南方诸族文化互动的结果。

瑶与苗均有独具一格的舞蹈。前者为长鼓舞，后者为芦笙舞，这是各自民族舞蹈的象征。

第十三章　畲与瑶、苗的婚姻与丧葬习俗

畲、瑶、苗婚姻，均实行一夫一妻制，但保留着族外群婚制残余。三族传统婚俗的共同特点有：兄妹为婚的传说，均源于盘瓠传说；节日择配，苗之“跳月”、瑶之“踏歌”、畲之“歌作媒”均是；流行赘婿之俗，畲称“招儿子”，瑶称“招郎上门”，均是；盛行“姑舅表婚”；妻兄弟婚、兄弟死，则妻其妻；抢婚，多已演变成“佯抢”的结婚仪式；服务婚，指婚后住妻家无偿劳动一段时间；“做两头家”，指婚后在两家各生活一段时间；寡妇再嫁较自由。上述传统婚俗，畲族相对稍淡薄。

三族旧日曾存在特殊安葬方式：风葬，畲、瑶民间流行始祖盘瓠死后悬于树杈上的传说即属此类；火葬，明清时期畲、瑶均曾行此俗；悬棺葬，可溯源于南朝“盘瓠蛮”“总葬石窟”之俗；二次葬，三族均曾长期流行。三族丧葬特殊民俗的表现：歌舞送终。畲为“绕尸而歌”，瑶为“暖丧”，苗为“斗尸”，即将丧事按喜事办理；不封土、不起坟，简单的葬式；焚室徙居，以避鬼与避疫。

第一节　婚　姻

婚礼，是人生仪礼中的一大礼，受到个人、家庭和社会的高度重视。

婚姻，始出现于原始氏族公社时期。人类婚姻家庭形式经历了群婚，对偶婚、一夫一妻制婚姻的发展阶段。

畲与瑶、苗特别是畲族婚俗，因受汉族影响，民族特色日益减弱，但从遗留的传统婚俗中，仍可窥见三族婚俗的不少共同之处，主要表现如下。

一、兄妹为婚的传说

其源，来自盘瓠传说。据《后汉书》卷八六《南蛮列传》载：盘瓠妻帝女后，

> 经三年，生子一十二人，六男六女。槃瓠死后，因自相夫妻。

从此，畲与瑶、苗长期盛行兄妹为婚的民间传说。

畲族。在畲族的《火烧山火烧地》的创世说中，叙说，洪荒时，发生一场七昼夜的大火，人间万物全被烧成灰烬，只剩元仙和元妹兄妹俩在岩洞中存活下来。后来兄妹去询问石仙，石仙叫他们各背负一爿石磨，从东西两个不同山头滚下来，若石磨滚在一起，兄妹即可成婚。据此传说改编的《两兄妹歌》唱道：

兄妹怎能好结亲，开口去问石仙人；
石仙开口与其讲，两爿石磨好定亲。
兄妹两人定主张，手背石磨住山上；
背上石磨双滚落，石磨合拢结妻房。[①]

兄妹为婚，虽早已在畲族社会绝迹。但据说，其流风余韵仍波及后世：今日畲族新婚在拜堂时用花手绢半遮面，就是因为昔日兄妹结婚不好意思以树叶遮脸之俗演绎而来。

瑶族。在《洪水故事》《伏羲兄妹》的传说与诗歌中，兄妹为婚的故事也在瑶族民间广为流传。据《洪水故事》说，古时候，发生了一次灾难性的洪水，世上的人都被淹死了，只剩下乘坐葫芦瓜而幸免于难的兄妹二人。后来他们结为夫妻，生下一个大肉团。哥哥将肉团砍成肉块撒向四方。这样，撒在高山的为瑶，撒在山腰的为苗，撒在山脚的为壮，撒在平原的为汉。这就是人类的起源。如湖南瑶族的《盘王大歌》唱道：

洪水退落地还原，茫茫大地无人烟；
伏羲兄妹自相配，传根接种人繁衍。
生下冬瓜（或作肉团）一大个，切碎冬瓜化为人；
撒上高山成瑶族，撒到平地百姓人。

苗族。《洪水故事》是这样说的：当洪水来临时，兄弟两人躲进各自挖空的大瓜里面，随水漂流。回到陆地时，世上已空无一人。妹对兄说，为免人类绝种，只有两人婚配，哥哥觉得这样做有碍人伦。于是，求诸天意。第一次，兄妹各抱一面

① 叶大兵：《畲族文学与畲族婚俗》，载《中南民族学院学报》，1982（4）。

磨，从山巅滚下去，结果磨子合在一起。第二次，兄妹从东西不同方向走，结果两人又相遇在一起。兄妹婚后，生了一块肉团。两人将肉团剖开，抛向各地。这些肉团就变成了苗族的吴、龙、石、麻、廖诸姓人。[①]

总之，畲、瑶、苗兄妹为婚传说，内容大同小异，只是稍作变通而已，甚可称出自同一版本。显然，若非族属同源，何来相似乃尔！

二、节日择配

早先，在畲与瑶、苗中流行在节日及公共活动的日子里，不同村寨和姓氏的青年通过歌舞进行集体的择配活动，有的甚至可以进行较为自由的性交，这不能不说是对族外群婚制“还保存一点朦胧的记忆”[②]。此俗，苗族称作“跳月”，瑶族名曰“踏歌”，畲族虽然无称谓，但是以对歌定情，仍存其遗韵，只不过这种记忆，是更加“朦胧”而已。

苗族之“跳月”。

早期记载见于明朝田汝成《炎徼纪闻》卷四载：苗人，

> 仲春，刻木为马，祭以牛酒，老人并马箕踞，未婚男女，吹芦笙以和歌，淫词谑浪，谓之跳月。中意者，男负女去。

清代，记载颇多。如贝青乔《苗俗记》载：

> 孟春，合男女于野以择偶，名曰跳月，即马郎房、麻栏、杆栏而合成一会，此苗俗之大礼也。归化苗家恒以教场坝为月场，其南有峻岭名跳花坡。自正月初三至十三皆跳月之期。两男对跳，四五女联臂围之，满场凡数百围，男跳易乏须互换也。笙声沸天，而相谐则目成心许矣。

其他记载，不一一列举。概言之，跳月为苗族中盛大节日，故有“苗俗大礼”之称。跳月时，因需“立木于野”“缀以野花”，故又称之为“跳花”。届时，各地青年男

---

① 参见凌纯声、芮逸夫：《湘西苗族调查报告》，168~169 页，北京，民族出版社，2003。

② [德] 恩格斯：《家庭、私有制和国家的起源》，45 页，北京，人民出版社，1954。

女盛装前往，在笙声中，轻歌、曼舞、细语，进行择配活动。

调查材料表明，今世苗族则有节日“游方”之举。在苗寨附近设有“游方坪”“游方坡”，为男女青年的社交恋爱场所。节日里，不同家族、村寨男女青年在此地对唱情歌，寻找伴侣。每个游方坪上，往往聚集数十人，欢声笑语，歌声沸扬，热闹非凡。

瑶族之“踏歌”。

始载于宋人周去非《岭外代答·蛮俗》“踏摇”条：

> 瑶人每岁十月旦，举峒祭都贝大王，于其庙前会男女之无夫家者，男女各群，连袂而舞，谓之踏摇。男女意相得，则男咿嘤奋跃，入女群中负所爱而归，于是夫妇定矣，各自配合。

后世记载，多本于此。以清人屈大均《广东新语·人语》所记尤详：罗旁瑶，

> 邝露谓瑶人以十月祭都贝大王，男女连袂而舞，谓之踏摇，相悦则男腾跃跳踊，背女而去，此西粤之瑶俗也。

粤东连山八排瑶，

> 岁仲冬十六日，诸瑶至庙为会阆，悉悬所有金帛衣饰相夸耀。瑶目视其男女可婚者，悉遣入庙。男女分曹地坐，唱歌达旦，以淫辞相和。男当意不得就女坐，女当意则就男坐。既就男坐，媒氏乃将男女衣带度量长短，相若矣，则使之挟女还家。三日，女之父母乃致牲酒，使成亲。

可见，“踏歌”为瑶族盛行之俗。也有称作“踏摇”“踏歌”者。其名虽不同，其实则无异。踏歌流行于整个瑶族，但粤西与粤东在踏歌形式上又稍有差异，对此，屈大均曾加以区别。总之，在十月祭都贝大王这一瑶族盛大节日里，瑶族青年也多于此时通过踏歌的形式，以“定婚媾”。

调查材料表明，解放前，广东连南八排瑶，每年于春节初一、初二两天，有“耍正月”之俗。是时，不论已婚未婚青年男女，均倾寨出动，不分昼夜，在山间、田野、旷地唱歌，随便寻欢偶合。

无独有偶，广西大瑶山茶山瑶则有“正月屋”之俗。茶山瑶在村寨里建有村人娱乐聚会的场所，名曰“正月屋”。从腊月十五日起，至次年正月十五日止，在此一月内，青年男女在此聚会，唱香里歌，吹树叶，以歌传情。男女双方中意后，请父母托媒订婚。

畲族之“歌作媒”。

青年男女在日常生活中特别是在赶集、节日等公共活动场合，“倚歌相和”①，通过唱歌、对歌，建立爱情关系。彼此建立感情后，始告知父母，以便托媒说亲。可见，男女结合比较自由。正如沈作乾《括苍畲民调查记》中所说：

> 男女社交完全公开，其婚嫁之权，虽操诸父母，然不过名目而已，不干涉也。

值得注意的是，畲族女子通过对歌言情，直至婚后未生育孩子以前，均不受限制。从中也可见男女社交的自由程度。调查报告表明，福建福安县甘棠乡一直流行此俗，即例证。

三、俗尚赘婿

在母系氏族社会中，因本氏族的男子都“出嫁”于外氏族，而本氏族的女子则“招赘”于外氏族。畲与瑶、苗均盛行赘婿之俗，此乃族外群婚制遗习之表现。

畲族

曾流行“招亲”之俗，故史有“畲客则喜招女婿，可以婿为子”②之载。据浙江景宁县东衙村畲民调查，全村畲民招赘户 13 家，占畲户的 17.3%，可见招赘风之炽。

畲族招赘风长期保存下来，也有经济原因。招赘的女子多是独女，或长女因弟年幼，家庭缺乏劳动力，招赘反可增加一个劳动力。若是家中土地较多较富裕的家庭，则虽有儿子也有留女儿招赘的。若地少难分，数子不能全留在家中，则往往把长子以外的数子外出作赘婿。

男方到女方家落户，与妻家的兄弟姐妹享受同等待遇，成为家庭正式成员，故

① （清 同治）《景宁县志》，卷十二，《风土·附畲民》。

② （民国）《建德县志》，卷三，《风俗志》。

俗称“招儿子”。入赘后，必须改姓，据族谱载：“无子而产育有女者即将其女留家招赘，入赘为嗣，此是祖宗血脉，有所遗留也，可入正系图派矣。”[①]

入赘男子与出嫁女子的礼仪大体相同，聘礼甚至超过娶媳妇，即除给男家送去农具、衣服、食物之外，尚需付给男方父母养儿费、养老金。不同的是新郎要徒步，不能乘花轿。可见，入赘就意味着男人“出嫁”。

瑶族

俗称“招郎上门”。此婚俗在全国各地瑶族中普遍存在，有的甚至出现女子招郎多于出嫁的现象。故史有“女多赘婿于家”[②]之说。据调查，湖南蓝山县荆竹寨的34对夫妇中，招赘的竟达25对。因刀耕火种，需要更多的强壮劳力，故这一婚俗在频繁迁徙的过山瑶中更广泛流行。

在“招郎上门”俗中，倘取“卖断”形式，则“男卑女尊”现象相当严重。据载：大藤瑶中寨瑶，

> “女夫”对“男妻”，需给予三十元之聘金；同时并致槟榔、酒米等物。与男子聘于女子之办法，殆无少异，不过略减其金额之数量而已。

与夫权制相反，这里是用聘礼的形式，将“男妻”作为货物一样购买过来，随之而来的后果是他在家庭中受“女夫”支配的无权状态。既然如此，赘婿的去留意见也就完全取决于女方。

> 有时，妇并得以单方意见，向赘夫宣告脱离，其夫虽负屈，顾亦甘心忍受，而莫敢谁何。其事态，与从前男子黜妻无异。[③]
>
> 立契卖断丈夫在家庭中地位一般比较低下，如果稍有不顺妻子和房族之意时，轻则遭到辱骂，重则赶出家门。广东连南县的田坑的七个上门瑶族男子中，就有四个丈夫因这种情况被女家赶离家门。那些被赶出家门的丈夫，一般无权对原有的财产提出任何要求，有的即使提出要求，

---

① 施联朱：《畲族社会历史调查》，14页，福州，福建人民出版社，1986。

② （清 同治）《鄘县志》，卷七，《户口·瑶俗附》。

③ （民国）刘锡蕃：《岭表纪蛮》。

也视女子的态度而定，分给多少全由妻子决定。[1]

这种情况，与恩格斯引用的易洛魁人的有关材料十分相似。据《家庭、私有制和国家的起源》载：女方在家中支配一切，不管丈夫或情人，

在家里有多少子女或占有多少财产，仍然要随时听候命令，收拾行李，准备滚蛋。对于这个命令，他甚至不敢有反抗的企图。

这并非偶合，而是由赘婿地位所带来的必然结果。

苗族

由于赘婿既可作劳动力使用，又可因此扩大本氏族成员，故据传苗族往往允许汉族男子入赘，而汉族男子又因为谋求生活出路或其他原因而进入苗区，也愿意在当地入赘定居。需要指出的是，这与畲、瑶两族早期严格禁止与汉族通婚之俗是有所不同的。传说，苗族中的车寨苗、白儿子，苗姓中的杨、施、彭、张、洪诸姓，以血统而论就是苗汉混合的产物。如清朝李宗昉《黔记》载：古州之车寨苗，

此种乃马三宝之兵，败落六百名，聚此赘苗家，故有六百户之称。

又：

白儿子，在威宁及滇省有之，各有宗族。男子多汉人风，女人犹苗俗。汉人多赘苗女为家，生子后，仍归汉者，故名白儿子也。

又，清朝严如煜《苗防备览•风俗上》载：

苗姓，吴、龙、石、麻、廖五姓为真苗，其杨、施、彭、张、洪诸姓乃外氏入赘，习其俗久，遂成族类。

姑不论汉人入赘的结果竟致形成苗族中的某些分支或族姓的记载是否属实，但从中反映苗族招赘风之盛这一历史事实，则是无疑的。

---

① 黄钰等：《瑶族》，46 页，北京，民族出版社，1990。

四、姑舅表婚

畲与瑶、苗均行此俗。以瑶、苗为盛。文献记载，则以苗最多。

苗族

据清朝方亨咸《苗俗纪闻》载：苗俗，

> 父母不受聘，聘归舅氏，云还娘钱。如女多，以一婚舅家，舅则不复取聘矣。

清朝爱必达《黔南识略》卷十一载：

> 黑苗婚姻，姑之女定为舅媳。若舅无子，必重献于舅，谓之外甥钱，又名还种。否则，终身不能嫁。

清朝傅恒《皇清职贡图》卷四，“罗城县苗人”条载：

> 娶妇生子，则送归母家，谓之一女来一女往。

清朝严如煜《苗防备览》卷九《风俗下》载：贵州思州府地苗人，

> 姑家之女，必字舅氏。不论男女长幼，名曰酬婚。否则，讼斗纷起。

清朝李宗昉《黔记》载：古州爷头苗，

> 姑之女，必适舅之子，聘礼不能措，则取偿于子孙。倘外氏无相当子孙，抑或无子，姑有女，必重贿于舅，谓之外甥钱，其女方许别配。若无钱贿赂于舅者，终身不敢嫁也。

如此等等，不一而足。

需要指出的是，苗族姑舅表婚来由颇古。早在宋代，湖南渠阳“蛮”俗，“姑舅之昏，他人取之，必贿男家，否则争，甚则仇杀”。[①]

① （宋）洪迈：《容斋四笔》，卷十六。

瑶族。据明人王士性《桂海志续》载：

婚姻必妹姊之女，谓之还头。

同治《溆浦县志》卷八记瑶俗：婚姻先舅氏，

舅氏无子，以女字他姓，则女家备银三两送外家，曰“回娘礼”。

近人刘锡蕃《岭表纪蛮》（第80页）载：

凌云（即旧泗城府）一带之红瑶，又有一种奇俗：即女子结婚之权，完全操于舅父之手。舅父允诺，婿家即以铜钱十吊或五十吊送至舅家，舅家亦备相当礼物，赠女出嫁。否则此女无论如何美慧，终身不得嫁人。又该族中表为婚，十居八九。其表兄弟于其表姊妹之占据，实具有优先之权力。

据今人调查，直至解放前后，湖南江华、宁远、蓝山等地瑶人，舅舅要做婚宴的首席，故俗有“舅舅不到喝不成婚酒”之说。瑶人认为姑舅婚是理想结合。广西金平县平安寨瑶族的舅权，表现为外甥女出嫁必须由舅母梳头方能成婚。广西白裤瑶，舅父长子有娶表姊妹为妻的优先权，只有经舅父同意，外甥女才能出嫁，聘礼三分之二归舅家，三分之一才作为“背带钱”或“养奶钱”归父母。

畲族

直至解放后，舅权仍很大。舅父之子有娶姑母之女的优先权，外甥女婚事需征求舅父意见。姑舅表婚，畲俗称作“双皮亲”。

值得注意的是，畲族盛行的“做表姐”俗，实际上是舅权遗俗的一种曲折反映。其俗是：舅家要请当年待嫁的姑娘及其母亲去作客，次数不拘。届时姑娘盛装来到表弟家，当晚村中青年聚集在一起，跟她对歌，往往历时数天，村中青年甚至轮流请她到家中作客。然后，其母以糯米糍粑回敬，携女回家，准备出嫁了。这可视作舅家优先娶外甥女婚俗的一种象征。

概言之，舅权的产生，并非偶然。究其原因，不外有二：一是由于母系氏族社会实行族外群婚制，其结果是子女只知有其母而不知其父。而作为其母的兄弟即舅

父的身份是明确的，加之舅父与母亲又原出于同一氏族。这样，舅父就直接负有抚养和教育外甥的责任，实际上起着父亲的作用。舅权就是这样形成的。从上述关于女子的嫁娶之权完全操于舅父之手，甚至连嫁礼的筹办和聘礼的收受，均由舅父包办的材料中，可见舅权之大。二是在族外群婚制下，形成彼此通婚的集团。即甲集团的女子要与乙集团的同辈分男子结为夫妻关系，而乙集团的女子也要反过来与甲集团的同辈分的男子结成夫妻关系。据此，姐妹的女儿，一定是兄弟的儿子之妻子。从外甥女的角度，则需嫁回母亲家中去。故上述材料把这种情况称之为“还种”“一女来一女往”“酬婚”“还头”，是十分确切地反映了通婚集团之间关系的。所以，当男方（指舅氏）的姊妹嫁与对方后，他就理所当然地要求对方生的女儿嫁与自己的儿子为妻。只有在得到其允许后，才许另嫁。上述所谓“还娘钱”，其意在此。若不这样做，就是破坏了这种通婚规则与惯例，而会引起“讼斗纷起”。这就是“姑家之女，必字舅氏”的缘起。

五、寡妇再嫁

畲与瑶、苗均不似汉族妇女受“三从四德”礼教思想束缚，故寡妇再嫁被视为正常婚姻形态，不受社会舆论指责。

畲族

妇女丧夫再嫁，不受任何束缚，可以带走属于自己的嫁妆，但一般不许带走子女与财产。也可以招郎入屋，做本户的继承人。因此，招来的男子要改姓妻子前夫的姓，生下子女也如是。有的地方，对此类赘婿有所歧视，既无家庭财产处理权，死后也不能列入祖宗神祇。

瑶族

寡妇再婚不受限制。据盘村瑶族调查：由于以往长期贫困辛劳的生活，加上缺医少药，因此往往出现夫妇一方早故的现象。遗下的鳏夫或寡妇，既要育养子女，又要从事沉重的农林业生产以及家务劳动。在这种情况下，迫切需要再婚，重新组织家庭，才能度过艰难的岁月。对此，盘村瑶族从习俗到舆论都是同情的，认为是无可非议的。抽样调查中，发现再婚的妇女有八人，约占被调查的四十岁以上人数

的一半左右，其中还有二人结婚三次。再婚时，婚礼一般都不如初婚时那样隆重。①

苗族

寡妇再嫁也比较自由。据明朝郭子章《黔记》卷五九载：苗俗，

> 其妻嫁而后葬，曰：丧有主矣。

不仅不限制且促使寡妇早嫁，以便由后夫埋葬前夫。此俗遗留至今，仍有后夫赔偿前夫棺材钱之举。至于改嫁后财产与子女的处理，则各地不一，有的允许带走，有的则需留下。

六、“兄弟死，则妻其妻”

早期族外群婚制，意味着通婚集团之间的兄弟姊妹间相互为夫妻。兄弟共妻即其遗习的一种表现形式。在畲与瑶、苗中，已无兄弟共妻的现象。但却在历史上，曾不同程度存在兄弟死则妻其妻的做法。此俗，从本源上说，也属于兄弟共妻的范畴。其中，尤以苗族为突出。

苗族。其俗，可远溯至宋代。据宋人洪迈《容斋四笔》卷十六载：渠阳（今湖南靖县）“蛮俗”，

> 凡昏姻，兄死弟继。

长期以来，苗族中存在“兄终弟及”或“弟死兄收”之习。据调查，苗族多数地区寡妇如果年轻，亡夫的兄弟或堂兄弟又未娶室，可以征求寡妇同意转房，但不能强迫。而云南马关、金平等地部分苗区，寡妇转房则带有强制性。

瑶族

据明人王士性《桂海志续》载：瑶人，

> 兄死弟妻其嫂，弟死兄亦如之。

民国《蓝山县图志》卷十四《瑶俗》引钟才濂《瑶俗轶闻录》载：

---

① 胡起望等：《盘村瑶族》，170页，北京，民族出版社，1983。

兄鳏而弟妇孀，可转房为兄妻，而弟乃不得纳嫂也。

调查材料表明，云南金平、麻栗坡等县瑶族，则长期存在“弟娶其嫂”之俗。

畲族

调查材料表明，福建福鼎县畲族，“小叔往往有娶嫂的优先权”[①]。这虽然属个别例外，但是可确证在畲族历史上曾有过兄死娶嫂之俗。

但是，畲族因受汉族文化及其伦理道德观念影响较强，故在主流社会中，此俗已受指责与扬弃。如安徽宁国县畲族认为，“父不在长兄为父，娘不在长嫂为母”，因此寡妇不能同小叔（夫之弟）结婚。福建福安县甘棠乡畲族之俗也是：寡妇与叔叔不得结婚，认为“大哥为父，大嫂为娘”，结婚是不合理的，不但本村老人会反对，外村同族的人也可以抢婚。

可见，“兄弟死，则妻其妻”之俗，畲与瑶、苗是同中有异的。

七、抢　婚

在世界各民族中，普遍地存在过抢婚习俗。恩格斯在《家庭、私有制和国家的起源》第四版序言中写道：

> 麦克伦南在古代及近代的许多蒙昧民族、野蛮民族，以至文明民族中间发现了这样一种结婚形式：即新郎必须一个人或者与他的朋友们一起假装用暴力把新娘从她的亲属手里抢过来。这个习俗，应当是较早的一种习俗遗迹，那时一个部落的男子确实是用暴力到外边从别的部落为自己抢劫妻子。

笔者以为，此俗，产生于母权制衰落与父权制兴起的过渡时期。本来，在母权制下是男就女居的，父权制出现后就力图用强制的手段，即“抢劫”的形式来改变现状。这就是抢婚制的由来。畲与瑶、苗均曾存在抢婚之习。

苗族

可溯源于宋代辰、沅、“靖州蛮”，

---

① 施联朱：《畲族社会历史调查》，175 页，福州，福建人民出版社，1986。

嫁娶先密约，乃伺女于路，劫缚以归。亦忿争叫号求救，其实皆伪也。生子乃持牛酒拜女父母。初亦佯怒却之，邻里共劝，乃受。[①]

明代，田汝成《炎徼纪闻》卷四《蛮夷》载：贵州宋家苗妇女，

将嫁，男家遣人往迎，女家则率亲戚箠楚迎者，谓之夺亲。

清朝吴振棫《黔语》卷下，也有相类记载。可见，在苗族中，抢婚已演变成“佯抢”，成了别具风格的结婚仪式了。需要指出的是，苗族中还流行一种特殊的“抢亲”形式，据同治《永绥直隶厅志》卷一《建置·苗峒》载：

富厚之家，见他苗有女美者，令其子牵女臂，名曰“抢亲”。女家亦利其有，不更许人。

显然，这种依靠财力的“抢亲”，带有深深的文明社会即阶级社会的烙印，已改变了原始的抢婚性质，但仍可视作抢婚制的流变。

瑶族

据光绪《郴州直隶州乡土志》卷上载：瑶俗，

嫁娶之礼，女家扛来舆置山谷间，婿家必苦觅始得。肩女至婿门，有巫师踏一足于扆上，女下舆亦如之，相对如作法状，喚喚数语，女即逃去，婿家追挽之始返，谓嫁此原非所愿，乃婿家强牵而来，后日与婿相骂，即以此反唇相讥也。

把婚仪演化成躲与寻、逃与追的戏剧性行为，意在说明，这场婚事是男方“强牵”而成。

调查材料也表明，解放前，湖南溆浦、通道、辰溪的瑶族，还存在“抢婚”的习俗。据了解，当时溆浦瑶族的婚姻是由“抢婚”而成的。其法是：男方向女方求婚遭拒绝后，伺机抢女回家，逼其成婚。尔后，向女方父母提出请求，倘蒙允诺，即送酒菜请客，完成婚仪，若不许，则与女方父母断绝关系，其女也不准回娘家，

① （宋）陆游：《老学庵笔记》，卷四。

直至同意才通往来。

畲族

“抢婚”，主要存在于被视为非法婚姻情况下发生的。如，福建福安县畲俗，同姓如结婚，如甲村姓雷的与姓雷的结婚，则乙村姓钟的可以把女的抢回，与其本村未婚男子结婚。此类事件，解放前曾多次发生。

古时，婚礼是在晚上进行，故“婚”字从“昏”旁。这是因为抢婚多在黄昏以后进行之故。如，浙江景宁县东衕村婚礼，新娘是夜半12时起程，由其兄弟或姐妹1人、男家6人伴送，新娘张开雨伞点起灯笼与8人同行，名曰“双喜”，故有“夜半灯火辉煌”[①]之载。此俗，也可视作“抢婚”遗习演变而成的婚仪。

在婚仪中女方“佯怒”“箠楚”的种种戏剧性表演，实质上乃是“抢婚”俗的孑遗。

其一，新娘至男家，男方亲朋要藏匿。据道光《建阳县志》卷二《舆地志》记畲民风俗：

> 至婿家，亲宾已先匿，庭无一人，新妇必先詈之曰：“汝家绝人种耶！”众始出应之曰：“正赖汝来接人种耳。”

新娘的“詈”，显系从早年女方被抢后“怒争”反抗遗风演变而来。

其二，男方至女家，要受到种种阻拦与刁难。婚前两天，代表新郎到女家迎亲的歌手，俗名“做亲家伯”，至女家后，要处处讨好对方，倘不懂规矩，则妇女们会在他的身上点燃炮竹，烧他的衣服，甚至轰赶。在迎娶当天，男方挑送礼品的代表“赤郎”至女家时，女方会拿板凳和杉树刺挡路，闭门拒客，俗称“拦赤郎”。待媒人放鞭炮及给予红包后，才予开门。直至赤郎在女方吃“落脚酒”期间，也还受到种种刁难。畲族婚俗女方对男方的“非礼”接待，与宋家苗的女亲“箠楚”男家俗，可谓有异曲同工之妙。

八、服务婚

指婚后住妻家无偿劳动一段时间。笔者以为，此属于从妻居到从夫居的一种过

① 沈作乾：《括苍畲民调查记》，载《北京大学研究所国学门周刊》，第1卷，1925（4、5）。

渡形态。在畲、瑶诸族中均有此俗。

畲族

无偿服务期一般为三年，期满即携妻回家。福建福鼎县畲族的“服务婚”，男子到女家做工，以工资报酬与聘礼相抵。

瑶族

历史上即有此俗。据民国《蓝山县图志·瑶俗》引《瑶俗轶闻录》云：

> 未婚之前，男子须与女家作工一二年，然后凭媒妁，通知两家尊亲属成婚配。……三朝后，新夫妻仍往外家，作工数月，或一二年不等，随后随夫返家立业。

调查材料也表明，广西龙胜瑶族，男子娶妻后，要随妻回到女家劳动，长则一年，少则几个月甚至几天，以示对女方家庭的酬谢或补偿劳动损失。广西融水的瑶族，到女家劳动时间较长，甚至要待生小孩后，才携妻挈子回家居住。[①]

九、“做两头家”

这是一种介乎从妻居与从夫居两者之间的婚姻形态。在畲、瑶中均流行。

畲族

此俗，男女双方大多为独生子女，或是因父母有病、弟妹年幼致家中劳力缺乏。其法是，夫妻俩要种两家的田，赡养彼此父母。所生子女可分别从父母姓，一般是第一个儿子从女方，第二个儿子才从男方，以便承继双方宗嗣。故有的地区称作“一支祧两姓”。[②]

瑶族

结婚时，男到女家或女到男家都有，但双方都不老待在对方家里，可以有一半乃至更多时间在自己家中住，但必须夫妇一同去。所生子女，如果男到女家，第一

---

① 黄钰：《瑶族原始婚姻的发展变革》，见《广西民族历史与文化研究》第1辑，南宁，广西民族出版社，1988。

② 蒋炳钊：《畲族简史》，296页，福州，福建人民出版社，1988。

个从母姓，如果女到男家，第一个则从父姓。此种婚姻，要立定字据。[①]

十、三族婚俗的差异

在畲与瑶、苗的原始婚俗中，也有相异之处。主要表现有三。

一是畲族长期流行以铁制农具为嫁妆之俗。如万历《永春县志》卷三《风俗》载：畲民，

> 嫁女以刀斧资送。

道光《建阳县志》卷二《舆地志》记畲民风俗：

> 嫁赀，稍充裕者予以田器，此外无他物。

民国《建德县志》卷三《风俗志》载：畲客，

> 以犁、耙、蓑衣、刀、锄为嫁妆。

据解放后调查，安徽宁国县、福建福安县等地畲族仍以犁、耙、锄、镰、蓑衣、斗笠等物为嫁妆。

此俗，来源甚古，早在南北朝时期的盘瓠传人莫徭，“婚嫁用铁钴鏻为聘财”[②]。其因在于，在早期，盘瓠种人的铁制农具均从汉区输入，价格极为昂贵，而开荒种地，铁制农具又是不可或缺之物。这样，铁制农具成为重要嫁妆就是顺理成章之事。但随着商品经济的发展，“财礼”逐渐居于主导地位，钱与物成了农具的代替品用作嫁奁，就更为便捷与实用。可贵的是，这一古朴婚俗却在畲族中绵延不断。

在文献材料中，已不见瑶人以农具为嫁奁的记载。苗族则尚间有之，如同治《永绥直隶厅志》卷一载：苗人婚嫁，

> 陪嫁之物，自牛羊以及犁耙等，无不备具。

---

① 姚舜安等调查整理：《湖南瑶族社会历史调查》，121 页，南宁，广西民族出版社，1986。

② （唐）魏征等：《隋书》，卷三一，《地理志》。

二是“不落夫家”俗，苗、瑶长期保留，而畲族则早已不见其踪迹。此俗，指女子结婚后即返回母家居住较长的一段时间，一般多在生子后，始归夫家。如清朝方亨咸《苗俗纪闻》载：苗人，

婚后不同寝处，惟私媾。俟孕而乳，始同焉。

同治《溆浦县志》卷八《风俗》，引《旧志》载：溆浦瑶，

女子初嫁仍居母家，岁余及生育后，则于腊月二十五六日归夫家。

解放后调查材料也证明，瑶、苗仍沿袭此俗。至于畲族，文献记载及调查材料均未见此俗。惟一的例外是福建惠安县新宁的一个村的蓝姓畲族有此俗，但研究结果证明，系受当地汉族影响所致。[①]

三是童养媳婚，此俗在畲族盛行，而在瑶、苗中则少见。据调查，福建福安县、福鼎县、广东各地畲族，均流行童养媳婚。此俗，系受岭南汉族特别是邻近客家人影响而来。

历史上，客家地区盛行童养媳婚。以粤东地区为例，据嘉庆《平远县志》卷二《风俗》载：

近则女孩始生，即有抱养为媳者，始犹贫俭之家倡行之，今则士大夫家亦以为便。

可见，客家地区不论贫富均如是。至于畲区接受此俗并传播开来，是有内在的社会原因的。一是童养媳当婢女使用，可增添家中劳力；另一是成婚时，不用聘金，不举行仪式，由家长选定除夕之夜同房即了，可节省大量费用。

第二节　丧　葬

丧葬仪礼，是人生最后一次“通过仪礼”，标志着人生旅途的终结。

---

① 蒋炳钊：《畲族简史》，297 页，厦门，厦门大学出版社，1988。

丧葬制度是与早期人类的祖先崇拜联系在一起的。

畲与瑶、苗丧葬制度比较，最大的差异处是，畲族受汉族丧葬礼仪的影响较深，已与汉族趋同。但是，从历史文献记载，从当今畲族社会遗存的片断零星材料，仍可窥见畲族旧日丧葬制度之一斑，及其与瑶、苗早期丧葬制度的许多共同之处。主要表现如下。

一、风　葬

在畲、瑶民间颇为流行始祖盘瓠死后悬于树杈上，即风葬的动人故事。如畲族《高皇歌》唱道：天神龙期居于凤凰山，

凤凰山上实是闲，时时拿弩去上山，
奈因岩中捉羊仔，山羊斗死在岩前。
山羊斗死在岩前，寻上三日都不见，
身死挂在树尾头，求神问卜正看见。
高山石壁青苔苔，龙期跌死挂石背，
吹角鸣锣来引路，天神龙期落下来。

虽然，今日畲族已盛行土葬，但是先祖盘瓠归天的观念仍未在人们头脑中消逝。据调查，广东龙川县甘陂村、鲤仔村畲族老人说：过去先祖逝世以悬棺下葬，因为先祖盘瓠猎从山崖跌落挂在树杈上归天的，所以死后上不着天，下不落地。

瑶族

民间流传的《盘王券牒》所记盘瓠之死，与畲族大同小异。其中云：盘护（瓠）受封后，送入会稽山内居住，

食嗜山猎之味，终朝趋野，逐日奔山。自后不觉数日外出不归，家人男女大小，游遍山林寻觅，嗷嗷呼唤而无应声，腡腡寻觅而无形迹。寻遍千山万岭，始于山溪之畔石崖之下，见护（瓠）身被羚羊角刺身而死，落在梓木树杈，乃善终身。[①]

① 黄钰辑注：《评皇券牒集编》，34页，南宁，广西人民出版社，1990。

值得注意的是，今日瑶族中，对小儿夭折仍有风葬俗。其法是，将童尸直接置于篮中，悬挂于深山的大树之上，任其风吹雨淋，让飞鸟啄食。显然，这是盘瓠葬俗遗存体现。因为茶山瑶认为，小孩降生人间，是由管生育的“花神婆”送来的。因此，当小孩长至五六岁时，父母要为其举行一次酬神的祭礼仪式，名曰“还花”。倘未经还花而死亡的小孩，则不能火葬与土葬，只能实行挂葬。只有这样，当尸体腐烂后，其灵魂才能回到“花神婆”那里，重新投胎获新生。可见，挂葬与人们的宗教信仰有关。

在畲、瑶、苗三族中，真正有风葬俗而载之正式册籍者，只有“夭苗”。早期记此事者，见于明朝田汝成《炎徼纪闻》卷四《蛮夷》：夭苗，

> 人死不葬，以藤蔓束之树间而已。

清代所载，大略与此同。如田雯《黔书》卷一载：夭苗，

> 死不葬，以藤蔓束之树间。

上述传说与文献记载，似乎透露了这样一条信息：起初，盘瓠种人曾行风葬。这与葬式的发展阶段也相符，因为这是人类最原始最简单便捷的葬礼。

二、火　葬

在我国，火葬主要流行于氐羌民族系统。早在先秦时期，已有此俗。如《吕氏春秋·义赏》载：

> 氐羌之虏也，不忧其系累，而忧其不焚也。

作为氐羌民族的传人，也一直保留此俗，彝族即突出例证。如元朝李京《云南志略》载：罗罗[①]，

> 酋长死，以豹皮裹尸而焚，葬其骨于山，非骨肉莫知其处。

① 罗罗，彝族旧称。

其后，关于彝族行火葬的记载不断。

在人们重视氐羌及其传人的火葬之俗时，往往忽视了作为“南蛮”集团的“盘瓠蛮”及其后裔也曾盛行火葬这一历史事实。

畲族

明代，盛行“焚木”浮葬之习。[①]至清代，此俗已有所改变，如乾隆年间，福建永春畲族已“改其焚尸浮葬之习”[②]。但有的晚至清末仍未改者，同治《贵溪县志》卷十四《杂类轶事》载：江浒山无籍民，蓝、雷、盘、钟，

> ……遭亲丧，舁棺至山麓火化之。

可见，至清代，此俗已陆续有所改变，但并未消失。可以肯定的是，今日畲族火葬已成历史陈迹。

瑶族

在清一代直至民国时期，火葬均颇流行。据嘉庆《广西通志》卷二七八记广西容县瑶：

> 性好迁徙，家无盖藏。人死则焚其骸，收烬置瓮中瘗之，谓之火葬。

其他记载尚有，广西龙胜瑶“葬用火化”[③]，湖南兴化瑶“多有焚化”[④]，广西昭平瑶“则用火化”[⑤]。

值得注意的是，瑶族改变火葬之俗的时间，要较畲族为迟，至解放以后有的瑶区仍保有此俗，广西金秀大瑶山花蓝瑶即突出例证。据调查，花蓝瑶在行火葬前，将死者殓棺，各家各户提供干柴。火葬时，将棺木置于干柴之上，棺内放干竹片，由师公点火焚尸。烧后，即将部分骨灰装入坛内，择日再送往墓地安葬，其余骨灰

---

① （明 万历）《永春县志》，卷三，《风俗》。

② （清 乾隆）《永春州志》，卷七，《风土志》。

③ （清 道光）《龙胜厅志·风俗》。

④ （清 光绪）《兴宁县志》，卷三，《疆域·瑶峒》。

⑤ （民国）《昭平县志》，卷七，《瑶僮》。

则在火葬场附近掩埋。[①]

苗族

后世苗族行火葬，其对象仅限于非正常死亡者。苗人以为，一切非正常死亡都是“因果报应”的结果，深恐其游魂危害世人，因此，只能“聚柴薪而焚之”，以驱邪恶。为此，火葬场所需选人迹罕至之处。焚后，或葬其骨于山间，或弃之于野。[②]

三、悬棺葬

悬棺葬，又名崖葬，因高悬山岩而得名。历史上，南方不少民族流行这种丧葬形式。其法有二：一是将棺置于天然或人工打凿的岩洞中；另一是凿孔安木桩，置棺其上。倘细加区别，前者称岩葬，后者称悬棺葬。此处则统而言之。它们的共同特点是，不施封土，而置棺于悬崖绝壁之上。葬具除木棺外，尚有木船棺、木匣、瓦罐、石棺种种。畲与瑶、苗均曾行此法。

畲与瑶、苗的悬棺葬，最早可溯于属于盘瓠种人的荆州“左人”的“总葬石窟”之俗。据《隋书·地理志下》载：左人丧葬之习不同，死后棺殓，

> 亦有于村侧瘗之，待二三十丧，总葬石窟。

唐代，属“盘瓠蛮”的“五溪蛮”续行在高山半肋凿龛以葬俗。据唐朝张鷟《朝野佥载》卷十四载：

> 五溪蛮，父母死，于村外阁其尸，三年而葬。……尽产为棺，于临江高山半肋凿龛以葬之。自山上悬索下柩，弥高者以为至孝，即终身不复祀祭。初遭丧，三年不食盐。

元朝周致中《异物志》卷下，“五溪蛮”条所载，袭自此文。

宋代，属“盘瓠蛮”的“溪蛮”以小函盛骨置“葬堂”之俗。据宋朝朱辅《溪蛮丛笑》载：

---

① 黄钰、黄方平：《瑶族》，97页，北京，民族出版社，1990。

② 参见岑秀文：《苗族》，87页，北京，民族出版社，1993。

> 死者诸子，照水内，一人背尸以箭射地，箭落处定穴。穴中藉以木。贫则已，富者不问岁月，酿酒屠牛，呼团洞，发骨而出，易以小函。或枷崖屋，或挂大木，风霜剥落，皆置不问，名葬堂。

显然，盘瓠种人“左人”“五溪蛮”“溪蛮”的“总葬石窟”、高山“凿龛”“葬堂”之俗，与后世畲与瑶、苗的悬棺葬俗有渊源承袭关系。

畲族

因受汉族影响，最早扬弃悬棺葬之俗。由于年代久远，人们只能寻见其某些踪影。其表现有二：一是文献所称的“浮葬”[①]之俗，殆有关系。因“浮葬”显与后世畲族的土葬俗不同。另一是土葬俗中的棺不落地的葬式。此俗，显与汉族土葬俗不同。调查材料表明，广东许多畲族地区，在土葬时，挖水平穴，下葬时要把棺材吊起，或用砖石砌好垫基，或用两根圆木垫着推进。据当地畲族父老传说，因盘瓠是挂树梢而死的，所以死后需离地而葬。这当是悬棺孑遗之俗所致。

瑶族

据清朝爱必达《黔南识略》卷十一载：荔波县黑瑶，

> 人死，殓以棺，置洞不葬。

值得注意的是，关于瑶族行悬棺葬的文献记载虽然较少，但是调查材料却是颇为丰富的。如，贵州荔波县瑶麓乡的青瑶是实行岩洞葬的。每个寨子都有一个或几个葬洞，在一个洞内以家族为单位堆放棺材。瑶麓乡有覃、韦、欧、卢、莫、常，共六姓，除常姓实行土葬外，其余五姓都有家族独自的葬洞。此青瑶即文献中的黑瑶，证明文献记载的可靠性。又如，广西南丹瑶乡发现白裤瑶岩洞葬。该葬式，少则二三副，多则三十副尸体。骨骸较粗大。一棺有的多达七八个颅骨。传说，瑶人一家一棺，后死者揭棺放尸，或说，全家骨骼集中在一起。

苗族

据文献记载，明清时苗人有悬棺葬俗。如嘉靖《贵州图经》载：苗人死者停丧

---

① 参见福建永春、德化等地县志。

三五日后，

置尸岩穴间。

民国《贵州通志·土民志一》载：清代归化厅（今紫云）苗民，

有不葬者，置尸山洞或岩壁间，任其干去。

据调查贵州不少苗族地区，早先实行悬（岩）棺葬，到清代乾隆年间才渐次改为土葬，少数也沿袭到民国二十五年间。现今惠水、罗甸、望谟等县还发现许多苗族悬（岩）棺葬遗址，有的岩洞陈柩达六七百具之多。[①]

四、二次葬

人死后，葬式经两次而完成者名曰二次葬。其法有二：一是死后，经埋葬若干年，一般是三年以后，剔腐肉取骨再葬；另一是死后，焚尸捡骨而葬。即第一次葬，有的为土葬，有的为火葬，但第二次均是拾骨而葬，故二次葬又名“拾骨”葬。始载此俗者，为《列子》卷五《汤问》。其中写道：

楚之南，有炎人之国，其亲戚死，朽其肉而弃，然后埋其骨，乃成为孝子。

可见，早在先秦时期，南方诸族就有二次葬俗。此俗的形成，与其宗教信仰相关，认为只有如此，乃成“孝子”。盘瓠种人及其传人，也行二次葬俗。

南北朝至隋代，荆州“蛮左”有拾骨俗。据《隋书·地理志下》载：

其死丧之纪，虽无披发袒踊，亦知号叫哭泣。始死，即出尸于中庭，不留室内。殓毕，送至山中，以十三年为限。先择吉日，改入小棺，谓之拾骨。拾骨必须女婿，蛮重女婿，故以委之。拾骨者，除肉取骨，弃小取大。

唐代，“五溪蛮”也行二次葬俗。据唐朝张鷟《朝野佥载》卷十四载：

① 《苗族简史》编写组：《苗族简史》，333 页，贵阳，贵州民族出版社，1985。

> 五溪蛮，父母死，于村外阁其尸，三年而葬[①]。

其后，畲与瑶、苗仍行此俗。

畲族

早期，行火葬，故焚尸“拾骨”“贮以瓶”而葬。据万历《永春县志》卷三《风俗》载：畲民，人死刳木纳尸，经过一定仪式后，

> 乃焚木拾骨浮葬之。

至民国时期，有的地区仍存此俗。如民国《龙游县志·地理考·风俗》载：畲民，

> 其葬者亦须停棺于野数年，然后举火烧化，贮以瓶而埋之。

解放后，普遍行土葬，待肉朽后再拾骨埋入土中。调查材料表明，广东莲花山区畲民，将死者埋葬七八年后要进行“捡金”，将其骸骨捡拾后放在一瓦瓮内另行埋葬。福建福安县甘棠乡畲族，盛行“拾骨重葬”，人死装在木棺内，放在山上洞穴内，穴口堵以石头，过几年后取出骨头装在瓦罐内，另择吉地埋葬。

瑶族

有的地区，将死者盛棺用火焚化，收检骨灰安葬。

苗族

据清朝李宗昉《黔记》卷三载：

> 人死，殓而停之。为期合寨共卜吉，以百棺同葬，公建祖祠，曰鬼堂。

此“百棺同葬”俗，也属二次葬性质。又，据清朝爱必达《黔南志略》卷二四载：黔西苗族一支“六额子”有“洗骨”即二次葬俗，

> 丧亦用棺，岁余合族至墓，祭而取其骨，刷洗至白为度，囊以布，埋之。嗣后，间岁一洗，至七度乃止。凡家人有病，则谓祖先骨不洁云。

至近代，此俗发生变化，二次葬主要限于非正常死亡者。据调查，贵州台江县

① 阁其尸，三年而葬：阁尸三年以后再葬，当系拾骨葬。

苗族，凡横死者埋了三五年或十余年之后，一般都要掘尸骨焚化，进行迁葬。其法是：开棺后，用钳子将尸骨夹出来，经过火烧后，置于木匣式棺材，放到正常死亡的墓地下葬。

五、“绕尸而歌”

早期人类以为，人死了，灵魂不灭，是从现实世界进入另一个虚幻世界，因此，死亡并不纯是可怖之事，也是一件值得庆贺之事。这样，在汉族中，有将丧葬与婚嫁诸事相提并重，统名之曰“红白好事”。在盘瓠种人及其传人畲与瑶、苗中，更流行一种以歌唱、饮宴方式作为与死者告别的仪式。

在南北朝至隋代，荆州“蛮左”有“绕尸而歌”之俗。据《隋书·地理志下》载：其俗，

> 无衰服，不复魄。始死，置尸馆舍，邻里少年，各持弓箭，绕尸而歌，以箭扣弓为节。其歌词说平生乐事，以至终卒，大抵亦犹今之挽歌。

作挽歌诉说死者生前业绩和寄托哀思，堪称别具一格的悼念方式。

唐代“五溪蛮”。据唐朝张鷟《朝野佥载》卷十四载：其葬俗，

> 打鼓路歌，亲属饮宴舞戏，一月余日。

亲人死后，打鼓、唱歌、饮宴、舞戏，可谓热闹非凡，显系欢送死者进入极乐世界。

畲族

据万历《永春县志》卷三《风俗》载：畲民，

> 人死刳木纳尸，少年群集而歌，擗木相击为节，主者一人，盘旋四舞，乃焚木拾骨浮葬之。

可见，明代畲族“少年群集而歌”，与南北朝“蛮左”之“邻里少年……绕尸而歌”之俗，极为酷似，似其遗风流传。直至民国时期，福建长汀畲族仍有死者葬后“远

族皆至，导饮极欢而去”[①]之俗。

瑶族

最富代表性的为“暖丧”之俗。据清朝顾炎武《天下郡国利病书·广东下》引旧志记明代瑶俗，

> 作祭，则作乐歌唱，谓之暖丧。

他又在总论中评说道：

> 丧葬，则作乐歌唱，谓之暖丧。其情乖戾可知矣。

其实，人死了号哭与“作乐歌唱”是因生死观不同而形成的不同纪念方式，是不足为奇的。顾炎武指为“其情乖戾”，是因文化传统差异而造成的民族偏见所致。

此俗，也可从调查报告中得到证实。广东八排瑶在为死者举行吊祭仪式时，在厅堂门侧放置几桶酒，任凭吊者畅饮。在先生公通宵达旦念经时，伴以嘈杂的吹号声与锣鼓声。送葬时，沿途备有酒与酒糟，供送葬者尽情饮食，酒醉糟饱，边走边唱，乘兴送死者进入“极乐世界”。

苗族

最为突出的是“闹尸”或“斗尸”。据道光《贵州通志·风土志》载：松桃苗族，

> 初殡，集亲戚男妇笑歌跳舞，是为闹尸。

清人贝青乔《苗俗记》也记有苗人此俗。又，清朝李宗昉《黔记》载：广顺州金筑司之克孟牯羊苗，

> 亲死不哭，反笑舞浩歌，谓之斗尸。

故史有苗人“死丧而歌”[②]之说。

---

① （民国）《长汀县志》，卷三五，《杂录畲客》。

② （清 道光）《宝庆府志》，末卷中，《摭谈二》。

六、不封土，不起坟

早期畲与瑶、苗的葬式均比较简单，死后埋葬了事，不留标志，不再祭扫。

畲族

据同治《贵溪县志》卷十四《杂类轶事》载：畲民，焚尸拾骨，

> 请于主人求隙地葬，不起坟。

需要指出的是，后世畲族受汉族影响较深，一改旧俗，均起坟立碑。

瑶族

据清朝姚柬之《连山绥瑶厅志》卷四《风俗》载：

> 既葬而卒哭，免丧而除服，如是焉而已。

民国《溆浦县志》卷四《风俗》，引《旧志》载：瑶人，既葬，

> 坟树忌翦伐，不祭扫。国朝以后，间有行之者，然不登墓，必远隔里许，或隔溪山以祭，畏鬼故也。

苗族

清朝方亨咸《苗俗纪闻》载：父母丧，

> 举尸而瘗之，不封不树。瘗后，不复再至其地，岁时惟野祭耳。

乾隆《乾州厅志》卷四《红苗风土志》则载：

> 苗人临丧亦哭泣，但无衣衾棺廓之殓，无衰麻经带之服。人死，以筊卜之，随其所卜之地掘窟三四尺，镶以木板，置尸其中，以土封之。三日后，割牲覆墓，邀戚食饮。次年二月，以牲楮祭奠，子陈设在左，女陈设在右，各以其类，如是者三年，从此不复过问，无岁时伏腊年扫祭奠之礼。

可见，苗人丧葬祭扫之礼，绝无汉族繁文缛节之礼。

七、焚室徙居

畲与瑶、苗均有此俗。因行刀耕火种，房舍简陋，且“家无盖藏”，便于迁徙。人死后，往往举家而徙。这也是造成历史上畲、瑶、苗过着迁徙不定生活的原因之一。最富代表性的数清朝顾炎武《天下郡国利病书·广东》记畲民俗：

有病殁，则焚其室而徙居焉，俗有类于夷狄。

相类的记载有，同治《永绥直隶厅志》卷一《建置·苗峒》载：苗民，

居无常处，室经死人即迁徙。

其因有二：一是从卫生条件言，用以防止疾疫流行。因为历史上传染病给人类造成极大的灾难；二是从宗教信仰言，是怕鬼作祟之故。

第十四章　畲与瑶、苗的宗教信仰

畲与瑶、苗宗教信仰的共同点，主要表现为多神崇拜。既受汉族宗教信仰的影响，又保留了本民族一些古老的宗教信仰习俗。在民间俗神信仰中，往往巫、道、释糅杂在一起，很难截然区分。主要差异性则在于，近世以来，在畲族中，传统宗教信仰的束缚不断有所削弱，但在瑶、苗中，则宗教观念与行为仍较为强烈，其民族意识、感情、心理，往往打上宗教的烙印。

畲、瑶、苗三族的主要宗教信仰及其特点表现如下。

自然崇拜。三族广为流传的对土、山、树、石诸神的崇拜，即属此范畴。

图腾崇拜。三族均以盘瓠为图腾。盘瓠图腾崇拜主要表现为：时节祭礼盘瓠；图腾一体化，即民俗中模仿图腾的形态与动作；图腾禁忌，忌食狗肉。

祖先崇拜与英雄崇拜。具有将祖先崇拜与英雄崇拜结合起来的特点。

本土巫教与外来宗教。三族的原始宗教均为巫教，汉族传入的有道教与佛教，其中道教影响最深。近代，西方基督教与天主教传入，在苗区影响相对较广较深。

第一节　自然崇拜

宗教是一种特殊的社会意识形态，宗教是人类社会发展到一定阶段的产物，大约在旧石器时代中期，开始出现宗教观念的萌芽。

人类最早的宗教是原始宗教。由于远古时期生产力极端低下，人类在自然力面前表现软弱无力。加之人们对各种自然现象和人类自身的生理现象，都缺乏认识，以为这是一种无法抗拒的超自然力量的作用。这种把自然力人格化，变成超自然的神灵，便是自然崇拜。畲与瑶、苗对土、山、水、树、石诸神的崇拜，即属自然崇拜的范畴。

一、土地神

据《礼记·郊特牲》载：

地载万物，天垂象，取财于地，取法于天。是以尊天而亲地也。

换言之，由于“地载万物”“取财于地”，人们赖此以生存，这就是崇拜土地的由来。土地神为乡土保护神，司本乡本土之事。可以说，凡有人烟之处，都有此神。当人类进入农业社会以后，对土地的信仰总是与农作物收成的丰歉联系在一起的。

畲族

乡间多建小型“土地公（爷）”“土地婆”庙。民间传说，此神会造福乡里，使人畜平安，风调雨顺，五谷丰登。每年农历二月初二日，为土地公（爷）生日，进行祭祀。三月二十九日，田头伯爷节，广东畲族以炒面、三牲往田头祭拜，请求保护农作物。五月初四日为“保苗福”，祈求禾苗茁壮成长。十月十五日为“五谷主节”，是日广东畲族有谷仓的则开仓门，插香其上，以稻穗、粿及三牲拜祭，并在各种装谷的器具上插香。十一月冬至，秋收完毕，广东畲族以糯米丸贴在农具上、牛身上，以示对农具与畜力的酬谢。

瑶族

土地神称作“社王”。盘瑶与汉族不同，没有社王庙的固定建筑，而是就地搬来三块大石头俗名“石鼓”，不加雕凿地竖起当社王偶像崇拜。此俗，与古代文献所载的立石为社的情形相仿佛，堪称古风遗韵。盘瑶认为，社王的作用在于，保祐村寨安全，保祐村民平安，保祐五谷丰收。盘瑶祭社的时间是三月初三、六月初六、九月初九，这与汉族的二、八月为春秋祭社的日期不一。

因为农作物是从土地生长出来的，与土地神相关，瑶区又祀“五谷神”。瑶人认为五谷是有灵魂的，因此在农耕的全过程中，都要讲究拣择吉日，并举行一定的宗教科仪。春播，要为谷种举行宗教洗礼。作物生长过程中，要举行“保苗”“求禾花”的祭祀活动。秋收时，要拣挑颗粒饱满的谷粒悬挂仓中，象征谷魂归仓。尝新节要举行吃新粮仪式，以示对五谷神的酬谢。

苗族

土地菩萨，黔东南苗俗又称作“土地鬼”。苗中每寨有土地庙一座，多用岩板或岩块砌成，一般设在寨边、桥头或三岔路口。苗人对土地菩萨的信仰极为虔诚，认为可保祐人畜平安，故有“土地不开口，老虎不咬猪”之谚。每年二、八两月的初二日，为合寨祭祀土地的日期。

二、五谷神

与“土地鬼”相伴相生的为“五谷鬼”。在祭祀过程中，巫师向五谷鬼祷告：“保祐五谷丰收！等到天气和暖，百花开放，扬雀叫了，播种五谷，秧苗要青秀；五六月结穗，不得给蝗虫吃了；九十月，五谷丰收。”[①] 可见，苗民盼望，五谷鬼能保祐农作物从播种至收割的全过程。

三、山　神

“山居祭山”，畲与瑶、苗崇奉山神与其居住和生活环境息息相关。因“盘瓠蛮”“所处险绝，人迹不至”“好人山壑，不乐平旷”[②] 所致。同时，也与其耕山、狩猎经济密不可分。

畲族

崇奉的山神，名为“猎爷”神。狩猎是畲族的重要生产方式，为了能获取更多猎物和避免人员伤亡，每次出猎都要举行祭猎神仪式。在浙南，出猎前先拜猎师爷（猎神），祷告“保祐子孙上山，铳头落火，铳尾得财”之后，将三炷香插在枪尖上，以示吉利。上山狩猎，猎毕归来，必须先让“猎师爷”享用猎获物，同时鸣枪示庆。在闽西，畲族山区建有“狩猎仙师”和“护猎娘娘”神坛，行猎前，猎手在猎神前焚香叩头，并用竹制的杯珓在神坛前占卜，看是否宜于出猎。归来后，将所有猎物抬至神坛前，先祭“狩猎仙师”和“护猎娘娘”，以示酬谢。在粤东，畲民称猎神为“游猎大王”“射猎先师”“猎爷”等。各地建有庙宇，设神坛奉祀。连城、和平县畲族在庙门前书写：横批为“有求必应”，左右联为“游山仙子”“打猎大王”。每年农历二月春分日，备办三牲等供品祭祀。[③]

瑶族

盘瑶谓之“山鬼”，在游耕时期及定居初期，凡出猎前和出猎归来，都要拜祭

① 凌纯声、芮逸夫：《湘西苗族调查报告》，110~111 页，北京，民族出版社，2003。

② （南朝宋）范晔：《后汉书》，卷八六，《南蛮西南夷列传》。

③ 陈元煦：《畲族宗教信仰习俗》，见施联朱、雷文光主编：《畲族历史与文化》，北京，中央民族大学出版社，1995。

山鬼。湘西瑶族，出猎前后，都必须祭梅山神。广西南丹大瑶寨白裤瑶名山神为“山头人”，在猎区选择一块大石作神像，杀鸡以祭。归来后，将猎获的兽头砍下，以祭山神。

苗族

苗区历来崇奉山鬼。清朝黄元治《黔中杂记·平远府风土记》载：苗人山区，

> 山之阴，即茂林翳之，人迹罕到，山鬼往往吟啸于其间。

清朝佚名《贵州少数民族图》载：东苗，

> 春猎于山，获禽亦必以祭。

近人沈从文《湘西·沅陵的人》写道：沅陵妇女，“或带回一点红绿纸同竹篾做成的简陋船只，小小香烛。问她时，就会笑笑的回答：‘拿回家去做土地会’。你或许不明白土地会的意义，事实上就是酬谢《楚辞》中提到的那种云中君——山鬼。在那浓郁的宗教气氛中，人们会感到《楚辞》中的山鬼，云中君，仿佛在眼前。”

归根结底，畲与瑶、苗崇拜山鬼也有其历史根源。最早可溯源于先秦时期的楚俗。《九歌·山鬼》咏道：

> 余处幽篁兮终不见天，路险难兮独后来。……表独立兮山之上，云容容兮而在下。杳冥冥兮羌昼晦，东风飘兮神灵雨。

显然，若无山区生活的体验是不可能塑造这样栩栩如生的山中景象与山鬼形象的。

四、水　神

因畲与瑶、苗依山傍水而居，又被称作“溪峒蛮”，故对水的崇拜油然而生。

畲族

据《建德县志·风俗》载：畲客，

> 久旱必舁神互祷，谓之接佛，亦喜求雨，但不祀孤。

可见，对水的崇拜之因在于，水是农作物生长的命脉，也就是人们赖以生存的基础。

当遇旱灾时，人们就求助于水的主宰神灵。

瑶族

有祭龙活动，多在“雨水节”举行，也有的在正月第一个龙日举行全寨祀龙，祈祷龙神降雨，以保祐风调雨顺，五谷丰登。因为人们以为龙居深水潭中，故龙主水。

盘瑶信水鬼。水鬼由溺死的人变来。水鬼要投胎返回人间，就必须作祟，寻找新的溺水者作为替死鬼。因此，水鬼是一种厉鬼。

苗族

水的崇拜，以对龙的崇拜最为突出。以村寨为单位的群体祭龙、招龙，单家独户的接龙，以及看风水、相龙脉之风，都相当流行。“祭龙”主要行于云南屏边、砚山、麻栗坡等地苗区，目的是祈求雨水充沛适时以保丰收。“招龙”行于贵州台拱等地，意在招请龙神保祐地方清吉，人畜平安。“接龙”是湘西和黔东北的富裕苗户为求家道兴隆而举办。接龙前的半月至一月的每天晚上，都要敲锣打鼓、吹号鸣笛，名曰“闹龙”。届时，要请舅母与主人的儿媳盛装，骑马乘轿，由许多男女簇拥至村外接龙。接龙回家后即行开祭，最后以象征龙宝的鹅卵石埋在大门内告终。“安龙”行于广西融水苗区，是祈求龙神庇风调雨顺、普泽众生的集体祈祷活动，时间为二、八两月，地点为村前坪上，届时户户都派人前往祭祀。[①]

此外，苗区诸鬼中，也有“落水鬼”之名。

五、树　神

原始信仰认为植物是有灵魂的。世界各地都有崇奉“神树”“圣树”之俗。我国先秦时期的“句芒”，为司木之神，即当时的树神。畲与瑶、苗也长期流行树神信仰。

畲族

浙江景宁畲民，自认为大树之子，以求庇祐。福建罗源县畲民，认为大树有树神，不能砍伐，树前设有小庙供奉香火。倘在树前有犯忌行为，就要用肉、酒、豆腐等给树神上供烧香。福建福安畲族，奉村寨周围的参天大树为风水树，认为巨树

① 参见《苗族简史》编写组：《苗族简史》，337~338 页，贵阳，贵州民族出版社，1985。

能显灵，如社口塔仔畲村一株大树，被奉为“平水大王”，供以香火。

瑶族

白裤瑶瑶山的每个村寨都有本寨的寨神，而寨神和瑶山的一切神祇一样，都有自己的替代物。他们认为，寨神藏匿在路边坡上的密林中，特别是枫树林中。如，拉片地方谢氏家族的寨神，就设在枫林中，在相距一米左右的三棵枫树间，用竹竿搭起一座小竹棚，竹棚中布满各种摆设与供品。他们认为，寨神一家就住在枫林竹棚上。①

苗族

据近人《贵州苗民概况》载：

> 苗寨崇尚多神，甚至大树怪石，无不以神目之，祭祷弗懈。

可见，苗民对大树的崇拜是极为普遍和虔诚的。

苗区村寨的古树，往往被尊为“神树”。许多苗族村寨都有本寨大树的种种神话，特别是“显灵”传说。苗俗有拜寄“树父树母”，以庇祐小孩健康成长之俗。贵州台江县交毗新寨有一株古老杉树，苗民以为该树有呼风唤雨和控制河水涨退的“神力”，天旱时祈树降雨，洪水成灾时，祈树锁水，祭拜时都杀牲无数。

六、石　神

巨石，给人一种能抵挡一切邪恶势力与消灾祛难的神奇威力感。汉族中广为流传的巨石崇拜即所谓“石敢当”，即突出例证。畲与瑶、苗也流行对巨石的信仰。

畲族

福建福安把巨石奉为母亲，称为“石母”，小孩出生求托寄名，以求其呵护成长。社口乡谢岭下畲村有巨石，名曰“老虎嘴”，相传夜间可奔赴外地狩猎。浙江景宁畲族，也有认己为石头之子以求庇护之俗。

瑶族

明代，瑶族流行一种巫术手段的“石将军”崇拜，以此作为号召瑶众克敌制胜

① 参见杨庭硕等：《白裤瑶传统信仰寨神剖析》，见胡起望、华祖根：《瑶族研究论文集》，中南民族学院民族研究所，1985。

的法宝。据清朝屈大均《广东新语》卷七《人语》载：

罗旁水口有竦石，状若兜鍪，高百仞。瑶每夜隔江呼石将军，石应则出劫无患，不应则否。将军陈璘以此石为贼响哨妖甚，烧夷石顶，有鲜血迸流，其怪遂绝。盖鬼物之所凭焉。瑶故多妖术。

需要特别注意的是，元明之际畲人也同样有以鼓响石浮聚众之俗。据康熙《平和县志》卷十二《杂览志》载：

铜鼓石船，在清宁山边。元至正间，乡人李志甫作乱，风言铜鼓响则石船浮，以煽惑愚民，今沉溪底。

畲、瑶同样以巨石作为反抗统治者的号召物，是其同源的又一例证。

瑶人也以“片石”为神。据民国《龙津县志》第四编《民族》载：

苗、瑶迷信甚笃，片石尺木或以为神，即相戒不敢侵犯。

瑶人小孩若多病，也有拜寄巨石、大树为父母，另给小孩取新名，以除灾祛病之俗。

苗族

苗俗有“树大有神，石大有鬼”之谚。苗语叫“商大”的“地鬼”，即由两块不加修饰的长形巨石所构成，人们对此顶礼膜拜，以保祐全寨人畜平安。某些奇岩异石，被目为“神石”“石父石母”，成为人们祈祷生子的对象，更受加倍尊崇。

第二节　图腾崇拜

在原始社会时期，某一民族或部落，往往认定某种动物、植物或无生物为自己祖先加以顶礼膜拜，并把其族中所有成员都视作其子孙，这就是所谓的“图腾崇拜”。

畲与瑶、苗均以盘瓠为图腾，尤以畲、瑶为甚。盘瓠图腾崇拜的主要表现形式有三。

一、“时节祠盘瓠”[①]

畲族，逢年过节，都要举行重大的祭祀始祖盘瓠的宗教活动。据清朝顾炎武《天下郡国利病书·广东上》载：粤輋，

> 自信为盘瓠后，家有画像，岁时祝祭。

民国《龙游县志·地理考·风俗》载：

> 畲族最重祭祖。……祭时则悬其画像，别以绳系木板两端而悬之，置香炉于其上，至夜深人静，始取出其红布袋所储之龙头，罗拜之，恶为他人见也。凡祭祖日，人有往贺者则必祭，祭时唱歌，歌后即食，食竟又歌，如是循环，故日必饮食至十余次云。

民国《丰顺县志》卷十六《风俗》载：畲民，

> 有祖遗匹凌画像一幅，长三尺许，图其祖……自出生时及狩猎为山羊触死，各情事甚详，盖千百年古画也。止于岁之元日，横挂老屋厅堂中，翌早则收藏，不欲为外人所见。

这种祭祖活动，长期流行不衰。每年祭祀三四次，各地时间不尽相同，多在新年除夕、正月初一至初五、二月初二及十五、五月节、七月半、八月十五等日。往昔隔三年大祭一年，后因耗费过大，递减为大祭三月、半月，最后定为三天。祭祀时，厅堂悬挂“祖图”，摆放“祖杖”。按辈分、长幼依序膜拜。由族中长老主持祭仪，讲述族源与先祖盘瓠业绩，领唱《高皇歌》，表演各种祭祀舞蹈。最后组织盛大迎祖队伍，游村走山，以祈先人保祐人丁兴旺、五谷丰登。需附及的是，“祖图”“祖杖”为家族传世之宝，平时秘而不宣，故有祭后“翌早即收藏，不欲为他人所见”之载。

瑶族

祭先祖盘瓠，礼仪最为隆重。始载于宋朝范成大《桂海虞衡志》：瑶人，

---

① （唐）刘禹锡：《刘禹锡集·蛮子歌》，卷二六，239 页，上海，上海人民出版社，1975。

岁首祭盘瓠，杂糅鱼肉酒饭于木槽，扣槽群号为礼。[①]

其后，历代记载不断。清朝屈大均《广东新语》卷七《人语》载：广东曲江瑶，

七月望日，祀其先祖狗头王，以小男女穿花衫歌舞为侑。

民国《昭平县志》载：

瑶人祀盘古，三年一醮会。招族类，设道场，行七献之礼。男女歌舞，称盛一时，数日而后散。三年内所畜鸡犬，尽于此会。

瑶人祀盘瓠为大典，“盘王节”则为最盛大的节日。全国各地瑶人过盘王节的时间有些差异，但是一般定在旧历十月十六日。祭祀有小祭与大祭之分。小祭为各家各户单独进行，一至三年一次。大祭则隔三年甚至十年以上，以宗族或联村进行，祭期三至五天，杀鸡宰猪，宴请亲朋。祭礼由寨老主持，先由请神拜神开始，至送神结束。祭祀场所悬挂盘王像和十八神像。活动内容，包括“跳盘王”、跳长鼓舞、唱《盘王歌》，等等。祭祀目的在于，赞颂先祖功德，共庆五谷丰收。一言以概之，祭祀礼仪与活动，与畲族极为相似，可谓大同小异。

苗族

不少苗区仍流传“神母犬父”的故事，视盘瓠为始祖，椎牛或杀猪祭祖，亦即祭盘瓠。还保留不少盘瓠图腾崇拜的遗迹。如地处沅水流域的沅陵、泸溪、吉首等地的盘瓠洞、盘瓠碑、辛女祠、辛女岩、辛女滩等。麻阳苗族地区保留大量盘瓠庙，迄今人们仍不绝祀。

二、图腾一体化

即在饮食、服饰、婚姻、丧葬种种民俗中，模仿图腾的形态与动作。这也是畲与瑶、苗盘瓠图腾崇拜的又一重要表现形式。

畲族

畲族妇女服饰，据传也效仿盘瓠形象。据沈作乾《括苍畲民调查记》载：

---

① （宋）马端临：《文献通考》，卷三二八，《四裔五》。

温州、处州（今丽水）一带畲族妇女，以径寸余，长约三寸三之竹筒，斜截作菱形，裹以红布，覆以头顶之前，下固以发鼻出于脑后之右，约三寸，端缀红色布条，垂于耳际。相传其始祖为盘瓠……以示不忘之。

福建宁德、罗源地区畲妇多把头发从后梳成螺式或截筒高帽式盘在头上，高高隆起，形似凤头。结婚时，需戴凤冠。凤冠制法：用一根细小精制的竹管，外包红布帕，下悬一条一尺长一寸宽的红绫。冠上饰有一块圆银牌，牌上悬挂三块小银牌，垂于额前，畲民名之曰“龙髻”，以喻指高辛帝“三公主”的形象。①

婚嫁习俗，独具一格。拜堂时，“男跪女不跪”，据传源于三公主嫁驸马王，公主身份高贵，故不能随便下跪。基于同样理由，婚后翌晨，新郎独自赴女家回礼，而新娘毋用陪同。丧葬俗，棺木须用白布包缠，象征背驸马王下葬。②

瑶族服饰，据传有不少模拟图腾形象，其中包括绣袋、衣帽、衣裤的装饰红线条诸方面。据清朝屈大均《广东新语》卷七《人语》载：连山八排瑶，

女初嫁，垂一绣袋，以祖妣高辛氏初配盘瓠，著独力衣，以囊盛盘瓠之足与合，故至今仍其制云。

有的地区瑶人，仿盘瓠的首、耳、尾裁制衣帽。有的地区瑶人在衣胸襟两侧与裤管两边，专门挑绣两条鲜红的线条，以表征盘瓠狩猎坠崖亡故后，口中仍流下鲜血不止。

在节日饮食中，与畲人相类“扣槽蹲地而食”。据近人刘锡蕃《岭表纪蛮》载：瑶人，

每值正朔，家人负狗环行炉灶三匝，然后举家男女，向狗膜拜。是日就餐，必扣槽蹲地而食，以为尽礼。

在丧葬习俗方面，仿传说中的盘瓠葬礼。据《隋书》卷三一《地理志下》载：

① 王克旺：《论畲族图腾文化的个性特征》，见施联朱、雷文光：《畲族历史与文化》，北京，中央民族大学出版社，1995。

② 朱洪等：《广东畲族研究》，103 页，广州，广东人民出版社，1991。

瑶族先人，

> 当葬之夕，女婿或三数十人，集会于宗长之宅，著芒心接篱，名曰茅绥。各执竹竿，长一丈许，上三四尺许，犹带枝叶。……传云盘瓠初死，置之于树，乃以竹木刺而下之，故相承至今，以为风俗。

近日笔者至广西南丹白裤瑶地区一行，其间观看了白裤瑶祭礼录像。图像显示，所有白裤瑶祭礼参加者，无一例外地手执带叶小竹竿一枝，其场面与《隋书·地理志》所记荆州“蛮左”葬仪无异。想不到1600年前的葬俗，仍在白裤瑶地区觅见，我不禁发出“南朝遗风今犹在”之惊叹。（因南北朝史无“志”，故《隋志》所记涵盖南朝事。）

三、图腾禁忌

瑶人忌食狗肉。在湘南瑶区，世代相传：狗是瑶人图腾崇拜物，故禁杀忌食。倘食狗肉，则会遭致瞎眼、断臂、跛脚，甚至断子绝孙，家破人亡之祸。因此，尊狗戒律得以长期不被打破。

苗人中，也有部分支系与地区保留不食狗肉之俗。据清朝严如熤《苗防备览·杂识》载：

> 今苗俗百物皆食，罗雀捕蛇以为珍味，而独禁食狗肉。则盘瓠之说，似亦非尽无因。

生活在清乾、嘉年代的严如熤将禁食狗肉与盘瓠崇拜联系起来，堪称灼见。此说，也为调查材料所证实。如，贵州台江县苗人，“过年过节不杀狗，因为狗肉不能祭祖宗。据说人变狗，狗也变人，祖宗见狗肉就认为是人肉，所以在节日不吃狗肉”①。

---

① 贵州省编辑组：《苗族社会历史调查》，349页，贵阳，贵州民族出版社，1986。

第三节 鬼魂信仰与祖先崇拜、英雄崇拜

人类早期从人的死亡与做梦经验中，派生灵魂观念，而人死后的灵魂则变成了鬼魂。畲族，普遍存在鬼魂观念，认为人的种种遭遇均与鬼神有关。遇有疾疫，以为鬼神作怪，辄祈神问卜，故有“俗信巫事鬼，祷祠祭赛”[①]之称。调查材料表明，丽水地区畲乡崇拜的鬼主要有五通鬼、天吊鬼、伤亡鬼。五通鬼，传说是天上佛子兄弟五人，因违反天庭条例被逐下凡变为鬼。当地畲人认为，五通鬼是最凶恶的鬼，故乡村多建“五通庙”，年节祭礼。天吊鬼，因在空中游荡不落地而得名，是专害小儿的鬼。伤亡鬼，系指因伤而死或无人祭祀的孤魂野鬼。[②]

祖先崇拜是在鬼魂观念的基础上发展而来的。畲民的祖先崇拜，有两大特点。

一是受汉族影响，各地均普建祠堂以祭祖，已在“畲族的祠堂与房”一目中叙述。

二是把祖先崇拜与英雄崇拜统一起来，往往合二为一。具体如下：

“驸马王”与“三公主”，是传说中的盘王与帝辛之女。畲人奉为共同的始祖。据调查，广东河源市仙塘镇热水乡蓝氏家族，长期保有驸马王与三公主石像。手持刀剑的驸马王像“文化大革命”中被毁，现仅存三公主石像。该像头顶椎髻，身穿右衽、大袖长衫，着裤，足蹬一双前尖上翘的船形鞋，右肩上扛一男婴，传为襁褓之时的篮大将。驸马王夫妇石像原耸立在庙宇中央，供人瞻仰拜祭。

“蓝大将”，畲族大姓为蓝、雷、钟，尤以蓝氏为众，广东蓝姓人口即占本省该族人口的70%。河源、和平、连平等地畲族蓝姓，拜祭本姓直系始祖篮大将。据传，篮大将名蓝光辉，俗呼“阿公”，为驸马王的二儿子，因功被封为护国将军。后承父业，辅佐江山，并庇荫子孙。阴历四月初九，为其生日，当地畲民举行盛大祭祀活动，并因此成了畲族传统节日。[③]

“田公元帅”，又名田都元帅，姓雷名海清。相传为唐代汀州人，或说为浙江处

---

① （民国）《长汀县志》，卷三五，《杂录畲客》。

② 参见蒋炳钊：《畲族简史》，286页，厦门，厦门大学出版社版，1988。

③ 参见朱洪：《广东畲族研究》111页，广州，广东人民出版社，1991。

州人，被招入宫廷为乐工，以琵琶击安禄山而遇害。后官军收复长安时，雷海清显灵助战。因战云蔽天，“雷”字战旗仅现“田”字，故名“田公元帅”。该神不仅被畲族艺人奉为行业主神，也被畲民尊为祈福祛灾之神。

“雷万春”，一说为雷海清之弟。传说为唐代猎户，打虎英雄，在平安禄山之乱时中箭身亡，畲村塑像祭祀。

钟熙侯王，为闽东钟姓畲族发源地坂中大林村土主，被奉为闽东畲族钟姓开基主。①

“插花娘”，为畲族女神。据传为松阳畲族，姓蓝名春花，因反抗强迫婚姻而跳岩身亡，亲友采撷山花遮盖其遗体。其壮烈事迹，为畲民所传颂，成神后，尊之为“插花娘”。在浙江松阳、丽水、云和等地，普建“插花娘”庙。畲民祭祀时，都要折取山花供在庙里，以示尊崇与祈福。

上述诸神，驸马王与三公主为畲族始祖，田公元帅、雷万春、钟熙侯王为畲族各姓各分支始祖，他们既是畲族的先祖，又是畲族崇拜的传奇式英雄。至于“插花娘”，则为女中豪杰，为畲族崇拜的女神。

值得注意的是，畲族除崇拜本民族英雄外，邻近汉族崇拜的传说人物，也传入畲区，这是畲汉文化交流的产物。其中，主要有如下人物。

“临水夫人”，传为唐代福州下渡人，姓陈名靖姑，故浙江畲村称作陈夫人，后嫁古田临水乡刘杞为妻，故名临水夫人。其灵异是，斩白蛇、杀长坑鬼、收猴精、去旱灾。闽东各地都建有临水夫人庙，俗称“奶娘庙”，被民间奉为专司生育之女神。

“林公大王”，俗名林子芹，福建周宁县人，民间尊为林公大王。因杀死白马大王的恶虎，而遭白马大王暗算。据乾隆《福安县志》卷十五《祠庙》载：“忠平王公，神林姓，捍灾御患，祷求立应，二十二三都各村皆祠祀之。”畲人奉作本土守护神。

“汤三公”“汤夫人”，浙江景宁汉人尊崇之神，也为畲民所信仰。据说，汤三公于宋代飞升成神，民间无论趋福避祸、祷雨御患，均十分灵验。汤夫人为汤三公的孙女，据说在赤木山顶上飞升，能保四季平安、五谷丰登。

从对林公大王、汤三公及汤夫人的信仰，可见畲民的英雄崇拜已超越地域与民族界限。

① 参见蓝炯熹总纂：《福安畲族志》，740~741 页，福州，福建教育出版社，1995。

瑶与畲的鬼魂信仰，最为接近。

瑶人信鬼，认为鬼是无所不在、无所不能的。鬼有善恶之分。“善鬼”能使人畜平安，故需供奉；“恶鬼”则使人畜遭殃，故要祈灾解救。

瑶族的祖先崇拜，主要特点有二。

一是畲民受汉族影响较深，多建宗祠祭祀有别，瑶民则带有较浓重的本民族特色，对鬼神尊崇的原始宗教意识更加强烈。如清朝李来章《连阳八排风土记》载：广东连南瑶族，排或村寨的大庙里，供奉着各房、姓的祖先神像。

> 庙立于野，凡隶排者皆祭之，如群姓之大社也。无木主，刻木为像……不必肖其人，亦不能辨为谁氏之祖祢也，统呼之曰“阿公”。

二是与畲民相同，都把祖先崇拜与英雄崇拜合二为一。把瑶族共同的或各支系各姓的始祖，奉为英雄加以祭祀。以湖南瑶与广西大瑶山瑶人为例。

湖南安化、新化、隆回、邵阳各地奉请的尊神，首为“揹山赶日、摘草量天”、拈弓打弹、把火烧天的“盘古大帝”。次为“梅山蛮王”。在瑶族家堂的香火神龛之下，设有梅山神位。每当入山狩猎及狩猎归来，都要首先礼敬梅山神。[①]湖南梅山地区，宋代为瑶人重要居地，故史称“潭、邵间，所谓上下梅山，其地千里”[②]。居其地者曰“梅山蛮”。宋代“开梅山”，使当地瑶人大批融入汉民族中。“梅山蛮王”，当系瑶人纪念宋代瑶人祖居地梅山的民族领袖。

广西大瑶山，则盛行崇拜入山建寨的开山祖先，名曰“楷吉翁”。“楷吉翁”包括不同支系和姓氏的历史人物，如茶山瑶的苏灵公、陶五、刘金相，花蓝瑶的胡公度，山子瑶的蒋六将军、盘都镇大王。瑶人均立庙祭祀。这与畲族尊崇蓝、雷、钟各姓之神，可谓毫无二致。

此外，瑶人也将当地有影响的汉、壮两族传说的或历史的人物，诸如冯三界、刘大娘、陈宏谋等，当作村社保护神加以礼拜。[③]

---

① 参见姚舜安等：《湖南瑶族社会历史调查》，7～8页，南宁，广西民族出版社，1986。

② （宋）刘挚：《直龙图阁蔡君墓志铭》，见（宋）刘挚：《忠肃集》，卷十二。

③ 参见广西壮族自治区编辑组：《广西瑶族社会历史调查》第一册，“宗教信仰”部分，南宁，广西民族出版社，1984。

瑶族崇拜汉族之神，是有历史根源的。早在明代，两广瑶人对汉族“冯氏神”已极为笃信。据明朝王济《君子堂日询手镜》载：

邻壤贵县，有冯姓之家，世以神异显。有称“都长”者，……立召风雨鬼神虎豹，言人祸福无不验。自苍梧上至南宁，皆敬信不可言。两广瑶贼，事之尤谨，皆以祖公呼之。山峒间有跋扈者，总帅委之抚安，其魁率徒众顶香盆牛酒拜迎于道云：“吾祖公来矣。”即听约束，帖然而还。冯氏之居，去大龙山不远，其中皆熟瑶所居，每月朔望，各赍香钱至其家纳焉，甚有牛羊猪畜者。故累年不敢为乱，盖冯氏力也。

苗民的鬼神崇拜，较之瑶、畲为滥为烈。从俗称“三十六堂神”“七十二堂鬼”，可证其信奉鬼神之多。据同治《永绥直隶厅志》卷一载：

苗中以做鬼为重事，或一年一次，或三年一次，费至百金或数十金不等。贫无力者卖产质衣为之。此习为苗中最耗财之事，亦苗中致穷之一道也，近日革去此俗。

可见，苗民旧日迷信鬼神，堪称已致如痴如狂的地步。

英雄崇拜中，最富代表性的为湘、黔、川边区苗民对白帝天王的信奉与敬礼。白帝天王，又名“天王”“三王”，面白、黑、红三种。据凌纯声《湘西苗族调查报告》“宗教”目中写道：

苗疆中于小暑节前，辰巳两日为禁日，祀天王或称白帝天王；禁屠沽，止钓猎，不举哀亦不作乐。开禁献牲后，方如常日。苗民最敬畏此神，如在天王庙吃血设誓，无敢后悔者。苗中天王庙甚多，在乾州鸦溪者最大，苗人视为圣地。如无天王庙之苗寨，有时可请天王至本寨断讼折狱；亦可请天王出巡，如凤凰新寨天王被请至他寨断讼折狱。

苗中除小暑节前辰巳两日祭天王外，平时遇有凶险之事，如兵灾、匪患、病重或打官司败诉，乃写诉状等，向天王许愿。

可见，苗民无论天灾人祸、事无巨细均祷告请愿于天王，故名天王庙为苗人“圣

地”，并非虚词。那么，白帝天王究竟是何方神圣呢？据考，其说有三。

一说是西汉末保境抗拒王莽的田强三个儿子。

一说据《史记·南蛮西南夷列传》所载的竹王三子，长为夜郎侯，后为汉武帝所杀。三子为“蛮夷”所推服，又以其竹王非血气所生，有神灵，故立庙为祀。

一说是宋代镇压苗民反抗的杨氏三兄弟。据说乾州鸦溪有杨氏，“世传有室女浣于溪，忽睹瑶光，感以人道，逾年一产三子，长俱英勇，体貌迥别”，后御苗有功，“苗畏如神，殁亦灵显”。[①]

此三说中，流行的为二、三两说。二说，将祖先崇拜与英雄崇拜合二为一；三说则崇拜之神为汉人，故称“客教”，上述畲、瑶也有此类崇拜。

需加强调的是，畲与瑶、苗的祖先崇拜相较，尤以苗族的“椎牛”祭祖活动即所谓“吃牯脏”历史最古远、规模最大、耗费最巨。早在宋代，苗族先民杀牛祭祖，“率以刀断其咽，视死所向以卜，多至十百头”[②]。此俗延至清代，贵阳府属及黔西州一带苗族，“祀祖，择大牯牛头角端正者，饲及茁壮，即通知各寨有斗牛者，合斗于野，胜即为吉。斗后，卜日砍牛以祀。……祭后，合亲族高歌畅饮”[③]。乾隆年间永绥、凤凰、乾州各厅，每年“吃牛”在万数以上。祭祖活动，不仅大量宰牛，而且延续时间达半月之久，严重阻碍生产发展。

第四节　本土巫教与外来宗教

一、本土巫教

信鬼神重淫祀的结果是巫风盛行。宋朝朱熹《楚辞集注》云“其祀必使巫觋作乐”，即鬼神与巫觋是密不可分的。历史上，畲与瑶、苗均流行巫风。史载：

畲人，“俗借师巫驱鬼祟”[④]。

① （清 光绪）《乾州厅志》，卷四，《典礼》。

② （宋）洪迈：《容斋四笔》，卷十六记，渠阳蛮俗条。

③ （清 乾隆）《贵州通志》，记贵阳府苗俗。

④ （清 光绪）《处州府志》，卷三〇，《艺文志下》。

瑶人，“迷信其特有之巫觋”[①]，“习尚师巫”[②]。

苗人，“信鬼尚巫”[③]。

但是，相比较而言，畲族的巫风逐渐有所减退，而瑶、苗的巫风则直至解放前仍盛行不衰。

蛊与巫密切相关，故史有“巫蛊”联称。“蛊”，属巫术中的“黑巫术”或“凶巫术”，即系为嫁祸别人施用的。在巫术活动方式分类中，可归入“接触巫术”，因为它是通过蛊毒为媒介以达到害人目的的。“蛊”，始载于《左传·哀公元年》，中有“皿虫为蛊”之句，唐人孔颖达疏曰：“以毒药药入，令人不自知者，今律谓之蛊毒。”“蛊”作为我国一种古老的神秘巫术，主要流行于南方少数民族中。

畲、瑶、苗三族，蛊在畲族中已消失，在苗、瑶二族中则长期流行，尤以苗族为甚。在南方民族中，苗与黎族堪称最迷信蛊毒。光绪《乾州厅志》卷七《苗防一》，记苗蛊俗最为典型：

> 苗妇能巫蛊杀人，名曰放草鬼，遇有仇怨嫌隙者放之。放于外则虫蛇食五体，放于内则食五脏，被放之人或痛楚难堪，或形神萧索，或风鸣于皮肤，或气瘴于胸堂，皆致人于死之术也。将死前一月，必见于放蛊人之背面来送物，谓之催药，病家如不能治，不一月人即死矣。闻其法不论男妇皆可学，必秘设一坛，以小瓦罐注水，养细蝦数枚，或置暗室床下土中，或置远山僻径石下，人得其瓦罐焚之，放蛊之人亦必死矣。放蛊时，有能伸一指放者，能戟二指放者，能骈三指四指放者。一二指尚属易治，三指则难治，四指则不能治矣。苗人畏蛊，不学其法，惟苗妇暗习之。嘉庆以前，苗得放蛊之妇则杀之，嘉庆以后，苗不能杀妇，则卖于民间，民间亦渐得其法，黠者遂挟术以取利。

又，据调查，解放前曾有一苗妇以一瓦罐内盛蛇、鳖、蝦、蟆等物制毒以致人病。

旧日瑶区也流行“放鬼”“禁鬼”之巫术，认为有的巫师能将“蛊毒”致人生

---

① （民国）《凤山县志·社会·风俗》。

② （民国）《昭平县志》，卷七，《夷民部》，见（清 乾隆）《旧志》。

③ （清）徐家干：《苗疆闻见录》，卷下。

病以至死亡；或作法将人的魂魄摄去加以禁闭，可置人死地。瑶人畏蛊，也像苗人一样对被指为放蛊之人残酷惩罚甚至加以杀害。

二、外来宗教

（一）道　教

从汉区传入的宗教有道教与佛教。在畲与瑶、苗中，道教的传播有两大特点。

一是在外来宗教中，在瑶、苗民间影响最大、流行最广；在畲族民间也颇为流行。

畲族，供奉的道教诸神有三清、三官大帝、真武帝、太上老君。

“三清”，即玉清元始天尊、上清灵宝天尊、太清道德天尊。三清神像主要供奉在道观的三清殿内。畲民则多奉祀于住宅大厅的中堂壁上，且无图像，用文字标出。

“三官大帝”，又名三元大帝，即天官、地官、水官。道教认为，天官赐福，地官赦罪，水官解厄。畲民将三官大帝与三清并列供奉。

“真武帝”，又名“玄真武大帝”。畲民将三清、三官大帝与真武帝三者一起供奉。

此外，还有诸多道教神与民间俗神混合在一起的。如，关帝、五显大帝、感天大帝、协天大帝、飞天大王、齐天大圣王、福德正神、师爷公，等等。

瑶族信仰道教与民间俗神，大同小异。如，尊玉清、上清、大清为最高神，尊玉皇为掌管天界的大神，尊张天师为祖师，尊玄中教主大法师。此外，还有帝母、伏羲、神农、雷王、瘟主、社王、城隍、四帅、鲁班诸神。

瑶、畲道教的重要区别，在于前者有更为完整的道教科仪。

二是道教与原始宗教相互渗透、互为影响，甚至互相混合。

最突出的事例为畲、瑶的“度戒”。畲族男孩子到十六周岁时要祭祖，要举行一种特殊的礼仪，叫做“醮名”“度身”或“入录”。祭祖时要请祭过祖的人做“度法师”，在厅堂上悬挂祖图，神案旁竖立祖杖，上列香炉，祭者高歌，歌后进食，食后再唱，一日数次。因花费甚巨，往往只有富裕家庭才能举祭，故祭祖成了获取族内身份与地位的一种手段。祭过祖的人，可得到一个法名，成为“法师”。从此，可当孝子承办其父母的丧事。

畲族女子祭过祖后，称作“西皇母”或“皇母娘”。做西皇母的妇女要具备的

条件为：必须夫家上代有人做过，且自己要有子孙后代。多在三十多岁至四十岁左右举行。女子与男子做“醮名”不同之处是，前者一生可做一次至三次，不用置办酒席；后者一生只能做一次，要办酒席请客。男女祭过祖以后，本人死后可做三天三夜的功德，否则，只能做一天一夜的功德。[①]

瑶族“度戒”，有“过法”“打道箓”“上刀梯”等称谓。度戒年龄在十五岁以上。度戒仪式由师公主持。一般与打醮活动结合起来进行，大做要七天七夜，小做为两天两夜。师公设坛念经，要请道教各种神祇。度戒时，从师者不仅要学习做法经验，且要经过几种具有危险性和痛苦性的考验。所谓“上刀山，过火海”即其中一种。完成仪式后，即成道教“新戒弟子”。瑶族度戒是一种庄严而盛大的祭神仪式。青年在度戒期间，要过清静寡欲的生活。度戒要宴请亲朋，所耗猪肉酒米甚巨。瑶族宗教习俗认为，男子未经度戒就不算成年，不能参加村中重要社会活动，甚至婚恋也受阻。凡未度戒者，生前没有神兵保护，死后无法成仙，变成无人供奉的野鬼。

有的瑶区，妇女也要度戒。如，广东连南瑶人不仅女子度戒，身上背的小孩、腹中的胎儿也随母同度。

结论是，畲与瑶的度戒，既是道教吸收新成员、又是族众举行成年礼的一种形式；既是道教科仪，又夹杂有原始宗教的成分，畲族度戒还与祖先崇拜即祭祖结合在一起。

畲、瑶的“招兵”也是富有代表性的例证。畲族“招兵”仪式，在广东凤凰山畲区一直保留着，一般是三五年举行一次。相传“招兵”与始祖盘瓠有关。一说，驸马王猎取番王头时，被番兵追赶，到了海边，得到六丁六甲神兵相助，凯旋而归，为感谢神兵神将而举行招兵仪式，以献祭叩谢。一说，展现驸马王茅山学法后的神威。驸马王学法后，统管天下各路兵马招兵。招兵仪式，包括请神、赏兵、祭符、散兵诸项。就整个“招兵”过程而言，与道教的“建醮”相似，请神时不仅把太上老君一类的神名念出，而且还需念已故法师名。

---

① 参见施联朱：《畲族》，132页，北京，民族出版社，1988。

（二）佛　教

佛教，在畲、瑶地区均有传播。不同的是，传入瑶区时间虽然颇早，但是影响较小，因受巫、道抵制所致。在畲区，佛教则成为主要信仰，这是受汉区影响所致。

畲族

信佛超过信道，并有寺庙建筑。天灾人祸，均点香求佛以免灾疫。故史称：

> 畲客亦信佛，久旱必舁神互祷，谓之接佛。[①]

供奉各种菩萨，尤重观音菩萨，观音被视为最崇高的祖佛。畲区广建观音庙，或在家中厅堂神龛旁摆上其画像，把它当作“救苦救难”“除灾祛病”的无所不能的神明加以奉祀。在观音生日时，是不准做污秽事不准挑粪的。福建霞浦县草岗村，每逢正月十五日数以百计的畲民结伴去外村朝拜观音，从上午拜至太阳下山。有的地方畲妇称观音娘娘附身，俗名“落娘”。可见畲民尊崇观音之一斑。

在丧葬习俗中，受到佛教礼仪的重大影响。人死后，请和尚做斋，念经超度，“做七”祭奠，从逝世之日始的七天，叫“头七”，要连续做七个七，即七七四十九日，才能谢灵，把牌位移入祠堂，跟汉族习俗相仿佛。

瑶族

佛教传入很早，最迟不晚于宋代。宋代瑶民起义邓文志又号“邓和尚”[②]，唐和又称“唐和尚”[③]，就是有力例证。

倘说，宋代为佛教传入瑶区初期，那么，明代则为有较大发展时期。如，湖南蓝山瑶反，其党七八十人，内中就有“僧两三人”[④]，可证瑶山寺庙与僧人已有一定数量。

清代，有的瑶区佛教盛行。故有“丧葬尚浮屠”[⑤]之载。

调查材料也证明，在瑶人经书里，有“释迦”“如来”“观音菩萨”“和尚”“皈依”“十道轮回”等佛教的神名与词语。

---

① （民国）《建德县志》，卷三，《风俗志》。

② （宋）李焘：《续资治通鉴长编》，卷一四七，庆历四年（1044年）三月甲戌条。

③ （宋）杨仲良：《通鉴长编纪事本末》，卷四八。

④ （明）徐宏祖：《徐霞客游记·粤西游日记一》。

⑤ （清 嘉庆）《广西通志》，卷二七八。

需要强调指出的是，前人往往只注意道教而忽视佛教在南方民族地区的影响与作用，这种看法是需加改变的。前辈民族学家江应樑先生认为：瑶人宗教信仰，“丝毫没有佛教渗入的成分”。[①] 今日看来，此说法是带有片面性的。

（三）西方宗教：基督教、天主教

鸦片战争后，帝国主义用武力打开了中国的大门，西方传教士也随之纷纷进入我国传教，他们甚至深入南方民族山区建立教堂，进行传教活动。西方宗教也无例外地渗入畲与瑶、苗地区。相比较而言，西方宗教在苗区影响最深，而在畲区则影响较微。

畲族

20 世纪 20 年代，英国传教士在闽东传播基督教，当时有一部分畲民入教。但正如时人何子星《畲民问题》[②] 一文所说：畲民，“又信佛教，亦有受洋人宣传的影响而信基督教的，然甚寥寥。”

瑶族

在清末同治、光绪年间，外国传教士在广西上思县十万大山和广东连南八排瑶等山区建立天主教堂。法国传教士在十万大山建立了米强和那蒙天主教堂。在米强，有瑶人教徒 214 人，占当地瑶人百分之九十以上；在那蒙，有教徒 149 人，除壮族外，也有瑶族。[③] 天主教传入后，对当地原始宗教带来极大冲击，教徒的宗教活动以至日常生活习俗，均改按天主教要求进行。总之，天主教对当地入教瑶民影响虽较深，但就瑶族整体而言，其所占比重则是微弱的。

苗族

相对而言，基督教在苗区影响较深，范围也较广。1904 年英国牧师至贵州威宁苗族聚居的石门坎传教，不少苗民参加。其后，“基督教循道公会石门坎联区”的势力，控制了云、贵、川三省苗、彝等少数民族的基督教活动。英国基督教“内地会”于 1888 年到贵州安顺传教，并办学培养苗族教会人员。经数十年的发展，基督

① 江应樑：《西南边疆民族论丛》，247 页，广州，珠海大学，1948。

② 载《东方杂志》第三十卷十三号，1933。

③ 参见张有隽：《瑶族宗教论集》，南宁，广西瑶族研究学会，1986。

教内地会在贵州的安顺、织金、普定、平坝、郎岱和水城等县苗族聚居地区，建立了数十个教会和教堂。与此同时，英基督教还深入黔西北的毕节、大方、赫章、威宁等县的苗、彝地区传教。[①]

① 参见岑秀文：《苗族》，127页，北京，民族出版社，1993。

参考文献

文献与方志（详见书中引文）

著作与调查报告

[1] 吴永章 . 中国南方民族文化源流史 . 南宁：广西教育出版社，1991.

[2] 吴永章 . 中国土司制度渊源与发展史 . 成都：四川民族出版社，1988.

[3] 蒋炳钊 . 畲族简史 . 厦门：厦门大学出版社，1988.

[4] 施联朱 . 畲族 . 北京：民族出版社，1988.

[5] 施联朱 . 畲族研究论文集 . 北京：民族出版社，1987.

[6] 施联朱，雷文光 . 畲族历史与文化 . 北京：中央民族大学出版社，1995.

[7] 朱洪，姜永兴 . 广东畲族研究 . 广州：广东人民出版社，1991.

[8] 蓝炯熹总纂 . 福安畲族志 . 福州：福建教育出版社，1995.

[9] [德] 史图博，李化民 . 浙江景宁敕木山畲民调查记 . 武汉：中南民族学院民族研究所，1984.

[10] 施联朱 . 畲族社会历史调查 . 福州：福建人民出版社，1986.

[11] 广东省民族研究所 . 广东省畲族社会调查资料汇编 . 广州：广东省民族研究所，1983.

[12] 吴永章 . 瑶族史 . 成都：四川民族出版社，1993.

[13] 黄钰，黄方平 . 瑶族 . 北京：民族出版社，1990.

[14] 姚舜安 . 瑶族民俗 . 长春：吉林教育出版社，1991.

[15] 胡起望，华祖根 . 瑶族研究论文集 . 武汉：中南民族学院民族研究所，1985.

[16] 胡起望，范宏贵 . 盘村瑶族 . 北京：民族出版社，1983.

[17] 黄钰辑注 . 评皇券牒集编 . 南宁：广西人民出版社 ,1990.

[18] 广西壮族自治区编辑组 . 广西瑶族社会历史调查（一至八册）. 南宁：广西民族出版社，1984.

[19] 姚舜安等调查整理 . 湖南瑶族社会历史调查 . 南宁：广西民族出版社，1986.

[20] 凌纯声，芮逸夫 . 湘西苗族调查报告 . 北京：民族出版社，2003.

[21] 石启贵 . 湘西苗族实地调查报告 . 长沙：湖南人民出版社，1986.

[22] 苗族简史编写组 . 苗族简史 . 贵阳：贵州民族出版社，1985.

[23] 伍新福，龙伯亚 . 苗族史 . 成都：四川民族出版社，1992.

[24] 岑文秀 . 苗族 . 北京：民族出版社，1993.

[25] 胡起望，李廷贵 . 苗族研究论丛 . 贵阳：贵州民族出版社，1988.

[26] 贵州省编辑组 . 苗族社会历史调查（一）. 贵阳：贵州民族出版社，1986.

[27] 贵州省编辑组 . 苗族社会历史调查（二）. 贵阳：贵州民族出版社，1987.

[28]《民族问题五种丛书》云南省编辑委员会 . 云南苗族瑶族社会历史调查 . 昆明：云南民族出版社，1982.